भारतीय दर्शन-2

हिन्दू धर्म–पुनर्जागरण काल से वर्तमान तक

(Indian Philosophy का हिन्दी अनुवाद)

डॉ. राधाकृष्णान

राजपाल

अनुवाद

नन्दकिशोर गोभिल

₹ 725

ISBN : 9788170281887

संस्करण : 2026

BHARATIYA DARSHAN (Part-2) by Dr. S. Radhakrishnan

मुद्रक : जी.एस. ऑफसेट, दिल्ली

राजपाल एण्ड सन्ज़

1590, मदरसा रोड, कश्मीरी गेट, दिल्ली-110006

फोन : 011-23869812, 23865483, 23867791

website : www.rajpalpublishing.com

e-mail : sales@rajpalpublishing.com

www.facebook.com/rajpalandsons

डॉ. सर्वेपल्लि राधाकृष्णन

प्रस्तावना

इस खण्ड में भी, जिसका प्रतिपाद्य विषय वैदिक षड्दर्शन का विवेचन है, मैंने पहले खण्ड जैसी ही योजना तथा विधि अपनाई है। इसके अतिरिक्त, मैंने उस भावना को भी अपनाने का प्रयत्न किया है जो दार्शनिक व्याख्या के लिए उचित मानी गई है, अर्थात् प्राचीन लेखकों तथा उनके विचारों की सुचारु रूप से व्याख्या करके उन्हें दर्शन तथा धर्म-सम्बन्धी आज के विचारणीय विषयों के सन्दर्भ में रखना। वाचस्पति मिश्र ने, जो हिन्दू विचारधारा के लगभग सभी दर्शनों के टीकाकार हैं, प्रत्येक पर अपनी लेखनी का जिस प्रकार प्रयोग किया है उससे प्रतीत होता है मानो वे उनके सिद्धान्तों में भी विश्वास रखते हैं। विचारधारा की उन प्रवृत्तियों को जो प्राचीन काल में परिपक्वता को पहुँची थीं और जो अनेक दुर्बोध ग्रंथों में लिपिबद्ध हैं, बुद्धिपूर्वक प्रस्तुत करने में यह आवश्यक हो गया कि विशेष दृष्टिकोणों को चुना जाए, उन पर बल दिया जाए और उनकी आलोचना तक की जाए। यह कार्य, स्वभावतः यह प्रकट कर देता है कि मेरी अपनी विचारधारा किस दिशा में चल रही है। इस प्रकार के कार्य में क्योंकि विवरण-सम्बन्धी अनेक प्रकार के निर्णयों का समावेश रहता है, अतः यह आशा नहीं की जा सकती कि यह पुस्तक निर्णय-सम्बन्धी भूलों से मुक्त होगी। किन्तु मैंने, प्रमाणों में किसी प्रकार की उलट-फेर करने से बचते हुए, केवल विषयपरक प्रतिपादन का ही प्रयत्न किया है।

मैं यहाँ इस बात को दोहरा देना आवश्यक समझता हूँ कि मेरे विषय-प्रतिपादन को सर्वथा पूर्ण न मान लेना चाहिए। क्योंकि, लगभग प्रत्येक अध्याय में जितने विषय का प्रतिपादन है, उसके अध्ययन के लिए एक पूर्णतया सन्नद्ध विशेषज्ञ अपना पूरा जीवन लगा देता है। विशिष्ट दर्शनों के ब्यौरेवार विवेचन के लिए पृथक् निबन्धों की आवश्यकता है। मेरे कार्य का क्षेत्र सीमित है, अर्थात् विविध विचारधाराओं के आन्दोलनों की, उनकी प्रेरक भावनाओं और उनके परिणामों की एक मोटी रूपरेखा तैयार करना। भिन्न-भिन्न सम्प्रदायों के अल्प-महत्त्व के लेखकों में परस्पर जो गौण मतभेद पाए जाते हैं, उनको दर्शाने की मैंने वस्तुतः कोई चेष्टा नहीं की है। शैव, शाक्त और परवर्ती वैष्णव दर्शनों के सम्बन्ध में, जो भारत के दार्शनिक विकास की अपेक्षा धार्मिक इतिहास से अधिक सम्बन्ध रखते हैं, मेरा विवेचन बहुत संक्षिप्त तथा सार-मात्र है। यदि मैं प्रकल्पनात्मक भारतीय विचारधारा के नाना रूपों की वास्तविक भावना का एक चित्र, जो भले ही अपर्याप्त हो, अपने पाठकों के सम्मुख रख सका तो मुझे पूर्ण सन्तोष हो जाएगा।

यदि यह खण्ड पहले की अपेक्षा कुछ कठिन है तो मैं आशा करता हूं कि पाठक अनुभव करेंगे कि कठिनाई का निर्माता मैं नहीं हूँ, बल्कि कुछ सीमा तक यह कठिनाई

विषयगत है और गम्भीर विवेचन के कारण है जो विषय के अध्ययन के लिए आवश्यक है। मैंने अनुभव किया कि तथ्यों के पुंज को एक ऐसे विशद आख्यान में समो कर रखना, जिसे पाठक सम्भ्रम में पड़े बिना और बिना उकताए समझ सके, एक ऐसा कार्य है जिसे पहले से मापना मेरे लिए सम्भव नहीं था। शैथिल्य तथा पाण्डित्याभिमान के बीच में से मध्यम मार्ग का अवलम्बन करके चलने में मैं कहाँ तक सफल हो सका हूँ, इसका निर्णय पाठक करेंगे। साधारण पाठक के सुभीते के विचार से अधिक पारिभाषिक अथवा सन्दर्भ-सम्बन्धी वाद-विवाद ऊपर और नीचे कुछ स्थान छोड़ कर पृथक् रूप से दिए गए हैं।

इस खण्ड के संकलन में मुझे विविध सम्प्रदायों के संस्कृत के सन्दर्भों से ही नहीं, बल्कि ड्यूसन और कीथ, थिबौत और गार्ब, गंगानाथ झा और विद्याभूषण प्रभृति विद्वानों के लेखों से भी बहुत सहायता मिली है। मैं अपने मित्रों, श्रीयुत बी. सुब्रह्मण्य अय्यर तथा प्रोफ़ेसर जे. एस. मैकेंज़ी का अत्यन्त कृतज्ञ हूँ क्योंकि इन्होंने पुस्तक की पाण्डुलिपि और प्रूफ़ के अनेक भागों को देखने का कष्ट किया तथा अनेकों मूल्यवान् सुझाव दिए। प्रोफ़ेसर ए. बेरीडेल कीथ ने प्रूफ़ देखने की कृपा की और इनकी समालोचनाओं से पुस्तक को बहुत लाभ हुआ। मुझे पुस्तक के प्रधान सम्पादक प्रोफ़ेसर जे. एच. म्यूरहेड को भी हार्दिक धन्यवाद देना है, जिन्होंने प्रथम खण्ड के समान ही, इस खण्ड के लिए भी अपना बहुत समय और चिन्तन प्रदान किया। यदि इनकी उदार सहायता प्राप्त न होती तो इस पुस्तक में जो भी त्रुटियाँ अब रह गई हैं उनसे कहीं अधिक रह जातीं।

—राधाकृष्णन

विषय-सूची

वैदिक षड्दर्शन

पहला अध्याय

विषय-प्रवेश

दर्शनशास्त्रों का प्रादुर्भाव – वेदों के साथ सम्बन्ध—सूत्र साहित्य—सामान्य विचारधाराएँ।

1. दर्शनशास्त्रों का प्रादुर्भाव

भारत में हम बौद्धकाल में दार्शनिक चिन्तन की एक महती लहर उमड़ती हुई पाते हैं। दर्शनशास्त्र की प्रगति साधारणतः, किसी ऐतिहासिक परम्परा पर होनेवाले किसी प्रबल आक्रमण के कारण ही सम्भव होती है, जबकि मनुष्य-समाज पीछे लौटने को और उन मूलभूत प्रश्नों को एक बार फिर उठाने के लिए बाध्य हो जाता है जिनका समाधान उसके पूर्वपुरुषों ने प्राचीनतर योजनाओं के द्वारा किया था। बौद्ध तथा जैन धर्मों के विप्लव ने, वह विप्लव अपने-आप में चाहे जैसा भी था, भारतीय विचारधारा के क्षेत्र में एक विशेष ऐतिहासिक युग का निर्माण किया, क्योंकि उसने कट्टरता की पद्धति को अन्त में उड़ा कर ही दम लिया तथा एक समालोचनात्मक दृष्टिकोण को उत्पन्न करने में सहायता दी। महान् बौद्ध विचारकों के लिए तर्क ही एक ऐसा मुख्य शस्त्रागार था जहां सार्वभौम खण्डनात्मक समालोचना के शस्त्र गढ़ कर तैयार किए गए थे। बौद्ध धर्म ने मस्तिष्क को पुराने अवरोधों के कष्टदायक प्रभावों से मुक्त करने में विरेचन का काम किया। वास्तविक तथा जिज्ञासा-भाव से निकला हुआ संशयवाद विश्वास को उसकी स्वाभाविक नींवों पर जमाने में सहायक होता है। नींव को अधिक गहराई में डालने की आवश्यकता का ही परिणाम महान् दार्शनिक हलचल के रूप में प्रकट हुआ, जिसने छह दर्शनों को जन्म दिया जिनमें काव्य तथा धर्म का स्थान विश्लेषण और शुष्क समीक्षा ने ले लिया। रूढ़िवादी सम्प्रदाय अपने विचारों को संहिताबद्ध करने तथा उनकी रक्षा के लिए तार्किक प्रमाणों का आश्रय लेने को बाध्य हो गए। दर्शनशास्त्र का समीक्षात्मक पक्ष उतना ही महत्त्वपूर्ण हो गया जितना कि अभी तक प्रकल्पनात्मक पक्ष था। दर्शनकाल से पूर्व के दार्शनिक मतों द्वारा अखण्ड विश्व के स्वरूप के सम्बन्ध में कुछ सामान्य विचार तो अवश्य प्राप्त हुए थे, किन्तु यह अनुभव नहीं हो पाया था कि किसी भी सफल कल्पना का आधार ज्ञान का एक समीक्षात्मक सिद्धान्त ही होना चाहिए। समालोचकों ने विरोधियों को इस बात के लिए विवश कर दिया कि वे अपनी प्रकल्पनाओं की प्रामाणिकता किसी दिव्य ज्ञान के सहारे सिद्ध न करें, बल्कि ऐसी स्वाभाविक पद्धतियों द्वारा सिद्ध करें जो जीवन और अनुभव पर आधारित हों। कुछ ऐसे विश्वासों के लिए, जिनकी हम रक्षा करना

चाहते हैं, हमारा मापदण्ड शिथिल नहीं होना चाहिए। इस प्रकार आत्मविद्या अर्थात् दर्शन को अब आन्वीक्षिकी[1] अर्थात् अनुसन्धानरूपी विज्ञान का सहारा मिल गया। दार्शनिक विचारों का तर्क की कसौटी पर इस प्रकार कसा जाना स्वभावतः कट्टरतावादियों को रुचिकर नहीं हुआ।[2] श्रद्धालुओं को यह निश्चय ही निर्जीव लगा होगा, क्योंकि अंतःप्रेरणा के स्थान पर अब आलोचनात्मक तर्क आ गया था। चिन्तन की उस शक्ति का स्थान जो सीधी जीवन और अनुभव से फूटती है, जैसी कि उपनिषदों में और आत्मा की उस अलौकिक महानता का स्थान जो परब्रह्म का दर्शन और गान करती है, जैसा कि भगवद्गीता में है, कठोर दर्शन ले लेता है। इसके अतिरिक्त, तर्क की कसौटी पर पुरानी मान्यताएँ निश्चय ही खरी उतर सकेंगी यह भी निश्चित रूप से नहीं कहा जा सकता था। इतने पर भी उस युग की सर्वमान्य भावना का आग्रह था कि प्रत्येक ऐसी विचारधारा को जो तर्क की कसौटी पर खरी उतर सके, 'दर्शन' के नाम से ग्रहण करना चाहिए। इसी कारण उन सभी तर्कसम्मत प्रयासों को जो विश्व के सम्बन्ध में फैली विभिन्न बिखरी हुई धारणाओं को कुछ महान् व्यापक विचारों में समेटने के लिए किए गए, दर्शन की संज्ञा दी गई।[3] ये समस्त प्रयास हमें सत्य के किसी-न-किसी अंश को अनुभव कराने में सहायक सिद्ध होते हैं। इससे यह विचार बना कि प्रकट रूप में पृथक् व स्वतन्त्र प्रतीत होते हुए भी, ये सब दर्शन वस्तुतः एक ही बृहत् ऐतिहासिक योजना के अंग हैं। और जब तक हम इन्हें स्वतन्त्र समझते रहेंगे तथा ऐतिहासिक समन्वय में इनकी स्थिति पर ध्यान नहीं देंगे, तब तक हम इनकी वास्तविकता को पूर्णरूप से हृदयंगम नहीं कर सकते।

2. वेदों के साथ सम्बन्ध

तर्क की कसौटी को स्वीकार कर लेने पर काल्पनिक मान्यताओं के प्रचारकों का विरोध नरम पड़ गया और उससे यह स्पष्ट हो गया कि उनका आधार उतना सशक्त व सुदृढ़ नहीं था और उन विचारधाराओं को दर्शन का नाम देना भी ठीक नहीं था। किन्तु भौतिकवादियों, संशयवादियों और कतिपय बौद्ध धर्मानुयायियों के विध्वंसात्मक जोश ने

---

1. न्यायभाष्य, 1 : 1, 1; मनु, 7 : 43। कौटिल्य (लगभग 300 ई. पू.) का कहना है कि आन्वीक्षिकी विद्याध्ययन की एक अलग ही शाखा है और अन्य तीन शाखाओं, त्रयी अर्थात् वेदों, वार्ता अर्थात् वाणिज्य और दण्डनीति और राजनीति या कूटनीति के अतिरिक्त है (1 : 2)। ई. पू. छठी शताब्दी, जबकि इसके विशेष अध्ययन की आवश्यकता अनुभव की गई, भारत में एक क्रमबद्ध दर्शन-पद्धति के प्रारम्भ के लिए प्रसिद्ध है और ई. पू. पहली शताब्दी तक आन्वीक्षिकी नाम के स्थान पर 'दर्शन' शब्द प्रयुक्त होने लगा (देखिए, 'महाभारत, शान्तिपर्व', 10 : 45; 'भागवतपुराण', 8 : 14, 10)। प्रत्येक जिज्ञासा संशय को लेकर ही प्रारम्भ होती है और एक आवश्यकता की पूर्ति करती है। तुलना कीजिए—जिज्ञासया सन्देहप्रयोजने सूचयति ('भामति' 1 : 1, 1)।

2. रामायण में आन्वीक्षिकी को निन्दित माना गया है, क्योंकि यह मनुष्यों को धर्मशास्त्रों की आज्ञाओं से विमुख करती है (2 : 100 : 36)। ('महाभारत, शान्तिपर्व', 180 : 47-49; 246-8)। मनु के अनुसार, ऐसे व्यक्तियों का जो तर्क (हेतुशास्त्र) द्वारा पथभ्रष्ट होकर वेदों तथा धर्मसूत्रों का अनादर करते हैं, बहिष्कार करना चाहिए (2 : 11); फिर भी गौतम अपने धर्मसूत्र (11) में और मनु (7 : 43), राजाओं के लिए आन्वीक्षिकी के एक पाठ्यक्रम का विधान करते हैं। तार्किकों को विधानसभाओं में सम्मिलित किया जाता था। तर्क जब धर्मशास्त्र का समर्थन करता है तो उसकी प्रशंसा होती है। व्यास का दावा है कि उन्होंने आन्वीक्षिकी द्वारा वेदों की व्यवस्था की (न्यायसूत्रवृत्ति, 1 : 1)।

3. माधव : सर्वदर्शनसंग्रह।

निश्चयात्मक ज्ञान के आधार को ही नष्ट कर दिया। हिन्दू मानस इस निषेधात्मक परिणाम को कभी भी शांति से ग्रहण नहीं कर पाया। मनुष्य संशयवादी रह कर जीवन-निर्वाह नहीं कर सकता। निरे बौद्धिक द्वन्द्व से ही काम नहीं चल सकता। वाद-विवाद का स्वाद मानव की आत्मिक भूख को शान्त नहीं कर सकता। ऐसे शुष्क तर्क से कुछ लाभ नहीं जो हमें किसी सत्य तक न पहुंचा सके। यह असम्भव था कि उपनिषदों के ऋषियों जैसे आत्मनिष्ठ महात्माओं की आशाएं और महत्त्वाकांक्षाएं, तार्किक समर्थन के अभाव में, यों ही नष्ट हो जातीं। और यह भी असंभव था कि शताब्दियों के संघर्ष और चिन्तन से भी मानव-समस्या के समाधान की दिशा में कुछ आगे न जाता। एकमात्र निराशा में ही उसका अन्त नहीं होने दिया जा सकता था। तर्क को भी अन्ततोगत्वा श्रद्धा का ही आश्रय ढूँढ़ना पड़ता है। उपनिषदों के ऋषि पवित्र ज्ञान के शिक्षणालय के महान् शिक्षक हैं। वे हमारे आगे ब्रह्मज्ञान व आध्यात्मिक जीवन की सुन्दर व्याख्या रखते हैं। यदि निरे तर्क से मानव यथार्थ सत्य की प्राप्ति नहीं कर सकता तो निश्चय ही उसे उन ऋषियों के महान लेखों की सहायता प्राप्त करनी चाहिए, जिन्होंने आध्यात्मिक ध्रुव सत्य को प्राप्त करने का दावा किया है। इस प्रकार, जो कुछ श्रद्धा के द्वारा स्वीकार किया गया था उसकी वास्तविकता को तर्क द्वारा सिद्ध करने के प्रबल प्रयास किए गए। यह ढंग बुद्धिसंगत न हो, ऐसी बात नहीं है, क्योंकि दर्शन उस प्रयास का ही दूसरा नाम है जो मानव-समाज के बढ़ते हुए अनुभव की व्याख्या के लिए किया जाता है। किन्तु जिस ख़तरे से हमें सावधान रहना होगा वह यह है कि कहीं श्रद्धा को ही दार्शनिक विज्ञान का परिणाम स्वीकार न कर लिया जाए।

सब दर्शनों में छह दर्शन अधिक प्रसिद्ध हुए—महर्षि गौतम का 'न्याय', कणाद का 'वैशेषिक', कपिल का 'सांख्य', पतंजलि का 'योग', जैमिनि का 'पूर्व मीमांसा', और बादरायण का 'उत्तर मीमांसा' अथवा 'वेदान्त'।[1] ये सब वैदिक दर्शन के नाम से जाने जाते हैं क्योंकि ये वेदों की प्रामाणिकता को स्वीकार करते हैं। जो दर्शन वेदों की प्रामाणिकता को स्वीकार करते हैं वे आस्तिक कहलाते हैं, और जो उसे स्वीकार नहीं करते उन्हें नास्तिक की संज्ञा दी गई है। किसी भी दर्शन का आस्तिक या नास्तिक होना परमात्मा के अस्तित्व को स्वीकार अथवा अस्वीकार करने पर निर्भर न होकर वेदों की प्रामाणिकता को स्वीकार अथवा अस्वीकार करने पर निर्भर है।[2] यहां तक कि बौद्ध धर्म के विभिन्न सम्प्रदायों का भी उद्‌गम उपनिषदों में है; यद्यपि उन्हें सनातन धर्म नहीं माना जाता है, क्योंकि वे वेदों की प्रामाणिकता को स्वीकार नहीं करते। कुमारिल भट्ट, जिनकी सम्मति इन विषयों में प्रामाणिक समझी जाती है, स्वीकार करते हैं कि बौद्ध दर्शनों ने उपनिषदों से प्रेरणा ली है, और वे यह युक्ति देते हैं कि इनका उद्देश्य अत्यन्त विषय-भोग पर रोक-थाम लगाना था। वे यह भी घोषणा करते हैं कि ये सब प्रामाणिक दर्शन हैं।[3]

वेद को स्वीकार करने का अर्थ यह है कि आध्यात्मिक अनुभव से इन सब विषयों में शुष्क तर्क की अपेक्षा प्रकाश मिलता है। इसका अर्थ यह नहीं है कि वे वेद प्रतिपादित

---

1. हरिभद्र अपने 'षड्दर्शनसमुच्चय' में बौद्ध, नैयायिक, सांख्य, जैन, वैशेषिक और जैमिनीय दर्शन का विवेचन करता है (1 : 3)। जिनदत्त और राजशेखर इस मत से सहमत हैं।

2. प्रामाण्यबुद्धिर्वेदेषु। मनु का कहना है कि नास्तिक वह है जो वेदों की निन्दा करता है। नास्तिको वेदनिन्दकः (2 : 11)। देखिए, 'महाभारत', 12 : 270, 67।

3. 'तन्त्रवार्तिक', 1 : 3, 2; पृष्ठ 81।

सब सिद्धान्तों को भी स्वीकार करते हैं, या परमात्मा के अस्तित्व में भी विश्वास रखते हैं। इसका अर्थ केवल जीवन के मूल रहस्य के उद्‌घाटन के लिए गम्भीर प्रयास करना है, क्योंकि इन सम्प्रदायों ने वेदों की निर्दोषता तक को समान रूप में स्वीकार नहीं किया है। हम देखते हैं कि वैशेषिक और न्याय परमात्मा की सत्ता को अनुमान-प्रमाण द्वारा ही स्वीकार करते हैं। सांख्य ईश्वरवादी नहीं है। योग वेद से वस्तुतः स्वतन्त्र ही है। दोनों मीमांसा शास्त्र अवश्य ही वेद पर स्पष्ट रूप से निर्भर करते हैं। पूर्व मीमांसा में वर्णित देवता का सामान्य विचार वेदमूलक अवश्य है, किन्तु उसे परब्रह्म के रूप की चिन्ता नहीं है। उत्तर मीमांसा ब्रह्म के अस्तित्व को श्रुति के आधार पर स्वीकार करता है, किन्तु उसकी सिद्धि में अनुमान-प्रमाण का भी उपयोग करता है, और उसकी सम्मति में उसका साक्षात्कार ज्ञान व ध्यान द्वारा हो सकता है। परवर्ती काल के आस्तिक विचारक सांख्य को सनातन दर्शनशास्त्रों के अन्तर्गत मानने को तैयार नहीं थे।[1]

इस प्रकार वेद की प्रामाणिकता मानने से इन छः दर्शनों की दार्शनिकता में कोई विशेष अन्तर नहीं आता।[2] श्रुति और स्मृति का भेद सर्वविदित है, और जहां दोनों में परस्पर मतभेद हो वहाँ श्रुति की ही प्रधानता मानी जाती है। श्रुति भी अपने-आप में दो भागों में विभक्त है, कर्मकाण्ड (संहिता भाग और ब्राह्मण ग्रन्थ) और ज्ञानकाण्ड (उपनिषद्)। ज्ञानकाण्ड का महत्त्व अधिक है, यद्यपि इसके अधिकांश भाग को केवल अर्थवाद अर्थात् अनावश्यक या गौण कथन कह कर एक ओर रख दिया गया है। इन सबके कारण वेद की प्रामाणिकता को बहुत उदार भाव से ही ग्रहण किया जा सकता है। वेदों की व्याख्या भी व्याख्याकारों की दार्शनिक रुचियों पर निर्भर करती है। तार्किक विधियों का प्रयोग करते हुए और युक्तिसंगत सत्यों पर पहुँचते हुए भी, वे प्राचीन मंत्रों से उनकी संगति बनाए रखने के लिए बराबर उत्सुक रहे। उनकी इच्छा बराबर यही रही कि उन्हें किसी बिलकुल नवीन विषय का प्रतिपादक न समझा जाए। यद्यपि इससे उनकी स्पष्टवादिता का कुछ अभाव ही टपकता है, तो भी इससे इन सिद्धान्तों के प्रचार में सहायता मिली जिन्हें वे सत्य मानते थे।[3] भिन्न-भिन्न सम्प्रदायों के समालोचक और टीकाकार

---

1. भीमाचार्य के 'न्यायकोष' के अनुसार, आस्तिक वह है जो परलोकाद्यस्तित्ववादी है और नास्तिक वेदमार्गम् अननुरुन्धानः है। वे सांख्य और अद्वैत वेदान्त को दूसरी कोटि में रखते हैं। "मायावादिवेदान्त्यपि नास्तिक एवं पर्यवसाने सम्पद्यते।" कुमारिल की दृष्टि में सांख्य, योग, पंचरात्र और पाशुपत दर्शन भी ऐसे ही वेद-विरोधी हैं जैसे कि बौद्धदर्शन ('तन्त्रवार्तिक', 1 : 3, 4)।

2. कीथ ने जो कुछ न्याय और वैशेषिक के विषय में कहा है कि वह अन्य दर्शनों के विषय में भी सत्य है। "ये दर्शन निःसन्देह सनातनधर्मी हैं और धर्मशास्त्रों के प्रामाण्य को स्वीकार करते हैं, किन्तु ये जीवन की समस्याओं के समाधान के लिए मानवीय साधनों का आश्रय लेते हैं और धर्मशास्त्र केवल समस्याओं के उक्त समाधानों को धार्मिकता का रूप देने के लिए ही प्रयुक्त होते हैं। उक्त समाधान न केवल धर्मशास्त्रों की सहायता के बिना भी निकलते हैं, बल्कि वे धार्मिक आज्ञाओं के साथ सामंजस्य रखते हों प्रायः इसमें भी सन्देह रहता है।"

—'इण्डियन लॉजिक एण्ड ऐटोमिज्म', पृष्ठ 3।

3. गेटे से तुलना कीजिए : "कुछ ऐसे अत्यन्त मेधावी एवं प्रतिभाशाली व्यक्ति प्रकट हुए जिन्होंने इस विषय में तितलियों की भाँति, अपनी कोशशायी अवस्थाओं को भुला कर, उस आवरण को उतार फेंका जिसके अन्दर रहकर वे परिपक्व हुए थे। अन्य कुछ ऐसे थे जो अधिक ईमानदार और नम्र थे। उनकी तुलना उन फूलों के साथ की जा सकती है जो सौन्दर्य के पूर्ण विकास को प्राप्त करते हैं, पर अपने मूल को नहीं छोड़ते और न अपने पौधे के तने से ही पृथक् होते हैं, बल्कि इसी सम्बन्ध को निभाते हुए प्रत्याशित फल को परिपक्व अवस्था तक पहुँचाते हैं।"

—मर्ज में उद्धृत, 'योरोपियन थॉट इन द नाईण्टींथ सेंच्युएरी', खण्ड 4, पृष्ठ, 134, पादटिप्पणी 1।

अपने-अपने मत की पुष्टि में वेद की सम्मति का दावा करते हैं, और जहां यह सम्मति स्वतः दृष्टि में नहीं आती वहां बलपूर्वक संगति बैठाने में अपनी पटुता दिखाते हैं। परवर्ती काल के वाद-विवादों के प्रकाश में, ये लोग वेदों की भाषा में उन विषयों पर भी सम्मति ढूंढ़ते हैं जिनका ज्ञान इन्हें बहुत ही कम या बिलकुल नहीं होता। वेदों के साधारण विचार न तो निश्चित ही हैं और न विस्तृत रूप से स्पष्ट ही हैं। इसीलिए भिन्न-भिन्न सम्प्रदाय वालों को उनके अर्थों में खींचातानी करने का सुयोग मिल जाता है। इसके अतिरिक्त, वेदों की विशालता के कारण भी, ग्रन्थकारों को अपने विश्वास के अनुसार कोई-सा भाग चुन लेने से एक नवीन विचार का प्रचार करने के लिए सामग्री मिल जाती है।

इन दर्शनों में विषयों की विविधता इसलिए है कि दार्शनिक कल्पनाओं के पीछे धार्मिक उद्देश्य छिपा है। शब्द की नित्यता का सिद्धान्त दार्शनिक समस्या से अधिक आस्तिकवाद की समस्या है, क्योंकि इसका सम्बन्ध वेद की निर्दोषता के सिद्धान्त से है। हर एक वैदिक दर्शन में तर्क, मनोविज्ञान, तत्त्वज्ञान और धर्म का सम्मिश्रण पाया जाता है।

3. सूत्र-साहित्य

जब वैदिक साहित्य बहुत अधिक बढ़ गया और वैदिक विषय के विचारकों को अपने विचारों को क्रमबद्ध करने की आवश्यकता अनुभव होने लगी तब सूत्र-साहित्य की उत्पत्ति हुई। दर्शनों के मुख्य-मुख्य सिद्धान्त संक्षेप में सूत्रों के रूप में रखे गए हैं। इन्हें, जहाँ तक सम्भव हो सका छोटे-से-छोटे कलेवर में, शंकारहित, किन्तु वास्तविक तत्त्व को प्रकट करनेवाले रूप में रखा गया है, जिसमें अनावश्यक व अशुद्ध अंश के लिए कोई स्थान नहीं है।[1] सब प्रकार के अनावश्यक पुनरुक्तिदोष से रहित और चुने हुए कम-से-कम शब्दों में इनका निर्माण किया गया है।[2] प्राचीन काल के लेखकों को विस्तार से लिखने का कोई प्रलोभन नहीं था, क्योंकि वे छपे हुए ग्रन्थों की अपेक्षा स्मृति पर अधिक निर्भर करते थे। अत्यन्त संक्षिप्त रूप में होने के कारण सूत्रों के पूरे आशय को बिना टीका की सहायता के समझना एक कठिन कार्य है।

दार्शनिक विचारों के विभिन्न क्षेत्रों में विभिन्न पद्धतियों का विकास हुआ। कितनी ही पीढ़ियों में विचार एकत्र होते गए और अन्त में सूत्रों के रूप में उनका संग्रह किया गया। सूत्र किसी एक विचारक के परिश्रम का परिणाम नहीं हैं, न किसी एक युग में इनका निर्माण हुआ है। ये कितने ही और कई पीढ़ियों में बँटे हुए विचारकों के सतत परिश्रम का परिणाम हैं। सूत्रों का रूप लेने से पूर्व उन विचारों की कितने ही समय तक गर्भरूप में बढ़ते रहने की कल्पना की जा सकती है, इसलिए उनके उद्‌गम को खोज निकालना एक कठिन कार्य है। आध्यात्मिक ज्ञान के प्रारम्भ के विषय में निश्चित रूप से कुछ भी धारणा बनाना कठिन है। सूत्र ग्रन्थ प्राचीन काल के शृंखलाबद्ध प्रयासों का परिणाम हैं और इन्हें 'एक बिलकुल केन्द्रीय स्थान प्राप्त है, क्योंकि जहां एक ओर ये

---

1. अल्पाक्षरम् असन्दिग्धम् सारवद् विश्वतोमुखम्।
अस्तोमम् अनवद्यं च सत्रं सूत्रविदो विदुः॥ (ब्रह्मसूत्र पर मध्व, 1 : 1, 1)।
जयतीर्थकृत न्यायसुधा को देखिए, 1 : 1, 1; भामती, 1 : 1, 1।

2. इस कथन से कि "एक वैय्याकरण यदि आधी मात्रा भी बचा सकने में सफल हो सके तो उसे वैसी ही प्रसन्नता होती है जैसी कि पुत्र के उत्पन्न होने से होती है।" यह निर्दिष्ट होता है कि शब्दों की बचत करना उद्‌देश्य था।

पुराने साहित्यिक निबन्धों का, जो कितनी ही पीढ़ियों में लिखे गए होंगे, सार प्रस्तुत करते हैं, वहां दूसरी ओर ये टीकाकारों तथा स्वतन्त्र लेखकों के उस उत्तरोत्तर बढ़ते कार्य-कलाप का मुख्य स्रोत भी हैं जिसकी परम्परा हमारे काल तक पहुंचती है और शायद कुछ आगे भी जा सकती है।'[1] दर्शनों का विकास सूत्रों के निर्माण से बहुत समय पूर्व हो गया होगा। दार्शनिक सूत्रों की समस्त शैली और भाव से यह प्रतीत होता है कि ये लगभग एक ही काल में बने हैं।[2] सूत्रों के निर्माण दर्शनशास्त्रों के संस्थापक अथवा उत्पादक न होकर मात्र उनके संग्राहक ही हैं। यही कारण है कि दार्शनिक सूत्रों में यत्र-तत्र परस्पर-विरोधी प्रकरण पाए जाते हैं। और यह भी ध्यान में रखना चाहिए कि विविध दर्शनशास्त्रों का निर्माण साथ-साथ एक ही समय में हो रहा था और वह समय सूत्रों के निर्माण-काल के पूर्व का समय है। मिले-जुले दार्शनिक समाधानों में से दर्शनों के पृथक्करण का समय बुद्ध के पश्चात् की प्रारम्भिक शताब्दियों में और ईसा के समय से पूर्व आंका जा सकता है। उस समय दार्शनिक विचारों का आदान-प्रदान पुस्तकों के द्वारा न होकर मौखिक रूप में होता था। यह सम्भव है कि मौलिक शिक्षा की परम्परा टूट जाने के बाद कई प्रमुख ग्रन्थ नष्ट हो गए हों और जो आज हमें उपलब्ध हैं उनके अन्दर बहुत-सी मिलावट हो गई हो। कुछ अति प्राचीन प्रमुख सूत्रग्रन्थ, यथा बृहस्पतिसूत्र, वैखानससूत्र और भिक्षुसूत्र और कितना ही दार्शनिक साहित्य आज हमें प्राप्त नहीं है और उसके साथ ही बहुत-सी उपयोगी सामग्री भी, जो विभिन्न दर्शनों के कालानुक्रम पर प्रकाश डाल सकती थी, आज लुप्त हो गई है। मैक्समूलर के अनुसार, सूत्रग्रन्थों का निर्माण-काल बुद्ध से लेकर अशोक के समय तक है, यद्यपि वे यह स्वीकार करते हैं कि वेदान्त, सांख्य और योग के लिए उससे बहुत पूर्व का समय दिया जा सकता है। इस मत की पुष्टि कौटिल्य के अर्थशास्त्र की साक्षी से होती है। उस समय तक परम्परागत आन्वीक्षिकी अथवा तार्किक पद्धतियाँ मुख्यतः दो सम्प्रदायों, पूर्व मीमांसा और सांख्य में बंटी हुई थीं। यद्यपि बौद्धग्रन्थों में बहुत ही स्पष्ट उल्लेख है, तो भी यह कहा जा सकता है कि बौद्धसूत्रों में षड्दर्शन से उपलब्ध ज्ञान का समावेश पाया जाता है। बुद्ध के पीछे की प्रारम्भिक शताब्दियों का विशद बौद्धिक जीवन अनेक समानान्तर धाराओं में प्रवाहित हुआ, यद्यपि उन्हें सूत्रों का रूप देने का कारण विरोधी दर्शनों की प्रतिक्रिया ही थी। इन दर्शनों में अनेक परिवर्तन यद्यपि पीछे के भाष्यकारों के हाथों हुए, तो भी इनका श्रेय इनके आदि निर्माताओं को ही दिया जाता है। वेदान्त दर्शन व्यास का कहलाता है, यद्यपि शंकर, रामानुज और अन्य अनेक भाष्यकारों ने इसमें सिद्धान्त-सम्बन्धी मौलिक परिवर्तन किए हैं। बड़े-से-बड़े भारतीय विचारक अपने को प्राचीन परिपाटी का अनुयायी ही मानते रहे हैं; यद्यपि मूलसूत्रों का भाष्य करते समय उन्होंने उनको अधिक उन्नत बना दिया है। प्रत्येक दर्शन ने अन्य दर्शनों को सामने रख कर उन्नति की है। वर्तमान समय तक भी षड्दर्शनों के विकास में उन्नति होती रही है। उत्तरोत्तर भाष्यकार विरोधियों के आक्षेपों के सामने अपने परम्परागत सिद्धान्त की बराबर रक्षा करते आए हैं।

प्रत्येक दर्शन के निर्माण की प्रारम्भिक अवस्था में दार्शनिक विचार का एक प्रकार

---

1. थिबौट : इण्ट्रोडक्शन टू शांकरभाष्य, पृष्ठ 12।

2. किसी-न-किसी रूप में ये दर्शन-पद्धतियाँ ईसवी सन् से पूर्व अवश्य रही होंगी। जैनियों के प्राचीन धार्मिक साहित्य में वैशेषिक, बौद्धदर्शन, सांख्य, लोकायत और शास्तितन्त्र का उल्लेख पाया जाता है। बेपरकृत 'संस्कृत लिटरेचर', पृष्ठ 236, टिप्पणी 249)। और देखिए, 'ललितविस्तर', 12; 'चरकसंहिता', महाभारत, नारायणीय विभाग।

का उबाल-सा आता है जो आगे चल कर एक विशेष स्थल पर सूत्ररूप में संक्षिप्त आकार धारण करता है। इसके पश्चात् सूत्रों के भाष्यों का समय आता है। फिर उन पर टिप्पणियां, टीकाएं एवं सारभूत व्याख्याएं आती हैं, जिनके कारण मौलिक सिद्धान्त में बहुत-सा परिवर्तन, सुधार व विस्तार भी हो जाता है। भाष्य प्रश्नोत्तर के रूप में होते हैं, क्योंकि उपनिषदों के समय से ही इस पद्धति को जटिल विषय को विशद रूप में समझाने का एकमात्र उपयुक्त साधन समझा जाता रहा है। इस प्रकार भाष्यकार को विरोधी विचारों का उत्तर देते हुए मौलिक सिद्धान्त के समर्थन का उत्तम अवसर प्राप्त हो जाता है और इस विधि से उन्हीं विचारों की पुनः स्थापना करते हुए अन्यान्य विचारों की तुलना में उसकी उत्कृष्टता सिद्ध हो जाती है।

4. सामान्य विचारधाराएं

छः के छः दर्शन कुछ मौलिक सिद्धान्तों में परस्पर एकमत हैं।[1] वेद की प्रामाणिकता मान्य होने से ध्वनित होता है कि इन सभी दर्शनों का विकास विचारधारा के एक ही आदिम स्रोत से हुआ है। हिन्दू शिक्षकों ने भूतकाल के अपने पूर्वपुरुषों से प्राप्त ज्ञान का उपयोग इसलिए भी किया क्योंकि इस आधार पर व्यक्त किए गए विचार सरलता से समझ में आ सकते थे। यद्यपि अविद्या, माया, पुरुष और जीव आदि पारिभाषिक शब्दों का प्रयोग यह प्रकट करता है कि विभिन्न दर्शनों की भाषा एक समान है, तो भी इस बात को ध्यान में रखना चाहिए कि उक्त पारिभाषिक शब्दों का प्रयोग भिन्न-भिन्न दर्शनों में भिन्न-भिन्न अर्थों में हुआ है। विचारशास्त्र के इतिहास में प्रायः ऐसा होता है कि उन्हीं शब्दों और परिभाषाओं का भिन्न-भिन्न सम्प्रदाय वाले अपने भिन्न-भिन्न अर्थों में प्रयोग करते हैं। प्रत्येक दर्शन अपने विशेष सिद्धान्त के प्रतिपादन में सर्वोच्च धार्मिक विवेचन की उसी प्रचलित भाषा का प्रयोग आवश्यक परिवर्तनों के साथ करता है। इन दर्शनशास्त्रों में दार्शनिक विज्ञान आत्मचेतन रूप में विद्यमान है। वेदों में उल्लिखित अध्यात्म अनुभवों की तार्किक आलोचना इन ग्रन्थों का विषय है। ज्ञान की यथार्थता और उसको प्राप्त करने के साधन प्रत्येक दर्शन का एक मुख्य अध्याय हैं। प्रत्येक दार्शनिक योजना ज्ञान के सम्बन्ध में अपना स्वतन्त्र सिद्धान्त प्रतिपादित करती है, जो उस दर्शन के प्रतिपाद्य विषय—अध्यात्मविद्या—का मुख्य भाग है। अन्तर्दृष्टि, अनुमान और वेद—सब दर्शनों को एक समान मान्य हैं। युक्ति और तर्क को अन्तर्दृष्टि के अधीन ही स्थान दिया गया है। जीवन की पूर्णता का अनुभव केवल तर्क द्वारा सम्भव नहीं है। आत्मचेतन का स्थान विश्व में सर्वोपरि नहीं है। कोई वस्तु आत्मचेतना से भी ऊपर है जिसे अन्तर्दृष्टि, दिव्य ज्ञान, विश्वचेतना, और ईश्वरदर्शन आदि नाना संज्ञाएँ दी गई हैं। क्योंकि हम ठीक-ठीक इसकी व्याख्या नहीं कर सकते, इसलिए हम इसे उच्चतर चेतना के नाम से पुकारते हैं। जब कभी इस उच्च सत्ता की झलक हमारे सामने आती है तो हम अनुभव करते हैं कि यह एक पवित्र ज्योति की सत्ता है जिसका क्षेत्र अधिक विस्तृत है। जिस प्रकार 'चेतना' और

---

1. मैंने प्राचीन दर्शनों का जितना ही अधिक अध्ययन किया, उतना ही मैं विज्ञानभिक्षु आदि के इस मत का अनुयायी होता गया कि षड्दर्शन की परस्पर भिन्नता की पृष्ठभूमि में एक ऐसे दार्शनिक ज्ञान का भण्डार है जिसे हम राष्ट्रीय अथवा सर्वमान्य दर्शन कह सकते हैं, जिसकी तुलना हम उस विशाल मानसरोवर से कर सकते हैं जो यद्यपि सुदूर प्राचीन काल रूपी दिशा में अवस्थित था तो भी जिसमें से प्रत्येक विचारक को अपने उपयोग के लिए सामग्री प्राप्त करने की अनुज्ञा मिली हुई थी।

—मैक्समूलर : 'सिक्स सिस्टम्स ऑफ़ इण्डियन फ़िलासफ़ी', पृष्ठ 17

आत्मचेतना का भेद पशु और मनुष्य के भेद को प्रदर्शित करता है, उसी प्रकार आत्मचेतना और उच्चतर चेतना का भेद मनुष्य को, जैसा कि वह है, उस मनुष्य से भिन्न प्रदर्शित करता है जैसा कि उसे बनना चाहिए। भारतीय दर्शन का आधार एक ऐसी भावना है जो केवल तर्क से ऊपर है, और उसका यह मत है कि जिस संस्कृति की नींव केवल तर्क और विज्ञान पर हो, उसमें कार्यक्षमता भले ही हो किन्तु उससे प्रेरणा नहीं मिल सकती।

सभी वैदिक दर्शन बौद्धों के संशयवाद के विरुद्ध हैं और एक शाश्वत, अस्थिर परिवर्तन-क्रम के विपरीत, एक उद्देश्यपूर्ण वास्तविकता और सत्य के पक्ष में अपना झंडा ऊंचा करते हैं। यह सृष्टि-प्रवाह अनादि है और यह केवल मन की कल्पनामात्र न होकर वास्तविक है और एक उद्देश्य को लिए हुए है। इसी को अनादि प्रकृति, माया अथवा परमाणु कहा है। उस सत्ता को जिसमें नाम और रूप से रहित विश्व स्थित है, कोई प्रकृति, कोई माया और कोई परमाणु नाम से पुकारते हैं।[1] यह मान लिया गया है कि जिसका प्रारम्भ है उसका अन्त भी है। अनेक हिस्सों से मिल कर जिस वस्तु का निर्माण हुआ है, वह न तो नित्य हो सकती है और न अपना अस्तित्व सदा स्थिर रख सकती है। यथार्थ अस्तित्व अविभाज्य है। देश और काल की सीमा में बँधा हुआ यह जगत् वास्तविक नहीं है, क्योंकि बनना व बिगड़ना इसका प्रकृत स्वभाव है। इससे अधिक गहराई में कुछ है—परमाणु और जीवात्माएं, अथवा पुरुष और प्रकृति, अथवा ब्रह्म।

सभी दर्शन इस महान् विश्वरूपी प्रवाह के दृष्टिकोण को स्वीकार करते हैं। उत्पत्ति, स्थिति और विनाश का क्रम अनन्त काल से चल रहा है और अनन्त काल तक चलता रहेगा। इस सिद्धान्त का प्रगति-सम्बन्धी विश्वास के साथ कोई विरोध नहीं है; क्योंकि इसमें सृष्टि की गति के अपने अन्तिम लक्ष्य तक अनेक बार पहुँचने और फिर नये सिरे से प्रारम्भ करने का प्रश्न नहीं उठता। उत्पत्ति और विनाश का तात्पर्य यहां विश्व के नये सिरे से उत्पन्न होने और सर्वथा विनष्ट हो जाने से नहीं है। नवीन सृष्टि विश्व इतिहास का अगला पड़ाव होता है, जबकि बची हुई सद् और असद् क्षमताओं को अपनी पूर्णता तक पहुँचने का अवसर प्राप्त होता है। इसका तात्पर्य यह है कि मानव-जाति को नये सिरे से आत्मदर्शन के अपने मार्ग पर आरूढ़ होने का अवसर प्राप्त होता है। यह संसार के युगों का कभी समाप्त न होनेवाला विधान है जिसका कोई आरम्भकाल नहीं है।

पूर्व मीमांसा को छोड़, अन्य सभी वैदिक दर्शनों का लक्ष्य मोक्षप्राप्ति के क्रियात्मक उपायों को ढूंढ़ निकालना है। मोक्ष का अर्थ इन शास्त्रों के अनुसार है, जीवात्मा का पाप अथवा भूलों से छूट कर अपने शुद्ध स्वरूप को पहचानना व उसे प्राप्त करना। इस अंश में सभी दर्शनों का एक ही उद्देश्य है, अर्थात् पूर्ण मानसिक सन्तुलन, जीवन की विषमताओं और अनिश्चितताओं, दुःखों और कष्टों से छुटकारा पाना, 'एक ऐसी शान्ति जो शाश्वत बनी रहे' जिसमें कोई संशय विघ्न न डाल सके और पुनर्जन्म जिसे भंग न कर सके। जीवनमुक्ति के विचार को, अर्थात् इसी जन्म में मुक्त होने के भाव को अनेक सम्प्रदायों ने स्वीकार किया है।

हिन्दुओं का यह एक मूल विश्वास है कि इस विश्व का संचालन पूर्णरूप से किसी नियम के अनुसार हो रहा है, और तो भी मानव को अपने भाग्य का निर्णय करने में पूर्णतया स्वतन्त्र रखा गया है।

---

1. विज्ञानभिक्षु अपने योगवार्तिक में बृहद्वाशिष्ठ से उद्धृत करते हैं :
"नामरूपविनिर्मुक्तं यस्मिन् सन्तिष्ठते जगत्।
तमाहुः प्रकृतिं केचिन्मायामन्ये परे त्वणुम्॥"

> हमारे कार्य दूर से अभी भी हमारा पीछा करते हैं, जो कुछ हम पहले रहे हैं उसी के अनुसार हमारा वर्तमान रूप है।

सारे दर्शन पुनर्जन्म एवं पूर्वजन्म में आस्था रखते हैं। हमारा जीवन एक ऐसे मार्ग पर एक डग है जिसकी दिशा व लक्ष्य अनन्त में निहित है। इस मार्ग में मृत्यु अन्त नहीं है और न ही वह बाधा है। अधिक-से-अधिक वह नये डगों का प्रारम्भ है। आत्मा का विकास एक निरन्तर चलनेवाली प्रक्रिया है, यद्यपि भिन्न-भिन्न पड़ावों पर मृत्युरूपी संस्कार द्वारा बार-बार इसकी लड़ी टूटती रहती है।

दर्शन हमें गन्तव्य स्थान के द्वार तक ले जाता है, किन्तु उसके अन्दर प्रवेश नहीं करा सकता। उसके लिए अन्तर्दृष्टि या आत्मज्ञान आवश्यक है। हम संसाररूपी अन्धकार में भटक गए बच्चों के समान हैं, जिन्हें अपने असली रूप का ज्ञान नहीं है। इसीलिए हम भयभीत होते हैं और अपने चारों ओर व्याप्त दुःख में आशा को लेकर चिपके हुए हैं। इसीलिए प्रकाश की आवश्यकता है जो हमें वासनाओं से मुक्त करके अपने शुद्ध एवं वास्तविक स्वरूप का दर्शन कराए और उस अवास्तविक स्थिति का भी परिचय दे सके जिसमें हम अज्ञानवश रह रहे हैं। इस प्रकार के अन्तर्निरीक्षण को मोक्ष की प्राप्ति का एकमात्र साधन स्वीकार किया गया है, यद्यपि अन्तर्निरीक्षण के उद्देश्य के विषय में मतभेद अवश्य है।[1] अज्ञान ही बन्धन का कारण है और इसलिए सत्य का ज्ञान प्राप्त होने पर ही उससे मुक्ति मिल सकती है। दर्शनशास्त्रों का आदर्श नीतिशास्त्र की सतह से ऊपर उठने का है। पवित्रात्मा पुरुष की तुलना कमल के उस सुन्दर पुष्प से की गई है जो उस पंक से भी अलिप्त रहता है, जिससे कि वह उत्पन्न होता है। उसके लिए अच्छाई ऐसा लक्ष्य नहीं है जिसे कि प्रयत्नपूर्वक प्राप्त करना होता है, बल्कि वह अपने-आप में एक निश्चित सत्य है जबकि पाप व पुण्य इस संसार-चक्र में अच्छे व बुरे जीवन की ओर ले जाते हैं, हम अपने सदाचारमय जीवन से ऊपर उठ कर इस संसार से भी छुटकारा पा सकते हैं। सभी दर्शन हमें निःस्वार्थ प्रेम और निष्काम कर्म की शिक्षा देते हैं और सदाचार के लिए चित्तशुद्धि पर बल देते हैं। भिन्न-भिन्न अनुपातों में वे वर्णव्यवस्था तथा आश्रम-व्यवस्था के नियमों का पालन करने का आदेश देते हैं।

भारतीय दर्शन का इतिहास, जैसा कि हमने विषय-प्रवेश[2] में बताया है, अनेक प्रकार की कठिनाइयों से पूर्ण है। प्रमुख शास्त्रकारों और उनके ग्रन्थों के समय के विषय में संशयरहित कुछ भी कहा नहीं जा सकता और कितने ही सुप्रसिद्ध ग्रन्थकारों की ऐतिहासिकता के विषय में भी बहुत मतभेद है, कितने ही प्रासंगिक ग्रन्थ तो उपलब्ध नहीं हैं और कतिपय जो प्रकाशित हुए हैं उनमें से सबका अभी आलोचनात्मक अध्ययन नहीं हुआ है। महान् भारतीय विचारकों ने भी भारतीय दर्शन की ऐतिहासिक दृष्टि से छानबीन नहीं की है। माधवाचार्य ने अपने सर्वदर्शनसंग्रह में सोलह विभिन्न दर्शनों का विवेचन किया है। प्रथम खण्ड में हमने भौतिकवादी, बौद्ध और जैन विचारों की चर्चा की है। इस खण्ड में हम न्याय, वैशेषिक, सांख्य, योग,

---

1. बौद्ध विचारक धर्मकीर्ति भी अपने 'न्यायबिन्दु' नामक ग्रंथ का प्रारम्भ इसी कथन से करते हैं कि मनुष्य को समस्त इच्छाओं की पूर्ति से पूर्व सम्यक् ज्ञान होना आवश्यक है। सम्यग्ज्ञानपूर्विका सर्वपुरुषार्थसिद्धिः (1)।

2. भारतीय दर्शन, प्रथम खण्ड।

पूर्व मीमांसा और वेदान्त दर्शनों का विवेचन करेंगे। शैव सिद्धान्त के चारों सम्प्रदायों और रामानुज व पूर्णप्रज्ञ के सम्प्रदायों का आधार वेदान्त सूत्र हैं, और वे भिन्न-भिन्न प्रकार से उनकी व्याख्या करने का प्रयत्न करते हैं। पाणिनि के मत का महत्त्व दार्शनिक दृष्टि से बहुत कम है। वे शब्द की नित्यता के सम्बन्ध में मीमांसा के मत से सहमत होकर स्फोट अर्थात् प्रत्येक शब्द के अन्तर्गत अर्थ की अभिव्यक्ति के अविभाज्य रूप को स्वीकार करते हैं। वैदिक षड्दर्शनों में वैशेषिक दर्शन की अधिक प्रतिष्ठा नहीं है, जबकि न्यायदर्शन का तर्कपक्ष अधिक प्रचलित है और इसके भक्त व अनुयायी विशेष रूप से बंगाल में बहुत अधिक हैं। योगदर्शन का क्रियात्मक प्रयोग बहुत कम मिलता है, जबकि पूर्व मीमांसा का हिन्दू कानून के साथ निकट सम्बन्ध है। सांख्य का प्रचार नहीं के बराबर है, जबकि वेदान्त अपने भिन्न-भिन्न रूपों में प्रायः सर्वत्र छाया हुआ है। हिन्दू-विचारधारा के प्रतीक इन छः दर्शनों के विषय में लिखते हुए हम अधिकतर अपना ध्यान प्राचीन शास्त्रों, सूत्रों तथा उनके प्रमुख भाष्यकारों पर ही केन्द्रित करेंगे। अर्वाचीन काल के प्रायः सभी विचारकों के आध्यात्मिक ग्रंथ, कुछेक अपवादों को छोड़ कर, पर्याप्त मात्रा में प्रभावोत्पादक नहीं हैं। उनका अध्ययन तो विस्तृत है; किन्तु अवनति के युग में निर्मित होने के कारण उनके कृतित्व में टीका-टिप्पणियों व पुरानी बातों को दोहराने के अतिरिक्त किसी नवीन सृजन की शक्ति नहीं पाई जाती। उनमें मताग्रह को अत्यधिक मात्रा में सुविधाएं दी गई हैं। प्रत्यक्ष को भी रहस्यमय करके वर्णन करने की प्रवृत्ति, आस्तिकवाद के प्रति पक्षपात और तात्त्विक अनुर्वरता के कारण उस पर विशेष ध्यान देना आवश्यक नहीं है।

प्रचलित प्रथा के अनुसार ही, जिसके प्रतिकूल व्यवहार करना व्यर्थ होगा, हम पहले न्याय और वैशेषिक सिद्धान्त को ही लेंगे, जो हमें अनुभव के संसार का विश्लेषण प्रदान करते हैं। फिर हम सांख्य और योग को लेंगे, जिनमें अनुभव का साहसपूर्ण कल्पनात्मक वर्णन किया गया है। इसके बाद अन्त में हम दोनों मीमांसा दर्शनों का विवेचन करेंगे, जिनमें यह दर्शाने का प्रयत्न किया गया है कि श्रुति के दिव्य ज्ञान और दर्शन के अन्तिम निर्णयों में परस्पर सामंजस्य है। विवेचन का इस प्रकार का क्रम ऐतिहासिक कार्यकाल की दृष्टि से भले ही संगत न हो, किन्तु तार्किक दृष्टि से पूर्णतया संगत होगा।

दूसरा अध्याय

न्यायशास्त्र का तर्कसम्मत यथार्थवाद

न्याय और वैशेषिक—न्याय की प्रारम्भिक अवस्था—साहित्य और इतिहास—न्याय का क्षेत्र—परिभाषा का स्वरूप—प्रत्यक्ष अथवा अन्तर्दृष्टि— अनुमान-प्रमाण—परार्थानुमान—आगमन-अनुमान—कारण—उपमान अथवा तुलना—आप्त प्रमाण—ज्ञान के अन्य रूप—तर्क और वाद—स्मृति—संशय—हेत्वाभास—सत्य अथवा प्रभा—भ्रान्ति—न्याय के प्रमाणवाद का सामान्य मूल्यांकन—भौतिक जगत्—जीवात्मा और उसकी नियति—जीवात्मा तथा चेतना से सम्बन्ध के विषय में न्याय के सिद्धान्त पर कुछ आलोचनात्मक विचार—नीतिशास्त्र—ब्रह्मविद्या—उपसंहार।

1. न्याय और वैशेषिक

भारतीय विचारधारा के अन्य दर्शन जहां मुख्यतया कल्पनापरक हैं, इन अर्थों में कि वे संसार की अखण्ड रूप में विवेचना करते हैं, वहां न्याय और वैशेषिक विश्लेषणात्मक दर्शन का प्रतिनिधित्व करते हैं, और साधारण ज्ञान व विज्ञान का आश्रय लेकर चलते हैं तथा उनकी उपेक्षा नहीं करते। इन दोनों सम्प्रदायों में विशेषत्व यह है कि ये एक ऐसी विधि का प्रयोग करते हैं जिसे इनके अनुयायी वैज्ञानिक मानते हैं। तार्किक जांच तथा आलोचनात्मक विधि का प्रयोग करके, ये यह दर्शाने का प्रयत्न करते हैं कि बौद्ध विचारक जिन परिणामों पर पहुँचे वे परिणाम आवश्यक रूप से अभिमत नहीं थे। ये इस बात को भी दर्शाने का प्रयत्न करते हैं कि तर्क हमें जीवन को सदा के लिए नश्वर एवं क्षण-क्षण में परिवर्तनशील मानने के लिए भी बाध्य नहीं करता। इन दर्शनों का मुख्य उद्देश्य उन संशयवादी परिणामों का निराकरण करना है जो बौद्धों के प्रत्यक्ष ज्ञानवाद से निकलते हैं, क्योंकि वह बाह्य यथार्थ को मन के विचारों में मिला देता है। इनका प्रयास परम्परागत निष्कर्षों के प्रति, अर्थात् अन्तर्जगत् में जीवात्मा और बाह्य जगत् में प्रकृति के प्रति विश्वास को पुनः दृढ़ करने की ओर है और ये ऐसा केवल प्रामाण्य के आधार पर नहीं, बल्कि तर्क के आधार पर करते हैं। संशयवाद का जो प्रवाह बाढ़ की तरह आया उसकी रोकथाम केवल आस्था द्वारा नहीं की जा सकती थी, विशेषतः जबकि नास्तिकों ने उसके दुर्ग पर ही आक्रमण करने के लिए इन्द्रियजन्य ज्ञान व तर्क का आधार ले रखा हो। ऐसे समय में जीवन व धर्म के लक्ष्यों की प्राप्ति विशुद्ध ज्ञान के साधनों व उनकी विधियों की गम्भीर जांच से ही हो सकती है। धर्मशास्त्र एवं इन्द्रियों द्वारा प्राप्त किए जानेवाले ज्ञान की जो सामग्री

हमारे सम्मुख आती है उसकी तार्किक छानबीन ही का प्राचीन नाम आन्वीक्षिकी विद्या है।[1] नैयायिक उस सबको सत्य मानता है जो तर्क की कसौटी पर ठीक उतर सकता है।[2] वात्स्यायन और उद्योतकर इस विषय पर बल देते हैं कि यदि न्यायदर्शन केवल जीवात्मा और उसकी मुक्त अवस्था के विषय का ही प्रतिपादन करता तो उपनिषदों से उक्त दर्शन में कोई विशेष भेद न होता, क्योंकि वे भी इन समस्याओं का विवेचन करते हैं। न्यायदर्शन की विशेषता यही है कि यह आध्यात्मिक समस्याओं का आलोचनात्मक दृष्टि से विवेचन करता है। वाचस्पति के अनुसार, न्यायशास्त्र का उद्देश्य ज्ञान के विषयों की तर्कबुद्धि द्वारा आलोचना और छानबीन करना है।[3]

न्याय और वैशेषिक दोनों ही परम्परागत सामान्य दार्शनिक पदार्थों, यथा देश, काल, कारण, भौतिक प्रकृति, मन, जीवात्मा और ज्ञान को लेकर उनके विषय में उचित अनुसन्धान करके विश्व की रचना का समाधान करते हैं। तर्कसम्मत तत्त्व-विभाग इस परम्परा की मुख्य विशेषता रही है। न्याय और वैशेषिक दोनों क्रमशः आन्तरिक तथा बाह्य जगत् की व्याख्या करते हैं। न्याय अत्यन्त विस्तार के साथ ज्ञानप्राप्ति की पद्धति की व्याख्या करता है और बलपूर्वक उस संशयवाद का युक्तियुक्त विरोध करता है जो कि प्रत्येक पदार्थ की अनिश्चितता की घोषणा करता है। वैशेषिक का मुख्य विषय इन्द्रियजन्य ज्ञान अथवा अनुभव का विश्लेषण करना है। यह उन पदार्थों के विषय में सामान्य धारणाएँ देता है जो या तो प्रत्यक्ष या अनुमान अथवा श्रुति के प्रमाण द्वारा जाने जाते हैं। इस प्रकार का रुख अपनाते हुए यदि न्याय और वैशेषिक जीवात्माओं को वास्तविक मानने के विश्वास का समर्थन करें तो कुछ आश्चर्य नहीं। ये जीवात्माएँ अपने चारों ओर व्याप्त वस्तुओं के विधान में परस्पर क्रिया-प्रतिक्रिया में संलग्न हैं।

दोनों दर्शन बहुत समय से एक-दूसरे के पूरक माने जाते रहे हैं। कभी-कभी यह सुझाया जाता है कि उक्त दोनों दर्शन एक ऐसे उद्गम से निकली दो स्वतन्त्र विचारधाराएँ हैं जिसमें ज्ञात पदार्थों तथा ज्ञान के साधनों का विवेचन किया गया था। परन्तु, इस विषय पर निश्चित रूप से कुछ कहना कठिन है। बाद के ग्रंथकारों ने दोनों दर्शनों को एक ही सामान्य विचारधारा का अंग स्वीकार किया है।[4] यहां तक कि वात्स्यायन के न्यायभाष्य में दोनों के अन्दर भेद नहीं किया गया है। वैशेषिक का उपयोग न्याय के परिशिष्ट के रूप में हुआ है।[5] उद्योतकर के न्यायवार्तिक में वैशेषिक सिद्धान्तों का उपयोग किया गया है। जैकोबी का कहना है कि

---

1. प्रत्यक्षागमाभ्याम् आक्षिप्तरय अन्वीक्षा तया वर्त्तत इत्यान्वीक्षिकी (न्यायभाष्य, 1 : 1, 1)। आगे चल कर : 'इसे अन्वीक्षा, अर्थात् अनुसन्धान कहा जाता है, क्योंकि इसका कार्य प्रत्यक्ष तथा शब्द-प्रमाण के आधार पर पहले देखी हुई (ईक्षित) वस्तु का फिर से ईक्षण (अनु-ईक्षण) करना है' (न्यायभाष्य, 1 : 1, 1)। तर्कशास्त्र दूसरी धारणा का विज्ञान है, जैसा कि अरस्तू का कहना है, यह अनिवार्य रूप से ज्ञान का अपने सम्बन्ध में चिन्तन करना है।

2. बुद्धया यद् उपपन्नं तत् सर्वं न्यायमतम्।

3. तुलना कीजिए : प्रमाणैरर्थ परीक्षणम् (न्यायभाष्य तथा न्यायवार्तिक तात्पर्य टीका, 1 : 1, 1)।

4. देखिए, वरदराजकृत तार्किकरक्षा, केशवमिश्रकृत तर्कभाषा, शिवादित्यकृत सप्तपदार्थी, विश्वनाथकृत भाषापरिच्छेद और सिद्धान्तमुक्तावली, अन्नंभट्टकृत तर्कसंग्रह और दीपिका, जगदीशकृत तर्कामृत और लौगाक्षि भास्करकृत तर्ककौमुदी। बौद्ध विचारक आर्यदेव और हरिवर्मन न्याय को वैशेषिक दर्शन से स्वतंत्र नहीं मानते। (उईकृत : वैशेषिक फिलॉसफी, पृष्ठ 45 और 56)

5. न्यायभाष्य, 1 : 1, 4। वात्स्यायन ने उद्धृत किया है। न्यायभाष्य, 2 : 2, 34 में वैशेषिक सूत्र, 3 : 1, 16; न्यायभाष्य, 3 : 1, 33 और 3 : 1, 67 में वैशेषिक सूत्र, 4 : 1, 6।

'उक्त दोनों सम्प्रदायों का सम्मिश्रण बहुत पहले आरम्भ हो गया था और उसकी पूर्ति उस समय हुई लगती है जबकि न्यायवार्तिक लिखा गया।'[1] कितने ही न्यायसूत्रों में वैशेषिक के सिद्धांतों की पूर्वकल्पना की गई है। इन्हें समानतन्त्र अथवा संयुक्त दर्शन नाम से भी पुकारा जाता है, क्योंकि दोनों ही जीवात्माओं के अनेक होने, एक पृथक् ईश्वर की सत्ता, परमाणुरूप जगत् की सत्ता में विश्वास करते हैं, और बहुत-सी एक-जैसी युक्तियों का उपयोग करते हैं। यद्यपि इसमें सन्देह नहीं कि उक्त दोनों दर्शन-पद्धतियाँ बहुत प्राचीन काल में ही एक साथ मिल गई थीं। फिर भी जहां एक ने तर्क के विषय का प्रतिपादन किया वहां दूसरे ने भौतिक जगत् की व्याख्या की। इस प्रकार दोनों में भेद प्रकट होता है।[2] जबकि न्याय तर्क द्वारा पदार्थों के ज्ञान की प्रक्रियाओं और प्रणालियों का वर्णन करता है, वैशेषिक पदार्थों की परमाणु द्वारा रचना की व्याख्या करता है जिसे न्याय ने बिना किसी तर्क के स्वयंसिद्ध स्वीकार कर लिया है।[3]

न्यायदर्शन को अत्यन्त प्राचीन काल से ही बहुत प्रतिष्ठा के साथ देखा जाता रहा है। मनु ने इसका समावेश श्रुति के अन्दर किया है, याज्ञवल्क्य ने भी इसे वेद के चार अंगों में से एक माना है।[4] हिन्दुओं के पाँच प्राचीन पाठ्यविषयों—काव्य (साहित्य), नाटक, अलंकार, तर्क (न्यायदर्शन) और व्याकरण में न्याय की भी गणना की गई है। आगे चल कर विद्यार्थी किसी भी विषय के विशेष अध्ययन को भले ही स्वीकार करें, किन्तु

1. इन्साइक्लोपीडिया ऑफ रिलिजन एण्ड एथिक्स, खण्ड 2, पृष्ठ 201।

2. उद्योतकर का कहना है कि 'अन्य विज्ञानों का कार्य प्रमाणों के विषय का प्रतिपादन करना नहीं है, यद्यपि वे उन पदार्थों का प्रतिपादन करते हैं जो उनके द्वारा जाने गए हैं' (न्यायवार्तिक, 1 : 1, 1)।

3. गार्बे वैशेषिक को न्याय का पूर्ववर्ती मानता है (इन्साइक्लोपीडिया ऑफ रिलिजन एण्ड एथिक्स, खण्ड 12, पृष्ठ 569); और देखिए, फिलॉसफी ऑफ एंशियण्ट इण्डिया, पृष्ठ 20; जैकोबी : (जनरल ऑफ द अमेरिकन ओरियण्टल सोसाइटी, 31), जबकि गोल्डस्टकर वैशेषिक को न्याय की एक शाखा मात्र मानता है। कीथ का झुकाव पूर्व मत की ओर है। (इण्डियन लॉजिक एण्ड ऐटोमिज्म, पृष्ठ 21-22)। यह अधिक तर्कसम्मत है क्योंकि रूढ़िपरक तत्त्व मीमांसा के पश्चात् ही सामान्यतः समालोचनात्मक अनुसन्धान उत्पन्न होते हैं। न्यायसूत्रों का अधिक क्रमबद्ध स्वरूप है तथा उनमें शब्द की नित्यता, आत्मा के स्वरूप और अनुमान की प्रक्रिया की समस्याओं पर अधिक ध्यान दिया गया है, जिससे कीथ का विचार पुष्ट होता है। न्यायसूत्रों में ईश्वर का स्पष्ट रूप में उल्लेख (4 : 1,19) उससे कहीं अधिक है जो कुछ वैशेषिक ने इस प्रश्न पर कहा है। शारीरिक क्रियाओं से आत्मा के अस्तित्व को सिद्ध करने के लिए जो युक्ति दी गई है वह न्याय के मत की तुलना में असंस्कृत है। न्याय ने मानसिक प्रतीति को आत्मा का आधार माना है। ब्रह्मसूत्रों में, जो वैशेषिक सिद्धान्त की समीक्षा करते हैं, (2 : 2, 12-17), न्याय का कोई स्पष्ट उल्लेख न होने से वैशेषिक की प्राचीनता के मत की पुष्टि होती है। न्याय में जो 'प्रतितन्त्र सिद्धान्त' का उल्लेख है यदि उसे वैशेषिक का संकेत समझा जाए तो इस मत की और भी पुष्टि हो जाएगी। वैशेषिक सूत्रों में अनुमान के आधारों का जो अधिक विस्तृत रूप में प्रतिपादन है और हेत्वाभासों की अधिक सरल योजना है, उनका महत्त्व निर्माण-काल की दृष्टि से कुछ अधिक नहीं है। हमें न्यायसूत्रों तथा वैशेषिक सूत्रों में बहुत-सी समानताएं मिलती हैं। न्यायसूत्र 3 : 1, 36; 2 : 1, 54; 1 : 1, 10; 3 : 1, 28; 3 : 1, 35; 3 : 1, 63; 3 : 1, 71; 3 : 2, 63 की क्रमशः वैशेषिक सूत्र, 4 : 1, 8; 7 : 2, 20; 3 : 2, 4; 4 : 2, 3; 4 : 1, 6-13; 7 : 2; 4-5; 8 : 2, 5; 7 : 1, 23 से तुलना कीजिए)। यदि कुछ वैशेषिक सूत्र न्याय के विचारों के ही परिष्कृत रूप लगते हैं तो इससे केवल इतना ही परिणाम निकल सकता है कि वे सूत्र न्यायसूत्रों के बाद बने। इससे अधिकांश वैशेषिक सूत्रों की पूर्णवर्तिता पर कुछ असर नहीं पड़ता।

4. याज्ञवल्क्य स्मृति, 1 : 3। तुलना कीजिए, आत्मोनिषद्, 2, और विष्णुपुराण 3 : 6।

प्रारम्भिक विषयों में तर्कशास्त्र अवश्य सम्मिलित था, जो समस्त पाठ्यविषयों का आधार समझा जाता था। प्रत्येक हिन्दू दर्शन न्याय द्वारा प्रतिपादित मौलिक सिद्धांतों को स्वीकार करता है। यहां तक कि न्यायदर्शन की आलोचना के लिए भी न्याय की तार्किक परिभाषाओं का आश्रय लेता है। इस दृष्टिकोण से न्याय एक प्रकार से समस्त व्यवस्थित दर्शनविज्ञान की भूमिका है।[1]

2. न्याय की प्रारम्भिक अवस्था

आन्वीक्षिकी विद्या का प्रयोग, जैसा कि हम ऊपर देख आए हैं, अध्यात्मविषयक समस्याओं की तार्किक समीक्षा के लिए हुआ है। साथ ही, इसका प्रयोग व्यापक अर्थ में भी हुआ है, जिससे इसमें सांख्य, योग और लोकायत्त आदि उन समस्त व्यवस्थित प्रयासों का समावेश हो जाता है जो दार्शनिक समस्याओं को सुलझाने के लिए किए गए थे। इन विभिन्न दर्शनों में समान रूप से प्रयुक्त होनेवाली तार्किक पद्धति व आलोचना के स्वरूप की ओर शीघ्र ही ध्यान गया है। प्रत्येक विज्ञान न्याय के नाम से पुकारा जा सकता है, क्योंकि न्याय का शाब्दिक अर्थ है किसी विषय के भीतर जाना अर्थात् उसकी विश्लेषणात्मक समीक्षा करना। इसलिए हम न्यायदर्शन को, जिनमें आलोचनात्मक छानबीन की सामान्य योजना और पद्धति का अध्ययन किया जाता है, विज्ञानों का विज्ञान कह सकते हैं। मीमांसकों ने, जो केवल श्रुतियों के भाष्यकार ही नहीं थे किन्तु तार्किक भी थे, इस प्रकार के तार्किक अध्ययन को प्रोत्साहन दिया। हो सकता है कि कर्मकाण्ड की आवश्यकताओं के कारण ही तर्कबुद्धि का उदय हुआ हो, खासकर तब जब कि कर्मकाण्ड की नाना विधियों, नियमों तथा उसके फलों की ठीक-ठीक व्याख्या करने की आवश्यकता हुई। इसीलिए जिन विचारकों ने मीमांसाशास्त्र की नींव रखी और उसे उन्नत किया उन्होंने तर्कशास्त्र की उन्नति में भी सहायता की।[2] जब गौतम ने अन्य विचारकों की अपेक्षा तार्किक पक्ष की व्याख्या की ओर विशेष ध्यान दिया तो उनके दृष्टिकोण का आन्वीक्षिकी के साथ तादात्म्य हो गया। इस प्रकार एक पारिभाषिक शब्द, जो बहुत प्राचीन काल से सामान्य अर्थों में प्रत्येक व्यवस्थित दर्शन के लिए प्रयुक्त होता था, संकुचित अर्थों में प्रयुक्त होने लगा।[3]

पूर्व की जिन शृंखलाबद्ध अवस्थाओं में से गुज़र कर न्यायशास्त्र विकसित हुआ उनमें तार्किक वाद-विवाद का विशेष स्थान है।[4] न्याय को कभी-कभी तर्कविद्या और वादविद्या,

---

1. तुलना कीजिए : कौटिल्य (1 : 2), जिसे न्यायभाष्य, 1 : 1, 1 में उद्धृत किया गया है।

2. मीमांसा ग्रंथों के नामों यथा माधवकृत न्यायमालाविस्तार, पार्थसारथि मिश्रकृत न्यायरत्नाकर और आपदेवकृत न्यायप्रकाश से यह स्पष्ट है कि न्याय शब्द का प्रयोग मीमांसा के पर्यायवाची शब्द के रूप में होता था। और भी देखिए आपस्तम्बकृत धर्मसूत्र, 2 : 4, 8, 23, 2 : 6, 14, 3।

3. और देखिए, मनु, 7 : 43; गौतमकृत धर्मसूत्र, 11; रामायण, अयोध्याकाण्ड, 100,36; महाभारत, शान्तिपर्व, 180, 47।

4. पहले सूत्र में उन विषयों की सूची गिनाई गई है जिनका प्रतिपाद इस दर्शन में किया गया है और वे हैं : (1) प्रमाण, ज्ञान के साधन; (2) प्रमेय, ज्ञान के विषय; (3) संशय, (4) प्रयोजन; (5) दृष्टान्त; (6) सिद्धान्त, मान्य सत्य; (7) अवयव, परार्थानुमान के घटक; (8) तर्क, अप्रत्यक्ष प्रमाण; (9) निर्णय, सत्य का निश्चय; (10) वाद, बहस; (11) जल्प, निरर्थक कथन; (12) वितण्डा, खण्डनात्मक समालोचना; (13) हेत्वाभास; दोषपूर्ण युक्तियाँ; (14) छल; (15) जाति, निरर्थक आपत्तियाँ और (16) निग्रहस्थान, दोषारोपण के अवसर।

अर्थात् वाद-विवाद सम्बन्धी विज्ञान का नाम भी दिया गया है। बहस अथवा वाद बौद्धिक जीवन का प्राण है। सत्य के अन्वेषण के लिए इस विधि का आश्रय लेना आवश्यक हो जाता है। सत्य स्वयं में एक अत्यन्त जटिल विषय है और इसीलिए बिना विभिन्न मस्तिष्कों के सम्मिलित सहयोग के सत्य के अन्वेषण में सफलता नहीं मिलती।[1] उपनिषदों में ऐसी विद्वत्परिषदों का उल्लेख मिलता है जिनमें दार्शनिक विषयों पर वाद-विवाद होते थे।[2] यूनानी तर्कशास्त्र भी बहुत हद तक सोफिस्ट आन्दोलन से विकसित हुआ जिसमें प्रश्नोत्तर के रूप में वाद-विवाद होता था। वाद-विवाद की कला के अभ्यास से ही सोफिस्टों ने न केवल तर्क के यथार्थ सिद्धांतों, बल्कि कुतर्क और वाक्छल का भी आविष्कार किया। प्लेटो के 'डायलौग्स्' से पता चलता है कि सुकरात वाद-विवाद की कला का उपयोग सत्य के अन्वेषण के लिए करता था। अरस्तू ने अपनी दो पुस्तकों, टॉपिक्स तथा सोफिस्टिकल रेफयूटेशन्स का प्रयोग विवाद-प्रतियोगिता के मार्गप्रदर्शन के लिए किया है, यद्यपि वह विशुद्ध तर्क को भाषणकला से पृथक् रखता था और तर्क के सिद्धांतों को वाद-विवाद के नियमों से अलग रखता था। इसी प्रकार इसमें संदेह नहीं कि गौतम के न्यायशास्त्र का जन्म भी ऐसी ही वाद-विवाद प्रतियोगिताओं अथवा शास्त्रार्थों से हुआ, जिनका प्रचार राजदरबारों तथा दार्शनिकों में बराबर था। ऐसे शास्त्रार्थों को नियमबद्ध करने के प्रयत्नों से ही तर्कशास्त्र का विकास हुआ। अरस्तू के समान गौतम ने भी तर्क के सिद्धांतों को एक व्यवस्थित रूप दिया, सत्य से असत्य का भेद किया, और अनेक प्रकार के वितण्डा व वाक्छल का विस्तृत विवरण दिया। पहले सूत्र में गिनाए गए सोलह विषय शास्त्रार्थ द्वारा ज्ञानप्राप्ति के साधन हैं।[3] तर्कशास्त्र पर लिखे गए परवर्तीकाल के कितने ही ग्रंथों में वाद-विवाद के नियमों पर बहस की गई है।[4] जबकि वे सब ग्रंथ विवादसम्बन्धी समस्याओं की ओर निर्देश करते हैं।[5]

जयन्त अधिकारपूर्वक कहता है कि यद्यपि गौतम का न्यायदर्शन तर्कशास्त्र के विषय को एक सन्तोषजनक रूप में उपस्थित करता है फिर भी गौतम से पूर्व भी तर्कशास्त्र विद्यमान

पिछले सात की अपेक्षा पहले नौ अधिक सही अर्थों में तर्कसम्मत हैं, क्योंकि पिछले सातों का कार्य अधिकतर भ्रमात्मक ज्ञान का निषेध है। ये भूल को मिटाने के लिए हथियार का काम करते हैं, किन्तु सत्य की प्रस्थापना का कार्य उतना नहीं करते।

1. सुकरात ने इसका प्रयोग किया। प्लेटो के ग्रंथ इसके महत्त्व को सत्य की प्राप्ति के साधन रूप में दर्शाते हैं। अरस्तू का कहना है कि 'कुछ व्यक्ति विषय के एक पहलू को देखते हैं तथा अन्य दूसरे पहलू को देखते हैं, किन्तु सब मिल कर सब पहलुओं को देख सकते हैं' (पॉलिटिक्स) मिल्टन के 'एरियोपैगिटिका' तथा मिल के 'एसे ऑन लिबर्टी' में निर्मुक्त विवाद की प्रशंसा की गई है।

2. देखिए, छान्दोग्य उपनिषद्, 5 : 3, 1; बृहदारण्यक उपनिषद् 6 : 2, 1; प्रश्नोपनिषद् 1 : 6। और देखिए, मनु, 6 : 50; 8 : 269; 12 : 106; महाभारत शान्तिपर्व, 180, 47; 246, 18। मनु, 12 : 110-111; पाराशर, 8 : 19 और याज्ञवल्क्य, 1 : 9 तथा विनयपिटक के परिवार में इन परिषदों का ब्यौरा दिया गया है।

3. और देखिए, न्यायभाष्य, 1 : 1, 1।

4. तार्किक रक्षा।

5. कौटिल्य ने बत्तीस पारिभाषिक शब्दों का वर्णन किया है जिन्हें तंत्रयुक्त संज्ञा दी गई है। यह सूची चरकसंहिता, सिद्धिस्थान 12 और सुश्रुत संहिता, उत्तरतंत्र 65 में भी मिलती है। चरकसंहिता के आन्वीक्षिकी भाग में वाद-विवाद के नियमों का विस्तार के साथ प्रतिपादन किया गया है (विमानस्थान, 8)

था, जैसे कि जैमिनि से पूर्व मीमांसा और पाणिनि से पूर्व व्याकरण विद्यमान था।[1] छांदोग्य उपनिषद् में वाकोवाक्य का[2] वर्णन मिलता है जिसे शंकर ने तर्कशास्त्र[3] ही बतलाया है। महाभारत में भी तर्कशास्त्र और आन्वीक्षिकी का उल्लेख है।[4] वहां कहा गया है कि नारद न्यायशास्त्र के परार्थानुमान एवं वैशेषिक के युति और न्यास से परिचित थे। विश्वनाथ कुछेक पुराणों में एक वाक्य उद्धृत करता है जिसके अनुसार न्याय की गणना वेदों के उपांगों में की गई है।[5] यद्यपि बौद्धदर्शन मुख्यतः बुद्धि पर आश्रित था तो भी उसके प्राचीन ग्रंथों में कोई व्यवस्थित तार्किक पद्धति नहीं मिलती। केवल तर्कविद्या में निपुण व्यक्तियों का वर्णन मिलता है। ब्रह्मजालसूत्त में तक्की (वितण्डावादी) और वीमांसी[6] का उल्लेख है। मज्झिमनिकाय में आए अनुमान सूत्त इस नाम से यह प्रकट होता है कि अनुमान शब्द का प्रयोग, शायद अनुमान-प्रमाण के लिए हुआ है। कथावस्तु में पतिन्ना (प्रतिज्ञा), उपनय, निग्गाह आदि शब्दों का व्यवहार उनके पारिभाषिक अर्थों में ही हुआ है।[7] यमक परिभाषाओं के विभाग और रूपांतर के नियमों से परिचित है। पतिसम्भिदामग्ग शब्दों और पदार्थों के विश्लेषण का वर्णन करता है। नेत्तिपकरण तार्किक सिद्धांत के प्रति अपनी निष्ठा प्रकट करता है। मिलिन्द के प्रश्नों में न्यायदर्शन का वर्णन शायद नीति के नाम से आया है।[8] ललितविस्तर ने न्यायशास्त्र का वर्णन हेतुविद्या के नाम से किया है। जैन आगमों ने भी भारतीय न्यायशास्त्र की प्राचीनता को प्रमाणित किया है। आर्यरक्षित ने जो ईसा की प्रथम शताब्दी में विद्यमान था, अपने अणुयोग द्वार में अनुमान के तीन विभाग—पूर्ववत्, शेषवत् और सामान्यतोदृष्ट गौतम के सूत्र के अनुसार ही किए हैं। आर्यरक्षित केवल एक प्राचीन ग्रंथ का संकलनकर्त्ता प्रतीत होता है जिसका वर्णन भगवती सूत्र में, ई. पू. तीसरी शताब्दी में पाटलिपुत्र में संघटित जैन सिद्धान्तों में पाया जाता है। सम्भवतः अनुमान-प्रमाण

---

1. डॉक्टर विद्याभूषण का मत है कि न्यायसूत्र के रचयिता से पूर्व भी अनेक लेखकों का भारतीय न्यायशास्त्र में योगदान रहा है। इन लेखकों में दत्तात्रेय, पुनर्वसु, आत्रेय, सुलभा वैरागिनी और अष्टावक्र का नाम लेते हैं। ('हिस्ट्री ऑफ इण्डियन लॉजिक', पृष्ठ 9-17)।

2. 7 : 1, 2।

3. और देखिए, 'सुबाल' उपनिषद्, 2। कुछ परवर्ती उपनिषद् प्रमाण शब्द का प्रयोग पारिभाषिक अर्थ में करते हैं। देखिए, मैत्री उपनिषद्, 6, 6, 24; नृसिंहोतापनी, 8; सर्वोपनिषद्सार, 4; कालाग्निरुद्रोपनिषद्, 7; मुक्तिकोपनिषद्, 2। तैत्तिरीय आरण्यक में स्मृति अर्थात् धर्मशास्त्र, प्रत्यक्ष, ऐतिह्य अर्थात् परम्परा और अनुमान ज्ञान के चार स्रोत बताए गए हैं। और देखिए रामायण, 5 : 87-23; मनु, 12 : 105। प्राचीन ग्रंथों में न्याय की अनेक परिभाषाएँ मिलती हैं, यथा तर्क (कठोपनिषद्, 2 : 9; मनु, 12 : 106; महाभारत, 2 : 153), वाद (मनु, 6 : 50; रामायण, 1 : 13-23; 7 : 53-60), युक्ति (ऐतरेय ब्राह्मण, 6 : 23; रामायण, 2 : 1, 13), जल्प (महाभारत, 13 : 4322), वितण्डा (महाभारत, 2 : 1310; 7 : 3022; और पाणिनी, 4 : 4, 102), छल (मनु 8 : 49; रामायण, 4 : 57, 10), निर्णय (महाभारत, 13 : 7553, 7535), प्रयोजन (मनु, 7 : 100; महाभारत, 1 : 5805), प्रमाण (मनु, 2 : 13; रामायण, 2 : 37, 21; महाभारत, 13 : 5572), प्रमेय (रामायण, 1 : 52, 3; महाभारत; 1 : 157; 7 : 1419)। देखिए, विद्याभूषण की 'हिस्ट्री ऑफ इण्डियन लॉजिक', पृष्ठ 23।

4. महाभारत, 1 : 70, 42; 12 : 210, 22।

5. न्यायसूत्रवृत्ति, 1 : 1, 1।

6. और देखिए, उदान, 6; 10।

7. और देखिए, विभंग पृष्ठ 293 से लेकर बराबर।

8. 'सेक्रेड् बुक्स ऑफ द ईस्ट', पृष्ठ 6-7।

के तीन प्रकारों का सिद्धान्त ई. पू. तीसरी शताब्दी से भी पुराना है।

न्यायशास्त्र का आरम्भ बौद्धकाल से पूर्व हो गया था, यद्यपि उसकी वैज्ञानिक विवेचना बौद्धकाल के आरम्भ में और मुख्य सिद्धान्तों की स्थापना ई. पू. तीसरी शताब्दी से पहले हुई। किन्तु सूत्र-निर्माण से पूर्व के न्याय के ऐतिहासिक विकास के सम्बन्ध में बहुत कम सामग्री उपलब्ध है।

3. साहित्य और इतिहास

न्यायशास्त्र का इतिहास बीस शताब्दियों में फैला हुआ है। गौतम का न्यायसूत्र, जो पाँच अध्यायों में बँटा है जिनमें से प्रत्येक के दो-दो परिच्छेद हैं, न्यायशास्त्र की प्रथम पाठ्य-पुस्तक है। वात्स्यायन के अनुसार ग्रन्थ उद्देश्य, लक्षण और परीक्षा की विधि का अनुसरण करता है। प्रथम अध्याय में सामान्यतः सोलह विषयों का वर्णन है जिन पर अगले चार अध्यायों में विचार किया गया है। दूसरे अध्याय में संशय के रूप का प्रतिपादन है, और हेतु प्रामाण्य का वर्णन किया गया है। तीसरे अध्याय में आत्मा के स्वरूप, भौतिक देह, इन्द्रियाँ और उनके विषयों, अभिज्ञान व मन के विषय में विचार किया गया है। चौथे अध्याय में संकल्पशक्ति, शोक, दुःख और उससे छुटकारे के विषय पर विचार किया गया है। प्रकरणवश इस अध्याय में त्रुटि और पूर्ण व उसके अंशों के परस्पर सम्बन्ध का भी वर्णन किया गया है। अंतिम अध्याय में जाति, अर्थात् निराधार आक्षेपों और निग्रहस्थान अर्थात् दोषारोपण के अवसरों का विवेचन किया गया है। न्यायसूत्र वैदिक विचारधारा के निष्कर्षों को तर्कसम्मत सिद्धान्तों के आधार पर, उसके धार्मिक एवं दार्शनिक मतों के साथ जोड़ता है; और इस प्रकार आस्तिक यथार्थवाद का तर्क द्वारा समर्थन करता है। गौतम के सूत्र, कम-से-कम उनमें से प्राचीनतम, ई. पू. तीसरी शताब्दी की रचनाएँ हैं। वह युग आह्निकों अर्थात् दैनिक पाठों, यथा पतंजलिकृत व्याकरण महाभाष्य के नवाह्निक का युग था। परन्तु कुछ न्यायसूत्र निश्चित रूप से ईसा की मृत्यु के पीछे बने हैं।[1]

---

1. जैकोबी का मत है कि न्यायसूत्र और न्यायभाष्य लगभग एक ही समय के हैं। हो सकता है कि उनके बीच एक पीढ़ी का व्यवधान हो। वह इन्हें दूसरी शताब्दी (ईस्वी), जबकि शून्यवाद का विकास हुआ, और पाँचवीं शताब्दी (ईस्वी) के मध्य में रखता है जबकि विज्ञानवाद व्यवस्थित रूप में आया (देखिए जनरल ऑफ दि अमेरिकन सोसाइटी 31 : 1911, पृष्ठ 2, 13)। उसका विचार है कि न्यायसूत्र में जिन बौद्ध विचारों की आलोचना की गई है, वे नागार्जुन द्वारा समर्थित शून्यवाद के विचार हैं जिनका समय तीसरी शताब्दी (ईस्वी) रखा गया है। वे असंग और वसुबन्धु के विज्ञानवाद के विचार नहीं हैं जिनका समय चौथी शताब्दी (ईस्वी) का मध्य माना गया है। किन्तु इस मत को मानना कठिन है। वात्स्यायन और वाचस्पति दोनों का ही मत है कि न्यायसूत्र 4 : 2, 26 में विज्ञानवाद का विरोध किया गया है। हमें यह स्वीकार करना पड़ेगा कि न्यायसूत्र में शून्यवाद का खण्डन किया गया है। (न्यायसूत्र 4 : 1, 40; 4 : 1, 48 की क्रमशः माध्यमिक कारिका 15 : 6 और 7 : 20 के साथ तथा न्यायसूत्र 4 : 1, 34-35 की चन्द्रकार्तिकृत 'वृत्ति' पृष्ठ 64-71 के साथ तुलना कीजिए)। किन्तु शून्यवाद नागार्जुन से पहले का है और वे न्यायशास्त्र की परिभाषाओं से परिचित हैं तथा परमाणुवाद को अस्वीकार करते हैं (न्यायसूत्र 4 : 2, 18-24, 31-32 की माध्यमिक कारिका, 7 : 34 से तथा न्यायसूत्र 3 : 2, 11 और 4 : 1, 64 की तुलना कीजिए)। हम केवल यही कह सकते हैं कि न्यायसूत्र नागार्जुन से पहले का है, यद्यपि माध्यमिक परम्परा के पश्चात् का है→

वात्स्यायन का न्यायभाष्य न्यायसूत्र पर शास्त्रीय टीका है। यह प्रकट है कि वात्स्यायन गौतम के तुरन्त बाद नहीं हुआ था, क्योंकि उसके ग्रन्थ में वार्तिक के सन्दर्भ पाए जाते हैं

→(और देखिए, 'भारतीय दर्शन' खण्ड 1, पृष्ठ 591 टिप्पणी : यूई : 'वैशेषिक फिलासफी' पृष्ठ 85)। लंकावतार सूत्र में तार्किकों और नैयायिकों का उल्लेख है। और यदि हम स्मरण रखें कि विश्वविज्ञान-सम्बन्धी विचार, जिनका न्यायसूत्र में खण्डन किया गया है, उतने ही पुराने हैं, जितना कि प्रारम्भिक बौद्धदर्शन है, तो जैकोबी द्वारा मान्य काल, जिसका सुआली ने भी समर्थन किया है, क्योंकि वह न्यायसूत्र को 300 या 350 ईस्वी का बताता है, बहुत पीछे का प्रतीत होता है (और देखिए यूई : वैशेषिक फिलासफी' पृष्ठ 16)। गार्व का झुकाव इस ओर है कि न्यायसूत्र पहली शताब्दी (ईस्वी) के हैं क्योंकि पंचशिख उनसे परिचित था, जिसे वह शबर का समकालीन मानता है, जो 100 और 300 ईस्वी के मध्य कभी हुआ था। गौतम ब्रह्मसूत्रों की परिभाषाओं से (तुलना कीजिए न्यायसूत्र 3 : 2, 14-16 और ब्रह्मसूत्र 2 : 1, 24) और जैमिनि के पूर्वमीमांसा से (देखिए न्यायसूत्र 2 : 1, 61, 67; बोडासकृत इण्ट्रोडक्शन टू तर्कसंग्रह) परिचित हैं। बोडास का मत है कि वैशेषिक सूत्र 4 : 1, 4-5 बादरायणकृत परमाणुवाद की समालोचना को आगे रखते हैं और वैशेषिक सूत्र 3 : 2, 9 (तुलना कीजिए न्यायसूत्र, 3 : 1, 28-30) का लक्ष्य वेदान्त का यह मत है कि आत्मा को केवल श्रुति के द्वारा ही जाना जाता है। इसी प्रकार वैशेषिक सूत्र 4 : 2, 2-3 ब्रह्मसूत्र 2 : 2, 21-22 के इस विचार का विरोध करता है कि शरीर पाँच या तीन तत्त्वों के संयोग का परिणाम है। गौतम अनेक स्थलों पर बादरायण के ही विचारों का प्रतिपादन करते हैं। देखिए, न्यायसूत्र 4 : 1, 64 और 3 : 2, 14-16। ब्रह्मसूत्रों और मीमांसासूत्रों में न्याय के सम्बन्ध में सीधा कोई उल्लेख नहीं हैं, इस पर कभी-कभी बल दिया जाता है। यह संभव है कि व्यास ने, जिसे गौतम का शिष्य समझा जाता है, न्याय के मत की आलोचना करना ठीक न समझा हो, विशेषकर इसलिए कि यह ईश्वर को मानने में सहमत था। फिर कभी-कभी यह भी कहा जाता है कि ब्रह्मसूत्र 2 : 1, 11-13 न्याय के इस मत को ठीक नहीं मानता कि तर्क द्वारा ईश्वर की सिद्धि होनी चाहिए। परमाणुवाद और असत्य कार्य पाद के सिद्धान्तों की समीक्षा ब्रह्मसूत्र 2 : 2, 10-16 और 2 : 1, 15-20 में की गई है। प्राचीन बौद्ध ग्रंथों में ऐसी कोई सामग्री नहीं पाई जाती जिससे न्यायसूत्र के निर्माणकाल का पता चल सके। कात्यायन (चौथी शताब्दी ई. पू.) और पतंजलि (जिसका महान् ग्रंथ लगभग 140 ई. पू. लिखा गया था) न्यायदर्शन से परिचित थे। देखिए गोल्डस्टकरकृत 'पाणिनि'। भगवान् उपवर्ष से, जिनके विषय में कहा जाता है कि उन्होंने दोनों मीमांसाओं पर टीका लिखी थी, शबर के उद्धरण यह निर्देश करते हैं कि उपवर्ष न्याय के विचारों से अभिज्ञ थे। हरिवर्मन (260 ईस्वी) न्याय के सोलह विषयों से परिचित है। अश्वघोष पंचावयव वाले परार्थानुमान का प्रयोग करता है। देखिए यूई : 'वैशेषिक फिलासफी' पृष्ठ 56 और 81। इसलिए हम यह निष्कर्ष निकाल सकते हैं कि न्यायसूत्र चौथी शताब्दी ई. पू. में थे अवश्य, भले ही वे अपने वर्तमान रूप में न रहे हों। महामहोपाध्याय हरप्रसाद शास्त्री का कहना है, "मैं यह निश्चय से नहीं कह सकता कि न्यायसूत्र वर्तमान रूप धारण करने से पूर्व अनेक संशोधनों में से न गुजरे हों।" (जरनल ऑफ एशियाटिक सोसाइटी ऑफ बंगाल, 1905, पृष्ठ 178, और देखिए पृष्ठ 245 से लेकर)। वाचस्पति ने 'न्यायसूची' तथा 'न्यायसूत्रोधार' में सूत्रों को संग्रह करने के दो प्रयत्न किए, और इस प्रकार न्यायसूत्र की प्रामाण्यता के विषय में सन्देह प्रकट किया। डॉ. विद्यामूषण का मत है कि गौतम ने ग्रंथ का केवल पहला ही अध्याय लिखा और वह धर्मसूत्र के रचयिता बुद्ध का समकालीन था, जो मिथिला में छठी शताब्दी ई. पू. में निवास करता था (देखिए सेक्रेड बुक्स आफ हिन्दूज़ : न्यायसूत्र पृष्ठ 5-8 और भण्डारकर कोमेमोरेशन वॉल्यूम, पृष्ठ 161-162)। उनका मत है कि गौतम के असली विचार वे हैं जो 'चरकसंहिता' में हैं (विमानस्थान, 8)। न्यायसूत्र और 'चरकसंहिता' में बहुत-सी बातें एक समान हैं किन्तु यह कहा गया है : "न्याय सिद्धान्तों तथा वैशेषिक के पदार्थों के सम्बन्ध में चरक का उल्लेख न्यायसूत्रों का समय निर्धारित करने में अधिक महत्त्व नहीं रखता, क्योंकि उक्त ग्रंथ में बहुत परिवर्तन हुए और उसका रचनाकाल भी अनिश्चित है।" ('इण्डियन लाजिक एण्ड एटोमिज्म' पृष्ठ 13)।

न्यायसूत्र का रचयिता गौतम था, इस विषय में सन्देह प्रकट किए गए हैं। वात्स्यायन, उद्योतकर और माधव अक्षपाद को न्यायसूत्रों की रचना का श्रेय देते हैं। इस मत का समर्थन वाचस्पति और जयन्त ने भी किया है। 'पद्मपुराण' (उत्तरखण्ड, 263) और 'स्कंदपुराण' (कालिका खण्ड, 17) के अनुसार, न्यायसूत्र का रचयिता→

जो कि गौतम के सम्प्रदाय में हुए वाद-विवादों के निष्कर्षों को सार रूप में रखते हैं। वात्स्यायन ने कुछ सूत्रों की प्रकारान्तर से व्याख्या की है, जिससे प्रकट होता है कि उससे पूर्व भी टीकाकार हो गए हैं जो उक्त सब सूत्रों की व्याख्या के विषय में एकमत नहीं थे।[1] इसके अतिरिक्त, वात्स्यायन गौतम को अत्यन्त प्राचीन काल का एक ऋषि मानता है और अपनी मान्यता के समर्थन में पतञ्जलि के महाभाष्य, कौटिल्य के अर्थशास्त्र[2] और वैशेषिक सूत्र[3] से भी उद्धरण देता है। 'उपायकौशल्य' और 'विग्रहव्यावर्तनी' ग्रन्थों का रचयिता नागार्जुन निश्चित रूप में वात्स्यायन से पहले हुआ, क्योंकि वात्स्यायन ने नागार्जुन के विचारों का कहीं-कहीं खण्डन भी किया है। दिग्नाग ने बौद्ध दृष्टिकोण से वात्स्यायन के भाष्य की आलोचना की है। इस सबसे हम यह अनुमान करते हैं कि वात्स्यायन 400 ईस्वी से कुछ पहले विद्यमान था।[4]

→ गौतम है और विश्वनाथ की भी सम्मति यही है। हिन्दू परम्परा के अनुसार, गौतम और अक्षपाद दोनों एक हैं और कहा जाता है कि गौतम का ही नाम अक्षपाद था अर्थात् जिसके पांव में आँखें हों। कथा इस प्रकार कही जाती है कि गौतम ध्यान में मग्न था और एक कुएँ में गिर पड़ा। ईश्वर ने दया करके उसके पांवों में देखने की शक्ति दे दी जिससे कि वह आगे इस विपत्ति में न पड़े। डॉ. विद्याभूषण एक मान्य परम्परा के विरुद्ध जाकर कहते हैं कि "गौतम और अक्षपाद दोनों ने ही उक्त ग्रंथ की रचना में भाग लिया है। न्यायसूत्र मुख्य रूप से पाँच विषयों का प्रतिपादन करता है : यथा (1) प्रमाण अर्थात् सत्यज्ञान का साधन; (2) प्रमेय, सत्यज्ञान का विषय; (3) वाद अर्थात् विवेचन; (4) अवयव अर्थात् परार्थानुगमन के घटक; और (5) अन्यमतपरीक्षा अर्थात् समकालीन दूसरे दार्शनिक सिद्धांतों की समीक्षा। दूसरा और तीसरा विषय और सम्भवतः अपने आदिम रूप में पहला विषय भी, जिनके अनेक उल्लेख पुरातन वैदिक, बौद्ध तथा जैन ग्रंथों में पाए जाते हैं, बहुत सम्भव है गौतम ने ही प्रतिपादित किए थे जिसकी आन्वीक्षिकी विद्या उन्हीं से बनी है। चौथा और पाँचवाँ विषय और सम्भवतः अपने व्यवस्थित रूप में पहला विषय भी अक्षपाद द्वारा आन्वीक्षिकी विद्या में प्रस्तुत किया गया, और ये ही अपने अन्तिम रूप में न्यायसूत्र कहलाए। इसलिए न्यायसूत्र का असली रचयिता अक्षपाद था जिसने गौतम की आन्वीक्षिकी विद्या से बहुत कुछ सामग्री ग्रहण की।" ('हिस्ट्री आफ इण्डियन लाजिक' पृष्ठ 49-50। यह मत केवल एक कल्पना है जिसका न तो खण्डन ही किया जा सकता है और न जिसे स्वीकार किया जा सकता है। गौतम को न केवल 'धर्मसूत्र' का भी रचयिता माना जाता है, बल्कि बाल्मीकि रामायण में वर्णित गौतम ऋषि भी कहा जाता है जिसका सम्बन्ध अहल्या के उपाख्यान से है। महाभारत (शांति पर्व 265, 45) के अनुसार मेधातिथि भी गौतम का ही एक दूसरा नाम है। भास कवि ने अपने 'प्रतिमा नाटक' में मेधातिथि का उल्लेख न्यायदर्शन के संस्थापक के रूप में किया है : "मानवीयं धर्मशास्त्रं, माहेश्वरं योगशास्त्रं, बार्हस्पत्यं अर्थशास्त्र, मेधातिथेर्न्यायशास्त्रम्।' (अंक 5)। और देखिए 'हिस्ट्री आफ इण्डियन लाजिक' पृष्ठ 766।

1. देखिए न्यायभाष्य 1 : 1, 5; 1 : 2,9। वात्स्यायन अपनी शैली में अन्य व्याख्याकारों का 1 : 1, 32 में इस प्रकार उल्लेख करता है : एके (कुछ), केचित् (कोई-कोई), अन्ये (अन्य)। देखिए महाभारत, आदिपर्व 42-44।

2. न्यायभाष्य 1 : 1, 1 और अर्थशास्त्र 2; न्यायभाष्य 5 : 1, 10 और महाभाष्य 1 : 1, 3।

3. तुलना कीजिए, वैशेषिक सूत्र 4 : 1, 6 और न्यायभाष्य 3 : 1, 33; 3 : 1, 67; वैशेषिक सूत्र 3 : 1, 16 और न्यायभाष्य 2 : 2, 34।

4. डॉक्टर विद्याभूषण का मत है कि वात्स्यायन दक्षिण भारत का निवासी था और चौथी शताब्दी (ईस्वी) के मध्य में हुआ ('हिस्ट्री आफ इण्डियन लाजिक', पृष्ठ 42, 116-117; ए., 1915, वात्स्यायन पर लेख)। कीथ (इण्डियन लाजिक एण्ड ऐटोमिज्म, पृष्ठ 28) और बोडस (इण्ट्रोडक्शन टू 'तर्कसंग्रह') इस मत को स्वीकार करते हैं। जैकोबी और सुओली का झुकाव उसे छठी शताब्दी (ईस्वी) में अथवा उससे कुछ पूर्व रखने की ओर है। हरप्रसाद शास्त्री वात्स्यायन को नागार्जुन तथा आर्यदेव के पीछे आनेवाला मानते हैं, क्योंकि वह महायान→

दिग्नाग के ग्रन्थ, जो तिब्बती अनुवादों में सुरक्षित हैं, ये हैं : 'प्रमाणसमुच्चय' जिस पर ग्रन्थकार का अपना निजी भाष्य है, 'न्यायप्रवेश', 'हेतु-चक्रहमरु', 'आलम्बनपरीक्षा' और 'प्रमाणशास्त्रप्रवेश'। कहा जाता है कि जापान में ये ग्रन्थ लोकप्रिय हैं।[1] दिग्नाग पाँचवीं शताब्दी (ईस्वी) में हुआ।[2] न्यायदर्शन के सिद्धान्तों में कितने ही आवश्यक परिवर्तन जो प्रशस्तपाद ने किए थे, दिग्नाग के कारण ही किए गए। यदि प्रशस्तपाद को दिग्नाग का पूर्ववर्ती माना जाए तो दिग्नाग की मौलिकता में बाधा आएगी।

उद्योतकर के 'न्यायवार्तिक' (छठी शताब्दी ईस्वी)[3] में दिग्नाग द्वारा वात्स्यायन पर किए गए आक्षेपों का उत्तर दिया गया है। धर्मकीर्ति का 'न्यायबिन्दु' उद्योतकर द्वारा दिग्नाग की आलोचना के उत्तर में लिखा गया था। यदि हम यह मान लें कि 'वादविधि', जिसका उद्योतकर ने उल्लेख किया है,[4] धर्मकीर्ति के 'वादन्याय' का ही दूसरा नाम है, और धर्मकीर्ति ने अपने न्यायबिन्दु[5] में जिस शास्त्र का उल्लेख किया है वह उद्योतकर का वार्तिक ही है, तो उस अवस्था में इन दोनों लेखकों के एक ही काल में विद्यमान होने की कल्पना हो सकती है। धर्मकीर्ति का समय अधिक-से-अधिक सातवीं शताब्दी का प्रारम्भिक काल माना जा सकता है।[6] नवीं शताब्दी में धर्मोत्तर ने अपनी न्यायबिन्दु टीका में दिग्नाग एवं धर्मकीर्ति का अनुसरण किया।

नवीं शताब्दी के पूर्वार्ध में वाचस्पति ने अपनी 'न्यायवार्तिकतात्पर्य-टीका' में न्याय के प्राचीन सिद्धान्तों की फिर से स्थापना की। उसने न्यायशास्त्र पर 'न्यायशुचिनिबन्ध' एवं

→ सम्प्रदाय के क्षणिकवाद, शून्यवाद, व्यक्तित्व आदि सिद्धान्तों से परिचित है (देखिए जरनल आफ दि एशियाटिक सोसाइटी आफ बंगाल, 1905, पृष्ठ 178-179)।

1. उनके विषयों के सम्बन्ध में कुछ विचार डॉ. विद्यांभूषण की 'हिस्ट्री ऑफ इण्डियन लॉजिक', पृष्ठ 276-299 से और उद्योतकर के दिग्नाग के विचारों के उल्लेखों से, जो न्यायवार्तिक में दिए गए हैं, प्राप्त हो सकते हैं।

2. तारानाथरचित 'हिस्ट्री आफ बुद्धिज़्म' में कहा जाता है कि दिग्नाग कांजीवरम् के एक ब्राह्मण का पुत्र था जो शीघ्र ही हीनयान की शिक्षाओं में पारंगत हो गया, यद्यपि उसने बाद में वसुवन्धु से महायान की शिक्षाएँ प्राप्त कीं। युवान च्वांग की साक्षी के अनुसार वसुवन्धु बौद्ध होने से पूर्व न केवल बौद्धधर्म के अट्ठारह सम्प्रदायों का ही अपितु हिन्दुओं के षड्दर्शन का भी पूरा पण्डित था। वसुवन्धु को अब चौथी शताब्दी (ईस्वी) के पूर्वार्ध में हुआ बताया जाता है और दिग्नाग 400 (ईस्वी) के लगभग रहा होगा। कालिदास द्वारा उसके मेघदूत काव्य में जो दिग्नाग का उल्लेख आया है उससे भी इस मत की पुष्टि होती है क्योंकि कालिदास का भी वही समय है (देखिए कीथ : 'क्लासिकल संस्कृत लिटरेचर', पृष्ठ 31-32 और 'भारतीय दर्शन', खण्ड 1, पृष्ठ 573, टिप्पणी 2)।

3. वसुवन्धु की 'वासवदत्ता' में उद्योतकर का उल्लेख न्याय के रक्षक के रूप में आया है (देखिए हाल का संस्करण, पृष्ठ 235)। बाण के 'हर्षचरित' में, जो राजा हर्ष के काल में लिखा गया था, 'वासवदत्ता' (1) का उल्लेख मिलता है जो कि उद्योतकर का उल्लेख करती है। हर्ष की राजधानी थानेश्वर में थी और वह हर हालत में 629-644 (ईस्वी) में राज्य करता था, जबकि चीनी यात्री युआन च्वांग ने भारत की यात्रा की थी। इसलिए यह धारणा बनाना सर्वथा निर्दोष होगा कि वह छठी शताब्दी (ईस्वी) में था। उद्योतकर का गोत्र भारद्वाज था और वह पाशुपत सम्प्रदाय का था।

4. न्यायवार्तिक 1 : 33।

5. 'न्यायबिन्दु' 3, पीटर्सन का संस्करण, पृष्ठ 110-111।

6. ईत्सिंग उसका उल्लेख करता है। देखिए ताकाकुसु : इत्सिंग', पृष्ठ 58।

'न्यायसूत्रोद्धार'[1] जैसे छोटे-छोटे ग्रन्थ भी लिखे। वाचस्पति एक प्रतिभाशाली विद्वान था जिसने अन्य दर्शनों पर भी प्रामाणिक टीकाएँ लिखीं, जैसे अद्वैत वेदान्त पर 'भामती' टीका और सांख्यदर्शन पर 'सांख्यतत्त्वकौमुदी' नामक टीका। इसलिए उसे सर्वतन्त्रस्वतन्त्र एवं षड्दर्शनबल्लभ की संज्ञा दी गई है। उदयन (984 ईस्वी) की 'तात्पर्यपरिशुद्धि' नामक एक बहुमूल्य टीका वाचस्पति के ग्रन्थ पर मिलती है। उसका 'आत्मतत्त्वविवेक' नामक ग्रन्थ आत्मा के नित्यत्व के सिद्धान्त के समर्थन में तथा आर्यकीर्ति आदि बौद्ध विचारकों की आलोचना में लिखा गया था। उसका 'कुसुमांजलि' ग्रन्थ न्यायशास्त्र के परमात्मसिद्धि विषय का प्रथम व्यवस्थित ग्रन्थ है।[2] उसके अन्य ग्रन्थ हैं : 'किरणावलि' और 'न्यायपरिशिष्ट'। जयन्त की 'न्यायमंजरी' 'न्यायसूत्र' पर एक स्वतन्त्र टीका है। जयन्त, जिसने वाचस्पति का अपने ग्रन्थों में उल्लेख किया है और जिसका उल्लेख रत्नप्रभा एवं देवसूरी द्वारा किया गया है, दसवीं शताब्दी में हुआ।[3] भासर्वज्ञ का 'न्यायसार', जैसाकि नाम से प्रकट होता है, न्यायदर्शन का सर्वेक्षण है। वह प्रत्यक्ष, अनुमान और आप्त वाक्य—इन तीनों प्रमाणों को स्वीकार करता है तथा तुलना को वस्तुसिद्धि का स्वतन्त्र साधन नहीं मानता। वह शैवमतावलम्बी है, सम्भवतः काश्मीरी शैव सम्प्रदाय का है, और उसका समय दसवीं शताब्दी (ईस्वी) है। वर्धमान का 'न्यायनिबन्धप्रकाश' (1225 ईस्वी) उदयन के 'न्यायतात्पर्यपरिशुद्धि' नामक ग्रन्थ पर टीका है, यद्यपि इसमें नव्यन्याय सम्प्रदाय के संस्थापक व वर्धमान के पिता गंगेश के विचारों का समावेश किया गया है। रुचिदत्त के 'मकरन्द' (1275 ईस्वी) में वर्धमान के विचारों का विकास हुआ है।[4]

न्यायशास्त्र पर लिखे गए परवर्ती ग्रन्थ वैशेषिक के पदार्थों को स्पष्ट रूप में स्वीकार करते हैं, जिन्हें वे प्रमेय अर्थात् ज्ञान के विषयों के अन्तर्गत या अर्थ के अन्तर्गत रखते हैं, जो बारह प्रकार के प्रमेयों में से एक है। वरदराज का 'तार्किकरक्षा' (बारहवीं शताब्दी ईस्वी) नामक ग्रन्थ समन्वयवादी सम्प्रदाय का एक महत्त्वपूर्ण ग्रन्थ है। वह प्रमेय के अन्तर्गत न्याय के बारह पदार्थों तथा वैशेषिक के छः पदार्थों का भी समावेश करता है। केशव मिश्र की 'तर्कभाषा' (तेरहवीं शताब्दी के अन्त में निर्मित) में न्याय और वैशेषिक के विचारों का सम्मिश्रण किया गया है।[5]

---

1. 'न्यायसूत्रोद्धार' का रचयिता इस ग्रंथकार से भिन्न है और वह पन्द्रहवीं शताब्दी में हुआ था। वाचस्पति ने लिखा है कि उसका 'न्यायसूची' ग्रंथ 898 में बना। यह विक्रम संवत् प्रतीत होता है और ईस्वी सन् इसके अनुसार 841 ही बैठता है। इसमें सन्देह नहीं कि वह बौद्ध तार्किक रत्नकीर्ति (1000 ईस्वी) से पूर्व विद्यमान था।

2. जब उसने यह अनुभव किया कि उसकी ईश्वरभक्ति के उत्तर में ईश्वर कोई अनुकम्पा उसके ऊपर नहीं दिखाता, तो उसने सर्वोच्च सत्ता को इन शब्दों में सम्बोधित किया : "अपनी शक्ति के गर्व में तुम मेरा तिरस्कार करते हो, जबकि बौद्ध नास्तिकों का जोर होने पर तुम्हारा अस्तित्व मुझ पर ही निर्भर करता था।"

ऐश्वर्यमदमत्तोऽसि मामवज्ञाय वर्तसे
पराक्रान्तेषु बौद्धेषु मदधीना तव स्थितिः॥

3. देखिए 'हिस्ट्री आफ इण्डियन लॉजिक', पृष्ठ 147 और 'इण्डियन लॉजिक एण्ड एटोमिज्म', पृष्ठ 33।

4. यह वर्धमान के प्रकाश अथवा उदयन की कुसुमांजलि पर टीका है।

5. डॉक्टर झा ने अपने ग्रंथ 'इण्डियन थौट', खण्ड 2 में इसका अनुवाद किया है।

जैन दर्शन के प्रमुख तर्क-ग्रन्थ हैं : भद्रबाहुकृत 'दशवैकालिकनिर्युक्ति' (लगभग 357 ई. पू.), सिद्धसेन दिवाकर का 'न्यायावतार' (छठी शताब्दी ईस्वी), माणिक्यनन्दी का 'परीक्षामुखसूत्र' (800 ईस्वी), देवसूरी का प्रमाणनयतत्त्वालोकालंकार' (बारहवीं शताब्दी ईस्वी) और प्रभाचन्द्र का 'प्रमेयकमलमार्तण्ड'। जैन विचारकों और बौद्ध तार्किकों ने तर्कशास्त्र के क्षेत्र को धर्म और अध्यात्म विषय से पृथक् रखा, जबकि हिन्दू विचारधारा में तर्कशास्त्र उक्त दोनों विषयों से मिश्रित था। हिन्दू लेखकों द्वारा लिखे गए न्यायशास्त्र के ग्रन्थों में परमाणु व उनके गुणों, जीवात्मा और पुनर्जन्म, परमात्मा और जगत् तथा प्रकृति व ज्ञान की सीमा-सम्बन्धी तार्किक समस्याओं का वर्णन है। बौद्ध व जैन विचारकों ने प्राचीन न्याय के अध्यात्म विषय में रुचि न लेकर केवल तार्किक विषय पर ही बल दिया और इस प्रकार नव्यन्याय के लिए मार्ग तैयार किया, जो विशुद्ध तर्क और वाद-विवाद से सम्बन्ध रखता है।

गंगेश का 'तत्त्वचिन्तामणि' नव्यन्याय का एक मान्य ग्रन्थ है।[1] गंगेश के पुत्र वर्धमान ने अपने ग्रन्थों में इसी परम्परा को जारी रखा है। जयदेव ने 'तत्त्वचिन्तामणि' पर एक टीका लिखी है जिसका नाम 'आलोक' (तेरहवीं शताब्दी) है। वासुदेव सार्वभौम की 'तत्त्वचिन्तामणिव्याख्या'[2] को नवद्वीप सम्प्रदाय का पहला बड़ा ग्रन्थ माना जा सकता है, और यह पन्द्रहवीं शताब्दी के अन्त में या सोलहवीं शताब्दी के आरम्भ में लिखा गया था। सौभाग्यवश उन्हें बहुत प्रसिद्ध शिष्य भी प्राप्त हुए, जिनमें मुख्य हैं : प्रसिद्ध वैष्णव सुधारक चैतन्य महाप्रभु, प्रसिद्ध नैय्यायिक रघुनाथ जो 'दीधिति' और 'पदार्थखण्डन'[3] ग्रन्थों के रचयिता हैं, प्रसिद्ध स्मृतिकार रघुनन्दन और कृष्णनन्द जो तान्त्रिक विधियों के अधिकारी विद्वान् माने जाते हैं। यद्यपि गंगेश ने केवल चार प्रमाणों पर ही लिखा है और अध्यात्म विषय को स्पष्ट रूप में नहीं लिया है, परन्तु रघुनाथ ने इस सम्प्रदाय के कुछ अन्य लेखकों की भांति अध्यात्म विषयों पर भी बहुत लिखा है। जगदीश (सोलहवीं शताब्दी के अन्त में) और गदाधर (सत्रहवीं शताब्दी) इस सम्प्रदाय के प्रसिद्ध तार्किक हुए हैं। अन्नं भट्ट[4] (सत्रहवीं शताब्दी) ने, जो आन्ध्र देश का एक ब्राह्मण था, प्राचीन तथा नव्यन्याय और वैशेषिक को लेकर एक व्यवस्थित दर्शनपद्धति विकसित करने का प्रयत्न किया। यद्यपि उसके विचारों का झुकाव अधिकतर प्राचीन न्याय की ही ओर था। उसके द्वारा रचित 'तर्कसंग्रह' और 'दीपिका' न्याय वैशेषिक सम्प्रदाय की दो प्रसिद्ध पुस्तकें हैं। वल्लभ का 'न्याय-लीलावती', विश्वनाथ का 'न्यायसूत्रवृत्ति' (सत्रहवीं शताब्दी)

---

1. विद्याभूषण के 'हिस्ट्री आफ इण्डियन लॉजिक', पृष्ठ 407-453 में इस ग्रंथ का सार दिया गया है। गंगेश बारहवीं शताब्दी के अन्तिम चतुर्थांश में मिथिला में रहता था। यह इससे स्पष्ट है कि वह उदयन के ग्रंथों व शिवादित्य तथा हर्ष के उद्धरणों से परिचित है। 'तत्त्वचिन्तामणि' (2 : पृष्ठ 233) में हर्ष के विचारों की आलोचना की गई है।

2. इसका नाम 'सारावलि' है और मुझे बतलाया गया है कि इसकी पाण्डुलिपि वाराणसी के सरकारी संस्कृत कॉलेज के पुस्तकालय में है।

3. वैशेषिक की यह आलोचना 'पण्डित' (24 और 25) में 'पदार्थतत्त्वनिरूपण' शीर्ष के अन्तर्गत छपी है।

4. 'हिस्ट्री आफ इण्डियन लॉजिक', पृष्ठ 388।

आदि अन्य ग्रन्थ भी प्रमुख हैं।[1]

भारतवर्ष में तर्कशास्त्र के अध्ययन के विकास के भिन्न-भिन्न पहलुओं को जानना असम्भव नहीं है। सबसे पहले आन्वीक्षिकी है, जिसे महाभारत में न्यायशास्त्र के साथ पृथक् स्थान दिया गया है। शीघ्र ही यह न्याय के साथ मिल जाती है और प्राचीन सम्प्रदाय के सूत्रों में हमें अखण्ड विश्व का आध्यात्मिक दृष्टिकोण भी उसके तार्किक सिद्धांत के साथ-साथ मिलता है। जैसाकि वात्स्यायन ने लिखा है, 'सर्वोच्च लाभ की तभी प्राप्ति होती है जबकि मनुष्य निम्नलिखित की यथार्थ प्रकृति को ठीक-ठीक समझ लेता है : (1) जिसे छोड़ देना ही उत्तम है (अर्थात् कारणों सहित दुख की जो अविद्या या अज्ञान और उसके परिणामों के रूप में होता है); (2) जिससे दुःख का नाश होता है; दूसरे शब्दों में ज्ञान या विद्या; (3) वे साधन जिनके द्वारा दुःख का नाश होता है, अर्थात् दार्शनिक ग्रन्थ; और (4) प्राप्तव्य लक्ष्य, या सर्वोच्च लाभ।'[2] प्राचीन न्यायशास्त्र तार्किक प्रश्नों पर बहस करता है, किन्तु केवल बहस के विचार से ही नहीं। जैन व बौद्ध दार्शनिकों ने इस विषय में एक सर्वथा भिन्न दृष्टिकोण सम्मुख रखा। नव्यन्याय ने केवल ज्ञानमात्र में ही अपनी रुचि प्रकट करते हुए तर्क और जीवन के बीच जो घनिष्ठ सम्बन्ध है उसे सर्वथा भुला दिया। तर्क व अध्यात्म विद्या के बीच जो सम्बन्ध है, उसका विचार प्राचीन नैय्यायिका के सामने अधिक स्पष्ट रूप में था। विचारगत विषय का विचार के प्रामाणिक रूपों के साथ क्या सम्बन्ध है, तर्क के द्वारा केवल इसी का हमें निश्चय हो सकता है। नव्य नैय्यायिक अधिकतर ध्यान केवल प्रमाण अर्थात् ज्ञानप्राप्ति के साधनों और परिभाषा के सिद्धान्त पर ही देता है,[3] और प्रमेय अर्थात् ज्ञातव्य पदार्थों के प्रश्न को बिलकुल ही छोड़ देता है। साम्प्रदायिक बारीकियों, तार्किक वाक्-छल और बाल की खाल निकालने वाले ग्रन्थ, जिनकी रचना में गंगेश के उत्तराधिकारियों ने अधिक रुचि दिखाई, बहुतों को भयभीत कर देते हैं, यहां तक कि जिन्होंने इनमें गहराई तक प्रवेश किया है वे भी यह निश्चय नहीं कर सकते कि उन्होंने इन ग्रन्थों के विचारों को पूरे तौर पर समझा है। ऐसे भी अनेक व्यक्ति हैं जिन्होंने इन ग्रन्थों की गहराई में उतर कर छानबीन की है। वे इनकी उज्ज्वल एवं आकर्षक वाक्चातुरी से तो प्रभावित अवश्य हुए, किन्तु उन्हें मतिविभ्रम ही हुआ और ज्ञान की उपलब्धि नहीं हो सकी। विशद विषय जटिलता के कारण धुँधले प्रतीत होने लगे। वैशिष्ट्य के ज्ञान के लिए लालायित एक तार्किक मस्तिष्क प्रायः सूत्रों के प्रेम में फंस जाता है और औपचारिक विषयों में ही उलझे रहने से वास्तविक तत्त्व की प्राप्ति उसे नहीं होती। वास्तविक ज्ञान का स्थान पारिभाषिक शब्दों की खोज ले लेती है। परिभाषाएँ, जिनका प्रयोग वैशिष्ट्य के ज्ञान के लिए होना चाहिए था, कभी-कभी कठिनाइयों से बच निकलने के लिए काम में लाई जाती हैं। इन ग्रंथों में से कुछ के विषय में तो यह कहा जा सकता है कि उनसे केवल यही प्रकट होता है कि जिस विषय का ग्रंथकार को कुछ भी ज्ञान न हो उसमें भी पाण्डित्य का प्रदर्शन किस प्रकार किया जा सकता है। ऐसे व्यक्तियों को भी, जो यह मानते हैं कि उनकी बुद्धिरूपी चक्की बहुत ही बारीक पीसती

1. चीन और जापान में हिन्दू तर्कशास्त्र के इतिहास के लिए देखिए सुगुइरा : 'हिन्दू लॉजिक ऐज प्रिज़र्व्ड इन चाइना एण्ड जापान'।

2. न्यायभाष्य, 1 : 1, 1।

3. लक्षणप्रमाणाभ्यां वस्तुसिद्धिः।

है, यह स्वीकार करना पड़ता है कि उनके पास पीसने लायक अनाज की कमी रहती है।[1] यह कहना कि नव्यन्याय बुद्धि के लिए एक शिक्षणभूमि है, अतिशयोक्तिपूर्ण न होगा।

4. न्याय का क्षेत्र

न्याय शब्द का अर्थ है—वह प्रक्रिया जिसके द्वारा मस्तिष्क एक निष्कर्ष तक पहुँच सके।[2] इस प्रकार 'न्याय' तर्क का पर्यायवाची शब्द है और वह दर्शन, जो अन्य दर्शनों की अपेक्षा अधिक पूर्णता के साथ तर्क विषय का प्रतिपादन करता है, न्यायदर्शन के नाम से जाना जाने लगता है। तर्क दो प्रकार का है : मान्य और अमान्य। 'न्याय' शब्द का प्रयोग साधारण व्यवहार की भाषा में ठीक या उचित के अर्थ में होता है, और इसलिए ठीक या उचित तर्क के विज्ञान का नाम ही न्याय हो गया। संकुचित अर्थों में 'न्याय' से तात्पर्य परार्थानुमान तर्क से है,[3] जबकि व्यापक अर्थों में प्रमाणों के द्वारा किसी विषय की समीक्षा करने का नाम न्याय है। इस दृष्टिकोण से यह प्रमाणित करने का अथवा विशुद्ध ज्ञान का विज्ञान है जिसे प्रमाणशास्त्र भी कहा जाता है। प्रत्येक ज्ञान के लिए चार प्रकार की सामग्री की आवश्यकता है : (1) प्रमाता, अर्थात् ज्ञान प्राप्त करने की सामर्थ्य रखने वाला; (2) पदार्थ अथवा प्रमेय, जिसके ज्ञान के लिए साधनों का प्रयोग किया जाता है; (3) ज्ञान अथवा प्रमिति; और (4) प्रमाण अथवा ज्ञान प्राप्त करने के साधन[4]। ज्ञान प्राप्ति की प्रत्येक क्रिया में, चाहे वह मान्य हो या अमान्य, तीन अवयवों का होना आवश्यक है : एक, ज्ञान प्राप्त करने वाला कर्ता, दूसरा, पदार्थ जिसके अस्तित्व का पता ज्ञानकर्ता को है; और तीसरा, इन दोनों के बीच, जो अलग-अलग नहीं हैं किन्तु पृथक्-पृथक् करके समझे जा सकते हैं, ज्ञान का सम्बन्ध। वह ज्ञान मान्य है अथवा अमान्य, यह चौथे अवयव अर्थात् प्रमाण पर निर्भर करता है। साधारण परिस्थितियों में प्रमाण मान्य ज्ञान का क्रियात्मक कारण होता है।[5]

जहां वात्स्यायन प्रमाण की परिभाषा करते हुए उसे ज्ञान-प्राप्ति का साधन बताता है, अर्थात् 'जिसके द्वारा ज्ञान प्राप्त करने वाला अपने प्रमेय पदार्थ का ज्ञान प्राप्त करता है,'[6]

---

1. तुलना कीजिए, बोडास : 'तर्कसंग्रह', पृष्ठ 13; कीथ : 'इण्डियन लॉजिक एण्ड एटोमिज्म', पृष्ठ 35। डॉक्टर विद्याभूषण न्यायदर्शन के इतिहास को तीन कालों में विभक्त करते हैं : प्राचीन (650 ई. पू. से 100 ईस्वी तक), मध्य (1200 ईस्वी तक) और नव्य (900 ईस्वी से आगे)। देखिए, उनका ग्रंथ, 'हिस्ट्री आफ इण्डियन लॉजिक', पृष्ठ 13। नव्यन्याय के स्वरूप का विचार प्राप्त करने के लिए देखिए डॉक्टर शैलेश्वर सेन कृत 'अ स्टडी ऑफ मथुरानाथास तत्त्वचिन्तामणिरहस्य', 1924।

2. नीयते अनेन इति न्यायः।

3. न्यायभाष्य, 1 : 1, 1। वात्स्यायन ने परार्थानुमान के लिए परमन्याय शब्द का प्रयोग किया है जिसके अपने-आप में पाँच भाग हैं। दिग्नाग परार्थानुमान के अवयवों को न्यायावयव नाम से पुकारता है। और देखिए, न्यायवार्तिक, 4 : 1, 14। वाचस्पति की 'न्यायसूची' में परार्थानुमान विषयक अध्याय (1 : 1, 32-39) को न्यायप्रकरण नाम दिया गया है। विश्वनाथ का तात्पर्य न्याय स्वरूप से परार्थानुमान का आवश्यक ढांचा है। देखिए, उसकी 'न्यायसूत्रवृत्ति', 1 : 1, 25; 1 : 1, 31; 1 : 1, 38; 1 : 1, 40। माधव (सर्वदर्शनसंग्रह, 11) ने न्याय शब्द का प्रयोग परार्थानुमान के अर्थ में किया है।

4. प्रमाकरणं प्रमाणम्। 'वेदान्तपरिभाषा', 1 भी देखिए।

5. न्यायवार्तिक, 1 : 1, 1।

6. न्यायभाष्य, 1 : 1; 1।

वहां उद्योतकर इसे ज्ञान के कारण (उपलब्धि हेतु) के रूप में मानता है।[1] वह यह स्वीकार करता है कि प्रमाण की यह परिभाषा अधिक व्यापक है, क्योंकि ज्ञान प्राप्त करने वाला और ज्ञेय पदार्थ भी ज्ञान के कारण हैं। किन्तु वह इसे इस आधार पर उचित ठहराता है कि 'ज्ञाता और ज्ञेय प्रमाण को क्रियाशील करते हैं, इसलिए उन दोनों की उपयोगिता अन्य प्रकार की है। किन्तु प्रमाण की उपयोगिता केवल ज्ञान सम्पादन के कारण होने में ही है। इसलिए ज्ञान का वास्तविक कारण प्रमाण ही है।' जहां भी प्रमाण उपस्थित है वहां ज्ञान उत्पन्न होता है। प्रमाण की उपस्थिति के बिना ज्ञान उत्पन्न नहीं हो सकता, चाहे अन्य अवयव क्यों न उपस्थित हों। इसलिए प्रमाण ही ज्ञान का मुख्य कारण है और ज्ञान की उपलब्धि से पहले प्रकट होने वाला आखिरी अवयव है।[2] शिवादित्य तार्किक भावार्थ उपस्थित करते हुए प्रमाण की परिभाषा यों करता है, कि प्रमाण वह है जो वास्तविकता के अनुरूप प्रमा अर्थात् ज्ञान को उत्पन्न करता है।[3] जयन्त के अनुसार, प्रमाण उस कारण का नाम है जो प्रमेय पदार्थों के विषय में भ्रमरहित एवं निश्चित ज्ञान की प्राप्ति कराता है।[4]

प्रमाता और प्रमेय ये अवयव प्रत्यक्ष अथवा अनुमान ज्ञानोपलब्धि में एक समान हो सकते हैं, परन्तु ज्ञान का विशिष्ट रूप प्रमाण ही पर निर्भर करता है। इसी प्रकार मन का आत्मा के साथ संयोग भी प्रत्येक प्रकार के ज्ञान में सामान्य मध्यवर्ती कारण है। भिन्न-भिन्न प्रकार के ज्ञान में केवल संयोग का प्रकार भिन्न-भिन्न होता है। ज्ञान के विषय का प्रतिपादन तो न्याय करता ही है, किन्तु उससे भी अधिक यह ज्ञान की सबसे बड़ी शर्त, अर्थात् प्रमाण का प्रतिपादन करता है, और इसी कारण इसे प्रमाणशास्त्र कहते हैं।[5] इससे पूर्व कि हम पदार्थों के स्वरूप का अनुसन्धान करें, हमें ज्ञानोपलब्धि के साधनों की शक्ति का ज्ञान होना चाहिए' क्योंकि 'जिसे मापना है उसका ज्ञान माप के ज्ञान पर निर्भर करता है।[6] प्रमाणशास्त्र न केवल पदार्थों का यथार्थ ज्ञान प्राप्त करने में सहायक होता है, बल्कि यह ज्ञान की यथार्थता के जांचने में भी सहायक होता है।[7] यह दोनों प्रकार का है अर्थात् औपचारिक और वास्तविक,

---

1. और देखिए, 'न्यायवार्तिकतात्पर्यटीका' 1 : 1, 1।

2. न्यायवार्तिक 1 : 1, 1। एक अन्य आपत्ति पर विचार करता है, अथार्त् यदि प्रमाण की उत्पत्ति ज्ञान प्राप्त करनेवाले प्रमाता तथा ज्ञेय पदार्थ के द्वारा ही होती है तो इन दोनों को प्रमाण से पूर्व विद्यमान होना चाहिए, यद्यपि वस्तुतः जब तक प्रमाण न हो हम न प्रमाता और न प्रमेय का ही बोध प्राप्त कर सकते हैं, जिनकी सार्थकता प्रमाण के ही कारण है। उद्योतकर इस सबको स्वीकार करता है, लेकिन कहता है कि 'ये शब्द केवल अपने वर्तमान कर्म के साथ सम्बन्ध पर ही निर्भर नहीं करते।' रसोइया रसोइया ही है, भले वह रसोई न भी बना रहा हो। इस प्रकार के प्रयोग का कारण शब्द की अपनी अन्तर्निहित (अभिव्यक्ति की) क्षमता है। यह क्षमता हर समय विद्यमान रहती है। इसी प्रकार, इस कथन में भी कि प्रमाण की उत्पत्ति प्रमाता तथा प्रमेय पदार्थ के द्वारा ही होती है, कोई असंगति नहीं मानी जा सकती।'

3. सप्तपदार्थी, विभाग 144 और देखिए, 'सर्वदर्शनसंग्रह', 11।

4. अव्यभिचारिणमु, असंदिग्धाम अर्थोपलब्धिम्। 'न्यायमंजरी', पृष्ठ 12।

5. विश्वनाथ ने प्रमाण को विष्णु के नाना नामों में से एक माना है। इसी से यह प्रतीत होता है कि हिन्दू विचारकों ने प्रमाणों के अनुसन्धान को कितना महत्त्व दिया था।

6. मानाधीना मेयसिद्धिः—चित्सुखी, 2 : 18।

7. तुलना कीजिए डब्ल्यू. ई. जानसन की परिभाषा के अनुसार, 'विचार के विश्लेषण और समीक्षा' का नाम न्याय है।

और संगति तथा सत्य दोनों में ही रुचि रखता है। न्यायशास्त्र इस धारणा को लेकर चलता है कि हमारे मस्तिष्क को यह जगत् जिस रूप में प्रकट होता है वह बहुत हद तक इसका विश्वसनीय रूप है। सभी प्रकार का ज्ञान यथार्थ को दर्शाता है (अर्थप्रकाश) प्रकृति ने हमारी रचना इस प्रकार से की है कि हम पदार्थों का इन्द्रियों द्वारा बोध करते हैं, उनकी समानता को ध्यान से देखते हैं और उनसे अनुमान द्वारा एक विशेष परिणाम पर पहुंचते हैं। प्रत्येक मनुष्य, जो सोच सकता है, इस क्रिया को सम्पन्न करता है, यद्यपि प्रत्येक के कार्य में सावधानी तथा यथार्थता की दृष्टि से परस्पर भेद होता है। जब कभी हमारे मस्तिष्क में किसी पदार्थ की यथार्थता का ज्ञान प्राप्त करने के लिए चेष्टा उत्पन्न होती है तो हमें तार्किक आलोचना के लिए एक विषय मिलता है। सत्य के अन्वेषण का कार्य मानव के कार्यकलाप में पहले से ही विद्यमान है। तर्कशास्त्र उसे उत्पन्न नहीं करता। वह केवल उसके स्वरूप को अभिव्यक्त करके सामान्य सिद्धांतों के रूप में उसकी व्याख्या मात्र करता है। तर्कशास्त्र की समस्या अन्य भौतिक विज्ञानों की समस्या से अधिक भिन्न नहीं है। ठीक जिस प्रकार एक भौतिकविज्ञानशास्त्री उस विशेष प्रक्रिया के विषय में अनुसंधान करता है जिसके द्वारा प्रत्येक प्राणी जीवन धारण करता है, उसी प्रकार न्यायशास्त्री उन नियमों की व्याख्या करता है जो ज्ञानप्राप्ति की प्रक्रिया का नियमन करते हैं। उसका उत्तरदायित्व भी उसी प्रकार का है जिस प्रकार का कि एक भौतिकविज्ञानशास्त्री का है।

न्यायशास्त्र यह नहीं मानता कि मूल्य और तथ्य एक-दूसरे से बिलकुल पृथक् पदार्थ हैं और इनके विवेचन के लिए भी भिन्न-भिन्न विधियों का प्रयोग आवश्यक है। मूल्य तथ्यों के साथ जुड़े हुए हैं और उनका अध्ययन उन्हीं के साथ हो सकता है। हम कभी भी खाली मस्तिष्क से प्रारम्भ नहीं करते। अपने निजी अनुभवों और परम्पराओं के आधार पर संसार के विषय में ज्ञान हमारे कोष में पहले से विद्यमान रहता है। श्रुति, स्मृति एवं धर्मशास्त्रों द्वारा हमें ज्ञान का एक गहन सिलसिला मिला है। विज्ञान की अनुमानात्मक प्रणाली का उपयोग करके न्याय उन भिन्न उपायों का वर्गीकरण करता है जिनके द्वारा हमें ज्ञान प्राप्त होता है। वे चार प्रकार के प्रमाण, जिनके द्वारा हमें ज्ञान प्राप्त होता है, ये हैं : (1) प्रत्यक्ष[1] अथवा अन्तर्दृष्टि, (2) अनुमान,[2] (3) उपमान अथवा तुलना, और (4) शब्द अर्थात् आप्त प्रमाण[3]। तर्कशास्त्र पर लिखे गए पाश्चात्य ग्रन्थों में सामान्यतः प्रत्यक्ष का प्रतिपादन नहीं किया गया[4]। किन्तु न्यायशास्त्र उसे ज्ञान के एक महत्त्वपूर्ण साधन के रूप में स्वीकार करता है। अनुमान न्यायदर्शन का एक मुख्य विषय है और न्याय को कभी-कभी हेतुविद्या भी कहते हैं, अर्थात् हेतु का विज्ञान जिस पर अनुमान रूपी तर्क निर्भर करता है।[5] इस दृष्टि से न्यायदर्शन अनुमान का सिद्धांत है अर्थात् अनुमानवाद है।

---

1. इन्द्रियजन्य बोध अन्तर्दृष्टि अथवा साक्षात् बोध का ही एक भेद मात्र है।

2. अनुमान का धात्वर्थ है दूसरे के द्वारा अथवा पीछे किसी वस्तु का ज्ञान होना।

3. न्यायसूत्र 1 : 1, 3। चरक में मिलता है आप्तोपदेश अर्थात् विश्वसनीय कथन, प्रत्यक्ष, अनुमान और युक्ति अर्थात् निरन्तर तर्क। और देखिए 'स्थानांगसूत्र'।

4. तुलना कीजिए परन्तु जे. एस. मिल से जो कहता है : ''सत्य का ज्ञान हमें अन्तर्दृष्टि और अनुमान दो मार्गों से होता है।'' ('सिस्टम ऑफ लॉजिक', इण्ट्रोडक्शन, पृष्ठ 4)।

5. 'हेतुविद्या' शब्द मिलिन्द (सेक्रेड बुक्स आफ द ईस्ट, खण्ड 35 : पृष्ठ 6-7) में आता है, और 'ललितविस्तर' (12) में भी है। यद्यपि 'हेतु' का अर्थ है कारण अथवा आधार, किन्तु जैन विचारक इसका प्रयोग अर्थों में करते हैं, और देखिए, 'मनु', 2 : 11; महाभारत, आदिपर्व, 1-67; शान्तिपर्व, 210, 22; अश्वमेधपर्व, 85, 27। प्राचीन वैयाकरण यथा पाणिनि, कात्यायन और पतंजलि भी इस मत को स्वीकार करते हैं। और देखिए, →

इस प्रकार ऐसा समझा जा सकता है कि अन्तर्दृष्टि से उत्पन्न या प्रत्यक्ष ज्ञान न्यायशास्त्र के क्षेत्र से बाहर का विषय है। किन्तु न्यायशास्त्र इस संकीर्ण विचार को ठीक नहीं मानता। आप्त प्रमाण का समावेश, जिसमें कि ईश्वरप्रदत्त आस्तिकवाद भी आ गया, यह प्रदर्शित करता है कि यह दर्शन धार्मिक विषय में भी रुचि रखता है। न्याय हमारे सामने ज्ञानप्राप्ति के इन चार साधनों की मनोवैज्ञानिक व्याख्या प्रस्तुत करता है। इसके अनुसार तार्किक अनुसन्धान मनोवैज्ञानिक प्रक्रिया पर ध्यान दिए बिना, जिससे ज्ञानरूप मानसिक तत्त्व की प्राप्ति होती है, आगे नहीं चल सकता। यह शास्त्र उन उपायों का विस्तार से प्रतिपादन करता है जिनके द्वारा मस्तिष्क आगे बढ़ता है और नये-नये परिणामों को हमारे आगे प्रस्तुत करता है और इस प्रतिपादन में यह उन विघ्नों की ओर भी निर्देश करता है जो उक्त उपायों के प्रयोग में आ सकते हैं। तर्कशास्त्र का काम मात्र अनुमानात्मक ही नहीं है। इस सामान्य कथन से ही कि इन चार साधनों में से ही किसी के द्वारा हमें सारा ज्ञान प्राप्त होता है, ज्ञान की समस्या का समाधान नहीं हो जाता। सामान्य कथन समाधान नहीं हो सकता।

न्यायशास्त्र उन साधनों व उपायों का ही केवल अनुसन्धान नहीं करता जिनके द्वारा मानव-मस्तिष्क ज्ञान को आत्मसात् और विकसित करता है। यह तर्कित तथ्यों की भी व्याख्या करता है तथा उन्हें तार्किक सूत्रों में प्रकट करता है, जो सत्य के अन्वेषण में विविध सिद्धांतों की स्थापना करते हैं, इस प्रकार प्रमाण ज्ञान के माप या मानदण्ड बनते हैं जिनके द्वारा हम अपने अन्दर पहले से विद्यमान ज्ञान की परीक्षा कर सकते हैं। इस प्रकार तर्कशास्त्र प्रमाण का विज्ञान है, अर्थात् साक्षी का मूल्य निर्धारण करता है। यह उपलब्ध आधारों पर ज्ञान की निर्भरता को दर्शा कर अथवा यथार्थ के साथ उसकी अनुकूलता दिखा कर ज्ञान की प्रामाणिकता का विवेचन करता है। सत्य की समस्या तत्त्वज्ञान-सम्बन्धी सिद्धांत के लिए बहुत ही महत्त्वपूर्ण है। न्यायशास्त्र यथार्थता का तत्त्वशास्त्र है और ज्ञान का सिद्धांत है।[1] इस प्रकार यह केवल तर्कशास्त्र मात्र नहीं, बल्कि ज्ञानप्राप्ति की सम्पूर्ण प्रक्रिया की व्याख्या करने वाला शास्त्र है, जिसमें मनोविज्ञान, तर्क, तत्त्वज्ञान और आस्तिकवाद—सभी का समन्वय है।

5. परिभाषा का स्वरूप

न्यायसूत्रों में विवेचना किए जानेवाले विषयों की पहले उपस्थापना की जाती है, फिर उनकी परिभाषा की जाती है और अन्त में उनकी परीक्षा होती है।[2] परिभाषा के द्वारा वस्तु का तात्त्विक स्वरूप बतलाया जाता है जिससे कि उसे अन्य पदार्थों से भिन्न करके पहचाना जा सके। परिभाषा का कार्य किसी पदार्थ को उन सभी पदार्थों से भिन्न दिखाना है जिनके साथ उसके सादृश्य का भ्रम हो सकता है।[3] पदार्थों में उनकी विशेषताओं की व्याख्या किए बिना भी परस्पर भेद किया जा सकता है। पदार्थ का असाधारण धर्म अर्थात् विशेष गुण भी भेद करने में सहायक होता है। परिभाषा में हो सकने वाले दोष तीन प्रकार के होते

→ 'न्यायवार्तिक', 4 : 1, 14; 'इण्डियन लाजिक एण्ड एटोमिज्म', पृष्ठ 11।

1. 'न्यायभाष्य', 1 : 1, 1।
2. उद्देश्य, लक्षण और परीक्षा, 'न्यायभाष्य', 1 : 1, 3।
3. 'न्यायभाष्य', 1 : 1, 3।

हैं। उदाहरण के लिए, गाय की परिभाषा करने में यदि कहा जाए कि गाय एक ऐसा जन्तु है जिसके सींग होते हैं तो यह 'अतिव्याप्ति' दोष होगा, क्योंकि ऐसी परिभाषा गाय के अतिरिक्त उस परिधि के बाहर वाले और जन्तुओं पर भी लागू हो जाएगी। इसी प्रकार गाय की परिभाषा करते हुए यदि कहा जाए कि गाय एक भूरे रंग का जन्तु है तो यह 'अव्याप्ति' दोष होगा, क्योंकि भूरे रंग के अतिरिक्त रंग की गायें भी अनेक होने से यह परिभाषा सारी गोजाति पर ठीक नहीं घटती। इसी प्रकार यदि गाय की परिभाषा करते हुए कहा जाए कि गाय एक बिना फटे खुरों वाला जन्तु है तो यह 'असम्भव' दोष है, क्योंकि ऐसी गाय जिसका खुर फटा हुआ न हो, नहीं मिलेगी। निर्दोष परिभाषा 'एक ऐसी विशेषता दर्शाती है जो परिभाषित शब्द से अभिप्रेत सभी चीज़ों पर लागू होती है। वह न अधिक पर लागू होती है, न कम पर।'[1] उसकी प्राप्ति के लिए हम एक जाति से प्रारम्भ करके पीछे से उसके क्षेत्र को संकुचित करते-करते अमुक से इतर, अमुक से भिन्न आदि शब्दों का प्रयोग करते हुए[2] अनावश्यक पदार्थों को उसमें से निकालते जाते हैं।

6. प्रत्यक्ष अथवा अन्तर्दृष्टि

ज्ञान के विविध साधनों में प्रत्यक्ष या अन्तर्दृष्टि का महत्त्व सबसे अधिक है। वात्स्यायन का कहना है कि 'जब मनुष्य किसी पदार्थ-विशेष का ज्ञान प्राप्त करने की अभिलाषा करता है और कोई विश्वसनीय पुरुष उसे उस पदार्थ के विषय में बतला भी देता है, तो भी उसके अन्दर एक अभिलाषा उसकी यथार्थता को अनुमान द्वारा विशेष-विशेष लक्षण जान कर परखने की होती है। किन्तु इतने पर भी उसकी जिज्ञासा शान्त नहीं होती जब तक कि वह स्वयं उसे अपनी आँखों से न देख ले। अपनी आँखों से देख लेने पर ही उसकी इच्छा पूर्ण होती है और तब वह फिर ज्ञान-प्राप्ति के लिए और किसी साधन की खोज नहीं करता।[3] प्रत्यक्ष शब्द द्वयर्थक है, क्योंकि इसका प्रयोग परिणाम अर्थात् सत्य के ग्रहण के लिए और उस समस्त प्रक्रिया के लिए भी होता है जो सत्य का ग्रहण कराती है। यद्यपि 'प्रत्यक्ष' शब्द का व्यवहार प्रारम्भ में केवल इन्द्रियों द्वारा साक्षात्कार के लिए ही होता था, किन्तु शीघ्र ही इसके अन्तर्गत वह समस्त ज्ञान भी आ गया जिसका ग्रहण तुरन्त हो जाता है, भले ही उसमें इन्द्रियों की सहायता की आवश्यकता न भी हुई हो।[4] गंगेश ने प्रत्यक्ष का लक्षण इस प्रकार दिया है, वह ज्ञान जिसका ग्रहण सीधे रूप में अर्थात् साक्षात् हो।[5] यह ऐसा ज्ञान है जिसकी प्राप्ति में अन्य ज्ञान की आवश्यकता साधन के

---

1. लक्ष्यतावच्छेदकसमनीयतत्त्वम्।
2. तुलना कीजिए, पृथ्वी की परिभाषा—जलादिअष्टद्रव्यभिन्नं द्रव्यं पृथिवी।
3. 'न्यायभाष्य', 1 : 1, 3। यह स्पष्ट है कि एक ही पदार्थ कई प्रमाणों द्वारा जाना जा सकता है। जीवात्मा के अस्तित्व का ज्ञान धर्मशास्त्रों, अनुमान तथा अन्तर्बोध से भी हो सकता है। अग्नि की विद्यमानता का ज्ञान अन्य पुरुष द्वारा प्राप्त सूचना के आधार पर भी होता है तथा प्रत्यक्ष व अनुमान प्रमाण द्वारा भी होता है। ऐसी अवस्थाएँ भी हैं जहां ज्ञान की प्राप्ति में केवल एक ही प्रमाण व्यवहार में आ सकता है। अग्निहोत्र करने से स्वर्ग की प्राप्ति होती है, इसका ज्ञान केवल धर्मशास्त्र द्वारा ही होता है। उद्योतकर की सम्मति में 'जब एक ही पदार्थ विभिन्न प्रमाणों द्वारा जाना जाता है तो वह अपने विभिन्न रूपों में जाना जाता है' ('न्यायवर्तिक', भूमिका)।
4. 'न्यायबिन्दुटीका', पृष्ठ 7; 'इण्डियन फिलासफी', प्रथम खण्ड, पृष्ठ 295-296।
5. प्रत्यक्षस्य साक्षात्कारित्वं लक्षणम्। 'तत्त्वचिन्तामणि', पृष्ठ 552।

रूप में नहीं है।[1] अन्य तीनों, अर्थात् अनुमान, उपमान और आप्त प्रमाणों में हमारी ज्ञानप्राप्ति का आधार, क्रमशः, प्रस्तुत विषय का ज्ञान अथवा समानता अथवा परम्परा आदि पहले से उपस्थित रहते हैं। वह ज्ञान जिसे हमने पहले ग्रहण किया है, हमारी स्मृति में रहता है। प्रत्यक्ष में, ज्ञान की पहले आवश्यकता नहीं पड़ती। परमात्मा के अस्तित्व का ज्ञान साक्षात्, तुरन्त और पूर्ण रूप में होने वाला ज्ञान है और इसके लिए किसी अन्य प्रकार के पूर्वबोध की आवश्यकता नहीं।

गौतम ने इन्द्रियजन्य ज्ञान की परिभाषा इस प्रकार की है: वह ज्ञान जो किसी इन्द्रिय के साथ पदार्थ का संयोग होने से प्रादुर्भूत होता है, जिसे शब्दों द्वारा प्रकट न किया जा सके, भ्रमरहित हो और पूर्ण रूप से प्रकट हो रहा हो।[2] इस परिभाषा में उन विभिन्न अवयवों का, जो ज्ञान की क्रिया में विद्यमान रहते हैं, समावेश हो जाता है, अर्थात् (1) इन्द्रियाँ, (2) उनके द्वारा ज्ञेय पदार्थ, (3) इन्द्रियों का पदार्थ के साथ संयोग, और (4) वह ज्ञान जो इस संयोग से उत्पन्न होता है। इन्द्रियों का अस्तित्व अनुमान प्रमाण का विषय है। यदि देखने वाली चक्षु इन्द्रिय विद्यमान न हो तो रंग का ज्ञान सम्भव नहीं होगा।[3] ज्ञानेन्द्रियाँ पाँच बतलाई जाती हैं क्योंकि इन्द्रियजन्य ज्ञान भी पाँच प्रकार का है : दर्शनात्मक, श्रवणात्मक, घ्राणात्मक, स्वादात्मक और स्पर्शात्मक।[4] इन इन्द्रियों के अधिष्ठान भी भिन्न-भिन्न हैं : आँखों के गोलक, कानों के गह्वर, नासिका, जिह्वा और त्वचा। गति, आकृति और जाति-भेद से भी यह स्पष्ट है कि इन्द्रियाँ पाँच हैं। आँख, कान, नाक, जिह्वा और त्वचा। इन पाँच इन्द्रियों की भी प्रकृति वही है जैसाकि तेजस्, आकाश, पृथ्वी, जल और वायु आदि पाँचों तत्त्वों की है, जिनके विशेष गुणों, रंग, शब्द, गन्ध, स्वाद और स्पर्श आदि का आविर्भाव उक्त पाँचों ज्ञानेन्द्रियों के द्वारा होता है।[5]

डैमोक्रीटस के मत से मिलता-जुलता यह मत कि सभी इन्द्रियाँ त्वचा के ही परिवर्तित भेद हैं, इस आधार पर खण्डित हो जाता है कि एक अंधा[6] पुरुष रंग का ज्ञान प्राप्त नहीं कर सकता।[7] यदि त्वचा के विशेष भाग ही इन्द्रियाँ समझी जाएँ तो इन्द्रियों की संख्या

---

1. ज्ञानकरणकं ज्ञानं प्रत्यक्षम्। तुलना कीजिए मैकटैगर्ट : "एक ऐसा विश्वास जिसका आधार इन्द्रिय-साक्षात्कार है.....यथार्थ में परमज्ञान कहलाता है, क्योंकि यद्यपि इसका कोई आधार तो होता है, अर्थात् साक्षात्कार, पर यह अन्य किसी विश्वास पर आश्रित नहीं होता" (दि नेचर ऑफ एग्ज़िस्टैंस', पृष्ठ 42-43)।

2. 1 : 1, 4। तुलना कीजिए, चरक ने प्रत्यक्ष ज्ञान की परिभाषा इस प्रकार की है : ऐसा ज्ञान जो आत्मा, मन तथा इन्द्रियों के अपने विषयों के सम्पर्क में आने से उत्पन्न होता है। गंगेश गौतम की परिभाषा की आलोचना कई आधारों पर करता है : यह अतिव्याप्ति दोष से युक्त है क्योंकि प्रत्येक प्रकार का बोध विषय (पदार्थ) और मन के सम्पर्क से ही उत्पन्न होता है और मन भी एक इन्द्रिय है। फिर इसमें अप्राप्ति दोष भी है क्योंकि यह सब बोध जो ईश्वर को इन्द्रियों के बिना केवल अन्तदृष्टि से ही होता है उक्त परिभाषा के अन्दर नहीं आता। इन्द्रिय क्या है, इसका निर्णय भी केवल प्रत्यक्ष ज्ञान से ही होता है और उक्त परिभाषा में इन्द्रिय शब्द का प्रयोग भी चक्रक दोष से युक्त है।

3. क्योंकि इन्द्रियाँ ऐसे अवयवों से मिल कर बनी हैं जिनमें नैसर्गिक रूप से विशेष गुण विद्यमान है, वे अपने विषयों (पदार्थों) का तो प्रत्यक्ष ज्ञान प्राप्त कर सकती हैं किन्तु अपने-आपको प्रत्यक्ष नहीं कर सकतीं। इसका केवल एक ही अपवाद है और वह शब्द है ('न्यायसूत्र', 3 : 1, 68-69, 71)।

4. 'न्यायसूत्र', 3 : 1, 54।

5. एक अभौतिक सर्वव्यापी पदार्थ को कोई बाधा नहीं दे सकता क्योंकि आँख को भौतिक वस्तुओं यथा दीवार से बाधा मिलती है, इसलिए वह स्वयं भौतिक है।

6. 'रत्नप्रभा' और 'भामती' ने (2 : 2, 10) इसे सांख्य का मत बताया है।

7. 'न्यायसूत्र' 3 : 1, 51-52

अनगिनत ठहरेगी; और यदि ऐसा नहीं है तो रंग और शब्द इत्यादि का ज्ञान इन्द्रियों के द्वारा नहीं हो सकता।[1] यदि एक ही इन्द्रिय का अस्तित्व माना जाए तो देखना, सुनना व सूंघना आदि सबका ज्ञान एक साथ ही हो जाना चाहिए। इसके अतिरिक्त त्वचा केवल उन्हीं पदार्थों का ज्ञान करा सकती है जो समीप में हैं, जबकि देखने और सुनने से दूर-दूर के पदार्थों का भी ज्ञान होता है। जहां न्यायदर्शन समस्त इन्द्रियों की एकता को अस्वीकार करता है, वहां वह त्वचा के विशेष गुण को भी स्वीकार करता है। सापेक्ष चेतना का उत्पन्न होना उसी अवस्था में सम्भव है जबकि मन का सम्पर्क त्वचा के साथ हो। और जब मन, त्वचा के क्षेत्र से बाहर पुरीतत् में होता है, जैसाकि सुषुप्ति अवस्था में होता है, तो उस समय चेतना बिलकुल स्थगित अवस्था में रहती है।[2]

मन भी प्रत्यक्ष ज्ञान के लिए आवश्यक है। जिस समय हम अध्ययन में खूब मग्न होते हैं तो हमें वायु के शब्द की प्रतीति नहीं होती, यद्यपि शब्द श्रवणेन्द्रिय से टकराता है और देह-भर से व्याप्त आत्मा का भी उसके साथ सम्बन्ध रहता ही है। इसके अतिरिक्त, 'एक से अधिक इन्द्रियों का सम्बन्ध अपने-अपने विषयों के साथ रहने पर भी सब विषयों का एकसाथ प्रत्यक्ष ज्ञान नहीं हो पाता। इसका कारण यह है कि मन का सम्पर्क एक समय में एक ही इन्द्रिय के साथ हो सकता है और बिना मन के साथ सम्पर्क हुए इन्द्रिय ज्ञान नहीं ग्रहण कर सकती है। इसका अर्थ यह हुआ प्रत्येक प्रत्यक्ष ज्ञान में मन का सम्पर्क आवश्यक है।'[3] जीवात्मा और इन्द्रियों के बीच में मन मध्यस्थ रहता है। यही कारण है कि एक ही समय में भिन्न-भिन्न इन्द्रिय-ज्ञान एकसाथ नहीं हो सकता।[4] यद्यपि कभी-कभी शीघ्रता के साथ हो रहे क्रमिक प्रभावों के कारण मात्र आभास होने लगता है कि अनेक प्रत्यक्ष ज्ञान साथ-साथ हो रहे हैं। जब हम पिन को कागज़ों के अनेक पन्नों में घुसाते हैं तो ऐसा प्रतीत होता है कि पिन एक साथ ही अनेक पन्नों में छेद कर रहा है। किन्तु, वस्तुतः वह एक के बाद दूसरे पन्ने में छेद करता है।[5] इससे परिणाम यह निकलता है कि जब मन का सम्पर्क एक इन्द्रिय से होता है तो उसी समय से दूसरी इन्द्रिय से उसका सम्पर्क नहीं हो सकता। इसलिए आयाम के विचार से मन को अणु कहा गया है। इसके विपरीत यदि मन विभु अर्थात् देह-भर में व्याप्त होता तो हम प्रत्यक्ष ज्ञान की क्रमिकता की व्याख्या करने में अपने को असमर्थ पाते। ज्योंही इन्द्रिय किसी पदार्थ के सम्पर्क में आती है, मन विद्युत्-गति से तुरन्त वहां पहुँच जाता है। इसके अतिरिक्त, दो व्यापक पदार्थों के सम्पर्क की कल्पना भी असम्भव है। 'स्मरण, अनुमान, आप्त ज्ञान, संशय, प्रतिभा, स्वप्न, ऊहा (कल्पना) और आनन्द आदि का प्रत्यक्ष करना भी उसी अवस्था में सम्भव है जबकि मन उपस्थित हो।'[6] आत्मा को जो बोध होते हैं वे भी अनुव्यवसाय को छोड़ कर, स्वयं प्रकाशमय नहीं होते।[7] हमें उनका ज्ञान मन के द्वारा उसी प्रकार होता है, जैसाकि अनुभवों और इच्छाओं का होता है।

---

1. देखिए, 'न्यायसूत्र', 3 : 1, 5।
2. देखिए, बृहदारण्यक उपनिषद्, 4 : 1, 19; 'तर्कसंग्रहदीपिका', 18।
3. न्यायभाष्य 1 : 1, 4।
4. 1 : 1, 16; 2 : 1, 24; 3 : 2, 6-7; न्यायवार्तिक, 1 : 1, 16।
5. न्यायभाष्य, 3 : 2, 58।
6. न्यायभाष्य 1 : 1, 16।
7. यहां तक कि नैय्यायिक भी अनुव्यवसाय को स्वयं प्रकाशमय मानते हैं।

वात्स्यायन मन की गणना इन्द्रियों के अन्दर करता है। वह इसे अन्तरिन्द्रिय मानता है जिसके द्वारा हम आन्तरिक मनोभावों, इच्छाओं और ज्ञानों का बोध प्राप्त करते हैं। जिस प्रकार आकाश में विद्यमान सूर्य और टेबल पर रखी हुई दवात के बारे में तुरन्त यह अनुभूति हो जाती है कि ये हमसे भिन्न बाह्य जगत् के पदार्थ हैं, उसी प्रकार सुख और दुःख की भावनाओं, प्रसन्नता व खिन्नता के मनोवेगों और इच्छा व अभिलाषा आदि की क्रियाओं के बारे में भी तुरन्त यह अनुभूति होती है कि ये जीवात्मा की विशेषताएँ हैं। जीवात्मा मन ही के साधन से आन्तरिक अवस्थाओं का ज्ञान प्राप्त करता है, जबकि बाह्य जगत् के पदार्थों के ज्ञान के लिए मन को इन्द्रियों के सहयोग की आवश्यकता होती है।[1] आन्तरिक तथा बाह्य में भेद ठीक वैसा ही नहीं है जैसा कि आत्मनिष्ठ और विषयनिष्ठ में है, क्योंकि कागज़ पर लिखने की इच्छा भी प्रत्यक्ष ज्ञान का उतना ही विषय है जितना कि स्वयं कागज़ है। ज्ञान का सम्बन्ध ठीक उसी प्रकार का है, विषय चाहे कागज़ के समान बाह्य हो या इच्छा के समान आन्तरिक हो। विषय का प्रत्यक्ष और तुरन्त ज्ञान दोनों में एकसमान है।[2]

वात्स्यायन के मत में मन भी एक इन्द्रिय है जिस प्रकार कि चक्षु आदि इन्द्रियाँ हैं, यद्यपि दोनों में अनेक स्पष्ट भेद हैं। बाह्य इन्द्रियाँ भौतिक तत्त्वों से बनी हैं, कुछ विशेष पदार्थों का ज्ञान कराने की ही क्षमता रखती हैं, और कुछ विशेष गुण रखती हुई ही इन्द्रिय के रूप में कार्य कर सकती हैं परन्तु मन अभौतिक है। सभी प्रकार के पदार्थों का ज्ञान कराने में एकसमान क्षमता रखता है और कोई विशेष गुण न रखता हुआ भी इन्द्रिय के रूप में कार्य कर सकता है।[3] किन्तु उद्योतकर पूर्णरूपेण इस मत का समर्थन नहीं करता। भौतिक अथवा अभौतिक होना केवल उत्पन्न हुए पदार्थों पर ही लागू होता है, जबकि मन कोई उत्पन्न हुआ पदार्थ नहीं है। वह यह स्वीकार करता है कि मन सब पदार्थों पर कार्य करता है, जबकि इन्द्रियाँ परिमित क्षेत्रों में ही कार्य करती हैं। इस लेखक के अनुसार, मन की जीवात्मा के साथ समानता इस अंश में है कि स्मृति के लिए जिस सम्पर्क की आवश्यकता होती है उसके दोनों ही आधार हैं और दोनों उस सम्पर्क के भी आधार हैं जो सुख का ज्ञान कराता है। प्रत्येक जीवात्मा के पास अपना-अपना मन है जो नित्य है,

---

1. तुलना कीजिए लौक द्वारा किए गए संवेदन और चिन्तन के इस भेद के साथ कि बाह्य इन्द्रिय हमें बाह्य जगत् का ज्ञान कराती है और अन्तरिन्द्रिय हमें अपनी मानसिक क्रियाओं का ज्ञान कराती है। ('एसे ऑन दि ह्यूमन अण्डरस्टैंडिंग', 2 : 1, 4)। उद्योतकर ने सुख तथा सुखानुभव के बीच भेद किया है। सुख वह विषय है जिसका प्रत्यक्ष अनुभव होता है, और सुख का बोध तब उत्पन्न होता है जब मन संवेदना के सम्पर्क में आता है। शैव्य की अनुकूलता का अनुभव त्वचा के ठण्डी वायु के साथ सम्पर्क में आने में होता है, और जब मन उसके सम्पर्क में आता है तब अनुकूलता का बोध उत्पन्न होता है।

2. मन को अपने निजी बोध का साधन नहीं माना जा सकता। पृथक् सामयिकता का बोध जो मन के अस्तित्व का संकेत करता है मन के द्वारा उत्पन्न होता है, और इस प्रकार प्राप्त किया गया मन का बोध मन की उपस्थिति के कारण होता है। यह वह अवस्था नहीं है जबकि मन अपने ऊपर कार्य करता है, क्योंकि मन अपने अस्तित्व अथवा अपने बोध का साधन नहीं है। मन के बोध में मन अपने अभिसूचक बोध के साथ मिल कर साधन बनता है। इस प्रकार की उपाधि से युक्त मन स्वयं मन नहीं है। देखिए, न्यायवार्तिकतात्पर्यटीका, 3 : 1, 17। उद्योतकर का मत है कि यौगिक क्रियाओं द्वारा मन का साक्षात् ज्ञान हो सकता है। (न्यायवार्तिक, 3 : 1, 17)

3. न्यायभाष्य 1 : 1, 4।

यद्यपि यह दुर्बोध तथा सूक्ष्म है।[1] प्रत्येक जीवात्मा के साथ केवल एक ही मन है अनेक नहीं, क्योंकि प्रत्येक जीवात्मा के साथ यदि अनेक मनों का सम्बन्ध होता तो प्रत्येक अवस्था में भिन्न-भिन्न ज्ञान एकसाथ हो जाते और अनेक प्रकार की इच्छाएँ भी एक साथ ही हो जाया करतीं जबकि ऐसा होता नहीं है।[2]

क्योंकि प्रत्यक्ष एक प्रकार का ज्ञान है, इसका सम्बन्ध जीवात्मा से है। यद्यपि जीवात्मा और मन का सम्पर्क एक विशेष अर्थ में नित्य है तो भी प्रत्येक मानसिक क्रिया में उसकी पुनरावृत्ति होती रहती है। न्यायशास्त्र जीवात्मा के भौतिक पदार्थों के साथ स्वाभाविक सम्बन्ध को स्वतः सिद्ध मान कर चलता है। उसके मत से बाह्य पदार्थों की जीवात्मा के ऊपर उसी प्रकार की छाप पड़ने की कल्पना की जाती है जिस प्रकार कि लाख के ऊपर मोहर की छाप पड़ती है। न्यायशास्त्र का प्रत्यक्ष-विषयक सिद्धान्त शरीर क्रिया सम्बन्धी मनोविज्ञान की मुख्य समस्या को अर्थात् एक बाह्य पदार्थ से उत्पन्न उद्दीपना, जो इन्द्रिय पर होती है और एक यान्त्रिक सम्पर्क के रूप में परिणत हो जाती है, किस प्रकार एक मनोवैज्ञानिक अवस्था का रूप धारण कर लेती है, हल नहीं करता। यह समस्या आज भी, जबकि विज्ञान ने इतनी अधिक उन्नति कर ली है, एक रहस्य ही है।

प्रत्यक्ष ज्ञान के उदय होने के लिए कर्ता के अतिरिक्त बाह्य पदार्थ का होना भी आवश्यक है। इस यथार्थ धारणा को स्वीकार कर लेने से न्यायशास्त्र अपनी रक्षा ज्ञान सापेक्षतावाद से करने में समर्थ हो गया, जिसके अनुसार हमें केवल क्षणिक अनुभव ही होते हैं और बाह्य पदार्थ का यथार्थ अस्तित्व मानना मूढ़ पुरुषों की केवल भ्रमात्मक कल्पना-मात्र है। इन्द्रिय का अपने उपयुक्त विषय के साथ सम्पर्क उस पदार्थ का चेतना के साथ सीधा सम्बन्ध स्थापित करा देता है। विषय जो उद्दीपक है, तथा चेतनामय परिणाम जो प्रत्यक्ष है, दोनों के आपसी सम्बन्ध का अध्ययन किया गया है और न्यूनतम संवेद्यता आदि के संकेतों की कमी नहीं है, यद्यपि सूक्ष्म यन्त्र के अभाव में इन प्रश्नों का समाधान ठीक-ठीक मिलना सम्भव नहीं है।

प्रत्यक्ष की परिभाषा आत्मा तथा मन के सम्पर्क को तथा मन और इन्द्रियों के सम्पर्क को स्वतः सिद्ध मान लेती है जो सब बोधों में विद्यमान रहता है, और 'इन्द्रियार्थ सन्निकर्ष' को उक्त ज्ञान का विशेष लक्षण बताती है।[3] इन्द्रियों का पदार्थों के साथ सन्निकर्ष होने से जीवात्मा के अन्दर जो परिवर्तन होता है, उसी से प्रत्यक्ष ज्ञान उत्पन्न होता है। 'यदि इन्द्रियाँ पदार्थ के साथ सम्पर्क में आए बिना भी ज्ञान उत्पन्न कर सकतीं तो वे दीवार के पीछे से भी ज्ञान-सम्पादन करने में समर्थ हो सकतीं।'[4] किन्तु साधारणतः यह सम्भव नहीं है। 'सन्निकर्ष' का अर्थ, उद्योतकर के अनुसार, निकट सम्पर्क मात्र नहीं है, बल्कि मात्र इन्द्रिय का विषय 'बन जाना' अथवा इन्द्रिय के साथ एक निश्चित सम्बन्ध स्थापित हो जाना है।

पदार्थ (विषय) कई प्रकार के हैं। घास का पत्ता एक द्रव्य है, हरापन इसका एक गुण है, और चूंकि गुण द्रव्य के अन्दर रहते हैं, उनका प्रत्यक्ष ज्ञान द्रव्य से अलग नहीं

---

1. न्यायवार्तिक 1 : 1, 4।
2. न्यायवार्तिक 3 : 2, 56।
3. न्यायवार्तिक 2 : 1, 29। 4. 'न्यायकन्दली', पृष्ठ 23; न्यायभाष्य, 2 : 1, 19।

हो सकता।[1] द्रव्य और उनके गुण एक ही जाति के होने से उनका पृथक्-पृथक् अस्तित्व नहीं है और इसलिए उनका ज्ञान केवल उनके आधार के ज्ञान द्वारा ही होता है। इन्द्रिय और द्रव्य के मध्य जो सम्पर्क है वह संयोग है, किन्तु द्रव्य और उसके गुण अथवा जाति और अकेले के मध्य जो सम्बन्ध है यह उसमें समाविष्ट रहने से 'समवाय' सम्बन्ध है। उदाहरण के रूप में, आँख द्रव्य के साथ सीधे सम्पर्क में आती है, किन्तु उसमें समाविष्ट रंग के साथ उसका सम्पर्क केवल परोक्ष रूप में ही होता है; और उससे भी अधिक परोक्ष रूप में उस रंग की विशेष जाति के साथ होता है जो उस रंग में समाविष्ट होती है, जो उस पदार्थ में रहता है, जिसके साथ आँख का सम्पर्क हुआ है।

इन्द्रियार्थ सन्निकर्ष छः भिन्न-भिन्न प्रकार का बताया गया है। पहला केवल संयोग मात्र है, जैसे कि हम एक घड़े को देखते हैं। दूसरा द्रव्य के गुण अथवा उसकी जाति के साथ सम्पर्क जिसे संयुक्त समवाय कहते हैं, जैसे कि घड़े के रंग आदि का ज्ञान हमें होता है। तीसरी संयुक्त समवेत-समवाय, जैसे कि घड़े के रंग की विशेष जाति का, जो उसके भी अन्तर्गत है, ज्ञान होता है। चौथा समवाय है, जैसे कि हम शब्दरूपी गुण का ज्ञान प्राप्त करते हैं,[2] जहां कि कान और शब्द के बीच समवाय सम्बन्ध होता है। पाँचवाँ समवेत-समवाय है जबकि हम किसी ऐसे गुण की जाति-विशेष का ज्ञान प्राप्त करते हैं जो द्रव्य से स्वतन्त्र है, जैसे कि शब्दरूपी गुण की जाति-विशेष का ज्ञान। छठा अर्थात् अन्तिम है विशेषणता अथवा विशेषण का विशेष्य के साथ सम्बन्ध। इसका एक दृष्टान्त घड़े के अभाव को देखने पर हमारे आगे आता है। यहां पर हमारी आंख का सम्पर्क भूमितल के साथ होता है जिसमें घड़े के अभाव रूपी विशेषण की विद्यमानता है। इस सम्पर्क को हम दो भिन्न-भिन्न प्रकार से वर्णन कर सकते हैं। प्रथम यह कि घड़े का अभाव रूपी विशेषत्व भूमि में है। (घटाभाववद् भूतलम्)। इसमें भूमि प्रतिपाद्य पदार्थ है और उसमें घड़े का अभाव होना उसका विशेषण है। दूसरे रूप में यह कि भूमि पर घड़े का अभाव है (भूतले घटाभावोऽस्ति)। दूसरे प्रकार में विशेषण और विशेष्य के पारस्परिक सम्बन्ध उलट गए। पहली अवस्था में अभाव उसका विशेषण हुआ जिसके साथ इन्द्रिय का सम्पर्क है (संयुक्त विशेषणता) अर्थात् भूमि का आंख के साथ। दूसरी अवस्था में अभाव का विशेषगुण उसके द्वारा बताया गया है जिसके साथ इन्द्रिय का सम्पर्क है (संयुक्त विशेष्यता)।[3] उक्त विशेषताएँ यथार्थ के स्वरूप के सम्बन्ध में न्यायशास्त्र की इन तात्त्विक धारणाओं पर आधारित हैं कि वस्तुएँ, गुण तथा सम्बन्ध सब विषय रूप जगत् के ही हैं। वैशेषिक के समान न्याय की भी यह धारणा है कि द्रव्यों, गुणों, क्रियाओं, सामान्यता, विशेषता, समवाय और अभाव का स्वतन्त्र अस्तित्व है। एक द्रव्य जिसका विस्तार है दृष्टि द्वारा देखा जाता है बशर्ते कि उसका रंग प्रकट हो।[4] इस सम्पर्क का स्वरूप संयोग है, आंख तथा पदार्थ

1. सिवाय शब्द के, जो गुण होते हुए भी अपना प्रत्यक्ष ज्ञान अपने-आप करता है।
2. श्रवणेन्द्रिय कान के गढ़े के अन्दर आबद्ध आकाश का नाम है और शब्द आकाश का गुण (धर्म) है।
3. कीथ : इण्डियन लाजिक एण्ड एटोमिज्म, पृष्ठ 77।
4. वैशेषिक सूत्र 4 : 1, 6।

को परस्पर वास्तविक सम्पर्क में आया हुआ कहा जाता है। नव्यन्याय के मत में, यदि पदार्थ मूर्त रूप में है, तो स्पर्श भी पदार्थ का ज्ञान कराता है। गुणों और गति का ज्ञान सम्पर्क के दूसरे प्रकार द्वारा होता है। सामान्यता का ज्ञान दूसरे या तीसरे प्रकार से होता है, अर्थात् द्रव्य, उसके गुण या गति सम्बन्धी जैसी भी सामान्यता हो, उसके अनुसार होता है। न्यायशास्त्र के मत में समवाय अथवा अन्तर्गत गुण स्वयं ज्ञान का विषय है, जबकि वैशेषिक के मत में यह अन्तर्गत प्रमेय पदार्थ है। अभाव छठे प्रकार में आता है।

कुमारिलभट्ट तथा वेदान्त के अनुयायियों के मत में ज्ञान न होना (अनुपलब्धि) ज्ञान का एक स्वतन्त्र साधन है। कुमारिल के अनुसार, जब हम घड़े के अभाव को देखते हैं तो हमें दो भिन्न-भिन्न प्रकार के ज्ञान होते हैं—एक तो निश्चित ज्ञान अर्थात् भूमि का और दूसरा निषेधात्मक ज्ञान अर्थात् घड़े के अभाव का। नैय्यायिक के मत में घड़े का अभाव रिक्तभूमि का एक विशेषण है और हमें इस प्रकार की अभाव-विशिष्ट भूमि का ज्ञान होता है। यदि यह कहा जाए कि हमें उन्हीं पदार्थों का ज्ञान होता है जो इन्द्रियों के सम्पर्क में आते हैं और पदार्थों के अभाव का इन्द्रियों के साथ सम्पर्क नहीं हो सकता, तो नैय्यायिक का उत्तर यह है कि आलोचक भूल से यह धारणा बना लेते हैं कि केवल संयोग और समवाय दो प्रकार के ही सम्बन्ध हैं, अभाव के सम्बन्ध में इनमें से एक भी संभव नहीं, क्योंकि संयोग केवल दो द्रव्यों में ही सम्भव हो सकता है और अभाव द्रव्य नहीं है, तथा समवाय भी सम्भव नहीं, क्योंकि अभाव अविभाज्य रूप में किसी वस्तु के साथ सम्बद्ध नहीं हो सकता।[1]

बौद्ध दर्शन के अनुसार, अभाव के ज्ञान का अर्थ अभाव का अस्तित्व नहीं है, बल्कि उसका तात्पर्य केवल ऐसी किसी वस्तु का अस्तित्व है जो अभाव का आधार है। घड़े से रहित भूमि के निश्चित ज्ञान को, भ्रम में पड़ कर, घड़े के अभाव के ज्ञान के साथ मिला दिया गया है। किन्तु न्यायशास्त्र का मत है कि निश्चित सत्तात्मक पदार्थों का ज्ञान भी अपने-आपमें वैसा ही एक सत्य है जैसाकि अभावात्मक पदार्थों का ज्ञान है। यदि यह कहा जाए कि भूमि पर घड़े के प्रत्यक्ष ज्ञान का न होना घड़े से रहित भूमि का प्रत्यक्ष ज्ञान ही है, तो प्रश्न उठता है कि भूमि का घड़े से रहित होना भूमि के साथ तादात्म्य रखता है या उससे भिन्न है? दोनों एकसमान नहीं हो सकते। यदि घड़े सहित भूमि और घड़े रहित

---

1. विशेषण और विशेष्य के सम्बन्ध के बारे में न्याय का जो मत है, उसकी आलोचना इस आधार पर की जाती है कि वस्तुतः यह कोई सम्बन्ध नहीं है, क्योंकि यह ऐसी दो चीज़ों में विद्यमान नहीं है जो उससे (सम्बन्ध से) भिन्न हो। सम्बन्ध वह है जो दोनों सम्बद्ध चीज़ों में विद्यमान रहते हुए भी दोनों से भिन्न हो। संयोग ढोल तथा डण्डी दोनों से भिन्न है यद्यपि विद्यमान दोनों में है। विशेषण और विशेष्य का सम्बन्ध इस प्रकार का नहीं है। छड़ी हाथ में लिए हुए व्यक्ति के विषय में छड़ी के गुण का स्वरूप छड़ी से भिन्न नहीं है और न ही व्यक्ति की विशिष्टता व्यक्ति से भिन्न है। विशेषण और विशेष्य का स्वयं उन चीजों के साथ तादात्म्य है। अभाव के विषय में, विशेषण और विशेष्य दोनों ही होने चाहिए, क्योंकि किसी भी द्रव्य, गुण व क्रिया के लिए अभाव में विद्यमान रहना सम्भव नहीं है। इस प्रकार अभाव से सम्बद्ध विशेषण का स्वरूप अपने ही में इस प्रकार का होना चाहिए कि अपना ज्ञान करा सके। इसीलिए कहा जाता है कि अभाव का सम्पर्क न होने से इंद्रियों द्वारा उसका ज्ञान प्राप्त नहीं हो सकता। गंगेश का यह मत है कि एक ही साधन हमें पदार्थ और उसके अभाव का भी ज्ञान प्राप्त करने में सहायक होता है। अभाव, ज्ञान के अभाव से होनेवाले अनुमान का परिणाम नहीं है, बल्कि स्वयं प्रत्यक्ष ज्ञान का एक विषय है।

भूमि में परस्पर भेद है तो जैसे एक का ज्ञान प्रत्यक्ष से होता है दूसरी का ज्ञान भी प्रत्यक्ष से हो सकता है।[1]

बौद्ध तार्किक सिद्ध करते हैं कि चक्षु और श्रवणेन्द्रिय अपने विषयों के साथ सीधे सम्पर्क में नहीं आतीं, बल्कि दूर से भी पदार्थों का ज्ञान प्राप्त करती हैं। ये दोनों इन्द्रियां, उनके मत में, अप्राप्यकारी अर्थात् पदार्थों का ज्ञान दूर से प्राप्त करने में भी समर्थ हैं। नैय्यायिक का तर्क है कि चक्षु इन्द्रिय आँखों के गोलक या पुतलियों का नाम नहीं है, जो इन्द्रियों के अधिष्ठान मात्र हैं। चक्षु इन्द्रिय तेजस् प्रकृति की है और प्रकाश की किरण पुतली से बाहर दूरस्थित पदार्थ तक जाती है और उसके साथ सीधे सम्पर्क में आती है। यही कारण है कि हमें दिशा, दूरी व स्थिति का सीधा प्रत्यक्ष इन्द्रियजन्य ज्ञान होता है।[2]

बौद्ध तार्किक निम्नलिखित युक्तियों के आधार पर न्याय के मत पर आपत्ति करता है : (1) चक्षु इन्द्रिय आंख की वह पुतली है जिसके द्वारा हम पदार्थों को देखते हैं और पुतली स्वयं बाहर जा नहीं सकती कि दूरस्थित पदार्थों के साथ सम्पर्क स्थापित करे। (2) चक्षु इन्द्रिय आकार में अपने से कितने ही बड़े पदार्थों, यथा पर्वत आदि, का ज्ञान प्राप्त करती है, किन्तु इतने बड़े पदार्थों के निकट सम्पर्क में वह आ नहीं सकती। (3) चक्षु इन्द्रिय को एक वृक्ष के ऊपर के हिस्से अथवा चन्द्रमा को देखने में एकसमान ही समय लगता है जिससे यह प्रमाणित होता है कि इन्द्रिय को पदार्थ के निकट पहुँचने की आवश्यकता नहीं है। (4) आंख पदार्थ तक नहीं जा सकती, अन्यथा शीशे व अभ्रक आदि पारदर्शी पदार्थों के पीछे की वस्तुओं का ज्ञान कैसे प्राप्त कर सकती? दूरी व दिशा का ज्ञान प्रत्यक्ष नहीं है किन्तु प्राप्त किया गया है।[3] उदयन ने अपने 'किरणावलि'[4] नामक ग्रन्थ में उक्त आपत्तियों का समाधान करने का प्रयत्न इस प्रकार किया है : (1) जो कोई पदार्थ का ज्ञान प्राप्त कराता है या उसे प्रकट करता है उसका उस पदार्थ के साथ सम्पर्क में आना आवश्यक है। दीपक उस पदार्थ को प्रकाशित करता है जिसके सम्पर्क में वह आता है। इसी प्रकार चक्षु इन्द्रिय, जो तेजोमय है, पुतली से निकल कर पदार्थ के सम्पर्क में आती है। (2) पुतली से बाहर आकर प्रकाश फैलता है और पदार्थ को आच्छादित कर लेता है तथा समूचे क्षेत्र में समा जाता है। (3) समीप और दूर के पदार्थों को ज्ञान-प्राप्ति में समय की

---

1. 'न्यायबिन्दु', पृष्ठ 11, और 'न्यायमंजरी' पृष्ठ 53-57।

2. न्यायवार्तिक, 1 : 1, 4। चक्षु इन्द्रिय के विषय में एक रोचक प्रश्न पर विचार किया गया है अर्थात् यह एक है या दो हैं। वात्स्यायन का कहना है कि इन्द्रियाँ दो हैं और जब हम किसी पदार्थ को पहले एक आँख से और उसके बाद दूसरी आँख से देखते हैं तब हमें ज्ञात होता है कि यह वही पदार्थ है जिसे पहले अवसर पर देखा था। इसका अर्थ यह हुआ कि द्रष्टा एक ही व्यक्ति है। किन्तु उद्योतकर इस मत को स्वीकार नहीं करता (देखिए न्यायभाष्य और न्यायवार्तिक 3 : 1, 7,11। डेकार्ट के सामने यह एक बड़ी समस्या थी कि किस प्रकार और क्यों दो अलग-अलग ज्ञान जो दो आँखों तथा दो कानों के द्वारा प्राप्त होते हैं, परस्पर मिल कर मन के ऊपर समान प्रभाव डालते हैं। उसके विचार से, शीर्षग्रन्थि में, जो एकमात्र तंग मार्ग है, जिसके द्वारा प्राणियों के अन्दर सब क्रियाएँ मस्तिष्क में पहुँचती हैं, वही इसका कारण है। किरणों के अन्दर स्वयं प्रकट होने का गुण नहीं है। क्योंकि उस अवस्था में वे आँखों व पदार्थ के मध्य में परदे के रूप में प्रकट होकर हमारी दृष्टि में बाधा उत्पन्न कर सकती थीं। आँखों की किरणें यद्यपि दिखलाई नहीं देतीं तो भी बाह्य प्रकाश की सहायता से पदार्थ तक पहुँच जाती हैं (देखिए न्यायभाष्य 3 : 1, 38-39।।

3. न्यायवार्तिक, 1 : 1, 4; और देखिए विवरणप्रमेयसंग्रह, पृष्ठ 187 से आगे।

4. बाइबिल, इण्डिन एडीशन, पृष्ठ 286 से आगे।

अवधि में अन्तर अवश्य होता है यद्यपि हमें इसका स्पष्ट भान नहीं होता। दूरस्थित चन्द्रमा आंख के खोलने पर इसलिए दिखाई देता है कि प्रकाश की गति इतनी वेगवती है कि उसकी कल्पना भी नहीं की जा सकती। यह सुझाव कि हमारी चक्षु इन्द्रिय से निकला हुआ प्रकाश बाहर के प्रकाश के साथ मिल कर तुरन्त एकाकार हो जाता है जिसके कारण समीप और दूर के पदार्थ एकसाथ दिखाई दे सकते हैं, युक्तिसंगत नहीं ठहरता, क्योंकि इस सिद्धान्त के आधार पर हमें उन पदार्थों का भी, जो हमारी दृष्टि से छिपे हुए हैं और जो हमारी पीठ के पीछे हैं, ज्ञान होना चाहिए। (4) शीशा एवं अभ्रक आदि कुछ वस्तुएँ स्वभाव से पारदर्शक हैं और इसीलिए ये प्रकाश को आर-पार जाने देने में बाधा नहीं देतीं। पूर्वमीमांसा न्याय के इस मत का समर्थन करता है कि सभी इन्द्रियां प्राप्यकारी हैं, अर्थात् जिनका वे ज्ञान प्राप्त कराती हैं उन पदार्थों के सम्पर्क में आती हैं। श्रवण ज्ञान के विषय में, शब्द एक निश्चित स्थान से चल कर ध्वनि की लहरों द्वारा वायु के अन्दर गति करता है और इस प्रकार श्रवणेन्द्रिय का अन्तिम शब्द के साथ सम्पर्क होता है। शब्द अपने निकास-स्थान से चल कर क्रमशः लहरों के द्वारा वायु के माध्यम से सर्वत्र फैलता है, ठीक उसी प्रकार जैसे कि पौधे का पराग वायु की लहरों द्वारा सब दिशाओं में दूर-दूर पहुँच जाता है।[1] किस दिशा से शब्द आ रहा है इसका परिज्ञान इस प्रकार होता है कि शब्द के निकास-स्थानों की विविधता शब्द में विशेषता पैदा कर देती है और श्रवणेन्द्रिय के विशेष भाग क्रियाशील हो जाते हैं। इसी प्रकार गन्ध के विषय में, पदार्थ के छोटे-छोटे कण वायु के माध्यम से नासिका तक पहुँचते हैं। पदार्थ का इन्द्रिय के साथ केवल सम्पर्क ही प्रत्यक्ष ज्ञान की उत्पत्ति के लिए पर्याप्त है, जैसेकि सोता हुआ मनुष्य भी बिजली की कड़क सुन लेता है।[2]

गौतम के अनुसार, इन्द्रियजन्य प्रत्यक्ष ज्ञान का सबसे प्रथम स्वरूप यह है कि वह अवर्णनीय (अव्यपदेश्य) है। पदार्थ के प्रत्यक्ष ज्ञान के लिए उसके नाम का होना आवश्यक नहीं है। नाम की आवश्यकता सामाजिक व्यवहार के लिए है किन्तु पदार्थ के प्रत्यक्ष ज्ञान के साथ-ही-साथ उसके नाम का ज्ञान आवश्यक नहीं है। जयन्त ने एक प्रसिद्ध आचार्य की सम्मति उद्धृत करते हुए कहा है कि उन सब पदार्थों का ज्ञान जिनमें नाम पदार्थ का अंगभूत अवयव है, प्रत्यक्ष ज्ञान के क्षेत्र से बाहर है। यदि एक मनुष्य किसी फल को देख कर उसके स्वरूप का अनुभव करता है तो यह प्रत्यक्ष ज्ञान है। किन्तु यदि वही मनुष्य किसी दूसरे पुरुष से उस फल का नाम 'बिल्व' सुनता है तो यह प्रत्यक्ष ज्ञान न होकर आप्त

1. देखिए जयनारायण की 'विवृति' 2 : 2, 37। कुमारिल इस विचार के सम्बन्ध में इस आधार पर आपत्ति उठाता है कि चूंकि आकाश एक तथा अविभाज्य है इसलिए सभी कानों पर शब्द का एक समान प्रभाव पड़ना चाहिए और हरएक शब्द सभी कानों द्वारा सुना जाना चाहिए; अथवा यदि एक कान बहरा है तो सभी कानों को सुनाई न पड़ना चाहिए। फिर वायु के साथ भ्रमण करते हुए शब्द उन शब्दों की अपेक्षा अधिक दूर तक सुनाई देते हैं जो वायु की गति के प्रतिकूल आते हैं। इसका कोई युक्तिसंगत समाधान नहीं मिलता, क्योंकि लहरें तो आकाश में उत्पन्न होती हैं जिस पर शब्द का कोई प्रभाव नहीं पड़ता।

2. न्यायभाष्य 2 : 1, 26। यह स्वेच्छा-विरहित है, क्योंकि वह आत्मा के प्रयत्न के द्वारा नहीं होता और इस प्रकार अदृष्ट अथवा अदृश्य नियति इसका कारण समझा जाता है (न्यायभाष्य 2 : 1, 29)।

ज्ञान कहलाएगा।[1] वात्स्यायन का मत है कि पदार्थ का प्रत्यक्ष ज्ञान उसके नाम के साथ और उसके बिना भी हो सकता है। पहली अवस्था में उसे निश्चयात्मक और दूसरी अवस्था में अनिश्चयात्मक प्रत्यक्ष ज्ञान कहेंगे।[2] अवर्णनीय (अव्यपदेश्य) और सुपरिभाषित (व्यवसायात्मक) में जो भेद है वही भेद निर्विकल्प तथा सविकल्प में है।

वात्स्यायन और उद्योतकर इस भेद का उल्लेख नहीं करते और वाचस्पति, जो इसका उल्लेख करते हैं, इसे अपने गुरु त्रिलोचन का मत बताते हैं।[3] परवर्ती सभी दार्शनिक जैसे भासर्वज्ञ, केशवमिश्र, अन्नंभट्ट और सांख्य तथा वैशेषिक के अनुयायी तथा कुमारिल भी इस विचार से सहमत हैं। गौतम अपनी परिभाषा से सभी प्रकार के प्रत्यक्ष ज्ञान को निश्चयात्मक मानते हैं। यदि हमें इस विषय में सन्देह है कि दूरस्थित पदार्थ मनुष्य है अथवा एक खम्भा है, धूल है या धुआँ है, तो यह प्रत्यक्ष नहीं है। जैन, जिनका मत है कि हम प्रत्येक प्रकार के प्रत्यक्ष ज्ञान में प्रत्यक्ष के कर्ता तथा ज्ञेय पदार्थ दोनों से अभिज्ञ रहते हैं, प्रत्यक्ष ज्ञान के अनिश्चयात्मक होने की सम्भावना का निषेध करते हैं।

सविकल्प प्रत्यक्ष ज्ञान के अन्दर ज्ञान पदार्थ किस जाति का है, यह ज्ञान, उन विशेष गुणों का ज्ञान जो उसे जाति के अन्य पदार्थों से विशिष्ट करते हैं तथा दोनों के परस्पर सम्पर्क का ज्ञान, ये सब उपलक्षित रहते हैं। पदार्थ की जाति, विशिष्ट गुणों और दोनों के सम्पर्क का स्पष्ट ज्ञान निर्विकल्प प्रत्यक्ष में उपस्थित नहीं रहता।[4] निर्विकल्प और सविकल्प

---

1. शाब्दिकों का मत है कि सभी प्रकार के प्रत्यक्ष ज्ञान का विषय, विषय (ज्ञेय पदार्थ) का द्योतक शब्द है (वाग्रूपं तत्त्वम्)। जयन्त इसकी आलोचना करता है ('न्यायमंजरी', पृष्ट 99) और वाचस्पति प्रश्न करते हैं कि यदि पदार्थ तथा नामों का परस्पर तादात्म्य है तो वे नित्य शब्दों के साथ भी तादात्म्य रखते हैं या परम्परागत शब्दों के साथ? प्रत्यक्षानुभूत पदार्थ अप्रत्यक्षानुभूत शब्दों के साथ तादात्म्य नहीं रख सकते; न वे नामों के साथ ही तादात्म्य रख सकते हैं, क्योंकि बच्चे पदार्थों का साक्षात् करते हैं यद्यपि उनके नाम से परिचित नहीं होते। इस प्रकार जो शब्द का अर्थ नहीं जानते, उन्हें निर्विकल्प प्रत्यक्ष होता है, और जो उन्हें जानते हैं उन्हें भी प्रथम तो निर्विकल्प ही ज्ञान होता है, जो अवचेतना में पड़े हुए भूतकाल के प्रत्यक्ष के नाग के संस्कार को पुनर्जीवित कर देता है। इस प्रकार वही निर्विकल्प सविकल्प प्रत्यक्ष बन जाता है (न्यायवार्तिकतात्पर्यटीका, 1 : 1, 4)।

2. न्यायभाष्य, 1 : 1, 4। और देखिए 'न्यायमंजरी', पृष्ठ 99। जयन्त का कहना है कि निर्विकल्प प्रत्यक्ष पदार्थ को प्रकट करने वाले शब्द अथवा नाम का बोध नहीं करा सकता। शब्द चक्षु इन्द्रिय के प्रत्यक्ष का विषय नहीं है, और यदि लक्षण तथा लक्षित पदार्थ के परस्पर सम्बन्ध का बोध तथा अवशिष्ट चिह्न का पुनरुज्जीवन न हो तो शब्द का भी बोध नहीं हो सकता। सविकल्प प्रत्यक्ष शाब्दिक प्रतिबिम्बों के साथ जुड़ा हुआ है, किन्तु निर्विकल्प प्रत्यक्ष ऐसा नहीं है, और सामान्यता तथा गुणादि के बोध के विषय में दोनों में कोई भेद नहीं है। भर्तृहरि के मत में भाषा के बिना कोई विचार नहीं रह सकता, और इस प्रकार निर्विकल्प प्रत्यक्ष, जो सब प्रकार की भाषा से स्वतंत्र समझा जाता है, उसके विचार से असम्भव है (न्यायवार्तिक तात्पर्यटीका, 1 : 1,4)।

3. रत्नकीर्ति अपने 'अपोहसिद्धि' और 'क्षणभंगसिद्धि' नामक ग्रंथों में इस लेखक का उल्लेख करता है। देखिए 'सिक्स बुद्धिस्ट न्याय ट्रैक्ट्स', जिसका सम्पादन महामहोपाध्याय हरप्रसाद शास्त्री ने किया है। विश्वनाथ निर्विकल्प तथा सविकल्प के भेद का वैकल्पिक व्याख्या के रूप में उल्लेख करता है। देखिए उनकी 'न्यायसूत्र प्रवृत्ति', 1 : 1, 4।

4. 'तर्कभाष' के मत में निर्विकल्प प्रत्यक्ष में यद्यपि आत्मा का मन के साथ, मन का इन्द्रियों के साथ और इन्द्रियों का पदार्थ के साथ सम्पर्क होता है तो भी पदार्थरूप अन्तिम अवयव गौण होता है। किन्तु सविकल्प प्रत्यक्ष में वह मुख्य हो जाता है।

ज्ञान का भेद लगभग वैसा ही है जैसाकि पदार्थ के साधारण परिचय और उसके ज्ञान में, अर्थात् साधारण बोध तथा निर्णयात्मक प्रत्यक्ष ज्ञान में है।

प्राचीन वैशेषिक मतानुयायियों के अनुसार, निर्विकल्प प्रत्यक्ष ज्ञान वह है जो पदार्थ के सामान्य (जातिगत) एवं विशिष्ट स्वरूप के सम्बन्ध में प्रथम साक्षात्कार के समय उत्पन्न होता है, जिसमें उक्त दोनों के अन्तर का ज्ञान सम्मिलित नहीं है। सविकल्प प्रत्यक्ष ज्ञान में पदार्थ और उसके विशिष्ट गुणों का भेद स्पष्ट होकर पदार्थ का ज्ञान निश्चयात्मक हो जाता है।[1] वाचस्पति का विचार है कि निर्विकल्प प्रत्यक्ष ज्ञान में हमें पदार्थ के गुणों का ज्ञान तो होता है, किन्तु हम पदार्थ और उनमें विशेषण-विशेष्य भाव का सम्बन्ध स्थापित नहीं कर पाते। और जब ऐसा कर पाते हैं तो उसकी सविकल्प प्रत्यक्ष ज्ञान संज्ञा हो जाती है। श्रीधर का यही मत है। प्रभाकर प्राचीन वैशेषिक के अनुयायियों के साथ सहमत होकर कहता है कि निर्विकल्प प्रत्यक्ष ज्ञान में हमें केवल पदार्थ के स्वरूप-मात्र का ज्ञान होता है। यद्यपि हम जातिगत सामान्य और उक्त पदार्थगत विशेष गुणों को भी देखते हैं, किन्तु उनमें भेद न कर सकने से, जैसाकि सविकल्प ज्ञान में करते हैं, उक्त ज्ञान को निर्विकल्प संज्ञा देते हैं। गंगेश की सम्मति में निर्विकल्प प्रत्यक्ष ज्ञान वह है जिसमें पदार्थ और उसके जातिगत गुणों का पृथक्-पृथक् ज्ञान तो हो किन्तु दोनों के पारस्परिक सम्बन्ध का ज्ञान न हो। पदार्थ का इन्द्रिय के साथ जैसेकि घड़े का आंख के साथ सम्पर्क होते ही घड़े के विषय में तुरन्त यह ज्ञान नहीं होता कि यह घड़ा घड़ों की जाति का है।[2] किन्तु जब पदार्थ और जिस जाति का वह पदार्थ है उसके पारस्परिक सम्बन्ध का भी ज्ञान हो जाता है तो उसे हम सविकल्प अथवा निश्चयात्मक प्रत्यक्ष ज्ञान कहते हैं। अन्नंभट्ट के अनुसार, निर्विकल्प प्रत्यक्ष ज्ञान पदार्थ के विशेष गुणों के ज्ञान से रहित केवल पदार्थ के ज्ञान का नाम है, जबकि सविकल्प प्रत्यक्ष ज्ञान के अन्दर पदार्थ (विशेष्य) और उसके गुणों (विशेषणों) जैसे कि पदार्थ की संज्ञा और जाति के सम्बन्ध का ज्ञान आ जाता है।[3]

सविकल्प प्रत्यक्ष का उक्त विश्लेषण प्रत्यक्ष की क्रिया के अन्तर्गत दो अवयवों, अर्थात् सामान्य प्रत्यय तथा अन्तिम निर्णय को हमारे सामने उपस्थित करता है। मनोवैज्ञानिक श्रेणीबद्ध प्रकल्पना के हेत्वाभास का कि पहले हमें प्रत्यक्ष होता है, फिर सामान्य प्रत्यय बनता है और उसके बाद अन्तिम निर्णय होता है, इस प्रकार निराकरण हो जाता है।

निर्विकल्प प्रत्यक्ष के सम्बन्ध में एक भिन्न प्रकार का विचार, जो कि वस्तुतः असन्तोषजनक है, हमें नव्यन्याय में देखने को मिलता है। वहां ऐसा कहा गया है कि चेतना में जो ज्ञान प्रस्तुत होता है वह सविकल्प प्रत्यक्ष है, और उससे हम निर्विकल्प प्रत्यक्ष के

---

1. 'न्यायकन्दली', पृष्ठ 190। प्रभाकर तथा पार्थसारथि मिश्र, जिनके मत में सविकल्प प्रत्यक्ष इन्द्रिय द्वारा गृहीत तथा स्मृतिगत प्रतिबिम्ब दोनों का सम्मिश्रण है, उक्त दृष्टिकोण का समर्थन करते हैं।

2. प्रथमतो घटघटत्वयोर्विशिष्टानवगाह्य एव ज्ञाननं जायते, तदेव निर्विकल्पम्। देखिए 'सिद्धांतमुक्तावलि', पृ. 58।

3. वह निर्विकल्प प्रत्यक्ष को निष्प्रकारक और सविकल्प प्रत्यक्ष को सप्रकारक भी कहता है। यहां प्रकारता का अर्थ है विशिष्ट बोध का गुण। इस प्रकार सप्रकारक ज्ञान पदार्थ-विशेष का बोध है, जो अन्य प्रकार के बोधों से पृथक् है।

अस्तित्व का अनुमान करते हैं। किसी पदार्थ का सविकल्प प्रत्यक्ष ज्ञान, अर्थात् पदार्थ के विशेष गुणों से युक्त होने का ज्ञान, उन गुणों के निर्विकल्प प्रत्यक्ष ज्ञान की पूर्वावस्था का संकेत करता है, जिसके बिना सविकल्प प्रत्यक्ष ज्ञान सम्भव नहीं हो सकता। यदि गुणों का प्रत्यक्ष ज्ञान भी सविकल्प होता तो उसका तात्पर्य होता गुणों के गुणों का प्रत्यक्ष ज्ञान और इस प्रकार उसका कहीं भी अन्त न होता। अतएव उक्त उलझन से दूर रहने के लिए हम निर्विकल्प प्रत्यक्ष ज्ञान के अस्तित्व को ही स्वीकार कर लेते हैं।[1]

> कुछ नैय्यायिक निर्विकल्प प्रत्यक्ष ज्ञान को अनुमान का विषय नहीं मानते, बल्कि इसे केवल चेतना की एक अवस्था-मात्र स्वीकार करते हैं जो हमें केवल अस्तित्व का बोध कराती है।[2] जो इसे चेतना का एक तथ्य मानते हैं उनका तात्पर्य इससे एक अस्पष्ट बोध से है। किन्तु जो इसे सविकल्प चेतना से निकसित अमूर्तभावरूप मानते हैं वे इसे भाववाचक गुणों की अभिज्ञता के समान समझते हैं और इसे वे निर्विकल्प इसलिए कहते हैं क्योंकि इसमें अनुव्यवसाय को स्थान नहीं है।

न्यायशास्त्र का झुकाव प्रधानतः निर्विकल्प प्रत्यक्ष को सब प्रकार के ज्ञान का प्रारम्भिक बिन्दु समझने की ओर है, यद्यपि उसकी सम्मति में यह अपने-आप में ज्ञान नहीं है। यह पदार्थ का तात्कालिक बोध है जो सही अर्थों में ज्ञान नहीं कहला सकता। यह एक प्रकार की भेद-रहित, असम्बद्ध चेतनामात्र है, जो आत्मसात्करण, विभेदीकरण, विश्लेषण और समन्वय के कार्य से मुक्त है। इसे मूक, अव्यक्त तथा शाब्दिक प्रतिबिम्बों से मुक्त समझना चाहिए। सविकल्प प्रत्यक्ष ज्ञान चेतना की एक व्यवहृत, भेद-प्रदर्शक एवं सम्बन्ध-निर्देशक अवस्था है जिसमें आत्मसात्करण और विभेदीकरण के परिणाम भी समाविष्ट हैं। यह व्यक्त, मूर्तरूप और निश्चित ज्ञान है। निर्विकल्प प्रत्यक्ष ज्ञान में जातिगत वैशिष्ट्य और सम्बन्ध अन्तर्निहित तो अवश्य हैं, किन्तु वे प्रकट होते हैं सविकल्प प्रत्यक्ष ज्ञान में ही। इस मत का समर्थन पार्थसारथि मिश्र ने किया है। निर्विकल्प-प्रत्यक्ष अर्थात् इन्द्रिय-सम्पर्क से उत्पन्न अनुभव और सविकल्प प्रत्यक्ष जो प्रत्यक्ष ज्ञान का निर्णयात्मक रूप है दोनों एक ही प्रक्रिया के, जो प्रकृति से एक ही है, प्रारम्भिक और समुन्नत रूप हैं। निर्विकल्प प्रत्यक्ष क्योंकि तत्काल आगे नहीं

---

1. इण्डियन लॉजिक एण्ड ऐटोमिज्म, पृष्ठ 72-73। अन्नंभट्ट अपनी 'दीपिका' (42) में कहते हैं: "विशिष्ट ज्ञानं विशेषणज्ञानजन्यं विशिष्टज्ञानत्वात् दण्डीति ज्ञानवत्। विशेषणज्ञानस्यापि सविकल्प कत्वे अनवस्थाप्रसंगान्निर्विकल्पसिद्धिः।" और देखिए 'सिद्धान्त मुक्तावलि', 58। विशिष्ट ज्ञान पदार्थ विशेष (विशेष्य) का निर्णय अथवा ज्ञान है जो पदार्थ का गुण (विशेषण) बतलाता है। न्याय का मत है कि इस प्रकार के ज्ञान के लिए, यह घड़ा है, हमें केवल इन्द्रिय के विशेष्य पदार्थ (घड़े) के साथ सम्पर्क की ही आवश्यकता नहीं होती, बल्कि विशेषण (घटत्व) के पूर्वज्ञान की भी आवश्यकता है। इस पूर्वज्ञान को ही निर्विकल्प कहते हैं और इसका साक्षात् ज्ञान न होकर अनुमान किया जाता है। पूर्वमीमांसा तथा वेदान्त गुण के पूर्वज्ञान की आवश्यकता का निषेध करते हैं, और उनकी सम्मति में इन्द्रियां गुण और उसके विषय (पदार्थ) दोनों के सम्पर्क में आती हैं। इस मत की कि हमें पहले केवल घटत्व का निर्विकल्प ज्ञान होता है, मनोविज्ञान से पुष्टि नहीं होती। व्यापक विचार पहले चेतना में प्रकट नहीं होते। ज्ञान अनिश्चित से निश्चित की ओर बढ़ता है। घड़े का भाव तार्किक दृष्टि से, न कि कालक्रम की दृष्टि से, अनुभूत ज्ञान सम्बन्धी निर्णय से पहले होता है।
2. वस्तुस्वरूपमात्र : 'न्यायसार', पृष्ठ 3, 4, 84-86।

बढ़ता, वह मूक और विश्लेषण-रहित है, जेम्स के शब्दों में 'अपरिपक्व और आवाचिक अनुभव' है इसलिए सत्य-असत्य का भेद इसके विषय में लागू नहीं होता।[1] पहले-पहल जब हम प्रकाश को देखते हैं तो, कण्डिलैक के शब्दों में, "हम उसे देखने की अपेक्षा हम वही होते हैं।"[2] इसलिए साधारण बोध में भूल होने की सम्भावना नहीं है। प्रत्यक्ष ज्ञान सम्बन्धी निर्णय में, जहां कर्ता के विषय में कुछ विधान किया जाता है, तार्किक विवेचन की उत्पत्ति होती है, क्योंकि हमारा अपना निर्णय पदार्थ-सम्बन्धी व्यवस्था के अनुकूल हो भी सकता है और नहीं भी हो सकता। जब हम कहते हैं कि 'वह मनुष्य है', तो हमारा ज्ञान, जहां तक 'वह' शब्द का सम्बन्ध है, सत्य है, किन्तु जहां तक 'मनुष्य' शब्द का सम्बन्ध है, वह सत्य हो भी सकता है और नहीं भी हो सकता।[3]

विरोध में बौद्ध तार्किकों का कहना है कि सविकल्प प्रत्यक्ष ज्ञान व्यवहृत होने के कारण पूर्वधारणा से स्वतन्त्र नहीं है किन्तु निर्विकल्प प्रत्यक्ष ज्ञान पूर्वधारणा से स्वतन्त्र, अर्थात् कल्पनापोढ़[4] है। निर्विकल्प प्रत्यक्ष ज्ञान के पदार्थ के गुणों अर्थात् सामान्यता, द्रव्यत्व, गुण, क्रिया, नाम आदि का ज्ञान नहीं होता, बल्कि यह केवल पदार्थ के स्वलक्षण[5] अर्थात् निजी अस्तित्व का ही ग्रहण कराता है। यथार्थ, जिसके हम सम्पर्क में आते हैं, अवर्णनीय है और जिसका हम वर्णन करते हैं उसका क्षेत्र सामान्य प्रत्यय हैं। धर्मकीर्ति का कहना है कि प्रत्यक्ष ज्ञान का विषय स्वलक्षण है, जबकि व्यवहृत ज्ञान का विषय सामान्य लक्षण है। उपस्थित पदार्थ अपूर्व, विशेष और क्षणिक है और जाना हुआ पदार्थ आदर्श, सामान्य और स्थायी है।[6] जैसे ही हम किसी अनुभूत यथार्थ के विषय में कुछ कहते हैं, हम उसका सम्बन्ध किसी अन्य वस्तु के साथ स्थापित कर देते हैं, और इस प्रकार यथार्थ अपनी प्रकृति को खो देता है तथा बुद्धि के द्वारा आविष्कृत भावों से आरोपित हो जाता है। हम श्रवणेन्द्रिय द्वारा भन-भन की-सी आवाज सुनते हैं और यह

---

1. देखिए नीलकण्ठकृत 'तर्कसंग्रहदीपिकाप्रकाश'।

2. जेम्स : 'प्रिंसिपल्स ऑफ साइकोलॉजी', खण्ड 2, पृष्ठ 4। और देखिए न्यायभाष्य 4: 2, 37।

3. न्यायभाष्य 3 : 2, 37।

4. धर्मकीर्ति के अनुसार कल्पना विचार की वह क्रिया है जिसके द्वारा पदार्थ (विषय) को विशेष संज्ञा दी जाती है। 'अभिलापसंसर्गयोग्यप्रतिभासप्रतीतिः कल्पना।' यह वह ज्ञान है जिसका सम्बन्ध शब्दों के साथ हो सकता है। जयन्त का मत है कि कल्पना से तात्पर्य उस सम्बन्ध से है जो एक पदार्थ को अपने सहायकों, अर्थात् जाति, गुण, क्रिया, नाम और द्रव्य के साथ रहता है ('न्यायमंजरी', पृष्ठ 97)। बौद्धमत के अनुसार, व्यक्ति तथा जाति में, विशेष तथा सामान्य में, द्रव्य और गुण में कोई भेद नहीं है। हमारा सविकल्प प्रत्यक्ष जहां भेद नहीं है, वहां भेदों का आरोप करता है। हम गाय के अतिरिक्त गोजाति का प्रत्यक्ष नहीं करते, न गोरूपी द्रव्य का इसके गुणों से रहित प्रत्यक्ष करते हैं; और न गति ही उससे भिन्न है जो गति करता है। हम जब पदार्थ को नाम देते हैं तो हम उन वस्तुओं को, जो भिन्न-भिन्न हैं, एकसमान मान लेते हैं। जब हम कहते हैं कि 'यह चैत्र है' तो 'यह' एक पदार्थ का निर्देश करता है और 'चैत्र' एक शब्द का, और हमारा निष्कर्ष उन दोनों को एकसमान मान लेता है। इसी प्रकार द्रव्य का वर्ग उन पदार्थों में, जो तात्त्विक रूप से भिन्न-भिन्न हैं, एकात्मकता अथवा सहसमवाय का आरोप करता है। 'यह मनुष्य छड़ी लिए हुए है' इस वाक्य में 'मनुष्य' और 'छड़ी', जो एक-दूसरे से भिन्न हैं, एक ही अधिष्ठान में निहित कहे जाते हैं। इस प्रकार यह तर्क दिया जाता है कि ये वर्ग विचार की रचनाएं हैं (उसी स्थान पर)।

5. सजातीयविजातीयपरावृत्तं स्वलक्षणम् ('न्यायमंजरी', पृष्ठ 97)।

6. 'शास्त्रदीपिका' में ऐसा विचार प्रकट किया गया है कि सामान्य स्थापनाएं कल्पना से उत्पन्न अयथार्थ वस्तुएं हैं : "विकल्पाकारमात्रं सामान्यम, अलीकं वा" (पृष्ठ 278)

आवाज़ यथार्थ है, किन्तु यह आवाज मक्खी की है या दूरस्थित वाष्पसीटी की, यह हमारी अपनी कल्पना है। धर्मोत्तर का तर्क है कि मां के स्तन का ज्ञान जो बच्चे को दूसरी बार होता है, अपने पूर्वानुभव के आधार पर ही होता है, और इसलिए यह ज्ञान भी विशुद्ध या अनिश्चित नहीं है। जैसाकि काण्ट ने कहा है, सभी सम्पर्क ऐसे रूप हैं जो हमारे मन द्वारा उपस्थित तत्त्वों पर आरोपित किए गए हैं और तभी वे ज्ञान के विषय बन सके हैं। सविकल्प ज्ञान में हम यथार्थ को मरोड़ कर उसका रूप बदल देते हैं और इसीलिए वह अप्रामाणिक कहलाता है।[1] दिग्नाग की सम्मति में द्रव्यों, गुणों तथा क्रियाओं का ज्ञान मिथ्या है।[2] बाह्य पदार्थ क्षणिक हैं और इसलिए वे जाने नहीं जा सकते।[3] रचनात्मक कल्पना क्षणिक अवस्था को एक ऐसी शृंखला में परिणत कर देती है, जिसमें भूतकाल प्रविष्ट होता है और जो आगे की ओर भविष्य में बढ़ी होती है। विचार-जगत् अयथार्थ (अनर्थ) है। परमार्थसत् अनुभूत संवेदना है।[4] यह समस्त मत इन विचारकों की अध्यात्म-विषयक पूर्वकल्पनाओं द्वारा निर्धारित है। दिग्नाग एक विषयीविज्ञानवादी है जो समस्त ज्ञान को विशुद्ध मानसिक मानता है। यथार्थ के स्वरूप के प्रश्न को उसने अनिर्णीत ही छोड़ दिया है, यद्यपि प्रत्यक्ष-विषयक तथ्य उसे यह स्वीकार करने को बाध्य कर देते हैं कि हम किसी यथार्थ सत्ता के सम्पर्क में आते हैं, चाहे वह क्षणिक ही क्यों न हो। धर्मकीर्ति अपने सौत्रान्तिक झुकावों के कारण अतिमानसिक यथार्थ सत्ताओं को स्वीकार करता है, जिससे कि प्रत्यक्ष ज्ञान की विविधता का समाधान हो सके, यद्यपि उनका क्षणिक रूप उनके ज्ञान को असम्भव बना देता है। वह संवेदनाओं को वैयक्तिक तथा उनके पदार्थ-सम्बन्धी संकेत को अनुमानगम्य मानता है।

नैय्यायिक बौद्धमत की कड़ी आलोचना करते हैं। उद्योतकर का तर्क है कि विशुद्ध इन्द्रिय-ज्ञान जो अपने-आप में विशिष्ट और स्वतः प्रज्ञात है और जो नाम या जाति के सम्मिश्रण से रहित है, एक असम्भव धारणा है। हमारा पदार्थ-विषयक ज्ञान अनिवार्य रूप से व्यापक (जातिमात्र में सामान्य) रूप धारण कर लेता है।[5] बौद्धों का यह मत कि सभी सामान्य स्थापनाएँ काल्पनिक हैं क्योंकि केवल विशिष्ट पदार्थों का ही अस्तित्व है, नैय्यायिकों को अमान्य है। उनका मत है कि सामान्य स्थापनाएँ उतनी ही यथार्थ हैं जितने कि वे पदार्थ-विशेष हैं जिनमें वे समवाय सम्बन्ध से विद्यमान हैं। इस सम्बन्ध का ज्ञान या तो हमें सीधा प्रत्यक्ष ज्ञान द्वारा होता है या इस तथ्य के अनुमान द्वारा होता है कि हमें विशिष्ट पदार्थों के बारे में यह अभिज्ञता होती है कि वे यथार्थ प्रकार के हैं। पदार्थों का स्वरूप ही अन्तिम साक्षी है जो स्वयं प्रकट रूप में हमारी चेतना को निर्धारित करता है। सम्बन्ध उपस्थित पदार्थों पर आरोपित नहीं किए जाते हैं बल्कि यथार्थ के स्वरूप में ही भासित होते हैं। हमारी बोधशक्ति का कार्य यथार्थ की पूर्णता में उस सम्बन्ध को केवल खोज निकालना है। यदि 'यथार्थ'

---

1. किन्तु काण्ट निर्विकल्प प्रत्यक्ष ज्ञान की सम्भावना का निषेध करता है जिसके द्वारा, बौद्ध की कल्पना में, केवलमात्र भेद का ही अन्तर्दृष्टि से ज्ञान होता है। तुलना कीजिए उसके इस प्रसिद्ध वक्तव्य के साथ कि 'प्रत्यक्ष ज्ञान भावों के बिना अन्धा है और भाव बिना प्रत्यक्ष ज्ञान के खोखले हैं।' यद्यपि पूर्वतर मत के साथ इसका विरोध होता है जो 'प्रोलेगोमेना' (18) में व्यक्त किया गया है और जिसमें प्रत्यक्ष ज्ञान के निर्णयों तथा अनुभवों के निर्णयों में भेद किया गया है।

2. देखिए यूई : 'वैशेषिक फिलासफी', पृष्ठ 67।

3. क्षणस्य (ज्ञानेन) प्रापयितुम् अशक्यत्वात् ('न्यायबिन्दुटीका', पृष्ठ 16)

4. 'न्यायबिन्दु', पृष्ठ 103। 5. न्यायवार्तिक 1 : 1,4।

में सम्बन्ध निहित नहीं है और ज्ञान का विषय सम्बन्धयुक्त है, तो हमें बुद्धिगत विषय और दृष्टिगत विषय के मिथ्या विरोध को स्वीकार करना पड़ेगा। ज्ञात विषय वैसा नहीं है जैसाकि विषय वस्तुतः स्वयं है। वह ज्ञाता और उद्दीपक पदार्थ के मध्य स्थित एक तृतीय दल है। किन्तु जैसाकि हमने देखा, न्यायदर्शन के अनुसार निर्विकल्प और सविकल्प प्रत्यक्ष ज्ञान तात्त्विक रूप में एक ही हैं। सम्बन्ध शून्य से हठात् प्रकट नहीं हो जाते। वे निर्विकल्प ज्ञान में विद्यमान हैं, यद्यपि हम सविकल्प ज्ञान में ही उनके अस्तित्व से अभिज्ञ होते हैं। जयन्त का तर्क है कि सविकल्प ज्ञान का विषय अयथार्थ नहीं है, क्योंकि निर्विकल्प ज्ञान के द्वारा भी उसका बोध होता है। विचार-सम्बन्धी अवयवों अथवा स्मृति के विषयभूत तत्त्वों की उपस्थिति मात्र इन्द्रियों की सक्रियता में हस्तक्षेप नहीं करती। सविकल्प प्रत्यक्ष ज्ञान की जटिलता एक तार्किक दोष नहीं है। उसमें अन्तर्निहित विचार का प्रयोग उसकी प्रामाणिकता का समर्थन करता है। यदि सविकल्प प्रत्यक्ष उसी का ज्ञान कराता है जिसका ज्ञान पहले ही निर्विकल्प प्रत्यक्ष द्वारा हुआ है, तो यह कोई इस बात की दलील नहीं है कि वह सत्य नहीं हो सकता। नवीनता सत्य की कसौटी नहीं है। विचार विषयक तत्त्व विकल्पमात्र नहीं हैं। सामान्य, जो प्रत्यक्ष ज्ञान का विषय है, मात्र नाम ही नहीं है, क्योंकि नाम के अभाव में भी उसका ज्ञान होता है। दक्षिण भारत का निवासी जब उत्तर भारत में ऊंटों को देखता है तो वह उनकी सामान्यता को लक्ष्य करता है, चाहे उसे उक्त पशु के नाम का ज्ञान न हो। हम जब अपनी चारों उंगलियों को देखते हैं, तो हम उनमें एक सामान्य भाव भी लक्ष्य करते हैं तथा उनके विशेष गुणों को भी लक्ष्य करते हैं। यदि हम पदार्थ के केवल विशेष रूप को ही ग्रहण करें तो हम दूसरी घटना का प्रथम के साथ सम्बन्ध स्थापित न कर सकेंगे। यदि यह तर्क दिया जाय कि जब हम दूसरी बार देखते हैं तो पहली बार का स्मरण हो आता है, तो जयन्त का कहना है कि पहले के स्मरणमात्र से कोई लाभ नहीं होगा, क्योंकि वह दूसरे के साथ सम्बद्ध नहीं है। यदि इसका तात्पर्य यह है कि दूसरा ज्ञान पहले का संकेत देता है, क्योंकि दोनों एक ही वर्ग के हैं, तो यह स्पष्ट है कि पहले प्रत्यक्ष ज्ञान में भी उसकी सामान्यता और विशेषता का भी ज्ञान हुआ था। निर्विकल्प प्रत्यक्ष ज्ञान में सामान्य तथा विशिष्ट का ज्ञान अस्पष्ट रूप में और सविकल्प प्रत्यक्ष ज्ञान में स्पष्ट रूप में होता है। बौद्ध विचारक भी यह अस्वीकार नहीं करते कि जब हमें किसी विशिष्ट पदार्थ का प्रत्यक्ष ज्ञान होता है तो हमें सामान्यता (अनुवृत्ति ज्ञान) का भी बोध होता है। अब प्रश्न उत्पन्न होता है कि इस बोध (अनुवृत्तिज्ञानोत्पादिका शक्ति) का आधार क्या है, अर्थात् क्या यह विशिष्ट है अथवा उससे कुछ भिन्न है, नित्य है अथवा अनित्य है, प्रत्यक्ष होने योग्य है अथवा नहीं, क्योंकि यदि बोध में कोई वैशिष्ट्य है तो बोध के विषय में भी वैशिष्ट्य अवश्य होगा।[1] इसलिए सामान्य विशिष्ट से भिन्न है, वह व्याप्त होने से नित्य है, जबकि विशिष्ट पदार्थ उत्पन्न होते तथा नष्ट होते हैं। और सामान्य यथार्थ है, चाहे वह प्रत्यक्ष ज्ञान का विषय हो या अनुमानगम्य हो।[2] इस तर्क की कि सविकल्प प्रत्यक्ष ज्ञान पदार्थ के निर्देशक शब्द के स्मरण पर निर्भर करता है

1. विषयातिशयव्यतिरेकेण प्रत्ययातिशयानुपपत्तेः ('न्यायमंजरी', पृष्ठ 314)।

2. देखिए 'न्यायमंजरी' पृष्ठ 309-311, 313-314। तुलना कीजिए न्याय के मत की सेण्ट टामस के इस मत के साथ कि मनुष्य के ज्ञान का मुख्य उद्देश्य एक ऐसी संश्लेषणात्मक एकता है जिसमें इन्द्रिय और बुद्धि दोनों का अनिवार्य भाग रहता है। व्यक्तित्व अथवा परिमाणात्मक वैशिष्ट्य तो इन्द्रियों द्वारा प्राप्त होता है और गुणात्मक एकत्व बुद्धि से। ज्ञान के उद्दिष्ट विषय के अन्दर सारतत्त्व का अन्तर्ज्ञान और विशेषों का ऐन्द्रिक ज्ञान ये सम्मिलित रहते हैं। यह न तो अकेला सार तत्त्व है जैसाकि डेकार्ट का विचार था और न→

और पदार्थ के इन्द्रिय के साथ सीधे सम्पर्क पर निर्भर नहीं करता, इस आधार पर आलोचना की गई है कि यद्यपि सविकल्प प्रत्यक्ष इन्द्रियगृहीत ज्ञान तथा स्मृतिगत प्रतिबिम्ब का सम्मिश्रण है, तो भी प्रमुख अवयव इन्द्रिय सम्पर्क ही है, नाम की स्मृति सहायक अवयव है। कोई भी बोध प्रत्यक्षजनित है अथवा नहीं, यह परिधिस्थ उत्तेजना की विद्यमानता अथवा उसके अभाव पर निर्भर करता है।[1]

यहाँ हम बौद्ध तथा नैय्यायिकों द्वारा समर्थित यथार्थ-सम्बन्धी विचारों में जो मौलिक विभिन्नता है, उस पर पहुँचते हैं। बौद्धों की धारणा है कि यथार्थ सत्ता साधारण 'यह' है, अर्थात् एक क्षणिक विशिष्ट जो अपने गुण के अन्दर बन्द है, जो काल के अन्दर बराबर रहने अथवा देश के अन्दर विस्तार से सर्वथा स्वतन्त्र 'सर्व पृथक्' है। समस्त सम्बन्ध स्वेच्छा से बाहर से कल्पना द्वारा फैलाया गया जाल है, इसके विपरीत, नैय्यायिका का तर्क यह है कि जिसका अस्तित्व है वह क्षणिक गुण नहीं है, बल्कि विशिष्ट पदार्थ है जिसके अन्दर विषयवस्तु की विविधता है। अनेकत्व के होते हुए भी वह एक रहता है। वह अनेकों में एक है। जहाँ तक वह दूसरों से पृथक् है वह अपने-आप में विशिष्ट है; और जहाँ तक वह अपनी विविधता में एकसमान है वह सामान्य है, और अपनी इस समानता के कारण वह एक वर्ग का अंग भी है। प्रत्येक विशिष्ट पदार्थ के ये दो पहलू हैं। अणु-रूप विशिष्ट पदार्थ, जो सब प्रकार के विभेदों से रहित है और मात्र सम्बन्ध जिसका कोई अन्तिम बिन्दु नहीं है, एक ऐसा मिथ्या विश्वास है जिसका सम्बन्ध जिसका समर्थन अनुभव से नहीं होता। तादात्म्य तथा विभेद एक पूर्ण इकाई के अन्दर ही पृथक्-पृथक् जाने जा सकते हैं, और ये ही जब स्वतन्त्र इकाइयों में बँटकर कठोर हो जाते हैं तो मिथ्या हो जाते हैं। आधुनिक मनोविज्ञान न्याय के इस मत का समर्थन करता है कि प्रस्तुत पदार्थगत विषय के दो पहलू हैं--इन्द्रियगम्य गुण और सम्बन्ध।

ऊपरी तौर पर विचार करने से हमें यह प्रतीत होता है कि अपरिवक्व इन्द्रिय संवेदनाएँ जो ज्ञान की उत्पादक सामग्री हैं, उच्चतम यथार्थ सत्ता हैं। किन्तु इस स्थिति को स्वीकार करना कठिन है कि मनुष्य की खण्ड-खण्ड संवेदनाएँ ही वस्तुओं का यथार्थतत्व है। अस्तव्यस्त पड़े असंख्य पत्थर, ईंटें तथा लकड़ी मकान नहीं हैं। अनुभूत संवेदनाएँ ज्ञान नहीं हैं। वर्तमान क्षण की परिधि में आबद्ध सीमित ज्ञानवाद तो हमें सीधा बौद्धिक आत्मघात की ओर

→ अकेली इन्द्रियप्रदत्त सामग्री है। जैसाकि अनुभववादियों (इम्पीरिसिस्ट्स) का विश्वास है। हम वस्तुओं का ज्ञान प्राप्त करते हैं, और वस्तुएँ न तो अमूर्त सारतत्त्व हैं और न विषयनिष्ठ प्रतिबिम्ब हैं। सामान्यों को विशेषों से पृथक् करने का अर्थ होगा वस्तुओं में उक्त दोनों के एकत्व को न देखना।

1. 'न्यायकन्दली', पृष्ठ 193। पार्थसारथि मिश्र का कथन है कि 'सविकल्पम् अपि अनुपरतेन्द्रियव्यापारस्य, जायमानम् अपरोक्षावभासत्वात् प्रत्यक्षमेव' ('शास्त्रदीपिका', पृष्ठ 103-4)। बौद्ध मतावलम्बी तर्क करते हैं कि सविकल्प प्रत्यक्ष साक्षात् नहीं है और न स्पष्ट ही है, यद्यपि इसके पूर्ववर्ती निर्विकल्प ज्ञान के साथ सम्बद्ध होने से यह ऐसा प्रतीत होता है किन्तु यह एक कल्पना है। प्रभाचन्द्र ने भी बौद्धमत की आलोचना की है। अस्पष्टता केवल सविकल्प प्रत्यक्षों की ही विशेषता नहीं है। शीशे अथवा अभ्रक से छिपे दूरस्थित पदार्थों के प्रत्यक्ष ज्ञान अस्पष्ट होते हैं, चाहे वे निर्विकल्प हों चाहे सविकल्प। यदि सविकल्प प्रत्यक्ष इसलिए अप्रामाणिक है कि यह भी उसी को प्रत्यक्ष करता है जिसका बोध पहले हो चुका है, तो अनुमान भी अप्रामाणिक है, क्योंकि वह भी उसी का बोध कराता है जिसका बोध पहले सामान्य व्याप्ति के साहचर्य द्वारा हो चुका है। बौद्धमत के आधार पर सब पदार्थ क्षणिक हैं और इस प्रकार कोई प्रत्यक्ष ज्ञान सम्भव नहीं है। अनुमान में भी हम विषय के विशिष्ट व्यक्तित्व को ग्रहण नहीं करते हैं। किन्तु उससे आनुमानिक ज्ञान अप्रामाणिक नहीं हो जाता। शब्द और विचार विषयक सम्बन्धों की विद्यमानता का प्रामाणिकता के साथ कोई वास्ता नहीं है। भूल हो जाने की संभावना और क्रियात्मक कार्यक्षमता सविकल्प तथा निर्विकल्प दोनों प्रत्यक्षों में रहती है।

अग्रसर करेगा, क्योंकि उससे विचार सम्बन्धी जीवन एक कल्पित कहानी-मात्र रह जाएगा। बौद्ध दार्शनिक निष्क्रिय अभिज्ञता का वास्तविकता के अनुभव के साथ तादात्म्य बतलाते हैं। वे हमें मानसिक आलोचना के पाप से मुक्त होने का आदेश देते हैं परन्तु व्यवधानशून्यता के लिए उनका जोश एक पूर्वाग्रह मात्र है। तथ्य के प्रति निष्ठा का अर्थ मानसिक आलोचना से मुक्ति तो नहीं है। मैं जब यह कहता हूँ कि यह वस्तु, जिसे मैं अपने सम्मुख देखता हूँ, नारंगी है, तो निश्चय ही मैं इस सम्बन्ध में जान-बूझकर कोई आलोचनात्मक मूर्खता नहीं करता हूँ। मानसिक आत्मबोध मानवमस्तिष्क का स्वाभाविक कार्य है। मानव का मस्तिष्क कोई खाली कमरा तो है नहीं जिसमें इन्द्रियजन्य बोध तुरन्त घुस जाते हों। प्रत्येक इन्द्रियजन्य ज्ञान प्रेरणात्मक पदार्थ के सम्पर्क की क्रियात्मक प्रतिक्रिया है। हम जन्मजात विचारक हैं और इसलिए जो ज्ञान हमें उपलब्ध होता है उसकी व्याख्या किए बिना हम नहीं रह सकते। संवेदनाएँ हमें एकदम सम्बन्ध रहित प्राप्त नहीं होतीं। वे हमें विषयनिष्ठता के भाव के साथ प्राप्त होती हैं। वे अन्य तत्त्वों के सम्मिश्रित पुंज से घिरी हुई हमारे आगे प्रस्तुत होती हैं। आणविक 'अब' (वर्तमान) का कोई अस्तित्व नहीं है। आकाश-स्थिति प्रत्येक बिन्दु के चारों ओर अन्य बिन्दु भी हैं, जैसाकि समय का प्रत्येक क्षण निरंतर दूसरे क्षण में परिवर्तित होता रहता है। बौद्ध दर्शन के मत से इन्द्रिय और अवबोध (प्रतिपत्ति) भिन्न-भिन्न हैं और दोनों के कार्य भी एक-दूसरे से बिलकुल पृथक् हैं। इन्द्रियों द्वारा गृहीत सामग्री भिन्न-भिन्न विधियों से परस्पर एकत्र होकर ज्ञान के जगत् का निर्माण करती है। उक्त सामग्री में ऐसे सम्बन्ध जुड़े रहते हैं जिन्हें हमारा ज्ञान ही पृथक् करके सुलझाता है। ज्ञान में यथार्थता का न तो हम निर्माण कर सकते हैं और न उसमें कोई परिवर्तन ही कर सकते हैं। इन्द्रियों द्वारा जो अस्पष्ट रूप में ज्ञात होता है उसका स्पष्ट ज्ञान तब होता है जब हम अवबोध के क्षेत्र में पहुँचते हैं। जो सम्बद्ध व तर्कसंगत है, वही यथार्थ है। यथार्थता का स्वरूप न तो इन्द्रियों को प्राप्त होता है और न ही अवबोध को। वह केवल पूर्ण आत्मा को ही प्राप्त होता है।

धर्मकीर्ति प्रत्यक्ष ज्ञान के चार प्रकार स्वीकार करता है : इन्द्रियजन्य ज्ञान, मानसिक ज्ञान (मनोविज्ञान), आत्मचेतना तथा यौगिक अन्तर्दृष्टि। इन्द्रियजन्य प्रत्यक्ष ज्ञान में इन्द्रियाँ माध्यम का काम करती हैं। मानसिक ज्ञान को भी इन्द्रियजन्य ज्ञान के ही समान कहा गया है, क्योंकि दोनों एक ही श्रेणी के (एक सन्तान) हैं। यह ज्ञान इन्द्रियजन्य ज्ञान के अगले ही क्षण में उत्पन्न होता है। एक प्रकार से यह कुछ-कुछ पश्चात्-बिम्ब है, क्योंकि धर्मोत्तर का कहना है कि 'मानसिक-ज्ञान तब तक उत्पन्न नहीं हो सकता जब तक कि आंख अपना काम कुछ समय के लिए बन्द न कर दे। यदि आंख क्रियाशील रहे तो हमें आकृति तथा दृष्टिशक्ति सम्बन्धी इन्द्रिय ज्ञान बराबर होते ही रहेंगे।'[1] सुख और दुःख का आन्तरिक प्रत्यक्ष ज्ञान तीसरे वर्ग के अन्तर्गत आता है जिसे

---

1. एतच्च मनोविज्ञानम् उपरतव्यापारे चक्षुषि प्रत्यक्षमिष्यते। व्यापारवति तु चक्षुषि यद् रूपज्ञानं तत् सर्व चक्षुराश्रितम् एव ('न्यायबिन्दुटीका', पृष्ठ 13)। तुलना कीजिए रिचर्ड सेमन के इस विचार के साथ कि हम संवेदनाओं का अनुभव दो रूपों में करते हैं, अर्थात् या तो मौलिक रूप में या स्मृति रूप में। मौलिक संवेदना उत्तेजना के साथ-साथ एक ही समय में होती है और इस रूप में उत्तेजना के बन्द होने पर संवेदना भी नष्ट हो जाती है। किन्तु, समुद्र में आए हुए तूफान की भांति, जिसके समाप्त हो जाने पर जैसे उठी हुई लहरों को शनैः-शनैः शांत होने में समय लगता है, उसी प्रकार उत्तेजना के शांत होने पर भी संवेदना को समाप्त होने में समय लगता है। इस पश्चात्-बिम्ब प्रभाव को सेमन मौलिक संवेदना (akoluthic) की स्थिति की संज्ञा देता है। सेमन का कहना है कि→

स्वसंवेदना या आत्मचेतना कहा गया है। हमें आत्मा के अस्तित्व का ज्ञान उसकी सुख या दुःख जैसी भिन्न-भिन्न स्थितियों के ज्ञान के द्वारा होता है। यह सीधा अन्तर्ज्ञान है जिसके द्वारा जीवात्मा का आविर्भाव हमें होता है (आत्मनः साक्षात्कारी)। यह बुद्धि के हस्तक्षेप से स्वतन्त्र है और इसीलिए इसमें भ्रम की संभावना भी नहीं हो सकती। प्रत्येक मानसिक व्यापार में इसका सहयोग विद्यमान रहता है। धर्मोत्तर ने इस स्वसंवेदना को और उस आत्मीयता तथा भावुकतापूर्ण आवेश को, जो प्रत्येक प्रत्यक्ष ज्ञान में उपस्थित रहता है, एक समान बताया है। नव्यन्याय ने इसे परवर्ती उपज कहा है जो चेतना के ऊपर आच्छादित हो जाती है। गंगेश के मत से इसकी उत्पत्ति तब होती है जब हम कहते हैं कि 'मैं जानता हूँ कि यह एक बरतन है।' व्यवसाय अथवा सविकल्पज्ञान हमें किसी पदार्थ का ज्ञान कराता है, किन्तु इस ज्ञान को कि 'मुझे पदार्थ का ज्ञान है' अनु अर्थात् पीछे से उत्पन्न होनेवाला व्यवसाय अथवा पश्चाद्ज्ञान कहा जाएगा। 'यह एक घड़ा है' एक अवबोध है; 'मैं जानता हूं कि यह घड़ा है,'[1] अनुव्यवसाय है, अर्थात् पदार्थ के अवबोध के पीछे होनेवाला ज्ञान है। सांख्य और वेदान्त का मत है कि चेतना की प्रत्येक वृत्ति पदार्थ को तथा अपने-आपको भी प्रकट करती है, जिसमें आत्मा सम्मिलित है।[2] धर्मकीर्ति के मतानुसार, हम बौद्धधर्म के चार सत्यों को, जो ज्ञान के साधारण साधनों की पहुंच से परे हैं,

---

→ मौलिक संवेदना अपने पीछे, एक गहरा प्रभाव छोड़ जाती है जो अवसर पाकर तथा उचित अवस्था में एक ऐसी संवेदना को उत्पन्न करता है जिसे स्मृतिजन्य कहा जाता है और जो मौलिक नहीं होती। देखिए सेमन की 'नेमिक साइकोलॉजी।'

1. दीपिका, 34।

2. न्याय-वैशेषिक का मत कुमारिल के मत से भिन्न है। कुमारिल का मत है कि बोध का अनुमान पदार्थ की ज्ञातता से होता है। जैन दार्शनिकों, वेदांतियों तथा कुछेक बौद्धों का ऐसा विश्वास है कि बोध का बोध अपने से होता है। न्याय-वैशेषिक के अनुसार, बोध अपने ही ऊपर मुड़ कर स्वयं बोध का विषय नहीं बन सकता। यह बोध परप्रकाशक है, स्वप्रकाशक नहीं है। यह एक अन्य बोध के द्वारा अभिव्यक्त होता है, क्योंकि यह एक कपड़े की भांति ज्ञान का विषय है (ज्ञानं ज्ञानांतरवेद्यं प्रमेयत्वात् पटादिवत्)। उक्त मत की जो आलोचना जैन दार्शनिकों ने की है वह संक्षेप में इस प्रकार रखी जा सकती है : (1) जिस प्रकार सुख का बोध अपने-आपसे होता है दूसरे से नहीं, ईश्वरीय ज्ञान भी अपने-आप से होता है दूसरे से नहीं, उसी प्रकार प्रत्येक आत्मबोध को भी स्वतः ज्ञान मानना चाहिए; अन्यथा, एक बोध को जानने के लिए दूसरे बोध की और उसके बोध के लिए एक अन्य बोध की आवश्यकता होगी और इस प्रकार श्रृंखला का कहीं अंत न होगा। (2) इस थोथी युक्ति की आलोचना कि ईश्वर के अन्दर दो बोध हैं, एक तो वह जो समस्त विश्व का बोध ग्रहण करता है और दूसरा वह जो इस बोध का बोध ग्रहण करता है, सरलता के साथ हो सकती है। दूसरे बोध का प्रत्यक्ष ज्ञान होता है या नहीं? यदि होता है तो अपने-आपसे होता है या किसी अन्य से? यदि अपने-आपसे होता है तो क्यों न हम वही क्षमता, पहले में भी मान लें? यदि दूसरे से होता है तो इस श्रृंखला का कहीं अन्त न होगा। यदि हम कहें कि दूसरे का ज्ञान पहले से होता है तो हम एक चक्रक दोष में आ जाते हैं। यदि दूसरे का प्रत्यक्ष ज्ञान नहीं होता और यदि वह बिना अपना प्रत्यक्ष ज्ञान हुए पहले का प्रत्यक्ष ज्ञान प्राप्त कर सकता है, तो क्या पहला अपना प्रत्यक्ष ज्ञान हुए बिना भी समस्त विश्व का प्रत्यक्ष ज्ञान प्राप्त नहीं कर सकता? हमें स्वीकार करना ही होगा कि ईश्वरीय ज्ञान स्वतः ज्ञान है। समस्त विश्व का बोध ग्रहण करने में यह अपना बोध भी ग्रहण करता है। इस प्रश्न पर ईश्वरीय तथा मानवीय ज्ञान में कोई भेद नहीं है। अपने-आपको तथा अन्य को अभिव्यक्त करने का लक्षण (स्वपरप्रकाशक) चैतन्य के अन्दर है, वह चाहे मानवीय हो अथवा ईश्वरीय हो। किन्तु सर्वज्ञता सामान्य लक्षण नहीं है, क्योंकि इसका सम्बन्ध केवल ईश्वरीय चैतन्य के साथ है। (3) प्रत्यक्ष अथवा अनुमान द्वारा पश्चात्-बोध (अनुव्यवसाय) का कोई प्रमाण नहीं मिलता। न्याय के इस मत को कि अनुव्यवसाय में आत्मा का मन के साथ सम्पर्क रहता है, स्वीकार नहीं किया गया, क्योंकि मन का अस्तित्व असिद्ध है। (4) यदि एक बोध दूसरे से जाना जाता है तो जब तक पहला बना रहता है दूसरा उत्पन्न नहीं हो सकता, क्योंकि बोध पूर्वानुपर होते हैं। और जब पहला→

यौगिक अन्तर्दृष्टि से प्रत्यक्ष देखते हैं जो समस्त भ्रम से उन्मुक्त है और बौद्धिक दोष से भी रहित है,[1] यद्यपि स्वरूप में वह निर्विकल्प प्रत्यक्ष ही है। प्रत्यक्ष ज्ञान की नानाविध श्रेणियाँ हैं। बिल्लियाँ घने अन्धकार में भी पदार्थों को देख सकती हैं और गिद्ध अपने शिकार को बहुत दूर से ताक लेते हैं। निरन्तर ध्यान का अभ्यास करने से मनुष्य इन्द्रियातीत अर्थात् दिव्यदृष्टि प्राप्त कर सकता है, और समीप व दूर के, भूत और भविष्य के तथा सुदूर और दृष्टि से ओझल सभी पदार्थों का प्रत्यक्ष ज्ञान प्राप्त कर सकता है।[2] इस अत्यन्त उच्च श्रेणी के अन्तर्ज्ञान में अन्तर्दृष्टि की व्यवधानशून्यता होती है। हमारी दृष्टि में जो चमत्कार प्रतीत होता है, ऋषियों के लिए वही एक प्राकृतिक देन है। हमारी विमूढ़ दृष्टि को जो अत्यन्त जटिल और रहस्यपूर्ण प्रतीत होता है, ऋषियों को वही हस्तामलकवत् प्रत्यक्ष हो जाता है। यहां हर एक वस्तु रूपान्तरित है। सबसे निचले धरातल में पिण्डीभूत पदार्थों का सीधा-सादा इन्द्रियजन्य ज्ञान है और सर्वोच्च धरातल पर यौगिक अन्तर्दृष्टि है। प्रथम प्रकार का ज्ञान प्रकृत एकजन्मा मनुष्य का है, जबकि दूसरे प्रकार का ज्ञान आध्यात्मिक द्विजन्मा पुरुष का है। पहले प्रकार का ज्ञान आत्मान्वेषण का महान् संघर्ष प्रारम्भ होने से पहले आता है, और दूसरे प्रकार का उस संघर्ष के अन्त में आता है। दूसरा ज्ञान एक सिद्धि है जो ज्ञान की परिपक्व अवस्था एवं आन्तरिक वेदना का परिणाम है। यौगिक अन्तर्दृष्टि यथार्थ का ज्ञान, जैसाकि वह है, उसकी पूर्णता और एकलयता में प्राप्त करती है।[3] यौगिक अन्तर्दृष्टि तथा ईश्वरीय सर्वज्ञता में इतना अन्तर है कि पहली उत्पन्न होती है और दूसरी नित्य है।[4]

गंगेश लौकिक तथा अलौकिक प्रत्यक्ष में भेद करता है। अलौकिक प्रत्यक्ष के तीन भेद हैं जो तीन प्रकार के अलौकिक सन्निकर्षों, अर्थात् सामान्य लक्षण, ज्ञानलक्षण और योगज

→ नष्ट हो गया तो यह उत्पन्न नहीं हो सकता, क्योंकि तब बोध करने को कुछ विषय नहीं रहा। यदि यह पहले ज्ञान का, जिसका अब अस्तित्व नहीं है, बोध ग्रहण करता है तो यह द्विगुण चन्द्रमा के बोध के समान एक भ्रांति है। (5) यदि दूसरे बोध का प्रत्यक्ष ज्ञान होता है तो इसे अवश्य अन्य बोध के द्वारा होना चाहिए और इस प्रकार इस शृंखला का कहीं अंत न होगा। यदि दूसरे बोध का प्रत्यक्ष नहीं होता तो स्वयं अज्ञात बोध पहले बोध का ज्ञान किस प्रकार करा सकता है? इसका अर्थ होगा कि मेरे बोध का ज्ञान किसी अन्य के बोध को हो सकता है जिसे मैं नहीं जानता। (6) इस प्रकार के तर्क पर कि जिस प्रकार ज्ञानेन्द्रियाँ नहीं जानी जातीं, यद्यपि वे पदार्थ के ज्ञान को उत्पन्न करती हैं, उसी प्रकार अज्ञात दूसरा बोध पहले बोध को उत्पन्न कर सकता है, गम्भीरतापूर्वक बल नहीं दिया जा सकता। क्योंकि, उस अवस्था में यह मानना होगा कि बाह्य विषय का पहला बोध अपने विषय का बोध ग्रहण करता है, यद्यपि वह अपने-आप अज्ञात है, और यह एक ऐसी स्थिति है जिसे न्याय-वैशेषिक अस्वीकार करता है ('प्रमेयकमलमार्तण्ड', पृष्ठ 34 से आगे)।

1. और देखिए 'न्यायबिन्दुटीका', पृष्ठ 14-15। देखिए वैशेषिक सूत्र, 9 : 1, 13; इण्डियन लाजिक एण्ड ऐटोमिज्म, पृष्ठ 81 से आगे।

2. 'न्यायमंजरी', पृष्ठ 103। भासर्वज्ञ का मत है कि ईश्वर की कृपा से भी यौगिक शक्तियाँ प्राप्त की जा सकती हैं।

3. समाधि के बल से प्राप्त जो अन्तर्दृष्टिजन्य ज्ञान ऋषियों का है उसे कभी-कभी प्रतिभा भी कहा जाता है, यद्यपि 'प्रतिभा' शब्द का प्रयोग प्रायः अंतःप्रेरणाजन्य उस चमक के लिए होता है जो साधारण मनुष्यों में भी कभी-कभी दिखाई पड़ती है (प्रशस्तपादकृत पदार्थधर्मसंग्रह, पृष्ठ 258)।

4. प्रशस्तपद योगियों की अन्तर्दृष्टि के दो भेद बताता है (प्रशस्तपादकृत पदार्थधर्मसंग्रह, पृष्ठ 187)। 'न्यायकन्दली', पृष्ठ 195 से आगे। और देखिए 'उपस्कार', 9 : 1, 11।

धर्म द्वारा उत्पन्न होते हैं।[1] अन्तिम यौगिक अंतर्दृष्टि है। जब हम पदार्थों का जातिगत ज्ञान प्राप्त करते हैं तो यह सामान्य लक्षण है। प्राचीन न्याय सामान्यता के प्रत्यक्ष ज्ञान को स्वीकार करता है। गंगेश के अनुसार, सामान्यों के ज्ञान में बुद्धि के कार्य की विशेष महत्ता रहती है। किसी एक पदार्थ के जातिगत सामान्य धर्म के ज्ञान के द्वारा हम उस जाति के अन्य सभी पदार्थों को हर समय और हर स्थान में जानने में समर्थ होते हैं। यदि इस प्रकार का ज्ञान हर एक अवस्था में हो सके तब तो हम सर्वज्ञ होते प्रतीत होंगे। इस आपत्ति का उत्तर देते हुए विश्वनाथ कहते हैं कि हम इस प्रकार से उन सब पदार्थों का केवल सामान्य ज्ञान ही प्राप्त करते हैं किन्तु उनके पारस्परिक भेद को जान नहीं पाते। सामान्य धर्म का ज्ञान बिना इंद्रिय-सम्पर्क के होता है ऐसा कहा जाता है, क्योंकि ऐसी अवस्था में भी, जहां हमें धुआं नहीं दिखाई देता, सामान्य धर्म का ज्ञान हो सकता है। वहां पर पदार्थ-विशेष और सामान्य धर्म दोनों ही प्रकट हैं, वास्तविक रूप में विद्यमान हैं और उनका साक्षात् प्रत्यक्ष ज्ञान भी होता है। सामान्य धर्म मानसिक रचना नहीं है, बल्कि एक यथार्थ सारतत्त्व है जो पदार्थों के अन्दर निहित रहता है। यह सारतत्त्व हमें उन सब पदार्थों का स्मरण कराता है जिनमें इसकी प्रतीति होती है। सामान्य धर्म और पदार्थ-विशेष के सम्बन्ध का स्वरूप अभिन्न है और ये अवयवावयवी-भाव से अर्थात् समवाय-सम्बन्ध से विद्यमान रहते हैं। सामान्य धर्म का ज्ञान ही अनुमान की प्रक्रियाओं द्वारा सामान्य सम्बन्धों की पूर्वानुभूति को सम्भव होने देता है।[2] जब हम चन्दन की लकड़ी को देखते हैं तो ज्ञान लक्षण हो जाता है, किन्तु सुगन्ध का ज्ञान घ्राणेन्द्रिय द्वारा ही होता है। चक्षु-इन्द्रिय के सन्निकर्ष के साथ-साथ सुगन्ध की स्मृति भी हो जाती है और उससे मन का सम्पर्क होता है। यह परोक्ष ज्ञान है। इसी का दूसरा नाम स्मृतिज्ञान भी है।

जैन दार्शनिकों का विचार है कि यह चेतना की एक मिश्रित स्थिति (समूहालम्बनज्ञानम्) है जिसमें चन्दन का दृष्टिगत होना तथा सुगन्ध का विचार एक साथ मिश्रित है। 'वेदान्त परिभाषा' का मत है कि ज्ञान के एक विषयवस्तु में दो तत्त्व हैं, एक तात्कालिक ज्ञान और दूसरा व्यवहृत ज्ञान[3], जबकि जैन तथा अद्वैतवादी अलौकिक सन्निकर्ष को नहीं मानते, नैय्यायिक इसे मानते हैं। वे चेतना की मिश्रित स्थितियों को स्वीकार नहीं करते। प्रत्येक मनोविकार अपने-आप में एक इकाई है और भिन्न है तथा मन का सूक्ष्म-स्वरूप एक साथ ही दो मनोविकारों की सम्भावना को असम्भव बनाता है इसलिए वे सुगन्धित चन्दन के चाक्षुष ज्ञान को एक साधारण मनोविकार मानते हैं, यद्यपि इससे पूर्व चन्दन का प्रत्यक्ष ज्ञान और सुगन्ध की स्मृति विद्यमान थी। श्रीधर और जयन्त का विचार है कि चाक्षुष ज्ञान सुगन्ध के पूर्वज्ञान की पुनरावृत्ति से सम्बद्ध है, और सुगन्धित चन्दन का वर्तमान ज्ञान चक्षु इन्द्रिय की अपेक्षा मन के कारण

1. और देखिए लौगाक्षि भास्करकृत 'तर्ककौमुदी', पृष्ठ 9; और विश्वनाथकृत 'भाषापरिच्छेद', विभाग 3।

2. 'वेदान्तपरिभाषा' (1) का मत है कि अलौकिकप्रत्यक्ष को स्वीकार कर लेने पर अनुमान तथा अन्य प्रमाण अनावश्यक ठहरते हैं।

3. सुरभिचंदनमित्यादिज्ञानमपि चंदनखडाशे अपरोक्षं सौरभांशे तु परीक्षम् (1)

अधिक है।[1] आधुनिक मनोविज्ञान इस घटना की व्याख्या प्रत्ययसाहचर्य (associations of ideas) के सिद्धान्त के आधार पर करता है। योगज धर्मलक्षण वह है जो समाधिस्थ ध्यान से उत्पन्न होता है।

प्रत्यभिज्ञा (पहचान) की घटना के स्वरूप का विवेचन जैसे कि 'यह वही घड़ा है जिसे मैंने देखा था,' यह ज्ञान साधारण है या मिश्रित, इसका विवेचन नैय्यायिकों ने किया है। क्या प्रत्यभिज्ञा की अवस्था दो ज्ञानों का सम्मिश्रण है—एक वह जो सीधा प्रत्यक्ष हुआ है, अर्थात् वह घड़ा जो दिखाई दिया और दूसरा जो स्मृति में है, अर्थात् वह घड़ा जिसके साथ वर्तमान घड़े का तादात्म्य है? क्या यह ऐसा ज्ञान है जो अंशतः प्रत्यक्ष है तथा अंशतः स्मृति है जैसाकि प्रभाकर मानता है, या विशुद्ध स्मृति या विशुद्ध अनुभूति है? बौद्ध इसको अनुभवात्मक तथा स्मरणात्मक मानसिक अवस्थाओं का यांत्रिक सम्मिश्रण मानते हैं।[2] यह अकेला अनुभवात्मक या स्मरणात्मक मनोविकार नहीं है, क्योंकि इसका कारण केवल इन्द्रिय-सन्निकर्ष नहीं है क्योंकि भूतकाल के पदार्थ के साथ इन्द्रिय-सन्निकर्ष हो नहीं सकता; और इसका कारण केवल संस्कार भी नहीं है, क्योंकि इस पहचान में 'यह' की चेतना विद्यमान है और यह इन दोनों का सम्मिश्रण भी नहीं है, क्योंकि दोनों पृथक्-पृथक् क्रिया करते हैं और दोनों के प्रभाव भी भिन्न हैं। यदि हम यह मान भी लें कि प्रत्यभिज्ञारूपी घटना अपने-आप में एक पृथक् प्रभाव है तो प्रश्न उठता है कि इसका उद्दिष्ट पदार्थ क्या है? भूतकाल की घटना उद्दिष्ट पदार्थ नहीं हो सकती, क्योंकि इस अवस्था में प्रत्यभिज्ञा स्मृति से भिन्न नहीं ठहरती। भविष्य की घटना भी नहीं, क्योंकि उस अवस्था में प्रत्यभिज्ञा तथा रचनात्मक कल्पना में कोई भेद न रहेगा। केवल वर्तमान पदार्थ भी नहीं हो सकती, क्योंकि प्रत्यभिज्ञा का कार्य वर्तमान पदार्थ की भूतकाल के पदार्थ के साथ समता दिखाना है। इस प्रकार का मत प्रकट करना कि प्रत्यभिज्ञा के द्वारा ऐसे पदार्थ का ज्ञान होता है जो भूत, भविष्यत् और वर्तमान में भी विद्यमान है, परस्पर विरोधी कथन होगा। इसलिए नैय्यायिक का कहना है कि प्रत्यभिज्ञा एक प्रकार का विशिष्ट प्रत्यक्ष ज्ञान है जो हमें वर्तमान में अवस्थित पदार्थों का ज्ञान भूतकाल के गुणों के साथ विशिष्ट रूप में कराता है। हम एक पदार्थ को देखते और पहचानते हैं कि इसे पहले भी देखा था।[3] मीमांसक और वेदान्ती इस मत का समर्थन करते हैं, जबकि जैन दार्शनिकों का तर्क है कि पहचानने की अवस्था यद्यपि साधारण है तो भी प्रत्यक्ष ज्ञान अथवा स्मृति से स्वरूप में भिन्न है।[4] उनके अनुसार प्रत्येक प्रत्यक्ष ज्ञान में अनुमान का अंश समाविष्ट रहता है। हम जिस समय एक वृक्ष को देखते हैं तो वस्तुतः केवल उसके एक भाग को ही देखते हैं, अर्थात् ऊपर के भाग के एक पार्श्व को देखते हैं। हम इन्द्रियानुभव को पदार्थ के मूर्तरूप अथवा अर्थ के साथ संश्लिष्ट करते हैं और इस प्रकार हमें पदार्थ का प्रत्यक्ष होता है।[5] सम्पूर्ण पदार्थ का पूर्वज्ञान, और वर्तमान में प्राप्त किए गए उसके आंशिक ज्ञान से सम्पूर्ण पदार्थ का अनुमान, ये प्रत्यक्ष ज्ञान के प्रत्येक कर्म में समाविष्ट रहते हैं।

1. देखिए 'न्यायमंजरी', पृष्ठ 461, और श्रीधरकृत 'न्यायकंदली', पृष्ठ 117।
2. और देखिए 'खण्डन', 1 : 14।
3. देखिए 'न्यायमंजरी', पृष्ठ 448-459। 'मितभाषिणी' (विजयानगरम् संस्कृत सीरीज, पृष्ठ 25) में कहा है : 'सोऽयं देवदत्त इत्यतीतवर्तमानकालविशिष्टविषयकं ज्ञानं प्रत्यभिज्ञा।"
4. 'प्रमेयकमलमार्तण्ड', पृष्ठ 97-98।
5. न्यायभाष्य, 2 : 1, 30। और देखिए न्यायभाष्य, 2 : 1, 31-32।

स्मृति तथा अनुमान के तत्त्व सहायक हैं, किन्तु इन्द्रियजन्य ज्ञान मुख्य तत्त्व है। इन्द्रिय-सन्निकर्ष से जो भी मानसिक स्थिति उत्पन्न होती है वह प्रत्यक्ष ज्ञान है, भले ही उसमें अन्य तत्त्व भी जैसे स्मृति और अनुमान, क्यों न समाविष्ट हों।

गौतम की परिभाषा के अनुसार, भ्रान्तिरहित होना प्रत्यक्ष ज्ञान की विशिष्टता है। प्रत्येक इन्द्रियजन्य ज्ञान प्रामाणिक नहीं होता। साधारण प्रत्यक्ष में निम्नलिखित विषय विद्यमान रहते हैं : (1) पदार्थ, जिसका प्रत्यक्ष ज्ञान होता है, (2) बाह्य माध्यम, जैसे चाक्षुष ज्ञान में प्रकाश, (3) इन्द्रिय, जिसके द्वारा पदार्थ का ज्ञान होता है, (4) मन अथवा मुख्य इन्द्रिय, जिसकी सहायता के बिना ज्ञानेन्द्रियाँ अपने पदार्थों पर कार्य नहीं कर सकतीं, और (5) जीवात्मा। यदि इन पाँचों में से कोई एक भी ठीक-ठीक कार्य न करे तो भ्रमात्मक ज्ञान उत्पन्न होता है। बाह्य पदार्थों में या तो गति के कारण अथवा सादृश्य के कारण दोष हो सकते हैं। सादृश्य के कारण सीप चांदी दिखती है। यदि प्रकाश मन्द है तो हमें पदार्थ स्पष्ट रूप में दिखाई नहीं पड़ेगा। यदि हमारी आँखों में कोई रोग है या वे अंशतः अन्धी हैं तो हमारे प्रत्यक्ष ज्ञान में भी दोष रहेगा। यदि मन किसी और जगह लगा है, या यदि जीवात्मा के अन्दर भावनावश उत्तेजना है, तो भ्रम उत्पन्न होगा।[1] भ्रमों के कारणों को तीन वर्गों में बांटा गया है : (1) दोष, अथवा इन्द्रिय में त्रुटि, जैसे आँख में पीलिया रोग होना, (2) सम्प्रयोग, अर्थात् पदार्थ का सम्पूर्ण रूप में प्रकट न होना बल्कि उसके एक भाग या पहलू का ही गोचर होना, (3) संस्कार, अर्थात् स्वभाव अथवा मानसिक पक्षपात के विघ्नकारक प्रभाव के कारण असम्बद्ध स्मृतियों का उदय होना। रस्सी को देख कर उसमें सांप का भ्रम होता है, क्योंकि सांप की स्मृति जाग जाती है।[2]

स्वप्नों का स्वरूप अनुभवात्मक है और उसके उद्दीपक तत्त्व बाह्य तथा आभ्यन्तर दोनों ही प्रकार के होते हैं। उनकी उत्पत्ति अवचेतन संस्कारों के पुनर्जीवन से होती है जिसका कारण इन्द्रिय-सम्बन्धी हलचलें तथा पिछले पुण्य व पाप होते हैं। भविष्यवाणीपूर्ण स्वप्न, जिनका अस्तित्व अरस्तू तक ने स्वीकार किया है,[3] प्रेतात्माओं के प्रभाव से उत्पन्न होते हैं, ऐसा कहा जाता है।

> कणाद स्वप्नों का कारण मुख्य इन्द्रिय, मन के साथ आत्मा का संयुक्त हो जाना बताता है, जिसमें पिछले अनुभवों के अवचेतना में पड़े हुए संस्कार सहायक होते हैं।[4] प्रशस्तपाद की दृष्टि में स्वप्न मन के द्वारा किए गए आभ्यन्तर प्रत्यक्ष के कारण होते हैं, जबकि इन्द्रियाँ निद्रा में दबी होती हैं और कार्य करना बन्द कर देती हैं।[5] पूर्वानुभूत ज्ञान के अवशिष्ट प्रभावों के आधार पर, शारीरिक वात, पित्त, कफ (त्रिदोष) के वैषम्य के कारण और अदृष्ट शक्तियों के कारण स्वप्नों की उत्पत्ति होती है। श्रीधर का कहना है कि स्वप्न केवल पूर्वानुभवों की पुनरुत्पत्ति ही नहीं हैं। उसका मत है कि वे केन्द्र की आभ्यन्तर उत्तेजनाओं से उत्पन्न होते हैं।[6] उदयन अपनी भिन्न सम्मति रखता है। उसके अनुसार, परिधिस्थ अंग स्वप्न की अवस्थाओं में कार्य

1. 'न्यायमंजरी', पृष्ठ 88-89, 173।
2. 'न्यायबिंदुटीका', पृष्ठ 12।
3. गौम्पर्ज : 'ग्रीक थिंकर्स', खण्ड 4, पृष्ठ 185।
4. वैशेषिक सूत्र, 9 : 2, 6-7।
5. प्रशस्तपादकृत पदार्थधर्मसंग्रह, पृष्ठ 183; 'उपस्कार', 9 : 2, 7।
6. मनोमात्रप्रभावं स्वप्नज्ञानम्।

करना बन्द नहीं करते। वह यह भी स्वीकार करता है कि स्वप्न कभी-कभी सच्चे निकलते हैं।[1] प्रभाकर, अपने सामान्य दृष्टिकोण के अनुरूप पूर्वानुभवों की पुनरुत्पत्ति को ही स्वप्न बताता है, जो स्मृति के धुंधलेपन के कारण चेतना को तुरन्त प्रस्तुत हुए प्रतीत होते हैं। पार्थसारथि स्वप्नावस्था को स्मृति के समान बतलाता है।[2] प्रशस्तपाद स्वप्न ज्ञान और उस ज्ञान के मध्य जो निद्रा अथवा स्वप्न के समीप (स्वप्नान्तिक) होता है, भेद करता है। स्वप्नान्तिक में स्वयं स्वप्नगत अनुभवों की स्मृति होती है, भ्रान्ति, जिसका आधार (अधिष्ठान) कोई-न-कोई भौतिक तत्त्व होता है, उस माया व इन्द्रजाल से भिन्न है जिसका कुछ भी अधिष्ठान नहीं है, अर्थात् जो निरधिष्ठान है। श्रीधर उदाहरणरूप में एक ऐसे व्यक्ति को रखते हैं जो किसी स्त्री के प्रेम में अन्धा हुआ हर जगह अपनी प्रेयसी ही का रूप देखता है।[3]

7. अनुमान-प्रमाण

अनुमान का यौगिक अर्थ है 'किसी वस्तु के पश्चात् मापना'। यह वह ज्ञान है जो अन्य ज्ञान के पश्चात् आता है। चिह्न (लिंग) के ज्ञान से हम पदार्थ का ज्ञान प्राप्त करते हैं जिसमें वह चिह्न विद्यमान हो। अनुमान शब्द का प्रयोग बहुत व्यापक अर्थों में होता है जिनमें निगमन (deduction) और आगमन (induction) दोनों प्रकार की प्रक्रिया आ जाती है। अनुमान की परिभाषा कभी-कभी इस प्रकार की जाती है : ऐसा ज्ञान जिससे पूर्व प्रत्यक्ष ज्ञान आवश्यक है। वात्स्यायन की सम्मति में, 'प्रत्यक्ष ज्ञान के अभाव में अनुमान हो ही नहीं सकता।' केवल उसी अवस्था में जबकि देखनेवाला आग और धुएं को एक-दूसरे के साथ सम्बद्ध देख चुका है, तो वह दूसरी बार धुएं को देख कर वहां पर आग की उपस्थिति का भी अनुमान कर सकता है।[4] उद्योतकर ने प्रत्यक्ष ज्ञान और आनुमानिक ज्ञान में भेदजनक कुछ चिह्नों का निर्देश किया है। यथा : (1) योगजन्य अन्तर्दृष्टि को छोड़ कर अन्य समस्त प्रत्यक्ष ज्ञान एक ही प्रकार का है, किन्तु अनुमान में विविधता है; (2) प्रत्यक्ष ज्ञान केवल वर्तमान में विद्यमान ऐसे पदार्थों तक ही सीमित है जो इन्द्रियों की पहुँच के अन्दर आते हैं, जबकि अनुमान भूतकाल, वर्तमान और भविष्य के पदार्थों से भी सम्बन्ध रखता है; (3) अनुमान में सामान्य सम्बन्ध या व्याप्ति के स्मरण की आवश्यकता है, जबकि प्रत्यक्ष ज्ञान में नहीं है।[5] जहां प्रत्यक्ष ज्ञान हो सकता है वहां अनुमान के लिए कोई स्थान नहीं है।[6] हमारी इन्द्रियों की पहुंच के अन्दर जो पदार्थ हैं उनके ज्ञान के लिए हमें विशेष विचार करने की आवश्यकता नहीं होती।[7] अनुमान का विषय 'न तो वह पदार्थ है जो अज्ञात है और न वह पदार्थ है जिसका ज्ञान

---

1. स्वप्नानुभवस्यापि कस्यचित्सत्यत्वम्। 'कुसुमांजलि', पृष्ठ 147।
2. स्मृतिरेव तात्रत् स्वप्नज्ञानमिति निश्चीयते। श्लोकवार्तिक पर न्यायरत्नाकर, पृष्ठ 243।
3. 'न्यायकंदली', पृष्ठ 179।
4. न्यायभाष्य, 2 : 1, 31।
5. न्यायवार्तिक, 2 : 1, 31।
6. प्रत्यक्षत्वादनुमानाप्रवृत्तेः (शांकर : ड्यूसंस सिस्टम ऑफ दि वेदांत, आंग्लभाषानुवाद, पृष्ठ 88 टिप्पणी)
7. घटोऽयमिति विज्ञातुं नियमः कोऽन्वपेक्षते।

निश्चित रूप से है। केवल वही पदार्थ अनुमान के क्षेत्र के अन्तर्गत आते हैं जिनके अस्तित्व में सन्देह है।'[1] इसका उपयोग यथार्थ के ऐसे भाग के ज्ञान के लिए किया जाता है जिसका प्रत्यक्ष ज्ञान नहीं होता। प्रत्यक्ष पदार्थ ऐसी वस्तु की ओर निर्देश करता है जो प्रत्यक्ष तो नहीं है किन्तु जिसका सम्बन्ध उसके साथ अवश्य है। भासर्वज्ञ ने अपने 'न्यायसार' में अनुमान की परिभाषा करते हुए कहा है कि यह इन्द्रियगोचर क्षेत्र से परे उस पदार्थ को जानने का साधन है जो इन्द्रियों के विषय के साथ अभिन्न सम्बन्ध रखता है। गंगेश[2] शिवादित्य[3] का अनुसरण करते हुए अनुमानजन्य ज्ञान की परिभाषा करता है कि ऐसा ज्ञान जिसकी उत्पत्ति अन्य ज्ञान के द्वारा हो।

गौतम अनुमान के तीन भेद बताते हैं : पूर्ववत्, शेषवत् और सामान्यतोदृष्ट[4]। और वात्स्यायन इस विभाग की थोड़ी भिन्न व्याख्या करता है, जिससे पता लगता है कि वात्स्यायन के पूर्व भी न्यायसूत्रों की परस्पर-विरोधी व्याख्याएँ विद्यमान थीं। अनुमान में हम प्रत्यक्ष से अप्रत्यक्ष की ओर जाते हैं जिससे वह सम्बद्ध है। और यह सम्बन्ध तीन प्रकार का हो सकता है, अनुमेय तत्त्व या तो प्रत्यक्ष तत्त्व का कारण हो सकता है, या उसका परिणाम हो सकता है अथवा दोनों ही किसी अन्य तत्त्व के संयुक्त परिणाम हो सकते हैं। जब हम बादलों को देखते हैं और उनसे वर्षा का अनुमान करते हैं तो यह 'पूर्ववत्' अनुमान है, जिसमें हम पूर्ववस्तु को देख कर परिणाम रूपी परवर्ती वस्तु के अस्तित्व का अनुमान करते हैं। परन्तु इस अवस्था में अनुमान केवल कारण ही को देख कर नहीं किया गया, बल्कि पूर्वानुभव के आधार पर भी किया गया है। जब हम नदी में आई हुई बाढ़ को देखते हैं और अनुमान करते हैं कि वर्षा हुई होगी, तो यह शेषवत् अनुमान है, क्योंकि इसमें हम परवर्ती परिणाम को देख कर उसके पूर्ववर्ती कारण का अनुमान करते हैं। इसका प्रयोग ऐसे स्थान पर भी होता है जहां हम दो परस्पर सम्बद्ध पदार्थों में से एक को देख कर दूसरे का अनुमान करते हैं, अथवा एक भाग से या निरसन (elimination) विधि से दूसरे का अनुमान करते हैं, अथवा एक भाग से या निरसन अथवा बहिष्कार (exclusion) विधि के सिद्धांत का एक दृष्टान्त यह है जिससे शब्द के गुण होने का अनुमान किया गया है। हम सिद्ध करते हैं, कि शब्द सामान्य नहीं है, न विशेष ही है, समवाय भी नहीं है, न द्रव्य है, और न क्रिया है। इस प्रकार हम इस परिणाम पर पहुँचते हैं कि इसे गुण होना चाहिए। जब हम किसी सींगों वाले पशु को देखते हैं और अनुमान करते हैं कि इस पशु के पूंछ भी है, तो यह सामान्यतोऽदृष्ट अनुमान का विषय है। इस अनुमान का आधार कार्य-कारणभाव उतना नहीं है जितनी कि अनुभव की समानता है। उद्योतकर इससे सहमत है और वह एक दृष्टान्त यह देता है कि जैसे किसी स्थान पर यदि सारस पक्षी दिखाई दें तो वहां पानी भी विद्यमान

1. न्यायभाष्य, 1 : 1, 1।

2. 'तत्त्वचिंतामणि', 2; पृष्ठ 2। तुलना कीजिए माणिक्यनंदी की अनुमान की इस परिभाषा से कि ''साधनात् साध्यविज्ञानम्' ('परीक्षामुख सूत्र')।

3.'सप्तपदार्थी', 146।

4. तुलना कीजिए, पूर्वमीमांसा सूत्र, 1 : 2, 19, 22, 23 29; 3 : 1, 2-3; 3, 2-1, जहां 'पूर्व' और 'शेष' ये शब्द तार्किक दृष्टि से वाक्य अथवा पैराग्राफ के प्रारम्भिक और अंतिम भागों के लिए आते हैं, और कभी-कभी विधि तथा अर्थवाद का उल्लेख करने में प्रयुक्त होते हैं। पूर्व प्रधान अथवा प्राथमिक तथा शेष गौण है। यह प्रकट है कि पूर्वमीमांसा में शेष द्वारा किया गया तर्क गौण से प्रधान की ओर होगा। सम्भवतः न्याय ने प्रधान तथा गौण के संबंध को कारण-कार्य संबंध मानकर व्याख्या की है। देखिए प्रोफेसर ध्रुव का लेख 'त्रिविधम् अनुमानम्' पर, जो 'प्रोसीडिंग्स आफ दि ओरियण्टल कांफ्रेंस', पूना में पृष्ठ 265 पर दिया गया है।

होगा, ऐसा अनुमान होता है। इसका (सामान्यतोऽदृष्ट का) उपयोग इन्द्रियातीत तथ्यों के अनुमान का निर्देश करने के लिए भी किया गया है।[1] हम धूप वाले भिन्न-भिन्न स्थानों को देखते हैं, और यद्यपि सूर्य को न भी देख सकें तो भी अनुमान कर लेते हैं कि सूर्य अवश्य गतिमान है। विरक्ति तथा स्नेह आदि भावों को देखकर हम जीवात्मा के अस्तित्व का अनुमान करते हैं, जिसका हमें प्रत्यक्ष ज्ञान नहीं होता।[2]

उक्त सब दृष्टान्त यह प्रतिपादित करने के लिए पर्याप्त हैं कि व्यापक सम्बन्ध की, जिसे व्याप्ति कहा जाता है, विद्यमानता को स्वीकार करना आवश्यक है। प्रत्येक व्याप्ति दो तत्त्वों को जोड़ती है—एक व्यापक, अर्थात् जो फैला हुआ है; और दूसरा व्याप्य अर्थात् जिसमें यह (व्यापक) फैला है। अनुमान इस निश्चित तथ्य से कि इस पदार्थ में एक ऐसा गुण है जो एक अन्य गुण के साथ सहचारी रूप से व्याप्त पाया जाता है, एक निष्कर्ष पर पहुँचता है। हम इस विषय का निश्चय, कि पहाड़ में आग लगी है, इस तथ्य से करते हैं कि पहाड़ में धुआँ है, और धुएँ के साथ आग सर्वत्र रहती है। चिह्न के विचार से अर्थात् धुएँ से हम अनुमान करते हैं कि वह पदार्थ जिसमें धुआं है उसमें आग भी है। उद्योतकर के अनुसार अनुमान, चिह्न तथा स्मृति के एक साथ मिलने से बने तर्क से उत्पन्न होता है[3] अथवा उस ज्ञान से जिसके पूर्व हेतु का प्रत्यक्ष ज्ञान हुआ है और इस स्मृति से कि उसका साध्य के साथ निरन्तर साहचर्य है, उत्पन्न होता है। अनुमानविषयक तर्क के भिन्न-भिन्न अवयव परार्थानुमान में प्रकट होते हैं।

8. परार्थानुमान

परार्थानुमान के पाँच अवयव हैं : (1) प्रतिज्ञा, अर्थात् वह विषय जिसे सिद्ध करना है : पहाड़ में आग लगी है; (2) हेतु अथवा कारण : क्योंकि इसमें धुआँ है; (3) उदाहरण, अथवा सादृश्यनिदर्शक दृष्टान्त : जहाँ-जहाँ धुआँ दिखाई देता है वहाँ-वहाँ आग भी रहती है, उदाहरण के रूप में रसोईघर; (4) उपनय, अथवा प्रयोग : इसी प्रकार का यह पहाड़ भी है; (5) निगमन

---

1. कीथ का विचार है कि यह व्युत्पति (अर्थ) असम्भव है (इण्डियन लॉजिक एण्ड ऐटोमिज्म, पृष्ठ 88 टिप्पणी)।

2. उद्योतकर वात्स्यायन द्वारा दिए गए अनुमान-विषयक इस दृष्टांत की आलोचना करता है कि भिन्न-भिन्न स्थानों में और भिन्न-भिन्न समयों में सूर्य के प्रकट होने से यह अनुमान होता है कि सूर्य गतिमान है। उसका कहना है कि हम सूर्य के गोले के भिन्न-भिन्न भागों ही को देखते हैं, सूर्य की गति को नहीं देखते। यह ध्यान में रखना चाहिए कि उद्योतकर, पूर्ववत्, शेषवत् तथा सामान्यतोऽदृष्ट को अनुमान के तीन प्रकार नहीं मानता, बल्कि प्रामाणिक अनुमान की तीन शर्तें मानता है : (1) पूर्ववत् का अभिप्राय है कि मध्यम पद (हेतु) पूर्व, अर्थात् साध्य के साथ अनिवार्य साहचर्य में होना चाहिए; (2) शेषवत् का अभिप्राय है कि मध्यम पद (हेतु) अन्य (शेष) स्थानों पर साध्य के साथ अनिवार्य साहचर्य में दिखाई देना चाहिए; (3) सामान्यतोऽदृष्ट शब्द सामान्यतः और अदृष्ट इन दो शब्दों से मिल कर बना है और इसका अभिप्राय है कि मध्यम पद (हेतु) विधेय (साध्य) तथा विधेय के अभाव (साध्याभाव) दोनों में एकसमान नहीं होना चाहिए, अर्थात् यह अतिव्याप्ति दोष से युक्त नहीं होना चाहिए, जो साधारण का हेत्वाभास है। इनके साथ दो अन्य शर्तों को भी, जो 'च' से उपलक्षित होती हैं, सूत्र के अन्त में जोड़ दिया गया है, अर्थात् अनुमान को प्रत्यक्ष ज्ञान तथा श्रौत (श्रुति-विषयक) प्रमाण का विरोधी नहीं होना चाहिए। एक अन्वयव्यतिरेकी अनुमान में इन पांचों शर्तों की पूर्ति होनी चाहिए और केवलान्वयी अथवा केवलव्यतिरेकी अनुमान में चार शर्तों की पूर्ति होनी चाहिए।

3. स्मृत्यनुगृहीतोलिंगपरामर्शोऽनुमानम् (न्यायवार्तिक, 1 : 1, 5)।

अथवा निष्कर्ष : इसलिए पहाड़ पर आग लगी हुई है।[1]

प्रतिज्ञा एकदम प्रारम्भ में ही उस विषय को प्रस्तुत करती है जिसे सिद्ध करना है। यह समस्या प्रस्तुत करती है और जांच की सीमा का भी निर्धारण कर देती है। सुझाव अथवा प्रस्तावित विषय, जिसे सिद्ध करना है, प्रारम्भ से ही प्रक्रिया पर नियन्त्रण रखता है और अनुमान उसे सुदृढ़ करने में शक्ति देता है। प्रतिज्ञा केवल एक 'प्रस्ताव या सम्भावनामात्र' है।[2] तर्क आगे बढ़ ही नहीं सकता जब तक कि हम प्रतिज्ञा में उपस्थित विषय के सम्बन्ध में अधिकाधिक ज्ञान प्राप्त करने की आकांक्षा प्रकट न करें। प्रतिज्ञा के दो भाग होते हैं, अर्थात् एक उद्देश्य जिसका ज्ञान होता है और जो आम तौर पर या तो एक व्यक्तिरूप पदार्थ होता है या कोई वर्ग-विशेष होता है जिसे एक इकाई के रूप में स्वीकार किया जा सकता है[3] और दूसरा भाग विधेय है जिसको सिद्ध करना होता है। 'पहाड़ पर आग लगी हुई है', इस वाक्य में 'पहाड़' उद्देश्य पक्ष अथवा धर्मी है, और 'आग लगी' यह विधेय अर्थात् साध्य, धर्म अथवा अनुमेय है, अर्थात् जिसका अनुमान किया जाना है। उद्देश्य हमारे ध्यान को यथार्थ के एक भाग की ओर आकृष्ट करता है और विधेय उद्देश्य को विशिष्ट बना देता है, यह बता कर कि इसमें अमुक गुण विद्यमान है या यह उन पदार्थों के वर्ग में शामिल है जो अमुक गुण रखते हैं। परार्थानुमान का कार्य यह सिद्ध करना है कि प्रत्यक्ष ज्ञान के विषयरूपी उद्देश्य में वह विशेषता है जिसका विधेय में निर्देश किया गया है। संयोजक अथवा विधेय वाचक क्रियापद भाषा का एक आकस्मिक पद है, यह प्रतिज्ञा का आवश्यक भाग नहीं है।[4] प्रतिज्ञा को प्रत्यक्ष ज्ञान के अथवा आम्नाय (श्रुति) के विरुद्ध न होना चाहिए। दिङ्नाग के अनुसार, ऐसी प्रतिज्ञाएँ जो बुद्धिगम्य नहीं हैं, स्वयं में विरोधी हैं, अथवा स्वतःप्रकाश्य हैं, प्रतिपाद्य विषय नहीं बन सकतीं।[5] उनमें अपरिचित पद नहीं रहने चाहिए तथा वे स्वीकृत सत्यधारणाओं और अपने सुनिश्चित विश्वासों के विपरीत नहीं होनी चाहिए।[6] यह पता लगाने के लिए कि 'क' 'ख' है, यह प्रतिज्ञा सत्य है अथवा नहीं, हम पक्ष को लेते हैं, उसके पृथक्-पृथक् तत्त्वों का विश्लेषण करते हैं, उसके अन्दर हेतु की विद्यमानता को खोजते हैं। प्रत्येक तर्क में प्रतिज्ञा के बाद पक्ष का विश्लेषण आता है। परार्थानुमान का दूसरा अवयव पक्ष में हेतु, या आधार, साधन, या सिद्ध करने के उपाय लिंग या चिह्न की विद्यमानता को बताता है। इससे उसमें ऐसा विशिष्ट लक्षण (पक्षधर्मता) प्राप्त होता है कि वह निष्कर्ष का विषय बन जाता है। पहाड़ में धुआं दिखाई देता है। पक्षता अनुमान की एक आवश्यक शर्त है। कोई भी पहाड़ पक्ष नहीं है। यद्यपि जैसे ही हमें उसमें धुआं

---

1. न्यायसूत्र, 1 : 1, 32। तुलना कीजिए प्रशस्तपाद द्वारा दी गई संज्ञाओं से (प्रशस्तपादकृत पदार्थधर्मसंग्रह, पृष्ठ 233) : प्रतिज्ञा, अपदेश, निदर्शन, अनुसंधान और प्रत्याम्नाय। पारिभाषिक शब्दों का यह भेद प्रदर्शित करता है कि वैशेषिक के तार्किक विचारों का स्वतन्त्र रूप में विकास हुआ। वात्स्यायन निर्देश करता है कि परार्थानुमान में ऐसे अंश हैं जो भिन्न-भिन्न प्रमाणों से आए हैं। पहला शाब्दिक है, दूसरा आनुमानिक है, तीसरा प्रत्यक्ष-सम्बन्धी है, चौथा उपमान-सम्बन्धी है, और निष्कर्ष प्रदर्शित करता है कि ये सब उसी समस्या पर आधारित हैं (न्यायभाष्य, 1 : 1, 1)।

2. न्यायभाष्य, 1 : 1, 39।

3. न्यायसूत्र, 2 : 2, 66।

4-5 देखिए 'हिस्ट्री आफ इण्डियन लाजिक', पृष्ठ 290। और देखिए प्रशस्तपादकृत पदार्थधर्मसंग्रह, पृष्ठ 234, और वैशेषिक सूत्र, 3 : 1, 15।

6. और देखिए प्रशस्तपादकृत पदार्थधर्मसंग्रह, पृष्ठ 234; वैशेषिक सूत्र, 3 : 1, 15।

दिखाई देता है और हम अनुमान से यह सिद्ध करना चाहते हैं कि उसमें आग भी है, वह पक्ष बन जा सकता है। किन्तु यदि हमें उसमें आग भी दिखाई देती है, तो पहाड़ पक्ष नहीं रहता। अन्नं भट्ट ने पक्ष की परिभाषा इस प्रकार की है कि पक्ष वह कर्ता है जिसमें विधेय या साध्य का होना संदिग्ध है।[1] पक्ष पद से अधिक प्रस्तुत विषय है। परार्थानुमान के लिए आवश्यक तीन पद अब हमारे पास हो गए हैं। एक पक्ष, जिसके विषय में किसी बात का अनुमान किया गया है, दूसरा साध्य, जिसका अनुमान पक्ष के विषय में किया गया है, और तीसरा हेतु, जिसके द्वारा पक्ष के विषय में साध्य की सत्यता का अनुमान किया गया है।

हेतु के पक्ष में विद्यमान होने मात्र से ही, जिसे पक्षधर्मता कहते हैं, अनुमान तब तक प्रामाणिक नहीं हो सकता जब तक कि एक व्यापक सम्बन्ध हेतु और साध्य के बीच में स्थापित न हो। तीसरा अवयव, उदाहरण, 'जहां-जहां धुआं है वहां-वहां आग रहती है, जैसे रसोईघर में,' हमें अनुमान के आधार, साध्यपद की ओर ले जाता है। गौतम के अनुसार, उदाहरण से तात्पर्य एक ऐसे समान दृष्टान्त से है जहां साध्य का आवश्यक गुण विद्यमान हो। वात्स्यायन का भी यही मत प्रतीत होता है। यहां हमें यह जताने की आवश्यकता नहीं है कि ये दोनों विचारक 'उदाहरण' को एक सामान्य नियम के दृष्टान्त रूप में स्वीकार करते हैं। सम्भवतः उनका विचार यह था कि समस्त तर्क विशिष्ट से विशिष्ट की ओर हैं। कुछेक विशिष्ट पदार्थों में एक विशेष गुण रहता है। एक या अनेक विशिष्ट पदार्थ उनके साथ कुछ अन्य गुणों से सादृश्य रखते हैं। इसलिए वे उस विशेष गुण में भी उनके साथ सादृश्य रंखते हैं। यह हो सकता है कि न्यायशास्त्र का परार्थानुमान उदाहरण द्वारा प्रस्तुत तर्क से विकसित हुआ हो। उदाहरण को अरस्तू ने भी स्वीकार किया है।[2] किन्तु शीघ्र ही यह जाना गया कि यद्यपि यह ऐसी विधि है जिसके अनुसार हम प्रायः तर्क करते हैं, फिर भी यह तार्किक अनुमान नहीं है कि जहां निष्कर्ष पदों द्वारा समर्थित होता है। तर्क अप्रामाणिक ठहरता है, यदि उदाहरण सामान्य नियम का निर्देश न करता हो। साधर्म्य जातिगत स्वरूप (सामान्य) का संकेत करता है। प्रशस्तपाद साहचर्य की धारणा से अवगत है और इसे कणाद का मत घोषित करता है।[3] परवर्ती तर्कशास्त्र तीसरे अवयव (उदाहरण) की सामान्य सम्बन्ध के साथ तुल्यता दिखाता है।[4] जब तक कि चिह्न और अनुमानित लक्षण में सतत व्याप्ति विद्यमान न हो तब तक अनुमान हो ही नहीं सकता। 'वेदान्तपरिभाषा' का कहना है कि 'व्याप्ति का ज्ञान ही अनुमान का साधन है।'[5] उदाहरण के वर्णन करने का तात्पर्य है कि अनुमान दोनों प्रकार का होता है, अर्थात् आगमन और निगमन। सामान्यीकरण का आधार उदाहरण होते हैं और इससे हमें नये तथ्यों को तर्क के द्वारा जानने नें सहायता मिलती है। दिङ्नाग ने उदाहरण के सहायक और नीति महत्त्वपूर्ण स्वरूप पर बल दिया है। धर्मकीर्ति का मत है कि उदाहरण अनावश्यक है और इसका उपयोग केवल मनुष्य को समझाने में सहायक के रूप में किया जाता है। उदाहरण विषय को स्पष्ट भले ही कर सकता है किन्तु यह नियम की व्यापकता को स्थापित नहीं कर सकता। डॉ. सील के अनुसार, "साध्य पद (major premise)

---

1. 'तर्कसंग्रह', 49 और 51। सन्दिधसाध्यवान् पक्षः।

2. तुलना कीजिए, थीब्स के विरुद्ध एथेंस का युद्ध दुष्टतापूर्ण था, क्योंकि वह युद्ध पड़ोसियों के मध्य था जैसेकि फोकिस के विरुद्ध थीब्स का युद्ध था।

3. प्रशस्तपादकृत पदार्थधर्मसंग्रह, पृष्ठ 205।

4. व्याप्तिप्रतिपादकमुदाहरणम् ('तर्कसंग्रहदीपिका', 45)।

5. अनुमितिकरणञ्च व्याप्तिज्ञानम्, 2।

सम्बन्धी मिल के इस मत का कि वह पहले देखे गए तत्सदृश दृष्टान्तों का एक संक्षिप्त स्मरणपत्र है जिसमें उसे अनदेखी स्थितियों में लागू करने की सिफारिश भी रहती है, और अरस्तू के इस मत का कि वह एक व्यापक प्रस्थापना है जो अनुमान का आधार है, उदाहरण में मिश्रण और पूर्ण सामंजस्य हो जाता है।'[1] उदाहरण भिन्न-भिन्न प्रकार के हो सकते हैं—सजातीय अर्थात् स्वीकारात्मक (साधर्म्य, जहां कि साध्य गुण और हेतु उपस्थित हैं जैसेकि रसोईघर और विजातीय अथवा निषेधात्मक (वैधर्म्य) जहां कि साध्य गुण और हेतु दोनों ही अनुपस्थित हैं जैसे कि झील।[2] दिङ्नाग इन दोनों में सादृश्यबोधक उदाहरण और जोड़ देता है। वह दस प्रकार के हेत्वाभासों का भी वर्णन करता है जिनका सम्बन्ध उदाहरणों के साथ है, जबकि सिद्धसेन दिवाकर छः प्रकार के हेत्वाभास सजातीय उदाहरणों के बारे में और छः प्रकार के विजातीय उदाहरणों के बारे में बताता है।

हेतु अर्थात् मध्यपद की व्याप्ति के विषय में यह कहा जाता है कि (1) हेतु के लिए पक्ष के कुल क्षेत्र को व्याप्त करना आवश्यक है, जैसाकि इस दृष्टान्त में है : 'शब्द अनित्य है क्योंकि यह उत्पन्न पदार्थ है।' यहां हेतु अर्थात् उत्पन्न पदार्थ अपने अन्दर शब्द की प्रत्येक अवस्था को रखता है; (2) हेतु द्वारा निर्दिष्ट सब पदार्थ उन पदार्थों के सजातीय होने चाहिए जिनका निर्देश साध्य द्वारा होता है, जैसा कि इस दृष्टान्त में है : "सब उत्पन्न पदार्थ अनित्य हैं; और (3) साध्य के विजातीय किसी भी पदार्थ का हेतु में समावेश नहीं होना चाहिए : 'कोई भी नित्य उत्पन्न पदार्थ नहीं है।' दिङ्नाग इस पर बल देता है कि हेतु को व्यापक रूप से और सतत रूप से साध्य के साथ सम्बद्ध रहना चाहिए। उद्योतकर का तर्क है कि हेतु और साध्य में व्यापक सम्बन्ध रहना चाहिए, यथा जहां-जहां साध्य है, वहां-वहां हेतु भी होना चाहिए और जहां-जहां साध्य नहीं है वहां-वहां हेतु भी नहीं होना चाहिए। प्रशस्तपाद भी इसी मत का समर्थन करता है जब वह यह कहता है कि लिंग अथवा हेतु वह है जो अनुमेय पदार्थ के साथ सम्बद्ध रहता है, और जिसके बारे में हम यह जानते हैं कि जहां-जहां वह पदार्थ उपस्थित है वहां-वहां वह है और जहां-जहां वह पदार्थ अनुपस्थित है वहां-वहां वह भी नहीं है।[3] वरदराज हेतु की पांच विशेषताओं का वर्णन करता है। वे ये हैं—(1) पक्षधर्मता, अर्थात् हेतु का पक्ष में विद्यमान रहना, जैसे पहाड़ में धुएँ का होना; (2) सपक्षसत्त्व अर्थात् हेतु का साध्य के सजातीय निश्चयात्मक उदाहरणों में विद्यमान रहना, जैसे कि धुएँ का रसोईघर में होना; (3) विपक्षसत्त्व, अर्थात् साध्य के विजातीय निषेधात्मक उदाहरणों में हेतु का अनुपस्थित रहना, जैसे झील में धुआँ नहीं; (4) अबाधितविषयत्व, अथवा

1. 'दि पॉजिटिव साइंसेज आफ दि ऐंशियण्ट हिन्दूज', पृष्ठ 252। 2. न्यायभाष्य, 1 : 1, 36-37।

3. प्रशस्तपादकृत पदार्थधर्मसंग्रह, पृष्ठ 200।

यदनुमेयेन सम्बद्धं प्रसिद्धं च तदन्विते।
तदभावे च नास्त्येव तल्लिङ्गनुमापकम्॥

धर्मकीर्ति का विचार है कि जब तक उन पदार्थों में, जिनमें अनुमेय विद्यमान है, हेतु उपस्थित नहीं है, तथा उन सब पदार्थों में जिनमें अनुमेय नहीं पाया जाता, हेतु की परिभाषा इस प्रकार करता है कि हेतु वह है 'जो साध्य के अतिरिक्त अन्य किसी के सम्बन्ध में उपस्थित नहीं रहता।' धुआँ आग के अतिरिक्त अन्य किसी पदार्थ से उत्पन्न नहीं हो सकता।

पक्ष के साथ सदानुकूलता; और (5) असत्प्रतिपक्षत्व, अर्थात् विरोधी शक्तियों का प्रभाव।[1] नितान्त स्वीकारात्मक एवं नितान्त निषेधात्मक अनुमानों में विशुद्ध हेतु केवल चार प्रकार की आवश्यकताओं की ही पूर्ति करता है, क्योंकि यह निश्चयात्मक और निषेधात्मक दोनों में समान रूप से विद्यमान नहीं रह सकता। अन्नं भट्ट के मत से अनुमान तीन प्रकार का होने के कारण हेतु भी तीन प्रकार का है : (1) निश्चयात्मक और निषेधात्मक (अन्वयतिरेकी), जहां कि हेतु सतत रूप से साध्य के साथ रहता है, जैसे आग के साथ धुआँ। जहां-जहां धुआँ है वहां-वहां आग है, जैसे रसोईघर में, और जहां आग नहीं है वहां धुआँ भी नहीं है, जैसे कि झील में[2]; (2) केवल निश्चयात्मक (केवलान्वयी), जहां हमें केवल स्वीकारात्मक और सतत साहचर्य मिलता है, जैसे 'जो जाना जा सकता है उसका नाम भी रखा जा सकता है,' जहां हमें इस स्थिति को स्पष्ट करने के लिए निषेधात्मक दृष्टान्त नहीं मिल सकता कि 'जिसे नाम नहीं दे सकते उसे जान भी नहीं सकते।' और (3) केवल निषेधात्मक (केषलव्यतिरेकी) जहां एक निश्चयात्मक दृष्टान्त सम्भव नहीं है। उन सभी सत्ताओं में जिनमें पशु-क्रियाएँ हैं जीवात्मा विद्यमान है, यहां हम केवल यही सिद्ध कर सकते हैं कि कुर्सियों तथा मेज़ों में पशु-क्रियाएँ नहीं हैं और इसलिए उनमें जीवात्मा का निवास नहीं है। किन्तु हम कोई निश्चयात्मक दृष्टान्त नहीं दे सकते क्योंकि जीवात्माएँ तथा वे सत्ताएँ जिनमें पशु-क्रियाएँ होती हैं अपनी प्रकृति में सह-विस्तारी हैं।[3] वेदांत परिभाषा के अनुसार, निश्चयात्मक व्याप्ति के द्वारा जो परिणाम निकलता है उसे ही हम अनुमान कहते हैं किन्तु निषेधात्मक व्याप्ति से जिस परिणाम पर पहुँचते हैं, उसे 'अर्थापत्ति' कहते हैं, इस आधार पर कि इसमें किसी सामान्य सिद्धांत का प्रयोग अवस्था-विशेष में नहीं होता।[4] तो भी न्याय का विचार है कि प्रत्येक निषेधात्मक का विरोधी एक निश्चयात्मक होता है, और इसलिए निश्चयात्मक परिणाम निषेधात्मक व्याप्तियों से निकाले जा सकते हैं।[5] हेतु की मुख्य विशेषता यह है कि यह सब प्रकार की उपाधियों से मुक्त होना चाहिए।

---

1. पहले तीन का वर्णन धर्मकीर्ति तथा धर्मोत्तर ने किया है। देखिए 'न्यायबिन्दु' पृष्ठ 104, तथा लौगाक्षि भास्करकृत 'तर्ककौमुदी', पृष्ठ 12, बौम्बे एडीशन।

2. यह ध्यान देने के योग्य है कि व्याप्त का निषेध निषेधात्मक व्याप्ति में व्यापक बन जाता है और व्यापक का निषेध व्याप्त बन जाता है। देखिए श्लोकवार्तिक, अनुमान, पृष्ठ 121।

3. 'तर्कसंग्रह', 48। इस भेद को उद्योतकर और गंगेश ने स्वीकार किया है। तुलना कीजिए इसकी जैन मत के आप्त ग्रंथों में विहित अनुमान के वर्गीकरण के साथ जो इस प्रकार है : (1) यह है, क्योंकि वह है। वहां आग है क्योंकि वहां धुआँ है। (2) यह नहीं है, क्योंकि वह है। यह ठण्डा नहीं है, क्योंकि अग्नि उपस्थित है, (3) यह है, क्योंकि वह नहीं है। यह ठण्डा है, क्योंकि अग्नि अनुपस्थित है। (4) यह नहीं है, क्योंकि वह नहीं है। यहां कोई आम का पेड़ नहीं है, क्योंकि यहां पेड़ ही नहीं है।

4. 3।

5. व्याप्ति को या तो स्वीकारात्मक (अन्वय) अथवा निषेधात्मक (व्यतिरेक) होना चाहिए और पहली दो प्रकार की है : समव्याप्ति जहां हेतु तथा साध्य सहकारी रूप से विस्तृत हैं, जैसेकि इस दृष्टांत में 'समस्त उत्पन्न पदार्थ अनित्य हैं' और विषमव्याप्ति, जहां वे दो सहकारी रूप से विस्तृत नहीं हैं। जहां-जहां धुआँ होता है वहां-वहां आग अवश्य होती है, किन्तु इसका विपरीत तर्क ठीक न होगा।

हम इस प्रकार का तर्क नहीं कर सकते कि 'क' केवल इसलिए काला है क्योंकि वह 'ख' का लड़का है, 'ख' के अन्य बच्चों के समान और अन्य मनुष्यों के बच्चों से भिन्न है। यह निष्कर्ष सच हो भी सकता है और नहीं भी हो सकता, किन्तु यह तर्क की दृष्टि से दोषपूर्ण अवश्य है, क्योंकि 'ख' का लड़का होने और काले रंग में कोई अनुपाधिक (उपाधिरहित) सम्बन्ध नहीं है।

उपनय (प्रयोग) परार्थानुमान का चौथा अवयव है। पक्ष में प्रस्तुत हेतु की उपस्थिति एवं अनुपस्थिति की यह स्थापना करता है। हेतु की उपस्थिति की अवस्था में यह स्थापना निश्चयात्मक होती है, जैसेकि इस दृष्टान्त में, 'इसी तरह का यह पर्वत है,' अर्थात् धुएँवाला है, और दूसरी अवस्था में निषेधात्मक होती है, जैसे कि इस दृष्टान्त में, 'यह पर्वत ऐसा नहीं है, अर्थात् धुएं वाला नहीं है।'[1]

निष्कर्ष प्रतिष्ठापित प्रतिज्ञा को इस प्रकार दोहराता है, 'इसलिए पहाड़ में आग लगी है'[2] पहले अवयव में जो बात अस्थायी रूप में रखी गई थी, निष्कर्ष में उसकी स्थापना की जाती है।

वात्स्यायन का कहना है कि कुछ तार्किकों की सम्मति में परार्थानुमान के दस अवयव हैं। ऊपर दिये गये पांच अवयवों के अतिरिक्त निम्नलिखित और उनमें सम्मिलित किए गए हैं : (1) जिज्ञासा, अथवा प्रतिज्ञा के सम्बन्ध में सत्यज्ञान को खोज निकालने की अभिलाषा, अर्थात् सम्पूर्ण पहाड़ में आग लगी है या उसके कुछ हिस्सों में ही है; (2) संशय, कारण के विषय में सन्देह कि जिसे हम धुआं समझ रहे हैं, वह केवल भाप ही तो नहीं है; (3) शक्यप्राप्ति, अर्थात् दृष्टान्त की निष्कर्ष को समर्थित करने की योग्यता कि क्या धुआं सर्वदा ही आग के साथ रहता है क्योंकि तपे हुए लाल लोहे के अन्दर धुआं नहीं भी पाया जाता; (4) प्रयोजन, अर्थात् निष्कर्ष निकालने का प्रयोजन; और (5) संशय-व्युदाम, अर्थात् हेतु के साध्य के साथ सम्बन्ध और पक्ष में उसकी विद्यमानता के बारे में सब प्रकार के संशयों का निवारण।[3] परार्थानुमान के ये पांच अतिरिक्त अवयव वात्स्यायन के अनुसार सिद्धि के लिए

---

1. न्यायसूत्र, 1 : 1, 38।

2. न्यायसूत्र, 1 : 1, 39।

3. न्यायभाष्य, 1 : 1, 32। यह इस विषय का एक संकेत है कि परार्थानुमान का स्वरूप वाद-विवाद-कला के अभ्यासों तथा परम्पराओं में से विकसित हुआ है। जैन तार्किक भद्रबाहु परार्थानुमान के दस अवयवों को एक पृथक् सूची देता है अर्थात् : (1) प्रतिज्ञा, (2) प्रतिज्ञा-विभक्ति, अर्थात् प्रतिज्ञा की सीमा; (3) हेतु अथवा कारण; (4) हेतु-विभक्ति, अर्थात् हेतु की सीमा; (5) विपक्ष; (6) विपक्ष-प्रतिषेध; (7) दृष्टान्त; (8) आकांक्षा, अर्थात् दृष्टान्त के प्रामाण्य में सन्देह; (9) आकांक्षा-प्रतिषेध; (10) निगमन, अर्थात् निष्कर्ष ('दशवैकालिकनिर्युक्ति, पृष्ठ 74, निर्णयसागर संस्करण)। भद्रबाहु यहां सिद्ध करने की द्विगुण विधि का आश्रय लेता है। जब शब्द की अनित्यता को सिद्ध करने के लिए एक तर्क दिया जाता है तो एक विपरीत प्रतिज्ञा का कथन होता है और एक कथन द्वारा उसका निषेध किया जाता है। यदि शब्द नित्य होता तो यह उत्पन्न पदार्थ न होता। इस प्रकार का काल्पनिक तर्क पूर्व-अनुमान का समर्थन करता है यद्यपि अपने-आप में इसका अधिक महत्त्व नहीं है। सिद्धसेन दिवाकर ने अपने 'न्यायावतार' ग्रंथ में परार्थानुमान को केवल पांच अवयवोंवाला ही बताया है। अनन्तवीर्य उस पर (13) टीका करते हुए कहता है कि परार्थानुमान के सर्वोत्तम रूप में दस अवयव रहते हैं, मध्यम में पांच और निकृष्टतम में दो अवयव रहते हैं।

अनावश्यक हैं, यद्यपि ये हमारे ज्ञान को विशद करने में सहायक होते हैं। ये मनोवैज्ञानिक प्रक्रिया को दृष्टि में रखते हैं। जिज्ञासा, अर्थात् जानने की इच्छा निश्चय ही समस्त ज्ञान का प्रारंभिक बिन्दु है; किन्तु जैसाकि उद्योतकर का कहना है, यह विषयसिद्धि अथवा तर्क का अनिवार्य अवयव नहीं है।[1]

शीघ्र ही यह पता लगा कि निष्कर्ष में प्रारम्भिक प्रतिज्ञा को फिर से दोहराया जाता है, जबकि चौथा अवयव दूसरे की आवृत्तिमात्र है। वस्तुतः प्रत्येक परार्थानुमान के केवल तीन ही अवयव हैं। कहा जाता है कि नागार्जुन ने ही तीन अवयवयुक्त परार्थानुमान का प्रचलन अपने 'उपायकौशल्यसूत्र' में किया है, जहां वे बलपूर्वक यह प्रतिपादन करते हैं कि निष्कर्ष की स्थापना तर्क और दृष्टान्त द्वारा ही हो सकती है, दृष्टान्त निश्चयात्मक हो या निषेधात्मक हो।[2] इसका श्रेय कभी-कभी दिङ्नाग को दिया जाता है।[3] अपने 'न्याय-प्रवेश' में उन्होंने परार्थानुमान के तीन अवयवों का ही वर्णन किया है, यद्यपि तीसरे अवयव में वह निश्चयात्मक एवं निषेधात्मक दोनों ही प्रकार के उदाहरणों की व्याख्या करते हैं; इस पहाड़ में आग लगी है, क्योंकि इसमें धुआं है; जहां-जहां धुआं होता है, आग भी होती है, जैसे रसोईघर में और जहां आग नहीं है वहां धुआं भी नहीं है, जैसे झील में। दिङ्नाग के अनुसार तीसरा अवयव एक सामान्य नियम है जो सांकेतिक दृष्टान्तों के सहित है। धर्म-कीर्ति का विचार है कि तीसरा अवयव भी आवश्यक है क्योंकि सामान्य प्रतिज्ञा तर्क के अन्दर स्वतः ध्वनित है। इतना कहना ही पर्याप्त है कि पहाड़ पर आग है क्योंकि उसमें से धुआं निकल रहा है। इस प्रकार के अनुमान का उपयोग जो लुप्तावयव हेतुमद् अनुमान से मिलता-जुलता है, हिन्दू दार्शनिक ग्रंथों में भी बहुत मिलता है। जैन तार्किक माणिक्य नन्दी और देवसूरी[4] का भी यही मत है। मीमांसक और वेदान्ती केवल तीन अवयव वाले परार्थानुमान को ही स्वीकार करते हैं। वेदांत परिभाषा नामक ग्रन्थ पहले तीन अथवा अन्तिम तीन अवयवों के उपयोग की आज्ञा देता है।[5]

वात्स्यायन और उद्योतकर दोनों ही परार्थानुमान के अन्तिम दो अवयवों को छोड़ देने के विरुद्ध हैं।[6] वे स्वीकार करते हैं कि प्रथम अवयव को निष्कर्ष में दोहराया जाता है, जबकि चौथा दूसरे और तीसरे अवयव का मिश्रण है। यद्यपि तर्क की दृष्टि से वे अनावश्यक हैं, तो भी विवाद के लिए उपयोगी हैं क्योंकि वे तर्क की पुष्टि करते हैं, तथा उस प्रतिज्ञा की निश्चयपूर्वक स्थापना करने में सहायक होते

---

1. न्यायवार्तिक, 1 : 1, 32।

2. 'हिस्ट्री ऑफ इण्डियन लाजिक', पृष्ठ 119।

3. सुगुइरा : 'हिन्दू लाजिक ऐज प्रिजर्व्ड इन चाइना एंड जापान'; यूई 'वैशेषिक फिलासफी', पृष्ठ 82, टिप्पणी 2।

4. 'प्रमाणनयतत्त्वालोकांकार', पृष्ठ 3।

5. 2 : वरदराज ने अपने तार्किक रक्षा (पृष्ठ 82 से आगे) नामक ग्रंथ मीमांसा के मत के तीन अवयव वाले परार्थानुमान का बौद्ध मत के दो अवयव वाले परार्थानुमान का उल्लेख किया है। माठरवृत्ति पक्ष, हेतु तथा दृष्टान्त इन तीन अवयव वाले परार्थानुमान से परिचित हैं।

6. न्याय भाष्य, 1 : 1, 39; न्यायवार्तिक, 1 : 1, 39।

हैं जो प्रारम्भिक अवयव में अस्थायी रूप से प्रस्तुत की गई थी। पंचावयवी परार्थानुमान दूसरों को निश्चय कराने के लिए उपयोगी है; इसको परार्थानुमान संज्ञा इसीलिए दी गई है। तीन अवयवों वाला अपने निश्चय के लिए, पर्याप्त है; इसे स्वार्थानुमान की संज्ञा दी जा सकती है। पिछला अनुमान को विचार-सम्बन्धी गति की प्रक्रिया मानता है और इसलिए अन्वेषणात्मक विज्ञान की श्रेणी में आता है, जबकि पहला प्रमाण से सम्बन्ध रखता है। गौतम और कणाद इसका उल्लेख स्पष्ट रूप से नहीं करते, यद्यपि परवर्ती तार्किक इसे स्वीकार करते हैं।[1] प्रशस्तपाद अपने निश्चय के लिए उपयुक्त अनुमान (स्वनिश्चितार्थ) और दूसरों को निश्चय कराने के लिए उपयुक्त अनुमान (पदार्थ) में भेद करता है।[2] दूसरों को निश्चय कराने के लिए उपयुक्त परार्थानुमान अधिकतर एक औपचारिक व्याख्या है। हम एक पहाड़ को देखते हैं और हमें सन्देह उत्पन्न होता है कि इसमें आग है या नहीं। धुएं को देखकर हमें आग और धुएं के सम्बन्ध का स्मरण होता है और हम इस निष्कर्ष पर पहुंचते हैं कि पहाड़ पर आग अवश्य होगी। इस सूचना को जब हम दूसरों तक पहुंचाने का प्रयत्न करते हैं तो हम पंचावयवी अनुमान की पद्धति का प्रयोग करते हैं।[3]

परार्थानुमान के अवयवों की संख्या के विषय में मतभेद होते हुए भी, इस विषय में सभी तार्किक सहमत हैं कि एक दोषविहीन अनुमान के लिए दो अवयव अनिवार्य रूप से आवश्यक हैं, अर्थात् व्याप्ति (व्यापक सम्बन्ध) अथवा साध्यपद और पक्षधर्मता अथवा पक्षपद। पहला गुणों के व्यापक सम्बन्ध को बतलाता है और पिछला बतलाता है कि कर्ता में व्यापक सम्बन्ध का एक अवयव उपस्थित है।[4] ये जे. एस. मिल की उन दो विधियों के अनुकूल हैं जिनके द्वारा निश्चय होता है कि (1) कौन-से गुण और किनके चिह्न हैं, और (2) क्या किन्हीं प्रस्तुत पदार्थों में ये चिह्न पाए जाते हैं?

न तो साध्य और न पक्ष केवल अपने-आपसे किसी निष्कर्ष का निश्चय करा सकते हैं। दोनों का परस्पर संश्लेषण आवश्यक है। लिंग परामर्श अथवा चिह्न का विचार अनुमान की प्रक्रिया का एक अनिवार्य तत्त्व है। गंगेश के अनुसार, व्याप्ति अपने-आप में अनुमान-जन्य ज्ञान का परोक्ष कारण है और लिंग परामर्श अथवा चिह्न का विचार अंतिम कारण (चरम कारण) अथवा मुख्य कारण (कारण) हैं।[5] तथ्य साररूप में यह है कि साध्य के साथ सम्बद्ध हेतु पक्ष रहता है[6] और वही हमें निष्कर्ष पर ले जाता है। परन्तु अनुमान की प्रक्रिया एक अखंड प्रक्रिया है।

---

1. दिङ्नाग प्रशस्तपाद, धर्मकीर्ति, सिद्धसेन दिवाकर, माणिवायनन्दी, देवसूरी, भासर्वज्ञ और गंगेश आदि इस भेद को स्वीकार करते हैं।

2. प्रशस्तपादकृत पदार्थधर्मसंग्रह, पृष्ठ 231। तुलना कीजिए इसकी धर्मोत्तर के भेद ज्ञानात्मक और शब्दात्मक के साथ (न्यायबिन्दुटीका, पृष्ठ 21) तथा शिवादित्य के भेद अर्थरूपत्व और शब्दरूपत्व के साथ (सप्तपदार्थी, 154)।

3. तर्कसंग्रह, पृष्ठ 45।

4. तत्त्वचिन्तामणि, 2, पृष्ठ 2; भाषापरिच्छेद, और सिद्धान्तमुक्तावली, पृष्ठ 66 और 68।

5. तत्त्वचिन्तामणि, 2, पृष्ठ 2।

6. व्याप्तिविशिष्टपक्षधर्मताज्ञानम् (तर्कसंग्रह, पृष्ठ 44)। देखिए भाषा-परिच्छेद, पृष्ठ 66; तत्त्वचिन्तामणि, 2 : 2; जानकीनाथकृत न्यायसिद्धान्तमंजरी, पृष्ठ 86-87, पंडित संस्करण।

अद्वैतवादियों का तर्क है कि हेतु के विचार का कोई प्रश्न ही नहीं उठता। व्याप्ति-सम्बन्ध का ज्ञान साधनरूप कारण है। हमें इसका स्मरण होता है और हम निष्कर्ष पर पहुँच जाते हैं।[1] यह आपत्ति इस मत के विरुद्ध की गई प्रतीत होती है कि हमें पहले प्रत्यक्ष ज्ञान होता है, उसके बाद स्मृति होती है और उसके बाद अनुमान होता है। अद्वैतवादी यह सिद्ध करने का प्रयत्न करता है कि अनुमान क्रिया दो निर्णयों को एक साथ रख देना नहीं है, बल्कि यह एक अकेली प्रक्रिया (व्यापार) है जिसमें दृश्यतत्त्व (पक्ष) स्मृति द्वारा आविर्भूत सामान्य सिद्धांत अर्थात् साध्य के कार्य करता है। ये दोनों तत्त्व स्वतन्त्र मानसिक अवस्थाएँ नहीं हैं, और अनुमान की प्रक्रिया में निश्चित स्थितियों के रूप में भाग नहीं लेते हैं। नैय्यायिक, जो मनोवैज्ञानिक की अपेक्षा तार्किक अधिक है, बलपूर्वक यह कहता है कि अनुमान के लिए संश्लेषण की क्रिया आवश्यक है।

दिङ्नाग अनुमेय के स्वरूप के सम्बन्ध में एक रोचक प्रश्न उठाता है। हम धुएँ से आग का अनुमान नहीं करते हैं, क्योंकि यह कोई नया ज्ञान नहीं है। हम पहले से जानते हैं कि धुएँ का आग के साथ सम्बन्ध है। इसी प्रकार आग और पहाड़ के परस्पर सम्बन्ध का अनुमान हमने किया, यह भी नहीं कहा जा सकता, क्योंकि सम्बन्ध के लिए दो वस्तुओं का होना आवश्यक है; जबकि अनुमान में हमारे पास केवल एक ही वस्तु अर्थात् पहाड़ है, क्योंकि आग तो दिखाई नहीं देती। जिसका हम अनुमान करते हैं वह न तो आग है और न ही पहाड़ है, बल्कि ऐसा पहाड़ है जिसमें आग लगी हुई है।[2] निष्कर्ष एक अंतिम निर्णय है।

नैय्यायिक ने उन भिन्न-भिन्न स्थितियों को जिनमें हेतु रह सकता है, कोई महत्त्व नहीं दिया है। उसने बारबरा को समस्त परार्थानुमान-सम्बन्धी तर्क के उदाहरण के रूप में माना है। निश्चयात्मक तथा निषेधात्मक उदाहरणों के उपयोग ने उसका झुकाव स्वीकारात्मक तथा निषेधात्मक सामान्य प्रतिज्ञाओं को परस्पर सम्बद्ध मानने की ओर किया। वस्तुतः समस्त अनुमान को दोनों ओर से पुष्टि प्राप्त होती है।[3] वस्तुतः हिन्दू तर्कशास्त्र में एक ही सम्बन्ध-प्रकार (फिगर) और एक ही तत्त्व (मूड) है। जब हम यह जान लेते हैं कि प्रतिज्ञा के कर्ता में एक ऐसी विशेषता है जिसका साहचर्य निरंतर एक ऐसे गुण के साथ है जिसकी विद्यमानता को हम सिद्ध करना चाहते हैं, हम अनुमान करते हैं कि कर्ता में उक्त गुण विद्यमान है। इस सिद्धांत को गुण-निर्देश (कन्नोटेशन) की परिभाषा में व्यक्त किया जाता है। इसे यदि वर्गों की परिभाषा में परिवर्तित किया जाए तो हमें सामान्य से विशेष के अनुमांन के सिद्धांत की उपलब्धि होती है। एक वर्ग-विशेष के प्रत्येक व्यक्ति के विषय में जो कुछ कहा जा

---

1. वेदांतपरिभाषा।

2. न्यायवार्तिकतत्त्वटीका, न्यायसूत्र, 1 : 1, 5 में उद्धृत दिङ्नाग। वेदांतपरिभाषा (2) के अनुसार, पहाड़ का तो प्रत्यक्ष होता है और आग का अनुमान होता है।

3. यदि क है तो ख है। यदि ख नहीं है, तो क नहीं है। धर्मकीर्ति जहां इससे सहमत है कि समस्त युक्तियों को स्वीकारात्मक अथवा निषेधात्मक रूप में व्यक्त किया जा सकता है, यदि वे साधर्म्य और वैधर्म्य पर आधारित हों, वहां उसका यह भी विचार है कि कुछ युक्तियाँ स्वभावतः पिछले ही रूप के अन्तर्गत हैं।
सब पदार्थ, जो यहां और अब विद्यमान हैं, प्रत्यक्ष देखे जाते हैं,
घड़ा प्रत्यक्ष नहीं दिखाई देता,
इसलिए घड़ा यहां और अब विद्यमान नहीं है।
यह केमेस्ट्रस का मत है।

सकता है, वह उस वर्ग के किसी व्यक्ति-विशेष के विषय में भी कहा जा सकता है। सही-सही विचार के लिए संवाक्य-प्रकारों तथा तत्त्वों के ब्यौरेवार भेदों की इतनी आवश्यकता नहीं है, यद्यपि वे सूक्ष्म विचार के लिए प्रशिक्षणभूमि प्रस्तुत करते हैं।[1] अरस्तू ने स्वीकार किया कि अंतिम तीन संवाक्य-प्रकारों को पहले में समावेश किया जा सकता है। न्याय पहले संवाक्य प्रकार में भी केवल बारबरा को स्वीकार करता है। न्याय में दराई (Darii) और फेरियो (Ferio) का प्रयोग नहीं हुआ है, क्योंकि निष्कर्ष सर्वदा एक परिमित पदार्थ से सम्बन्ध रखता है, और व्यापक तथा विशिष्ट के मध्य भेद नहीं उत्पन्न होता। यह भेद केवल अपेक्षाकृत है, क्योंकि एक परिमित वर्ग के लिए जो व्यापक है वह विस्तृत विषय में विशिष्ट हो जाता है। न्याय के परार्थानुमान में पक्ष सदा एक व्यक्तिरूप पदार्थ होता है अथवा वर्ग होता है और इसलिए वह व्यापक है, विशिष्ट नहीं। 'कुछ' दृष्टांतों के विषय में प्राप्त निष्कर्ष हमें प्रस्तुत दृष्टांत-विशेष के विषय में कोई निश्चित सूचना नहीं दे सकता। बारबरा से सेलेरेण्ट बड़ी सुगमता से जाना जा सकता है। अरस्तू ने स्वीकार किया कि उसके सब तत्त्व पहले संवाक्य-प्रकार के पहले दो तत्त्वों में समाविष्ट किए जा सकते हैं। और यदि हम यह जान लें कि सब निर्णय उभयपार्श्ववान होते हैं तो ये दोनों परस्पर परिवर्तनीय हैं।

तर्क की प्रक्रिया का विश्लेषण अरस्तू के परार्थानुमान सम्बन्धी विश्लेषण के साथ बिलकुल निकट सादृश्य रखता है। पञ्चायवी रूप में भी केवल तीन पद रहते हैं, और त्रि-अवयवी अनुमान में तीन विषय होते हैं जो अरस्तू के निष्कर्ष, पक्षपद तथा साध्यपद से अनुकूलता रखते हैं। इस प्रकार की अद्‌भुत समानता का कारण यह बताया जाता है कि दोनों का एक-दूसरे पर प्रभाव पड़ा है। डॉक्टर विद्याभूषण का कहना है : 'ऐसा विचार असंगत न होगा कि अरस्तू के तर्कविज्ञान ने अलेक्ज़ैण्ड्रिया, सीरिया तथा अन्य देशों के मार्ग से तक्षशिला में प्रवेश किया हो। मेरा विचार ऐसा है कि भारतीय तर्कशास्त्र में वस्तुतः परार्थानुमान की विधि अनुमान से स्वतः उदित नहीं हुई है और यह विचार हिन्दू तार्किकों में अरस्तू से ही आया है।'[2] विद्वान् प्रोफेसर का विश्वास है कि परार्थानुमान की कला उधार ली गई है, यद्यपि अनुमान का सिद्धांत हमारा अपना है। प्रोफेसर कीथ लिखते हैं : 'प्राचीनकाल के तर्क-विषय सिद्धांतों का उद्‌गम ग्रीस देश को मानने का कोई कारण प्रतीत नहीं होता। गौतम और कणाद द्वारा प्रतिपादित 'परार्थानुमान' भी निःसन्देह यहीं उत्पन्न हुआ, भले ही यह रुद्ध विकास रहा हो। उपमान-प्रमाण के द्वारा तर्क करने के स्थान पर, निरन्तर साहचर्य को अनुमान का आधार बनाने का अपने-आप

1.गौम्पर्ज का कहना है कि 'अत्यधिक मौलिक विचार के आधार पर अरस्तू ने अनुमान के रूपों का अन्वेषण किया, उनमें परस्पर भेद किया तथा उनकी शाखाओं का विश्लेषण किया। और देखिए तथा विचार कीजिए कि अपने अनेकानेक ग्रंथों में उन दिनों उपलब्ध सम्पूर्ण ज्ञान के क्षेत्र को व्याप्त करते हुए भी उसने वस्तुतः परार्थानुमान के तत्त्वों एवं संवाक्य-प्रकारों का बिलकुल भी प्रयोग नहीं किया। वह यह बात स्वीकार करने में भी संकोच नहीं करता कि रूपों के इस समस्त समूह को घटा कर केवल कुछ मौलिक रूपों में रखा जा सकता है और इससे प्रयोग में कोई हानि न होगी। हम यह और कह सकते हैं कि उसके बाद का अनुसन्धान, जिसमें महान् विकास तथा परिष्कार हुआ है, इस विषय में उसकी पुष्टि करता है कि संवाक्य-प्रकार तथा तत्त्व केवल प्राचीन आश्चर्यजनक विषयों के संग्रहमात्र रह गए हैं, जिन्हें विज्ञान के इतिहास ने सुरक्षित रखा है, किन्तु स्वयं विज्ञान ने भी उनका प्रयोग कभी नहीं किया।'' (ग्रीक थिंकर्स, खण्ड 4, पृष्ठ 44-45) और देखिए एच. एन. रैण्डल : 'ए नोट ऑन दि इण्डियन सिलोजिज्म', अक्तूबर, माइण्ड, 1924।

2. हिस्ट्री ऑफ इण्डियन लॉजिक, पृष्ठ 15।

में पूर्ण सिद्धांत, यह ठीक है कि दिङ्नाग के द्वारा ही प्रकट हुआ। और यह कहना अयुक्तियुक्त न होगा कि सम्भवतः यहां हर ग्रीक प्रभाव ने भाग लिया हो।'[1] अपने इस सुझाव के समर्थन में वे इस बात का उल्लेख करते हैं कि दिङ्नाग के पूर्ववर्ती आर्यदेव को (जो उससे लगभग दो शताब्दी पूर्व हुआ था) ग्रीक ज्योतिष का ज्ञान था। भरतशास्त्र में पाई जानेवाली हिन्दू नाट्यकला की प्रकल्पना पर अरस्तू का जो प्रभाव बताया जाता है, उसके साथ यदि इस विचार को मिलाया जाए तो यह सम्भव प्रतीत होता है कि भारत और ग्रीस के मध्य परस्पर कुछ सांस्कृतिक आदान-प्रदान रहा हो। कभी-कभी यह प्रतिपादित किया गया है कि अरस्तू हिन्दू प्रकल्पना से बहुत अधिक प्रभावित हुआ था जो उसके पास सिकन्दर के द्वारा पहुंची थी, क्योंकि सिकन्दर के विषय में यह कहा जाता है कि उसने भारत के तार्किकों के साथ वार्तालाप किया था। सीधे प्रभाव के सम्बन्ध में कोई निश्चित प्रमाण नहीं है, और जब हम यह स्मरण करते हैं कि परार्थानुमान के नमूने की तर्कप्रणाली अरस्तू के समय से पूर्व हिन्दू और बौद्ध विचारकों के ग्रन्थों में पाई जाती है[2] तो ग्रीस से 'उधार लेने' की प्रकल्पना को स्वीकार करना कठिन हो जाता है। मैक्समूलर के शब्दों को यहां दोहराया जा सकता है कि 'हमें यहां पर भी यह अवश्य स्वीकार करना चाहिए कि हमारे पूर्वज जहां तक चाहते थे उससे भी कहीं अधिक विचारों में ऐसा साम्य मिलता है, जिसके विषय में निश्चय ही कोई पूर्वयोजना नहीं रही होगी। हमें यह कदापि न भूलना चाहिए कि जो कुछ एक देश में सम्भव न हुआ वह अन्य देश में भी सम्भव हो सकता है।'[3] इस मत की और भी अधिक पुष्टि हो जाती है जब हमें यह विदित होता है कि भारतीय और ग्रीक परार्थानुमान विधियों में कितने ही मौलिक भेद भी हैं। ग्रीक तर्कशास्त्र में तर्क के विश्लेषण में 'उपमान' का स्थान नहीं है, जिसे कि हिन्दू विचारक व्यापक सम्बन्ध के कथन के लिए अनिवार्य समझते हैं। यह बिलकुल स्पष्ट है कि अनुमान का आधार व्यापक सम्बन्ध है, क्योंकि दृष्टान्त उस सम्बन्ध का उपयुक्त मूर्तरूप है।

9. आगमन अनुमान

अनुमान यथार्थता के प्रति सत्य होने का दावा करता है और यह दावा स्थिर नहीं रह सकता जब तक कि दोनों पद सत्य न हों। पक्षपद प्रत्यक्षज्ञान का परिणाम है और साध्यपद हमें आगमन अनुमान की समस्या तक ले जाता है।

व्यापक प्रतिज्ञाओं की सिद्धि कैसे होती है? नैय्यायिक इसके भिन्न-भिन्न उत्तर देता है। यह गणना, अन्तर्दृष्टि तथा परोक्ष प्रमाण को प्रस्तुत करता है। परार्थानुमान नियम के साथ-साथ एक उदाहरण का उल्लेख करता है। किसी नियम को दर्शाने के लिए उदाहरण पर्याप्त तो हो सकता है, किन्तु यह अपने-आप में किसी व्यापक सम्बन्ध की स्थापना नहीं कर सकता। रसोईघर में धुएं का आग के साथ सतत साहचर्य हो सकता है, अथवा होम करने के स्थान में भी धुएं का सतत साहचर्य आग के साथ हो सकता है, किन्तु इसमें हम पहाड़ पर आग के होने का अनुमान केवल इसलिए नहीं कर सकते कि हम उसमें धुएं को देखते हैं, जब तक कि हम इस सिद्धांत की स्थापना न कर लें कि सभी अवस्थाओं में आग के साथ धुएं का साहचर्य पाया जाता है। यदि हम धुएं तथा आग को अनेक दृष्टांतों

1. इण्डियन लौजिक एंड ऐटोमिज्म, पृष्ठ 18।
2. हिस्ट्री ऑफ इण्डियन लौजिक, पृष्ठ 500, टिप्पणी 1, तथा परिशिष्ट बी।
3. सिद्धांतसमुच्चय, पृष्ठ 385-86।

में साथ-साथ देखते हैं तो हमारे अनुमान की भित्ति अधिक दृढ़ हो जाती है। बिना किसी अपवाद के (अव्यभिचरित साहचर्य) बार-बार अनुभव (भूयोदर्शन) हमें एक सामान्य नियम तक पहुंचाने में सहायक होता है। जहां-जहां आग है वहां-वहां धुएँ का दिखाई देना ही पर्याप्त नहीं है। हमारे लिए इस बात को लक्ष्य करना भी आवश्यक है कि जहां आग न हो वहां धुआं भी न हो। उपस्थिति में समानता और अनुपस्थिति में समानता, दोनों आवश्यक हैं।[1] यदि नियत साहचर्य के साथ-साथ अपवाद भी कहीं न मिले, अर्थात् अविनाभावरूप-सम्बन्ध हो तो व्याप्तिविषयक अनुमान को पुष्टि मिलती है और केवल उसी अवस्था में हमें उपाधियों, अर्थात् आकस्मिक अवस्थाओं से रहित साहचर्य मिलता है।[2] यह आवश्यक नहीं है कि जहां-जहां आग है वहां-वहां धुआं भी पाया जाए। एक लाल गर्म लोहे के टुकड़े में आग तो है किन्तु धुआं नहीं है। केवल गीले ईंधन की आग के साथ ही धुएं का साहचर्य है। इस प्रकार हम देखते हैं कि आग के साथ धुएं का साहचर्य सोपाधिक है, जबकि धुएं के साथ आग का साहचर्य निरुपाधिक अवश्यंभावी है। इस प्रकार 'सब स्थानों पर आग के साथ धुआं होना' स्वीकार्य नहीं है, जबकि प्रत्येक ऐसी अवस्था में जहां आग गीले ईंधन में लगी हो, धुएं का होना स्वीकार्य है। उपाधि को निश्चित रूप से दोष नहीं कहा जा सकता, क्योंकि उपाधि से भ्रम केवल उसी अवस्था में होता है जबकि उसका पृथक् ज्ञान न हो सके। जब कभी उपाधि का सन्देह हो तो हमारे लिए उन परिस्थितियों की विवेचना करना और यह दिखाना आवश्यक हो जाता है कि उक्त उपाधि की अनुपस्थिति में साहचर्य बना रहता है। निश्चयात्मक दृष्टान्त उपाधिदोष का निराकरण करते हैं, क्योंकि वे यह सिद्ध करते हैं कि हेतु तथा साध्य तो उपस्थित हैं, जबकि और कोई निरन्तर उपस्थित नहीं है। निषेधात्मक दृष्टान्त यह दिखाकर समर्थन करते हैं कि हेतु और साध्य अनुपस्थित हैं, जबकि और कोई भौतिक परिस्थिति निरन्तर अनुपस्थित नहीं है। परवर्ती तर्कशास्त्र ने निषेधात्मक दृष्टान्तों पर विशेष बल दिया है और व्याप्ति की परिभाषा इस प्रकार की है जिससे कि अनुमेय के लिए हेतु की ऐकान्तिक पर्याप्तता प्रकट की जा सके।[3] नैय्यायिक बलपूर्वक कहता है कि व्यवस्थित मस्तिष्क के लिए उचित है कि वह अपनी स्वच्छंद कल्पनाओं को वश में करके यथार्थ तथ्य के आगे झुक जाए। परीक्षणात्मक विधियों का सही ब्यौरा परीक्षणात्मक विज्ञानों के साथ ही सम्भव है; और उसके अभाव में, वैज्ञानिक विधि के बारे में भारतीय तार्किक के विचार कोई

---

1. साहचर्यज्ञान और व्यभिचारज्ञानविरह (तर्कसंग्रहदीपिका, 45)।

2. उदयन उपाधि की परिभाषा यों करता है कि वह वस्तु जो अपना गुण समीपस्थ अन्य पदार्थ को दे दे (उपसमीपवर्तिनि आदधाति सङ्क्रामयति स्वीयं धर्मम् इति उपाधिः)। लाल रंग का फूल जो अपने ऊपर रखे हुए स्फटिक को अपनी लाली देकर एक पद्मराग माणिक्य का सा बना देता है, एक उपाधि है। तुलना कीजिए वरदराजकृत इस परिभाषा के साथ—साधनव्यापकाः साध्य समव्याप्ता उपाधयः (तार्किक रक्षा, पृष्ठ 66)। एक निर्दोष व्यापक को ऐसी सभी उपाधियों से रहित होना चाहिए जिनका स्वयं अपने को सन्देह हो सकता है, या जो विरोधी द्वारा आरोपित की जा सकती हैं। और देखिए वाचस्पतिकृत न्यायवार्तिक तत्त्व टीका, 1 : 1, 1। उदयन के अनुसार, तर्कशास्त्र में उपाधि वह है जो (1) मध्यपद के साथ बराबर रहती है, (2) जिसके साथ यह मध्य पद रहता है, (3) और जो मध्यपद के साथ निरन्तर नहीं रहती। तर्कदीपिका में चार प्रकार की उपाधियां मानी गई हैं। देखिए आथल्येकृत तर्कसंग्रह, पृष्ठ 317।

3. व्याप्ति की अनेक परिभाषाओं पर विचार करने के पश्चात गंगेश यह निष्कर्ष निकालते हैं कि निरन्तर साहचर्य साध्य के साथ हेतु की सह-उपस्थिति है, जो उस निरपेक्ष अभाव की प्रतिकृति के स्वरूप से उपाधिवान् नहीं है, जो हेतु के साथ उसी स्थिति में रहती है किन्तु उस प्रतिकृति के सम्बन्ध में भिन्न स्थिति में रहती है। तत्त्व चिन्तामणि, 2 (देखिए हिस्ट्री ऑफ इण्डियन लॉजिक पृष्ठ 424)।

खास दिलचस्पी पैदा नहीं करते। नैय्यायिक आगमन की सामान्य समस्या से अभिज्ञ था और प्रकृतिनिष्ठ तथ्यों का सावधानी से निरीक्षण करने की पद्धति से भी अभिज्ञ था, जिसके द्वारा व्यापक प्रतिज्ञाओं पर पहुंचा जाता है।

प्रकृति सदा हमें ठीक ढंग से निश्चयात्मक तथा निषेधात्मक दृष्टान्त प्रदान नहीं करती कि जिनकी सहायता से हम किन्हीं सिद्धान्तों का प्रतिपादन या निराकरण कर सकें। नैय्यायिक का कहना है कि हम निषेधात्मक साक्ष्य की प्राप्ति के लिए तर्क अथवा अप्रत्यक्ष प्रमाण का प्रयोग कर सकते हैं। यदि यह सामान्य प्रतिज्ञा कि 'जहां-जहां धुआं है वहां-वहां आग है', ठीक नहीं है तो इससे विपरीत, अर्थात् कभी-कभी 'धुएं के साथ आग नहीं रहती', अवश्य ठीक होगी। दूसरे शब्दों में यह कि आग अनिवार्य रूप से धुएं की पूर्ववर्ती नहीं है। किन्तु हम यह अस्वीकार नहीं कर सकते कि आग धुएं का कारण है। इस प्रकार एक व्यापक प्रतिज्ञा को पुष्ट करने के लिए, जो अबाधित मेल के निश्चयात्मक दृष्टान्तों पर आधारित है, तर्क का प्रयोग किया जाता है। यह किसी परिकल्पना को सिद्ध करने का भी एक उपाय है।[1] यह दिखा कर कि यदि हम सुझाई गई परिकल्पना को अस्वीकार करेंगे तो किन-किन असंगतियों में फंस जाएंगे, अप्रत्यक्ष प्रमाण उस प्रकल्पना की पुष्टि करने में प्रवृत्त होता है। इससे यह सिद्ध होता है कि अन्य कोई प्रकल्पना तथ्यों का समाधान नहीं कर सकती।[2]

तर्क आगमन की उस अनुभवाश्रित प्रणाली के लिए, जिससे हमें व्यापक प्रतिज्ञाओं की उपलब्धि नहीं हो सकती, केवल एक सहायक का काम करता है। जहां हम सभी सम्भव अवस्थाओं का निरीक्षण करके अपने निष्कर्ष की परिपुष्टि अप्रत्यक्ष प्रमाण द्वारा करते हैं, वहां भी हमें व्यापक प्रतिज्ञाओं के विषय में एकान्त निश्चितता उपलब्ध नहीं होती। जब तक वे परिमिति निरीक्षण पर आश्रित हैं उनमें कोई आवश्यकता नहीं रहती। गणनात्मक व्याप्तियां मात्र सम्भव हैं, निश्चित नहीं हैं। जहां पर यह सत्य है कि इन्द्रिय-ग्राह्य विशिष्टों का अनुभव व्यापकों के ज्ञान को उत्पन्न करता है, वहां यह नहीं कहा जा सकता कि व्यापकों का ज्ञान पूर्णतया इन्द्रिय-ग्राह्य विशिष्टों के द्वारा होता है, क्योंकि व्यापक किसी भी अथवा समस्त विशिष्टों से परे जाता है।

समष्टिवाची निर्णयों में भी व्यापक के ज्ञान की पूर्व धारणा रहती है। हम सब दृष्टान्तों की गणना नहीं करते किन्तु केवल उन्हीं की गणना करते हैं जिनके अन्दर वर्गीय गुण विद्यमान हैं, जिसके कारण ही उक्त दृष्टान्तों का स्थान उस वर्ग के अन्दर होता है। इसलिए व्यापक के ज्ञान के बिना गणना-पद्धति भी कार्य नहीं कर सकती। प्राचीन न्याय का दावा है कि

---

1. न्यायसूत्र, 1 : 1, 31।

2. एक न्याय्य परिकल्पना के लिए निम्नलिखित शर्तों को पूरा करना आवश्यक है :–(1) परिकल्पना तथ्यों का समाधान करने में अवश्य समर्थ हो। (2) किसी भी ज्ञात तथ्य से अथवा स्थापित सामान्य सिद्धान्तों से उसका विरोध न हो। (3) जहां अनुभूत साधनों के द्वारा तथ्यों की सन्तोषजनक व्याख्या सम्भव हो सकती हो वहां अननुभूत साधनों की कल्पना कभी न करनी चाहिए। (4) जब दो प्रतिद्वन्द्वी प्रकल्पनाएँ उपस्थित हों तो एक महत्त्वपूर्ण तथ्य अथवा कसौटी आवश्यक है। इस प्रकार की कसौटी की अनुपस्थिति किसी भी प्रकल्पना की सिद्धि के लिए घातक होगी। (5) अन्य बातें यदि एकसमान हों तो दो प्रतिद्वन्द्वी प्रकल्पनाओं में से सरलतर को, अर्थात् जो न्यून कल्पना करती हो उसे चुनना चाहिए। (6) दो प्रतिद्वन्द्वी प्रकल्पनाओं में से जो तात्कालिक हो अथवा उपस्थित विषय के साथ अनुकूलता रखती हो, उसे विजातीय अथवा दूरस्थ की अपेक्षा मान्यता देनी चाहिए। ऐसी प्रकल्पना को जो उक्त शर्तों को पूरा करती है, सिद्धान्त रूप में स्थापित होने से पहले, यथार्थता की जांच में भी खरा उतरना चाहिए। (सीलकृत 'दि पॉज़िटिव साइंसेज ऑफ ऐंशियण्ट हिन्दूज़', पृष्ठ 288)।

हम व्यापकों को प्रत्यक्ष ज्ञान के द्वारा पहचान सकते हैं। गंगेश व्यापकों (सामान्य लक्षण) के ज्ञान में इन्द्रियातीत क्रिया को स्वीकार करता है, जब वह इसे अलौकिक प्रत्यक्ष अथवा इन्द्रियातीत अन्तर्दृष्टि को एक प्रकार बताता है।[1] उक्त विचारों में से किसी से भी दृष्टान्तों का सर्वांग सर्वेक्षण हमारे लिए आवश्यक नहीं है। व्यापक धूम्रमयता के प्रत्यक्ष द्वारा हम धूम्र-सम्बन्धी सब अवस्थाओं का ज्ञान प्राप्त करते हैं। आग और धुएं की व्यापकताओं का ज्ञान हमें सामान्यलक्षण-प्रत्यासत्ति द्वारा होता है और हम उनके अनिवार्य सम्बन्ध को अनुभव करते हैं। इस प्रकार एक दृष्टान्त विश्लेषण द्वारा हम व्यापक सम्बन्ध को पहचान सकते हैं; और जो कुछ एक दृष्टान्त के विषय में सत्य है उसे उक्त वर्ग के सब सदस्यों तक उचित रूप में विस्तृत किया जा सकता है, क्योंकि समानरूपता नाम की एक वस्तु अवश्य है। जो एक बार सत्य है, वह सर्वदा सत्य है। हम जब कहते हैं 'धुआं', तो हमारे मन में उस समय धुएं की सब अवस्थाएँ नहीं होतीं, किन्तु तो भी धुएं का गुण निर्देश हमारे मस्तिष्क में उपस्थित रहता है। धुएं तथा आग के गुण निर्देश व्याप्ति के अन्दर व्याप्य-व्यापक-भाव से परस्पर सम्बद्ध हैं। हमारे सामने अनेकों दृष्टान्तों का रहना आवश्यक है, इसलिए नहीं कि हमें इन विशिष्टों से व्यापक सम्बन्ध की प्राप्ति होती है, बल्कि इसलिए कि वह सम्बन्ध केवल एक उदाहरण से स्पष्ट रूप में पहचाना नहीं जा सकता। यद्यपि विभेदक शक्ति में प्रवीण पुरुष थोड़े-से उदाहरणों से भी सम्बन्धों में भेद कर ही सकते हैं, व्यापक सम्बन्ध केवल खोजमात्र है, उसका सृजन नहीं होता। केवल एक दृष्टान्त से भी विशेष विचार द्वारा हम व्यापक सम्बन्ध तक पहुँच सकते हैं। यदि स्वयं अन्तिम निर्णय में व्यापक सम्बन्ध हमारे सम्मुख स्पष्ट नहीं होता तो एकसमान घटनाओं की पुनरावृत्ति भी इस विषय में हमारी सहायता नहीं कर सकती। यह विषय के अन्दर निहित है जिसे हमारी विचारशक्ति ने बनाया नहीं है। जो कुछ इन्द्रियातीत है वह अनुभवातीत भी हो, यह आवश्यक नहीं है। विधियुक्त प्रेक्षण तथा परीक्षण ऐसे अनुभव का केवल समर्थन करते हैं जो केवल एक घटना से कभी-कभी अन्तर्दृष्टि द्वारा प्राप्त हो जाता है। प्रकृति की प्रत्येक घटना अपने अन्दर एक विशेष सम्बन्ध अथवा नियम को छिपाये हुए है, जिसके अनुसार वह घटना संघटित हुई है। किसी घटना की मौलिक विशेषताओं को उसके आकस्मिक सहचारी विषयों से पृथक् करके समझने में केवल अन्तर्दृष्टि ही हमारी सहायक हो सकती है। व्यापक प्रतिज्ञाएं विषय-वस्तु के सम्बन्ध हैं। यदि सभी लघुपित्त वाले प्राणी दीर्घायु होते हैं तो यह इसलिए नहीं कि मनुष्य, घोड़ा तथा खच्चर, जो लघुपित्त वाले हैं, दीर्घायु हैं, बल्कि इसलिए कि लघुपित्तता और दीर्घ जीवन की विषय-वस्तुओं में एक आवश्यक सम्बन्ध है। न्याय के परार्थानुमान का महत्त्व उसे इस परिकल्पित निरुपाधिक रूप में रखने से अच्छी तरह स्पष्ट हो जाता है। यदि 'क' तो 'ख', 'क' इसलिए 'ख'।

निगमनात्मक तर्क अपने निष्कर्ष में हमें इस प्रकार आधारवाक्य में दी गई सामग्री से अधिक प्रदान कर सकता है, यह समस्या इस दृष्टिकोण से एक नये रूप में प्रकट होती है। सामान्य सिद्धांत, गणनात्मक निष्कर्ष नहीं है और वे सम्बन्ध जो विशिष्टों को शासित

---

1. तुलना कीजिए अरस्तू के इस मत से कि व्यापक का ज्ञान, सम्बन्धित विशिष्टों के प्रत्यक्ष ज्ञान के पश्चात, मन द्वारा होता है। दृष्टान्तों की गणना, भले ही कितनी भी पूर्ण क्यों न हो, नितान्त निश्चितता प्रदान नहीं कर सकती, जब तक कि हम प्रकृति की अनिश्चितता को अतिक्रमण न कर लें (अरस्तू : एन. पोस्ट., 1 : 5।

करते हैं, उतने ही यथार्थ हैं जितने कि स्वयं विशिष्ट। जब हम व्यापक निष्कर्ष से एक विशिष्ट सत्य को निकालते हैं तो एक विशेष अर्थ में निष्कर्ष आधारवाक्य से भी परे पहुँच जाता है, यद्यपि दूसरे अर्थ में यह उसके अन्दर निविष्ट है।

किन्तु यदि व्यापक सम्बन्ध यथार्थ हैं और उनके लिए केवल अन्तर्दृष्टि ही की आवश्यकता है तो यह कैसे होता है कि प्रेमी तथा पागल उन सामान्य सिद्धांतों के महत्त्व को ग्रहण नहीं कर सकते जो वैज्ञानिकों तथा दार्शनिकों की आँखों में गड़ जाते हैं? और न इसका समाधान ही सरल है कि हमारे सामान्यानुमान कभी-कभी सत्य सिद्ध नहीं होते। त्रुटिपूर्ण आगमनात्मक अनुमानों में सम्बन्धों का सही-सही बोध नहीं होता। विशिष्टों की असीम पूर्णता से उनका ठीक-ठीक भेद नहीं किया जाता है। यथार्थता की जटिलता के कारण सम्बन्धों में भेद करना कठिन होता है। राग, मानसिक पक्षपात और जड़ता तथा विचारहीनता के कारण हम प्रस्थापनाओं को सत्य मान लेते हैं, यद्यपि ये सत्य होती नहीं। इस अर्थ में विशिष्ट प्रत्यक्ष भी अशुद्ध हो सकते हैं। अन्तर्दृष्टि द्वारा पुष्ट आगमनात्मक सिद्धांत अधिक विश्वास-योग्य हो जाते हैं जब उनका प्रयोग नये विशिष्टों के लिए होता है, अर्थात् जब हम आगमन से निगमन अवस्था की ओर आते हैं। जैसाकि हम आगे चलकर देखेंगे, व्याप्ति-सम्बन्धों की प्रामाणिकता को भी, अन्य सब ज्ञानों के समान, ज्ञान की अन्य विधियों से सिद्ध करने की आवश्यकता होती है। ऐसा अन्तर्ज्ञान जिसकी पुष्टि अनुभूति के आधार पर न हुई हो, परिकल्पना मात्र ही है। केवल अन्तर्ज्ञान कुछ अधिक उपयोगी नहीं है। आनुभविक सामग्री की पूर्ण निःशेषता एक ऐसा आदर्श है जिसको प्राप्त नहीं किया जा सकता। दोनों एक-दूसरे के परस्पर सहायक हैं। सामान्य सिद्धांत में कुछ आवश्यकता निहित रहती है। यद्यपि हम इसे केवल एक आनुभविक तथ्य के अवसर पर ही ठीक-ठीक समझ सकते हैं।

व्याप्ति के सम्बन्ध में न्याय की यह धारणा है कि सामान्य स्थापनाएँ यथार्थसत्ता की अवयवभूत हैं,[1] व्याप्ति-सम्बन्ध यथार्थ हैं।[2] चार्वाक सम्प्रदाय वाले, जो भौतिकवादी हैं, व्याप्ति-सम्बन्धों की सम्भावना को स्वीकार नहीं करते और इसीलिए वे अनुमान की यथार्थता के भी विरोधी हैं। बौद्ध दार्शनिकों के मत में सामान्य प्रस्थापनाएँ आदर्श कृतियाँ हैं, यथार्थ सम्बन्ध नहीं हैं। सामान्य प्रस्थापनाएं केवल नाममात्र हैं और उनकी पहचान केवल कल्पना है। बौद्ध ग्रन्थ 'सामान्यदूषणदिकप्रसारिता' में इस मत की कि हम सामान्य प्रस्थापनाओं का, यथार्थ की तरह प्रत्यक्ष ज्ञान प्राप्त करते हैं, आलोचना की गई है। हम हाथ की पांच अंगुलियों को देखते हैं और इसके अतिरिक्त छठी सामान्य वस्तु को नहीं देखते ,जो उतनी ही अवास्तविक है जितना कि सिर पर सींग।[3] यद्यपि इस मत की ठीक-ठाक व्याख्या के अनुसार, प्रत्येक प्रकार का अनुमान असम्भव ठहरता है, तो भी बौद्ध दार्शनिक क्रियात्मक रूप में इसकी यथार्थता को स्वीकार करते हैं और भिन्न-भिन्न प्रकार के सामान्य सम्बन्धों में भेद करते हैं। हेतु का साध्यपद

---

1. सामान्यस्य वस्तुभूतत्वात् (तर्कभाषा, पृष्ठ 31, पूना संस्करण)
2. स्वभाविकस्तु सम्बन्धो व्याप्तिः (पृष्ठ 35)।
3. कीथ : 'बुद्धिस्ट फिलासफी', पृष्ठ 233। तुलना कीजिए बर्कले के अमूर्त विचारों के मत से, 'प्रिंसिपल्स ऑफ ह्यूमन नॉलेज', भूमिका, पृष्ठ 13।

के साथ स्वभाव (तादात्म्य), कारण-कार्यभाव अथवा अभाव (अनुपलब्धि) रूप से सम्बन्ध हो सकता है। इसका तात्पर्य यह है कि हमारे अनुमान विध्यात्मक और निषेधात्मक हो सकते हैं और पहले प्रकार के भी विश्लेषणात्मक अथवा संश्लेषणात्मक हो सकते हैं।[1] जब हम इस प्रकार का कथन करते हैं कि "यह एक वृक्ष है क्योंकि यह देवदारु की श्रेणी का है" तो यह अनुमान या तो तादात्म्य, या विश्लेषण, स्वभाव, अथवा सहअस्तित्व के नमूने का है। इसी प्रकार जब हम यह कथन करते हैं कि "चूंकि वहां धुआँ है इसलिए वहां आग है" तो यह अनुमान तदुत्पत्ति (अर्थात् आग से धुआँ उत्पन्न होता है) संश्लेषण, कार्यकारणभाव अथवा पूर्वानुपरक्रम के नमूने का है। अनुपलब्धिजन्य अनुमान वह है जहां हम घड़े के अभाव का अनुमान घड़ा दिखाई न देने के कारण करते हैं। सामान्य सम्बन्धों का ज्ञान तथ्यों के निरीक्षण द्वारा नहीं होता, बल्कि तात्त्विक तादात्म्य की पूर्वधारणाओं अथवा कार्यकारण रूपी आवश्यकता के आधार पर किए गए अनुमान से होता है। बौद्ध दार्शनिक इन कार्यकारणभाव तथा तादात्म्य सम्बन्धी सिद्धांतों की सामान्य सत्ता को स्वीकार करते हैं, क्योंकि बिना इनकी स्वीकृति के और कोई निस्तार नहीं है। दिङ्नाग के अनुसार, ज्ञान के द्वारा वस्तुनिष्ठ सत्ता के यथार्थ सम्बन्धों का स्पष्टीकरण नहीं होता है। अन्तर्निहितता, तत्त्व, गुण और उद्देश्य वस्तु के सम्बन्ध, जिनके द्वारा हम किसी निष्कर्ष पर पहुँचते हैं, ये सब विचार के द्वारा आरोपित किए जाते हैं।[2] सम्बन्ध केवल तर्कजन्य है।

वाचस्पति उक्त बौद्धमत की कड़ी छानबीन करता है। बौद्ध दार्शनिकों की दृष्टि में कार्यकारणभाव के नियम की सन्तुष्टि हो जाती है यदि हम आग लगने की अवस्था में धुएँ की उपस्थिति को किसी अदृश्य पिशाच के द्वारा उत्पन्न हुआ बता सकें। और उनके मत में यह भी आवश्यक नहीं है कि कार्यविशेष का कारण भी वही एक हो। यदि कारण वह है जो कार्य से पहले आता है तो दोनों का एक ही समय में विद्यमांन रहना नहीं बनता। धुएँ को देखने से हम वर्तमान में नहीं किन्तु भूतकाल में आग के अस्तित्व का अनुमान कर सकते हैं। और यदि दोनों का तादात्म्य है तो एक के प्रत्यक्ष ज्ञान का अर्थ दूसरे का भी प्रत्यक्ष ज्ञान है, और उस अवस्था में अनुमान की आवश्यकता नहीं रहती। वाचस्पति और जयन्त बलपूर्वक कहते हैं कि देवदारु और वृक्ष के मध्य सम्बन्ध तादात्म्य सम्बन्ध नहीं है, क्योंकि सभी वृक्ष देवदारु नहीं हैं।[3] बौद्धमतानुयायी हमें यह नहीं बतलाता कि कार्यकारणभाव तथा तात्त्विक तादात्म्य सम्बन्धी सिद्धान्त स्वयं कहां से आए। साहचर्य की अनेक ऐसी अवस्थाएँ हैं जिनका कार्यकारणभाव अथवा तादात्म्य से कोई सम्बन्ध नहीं है। नैय्यायिक के अनुसार, सभी प्रकार के पारस्परिक सम्बन्ध व्याप्ति के अन्दर आते हैं। केवल वही सम्बन्ध नहीं जो कार्यकारणरूप से पूर्वापरभाव रखते हैं अथवा जाति एवं उपजाति

1. न्यायबिंदु, 3।
2. देखिए न्यायकंदली, पृष्ठ 207। वाचस्पति दिङ्नाग से उद्धृत करता है—"सर्वोऽयम् अनुमानानुमेयभावो बुद्ध्यारूढेन धर्मधर्मिभावेन न बहिरसदसत्वम् अपेक्षते। (न्यायवार्तिकतात्पर्यटीका, 1 : 1, 5)।
3. न्यायमंजरी, पृष्ठ 114, और न्यायवार्तिकतात्पर्यटीका, 1 : 1, 5।

के मध्य हैं, बल्कि इस प्रकार के अन्य सम्बन्ध भी जैसे कि सभी 'सींगों वाले पशुओं के खुर फटे हुए होते हैं', व्याप्ति के अन्दर आते हैं।[1]

10. कारण

अन्य सब सामान्य सिद्धान्तों की भांति, कार्यकारणभाव का नियम भी नैय्यायिक के लिए एक अंतर्दृष्टि द्वारा ज्ञात स्वतःसिद्ध सिद्धान्त है, जिसकी पुष्टि अनुभव द्वारा होती है। देखे गए कार्यकारण-सम्बन्धों से उस सिद्धान्त का समर्थन होता है जिससे समस्त अनुसंधान आरम्भ होता है। कारण वह है जो, बिना अपवाद के, कार्य से पूर्व विद्यमान रहता है और जिसकी आवश्यकता केवल सहायक के रूप में ही नहीं, बल्कि कार्य की उत्पत्ति के लिए भी है। यह एक घटनाक्रम का पूर्ववर्ती अवयव है, जो सतत रूप से अनेक अवस्थाओं में पूर्ववर्ती रहा है। किन्तु केवल पूर्ववर्ती होना ही पर्याप्त नहीं है।[2] इसे एक आवश्यक पूर्ववर्ती होना चाहिए।

अन्यथासिद्ध उस पूर्ववर्ती को कहते हैं जिसका सम्बन्ध कार्य के साथ कार्यकारण रूप में न हो, यद्यपि उसके साथ विद्यमान भले ही रहा हो। विश्वनाथ[3] इस प्रकार के विभिन्न अन्यथासिद्ध कारणों का उल्लेख करता है। हम अपनी उंगली द्वारा किसी पदार्थ की आकाशीय स्थिति का संकेत कर सकते हैं। इस प्रकार उंगली द्वारा किया गया संकेत भले ही सतत उपस्थित रहता हो किन्तु आकाशीय स्थिति के प्रत्यक्ष के साथ यह कार्यकारणभाव से सम्बद्ध नहीं है। कुम्हार का डण्डा एक निरुपाधिक पूर्ववर्ती है, जबकि उस डण्डे के रंग से कोई प्रयोजन नहीं है। डण्डे की गति से जो शब्द होता है वह भी एक सहजात कार्य है। नित्य और सर्वव्यापी द्रव्य, जिन्हें स्वेच्छा से न तो उपस्थित ही किया जा सकता है और न हटाया ही जा सकता है, निरुपाधिक पूर्ववर्ती नहीं हैं। उपाधि की उपाधि का भी, जैसे कि कुम्हार के बाप का घड़े के निर्माण से कोई सम्बन्ध नहीं है, हमें केवल तात्कालिक पूर्ववर्तियों से प्रयोजन है। एक ही कारण के सहजात कार्यों में भी कभी-कभी परस्पर कार्यकारण-सम्बन्ध की भ्रांति हो जाती है। गुरुत्वाकर्षण के सामान्य कारण से तराजू के पलड़ों का ऊपर उठना एवं नीचे गिरना होता है। जब ये दोनों सहजात कार्य एक-दूसरे के पश्चात् होते हैं, तब इस विषय की बहुत आशंका रहती है कि कहीं पूर्ववर्ती सहजात कार्य को पश्चाद्वर्ती सहजात कार्य का कारण न समझ लिया जाए। कार्य की उत्पत्ति के लिए जो अनावश्यक

1. प्रशस्तपाद उल्लेख करता है कि कार्यकारणभाव के विपरीत सह-अस्तित्व, जैसे कि चन्द्रमा के उदय से समुद्र के ज्वार तथा कुमुदिनी के खिलने का संकेत मिलता है, व्याप्ति के अन्दर आ जाते हैं (प्रशस्तपादकृत पदार्थधर्मसंग्रह, पृष्ठ 205)।

2. ग्लैंडावर :–मेरे जन्म दिन में,
अन्तरिक्ष का पूर्ण भाग आग्नेय आकृतियों से
तथा जलती हुई मशालों से भरा आया; और मेरे जन्म के समय
पृथ्वी का यह महान् ढांचा अपनी नींव समेत
एक भीरु मनुष्य की भांति काँप उठा था!

हाट्सपर :–क्यों, यदि तुम्हारी मां की बिल्ली ने भी उसी मौसम में बच्चे दिए होते तो भी ऐसा ही होता, तुम्हारा जन्म भले ही उस समय न भी होता (1: हेनरी 4; 3 : 1, 13)।

3. 'सिद्धांतमुक्तावलि', पृष्ठ 19-22।

है, वह उसका अनुपाधिक पूर्ववर्ती नहीं है। कारण को आनुषंगिक परोक्ष एवं नैमित्तिक या आकस्मिक उपकरणों के साथ मिश्रित नहीं करना चाहिए।[1] यह मानी हुई बात है कि यदि बाधक शक्तियाँ उपस्थित हैं तो कारण से कार्य नहीं निकलेगा। इसलिए कभी-कभी 'प्रतिबंधकाभाव' को भी कारण की परिभाषा में जोड़ दिया जाता है। केशव मिश्र ने कारण की परिभाषा इस प्रकार की है कि ऐसा आवश्यक पूर्ववर्ती जिससे कोई अन्य कार्य सम्पन्न न हो सके, कारण है। धागे कपड़े के कारण बनते हैं किन्तु उनका रंग कारण नहीं है, क्योंकि रंग कपड़े के विशेष रंग का कारण भले ही हो, कपड़े का कारण नहीं है।

ऐसे दो पदार्थों का परस्पर कार्यकारण-सम्बन्ध नहीं हो सकता जब तक कि उनके बीच अन्वय-व्यतिरेकी सम्बन्ध न हो अर्थात् कारण की विद्यमानता का अर्थ कार्य की विद्यमानता और कारण के अभाव का अर्थ कार्य का अभाव हो। कार्यकारण-सम्बन्ध पारस्परिक तथा प्रतिलोमी होते हैं। वे रहस्यमय शक्तियाँ नहीं हैं। उनका निश्चय इन्द्रियानुभव द्वारा पूर्वापरक्रम को देख कर किया गया है जो एकसमान तथा अपवादरहित है।[2] तथ्यों के सावधानी से निरीक्षण पर बल दिया गया है। उदयन कहता है—हमको परिश्रम के साथ प्रयास करके ऊहापोह के द्वारा अनेकों परिमितताओं तथा पृथक्करणों का निर्णय करना चाहिए।[3] प्रकृति हमारे समक्ष अन्तर्निहित सामग्री को जटिलरूप में प्रस्तुत करती है। हमें अपनी विवेकबुद्धि द्वारा पूर्वापरक्रम की विवेचना करके असम्बद्ध अंशों को कार्य-कारण से अलग करना होगा। हमें यह भी खोज करनी होगी कि क्या कार्य का तिरोभाव संदिग्ध कारण के तिरोभाव की वजह से है? इस सब अनुसन्धान में इस बात का पूरा-पूरा ध्यान रखना आवश्यक है कि अन्य किसी परिस्थिति में तो परिवर्तन नहीं हुआ। पूर्ववर्ती की अनुपाधिकता का निश्चय करने में भेदपरक उभयविधि के प्रयोग का बड़ा महत्त्व है, जैसी कि पंचकारणी नामक बौद्ध सिद्धान्त में पाई जाती है।[4]

कार्यकारण-सम्बन्ध न तो हेतुमुख और न ही फलमुख से प्राप्त किए जाते हैं। वे प्रस्तुत तथ्य नहीं हैं, बल्कि प्रस्तुत सामग्री के आधार पर की गई बौद्धिक रचनाएँ हैं। यह कहना कि 'क' 'ख' का कारण है, इन्द्रियज्ञानगम्य विशिष्टों से ऊपर जाना और पूर्वापरक्रम के नियम का ज्ञान प्राप्त करना है। कार्यकारण का नियम केवल घटनाओं का क्रम न होकर तत्त्वों का पारस्परिक सम्बन्ध है। जबकि तत्त्व प्रस्तुत किए जाते हैं, सम्बन्ध प्रस्तुत नहीं किया जाता।

यदि हम कारणों के अनेकत्व को स्वीकार करें तो कार्यकारणभाव के नियम की प्रयत्नपूर्वक की गई व्याख्या बिलकुल ही निरर्थक हो जाती है। और यदि कारणों के अनेकत्व में कोई वैज्ञानिक सच्चाई है तो अनुमान प्रमाण ज्ञान-प्राप्ति का प्रामाणिक साधन न रहेगा।[5] यदि हम किसी नदी का पानी बढ़ा हुआ देखें तो हम केवल यही अनुमान नहीं कर सकते

---

1. अन्यथासिद्धनियमपूर्ववृत्तिकारणम्। देखिए तर्कसंग्रह, पृष्ठ 38; तर्कभाषा, पृष्ठ 11।
2. भाषा-परिच्छेद, पृष्ठ 16।
3. कुसुमांजलि, 1 : 6।
4. भारतीय दर्शन, प्रथम खण्ड, पृष्ठ 427।
5. न्यायभाष्य, 2 : 1, 37-38।

कि यह पिछली वर्षा का परिणाम है। ऐसा आंशिक रूप में नदी के तट पर बांध बांधने से भी सम्भव हो सकता है। यदि हम चींटियों को अण्डे ले जाते हुए देखें तो यह कार्य उनके आश्रय-स्थानों के बिगड़ जाने से भी हो सकता है, और यह आवश्यक नहीं है कि यह आनेवाली वर्षा के ही कारण हो। मोर की केका-ध्वनि सुनाई पड़े तो यह निश्चित रूप से बादलों के घिरने के कारण ही नहीं हो सकती है। यह भी सम्भव हो सकता है कि कोई विशेष व्यक्ति मोर की आवाज़ की नकल कर रहा हो। न्याय का मत है कि कारणों में अनेकत्व नहीं है और एक कार्य के लिए एक ही कारण है। कारणों के अनेकत्व की प्रतीति त्रुटिपूर्ण विश्लेषण के कारण है। यदि कार्य को पर्याप्त रूप से परिमित तथा विशिष्ट बना दिया जाए तो अनेकत्व गायब हो जाता है। वर्षा के कारण नदी का बढ़ना और प्रकार का होता है और तट पर बांध बन जाने से नदी का बढ़ना और प्रकार का होता है। वर्षा के कारण आई हुई बाढ़ में पानी की धारा बहुत वेगवती होती है, पानी में झाग भी बहुत रहता है और फूल-पत्ती व फल आदि भी अधिक राशि में बहते हुए पाए जाते हैं। इसी प्रकार आश्रय-स्थान के बिगड़ने से जो चींटियाँ अण्डे लेकर भागती हैं उनकी गति में और वर्षा के आगमन की सूचना से जो चलती हैं उनकी गति में भी काफी अन्तर है। मोरों की स्वाभाविक ध्वनि तथा मनुष्य के द्वारा की गई उसकी नकल में तो स्पष्ट ही भेद किया जा सकता है। यदि हम कार्य के विशेषत्व की ओर ध्यान दें तो यह स्पष्ट हो जाएगा कि उसका एक ही विशेष कारण है। यदि हम कार्य का भावात्मक अमूर्तरूप से विचार करते हैं तो कारण का भी विचार उसी रूप से करना चाहिए। वाचस्पति और जयन्त हमें बताते हैं कि कारणों पर यदि हम पूरा-पूरा ध्यान देकर उनके वैशिष्ट्य की जांच करें तो उनका अनेकत्व मिट जाएगा। परन्तु कई तार्किक यह मान लेते हैं कि एक ही कार्य के विभिन्न संभावित कारण एक सामान्य शक्ति अथवा क्षमता (अतिरिक्त शक्ति) रखते हैं। कारणों के अनेकत्व को हम केवल उसी अवस्था में, स्वीकार कर सकते हैं जबकि हम विज्ञान से विमुख होना पसन्द करें। उस अवस्था में, जैसाकि परवर्ती न्याय हमें बतलाता है, चूंकि किसी भी कार्य के लिए एक से अधिक कारण-कलाप की कल्पना हम कर सकते हैं, अतः कार्य उनमें से कारणसमूह का नहीं, किसी एक विशेष बल्कि प्रत्येक का चिह्न है। यदि कार्य के अभाव का हमें निश्चय हो तो उक्त कारणों में से भी किसी एक के अभाव का नहीं, बल्कि प्रत्येक के अभाव का निश्चय होना चाहिए। इन अर्थों में, सम्भावित और वैकल्पिक कारण-कलापों में से कोई एक ही ऐसा होगा कि जिसकी विद्यमानता में कार्य की भी सतत रूप से और बिना किसी उपाधि के विद्यमानता अवश्यम्भावी है। कारण को लक्षित करानेवाला (कारणतावच्छेदक) चिह्न सम्भावित कारण-कलापों में से किसी एक की उपस्थिति को ही बतलाता है, इससे अधिक कुछ नहीं।

तीन प्रकार के कारण माने गए हैं[1]—(1) उपादान (भौतिक) कारण वह सामग्री है जिससे कार्य का निर्माण होता है। उदाहरण के लिए, धागे कपड़े का उपादान कारण हैं और मिट्टी घड़े का उपादान कारण है।[2] (2) अभौतिक अथवा असमवायी करण वह है जो भौतिक

---

1. वैशेषिकसूत्र, 10 : 2, 1-7; तर्कभाषा, पृष्ठ 15-25; भाषा परिच्छेद, 17-18; तर्कसंग्रह, 40।

2. न्याय के अनुसार, कार्य का नाश उपादान कारण के विनाश से होता है। जब एक धागे को नष्ट करते हैं तो असली कपड़ा भी नष्ट हुआ माना जाता है। इस तथ्य का समाधान कि कपड़ा उस अवस्था में भी बना रहता है और जुलाहे व उसकी भरनी आदि की आवश्यकता उसके नये सिरे से निर्माण के लिए नहीं→

कारण में रहता है और जिसकी क्षमता अच्छी तरह जानी हुई है। धागों का परस्पर संयोग कपड़े का अभौतिक कारण है। यदि धागों को जोड़ा न जाएगा तो वे केवल एक बण्डलमात्र ही रह जाएँगे और कपड़े का निर्माण न कर सकेंगे। धागों का रंग भी अभौतिक कारण है क्योंकि उसकी क्षमता कपड़े के अन्दर रंग लाने के सम्बन्ध में जानी हुई है। उपादान कारण द्रव्य है, किन्तु अभौतिक कारण गुण अथवा क्रिया है।[1] न्यायशास्त्र द्वारा प्रतिपादित परमाणुवाद के सिद्धांत के अनुसार भौतिक जगत् में समस्त परिवर्तन अंशों के परस्पर जुड़ने व अलग होने के कारण होता है। मूल घटक वही परमाणु है, यद्यपि उनका योजनाक्रम प्रत्येक क्षण परिवर्तित होता रहता है। निमित्त कारण पूर्वोक्त दोनों कारणों से भिन्न है। यह वह कारण है जिसकी प्रेरणा से कार्य की उत्पत्ति होती है, अर्थात् कार्य का प्रयोजन या साधन जिससे कार्य की उत्पत्ति होती है। कुम्हार घड़े का निमित्त कारण है, जबकि कुम्हार का डण्डा व चाक आदि सहकारी कारण हैं।[2] ये तीनों कारण अरस्तू द्वारा प्रतिपादित भौतिक, औपचारिक तथा निमित्त कारणों से अनुकूलता रखते हैं। स्वयं कार्य को अरस्तू का अन्तिम कारण माना जा सकता है।

> कभी-कभी ऐसे कारण को जो तुरंत कार्य को उत्पन्न करता है, कारण कहा जाता है और उसकी परिभाषा है कारणविशेष।[3] केशव मिश्र के अनुसार, यह उच्चकोटि का कारण है।[4] कारणों के संग्रह में कारण वह है जो तुरंत कार्य को उत्पन्न करे।[5] प्रत्यक्ष ज्ञान की क्रिया में ज्ञाता तथा ज्ञेय पदार्थ दोनों का उपस्थित रहना आवश्यक है, यद्यपि प्रधान कारण इन्द्रिय-सम्पर्क है। नीलकण्ठ ने करण की परिभाषा में कहा है कि ऐसा कारण जिसके बिना अभिलषित कार्य किसी भी अवस्था में उत्पन्न न हो सके।[6] घड़े की उत्पत्ति में कुम्हार का डण्डा साधनरूप कारण है। जंगल का डण्डा कारण नहीं है। यह तभी कारण बनता है जबकि घड़े की उत्पत्ति में इसका प्रयोग वस्तुतः किया जाता है। इसलिए 'व्यापारवद्' विशेषण जोड़ दिया जाता है। आधुनिक

→ पड़ती, इस धारणा से होता है कि मौलिक उपादान कारण का सर्वथा नाश नहीं हुआ था, बल्कि वह बचे हुए धागों में एक अन्तर्निहित स्वतः उत्पादक संस्कार अथवा स्वभाव (स्थितिस्थापक संस्कार) के रूप में बना रहा था जिससे कि वे तुरन्त एक नये कपड़े को उत्पन्न कर सकें।

1. सांख्य और वेदान्त ने इस दूसरे प्रकार के कारण को स्वीकार नहीं किया है। वे कार्य तथा कारण को तादात्म्य-नियम से आबद्ध मानते हैं। दोनों को परस्पर बांधने के लिए किसी कड़ी की आवश्यकता नहीं है। समवायी तथा असमवायी कारणों में भेद करना टिक नहीं सकता। वस्तुतः निमित्त कारण ही असमवायी कारण हैं। सांख्य और वेदान्त तो उपादान तथा निमित्त कारणों को स्वीकार भी करते हैं, किन्तु बौद्ध इस भेद को भी स्वीकार नहीं करते। प्रत्येक घटना क्षणिक है जो अन्य को उत्पन्न करती रहती है। दूध के अन्दर प्रत्येक क्षण परिवर्तन होता रहता है; केवल हम इसे एक स्थिति में दूध और दूसरी में दही कहते हैं।

2. निमित्त कारणों में सामान्य और विशिष्ट दो भेद किए गए हैं। सामान्य कारण आठ हैं : ईश्वर, उसका ज्ञान, इच्छा और कर्म, पूर्ववर्ती अभाव, देश, काल, धर्म (पुण्य) और अधर्म (पाप)। इनमें कभी-कभी बाधक प्रभावों के अभाव को भी जोड़ दिया जाता है (तर्कसंग्रह, 37)।

3. असाधारणं कारणं करणम् (तर्कसंग्रह, 37)।

4. प्रकृष्टं कारणम्।

5. अविलम्बेन कार्योत्पत्ति।

6. 'तर्कसंग्रह', 186।

न्याय एक पग और आगे बढ़ता है और कहता है कि करण वह नहीं है जिसके अन्दर व्यापार अथवा क्रिया रहती है, बल्कि स्वयं क्रिया ही करण है जो उपयुक्त कार्य का निकटतम कारण है।[1]

परवर्ती न्याय में कार्य की परिभाषा इस प्रकार की गई है कि कार्य 'अपने पूर्ववर्ती निषेध का प्रतिपक्षी अस्तित्व है।'[2] यह पूर्ववर्ती निषेध का निश्चित सहसंबंधी है। यह कहना कि कार्य का पहले अभाव होता है, यह स्वीकार करना है कि कार्य का आरम्भ होता है। यह असत्कार्यवाद का सिद्धांत है। इसे, दूसरे शब्दों में, आरम्भवाद भी कहते हैं। किन्तु भ्रूणविकासवाद का सिद्धांत यह है कि कार्य का अस्तित्व कारण में पहले से नहीं रहता किन्तु कार्य की उत्पत्ति नये सिरे से होती है, जिसे यों भी कह सकते हैं कि वस्तुसत्ता में रचनात्मक क्रम है जिसके अनुसार उसमें नित्य नूतन स्वरूप की वृद्धि होती रहती है।[3] कई बौद्ध दार्शनिकों का मत है कि कार्य की उत्पत्ति के पूर्व न तो उसके अस्तित्व को ही स्वीकार किया जा सकता है और न अभाव को ही, और दोनों को एक साथ भी नहीं माना जा सकता। न्याय का कहना है कि कारण से उत्पन्न होने के पूर्व कार्य का अभाव रहता है और इस विचार की समता न्याय के इस सिद्धांत में भी ठीक बैठती हे कि पूर्णरूप उन अंशों से जिनसे मिल कर वह बनता है, बिलकुल भिन्न है।[4] सांख्य तथा वेदांत का आग्रह है कि कार्य में पहले से विद्यमान क्षमताओं का वास्तविकीकरण होता है। सांख्य के मतानुसार निमित्त कारण केवल प्रकट होने की प्रक्रिया में सहायक मात्र है। नैय्यायिक इस मत की आलोचना इस प्रकार करता है कि यदि कपड़ा पहले से ही धागों में विद्यमान है तो हमें वह दिखाई क्यों नहीं देता? धागे ही कपड़ा नहीं हैं, कपड़े की तरह हम धागों को पहन नहीं सकते। कपड़ा प्रकट नहीं होता यह कोई तर्क नहीं है, क्योंकि प्रकट न होना ही तो वास्तविक समस्या है। यदि प्रकट होने से तात्पर्य 'ऐसी आकृति के रूप में विद्यमान न रहना है जिसका प्रत्यक्ष ज्ञान प्राप्त किया जा सकता है और जो कार्य करने में सक्षम है' तो यह कारण की क्रिया से पूर्व कार्य का स्पष्ट ही अभाव है। कोई पदार्थ जो कारण की क्रिया से पूर्व एक आकृति-विशेष में विद्यमान नहीं था, अब कारण की क्रिया से अस्तित्व में आया है।[5] कार्य कारण से आकृति, क्षमता और स्थिति में भिन्न है। इसके अतिरिक्त, यदि सांख्य के अनुसार कार्य की कारण से अभिन्नता के सिद्धांत को स्वीकार कर लिया जाए तो यह समस्त भौतिक जगत् ही जो आद्य प्रकृति से बना है, प्रकृति के समान ही अदृश्य होना चाहिए। यदि कार्य का विस्तार शून्य आकाश में कारण ही के समान है तो इसका कारण यह है कि आधार कारण में

---

1. फलायोगव्यवच्छिन्नं कारणम्।

2. प्रागभावप्रतियोगी (तर्कसंग्रह, 39)।

3. कणाद ने यह दर्शाने के लिए कि कारण और कार्य सर्वथा भिन्न हैं, अनेकों युक्तियों का आश्रय लिया है : (1) वे भिन्न-भिन्न विचारों के पदार्थ हैं; (2) और भिन्न-भिन्न शब्दों के भी; (3) वे भिन्न-भिन्न कार्यों को उत्पन्न करते हैं; और (4) समय के भिन्न-भिन्न क्षणों में होते हैं; (5) आकृति में भी अन्तर है (6) संख्या में भी, क्योंकि धागे अनेक हैं और कपड़ा एक है; (7) यदि कारण और कार्य एक समान होते तो कारण से कार्य को उत्पन्न करने के लिए किसी प्रयत्न की आवश्यकता न होती। और देखिए न्यायवार्तिकतात्पर्यटीका, 3 : 2, 17।

4. न्यायसूत्र, 4 : 1, 48-54।

5. न्यायवार्तिक, 4 : 1, 49।

है। इसलिए प्राकृतिक तथ्यों द्वारा निर्दिष्ट इस मत को कि पदार्थ नये सिरे से उत्पन्न और नष्ट होते हैं अस्वीकार करने का कोई कारण प्रतीत नहीं होता।[1] यह मत भी, कि जब दूध दही के रूप में परिवर्तित होता है तो केवल रूप में परिवर्तन होता है, विनाश की कोई क्रिया नहीं होती, तर्कसंगत नहीं है। जब हम किसी नये पदार्थ को पुनर्निर्माण की नई विधि द्वारा बनते हुए देखते हैं तो उससे हम अनुमान करते हैं कि पहला पदार्थ नष्ट हो गया।[2] दूध से संघटित अवयव पहले फट जाते हैं और फिर वे पुनः संघटित होकर दही को उत्पन्न करते हैं। नैय्यायिक स्वीकार करता है कि पूर्व पदार्थ का पूर्णरूपेण विनाश होने से नये पदार्थ का निर्माण होना असम्भव होगा। तात्पर्य यह निकला कि पदार्थ मात्र अपनी पूर्वस्थिति को छोड़ता है, यद्यपि नैय्यायिक इसे प्रकट रूप में स्वीकार करने को प्रवृत्त नहीं होता।

सांख्य तथा वेदांत के ग्रंथों में, जिनका सिद्धांत कार्य-कारण भाव के सम्बन्ध में भिन्न है, न्याय के विचार की आलोचना की गई है। यहां सांख्यकारिका से एक दृष्टान्त दिया जा सकता है।[3] जिसका अस्तित्व नहीं है उसे कभी भी उत्पन्न नहीं किया जा सकता। हम चाहे कितना ही प्रयत्न क्यों न करें, नीले को पीले में परिवर्तित नहीं कर सकते। और फिर उपादान कारण सदा ही कार्य के साथ जुड़ा हुआ मिलेगा, जैसे कि तेल के साथ तिल। क्योंकि अभावात्मक पदार्थ के साथ सम्बन्ध सम्भव नहीं है, इसलिए कार्य को कारण में विद्यमान मानना पड़ेगा। ऐसा कहना, कि कारण से कार्य की उत्पत्ति हो सकती है बिना उसके साथ सम्बन्ध रहते हुए भी, असंगत होगा। क्योंकि उस अवस्था में, कोई भी पदार्थ किसी भी कारण से उत्पन्न हो सकता है और कार्यविशेष की उत्पत्ति के लिए कारणविशेष का भी प्रश्न नहीं उठता।[4] यदि कहा जाए कि असम्बद्ध कारण अपने अन्दर छिपी हुई क्षमता के कारण कार्य को उत्पन्न कर सकता है,[5] तो यदि उस शक्ति का कार्य से सम्बन्ध है तो यह कहना भी सर्वथा उचित ही होगा कि कार्य कारण के अन्दर पहले से विद्यमान है; और यदि सम्बन्ध नहीं है तो इस कठिनाई का कि एक कार्यविशेष एक शक्तिविशेष से क्यों उत्पन्न होता है, कोई हल नहीं मिलता। इसके अतिरिक्त, क्योंकि कारण और कार्य दोनों की एक ही प्रकृति है, अतः यदि एक विद्यमान है तो दूसरे को भी अवश्य विद्यमान होना चाहिए। सांख्य और वेदान्त का आग्रह है कि यदि कार्य कारण से सर्वथा भिन्न है तो दोनों

---

1. न्यायभाष्य, 4 :1, 49। 2. न्यायभाष्य, 3 : 2, 16। 3. 9।

4. इस मत के अनुसार, कहा जाता है कि असम्भव पदार्थ जैसे शशक का सींग भी उत्पन्न किया जा सकता है। न्याय इसका उत्तर इस प्रकार देता है कि हमारे मन से जो कुछ उत्पन्न होता है वह पहले विद्यमान नहीं था, किन्तु हर एक पदार्थ जिसका पहले अस्तित्व न रहा हो उत्पन्न हो सकता है, ऐसी बात नहीं है (न्यायमंजरी, पृष्ठ 494)।

5. यह उत्पत्ति से पूर्व कार्य की सत्ता नहीं है तो उत्पादक की कार्यशीलता का क्षेत्र कार्य से अलग कहीं और कल्पना करना पड़ेगा। दूसरे शब्दों में, धागों के प्रति उत्पादक का प्रयत्न घड़े को उत्पन्न कर सकता है। वैशेषिक इस कठिनाई का समाधान इस प्रकार करता है कि एक कारण-विशेष में जो क्रिया लगाई जाती है वह उन्हीं कार्यों को उत्पन्न कर सकती है जिनकी क्षमता उस कारण में निहित हो।

को जोड़नेवाला कोई निर्णायक सिद्धान्त नहीं हो सकता। नैय्यायिक का कहना है कि यदि कार्य कारण से भिन्न नहीं है तो हम उनके अन्दर कारण और कार्य का भेद नहीं कर सकते। दोनों विचार तर्कसंगत हैं, यद्यपि भिन्न-भिन्न दृष्टिकोणों के आधार पर।

इस विषय से आगे बढ़ने से पूर्व हम न्यायशास्त्र के कार्यकारणभाव के विषय में कुछ समीक्षात्मक विचार प्रस्तुत करेंगे। नैय्यायिक पूर्ववर्तित्व पर बल देता है। पूर्ववर्तित्व वस्तुतः तार्किक दृष्टि से ठीक है, किन्तु कालक्रम से नहीं। सूर्य प्रकाश का कारण है और दोनों एक ही समय में विद्यमान रहते हैं। वास्तविक कारण तब तक रहता है, जब तक कि कार्य रहता है, और कार्य के पूर्व या पश्चात् कारण का अस्तित्व अनावश्यक है। सत्य की निष्ठा से नहीं किन्तु क्रियात्मक दृष्टि से नैय्यायिक कार्यकारण भाव के लिए पूर्ववर्तित्व के महत्त्व को बढ़ा-चढ़ाकर पेश करता है।[1] पूर्ववर्ती अवस्थाओं के विषय में, और उस परिवर्तन के विषय में जो अवस्थाओं को एकत्र कर उन्हें कारण बना देता है जिससे कि वे कार्य को उत्पन्न करते हैं, न्याय का विश्लेषण कृत्रिम है। अवस्थाओं के एकत्र हो जाने से कार्य तुरंत उत्पन्न हो जाता है और यदि वे एकत्र नहीं होतीं तो कारण विद्यमान रहते हुए भी कार्य को उत्पन्न करने का काम प्रारम्भ नहीं करता। कार्य की उत्पत्ति के बिना कारण विद्यमान नहीं रह सकता। परिवर्तन की प्रक्रिया स्वयं कार्य है। उसके अतिरिक्त और किसी को कार्य नहीं कह सकते। तत्त्वों, उनके एकत्रीकरण और कार्य की उत्पत्ति में भेद करना काल्पनिक है।[2] शंकराचार्य ने ठीक ही कहा है कि हम पूर्ववर्तिता और अनुपाधिकता अथवा अविभाज्यता दोनों पर ज़ोर नहीं दे सकते। यदि कारण और कार्य परस्पर अविभाज्य सम्बन्ध में हैं, अर्थात् अयुतसिद्ध हैं, तो कारण का सदा कार्य से पूर्व होना आवश्यक नहीं है। यह कहना अधिक यथार्थ होगा कि कारण और कार्य एक ही वस्तु की दो भिन्न-भिन्न अवस्थाएं हैं, अपेक्षा इसके कि वे दो भिन्न-भिन्न पदार्थ हैं और अविभाज्य रूप से जुड़े हुए हैं।[3] इस निष्कर्ष की पुष्टि न्याय के समवाय-सम्बन्ध अथवा अन्तर्निहितता पर बल देने से होती है। यदि कार्य तथा कारण परस्पर समवाय-सम्बन्ध से सम्बंद्ध हैं तो उन्हें तादात्म्यरूप से सम्बद्ध मानना अधिक सरल होगा।

यह नहीं कहा जा सकता कि प्रकृति के तथ्य अपने में कार्यकारण-सम्बन्धों को इतने स्पष्ट रूप में धारण किए हुए हैं कि केवल आंख खोलकर देखने मात्र से ही उनका प्रत्यक्ष ज्ञान हो जाएगा। हम कहते हैं कि 'क' 'ख' का कारण है, अथवा यह कि 'क' आवश्यक है या 'ख' आनुषंगिक है, और इस प्रकार हम अपने अनुभव में क्रम का निर्माण करते हैं। कार्यकारणभाव हमारे विचार का एक रूप है अथवा बुद्धि की एक वृत्ति है। यह विश्व-नियमों

1. कुसुमांजलि, 1 : 19।

2. कार्यकारणभाव वस्तुतः समय के अन्दर हो रही परिवर्तन-सम्बन्धी निरन्तर प्रक्रिया की पुनर्रचना है। पृथक् अवस्थाओं का परस्पर मिलना और प्रक्रिया का आरम्भ, इनके बीच कहीं कोई विराम या अन्तरावकाश नहीं है। कारण और कार्य में काल को लेकर भेद नहीं किया जाता। उनमें काल-सम्बन्धी भेद केवल कल्पनात्मक है, क्योंकि यदि कारण सैकेंड के एक अंश-भर भी रहा तो अनन्त काल तक भी रह सकता है। (ब्रेडलो : लॉजिक, 2; पृष्ठ 539 टिप्पणी)। कार्यकारणभाव का सूत्र एक कल्पनात्मक एकता है जिसकी खोज और जिसका निर्माण हम परिवर्तनों के निरन्तर क्रम में करते हैं किन्तु उस क्रम के प्रवाह में इसकी कोई वास्तविक सत्ता नहीं है, पर यह पहले व्याप्तियों के जगत में रहता है (वही, पृष्ठ 540)।

3. शांकरभाष्य, 2 : 2, 17।

के अधीन शासित होता है, यह एक स्वीकृत पक्ष है जिसे हम तर्कशास्त्र में स्वीकार कर लेते हैं और तब आगे चलते हैं, यद्यपि अध्यात्मशास्त्र में इसे सिद्ध करना होता है। जीवन में हम असली कारण को नहीं पूछते, अथवा किसी भी घटना की व्याख्या नहीं चाहते बल्कि एक विशेष कार्य को करने के लिए जिन वस्तुओं की आवश्यकता है उनके ज्ञानमात्र से ही सन्तोष कर लेते हैं। मिट्टी घड़े का कारण है, जहां प्रकृति तो मिट्टी प्रदान करती है और कुम्हार उसका उपयोग अपने प्रयोजन के लिए करता है। अवस्थाओं या परिस्थितियों का कहीं अन्त नहीं है और इसलिए हमारी सब स्थापनाएं सापेक्ष होती हैं। हम कहते हैं कि यदि ऐसी ऐसी अवस्थाएं हों और यदि इसके विरोधी कारण न हों तो अमुक कार्य अवश्य होगा। कारणों के भी कारण के विषय में जो कठिनाइयां हैं और उनकी वजह से जो विपरीत परिणाम हो सकता है, उन्हें नैय्यायिक केवल विवादास्पद कहकर त्याज्य समझता है। कारण और कार्य दोनों ही अस्थायी घटनाएं हैं। ये नित्यसत्य नहीं हैं, यद्यपि हम इनको अपना अस्तित्व रखने वाले पदार्थ समझ कर इनकी व्याख्या करने में प्रवृत्त होते हैं। परमाणु यदि कारणरूप हैं, तो वे यथार्थ नहीं हो सकते। कारण का परिवर्तन के अतिरिक्त कुछ अर्थ नहीं है और जो भी परिवर्तनशील है वह केवल अस्थायी घटनामात्र है। विश्लेषण करने पर कार्यकारणभाव केवल एक क्रम प्रतीत होता है ऐसी घटनाओं का, जो सदा एक-दूसरे पर निर्भर करती हैं। फिर भी हम उसे एक वास्तविक प्रत्यय की तरह प्रयुक्त करने को बाध्य हो जाते हैं। अनुभव के क्षेत्र में यह निश्चित रूप से उपयोगी है किन्तु हम इसकी नितान्त प्रामाणिकता को स्वीकार नहीं कर सकते। कार्यकारणभाव अनुभव का एक रूपमात्र है।[1]

कारण में कार्य का अभाव है, यह विचार जो न्याय ने स्वीकार किया है। इसका उद्गम इस प्राकृतिक पक्षपात में है कि यथार्थ वह है जो प्रत्यक्ष हुआ हो।[2] हम वस्तुतः उच्चतर और अधिक जटिल स्तरों को निम्न तथा सरल स्तरों में उदय होते देखते हैं, जिनमें वे पहले नहीं पाए गए थे। वर्तमान समय के अनेक वैज्ञानिक विचारक यथार्थसत्ता सम्बन्धी इस विचार को एकदेशिक शृंखला के रूप में स्वीकार करते हैं, अर्थात् सरल से जटिल की ओर बढ़ना, तथा नीचे से ऊपर की ओर बढ़ना। वे यथार्थवादी नैय्यायिक से इस विषय में मतभेद रख सकते हैं कि अन्तिम सरल इकाई का स्वरूप क्या है, किन्तु उनकी व्याख्या का आदर्श तत्त्वरूप से वही है। हम चाहे भौतिक परमाणुओं से आरम्भ करें, जैसा कि नैय्यायिक करता है, या इलेक्ट्रॉनों से आरम्भ करें, जैसा कि आधुनिक वैज्ञानिक करता है, अथवा निरपेक्ष सामग्री या इन्द्रिय-सामग्री अथवा देशकाल से आरम्भ करें और उत्तरोत्तर बढ़ती विविध जटिलताओं में से गुज़रें, जैसा कि कुछेक समकालीन यथार्थवादी करते हैं, हमें एक अपर्याप्त आदर्श व्याख्या को स्वीकार करने के लिए बाध्य होना होता है। दार्शनिक बोधगम्यता की पहली शर्त यह है कि अधिक में से न्यून निकल सकता है, किन्तु न्यून में से अधिक नहीं निकल सकता। विचारधारा की स्वाभाविक प्रवृत्ति हमें इसी सिद्धान्त को स्वीकार करने की प्रेरणा करती है। नदी की धारा अपने निकास-स्थान की ऊँचाई से ऊपर नहीं उठ सकती। यदि किसी मत में बोधगम्यता की पूर्व-सिद्ध शर्तें भंग होती हों तो हमें बताया जाता है कि उन शर्तों को छोड़ देना चाहिए। किन्तु हम अपनी मानसिक रचना में यथार्थवाद के आदेशानुसार परिवर्तन नहीं कर सकते। विचार उपलक्षित, किन्तु अव्यक्त

1. आरोपित अथवा अध्यस्थ धर्म।

2. न्यायभाष्य, 2 : 2, 18।

अथवा सम्भावित को भी ग्रहण करने के लिए बाध्य होता है और स्वीकार करता है कि कार्य अव्यक्त रूप से अथवा सम्भावित रूप से कारण में पहले से अन्तर्निहित था। एक विशुद्ध यथार्थवादी की दृष्टि से विकास केवल आविर्भाव मात्र है। और यदि यह विकास को, आविर्भाव से कुछ अधिक मानता है तो अपना ही विरोध करता है। अलेक्ज़ैण्डर सरीखे यथार्थवादी जब संघर्ष और उच्चतम गुणों अथवा जीवधारियों के विकास की चर्चा करते हैं तो वे देशकाल के अतिरिक्त, अन्य किसी सिद्धान्त की भी कल्पना कर लेते हैं। यदि यथार्थवादी केवल उसी को जो वास्तविक है, यथार्थ मानता है और सम्भावित को निरर्थक अभिव्यक्ति कहकर छोड़ देता है तो कार्यकारणवाद समझ में नहीं आ सकता। नैय्यायिक अपने मत का स्वयं उल्लंघन करता है जब वह परमाणुओं तथा आत्माओं की यथार्थता को स्वीकार करता है जोकि देखे नहीं जाते। वे यथार्थ जिन्हें हम देखते हैं, उत्पन्न होते तथा नष्ट होते हैं और इसलिए वे अनित्य हैं। नित्य पदार्थ हमें दृष्टिगोचर नहीं होते, इसके बावजूद हम उनके अस्तित्व की धारणा करते हैं। यथार्थवादी काल के महत्त्व को अतिशयोक्ति के साथ मानने के लिए बाध्य होता है। गुयाऊ 'काल' पर लिखी अपनी छोटी-सी पुस्तक में कहता है कि 'काल को हम आधुनिकों ने एक प्रकार की रहस्यपूर्ण यथार्थसत्ता बना दिया है और उसे दैव-सम्बन्धी पुराने विचार के स्थान में रखकर सर्वशक्तिमान बना दिया है।'[1] काल की परिपूर्णता-विषयक प्रकल्पना के आधार पर हमें कभी भी इस विश्व के, जो न तो निश्चित है न स्थायी है, उद्देश्य का निश्चय नहीं हो सकता। हम ऐसे जगत् में निवास करते हैं जो परिवर्तित होता रहता है और जहां किसी भी पदार्थ से कोई भी पदार्थ प्रकट हो सकता है। इस प्रकार की योजना में परमात्मा का कोई स्थान नहीं बनता, जब तक कि हम यह पवित्र धारणा न कर लें कि पदार्थों का प्रवाह ऊपर की दिशा में है और स्वयं परमात्मा भी निर्माण की प्रक्रिया के अन्दर है। प्रोफेसर अलेक्ज़ैण्डर हमें विश्वास दिलाते हैं कि दैव मन से आगे का उच्चतर गुण है। हमें अवश्य यह प्रश्न करना चाहिए कि फिर परमात्मा के आगे उससे ऊँचा क्या है?

नैय्यायिक आग्रहपूर्वक कहता है कि कार्य तथा कारण के मध्य में बराबर तारतम्य है। यदि हम न्याय के मत को आधुनिक विज्ञान की परिभाषा में सिद्धान्त के रूप में रखना चाहें तो कह सकते हैं कि यह समस्त कार्यकारणभाव को शक्ति के व्यय के रूप में मानता है। यह प्रकृति की कार्यप्रणाली में किसी भी अतीन्द्रिय शक्ति की सत्ता को मानने से निषेध करता है, यदि हम क्षण-भर के लिए इसके अदृष्ट पुण्य-पापविषयक विचार को दृष्टि से ओझल कर दें। कार्यकारणभाव केवल शक्ति का पुनर्विभाजन है। कारण परिस्थितियों का संग्रहमात्र है (कारण-सामग्री) और कार्य वह है जो उससे उत्पन्न होता है।[2] साधारण बुद्धि के इस विचार की मान्यता को ठीक बताने के लिए कि पदार्थ उत्पन्न होते तथा नष्ट होते हैं, नैय्यायिक प्रकृति के तारतम्य को दृष्टि से ओझल कर, खतरा मोल लेता है। वह इस सर्वमान्य विचार के साथ कि असत् से कुछ उत्पन्न नहीं होता, इस भाव को समन्वित करने की चेष्टा करता

---

1. फ़िलासाफिकल रिव्यू, सितम्बर 1923, पृष्ठ 466 में उद्धृत।

2. जैसा कि हम देखेंगे, वैशेषिक स्वीकार करता है कि कारण के गुण कार्य के गुणों के कारण होते हैं। मिट्टी का काला रंग घड़े के काले रंग का कारण है, जब तक कि ताप की विरोधी शक्ति उसका रंग न बदल दे। वैशेषिक में इसका अपवाद अणुओं से द्व्यणुकों और द्व्यणुकों से त्र्यणुकों की उत्पत्ति में पाया जाता है, जहां कि उत्पादक अवयवों की संख्या परिमाण या आयाम निश्चित करती है। मिश्रित पदार्थों के गुणों में परिवर्तन स्वीकार करता है।

है कि वस्तुएं बननी प्रारम्भ होती हैं। पौधे में से फूल निकलता है, वृक्ष में से फल निकलता है, तो भी वह अनुभव करता है कि पौधा, फल, फूल और वृक्ष सब अयथार्थ हैं। न्याय, कारण के तात्त्विक तादात्म्य को स्वीकार करता है और उसके मत में क्रमों में भेद होता है, जिससे नये गुणों का उदय होता है। अध्यात्मविद्या के समक्ष प्रश्न है कि क्या ये उत्पन्न हुए नये गुण यथार्थ हैं? यह बिलकुल सत्य है कि हमने उन्हें कार्य-अवस्था में ही देखा है, कारणावस्था में नहीं देखा। किन्तु क्या इसी आधार पर हम अनुमान कर सकते हैं कि वे यथार्थ हैं? नैय्यायिक जब यह स्वीकार करता है कि संसार की परिवर्तनशील अवस्थाएं नश्वर हैं, तो वह यह भी स्वीकार करता है कि वे नितान्त यथार्थ नहीं हैं। यथार्थ अपरिवर्तित है, जबकि एकत्रीकृत पदार्थों के रूप में परिवर्तन होता है। प्रचलित रूप में हम कहते हैं कि पदार्थ अस्तित्व में आते तथा विनष्ट होते हैं। वस्तुतः स्पष्टरूप तत्त्वों का परस्पर सम्मिलन तथा पृथक्करण होता है, जो न तो उत्पन्न हो सकते हैं, न नष्ट हो सकते हैं, न न्यून होते हैं और न बढ़ाए जा सकते हैं। यथार्थ विद्यमान रहता है किन्तु उसकी अवस्थाओं में परिवर्तन होता है। प्रकृति के राज्य में भी निरन्तरता के प्रथम सिद्धान्त को स्वीकार किया गया है। परमाणु विद्यमान रहते हैं जबकि उनके आकस्मिक मिश्रण अस्तित्व में आते हैं तथा नष्ट होते हैं। असत् से सत् की उत्पत्ति होती है, इस कथन का विरोधाभास नष्ट हो जाता है जब हम यह स्मरण करते हैं कि जो अंकुर में है वह वास्तविक रूप धारण कर लेता है। किसी एक स्थिति को भावात्मक रूप देकर उसकी पूर्वस्थिति को अभावात्मक रूप देना भाषा का दुरुपयोग करना है।

11. उपमान अथवा तुलना

उपमान अथवा तुलना वह साधन है जिससे हम किसी पूर्णतया ज्ञात पदार्थ के सादृश्य से किसी अन्य पदार्थ का ज्ञान प्राप्त करते हैं। यह सुनकर कि जंगली बैल (गवय) गाय के समान होता है, हम अनुमान करते हैं कि वह पशु जो गाय के सदृश दिखाई देता है, गवय है।[1] उपमान के तर्क में दो अवयव रहते हैं—(1) ज्ञेय पदार्थ का ज्ञान, (2) सादृश्य का प्रत्यक्ष ज्ञान। जहां प्राचीन नैय्यायिक पहले को नये ज्ञान का मूल कारण मानते थे, वहां अर्वाचीन नैय्यायिक सादृश्य ज्ञान को अधिक महत्त्व देते हैं।[2] मात्र सादृश्य ही, चाहे वह पूर्ण हो, चाहे पर्याप्त मात्रा में हो अथवा आंशिक हो, उपमान प्रमाण को युक्तियुक्त सिद्ध करने के लिए पर्याप्त नहीं है। सादृश्य अथवा तादात्म्य की पहली अवस्था में कोई नया ज्ञान उपलब्ध नहीं होता। गाय एक गाय के सदृश है, यह नहीं कहा जाता है। दूसरी, अर्थात् पर्याप्त सादृश्य की अवस्था में अनुमान प्रामाणिक ही हो यह नहीं कहा जा सकता, क्योंकि भैंस गाय नहीं है, यद्यपि दोनों में बहुत-सी बातें सादृश्य की पाई जाती हैं। और यदि आंशिक सादृश्य है, तब तो मामला और अधिक खराब है। एक तिल मेरु पर्वत नहीं हो सकता, यद्यपि अस्तित्व का गुण दोनों में समान है। उपमान के प्रामाणिक तर्क में हम सादृश्य के अंशों की उतनी गणना नहीं करते जितना कि उनके महत्त्व पर ध्यान देते हैं।[3] सादृश्य को महत्त्वपूर्ण या

---

1. सिद्धवस्तुसाध्यर्म्यादप्रसिद्धस्य साधनम्।
   उपमानं समाख्यातं यथा गौगवयस्तथा॥ (हरिभद्रषड्दर्शनसमुच्चय, 23)।
   और देखिए न्यायसूत्र, 1 : 1, 6।
2. सादृश्यज्ञानम् (तर्कसंग्रह, 58)।
3. न्यायभाष्य, 2 : 1, 44।

आवश्यक होना चाहिए[1] और कार्यकारण भाव के साथ उसका सम्बन्ध होना चाहिए।[2] उपमान तर्क, पदार्थ और उसके नाम में जो सम्बन्ध है उसका ज्ञान कराता है।[3] इसका सम्बन्ध अभिज्ञान की समस्या के साथ है। हमें बताया जाता है कि गवय संज्ञा उस जानवर (नील गाय) की है जो गाय के साथ सादृश्य रखता है, और जहां हम ऐसे जानवर को देखते हैं उसे गवय कह देते हैं। परवर्ती तार्किकों का मत है कि यह माध्यमरूप अभिज्ञान केवल सादृश्य के ही कारण नहीं होता, अपितु असादृश्य (वैधर्म्य) के भी कारण होता है, जैसे कि हम एक घोड़े को पहचानते हैं जो कि गाय से भिन्न जानवर है, क्योंकि उसके खुर फटे नहीं होते जो कि गाय का विशेष धर्म है; अथवा जैसे हम ऊंट को पहचानते हैं, ऊंची गरदन आदि उसके विशेष लक्षणों द्वारा।[4] इस अर्थ में उपमान-प्रमाण आधुनिक काल के सादृश्य-तर्क के अनुकूल नहीं बैठता।

जैसा कि हम देखेंगे, न्यायशास्त्र सत्य के विषय में उपयोगितावादी के मत को स्वीकार करता है, जो हमें सफल प्रेरणा देता है। अनुभूत पदार्थों के सम्बन्ध में तो यह कसौटी उपयुक्त हो सकती है, किन्तु इन्द्रियातीत सत्य इसके क्षेत्र से परे है। नैय्यायिक इस कठिनाई का समाधान उपमान के द्वारा करने की कोशिश करता है। यदि प्राचीन ऋषियों द्वारा प्रतिपादित आयुर्वेद के सिद्धान्त परीक्षा करने पर सत्य सिद्ध हुए तो आध्यात्मिक विज्ञान भी, जो उन्हीं ऋषियों द्वारा प्रतिपादित है, अवश्य सत्य होना चाहिए।

क्योंकि उपमान में सादृश्य के प्रत्यक्ष का विशेष भाग है, अतः दिङ्नाग इसे प्रत्यक्ष ज्ञान की कोटि में ही रखता है। वैशेषिक इसकी गणना अनुमान में करता है, क्योंकि तर्क को इस रूप में रखा जा सकता है : "यह पदार्थ गवय है, क्योंकि यह एक गाय के समान है, और जो गाय के समान होता है वह गवय होता है।"[5] सांख्य तर्क करता है कि उपमान ज्ञानप्राप्ति का स्वतन्त्र साधन नहीं है, क्योंकि अरण्यरक्षक का निर्देश एक आप्त (शाब्दिक) ज्ञान है और सादृश्य का प्रत्यक्ष ज्ञान का एक दृष्टान्त है।[6] भासर्वज्ञ भी इसे शाब्दिक ज्ञान के ही अंदर रखता है। उपमान का तर्क एक प्रकार से जटिल है, क्योंकि इसमें अरण्यरक्षक द्वारा प्राप्त शाब्दिक ज्ञान कि गवय गौ के समान है यह अवयव सम्मिलित है, प्रत्यक्ष ज्ञान का भी अवयव है क्योंकि हम गवय को जंगल में देखते हैं, एक अवयव स्मृति का है क्योंकि जब हम गवय को देखते हैं तो हमें (अरण्यरक्षक का) कथन स्मरण हो आता है, एक अवयव अनुमान का है क्योंकि हम धारणा करते हैं इस सामान्य प्रतिज्ञा की कि जो गाय के समान है वह गवय है, और अन्ततोगत्वा वह ज्ञान जो इस प्रकार के तर्क का विशेष लक्षण है अर्थात् इस प्रकार के जानवर की संज्ञा गवय है। अन्तिम ही विशेष रूप से उपमान प्रमाण की

1. प्रसिद्धसाधर्म्यात्, 2 : 1, 45।
2. साध्यसाधनभाव (न्यायभाष्य, 2 : 1, 45)।
3. संज्ञासंज्ञिभाव।
4. तार्किक रक्षा, 22।
5. उपस्कार, 9 : 2, 5।
6. तत्त्वकौमुदी, 5।

देन है और इसे ज्ञान के अन्य भेदों के साथ मिला न देना चाहिए, यद्यपि इसमें कुछ रूप अन्य के समान हो सकते हैं।[1]

12. आप्त प्रमाण

ज्ञान के मुख्य स्रोतों में 'आप्त प्रमाण' आता है। हम ऐसी अनेक वस्तुओं के अस्तित्व को, जिन्हें हमने स्वयं नहीं देखा, न जिनके विषय में विचार ही किया, अन्य पुरुषों के प्रमाणित कथन के आधार पर स्वीकार कर लेते हैं। हमें प्रचलित साक्ष्य, ऐतिहासिक परंपरा तथा धर्मशास्त्रों की दिव्य वाणी के आधार पर बहुत कुछ ज्ञान प्राप्त होता है। इस प्रकार की ज्ञान प्राप्ति की विधि में तार्किक दृष्टि से जो विवेचनीय विषय सन्निविष्ट हैं उनके विषय में शब्द अथवा आप्त प्रमाण के अन्तर्गत हम विचार करेंगे।

शब्दों के उद्‌गम तथा स्वरूप, तथा आशय और वाक्यों के विन्यास के विषय में न्याय का क्या विचार है, इसका उल्लेख संक्षेप में कर सकते हैं। आकाश जो समस्त देश को व्याप्त किए हुए है, किन्तु वायु नहीं, शब्द का अधिष्ठान है।[2] शब्द को एक निर्वात (शून्य) स्थान में भी उत्पन्न किया जा सकता है, भले ही हम उसे न सुन सकें क्योंकि उसे हमारे कान तक पहुंचाने के लिए वायु का वहां अभाव है। शब्द किस कोटि का है यह वायु पर निर्भर नहीं है, किन्तु उसका ऊँचापन आदि वायु पर निर्भर है।[3] शब्द दो कठोर पदार्थों के परस्पर संयोग से उत्पन्न होता है। एक शब्द दूसरे शब्द को, दूसरा एक अन्य शब्द को उत्पन्न करता है, और यह क्रम तब तक चलता है जब तक कि आगे कोई बाधक पदार्थ प्रकट नहीं हो जाता जहां पहुँचकर यह क्रम रुक जाता है।[4] केवल इसलिए कि इसका अधिष्ठान दुर्बोध (इन्द्रियातीत) है, हम यह तर्क नहीं कर सकते कि शब्द नित्य है।[5]

---

1. सिद्धान्तमुक्तावलि 79 और 80। पूर्वमीमांसा और वेदान्त उपमान तर्क की स्वाधीनता को स्वीकार करते हैं, यद्यपि वे इसकी परिभाषा भिन्न प्रकार से करते हैं। जब जंगल में गवय हमें मिलता है तो हमें केवल गाय के साथ इसके सादृश का भी बोध होता है। दूसरा ज्ञान उपमान से ही होता है क्योंकि गाय का तो उस समय प्रत्यक्ष नहीं होता।

2. शब्दलहरी का ज्ञान ऐसे समय में भी होता है जब कि रंग अथवा अन्य गुणों वाली किसी वस्तु का प्रत्यक्ष ज्ञान नहीं होता। इसका तात्पर्य यह हुआ कि शब्द का अधिष्ठान ऐसा है जिसे हम छू नहीं सकते तथा जो सर्वत्र छाया हुआ है और जिस आधार में कम्पन होता है उसमें यह नहीं रहता। (न्यायभाष्य, 2 : 2, 38)।

3. वैशेषिक, 2 : 2, 38)।

4. न्यायभाष्य, 2 : 2, 35-36।

5. शब्द की अनित्यता को सिद्ध करने के लिए अनेकों युक्तियां दी जाती हैं (न्यायसूत्र, 2 : 2, 13-38)। (1) शब्द का आदि होता है, क्योंकि इसकी उत्पत्ति दो कठोर पदार्थों जैसे एक कुल्हाड़ी और वृक्ष के परस्पर संघर्ष में होती है। यह नहीं कहा जा सकता कि उक्त संघर्ष केवल शब्द की अभिव्यक्ति में सहायक होता है किन्तु उसे उत्पन्न नहीं करता, क्योंकि संघर्ष और शब्द दोनों एक साथ नहीं होते। हम शब्द का, जिस संघर्ष से वह निकला है उसके रुक जाने पर भी, बहुत दूरी पर सुन सकते हैं। (2) शब्द नित्य नहीं है क्योंकि इसका आदि भी है और अन्त भी है। यदि यह नित्य होता तो बराबर सुनाई देता रहता, क्योंकि यह श्रवणेन्द्रिय के समीप है; किन्तु यह स्थिति नहीं है। हम यह भी जानते हैं कि शब्द कुछेक जाने हुए कारणों से बन्द हो जाता है। घण्टी के साथ अपने हाथ के सम्पर्क से हम घण्टी के शब्द को रोक देते हैं। (2 : 2, 32-36; वैशेषिकसूत्र,→

शब्द अक्षरों से मिलकर बनता है जिससे अभिधा अथवा लक्षणा के द्वारा किसी पदार्थ का संकेत होता है। प्रत्येक शब्द कुछ अर्थ रखता है और इसी को सामान्यतः शब्द तथा उस पदार्थ के मध्य जिसे यह द्योतन करता है, एक प्रकार का सम्बन्ध समझा जाता है।[1]

शब्दार्थ के तथ्य की व्याख्या वैय्याकरणों ने 'स्फोट' के सिद्धान्त पर की है।[2] इसके अनुसार कोई भी अक्षर अकेला जैसे, 'गा' अथवा 'य' या कुल अक्षर 'गाय' शब्द के अनुरूप पदार्थ का ज्ञान उत्पन्न नहीं करा सकते, क्योंकि प्रत्येक अक्षर उत्पन्न होते ही नष्ट हो जाता है। यदि हम यह भी मानें कि पूर्व के अक्षरों ने जो भाव छोड़ा है वह सबसे अन्तिम अंक्षर की सहायता करता है, तो भी कई अक्षर मिलकर भी पदार्थ के ज्ञान की व्याख्या नहीं कर सकते। अक्षरों के अतिरिक्त और उनसे ऊपर कोई वस्तु है जिसके द्वारा ज्ञान प्राप्त होता है, और वह स्फोट है, अर्थात् शब्द का सारभूत तत्त्व जिसका आविर्भाव शब्द, अक्षर अथवा वाक्य द्वारा होता है।[3] शब्द का यह सारतत्त्व पदार्थ का बोध कराता है। केवल अकेला अक्षर, जब तक कि वह पूरा

→ 2 : 2, 26-37)। वात्स्यायन का कहना है कि प्रत्येक शब्द के विषय में शब्दों की एक शृंखला रहती है और इस शृंखला में आगे आनेवाला शब्द पिछले को नष्ट कर देता है। उक्त शृंखला के अन्तिम शब्द को जो नष्ट करता है वह एक बाधक पदार्थ के साथ संयोग होना है (न्यायभाष्य, 2 : 2, 34)। परवर्ती नैय्यायिक इस वर्णन में परिवर्तन करते हैं जिससे कि वैशेषिक की इस प्रकल्पना के साथ अनुकूलता हो जाए कि एक गुण दूसरे गुण के अन्दर नहीं रहता और न अन्य गुण के साथ उसका संयोग ही हो सकता है। वाचस्पति का कहना है कि शब्द को जो नष्ट करता है वह बाधक पदार्थ का शब्द के साथ नहीं बल्कि आकाश के साथ सम्पर्क है, जोकि शब्द का उपादान कारण है। आकाश का एक अधिक घने पदार्थ के साथ सम्पर्क होने से आकाश और आगे शब्दों को उत्पन्न करने के योग्य नहीं रहता और जब आदिम शब्द का अभौतिक कारण, अर्थात् छड़ी का ढोल के साथ सम्पर्क, बन्द हो जाता है तो उस शृंखला को नये सिरे से चालू करने के लिए कुछ नहीं रहता और इस प्रकार अन्तिम शब्द नष्ट हो जाता है। (3) शब्द का बोध उसके शृंखलाबद्ध रूप में आगे बढ़ते हुए हमारी एक इन्द्रिय द्वारा होता है। इसका सम्बन्ध शब्दता के वर्ग से है और इसलिए यह अनित्य है (न्यायसूत्र, 2 : 2, 16)। (4) शब्द की चर्चा इस प्रकार की जाती है कि जैसे इसमें उत्पन्न पदार्थों के गुण विद्यमान हों। गंभीर व तीखा आदि, इस प्रकार इसका वर्णन किया जाता है। (5) इस तथ्य के आधार पर कि हम शिक्षकों से प्राप्त शब्दों को दोहराते हैं, हम यह नहीं कह सकते कि शब्द नित्य हैं। जब वे नहीं सुने जाते थे तो उनका अस्तित्व नहीं था और अब हम उन्हें केवल फिर से उत्पन्न करते हैं। विभिन्न शब्द भी दोहराए गए कहला सकते हैं, जैसे हम दो बार त्याग करने वाले या नृत्य करनेवाले कहला सकते हैं। (न्यायसूत्र, 2 : 2, 29)। (6) क्योंकि हम इसे छू नहीं सकते इसलिए यह नित्य है, यह तर्क ठीक नहीं है। गति को हम छू नहीं सकते, फिर भी वह अनित्य है (न्यायसूत्र, 2 : 2, 22-24)

1. तुलना कीजिए विज्ञानभिक्षुसांख्यसूत्र, 5 : 37। वैय्याकरण भट्टोजीदीक्षित (वैय्याकरणभूषण, पृष्ठ 243) और नागेश भट्ट (मंजूषा, पृष्ठ 23-26) इस द्योतक शक्ति को मात्र शब्दों में ही रहनेवाले मानते हैं, यद्यपि सांख्य और वेदांत का मत है कि यह प्रमेयविषयों में भी रहती है। 'पंचदशी', 8 : 4-15; न्यायबिन्दुटीका पृष्ठ 10-11।

2. पाणिनि का उल्लेख स्फोटायन के विषय में 6 : 1, 123 में संकेत करता है कि उनके समय में यह सिद्धांत प्रचलित था। देखिए सर्वदर्शनसंग्रह, पाणिनिदर्शन।

3. ड्यूसन स्फोट और भाव को एक ही मानता है। थिबौत इसे व्याकरण की एक कल्पना समझता है और वह यह निश्चयपूर्वक कहता है कि यह 'भाव' नहीं हो सकता क्योंकि इसे स्पष्ट रूप में वाचक अथवा अभिधायक कहा गया है। इसे शब्द के भाव के विचार का कारण भी कहा गया है। (थिबौतकृत शांकरभाष्य,→

शब्द न बन जाए, किसी पदार्थ का संकेत नहीं कर सकता। पदस्फोट के समर्थकों का तर्क है कि केवल एक पद अथवा एक शब्द अर्थ का बोध करा सकता है। इसी प्रकार वाक्यस्फोट के समर्थकों का कहना है कि केवल एक वाक्य पूरे अर्थ का संकेत कर सकता है। वाक्यस्फोट के समर्थकों के अनुसार, वाक्य वाणी का केवल प्रारम्भ है, जबकि शब्द वाक्यों के भाग हैं और अक्षर शब्दों के भाग हैं। स्फोट अथवा शब्द के सारतत्त्व को नित्य कहा गया है और वह स्वयंभूः है जिसका संकेतित पदार्थ के साथ स्थायी सम्बन्ध है। अक्षर, शब्द और वाक्य नित्य-अर्थों का केवल आविर्भाव करते हैं, उन्हें उत्पन्न नहीं करते। नैय्यायिक का मत है कि जो कुछ सार्थक है वह शब्द है,[1] और ज्योंही हम शब्द के अन्तिम अक्षर को सुनते हैं, हमें उसके अर्थ का ज्ञान हो जाता है। अन्तिम अक्षर 'य' को सुनने के साथ ही हमें पहले अक्षर 'गा' की स्मृति हो जाती है और पूरा शब्द 'गाय' हमारे मस्तिष्क में आ जाता है। इस प्रकार हम शब्द और पदार्थ का जो रूढ़िगत सम्बन्ध है उसके द्वारा पदार्थ का ज्ञान कर लेते हैं।[2]

शब्द और अर्थ के मध्य जो सम्बन्ध है वह प्रकृति के कारण नहीं, अपितु लोकाचार से है, और इस मत का समर्थन हमारे इस अनुभव से भी होता है कि हम किस विधि से शब्दों के अर्थों का ज्ञान प्राप्त करते हैं। हमें प्रचलित प्रयोग, व्याकरण तथा शब्दकोश के द्वारा शब्दों के अर्थों का ज्ञान प्राप्त होता है। वेदान्त इसके साथ भावभंगी को भी जोड़ देता है।[3] यह रूढ़ि कि अमुक-अमुक शब्द अमुक-अमुक अर्थ का वाचक होगा, ईश्वर संस्थापित (ईश्वरसंकेत) है।[4] परवर्ती न्याय स्वीकार करता है कि मनुष्य भी रूढ़ि की स्थापना करते हैं (इच्छामात्रं शक्तिः),[5] यद्यपि मानुषिक रूढ़ि को पारिभाषिक संज्ञा दी गई है, क्योंकि वह भिन्न-भिन्न मनुष्यों के साथ बदलती रहती है।

शब्दों का द्योतित अर्थ क्या है, व्यक्त, अथवा आकृति, अथवा जाति, या उक्त सब कुछ?[6] व्यक्ति वह है जिसकी एक निश्चित आकृति (मूर्ति) हो और जो विशेष गुणों का वासस्थान हो।[7] यह व्यक्त है और उसे प्रत्यक्ष देखा जा सकता है।[8] आकृति विशिष्ट गुण है; गलकंबल का व्यवस्थापन गाय की आकृति है। जाति एक नमूना अथवा वर्ग है और जाति के पदार्थ में पाया जानेवाला सामान्य विचार है। यह हमें प्रस्तुत व्यक्ति के सदृश पदार्थों का सम्पूर्ण ज्ञान प्राप्त करने में सहायता करता है।[9] न्याय का मत है कि शब्द व्यक्ति,

---

→ पृष्ठ 204, टिप्पणी--अंग्रेज़ी अनुवाद) और देखिए शांकरभाष्य, 1 : 3, 28।

1. शक्तं पदम् (तर्कसंग्रह, 59)।
2. न्यायवार्तिक, 2 : 2, 55।
3. सिद्धांतमुक्तावली, 81; न्यायमंजरी, पृष्ठ 6।
4. न्यायभाष्य, 2 : 1, 55 और देखिए न्यायमंजरी, पृष्ठ 243।
5. तर्कसंग्रह, 59; सिद्धांतमुक्तावली, 81।
6. न्यायसूत्र, 2 : 2, 65।
7. 2 : 2, 64।
8. 2 : 2, 65।
9. समानप्रसवात्मिका जातिः (न्यायभाष्य, 2 : 2, 66)। क्योंकि हम विशिष्ट गायों के विचार के पृथक् गोत्व की एक निश्चित धारणा रखते हैं इसलिए गोत्व का एक वस्तुपरक आधार अवश्य होना चाहिए (न्यायभाष्य, 2 : 2, 61 और 66)। उद्योतकर का मत है कि जातिगत स्वभाव प्रत्येक व्यक्ति के अन्दर समवाय-सम्बन्ध→

उसकी आकृति तथा उसकी जाति, तीनों को बताता है, यद्यपि भिन्न-भिन्न परिमाण में।[1] व्यवहार में हम आकृति का उल्लेख करते हैं। अधिक रुचि बढ़ने से शब्द व्यक्ति का निर्देश करता है, और जब हम सामान्य विचार को सूचित करने की कोशिश करते हैं तो जाति का उल्लेख करते हैं। शब्द आकृति का संकेत करता है, व्यक्ति को बतलाता है तथा जाति का गुण-निर्देश करता है। विशुद्ध अनिर्दिष्ट लक्षण नाग की कोई चीज़ नहीं है। यह किसी-न-किसी रूप में निर्दिष्ट (अविच्छिन्न) है। फिर आकृति भी अपने-आप में पर्याप्त नहीं है। मिट्टी से बनी गाय की मूर्ति को हम गाय नहीं कह सकते यद्यपि आकृति गाय की ही है, किन्तु उसमें जातिगत अन्य गुणों का अभाव है। व्यावहारिक प्रयोग से इस मत की पुष्टि होती है कि शब्द व्यक्तियों का संकेत करते हैं।[2]

बौद्ध विचारकों के अनुसार, शब्द निश्चित पदार्थों के वाचक नहीं हैं, बल्कि ऐसे अन्य पदार्थों का निराकरण करते हैं, जिनका ध्यान भूल से मन में आ जाता है! 'गाय' शब्द से घोड़े आदि अन्य पदार्थों का निराकरण (अपोह) हो जाता है। इस निराकरण के कारण हम अनुमान करते हैं कि 'गाय' शब्द गाय रूपी पदार्थ का निर्देश करता है।[3] उद्योतकर अपोह के सिद्धान्त की आलोचना निम्नलिखित युक्तियों के आधार पर करता है[4]—जब तक पहले से विध्यात्मक संकेत का ग्रहण न हुआ हो, निषेधात्मक संकेत का विचार मन में उठ ही नहीं सकता। प्रत्येक निषेध का एक विध्यात्मक आधार होता है। मात्र निषेध का कुछ अर्थ ही नहीं, जबकि प्रत्येक निषेधात्मक कथन के साथ विध्यात्मक कथन अर्थापत्ति द्वारा जुड़ा हुआ है। यद्यपि परस्पर-विरोधी दो शब्दों में एक का संकेत दूसरे का निराकरण कर देता है, परन्तु 'सब' जैसे शब्द में इस प्रकार का निराकरण सम्भव नहीं है।[5] प्रत्येक शब्द किसी विध्यात्मक वस्तु का संकेत करता है, जो अन्य पदार्थों से उसका मात्र भेद ही नहीं होती है।[6]

→ से रहता है। यह प्रश्न कि जाति प्रत्येक व्यक्ति के अन्दर अपनी सम्पूर्णता में रहती है या अंशों में, कुछ अर्थ नहीं रखता, क्योंकि जाति मिश्रण नहीं है और इसलिए पूर्ण इकाई और अंशों का भेद इस पर लागू नहीं होता। जाति अथवा नित्य सारतत्त्व के लिए कहा जाता है कि उसका उन व्यक्तियों के साथ जिनका वह सारतत्त्व है, समवाय सम्बन्ध में रहना आवश्यक है, और अन्य व्यक्तियों के साथ कालिक सम्बन्ध में।

1. 2 : 2, 63। जातिविशिष्टव्यक्ति।

2. 2 : 2, 57।

3. देखिए न्यायमंजरी, पृष्ठ 303, 306-8, और पार्थसारथि मिश्र कृत 'न्यायरत्नाकर'। प्रारम्भिक बौद्ध ग्रंथों में इस विचार के विषय में कोई निश्चित सूचना नहीं है, यद्यपि रत्नकीर्तिकृत अपोहसिद्धि ग्रन्थ में यह एक परिवर्तित रूप में मिलता है। उसके अनुसार शब्द न तो विध्यात्मक और न ही निषेधात्मक पदार्थों को प्रकट करते हैं। निश्चयात्मक अर्थ अन्य पदार्थों के निषेध का परिणाम नहीं है, और न ही निषेधात्मक अर्थ निश्चयात्मक संकेत का परिणाम है। अर्थ का सारतत्त्व निश्चयात्मक एवं निषेधात्मक दोनों पक्षों के एकसाथ बोध में है। सभी निर्दिष्ट पदार्थ अपना एक विध्यात्मक स्वभाव रखते हैं। जिससे अन्य सब का निराकरण हो जाता है। यह मत निश्चय ही अधिक सन्तोषप्रद है, यद्यपि बौद्धों के सामान्य आध्यात्मिक शास्त्र के साथ यह आसानी से मेल नहीं खाता, और न ही हिन्दू तार्किक इसे बौद्धमत के रूप में स्वीकार करते हैं।

4. न्यायवार्तिक, 2 : 2, 65।

5. देखिए उदयनकृत 'आत्मतत्त्वविवेक'।

6. न्यायमंजरी, पृष्ठ 311; और देखिए न्यायकंदली, पृष्ठ 317-21।

यह आपत्ति की जाती है कि शब्द पदार्थों का संकेत नहीं कर सकते, क्योंकि वे पदार्थों के साथ नहीं रहते, और पदार्थों के उपस्थित न रहने पर भी विद्यमान रहते हैं, जैसे कि इस निषेधात्मक निर्णय में कि 'यहां कोई घड़ा नहीं है।'[1] इस आपत्ति के उत्तर में वाचस्पति का कहना है कि शब्द व्यापक का संकेत करता है जिसमें देश व काल में बंटे हुए सभी व्यक्ति सम्मिलित रहते हैं, और इसलिए वह वर्तमान तथा भूतकाल के भी व्यक्तियों का संकेत करता है।[2] और न यही कहा जा सकता है कि शब्द केवल एक अमूर्त विचार है, क्योंकि यह भिन्न-भिन्न व्यक्तियों के भिन्न-भिन्न रूपों को लक्षित नहीं कर सकता है। शब्द विशिष्ट रूपों का ही उल्लेख करता है और ये पदार्थ के ही अन्दर रहते हैं। हम अपने अनुभव में शब्दों का प्रयोग करते हैं और ये जीवन में सफलता की ओर ले जाते हैं। यदि शब्द केवल मानसिक बिम्बों से ही सम्बन्ध रखता, बाह्य पदार्थों से न रखता तो यह सब असम्भव होता।[3]

कभी-कभी यह कहा जाता है कि शब्द तथा पदार्थ के मध्य क्या सम्बन्ध है, हम इसकी कल्पना नहीं कर सकते। शब्द एक गुण है, और इसके द्वारा प्रकट किया गया पदार्थ द्रव्य है, और इन दो के मध्य संयोग-सम्बन्ध नहीं हो सकता। यदि शब्द के द्वारा प्रकट किया गया पदार्थ भी गुण होता, तो भी दो गुणों के मध्य यह सम्बन्ध असम्भव है।[4] शब्द निष्क्रिय हैं और संयोग निर्भर करता है दोनों में से किसी एक गति पर। शब्द आकाश और पदार्थ आकाश दोनों निष्क्रिय हैं और उनमें कोई संयोग नहीं हो सकता। वात्स्यायन स्वीकार करता है कि शब्द और उसके अर्थ के बीच सम्बन्ध उत्पादक रूप (प्राप्तिलक्षण) नहीं है। 'अग्नि' शब्द अग्नि पदार्थ को उत्पन्न नहीं करता।[5] यही कारण है कि शाब्दिक बोध इन्द्रियजन्य प्रत्यक्ष ज्ञान से कम स्पष्ट होता है।[6] तो भी बोध के रूप में वह किसी भी तरह न्यून नहीं होता।

वाक्य सार्थक (भावपूर्ण) शब्दों का संग्रह है। हमें वाक्य को बनानेवाले शब्दों का बोध होता है और उसके बाद उनके अर्थों का। शब्दों के बोध अपने पीछे संस्कार छोड़ जाते हैं जिनको वाक्य के अन्त में स्मरण किया जाता है, और तब विभिन्न अर्थ एक प्रकरण में एकसाथ सम्बद्ध हो जाते हैं। जहां प्राचीन नैय्यायिकों का कहना है कि शाब्दिक ज्ञान का मुख्य कारण मौखिक स्मृति से प्राप्त पदार्थों का स्मरण है, वहां आधुनिक नैय्यायिक तर्क करते हैं कि मौखिक स्मृति मुख्य कारण है। वाक्य का अर्थ निर्भर करता है—(1) आकांक्षा, पारस्परिक आवश्यकता अथवा परस्पराश्रय, अथवा अन्य शब्द के अभाव में किसी शब्द की अभिलषित अर्थ को संकेत करने की असमर्थता पर, (2) योग्यता अथवा वाक्य के भाव के अनुरूप होने की क्षमता तथा उसे निरर्थक किंवा असफल न होने देने की क्षमता पर,

1. प्रमेयकमलमार्तण्ड, पृष्ठ 124; वैशेषिक सूत्र, 7 : 2, 17।
2. न्यायवार्तिकतात्पर्यटीका, 2 : 2, 63।
3. प्रमेयकमलमार्तण्ड, पृष्ठ 136; विद्यानन्दकृत अष्टसहस्री; पृष्ठ 249।
4. वैशेषिक सूत्र, 7 : 2, 14।
5. न्यायभाष्य और न्यायवार्तिकतात्पर्यटीका, 2 : 1, 50-51।
6. प्रमेयकमलमार्तण्ड, पृष्ठ 128-30; कुमारिलकृत श्लोकवार्तिक, 5 : 11, 6-8, और 10।

(3) सन्निधि, निकटता अथवा बीच में लम्बा व्यवधान दिए बिना शब्दों के शीघ्रता के साथ एक के बाद एक उच्चारण पर। ये शब्दों के पदयोजना-सम्बन्धी, तार्किक तथा ध्वन्यात्मक सम्बन्धों पर विशेष बल देते हैं। ऐसे शब्दों के संकलन से जो परस्पर एक-दूसरे पर आश्रित न हो, यथा मनुष्य, घोड़ा और बस्ती, कोई भाव नहीं निकलता। एक ऐसे वाक्य का, जैसे 'आग से सींचे,' कुछ भी अर्थ नहीं है, क्योंकि यह बुद्धि में नहीं आता। इसी प्रकार देर-देर से उच्चारण किए गए शब्द कुछ अर्थ नहीं रख सकते। वाक्य ऐसे शब्दों से बनता है जो एक-दूसरे पर आश्रित, और जिन्हें एक-दूसरे के अगल-बगल रखकर कोई रचना की जा सके। गंगेश इसमें एक चौथी शर्त भी जोड़ता है, अर्थात् वक्ता के आशय का ज्ञान। एक ऐसे वाक्य, जैसे 'सैन्धवम् आनय' का अर्थ यह हो सकता है कि 'घोड़ा लाओ' और यह भी हो सकता है "नमक लाओ!" इसका निश्चित अर्थ हमें तभी मालूम हो सकता है जबकि हमें वक्ता के मन में क्या है, इसका ज्ञान हो। निश्चित अर्थ को प्रकट करने की योग्यता में इस आवश्यकता को भी सम्मिलित कर लेना चाहिए।[1] जहां योग्यता के लिए औपचारिक संगति की आवश्यकता है, वहां तात्पर्यज्ञान अथवा वक्ता के अभिप्राय के ज्ञान से आशय वास्तविक संगति कहा जा सकता है।[2]

प्रतिज्ञाओं को तीन वर्गों में बांटा गया है : विधि, निषेध और व्याख्या (अर्थवाद)।[3] शब्द का उपयोग जब ज्ञान के उद्गम के रूप में किया जाता है तो उसका तात्पर्य होता है, 'आप्तोपदेश' अर्थात् एक विश्वस्त व्यक्ति का कथन।[4] आप्त से तात्पर्य उस व्यक्ति से है जो किसी क्षेत्र-विशेष में विशेषज्ञ हो, 'वह जो किसी विषय का प्रत्यक्ष प्रमाण रखता है और उसे दूसरों को पहुंचाना चाहता है, जिससे कि वे इसे समझ लें।' ऐसे व्यक्ति किसी भी जाति अथवा वर्ण के क्यों न हों, 'ऋषि हों, आर्य हों अथवा म्लेच्छ हों।'[5] जब किसी युवक के मन में यह सन्देह हो कि अमुक नदी पार की जा सकती है या नहीं, तो बस्ती के किसी पुराने अनुभवी पुरुष से इस प्रकार की सूचना मिलने पर कि वह पार की जा सकती है, उस पर विश्वास करना चाहिए।

ये विश्वसनीय कथन दृश्य जगत् से अथवा अदृश्य जगत् से सम्बन्ध रखते हैं। यह कथन कि 'कुनैन नामक दवा ज्वर का इलाज करती है' पहले प्रकार का है, और 'धार्मिक जीवन से स्वर्ग मिलता है' यह दूसरे प्रकार का है। ऋषियों के शब्द दूसरे अर्थात् अदृश्य-जगत् से सम्बन्ध रखते हैं।[6] उनके कथनों पर विश्वास करना चाहिए, क्योंकि इस विश्व के सम्बन्ध में उनके कथन, जिनकी सचाई जांची जा सकती थी, सत्य सिद्ध हुए हैं। वेदों के निर्माता आप्तपुरुष अर्थात् विश्वसनीय पुरुष हैं, क्योंकि उन्होंने सत्य का अन्तर्दृष्टि से प्रत्यक्ष ज्ञान

---

1. भाषापरिच्छेद। और देखिए वेदान्तपरिभाषा, 4

2. जहां मीमांसक तथा वैय्याकरणों का मत है कि वाक्य के अन्तर्गत शब्द क्रिया पर ही केंद्रित रहते हैं, जिसके बिना उसका कुछ अर्थ नहीं बनता, वहां नैय्यायिक का मत है कि प्रतिज्ञा केवल कुछ सार्थक शब्दों (पदसमूह) से बनती है जिनके सामूहिक अर्थ का बोध होता है, वाक्य के अन्दर क्रियापद हो या न हो। (तर्कसंग्रह, पृष्ठ 59; : 'प्रभाकर स्कूल', पृष्ठ 63)।

3. न्यायसूत्र, 2 : 1, 63, और तर्ककौमुदी, पृष्ठ 17।

4. 1 : 1, 7।

5. न्यायभाष्य, 1 : 1, 7।

6. न्यायभाष्य, 1 : 1, 8।

प्राप्त किया था, उन्हें मनुष्य-मात्र से प्रेम था तथा उनमें अपने ज्ञान को दूसरों को देने की इच्छा थी।[1]

उदयन तथा अन्नंभट्ट जैसे परवर्ती नैय्यायिक और वैशेषिक विचारक परमेश्वर को वेदों का नित्य निर्माता मानते हैं। उदयन इस मत का निराकरण करता है कि वेदों की प्रामाणिकता उनके नित्य, दोषहीन तथा महान् सन्तों द्वारा स्वीकृत नहीं हो सकती। वेदों की नित्यता के विषय में मीमांसक का जो मत है उसका उदयन विरोध करता है, और युक्ति देता है कि नित्यता की सूचक कोई निरन्तर परम्परा नहीं है, क्योंकि इस तरह की परम्परा वर्तमान सृष्टि से पूर्व, प्रलय के समय, नष्ट हो गई होगी। परन्तु वात्स्यायन परम्परा की निरन्तरता को स्वीकार करता है तथा कहता है कि ईश्वर प्रत्येक सृष्टि के आरम्भ में वेदों का पुनर्निर्माण करता है, तभी उक्त परम्परा को स्थिर रखता है।[2] यदि मीमांसक अपने इस मत के समर्थन में वेदमन्त्र प्रस्तुत करते हैं कि वेद नित्य हैं और ऋषि उनके निर्माता नहीं अपितु केवल मन्त्रद्रष्टा हैं, तो वेदों के उद्गम के विषय में न्याय-मत के समर्थन में अन्य मन्त्र उद्धृत किए जाते हैं।[3] इसके अतिरिक्त, वेदों में ऐसे वाक्य हैं जो निर्माता को उपलक्षित करते हैं।

वेदों की प्रामाणिकता के विरोध में असत्य, पूर्वापर, विरोध, पुनरुक्ति आदि जो आपत्तियां उठाई जाती हैं उन सबका यह कहकर निषेध किया गया है कि वे टिकनेवाली नहीं हैं।[4] उनकी प्रामाणिकता की रक्षा इस आधार पर की जाती है कि उनके विषय एक संगत और पूर्ण इकाई का निर्माण करते हैं। वेदों को स्वीकार करने का अर्थ मिथ्याविश्वास अथवा ईश्वरीय वाणी का आश्रय लेना नहीं है।

दिङ्नाग विरोध में कहता है कि शब्द, ज्ञान का स्वतन्त्र साधन नहीं है। जब हम विश्वसनीय कथन की बात करते हैं तो उससे हमारा तात्पर्य या तो यह होता है कि जो व्यक्ति बोल रहा है वह विश्वसनीय है, या यह होता है कि यह तथ्य जिसे वह कह रहा है, विश्वसनीय है। पहली अवस्था में यह अनुमान है, और दूसरी अवस्था में प्रत्यक्ष ज्ञान है।[5] यद्यपि शब्द अनुमान के समान है, क्योंकि वह पदार्थ के ज्ञान को उसके चिह्न द्वारा दूसरे को पहुँचाता है। किन्तु इसका चिह्न अनुमान के चिह्न से भिन्न है, यहां यह संकेत करता है कि शब्दों का प्रयोग करनेवाला व्यक्ति विश्वास के योग्य है या नहीं।[6] अनुमान में चिह्न (लक्षण) तथा लक्षित पदार्थ का सम्बन्ध

---

1. 2 : 1, 68।
2. न्यायभाष्य और न्यायवार्तिकतात्पर्यटीका; 2 : 1, 68।
3. इदं सर्वम् आयुजत ऋचो यजूंषि सामानि, इत्यादि।
4. यदि हम पुत्रप्राप्ति के लिए यज्ञ करते हैं और पुत्रप्राप्ति नहीं होती, तो कर्म में कहीं दोष रहा होगा, वैदिक विधान में दोष नहीं है। इस प्रकार के आदेशों को कि 'सूर्योदय के पश्चात् होम करो' अथवा 'पहले' होम करो, परस्पर-विरोधी नहीं समझना चाहिए, क्योंकि वे आचार के वैकल्पिक विधानों का कथन करते हैं। कोई भी पुनरुक्ति निरर्थक नहीं है (न्यायभाष्य, 2 : 1, 58-59)।
5. दिङ्नाग, फिर भी बुद्ध के वचनों को प्रामाणिक मानता है। (देखिए कुमारिलकृत तत्त्ववार्तिक, पृष्ठ 169 से आगे)।
6. न्यायभाष्य, 2 : 1, 52।

प्राकृतिक है, किन्तु शब्द प्रमाण में यह सम्बन्ध रूढ़िगत है।[1] यदि हम यह तर्क उपस्थित करें कि शाब्दिक बोध शब्दों के अर्थों की स्मृति के पीछे आता है और इसलिए यह आनुमानिक ज्ञान है, तो संदिग्ध बोध तथा उपमानजनित ज्ञान को भी आनुमानिक मानना होगा। यदि समय के तीन भागों से सम्बद्ध होने के कारण शाब्दिक बोध अनुमान की कोटि में आता है तो तर्क की अन्यान्य विधियां भी अनुमान की कोटि में आ जाएंगी। यदि इस बात पर बल दिया जाए कि शाब्दिक बोध निश्चित तथा निषेधात्मक के साहचर्य पर निर्भर करता है और यह कहा जाए कि 'घड़ा' शब्द का तात्पर्य है पदार्थ का बोध, और जहां इसे वाणी से उच्चारण नहीं किया जाता वहां बोध नहीं होता, तो प्रत्यक्ष ज्ञान भी अनुमान की कोटि में आ जाएगा, क्योंकि यह वहां विद्यमान है जहां घड़ा विद्यमान है और जहां घड़ा विद्यमान नहीं वहां प्रत्यक्ष ज्ञान भी नहीं।[2] इस प्रकार शब्दों द्वारा प्राप्त ज्ञान प्रत्यक्ष, अनुमान तथा उपमान प्रमाण द्वारा प्राप्त ज्ञान से भिन्न है।[3]

13. ज्ञान के अन्य रूप

न्याय के अभिमत ज्ञान के चार साधनों में मीमांसक अर्थापत्ति तथा भाट्ट मत के अनुयायी और वेदान्ती अभाव को भी जोड़ते हैं। पौराणिक लोग परम्परा तथा सम्भावना को भी ज्ञान के प्रामाणिक साधनों में सम्मिलित करते हैं। नैय्यायिक का मत है कि ज्ञान के सभी प्रकार चार प्रमाणों के अन्दर समा जाते हैं।[4]

ऐतिह्य अथवा परम्परा शब्द प्रमाण के अन्दर आ जाता है।[5] यदि प्रवाद किसी ऐसे व्यक्ति द्वारा प्रचारित किया गया हो जो विश्वस्त है तो यह वैसा ही प्रामाणिक है जैसे कि शब्द प्रमाण। अर्थापत्ति अथवा उपलक्षण एक अन्य तथ्य के आधार पर (अर्थात्) एक नये तथ्य को प्राप्त करना, अथवा किसी चीज़ के विषय में धारणा बनाना (आपत्ति) है। यह एक ऐसे पदार्थ के विषय में धारणा बनाना है जो अपने-आप प्रत्यक्ष नहीं हुआ है, बल्कि प्रत्यक्ष या अनुमान द्वारा जाने गए अन्य पदार्थ से उपलक्षित हुआ है। मोटे शरीर वाला देवदत्त दिन में नहीं खाता। इससे यह उपलक्षित हुआ कि वह रात में खाता है, क्योंकि बिना खाना खाए कोई मोटा नहीं हो सकता। मीमांसक, जो इसे ज्ञान का स्वतन्त्र साधन मानते हैं, इसे एक विकल्पात्मक काल्पनिक परार्थानुमान मानते हैं।[6] गंगेश के अनुसार, यह एक निषेधात्मक अनुमान का उदाहरण है जो साध्य पद के अभाव द्वारा हेतु के अभाव की स्थापना करता है। भाषापरिच्छेद के अनुसार, हेतु तथा साध्यपद के मध्य निषेधात्मक सम्बन्ध (व्यतिरेकव्याप्ति) को पहचान लेने से अर्थापत्ति सम्पन्न हो जाती है।[7] सम्भव अथवा अन्तर्गमन वह है जहां

1. न्यायभाष्य, 2 : 1, 55।
2. न्यायवार्तिक, 2 : 1, 49-51।
3. न्यायभाष्य, 2 : 1, 52; न्यायवार्तिक, 1 : 1, 7।
4. न्यायभाष्य, 2 : 1, 19।
5. 2 : 2, 2।
6. और देखिए भाषापरिच्छेद, पृष्ठ 143।
7. इसे दो भिन्न-भिन्न स्थितियों में प्रकट कर सकते हैं:—
   वह जो बिलकुल नहीं खाता मोटा नहीं होता।

कि हमें पूर्ण के एक अंश का, जोकि उसका अवयव है, बोध होता है। यह निगमनात्मक अनुमान की अवस्था है। वस्तुतः यह सांख्यिक अभिव्याप्ति है।

अभाव अथवा अनस्तित्व को कभी-कभी एक स्वतन्त्र प्रमाण माना गया है। यद्यपि न्यायवैशेषिक दर्शन अभाव को एक प्रमेय पदार्थ करके स्वीकार करता है पर वह यह नहीं मानता कि उसके जानने के लिए किसी विशिष्ट प्रमाण की आवश्यकता है। हम पहले देख आए हैं कि किस प्रकार अस्तित्व एक प्रमेय पदार्थ है जो अपने अधिकरण के साथ विशेषणता (अर्थात् गुण और गुणी) सम्बन्ध से सम्बद्ध है। अभावात्मक प्रमेय पदार्थ उसी श्रेणी का है जिस श्रेणी का उसका अधिकरण है जो प्रत्यक्ष दिखाई देता है, अन्यथा उसके अभाव का ज्ञान उसके अधिकरण से संकेतित नहीं हो सकता। नितान्त अभाव कल्पनातीत है। अभाव, जो ज्ञान का विषय है, सापेक्ष है।[1]

अनुमान द्वारा हम पदार्थों के अभाव का ज्ञान प्राप्त कर सकते हैं। अभाव से तात्पर्य केवल निषेध ही से नहीं है, बल्कि वैषम्य से भी है। एक पदार्थ जो विद्यमान है और दूसरा जो विद्यमान नहीं है, उनमें परस्पर वैषम्य है। जैसे कि वर्षा का अभाव तीव्र वायु के साथ बादलों के सम्बन्ध का ज्ञान कराता है, क्योंकि यदि तीव्र वायुरूपी बाधा मार्ग में न आ जाती तो गुरुत्वाकर्षण के नियमों के अनुसार बादलों का नीचे पृथ्वी पर बरस जाना आवश्यक था।[2] दो परस्पर-विरोधी पदार्थों में से एक के अभाव से दूसरे के अस्तित्व की स्थापना होती है। न्यायदर्शन का तर्क युग्मशाखीय विभाग के सिद्धान्त को लेकर आगे बढ़ता है। सजातीय तथा विजातीय उदाहरणों का भेद इसी कल्पना के आधार पर टिका हुआ है। दो परस्पर-विरोधी निर्णयों की अवस्था में ऐसा नहीं हो सकता कि दोनों ही सत्य हों अथवा दोनों ही असत्य हों। 'क' या तो 'ख' है और या 'ख' नहीं है। परस्पर विरोधी दो में से एक अवश्य सत्य होगा, क्योंकि कोई और मार्ग सम्भव नहीं है।[3] यदि हम किसी वस्तु के अभाव का अनुमान दूसरी वस्तु के अस्तित्व से करते हैं तो यह केवल अनुमान का विषय है।[4] वात्स्यायन का कहना है कि 'जिस समय विद्यमान वस्तु बोध होता है उस समय अभावात्मक वस्तु का बोध नहीं होता, अर्थात् अभावात्मक वस्तु का अज्ञान उसी समय होता है जबकि विद्यमान वस्तु का बोध होता है। जब दीपक जलता है और जो देखा जाने योग्य पदार्थ है उसे दृश्य बना देता है, तो वह जो उसी प्रकार से दिखाई नहीं देता जिस प्रकार उक्त देखने योग्य पदार्थ दिखाई देता है, वह अभावात्मक माना जाता है। उस समय मानसिक प्रक्रिया निम्नलिखित प्रकार की होती है : 'यदि पदार्थ का अस्तित्व होता तो वह दिखाई देता : और क्योंकि

→ यह मनुष्य मोटा है।

इसलिए यह मनुष्य वह नहीं है जो बिलकुल नहीं खाता, अर्थात् यह वह है जो खाता है।

यह सीज़र है। अलग चरण है:—

वह व्यक्ति जो खाता है उसे दिन में या रात में अवश्य खाना चाहिए।

यह दिन में नहीं खाता।

इसलिए यह रात में खाता है।

1. एक भिन्न मत के लिए देखिए शास्त्रदीपिका, पृष्ठ 234 से आगे; वेदान्तपरिभाषा, 6।

2. न्यायभाष्य, 2 : 2, 1।

3. परस्परविरोधे हि न प्रकारान्तरस्थितिः (कुसुमांजलि, 3 : 8)।

4. न्यायभाष्य, 2 : 2, 2।

वह दिखाई नहीं देता इसलिए निष्कर्ष अवश्य यही निकलता है कि वह विद्यमान नहीं है।'[1] प्रशस्तपाद इस विचार का समर्थन करता है। 'जिस प्रकार कार्य का रूप कारण के अस्तित्व का संकेत करने वाला होता है, उसी प्रकार कार्य का अभाव कारण के अभाव का संकेत करने वाला होता है, उसी प्रकार कार्य का अभाव कारण के अभाव का संकेत करता है।'[2] शब्द के द्वारा भी अभाव का बोध हो सकता है।[3]

14. तर्क और वाद

तर्क अथवा परोक्ष प्रमाण में हम एक भ्रमात्मक धारणा को लेकर चलते हैं और प्रदर्शित करते हैं कि किस प्रकार यह हमें असंगतियों की ओर प्रेरित करती है। यदि जीवात्मा नित्य न होती तो यह अपने कर्मों के फलों का उपभोग कर सकती, न पुनर्जन्म में आती और न मोक्ष ही प्राप्त कर सकती। इसलिए जीवात्मा नित्य है। एक असत्य आधार वाक्य को मान लेने से हम असत्य साध्यपद को मानने के लिए बाध्य होते हैं।[4] तर्क एक प्रकार का ऐसा अनुमान है जो अन्य सबसे भिन्न है, क्योंकि यह किसी प्रत्यक्ष ज्ञान के आधार पर नहीं है। यह हमें परोक्षरूप से ठीक ज्ञान की ओर ले जाता है।[5] वात्स्यायन के अनुसार, यह हमें निश्चयात्मक ज्ञान नहीं करा सकता, यद्यपि यह हमें इतना बतला देता है कि एक प्रस्तुत पक्ष का विपरीत असम्भव है।[6] उद्योतकर का तर्क है कि आत्मा के विषय में तर्क हमें ऐसा कहने के योग्य नहीं बनाता कि आत्मा अनादि है बल्कि केवल इतना कहने के योग्य बनाता है कि ऐसा होना चाहिए।[7] तर्क अपने-आप में प्रामाणिक ज्ञान का साधन नहीं है, यद्यपि प्रकल्पनाओं के प्रस्तुत करने में यह मूल्यवान सिद्ध होता है।

> प्राचीन न्याय ग्यारह प्रकार के तर्क को स्वीकार करता है जिसे आधुनिक न्याय ने घटाकर पांच ही रखा है। इनमें मुख्य वह है जिसका हमने वर्णन प्रमाणबाधितार्थप्रसंग नाम से किया है। अन्य चार हैं, आत्माश्रयम, अन्योन्याश्रय, चक्रिक अथवा चक्ररूपी तर्क, और अनवस्था, अर्थात् अन्तविहीन पश्चाद्‌गति। प्रमाणबाधितार्थप्रसंग को भी हेत्वाभास माना गया है, क्योंकि यह ऐसा निष्कर्ष निकालता है जो असंगत है। किन्तु जब हम भूल को अतिक्रमण कर जाते हैं तब हम एक निश्चित निर्णय पर पहुंच जाते हैं।[8]
>
> वाद परार्थानुमान की विधि का स्वतंत्ररूप से प्रयोग करके सत्य के निश्चय करने का लक्ष्य रखता है। किन्तु यह प्रायः बिगड़कर जल्प के रूप में परिणत हो जाता है,

---

1. न्यायभाष्य, प्रस्तावना।

2. प्रशस्तपादकृत पदार्थधर्मसंग्रह, पृष्ठ 225। और देखिए वैशेषिक सूत्र, 9 : 2, 5; न्यायकंदली, पृष्ठ 225-26; और कुसुमांजलि, 3 : 20, 22 और 26।

3. जयन्त ग्यारह प्रकार की अनुपलब्धियों का उल्लेख करता है। देखिए न्यायमंजरी पृष्ठ 56-57।

4. सर्वदर्शनसंग्रह, 11।

5. प्रमानुग्राहकस्तर्क : (सर्वसिद्धान्तसारसंग्रह, 6 : 25)। तर्कभाषा।

6. न्यायभाष्य, 1 : 1, 40।

7. न्यायवार्तिक, 1 : 1, 40।

8. 1 : 1, 41।

जिसका लक्ष्य विजय प्राप्त करना हो जाता है और यह वितण्डा कहलाता है, जो समालोचना के लिए समालोचना करने में ही प्रसन्न होता है।[1] इस प्रकार के निष्फल वाद-विवाद का अन्त प्रतिपक्षी को उसकी भूल मनवाकर तथा उसे अपनी हार मानने के लिए बाध्य करने से ही हो सकता है।[2]

15. स्मृति

समस्त ज्ञान दो श्रेणियों में विभक्त किया गया है—अनुभव, जो पूर्ण चेतना की पुनरावृत्ति न होकर वर्तमानकाल का ज्ञान है, और स्मृति, जो पूर्ण-अनुभवों के आधार पर स्मरणात्मक चेतना के रूप में प्रकट होती है।[3] यदि हम स्मृतिजन्य ज्ञान को निकाल दें तो समस्त भूतकाल निश्चितता के क्षेत्र से निकल जायेगा। स्मृतिज्ञान संस्कारों के आधार पर स्थित है। स्मृति की परिभाषा करते हुए कहा जाता है कि आत्मा का मन के साथ एक विशेष प्रकार का सम्बन्ध होने से तथा पूर्व-अनुभव के जो संस्कार शेष रहते हैं उनके कारण हमें स्मृति होती है।[4] कभी-कभी यह कहा जाता है कि यह केवल संस्कार मात्र से उत्पन्न होती है। और इस प्रकार की यह पहचान (प्रत्यभिज्ञा) से भिन्न है। जहां संस्कार स्मृति का तात्कालिक कारण है, वहां पहचान किसी अन्य पदार्थ के साथ प्रस्तुत पदार्थ के तादात्म्य के प्रत्यक्ष ज्ञान के कारण होती है। न्याय, स्मृति को ज्ञान का एक पृथक् साधन नहीं मानता, क्योंकि हमें इसमें पदार्थों का कोई बोधात्मक ज्ञान प्राप्त नहीं होता बल्कि केवल पिछले अनुभव की पुनरावृत्ति उसी रूप तथा क्रम में होती है जिसमें कि वह भूतकाल में कभी रहा था और अब विलुप्त हो चुका था।[5] स्मृतिविषयक ज्ञान की प्रामाणिकता उस पूर्व-अनुभव की प्रामाणिकता पर निर्भर करती है जिसकी कि यह पुनरावृत्ति है। कुछ तार्किक-स्मृतिजन्य ज्ञान को प्रामाणिक बोध के अन्दर सम्मिलित करते हैं, जबकि प्रामाणिक बोध का कभी विरोध नहीं होता।[6] स्मृतियां

---

1. 1 : 2, 1-3।

2. पराजय के स्थान (अर्थात् निग्रहस्थान) 22 प्रकार के हैं : (1) प्रतिज्ञाहानि, अथवा साध्यपक्ष को त्याग देना; (2) प्रतिज्ञान्तर, अथवा नये विवेचन को बीच में लाकर तर्क के विषय को बदल देना; (3) प्रतिज्ञाविरोध, अथवा आत्मविरोध; (4) प्रतिज्ञासंन्यास, अथवा साध्यपक्ष से हट जाना; (5) हेत्वन्तर, अथवा अपनी दी हुई युक्ति को बदल देना; (6) अर्थान्तर, अर्थात् विषय बदल देना; (7) निरर्थक, अथवा बिना किसी अर्थ की, बात करना; (8) अविज्ञातार्थ, अथवा ऐसी भाषा का प्रयोग जिसका अर्थ समझ में न आ सके; (9) अपार्थक, अर्थात् असंगत भाषण, (10) अप्राप्तिकाल, अथवा तर्क के क्रम की उपेक्षा; (11) न्यून, अथवा तर्क के आवश्यक अंशों को छोड़ देना; (12) अधिक, अर्थात् जो स्पष्ट हो उसे आवश्यकता से अधिक तूल देना; (13) पुनरुक्त, अर्थात् कहे हुए को बार-बार दोहराना; (14) अननुभाषण, अर्थात् चुप रहना; (15) अज्ञान, अर्थात् साध्यपक्ष को न समझना; (16) अप्रतिभा, अर्थात् उत्तरों का न सूझना; (17) विक्षेप, अर्थात् रोगादि का बहाना करके वाद-विवाद से बचना; (18) मतानुज्ञा, अर्थात् यह कहकर कि विरोध पक्ष में भी यह पाया जाता है, अपनी हार को स्वीकार कर लेना; (19) पर्यनुयोग्योपक्षण, अर्थात् जहां दोष देखना चाहिए उसे दृष्टि से ओझल कर देना; (20) निरनुयोग्यानुयोग्य, अर्थात् जहां दोष न लगाना चाहिए वहां दोष लगाना; (21) अपसिद्धान्त, अर्थात् स्वीकृत सिद्धान्त से भी परे हटना; और (22) हेत्वाभास, अर्थात् जो हेतु नहीं है उसे हेतु की भांति दिखाना।

3. तर्कसंग्रह, 34।

4. वैशेषिकसूत्र, 9 : 2, 6।

5. न्यायसूत्रवृत्ति, 1 : 1, 3।

6. तर्ककौमुदी, पृष्ठ 7।

एक साथ नहीं होतीं क्योंकि ध्यान (प्रणिधान), चिह्न का प्रत्यक्ष तथा अन्य (लिंगादि ज्ञान) एक ही समय में उपस्थित नहीं रहते।[1]

16. संशय

संशय कई अवस्थाओं में उत्पन्न होता है, यथा : (1) कई पदार्थों के गुणसाम्य से, जैसे कि हम सायंकाल के झुटपुटे में एक लम्बी आकृति को देखें और निश्चय न कर सकें कि वह मनुष्य है अथवा खंभा है, क्योंकि लम्बाई दोनों में सामान्य है; (2) ऐसे गुणों के ज्ञान में जोकि किसी भी पदार्थ में समान रूप से न पाए जाएं, जैसे कि यह निश्चय करने में हमें कठिनाई हो कि शब्द नित्य है या नहीं, क्योंकि यह मनुष्य में अथवा पशु में नहीं पाया जाता जो अनित्य है, और न परमाणु में ही पाया जाता है जो नित्य है; (3) परस्पर-विरोधी साक्ष्य से, जैसे कि दो प्रामाणिक पुरुषों में जीवात्मा के स्वरूप के विषय में मतभेद हो जाता है; (4) प्रत्यक्ष ज्ञान की अनियमितता से, जैसे कि जल दिखाई पड़ने पर हम यह निश्चय न कर सकें कि यह वास्तविक जल है जैसाकि तालाब में होता है, अथवा कृत्रिम है जैसाकि मृगमरीचिका में दिखाई देता है, क्योंकि ज्ञान दोनों जगह ही समान है; (5) न दिखाई देने की अनियमितता से, जोकि पूर्वावस्था से विपरीत है।[2] उद्योतकर के अनुसार, पिछली दोनों अवस्थाएं जब तक कि सामान्य अनिश्चयात्मक लक्षणों का ज्ञान न हो, अपने-आप संशय को जन्म नहीं देतीं। क्योंकि देखा गया अवयव एक से अधिक पदार्थों से सम्बद्ध होता है, अतः वह एक साथ ही दो प्रकार के विचारों की श्रृंखला की स्मृति को ताज़ा कर देता है, जिनके बीच मन दोलायमान रहता है और इससे संशय उत्पन्न होता है।[3] दोनों में से एक भी विचार दृश्य ज्ञान के साथ सम्बद्ध नहीं रहता, यद्यपि क्रमशः दोनों का संकेत मिलता है।[4] संशयात्मक वृति अवांछित रूप में बढ़कर क्रिया को रोक देती है।[5]

---

1. न्यायसूत्र, 3 : 2, 33; न्यायभाष्य, 3 : 2, 25-30; न्यायवार्तिक, 3 : 2, 26-26। स्मृति के कारणों में निम्नलिखित का उल्लेख किया गया है। (1) प्रणिधान, अथवा ध्यान; (2) निबन्ध, अथवा साहचर्य; (3) अभ्यास, अर्थात् बार-बार दोहराना; (4) लिंग, अथवा चिह्न; (5) लक्षण, अथवा वर्णनात्मक चिह्न; (6) सादृश्य, अर्थात् समानता; (7) परिग्रह, अथवा स्वामित्व; (8) आश्रयाश्रितसम्बन्ध, अथवा आश्रय तथा सम्बन्ध; (9) आनन्तर्य, अर्थात् क्रम में ठीक पीछे आना; (10) वियोग, अर्थात् पृथक् हो जाना; (11) एक-कार्य, अर्थात् व्यापार में एकता; (12) विरोध; (13) अतिशय, अथवा श्रेष्ठता; (14) प्राप्ति; (15) व्यवधान; (16) सुख-दुःख; (17) इच्छाद्वेष; (18) भय; (19) अर्थित्व, अथवा आवश्यकता; (20) क्रिया; (21) राग, अर्थात् स्नेह या प्रेम; (22) धर्म अथवा पुण्य; (23) अधर्म अथवा पाप। वात्स्यायन के अनुसार, ये इंगितमात्र हैं, यही सब कुछ नहीं है। 'निदर्शनं चेदं स्मृतिहेतूनां न परिसंख्यानसू' इति (न्यायभाष्य, 3 : 2, 41)। साहचर्य के समस्त कारण और विचारों को पुनःस्मरण उक्त शीर्षकों के अन्तर्गत लाए जा सकते हैं।
2. तर्कसंग्रह, 64; वैशेषिकसूत्र, 2 : 2, 17।
3. दोलायमाना प्रतीतिः संशयः (गुणरत्नकृत षड्दर्शनसमुच्चयवृत्ति)।
4. लौगाक्षि भास्कर संशयावस्था की परिभाषा करता हुआ कहता है कि यह ऐसा ज्ञान है जिसमें नानाविध परस्पर विरोधी गुणों का विकल्प रहता है। तर्ककौमुदी : एकस्मिन् धर्मिणि विरुद्धनानाकोटिकं ज्ञानम्। पृष्ठ 7। और तुलना कीजिए तर्कसंग्रह, 64; भाषापरिच्छेद, 129-30।
5. प्रशस्तपाद संशय के दो प्रकार बताता है, आभ्यन्तर और बाह्य (प्रशस्तपादकृत पदार्थधर्मसंग्रह, पृष्ठ 174)।

यदि दोनों विकल्पों में से एक को दबा दिया जाए और मन का झुकाव दूसरे की ओर हो जाए तो उसे, 'ऊहा' अर्थात् अटकल के नाम से जाना जाता है, और कुछ समय के लिए हम एक विकल्प को मान लेते हैं।[1] एक विकल्प को दबाने का कारण दूसरे का सशक्त होना होता है। यदि हम धान के खेत में किसी लम्बे पदार्थ को देखें तो हम अटकल लगाएंगे कि यह कोई मनुष्य है, लम्बा खंभा नहीं है, क्योंकि धान के खेत में खंभे प्रायः नहीं पाए जाते। जहां संशयावस्था में दोनों विकल्पों की एक समान संभावना रहती है, वहां ऊहा में एक की संभावना दूसरे की अपेक्षा अधिक होती है।

एक अन्य संशयात्मक अवस्था भी है जिसे अनध्यवसाय कहते हैं। यह स्मृति के अभाव में उत्पन्न होती है। हम वृक्ष को देखते हैं किन्तु उसका नाम भूल जाते हैं और पूछते हैं कि "इसका क्या नाम हो सकता है?"[2] शिवादित्य के अनुसार, यहां भी हमारे सामने दो वैकल्पिक सुझाव रहते हैं यद्यपि वे चेतना में विद्यमान नहीं रहते। यदि हमें उनका ज्ञान हो तो एक संशयात्मक अवस्था उपस्थित हो जाती है। प्रशस्तपाद, श्रीधर तथा उदयन एक अन्य ही समाधान प्रस्तुत करते हैं। वे इसे अन्यमनस्कता अथवा अधिक ज्ञान की अभिलाषा के कारण परिचित अथवा अपरिचित पदार्थ का सन्दिग्ध (अनिश्चित) ज्ञान मानते हैं। जब कोई परिचित पदार्थ समीप से गुज़रता है और हम उसे उधर ध्यान न होने, अर्थात् अन्यमनस्क होने के कारण नहीं देखते तो इसे अनध्यवसाय के नाम से पुकारते हैं, क्योंकि हमें यह तो पता है कि कुछ समीप से गुजर गया किन्तु यह कौन-सा पदार्थ था, सो हम नहीं जानते। किन्तु जब पदार्थ अपरिचित है और हमें उनका नाम नहीं मालूम तो हमारे सम्मुख अपूर्ण ज्ञान की अवस्था उपस्थित होती है, जोकि साधारण संशय की अवस्था से भिन्न है।[3]

संशय से हमें अनुसंधान की प्रेरणा मिलती है, क्योंकि यह हमारे अन्दर इस अभिलाषा को उत्पन्न कर देता है कि जिसका पता नहीं मिल सका है उसे जाने। यह अनुमान के पूर्व आता है, यद्यपि प्रत्यक्ष ज्ञान अथवा आप्त ज्ञान में इसका कोई स्थान नहीं है। हमारा ज्ञान सुनिश्चित हो जाने पर संशय लुप्त हो जाता है संशय तथा भूल (भ्रांति) में अन्तर है। इन्हें एक साथ न मिलाना चाहिए, क्योंकि ऐसा ज्ञान होना कि हम पदार्थ के स्वरूप से अनभिज्ञ हैं, यथार्थ ज्ञान अथवा प्रत्यय है। संशय अपूर्ण ज्ञान है, जबकि भूल मिथ्या ज्ञान है।

17. हेत्वाभास

न्यायदर्शन का तर्क विस्तार के साथ उन सिद्धांतों का प्रतिपादन करता है जिनके द्वारा ज्ञान प्राप्त होता है। यह प्राकृतिक विज्ञान के दृष्टिकोण को स्वीकार करता है, और इसके नियम उपदेशरूप न होकर सामान्य उक्तियां हैं जिनका आधार उन साधनों का सूक्ष्म निरीक्षण है जिनके द्वारा मानव अपनी बौद्धिक आवश्यकताओं की सन्तुष्टि करता है। साधारणतः ज्ञान यथार्थ होता है; भूल संयोगवश होती है और तभी होती है जबकि वे अवस्थाएं नहीं होतीं जिनमें यथार्थ ज्ञान उत्पन्न होता है। हेत्वाभास तब होते हैं जबकि ज्ञानोत्पादक शक्तियों के

1. सप्तपदार्थी, 68।

2. देखिए सप्तपदार्थी, पृष्ठ 69। तुलना कीजिए मितभाषिणी विजयानगरम् संस्कृत ग्रंथमाला, पृष्ठ 26 : किं संज्ञकोऽयमित्यत्रापित चूतःपनसो वेति विकल्पस्फुरणदनध्यवसायोऽपि संशय एव।

3. प्रशस्तपादकृत पदार्थसंग्रह, पृष्ठ 182-83।

मार्ग में हस्तक्षेप होता है। न्याय हेत्वाभासों के विषय का विस्तृत विवेचन करता है और इसमें आश्चर्य भी क्या है, क्योंकि हमें स्मरण रखना चाहिए कि विचार में भूल होने की सम्भावना के कारण ही न्यायशास्त्र के निर्माण की आवश्यकता हुई।

शब्द-जाल की ओर भी पर्याप्त ध्यान दिया गया है, क्योंकि न्यायशास्त्र का उद्देश्य वितण्डावादियों की कला अर्थात् वाक्छल से हमारी रक्षा करना है। शाब्दिक छल के तीन प्रकार बतलाए गए हैं : (1) वाक्छल—एक ऐसे शब्द का प्रयोग किया जाता है जो सन्दिग्धार्थ है और श्रोता उसका वक्ता के आशय से भिन्न अर्थ लगाता है। जब कोई यह कहता है कि "अमुक लड़का नवकंबल है," अर्थात् जिसके पास नया कंबल है (अथवा नौ कंबल हैं), तो वाक्छली उत्तर देता है कि "नहीं, इसके पास नौ नहीं अपितु एक ही कम्बल है।" (2) सामान्यछल—एक व्यक्ति विशेष के विषय में किए गए कथन को जब सारी जाति पर लागू कर दिया जाए, जैसे किसी के यह कहने पर कि "यह ब्राह्मण विद्वान और आचारवान है", वक्रोक्ति-पटु पुरुष आक्षेप करे कि नहीं, सभी ब्राह्मण विद्वान और आचारवान नहीं होते। (3) अपचारछल—अर्थात् जहां आलंकारिक भाषा में किए गए कथन को शाब्दिक अर्थ में लिया जाता है। जैसे कि कोई कहे कि "फांसी के तख्ते चिल्ला उठते हैं", तो उस पर वक्रोक्तिपटु-पुरुष प्रतिवाद करे कि फांसी के तख्ते जैसे निर्जीव पदार्थ से यह आशा नहीं की जा सकती कि वह चिल्ला सके।

जाति एवं निग्रहस्थान जैसे हेत्वाभास अधिकतर भाषा-सम्बन्धी दोष हैं, तर्क-सम्बन्धी नहीं। तार्किक हेत्वाभास परार्थानुमानात्मक युक्ति के विभिन्न अवयवों के सम्बन्ध में होते हैं। पक्षपद-सम्बन्धी दोष अर्थात् पक्षाभास, और दृष्टान्त सम्बन्धी दोष अर्थात् दृष्टान्ताभास उतने महत्त्व के नहीं हैं, जितने कि हेत्वाभास अर्थात् मध्य पद (हेतु) सम्बन्धी दोष हैं। गौतम[1] इस प्रकार के दोषों के पांच भेद बतलाते हैं : (1) सव्यभिचार, अर्थात् जिसके द्वारा एक से अधिक प्रकार के परिणाम निकल सकें। दुर्बोध इन्द्रियातीत होने के कारण शब्द को चाहे तो हम नित्य समझ लें चाहे अनित्य, क्योंकि नित्य परमाणु और अनित्य पदार्थों के ज्ञान भी दुर्बोध अर्थात् इन्द्रियातीत हैं। हेतु में साध्यपद व्याप्त नहीं है। क्योंकि हेतु बराबर किसी एक विकल्प का सहचारी नहीं है, इसलिए परवर्ती तर्कशास्त्र में इसे अनैकान्तिक कहा गया है। इसके तीन उपविभाग माने गये हैं, अर्थात् (क) साधारण, जहां कि हेतु अत्यन्त व्यापक है; (ख) असाधारण, जहां कि हेतु बहुत संकुचित है; और (ग) अनुसंहारी अर्थात् अनिश्चयात्मक, जहां हेतु की यथार्थता नहीं जांची जा सकती।[2] (2) विरुद्ध अर्थात्

---

1. 1 : 2, 4, और देखिए वैशेषिकसूत्र, 3 : 1, 15। प्रशस्तपाद ने असिद्ध, विरुद्ध, सन्दिग्ध और अनध्यवसित इस प्रकार के हेत्वाभास बताए हैं (प्रशस्तपादकृत पदार्थधर्मसंग्रह, पृष्ठ 239-40)। दिङ्नाग ने चौदह प्रकार के और भासर्वज्ञ ने छः प्रकार के हेत्वाभासों का वर्णन किया है। और देखिए तर्कसंग्रह, 52।

2. तर्कसंग्रह, 53। और देखिए विश्वनाथकृत न्यायसूत्रवृत्ति, 1 : 2, 46।

वह तर्क जिससे स्वयं प्रतिज्ञा का ही खण्डन हो जाए।[1] (3) प्रकरणसम, अर्थात् जो प्रतिज्ञा के ही समान हो, जिससे कोई परिणाम नहीं निकल सकता, क्योंकि यह उसी प्रश्न को उठाता है जिसका कि इसे उत्तर देना होता है। यह दो परस्पर विरोधी विशेषताओं में से एक को रखता है, जबकि दोनों ही अप्रत्यक्ष हैं।[2] परवर्ती न्याय इसे 'सत्प्रतिपक्ष' के अन्तर्गत लाता है। जब यह सव्यभिचार के साथ तादात्म्यरूप धारण करता है तो यह एक ऐसा तर्क हो जाता है जिससे दोनों पक्ष अपना तात्पर्य निकाल सकते हैं।[3] (4) साध्यसम वह तर्क है जो साध्य से भिन्न नहीं है, अर्थात् जिसे सिद्ध करने को स्वयं एक प्रमाण की आवश्यकता है। यह असिद्ध विषय है जिसके विभिन्न प्रकार माने गए हैं, जैसे (क) स्वरूपासिद्धि, जहां हेतु का स्वरूप बिल्कुल ही अज्ञात है, जैसे हम कहें कि शब्द नित्य है क्योंकि यह दिखाई देता है। यहां शब्द का दिखाई दे सकना बिलकुल ही अज्ञात है; (ख) आश्रयासिद्धि : जहां हेतु का कोई आधार ही नहीं, जैसे कि इस उदाहरण में कि 'परमात्मा का अस्तित्व नहीं है, क्योंकि वह शरीरधारी नहीं है', यदि परमात्मा नहीं है तो अशरीरता का कोई अधिष्ठान ही नहीं है; (ग) अन्यथासिद्धि, अर्थात् जो अन्य प्रकार से ज्ञात हो।[4] (5) कालातीत, अर्थात् ऐसा तर्क जिसका समय बीत चुका हो। यह तर्क कि "शब्द स्थायी है क्योंकि इसकी अभिव्यक्ति दो पदार्थों के संयोग से होती है जैसे कि रंग की", इस प्रकार के हेत्वाभास का उदाहरण है। घड़े का रंग तब प्रकट होता है जबकि दीपक के साथ घड़े का संयोग होता है, यद्यपि इस संयोग से पहले भी रंग विद्यमान था और संयोग के विच्छेद हो जाने पर भी बराबर रहेगा। किन्तु उक्त उदाहरण के आधार पर यह तर्क करना कि ढोल के साथ डंडे का संयोग होने से पहले भी शब्द विद्यमान था और संयोग के विच्छेद हो जाने पर भी विद्यमान रहेगा, हेत्वाभास है। यह तर्क कालातीत है क्योंकि दीपक और घड़े के संयोग के साथ ही रंग की अभिव्यक्ति होती है, जबकि डंडे और ढोल का संयोग होने के बाद शब्द की उत्पत्ति होती है। इस प्रकार के हेत्वाभास को 'बाधित' भी कहते हैं जहांकि हेतु एक पक्ष की स्थापना करता है, पर उसमें विपरीत की सिद्धि अन्य प्रमाण द्वारा होती है। परवर्ती तर्कशास्त्र में हेत्वाभासों की सूची बहुत अधिक विकसित है।

18. सत्य अथवा प्रमा

ज्ञान के सिद्धान्त का प्रारम्भ जिस समय से होता है वह यह नहीं है कि हमें ज्ञान है, बल्कि

---

1. न्यायवार्तिक, 1 : 2, 6। वात्स्यायन (1 : 2, 6) योगभाष्य (3 : 13) से दृष्टान्तरूप में ये दो कथन उद्धृत करते हैं : (1) इस संसार का व्यक्त होना इसलिए समाप्त हो जाता है क्योंकि यह नित्य नहीं है और (2) यह विद्यमान इसलिए रहता है क्योंकि इसका नाश नहीं हो सकता। और देखिए तर्कसंग्रह, 54।

2. न्यायभाष्य और न्यायवार्तिक, 1 : 2, 7।

3. तर्कसंग्रह, 55।

4. वाचस्पति एकदेशासिद्धि को जोड़ता है और उदयन व्याप्यत्वासिद्धि को जोड़ता है, जहां कि साहचर्य निरन्तर रहनेवाला नहीं है।

यह है कि हम उसका दावा करते हैं। यह प्रमाणवादी का कार्य है कि वह अनुसंधान करे कि उस दावे को कहां तक निभाया जा सकता है। प्रमा अथवा सत्य के सिद्धान्त में नैय्यायिक जिज्ञासा करना आरम्भ करता है कि कहां तक हमारा दावा तर्क की कसौटी पर न्यायोचित ठहर सकता है। वह यह जताने का प्रयत्न करता है कि चार प्रमाणों के द्वारा जो ज्ञान हमें प्राप्त होता है वह प्रामाणिक है अथवा उसकी प्राकृतिक आवश्यकता है।

न्यायशास्त्र द्वारा प्रतिपादित ज्ञान के सिद्धान्त का माध्यमिक मत के संशयवाद के साथ विरोध है। संशयवादी का कहना है कि हमें पदार्थों के तत्त्व का ज्ञान नहीं होता और हमारा विचार परस्पर इतना विरोधी है कि उसे यथार्थ नहीं समझ सकते। इस मत के विरोध में वात्स्यायन का कहना यह है कि यदि माध्यमिक को इतना निश्चय है कि किसी भी पदार्थ की सत्ता नहीं है, तो उसे अपने ही मत के अनुसार कम-से-कम इतनी निश्चितता तो स्वीकार है ही, और इस प्रकार उसके मत का अपने से ही खण्डन हो जाता है। और यदि 'किसी पदार्थ की सत्ता नहीं' इसे सिद्ध करने के लिए उसके पास कोई प्रमाण नहीं है और यह उसकी केवल अयुक्तियुक्त कल्पना है तो इसके विपरीत मत को स्वीकार किया जा सकता है और फिर जो प्रमाणों की मान्यता को स्वीकार करता है, वह या तो किसी प्रमाण के आधार पर ऐसा कर सकता है या बिना किसी आधार के ऐसा कर सकता है। यदि पिछली बात है तो तर्क करना निरर्थक है। और यदि पहली बात है तो वह प्रमाणों की मान्यता को स्वीकार कर ही लेता है। मौलिक संशयवाद क्रियात्मक नहीं है। प्रत्येक व्यक्ति को विचार प्रारंभ करते ही ज्ञान के सिद्धांतों को स्वीकार करना ही पड़ता है और जो विचार की क्रिया को स्वीकार करता है उसे यथार्थ के जगत् को भी स्वीकार करना ही होता है, क्योंकि विचार तथा यथार्थसत्ता एक-दूसरे पर आश्रित हैं। वात्स्यायन का कहना है कि यदि विचार द्वारा पदार्थों का विश्लेषण सम्भव है तो यह कहना अयुक्तियुक्त होगा कि पदार्थों की वास्तविक कृति का ज्ञान नहीं हो सकता। और यदि, दूसरे पक्ष में, पदार्थों की वास्तविक सत्ता का ज्ञान नहीं होता तो विचार द्वारा पदार्थों का विश्लेषण सम्भव नहीं है। इस प्रकार यह कहना कि विचार द्वारा पदार्थों का विश्लेषण होता है किन्तु पदार्थों की वास्तविक प्रकृति का ज्ञान नहीं होता, इन दोनों वक्तव्यों में परस्पर विरोध है।[1] उद्योतकर इसे इस प्रकार रखता है कि "यदि विचार द्वारा पदार्थों का विश्लेषण हो सकता है तो पदार्थ असत् नहीं हो सकते; और यदि पदार्थों की सत्ता नहीं है तो विचार द्वारा पदार्थों का विश्लेषण सम्भव नहीं है।"[2] न्यायशास्त्र का विश्वास है कि ज्ञान यथार्थसत्ता का सूचक है।[3]

---

1. न्यायभाष्य, 4 : 2, 27।

2. न्यायवार्तिक, 4 : 2, 27।

3. निश्चित ज्ञान की असम्भवता, माध्यमिकों के अनुसार, अन्य युक्तियों के साथ-साथ इस आधार पर है कि प्रत्यक्ष ज्ञान ऐन्द्रिय विषयों के न तो प्रारम्भ में, न पीछे और न ही साथ-साथ कभी हो सकता है। यदि यह पहले होता है तो यह पदार्थ के साथ इन्द्रिय के सन्निकर्ष का परिणाम नहीं हो सकता; यदि यह पीछे होता है तो यह नहीं कहा जा सकता कि इंद्रिय के विषय की स्थापना प्रत्यक्ष ज्ञान के द्वारा हुई है। और यदि प्रत्यक्ष ज्ञान पदार्थ के साथ-साथ होता है तो हमारे बोधों में किसी क्रम की आवश्यकता नहीं, क्योंकि उनसे सम्बद्ध पदार्थों में कोई ऐसा क्रम नहीं है। रंग और गन्ध का प्रत्यक्ष ज्ञान एक ही समय में हो सकता है, जिसे न्याय नहीं स्वीकार करता। जो कुछ प्रत्यक्ष के विषय में सत्य है वही अन्य प्रमाणों तथा प्रमेयविषयों के साथ उनके सम्बन्ध के विषय में भी लागू होता है। इस प्रकार ज्ञान के ये साधन अप्रामाणिक भी हैं और असम्भव भी हैं। प्रत्यक्ष ज्ञान के विरुद्ध उक्त→

वात्स्यायन विज्ञानवाद के इस मत पर आक्षेप करता है कि अनुभूत पदार्थ साक्षात्कार के सूत्रमात्र हैं। स्वप्न में देखे गए पदार्थ यथार्थ नहीं होते क्योंकि जाग्रतावस्था में हमें उनका अनुभव नहीं होता। यदि इन्द्रियग्राह्य अनुभूत जगत् का अस्तित्व न होता तो स्वप्न की अवस्थाएं सम्भव ही न हो सकतीं। स्वप्नों की विविधता उनके कारणों की विविधता पर आश्रित है।[1] यदि यथार्थसत्ता का अस्तित्व न होता तो सत्य तथा भ्रांति में भेद न के बराबर होता और इस तथ्य का कोई स्पष्टीकरण सम्भव न होता कि प्रत्यक्ष ज्ञान में हमें स्वेच्छाचार प्राप्त नहीं है।[2] और न्याय उस मत से भी सन्तुष्ट नहीं है जो पदार्थों को स्वयंसिद्ध, यद्यपि क्षणिक स्वभाव वाले, मानता है। यदि पदार्थ हमारे ज्ञान के कारण हैं तो उनका अस्तित्व कार्य अर्थात् ज्ञान से पूर्व होना आवश्यक है। किन्तु पदार्थों की क्षणिकता के मत से, जिस पदार्थ ने ज्ञान उत्पन्न किया उसका दूसरे ही क्षण में, जबकि उसका प्रत्यक्ष होता है, अस्तित्व नहीं रहता। ऐसे मत को किस प्रकार स्वीकार किया जा सकता है, क्योंकि प्रत्यक्ष ज्ञान तो केवल उस पदार्थ का होता है जोकि उसी क्षण में विद्यमान हो। ऐसा तर्क उपस्थित करना कि पदार्थ का तिरोधान प्रत्यक्ष ज्ञान का समकालीन है, निःसार है, क्योंकि हम वर्तमानकाल के पदार्थ का प्रत्यक्ष ज्ञान प्राप्त करते हैं न कि भूतकाल के पदार्थ का। इस प्रकार अनुमान तक भी असम्भव हो जाएगा।[3] फिर, कार्य और कारण के आधान और आधेय के रूप में परस्पर सम्बद्ध होने के कारण, दोनों का एक ही काल में विद्यमान रहना आवश्यक है। जो पदार्थ वास्तविक रूप से है उसका मौलिक स्वरूप उस पदार्थ से जिसकी केवल कल्पना की जाती है, इस बात में भिन्न है कि उसकी सत्ता अनुभव के हर सम्बन्ध से स्वतन्त्र है। जिस पदार्थ की सत्ता है, वह उस काल में भी है जबकि हमें उसका अनुभव नहीं होता। अनुभव एकपक्षीय निर्भरता का सम्बन्ध है। अनुभव की विद्यमानता के लिए पदार्थों का रहना आवश्यक है; किन्तु पदार्थों की सत्ता के लिए किसी अनुभव का होना आवश्यक नहीं है। इस प्रकार नैय्यायिक इस परिणाम पर पहुंचता है कि हमारे विचार, द्रष्टा की इच्छा एवं प्रयोजन से स्वतन्त्र, तथ्यों के वस्तुपरक स्तर (मानदण्ड) के अनुसारी होते हैं।[4] पदार्थों की सत्ता प्रमाणों पर निर्भर नहीं करती, यद्यपि बोध के विषय के रूप में उनका अस्तित्व बिलकुल प्रमाणों की क्रिया पर निर्भर करता है।

प्रमाणों की प्रमाण संज्ञा इसलिए है कि वे हमें प्रमा (सत्य) प्राप्त कराते हैं।[5] उदयन अपने 'तात्पर्यपरिशुद्धि' नामक ग्रन्थ में कहते हैं कि "पदार्थों के वास्तविक स्वरूप का ज्ञान

→ आपत्ति का निराकरण इस तर्क के आधार पर किया जाता है कि ज्ञान का साधन अपने प्रमेय पदार्थ से पूर्व भी रह सकता है जैसे कि ढोला शब्द से पहले रहता है, पीछे भी आ सकता है जैसे प्रकाश सूर्य के पश्चात् आता है और एकसाथ भी रह सकता है जैसे कि धुएं का ज्ञान आग के साथ-साथ होता (न्यायभाष्य, 2 : 1, 8-19)।

1. न्यायभाष्य, 4 : 2, 33-34 और 37।

2. न्यायभाष्य, 4 : 2 26-37।

3. देखिए न्यायवार्तिक, 1 : 1,37; 3 : 2, 14। उद्योतकर कहता है : 'परार्थानुमान में, शब्द अनित्य है क्योंकि घड़े की भांति यह एक उत्पन्न पदार्थ है। घड़ा एक दृष्टान्त है जिसके अन्दर अनित्यता और उत्पन्न होने की योग्यता अवश्य निहित होनी चाहिए। इनमें पहला पश्चाद्वर्ती अभाव है जबकि पिछला पूर्ववर्ती अभाव है। यदि घड़ा केवल क्षणिक है तो ये दोनों ही एकसाथ घड़े में कैसे रह सकते हैं?"

4. न्यायभाष्य; विश्वनाथ : न्यायसूत्रवृत्ति, 4 : 2, 26 और आगे।

5. प्र अर्थात् यथार्थ, मा अर्थात् ज्ञान (4 : 2, 29)।

'प्रमा' है, और इस प्रकार के ज्ञान के साधन को प्रमाण कहते हैं।"[1] पदार्थों का वास्तविक स्वरूप अर्थात् तत्त्व क्या है? यह, जो पदार्थ है उसकी विद्यमानता और जो पदार्थ नहीं है उसका अभाव के अतिरिक्त और कुछ नहीं है।[2] इसका तात्पर्य यह है कि जब किसी पदार्थ का, जो है, एक विद्यमान पदार्थ के रूप में ज्ञान प्राप्त किया जाता है—अर्थात् उसे उसके यथार्थ रूप में जाना जाता है (यथाभूतम्), और उससे विरोधी रूप में नहीं जाना जाता (अविपरीतम्)—तो इस प्रकार जो ज्ञान प्राप्त किया जाता है वह उस पदार्थ का यथार्थस्वरूप है। इसी प्रकार दूसरी ओर जब एक असत् (अभावरूप) का अभावात्मक अनुभव किया जाता है अर्थात् जो पदार्थ नहीं है और भावात्मक पदार्थ के विरोधीस्वरूप का है, तो वही उसका यथार्थस्वरूप है।[3] अप्रमा, भ्रम अथवा मिथ्याज्ञान पदार्थ का उस रूप में ज्ञान है जैसाकि वह नहीं है। जब हम सीप को चांदी समझ लेते हैं तो यह पदार्थ का वैसा बोध है जैसाकि वह नहीं है।[4] यह केवल ज्ञान का अभाव नहीं है, बल्कि निश्चित भ्रांति है।[5]

परिप्रश्न, संशय आदि का भी मनुष्य के मानसिक इतिहास में एक स्थान है, यद्यपि उनकी यथार्थता अथवा अयथार्थता का प्रश्न नहीं उठता। व्यक्ति का विचार किए बिना किसी विषय-वस्तु के विषय में स्वतन्त्र रूप में निर्णय देना या किसी प्रकार का कथन करना तार्किक मूल्यांकन का उद्देश्य है। प्रत्येक ज्ञान एक प्रकार का ऐसा निर्णय है जिसमें वह पदार्थ जिसके विषय में निर्णय दिया जाए, विशेष्य है और उसके सम्बन्ध में जो कुछ कहा जाए वह विशेषण है। न्यायशास्त्र में निर्णय का विश्लेषण उद्देश्य और विधेय के रूप में उतना नहीं किया जाता जितना कि विशेष्य और विशेषण के रूप में होता है।[6] समस्त ज्ञान पदार्थों के स्वरूप तथा गुणों के विषय में होता है। उद्देश्य हमें यह बताता है कि एक वस्तु का अस्तित्व है और विधेय उसके विशेष गुणों का वर्णन करके उसके स्वरूप का निश्चय कराता है। जहां निर्णय पदार्थ के स्वरूप से मेल खाता है उसे हम यथार्थ ज्ञान कहते हैं।[7] प्रत्येक विषय का अपना वास्तविक स्वरूप होता है और विचार विशेष्य तथा विशेषण में भेद करता है और प्रमाणित

---

1. यथार्थानुभवः प्रमा तत्साधनं च प्रमाणम्।

2. सतश्च सद्भावोऽसतश्चासद्भावः। न्यायभाष्य, 1 : 1, 1।

3. न्यायभाष्य और न्यायवार्तिक, 1 : 1, 1।

4. न्यायभाष्य, 1 : 1, 4।

5. न्यायभाष्य, 4 : 2, 1; 4 : 2, 35।

6. तुलना कीजिए, "हम देखते हैं कि हर एक प्रतिज्ञा में हम पदार्थ का स्वरूप क्या है यही निर्णय करते हैं। अतः सर्वाधिक आधारभूत अर्थों में हम निर्धारित तथा निर्धारक की बात कह सकते हैं। 'निर्धारित' की परिभाषा करते हुए कहा जाता है कि यह वह है जिसको विचार या बोध के द्वारा निर्णीत करने के लिए यह स्वरूप-ज्ञान के लिए प्रस्तुत किया जाता है। और निर्धारक वह है जो उसे (प्रस्तुत को) निर्णीत करता है या उसके स्वरूप का ज्ञान कराता है" (डब्ल्यू. ई. जानसन : लौजिक, 1। पृष्ठ 9)।

7. तद्वति तत्प्रकरकोऽनुभवो यथार्थः तद्भाववति तत्प्रकारकोऽनुभवोऽयथार्थः (तर्कसंग्रह, 35)। 'प्रकार' विधेय का नाम है, जबकि यथार्थ का गुण जो विधेय से द्योतित होता है, 'विशेषण' कहलाता है। प्रकार बोध का उल्लेख करता है और विशेषण पदार्थ का। अन्नंभट्ट यह कठिनाई उपस्थित करता है कि क्या इस निर्णय में कि 'घटत्व घड़े के अन्दर है', घटत्व को विशेष और घट को विशेषण समझा जा सकता है। वह इस कठिनाई का निराकरण यह कहकर करता है कि यह आवश्यक नहीं है कि विधेय सदा गुण ही हो, बल्कि इसे मात्र विषय के साथ सम्बद्ध होना चाहिए। 'तद्वति का अर्थ है तत्सम्बन्धवति। और देखिए, न्यायवार्तिक, 3 : 2, 42।

करता है कि दोनों वास्तविक जगत् में परस्पर संयुक्त पाए जाते हैं। यह कहा जाता है कि प्रमाण हमें वस्तुओं के वास्तविक स्वरूप का ज्ञान कराते हैं।[1]

घटरूपी पदार्थ तथा उसके ज्ञान का जो सम्बन्ध है वह समवाय-सम्बन्ध नहीं है, क्योंकि घटविषयक ज्ञान आत्मा का एक गुण है, घड़े का गुण नहीं है। और न ही यह सम्बन्ध संयोग-सम्बन्ध है, क्योंकि संयोग-सम्बन्ध केवल द्रव्यों में ही सम्भव है, जबकि ज्ञान द्रव्य नहीं बल्कि गुण है। तो भी पदार्थ के ज्ञान के मध्य एक सम्बन्ध होना अवश्य चाहिए जिससे निश्चित और यथार्थ परिणाम तक पहुंचाया जा सके। इस प्रकार हमारे निर्णय का एकमात्र संभव नियामक कारण घट का स्वरूप ही हो सकता है। इस प्रकार के सम्बन्ध को 'स्वरूप-सम्बन्ध' कहते हैं जिसकी परिभाषा भीमाचार्य के न्यायकोश में इस प्रकार की गई है कि "ऐसी अवस्था में जबकि निश्चित ज्ञान अन्य किसी सम्बन्ध, अर्थात् समवाय अथवा संयोग के द्वारा प्राप्त न हो और इसकी सत्ता स्वीकार करने के लिए हम बाध्य हों।"[2] यह प्रमेय पदार्थ तथा बोध के मध्य अपने ही ढंग का एक निराला सम्बन्ध है।[3] ज्ञानरूप कार्य, जो ज्ञान की क्रिया अथवा प्रक्रिया से स्पष्टतः भिन्न है, स्वयं में न तो भौतिक पदार्थ है और न केवल एक मानसिक अवस्था है। यह सारतत्त्व अथवा उस पदार्थ का स्वरूप है जो जाना जाता है।[4] यदि बाह्य ज्ञान में ज्ञान का विषय स्वयं भौतिक सत्तावान है तो उस अवस्था में भ्रांति हो ही नहीं सकती। उसके विषय में हर एक व्यक्ति का विवरण अवश्य सत्य होना चाहिए। यह समझना कि जब हम उत्तरी ध्रुव के विषय में सोचते हैं तो वह वस्तुतः हमारी चेतना में आ जाता है, तथ्य के साथ मेल नहीं खाता। यदि यह केवल एक मानसिक अवस्था है तो हम ज्ञानसापेक्षतावाद (विषयीविज्ञानवाद) के भंवर में आ फंसते हैं। ज्ञान का विषय न तो भौतिक सत्तावान है और न मनोवैज्ञानिक सत्तावान है, बल्कि पदार्थ का स्वरूप है। समस्त ज्ञान में यह 'क्या' ही सारतत्त्व अथवा स्वरूप है जो यथार्थता का दावा रखता है। स्वप्नों में भी हमारे सामने 'क्या' आता है, किन्तु हमें यह पता चल जाता है कि स्वप्नगत पदार्थों की कोई यथार्थसत्ता नहीं है। उसका अस्तित्व-सम्बन्धी उपलक्षित अनुमोदन उचित नहीं है। समस्त ज्ञान स्वरूपों का ही है, जिसमें सत्ता उपलक्षित रूप से आरोपित होती है। इस उपलक्षित विश्वास में कभी-कभी भ्रांति भी होती है। स्वयं ज्ञान की अपनी क्रिया द्वारा वस्तुविषय पदार्थ से सम्बन्ध रखता है या नहीं यह नहीं जाना जाता, क्योंकि

---

1. प्रमाणस्य सकलपदार्थव्यवस्थापकत्वम् (विश्वनाथकृत न्यायसूत्रवृत्ति, 1 : 1, 1)।

2. सम्बन्धान्तरेण विशिष्टप्रतीतिजननायोग्यत्वम्। स्वयं घड़े को सम्बन्ध बनाने में जो स्पष्ट आपत्ति है, अर्थात् सम्बन्ध तथा सम्बद्ध पदार्थ के मध्य जो भेद है वह लुप्त हो जाता है। उसका समाधान इस प्रकार दिया गया कि घट-घट के रूप में सम्बन्ध नहीं है, बल्कि केवल ज्ञान के विषय के रूप में है।

3. अवच्छेदकत्व स्वरूपसम्बन्ध की एक अवस्था है। कुछेक अवस्थाओं में यह व्यक्ति का, जिसका अस्तित्व नहीं है, अनिवार्य रचनात्मक गुण होता है घटाभाव की अवस्था में घटत्व अवच्छेदक है। जहां सरल तथा मिश्रित दोनों प्रकार के गुण होते हैं, वहां सरलतर गुण अवच्छेदक है। जहां गुण दृष्टान्त के साथ सहविस्तारी है उसे हम अनतिरिक्तवृत्तित्व की अवस्था कहते हैं। ज्ञान और पदार्थ के मध्य जो सम्बन्ध है, वह विषयता कहलाता है।

4. तुलना कीजिए, "हमारे पास उपलब्ध सामग्री केवल स्वरूप के सम्मिश्रण, सारतत्त्व, तार्किकपदार्थ हैं जिन्हें प्रत्यक्ष देखे गए, अथवा अन्य प्रकार से जाने गए विद्यमान पदार्थों का स्वरूप मानना ही होता है" (एसेज इन क्रिटिकल रियलिज्म, पृष्ठ 5)।

ज्ञान का स्वतः प्रामाण्य नहीं है।[1] न्याय का मत है कि ज्ञान की यथार्थता अपने-आप में सिद्ध नहीं है बल्कि वह अन्य साधनों द्वारा (परतः प्रमाण) प्रमाणित की जाती है। सांख्य का विचार है कि यथार्थता और अयथार्थता बोध के अन्दर निहित हैं। किन्तु मीमांसकों का विचार है कि यथार्थता तो बोध के अपने ही कारण है,[2] पर अयथार्थता बाह्य कारणों से होती है। इसलिए जब तक अन्यथा सिद्ध न हो, बोध को यथार्थ ही समझना चाहिए। बौद्ध विचारकों का मत है कि अयथार्थता तो सब बोधों के साथ सम्बद्ध है, किन्तु यथार्थता को सिद्ध करने के लिए अन्य साधनों की आवश्यकता होती है। इन सब मतों के विरोध में नैय्यायिक का कहना है कि यथार्थता और अयथार्थता की स्थापना बोध से स्वतन्त्र अन्य किसी वस्तु से होती है। यदि प्रत्येक बोध स्वयं स्पष्ट होता तो संशय की सम्भावना ही न होती।[3] इसलिए यथार्थता का निश्चय तो सत्य घटनाओं को देखकर ही किया जाता है। कल्पना कीजिए कि हम एक पदार्थ को प्रत्यक्ष देखते हैं। हमें तुरंत यह निश्चय नहीं हो सकता कि जिस पदार्थ को हम देख रहे हैं वह ठीक उसी परिमाण और आकृति का है जैसा कि हमें दिखाई देता है। हम देखते हैं कि सूर्य घूम रहा है। किन्तु वस्तुतः वह घूमता नहीं है। इसलिए पदार्थ के प्रत्यक्ष अथवा तात्कालिक ज्ञान के साथ उसकी यथार्थता का विश्वास स्वतः संलग्न नहीं है। हमें ज्ञान की यथार्थता केवल पुनर्मनन की मध्यस्थ प्रक्रिया द्वारा ही प्राप्त हो सकती है।[4] जो बात प्रत्यक्ष ज्ञान के विषय में सत्य है वही उन सब ज्ञानों के विषय में भी सत्य है जो हमें अन्य साधनों से प्राप्त होते हैं।

उक्त सिद्धान्त पर किए गए कतिपय आक्षेपों पर न्याय विचार करता है। एक प्रमाण जो हमें किसी पदार्थ का बोध कराता है, स्वयं किसी अन्य प्रमाण का प्रमेय कैसे बन सकता है? जैसेकि एक तराज़ू जब उससे कोई चीज़ तोली जाती है, तो वह साधन है, किन्तु जब स्वयं तराज़ू का वज़न जानना हो तो वह पदार्थ बन जाएगी जिसके वज़न के लिए अन्य तराज़ू की आवश्यकता होगी। ठीक इसी तरह, ज्ञान का साधन जब किसी प्रमेय पदार्थ की स्थापना करता है तो वह साधन है, परन्तु जब उसकी अपनी स्थापना की जाती है तो वह प्रमेय बन जाता है। वात्स्यायन कहता है कि "बुद्धि, अथवा ज्ञान वस्तुओं के परिज्ञान के कार्य में स्वयं साधन अथवा प्रमाण है।

1. तुलना कीजिए, ड्रेक : "समस्त बोधात्मक अनुभव ज्ञात सत्तावान का ज्ञान है (यदि वह सत्तावान है) उस पर अधिकार नहीं है। उसकी प्रामाणिकता की जांच अन्य साधनों से होनी चाहिए, जो क्षणिक अन्तर्दृष्टि से अतिरिक्त हों" (क्रिटिकल रियलिज्म, पृष्ठ 32)।

2. उनके लिए वेदों का सत्य स्वतः प्रकट है और उसके पालन के लिए किसी बाह्य स्वीकृति की आवश्यकता नहीं है। किन्तु नैय्यायिकों के अनुसार, वेदों का प्रामाण्य इसलिए है कि उनका निर्माता ईश्वर है।

3. सिद्धान्तमुक्तावलि, 136। "यदि बोध की यथार्थता स्वयं प्रतीत हो तो ऐसे बोध के विषय में जो अभ्यास द्वारा उत्पन्न हुआ है, कोई संशय न रहेगा। क्योंकि यदि, इस अवस्था में, बोध तथा उसकी यथार्थता का ज्ञान हुआ तो संशय कैसे हो सकता है? दूसरी ओर, यदि बोध का ज्ञान नहीं होता तो ऐसी वस्तु के ज्ञान के अभाव में जिसमें गुण है, संशय कैसे हो सकता है? इसलिए बोध की यथार्थता अनुमान का विषय (अनुमेयम्) है।"

4. तर्कभाषा में कहा है—बोध की प्रतीति होती है इन्द्रिय-प्रत्यक्ष से...किन्तु उसकी यथार्थता का ज्ञान अनुमान द्वारा होता है। जल की खोज करने वाले व्यक्ति को जल का प्रत्यक्ष होता है। इसके लिए वह जो प्रयास करता है वह सफल होता है अथवा असफल होता है। बोध की सफलता से ही उसकी यथार्थता का अनुमान होता है, क्योंकि जो यथार्थ नहीं है वह प्रयास की सफलता का कारण नहीं बन सकता।

किन्तु जब उसका स्वयं का परिज्ञान अपेक्षित हो तो वही प्रमेय पदार्थ है।''[1] यदि यह कहा जाए कि ज्ञान के एक साधन को अपनी प्रामाणिकता सिद्ध करने के लिए ज्ञान के अन्य साधन की आवश्यकता न होनी चाहिए, अर्थात् यह स्वतःसिद्ध है, तो इस प्रकार प्रमेय को भी स्वयंसिद्ध माना जा सकता है और तब प्रमाणों की कोई आवश्यकता ही नहीं रहती। यह आपत्ति की जाती है कि यदि ज्ञान की यथार्थता का ज्ञान किसी अन्य ज्ञान द्वारा प्राप्त किया जाता है, और फिर दूसरे ज्ञान की यथार्थता अन्य ज्ञान के द्वारा जानी जाती है, तो एक प्रकार की ऐसी अव्यवस्था हो जाएगी जिसका कहीं अन्त नहीं होगा।[2] यदि हम कहीं बीच में ठहर जाते हैं तो प्रमाण की सिद्धि नहीं होती। नैय्यायिक की दृष्टि में यह कोई गंभीर आपत्ति नहीं, बल्कि केवल एक काल्पनिक आपत्ति है। सब प्रकार के कार्य-सम्पादन के लिए हम प्रमाणों की यथार्थता को स्वयं सिद्ध मान लेते हैं और एक प्रमाण से दूसरे प्रमाण की यथार्थता को निरंतर सिद्ध करते रहने की कोई आवश्यकता नहीं होती।[3] स्पष्ट ज्ञान की अवस्था में, जैसे कि जब हम किसी फल को अपने हाथ में देखते हैं, हमें बोध की यथार्थता के विषय में कोई संशय नहीं होता। हमें पदार्थ का निश्चित ज्ञान एक ही बोध से हो जाता है। किन्तु संशयात्मक ज्ञानों में हमें उस ज्ञान की यथार्थता निश्चित करने के लिए अन्य ज्ञान की सहायता की आवश्यकता होती है और जब हमें पूर्णरूप में यथार्थ ज्ञान की प्राप्ति हो जाती है तो हम आगे खोज करना बन्द कर देते हैं। कुछ प्रमाण ऐसे हैं जिन्हें पदार्थों की सिद्धि और व्यावहारिक कार्यवाही के लिए अपने ज्ञान की आवश्यकता होती है और कुछ प्रमाण ऐसे हैं जिन्हें पदार्थों की सिद्धि के लिए अपने ज्ञान की आवश्यकता नहीं होती। स्वयं धुएं का ज्ञान, इससे पूर्व कि वह आग का ज्ञान कराए, आवश्यक है। इन्द्रियां हमें पदार्थों

---

1. न्यायभाष्य, 2 : 1, 16। वात्स्यायन दीपक के प्रकाश का दृष्टान्त देता है जो अन्य पदार्थों को प्रकाशित करने के साथ-साथ अपने-आपको भी प्रकाशित करता है। दीपक के प्रकाश की अवस्था में यह पाया जाता है कि जहां वह स्वयं दृष्टि का विषय है, वहां ऐसा साधन भी है जिसके द्वारा हम अन्य देखे जाने योग्य पदार्थों का ज्ञान प्राप्त करते हैं। इस प्रकार, परिस्थिति के अनुसार, वह बोध का विषय भी है और साधन भी है। (न्यायभाष्य, 2 : 1, 19) इस पर नागार्जुन आपत्ति करता है कि दीपक अपने को प्रकाशित नहीं कर सकता, क्योंकि उसके अन्दर अन्धकार नहीं है। वह अन्य पदार्थों को प्रकाशित करता है उस अन्धकार को दूर करके जो उन्हें आच्छादित किए हुए हैं। (माध्यमिककारिका, 7)। वात्स्यायन के मत को प्रमाणों के स्वतः प्रकाश-सम्बन्धी वेदान्त की स्थिति के साथ न मिलना चाहिए। एक ही प्रमाण पदार्थ को भी प्रकाशित करे तथा अपनी यथार्थता को भी सिद्ध करे, ऐसी बात नहीं है। उद्योतकर इसका स्पष्टीकरण यों करता है कि प्रमेय पदार्थों के सम्बन्ध में दीपक का प्रकाश प्रमाण है किन्तु इसकी अपनी सिद्धि एक अन्य प्रत्यक्षज्ञान से होती है जोकि चक्षु इन्द्रिय की नस के साथ इसका सम्पर्क होने से होता है। इस प्रकार एक प्रमाण दूसरे प्रमाण से सिद्ध किया जाता है। (न्यायवार्तिक्, 2 : 1, 19)। और देखिए न्यायवार्तिकतात्पर्यटीका, 2 : 1, 19।

2. यह आपत्ति नागार्जुन द्वारा उसके 'विग्रहव्यावर्तनीकारिका' नामक ग्रन्थ में उठाई गई आपत्ति के सदृश है। देखिए 'हिस्ट्री आफ इण्डियन लॉजिक', पृष्ठ 257 और देखिए न्यायभाष्य, 2 : 1, 17-18। श्री हर्ष ने बौद्ध तार्किक धर्मकीर्ति के कथन का इस प्रकार उद्धरण दिया है : "जो यह स्वीकार नहीं करता कि बोध का ज्ञान स्वतः और सीधा होता है, उसके मत में वस्तु का ज्ञान सिद्ध नहीं हो सकता।" देखिए खण्डन, 1 : 3।

3. न्यायवार्तिकतात्पर्यटीका, 2 : 1, 19।

का ज्ञान देती हैं, किन्तु इन्द्रियों के अपने ज्ञान का प्रश्न नहीं उठता। हम इन्द्रियों का ज्ञान अन्य साधनों द्वारा प्राप्त कर सकते हैं, किन्तु वह ज्ञान अनावश्यक है।

नैय्यायिक के मत में, हम सीधे यह नहीं जान सकते कि हमारे बोध यथार्थ से मेल खाते हैं या नहीं। हमें इसके लिए अनुमान का आश्रय लेना होता है कि यह कहां तक हमें सफल प्रयत्न की ओर अग्रसर करने में सक्षम है। सब प्रकार का ज्ञान हमें कर्म करने के लिए प्रोत्साहित करता है। यह हमें बतलाता है कि अमुक पदार्थ वांछनीय है, अथवा अवांछनीय है, 'अथवा दोनों में से किसी कोटि का भी नहीं है। जीवात्मा केवल निश्चेष्ट दर्शक के रूप में वस्तुओं की मात्र कल्पना ही नहीं करती है, वह ग्राह्य पदार्थों को ग्रहण करने तथा अग्राह्य पदार्थों को त्यागने के लिए सदा ही उत्सुक रहती है। विचार जीवनयात्रा में मात्र एक प्रक्षिप्त कथा-प्रसंग है। "ज्ञान ऐसा बोध है जो अभिलाषा को उत्तेजना देता है और कर्म की ओर अग्रसर करता है।"[1] नैय्यायिक उपयोगितावादियों के इस विचार के साथ सहमति प्रकट करता है कि ज्ञान का आधार है मानव-प्रकृति की महत्त्वपूर्ण आवश्यकताएं, और वह एक ऐच्छिक प्रतिक्रिया को जन्म देता है। हमारे विचारों का पदार्थों से मेल है या नहीं, इसका निश्चय हमें सफल कर्म के प्रति अग्रसर करने की उनकी योग्यता से ही हो सकता है, जिसे प्रवृत्तिसामर्थ्य कहा गया है।[2] इसलिए यह स्पष्ट है कि पदार्थों के साथ विचारों का सम्बन्ध अनुकूलता का है, सादृश्य का नहीं है। नैय्यायिक के मत से हमारे विचारों की यथार्थता तथ्यों के साथ उसके सम्बन्ध पर निर्भर करती है, और उनके मत में वह सम्बन्ध अनुकूलता का है जिसका अनुमान हम विचारों की कार्यपद्धति से करते हैं।[3]

वस्तुतः उसी विचार को सत्य कहा जाता है जो कि हमें विचार द्वारा अभिलषित ज्ञान को प्राप्त करा सके और हमें परिस्थितियों के अनुसार सफलतापूर्वक कार्य करने के योग्य बना सके। तत्त्वचिन्तामणि के प्रामाण्यवाद के अनुसार, बोधों की प्रामाणिकता अनुमान द्वारा स्थापित की जाती है। जब हम एक घोड़े को देखते हैं तो हमें सबसे पहले आकृति का बोध होता है, 'यह एक घोड़ा है', जिसके बाद एक अस्पष्ट-सा विचार मन में आता है कि 'मैंने एक घोड़े को देखा है।' और जब कोई घोड़े के समीप जाकर और वस्तुतः

1. न्यायभाष्य, 1 : 1, 2।

2. न्यायसूत्र, 1 : 1, 17 और देखिए न्यायभाष्य तथा न्यायवार्तिक, 1 : 1, 1। और कुसुमांजलि, 3 : 18।

3. तुलना कीजिए, मैक्टैगर्टकृत 'नेचर ऑफ एक्ज़िस्टैन्स', 2 में प्रतिपादित सादृश्य और अनुकूलता के भेद के साथ तथा सत्य की नकल और चित्र-सम्बन्धी प्रकल्पनाओं के साथ। इस पर ध्यान देना रुचिकर होगा कि समीक्षक यथार्थवादी, जिनका ज्ञानविषयक विश्लेषण न्याय के विश्लेषण के समान है, इस कठिनाई पर विजय पाने के लिए उसी उपाय का आश्रय लेते हैं। इस प्रश्न का कि क्या हमें भौतिक पदार्थों के अस्तित्व में विश्वास रखने का कोई अधिकार है, उत्तर इस प्रकार दिया जाता है : अपने चारों ओर स्थित भौतिक जगत् के अस्तित्व में हमारा सहज (और लगभग अनिवार्य) विश्वास उपयोगिता की दृष्टि से युक्तियुक्त है। प्रतीति का यह साम्राज्य (अर्थात् जो कुछ प्रतीत होता है, और प्रस्तुत है) रिक्त जगत् में रहनेवाले मन का स्वप्नमात्र है, ऐसा सोचा जा सकता है। किन्तु हम अपने अन्तःकरण में सहज प्रवृत्ति द्वारा यह अनुभव करते हैं कि ये प्रतीतियां यथार्थ पदार्थों के विशिष्ट लक्षण हैं। हमारी प्रतिक्रिया उनके प्रति ऐसी होती है कि मानो उनका अपना अस्तित्व है, भले ही हम सुप्तावस्था में या उन्हें भूले हुए ही क्यों न हों। वे प्रतिक्रियाएं इसी विश्वास पर कार्य करती हैं ('एसेज़ इन क्रिटिकल रियलिज़्म', पृष्ठ 6)।

उसे छूकर देखता है, तभी उसे अनुमान होता है कि उसका बोध यथार्थ था और यदि आशा के अनुरूप प्रत्यक्ष ज्ञान उदय नहीं होता तो वह अनुमान करता है कि उसके बोध में भ्रान्ति हुई। हम जल को देखते हैं और उसके पास जाते हैं। यदि वह हमारी आवश्यकताओं की पूर्ति करता है तो हम अपने जल-सम्बन्धी ज्ञान को यथार्थ कहने लगते हैं, क्योंकि जो यथार्थ नहीं है वह सफल क्रियाशीलता के लिए प्रोत्साहित नहीं कर सकता।[1] जब हमारी आकांक्षाएं पूरी हो जाती हैं तो हम अपने ज्ञान की यथार्थता को जान जाते हैं। इस प्रकार हम परिमाणों से कारणों का अनुमान करते हैं। सत्य का यह सिद्धान्त अर्थात् विध्यात्मक दृष्टान्तों से यथार्थ ज्ञान की सफल उपलब्धि तथा अभावात्मक दृष्टान्तों से अयथार्थ ज्ञान की असफल उपलब्धि, आगमन कहलाता है।

यह व्यवहार्यता सत्य की केवल कसौटी मात्र है, विषय-वस्तु नहीं है। उपयोगितावाद के कुछ पक्षपोषकों की यह भी सम्मति है कि क्रियात्मक परिणाम ही सम्पूर्ण सत्य है, और बौद्ध तार्किक इसका समर्थन करते हैं। बौद्ध तार्किकों का मत है कि "यथार्थ ज्ञान वह है जिसका विरोध न हो सके। ऐसे ज्ञान को हम अविरोधी कह सकते हैं जो हमें दृष्ट पदार्थ की प्राप्ति करा सके।"[2] पदार्थ की प्राप्ति से तात्पर्य उसके सम्बन्ध में सफलतापूर्वक कार्य करना तथा उसके स्वरूप को समझना है।[3] नैय्यायिक के मत में सत्य व्यवहार्यतामात्र नहीं है, यद्यपि सत्य इससे जाना जाता है। प्रमाणित होने से पूर्व सत्य विद्यमान रहता है। निर्णय सत्य है, इसलिए नहीं कि वह प्रमाणित हो जाता है; बल्कि वह सत्य है इसीलिए प्रमाणित हो जाता है। उक्त सिद्धान्त में की गई अनेक आपत्तियों की समीक्षा नैय्यायिक ने की है। हमारी आकांक्षाएं पूर्ण हो गईं, इसका हमें निश्चय नहीं हो सकता। भ्रमात्मक सन्तोष के भी अनेक उदाहरण सुने गए हैं। स्वप्नों में हमें भासमान सन्तोष होता है, किन्तु इसका तात्पर्य यह नहीं है कि स्वप्न की अवस्थाएं यथार्थ हैं। इसका उत्तर न्यायशास्त्र यों देता है कि केवल सफल क्रियाशीलता की अनुभूति ही पर्याप्त नहीं है, बल्कि एक सामान्य स्वस्थ मस्तिष्क की अनुभूति चाहिए जो सफल क्रियाशीलता के पिछले अनुभवों का समर्थन करे। केवल मानसिक अवस्था की विशदता या सन्तोष की अनुभूति नहीं, बल्कि सम्पूर्ण अनुभव के साथ अनुकूलता अभीष्ट है। स्वप्नगत पदार्थ अनुभव के देश-काल रूपी सांचे में ठीक नहीं बैठ सकते, और इसलिए वे काल्पनिक हैं।

जब तक फल की प्राप्ति नहीं होती तब तक हम अपने ज्ञान को निश्चित रूप से यथार्थ नहीं कह सकते। इस प्रकार हमें वह आत्मविश्वास नहीं मिल सकता जिसके बिना कोई प्रयत्न संभव नहीं है। पदार्थों का यथार्थ ज्ञान सफल क्रियाशीलता की पूर्व शर्त है और

---

1. पूर्वोत्पन्नं जलज्ञानं प्रमा, सफलप्रवृत्तिजनकत्वात्; यन्नैव तन्नैवं यथा अप्रमा (अन्नंभट्टकृतदीपिका, 63।)

2. धर्मोत्तर : न्यायबिन्दुटीका, 1 : "अविसंवादकं ज्ञानं सम्यग्ज्ञानम्...प्रदर्शितम् अर्थ प्रापयन् संवादक उच्यते।"

3. प्रवर्तकत्वम् एव प्रापकत्वम्...प्रवर्तकत्वमपि प्रवृत्तिविषयप्रवर्तकत्वमेव। धर्मोत्तर के विचार से प्राप्त पदार्थ और ज्ञात पदार्थ एक नहीं हैं, यद्यपि वे उसी शृंखला के हैं। यद्यपि बौद्ध तथ्यों और विचारों के सम्बन्ध के न्याय के मत से सहमत नहीं हो सकते, तो भी वे अर्थसिद्धि अर्थात् प्रमेय पदार्थ की प्राप्ति, अथवा क्रियात्मक क्षमता (अर्थक्रियासामर्थ्य) को सत्य की कसौटी स्वीकार करते हैं और प्रमेय पदार्थों के साथ विचारों के सादृश्य जैसे संदिग्ध वाक्यों का प्रयोग करते हैं, जैसे अर्थसारूप्यम् अस्य प्रमाणम् (न्यायबिन्दु, 1 : 1)।

सफल क्रियाशीलता से पूर्व हमें पदार्थों का यथार्थ ज्ञान नहीं हो सकता।[1] उद्योतकर बलपूर्वक कहता है कि क्रियाशीलता और ज्ञान की सापेक्षिक पूर्ववर्तिता के प्रश्न में कोई सार नहीं है, क्योंकि सृष्टि अनादि है। इसके अतिरिक्त, कर्म के लिए ज्ञान की यथार्थता नहीं, बल्कि पदार्थ का ज्ञान ही आवश्यक है। जहां तक परिचित पदार्थों का सम्बन्ध है, कोई कठिनाई उत्पन्न नहीं होती। ऐसी स्थितियों में जहां हमारे समक्ष अद्भुत रूपरेखा उपस्थित होती है और केवल पूर्ववर्ती घटनाओं को लागू करना अपर्याप्त है, वहां भी अपर्याप्त ज्ञान के आधार पर हम परीक्षण करते हैं। कभी-कभी हम प्रसिद्ध प्राक्कल्पनाओं का यथार्थ रूप जांचने के लिए कर्म में प्रवृत्त होते हैं। जीवन सामान्यतः धारणाओं के आधार पर चलता है और प्रत्येक प्रस्तुत क्रियाप्रणाली को उसके आधार पर कर्म करने से पूर्व तर्क की सूक्ष्म तुला पर तोलना सर्वदा सम्भव नहीं हो सकता। व्यावहारिक आवश्यकताओं का दबाव हमें विचारों के अनुसार कार्य करने को बाध्य कर देता है, भले ही उनका साक्ष्य अपूर्ण हो। धार्मिक विश्वास के विषय हमारे कर्म का निर्णय करते हैं, चाहे वे तर्क के क्षेत्र से परे ही क्यों न हों। नैय्यायिक स्वीकार करता है कि ऐसी अवस्थाएं हैं जहां पूर्ण जांच सम्भव नहीं है। अग्निहोत्र के अनुष्ठान से हमें स्वर्ग-प्राप्ति होती है या नहीं, इसका निश्चय हमारी मृत्यु से पूर्व नहीं हो सकता। ऐसा व्यक्ति जो पूर्ण ज्ञान प्राप्त किए बिना कर्म ही नहीं करेगा, या तो अति बृहद् मस्तिष्क वाला होगा, या अत्यन्त अल्पायु होगा।

वाचस्पति और उदयन जैसे परवर्ती नैय्यायिक प्रामाणिक ज्ञान के कुछ रूपों का स्वतः प्रमाण होना स्वीकार करते हैं। सब की भ्रांति तथा असंगति से रहित अनुमान और तात्त्विक समानता पर आश्रित उपमान वाचस्पति के अनुसार स्वतः प्रामाण्य रखते हैं, क्योंकि बुद्धिसंगत आवश्यकता बोध तथा पदार्थों को परस्पर बांधनेवाली है। इन्द्रियजन्य प्रत्यक्ष ज्ञान और शाब्दिक प्रमाण के विषय में हम समान रूप से निश्चित नहीं हो सकते।[2] उदयन वाचस्पति के मत को स्वीकार करता है और युक्ति देता है कि अनुमान और उपमान के अतिरिक्त आत्मचेतना (अनुव्यवसाय) और केवल-मात्र सत् का आभ्यन्तर तथा बाह्य प्रत्यक्ष (धर्मीज्ञान) स्वतः प्रामाणिकता रखते हैं।[3]

19. भ्रान्ति

प्रमा अथवा प्रामाणिक ज्ञान संशय तथा भ्रान्त ज्ञान (विपर्यय) से भिन्न है जहां कि विचार सफल क्रिया तक नहीं पहुंचाते। भ्रांतियां और मतिविभ्रम उद्देश्य की पूर्ति कराने में असफल होते हैं, अथवा यों कहना उचित होगा कि उनके द्वारा उकसाई गई आशाएं पूर्ण नहीं होतीं।

---

1. इस कठिनाई का विचार करते हुए, धर्मोत्तर सत्यज्ञान में, जो प्राप्ति का ठीक पूर्ववर्ती है (अर्थक्रिया निर्भासम्), और उसमें जो कुछेक मध्यवर्ती स्थितियों में से गुज़रते हुए प्राप्ति की ओर ले जाता है (अर्थक्रियासमर्थं च प्रवर्तकम्), भेद करता है। पहला सीधा कर्म में प्रवृत्त करता है और जांच का विषय नहीं हो सकता। देखिए, 1 : 1, 1 पर उद्योतकर और वाचस्पति।

2. न्यायवार्तिकतात्पर्यटीका, 1 : 1, 1।

3. न्याय के सत्यविषयक सिद्धान्त की गहरी समीक्षा के लिए देखिए खण्डन, 1 : 13-14।

हमें भूल अथवा भ्रम का ज्ञान तब होता है जबकि हमारे उद्दिष्ट भूतकाल की आकांक्षाएं वर्तमानकाल से पूर्ण नहीं होतीं। हम एक श्वेत पदार्थ को देखते हैं और उसे चांदी समझ लेते हैं। जब उसे उठाते हैं तो ज्ञात होता है कि यह तो केवल सीप का एक टुकड़ा है। सीप-सम्बन्धी नये अनुभव ने चांदी की आकांक्षा को काट दिया। न्यायशास्त्र के अनुसार, सब प्रकार की भ्रांति व्यक्तिपरक है। वात्स्यायन कहते हैं "यथार्थ ज्ञान के द्वारा जिसका निराकरण किया जाता है, वह भ्रान्त ज्ञान है, पदार्थ नहीं है।"[1] उद्योतकर मृगतृष्णिका के दृष्टान्त को लेकर कहते हैं कि "पदार्थ जैसा असल में है सदा वैसा की रहता है। सूर्य की चंचल किरणों के कारण जब जल का बोध उत्पन्न होता है तो स्वयं पदार्थ में कोई भ्रान्ति उत्पन्न नहीं होती, किरणें भी किरणें ही रहती हैं और उनकी चंचलता भी चंचलता ही है। भ्रान्ति तो बोध में है, क्योंकि यह बोध ही है जो किरणों की चंचलता के रूप में प्रकट न होकर जल के रूप में प्रकट होता है। तात्पर्य यह हुआ कि किसी वस्तु का ज्ञान यथार्थ रूप में प्रकट न होकर उस रूप में प्रकट होने का नाम भ्रान्ति है जैसी कि वह वस्तु नहीं है।"[2] आकाशपुष्प की भांति जल का सर्वथा अभाव तो नहीं है, किन्तु यह यहां और इस काल में उपस्थित नहीं है, यद्यपि उसकी उपस्थिति की कल्पना की गई है। सूर्य की किरणें इस भ्रांति का कारण हैं, यद्यपि वे जल के भ्रमात्मक ज्ञान का विषय नहीं हैं। न्यायशास्त्र के यथार्थवाद में यहां थोड़ा-सा परिवर्तन किया गया है, क्योंकि वह भ्रांतियुक्त ज्ञान की इस मत से उचित व्याख्या नहीं कर सकता कि अनुभव करने वाले कर्ता से स्वतन्त्र अनुभूत पदार्थों की उनके विशेष गुणों सहित अपनी सत्ता है। समस्त भ्रान्त ज्ञान का कुछ-न-कुछ आधार वस्तुस्थिति में है। वात्स्यायन कहते हैं कि "कोई भी भ्रान्त ज्ञान बिलकुल निराधार नहीं है।"[3] पदार्थविशेष को उसके वास्तविक रूप से भिन्न रूप में जानने का नाम भ्रान्ति है। इस 'अन्यथाख्याति' मत का केवल न्याय ने ही नहीं, अपितु जैन तार्किकों तथा कुमारिल ने भी समर्थन किया है।

> भ्रान्तिविषयक अन्य मतों को नैय्यायिक स्वीकार नहीं करते,[4] जो उनके अनुसार, तार्किक न होकर अधिकतर अध्यात्मविद्या-सम्बन्धी हैं। सौत्रान्तिकों के अनुसार, बाह्य पदार्थ पर एक अशुद्ध ज्ञानाकार का आरोप करना 'भ्रांति' है। योगाचार के मानने वाले अमानसिक सत्ताओं को अंगीकार न करते हुए भी व्यावहारिक रूप में पदार्थों की सत्ता को मान लेते हैं। अनादि अविद्या की प्रवृत्तियां इसका कारण हैं। इस प्रकार के पदार्थों पर ज्ञानाकार का आरोप ही भ्रांति है।[5] हमें भ्रांति का ज्ञान हो जाता है, क्योंकि एक अन्य ज्ञान से वह दूर हो जाती है[6] और स्वयं क्रियात्मक क्षमता (अर्थक्रियाकारित्व) से रहित होती है। 'यह चांदी है' इस ज्ञान में जिस अंश का निराकरण होता है वह चांदी नहीं, बल्कि 'इदन्ता' अर्थात् 'यह' है, क्योंकि निष्कर्ष में 'चांदीविषयक ज्ञान' इसके

---

1. न्यायभाष्य, 4 : 2, 35।
2. न्यायवार्तिक, 1 : 1, 4।
3. न्यायभाष्य, 4 : 2, 35।
4. न्यायवार्तिकतात्पर्यटीका, 1 : 1, 2।
5. अनाद्यविद्यावासनारोपितमलीक बाह्यम्, तत्र ज्ञानाकारस्यारोपः (भामती, 1 : 1, 1)।
6. भामती। बलवद्बाधकप्रत्ययवशात्।

विषय में बताया गया है। निराकरणात्मक निष्कर्ष, अर्थात् 'यह चांदी नहीं है' इस कथन में हम 'यह' को रद्द करते हैं, 'चांदी' को नहीं, क्योंकि पिछले, अर्थात् 'चांदी' को निराकरण करने का तात्पर्य होगा कि हम ज्ञान के एक रूप में इसके अस्तित्व का ही निराकरण कर रहे हैं। यह 'ज्ञानाकार-ख्याति' का सिद्धान्त है, जिसके अनुसार एक बाह्य पदार्थ के विषय में एक ज्ञानाकार का गलती से उल्लेख किया जाता है। जब भ्रम दूर हो गया तो चांदी के बाह्य उल्लेख का भी निराकरण हो गया। यह मत योगाचारों की इस सामान्य आध्यात्मिक मान्यता का सहज परिणाम है कि जीवात्मा, प्रमेय पदार्थ और ज्ञान में वस्तुतः कोई भेद नहीं है। इस पर आपत्ति उपस्थित करते हुए नैय्यायिक कहता है कि योगाचार के मत से हमारे ज्ञान का स्वरूप 'यह चांदी है' ऐसा न होकर 'मैं चांदी हूं' ऐसा होना चाहिए, किन्तु बात ऐसी नहीं है। योगाचार सम्प्रदाय वाले सत्य और भ्रांति के भेद की व्याख्या नहीं कर सकते। विषयीविज्ञानवाद सारी स्थिति को दूषित कर देता है। मिठास शहद के अन्दर है और कड़वापन माजूफल में है, और ये गुण केवल काल्पनिक नहीं हैं। न्याय का सूत्र (अर्थात् किसी वस्तु को जैसी वह नहीं है उस रूप में समझना ही भ्रांति है) योगाचार के मत पर भी लागू हो सकता है।[1] माध्यमिक लोग 'असत्ख्याति' के सिद्धान्त को मानते हैं, अर्थात् यह कि 'असत्' के अतिरिक्त और कुछ नहीं है, तथा आभ्यन्तर एवं बाह्य पदार्थों का समस्त ज्ञान भ्रमात्मक है। अभावात्मक चांदी सत्तात्मक के रूप में भासती है, जिसका कारण हमारी ज्ञान-सम्बन्धी क्रिया-विधि है। नैय्यायिक इस पर आपत्ति करता हुआ कहता है कि सीप में चांदी-विषयक भ्रमात्मक ज्ञान अभाव से उत्पन्न नहीं होता, बल्कि सीप के टुकड़े में विद्यमान किसी चीज़ से उपजता है। यदि भ्रमात्मक ज्ञान के उत्तेजक की बाह्य सत्ता न मानी जाए और उसका कोई पदार्थ-विषयक आधार न हो तो हम एक प्रकार के भ्रम को दूसरे प्रकार के भ्रम से किस प्रकार भिन्न कर सकते हैं। अभावात्मात्मक वस्तु किसी कार्य को उत्पन्न नहीं कर सकती। भ्रमात्मक ज्ञानों का उद्भव स्मृतियों के आधार पर भी नहीं माना जा सकता, क्योंकि उनके आधार भी तो ठोस पदार्थ ही स्वीकार करने पड़ेंगे।[2] अद्वैतवाद अनिर्वचनीय ख्याति को स्वीकार करता है। बोध से जो कुछ व्यक्त होता है वही बोध का विषय है। चांदी की भ्रांति में चांदी हमारी चेतना में प्रकट होती है और उसका बोध होता है, अन्यथा हम यह क्योंकर कह सकते हैं कि यह चांदी का भ्रम ही है, किसी और चीज़ का नहीं है। किन्तु चांदी, जिसका इस प्रकार बोध होता है, न तो वास्तविक है, न अवास्तविक है और न वास्तविक तथा अवास्तविक दोनों ही है। यदि वह वास्तविक है तो बोध भी यथार्थ होगा। यदि अवास्तविक है तो उसकी ओर प्रवृत्ति नहीं हो सकती। यदि वास्तविक और अवास्तविक दोनों है तो दो परस्पर-विरोधी गुण एक ही वस्तु के अन्दर मानने पड़ेंगे। इस प्रकार इसका स्वरूप वस्तुतः अनिर्वचनीय है, अर्थात् जिसकी व्याख्या नहीं की जा सकती। यह अव्याख्येय

1. सांख्यप्रवचनसूत्र पर अनिरुद्ध, 1 : 42, न्यायमंजरी, पृष्ठ 178।

2. यदि भ्रांतियों की उत्पत्ति बाह्य पदार्थों से नहीं होती तो सुबुद्धि तथा भ्रांतियों में सिवाय इसके कोई अन्तर न रहेगा कि भ्रांति में चेतना विद्यमान रहती है और सुषप्ति में नहीं। 'प्रमेयकमलमार्तण्ड', पृष्ठ 13 से आगे; न्यायमंजरी, पुष्टि 177-178।

चांदी अविद्या के कारण उत्पन्न होती है, और उसकी सहायक हैं चांदी के भूतकालीन प्रत्यक्ष ज्ञान की स्मृतियां, जो चांदी जैसे पदार्थ के साथ दोषपूर्ण दर्शनेन्द्रिय का संयोग होने से जाग जाती हैं। अद्वैतवाद के मत में भ्रांति एक प्रत्यक्षात्मक बोध है जो चेतना में वस्तुतः प्रस्तुत हुए पदार्थ द्वारा उत्पन्न होता है। जहां और जब भ्रांति उत्पन्न होती है, उस स्थान पर और उस समय चांदी विद्यमान है अन्यथा भ्रांति का साक्षात्कार नहीं हो सकता। यह प्रस्तुत चांदी तब तक रहती है जब तक कि भ्रांति रहती है। नैय्यायिक इस पर आपत्ति करते हुए कहता है कि यदि चांदी के अभाव में भी चांदीरूप भ्रांति विषयक पदार्थ की उत्पत्ति होती है तो हम किसी भी ऐसे पदार्थ को देख सकते हैं जिसका विचार हमारे मन में हो, और फिर प्रत्यक्ष ज्ञान के विषय तथा बिम्ब में कोई अन्तर नहीं रह जाता। परन्तु नैय्यायिक इस बात के लिए अपने को बधाई दे सकता है कि उसके अन्यथाख्याति सिद्धान्त के अन्तर्गत यह मत आ सकता है, क्योंकि एक ऐसा पदार्थ जिसकी परिभाषा नहीं हो सकती, हमारी चेतना में यथार्थ की तरह प्रकट होता है।[1] प्रभाकर के भ्रांति-सम्बन्धी मत को 'अख्याति' (अथवा विवेकाख्याति), अथवा अविवेकी की संज्ञा दी जाती है। सीप के टुकड़े में, जिसे हम देख रहे हैं, और चांदी में, जिसकी हम कल्पना करते हैं, जो भेद है वह दिखाई नहीं पड़ता, और हम कह देते हैं कि 'यह चांदी है'। निराकरण करनेवाला बोध भ्रांति का खण्डन नहीं करता, बल्कि वह भ्रमात्मक ज्ञान में प्रत्यक्ष देखे गए और स्मरण किए गए अवयवों के मध्य जो भेद है, केवल उसे स्वीकार-मात्र करता है। इसके विरोध में न्याय बलपूर्वक कहता है कि जब तक भ्रांति रहती है, चांदी का भी वस्तुतः प्रत्यक्ष ज्ञान होता है, उसकी केवल प्रतिकृति-मात्र नहीं होती। हम यह अनुभव करते हैं कि चांदी हमारी चेतना में यहां और इस काल में प्रस्तुत है, और कोई ऐसी वस्तु नहीं है जिसका प्रत्यक्ष भूतकाल में हुआ था और अब केवल स्मरण हुआ है। भ्रांति के समय अविवेक से कर्म की प्रेरणा नहीं हो सकती। स्मृति के धुंधलेपन (स्मृति-प्रमोष) का स्वरूप स्पष्ट नहीं किया गया है। इसलिए यह मानना ही पड़ेगा कि हमारी तात्कालिक प्रत्यक्ष की चेतना स्वयं भ्रांति-दोष से सम्पृक्त है।[2]

न्यायशास्त्र के अन्यथाख्याति सिद्धान्त की सब सम्प्रदायों ने समालोचना की है, जिनमें अद्वैत वेदान्त द्वारा की गई समालोचना विशेष ध्यान देने योग्य

1. अद्वैतमत की आलोचना करते हुए रामानुज प्रश्न करते हैं कि भ्रांति के समय में अव्याख्येय चांदी की उत्पत्ति का कारण क्या है? चांदी का बोध पदार्थ को उत्पन्न नहीं कर सकता, क्योंकि पदार्थ ही चांदी के बोध का कारण है। यह चक्षुरूपी यन्त्र के किसी दोष के कारण नहीं हो सकता, क्योंकि इन्द्रियां बाह्य पदार्थों में कोई कार्य उत्पन्न नहीं करतीं। इन्द्रियों से ज्ञान की उत्पत्ति होती है, प्रमेय पदार्थों की नहीं।

2. जयसिंह सूरि अलौकिकार्थख्याति के सिद्धान्त का उल्लेख करता है जिसे जयन्त एक मीमांसक की वृत्ति बतलाता है। इसके अनुसार, चांदी के भ्रांतिरूप बोध में भ्रांति का विषय चांदी है, जो साधारण (लौकिक) चांदी से भिन्न है। हमारी क्रियात्मक आवश्यकताओं को जो पूर्ण करता है, वह लौकिक है और जो नहीं करता वह अलौकिक है। अलौकिक चांदी भी कुछ प्रेरणा क्रियाशीलता की ओर करती है। नैय्यायिक पूछता है कि क्या हमें अलौकिक चांदी का कोई ज्ञान होता है? और जब हमें अपनी भूल का ज्ञान हो जाता है तो फिर उस ज्ञान का क्या होता है? प्रमाचन्द्र अपने 'प्रमेयकमलमार्तण्ड' में यह उल्लेख करता है कि 'प्रसिद्धार्थख्याति' मत का समर्थन भास्कर और सांख्य के अनुयायियों ने किया है। इसके अनुसार, भ्रांतिरूप बोध का विषय अभावात्मक वस्तु नहीं है, बल्कि→

है।[1] किसी अन्य काल एवं स्थान में उपस्थित चांदी इन्द्रिय प्रत्यक्ष का विषय नहीं हो सकती, क्योंकि इस समय वह इन्द्रियों के समक्ष प्रस्तुत नहीं है। यदि यह कहा जाए कि हमारी चेतना को उसकी पुनःस्मृति हो जाती है तो धुएं से आग के अनुमान में आग की स्मृति भी चेतना में आ सकती है और इस प्रकार अनुमान की कोई आवश्यकता नहीं रहेगी और फिर, अन्यथात्व किसका प्रतिपादन करता है? यह ज्ञानविषयक क्रियाशीलता का प्रतिपादन नहीं कर सकता, जहां कि अधिष्ठानरूप सीप अपनी आकृति को उस ज्ञान के प्रति अर्पित नहीं कर सकता जो चांदी का बोध ग्रहण करता है; और न ही ज्ञान-विषयक क्रियाशीलता के परिणाम का प्रतिपादन कर सकता है, क्योंकि साक्षात्कार में वह चाहे प्रामाणिक हो अथवा अप्रामाणिक, कुछ अन्तर नहीं आता। बोध के विषय को भी प्रतिपादित नहीं कर सकता जोकि सीप है, जो चांदी के साथ तदात्म नहीं हो सकता, या अपने को चांदी में परिवर्तित नहीं कर सकता। यदि सीप चांदी से सर्वथा भिन्न है, तो उसके साथ तादात्म्य कैसे हो सकता है। और यदि दोनों है, अर्थात् भिन्न भी और अभिन्न भी, तो इस प्रकार के निर्णय भी कि 'गाय एक छोटे सींगोंवाला जानवर है' भ्रांतिपूर्ण ठहरेंगे। यदि सीप वस्तुतः अपने को चांदी में परिवर्तित करता है, तो चांदी का बोध अयथार्थ नहीं है और उसका निराकरण नहीं हो सकता। यदि यह कहा जाए कि जब तक भ्रांति रहती है तभी तक के लिए यह क्षणिक परिवर्तन है, तो जिन व्यक्तियों की दृष्टिशक्ति में कोई दोष नहीं है उन्हें भी चांदी का प्रत्यक्ष होना चाहिए।[2]

20. न्याय के प्रमाणवाद का सामान्य मूल्यांकन

न्यायशास्त्र द्वारा प्रतिपादित ज्ञानविषयक सिद्धान्त, जिसके अनुसार ज्ञान को आत्मा का गुण कहा जाता है जो यथार्थता का अनुकरण करती है, सहज बुद्धि को इतना सरल लगता है कि उसके लिए किसी प्रकार के समर्थन की आवश्यकता प्रतीत नहीं होती। तो भी इस निर्दोष लगनेवाले मत में ऐसी धारणाएं हैं जिन्हें समालोचना के बिना ही स्वीकार कर लिया गया है। बौद्धों के 'ज्ञान सापेक्षतावाद' की प्रतिद्वन्द्विता में, न्याय का दावा है कि वस्तुएं तार्किक सत्य का आधार हैं कि हमारे ज्ञान से अलग बाह्य जगत् की अपनी स्वतंत्र सत्ता है, और बाह्य जगत् ही उस ज्ञान का निर्णायक है, और हमारे विचार वस्तुओं के अनुकूल होते हैं। न्याय यथार्थ को दो भागों में विभक्त करता है–द्रष्टा और दृश्य, और इस प्रकार वह सहज बुद्धि की सामान्य धारणाओं को एक आध्यात्मिक सिद्धान्त का रूप दे देता है जोकि चेतना के तथ्यों तथा तर्क की मांगों के लिए पर्याप्त नहीं है। मुख्य-मुख्य धारणाएं, जो न्याय के प्रमाणवाद के विरुद्ध जाती हैं, ये हैं : (1) आत्मचेतना और अनात्मजड़ एक-दूसरे से सर्वथा भिन्न हैं। (2) चेतना आत्मा पर अनात्म की क्रिया का परिणाम है। (3) ज्ञान आत्मा का गुण है।

→ एक भावात्मक वस्तु है जिसकी सिद्धि ज्ञान के द्वारा हुई है। जल जल-विषयक भ्रांति का विषय है, और जब भ्रांतिमय बोध का सूर्य की किरणों के बोध द्वारा प्रत्याख्यान हो आता है तो पिछले बोध का विषय सूर्य की किरणें हो जाती हैं। यह मत सन्तोषजनक नहीं है, क्योंकि इसके अनुसार सभी बोध यथार्थ ठहरते हैं (न्यायमंजरी, पृष्ठ 187-188; प्रमेयकमलमार्तण्ड, 1)।

1. देखिए वेदान्तपरिभाषा, 1।
2. विवरणप्रमेयसंग्रह, पृष्ठ 33।

उक्त आध्यात्मिक पूर्वाग्रहों के रहते हुए भी न्याय के पास सफल सुझाव हैं जिनसे उसके दोषों पर विजय पाई जा सकती है। जहां तक न्याय इस विषय की व्याख्या करता है कि ज्ञानरूपी कर्म में तात्कालिक अनुभव किस प्रकार का होता है, यह सुदृढ़ भित्ति पर है। किन्तु जब वह आध्यात्मिक समाधान ऐसी परिभाषाओं में देने का यत्न करता है जो हमें ज्ञान के अन्तिम तथ्य के पीछे की ओर ले जाती हैं तो वह आलोचना का विषय हो जाता है। निम्न विचार अनुभव के द्वारा प्रमाणित हैं : कि हमें इस जगत् की प्रत्यक्ष अभिज्ञता है, जो केवल अमूर्तअंशव्यापी अवयवों के एकत्र हो जाने से ही नहीं बना है बल्कि एक मिश्रित विश्व के रूप में है, जो संज्ञाओं एवं सम्बन्धों, अंशव्यापी एवं सर्वव्यापी अवयवों से युक्त है; और यह कि हमारे विचारों का क्रियात्मक मूल्य है। न्याय की मौलिक भूल लॉक तथा अन्यान्य प्रयोगवादियों की भूल के ही समान है, जो व्यक्ति तथा जगत् को पृथक्-पृथक् इकाई के रूप में मानते हैं। यह यान्त्रिक दृष्टिकोण हमारी दैनिक तथा मनोवैज्ञानिक सीमित आवश्यकताओं के लिए कितना ही क्यों न युक्तियुक्त प्रतीत हो किन्तु अन्ततोगत्वा इसकी रक्षा नहीं की जा सकती। तर्क के समक्ष ज्ञान के मूल रूप की समस्या उतनी नहीं है जितनी कि उसके स्वरूप की है। हम ज्ञान के स्वरूप का निर्णय उसके पीछे जाकर और उसकी उत्पत्ति का पता लगाकर करने की आशा नहीं कर सकते। जब नैय्यायिक चेतना को उत्पन्न अथवा परिणाम मानता है तो वह जानने की प्रक्रिया के पीछे जाने का प्रयत्न करता है।

यदि आत्म एवं अनात्म के अन्दर तीक्ष्ण भेद है और यदि चेतना केवल अनात्म की आत्म पर क्रिया का ही परिणाम है, जैसाकि लॉक एवं डेकार्ट, होम और कांट समझते थे, तो चेतना के समस्त तत्त्व केवल प्रमाता व्यक्ति की विषयीगत अवस्थाएं हैं। अनात्म जगत् की घटनाएं आत्म-सम्बन्धी ज्ञान का भाग नहीं बन सकतीं। और यदि ज्ञान वस्तुस्थिति की पुनरावृत्ति करता है तो उसमें केवल वास्तविक घटनाओं की नकलमात्र हो सकती है, स्वयं घटनाएं नहीं हो सकतीं। जब हम द्रष्टा को दृश्य पदार्थ से पृथक् करते हैं तो एक-दूसरे के बीच जो अन्तर है उसे पाटने की समस्या कठिन हो जाती है। या तो हम यह स्वीकार करें कि दृश्य पदार्थ का निर्माण द्रष्टा के द्वारा हुआ या दृश्य पदार्थ है ही नहीं, चाहें तो हम यों कहें कि पदार्थ चेतना में ले लिया जाता है, अथवा उसके अन्दर प्रतिबिम्बित होता है, अथवा एक रूपरेखा के रूप में प्रस्तुत होता है। इस प्रकार हम पदार्थ के साथ ज्ञान के सम्बन्ध का जो भी स्वरूप स्वीकार करें, यह निश्चय से कहना कि जगत् वैसा ही है जैसाकि हम इसे देखते हैं, हमारे लिए असम्भव ही है। जब तक कि दोनों एक-दूसरे के लिए बाह्य हैं, जैसेकि एक पदार्थ दूसरे के लिए बाह्य है, तब तक हम निश्चित नहीं हो सकते कि हमारे विचार पदार्थों को सही-सही प्रस्तुत करते हैं, अथवा वे पदार्थों को प्रस्तुत करते भी हैं या नहीं। हम अपने बोधों की तुलना वास्तविकता के साथ नहीं कर सकते, क्योंकि वास्तविकता विचार के लिए बाह्य है, सिवाय विचार के अन्य कुछ सीधे नहीं जाना जाता है। और हम विचार की तुलना वस्तु से नहीं कर सकते, क्योंकि हमें एक ही पद प्राप्त है, जबकि तुलनारूपी कर्म का आधार दोनों पद हैं। यदि कोई चीज़ विचार को एक ओर रखकर और पदार्थ को दूसरी ओर रखकर उनकी तुलना कर सकती है तो वह चेतना ही हो सकती है।[1] किन्तु इस प्रकार की चेतना में विचार और पदार्थ दोनों ही समाविष्ट रहने चाहिए।

1. प्रोफेसर अलेक्ज़ैण्डर का मत है कि चेतना एवं वास्तविकता दोनों स्वतंत्र वस्तुएं हैं, और उनमें सम्बन्ध सह-उपस्थिति का है। यद्यपि दोनों संसार में भिन्न-भिन्न हैं, तो भी वे दोनों साथ रहती है। किन्तु इस चेतना→

यदि सत्य से तात्पर्य विचार का वास्तविकता से मेल है, और यदि वास्तविकता की परिभाषा यह हो कि यह विचार से बाह्य है—अर्थात् जो विचार न हो, विचार के अन्तर्गत न हो और विचार से बनी न हो—तो सत्यान्वेषण निरर्थक दौड़-धूप है, ऐसा मानना पड़ेगा। विचार एक ऐसे लक्ष्य को प्राप्त करने का प्रयत्न करता है जिसे प्राप्त नहीं किया जा सकता। यही नहीं, बल्कि कहना होगा कि एक ऐसा लक्ष्य जिसका कोई स्पष्ट भाव ध्यान में नहीं आ सकता। इस प्रकार नैय्यायिक के समक्ष यही परिणाम आता है कि विचार का लक्ष्य, अर्थात् सत्य की प्राप्ति, प्रत्यक्ष रूप से हो नहीं सकती। वह यह मत रखता है कि एक सीमाबद्ध मस्तिष्क के लिए विचार का लक्ष्य प्राप्त करना शक्ति से बाहर की बात है। हमें विचारों के क्रियात्मक मूल्य में विश्वास करके निम्नतम आदर्श से ही सन्तोष प्राप्त करना होगा। क्रियात्मक क्षमता ही इस विश्वास को उत्पन्न करती है किन्तु यह कार्यक्षमता न्याय की इस धारणा को मान्यता प्रदान नहीं करती कि विचार इसलिए कार्य करते हैं कि उनका वास्तविकता के साथ मेल होता है।[1] बौद्ध तार्किक, जो सत्य की इसी कसौटी को अंगीकार करते हैं, इससे एक भिन्न परिणाम निकालते हैं; और यह मानना पड़ेगा कि बौद्धमत अधिक तर्कसम्मत है। सत्य का सारतत्त्व पदार्थों के साथ ज्ञान की अनुकूलता नहीं है क्योंकि वे केवल आदर्श हैं, बल्कि अनुभव द्वारा उनका समर्थन ही सारतत्त्व है।[2] विचार हमें कर्म की ओर प्रवृत्त करते हैं, और जब हम अपनी इच्छाओं को पूर्ण कर लेते हैं तो उनका सत्य होने का दावा यथार्थ समझा जाता है। हमारे स्वप्न भ्रांतिमय कहे गए हैं, क्योंकि उनके आधार पर किए गए कर्म उद्देश्यों की सिद्धि में असफल रहते हैं। कल्पना करो, हमें कुछ स्वप्न हुआ, हम अपने खेत को खोदते हैं और एक खज़ाना पा जाते हैं, तब हमारा स्वप्न सत्य है, चाहे यह वास्तविकता के साथ मेल खाए या न खाए। यह स्पष्ट है कि दृढ़ भित्ति वाले और सुनिश्चित ज्ञान में भी भ्रांति की संभावना रहती है। हमारा कोई भी विश्वास इतने दृढ़ आधार पर स्थापित नहीं होता कि उसके मिथ्या होने की थोड़ी-सी सम्भावना न हो सके। इस उपयोगितावादी परख पर निर्भर करके जीवन-यापन सम्भव अवश्य है, किन्तु हमें इससे पूर्ण सन्तोष नहीं होता। जो एक आवश्यकता की पूर्ति करता है, सम्भव है वह अन्य की पूर्ति न कर सके। हमें आवश्यकता है एक सशक्त तार्किक विधि की, जो हमें वास्तविकता का ज्ञान करा सके, और इसकी पूर्ति हो नहीं सकती। न्याय ने, जो हमें बौद्धों के विषयीविज्ञानवाद से बचाने के लिए उत्सुक है, वास्तविकता के विषय में कोई अधिक सन्तोषजनक मत नहीं दिया है। जब बाह्य जगत् के ज्ञान की व्याख्या न्याय का सिद्धान्त समीचीनतया न कर सका तो उसे अपनी प्रारम्भिक धारणाओं के प्रति लौटकर ज्ञानरूपी तथ्य के विश्लेषण के प्रकाश में उनकी परीक्षा करनी चाहिए।

यद्यपि यह सत्य है कि मेरे या तुम्हारे अनुभव में आए बिना भी पदार्थ अपने-आपमें

→ का स्वरूप क्या है? चेतना सदा ही किसी वस्तु की होती है, और यह हमें ऐसे पदार्थ की सत्ता के विषय में कुछ नहीं बताती जो इससे बाहर और इससे स्वतंत्र हो।

1. तुलना कीजिए ब्रॉड : विज्ञान को इससे कुछ भी वास्ता नहीं है कि संज्ञा का आभ्यन्तर रूप क्या है, बशर्ते कि जिस कार्य के लिए यह है उसे सम्पन्न कर दे। यदि हम वाद-विषयों की ऐसी परिभाषा कर सकें, जिससे उनके द्वारा दो शर्तें पूर्ण हो सकें तो इसकी कुछ चिन्ता नहीं कि विवाद-विषय चाहे स्वयं ऐसी सत्ताएं प्रतीत हों जो हमारी मान्यताओं से भिन्न हों (साइण्टिफिक थौट, पृष्ठ 39)।

2. न्यायबिन्दु, पृष्ठ 103; और न्यायबिन्दुटीका, पृष्ठ 6।

वास्तविक अस्तित्व रखते हैं और उनकी सत्ता उस समय आरम्भ नहीं होती जबकि तुम या मैं उनके विषय में अभिज्ञ होते हैं, तो भी यह नहीं कहा जा सकता कि वास्तविक सत्ता सब प्रकार के अनुभव से स्वतन्त्र है। ज्ञान और पदार्थ के बीच जो सम्बन्ध है उसे न्याय में स्वरूप-सम्बन्ध कहा जाता है। ज्ञात पदार्थ ज्ञान की प्रणाली का निर्धारण करता है। बोध से तात्पर्य किसी पदार्थ की चेतना है।[1] मधुसूदन सरस्वती ने[2] उदयन का उद्धरण देते हुए लिखा है कि "बोध जोकि अपने-आप में आकृति रहित हैं, अपने प्रमेय पदार्थों के द्वारा विशिष्टता प्राप्त करते हैं। इसका तात्पर्य यह हुआ कि प्रमेय पदार्थ बोध के केवल विशेष विवरण हैं।" प्रत्येक बोध का विशेषत्व या उसका स्वरूप पदार्थ-विशेष के द्वारा ही जाना जाता है, जैसे, 'यह एक दवात है', 'वह एक मेज़पोश है'। यदि ज्ञात पदार्थ ज्ञान की प्रक्रिया से पूर्णतया बाहर है तो सत्य के विषय में अनुरूपता का भाव स्वीकार करना पड़ेगा। किन्तु इसका स्वरूप ज्ञान की प्रक्रिया के अन्तर्गत ही कहा गया है, यद्यपि पदार्थ अपने-आप में पदार्थ के ज्ञान के साथ तादात्म्यरूप नहीं हैं। इस मत के अनुसार, ज्ञान पदार्थों को उत्पन्न नहीं करता, और न ही यह उनके अनुकूल होता है, बल्कि उनका बोध कराता है। इसलिए ऐसा मत प्रकट करना अनुपयुक्त है कि पदार्थ, ज्ञान की सीमाओं के बाहर अवस्थित हैं, और जो जाना जा सकता है वह या तो उसका कार्य है या द्रष्टा की चेतना में उसकी नकल है। हम बाह्य पदार्थ अथवा आभ्यन्तर अवस्था को चाहे प्रत्यक्ष देखें, चाहे उसकी कल्पना करें अथवा उसका स्मरण करें, हम जिसका ज्ञान, कल्पना या स्मरण करते हैं वह स्वयं पदार्थ है और ज्ञान की प्रक्रिया से स्वतन्त्र है। न्याय का यह सिद्धान्त कि हमें वास्तविकता का तात्कालिक और प्रत्यक्ष बोध होता है, उसकी अन्य धारणा से, अर्थात् इससे कि द्रष्टा तथा दृश्य अथवा प्रमाता और प्रमेय एक-दूसरे से पृथक् हैं, असंगत है। ज्ञाता और ज्ञेय के मध्य में किसी भी प्रकार का व्यवधान नहीं है। दोनों अभिन्न रूप से एक-दूसरे से सम्बद्ध हैं। एक का स्थान दूसरा नहीं ले सकता। न्याय 'विषयीविज्ञानवाद' के इस मत का प्रत्याख्यान ठीक ही करता है कि प्रमेय पदार्थ की सृष्टि प्रमाता की कल्पना से होती है। प्रमाता के ज्ञान की प्रक्रिया पदार्थ का निर्माण नहीं करती। यहां तक कि सर्वव्यापी सम्बन्ध भी प्रमाता को दिए गए बताए गए हैं, प्रमाता उनका निर्माण नहीं करता। इन्द्रिय-सामग्री अलग-अलग परमाणुओं के रूप में प्रकट नहीं होती, बल्कि कतिपय गुणों तथा विशिष्टताओं से युक्त प्रकट होती है। परवर्ती न्याय के अनुसार, केवल व्याप्ति अथवा तादात्म्य के आधार का बोध ही इन्द्रियातीत (अलौकिक) मानसिक क्रिया द्वारा होता है। हमारे अनुभवों का एक बहुत बड़ा भाग, जो हमारे ज्ञान के अन्तर्गत है, स्वरूप में इन्द्रियातीत है। नैय्यायिक वास्तविकता की विवश करने की शक्ति को स्वीकार करता है। हमारे अनुभव की आवश्यकता प्रमाता द्वारा आरोपित नहीं की गई है, बल्कि यह जगत् की आवश्यकता के कारण है। वस्तुसत्ता स्वयं दो भागों, अर्थात् आत्म तथा जगत् में विभक्त नहीं है। प्रत्येक विचार के लिए पूर्व-उपस्थित सामग्री के रूप में एक अविभक्त वास्तविकता आवश्यक है जिसमें से पृथक्करण की प्रक्रिया द्वारा प्रमाता तथा प्रमेय निकाले जाते हैं। यह सत्य है कि हमारे जीवन में पृथक्करण का एक बड़ा भाग है, परन्तु तो भी वास्तविकता स्वयं में, जिस पर हमारे ज्ञान का आधार होना चाहिए अर्थात्

---

1. न्यायभाष्य, 4 : 2, 29।
2. अद्वैतसिद्धि, 1 : 20।

प्रधान तात्त्विकीय तथ्य, चेतना ही है। ज्ञान के स्वरूप और अवस्थाओं की आध्यात्मिक खोज हमारे सामने चेतना की व्यापकता को प्रकाशरूप में ला देती है। यह चेतना ही सब वस्तुओं की आधार और स्रष्टा है, चेतना को अर्धभौतिक रूप देना आपत्तिजनक होगा। यह अनेकावयवघटित संयुक्त पदार्थ नहीं है, यद्यपि हमारा जगत् पर्याप्त मात्रा में ठोस व मूर्त हो सकता है। आत्माओं तथा पदार्थों के रूप में हमारा विश्लेषण हमारी व्यावहारिक आवश्यकताओं का सापेक्ष है; किन्तु यह मिश्रित विश्व एक वास्तविकता पर आधारित है जो अपने में अविभक्त है। वस्तुसत्ता का विचार जब हमारे समक्ष आता है तो वह यही स्वरूप धारण करती है। हमारे लिए बुद्धि के द्वारा भेद करने के अतिरिक्त वास्तविकता का बौद्धिक विवरण देना सम्भव नहीं है। तो भी हमारे विचार एक ऐसी वास्तविकता का प्रतिपादन करते हैं जिसके लिए हमारे किए गए भेद अनिवार्य नहीं हैं। अतः, चैतन्य की अविभक्त वास्तविकता ही एकमात्र निरपेक्ष है, जिसे दृष्टि से ओझल करके नैय्यायिक आत्माओं व भौतिक पदार्थों के अनेकत्व को अंगीकार करता है।

जबकि वास्तविकता चैतन्य या चेतना है, सत्य—जोकि तार्किकों का लक्ष्य है—उससे भिन्न है। क्योंकि तर्कशास्त्र की धारणा में प्रमाता और प्रमेय भिन्न-भिन्न हैं, और उसकी प्रेरणा तभी सफल हो सकती है जबकि आत्माओं तथा पदार्थों का जगत् एक सामंजस्ययुक्त पूर्ण इकाई के रूप में संघटित हो। न्यायशास्त्र अपने अनुकूलता के भाव का त्याग किए बिना भी सामंजस्य के सिद्धान्त के अधिक समुचित स्वरूप को ग्रहण कर लेता है। इसके मत में ज्ञान के समस्त प्रकार एक सम्पूर्ण इकाई के अंशमात्र हैं, और प्रत्येक अपने-अपने स्थान में उसी पूर्ण के अन्दर क्रिया करता है, एवं उसका औचित्य उस पूर्ण के भाग के अतिरिक्त नहीं है। किसी भी प्रमाण की मान्यता अन्य प्रमाणों द्वारा स्थापित की जाती है।[1] ज्ञान के भिन्न-भिन्न प्रकार परस्पर एक-दूसरे से सम्बद्ध हैं। प्रत्येक ज्ञान की मध्यवर्ती आवश्यकता है। जब नैय्यायिक उस सन्तोष की अनुभूति के विरुद्ध हमें चेतावनी देता है जो स्वप्नद्रष्टा तथा विक्षिप्त व्यक्तियों को होती है, और एक सामान्य स्वस्थ मस्तिष्क वाले व्यक्ति की अनुभूति को ध्यान में रखने की बात कहता है, तो वह अपने अनुकूलता के सिद्धान्त को त्याग देता है। सामान्य व्यक्ति वह नहीं है जिसे बहुमत का समर्थन प्राप्त हो। इन अर्थों में कुछ भ्रांत-ज्ञान भी सामान्य हो सकता है, किन्तु इसीलिए वह सत्य नहीं है। सामाजिक अंश केवल विशुद्ध काल्पनिक अनुभवों को उन अनुभवों से पृथक् करके प्रकट करता है जो पदार्थों से अधिक सम्बद्ध हैं। अपने अनुभवों की अन्यों के अनुभवों के साथ तुलना करके हमें एक क्रियात्मक निश्चय होता है, जो सभी साधारण प्रयोजनों के लिए पर्याप्त है। जो हमारे समान दूसरों ने भी देखा, और जो हमने भिन्न-भिन्न स्थानों व भिन्न-भिन्न कालों में एक समान देखा, उसे हम सत्य अर्थात् यथार्थ मान सकते हैं। विज्ञान की मांग है कि हमें अपने साधारण प्रत्यक्ष ज्ञान की जांच-पड़ताल करनी चाहिए। हमें अपनी ऐन्द्रिय दृष्टि से सूर्य आकाश में

---

1. हम एक पदार्थ को प्रत्यक्ष देखते हैं और इस प्रत्यक्ष ज्ञान की यथार्थता प्रमाणित होती है इसके अन्दर निविष्ट अवयवों—इन्द्रियों, पदार्थ दोनों का सम्पर्क और परिणामस्वरूप होनेवाली बोध रूपी क्रिया—की यथार्थता के अनुमान और प्रत्यक्ष ज्ञान द्वारा। अनुमान के द्वारा यह सिद्ध होता है कि बाह्य उद्दीपक के एक वर्ग-विशेष को ग्रहण करनेवाली इन्द्रिय है। पदार्थों का निश्चय इन्द्रिय-प्रत्यक्ष के द्वारा होता है। भेदों के अप्रत्यक्ष से सम्पर्क का अनुमान होता है और परिणामस्वरूप होनेवाली बोधरूपी क्रिया का प्रत्यक्ष ज्ञान आत्मा को मन के साथ उसके सम्पर्क तथा ज्ञान के साथ उसके निकट सम्बन्ध के द्वारा होता है।

—न्यायभाष्य 2 : 1, 19

चलता हुआ प्रतीत होता है, किन्तु विज्ञान हमें बतलाता है कि पृथ्वी सूर्य के चारों ओर घूमती है। अधिक प्रारम्भिक व परस्पर-असम्बद्ध अनुभवों की व्याख्या अधिक संघटित एवं व्यवस्थित अनुभवों को ध्यान में रखकर करनी चाहिए। आदर्श अथवा मानदण्ड दूसरी श्रेणी के अनुभव ही हैं। सत्य प्रमेय पदार्थों पर उतना निर्भर नहीं करता जितना कि इस पर निर्भर करता है कि उसमें सब स्थानों व सब कालों में कहां तक अव्यभिचारी रहने की क्षमता है। वास्तविकता की संरचना को सत्य के अनुकूल होना आवश्यक है। यह समझा जाता है कि देश व काल की निरन्तरता का एक व्यवस्थित स्वरूप है। नैय्यायिक, जो उपयोगितावादी परख का आश्रय लेता है, यह स्वीकार करने के लिए बाध्य है कि वास्तविकता सम्बन्धी हमारे विचार हमारे प्रयोजनों की अपेक्षा रखते हैं। किसी भी पदार्थ के ज्ञान से तात्पर्य हमारी वर्तमान आवश्यकताओं की पूर्ति के अनुसार ही समझा जाता है। क्रियात्मक जीवन में हमें पदार्थों के तत्त्व से कोई प्रयोजन नहीं रहता, बल्कि उनका अर्थ हमारे लिए क्या है इसी से हमें वास्ता रहता है। इस कथन का कि प्रत्येक व्यक्ति के लिए पत्थर कठोर है और आग गरम है अर्थ यह है कि ये पदार्थ हमारे लिए भी यही अर्थ रखते हैं। क्रियात्मक रूप में उचित अनुकूलता नैय्यायिक के लिए सत्य हैं, और अनेकों भ्रमात्मक ज्ञान जो सब व्यक्तियों तथा जाति के लिए सामान्य हैं, इस कसौटी के अनुसार सत्य हैं। और इस कसौटी का उपयोग भूतकाल और भविष्य की घटनाओं के सम्बन्ध में भी नहीं हो सकता। यद्यपि हमारे सत्य सापेक्ष हैं, फिर भी वे सब एक समान महत्त्व के नहीं हैं। सर्वोच्च सत्य वह है जो संसार को पूर्ण रूप से समझने की महत्त्वपूर्ण तार्किक आवश्यकता की पूर्ति कर सके। आदर्श अनुभव, जो वास्तविकता के स्वरूप को यथार्थ रूप में—जिसमें परिमित प्रमाता और परिस्थिति भी सम्मिलित है—पहचानता है, सत्य का निश्चित मानदण्ड है। इन अर्थों में नहीं कि कितने ही व्यक्तियों ने इसे प्राप्त किया है, अपितु इन अर्थों में कि जब एक व्यक्ति तार्किक मत का आश्रय लेता है तो वह इसे सत्य के रूप में समझेगा। वास्तविक यथार्थता का आधार बहुमत नहीं हो सकता।[1] यह बात कि मनुष्यों में अधिकतर अनेकतावाद में आस्था रखते हैं, इसके सिवाय और कुछ व्यक्त नहीं करती कि यह एक ऐसा विचार है जिसका क्रियात्मक महत्त्व है। सत्य तथा असत्य की परीक्षा बहुमत गणना द्वारा नहीं हो सकती। यदि मनुष्यों की अधिक संख्या पीलिया रोग का शिकार हो जाए तो इससे सत्य में कोई अन्तर नहीं आ सकता। सत्य वह है जो अपने को उन व्यक्तियों के आगे व्यक्त करता है जिन्होंने अनुभव की गहराई में जाकर अन्वेषण किया है। नैय्यायिक भी आर्षमान अर्थात् ऋषियों की बुद्धि की प्रामाणिकता को स्वीकार करता है। वह हमें कहता है कि हम उन व्यक्तियों की उपलब्धि से, जिन्होंने अधिक योग्यता के साथ यथार्थसत्ता का ज्ञान प्राप्त किया है, अपने अनुभवों की परीक्षा करें। सत्य सज्जनता और सुन्दरता के समान एक व्यक्ति की अपनी उपार्जित सिद्धि है, और दूसरे अर्थ

1. "क्या इस तथ्य की सत्यता कि एक अंधा मनुष्य अपनी दृष्टि-शक्ति के निर्दोष विकास से, जो सामान्यरूप में होना चाहिए था, वंचित रह गया है, अपने प्रमाण के लिए इस तथ्य पर निर्भर करती है कि मनुष्यों में अधिकांश व्यक्ति अंधे नहीं हैं। सबसे पहला प्राणी जिसे हठात् टटोलते-टटोलते दृष्टिशक्ति प्राप्त हुई, इस विषय की घोषणा करने का अधिकारी था कि प्रकाश वास्तविकता है। मानवीय जगत् में बहुत कम व्यक्ति ऐसे हैं जिनकी आध्यात्मिक आँखें खुली हुई हैं। किन्तु ऐसे व्यक्तियों के अत्यधिक संख्या में रहते हुए भी कि जो देख नहीं सकते, हम उन्हें प्रकाश के अभाव के प्रमाणरूप में उद्धृत नहीं कर सकते।" रवीन्द्रनाथ ठाकुर। देखिए राधाकृष्णन-रचित 'फिलासफी आफ दि उपनिषद्स' का प्राक्कथन।

में यह मानवीय मस्तिष्क के लिए उस जगत् का दिव्य ज्ञान है जो अभी तक अज्ञात है, किन्तु जिसका पूर्ण ज्ञान अधिक परिपक्व अनुभव के द्वारा हमें प्राप्त करना है। हम सत्य को निर्माण करने की अपेक्षा अधिकतर प्राप्त करते हैं। तो भी नैय्यायिक बार-बार मनोवैज्ञानिक के मत की ओर फिसल जाता है जो कल्पना करता है कि जीवात्माएं तथा प्रकृति इन दोनों के संयोग से ज्ञान उत्पन्न होता है। हमारे उद्देश्यों के प्रति ज्ञान की सापेक्षता न्याय की इस धारणा का समर्थन नहीं करती कि प्रमाता और प्रमेय सर्वथा एक-दूसरे के पृथक् हैं। इससे हमारी प्रकृति की मांगों और उनकी पूर्ति की सम्भावना ध्वनित होती है। यथार्थ का स्वभाव मनुष्य के कर्म की आवश्यकताओं के अनुकूल है; इससे यह प्रकट होता है कि वास्तविकता के दो रूप, अर्थात् मन और उसकी परिस्थिति, परस्पर सम्बद्ध हैं। दृश्यमान अनेकत्व और वस्तुओं की परस्पर असम्बद्धता केवल भासित होती है। वास्तविक पदार्थों की अनेकता का यह विचार कि पदार्थ बाह्य रूप में एक-दूसरे से सम्बद्ध है, जगत् की अनिवार्य एकता के विचार के आगे टिक नहीं सकता।

समस्त विचार के साधनात्मक तथा सापेक्ष स्वरूप में जो गूढ़ार्थ छिपा है उसके आधार पर नैय्यायिक को स्वीकार करना चाहिए कि स्वयं सत्य के आदर्श का स्वरूप सापेक्ष है। तार्किक सत्य, जो इस प्रकार की वास्तविकता है कि जिसका भाव मन में परस्परसम्बद्ध आत्माओं तथा पदार्थों के एक सिलसिले के रूप में उदय हुआ है, तार्किक भावना की अपेक्षा करता है, यद्यपि यह उस मत से कहीं अधिक सन्तोषजनक है जिसकी दृष्टि में यह विश्व अनेक स्वतन्त्र तथा वास्तविक पदार्थों से मिलकर बना है। सत्य एक वह वास्तविकता है जो आदर्श है और जिसे एक बुद्धिगम्य पद्धति के रूप में माना गया है। हमारे निष्कर्ष और अनुमान उस पूर्ण इकाई को समझने का लक्ष्य रखते हैं। ज्ञानरूपी शरीर में उनके स्थान का निर्णय इस प्रयत्न में उनकी सफलता तथा विफलता के दर्जे के अनुसार होता है। सब प्रकार का तार्किक सत्य सापेक्ष है। इस अर्थ में कि व्यक्ति वास्तविकता का केवल अंश-मात्र है, जो अपने विषय से शिथिल हो गए एक अन्य अंश को सहारा देता है; और जब तक एक व्यक्ति तार्किक दृष्टि का सहारा लेता है, वास्तविकता को अपने-आप में ग्रहण करना असम्भव है। हमारा विचार भेद करने और चुनने के लिए विवश होता है, और हम उपयोगितावादी कसौटी का प्रयोग करने को बाध्य होते हैं। उदार से उदार विचार भी अपनी स्वयं की सत्ता को छोड़ देने के लिए बाध्य होता है, जिसे कि उसे वास्तविकता में अवश्य सम्मिलित करना चाहिए। समस्त ज्ञान पदार्थ से पृथक्करण ही है। यह परम निरपेक्ष की आदर्श पुनर्रचना है।[1]

न्यायशास्त्र का ज्ञान-विषयक विश्लेषण और इसका 'स्वरूप-सम्बन्ध' विषयक मत ज्ञान में वास्तविकता की उपस्थिति के सिद्धान्त का समर्थन करते हैं। निर्विकल्प तथा सविकल्प ज्ञान का भेद भी यह संकेत करता है कि हमारा ज्ञान हमारे प्रयोजन की अपेक्षा करता है। कुछ अवस्थाओं में हमें वास्तविकता का केवल भेदरहित परिचय होता है, और अन्य अवस्थाओं में इसकी जटिलता का निकटतम ग्रहण होता है। क्रियात्मक उपयोगिता की कसौटी को स्वीकार करने से इस मत का समर्थन

1. तुलना कीजिए : ब्रैडले, "इस जगत् का गौरव अन्त में एक प्रतीति-मात्र है, किन्तु यह चीज़ जगत् को और भी अधिक गौरवशाली बना देती है यदि हम यह अनुभव करें कि यह एक पूर्णतर कान्तिमय गरिमा का प्रदर्शन-मात्र है। किन्तु यह ऐन्द्रिय यवनिका केवल एक प्रवंचना है, यदि जिसे यह छिपाती है। वह परमाणुओं की केवल वर्णहीन गति है, अतिसूक्ष्म अपकर्षणों का कोई पैत्रिक तानाबाना है, या रक्तविहीन वर्गों का कोई अपार्थिव नाच है" (लौजिक, खण्ड 2, पृष्ठ 591)।

होता है कि हमारे ज्ञान को हमारे सीमित दृष्टिकोणों की अपेक्षा रहती है। वास्तविकता की यह धारणा कि यह दो विभिन्न क्षेत्रों से मिलकर बनी है, मनोविज्ञान के लिए युक्तिसंगत और उपयोगी हो सकती है परन्तु जब हम तार्किक दृष्टिकोण पर आते हैं तो हमें उससे आगे बढ़ना चाहिए। जैसा कि हम पहले दिखा चुके हैं, न्याय को विदित है कि सत्य की सामंजस्य की धारणा ही है जो तर्कशास्त्र में स्वीकार की जा सकती है। सापेक्षतावाद के इस समस्त सिद्धान्त का स्वाभाविक निष्कर्ष यह है कि एक मिश्रित विश्व का, जिसमें अवयव परस्पर सम्बद्ध हैं, यह तार्किक आदर्श भी परम निरपेक्ष नहीं समझा सकता। न्याय ने इस मूल समस्या का मुकाबिला करना पसंद नहीं किया, किन्तु इसका ज्ञान-सम्बन्धी सिद्धान्त जब संगतिपूर्वक व्यवहार में लाया जाता है तो स्पष्टतः हमें इस स्थिति में पहुंचाता है कि प्रमाता तथा प्रमेय के भेद ज्ञान अथवा अनुभव के तथ्य में ही उदय होते हैं, जो अकेला ही परम निरपेक्ष है अथवा अन्तिम तथ्य है, जिसके परे हम नहीं जा सकते।

21. भौतिक जगत्

न्यायशास्त्र वैशेषिक के तत्त्वविज्ञान से सहमत होकर इस भौतिक जगत् को नित्य, अपरिणामी, कारणविहीन तथा हमारे विचारों से अलग अपनी स्वतन्त्र सत्ता रखने वाले परमाणुओं द्वारा घटित मानता है। भौतिक जगत् के विषय में न्यायशास्त्र की अवधारणाएं लगभग वैशेषिक ही के समान हैं।

यह जानना भी रोचक होगा कि न्याय अपने प्रतिद्वन्द्वी सम्प्रदायों द्वारा किए गए आक्षेपों का उत्तर किस प्रकार देता है। काल के विषय में विशेष कठिनाइयां हैं। कुछ नैय्यायिकों का मत है कि काल अनुभव का ही एक रूप है और उसका ग्रहण भी इन्द्रियों द्वारा प्रमेय पदार्थों के गुण के रूप में होता है। दृष्टान्त के रूप में 'शिखामणि' के रचयिता रामकृष्णाध्वरी का कहना है कि क्योंकि हमें पदार्थों का बोध 'इस काल में वे उपस्थित' हैं, इस रूप में होता है, इसलिए समय का भी साथ-साथ बोध होता है। घड़े के प्रत्यक्ष ज्ञान में अर्थात् कि 'घड़ा इस काल में है' वर्तमानकाल भी पदार्थ विषयक ज्ञान के साथ-साथ ही सम्मिलित है। प्रत्येक पदार्थ के विषय में वह अमुक काल में है या था, इस प्रकार का ज्ञान होता है, यद्यपि काल का स्वतन्त्र बोध कभी नहीं होता है।[1] पदार्थों के विषय में जो कुछ कहा जाए, काल विषयक सम्बन्ध उस पर निर्भर है। शीघ्र या विलम्ब से, पहले अथवा पीछे इस प्रकार का भाव घटनाओं एवं क्रियाओं से भिन्न कुछ नहीं हो सकता क्योंकि काल का बोध पदार्थों के गुण के रूप में होता है, इसलिए उसका वास्तविक अस्तित्व है।[2]

माध्यमिक के इस सिद्धान्त का कि भूत तथा भविष्य से स्वतन्त्र वर्तमानकाल की पृथक् कोई सत्ता नहीं है, विवेचन वात्स्यायन ने किया है।[3] भूतकाल की परिभाषा

---

1. न्यायमंजरी, पृष्ठ, 136।
2. वही, पृष्ठ 137।
3. न्यायभाष्य, 2 : 1, 39 और आगे; 1 : 43। और देखिए 'भारतीय दर्शन, खण्ड 1, पृष्ठ 596।

यह है कि वह वर्तमानकाल से पहले आता है, और भविष्य वह है जो वर्तमान के पीछे आता है। किन्तु वर्तमान का भूत तथा भविष्य से स्वतन्त्र कोई अभिप्राय नहीं है। वात्स्यायन का उत्तर है कि यह सब देश तथा काल के सम्मिश्रण के कारण होता है। आक्षेपकर्त्ता का तर्क है कि जब कोई वस्तु गिरती है तो उसे कुछ दूरी पार करने में कुछ समय लगा है और शेष दूरी पार करने में कुछ समय लगेगा। बीच की कोई दूरी ऐसी नहीं है जिसे वह वस्तु वर्तमान में पार करे। पार कर ली गई दूरी हमें भूतकाल का विचार देती है, जो दूरी पार करनी है वह हमें भविष्यकाल का विचार देती है, तथा शेष कोई और दूरी नहीं है जो हमारे सामने वर्तमान का विचार रख सके।[1] किन्तु वात्स्यायन कहते हैं कि समय अथवा काल की अभिव्यक्ति दूरी (देश) से नहीं अपितु क्रिया से होती है। जब वस्तु का गिरना बन्द हो जाता है तो हमें भूतकाल का भाव मिलता है...जब वस्तु के गिरने की क्रिया होने वाली होती है तो भविष्यत्काल का भाव मिलता है, और अन्त में, जब वस्तु की क्रिया दिखाई दे रही है तो हमें वर्तमानकाल का भाव मिलता है। इस प्रकार की परिस्थिति में यदि कोई व्यक्ति होती हुई क्रिया को कभी न देखे, तो उसे क्रिया की समाप्ति तथा आगे होने का विचार भी कैसे हो सकता है?...भूत और भविष्य दोनों ही कालों में वस्तु के अन्दर क्रिया नहीं है, जबकि हमारे इस विचार के समय कि 'वस्तु गिर रही है', वस्तु का सम्बन्ध वस्तुतः क्रिया के साथ होता है। इस प्रकार वर्तमानकाल जिसका ज्ञान कराता है वह वस्तु और क्रिया का वास्तविक विद्यमान सम्बन्ध है। इसलिए इसी के (अर्थात् विद्यमान सम्बन्ध और उसके द्वारा संकेतित काल के) आधार पर ही हम काल के अन्य दोनों बिन्दुओं—अर्थात् भूत एवं भविष्य—का भाव ग्रहण कर सकते हैं। और, इस कारण, यदि वर्तमानकाल न होता तो भूतकाल व भविष्यत्काल की भी भावना सम्भव न होती।[2] इसके अतिरिक्त प्रत्यक्ष केवल उन्हीं पदार्थों का होता है जिनकी सत्ता वर्तमानकाल में हो। इसलिए यदि वर्तमानकाल की सत्ता को स्वीकार न किया जाए तो प्रत्यक्ष भी नहीं हो सकता। इस प्रकार वर्तमानकाल मात्र गणित का ही विषय नहीं है, बल्कि काल का एक खण्ड है जिसकी एक निश्चित अवधि है, जिसमें भौतिक ठोसपन है।[3]

भौतिक जगत् के उद्भव व स्वरूप के सम्बन्ध में दिए गए भिन्न-भिन्न सिद्धान्तों के विरोध में वात्स्यायन तर्क करते हैं।[4] क्षणिकवाद की आलोचना करते हुए उनका कहना है कि हम यह निश्चित नहीं कह सकते कि एक क्षण के बाद एक सत्ता का स्थान दूसरी सत्ता ले लेगी, और एक सत्ता की उत्पत्ति एवं उसके अन्त के बीच कोई जोड़ने वाली कड़ी तो होनी ही चाहिए। क्षणिकता के तथ्य को हम वहां स्वीकार कर सकते हैं जहां उसका बोध होता हो, किन्तु जहां उसका बोध नहीं, जैसे पत्थर आदि में, वहां कैसे स्वीकार कर सकते हैं![5] पदार्थों के लगातार बोध से परिणाम यह निकलता

1. न्यायभाष्य, 2 : 1, 39।
2. न्यायभाष्य, 2 : 1, 40।
3. व्हाइटहेड : दि प्रिंसिपल आफ रिलेटिविटी, पृष्ठ 7।
4. न्यायभाष्य, 4 : 2, 31-33, और 4 : 2, 26-27।
5. न्यायभाष्य, 3 : 2, 11; और देखिए 3 : 2, 12-13।

है कि उसका अस्तित्व निरन्तर रहता है। 'प्रत्येक पदार्थ अभावात्मक है इस कल्पना का प्रत्याख्यान इस आधार पर हो जाता है कि यदि प्रत्येक पदार्थ अभावात्मक है तो कोई संकलित पदार्थ कैसे हो सकता है।[1] और न ही सब पदार्थों को एक-दूसरे का सापेक्ष कहा जा सकता है। यदि लम्बा और छोटा दोनों अन्योन्याश्रित हैं, तो एक के अभाव में दूसरा भी न रहेगा। और यदि दोनों में से एक भी अपने-आप में 'सत्' नहीं है तो उनके परस्पर-सम्बन्ध की स्थापना नहीं हो सकती।[2] अनित्यता के सिद्धान्त का अवलम्ब पदार्थों की उत्पत्ति और विनाश के तथ्यों पर है। नैय्यायिक का तर्क है कि परमाणु, आकाश, देश और काल उनके कुछ गुण ऐसे हैं जो न तो उत्पन्न होते हैं और न विनष्ट होते हैं।[3] इसका विरोधी मत कि सब पदार्थ नित्य हैं, समान रूप से दोषयुक्त हैं, क्योंकि कुछ पदार्थों को हम प्रत्यक्ष देखते हैं कि वे उत्पन्न भी होते हैं और नष्ट भी होते हैं। मिश्रित् पदार्थ तो अवश्य ही बनते व बिगड़ते हैं।[4] वात्स्यायन 'सर्वपृथक्त्ववाद' पर भी विचार करते हैं[5]। नैय्यायिक का मत है कि सम्पूर्ण केवल अपने भागों का संकलन नहीं है। उसका अपना अलग अस्तित्व है और वह अपने भागों में समवाय-सम्बन्ध से रहता है। वात्स्यायन इस बौद्ध मत का[6] प्रत्याख्यान करते हैं कि सम्पूर्ण सिवाय अपने भागों के संकलन के अन्य कुछ नहीं है और सम्बन्ध केवल मिथ्या है।[7]

अभाव (असत्) से जगत् की उत्पत्ति नहीं हो सकती। अभावपरक प्रकल्पना के समर्थक युक्ति देते हैं कि कोई कार्य तब तक उत्पन्न नहीं होता जब तक कि कारण नष्ट नहीं होता। अंकुर की उत्पत्ति के लिए बीज को अवश्य नष्ट हो जाना होता है। इस विचार के विरोध में वात्स्यायन का तर्क यह है कि कारण, जिसे नष्ट हो गया कहा जाता है, विनाश के पश्चात्, फिर से अस्तित्व में नहीं आ सकता, और नष्ट हो गई वस्तुओं से कुछ भी उत्पन्न नहीं हो सकता। यदि बीज का नाश अंकुर की उत्पत्ति का कारण होता तो जैसे ही बीज के टुकड़े-टुकड़े हुए, उसी क्षण में अंकुर को उत्पन्न हो जाना चाहिए था। वस्तुतः अंकुर केवल तभी प्रकट होता है जबकि बीज के विभाग के बाद उसके कणों से एक नवीन सम्मिश्रण बन जाता है। इस प्रकार अंकुर की उत्पत्ति अभाव से न होकर बीज के कणों की पुनर्व्यवस्था से होती है।[8]

---

1. न्यायभाष्य, 4 : 1, 37-40, और देखिए 4 : 2, 26-27, 31-33।

2. यदि वस्तुओं का कोई विशिष्ट लक्षण (अथवा व्यक्तित्व) जैसी कुछ वस्तु नहीं है, तो हमें एक-से दो अणुओं अथवा एक ही आकार के दो पदार्थों के विषय में लम्बाई और छुटाई के सापेक्ष भाव क्यों नहीं होते? अपेक्षा से तात्पर्य यह है कि जब हम दो वस्तुओं का प्रत्यक्ष ज्ञान प्राप्त करते हैं तो उनमें से एक का दूसरी पर आधिपत्य लक्ष्य करना हमारे लिए सम्भव हो जाता है। (न्यायभाष्य, 4 : 1, 40)।

3. न्यायभाष्य, 4 : 1, 25-28।

4. न्यायभाष्य, 4 : 1, 39-33।

5. न्यायभाष्य, 4 : 1, 34-36।

6. देखिए बौद्ध अशोककृत 'अवयवनिराकरण'। इसका रचयिता नौवीं शताब्दी के अन्त के लगभग हुआ था।

7. वात्स्यायनकृत 'संख्यैकान्तवाद' की व्याख्या स्पष्ट नहीं है। यह संभवतः पिथागोरस की संख्याविषयक प्रकल्पना जैसे किसी सिद्धान्त का उल्लेख करती है।

8. न्यायभाष्य, 4 : 1, 14-18।

इस मत कि जगत् अकस्मात् उत्पन्न हो जाता है, विवेचना की गई है, और उसे त्याग दिया गया है। समस्त अनुभव को बेकार बताए बिना अथवा झूठा सिद्ध किए बिना, कार्य-कारणभाव के नियम का निषेध नहीं किया जा सकता।[1]

22. जीवात्मा और उसकी नियति

न्याय के अनुसार, विश्व में कुछ तत्त्व ऐसे हैं जो भौतिक नहीं हैं। ये हैं हमारे बोध, इच्छा, द्वेष, संकल्प और सुख-दुःख की संवेदनाएं।[2] चैतन्य की ये सब अवस्थाएं परिवर्तनशील हैं, और इस प्रकार इन्हें द्रव्यों के साथ न मिलना चाहिए। उन्हें आत्मारूपी द्रव्य के गुण माना गया है।

आत्मा एक यथार्थसत्ता है और इसके गुण हैं इच्छा, द्वेष, संकल्प, सुख-दुःख तथा ज्ञान। साधारणतः नैय्यायिक आत्मा के अस्तित्व को अनुमान प्रमाण के द्वारा सिद्ध करता है, यद्यपि उसके समर्थन में शास्त्रीय प्रमाण भी देता है।[3] उद्योतकर का मत है कि आत्मा की यथार्थसत्ता का ज्ञान प्रत्यक्ष द्वारा भी प्राप्त किया जा सकता है। उसके अनुसार 'मैं' रूपभाव का प्रमेय पदार्थ आत्मा है।[4] भिन्न-भिन्न बोधों की प्रत्यभिज्ञा 'मेरी' के रूप में होना यह सिद्ध करता है कि आत्मा की सत्ता निरन्तर विद्यमान रहती है।[5] जब कोई पुरुष किसी पदार्थ-विशेष को जानना अथवा समझना चाहता है तो वह पहले सोचता है कि यह क्या हो सकता है और उसे इस रूप में जानता है कि यह अमुक प्रकार का है। यह जानने की क्रिया उसी एक कर्ता की है जिसने जानने की इच्छा की थी, और पीछे का विचार भी उसी कर्ता का है। इस प्रकार यह ज्ञान उसी एक कर्त्ता की उपस्थिति का संकेत करता है और यही आत्मा है।[6] हम उन पदार्थों का स्मरण करते हैं जिनका बोध हमें पहले हुआ हो।[7] जब कोई किसी पदार्थ को देखता है, उससे आकृष्ट होता है तथा उसे प्राप्त करने की चेष्टा करता है, तो इस सब भिन्न-भिन्न क्रियाओं का आधार वही एक सामान्य सत्ता है जिसे हम आत्मा के नाम से जानते हैं।[8] यदि हमारा मानसिक जीवन प्रत्येक क्षण में एक अद्भुत गुणात्मक रूप धारण किए रहता है, जो एक प्रमाता के मूर्त इतिहास में एक क्षण का निर्माण करता है तो इसका कारण यह है कि यह इसी एक सामान्य आत्मा से सम्बन्ध रखता है, किसी अन्य से नहीं। उद्योतकर का कहना है कि ऐसे व्यक्ति के लिए जो जीवात्मा को नहीं मानता, प्रत्येक बोध अपने-आप में भिन्न होना चाहिए और उसका अपना अलग एक प्रमेय होना चाहिए, तथा कोई भी ज्ञान अथवा स्मृति

---

1. न्यायभाष्य, 4 : 1, 22-24।
2. यदि सुख, दुःख, राग और द्वेष को संवेदना की अवस्थाएं माना जाए तो चैतन्य की तीन अवस्थाएं हैं—ज्ञान, संवेदना तथा इच्छा।
3. न्यायभाष्य, 1 : 1, 10।
4. न्यायवार्तिक, 3 : 1, 1। वैशेषिक के मत में आत्मा योगविद्या के प्रत्यक्ष का प्रमेय है। (वैशेषिक सूत्र, 9 : 1, 11 : न्यायकन्दली, पृष्ठ 196)।
5. न्यायभाष्य, और न्यायवार्तिक, 1 : 1, 10।
6. न्यायभाष्य, 1 : 1, 10।
7. न्यायभाष्य, 3 : 1, 14; और 3 : 1, 7-11।
8. एककर्तृकत्वं ज्ञानेच्छाप्रवृत्तीनां समानाश्रयत्वम् (न्यायभाष्य, 3 : 2, 34)।

सम्भव न हो सकेगी।[1] संवदेनात्मक तथा स्नेहात्मक तत्त्वों की केवल सम्मिश्रणमात्र होने से चेतना की कोई भी अवस्था मेरी है या अन्य की, ऐसी पृथक् करके नहीं जानी जा सकती। दूसरे का अनुभव मेरा अनुभव नहीं है, क्योंकि मेरी आत्मा उसकी आत्मा से भिन्न है। हमारी सब मानसिक अवस्थाएं जैसे स्मृति, अभिज्ञान, जीवात्मा की सापेक्ष निरन्तरता की अभिज्ञता, आत्मा का संकल्प या आग्रह, अन्य आत्माओं के साथ सहानुभूति अथवा सम्बन्ध की चेतना, ये सब सूचित करती हैं कि आत्मा का यथार्थ अस्तित्व है।

भौतिकवादी के इस मत का कि चेतना देह का गुण है, सरलता के साथ प्रत्याख्यान हो जाता है। यदि यह देह का गुण होती तो इसका स्थान देह के भिन्न-भिन्न भागों में और उसके भौतिक अंशों में भी होता।[2] यदि देह के भौतिक अंशों में भी चेतना है तो हमें मानना होगा कि व्यक्ति की चेतना विविध प्रकार की चेतनाओं का सम्मिश्रण है जो देह के भिन्न-भिन्न अंशों से उत्पन्न हुई है। यदि देह में चेतना मानी जाए तो प्रकृतिमात्र में भी चेतना माननी पड़ेगी, क्योंकि प्रकृति के तत्त्व ही देह का निर्माण करते हैं। यदि देह से भिन्न आत्मा का अस्तित्व नहीं है तो नैतिकता का कुछ भी महत्त्व नहीं रह जाता।[3] क्योंकि देह क्षण-क्षण में बदलती रहती है, इसलिए कोई भी पाप आगामी जीवन में हमारा पीछा कैसे करेगा। यदि चेतना देह का अनिवार्य गुण है तो वह अपने इस अनिवार्य गुण को कभी भी छोड़ न सकती, हमारे लिए ऐसी देहों को देखना जो चेतना-शून्य हो, असंभव हो जाता--जैसे कि मृत देह चेतना-शून्य देखी जाती है। समाधि अवस्था में चेतना नहीं पाई जाती। देह का यह स्वाभाविक गुण नहीं है, क्योंकि जब तक देह रहती है तब तक यह बराबर उसके साथ नहीं रहती, जैसे कि रंग आदि अन्य गुण देह के साथ बराबर रहते हैं।[4] यदि चेतना देह का आकस्मिक गुण होती तो इसका कारण देह के अतिरिक्त अन्य कुछ होता। इसके अतिरिक्त, चेतना उस पदार्थ का गुण नहीं हो सकती जिसकी कि चेतना होती है, बल्कि उसी का गुण हो सकती है, जो स्वयंचेतन है। चेतना को देह का गुण मानें तो इसका ज्ञान दूसरों को भी होना चाहिए।[5] देह चेतना की सहायक भी नहीं है, जैसा कि अनुभव सर्वविदित है। अधिक से अधिक यह स्वीकार किया जा सकता है कि यह (देह) चेतना की अभिव्यक्ति में साधन व सहायक-मात्र है। देह की परिभाषा यह की गई है कि देह क्रियाओं, इन्द्रियों तथ पदार्थों का माध्यम है।[6] आत्मा देह के द्वारा ही पदार्थों को प्राप्त करने अथवा उनसे छुटकारा पाने का प्रयत्न करती है, क्योंकि देह ही इन्द्रियों, मन तथा भावनाओं का स्थान है। हम देह की चेतना

1. न्यायवार्तिक, 1 : 1, 10। वाचस्पति का कहना है कि "यदि आत्मा की अनुपस्थिति में बोधों की स्मृति तथा उनका विलयन इस प्रकल्पना के अन्तर्गत सम्भव हो सकता कि प्रत्येक बोध बोधों की शृंखला में एक अवयव बन जाता, तो प्रत्येक बोध उक्त शृंखला के प्रत्येक अन्य बोध का स्मरण करा सकता तथा उसके साथ विलय हो सकता। वाचस्पति का उक्त कथन वात्स्यायन के इस कथन का भावानुवाद है कि "एक बोध की प्रत्यभिज्ञा दूसरे बोध के द्वारा उसी प्रकार संभव होगी जैसे एक शरीर द्वारा किए गए अनुभवों की प्रत्यभिज्ञा दूसरे शरीर को हो।" (न्यायभाष्य, 1 : 1, 10)।

2. देखिए सांख्यसूत्र, 3: 20-21, और इस पर विज्ञानचक्षु और अनिरुद्ध की टीका।

3. देखिए न्यायभाष्य, 3 : 1, 4।

4. न्यायभाष्य, 3 : 2, 47।

5. देखिए, भारतीय दर्शन, प्रथम खण्ड, पृष्ठ 261-62। और देखिए न्यायभाष्य, 3 : 2, 53-55।

6. न्यायसूत्र, 1 : 1, 11।

एवं आत्मा के साथ जो उसे धारण करती है, एकात्मा स्वीकार नहीं कर सकते। और न ही हम जीवनी शक्ति की प्रक्रियाओं के साथ चेतना का तादात्म्य स्वीकार कर सकते हैं। आत्मा का देह के साथ जो विशेष सम्बन्ध है उसी का नाम जीवनी शक्ति है।[1]

आत्मा इन्द्रियां नहीं है, बल्कि इन्द्रियों का नियंत्रण करने वाली है, तथा इन्द्रियों द्वारा प्राप्त ज्ञान का संश्लेषण करने वाली है।[2] यह जीवात्मा ही है जो भिन्न-भिन्न प्रकार के अनुभवों में एकत्व स्थापित करती है। आंख शब्दों को नहीं सुन सकती, न कान ही वस्तुओं को देख सकते हैं, और यह चेतना कि मैं जिस पदार्थ को अब देख रहा हूं उसके विषय में मैंने सुना भी था, सम्भव नहीं हो सकती थी यदि आत्मा इन्द्रियों से भिन्न तथा उनसे परे न होती। इन्द्रियां साधनमात्र हैं और इसलिए उनका उपयोग करने के लिए किसी कर्ता की आवश्यकता है। इन्द्रियां केवल भौतिक प्रकृति से उत्पन्न हैं, अतः चेतना उसका गुण नहीं हो सकती। देखा हुआ पदार्थ और आंखें यदि दोनों नष्ट भी हो जाएं तो भी यह ज्ञान कि मैंने देखा था, रहता ही है, और इसलिए यह ज्ञान इन्द्रियों या बाह्य पदार्थों का गुण नहीं हो सकता।[3] आत्मा और मन को भी एक नहीं माना जा सकता, क्योंकि मन एक साधन-मात्र है जिसके द्वारा आत्मा मनन अथवा विचार करती है। क्योंकि मन परमाणुओं से बना है अतः यह भी देह की भांति ही, आत्मा नहीं हो सकता। यदि बुद्धि को मन का गुण मानें तो अनेकों वस्तुओं के एक साथ ज्ञान की, जैसा कि योगियों को होता है, व्याख्या नहीं हो सकेगी।[4] आत्मा का ऐक्य देह, इन्द्रियों या मन के साथ नहीं हो सकता, क्योंकि देह के नष्ट होने, इन्द्रियों के अलग हो जाने और मन के निश्चेष्ट हो जाने पर भी आत्मा बनी रहती है।[5] उक्त सब प्रमेय पक्ष के पदार्थ हैं और प्रमाता नहीं बन सकते, जबकि आत्मा ही प्रमाता है।[6]

यह स्थायी आत्मा बुद्धि, उपलब्धि अथवा ज्ञान नहीं है।[7] बुद्धि अस्थायी है, जबकि आत्मा को अवश्य स्थायी होना चाहिए।[8] हम अपनी चेतना की बहती हुई जल की धारा से उपमा दे सकते हैं, जहां मन की एक अवस्था के विलीन होते ही दूसरी प्रकट हो जाती है। पदार्थ का जो भी स्वरूप हो, शब्द की भांति द्रुत गति से खिसकने वाला अथवा घड़े की तरह अपेक्षाकृत स्थायी बोध अपने-आप में क्षणिक (अस्थायी) है।[9] पदार्थ का सापेक्ष स्थायित्व बोध की सापेक्ष विशिष्टता का कारण होता है, किन्तु इसके कारण बोध स्वयं स्थायी नहीं हो जाता।[10] प्रत्यभिज्ञा (पहचान) की योग्यता बुद्धि का गुण नहीं हो सकती।[11] बुद्धि, नैय्यायिक के अनुसार, न तो द्रव्य है और न ही प्रमाता है, बल्कि जीवात्मा का एक गुण है जिसका बोध हो सकता है। जीवात्मा उन सबकी द्रष्टा है जिनसे दुःख-सुख उत्पन्न होते हैं। वह सुख व दुःख की भोक्ता, अर्थात्, अनुभव करने वाली

1. न्यायकन्दली, पृष्ठ 263।
2. न्यायभाष्य, 3 : 1, 1।
3. न्यायभाष्य, 3 : 2, 18।
4. न्यायभाष्य, 3 : 2, 19।
5. प्रशस्तपाद का पदार्थधर्मसंग्रह, पृष्ठ 69; और देखिए भाषापरिच्छेद, 47-49।
6. न्यायवार्तिक, 3 : 2, 19।
7. न्यायसूत्र, 1 : 1-5।
8. न्यायवार्तिकतात्पर्यटीका, 1 : 1, 10।
9. न्यायभाष्य, 3 : 2, 1-2; 3 : 2, 18 41।
10. न्यायभाष्य, 3 : 2, 44; और देखिए न्यायवार्तिक, 3 : 2, 45।
11. न्यायभाष्य, 3 : 2, 3।

है, और सब पदार्थों का ज्ञान प्राप्त करनेवाली है।

वह द्रव्य जो इन गुणों का निधान है, अवयव-घटित नहीं हो सकता, क्योंकि न्यायशास्त्र की यह धारणा है कि मिश्रित पदार्थ नाशवान् हैं जबकि सरल (निरवयव) पदार्थ नित्य हैं। जिसकी उत्पत्ति है वह अवश्य अवयवों से मिलकर बना है, और जब अवयव अलग-अलग हो जाते हैं तो पदार्थ का विनाश हो जाता है। जीवात्मा निरयव है और नित्य है। इसका न आदि है, न अन्त है। यदि जीवात्मा ने कभी बनना आरम्भ किया होता तो उसका कभी अन्त भी होता। ज़ीवात्मा का आकार भी परिमित नहीं हो सकता, क्योंकि जो परिमित है उसके अवयव हैं और वह नाशवान् हैं। आत्मा को या तो परमाणु-निर्मित होना चाहिए, अथवा अपरिमित होना चाहिए। वह मिश्रित पदार्थों के समान मध्यम परिमाण वाली नहीं हो सकती। यह परमाणु घटित नहीं हो सकती क्योंकि उस अवस्था में हमें उसके बुद्धि व इच्छा आदि गुणों का ज्ञान न होता। उसके परमाणु घटित होने की अवस्था में बोध सारी देह में व्याप्त नहीं हो सकता था।[1] यदि वह मध्यम परिमाण की होती तो या तो देह से बड़ी या छोटी होती। दोनों ही अवस्थाओं में वह देह को व्याप्त न कर सकती, जबकि वह करती है और उसे करना चाहिए। यदि वह देह के ही परिमाण की होती तो देह के लिए बहुत छोटी सिद्ध होती, क्योंकि देह तो जन्म के बाद से बराबर बढ़ती रहती है। इसके अतिरिक्त जन्म-जन्म में वह अपना परिमाण बदलती रहती, यह कठिनाई उपस्थित होती जिसे दूर किया ही नहीं जा सकता। इसलिए वह सर्वव्यापक है, यद्यपि वह एक समय में अनेक पदार्थों का ज्ञान उपलब्ध नहीं कर सकती, क्योंकि उसका साधन मन अणुरूप है। देह द्वारा किए गए समस्त कर्मों के संस्कारों को मन ही संभालकर रखता है, और हर एक आत्मा के पास सामान्यतः एक ही मन है, जिसे नित्य कहा गया है।[2]

प्रत्येक व्यक्ति में आत्मा अपनी विशेषता रखती है।[3] जीवात्माओं की संख्या अपरिमित है। यदि प्रत्येक व्यक्ति की जीवात्मा पृथक्-पृथक् न होती तो सबके अनुभव एक समान हो जाया करते।[4] यदि सब देहों के अन्दर एक ही आत्मा विद्यमान रहती तो जब एक को सुख या दुःख अनुभव होता तो सबकी उसी प्रकार के सुख और दुःख का अनुभव होता, किन्तु ऐसा होता नहीं है।

चेतना आत्मा का अनिवार्य गुण नहीं है। बोध की शृंखलाओं का भी एक अन्त है। ''अन्तिम बोध के विषय में स्थिति यह है कि कारण (पुण्य या पाप) के न रहने पर वह भी समाप्त हो जाता है अथवा काल की विशेषताओं से (जो अच्छे व बुरे कर्मों का अन्त कर सकता है), अथवा स्वयं अन्तिम बोध द्वारा उत्पन्न संस्कारों से भी अन्तिम बोध का अन्त हो जाता है।''[5] परिणाम यह निकला कि आत्मा, जो चेतना का आधार है, सदा ही चेतन रहे, आवश्यक नहीं हैं। वस्तुतः यह एक जड़ तत्त्व है जो चेतना की अवस्थाओं से गुणवान होता है।[6] चेतनता आत्मा से पृथक् नहीं रह सकती जैसे कि अग्नि की ज्वाला अग्नि

---

1. तर्कसंग्रहदीपिका, 17।
2. न्यायभाष्य, 1 : 1, 16; 3 : 2, 56।
3. न्यायवार्तिकतात्पर्यटीका, 1 : 1, 10; न्यायभाष्य, 3 : 1, 14।
4. एक ही आत्मा द्वारा भिन्न-भिन्न शरीरों के संचालन की सम्भावना को असाधारण घटना माना गया है (न्यायभाष्य, 3 : 2, 32)।
5. न्यायवार्तिक, 3 : 2, 24।
6. उदयन के मत में यह एक ऐसा द्रव्य है जिसमें ज्ञान, आह्लाद तथा अन्य विशुद्ध गुण हैं, एवं यह →

से पृथक् नहीं रह सकती। किन्तु आत्मा के लिए यह आवश्यक नहीं कि वह चेतन रहे। जाग्रत अवस्था में आत्मा का मन के साथ संयोग होने से उत्पन्न एक गुण चेतनता है। यह आत्मा का एक अन्तर्विरामी गुण है।[1]

आत्मा एक ऐसा नित्य तत्त्व है कि समय-समय पर इसका ऐसी एक देह से सम्बन्ध होता रहता है जो इसके अनुकूल होती है। देह मनुष्य को अपने कर्मों के अनुसार मिलती है, और सुख-दुःख का आधार देह ही है।[2] देह की रचना नियति[3] की अदृष्ट शक्ति से होती है और पूर्वकर्मों के फलों का परिणाम है।[4] प्रत्येक मनुष्य को ऐसी देह मिलती है जो कि उन अनुभवों का, जो उसे भोगने हैं, माध्यम बन सके। प्राणी का जन्म केवल भौतिक प्रक्रिया नहीं है। उद्योतकर का कहना है कि माता-पिता का कर्म जिन्हें बच्चे की उत्पत्ति से होनेवाले अनुभवों को भोगना है, और उस व्यक्ति का अपना कर्म जिसे इस जगत् में अनुभवों को भोगना है—ये दोनों परस्पर मिलकर माता के गर्भ में देह की उत्पत्ति के कारण बनते हैं।[5] देह के साथ आत्मा का सम्बन्ध उसका जन्म कहलाता है एवं उससे अलग हो जाने का नाम मृत्यु है।[6] सृष्टि के प्रारम्भ में परमाणुओं में एक क्रिया चालू हो गई, जिससे वे संयुक्त होकर भौतिक पदार्थों की सृष्टि करते हैं। इसी प्रकार की एक क्रिया आत्माओं के मनों में भी होती है जो आत्माओं के अपने पिछले कर्मों के अनुसार कई अन्य गुणों को उत्पन्न करती है। प्रत्येक आत्मा के मूर्त इतिहास में अनेक जन्म अन्तर्निहित होते हैं। प्रत्येक क्षण में इसकी ऐतिहासिक परम्परा अपनी जड़ें भूतकाल में रखती है और भविष्य की रूपरेखा लिए रहती है। प्रत्येक जन्म, ऐतिहासिक रूप में व्यवस्थित इस प्रकार की शृंखला की केवल एक कड़ी है।

पूर्व-अस्तित्व की प्रकल्पना को सिद्ध करने का कोई विशेष प्रयत्न इसलिए नहीं किया गया क्योंकि इसे साधारणतः स्वीकार कर लिया गया है। शिशु एकदम प्रारम्भिक अवस्थाओं में सुख और दुःख के चिह्नों को प्रकट करने लगते हैं, और हम बच्चे की मुस्कान अथवा रोने को कमल के खिलने तथा मुरझाने के समान केवल यान्त्रिक गति बतलाकर टाल नहीं सकते।[7] मनुष्य-प्राणी एक फूल से कहीं अधिक महत्त्वपूर्ण अस्तित्व रखता है, नवजात शिशु

→ नित्य, अविनश्वर, परिवर्तनरहित, आकार में अणु से बड़ा नहीं, किन्तु समस्त शरीर में व्यापक होने की क्षमता रखता है।

1. 1 : 1, 10 पर न्यायभाष्य और न्यायवार्तिक, प्रशस्तपादकृत पदार्थधर्मसंग्रह, पृष्ठ 99।

2. न्यायभाष्य, 3 : 1, 27। देह मुख्यतया पृथ्वी से बनी है, यद्यपि अन्य तत्त्व भी इसके साथ सहायक के रूप में रहते हैं (3 : 1, 27-29)। मानवीय देह का निर्माण मुख्यरूप से पृथ्वी से हुआ है, किन्तु न्याय, वरुणलोक में निर्मित जलीय देहों को भी स्वीकार करता है। इसी प्रकार वह सूर्यलोक में आग्नेय और वायुलोक में वायव्य देहों को भी स्वीकार करता है। किन्तु आकाशीय अथवा ईथर की देहें नहीं हैं।

3. न्यायभाष्य, 3 : 2, 60-72।

4. पूर्वकृतफलानुबन्धात् (न्यायभाष्य, 3 : 2, 60)।

5. न्यायवार्तिक, 3 : 2, 63।

6. 4 : 1, 10। प्रश्न पूछा जाता है कि संसार रूपी चक्र का फेरा, अर्थात् जन्म व मृत्यु का सम्बन्ध मन के साथ है या आत्मा के साथ? उद्योतकर उत्तर देते हैं : "यदि संसार से तुम्हारा अभिप्राय कर्म से है (अर्थात् शरीरों में प्रविष्ट होने और उन्हें छोड़ने से है) तो इसका सम्बन्ध मन से है, क्योंकि जो वस्तुतः गति करता है (संसरति) वह मन है। दूसरी ओर, यदि संसार से अभिप्राय तुम्हारा (सुख और दुःख के) अनुभवों से है तो इसका सम्बन्ध आत्मा से है, क्योंकि यह आत्मा ही है जो सुख और दुःख का अनुभव करता है।" (न्यायवार्तिक, 1 : 1, 19।)

7. 3 : 1, 19-21।

की दूध पीने की इच्छा का समाधान चुम्बक के प्रति लोहे के टुकड़े के स्वाभाविक आकर्षण से उसकी उपमा देकर नहीं किया जा सकता, क्योंकि शिशु केवल धातु का टुकड़ा नहीं है।[1] यह आपत्ति कि इच्छाओं समेत बच्चे उत्पन्न हो सकते हैं, जैसेकि गुणों समेत द्रव्य पैदा होते हैं, मान्य नहीं है, क्योंकि इच्छाएं केवल गुण नहीं हैं अपितु उनका प्रादुर्भाव भूतपूर्व अनुभव से होता है।[2] हम इस जगत् में नितान्त भुलावे में नहीं आते और न ही पूर्वनग्नता को लेकर आते हैं 'बल्कि कुछ स्मृतियों तथा स्वभावों को लेकर आते हैं जो हमने अपने पूर्वजन्म से अर्जित किए हैं।[3] पूर्वजन्मों तथा भावी जीवन संबंधी तर्क को नैतिक भावनाओं से समर्थन प्राप्त होता है। यदि हम अपनी आत्माओं के लिए भूतकाल तथा भविष्य के अस्तित्व को न मानें तो उस अवस्था में 'कृतहीन' तथा 'अकृताभ्यागम'—अर्थात् जो कुछ किया उसका लोप तथा जो नहीं किया उसका फलभोग—इन दोनों से हमारा नैतिक भाव नष्ट हो जाएगा। भविष्य जन्म को अवश्य होना ही चाहिए, जिसमें हम अपने कर्मों का फल भोग सकें, और वर्तमान में व्यक्तियों के भाग्य में जो इतना भेद दिखाई देता है उसका समाधान करने के लिए भूतकाल के जन्म को भी मानना आवश्यक है। जब हमारे दण्ड अथवा पुरस्कार दिलाने वाले गुणावगुणों का कोश निःशेष हो जाता है तो जीवात्मा संसार एवं पुनर्जन्म से मुक्त हो जाती है और मोक्ष प्राप्त कर लेती है।[4] वात्स्यायन के अनुसार, हमारे सब कर्मों का फल मोक्ष से पूर्व के अन्तिम जन्म में प्राप्त होता है।[5]

दुःख से छुटकारा पाने का नाम मोक्ष है।[6] यह अमरता की अवस्था भय से निर्मुक्त, अविनश्वर, परमानन्द की प्राप्ति के भाव से युक्त, ब्रह्म कही जाती है।[7] मोक्ष परम आनन्द का नाम है, जो पूर्ण शान्ति से युक्त एवं अपवित्रता (कलुषता) से रहित है। यह आत्मा का विनाश नहीं है, बल्कि केवल बन्धन का विनाश है। निषेधात्मक परिभाषा में कह सकते हैं कि यह दुःख का अन्त है, और निश्चित सुख की प्राप्ति नहीं है क्योंकि सुख के साथ दुःख सदा ही मिश्रित रहता है और इसकी उत्पत्ति का भी कारण दुःख की उत्पत्ति के समान जन्म है। उद्योतकर बलपूर्वक कहता है कि यदि मुक्त आत्मा को स्थायी सुख की प्राप्ति करनी हो तो इसे स्थायी शरीर भी चाहिए, क्योंकि शरीर की यान्त्रिक क्रिया के बिना अनुभव हो नहीं सकता।[8]

> जब धार्मिक ग्रन्थ सुख को आत्मा का अनिवार्य सारतत्त्व कहते हैं, तो उनका तात्पर्य उससे दुःख का सर्वथा अभाव होता है। नैय्यायिक सिद्ध करता है कि मुक्ति का

---

1. 3 : 1, 22-24।
2. 3 : 1, 25-26।
3. यह भी कहा जा सकता है कि इच्छाएं तथा प्रवृत्तियां केवल आत्मा के अस्तित्व को सिद्ध करती हैं, इसके पूर्वजन्म को सिद्ध नहीं करतीं। अन्ततोगत्वा, नये प्रारम्भ की न्याय की प्रकल्पना के अनुसार, हमें अपनी आत्माओं के भूतकाल को मानना आवश्यक नहीं है।
4. न्यायभाष्य, 3 : 2, 67।
5. न्यायभाष्य, 4 : 1, 64।
6. 1 : 1, 9।
7. तदभयम् अजरममृत्युपदं ब्रह्मक्षेमप्राप्तिः (न्यायभाष्य, 1 : 1, 22)।
8. न्यायवार्तिक, 1 : 1, 22। और देखिए न्यायभाष्य, 4 : 1, 58। सुख आत्मा का गुण है किन्तु अवयवरूप नहीं है, ऐसा वाचस्पति का कहना है। देखिए न्यायवार्तिकतात्पर्यटीका, 1 : 1, 22।

प्रत्येक विचार कम-से-कम दुःख से छुटकारा चाहता है।[1] न्याय के मत में, प्रयत्न एवं क्रियात्मकता और चेतनता का पूरा अभाव तथा शरीर व मन से आत्मा का सर्वथा पृथक्त्व ही मोक्ष है। इस विशुद्ध स्थिति की तुलना, जिसे मुक्त आत्माएं प्राप्त करती हैं, प्रगाढ़ स्वप्नविहीन निद्रा के साथ की जाती है।[2] अमूर्त अस्तित्व की यह अवस्था, जो ज्ञान तथा आह्लाद से शून्य है, बहुत गौरव की बताई गई है। क्योंकि जीवात्मा इस स्थिति में विभुत्व के सामान्य गुणों को धारण करती है, यद्यपि ज्ञान, इच्छा एवं संकल्प के विशेष गुण उस समय विद्यमान नहीं होते। वात्स्यायन इस सिद्धान्त की आलोचना कि आत्मा के सुख की अभिव्यक्ति का नाम ही मोक्ष है, इस आधार पर करता है कि न तो इसके लिए कोई प्रमाण है और न ही औचित्य ही है। यदि सुख की अभिव्यक्ति का कोई कारण है, तो वह या तो नित्य हो सकता है या अनित्य हो सकता है। यदि नित्य है, तो मुक्त तथा बद्ध आत्मा में कोई अन्तर न होना चाहिए। यदि कारण अनित्य है, तो वह क्या हो सकता है? आत्मा का मन के साथ सम्बन्ध वह नहीं हो सकता, क्योंकि केवल इससे कुछ बनता नहीं। अन्य सहायक, पुण्य आदि, स्वीकार करने पड़ेंगे। किन्तु अनित्य पुण्य से उत्पन्न वस्तु नित्य नहीं हो सकती। जब पुण्य क्षीण हो जाता है तो उससे उत्पन्न सुख को भी समाप्त हो जाना चाहिए।[3] यह अवस्था बोधों से भी बिलकुल मुक्त है। क्योंकि, न्याय के अनुसार, बोध भी क्षणभंगुर और कर्म के उत्पादक हैं, इसीलिए बन्धन के भी उत्पादक हैं। सांख्य के इस मत की कि मोक्ष विशुद्ध चेतनता की अवस्था है, समीक्षा में कहा गया है कि इस चेतनता की उत्पत्ति का भी तो कोई कारण अवश्य होना चाहिए, और जिसका कोई कारण है वह अवश्य अनित्य है। इसके अतिरिक्त, सांख्य का यह मत कि मुक्तावस्था में पुरुष अपने स्वरूप में अवस्थित हो जाता है, प्रकृति के जड़-तत्त्व को अत्यधिक बुद्धिपूर्ण बताता है।[4]

समीक्षक अनुभव करता है कि नैय्यायिकों का मोक्ष एक निरर्थक शब्द है; क्योंकि भौतिकवाद और न्याय के दर्शन में कुछ अधिक भेद नहीं प्रतीत होता। न्याय के मत में व्यक्ति न तो आत्मा है और न देह ही है, बल्कि इन दोनों के संयोग का परिणाम है। जब आत्मा का देह से पृथक्त्व होता है तो ऐसा कुछ घटित नहीं होता जो संवेदना को उत्तेजित करे, जैसा कि ल्यूक्रिशस ने कहा है, "न तो पृथ्वी समुद्र में समा जाएगी और न समुद्र स्वर्ग में समा जाएगा।" विनष्ट चेतना की शान्ति मृत्यु की शान्ति के समान ही है। स्वप्न-रहित निद्रा संज्ञाशून्य जड़ता की स्थिति है। और हम यह भी कह सकते हैं कि एक पाषाण भी गम्भीर निद्रा में परम आनन्द प्राप्त कर रहा है, जिसमें स्वप्न कोई विघ्न नहीं डाल सकते। दुःख तथा कामना से रहित अस्तित्व, जो न्याय का आदर्श है, मनुष्य के स्वप्नों का केवल एक मज़ाक मालूम देता है। संवेदनाओं, कामनाओं और सब प्रकार के हितों का त्याग करना

---

1. सर्वदर्शनसंग्रह, 11।
2. सुषुप्तस्य स्वप्नादर्शने क्लेशाभाववदपवर्गः (4 : 1, 63)।
3. न्यायभाष्य, 1 : 1, 22 और देखिए 'न्यायकन्दली', पृष्ठ 286-87।
4. न्यायसूत्र, 3 : 2, 73-78।

और देश और काल के बन्धन से मुक्त होना परमात्मा में नये सिरे से उत्पन्न होने से निश्चय ही भिन्न है। भावुक हृदय व्यक्ति इस प्रकार के एक अपरूप राक्षस को, जो देवी-देवताओं की मूर्तियों के संग्रहालय में स्थान पाने के योग्य है, कभी मान्य नहीं ठहरा सकते। वेदान्ती, चाहे वह किसी भी सम्प्रदाय का क्यों न हो, तर्क करता है कि मोक्ष से तात्पर्य इस निर्बल, नश्वर, व्यक्तित्व को छोड़कर अनन्त में समा जाना है। नैय्यायिक यह प्रतिपादन करने को उत्सुक हैं कि मुक्ति की दशा परमानन्द की दशा है।[1] किन्तु वे ऐसा तब तक नहीं कर सकते जब तक कि वे आत्मा के साथ चेतना के सम्बन्ध की अपनी धारणा पर पुनर्विचार न करें।

23. आत्मा तथा चेतना के सम्बन्ध के विषय में न्याय के सिद्धान्त पर कुछ समालोचनात्मक विचार

नैय्यायिक के समक्ष इस विषय में स्थिति स्पष्ट नहीं है कि उसके सिद्धान्त से चेतनता की पद-मर्यादा क्या है। वह आत्मा को अपने आप में चेतनाविहीन मानता है और युक्ति देता है कि चेतनता की उत्पत्ति भौतिक प्रकृति के प्रति आत्मा की प्रतिक्रिया से होती है। उसकी धारणा है कि हमारी चेतनता में जो एकत्व है वह आत्मारूपी एक यथार्थ तत्त्व के अस्तित्व के कारण ही है। हमारी चेतनता क्षणिक भी है और कभी-कभी यह कुछ समय के लिए सर्वथा विलुप्त भी हो जाती है। तो भी एक समान सत्ता विद्यमान अवश्य है जो हमें वस्तुओं का स्मरण कराती है और यह ध्यान दिलाती है कि हम बचपन और वृद्धावस्था में वही हैं। इस तथ्य की व्याख्या के लिए नैय्यायिक आत्मारूपी एक नित्य सत्ता को स्वीकार कर लेता है जो सदा उसी रूप में रहती है, यद्यपि चेतनावस्थाएं एक के पश्चात् दूसरी परिवर्तित हो सकती हैं किन्तु क्या आत्मा स्वयं चेतनताविहीन होते हुए भी प्रत्यभिज्ञा कर सकती है? यदि निद्रितावस्था और तत्समान अन्य भी कतिपय अवस्थाओं में हमारे चेतन जीवन का पूर्ण विच्छेद होता है और यदि आत्मा स्वयं चेतनतारहित है तो फिर प्रत्यभिज्ञा की व्याख्या किस प्रकार हो सकती है? यदि नैय्यायिक द्वारा कल्पित आत्मा नित्य तथा स्वयं चैतन्य-स्वरूप नहीं है जो मानसिक स्थितियों की शृंखलाओं की साक्षी है तो वह न तो पहचान सकती है न ही स्मरण कर सकती है। जैसा कि शंकराचार्य का कहना है : "जो यह मानता है कि चेतनता का उन अवस्थाओं में कार्य बन्द हो जाता है, उसके लिए भी चेतनता द्वारा असाक्षीकृत चैतन्यविहीनता के विषय में कुछ कह सकना सम्भव नहीं हो सकता।"[2] जीवात्मा को बिना व्यवधान के चेतन रहना चाहिए, जिसे कभी अवकाश नहीं मिलता। नैय्यायिक का यह मानना ठीक है कि यदि चेतनता से तात्पर्य स्वयं देखी गई या बाहर से देखी गई, किसी वस्तु की चेतना की अवस्थाओं का सिलसिला है तो वह मौलिक यथार्थ सत्ता नहीं है। यथार्थसत्ता है द्रष्टा, जो नित्य है और आत्मनिर्भर है किन्तु यह पिछला तत्त्व चेतनता से परे होना आवश्यक नहीं है। अचेतन आत्मा चेतनावस्था के अवशिष्ट प्रभावों को अपने अन्दर धारण करता है। यदि आत्मा को एक निरन्तर चेतना के रूप में नहीं माना जा सकता

1. न्यायसार, पृष्ठ 39-41। और तुलना कीजिए, न्यायभाष्यं, 1 : 1, 22।
2. शांकरभाष्य, 2 : 3, 18।

तो उसकी कल्पना करने की ही आवश्यकता नहीं है। मानवदेह के मस्तिष्क के कोष्ठक ही स्मृति और प्रत्यभिज्ञा के आधार बन सकते हैं। किन्तु नैय्यायिक का सन्तोष इस प्रकार के समाधान से नहीं होता इसीलिए उसे एक चेतनामय प्रमाता अथवा आत्मा को मानना होता है। आत्मा को एक अभौतिक पदार्थ स्वीकार करने का जो उसका मत है, यह उसी का फलितार्थ प्रतीत होता है। इसे आध्यात्मिक माना गया है और यह भी आवश्यक है कि इसे चैतन्यमय स्वीकार किया जाए, यद्यपि प्रयोगसिद्ध अर्थ में नहीं। नैय्यायिक को चिन्ता है कि नित्य आत्मा को अस्थायी बोधों के साथ एक समान न मान लिया जाए। आत्मा की आध्यात्मिक यथार्थता को अस्थायी मानसिक अवस्थाओं के साथ मिश्रित करना ठीक न होगा। आत्मा सब समय में इन क्षणिक मानसिक अवस्थाओं से प्रतिबिम्बित नहीं रहती। किन्तु इसे यदि उस उद्देश्य की पूर्ति करनी है जिसके लिए इसकी कल्पना की गई है, तो इसे चैतन्यमय होना ही चाहिए। इस विषय में सांख्य का मत न्याय से एक पग आगे है।

जब तक हम आत्मा की यथार्थता को चैतन्यमय नहीं मानते, चेतनता की व्याख्या करना कठिन हो जाता है। हम चेतनता को एक तृतीय वस्तु (tertiumquid) नहीं बना सकते—अर्थात् एक प्रकार की यांत्रिक चमक, जो दो चेतनताविहीन पदार्थों की परस्पर क्रिया-प्रतिक्रिया से उत्पन्न हो जाती हो। यदि आत्मा अपने-आप में चैतन्ययुक्त नहीं है, और यदि यह चैतन्य बाह्य जगत् की क्रिया के द्वारा उसके अन्दर उत्पन्न किया जाता है, तो न्याय के सिद्धान्त तथा भौतिकवाद में भेद ही क्या रह जाता है? अर्थात् यह हो सकता है कि चेतनता केवल मस्तिष्क की एक आनुषंगिक उपज हो। चेतनता भौतिकता से बहुत आगे सरक जाती है और हम इसके समान कोई यान्त्रिक पदार्थ नहीं ढूंढ़ सकते। यह विषय कि भौतिक तथा अभौतिक वस्तुएं एक-दूसरे पर किस प्रकार क्रिया-प्रतिक्रिया करती हैं, अचिन्तनीय है। जब हम एक भौतिक घटना से मानसिक क्षेत्र में आते हैं, तो हम एक जगत् से दूसरे जगत् में पग बढ़ाते हैं, जो अपिरमेय है। यह कह देना कि चैतन्य अवस्थाएं चेतना-विरहित दो पदार्थों, अर्थात् आत्मा तथा मन, की क्रिया-प्रतिक्रिया से उत्पन्न उपविकार हैं, कोई समाधान नहीं है। आत्मा असीम तथा निरवयव है, मन परमाणुओं से बना तथा निरवयव है, इसलिए इन दोनों की क्रिया-प्रतिक्रिया की कल्पना हम कैसे कर सकते हैं?[1] यदि चेतनता कोई ऐसी वस्तु है जिसकी उत्पत्ति असीम रूप से विस्तृत आत्मा के अन्दर होती है, तो क्या इस चेतनता का आधार आत्मा अपने पूर्ण रूप में है अथवा देहगत विशिष्ट भाग के रूप में? पहली अवस्था स्वीकार नहीं की जा सकती, क्योंकि उस अवस्था में सब पदार्थ चेतना में एक साथ आ जाने चाहिए। दूसरी अवस्था इसलिए संभव नहीं है, क्योंकि आत्मा के हिस्से नहीं होते। पुण्य तथा पाप को यदि इस विषय का निर्णायक माना जाए तो वह भी असंगत है, क्योंकि समुद्र, नदियों, आकाश तथा पर्वतों के प्रत्यक्ष ज्ञान के साथ पुण्य व पाप का क्या सम्बन्ध हो सकता है? शंकराचार्य इसमें बलपूर्वक अनेक आक्षेप करते हैं। क्योंकि प्रत्येक आत्मा सर्वव्यापक है, इसलिए एक आत्मा से सम्बद्ध मन को सब आत्माओं से सम्बद्ध होना चाहिए और परिणामस्वरूप सब आत्माओं को एक समान अनुभव होने

1. शांकरभाष्य, 2 : 2, 17। प्रलयावस्था में आत्माओं का परमाणुओं के साथ सम्पर्क होना नहीं माना जाता। तब वे अपने भूतकाल के संस्कारों को कैसे धारण कर सकती हैं? क्या मन उन्हें अपने अन्दर स्थिर रखता है और क्या प्रलयकाल में भी मन आत्मा के साथ रहता है?

चाहिए। क्योंकि सब आत्माएं सर्वव्यापक हैं, अतः उन्हें सब देहों में भी विद्यमान होना चाहिए। उस अवस्था में अनेक सर्वव्यापक आत्माएं एक ही देह को भी घेरेंगी।[1] यदि यह कहा जाए कि मन पर, जो स्वरूप में भौतिक है, आत्मा की क्रिया से चेतनता की उत्पत्ति होती है, तो कहना पड़ेगा कि आत्मा का चेतनता में भाग है, क्योंकि जब दो भौतिक पदार्थ एक-दूसरे के सम्पर्क में आते हैं तो वे केवल भौतिक घटना के ही कारण बन सकते हैं। यदि हम भौतिकवाद के दोष से बच निकलना चाहें, जो बुद्धि को परमाणुओं अथवा इलेक्ट्रॉनों की एक अंधी हलचल का निरुद्देश्य कार्य बताता है, तो हमें चेतनता की स्वतन्त्र सत्ता माननी ही पड़ेगी। आत्मा को एक निरन्तर क्रियाशील आत्मा के रूप में मानना होगा, भले ही हम इसके कार्यकलाप से अभिज्ञ न हों। विस्मृति और असत्य की व्याख्या की आवश्यकता हो सकती है, स्मृति और ज्ञान की नहीं।

यदि हम देह और आत्मा में भेद करते हैं तो हमें उनकी पारस्परिक प्रतिक्रिया की व्याख्या के लिए अदृष्ट (भाग्य) के सिद्धांत का आश्रय लेना होगा, जिसे डेकार्ट ने 'दैवयोग' कहा है। न्याय के अनुसार, आत्मा जो विभु (व्यापक) है, सर्वदा मन के साथ सम्बन्ध रखती है और बोध तब उत्पन्न होते हैं जब मन का सम्बन्ध इन्द्रियों के साथ होता है। मन एक ओर इन्द्रियों के साथ सम्बद्ध होता है और दूसरी ओर आत्मा के साथ। यह ऐसा करने में किस प्रकार समर्थ होता है, यह एक ऐसा रहस्य है जिसका समाधान नैय्यायिक केवल परमात्मशक्ति की ओर संकेत करके करता है।

न्याय, आत्मा और देह को न केवल एक-दूसरे से भिन्न अपितु सामंजस्यपूर्ण यथार्थसत्ताएं मानता है। यह देह से भिन्न किन्तु देह में निवास करनेवाली आत्मा के सिद्धात को स्वीकार करता है। देह अवश्य प्रकृति से बनी है। मनुष्य की शरीर-रचना में आत्मा और देह दोनों एक ही कोटि के नहीं माने जा सकते और न ही वे ऐकान्तिक हैं। देहरूपी यन्त्र में आत्मा कोई बाहर से जोड़ा गया पदार्थ नहीं है। नैय्यायिक मनुष्यप्रकृति के आध्यात्मिक एवं भौतिक अंशों में अधिक व्यवस्थित संबंध में विश्वास रखता है।[2] न्याय एवं वैशेषिक द्वारा समर्थित सिद्धान्त के अनुसार, भौतिक प्रकृति विचारों को मूर्तरूप में व्यक्त करने के लिए उपकरण है। भौतिक प्रकृति की अपेक्षा आत्मा की सार्थकता एवं मूल्य कहीं अधिक है और इसीलिए उसकी यथार्थता भी अधिक है। आत्मा तथा देह के मध्य भेद अनुभव के उच्चतर व निम्नतर स्तर का है।

नैय्यायिक को विदित है कि चेतनता समस्त अनुभव का आधार है। यह तथ्यों में से कोई एक तथ्य नहीं है जैसे कि सूर्य अथवा पृथ्वी हैं, बल्कि सब तथ्यों के लिए यह एक आवश्यक आधार है। बुद्धि भी बाह्य पदार्थों के कर्म द्वारा आत्मा के अन्दर उत्पन्न हुआ गुणमात्र नहीं है, बल्कि सब प्रकार के अनुभव का आवश्यक आधार है। अन्नंभट्ट इसकी परिभाषा करते हुए इसे सब प्रकार के अनुभव का कारण (सर्वव्यवहार-हेतु) बताता है।[3] शिवादित्य बुद्धि की परिभाषा करते हुए इसे आत्मा के द्योतनात्मक अंश के रूप में

---

1. शांकरभाष्य, 2 : 3, 50-53।

2. न्यायभाष्य, 3 : 2, 60।

3. तर्कसंग्रह, 43। गोवर्धन अपने 'न्यायबोधिनी' नामक ग्रन्थ में व्यवहार को शब्द-प्रयोग के समान, अथवा जो कुछ शब्दों द्वारा अभिव्यक्त किया जा सके, समझता है, यद्यपि यह मत अत्यधिक संकुचित है।

वर्णन करता है,[1] जिसे टीकाकार जिनवर्धन और स्पष्ट करते हुए प्रकाश का स्वरूप बताता है, क्योंकि यह अविद्या के अंधकार को दूर करती है और सब पदार्थों को प्रकाश में लाती है।[2] जो कुछ समस्त अनुभव से पूर्व विद्यमान है उसे अनुभव से उत्पन्न नहीं कहा जा सकता जबकि विशेष प्रकार के विचार एवं मत वातावरण-सम्बन्धी अवस्थाओं पर निर्भर करते हैं, वे अवस्थाएं अपने-आप में, चेतना के आधार से अलग, उनका कारण नहीं बन सकतीं। न्याय की परिभाषा के अनुसार, बुद्धि प्रमाता (विषयी) पक्ष से सम्बन्ध रखनेवाली है।[3] यह क्षणिकरूप नहीं है, बल्कि प्रमाता का अनिवार्य स्वरूप है। इसीलिए बुद्धि कभी स्वयं प्रमेय, सार्वभौम चेतनता नहीं बन सकती, जिससे पृथक् न तो परिमित शक्तिशाली व्यक्ति और न प्रमेय पदार्थ ही संभव हैं।

यदि चेतनता समस्त अनुभव का आधार है, वह आधारभूत यथार्थता है जिसके अन्दर परिमित शक्तिशाली आत्माएं तथा प्रमेय पदार्थ—जिनकी उन्हें चेतना होती है—आ जाते हैं, तो यह परिमित से अधिक है। व्यक्तिरूप प्रमाता तथा प्रमेय पदार्थ अनन्त के आंशिक रूप हैं जो सदा परिवर्तित होते रहते हैं। आत्मा, जिसे नैय्यायिक जीवन के नानाविध अनुभवों के समन्वय की व्याख्या करने के लिए मानता है, चैतन्यस्वरूप है जिससे समस्त अनुभव सम्भव हैं। हम इसे द्रव्य नहीं कह सकते, क्योंकि ऐसा कहना आनुभाविक जगत् के भावों को इस पर लागू करना होगा, जबकि हम यह देखते हैं कि इसी सतत चेतनता की विद्यमानता के कारण समस्त अनुभव-संसार सम्भव होता है। यदि हम इस अनुभव में उसे सम्मिलित कर लेते हैं जो इससे उन्नत है और साथ ही इसे बनाता भी है, तो आत्मा एक विचारशील द्रव्य बन जाता है, जिससे शेष सब बाह्य है।

उस आत्मा में जो विशुद्ध चैतन्य है और सब व्यक्तियों में समान रूप से व्यापक है, तथा उन सान्त आत्माओं में जिनका ऐतिहासिक अस्तित्व है, परस्पर भेद करना होगा। नैय्यायिक द्वारा प्रतिपादित आत्मा बढ़ती है, लचकदार है और अपना इतिहास रखती है। इस प्रकार की युक्तियां कि जिसका आरम्भ है उसका अन्त भी है, जिसका निर्माण मिश्रण से हुआ वह विभाज्य भी है और नष्ट भी हो सकता है, और कि अवयवरहित पदार्थ का न तो विभाग सम्भव है और न विनाश ही सम्भव है, सबकी सब विशुद्ध आत्मा के नित्यस्वरूप को सिद्ध करती हैं, न कि ऐतिहासिक आत्माओं के नित्यस्वरूप को। ऐतिहासिक आत्माओं के अपने उद्देश्य तथा आदर्श हैं जो जीवन की अवस्थाओं के प्रति उनकी प्रतिक्रियाओं के निर्णायक होते हैं। सान्त व्यक्ति की विशेष भावनाओं तथा उन बाधाओं के अधीन होने की सम्भावना, जो उसकी क्रियाशीलता को रोकती हैं, ऐतिहासिक परिस्थितियों के कारण हैं। बढ़ते हुए व्यक्तियों के अन्दर जिस प्रकार का स्थायित्व है उसे और विशुद्ध आत्मा के स्थायित्व को परस्पर मिलाना न चाहिए। सान्त आत्माओं की प्रकृति का, जो अपेक्षाकृत स्थिरस्वरूप है, उद्भव बाह्य साधनों से होता है। अपने-आप में बन्दी ऐसी ऐतिहासिक आत्माएं असंख्य हैं। एक निश्चित दार्शनिक अन्तर्बोध नैय्यायिक को यह स्वीकार करने की प्रेरणा करता है कि व्यक्ति की मर्यादित शक्तियां और भौतिक विशेषता आत्मा की आनुषंगिक विशेषताएँ हैं, जिनसे वह मरणशीलता के अभिशाप से छुटकारा पाने

---

1. आत्माश्रयः प्रकाशः। सप्तपदार्थी, 93। तुलना कीजिए अन्नंभट्टकृत आत्मा की इस परिभाषा से कि आत्मा वह है जो ज्ञानाधिकरण है (तर्कसंग्रह, 17)।

2. अज्ञानान्धकार-तिरस्कारकारक-सकलपदार्थस्यार्थप्रकाशः प्रदीप इव देदीप्यमानो यः प्रकाशः सा बुद्धिः।

3. न्यायवार्तिक, 3 : 2, 19।

पर मुक्त हो जाएगा। मुक्ति अथवा बन्धन दोनों ही अवस्थाओं में आत्मा का विशिष्ट लक्षणीय स्वरूप बना ही रहना चाहिए। क्योंकि आत्मा का स्वरूप हमारे ज्ञान से अतीत है, इसलिए हम अनुभव करने लगते हैं कि बौद्धिक, भावनामय एवं ऐच्छिक अन्तःप्रेरणाओं से रहित होने पर जो शेष बचता है वह मात्र शून्य है। किन्तु तो भी नैय्यायिक को निश्चय है कि आनुषंगिक गुणों का आधार वास्तविक कुछ है। प्रमेय पदार्थ के साथ जो सम्बन्ध है उसी के कारण आत्म सम्बन्धी यथार्थता छिपी रहती है। हमारे अन्दर जो आत्मा है उसके ऊपर प्रकृति के निष्क्रिय अवयव का आवरण है। नैय्यायिक अपने इस मत में ठीक है कि आत्मा अमर है, यद्यपि वह उसे और जीवात्मा को मिला देने में भूल करता है, क्योंकि जीवात्मा चेतनता की अबाधित विद्यमानता के अतिरिक्त पूर्वजन्म को स्मरण नहीं रखता। जबकि हमारे अन्दर विद्यमान आत्मा सार्वभौम आत्मा है, अभिन्न आत्मा है, फिर भी संस्कारों को ग्रहण करने की क्षमता अपने ग्राहकतागुण के कारण, ऐसी वस्तु है जो पराधीन, निश्चेष्ट और नश्वर है और जो स्वभाव में अधिकतर प्रकृति के साथ मिलती है। हमारे अन्दर जो आत्मा है और जिसे अभौतिक माना गया है, वह अपनी कर्मशीलता को स्थगित नहीं होने देती, वह निर्बलता तथा विकार के अधीन नहीं होती। किन्तु मन शरीर के समान, जो कि इसका निवास स्थान है, तथा सम्बद्ध इन्द्रियों के समान भिन्नस्वरूप है। प्रत्येक जीवात्मा द्वारा अनुभूत तथ्य भिन्न-भिन्न हैं, क्योंकि जीवात्माएं भिन्न-भिन्न ज्ञानेन्द्रियों से सम्बद्ध होती हैं। यदि आत्मा मन के साहचर्य से मुक्त हो जाए तो सब पदार्थ एक साथ ही चेतना को प्राप्त हो जाएंगे, और आत्माओं के वस्तुतत्व भी, क्योंकि आत्मा सर्वत्र विद्यमान है, समान होंगे। इस सार्वभौम वस्तुतत्व को प्रत्येक आत्मा एक विशेष दृष्टिकोण से ग्रहण करती है, जिसका निर्णय देश और काल की उस व्यवस्था के कारण होता है जिसमें कि प्रत्येक आत्मा अवस्थित है। विश्वनाथ के अनुसार, जो वेदान्तियों का यह मत है कि आत्मा ज्ञानमय है एवं सब पदार्थ उसकी ऐतिहासिक परिस्थितियों द्वारा निर्णीत विशेष आकृतियां हैं, अपरिहार्य है।[1]

जीवात्मा की ऐकान्तिकता इसका अनिवार्य गुण नहीं है यह स्वयं ज्ञान के तथ्य से ही प्रकट हो जाता है। यदि प्रत्येक जीवात्मा एक विशिष्ट मन से संयुक्त पृथक् आध्यात्मिक इकाई है, तो हमें यह निश्चय नहीं हो सकता कि वे सब जगत् जिन्हें वे देखती हैं, एक ही हैं। यदि प्रत्येक इकाई अपने लिए एक जगत् का निर्माण करती है तो एक नितान्त अनेकत्ववाद का, अर्थात् जितनी इकाइयाँ हैं उतने ही जगत् हैं, ऐसा परिणाम निकलेगा। न्याय 'विषयीविज्ञानवाद' से बचने के लिए आतुर है और उसका विश्वास है कि हम सब एक सामान्य जगत् को जानते हैं। दूसरे शब्दों में, हम 'यहां' और 'अब' अर्थात् देश और काल की सीमाओं से ऊपर उठने का सामर्थ्य रखते हैं, आकस्मिक, विशिष्ट तथा आंशिक से ऊपर उठकर आवश्यक, सार्वभौम तथा अनन्त तक पहुंचने का सामर्थ्य रखते हैं। प्रत्येक ज्ञान में एक आवश्यक तत्त्व निहित रहता है, अर्थात् जिसे होना ही चाहिए। जाननेवाला

1. नानावस्तुविज्ञानमेव आत्मा तस्य स्वतःप्रकाशरूपत्वाच्चैतन्यम्। ज्ञानसुखादिकन्तु तस्यैवाकारविशेषः। तस्यापि भावत्वादेव क्षणिकत्वं पूर्व-पूर्वविज्ञानस्योत्तरविज्ञाने हेतुत्वात् (सिद्धान्तमुक्तावलि, 49, ।) आत्मा निःसन्देह ज्ञान है। इसका ज्ञानस्वरूप इसकी अपनी अभिव्यक्ति से ही सिद्ध होता है। इस अथवा उस पदार्थ का ज्ञान तथा सुख आदि इसकी विशेष आकृतियां हैं। केवल पदार्थ होने के कारण वे अस्थायी हैं। पूर्ववर्ती मानसिक स्थितियाँ परवर्ती स्थितियों को उत्पन्न करती हैं।

आत्मा सान्त नहीं हो सकता। सान्त विषयी (प्रमाता) का सम्बन्ध जगत् के साथ स्थिर नहीं है। सान्त चेतनता कभी परिपूर्ण नहीं है, और इसीलिए सदा अपने में बेचैन रहती है। सान्त विचार का विशेष लक्षण यह है कि वह निरन्तर अपने में परिवर्तन स्वरूप है। मानवीय विचारधारा की अपनी विधि द्वन्द्वात्मक है, जिसका प्रयत्न बाह्य पदार्थों के अपेक्षाकृत स्थिर स्वभाव के प्रत्याख्यान की ओर रहता है। वह सब विषय जो चेतना को बाह्य प्रकट होता है, वस्तुतः वैसा नहीं है। हम जो कुछ हैं उससे असन्तुष्ट रहते हैं, यह हमें जो कुछ बनना चाहिए उसके लिए हमारा दावा है। पदार्थों तथा घटनाओं की लौकिक व्यवस्था से परे जाने का प्रयत्न अधिकतर मौलिक यथार्थता को प्राप्त करने के लिए होता है, जो सर्वोपरि चेतनता के अतिरिक्त और कुछ नहीं है जो किसी भी वस्तु को अपने से विधर्मी नहीं समझती। नैय्यायिकता विशुद्ध आत्मा को ऐतिहासिक व्यक्तित्व से, जो आदर्शों तथा विश्वासों पर निर्भर है—दूसरे शब्दों में जो विशुद्ध आत्मा का एक प्रकार से मूर्तरूप है—पृथक् बताता है। यदि हम किसी समय सान्त आत्मा के स्वरूप को पहचान सकते हैं तो इसके शारीरिक स्वरूप व आदर्शों के द्वारा ही पहचान सकते हैं जो कि इसके भूतकालीन इतिहास तथा वातावरण-सम्बन्धी अवस्थाओं से निर्णीत होते हैं। किन्तु आदर्शों, शरीर-रचना और वातावरण की ये व्यक्तित्व दर्शानेवाली अवस्थाएं, सत्यस्वरूप आत्मा से भिन्न हैं, यद्यपि ये उस पर आधारित हैं—इसे नैय्यायिक स्वीकार करता है। तार्किक दृष्टि से नैय्यायिक को स्वीकार करना होता है कि आत्माओं के अनेकत्व के सिद्धान्त का आधार आत्मा के आनुषंगिक गुण हैं, और जब आत्मा के तात्त्विक स्वरूप पर बल दिया जाएगा तो इस सिद्धान्त को त्यागना पड़ेगा। ऐतिहासिक दृष्टिकोण, जो निरपेक्ष नहीं है, जगत् के अनेकत्व की ओर ले जाता है। किन्तु आध्यात्मिक दृष्टिकोण, जो निरपेक्ष है, अनैक्यवाद से ऊपर उठता है। न्याय का यह तर्क कि परम आत्मा एक नहीं हो सकता क्योंकि इस प्रकार मानने से सुख और दुःख के भिन्न-भिन्न ज्ञान गडमड हो जाएंगे, प्रबल नहीं है, क्योंकि ऐतिहासिक आत्माओं के पृथक्त्व का निषेध नहीं किया गया है। अनेक मन भिन्न-भिन्न आत्माओं का निर्णय करते हैं, जो फिर अपने कर्मों द्वारा जगत् को रूप देती हैं। क्योंकि व्यक्तिगत आत्माएं जगत् के सब रूपों से सम्बद्ध नहीं रहतीं, इसलिए श्रीधर का मत है कि कम-से-कम एक आत्मा ऐसी होनी चाहिए जिसके अनुभव का क्षेत्र समस्त जगत् हो। इस आत्मा का सब पदार्थों के साथ कोई सामान्य सम्बन्ध नहीं है, बल्कि सब पदार्थों के साथ घनिष्ठ सम्बन्ध है और उन पर नियंत्रण है।[1] तात्त्विक रूप में सब आत्माएं एक हैं। लौकिक भेद जो हम आत्माओं में देखते हैं, उन घनिष्ठ तथा विशेष सम्बन्धों से निश्चित होते हैं जिन्हें आत्माएं, सब वस्तुओं से सामान्य रूप से सम्बद्ध रहते हुए, प्राप्त करती हैं।

सार्वभौम चेतनता अथवा आत्मा की मौलिक यथार्थता को मान लेना विषयीविज्ञानवाद के सिद्धान्त को समर्थन देना नहीं है। सार्वभौम आत्मा की यथार्थता के आधार पर प्रमाता तथा प्रमेय के अन्दर भेद करने का तात्पर्य यह नहीं है कि हम इस तथ्य को अस्वीकार करते हैं कि सूर्य के प्रकाश से लाभ उठानेवाले किसी जीवित वनस्पति अथवा सौर शक्ति को प्रकाश में परिणत करनेवाले किसी चेतन चक्षु के प्रादुर्भाव से युगों पहले पृथ्वी तथा अन्यान्य ग्रह अपने-अपने धुरों पर तथा सूर्य के चारों ओर चक्कर काटते थे।

---

1. न्यायकन्दली, पृष्ठ 88।

जब तक न्याय चेतनता को आत्मा का एक गुणमात्र मानता है तब तक वह अनुभव का कारण नहीं बतला सकता। यदि अनुभव को बुद्धिगम्य बनाना है तो आत्मा को सार्वभौम चेतनता मानना होगा। न्याय ठीक मार्ग पर है जब वह यह कहता है कि परिस्थिति-सम्बन्धी अवस्थाएं कतिपय विचारों तथा आदर्शों के विकास की ओर ले जाती हैं और यह विकास मानव-स्वभाव की ऐतिहासिकता को बनाता है परन्तु यह मानव-स्वभाव समस्त चेतनता का विषय नहीं है, बल्कि इसका विकास स्वयं चेतनता के अन्दर होता है और वह एक प्रमेयरूपी माध्यम द्वारा निर्णीत होता है। आत्माओं का भेद लौकिक जीवन के कारण है जिसमें वे भाग लेती हैं। परिमित शक्ति वाले प्राणी, यद्यपि उनका मूल प्रकृति में है, आत्मा के अन्दर ही फलते-फूलते हैं। पूर्णताप्राप्त आत्मा आध्यात्मिक अग्नि में विद्यमान रहते हैं जबकि भौतिक देहरूपी धुआं नष्ट हो जाता है। इस मत को स्वीकार करने से मुक्त आत्मा के एकदम रिक्त होने का भय भी नहीं रहता। जहां तक आत्माओं की मुक्तावस्था के विचार का सम्बन्ध है, एक और अनेक का भेद कुछ अर्थ नहीं रखता। यदि हम न्यायदर्शन की मुख्य शिक्षा का अनुसरण करें और उसमें असंगतियों को निकाल दें, यद्यपि न्यायशास्त्र के विचारक स्वयं उनसे स्पष्ट रूप में अवगत नहीं हैं, तो हम कुछ इसी प्रकार के परिणाम पर पहुंचते हैं।

24. नीतिशास्त्र

न्याय के विचारक इच्छा और बुद्धि के मध्य कोई कड़ा भेदक चिह्न नहीं रखते हैं। बुद्धि प्रस्तुत पदार्थों को ग्रहण करने अथवा उन पर विचार करने में कोई निष्क्रिय कर्ता नहीं है, और इच्छा, जो बुद्धि द्वारा पदार्थों के प्रस्तुत किए जाने के पश्चात् कार्य प्रारम्भ करती है, कोई रहस्यमयी शक्ति नहीं है। समस्त ज्ञान प्रयोजन को लिए रहता है और जैसे ही हम पदार्थों का ज्ञान प्राप्त करते हैं, या तो हम उन्हें पसन्द करते हैं या नापसन्द करते हैं; उन्हें प्राप्त करने की इच्छा करते हैं अथवा उनसे बचते हैं। जब हम किसी पदार्थ का चिन्तन करते हैं तो उसका मूल्य भी निर्धारित कर लेते हैं, और उसके प्रति एक निश्चित क्रियात्मक भावना भी बना लेते हैं। नीतिशास्त्र मनुष्य-जीवन के क्रियात्मक पक्ष को, विशेषकर स्वेच्छाकृत कर्मों को अपना विषय बनाता है।

कतिपय न्यायग्रन्थों में कामना के स्वरूप का मनोवैज्ञानिक विश्लेषण किया गया है। विश्वनाथ,[1] इच्छा की अनेक प्रकार की अवस्थाओं का वर्णन करता है। हम असम्भव पदार्थों की इच्छा नहीं करते। केवल अबोध बच्चे ही चांद को पकड़ने के लिए हाथ फैलाते हैं। साधारणतः हम ऐसे ही पदार्थों के लिए अपनी इच्छा प्रकट करते हैं जो हमारी पहुंच के अन्दर होते हैं।[2] फिर, जिन पदार्थों की प्राप्ति के लिए इच्छा प्रकट की जाती है वे ऐसे ही पदार्थ होते हैं जिन्हें वांछनीय माना गया है,

1. सिद्धान्तमुक्तावली, 146-50।
2. कृतिसाध्यता ज्ञान।

अर्थात् जिनसे ज्ञाता का उपकार होगा।[1] यहां तक कि जब हम आत्महत्या भी करने का विचार करते हैं, या अपने शरीर में कांटा चुभाते हैं तो वह भी इस विचार से करते हैं कि यह हमारे लिए उपयोगी होंगे। किसी भी पदार्थ का मूल्य कर्ता के लिए उपयोगी होने के नाते ही आंका जाता है, यह बात अलग है कि मनुष्य आत्महत्या इत्यादि ऐसे ही अन्य कार्यों को मस्तिष्क की असाधारण अवस्था (विकृति) के कारण ही क्यों न उपयोगी समझता हो।[2] पीछे चाहे उसके विषय में कुछ भी सम्मति क्यों न प्रकट की जाए, कामना करते समय तो उस पदार्थ की उपादेयता ही समझी जाती है। किसी भी कार्य-योजना का विधान बनाते समय हम उसके समस्त परिणामों को ध्यान में रखते हैं और निश्चय कर लेते हैं कि उसके अंगीकार करने से अधिक बुराई न होगी।[3] यदि किसी पदार्थ के अधिक हानिकर सिद्ध होने की सम्भावना होती है तो हम उसका अनुसरण नहीं करते। इस तरह इसमें प्रस्तावित कार्यपद्धति के परिणामों का ध्यानपूर्वक सर्वेक्षण सम्मिलित रहता है।

ऐसे स्वतःप्रवृत्त कर्म, जो आन्तरिक प्रेरणाओं के कारण होते हैं[4] तथा स्वतःसम्पन्न होते हैं, जिनके सम्पादन में इच्छा की प्रेरणा का कोई स्थान नहीं है, वस्तुतः नीतिशास्त्र के क्षेत्र में नहीं आ सकते। आत्मा स्वयं इच्छा व द्वेष की दोषी नहीं है, ये बाहर से उस पर आते हैं। यदि आत्मा स्वयं एक अचेतन व्यक्तित्व रखती तो राग-द्वेष इसके भाग्य का निर्माण करते और आत्मा भी उसी के साथ खिंचती। न्याय की धारणा है कि आत्मा को उपक्रम तथा चुनाव करने का अधिकार प्राप्त है जिससे यह स्वतः उपलक्षित होता है कि आत्मा को दैवीय स्वातन्त्र्य प्राप्त है। वात्स्यायन इस मत का घोर विरोधी है कि समस्त कर्म सीधे परमात्मा की प्रेरणा से सम्पन्न होते हैं, और पुरुषार्थ का उनमें कोई स्थान नहीं है।[5] मानवीय इच्छा में पर्याप्त क्षमता है, यद्यपि यह कार्य करती है परमात्मा के नियन्त्रण के अन्तर्गत ही। वात्स्यायन इस मत का भी खण्डन करता है कि इच्छा बिना किसी कारण के कार्य करती है।[6]

समस्त कर्मों का प्रयोजन[7] सुख प्राप्ति तथा दुःखपरिहार की इच्छा होती है। बेचैनी[8] का कारण दुःख इस विषय का चिह्न है कि आत्मा अपने-आप में सन्तुष्ट नहीं है। परम श्रेय सुख की प्राप्ति में नहीं, अपितु दुःख से छुटकारा पाने में है, क्योंकि सुख सदा दुःख के साथ मिश्रित रहता है।[9] संसार है दुःखमय, यद्यपि कभी-कभी यह सुखमय प्रतीत होता है।

---

1. दृष्टसाधनता ज्ञान।

2. रोगदूषितचित्तः।

3. बलवदानिष्टाननुबन्धित्वज्ञान। यह श्लेषात्मक है और इसका अर्थ या तो अनिष्ट के अभाव की चेतनता (अनिष्ट अजनकत्वज्ञान) अथवा किसी भी अनिष्ट की चेतना का अभाव (अनिष्टजनकत्वज्ञानाभाव) हो सकता है। विश्वनाथ का झुकाव पिछले अर्थों की ओर है।

4. जीवनयोनिपूर्वक, 152।

5. न्यायभाष्य, 4 : 1, 19-21।

6. न्यायभष्य, 4 : 1, 22-24।

7. न्यायभाष्य और इस पर न्यायवार्तिक, 1 : 1, 24, और न्यायभाष्य, 3 : 2, 32-37।

8. 1 : 1, 21।

9. सर्वदर्शनसंग्रह, 11। उद्योतकर इस विचार में कुछ परिवर्तन करता है। "यदि सुख न होता तो पुण्य नितान्त निरर्थक होता...और न ही केवल दुःख के अभाव को पुण्य का परिणाम समझना ठीक होगा, क्योंकि→

संसार से छुटकारा पाना ही परम श्रेय की प्राप्ति है। दुःख, जन्म, प्रवृत्ति, दोष, मिथ्याज्ञान इस शृंखला की एक-एक परवर्ती कड़ी के नष्ट होने से उसकी पूर्ववर्ती कड़ी नष्ट होती जाती है।[1] दुःख जन्म का परिणाम है, और जन्म प्रवृत्ति का परिणाम है। सब प्रकार की प्रवृत्ति, चाहे वह अच्छी हो या बुरी, हमें संसाररूपी शृंखला में जकड़ती है, और उसी के कारण हमें नीच या उच्च जन्म प्राप्त होता है। नैय्यायिक को लज्जा होती है कि उसके शरीर है और नॉवलिस के समान वह भी घोषणा करता है कि "जीवन आत्मा का एक रोग है, एक ऐसी प्रवृत्ति है जिसे काम से उत्तेजना मिली है।" यह प्रवृत्ति राग, द्वेष और मोह आदि दोषों के कारण है। द्वेष के अन्तर्गत क्रोध, ईर्ष्या, दुर्भावना, घृणा और निष्ठुरता सम्मिलित हैं। राग के अन्तर्गत वासना, लालच, तृष्णा (उत्कट अभिलाषा) और लालसा (स्पृहा) आदि का समावेश है। सबसे बुरा मोह है क्योंकि इसी के कारण राग और द्वेष उत्पन्न होते हैं।[2] उक्त दोषों के कारण हम यह भूल जाते हैं कि आत्मा के लिए कुछ भी उपादेय अथवा हेय नहीं है, और हम पदार्थों को पसन्द या नापसन्द करने लगते हैं। इन दोषों का कारण है आत्मा, सुख व दुःख इत्यादि के स्वरूप का मिथ्याज्ञान। मोक्ष का अनन्त स्थिति की प्राप्ति के लिए, जो हमारा एकमात्र महान् लक्ष्य है, हमें उस शृंखला को समाप्त कर देना चाहिए जो मिथ्याज्ञान से आरम्भ होकर दुःख में समाप्त होती है। जब मिथ्याज्ञान दूर हो जाता है तो उक्त दोष भी दूर हो जाते हैं। इन सबके विलुप्त हो जाने पर फिर प्रवृत्ति का कोई आधार नहीं रहता, और इसलिए जन्म की भी संभावना नहीं रहती। जन्म के अभाव का तात्पर्य ही दुःख की समाप्ति है और इसी का नाम परम आनन्द, अर्थात् मोक्ष है।[3]

जब तक हम कर्म करते रहते हैं तब तक हमारे ऊपर राग और द्वेष दोनों का शासन रहता है और हम परम श्रेय को नहीं प्राप्त कर सकते। दुःख के प्रति घृणा भी घृणा ही है और सुख के प्रति राग भी राग ही है। इसलिए जब तक ये क्रियाशील रहेंगे तब तक परम श्रेय हमारी पहुंच से परे ही रहेगा।

नैय्यायिक हमें कहता है कि हमें पृथक्त्व के भाव को दबाए रखना चाहिए, क्योंकि उसके मत में ऐसे व्यक्ति की प्रवृत्ति, जो इन दोषों पर विजय पा लेता है, पुनर्जन्म का कारण नहीं होता।[4] वे व्यक्ति जिन्होंने उक्त दोषों पर विजय पा ली है, शरीर के रहते कर्म करते रह सकते हैं और वे कर्म उनके बन्धन का कारण नहीं बनते। जब तक हमारा लगाव एक

→ तब पुण्य का परिणाम मात्र एक निषेधात्मक वस्तु रह जाएगा। साधारण जीवन में हम मनुष्यों में दो प्रकार की चेष्टा पाते हैं। एक व्यक्ति वांछनीय पदार्थ को प्राप्त करने के लिए कर्म करता है, जबकि अन्य व्यक्ति अवांछनीय वस्तु से दूर रहने के लिए कर्म करता है। यदि कुछ भी वांछनीय न होता तो यह दो प्रकार की चेष्टा सम्भव न होती। फिर (यदि सुख न होता तो) इस प्रकार का परामर्श भी न मिलता कि अमुक सुख को दुःख ही समझना चाहिए। और अन्त में, किसी प्रकार कारण भी न होता, क्योंकि दुःख के प्रति कोई भी राग नहीं रखता।" (न्यायवार्तिक 1 : 1, 21)। श्रीधर इस मत से सहमत नहीं है कि केवल दुःख के अभाव का नाम ही सुख है, क्योंकि परम आनन्द का निश्चित अनुभव होता है और मनुष्यों की चेष्टाएं भी दो प्रकार की देखी जाती हैं। (न्यायकन्दली, पृष्ठ 260)।

1. न्यायसूत्र, 1 : 1, 2; 4 : 1, 68। तुलना कीजिए इसकी बौद्धदर्शन-प्रतिपादित कार्यकारण शृंखला के साथ। (विसुद्धिमग्ग, 19)।

2. 4 : 1, 3-9।

3. न्यायभाष्य, 3 : 2, 67; 4 : 1, 6; 4 : 2, 1।

4. न्यायसूत्र, 4 : 1, 64।

विलग सत्ता के रूप में बना रहता है और हम इन्द्रपद अथवा ब्रह्मपद की प्राप्ति के लिए पुण्यसंचय करते हैं, तब तक हम इस संसारचक्र के साथ बंधे रहते हैं, क्योंकि इन्द्र अथवा ब्रह्म की अवस्थाएं भी सान्त अर्थात् एक न एक दिन समाप्त होने वाली हैं। परम श्रेय तो विलग सत्ता (पृथक्त्व) के भाव से सर्वथा मुक्ति ही है।

यथार्थ ज्ञान में तात्पर्य संसार से तुरन्त मुक्ति प्राप्त कर लेने से नहीं है। गुणावगुण का, जो देह और आत्मा के सम्बन्ध का कारण है, सर्वथा निःशेष हो जाना आवश्यक है, जिससे कि उक्त दोनों के सम्बन्ध की पुनरावृत्ति की संभावना ही न हो सके।[1]

क्योंकि इस प्रकार पृथक्त्व से मुक्ति ही एकमात्र श्रेय है, अतः चरित्र-सम्बन्धी वे सब मार्ग जो इस ओर प्रवृत्त कराते हैं, अच्छे कहे गए हैं, और जो विपरीत दिशा में ले जाते हैं वे बुरे कहे गए हैं। कर्म वाणी, मन अथवा देह से सम्बन्ध रखते हैं और वे अच्छे व बुरे दो प्रकार के कहे गए हैं।[2] चरित्र-सम्बन्धी पापकर्म का सार पुण्यकर्म की अपेक्षा पापकर्म का जान-बूझकर चुनाव करने में है। उत्कृष्ट राग के प्रभाव में आकर हम पाप के दुःखदायी परिणामों को भूलकर सुख के आकर्षणों का शिकार बनते हैं।

सुकर्मों के अंगीकार करने से व्यक्ति इस योग्य हो जाता है कि वह शरीर तथा इन्द्रियों से आत्मा के पृथक्त्व को जान सके। सत्य ज्ञान, जिस पर इतना बल दिया गया है, केवल बौद्धिक सम्मति का ही विषय नहीं है, अपितु एक प्रकार की सामान्य मनोवृत्ति है। मिथ्याज्ञान तथा स्वार्थपरक मनोवृत्ति का परस्पर साहचर्य है।[3] इसी प्रकार सत्य (यथार्थ) ज्ञान तथा निःस्वार्थ-भाव परस्पर एक-दूसरे के अंग हैं। यह सत्यज्ञान पुस्तकों द्वारा प्राप्त नहीं किया जा सकता, बल्कि केवल ध्यान तथा धर्मभावना की वृद्धि से ही प्राप्त हो सकता है।[4] स्वाध्याय और चिन्तन[5] के साथ-साथ यौगिक क्रियाओं का भी आदेश दिया गया है।[6] उद्योतकर धार्मिक ग्रंथों के अध्ययन, दार्शनिक विवेचन तथा ध्यान का आदेश देता है।[7] हमें कभी-कभी सांसारिक सुखों से बचे रहने, प्रत्येक लालसा को त्याग देने तथा वन में जाकर अपनी आत्मरूपी यज्ञ की अग्नि में सब प्रकार के भौतिक कर्मों की आहुति दे डालने का आदेश दिया जाता है। शान्ति तथा सुख की प्राप्ति के लिए भक्तिरूप साधन की हमें अनुज्ञा दी गई है। यद्यपि परमेश्वर हस्तक्षेप नहीं करता, तो भी भक्ति का अपना ही पुरस्कार मनुष्य को प्राप्त होता अवश्य है।[8]

हिन्दू विचारधारा के अन्य दर्शनों के समान, न्यायदर्शन भी कर्म के सिद्धान्त को स्वीकार करता है और ऐसा विश्वास प्रकट करता है कि हमें अपने कर्मों का फल अवश्य मिलता है।

---

1. न्यायसूत्र, 4 : 1, 19-21।

2. 1 : 1, 17। दान, रक्षा और सेवा शरीर से सम्बन्ध रखने वाले सुकर्म हैं, जबकि हत्या, चोरी और व्यभिचार दुष्कर्म हैं। सत्य बोलना, जो उपयोगी तथा सुखकारक भी हो, और धार्मिक पुस्तकों का अध्ययन वाणी से सम्बन्ध रखनेवाले सुकर्म हैं, जबकि झूठ बोलना, कठोर भाषा का प्रयोग, निन्दा, चुगली तथा निरर्थक वार्तालाप दुष्कर्म हैं। दया, उदारता और भक्ति मन से सम्बन्ध रखनेवाले सकर्म हैं, जबकि द्वेष, लोलुपता तथा संशयात्मकता ये दुष्कर्म हैं।

3. न्यायवार्तिक, 4 : 2, 2।

4. न्यायभाष्य, 4 : 2, 38 और 41।

5. न्यायभाष्य, 4 : 2, 47।

6. न्यायभाष्य, 4 : 2, 46। नैय्यायिकों को योग नाम से भी जाना जाता है। "नैय्यायिकानां योगपराभिधानानाम्" (गुणरत्नकृत षड्दर्शनसमुच्चयवृत्ति)। और उसकी तर्करहस्यदीपिका भी देखिए। वात्स्यायन ने 1 : 1, 29 में न्याय के मत का योग के प्रकरण में उल्लेख किया है।

7. न्यायवार्तिक, 1 : 1, 2।

8. न्यायसार, पृष्ठ 38, 40-41; तथा सर्वसिद्धान्तसारसंग्रह, 6 : 10-21। और 40-44।

कुछ कर्म तो हमारे ऐसे होते हैं कि जिनका फल तत्काल मिलता है, जैसे खाना पकाने का कर्म है, किन्तु अन्य प्रकार के ऐसे कर्म हैं जिनका फल मिलने में विलम्ब होता है, जैसेकि खेत में हल चलाना, पवित्र जीवन बिताना कर्मकाण्ड-सम्बन्धी कर्म दूसरे कोटि में आते हैं, क्योंकि स्वर्गप्राप्ति मृत्यु से पूर्व हो ही नहीं सकती।[1] मध्यवर्ती काल में कारण नष्ट नहीं होते, बल्कि धर्म और अधर्म के रूप में विद्यमान रहते हैं। 'फल' मिलने से पूर्व भी किसी वस्तु का अस्तित्व (माध्यम के रूप में) अवश्य रहता है, जैसे कि वृक्षों पर फल आने से पूर्व की अवस्था में।[2] अदृष्ट अर्थात् न दिखाई देनेवाले गुण तथा अवगुण कर्म से भिन्न नहीं हैं; क्योंकि यदि ऐसा होता तो "अन्तिम मोक्ष के पश्चात् भी देह की उत्पत्ति की सम्भावना रहती।"[3] जिन देहों को आत्माएं धारण करती हैं उनका निर्धारण उनके पूर्वकर्मों के अनुसार होता है। देह से आत्मा को नाम मिलता है, यद्यपि आत्मा न तो मनुष्य है और न घोड़ा है, तो भी उसे कैसी देह प्राप्त हुई है उस नाम से पुकारी जाती है।[4] न्याय और वैशेषिक दर्शन 'सूक्ष्मशरीर' में विश्वास नहीं रखते। आत्मा एक शरीर से दूसरे शरीर में मन की सहायता से प्रविष्ट होती है। मन परमाणु से बना है और इसीलिए अतीन्द्रिय है और इसी कारण मृत्यु के समय देह को छोड़ता हुआ दिखाई नहीं देता। क्योंकि आत्माएं सर्वव्यापक हैं, इसलिए पुनर्जन्मकाल में फल भोगने के लिए प्राप्त नये घर (देह) में मन का ही जाना सम्भव हो सकता है।

न्याय-वैशेषिक के अनुसार, यथार्थसत्ता आत्माओं तथा प्रकृति का सम्मिश्रण है। प्राकृतिक विधान आत्माओं के द्वारा की गई सृष्टि नहीं है, बल्कि परमेश्वर द्वारा रची गई व्यवस्था है। परमेश्वर परमाणुओं से इस प्रकार की रचना करता है कि जिससे यह भौतिक सृष्टि जीवात्माओं के अनुभवों का माध्यम बन सके। जीवात्माओं तथा प्रकृति के बीच जो सामंजस्य हम देखते हैं, वह दैवीय योजना के कारण है।

25. ब्रह्मविद्या

'न्यायसूत्र' में हम देखते हैं कि परमेश्वर का उल्लेख केवल आनुषंगिक रूप में ही पाया जाता है, जिससे यह सन्देह युक्तियुक्त ही ठहरता है कि न्याय का प्राचीन सिद्धान्त ब्रह्मवादी नहीं था।[5] दैवीय कारणवाद की प्रकल्पना का उल्लेख न्यायसूत्र में मिलता है।[6] वात्स्यायन, उद्योतकर

1. उद्योतकर लिखता है : "उन अवस्थाओं में जहां कर्म का परिणाम तत्काल प्राप्त नहीं होता उसका कारण उन विशेष परिस्थितियों से उत्पन्न हुई बाधा होती है जो फलीभूत होते अवशिष्ट कर्मों के कारण उपस्थित हो जाती है, अथवा ऐसी बाधा होती है जो उन अन्य प्राणियों के फलीभूत होते अवशिष्ट कर्मों के कारण उपस्थित हो जाती है जिनके अनुभव प्रस्तुत मनुष्य के समान हैं, अथवा इन कर्मों में उन प्राणियों के कर्मों द्वारा उपस्थित की गई बाधा होती है जो प्रस्तुत मनुष्यों के कर्म में साझीदार है, अथवा यह होता है कि धर्म तथा अधर्म जैसे सहायक कारण उस समय उपस्थित नहीं होते" (न्यायवार्तिक, 3 : 2, 60)।

2. न्यायभाष्य, 4 : 1, 47। देखिए, 4 : 1, 44-54।

3. न्यायभाष्य, 3 : 2, 68। 4. न्यायभाष्य, 3 : 1, 26।

5. "दोनों सम्प्रदायों के मूल ग्रंथों, वैशेषिक तथा न्यायसूत्रों में ईश्वर की सत्ता को प्रारम्भ में स्वीकार नहीं किया गया था। पीछे कुछ समय बीतने भर दोनों दर्शन परिवर्तित होकर ईश्वरवादी बन गए, यद्यपि दोनों में से कोई भी यहां तक नहीं पहुंचा कि वह ईश्वर को प्रकृति का स्रष्टा मानने लगे।" (गार्बे : फिलासफी आफ एंशियण्ट इण्डिया, पृष्ठ 23)। म्योर "यह नहीं कह सकता कि न्याय का प्राचीन सिद्धान्त ईश्वरवादी था या नहीं" (ओरिजनल संस्कृत टैक्स्ट्स, खण्ड 3 : पृष्ठ 133)।

6. 4 : 1, 19-21।

तथा विश्वनाथ इसे न्याय का अपना मत स्वीकार करते हैं, किन्तु वाचस्पति, उदयन और वर्धमान की सम्मति में यह वेदान्त के इस मत की आलोचना मात्र है कि ब्रह्म विश्व का उपादान कारण है। इस आक्षेप के उत्तर में कि मनुष्य को प्रायः अपने कर्मों का पूरा फल नहीं मिलता और इसलिए सब कुछ ईश्वर की इच्छा पर निर्भर करता है—मानवीय पुरुषार्थ पर नहीं। न्याय का कहना है कि मनुष्य के कर्म ब्रह्म के नियन्त्रण में तथा उसके सहयोग से फल उत्पन्न करते हैं। वात्स्यायन इस प्रकार की घोषणा करते हुए कि आत्मा सबको देखती है, अनुभव करती है तथा जानती है, ब्रह्मविद्या का समर्थन करता है। उक्त विवरण को यदि अपूर्ण जीवात्मा पर लागू किया जाए तो इसका सब आशय नष्ट हो जाता है।[1] परवर्ती नैय्यायिक और वैशेषिक भी स्पष्ट रूप से ब्रह्मवादी हैं और आत्मा-सम्बन्धी प्रकल्पना पर विचार करते समय ईश्वर के स्वरूप के विवेचन में भाग लेते हैं। अन्नंभट्ट आत्माओं का वर्गीकरण करता है कि आत्माएं दो प्रकार की हैं, अर्थात् सर्वोपरि तथा मानवीय। सर्वोपरि आत्मा ईश्वर है, एक है तथा सर्वज्ञ है। मानवीय आत्माएं संख्या में अनन्त हैं, प्रत्येक देह में भिन्न हैं।[2] ईश्वर को एक विशिष्ट आत्मा माना गया है, जो सर्वशक्तिमत्ता और सर्वज्ञता के गुण धारण किए हुए है, जिनसे वह समस्त विश्व का संचालन तथा नियमन करता है। क्योंकि मानवीय तथा दैवीय आत्माएं अनेक विषयों में परस्पर भिन्न हैं, इसलिए ऐसा विश्वास करना कठिन है कि न्याय तथा वैशेषिक के आदिग्रंथकार गौतम और कणाद का अभिप्राय इन दोनों प्रकार की आत्माओं को एक ही वर्ग में रखने का रहा होगा। न्याय की लौकिक प्रवृत्ति तथा तार्किक रुचि के कारण ईश्वर की यथार्थसत्ता के विषय में उसकी क्रियात्मक उदासीनता हो सकती है।[3]

उदयनकृत कुसुमांजलि नामक ग्रन्थ ईश्वर के अस्तित्व-सम्बन्धी न्याय के प्रमाणों का शास्त्रीय विवरण है। उक्त पुस्तक के पहले अध्याय में कुछ विचारणीय विषय दिए गए हैं, जो एक अदृष्ट कारण की यथार्थ सत्ता को दर्शाते हैं, जो हमारे सुख और दुःख का निर्णायक है।[4] प्रत्येक कार्य कारण पर निर्भर करता है। इसलिए हमारे सुख-दुःख का भी कोई कारण अवश्य होना चाहिए।[5] प्रत्येक कारण अपने से पूर्ववर्ती कारण का कार्य है और वह भी अपने-आप में अन्य किसी कारण का कार्य है। जिस प्रकार संसार अनादि है, उसी प्रकार

1. न्यायभाष्य, 1 : 1, 9; 4 : 1, 21।

2. तर्कसंग्रह, 17।

3. आथले लिखता है : "हो सकता है कि कणाद और गौतम ने पहले जान-बूझकर अपने दर्शनों में ईश्वर को छोड़ दिया हो, इसलिए नहीं कि उसका सर्वथा अस्तित्व ही नहीं है, बल्कि इसलिए कि वह इस लौकिक जगत् से दूर तथा ऊपर है, क्योंकि उक्त दोनों दर्शनों का प्रधान प्रतिपाद्य विषय यह लौकिक जगत् ही था। सम्भवतः सूत्रकारों ने अपने को ऐहलौकिक (सांसारिक) वस्तुओं के वर्गीकरण तथा विवेचन की सीमा के ही अन्तर्गत रखा और पारलौकिक कर्ता की ओर ध्यान नहीं दिया। किन्तु भाष्यकारों ने इस त्रुटि पर विचार करके ईश्वर का सन्निवेश उसी श्रेणी के अन्तर्गत किया जहां ऐसा करना सम्भव था, और उक्त त्रुटि को पूरा किया" (तर्कसंग्रह, पृष्ठ 137)। "न्याय तर्क के विषय में इतनी अधिक रुचि रखता है कि आध्यात्मिक विज्ञान में इसका उत्क्रम हाथ में लिए हुए काम से विचलित होना कहलाएगा। और यह हमें ऐसा मान लेने से वारण करता है कि किसी विषय में मौन साधन का तात्पर्य उक्त विषय को त्याग देना है" (कीथ : इण्डियन लौजिक एण्ड ऐटोमिज्म, पृष्ठ 265)।

4. सापेक्षत्वाद् अनादित्वाद् वैचित्र्याद् विश्ववृत्तितः।
प्रत्यात्मनियमाद् भुक्तेरस्ति हेतुरलौकिकः॥ (1 : 4)

5. 1 : 5।

यह कारण-कार्य की शृंखला भी अनादि है। इस प्रकार हमारे सुख-दुःख के आदिकारण का पता नहीं लग सकता।[1] कार्यों की विविधता से कारणों की विविधता उपलक्षित होती है। हमारे भिन्नता रखनेवाले भाग्यों का कोई एक ही सामान्य कारण, ईश्वर या प्रकृति, नहीं हो सकता।[2] हमारे कर्म विलुप्त हो जाते हैं किन्तु अपने पीछे संस्कार छोड़ जाते हैं, जो फल उत्पन्न करने की योग्यता रखते हैं। "ऐसी वस्तु जिसे गुज़रे हुए एक दीर्घ समय बीत गया हो, कोई परिणाम नहीं उत्पन्न कर सकती, जब तक कि उसका निरन्तर रहने वाला कोई प्रभाव (कर्मातिशय) न हो।"[3] एक श्रेष्ठ कर्म के संस्कार को पुण्य तथा निकृष्ट कर्म के संस्कार को पाप कहते हैं। ये दोनों मिलकर अदृष्ट या गुणावगुण की सृष्टि करते हैं जो कर्म करने वाले मनुष्य की आत्मा के अन्दर अवस्थित होता है—उस वस्तु के अन्दर अवस्थित नहीं होता जिससे उसे सुख या दुःख मिलता है। यही अदृष्ट जब उपयुक्त समय, स्थान तथा पदार्थ मिल जाते हैं तो सुख और दुःख को जन्म देता है अदृष्ट की यह अतीन्द्रिय कार्यशक्ति यह प्रदर्शित करती है कि पुण्य और पाप बराबर स्थिर रहते हैं। इन्द्रिययुक्त शरीरों का आत्माओं के साथ सम्पर्क प्राकृतिक कारणों से नहीं है। नैतिक कार्य-कारणभाव प्राकृतिक विधान से ऊपर है। भिन्न-भिन्न आत्माएं जो भिन्न-भिन्न परिमाण में सुखानुभव करती हैं, यह सब उनके अपने-अपने अदृष्ट की भिन्नता के कारण होता है।

उदयन यहां तक प्राचीन नैय्यायिकों के मत में भक्ति रखता है। उनके समान, विश्व की रचना की व्याख्या के लिए वह भी अणुओं में एक आदिम क्रिया की तथा आत्माओं में अदृष्ट की कल्पना करता है। किन्तु जब वह यह युक्ति देता है कि अदृष्ट के समान एक बुद्धिहीन कारण किसी बुद्धियुक्त आत्मा के पथप्रदर्शन के बिना कोई कार्य नहीं उत्पन्न कर सकता, तो वह उनसे आगे बढ़ जाता है। ईश्वर को अदृष्ट के कार्य का निरीक्षण करने वाला कहा गया है।[4] परमाणुओं अथवा कर्म की शक्ति से जगत् की व्याख्या नहीं हो सकती। यदि परमाणुओं के अन्दर क्रियाशीलता प्राकृतिक है तो वह कभी रुकनी नहीं चाहिए। यदि काल की शक्ति से उनकी क्रियाओं का संचालन होता है तो कालरूपी इस अचेतन तत्त्व को या तो सर्वदा क्रियाशील या सर्वदा निष्क्रिय होना चाहिए। बछड़े के पोषण के लिए गाय के दूध का जो प्रवाह है उसकी उपमा से प्रयोजन सिद्ध नहीं होता, क्योंकि यदि दूध अपने-आप में क्रियाशील होता तो मरी हुई गाय से भी प्रवाहित होना चाहिए था। परिणाम यह निकलता है कि यदि किसी अचेतन वस्तु में क्रिया दिखाई दे तो उसका कर्ता अवश्य कोई चेतना होना चाहिए। जीवात्मा अदृष्ट की नियंत्रक नहीं हो सकती, क्योंकि यदि ऐसा होता तो वह अवांछनीय दुःखों को दूर कर सकती, किन्तु ऐसा होता नहीं है। इस प्रकार बुद्धिविहीन तत्त्व अदृष्ट, जो प्राणियों के भाग्य का निर्णायक है, ईश्वर के निर्देशन में कार्य करता है। ईश्वर न तो अदृष्ट को बनाता है और न इसका अनिवार्य कार्यपद्धति में कोई परिवर्तन करता है, बल्कि इसके कार्य करने को सम्भव कर देता है। इस प्रकार ईश्वर हमारे कर्मों का फलप्रदाता है।

---

1. 1 : 6। इस प्रकार अदृष्ट के आदि का प्रश्न टाल दिया गया है। देखिए न्यायवार्तिक 4 : 1, 21।
2. 1 : 7।
3. 1 : 9।
4. 1 : 19।

उदयन ने अन्य युक्तियों का सार निम्नलिखित कारिका में दिया है। ''कार्यों से, आयोजन से, धारण आदि से, परम्परागत कलाओं से, प्रामाणिकता से, श्रुतियों तथा श्रुतिगत वाक्यों से और विशिष्ट संख्याओं से, एक नित्यस्थायी तथा सर्वज्ञ सत्ता का अस्तित्व सिद्ध होता है।''[1] कार्य-कारणभाव सम्बन्धी विवेचना को सबसे प्रथम स्थान दिया गया है। जगत् को एक उत्पन्न वस्तु माना गया है, क्योंकि यह संघटक भागों से मिलकर बना है इसलिए इसका बनानेवाला अवश्य होना चाहिए। क्योंकि ''समवर्ती कारणों की किसी शृंखला के बिना जो स्वतन्त्र रूप से अपना यथोचित स्वरूप प्राप्त कर लेता है, वह कार्य नहीं है।'' जगत् का रचयिता एक ऐसा बुद्धिमान है जो ''संकल्प, कर्म करने की इच्छा एवं उचित साधनों के ज्ञान का ऐसा समुच्चय रखता है जो अन्य सब कारणों को गति देता है, किन्तु वह स्वयं किसी के भी द्वारा गति में नहीं आता।'' आयोजन से तात्पर्य उस कर्म से है जो सृष्टिरचना के आरम्भ में दो अणुओं को मिलाकर युग्ममिश्र बनाता है। इस कर्म से एक बुद्धि-सम्पन्न कर्त्ता का अस्तित्व उपलक्षित होता है। धारण से तात्पर्य है कि यह अद्भुत विश्व उसी की इच्छा से संभला हुआ है। उक्त कारिका में जो आदि शब्द है वह इस विषय का द्योतक है कि इस जगत् का संहार करनेवाला भी वही है। ईश्वर जगत् का निर्माणकर्ता, संहारकर्ता तथा पुनर्निर्माणकर्ता भी है। परम्परागत कलाएं इसका उपलक्षण हैं कि इनका कोई बुद्धिसम्पन्न आविष्कारक अवश्य होगा। वेदों की प्रामाणिकता इसलिए है कि जिसने उन्हें प्रामाणिकता दी है वह स्वयं प्रामाणिक है। उदयन का मत है कि वेद, जगत् की अन्य सब वस्तुओं की भांति, जो उत्पत्ति और विनाश के अधीन हैं, अनित्य हैं। इस पर भी यदि वे सत्यज्ञान के उद्भव-स्थान हैं तो इसीलिए हैं कि उनका रचयिता ईश्वर है।[2] इसके अतिरिक्त, श्रुतियां (धर्मशास्त्र) ईश्वर को जगत् का कर्ता बताती हैं। फिर, वेदों के अन्दर वाक्य हैं और वाक्यों की रचना करनेवाला भी कोई होना चाहिए, जो केवल परमेश्वर ही हो सकता है। संख्यापरक युक्ति का आधार यह विचार है कि युग्म की महत्ता परमाणुओं की अनन्त सूक्ष्मता (परिमाण्डल्य) से नहीं, बल्कि परमाणुओं की विशेष संख्या (अर्थात् दो) से उत्पन्न की गई है। जैसा कि हम देखेंगे, यह द्वित्व का विचार बुद्धि की अपेक्षा रखता है, अर्थात् बिना बुद्धिसम्पन्न कर्ता के नहीं हो सकता। इसलिए इस द्वित्व की व्याख्या के लिए, जो सृष्टि के प्रारम्भ में युग्मों को उत्पन्न करता है, एक बुद्धिसम्पन्न कर्ता की कल्पना करनी ही होती है। प्रत्यक्ष दिखाई न देने का कारण ईश्वर के अस्तित्व के सम्बन्ध में जो आपत्ति की जाती है, उसका प्रत्याख्यान उदयन इस प्रकार करता है। किसी पदार्थ के प्रत्यक्ष न होने से उसका अभाव तब सिद्ध होता है जबकि वह पदार्थ ऐसा हो जो साधारणतः प्रत्यक्ष होता हो। इन्द्रियों की क्षेत्र-सीमा से परे जो वस्तुएं हैं उन्हें असत् नहीं कहा जा सकता। अधिक से अधिक जो कहा जा सकता है वह यह है कि ईश्वर के अस्तित्व की सिद्धि

---

1. कार्यायोजनधृत्यादेः पदात् प्रत्यतः श्रुतेः।
वाक्यात् संख्याविशेषाच्च साध्यो विश्वविदव्ययः॥ (5 : 1)

2. 2 : 1।

प्रत्यक्ष द्वारा नहीं हो सकती।[1] अनुमान प्रमाण ईश्वर के अस्तित्व को न तो सिद्ध करता है न असिद्ध ही ठहराता है।[2] उपमान प्रमाण को पदार्थों के अस्तित्व अथवा अभाव से कुछ प्रयोजन ही नहीं है।[3] शब्द प्रमाण ईश्वरास्तित्व के पक्ष में है।[4] अर्थापत्ति और अनुपलब्धि ज्ञान के स्वतन्त्र साधन नहीं हैं।[5]

नैय्यायिक का ईश्वर शरीरधारी है, जो सत्, चित् (ज्ञान) और आनन्द से पूर्ण है। उसमें अधर्म, मिथ्याज्ञान तथा प्रमाद का अभाव है, और यह धर्मज्ञान समाधि से युक्त है। अपनी सृष्टि-रचना में वह सर्वशक्तिमान् है, यद्यपि अपनी सृष्टि के प्राणियों के कर्मों के परिणामों से प्रभावित होता है। वह स्वयं तो आप्त कर्मफल है, अर्थात् अपने कर्मों के तमाम फल प्राप्त कर चुका है, और अपने रचे हुए प्राणियों के लिए कर्म करना जारी रखता है। जिस प्रकार एक पिता अपने बच्चों के लिए कर्म करता है, उसी प्रकार परमेश्वर भी प्राणियों के लिए कर्म करता है।[6] परमेश्वर सर्वज्ञ है, क्योंकि वह सत्यज्ञान रखता है जो यथार्थसत्ता का स्वतन्त्र बोध है। वह नित्य प्रज्ञावान् है क्योंकि उसके बोध नित्यस्थायी हैं इसलिए स्मृति अथवा अनुमान सम्बन्धी ज्ञान की उसे आवश्यकता ही नहीं है। साधारण मनुष्यों में जो एक प्रकार का अन्तर्विरामी अलौकिक प्रत्यक्ष ज्ञान है, योगियों में जो प्राप्त की हुई शक्ति (सिद्धि) है, ईश्वर में वही एक समान रहने वाली बोध की प्रक्रिया है।[7] ईश्वर इच्छाशक्ति से भी युक्त है।[8] ईश्वर विशुद्ध, अबाधित प्रतिभा तथा परमानन्द का भण्डार है।

सृष्टि रचना की कठिनाइयों की उपेक्षा नहीं की गई है। सम्पूर्ण क्रिया को दुःख के अन्तर्गत माना गया है और कहा गया है कि वह दोषों के कारण है।[9] प्रश्न उठाया गया है कि क्या ईश्वर अपनी किसी इच्छा की पूर्ति के लिए जगत् की सृष्टि करता है, अथवा दूसरों के लिए करता है। परन्तु ईश्वर की समस्त इच्छाएं पहले से ही पूर्ण हैं, इसलिए सृष्टि रचना ईश्वर की किसी भी इच्छा की पूर्ति का साधन नहीं हो सकती। जो दूसरों की भलाई के लिए चिन्तित रहता है, केवल बराबर व्यस्त रहता है। और न ही हम ईश्वर की उक्त क्रिया का कारण मनुष्यमात्र के प्रति उसके प्रेम को ही मान सकते हैं। जगत् का दुःखस्वरूप होना ही उक्त कल्पना का प्रत्याख्यान करता है। नैय्यायिक उक्त आलोचना का उत्तर इस प्रकार देता है : "ईश्वर का सृष्टि-रचनारूप कर्म वस्तुतः केवल अनुकम्पावश है। परन्तु ऐसी सृष्टि रचना का विचार जिसमें केवल सुख ही हो, वस्तुओं की प्रकृति से मेल नहीं खाता,

---

1. 3 : 1।
2. 3 : 4-7।
3. 3 : 8-12।
4. 3 : 13-17।
5. 3 : 18-23।
6. न्यायभाष्य, 4 : 1, 21।
7. उदयन एक रोचक प्रश्न उठाता है कि क्या ईश्वर की सर्वज्ञता के अन्दर सीमित शक्ति वाले प्राणियों के भ्रमात्मक बोधों तथा उनके विषयों (पदार्थों) का ज्ञान भी समाविष्ट है, और परिणामस्वरूप क्या ईश्वर पदार्थों को उस रूप में भी प्रत्यक्ष करता है जैसे कि वे नहीं हैं। इसके उत्तर में वह कहता है कि मानवीय भ्रांतियों का ईश्वर को जो ज्ञान है वह भ्रमात्मक नहीं है।
8. नव्यन्याय, 4 : 1, 21।
9. 1 : 1, 18।

क्योंकि जिन प्राणियों की सृष्टि की जाएगी, उनके अच्छे या बुरे कर्मों के विभिन्न परिणामों से अन्ततोगत्वा विभिन्नता होनी आवश्यक है। और तुम्हें इस प्रकार की आपत्ति करने की भी आवश्यकता नहीं कि यह ईश्वर की अपनी स्वतंत्रता में हस्तक्षेप होगा (क्योंकि इस प्रकार वह दूसरों के कर्मों पर निर्भर प्रतीत होगा)। क्योंकि यह नीति का वचन है कि 'अपना शरीर स्वयं अपने को बाधा नहीं देता, बल्कि अपनी लक्ष्यप्राप्ति में सहायक होता है।' "[1] उद्योतकर स्वीकार करता है कि ईश्वर की क्रिया अन्य कारणों से मर्यादित हो जाती है, परन्तु ये कारण केवल स्वतः आरोपित मर्यादाएं हैं।[2] ईश्वर की दृष्टि में जो लक्ष्य है वह प्राणियों का सुख नहीं अपितु उनका आध्यात्मिक विकास है। जगत् दुःखों द्वारा श्रेयस् की तथा त्याग द्वारा पूर्णता की प्राप्ति के लिए, जो हमारे आध्यात्मिक लक्ष्य हैं, एक प्रकार का क्षेत्र है।

> नैय्यायिक शैव हैं, जबकि वैशेषिकों को पाशुपत कहा गया है।[3] जिनदत्त अपने 'विवेकविलास' (तेरहवीं शताब्दी के मध्य में रचित) ग्रन्थ में कहता है कि शिव न्याय-वैशेषिक का देवता है। उद्योतकर एक पाशुपत था। भासर्वज्ञ ने ध्यान-समाधि का फल महेश्वर का साक्षात्कार बतलाया है।[4] उदयन सर्वोपरिसत्ता को शिव मानता है।[5]

न्याय का ईश्वरवाद-विषयक सिद्धान्त हिन्दू विचारधारा के इतिहास में बहुत विवाद का विषय रहा है। आलोचक का कहना है कि जब प्राकृतिक समाधान असफल होता है तो नैय्यायिक 'अदृष्ट' का आश्रय होता है। सृष्टि के आरम्भ में परमाणुओं में हलचल का होना, आग की गति का ऊपर की ओर होना, यहां तक कि सुई का चुम्बक की ओर आकृष्ट होना भी अदृष्ट के कारण माना गया है। अदृष्ट केवल व्याख्या की सीमा मात्र है।[6] एक बुद्धिसम्पन्न नियामक की आवश्यकता की कल्पना की गई है जो ईश्वर है, क्योंकि जिस क्रम से घटनाएं सम्पन्न होती हैं उस अद्भुत नियमितता की व्याख्या सिवाय ईश्वर के अन्य किसी प्रकार से की ही नहीं जा सकती क्योंकि ईश्वर में ज्ञान, इच्छा तथा प्रयत्न हैं। प्रलयकाल में आत्माओं की क्रियाशक्ति नष्ट हो जाती है तथा सृष्टि रचना के समय उन्हें यह फिर प्राप्त हो जाती है, इस सबकी व्याख्या बिना दैवी संचालन के सम्भव नहीं है। उदयन तथा श्रीधर ने कार्य-कारणभाव से अत्यधिक लाभ उठाया है।[7]

---

1. सर्वदर्शनसंग्रह, 11।
2. न्यायवार्तिक, 4 : 1, 21।
3. देखिए गुणरत्नकृत 'षड्दर्शनसमुच्चयवृत्ति', पृष्ठ 49-51। और देखिए हरभद्रकृत 'षड्दर्शनसमुच्चयः'–

   अक्षपादमते देवः सृष्टिसंहारकृत् शिवः।
   विभुर्नित्यैकः सर्वज्ञो नित्यबुद्धिसमाश्रयः॥ (13)

   राजशेखरकृत षड्दर्शनसमुच्चय, जो कुछ समय पूर्व बना, इस मत का समर्थन करता है। देखिए कीथ : 'इण्डियन लॉजिक एण्ड ऐटोमिज्म', पृष्ठ 262-63।
4. न्यायसार, पृष्ठ 39।
5. कुसुमांजलि, 2 : 4।
6. जयन्त अपने न्यायमंजरी नामक ग्रन्थ में चार्वाक सिद्धान्त की आलोचना करते हुए कहता है कि जब हम किसी वस्तु के कारण को नहीं जानते तो उसे स्वाभाविक अथवा प्राकृतिक कहने लगते हैं।
7. न्यायकन्दली, पृष्ठ 54-57।

यह धारणा करके कि यह जगत् एक कार्य है, नैय्यायिक ने जो सिद्ध करना है उसे पहले से स्वतः मान लिया है। पौधे तथा पशु-पक्षी स्वात्मनिर्भर नहीं हैं। वे उत्पन्न होते हैं, बढ़ते हैं तथा मृत्यु को प्राप्त होते हैं। व्यक्तिरूप वस्तुएं उत्पन्न पदार्थ हैं ऐसा कहने का अर्थ यह नहीं है कि यह जगत् एक पूर्ण इकाई के रूप में उत्पन्न पदार्थ है। नैय्यायिक अनेक नित्यसत्ताओं के अस्तित्व को स्वीकार करता है जो उत्पन्न पदार्थ नहीं है।[1] तो क्या यह जगत् सम्पूर्ण रूप में भी नित्य नहीं हो सकता? फिर क्या समस्त कार्यों के निमित्त कारण भी रहने आवश्यक हैं? जैसाकि हम पहले देख चुके हैं, कार्य-कारण का विधान, जिस रूप में नैय्यायिक इसकी व्याख्या करता है, सार्वभौम प्रामाणिकता नहीं रखता। इसकी सार्थकता इसके अतिरिक्त और कुछ नहीं है कि यह एक समान और साहचर्य-सम्बन्धी परिवर्तन को दर्शाता है क्योंकि इसकी साक्षी इन्द्रियगोचर जगत् से ली गई है, इसलिए इसके क्षेत्र को उससे परे बढ़ाना भूल है। सृष्टि के कारण का ज्ञान मानवीय मस्तिष्क से बाहर का विषय है। अनन्त कारणों की अनन्त प्रतीप गति असम्भव है, इसीलिए नैय्यायिक को एक ऐसे कारण के अस्तित्व पर बल देना पड़ा जो कार्य-कारण शृंखला से बाहर है जिसका कोई अन्य कारण नहीं है। शंकराचार्य कार्य-कारणभाव की युक्ति का विरोध करते हुए हमें परामर्श देते हैं कि हम साहसपूर्वक यह स्वीकार करें कि यह विश्व हमें विद्यमान प्रतीत होता है, इसके अतिरिक्त हम और कुछ नहीं जानते। इसका अस्तित्व अपने-आप से है, अथवा यह किसी सुदूर कारण का कार्य है इसे हम नहीं समझ सकते। यदि हम किसी सुदूर कारण को स्वीकार करते हैं तो हम उसके भी सुदूर कारण की माँग क्यों न करें, और इस प्रकार अनिश्चित काल तक मांग करते-करते दिमाग ही खराब हो जाएगा। यदि ईश्वर का अस्तित्व है तो उसे किसने बनाया? सांख्य के अनुसार, यह मान लेना कि विश्व के कर्ता ने अपने-आप बनाया। अध्यात्मविद्या की दृष्टि से यह प्रश्न कम नहीं हो सकता और समाधान समस्या से भी बुरा है। नैय्यायिक के सगुणवाद से तो और भी कठिनाइयां उपस्थित होती हैं। प्रश्न उठता है कि सृष्टि का कर्ता शरीरी है या नहीं? यदि वह शरीरी है तो उसे अदृष्ट के अधीन मानना पड़ेगा, क्योंकि सब शरीरों की रचना अदृष्ट के ही आधार पर होती है। सब शरीरधारी निर्मित होते हैं, और वे सूक्ष्म परमाणुओं तथा पाप-पुण्य पर नियन्त्रण नहीं कर सकते। हम नहीं जानते कि नित्यशरीर क्या वस्तु है? इस विषय में नैय्यायिकों का मत स्पष्ट नहीं है। वे कभी कहते हैं कि परमेश्वर बिना किसी शरीररूपी साधन के सृष्टि की रचना करता है, और साथ-साथ यह भी कहते हैं कि हमारे अदृष्ट के कारण परमेश्वर को भी शरीर प्राप्त हो जाता है। कभी परमाणुओं को ही परमेश्वर का शरीर मान लिया जाता है, एवं अन्य अवसरों पर आकाश को शरीर की कोटि में लाया जाता है। यदि ईश्वर किसी अचिन्त्य विधि से, शरीर के बिना, परमाणुओं द्वारा सृष्टि की रचना करने में समर्थ है, तो हम ऐसा भी कह सकते हैं कि वह बिना किसी पूर्व-अवस्थित सामग्री के सृष्टि की रचना कर सकता है।

ईश्वर की सिद्धि के लिए उपयुक्त की जानेवाली युक्तियों की प्रामाणिकता को हम यदि मान भी लें तो भी न्यायदर्शन का ईश्वर एक ऐसी पूर्ण आध्यात्मिक यथार्थसत्ता नहीं ठहरता कि जिसकी हम अपूर्ण अभिव्यक्तियां हैं। वह हम से और जगत् से भी बाह्य है, भले ही हम उसे सृष्टि का कारण, शासक तथा संहारकर्ता कह लें। यथार्थसत्ता असंख्य

1. "नित्य वस्तु की कोई उत्पत्ति नहीं होती; और न ही नित्य वस्तु का कोई कारण होता है।" (न्यायवार्तिक, 4 : 1, 32)।

अंशव्यापी अवयवों से बनी है जो एक बाह्य बन्धन द्वारा शृंखलाबद्ध है, जैसेकि एक रस्से में अनेकों लकड़ियां बंधी रहती हैं। ईश्वर परमाणुओं का रचयिता नहीं, अपितु केवल उन्हें क्रमबद्ध करनेवाला है। उसकी बुद्धिमत्ता विश्व के तत्त्वों पर बाहर से कार्य करती है, आन्तरिक जीवनी शक्ति के रूप में कार्य नहीं करती। ईश्वर के विषय में इस प्रकार का विचार कि वह जगत् से परे, देश के समस्त विचार से बाहर, एक शाश्वत आत्मकेन्द्रित एकान्त में, बिल्कुल अलग रहता है, सर्वथा शुष्क और थोथा विचार है। हम इस प्रकार के द्वैतवाद को, जिसके अनुसार एक ओर एक अनन्त स्रष्टा तथा दूसरी ओर एक अनन्त विश्व हो, प्रमाणित नहीं कर सकते। ये दोनों ही एक-दूसरे को मर्यादित कर देंगे। जिन वस्तुओं की परिभाषा एक-दूसरे के प्रति की जाए, वे अवश्य सान्त होनी चाहिएं। जीवात्माएं कभी-न-कभी स्वातंत्र्य प्राप्त करती ही हैं। सबकी मुक्ति से संसार लुप्त हो जाएगा; ईश्वर का आधिपत्य भी समाप्त हो जाएगा। जिसका अन्त है, उसका आदि भी है। दोनों ही शून्य से प्रादुर्भूत हुए होंगे और इसलिए शून्य में ही लुप्त भी हो जाएंगे। यह सत्य है कि सृष्टि-रचना का कारण ईश्वर का प्रेम बताया गया है, किन्तु इस कल्पना के आधार पर सृष्टि का तात्पर्य क्या है? यदि परमाणु तथा आत्माएं दोनों ही नित्य हैं, और उक्त दोनों की क्रिया-प्रतिक्रिया का ही परिणाम सृष्टि है, तो फिर सृष्टि-रचना में ईश्वर का स्थान कहां है? इसलिए या तो नैय्यायिक को ईश्वर को स्रष्टा मानने का विचार त्याग देना चाहिए अथवा यह स्वीकार करना चाहिए कि परमाणु तथा आत्माएं ईश्वररूपी नित्य और शाश्वत कारणता की अभिव्यक्तियां हैं, यद्यपि इस कारणता को यान्त्रिक अर्थों में नहीं लिया जाना चाहिए। यह न्याय के इस सुझाव से उपलक्षित होता प्रतीत होता है कि पदार्थों का स्वरूप ही ईश्वर की देह है। यह एक ऐसा दृष्टान्त है जिसका उपयोग रामानुज के भाष्य में बहुत सावधानी के साथ और उच्च प्रयोजन को लेकर किया गया है। ईश्वर के अवश्यंभावित्व का कुछ ऐसा ही विचार उसकी सर्वज्ञता के कारण बलात् हमारे ऊपर आरोपित किया गया है। न्याय के अनुसार, सान्त प्राणी केवल विचार को जानते हैं, और इस प्रकट तथ्य को भी कि यथार्थ वस्तु विचार नहीं है। विचार और यथार्थता में परस्पर-सम्बन्ध क्या है और कैसे है, इसे केवल एक अनन्तमस्तिष्क ही, जिसकी कल्पना सान्त मस्तिष्कों के ही अनुरूप की गई हो, जान सकता है। आत्माएं तथा परमाणु ईश्वर के साथ-साथ समानरूप से नित्य हैं, जो केवल समानों में प्रथम हैं। प्रारम्भ में तो ऐसा प्रतीत हो सकता है कि न्याय ईश्वर के प्रति भक्ति पर आग्रह करके मनुष्य-जाति के धार्मिक जीवन में सहायता करता है। किन्तु न्याय निश्चय ही ईश्वर के साथ तादात्म्य के आदर्श को नहीं निभा सकता, क्योंकि उसकी प्रकल्पना के स्वरूप से ही ईश्वर मनुष्य तथा विश्व से बाह्य है। वेदान्त अपने समस्त रूपों में तथा योगदर्शन भी उपासना का समर्थन करते हैं, किन्तु यह इस विचार को लेकर है कि व्यक्ति दैवीय पद प्राप्त कर ले। न्याय यदि मनुष्य-जाति की उच्चतम धार्मिक प्रेरणाओं को सन्तुष्ट करना चाहता है तो उसे अपने ईश्वर-विषयक भाव पर पुनः विचार करना होगा।

26. उपसंहार

हिन्दू विचारधारा के प्रति न्यायदर्शन की सबसे बड़ी देन इसकी समीक्षात्मक तथा वैज्ञानिक अन्वेषण की तर्कशैली है। इसकी पद्धति को अन्य दर्शनों ने भी ग्रहण किया है, यद्यपि

अपने आध्यात्मिक विचारों के कारण कुछ परिवर्तनों के साथ ग्रहण किया है। इसने ज्ञान-जगत् के मानचित्र को उसके अनिवार्य रूपों में तैयार करके, उसके मुख्य-मुख्य विभागों को जो संज्ञाएं प्रदान कीं, हिन्दू विचारधारा में उनका आज भी उसी रूप में प्रयोग हो रहा है। यह इस बात का विशद प्रमाण है कि न्यायशास्त्र ने विचारधारा के क्षेत्र में कितनी दूर तक उन्नति की थी। न्यायशास्त्र में प्रतिपादित हेत्वाभासों की सूची ने हिन्दू विचारकों को शताब्दियों तक ऐसे साधन दिए हैं जिनके द्वारा सत्य तथा मिथ्या अनुमान के मध्य शीघ्र तथा निश्चित भेद किया जाता रहा है, और भ्रांतिमूलक निष्कर्षों को उचित संज्ञा देकर उनकी दोषपूर्णता की ओर संकेत किया जाता रहा है। संस्कृत के दर्शनग्रन्थों में हमें प्रायः इस प्रकार की चुप करा देनेवाली आलोचना मिलती है कि "यह एक चक्रक है", अर्थात् ऐसी युक्ति है जो चक्र की तरह घूमकर वहीं आ जाती है; "यह साध्यसम है", अर्थात् बिना तर्क के किसी बात को स्वीकार कर लेना है; "यह अन्योन्याश्रय अर्थात् एक-दूसरे पर निर्भर है", "यह अनवस्था की ओर ले जाता है, अर्थात् जिसका कहीं अन्त नहीं हो सकता।" न्याय के हेत्वाभास सम्बन्धी सिद्धान्त ने भारतीय विचारकों के हाथ में इस प्रकार का एक तत्काल-गणक दे दिया है जो, बोर्नी नामक विद्वान् के भावपूर्ण शब्दों में, हाथ धोने के लिए "बार-बार समुद्र के पास जाने से हमें बचा देता है।"

न्यायदर्शन की शक्तिमत्ता तथा निर्बलता भी उसके इस विश्वास में है कि सहज बुद्धि तथा अनुभव की पद्धति का प्रयोग धर्म और दर्शन की समस्याओं पर भी हो सकता है। एक अनेकत्ववादी विश्व, जो आत्मा तथा भौतिक प्रकृति के मौलिक द्वैतभाव पर आश्रित है, एक प्रक्रिया तथा पद्धति के रूप में काफी युक्तियुक्त है, किन्तु इसे एक सामान्य दर्शन का रूप नहीं दिया जा सकता। एक साधारण व्यक्ति को बाह्य दृश्यमान जगत् की यथार्थता स्वीकार करने में कोई हिचकिचाहट नहीं होती। वह आत्मवादी भी है, यद्यपि उसका यह आत्मवाद जितना अन्तःप्रेरणा के आधार पर है उतना तर्कवत्ता के आधार पर नहीं है, और इसलिए वह अपनी तथा अन्य आत्माओं के अस्तित्व को स्वीकार कर लेता है। वह यथार्थसत्ता की भिन्न-भिन्न श्रेणियों को नहीं मानता, क्योंकि इस प्रकार का विचार उसके द्वैतपरक यथार्थवाद के दृढ़ विश्वास के विरोध में जाता है। किन्तु तर्क के हित में वह इन्द्रियों की पहुंच के बाहर प्रमेय पदार्थों की श्रेणियों के विचार का स्वागत करता है। ब्रह्मविद्या में वह विश्व के कारण का प्रश्न उठाता है। विश्व का निर्माण किस प्रकार से होता है? वह कहता है कि यह जैसा अब है, जब से यह बनना प्रारम्भ हुआ, सदा वैसा ही रहा। यद्यपि, द्वैतवादी होने के कारण, वह जड़ और चेतन के मध्य किसी संक्रान्ति को स्वीकार करने से दूर रहने का प्रयत्न करता है, पर उसकी अनुभवात्मक बुद्धि उसे विश्व की स्थिरता के मत को स्वीकार करने की अनुज्ञा नहीं देती। इस कठिनाई में वह अपने अनुभव की ओर झुकता है, जहां वह पाता है कि वह अपने से भिन्न नाना पदार्थों का, यथा टेबल, कुर्सी आदि का निर्माण करता है। जिस प्रकार हम अपनी बनाई वस्तुओं से सर्वथा भिन्न प्रकृति के हैं, इसी प्रकार इस सृष्टिरूप वस्तु को बनानेवाला इससे सर्वथा भिन्न प्रकृति वाला हो सकता है। जिस प्रकार हम विद्यमान सामग्री के द्वारा नये सिरे से निर्माणकार्य में संलग्न होते हैं, ईश्वर भी ठीक उसी प्रकार आत्माओं तथा परमाणुओं रूपी उपलब्ध तत्त्वों से, जो दोनों ही साहचर्यभाव से उसके समान नित्य हैं, सृष्टि की रचना करता है। इस प्रकार न्याय सहज बुद्धि के अनुभवों के प्रति ईमानदार रहने का प्रयत्न करता है और अनेकत्ववादी यथार्थवाद के आध्यात्मिक ज्ञान का निर्माण करता है।

उक्त व्याख्या द्वारा हमने इस विषय का निर्देश किया है कि न्याय का मत जहां विचारधारा के विकास में निःसन्देह एक स्वाभाविक तथा आवश्यक पड़ाव है, वहां इसे अन्तिम लक्ष्य नहीं कहा जा सकता। यथार्थसत्ता की यान्त्रिक व्याख्या, जो इसे पीछे की ओर इसके तत्त्वों पर ले जाती है, विकास के तथ्य को बीच में से निकाल देती है। इस दर्शन की सत्याभासता इस कारण से है कि यह केवल विषयिविज्ञानवाद का आग्रहपूर्वक विरोध करता है तथा मनुष्य जाति की आदिम भावनाओं को सन्तुष्ट कर देता है। हिन्दू विचारधारा का कोई भी दर्शन, यहां तक कि शंकराचार्य का दर्शन भी सृष्टि के केवल मानसिक अस्तित्व को स्वीकार नहीं करता। किन्तु आध्यात्मिक आदर्शवाद तथा मनोवैज्ञानिक यथार्थवाद में परस्पर कोई विरोध नहीं है।[1] वस्तुओं की क्रियात्मक यथार्थता को, जो सीमित मनों से स्वतन्त्र है, विषयाश्रित (पदार्थनिष्ठ) आदर्शवाद की समस्त दार्शनिक पद्धतियों ने स्वीकार किया है। विचार के स्वरूप तथा अवस्थाओं का आध्यात्मिक अन्वेषण हमें इस बात के लिए बाध्य करता है कि हम आत्मा को अन्य पदार्थों की कोटि का एक पदार्थ न समझें। यह एक प्रकार के आदर्शवाद को जन्म देगा जो सहज बुद्धि के मत को उतना उलटेगा नहीं जितना कि उसके पार जाएगा। आध्यात्मिक आदर्शवाद भी हमें सहज बुद्धि तथा मनोविज्ञान के दृष्टिकोण से यह स्वीकार करने की अनुमति प्रदान करता है कि विचार तथा वास्तविकता में भेद है। हमारे अनुभव में अविच्छिन्नता तथा सामंजस्य का तात्पर्य है कि अननुभूत वस्तुओं की भी यथार्थसत्ता है। सांख्य और वेदान्त ने तर्क की दिशा में अनुभव के गहनतर विश्लेषण का भार अपने ऊपर लिया। रामानुज के भाष्य में हमें न्याय के ब्रह्मविद्या सम्बन्धी विचारों का अधिक व्यवस्थित समन्वय मिलता है।

उद्धृत ग्रंथों की सूची

ऑथले : तर्कसंग्रह ऑफ अन्नंभट्ट–अंग्रेज़ी भाषानुवाद
कावेल : उदयनकृत कुसुमांजलि–अंग्रेज़ी भाषानुवाद
कावेल एण्ड गफ : सर्वदर्शनसंग्रह, 11
गंगानाथ झा : न्यायसूत्राज़ विद वात्स्यायन्स भाष्य एण्ड उद्योतकर्स वार्तिक–अंग्रेज़ी भाषानुवाद
कीथ : इण्डियन लॉजिक एण्ड ऐटोमिज्म
सील : दि पॉजिटिव साइंसेज़ आफ दि ऐंशियंट हिन्दूज़
विद्याभूषण : हिस्ट्री आफ इण्डियन लॉजिक

1. तुलना कीजिए, ग्रीन : "यह सर्वथा एक स्थिर रहनेवाली स्थिति है कि पदार्थ की चेतना की एक अवस्था न मानना और तो भी यह स्वीकार करना कि केवल एक विचारशील चेतना के लिए ही इसकी कुछ यथार्थता है" (वर्क्स खण्ड 1, पृष्ठ 423)।

तीसरा अध्याय

वैशेषिक का परमाणु-विषयक अनेकवाद

वैशेषिक दर्शन—निर्माणकाल तथा साहित्य—ज्ञान का सिद्धान्त—पदार्थ—द्रव्य—परमाणुवाद की प्रकल्पना—गुण—कर्म अथवा क्रिया—सामान्य—विशेष—समवाय—अभाव—नीतिशास्त्र—ईश्वर—वैशेषिकदर्शन का सामान्य मूल्यांकन

1. वैशेषिक दर्शन

वैशेषिक दर्शन को यह नाम 'विशेष' शब्द के कारण दिया गया है। उक्त दर्शन अपने इस मत पर बल देता है कि इस विश्व के पृथक्-पृथक् पदार्थों, विशेषकर उन पृथक्-पृथक् जीवात्माओं और परमाणुओं में ही, जो प्रत्यक्ष के विषय नहीं हैं, यथार्थ विशिष्टत्व अथवा पृथक्त्व दिखाई देता है। यद्यपि पृथक्-पृथक् जीवात्माएं सार्वभौम एवं सामाजिक सम्बन्धों से युक्त हैं जिनके द्वारा ही वे अपने-आप को पहचान सकती हैं तो भी वे इन सब सम्बन्धों के अतिरिक्त अपना विशेषत्व रखती हैं। यथार्थ रूप में वैशेषिक दर्शन पार्थक्य का प्रतिपादन करनेवाला दर्शन है, क्योंकि यह ऐसे किसी भी प्रयत्न को सहन करने के लिए तैयार नहीं है जो जीवात्माओं तथा पदार्थों के पृथक्-पृथक् अस्तित्व को मिटा कर किसी काल्पनिक अधिक पूर्ण व्यक्तित्व की स्थापना के लिए किया गया हो। इसका दृष्टिकोण कल्पनापरक होने की अपेक्षा वैज्ञानिक है, संश्लेषणपरक न होकर विश्लेषणात्मक है, यद्यपि यह विश्व के, एक पूर्ण इकाई के रूप में सामान्य स्वरूप से सम्बद्ध प्रश्नों को भी सर्वथा भुला नहीं सका है। विज्ञान का कार्य पृथक्-पृथक् विश्लेषण करना है, जबकि दर्शन का कार्य समन्वय करना है। वैशेषिक को एक ऐसे सर्वान्तर्ग्राही समन्वय की रचना में कोई रुचि नहीं है जिसमें कि सब वस्तुओं के लिए स्थान हो, अर्थात् जो समस्त इन्द्रियजगत् तथा विचारजगत् की विविधता को एक ही व्यापक सूत्र में बांध सके। विज्ञान की भावना को लेकर यह दृश्य वस्तुओं के अत्यन्त सामान्य लक्षणों को सूत्रबद्ध करने का प्रयत्न करता है। यह अनुभव के विभिन्न पक्षों को उनकी संज्ञा देने तथा समुचित वर्गों में रखने का कार्य करता है। परिणामस्वरूप यह दर्शन पृथक्-पृथक् स्वरूप तो बतलाता है, किन्तु किसी यथोचित तथा व्यापक सिद्धान्त की स्थापना नहीं करता।

वैशेषिक दर्शन की प्रेरणा बौद्धदर्शन के प्रतीतिवाद के विरोध में प्रादुर्भूत हुई। जहां यह एक ओर ज्ञान के साधनों, प्रत्यक्ष और अनुमान के विषय में बौद्धदर्शन के मत से सहमत है, वहां दूसरी ओर इसका यह भी तर्क है कि जीवात्माएं तथा द्रव्य अपने आप में सारवान् तथा यथार्थ तथ्य हैं और इनके अस्तित्व का खण्डन इन्हें पर्दे के पीछे खेली जा रही एक परी कथा के काल्पनिक चित्र मानकर नहीं किया जा सकता। इसको ईश्वरज्ञान सम्बन्धी समस्याओं से कोई प्रयोजन नहीं। शंकराचार्य तो अपनी समीक्षा में यहां तक कहते हैं कि वैशेषिक की प्रवृत्ति मुख्यतः अनीश्वरवादिता की ओर है।[1] चाहे जो भी हो, वैशेषिक अपने

---

1. शंकराचार्य वैशेषिक के अनुयायियों को अर्धवैनाशिक अथवा अर्धशून्यवादी मानते हैं (शांकरभाष्य, 2 : 2, 18)।

प्रारम्भिक रूप में एक अत्यधिक मानसिक लोच के युग में प्रस्तुत किया गया, जबकि संशयवाद के अंकुर विचारधारा के अन्दर पर्याप्त मात्रा में विद्यमान थे।

यह दर्शन यद्यपि मुख्य रूप से भौतिक तथा आध्यात्मिक विज्ञान का दर्शन है, तो भी तर्कसम्बन्धी विवादों का इसके परवर्ती ग्रन्थों में कुशल गठबन्धन पाया जाता है। वैशेषिक और न्याय अपने तात्त्विक सिद्धान्तों, यथा आत्मा के स्वरूप और गुणों तथा विश्व की परमाणुपरक प्रकल्पना के विषय में एकमत हैं। परन्तु वर्गीकरण तथा पदार्थों के विशिष्टत्व के निरूपण में एवं परमाणुवाद की प्रकल्पना के परिष्कार में वैशेषिक दर्शन अपना विशेष महत्त्व रखता है।

2. निर्माण काल तथा साहित्य

"वैशेषिक दर्शन का निर्माण न्यायदर्शन से बहुत पूर्व हुआ प्रतीत होता है।"[1] गार्बे महोदय की उक्त सम्मति युक्तियुक्त प्रतीत होती है। मानवीय ज्ञान में विशेष, सामान्य से पहले आता है। ज्ञान की प्रकल्पना, जैसी कि हमें न्यायशास्त्र में मिलती है, तब तक सम्भव नहीं हो सकता है जब तक कि ज्ञान स्वतन्त्र रूप में उन्नति नहीं कर लेता। तर्कशास्त्र आलोचक तथा सुधारक के रूप में प्रकट होता है। कणाद के सूत्र तथा प्रशस्तपादकृत 'पदार्थधर्मसंग्रह' पर न्यायशास्त्र का कोई प्रभाव नहीं है, जबकि गौतम के सूत्र तथा वात्स्यायन के भाष्य वैशेषिक मत से पर्याप्त मात्रा में प्रभावित हुए हैं।

यह भी बलपूर्वक कहा जाता है कि वैशेषिक दर्शन की रचना बौद्ध तथा जैन-दर्शनों से पूर्व हुई। बौद्धों के 'निर्वाण' की प्रकल्पना का आदि उद्भव-वैशेषिक की 'असत्कार्यवाद' की प्रकल्पना से हुआ माना जाता है। जैनों के 'आस्तिकाय' तथा उनकी परमाणुवाद की प्रकल्पना का मूल भी वैशेषिक में ही है, जिसका उल्लेख अनेकों जैन-ग्रन्थों तथा ललितविस्तर में भी मिलता है। लंकावतारसूत्र में भी परमाणुवाद का संकेत पाया जाता है। जैनों का एक परवर्ती ग्रन्थ 'आवश्यक'[2] रोहगुण (18 ई.) को वैशेषिक दर्शन का रचयिता मानता है, जो जैनधर्म के छठे विभेद का प्रधान गुरु था। यद्यपि उक्त ग्रन्थ का वैशेषिक-विचार-सम्बन्धी आख्यान कणाद की योजना के अनुकूल है,[3] किन्तु इसके इस दावे को कि वैशेषिक दर्शन जैनदर्शन की ही एक शाखा है, प्रमाणित करना कठिन होगा। जैनदर्शन तथा वैशेषिक में जो समानता का विषय है और जिसके कारण उक्त दावे का संकेत मिल सकता है वह परमाणुवाद की प्रकल्पना है, किन्तु इस विषय में भी दोनों के विचारों में मौलिक भिन्नता पाई जाती है। जैन मत के अनुसार, गुणों की दृष्टि से परमाणु एकसमान हैं। प्रत्येक परमाणु में रंग, रस, गन्ध और स्पर्श तथा शब्द के उत्पादन की क्षमता विद्यमान है, यद्यपि वह स्वयं निःशब्द है। वैशेषिक मत में, गुणों की दृष्टि से परमाणुओं में भेद है।

---

1. गार्बे : 'दि फिलासफी आफ ऐंशियण्ट इण्डिया', पृष्ठ 20।

2. सेक्रेड बुक्स आफ दि ईस्ट, खण्ड 45, पृष्ठ 38।

3. द्रव्य, गुण, कर्म, समवाय को स्वीकार किया गया है, तथा सामान्य और विशेष के विषय में थोड़ी-सी विविधता पाई जाती है। सामान्य के भेद किए गए हैं :

वे वायु, जल, अग्नि और पृथ्वी—जिसके भी परमाणु हों उसके हिसाब से एक, दो, तीन अथवा चार सामान्य गुण रखते हैं, और शब्द के साथ उनका कोई सम्बन्ध नहीं है। परमाणुवाद की प्रकल्पना, द्रव्यों का वर्गीकरण और ज्ञान के दो साधनों की स्वीकृति बलपूर्वक यह संकेत करते हैं कि वैशेषिक दर्शन की रचना बुद्ध और महावीर के समय[1] (छठी-पांचवीं शताब्दी ई. पू.) के लगभग हुई।

वैशेषिक दर्शन की व्याख्या व्यवस्थित रूप में सबसे पहले कणाद (कणभुज अथवा कणभक्ष) के वैशेषिक सूत्र में मिलती है। यह नाम, जिसका अर्थ शब्दव्युत्पत्ति-शास्त्र की दृष्टि से अणुभक्षक होता है, इसके रचयिता का इसलिए भी पड़ गया हो क्योंकि उसके दर्शन का सिद्धान्त परमाणुवाद है।[2] इस दर्शन को औलूक्य दर्शन भी कहा जाता है।[3] ऐसा प्रतीत होता है कि उक्त सूत्र के रचयिता का यथार्थ नाम 'काश्यप' था।[4] यह ग्रन्थ दस अध्यायों में विभक्त है। प्रथम अध्याय में द्रव्य, गुण, क्रिया, सामान्य तथा विशेष आदि पांच पदार्थों का विवेचन किया गया है। द्वितीय अध्याय में विभिन्न द्रव्यों का, जिनमें आत्मा तथा मन सम्मिलित नहीं हैं, विवेचन किया गया है। आत्मा और मन, इन्द्रियों के विषयों तथा अनुमान के स्वरूप का विवेचन तृतीय अध्याय में किया गया है। चतुर्थ अध्याय का मुख्य विषय परमाणुओं द्वारा विश्व की रचना है। पंचम अध्याय में क्रिया का स्वरूप और उसके प्रकार बताए गए हैं। नैतिक समस्याओं पर षष्ठ अध्याय में विचार किया गया है। सप्तम अध्याय में गुण, आत्मा तथा समवाय-सम्बन्धी प्रश्नों का विवेचन है। पिछले तीन अध्याय मुख्य रूप से तर्क-विषयक हैं और इनमें प्रत्यक्षज्ञान, अनुमान तथा कार्य-कारणभाव के सिद्धान्त का प्रतिपादन किया गया है। जैसाकि हम ऊपर कह आए हैं कई कारणों से वैशेषिकसूत्र न्यायसूत्र से पूर्वकाल के बने प्रतीत होते हैं, और सम्भवतः ब्रह्मसूत्र के समकालीन हैं।[5] क्योंकि कौटिल्य ने आन्वीक्षिकी-विद्या के अन्दर वैशेषिक का उल्लेख नहीं किया है इसलिए यह कहा जाता है कि इस दर्शन का निर्माण सूत्ररूप में

---

(1) महासामान्य, जो पदार्थ, अथवा अभिधेयत्व, अर्थात नाम रखे जाने की सम्भाव्यता, अथवा ज्ञेयत्व अर्थात् जानने की सम्भाव्यता के लिए उत्तरदायी है। सब श्रेणियां इसमें आ जाती हैं (देखिए प्रशस्तपादकृत पदार्थधर्मसंग्रह, पृष्ठ 16; वैशेषिकसूत्र, 1 : 1, 8)। महासामान्य विशुद्ध सामान्य है और किसी उच्चतर वस्तु की उपजाति नहीं है, जबकि अन्य सामान्य तथा विशेष दोनों हैं। (2) सत्ता सामान्य, जो सत्ता अथवा वैशेषिक के भाव के अनुकूल है। प्रशस्तपाद अस्तित्व को छहों पदार्थों का सामान्य गुण (साधर्म्य) बताता है, और (3) सामान्य विशेष, जिसके अन्दर सामान्यता के अन्य दृष्टांत आ जाते हैं। देखिए यूई : 'वैशेषिक फिलासफी', पृष्ठ 37-38।

1. देखिए यूई : वैशेषिक फिलासफी, पृष्ठ 33। अश्वघोष ने अपने 'सूत्रालंकार' नामक ग्रंथ में वैशेषिक का निर्माण युद्ध के पूर्व हुआ, ऐसा कहा है (वही, पृष्ठ 40-41)

2. यद्यपि परमाणु-विषयक प्रकल्पना कुछ बौद्ध तथा जैन विचारों में भी पाई जाती है, किन्तु वैशेषिक का यह प्रधान लक्षण है। देखिए ब्रह्मसूत्र, 2 : 2, 11, और धर्मोत्तरकृत 'न्यायबिन्दुटीका', पृष्ठ 86।

3. यूई कृत वैशेषिक फिलासफी।

4. प्रशस्तपाद कृत पदार्थधर्मसंग्रह, पृष्ठ 200।

5. वात्स्यायन ने वैशेषिकसूत्र से एक उद्धरण दिया है, जिसमें न्याय द्वारा किए गए अनुमान के 'पूर्ववत्' व 'शेषवत्' भेदों से अभिज्ञता उपलब्ध नहीं होती। वैशेषिकसूत्र में काल को परम कारण मानने का उल्लेख है (2 : 2 99; 5 : 2, 26) और यही विचार श्वेताश्वतर उपनिषद् में भी दिखाया गया है (1 : 1, 2), किन्तु विख्यात दर्शनों में से एक ने भी इसे नहीं अपनाया है। आत्मविषयक समस्या पर भी वैशेषिक इसके अस्तित्व→

300 ई. पू.[1] के पश्चात् हुआ। ऐसा प्रतीत होता है कि कणाद के सूत्रों में पीछे कुछ अंश समय-समय पर जुड़ते चले गए।[2] कुछेक सूत्र कणाद के उक्त ग्रन्थ में ऐसे भी मिलते हैं जिन पर भाष्यकार प्रशस्तपाद ने भाष्य नहीं किया। इससे यह संकेत मिलता है कि जिस समय प्रशस्तपाद ने वैशेषिकसूत्र पर भाष्य लिखा, वे सूत्र उनमें सम्मिलित नहीं थे। जहां कणाद ने केवल तीन ही पदार्थों का वर्णन किया,[3] प्रशस्तपाद ने उनमें तीन और जोड़ दिये और उसमें भी आगे चलकर अभाव नाम का एक पदार्थ और जोड़ दिया गया। कणाद की सूची में प्रशस्तपाद द्वारा सात गुण और जोड़ दिए गए हैं।[4]

प्रशस्तपादकृत पदार्थधर्मसंग्रह, सूत्र पर अधिकांश भाष्य न होकर उसी विषय का एक महत्त्वपूर्ण स्वतन्त्र ग्रन्थ है। इस मत की रक्षा करना कि प्रशस्तपाद के परिपक्व विचार कणाद के ग्रन्थ में दिए गए सुझावों का केवल विकास मात्र हैं,

---

→ को सिद्ध करने का प्रयत्न नहीं करता, बल्कि उसकी रुचि अधिकतर इस विवेचन में है कि आत्मा अनुमान का विषय है अथवा साक्षात् अन्तर्दृष्टि का। बादरायण ने ब्रह्मसूत्र (2 : 2, 11) में परमाणुवाद का उल्लेख किया है, और कणाद ने अविद्या तथा प्रत्यगात्मन् जैसे वेदान्त के पारिभाषिक शब्दों का प्रयोग किया है, और जब वह बलपूर्वक यह प्रतिपादन करता है कि आत्मा की सिद्धि केवल श्रुति से ही नहीं होती और शरीर तीन या पांच तत्त्वों से मिलकर नहीं बना है (वैशेषिकसूत्र, 3 : 2, 9; 4 : 2, 2-3), तो उसकी दृष्टि में वेदान्त की प्रकल्पना होती है। यदि हम टीकाकारों पर विश्वास करें तो वैशेषिकसूत्र मीमांसा तथा सांख्य के ज्ञान की पूर्वकल्पना करता है। देखिए वैशेषिकसूत्र 2 : 1, 20; 3 : 1, 1-2, 5 : 2, 19-20; 7 : 2, 3-8; 7 : 2, 13; 9 : 2, 3। वसुमित्रकृत 'अभिधर्ममहाविभाषाशास्त्र' में पांच प्रकार के कर्मों का उल्लेख है। चरक द्वारा किए गए वैशेषिक के प्रति संकेत हमारे लिए अधिक सहायक नहीं हैं। नागार्जुन ने अपने 'प्रज्ञापारमिताशास्त्र' में वैशेषिक की उस प्रकल्पना का उल्लेख किया है जिसके अनुसार काल एक अपरिवर्तनशील यथार्थसत्ता है, जो एक कारण में संबद्ध है (वैशेषिकसूत्र, 2 : 2, 7-9; 5 : 2, 26; 7 : 1, 25)। देश, परमाणु और आत्मा के विषय में किए गए उसके उल्लेख यह संकेत करते हैं कि वह वैशेषिकसूत्र से अभिज्ञ था, और उसने वस्तुतः अनेकों सूत्र उद्धृत भी किए हैं, जैसे आत्मा के स्वरूप के सम्बन्ध में 3 : 2, 4 और 3 : 1, 2; परमाणु-विषयक प्रकल्पना के विषय में, 4 : 1, 1 तथा 7 : 1, 10; तथा आणविक संघात के विषय में, 6 : 2, 13 और 5 : 2 17-18। आर्यदेव वैशेषिकसूत्र से अभिज्ञ है, और हरिवर्मन सूत्र-निर्माण के पश्चात् हुए वैशेषिक दर्शन के विकास को जानता है। देखिए यूई कृत वैशेषिक फिलासफी, 46-55।

1. डॉ. दासगुप्त का सुझाव है कि वैशेषिक, जैसी कि इसकी व्याख्या कणाद के सूत्र में की गई है, मीमांसा की किसी प्राचीन शाखा को प्रस्तुत करता है (हिस्ट्री आफ इण्डियन फिलासफी, पृष्ठ 280-85)। यह युक्ति कि वैशेषिक सूत्र का प्रारम्भ धर्म की व्याख्या करने के लक्ष्य की घोषणा से होता है और समाप्ति इस समाश्वासन के साथ होती है कि वैदिक कर्म अदृष्ट की शक्ति से सुख-समृद्धि की ओर ले जाते हैं, निर्णायक नहीं है, क्योंकि धर्म-सम्बन्धी विवेचन तथा आग्रह के विषय में किसी एक दर्शन का एकाधिकार नहीं माना जा सकता। वैशेषिक तथा मीमांसा के मध्य जो भेदपरक विषय हैं उनके समाधान का प्रयत्न संतोषजनक नहीं माना जा सकता। कणाद का मत है कि वेद ईश्वर के रचित नहीं, बल्कि ऋषियों के रचित ग्रंथ हैं (2 : 1, 18; 6 : 1, 1-2), जबकि मीमांसा का दृढ़ निश्चय है कि वेद नित्य हैं, जिसे परवर्ती विकास नहीं माना जा सकता। शब्द की नित्यता तथा वेदों की नित्यता इन दोनों सिद्धान्तों का परस्पर घनिष्ठ सम्बन्ध है। विचारों तथा पारिभाषिक शब्दों में समानता रहते हुए भी यह कहना कठिन है कि वैशेषिक मीमांसा की एक शाखा है।

2. फैडिगन, 'दि वैशेषिक सिस्टम', पृष्ठ 10-11।

3. वैशेषिकसूत्र, 8 : 2, 3। अर्थ इति द्रव्यगुणकर्मसु (1 : 1, 4), जो छः पदार्थों का प्रतिपादन करता है, पीछे से जोड़ा गया कहा जाता है।

4. और देखिए वैशेषिकसूत्र, 1 : 1, 4; 1 : 1, 6; 1 : 2, 3

कठिन है।[1] प्रशस्तपाद द्वारा चौबीस गुणों का विवरण, सृष्टि की रचना और उसके संहार का सिद्धान्त, हेत्वाभासों का कथन तथा अनुमान का स्वरूप कणाद के ग्रंथ में निश्चितरूप से जोड़े गए हैं। वह न्यायदर्शन द्वारा अत्यधिक प्रभावित था और वात्स्यायन के पीछे हुआ था। उसका काल चौथी शताब्दी के अन्त में रखा जा सकता है।[2]

प्रशस्तपाद के ग्रन्थ के आधार पर निर्मित एक वैशेषिक पुस्तक चन्द्रकृत दशपदार्थशास्त्र है, जो चीनी भाषा में अनूदित होकर सुरक्षित है। (648 ई.) किन्तु भारत की विचारधारा के विकास पर इसका प्रभाव नहीं हुआ।[3] रावणभाष्य तथा भारद्वाजवृत्ति,[4] जिन्हें वैशेषिक की टीकाएं बताया जाता है, उपलब्ध नहीं हैं। प्रशस्तपाद के ग्रन्थ पर चार टीकाएं लिखी गई हैं जो ये हैं—व्योमशेखर कृत 'व्योमवती', श्रीधरकृत 'न्यायकन्दली', उदयनकृत 'किरणावली' (दसवीं शताब्दी) और श्रीवत्सकृत 'लीलावती'[5] (ग्यारहवीं शताब्दी)। अन्य तीनों की अपेक्षा व्योमवर्ती पूर्ववर्ती है।[6] श्रीधर की न्यायकन्दली 991 ई. में लिखी गई और टीकाकार कुमारिल, मण्डन तथा धर्मोत्तर के विचारों से परिचित है। लीलावती तथा किरणावली सम्भवतः न्यायकन्दली के तुरन्त बाद लिखी गईं। श्रीधर तथा उदयन दोनों ही ईश्वर के अस्तित्व तथा अभाव नामक पदार्थ को स्वीकार करते हैं। शिवादित्यकृत

---

1. देखिए दासगुप्त : 'हिस्ट्री आफ इण्डियन फिलासफी', खण्ड 1, पृष्ठ 351; 'इण्डियन लॉजिक एण्ड एटोमिज्म', पृष्ठ 25 और 93; यूई, 'वैशेषिक फिलासफी', पृष्ठ 17, टिप्पणी 3। "लगभग सब विलक्षण सिद्धान्त, जो परवर्ती वैशेषिकों को नैय्यायिकों तथा अन्य शाखाओं से पृथक् करते थे, प्रशस्तपाद के ग्रंथ में पाए जाते हैं और वे कणाद के सूत्र में अनुपलब्ध हैं। द्वित्व, पाकजोत्पत्ति, विभागज विभाग और ऐसे ही अन्य अनेक सिद्धान्तों को, जिन्हें वैशेषिक दर्शन की विलक्षणताएं माना गया है, कणाद के सूत्रों में छुआ भी नहीं गया है, यद्यपि प्रशस्तपाद के भाष्य में उन पर खूब अच्छी तरह विचार-विमर्श किया गया है।" ('बोडास : तर्कसंग्रह', पृ. 37)।

2. कीथ ने दिङ्नाग की पूर्ववर्तिता तथा प्रशस्तपाद के उसके प्रति तार्किक सिद्धांत के नाना विषयों में ऋणी होने के सम्बन्ध में एक परिष्कृत निर्णय दिया है (इण्डियन लॉजिक एण्ड एटोमिज्म, पृष्ठ 93-110)। इससे भिन्न मत के लिए देखिए फैडीगनकृत 'वैशेषिक सिस्टम', पृष्ठ 319-23। शंकर और उद्योतकर प्रशस्तपाद के ग्रंथ से अभिज्ञ हैं। यदि कीथ के मत को स्वीकार भी कर लें, तो भी वह उद्योतकर के पूर्व और दिङ्नाग के पश्चात् हुआ, और इसलिए पांचवीं शताब्दी में विद्यमान था। यदि छः पदार्थों के सिद्धान्त को प्रतिपादन करने का श्रेय प्रशस्तपाद को दिया जाए तो वह वात्स्यायन का पूर्ववर्ती अथवा कम-से-कम उसका समकालीन ठहरता है। धर्मपाल (535-570 ई.) और परमार्थ (499-569 ई.) प्रशस्तपाद के विचारों का विवेचन करते हैं। देखिए यूई : वैशेषिक फिलासफी, पृष्ठ 18।

3. यूई के अनुसार, जिसने इसका आंग्लभाषा में अनुवाद किया है, इसका रचयिता छठी शताब्दी में हुआ। जैसाकि इसके नाम से उपलक्षित होता है, इस ग्रन्थ में दश पदार्थों का प्रतिपादन किया गया है और जोड़े गए चार पदार्थ ये हैं : सम्भाव्यक्षगता (शक्ति), अशक्ति, सामान्य-विशेष और अभाव। ईश्वर का उल्लेख नहीं है। जापानी लेखकों ने इस ग्रंथ पर बहुत-सी टीकाएं लिखी हैं।

4. देखिए 'रत्नप्रभा', 2 : 2, 11; वोडास : तर्कसंग्रह, पृष्ठ 40। भारद्वाजवृत्तिभाष्य, जिसे गंगाधर ने सम्पादित किया है (कलकत्ता, 1869), सांख्य से पर्याप्तमात्रा में प्रभावित है, और इसमें कितने ही महत्त्वपूर्ण परिवर्तन किए गए हैं। देखिए फैडीगनकृत 'दि वैशेषिक सिस्टम', पृष्ठ 35-40।

5. उपनाम वल्लभ।

6. सप्तपदार्थी के घाटे के संस्करण की प्रस्तावना देखिए।

सप्तपदार्थी ग्रन्थ भी इसी काल का है।[1] यह न्याय तथा वैशेषिक के सिद्धान्तों को एक ही पूर्ण इकाई के भागों के रूप में प्रस्तुत करता है। यह पदार्थों की व्याख्या से प्रारम्भ होता है और न्याय के तर्क को ज्ञान के गुण के रूप में पेश करता है। लौगाक्षि भास्करकृत तर्ककौमुदी एक और संहतिवादपरक ग्रंथ है जिसका आधार प्रशस्तपाद की पुस्तक है। वैशेषिकसूत्र पर शंकरानन्दकृत 'उपस्कार' एक और ग्रन्थ भी कुछ महत्त्व का है।[2] विश्वनाथ (सत्रहवीं शताब्दी) अपने 'भाषापरिच्छेद' तथा उस पर 'सिद्धान्तमुक्तावली' नामक टीका में कणाद की योजना का विवेचन करता है। वह नव्यन्याय द्वारा पर्याप्त मात्रा में प्रभावित हुआ था। अन्नंभट्ट के ग्रन्थ, जगदीशकृत तर्कामृत (1635 ई.) तथा जयनारायणकृत 'विवृत्ति' (सत्रहवीं शताब्दी) वैशेषिक सिद्धान्तों के उपयोगी संक्षिप्त संग्रह हैं। विवृत्ति 'उपस्कार' पर आधारित है, तो भी कुछ विषयों में इससे मतभेद रखती है।[3]

3. ज्ञान का सिद्धान्त

वैशेषिक के तर्क तथा न्याय के तर्क में थोड़ा-सा ही भेद है। ज्ञान, जोकि तर्क की विशेष समस्या है, नानाविध आकृतियों को धारण कर लेता है, क्योंकि इसके प्रमेय विषय अनन्त हैं।[4] प्रामाणिक ज्ञान के चार प्रकार स्वीकार किए गए हैं, जो ये हैं : प्रत्यक्ष, लैंगिक (अनुमान), स्मृति, तथा अन्तर्दृष्टिजन्य ज्ञान (आर्षज्ञान)। प्रत्यक्ष के द्वारा हम द्रव्यों, गुणों, कर्मों तथा सामान्यताओं का बोध प्राप्त करने के योग्य होते हैं। ठोस द्रव्य, जो हिस्सों से बनते हैं, प्रत्यक्ष ज्ञान की पहुंच के अन्दर हैं; किन्तु परमाणु तथा द्वयणुक नहीं हैं। वैशेषिक योगियों के प्रत्यक्ष को स्वीकार करता है जिसके द्वारा आत्मा का प्रत्यक्ष ज्ञान होता है।[5] वैशेषिक उपमान, ऐतिह्य (परम्परा) तथा शब्द ज्ञान को अनुमान के अन्तर्गत रखता है।[6] शास्त्रीय कथनों की प्रामाणिकता वक्ताओं की प्रामाणिकता के अनुमान से है।[7] न्याय की भांति, वैशेषिक भी मीमांसा के शब्द की नित्यता तथा वेदों की नितान्त प्रामाणिकता के सिद्धान्त का प्रत्याख्यान करता है।[8] जहां न्याय वेदों की प्रामाणिकता को ऋषियों के साक्षात् ज्ञान के आधार पर रखता है, जिन्होंने नित्य सत्यों तथा विधानों को समझ लिया है, वहां वैशेषिक उनकी प्रामाणिकता का अनुमान ईश्वरी-प्रेरणाप्राप्त ऋषियों के सर्वथा निर्भ्रान्त के आधार पर करता है। धर्मशास्त्र हमें केवल कल्पनामात्र नहीं, अपितु यथार्थ ज्ञान प्रदान करते हैं। यह वस्तुओं का जैसी वे हैं उस रूप में ज्ञान है, और इस अर्थ में इसका आदि नहीं है, यद्यपि इसका

---

1. शिवादित्य उदयन के पीछे हुआ तथा गंगेश से पहले हुआ, क्योंकि गंगेश उसके मत से परिचित है।
2. यह एक ऐसी वृत्ति का उल्लेख करता है (देखिए, 1 : 1, 2; 1 : 2, 4, 6; 3 : 1, 17; 4 : 1, 7; 6 : 1, 5, 12; 7 : 1, 3) जिसका पता नहीं चल सका।
3. देखिए विशेषकर, 1 : 1, 4, 25; 2 : 1, 1; 2 : 2, 5; 9 : 1, 8।
4. प्रशस्तपादकृत पदार्थधर्मसंग्रह, पृष्ठ 172।
5. वैशेषिकसूत्र, 9 : 1, 11-15।
6. प्रशस्तपादकृत पदार्थधर्मसंग्रह, पृष्ठ 212 से आगे।
7. 9 : 1, 3।
8. वैशेषिकसूत्र, 2 : 2, 21-37; 6 : 1, 1 से आगे। न्यायसूत्र, 2 : 2, 13-40।

ज्ञान सदा साक्षात् (बिना किसी व्यवधान के) होता है और कुछ व्यक्तियों को पूर्णरूप में तथा कुछ को आंशिक रूप में होता है। योग्यतर मनों ने सत्यों का ज्ञान ग्रहण किया और उसे हम तक पहुंचाया। वेदों की वाक्य रचना को देखकर यह समझा जा सकता है कि इनके रचयिता अवश्य मेधावान् व्यक्ति रहे होंगे और उनको स्वर्ग तथा अदृष्ट (नियति) का पूर्ण और सही-सही ज्ञान भी अवश्य था। शनैः-शनैः ईश्वर को ही वेदों का रचयिता माना जाने लगा। "वेदों की प्रामाणिकता इसके ईश्वर की वाणी होने के कारण है।"[1] शब्दों तथा वाक्यों के अर्थों का ज्ञान पहले होना आवश्यक है अन्यथा इसके बिना ज्ञान की प्राप्ति नहीं हो सकती। क्योंकि अर्थों का ज्ञान निर्भर करता है व्यापक सहवर्तित्व की प्रत्यभिज्ञा पर, इसलिए शाब्दिक ज्ञान अनुमान का विषय है।[2] चेष्टा,[3] अर्थापत्ति,[4] सम्भव[5] तथा अभाव,[6] ये सब अनुमान प्रमाण के अन्तर्गत आते हैं। स्मृति को स्वतन्त्र स्थान दिया गया है।[7] आर्षज्ञान ऋषियों की अन्तर्दृष्टि है। यदि स्मृति को छोड़ दिया जाए, क्योंकि यह केवल उसी अनुभव को दोहराती है जो हमें पहले हो चुका है, और यदि अन्तर्दृष्टिजन्य ज्ञान को प्रत्यक्ष के अन्तर्गत मान लें तो वैशेषिक के अनुसार, हमारे पास ज्ञान के केवल दो ही साधन रह जाते हैं, अन्तर्दृष्टि और अनुमान।[8]

मिथ्याज्ञान के चार भेद किए गए हैं और वे ये हैं : 'संशय, विपर्यय, अध्यवसाय और स्वप्न। शिवादित्य इन चारों को एक-दूसरों में सन्निविष्ट करके केवल दो ही भेद रखता है, अर्थात् संशय और भूल। ऊहा, निर्विकल्प ज्ञान तथा पराश्रित तर्क को वह संशय के अन्तर्गत रखता है।[9] श्रीधर स्वप्न का पृथक् रूप से वर्णन करने के औचित्य का समर्थन इस आधार पर करता है कि स्वप्न शरीर की एक अवस्था-विशेष में ही आते हैं।[10]

4. पदार्थ

जैसाकि हम पहले देख चुके हैं, कुछ शताब्दियों तक बौद्धदर्शन के दृष्टिकोण ने, जो वस्तुओं की व्याख्या उनके परिणामों को लेकर तथा प्रत्येक वस्तु की व्याख्या उसके पूर्वापर सम्बन्ध से करता था, एवं सभी स्थानों पर आत्मनिर्भरता का खण्डन करता था, इस देश की विचारधारा पर आधिपत्य जमा रखा था। उसके अनुसार हर एक वस्तु का अपना अस्तित्व केवल पारस्परिक सम्बन्ध के कारण है तथा कोई भी वस्तु निरपेक्ष रूप में अपना अस्तित्व नहीं रखती क्योंकि सम्बन्ध ही जीवन की सामग्री अथवा मूल तत्त्व है, इसलिए आत्मा और प्रकृति भी केवल

---

1. तद्वचनादाम्नायस्य प्रामाण्यमिति (10 : 2, 9)। और देखिए न्यायकंदली, पृष्ठ 216, और वैशेषिकसूत्र, 6 : 1, 1-4।
2. 3 : 1, 7-15।
3. प्रशस्तपादकृत पदार्थधर्मसंग्रह, पृष्ठ 220।
4. प्रशस्तपादकृत पदार्थधर्मसंग्रह, पृष्ठ 223।
5. प्रशस्तपादकृत पदार्थधर्मसंग्रह, पृष्ठ 225; वैशेषिकसूत्र, 9 : 2, 5।
6. वही।
7. प्रशस्तपादकृत पदार्थधर्मसंग्रह, पृष्ठ 256।
8. सर्वसिद्धान्तसारसंग्रह, 5 : 33।
9. सप्तपदार्थी, 32।
10. न्यायकंदली, पृष्ठ 185।

सम्बन्धों के संकलन हैं, वैशेषिक ने उक्त मत का विरोध किया और एक अधिक सन्तोषजनक योजना हमारे समक्ष प्रस्तुत की, जो यथार्थता की दृष्टि से अधिक युक्तियुक्त प्रतीत होती है। यह आनुभविक चेतनता पर आश्रित है जो आदि तथा अन्त में यथार्थ तथा पृथक्-पृथक् वस्तुओं से सम्बन्ध रखती है। सबसे अधिक सरल तथा विस्तृत यथार्थता पदार्थ तथा उनके आन्तरिक सम्बन्ध हैं। आंखें खोलते ही हम अपने आगे एक विस्तृत भौतिक जगत् को पाते हैं जिसमें भिन्न-भिन्न वस्तुएं तथा उनकी व्यवस्थाएं भी भिन्न-भिन्न प्रकार की हैं, जिन पर विचार अपना कार्य कर सकता है और जब हम अन्दर की ओर देखते हैं तो हमें एक अभौतिक जगत् का अनुभव होता है जिसकी परिभाषाएं और सम्बन्ध अपने हैं। निर्दोष दर्शनपद्धति की मांग है कि हम अपने ध्यान को अनुभव-सिद्ध पदार्थों पर ही केन्द्रित करें, जो ज्ञान के विषय हैं, और केवल ऐसी ही प्रकल्पनाओं को स्वीकार करें जो हमारी अनुभवगम्य व्यवस्था की व्याख्या के सम्बन्ध में अनिवार्य प्रतीत हों। विश्लेषणात्मक सर्वेक्षण एक परिशुद्ध दर्शनपद्धति की सबसे प्रथम आवश्यकता है, और वैशेषिक के विश्लेषण के परिणाम पदार्थों के सिद्धान्त में निहित हैं।

पदार्थ का यौगिक अर्थ है—शब्द का अर्थ। पदार्थ एक ऐसा प्रमेय विषय है जिसके विषय में विचार (अर्थ) किया जा सकता है तथा जिसको नाम (पद) दिया जा सकता है। सब वस्तुएं जिनका अस्तित्व है, जिनका बोध हो सकता है तथा जिन्हें नाम[1] दिया जा सकता है, संक्षेप में, केवल भौतिक जगत् की वस्तुएं ही नहीं, बल्कि अनुभव[2] में आनेवाले सब प्रमेय विषय पदार्थ हैं। न्यायशास्त्र में वर्णित सोलह पदार्थ विद्यमान वस्तुओं के विश्लेषण नहीं हैं, बल्कि तार्किक विज्ञान के मुख्य विचार-विषयों की एक तालिका हैं परन्तु वैशेषिक पदार्थ प्रमेय पदार्थों के पूर्ण विश्लेषण का प्रयत्न करते हैं।

वैशेषिक के पदार्थों में केवल वही वस्तुएं समाविष्ट नहीं हैं जो अन्य की विधेय हों, बल्कि वे उद्देश्य भी आ जाते हैं जिनके विषय में कुछ विधान किया जा सके। अरस्तू के पदार्थ केवल विधेयों का तार्किक वर्गीकरण हैं, सब विचारणीय विषयों का आध्यात्मिक वर्गीकरण नहीं है। वैशेषिक विचारक, अरस्तू के समान ही, नाम और वस्तु के घनिष्ठ सम्बन्ध से अभिज्ञ थे। यद्यपि अरस्तू ने शब्दों का वर्गीकरण किया है, पर वह वस्तुओं का भी वर्गीकरण हो जाता है, क्योंकि जिसको भी पृथक् नाम दिया जा सके वही वस्तु है। "वाक्य-रचना के बिना उच्चारण किए गए शब्दों, अर्थात् अकेले शब्दों, में से प्रत्येक शब्द द्रव्य अथवा परिमाण अथवा गुण अथवा सम्बन्ध अथवा देश अथवा काल अथवा प्रवृत्ति (अर्थात् रुख अथवा आन्तरिक व्यवस्था) अथवा उपकरण अथवा कर्म अथवा कर्म-भोग का वाचक होता है।"[3] इस दस पदार्थों में से पिछले नौ किसी अन्य वस्तु के विधेय हैं, जबकि पहला अर्थात् द्रव्य उद्देश्य है। यह किसी वस्तु का विधेय नहीं बन सकता, यहां तक कि अपना भी नहीं, क्योंकि उस अवस्था में यह द्रव्य न रहकर एक गुण (विशेषण) बन जाएगा। किन्तु अरस्तू को शब्द के उक्त प्रयोग के लिए कोई विशेष आग्रह नहीं है। साधारण बोलचाल की भाषा से ही उसने अपने वर्गीकरण का निर्णय किया है, और शब्दों में वे हैं जो किसी ठोस व्यक्ति-रूप पदार्थ के सार के द्योतक हैं। जब द्रव्य एक

1. अस्तित्व, अभिधेयत्व, ज्ञेयत्व (प्रशस्तपादकृत पदार्थधर्मसंग्रह, पृष्ठ 16)।
2. प्रमितिविषयाः पदार्थाः (सप्तपदार्थी, पृष्ठ 2)।
3. अरस्तूकृत 'कैटिगरीज', 2 : 6; मिण्टोकृत 'लॉजिक', पृष्ठ 113।

ठोस व्यक्ति-रूप पदार्थ होता है तो हम प्रश्न करते हैं कि, "यह क्या है?" और उत्तर में कहा जाता है कि एक घोड़ा या गाय है जिसे अरस्तू द्रव्य कहता है, किन्तु वस्तुतः यह गुण है।[1] वह पहले और दूसरे द्रव्यों में भेद करता है, तथा अपनी सम्मति प्रकट करता है कि पहले द्रव्यों का प्रयोग विधेय के रूप में नहीं होता। तार्किक उद्देश्य को विधेयों के वर्गीकरण में सम्मिलित करना यह प्रदर्शित करता है कि अरस्तू का आशय यह था कि उसकी पदार्थों की तालिका में अस्तित्व के नाना प्रकारों का भी समावेश रहे। अरस्तू की तालिका में वे द्रव्य तथा गुण मिलते हैं जो या तो स्थायी हैं या अस्थायी हैं। लगभग सभी टीकाकार इससे सहमत हैं कि सम्बन्ध नामक पदार्थ में उसकी योजना के अन्तिम छः भी सम्मिलित समझे जाने चाहिएं। इसलिए हम द्रव्य तथा गुण को, वे अस्थायी हों या स्थायी, और सम्बन्ध को भी पूर्ण सारगर्भित समझ सकते हैं।

वैशेषिक ने पदार्थों के वर्गीकरण को छः प्रकार का बताया है, जिसके अनुसार द्रव्य, गुण, कर्म, सामान्य, विशेष और समवाय—ये छः पदार्थ हुए। इनके साथ सातवां पदार्थ अभाव परवर्ती वैशेषिकों, यथा श्रीधर, उदयन और शिवादित्य ने जोड़ दिया है।[2] पदार्थों की गणना में अभाव को समाविष्ट करने का तात्पर्य यह हुआ कि तात्त्विकीय योजना का परिवर्तन ज्ञानवाद सम्बन्धी योजना में हो गया है। हमारी धारणाएं ही विध्यात्मक अथवा निषेधात्मक होती हैं; वस्तुएं जो विद्यमान हैं, नहीं होतीं। प्रारम्भिक अवस्थाओं में वैशेषिक ने ऐसे सामान्य लक्षणों को जानने का प्रयत्न किया जो समस्त अस्तित्व पर लागू हो सकते हैं, किन्तु शीघ्र की उसने अपना ध्यान धारणाओं के स्वरूप की ओर दिया और जिज्ञासा प्रकट की कि कौन-सी धारणाएं सत्य हैं और कौन-सी नहीं। कोई वस्तु है, किसी वस्तु की सत्ता है, यही वैशेषिक दर्शन की प्रथम स्थापना है। किन्तु कोई भी वस्तु केवल सत् ही नहीं हो सकती। यदि हम केवल सत्ता पर ही आकर ठहर जाएं और आगे बढ़ने का विचार छोड़ दें, तो जैसा कि हेगल ने हमें बताया है, हमारे समक्ष केवल शून्यमात्र रह जाता है, और 'किसी वस्तु का अस्तित्व है', इस प्रथम सिद्धान्त तक को भी छोड़ना पड़ेगा। इसलिए हमें उक्त सिद्धान्त को आगे बढ़ाना होगा और यह कहना होगा कि कोई वस्तु इसलिए है क्योंकि उसमें केवल सत्ता के अतिरिक्त कुछ विशेष गुण हैं। यदि किसी वस्तु का अस्तित्व है तो केवल इसलिए है क्योंकि उसमें कुछ गुण हैं। द्रव्य सत्तावान हैं और उनमें गुण हैं। गुण दो प्रकार के हैं, एक वे जो बहुत पदार्थों में रहते हैं और दूसरे वे जो व्यक्तिगत पदार्थों में रहते हैं। प्रथम श्रेणी के सामान्य गुण हैं और दूसरी श्रेणी के स्थायी गुण तथा अस्थायी कर्म हैं। समवाय एक विशेष प्रकार का सम्बन्ध है।[3]

---

1. तुलना कीजिए जानसन : "एक अस्तित्ववाची व्यक्तिवाची संज्ञा विशेषण नहीं बन सकती, किन्तु स्वयं उसका विशेष्य होना आवश्यक है" (लॉजिक, भाग 2, पृष्ठ 12)।

2. प्रशस्तपाद केवल छः पदार्थों का प्रतिपादन करता है। सप्तगुणी योजना शिवादित्य के समय तक स्थापित हो चुकी थी, जैसाकि उसके 'सप्तपदार्थी' नामक ग्रंथ के शीर्षक से प्रकट होता है। शंकर और हरिभद्र (षड्दर्शनसमुच्चय, 60) वैशेषिक के अन्दर छः पदार्थ ही बताते हैं। देखिए शांकरभाष्य, 2 : 2, 17; और यूई कृत वैशेषिक फिलासफी, पृष्ठ 126।

3. वैशेषिक के द्रव्य और गुण अरस्तू के द्रव्य और गुण के अनुकूल हैं। अरस्तू की संख्या को गुण के अन्तर्गत मान लिया गया है। सम्बन्ध दो प्रकार के हैं : बाह्य जैसे 'संयोग' अथवा आभ्यन्तर जैसे 'समवाय'। पहले को गुण के रूप में माना गया है और दूसरे को एक पृथक् पदार्थ समझा गया है। शेष पदार्थ सम्बन्ध के अन्दर आते हैं, जबकि देश और काल को स्वतंत्र द्रव्य के रूप में माना गया है। क्रियाशीलता कर्म है, जबकि निष्क्रियता केवल कर्म का अभाव है। गुण (धर्म) या तो सामान्य हो सकता है या विशिष्ट हो सकता है। प्रवृत्ति एक गुण है। यदि अरस्तू एक निश्चित सिद्धान्त पर चलता तो वह इस प्रकार की युक्ति देता : वस्तुएं,→

पहले तीन पदार्थ अर्थात् द्रव्य, गुण और कर्म में यथार्थ पदार्थ-विषयक अस्तित्व है।[1] कणाद उन्हें अर्थ की संज्ञा देता है और योग-सम्बन्धी अन्तर्दृष्टि के विषय पर प्रतिपादन करते हुए कहता है कि हमें उनका ज्ञान अन्तर्दृष्टि के द्वारा हो सकता है।[2] अन्य तीन, अर्थात् सामान्य, विशेष और समवाय बौद्धिक भेद से उत्पन्न होते हैं, अर्थात् बुद्धि की अपेक्षा रखते हैं।[3] ये तार्किक द्रव्य हैं। प्रशस्तपाद का कहना है कि 'वे अपने एकमात्र सत्त्व को अपने अन्दर धारण करते हैं—अर्थात् स्वात्मसत्त्व हैं। बुद्धि उनकी मार्गदर्शक है (बुद्धिलक्षणत्व)। वे कार्य नहीं हैं, कारण नहीं हैं तथा उनमें सामान्य अथवा विशेषत्व भी नहीं है। वे नित्य हैं और उन्हें वस्तु शब्द से व्यक्त नहीं किया जा सकता (अर्थशब्दानभिधेयत्व)।''[4] 'पिछले तीन पदार्थों के याथार्थ्य का प्रमाण तार्किक कहा जाता है।'[5] यह इस विषय का उपलक्षण है कि इनका प्रत्यक्ष बोध नहीं हो सकता। यह एक ऐसा विचार है जिसमें उस समय परिवर्तन हुआ जबकि न्याय और वैशेषिक के सिद्धान्त परस्पर मिश्रित हो गए। प्रारम्भिक वैशेषिक में जहां सब पदार्थों में सामान्य रूप में अस्तित्व का लक्षण मिलता है,[6] वहां दो प्रकार के अस्तित्व में भेद किया जाता है—सत्ता-सम्बन्ध द्रव्यों, गुणों तथा कर्मों में रहता है और स्वात्मसत्त्व सामान्य, विशेष और समवाय में रहता है।[7] उदयन ने अपनी 'किरणावली' में सत्ता-सम्बन्ध को समवाय-सम्बन्ध से रहनेवाला बतलाया है और 'स्वात्मसत्त्व' को आत्मनिर्भर अस्तित्व कहा है जो समस्त अस्तित्व से स्वतन्त्र है। शंकरमिश्र अधिक सहायक है, क्योंकि अपने 'उपस्कार' में वह सत्ता-सम्बन्ध की व्याख्या करते हुए उसे विनाश के योग्य तथा अपने स्वभाव से कार्यों को उत्पन्न करने की क्षमता रखनेवाला बतलाता है। यह देश और काल से बद्ध अस्तित्व को वर्णन करने की एक पारिभाषिक विधि प्रतीत होती है। स्वात्मसत्त्व अथवा आत्मनिर्भर अस्तित्व देश और काल से स्वतन्त्र है और इसीलिए कालाबाधित पदार्थों में इसका समावेश है। यद्यपि ये दूसरे अपकर्षण की उपज हैं, पर इन्हें स्वयं की भी

→ जिनमें स्थायी अथवा अस्थायी गुण विद्यमान हैं, देश और काल के सम्बन्धों में अपना अस्तित्व रखती हैं और वे सम्बद्ध हैं अन्य वस्तुओं के साथ पारम्परिक सम्बन्धों के एक विस्तृत जाल में, और उस अवस्था में द्रव्य, गुण, कर्म और संम्बन्ध ही मुख्य शीर्षक रह जाएंगे। अरस्तू के विश्लेषण के दूषित रूप को स्टोइक लोगों ने तथा न्योप्लेटोनिक लोगों ने लक्ष्य किया। काण्ट के विचार से अरस्तू पदार्थों को, ज्यों-ज्यों वे उसके आगे आते गए, केवल नोट करता गया। हेगल का कहना है कि अरस्तू ने उन्हें किसी न किसी प्रकार एकत्र कर दिया। मिल तो एक प्रकार से दोषदर्शी की दृष्टि से कहता है कि अरस्तू को सूची इस प्रकार की है ''जैसेकि जन्तुओं का विभाग मनुष्यों, चौपायों, घोड़ों, गधों और खच्चरों में कर दिया जाए।'' तुलना कीजिए वैशेषिक योजन की जैनियों के विभागीकरण के साथ, जिन्होंने सब वस्तुओं को द्रव्यों, गुणा तथा रूप परिवर्तनों में विभक्त किया है (भारतीय दर्शन, प्रथम खण्ड, पृष्ठ 287 से आगे, और उत्तराध्ययन', प्रथम भाग, सेक्रेड बुक्स आफ दि ईस्ट, जिल्द 45)। प्राचीन मीमांसकों ने शक्ति और सादृश्य को पदार्थ के रूप में स्वीकार किया है। उदयन ने इनका तथा संख्या का निषेध किया है। देखिए 'किरणावली', पृष्ठ 6; 'सप्तपदार्थी', पृष्ठ 10; 'न्यायकंदली', पृष्ठ 7, 15, 144 से आगे।

1. वैशेषिकसूत्र, 1 : 2, 7; 8 : 2, 3; प्रशस्तपादकृतधर्मसंग्रह, पृष्ठ 17।
2. वैशेषिकसूत्र, 9 : 1, 14।
3. 1 : 2, 3।
4. प्रशस्तपादकृत पदार्थधर्मसंग्रह, पृष्ठ 19; वैशेषिक सूत्र, 1 : 2, 3-10, 12, 14, 16; 7 : 2, 26।
5. बुद्धिरेव लक्षणं प्रमाणम्। 'न्यायकंदली', पृष्ठ 19।
6. प्रशस्तपादकृत पदार्थधर्मसंग्रह, पृष्ठ 11।
7. प्रशस्तपादकृत पदार्थधर्मसंग्रह, पृष्ठ 19।

अपेक्षा, जिनके कि ये अपकृष्ट भाव हैं, अधिक यथार्थ समझा जाता है। वैशेषिक सामान्य, विशेष और समवाय—इन तीन पदार्थों के कालाबाधित तथा कार्यकारण-विहीन स्वरूप पर बल देता है, और हमें सावधान करता है कि हम अपकर्ष के निष्कर्षों को देश और काल से संयुक्त करने की स्वाभाविक प्रवृत्ति से दूर रहें।

5. द्रव्य

वह पदार्थ जिसके द्वारा वैशेषिक अपने को निश्चित रूप से अन्य सब आदर्शवादी दर्शन पद्धतियों के मुकाबले में खड़ा करता है, द्रव्य है। विचार न करने वाले साधारण व्यक्ति भी स्वीकार करते हैं कि द्रव्य हैं। बाह्य जगत् में पदार्थ हमारे समक्ष यथार्थ रूप में आते हैं। वे वर्तमान वास्तविकताएं होती हैं और अपने लिए अपना निजी अस्तित्व रखती हैं। द्रव्य उन वस्तुओं के अपने अस्तित्व के स्वरूप को, जो यहां विद्यमान है, जतलाता है। जिसे हम अस्पष्ट रूप में सत् कहते हैं, वह वस्तुओं की एक शृंखला के अतिरिक्त और कुछ नहीं है जो विविध प्रकार के देश और काल की उपाधियों से आबद्ध हैं तथा भिन्न-भिन्न गुणों द्वारा एक-दूसरे से पृथक् हैं। बौद्धों का यह मत कि द्रव्य अपने गुणों के अतिरिक्त और कुछ नहीं है, अथवा पूर्ण इकाई अपने अंशों के अतिरिक्त और कुछ नहीं है, अनुभव की कसौटी के विपरीत है।[1] यथार्थता हमारे समक्ष ऐसे द्रव्यों को प्रस्तुत करती है जिन्हें गुणों और अंशों से लक्ष्य किया जा सकता है। हम उस घड़े को जिसे हमने कल देखा था, पहचानने में समर्थ हैं। यदि घड़ा केवल संवदेनाओं की शृंखलामात्र होता[2] तो यह असम्भव होता। यह साधारण अनुभव का विषय है कि गुण ऐसे वर्गों में प्रकट होते हैं जो स्वरूप में एक ही सदृश होते हैं और दूसरों से पर्याप्त मात्रा में भिन्न रूप में लक्ष्य किए जा सकते हैं। एक सेब सर्वदा एक ही वर्ग के गुण रखता है और एक ही प्रकार के वृक्ष पर बराबर लगता है। एक पुरातन सुरक्षित शव अथवा पर्वत का अबाधित नैरन्तर्य के साथ सहस्रों वर्षों में रहने वाला अस्तित्व सिवाय इस धारणा के कि द्रव्यों का अस्तित्व है जिनके अन्दर गुण समवाय-सम्बन्ध से रहते हैं, अन्य किसी प्रकार से समझ में नहीं आ सकता। "वह जिसके अन्दर कर्म व गुण रहते हैं और जो सहास्तित्वयुक्त कारण है", द्रव्य है।[3] यह गुणों का अधिष्ठान है।[4] दूसरे पदार्थ गुणों से रहित हैं।

वैशेषिक के मत में द्रव्य गुणों से अतिरिक्त भी एक वस्तु है। जिस क्षण में द्रव्य उत्पन्न होते हैं वे गुणों से रहित होते हैं।[5] क्योंकि यदि गुण द्रव्यों के साथ-साथ ही उदय होते तो उनके अन्दर कोई भेद न हो सकता। और यदि गुण उदय न हों तो द्रव्यों के गुणों से विहीन होने से द्रव्य की परिभाषा कि जिसमें गुण रहते हैं, सर्वथा निरर्थक हो जाएगी। इस कठिनाई को हल करने के लिए कहा जाता है कि द्रव्य गुणों का अधिष्ठान है, या तो समवाय-सम्बन्ध से अथवा पहले न होने (प्रागभाव) से, अर्थात् भविष्य में होने वाले अस्तित्व से। दूसरे शब्दों में, द्रव्य गुणों का, जो वास्तविक अथवा सम्भाव्य हैं, वर्तमान अथवा भविष्य में आनेवाले हैं, आधार है।[6] वैशेषिक

---

1. न्यायवार्तिक, 1 : 1, 13।
2. न्यायसूत्र, 2 : 1, 30-36।
3. 1 : 1, 15।
4. गुणाश्रयो द्रव्यम्।
5. आद्य क्षणे निर्गुणं द्रव्यं तिष्ठति।
6. सिद्धांतमुक्तावलि, 3।

एक ऐसी वस्तु के अस्तित्व पर बल देने को उत्सुक है जो स्वयं तो गुण नहीं किन्तु गुणों को धारण करती है क्योंकि हम द्रव्यों के विषय में तो गुणों का विधान करते हैं किन्तु गुणों के विषय में गुणों का विधान नहीं करते। और न हम यही कह सकते हैं कि हम एक गुण-समुदाय के एक विशेष गुण का विधान करते हैं। लेकिन क्योंकि गुणों से अलग द्रव्य हमारे विचार का विषय नहीं हो सकता, इसलिए द्रव्य की परिभाषा करते समय हम कहते हैं कि द्रव्य वह है जो गुणों का अधिष्ठान है।

नित्य तथा अनित्य द्रव्यों में भी भेद किया जाता है। जो वस्तु अन्य किसी पर निर्भर करती है वह नित्य नहीं हो सकती। मिश्रित (अवयवी) द्रव्य अन्य पर निर्भर हैं और क्षणिक हैं। सरल (अमिश्रित) द्रव्यों में नित्यत्व, स्वातन्त्र्य तथा निरपेक्ष व्यक्तित्व के लक्षण पाए जाते हैं।[1] उनकी न तो उत्पत्ति होती है और न विनाश ही होता है। अनित्य द्रव्य अपने से नहीं, बल्कि अपने से भिन्न किसी अन्य कारण से उत्पन्न होते हैं तथा नष्ट होते हैं।[2]

पृथ्वी, जल, अग्नि, वायु, आकाश, काल, देश, आत्मा और मन—ये नौ द्रव्य हैं, जिनके अन्दर समस्त शरीरधारी तथा अशरीरी वस्तुओं का समावेश हो जाता है।[3] वैशेषिक भौतिकवाद नहीं है, यद्यपि यह एक यथार्थवादी योजना है, क्योंकि यह अभौतिक द्रव्यों, तथा आत्मा, को स्वीकार करता है, और ठोस मूर्तरूप भौतिक द्रव्यों को नहीं, बल्कि उनके अतिसूक्ष्म रूप को यथार्थ मानता है। नौ द्रव्यों में से पृथ्वी, जल, अग्नि, वायु, आत्मा और मन इनके अनेक व्यक्तित्व हैं।[4] आत्मा को छोड़कर, ये सब विस्तृत होते हैं, दूर एवं समीप के सम्बन्ध रखते हैं, कर्म करने के योग्य हैं और गतिमान् हैं।[5] आकाश, काल और देश सर्वव्यापक हैं, और बृहत्तम विस्तार रखते हैं और सब शरीरधारी वस्तुओं के एक समान पात्र हैं।[6] आत्मा और मन, आकाश, काल और देश, वायु और अन्तिम परमाणु साधारणतः प्रत्यक्ष के विषय नहीं हैं।[7] मूर्त तथा भूत द्रव्यों में भी भेद किया गया है। प्रथम प्रकार के द्रव्यों का निश्चित विस्तार होता है,[8] वे कर्म करते हैं और गति करते हैं। भूत द्रव्य, एकाकी रूप में अथवा परस्पर संयुक्त होकर, संसार में उत्पन्न पदार्थों के भौतिक कारण बनते हैं। मन यद्यपि परमाणु से बना है, पर वह अन्य किसी वस्तु

---

1. नित्यत्व, अनाश्रितत्व, अन्त्यविशेषत्व (प्रशस्तपादकृत पदार्थधर्मसंग्रह, पृष्ठ 20-21)

2. प्रशस्तपादकृत पदार्थधर्मसंग्रह, पृष्ठ 20; न्यायकंदली, पृष्ठ 20। देखिए। वैशेषिकसूत्र 1 : 1, 9-10, 12, 15, 18; 10 : 2, 1-2।

3. श्रीधर ने अन्धकार (तमस्) के स्वरूप के विषय में एक रोचक प्रश्न उठाया है (न्यायकंदली, पृष्ठ 9; वैशेषिकसूत्र, 5 : 2, 19-20)। कुमारिल इसे एक विशिष्ट द्रव्य मानता है, जिसमें काला रंग है तथा गति की क्रिया है (श्लोकवार्तिक, पृष्ठ 43)। प्रभाकरों का मत है कि प्रकाश का अभाव अन्धकार है (गंगानाथ झा : पूर्वमीमांसा, पृष्ठ 93)। अन्नंभट्ट का भी यही मत है। (तर्कसंग्रहदीपिका, 3)। वैशेषिक ने अन्धकार को द्रव्यों की कोटि में नहीं रखा क्योंकि यह गुणों से रहित है। अलंकार की भाषा में कहा जाता है कि इसमें काला रंग है, ठीक जैसे कि रंगविहीन आकाश को नीलवर्ण कहा जाता है। यह अभाव का एक प्रकार है, मात्र प्रकाश का निषेध है। (वैशेषिकसूत्र, 5 : 2, 19; सर्वदर्शनसंग्रह, 10)

4. अनेकत्वं प्रत्येकं व्यक्तिभेदः (न्यायकन्दली, पृष्ठ 21)।

5. प्रशस्तपादकृत पदार्थधर्मसंग्रह, पृष्ठ 21।

6. पृष्ठ 22।

7. वैशेषिकसूत्र, 8 : 1, 2।

8. परिच्छिन्नपरिमाणत्वम्।

को उत्पन्न नहीं करता। किन्तु आकाश सर्वव्यापक होते हुए भी शब्द को उत्पन्न करता है। पृथ्वी, जल, अग्नि और वायु मूर्त हैं और उत्पादक भी हैं।[1]

आत्मा के विषय में वैशेषिक की प्रकल्पना वस्तुतः न्याय की प्रकल्पना के ही समान है। भेद केवल यही है कि आत्मा के प्रत्यक्ष ज्ञान को, जिसमें आत्मा ज्ञान का कर्ता भी है और विषय भी है, वैशेषिक ने स्वीकार नहीं किया।[2] उपमान इस विषय में हमारा सहायक नहीं हो सकता। आगम अथवा ईश्वरीय ज्ञान और अनुमान ही इस विषय में हमारे ज्ञान के एकमात्र साधन हैं।[3] आत्मा के अस्तित्व का अनुमान इस तथ्य के द्वारा किया जाता है कि चेतनता शरीर, इन्द्रियों तथा मन का गुण नहीं हो सकती।[4] सुख, दुःख, इच्छा, द्वेष, संकल्प और ज्ञान, निःश्वास और उच्छ्‌वास आंखों की पलकों का खुलना तथा बन्द होना, शारीरिक घावों का भर जाना, मन की गति और इन्द्रियों की प्रवृत्ति आत्मा के अस्तित्व के प्रमाण रूप में प्रस्तुत किए जाते हैं।[5] अपनी प्राकृतिक अवस्था में आत्मा ज्ञान से रहित होती है, जैसे कि प्रलय में। इसे वस्तुओं का बोध तभी होता है जबकि यह शरीर से सम्बद्ध होती है।[6] चेतनता का धारण आत्मा के द्वारा होता है, यद्यपि यह इसका अनिवार्य तथा अविच्छेद्य लक्षण नहीं है। मन के द्वारा जीवात्मा न केवल बाह्य वस्तुओं का ज्ञान प्राप्त करती है, बल्कि अपने गुणों का भी ज्ञान प्राप्त करती है। आत्मा यद्यपि सर्वव्यापक है, तो भी इसका ज्ञान, अनुभव तथा कर्म का जीवन केवल शरीर के साथ ही विद्यमान रहता है।

आत्माओं की अनेकता का अनुमान स्थिति में भेदों के कारण तथा अवस्थाओं की नानाविधता के कारण किया जाता है।[7] धर्मशास्त्रों के आदेश इस धारणा को मान कर दिए गए हैं कि आत्माएं भिन्न-भिन्न हैं।[8] प्रत्येक आत्मा अपने-अपने कर्मों का फलोपभोग करती है।[9] यह सब प्रकार के अनुभवों में समान रूप से विद्यमान रहती है।[10] श्रीधर आत्मा के एकत्व का खण्डन करता है।[11] कुछेक आत्माओं के मोक्ष प्राप्त कर लेने से जगत् के नितान्त विलय हो जाने का कोई भय नहीं है, क्योंकि आत्माएं असंख्य हैं। वैशेषिक की अनेकत्व-सम्बन्धी पूर्व धारणा के कारण इसके अनुयायी अनेकत्व को ही परम सत्य मानते हैं। मुक्तात्माओं के विषय में यह समझा जाता है

1. तर्कदीपिका, पृष्ठ 14।
2. वैशेषिकसूत्र, 3 : 2, 6।
3. वैशेषिकसूत्र, 3 : 2, 8 और 18।
4. प्रशस्तपादकृत पदार्थधर्मसंग्रह, पृष्ठ 69, वैशेषिकसूत्र, 3 : 1, 19।
5. वैशेषिकसूत्र, 3 : 2, 4-13।
6. अशरीरिणामात्मनां न विषयावबोधः (न्यायकंदली, पृष्ठ 57; पृष्ठ 279 भी देखिए)।
7. व्यवस्थातो नाना (वैशेषिकसूत्र, 3 : 2, 20)।
8. शास्त्रसामर्थ्यात् (वैशेषिकसूत्र, 3 : 2, 21)।
9. वैशेषिकसूत्र, 6 : 1, 5।
10. न्यायकंदली, पृष्ठ 86।
11. "यदि आत्मा एक होती तो मन का सम्पर्क सब मनुष्यों से एक समान रहता...जो आत्माओं की अनेकता को स्वीकार करता है, उसके लिए यद्यपि सब आत्माएं सर्वव्यापक होने के कारण सब शरीरों में उपस्थित रहेंगी, तो भी उसके अनुभव उन सबके लिए समान न होंगे, क्योंकि उनमें से प्रत्येक केवल ऐसे ही सुखों आदि का अनुभव करेगी जो उस विशिष्ट शरीर में प्रकट होंगे जोकि उसे अपने पूर्व कर्मों के अनुसार मिला है और कर्म का सम्बन्ध भी उसी आत्मा के साथ है जिसके शरीर से वह कर्म किया गया है। इस प्रकार शरीर का प्रतिबन्ध कर्म के प्रतिबन्ध के कारण और कर्म का शरीर के कारण है, और इस प्रकार की पारस्परिक निर्भरता अन्तहीन है" (न्यायकंदली, पृष्ठ 87-88)।

कि वे नित्य विशिष्ट भेदों सहित ही रहती हैं।[1] यद्यपि प्रत्येक आत्मा का अपना एक विशेषत्व समझा जाता है, तो भी वह क्या है यह जानना हमारे लिए असम्भव है। आत्माओं में परस्पर भेद उनके भिन्न-भिन्न शरीरों के साथ सम्बन्ध के कारण है। पुनर्जन्म में भी मन आत्मा के साथ जाता है और उसे व्यक्तित्व प्रदान करता है। हर एक प्रयोजन के लिए, आत्मा का वैशिष्ट्य मन के वैशिष्ट्य पर निर्भर करता है जो आत्मा के साथ बराबर जीवन भर रहता है। मन भी आत्मा के समान असंख्य हैं क्योंकि वही मन जन्म-जन्मान्तर में भी बराबर आत्मा के साथ रहता है इसलिए मृत्यु के उपरान्त भी चरित्र का निरन्तर बने रहना सम्भव है।[2] जीवात्मा तथा परमात्मा के अन्दर भेद किया गया है।[3] इन दोनों में सादृश्य तो है किन्तु तादात्म्य नहीं है।

आकाश, देश और काल के निम्नतर उपवर्ग नहीं हैं और ये व्यक्तिगत संज्ञाएं हैं।[4] इन्हें अनुभव की विविधता की व्याख्या के लिए सर्वतोव्यापी इकाइयां मान लिया गया है। इन्हीं के अन्दर समस्त घटनाएं घटित होती हैं। देश और काल सब उत्पन्न पदार्थों के साधनरूप कारण हैं। यथार्थता एक प्रक्रिया अथवा मार्ग है और इसीलिए देशीय तथा कालगत भी है।

भौतिक परिवर्तनों के लिए हमें एक सम्पूर्ण इकाई की आवश्यकता होती है जिसके अन्तर्गत वे घटित होते हैं। सभी परमाणुवादी रिक्तदेश (आकाश) को यथार्थसत्ता मानते हैं। यदि देश अनेक इकाइयां होता, तो भिन्न-भिन्न देशों में चक्कर लगाने वाले परमाणुओं का एक-दूसरे के साथ कोई सम्बन्ध न रह सकता। पूर्व-पश्चिम आदि दिशा सम्बन्धी भावों तथा दूर और समीप से सम्बन्धित भावों का भी आधार देश ही है।[5] देश की प्रतीयमान विविधता उसके कार्यों द्वारा निर्णीत होती है।[6] वस्तुओं की सापेक्षिक स्थितियां भी देश ही के कारण स्थिर रह सकती हैं, जो देश के बिना सम्भव नहीं हो सकती थीं।

प्रकृति में होनेवाले मूर्त परिवर्तनों, यथा वस्तुओं की उत्पत्ति, विनाश और स्थिरता के लिए भी काल का होना आवश्यक है। यह वह शक्ति है जो अनित्य पदार्थों में परिवर्तन लाती है। यह वह ब्रह्माण्ड शक्ति नहीं है जो गतियों को उत्पन्न करती है, बल्कि यह समस्त गति की आवश्यक अवस्था है।[7] सब दृश्यमान वस्तुएं गति करती हुई, परिवर्तित होती हुई, उत्पन्न होती हुई तथा नष्ट होती हुई दिखाई देती हैं। खण्डित अर्थात् अलग-अलग वस्तुओं के अन्दर आत्म-उत्पादन अथवा आत्म-गति की कोई शक्ति नहीं होती। यदि ऐसी शक्ति होती तो वस्तुओं में वह पारस्परिक सम्बन्ध न होता जो सब प्रकार के परिवर्तन के होते

---

1. डॉक्टर दासगुप्त के इस सुझाव को स्वीकार करना कठिन है कि वैशेषिक का मत था कि "आत्मा एक है, यद्यपि अनेक प्रतिबन्धों के विचार से और श्रुतियों में दिए गए आदेशों के पालन करने की आवश्यकता के लिए भी उन्हें अनेक मान लिया गया।" (हिस्ट्री आफ इण्डियन फिलासफी, पृष्ठ 290, टिप्पणी 1)। वैशेषिक का लौकिक विविधता से प्रयोजन है, परमसत्य से नहीं, और अनेकत्व के मत को, क्योंकि यह विशेष के सिद्धान्त पर आश्रित है, यह अन्तिम रूप में ही स्वीकार करता है।
2. प्रशस्तपादकृत पदार्थधर्मसंग्रह, पृष्ठ 89; वैशेषिकसूत्र, 7 : 2, 21; 3 : 2, 22।
3. किरणावली, पृष्ठ 7 और भी देखिए, उपस्कार, 3 : 2, 18।
4. प्रशस्तपादकृत पदार्थधर्मसंग्रह, पृष्ठ 58।
5. तर्कसंग्रह, 16; भाषापरिच्छेद, पृष्ठ 46-47।
6. वैशेषिकसूत्र, 2 : 2, 13।
7. 2 : 2, 9; 5 : 2, 26। इस मत को उस प्रकार का 'कालवाद' न समझ लेना चाहिए जो काल को दैवत्व का रूप देता है।

हुए भी स्थिर रहता है। गति सुव्यवस्थित अवस्था में पाई जाती है, जिसका अर्थ है कि एक ऐसी यथार्थसत्ता अवश्य है जिसका सामान्य ज्ञान सम्बन्ध समस्त परिवर्तनों के साथ रहता है। काल को एक स्वतन्त्र यथार्थसत्ता माना गया है जो समस्त विश्व में व्याप्त है और जो वस्तुओं की व्यवस्थित गति को सम्भव बनाती है। यही काल पहले-पीछे होने, एक समय में तथा भिन्न-भिन्न समय में होने के सम्बन्धों और शीघ्र अथवा विलम्ब के भावों का आधार है।[1] काल एक ही है जो विस्तार में सर्वत्र उपस्थित है।[2] यह स्वरूप में व्यक्तिरूप है, और इसमें जोड़ने तथा अलग करने के दोनों प्रकार के गुण हैं। क्षण, मिनट, घण्टा, वर्ष आदि प्रचलित लौकिक भाव उसी ठोस मूर्तरूप समय से निकले हैं। वैशेषिक के मत में, काल एक नित्य द्रव्य है[3] और समस्त अनुभव का आधार है।[4] हम यह तो नहीं जानते कि काल अपने-आप में क्या है, किन्तु हमारा अनुभव काल के रूप में ढाला जाता है। पहले अथवा पीछे के सम्बन्धों का यह औपचारिक कारण है, जबकि उनका भौतिक कारण, घड़ा, कपड़ा आदि पदार्थों का स्वरूप है। काल एक ही है, किन्तु अनेकरूप जो प्रतीत होता है उसका कारण उन परिवर्तनों के साथ संपर्क है जो इसके साथ सम्बद्ध हैं।[5]

देश और काल का भेद वैशेषिक ग्रन्थों में पाया जाता है। देश सह-अस्तित्व का प्रतिपादन करता है और काल अनुक्रम का, अथवा ऐसा कहना अधिक ठीक होगा कि देश दृश्यमान पदार्थों का वर्णन करता है और काल ऐसे पदार्थों का वर्णन करता है जो उत्पन्न होते हैं तथा नष्ट होते हैं।[6] शंकरमिश्र का मत है कि काल के सम्बन्ध बराबर रहने वाले अथवा नियत हैं तथा देश के सम्बन्ध अनियत हैं।[7] वस्तुएं गति करती हैं काल के कारण, और परस्पर सम्बद्ध रहती हैं देश के कारण। देश और काल के अन्दर, अधिकतर सर्वग्राही सम्बन्ध, अर्थात् एक स्थान से दूसरे स्थान तक अथवा एक अवस्था से दूसरी अवस्था में संक्रमण, देश-सम्बन्धी गमनागमन और कालगत परिवर्तन आ जाते हैं। किन्तु ये सब औपचारिक हैं और यथार्थ वस्तुओं के उपलक्षण हैं, जो वस्तुतः गति करती हैं तथा परिवर्तित होती हैं।

आकाश एक सरल (अमिश्रित), निरन्तर स्थायी तथा अनन्त द्रव्य है। यह शब्द का अधिष्ठान है। यह रंग, रस, गन्ध और स्पर्श आदि गुणों से रहित है। अपनयन की क्रिया द्वारा यह सिद्ध किया जाता है कि शब्द आकाश का विशिष्ट गुण है।[8] यह निष्क्रिय है। समस्त भौतिक पदार्थ इसके साथ संयुक्त पाए जाते हैं।[9] परमाणु, जो अत्यन्त सूक्ष्म हैं, एक-दूसरे के पास आकर अथवा एक-दूसरे को स्पर्श करके किसी बड़े पदार्थ का निर्माण नहीं कर सकते। यदि वे एक-दूसरे से पृथक् रहते हैं और फिर भी किसी प्रकार से परस्पर मिलकर

1. वैशेषिकसूत्र, 2 : 2, 6।
2. 7 : 1, 25।
3. 2 : 2, 7।
4. अतीतादिव्यवहारहेतुः (तर्कसंग्रह, 15; भाषापरिच्छेद, 45)।
5. न्यायमंजरी, पृष्ठ 136।
6. सिद्धान्तचन्द्रोदय में कहा है : "जन्यमात्रं क्रियामात्रं वा कालोपाधिः, मूर्तमात्रं दिगुपाधिः"।
7. उपस्कार, 2 : 2, 10। तुलना कीजिए इसके साथ काण्ट के अनुभव-विषयक दूसरे तथा तीसरे उपमान की।
8. वैशेषिकसूत्र, 2 : 1, 27, 29-31।
9. न्यायसूत्र, 4 : 2, 21-22।

एक व्यवस्था को स्थिर रखते हैं, तो यह केवल आकाश के ही माध्यम द्वारा सम्भव है। परमाणु परस्पर संयुक्त होते हैं किन्तु निरन्तर नहीं संयुक्त होते रहते। वह वस्तु जो परमाणुओं को परस्पर संयुक्त किए रहती है, यद्यपि स्वयं परमाणुओं द्वारा निर्मित नहीं है, आकाश है। यदि आकाश भी खण्डित होता, अर्थात् परमाणुओं में विभक्त होने योग्य होता, तो फिर हमें किसी अन्य ऐसी जोड़ने वाली वस्तु की कल्पना करनी पड़ती जो परमाणुओं से बनी न हो। आकाश नित्य है, सर्वत्र उपस्थित है, इन्द्रियातीत है और जोड़ने तथा पृथक् करने के व्यक्तिगत गुण रखता है। आकाश समस्त देश को पूर्ण करता है, यद्यपि यह स्वयं देश नहीं है, क्योंकि यह वस्तुओं के साथ विशेष सम्बन्धों द्वारा सम्बद्ध हुए बिना और उन सम्बन्धों द्वारा उनमें शब्द उत्पन्न किए बिना न तो वस्तुओं पर कोई प्रभाव डाल सकता है और न क्रिया ही कर सकता है। खण्डित पदार्थों के स्थिति-विषयक सम्बन्धों तथा उनकी व्यवस्था को जो धारण किए रहती है वह दिक् (दिशा) है, यद्यपि वह स्वयं देश नहीं है, यदि देश से तात्पर्य स्थान अथवा आकाश है, क्योंकि वह तो आकाश ही है। आकाश तथा देश के भेद को इसलिए स्वीकार किया जाता है कि जहां आकाश को उसके विशेष गुण अर्थात् शब्द का भौतिक कारण समझा जाता है, वहां देश सब कार्यों का सामान्य रूप में कारण है।

पृथ्वी, जल, अग्नि, वायु और आकाश इन पांच द्रव्यों के सम्बन्ध में वैशेषिक की भौतिक प्रकल्पना का परिष्कार किया गया है। प्रकृति, जैसे कि वह हमारे सामने आती है, पांच तत्त्वों का सम्मिश्रण है, जिसमें एक न एक तत्त्व प्रचुर मात्रा में रहता है। पंचभूत प्रकृति की पांच अवस्थाएं हैं, जैसे ठोस (पृथ्वी), तरल (जल), वायवीय (वायु), तेजोमय (अग्नि), अन्तरिक्ष सम्बन्धी (आकाश)। पृथ्वी के चार गुण हैं : गन्ध, रस, रंग और स्पर्श। जल के तीन गुण हैं : रस, रंग तथा स्पर्श। अग्नि के दो गुण हैं : रंग और स्पर्श। वायु में केवल स्पर्श गुण है तथा आकाश में केवल शब्द गुण है।[1] यद्यपि पृथ्वी में अनेक गुण हैं तो भी हम कहते हैं कि गन्ध पृथ्वी का गुण है, क्योंकि यह गुण प्रधान मात्रा में है।[2] यदि पृथ्वी के अतिरिक्त जल तथा अन्य द्रव्यों में भी गन्ध मिलती है तो इस कारण से कि उनमें पृथ्वी के अंश मिले हुए हैं। बिना गन्ध के हम पृथ्वी का विचार कर ही नहीं सकते, यद्यपि वायु और जल का कर सकते हैं। पृथ्वी से बनी वस्तुएं तीन प्रकार की हैं : शरीर, इन्द्रियां तथा प्रत्यक्ष-विषय पदार्थ।[3] जल का विशेष गुण रस है। अग्नि का विशेष गुण ज्योतिष्मत्ता है। वायु अदृश्य है, यद्यपि विस्तार में सीमित है और अंशों से मिलकर बनी है। वायु में गतियों के होने से यह अनुमान किया जाता है कि वायु खण्डितस्वरूप की है। यदि वायु अंशों से रहित एक पूर्ण अविच्छिन्नता होती तो उसमें गतियां संभव न होतीं।[4] इसके अस्तित्व का अनुमान स्पर्श से होता है।[5] इसे द्रव्य इसलिए कहा गया है क्योंकि इसमें

1. न्यायसूत्र, 3 : 1, 60-61।

2. न्यायसूत्र, 3 : 1, 66।

3. प्रशस्तपादकृत पदार्थधर्मसंग्रह, पृष्ठ 27।

4. वैशेषिकसूत्र, 2 : 1, 14।

5. प्राचीन वैशेषिकों तथा अन्नंभट्ट का मत है कि वायु प्रत्यक्ष नहीं होती, किन्तु उसका ज्ञान अनुमान के द्वारा होता है। वे युक्ति देते हैं कि वायु का कोई रंग नहीं है और इसलिए वह देखी नहीं जा सकती। आधुनिक नैय्यायिकों का कहना है कि किसी वस्तु के प्रत्यक्ष होने के लिए यह आवश्यक नहीं कि वह देखी ही जा सके, वायु का प्रत्यक्ष स्पर्श से होता है।

गुण तथा क्रिया है। तापमान वायु का विशेष गुण है। पृथ्वी, वायु, अग्नि तथा जल जैसे ठोस पदार्थों का निर्माण करने वाले अन्त में परमाणु ही हैं।

6. परमाणुवाद की प्रकल्पना

परमाणुवाद मानवीय मस्तिष्क के लिए इतना स्वाभाविक है कि भौतिक जगत् की व्याख्या के लिए आरम्भ में जितने भी प्रयत्न हुए, सबने इसी प्रकल्पना को अपनाया। उपनिषदों में भी इस कल्पना के चिह्न मिलते हैं, जो सब भौतिक पदार्थों को चार तत्त्वों, अर्थात् अग्नि, जल, वायु और पृथ्वी से बना हुआ मानते हैं। आकाश को छोड़ दिया गया है, क्योंकि इसका अपना एक विलक्षण स्वरूप है और यह अन्य तत्त्वों के साथ मिश्रित नहीं होता। किन्तु अग्नि, जल, वायु और पृथ्वी अपने-आप में परिवर्तनशील और विभाज्य हैं, जबकि यथार्थ को अपरिवर्तनशील तथा नित्य माना जाता है। स्वभावतः यह प्रश्न उठता है कि अपरिवर्तनशील, अविभाज्य तथा नित्य ये परमाणु हैं क्या? विचारधारा के उस आंदोलन में, जिसने जैन और बौद्धदर्शन जैसी बड़ी-बड़ी दर्शनपद्धतियों को जन्म दिया, कुछ ऐसी भी दर्शन पद्धतियां थीं–उदाहरण रूप में अजीवक और जैन–जो परमाणुवाद की प्रकल्पना को मानती थीं।[1] कणाद ने इसकी कल्पना विशुद्ध आध्यात्मिक आधार पर की और इसके द्वारा जगद्विषयक विचारधारा को सरस बनाने का प्रयत्न किया। ल्यूसिपस तथा डेमोक्रिटस के साथ भी यही बात थी, क्योंकि अणुवाद की प्रकल्पना ने डाल्टन के समय से पूर्व तक वैज्ञानिक दृष्टिकोण से कोई महत्त्वपूर्ण स्थान नहीं प्राप्त किया।

सब पदार्थ, जो हिस्सों से मिलकर बने हैं, हिस्सों से ही उत्पन्न होते हैं, जिनके साथ वे समवाय-सम्बन्ध से जुड़े होते हैं; संयोग इसमें सहकारी है। जिन वस्तुओं को हम अनुभव करते हैं वे सब उत्पन्न हुई हैं, अर्थात् या तो अलग-अलग हैं या हिस्सों से बनी हैं। इसलिए वे अनित्य हैं। नित्य से अलग अनित्य का कुछ तात्पर्य ही नहीं है।[2] पृथ्वी, जल, अग्नि, और वायु नित्य और अनित्य दोनों ही हैं किन्तु आकाश केवल नित्य ही है। मिश्रित पदार्थ जो उत्पन्न होते हैं, अनित्य हैं; किन्तु उनके बनाने वाले अंश, जो उत्पन्न नहीं होते, नित्य हैं।[3] अदृश्य नित्य परमाणु हिस्सों में विभक्त नहीं हो सकते।[4] परमाणु विभाजन की अन्तिम सीमा है। यदि परमाणु के भी अनन्त रूप से हिस्से हो सकते तो सभी भौतिक पदार्थ उसी प्रकार से अनन्त घटकों की उपज होते, और इस प्रकार पदार्थों के आकारों में जो भेद है उसकी व्याख्या करना असम्भव हो जाता।[5] यदि भौतिक प्रकृति अनन्त रूप से विभाज्य होती जाती तो उसको हमें शून्य तक ले जाना पड़ता और इस विरोधाभासमय स्थिति को स्वीकार करना

---

1. भारतीय दर्शन, प्रथम खण्ड, पृष्ठ 291-93। बौद्धधर्म के प्रामाणिक ग्रंथों में तो नहीं, किंतु उत्तरी बौद्ध-साहित्य में परमाणुवाद की प्रकल्पना के अनेकों उद्धरण हैं। वैभाविक और सौत्रान्तिक इसे मानते हैं। देखिए यूई कृत 'वैशेषिक फिलासफी', पृष्ठ 26-28।

2. 4 : 1, 4।

3. 4 : 1, 1; 2 : 3, 4-5; 7 : 1, 20-21।

4. परं वा त्रुटेः (न्यायभाष्य, 4 : 2, 17-25)।

5. सर्वेषाम् अनवस्थितावयवत्वे मेरुसर्षपयोस्तुल्यपरिमाणत्वापत्तिः। देखिए न्यायकन्दली, पृष्ठ 31।

पड़ता कि लम्बाई व चौड़ाई ऐसी वस्तुओं से बनी है जिनका अपना कुछ परिमाण नहीं है, शरीर शरीर-रहित से बने हैं।[1] शरीरों के आकार-प्रकार से परिवर्तन उनके बनाने वाले परमाणुओं के सम्मिलन तथा निःसरण के कारण होता है। अन्तविहीन महत्ता तथा अन्तविहीन मर्यादाएं हैं, और जिनका ज्ञान हमें होता है वह दोनों का मध्यवर्ती है। निरन्तर जोड़ते-जोड़ते हम अनन्त रूप से जो महान् है उस तक पहुंचते हैं और निरतर विभाजन करते-करते हम अनंत लघुता तक पहुंचते हैं। परमाणु कार्यों के भौतिक कारण हैं। वे यद्यपि इन्द्रियातीत हैं तो भी उनका वर्गीकरण किया जा सकता है, यद्यपि परिमाण, आकार, वजन तथा घनता के दृष्टिकोण से नहीं। इन्द्रियगम्य वस्तुओं की विभिन्न आकृतियों में जो गुण वे उत्पन्न करते हैं, वे हमारे लिए परमाणुओं का वर्गीकरण करने में सहायक होते हैं। यदि हम इन्द्रियगम्य वस्तुओं, अभेदनीयता जैसे सामान्य गुणों को, जिनका प्रत्यक्ष ज्ञान एक से अधिक इन्द्रियों द्वारा होता है, एक ओर रख दें तो विशेषगुण ये रह जाते हैं : गन्ध, रस, उज्ज्वलता और ताप। ये प्रकार भेद से भिन्न हैं, केवल मात्राभेद से ही नहीं। ऐसा समझा जाता है कि परमाणुओं की भी भौतिक पदार्थों के चार विभागों—अर्थात् पृथ्वी, जल, अग्नि, तथा वायु—के ही अनुकूल चार श्रेणियां हैं। कहा गया है कि परमाणुओं की ये चार श्रेणियां स्पर्श, रस, दर्शन तथा गन्ध की इन्द्रियों को उत्पन्न करती हैं, और यही कारण है कि प्रत्येक विशेष इन्द्रिय केवल एक गुण का ही प्रकाश करती है, चाहे कितनी की उत्तेजित वह क्यों न हो। यद्यपि पार्थिव पदार्थों के गुण—यथा रंग, रस, गन्ध और स्पर्शनीयता—स्वयं पदार्थ के नाश हो जाने पर लुप्त हो जाते हैं, वे उनके अपने-अपने परमाणुओं में सदा विद्यमान रहते हैं यद्यपि पृथ्वी तथा पृथ्वी के परमाणुओं में कुछ गुण अग्नि द्वारा उत्पन्न किए (पाकज) होते हैं।[2] जल, प्रकाश तथा वायु इस प्रकार के परिवर्तन को नहीं आने देते हैं।

> वैशेषिक पीलूपाक की प्रकल्पना को स्वीकार करता है। जब कच्चे घड़े को आग पर चढ़ाया जाता है तो पुराना घड़ा नष्ट हो जाता है, अर्थात् परमाणुओं के रूप में परिवर्तित हो जाता है। ताप के लगने से परमाणुओं में लाल रंग उत्पन्न होता है और परमाणु फिर से संयुक्त होकर एक नए घड़े को उत्पन्न करते हैं। इस मत के अनुसार, पहले समस्त इकाई का परमाणुओं के रूप में विघटन होता है और फिर उसके पश्चात् उन परमाणुओं का पुनः संघटन होकर एक इकाई नये सिरे से बनती है। यह सब जटिल प्रक्रिया चक्षु का विषय नहीं है, क्योंकि यह अत्यन्त द्रुत गति से केवल नौ क्षणों के ही व्यवधान में सम्पन्न हो जाती है।[3] नैय्यायिक 'पिठरपाक' के सिद्धान्त को पुष्ट करता है, जिसके अनुसार रंग का परिवर्तन परमाणुओं तथा पदार्थ दोनों में एक साथ होता है। यह मत अधिक युक्तियुक्त प्रतीत होता है। नैय्यायिक वैशेषिक की प्रकल्पना पर निम्न आधार पर आपत्ति उठाता है। यदि पहला घड़ा नष्ट हो गया और उसके स्थान पर सर्वथा नया घड़ा उत्पन्न हुआ तो हम दूसरे घड़े को पुराना घड़ा

---

1. हरबर्ट के विचार में विविधता तथा अनुभव सम्बन्धी परिवर्तनों को तभी बुद्धि द्वारा ग्रहण किया जा सकता है जब वस्तुएं, जो अपने में सरल तथा अपरिवर्तनशील हैं, स्वयं उनके विषय में कोई कारण प्रस्तुत कर सकें। इन अज्ञेय यथार्थसत्ताओं का विचार किन्हीं विशेष सम्बन्धों में ही किया जा सकता है, जिनके द्वारा हम उनके प्रकट गुणों तथा परिवर्तनों की विविधता को समझ सकते हैं।

2. 7 : 1, 1-6।

3. सर्वदर्शनसंग्रह, 10।

करके कैसे पहचान सकते हैं? हम उसी घड़े को देखते हैं जिसे पहले देखते थे, भेद केवल रंग का है। इसके अतिरिक्त ऐसा प्रतीत होता है कि वैशेषिक के मत में, पृथ्वी के परमाणुओं का गुण, गंध भी अनित्य है। यह तथ्य की इन्द्रियगम्य पदार्थों पर ताप का असर होता है, यह दर्शाता है कि वे सर्वथा ठोस नहीं हैं बल्कि छिद्र वाले हैं।[1]

परमाणुओं को गोलाकार (परिमाण्डल्य) बताया गया है, यद्यपि इससे यह परिणाम नहीं निकाला जा सकता कि उनके हिस्से हैं। इस विचार पर कि उनके हिस्से हैं, कुछ आपत्तियां की जाती हैं। जब तीन परमाणु साथ-साथ अगल-बगल रखे जाते हैं तो मध्यवर्ती अन्य परमाणुओं को पार्श्वों से स्पर्श करता है। जब एक परमाणु सब ओर से घिरा रहता है तो हम परमाणुओं के छः पार्श्व समझते हैं जिन्हें हम परमाणुओं के भाग कह सकते हैं और यदि छः पार्श्व संकुचित होकर एक बिन्दु पर आ जाते हैं तो इससे यह परिणाम निकलेगा कि कितने भी परमाणु क्यों न हों, वे एक परमाणु से अधिक स्थान न घेरेंगे, और समस्त भौतिक पदार्थ भी परमाणुरूप धारण करके अदृश्य हो जाएंगे। इस सब कठिनाई को दूर करने के लिए उत्तर में कहा जाता है कि परमाणुओं का हिस्सों में विभाजन केवल आनुभविक (अर्थात् प्रतीतिमात्र) है, यथार्थ नहीं है।[2] परमाणुओं का अन्दर और बाहर कुछ नहीं है।[3] और वे देशरहित हैं।[4]

परमाणु स्वभाव से निष्क्रिय हैं और उनकी गति बाह्य आघात के कारण है। इस जगत् के प्रलयकाल में परमाणु विद्यमान रहते हैं, किन्तु कुछ कार्य नहीं करते। उस समय वे पृथक्-पृथक् तथा गतिविहीन रहते हैं। वैशेषिक के मतानुसार, मूल परमाणुओं में गति एक विशिष्ट धर्म के अनुसार होती है।[5] प्रशस्तपाद कहता है : महाभूतों में हम जो क्रियाएं प्रकट होती पाते हैं और जिनका कोई भी कारण न तो प्रत्यक्ष द्वारा और न ही अनुमान द्वारा जान सकते हैं, तथा जो फिर भी उपयोगी अथवा हानिप्रद पाई जाती हैं, इन्हीं अदृष्ट साधनों द्वारा उत्पन्न होती हैं (अदृष्टकारितम्)[6], ऐसा ही समझा जाएगा।

पदार्थगत गुण उन परमाणुओं के कारण हैं, जिनसे वे बने हैं। इन परमाणुओं में सब द्रव्यों के पांच सामान्य गुण रहते हैं, यथा पूर्ववर्तिता और पश्चादवर्तिता के भी गुण रहते हैं। इनके अतिरिक्त, पृथ्वी में गन्ध का विशेष गुण है तथा अन्य गुण, अर्थात् रस, रंग, स्पर्श अथवा ताप, गुरुता, वेग एवं तरलता हैं। जल में विशेष गुण

1. न्यायवार्तिकतात्पर्यटीका, पृष्ठ 355; न्यायमंजरी, पृष्ठ 438।

2. न्यायभाष्य, 4 : 2, 20।

3. प्रश्न उठाया जाता है कि आकाश जो एक सरल (अमिश्रित) तथा सर्वव्यापक द्रव्य है, परमाणुओं के अन्दर प्रवेश करता है या नहीं? यदि करता है तो परमाणुओं के हिस्से मानने पड़ेंगे, और यदि प्रवेश नहीं करता तो परमाणुओं के तो हिस्से नहीं होंगे किन्तु आकाश सर्वव्यापी नहीं रहेगा। उत्तर में यह कहा जाता है कि अन्दर और बाहर का विचार एक नित्यसत्ता के विषय में उठता ही नहीं, और आकाश की सर्वत्र उपस्थिति से यह उपलक्षित नहीं होता कि परमाणुओं के हिस्से हैं।

4. न्यायवार्तिक, 4 : 2, 25। परमाणु बृहत्ता के विपरीत सूक्ष्म आकार के कहे जाते हैं। उनमें किसी-न-किसी प्रकार का परिणाम (लम्बाई-चौड़ाई) अवश्य है। इससे विभिन्न मत के लिए देखिए चैटर्जीकृत हिन्दू रियलिज्म, पृष्ठ 19-34; 149-153 तथा 164।

5. धर्मविशेषात्, 4 : 2, 7। 6. पृष्ठ 309।

सान्द्रता का है तथा सिवाय गन्ध के पृथ्वी के अन्य गुण हैं। प्रकाश (अग्नि अथवा तेज) में साधारणतः रहने वाले सात गुण और ताप, रंग, तरलता तथा वेग, ये गुण हैं। वायु में केवल स्पर्श और वेग तथा साधारण सातों गुण हैं। परमाणुओं में ये गुण नित्य हैं, किन्तु उनसे उत्पन्न पदार्थों में ये क्षणिक रूप से रहते हैं।

ऐसा समय कभी न आ सकेगा जब वस्तुएं सर्वथा शून्य में परिणत हो जाएंगी। यद्यपि निर्माण की गई इमारतें नष्ट हो जाती हैं तथापि जिन पत्थरों से वे बनी हैं वे स्थायी रहते हैं।[1] उपादान कारणरूप अवयव, जिनके परस्पर संयुक्त होने पर एक पूर्ण इकाई बनती है, और इसीलिए जो इस प्रकार के मिश्रित पदार्थों की उत्पत्ति के पूर्व विद्यमान थे, अपने में एक स्वतंत्र सत्ता की शक्ति रखते हैं और फिर उसी अवस्था में वापस आ जाते हैं। इस दृश्यमान जगत् का एक के बाद एक ढांचा, यहां एक कि समस्त पार्थिव पदार्थसमूह विलीन हो सकता है तो भी परमाणु सर्वदा नये और ताज़े रहेंगे और आगामी युगों में नये ढांचों का निर्माण करने के लिए उद्यत रहेंगे। व्यक्तिरूप परमाणु दूसरों के साथ संयुक्त होते हैं और उसी सहकारी अस्तित्व में कुछ समय तक विद्यमान रहते हैं, और फिर वियुक्त होकर अपने आदिम एकाकी रूप में आ जाते हैं और फिर नये संयुक्त पदार्थों का निर्माण करते हैं। संयुक्त होने तथा विलग होने की यह प्रक्रिया अनन्त काल तक चलती रहती है। वैशेषिक के अनुसार, सृष्टि रचना में परमाणु असंयुक्त अवस्था में नहीं रहते।[2] सृष्टि रचना में उनके अन्दर एक परिस्पन्द रहता है। परमाणु एकाकी रूप में जब रहते हैं तो उनके अन्दर उत्पादन की क्षमता नहीं होती। श्रीधर का तर्क है कि यदि एक नित्य वस्तु अपने एकाकी रूप में उत्पादनक्षम होती तो उत्पत्ति के क्रम का कभी अन्त न हो सकता, और फिर पदार्थों की अविनश्वरता स्वीकार करने को हम बाध्य होते। त्र्यणुक भी उत्पादनक्षम नहीं हो सकते, क्योंकि एक मूर्तरूप भौतिक पदार्थ अपने से लघुतर परिमाण के हिस्सों से मिलकर बना है। त्र्यणुक, जो एक ठोस परिमाण रखता है, अवश्य किसी अन्य वस्तु से बना है जो फिर स्वयं भी एक उत्पन्न पदार्थ है। इसलिए केवल 'द्वयणुक' ही वस्तुओं को बनाते हैं।[3] द्वयणुक भी, जो दो मौलिक परमाणुओं से मिलकर बने हैं, सूक्ष्म हैं, और इस प्रकार के तीन द्वयूणुक मिलकर एक त्र्यणुक बनता है,[4] जिसका आकार-प्रकार इतना छोटा नहीं होता कि जो बोधगम्य न हो। अकेला एक परमाणु तथा द्वयूणुक दोनों ही अदृश्य हैं, और कम से कम लम्बाई-चौड़ाई की मात्रा जो दृष्टिगोचर हो सके वह 'त्र्यणुक' है, जिसके विषय में कहा जाता है कि वह सूर्यकिरण में दिखाई देने वाले छोटे-छोटे कणों के आकार का है। देखने में यह इस साधारण नियम का एक अपवाद लगता है कि कारणों के गुण कार्यों में प्रकट होते हैं। जब श्वेत वर्ण के दो परमाणु एक द्वयणुक को बनाने के लिए परस्पर मिलते हैं तो द्वयणुक

1. न्यायभाष्य, 4 : 2, 16।

2. अन्तरिक्ष-मण्डल की वायु इस नियम का अपवाद है, क्योंकि कहा जाता है कि यह अनेक परमाणुओं के पुंजों से बनी है जो अलग-अलग तथा असंयुक्त अवस्था में हैं, किन्तु नैय्यायिक इस मत से सन्तुष्ट नहीं है।

3. न्यायकंदली, पृष्ठ, 32।

4. कुछेक परवर्ती वैशेषिक विचारकों की यह सम्मति है कि एक त्र्यणुक तीन एकाकी अणुओं से मिलकर बना है। (सिद्धान्तमुक्तावली, पृष्ठ 37; यूई, 'वैशेषिक सिस्टम', पृष्ठ 130-31।

का रंग भी तदनुसार श्वेत होना चाहिए। परन्तु परमाणु गोलाकार है और द्व्यणुक सूक्ष्म है,[1] तो भी वे एक दृश्यमान परिमाण को उत्पन्न करते हैं। इसीलिए यह कहा जाता है कि उत्पन्न पदार्थ का परिमाण उनके हिस्सों अथवा उनकी संख्या अथवा उनकी अवस्था पर निर्भर करता है।[2] ज्यों-ज्यों द्व्यणुकों की संख्या बढ़ती है, त्यों-त्यों उसके अनुसार उत्पन्न पदार्थ के परिमाण में भी वृद्धि होती है। परमाणुओं के संयोग से उत्पन्न वस्तुएं केवल समूहमात्र नहीं, अपितु पूर्ण इकाइयां हैं। यदि हम पूर्ण इकाई का प्रत्याख्यान करें तो हमारे सामने केवल हिस्से ही रहेंगे, जिनके और छोटे-छोटे विभाजन होते चलेंगे और अन्त में हम उन्हीं अदृश्य परमाणुओं तक पहुँच जाएंगे। इसी प्रकार यदि हम पूर्ण इकाई का निषेध करें तो हम अदृश्य परमाणुओं से परे अन्य किसी सत्ता को नहीं मान सकते। यदि यह कहा जाय कि परमाणु अपने-आप में अदृश्य हैं तथा परमाणुओं के संग्रह दिखाई दे सकते हैं जैसे कि एक अकेला योद्धा अथवा एक अकेला वृक्ष दिखाई न पड़े किन्तु एक पूरी सेना अथवा जंगल को अवश्य देखा जा सकता है, तो उत्तर में न्याय का कहना है कि यह उपमा निर्दोष नहीं है, क्योंकि योद्धा और वृक्ष परमाणु रखते हैं और इसीलिए दिखाई देते हैं, जबकि परमाणु परिमाण नहीं रखते।[3] पूर्ण इकाई हिस्सों से भिन्न एक वस्तु (अर्थान्तर) है, जिस प्रकार कि संगीत स्वरों के जोड़ से बढ़कर कुछ वस्तु है।[4] इसके अतिरिक्त, यदि पूर्ण इकाई न होती तो इस प्रकार के वाक्यों का कुछ अर्थ न होता कि 'वह एक कुरसी है', 'यह एक मनुष्य है' आदि-आदि। पूर्ण इकाई और उसके हिस्से परस्पर समवाय-सम्बन्ध से सम्बद्ध हैं।[5]

हिन्दू विचारधारा का कोई भी सम्प्रदाय ऐसा नहीं है जिसने कालचक्र (युगों) रूपी प्रकल्पना पर अथवा सृष्टि-रचना तथा विनाश (प्रलय) के क्रमशः आते रहने वाले विश्व ब्रह्माण्ड के कालों पर, जिस पर पहले ही बहुत गम्भीर विचार होता आया है, फिर से विचार न किया हो। प्रशस्तपाद ने इन प्रक्रियाओं का वर्णन किया है।[6] ब्रह्मा के दिन की गणना के अनुसार जब सौ वर्ष हो जाते हैं तो उसकी मुक्ति का समय आता है। उन सब जीवधारी प्राणियों को, जो अपने जन्म-जन्मान्तर के भ्रमण के कारण बेचैन हो गए हैं, विश्राम देने के लिए सर्वोपरि भगवान् (जो ब्रह्म से भिन्न है) समस्त सृष्टि को फिर से समेटने की इच्छा करता है। इस इच्छा के उदय का आशय होता है कि आत्माओं के उन सब अदृष्ट कारणों को जो प्राणियों के विविध शरीरों, इन्द्रियों तथा महाभूतों के कारण हैं, रोक देना। उस समय भगवान् की इच्छा से आत्माओं परमाणुओं का पार्थक्य हो जाता है। जब परमाणुओं के समूह नष्ट हो जाते हैं तो उनसे निर्मित पदार्थ भी नष्ट हो जाते हैं। तब फिर परमरूप भौतिक द्रव्यों, अर्थात् पृथ्वी, जल, अग्नि तथा वायु का एक-दूसरे के पश्चात् क्रमशः विलय होता

1. महादेवभट्ट का मत है कि द्व्यणुक अतीन्द्रिय नहीं हैं। 'दशपदार्थी' का भी यह मत है। देखिए यूई, 'वैशेषिक फिलासफी' और 'न्यायकोश', पृष्ठ 350।

2. वैशेषिकसूत्र, 7 : 1, 9।

3. न्यायभाष्य, 4 : 2, 14।

4. न्यायसूत्र, 2 : 1, 35-36।

5. न्यायभाष्य और न्यायवार्तिक, 4 : 2, 12।

6. प्रशस्तपादकृत पदार्थधर्मसंग्रह, पृष्ठ 48 से आगे।

है। परमाणु एकाकी रह जाते हैं तथा आत्माएं भी अपने पिछले पुण्य व पाप की क्षमताओं से व्याप्त अकेली रहती हैं। उसके पश्चात् फिर प्राणियों को उनके पूर्वकर्मों का फलोपभोग कराने के लिए, सर्वोपरि भगवान् सृष्टि-रचना की इच्छा करता है। ईश्वर की इच्छा से वायु के परमाणुओं में, उन अदृष्ट प्रवृत्तियों के कारण जो सब आत्माओं में कार्य करना प्रारम्भ करती हैं, गति उत्पन्न होती है। वायु के परमाणु द्वयणुक तथा त्र्यणुक और अन्त में महान् वायु को बनाने के लिए परस्पर संयुक्त होते हैं, और शीघ्र ही महान् जल प्रकट होता है, उसके बाद महान् पृथ्वी और तब महान् अग्नि। ईश्वर के विचारमात्र (अभिध्यानमात्र) से अग्नि तथा पृथ्वी के परमाणुओं से ब्रह्माण्ड उत्पन्न होता है, और उसके अन्दर भगवान जगत् तथा ब्रह्मा को रचता है। उस ब्रह्मा के सुपुर्द ही भविष्य में सृष्टि रचना का कार्य रहता है। आत्माओं की श्रेणियों में ब्रह्मा सबसे शीर्षकोटि में है, और इस पद को वह तब तक संभाले रहता है जब तक उसके पुण्यकर्मों का सामर्थ्य बना रहता है। यह जगत् समग्ररूप में ब्रह्मा की रचना नहीं है, और न ऐसा ही है कि उसके पुण्यकर्म के निःशेष हो जाने के परिणामस्वरूप यह जगत् स्वतः नष्ट हो जाएगा। यह उत्तरदायित्व सर्वोपरि भगवान् का है। ब्रह्मा, ज्ञान की उच्चतम मात्राओं, प्रशान्तचित्तता तथा शक्ति के कारण, अपने मानस पुत्रों, अर्थात् प्रजापतियों, मनुओं, देवताओं, पितरों, ऋषियों तथा चारों वर्णों एवं अन्य सब जीवित प्राणियों की उनकी अपनी-अपनी प्रभावात्मक क्षमताओं के अनुसार सृष्टि करता है।[1] श्रीधर के अनुसार, अनन्तरूप से महान् और अपरिवर्तनशील तीन द्रव्य, अर्थात् देश, काल और आकाश, सृष्टि-रचना तथा विनाश की प्रक्रियाओं से अछूते रहते हैं। विश्व की नवीन रचना नाम की कोई वस्तु नहीं है। प्रत्येक विश्व अनादि शृंखलाओं में से एक है। जगत् की सृष्टि इस प्रयोजन से होती है कि चेतनता-सम्पन्न जीवात्माएं, अपनी-अपनी योग्यता के अनुसार अनुभव प्राप्त कर सकें। प्राणियों की मूलभूत शक्तियों को वास्तविक रूप देने का नाम ही विश्व है और इसकी रचना उनके कर्मों के कारण तथा उन्हें अनुभव कराने के प्रयोजन से हुई है। किसी भी समय का सबसे उच्चकोटि का प्राणी ब्रह्मा है और कहा जाता है कि समस्त विश्व उसी के अनुभव के लिए बना है। किन्तु सम्पूर्ण योग्यता एक अर्जित वस्तु है और इसीलिए उसका आदि भी है और अन्त भी है। अतएव ब्रह्मा की योग्यता भी अनन्त नहीं है। जब उसका अन्त होगा तो विश्व का भी अन्त हो जाएगा, ऐसा कहा जाता है परन्तु अन्य व्यक्तियों के बिना भुगते हुए अनुभव शेष रह जाएंगे। यदि एक ब्रह्मा की योग्यता का अन्त हो जाएगा तो दूसरा ब्रह्मा उसके स्थान पर आकर उच्च आत्माओं की संख्या में अधिष्ठाता का पद संभाल लेगा। इस प्रकार विश्व के पूर्व और पश्चात्

---

1. फैडिगन सृष्टि-रचना तथा प्रलय के क्रमों में एक महत्त्वपूर्ण भेद को लक्ष्य करता है। अग्नि का निर्माण वायु की रचना के तुरन्त पश्चात् होने के स्थान में सबसे अन्त में होता है। "सृष्टिकर्ता का हेतु क्रम बदलने में यह था कि अग्नि की सृष्टि सृष्टि-संबंधी अण्ड, अर्थात् हिरण्यगर्भ की सृष्टि, से ठीक पहले हो, क्योंकि हिरण्यगर्भ का, जो सोने का है, निर्माण अग्नि और पृथ्वी के मिश्रण से हुआ है। इस प्रकार पद्धति के सामंजस्य का भंग प्रचलित पौराणिक विचारों को अनुकूलता देने के प्रयोजन से हुआ" (वैशेषिक सिस्टम, पृष्ठ 164)।

एक विश्व रहता है, और यह सृष्टि का प्रवाह अनन्तकाल तक चलता रहता है।[1]

परमाणु जो द्वयणुकों के भौतिक कारण हैं, नित्य हैं और इसीलिए नष्ट नहीं हो सकते। द्वयणुक मूल परमाणुओं के नाश से नहीं, अपितु मूल परमाणुओं के संयोग के नाश से नष्ट होते हैं।[2] प्राचीन नैय्यायिकों का मत है कि कारणों का विनाश होने से कार्यों का भी तुरन्त विनाश हो जाता है। 'द्वयणुक' अपवादस्वरूप है, जहां संयोगमात्र का विनाश होता है किन्तु उनके भौतिक कारणों का विनाश नहीं होता। किन्तु परवर्ती नैय्यायिकों का मत है कि हर अवस्था में संयोग नष्ट होता है। यह मत अधिक सन्तोषजनक है, क्योंकि विनाश का अर्थ वस्तुओं का अपने घटकों (अवयवों) में उत्तरोत्तर विघटन ही है। यदि विनाश की प्रक्रिया की पुनरावृत्ति होती है किन्तु रचना की प्रक्रिया का विपरीत-भाव नहीं होता, और यदि हिस्सों के नाश से कार्य का विनाश हो जाता है, तो इन प्रक्रियाओं के मध्य व्यवधान रहेगा, अर्थात् हिस्सों के नाश के पश्चात् भी कार्य अवशिष्ट रह जाएंगे और यह सोचना असम्भव होगा कि इस मध्यवर्ती समय में कार्य कहां रहेगा। हिस्सों में वह रह नहीं सकता, क्योंकि वे तो विलुप्त हो चुके हैं। परमाणुओं में भी नहीं रह सकता क्योंकि कार्यों के साथ उनका सीधा सम्बन्ध नहीं है।[3]

शंकराचार्य अनेक युक्तियों के आधार पर परमाणुवाद की आलोचना करते हैं। प्रलयकाल में गति का आरम्भ विचार में नहीं आ सकता। मनुष्य के प्रयत्न से यह गति नहीं हो सकती, क्योंकि मनुष्य का तो उस समय अस्तित्व ही नहीं था। यदि अदृष्टरूपी तत्त्व को उसका कारण माना जाए तो प्रश्न उठता है—अदृष्ट का निवास कहां है? यदि कहा जाए कि वह जीवात्माओं में रहता है तो वह परमाणुओं को कैसे प्रभावित करता है? यदि परमाणुओं में रहता है तो बुद्धि-सम्पन्न न होने से वह गति नहीं दे सकता। यदि कल्पना की जाए कि जीवात्मा परमाणुओं के अन्दर समवाय-सम्बन्ध से रहती है और अदृष्ट उसके साथ संयुक्त रहता है, तो नित्य क्रियाशीलता होनी चाहिए, जो विघटन की अवस्था के विपरीत होगा। इसके अतिरिक्त, यह कहा जाता है कि अदृष्ट का कार्य आत्माओं को उनके कर्मों का शुभाशुभ फल भोग कराना है तथा विश्व की उत्पत्ति अथवा विलय से उसे कुछ प्रयोजन नहीं है। परमाणुओं के परस्पर संयुक्त होने के सम्बन्ध में शंकराचार्य कठिनाइयां उपस्थित करते हैं। यदि परमाणु पूर्णरूप में एक-दूसरे के साथ संयुक्त होते हैं तो एक-दूसरे के अन्दर समा जाने से परिमाण नहीं बढ़ सकता। तब वस्तुओं की उत्पत्ति भी सम्भव नहीं हो सकती। यदि पूर्णरूप में संयुक्त न होकर परमाणु हिस्सों में संयुक्त होते हैं, तो परमाणुओं को हिस्से वाला मानना पड़ेगा। इसके अतिरिक्त यह भी समझना कठिन होगा कि परमाणुओं के मिश्रण देशीय गुणों को कहां से प्राप्त

---

1. उदयन : आत्मतत्त्वविवेक।
2. परमाणुद्रव्यसंयोगनाश।
3. वैशेषिक के अनुसार, दो प्रकार के विनाश विचार में आ सकते हैं। एक अवान्तरप्रलय अर्थात् बीच का प्रलय, जिसमें केवल स्पर्श में आनेवाले ठोस उत्पन्न पदार्थ विनष्ट होते हैं, और एक महाप्रलय अथवा सार्वभौम विनाश जिसमें सब वस्तुएं भौतिक तथा अभौतिक परमाणुरूप में लौट जाती हैं। सृष्टि तथा प्रलय नित्य की क्षमता तथा विकास (स्पष्टीकरण) के रूप हैं। तुलना कीजिए महानारायण उपनिषद्, 5; कीथ : इण्डियन लॉजिक एण्ड ऐटोमिज्म, पृष्ठ 216।

करते हैं, क्योंकि परमाणुओं की इकाई में वे नहीं होते। परमाणुओं के संयोग में वे गुण कहां से आए जो स्वयं परमाणुओं में पहले नहीं थे? और यह समझना भी सरल नहीं है कि सूक्ष्म और अविनश्वर परमाणुओं में रंग तथा उसके समान और गुण कहां से आते हैं? फिर, मूर्तरूप तत्त्वों, यथा अग्नि, वायु, पृथ्वी, जल और आकाश में से कुछ में अन्यों से अधिक गुण रहते हैं। जहां जल में रंग, रस और स्पर्श गुण हैं, वहां वायु में केवल स्पर्श गुण ही है। ये गुण स्वयं परमाणुओं में भी किसी-न-किसी रूप में होने चाहिए। इस प्रकार जल के परमाणुओं में वायु के परमाणुओं से अधिक गुण होने चाहिए। किन्तु गुणों में वृद्धि होने का तात्पर्य है कि उनके आकार में भी वृद्धि होगी, और ऐसी अवस्था यह कथन कि सब परमाणु एक ही आकार के हैं, असंगत हो जाएगा। आत्मा, मन और परमाणुओं के परस्पर संयोग में भी कठिनाई है, क्योंकि ये सभी हिस्सेरहित हैं। फिर, परमाणुओं को या तो सदा क्रियाशील, या सदा निष्क्रिय अथवा दोनों ही प्रकार का, या दोनों में से एक प्रकार का भी नहीं मानना होगा। यदि उन्हें सदा क्रियाशील माना जाए तो उनका विघटन असम्भव होगा, और यदि वे सदा निष्क्रिय हों तो सृष्टि-रचना नहीं हो सकती। एक साथ दोनों प्रकार का होना परस्पर विरोधी है। और यदि क्रियाशील तथा निष्क्रिय दोनों में से कुछ भी नहीं है, तो क्रियाशीलता तथा निष्क्रियता दोनों ही अवस्थाओं के लिए प्रवर्तक कारणों की कल्पना करनी होगी और ये कारण, अदृष्ट तत्त्व के समान परमाणुओं के साथ स्थायी रूप से सम्बद्ध होने के कारण, या तो नित्य क्रियाशीलता या नित्य निष्क्रियता को उत्पन्न करेंगे।[1]

आधुनिक विचारधारा परमाणुवाद की प्रकल्पना में सन्देह प्रकट करती है। वैशेषिक का यह मत कि संसक्त अथवा विस्तृत पदार्थ असंख्य, असंसक्त तथा परिमित इकाइयों से मिलकर बने हैं, एक कोरी कल्पनामात्र है; क्योंकि कोई भी यथार्थ वस्तु इन इकाइयों तक सीमित नहीं है। छोटी-से-छोटी घटना की भी एक अवधि होती है, और उसमें इस प्रकार की गणितशास्त्रीय इकाइयां असंख्य रहती हैं।

ऐसा कहा जाता है कि वैशेषिक की उक्त प्रकल्पना को यूनानी विचारधारा से प्रेरणा मिली और इसका आविर्भाव सम्भवतः उस काल में हुआ जबकि भारत पश्चिमी देशों के सम्पर्क में आया, जहां यह प्रकल्पना विस्तृतरूप में प्रचलित थी।[2] हमारे ज्ञान की वर्तमान अवस्था में इस विषय में कुछ भी निश्चित रूप से कहना कठिन है किन्तु परमाणुवाद की प्रकल्पना के सम्बन्ध में यूनानी तथा भारतीय विचारों में सिवाय इसके और कोई समानता नहीं पाई जाती कि दोनों परमाणु को अदृश्य इकाई मानते हैं। डेमोक्रेटिस के मत से, परमाणुओं में परस्पर परिमाण सम्बन्धी भेद तो है किन्तु गुणात्मक भेद नहीं है। वह मानता है कि परमाणु अनन्त गुणों से सर्वथा रहित और अविभाज्य हैं, किन्तु आकृति, परिमाण, गुरुत्व, स्थिति तथा व्यवस्था के सम्बन्ध में परस्पर भिन्नता रखते हैं। कणाद के मत में परमाणु भिन्न-भिन्न आकार के हैं, प्रत्येक अपने में एक विशिष्टता रखता है। परिणामस्वरूप, पदार्थों में गुणों के कारण जो परस्पर भेद हैं वे यूनानी विद्वानों की दृष्टि में न्यून होकर परिमाण-सम्बन्धी मदों में परिणत हो जाते हैं, जबकि वैशेषिक

---

1. शांकरभाष्य, 2 : 2, 14।
2. कीथ : इण्डियन लॉजिक एण्ड एटोमिज्म, पृष्ठ 17-18।

में इसके विपरीत है। इससे परिणाम यह निकलता है कि भारतीय दार्शनिक इस यूनानी मत को स्वीकार नहीं करता कि गुण परमाणु में अन्तर्निहित नहीं हैं। डेमोक्रिटिस तथा एपिक्यूरस के मत में परमाणु स्वभाव से गतिमान हैं, किन्तु कणाद के मत में वे मुख्यतः स्वयं में निष्क्रिय हैं। एक अन्य मौलिक भेद दोनों में यह है कि जहां डेमोक्रिटस परमाणुओं से आत्माओं का बनना सम्भव मानता है, वहां वैशेषिक आत्माओं तथा परमाणुओं को नितान्त भिन्न मानता है और इसके मत में दोनों ही समान रूप से नित्यसत्ताएं हैं। यूनानी परमाणुवादियों ने विश्व के एक यन्त्रवादी विचार को विकसित किया और ईश्वर को इस जगत् से निकाल बाहर किया। परमाणु, जो संख्या में अनन्त हैं और आकृतियों में भिन्न-भिन्न प्रकार के हैं, अनन्त आकाश में से गिरते हैं और इस प्रक्रिया में एक-दूसरे के साथ संघर्ष में आते हैं, क्योंकि बृहदाकार परमाणु लघुतर परमाणुओं की अपेक्षा अधिक शीघ्रता के साथ गति करते हैं। इस प्रकार एक प्रकार के भंवरों में पड़कर वे समूहों तथा लोकों का निर्माण करते हैं। कहा जाता है कि परमाणुओं की गतियों में परिवर्तन एक अनिश्चित विधि से होते हैं।[1] यद्यपि प्रारम्भिक वैशेषिकों ने स्पष्टरूप से ईश्वर की प्रकल्पना को स्वीकार नहीं किया तो भी उन्होंने धर्म (अदृष्ट) को अपने समस्त दर्शन का मुख्य सिद्धान्त करके माना है। इस प्रकार वैशेषिक के परमाणुवाद में जहां धार्मिक प्रवृत्ति का पुट पाया जाता है, वहां उसके प्रतिरूप यूनानी दर्शन में इसका सर्वथा अभाव है। इस प्रकार वैशेषिक-प्रतिपादित परमाणुवाद में कुछ ऐसे स्पष्ट लक्षण देखे जाते हैं जो यूनानी दर्शन के प्रभाव के कारण नहीं हो सकते। प्रारम्भिक भारतीय विचारधारा में परमाणुवाद की प्रकल्पना की पूर्ववर्तिता सरलतापूर्वक खोजी जा सकती है।

अभी कुछ समय पूर्व तक भौतिक विज्ञानशास्त्र में भी परमाणुवाद की प्रकल्पना का प्राधान्य था किन्तु अभिनव प्रगति उक्त परमाणुवाद के अनुकूल नहीं है। अब पुंज अपरिवर्तनीय परिमाण नहीं रह गया है, बल्कि यह द्रुतगति से परिवर्तित होता है। यह वैद्युत शक्ति के अत्यन्त सूक्ष्म केन्द्रों में परिणत होता है, जिन्हें कोई शारीरिक सहारा प्राप्त नहीं है, और जो अपेक्षाकृत विस्तृत दूरियों में बिखरे हुए हैं तथा इधर से उधर अत्यन्त द्रुतगति से उड़ते रहते हैं। उष्णता, प्रकाश और गति में भी, प्रकृति से अलग, गुरुत्व विद्यमान है। अब परमाणुओं को ''इलेक्ट्रॉनों'' (विद्युदणुओं) की संहति माना जाने लगा है, और वे विद्युदणु आकाश (ईथर) से अपना स्वरूप प्राप्त करते हैं। परमाणु सौरमण्डल का एक लघुरूप है, जिसमें एक केन्द्रीय सूर्य है, जो घूमता हुआ पुंज है और जिसके चारों ओर छोटे-छोटे विद्यदणु गुरुत्वाकर्षण के नियम के अनुकूल उड़ते हैं और यह गुरुत्वाकर्षण का सिद्धान्त ही पृथ्वी को सूर्य के साथ सम्बद्ध रखता है। परमाणुवाद की पुरानी प्रकल्पना नवीन तथ्यों की व्याख्या करने में असमर्थ है। तो भी विज्ञान के क्षेत्र में उक्त सिद्धान्त ने जो अभी तक विजय लाभ किया उसे देखते हुए मानना पड़ेगा कि यह एक सफल प्रकल्पना थी। परमाणुवाद ने 'सर्वचेतनवाद' को अपदस्थ कर दिया, क्योंकि जहां तक विज्ञान का सम्बन्ध है,'सर्वचेतनवाद' निःसार होने के कारण स्वयं परास्त हो गया। किन्तु यूनान तथा भारत में भी इस प्रकल्पना को आध्यात्मिक दृष्टिकोण के आधार पर प्रस्तुत किया गया था, विज्ञान की कसौटी पर कसकर एक सिद्धान्त के रूप में प्रस्तुत नहीं किया गया था। इस प्रसंग में प्रत्यक्षमूलक

1. वालेस : एपिक्यूरियनिज्म, पृष्ठ 100।

प्रमाणीकरण सम्भव नहीं है।[1] यह एक भावात्मक योजना है जिसे प्राकृतिक तथ्यों की व्याख्या के लिए स्वीकार किया गया है। यह पर्यवेक्षण का विषय न होकर सिद्धान्त का प्रश्न है। इस प्रकल्पना को इस आधार पर स्वीकार करने के लिए कहा जाता है कि विश्व के अन्दर व्यवस्था तथा सामंजस्य का विचार इसको मानने के कारण है। इसलिए जब हम देखते हैं कि इसका व्याख्यात्मक महत्त्व अब नहीं रहा तो कोई कारण नहीं है कि अब क्यों न हम इस प्रकल्पना का प्रत्याख्यान कर दें।

7. गुण

द्रव्य तो अपना स्वतन्त्र अस्तित्व स्थिर रख सकता है, किन्तु गुण बिना आश्रय के नहीं रह सकता।[2] यह द्रव्य के अन्दर रहता है और स्वयं अन्य गुणों को धारण नहीं करता। कणाद गुण की परिभाषा इस प्रकार करता है कि गुण वह है "जिसका अधिष्ठान द्रव्य हो, जिसमें और कोई गुण न हो, और जो किसी भी संयोग अथवा वियोजन का कारण न हो और न जिसका इनसे कोई सम्बन्ध हो।"[3] वैशेषिकसूत्र में सत्रह गुण बताए गए हैं, अर्थात् रूप, रस, गन्ध, स्पर्श, संख्या, परिमाण, पृथक्त्व (व्यक्तित्व), संयोग, विभाग, पूर्ववर्तित्व (परत्व), पश्चाद्वर्तित्व (अपरत्व), बुद्धि (ज्ञान), सुख, दुःख, इच्छा, द्वेष और प्रयत्न।[4] प्रशस्तपाद उक्त सूची में और सात गुणों को जोड़ता है और वे ये हैं : गुरुत्व, द्रवत्व, स्नेह (स्निग्धता), धर्म, अधर्म, शब्द और संस्कार।[5] लघुता, मृदुता और कठोरता को भी गुणों में सम्मिलित करने के प्रयत्न किए गए, किन्तु उन प्रयत्नों में सफलता नहीं मिली, क्योंकि लघुता केवल गुरुता का अभाव है, और मृदुता एवं कठोरता केवल संयोग की भिन्न-भिन्न मात्राओं को दर्शाती हैं।[6] नव्य नैय्यायिक पूर्ववर्तित्व, पश्चाद्वर्तित्व और व्यक्तित्व को छोड़ देते हैं क्योंकि इनमें से पहले दो देश और काल पर निर्भर करते हैं और व्यक्तित्व अन्योन्याभाव है। गुणों की सूची में मानसिक तथा भौतिक दोनों प्रकार के गुण सम्मिलित हैं।

> नित्य द्रव्यों के जो गुण हैं वे नित्य कहे जाते हैं, और अनित्य द्रव्यों के गुण अनित्य कहे जाते हैं। ऐसे गुण जो दो या दो से अधिक द्रव्यों में पाए जाते हैं, सामान्य

---

1. "परमाणुवाद की प्रकल्पना को प्राचीन काल में और आधुनिक काल में, कभी भी ठीक-ठीक सिद्ध नहीं किया गया है। सही अर्थों में, सिद्धान्त के रूप में यह न तो कभी थी, न है और न टिक सकती है। यह केवल एक कल्पनामात्र है। यद्यपि यह ठीक है कि इसके समान अन्य किसी कल्पना में वह क्षमता या टिकने की शक्ति नहीं है जिसके कारण भौतिक तथा रासायनिक विज्ञान दोनों को ही आज तक आगे अनुसन्धान का एक तैयार क्षेत्र मिलता गया। फिर भी यह है एक कल्पना ही, और क्योंकि इसमें ऐसे तथ्यों के विषय में धारणाएं बना ली गई हैं जो मानवीय ज्ञान के क्षेत्र से सुदूर हैं, अतः इसकी धारणाएं कभी कसौटी पर कसी नहीं जा सकतीं" (गौम्पर्जकृत ग्रीक थिंकर्स, खण्ड 1, पृष्ठ 353)।
2. सांख्यदर्शन में गुण शब्द एक विशेष अर्थ में प्रयुक्त हुआ है।
3. 1 : 1, 16। देखिए प्रशस्तपादकृत पदार्थधर्मसंग्रह, पृष्ठ 94।
4. 1 : 1, 6।
5. प्रशस्तपादकृत पदार्थधर्मसंग्रह, पृष्ठ 10।
6. तर्कसंग्रहदीपिका, 4।

गुण कहलाते हैं, तथा जो एक ही द्रव्य में रहते हैं, विशेष गुण कहलाते हैं। रूप, रस, गन्ध, स्निग्धता, प्राकृतिक तरलता, बुद्धि, सुख, दुःख, इच्छा, द्वेष, प्रयत्न, धर्म, अधर्म, संस्कार और शब्द विशेष गुण हैं जो अपने गुणी पदार्थों को अन्यों से विशिष्ट करके प्रस्तुत करते हैं। संख्या, परिमाण, व्यक्तित्व, संयोग, विभाग, पूर्ववर्तित्व, पश्चाद्वर्तित्व, गुरुता, कृत्रिम तरलता, द्रुतगति सामान्य गुण हें।[1] ये गुण सब द्रव्यों में समान हैं और अपने निजी स्वरूप में मनोगत गुण हैं। वे ऐसे विषयनिष्ठ नहीं हैं जैसेकि अन्य गुण हैं। उदाहरण के रूप में, संख्या को विषयनिष्ठ गुण समझा गया है। एक ही पदार्थ एक या अनेक रूप में देखा जा सकता है। संख्या, परिणाम, व्यक्तित्व, संयोग और विभाग सब द्रव्यों में पाए जाते हैं। काल और देश में तो अन्य कोई गुण नहीं है, किन्तु आकाश में शब्द गुण भी है। मन में, जिसे मूर्तरूप माना जाता है, परमाणुओं से बने द्रव्यों के सात गुण हैं और द्रुत गति भी है। आत्मा में पांच सामान्य गुण हैं, और नौ गुण विशेष हैं, यथा बुद्धि, सुख, दुःख, इच्छा, द्वेष, प्रयत्न, धर्म और अधर्म और मानसिक प्रभावोत्पादक क्षमता। ईश्वर में पांच सामान्य गुण हैं और इनके अतिरिक्त ज्ञान, इच्छा और प्रयत्न भी हैं।[2] गुणों में एक भेद और किया गया है अर्थात् एक वे जिनका प्रत्यक्ष ज्ञान हो सकता है, दूसरे वे जो प्रत्यक्ष द्वारा नहीं जाने जा सकते। धर्म और अधर्म, गुरुता तथा क्षमता प्रत्यक्ष के विषय नहीं हैं। एक अन्य प्रकार से भी गुणों में भेद किया जा सकता है, जैसे रूप, रस, गन्ध और स्पर्श तथा शब्द। ये केवल एक ही इन्द्रिय के द्वारा जाने जा सकते हैं, और दूसरे वे हैं, जैसे संख्या, परिमाण, व्यक्तित्व, संयोग और विभाग, पूर्ववर्तित्व, पश्चाद्वर्तित्व, तरलता, स्निग्धता और गति, जिनका ज्ञान दो इन्द्रियों के द्वारा होता है। आत्मा के गुण-यथा ज्ञान, सुख-दुःख, इच्छा, द्वेष, प्रयत्न-मन के द्वारा जाने जा सकते हैं।[3]

रूप ऐसा गुण है जिसका बोध केवल आंख द्वारा होता है और गुण पृथ्वी, जल, और अग्नि में पाया जाता है, यद्यपि पिछले दो में यह स्थायी रूप में रहता है। पृथ्वी में ताप देने से इस गुण में विविधता आती है। रूप (रंग) भिन्न-भिन्न हैं, और सात प्रकार के माने गए हैं, यथा श्वेत, नीला, पीला, लाल, हरा, भूरा और चित्र-विचित्र। रस उन पदार्थों का गुण है जिनका बोध केवल जिह्वा के द्वारा होता है। पृथ्वी और जल में रस है। इसके पांच प्रकार स्वीकार किए गए हैं : मीठा, खट्टा, चरपरा, कसैला और तिक्त (कडुआ)। गन्ध एक विशेष गुण है जिसका बोध केवल नासिका द्वारा ही हो सकता है। यह या तो सुगन्ध होती है अथवा दुर्गन्ध होती है, और यह पृथ्वी का गुण है। स्पर्श ऐसा गुण है जो केवल त्वचा के द्वारा ही जाना जा सकता है। स्पर्श तीन प्रकार का माना गया है, ठण्डा, गरम और न ठण्डा न गरम। इससे हमें यह प्रतीत होता है कि स्पर्श यथार्थ में तापमान ही है। यह पृथ्वी, जल, अग्नि और वायु में रहता है। कभी-कभी खुरदरापन, कठोरता, चिकनाहट,

1. प्रशस्तपादकृत पदार्थधर्मसंग्रह, पृष्ठ 95-96।
2. भाषापरिच्छेद, पृष्ठ 25-34।
3. प्रशस्तपादकृत पदार्थधर्मसंग्रह, पृष्ठ 96।

और कोमलता भी स्पर्श के अन्दर सम्मिलित कर लिए जाते हैं।[1] शब्द आकाश का गुण है।

संख्या वस्तुओं का ऐसा गुण है जिसके कारण हम एक, दो, तीन जैसे शब्दों का व्यवहार करते हैं। इन संख्याओं में एकत्व नित्य भी है और अनित्य भी, किन्तु अन्य सब संख्याएं अनित्य ही हैं। जब हम घड़े को देखते हैं तो हमें एकत्व अथवा दृष्ट पदार्थ की एकता का ज्ञान होता है। जब हम दूसरा घड़ा देखते हैं तो उसके एकत्व का ही बोध होता है और उसमें द्वित्व नहीं है। दो पदार्थों के एकत्वों का एक साथ विचार करने से द्वित्व की भावना उत्पन्न होती है। पहली संख्या के अतिरिक्त बाकी सब संख्याओं का भाव विचार की क्रिया के कारण (अपेक्षाबुद्धि) होता है।[2]

आयाम (परिमिति) वस्तुओं का वह गुण है जिसके कारण हम वस्तुओं को मापते हैं और उन्हें बड़ा या छोटा, लम्बा या ठिगना, करके जानते हैं। नित्य द्रव्यों में आयाम भी नित्यरूप से तथा अनित्य द्रव्यों में अस्थायी रूप से रहता है। आकाश में परम महत्त्व है, इसी प्रकार एक परमाणु में परम क्षुद्रता (परिमाण्डल्य) है। अनित्य द्रव्यों का आयाम संख्या, विस्तार तथा उनके बनानेवाले हिस्सों की व्यवस्था से जाना जाता है।[3] द्वयणुक सूक्ष्म हैं, तथा अन्य सब परिमित विस्तार वाले हैं।

पृथक्त्व पदार्थों के परस्पर-भेद का आधार है।[4] यह स्वरूप में यथार्थ है, भावात्मक नहीं है। जैसे द्रव्य में इसका अधिष्ठान होता है उसी के अनुकूल यह नित्य अथवा अस्थायी होता है। जहां व्यक्तित्व अनित्य पदार्थों में भी रहता है, वहां विशेषत्व नित्य द्रव्यों का गुण है। व्यक्तित्व वस्तुओं की संख्या सम्बन्धी भिन्नताओं का प्रतिपादन करता है, किन्तु विशेषत्व वस्तुओं की गुणात्मक विशेषता का प्रतिपादन करता है।

संयोग और विभाग,[5] क्रमशः जो वस्तुएं पहले पृथक् थीं उनके परस्पर जुड़ने को तथा जो पहले संयुक्त थीं उनके पृथक् होने को बतलाते हैं। संयोग किसी एक पदार्थ की गति में होता है, जैसे कि एक उड़ती हुई चील किसी खम्भे पर आ बैठती है, अथवा दोनों पदार्थों की गति से होता है, जैसे दो लड़ते हुए मेढ़े एक-दूसरे से सिर टकराते हैं। संयोग एक अन्य संयोग के द्वारा भी होता है। जब हम लिखते हैं तो कलम और काग़ज़ के संयोग से हाथ का संयोग भी काग़ज़ के साथ हो जाता है। क्योंकि संयुक्त होनेवाले दो पदार्थों का पहले पृथक् रहना आवश्यक है, इसलिए दो सर्वव्यापक पदार्थों का परस्पर संयोग नहीं हो सकता, क्योंकि वे एक-दूसरे से कभी अलग नहीं होते। इसी प्रकार विभाग भी दो पदार्थों में से एक अथवा दोनों की गति से अथवा किसी अन्य विभाग के द्वारा होता है। पदार्थों के अन्दर जो परिवर्तन होते हैं वे संयोग और विभाग के कारण ही होते हैं।

---

1. अथाल्यंकृत तर्कसंग्रह, पृष्ठ 155-56।

2. न्यायकन्दली, पृष्ठ 118-19; उपस्कार, 7 : 2, 8। जहां न्याय का यह मत है कि द्वित्व आदि एकत्व के समान ही यथार्थ हैं, यद्यपि उनकी अभिव्यक्ति बोध के द्वारा होती है, वहां वैशेषिक का मत है कि इन संख्याओं की बुद्धि द्वारा केवल अभिव्यक्ति नहीं, बल्कि निर्माण होता है। इस विषय में वैशेषिक यह भूल जाता है कि जब तक केवल एक ही पदार्थ रहता है तब तक एकत्व का विचार भी उत्पन्न नहीं हो सकता। द्वित्व के विचार की भांति, इसे भी विचार के प्रयोग की आवश्यकता होती है।

3. वैशेषिकसूत्र, 7 : 1, 8-9।

4. वैशेषिकसूत्र, 7 : 2, 2।

5. प्रशस्तपादकृत पदार्थधर्मसंग्रह, पृष्ठ 139 से आगे, 151 से आगे।

पूर्ववर्तित्व और पश्चाद्वर्तित्व[1] काल अथवा देश में दूर या समीप के भावों के एक समान आधार हैं। इन दोनों को वस्तुतः गुण न कहकर मूर्त पदार्थों के परस्पर सम्बन्ध कहना चाहिए। प्रशस्तपाद स्वीकार करता है कि ये सम्बन्ध निरपेक्ष नहीं हैं।[2]

सुख, दुख, इच्छा, द्वेष और प्रयत्न तथा ज्ञान आत्मा के गुण हैं। गुरुता पदार्थ का वह गुण है जिसके कारण पदार्थों का झुकाव गिरते समय भूमि की ओर होता है।[3] पृथ्वी और जल के परमाणुओं की गुरुता नित्य है, जबकि पदार्थों की गुरुता अनित्य है। तरलता, जो प्रवाहरूपी क्रिया का कारण है, या तो सांसिद्धिक है अथवा नैमित्तिक है। जल स्वभावतः तरल है, किन्तु पृथ्वी की तरलता विजातीय हेतुओं के कारण आती है।[4] स्निग्धता जल का गुण है और संयुक्त होने तथा चिकनेपन आदि का कारण है।[5] धर्म और अधर्म आत्मा के गुण हैं, जिनके कारण यह सुख का अनुभव करती है अथवा दुःख भोगती है। अदृष्ट वह शक्ति है जो आत्माओं तथा वस्तुओं से उत्पन्न हुई है और जिसके कारण विश्व की व्यवस्था सम्पन्न होती है और आत्माएं अपने पूर्व कर्मों के फलों का उपभोग करती हैं। वैशेषिक यह समस्त तार्किक कठिनाइयों को दूर करने की अचूक औषधि है। जिस किसी की भी अन्य किसी प्रकार से व्याख्या न की जा सके उसका कारण अदृष्ट बतला दिया जाता है। सुई की गति चुम्बक की ओर होने, पौधों में आर्द्रता के प्रसार, अग्नि के ऊर्ध्वगामी होने, वायु की गति और परमाणुओं की प्रारम्भिक गति—इन सबका कारण अदृष्ट ही बताया गया है।[6] किसी भी घटना की व्याख्या-विषयक जिज्ञासा के सम्बन्ध में यह कह देना कि यह एक पंक्ति के कारण हुई पर्याप्त समझा जाता है। वैशेषिक की योजना में अदृष्ट नाटककारों के दैवी साहाय्य के समान है, जो ऐसी अवस्था में जबकि उलझन को दूर करने का और कोई साधन उपलब्ध न हो, स्वर्ग से उतर कर दुःखद गांठ को काट कर समस्या को सुलझा देते हैं। वैशेषिक दर्शन की सीमाओं पर ही अदृष्ट को अपना कार्य करने के लिए क्षेत्र मिलता है। विश्व का आदि, उसकी व्यवस्था तथा सुन्दरता, वस्तुओं का लक्ष्य और उपाय के रूप में एक-दूसरे से जुड़ना—सभी का कारण अदृष्ट बताया गया है। परवर्ती विचारकों ने जब ईश्वर की यथार्थता को स्वीकार कर लिया, तो अदृष्ट को वह माध्यम मान लिया गया जिसके द्वारा ईश्वर की इच्छा अपना कार्य करती है। संस्कार तीन प्रकार का है : वेग, जो किसी पदार्थ को गति में रखता है; भावना, जिसके द्वारा आत्मा पूर्वकाल में अनुभूत वस्तुओं को स्मरण करने तथा पहचानने योग्य होती है, और स्थिति-स्थापकता, जिसके कारण वस्तु छोड़ी जाने पर भी फिर से अपनी पहली स्थिति में आ जाती है। पांच भौतिक द्रव्यों में वेग कर्म अथवा गति के द्वारा उत्पन्न होता है, और इसका प्रतिकार स्पर्श योग्य ठोस द्रव्यों के संयोग से होता है। स्थिति-स्थापकता ऐसे द्रव्यों में रहती है जो सिकुड़ते और फैलते हैं।

---

1. प्रशस्तपादकृत पदार्थधर्मसंग्रह, पृष्ठ 164 से आगे।
2. प्रशस्तपादकृत पदार्थधर्मसंग्रह, पृष्ठ 99।
3. वैशेषिकसूत्र, 5, 1, 7-18; 5 : 2, 3; प्रशस्तपादकृत पदार्थधर्मसंग्रह, पृ. 263।
4. प्रशस्तपादकृत पदार्थधर्मसंग्रह, पृष्ठ 264।
5. प्रशस्तपादकृत पदार्थसंग्रह, पृष्ठ, 266।
6. 5 : 1, 15; 5 : 2, 7, 13; 4 : 2, 7। केप्लर ने ग्रह-उपग्रहों की गतियों की व्याख्या करते हुए उन्हें अन्तरिक्षव्यापी आत्माओं के कारण उत्पन्न होनेवाली बताया है (केवल-कृत हिस्ट्री आफ दि इण्डक्टिव साइंसेज, तृतीय संस्करण, खण्ड 1, पृष्ठ 315)।

8. कर्म अथवा क्रिया

कर्म अथवा गति[1] को विश्व का एक ऐसा तत्त्व माना गया है जिसे और कम नहीं किया जा सकता। यह न तो द्रव्य है और न गुण ही है, बल्कि अपने-आप में एक स्वतन्त्र पदार्थ है। तमाम गतियों का द्रव्यों से उसी तरह सम्बन्ध है जैसे कि गुणों का है। केवल भेद यह है कि गुण द्रव्य का स्थायी स्वरूप है, जबकि क्रिया क्षणिक स्वरूप है। गुरुता शरीर का एक गुण है किन्तु उसका गिरना एक घटना है। वे गुण जो निरन्तर अपना अस्तित्व रखते हैं, गुण कहलाते हैं, और जिनका अस्तित्व नहीं रहता वे कर्म कहलाते हैं। निरन्तर रहने वाले तथा घटित होने वाले गुणों में यह एक भेद है।[2] कणाद कर्म की परिभाषा करते हुए कहते हैं कि कर्म वह है जो एक ही द्रव्यं में रहता है, गुणों से रहित है तथा संयोग और विभाग का सीधा तथा तात्कालिक कारण है।[3] गतियों के पांच प्रकार के भेद बताए गए हैं, अर्थात् ऊर्ध्वगति, अधोगति, संकोच, विस्तार तथा सामान्य गति। कर्म अपने सरलतम रूप में तात्कालिक होता है, जबकि वेग एक निरन्तर प्रवृत्ति है जो गतियों की शृंखला की द्योतक है। कर्म अपने सभी रूपों में अस्थायी है, और अपने आधारभूत द्रव्य के परवर्ती संयोग अथवा विनाश के साथ ही समाप्त हो जाता है। आकाश, काल, देश तथा आत्मा यद्यपि द्रव्य हैं, तथापि अमूर्त होने के कारण कर्म से रहित हैं।[4]

9. सामान्य

जब हम द्रव्यों की अनेकता को स्वीकार कर चुके तो प्रकट है कि उनमें पारस्परिक सम्बन्ध भी हैं। द्रव्यों को एक समान होना चाहिए क्योंकि वे सभी द्रव्य हैं; उन्हें एक-दूसरे से भिन्न भी होना चाहिए क्योंकि पृथक्-पृथक् द्रव्य हैं। जब हम किसी गुण को अनेक पदार्थों में निहित पाते हैं तो उसे हम 'सामान्य' कहते हैं। किन्तु जब हम उस गुण को इन पदार्थों को अन्य पदार्थों से पृथक् करनेवाला पाते हैं तो हम उसे 'विशेष' कहते हैं। ऐसा प्रतीत होता है कि कणाद 'सामान्य' को एक भावात्मक पदार्थ मानते हैं।[5] जब हम प्रशस्तपाद के पास पहुंचते हैं तो भावात्मक विचार का स्थान अधिक प्रचलित यथार्थवादी सिद्धान्त ले लेता है, जिसके अनुसार सामान्य नित्य है, एक है, और द्रव्य, गुण अथवा कर्म श्रेणी की अनेकों वस्तुओं में रहता है। संयोग तथा द्वैत अनेक वस्तुओं से घनिष्ठ रूप से सम्बद्ध हैं, किन्तु वे नित्य नहीं हैं। आकाश नित्य है किन्तु अनेक वस्तुओं से सम्बद्ध नहीं है। अत्यन्ताभाव नित्य है और अनेक वस्तुओं का गुण भी है, किन्तु उनके साथ घनिष्ठ सम्बन्ध नहीं रखता, अर्थात् अनेक वस्तुओं का निर्माण करनेवाला अवयव नहीं है। इसी प्रकार 'विशेष', 'सामान्य' नहीं है, क्योंकि उस अवस्था में यह अपने स्वरूप को खो बैठेगा तथा सामान्य के साथ मिश्रित किया जाने लगेगा। घनिष्ठ सम्बन्ध (समवाय) को सामान्य के

---

1. कर्म से तात्पर्य यहां गति से है, ऐच्छिक कर्म अथवा कार्यकारणभाव के नैतिक विधान से नहीं है।
2. तुलना कीजिए, डब्ल्यू. ई. जानसन : लौजिक, खण्ड 1, पृष्ठ 37।
3. वैशेषिकसूत्र, 1 : 1, 7।
4. वैशेषिकसूत्र, 5 : 2, 21; 2 : 1, 21। यह संदेहास्पद है कि कणाद आत्मा को कर्मविहीन मानते हैं।
5. 2 : 1, 3 से आगे। देखिए 6 : 2, 16। प्रशस्तपाद के अनुसार, गतियों का क्षेत्र केवल भौतिक शरीरों, परमाणुओं तथा मन ही सीमित है।

साथ मिश्रित न करना चाहिए, क्योंकि उस अवस्था में इसे समवाय के साथ समवाय-सम्बन्ध की आवश्यकता होगी, और इस सिलसिले का कहीं अन्त न होगा। सामान्य, जिसके धारणे करने से विभिन्न व्यष्टियों को एक श्रेणी में रखा जाता है, अपने-आप में एक स्वतन्त्र पदार्थ है। यह नित्य है, एक है तथा अनेकों के अन्दर रहता है (अनेकानुगतम्)।[1] यह एक समान स्वरूप के साथ (अभिन्नात्मकम्) अपनी श्रेणी के सब पदार्थों में रहता है (स्वविषयसर्वगतम्), तथा अनुवृत्तिप्रत्यय कराने का कारण है।[2] द्रव्य गुण और कर्म में तो सामान्य है, किन्तु सामान्य, विशेष, समवाय तथा अभाव में कोई सामान्य नहीं है। एक सामान्य अन्य सामान्य में नहीं रह सकता। वृक्षत्व तथा घटत्व अपने-आप में सामान्य हैं और इसलिए इन सब में एक समान रहने वाला अन्य कुछ नहीं हो सकता, क्योंकि उस अवस्था में हम एक प्रकार की अन्त रहित पश्चाद्गति में पड़ जाएंगे।

सामान्य दो प्रकार का है, उच्चतर तथा निम्नतर। उच्चतम सामान्य सत्ता सम्बन्धी है।[3] इसके अन्तर्गत अधिकतम वस्तुएं आ जाती हैं। यह अपने अन्दर सबको समाविष्ट कर लेता है किन्तु स्वयं किसी के अन्दर समाविष्ट नहीं होता। यह किसी उच्चतर जाति की उपजाति नहीं है। सत् ही अकेला यथार्थ सामान्य है, और विशिष्ट स्वयं ही यथार्थ विशेष है। और इन दोनों के मध्य हमें सामान्य-विशेष मिलते हैं, जैसे कि द्रव्य और शेष पदार्थ जिनमें कुछ परिमित वस्तुएं आती हैं। ये पिछले पदार्थ सर्वग्राही तथा ऐकान्तिक बोधों का आधार हैं, क्योंकि वे उपजाति और जाति दोनों हैं।[4] विस्तार से सामान्य की कोटि का निर्णय होता है।

---

1. उदयन का कहना है कि जहां केवल एक ही विशिष्ट है, जैसे आकाश (अभेद), जहां व्यक्तित्व का भेद नहीं है, जैसे घट तथा कलश (तुल्यत्वम्) जहां भिन्न-भिन्न वर्गों के पदार्थों का सम्मिश्रण (संकर) है, जहां अन्तविहीन पश्चाद्गति (अनवस्था) है, जहां सार का विरोध (रूपहानि) है, जहां कोई सम्बन्ध नहीं है, वहां कोई जाति अथवा सामान्य नहीं है। देखिए सिद्धान्तमुक्तावलि, पृ. 8।

अद्वैत जाति को स्वीकार नहीं करता। यह स्वीकार करते हुए कि घटत्व स्वयं घड़ा ही है, वह यह मानने को उद्यत नहीं है कि जाति अपने-आप में कुछ है। देखिए वेदान्तपरिभाषा, 1।

2. तुलना कीजिए क्लार्क की परिभाषा से : "पदार्थ का सार उस पदार्थ के स्वरूप का नाम है जो इस वर्ग तथा नाम के अन्यान्य पदार्थों में समान रूप से है। यह एक ऐसा स्वरूप है जो सब में पूर्ण रूप से एक समान है और हमारी धारणा के अनुसार, सबमें केवल एक समान ही नहीं बल्कि एक ही है। यह ऐसा स्वरूप है जो सब वस्तुओं के समान गुणों का उद्भव-स्थान है, जिसके कारण वे एक-दूसरे के समान दिखती हैं तथा हमारे मन पर एक-सा प्रभाव डालती हैं...यह वह स्वरूप है जो बुद्धि और केवल बुद्धि के द्वारा ही प्राप्त किया जा सकता है, क्योंकि यह अभौतिक और अतीन्द्रिय रूप है" (लौजिक)।

जैन मतानुयायी सामान्य को बहुरूप, अनित्य तथा सीमित अर्थात् असर्वगत मानते हैं। यह वर्ग के सदस्यों का एकसमान लक्षण है। न्याय-वैशेषिक तथा पूर्वमीमांसा के मत में, सामान्य एक यथार्थ तत्त्वरूप में इस जगत् में अपना व्यक्ति-निरपेक्ष प्रतिरूप रखता है, जो विशिष्टों से भिन्न है, एक है, नित्य तथा सर्वगत है। जैनियों के अनुसार, सामान्य की यथार्थता विशिष्टों के सादृश्य अथवा एकसमाज स्वरूप में निहित है, और वह एक नहीं बल्कि अनेक है तथा अनेक विशिष्टों में विद्यमान है, और अनित्य है अर्थात् विशिष्ट के साथ-साथ उत्पन्न होता है और नष्ट होता है, सर्वगत नहीं बल्कि उसी विशिष्ट तक सीमित है जिसके अन्दर कि वह रहता है।

3. वैशेषिकसूत्र, 1 : 2, 4, 7-10, 17; प्रशस्तपादकृत पदार्थधर्मसंग्रह, पृष्ठ 311।

4. प्रशस्तपादकृत पदार्थधर्मसंग्रह, पृष्ठ 11। देखिए यूई 'दि वैशेषिक फिलासफी', पृष्ठ 99-100। तुलना कीजिए 'सप्तपदार्थी', पृष्ठ 5 : 'सामान्यं परम् अपरं परापरच्चेति त्रिविधम्।'

अखण्ड तथा सखण्ड में और जाति तथा उपाधि में भी भेद किया गया है। जाति वस्तु के साथ उत्पन्न हुई है, प्राकृतिक तथा नित्य है। उपाधि संयोगवश तथा अस्थायी है। प्रत्येक सामान्य-लक्षण जाति नहीं है। क्योंकि कुछ मनुष्य अन्धे हैं, इसलिए हम अन्धेपन को 'जाति' के नाम से नहीं पुकार सकते। मनुष्यों का वर्गीकरण मानव के रूप में जाति है किन्तु राष्ट्रीयता अथवा भाषा की दृष्टि से उनका पृथक्-पृथक् वर्गीकरण उपाधि है। मानव-जाति मनुष्यों को जन्तुओं से पृथक् करती है, किन्तु काला वर्ण काले लोगों को काली भेड़ों या काले पत्थरों से अलग नहीं कर सकता।[1] पहला वर्गीकरण स्वाभाविक है, किन्तु दूसरा कृत्रिम है।

प्रशस्तपाद के अनुसार, सामान्य व्यक्तिरूप पदार्थों से स्वतन्त्र एक यथार्थ सत्ता है। परवर्ती वैशेषिक सामान्यों की स्वतन्त्र सत्ता के यथार्थवादी मत को स्वीकार करते हैं, जो कहा जाता है कि प्रलयकाल में भी विद्यमान रहते हैं। इस मत के अनुसार, सामान्य प्लेटो की काव्यमयी कल्पना के पृथक्, अतीन्द्रिय प्रमुख आदर्शमय रूपों के अनुकूल है।[2] जहां कणाद ने विचार की क्रियाशीलता पर बल दिया और इसीलिए सामान्य तथा विशिष्ट के सम्बन्ध को अविभाज्य बतलाया, वहां प्रशस्तपाद ने सामान्यों के नित्यस्वरूप पर बल दिया। इस प्रकार उसे बाध्य होकर यह मत स्वीकार करना पड़ता है कि सृष्टि की रचना में सामान्य विशिष्टों के अन्दर प्रवेश करते हैं और अपने लिए अस्थायी अभिव्यक्तियों की सृष्टि करते हैं।[3] इस प्रकार की स्थिति की कठिन समस्या है सामान्य तथा विशिष्ट का सम्बन्ध, अर्थात् तत्त्व अस्तित्व का सम्बन्ध। प्रशस्तपाद का मत प्लेटो के यथार्थवाद के ही समान है, जिसके अनुसार इन्द्रियगम्य

---

1. न्यायसूत्र, 2 : 2, 7। जैन दार्शनिक सामान्य का वर्गीकरण दो प्रकार का करते हैं, एक स्वस्तिका के समान एक-दूसरे को काटते हुए और दूसरा खड़ा लम्बायमान। स्वस्तिका के आकार वाला अनेक अवस्थाओं में एक समान है, जबकि लम्बायमान एक ऐसा सादृश्य है जो पदार्थ को पूर्व तथा पश्चाद् अवस्थाओं में स्थिर रहता है। पहला स्थिर रूप सामान्य है और पिछला क्रियाशील सादृश्य है। देखिए प्रमाणनयतत्त्वालोकालंकार, 5: 3-5।

2. अरस्तु से लिए गए निम्नलिखित उद्धरण समस्या की कठिनाइयों को समझने में सहायक हैं। अपने 'मैटाफिजिकल' नामक ग्रन्थ में अरस्तु कहता है : "दो वस्तुओं का श्रेय यथार्थ में सुकरात को दिया जा सकता है—आगमनात्मक अनुमान-सम्बन्धी तर्क और सामान्य-विषयक परिभाषा, जो दोनों ही विज्ञान के प्रारम्भ से सम्बद्ध हैं। किन्तु सुकरात ने सामान्यों अथवा परिभाषाओं के अस्तित्व को पृथक् नहीं किया। तो भी उसके उत्तराधिकारियों ने उन्हें पृथक् अस्तित्व दिया और इसे उन्होंने विचारों का नाम दिया।" (रौसकृत आंग्लभाषानुवाद, 1078 बी. 28)। सुकरात के साथ सहमत होकर अरस्तु प्लेटो के अनुयायियों की आलोचना करता है : "वे विचारों को एकसाथ सामान्य द्रव्य और पृथक् व विशिष्ट मानते हैं। यह चीज सम्भव नहीं है, यह पहले दिखाया जा चुका है। उन व्यक्तियों ने जो कहते हैं कि विचार सामान्य हैं, दो मतों को जो एक में मिला दिया इसका कारण यह है कि उन्होंने आदर्श द्रव्यों तथा इन्द्रियगम्य वस्तुओं को एक समान नहीं माना। उन्होंने सोचा कि इन्द्रियगम्य विशिष्ट पदार्थ एक प्रवाह की अवस्था में है और उनमें से कोई शेष नहीं रहता, किन्तु सामान्य इंनसे पृथक् और भिन्न है। और सुकरात ने इस प्रकल्पना को प्रेरणा दी...अपनी परिभाषाओं के द्वारा। किन्तु उसने उन्हें विशिष्ट पदार्थों से पृथक् नहीं किया था, और उचित ही सोचकर पृथक् नहीं किया था।" (मैटाफिजिक्स, 1086 ए. 32 रौसकृत आंग्लभाषानुवाद)

3. तुलना कीजिए इस मत से डन्स स्काटस के मत की कि सामान्यता के भाव प्रमेय पदार्थों में केवल सम्भाव्य क्षमता के रूप में ही नहीं हैं, बल्कि क्रियाशील हैं, और सामान्य केवल समझने का ही विषय नहीं है, बल्कि मानसिक भाव के पूर्व याथार्थ्य के रूप में विद्यमान रहता है और सामान्य अथवा विशिष्ट अस्तित्व की अपेक्षा नहीं करता।

वस्तुओं का जो रूप है वह विचारों के सामान्य रूपों में भाग लेने के कारण है, और विचार नित्य तथा आत्मनिर्भर हैं। प्लेटो के मत[1] के विरुद्ध जितनी भी आपत्तियां हैं वे यहां भी लागू होती हैं—अर्थात् यह कि यह समझ में आना भी मुश्किल है कि किस प्रकार बिना विभाग अथवा गुणन के विचार विशिष्टों में भाग ले सकते हैं और विशिष्ट विचारों में भाग ले सकते हैं; तथा यह कि एक और भी उच्चतर सामान्य की आवश्यकता है जो विचार को उसके अनुकूल विशिष्टों के साथ सम्बद्ध कर सके; और तथाकथित तीसरे व्यक्ति की मुक्ति।

सामान्यों की पदार्थशास्त्र-विषयक स्थिति के प्रश्न पर भारत के विभिन्न सम्प्रदायों में भी मध्यकालीन यूरोप के सम्प्रदायों की भांति घोर बहस होती रही है। यह स्पष्ट है कि वैशेषिक बौद्धों के इस मत को सर्वथा सहमत नहीं है कि सामान्यता का भाव केवल नाममात्र ही है। बौद्धों के मत में, सामान्यता का नामों के साथ ही सम्बन्ध है[2] और उसकी विषयनिष्ठ सत्ता कुछ नहीं है। विशिष्टों में कोई ऐसे समान लक्षण नहीं होते कि जिन्हें सामान्य कहा जाता है। यदि गाय के विशिष्ट व्यक्तित्व को किसी सामान्य अवयव की आवश्यकता हो तो उस अवयव को किसी अन्य और फिर उसको भी किसी अन्य अवयव की आवश्यकता होगी और इस प्रकार इस शृंखला का कहीं अन्त न होगा। 'सामान्य' प्रत्यक्ष ज्ञान का विषय नहीं है। सामान्यता के भाव का निर्माण हम भूतकाल के अनुभवों के परिणाम के रूप में करते हैं और उसे भूल से बाह्य पदार्थों तक फैला देते हैं।[3] श्रीधर इस मत का खण्डन करता हुआ कहता है

---

1. देखिए प्लेटोकृत 'परमेनाइडीज'।

2. तुलना कीजिए हौब्स : 'सामान्य कुछ नहीं है, केवल नाम है।' ह्यूमन नेचर, 5 : 6)।

3. देखिए 'सिक्स बुद्धिस्ट' न्याय ट्रैक्ट्स' में सामान्यदूषणदिक्प्रसारिता। जयन्त सामान्य तथा विशिष्ट के एकात्मता सम्बन्धी बौद्धमत के विरोध में तर्क उपस्थित करता है। इस आक्षेप का कि सामान्य विशिष्ट से भिन्न नहीं है क्योंकि यह विशिष्ट से अलग देश के किसी भिन्न भाग को नहीं घेरता, समाधान इस विचार से हो जाता है कि सामान्य विशिष्ट के अन्दर रहता है। अगला प्रश्न है कि क्या सामान्य पूर्णरूप में अथवा अंशतः विशिष्ट के अन्दर रहता है? यदि सामान्य हिस्सों से मिलकर बना है तो इसका नाश भी हो सकता है, और यह नित्य नहीं हो सकता। इस प्रकार यह पूर्णरूप में ही विशिष्ट के अन्दर रहता है, और इसे एक ही विशिष्ट के अन्दर समाप्त हो जाना चाहिए। किन्तु जयन्त विरोध में कहता है कि अनुभव इस तथ्य का साक्षी है कि सामान्य यद्यपि पूर्ण रूप से प्रत्येक विशिष्ट में विद्यमान है तो भी इतने सारे विशिष्टों में सदा विद्यमान रहता है। बौद्धमतानुयायी बलपूर्वक कहता है कि सामान्य को या तो व्यापक (सर्वगत) होना चाहिए अथवा कुछ विशिष्टों में जो उसी वर्ग के हैं, सीमित (पिण्डगत) होना चाहिए। किन्तु दोनों में से कोई भी संभव नहीं है। यदि सामान्य सब पदार्थों में पाया जाता है तो गोत्व को घोड़ों तथा पत्थरों इत्यादि सब में पाया जाना चाहिए। इस प्रकार जातियों का सांकर्य हो जाएगा। यदि सामान्य विशिष्टों के एक चुने हुए समूह में विद्यमान रहता है (स्वव्यक्ति सर्वगत), तो यह कैसे होता है कि हम गाय के एक नवजात शिशु में भी गोत्व का प्रत्यक्ष करते हैं, यदि वह गाय के उत्पन्न होने से पूर्व वहां विद्यमान न था? हम यह नहीं कह सकते कि सामान्य विशिष्ट के साथ ही उत्पन्न हुआ क्योंकि सामान्य नित्य है और न इसे किसी अन्य विशिष्ट से आया हुआ कहा जा सकता है, क्योंकि सामान्य अमूर्त है और गति नहीं कर सकता, और हम इसे किसी अन्य विशिष्ट से आते हुए देखते भी नहीं। जब विशिष्ट का नाश हो जाता है तो क्या सामान्य लुप्त हो जाता है? जयन्त उत्तर देता है कि यह सर्वत्र अर्थात् सब विशिष्टों में विद्यमान रहता है, यद्यपि सब विशिष्टों में यह न व्यक्त होता है और न देखा जा सकता है, और यद्यपि यह भी कहा जाएगा कि इसकी अभिव्यक्ति ही इसकी विद्यमानता का प्रमाण है। इसलिए यह कल्पना करना अनुचित है कि सामान्य 'गाय' इस विशिष्ट अभी-अभी→

कि "वस्तुतः हमें एक ऐसी वस्तु का ज्ञान रहता है जो सब गौओं में विद्यमान है और जो उनको अन्य सब पशुओं, अर्थात् घोड़े आदि से भिन्न करती है। यदि सब भिन्न-भिन्न प्रकार की गौओं में कोई ऐसा सामान्य लक्षण उपस्थित न होता तो एक गाय अन्य गौओं से उसी प्रकार भिन्न दिखाई पड़ती जैसे कि एक घोड़ा भिन्न दिखाई पड़ता है। अथवा, इसके विपरीत, घोड़ा और गाय दोनों ऐसे ही एकसमान दिखाई देते जैसे दो गौएं दिखाई देती हैं, क्योंकि दोनों अवस्थाओं में कोई भेद न रह जाता। किन्तु वास्तविक स्थिति यह है कि सभी गौएं एकसमान दिखाई देती हैं। इससे यह स्पष्ट है कि ऐसा अंश अवश्य है जो सब गौओं में तो विद्यमान है किन्तु घोड़े आदि अन्य पशुओं में नहीं है।"[1] श्रीधर का तर्क है कि शब्दों का व्यक्तार्थ सामान्य लक्षणों की यथार्थता का रूप धारण कर लेता है।[2] इस प्रकार 'सामान्य' केवल नाममात्र नहीं है।

कणाद का सुझाव है कि सामान्य और विशेष बुद्धि की अपेक्षा करते है[3] अर्थात ये बुद्धि द्वारा निर्मित विधान हैं जिनसे हम अनुभूत पदार्थों का वर्गीकरण करते हैं। उसके इस मत से कि सत्ता, द्रव्य, गुण अथवा कर्म से एक विभिन्न पदार्थ (अर्थान्तर) है, इस स्थिति में कोई विरोध नहीं आता। उसका कहना है कि हम गुण को तब सामान्य कहते हैं जब वह अनेकों व्यक्तियों में रहता हुआ पाया जाता है और तब विशेष कहते हैं जब उसके कारण हम पदार्थों में परस्पर भेद कर सकें। घटत्व को हम सामान्य कहेंगे जब उसे अनेक पदार्थों में रहता हुआ पाएंगे, और उस अवस्था में विशेष कहेंगे जबकि उसका उपयोग घट को अन्य वस्तुओं से पृथक् करने के लिए किया

→ उत्पन्न गाय में इसकी उत्पत्ति से पहले नहीं थी और इसकी उत्पत्ति के समय ही इसमें आती है, क्योंकि सामान्य गति करने के अयोग्य है। यह स्वीकार कर लिया गया है कि सामान्य केवल उपयुक्त पदार्थों में ही विद्यमान रहता है। जब एक विशिष्ट जन्म लेता है तो यह सामान्य के साथ सम्बद्ध हो जाता है। सामान्य यद्यपि नित्य है, पर इसका सम्बन्ध विशिष्ट के साथ तभी होता है जबकि विशिष्ट जन्म लेता है (न्यायमंजरी, पृष्ठ 311 से आगे, 299-300)। जयन्त ने एक विभिन्न मत का वर्णन किया है, अर्थात्, 'रूपरूपिलक्षणसम्बन्ध' जो श्रोतियों का कहा जाता है। सामान्य विशिष्ट का रूप है और विशिष्ट सामान्य का रूपी है। 'रूप' शब्द द्वयर्थक है। इसका अर्थ रंग नहीं हो सकता क्योंकि वर्णविहीन द्रव्य भी जैसे वायु, मन, गुण और कर्म सामान्यता को धारण करते हैः और न इसका अर्थ आकार है क्योंकि निराकार गुणों में भी सामान्यता है। यदि इसका अर्थ अनिवार्य स्वभाव है तो सामान्य और विशिष्ट में केवल नाम का ही भेद है। रूप रूपी से भिन्न द्रव्य (वस्त्वन्तर) नहीं है, क्योंकि वह इस प्रकार देखा नहीं जाता, और न ही यह वही है क्योंकि उस अवस्था में उनके बीच सम्बन्ध की कोई बात ही न होती। रूप रूपी का धर्म (गुण) भी नहीं हो सकता, क्योंकि उस अवस्था में इसे रूपी से पृथक् दिखाई देना चाहिए, किन्तु ऐसा नहीं है (न्यायमंजरी, पृष्ठ 299)।

1. न्यायकन्दली, पृष्ठ 317।

2. प्रभाचन्द्र ने अपने 'प्रमेयकमलमार्तण्ड' (पृष्ठ 136-37) में बौद्ध मत की आलोचना की है। सामान्य, विशिष्ट की भांति, प्रत्यक्ष का विषय है और केवल कल्पना की सूझ नहीं है। हम सामान्य तथा विशिष्ट के बोधों में पारस्परिक भेद का अनुभव करते हैं। केवल इसीलिए कि हम एक ही पदार्थ में और एक ही समय में सामान्य और विशिष्ट दोनों का प्रत्यक्ष करते हैं, हम दोनों को परस्पर मिश्रित नहीं कर सकते । सामान्यों का बोध सम्मिलित करने वाला (अनुगताकार) है जबकि विशिष्टों का बोध पृथक् करनेवाला (व्यावृत्ताकार) है। सामान्यों के बोध से सामान्यों का अस्तित्व उपलक्षित होता है। विशिष्ट संख्या में कितने भी क्यों न हों, सामान्य के विचार को उत्पन्न नहीं कर सकते।

3. 1 : 2, 3।

जाएगा।[1] गुणों में सामान्य तथा विशेष का भेद बौद्धिक विश्लेषण का काम है। संकेत यह हुआ कि सामान्य, विशेष, और सम्बन्ध इनकी सत्ता उस अर्थ में नहीं है जिसमें कि द्रव्य, गुण और कर्मों की सत्ता है।[2] किन्तु वे भावात्मक, अभावात्मक नहीं हैं। हम कणाद को प्रत्ययवादियों की कोटि में नहीं रख सकते, क्योंकि वह सामान्य को यथार्थ का ही अंश मानता है। परम प्रत्ययवादियों के मत में सामान्य का अस्तित्व केवल मन में ही है। सामान्य गुण, जिन्हें हम सामान्य कहते हैं, उतने ही यथार्थ हैं जितनी कि व्यक्तिगत विशेषताएं, यद्यपि हमारा विचार सामान्य गुणों को अलग करके उन्हें व्यापक-भाव में एकत्रित कर देता है। कणाद ने सावधानी के साथ इस विषय को लक्ष्य किया कि सादृश्य के अंश हमसे तथा हमारी विचारधारा से उतने ही स्वतंत्र हैं जितने कि स्वयं विशिष्ट पदार्थ। हम सब कुत्तों को एकसमान बनाते नहीं हैं, बल्कि उन्हें इस रूप में पाते हैं। इस अर्थ में अरस्तू के मत का, अर्थात् वस्तुस्थित सामान्य का, समर्थन होता है। यह भी सत्य है कि सामान्य नित्य है और एक है, क्योंकि नमूना कायम रहता है, जबकि विशेष आते-जाते रहते हैं। मनुष्य जन्म लेते हैं तथा मरते हैं किन्तु मनुष्यत्व बना रहता है। विशिष्ट सत्ताओं की अपेक्षा सामान्यों में अधिक स्थिर रहने वाली यथार्थता है। इस प्रकार प्लेटो का सिद्धान्त वस्तुपूर्व सामान्य भी सत्य है। यह पिछला मत प्रशस्तपाद में प्रमुख रूप से पाया जाता है। सामान्य तथा विशेष में जो भेद हैं वह यथार्थ है, क्योंकि उनके सम्बन्ध को घनिष्ठ सम्बन्ध (समवाय) कहा गया है।[3]

---

1. तुलना कीजिए इस मत की डंस स्काटस के मत के साथ, जो तत्व अथवा रूप के अपनेपन में विश्वास करता है और यह मानता है कि वह किसी व्यक्तिगत अवस्था के अधीन नहीं है। वह विशिष्ट के एकत्व तथा सामान्य रूप के एकत्व में भेद करता है। सामान्य विशिष्ट पदार्थों में प्रकट होता है, यद्यपि इसे सामान्य के रूप में बुद्धि के द्वारा जाना जाता है। अपने-आपमें यह न विशिष्ट है और न सामान्य है, किन्तु जो है सो है, एक ऐसी वस्तु है जो सामान्यता तथा विशिष्टता की पूर्ववर्ती है।

2. 1 : 2, 7 ।

3. पार्थसारथि सामान्य और विशिष्ट के पारस्परिक सम्बन्ध के विषय में आपत्ति उठाता है। जब हम एक गाय को देखते हैं तो यह ज्ञान इस प्रकार का होता है कि "यह एक गाय है।" (इयं गौः), इस प्रकार का नहीं होता कि " इस व्यक्तिरूप गाय में गाय वर्ग का सारतत्व है"(इह गवि गौत्वम्)। इसलिए सामान्य विशिष्ट से भिन्न नहीं है। कहा जाता है कि दोनों को पृथक् नहीं किया जा सकता। पृथक् किए जा सकने (युतसिद्धि) से तात्पर्य या तो पृथक् अर्थात् स्वतन्त्र गतियों की योग्यता (पृथग्गतिमत्व) है, अथवा विभिन्न अधिष्ठानों में विद्यमानता (पृथगाश्रयाश्रयित्व) है। दोनों में से किसी अवस्था में भी पूर्ण इकाई तथा उसके घटक भागों में कोई सम्बन्ध न होगा। क्योंकि पूर्ण इकाई में गति के बिना भी भागों में गति हो सकती है और पूर्ण इकाई और उसके भाग भिन्न-भिन्न अधिष्ठानों में समवाय-सम्बन्ध से रहते हैं--पूर्ण इकाई अपने भागों में और भाग अपने घटक परमाणुओं में रहते हैं। इसी प्रकार, सामान्य तथा विशिष्ट के अधिष्ठान भिन्न-भिन्न हैं, क्योंकि सामान्य का अधिष्ठान विशिष्ट है और विशिष्ट का अधिष्ठान उसका निर्माण करनेवाले भाग हैं। इस प्रकार पार्थसारथी मिश्र समवाय की परिभाषा करते हुए कहता है कि यह आधार और आधेय के बीच ऐसा सम्बन्ध है जिससे आधेय आधार के अन्दर अनुरूप बोध उत्पन्न करता है। "येन सम्बन्धनाधेयम् आधारे स्वानुरूपां बुद्धि जनयति सः सम्बन्धः इति" (शास्त्रदीपिका, पृष्ठ 283-84) । इस प्रकार के कथन का कि सामान्य विशिष्ट के अन्दर समवाय-सम्बन्ध से रहता है, तात्पर्य यह है कि सामान्य (गोत्व) विशिष्ट (गाय) के अन्दर इसके बोध को उत्पन्न क़रता है। क्योंकि सामान्य का प्रत्यक्ष विशिष्ट के अन्दर होता है इसलिए वे एक दूसरे से भिन्न नहीं हैं। यदि सामान्य विशिष्ट से सर्वथा भिन्न होता तो हम कभी ऐसा कथन न कर सकते कि 'यह एक गाय है।' कुमारिल और पार्थसारथि मिश्र के अनुसार सामान्य और विशिष्ट का सम्बन्ध तादात्म्यपरक तथा भेदपरक है। वही, पृष्ठ 283 से आगे।

10. विशेष

विशेष के द्वारा हम पदार्थों का प्रत्यक्षज्ञान उनमें परस्पर भेद करके कर सकते हैं।[1] यह पृथक्करण का आधार है। जो कुछ भी व्यक्तिरूप विशेष है वह अनुपम तथा एकाकी है। कणाद विशेष को भी उतना ही विचार पर निर्भर मानते हैं जितना कि सामान्य को।[2] प्रशस्तपाद इसको एक स्वतन्त्र यथार्थता के रूप में प्रतिपादित करता है, जो नित्य द्रव्यों में रहती हुई उन्हें एक-दूसरे से विशिष्ट करके बताती है। हम लौकिक पदार्थों में परस्पर भेद करते हैं उन हिस्सों के द्वारा, जिनसे मिलकर वे बने हैं। और जब विश्लेषण करते-करते हम सरल द्रव्य तक पहुंचते हैं जो ऐसे हिस्सों से मिलकर नहीं बना कि उनके द्वारा उसे अन्य द्रव्यों से भिन्न करके पहचाना जा सके, तो हमें अवश्य मानना पड़ता है कि इसके अन्दर कोई गुण है, जिसके कारण यह अन्य द्रव्यों से भिन्न रूप में जाना जा सकता है। परमाणु, काल, देश, आकाश, आत्माएं और मन—सब अपनी विशेषताएं धारण किए हैं जो वर्गगत गुण न होकर व्यक्तिगत गुण हैं। ये भेदक विशेषताएं अन्तिम तथ्य हैं, जिनसे परे हम नहीं जा सकते। जिस तरह परम (अन्तिम) अणु असंख्य हैं वैसे ही विशेषताएं भी असंख्य हैं।[3] प्रशस्तपाद का मत है कि योगीजन सरल द्रव्यों की अन्तिम विशेषताओं को प्रत्यक्ष कर सकते हैं।[4]

कुछ आधुनिक नैय्यायिक विशेषताओं को मानने के लिए कोई यथोचित कारण नहीं देखते। यदि अलग-अलग परमाणुओं के अन्दर परस्पर भेद करने के लिए इनकी आवश्यकता समझी जाए तो फिर विशेषताओं के अपने अन्दर कैसे भेद होगा? हमें कहना होगा कि विशेषताओं के अपने अन्दर एक ऐसा अनुपम तत्त्व अथवा अन्तर्निहित् शक्ति है जो उनमें भेद कराने में समर्थ है। तो फिर, विशेषता के भाव को बीच में डालने की अपेक्षा, क्यों न परमाणुओं में ही इस प्रकार की एक शक्ति मान ली जाए। कुमारिल, प्रभाकर तथा वेदान्त के अनुयायी 'विशेष' के सिद्धान्त को मानने को उद्यत नहीं हैं। यदि वस्तुएं मौलिकरूप में परस्पर भिन्न हैं तो उनके अन्दर किसी समान लक्षण को पाना असम्भव है।

---

1. प्रशस्तपादकृत पदार्थधर्मसंग्रह, पृष्ठ 13।
2. 1 : 2, 3 से आगे।
3. विशेषास्तु यावन्नित्यद्रव्यवृत्तित्वाद् अनन्ता एव (सप्तपदार्थी, पृष्ठ 12)। तुलना कीजिए इसकी लीब्नीज के अभिन्नतावाद के सिद्धान्त के साथ। सामान्यों और साध्यों के स्वरूप पर अपने व्याख्यान में प्रोफेसर स्टाउट प्रतिपादित करते हैं कि एक वर्ग या प्रकार का एकत्व, जिसमें उसके सदस्य या दृष्टान्त सम्मिलित हैं, परम निरपेक्ष है। ये बर्गसां तथा रसल से मतभेद रखते हैं जिनका मत है कि गुण और सम्बन्ध इसी प्रकार के सामान्य हैं, और विरोध में उनका कहना है कि एक ऐसा लक्षण जो एक ठोस वस्तु अथवा व्यक्ति का वैशिष्ट्य बतलाता है, उतना ही विशिष्ट है जितनी कि उसके द्वारा लक्षित वस्तु या व्यक्ति। बिलियर्ड खेल की दो गेंदों में प्रत्येक की अपनी निजी गोलाई है, जो दूसरों से पृथक् तथा भिन्न है, जिस तरह कि गेंदें स्वयं पृथक् तथा भिन्न हैं। ऐसा कहने का कि बहुत-सी वस्तुओं में एकसमान लक्षण पाया जाता है, वस्तुतः यह तात्पर्य होता है कि प्रत्येक एक सामान्य प्रकार के विशिष्ट उदाहरण अथवा लक्षणों के वर्ग द्वारा लक्षित की गई है। प्रोफेसर स्टाउट का मत है कि द्रव्य एक मिश्रित एकत्व है जिसके अन्दर वे सब लक्षण सम्मिलित हैं जो इसके विषय में वस्तुतः विधान किए जा सकते हैं, और इस प्रकार के मिश्रण का एकत्व एक ठोस एकत्व है जबकि इसके लक्षण विशिष्ट होते हुए भी ठोस नहीं हैं।
4. प्रशस्तपादकृत पदार्थधर्मसंग्रह, पृष्ठ 321, 322। देखिए तर्कसंग्रह, 7 और 8।

11. समवाय

कणाद का तात्पर्य समवाय के उस सम्बन्ध से है जो कारण तथा कार्य के मध्य है।[1] प्रशस्तपाद की परिभाषा के अनुसार, यह वह सम्बन्ध है जो उन वस्तुओं में रहता है, जिन्हें पृथक् नहीं किया जा सकता, और जो परस्पर आधार तथा आधेय के रूप में हैं, तथा जो इस विचार के आधार हैं कि "इसके अन्दर वह है,"[2] श्रीधर का कहना है कि पुण्य तथा सुख परस्पर समवाय-सम्बन्ध से सम्बद्ध नहीं हैं, यद्यपि उनका निवासस्थान आत्मा है, क्योंकि वे आधार और आधेय के रूप में सम्बद्ध नहीं हैं। एक वस्तु तथा उसके द्योतक शब्द में समवाय-सम्बन्ध नहीं हैं, क्योंकि वे आधार-आधेय नहीं हैं। फल भूमि पर हो सकता है, किन्तु वे दोनों ऐसे नहीं हैं जो पृथक् न किए जा सकें। इसलिए वे भी समवाय-सम्बन्ध से सम्बद्ध नहीं हैं। अयुतसिद्धि अथवा पृथक्त्व की असम्भावना तादात्म्य नहीं है, क्योंकि दो वस्तुएं यथार्थ में एक नहीं हैं। अग्नि का रूप तथा लोहे का गोला दोनों एक-दूसरे से भिन्न हैं। जहां कणाद समवाय-सम्बन्ध के अन्तर्गत केवल कार्यकारण-संबंधों को ही रखते हैं, वहां प्रशस्तपाद कारण-कार्य-सम्बन्धों से अन्य सम्बन्धों को भी इसके अन्दर ले आता है। सामान्यतः यह सम्बन्ध जो द्रव्यों को उनके गुणों के साथ, एक पूर्ण इकाई को उनके हिस्सों के साथ, गति को गतिमान पदार्थ के साथ, व्यक्ति को विश्व के साथ, कारण को कार्य के साथ संयुक्त रखता है, समवाय-सम्बन्ध है। इस प्रकार समवेत सदस्य एक इकाई के रूप में अथवा तादात्म्यरूप यथार्थसत्ता के रूप में हमारे समक्ष प्रस्तुत होते हैं।

समवाय अथवा आवश्यक सम्बन्ध संयोग अथवा आकस्मिक सम्पर्क से, जोकि वस्तुओं का एक गुण है, भिन्न है। जहां संयुक्त पदार्थ संयोग से पूर्व अपनी पृथक्-पृथक् सत्ता रखते हैं, वहां समवाय-सम्बन्ध वाले पदार्थ पृथक् न हो सकने वाले सम्बन्ध से जुड़े होते हैं। समवाय-सम्बन्ध का कारण समवेत पदार्थों में से किसी एक की क्रिया नहीं है। जहां संयुक्त पदार्थों के अलग-अलग हो जाने पर संयोग-सम्बन्ध समाप्त हो जाता है, वहां यह समवाय-सम्बन्ध अविनश्वर है। इसके अतिरिक्त, संयोग दो स्वतन्त्र द्रव्यों में सम्पन्न होता है, जबकि समवाय-सम्बन्ध से जुड़े दो पदार्थों में आधार-आधेय का सम्बन्ध होता है।[3] समवाय-सम्बन्ध से जुड़े दो पदार्थों में से जब तक कम से कम एक नष्ट न कर दिया जाए, वे पदार्थ पृथक् नहीं किए जा सकते। संयोग एक ही स्वरूप की दो वस्तुओं के अन्दर होता है, जो अलग-अलग विद्यमान रहती हैं और कुछ समय के लिए संयोग में लाई जाती हैं। संयोग-सम्बन्ध एक प्रकार का बाह्य सम्बन्ध है जबकि समवाय-सम्बन्ध आन्तरिक है।[4] संयोग-सम्बन्ध में दो भिन्न पदार्थ जोड़े जाते हैं, किन्तु उनके संयोग से किसी ऐसी यथार्थ इकाई का निर्माण नहीं होता जो उनमें से प्रत्येक में घुसी हुई हो। समवाय-सम्बन्ध यथार्थ सामंजस्य है।

समवाय को नित्य कहा गया है, क्योंकि उसके उत्पन्न होने में अंतविहीन पश्चाद्-

---

1. 7 : 2, 26।

2. अयुतसिद्धानाम् आधार्याधारभूतानां यः सम्बन्ध इह प्रत्ययहेतुः स समवायः। प्रशस्तपादकृत पदार्थधर्मसंग्रह, पृष्ठ 14)। और देखिए पृष्ठ 324; वैशेषिकसूत्र, 7 : 2, 26-28; 5 : 2, 23।

3. प्रशस्तपादकृत पदार्थधर्मसंग्रह, पृष्ठ 326।

4. तुलना कीजिए इसकी जानसन द्वारा प्रतिपादित स्वरूप निर्देशक बन्धन तथा संयोजक बन्धन के भेद के साथ।

गति हो जाएगी। श्रीधर का कहना है कि यह सम्बन्ध समवेत वस्तु के न तो पहले, न पीछे और न साथ-साथ ही प्रकट हो सकता है। यदि कपड़े के बनने से पूर्व समवाय-सम्बन्ध का रहना सम्भव हो सकता, तो वह विचार में नहीं आ सकता कि उस अवस्था में यह रहता कहां, क्योंकि समवाय के एक सदस्य का उस समय अस्तित्व ही नहीं था। यदि यह कपड़े के साथ उत्पन्न होता है तो कपड़ा समवाय का अधिष्ठान होने के अपने स्वरूप को खो देगा। यदि यह माना जाए कि कपड़े के बनने के पश्चात् यह प्रकट होता है, तो भी कपड़ा इसका अधिष्ठान न रहेगा। कार्य के लिए भी इसका (समवाय का) अधिष्ठान होना सम्भव नहीं है। समवाय इन अर्थों में नित्य है कि उत्पन्न पदार्थ को उत्पन्न या नष्ट किए बिना इसे उत्पन्न या नष्ट नहीं किया जा सकता। इसकी नित्यता इस प्रकार सापेक्ष है। समवाय सम्बन्ध का प्रत्यक्ष नहीं हो सकता। किन्तु वस्तुओं के पृथक् न हो सकने वाले सम्बन्ध से इसका केवल अनुमान किया जा सकता है।[1]

जहां पहले पांच पदार्थों में समवायित्व है, तथा अनेक अथवा ऐसे रूप पाए जाते हैं जो उन्हें परस्पर एक-दूसरे से भिन्न करते हैं, वहां समवाय केवल एक ही है और इसमें अनेकत्व नहीं है।[2] यह समवाय-सम्बन्ध से किसी वस्तु में नहीं रहता, क्योंकि ऐसा मानने से एक अन्तविहीन पश्चाद्गति उपस्थित हो जाएगी। समवाय के सम्बन्ध में हमारे जो नानाविध विचार हैं उनमें परस्पर कोई भेद नहीं है, जैसा कि सत्ता के सम्बन्ध में हमारे जो नानाविध विचार हैं उनमें से कोई भेद नहीं है। सम्बन्ध का रूप एक ही है, भले ही सम्बद्ध पदार्थ भिन्न हों।[3]

वस्तुतः, समवाय का विचार बौद्धिक भेद का परिणाम है, यद्यपि इसे विषयनिष्ठ अस्तित्व की कोटि में रखा गया है। इसका उद्भव अपकर्षण से हुआ है और द्रव्यों से अलग इसका कोई अस्तित्व नहीं है। शंकराचार्य ने समवाय की प्रकल्पना की आलोचना की है। उनका तर्क है कि जिस प्रकार का संयोग परमाणुओं तथा आकाश में है वह उतना ही नित्य है जितना कि समवाय। समवाय क्योंकि एक सम्बन्ध है, इसलिए जिससे इसका सम्बन्ध है उसके साथ तादात्म्य नहीं रखता। समवाय का सम्बन्ध उन पक्षों में बाह्य है जिन्हें सम्बद्ध होना है, और इसे स्वयं उन पक्षों के साथ सम्बद्ध होने के लिए एक सम्बन्ध की आवश्यकता होती है, और इस प्रकार इस सिलसिले का कहीं अन्त नहीं है। इसके अतिरिक्त, हमें सदा ही एक ऐसे सम्बन्ध की कल्पना करनी होगी जिससे समवाय समवायी में, अर्थात् समवाय-सम्बन्ध से जुड़ी वस्तुओं में, रहता है। यदि समवाय समवायी में अन्य समवाय-सम्बन्ध से नहीं रहता, बल्कि उसके साथ तदात्मक है, तो संयोग को भी संयुक्त वस्तुओं के साथ तदात्मक माना जा सकता है।[4] ऐसा मत प्रकट करना निरर्थक है कि समवाय को समवायी वस्तुओं में

---

1. प्राचीन नैय्यायिकों के विचार में यह प्रत्यक्ष का विषय है।

2. तर्कसंग्रह, 8। 3. प्रशस्तपादकृत पदार्थधर्मसंग्रह, पृष्ठ 326।

4. कुमारिल कहता है : "यदि समवाय वर्ग से तथा उस विशिष्ट व्यक्ति से जो वर्ग के अन्दर समवाय-सम्बन्ध से रहता है, कोई भिन्न वस्तु है, तो यह (समवाय) उनमें सम्बन्ध के रूप में नहीं रह सकता। दूसरी ओर, यदि यह उनके साथ तदात्मक है, तो वे दोनों भी तदात्मक हैं—इस विधान के अनुसार कि जो वस्तुएं एक ही वस्तु के साथ तदात्मक हैं वे आपस में भी तदात्मक होंगी।" श्लोकवार्तिक, प्रत्यक्षसूत्र, 150।

रहने के लिए उसे उनसे जोड़ने वाली किसी तीसरी चीज़ की आवश्यकता नहीं जबकि संयोग को संयुक्त वस्तुओं से सम्बद्ध होने के लिए समवाय-सम्बन्ध की आवश्यकता है। एक को पदार्थ तथा दूसरे को गुण कह देने से कठिनाई दूर नहीं होती। इसमें सन्देह नहीं कि द्वयणुक का अपने घटक तत्त्वों के साथ अथवा एक उपजाति का अपने सदस्य व्यक्तियों के साथ जो सम्बन्ध है, वह वैसा नहीं है जैसेकि मेज़पोश का मेज़ के साथ है। किन्तु दोनों अवस्थाओं में कठिनाई वही प्रतीत होती है, अर्थात् कोई भी सम्बन्ध, चाहे वह कितना ही घनिष्ठ क्यों न हो, परस्पर सम्बद्ध पक्षों के साथ तदात्मक नहीं हो सकता। इस युक्ति को कि कार्य-कारण के बीच यह सम्बन्ध अवश्य होना चाहिए, स्वीकार नहीं किया जा सकता। यदि कारण और कार्य परस्पर इस प्रकार सम्बद्ध हों कि उन्हें पृथक् नहीं किया जा सकता, जैसा कि वैशेषिक का मत है, तो ऐसा मानना कहीं अधिक सरल हो जाता है कि दोनों के बीच तात्त्विकरूप में तादात्म्य है। इसके अतिरिक्त, अविभाज्य-सम्बन्ध का विचार न्यायवैशेषिक की कार्यकारण-सम्बन्धी प्रकल्पना के इस आवश्यक स्वरूप के विरोध में जाता है कि कारण का अस्तित्व कार्य के अवश्य पूर्व रहना चाहिए।[1] कारण अपना पृथक् अस्तित्व रखने में समर्थ है। यदि समवाय कारण के साथ कार्य का सम्बन्ध है जो (कार्य) अपना पृथक् अस्तित्व रखने में असमर्थ है, तो क्योंकि किसी भी सम्बन्ध के लिए दो पक्षों का होना आवश्यक है, और कार्य जब तक इसका अस्तित्व नहीं है, कारण के साथ सम्बद्ध नहीं हो सकता, इसलिए दोनों के मध्य समवाय-सम्बन्ध नहीं हो सकता। ऐसा कहने से भी कोई लाभ नहीं हो सकता कि कार्य उक्त सम्बन्ध में अस्तित्व में आने लगने के पश्चात् प्रविष्ट हो जाता है, क्योंकि वैशेषिक यदि यह मानता है कि कारण के साथ सम्बन्ध होने से पूर्व भी कार्य का अस्तित्व रह सकता है, तो यह पृथक् अस्तित्व के अयोग्य नहीं है। कार्य तथा कारण के मध्य संयोग तथा विभाग नहीं होते, इस सिद्धान्त का प्रत्याख्यान हो जाता है। यदि कारण के साथ सम्बद्ध होने से पूर्व कार्य का अस्तित्व सम्भव है, तो दोनों के मध्य पीछे से होने वाला सम्बन्ध समवाय न होकर केवल संयोग है। जिस प्रकार कि समवाय नहीं किन्तु संयोग ही ऐसा सम्बन्ध है जिसमें प्रत्येक द्रव्य, जैसे ही उत्पन्न होता है, आकाश इत्यादि सर्वव्यापक द्रव्यों के साथ सम्बद्ध होकर अपनी स्थिति को प्राप्त करता है—यद्यपि उक्त सम्बन्ध के लिए उक्त पदार्थ में कोई गति नहीं होती—उसी प्रकार कार्य का कारण के साथ सम्बन्ध संयोग-सम्बन्ध ही होगा, समवाय-सम्बन्ध नहीं।

12. अभाव

कणाद ने अभाव को एक स्वतन्त्र पदार्थ स्वीकार नहीं किया। उनके मतानुसार, अत्यन्ताभाव का कुछ अर्थ ही नहीं है। अन्य सब प्रकार के अभाव, यथा प्रागभाव, अर्थात् कार्य को उत्पन्न करने से पूर्व कारण की अवस्था, प्रध्वंसाभाव, अर्थात् कार्य की वह अवस्था जब वह अपने तत्त्वों में विलय हो जाता है, तथा पारस्परिक अन्योन्यायभाव, अर्थात् अपनी-अपनी वैयक्तिक पृथक् सत्ता रखनेवाली वस्तुओं के मध्य का सम्बन्ध—ये सब भावात्मक सत्ता से सम्बन्ध

---

1. शांकरभाष्य 2 : 2, 13-17।

रखते हैं।[1] यद्यपि विद्यमान वस्तुओं के लौकिक वर्गीकरण के लिए अभावरूप किसी स्वतन्त्र पदार्थ की आवश्यकता नहीं है, तो भी विश्व की तार्किक व्याख्या के लिए निषेध का विचार आवश्यक है। जब वैशेषिक ने अपने क्षेत्र को विस्तृत किया और अनुभव की पूर्णरूप में सामंजस्यपूर्ण व्याख्या करने का प्रयत्न किया, तो उसने अभावरूपी एक पदार्थ का विकास किया। सब विचार-पद्धतियों के अन्दर सम्बन्धों का एक बड़ा स्थान है। सम्बन्ध हमें एक वस्तु से दूसरी वस्तु की ओर ले जाता है, और यह संक्रमण केवल निषेध नहीं है। अन्यता निषेध का आधार है, और जिसे विरोध कहा जाता है वह निषेध का विपरीत रूप है। प्रत्येक सम्बन्ध निषेध का एक प्रकार है जो विरोध के विधान का उल्लंघन नहीं करता। एक वस्तु अपने सम्बन्धों के साथ घनिष्ठ रूप में सम्बद्ध है। जब हम किसी वस्तु के विषय में कहते हैं, तो इसकी सत्ता अथवा स्वीकृति के तथ्य की पुष्टि होती है। जब हम सम्बन्ध के विषय में कहते हैं, तो इसके अभावरूपी तथ्य पर बल दिया जाता है। एक वस्तु बिना विरोध के स्थिति है; एक सम्बन्ध बिना विरोध के प्रतिकूल स्थिति है।

यद्यपि अभाव पदार्थविज्ञान सम्बन्धी पदार्थ न होकर अधिकतर एक तार्किक पदार्थ है, तो भी असत् की सत् के ही समान अस्तित्व रखनेवाला पदार्थ मानने की एक प्रवृत्ति है।[2] इस प्रकार निषेध तथा अभाव को एक ही समान समझा जाने लगा। विश्वनाथ का कहना है कि छः पदार्थों के पारस्परिक निषेध के कारण असत् के भाव की उत्पत्ति होती है।[3] निषेध सब प्रकार के सम्बन्धों पर लागू हो सकता है, न कि केवल एकात्मता तथा अस्तित्व ही के सम्बन्धों पर, जैसाकि श्रीधर का विचार है। वेदान्त तथा प्रभाकर के अनुयायी इसे पदार्थ मानने से सर्वथा निषेध करते हैं। वे इसे एक सरल अधिष्ठान मानते हैं, इससे अधिक और कुछ नहीं।[4] यदि अभाव एक पृथक् पदार्थ है तो एक अन्तविहीन पश्चाद् गति उत्पन्न होगी, क्योंकि घड़े की अनुपस्थिति (घटाभाव) घड़े से भिन्न है, और घटाभाव का अभाव घटाभाव से भिन्न है। इस कठिनाई से बचने के लिए प्राचीन नैय्यायिक घटाभाव के अभाव को घड़े की उपस्थिति के समान ही मानते थे। निषेधात्मक का निषेधात्मक निश्चयात्मक होता है किन्तु इस मत को सबने स्वीकार नहीं किया। आधुनिक नैय्यायिकों का मत है कि एक निषेधात्मक कभी भी निश्चयात्मक के समान नहीं हो सकता, यद्यपि प्रथम निषेध के निषेध का निषेध प्रथम निषेध के समान है।[5]

वात्स्यायन दो प्रकार के अभाव को स्वीकार करता है। पूर्ववर्ती, अर्थात् पदार्थ की उत्पत्ति से पूर्व का पदार्थ का अभाव; तथा पश्चाद्वर्ती, अर्थात् विनाश के पश्चात् का पदार्थ का अभाव। जब तक पुत्र उत्पन्न नहीं हुआ उसका अनस्तित्व पहले प्रकार का अभाव है। जब घड़ा टूट जाता है तो यह घड़े का अभाव दूसरे प्रकार का है।[6] वाचस्पति[7]

---

1. 9 : 1, 1 से आगे।
2. न्यायभाष्य तथा न्यायवार्तिक, 2 : 2, 12। देखिए न्यायकन्दली, पृष्ठ 225-30।
3. अभावत्वं द्रव्यादिषट्कान्योन्याभाववत्वम्। (सिद्धान्तमुक्तावली, 12)।
4. अधिकरणकैवल्यमात्रम्।
5. तर्कसंग्रहदीपिका, 80।
6. न्यायभाष्य, 2 : 2, 12।
7. न्यायवार्तिकतात्पर्यटीका, 2 : 2, 9।

अभाव के निम्न प्रकार से विभाग करता है : (1) तादात्म्याभाव, अर्थात् एकात्मकता का निषेध; (2) संसर्गाभाव अथवा सहसम्बन्ध का निषेध। और यह दूसरा अभाव पूर्ववर्ती, पश्चाद्वर्ती तथा अत्यन्ताभाव–इनमें विभक्त है। अन्तिम को समवायाभाव के नाम से भी कहा गया है। अपने-आप में विरोधी विचारों को–जैसे बांझ स्त्री का पुत्र या खरगोश के सींग–अत्यन्ताभाव की कोटि में रखा गया है। अत्यन्ताभाव में किसी वास्तविक पदार्थ की स्वीकृति तथा उसके सम्बन्ध का निषेध रहता है। अन्योन्याभाव में जिन पदार्थों के मध्य एकात्मकता के सम्बन्ध का अभाव बतलाया गया है, वे वास्तविक नहीं भी हो सकते। अन्योन्याभाव में हम दो पदार्थों, कपड़े तथा घड़े की एकात्मता का निषेध करते हैं, अत्यन्ताभाव में जिसका निषेध किया जाता है वह एकात्मता से भिन्न सम्बन्ध है। "घड़ा कपड़ा नहीं है" इस प्रकार के निर्णय में अन्योन्याभाव का विपरीत होगा कि "घड़ा कपड़ा है।" वायु के रंग का अत्यन्ताभाव एक निर्णायक वाक्य में इस प्रकार कहा जाएगा कि "वायु में कोई रंग नहीं है।" और इसके विपरीत कथन में वायु तथा रंग दोनों को जोड़कर कहा जाएगा कि "वायु में रंग है।" अन्योन्याभाव का विपरीत है एकात्मता, किन्तु अत्यन्ताभाव का विपरीत है सम्बन्ध। शिवादित्य का मत है कि अन्योन्याभाव अनित्य है, क्योंकि कपड़े के नाश होते ही इसका अस्तित्व भी लुप्त हो जाता है।[1] श्रीधर चार प्रकार के अभाव मानता है : पूर्ववर्ती, पश्चाद्वर्ती, पारस्परिक (अन्योन्य) तथा नितान्त।[2] विश्वनाथ भी इसी प्रकार के मत का परिष्कार करता है।[3] जब घड़ा भूमि पर होता है तो इसके अस्तित्व का प्रत्यक्ष ज्ञान होता है। विश्वनाथ का कहना है कि अभाव तो वहां बराबर था, यद्यपि जब घड़ा भूमि पर था तो अभाव छिपा हुआ था। इसी प्रकार हर एक वस्तु का अत्यन्ताभाव सब स्थानों पर सदा रहता है, यद्यपि जिस समय में और जिस स्थान पर वस्तु आ जाती है, यह छिप जाता है। इस प्रकार सार्वभौम अभाव किसी दिशा में सीमित है। अथवा सर्वथा सीमित नहीं है। पीछे का असीमित है और यही अत्यन्ताभाव है। सीमित अभाव का निश्चित प्रारम्भ या निश्चित अन्त हो सकता है। घड़े के पूर्ववर्ती अभाव का प्रारम्भ नहीं है यद्यपि इसका अन्त है। पश्चाद्वर्ती अभाव का प्रारम्भ है किन्तु अन्त नहीं। आधुनिक न्याय के तार्किक, अभाव के भिन्न-भिन्न प्रकारों का अत्यन्त सूक्ष्मता के साथ विकास करते हैं।[4]

हम देखते हैं कि अभाव-विषयक समस्त विचार वैशेषिक के आध्यात्मिक विचार पर अवलम्बित है। यदि वस्तुएं केवल विद्यमान रहें और उनका अभाव न हो तो वे सब नित्य हो जाएं। यदि पूर्ववर्ती अभाव का हम निषेध करें तो सब वस्तुओं तथा उनकी गतियों को आदि-रहित मानना चाहिए। यदि पश्चाद्वर्ती अभाव का हम निषेध करें तो वस्तुएं और उनकी क्रियाएं भी कभी रुकेंगी नहीं और अन्तविहीन हो जाएंगी। यदि अन्योन्याभाव का निषेध

1. सप्तपदार्थी, 189।
2. न्यायकन्दली, पृष्ठ 230। और देखिए सामन्तभद्रकृत आप्तमीमांसा तथा तर्कसंग्रह, पृष्ठ 80।
3. सिद्धान्तमुक्तावली, पृष्ठ 12-13।
4. देखिए भीमाचार्यकृत न्यायकोश–अत्यन्ताभाव, अन्योन्याभाव तथा अभाव शीर्षकों के नीचे।

करते हैं तो वस्तुओं में भेद न हो सकेगा और यदि अत्यन्ताभाव का निषेध करते हैं तो वस्तुओं को सर्वत्र सब कालों में विद्यमान मानना चाहिए।

13. नीतिशास्त्र

वैशेषिक स्वेच्छाकृत तथा अनैतिक कर्मों में भेद करता है और उसका मत है कि आचार विषयक भेद का प्रश्न केवल स्वेच्छाकृत कर्मों के सम्बन्ध में ही उठता है।[1] ऐसे कर्म जो ऐन्द्रिय जीवन के कारण हैं, अनैच्छिक अर्थात् सहज हैं, और ऐसे कर्म जो इच्छा अथवा द्वेषपूर्वक किए जाते हैं 'स्वेच्छाकृत' हैं। अनैच्छिक कर्मों के लक्ष्य शारीरिक हैं तथा स्वेच्छाकृत कर्मों का लक्ष्य 'हितप्राप्ति' है।[2] सुख अथवा अनुकूलता की अवस्था सुख देने वाले पदार्थों के प्रति अनुराग उत्पन्न करती है। दुःख, जो बेचैनी है, ऐसे पदार्थ के प्रति जो दुःखदायी है, द्वेष का भाव उत्पन्न करता है। इच्छा और द्वेष, सुखदायी तथा दुःखदायी पदार्थों के प्रति ऐच्छिक प्रतिक्रियाएं हैं[3] जिनके परिणामस्वरूप अभिलषित पदार्थ को प्राप्त करने तथा घृणित पदार्थ से दूर रहने के लिए कर्म होता है। वैशेषिक के अनुसार, धर्म सांसारिक वैभव तथा आत्मिक कल्याण (निःश्रेयस) दोनों की प्राप्ति का उपाय बताता है। सांसारिक वैभव कर्मकाण्ड सम्बन्धी पवित्रता की देन है तथा निःश्रेयस तत्त्वज्ञान से प्राप्त होता है।[4] सबसे उच्च श्रेणी का सुख, प्रशस्तपाद के मत में, ज्ञानी पुरुषों का सुख है जो पदार्थ की स्मृति, इच्छा, चिन्तन जैसे सर्व प्रकार के माध्यमों से स्वतन्त्र है तथा जो उनके ज्ञान, मन की शान्ति, सन्तोष और सद्गुणों के विशिष्ट स्वभाव के कारण होता है।[5]

कर्तव्य कर्मों की दिनचर्या धर्मशास्त्रों से अनुमान की जाती है। ऐसे कर्तव्य कर्मों में जो सार्वभौम-रूप में अनिवार्य हैं—अर्थात् जिनमें वर्णभेद और जीवन की अवस्थाविशेष की अपेक्षा नहीं है—तथा ऐसे कर्तव्य कर्मों में जो जीवन की विशेष-विशेष अवस्थाओं में अनिवार्य हैं, परस्पर भेद किया गया है।

ऐसे कर्तव्य जो सब पर और सब कालों तथा सब देशों में लागू हों, ये हैं : (1) श्रद्धा; (2) अहिंसा, अर्थात् किसी भी जीव को हानि न पहुंचाने का संकल्पः[6] (3) भूतहित की भावना, अर्थात् प्राणिमात्र के प्रति दया की भावना; (4) सत्यभाषण; (5) अस्तेय, अर्थात् ईमानदारी; (6) ब्रह्मचर्य; (7) मन की शुद्धता; (8) क्रोध का वर्जन; (9) स्नान द्वारा शरीरशुद्धि (अभिषेचन); (10) शुद्धिकारक द्रव्यों का प्रयोग; (11) विशिष्ट देवता की भक्ति; (12) उपवास; और (13) कर्तव्यपालन में आलस्य न करना (अप्रमाद)। चारों वर्णों और चारों आश्रमों के भी विशेष-विशेष कर्तव्य साधारण रूप में प्रतिपादित किए गए हैं।[7] श्रीधर के अनुसार, गृहस्थ आश्रम में प्रवेश किए बिना भी पुरुष संन्यास

---

1. 5 : 1, 11।
2. प्रशस्तपादकृत पदार्थधर्मसंग्रह, पृष्ठ 263।
3. प्रशस्तपादकृत पदार्थधर्मसंग्रह, पृष्ठ 259 से आगे।
4. 1 : 1, 1-2 और 4।
5. प्रशस्तपादकृत पदार्थधर्मसंग्रह, पृष्ठ 59।
6. भूतानामनभिद्रोहसंकल्पः (न्यायकन्दली, पृष्ठ 275)
7. प्रशस्तपादकृत पदार्थधर्मसंग्रह, पृष्ठ 273; वैशेषिकसूत्र, 6 : 2, 3।

धारण कर सकता है।[1] यह माना गया है कि संन्यासी वह नहीं है जो संसार को एकदम भुला देता है, बल्कि वह है जो सार्वभौम उपकार का व्रत लेता है।[2] कर्तव्यों के स्वरूप का ब्यौरेवार वर्णन करने के पश्चात् प्रशस्तपाद अन्त में इस परिणाम पर पहुंचता है कि यदि कर्तव्य किसी दृश्य परिणाम (यथा धन-सम्पत्ति आदि) की प्राप्ति इच्छा को छोड़कर और सर्वथा पवित्र प्रेरणा की भावना से किए जाएं, तो उनका परिणाम धर्म होता है।[3] आत्मिक उन्नति के लिए आत्मसंयम आवश्यक है। यह कहा गया है : "जो आत्मसंयमी नहीं है उसे केवल पवित्र भोजन करने से अभ्युदय प्राप्त नहीं हो सकता।"[4] आत्मसंयम के साधनस्वरूप योग के लिए आदेश दिया गया है।[5] नियमों का पालन केवल यान्त्रिक रूप से करने से सिद्धि न होगी, बल्कि आन्तरिक धार्मिकता के भाव को विकसित करना आवश्यक है।

विस्तृत अर्थों में, अहिंसा ही धर्म है, और हिंसा अर्थात् सृष्टि के प्रति विद्वेषभाव अधर्म है। धर्मशास्त्र के आदेशों में विशेष आकस्मिक घटनाओं में अपवाद हो सकते हैं, ऐसा वैशेषिक मानता है। इसी तथ्य के आधार पर कई विचार ऐसा सन्देह करने लगते हैं कि वैशेषिक दर्शन का उद्भव धर्म-विरुद्ध कल्पनाओं से हुआ है।[6]

धर्म से तात्पर्य, वैशेषिक के अनुसार, केवल सदाचार के तत्त्व से नहीं है, बल्कि उस शक्ति (क्षमता) अथवा गुण से भी है जो मनुष्य के अन्दर अवस्थित है, कर्म के अन्दर नहीं। यह स्वरूप में इन्द्रियातीत है और जब मनुष्य इसका फलोपभोग करने लगता है तो नष्ट हो जाता है। सत्यज्ञान इसका अन्त कर देता है। यदि धर्म नितान्त अविनश्वर होता तो परम मोक्ष सम्भव नहीं हो सकता था। धर्म से उन्नति (अभ्युदय) होती है किन्तु मोक्ष होने से पूर्व इसका अन्त हो जाना आवश्यक है। जब तक हम शास्त्रविहित नियमों का पालन इस प्रेरणा को लेकर करते हैं कि अपनी उन्नति को पूर्णता तक पहुंचाएं अथवा जीवन की उन्नत श्रेणी में उठ जाएं, हम अपना पुरस्कार प्राप्त कर सकते हैं। किन्तु जो पद हम प्राप्त करेंगे वह बराबर स्थिर नहीं रहेगा। ब्रह्मा तक भी स्थायी सुख को प्राप्त नहीं कर सकते।[7] जो कुछ भी हमारा धर्म हो, वह अपरिमित नहीं हो सकता और इसीलिए हमें वह स्थायी शांति नहीं दे सकता। निःस्वार्थ अन्तर्दृष्टि द्वारा प्राप्त किया गया वस्तुओं का सत्यज्ञान ही केवल हमें अन्तिम मोक्ष दिला सकता है।[8] जब तक इच्छा और द्वेष हमारे ऊपर हावी रहते हैं, तब तक हम धर्म और अधर्म अथवा अदृष्ट का संग्रह करते रहते हैं, और कर्मों के फल हमें बलात् देह धारण कराते हैं।[9] देह भोग का स्थान (भोगायतनम्)

---

1. न्यायकन्दली, पृष्ठ 277।
2. सर्वभूतेभ्यो नित्यममयं दत्वा...(प्रशस्तपादकृत पदार्थधर्मसंग्रह, पृष्ठ 273)। और देखिए योगसूत्र 2 : 30।
3. प्रशस्तपादकृत पदार्थधर्मसंग्रह, पृष्ठ 273। और देखिए वैशेषिकसूत्र, 6 : 2, 1-2, 4-6, 8।
4. वैशेषिकसूत्र, 6 : 2, 8।
5. वैशेषिकसूत्र, 5 : 2, 16-18।
6. यूई कृत दैशेषिक फिलासफी, पृष्ठ 31।
7. न्यायकन्दली, पृष्ठ 281।
8. वही, पृष्ठ 6।
9. संसारमूलकारणयोर्धर्माधर्मयोः...।

है। अदृष्ट के साथ संयोग और उसका कार्य रूप देह ही संसार है, उससे पृथक् हो जाना ही मोक्ष है।[1]

पृथक् आत्मसत्ता की भावना से प्रेरित कर्म वस्तुओं के यथार्थज्ञान के अभाव पर आश्रित है। किन्तु ज्योंही हम अनुभव करते हैं कि पदार्थ, जो इतने अधिक आकर्षक अथवा अपकर्षक प्रतीत होते हैं, केवल परमाणुओं के क्षणिक मिश्रणमात्र हैं, हमारे ऊपर से उनका प्रभुत्व जाता रहता है। इसी प्रकार जब हम यह अनुभव कर लेते हैं कि आत्मा का यथार्थस्वरूप इस सब देहधारी सत्ताओं से सर्वथा पृथक् तथा भिन्न है तो हम यह जान लेंगे कि सब आत्माएं एकसमान हैं। जब यथार्थज्ञान स्वार्थ-प्रेरणा को दूर भगा देता है, तो स्वार्थपरक कर्मों का अन्त हो जाता है, कोई मौलिक मूल्य उत्पन्न नहीं होता, और इसीलिए फिर पुनर्जन्म भी नहीं होता। जब वैशेषिक दर्शन आस्तिकवादपरक हो गया तो मोक्ष के आनन्द को दैवीय अनुकम्पा का परिणाम समझा जाने लगा, और धार्मिक नियमों को ईश्वरीय इच्छा की अभिव्यक्ति माना जाने लगा।[2]

जब तक आत्मा संसार के अन्दर है, वह सदा किसी-न-किसी देह को धारण किए रहती है। यह देह प्रलयकाल में सूक्ष्म और सृष्टि में मूर्तरूप होती है, और ऐसी कोई अवस्था नहीं होती जबकि आत्मा 'अदृष्ट' से रहित हो, क्योंकि देहरचना की शृंखला का कोई आदि नहीं है।[3] जन्म का समय, स्थान और परिस्थितियां, परिवार तथा माता-पिता, जीवन की अवधि—ये सब अदृष्ट के द्वारा ही निश्चित होते हैं।[4] प्रत्येक आत्मा को अपने पूर्वकर्मों के फल भोगने का अवसर दिया जाता है। किन्तु यह आवश्यक नहीं है कि वर्तमान जीवन उससे ठीक पूर्ववर्ती जीवन का परिणाम हो, क्योंकि हमारे सब मौलिक गुण सब अवस्थाओं में एक ही जन्म में वास्तविक रूप धारण नहीं कर सकते।[5] यद्यपि संस्कार (मौलिक प्रवृत्तियां) नष्ट नहीं होते, पर उनमें से कुछ को आगामी जन्म के लिए प्रतीक्षा करनी पड़ सकती है। यह माना गया है कि उचित संयम द्वारा हम अपने पूर्वजन्मों का स्मरण कर सकते हैं।[6] हिन्दू विचारधारा की अन्य पद्धतियों की भांति, वैशेषिक भी स्वीकार करता है कि हमारे लिए यह सम्भव है कि हम जीवन के उच्चतर स्तर तक उठ सकें अथवा अपने को मनुष्य से निचले स्तर में गिरा लें।[7] सब प्राणी अपने धर्माधर्म के अनुसार अपना स्थान प्राप्त करते हैं।

वैशेषिक में प्रतिपादित मोक्ष के सिद्धान्त तथा न्याय-प्रतिपादित मोक्ष के सिद्धान्त में थोड़ा-सा भेद है। माधव अपने 'शंकरविजय' में कहता है कि कणाद के दर्शन अनुसार, मोक्ष की अवस्था में आत्मा सब प्रकार के गुणों से असम्बद्ध रहती है, तथा आकाश की भांति सब प्रकार की उपाधियों तथा गुणों से स्वतन्त्र रहती है। किन्तु नैय्यायिकों के अनुसार, मोक्षावस्था आनन्द तथा ज्ञान की अवस्था है।[8] वैशेषिक के अनुसार, मोक्ष की अवस्था को

---

1. 5 : 2, 18। और देखिए न्यायसूत्र, 4 : 1, 47।
2. ईश्वरचोदनाभिव्यक्तात्। प्रशस्तपादकृत पदार्थधर्मसंग्रह, पृष्ट 7।
3. न्यायभाष्य, 1 : 1, 19; न्यायवार्तिक, 4 : 1, 10; 3 : 1, 19, 22, 25-27।
4. विवृति, 6 : 2, 15।
5. न्यायकन्दली, पृष्ठ 53, 281 और उपस्कार, 6 : 2, 16।
6. उपस्कार, 5 : 2, 18; 6 : 2, 16।
7. प्रशस्तपादकृत पदार्थधर्मसंग्रह, पृष्ठ 280-81।
8. अत्यन्तनाशो गुणसंगतेर्या स्थितिर्नभोवत् कणभक्षपक्षे।
   मुक्तिस्तदीये चरणक्षपक्षे सानन्दसंवित्सहिता विमुक्तिः॥

सुख की अवस्था नहीं समझा जा सकता। यद्यपि इस प्रकार का लक्ष्य आकर्षक नहीं हो सकता परन्तु यह उक्त दर्शन के तार्किक उपलक्षणों के अनुकूल है। नाम और रूप (देह) के सम्पर्क से उत्पन्न गुणों से जब आत्मा मुक्त हो जाती है[1] तो यह पुनः अपनी स्वतन्त्रता प्राप्त कर लेती है। मण्डनमिश्र का यह तर्क कि दुःख, क्लेश आदि गुणों का विनाश आत्मा के विनाश से भिन्न नहीं है, अपने अन्दर कुछ बल रखता है।[2] श्रीधर का तर्क है कि मोक्ष की अवस्था में आत्मा अपनी नैसर्गिक दशा का सुख भोगती है।[3] आत्मा का शून्य होना तो सम्भव नहीं है; क्योंकि वह नित्य है, अतः मोक्ष की अवस्था पाषाण-सरीखी एक जड़ अवस्था के अत्यन्त निकट पहुंच जाती है।[4] श्रीधर अपने पक्ष के समर्थन में उपनिषदों के उद्धरण देता है।[5]

14. ईश्वर

कणाद के सूत्र में प्रकटरूप में ईश्वर का उल्लेख नहीं है। उसके अनुसार, परमाणुओं तथा आत्माओं में आदिम गतियां अदृष्ट के कारण से होती हैं।[6] कणाद भले ही विश्व की व्याख्या अदृष्ट तत्त्व के द्वारा करके सन्तुष्ट हो गया हो, पर उसके अनुयायियों ने अनुभव किया कि अदृष्टरूपी तत्त्व अत्यन्त अस्पष्ट तथा धर्मविहीन है और इसलिए उन्होंने इसे ईश्वर की इच्छा पर निर्भर बताया। ईश्वर संसार का नैमित्तिक कारण है, तथा परमाणु उपादान कारण है। परन्तु, कणाद ने स्वयं भी एक दैवीय सत्ता की आवश्यकता को अनुभव किया, ऐसा स्वीकार करना कठिन है। उस प्रसिद्ध वाक्य में,[7] जो दो बार आया है और जिसे परवर्ती टीकाकारों ने आस्तिकवाद का समर्थक बताया है, ईश्वर का कहीं उल्लेख नहीं है। यह प्रकट है कि कणाद वेदों को ईश्वरप्रदत्त न मानकर उन्हें ऋषियों द्वारा रचित ग्रन्थ मानता है। प्रशस्तपाद ने भी अपनी दर्शन-पद्धति में ईश्वर को प्रधानता नहीं दी है, यद्यपि वह अपने 'पदार्थधर्मसंग्रह' के प्रारम्भिक श्लोक में ही ईश्वर को जगत् का कारण बताता है।[8] वेदान्तसूत्र पर किए गए अपने भाष्य में शंकराचार्य ने जो समीक्षा की है[9] उसमें भी यही धारणा बनाई गई है कि वैशेषिक दर्शन में ईश्वर के लिए कोई स्थान नहीं है, और कि यह दर्शन आत्माओं तथा परमाणुओं के

1. आत्मविशेषगुणानामत्यंतोच्छेदः।
2. विशेषगुणनिवृत्तिलक्षणा मुक्तिरुच्छेदपक्षं न भिद्यते।
3. आत्मनः स्वरूपेणावस्थानम्।
4. सर्वसिद्धान्तसारसंग्रह, 5 : 36।
5. न्यायकन्दली, पृष्ठ 282-87।
6. कभी-कभी ऐसा कहा जाता है कि वैशेषिकसूत्र, 2 : 1, 18-19, में ईश्वर के अस्तित्व के विषय में प्रमाण विद्यमान हैं, यद्यपि इस मत को स्वीकार करना कठिन है। 2 : 1, 9-14 में अदृश्य नित्य वायु के अस्तित्व की सिद्धि की गई है और 2 : 1, 15-17 में एक आपत्ति उठाई गई है कि इसका अस्तित्व प्रत्यक्ष अथवा अनुमान का विषय नहीं है, बल्कि केवल अन्तर्ज्ञान का विषय है। और 2 : 1, 18-19 में कहा गया है कि हमारे कुछेक विचारों का मूल हमारे पूर्वजों के प्रत्यक्ष में रहता है तथा उनसे हमें प्राप्त होता है, और यही तदनुकूल पदार्थों के अस्तित्व का तार्किक आधार है (देखिए यूई : वैशेषिक फिलासफी, पृष्ठ 164-66)। 3 : 2, 4-9 में हम आत्मविषयक समस्या का ऐसा ही प्रतिपादन पाते हैं।
7. तद्वचनादाम्नायस्य प्रामाणयम् (1 : 1, 3; 10 : 2, 9)।
8. देखिए प्रशस्तपादकृत पदार्थधर्मसंग्रह के प्रारम्भिक तथा अन्तिम अंशों को तथा पृष्ठ 48-49।
9. शांकरभाष्य, 2 : 3, 14।

नित्य तथा अनिर्मित स्वरूप को मानता है और उनकी नानाविध अवस्थाओं की व्याख्या अदृष्ट के द्वारा करता है।

विरोधी सम्प्रदायों की आलोचना ने अनीश्वरवादी वैशेषिक के असन्तोषजनक स्वरूप को स्पष्ट रूप से खोलकर रख दिया। करोड़ों बुद्धि-रहित परमाणु इस जगत् की नानाविधता में अद्भुत एकत्व नहीं उत्पन्न कर सकते। वे एकत्र होकर विचार करने में असमर्थ हैं, और एक आत्मिक शासन की सामान्य योजना को कार्यान्वित करने में भी असमर्थ हैं। वैशेषिक विचारक, जो तार्किक मस्तिष्क रखते थे, केवल आकस्मिकता की कल्पना को नहीं अपना सकते थे। उन्होंने शीघ्र इस बात को समझ लिया कि परमाणु भले ही निर्विकार और नित्य क्यों न हों, किसी प्रयोजन के नहीं हैं, जब तक कि उनकी क्रियाओं का नियन्त्रण किसी अधिष्ठाता मस्तिष्क द्वारा न हो। ईश्वर परमाणुओं को प्रत्यक्ष करता है और उसकी विवेकशक्ति में पहले द्वित्व का भाव उदय होता है और तब द्वयणुकों का निर्माण होता है। अनुमान प्रमाण तथा धर्मशास्त्र दोनों की मांग है कि हम ईश्वर के अस्तित्व को स्वीकार करें।[1] चारों महाभूतों से पूर्व किसी ऐसी शक्ति का होना अनिवार्य है जो उनका ज्ञान रखती हो, क्योंकि वे कार्य हैं।[2] शब्दों तथा उनके अर्थों का परस्पर अनुबन्ध ईश्वर के ही द्वारा निर्धारित होता है। इसके अतिरिक्त, वेद वाक्यों का संग्रह है, जो इस विषय का संकेत करता है कि उनका रचयिता कोई बुद्धि-सम्पन्न होगा।[3] और क्योंकि वेद का विषय निर्भ्रान्ति, प्रमादरहित तथा रचयिता की किसी प्रकार की प्रवंचना की इच्छा से भी रहित है, अतः उसका कर्ता अवश्य कोई नित्य, सर्वज्ञ, पूर्णतया पवित्र अर्थात् निर्दोष पुरुष होना चाहिए।[4] इसके अतिरिक्त प्रलयावस्था में आत्माएं विवेकबुद्धि से रहित होती हैं, इसलिए वे परमाणुओं की गति को वश में नहीं रख सकतीं, और परमाणु-जगत् में गति का कोई स्रोत दिखाई नहीं देता। यदि हमें अनन्त पश्चाद्गति से बचना है तो हमें एक प्राथमिक गतिसंचालक का आश्रय लेना ही होगा, जिसे आदिकरण तथा गति का आदिस्थान माना जा सके।[5] ऐसा गति-संचालक केवल एक ही हो सकता है। अनेक को मानना अनावश्यक है। यदि देवताओं के अनेकत्व को मानें तो परस्पर-विरोध अथवा कलह उत्पन्न होता है। इसलिए केवल एक ही कर्ता है और वह ईश्वर है।

> इस प्रश्न का कि क्या ईश्वर के शरीर है, श्रीधर ने विवेचन किया है। ईश्वर के लिए शरीर धारण करना आवश्यक नहीं है, अशरीरी भी कर्म कर सकता है। अभौतिक आत्मा शरीर को गति देने का कार्य करती ही है। शरीर यद्यपि आत्मा से सम्बद्ध है तो भी अपने को कार्य में लगाने की शक्ति प्रदान नहीं करता। पदार्थ जिसे प्रेरणा दी गई, शरीर है, और ईश्वर के लिए इस प्रकार का पदार्थ परमाणु हैं। यदि यह युक्ति दी जाए कि इच्छा तथा प्रयत्न को उत्पन्न करने के लिए शरीर आवश्यक है, तो श्रीधर उसके उत्तर में कहता है कि यह उस अवस्था में होता है जहां इच्छा और

---

1. कीथ : इण्डियन लौजिक एण्ड ऐटोमिज़्म, पृष्ठ 265-66; न्यायकन्दली, पृष्ठ 541।

2. 2 : 1, 18-19।

3. बुद्धिपूर्ववाक्यकृतिर्वेदे। देखिए उपस्कार, 6 : 1, 1।

4. उपस्कार, 10 : 2, 9। पूरा तर्क वेदों की प्रामाणिकता को स्वीकार करने पर निर्भर करता है। यदि हम इसे नहीं मानते, जैसे कि बौद्ध नहीं मानते, तो तर्क में बल नहीं रहता।

5. तुलना कीजिए अरस्तु की ईश्वरविषयक प्रकल्पना के साथ, जिसमें ईश्वर को आदिम गति देनेवाला माना गया है, जो आकाशीय तथा भौमिक सब प्रकार की गतियों को शुरू करता है।

प्रयत्न आगन्तुक हैं; जहां ये स्वाभाविक हैं इसकी आवश्यकता का प्रश्न नहीं उठता। ईश्वर की बुद्धि, इच्छा तथा प्रयत्न नित्य हैं।[1] ईश्वर द्वारा सृष्टि-रचना पर किए गए अनेकों आक्षेपों के विषय में भी श्रीधर ने विचार किया है। यदि कहा जाए कि ईश्वर की कोई भी इच्छा ऐसी नहीं है जो अपूर्ण रही हो और जिसकी पूर्ति के लिए उसे सृष्टि-रचना की प्रेरणा हो तो इसका उत्तर यह है कि ईश्वर की इच्छाएं स्वार्थमयी नहीं हैं, बल्कि वह दूसरों के उपकार के लिए कर्म करता है। कर्म-सिद्धान्त के अनुकूल, वह संसार में दुःख को रहने देता है। दुःख वस्तुतः कोई बड़ा पाप नहीं है, क्योंकि यह हमारे लिए सब जन्मों की विचिधता के अनुभव करने में सहायक होता है। वह जो चरित्र का विचार करता है और तदनुसार ही प्राणियों को जन्म देता है, यह उसकी स्वतन्त्रता में बाधक नहीं है।

ईश्वर के सम्बन्ध में वैशेषिक का मत भी लगभग वही है जैसाकि न्याय का है,[2] और इसलिए इसकी समालोचना भी उसी आधार पर हो सकती है। पहले इस संसार को एक यन्त्र के समान माना जाता था जो पूर्ण तथा स्वात्मनिर्भर है और जिसमें परमाणु तथा आत्माएं अदृष्ट के सिद्धान्त से अपने-अपने स्थान में एकत्र रहते हैं। वैशेषिक के समालोचकों द्वारा जो कठिनाइयां बार-बार प्रस्तुत की जाती थीं—अर्थात् कि एक विवेकरहित तत्त्व संसार के पृथग्भूत घटकों को एकत्र नहीं रख सकता—उनसे निकलने का मार्ग ढूंढ़ते हुए परवर्ती वैशेषिकों को एक दैवीय तत्त्व को स्वीकार करना पड़ा। ईश्वर जगत् का स्रष्टा नहीं है, क्योंकि परमाणु तथा आत्माएं उसके समान सहकारी नित्य हैं। ईश्वर सर्वज्ञता तथा सर्वशक्तिमत्ता के कारण मानवीय आत्माओं से भिन्न है और यही गुण उसे विश्व का शासक होने की योग्यता देते हैं। वह कभी भी जन्म-मरण के चक्र में नहीं आता। वह संसार को कतिपय नियमों के अधीन कर देता है और इसे चलने देता है। किन्तु वह फिर इसके मार्ग में हस्तक्षेप नहीं करता। संसार एक विशाल घड़ी के समान है जिसे इसका स्रष्टा एक बार गति दे देता है और फिर इसकी गति में बाधा नहीं देता। किंतु एक हस्तक्षेप न करनेवाला ईश्वर संसार के वास्तविक जीवन में सहायक नहीं होता। दूसरी ओर, हस्तक्षेप करने वाले ईश्वर के विषय में यह भय होगा कि वह कहीं अपने ही बनाए हुए विधान को न उलट दे। ईश्वर तथा संसार दोनों एक-दूसरे से स्वतन्त्र हैं, किन्तु यदि हम प्रारम्भिक प्रस्थापना में परिवर्तन न करें, तो ईश्वर भी हमारी सहायता नहीं कर सकता। यदि हम परस्पर असम्बद्ध सत्ताओं के अनेकत्व को ले कर चलते हैं तो हम एक ईश्वर की यान्त्रिक योजना से भी, जो वस्तुओं को बाहर से व्यवस्थित करता है, उनके पृथक्करण में कोई सुधार कैसे कर सकते हैं। एक विजातीय माध्यम के यांत्रिक उपाय द्वारा संयुक्त संसार वस्तुओं का एक पुंजमात्र हो सकता है, एक पूर्ण आंगिक इकाई नहीं हो सकता। आत्माएं एक-दूसरे को जान तक नहीं सकतीं। प्रत्येक यथार्थ वस्तु अपने लिए एक लघु जगत् हो जाएगी, जो अपने आन्तरिक तत्त्व के चक्र के ही अन्दर बन्द होगी। आत्माएं तथा उनके विषय आवश्यक रूप से पृथक् हैं, और उनका सम्बन्ध एक बाहर से आरोपित सामंजस्य है। इससे पूर्व कि हम किसी अधिक सन्तोषजनक विचार तक पहुंच सकें, प्रारम्भिक स्थापना को छोड़ देना आवश्यक है। यदि ईश्वर का अस्तित्व है,

1. न्यायकन्दली, पृष्ठ 55-58।
2. देवताविषये भेदो नास्ति नैय्यायिकैः समम् (हरिभद्रकृत षड्दर्शनसमुच्चय, पृष्ठ 59)।

तो वह प्रकृति के परमतत्त्वों को भी उत्पन्न कर सकता है, और आत्माओं तथा परमाणुओं के नित्य तथा स्वयंभू स्वरूप को अंगीकार करने की आवश्यकता नहीं है। यदि ईश्वर नाम की कोई सत्ता है तो स्वर्ग तथा पृथ्वी सब उसके आश्रित हैं, और कल्पना में भी न आ सकनेवाले प्रकृति के सूक्ष्मतम कण भी, जो अन्तरिक्ष के अनन्त क्षेत्र में गति कर रहे हैं, उसी की रचना हैं।

15. वैशेषिक दर्शन का सामान्य मूल्यांकन

वैशेषिक के सामान्य सिद्धान्तों का सूक्ष्म विवेचन उक्त दर्शन के प्रमुख लक्षणों तथा मर्यादाओं को समझने में सहायक होगा। एक दार्शनिक प्रकल्पना का कार्य यथार्थता द्वारा अभिव्यक्त नानाविध स्वरूपों को एक सामंजस्यपूर्ण और बोधगम्य परिपूर्ण इकाई के रूप में सुव्यवस्थित तथा संघटित करना है। वैशेषिक दर्शन "इस समस्त दृश्यमान जगत् के लक्षणों तथा पारस्परिक सम्बन्धों को एक पद्धति में प्रदर्शित करने का प्रयत्न करता है।"[1] प्रोफेसर व्हाइटहैड के समान, हमारे लिए इन्द्रिय-सामग्री, प्रत्यक्ष जगत् एवं वैज्ञानिक पदार्थों में पृथक्त्व करना उपयोगी होगा। इन्द्रिय-सामग्री में वास्तविक रंग, रस, शब्द तथा ताप हैं, जिनका हमें प्रत्यक्ष ज्ञान होता है। इसी सामग्री पर हमारे समस्त अनुभव का आधार है और इसी इन्द्रिय-सामग्री तथा आनुभविक जगत् की व्याख्या के लिए हम अनेकों वैज्ञानिक विषयों की कल्पना कर लेते हैं, जो प्रत्यक्ष का विषय नहीं हैं, यद्यपि वे समस्त प्रत्यक्ष ज्ञान की व्याख्या करते हैं। वैशेषिक में भी हमें इन्द्रियज्ञान की सामग्री अथवा प्रत्यक्ष का विषय मिलता है जिससे समस्त अनुभव शुरू होता है। जब हम इन विषयों पर, द्रव्य, गुण, सम्बन्ध इन पदार्थों द्वारा एक साथ विचार करते हैं तो हम आनुभविक जगत् की ओर अग्रसर होते हैं। जैसाकि हम अनेक बार कह चुके हैं, जब हम किसी वस्तु तथा उसके गुणों के विषय में कुछ कथन करते हैं, तो हम तथ्यों का कथन नहीं कर रहे होते हैं बल्कि उनकी व्याख्या कर रहे होते हैं। जब वैशेषिक नित्य द्रव्यों, गुणों आदि को अनित्य द्रव्यों, गुणों आदि से पृथक करता है, तो वह हमारे अनुभव के क्षणिक स्वरूप पर बल देता है और कुछेक वैज्ञानिक विषयों की, यथा परमाणुओं और आत्माओं, देश और काल, आकाश और मन की, कल्पना कर लेता है। इस प्रकल्पना को सन्तोषप्रद माना जा सकता है, यदि इन्द्रियजन्य ज्ञान हमें अनुभव जगत् की ओर ले जाए और आनुभविक जगत् वैज्ञानिक पदार्थों की ओर ले जा सके। किन्तु जैसा कि हम देखेंगे, इस प्रकार का कोई तर्कसंगत सम्बन्ध दिखाई नहीं देता।

अभाव के सिद्धांत पर बल देने के कारण वैशेषिक की अनेकवादितात्मक विशिष्ट प्रवृत्ति लक्षित होती है। यथार्थसत्ता न तो द्रव्य है, न द्रव्यों का पुंज ही है, क्योंकि द्रव्य गुणों के विषय हैं, बल्कि यह एक तात्त्विक सम्बन्ध है जहां हमें विश्लेषण, तुलना, भेद तथा तादात्म्य की आवश्यकता होती है। परिवर्तनशील आनुभविक जगत् में ऐसी सत्ताधारी वस्तुओं की अनेकता है जो एक-दूसरे के साथ सब प्रकार के सम्बन्धों में एक जटिल जाल में बंधी हैं। वैशेषिक का अपना लक्ष्य इस विश्व को एक व्यवस्थित पूर्ण इकाई विविधताओं के एक सामंजस्य के रूप में प्रस्तुत करना है। जब तक हम परस्पर टकराते तत्त्वों में सामंजस्य लाने के अयोग्य हैं, तब तक हम तार्किक आदर्श तक नहीं पहुंचते। स्वात्मविरोधी

---

1. व्हाइटहैड : दि कंसेप्ट नेचर, पृष्ठ 185।

विचार में नहीं आ सकता, और तो भी इस दर्शन के ऐसे अवयव हैं जिन पर हम एक पूर्ण इकाई के हिस्सों के रूप में एक साथ विचार नहीं कर सकते।

वैशेषिक अभाव के सापेक्ष स्वरूप को स्वीकार करता है। जिस विषय-वस्तु का यह निषेध करता है, वह सर्वथा बहिष्कृत कभी नहीं होती। इससे पूर्व कि हम निषेध करें, निषिद्ध विचार को मानना होता है। फिर, ऐसा सुझाव जिसका निषेध द्वारा प्रत्याख्यान किया जाता है, एक निश्चित अभिज्ञा (पहचान) पर आश्रित है जो प्रस्तुत वस्तुविषय से असंगत होती है। हम भूमि पर घड़े को ढूंढ़ते हैं और वहां उसे न पाकर उसका अभाव उद्घोषित कर देते हैं। यथार्थसत्ता बहिष्कार करती है, क्योंकि इसमें असंगतिरूप गुण है। निषेध (अभाव) अपने आधार में एक विभाजन का संकेत करती है जो यथार्थ है। निषेध का उद्देश्य हमारे समक्ष एक ऐसी यथार्थता को रखने का है जिसे एक व्यवस्थित पद्धति के रूप में समझा गया है। साधारण स्वीकृतिसूचक कथन उसी तरह एक पक्षीय भावात्मक सार है जिस तरह कि साधारण निषेधात्मक कथन। केवल सत् एक रिक्त पदार्थ (विषय) का भावात्मकसार है, जबकि केवल, 'असत्' रिक्तता के भी परे जाता है। केवल 'असत्' एक 'वह', अथवा एक ऐसी वस्तु का विचार है जो प्रत्येक 'क्या' अथवा उपाधि को बहिष्कृत करती तथा स्वयं भी बहिष्कृत होती है। यह एक ऐसे पदार्थ का भावात्मक सार है जो सब प्रकार की उपाधियों का निषेध करता है और अपना भी निषेध करने पर बाध्य होता है। अभाव पर आग्रह होने से वैशेषिक का आदर्श संसार को तत्त्वों का सामंजस्य मानना ठहरता है, यद्यपि वस्तुतः इस प्रकार का आदर्श सिद्धान्तरूप में परम सत्य तथा यथार्थता से न्यून है। विविधता, भेद तथा अनेकता—ये सब एक इकाई के अन्दर ही कुछ अर्थ रखते हैं। जिसे वैशेषिक एक स्वतंत्र व्यक्ति समझता है, वह यथार्थ के स्वरूप के अन्दर ही एक अवयव के रूप में देखा जाता है। यह भिन्न और विरोधियों में पारस्परिक भ्रम उत्पन्न करता है। भिन्न पदार्थ विरोधी भी हों, यह आवश्यक नहीं है। भिन्न पदार्थ एक-दूसरे को बहिष्कृत नहीं करते, वे केवल अपने भेद के निषेध को ही बहिष्कृत करते हैं। परस्पर असंगत पदार्थ भी हैं, किन्तु वे अन्तिम तथा निरपेक्ष नहीं हैं। सीमाओं के अन्दर वे पाए जाते हैं, किन्तु अभिज्ञा के तार्किक विचार की मांग है कि यथार्थ विशेष है तथा सामंजस्यपूर्ण और आत्मसंगत है। समस्त पदार्थों के लिए एक पृथक् अभिज्ञा की कल्पना करने के कारण, वैशेषिक एक यथार्थ आध्यात्मिक पूर्ण इकाई के विचार तक नहीं उठ सका, जहां पहुंचकर हिस्सों के अन्योन्य बहिष्कार का भाव लुप्त हो जाता है। यद्यपि यह इस संसार के लिए एकत्व तथा अनेकत्व दोनों को मौलिक मानता है, परन्तु दोनों को पास-पास रहने दिया गया है और इन्हें एक पूर्ण इकाई में नहीं लाया गया है। वैशेषिक ज्ञान को सुसंघटित, पूर्ण इकाई मानने के विचार को, जो उसके अभाव-सम्बन्धी मत से उपलक्षित होता है, अन्त तक स्थिर नहीं रख सका।

किन्तु वैशेषिक यह निर्देश करता है कि अनुभव के अन्दर पदार्थ तथा उनके सम्बन्ध दोनों सम्मिलित हैं। द्रव्य, गुण और कर्म अपने-आप में अपना अस्तित्व रखते हैं और एक-दूसरे के अन्दर भी अस्तित्व रखते हैं, और ये अनेक सम्बन्धों से बद्ध हैं, जो सामान्य अर्थात् जातिगत स्वरूप, विशेष अर्थात् विशिष्ट लक्षण, और समवाय अर्थात् कभी पृथक् न हो सकने वाला सम्बन्ध कहलाते हैं। प्रत्येक द्रव्य में एक जातिगत गुण रहता है, एक विशिष्ट भेद रहता है और यह इन दोनों के साथ समवाय-सम्बन्ध से जुड़ा हुआ है। सम्बन्धों की यथार्थता का समर्थन किसी भी सन्तोषप्रद, अनेकवादी आध्यात्मिक ज्ञान के लिए एक मौलिक

आवश्यकता है। यदि सम्बन्ध अयथार्थ हैं तो संसार में केवल एक ही द्रव्य रह जाता है जो निरपेक्ष होगा; अथवा यह जगत् ऐसे शक्त्यणुओं से मिलकर बना है जो स्वतंत्र तथा निरपेक्ष हैं; परस्पर असम्बद्ध हैं तथा कभी भी सम्बद्ध नहीं हो सकते।

समवाय की प्रकल्पना वैशेषिक दर्शन में एक निर्बल कड़ी है। यह नहीं हो सकता कि हम समवाय को दो भिन्न वस्तुओं का सम्बन्ध मानें और इसे संयोग से भिन्न प्रकार का भी मानें। यदि समवाय संयोग से भिन्न है, तो पूर्ण इकाई हिस्सों के अतिरिक्त और उनसे भिन्न कोई वस्तु है। वैशेषिक का समवाय-सम्बन्धी-मत, इसके अभाव-विषयक मत के ही समान इस भाव का संकेत करता है कि संसार एक व्यवस्थित इकाई है, जिसमें तत्त्व परस्पर सम्बद्ध हैं। इस प्रकार इसका अनेकत्ववाद अन्तिम सिद्धान्त नहीं है।

सामान्य तथा विशेष के अन्दर जो भेद है, वह द्रव्यों के गुणों का भेद है। विशेष, अथवा विशिष्टता का स्वरूप क्या है? यह बिलकुल सत्य है कि हम विलक्षण विशेषों को जीवन के साधारण बुद्धि में आनेवाले स्तर पर मान लेते हैं। किन्तु यह विशेष है क्या, इसका सन्तोषजनक विवरण हम नहीं दे सकते। वह क्या है जो किसी वस्तु को वस्तुविशेष बनाता है? किसी भी वस्तु के विषय में जो कुछ हम जानते हैं, वह उसके कुछ गुण हैं और यह कि किस रूप में वह व्यवहार करती है। अनुपमता की परिभाषा नहीं की जा सकती, तो भी यह अक्षय प्रतीत होती है। विशेषता मात्र एक धारणा प्रतीत होती है, जो अभाव के ही बराबर है। जीवात्मा ही को लें। क्या कोई ऐसी वस्तु भी है जिसे यह न बदल सके? यदि इसका विशेषत्व कोई ऐसी वस्तु है जो इसके ऐतिहासिक जीवन के साथ बदलती है, तो यह परिवर्तित होने की क्षमता रखती है। किन्तु यदि यह एक अपरिवर्तनशील तत्त्व है, तो हम नहीं जानते कि यह क्या है। यदि हम तथ्यों की ओर ध्यान दें तो हमें 'नीला' नहीं मिलता, बल्कि सर्वदा 'एक नीला' अर्थात् एक विशेष प्रकार का नीला मिलता है। यह न तो स्वयं में सामान्य है और न यह विशिष्टता ही है जो विशेष पदार्थ को नीला बनाती है। हम नहीं जानते कि किस प्रकार ये एक अनुपम विशेष को बनाने के लिए संयुक्त होते हैं। अन्ततोगत्वा, हमारा अनुपमता से क्या तात्पर्य है, इसकी परिभाषा हम नहीं कर सकते। यद्यपि 'विशेष' की प्रकल्पना तार्किक प्रमाण के आधार पर सिद्ध नहीं हो सकती, तो भी एक अनुभवजन्य प्रबल पक्षपात हमें प्रेरणा करता है कि हम व्यक्तियों में अनुपम तथा अविनश्वर तत्त्वों को स्वीकार करें। असंख्य तत्त्वों तथा आत्माओं का विशेषत्व सम्पूर्ण इकाई के विशेषत्व का नाश करने वाला है। इस प्रकार यदि एक संघटित इकाई के भाव को, जो वैशेषिक के अभाव तथा समवाय सम्बन्धी विचार से उपलक्षित होता है, पुष्ट करना हो तो विशेषों के सिद्धान्त में परिवर्तन करना आवश्यक है।[1]

---

1. तुलना कीजिए ब्रैडले से : "अनेकों के स्वरूप, इसलिए, केवल अपने में (प्रत्येक अपने-आप में) आत्म-निर्भर नहीं हैं, क्योंकि यदि तुम प्रत्येक में से उसके परे के प्रत्येक उल्लेख को मिटा दो तो अनेकत्व कहीं भी नहीं रहता। 'और' शब्द का अर्थ सिवाय इसके और कुछ नहीं है कि वह पूर्ण इकाई के आधार को अभिव्यक्त करता है, और एकात्मता से अलग विविधता का अपना कोई अर्थ नहीं है। इसलिए जिन विशेषों की आवश्यकता है, वे स्वात्म-विरोधी हैं और पृथक्-पृथक् पक्षों में से प्रत्येक के अन्दर भेद करने से तुम बच नहीं सकते, क्योंकि इस प्रकार का मार्ग हमें नये विशेषों के विभाग की ओर ले जाएगा जिनमें से प्रत्येक के सम्बन्ध में वही समस्या उत्पन्न होगी। यदि अनेकों में से प्रत्येक अपने से परे नहीं है, तो वे अनेक नहीं रहते। और दूसरी ओर, जो आत्मनिर्भर नहीं रह सकता वह विशेष अथवा विलक्षण भी नहीं कहा जा सकता। इसलिए विशेष, जिनमें से प्रत्येक—यदि सम्भव हो सके→

सामान्य का भाव कहा जाता है कि, विचार करनेवाली बुद्धि पर निर्भर न रहकर, द्रव्यों, गुणों और कर्मों में रहता है, और इसे नित्य द्रव्यों में नित्य तथा अनित्यों में अनित्य माना जाता है। यदि विशिष्ट व्यक्ति तथा सामान्य समान रूप से यथार्थ हैं, और यदि हमारी वैज्ञानिक व्याप्तियां प्राकृतिक व्यवस्था में नित्यरूप से नियत इन सत्ताओं से सम्बद्ध मानी जाती हैं, तो विचार में आने योग्य अच्छी, बुरी तथा तटस्थ समस्त सत्ताओं के लिए अनुकूल सामान्य होने चाहिए। इसके अतिरिक्त, ऐसे सामान्य नहीं हैं जो नित्य हों। औपचारिक तर्क के प्रभाव के कारण, जिसकी प्रवृत्ति विचारधारा को स्थिर करने की ओर होती है, न्याय-वैशेषिक, सारतत्त्वों, उनके गुणों तथा उनके भेदों पर बल देता है। कोई भी वस्तु एक ही समय में विद्यमान तथा अभावात्मक दोनों नहीं हो सकती। यही विरोध का विधान है, और इसी के प्रभाव से वस्तुएं भिन्न-भिन्न वर्गों में विभक्त की गई हैं और यह माना गया है कि ये वर्ग जब से यह संसार बना और जब तक इसका अन्त नहीं होता, इसी प्रकार के हैं और रहेंगे। डार्विन का विकासवाद जातियों की नियतता के मत को हीन मानता है। प्राकृतिक चुनाव के अधीन वैयक्तिक भिन्नताओं के एकत्र हो जाने पर एक जाति विकसित होकर अन्य में परिणत हो जाती है। वर्ग जैसे हैं, ये लाखों वर्षों की विकास की प्रक्रिया के परिणाम हैं। वर्ग सबसे अधिक परिवर्तनशील हैं और वर्तमान काल तक में एक से दूसरे के अन्दर परिवर्तित होते रहते हैं। मैंडेल के पैतृक परम्परा-सम्बन्धी सिद्धान्त के अनुसार घोड़े का स्वरूप यहां तक परिवर्तित हो सकता है कि पहचान में न आ सके। तथाकथित सामान्य अपरिवर्तनशील व स्वात्मनिर्भर प्रकार नहीं है, बल्कि परिस्थितियों की परिवर्तित होती अवस्थाओं के अनुकूल वृद्धि तथा विकास की मंज़िलों को प्रदर्शित करते हैं। जब वर्ग मिटने लगते हैं तो तार्किक की आधारभूमि ही विलुप्त हो जाती है, क्योंकि वह तो प्रकारों तथा सारतत्त्वों पर ही अपने सिद्धान्त का निर्माण करता है। किसी एक विशेष अवस्था में सामान्य के द्वारा वर्ग का स्वरूप जताया जाता है, यद्यपि यह स्वरूप किसी भी प्रकार से अपरिवर्तनीय नहीं है। जब हम सामान्यों को नित्य कहते हैं तो हमारा तात्पर्य अनन्त समय तक उनकी सत्ता से नहीं होता, बल्कि यह होता है कि काल-विषयक सम्बन्धों से वे स्वतन्त्र हैं। जैन तार्किकों का कहना है कि न्याय-वैशेषिक भी अभाव के सामान्य भाव को, जो पूर्ववर्ती अभाव, पश्चाद्वर्ती अभाव आदि में एकसमान माना जाता है, स्वीकार नहीं करता; और न सामान्यों के सामान्यभाव को ही स्वीकार करता है। यदि विभिन्न सामान्यों अथवा विभिन्न प्रकार के अभावों का सामान्य मात्र उनका समान स्वरूप है, तो हम कह सकते हैं कि समान स्वरूप के अतिरिक्त अन्य किसी प्रकार का सामान्य है ही नहीं। सामान्य की प्रकल्पना को परिवर्तनशील तथा अपरिवर्तनशील में परस्पर भेद करने की इच्छा से ही प्रेरणा मिलती है। यदि हम सामान्यों को उत्कृष्ट यथार्थता के इन्द्रियातीत जगत् की वस्तु मानें, तो उनका सम्बन्ध विशेष व्यक्तियों के साथ, जिनमें कि वे रहते हैं, स्थापित करना कठिन होगा। एक, नित्य, सर्वगत सामान्य तत्त्व का अनेक, अनित्य, खण्डित तथा एकाकी व्यक्तियों के साथ सम्बन्ध स्थापित करना आसान नहीं होगा। यदि सामान्य विशिष्ट के साथ सह-अस्तित्व नहीं रखता तो हमारी स्थिति भी प्लेटो की विचार-सम्बन्धी प्रकल्पना के ही समान हो जाती है, जिसे वह 'वस्तुपूर्व-सामान्य' का सिद्धान्त

→ तो–विलक्षण हो, केवल अमूर्त भाव ही सिद्ध होते हैं और क्योंकि वे सिद्धान्त रूप में स्वात्मविरोधी हैं, इसलिए अयथार्थ हैं और अन्ततोगत्वा निरर्थक हैं'' (लौजिक, खण्ड 2, पृष्ठ 651)। और भी देखिए जैंटाइल-कृत थ्योरी आफ माइण्ड ऐज प्योर एक्ट, अंग्रेज़ी भाषानुवाद, पृष्ठ 113।

कहता है। नितान्त पृथक् दो वस्तुओं को, अर्थात् सामान्य तथा व्यक्ति को, एकाकार नहीं किया जा सकता। हमें व्यक्तिरूप जगत् को, यह कहकर कि उसका यथार्थसत्ता के साथ कोई बुद्धिगम्य सम्बन्ध नहीं है, और वह एक व्यर्थ प्रतीतिमात्र है, अमान्य ठहराना होगा। न्याय-वैशेषिक स्वीकार करता है कि सामान्य तथा व्यक्ति एक-दूसरे से पृथक् नहीं किए जा सकते, क्योंकि वे परस्पर समवाय-सम्बन्ध से जुड़े हुए हैं। दूसरे शब्दों में, सामान्य तथा विशेष में भेद केवल विचार-विषयक ही है, यथार्थभेद नहीं है, और तो भी असंगत रूप में सामान्यों को स्वतन्त्र अस्तित्व दे दिया गया है। कल्पना की गई है कि संसार के विनाश के पीछे भी ये विद्यमान रहते हैं और प्रलय की अवस्था में उनका अधिष्ठानकाल होता है, जिसे यथार्थ वस्तु समझा गया है।

द्रव्य, गुण और कर्म को विषयनिष्ठ माना गया है, जबकि सम्बन्ध तार्किक विश्लेषण की उपज हैं, जिन्हें विश्व के तथ्यों का रूप देना हमारे अधिकार के बाहर की बात है। पहले तीन पदार्थों के विषय में कहा जाता है कि वे सत्ता के लक्षण को ग्रहण करते हैं, और सत्ता के विषय में समझा जाता है कि वह उस गुण का, अर्थात् सत् से युक्त एक कल्पना का, तीनों पदार्थों में आधान करती है। विभिन्न सम्बन्ध-कारण-कार्य और अन्योन्य तथा सह-उपस्थिति का केवल एकत्रीकरण—असत् हैं, क्योंकि सब सत् पदार्थ व्यक्तिरूप हैं। गुण और कर्म सत्तावाची विशेष्य के भिन्न-भिन्न प्रकार या विशेषण हैं।[1] कोई भी काल-सम्बन्धी परिवर्तन अथवा दशिक गतियां क्यों न हों, गुण कारणकार्य-सम्बन्ध के सतत घटक माने जा सकते हैं, जबकि परिवर्तनशील अवस्थाएं कर्म हैं जो कारण-कार्य-सम्बन्धी आकस्मिक घटक हैं। द्रव्य के सम्पूर्णभाव में गुण और कर्म, सतत और आकस्मिक घटक, दोनों सम्मिलित हैं, जिनमें से किसी का भी चिन्तन दूसरे से पृथक् नहीं किया जा सकता।[2] प्रत्येक द्रव्य की अपनी विशेषता, अपने गुण और अपने कर्म होते हैं। साधारण बुद्धि संसार की घटनाओं को कुछ द्रव्यों के गुण समझती है। वस्तु तथा उसके गुणों का भाव हम सबके लिए इतना परिचित है कि हमारे समस्त अनुभव में इसका प्रवेश है। वैशेषिक इसे एक साधारण, असन्दिग्ध सूत्र के रूप में मान लेता है जिसको सिद्ध करने के लिए न तो किसी अधिक विवेचन और न प्रमाण की ही आवश्यकता है। प्रत्येक यथार्थ वस्तु या तो द्रव्य है या उसका गुण है। गुण यथार्थसत्ता के आश्रित पक्ष हैं और अपने स्वतन्त्र रूप में रहने के अयोग्य हैं। वे जीवित द्रव्य के एक अधिक मौलिक रूप का संकेत करते हैं जिसके कि वे गुण हैं। द्रव्यों के अनेकत्व के अस्तित्व को, जिनमें से प्रत्येक अपने-आप में पूर्ण है और अन्य सब से स्वतन्त्र है, साधारण बुद्धि का आदेश मानकर स्वीकृत किया गया है, यद्यपि इससे हम, द्रव्य अपने-आप में क्या है—इस विषय में कोई सन्तोषजनक विचार नहीं बना सकते।

द्रव्य और गुण की सरल कल्पना के पीछे ऐसी समस्याओं की गहराई छिपी है जिनका समाधान आज तक नहीं हुआ। द्रव्य की परिभाषा करते हुए कहा जाता है कि द्रव्य वह है जो गुणों का अधिष्ठान हो।[3] इस प्रकार गुणों का स्वतन्त्र अस्तित्व नहीं है। हम विचार में द्रव्य तथा गुण के अन्दर भेद करते हैं, किन्तु ऐसी धारणा बनाने की कोई आवश्यकता नहीं है कि गुणों तथा कर्मों में सामान्य तथा विशेष आदि की अपेक्षा यथार्थता का अधिक

---

1. डब्ल्यू. ई. जानसन विशेषणों को दो भागों में विभक्त करता है, अर्थात् संक्रामक तथा असंक्रामक। संक्रामक विशेषण ही सम्बन्ध हैं। देखिए लौजिक, खण्ड 1, पृष्ठ 37।

2. डब्ल्यू. ई. जानसन : लौजिक, खण्ड 1, पृष्ठ 37।

3. जहां प्राचीन न्याय ने द्रव्य की परिभाषा करते हुए इसे गुणों तथा कर्मों का अधिष्ठान बताया है, वहां आधुनिक न्याय अपनी परिभाषा में इसे केवल गुणों का ही अधिष्ठान बताता है।

ऊंचा अंश विद्यमान है। किन्तु वैशेषिक की धारणा है कि गुणों के बिना भी द्रव्य रह सकता है। सृष्टि-रचना के आरम्भिक क्षण में द्रव्यों को गुणरहित ही बताया गया है, जिसका निर्देश यह है कि द्रव्य की तत्त्वज्ञान-सम्बन्धी पहचान उसके गुणों की स्थिर पहचान के समान नहीं है। द्रव्य के सारतत्त्व का, जिसके ही कारण वह द्रव्यरूप में है, उन स्थिर गुणों के साथ, जो उसकी अपनी विशेषता है, कोई विशेष सम्बन्ध नहीं है। द्रव्य के अपने अस्तित्व के बने रहने के लिए गुणों के स्थायित्व की अनिवार्यता नहीं है। द्रव्यों के विशिष्ट गुण कार्य माने गए हैं, अर्थात् ऐसे गुणों का उद्भव द्रव्यों के अन्दर से है। किन्तु द्रव्य कारण कैसे बन सकता है, अर्थात् अपने से भिन्न किसी वस्तु को कैसे उत्पन्न कर सकता है? समस्त निश्चित और मूर्त गुणों से ऊपर जो कुछ है वह हमारे विचार के लिए विषय-वस्तु से सर्वथा रिक्त है। यह एक अज्ञात कल्पित वस्तु है, अर्थात् "मैं नहीं जानता कि क्या है" जो सब गुणों की पृष्ठभूमि में है। विचार के एक चिरस्थायी स्वभाव की प्रवृत्ति के कारण हम गुणों की अपेक्षा द्रव्य को अधिक यथार्थ समझते हैं। वैशेषिक के द्रव्य एक अज्ञात अधिष्ठान हैं, जिसके द्वारा अनुभव में आने वाले गुणों की व्याख्या हो सके। ये सम्भाव्य कल्पना के परिणाम हैं, वैज्ञानिक निरीक्षणों के नहीं। किन्तु वैशेषिक यह भी मानता है कि यदि कोई वस्तु अपने गुणों को खो दे तो उसका स्वरूप भी नष्ट हो जाता है। द्रव्यों तथा गुणों का परस्पर सम्बन्ध समवाय-सम्बन्ध कहा जाता है, अर्थात् इन दोनों में से कोई भी एक-दूसरे के बिना नहीं रह सकता।[1]

> द्रव्य और गुण के बीच जो उक्त प्रकार का सम्बन्ध बताया गया है, शंकराचार्य ने उसकी आलोचना की है। यदि दोनों इस प्रकार संयुक्त हैं कि उन्हें पृथक् नहीं किया जा सकता, तो यह अविभाज्यता देश, काल तथा स्वभाव से सम्बद्ध होगी। दोनों देशों के अन्दर अविभाज्य नहीं हैं, क्योंकि धागों से बननेवाला कपड़ा केवल धागों की जगह घेरता है, कपड़े का स्थान (देश) नहीं घेरता जबकि कपड़े के गुण जैसे इसका रंग आदि केवल कपड़े का ही स्थान घेरते हैं धागों का नहीं।[2] यदि काल में अविभाज्यता को समवाय-सम्बन्ध का सारतत्त्व मानें, तो गाय के दायें और बायें सींग भी समवाय-सम्बन्ध से संयुक्त होंगे। और यदि यह अविभाज्यता स्वभाव में है तो द्रव्य और गुण में आगे कोई भेद असम्भव होगा, क्योंकि दोनों एक ही हैं।[3]

यदि द्रव्य अपने गुणों के आश्रित है तो वह वस्तुतः स्वतन्त्र नहीं है। द्रव्य केवल अपने गुणों के साथ समवाय-सम्बन्ध से संयुक्त नहीं है, बल्कि सभी द्रव्य द्रव्यत्व के एक सामान्य भाव से संयुक्त हैं, और व्यक्तिरूप में प्रत्येक द्रव्य उसी प्रकार अपने वर्ग के भाव से संयुक्त है।[4] गुणों से अलग द्रव्य का हमें प्रत्यक्ष नहीं होता, और इस प्रकार की धारणा कि गुणों के

---

1. देखिए गौडपादकृत कारिका, 3 : 5 पर शंकराचार्य।

2. वैशेषिकसूत्र, 1 : 1, 10।

3. शांकरभाष्य, 2 : 2, 17।

4. श्री हर्ष पूछता है कि ऐसे गुण, जो संख्या जैसे अन्य गुणों को धारण करते हैं, द्रव्यों के अन्तर्गत क्यों नहीं लाए गए। यदि गुणों की परिभाषा करते हुए यह कहा जाता है कि ये सामान्य के अधिष्ठान हैं, तो वह पूछता है कि विध्यात्मक सत्ताओं, यथा उपाधियों, के अधिष्ठान हैं या नहीं (खण्डन, 4 : 3)। अलेक्ज़ैण्डर गुण को पदार्थ मानने को उद्यत नहीं है।

परिवर्तन होने पर भी कोई वस्तु अपरिवर्तित रह जाती है, तर्क के विरुद्ध है।[1] यदि हम उन गुणों को अपना आधार बनाएं जो परिवर्तित हो जाते हैं, तो स्थायी द्रव्य कोई हो ही नहीं सकता। पत्ती जो आज ताज़ी, हरे रंग की तथा रस से पूर्ण है, अगले दिन म्लान होकर पीली पड़ जाती है, और उससे भी अगले दिन भूरे रंग की और मुरझाई हुई दिखाई देती है। इसलिए हम नहीं जान सकते कि उस पत्ती का स्थायी गुण क्या है। दर्शनशास्त्र का सम्पूर्ण इतिहास यह सिद्ध करता है कि वस्तु का अन्तस्तल एक ऐसा रहस्य है जिसके अन्दर प्रवेश करना कठिन है।[2] अपने गुणों तथा कर्मों को छोड़कर द्रव्य क्या वस्तु है, यह जानने की आशा हम नहीं कर सकते। आनुभविक जगत् में हमें द्रव्य तथा गुण, इन पदार्थों का उपयोग करने को बाध्य होना होता है, यद्यपि अस्तित्व को हम गुणों के रूप में नहीं ला सकते, और तो भी वैशेषिक स्वीकार करता है कि द्रव्य अपने गुणों से अलग कुछ नहीं है। हम द्रव्य की परिभाषा केवल उसके गुणों के द्वारा ही कर सकते हैं। इसी प्रकार पदार्थों में परस्पर भेद भी उनके भिन्न-भिन्न गुणों के द्वारा ही कर सकते हैं। हम एक पदार्थ को भिन्न-भिन्न समयों में वही तभी तक कहते हैं जब तक कि उसमें वही गुण रहते हैं। जब हम भिन्न गुणसमूहों को पाते हैं तो हम कहते हैं कि ये वस्तुएं भिन्न हैं। द्रव्य हमारे अनुभव के स्थायी तत्त्वों का निर्देश करता है। आत्माएं और परमाणु, देश, काल, आकाश और मन हमारे अनुभव के निरन्तर रहने वाले अवयवों का निर्देश करते हैं।

वैशेषिक का प्रयत्न अनुभव के सभी पहलुओं को लेकर उन्हें एक सामान्य योजना में ठीक-ठीक स्थान पर बैठाना है। इन्द्रियगम्य जगत् का एक यथार्थ आधार है, जो प्रत्यक्षदर्शी से स्वतन्त्र है। सम्बन्ध इन अर्थों में यथार्थ हैं कि इन्हें मनुष्य के मन ने नहीं बनाया है, वैशेषिक की सम्मति में अनुभव हमें केवल बहुविध रूप्र में प्राप्त नहीं होता है। यह नियमों में स्थापित है, जो इस पर केवल आरोपित नहीं किए गए हैं। गुण, कर्म, सामान्य, विशेष और समवाय आश्रित पदार्थ हैं, जबकि द्रव्य एक स्वतन्त्र सत्ता है जिस (आश्रय) पर वे सब आश्रित हैं। द्रव्य नितान्त अनाश्रित हैं। अनित्य द्रव्य, जो कारण से उत्पन्न हैं, यथार्थ में द्रव्य नहीं हैं। नौ नित्य द्रव्यों का सिद्धान्त वैशेषिक के अनेकवाद का प्रधान प्रतिपाद्य विषय बन जाता है। ये नौ नित्य द्रव्य, प्रोफेसर व्हाइटहैड के अनुसार, वैज्ञानिक पदार्थ हैं, जो प्रत्यक्ष-विषयक पदार्थों तथा इन्द्रियसामग्री से भिन्न हैं। इनका महत्त्व इसमें है कि ये प्रत्यक्ष की सामग्री की व्याख्या करने तथा उसे व्यवस्थित करने, इन्द्रियों द्वारा प्रत्यक्ष में आने वाली प्रकृति को अधिक बुद्धिगम्य बनाने की क्षमता रखते हैं। प्रकृतिवाद-सम्बन्धी पक्षपात के कारण वैशेषिक विचारक अनुभव को एक निरन्तर परिवर्तित होने वाले छायाचित्र की भांति मानने के लिए बाध्य होते हैं, जिसकी व्याख्या के लिए बाह्य साधनों की आवश्यकता है। वे अनुभूत पदार्थों को परदे पर पड़े हुए छायाचित्रों की भांति मानते हैं जिनकी पृष्ठभूमि में द्रव्य हैं। द्रव्यों के द्वारा, जो पृष्ठभूमि में छिपे रहते हैं, हमारे मन के परदे पर छायाचित्र प्रकट होते हैं। यह एक काल्पनिक धारणा है, जिसके लिए कोई प्रमाण हमारे पास नहीं

---

1. परन्तु देखिए न्यायवार्तिक, 1 : 1, 13, जहां पर 'पृथिव्यादिगुणाः' को द्वन्द्व समास माना गया है, जिसका तात्पर्य पृथ्वी आदि और गुण हैं, और यह सुझाया गया है कि द्रव्यों और गुणों का बोध इन्द्रियों द्वारा होता है।

2. सांख्य द्रव्य और गुण को एक ही यथार्थतासम्पन्न मानता है। अद्वैत वेदान्त द्रव्य के विचार को अतार्किक मानता है तथा समझता है कि यह केवल विचार का एक प्रकार है। तुलना कीजिए लौक : 'ऐस्से आन दि ह्यूमन अण्डरस्टैंडिंग'।

है। हमें अनुभव के पीछे जाकर ऐसी वस्तुओं की कल्पना करने की आवश्यकता नहीं है जो अपने-आप में रहस्यपूर्ण हैं। वैशेषिक हमें आदेश देता है कि हमें आनुभविक चेतना के निर्णयों को ही सही मानना चाहिए, क्योंकि यह कहा जाता है कि वह आदि से अन्त तक यथार्थ तथा पृथक्-पृथक् वस्तुओं का प्रतिपादन करती है। किन्तु वह स्वयं ही चेतना की साक्षी से परे जा रहा है, जबकि वह आनुभविक जगत् को एक प्रकार का परदा मानता है, जो हमारे तथा अदृश्य यथार्थसत्ताओं के बीच में पड़ा हुआ है। वैशेषिक दृश्य वस्तुओं को सरल करने अथवा संयुक्त करने का कार्य अपने ऊपर लेता है, किन्तु जब वह इस प्रकार की धारणा बनाता है कि जगत् की अनेकता तक तात्त्विक अनेकता का दृश्य मात्र है तो एक मिथ्या तत्त्वज्ञान का आश्रय लेता है। किन्तु जब वह एक बार अनुभूत एकत्व को अनेकों विभिन्न तत्त्वों में भंग कर देता है, तो उन्हें फिर से एक पूर्ण इकाई में संयुक्त नहीं कर सकता। एक तितर-बितर और वियुक्त विविधता एकत्व को उत्पन्न नहीं कर सकती, जब तक कि इसमें दैवीय शक्ति ही का हाथ न हो। ये द्रव्य अपने नित्य आत्म-स्वरूप तथा अनित्य अभिव्यक्तियों, दोनों अवस्थाओं में ही एक सुसंगत इकाई का निर्माण नहीं कर सकते। ऐसी कोई शृंखला नहीं है जिसमें हम इन्हें एकसाथ बांध सकें।

द्रव्यों के अन्तःसम्बन्ध के विचार को सुचारू रूप से विकसित नहीं किया गया। वैशेषिक जहां सम्बद्धता को आनुभविक जगत् का प्रधान लक्षण मानता है, वहां असम्बद्ध परमाणुओं तथा आत्माओं को वैज्ञानिक पदार्थ मानकर वह सब प्रकार के सम्बन्धों को बाह्य तथा स्वच्छन्द बना देता है। यथार्थ सत्रूपी जगत् अर्थात् नौ नित्य द्रव्य, परिवर्तन से सदा अप्रभावित रहते हैं, और दृश्यमान परिवर्तन का आधार स्वयं यथार्थ के किसी लक्षण में भी नहीं खोजा जा सकता। सम्बद्धता इस प्रकार यथार्थसत्ताओं की एक बाह्य घटना बन जाती है। असंसक्त परमाणु दृश्यमान जगत् का कारण नहीं हो सकते। दृश्यमान वस्तुओं को उत्पन्न करने के लिए उन्हें अवश्य परस्पर मिलना तथा टकराना चाहिए। यदि परमाणुओं में गति-सम्बन्धी गुण है तो वे सही अर्थों में असम्पृक्त नहीं हैं, क्योंकि परमाणुओं की गति भी उनके असम्पृक्त होने का निषेध करती है। अदृष्ट को मानने का अर्थ दार्शनिक व्याख्या की हर संभावना को छोड़ देना है। यदि वैशेषिक सम्बन्धों की यथार्थता के अपने सिद्धान्त के प्रति दृढ़ रहना चाहता है, जिसे वह पदार्थों अथवा अनुभूत जगत् का विवरण देते हुए अंगीकार करता है, तो उसे नित्य अपरिवर्तनशील द्रव्यों की, जो वैज्ञानिक पदार्थ है, अपनी कल्पना को त्याग देना होगा, और सम्बद्धता को भी यथार्थ बनाना होगा। यथार्थ सम्बद्धता सम्बद्ध तत्त्वों की नितान्त स्वतन्त्रता के साथ संगति नहीं खा सकती। इसलिए तथाकथित नित्य द्रव्य अमिश्रित, परिवर्तनरहित स्थायी तत्त्व नहीं हो सकते, बल्कि एक निरन्तर परिवर्तनशील पद्धति के केवल अपेक्षाकृत स्थिर बिन्दु हो सकते हैं। यदि परिवर्तन और सम्बद्धता का यथार्थता के सारतत्त्व से सम्बन्ध है, तो यथार्थता अमिश्रित यथार्थसत्ताओं का समुच्चय नहीं है। सही अर्थों में वैज्ञानिक पदार्थ नित्य द्रव्य नहीं है, बल्कि स्वयं जगत् की सदा परिवर्तनशील अभिन्नता है।

जब वैशेषिक नित्य परमाणुओं को तथ्य रूप में मान लेता है तो इसका आशय इस प्रकार के सुझाव से है कि देश-काल के विस्तृत क्षेत्रों में हम अतीन्द्रिय कणों का एक समूह पाते हैं। ये कण इतने अधिक सूक्ष्म हैं कि अकेले मनुष्य के दृष्टिक्षेत्र को स्पर्श नहीं कर सकते, यद्यपि जब ये परस्पर संयुक्त हो जाते हैं तो दृश्यमान कोटि में आ जाते हैं। इनके ये संयुक्त रूप न्यूनाधिक परिणाम में स्थायी होते हैं, यद्यपि किन्हीं भी अर्थों में नित्य स्थायी नहीं होते। कार्यकारण सिद्धांत

के प्रयोग के लिए, कि असत् से कुछ उत्पन्न नहीं होता, इन नित्य परमाणुओं की स्थापना आवश्यक है। वैशेषिक का इस प्रकार का तर्क ठीक ही है कि जहां आयाम (विस्तार), लम्बाई, आकृति, काल और गति, देश-काल सम्बन्धी गुण हैं, वहां गन्ध, रस, रंग, उष्णता और शब्द देश-काल को भरने वाले गुण हैं। फिलहाल शब्द को एक ओर रखकर, वैशेषिक गन्ध, रस, रंग तथा उष्णता को, जो हमारे अनुभव की विषयवस्तु हैं, परमाणुओं से आया बताया है। क्योंकि हमारे अनुभव के ये लक्षण स्थायी हैं, इसलिए वह इनकी व्याख्या परमाणुओं को नित्य मानकर करता है; अनुभव के परिवर्तनशील पहलुओं का उद्भव अनित्य द्रव्यों से तथा स्थायी पहलुओं का नित्य द्रव्यों से बताता है। अन्तिम सामग्री, जिसको लेकर वैशेषिक आगे बढ़ता है और जिसकी व्याख्या करने का वह प्रयत्न करता है, हमारे इन्द्रियानुभव हैं। परमाणु अपने-आप में हमारे प्रत्यक्ष ज्ञान की पहुंच से बाहर हैं, यह स्पष्ट स्वीकार किया गया है, यद्यपि इस सब दृश्य के प्रादुर्भाव के लिए, जिसे हम देख सकते हैं और देखते हैं, उन्हें अनिवार्य समझा गया है। हम रंगों, शब्दों, रसों तथा उष्णताओं का प्रत्यक्ष अनुभव करते हैं। इस इन्द्रिय-सामग्री को हम प्रकृति के भाग के रूप में प्रत्यक्ष अनुभव करते हैं, न कि मन के भाग के रूप में, जैसा कि बौद्ध मानते हैं किन्तु क्या हमें परमाणुओं को इस इन्द्रिय-सामग्री के अतीन्द्रिय कारण मानने की आवश्यकता है? यदि हम रंगों, शब्दों, स्पर्शों तथा रसों का क्रमशः एक-दूसरे से पृथक् प्रत्यक्ष करें तब तो प्रकृति को परमाणुओं के टुकड़ों से बना हुआ मानने में कुछ औचित्य हो सकता है। किन्तु वैशेषिक इस पर ठीक ही बल देता है कि दृश्यमान प्रकृति एक सम्बद्धता है, एक-दूसरे में विलीन होती इन्द्रिय-सामग्री का एक पुंज है, एक निरन्तर बहती धारा है। इसी इन्द्रिय सामग्री में से हम अपने अनुभव सम्बन्धी विचार का निर्माण करते हैं जिसमें वस्तुएं, उनके गुण और सम्बन्ध सम्मिलित हैं। किन्तु कल्पित परमाणु आनुभविक जगत् के अन्तर्निहित घटक नहीं हैं। परमाणुओं की प्रकल्पना केवल नई कठिनाइयां ही उत्पन्न करती है और वैशेषिक दर्शन को विषयिविज्ञानवाद के संकटों की ओर ले जाती है। हमें परमाणुओं का बोध नहीं होता, तो भी उन्हें एकमात्र यथार्थसत्ता मान लिया गया है जो अनुभूत पदार्थ को उत्पन्न करती है। कार्यकारण सिद्धान्त का व्यवहार यान्त्रिक है, और जिसका हम प्रत्यक्ष ज्ञान करते हैं वह, जिसका अस्तित्व है उसके साथ, अर्थात् अनुभव के काल्पनिक अप्रमाणित कारणों—परमाणुओं के साथ, कोई सम्बन्ध नहीं रखता। ये अमूर्त आधार इन पर निर्माण किए गए मूर्त अनुभव के लिए अपर्याप्त हैं। हमारा अनुभव घटनाओं की शृंखला से बना है, जो देश और काल से सम्बद्ध हैं। प्रत्येक घटना की एक दैशिक स्थिति होती है, अर्थात् वह किसी स्थान-विशेष पर होती है; और उसका कुछ इतिहास होता है, अर्थात् वह किसी काल-विशेष में होती है। किन्तु ये देश और काल सम्बन्धी गुण की घटना का पूर्ण स्वरूप नहीं हैं। हमें भौतिक बिन्दुओं अर्थात् परमाणुओं के विषय में कुछ भी ज्ञान नहीं। जो कुछ हम यह जानते हैं, यह है कि शरीर एक ही समय में अनेकों स्थितियों में रहते हैं, और इसलिए हम यह कहते हैं कि वे देशीय विस्तार तथा रूप वाले हैं। सही-सही अर्थों में, हम न तो व्यापक प्रकृति को जानते हैं और न अदृश्य परमाणुओं को ही जानते हैं, बल्कि केवल पिण्डों को जानते हैं। साधारणतः जो गति करता है उसे हम पिण्ड कहते हैं। यह प्रकृति का, जो अपने भागों की प्राकृतिक स्थिति को अपरिवर्तित रूप में स्थिर रखती है, एक हिस्सा है, किन्तु अन्य स्थितियों के साथ उनके सम्बन्ध परिवर्तित हो जाते हैं। एक विस्तृत इकाई की सीमाएं स्थिर होती हैं, और जब तक आभ्यन्तर तथा बाह्य सम्बन्धों को यह स्वतंत्रता बनी रहती है उसकी

पहचान में कोई परिवर्तन नहीं आता। जिसे हम वस्तु अथवा पिण्ड के नाम से पुकारते हैं वह देश का एक क्षेत्र-विशेष है, जो किसी विशेष लक्षण द्वारा लक्षित होता है और काल के अन्दर अपरिवर्तित रहता है। हमें अनुभव में जो मिश्रण प्राप्त होता है, हम उसमें देश तथा काल को घेरनेवाले पिण्ड को स्वयं देश तथा काल से भिन्न करते हैं। प्रकृति वह है जो देश-काल के सांचे को भरती है।[1] वैशेषिक उन बौद्ध कल्पनाओं से सहमत नहीं है जिनकी तुलना अलेग्जेंडर तथा रसल जैसे कुछ नव्य यथार्थवादियों की कल्पनाओं से की जा सकती है और जो व्यक्ति को सामान्य से, यथार्थ वस्तुओं को उनके सम्बन्धों से, शब्दों को उनके अर्थ-सम्बन्धों से और प्रकृति को देश और काल के संयोग से उत्पन्न मानती है। गतिमान पदार्थों के बिना गति नहीं हो सकती। वैशेषिक परमाणु को यथार्थसत्ता मानती है; सीमा निर्माण करने वाला केवल विचार नहीं। वैशेषिक के मत में परमाणु रंग आदि गुणों के धारण करने वाला कहे जाते हैं। शंकराचार्य का तर्क है कि जिसमें रंग आदि गुण हैं वह अणु (सूक्ष्म) तथा नित्य नहीं हो सकता। अनुभव के आधार पर निर्णय करने से भी रंग आदि गुणों से सम्पन्न पदार्थ मूर्तरूप तथा अस्थायी हैं।[2] यदि प्रत्यक्ष न होना स्थायीभाव का संकेत माना जाए तो द्वयणुकों को भी, जो इतने सूक्ष्य हैं कि प्रत्यक्ष का विषय नहीं हैं, स्थायी मानना चाहिए।[3] यदि विश्व के आधार का नित्य होना आवश्यक है तो परमाणु निश्चय ही विश्व के आधार नहीं माने जा सकते।[4] जगत् की स्थिरता (निश्चित) परमाणुओं की विभिन्नता के कारण बताई जाती है। किन्तु नितान्त बाह्य तथा आकस्मिक सम्बन्ध जगत् के निश्चित स्वरूप की व्याख्या नहीं कर सकते। प्रकृति के अपनी भिन्न-भिन्न अवस्थाओं में रूपान्तरण की प्रकल्पना परमाणुओं के निर्विकार होने की कल्पना के विरुद्ध जाती है। जहां साधारण चिन्तनविहीन अनुभव जगत् को खण्डों में विभक्त करता है जहां प्रत्येक वस्तु एक-दूसरी से पृथक् नहीं तो विलक्षण अवश्य है, वहां थोड़ा-सा भी चिन्तन हमें यह जताता है कि वस्तुएं एक-दूसरी में परिणत हो जाती हैं। बनना नाम की एक वस्तु है जिसे विकास भी कहते हैं। वस्तु-सम्बन्धी सत्य नमूनों की अनेकता नहीं बल्कि एक सामान्य स्वरूप है। वैशेषिक को अपनी आनुभविक प्रवृत्ति के कारण होने (सत्) के विचार से ऊपर बनने के विचार को स्थान देना चाहिए था। यदि हम किसी एक वस्तु से दूसरी की अपेक्षा अधिक प्रभावित होते हैं, तो यह प्रकृति के एकत्व और सब श्रेणियों के 'परमाणुओं' के उद्भव-स्थान की मौलिक एकता के ही कारण है। विकास का विचार इस बात का उपलक्षण है कि नाना आकृतियों की अपेक्षा उस तत्त्व का महत्त्व कहीं अधिक है जो उन सब आकृतियों में से गुजरता है। यथार्थता, जो हमारे समक्ष आती है, स्वरूप में परमाणु-निर्मित नहीं है, बल्कि एक ऐसी सामग्री प्रतीत होती है जिसके भिन्न-भिन्न गुणों वाले पहलू एक-दूसरे में विलीन हो जाते हैं। शंकराचार्य का कहना है कि भिन्न-भिन्न तत्त्व एक ही परमतत्त्व की भिन्न-भिन्न अवस्थाएं हैं, जैसे पृथ्वी

---

1. वस्तुतः घटनाएं ही ठोस सामग्री हैं जिनसे देश और काल का प्रादुर्भाव हुआ। मात्र विस्तार और शुद्ध क्रमिक प्रक्रिया दोनों ही अमूर्त भाव हैं। यदि विश्व की मौलिक इकाइयां कोई हैं तो वे देश-काल-प्रकृति हैं, जिन्हें प्रोफेसर व्हाइटहैड घटनाएं कहते हैं। पदार्थों की स्थायी सामग्री, अर्थात् देश और काल, सब घटनाओं के आश्रित हैं।

2. वैशेषिकसूत्र, 4 : 1, 1।

3. 4 :1, 5।

4. शांकरभाष्य, 2 : 2, 15।

ठोस है, जल अपेक्षाकृत सूक्ष्म है, प्रकाश उससे भी सूक्ष्म है और वायु सबसे सूक्ष्म है।[1] उक्त चारों तत्त्वों के अनुकूल परमाणुओं के विषय में यह कल्पना नहीं की जा सकती कि उनमें गुणों की संख्या अधिक अथवा न्यून होगी, केवल इसलिए कि पृथ्वी में चार गुण हैं, जल में तीन गुण हैं, और इसी प्रकार इन तत्त्वों में गुण कम होते गए हैं। फिर सब परमाणुओं में सब गुण हैं, यह भी नहीं कहा जा सकता। यदि उनमें केवल एक ही गुण माना जाए तो हमें पृथ्वी में रस का प्रत्यक्ष न होना चाहिए, अथवा जल में रूप का प्रत्यक्ष न होना चाहिए, क्योंकि कार्यों के गुण कारणों के पूर्ववर्ती गुणों के कारण होते हैं।[2] परस्पर विलक्षण परमाणुओं की अनन्त राशि एक सामंजस्यपूर्ण विश्व को उत्पन्न नहीं कर सकती। इस कठिनाई को दूर करने के लिए समवाय के रहस्यमय सम्बन्ध का आविष्कार किया गया है। कहा जाता है कि द्वयणुक , जो दो परमाणुओं से मिलकर बनते हैं, उन परमाणुओं से भिन्न हैं, यद्यपि समवाय-सम्बन्ध से उनके साथ सम्बद्ध हैं।

परमाणु घटनाओं के प्रवाह के स्थायी घटक हैं। प्रकृति में कुछ ऐसा भी है जो गति नहीं करता। हमारे अनुभव में कुछ स्थिर तत्त्व होते हैं जिन्हें हम द्रव्यों से सम्बद्ध करते हैं। जैसा कि हम पहले देख चुके हैं, द्रव्य उस विधि-विशेष का नाम है जिसके अनुसार वस्तुओं का व्यवहार चलता है। हमारे अनुभव के कुछ नित्य लक्षण हैं, यद्यपि यह परिवर्तनशील स्वभाव वाला है। इस प्रकार अनुभव द्वारा हम जिस अनिवार्य परिणाम पर पहुंचते हैं वह यह है कि प्रकृति का तत्त्व कुछ ऐसी चीज़ है जो बराबर परिवर्तित होती रहती है यद्यपि वह निरन्तर स्थिर रहती है। परमाणुओं की प्रकल्पना से केवल यही उपयोगी सुझाव दर्शनशास्त्र को मिलता है कि यथार्थ वह है जिसका स्वयं अपने में और अपने लिए अस्तित्व है। ठोस आदर्शवाद में सम्पूर्ण इकाई ही इस प्रकार की यथार्थता रखती है, क्योंकि हिस्सों के विशेषत्व का अर्थ सम्पूर्ण इकाई के विशेषत्व का नाश होगा। किन्तु सम्पूर्ण इकाई का अपने हिस्सों के साथ सम्बन्ध कठिनाइयों से खाली नहीं है, इसलिए यथार्थसत्ता का चेतनता से ही तादात्म्य हो सकता है।

जब वैशेषिक देश और काल के व्यापक (सामान्य) तथा यथार्थरूप का प्रतिपादन करता है तो उसका अभिप्राय यही है कि यह विश्व जिस रूप में हमें प्रतीत होता है, एक अनन्त विस्तार है, एक ऐसी अवधि है जिसका माप नहीं हो सकता, एक ऐसा शून्य है जिसकी कोई सीमाएं नहीं हैं, कोई तल नहीं है और कोई अन्त नहीं है। प्रत्येक घटना के अन्दर देश तथा काल सम्बन्धी गुण रहते हैं। यदि किसी वस्तु की दैशिक स्थिति वही रहती है और कालिक स्थिति में परिवर्तन होता है, तो हम कहते हैं कि शरीर निश्चेष्ट है; किन्तु यदि यह निरन्तर परिवर्तन में आती है जिस प्रकार कि काल बराबर परिवर्तित होता है, तो हम उसे गति कहते हैं। हमारे अनुभव का क्योंकि एक देशकालिक स्वरूप है, इसलिए वैशेषिक अनुमान करता है कि देश और काल हम से बाह्य हैं और ये रिक्त पात्रों के समान हैं, जिनका भरना वस्तुओं तथा घटनाओं से होता है। सत्य यह प्रतीत होता है कि देश व काल विषयक सम्बन्ध देश तथा काल सम्बन्धी प्रत्यक्षानुभवों से बने हैं। यदि हमारे अनुभव के देश तथा काल सम्बन्धी स्वरूपों की मांग यह है कि हम देश तथा काल को व्यापक द्रव्य स्वीकार करें, तो कोई कारण नहीं कि हम इस विराट अन्तरिक्ष में एक विराट बुद्धि को, एक विराट प्रकाश को, एक विराट अंधकार

1. आधुनिक विज्ञान परमाणुओं को विद्युत से निकला हुआ बताता है, और प्रकृति लगभग आत्मा ही के समान आकाशीय तत्त्व बनती जा रही है।

2. शांकरभाष्य, 2 : 2, 16।

को और अच्छे-बुरे तथा तटस्थ उन सब गुणों के विराट विश्वीय भण्डारों को भी स्वीकार न करें जो हमारे वास्तविक अनुभवों को स्वरूप प्रदान करते हैं। देश और काल अनुभवों से उत्पन्न नहीं माने जा सकते, क्योंकि अनुभव उनकी पूर्वविद्यमानता को स्वीकार करता है। यह कहने से कि देश और काल व्यापक हैं, सर्वगत द्रव्य हैं, उनका अभिप्राय यही है कि जो कुछ है, देश के अन्दर है और जो कुछ होता है, काल के अन्दर होता है। जगत् के पदार्थ गतिमान हैं, अर्थात् देश को घेरते हैं और काल के अन्दर अपने व्यवहार में परिवर्तन लाते हैं। पिण्डों से विहीन देश और घटनाओं से विहीन काल को द्रव्य कहा जाता है। अपने अनुभवों की व्याख्या के लिए, जो देश-सम्बन्धी तथा काल-सम्बन्धी स्वरूप रखते हैं, वैशेषिक एक अपार तथा असीम देश की तथा एक ऐसी अवधि (काल) की कल्पना करता है जिसकी कहीं समाप्ति नहीं है। किन्तु ये अनन्त देश और काल केवल तात्त्विक कल्पनाएं मात्र हैं, तथ्यों का विवरण नहीं हैं।

यद्यपि देश काल-सम्बन्धी परिवर्तनों के बिना निरर्थक प्रतीत नहीं होता, किन्तु काल बिना परिवर्तनों तथा घटनाओं के कुछ नहीं है, जैसे कि सम्बद्ध पक्षों के बिना सम्बन्ध कुछ नहीं है। काल यथार्थ वस्तु से व्याप्त है। काल वस्तुओं के अनेकत्व का संकेत नहीं करता। एकाकी द्रव्य में भी काल हो सकता है। एक पुरुष अपने चरित्र में परिवर्तन कर सकता है, एक फूल अपना रंग बदल सकता है। देश को क्योंकि स्थिति, दूरी इत्यादि के गुणों से व्यवहार करना होता है, इसलिए इसे नानाविध यथार्थ वस्तुओं की आवश्यकता होती है। समय अकेला अपने-आप में सह-अस्तित्व की विविधता का उपलक्षण नहीं है। इसका सह-अस्तित्व के साथ उतना ही सम्बन्ध है जितना कि एक यथार्थवस्तु का अन्य यथार्थवस्तु के साथ।

जिस तर्क के द्वारा परमाणुओं की कल्पना की जाती है, वह देश तथा काल के सम्बन्ध में लागू नहीं होता। वैशेषिक यह नहीं कहता कि काल की निरन्तरता अविभाज्य तथा पृथक् क्षणों से उत्पन्न होती है, अथवा देश की निरन्तरता पृथक् बिन्दुओं अथवा देशीय इकाइयों से उत्पन्न होती है। यदि प्रकृति के खण्डित होते-होते शून्य में परिवर्तित हो जाने की कठिन समस्या का निराकरण केवल अविभाज्य परमाणुओं की कल्पना के द्वारा ही हो सकता है, तो देश और काल की निरन्तरता की व्याख्या भी केवल बिन्दुओं तथा क्षणों की कल्पना से ही हो सकती है। यदि देश और काल की अवस्था में एक सार्वभौम देश तथा एक सार्वभौम काल की कल्पना सम्भव है, तो भौतिक विश्व की व्याख्या के लिए भी एक सार्वभौम प्रकृति की प्रकल्पना सर्वथा युक्तियुक्त हो सकती है। हमें वस्तुएं परस्पर देशीय सम्बन्ध से सम्बद्ध मिलती हैं, और घटनाएं कालिक सम्बन्ध से सम्बद्ध मिलती हैं। देश और काल हमारे अनुभव के लिए पदार्थों के पारस्परिक सम्बन्धों के प्रतिनिधि हैं। देश तथा काल सम्बन्धी ये सम्बन्ध तात्कालिक अनुभव के लिए तथ्य हैं, और इस प्रकार की प्रकल्पना की घटनाएं प्रस्तुत देश तथा प्रस्तुत काल में घटती हैं, जिनमें प्रस्तुत तथा स्थिर आणविक सामग्री में सम्पन्न हुए परिवर्तन भी आ जाते हैं, तात्त्विक विवेचन का परिणाम है। एक सार्वभौम देश, एक सार्वभौम काल तथा निरन्तर स्थायी परमाणु ये—सब काल्पनिक समाधान हैं, प्रस्तुत तथ्य नहीं हैं।[1] द्रव्य की यह दोषपूर्ण परिभाषा कि द्रव्य गुणों का

1. तुलना कीजिए व्हाइटहैड से : "घटनाओं के विषय में हमें ऐसा विचार न करना चाहिए कि वे एक प्रस्तुत समय में, एक प्रस्तुत देश में घटती हैं और प्रस्तुत स्थायी सामग्री में हुए परिवर्तनों वाली हैं। काल, देश और सामग्री घटनाओं के सहायक हैं। सापेक्षता की पुरानी प्रकल्पना के आधार पर, काल और देश सामग्री के मध्यगत सम्बन्ध हैं। हमारी प्रकल्पना के आधार पर वे घटनाओं के मध्यगत सम्बन्ध हैं" (इनक्वायरी, पृष्ठ 26)।

अधिष्ठान है, वैशेषिक को देश, काल आदि को द्रव्य मानने की ओर प्रवृत्त करती है। प्रकृति वह सामग्री है जो देश तथा काल की पूर्ति करती है, और यदि हम ठीक-ठीक समझना चाहें तो हमें यह कहना होगा कि मूलभूत विचार जिससे इस विश्व की व्याख्या की जा सकती है वह है देश-काल-प्रकृति-रूप सामग्री। यह एक ऐसा निष्कर्ष है जिसका एक धुंधला बोध कतिपय वैशेषिकों को भी था। शिवादित्य का कहना है कि आकाश, देश और काल वस्तुतः एक हैं, यद्यपि नानाविध कार्यों के कारण इन्हें तीन प्रकार का विचार में लाया गया है।[1] इस मत का समर्थन चन्द्रकान्त तर्कालंकार ने किया है। उनका तर्क है कि कणाद के मत में देश, काल और आकाश एक ही द्रव्य है, यद्यपि इसे इसके द्वारा उत्पन्न कार्यों तथा उन विभिन्न बाह्य परिस्थितियों के अनुसार, जो इसके साथ सम्बद्ध हों, देश अथवा काल अथवा आकाश के विभिन्न नामों से पुकारा जाता है।[2] देश और काल प्रकृति से ही निकले हैं। परवर्ती नैय्यायिकों ने देश और काल को ईश्वर की ही अवस्थाएं बताया है।[3]

चेतनता एक कर्म है, एक ऐसी वस्तु का गुण है जिसका मुकाबला अन्य वस्तु अर्थात् जड़-जगत् के साथ विस्तार तथा अनुक्रम के सम्बन्ध में होता है। आत्मा का अपने गुणों के साथ समवाय-सम्बन्ध है। शंकराचार्य ज्ञान आदि गुणों के साथ आत्मा के सम्बन्ध का प्रश्न उठाते हैं और आपत्ति करते हैं कि वैशेषिक दोनों को एक समान श्रेणी में नहीं रख सकते, क्योंकि आत्मा स्थायी है और गुण अस्थायी हैं। यदि दोनों को एक ही श्रेणी में रखा जाएगा तो आत्मा की ऐसी दशा कभी न होगी जबकि वह गुणों से मुक्त हो सके। संक्षेप में, आत्मा को भी गुणों के समान ही अवश्य अस्थायी होना चाहिए।[4] मानसिक जीवन की संकीर्णता आणविक मन की धारणा के कारण बताई गई है, किन्तु आत्मा तथा मन के सम्बन्ध ा को सन्तोषजनक रूप में विचार में लाना कठिन है। जब वैशेषिक आत्मारूप द्रव्य को चेतनतारूप गुण से भिन्न करता है, तो वह एक यान्त्रिक मन को स्वीकार कर रहा होता है। किसी बाह्य पदार्थ की मन के प्रति प्रतिक्रिया का परिणाम ही हमारा अनुभव है, इस प्रकार का विचार, जैसे कि हम पहले देख आए हैं, समस्त अनुभव को अज्ञेय बना देता है। आत्मा का अन्तस्तम सारतत्त्व क्या है, हम नहीं जानते। इसके भिन्न-भिन्न गुण, सुख, दुःख, ज्ञान आदि विवेकशून्य आत्माओं की विवेकशून्य परमाणुओं के साथ पारस्परिक प्रतिक्रिया के द्वारा उत्पन्न होते हैं। जब आत्मा मुक्तिलाभ कर लेती हैं तो ये गुण विलुप्त हो जाते हैं, और सब गुणों से रहित मुक्त आत्मा एक ऐसी इकाई है जिसके अन्दर कोई विविधता नहीं है और इसलिए वह सर्वथा यथार्थसत्ता भी नहीं रह जाती। प्रमेय विषय प्रमाता को अपने अन्दर विलीन कर लेता है। मनुष्य एक उत्पादक केन्द्र है जो संसार की रचना में सहयोग देता है, जिसे वह जानता है। अनुभव, जोकि दर्शनशास्त्र के लिए एक समस्या है, न तो मन के लिए अगम्य प्रकृति है और न प्रकृति से पृथक् मन है। मनोवैज्ञानिक तथा भौतिक यथार्थता सब स्थानों पर अत्यन्त घनिष्ठ रूप में सम्बद्ध रहती है। सब का आधार चेतनता है, बाह्यता नहीं। भौतिक विज्ञानी अपने परमाणुओं तथा शक्तियों को लेकर तथा मनोवैज्ञानिक अपनी

---

1. आकाशादित्रयं तु वस्तुतः एकमेव उपाधिभेदान्नानाभूतम्। (सप्तदर्शी, 17) सांख्यप्रवचनभाष्य 1 : 61।
2. देखिए 'सेक्रेड बुक्स आफ दि हिन्दूज' ग्रन्थमाला में परिशिष्ट बी., पृष्ठ 4, वैशेषिकसूत्र, के प्रति। और देखिए सांख्यप्रवचनसूत्र, 2 : 12।
3. ऑथले : तर्कसंग्रह, 15।
4. देखिए गौडपादकृत कारिका, 3 : 5, शांकरभाष्य पर।

आत्माओं तथा क्षमताओं को लेकर बार-बार सारतत्त्वों के निष्कर्षण के लालच में पड़ते रहे हैं। अद्वैतवेदान्त तथा सांख्य के द्वारा स्वीकृत इस प्रकल्पना के विषय में बहुत-कुछ कहा जा सकता है कि अतीन्द्रिय आत्मा के अतिरिक्त हर एक अन्य पदार्थ विश्व-विकास के दौरान उत्पन्न होते हैं।

यदि हम आत्माओं के अनेकत्व के सिद्धान्त को स्वीकार करते हैं, जिसके लिए न्यायदर्शन का विवेचन करते हुए हमें कोई तात्त्विक औचित्य नहीं मिल सका, तो अब हमारे समक्ष एक ओर आत्माएं हैं और दूसरी ओर देश-काल-प्रकृति है। देश-काल-प्रकृति का विशिष्ट लक्षण है गति अथवा संक्रमण, और सांख्य-दर्शन में इसे प्रकृति नाम से पुकारा गया है। सांख्यदर्शन अपने पुरुषों अर्थात् आत्माओं तथा प्रकृति के सिद्धान्त को लेकर न्याय-वैशेषिक द्वारा प्रतिपादित विचार से आगे प्रगति करता है।

गहनतम विश्लेषण हमारे समक्ष इस विषय को प्रकट करता है कि सम्बन्ध तथा गुण आदि सब सत्ताधारी तत्त्वों के अधीन हैं, और ये सत्ताधारी तत्त्व दो प्रकार के हैं, अर्थात् प्रकृति तथा अप्रकृति अथवा आत्माएं, अर्थात् प्रकृति और पुरुष। हम ऋग्वेद के सुझाव से लाभ उठा सकते हैं और उक्त सुझाव बाइबिल के प्रथम अध्याय में भी, जहां सृष्टिरचना का वर्णन है, मिलेगा कि सुव्यवस्थित विचारमग्न आत्मा आदिम अस्तव्यस्तता के अन्दर से जीवित प्राणियों की नाना श्रेणियों का तथा प्राकृतिक जगत् का आविष्कार करती है। केवल उसी को द्रव्य कहा जा सकता है जो पूर्णरूप में अस्तित्व रखता है। इस संसार में हमें कहीं भी कोई पूर्ण इकाई अब और यहां की सीमा के अन्दर बद्ध नहीं मिलती। हम वस्तुओं की एक-दूसरे से पृथक् करनेवाली मर्यादाओं को चिह्नित नहीं कर सकते। निःसन्देह एकत्व अथवा व्यक्तित्व के दर्जे होते हैं। व्यक्तित्व का उच्चतम प्रकार जो हमें मिलता है वह परिमित व्यक्ति का है, किन्तु यह भी स्वात्मनिर्भर नहीं है। यथार्थ द्रव्य वह है जो अपने अन्दर सान्त मनों तथा प्राकृतिक जगत् को सम्मिलित रखता है। इस संसार की आधारभूत मौलिक यथार्थसत्ता वह निरपेक्ष परम आत्मा है जिसकी अभिव्यक्ति विश्व के विघटित होने, गति के साथ-साथ अपने को निर्माण करने तथा परिवर्तित करने के विचार में होती है। अनुभव एक सतत 'संक्रमण' अथवा आन्तरिक सम्बद्धता है। देश का विभाजन बिन्दुओं में, काल का क्षणों में, और प्रकृति का परमाणुओं में हो सकता है। किन्तु हम देख आए हैं कि विश्व को देश और काल तथा प्रकृति नहीं समझा जा सकता, बल्कि देश-काल-प्रकृति समझा जा सकता है। इस प्रकार प्रकृति, अथवा वह जो परिवर्तित होती है, विश्व की आधारभूत सामग्री को बनाती है तथा इसके अंशरूप तत्त्वों को वस्तुएं न मानकर घटनाएं मानना चाहिए।

वैशेषिक के अभिमत से पदार्थ दोषपूर्ण हैं, हम चाहे किसी भी दृष्टिकोण को अपनाएं। यदि हम उन्हें भिन्नताओं के रूप में देखें, जिनका साधारण जीवन के स्तर पर कुछ अर्थ हो सकता है, तो हम ऐसी भिन्नताओं को लक्ष्य करेंगे जो सामान्य प्रयोग में आती हैं, किन्तु पदार्थों की सूची में नहीं आतीं, जैसे मूल्य तथा लक्ष्य सम्बन्धी भाव। यदि हम उन्हें अनुभव की दार्शनिक व्याख्या समझें, तो संसार की समस्त विविधता तथा परिवर्तन केवल एक भाव में रखे जा सकते हैं। परिमित जीवात्माएं और प्राकृतिक जगत् ये निरन्तर प्रगति के पहलू हैं जो एक-दूसरे के अनुकूल हैं। वैशेषिक का यह विचार कि आत्मा यथार्थसत्ता का—जिसके तथा भौतिक प्रकृति के बीच बहुत भेद है—दूसरा छोर है, युक्तिसंगत है।

यदि प्रमेय जगत् के अनुभव के समस्त स्वरूप को प्राकृतिक कह सकें, क्योंकि प्रकृति घटनाओं की सदा आगे बढ़नेवाली प्रगति है, जो इस योजना के अन्दर आत्मा का क्या स्थान

होगा? ज्ञान के सिद्धान्त की यह एक समस्या है और हम पहले देख चुके हैं कि किस प्रकार न्याय का सिद्धान्त—जिसे वैशेषिक ने भी स्वीकार किया है, अर्थात् जीवात्मा के पास एक निष्क्रिय मन है, जिसके अन्दर, जैसे किसी भी रिक्त पात्र में, बाह्य जगत् अपने स्वरूप-सम्बन्धी विचारों को भरता है—सर्वथा पर्याप्त है। जड़ पदार्थों के अध्ययन वैशेषिक की समस्त दार्शनिक प्रवृत्ति का निर्णायक है। भौतिकवाद की छाया पृष्ठभूमि को अन्धकारमय बनाती है, और आत्माएं भी उसी स्वरूप की, जैसेकि परमाणु हैं, स्वयं में विवेकशून्य द्रव्य मानी गई हैं।

परमाणु और आत्माएं, देश और काल केवल शब्दमात्र हैं और ऐसे प्रतीक हैं जिनका अनुभव से पृथक् कोई अर्थ नहीं है। वैशेषिक ने उन्हें कृत्रिम बनाकर रखा है जिससे कि उनके ऊपर वह अपने समग्र सिद्धान्त को खड़ा कर सके। ये हमारे अनुभव के भिन्न-भिन्न पहलुओं के केवल नाममात्र हैं। जिस प्रकार हम अपनी न्यायशास्त्र की समीक्षा में देख आए हैं, मनोवैज्ञानिक तथा भौतिक दोनों प्रकार की व्यवस्थाओं का आधार एक सार्वभौमिक चेतना में है जिसे मनोवैज्ञानिक चेतनता के साथ मिश्रित न कर देना चाहिए। प्रमाता (विषयी) तथा प्रमेय (विषय) के परस्पर भेद की पृष्ठभूमि में यही चेतनता है। जब तक वैशेषिक इस मत को स्वीकार नहीं करता, तब तक वह उत्पत्ति-विषयक व्यवस्था, पदार्थों की यथार्थता और सदा परिवर्तनशील विश्वीय विकास की, जिसके कि अवयव पौधे, पशु तथा मनुष्य हैं, कोई व्याख्या नहीं कर सकता। व्याख्या के लिए अदृष्ट का आश्रय लेना स्वेच्छाचारिता है, और ईश्वर अदृष्ट का स्थान नहीं ले सकता, जब तक कि उसे परम चेतनता का रूप न दिया जाए। यदि द्रव्य की एकता इसकी अवस्थाओं की विविधता के अनुकूल है, तब तो संसार में पाए जानेवाले नानाविध अस्तित्व को एक मौलिक सत्ता के गुणात्मक पहलू मानने में हमारे मार्ग में कोई विशेष कठिनाई नहीं रह जाएगी। वैशेषिक का दोष यह है कि यह अपने परिणामों को एक सामंजस्यपूर्ण सुगठित ढांचे में एकत्र नहीं कर सकता। इसे प्लेटो को 'रिपब्लिक' के इस प्रसिद्ध कथन के लाक्षणिक अर्थों में कि वही सच्चा विद्वान् अथवा दार्शनिक है जो चीज़ों को एकत्रित देख सकता है, दर्शनशास्त्र नहीं कह सकते। विषयों की सूची व्यवस्थित दर्शन नहीं है। मनुष्य जीवन के अनेक पहलुओं वाले प्रसंग को वैशेषिक ने दृष्टि से ओझल कर दिया, और इसके भौतिक दर्शन और आचार सम्बन्धी तथा धार्मिक मूल्यों की एक-एक रूप व्याख्या नहीं की गई है। विश्व की युक्तियुक्त व्याख्या की बौद्धिक मांग के लिए, एक परमाणुवादी अनेकवाद अन्तिम समाधान नहीं हो सकता। किन्तु हम वैशेषिक के साथ इस प्रकार का चिन्तन करने में सहमत हैं कि केवल तर्क का आश्रय लेनेवाले विद्वान् का विशुद्ध विश्लेषण सम्भावना के विज्ञान से अधिक कुछ प्रदान नहीं करता, और यह अमूर्तभावात्मक उपचार मात्र है, जिसका यथार्थ जगत् से कुछ सम्बन्ध नहीं है। दर्शनशास्त्र साधारण बुद्धि की समालोचना कर सकता है किन्तु उससे अपने को सर्वथा अलग नहीं कर सकता। साधारण बुद्धि ही सब कुछ नहीं है, किन्तु यह निश्चय ही समस्त फलप्रद दर्शन की पहली सीढ़ी है। केवल दर्शन की विधि में साधारण बुद्धि की विधि से भेद है। इन्द्रियों के ज्ञान द्वारा जो तथ्य प्रस्तुत किए जाते हैं, यह यथासंभव उनके अधिक-से-अधिक पार और ऊपर बढ़ने की चेष्टा करती है। रचनात्मक तर्क, जो दार्शनिक प्रतिभा का एक साधन है, संसार को उच्चतर सिद्धान्त का आधार प्रदान करने की कोशिश करता है। उन्हीं तथ्यों की, जिनको न्याय-वैशेषिक के विचारकों ने लक्ष्य किया, अधिक सन्तोषजनक व्याख्या हो सकती है; और, जैसेकि हम आगे चलकर देखेंगे,

सांख्य और वेदान्त अधिक सन्तोषजनक दार्शनिक रचनाओं तक पहुंचते हैं जो 'एक ईश्वर, एक विधान और एक तत्त्व' में विश्वास करने को अधिक युक्तियुक्त बताती हैं।

उद्धृत ग्रन्थों की सूची

चैटर्जी : हिन्दू रियलिज़्म
कावेल तथा गफ : सर्वदर्शनसंग्रह, 10
गंगानाथ झा : प्रशस्तपादकृत पदार्थधर्मसंग्रह, श्रीधर की न्यायकन्दली टीकासहित
फैडीगन : दि वैशेषिक सिस्टम
कीथ : इण्डियन लॉजिक एण्ड ऐटोमिज्म
नन्दलाल सिन्हा : दि वैशेषिकसूत्राज़ ऑफ कणाद
रोअर : भाषा-परिच्छेद एण्ड सिद्धान्तमुक्तावली ऑफ़ विश्वनाथ
युई : दि वैशेषिक फिलॉसफी

चतुर्थ अध्याय

सांख्य दर्शन

प्रस्तावना–पूर्ववर्ती परिस्थिति–साहित्य–कार्यकारणभाव–प्रकृति–गुण–विकास–देश और काल–पुरुष–लौकिक जीवात्मा–पुरुष और प्रकृति–पुरुष और बुद्धि–ज्ञान के उपकरण–ज्ञान के स्रोत–सांख्य की ज्ञान सम्बन्धी-प्रकल्पना पर कुछ आलोचनात्मक विचार–नीतिशास्त्र–मोक्ष–परलोक-जीवन–क्या सांख्य निरीश्वरवादी है–सामान्य मूल्यांकन।

1. प्रस्तावना

सांख्यदर्शन विचारधारा के क्षेत्र में एक विशिष्ट प्रकार की पद्धति को प्रस्तुत करता है जो मन के औपचारिक स्वभाव से भिन्न है। नैरन्तर्य के सिद्धान्त पर विशेष बल देने के कारण, यह किसी अंश में, विश्व को साफ-सुथरे बण्डलों में बँधा मानने की प्रवृत्ति को त्याग देने का निर्देश करता है। न्याय-वैशेषिक के कड़े पदार्थों को जटिल तथा गतिशील विश्व की व्याख्या के लिए पर्याप्त साधन न मानकर, सांख्य ने आणविक अनेकवाद के सिद्धान्त से वस्तुतः आगे पग बढ़ाया है। सृष्टिरचना स्थान में विकासवाद का प्रतिपादन करके सांख्य ने अलौकिक धर्म की नींव में ही कुठाराघात किया है। इसके अनुसार, यह संसार किसी सृष्टि कर्ता ईश्वर का कार्य नहीं है, जिसने अपनी इच्छा के चमत्कार से अपने से सर्वथा भिन्न इस संसार को आह्वान करके उत्पन्न किया, बल्कि यह असंख्य आत्माओं तथा सदा कर्मशील प्रकृति की परस्पर प्रतिक्रिया का परिणाम है। इस प्रकृति अथवा प्रकृति की क्षमता को प्लेटो 'समस्त सन्तति का आश्रय तथा उसकी धात्री' कहता है।[1]

प्रमाता (विषयी) तथा प्रमेय (विषय) के मध्य जो भेद है उसके ज्ञान के आधार पर सांख्यदर्शन पुरुषों तथा प्रकृति की यथार्थसत्ता की कल्पना करता है। यदि हम ज्ञाता तथा ज्ञात की यथार्थसत्ता की कल्पना नहीं करते तो अनुभव की कोई व्याख्या सम्भव नहीं हो सकती। सांख्य समस्त अनुभव का हिसाब अर्थात् कि हम अनुभव क्यों करते हैं और किस प्रकार प्राप्त करते हैं, देने का प्रयत्न करता है। रिचार्ड गार्बे, जिसने इस दार्शनिक शाखा का विशेष अध्ययन किया है, कहता है : "कपिल के सिद्धान्त में, संसार के इतिहास में सबसे प्रथम, मानव-मन की पूर्ण स्वतन्त्रता तथा अपनी शक्तियों में उसका पूर्ण विश्वास दिखाई दिया।[2] भारत में उत्पन्न यह दर्शन सर्वाधिक सारगर्भित पद्धति है।"[3] जो लोग उक्त मूल्यांकन को अतिशयोक्ति मानते हैं, वे भी यह तो स्वीकार ही करेंगे कि यह विशुद्ध दर्शन के क्षेत्र में एक विलक्षण प्रयास है।

इस दर्शन का नाम 'सांख्य' इसलिए हुआ क्योंकि यह सैद्धान्तिक अनुसंधान

---

1. और देखिए 'एनीड्स' 3 : 6, 13, आंग्लभाषानुवाद मैककेना कृत, खण्ड 2, पृष्ठ 86।
2. फिलासफी आफ ऐंशियण्ट इण्डिया, पृष्ठ 30। और देखिए डेवीज : सांख्यकारिका, पृष्ठ 5।
3. सांख्यप्रवचनभाष्य, पृष्ठ 14।

के द्वारा अपने परिणामों पर पहुंचता है। कतिपय विद्वानों के अनुसार, 'सांख्य' नाम 'संख्या'[1] के कारण हुआ, जो उचित ही है, क्योंकि यह दर्शन हमें विश्व के तत्त्वों का विश्लेषणात्मक परिगणन देता है। किन्तु यह परिगणन की प्रवृत्ति समस्त हिन्दू विचारधारा की पद्धतियों में सामान्य रूप में पाई जाती है। प्राचीन पाठ्य-पुस्तकों में 'सांख्य' का प्रयोग दार्शनिक विचार के लिए हुआ है, न कि परिगणन के अर्थों में।[2] यह विशिष्ट दर्शन, जो सावधानीपूर्वक विचार करके पुरुष अथवा आत्मा तथा अन्य सत्ताओं के स्वरूप की व्याख्या करता है,[3] अपना नाम सार्थक करता है।[4]

2. पूर्ववर्ती परिस्थिति

विचारधारा के इतिहास में कोई भी विषय सर्वथा नया नहीं होता। कोई भी विचारपद्धति किसी एक मनुष्य के मस्तिष्क से अपनी पूर्णता में प्रकट नहीं होती। संस्थापक के कार्य करने के लिए आधारस्वरूप दार्शनिक विचार और सिद्धान्त पहले से अवश्य विद्यमान रहते हैं, जिनसे उसे आवश्यक सामग्री प्राप्त होती है। हमने ऋग्वेद में प्रतिपादित विश्वविज्ञान[5] का विवरण देते हुए सांख्य के प्रकृति-पुरुष-सिद्धान्त की कुछ अस्पष्ट पूर्व प्रकल्पनाओं का उल्लेख किया था। जब हम उपनिषदों की ओर आते हैं तो हम उनकी नानाविध शिक्षाओं में सांख्यदर्शन के मुख्य-मुख्य विचारों को पाते हैं।[6] उपनिषदों के रचयिता सब एक समान ही विचार नहीं करते थे। उनमें से कुछ ने ऐसे सुझाव तो प्रकट कर दिए जिनका परिष्कार सांख्यदर्शन में किया गया, किन्तु वे स्वयं वहां तक नहीं पहुंचे। सांख्यदर्शन जब यह दावा करता है कि उसका आधार उपनिषद हैं तो यह एक सीमा तक उचित है, यद्यपि उपनिषदों की मुख्य प्रवृत्ति सांख्य के द्वैतवाद के सर्वथा प्रतिकूल है। सांख्य के विश्व-सम्बन्धी विचार में

---

1. गार्बे : फिलासफी आफ ऐंशियण्ट इण्डिया, पृष्ठ 44। महाभारत सांख्य का परिसंख्यान, अथवा सम्पूर्ण गणना के साथ साहचर्य बताता है। देखिए 12 : 11393; 12 : 11409, 11410। विटरनीज़ कहता है : ऐसा प्रतीत होता है कि यह सिद्ध है कि पिथागोरस पर भारतीय सांख्य का प्रभाव पड़ा था। कैलकटा रिव्यू, 1924, पृष्ठ 21।

2. देखिए भारतीय दर्शन, प्रथम खण्ड, पृष्ठ 430-31। तुलना कीजिए महाभारत, 12 : 11934।

दोषाणाञ्च गुणाञ्च प्रमाणं प्रविभागतः।
कञ्चिदर्थमभिप्रेत्य सा संख्येत्युपधार्यताम्॥

किसी एक व्याख्या के उद्देश्य से दोषों तथा गुणों को एक-एक करके तोलना इसे संख्या समझना चाहिए। सांख्य का उल्लेख सदा ही संख्या के सम्बन्ध में नहीं होता। विष्णुसहस्रनाम पर अपनी टीका में शंकराचार्य एक वाक्य उद्धृत करते हैं, जहां सांख्य से तात्पर्य विशुद्ध आत्मा के स्वरूप का ज्ञान है। ''शुद्धात्मतत्त्वविज्ञानं सांख्यमित्यभिधीयते।''

देखिए हाल : सांख्यसार, पृष्ठ 5।

3. तुलना कीजिए, सम्यग्विवेकेनात्मकथनम्।

4. यह भी सुझाव दिया जाता है कि उक्त दर्शन का नाम इसके सर्वप्रथम संस्थापक संख के नाम पर पड़ा, यद्यपि इस कल्पना के लिए बहुत कम साक्षी मिलती है। देखिए हाल : सांख्यसार, पृष्ठ 3।

5. भारतीय दर्शन, प्रथम खण्ड, पृष्ठ 81-85।

6. देखिए भारतीय दर्शन, प्रथम खण्ड, पृष्ठ 213-14।

उपनिषदों की यथार्थवादी प्रवृत्ति पर बल दिया गया है। सांख्य के सम्बन्ध में सबसे प्रथम उल्लेख श्वेताश्वतर उपनिषद् में मिलता है।[1] यद्यपि ऐसे अंश जिनका समन्वय उक्त दर्शन में किया गया है, उससे पूर्व के उपनिषदों में भी पाए जाते हैं। न केवल पुनर्जन्म तथा संसार की असारता के ही भाव, किन्तु ऐसे-ऐसे मुख्य सिद्धान्त भी, जैसेकि ज्ञान मोक्ष का साधन है और पुरुष विशुद्ध प्रमाता है,उपनिषदों से लिए गए हैं।[2] कठोपनिषद्[3] में प्रकृति के स्तर पर विकास-शृंखला में सबसे ऊंचा स्थान 'अव्यक्त' को दिया गया है, जिससे महान् आत्मा, बुद्धि, मन, पदार्थ (विषय) और इन्द्रियां क्रमशः उत्पन्न होती हैं। अहंकार का उल्लेख नहीं है, और परम आत्मा (सर्वोपरि ब्रह्म) की सत्ता को स्वीकार किया गया है। तो भी विश्व-विकास का यह सबसे प्रथम वर्णन है, जिसका उपयोग सांख्य के विचारकों ने किया प्रतीत होता है। प्रकृति की सबसे प्रथम उपज को महत् का नाम दिया गया और इस विचार का स्वाभाविक उद्भव उपनिषद् के उस भाव से है जिनके अनुसार आद्य असंस्कृत प्रकृति को उत्पन्न करने के पश्चात् सर्वोपरि ब्रह्म सृष्टि में सबसे पूर्व उत्पन्न होकर फिर से अभिव्यक्त होता है।[4] मानसिक व्यापारों का वर्गीकरण प्रश्नोपनिषद् के निद्रा तथा स्वप्न आदि की अवस्थाओं के वर्णन से उदित हुआ, ऐसी सम्भावना की जाती है।[5] श्वेताश्वतर उपनिषद्[6] में सांख्य के विश्व-सम्बन्धी सिद्धान्तों, तीन गुणों का अधिक परिष्कृत वर्णन किया गया है, यद्यपि सांख्य ने तत्त्वों को अपने मुख्य सिद्धान्त ईश्वरवाद से गौण स्थान दिया है। उक्त उपनिषद् प्रधान तथा माया एवं ब्रह्म और पुरुष को समान मानती है।[7] 'मैत्रायणी' उपनिषद्, जो बौद्धकाल के पीछे की बनी प्रतीत होती है,[8] परिष्कृत सांख्य से सुपरिचित है और तन्मात्राओं[9], तीन गुणों[10] (अर्थात् सत्त्व, रजस् और तमस्) और आत्मा तथा प्रकृति के भेद का उल्लेख करती है।[11] उपनिषदों में इन परिभाषाओं का प्रयोग सामान्य तथा अनिश्चित रूप में हुआ है, जिन्हें परवर्ती दर्शन-पद्धतियों ने विशेष अर्थ दे दिए हैं।

---

1. 6 : 13।
2. बृहदारण्यक उपनिषद्, 2 : 4, 14; 3 : 4, 2; 4 : 3, 15। और देखिए मुण्डक उपनिषद्, 3 : 1,1।
3. 3 : 10-11। और देखिए 6 : 7-11। तुलना कीजिए छान्दोग्य उपनिषद्, 6 : 8, 6।
4. ऋग्वेद, 10 : 12, 1। तुलना कीजिए महाभारत, 12 : 311, 3।
5. 4। तुलना कीजिए, सांख्य के सूक्ष्म शरीर की इस उपनिषद् की 16 तत्त्वों की सत्ता के साथ।
6. भारतीय दर्शन, प्रथम खण्ड, पृष्ठ 416-23; देखिए श्वेताश्वतर उपनिषद्, 1 : 4; 4 : 5।
7. 1 : 10; 4 : 10; 3 : 12; और 4 : 1।
8. देखिए भारतीय दर्शन, प्रथम खण्ड, पृष्ठ 129। पादटिप्पणी; कीथ : सांख्य, पृष्ठ 14-15। 'नृसिंहतापनीय', 'गर्भ' तथा 'चूलिका' ये सब सांख्य के सिद्धान्तों से अत्यन्त प्रभावित हैं।
9. 3 : 2, और देखिए छान्दोग्य उपनिषद् 6 : 3।
10. 2 : 5; 5 : 2। कुछ विद्वान तीन गुणों के विचार को छान्दोग्य उपनिषद् में वर्णित तीन रंगों से सम्बद्ध समझते हैं, जिनकी पुनरावृत्ति श्वेताश्वतर उपनिषद् में भी की गई है।
11. 6 : 10 तुलना कीजिए कीथ : 'सांख्य में ऐसा विषय विवरण-सहित कम है जो उपनिषदों में किसी न किसी स्थान पर न मिल सके' (सांख्य, पृष्ठ 60)।

जैकोबी का यह विचार है कि सांख्य एक पूर्ववर्ती भौतिकवादी सम्प्रदाय का ही परिष्कृत रूप है, प्रमाणित नहीं होता। परमार्थ सत्ता तथा आत्मा के स्वातन्त्र्य पर आग्रह रहने के कारण, सांख्य ने मानसिक प्रतीति-सम्बन्धी समस्त भौतिकवादी विचारों के विरुद्ध प्रचार को अपना लक्ष्य बनाया। सांख्य के विकास में हमें कोई भी अवस्था ऐसी प्रतीत नहीं होती कि जहां पर इसका भौतिकवाद के साथ साम्य प्रदर्शित किया जा सके।

प्रारम्भिक बौद्ध दर्शन के साथ सांख्य का सम्बन्ध होने से अधिकतर इस बात की कल्पना की जाती रही है कि दोनों में परस्पर विचारों का आदान-प्रदान हुआ है।[1] यद्यपि जो सांख्यग्रंथ आज हमें उपलब्ध हैं, वे बौद्ध धर्म के प्रादुर्भाव से बाद के हैं और हो सकता है कि इन पर बौद्ध सिद्धान्तों का प्रभाव पड़ा हो, परन्तु सांख्य के विचार बुद्ध से पूर्व विद्यमान थे,[2] और बौद्ध मत को सांख्य का उद्भव-स्थान मानना असम्भव है। संसार दुःखमय है, वैदिक यज्ञों को गौण स्थान देना तथा कठोर समस्याओं का त्याग, ईश्वरवाद के प्रति उदासीनता तथा संसार के सतत बनने (परिणामिनित्यत्व) में विश्वास, ये सब सांख्य तथा बौद्धमत में एकसमान हैं। ये आकस्मिक समानताएं परस्पर आदान-प्रदान की कल्पना के औचित्य को सिद्ध करने के लिए पर्याप्त नहीं हैं, विशेषतः जबकि दोनों में परस्पर भेद भी स्पष्टरूप से लक्षित होता है। बौद्धधर्म सांख्य के मुख्यगुणों की प्रकल्पना में से एक को भी स्वीकार नहीं करता। यदि बौद्धों की कार्यकारण-शृंखला, किन्हीं अंशों में, सांख्य के विकासवाद के साथ समता रखती है तो इसका कारण यह है कि दोनों का ही उद्भव स्थान उपनिषदें हैं। क्या बुद्ध के समय में सांख्य स्वरूप से अनीश्वरवादी था, यह ठीक-ठीक नहीं कहा जा सकता।

महाभारत में हमें स्पष्टरूप में सांख्य के समान एक निश्चयात्मक विचारपद्धति मिलती है।[3] अनुगीता में पुरुष तथा प्रकृति के भेद की व्याख्या दी गई है।[4] पुरुष ज्ञान का प्रमाता (विषयी) है जो पच्चीसवां तत्त्व है और उसके विपरीत अन्य चौबीस तत्त्व जो प्रकृति के हैं वे ज्ञान के विषय (प्रमेय) हैं।[5] आत्मा तथा प्रकृति के मौलिक भेद को पहचान लेने पर ही मोक्ष की प्राप्ति हो

---

1. देखिए भारतीय दर्शन, प्रथम खण्ड, पृष्ठ 386-87।

2. "हिन्दू तथा बौद्ध ग्रन्थों, दोनों में इस विषय के पर्याप्त प्रमाण मिलते हैं कि सांख्य और योगदर्शन निःसन्देह प्राचीन तथा प्रामाणिक ग्रंथ हैं और बुद्ध के समय से पूर्व इनका प्रचलन था।" (राजेन्द्रलाल मित्र, योगसूत्र, पृष्ठ 16)। बौद्ध किंवदन्तियों में कहा गया है कि कपिल बुद्ध के पूर्ववर्तियों में से एक थे। देखिए गार्बे कृत 'सांख्यप्रवचनसूत्रवृत्ति', पृष्ठ 3। तुलना कीजिए, ब्रह्मजालसूत्र से : "ऐसे भ्राता हैं, जिनमें कुछ तपस्वी और ब्राह्मण हैं, जो नित्यवादी हैं और जो चारों ओर से घोषणा करते हैं कि आत्मा और जगत् दोनों विद्यमान हैं। उन्हें तर्क का व्यसन है, और अपने तर्क के निष्कर्षों की निम्न प्रकार से घोषणा करते हैं, जो उनकी तर्कशैली से तथा शास्त्रीय ज्ञान से अच्छी तरह परिमार्जित होकर निकले हैं। आत्मा नित्य है; और यह जगत्, जो किसी नई वस्तु को जन्म नहीं देता, पर्वत के शिखर की भांति अचल है, एक सुदृढ़ खम्भे की भांति स्थिर है; और ये जीवित प्राणी, यद्यपि ये एक जन्म से दूसरे जन्म में जाते हैं, जीवन की एक स्थिति से गिरकर फिर से दूसरी स्थिति में पहुंच जाते हैं, किन्तु ये सर्वदा रहते हैं।"

3. भारतीय दर्शन, प्रथम खण्ड, पृष्ठ 409-11।

4. 14 : 50, 8 से आगे।

5. महाभारत, 12 : 306, 39-40।

सकती है।[1] आत्माओं की अनेकता अनुभवगम्य है। जीवात्माएं तभी तक अनेक हैं जब तक कि उनका सम्बन्ध प्रकृति से है; किन्तु जैसे ही वे प्रकृति से अपने पार्थक्य का सम्यक् ज्ञान प्राप्त कर लेती हैं, वे छब्बीसवें तत्त्व अर्थात् ईश्वर के पास लौट जाती हैं।[2] महाकाव्यों के दर्शन का स्वरूप निश्चित रूप से ईश्वरवादी है और उसमें जो कुछ सांख्य के अंश विद्यमान हैं उन्हें ईश्वरवाद की ही ओर लगाया गया है। कहा गया है कि आत्मा अपने-आप में गुणों का प्रादुर्भाव करता है, जैसेकि एक मकड़ी अपने-आप से जाला बुनती है।[3] प्रकृति पुरुष के वश में रहकर कार्य करती है।[4] कहा गया है कि वह पुरुष की ही उपज है, जिसके अन्दर वह (प्रकृति) समय-समय पर समा जाती है।[5] महत् अहंकार और मन सर्वोपरि आत्मा के विश्व-सम्बन्धी व्यापार हैं। सांख्यदर्शन के संस्थापक कपिल को एक बहुत बड़ा महात्मा तथा पुण्यस्मृतिपुरुष माना गया है। यह स्पष्ट है कि सांख्य ने अपना परवर्ती विशिष्टरूप महाकाव्यों में भी प्राप्त नहीं किया था, क्योंकि उदाहरण के रूप में उनमें तन्मात्राओं का वर्णन नहीं है। तत्त्वों की व्यवस्था तथा विकास के सम्बन्ध में भिन्न-भिन्न विचार मिलते हैं। इस विषय पर शास्त्रीय सांख्य के प्रति निकटतम पहुंच अनुगीता में पाई जाती है।[6] पंचशिख[7] तथा असित देवल[8] के विचारों का उल्लेख किया गया है। कहा गया है कि आसुरि ने पंचशिख को सांख्य की शिक्षा दी, और महाकाव्य के उक्त सुझाव की पुनरुक्ति सांख्यकारिका में हुई है। आसुरि तथा पंचशिख दोनों ही ईश्वरवादी सांख्य के अनुयायी हैं और ब्रह्म की सर्वश्रेष्ठता में आस्था रखते हैं। जीवात्मा का स्वातन्त्र्य केवल अपेक्षाकृत है। सांख्य के विचारों तथा पंचशिख के विचारों में ब्यौरे-सम्बन्धी कितने ही महत्त्वपूर्ण मतभेद पाए जाते हैं।[9]

मनु[10] यद्यपि सांख्य का नाम नहीं लेते, तो भी प्रथम अध्याय में दिया गया

---

1. 12 : 307, 20।
2. 12 : 350, 25-26; 12 : 351, 2-4।
3. 12 : 285, 40।
4. 12 : 314, 12; 12 : 315, 8।
5. 12 : 303, 31 से आगे।
6. 14 : 40-42।
7. 12 : 219; 12 : 321, 96-112।
8. 12 : 274।
9. मन के ही समान, जिसे वह छठी ज्ञानेन्द्रिय मानता है, पंचशिख शक्ति को छठी कर्मेन्द्रिय मानता है। 12 : 219 में दिए गए विवरण से 12 : 318, 96-112 में दिया गया विवरण भिन्न है, जिसमें कहा जाता है कि पंचशिख ने तीस तत्त्वों को माना है। कभी-कभी यह कहा जाता है कि यह पिछला विचार पंचशिख सम्प्रदाय का एक पूर्णरूप है। यह निर्णय करना कठिन है कि यह पंचशिख सम्प्रदाय की परम्परा वाला पंचशिख वही है जिसका उल्लेख महाकाव्य में आया है या उससे भिन्न है, क्योंकि महाभारत में जो उसके विचार दिए गए हैं, उनमें तथा सांख्य और योग के ग्रन्थों में दिए गए पंचशिख के विचारों में भेद है। प्रोफेसर दासगुप्त चरक के चिकित्साशास्त्र से इससे लगभग मिलते-जुलते विचारों का एक लम्बा सारांश देते हैं, 'हिस्ट्री आफ इण्डियन फिलासफी', पृष्ठ 213 से आगे। किन्तु तन्मात्राओं का कोई उल्लेख नहीं है, और पुरुष तथा प्रकृति दोनों को अव्यक्त माना गया है, और न ही पुरुष को निष्क्रिय तथा भावनाशून्य माना गया है। ब्रह्म की दशा को प्राप्त कर लेने को मोक्ष कहा गया है। इस विवरण पर वेदान्त, न्याय-वैशेषिक तथा बौद्धदर्शन और सांख्यदर्शन के विचारों का प्रभाव पड़ा है।
10. भारतीय दर्शन, प्रथम खण्ड, पृष्ठ 421-22।

सृष्टि का वर्णन, ज्ञान के तीन उद्भव-स्थान[1], तथा तीनों गुणों का ब्यौरेवार वर्णन[2] सांख्य के प्रबल प्रभाव को दर्शाते हैं। पुराणों[3] तथा परवर्ती वेदान्त रचनाओं के सांख्य-सिद्धान्तों का उपयोग किया गया है, यद्यपि वे इसके अनीश्वरवादी तत्त्वज्ञान को कोई प्रश्रय नहीं देते और उक्त दर्शन की प्राचीनता का निर्णय करने में बहुत कम उपयोगी सिद्ध होते हैं।

सांख्य के विचार, जैसे कि हमें उपनिषदों, महाभारत, भगवद्गीता और मनुस्मृति में मिलते हैं, ईश्वरवाद की ओर झुकते हैं।[4] पुरुष और प्रकृति स्वतंत्र सत्ताएं नहीं थीं, बल्कि केवल ईश्वर की ही स्थितियां थीं। अश्वघोष के बुद्धचरित में हमें बुद्ध तथा उसके भूतपूर्व शिक्षक 'अराड' की भेंट का वर्णन मिलता है जो सांख्य-सिद्धान्तों को मानता था, यद्यपि उनमें ईश्वरवादिता का पुट था। यह अधिक सम्भव प्रतीत होता है कि सांख्य का सबसे पूर्व का रूप एक प्रकार का यथार्थवादी ईश्वरवाद था, जो उपनिषदों के विशिष्टाद्वैत के समीप पहुंचता है। सांख्य के इस प्रकार के रूप को तो उपनिषदों के उपदेशों का युक्तियुक्त परिष्कृत रूप माना जा सकता है। किन्तु द्वैतवादी सांख्य को, जो पुरुषों के अनेकत्व तथा प्रकृति की स्वतन्त्रता पर बल देता है और परमतत्व के वर्णन को बिल्कुल छोड़ देता है, उपनिषदों की शिक्षाओं के अनुरूप किसी भी अवस्था में नहीं कहा जा सकता। प्रश्न उठता है कि सांख्य ने जो परमतत्त्व के सिद्धान्त को सर्वथा छोड़ दिया वह कैसे हुआ, क्योंकि इसको साथ लेकर ही तो सांख्यदर्शन को सन्तोषजनक माना जा सकता था। बौद्धदर्शन के उदय के पश्चात् तक सांख्य ने एक सुव्यवस्थित दर्शन का रूप धारण नहीं किया था। जब बौद्धधर्म ने यथार्थवाद को चुनौती दी तो सांख्य ने उस चुनौती को स्वीकार किया और आत्माओं तथा प्रमेय पदार्थों की यथार्थता के पक्ष में युक्तियुक्त आधार पर तर्क उपस्थित किया। जब इस दर्शन का विकास विशुद्ध युक्तियुक्त आधार पर हुआ तो इसे बाध्य होकर यह स्वीकार करना पड़ा कि ईश्वर की सिद्धि में कोई प्रमाण नहीं है।

3. साहित्य

परम्परा एकमत होकर कपिल को सांख्यदर्शन का रचयिता स्वीकार करती

---

1. 12 : 105।

2. 12: 24-25।

3. देखिए भागवत, 3 : 5; मत्स्य, 3; अग्नि, 17; मार्कण्डेय, 45।

4. ''महाकाव्य तथा अन्य प्राचीन सामग्री के अध्ययन ने मुझे निश्चय करा दिया है कि ऐसा एक वाक्य भी नहीं है जिसके आधार पर सांख्य पर ब्रह्म अथवा ईश्वर के प्रति अविश्वास का दोष लगाया जा सकता हो'' (फ्रैंकलिन इजर्टन : अमेरिकन जर्नल ऑफ फिलालॉजी, 45 : 1, पृष्ठ 8)। महाभारत, 12 : 11039 को साधारणतः सांख्य और योग के भेद पर बल देनेवाला माना जाता है। सांख्य ईश्वर को नहीं मानता तथा योग ईश्वर को मानता है। इजर्टन उक्त सम्मति का विरोध करता है, किन्तु महाभारत के उन वाक्यों का समाधान करना कठिन है जो छब्बीस तत्त्वों वाले सांख्य को पच्चीस तत्त्वों वाले सांख्य से भिन्न करते हैं। पच्चीस तत्त्वों वाला सांख्य परमतत्त्व अथवा ईश्वर के प्रति सर्वथा उदासीन है (12 : 300)। किन्तु यह सत्य है कि महाभारत पिछले मत का समर्थन नहीं करता।

है।[1] कुछ कहते हैं कि वह ब्रह्मा का पुत्र है,[2] दूसरे कहते हैं कि वह विष्णु का अवतार है,[3] और कुछ उसे अग्नि का अवतार मानते हैं।[4] उक्त मत यद्यपि सब कल्पनात्मक हैं, पर इतना अवश्य है कि कपिल नामक एक ऐतिहासिक व्यक्ति अवश्य रहा है जो सांख्य विचारधारा के लिए उत्तरदायी हैं। यदि हम उसका समय बुद्ध से पूर्व की शताब्दी में रखें तो हम भूल नहीं करेंगे।[5] यह दर्शाने के लिए हमारे पास कोई प्रमाण नहीं है कि 'सांख्यप्रवचनसूत्र' और 'तत्त्वसमास' का निर्माण कपिल ने किया, यद्यपि कपिल को उक्त दोनों ग्रंथों का कर्ता कहा जाता है। ईश्वरकृष्ण अपनी कारिका में अपने को आसुरि और पंचशिख में से गुज़रने वाली कपिल की शिष्य-परम्परा में मानता है।[6] आसुरि सम्भवतः 600 ई. पू. हुआ, यदि यह वही आसुरि है जो शतपथ ब्राह्मण से सम्बन्ध रखता है। गार्बे के विचार से पंचशिख को पहली शताब्दी में रखा जा सकता है। कुछ एक इधर-उधर पाए जाने वाले सन्दर्भों के आधार पर जो हम तक पहुंच सके हैं, पंचशिख तीन गुणों की प्रकल्पना को मानता था। वह पुरुषों[7] को आणविक आकार का मानता था,[8] और पुरुषों व प्रकृति के सम्बन्ध का कारण कर्म नहीं, बल्कि भेद का अभाव मानता था।[9]

ईश्वरकृष्ण की सांख्यकारिक सांख्य-सम्प्रदाय का सबसे प्राचीन तथा सबसे अधिक प्रचलित पाठ्य-ग्रंथ है। इसके नाम से यह स्पष्ट है कि सांख्यदर्शन का यह पहला ग्रन्थ नहीं है। चीनी परम्परा के अनुसार, विन्ध्यवास ने वार्षगण के ग्रन्थ को फिर से लिखा। यदि विन्ध्यवास वही है जो कारिका का रचयिता है[10] तो परिणाम यह निकलता है कि कारिका एक अन्य पूर्वलिखित ग्रंथ पर आधारित थी, जिसके विषय में हमें कुछ पता नहीं है।[11] यह तीसरी शताब्दी का ग्रन्थ

---

1. श्वेताश्वतर उपनिषद्, 5 : 2। तुलना कीजिए, महाभारत, मोक्षधर्म।

सांख्यस्य वक्ता कपिलः परमर्षिः पुरातनः।
हिरण्यगर्भो योगस्य वक्ता नान्यः पुरातनः॥

2. महाभारत, 12 : 340, 67; रामायण, 1 : 40-41।
3. भागवत, 3 : 24, 36; 2 : 7, 3।
4. सांख्यप्रवचनभाष्य, 6 : 70।
5. वेबर का मत है कि सांख्य वर्तमान दर्शनों में सबसे पुराना है (हिस्ट्री आफ इण्डियन लिटरेचर, पृष्ठ 235)। महाभारत सांख्य तथा योग को बहुत प्राचीन दर्शन बताता है। सनातने द्वे, 12 : 13711।
6. सांख्यकारिका, 70। महाभारत के अनुसार (12 : 218, 14-15), कपिल के उत्तराधिकारी हैं–आसुरि, पंचशिख, गार्ग्य और उलूक। चीनी परम्परा के अनुसार, एक पंचशिखी कणाद का शिष्य था। यह प्रकट है कि वह पंचशिख से भिन्न था। देखिए यूई : वैशेषिक फ़िलासफी, पृष्ठ 7-8। महाभारत में 'जनकपंचशिखसंवाद' पर एक परिच्छेद है और उसमें की कुछ सम्मतियों को योगभाष्य में उद्धृत किया गया है।
7. सांख्यप्रवचनभाष्य, 1 : 127।
8. योगभाष्य, तत्त्ववैशारद, 1 : 36।
9. सांख्यप्रवचनभाष्य, 6 : 68।
10. तकाकुसु का विचार है कि विन्ध्यवासी ईश्वर कृष्ण की एक उपाधि थी (जर्नल ऑफ रॉयल एशियाटिक सोसायटी, 1905)। गुणरत्न उन्हें भिन्न-भिन्न मानता है। (तर्करहस्यदीपिका, पृष्ठ 102, 104)।
11. भागवत में हमें बताया गया है कि सांख्यग्रन्थों का केवल एक भाग ही हम तक पहुंच सका है और एक बड़ा भाग काल की गति से लुप्त हो गया है। 1 : 3, 10। विज्ञानभिक्षु का मत है कि अनेक ग्रन्थों→

है।[1] गौडपाद ने कारिका पर एक टीका लिखी। क्या यह टीकाकार वही है जो माण्डुक्योपनिषद् पर लिखी गई 'कारिका' का रचयिता है? इसका निर्णय नहीं किया जा सकता, क्योंकि दोनों ग्रन्थों में विचारों की भिन्नता है। वह क्योंकि वाचस्पति से पूर्व हुआ, इसलिए उसे आठवीं शताब्दी में रखा जा सकता है।[2] वाचस्पतिकृत सांख्यतत्त्वकौमुदी (नौवीं शताब्दी) एक प्रसिद्ध ग्रन्थ है। नारायणकृत सांख्यचन्द्रिका कारिका पर लिखा गया ग्रन्थ है।

सांख्यप्रवचनसूत्र के, जो कपिल का बनाया हुआ कहा जाता है,[3] छः अध्याय हैं। इस में से पहले तीन अध्याय सांख्य के सिद्धान्तों की व्याख्या के लिए उपयोग में लाए गए हैं, चौथे में दृष्टान्तरूप में कहानियां दी गई हैं, पांचवें में प्रतिपक्षियों के विचारों का खण्डन

→ को काल खा गया है—कालार्कभक्षितम् (सांख्यप्रवचनभाष्य, भूमिका)। सांख्यकारिका की अन्तिम कारिका में इस प्रकार का पाठ मिलता है : "सम्पूर्ण षष्टितन्त्र के विषयों का सत्तर कारिकाओं में प्रतिपादन किया गया है, किन्तु दृष्टान्त के रूप में समझनेवाली कहानियों तथा विवादात्मक प्रश्नों को छोड़ दिया गया है।" यह माना जाता है कि उक्त कारिका प्रक्षिप्त है, क्योंकि गौडपाद ने, जो कारिका का सबसे प्रथम टीकाकार है, इसका उल्लेख नहीं किया है। गुणरत्न ने षष्टितन्त्रोद्धार का उल्लेख किया है। कहा जाता है कि आसुरि ने इसे प्रचलित किया और पंचशिख ने इसे निरीश्वरवादिता का रूप देकर इसे कपिल की रचना बता दिया। तो भी इस सब विषय में कोई निश्चित मत नहीं दिया जा सकता। वाचस्पति तथा नारायण की सम्मति में षष्टितन्त्र से किसी ग्रन्थ का उल्लेख न होकर केवल साठ विषयों की किसी योजना का ही उल्लेख है। संभवतः यही समाधान जैन 'अनुयोग-द्वारसूत्र' में उल्लिखित षष्टितन्त्र के विषय में भी सत्य हो। अहिर्बुधन्यसंहिता (12) के अनुसार, सांख्य एक ईश्वरवादी दर्शन है, जिसके साठ विभाग हैं, जिसके दो भाग हैं अर्थात् बत्तीस प्रकृति के तथा अट्ठाईस विप्रकृति-सम्बन्धी विभाग हैं। वाचस्पति अपनी तत्त्वकौमुदी (72) में राजवार्तिक से एक सन्दर्भ उद्धृत करता है, जिसका आशय यह है कि इसका नाम षष्टितन्त्र इसलिए पड़ा क्योंकि यह प्रकृति-सम्बन्धी साठ विषयों का, इसके एकत्व का, तथा पुरुष से भेद आदि का प्रतिपादन करता है। एक चीनी परम्परा के अनुसार, षष्टितन्त्र का रचयिता पंचशिख को बताया गया है, किन्तु कभी-कभी इसका श्रेय वार्षगण्य को दिया गया है। देखिए भामती, 2 : 1, 3।

1. बौद्धभिक्षु परमार्थ (छठी शताब्दी) ने चीनी भाषा में इसका अनुवाद किया और इस पर टीका भी लिखी। चीनी परम्परा के अनुसार, विन्ध्यवास को वसुबन्धु से पूर्व हुआ बताया जाता है जो कारिका से दूसरी कारिका को उद्धृत करता है। देखिए यूई : वैशेषिक फिलासफी। चाहे विन्ध्यवास कारिका का रचयिता हो, जैसाकि कीथ का सुझाव है, (सांख्य, पृष्ठ 79; इण्डियन लौजिक एण्ड एटोमिज्म, पृष्ठ 248; कर्ममीमांसा, पृष्ठ 59), अथवा उस पर टीका करनेवाला हो, जैसा बेलवलकर का मत है, (भण्डारकर कौमेमोरेशन वाल्यूम, पृष्ठ 175-78), ईश्वरकृष्ण वसुबंधु से पूर्व हुआ, जिसका समय अब चौथी शताब्दी बताया जाता है। स्वप्नेश्वर ईश्वरकृष्ण तथा कालिदास को एक बताता है। 'ईश्वरकृष्णनाम्ना कालिदासेन कृताः कारिकाः।' देखिए हाल : सांख्यसार, पृष्ठ 29। ईश्वरकृष्ण निश्चित रूप से अनीश्वरवादी प्रतीत होता है। यद्यपि कहा जाता है कि कारिका में सत्तर कारिकाएं थीं, तो भी हम तक केवल उनहत्तर ही पहुंच सकी हैं। बालगंगाधर तिलक ने सांख्यकारिका, 61 पर गौडपाद की टीका से विलुप्त कारिका की पुनः रचना इस प्रकार की है :

कारणमीश्वरमेके ब्रुवते कालं परे स्वभावं वा।
प्रजाः कथं निर्गुणतो व्यक्तः कालस्वभावश्च॥

गौडपाद के ध्यान में इस प्रकार की एक कारिका थी, और आगे चलकर सम्भवतः इसे दबा दिया गया क्योंकि यह विषमतापूर्वक निरीश्वरवादी थी।

2. 'माठरवृत्ति' सांख्यदर्शन का एक ग्रन्थ है, जिसका संक्षिप्त रूप ही गौडपादकृत भाष्य कहा जाता है; किन्तु वृत्तियां साधारणतः भाष्यों के पीछे आती हैं, और इस तथ्य के आधार पर कि माठरवृत्ति में सांख्यकारिका की अन्तिम तीन कारिकाओं पर टीका की गई है, इसका निर्माण-काल पीछे का प्रतीत होता है। देखिए भण्डारकर कौमेमोरेशन वॉल्यूम।

3. स्वप्नेश्वर अपने 'कौमुदीप्रभा' ग्रन्थ में 'सांख्यप्रवचनसूत्र' को पंचशिख का बनाया हुआ बताता है और इसके कपिलकृत माने जाने का आधार इस तथ्य में देखता है कि कपिल ने इस परंपरा का प्रारम्भ किया था। देखिए हाल रचित सांख्यसार, पृष्ठ 8।

किया गया है, और छठा अध्याय उपसंहार के साथ समाप्त होता है। इस ग्रन्थ का निर्माण चौदहवीं शताब्दी में हुआ माना जाता है, मुख्यतः इस आधार पर कि माधवकृत सर्वदर्शनसंग्रहं में इसका उल्लेख नहीं है, और उक्त ग्रन्थ में सांख्य-विषयक विवरण कारिका के आधार पर दिया गया है।[1] जहां कारिका में पूर्णरूप से द्वैतवाद का परिष्कार किया गया है, वहां सूत्र में एकेश्वरवाद के प्रति अधिक समन्वयात्मक प्रवृत्ति दिखाई देती है।[2] अनिरुद्धकृत सांख्यसूत्रवृत्ति का समय पन्द्रहवीं शताब्दी है, जबकि महादेवकृत सांख्यसूत्रवृत्तिसार 1600 ई. के लगभग लिखा गया बताया गया है। नागेशकृत लघुसांख्यसूत्रवृत्ति कुछ अधिक महत्त्व की नहीं है। सांख्यप्रवचनसूत्र पर सबसे अधिक महत्त्वपूर्ण ग्रन्थ विज्ञानभिक्षुकृत सांख्यप्रवचनभाष्य (सोलहवीं शताब्दी) है। यह ग्रन्थकार सांख्य तथा ईश्वरवादी वेदान्त के अन्तर को न्यूनतम करने का प्रयत्न करता है, क्योंकि ऐसे ही वेदान्त को यह यथार्थ वेदान्त मानता है। इसकी सम्मति में अद्वैत वेदान्त उक्त वेदान्त का आधुनिक मिथ्या रूप है। विज्ञानभिक्षु ने और भी ग्रन्थ लिखे, अर्थात् सांख्यसार, योगवार्तिक, योगसारसंग्रह। इनके अतिरिक्त, उसने ब्रह्मसूत्र पर विज्ञानमृत नामक टीका भी लिखी।

4. कार्यकारणभाव

अब हम उन युक्तियों पर विचार करेंगे जिनके आधार पर सांख्य पुरुष और प्रकृति के द्वैतवाद पर पहुंचता है। कार्यकारणभाव के सिद्धान्त का उपयोग करके सांख्य प्रकृति के अस्तित्व की युक्ति देता है।

यह प्रकल्पना कि कार्य वस्तुतः अपने कारण में पहले से विद्यमान रहता है, सांख्य दर्शन के मुख्य लक्षणों में से है। कारण की परिभाषा करते हुए सांख्य कहता है कि कारण वह सत्ता है जिसके अन्दर कार्य गुप्त रूप में विद्यमान रहता है। इसके समर्थन में वह निम्नलिखित युक्तियां उपस्थित करता है।[3] अभावात्मक किसी भी क्रिया का विषय नहीं हो सकता।

---

1. गुणरत्न (चौदहवीं शताब्दी) ने इस ग्रन्थ का उल्लेख नहीं किया है। इसके अतिरिक्त, इस पर 'भाष्य' सोलहवीं शताब्दी में प्रकाशित हुआ, और यदि सूत्र उससे पहले का था तो यह जानना कठिन है कि भाष्य का निर्माण और पहले क्यों नहीं हुआ। यह अन्य सब दर्शनों का उल्लेख करता है। वाचस्पति इससे अभिज्ञ नहीं है। 'अलबेरुनी' जिसने अपनी पुस्तक ग्यारहवीं शताब्दी के पूर्वार्ध में लिखी, ईश्वरकृष्ण तथा गौडपाद के ग्रन्थों से तो अभिज्ञ है, किन्तु वह 'सूत्र' से अनभिज्ञ प्रतीत होता है।

2. तुलना कीजिए गार्बे : "विशेषकर सूत्रों का रचयिता इस नितान्त असम्भव स्थापना के लिए प्रमाण प्रस्तुत करने में बहुत ही परिश्रम करता है कि सांख्यदर्शन की शिक्षाएं एक शरीरधारी ईश्वर के सिद्धान्त, ब्रह्म की एक सर्वतोग्राही एकता के सिद्धान्त, ब्रह्म को आनन्द-स्वरूप मानने के सिद्धान्त और दिव्यलोक की प्राप्ति को उच्चतम उद्देश्य मानने के सिद्धान्त के सर्वथा विरुद्ध नहीं है (देखिए 1 : 95, 154 : 5 : 64, 68, 110; 6 : 51, 58, 59)। इसमें सन्देह नहीं कि सांख्यसूत्र में, अनेक स्थानों पर, सरलता के साथ दिखाई देने वाले वेदान्त के प्रभाव के परिणाम मिलते हैं। सबसे अधिक स्पष्ट रूप में, 4 : 3 में, जो वेदान्तसूत्र 4 : 1, 11 की अक्षरशः पुनरावृत्ति है; और 5 : 116 में जहां सांख्य के प्रचलित वाक्य के स्थान में वेदान्त की पारिभाषिक संज्ञा 'ब्रह्मरूपता' का प्रयोग किया गया है" (गार्बेकृत एस. बी. पी. की आवृत्ति, पृष्ठ 11)।

3. सांख्यकारिका, 9।

आकाशकुसुम उत्पन्न नहीं किया जा सकता। असत् को कभी भी सत् नहीं बनाया जा सकता। नीले को हज़ारों कलाकार भी पीले में परिवर्तित नहीं कर सकते।[1] (2) उत्पन्न पदार्थ उस सामग्री से भिन्न नहीं है जिससे कि वह बना है। (3) उत्पन्न होने से पूर्व वह सामग्री के रूप में विद्यमान रहता है। यदि इसे स्वीकार न किया जाए तो हर किसी वस्तु से हरएक वस्तु उत्पन्न हो सकेगी। (4) कार्यकारणभाव-सम्बन्धी योग्यता उसी से सम्बद्ध रहती है जिसके अन्दर आवश्यक क्षमता रहती है। (5) कार्य का स्वरूप वही होता है जो कारण का होता है। अपने तात्त्विक रूप में कपड़ा धागों से भिन्न नहीं है। ऐसे पदार्थों में जो एक-दूसरे से तात्त्विकरूप में भिन्न हैं, कार्यकारण सम्बन्ध नहीं हो सकता।[2] जो कुछ छिपा हुआ है उसके प्रकाश में आने का नाम ही विकास है अथवा अरस्तू के शब्दों में, यह सम्भाव्य सत्ता के रूप में संक्रमण है, अथवा, हेगल के शब्दों में, यह गुप्तावस्था में प्रकटरूप में आना है। इस मत को धर्मशास्त्र का भी समर्थन प्राप्त है।[3] सत्कार्यवाद के उक्त सिद्धान्त के अनुसार कारण तथा कार्य उसी एक पदार्थ की अविकसित तथा विकसित अवस्थाएं हैं। समस्त उत्पादन उद्भाव अर्थात् विकास और समस्त विनाश अनुद्भाव अर्थात् कारण के अन्दर विलय हो जाना है।[4] अत्यन्त अभाव नामक कोई वस्तु नहीं है। भूतकाल तथा भविष्यत् की अवस्थाओं का नाश नहीं होता है, क्योंकि उनका प्रत्यक्षज्ञान योगियों को होता है।[5] सांख्य विकास (आविर्भाव) तथा अन्तर्लय (तिरोभाव) की प्रकल्पना को स्वीकार करता है।

कारण तथा कार्य भिन्न-भिन्न अवस्थाएं हैं और इसीलिए एक-दूसरे से भिन्न हैं,[6] यद्यपि इस भेद का आधार हमारे क्रियात्मक स्वार्थ हैं। घड़ा अपने अन्दर जल को रख सकता है, किन्तु मिट्टी नहीं रख सकती। जहां उपादान कारण तथा कार्य मौलिक रूप में एक ही हैं, वहीं क्रियात्मक रूप में वे भिन्न-भिन्न हैं क्योंकि उनसे भिन्न-भिन्न प्रयोजन सिद्ध होते हैं। तादात्म्य मौलिक है, भेद केवल क्रियात्मक रूप में है। सांख्य दो प्रकार के कारणों अर्थात् उपादान तथा नैमित्तिक में भेद करता है। जहां उत्पादन कारण कार्य के अन्दर प्रविष्ट होता है, वहां नैमित्तिक कारण बाहर रहते हुए अपना प्रभाव डालता है। यद्यपि कार्य कारण के अन्तर्गत है तो भी एक ऐसी वस्तु की आवश्यकता होती है जो इस कारणात्मक स्थिति से स्वतन्त्र कर सके। बीज में से तेल निकालने के लिए उसे हम पेलते हैं, अनाज को प्राप्त करने के लिए धान को कूटते हैं। जब इस सहकारी शक्ति का अभाव रहता है तो कार्य उत्पन्न नहीं होता।[7] यद्यपि कार्य शक्तिरूप में कारण के अन्दर विद्यमान रहता है, परन्तु

1. नहि नीलं शिल्पिसहस्रेणापि पीतं कर्तुं शक्यते (तत्त्वकौमुदी, पृष्ठ 9)।

2. देखिए तत्त्वकौमुदी, पृष्ठ 9।

3. छान्दोग्योपनिषद्, 6 : 2, 2। और देखिए भगवद्गीता, 2 : 16।

4. सांख्यप्रवचनसूत्र, 1 : 120,-21।

5. सांख्यप्रवचनभाष्य, 1 : 121।

6. कारणकार्यविभागात् (सांख्यकारिका, 15)।

7. व्यास इन सहचारी कारणों की क्रिया को दृष्टान्त से इस प्रकार दिखाते हैं : "जिस प्रकार अनेक खेतों का स्वामी एक ही खेत से—जिसमें जल ऊपर तक भर गया है—अन्य खेतों को, जो उसी ऊंचाई पर हैं या उससे नीचे हैं, जल पहुंचा देता है, वह अपने हाथों से वहां जल नहीं ठेलता, बल्कि केवल बीच की रुकावट रूप बांध को खोल देता है और जल अपने बल से अन्य खेतों में दौड़ जाता है; अथवा जिस प्रकार वही व्यक्ति धान के पौधों की जड़ों में जल तथा मिट्टी में घुले हुए रासायनिक द्रव्यों को हाथ से ठेलकर नहीं पहुंचाता है, बल्कि केवल बाधा देनेवाली घास आदि को मार्ग में से हटा देता है, जिससे वह जल का घोल स्वयं जड़ों में→

यह शक्तिमत्ता सब एक साथ वास्तविक रूप धारण नहीं करती। रुकावट का दूर कर देना शक्तिमत्ता के वास्तविक रूप में आने का सहचारी कारण होता है। व्यास के अनुसार, ये सहचारी अवस्थाएं हैं—देश, काल, रूप तथा आकार।[1] एक पत्थर के टुकड़े से पौधा नहीं निकल सकता।[2] दो प्रकार के कार्यों में भेद किया गया है। दूध में से मलाई का उत्पन्न होना एक सरल अभिव्यक्ति की अवस्था है। जब सोने से आभूषण बनाया जाता है तो यह पुनरुत्पत्ति का दृष्टान्त है। जब किसी वस्तु के स्वभाव में परिवर्तन होता है तो हमारे समक्ष धर्म-परिणाम की अवस्था आती है। जब गुप्त वास्तविक रूप में आ जाता है और परिवर्तन केवल बाह्य होता है तो यह लक्षण-परिणाम की अवस्था है। केवल समय के व्यतीत होने पर जो अवस्था में परिवर्तन होता है वह अवस्था-परिणाम है।[3] परिवर्तन हर जगह तथा हर एक क्षण में हो रहा है। हम एक ही जलधारा में दो बार पग नहीं डाल सकते, क्योंकि जल दो क्षण के लिए भी वही नहीं रहता। और यह भी सत्य है कि वही व्यक्ति उसी जलधारा में दो बार पग नहीं डालता, क्योंकि इस बीच जैसे जलधारा में परिवर्तन हो गया वैसे ही उस व्यक्ति में भी परिवर्तन हो गया। सब वस्तुएं तथा अवस्थाएं, बाह्य तथा आभ्यन्तर, इस परिवर्तन के विधान के अधीन हैं।[4] इसी परिवर्तनरूप प्रक्रिया में से मनुष्य का मस्तिष्क पूर्ववर्तियों तथा पश्चाद्वर्तियों के सम्बन्ध द्वारा कार्यकारणभाव के नियम की रचना करता है।[5]

5. प्रकृति

सांख्य प्रकृति की व्याख्या करने का प्रयत्न करता है कि यह तत्त्वों का एक अत्यधिक सम्मिश्रण है जो सदा परिवर्तित होता रहता है। भौतिक द्रव्य अपने-आप में अंतभौतिक तत्त्वों से उत्पन्न पदार्थ हैं, और उसके रूपों के विभाजन को प्रकृति की निधियों का प्रकटीकरण कहा गया है। यदि समस्त कार्य अपने कारणों के अन्दर छिपे हुए रहते हैं, और यदि हम एक अनन्त पश्चाद्गति से बचना चाहते हैं, तो एक आदिकारण, जिसका अन्य कोई कारण न हो, अवश्य स्वीकार करना होगा। कार्यकारणभाव के सिद्धान्त से अनुमान द्वारा यह परिणाम निकलता है कि इस आनुभविक विश्व का परम (अन्तिम) आधार अव्यक्त प्रकृति है। सांख्यकारिका में प्रकृति के अस्तित्व को सिद्ध करने के लिए निम्नलिखित युक्तियां दी गई हैं।[6] (1) व्यक्तिगत पदार्थों का परिमाण परिमित है। जो कुछ परिमित है वह अपने से बाह्य किसी वस्तु पर

→ प्रवेश कर जाता है; इसी प्रकार निमित्त कारण की भी क्रिया होती है जो उपादान कारणों के साथ मिलकर सहायक का कार्य करता है।" (योगभाष्य, 4 : 3)।

1. योगभाष्य, 3 : 14।

2. किन्तु सांख्यदर्शन के अनुसार, कोई कारण भी कार्य उत्पन्न कर सकता है (क्योंकि सब वस्तुएं प्रकृति के परिवर्तित रूप हैं), यदि केवल बाधा उपस्थित करनेवाली रुकावटों को दूर कर दिया जाए। विज्ञानभिक्षु का मत है कि यदि पत्थर के अन्दर से कणों की वह व्यवस्था जो उसके भीतर गुप्त शक्तिमत्ता को विकसित होकर अंकुर के रूप में फूटने से रोकती है, ईश्वर की इच्छा से दूर हो जाए तो पत्थर से भी एक पौधा उग सकता है।

3. योगभाष्य, 3 : 13।

4. सांख्यप्रवचनसूत्र, 1 : 121।

5. बुद्धिनिर्माण।

6. 15 और 16।

निर्भर है। इसलिए सान्त सान्त के रूप में विश्व का उद्भव-स्थान नहीं हो सकता। (2) सब व्यक्तिगत पदार्थ कुछ व्यापक लक्षण रखते हैं, और इससे वे यह उपलक्षित करते हैं कि उन सबका कोई एक सामान्य उद्भव-स्थान होना चाहिए, जहां से वे सब निकलते हैं। सांख्य यह नहीं मानता कि भिन्न-भिन्न तत्त्व एक-दूसरे से पूर्णरूप में भिन्न हैं। (3) वस्तुओं के विकास में अपने को व्यक्त करता हुआ एक क्रियात्मक तत्त्व अवश्य है। विकास एक ऐसे तत्त्व को उपलक्षित करता है जो अपनी किसी भी स्थिति के समान नहीं हो सकता। जो अपने उत्पन्न पदार्थों के अन्दर रहता हुआ भी उनसे बृहत्तर है। (4) कार्य कारण से भिन्न है और इसलिए हम यह नहीं कह सकते कि सान्त तथा सोपाधिक जगत् अपना कारण अपने-आप है। (5) विश्व का एकत्व प्रकट है, जिससे एक ही कारण का निर्देश मिलता है। सांख्य निम्नतम स्तर से उच्चतम स्तर तक विश्व के नैरन्तर्य को मानता है। पदार्थ एक निश्चित व्यवस्था में विकसित होते हैं तथा विलीन होते हैं। जगत् को प्रकृति का परिणाम कहा गया है, और प्रकृति जगत् का कारण है। प्रत्येक वस्तु किसी उत्पादक कारण का कार्य है, क्योंकि असत् से कोई वस्तु उत्पन्न नहीं होती। यदि कारण में कार्य से कम पदार्थ हैं तो इस अधिकांश को असत् से उत्पन्न मानना पड़ेगा। इससे परिणाम यह निकलता है कि कारण के अन्दर कार्य से या तो अधिक या कम से कम उतनी ही यथार्थता अवश्य होनी चाहिए। डेकार्ट के शब्दों में, तर्क का स्वाभाविक प्रकाश हमें यह दिखाता है कि परम कारण को कार्य की पूर्ण यथार्थता, तात्पर्य तथा मूल्य को अपने अन्दर रखना चाहिए। ऐसी कोई वस्तु विकसित नहीं हो सकती जो प्रारम्भ में किसी रूप में अन्तर्निहित न हो।[1] जबकि प्रत्येक कार्य का कारण है, प्रकृति का कोई कारण नहीं है।[2] बल्कि वह सब कार्यों का कारण है और उन्हीं से उसका अनुमान किया जाता है।[3] इसे प्रधान नाम दिया गया है, क्योंकि यह सब कार्यों का आधार है,[4] ब्रह्म अथवा वह जो बढ़ता है[5], माया अर्थात् वह जो मापती है या सीमा बनाती है। यह सत्ता की प्रारम्भिक आकृति है, जिससे जीवनों की भिन्न-भिन्न व्यवस्थाएं निकलती हैं। सांख्य पुरुष अथवा आत्मा का उद्भव अनात्म अथवा प्रकृति से निकलने की असम्भवता को मानता है।

उत्पन्न पदार्थों के कारण होते हैं, किन्तु प्रकृति का कारण नहीं है। उत्पन्न पदार्थ पराधीन हैं; किन्तु प्रकृति स्वाधीन है। उत्पन्न पदार्थ संख्या में अनेक हैं, देश और काल में सीमित हैं, किन्तु प्रकृति एक है, सर्वव्यापक है और नित्य है।[6] उत्पन्न पदार्थ वे चिह्न हैं जिनसे उनके उद्भव का अनुमान किया जाता है। प्रकृति कभी नष्ट नहीं हो सकती और

---

1. तुलना कीजिए इसके साथ मुख्य तथा औपचारिक कारणों के भेदों की, जो डेकार्ट ने किए हैं।

2. सांख्यप्रवचनसूत्र, 1 : 67।

3. सांख्यप्रवचनसूत्र, 1 : 110, 136।

4. प्रधीयते (सांख्यप्रवचनभाष्य, 1 : 125)। लोकाचार्य लिखते हैं : इसे प्रकृति कहा जाता है, क्योंकि यह सब परिवर्तनों का उद्भव-स्थान है; अविद्या कहते हैं क्योंकि यह समस्त ज्ञान के प्रतिकूल है; माया कहते हैं क्योंकि यह चित्र-विचित्र सृष्टि का कारण है। प्रकृतिरित्युच्यते विकारोत्पादकत्वाद विद्या ज्ञानविरोधित्वात्, माया विचित्रसृष्टिकरत्वात् (तत्त्वत्रय, पृष्ठ 48)। समस्त भौतिक आकृतियों के एक सार्वभौम, अदृश्य आदिस्रोत के विषय में प्लेटो का इसी प्रकार का विचार था। देखिए 'टाइमियस', पृष्ठ 24।

5. भगवद्गीता, 14 : 3।

6. सांख्यकारिका, 10; सांख्यप्रवचनसूत्र, 1 : 124; और भी देखिए योगभाष्य, 4 : 12। सांख्यप्रवचनभाष्य, 1: 76।

इसलिए यह कभी पैदा भी नहीं हो सकती थी। एक बुद्धिसम्पन्न तत्त्व ऐसी सामग्री नहीं हो सकता जिससे जड़ जगत् का निर्माण हो सके, क्योंकि आत्मा प्रकृति के रूप में परिवर्तित नहीं हो सकती। इसके अतिरिक्त, कर्तव्य का सम्बन्ध पुरुष अथवा आत्मा के साथ नहीं है, बल्कि अहंकार के साथ है, जो स्वयं उत्पन्न पदार्थ है।[1]

यह आपत्ति कि प्रकृति प्रत्यक्ष में नहीं दिखाई देती, कुछ अधिक महत्त्व की नहीं है। कितने ही ऐसे पदार्थ होते हैं जिन्हें यथार्थ माना जाता है किन्तु जो प्रत्यक्ष ज्ञान के विषय नहीं होते। ऐसे पदार्थ के सम्बन्ध में जो या तो अत्यन्त निकट हैं या अत्यन्त दूर हैं, प्रत्यक्ष सफल नहीं हो सकता। इन्द्रियों के अथवा मन के दोष, किसी अन्य पदार्थ के बीच में आ जाने से, अथवा किसी अधिक आकर्षक, उत्तेजक पदार्थ की उपस्थिति से प्रत्यक्ष निरर्थक हो जाता है। प्रकृति की सूक्ष्मता इसे प्रत्यक्ष के अयोग्य करती है।[2] व्यास प्रकृति की व्याख्या इस प्रकार करते हैं कि "प्रकृति वह है जो कभी नहीं है और न ही अभावात्मक है, जिसका अस्तित्व है और नहीं भी है, जिसके अन्दर कोई अभाव नहीं है, जो अव्यक्त है, विशेष लक्षण से रहित है और सबकी मुख्य पृष्ठभूमि है।"[3] यदि उसे सत् कहा जाए, जो आत्मा के प्रयोजन को सिद्ध करता हो, तो प्रकृति असत् है, यद्यपि यह वर्गाकार वृत्त की भांति असत् नहीं है। फिर, ऐसा कोई पदार्थ जो सत् है, नष्ट नहीं हो सकता, और उत्पन्न पदार्थ प्रकृति के अन्दर अपना अस्तित्व रखते हैं यद्यपि एक अव्यक्त दशा में। इसके अन्दर समस्त व्यवस्थित अस्तित्व उपलक्षित है। भिन्न-भिन्न गुण अपने को मिटाते नहीं हैं बल्कि साम्यावस्था में रहते हैं, जो निष्क्रियता नहीं है, बल्कि एक प्रकार की प्रसारण है। प्रकृति इतनी सत् नहीं है जितनी कि शक्ति है। तीनों गुणों की साम्यावस्था होने के कारण[4] यह समस्त भौतिक तथा मानसिक परिवर्तनों का आधार है। यह विशुद्ध क्षमता है।[5] हम प्रकृति तथा गुणों के यथार्थस्वरूप को नहीं जानते, क्योंकि हमारा ज्ञान दृश्यमान जगत् तक सीमित है।[6] यह शब्द तथा स्पर्श से रहित है,[7] जो क्रियात्मक रूप में एक सीमा है जिससे परे हम नहीं जा सकते। यह आनुभविक रूप में एक अमूर्तभाव है, केवल नाममात्र है।[8] किन्तु इसकी सत्ता को समस्त सृष्टि की पूर्व भूमिका के रूप में स्वीकार करना ही होता है।[9]

सांख्य में दिया गया जगत् का वर्णन, जिसमें इसको एक समांग द्रव्य का रूप दिया गया है और समस्त पदार्थ जिसके केवल भिन्न-भिन्न विन्यास (आकृतियां) हैं जिनका निर्माण इसके परम घटकों के भिन्न-भिन्न मिश्रणों के द्वारा हुआ है, कुछ-कुछ भौतिकवाद के सिद्धान्त के साथ सादृश्य रखता है। सांख्य तथा भौतिकवाद दोनों का ही प्रयास उस बहुत-कुछ अव्यवस्थित

---

1. सांख्यप्रवचनसूत्र, 6 : 54।
2. सांख्यकारिका, 8।
3. निःसत्तासत्तं निःसदसन्निरसदव्यक्तमलिंग प्रधानम् (योगभाष्य, 2 : 19; सांख्यप्रवचनभाष्य, 1 : 61)।
4. साम्यावस्था (सांख्यप्रवचनभाष्य, 1 : 61)।
5. तुलना कीजिए ऋग्वेद, 10 : 92।
6. व्यास 'षष्टितन्त्र' से निम्नाशय का एक श्लोक उद्धृत करते हैं :–

गुणानां परमं रूपं न दृष्टिपथमृच्छति।
यत्तु दृष्टिपथं प्राप्तं तन्मायेव सुतुच्छकम्॥ (योगभाष्य, 4 : 13)।

इस पर टिप्पणी करते हुए वाचस्पति का कहना है कि प्रकृति माया नहीं, अपितु माया जैसी है–मायेव न तु माया।

7. सांख्यप्रवचनभाष्य, 1 : 128; विष्णुपुराण, 1 : 2, 20-21।
8. संज्ञामात्रम् (सांख्यप्रवचनभाष्य, 1 : 68)।
9. प्र=पहले, कृति=सृष्टि, रचना; अथवा प्र=आगे, कृति=बनाना।

विचार की अपेक्षा जो ऊपरी रूपों से हमारे मस्तिष्क में बनता है, विश्व के साथ अधिक युक्तियुक्त भाव को प्राप्त करने की ओर है। ये दोनों ही सिद्धान्त एक आद्य द्रव्य की परम यथार्थता पर बल देते हैं, जिसे ये नित्य अविनश्वर तथा सर्वव्यापी मानते हैं। विविध वस्तुओं की प्रचुरता, जो हमें अपने साधारण अनुभव में दिखाई देती है, इसी अकेले द्रव्य के कारण है। किन्तु सांख्य प्रतिपादित प्रकृति की तुलना हम विशुद्ध एवं सरल भौतिक द्रव्य के साथ नहीं कर सकते। सांख्य के विचारक प्रकृति की पुरुष को उत्पन्न करने तथा पुरुष की प्रकृति को उत्पन्न करने की अक्षमता से भली प्रकार अभिज्ञ हैं। वे स्वीकार करते हैं, जबकि भौतिकवादी स्वीकार नहीं करते कि प्रकृति का विकास एक प्रयोजन को लेकर होता है, "यह एक ऐसा तोरणद्वार है जिसमें से अछूते जगत् की झलक मिलती है।" सांख्य-प्रतिपादित प्रकृति कोई भौतिक द्रव्य नहीं है, और न ही वह चेतनता-सम्पन्न सत्ता है, क्योंकि पुरुष को बहुत सावधानी के साथ इससे पृथक् रखा गया है। यह केवल भौतिक जगत् के पांचों तत्त्वों को ही उत्पन्न नहीं करती, बल्कि मानसिक तत्त्वों की भी जननी है। यह समस्त प्रमेयविषयक जीवन का आधार है। सांख्य इस विचार पर विज्ञान के द्वारा नहीं, बल्कि अध्यात्म के द्वारा पहुंचता है। यथार्थतत्त्व को उसकी पूर्णता के साथ अपरिवर्तनशील प्रमाता (विषयी) और परिवर्तनशील प्रमेय (विषय) के रूप में पृथक् किया गया है, तथा प्रकृति परिणामशील जगत् का आधार है। यह अविश्रान्त क्रियाशील जगत् के तनाव की प्रतीक है। यह बिना चेतनता, बिना किसी पूर्व-निर्धारित योजना के बराबर क्रियाशील रहती है, यह ऐसे लक्ष्य के प्रति क्रियाशील है जिसे यह समझती नहीं।

6. गुण

प्रकृति का विकास इसकी अपनी तीन घटक शक्तियों अथवा गुणों से होता है,[1] जिनकी कल्पना प्रकृति के कार्यों के लक्षणों के आधार पर की गई है। प्रकृति एक त्रिगुणात्मक (तीन लड़ों वाली) रस्सी है। बुद्धि में, जो कार्य है, सुख, दुःख तथा सम्मोह–ये गुण पाए जाते हैं, और इसलिए इसकी कारणरूप प्रकृति में भी तदनुकूल गुण अवश्य होने चाहिए। ये गुण प्रत्यक्ष के विषय नहीं हैं, किन्तु इनके कार्यों द्वारा इनके अस्तित्व का अनुमान किया जाता है। इनमें से प्रथम गुण को 'सत्त्व' कहते हैं। यह कार्यक्षम चेतना है और इसलिए चेतनामय अभिव्यक्ति की ओर प्रवृत्त होता है तथा मनुष्य में सुख उत्पन्न करता है, व्युत्पत्तिशास्त्र के अनुसार, सत्त्व शब्द की व्युत्पत्ति 'सत्' से है, अर्थात् सत् वह है जो यथार्थ अथवा विद्यमान है। क्योंकि चैतन्य को इस प्रकार की संज्ञा दी जाती है, इसलिए सत्त्वगुण को कार्यक्षम चैतन्य कहा गया है। गौण अर्थों में, 'सत्' का अर्थ 'पूर्णता' भी है और इस प्रकार 'सत्त्व' वह तत्त्व है जो सौजन्य एवं सुख को उत्पन्न करता है। इसे ऊपर उठने योग्य अर्थात् हल्का बतलाया गया है।[2] दूसरा गुण रजस् है जो समस्त क्रिया का स्रोत है और दुःख को उत्पन्न करता है। रजोगुण हमें एक उत्तेजनामय सुख तथा सतत उद्यम के जीवन की ओर ले जाता है।[3] तीसरा तमोगुण है जो क्रियाशीलता में बाधा पहुंचाता है तथा उदासीनता अथवा निरुत्साह

1. सांख्यकारिका, 16।
2. सुखप्रकाशलाघव (तत्त्वकौमुदी, 13)।
3. दुःखोपष्टम्भकत्व, प्रवर्तकत्व, जबकि तमस् का लक्षण बताया है–मोहगुरुत्वावरणैः (तत्त्वकौमुदी, 13)।

उत्पन्न करता है। यह अज्ञान तथा आलस्य की ओर ले जाता है। सत्त्व, रजस् और तमस् के कार्य क्रमशः प्रकाश (अभिव्यक्ति), प्रवृत्ति (क्रियाशीलता) और नियमन (अवरोध)[1] हैं और ये क्रमशः सुख, दुःख और आलस्य (तन्द्रा) को उत्पन्न करते हैं। तीनों गुण कभी पृथक् नहीं रहते। वे एक-दूसरे को पुष्ट करते हैं तथा एक-दूसरे में मिले-जुले रहते हैं। वे एक-दूसरे के साथ घनिष्ठ रूप से सम्बद्ध हैं, जैसे कि दीपशिखा, तेल तथा दीपक की बत्ती परस्पर सटे हुए रहते हैं।[2] ये तीन गुण ही प्रकृति के सारभूत तत्त्व हैं। सब वस्तुएं इन तीन गुणों से मिलकर बनी हैं,[3] और संसार में जो भेद पाए जाते हैं वे भिन्न-भिन्न गुणों की प्रधानता के कारण हैं। गुणों की इस प्रकार की कल्पना का आदिस्रोत निःसन्देह मनोवैज्ञानिक है, क्योंकि इनके अन्दर जो भेद किए गए हैं वे भावना के भिन्न-भिन्न प्रकारों के आधार पर हैं। किन्तु इतने प्रारम्भिक काल में भी, जो सांख्यकारिका का समय है, गुण प्रकृति के घटकों अथवा अवयवों को प्रकट करते थे।[4] इन्हें गुणों की संज्ञा दी गई है, क्योंकि प्रकृति अकेली विशेष्य है और ये उसके अन्दर केवल अवयव (घटक) रूप से हैं। इन्हें किसी वस्तु-विशेष के विकास की भिन्न-भिन्न अवस्थाओं के रूप में माना जा सकता है। सत्त्व उस सारभूत तत्त्व अथवा स्वरूप का द्योतक है जिसको हमें प्राप्त करना है, और तमस् उन बाधाओं का द्योतक है जो उक्त उद्देश्य की प्राप्ति के मार्ग में आती हैं। इसी प्रकार रजस् उस शक्ति का द्योतक है जिसके द्वारा बाधाओं पर विजय प्राप्त की जाती है तथा सारभूत रूप अभिव्यक्त होता है। सांख्य द्वारा प्रतिपादित सत्कार्यवाद के अनुसार, वस्तु सदा उत्पन्न की जाती है, किन्तु नए सिरे से रची कभी नहीं जाती। उत्पत्ति केवल अभिव्यक्तिमात्र है और विनाश तिरोभाव के अतिरिक्त कुछ नहीं है। ये दोनों प्रतिक्रियाकारी शक्तियों की अनुपस्थिति तथा उपस्थिति पर निर्भर करते हैं। बाधाओं के हटा दिए जाने पर वस्तु अभिव्यक्त हो जाती है। जो अभिव्यक्त होता है वह सत्त्व अथवा वस्तु का रूप है; अभिव्यक्त का कारण रजोगुण है; तमस् वह बाधा है जो सत्त्व की अभिव्यक्ति के मार्ग में उपस्थित रहती है और जिस पर विजय प्राप्त करनी है।[5] जहां सत्त्व और तमस् क्रमशः विध्यात्मक सत् तथा निषेधात्मक असत्

---

1. प्रकाशक्रियास्थितिशीलम् (योगसूत्र, 2 : 18)।
2. सांख्यकारिका, 13।
3. त्रिगुणात्मक।
4. तुलना कीजिए श्वेताश्वर उपनिषद्, 4 : 5। "अजामेकां लोहितशुक्लकृष्णाम्..." शंकराचार्य इसमें छान्दोग्योपनिषद् में वर्णित तीन रंगों का आभास पाते हैं, (6 : 4)। शंकराचार्य सांख्य-सम्प्रदाय के एक अनुयायी द्वारा इसकी व्याख्या इस प्रकार से कराते हैं : "इस छन्द में लाल, श्वेत तथा कृष्ण से रजस्, सत्त्व और तमस् का ग्रहण करना चाहिए। लाल रजस् (भावावेश) है, क्योंकि यह स्वभावतः मनुष्य को लाल बना देता है, बेचैनी उत्पन्न करता है, रंजयति। श्वेत सत्त्व है (अनिवार्य रूप से कल्याणकर), क्योंकि यह स्वभावतः मनुष्य को उज्ज्वल बनाता है। कृष्णवर्ण तमस् (अन्धकार) है, क्योंकि यह अज्ञानान्धकार उत्पन्न करता है। क्योंकि तीनों गुण आद्य प्रकृति के हैं, इसलिए उन्हें 'अजा' कहा गया है, अर्थात् जिनका जन्म न हुआ हो" (शांकरभाष्य, 1 : 4, 9)। गुण नाम इनका इसलिए है क्योंकि ये आत्मा को बांधते हैं (गुण अर्थात् रस्सी) (सांख्यप्रवचनभाष्य, 1 : 61)।
5. डॉक्टर सील लिखते हैं : "प्रत्येक घटना में तीन प्रकार के मूलतत्त्व होते हैं : बुद्धिगम्य सार, शक्ति और घनत्व। निकट संयोग में ये वस्तुओं के अन्दर अनिवार्य रचनात्मक अवयवों के रूप में प्रवेश करते हैं। किसी वस्तु का सार (सत्त्व) वह है जिस रूप में अपने को बुद्धि के आगे अभिव्यक्त करती है, और इस प्रकार की अभिव्यक्ति के बिना चेतनामय जगत् में कुछ भी नहीं रह सकता (समष्टिबुद्धि)। किन्तु यह सारतत्त्व तीन लक्षणों में से केवल एक है। यह न तो पुंज को और न गुरुत्व को धारण करता है। न यह बाधा ही देता है और न कोई कार्य ही करता है। उसके बाद तमस् का अंश है, जो पुंज, निष्क्रियता, भौतिक सामग्री है,→

के अनुरूप हैं, रजस् उक्त दोनों के मध्य संघर्ष का द्योतक है। प्रत्येक वस्तु का अपना आदर्श सारतत्त्व होता है जिसे प्राप्त करने का वह प्रयत्न करती है, और वास्तविक ढांचा होता है जिससे छुटकारा पाने का वह प्रयत्न करती है। पिछली अवस्था इसकी तमोऽवस्था है तथा पहली सत्त्वावस्था है, और प्रयत्न करने की प्रक्रिया राजसी अवस्था की द्योतक है। परिणाम में, सत्त्व वह है जिसके द्वारा कोई भी वस्तु अपने को चैतन्य में अभिव्यक्त करती है। क्योंकि ये लक्षण जीवन-मात्र में पाए जाते हैं, इसलिए ये मूल प्रकृति के कारण माने गए हैं।[1]

ये गुण वैशेषिक के गुण नहीं हैं, क्योंकि इनके अन्दर लघुता, क्रियाशीलता आदि गुण विद्यमान हैं।[2] विज्ञानभिक्षु इनको यथार्थसत्ता के प्रकार बताते हैं[3] तथा प्राचीन उपनिषदों में[4] इन्हें मनोवैज्ञानिक अवस्थाओं का रूप दिया गया है। जो भौतिक तथा मानसिक बुराई को उत्पन्न करती हैं। रचना की दृष्टि से ये गुण अत्यन्त सूक्ष्म बताए गए हैं। ये सदा परिवर्तनशील हैं, यहां तक कि जिसे साम्यावस्था कहा जाता है उसमें भी ये गुण निरन्तर एक-दूसरे में परिवर्तित होते रहते हैं।[5] किन्तु ये परिवर्तन अपने-आप में तब तक कोई विषयनिष्ठ परिणाम उत्पन्न नहीं करते जब तक कि साम्यावस्था में क्षोभ उत्पन्न नहीं होता। गुणों की साम्यावस्था में क्षोभ उत्पन्न होने पर ये गुण एक-दूसरे पर क्रिया-प्रतिक्रिया करते हैं तथा विकास होता है। गुणों की नानाविध प्रतिक्रिया के कारण ही जगत् में विविधता पाई जाती है। जिस विशेष घटना में जो कोई गुण सर्वोपरि रहता है वह उसमें अभिव्यक्त होता है, यद्यपि अन्य गुण भी अनुपस्थित नहीं रहते। भौतिक जड़ पदार्थों में तमोगुण प्रधान हैं तथा सत्त्व और रजस् गौण हैं। गतिमान पदार्थों में रजोगुण प्रधान है और अन्य गुण प्रच्छन्न हैं। इस प्रकार 'सत्त्व, रजस् और तमस्' इन पारिभाषिक शब्दों का प्रयोग प्रधान पक्ष को लक्ष्य करके किया जाता है, एकान्तिक तथा अनन्यस्वरूप को लक्ष्य करके नहीं किया जाता। यद्यपि कार्यरूप जगत् की उत्पत्ति में तीनों गु·ा एक साथ भाग लेते हैं, तो भी वे कभी एकीभूत नहीं होते। पारस्परिक प्रभाव अथवा सामीप्य के कारण उनके अन्दर परिवर्तन होता है। वे विकसित होते हैं, परस्पर मिलते हैं तथा पृथक् होते हैं। उनमें से कोई भी अपनी

→ जो गति के मार्ग में तथा चेतनामय चिन्तन के भी मार्ग में बाधा देता है। किन्तु बुद्धि-सामग्री तथा भौतिक सामग्री कोई कार्य नहीं कर सकतीं और अपने-आप में रचनात्मक क्रियाशीलता से रहित हैं। समस्त कार्य रजोगुण से होता है जो शक्ति का अंश है और जो भौतिक द्रव्य की बाधा पर विजय प्राप्त करके बुद्धि को भी शक्ति प्रदान करता है, जिसकी आवश्यकता इसे अपने चेतनामय नियमन तथा अनुकूलन के लिए होती है" (दि पॉजिटिव साइंसेज़ आफ दि हिन्दूज़, पृष्ठ 4)। कुछ लोगों को डॉ. सील का उक्त प्रयास सांख्य की व्याख्या से अधिक उसका पुनर्लेखन प्रतीत होगा।

1. कभी-कभी यह कहा जाता है कि क्रियाशीलता का, जो सम्पूर्ण विश्व की विशेषता है, बाधा पहुंचाने वाले से अलग कोई अर्थ ही नहीं है। इस प्रकार रजस् अर्थात् क्रियाशील पक्ष तमस् अर्थात् निष्क्रिय पक्ष के अस्तित्व का संकेत करता है। उसके बिना सब वस्तुएं निरन्तर गतिमान रहेंगी। सक्रियता अपने-आप में युक्तियुक्त उद्देश्य को पूरा करती है और इसलिए सत्त्वपक्ष भी विद्यमान है (तत्त्वकौमुदी, 13)।

2. सांख्यप्रवचनभाष्य, 1 : 61।

3. वाचस्पति तथा सांख्यकारिका इस प्रकार की व्याख्या नहीं देते।

4. श्वेताश्वतर उपनिषद् तथा मैत्रायणी उपनिषद्।

5. सारूपपरिणाम।

शक्ति को नहीं खोता, भले ही दूसरे सक्रिय रूप में क्यों न कार्यरत हों।[1] प्रकृति तथा तज्जन्य पदार्थ इन गुणों को धारण करते हैं और इसलिए वे अचेतन हैं। वे अपने-आपमें तथा पुरुष में भेद करने की शक्ति से वंचित हैं। वे सदा विधेय (विषय) कोटि में ही रहते हैं, जबकि केवलमात्र पुरुष ही प्रमाता (विषयी) की कोटि में है।

गुणों के विषय में विज्ञानभिक्षु में एक बिलकुल भिन्न मत पाया जाता है, जो इनको सूक्ष्म सत्ताएं तथा व्यक्तिरूप पदार्थों की विविधता के अनुसार संख्या में अनन्त मानता है। इस मत के अनुसार, ऐसा कहना सही न होगा कि व्यापक गुण अपने विविध संयोगों के कारण विविध कार्यों को उत्पन्न करते हैं, क्योंकि इस प्रकार का मत छोटे-छोटे भेदों की व्याख्या नहीं कर सकता।[2] यद्यपि गुणों की अभिव्यक्तियां असंख्य हैं, तो भी कुछ सामान्य लक्षणों, जैसे लघुता को धारण करने के कारण इनका तीन प्रकार का वर्गीकरण किया गया है।[3] कारण-कार्य-सम्बन्धी इन तीनों सत्त्व आदि द्रव्यों में से प्रत्येक नानाविध निजी अभिव्यक्तियां रखता है।[4] गुणों की न तो सृष्टि होती है और न नाश ही होता है। यद्यपि ठोस मूर्त रूप प्रकारों में धन एवं ऋण, वृद्धि एवं ह्रास, सम्भव है, जो परिवर्तन व्यवस्थापन तथा अन्तर्हित से वास्तविक में रूपान्तर के कारण होते हैं, तो भी अन्तर्हित तथा वास्तविक मिलकर सदा एक समान ही रहते हैं। यह ठीक उसी प्रकार है जैसे कि चौसर के खेल में होता है। पासे सदा वही रहते हैं, किन्तु वे क्योंकि भिन्न-भिन्न प्रकार से पड़ते हैं इसलिए उनका अर्थ हमारे लिए भिन्न-भिन्न होता है। समस्त परिवर्तन अनन्त काल में विद्यमान अनिवार्य सत्ताओं की स्थिति, व्यवस्था, उनके वर्गीकरण, मिश्रण तथा पृथक्करण से सम्बन्ध रखता है, जो सदा ही परस्पर संघटित तथा विघटित होती रहती हैं।[5]

7. विकास

प्रकृति वह मौलिक द्रव्य है जिसमें से यह जगत् विकसित होता है। अव्यक्त दशा में प्रकृति केवल प्रतिकूलताओं का संगतीकरण है। जब वे साम्यावस्था में एकत्र रहती हैं तो उनमें कोई क्रिया नहीं होती है। विश्राम की अवस्था को प्रकृति की स्वाभाविक दशा कहा गया है।[6] तो भी बाह्य क्रिया की अनुपस्थिति का तात्पर्य यह नहीं है कि कार्य करने की प्रवृत्ति का भी अभाव है। व्यक्त होने की प्रवृत्तियां (सत्त्व) और क्रियाशीलता (रजस्) अव्यक्त तथा निष्क्रियता (तमस्) की प्रवृत्तियों से प्रतिबद्ध रहती हैं। सांख्य जगत् के सर्वोपरि तत्त्व का विचार एक ऐसे एकत्व के रूप में करता है जिसके साथ तत्त्वों का यथार्थ विरोध है। एक अमूर्त इकाई को या तो निरन्तर क्रियाशील या निरन्तर निष्क्रिय होना चाहिए। प्रकृति स्वरूप से अस्थिर नहीं है और इसलिए इसे अनिवार्य रूप से भिन्न-भिन्न होने की आवश्यकता

1. योगभाष्य, 2 : 18।
2. सांख्यप्रवचनभाष्य, 1 : 127।
3. सांख्यप्रवचनभाष्य, 1 : 128।
4. वही।
5. तत्त्वकौमुदी, 13-16; तत्त्ववैशारदी, 2 : 20; 4 : 13-14; और योगवार्तिक, 4 : 13-14।
6. योगभाष्य, 2 : 18।

नहीं है।[1] जब गुणों की साम्यावस्था में क्षोभ होता है तो प्रकृति का नाश होता है,[2] एक पक्ष के अत्यधिक बोझ से तनाव कम होता है और परिणमन की क्रिया प्रारम्भ हो जाती है। पुरुष के प्रभाव में आकर प्रकृति विकसित होती है। पुरुष के उद्देश्यों की पूर्ति प्रकृति के तीन विशिष्ट अवस्थाओं में व्यक्त होने का कारण है :[3] क्योंकि प्रकृति एक है और सर्वव्यापक है, इसलिए सब वस्तुओं का आधार प्रकृति है और, एक अर्थ में, प्रत्येक वस्तु अपने लक्षणों में अन्य वस्तुओं के साथ साझा रखती है। किन्तु तथ्य यह है कि वस्तुएं सब कार्यों को एकसाथ व्यक्त नहीं करतीं। विकास का कारण देश, काल, विविध तथा कार्यकारणभाव में अनुक्रम के एक निश्चित विधान का अनुसरण करता है।[4] हम नहीं कह सकते कि यह विकास क्यों होता है। हमें इसे केवल स्वीकार करना होता है। प्रकृति, जो अपने अन्दर सब वस्तुओं की सम्भाव्यताओं को धारण करती है, विचार के उपकरणों के रूप में और विचार के विषयों के रूप में विकसित होती है।

महत्, जो सकल विश्व का कारण है, प्रकृति के विकास में सबसे प्रथम उत्पन्न पदार्थ है। यह व्यक्ति की बुद्धि का आधार है। जहां 'महत्' शब्द विश्वीय पक्ष को दर्शाता है, वहां बुद्धि शब्द से, जो इसका पर्यायवाची होकर प्रयुक्त होता है, तात्पर्य तत्समान मनोवैज्ञानिक पक्ष है, जो प्रत्येक व्यक्ति में रहता है। सांख्य में 'महत्' के मनोवैज्ञानिक पक्ष पर बल दिया गया है। बुद्धि के पर्यायवाची शब्दों[5] तथा गुणों—धर्म, ज्ञान, वैराग्य, ऐश्वर्य—और इनके विपरीतों से यह स्पष्ट है कि बुद्धि को मनोवैज्ञानिक अर्थ में लेना चाहिए। किन्तु इसकी उपाधियों, यथा महत्, ब्रह्मा आदि से यह उपलक्षित होता है कि प्रयोग विश्व-सम्बन्धी अर्थ में भी किया गया है।[6] बुद्धि को अशरीरी पुरुष के साथ मिश्रित न करना चाहिए। इसे समस्त मानसिक प्रक्रियाओं का सूक्ष्म द्रव्य माना गया है। यह वह क्षमता है जिससे हम पदार्थों में भेद करते हैं तथा प्रत्यक्ष ज्ञान से जानते हैं कि वे क्या हैं। बुद्धि के व्यापार हैं निश्चय करना तथा निर्णय पर पहुंचना। और सब इन्द्रियां बुद्धि के लिए कार्य करती हैं, जो सीधे पुरुष के लिए कार्य करती हैं। इस प्रकार पुरुष समस्त जीवन का अनुभव करने योग्य होता है तथा अपने व प्रकृति के अन्दर भेद कर सकता है।

प्रकृति के अन्य उत्पन्न पदार्थों के समान बुद्धि में भी तीन गुण हैं। अपने सात्त्विक रूप में यह कर्तव्यपालन, ज्ञान-सम्पादन, इच्छा की अधीनता से स्वातन्त्र्य तथा दैवीय शक्तियों से पहचानी जाती है; अपने राजस रूप में यह इच्छाओं को उत्पन्न करती है; और अपने तामस रूप में यह उपेक्षा तथा अज्ञान आदि को उत्पन्न करती है। विज्ञानभिक्षु का कहना है कि सब आत्माएं दैवीय हैं,[7] यद्यपि उनके अन्तःस्थित ऐश्वर्य को रजस् तथा तमस् गुण द्वारा

1. देखिए स्पेंसर : फर्स्ट प्रिंसिपल्स, पृष्ठ 19।

2. प्रकृतिनाश।

3. त्रयाणां त्ववस्थाविशेषाणामादौ पुरुषार्थता कारणं भवति (योगभाष्य, 2 : 19) इस पर वाचस्पति को भी देखिए।

4. परिणामक्रमनियम।

5. मति, ख्याति, प्रज्ञा, ज्ञान।

6. परवर्ती वेदान्त में बुद्धि को समष्टिरूप में हिरण्यगर्भ की उपाधि करके लिया गया है।

7. सर्व एव पुरुषा ईश्वर इति।

रुकावट मिलती है।[1] तत्त्वों द्वारा निर्मित सृष्टि से प्रत्ययसर्ग अथवा बौद्धिक सृष्टि भिन्न है, जो चार प्रकार की है, अर्थात् अज्ञान (विपर्यय), अशक्ति, तुष्टि (सन्तोष) और पूर्णता (सिद्धि)। इनके पचास उपविभाग हैं।[2] अज्ञान के पांच प्रकार माने गए हैं, अर्थात् अविद्या, अस्मिता (अथवा अहंभाव), इनमें से प्रत्येक आठ प्रकार का है; राग (इच्छा), जो दस प्रकार का है; द्वेष अभिनिवेश (अथवा भय) जो अट्ठारह प्रकार के हैं। अशक्ति के अट्ठाइस प्रकार हैं, तुष्टि के नौ प्रकार और सिद्धि के आठ प्रकार हैं।

बुद्धि दोनों ही है, नित्य भी और अनित्य भी। यह प्रकृति की कारणावस्था में बीजशक्ति के रूप में अंकुर बनकर विद्यमान रहती है और तब इसके व्यापार प्रकट नहीं होते। जब यह कार्यावस्था में परिवर्तित हो जाती है तो यह बुद्धि कहाती है। विज्ञानभिक्षु इसे कभी असफल न होने वाली तथा सब संस्कारों को धारण करने वाली मानता है।[3] स्मृतियां बुद्धि में संगृहीत रहती हैं, मन अथवा अहंकार में नहीं रहतीं। "सत्यज्ञान द्वारा अहंकार तथा मन के विलय हो जाने पर भी स्मृति शेष रहती है।"[4]

यह स्पष्ट है कि कारिका ने बुद्धि के जो व्यापार बताए हैं वे इसके द्वारा केवल तभी सम्पन्न हो सकते हैं जबकि यह अहंकार के पीछे हो, तथा मन और इन्द्रियों के भी पीछे हो, और ठोस तत्त्वों के समान कोई ज्ञेय पदार्थ विद्यमान हो। किन्तु सांख्य का मत है कि प्रथम अवस्था में जब बुद्धि उपस्थित होती है, ये सब उपस्थित नहीं होते। इसलिए हमें इसको विश्व-सम्बन्धी अर्थों में ग्रहण करना चाहिए, अर्थात् विषयी तथा विषय, प्रत्यक्ष करनेवाले तथा प्रत्यक्ष के विषय में भेद का आधार समझना चाहिए। किन्तु तब हमें एक विश्वात्मा को मानना होगा, जिसे सांख्य स्वीकार नहीं करता। महत् की स्थिति को एक अनिश्चित दशा में छोड़ दिया गया है। बुद्धि प्रकृति के उत्पन्न पदार्थ तथा अहंकार की उत्पादिका के रूप में उस बुद्धि से भिन्न है जो इन्द्रियों, मन तथा अहंकार की प्रक्रियाओं को वश में रखती है। यदि दोनों को एकसमान माना जाए तो प्रकृति के सम्पूर्ण विकास को विषयनिष्ठ मानना पड़ेगा, क्योंकि अहं तथा अनहं दोनों ही बुद्धि से उत्पन्न हैं। इस प्रकार की संदिग्धता प्रकृति के अन्य पदार्थों में भी पाई जाती है।

अहंकार (अहंभाव) अथवा व्यक्तित्व का तत्त्व बुद्धि के पश्चात् उदय होता है। इसके व्यापार के द्वारा भिन्न-भिन्न आत्माओं में से प्रत्येक एक पृथक् मानसिक पृष्ठभूमि से युक्त हो जाती है। हमें यहां पर विश्व-सम्बन्धी तथा मनोवैज्ञानिक पक्षों में भी भेद करना है। मनोवैज्ञानिक दृष्टि से, अहं का भाव एक अनहं अथवा प्रमेय विषय (पदार्थ) के बिना असम्भव है। किन्तु विषयनिष्ठ का विकास सांख्य की विकास-सम्बन्धी प्रकल्पना से अहंकार के उदय के पीछे ही होता है। हमें एक विश्वात्मक अहंकार की संभावना को स्वीकार करना ही होगा, जिसमें से व्यक्तिरूप विषय तथा विषयी उदय होते हैं। अहंकार को भौतिक सामग्री के रूप में लिया गया है, और जहां बुद्धि अपने व्यापार में अधिक ज्ञान-विषयक है वहां अहंकार अधिक क्रियात्मक है। मनोवैज्ञानिक दृष्टि से, अहंकार का कार्य अभिमान अथवा आत्मप्रेम है।

---

1. सांख्यप्रवचनभाष्य, 2 : 15। और देखिए योगभाष्य, 1 : 2।
2. सांख्यकारिका, 46।
3. सांख्यप्रवचनभाष्य, 2 : 41-42।
4. सांख्यप्रवचनभाष्य, 2 : 42।

कर्तृत्व का सम्बन्ध इसके साथ है, आत्मा अथवा पुरुष के साथ नहीं है।[1] महत् की अहंकार के प्रति वही स्थिति है जो चैतन्य की आत्मचैतन्य के प्रति है। पहला पिछले की तर्क-सम्बन्धी पूर्वकल्पना है। हम अहंकार के अस्तित्व का अनुमान इसके कार्यों से करते हैं।[2] इसे द्रव्य माना गया है, क्योंकि यह अन्य द्रव्यों का उपादान कारण है। 'पुरुष अहंकार के द्वारा ही प्रकृति की क्रियाओं को अपनी क्रियाएं समझने लगता है। मन के द्वारा इसे जो संवेदनाएं तथा सुझाव मिलते हैं यह उन्हें आत्मा के अर्पण कर देता है। इस प्रकार यह भावों तथा निर्माण में सहायक होता है। अहंकार वह नहीं है जो सार्वभौम चैतन्य को व्यक्तित्व का रूप देता है, क्योंकि सांख्य के अनुसार व्यक्तित्व पहले ही विद्यमान है। बाह्य जगत् से जो संस्कार आते हैं उन्हें यह व्यक्तित्व प्रदान करता है। जब अहंकार पर सत्त्व की प्रधानता होती है तो हम अच्छे कर्म करते हैं, जब रजस् की प्रधानता होती है तब बुरे कर्म करते हैं; और जब तमोगुण की प्रधानता होती है तब ऐसे कर्म करते हैं जिन्हें न अच्छे कह सकते हैं, न बुरे। प्रगाढ़ निद्रा (सुषुप्ति) में अहंकार का कार्य अनुपस्थित रह सकता है, किन्तु इच्छाएं तथा प्रवृत्तियां सब रहती हैं।[3] यह जानना कठिन है कि आत्मभाव महत् अथवा बुद्धि से किस प्रकार उत्पन्न होता है।

गुण अहंकार से विकसित होने में तीन विभिन्न मार्गों का आश्रय लेते हैं, जिनके कारण इसे सात्त्विक, राजस तथा तामस कहा जाता है। अहंकार से इसके सात्त्विक (वैकारिक) रूप में मन, पांचों ज्ञानेन्द्रियां तथा पांचों कर्मेन्द्रियां विकसित होती हैं, और इसी से इसके तामस (भूतादि) रूप में पांच सूक्ष्म तत्त्व उत्पन्न होते हैं। राजस (तेजस) रूप दोनों में अपनी भूमिका अदा करता है और परिणामों में उपस्थित रहता है।[4] तन्मात्राओं अथवा पांच सूक्ष्म तत्त्वों से, तमस् से आधिपत्य होने से, मूर्तरूप पंचभूत उत्पन्न होते हैं। इन सब विकासों में यद्यपि कोई एक गुण प्रधान रह सकता है, किन्तु अन्य भी उपस्थित रहते हैं, अपने-अपने कार्य करते हैं और अप्रत्यक्ष रूप में पदार्थों के विकास में सहायक होते हैं।

मन वह इन्द्रिय है जिसका महत्त्वपूर्ण कार्य इन्द्रियों से प्राप्त सामग्री का संश्लेषण करके उन्हें विचार (प्रत्यय) के रूप में परिणत करना, कार्यों के वैकल्पिक मार्गों का सुझाव देना, तथा इच्छा द्वारा दिए गए आदेशों का कर्मेन्द्रियों द्वारा पालन कराना है। जिस प्रकार बुद्धि तथा आत्मभाव के विषय में है, उसी प्रकार मन के विषय में भी इन्द्रिय तथा उसके कर्म में कोई भेद नहीं किया गया है। इन्द्रियों को द्वार माना गया है और मन को द्वार रक्षक कहा

---

1. सांख्यप्रवचनसूत्र, 6 : 54। विज्ञानभिक्षु छान्दोग्य उपनिषद् का वाक्य उद्धृत करता है, 'बहु स्यां प्रजायेय' (मैं अपने अनेक रूप धारण करूं, उत्पन्न होऊं)। और इस पर टिप्पणी करता है : "तत्त्वों तथा अन्य सबकी रचना से पूर्व अभिमान का अस्तित्व है और इस प्रकार इसे सृष्टि-रचना का कारण कहा गया है।" (सांख्यप्रवचनभाष्य, 1 : 63)।

2. सांख्यप्रवचनसूत्र, 1 : 63।

3. सांख्यप्रवचनभाष्य, 1 : 63।

4. सांख्यकारिका, 24-25। विज्ञानभिक्षु का मत है कि सात्त्विक अहंकार मन को उत्पन्न करता है, राजस दस इन्द्रियों को और तामस पांच तन्मात्राओं को उत्पन्न करता है (सांख्यप्रवचनभाष्य, 2 : 18)। अनिरुद्ध प्रचलित मत को स्वीकार करता है कि राजस एक ऐसी दशा है जो समस्त विकास से पूर्व रहती है, और अन्य गुण घटक अवयवों के स्वरूप का निर्णय करते हैं। जहां वाचस्पति का यह मत है कि महत् से अहंकार उत्पन्न होता है और अहंकार से तन्मात्राएं, वहां विज्ञानभिक्षु का मत है कि अहंकार का पृथक्करण तथा तन्मात्राओं का विकास ये महत् के अन्दर सम्पन्न होते हैं।

गया है।[1] प्रत्यक्ष ज्ञान तथा क्रिया दोनों में ही मन का सहयोग आवश्यक है।[2] भिन्न-भिन्न इन्द्रियों के सम्बन्ध में यह नाना आकृतियां धारण करता है।[3] मन सर्वव्यापक नहीं है, क्योंकि यह एक यन्त्र है जिसमें गति तथा क्रिया रहती है।[4] यह हिस्सों से मिलकर बना है क्योंकि इसका सम्बन्ध इन्द्रियों से है। बुद्धि तथा इन्द्रियां नित्य नहीं है। इस अर्थ में कि एक नित्य विषयी, अर्थात् ईश्वर विद्यमान है जिसके अधिकार में ये सब हैं।[5]

पांचों ज्ञानेन्द्रियां क्रमशः दर्शन, श्रवण, गन्ध, रस और स्पर्श के व्यापार हैं। आवश्यकता कार्य की जननी है। क्योंकि हम इच्छा रखते हैं, इसलिए हम क्रियाओं तथा पदार्थों की रचना उनकी पूर्ति के लिए करते हैं।[6] इन्द्रियां तत्त्वों से नहीं बनी हैं, क्योंकि इन्द्रियां और तत्त्व अहंकार से उत्पन्न होते हैं।[7] इन्द्रियां नित्य नहीं हैं, क्योंकि उनका उदय तथा विलोप दिखाई देता है। प्रत्येक इन्द्रिय एक गुण को ग्रहण करती है। इन्द्रियां, मन के व्यापारों के समान, दर्शन आदि की इन्द्रियां नहीं हैं।[8] वे सूक्ष्म तथा मूर्तरूप तत्त्वों (भूतों) के निरीक्षण के साधन हैं।[9] कर्मेन्द्रियां जिह्वा, पाद, हस्त, मलत्याग तथा जनन के व्यापार हैं। मन इन्द्रियों सहित उनकी क्रियाओं द्वारा पांच जीवधारक वायुओं को उत्पन्न करता है,[10] जिन्हें वेदान्तदर्शन में एक स्वतन्त्र स्थान प्रदान किया गया है। सूत्र के मत में प्राण (जीवन) इन्द्रियों का एक परिवर्तित रूप हे और उनके अभाव में स्थित नहीं रहता।[11]

प्रत्यक्ष के विषयरूप इस जगत् में पांच इन्द्रियों के अनुरूप पांच तन्मात्राएं हैं।[12] ये शब्द, स्पर्श, रूप, रस तथा गन्ध के सारतत्त्व हैं, जिन्हें भौतिक तत्त्व माना गया है और जो साधारण प्राणियों की दृष्टि के विषय नहीं हैं। इनमें से प्रत्येक केवल एक इंद्रिय से सम्बद्ध है, जबकि मूर्ततत्त्व एक से अधिक इन्द्रियों से सम्बद्ध रहते हैं। इन अदृश्य सारतत्त्वों का अनुमान दृश्यमान पदार्थों से होता है, यद्यपि कहा जाता है कि ये योगियों के प्रत्यक्ष का विषय बनते हैं।[13] सूक्ष्म तत्त्वों को विशेष (भेद) से रहित कहा गया है, किन्तु उनसे उत्पन्न होने वाले मूर्ततत्त्व एक निश्चित गुण रखते हैं।[14] तन्मात्राएं तब तक इन्द्रियों के लिए उत्तेजक

---

1. सांख्यकारिका, 35। "बुद्धि, अहंकार और मन—इनमें सदा सावधानी के साथ भेद नहीं किया जाता। इन्हें आन्तरिकर इन्द्रिय (अन्तः करण) माना जाता है। केवल अवस्थाओं के त्रिविध भेद के अनुसार अन्तः करण एक और केवल एक ही है; जैसे कि बीज, पौधा या महान् वृक्ष आदि के विषय में है, यह कार्य और कारण के पारस्परिक सम्बन्ध के अन्तर्गत आ जाता है।" विज्ञानभिक्षु 'वायुपुराण' से एक श्लोक इस आशय का उद्धृत करता है : "मनो महान् मतिर्ब्रह्मा पूर्बुद्धिः ख्यातिरीश्वरः (सांख्यप्रवचनभाष्य, 2 : 16)। और देखिए सांख्यप्रवचनभाष्य, 2 : 40।

2. सांख्यप्रवचनसूत्र, 2 : 26।   3. सांख्यप्रवचनसूत्र, 2 : 27।

4. सांख्यप्रवचनसूत्र, 5 : 69-70।   5. सांख्यप्रवचनसूत्र, 5 : 127।

6. तुलना कीजिए महाभारत : रूपरागादभूच्चक्षुः : रूप के प्रति मोह के कारण चक्षु इन्द्रिय उत्पन्न हुई। देखिए महाभारत, शान्तिपर्व, 213, 16।

7. सांख्यप्रवचनसूत्र, 2 : 20।   8. सांख्यप्रवचनसूत्र, 2 : 23।

9. सांख्यकारिका, 34।   10. सांख्यप्रवचनसूत्र, 2 : 31।

11. 5 : 13।

12. केवल वही। देखिए प्रश्नोपनिषद् 4 : 8। तुलना कीजिए एम्पिडौक्लीज़ कृत तत्त्वों के तत्त्व की प्रकल्पना के साथ।   13. तत्त्वकौमुदी, 5।

14. तुलना कीजिए इसकी छान्दोग्य उपनिषद् के इस मत से (6 : 4) कि मूर्त तत्त्वों की उत्पत्ति तीन तत्त्वों के परस्पर मिलने से होती है, और मूर्त तत्त्वों को उनके अन्दर जिस तत्त्व की अपेक्षाकृत बड़े अनुपात→

नहीं बन सकतीं जब तक कि वे परमाणुओं का निर्माण करने के लिए एक-दूसरे में संयुक्त न हो जाएं। तमोगुण से आक्रान्त भूतादि अथवा अहंकार सर्वथा समांग व निष्क्रिय होता है तथा पुंज होने के अतिरिक्त अन्य सब प्रकार के लक्षणों से रहित होता है। रजोगुण के सहयोग से यह परिवर्तित होकर सूक्ष्म द्रव्य, कम्पनशील, तेजोमेय और शक्ति से परिपूर्ण हो जाता है और शब्द, स्पर्श, रूप, रस तथा गन्ध की तन्मात्राएं उदय होती हैं। भूतादि तथा तन्मात्राओं के मध्य आकाश संक्रमण की कड़ी बनता है। कारणाकाश, जो आणविक नहीं है और सर्वव्यापक है, तथा कार्याकाश अथवा आणविक आकाश, जो भूतादि अथवा पुंज इकाइयों और शब्द के सारतत्त्वों के मेल से बना है, इनमें भेद किया गया है। शब्द के सारतत्त्व कारणाकाश में रुके हुए रहते हैं तथा वायु के अणुओं के विकास के लिए माध्यम बनते हैं।[1] व्यासभाष्य के अनुसार, शब्द की तन्मात्रा उत्पन्न होती है अहंकार से और अहंकारयुक्त शब्द की तन्मात्रा से स्पर्श की तन्मात्रा उत्पन्न होती है, जिसमें शब्द और स्पर्श के गुण विद्यमान रहते हैं, और आगे भी इसी प्रकार अन्य तन्मात्राएं उत्पन्न होती हैं तथा प्रत्येक उत्पत्ति में एक गुण जुड़ता जाता है।

> गौडपाद तथा वाचस्पति के मत में मूर्त तत्त्वों की उत्पत्ति एकत्रीकरण की प्रक्रिया द्वारा सूक्ष्म तत्त्वों के गुणन से होती है। निःसन्देह इसमें यह कठिनाई है कि इस मत से ईथर को, जिसमें केवल एक ही गुण श्रवण-योग्यता का है, अनुरूप सूक्ष्म तत्त्व के मूर्ततत्त्व के रूप में नहीं रखा जा सकता।[2] वाचस्पति का मत है कि ईथर का अणु अन्य सारतत्त्व से उत्पन्न होता है; वायु का अणु शब्द और स्पर्श दोनों के सारतत्त्वों से, जिनमें स्पर्श का सारतत्त्व मुख्य है, उत्पन्न होता है; प्रकाश का अणु शब्द, स्पर्श तथा रूप की तन्मात्राओं से, जिनमें रूप की तन्मात्रा मुख्य है, उत्पन्न होता है; जल का अणु चार तन्मात्राओं से, तथा पृथ्वी का अणु पांच तन्मात्राओं से उत्पन्न होता है, जिनमें क्रमशः रस और गन्ध की तन्मात्राएं मुख्य हैं।[3] विज्ञानभिक्षु का मत इससे कुछ भिन्न है। ईथर का अणु, भूतादि की सहायता से, ईथर की तन्मात्रा से उत्पन्न होता है।[4]

जब मूर्त अणु परस्पर मिलते हैं तो उनके गुण उनसे उत्पन्न पदार्थों में पाए जाते हैं, और इस प्रकार वे किसी तत्त्वान्तर को उत्पन्न नहीं करते।[5] आकाश के अणु में अन्तःप्रवेश की शक्ति रहती है, वायु के अणु में यान्त्रिक दबाव, प्रकाश के अणु में ज्योतिष्मान उष्णता तथा प्रकाश, जल के अणु में लसदार आकर्षण तथा पृथ्वी के अणु में स्निग्ध आकर्षण रहता है। मूर्त अणुओं के संयोग से पृथ्वी तत्त्व उत्पन्न होता है।

→ में उपस्थिति रहती है उसी के अनुसार विशेष नाम दिया गया है। वेदान्त के एक मत के अनुसार, प्रत्येक तत्त्व में एक तत्त्व का आधा तथा अन्य चार तत्त्वों का आठवां हिस्सा सम्मिलित रहता है।

1. देखिए सील : पॉज़िटिव साइंसेस ऑफ दि हिन्दूज़।
2. देखिए तैत्तिरीय उपनिषद्, 2 : 1।
3. तत्त्ववैशारदी, 1 : 44।
4. योगवार्तिक, 1 : 45। नागेश भूतादि की इस सहकारिता का विस्तार समस्त अणुओं तक करता है। सर्वत्र तन्मात्रैस्तत्तद्भूतोत्पादानेऽहंकारस्य सहकारित्वं बोध्यम्।
5. अविशेष से विशेष के विकास को तत्त्वान्तरपरिणाम कहा गया है। यह केवल गुणों के परिवर्तन, अर्थात् धर्मपरिणाम से भिन्न है।

तन्मात्राओं की सुख तथा दुःख के अनुभव को उत्पन्न करने की योग्यता तब तक प्रत्यक्ष का विषय नहीं बनती जब तक कि वे तन्मात्राओं के रूप में रहती हैं क्योंकि यह मूर्त अणुओं की अवस्था में पहचानी जा सकती है, इसलिए मूर्त तत्त्वों में ही शान्त, घोर और मूढ़ का भेद किया जाता है। पृथ्वी आदि के अणु, गुणों के नानाविध परिवर्तनों के द्वारा, विश्वात्मक सत्ता के नानाविध रूप प्रतीत होते हैं। वस्तुओं में कोई आन्तरिक भेद नहीं है, क्योंकि वे सब एक ही सामग्री से बनी हुई हैं। क्योंकि प्रत्येक वस्तु की संभाव्यता प्रत्येक वस्तु के अन्दर है,[1] इसलिए परिवर्तन सदा पुरुष के निमित्त होता है। मूर्त अणु[2] निर्जीव (जड़) तथा सजीव शरीरों की रचना करते हैं, और एक से दूसरे के विकास में तारतम्य कभी भंग नहीं होता। जड़, वनस्पति तथा पशुजगत ये तीन स्थितियां विकास में रहती हैं, जो घटक अवयवों के केवल गुणों के परिवर्तन से लक्षित होती हैं,[3] किन्तु घटक अवयवों के अपने अन्दर परिवर्तन नहीं होते। भिन्न-भिन्न गुणों की अभिव्यक्ति अणुओं की भिन्न-भिन्न व्यवस्थाओं के कारण होती है। साधारणतः चार प्रकार के स्वीकृत शरीरों में सांख्य दो और जोड़ता है, एक इच्छा से उत्पन्न (सांकल्पिकम्) और कृत्रिम (सांसिद्धिकम्)। पृथ्वी इन सब शरीरों का उपादान कारण है,[4] यद्यपि अन्य तत्त्व सहायक के रूप में विद्यमान रहते हैं। मूर्त शरीर पांच तत्त्वों से मिलकर बना है, यद्यपि कुछ के मत में ईथर आवश्यक नहीं है। इसी प्रकार कुछ का मत यह भी है कि मात्र पृथ्वी ही पर्याप्त है। यह भी कहा जाता है कि जहां मनुष्य के शरीर में पृथ्वी तत्त्व सबसे प्रधान है, वहां सूर्य में प्रकाश तत्त्व (तेजस्) की प्रधानता रहती है।[5]

तीन गुणों से निर्मित प्रकृति तथा तज्जन्य पदार्थ अविवेक, विषय (प्रमेय), अनेक पुरुषों के लिए सामान्य, अचेतन तथा प्रसवधर्मी कहलाते हैं।[6] प्रत्येक विकसित पदार्थ परवर्ती पदार्थ से सूक्ष्मतर तथा पूर्ववर्ती पदार्थ से स्थूलतर होता है। प्रकृति से लेकर पंच भूतों तक की शृंखला संख्या में चौबीस है, और पुरुष को सांख्य दर्शन का पच्चीसवां तत्त्व कहा गया है।[7] प्रकृति से उद्भूत तेईस तत्त्व कार्य हैं क्योंकि वे प्रकृति और पुरुष से भिन्न हैं, परिमित परिमाण के हैं और उनमें प्रधान के गुण रहते हैं, जैसे कि वृद्धि तथा आत्मसात् कर लेने की शक्ति,

1. योगभाष्य, 3 : 14।

2. क्योंकि वे भिन्न-भिन्न प्रकार के तन्मात्रों को घटक अवयवों के रूप में धारण करते हैं, इसलिए मूर्त अणुओं को वैशेषिक के परमाणुओं के समान नहीं समझा जा सकता। तन्मात्राएं, जिनके हिस्से नहीं होते, वैशेषिक के परमाणुओं की तुलना में अदृश्य हैं।

3. धर्मपरिणाम।

4. 5 : 112।

5. 3 : 17-19। सांख्यप्रवचनभाष्य, 3 : 19।

6. सांख्यकारिका, 11।

7.

(1) पुरुष
|
(2) प्रकृति (अव्यक्त)=व्यक्त

(3) बुद्धि
(4) अहंकार अथवा अहंभाव
(5-9) शब्द, स्पर्श, गन्ध, रूप (अथवा रंग) और रस की तन्मात्राएं

(10) मन
(11-15) पांच ज्ञानेन्द्रियां
(16-20) पांच कर्मेन्द्रियां
(21-25) पांच मूर्त तत्त्व, अर्थात् ईथर, वायु, तेज, जल और पृथिवी

और ये तेईस तत्त्व पुरुष के साधनरूप बनते हैं।[1] संसार की सब वस्तुएं प्रकृति की विकृतियां हैं। प्रकृति की स्थिति विकृतियों के प्रति वैसी है जैसीकि मूलभूत द्रव्य की अपने परिवर्तित रूपों के प्रति होती है। महत् अहंकार और पंच तन्मात्राएं कुछ के कार्य तथा कुछ के कारण हैं। पंचभूत तथा ग्यारह इन्द्रियां केवल कार्य हैं, औरों के कारण नहीं हैं। जहां प्रकृति केवल कारण है, वहां ग्यारह उत्पन्न पदार्थ केवल कार्य हैं। पदार्थों में से सात कारण भी हैं और कार्य भी हैं, जबकि पुरुष न कार्य है, न कारण है।[2]

> विकास से उत्पन्न ये पदार्थ जो अपने समान अन्य पदार्थों को उत्पन्न करने में समर्थ हैं, अविशेष कहलाते हैं; और जो अपने सदृश अन्य पदार्थों को उत्पन्न करने में समर्थ नहीं हैं वे विशेष कहलाते हैं। जब अहंकार तन्मात्राओं को उत्पन्न करता है, तो हम सूक्ष्म तत्त्वों में अहंकार की विद्यमानता का सहूलियत के साथ पता नहीं लगा सकते। अहंकार से जो उत्पन्न होता है वह एक सर्वथा भिन्न सत्ता प्रतीत होता है, और इस प्रकार के परिवर्तन को 'तत्त्वान्तर-परिणाम' कहा जाता है। इन्द्रियां तथा मूर्त तत्त्व किसी सर्वथा भिन्न सत्ता को उत्पन्न नहीं कर सकते। इस प्रकार जहां अहंकार विशेष है, वहां इन्द्रियां आदि अत्यधिक विशेष हैं।[3]

विकास मात्र उसका व्यक्त हो जाना है जिसका अस्तित्व पहले से सम्भाव्यता के रूप में विद्यमान था। प्रारम्भ तथा अन्त का एक समान निर्णय होता है। उन वस्तुओं के बावजूद जिन्हें प्रकृति उत्पन्न करती है, प्रकृति के द्रव्य में न्यूनता नहीं आती। पदार्थों की उत्पत्ति से परिणमन का स्रोत निःशेष नहीं होता। कोई भी भौतिक पदार्थ अपनी अंतर्हित शक्ति के कुछ भाग के व्यय किए बिना कार्य नहीं कर सकता। इसलिए प्रकृति स्वरूप से विशुद्ध भौतिक मानना कठिन है।

सांख्य द्वारा प्रस्तुत विकास के कारण की ठीक-ठीक सार्थकता को समझना कठिन है और हमें कोई सन्तोषजनक व्याख्या इस विषय में नहीं दिखाई दी कि विकास के जो विभिन्न डग हैं वे ऐसे क्यों हैं।

सांख्यदर्शन के विभिन्न तत्त्व तार्किक अनुमान के द्वारा प्रकृति से नहीं प्राप्त किए जा सकते, और वे उससे उत्पन्न पदार्थों के रूप में ऐतिहासिक संयोगों के कारण रखे गए लगते हैं। इन पदार्थों का एक प्रकृति से तर्कपूर्ण विकास नहीं हुआ है। विज्ञानभिक्षु इस दोष से अभिज्ञ है और इसीलिए यह हमें सांख्य के विकास-विषयक विवरण को शास्त्र के प्रमाण के आधार पर स्वीकार करने की सम्मति देता है।[4] किन्तु यह दार्शनिक व्याख्या की सम्भावना को छोड़ बैठना है।

---

1. सांख्यप्रवचनसूत्र, 1 : 129-134; सांख्यकारिका, 15।

2. सांख्यकारिका, 3। तुलना कीजिए इरिजेना : "वह जो सृष्टिरचना करता है किन्तु स्वयं अजन्मा है; वह जो रचना करता है और स्वयं भी उत्पन्न हुआ है; वह जिसकी रचना हुई है और जो रचना करता नहीं; और वह जिसकी न तो रचना हुई और न जो रचना करता है" (डी, डिवीजन नैचुरी, लाइब्रेरी 5)। देखिए गर्भोपनिषद्, 3।

3. देखिए योगभाष्य, 2 : 19 जहां तन्मात्राओं तथा व्यक्तित्व के भाव को महत् के अविशेष रूप बताया गया है, जबकि पांचों तत्त्व तन्मात्राओं के विशेष रूप हैं और पांच ज्ञानेन्द्रियों तथा पांच कर्मेन्द्रियों और मन को 'अस्मिता' के विशेष रूप कहा गया है।

4. अत्र प्रकृतेर्महान् महतोऽहंकार इत्यादि सृष्टिक्रमे शास्त्रमेव प्रमाणम् (सांख्यसार) और देखिए जयन्तकृत न्यायमंजरी, पृष्ठ 452-466।

बुद्धि, अहंकार, मन तथा औरों को विकास की क्रमशः आगे-पीछे आनेवाली स्थितियों की शृंखला नहीं मानना चाहिए। ये विकसित आत्माओं के तार्किक विश्लेषण के परिणाम हैं। वाचस्पति लिखता है : "प्रत्येक मनुष्य पहले अपनी बाह्य इन्द्रियों का प्रयोग करता है। फिर वह (मन से) विचार करता है, फिर वह नानाविध प्रमेय विषयों को अहंकार के समक्ष प्रस्तुत करता है, और वह अन्त में बुद्धि के द्वारा निश्चय करता है कि क्या करना है।"[1] जहां यह विश्लेषण विषयी (जीवात्मा) के पक्ष में इन भिन्न-भिन्न तत्त्वों की प्रत्यभिज्ञा का स्पष्टीकरण करता है, वहां विश्व स्तर पर इन तत्त्वों के कार्य ठीक-ठीक क्या होंगे, इसे समझने में हमें इससे कुछ सहायता नहीं मिलती। विश्व सम्बन्धी योजना का निर्माण मानवीय आत्मा के सादृश्य पर किया गया है; क्योंकि मनुष्य विश्व का एक संक्षिप्त रूप है, जिसमें एक छोटे पैमाने पर यथार्थसत्ता के सब घटक अवयवों को दोहराया गया है। क्रम से आनेवाली जाग्रतावस्था तथा स्वप्नावस्था के अनुरूप हमें संसार की रचना तथा संहार को समझना चाहिए। सुषुप्ति अवस्था में आत्मा विद्यमान है, यद्यपि यह संसार का बोध नहीं प्राप्त करती। इसी प्रकार संसार के प्रलय में आत्माएं नष्ट नहीं होतीं, यद्यपि प्रकृति का प्रत्यक्ष ज्ञान प्राप्त नहीं होता। जब कोई मनुष्य प्रगाढ़ निद्रा से उठता है और कहता है कि "मैं अच्छी तरह से सोया, मुझे कुछ भी ज्ञान नहीं हुआ", तो यह 'कुछ नहीं' अनात्म अथवा अव्यक्त प्रकृति है जिससे कुछ का भाव उत्पन्न होता है। प्रकृति की उस अवस्था को जब यह निष्क्रिय रहती है, जीवात्मा की सुषुप्ति अवस्था के सदृश समझना चाहिए। जब कोई उक्त अवस्था से उठता है तो पहले चैतन्य का भाव उदय होता है, उसके तुरन्त बाद अहं का भाव आता है तथा इच्छा की बेचैनी आती है। इन्द्रियां तथा शब्द, स्पर्श आदि के पांच तत्त्व इसके बाद क्रिया करने लगते हैं। मूर्त तत्त्वों का ज्ञान मनुष्य को तभी होता है जब वह जागा हुआ होता है। जब आत्मा का मुकाबिला अनात्म के साथ होता है, तो चैतन्य अथवा बुद्धि शून्य आकाश में पहली चमक है, जो उदय होती है। आत्मा को पता लगता है कि कुछ है। इसके पश्चात् इसे अनात्म के भेद से अपने व्यक्तित्व की चेतना होती है। इसको यह अनुभव होता है कि "मैं पदार्थ को प्रत्यक्ष देखता हूं।" त्रब हमें मालूम होता है कि प्रमेय (पदार्थ) एक मानसिक अवस्थाओं की शृंखला है जो मन के द्वारा संश्लिष्ट हुई है और तत्त्वों से मिलकर बनी है।[2] सांख्य की विकास की पूरी योजना व्यक्ति के मनोवैज्ञानिक अनुभव के आधार

---

1. तत्त्वकौमुदी, 23।

2. सर आर. जी. भण्डारकर सांख्य की विकास-सम्बन्धी प्रकल्पना का फिश्ते द्वारा किया गया स्पष्टीकरण देते हैं। जो व्यक्ति अपनी चेतना में हो रहे व्यापार को साक्षात् जानता है, वह कुछ ऐसी संवेदनाओं से अभिज्ञ होता है जिनका उत्पन्न करने वाला वह नहीं है। वह इसलिए एक बाह्य प्रकृति की धारणा कर लेता है। इसकी यथार्थता चैतन्य की स्वतंत्र क्रिया की मर्यादाओं से प्रमाणित होती है। "चैतन्य की अवस्था में जब 'मैं' अपने-आप को परिमित अनुभव करता है, तो बुद्धि सबसे पूर्व 'मैं' की पुष्टि करती है और तब 'मैं से भिन्न' के साथ विरोध में आती है। 'मैं' को सीमाबद्धता से उसकी पहले की स्वतन्त्रता अथवा असीमता उपलक्षित होती है।" इस प्रकार हमारे समक्ष सीमित अहं, अनहं, परिमितता और परम आत्मा आते हैं। सांख्य का अहंकार सीमित अहं से सम्बद्ध है। सूक्ष्म और मूर्त तत्त्व तथा उनकी प्रतिरूप इन्द्रियां, जिन्हें अहं से उत्पन्न बताया गया है, अनहं के अनुरूप हैं। स्वतन्त्र, अनन्त, परम आत्मा, पुरुष है और इसकी सीमाएं अनहं के बन्धन से हैं। लेकिन क्योंकि सर्वथा स्वतन्त्र पुरुष सीमाओं का उद्‌भवस्थान नहीं हो सकता, इसलिए सांख्य एक विशिष्ट कारण के अस्तित्व को स्वीकार करता है, जो स्वरूप में अनन्त है, और जिसकी सान्तता का कारण, अनन्त अहं के साथ उसका घनिष्ठ सम्बन्ध होने के कारण, अहं अज्ञान से अपने को मानता है। देखिए इण्डियन फिलासफिकल रिव्यू, 2। पृष्ठ 200 से आगे।

पर स्थित है। किन्तु मनोवैज्ञानिक से तत्त्व-विज्ञान-सम्बन्ध संक्रमण के मध्य में यह ऐतिहासिक तथ्य आ गया कि उपनिषदों में आत्मचैतन्य-युक्त ब्रह्मा परमचैतन्य का सबसे प्रथम विकसित रूप बताया गया है। महत् के प्रकृति से प्रथम उत्पन्न होने का विचार कठोपनिषद् में दिए गए अव्यक्त से महान् आत्मा के विकास के विचार से मिलता है।[1] महत् प्रकृति है, जो चैतन्य से प्रकाशित होता है। उपनिषदों में हमें हिरण्यगर्भ अथवा ब्रह्मा का विचार मिलता है, जो विश्वात्मा है और जिसका उद्भव अशरीरी ब्रह्मा से हुआ बताया गया है। एकमात्र उपाय, जिसकी प्रकृति से महत् के उत्पन्न होने का विचार समझाया जा सकता है, वेदान्त की स्थिति को स्वीकार कर लेना ही है। विषय (प्रमेय) तथा विषयी (प्रमाता) से दूर सर्वोपरि ब्रह्म विद्यमान है। जैसे ही इसका विषय से सम्बन्ध होता है, यह विषयी बन जाता है, जिसके सामने एक विषय होता है।[2] जहां सर्वोपरि ब्रह्म का स्वरूप विशुद्ध चैतन्य है, वहां प्रकृति का चैतन्य-शून्यता है; और जब दोनों परस्पर मिलते हैं तो ये चेतन तथा जड़ का समागम है, अर्थात् विषय-विषयी है और यही महत् है। यहां तक कि असत् भी सम्भाव्य सत् है अथवा संभाव्य चैतन्य है। ज्यों ही विषयी अपने को विषय से विरोध स्वभाव का पाता है, इसमें अहंभाव का विचार विकसित होता है। पहले बुद्धि है और उसके पश्चात् अहंभाव। अहंभाव का विचार सृष्टिरचना के पूर्व आता है। "मैं अनेक हो जाऊंगा; मैं प्रजनन करूंगा।"[3] सांख्य प्रकल्पना की अस्पष्टता कथन के साथ मिश्रित कर दिया गया है। मनोवैज्ञानिक सामग्री को प्रस्तुत करने की व्यवस्था आवश्यक नहीं है कि यथार्थ विकास की भी व्यवस्था हो जब तक कि विषयी परम-निरपेक्ष तथा सर्वोपरि नहीं है। सांख्य अपनी पूर्वकल्पित धारणाओं के साथ उपनिषदों से लिए गए विचारों को मिला देता है, जो तात्त्विक रूप से इसके लिए विजातीय हैं।

8. देश और काल

विश्व के विकास का प्रत्येक व्यापार क्रियाशीलता, परिवर्तन अथवा गति (परिस्पन्द) के लक्षण से युक्त होता है।[4] सब वस्तुएं बुद्धि तथा क्षय के अनन्त परिवर्तनों में से गुज़रती हैं। क्षण भर में समस्त विश्व परिवर्तन में से गुज़र जाता है। व्यावहारिक जगत् में देश और काल परिमित प्रतीत होते हैं और आकाश से उत्पन्न हुए कहे जाते हैं, जबकि यह देश में सहास्तित्व वाली वस्तुओं तथा काल में गति करते हुए भौतिक पदार्थों से आबद्ध रहता है।

विज्ञानभिक्षु कहता है : "निन्य देश और काल, प्रकृति के रूप हैं, अथवा आकाश

---

1. 3 : 11।

2. तुलना कीजिए, बृहदारण्यक उपनिषद्, 1 : 4, 2, ईक्षांचके (उसने चारों ओर देखा)। छान्दोग्य उपनिषद् 6 : 2, 2 तदैक्षत (उसे उसने देखा)। तुलना कीजिए भागवत : "जिसे वे चित्त अथवा मन के नाम से घोषित करते हैं, जो वासुदेव अर्थात् विष्णु कहलाता है, वह महत् से बना है।" यदाहुर्वासुदेवाख्यं चित्तं तन्महदात्मकम् (3 : 26, 21)। देखिए सांख्यप्रवचनभाष्य, 6 : 66।

3. छान्दोग्य उपनिषद्, 6 : 2, 3।

4. व्यक्तं सक्रियं परिस्पन्द6वत्, 'तत्त्वकौमुदी और देखिए योगभाष्य, 3 : 13।

के आदिकारण हैं, और प्रकृति के केवल विशिष्ट परिवर्तित रूप हैं। इस प्रकार देश और काल की सार्वभौमिकता सिद्ध हो जाती है। किन्तु ये देश और काल, जो परिमित हैं, एक न एक उपाधि से युक्त होकर आकाश से उत्पन्न होते हैं।"[1] सीमाबद्ध देश और काल स्वयं आकाश हैं, जो एक न एक उपाधि से विशिष्ट होते हैं, यद्यपि वे इसके कार्य कहे जाते हैं। देश और काल अपने-आप में अमूर्तभावात्मक हैं। वे द्रव्य नहीं हैं, जैसाकि न्याय-वैशेषिक का विचार है, बल्कि प्रकृति के विकास की घटनाओं को बांधकर रखने वाले सम्बन्ध हैं। घटनाओं की स्थिति देश और काल से सम्बद्ध है। हमें अनन्त देश तथा अनन्त काल का प्रत्यक्ष ज्ञान नहीं होता, और इसलिए उनकी रचना हमारे समझने पर है। प्रत्यक्ष के विषय उन पदार्थों से जो परस्पर आगे व पीछे के सम्बन्ध से रहते हैं, हम विकास के मार्ग के प्रदर्शनार्थ एक अनन्त काल की व्यवस्था की रचना करते हैं। व्यास कहते हैं : "जिस प्रकार परमाणु द्रव्य की न्यूनतम सीमा है, उसी प्रकार क्षण काल की न्यूनतम सीमा है,[2] अथवा एक गतिमान परमाणु को एक बिन्दु को छोड़ने तथा दूसरे बिन्दु तक पहुंचने में जो समय लगता है वही क्षण है। किन्तु इनका निरन्तर प्रवाह एक क्रम है। क्षण और उनके क्रम एक यथार्थ वस्तु के अन्दर नहीं संयुक्त हो सकते। इस प्रकार काल, इस विशेष प्रकृति का होने से, किसी यथार्थ वस्तु के साथ तुलना नहीं खाता, बल्कि यह मन से उत्पन्न है, और प्रत्यक्ष ज्ञान अथवा शब्दों का परिणाम है।"[3] किन्तु क्षण विषयनिष्ठ है और क्रम उसका आधार है।[4] क्रम का सारतत्त्व है क्षणों की अबाधित शृंखला, जिसे विशेषज्ञ विद्वान् काल कहते हैं। दो क्षण एक साथ नहीं हो सकते, क्योंकि यह असम्भव है कि दो ऐसी वस्तुओं का जो एक साथ होती हैं, क्रम बन सके। जब अगला क्षण पहले क्षण के पीछे आता है तब क्रम बनता है। इस प्रकार वर्तमान काल में एक ही क्षण होता है, आगे आनेवाला या पीछे का क्षण नहीं रहता। और इस प्रकार उनका एकत्रीकरण नहीं हो सकता। किन्तु उन क्षणों को जो भूतकाल में विद्यमान थे या भविष्य में होंगे, परिवर्तनों के अन्तर्गत समझना चाहिए। तदनुसार समस्त जगत् प्रत्येक क्षण में परिवर्तन में से गुज़र जाता है।[5] इस प्रकार जगत् के ये समस्त बाह्य रूप इस वर्तमान क्षण के सापेक्ष हैं।[6]

यह जगत् न यथार्थ है और न अयथार्थ है। यह मनुष्यशृंग की भांति अयथार्थ नहीं है, और यथार्थ भी नहीं है क्योंकि इसका विलोप हो जाता है।[7] तो भी इसे ऐसा न मानना चाहिए कि इसका वर्णन नहीं हो सकता, क्योंकि ऐसी वस्तु की सत्ता नहीं

---

1. सांख्यप्रवचनभाष्य, 2 : 12; 2 : 10।
2. योगभाष्य, 3 : 52।
3. स खल्वयं कालो वस्तुशून्योऽपि बुद्धिनिर्माणः शब्दज्ञानानुपाती (योगभाष्य)।
4. क्षणस्तु वस्तुपतितः क्रमालम्बी।
5. तेनैकेन क्षणेन कृत्स्नो लोकः परिणाममनुभवति।
6. इस प्रकार योगी प्रत्यक्ष रूप में क्षणों और उनके क्रम दोनों को देख सकते हैं (योगभाष्य, 3 : 52)।
7. सांख्यप्रवचनसूत्र, 5 : 52-53।

हो सकती।[1] सांख्य उस मत का प्रत्याख्यान करता है जो यह मानता है कि यह जगत् उसका प्रतिबिम्ब है जिसका अस्तित्व नहीं है।[2] और न यह जगत् केवल विचार-मात्र ही है।[3] यह जगत् प्रकृति के, अपने नित्यरूप में विद्यमान रहता है और अपने अस्थायी परिवर्तित रूपों में विलुप्त हो जाता है।[4] परिवर्तनों के अधीन होने के कारण इस जगत् की प्रतीयमान यथार्थसत्ता है।[5] विश्व-सम्बन्धी प्रक्रिया स्वभाव में दो प्रकार की है, रचनात्मक तथा विनाशात्मक। मूल प्रकृति में से भिन्न-भिन्न व्यवस्थाओं के व्यक्त होने का नाम रचना है और उनके विशिष्ट होकर मूल प्रकृति में विलीन हो जाने का नाम विनाश है। प्रकृति की साम्यावस्था में विक्षोभ होने के परिणामस्वरूप विश्व अपने भिन्न-भिन्न तत्त्वों के साथ विकसित होता है, और युग की समाप्ति पर पदार्थ विपरीत गति द्वारा विकास की अपनी पूर्वस्थिति में लौट जाते हैं और अन्त में प्रकृति में विलीन हो जाते हैं। प्रकृति तब तक इसी दशा में रहती है जब तक कि नये विश्व के विकसित होने का समय नहीं आता। विकास तथा पुनर्विलय का यह चक्र अनादि तथा अनन्त है। प्रकृति का यह नाटक कभी किसी जीवात्मा के मोक्ष लेने से समाप्त नहीं होता,[6] यद्यपि मुक्तात्माओं पर प्रकृति की क्रिया का कोई असर नहीं होता। यद्यपि प्रकृति एक ही है, और सब पुरुषों के लिए समान है, तो भी वह अनेक मार्गों से अपने को व्यक्त करती है। बन्धन में पड़ी हुई आत्माओं के लिए यह अपने को सूक्ष्मतम से लेकर स्थूलतम आकृतियों में विकसित करती है, और मुक्तात्माओं के लिए यह पश्चाद्गति से विलय होते-होते अपनी मूल स्थिति में पहुंच जाती है। जिस समय तक दर्शक रहते हैं, प्रकृति का नाटक भी चलता रहता है। सब आत्माएं मोक्ष लाभ कर लेती हैं, तब नाटक समाप्त हो जाता है और नाटक के पात्र भी विश्राम प्राप्त कर लेते हैं।[7] लेकिन क्योंकि ऐसी आत्माएं बराबर रहेंगी जो प्रकृति की उलझन में से बच निकलने के लिए संघर्ष कर रही हैं, इसलिए प्रकृति की क्रिया की निरन्तर रहने वाली संगीतलहरी बराबर बनी रहेगी। संसार अपने लक्ष्य तक कभी नहीं पहुंचेगा।[8] क्योंकि विलय की दशा एक साधारण दशा है, इसलिए विकास काल में भी विलय की ओर जाने की प्रवृत्ति बराबर पाई जाती है। जब सब पुरुषों की इच्छाओं को ऐसी आवश्यकता होती है कि समस्त अनुभव कुछ समय के लिए रुक जाए, तो प्रकृति अपनी शान्त दशा में लौट आती है। गुण इतनी सूक्ष्मता के साथ विरुद्ध हैं कि कोई भी सर्वप्रधान नहीं होने पाता। इस प्रकार वस्तुओं की तथा गुणों की कोई नई पीढ़ी नहीं बनती। प्रलय की अवस्था तक भी पुरुषों के हित की सिद्धि के लिए है। प्रलय की अवस्था में प्रकृति निष्क्रिय नहीं रहती, यद्यपि इसके परिवर्तन समांग होते हैं।

---

1. सांख्यप्रवचनसूत्र, 5 : 54।
2. सांख्यप्रवचनसूत्र, 5 : 55।
3. सांख्यप्रवचनसूत्र, 1 : 42।
4. सदसत्ख्यातिर्बाधाबाधात् (सांख्यप्रवचनसूत्र, 5 : 56)।
5. सांख्यप्रवचनभाष्य, 1 : 26।
6. सांख्यप्रवचनसूत्र, 3 : 66।
7. सांख्यकारिका, 58 - 59; सांख्यप्रवचनसूत्र, 3 : 63।
8. योगसूत्र, 2 : 22; सांख्यप्रवचनभाष्य, 2 : 4; सांख्यप्रवचनभाष्य, 1 : 159; 1 : 67 6 : 68, 69।

9. पुरुष

समस्त इन्द्रियधारी प्राणियों में आत्मनिर्णय का एक तत्त्व विद्यमान है जिसे सामान्यतः 'आत्मा' नाम दिया गया है। वस्तुतः प्रत्येक प्राणी के अन्दर, जिसमें जीवन है, आत्मा विद्यमान है; और भिन्न-भिन्न आत्माएं मौलिक रूप में स्वरूप से एक समान हैं। भेद जो प्रतीत होते हैं वे भौतिक संस्थानों के कारण हैं, जो आत्मा के जीवन को मलिन और व्यर्थ करते हैं। उक्त मलिनता का नानाविध श्रेणीविभाग उन शरीरों के स्वभाव के कारण है जिनमें आत्माओं का निवास है। जिस तत्त्व से भौतिक संस्थानों का उद्भव हुआ, आत्माओं का उस तत्त्व से सम्बन्ध नहीं हो सकता। इस प्रकार सांख्य सान्त जीवन की आकस्मिक घटनाओं से उन्मुक्त तथा काल और परिवर्तनों से ऊपर उठे हुए पुरुषों के अस्तित्व का प्रतिपादन करता है। इस विषय में चेतावनी की साक्षी है कि यद्यपि व्यक्ति एक अर्थ में एक विशिष्ट तथा परिमित शक्ति वाला प्राणी है, जो मरणशीलता-सम्बन्धी समस्त आकस्मिक घटनाओं तथा परिवर्तनों के अधीन है, तो भी उसके अन्दर ऐसा कुछ अवश्य है जो उसे इन सबसे ऊपर उठाता है। वह न तो मन है, न जीवन है, न शरीर है, बल्कि मौन, शान्त सूचना देनेवाली (साक्षीरूप) एवं संभाले रखने वाली आत्मा है, जो इन सबको धारण करती है। जब संसार के तथ्यों पर हम ज्ञानवाद-सम्बन्धी दृष्टिकोण से विचार करते हैं तो हमें एक ओर विषयी (प्रमाता) और दूसरी ओर विषय (प्रमेय) का वर्गीकरण मिलता है। किसी भी प्रमाता तथा किसी भी प्रमेय के मध्य जो सम्बन्ध है वह बोध-विषय अथवा, विस्तृत रूप में, अनुभव विषयक है। ज्ञान प्राप्त करने वाले को सांख्य पुरुष मानता है और ज्ञात विषय को प्रकृति।

पुरुष के अस्तित्व को सिद्ध करने के लिए सांख्य अनेक युक्तियां देता है[1] : (1) वस्तुओं का पुंज किसी दूसरे के लिए होता है। गौडपाद कहता है कि जैसे एक शैय्या, जो हिस्सों से मिलकर बनी है, उस मनुष्य के लिए है जो उस पर सोता है, इसी प्रकार "यह संसार, जो पांच तत्त्वों का संग्रह है, अन्य के उपयोग के लिए है; एक आत्मा है जिसके सुखोपभोग के लिए यह उपभोग्य शरीर, बुद्धि इत्यादि सहित, उत्पन्न किया गया है" (2) समस्त जानने योग्य पदार्थों में तीन गुण रहते हैं और इससे उनके एक द्रष्टा आत्मा की, जो स्वयं गुणों से रहित है, पूर्वकल्पना होती है, (3) एक ऐसी अधिष्ठातृ शक्ति का, एक विशुद्ध चेतना का होना आवश्यक है, जो समस्त अनुभवों का समन्वय करने वाली हो। (4) क्योंकि प्रकृति बुद्धिशून्य है, इसलिए प्रकृति से उत्पन्न पदार्थों का अनुभव करने वाला कोई अवश्य होना चाहिए। (5) कैवल्य (मोक्ष) के लिए पुरुषार्थ किया जाता है, जो इस विषय का उपलक्षण है कि पुरुष का अस्तित्व है, जो प्रकृति से विरुद्ध गुणों वाला है। जीवन की अवस्थाओं से छुटकारा पाने के उत्कट अभिलाषा का ही तात्पर्य है कि ऐसा कोई यथार्थसत्तावान् अवश्य है जो छुटकारा दिला सकता है।

आत्मा अथवा विषयी रूप चैतन्य का स्वरूप क्या है? यह शरीर नहीं है। चैतन्य तत्त्वों से उत्पन्न पदार्थ नहीं है, क्योंकि यह उनके अन्दर अलग-अलग विद्यमान नहीं है, इसलिए

1. सांख्यकारिका, 17; सांख्यप्रवचनसूत्र, 1 : 66; योगसूत्र, 4 : 24।

उन सबमें एक साथ भी नहीं हो सकता।[1] यह इन्द्रियों से भिन्न है,[2] क्योंकि इन्द्रियां दर्शन के साधन हैं, किन्तु द्रष्टा नहीं हैं। इन्द्रियां बुद्धि में परिवर्तन लाती हैं। पुरुष बुद्धि से भिन्न है, क्योंकि बुद्धि अचेतन है। हमारे अनुभवों का एक इकाई में सुसंघटित होना आत्मा की उपस्थिति के कारण है, जो भिन्न-भिन्न चेतन अवस्थाओं को एकत्र रखती है। विशुद्ध आत्मा ही आत्मा है, जो शरीर अथवा प्रकृति से भिन्न है।[3] यदि यह परिवर्तन के अधीन होती तो ज्ञान असम्भव हो जाता। क्योंकि इसका स्वरूप चैतन्य है, इसलिए यह विकासात्मक शृंखला के पदार्थों को आत्मचेतनता में लाने में सहायक होती है। यह विचार तथा संवदेना के समस्त क्षेत्र को प्रकाशित करती है। यदि पुरुष परिवर्तित होता तो समय-समय पर असमर्थ हो सकता और इस विषय की कोई सुरक्षित गारण्टी न होती कि प्रकृति की सुख या दुःख रूपी अवस्थाओं का अनुभव होगा ही। पुरुष का सदा प्रकाश रूप परिवर्तित नहीं होता।[4] यह सुषुप्ति अवस्था में उपस्थित रहता है[5] तथा जाग्रत और स्वप्न अवस्था में भी उपस्थित रहता है जो सब बुद्धि के परिवर्तन हैं।[6] इस प्रकार पुरुष विद्यमान रहता है, यद्यपि यह न कारण है, न कार्य है।[7] यह वह प्रकाश है जिसके द्वारा हम देखते हैं कि प्रकृति नाम की एक वस्तु है। प्रमेय पदार्थों को प्रकाशित करने के लिए इसे अन्य किसी पदार्थ पर निर्भर करने की आवश्यकता नहीं, प्रकृति तथा उसके उत्पन्न पदार्थ स्वतः अभिव्यक्त नहीं होते, बल्कि वे व्यक्त होने के लिए पुरुष के प्रकाश पर निर्भर करते हैं। चैतन्य का भौतिक माध्यम तो है किन्तु भौतिक रूप में व्याख्या नहीं होती। बुद्धि, मन इत्यादि साधन हैं; ये चैतन्य के अन्तिम लक्ष्य की व्याख्या नहीं कर सकते, क्योंकि ये उसकी दासता में हैं। पुरुष केवल चैतन्य है, आनन्द नहीं, क्योंकि सुख सत्त्वगुण के कारण होता है, जिसका सम्बन्ध प्रकृति पक्ष से है। विषय-विषयी का द्वैतभाव सुखकारक तथा दुःखदायक दोनों प्रकार के अनुभव में विद्यमान रहता है। सुख और दुःख का सम्बन्ध बुद्धि से है।[8] इसके अतिरिक्त चैतन्य के साथ-साथ आनन्द का योग पुरुष के स्वरूप में द्वैतभाव प्रविष्ट कर देगा।[9] यदि पुरुष के स्वरूप में दुःख को भी स्थान है तो मोक्ष सम्भव नहीं होगा। पुरुष गति के अयोग्य है, और मोक्ष प्राप्त करने पर यह कहीं नहीं जाता।[10] यह परिमित आकार का नहीं है, क्योंकि उस अवस्था में यह हिस्सों से मिलकर बना हुआ तथा विनश्वर भी हो जाएगा।[11] यह अणु के आकार का नहीं है, क्योंकि तब इसे सारे शरीर की अवस्थाओं का बोध कैसे होता है—इसका समाधान करना कठिन होगा। यह किसी क्रिया में भाग नहीं लेता। सांख्य पुरुष को सब गुणों से रहित मानता है, क्योंकि अन्यथा इसका मोक्ष सम्भव न होता। वस्तु का स्वरूप अविच्छेद्य है, और सुख तथा दुःख आत्मा के नहीं हो सकते।

1. सांख्यप्रवचनसूत्र, 5 : 129; 3 : 20-21।
2. सांख्यप्रवचनसूत्र, 2 : 29।
3. सांख्यप्रवचनसूत्र, 6 : 1-2।
4. सांख्यप्रवचनभाष्य, 1 : 75; योगसूत्र, 4 : 18; सांख्यप्रवचनसूत्र 1 : 146।
5. सांख्यप्रवचनसूत्र, 1 : 148।
6. सांख्यप्रवचनभाष्य, 1 : 148।
7. सांख्यप्रवचनसूत्र, 1 : 61।
8. सांख्यप्रवचनसूत्र, 6 : 11।
9. 5 : 66।
10. सांख्यप्रवचनसूत्र, 1 : 49। सांख्यकारिका, 3।
11. 1 : 50।

आत्माएं अनेक हैं, क्योंकि अनुभव बतलाता है कि मनुष्यों में सबको शारीरिक, नैतिक तथा बौद्धिक दृष्टि से भिन्न-भिन्न शक्तियां प्राप्त हैं। संसार में चैतन्ययुक्त प्राणी अनेक हैं और उनमें से प्रत्येक, इसकी विषयीनिष्ठ तथा विषयनिष्ठ प्रक्रियाओं के अपने स्वतन्त्र अनुभव द्वारा, इसे अपनी ही विधि से समझता है। दृष्टिकोण में भेद प्रकृति के व्यापार के कारण नहीं हो सकते और इसलिए यह युक्ति दी जाती है कि चैतन्यरूप द्रष्टा भिन्न-भिन्न हैं। इनकी भिन्न-भिन्न इन्द्रियां तथा कर्म हैं और ये पृथक्-पृथक् जन्म तथा मरण को प्राप्त होते हैं।[1] एक स्वर्ग को जाता है तो दूसरा नरक में जाता है। सांख्य चैतन्य की धाराओं की संख्या की दृष्टि से विशिष्टता पर तथा पृथक्-पृथक् धाराओं के व्यक्तिगत एकत्व पर बल देता है। हम व्यक्ति के अनुभवों के सुव्यवस्थित एकत्व का इसके अतिरिक्त कोई कारण नहीं बता सकते कि एक व्यक्ति रूप विषय के अस्तित्व को मान लेना चाहिए। किन्तु भिन्न-भिन्न एकत्वों की विशिष्टता का कारण अवश्य ही आत्माओं के अनेकत्व को दर्शाता है। यदि आत्मा एक होती तो किसी एक के मुक्तिलाभ करने पर सब मुक्त हो जातीं।[2] यदि आत्मा स्वरूप में प्रकृति के विपरीत है, जबकि प्रकृति एक ही है और सब के लिए एक समान है, अर्थ स्वतः परिणाम निकलता है कि आत्माएं अनेक हैं। धर्मशास्त्रों के उन वाक्यों का तो जो एकेश्वरवाद का समर्थन करते हैं, यह लगाया जाता है कि वे तात्त्विक गुणों का परस्पर अभेद प्रतिपादन करते हैं।[3] वे तात्त्विक अभेद को उपलक्षित करते हैं, किन्तु अखण्डता को नहीं।[4] मोक्ष एक परम निरपेक्ष आत्मा के साथ मिल जाना नहीं है, बल्कि प्रकृति से पृथक् (वियुक्त) हो जाना है। अनेक व्यक्तियों के अन्दर स्थित आत्माओं में एक सामान्य गुण है कि वे प्रकृति के उत्पन्न पदार्थों की क्रियाओं की मूक दर्शक हैं, जिनके साथ वे अस्थायी रूप से सम्बद्ध हैं।

सांख्य का पुरुष सम्बन्धी विचार उपनिषदों की आत्मा-सम्बन्धी धारणा द्वारा निर्धारित है।[5] इसका न आदि है, न अन्त है, यह गुणों से रहित (निर्गुण) है, सूक्ष्म है, सर्वव्यापी है, एक नित्य द्रष्टा है, इन्द्रियातीत है, मन की पहुंच से परे है, बुद्धि के क्षेत्र से परे है, काल, देश तथा कार्यकारण की शृंखला से भी परे है, जो इस आनुभविक जगत् की विचित्रता का ताना-बाना बुनते हैं। यह अजन्मा है और कुछ उत्पन्न भी नहीं करता। इसकी नित्यता न केवल सर्वदा स्थायित्व में है, बल्कि अखण्डता तथा पूर्णता में भी है। यह चिद्रूप है, यद्यपि यह व्यावहारिक अर्थों में सब वस्तुओं को नहीं जानता क्योंकि व्यावहारिक बोध केवल शारीरिक सीमाओं के द्वारा ही सम्भव है। जब आत्मा इन सीमाओं से मुक्त होती है, तो इसे परिवर्तनों का कोई बोध नहीं होता, बल्कि तब यह अपने स्वरूप में रहती है।[6] पुरुष प्रकृति से सम्बद्ध नहीं है।[7] यह केवल दर्शक है, अकेला, उदासीन, निष्क्रिय दर्शक।[8] पुरुष तथा प्रकृति के लक्षण स्वभाव से परस्पर

1. सांख्यप्रवचनसूत्र, 6 : 45; 1 : 149 और 150।
2. सांख्यकारिका, 18।
3. सांख्यप्रवचनसूत्र, 5 : 61; सांख्यप्रवचनभाष्य, 1 : 154।
4. वैधर्म्यविरह, किन्तु अखण्डता नहीं।
5. बृहदारण्यक उपनिषद्, 4 : 3 16; श्वेताश्वतर उपनिषद्, 6 : 11 और 19; अमृतबिन्दु, 5 : 10।
6. सांख्यप्रवचनसूत्र, वृत्ति, 6 : 59।
7. बृहदारण्यकोपनिषद्, 4 : 3, 15।
8. सांख्यकारिका, 19 हरिभद्रकृत षड्दर्शनसमुच्चय, 41 पर मणिभद्र से तुलना कीजिए—

अमूर्तश्चेतनो भोगी नित्यः सर्वगतोऽक्रियः।
अकर्ता निर्गुणः सूक्ष्म आत्मा कापिलदर्शने॥

प्रतिकूल हैं। प्रकृति अचेतन है, जबकि पुरुष सचेतन है। प्रकृति क्रियाशील और सदा संक्रमणशील है, जबकि पुरुष अकर्ता है। पुरुष बिना किसी परिवर्तन के निरन्तर रहनेवाला है, जबकि प्रकृति परिवर्तनसहित निरन्तर रहने वाली है। प्रकृति त्रिगुणात्मक है, जबकि पुरुष निर्गुण है। प्रकृति प्रमेय (विषय) है, जबकि पुरुष प्रमाता (विषयी) है।

10. लौकिक जीवात्मा

जीव वह आत्मा है जिसे इन्द्रियों के संयोग तथा शरीर द्वारा सीमित होने से पृथक् रूप में पहचाना जाता है।[1] विज्ञानभिक्षु का कहना है कि अहंकारसहित पुरुष जीव है, पुरुष अपने-आप में जीव नहीं है।[2] जबकि विशुद्ध आत्मा बुद्धि से परे रहती है, बुद्धि के अन्दर पुरुष का प्रतिबिम्ब अहंभाव के रूप में प्रतीत होता है, जो हमारी सब अवस्थाओं का, जिनमें सुख और दुःख भी सम्मिलित हैं, बोध प्राप्त करने वाला है। जब हम यह नहीं जानते कि आत्मा बुद्धि से परे है और लक्षण तथा ज्ञान में इससे भिन्न है तब बुद्धि को ही आत्मा समझ लेते हैं।[3] प्रत्येक बुद्धि, इन्द्रियों आदि को साथ लिए हुए, अपने पूर्वकर्मों के अनुकूल निर्मित एक पृथक् संस्थान है।[4] और उसके साथ विशिष्टरूप से लगी हुई उनकी अपनी अविद्या रहती है। अहंभाव उस सचेतन अनुभव की धारा का मनोवैज्ञानिक एकत्व है जिससे एक लौकिक आत्मा का आभ्यन्तर जीवन बनता है। यह एकत्व शारीरिक है और सदा परिवर्तनशील है। किन्तु पुरुष परिवर्तनशील नहीं है, वह कालाबाधित होकर शारीरिक एकत्व के पूर्वकल्पित रूप में उपस्थित है। पुरुष वह आत्मा है जो नित्य है और अपने-आप में एक है, जबकि जीव प्राकृतिक जगत् का एक अंश है। अहंभाव सत्ताओं के जगत् में उनके साथ की सत्ताएं हैं तथा भौतिक पदार्थों, से अधिक परम रूप में यथार्थ नहीं हैं। अहंभावों का हम अन्य सत्ताओं की भांति, यद्यपि उनसे भिन्न रूप में, अनुभव कर सकते हैं। प्रत्येक अहंभाव मूर्तरूप भौतिक शरीर के अन्दर, जो मृत्यु के समय विलीन होकर भंग हो जाता है, एक ऐसा सूक्ष्म शरीर रखता है जो इन्द्रियों समेत मानसिक उपकरण से निर्मित है। यह सूक्ष्म शरीर पुनर्जन्म का आधार है[5] और नानाविध जन्मों में व्यक्तिगत प्रत्यभिज्ञा का तत्त्व है। यह सूक्ष्म शरीर, जिसके अन्दर हमारे सब अनुभवों के संस्कार कायम रहते हैं, लिंगशरीर कहलाता है, अर्थात् यह पुरुष की पहचान करानेवाला चिह्न है। लिंग विशिष्ट लौकिक लक्षण हैं, जिनके बिना भिन्न-भिन्न पुरुषों में भेद नहीं किया जा सकता। प्रकृति से उत्पन्न पदार्थ होने के कारण उनमें तीनों गुण रहते हैं। लिंग का विशिष्ट लक्षण गुणों के मिश्रण पर निर्भर करता है, प्रत्येक जीवन-इतिहास का अपना लिंग है। जब तक लिंगशरीर उपस्थित है, शारीरिक जीवन तथा पुनर्जन्म भी रहेंगे। अत्यन्त नीचे की पशुयोनि में तमोगुण प्रधान रहता है, क्योंकि हम देखते हैं कि पशु के जीवन में अज्ञान तथा मूर्खता विशिष्ट रूप से लक्षित होती है। उनमें स्मृति तथा कल्पना की क्षमता का विकास अपूर्ण रूप में होता है, और इसलिए जो सुख या दुःख पशु अनुभव करते हैं वह न तो चिरस्थायी होता है और न तीव्र होता है। क्योंकि सत्त्वप्रकृति

1. सांख्यप्रवचनसूत्र, 6 : 63।
2. सांख्यप्रवचनभाष्य, 6 : 63।
3. योगसूत्र, 2 : 6।
4. सांख्यप्रवचनभाष्य, 2 : 46।
5. सांख्यप्रवचनसूत्र, 3 : 16।

उनमें अत्यन्त न्यून है, इसलिए पशुओं का ज्ञान केवल वर्तमान कर्म का ही साधन होता है। जब रजोगुण अधिक प्रधान होता है तो पुरुष मानवीय जगत् में प्रवेश करता है। मनुष्य प्राणी बेचैन रहते हैं, और मुक्ति तथा दुःख से छुटकारा पाने के लिए प्रयत्नवान रहते हैं। जब सत्त्वगुण प्रधान होता है, तो रक्षापरक ज्ञान की प्राप्ति होती है तथा प्रकृति अहं को और अधिक जीवन की आपदा से बांधकर नहीं रखती। मुक्तात्मा इस संसार के नाटक की एक उदासीन दर्शक होती है। मृत्यु होने पर पुरुष और प्रकृति के मध्य का बन्धन टूट जाता है, और मुक्तात्मा सर्वथा स्वतन्त्र हो जाती है। मोक्ष तथा बन्धन रूप परिवर्तनों का सम्बन्ध सूक्ष्म शरीर के साथ है, जो पुरुष के साथ संलग्न है। पुरुष सदा विशुद्ध चेतन है, यद्यपि जब तक सूक्ष्म शरीर रजोगुण तथा तमोगुण से आच्छन्न रहता है, यह अपने यथार्थ स्वरूप को भूला रहता है। सब लिंगशरीरों के अन्दर पुरुष एक ही प्रकार के हैं, और लिंगशरीर स्वयं, जो उनके अन्दर भेद उत्पन्न करते हैं, प्रकृति के अन्दर हो रहे निरन्तर विकास से सम्बद्ध हैं। विकास की परिकल्पना मनुष्य को अन्य सब जीवधारियों, यथा पशु-जगत् और वनस्पति-जगत् के साथ रक्त-सम्बन्ध में बांधती है।

लौकिक जीवात्मा स्वतन्त्र आत्मा तथा यन्त्रन्यास, पुरुष और प्रकृति, का सम्मिश्रण है, लिंगशरीर, जो प्रकृति का उत्पन्न पदार्थ है और अचेतन है, पुरुष व प्रकृति के परस्पर संयोग से सचेतन हो जाता है। यह सुख तथा दुःख कर्म तथा कर्मफलों के अधीन है, और जन्म-जन्मान्तर के चक्र में भ्रमण करता है। आत्मा अथवा पुरुष सांसारिक कार्यव्यापारों के प्रति बिलकुल उदासीन रहता है। क्रियाशीलता का सम्बन्ध बुद्धि के साथ है, जो प्रकृति की उपज है। तो भी पुरुष के साथ इसके संयोग से, उदासीन पुरुषकर्ता प्रतीत होता है।[1] अचेतन अन्तःकरण अपने-आप से कर्ता नहीं बन सकता, किन्तु इसमें चेतनता भरी जाती है। अन्तःकरण में चेतनता का भरना, या इसका प्रकाशित होना इसका चेतनता के साथ एक विशिष्ट प्रकार का संयोग है, जो नित्य प्रकाशमान है। चेतनता अन्तःकरण में प्रविष्ट नहीं होती बल्कि इसमें केवल प्रतिबिम्बित होती है। निःसन्देह, पुरुष का प्रकृति के साथ यह संयोग स्थायी नहीं है। पुरुष प्रकृति के साथ गठबन्धन इसलिए करता है कि इस पर प्रकृति का स्वरूप प्रकट हो जाए और यह प्रकृति के साहचर्य से छुटकारा पाकर मोक्ष प्राप्त कर सके। मानसिक तथा भौतिक दोनों ही प्रपंचों की पृष्ठभूमि में प्रकृति है। इसके घटक एक अवस्था में स्थायी अथवा द्रष्टा के रूप में व्यवहार करते हैं तथा दूसरी अवस्था में पदार्थ अथवा दृष्ट के रूप में व्यवहार करते हैं। दोनों विकास की भिन्न-भिन्न व्यवस्थाओं को प्रस्तुत करते हैं।[2] प्रकृति कर्म करती है और पुरुष कर्म के फलों का उपभोग करता है। सुख और दुःख प्रकृति की अवस्थाओं से सम्बन्ध रखते हैं और यह कहा जाता है कि पुरुष अपनी अज्ञानता के कारण उनको अनुभव करता है।[3] चैतन्य का प्रकाश प्रकृति के कार्यों से उत्पन्न बताया जाता है; और पुरुष, निष्क्रियतापूर्वक प्रकृति के कार्यों का निरीक्षण करते हुए, अपने यथार्थ स्वरूप को

---

1. सांख्यप्रवचनसूत्र, 1 : 99।

2. तुलना कीजिए वाचस्पति : 'गुणानां द्वैरूप्यं व्यवसेयात्मकत्वं, व्यवसायात्मकत्वं च। तत्र व्यवसेयात्मकतां ग्राह्यतामास्थाय पंचतन्मात्राणि भूतभौतिकानि...व्यवसायात्मकत्वं तु ग्रहणस्वरूपमास्थाय साहंकडाराणीन्द्रियाणि; (तत्त्ववैशारदी, 3 : 47)।

3. तत्त्वकौमुदी, 5।

भूल जाता है और भ्रम से समझने लगता है कि यही सोचता, अनुभव करता तथा कर्म करता है। यह अपने को जीवन के एक परिमित और विशिष्ट रूप, सजीव शरीर के साथ तादात्म्यरूप, मान लेता है, और इस प्रकार सत्यजीवन से अपने को वंचित कर लेता है। नित्यता की शान्ति को खोकर, यह काल की बेचैनी में प्रविष्ट होता है। पुरुष गति नहीं करता, यद्यपि वह शरीर जिसके अन्दर यह प्रविष्ट है, एक स्थान से दूसरे स्थान तक गति करता है। पुरुष जो निष्क्रिय है, और सहमति अथवा निषेधात्मक आज्ञा देनेवाला माना जाता है, केवल उस गति का नाम है जो प्रकृति में होती है। पुरुष यद्यपि कर्ता नहीं है तो भी प्रकृति के कर्तृत्व के साथ भ्रमवश कर्ता प्रतीत होता है, जिस प्रकार पुरुष के सान्निध्य से प्रकृति सचेतन प्रतीत होती है।[1] दुःख का अनुभव (साक्षात्कार) केवल प्रतिबिम्ब के रूप में है, जोकि उपाधि की वृत्ति है।[2] वास्तविक बन्धन चित्त का है, जबकि पुरुष पर इसकी केवल छाया पड़ती है।

जीव का संकीर्ण तथा परिमित जीवन आत्मा अथवा पुरुष के तात्त्विक स्वरूप के कारण नहीं है। यह इसके अपने आदिम क्षेत्र से च्युत होने का परिणाम है। पुरुष के अनुभव का अर्थ मात्र पदार्थों के प्रतिबिम्बों का ग्रहण है।[3] जब प्रकृति कर्म करती है तो उसके फलों का अनुभव पुरुष करता है, क्योंकि प्रकृति की क्रिया पुरुष के अनुभव के लिए है।[4] सही-सही अर्थों में, यह अनुभव भी अभिमान (आत्मत्व के भाव) के कारण है, जो अविवेक से पैदा होता है।[5] जब सत्य का ज्ञान हो जाता है तो न सुख है और न दुःख है, कर्तृत्व भी नहीं तथा भोक्तृत्व भी नहीं।[6]

> पुरुष तथा जीव के विषय में सांख्य द्वारा दिया गया विवरण, अनके अंशों में, अद्वैत वेदान्त के आत्मा तथा अहंभाव के वर्णन के साथ मिलता है। अद्वैत वेदान्त के अनुसार, आत्मा कर्म से स्वतन्त्र है, शरीर तथा मन के बन्धनों से भी स्वतन्त्र है, जो हमें कर्म से लिप्त करते हैं। आत्मा अपनी आकस्मिक घटनाओं के कारण कर्म करता हुआ प्रतीत होता है। निरुपाधिक आत्मा अथवा पुरुष को जीव माना जाता है, जबकि इसे व्यक्तित्व के संकीर्ण बन्धनों के साथ मिश्रित कर दिया जाता है। सही-सही अर्थों में, अद्वैत में व्यक्तित्व का सम्बन्ध सूक्ष्म शरीर से है और सांख्य में लिंगशरीर से। विज्ञानभिक्षु पारस्परिक प्रतिबिम्ब के विषय में कहता है, जो किसी हद तक अद्वैत वेदान्त के प्रतिबिम्बवाद के वर्ग का है। अद्वैत वेदान्त का मत है कि आत्मा अन्तःकरण में प्रतिबिम्बित होती है। यह चिदाभास अथवा चित्त की प्रतीति ही जीवात्मा है।

सांख्य की प्रकल्पना, स्पष्ट रूप से, मोक्षप्राप्ति के लिए संघर्ष करती आत्मा के लौकिक विचार तथा अद्वैत वेदान्त के आत्म-विषयक तात्त्विक विचार के मध्य एक प्रकार का समझौता है। अद्वैत वेदान्त के अनुसार, अनन्त तथा वासनाविहीन आत्मा बन्धन के अधीन नहीं हो

---

1. सांख्यकारिका, 20 और 22; सांख्यप्रवचनसूत्र, 1 : 162—63; योगसूत्र, 2 : 17; भगवद्गीता, 8 : 21; कठोपनिषद्, 3 : 4। 2. सांख्यप्रवचनभाष्य, 1 : 17।
3. पुरुषस्य विषयभोगः प्रतिबिम्बादानमात्रम् (सांख्यप्रवचनभाष्य, 1 : 104)।
4. सांख्यप्रवचनसूत्र, 1 : 105। 5. सांख्यप्रवचनसूत्र, 1 : 106। 6. सांख्यप्रवचनसूत्र, 1 : 107।

सकती। इस प्रकार यह कहा गया है कि यद्यपि पुरुष अपने तात्त्विक रूप में नित्य अपरिवर्तित रहता है, तो भी यह दुःख के प्रतिबिम्ब को, जो बराबर चलता है, अनुभव करता है। जैसेकि स्फटिक मणि में से एक लाल फूल देखा जा सकता है, यद्यपि स्वयं मणि लाल रंग ग्रहण नहीं करती, इसी प्रकार आत्मा अपरिवर्तित रहती है, भले ही इसके दुःख अथवा सुख की भांति चेतनता में उपस्थित रहे। विज्ञानभिक्षु सूर्यपुराण से एक श्लोक इस आशय का उद्धृत करता है : "जिस प्रकार एक विशुद्ध मणि के ऊपर रक्तवर्ण की सामग्री रखने से वह लोगों को लाल रंग की दिखाई देती है, इसी प्रकार की अवस्था महान् पुरुष की है।"[1] शंकराचार्य स्फटिक के बने गुलदस्ते की उपमा का प्रयोग करते हैं जो अपने अन्दर रखे हुए लाल फूलों के कारण लाल रंग का दिखाई देता है, यद्यपि यह अपने-आप में सब प्रकार के रंग से रहित है।[2] यदि पुरुष प्रभावित अथवा विक्षुब्ध प्रतीत होता है, तो यह उस मन के कारण है जो कुछ समय के लिए इसका सहचारी है। यह साहचर्य आत्मा के ऊपर न तो अस्थायी और न कोई स्थायी प्रभाव ही छोड़ता है। क्योंकि सम्पर्क यथार्थ नहीं है, इसलिए उसका कोई प्रभाव भी शेष नहीं रहता।

11. पुरुष और प्रकृति

सांख्यदर्शन का सबसे अधिक क्लिष्ट अथवा भ्रामक विषय पुरुष और प्रकृति के सम्बन्ध की समस्या है। हम पहले देख आए हैं कि प्रकृति के विकास में न केवल एक आकर्षक सौन्दर्य है, बल्कि यह अपने अन्दर एक ऐसी योजना को संजोए हुए है जो धार्मिक उद्देश्यों के अनुकूल है।[3] प्रकृति एक ऐसे जगत् के रूप में विकसित होती है जो विपत्ति तथा ध्वंस से परिपूर्ण है और जिसका प्रयोजन आत्मा को उसकी नींद से जगा देना है। इस जगत् का प्रकट दुःखान्तरूप आत्मा के लिए आवश्यक बताया गया है, जो निष्क्रिय है, यद्यपि जो कुछ उसके सम्मुख आता है उस सबको वह देखती है। पुरुष की सेवा के उपयुक्त होना प्रकृति की क्रियाओं का लक्ष्य माना गया है।[4] यद्यपि प्रकृति को स्वयं इस लक्ष्य का ज्ञान नहीं है।

---

1. यथा हि केवलो रक्तः स्फटिको लक्ष्यते जनैः।
रञ्जकाद्यु पधानेन तद्वत्परमपूरुषः॥

(सांख्यप्रवचनभाष्य, 1 : 19)।

पुरुष जो निष्क्रिय रूप से उदासीन है, ऐसा प्रतीत होता है कि कर्ता है और ऐसा तीन गुणों के प्रभाव से होता है। तुलना कीजिए।

प्रकृतेः कार्य नित्यैकं नित्यैका प्रकृतिर्जडा।
प्रकृतेस्त्रिगुणावेशादुदासीनोऽपि कर्तृवत्॥

(सर्वसिद्धान्तसारसंग्रह, 9 : 15)

2. आत्मबोध।
3. सांख्यप्रवचनसूत्र, 2 : 1; 3 : 58।
4. सांख्यकारिका, 56। प्रकृति के सम्बन्ध में सांख्य का मत उससे भिन्न है जिसका हक्सले ने अपने रोमनेस लेक्चर में प्रचार किया है अथवा जिसका हार्डी की निम्नलिखित पंक्तियों में प्रतिपादन है—

"...कोई विराट जड़ता
बनाने व जोड़ने में शक्तिशाली
किन्तु देखभाल में सर्वथा अशक्त
...आत्मचलित
हमारे दुःखों से अनभिज्ञ।"

सांख्य जादू के चमत्कार की मिथ्या कल्पना को तो वर्जित मानता है, किन्तु यह स्वीकार करता है कि जगत् के अन्तर्निहित एक उद्देश्यवाद अवश्य है। विश्व की महानता तथा इस जगत् की अद्भुत व्यवस्था का कारण प्रकृति के क्रियाकलाप के अन्दर देखने का विचार बहुत उत्कृष्ट है। यह क्रियाकलाप यन्त्रवत् होने पर भी ऐसे परिणामों को उत्पन्न करता है जो प्रबलरूप में संकेत करते हैं कि यह किसी अत्यन्त मेधावी द्वारा की गई विलक्षण गणना का परिणाम है। किन्तु सांख्य का मत इस विषय में स्पष्ट है कि प्रकृति का कार्यकलाप किसी सचेतन चिन्तन का परिणाम नहीं है।[1] सांख्य द्वारा प्रयुक्त दृष्टान्तों से हमारा कुछ अधिक सन्तोषजनक समाधान नहीं होता। बुद्धिहीन प्रकृति के विषय में कहा जाता है कि वह उसी प्रकार कार्य करती है जैसे कि बुद्धिविहीन वृक्ष फलों को उत्पन्न करते हैं,[2] अथवा जैसे गाय का दूध बछड़े के पोषण के लिए थनों से निकलता है। यन्त्र-रचना अपनी व्याख्या अपने-आप नहीं कर सकती, और न ही प्रकृति के उत्पन्न पदार्थों को निम्न श्रेणी की अवस्थाओं का यान्त्रिक परिणाम समझा जा सकता है। यदि प्रकृति स्वेच्छापूर्वक क्रियाशील होती, तो मोक्ष सम्भव ही न होता क्योंकि प्रकृति की क्रिया का विराम ही न होता। इसी प्रकार यदि यह स्वेच्छा से निष्क्रिय होती तो ऐहलौकिक जीवन का प्रवाह चलना तुरन्त बन्द हो जाता। सांख्य स्वीकार करता है कि प्रकृति की क्रियाशीलता इस विश्व की ओर संकेत करती है कि गति देने वाला कोई है, जो स्वयं गतिमान नहीं है, किन्तु गति को उत्पन्न करता है। प्रकृतिक विकास इस विषय का उपलक्षण है कि कोई आत्मिक कर्ता है। किन्तु सांख्य द्वारा स्वीकृत आत्मिक केन्द्र प्रकृति पर कोई सीधा प्रभाव उत्पन्न करने में असमर्थ हैं।

सांख्य का कहना है कि पुरुषों की केवल उपस्थिति-मात्र से प्रकृति को क्रियाशीलता तथा विकास के लिए प्रेरणा मिलती है। यद्यपि पुरुष में रचनात्मक शक्ति नहीं है, तो भी प्रकृति, जो अनेकरूप विश्व को उत्पन्न करती है, पुरुष के संयोग को समझने के लिए एक अच्छी दृष्टि रखने वाले किन्तु लंगड़े मनुष्य से जो अच्छे पैरों वाले किन्तु अंधे मनुष्य के कन्धों पर सवार है, तुलना की जाती है।[3] असंख्य आत्माओं का, जो प्रकृति की गति का ज्ञान प्राप्त करती हैं, सामूहिक प्रभाव ही प्रकृति के विकास का कारण है। गुणों की साम्यावस्था के अन्दर विक्षोभ, जिसके कारण विकास की प्रक्रिया प्रारम्भ होती है, प्रकृति पर पुरुष के

---

1. सांख्यप्रवचनसूत्र, 3 : 61।
2. सांख्यप्रवचनसूत्र, वृत्ति, 2 : 1।
3. सांख्यकारिका, 21। गौडपाद कहता है : "जैसे, एक लंगड़े और एक अंधे ने, जो अपने साथी यात्रियों से बिछुड़ गए थे, क्योंकि जंगल में से गुजरते हुए डाकुओं ने उन्हें तितर-बितर कर दिया था, आपस में मिलने पर वार्तालाप करके एक-दूसरे का विश्वास प्राप्त कर लिया। उनमें पैदल चलने तथा देखने के कार्यों का आपस में बांट लेने का समझौता हो गया, जिसके अनुसार लंगड़ा मनुष्य अंधे के कंधे पर सवार हो गया और इस प्रकार उसने अपनी यात्रा पूरी की; और अंधा मनुष्य भी अपने मार्ग पर बराबर चल सका क्योंकि उसे अपने साथी से दिशा का ज्ञान मिलता रहा। ठीक इसी प्रकार देखने की क्षमता आत्मा में है किन्तु गति की नहीं है, यह लंगड़े मनुष्य की भाँति है; प्रकृति में गति विषयक क्षमता है किन्तु देखने की क्षमता नहीं, और इसलिए वह अंधे मनुष्य के साथ समता रखती है। आगे चलकर जैसे लंगड़ा और अंधा, जब उनका प्रयोजन सिद्ध हो जाता है और वे अपने गन्तव्य लक्ष्य पर पहुंच जाते हैं, अलग-अलग हो जाते हैं, इसी प्रकार पुरुष को मोक्ष प्राप्त कराकर प्रकृति कार्य करना समाप्त कर देती है, और पुरुष भी प्रकृति का पूरा ज्ञान प्राप्त कर लेने पर मोक्ष को प्राप्त हो जाता है। और इस प्रकार उनके अपने-अपने प्रयोजन पूरे हो जाने पर उनका परस्पर सम्बन्ध टूट जाता है" (कारिका, पृष्ठ 21 पर भाष्य)।

प्रभाव से ही होता है।[1] पुरुषों की उपस्थिति शक्तियों के संतुलन में, ज़ो एक-दूसरे को नियन्त्रित रखता है, विक्षोभ उत्पन्न करती है। विकास की आरम्भिक प्रक्रिया में प्रकृति निष्क्रिय दशा में रहती है, और असंख्य पुरुष भी उसी के समान निश्चेष्ट रहते हैं, किन्तु वे प्रकृति पर एक यान्त्रिक शक्ति का प्रयोग करते हैं। यह प्रयोग प्रकृति की साम्यावस्था को उलट देता है और एक ऐसी गति को जन्म देती है जो पहले तो विकास का रूप धारण करती है और बाद में ह्रास तथा विनाश में परिणत हो जाती है। प्रकृति फिर अपनी निष्क्रिय अवस्था में आती है और फिर पुरुषों द्वारा उत्तेजना प्राप्त करती है। यह प्रक्रिया तब तक निरन्तर चलती रहेगी जब तक कि सब आत्माएं मोक्ष नहीं प्राप्त कर लेंगी। इस प्रकार विश्व-सम्बन्धी प्रक्रिया का पहला और अन्तिम कारण पुरुष है। किन्तु पुरुष की कारणता केवल यन्त्रवत् है, जो अपनी इच्छा के कारण न होकर केवल सान्निध्य के कारण है। पुरुष संसार का संचालन एक इस प्रकार के कर्म से करता है जो गति नहीं है। जैसे लोहे का आकर्षण चुम्बक के प्रति होता है, उसी प्रकार का यह भी एक विशेष आकर्षण है।[2] सांख्य का पुरुष अरस्तू के ईश्वर से भिन्न नहीं है। यद्यपि अरस्तू ऐसा मानता है कि संसार के प्रारम्भ में गति देनेवाला एक सर्वातिशयी ईश्वर है, तो भी संसार के कार्यकलाप में उस ईश्वर का कोइ भाग है, इसको वह नहीं मानता। ईश्वर, अरस्तू के मत में, एक ऐसी विचारमग्न सत्ता है जो अपने अन्दर ही सीमित है, और इसलिए वह न तो विश्व के प्रति किसी प्रकार का कार्य कर सकती है और न उसकी ओर कुछ ध्यान ही दे सकती है। वह सर्वप्रथम गति देनेवाला ईश्वर, कहा जाता है कि, स्वयं एक ऐसा उद्देश्य बनकर जिसकी प्राप्ति के लिए प्राणी मात्र पुरुषार्थ करते हैं, संसार को गति देता है, किन्तु संसार उसके कार्य से किसी भी रूप में निर्धारित नहीं होता। यदि वह सांसारिक व्यापारों की चिन्ता करने लगे तो उसके ईश्वरीय अस्तित्व की पूर्णता ही नष्ट हो जाएगी। इस प्रकार ईश्वर, जो विशुद्ध ज्ञानमय है और स्वयं अचल है, केवल-मात्र अपने अस्तित्व से विश्व में गति का संचार करता है। आगे चलकर वस्तुओं का विकास उनके अपने-अपने स्वभाव के कारण होता है। किन्तु पुरुष को प्रकृति से बाह्य कहा गया है, और प्रकृति पर उसका प्रभाव यद्यपि वास्तविक है पर बुद्धिगम्य नहीं है। दोनों का पारस्परिक सम्बन्ध एक ऐसा रहस्य है जो हमें चारों ओर से घेरे हुए है, किन्तु हम इसके अन्दर घुसकर इसके रहस्य को जान नहीं सकते।[3] हम यह नहीं कह सकते कि प्रकृति पुरुषों के उद्देश्य के अनुसार कार्य करती है, क्योंकि पुरुष

1. किसी भी रचनात्मक विकासवादी दार्शनिक पद्धति को एक संघटनकारक सिद्धान्त, एक सजीव प्रवृत्ति अथवा स्फूर्ति की आवश्यकता होती है। एलेक्जैण्डर, जो पिरामिड के आधार में देशकाल को पाता है, काल को शक्तिदायक अवयव प्रतिपादन करता है। हौबहाउस, 'माइंड इन एवोल्यूशन' की दूसरी आवृत्ति की अपनी भूमिका में, बलपूर्वक कहता है कि मन किसी-न-किसी रूप में समस्त विकास की प्रेरक शक्ति है। लायड मौरगान ने अपने इमैर्जेण्ट इवोल्यूशन' नामक ग्रन्थ में इसका कारण ईश्वर को बताया है।

2. सांख्यकारिका, 57; सांख्यप्रवचनसूत्र, 1 : 96।

3. तुलना कीजिए शांकरभाष्य, 2 : 2, 6। शंकराचार्य प्रकृति के क्रियाकलाप के प्रयोजन सम्बन्धी प्रश्न का विवेचन करते हुए कि क्या यह आत्माओं का भोग है अथवा मोक्ष है, कहते हैं : "यदि कहो सुखोपभोग के लिए, तो उस आत्मा का सुखोपभोग से क्या वास्ता जो सुख अथवा दुःख को आत्मसात् करने में असमर्थ है? इसके अतिरिक्त मोक्ष का भी कोई अवसर प्राप्त न होगा (क्योंकि निष्क्रिय आत्मा मोक्ष को अपना लक्ष्य नहीं बना सकती और प्रधान का लक्ष्य केवल यह है कि आत्मा नानाविध अनुभवों में से गुज़रे)। यदि उद्देश्य मोक्ष होता तो प्रधान की क्रिया निरभिप्राय होती, क्योंकि इसकी पूर्ववर्ती आत्मा मोक्ष की अवस्था में है। यदि सुखोपभोग और मोक्ष दोनों उद्देश्य हैं, तो प्रधान के अनेक पदार्थ ऐसे होने के कारण जो आत्मा के सुखोपभोग→

अनादिकाल से स्वतन्त्र हैं और प्रकृति की क्रियाओं का सुखोपभोग करने के अयोग्य हैं। परिणाम यह निकलता है कि प्रकृति की क्रियाएं जीवों के उपयोग के निमित्त हैं, क्योंकि जीव ही पूर्ण अन्तर्दृष्टि न रखने के कारण अपने सूक्ष्म (लिंग) शरीरों के साथ तादात्म्य स्थापित करते हैं, कामनाएं रखते हैं तथा भेदपरक ज्ञान की आवश्यकता रखते हैं। इस प्रकार प्रकृति प्राणियों को जन्म देती है, जो दुःख भोगने के लिए बाध्य हैं, जिससे कि उन्हें अवसर मिले कि वे छुटकारा पा सकें।[1]

यथार्थ पुरुष के सम्बन्ध एक यथार्थ संसार के साथ हैं, क्योंकि दोनों के मध्य एक कल्पित सम्बन्ध है। जब तक यह कल्पित सम्बन्ध विद्यमान रहता है प्रकृति भी उसके प्रति कार्य करती है। जब पुरुष सदा विकास तथा विलय को प्राप्त होनेवाले प्राकृतिक जगत् से अपने भेद को पहचान जाता है, तो प्रकृति उसके प्रति अपना व्यापार बन्द कर देती है।[2] प्रकृति के विकास का नैमित्तिक कारण केवल पुरुषों की उपस्थिति मात्र नहीं है क्योंकि वे तो सदा ही उपस्थित रहते हैं, बल्कि उनका अपने तथा प्रकृति में भेद न करना (अभेद) है।

> प्रकृति के महदादि में परिणत होने से पूर्व केवल अभेद ही रहता है। अदृष्ट, ऐसा धर्माधर्म जिसे हम देख नहीं सकते, उस समय तक उत्पन्न नहीं होता, क्योंकि इसकी उत्पत्ति भी महत् से ही है और प्रकृति के प्रारम्भिक कर्म के पश्चात् ही यह प्रकट होता है। पूर्वसृष्टि का संचित अदृष्ट कुछ सहायक नहीं होता, क्योंकि भिन्न-भिन्न व्यक्तियों का भिन्न-भिन्न अदृष्ट होता है, और सृष्टि के समय भिन्न-भिन्न अदृष्टों का विभाजन भिन्न-भिन्न व्यक्तियों में हो नहीं पाता। अंतिम विश्लेषण में, प्रकृति की क्रिया का कारण अभेद ही है,[3] क्योंकि कर्म के साथ सम्बन्ध अभेद ही का कार्य है।[4] इस अभेद के कारण पुरुष तथा प्रकृति का अस्थायी सम्बन्ध स्थापित होता है। यह सम्बन्ध निश्चय ही यथार्थ नहीं होता, क्योंकि सत्यज्ञान के उदय होने पर यह टूट जाता है।
>
> प्रकृति ने किसी-न-किसी प्रकार से पुरुषों को अपने जाल में फांस लिया है। नित्य आत्माओं के प्रारम्भिक बन्धन के कारण की कोई व्याख्या सम्भव नहीं है, क्योंकि आत्माएं एक समय स्वतन्त्र थीं और प्रकृति उन्हीं के समान नित्य है। केवल यह तथ्य लक्षित होता है कि पुरुष प्रकृति के जाल में बिना अपनी स्वीकृति के पकड़े जाते हैं। यह उस अभेद के कारण है जिसका कोई आदि नहीं है। यदि इसका आदि होता

→ के लिए हैं, अन्तिम मोक्ष का अवसर प्राप्त न होगा। और न ही इच्छा की पूर्ति प्रधान की क्रियाशीलता का प्रयोजन माना जा सकता है, क्योंकि न तो बुद्धिविहीन प्रधान और न तात्त्विक रूप से विशुद्ध आत्मा ही किसी इच्छा का अनुभव कर सकते हैं। अन्त में यदि तुम कल्पना करो कि प्रधान क्रियाशील है, क्योंकि अन्यथा दृष्टिशक्ति (जो बुद्धिमान् आत्मा के अन्दर है) और सृजनात्मक शक्ति (प्रधान की) प्रयोजनशून्य हो जाएगी, तो परिणाम यह निकलेगा कि क्योंकि दोनों का किसी समय भी अन्त न होगा, इसलिए प्रतीयमान जगत् का भी कभी अन्त न होगा, और इस प्रकार अन्तिम मोक्ष असम्भव है।"

1. सांख्यप्रवचनसूत्र, वृत्ति, 2 : 1।
2. सांख्यकारिका, 61; सांख्यप्रवचनसूत्र, 3 : 70।
3. योगसूत्र, 2 : 24।
4. सांख्यप्रवचनसूत्र, 3 : 67।

तो इससे पूर्व आत्माएं मुक्त अवस्था में होतीं और इसके पश्चात् बन्धन में। इसका तात्पर्य होता है कि मुक्तात्माएं फिर बन्धन में पड़तीं।

हम नहीं कह सकते कि अविद्या का क्या कारण है। इस प्रकार इसे अनादि समझा जाता है, यद्यपि इसका अन्त है।[1] अविवेक को पुरुष तथा प्रकृति के संयोग का कारण कहा गया है।[2] अविवेक, जो कारण है, प्रलयकाल में भी रहता है, यद्यपि पुरुष तथा प्रकृति का संयोग नहीं रहता। यह संयोग यथार्थ परिणाम नहीं है क्योंकि पुरुष के अन्दर कोई नये गुण उत्पन्न नहीं होते। पुरुष और प्रकृति के सम्बन्ध को कभी-कभी भोक्ता तथा भोग्य का सम्बन्ध बताया जाता है।[3]

12. पुरुष और बुद्धि

प्रकृति से विकसित समस्त पदार्थों में बुद्धि सबसे अधिक महत्त्व की है। इन्द्रियां अपने ज्ञेय विषयों को बुद्धि के आगे प्रस्तुत करती हैं, जो उन्हें पुरुष के प्रति प्रदर्शित करती हैं। यह बुद्धि ही है जो प्रकृति तथा पुरुष के भेद को बताती है और पुरुष के लिए समस्त अनुभव योग्य सामग्री का उपभोग सम्पन्न करती है।[4] बुद्धि उस पुरुष के प्रतिबिम्ब से, जो इसके निकट है, वस्तुतः उसी के रूप की बन जाती है और सब पदार्थों के अनुभव को सिद्ध करती है। बुद्धि यद्यपि प्रकृति से उत्पन्न पदार्थ है और इसलिए स्वरूप से अचेतन है, तो भी ऐसी प्रतीत होती है मानो ज्ञानसम्पन्न हो।[5] पुरुष अपनी चेतनता का संक्रमण बुद्धि में नहीं करता। ''अपनी सात्त्विक अवस्था में प्रकृति के पारदर्शी होने के कारण उसके अन्दर प्रतिबिम्बित पुरुष प्रकृति के अहंभाव तथा कर्तृत्व (अभिमान) को भूल से अपना समझ लेता है। यह भ्रांतिपूर्ण भाव आत्मा के अन्दर भी है, किन्तु वह प्रकृति के अन्दर प्रतिबिम्बित होने के कारण ही है। वह वस्तुतः आत्मा का निजी भाव नहीं है; जिस प्रकार न हिलता हुआ भी चन्द्रमा जल के अन्दर प्रतिबिम्बित होने के कारण जल की गति के साथ-साथ हिलता है।''[6] वाचस्पति का मत है कि पुरुष तथा बुद्धि की अवस्था में कोई संयोग नहीं हो सकता क्योंकि वे दोनों यथार्थता की दो भिन्न-भिन्न व्यवस्थाओं से सम्बन्ध रखते हैं। और इसलिए यह कहा जाता है कि बुद्धि में पुरुष का प्रतिबिम्ब है, जो बुद्धि को चेतनामय बनाता है। अहंभाव बुद्धि तथा पुरुष का प्रतीत होने वाला एकत्व है। जब पुरुष देखता है तो उसके साथ ही बुद्धि में भी परिवर्तन हो जाता है। जब बुद्धि में परिवर्तन होता है तो उसे पुरुष की झलक मिलती है। इस तरह पुरुष तथा प्रकृति का संयोग प्रतिबिम्बित पुरुष तथा बुद्धि के विशिष्ट परिवर्तन के एकत्व के साथ-साथ होता है। पुरुष तथा उससे संलग्न प्रकृति का सम्पर्क इस प्रकार का है कि जो भी मानसिक घटनाएं मन के अन्दर घटित होती हैं वे सब पुरुष के अनुभव

1. देखिए सांख्यप्रवचनसूत्र, 6 : 12-15।
2. सांख्यप्रवचनभाष्य, 1 : 19; योगसूत्र, 2 : 23-24।
3. सांख्यप्रवचनभाष्य, 1 : 19। विज्ञानभिक्षु इसका इस आधार पर प्रत्याख्यान करताा है कि यदि सम्बन्ध नित्य है तो ज्ञान से इसका अन्त नहीं हो सकता, और यदि यह अनित्य है तो इसे भी संयोग कह सकते हैं।
4. सांख्यकारिका, 37। सांख्यप्रवचनभाष्य, 1 : 161।
5. चेतनावद् इव (सांख्यकारिका, 20)। और देखिए सांख्यकारिका, 60।
6. सांख्यप्रवचनसूत्र, वृत्ति, 6 : 59।

समझी जाती हैं; यहां तक कि अभेद का सम्बन्ध भी बुद्धि के साथ है, और बन्धन में वह पुरुष में प्रतिबिम्बित होता है।[1]

पुरुष का उस बुद्धि के साथ जो इससे संलग्न है, तात्कालिक सम्बन्ध बतलाया गया है और अन्यों के साथ अप्रत्यक्ष सम्बन्ध बतलाया गया है। इस प्रकार विज्ञानभिक्षु का कहना है कि जहां एक ओर पुरुष बुद्धि का साक्षी है अर्थात् बिना किसी मध्यस्थ के बुद्धि की अवस्थाओं का साक्ष्य रखता है, वहां यह अन्य सबका बुद्धि की सहायता से द्रष्टा है। पुरुष अपने-आप में स्वतन्त्र तथा निरपेक्ष होते हुए भी जब बुद्धि के सम्पर्क में आता है तो साक्षी बन जाता है।[2] यदि आत्मा तथा शरीर के सम्बन्ध को वास्तविक समझा जाए तो शरीर की त्रुटियों को भी आत्मा की त्रुटियां मानना होगा। इससे आत्मा की अनिवार्य निर्विकारता के सांख्य के सिद्धान्त के अन्दर त्रुटि आ जाएगी। बुद्धि के विकारों का पुरुष के अन्दर प्रतिबिम्ब ही बन्धन है। इस प्रतिबिम्ब का हट जाना ही मोक्ष है, जो कि बुद्धि के पुनः अपनी मौलिक पवित्रता प्राप्त कर लेने पर ही, अर्थात् बुद्धि के प्रकृति में विलय हो जाने पर ही, सम्भव है। इस प्रकार का कथन कि प्रकृति की क्रिया पुरुष के ही हित के लिए है, केवल इस बात का आलंकारिक रूप है कि यह बुद्धि की पवित्रता के लिए है। बुद्धि अपने-आप में सात्त्विक है, किन्तु व्यक्ति-विशेष के अन्दर जाकर, पूर्वजन्म के प्रभावों के सम्पर्क के कारण यही राजस अथवा तामस बन जाती है। दुःख तथा सुख का अनुभव जो हमें प्राप्त होता है, वह बुद्धि तथा विषयरूप जगत् की क्रिया-प्रतिक्रिया द्वारा होता है और पुरुष उसमें केवल दर्शक मात्र है। बुद्धि के द्वारा केवल सुख की प्राप्ति होनी चाहिए, किन्तु उपार्जित प्रभावों के कारण इसके दुःखमय परिणाम होते हैं। यही कारण है कि एक ही वस्तु भिन्न-भिन्न व्यक्तियों पर भिन्न-भिन्न प्रकार का असर रखती है। प्रत्येक ज्ञेय पदार्थ को ध्यान में बंटाने वाला वैयक्तिक प्रयोजन के माध्यम से देखा जाता है। इस प्रकार जो वस्तु एक के लिए सुखदायी है, वह दूसरों के लिए दुःखदायी है, या उसी व्यक्ति के लिए भिन्न समय में दुःखदायी प्रतीत होती है। हम साधारणतः अपनी ही दुनिया में रहते हैं, जहां हम अपनी विशेष आवश्यकताओं तथा प्रयोजनों का आवश्यकता से अधिक मूल्यांकन करते हैं, तथा अपनी अभिरुचियों को अस्वाभाविक महत्त्व देते हैं। हमारे साधारण जीवन हमारी स्वार्थमय इच्छाओं से बंधे हुए हैं और ऐसे दुःख को उत्पन्न करते हैं जो अनिश्चित सुख के एक अंश के साथ मिश्रित होता है। यदि हम अपनी बुद्धि को शुद्ध कर लें तथा अपनी पिछली प्रवृत्तियों से विमुक्त हो सकें, तो हम ऐसी स्थिति में होंगे कि वस्तुओं का निरीक्षण जिस रूप में वे हमसे सम्बद्ध हैं उस रूप में नहीं, बल्कि जिस रूप में वे परस्पर सम्बद्ध हैं उस रूप में, अर्थात् निरपेक्ष रूप में कर सकें। जब बुद्धि में सत्त्वगुण का प्राधान्य होता है तब इसके द्वारा सत्यज्ञान की प्राप्ति होती है, रजोगुण की प्रधानता में इच्छा उत्पन्न होती है और तमोगुण की प्रधानता से मिथ्याज्ञान इत्यादि की प्राप्ति होती है।[3]

13. ज्ञान के उपकरण

समस्त ज्ञान में तीन घटक रहते हैं, अर्थात् ज्ञात विषय, ज्ञाता विषयी और ज्ञान की

---

1. तुलना कीजिए सांख्यप्रवचनभाष्य, 1 : 19। "जन्म से तात्पर्य है एक व्यक्तिगत बुद्धि के साथ संयोग। उपाधिरूप बुद्धि के संयोग के कारण ही पुरुष में दुःख का संयोग होता है।"

2. सांख्यप्रवचनसूत्र, 6 : 50।

3. सत्त्वं यथार्थज्ञानहेतुः, रजो रागहेतुस्तमो विपरीतज्ञानादिहेतुः।

प्रक्रिया। सांख्यदर्शन में ''विशुद्ध चेतनता 'प्रमाता' (जाननेवाला) है; रूपान्तर (वृत्ति) 'प्रमाण' है; परिवर्तनों का विषयों के रूप में चेतनता के अन्दर प्रतिबिम्ब प्रमा है। ज्ञेय प्रतिबिम्बित वृत्तियों की विषयवस्तु है।''[1] अनुभव का सम्बन्ध पुरुष से है।[2] बुद्धि, अहंकार, मन और इन्द्रियां—ये सब मिलकर उस उपकरण का निर्माण करते हैं जिसके द्वारा एक बाह्य विषय का ज्ञान प्रमाता (विषयी) को होता है। जब कोई पदार्थ इन्द्रियों को उत्तेजित करता है तो मन[3] इन्द्रियानुभवों को एक बोध के रूप में व्यवस्थित करता है, अहंकार इसे आत्मा को प्रेषित करता है, और बुद्धि उसे विचार के रूप में परिणत कर देती है।[4] बुद्धि सारे शरीर में व्याप्त होने के कारण, पूर्वजन्मों के संस्कारों तथा वासनाओं को अपने अन्दर रखती है, जो अनुकूल अवस्थाएं पाकर जाग्रत हो जाते हैं। ''इन्द्रियों के मार्गों से पदार्थों के साथ सम्पर्क होने के कारण, अथवा आनुमानिक चिह्न इत्यादि के ज्ञान द्वारा बुद्धि का सबसे पूर्व रूपान्तर उस विषय के रूप में होता है जिसका ज्ञान प्राप्त करना है। पदार्थ से रंजित यह रूपान्तर पुरुष के संयोग के क्षेत्र में एक प्रतिबिम्ब के रूप में प्रविष्ट होता है और वहां प्रकाशित होता है, क्योंकि पुरुष, जो अपरिवर्तनीय है, पदार्थ के रूप में रूपान्तरित नहीं हो सकता।'' यदि पदार्थ के ज्ञान का तात्पर्य पदार्थ के रूप के साथ तादात्म्य समझा जाए तो इस प्रकार का परिवर्तन पुरुष में सम्भव नहीं है। इसलिए बुद्धि को रूपांतरित कहा जाता है। रूपान्तर को व्यक्त होने के लिए बुद्धि का चेतनता के अन्दर प्रतिबिम्बित होना आवश्यक है।[5] इस प्रतिबिम्ब का निर्णय बुद्धि के रूपान्तर द्वारा होता है। पुरुष के अन्दर प्रतिबिम्ब केवल तभी तक स्थिर रहता है जब तक कि जो प्रतिबिम्बित होता है वह उपस्थित रहता है। बुद्धि के रूपान्तर का पुरुष के अन्दर प्रतिबिम्ब रूपान्तर के पीछे नहीं, बल्कि साथ के साथ होता है। जब इन्द्रियों के मार्ग से बुद्धि बाह्य पदार्थ के सम्बन्ध में आती है और उससे प्रभावित होती है तो यह उक्त पदार्थ का रूप धारण कर लेती है। चेतनाशक्ति इस प्रकार रूपान्तरित बुद्धि में प्रतिबिम्बित होकर बुद्धि के रूपान्तर का अनुकरण करती है, और यह अनुकरण (तद्वृत्यनुकार) ही ज्ञान (उपलब्धि) कहलाता है। पुरुष का प्रतिबिम्ब वास्तविक समागम नहीं है, बल्कि केवल प्रतीतिरूप है, और यह पुरुष तथा बुद्धि के भेद को न जानने के कारण है। बुद्धि के अन्दर प्रतिबिम्बित पुरुष का पदार्थ के साथ जो सम्बन्ध है उसे ही ज्ञान कहते हैं। और इस ज्ञान के साथ पुरुष का जो सम्बन्ध है वह परिणामस्वरूप इस प्रकार के निर्धारण में कि 'मैं करता हूं' देखा जाता है,[6] जबकि वस्तुतः यह 'मैं' अर्थात् पुरुष कार्य नहीं कर सकता, और जो कार्य करती है अर्थात् बुद्धि

---

1. सांख्यप्रवचनभाष्य, 1 : 87। 2. सांख्यप्रवचनसूत्र, 1 : 143।

3. मन को अनेक कारणों से ग्यारहवीं इन्द्रिय माना गया है। यदि नित्य पुरुष का सुख तथा दुःख देनेवाले पदार्थों के साथ अपना खुद का सम्बन्ध होता तो मोक्ष न हो सकता। यदि पदार्थों के साथ सम्बन्ध प्रकृति पर निर्भरता के कारण होता तब भी मोक्ष न होता, क्योंकि प्रकृति नित्य है। यदि अनित्य पदार्थ, घड़े आदि पुरुष की नित्य प्रज्ञा के साथ सम्बद्ध होते तो दृष्ट और अदृष्ट के बीच कोई भेद न होता, क्योंकि सब विद्यमान वस्तुएं आवश्यक रूप में एक ही क्षण में दिखाई दे जातीं। और यदि पदार्थों का सम्बन्ध प्रज्ञा के साथ केवल बाह्य इन्द्रियों पर निर्भर करता तो हम अपने प्रत्यक्ष ज्ञानों के अयुगपत् होने का कोई कारण न बता सकते।

4. तत्त्वकौमुदी, 36। सांख्य की ज्ञानविषयक प्रकल्पना की समीक्षा के लिए देखिए न्यायवार्तिक और न्यायवार्तिकतात्पर्यटीका, 3 : 2, 8-9।

5. सांख्यप्रवचनभाष्य, 1 : 99।

6. बुद्धावारोपितचैतन्यस्य विषयेण सम्बन्धो ज्ञानम्, ज्ञानेन सम्बन्धश्चेतनोऽहं करोमीत्युपलब्धिः (उदयनकृत कुसुमांजलि, 1 : 14 पर हरिदास भट्टाचार्य)।

वह सोच नहीं सकती।[1]

बुद्धि की कोई भी गति चेतनापूर्ण ज्ञान नहीं हो सकती जब तक कि यह किसी पुरुष का ध्यान आकृष्ट न करे। इस मत के अनुसार, बुद्धि, मन और इन्द्रियां—ये सब अचेतन हैं।[2]

> भिन्न-भिन्न व्यापारों का कार्य क्रमबद्ध है। यद्यपि कुछेक व्यापारों में यह क्रम इतनी शीघ्रता के साथ सम्पन्न होता है कि ध्यान में भी नहीं आ सकता। जब कोई मनुष्य अंधेरी रात में एक व्याघ्र को देखता है तो उसकी इन्द्रियों में उत्तेजना पैदा होती है, मन चिन्तन करता है, अहंकार पहचान करता है और बुद्धि पदार्थ के स्वरूप का निर्णय करती है और उसके बाद वह व्यक्ति अपने प्रिय जीवन की रक्षा के लिए वहां से भागता है। इस घटना में भिन्न-भिन्न व्यापार इतनी शीघ्रता के साथ सम्पन्न हो जाते हैं कि वे सब एक साथ ही होते जान पड़ते हैं। इसी प्रकार जब कोई मनुष्य किसी पदार्थ को मन्द प्रकाश में देखता है, उसे सन्देहपूर्वक चोर समझने लगता है और शनैः-शनैः अपने मन में निश्चय करके विपरीत दिशा में चला जाता है। इस घटना में भिन्न स्थितियां पृथक्-पृथक् ध्यान में आ जाती हैं।[3]

प्रत्यक्ष और विचार, इच्छा और चुनाव के मानसिक व्यापार वस्तुतः प्रकृतिजन्य पदार्थों की यान्त्रिक प्रक्रियाएं हैं, जिनसे आभ्यन्तर इन्द्रियों का निर्माण हुआ है।[4] यदि पुरुष इन्हें प्रकाशित न करे अर्थात् इन्हें चैतन्य प्रदान न करे, तो ये अचेतन रहेंगी। पुरुष का यह एकमात्र कार्य है, क्योंकि क्रियाशीलता जितनी भी है प्रकृति से सम्बन्ध रखती है। पुरुष एक प्रकार का निष्क्रिय दर्पण है, जिसके अन्दर आभ्यन्तर इन्द्रिय प्रतिबिम्बित होती है। विशुद्ध रूप में अभौतिक आत्मा आभ्यन्तर इन्द्रिय की प्रक्रियाओं को अपनी चेतना से आप्लावित कर देता है और इस प्रकार वे अचेतन नहीं रहतीं। सांख्य बुद्धि के साथ पुरुष के केवल सान्निध्य

---

1. जहां वाचस्पति का यह विचार है कि आत्मा पदार्थ का ज्ञान, उस मानसिक परिवर्तन के द्वारा करती है जिस पर यह अपना प्रतिबिम्ब डालता है, वहां विज्ञानभिक्षु का मत है कि मानसिक परिवर्तन, जो आत्मा के प्रतिबिम्ब को ग्रहण करता है और उसका रूप प्राप्त करता है, आत्मा पर फिर से प्रतिबिम्बित होता है और यह इसी प्रतिबिम्ब के कारण सम्भव होता है कि आत्मा पदार्थ को जानती है। योगवार्तिक, 1 : 4। तत्त्ववैशारदी, पृष्ठ 13।

2. किन्तु सांख्य की प्रकल्पना के अनुसार, बुद्धि, अहंकार आदि तब तक उत्पन्न नहीं हो सकते जब तक कि प्रकृति पर पुरुष का व्यापक प्रभाव न हो। इसलिए ऐसा सोचना अनावश्यक है कि बुद्धि केवल अचेतन है। बुद्धि का विकास स्वयं पुरुष के प्रभाव से है। बुद्धि और अहंकार आदि को हमें पुरुष के प्रयोजन के लिए बने पहले से तैयार साधन मानने की आवश्यकता नहीं है जो तब तक अचेतन और निष्क्रिय रहते हैं जब तक कि पुरुष उनके अन्दर से दूरवीक्षण यन्त्र में जैसे देखा जाता है उस तरह न देखे, क्योंकि यह सांख्य के इस मुख्य सिद्धान्त की उपेक्षा करना होगा कि प्रकृति बुद्धि इत्यादि को तब तक उत्पन्न नहीं कर सकती जब तक कि पुरुष की साम्यावस्था में क्षोभ उत्पन्न नहीं करता।

3. सांख्यकारिका, 30; तत्त्वकौमुदी, 30।

4. बुद्धि, अहंकार और मन—इन तीनों आभ्यन्तर इन्द्रियों को प्रायः एक ही समझा जाता है, क्योंकि इन सबका परस्पर निकट-सम्बन्ध है। तुलना कीजिए गार्बे : "यह संयुक्त भौतिक आभ्यन्तर इन्द्रिय अपने अनात्मस्वरूप में तथा अपने उन समस्त व्यापारों में जिन्हें सांख्य इसी का बतलाता है, स्नायुजाल (वात-संस्थान) के अनुरूप है" (ई.,आर.ई., खण्ड 2, पृष्ठ 191)।

ही को नहीं मानता, बल्कि बुद्धि में पुरुष के प्रतिबिम्ब की भी कल्पना करता है। दर्पण में प्रतिबिम्ब चेहरे को देखने के साथ-साथ हम चैतन्यरूप घटना का भी ज्ञान प्राप्त करते हैं। केवल इसी प्रकार चेतना अपने को पहचान सकती है।[1]

अभौतिक पुरुष तथा प्रकृति के मध्य जो सम्बन्ध है उसे समझना कठिन है। वाचस्पति के अनुसार, देश और काल के स्तर पर इन दोनों में कोई सम्पर्क नहीं हो सकता। इसलिए वह सन्निधि का अर्थ 'योग्यता' लगाता है। पुरुष यद्यपि बुद्धि की अवस्थाओं से पृथक् रहता है, परन्तु भ्रांतिवश अपने को बुद्धि के साथ एकात्म समझने लगता है और उसकी अवस्थाओं को अपनी ही अवस्थाएं मानने लगता है। इसके विरोध में विज्ञानभिक्षु का कहना है कि यदि इस प्रकार की विशिष्ट योग्यता को स्वीकार किया जाए तो कोई कारण प्रतीत नहीं होता कि क्यों पुरुष इस योग्यता को मोक्ष की अवस्था में खो बैठता है। दूसरे शब्दों में, मोक्ष सम्भव ही न हो सकेगा क्योंकि पुरुष सदा ही बुद्धि की अवस्थाओं को अनुभव करता रहेगा। इस प्रकार उसके मत से ज्ञान की प्रत्येक घटना के बुद्धि के रूपान्तरों के साथ पुरुष का यथार्थ सम्पर्क होता है। और इस प्रकार के सम्पर्क से आवश्यक नहीं है कि पुरुष के अन्दर भी किसी प्रकार का परिवर्तन हो, क्योंकि परिवर्तन का तात्पर्य नये गुणों का उदय होना है। बुद्धि के अन्दर परिवर्तन होते हैं, और जब ये परिवर्तन पुरुष के अन्दर प्रतिबिम्बित होते हैं तो पुरुष के अन्दर द्रष्टा होने का भाव उत्पन्न होता है और जब पुरुष बुद्धि के अन्दर प्रतिबिम्बित होता है तो बुद्धि की अवस्था एक चैतन्यमयी घटना प्रतीत होती है। किन्तु विज्ञानभिक्षु भी इतना मान लेता है कि पुरुष तथा बुद्धि के मध्य जो सम्बन्ध है वह ठीक उस प्रकार का है जैसा कि स्फटिक मणि का अपने अन्दर प्रतिबिम्बित गुलाब के फूल से है। उक्त घटना में वास्तविक संक्रमण (उपराग) नहीं होता, बल्कि इस प्रकार के संक्रमण की मात्र कल्पना (अभिमान) होती है।[2]

पुरुष यद्यपि असंख्य तथा सार्वभौम हैं और चैतन्य के रूप हैं, फिर भी वे सब वस्तुओं को सब काल में प्रकाशित नहीं करते, क्योंकि वे असंग (संगदोष से मुक्त) हैं और स्वयं प्रमेय पदार्थों के रूप में परिवर्तित नहीं हो सकते। पुरुष अपनी-अपनी बुद्धियों के रूपान्तरों को प्रतिबिम्बित करते हैं, औरों के नहीं। वह पदार्थ जिसमें बुद्धि प्रभावित हुई है, जाना जाता है; किन्तु वह पदार्थ जिससे यह प्रभावित नहीं हुई अज्ञात रहता है।[3]

जागरण, स्वप्न, निद्रा और मृत्यु—इन विभिन्न अवस्थाओं में भेद किया गया है। जाग्रत अवस्था में बुद्धि इन्द्रियों के मार्ग से पदार्थों के रूप में रूपान्तरित होती है। स्वप्न की अवस्था में बुद्धि के रूपान्तर संस्कारों अथवा पूर्वानुभवों के प्रभावों का परिणाम होते हैं। स्वप्नरहित निद्रा दो प्रकार की है और यह लय के पूर्ण अथवा आंशिक रूप के अनुसार होती है। आंशिक लय की अवस्था में बुद्धि पदार्थों के रूप में रूपान्तरित नहीं होती, यद्यपि यह सुख, दुःख तथा आलस्य के रूपों को, जो इसके अन्तर्गत रहते हैं, धारण कर लेती है। यही कारण

1. 'चिच्छायापत्ति' अथवा चेतनता की छाया का पतन (सर्वदर्शनसंग्रह, 15)।
2. सांख्यप्रवचनभाष्य, 6 : 28; योगसूत्र, 1 : 4, 7। और देखिए योगभाष्य, 2 : 20; 4 : 22।
3. सर्वदर्शनसंग्रह, 15।

है कि जब कोई व्यक्ति नींद से उठता है तो उसे जिस प्रकार की नींद आई हो उसकी स्मृति रहती है। मृत्यु में पूर्ण लय की अवस्था रहती है।[1]

14. ज्ञान के स्रोत

ज्ञानविषयक चेतनता पांच प्रकार की है : प्रमाण अथवा यथार्थज्ञान; विपर्यय अथवा अयथार्थज्ञान, जिसका आधार ऐसा रूप होता है जो प्रमेय पदार्थ का नहीं है;[2] विकल्प, अर्थात् ऐसी ज्ञानपरक चेतनता जो प्रचलित शब्दों से तो प्रकट की जाए किन्तु जिसका आधार कोई वस्तु न हो;[3] निद्रा अर्थात् ऐसा ज्ञान जिसका आधार तमोगुण हो;[4] और स्मृति।

सांख्य तीन प्रमाणों को स्वीकार करता है, अर्थात् प्रत्यक्ष, अनुमान तथा शब्दप्रमाण को।[5] इन्द्रियों की क्रियाशीलता से जो ज्ञान उत्पन्न होता है वह प्रत्यक्ष है। जब कोई पदार्थ, जैसेकि एक घड़ा दृष्टिपथ में आ जाता है तो बुद्धि में इस प्रकार एक परिवर्तन होता है कि वह घड़े का रूप धारण कर लेती है[6] और आत्मा घड़े के अस्तित्व से अभिज्ञ हो जाती है।[7] प्रत्यक्ष के दो प्रकार माने हैं, अर्थात् निर्विकल्प और सविकल्प। वाचस्पति के अनुसार, बुद्धि इन्द्रियों के द्वारा बाह्य पदार्थों के स्पर्श में आती है। उक्त सम्पर्क के प्रथम क्षण में एक अनिश्चयात्मक चेतनता होती है जिसमें कि प्रमेय विषय के विशेष लक्षण नहीं दिखाई देते और हमें निर्विकल्प प्रत्यक्ष होता है। दूसरे क्षण में, मानसिक विश्लेषण (विकल्प) तथा संश्लेषण (संकल्प) को प्रयोग में लाने से प्रमेय विषय एक निश्चित स्वरूप में दिखाई देता है[8] और हमें सविकल्प प्रत्यक्ष होता है। जहां वाचस्पति का यह विचार है कि प्रत्यक्षज्ञान में मन की क्रियाशीलता का होना आवश्यक है, वहां विज्ञानभिक्षु इसे अस्वीकार करता है और कहता है कि बुद्धि इन्द्रियों द्वारा सीधे प्रमेय पदार्थों के स्पर्श में आती है। वाचस्पति के अनुसार, मन का कार्य यह है कि इन्द्रिय सामग्री की व्यवस्था करे और उसे सविकल्प प्रत्यक्ष का रूप दे। किन्तु विज्ञानभिक्षु का विचार है कि वस्तुओं के सविकल्प स्वरूप का ज्ञान सीधे इन्द्रियों द्वारा होता है और मन केवल इच्छा, संशय तथा कल्पना की क्षमता है। सांख्य योगी पुरुषों के प्रत्यक्ष को मानता है, क्योंकि उसके मत में सब वस्तुएं सब कालों में विकसित अथवा अविकसित (लीन) दशा में विद्यमान रहती हैं। योगी पुरुष का मन समाधि द्वारा प्राप्त की गई सिद्धियों से भूत तथा भविष्य के प्रमेय पदार्थों के सम्बन्ध में आ सकता है, क्योंकि वे पदार्थ वर्तमान में भी अन्तर्लीन अवस्था में विद्यमान रहते हैं।[9] मन की सिद्धियों से प्राप्त किया गया योगी का प्रत्यक्ष ज्ञान साधारण इन्द्रियजन्य प्रत्यक्षज्ञान जैसा नहीं है। स्मृति में ज्ञान, मन, अहंभाव और बुद्धि ही केवल क्रियाशील रहते हैं, यद्यपि उनकी क्रियाशीलता पूर्वकाल के प्रत्यक्ष ज्ञानों के परिणामों की कल्पना पहले से कर लेती है, अर्थात् जो स्मृति में बनी हुई प्रतिकृति है। प्रत्यक्ष ज्ञान की बाह्य इन्द्रियां केवल ऐसे ही पदार्थों पर अपना कार्य कर

---

1. सांख्यप्रवचनभाष्य, 1 : 148।
2. योगसूत्र, 1 : 8।
3. योगसूत्र, 1 : 9।
4. योगसूत्र, 1 : 10।
5. सांख्यकारिका, 4।
6. तद्राकारोल्लेखी।
7. सांख्यप्रवचनसूत्र, 1 : 89।
8. तुलना कीजिए व्यास : सामान्यविशेषसमुदायो द्रव्यम् (योगभाष्य, 3 : 44)।
9. सांख्यप्रवचनभाष्य, 1 : 91।

सकती हैं जो उनके समक्ष प्रस्तुत किए गए हों, किन्तु मन भूत और भविष्य को भी समझ सकता है। आभ्यन्तर प्रत्यक्षज्ञान की अवस्था में इन्द्रियों के सहयोग का प्रभाव रहता है। सुख एवं तत्समान अवस्थाओं का ज्ञान बुद्धि को होता है।[1]

यदि पुरुष भी जाना जा सकता है तो इसलिए क्योंकि वह बुद्धि के अन्दर प्रतिबिम्बित होता है। आंख अपने को केवल उसी अवस्था में देख सकती है जबकि दर्पण में उसका प्रतिबिम्ब पड़ता हो, अन्यथा नहीं। सब बोध आभ्यन्तर इन्द्रिय के रूपान्तर हैं। एक प्राथमिक बोध, जैसेकि 'यह घड़ा है', उस इन्द्रिय का रूपान्तर है। जब इसका प्रतिबिम्ब पुरुष पर पड़ता है तो इसका ग्रहण (ज्ञान) होता है। इस प्रकार का ज्ञान कि 'मैं घड़े को देखता हूं', आभ्यन्तर इन्द्रिय का रूपान्तर है। पुरुष, आभ्यन्तर इन्द्रिय के रूपान्तर के प्रतिबिम्ब, अर्थात् 'यह एक घड़ा है' समेत आभ्यन्तर इन्द्रिय में प्रतिबिम्बित होता है। यह दूसरा प्रतिबिम्ब आभ्यन्तर इन्द्रिय का रूपान्तर है, इस प्रकार का ज्ञान तक कि 'मैं प्रकृति से भिन्न हूं' आभ्यन्तर इन्द्रिय का रूपान्तर है।[2] प्रस्तुत पदार्थ के अनुकूल बुद्धि में भी परिवर्तन आता है।

अहं की भावना, जिसका सम्बन्ध हमारी समस्त मानसिक घटनाओं से है और जो उन्हें प्रकाशित करती है, बुद्धि में आत्मा के प्रतिबिम्ब के कारण है। इस प्रकार जिसका प्रत्यक्ष बुद्धि ने किया था उसी का प्रत्यक्ष आत्मा फिर से करता है, और अपना प्रकाश अहं के रूप में देकर बुद्धि को चेतनता प्रदान करता है। पुरुष अपने को बुद्धि में पड़े अपने प्रतिबिम्ब के द्वारा ही जान सकता है, क्योंकि उसी अवस्था में यह प्रमेय पदार्थ का रूप धारण कर सकता है। वाचस्पति के अनुसार, आत्मा अपने को उसी अवस्था में जान सकता है जबकि मानसिक व्यापार से, जिसमें कि आत्मा प्रतिबिम्बित होता है, समूचा ध्यान हटा लिया जाए, तथा बुद्धि के सत्त्व-स्वरूप में प्रतिबिम्बित आत्मा पर पूर्णरूप से ध्यान केन्द्रित कर दिया जाए। इस कार्य में आत्मज्ञान का प्रमाता (विषयी) सात्त्विक-स्वरूप बुद्धि को ही कहा जाएगा, जो अपने अन्दर प्रतिबिम्बित आत्मा के कारण चेतनामय हो गई है; और आत्मा अपने निर्विकार रूप में प्रमेय (विषय)[3] होगी। व्यास का मत है[4] कि आत्मा का ज्ञान उस बुद्धि के द्वारा जिसमें आत्मा प्रतिबिम्बित हो रही है, नहीं हो सकता, बल्कि यह आत्मा ही है जो बुद्धि के विशुद्ध स्वरूप में पड़े अपने प्रतिबिम्ब द्वारा स्वयं अपने को जानती है। विज्ञानभिक्षु का विचार है कि आत्मा अपने को अपने अन्दर पड़े हुए मानसिक रूपान्तर के प्रतिबिम्ब द्वारा जानती है। यह मानसिक रूपान्तर आत्मा के प्रतिबिम्ब को अपने अन्दर ग्रहण कर लेता है और उसी के रूप में रूपान्तरित हो जाता है। ठीक उसी प्रकार जैसे कि आत्मा एक बाह्य पदार्थ का ज्ञान अपने अन्दर पड़े उस

1. ''स्वप्नविहीन निद्रा में, जबकि पदार्थों के साथ कोई सम्पर्क नहीं रहता, जो सात्त्विक सुख के रूप में व्यक्त होता है और जिसे हम शान्तिसुख के नाम से पुकारते हैं, वही बुद्धि का गुण अर्थात् आत्मसुख है'' (सांख्यप्रवचनभाष्य, 1 : 65)।

2. योगसूत्र, 2 : 20, इस प्रकार है : ''द्रष्टा के रूप में आत्मा अपनी निर्मलता में निरपेक्ष है, तो भी अनुभव द्वारा देखे जाने के योग्य है'' (प्रत्ययानुपश्यः)।

3. तत्त्ववैशारदी, 3 : 35।

4. योगसूत्र, 3 : 35।

मानसिक रूपान्तर के प्रतिबिम्ब के द्वारा प्राप्त करता है जो उक्त बाह्य पदार्थ (प्रमेय) का रूप धारण कर लेता है।[1] क्योंकि आत्मा तात्त्विकरूप में स्वतः प्रकाश है, इसलिए यह अपने अन्दर पड़े उस मानसिक दशा के प्रतिबिम्ब द्वारा जो आत्मा का रूप धारण कर लेती है, अपने को जान सकती है। विज्ञानभिक्षु आत्मा के रूप में रूपान्तरित मनोदशा द्वारा निर्णीत आत्मा को प्रमाता (विषयी) मानता है और आत्मा को उसके विशुद्ध तात्त्विक रूप में प्रमेय (विषय) मानता है।

प्रत्यभिज्ञा (पहचान) को भी प्रत्यक्ष ज्ञान की ही श्रेणी में रखा गया है। यह सम्भव इसलिए है क्योंकि बुद्धि नित्य है और मनुष्यों के अस्थायी ज्ञानों से सर्वथा भिन्न है। नित्य बुद्धि परिवर्तनों में से गुज़रती है, जिसके कारण यह भिन्न-भिन्न ज्ञानों के साथ सम्बद्ध हो जाती है जो प्रत्यभिज्ञा के अन्तर्गत हैं। यह आत्मा के विषय में सम्भव नहीं है, क्योंकि आत्मा निर्विकार है।[2]

सांख्य के अनुसार, एक बोध का ज्ञान दूसरे बोध से नहीं होता है, किन्तु आत्मा द्वारा होता है। क्योंकि बोध को बुद्धि का व्यापार माना गया है जो अचेतन है, और इसलिए यह अपना ही ज्ञेय पदार्थ नहीं हो सकता, बल्कि केवल आत्मा के द्वारा जाना जा सकता है।[3]

अभाव को भी प्रत्यक्ष ज्ञान की ही कोटि में रखा गया है। सांख्य अभाव को निषेधात्मक रूप में न मानकर उसकी अस्तित्ववाची शब्दों में व्याख्या करता है। केवल दिखाई न देना अभाव को सिद्ध नहीं कर सकता क्योंकि ऐसा अन्य कारणों से भी सम्भव है; अर्थात् दूरी के कारण, अत्यधिक निकट होने के कारण, अत्यधिक सूक्ष्म होने से अथवा इन्द्रिय में दोष होने से, असावधानी तथा ज्ञेय पदार्थ के छिपे रहने से, अथवा अन्य वस्तुओं के साथ मिश्रित हो जाने से भी न दिखाई देना सम्भव हो सकता है।[4] आभ्यन्तर ज्ञान, आत्मचेतना, पहचान और अभाव का ज्ञान—ये सब प्रत्यक्ष ज्ञान के ही अन्तर्गत आते हैं।

अनुमान दो प्रकार का बताया गया है : विध्यात्मक (वीत) और निषेधात्मक (अवीत)। वीत अनुमान का आधार विध्यात्मक साहचर्य है तथा अवीत निषेधात्मक साहचर्य है।[5] परार्थानुमान के पंचावयवघटित रूप को स्वीकार किया गया है।[6] व्याप्ति, निरीक्षण किए गए साहचर्य का परिणाम है, जिसके साथ साहचर्य के अभाव का न देखा जाना भी रहता है।[7] व्यापित, जो निरन्तर साहचर्य है, कोई पृथक् तत्त्व नहीं है।[8] यह वस्तुओं का परस्पर

1. योगवार्तिक, 3 : 35।

2. उक्त प्रकल्पना की आलोचना के लिए देखिए, न्यायसूत्र, 3 : 2, 1-9।

3. योगभाष्य, 4 : 9।

4. और देखिए तत्त्ववैशारदी, 1 : 9। सांख्यकारिका, 7; सांख्यप्रवचनसूत्र, 1 : 108-9।

5. वाचस्पति पूर्ववत् तथा सामान्यतया दृष्ट प्रकार के अनुमानों को पहली श्रेणी में तथा शेषवत् को दूसरी श्रेणी में रखता है। देखिए तत्त्वकौमुदी, 5।

6. सांख्यप्रवचनसूत्र, 5 : 27।

7. सांख्यप्रवचनसूत्र, वृत्ति, 5 : 28। साध्य और साधन दोनों का, अथवा किसी एक का निरन्तर साहचर्य 'व्याप्ति' है (सांख्यप्रवचनसूत्र, 5 : 29)। पहले प्रकार का दृष्टान्त यह है : "उत्पन्न हुए सब पदार्थ अनित्य हैं" : और "जहां-जहां धुआं होगा वहां-वहां अग्नि होगी", यह दृष्टान्त दूसरे प्रकार का है।

8. तत्त्वान्तरम् 5 : 30। पंचशिख की सम्मति में व्याप्ति ऐसी शक्ति के धारण करने का नाम है जो स्थिर रहती है (आधेयशक्तियोग, 5 : 32)।

सम्बन्ध है, किन्तु स्वयं वस्तु नहीं है।[1] 'अर्थापत्ति' तथा 'सम्भव' को भी अनुमान के अन्तर्गत माना गया है।

आप्तवचन अथवा विश्वसनीय कथन भी यथार्थज्ञान का एक स्रोत है। शब्द का अपने पदार्थ के साथ वैसा ही सम्बन्ध है, जैसाकि चिह्नित वस्तु के साथ चिह्न का सम्बन्ध है। यह आप्त पुरुषों की शिक्षा से प्रकट है, प्रयोग तथा प्रथा के विधान, परम्पराओं और इस तथ्य से भी प्रकट है कि शब्द एक ही अर्थ को प्रकट करते हैं।[2] वेदों के विषय में कहा जाता है कि वे किसी पुरुष द्वारा नहीं रचे गए हैं, क्योंकि ऐसा कोई भी मनुष्य नहीं है जो वेदों के रचयिता होने का सामर्थ्य रखता हो।[3] मुक्तात्मा का वेदों से कोई सम्बन्ध ही नहीं है, और संसार के बन्धन में पड़े हुए मनुष्यों के अन्दर वह योग्यता नहीं कि इस कार्य को कर सकें।[4] और न ही वेद नित्य हैं, क्योंकि उनका स्वरूप अन्य कार्यों जैसा ही है। उच्चारण किए जाने के पश्चात् अक्षर नष्ट हो जाते हैं। जब हम कहते हैं 'यह वही अक्षर है' तो इसका आशय यह होता है कि यह उसी वर्ग का है।[5] केवल इसलिए कि वेदों का उद्‌भव किसी शरीरधारी से नहीं हुआ, हम यह अनुमान नहीं कर सकते कि वे नित्य हैं, क्योंकि अंकुर नित्य नहीं हैं, यद्यपि इसका विकास भी किसी शरीरधारी से नहीं है।[6] वेदों के विषय इन्द्रियातीत हैं, तो भी "इन्द्रियातीत विषयों में भी व्यापक रूपों के द्वारा, जिनसे पदार्थ, अथवा शब्द द्वारा प्रतिपादित विषय के स्वरूप का निर्णय होता है, अन्तर्दृष्टि हो सकती है।"[7] यद्यपि वेद किसी शरीरधारी की रचनाएं नहीं हैं, तो भी आप्त विद्वानों ने अपने शिष्यों को पदार्थों को व्यक्त करने की उनकी स्वाभाविक शक्ति का पता दे दिया है।[8] अशरीरी द्वारा रचित होने के कारण, वेद संशय और परस्पर असंगति से रहित हैं और उन्हें स्वतःप्रमाण के रूप में स्वीकार किया गया है। यदि वेदों की प्रामाणिकता अन्य किसी पर आश्रित होती, तो वे हमारे लिए प्रामाणिक ग्रंथ सिद्ध न हो सकते।[9] कपिल मुनि ने कल्प के प्रारम्भ में उन्हें केवल स्मरण किया। उनके अन्तर्गत जो धार्मिक उपदेश हैं उनको मुक्त पुरुषों ने कसौटी पर कसकर तदनुकूल आचरण किया और उन्हें अन्यान्य मनुष्यों तक पहुंचाया। यदि वे जिनसे हम शास्त्रों का अध्ययन करते हैं, स्वयं प्रेरणाप्राप्त ऋषि नहीं हैं, बल्कि उन्होंने भी उस ज्ञान को दूसरे से लिया है, तो यह ऐसी अवस्था है जैसेकि एक अंधा दूसरे अंधे का मार्गप्रदर्शक हो।[10] हम आप्त पुरुषों को यथार्थ मानकर स्वीकार करते हैं, क्योंकि उनके वाक्यों की प्रामाणिकता ज्ञान की अन्यान्य शाखाओं, यथा आयुर्वेद आदि में कसौटी पर कसे जाने पर सिद्ध हो चुकी है।[11]

---

1. 5 : 33-35
2. सांख्यप्रवचनसूत्र, वृत्ति, 5 : 38।
3. सांख्यप्रवचनसूत्र, 5 : 46।
4. सांख्यप्रवचनसूत्र, 5 : 47।
5. सांख्यप्रवचनसूत्र, वृत्ति, 5 : 45। स्फोटवाद का खण्डन, 5 : 57 में किया गया है और शब्द कार्यरूप होने से अनित्य कहा गया है (5 : 58)।
6. सांख्यप्रवचनसूत्र, 5 : 48।
7. अतीन्द्रियेष्वपि पदार्थताऽवच्छेदकेन सामान्यरूपेण प्रतीतेर्वक्ष्यमाणत्वात् (सांख्यप्रवचनभाष्य, 5 : 42)।
8. सांख्यप्रवचनभाष्य, 5 : 43।
9. सांख्यप्रवचनसूत्र, 5 : 51।
10. सांख्यप्रवचनसूत्र, 3 : 81।
11. सांख्यप्रवचनभाष्य, 1 : 98; 4 : 51।

सांख्य यह जानता है कि अन्य भी कतिपय ऐसी पद्धतियां हैं जो ईश्वर की वाणी होने का दावा करती हैं। इसलिए उसका तर्क है कि इस विषय की खोज के लिए कि कौन-सा ईश्वरीय विधान यथार्थ है और कौन-सा नहीं, तर्क का उपयोग करना चाहिए। वाचस्पति का कहना है कि "इन पद्धतियों की अप्रामाणिकता इस कारण से है कि ये युक्तिविहीन कथन करती हैं, इन्हें पर्याप्त समर्थन का अभाव है, इनके अन्दर कहीं-कहीं तर्क-विरोधी कथन पाए जाते हैं, तथा इन्हें म्लेच्छ व इसी प्रकार की अन्यान्य नीच जातियों ने स्वीकार किया है।"[1] अनिरुद्ध ने अपनी वृत्ति में एक श्लोक निम्न आशय का उद्धृत किया है : "आकाश से महान् दैत्य केवल इसलिए नहीं उतरते कि कोई आप्त अथवा योग्य पुरुष ऐसा कहता है। मैं तथा तुम्हारे जैसे अन्य पुरुष केवल ऐसे ही कथनों को स्वीकार करते हैं जिनका समर्थन तर्क द्वारा हो सके।"[2]

सांख्य ने वेद को ज्ञान का साधन स्वीकार करके अपने को नवीन कृति के रूप में प्रतीत होने से बचाया है। किन्तु जैसा हम देखेंगे, इसने कितनी ही पुरानी रूढ़ियों को छांटकर अलग कर दिया है तथा औरों की, मौनभाव धारण करके, उपेक्षा की है। निःसन्देह इसने कहीं भी वेदों का स्पष्ट रूप में विरोध नहीं किया है, किन्तु उनकी नींव को खोखला कर देने की कहीं अधिक भयानक प्रक्रिया का आश्रय लिया है।

बुद्धि का रूपान्तर प्रमाण है और इन रूपान्तरों की यथार्थता अथवा अयथार्थता की परीक्षा परवर्ती रूपान्तरों द्वारा की जा सकती है, बाह्य पदार्थों के द्वारा नहीं। भ्रमात्मक बोध का विषय कोई अभावात्मक पदार्थ नहीं है, बल्कि भावात्मक पदार्थ है। जल की भ्रांति का विषय (पदार्थ) जल है और जब इस भ्रमात्मक बोध का सूर्य की किरणों के बोध से खण्डन हो जाता है, तो पिछले बोध का विषय सूर्य की किरणें हो जाती हैं।[3] यथार्थता तथा अयथार्थता स्वयं बोध से ही सम्बन्ध रखती हैं।[4] कभी-कभी यह कहा जाता है कि केवल श्रुति ही स्वतः प्रमाण है, और प्रत्यक्ष तथा अनुमान दोनों में ही भ्रम का रहना सम्भव है और इसलिए इनकी पुष्टि की आवश्यकता होती है।[5] यथार्थता की परख 'अर्थक्रियाकरित्व' (अर्थात् कार्य सिद्ध करने की क्षमता) है। इसके अतिरिक्त, हमारा बोध-ग्रहण हमारे अहंकार अथवा निजी प्रयोजन की अपेक्षा करता है। संसार का अपने से भिन्न निरपेक्ष ज्ञान प्राप्त करना कठिन है। जीव अपनी ही एकान्त चेतना के अन्दर बद्ध है, और उससे परे यथार्थता के ज्ञान को प्राप्त नहीं कर सकता। परिणाम यह निकला कि प्रत्येक लौकिक ज्ञान एक मुख्य त्रुटि से दूषित है। प्रत्येक बोध जिसमें पुरुष का सम्बन्ध है उसे आभ्यन्तर इन्द्रिय के साथ सम्मिश्रित कर देता है। बुद्धि की छाया जैसे ही पुरुष पर पड़ती है वैसे ही पुरुष ऐसा प्रतीत होता है कि वह ज्ञानसम्पन्न है।[6]

---

1. तत्त्वकौमुदी, 5।
2. न ह्याप्तवचनान्नभसो निपतन्ति महासुराः।
   युक्तिमदवचनं ग्राह्यं मयाऽन्यैच भवद्विधैः॥ (1 : 26)।
3. प्रभाचंद्र इसकी आलोचना इस आधार पर करता है कि यह यथार्थ तथा अयथार्थ बोध के भेद को नष्ट कर देता है।
4. नैय्यायिक इस आधार पर इस मत की आलोचना करता है कि यह यदि बोध आभ्यन्तर रूप से अयथार्थ होते तो हम कार्य न कर सकते। और यदि वे आभ्यन्तर रूप में यथार्थ हैं तो हम भ्रांत बोधों का, जो तथ्य हैं, कोई कारण नहीं बता सकते।
5. सांख्यप्रवचनसूत्र, 1 : 147; और देखिए 1 : 36, 77, 83, 154; 2 : 20, 22; 3 : 15, 80; 4 : 22।
6. तत्त्वकौमुदी, 5।

15. सांख्य की ज्ञान-सम्बन्धी प्रकल्पना पर कुछ आलोचनात्मक विचार

सांख्य के तत्त्वज्ञान के समालोचनात्मक मूल्यांकन को किसी आगामी अध्याय के लिए स्थापित रखते हुए, यहां हम सांख्य की ज्ञानविषयक प्रकल्पना के कुछ आश्चर्यजनक दोषों पर संक्षेप में दृष्टिपात करेंगे।[1] इस तथ्य के आधार पर कि इस आनुभविक जगत् में व्यक्ति प्रस्तुत सामग्री को लेकर ही चलता है, सांख्य का तर्क है कि विषयी तथा विषय दोनों का स्वतन्त्र अस्तित्व है। जैसाकि हम न्याय की ज्ञानविषयक प्रकल्पना के विवेचन में देख आए हैं, विशुद्ध विषयी और विशुद्ध विषय मिथ्या अमूर्तभाव हैं, जिनका उस मूर्त अनुभव के अतिरिक्त जिसमें वे कार्य करते हैं, और कोई अर्थ नहीं है। जब सांख्य अनुभव के मूर्त एकत्व को विषयी तथा विषय इन दो अंशों में विभक्त कर देता है और उन्हें काल्पनिक रूप में निरपेक्ष बना देता है, तो यह अनुभवरूप तथ्य का कारण नहीं बता सकता। जब पुरुष को विशुद्ध चैतन्य रूप, एक स्थायी प्रकाश माना गया, जो सब ज्ञेय पदार्थों को प्रकाशित करता है और प्रकृति का चैतन्य का विरोधी तथा सर्वथा विजातीय माना गया, तो प्रकृति कभी भी पुरुष का विषय नहीं बन सकती। सांख्य उस खाई को जो उसने विषयी और विषय के बीच खोद दी है कभी भी पार नहीं कर सकता। निकट स्थिति, प्रतिबिम्ब और इसी प्रकार के अलंकार केवल कृत्रिम उपाय हैं, जो केवल काल्पनिक लोगों की ही चिकित्सा कर सकते हैं। यदि पुरुष और प्रकृति ठीक उसी रूप में हैं, जैसाकि सांख्य उन्हें मानता है, तो पुरुष कभी भी प्रकृति का ज्ञान प्राप्त नहीं कर सकता। पुरुष यह कभी नहीं प्रकट कर सकता कि उसके अपने चैतन्य में हुए परिवर्तन, जिनको बुद्धि के रूपान्तरों का प्रतिबिम्ब कहा जाता है, किस प्रकार सम्पन्न होते हैं। सांख्य का कहना है कि जब बुद्धि का रूपान्तर होता है तो इस रूपान्तर का प्रतिबिम्ब पुरुष के चैतन्य में पड़ता है। यदि केवल तर्क के लिए प्रतिबिम्ब की इस प्रकल्पना को यथार्थ भी मान लें, तो क्या इस प्रकार मनोवैज्ञानिक विषयि-विज्ञानवाद के पाश में नहीं जकड़े जाते? प्रतिबिम्ब को ग्रहण करना तथा एक ऐसी यथार्थता का प्रत्यक्ष ज्ञान जो केवल मानसिक नहीं है, एक बात नहीं है। बाह्य पदार्थ तथा आभ्यन्तर विचार में क्या सम्बन्ध है? यदि दोनों में कार्यकारण-सम्बन्ध है तो दोनों में जो नितान्त विरोध है उसका क्या बनेगा? क्या प्रत्यक्ष ज्ञान कभी भी केवल चैतन्य का एक परिवर्तन होता है? क्या यह सदा पदार्थ की अभिज्ञता नहीं है? यदि हम अभिज्ञता तथा पदार्थ को दो भिन्न-भिन्न यथार्थसत्ताएं मान लें तो क्या हम प्रमाणीकृत अनुभव से दूर नहीं चले जाते? यदि पुरुष और प्रकृति एक-दूसरे से नितान्त असम्बद्ध हैं, तो हम चैतन्यपूर्ण घटना अथवा भौतिक प्रक्रिया की भी व्याख्या नहीं कर सकते। यह निश्चय ही एक प्रसंगदोष है। किन्तु सांख्य अपनी इस असन्तोषजनक स्थिति को अनेकों अलंकार तथा असंगतियां प्रस्तुत करके छिपाता है। जब विषयी और विषय एक-दूसरे के सम्पर्क में आते हैं तो कहा जाता है कि परस्पर गुणों का प्रतिबिम्बीकरण होता

1. सांख्य तथा काण्ट द्वारा प्रतिपादित ज्ञान-विषयक प्रकल्पनाओं में कुछ-कुछ सादृश्य है। दोनों में ही इस प्रपंचमय जगत् का निर्माण अतीन्द्रिय विषयी (पुरुषों) तथा विषय प्रकृति के सहयोग से हुआ है। दोनों ही परलोक में आत्माओं की स्वाधीनता को मानते हैं और (प्रकृति) के अस्तित्व को स्वीकार करते हैं, क्योंकि विषयी अपनी निष्क्रियता के कारण अपनी संवेदनाओं को उत्पन्न नहीं कर सकते। दोनों ही का मत है कि ईश्वर का अस्तित्व सिद्ध नहीं किया जा सकता। अन्य पक्षों में दोनों के प्रबल मतभेद भी हैं।

है; तभी गुणों का संक्रमण भी होता है। जब तक विषयी और विषय एक-दूसरे के सजातीय न हों, एक-दूसरे को प्रतिबिम्बित कैसे कर सकते हैं? बुद्धि, जो जड़ पदार्थ है पुरुष को कैसे प्रतिबिम्बित कर सकती है? और निराकार पुरुष, जो सतत द्रष्टा है, बुद्धि के अन्दर किस प्रकार प्रतिबिम्बित हो सकता है, क्योंकि बुद्धि तो परिवर्तनशील है। इसीलिए दोनों स्वभाव में परस्पर सर्वथा भिन्न नहीं हो सकते। योगसूत्र के विभूतिपाद में अन्तिम सूत्र में कहा है कि जब बुद्धि भी इतनी विशुद्ध हो जाती है जितना कि पुरुष है तो मोक्ष की प्राप्ति होती है।[1] विशुद्ध बुद्धि पुरुष को बन्धन में डालने का कारण नहीं बनती; और बुद्धि के विनष्ट होने से पूर्व पुरुष का प्रतिबिम्ब विशुद्ध बुद्धि के अन्दर पड़ता है। बुद्धि के द्वारा पुरुष और प्रकृति का सम्पूर्ण ज्ञान तथा उनके परस्पर भेद का भी ज्ञान सम्भव होता है। जब तक बुद्धि स्वार्थपरक उद्देश्यों तथा विशेष-विशेष प्रयोजनों से रंजित रहती है, तब तक हम सत्य को नहीं जान सकते।

सांख्य सिद्धान्त के अनुसार, ज्ञानरूपी तथ्य की व्याख्या नहीं की जा सकती, क्योंकि ज्ञान विषयी और विषय के सम्बन्ध का नाम है। सांख्य स्वीकार करता है कि विषय (पदार्थ) ज्ञात होने के लिए विषयी पर निर्भर करता है, और विषयी को जानने के लिए विषय (पदार्थ) की आवश्यकता है। दूसरे शब्दों में, यदि दोनों का संश्लेषण न हो तो ज्ञान हो नहीं सकता। विषयी अपने को पूर्ण रूप में नहीं जान सकता जब तक कि वह विषय को पूर्ण रूप में न जान ले। और यह तब तक विषय (पदार्थ) को नहीं जान सकता जब तक कि विषय विषयी द्वारा व्यक्त न कर दिया जाए। इस प्रकार दोनों का सम्बन्ध क्या आवश्यक नहीं है? दोनों एक-दूसरे के लिए बाह्य नहीं हो सकते। बाह्यता की भावना उसी अवस्था में उत्पन्न होती है जबकि हम इसकी व्याख्या के लिए अनुभवरूपी तथ्य के परे जाते हैं।

चैतन्य के तत्त्व का प्रत्यक्षज्ञान अपने-आप में कभी नहीं होता। इसका ज्ञान द्वारा अनुमान किया जाता है। इसे विशुद्ध अभिज्ञता कहा जाता है। ज्ञान के सार्वभौम तत्त्व को ही अमूर्त रूप में पुरुष कहा गया है, अथवा यह ऐसा चैतन्य है जिसका कोई आकार नहीं, कोई गुण नहीं और जिसमें कोई गति नहीं है। इसे विशुद्ध प्रमाता (विषयी) बताया गया है। चैतन्य के अन्तस्तत्त्व, जो सदा घटते-बढ़ते रहते हैं, पदार्थ-जगत् से आते हैं, और यह पदार्थ-जगत् ऐसी एक प्रकार की मौलिक एकता है जिसका स्वभाव ही परिवर्तनशीलता है। समस्त विषय (प्रमेय) भौतिक हैं, जिनके अन्दर इन्द्रिय सामग्री और मानसिक अवस्थाएं भी सम्मिलित हैं जो अपने स्वरूप में परिमित हैं। ये आती-जाती रहती हैं और बाह्य वस्तुओं की प्रकृति मात्र हैं, यद्यपि इनका निर्माण सूक्ष्म सामग्री से हुआ है। यद्यपि बुद्धिगत परिवर्तन उसी वर्ग में आते हैं जिसमें संसार की अन्य वस्तुएं आती हैं, तो भी पुरुष बुद्धि को प्रकाशित करता है क्योंकि बुद्धि अत्यन्त सूक्ष्म स्वरूप की है और उसमें सत्त्वगुण प्रचुर मात्रा में हैं। प्रकृति के अन्य पदार्थों की अपेक्षा बुद्धि पुरुष के प्रकार को प्रतिबिम्बित करने के लिए अधिक अनुकूल है।[2] जहां तक ज्ञान का

---

1. सत्त्वपुरुषयोः शुद्धिसाम्ये कैवल्यम्।

2. मूर्त द्रव्य में पुंज और शक्ति, जो तमोगुण तथा रजोगुण के प्रतिरूप हैं, प्रधान लक्षण हैं। बुद्धि में तमोगुण सबसे न्यून है और सत्त्वगुण सबसे अधिक है, और इसीलिए इसके अन्दर पारदर्शकता का गुण है। यदि बुद्धि के अन्दर केवल सत्त्व और रजस् गुण के ही अवयव रहते तो वह एक ही समय में समस्त पदार्थों को प्रकाशित कर देती। तमस् के अंश के कारण वह ऐसा नहीं कर सकती। चेतनता रूपी प्रकाश वहां-वहां प्रतिबिम्बित होती है जहां-जहां से तमोगुण दूर हो जाता है। एक अर्थ में, बुद्धि अपने अन्दर समस्त ज्ञान को क्षमता के रूप में निहित किए रहती है। परिणमन का समस्त क्रम वस्तुतः अन्धकार के आवरण के उठ जाने पर ही आश्रित है।

सम्बन्ध है, हम अन्य वस्तुओं का ज्ञान बुद्धिगत परिवर्तनों अथवा मनःसामग्री के द्वारा ही प्राप्त करते हैं। ज्ञान की प्रत्येक क्रिया के दो अंश होते हैं—एक चैतन्यरूपी तत्त्व, जो इसे प्रकाशित करता है और दूसरा बुद्धि का परिवर्तित रूप। बुद्धि अपने-आप में तो अचेतन है किन्तु ज्यों ही पुरुष द्वारा प्रकाशित होती है, त्यों ही चैतन्य का अन्तस्तत्त्व हो जाती है। बुद्धि की गतियां अपने-आप में अचेतन हैं किन्तु पुरुष के साथ सम्बन्ध हो जाने से उन्हें व्यक्ति के संगत अनुभव मान लिया जाता है। अनुभव के अपने अन्दर दो तत्त्व हैं, जिनमें से एक निरन्तर रहनेवाला तथा दूसरा परिवर्तनशील है। हम दोनों को पृथक् नहीं कर सकते और ऐसा तर्क उपस्थित नहीं कर सकते कि दोनों का पृथक् अस्तित्व है और केवल अनुभव में आकर वे एकत्र हो जाते हैं। इस प्रकार की धारणा बनाना कि प्रमाता और प्रमेय अपने-आप में पूर्ण हैं, सत्यरूपी बिना जोड़ के वस्त्र को फाड़ देना होगा क्योंकि इस प्रकार हम उसके विभिन्न घटकों को पूर्ण इकाई के विरोध में खड़ा कर देते हैं जबकि वे उस इकाई के अनिवार्य अंग हैं। यदि पुरुष आत्मा है और प्रकृति अनात्म है तो पारिभाषिक दृष्टि से भी परस्पर ये विरुद्ध हैं और इनके बीच कोई सम्पर्क नहीं हो सकता, और सांख्य जो इनके पारस्परिक सम्बन्ध को यन्त्रवत् बतलाता है, सो ठीक ही है। एक यन्त्रवत् सम्बन्ध इस विषय का उपलक्षण है कि चैतन्य के विषयी तथा विषय केवल संख्या की दृष्टि से ही नहीं, बल्कि स्वतः पूर्णरूप से एक-दूसरे के अनाश्रित तथा परस्पर भिन्न हैं। बुद्धि के यान्त्रिक रूपान्तर मानो जादू के बल से चेतनता के प्रकाश से प्रकाशित हो जाते हैं। इस विषय में हमें चेतनतायुक्त ज्ञान का कोई समाधान नहीं मिलता।[1] यान्त्रिक रूपान्तर के अवसर पर चेतनता का उदय तक विस्मयकारक रहस्य है किन्तु यह समस्या हमारी अपनी ही निर्माण की हुई है। सबसे पहले तो हम एक विशुद्ध विषयी तथा एक विशुद्ध विषय की सत्ता की धारणा बना लेते हैं, जो अनुभव के क्षेत्र से सर्वथा बाहर है, और फिर उन दोनों को अनुभव के अन्दर एकत्र करने की पूरी चेष्टा करते हैं। एक अधिक सत्य दार्शनिक ज्ञान हमें बताता है कि विषयी और विषय का भेद चैतन्य अथवा ज्ञान के अन्दर किया जाता है, इसके बाहर नहीं। विषयी और विषय एकसाथ नहीं आते, किन्तु वस्तुतः वे एक-दूसरे से पृथक् नहीं किए जा सकते। यदि अनुभव अपने को व्यक्त कर सकता तो यह हमें बताता कि विषयी और विषय एकत्व रूप में प्रस्तुत किए जाते हैं। यदि हम इस विषय को समझ लें कि समस्त चैतन्यमय अनुभव में मौलिक सम्बन्ध उन अवयवों (घटकों) का सम्बन्ध है जो एक ऐन्द्रिय एकता में हैं, जो एक-दूसरे के अन्दर ठीक वैसे ही रहते हैं जैसे कि किसी जीवित प्रक्रिया में पक्ष (पद) होते हैं, अथवा जो किसी ऐसे व्यापक के अन्दर रहते हैं जो दोनों के ऊपर है यद्यपि वह दोनों से सर्वथा भिन्न नहीं है, तो ज्ञान को समझा जा सकता है। व्यापक चेतनता का मौलिक तथ्य सम्पूर्ण ज्ञान की पूर्वकल्पना है। सांख्य का पुरुष वस्तुतः यह व्यापक आत्मा होनी चाहिए, यद्यपि मनोवैज्ञानिक और आध्यात्मिक आत्मा को परस्पर मिला देने से इसे अनेक मान लिया गया है। निःसन्देह प्रत्येक जीव के अन्दर यह विश्वात्मा कार्य कर रही है। एक अर्थ में, हमारा ज्ञान व्यापक तत्त्व की अभिव्यक्ति है। किन्तु, एक दूसरे दृष्टिकोण से, यह एक विवेकपूर्ण प्रक्रिया पर निर्भर है,[1]

1. तुलना कीजिए : "अचेतन अहंकार से आत्म-प्रकाशित आत्मा की अभिव्यक्ति होती है, यह कथन ऐसा ही है जैसेकि कहा जाए कि बुझा हुआ कोयला सूर्य को अभिव्यक्त करता है।"

शान्तांगार इवादित्यमहंकारो जड़ात्मकः।
स्वयं ज्योतिषमात्मानं व्यनक्तीति न युक्तिमत्॥

यामुनाचार्यः आत्मसिद्धि, ब्रह्मसूत्र के रामानुजभाष्य, 2 : 1, 1 से उद्धृत।

जिसको इसके अनुरूप पदार्थों द्वारा बाहर से उत्तेजना मिलनी चाहिए। जिनके अन्दर बुद्धि का विकास हुआ है उनमें बुद्धि एक ही समान है, और वह सब स्थानों पर अपने को व्यक्तिगत सीमाओं से मुक्त करने के लिए संघर्ष कर रही है। और यह बुद्धि सब वस्तुओं को किसी विशेष संस्थान के दृष्टिकोण से नहीं, बल्कि विशुद्ध विषय के दृष्टिकोण से देखती है। जहां एक अर्थ में हमारा ज्ञान हमारा अपना है, वहां दूसरे अर्थ में यह हमसे, जो इसे धारण किए हुए हैं, स्वतन्त्र है।

16. नीतिशास्त्र

सांख्य दुःख की सार्वभौमिकता को स्वीकार करके अपने दर्शनशास्त्र का प्रारम्भ करता है,[1] और यह दुःख तीन प्रकार का है : 'आध्यात्मिक', अर्थात् ऐसा दुःख जो मनुष्य के आत्मिक-भौतिक स्वरूप के कारण उत्पन्न होता है; आधिभौतिक, अर्थात् जो दुःख बाह्य जगत् के कारण उत्पन्न हो; तथा आधिदैविक अर्थात् वह दुःख जो अतिप्राकृतिक कारणों अर्थात् दैवीय शक्तियों से प्राप्त हुआ हो। वह दुःख जो शरीर-सम्बन्धी अव्यवस्थाओं अथवा मानसिक अशान्ति के कारण उत्पन्न हो, प्रथम कोटि का दुःख है; द्वितीय कोटि का दुःख वह है जो मनुष्यों, पशुओं तथा पक्षियों से प्राप्त होता है; और तृतीय कोटि के दुःख का अस्तित्व ग्रहों तथा पंचतत्त्वों के कारण है।[2] प्रत्येक व्यक्ति दुःख को कम करने और यथासम्भव उससे छुटकारा पाने का प्रयत्न करता है। किन्तु चिकित्साशास्त्र में निर्दिष्ट औषधियों अथवा धर्मशास्त्रों में विहित उपायों से दुःख को जड़मूल से नष्ट नहीं किया जा सकता है।[3] वैदिक कर्मकाण्ड के अनुष्ठान से मुक्ति की प्राप्ति नहीं हो सकती। बौद्ध तथा जैन मत की भांति, सांख्य भी इसी विषय पर बल देता है कि वैदिक कर्मकाण्डों में महान् नैतिक सिद्धान्तों के विपरीत आचरण पाया जाता है। जब हम 'अग्निष्टोम' यज्ञ के लिए किसी पशु की हत्या करते हैं तो अहिंसा के नैतिक सिद्धान्त का व्याघात होता है। जीवहत्या, भले ही यज्ञ में क्यों न की जाए, पाप की जननी है। इसके अतिरिक्त यज्ञ के अनुष्ठान से जिस प्रकार का स्वर्ग प्राप्त होता है वह भी अस्थायी है। स्वर्ग का जीवन तीनों गुणों से उन्मुक्त नहीं है। धर्म के अनुष्ठान और यज्ञ से हम कुछ समय के लिए पाप को दूर कर सकते हैं, किन्तु उससे सर्वथा छुटकारा नहीं पाते। मृत्यु द्वारा भी हम पाप से बचकर नहीं निकल सकते, क्योंकि वही भाग्य जन्मजन्मान्तर में भी हमारा पीछा करता है। यदि दुःख आत्मा के लिए स्वाभाविक हैं तो हम निःसहाय हैं; यदि वे केवल आकस्मिक हैं तथा अन्य किसी वस्तु से उत्पन्न होते हैं तो हम दुःख के उद्भवस्थान से अपने को पृथक् करके दुःख से छुटकारा पा सकते हैं।

बन्धन का सम्बन्ध प्रकृति से है और यह पुरुष के कारण होता है, ऐसा कहा गया है। "यद्यपि दुःख के बोधरूप में बन्धन तथा क्रियाओं के रूप में भेद और अभेद चित्त या आभ्यन्तर इन्द्रिय से सम्बन्ध रखते हैं, तो भी पुरुष का सुख अथवा दुःख केवल उसके अन्दर पड़े दुःख के प्रतिबिम्बरूप में है।"[4] पुरुष का बन्धन एक मिथ्या विचार[5] है, और यह इसके चित्त के निकट होने के कारण है। इसीलिए इसे 'औपाधिक' कहा जाता है। यदि दुःख के

---

1. सांख्यप्रवचनसूत्र, 6 : 6-8; योगसूत्र, 2 : 15।
2. तत्त्वकौमुदी, 1।
3. सांख्यकारिका, 2,
4. सांख्यप्रवचनभाष्य, 1 : 58।
5. वाङ्मात्रम् सांख्यप्रवचनसूत्र, वृत्ति, 1 : 58।

साथ पुरुष का सम्बन्ध वास्तविक होता तो उसे दूर नहीं किया जा सकता था। विज्ञानभिक्षु कूर्मपुराण से एक श्लोक उद्धृत करता है[1], जिसका आशय इस प्रकार है : "यदि आत्मा स्वभाव से अशुद्ध, अशुचि तथा विकारवान होती तो वस्तुतः इसके लिए सैकड़ों जन्मों में भी मोक्ष सम्भव न हो सकता।"[2] बन्धन का कारण काल अथवा देश, शरीरधारण अथवा कर्म नहीं है।[3] ये सब अनात्म के साथ सम्बन्ध रखते हैं। किसी एक वस्तु का गुण दूसरी वस्तु के अन्दर परिवर्तन नहीं उत्पन्न कर सकता, क्योंकि उस अवस्था में या तो सभी को सुखानुभव होगा या सब दुःख का अनुभव करेंगे।[4] प्रकृति का पुरुष के साथ संयोग होने से ही बन्धन की सृष्टि होती है, पुरुष स्वभाव से नित्य तथा शुद्ध है, ज्ञानस्वरूप तथा बन्धनरहित है।[5] प्रकृति की केवल उपस्थिति ही अनुभव के कारण नहीं हैं, क्योंकि ऐसा मानने से मुक्तात्माओं को भी अनुभव हो सकेगा; बल्कि इसका कारण है—"अनुभव का विषय, जो मोक्ष की अवस्था में विद्यमान नहीं होता।"[6] अविवेक बन्धन का कारण है। अविवेक का सम्बन्ध बुद्धि से है, यद्यपि इसका विषय है पुरुष। इससे परिणाम यह निकला कि जब हमारा अविवेक दूर होगा, केवल तभी दुःख भी दूर होगा। ज्ञान तथा अज्ञान ही क्रमशः मोक्ष तथा बन्धन के निर्णायक हैं।[7]

पुरुष सदा से स्वतन्त्र है। यह न इच्छा करताा है, न द्वेष करता है, न शासन करता है, न आज्ञापालन करता है, न किसी को प्रवृत्त करता है, न रोकता है। नैतिक जीवन सूक्ष्म शरीर में निहित है, जो प्रत्येक जन्म में पुरुष के साथ जाता है। दुःख शारीरिक जीवन का सार है।[8] जब आत्मा अकेली रहती है तो पवित्र रहती है। सर्वोपरि श्रेय जो जीवात्मा का लक्ष्य है और जिसे प्राप्त करने के लिए वह पुरुषार्थ करती है, पुरुष की पूर्णता प्राप्त करना है। हमारी समस्त नैतिक क्रियाएं अपने अन्तःस्थ पुरुष की पूर्णतर अवस्था को ग्रहण करने के लिए हैं। यह संसारचक्र संघर्ष और परिवर्तन से ओत-प्रोत है और ऐसे अवयवों से मिलकर बना है जो एक-दूसरे के प्रति उदासीन तथा बाह्य हैं। जीवात्मा अपने अनन्त चक्रों में बराबर अपने साथ एकत्व-स्थापन के लिए पुरुषार्थ करती रहती है और असफल होती रहती है, अर्थात् पुरुष के पद को प्राप्त करने के लिए पुरुषार्थ करती है, जो अनादिकाल से अपने में एक है और परिपूर्ण है और जिसे किसी बाह्य वस्तु के साथ सम्बन्ध की आवश्यकता नहीं है। प्रत्येक जीव के अन्दर उच्चतम पुरुष विद्यमान है और इसके यथार्थ स्वरूप को ग्रहण करने के लिए अपने से बाहर जाने की आवश्यकता नहीं, बल्कि केवल अपने वास्तविक स्वरूप से अभिज्ञ होना है। नैतिक प्रक्रिया किसी नई वस्तु का विकास नहीं है, बल्कि केवल उसे खोज निकालना है जिसे हम भूल

---

1. 2 : 2, 12।
2. यद्यात्मा मलिनोऽस्वच्छो विकारी स्यात्स्वभावतः।
न हि तस्य भवेन्मुक्तिर्जन्मान्तरशतैरपि॥ (सांख्यप्रवचनभाष्य, 1 : 7)।
यदि दुःख पुरुष के लिए स्वाभाविक होता तो इससे छुटकारे के लिए जो आदेश दिया गया है उसकी कोई आवश्यकता न होती (सांख्यप्रवचनसूत्र, 1 : 8-11)।
3. सांख्यप्रवचनसूत्र, 1 : 2-16।
4. सांख्यप्रवचनसूत्र, वृत्ति, 1 : 17।
5. 1 : 19।
6. सांख्यप्रवचनसूत्र, वृत्ति, 6 : 44।
7. सांख्यप्रवचनसूत्र, 2 : 7। अनिरुद्ध अपनी सांख्यप्रवचनसूत्र वृत्ति में एक श्लोक उद्धृत करता है, जिसका आशय यह है : "वस्तुओं के स्वभाव में बन्धन नहीं है और न ही उसके अभाव के कारण मोक्ष प्राप्त हो जाता है। इन दोनों का निर्माण भूल के कारण हुआ है और इनकी कोई वास्तविक सत्ता नहीं है" (1 : 7)।
8. सांख्यकारिका, 55।

गए हैं। अपने यथार्थस्वरूप में लौट आने का नाम ही मोक्ष है और उस जुए को उतार फेंकना है जिसके अधीन जीवन ने अपने को कर रखा है। यह उस भ्रांति को दूर करना है जो हमारे यथार्थस्वरूप को हमारी दृष्टि से छिपाए हुए है। इस प्रकार का ज्ञान कि 'मैं नहीं हूं' (नास्मि), 'मेरा कुछ नहीं है' (न मे), और 'अहंभाव नहीं है' (नाहम्), मोक्ष को प्राप्त कराता है।[1]

मोक्ष ज्ञान के द्वारा प्राप्त होता है अवश्य, किन्तु यह ज्ञान केवल सैद्धान्तिक नहीं है। यह वह ज्ञान है जो धर्माचरण तथा योग आदि से निष्पन्न होता है।[2] जहां बन्धन का मूल मिथ्या ज्ञान (विपर्यय) है, वहां इस मिथ्या ज्ञान के अन्दर केवल अविद्या अथवा अयथार्थ बोध ही नहीं, बल्कि अस्मिता अथवा अहंभाव, राग अथवा इच्छा एवं द्वेष और अभिनिवेश अथवा भय भी आ जाते हैं।[3] ये अशक्ति अथवा अयोग्यता के कारण उत्पन्न होते हैं, जो अट्ठाईस प्रकार की है; जिनमें ग्यारह का सम्बन्ध इन्द्रियों से और सत्रह का सम्बन्ध बुद्धि से है।[4] निःस्वार्थ कर्म अप्रत्यक्ष रूप में मोक्ष का साधन है।[5] अपने-आप यह हमें मोक्ष की ओर नहीं ले जाता। इसके द्वारा दिव्य लोकों में जन्म मिलता है जिसे मोक्ष के साथ मिश्रित नहीं करना चाहिए।[6] सद्विवेक के पश्चात् जो वैराग्य होता है, वह उससे भिन्न है जो उससे पूर्व होता है।[7] वैराग्य अथवा अनासक्ति द्वारा ही प्रकृति के अन्दर विलय होता है।[8] प्रकृति के अन्दर इस प्रकार का विलय परम मुक्ति नहीं है; क्योंकि इस प्रकार प्रकृति में विलीन हुई आत्माएं फिर से ईश्वरों अथवा प्रभुओं के रूप में प्रकट होती हैं, क्योंकि उनकी भूल ज्ञान द्वारा दग्ध नहीं होती। "वह जो पूर्वसृष्टि में कारण (प्रकृति) में विलीन हो गया था, दूसरी सृष्टि में आदि पुरुष बनता है, जो स्वरूप में ईश्वर अथवा प्रभु होता है, सर्वज्ञ और सर्वकर्ता होता है।"[9] नैतिक पुण्यकर्म चैतन्य की गहराई तक पहुंचने में हमारे सहायक बनते हैं, जबकि दुष्कर्म इस चैतन्य को अन्धकारमय बनाते हैं। दुराचरण में लिप्त रहने में आत्मा अपने को भौतिक शरीर में अधिकाधिक फंसा लेती है।

सांख्यसूत्र में योग की पद्धति का प्रमुख स्थान है, यद्यपि सांख्यकारिका में ऐसा नहीं है। हम उसी अवस्था में विवेकमय ज्ञान प्राप्त कर सकते हैं जबकि हमारी भावनाप्रधान उत्तेजनाएं वश में रहें तथा हमारा अपनी बौद्धिक क्रियाओं पर नियन्त्रण रहे। जब इन्द्रियां नियमपूर्वक कार्य करती हों और मन शान्ति प्राप्त कर ले तो बुद्धि पारदर्शी हो जाती है और उसमें पुरुष का विशुद्ध प्रकाश प्रतिबिम्बित होता है। बुद्धि का आभ्यन्तर स्वरूप सात्त्विक है, परन्तु अपने प्राप्त किए हुए संवेगों तथा प्रवृत्तियों (वासनाओं) के कारण उसका अपनी

---

1. सांख्यकारिका, 64।
2. सांख्यप्रवचनभाष्य, 3 : 77 और 78।
3. सांख्यप्रवचनसूत्र और सांख्यप्रवचनभाष्य, 3 : 37।
4. सांख्यप्रवचनसूत्र, 3 : 38; सांख्यकारिका, 49।
5. 1 : 82, 85।
6. सांख्यप्रवचनसूत्र, 3 : 52-53।
7. तत्त्वकौमुदी, 23 में वैराग्य के चार भेद बताए गए हैं।
8. वैराग्यात् प्रकृतिलयः (सांख्यकारिका, 4; सांख्यप्रवचनसूत्र, 3 : 54)।
9. सांख्यप्रवचनभाष्य, 3 : 56। वाचस्पति ने नाना प्रकार के बन्धनों में भेद किया है, जैसे प्राकृतिक, वैकृतिक और दाक्षिणक। प्रथम प्रकार के प्रकृति को निरपेक्ष (परम्) आत्मा मानते हैं; दूसरे प्रकार के प्रकृतिजन्य भौतिक पदार्थों को निरपेक्ष आत्मा समझ लेते हैं' तीसरे आत्मा के यथार्थस्वरूप को भूलकर सांसारिक क्रियाओं में निजी स्वार्थों की सिद्धि के लिए लिप्त रहते हैं (तत्त्वकौमुदी, पृष्ठ 44; तत्त्वसमास, पृष्ठ 19)।

अन्तःस्थ विशुद्धि से ह्रास हो जाता है। बाह्य पदार्थों से चित्त पर पड़े दोषचिह्न ध्यान द्वारा दूर हो जाते हैं।[1] जब चित्त अपनी आद्यस्थिति को फिर से प्राप्त कर लेता है और अपने को इच्छाओं से मुक्त कर लेता है, तो बाह्य विषय प्रेम अथवा घृणा को उत्तेजना नहीं देते। जब बाह्य पदार्थ हमारे आहंकारिक हितों को उत्तेजित नहीं करते बल्कि अपने यथार्थस्वरूप को प्रकट करते हैं, तब हमें आध्यात्मिक शान्ति तथा शान्तचित्तता प्राप्त करना शेष रह जाता है। क्योंकि यह सर्वथा अनासक्ति साधारण मनुष्यों की पहुंच से बाहर है, इसलिए वे अवैयक्तिक दृष्टिकोण को कला का आश्रय लेकर विकसित करने का प्रयत्न करते हैं। कलापूर्ण रचनाएं प्राकृतिक जगत् से एक क्षणिक मुक्ति प्रदान करने में समर्थ होती हैं।

गुणों के सिद्धांत[2] में बहुत बड़ा नैतिक महत्त्व छिपा है। संसार के प्राणियों का वर्गीकरण उनके अन्दर भिन्न-भिन्न गुणों के अनुसार किया गया है। देवताओं में सत्त्वगुण की प्रधानता होती है तथा रजस् और तमस् न्यून अवस्था में रहते हैं। मनुष्य में तमोगुण का अंश देवों की अपेक्षा कम न्यून होता है। पशुजगत् में सत्त्वगुण बहुत न्यून हो जाता है। वनस्पति जगत् में औरों की अपेक्षा तमोगुण अधिक प्रधान रहता है। ऊपर की ओर उन्नति करने में सत्त्वगुण के अंश का क्रमिक रूप में बढ़ना और तमोगुण का न्यून होना सम्मिलित है, क्योंकि दुःख रजोगुण का विशेष परिवर्तित रूप है।[3] वस्तुतः गुण हमारे जीवन के प्रत्येक रेशे में मिलते हैं, संयुक्त होते हैं और चेष्टावान हैं। उनकी सापेक्ष क्षमता ही हमारे मानसिक स्वरूप की निर्णायक होती है। हमें इस जगत् में बहुत उच्च आध्यात्मिक शक्ति रखने वाले, आवेशपूर्ण उग्र शक्ति वाले और उदासीन हीनात्मा पुरुष मिलते हैं। यदि तमोगुण प्रधान हो तो वह निष्क्रियता को उत्पन्न करता है तथा अज्ञान, दुर्बलता, अयोग्यता, विश्वास के अभाव और कर्म करने में, अरुचि उत्पन्न करता है। यह असंस्कृत, आलसी और अज्ञानी मानव-स्वभाव को उत्पन्न करता है। जिन मनुष्यों में रजोगुण प्रधान होता है, वे साहसी, बेचैन तथा कर्मशील होते हैं। सत्त्वगुण के कारण विवेचनात्मक, संतुलित तथा विचारशील स्वभाव का विकास होता है। तीनों गुण भिन्न-भिन्न अनुपात में सब मनुष्यों में पाए जाते हैं किन्तु ऋषियों, सन्तों तथा महात्माओं में सत्त्वगुण बहुत उच्च कोटि की विकसित अवस्था में रहता है। योद्धा में, राजनीतिज्ञ में और कर्मवीर शक्तिशाली मनुष्य में रजोगुण बहुत उच्च कोटि की विकसित दशा में रहता है। यद्यपि ये गुण हमारे जीवन के प्रत्येक भाग में अपना असर रखते हैं, तो भी अपेक्षाकृत तीनों गुण जीवन के तीन आवश्यक अवयवों पर, अर्थात् मन, जीवन तथा शरीर पर अपना प्रभुत्व अधिक रखते हैं। सांख्य यज्ञों में किसी प्रकार का पुण्य नहीं मानता। उसके मत में शूद्रों के लिए उच्च शिक्षा का द्वार अवरुद्ध नहीं है। शिक्षक ब्राह्मण ही हो यह आवश्यक नहीं है, बल्कि जो मुक्तात्मा है वही शिक्षक है। योग्य शिक्षक (गुरु) की प्राप्ति हमारे पूर्वजन्म के सुकृत से होती है।

17. मोक्ष

सांख्यदर्शन में मोक्ष केवल प्रतीतिमात्र है, क्योंकि बन्धन का सम्बन्ध पुरुष के साथ है ही नहीं। बन्धन और मुक्ति पुरुष और प्रकृति के संयोग तथा वियोग को बतलाते हैं, जो अभेद

---

1. सांख्यप्रवचनसूत्र, 3 : 30; सांख्यप्रवचनभाष्य, 3 : 30।

2. जहां सांख्य में गुणों को ज्ञान-रहित माना गया है, वहां वेदान्त के अनुसार वे बुद्धि के स्वरूप को प्रतिबिम्बित करते हैं।

3. दुःख रजः परिणामविशेषः।

तथा भेद ज्ञान का परिणाम है।[1] प्रकृति पुरुष को बन्धन में नहीं डालती किन्तु नानाविध रूपों में स्वयं अपने को बन्धन में डालती है।[2] पुरुष तो पाप और पुण्य दोनों के विरोधों से सर्वथा स्वतन्त्र है।[3] इस प्रकार जहां बन्धन प्रकृति की ऐसे व्यक्ति के प्रति क्रिया है जो प्रकृति और पुरुष का भेदज्ञान नहीं रखता, वहां मुक्ति प्रकृति की ऐसे व्यक्ति के प्रति निष्क्रियता है जो भेदज्ञान रखता है।[4] जब प्रकृति सचेष्ट रहती है तो यह पुरुष के प्रतिबिम्ब को ग्रहण कर लेती है और अपनी छाया पुरुष के ऊपर डालती है। फिर भी पुरुष के अन्दर प्रतीत होता हुआ यह परिवर्तन कृत्रिम तथा अवास्तविक है।[5] सूक्ष्म शरीर के साथ पुरुष का संयोग ही संसार का कारण है, और पुरुष तथा प्रकृति के भेदज्ञान द्वारा इस संयोग का उच्छेद करके मोक्ष प्राप्त हो सकता है। जब प्रकृति अपने को पुरुष से पृथक् कर लेती है तो पुरुष अनुभव करता है कि प्रकृति के प्रयत्नों को अपना मानना मूर्खता थी। पुरुष अपना पृथक्त्व सदा के लिए स्थिर रखता है और प्रकृति फिर से निष्क्रिय हो जाती है। जब तक बाह्य पदार्थ आत्मा के यथार्थस्वरूप को आवृत किए रहते हैं तब तक मोक्षप्राप्ति नहीं हो सकती। जब प्रकृति कार्य करना बन्द कर देती है तब बुद्धि के परिवर्तन भी बन्द हो जाते हैं और पुरुष अपने स्वाभाविक रूप में आ जाता है।[6] "मुक्तात्मा के लिए प्रधान द्वारा सृष्टिकार्य का रोक दिया जाना इसके अतिरिक्त और कुछ नहीं है कि उसके अनुभव के कारण का उत्पादन नहीं होता अर्थात् उसकी अपनी उपाधि का विशेष रूपान्तर, जिसे जन्म कहते हैं, नहीं होता।"[7] मुक्त हो जाने पर पुरुष के साथ में कोई नहीं रहता, वह अपने अतिरिक्त और किसी को नहीं देखता तथा किसी प्रकार के विजातीय विचारों को भी प्रश्रय नहीं देता।[8] यह अब प्रकृति अथवा तज्जन्य पदार्थों पर निर्भर नहीं करता, बल्कि सर्वथा पृथक् एक नक्षत्र के समान रहता है, जिसे सांसारिक चिन्ताएं बाधा नहीं दे सकतीं। यथार्थ में बद्ध तथा मुक्त के अन्दर कोई भेद नहीं है, क्योंकि मुक्ति का अर्थ है उन बाधाओं का दूर हो जाना जो पुरुष के पूर्ण वैभव के अभिव्यक्त होने में अड़चन डालती हैं।[9] समाधि अर्थात् परमानन्ददायक चैतन्य की अवस्था में, सुषुप्ति और मोक्ष की अवस्था में बुद्धि के परिवर्तनों के विलय हो जाने से पुरुष अपने स्वाभाविक रूप अर्थात् ब्रह्मरूपता में रहता है।[10] सुषुप्ति तथा परमाह्लादकर चैतन्य की दशा में भूतकाल के अनुभवों के अवशेष विद्यमान रहते हैं। किन्तु मोक्ष की अवस्था में ये अनुपस्थित रहते हैं।[11] मोक्ष प्राप्त हो जाने पर भेदकारक ज्ञान स्वयं भी विलुप्त हो जाता है, क्योंकि यह एक ऐसी औषधि के समान है जो रोग के साथ-साथ अपने को भी

---

1. सांख्यप्रवचनसूत्र, 3 : 72।
2. सांख्यकारिका, 62।
3. सांख्यप्रवचनसूत्र, 3 : 64; योगसूत्र, 2 : 22।
4. सांख्यकारिका, 61।
5. सांख्यप्रवचनसूत्र, 2 : 8। और तुलना कीजिए सांख्यप्रवचनभाष्य, 1 : 164।
6. सांख्यप्रवचनसूत्र, 2 : 34; योगसूत्र, 2 : 3।
7. मुक्तं प्रति प्रधानसृष्ट्युपरमो यत् तद्भोगहेतोः स्वोपाधिपरिणामविशेषस्य जन्माख्यस्यानुत्पादनम् (सांख्यप्रवचनभाष्य, 6 : 44)।
8. प्रकृतिवियोगी मोक्षः : हरिभद्र।
9. सांख्यप्रवचनसूत्र, 6 : 20।
10. योगसूत्र, 1 : 4।
11. सांख्यप्रवचनसूत्र, 5 : 117।

बाहर निकाल देती है। मोक्ष नाम दुःख से छुटकारे का है, सब प्रकार के जीवन से छुटकारे का नहीं है। सांख्य का दृढ़ विश्वास है कि पुरुष निरन्तर रहता है, और इसीलिए हम सांख्य को निराशावादी नहीं मान सकते। जब प्रकृति का नाटक समाप्त हो जाता है तो इसके विकास अविकसित रूप में लौट आते हैं। पुरुष द्रष्टा रहते हैं यद्यपि उनके देखने के लिए कुछ शेष नहीं रहता। वे ऐसे दर्पण के समान रह जाते हैं जिनके अन्दर कुछ भी प्रतिबिम्बित होने को नहीं है। वे प्रकृति तथा उसके दूषणों से पृथक् सदास्थायी मुक्त अवस्था तथा कालातीत अवकाश में विशुद्ध प्रज्ञा के रूप में विद्यमान रहते हैं। मोक्ष की प्राप्ति पर "पुरुष अविचलित और आत्मसंयमी रूप में एक दर्शक की भांति उस प्रकृति के विषय में चिन्तन करता है जिसने अपना कार्य करना बन्द कर दिया है।"[1] सांख्य के मुक्ति-सम्बन्धी आदर्श को बौद्धों के शून्यतापरक आदर्श अथवा आत्मा के लोप[2] से, अथवा अद्वैत सिद्धान्त के ब्रह्म में विलीन होने[3] के भाव, अथवा योगदर्शन की अलौकिक सिद्धियों[4] के साथ न मिला देना चाहिए। और न ही मुक्ति आनन्द की अभिव्यक्ति है, क्योंकि पुरुष सर्वगुणातीत है।[5] धर्मशास्त्रों के वाक्य जो आनन्द के विषय में कहते हैं उनका तात्पर्य यही है कि मोक्ष की अवस्था दुःख से छुटकारा पाने का ही नाम है।[6] जब तक पुरुष के अन्दर गुण विद्यमान रहते हैं वह मुक्त नहीं है।[7]

भेदज्ञान के उत्पन्न हो जाने पर प्रकृति तुरंत ही पुरुष को स्वतन्त्र नहीं कर देती, क्योंकि पिछले स्वभाव के बल के कारण कुछ और काल तक इसका कार्य चलता रहता है।[8] होता केवल इतना ही है कि शरीर इसमें बाधक नहीं रह जाता। प्रारब्ध-कर्म के बल से शरीर भी चलता रहता है, यद्यपि नये कर्म संचित नहीं होते। जीवन्मुक्त को यद्यपि अविवेक नहीं व्याप सकता तो भी उसके पूर्वसंस्कार उसे शरीर धारण करने के लिए बाध्य करते हैं।[9] बन्धन से मुक्ति और शरीर का चलते रहना—ये दोनों अवस्थाएं एक-दूसरे के अनुरूप हैं (अर्थात् परस्पर-प्रतिकूल नहीं हैं), क्योंकि उनके निर्णायक, भिन्न-भिन्न कारण हैं। मृत्यु के उपरान्त जीवन्मुक्त सम्पूर्ण मोक्ष प्राप्त कर लेता है, जिसे 'विदेहकैवल्य' कहते हैं।[10] जीवन्मुक्त हमें मोक्ष के स्वरूप और उसकी प्राप्ति के उपायों के विषय में उपदेश करते हैं।[11]

यदि प्रकृति के नाटक का अन्त हो जाता है तो पुरुष फिर दर्शक नहीं रह जाता, क्योंकि उसके देखने को फिर कुछ नहीं रहता। तो भी ऐसा कहा गया है कि मुक्तात्मा को समस्त विश्व का ज्ञान रहता है।[12] इस विषय का ज्ञान हमको नहीं है कि मुक्तात्माओं में परस्पर सामाजिक सम्पर्क होता है या नहीं। ऐसा प्रतीत होता है कि वैयक्तिकता का

---

1. और देखिए सांख्यकारिका, 65।
2. सांख्यप्रवचनसूत्र, 5 : 77-79।
3. सांख्यप्रवचनसूत्र, 5 : 81।
4. सांख्यप्रवचनसूत्र, 5 : 82।
5. 5 : 74।
6. 5 : 67।
7. सांख्य का मोक्ष विषयक मत अरस्तू के परमानन्द के मत से भिन्न नहीं है जिसका रूप सब प्रकार की क्रियाओं से स्वतन्त्र चिन्तनमात्र है।
8. सांख्यकारिका, 67।
9. सांख्यप्रवचनसूत्र, 3 : 82-83।
10. छान्दोग्य उपनिषद्, 8 : 12, 1।
11. 3 : 79।
12. सांख्यप्रवचनसूत्र, वृत्ति, 6 : 59।

सर्वथा लोप हो जाना ही लक्ष्य है, व्यक्तित्व को ऊंचा उठाना लक्ष्य नहीं है। प्रकृति तथा अन्य आत्माओं से पृथक्त्व की सबसे उच्च अवस्था तो निष्क्रियता ही है, जिसमें भावना का कोई विश्वास अथवा कर्म की कोई चेष्टा क्षोभ उत्पन्न नहीं कर सकती। बहुत सम्भव है कि इसे मूर्च्छावस्था के समान समझ लिया जाए। प्रशस्तपाद सांख्य की मोक्षविषयक प्रकल्पना में आपत्ति उठाता है इस आधार पर कि प्रकृति, जो अपने स्वभाव से ही क्रियाशील है, निष्क्रिय नहीं रह सकती। यदि प्रकृति ज्ञानरहित है तो वह उस विषय का ज्ञान कैसे प्राप्त कर सकती है कि पुरुष ने सत्य का साक्षात्कार किया या नहीं?[1] यदि सांख्य के मत में वस्तुओं का केवल तिरोभाव होता है, नाश नहीं होता, तो अज्ञान तथा वासना आदि के भी पूर्णरूप में विनाश की कोई संभावना नहीं है। दूसरे शब्दों में, इसकी पूरी संभावना है कि वे मुक्तात्मा के अन्दर फिर से फूट निकलें।[2]

18. परलोक-जीवन

सांख्य दोनों दशाओं में आत्मा के अनन्त जीवन का निश्चित रूप में प्रतिपादन करता है। यदि आत्मा का जीवन अनन्त काल से न हो तो कोई कारण नहीं कि इसका जीवन अनन्त काल तक रहे। इसलिए आत्मा अजन्मा है। हम आत्माओं की नित्यता को जितना ही अधिक स्वीकार करेंगे, स्रष्टा ईश्वर की आवश्यकता उतनी ही कम होगी।[3] सांख्य के मतानुसार, प्रकृति और पुरुष में भेद न करना ही संसार का कारण है। यह अभेदभाव ही अन्तःकरण पर एक संस्कार छोड़ता है, जो आगामी जन्म में उसी सांघातिक दोष को उत्पन्न करता है। लिंगदेह, अथवा सूक्ष्म शरीर, के अन्दर, जो एक मूर्त शरीर से दूसरे मूर्त शरीर में निरन्तर संक्रमण करता है। बुद्धि, अहंकार और मन, पांचों ज्ञानेन्द्रियां तथा पांचों कर्मेन्द्रियां, पांच तन्मात्राएं और भौतिक तत्त्वों के मूलतत्त्व विद्यमान रहते हैं, जो बीज का कार्य करते हैं और उनमें से यह भौतिक शरीर उत्पन्न होता है। भौतिक तत्त्वों के ये सूक्ष्म भाग मानसिक उपकरण के लिए ऐसे ही आवश्यक हैं जैसे कि किसी चित्र के लिए परदा।[4] यह सूक्ष्म शरीर, जो स्वरूप में अपार्थिव है, अपने नानाविध संक्रमण में किए गए कर्मों के प्रभावों को ग्रहण करता है। नये शरीर के रूप का निर्धारण यही सूक्ष्म शरीर करता है। सुख और दुख का वास्तविक अधिष्ठान यही

---

1. "वस्तुतः उदाहरण के रूप में, हम देखते हैं कि उस अवस्था में भी जबकि यह शब्द का प्रत्यक्षज्ञान करवा देती है, यह उसी प्रत्यक्षज्ञान की ओर भी कार्य करती रहती है : और इसी प्रकार यह भेदभाव करा देने के पश्चात् भी उसी उद्देश्य को लेकर कार्य करती रहेगी, क्योंकि इसकी क्रियाशीलता का स्वभाव (उक्त ज्ञान से) दूर नहीं होगा" (प्रशस्तपादकृत पदार्थधर्मसंग्रह पृष्ठ 7)।

2. उदयनकृत 'परिशुद्धि', 2 : 2, 13; शास्त्रदीपिका, पृष्ठ 323 से आगे।

3. कुछ विचारक, जैसे मैक्टैगार्ट, सर्वशक्ति-रहित एवं अनुत्पादक ईश्वर के पक्ष में तर्क उपस्थित करते हैं।

4. सांख्यकारिका, 41। इसलिए हम यह नहीं कह सकते कि केवल बुद्धि, अहंकार तथा मन से ही काम चल जाएगा, क्योंकि इन्हें भी एक सूक्ष्म शरीर के आधार ही आवश्यकता होती है। कुछ विद्वानों के मत में यह वाक्य एक स्थूल शरीर की मांग उपस्थित करता है। किन्तु इस प्रकार की व्याख्या सन्तोषजनक नहीं है, क्योंकि यह प्रकट तथ्य है कि एक जीवन से दूसरे जीवन में संक्रमण काल में सूक्ष्म शरीर बिना स्थूल शरीर के भी विद्यमान रहता है। विज्ञानभिक्षु का सुझाव है कि एक तीसरे प्रकार का भी शरीर है जिसे अधिष्ठान-शरीर कहते हैं और जिसकी रचना भौतिक तत्त्वों के सूक्ष्म रूपों द्वारा होती है तथा जो सूक्ष्म शरीर को ग्रहण करता है (सांख्यप्रवचनभाष्य, 3 : 12)।

है।[1] सूक्ष्म शरीर, पुरुष से भिन्न होने पर भी, मनुष्य के विशिष्ट लक्षण तथा व्यक्तित्व को बनाता है। इसी के अन्दर संस्कार अथवा पूर्वप्रवृत्तियां निहित रहती हैं। सूक्ष्म शरीर की तुलना नाटक के ऐसे पात्र के साथ की जाती है जो नाना प्रकार की भूमिकाओं में कार्य करता है। इसमें यह शक्ति इसलिए है क्योंकि यह प्रकृति के सर्वव्यापकत्व गुण में हिस्सा बंटाता है। सूक्ष्म शरीर के साथ पुरुष का संयोग दुःख का कारण भी है और लक्षण भी है, और यह तब तक स्थिर रहता है जब तक यथार्थ अन्तर्दृष्टि प्राप्त नहीं हो जाती। जहां सूक्ष्म शरीर बराबर बने रहते हैं, वहां वे शरीर जिनका माता व पिता के द्वारा निर्माण होता है, मृत्यु के समय नष्ट हो जाते हैं।[2] सूक्ष्म शरीर का भौतिक शरीर के साथ सम्बन्ध ही जन्म है, तथा उससे पृथक् होना मृत्यु है। उन पुरुषों की अवस्था को छोड़कर जो मोक्ष को प्राप्त कर लेते हैं, लिंग-शरीर का अस्तित्व एवं पुनर्जन्म सम्पूर्ण मन्वन्तर तक रहता है, जिसके अन्त में विश्राम तथा साम्यावस्था की पुनरावृत्ति होती है। किन्तु जब सृष्टि का फिर से आरम्भ होता है तो यह पुनः अपने मार्ग पर चल देता है।

यथाक्रम शरीर रूपी ढांचों में प्रतिष्ठापन का निर्णय भावों (प्रवृत्तियों) द्वारा होता है, जो उन कर्मों के परिणाम हैं जिनका सूक्ष्म तथा भौतिक शरीर के बिना सम्पन्न होना असम्भव है।[3] बीज तथा अंकुर की भांति यह अन्योन्याश्रय-निर्भरता अनादि है और इसे दोष न मानना चाहिए।[4] बुद्धि, अहंकार, सूक्ष्म शरीर तथा स्थूल शरीर का विकास एक भौतिक प्रक्रिया है और परिणाम भी भौतिक है, यद्यपि इनमें से कुछ पदार्थ इतनी सूक्ष्म रचना वाले हैं कि साधारण इन्द्रियों द्वारा उनका प्रत्यक्ष नहीं किया जा सकता। यह भौतिक संघटन ही एक जीवित प्राणी, देवता, मनुष्य अथवा पशु बन जाता है, जब इसका सम्बन्ध किसी पुरुष के साथ हो जाता है।

धर्म और अधर्म प्रकृति की उपज हैं और अंतःकरण के गुण हैं।[5] ये विशेष शरीरों तथा इन्द्रियों के निर्माण में—जो जीवित प्राणियों के अनुकूल हों, अर्थात् विकास की श्रेणी में अपने-अपने स्थान के अनुसार हों—सहायक होते हैं। कर्म का विधान भावों अर्थात् बुद्धि की प्रवृत्तियों द्वारा कार्य करता है।[6] प्रत्येक आत्मा अपने शारीरिक संघटन की अपेक्षा करती है, और अपने अदृष्ट के अनुसार उच्चतम से निम्नतम प्राणी तक की श्रेणियों में से गुज़र

1. सांख्यप्रवचनसूत्र, 3 : 8।

2. सांख्यकारिका, 39।

3. सांख्यकारिका, 52। जहां वाचस्पति और नारायण लिंगशरीर तथा भाव के परस्पर-सम्बन्ध की अनुभवकर्ता और अनुभूत पदार्थों के सम्बन्ध के रूप में व्याख्या करते हैं, वहां विज्ञानभिक्षु इसे बुद्धि और इसकी उपाधियों का सम्बन्ध बताता है।

4. इस प्रकार सृष्टि तीन प्रकार की है : एक, भौतिक सर्ग, जिसमें आत्माएं स्थूल शरीरों के साथ रहती हैं। इसमें आठ उत्कृष्ट प्राणियों के और पांच निम्नतम श्रेणी के प्राणियों के वर्ग हैं, जो मानवीय प्रकार के सहित, जिसकी अलग ही एक श्रेणी है, तीनों लोकों में फैले प्राणियों के चौदह वर्ग हो जाते हैं। दूसरी लिंगशरीरों की सृष्टि (तन्मात्रसर्ग), और तीसरी बौद्धिक सृष्टि (प्रत्ययसर्ग अथवा भावसर्ग) जिसके अन्दर बुद्धि की प्रवृत्तियां, भावनाएं और क्षमताएं, जिनके चार विभाग उनके बोधशक्ति को बाधा देने, अयोग्य बनाने, सन्तुष्ट करने तथा सम्पूर्ण करने के कारण किए गए हैं, अन्तर्निहित रहती हैं (सांख्यकारिका, 53; सांख्यप्रवचनसूत्र, 3 : 46)।

5. सांख्यप्रवचनसूत्र, 5 : 25; सांख्यकारिका, 43।

6. सांख्यकारिका, 40, 43, 55; भगवद्गीता, 7 : 12; 10 : 4, 5।

तीन प्रकार के शरीरों के लिए देखिए सांख्यप्रवचनसूत्र, 5 : 124।

सकती है,[1] जो संख्या में चौदह हैं। हमें एक ऐसा शारीरिक संघटन प्राप्त हो सकता है जहां हमारा जीवन अस्पष्ट संवेदनाओं, पशुओं की सहज प्रवृत्तियों अथवा वनस्पतिजगत की मूढ़ गतियों तक सीमित हो। वनस्पतिजगत् भी अनुभव का एक क्षेत्र है।[2] ये सब प्रकृतिजन्य वस्तुएं अन्तर्निविष्ट पुरुष के विकास को रोक सकती हैं किन्तु उसे नष्ट नहीं कर सकतीं।

19. क्या सांख्य निरीश्वरवादी है

हम देख पाए हैं कि किस प्रकार सांख्य के मूल तत्त्वों को उपनिषदों तथा भगवद्गीता में आदर्शपरक ईश्वरवाद के आगे गौण स्थान प्रदान किया गया है। महाकाव्य के दर्शन ने जहां सांख्यप्रतिपादित विश्व के सृष्टि-विषयक सिद्धान्त तथा पुरुष की नितान्त निष्क्रियता की प्रकल्पना को अपना लिया, वहां उसने पुरुष तथा प्रकृति को आत्मनिर्भर यथार्थसत्ताओं के रूप में स्वीकार नहीं किया, बल्कि इन्हें एक परम ब्रह्म की अवस्थाओं के रूप में प्रस्तुत किया। तो भी सांख्यदर्शन अपने प्राचीन शास्त्रीय रूप में ईश्वरवाद का समर्थन नहीं करता। एक परम आत्मा के सर्वोपरि भाव के प्रति अपनी उपेक्षा, तथा अविद्या के सम्बन्ध और आत्मा के संसार में उलझे रहने के अपने सिद्धान्त से सांख्य हमें बौद्ध मत स्मरण कराता है। यह सम्भव है कि सांख्य का प्रयत्न व्यवस्थित रूप में इस प्रकार की घोषणा करने में रहा हो कि युक्तियुक्त पद्धति का आश्रय हमें आत्माओं की यथार्थता के प्रत्याख्यान की दिशा में नहीं ले जाता।

सृष्टिरचना-सम्बन्धी कठिनाइयों का दिग्दर्शन कराया गया है। समस्त कार्य या तो किसी स्वार्थ को लक्ष्य में रखकर किए जाते हैं या उपकार की दृष्टि से। ईश्वर, जिसके सब स्वार्थ पूर्ण हो चुके हैं, अब और कोई स्वार्थ नहीं रखता। यदि ईश्वर स्वार्थमय उद्देश्यों अथवा इच्छाओं से प्रभावित होता है तो वह स्वतन्त्र नहीं है। और यदि वह स्वतन्त्र है तो वह सृष्टिरचना-सम्बन्धी कार्य में अपने को लिप्त नहीं करेगा।[3] यह कहना कि ईश्वर न तो स्वतन्त्र है, न बद्ध ही है, तर्क के समस्त आधार को ही मिटा देना होगा। संसार की रचना को दया कार्य नहीं माना जा सकता, क्योंकि सृष्टि-रचना से पूर्व आत्माओं को कोई दुःख नहीं था, जिससे छुटकारा पाने की उन्हें आवश्यकता हो। यदि ईश्वर केवल शुभ कामना से ही प्रेरित हो तो उसके द्वारा उत्पन्न सभी प्राणी सुखी होने चाहिए थे। यदि यह कहा जाता है कि आचरण के भेदों के अनुसार ईश्वर को मनुष्यों के साथ भिन्न-भिन्न बर्ताव करना होता है, तो इसका उत्तर यह है कि कर्मविधान ही कार्यकारी सिद्धान्त हुआ और ईश्वर की सहायता अनावश्यक है।[4] फिर भौतिक पदार्थ का उद्भव एक अभौतिक आत्मा से नहीं हो सकता। पुरुषों का नित्यजीवन ईश्वर की अनन्तता तथा उसके कर्तृत्व के साथ संगति नहीं रखता। ईश्वरवाद अमरत्व में आस्था को दुर्बल करता हुआ प्रतीत होता है; क्योंकि यदि आत्माओं का स्रष्टा कोई है, तो आत्माएं अनादि न हुईं और तब आत्माएं अमर भी नहीं हो सकतीं। सांख्य का, जो ज्ञान की कड़ी सीमाओं के ही अन्दर रहने के लिए उत्सुक है, यह मत है कि ईश्वर की यथार्थता तार्किक प्रमाणों द्वारा सिद्ध नहीं की

---

1. सांख्यकारिका, 44।
2. सांख्यप्रवचनसूत्र, 5 : 12।
3. सांख्यप्रवचनसूत्र, 1 : 93-94।
4. सांख्यप्रवचनसूत्र, 5 : 1। देखिए तत्त्वकौमुदी, 57।

जा सकती।[1] ईश्वर के पक्ष में कोई युक्तियुक्त प्रमाण, अथवा आनुमानिक ज्ञान अथवा श्रुतिविहित प्रमाण नहीं है। सांख्य इन अर्थों में अनीश्वरवादी नहीं है कि वह यह सिद्ध करता है कि ईश्वर नहीं है। यह केवल यही प्रदर्शित करता है कि ईश्वर है—ऐसी कल्पना करने को कोई हेतु नहीं है।[2] धर्मशास्त्रों में जो ईश्वरवादपरक वाक्य आते हैं, वे वस्तुतः मुक्तात्माओं की स्तुतियां हैं।[3]

वैदिक ऋचाओं के पुरातन देवता हेतुवादी सांख्य की छत्रछाया में रह सकते हैं किन्तु वे स्वरूप में नित्य नहीं हैं। सांख्य एक व्यवस्थापक ईश्वर की कल्पना को स्वीकार करता है, जो सृष्टि रचनाकाल में प्रकृति के क्रमिक विकासों की व्यवस्था करता है। शिव, विष्णु इत्यादि केवल प्रतीतिरूप माने गए हैं।[4] सांख्य एक ऐसे ईश्वर को मानता है जो पहले प्रकृति के अन्दर लीन था और पीछे से प्रकट हुआ।[5] आत्माएं, जो महत् आदि के प्रति अनासक्ति भाव के अभ्यास द्वारा प्रकृति में लीन हो जाती हैं, सर्वज्ञ तथा सर्वकर्ता कही जाती हैं।[6] ये वे लक्षण हैं जिन्हें हम साधारणतया ईश्वर के बताते हैं, किन्तु क्योंकि सांख्य के मत में प्रकृति सदा दूसरे के शासन में रहती है,[7] इसलिए ये देवता स्वतन्त्र नहीं हैं।

प्रकृति का अचेतन किन्तु अन्तःस्थ हेतुविज्ञान जो हमें लीब्नीज़ के पूर्वस्थित सामंजस्य के सिद्धान्त का स्मरण कराता है, सांख्यदर्शन में एक कठिन समस्या है। यह कैसे होता है कि प्रकृति का विकास आत्माओं की आवश्यकताओं के अनुकूल हो जाता है? पुरुष के बिना प्रकृति निःसहाय है, और न ही पुरुष प्रकृति की सहायता के बिना मोक्ष प्राप्त कर सकता है। दोनों को एक-दूसरे से नितान्त विलक्षण मानना कठिन है। लंगड़े और अंधे का दृष्टान्त असंगत है, क्योंकि वे दोनों चेतन हैं और परस्पर परामर्श कर सकते हैं परन्तु प्रकृति चेतन नहीं है।[8] फिर, अन्त में केवल पुरुष ही मोक्ष प्राप्त करता है ऐसा कहा गया है, प्रकृति नहीं। चुम्बक तथा लोहे के टुकड़े की उपमा भी यहां ठीक नहीं बैठ सकती, क्योंकि पुरुष और प्रकृति के सान्निध्य का स्थायित्व होने से विकास का भी कभी अन्त न होगा। प्रधान ज्ञानविहीन है और पुरुष उदासीन है, और उन्हें परस्पर सम्बद्ध करने वाला कोई तीसरा तत्त्व नहीं है। ऐसी अवस्था में दोनों का सम्बन्ध नहीं हो सकता।[9] उस नटी की उपमा जो दर्शकों के आगे प्रदर्शन करके अपना नाच बन्द कर देती है, सम्यक् कल्पना प्रतीत नहीं होती। पुरुष भूल से प्रकृति के साथ सम्मिश्रित हो जाता है, और उसके प्रतिकार का उपाय इस गड़बड़ को और अधिक गड़बड़ाता प्रतीत होता है। कहा जाता है कि बुराई को उसका पूर्ण उपभोग करके दूर करना है। पुरुष को मोक्ष तब होगा जब इसे प्रकृति के कार्यकलाप से सर्वथा विरक्ति हो जाएगी।

---

1. सांख्यप्रवचनसूत्र, 5 : 12। तुलना कीजिए डार्विन : 'सब वस्तुओं के प्रारम्भ-सम्बन्धी रहस्य का हम उद्घाटन नहीं कर सकते, और कम-से-कम मैं तो अवश्य अज्ञानी बने रहने में ही सन्तोष-लाभ करूंगा' (लाइफ एण्ड लेटर्स आफ चार्ल्स डार्विन)।

2. वह यह नहीं कहता 'ईश्वराभावात्' किन्तु केवल यही कहता है—''ईश्वरासिद्धेः'।

3. सांख्यप्रवचनसूत्र, 1, 95; 3 : 54-56।

4. सांख्यप्रवचनसूत्र, 3 : 57।

5. प्रकृतिलीनस्य जन्येश्वरस्य सिद्धिः (सांख्यप्रवचनसूत्र, 3 : 57)।

6. सर्ववित् सर्वकर्ता, (सांख्यप्रवचनसूत्र, 3 : 56)।

7. सांख्यप्रवचनसूत्र, वृत्ति, और सांख्य प्रवचनभाष्य, 3 : 55, और योगसूत्र, 4 : 3।

8. शांकरभाष्य, 2 : 2, 7।

9. शांकरभाष्य, 2 : 2, 7।

परवर्ती विचारकों ने पुरुष की आवश्कताओं तथा प्रकृति के कर्मों के इस सामंजस्य की व्याख्या करना असम्भव देखा, और इसलिए बाधाओं को दूर करके प्रकृति के विकास के मार्गप्रदर्शन का कार्य ईश्वर के सुपुर्द किया।[1] इस प्रकार उन्होंने उक्त दर्शन की मौलिक योजना को उत्कृष्ट बनाया। सांख्य की मांग एक ऐसे सर्वग्राही जीवन के लिए है जो भिन्न-भिन्न पुरुषों को उनके अपने-अपने संस्थान सुपुर्द करता है। वाचस्पति का मत है कि प्रकृति के विकास का संचालन एक सर्वज्ञ आत्मा द्वारा होता है। विज्ञानभिक्षु का विचार है कि कपिल द्वारा ईश्वर का निषेध एक प्रकार का नियामक सिद्धान्त है जिस पर उसने इसलिए आग्रह किया कि जिससे मनुष्यों को एक नित्य ईश्वर की ओर अत्यधिक ध्यान लगाना छोड़ने के लिए फुसलाया जा सके, क्योंकि ईश्वर की ओर अत्यधिक ध्यान लगाना सत्य तथा भेदविधायक ज्ञान के मार्ग में बाधक होता है। अनीश्वरवाद को भी वह एक अनावश्यक रूप से अमर्यादित दावा (प्रौढ़िवाद) मानता है, यह दिखाने के लिए कि सांख्यदर्शन को एक ईश्वरवादी प्रकल्पना की आवश्यकता नहीं है। कभी-कभी वह सांख्य के अनीश्वरवाद को प्रचलित मतों के प्रति रियायत बताता है[2] और बहुत ही भोलेपन से यह भी सुझाव देता है कि निरीश्वरवाद का आविष्कार इस निश्चित उद्देश्य को लेकर किया गया है कि दुर्जन पुरुषों को भरमाया जा सके, जिससे कि वे यथार्थ ज्ञान को प्राप्त करने से दूर रहें।[3] ईश्वर के विषय में सांख्य के भाव को व्याख्या कर डालने का भी प्रयत्न करता है। अनेक स्थानों पर[4] विज्ञानभिक्षु सांख्य तथा वेदान्त के विचारों में परस्पर समन्वय स्थापित करने का प्रयत्न करता है।[5] वह एक व्यापक पुरुष की यथार्थता को स्वीकार करता है। "वह, सर्वोपरि, अर्थात् व्यापक सार्वभौम, सामूहिक पुरुष है, सब कुछ जानने तथा सब कुछ करने की शक्ति रखता है, और चुम्बक पत्थर के समान केवल सान्निध्य के कारण गति देने वाला है।"[6] तो भी सांख्य तत्त्वज्ञान-विषयक मौलिक समस्या को दृष्टि से ओझल कर देता है, क्योंकि यह पर्याप्त रूप में सर्वांगीण नहीं है। इसके समक्ष इस प्रकार का एक भ्रमपूर्ण विचार रहा कि उक्त जिज्ञासा का इसके अपने प्रयोजन के साथ कोई सम्बन्ध नहीं है।

20. सामान्य मूल्यांकन

दार्शनिक विचारधारा के इतिहास का विद्यार्थी मौलिक समस्याओं की पुनरावृत्ति को निरन्तर ही पाता है, भले ही उनके कथन विविध प्रकार के क्यों न हों और भले ही उनके रचयिताओं का काल तथा स्थान एक-दूसरे से कितना ही भिन्न क्यों न हो। समस्याओं में परिवर्तन नहीं होता, समाधानों के अन्दर भी उतना परिवर्तन नहीं होता, जितना कि उनके प्रयोग में

---

1. वाचस्पति, विज्ञानभिक्षु और नागेश। तुलना कीजिए वाचस्पति : "ईश्वरस्यापि धर्माधिष्ठानार्थ प्रतिबन्धापनय एवं व्यापारः" (तत्त्ववैशारदी, 4 : 3)।

2. अभ्युपगमवाद (सांख्यप्रवचनभाष्य-प्रस्तावना)।

3. पापिनां ज्ञानप्रतिबन्धार्थम्।

4. सांख्यप्रवचनभाष्य, 1 : 122; 5 : 61, 65; 6 : 52, 66।

5. संसार के उपादान कारण प्रकृति को ब्रह्म से अविभक्त बताया गया है और यह ब्रह्म आत्माओं से भिन्न है (सांख्यप्रवचनभाष्य, 1 : 69; 3 : 66)।

6. स हि परःपुरुषसामान्यं सर्वज्ञानशक्तिमत् सर्वकर्तृताशक्तिमच्च (सांख्यप्रवचनभाष्य, 3 : 57)। और देखिए सांख्यप्रवचनभाष्य, 5 : 12।

होता है। जब विकास की वैज्ञानिक प्रकल्पना जीवन के अत्यन्त अपरिपक्व अंकुर से लेकर पूर्ण विकसित पुष्प समान पुरुष तक विकास की एक सुव्यवस्थित प्रक्रिया की खोज करती है, तो वह प्रकल्पना ऐसी नहीं है जिसे नया समझा जा सके, क्योंकि यह इतनी ही पुरातन है जितनी कि भारत में उपनिषदें अथवा यूनान में अनाक्सिमाण्डर, हिरैक्लिटस और एम्पिडोक्लीज़ हैं। किन्तु इस विषय में, जो नवीन है वह विकास के ब्यौरों का परीक्षणात्मक अध्ययन और आधुनिक विज्ञान द्वारा उक्त प्रकल्पना का प्रमाणीकृत किया जाना है। सांख्य की प्रकल्पना, जो मनुष्य के मानसिक अनुभव की आवश्यकता को कुछ सन्तोष प्रदान करती है, एक ऐसा दार्शनिक विचार है जो अधिकतर तत्त्वविज्ञान-विषयक प्रवृत्तियों के सांचे के प्रभाव से प्राप्त हुआ है, न कि पदार्थों के अस्तित्व-सम्बन्धी अध्यवेक्षण से उत्पन्न वैज्ञानिक प्रेरणा द्वारा मिला है। किन्तु सांख्य का दार्शनिक मत, जो प्रकृति और पुरुष के द्वैतभाव तथा अनन्त पुरुषों के अनेकत्व का प्रतिपादन करता है और जिसके अनुसार प्रत्येक पुरुष असीमित है और तो भी अन्यों की असीमितता का व्याघात नहीं करता और उनसे बाह्य तथा स्वतन्त्र अस्तित्व रखता है, दर्शनशास्त्र की मुख्य समस्या का सन्तोषप्रद समाधान नहीं माना जा सकता। द्वैतवादपरक यथार्थवाद मिथ्या तत्त्वविज्ञान का परिणाम है। हमारे लिए प्रारम्भ में ही यह समझ लेना ठीक होगा कि पुरुष और प्रकृति अनुभवजन्य तथ्य नहीं हैं, बल्कि अनुभव से परे ही इस प्रकार की अमूर्तभावात्मक सत्ताएं हैं जिन्हें इस समस्या की व्याख्या के लिए मान लिया गया है।

सांख्य की पुरुष-विषयक प्रकल्पना का तात्पर्य इस मौलिक तथ्य से है कि चैतन्य गति, ताप तथा विद्युत् की भांति शक्ति का एक रूप नहीं है। अत्यन्त समुन्नत विज्ञान मात्र एक ऐसे सम्बन्ध को ही सिद्ध कर सका है जिसमें कतिपय स्नायविक प्रक्रियाएं कतिपय चैतन्यपूर्ण घटनाओं के साथ समन्वित रहती हैं। जहां भौतिक जीवन से हमें चैतन्य की प्राप्ति नहीं हो सकती, वहां चैतन्य को अपने ऐहलौकिक रूप में भौतिक जीवन के माध्यम का संसर्ग मिलता है। इस अनिवार्य सम्बन्ध को दृष्टि से ओझल करना भूल है। पुरुष के विषय में कहा गया है कि उसका अस्तित्व मानसिक अवस्थाओं की अविच्छिन्न गति से ऊपर तथा उनसे पृथक् है। इस प्रकार का पुरुष न तो अनुभवगम्य है और न ऐहलौकिक तत्त्वविज्ञान के विचार-क्षेत्र में आता है। यदि हम पुरुष से उस सबको पृथक् कर दें जो भौतिक है, अनुभूत पदार्थों के प्रत्येक गुण को उससे हटा दें, तो ऐसी प्रत्येक सामग्री जिसके द्वारा हम इसको निश्चित रूप में लक्षित कर सकें, हमारे वश के बाहर हो जाएगी। निषेधात्मक पद्धति का अवलम्बन करके पुरुष की परिभाषा करते हुए, उसे नित्य तथा अखण्ड कहा गया है, ''जो परिणामी नहीं है अर्थात् विविधता की छाया से भी रहित है'' और सदा अपने विशुद्ध आत्मस्वरूप में अवस्थित है। यहां तक कि यह आदर्श क्रियाशीलता से भी वंचित है और एक विशुद्ध चेतना की सम्भावना मात्र बनता है। हमारे व्यक्तित्व के अन्दर इसकी कल्पना इस रूप में की गई है कि यह ऐसा एक तत्त्व है जो हमारी मानसिक प्रक्रियाओं को, जिनका उद्गम हमारे भौतिक संघटन द्वारा हुआ है, प्रकाशित करता है। यह उस नाटक के पात्रों में सम्मिलित नहीं है जिसका कि यह साक्षीरूप में द्रष्टा है। वह आत्मा जिसके उपयोग के लिए प्रकृति की कला का अस्तित्व है, कभी रंगमंच पर नहीं आती, यद्यपि यह कहा जाता है कि समस्त अनुभव उसकी ओर संकेत करता है। हमें जो दृष्टिगत होता है वह जीव है, जो विशुद्ध पुरुष नहीं है, बल्कि प्रकृति की उपाधि से मुक्त पुरुष है। प्रत्येक आत्मा जो हमारे ज्ञान में आती है, शरीरधारी आत्मा है। हम जीव की एकता का विभाजन कर देते हैं जब हम उसे उस पुरुष की बगल में रखते हैं जो अपने में परिपूर्ण

है और बाह्य जगत् के पदार्थों तथा, प्राणियों के साथ, जो केवल प्रकृतिजन्य पदार्थों के संघटन हैं, केवल आनुषंगिक रूप में सम्बद्ध है। यदि हम अनुभवजन्य तथ्यों में ठीक-ठीक विश्वास करें तो हमें स्वीकार करना होगा कि एक निर्गुण आत्मा, जिसमें से समस्त वस्तुविषय निकाल दिया गया है, केवल एक कल्पित रचना है।

पुरुष के अस्तित्व को सिद्ध करने के लिए दी गई सांख्य की युक्तियां आनुभविक व्यक्तियों के अस्तित्व का ही प्रमाण बनती हैं, अतीन्द्रिय प्रमाताओं के अस्तित्व का नहीं। यह तथ्य सांख्य की पुरुषों के अनेकत्व की प्रकल्पना में स्पष्टरूप में प्रकट हो जाता है। पुरुषों के अनेकत्व के विषय में प्रधान हेतु जो दिया गया है वह यह है कि यदि केवल एक पुरुष होता तो जब इसकी बुद्धि भ्रांति से वापिस लौटती तो समस्त सृष्टि की प्रक्रिया का अन्त हो जाता। किन्तु ऐसा कुछ नहीं होता। यह विश्वरूपी नाटक अनन्त बद्ध आत्माओं के लिए तब भी निरन्तर चलता रहता है जबकि कुछ एक आत्माएं मोक्ष प्राप्त कर लेती हैं। यह युक्ति कि यदि पुरुष अनेक न होकर एक ही हो तो शरीरों में अवस्थित सभी जीवात्माएं एक ही समय में मृत्यु को प्राप्त हो जाएं और एक ही समय में जन्म ग्रहण करें, इस धारणा के आधार पर है कि जन्म तथा मृत्यु शाश्वत पुरुष पर लागू हैं, जो सांख्यदर्शन को अभिमत नहीं है। हम केवल यही अनुमान कर सकते हैं कि शरीरधारी आत्माएं अनेक हैं और भिन्न-भिन्न हैं, क्योंकि वे सब एक साथ न जन्म लेती हैं, न मरती हैं। यदि एक मनुष्य किसी विशेष पदार्थ को देखता है तो अन्य मनुष्य उसे उसी समय से नहीं देखते, क्योंकि प्रत्येक जीवात्मा का अपना-अपना शारीरिक संघटन तथा अपनी-अपनी रुचि है।[1] अनुभवसिद्ध आत्माओं की अनेकता से, जिसे सभी दार्शनिक स्वीकार करते हैं, नित्य आत्माओं की अनेकता के प्रति, जिसे सांख्य मानता है, जानने की आवश्यकता प्रतीत नहीं होती। सांख्य-प्रतिपादित पुरुष प्रकृति से सर्वथा भिन्न है। हम इसके सम्बन्ध में किसी प्रकार के विशिष्ट लक्षणों, जैसे व्यक्तित्व अथवा सृजनशक्ति आदि का प्रयोग नहीं कर सकते। पुरुषों के विषय में सब प्रकार के विशिष्ट लक्षणों का प्रयोग सम्भ्रम के कारण है। आत्मा सब प्रकार के गुणों से रहित है, अखण्ड है, अविनश्वर है, अचल है, सर्वथा निष्क्रिय तथा धीर है, सुख-दुःख तथा अन्य किसी प्रकार की भावना से अप्रभावित रहती है। समस्त परिवर्तन तथा लक्षण प्रकृति से सम्बद्ध हैं। पुरुषों के अन्दर भेद प्रतिपादन करने का कोई आधार प्रतीत नहीं होता। यदि प्रत्येक पुरुष के अन्दर एक ही समान चैतन्य तथा सर्वव्यापकता के लक्षण हैं, एक-दूसरे के अन्दर न्यूनातिन्यून भेद भी नहीं है, क्योंकि वे सब प्रकार की विविधता से उन्मुक्त हैं, तो पुरुषों के अनेकत्व की कल्पना करने का कोई भी कारण नहीं रहता। बिना भेद के बहुत्व असम्भव है। यही कारण है कि गौडपाद सरीखे सांख्य के टीकाकारों का भी झुकाव एक पुरुष की प्रकल्पना की ओर है।[2] वस्तुओं का सुखोपभोक्ता एक अवश्य होना चाहिए, वह यह दर्शाता है कि एक सुखोपभोक्ता आत्मा है, निष्क्रिय पुरुष नहीं है। रूप, जन्म, मृत्यु, उद्भव स्थान तथा भाग्यसम्पद् के पृथक्-पृथक् विवरण हमें केवल अनुभूतिसिद्ध ऐहलौकिक जीवों के बहुत्व की ओर ले जाते हैं। तीन वृत्तियों की भिन्न-भिन्न अवस्थाओं से हम मौलिक अनेकत्व का अनुमान नहीं कर सकते, क्योंकि वे तो केवल प्रकृति के रूपान्तर हैं। यह कहा जाता है कि प्रकृति के विषय में जो सांख्य का यह मत है कि प्रकृति पुरुषों

1. सर्वसिद्धान्तसारसंग्रह, 12 : 68-69।
2. देखिए सांख्यकारिका, 11 और 44 पर गौडपाद।

के भोग तथा मोक्ष के लिए प्रवृत्त होती है, इस मत की मांग है कि पुरुषों को अनेक होना चाहिए। यदि पुरुष केवल एक ही होता तो बुद्धि भी एक होती। किन्तु हमें याद रखना चाहिए कि विशुद्ध पुरुष अमर तथा उदासीन है और उसे किसी विषय की कामना नहीं है। प्रकृति का नाटक सदा स्वतन्त्र पुरुषों के लिए नहीं है, बल्कि केवल प्रतिबिम्बित अहंभावरूप जीवात्माओं के लिए है। जीवात्माओं के अनेकत्व के विषय में कोई विवाद नहीं है। अधीक्षण तथा मोक्ष के लिए उत्कण्ठा उन आत्माओं के लिए ही ठीक है जो भेद न करने के कारण दुःख पा रही हैं, भिन्न-भिन्न युक्तियां प्रकृति से सम्बद्ध वास्तविक आत्माओं के ही बहुत्व को सिद्ध करती हैं, उस पुरुष को नहीं जिसे हम नेति-नेति के मार्ग से प्राप्त करते हैं। अनेकत्व में सीमितताएं मिश्रित रहती हैं, और एक परम, अविनश्वर, शाश्वत तथा आनुपाधिक पुरुष एक से अधिक नहीं हो सकता। यह पुरुष की सत्ता प्रकृति के अभिनय के लिए आवश्यक है तो एक पुरुष पर्याप्त है।[1] यह प्रकट है कि सांख्य पुरुष की यथार्थसत्ता को स्वीकार करने के लिए बाध्य है, क्योंकि इसका महत्त्व जगत् ही व्याख्या करने के लिए है। प्रत्येक चैतन्यपूर्ण अवस्था का सम्बन्ध एक सचेतन व्यक्ति के साथ होता है। हमें केवल तभी संवेदना होती है जब आत्मा किसी एक रूप में संवेदना प्राप्त करती है, अन्यथा कभी नहीं होती किन्तु हम पुरुष की आत्मा को उसके अनुभवों से पृथक् करके कैसे जान सकते हैं? जहां हम मानसिक तथ्यों का विवरण बिना किसी मानसिक प्रमाता (विषयी) की कल्पना किए नहीं दे सकते, वहां हम उनका विवरण सही-सही नहीं दे सकते, यदि उस प्रमाता (विषयी) को किसी अभौतिक द्रव्य का रिक्त केन्द्र बना दें या उसे एक ऐसा सार्वभौमिकता अपरिवर्तनीय तत्त्व मान लें जो सम्बन्धित विशिष्ट तथ्यों से सर्वथा असम्बद्ध हो। पुरुष की उपस्थिति के द्वारा अपने चैतन्य पूर्ण अनुभवों की संगति की व्याख्या करना वस्तुतः, तथ्य के विशिष्ट स्वरूप को फिर से दोहराना है और सारांश में इसे अपना कारण आप बताना है। पुरुष कोई ऐसा अतिप्राकृतिक आच्छादन नहीं है जो अपने अन्दर समस्त चैतन्य अनुभवों को समाविष्ट कर ले। समस्त सांख्य में पुरुष और जीवन के बीच कोई स्पष्ट भेद नहीं मिलता। यदि पुरुष अनादिकाल से अपरिवर्तनीय; निष्क्रिय तथा सर्वथा पृथक् है तो यह ज्ञाता अथवा उपभोक्ता नहीं हो सकता, क्योंकि उस अवस्था में वह अध्यारोपण के आधार पर भूल भी कर सकता है।[2] किन्तु ये गुण प्रकृति के नहीं हो सकते, क्योंकि ये प्रज्ञावान प्राणियों के गुण हैं। अध्यारोपण अथवा अभ्यास का तात्पर्य है किसी प्रज्ञासम्पन्न प्राणी द्वारा एक पदार्थ के गुणों का दूसरे पदार्थ में आधान किया जाना। इस प्रकार जीवात्मा के विचार का विकास हुआ। जीवों का अस्तित्व व्यक्तियों के रूप में है। परन्तु इससे हम यह परिणाम नहीं निकाल सकते कि पुरुष अपना स्वतन्त्र अस्तित्व किसी अन्य लोक में, जो देश और काल की परिधि से बाहर है, रखते हैं। पुरुष पूर्ण आत्मा का नाम है, जिसे मनुष्य देहस्थ आत्मा के साथ न मिला देना चाहिए। पुरुष निश्चय ही मुझ में, इस व्यक्तिरूप मुझ में है जो मेरा अन्तस्तत्त्व

1. सर्वव्यापक आत्माओं के अनेकत्व के विषय में, जिनका स्वरूप निर्गुण तथा सर्वातिश्रेष्ठ विशुद्ध प्रज्ञा है, शंकराचार्य कहते हैं, "यह सिद्धान्त कि सब आत्माएं प्रज्ञारूप हैं और उनमें प्रकृति से सान्निध्य आदि (निष्क्रियता अथवा आत्माओं के औदासीन्य) के विषय में कोई भेद नहीं है, यह उपलक्षित करता है कि यदि एक आत्मा का सम्बन्ध सुख और दुःख से है तो सब आत्माएं सुख-दुःख से सम्बद्ध रहेंगी" (शांकरभाष्य, 2 : 3, 50)। "यह मानना कि अनेकों सर्वव्यापी आत्माएं हैं, असम्भव है, क्योंकि इस प्रकार का कोई दृष्टान्त नहीं मिलता" (शांकरभाष्य, 2 : 3, 53)। आत्माएं यदि एकसमान सर्वत्र व्यापक हैं तो सब एक ही स्थान को घेरेंगी। 2. सांख्यकारिका, 20-21।

तथा सारतत्त्व है और जीव अथवा व्यक्ति, अपनी समस्त अविवेकपूर्ण सनकों तथा स्वार्थपरक उद्देश्यों सहित, उस पुरुष की केवल विकृति है। इस प्रकार का कथन कि प्रत्येक जीव अपने पुरुष को समझने के लिए प्रयत्नशील है, यह निर्देश करता है कि प्रत्येक जीव मौलिक रूप में पुरुष है, प्रत्येक मानव मौलिक रूप में दिव्य है।

प्रकृति भी अनुभव से एक अपकर्षण है। पदार्थ जगत् के पक्ष में यह एक प्रतिबन्धकभाव है। यह उस अज्ञात तथा पदार्थ-जगत् के कल्पनात्मक कारण की संज्ञा है। यदि यथार्थ अनुभवसिद्ध है, तो प्रकृति विशुद्ध प्रमेय विषय का ऐसा अपकर्षण है जो बुद्धिगम्य नहीं है। जब प्रकृति के लिए 'अव्यक्त' शब्द का प्रयोग किया जाता है तो प्रकृति का उक्त स्वरूप स्वीकार कर लिया जाता है। यह मात्र रिक्तता है, क्योंकि यह वस्तुओं का रूपरहित अधिष्ठान है। पदार्थ जगत् के सर्वाधिक सामान्य लक्षण प्रकृतिविषय विचार के अन्दर संक्षिप्त रूप में आ जाते हैं। शारीरिक तथा मानसिक सृष्टि का प्रत्येक भाग उस तनाव का[1] प्रतीक है जो एक गुण और उसके विरोधी के मध्य विद्यमान है और जो क्रियाशीलता को उत्पन्न करता है। यदि परिवर्तन अन्तर्निहित क्षमता का वास्तविकता तक पहुंचने का मार्ग है, तो इसे एक प्रकार का ऐसा संघर्ष मानना चाहिए जो किसी भी आकृति को अपने यथार्थ रूप को प्राप्त करने के लिए मार्ग में आनेवाली बाधाओं पर विजय पाने के लिए करना होता है। तीनों गुण समस्त सत्ता के तीन क्षणों को दर्शाते हैं; और प्रकृति, जिसे तीनों गुणों की साम्यावस्था कहा गया है, समस्त जीवन का केवल ढांचा मात्र है। जैसाकि महादेव कहता है, यह ऐसी कोई वस्तु नहीं है जो गुणों की पृष्ठभूमि में रहती है, किन्तु गुणों की त्रिमूर्ति है।[2] तीनों गुण प्रकृति के रूप हैं, धर्म नहीं। यथार्थ में जो एक भावात्मक अपकर्षण है वह, व्यावहारिक दृष्टिकोण से देखने पर, एक भेदरहित बहुगुण बन जाता है, जिसके अन्दर सब वस्तुओं को उत्पन्न करने की क्षमता विद्यमान है।

सांख्य में प्रतिपादित प्रकृति तथा गुणों की परिभाषा से ऐसा मत बनाने की प्रवृत्ति होती है कि प्रकृति तथा उसका विकास ये अन्ततोगत्वा सही अर्थों में यथार्थ नहीं हैं। तीनों गुण समस्त जीवन की आवश्यक अवस्थाओं के उपलक्षण हैं। प्रकृति के विकास की प्रत्येक स्थिति में सन्निहित हैं—एक आदर्श अथवा आशय (सत्त्व); उसे प्राप्त करने का प्रयत्न (रजस्); और एक भौतिकता (तमस्)। ये अपकर्षण नहीं हैं, बल्कि कम-से-कम विज्ञानभिक्षु की सम्मति में, निश्चित विध्यात्मक सत्ताएं हैं। बिना इनके कुछ भी नहीं रह सकता। सांख्य के अनुसार, ये संघर्ष की स्वाभाविक स्थिति में रहते हैं। प्रकृति के अन्दर विरोधी क्षमताएं रहती हैं। इनमें केवल क्रियाशीलता की प्रवृत्ति ही नहीं, बल्कि क्रियाशीलता का विरोध करनेवाली विपरीत प्रवृत्ति भी है। तमस् एक निरोधक शक्ति है। क्रियाशीलता में बाधा डालने के कारण यह क्रियाशीलता का आधार भी बन जाता है। सत्तावान, अथवा वह जिसके अन्दर तीन गुण हैं अधिक-से-अधिक यथार्थता का नहीं बल्कि एक स्थिति का प्रतिनिधित्व करता है। सत्त्व, रजस् और तमस् को एक ओर विरोधी स्थिति में विद्यमान मानना और दूसरी ओर पदार्थ के घटक मानना केवल तभी सम्भव है जबकि हम यह स्वीकार करें कि प्रत्येक पदार्थ,

---

1. विषमत्व। देखिए मैत्रायणी उपनिषद् 5 : 2।

2. सांख्यप्रवचनसूत्र, वृत्तिसार, 1 : 61। और देखिए, 6 : 39। तुलना कीजिए : गुण एवं प्रकृतिशब्दवाच्या न तु तदतिरिक्ता प्रकृतिरस्ति (योगवार्तिक, 2 : 18)।

जिसके अन्दर गुण हैं, एक संघर्ष है, एक अयथार्थसत्ता है जो अपने-आपको अतिक्रमण करने का प्रयत्न कर रही है। इस प्रकृतिरूप जगत् में कोई व्यक्ति ऐसा नहीं जो परिपूर्ण हो और सामंजस्य धारण किए हो, क्योंकि सदा ही एक गुण अन्य गुणों को अपनी अधीनता में रखता है। यहां तक कि जब सत्त्व का प्राबल्य होता है तब भी तमस् विद्यमान रहता है यद्यपि वह सत्त्व की अधीनता में रहता है। विकास इससे अधिक और कुछ नहीं है कि किसी एक गुण का प्राधान्य हो, अथवा किसी एक गुण का दमन हो किन्तु दमन सर्वथा दमन नहीं है। कोई एक गुण अन्य गुणों का मूलोच्छेदन नहीं कर सकता। हम ऐसी किसी अवस्था को विचार में नहीं ला सकते जबकि, सत्त्व, रजस् और तमस् अन्यों पर विजय प्राप्त करके अपने-आप में अस्तित्व रखते हों, या सामंजस्य भाव से रहते हों। प्रलय काल में वे नितान्त सामंजस्यपूर्ण अवस्था में रहते प्रतीत होते हैं। किन्तु यह केवल प्रतीतिमात्र ही है, क्योंकि प्रकृति के विषय में कहा गया है कि यह प्रलय में तनाव की स्थिति में रहती है। इसमें तीन गुण हैं, परन्तु क्योंकि तीनों एक समान शक्तिशाली हैं, इसलिए कोई विकास नहीं होता। विकास तब होता है जबकि इनमें से किसी एक गुण का अधिक प्राधान्य हो जाता है। जब तक सामंजस्य नहीं हो जाता, विकास-कार्य का अन्त नहीं होता। सांख्यदर्शन ऐसी एक अवस्था की आशा नहीं रखता जो पूर्णता की अवस्था हो और जिसमें तीनों गुण सामंजस्य-भाव में रहें। प्रकृति की मूल अवस्था सामंजस्य की अवस्था नहीं कही जा सकती। यथार्थ में, यह असमंजस की अवस्था है, अर्थात् ऐसी अवस्था जिसमें प्रकृति को न तो हम क्रियाशील ही कह सकते हैं और न निष्क्रिय ही कह सकते हैं। परस्पर असंगत एक-दूसरे के सर्वथा विरोध में स्थित प्रतीत होते हैं। यह इतनी सम्भावना नहीं बल्कि उसकी सीमा अर्थात् असम्भावना है, जहां सम्भावनाएं इतनी अधिक विभक्त रहती हैं कि वे परस्पर-विरोधी होती हैं। प्रकृति को किसी भी अर्थ में न तो एकत्व और सामंजस्य ही माना जा सकता है। यह मूर्तरूप सामान्य नहीं है, जो भिन्न-भिन्न सत्ताओं को बन्धन में एकत्र रखता है, अथवा सत् का नग्न एकत्व भी नहीं है जो उन सबका लक्षण है। यह गुणों की एक क्षुब्ध अवस्था है। प्रकृति के क्षेत्र में व्यवस्था लाने तथा उसे सार्थक करने के लिए पुरुष की आवश्यकता है। पुरुष के प्रभाव से असमंजस की अवस्था लुप्त हो जाती है; कोई न कोई गुण औरों को दबा कर सर्वोपरि हो जाता है। पूर्णता की अवस्था कभी नहीं हो सकती। गुणों के लिए सामंजस्य असम्भव है। जहां पूर्णता की अवस्था नहीं है, वहां परिवर्तन, विकास अथवा उलझाव का प्रकट हो जाना आवश्यक है। प्रकृति का जगत् अपने आप में नहीं है। इसके तीनों गुणों को धारण करने से ही इसका आत्मविरोधी स्वरूप प्रकट होता है क्योंकि पूर्णता अथवा यथार्थता वह है जिसमें तीनों गुणों के विरोध का दमन कर दिया गया हो अथवा अतिक्रमण कर लिया गया हो, और प्रकृति का स्वरूप ऐसा नहीं है; इसलिए यथार्थ नहीं है। प्रकृति की प्रक्रिया की अन्तविहीनता ही इसे अयथार्थ तथा सापेक्ष बना देती है। अद्वैत वेदान्त इस परिणाम का सामना करता है और प्रकृतिजगत् को माया मानता है।

यदि प्रकृति के सम्बन्ध में हम सांख्य के मत को तथा पुरुष से इसकी नितान्त स्वतन्त्रता को स्वीकार करें, तो प्रकृति के विकास की व्याख्या करना असम्भव हो जाएगा। हम नहीं जानते कि किसी निर्देशक चैतन्य के बिना अन्तर्निहित क्षमताएं किस प्रकार फलवान हो जाती हैं। जैसाकि सांख्य कहता है, जहां कोई बुद्धिसम्पन्न तत्त्व उपस्थित नहीं है वहां किसी प्रकार की क्रियाशीलता नहीं हो सकती। ''जब सांख्यशास्त्रियों के तीनों गुण साम्यावस्था में होते हैं तो वे 'प्रधान' की रचना करते हैं। प्रधान के परे कोई ऐसा बाह्य तत्व विद्यमान नहीं है जो प्रधान को क्रियाशीलता के लिए बाध्य करे अथवा उससे रोके। पुरुष उदासीन

है, वह न तो कर्म में प्रवृत्त करता है और न कर्म से रोकता है। क्योंकि प्रधान किसी सम्बन्ध में स्थित नहीं है, इसलिए यह समझना असम्भव है कि क्यों यह किसी समय तो अपने को महत् के रूप में परिवर्तित करता है, और कभी नहीं करता।"[1] और न हम यही कह सकते हैं कि प्रधान अपने को महत् आदि में इस तरह रूपान्तरित करता है जैसेकि घास दूध के रूप में परिणत हो जाता है, क्योंकि घास को अन्य कारणों की आवश्यकता रहती है जो गाय के अन्दर ही उपलब्ध है। बैल के अन्दर नहीं।"[2] यह तर्क कि सीमित कार्यों से असीमित क़ारण का अनुमान किया जा सकता है, आवश्यक नहीं है कि तीन गुणों से मिल कर बनी प्रकृति की यथार्थता को सिद्ध कर दे। गुण परस्पर में एक-दूसरे के प्रतिबन्धक हैं और इसलिए कार्य हैं। यदि गुण असीमित हैं, तो कोई असमानता उत्पन्न नहीं हो सकती और इस प्रकार कोई कार्य उत्पन्न नहीं हो सकता।[3] यदि तीनों गुण साम्यावस्था में प्रधान की रचना करते हैं, और यदि उनमें परस्पर श्रेष्ठता अथवा निकृष्टता का सम्बन्ध नहीं है, तो वे पारस्परिक अधीनता के सम्बन्ध में नहीं आएंगे, क्योंकि तब वे अपनी नितान्त अधीनता से वंचित हो जाएंगे। क्योंकि ऐसा कोई बाह्य तत्त्व नहीं है जो गुणों को उत्तेजित करके उन्हें क्षुब्ध अवस्था में पहुंचा दे, इसलिए क्रियाशीलता असम्भव है।[4] अचेतन प्रकृति अनायास ही कार्यों को उत्पन्न नहीं कर सकती, जो पुरुषों के प्रयोजनों को सिद्ध करते हैं। प्रज्ञा प्रकृति का धर्म नहीं हो सकती, क्योंकि इससे सांख्य के मुख्य वैशिष्ट्य का प्रत्याख्यान होगा।[5] श्रुतिग्रन्थ हमें ऐसी प्रकृति के विषय में, जो संसार के विकास का कारण है किन्तु जो किसी प्रज्ञावान द्वारा प्रेरित नहीं होती, कुछ नहीं कहते। सांख्य की प्रकल्पना विकास के अन्दर एक योजना का होना स्वीकार करती है, क्योंकि प्रकृति की क्रियाशीलता का अन्तिम कारण पुरुषों को अपनी मुक्ति प्राप्त करने के योग्य बनाना है। अचेतन प्रकृति की कल्पना के आधार पर, प्रकृति का नैमित्तिक कारण अथवा अन्तिम कारण होना समझ में नहीं आ सकता। कभी-कभी यह सुझाव दिया जाता है कि प्रकृति की क्रियाशीलता स्वयंभूत है अथवा स्वाभाविक है। घोड़ा गाड़ी को स्वभाव से खींचता है, जबकि कोचवान केवल घोड़े की चाल निरीक्षण करता है और कुछ नहीं। किन्तु स्वभाव से भूतकाल के कर्मों की पूर्वकल्पना होती है। घोड़े बुद्धिमान मनुष्यों द्वारा प्रशिक्षित किए जाते हैं। किन्तु सांख्य की प्रकल्पना के आधार पर पुरुष का निर्देशकत्त्व मानना सम्भव नहीं है। बछड़े की शारीरिक पुष्टि के लिए गाय के थनों में से दूध के स्वतः निकलने की उपमा यहां लागू नहीं होती, क्योंकि निकटतम तथा

1. शांकरभाष्य, 2 : 2, 4। और देखिए शांकरभाष्य, प्रश्नोपनिषद्, 6 : 3।

2. शांकरभाष्य, 2 : 2, 5।

3. ब्रह्मसूत्र पर रामानुजभाष्य, 2 : 2, 1।

4. शांकरभाष्य, 2 : 2, 8। रामानुज कहते हैं : "यदि सांख्य के अनुयायी मानते हैं कि जगत् का उद्भव मुख्य और उसकी अधीनस्थ सत्ताओं के एक विशेष सम्बन्ध (अंगागिभाव) का परिणाम है, जो गुणों की अपेक्षाकृत उत्कृष्टता तथा हीनता पर निर्भर है और यह भेद अनेक गुणों के स्थानों के भेद के कारण है (सांख्यकारिका, 16), तो क्योंकि प्रलय-अवस्था में तीनों गुण साम्यावस्था में हैं, उनमें न कोई दूसरों से श्रेष्ठ है, न हीन है, अतः अंगागिभाव का वह सम्बन्ध तब नहीं रह सकता और इसलिए जगत् का उद्भव नहीं हो सकता। यदि यह माना जाए कि प्रलयावस्था में भी कुछ असमानता रहती ही है, तो उससे परिणाम यह निकलेगा कि यह सृष्टि शाश्वत है" ब्रह्मसूत्र पर रामानुजभाष्य, 2 : 2,6)।

5. शांकरभाष्य, 2 : 2, 9।

अन्तिम कारणों में भेद करना चाहिए।[1] एक तथ्य का कथन करना रहस्य का हटाना नहीं है। हमें कुछ ऐसे विधान मिलते हैं जिनसे वस्तुएं मेल खाती हैं, किन्तु जब तक हम इन सब विधानों के अन्तिम स्रोत को स्थापित न करें तब तक समाधान अपूर्ण है। अंधे और लंगड़े मनुष्य की उपमा भ्रांतिपूर्ण है क्योंकि वे दोनों बुद्धि-सम्पन्न और क्रियाशील कर्ता हैं जो अपने सामान्य प्रयोजन को सिद्ध करने के लिए योजना बना सकते हैं। पुरुष और प्रकृति का ऐसा कोई एक सामान्य प्रयोजन नहीं है, अचेतन प्रकृति को दुःख नहीं हो सकता; उदासीन पुरुष दुःख का अनुभव नहीं कर सकता। दोनों संसार के त्राण के लिए किस प्रकार सहयोग कर सकते हैं, इस प्रश्न का उत्तर तब तक नहीं दिया जा सकता जब तक कि सांख्य एक उच्चतर एकत्व को स्वीकार करने से निषेध करता है।[2]

विषयी (प्रमाता) और विषय (प्रमेय) एक उच्चतर एकत्व के पक्ष हैं, भिन्न हैं तो भी एक सम्पूर्ण इकाई के ही अन्तर्गत हैं। यदि हम आनुभविक स्तर पर हैं तो भी हमें कहना होगा कि समस्त चैतन्य एक प्रमेय विषय का चैतन्य है और समस्त यथार्थता चैतन्य का प्रमेय विषय है, अपने को पदार्थ-जगत् से भिन्न करने तथा उससे सम्बद्ध करने में हम आत्मा को जान सकते हैं अन्यथा नहीं। अपने जगद्-विषयक अनुभव को विस्तृत करने में ही आत्मा के अपने चैतन्य को गहन बनाते हैं। यदि हम प्रमाता (विषयी) तथा प्रमेय (विषय) की सम्बन्धविहीनता की कल्पना करें, तो एक से दूसरे की ओर संक्रमण असम्भव होगा। दो पक्षों की एकता उनके भेद की पूर्वकल्पना है। यह केवल हमारी अविद्या, हमारे अज्ञान अथवा हमारे अनुभव के स्वरूप तथा उसकी अवस्थाओं पर विचार न करने के कारण ही है कि हम प्रमाता तथा प्रमेय से परम एकत्व को पहचानने में असफल रहते हैं। यह बिल्कुल सत्य है कि मन तथा पदार्थ का द्वैतपरक विचार हमारे मनों के लिए स्वाभाविक है, किन्तु हमें थोड़ा-सा भी चिन्तन यह बताता है कि यदि दोनों पृथक् हैं तो हमें उन्हें जोड़ने के लिए एक तृतीय वस्तु की आवश्यकता है। ज्यों ही हम इस तृतीय वस्तु की कल्पना को असन्तोषप्रद समझ लेते हैं, त्यों ही हमारे पास एक ही मत स्वीकार करने को शेष रह जाता है कि दोनों एक ही परम चैतन्य के पक्ष हैं जो समस्त ज्ञान तथा जीवन का भी आधार है। इस परम एकत्व के पहचानने में जो असफलता है, यही सांख्य की प्रकल्पना में एक मौलिक भूल है।

समस्त प्रमाण जो हमारे पास हैं, यह प्रदर्शित करते हैं कि द्वैतभाव परम नहीं है कि पुरुष और प्रकृति आनुषंगिक रूप से सम्बद्ध नहीं हैं। हम यहां पर सांख्य के कुछ थोड़े-से सूक्ष्म विवरण उक्त मत के समर्थन में दे रहे हैं। प्रकृति पुरुष के अन्दर एक साथ ही अपने विषय में तथा जगत् के विषय में, जिसमें यह निवास करता है, सत्य अस्तित्व के ज्ञान को उत्पन्न करती है। क्या यह दोनों के भेद की पृष्ठभूमि में जो एकत्व है, उसकी साक्षी नहीं है? प्रकृति तभी व्यक्त होती है जब इसका सम्बन्ध प्रमाता (विषयी) के साथ होता है।

---

1. शांकरभाष्य, 2 : 2, 3। और "गाय, जो एक बुद्धि-सम्पन्न प्राणी है, अपने बछड़े से प्रेम करती है; अपनी इच्छा से दूध को बहने देती है; इसके अतिरिक्त बछड़े के चूसने से भी दूध निकलता है।"

2. विज्ञानभिक्षु, जो एक ईश्वरवादी है, पुरुष तथा प्रकृति के संयुक्त कर्म की व्याख्या करने में समर्थ है। वह लिखता है : "प्रकृतिस्वातन्त्र्यवादिभ्यां सांख्ययोगिभ्या पुरुषार्थप्रयुक्ता प्रवृत्तिः स्वयमेव पुरुषेणाद्यजीवेन संयुज्यते...अयस्कान्तेन लोहवत्...अस्माभिस्तु प्रकृतिपुरुषसंयोग ईश्वरेण क्रियते।" (विज्ञानामृत, 1 : 1, 2)।

जब यह प्रमाता (विषयी) से असम्बद्ध रहती है तो अव्यक्त रहती है।[1] यदि प्रकृति वह है जो करती है[2] तो इसकी सूचना पुरुष द्वारा मिलती है। दूसरे शब्दों में, पुरुष से स्वतन्त्र प्रकृति का विचार समझ में नहीं आ सकता। इस प्रकार का विचार स्वतः विरोधी है। सांख्य का कहना है कि प्रकृति भी पुरुष के समान, आद्य (मूलभूत), अनुत्पन्न तथा स्वतन्त्र है। यदि हम ठीक-ठीक कहना चाहें तो हमें कहना होगा कि प्रकृति और पुरुष परस्पर प्रतिकूल हैं, यद्यपि वे यथार्थ की एक-दूसरे पर निर्भर दो ग्रन्थियां हैं। सृजनात्मक विकास के लिए दोनों की पूर्वकल्पना आवश्यक है। यदि नित्य प्रकृति आधाररूपी गर्भ में पुरुष विद्यमान हो तो कोई अनुभव हो नहीं सकता। प्रकृति की धूलि को पुरुष के जादू के वश में होना ही होगा, यदि इसे अपने पदार्थों के रूप में विकसित होना है। फिर, प्रकृति के विकास के अन्दर जो एक उद्देश्यवाद रहता है उसका कारण भी पुरुष का प्रभाव है। प्रकृति के विकास को आत्मा की मोक्षप्राप्ति का साधन माना गया है। सांख्य यह तो नहीं स्वीकार करता कि प्रकृति ज्ञानपूर्वक कोई योजना बनाती है तथा उसे प्रयोग में लाती है, तो भी यह तो मानता है कि प्रकृति का विकास आत्मा के उद्देश्यों की पूर्ति के लिए बनाई गई योजना का क्रियात्मक रूप है। प्रकृति, जो पदार्थों की विशुद्ध सम्भाव्य क्षमता है, क्या बनती है, यह इस पर निर्भर करता है कि पुरुष का कौन सा रूप या लक्ष्य उसे प्रभावित करता है। प्रकृति, जो सम्भाव्य क्षमता के रूप में सब कुछ है, पुरुषों द्वारा निर्णीत रूप की प्राप्ति से ही इस या उस वस्तु के रूप में आ जाती है। प्रकृति की शृंखला में पुरुष यद्यपि कहीं नहीं आता, तो भी यह उसकी कड़ियों से एकसमान सम्बद्ध है। इसका प्रभाव न केवल प्रकृति के विकास को प्रारम्भ करता है, बल्कि निरन्तर इसे सहारा दिए रहता है। यदि निर्णय की भूल से पुरुष संसार की इस नाट्यशाला में हठात न आ जाता, और यदि हमारे भ्रांत मन प्रकृति के तमाशे को ध्यानपूर्वक न देखते, तो प्रकृति का कोई भी कार्य कतई न होता।

जहां पुरुष और प्रकृति का द्वैतभाव मानने से मनुष्य के चैतन्य का उनके स्वभाव के अन्य तत्त्वों से विभाग भी मानना होता है, जिससे ज्ञान, जीवन और नैतिकता बुद्धि को चकरा देनेवाले रहस्य बन जाते हैं, वहां सांख्य ने उक्त सबको बुद्धिगम्य केवल इसलिए कर दिया है कि यह अपने अभिमत के सर्वथा विपरीत भाव को मान लेता है, अर्थात् मनुष्य-स्वभाव के एकत्व को मान लेता है। हम पहले देख चुके हैं कि यदि बुद्धि अनात्मिक और अचेतन होती, तो यह चैतन्य को भी प्रतिबिम्बित न कर सकती। जीवन के दो भिन्न-भिन्न स्तरों से सम्बद्ध वस्तुएं वास्तविक तथा प्रतिबिम्बित के रूप में कार्य नहीं कर सकतीं। पुरुष को बुद्धि की अवस्थाओं का अनुभव करनेवाला नहीं कहा जा सकता, क्योंकि बुद्धि के अन्दर इसका प्रतिबिम्ब यथार्थ नहीं है। सांख्यप्रतिपादित पुरुष का बुद्धि से सम्बन्ध यह सुझाव देता है कि दोनों में बन्धुता है, सर्वथा प्रतिकूलता नहीं है। पुरुष और प्रकृति के सम्पर्क का अत्यन्त घनिष्ठ बिन्दु बुद्धि में है, जो ब्रह्माण्ड की शक्ति के व्यापारों में भेद करती है तथा समन्वय स्थापित करती है और, अहंकार की सहायता से, साक्षीरूप आत्मा का विचार, इन्द्रिय तथा कार्य-सम्बन्धी क्रियाओं के साथ तादात्म्य करती है। यह बुद्धि ही है जो अपने सत्त्वरूप में भेदपरक ज्ञान के लिए प्रयत्न करती है। जब बुद्धि को यह ज्ञान हो जाता है कि तादात्म्य एक भूल है और देखती है कि सब कुछ केवल गुणों की विक्षुब्धता है, तो बुद्धि उस मिथ्या प्रदर्शन से जिसे यह समर्थन देती

1. सांख्य प्रवचनसूत्र, 1 : 79।
2. प्रकरोतीति प्रकृतिः।

रही है, विरत हो जाती है। पुरुष विश्वनाट्य से अपना सम्पर्क त्याग देता है, और प्रकृति भी पुरुष के अन्दर प्रतिबिम्बित होने की अपनी शक्ति खो देती है क्योंकि अहंकार के कार्य नष्ट हो जाते हैं, इसलिए बुद्धि उदासीन हो जाती है और गुण साम्यावस्था में चले जाते हैं। यदि बुद्धि असमंजस में पड़ जाती है तो कहा जाता है कि यह पुरुष के लिए संकट है और यदि बुद्धि असमंजस को काट देती है तो कहा जाता है कि पुरुष बच गया। बुद्धि लगभग पुरुष के समान की कार्य करती प्रतीत होती है। इसलिए प्रमेय की अपेक्षा इसका बन्धुत्व प्रमाता के साथ अधिक है।[1]

इस मत के नैतिक परिणाम भी इसी प्रकार अर्थपूर्ण हैं। यदि प्रकृति पूर्णरूप से यान्त्रिक है, तो इच्छा-स्वातन्त्र्य एक भ्रांति है, क्योंकि इच्छा प्रकृतिजन्य है। नैतिक भेद निरर्थक बन जाते हैं, क्योंकि पाप और पुण्य गंधकाम्ल अथवा चीनी के समान उत्पन्न पदार्थ हो जाएंगे। किन्तु सांख्य यह स्वीकार न करेगा कि एक मनुष्य को हत्या के लिए विनाशकारक एक पत्थर से अधिक दोष नहीं दिया जाना चाहिए। मनुष्य के अन्दर ऐसा कुछ अवश्य है जो पत्थर अथवा पौधे में नहीं है। प्रकृति के अन्दर भी यान्त्रिकता से अधिक कुछ अवश्यमेव है, अन्यथा यह हमारे लिए मोक्ष का साधन नहीं बन सकती थी। सांख्य बलपूर्वक कहता है कि वह ज्ञान जो हमारा रक्षक है, प्रकृति का दान है।

पुरुष और प्रकृति के मध्य जो काल्पनिक सम्बन्ध है और जो अविवेक अथवा अभेद के कारण बताया जाता है, वह सम्भव न होगा यदि दोनों एक-दूसरे से सम्बद्ध न हों। यह विचार में आना कठिन है कि ऐसी दो सत्ताओं के परस्पर सम्बन्ध की मिथ्या धारणा जो एक-दूसरे से किसी प्रकार का वास्ता नहीं रखती, किस प्रकार पैदा हो सकती है। इस सम्बन्ध को पर्याप्त रूप में यथार्थ होना चाहिए जिससे प्रकृति का विकास आगे बढ़ सके। इसलिए भी इसे पर्याप्त मात्रा में यथार्थ होना चाहिए जिससे कि पुरुष अपनी विशुद्धता तथा प्रकृति रूपी साधन द्वारा अपने पृथक्त्व को पहचान सके। ऐसी वस्तु जिससे पुरुष को सहायता मिलती है, इससे सर्वथा बाह्य नहीं हो सकती। सांख्य पुरुष और प्रकृति को एक-दूसरे के इतना समीप लाने के लिए बाध्य हैं जितना कि द्वैतवाद पर उसके आग्रह के कारण हम विश्वास भी नहीं कर सकते। प्रकृति और पुरुष की पारस्परिक अनुकूलता वस्तुतः आश्चर्यजनक है। दृष्टान्त के रूप में, ऐसी इच्छा के बल से, जिसे हम अचेतन कह सकते हैं, प्रकृति थोड़े-से यान्त्रिक खिलौनों का विकास करती है, जिनके द्वारा वह पुरुषजगत् के दृश्य को देख सके। चेतनापूर्ण आत्मा और अचेतन प्रकृति एक ही विकास की दो स्थितियां हैं। यह जीव है जो मुक्त होने के लिए प्रयत्न करता है; क्योंकि सीमित चैतन्य से एक अनन्त चैतन्य की पूर्वकल्पना होती है, जो प्रकृति के स्वभाव से सीमित हो गया है, और सीमित आत्मा, अपने अन्दर विद्यमान अनन्त चैतन्य की खोज करके अपनी सत्य सत्ता को समझ लेती है।

जब सांख्य यथार्थता की प्रक्रिया को प्रकृति की यंत्र-रचना तथा आत्मा के स्वातन्त्र्य की दो ग्रन्थियों में विभक्त करता है, तो यह समझ लेना चाहिए कि ये यथार्थ भावात्मक हैं,

---

1. विद्यारण्य अपने 'विवरणप्रमेयसंग्रह' (पृष्ठ 63) में कहता है : "यदि वस्तुएं ऐसी होतीं जैसाकि सांख्य उन्हें प्रस्तुत करता है, यदि अहंकार (अहंभाव) और वह सब जो उस पर निर्भर है, समस्त कर्म, समस्त सुखभोग इत्यादि, अपने को चैतन्य के समक्ष विशुद्ध वस्तुपरक रूप में प्रस्तुत करते, अर्थात् 'यह एक कर्ता है', 'यह एक सुखोपभोक्ता है', और ऐसे रूप में प्रस्तुत न करते जैसे कि कुछ आत्मा पर अध्यारोपित किया गया हो, तो चैतन्य के वास्तविक रूप अर्थात् 'मैं कर्ता हूं', 'मैं सुखोपभोक्ता हूं' कभी उत्पन्न न होते ('इण्डियन थॉट' खण्ड 1, पृष्ठ 376)।

ऐतिहासिक नहीं। वे हमें बताते हैं कि आनुभविक जगत् में दो भिन्न-भिन्न प्रवृत्तियां हैं जो परस्पर इस प्रकार सम्बद्ध हैं कि उन्हें पृथक् नहीं किया जा सकता। पुरुष और प्रकृति समस्त अनुभव के ये दो पहलू हैं। यदि पुरुष चैतन्यस्वरूप है तो प्रकृति अचेतन है, क्योंकि वह पुरुष के विपरीत लक्षणों वाली है। ये दोनों, अर्थात् चैतन्य और जड़ता, एक परिणमन के दो पहलू हैं। यथार्थसत्ता न तो केवल पुरुष है और न केवल प्रकृति है। ये अस्तित्वविहीन हैं, क्योंकि जो अस्तित्ववान है उसके नाम व रूप होते हैं। अभौतिक रूप और रूपहीन प्रकृति—ये दोनों प्राणियों की क्रमव्यवस्था की उच्चतर और निम्नतर सीमाएं हैं, यद्यपि उनमें से किसी का भी अस्तित्व नहीं है। सबसे प्रथम अस्तित्ववान महत् है, जिससे शेष सब विकसित हुआ कहा जाता है। यह महत् विशुद्ध प्रकृति नहीं है किन्तु रूपधारिणी प्रकृति है। महत् निर्विकल्प प्रकृति की सविकल्प अभिव्यक्ति है। यदि पुरुष तथा प्रकृति दोनों परस्पर सहयोग न करें तो हमें महत् की प्राप्ति नहीं हो सकती। यह सबसे प्रथम उत्पन्न पदार्थ, अथवा आनुभविक सत्ता है, जो तब पैदा होती है जब पुरुष प्रकृति को सूचित करता है। ईश्वर, जिसको सांख्य स्वीकार करता है, विशुद्धि प्रमाता (विषयी) नहीं है, बल्कि अपने अन्दर प्रमेय (विषय) की संभाव्य क्षमता रखता है। यदि हम जगत् के उत्पन्न पदार्थों के उद्भव का पीछे तक पता लगाते-लगाते उच्चतम कोटि तक पहुंचें, तो हम एक पूर्णचैतन्यस्वरूप आत्मा तक पहुंचते हैं, जिसके अन्दर सब वस्तुओं की सम्भाव्य क्षमता है, अर्थात् जो विषयी-विषय (प्रमाता-प्रमेय) हैं। सब वस्तुएं जो विश्व की घटक हैं, प्रमाता-प्रमेय हैं। ईश्वर तथा निम्नतमद्रव्य—दोनों में हमें पुरुष और प्रकृति की दो प्रवृत्तियां मिलती हैं। वे जिनके अन्दर द्रव्य का प्राधान्य है, निम्नतर स्तर में आते हैं और वे जिनके अन्दर रूप का प्राधान्य हैं, उच्चतर स्तर में आते हैं। आत्मा की सफलता के अनुपात में प्राणी सृष्टि की क्रम-व्यवस्था में ऊंचा स्थान पाता है। प्रकृति की निम्नतम स्थिति में हम वस्तुओं की वस्तुओं के प्रति विशुद्ध बाह्यता पाते हैं, यद्यपि प्रकृति का यह साम्राज्य भी आत्मा के उद्देश्यों के उपयोग में आता है। हम पौधों, पशुओं तथा मनुष्यों में एक श्रेणीबद्ध चढ़ाव पाते हैं जबकि ऐंद्रिय जीवन की श्रेणी में पौधा नीचे स्थित है। पशु अपने संवेदनशील भाग को लिए हुए उससे ऊंचे में आता है, मनुष्य अपनी विवेकयुक्त तथा इच्छापरक प्रकृति के साथ उससे भी ऊपर आता है। सब वस्तुएं निरन्तर ऊंचा-ऊंचा उठने के लिए प्रयत्न करती हैं। विकास की प्रकल्पना व्यक्ति को एक स्थिर परिणाम के रूप में नहीं मानती, बल्कि एक अस्थायी क्रमावस्था के रूप में मानती है, जो पूर्ण पुरुष की अभिव्यक्ति तक पहुंचानेवाली है। ये विपरीत तत्त्व एक मूर्त परिणमन की परस्पर-विरोधी गतियों द्वारा आपस में एक-दूसरे पर निर्भर हैं। यदि हम पुरुष को प्रकृति से पृथक् कर दें, तो यह अयथार्थ हो जाता है। इसी प्रकार प्रकृति भी पुरुष से पृथक् होकर अयथार्थ हो जाती है। सब वस्तुएं पुरुष और प्रकृति को संयुक्त करती हैं और पुरुष को अधिकाधिक अभिव्यक्त करने के लिए संघर्ष करती हैं, और यह संघर्ष जगत् की प्रक्रिया है।

जब सांख्य के विचारक यह मत प्रकट करते हैं कि अनुभवसिद्ध उच्चतम श्रेणी का पदार्थ भी निरपेक्ष नहीं है, तो उनका तात्पर्य यह होता है कि इस आनुभविक जगत् को जहां दो प्रवृत्तियां एक-दूसरे पर प्राधान्य प्राप्त करने के लिए संघर्ष करती हैं, अपने तार्किक आधार के रूप में किसी अन्य तत्त्व की आवश्यकता है। उनका यह सुझाव कि इस संघर्षमय जगत् की पृष्ठभूमि में तथा इससे परे एक ओर तो पुरुष है और दूसरी ओर प्रकृति है जो सम्भावित विषयी और विषय हैं और नित्य एक-दूसरे के विपरीत हैं, न तो अनुभव-विषयक

तथ्यों के अनुकूल है और न ही सांख्य के सिद्धान्तों के अनुकूल है। यदि विश्वीय आत्मा (महत्) व्यक्तिरूप प्रमाताओं (अहंकार) के अनेकत्व और व्यक्तिरूप प्रमेयों (तन्मात्राओं) को जन्म देता है, तो महत् की पृष्ठभूमि में प्रमाताओं तथा प्रमेयों के अनेकत्व की कल्पना करना आवश्यक है। यदि सब प्रमेयों को घटाकर एक प्रकृति के रूप में परिणत कर दिया जाता है, तो प्रमाताओं को भी घटाकर एक सार्वभौमिक आत्मा के रूप में परिणत किया जा सकता है, जिसे जगत् के लौकिक व्यक्तियों में अनेकविध प्राकृतिक बाधाओं का विरोध करना होता है। यदि पुरुष के अक्षुब्ध चैतन्य तथा प्रकृति की निरन्तर गति को एक-दूसरे से स्वतन्त्र माना जाता है, तो दर्शनशास्त्र की समस्या का समाधान असम्भव है। किन्तु सांख्यदर्शन प्रत्यक्षतः केवल इसलिए न्यायसंगत प्रतीत होता है कि यह इनके भिन्न-भिन्न पक्ष हैं। वह अद्भुत विधि जिससे ये एक-दूसरे की सहायता करते हैं, यह प्रदर्शित करती है कि ये परस्पर-विरोधी एक ही पूर्ण इकाई के अन्तर्निविष्ट हैं। पारदर्शक द्वैतभाव किसी एकत्व पर अवस्थित है, जो उससे ऊपर है। यदि किसी चीज़ को समस्त अनुभव की पूर्वकल्पना माना जा सकता है, तो यह एक सार्वभौमिक आत्मा है, जिस पर पुरुष और प्रकृति की दोनों प्रवृत्तियां अवस्थित हैं, क्योंकि ये दोनों, पुरुष और प्रकृति, एक-दूसरे के सर्वथा विरुद्ध तथा प्रतिकूल नहीं हैं। जगत् के परिणमन में उक्त विरोध मिट जाता है। यह प्रदर्शित करता है कि दोनों वस्तुएं मौलिक एकरूपता पर अवस्थित हैं। सांख्य का पुरुष पर बल देने का तात्पर्य, जहां इसे जीव के साथ मिश्रित नहीं किया गया है, इससे अधिक और कुछ नहीं है कि वह एक विशुद्ध तथा पूर्णसत्ता की उपस्थिति को मानता है, जो वस्तुओं के विभाग से विभक्त नहीं हैं और विश्वीय अभिव्यक्ति के तनाव व संघर्ष से प्रभावित नहीं है, जो इन सबके अन्दर है और इन सबसे ऊपर है। निरपेक्ष आत्मा इतनी महान् है कि वह काल और देश में होती गति से, जिसे वह धारण करती है, सीमित नहीं हो सकती। किन्तु संसार उसके ऊपर आश्रित है। हेगल के शब्दों में, प्रकृति 'निषेधपरक अनिष्टसूचक शक्ति' है, जो संसार को अस्तित्व में लाती है। यदि हम ऐसी खाई को लेकर चलें जो भरी नहीं जा सकती, तो संसार का एकत्व कभी बुद्धिगम्य न होगा। जैसे ही वह निरपेक्ष आत्मा एक प्रमेय के विषय में अभिज्ञ होती है, वह सर्वोपरि प्रमाता (विषय) बन जाती है और प्रमेय पर, जिसे महत् की संज्ञा दी गई है, कार्य करने लगती है।[1] विज्ञानभिक्षु महाभारत से एक श्लोक[2] उद्धृत करता है, जिसमें प्रतिपादन किया गया है कि प्रकृति, जो परिवर्तित होती है, अविद्या है और पुरुष जो, सब प्रकार के परिवर्तन से उन्मुक्त है, विद्या है।[3] सांख्य यह सिद्ध करने के लिए उत्सुक है कि प्रकृति ऐसी कुछ वस्तु नहीं है जो विषयीनिष्ठ अर्थात् अयथार्थ हो, क्योंकि एक ऐसी

---

1. मत्स्यपुराण कहता है कि ब्रह्मा, विष्णु और महेश्वर महत्तत्व से उत्पन्न होते हैं, जैसे-जैसे वह क्रमशः रजस्, सत्त्व तथा तमस् की प्रधानता से युक्त होता है।

सविकारात् प्रधानात्तु महत्तत्वं प्रजायते।
महानित्ययतः ख्यातिर्लोकानां जायते सदा।
गुणेभ्यः क्षोभ्यमानेभ्यस्त्रयो देवा विजज्ञिरे।
एकमूर्तिस्त्रयो भागा ब्रह्मविष्णुमहेश्वराः॥

देखिए इण्डियन फिलासोफिकल रिव्यू, खण्ड 2, पृष्ठ 200 की पादटिप्पणी, और देखिए भागवत, 1 : 3, 223।

2. 12, 11419।

3. सांख्यप्रवचनभाष्य, 1 : 69।

अयथार्थ वस्तु बन्धनरूप यथार्थता का कारण नहीं बन सकती।[1] जैसे भी हो, प्रकृति पुरुष के प्रति निषेधात्मक है, आत्मा का अनात्मरूप है। आत्मा का अनात्म को देखना[2] इस विषय का प्रमाण है कि आत्मा अनात्म अर्थात् प्रकृति के अस्तित्व को स्वीकार करती है। यह स्वीकृति ही प्रकृति को जो कुछ भी इसका अस्तित्व है, वह प्रदान करती है। प्रमेय का उदय प्रमाता के उदय के साथ साहचर्य-सम्बन्ध रखता है। यह स्वतः चेतन आत्मा, जिसका महत् के उदय के साथ सह-सम्बन्ध है, कोई जीव नहीं है, क्योंकि यह प्रकृति को क्रियाशीलता के लिए निरन्तर बलात् प्रेरणा करती रहती है, भले ही अनेकों जीव क्यों न मोक्ष प्राप्त कर लें। सर्वोपरि प्रभु के नियन्त्रण द्वारा प्रकृति के अनेकत्व में बराबर उन्नति होती रहती है, जैसेकि बर्गसां की प्राणशक्ति का एक ही स्पन्दन विभक्त होकर प्रकृति में नानाविध प्रतिध्वनियों से परिणत हो जाता है। विज्ञानभिक्षु सृष्टि के प्रारम्भ में उत्पन्न हुए एक सर्वोपरि पुरुष का उल्लेख करता है, महत्त्व उसके साथ उपाधि अथवा बाह्य विनियोग के रूप में था।[3] यह सर्वोपरि व्यक्तित्व अपने अन्दर एक ओर पुरुष की शान्ति और आनन्द को, स्थिरता तथा मौन को, और दूसरी ओर प्रकृति के कोलाहलपूर्ण बाहुल्य, संघर्ष तथा दुःख को एकत्र संयुक्त किए रहता है। सर्वोपरि प्रभु अपने अन्दर समस्त जीवनों तथा शरीरों[4] को धारण किए हुए है, और प्रत्येक व्यक्तिरूप प्राणी इस अनन्त सागर को केवल एक लहर से अधिक और कुछ नहीं है—विश्वात्मा का अंशमात्र है। ईश्वर-महत् प्रारम्भिक एकत्व है, जिसमें दो भिन्न-भिन्न प्रवृत्तियां एक-दूसरे के अन्दर प्रविष्ट होकर एक हो गई हैं। इस प्रकार वेदान्त और पुराण भी प्रकृति को सर्वोपरि यथार्थसत्ता पर निर्भर मानते हैं।[5] केवल इस प्रकार का मत ही सांख्यदर्शन को अधिक संगतिपूर्ण बना सकता है। सांख्य अद्वैतविषयक आदर्शवाद के सत्य की ऊंचाई तक नहीं उठता, बल्कि केवल बोध के उस स्तर तक रहने में ही सन्तुष्ट है जो सत् और असत् के भेद पर बल देता है, और दोनों के विरोध को यथार्थ तथा तादात्म्य को अयथार्थ मानता है। इसने जो प्रश्न उठाए हैं, उनके अन्दर क्या-क्या निहित है, इसे यह अनुभव नहीं कर सका। उन प्रश्नों की कठिनाई तथा महत्त्व को युग-युग के विरोध तथा विवाद प्रकाश में लाते रहे हैं, किन्तु बहुत कम सन्तोषप्रद समाधान तक पहुंच सके हैं। तो भी विश्व के सम्बन्ध में एक सर्वतोग्राही विचार तक पहुंचना, जिसमें न तो यथार्थसत्ता के किसी अंश का दमन किया गया है और न ही उसे खण्डित किया गया है, मानव-मस्तिष्क का एक महान् प्रयास है। इससे पूर्व कि उनके सत्य सम्बन्ध दृष्टिगत हो सकें, वस्तुओं के भिन्न-भिन्न पहलुओं की स्पष्ट रूप में परिभाषा होनी चाहिए और उनमें भेद दिखाना चाहिए। सांख्य द्वारा किए गए अनुभव के विश्लेषण ने इस प्रकार एक अधिक उपयुक्त दर्शन के लिए भूमि तैयार कर दी।

---

1. तुलना कीजिए : न हि स्वाप्नरज्जवा, बन्धनं दृष्टम् (सांख्यप्रवचनभाष्य, 1 : 20)।

2. प्रकृतिं पश्यति पुरुषः (सांख्यकारिका, 65)।

3. सांख्यप्रवचनभाष्य, 5 : 12।

4. वायुपुराण के चौथे अध्याय में सांख्य-प्रतिपादित महत् को ईश्वर अथवा ब्रह्म बताया गया है। तुलना कीजिए विष्णुपुराण : "अविज्ञेयं ब्रह्माग्रे समवर्तत"। सृजनात्मक मुद्रा में दिव्य मन ही जगत् की आदिस्रोत (जगद्योनि) है।

5. विष्णुपुराण (1 : 2) से इसे कार्यकारणशक्तियुक्त कहकर वर्णन किया गया है। यह सर्वोपरि प्रभु का कार्य है तथा शेष विश्व का कारण है। 'चूलिका उपनिषद्' प्रकृति के विषय में कहती है "विकारजननीं मायामदृष्टरूपामजाँ ध्रुवाम्"। और देखिए सांख्यप्रवचनभाष्य, 1 : 26।

पाँचवाँ अध्याय

पतंजलि का योगदर्शन

प्रस्तावना—पूर्ववर्ती परिस्थिति—निर्माणकाल और साहित्य—सांख्य और योग—मनोविज्ञान—प्रमाण—योग की कला—नैतिक साधन—शरीर का नियन्त्रण—प्राणायाम—इन्द्रिय-निग्रह—ध्यान—समाधि अथवा एकाग्रता—मोक्ष—कर्म—अलौकिक सिद्धियां—ईश्वर—उपसंहार।

1. प्रस्तावना

तथाकथित 'आत्मिक' व्यापार के विषय में मनोव्यापार की अनुसन्धान-समिति के अन्वेषणों ने ऐसी प्रकल्पनाओं को जिन्हें आज तक वैज्ञानिक सत्य समझा जाता रहा है, हिला कर रख दिया, जैसेकि यह प्रकल्पना कि बौद्धिक तथा स्मृति सम्बन्धी व्यापार मस्तिष्क सम्बन्धी उपकरण की अविकलता पर ही आश्रित हैं और उसके क्षय के साथ-साथ ही नष्ट हो जाते हैं। अतः अब कुछ विचारक ऐसा विश्वास करने लगे हैं कि चैतन्य-विषयक क्रियाओं के लिए मस्तिष्क का अस्तित्व सर्वथा अनिवार्य नहीं है। मनुष्य का मन उन क्षमताओं के अतिरिक्त जो पांच ज्ञानेन्द्रियों द्वारा प्राप्त होती हैं, प्रत्यक्षज्ञान सम्पादन की अन्यान्य क्षमताएं भी रखता है—यह हमें मनोविज्ञानशास्त्र के वेत्ता बताते हैं। दार्शनिक भी शनैः-शनैः इस विचार को मानने लगे हैं कि हमारे अन्दर मस्तिष्क द्वारा नियन्त्रित तर्क-वितर्क तथा स्मृति के अतिरिक्त भी अन्यान्य मानसिक शक्तियां विद्यमान हैं। भारत के प्राचीन विचारक, जिसे हम 'तत्त्वज्ञान-विषयक मनोविज्ञान' कह सकते हैं, उसके सम्बन्ध में पर्याप्त क्रियात्मक ज्ञान रखते थे और 'अदभुत दृष्टि' तथा तत्समान अन्यान्य शक्तियों से भी बिलकुल परिचित थे। वे हमें बताते हैं कि हम बाह्य इन्द्रियों की सहायता के बिना भी देखने तथा जानने की शक्ति प्राप्त कर सकते हैं और उन प्रक्रियाओं की, जिनका उपभोग हम भौतिक इन्द्रियों तथा मस्तिष्करूपी साधनों द्वारा करते हैं, अधीनता से सर्वथा उन्मुक्त हो सकते हैं। वे यह स्वीकार करते हैं कि साधारणतया जो जगत् हमें दृष्टिगोचर हो सकता है उससे अधिक विस्तृत जगत् का अस्तित्व है। जब किसी दिन हमारी दृष्टि उक्त जगत् को प्रत्यक्ष करने के लिए खुलेगी तो हमें पता लगेगा कि हमारे प्रत्यक्षज्ञान का क्षेत्र कितना अधिक विलक्षण एवं महान् है; किसी अंधे पुरुष को जब पहले-पहले दृष्टि प्राप्त होती है तो जैसा भासता है, ठीक वही दशा हमारी भी होगी। इस महत् दृष्टि तथा अन्तर्निहित शक्तियों की अभिव्यक्ति को प्राप्त करने के लिए विशेष विधान है। 'योग' के नियमों का पालन करने से—जैसे ध्यान की शक्ति को उच्चता तक पहुंचाने, अपने ध्यान को शक्ति के अगाध स्रोत के ऊपर टिका कर मन की चपलता का निग्रह करने से—व्यक्ति, जैसे व्यायाम करने वाला अपने शरीर को साध लेता है उसी प्रकार अपनी आत्मा को पूर्णरूप से साधने में समर्थ हो सकता है। योग की सहायता से हम चैतन्य

के उच्चतर स्तर पर पहुंच सकते हैं, जिसका मार्ग मानसिक उपकरण में परिवर्तन के द्वारा प्रशस्त होता है, और इस प्रकार वह उन सीमाओं का अतिक्रमण कर सकता है जिन्हें मानवीय अनुभव की साधारण सीमाएं समझा जाता है। योग में हम हिन्दू-विचारधारा के उन आधारभूत भावों—यथा भौतिक जगत् की अपेक्षा आत्मिक जगत् की श्रेष्ठता, मौनसाधन तथा एकान्तसेवन, ध्यान, समाधि और बाह्य अवस्थाओं के प्रति उदासीनता आदि—को स्पष्ट रूप में लक्ष्य कर सकते हैं, जिनके कारण आधुनिक विचारकों को हिन्दू जाति की, जीवन के प्रति, परम्परागत प्रवृत्ति अद्भुत तथा सनकी प्रतीत होती है। किन्तु जो उससे परिचित हैं वे यह स्वीकार करते हैं कि हमारी वर्तमान मनोवृत्ति को, जो बाह्य वस्तुओं के बोझ से अत्यधिक आक्रान्त है और जो नीरस, कठोर परिश्रम, भौतिक लिप्सा और इन्द्रियजन्य उत्तेजना के कारण आत्मा के यथार्थ जीवन से सर्वथा विरक्त है, सुधारने के लिए इस साधना की नितान्त आवश्यकता है।

योग शब्द का प्रयोग नाना अर्थों में होता है।[1] साधारण रूप में इसका तात्पर्य 'क्रियाविधि'[2] हो सकता है। कभी-कभी इसका प्रयोग संयोजित करने के लिए होता है।[3] उपनिषदों तथा भगवद्गीता में आत्मा के विषय में कहा गया है कि वह अपनी सांसारिक और पापमय अवस्था में सर्वोपरि आत्मा से पृथक् तथा विरक्त रहती है। सब पापों तथा दुःख की जड़ यह पृथक्त्व, भेदभाव तथा विरक्ति ही है। दुःख तथा पाप से छुटकारा पाने के लिए हमें आध्यात्मिक एकत्व, अर्थात् एक के अन्दर दो की भावना, अर्थात् योग को प्राप्त करना चाहिए। पतंजलिकृत योगदर्शन में योग का अर्थ जुड़ना (एकत्व) नहीं, बल्कि मात्र प्रयत्न है, अथवा, जैसा कि भोज का कहना है, पुरुष तथा प्रकृति के मध्य वियोग है। यह एक खोज है उसकी जिसे नावलिस ने 'हमारे अतीन्द्रिय अहम्' के नाम से पुकारा है, जो हमारे अस्तित्व का दैवीय तथा नित्य अंश है। इसका अर्थ प्रयत्न, कठोर परिश्रम भी होता है और इस प्रकार इसका प्रयोग इन्द्रियों तथा मन के निग्रह के अर्थ में होने लगा।[4] यद्यपि कभी-कभी इसका समाधि के लक्ष्य के पर्यायवाची अर्थों में भी व्यवहार किया गया है, पर अधिकतर इसका प्रयोग उस तक पहुंचने के मार्ग के अर्थों में ही किया गया है। ऐसे स्थल कम नहीं हैं जहां ईश्वर की सर्वोपरि शक्ति के लिए इसका प्रयोग किया गया है।[5] पतंजलि के अनुसार, मानवीय प्रकृति (भौतिक तथा आत्मिक) के भिन्न-भिन्न तत्त्वों के नियन्त्रण द्वारा पूर्णता-प्राप्ति के लिए किया गया विधिपूर्वक प्रयत्न ही योग है। भौतिक शरीर, सक्रिय इच्छाशक्ति और समझने की शक्ति रखनेवाले मन को नियन्त्रण के अन्दर लाना आवश्यक है। पतंजलि ने कुछ ऐसे अभ्यास पर बल दिया है जिनसे शारीरिक चंचलता की चिकित्सा हो सकती है तथा मलिनता दूर की जा सकती है। और जब इन अभ्यासों से हमें अधिक शक्ति, दीर्घकालीन युवावस्था और दीर्घजीवन प्राप्त हो जाए, तो इनका प्रयोग

---

1. देखिए भारतीय दर्शन, खण्ड 1, पृष्ठ 434-35।
2. भगवद्गीता, 3 : 3।
3. देखिए भारतीय दर्शन, खण्ड 1, पृष्ठ 435। देखिए ऋग्वेद, 1 : 34, 9; 7 : 67-68; 3 : 27, 11; 10 : 30, 11; 10 : 114, 9; 4 : 24, 4; 1 : 5, 3; 1 : 30, 7; शतपथ ब्राह्मण, 14 : 7, 1, 11। याज्ञवल्क्य के अनुसार, 'जीवात्मा तथा सर्वोपरि आत्मा के संयोग का नाम ही योग है।'—संयोगो योग इत्युक्तो जीवात्मपरमात्मनोरिति (सर्वदर्शनसंग्रह, 15)।
4. योगसूत्र, 1 : 1।
5. भगवद्गीता, 9 : 5। बलदेवकृत प्रमेयरत्नावलि, पृष्ठ 14 भी देखिए।

आध्यात्मिक मुक्ति के लिए करना उचित है। चित्त की शुद्धि तथा शान्ति के लिए अन्य विधियों का प्रयोग किया जाता है। पतंजलि का मुख्य लक्ष्य आध्यात्मिक सिद्धान्त का प्रतिपादन नहीं, बल्कि क्रियात्मक रूप में यह संकेत करना है कि संयमी जीवन द्वारा किस प्रकार मोक्ष प्राप्त किया जा सकता है।[1]

2. पूर्ववर्ती परिस्थिति

प्राचीन समय से भारत में यह विचार चला आया है कि हम साधना द्वारा ऐसी अनेक भौतिक और मानसिक सिद्धियां प्राप्त कर सकते हैं जो साधारण मनुष्यों में नहीं पाई जातीं, और शारीरिक तथा मानसिक क्रियाओं के संयम से हमें दुःख से छुटकारा पाने में सहायता मिलती है। समाधि और सम्मोहक मूर्छा के महत्त्व के सम्बन्ध में अपरिपक्व विचार ऋग्वेद में पाए जाते हैं, जिसमें 'मुनि' शब्द भी आया है।[2] इसके अनुसार, दिव्य प्रकाश पर ध्यान लगाना भक्ति का एक पवित्र कार्य है।[3] अथर्ववेद में यह विचार कि कठोर साधना द्वारा अलौकिक शक्तियां प्राप्त की जा सकती हैं, बहुत आया है।[4] उसके पश्चात् शीघ्र ही तपस्या का भाव उत्पन्न हुआ, जिससे निग्रह को एक नैतिक स्वरूप दिया जाने लगा। अपने मन को नित्य में केन्द्रित करने के लिए मनुष्य को समस्त सांसारिक सुखोपभोग का त्याग करना चाहिए। उपनिषदों के अनुसार, योगाभ्यास यथार्थसत्ता के सत्यज्ञान की चेतनापूर्ण आन्तरिक खोज है। ध्यान तथा एकाग्रता पर बल दिया गया है,[5] क्योंकि आत्मा का विषयीरूप में प्रत्यक्ष ज्ञान अन्यथा सम्भव नहीं है। उपनिषदों ने तप और ब्रह्मचर्य को महान् शक्ति के उत्पादक गुण

---

1. योगतत्त्व उपनिषद् में योग चार प्रकार का बताया गया है : मन्त्रयोग, लययोग, हठयोग और राजयोग, पतंजलि-प्रतिपादित योग अन्तिम प्रकार का है, क्योंकि यह मन को निश्चल करने तथा समाधि अवस्था प्राप्त करने की प्रक्रिया का विस्तार से प्रतिपादन करता है। हठयोग के मत में शारीरिक क्रियाओं पर आधिपत्य प्राप्त किया जा सकता है। शरीर को वश में करना पतंजलि के योग का एक भाग है। मन्त्रयोग विश्वास-चिकित्सा पर आधारित है। यद्यपि ईसाई विचारक, जो इस विधि का प्रयोग करते हैं, ऐसा कहते हैं कि यह ईसाई मत तथा पादरियों के प्रभाव का परिणाम है, तो भी इस विषय का प्रमाण मिलता है कि विश्वास-चिकित्सा किसी एक धर्म तक सीमित नहीं है। म. क्युई हमें प्राचीन चिकित्सक का स्मरण कराता है। विश्वास के द्वारा चिकित्सा प्रकृति की व्यवस्था में हस्तक्षेप नहीं है, जिसमें साक्षात् ईश्वर का हाथ अथवा किसी गौण अतिप्राकृतिक तत्त्व का प्रवेश काम करता हो। मन्त्रों द्वारा चिकित्सा केवल ऐसी अवस्थाओं में ही सम्भव है जहां रोग स्नायुजात से सम्बन्ध रखता हो और मस्तिष्क इच्छा की असफलता के कारण, किसी एक बात के हठात् हृदय में बैठ जाने से, अथवा मानसिक आधात के कारण विकृत हो गया हो। तुलसी मसखरे का यह कथन कि "मुझे कोई ऐसी टूटी हड्डी दिखाओ जिसे विश्वास के द्वारा फिर से जोड़ दिया गया हो, तो मैं तुम्हारे दावों को सुन सकता हूं", एकदम निरर्थक नहीं है।

2. 10 : 136, 4-5, देखिए भारतीय दर्शन, खण्ड 1, पृष्ठ 89-90।

3. ऋग्वेद, 3 : 3, 9, 10 में गायत्री का उल्लेख आया है। और देखिए शुक्ल यजुर्वेद, 3 : 35; सामवेद, 2 : 8, 12।

4. भारतीय दर्शन, खण्ड 1, पृष्ठ 98-99।

5. बृहदारण्यक उपनिषद्, 4 : 14; 3 : 5; 4 : 4; तैत्तिरीय उप. 1; कठ, 3 : 12; प्रश्न, 5 : 5।

बताया है।[1] ऐसी उपनिषदें जिनमें सांख्य के सिद्धांत आते हैं, योग-सम्बन्धी क्रियाओं का भी वर्णन करती हैं। कठ, श्वेताश्वतर और मैत्रायणी उपनिषदें धार्मिक सिद्धि के क्रियात्मक पक्ष का उल्लेख करती हैं, जोकि सांख्य के सैद्धान्तिक अन्वेषण से भिन्न हैं। 'योग' एक पारिभाषिक शब्द के रूप में कठ, तैत्तिरीय और मैत्रायणी उपनिषदों में आता है,[2] किन्तु यह नहीं कहा जा सकता कि उनमें वर्णित योग तथा पतंजलि का योग एक समान है। हो सकता है कि समाधि का विचार उपनिषदों के उस सिद्धांत से विकसित हुआ हो जो परमब्रह्म की प्राप्ति अथवा आनुभविक जीवन की वस्तुओं से मुक्ति की तुलना सुषुप्ति के साथ करता है। कठोपनिषद् में योग की उच्चतम अवस्था का वर्णन करते हुए कहा गया है कि उसमें इन्द्रियों को मन तथा बुद्धि के साथ सर्वथा शान्त भाव में लाया जाता है।[3] इसलिए यह स्वाभाविक ही था कि ऐसे व्यक्ति थे जिन्होंने कृत्रिम उपायों द्वारा ऐसी मूर्छितावस्था लाने का प्रयत्न किया। मैत्री उपनिषद् में छः प्रकार के योग का उल्लेख आता है और पतंजलि योगदर्शन के पारिभाषिक शब्दों का प्रयोग पाया जाता है।[4] यह प्रकट है कि पतंजलि का योग आरम्भिक उपनिषदों के काल में पूर्णता तक नहीं पहुंचा था, यद्यपि परवर्ती उपनिषदों में हमें इसकी क्रमिक उन्नति दिखाई देती है।

बुद्ध ने योग का अभ्यास दोनों अर्थों में किया। उन्होंने कठोर तपस्याएं भी कीं तथा उच्च श्रेणी का चिन्तन भी किया। ललितविस्तर ग्रन्थ के अनुसार, तपस्या की नानाविध विधियां बुद्ध के समय में प्रचलित थीं।[5] बुद्ध के कुछेक गुरु, जैसे 'आलार', योगविद्या में निपुण थे। बौद्धसूत्र एकाग्रता की योग की विधियों से अभिज्ञ हैं। बौद्ध मत में प्रतिपादित ध्यान की चार अवस्थाएं साधारण रूप में शास्त्रीय योग की चेतनापूर्ण एकाग्रता की चार स्थितियों के साथ अनुकूलता रखती हैं।[6] बौद्धमत के अनुसार, श्रद्धा, शक्ति, विचार, एकाग्रता तथा बुद्धि इन पांच गुणों के धारण कर लेने से योग के लक्ष्य की प्राप्ति हो सकती है[7] और योग भी इस मत को स्वीकार करता है।[8] बौद्ध मत की योगाचार शाखा बौद्ध सिद्धान्त को योग के विवरणों के साथ स्पष्ट रूप में मिलाती है। परवर्ती बौद्ध ग्रन्थ एक परिष्कृत योग पद्धति का आश्रय लेते हैं।[9]

महाभारत में सांख्य और योग का उपयोग एक ही पूर्ण इकाई के दो पूरक अंशों के रूप में किया गया है, और ये क्रमशः सिद्धान्त तथा व्यवहार अथवा दर्शन तथा धर्म के प्रतीक हैं। ऐसा कहा जाता है कि योगदर्शन ईश्वर को छब्बीसवें तत्त्व के रूप में स्वीकार

---

1. छान्दोग्य उपनिषद्, 3 : 17, 4; बृहदारण्यक, 1 : 2, 6; 3 : 8, 10; तैत्तिरीय, 1 : 9, 1; 3 : 2, 1; 3 : 3, 1; तैत्तिरीय ब्राह्मण, 2 : 2, 3, 3; शतपथ ब्राह्मण, 11 : 5, 8, 1।
2. 6 : 10।
3. छान्दोग्य, 6 : 8, 6 भी देखिए।
4. 6 : 18।
5. भारतीय दर्शन, खण्ड 1, पृष्ठ 288, टिप्पणी 2।
6. योगसूत्र, 1 : 17। देखिए भारतीय दर्शन, खण्ड 1, पृष्ठ 346-347।
7. मज्झिमनिकाय, 1 : 164।
8. योगसूत्र, 1 : 33।
9. विस्तृत विवरण के लिए देखिए हॉपकिंस कृत 'योग टैक्नीक इन दि ग्रेट एपिक' जर्नल आफ दि अमेरिकन ओरियण्टल सोसाइटी, 22।

करता है। इसके अतिरिक्त, मोक्ष, जिसे प्रारम्भ में परब्रह्म के साथ तादात्म्य माना गया था, अब आत्मा का प्रकृति से पृथक्करण हो जाता है, जबकि परब्रह्म का वह सर्वतोग्राही स्वरूप नहीं रहा जिसमें से व्यक्तिरूप आत्माएं प्रादुर्भूत हुईं, बल्कि वह ईश्वर अर्थात् सहायक हो गया। महाभारत में धारण, प्राणायाम का उल्लेख है।[1] उक्त महाकाव्य के अनेक तपस्वियों ने चमत्कारी शक्तियों को प्राप्त करने के लिए योग-साधन का आश्रय लिया।[2] महाभारत में इनका बार-बार उल्लेख हुआ है।[3]

उपनिषद्, महाभारत—जिसमें भगवद्गीता भी शामिल है—जैनमत तथा बौद्धमत योग सम्बन्धी क्रियाओं को स्वीकार करते हैं। योग-सिद्धान्त को इतना पुरातन बताया जाता है, जितना कि ब्रह्मा है। पतंजलि के योग में, तपस्या तथा गहन चिन्तन-विषय जो विचार उस समय अस्पष्ट तथा अनिश्चित रूप में विद्यमान थे उन सब का निचोड़ पाया जाता है। उन्होंने उस अस्पष्ट परम्परा को जो जीवन तथा अनुभव के दबाव से विकसित हुई, एक विधान का रूप दे दिया। पतंजलि का दर्शन जिस युग में प्रादुर्भूत हुआ, वह उसके चिह्नों को धारण किए हुए है। जहां एक ओर इसमें हमें अत्यन्त परिष्कृत रहस्यवाद मिलता है, वहां उससे मिश्रित ऐसे अनेक मत भी मिलते हैं, जो कि उस काल में प्रचलित धार्मिक सम्प्रदायों में से निकले हैं।

वात्स्यायन इसके भी पूर्ववर्ती एक योग का उल्लेख करता है, जिसके अनुसार आत्मा के कर्म के अनुरूप सृष्टिरचना सम्पन्न होती है, और वही राग तथा द्वेष आदि बुराइयों तथा क्रिया की प्रेरणा के लिए जिम्मेवार है और उसी के कारण असत् का सद्भाव में प्रकट होना और विद्यमान वस्तुओं का लोप हो जाना सब कुछ सम्भव होता है।[4] यह योग मानवीय क्रिया पर बल देता है, और सांख्य की अपेक्षा कर्ममीमांसा के अधिक निकट है, जो सत्कार्यवाद को मानता है, आत्मा के परम रूप में विश्वास रखता है तथा शरीर, इन्द्रियों, मन और भौतिक गुणों के साथ संयोग को चेतना व्यापारों का कारण मानता है। इस प्रकार वात्स्यायन के अनुसार, सांख्य तथा योग में परस्पर अत्यधिक मतभेद है; यहां तक कि आत्मा के स्वरूप, क्रियाशीलता और कार्य-कारण-सम्बन्ध जैसे मूल प्रश्नों पर भी मतभेद है। यदि सांख्य दर्शन के साथ क्रियाशीलता के सिद्धान्त पर बल देने का भाव संयुक्त कर दिया जाए तो हम प्राचीन शास्त्रीय योग का नमूना प्राप्त कर सकते हैं।

3. निर्माणकाल और साहित्य

पतंजलि का योगसूत्र योग-सम्प्रदाय का प्राचीनतम पाठ्यग्रन्थ है। इसके चार भाग हैं जिनमें पहले भाग में समाधि के स्वरूप तथा लक्ष्य का प्रतिपादन किया गया है। इसे

1. 12 : 11683-84।
2. 12 : 326, 8।
3. 12 : 340-55; 12 : 303, 163; 13 : 14, 420।
4. पुरुषकर्मादिनिमित्तो भूतसर्गः, कर्महेतवो दोषाः, प्रवृत्तिश्च स्वगुणविशिष्टाश्चेतना असदुत्पद्यत उत्पन्नं निरुध्यत इति योगानाम् (न्यायभाष्य, 1 : 1, 29)। उद्योतकर का कहना है कि इस योग के अनुसार इन्द्रियों के अंग पंचभूतों से निर्मित हुए हैं।

'समाधिपाद' कहते हैं। द्वितीय भाग 'साधनापाद' में लक्ष्य-प्राप्ति के साधनों की व्याख्या है। तीसरे में उन अलौकिक सिद्धियों का वर्णन है जो योग की क्रियाओं द्वारा प्राप्त की जा सकती हैं। यह 'विभूतिपाद' कहलाता है। और चौथे में मोक्ष का स्वरूप बताया गया है। यह 'कैवल्यपाद' है।[1] याज्ञवल्क्यस्मृति के अनुसार, योगदर्शन का आदि संस्थापक हिरण्यगर्भ था, और माधव निर्देश करता है कि 'इसके साथ पतंजलि के योगदर्शन का रचयिता होने में कोई विरोध यों नहीं होता क्योंकि स्वयं पतंजलि ने अपने ग्रन्थ को 'अनुशासन' कहा है, जिसमें 'अनु' उपसर्ग का अर्थ ही बताता है कि पतंजलि का कथन एक प्रारम्भिक रहस्योद्घाटन के पीछे आता है और यह उक्त दर्शन-पद्धति का अपने आप में प्रथम सूत्रीकरण नहीं है।[2] वैय्याकरण (अर्थात् महाभाष्यकर्ता) पतंजलि का काल द्वितीय शताब्दी ई. पू. बताया गया है,[3] यद्यपि उक्त वैय्याकरण पतंजलि और योगसूत्र के रचयिता पतंजलि दोनों एक ही व्यक्ति थे—यह अभी सिद्ध नहीं हो सका है।[4] योगसूत्र पर व्यास का भाष्य (चौथी शताब्दी ई.) योग के सिद्धान्तों की सर्वमान्य व्याख्या है। वाचस्पति ने व्यास के भाष्य पर एक वृत्ति 'तत्त्ववैशारदी' (नौवीं शताब्दी) लिखी है। भोजकृत 'राजमार्तण्ड' एक अत्यधिक महत्त्वपूर्ण ग्रन्थ है। विज्ञानभिक्षु

---

1. क्योंकि अन्य सम्प्रदायों की समीक्षाएं योगसूत्र के चौथे भाग में आती हैं और 'इति' शब्द जो ग्रन्थ की समाप्ति का द्योतक है, तीसरे भाग के अन्त में आया है, इससे यह प्रतीत होता है कि चौथा भाग पीछे से मिलाया गया है। देखिए दास गुप्ता : हिस्ट्री आफ इंडियन फिलासफी, पृष्ठ 230।

2. सर्वदर्शनसंग्रह, 15।

3. पतंजलि का योगसूत्र दूसरी शताब्दी ई. पू. में रचा माना जाता है, यद्यपि कुछ की सम्मति यह है कि यह बहुत पीछे का अर्थात् चौथी शताब्दी ई. का है। परमाणुवाद (1 : 40), सौत्रान्तिकों की समय-सम्बन्धी प्रकल्पना कि काल क्षणों की शृंखला है (3 : 52), स्फोटवाद (देखिए योगभाष्य, 3 : 17) तथा बौद्ध आदर्शवाद (4 : 15-17) का उल्लेख योगसूत्र में आया है।

यह मानकर कि वैशेषिकसूत्र में वसुबन्धु के आदर्शवाद की समीक्षा की गई है, प्रोफेसर वुड्स योगसूत्र के निर्माणकाल की पूर्वतर सीमा चौथी शताब्दी ई. रखते हैं। उनकी सम्मति इस तथ्य से पुष्ट होती प्रतीत होती है कि नागार्जुन ने अपनी 'कारिका' में 'योगदर्शन' का उल्लेख नहीं किया है। यह तर्क हमें दूर तक नहीं ले जाता, क्योंकि यह स्वीकृत तथ्य है कि नागार्जुन के 'उपायकौशल्यहृदयशास्त्र' के चीनी अनुवाद में योग का उल्लेख दर्शनशास्त्र की आठ शाखाओं में से एक शाखा के रूप में मिलता है, और बौद्ध आदर्शवाद का समय वसुबन्धु तथा असंग से पूर्ववर्ती माना जा सकता है। जैकोबी के विचार में, योगदर्शन 300 ई. पू. में विद्यमान था। उमास्वातिकृत 'तत्त्वार्थसूत्र', 2 : 52, में योगसूत्र, 3 : 22 का उल्लेख है। उमास्वाति, जो अपने टीकाकार सिद्धसेन (पांचवीं शताब्दी) से पूर्व का होना चाहिए, साधारणतः तीसरी शताब्दी ई. का माना जाता है। इस प्रकार पतंजलि का समय 300 ई. के पश्चात् का नहीं हो सकता।

4. भोज योगसूत्र पर अपनी टीका, 'राजमार्तण्ड' (प्रस्तावना, पृष्ठ 5) में कहता है कि उसने व्याकरण, योग और वैद्यक विषयों पर ग्रन्थ लिखे, और इस प्रकार "पतंजलि के समान हमारी वाणी, चित्तों तथा शरीरों के मलों को दूर किया।" इस तरह वह व्यक्त करता है कि पतंजलि ने व्याकरण (वाणी), योग (चित्त) और वैद्यक (शरीर) के विषयों पर ग्रन्थ लिखे। यह सबसे पूर्ववर्ती उल्लेख है, तो भी इस विषय में सन्देह है कि प्रस्तावना भोज की लिखी हुई है। वुड्स ने अपने 'इण्ट्रोडक्शन टू दि योग सिस्टम' (हार्वर्ड ओरियण्टल सीरीज) नामक ग्रन्थ में महाभाष्य के रचयिता वैय्याकरण पतंजलि तथा योगसूत्र के रचयिता पतंजलि को एक मानने का विरोध किया है। उक्त दोनों ग्रन्थों में न तो भाषा-सम्बन्धी और न सिद्धान्त-सम्बन्धी ही समानताएं पाई जाती हैं। महान् वैय्याकरणों, जैसे भर्तृहरि, कैय्यट, वामन और गंगेश ने योगसूत्र के रचयिता की वैय्याकरण के साथ एकात्मता का कहीं उल्लेख नहीं किया।

का 'योगवार्तिक', जो योगभाष्य पर एक प्रचलित टीका है, और 'योगसारसंग्रह'—ये दोनों पुस्तकें उपयोगी हैं। उक्त ग्रन्थकर्ता कुछ विषयों पर वाचस्पति के विचारों की आलोचना करता है और योगदर्शन को उपनिषदों के दर्शन के समीप लाने का प्रयत्न करता है।[1] प्रत्येक विचार-पद्धति योग की विधियों का उपयोग अपने हित के लिए करती है। कुछ परवर्ती उपनिषदें—यथा मैत्री, शाण्डिल्य, योगतत्त्व, ध्यानबिन्दु, हंस, वराह और नादबिन्दु—योग के सिद्धान्तों को बहुत महत्त्व देती हैं।

4. सांख्य और योग

पतंजलि ने योग के विचारों को व्यवस्थित रूप दिया और उन्हें सांख्य की तत्त्वज्ञान-सम्बन्धी पृष्ठभूमि पर स्थित किया, जिसे उन्होंने परिवर्तन के साथ स्वीकार कर लिया। प्रारम्भिक ग्रन्थों में योग के सिद्धान्त सांख्य के विचारों के साथ ही मिलते हैं।[2] योग ने पच्चीस तत्त्वों को स्वीकार कर लिया और उनके सम्बन्ध में विवाद की कोई आवश्यकता अनुभव नहीं की। विश्व की रचना नहीं हुई और यह नित्य है। इसमें परिवर्तन अवश्य होते रहते हैं। अपनी तात्त्विक अवस्था में इसे प्रकृति के नाम से पुकारा जाता है, जिसका साहचर्य गुणों के साथ है और उस रूप में यह सदा वैसा ही है। जीवात्माएं असंख्य हैं, जो जीवित प्राणियों में जीवन फूंकती हैं और स्वभाव से निर्मल, नित्य और निर्विकार हैं। किन्तु विश्व के साथ सम्बन्ध होने से वे परोक्ष रूप में सुखों तथा दुःखों के अनुभव करनेवाली बनती हैं और अपने सांसारिक जीवन में नाना प्रकार की शरीराकृतियों को धारण करती हैं। प्रकृति के विकास के विषय में योग का मत है कि विकास की दो समानान्तर पद्धतियां हैं जो महत् से आरम्भ करती हैं और एक पक्ष में अहंकार, मन, पांच ज्ञानेन्द्रियों तथा पांच कर्मेन्द्रियों के रूप में विकसित होती हैं, तथा दूसरे पक्ष में, पांच सूक्ष्म तन्मात्राओं द्वारा पांच महाभूतों में विकसित होती हैं। व्यास के अनुसार, महाभूत पांच सारतत्त्वों से निकले हैं, और ग्यारह इन्द्रियां अहंकार अथवा अस्मिता से निकली हैं। तन्मात्राएं अहंकार से नहीं निकलीं, बल्कि वे अस्मिता के साथ छः अविशेष कहाती हैं और उनकी उत्पत्ति महत् से हुई है। विज्ञानभिक्षु का विचार है कि व्यास ने केवल बुद्धि के परिवर्तनों को दो विभागों में वर्णित किया है, किन्तु उनका तात्पर्य इस प्रकार का सुझाव देने से नहीं है कि महत् से तन्मात्राओं की उत्पत्ति अहंकार पर आश्रित नहीं है।[3] सांख्य में, अहंकार सात्त्विक रूप में इन्द्रियों को जन्म देता है, और तमोरूप में तन्मात्राओं को जन्म देता है, और ये दोनों ही महत् में अवरुद्ध रहते हैं। इस प्रकार सांख्य और योग का विकास-विषयक यह भेद कुछ अधिक गम्भीर नहीं है। हम देखते हैं कि योग सांख्य-प्रतिपादित तीन आभ्यन्तर इन्द्रियों को 'चित्' का नाम देता है। यह अहंकार और मन की बुद्धि से पृथक् नहीं समझता। इन्द्रियों को भी यह स्वरूप में भौतिक ही मानता है और इसलिए सूक्ष्म शरीर मानने की कोई आवश्यकता नहीं रह जाती।

---

1. योगदर्शन पर लिखे गए अन्य ग्रन्थों में, जैसाकि नागोजी भट्ट (नागेश भट्ट), नारायण भिक्षु और महादेव के ग्रन्थों में, अपनी पूर्वधारणाओं के अनुरूप, पतंजलि के विचारों को परिवर्तित किया गया है।

2. देखें कठोपनिषद्। योगसूत्र पर व्यासकृत वृत्ति का नाम सांख्यप्रवचनभाष्य है, जो सांख्य तथा योग में परस्पर घनिष्ठ सम्बन्ध प्रदर्शित करता है।

3. योगवार्तिक, 1 : 45।

वस्तुओं के यथार्थ स्वरूप के विषय में अज्ञान ही इच्छाओं आदि को जन्म देता है, और ये इच्छाएं ही संसार में समस्त दुःख का आधार हैं। अज्ञान का आदि-उद्‌भव क्या है इस प्रकार का प्रश्न उठाना निरर्थक है, क्योंकि स्वयं संसार ही अनादि है। प्रलयकाल में भी जीवात्माओं के चित्त प्रकृति की अवस्था में लौट जाते हैं और उसके अन्दर अपनी-अपनी अविद्याओं के साथ समाविष्ट रहते हैं। प्रत्येक नई सृष्टि अथवा विश्व के विकास के समय इनकी रचना नये सिरे से होती है, जिनमें व्यक्तिगत अविद्याओं के कारण उचित परिवर्तन हो जाते हैं। वे अविद्याएं अपने को चित्तों के अन्दर क्लेश के रूप में अभिव्यक्त करती हैं, जिनसे आगे चलकर कर्माशय, जाति, आयु और भाग प्राप्त होते हैं। योगदर्शन के अनुसार, ईश्वर तथा अविद्या इन दो प्रेरक शक्तियों के द्वारा सृष्टि की रचना होती है। अविद्या के बल से प्रकृति की सदा चक्र में रहनेवाली शक्ति अपने-आपको मानसिक तथा भौतिक जगत् के परिवर्तनों में परिवर्तित कर लेती है, तथा ईश्वर प्रकृति के आधिपत्य के बाहर रहते हुए भी प्रकृति द्वारा उपस्थित की गई बाधाओं को दूर कर सकता है। अविद्या बुद्धिशून्य होने के कारण असंख्य पुरुषों की इच्छाओं से अनभिज्ञ है। ईश्वर प्रज्ञासम्पन्न होने से प्रकृति के परिवर्तनों को पुरुषों के लक्ष्यों के अनुकूल बनाता रहता है। जीवात्मा प्रकृति में लिप्त रहने के कारण अपनी निर्मलता तथा निर्दोषता से च्युत हो जाती है। योगदर्शन के अनुसार, मनुष्य प्रकृति के इतना अधीन नहीं है जितना कि सांख्य के अनुसार है। उसे अधिक स्वातन्त्र्य प्राप्त है और ईश्वर की सहायता से, वह अपनी मुक्ति प्राप्त कर सकता है। सांख्य और योग दोनों में ही एक समान जन्म का चक्र, अपने नाना दुःखों के साथ, एक ऐसा विषय है जिससे छुटकारा पाना है। प्रधान आत्मा का संयोग इस संसार का कारण है। इस संयोग के विनाश का नाम ही मोक्ष है और उसका साधन है पूर्ण अन्तर्दृष्टि।[1] आत्मा द्रष्टा है और प्रधान ज्ञान का विषय (प्रमेय)[2] है। इन दोनों का संयोग ही संसार का कारण है।

मोक्ष का लक्ष्य पुरुष का प्रकृति से पृथक् हो जाना है, और इस लक्ष्य की पूर्ति दोनों में भेद करने से होती है। जहां सांख्य के मत में ज्ञान ही मोक्ष का साधन है, वहां योगदर्शन चित्त की एकाग्रता तथा क्रियात्मक प्रयत्न पर बल देता है।[3] जैसाकि हम देख चुके हैं, भगवद्‌गीता

---

1. दुःखबहुलः संसारो हेयः, प्रधानपुरुषयोः संयोगो हेयहेतुः। संयोगस्यात्यन्तिकी निवृत्तिर्हानम्, हानोपायः सम्यग्दर्शनम् (योगभाष्य, 2 : 15)।

2. 2 : 18।

3. मधुसूदन सरस्वती ज्ञान और योग को मोक्षप्राप्ति के लिए भिन्न-भिन्न प्रकार के दो साधन बताता है, और भगवद्‌गीता, 6 : 29, पर अपनी टीका में योगवासिष्ठ में से इस प्रकार का एक उद्धरण देता है : "मन को अहंभाव आदि के साथ दमन करने के योग और ज्ञान दो साधन हैं। मानसिक क्रिया के दमन का नाम योग है और यथार्थग्रहण का नाम ज्ञान है। कुछ मनुष्य ऐसे होते हैं जिनके लिए योग सम्भव नहीं है, और अन्य कुछ ऐसे हैं जिनके लिए ज्ञान सम्भव नहीं है।"

द्वौ क्रमो चित्तनाशस्य योगो ज्ञानं च राघव।
योगो वृत्तिनिरोधो हि ज्ञानं सम्यगवेक्षणम्।
असाध्यः कस्यचिद् योगः कस्यचित् तत्त्वनिश्चयः।

तुलना कीजिए भागवत : निर्वाणानां ज्ञानयोगो न्यासिनामिह कर्मसु (भगवद्‌गीता, 5 : 5; योगसारसंग्रह, 1 : 7)। यह सब हमारी मनोवैज्ञानिक वृत्ति पर निर्भर करता है। सम्भवतः अन्तर्मुख व्यक्ति योग का आश्रय लेगा, जबकि बहिर्मुख व्यक्ति सांख्य की ओर प्रवृत्त होगा।

तथा श्वेताश्वतर उपनिषद् में 'सांख्य' ज्ञान के मार्ग से मोक्ष प्राप्त करने का नाम है, और 'योग' क्रियात्मक प्रयत्न अथवा अनासक्तिभाव से कर्म करने के मार्ग से मोक्ष प्राप्त करने का नाम है।[1] इस प्रकार जहां सांख्य तार्किक अन्वेषणों में व्यग्र है, वहां योग भक्तिपरक साधनाओं के स्वरूप तथा मानसिक निग्रह का विवेचन करता है। इसीलिए योगदर्शन को ईश्वरपरक विचार प्रकट करने के लिए बाध्य होना पड़ा, इसीलिए इसे कपिल के निरीश्वर सांख्य से भिन्न करके सेश्वर सांख्य की संज्ञा दी गई। योग का उद्देश्य मानव को प्रकृति के बन्धन से मुक्त कराना है। प्रकृति का उच्चतम रूप चित्त है, और योग उस मार्ग का निर्देश करता है जिसके द्वारा मनुष्य अपने को चित्त के बन्धनों से उन्मुक्त कर सकता है। हम चित्त को उसके स्वाभाविक व्यापारों से हटाकर सांसारिक दुःख पर विजय प्राप्त कर सकते हैं तथा संसार से छुटकारा पा सकते हैं।

5. मनोविज्ञान

सांख्य जिसे 'महत्' कहता है, योग उसे ही 'चित्त' कहता है।[2] इसकी उत्पत्ति प्रकृति से सबसे पहले हुई, यद्यपि इसे सर्वतोग्राही अर्थों में लिया जाता है। जिससे इसके अन्तर्गत बुद्धि, आत्मचैतन्य तथा मन भी सम्मिलित हैं।[3] यह तीनों गुणों के अधीन है और तत्तद् गुण के प्राधान्य के कारण नानाविध परिवर्तनों में से गुज़रता है। तात्त्विकरूप में यह अचेतन है, यद्यपि यह निकट स्थित आत्मा के प्रतिबिम्ब से सचेतन हो जाता है। जब यह इन्द्रियों द्वारा प्रमेय पदार्थों से प्रभावित होता है तो परिवर्तनों में आ जाता है। इसके अन्दर प्रतिबिम्बित पुरुषों के चैतन्य से ऐसा आभास होने लगता है कि यही अनुभव का कर्त्ता है। यथार्थ में, चित्त दृश्य है जिसका प्रतिबिम्ब के कारण आत्मा द्रष्टा है। कारणरूप चित्त आकाश के समान सर्वव्यापक है, और जितने पुरुष हैं उतने ही चित्त भी हैं क्योंकि प्रत्येक पुरुष के साथ एक-एक चित्त सम्बद्ध है। चित्त पूर्वानुपर जीवनों में नानाविध आश्रयस्थानों के अनुकूल सिकुड़ता तथा फैलता रहता है। जब पुरुष एक पशु शरीर धारण करता है तो यह संकुचित प्रतीत होता है और पुरुष के मनुष्यदेह धारण करने पर यह अपेक्षाकृत प्रसारित प्रतीत होता है। इस प्रकार का संकुचित अथवा प्रसारित चित्त कार्यचित्त है, जो चैतन्य की दशाओं में अपने को व्यक्त करता है। मृत्यु के समय कारणचित्त, जो सदा पुरुष के साथ सम्बद्ध रहता है, अपने को कार्यचित्त के रूप में नये शरीर में अभिव्यक्त करता है, जिसका निर्माण पूर्वजन्म के पुण्य व पाप कर्मों के अनुसार प्रकृति द्वारा हुआ है। योग इस प्रकार के पृथक् सूक्ष्म शरीर के अस्तित्व को स्वीकार नहीं करता जिसमें चित्त बन्द रहे।[4] जहां कारणचित्त सदा विभु अर्थात् सर्वव्यापी रहता है, यह कार्यचित्त अपने आश्रयरूप शरीर के अनुकूल सिकुड़ा अथवा फैला हुआ प्रतीत होता है।[5]

---

1. भगवद्गीता, 13 : 24। महाभारत भी देखिए 12 : 11697-11707।
   और देखिए सर्वसिद्धान्तसारसंग्रह, 10 : 4-6, जहां योगदर्शन के अनुसार केवल ज्ञान को अपर्याप्त बताया गया है।
2. वेदान्त में चित्त का प्रयोग बुद्धि के पर्यायवाची रूप में या इसके परिवर्तनों के लिए हुआ है। देखिए वेदान्तसार।
3. चित्तशब्देनान्तःकरणं बुद्धिमुपलक्ष्यति (वाचस्पति), योगसूत्र, 1 : 1 पर।
4. तत्त्ववैशारदी, 4 : 10।
5. परन्तु सांख्य चित्त को अनिवार्य रूप में सर्वव्यापक नहीं मानता। योगसूत्र, 4 : 10, पर व्यास तथा वाचस्पति को देखिए। तुलना करें, नागेशः सांख्याः प्रतिपुरुष सर्वशरीरसाधारणमेकैकमेव चित्तम्। किन्तु घटप्रसादरूपं,→

योगसाधन का यह उद्देश्य है कि रजोगुण तथा तमोगुण का दमन करके चित्त को उसके मूल स्वरूप, अर्थात् सर्वव्यापी कारणचित्त, में लौटा दे। जब चित्त को अपना सर्वव्यापी रूप पुनः प्राप्त हो जाता है तो योगी सर्वज्ञता प्राप्त कर लेता है। जब यह पुरुष के समान निर्मल हो जाता है तो पुरुष को मोक्ष प्राप्त हो जाता है। चित्त के द्वारा ही पुरुष पदार्थों से अभिज्ञ होता है तथा इस जगत् के सम्बन्ध में प्रविष्ट होता है।[1] चित्त का अस्तित्व पुरुष के लिए है, जो विचार, संवेदना तथा इच्छा से भी अधिक अगाध है।[2] ज्ञान में पुरुष अर्थात् आत्मा का स्वरूप परिवर्तित नहीं होता, यद्यपि इसे ज्ञान का अधिष्ठान कहा जाता है।[3] जब चैतन्य विचार करनेवाले द्रव्य अर्थात् चित्त रूपी दर्पण में प्रतिबिम्बित होता है तथा तदाकार हो जाता है, जैसेकि चित्त पदार्थ के आकार को धारण कर लेता है, तब परिणामस्वरूप ज्ञान उत्पन्न होता है। चित्त परिवर्तित हो जाता है और जो पदार्थ उसके समक्ष प्रस्तुत होते हैं उनका रूप धारण कर ले सकता है, किन्तु यह जो देखता है उसका प्रत्यक्षज्ञान नहीं प्राप्त कर सकता, क्योंकि यह अपने स्वरूप में अचेतन है।[4] इस पर पड़ता हुआ आत्मा का प्रतिबिम्ब ही इसे प्रस्तुत पदार्थ का प्रत्यक्ष ज्ञान कराता है। समस्त विषयनिष्ठ ज्ञान में, चित्तविषय तथा विषयी दोनों से प्रभावित होता है। चित्त के सदा परिवर्तनशील होने पर भी हमारा ज्ञान स्थिर होता है, क्योंकि आत्मा, जो वास्तविक ज्ञाता है, स्थिर है। फिर क्योंकि चित्त में एक समय में एक ही परिवर्तन हो सकता है, इसलिए आत्मा एक समय में एक ही ज्ञान प्राप्त करती है। इस प्रकार हम चित्त तथा पदार्थ दोनों का ज्ञान एक ही साथ प्राप्त नहीं कर सकते।[5] प्रत्यक्ष देखे गए पदार्थ हमारे प्रत्यक्ष ज्ञान से स्वतन्त्र अपना अस्तित्व रखते हैं। जो वस्तु के ज्ञान को उत्पन्न करता है वह स्वयं वस्तु को उत्पन्न नहीं करता।[6] दो भिन्न-भिन्न विचार एक काल में उत्पन्न नहीं हो सकते।[7] चित्त में उत्पन्न हुए प्रभाव अपने अवशिष्टांश छोड़ जाते हैं, जो प्रयोजनों, इच्छाओं, नये जन्मों और आगामी अनुभवों के कारण होते हैं। चित्त के व्यापार (क्रियाएं) सम्भाव्य क्षमताएं उत्पन्न करते हैं, और वे अपनी ओर से अन्य सम्भाव्यताओं को उत्पन्न करती हैं, और इस प्रकार यह संसारचक्र बराबर चलता रहता है।[8] इन सम्बन्धों से वासनाएं तथा इच्छाएं उदय होती हैं, और व्यक्तित्व का भाव उत्पन्न होता है। यह सांसारिक जीवन वासनाओं तथा इच्छाओं से बना है। विषयी अहंभाव से भिन्न है, जोकि सांसारिक अनुभव पर निर्भर है। अहंभाव का जीवन बेचैन तथा असन्तुष्ट है, क्योंकि यह इन पांच प्रकार के क्लेशों के अधीन है : अविद्या, अर्थात् अनित्य को समझना, अपवित्र

→ स्वल्पमहदाश्रयभेदेन प्रदीपवत स्वल्पमहच्छरी रमेदेन, संकोचविकासचालितया स्वल्पमहत्परिमाणञ्च, न तु विभु, 4 : 10।

1. 1 : 2; 2 : 6, 17 और 20।

2. चित्त आत्मा के संसर्ग में नहीं, किन्तु केवल इसके समीप है। यह सामीप्य इसके साथ आत्मा के किसी दैशिक अथवा कालिक सह-सम्बन्ध का परिणाम नहीं है। दिशिष्ट लक्षण यह है कि आत्मा चित्त के साथ नैसर्गिक सामंजस्य (योग्यता) धारण किए हुए रहती है। आत्मा अनुभव कर सकती है और चित्त अनुभव का विषय है। चित्त को, जबकि यह परिवर्तित होकर नानाविध पदार्थों का रूप धारण करता है, अनुभव का विषय बताया गया है (वाचस्पति, 1 : 4)।

3. 2 : 20।

4. 4 : 17-19।

5. 4 : 20।

6. 4 : 16।

7. 4 : 19।

8. एव वृत्तिसंस्कारचक्रमनिशमावर्तते। (योग्यभाष्य, 1 : 5)।

को पवित्र मानना, दुःखदायी को सुखदायी समझ लेना, तथा अनात्म को आत्म जानना।[1] अस्मिता, अर्थात् शरीर तथा मन के उपकरणों में आत्मभाव भ्रमवश मान लेना।[2] राग, अर्थात् सुखकारी पदार्थों में लिप्त हो जाना। द्वेष, अर्थात् दुःखदायी पदार्थों से घृणा। अभिनिवेश, अर्थात् जीवन के प्रति सहज आसक्ति तथा मृत्यु का भय।[3] आत्मा तथा चित्त के सम्बन्ध का पृथक् हो जाना ही मोक्ष है। जब आत्मा चित्त से स्वतन्त्र हो जाती है तो यह अपने स्थान पर लौट आती है—वासना से रहित, निष्प्रयोजन तथा अशरीरी हो जाती है। पुरुष अपने सत्त्वस्वरूप में केवल मन की क्रियाओं का दर्शक है। और जब मन (चित्त) क्रियाशील होता है तो आत्मा नानाविध अवस्थाओं का अनुभव करती प्रतीत होती है, और जब मन (चित्त) समाधि के अन्दर शान्त तथा निश्चल रहता है तो आत्मा अपने यथार्थरूप में निवास करती है।

जहां योग एक ओर सांख्य की भेदज्ञान द्वारा मोक्ष की प्रकल्पना को मान लेता है, वहां इसका मुख्य बल मोक्षप्राप्ति के अन्य साधनों अर्थात् मानसिक क्रियाओं के दमन पर है। मानसिक क्रियाओं के दमन को सुषुप्ति अवस्था के समान न मान लेना चाहिए। योग अथवा एकाग्रता द्वारा हम कृत्रिम स्तरों को हटाते हुए आन्तरिक आत्मा तक पहुंचते हैं। एकाग्रता चित्त का इसकी पांचों स्थितियों में एक गुण है।[4] जब रजोगुण का आधिक्य होता है तो चित्त क्षिप्त अथवा बेचैन होता है तथा पदार्थों द्वारा इतस्ततः चलायमान रहता है। हम अपनी वासनाओं तथा प्रयोजनों से प्रेरित होकर पदार्थों पर ध्यान गड़ा सकते हैं, किन्तु इस प्रकार की एकाग्रता हमें यथार्थ मुक्ति में सहायक नहीं हो सकती। जब तमोगुण का आधिक्य होता है तो चित्त मूढ़ हो जाता है और निद्रारूप परिवर्तन के अधीन हो जाता है। वह विक्षिप्त होता है, क्योंकि प्रायः प्राकृतिक दोषों अथवा आकस्मिक आपत्तियों के कारण यह अस्थिर रहता है। साधारण मन इस अवस्था में सुखदायक विषयों का पीछा करता है तथा दुःखदायी विषयों से दूर हटता है। इन तीनों को अपूर्ण कहा गया है क्योंकि ये तीन गुणों से सम्बद्ध हैं। जब मन ध्यान के योग्य किसी एक ही विषय में मग्न रहता है और सत्त्वगुण से व्याप्त होता है तो उसे 'एकाग्र' कहा जाता है। यह अवस्था मन को महत्तम पुरुषार्थों के योग्य बना देती है। जब इसके विकारों पर रोक लग जाती है तो यह निरुद्धावस्था में रहता है। यद्यपि अंतर्निहित संस्कार बने रहते हैं,[5] पर मानसिक परिवर्तनों का प्रभाव रुक जाता है। योग के मनोवैज्ञानिक स्वीकार करते हैं कि एकाग्रता मन की सब अवस्थाओं का एक सामान्य लक्षण है, यद्यपि समाधि की अवस्था में यह अपने सबसे गहनरूप में पाई जाती है। प्रत्येक मानसिक परिवर्तन (वृत्ति) अपने पीछे एक संस्कार अथवा अंतर्निहित प्रवृत्ति छोड़ जाती है जो उचित अवसर आने पर अपने को सचेतन अवस्था में अभिव्यक्त कर सकती है। समान वृत्तियां समान प्रवृत्तियों को शक्ति प्रदान करती हैं। योगी को उचित है कि वह

---

1. 2 : 5। पुरुष तथा बुद्धि के मध्य जो भेद है उसकी केवल अख्याति (न देखना) ही अविद्या नहीं है, बल्कि उसकी अन्यथाख्याति (मिथ्यारूप में देखना) भी अविद्या है, जिसके कारण हम बुद्धि को आत्मा मान लेते हैं, और उसे निर्मल, नित्य तथा सुख का उद्‌भव-स्थान समझने लगते हैं। अविद्या क्लेश तथा कर्माशय और इनके फलों की सनातन शृंखला का मूल है (योगभाष्य, 2 : 5)।

2. 2 : 6।   3. 2 : 7-9।   4. स च सार्वभौमश्चित्तस्य धर्मः (योगभाष्य 1 : 1)।

5. ये दोनों सम्प्रज्ञात तथा असम्प्रज्ञात समाधि के अनुरूप हैं। पहली तीन भी योग के अन्तर्गत आती हैं, क्योंकि एकाग्रता जाग्रदवस्था में भी किसी न किसी अंश में पाई जाती है। यत्किंचिच्चित्तवृत्तिनिरोधम् (योगसारसंग्रह, 5)।

न केवल वृत्तियों की रोकथाम करे, बल्कि प्रवृत्तियों का भी नाश करे, अन्यथा वे पुनः फूट पड़ सकती हैं। जब मन अपनी वृत्तियों से रहित होता है तो इसे समापत्ति अवस्था में कहा जाता है, और यह किसी भी पदार्थ के रूप को, जो इसके समक्ष प्रस्तुत किया गया हो, धारण कर लेता है।[1] यह पदार्थ के स्वरूप को, जैसा वह अपने-आप में है, धारण कर लेता है।

इस समापत्ति अवस्था के निम्नतम रूप भी हैं। सवितर्क समापत्ति में शब्द, पदार्थ तथा उनके अर्थ (शब्दार्थज्ञान) सब मिले रहते हैं।[2] जब शब्द और अर्थ हट जाते हैं, अर्थात् जब स्मृति उनसे शून्य हो जाती है, तो पदार्थ मन के अन्दर अपने विशिष्ट रूप में प्रकट होता है और वह मन की निर्वितर्क समापत्ति अवस्था है।[3] व्यास कहते हैं : "जब स्मृति शब्दों के परम्परागत प्रयोग के स्मरणों से रहित होकर निर्मल हो जाती है, और जब संकेन्द्रित अन्तर्दृष्टि (समाधिप्रज्ञा) अनुमान-सम्बन्धी विचारों के सम्बन्धों (विकल्पों) अथवा जो कुछ सुना गया उस सबसे उन्मुक्त हो जाती है, तो अभिप्रेत पदार्थ अपने वास्तविक स्वरूप में रहता है, उससे अधिक कुछ नहीं और इस स्थिति के विषय में विशेष रूप से कहा जाता है कि पदार्थ अपने वास्तविक रूप में है, इसके अतिरिक्त कुछ नहीं।"[4] यह उच्चश्रेणी का (परम) प्रत्यक्ष है और समस्त आनुमानिक तथा शाब्दिक (आप्त) ज्ञान का आधार है। इसी से इनका अस्तित्व है।[5] इस ज्ञान के साथ न तो आनुमानिक और न आप्त ज्ञान का ही विचार रहता है।[6] सविचार अथवा निर्विचार समापत्ति अवस्थाएं भी हैं। पहली अर्थात् सविचार समापत्ति का सम्बन्ध उन सूक्ष्म तत्त्वों से है जिनकी आकृतियां व्यक्त हो गई हैं और देश, काल तथा कारण सम्बन्धी अनुभव से लक्षित हैं। इसमें एक सूक्ष्म तत्त्व, जो एक विचार से जानने योग्य होता है और अभिव्यक्त आकृतियों से विशेषत्व प्राप्त करता है, अन्तर्दृष्टि का विषय होता है। निर्विचार समापत्ति का सम्बन्ध सब प्रकार से और हर हालत में ऐसे सूक्ष्म तत्त्वों से है जो किसी भी प्रकार की आकृतियों से—अर्थात् अभिव्यक्ति अथवा अन्तर्निहित अथवा अव्यपदेश्य से—लक्षित नहीं होते और फिर भी सब आकृतियों के अनुकूल हैं और सबका सारतत्त्व हैं। निर्विकार समापत्ति में अन्तर्दृष्टि अभिप्रेत पदार्थ बन जाती है, इससे अधिक कुछ नहीं।[7] सविचार समापत्ति तथा निर्विचार समापत्ति के प्रतिपाद्य विषय सूक्ष्म पदार्थ हैं, जबकि सवितर्क समापत्ति तथा निर्वितर्क समापत्ति स्थूल पदार्थों का प्रतिपादन करती हैं। और ये सब सबीज समाधि के रूप कही जाती हैं, क्योंकि ये एकाग्रता के लिए विषय प्रस्तुत करती हैं। पुरुष, यद्यपि सूक्ष्म है, किन्तु उक्त प्रकार की समाधियों का विषय नहीं है।

हमारा मन विरोधी शक्तियों का एक रणक्षेत्र है, जिन्हें अधीन करने की आवश्यकता है ताकि एकत्व स्थापित हो सके। कुछ इच्छाएं ऐसी हैं जो तृप्ति चाहती हैं; कुछ जीवन की

1. 1 : 41। 2. 1 : 42। 3. 1 : 43।
4. योगभाष्य। 1 : 43।
5. तच्च श्रुतानुमानयोर्बीजम्। ततः श्रुतानुमाने प्रभवतः (योगभाष्य, 1 : 43)।
6. न च श्रुतानुमानज्ञानसहभूतं तद्दर्शनम् (योगभाष्य, 1 : 43)। 7. योगभाष्य, 1 : 44

प्रबल प्रेरणाएं हैं, जैसेकि आत्मरक्षा तथा पुनर्जनन की प्रेरणाएं, जो सरलता से वश में नहीं आ सकतीं। समाधि के मार्ग में बाधाएं भिन्न-भिन्न प्रकार के मिथ्या विश्वास हैं,[1] अर्थात् अज्ञान (अविद्या), अहंभाव (अस्मिता), राग, द्वेष और जीवन से चिपटे रहना (अभिनिवेश)। इसके अतिरिक्त और भी बाधाएं हैं, यथा रुग्णता, आलस्य, संशय, प्रमाद, दीर्घसूत्रिता, सांसारिकता, भ्रांतिमय प्रत्यक्ष, एकाग्रभाव में असफलता और उसमें सफलता प्राप्त करने पर भी अस्थिरता।[2] जहां मिथ्या विश्वासों के भिन्न-भिन्न रूप समाधि के अयोग्य जीवन की सामान्य प्रवृत्ति को बताते हैं, वहां दूसरी सूची ब्यौरेवार ऐसी दशाओं का वर्णन करती है जो समाधि की प्रक्रिया में बाधक होती है।

6. प्रमाण

प्रत्यक्ष, अनुमान तथा आप्त प्रमाण—ये ज्ञान के तीन साधन स्वीकार किए गए हैं।[3] अब चित्त इन्द्रियमार्ग द्वारा किसी बाह्य पदार्थ से प्रभावित होता है, तो यह प्रत्यक्षज्ञान की अवस्था है। मानसिक वृत्ति का सीधा सम्बन्ध पदार्थ के साथ होता है। यद्यपि पदार्थ में जातिगत तथा विशिष्ट दोनों प्रकार के लक्षण विद्यमान हैं, तो भी प्रत्यक्ष में हमें विशिष्ट से अधिक वास्ता रहता है। योग बाह्य पदार्थों की यथार्थता को स्वीकार करता है। विश्व के समान, समस्त इन्द्रिय-ग्राह्य पदार्थों के अपने-अपने नित्य मूलादर्श हैं, जो इन्द्रियगोचर परिवर्तनों में से गुज़रते हैं, किन्तु कभी सर्वथा नष्ट नहीं होते। जब एक पदार्थ दूसरे में परिवर्तित होता है तो केवल इसके रूप में ही परिवर्तन होता है, और जब सब रूप नष्ट हो जाते हैं तो पदार्थ अपने प्रारम्भिक अर्थात् मूल आदर्श रूप में लौट आता है। रूप निःसन्देह मिथ्याभास नहीं है। जब कभी इन्द्रियों को उत्तेजना देनेवाले पदार्थ उपस्थित रहते हैं तो संवेदनाएं उत्पन्न होती हैं। किन्तु यह भी सत्य है कि यद्यपि प्रस्तुत पदार्थ वही है पर उससे उत्पन्न होनेवाली संवेदनाएं भिन्न हो सकती हैं, क्योंकि चित्त तीनों गुणों में से कभी किसी और कभी किसी गुण से प्रभावान्वित होकर प्रस्तुत पदार्थ के प्रभाव को ग्रहण करता है।[4]

अनुमान वह मानसिक वृत्ति है जिनके द्वारा हम पदार्थों के जातिगत स्वरूप का बोध प्राप्त करते हैं। अनिवार्य साहचर्य का बोध अनुमान का आधार है। ऐसी दो वस्तुओं में से जो एक-दूसरे से अनिवार्यरूप से सम्बद्ध रहती हैं, एक का प्रत्यक्ष दूसरे के अस्तित्व को सिद्ध करने के लिए पर्याप्त है।

एक विश्वस्त पुरुष द्वारा प्रत्यक्ष अथवा अनुमान से प्राप्त किया गया एक पदार्थ का ज्ञान शब्दों द्वारा अन्यों तक पहुंचाया जा सकता है। यह ज्ञान का तीसरा साधन है।

प्रामाणिक बोध को चार अन्य प्रकार की मानसिक वृत्तियों से भिन्न किया गया है। विपर्यय एक भ्रांत विचार है, जो पदार्थ के स्वरूप के प्रति सत्य नहीं है।[5] विकल्प (कल्पना)

---

1. 1 : 30।
2. योगभाष्य, 2 : 3। और देखिए योगभाष्य, 1 : 8।
3. योगसूत्र 1 : 7।
4. 4 : 15-17।
5. 1 : 8।

शब्दों का एक ऐसा रूप है जिसकी अनुकूलता किसी निश्चित तथ्य से नहीं है।[1] निद्रा वह मानसिक वृत्ति है जिसका समर्थन जागरित तथा स्वप्नमय वृत्तियों के अभाव से होता है।[2] इसे एक मानसिक वृत्ति इसलिए कहा गया है क्योंकि जागने पर हमें इस विषय की स्मृति रहती है कि हमें किस प्रकार की नींद आई। व्यास कहते हैं "जागने के ठीक पश्चात् मनुष्य को निश्चय ही यह संयोजी स्मृति उत्पन्न न हो सकती, यदि नींद के अन्दर एक कारण का अनुभव न होता, और न जागरित अवस्था में उसे इस पर आधारित अथवा इसके अनुकूल स्मृतियां हो सकतीं।"[3] इस प्रकार निद्रा एक विशेष प्रकार का प्रस्तुत विचार (प्रत्यय) है और समाधि में इस मानसिक वृत्ति का भी विरोध करना होगा। किसी पदार्थ का उसके पूर्व-अनुभव द्वारा छोड़े गए संस्कार द्वारा फिर से संग्रह (स्मरण) करना स्मृति है।

योग का मत है कि प्रत्यक्ष, अनुमान तथा आप्त प्रमाण द्वारा प्राप्त ज्ञान सर्वथा प्रामाणिक नहीं है, क्योंकि, सांख्य के समान, यह मान लेता है कि आनुभविक ज्ञान पुरुष और बुद्धि के भ्रांतिमय मिश्रण से उत्पन्न होता है। वस्तुएं जैसी हैं उनके विषय में सत्य ज्ञान केवल योगाभ्यास से ही प्राप्त हो सकता है। व्यास एक श्लोक इस आशय का उद्धृत करते हैं : "धर्मशास्त्रों द्वारा, अनुमान द्वारा तथा गहन चिन्तन के अभ्यास की उत्कट इच्छा द्वारा—इन तीन उपायों से वह अपनी अन्तर्दृष्टि को आगे बढ़ाता है तथा उच्चतम योग को प्राप्त करता है।"[4]

7. योग की कला

आत्मविषयक यथार्थता की प्राप्ति मन के विषयनिष्ठ प्रयोग द्वारा नहीं होती बल्कि इसकी क्रियाओं के दमन द्वारा तथा उस मानसिक अधिष्ठान के नीचे अन्तःप्रवेश करने से होती है जिससे हमारा साधारण जीवन तथा क्रियाकलाप हमारी अपेक्षाकृत दैवीय प्रकृति को छिपाए रखते हैं। यद्यपि हममें से प्रत्येक के अन्दर आत्मा का बीज उपस्थित है, पर हमारा चैतन्य इसे ग्रहण नहीं कर सकता, क्योंकि यह अन्य वस्तुओं में अत्यन्त व्यग्रता के साथ रमा रहता है। इससे पूर्व कि हम चैतन्य को फिर से अन्य दिशा में मोड़ने में समर्थ हो सकें, हमें कठोर अनुशासन में से गुज़रना होगा। योगदर्शन प्रेरणा करता है कि मानसिक अवस्थाओं का आवश्यक दमन अभ्यास तथा इच्छाओं पर विजय प्राप्त करके किया जाता है।[5] इच्छाओं पर विजय की प्राप्ति तो सदाचारमय जीवन का परिणाम है, किन्तु अभ्यास का सम्बन्ध विचार[6] शक्ति की स्थिरता की ओर प्रयत्न करने से है, जिसकी प्राप्ति पवित्रताकारक कर्म से, जितेन्द्रियता, ज्ञान तथा विश्वास से होती है।[7] वैराग्य अथवा वासनाऽभाव उस परमपद का अवबोध है जो व्यक्ति को दृष्टि या प्रकाशित

---

1. 1 : 9।
2. अभावप्रत्ययावलम्बना वृत्तिर्निद्रा, (1 : 10)।
3. योगभाष्य, 1 : 10।
4. आगमेनानुमानेन ध्यानाभ्यासरसेन च।
   त्रिधा प्रकल्पयन् प्रज्ञां लभते योगमुत्तमम्॥ (योगभाष्य, 1 : 48)।
   वाचस्पति उक्त तीन तथा श्रवण, मनन और निदिध्यासन के मध्य जो अनुकूलता है उसका उल्लेख करता है।
5. 1 : 12।
6 1 : 13-14।
7. **योगभाष्य, 1 : 14।**

पदार्थों की लालसा से मुक्त होकर प्राप्त होता है।[1] इस प्रकार का व्यक्ति स्वर्ग तथा मर्त्यलोक के सुखों को नितान्त उपेक्षाभाव से देखता है। वैराग्य के उच्चतम रूप में जबकि आत्मदर्शन उदय होता है, पदार्थों अथवा उनके गुणों की इच्छा के अधीन होने का कोई भय नहीं रहता।[2] यह परम मोक्ष की ओर ले जाता है, जबकि निम्न श्रेणी का वैराग्य, जिसमें रजोगुण (और इस प्रकार प्रवृत्ति) का अंश शेष रहता है, प्रकृति में लय होने की दशा में परिणत हो जाता है।

मानवीय संस्थान के अन्दर हम पुरुष के अतिरिक्त भौतिक शरीर, जीवनप्रद गतिवाद तथा मानसिक तत्त्वों को पाते हैं।[3] पुरुष दूषणीय शरीर और अशान्त मन के पर्दों के पीछे छिपा हुआ है, और ये सब योग की विधि की बाधाएं उपस्थित करते हैं। शरीर तथा मन के घनिष्ठ सम्बन्ध पर बल दिया गया है, क्योंकि 'दुःख, निराशा, शरीर की अस्थिरता, उच्छ्वास और निःश्वास—ये सब ध्यानापकर्षणों के सहायक हैं।''[4] यद्यपि शारीरिक स्वास्थ्य मानवीय जीवन का लक्ष्य नहीं है, तो भी यह इसकी एक अनिवार्य दशा है। हम मनुष्य को एक ऐसा भौतिक यन्त्र नहीं बना सकते जिसमें आत्मिक जीवन बाहर से जोड़ दिया गया हो। शरीर आत्मिक जीवन की अभिव्यक्ति का साधन है। इस प्रकार भौतिक आधार को त्याग देने की अपेक्षा, योग इसे आत्मिक जीवन की समस्या का एक भाग मानता है। बाधाओं पर विजय पाने के लिए योग हमें आठ प्रकार के उपाय बताता है, जो ये हैं : यम, नियम, आसन, प्राणायाम, प्रत्याहार, ध्यान, धारणा और समाधि।[5] अन्त के तीन उपाय अन्तरंग (सीधे) सहायक हैं और पहले पांच अप्रत्यक्ष अथवा बहिरंग सहायक हैं।[6]

---

1. 1 : 15।   2. 1 : 16।

3. योग ने शरीरविज्ञान की एक ऐसी पद्धति का परिष्कार किया है जो नाड़ियों अथवा अनन्त छोटी-छोटी नसों से, जो सारे शरीर में व्याप्त हैं और संख्या में 70 करोड़ से भी अधिक हैं, सम्बन्ध रखती है, तथा जो मानसिक केन्द्रों अर्थात् चक्रों से, एक प्रसुप्त शक्ति से जिसे कुण्डलिनी की संज्ञा दी गई है और जिसका स्थान मेरुदण्ड के मूलाधार में कहा गया है, तथा जागरित किए जाने पर चक्रों को उत्तेजित करके क्रिया में प्रवृत्त कर देती है, सम्बन्ध रखती है। मानवीय शरीर के दो मुख्य भाग हैं, एक ऊपर का दूसरा नीचे का। सिर, धड़ और बांहें ऊपर के भाग का निर्माण करते हैं और टांग तथा पैर नीचे के भाग में आते हैं। शरीर का केन्द्र, विशेष करके मनुष्यों में, मस्तिष्क-मेरुदण्ड स्कन्ध के, जो शरीर के दोनों भागों को धारण तथा नियन्त्रण करता है, आधार में स्थित है। नसों और स्नायुजाल की ग्रन्थि-विषयक सामग्री की व्यवस्था दो बृहत् पद्धतियों में है, अर्थात् संवेदनासूचक तथा मस्तिष्क-सौषुम्निक। मस्तिष्क और सुषुम्ना, जो क्रमशः कपाल तथा मेरुदण्ड के अस्थिमय गह्वर में स्थित हैं, मस्तिष्क-सौषुम्निक संस्थान के बृहत् केन्द्र हैं। हिन्दू शरीरविज्ञान का ब्रह्मदण्ड मेरुदण्ड है। यह सुषुम्ना नाड़ी का आसन-स्थान है, जो मूलाधार से, अर्थात् मेरुदण्ड की जड़ से लेकर ऊपर मस्तिष्क-क्षेत्र के अन्तर्भाग में अवस्थित सहस्रार तक फैली हुई है। अन्य चार चक्र ये हैं : स्वाधिष्ठान, मणिपुर, अनाहत और विशुद्ध। मेरुदण्ड के अन्दर तीन योगनाड़ियां विशिष्ट महत्त्व की हैं, अर्थात्--इड़ा, पिंगला और सुषुम्ना। इनमें भी सुषुम्ना प्रधान है। इसके दक्षिणपार्श्व में पिंगला, तथा वामपार्श्व में इड़ा है। इस नाड़ी के छः सूक्ष्म केन्द हैं, जिन्हें पद्म अथवा चक्र की संज्ञा दी गई है। इन पद्मों का प्रत्यक्षज्ञान हमारी इन्द्रियों को नहीं हो सकता, किन्तु योग के नेत्रों से इनका अनुभव हो सकता है।

4. 1 : 31।   5. 2 : 29।

6. पतंजलि के योग में इन सबको एक ही योजना के अन्तर्गत ले लिया गया था, पर परवर्ती ग्रन्थों में भेद किए गए। कर्मयोग कर्म के द्वारा मोक्ष की पद्धति है। भक्तियोग ईश्वर के प्रति भक्ति के द्वारा पूर्णता की प्राप्ति पर बल देता है। ज्ञानयोग ज्ञान के द्वारा मोक्ष बताया है, जबकि राजयोग मन तथा मानसिक शक्तियों→

8. नैतिक साधना

पहले दो, अर्थात् यम और नियम, नैतिक साधना पर बल देते हैं, जो योगाभ्यास के लिए आवश्यक है। हमें अहिंसा, सत्य, अस्तेय, जितेन्द्रियता तथा अपरिग्रह का पालन करना चाहिए, अर्थात् हिंसा, असत्य, चोरी, इन्द्रियलोलुपता तथा लालच से बचना चाहिए।[1] इन सबमें मुख्य है अहिंसा। शेष सब सद्गुण अहिंसा में ही बद्धमूल हैं। विस्तृत अर्थों में अहिंसा का तात्पर्य लिया जाता है—हर प्रकार से और हर समय में समस्त जीवित प्राणियों के प्रति द्वेषभाव से परहेज़ करना।[2] यह केवल क्षति पहुंचाने का अभाव ही नहीं किन्तु वैर का त्याग भी है।[3] मैत्री का भाव, सहानुभूति, प्रसन्नचित्तता तथा सुखदायक एवं दुःखदायक, अच्छी और बुरी सब वस्तुओं के प्रति मानसिक विकारशून्यता—इन सब गुणों को बढ़ाने व धारण करने से चित्तप्रसाद की प्राप्ति होती है। हमारे लिए ईर्ष्या के भाव से उन्मुक्त होना आवश्यक है, तथा हमें दूसरों के दुःखों के प्रति उपेक्षाभाव भी न रखना चाहिए। पाप से घृणा करते हुए भी हमें पापी के प्रति भद्र व्यवहार का ही आचरण करना चाहिए। उक्त सिद्धान्तों का जो कि स्वभावतः निरपेक्ष हैं, कोई अपवाद नहीं हो सकता। 'किसी को मत मारो' यह एक सुनिश्चित तथा निरपेक्ष आदेश है, और हम इस प्रकार का मत प्रकट करके कि हम अपने देश के शत्रुओं को मार सकते हैं, अथवा सेना से भागे हुओं, धर्मपरिवर्तन करनेवालों अथवा ब्राह्मणों की निन्दा करनेवालों को मार सकते हैं, इसकी नितान्तता में हस्तक्षेप नहीं कर सकते। आत्मरक्षा के लिए भी हत्या करना धर्मसम्मत नहीं कहा जा सकता। यमों का पालन सार्वभौम धर्म है। इसमें जातिभेद, देशभेद, आयुभेद और अवस्थाभेद के कारण कोई अपवाद नहीं हो सकता।[4] इनको प्राप्त करने का विधान मनुष्यमात्र के लिए किया गया है, चाहे ध्यानमय व चिन्तनमय उच्च जीवन के लिए सबको न चुना जा सके। नियमों के अन्तर्गत शौच (आभ्यन्तर तथा बाह्य दोनों प्रकार की शुद्धि), सन्तोष, तपस्या तथा ईश्वरभक्ति—ये सब आते हैं।[5] ये ऐच्छिक विषय हैं, यद्यपि उन सबके लिए जो योगसाधना के मार्ग का अवलम्बन करते हैं, नियमित रूप से इनका अभ्यास आवश्यक है। इन दोनों, अर्थात् यम और नियम, के अभ्यास से वैराग्य, अर्थात् वासना का अभाव, सुलभ हो जाता है, अर्थात् इच्छा से, चाहे वह सांसारिक पदार्थों के लिए हो चाहे स्वर्ग के सुखों के लिए, मुक्ति मिल जाती है।[6]

जब कभी हमें नैतिक आदेशों को भंग करने का प्रलोभन हो तो उस समय, योगदर्शन के आदेश के अनुसार, हमें अनेक प्रतिपक्ष की भावना अपने अन्दर उत्पन्न करनी

→ के प्रशिक्षण का प्रतिपादन करता है। हठयोग शारीरिक नियंत्रण, प्राणायाम और मन्त्रों की विधि के विवेचन करता है। शारीरिक प्रक्रियाएं आध्यात्मिक परिणाम उत्पन्न कर सकती हैं—इस प्रकार के विचार का पराकाष्ठा तक पहुंचा हुआ एक परिष्कार रसेश्वरदर्शन में मिलता है (सर्वदर्शनसंग्रह, 9)।

1. 2 : 30।
2. सर्वथा सर्वदा सर्वभूतानामनभिद्रोहः (योगभाष्य, 2 : 30)।
3. 2 : 35।
4. 2 : 31।
5. 2 : 32।
6. 1 : 15।

> चाहिए।[1] मनोविज्ञान के विश्लेषक हमें बताते हैं कि सहज प्रवृत्तियों को वश में करने के तीन उपाय हैं। अर्थात् प्रतिरक्षार्थ प्रत्याक्रमण, प्रतिस्थापन तथा उदात्तीकरण। पहले के अनुसार, मन ऐसी प्रवृत्ति धारण कर लेता है जो आवेग के स्पष्ट रूप में प्रतिकूल हो, और उसका मार्ग अवरुद्ध कर देता है। जहां अवचेतना के अन्दर किसी विशेष आवेग की प्रबल धारा विद्यमान है, वहां मन सचेतन होकर उसके सर्वथा विपरीत क्रियावान आवेग का अवलम्बन करता है। योग का अन्तिम उद्देश्य हमारी प्रकृति के सारतत्त्व की सर्वथा कायापलट कर देना है।

मन की धारा का प्रवाह उभयपक्षी है, अर्थात् वह बुराई की दिशा में भी बहती है तथा अच्छाई की दिशा में भी। जब इसकी गति मोक्ष तथा ज्ञान की दिशा में होती है तो कहा जाता है कि इसका प्रवाह अच्छाई की ओर है; और जब यह जीवन के भंवर में फंसकर नीचे को, भेदज्ञान के अभाव की ओर होती है तो हम कहते हैं कि प्रवाह बुराई की ओर है।[2]

> कर्म की क्रियाएं या तो बाह्य होती हैं या मानसिक अर्थात् आन्तरिक। उनके चार प्रकार के भाग किए गए हैं। कृष्ण कर्म दुष्ट कर्म हैं, जो बाह्य, जैसे दूसरों की निन्दा करना, अथवा आन्तरिक, जैसे विश्वास (श्रद्धा) का अभाव, दो प्रकार के हैं। शुक्ल कर्म धार्मिक क्रियाएं हैं और वे आंतरिक हैं, जैसे श्रद्धा, ज्ञान आदि। शुक्ल-कृष्ण वे बाह्य कर्म हैं जो चाहे कितने भी अच्छे क्यों न हों, बुराई के अंशों से सर्वथा रहित नहीं हैं। वैदिक कर्मों तक में भी अन्य प्राणियों को कुछ-न-कुछ क्षति पहुंचाना सम्मिलित है। अशुक्ल, अकृष्ण, अर्थात् न अच्छे न बुरे, कर्म उनके हैं जिन्होंने सब कुछ त्याग दिया है।[3] उच्चतम श्रेणी की क्रियाशीलता का सम्बन्ध अन्तिम प्रकार के कर्मों से है।

9. शरीर का नियंत्रण

योगदर्शन अनुभव करता है कि हमारे शरीर का भी उतना ही महत्त्व है जितना कि मन का है। आसनों से मन की एकाग्रता में सहायता मिलती है।[4] दौड़ते समय अथवा निद्रितावस्था में हम किसी वस्तु पर ध्यान स्थिर नहीं कर सकते। ध्यान में बैठने से पूर्व हमें अपने को सुविधाजनक स्थिति (आसन) में स्थित करना चाहिए। पतंजलि केवल यही कहते हैं कि आंसन दृढ़, सुखावह और सरल होना चाहिए। टीकाकारों ने भिन्न-भिन्न प्रकार के आसनों के विवरण पीछे से बहुत विस्तार से दिए हैं। जब भारतीय संस्कृति के एक आधुनिक समालोचक ने अपने पाठकों को विश्वास दिलाया कि भारतीय दार्शनिकों का विचार है कि आलथी-पालथी मार कर बैठना और नाभि में ध्यान लगाना विश्व की गहराई को समझने का सबसे उत्तम मार्ग है, तो उसके ध्यान में योग के आसनों में से ही कोई एक रहा होगा।

शरीर को या तो पशुओं के समान असंयत छोड़ा जा सकता है या दैवीय शक्ति

---

1. 2 : 33। 2. योगभाष्य, 1 : 12। 3. 4 : 7।
4. देखिए भगवद्गीता, 6 : 10 से आगे; 2 : 46-48।

सम्पन्न बनाया जा सकता है। हमें बताया गया है कि अपने जीवन के विषय में हमें बहुत ध्यान देना चाहिए। ऐसे पदार्थों को हमें अपने खान-पान का भाग न बनाना चाहिए जिनसे हमारे स्नायुजाल को उत्तेजना मिले अथवा मूर्छा आ जाए। जीवन के निम्नश्रेणी के तृप्तिदायक साधन, साधारणतः आत्मा के सच्चे सुख को दबाकर नष्ट कर देते हैं। यदि बौद्धिक जीवन और नैतिक व्यापार सच्चे अर्थों में मनुष्य के लक्ष्य हैं, तो शारीरिक आवश्यकताओं को उनके अधीन रखना चाहिए। योग की अन्तिम अवस्थाओं के लिए शारीरिक सहनशीलता की महान् शक्तियां आवश्यक हैं और ऐसे दृष्टान्तों की कमी नहीं है जहां कि कठोर आत्मिक जीवन का अत्यधिक बोझ इस शरीर रूपी मिट्टी के पात्र को टूटने की सीमा तक पहुंचा देता है। इसलिए सबसे पूर्व शरीर को वश में रखना होगा। हठयोग का लक्ष्य शरीर रूपी यन्त्र को पूर्णता तक पहुंचाना है, जिससे कि यह थकावट से विरत हो सके तथा इसके क्षय को ज़रा और रोका जा सके।

योग हमें शरीर को वश में करने के लिए कहता है, मारने के लिए नहीं। इन्द्रियभोग से दूर रहना तथा शरीर को कष्ट देना एकसमान नहीं है परन्तु कभी-कभी हिन्दू भारत में तथा ईसाई यूरोप में इन दोनों को मिला दिया जाता है।[1] योग का कहना है कि शरीर की पूर्णता सौन्दर्य, शोभा, शारीरिक बल तथा दुर्भेद्य कठोरता में है।[2]

10. प्राणायाम

प्राणायाम पर पर्याप्त बल दिया गया है, यद्यपि पतंजलि ने इसे एक ऐच्छिक साधन के रूप में ही रखा है।[3] मन की अविक्षुब्धता या तो धार्मिक कार्यों के सम्पादन से या प्राणायाम से प्राप्त की जा सकती है।[4] इस प्रकार जिन व्यक्तियों को इसमें श्रद्धा है, उनके लिए छूट

1. तुलना कीजिए सूसो के आत्मचरित्र के उस अंश के साथ जिसमें उसने अपना अनुभव अन्य पुरुष के रूप में प्रकट किया है : "वह अपनी युवावस्था में जीवन के जोशभरे स्वभाव में था और यह जोश जब अधिक उमड़ने लगा तो उसे बहुत दुःख हुआ। उसने अनेक यत्न किए कि किसी प्रकार से शरीर को वश में किया जा सके। उसने दीर्घकाल तक एक बालों वाली कमीज़ और लोहे की ज़ंजीर धारण की, यहां तक कि उसके शरीर से खून बहने लगा और उसे उन दोनों को उतार फेंकने के लिए बाध्य होना पड़ा। उसने गुप्तरूप से अपने लिए नीचे पहनने की पोशाक तैयार कराई जिसमें चमड़े की पट्टियां थीं और उनमें 150 पीतल की कीलें ठुकवा दीं, जिनकी नोकें खूब पैनी थीं और सदा शरीर के मांस की ओर रहती थीं। यह पोशाक उसने बहुत ही तंग बनवाई, जिससे बदन में चारों ओर कसी जाकर नोकीली कीलें सदा उसके मांस के अन्दर गड़ सकें। यह पोशाक उसने काफी ऊंची, नाभि तक पहुंचानेवाली बनवाई। इसी प्रकार पहनकर वह रात को सोता था।" (लाइफ आफ दि ब्लैसेड हेनरी सूसो, बाई हिमसेल्फ, टी. एफ. नौक्स द्वारा अनूदित)। इस पुस्तक में इससे भी अधिक हृदय-विदारक विवरण हैं। बलिदानी ईसा के जीवन के प्रिय साथी रहे हैं—दारिद्र्य, कष्ट और अपमान, अतः ईसाई संतों में उनका अनुकरण करने के लिए कष्ट और यातनाओं को झेलने की प्रतिस्पर्धा-सी रही है। सेंट बर्नार्ड अपने शरीर पर इतने कोड़े लगाते थे कि मृतप्रायः हो जाते थे। सेंट टेरेसा अपने भीषण दुःखोन्माद में चिल्लाते थे : "मुझे कष्ट झेलने दो या मर जाने दो।" सेंट जान आफ दि क्रास ने अपने शरीर को जो यातनाएं दीं, वे अवर्णनीय हैं।

2. रूपलावण्यबलवज्रसंहननत्वानि कायसम्पत् (3 : 46)।

3. 1 : 34।

4. 1 : 33-39।

दी गई है। प्राणायाम का प्रयोग मन पर प्रभाव स्थिर रखने के लिए होता है ऐसा माना गया है, और हठयोग में इसका महत्त्वपूर्ण भाग है। वहां इसकी अत्यंत प्रतिष्ठा इसलिए है कि इसमें अलौकिक शक्तियों को उत्पन्न करने की अपूर्व क्षमता है। श्वास-प्रश्वास-सम्बन्धी व्यायाम को आधुनिक समय में भी स्वास्थ्य के लिए बहुत उपकारी समझा जाता है।[1] श्वास में एकसमानता कभी-कभी सम्मोहन की प्राप्ति का साधन बन जाती है। शरीर से दुर्बल पुरुष जब इस प्रकार के प्राणायाम का अभ्यास करने लगते हैं तो अत्यन्त भय रहता है। यही कारण है कि योगविद्या को इतना अधिक गुप्त रखा गया है।[2]

11. इन्द्रिय-निग्रह

चीनी दार्शनिक लाओ-त्से ने पूछा, "ऐसा कौन है जो कीचड़-सने जल को निर्मल कर सकता है?" और उत्तर दिया, "यदि तुम उसे वैसे ही छोड़ दो तो वह स्वयं निर्मल हो जाएगा।"[3] प्रत्याहार अथवा इन्द्रियों को बाहर की उनकी प्राकृतिक क्रियाओं से हटा लेना, आधुनिक मनोविज्ञान की अन्तर्मूर्खता की प्रक्रिया के अनुरूप है।[4] दृढ़ संकल्पपूर्वक मन को समस्त बाह्य प्रभावों के लिए बन्द कर लेना चाहिए। स्तोत्रकार ने कहा है "निश्चल हो और जानो।" नियन्त्रण हमसे चाहता है कि हम स्वेच्छाचारी मानसिक आवेगों तथा आग्रहपूर्ण विचारों को दूर हटा दें। हमें उस दशा को प्राप्त करना है जिसे सेंट जॉन ऑफ दि क्रॉस ने 'नाइट आफ सैंस' कहा है। प्रत्येक सत्यान्वेषी को अपने हृदय के अन्दर एक आश्रमकुटी निर्मित कर लेनी चाहिए और प्रतिदिन उसमें अवकाश ग्रहण करना चाहिए।

नैतिक साधना (यम और नियम), आसन, प्राणायाम और प्रत्याहार योग के सहायक साधन हैं, इसके अन्तर्निहित अंश नहीं हैं।[5]

---

1. 'दीर्घ जीवन के साधन' इस विषय पर दिए गए डॉक्टर वैबर के व्याख्यान में से लिया गया निम्नलिखित उद्धरण इस विषय पर कुछ रुचिकर विचार प्रकट करता है : "मैं सोचता हूं कि हृदय का पुष्टि तथा कार्य में अद्भुत उन्नति का कारण बहुत अंशों में दीर्घ श्वास है, जो ऊपर चढ़ने में लेनी आवश्यक है, विशेषकर जब चढ़ाई नियमपर्वूक तथा चिरकाल तक जारी रहे। उक्त विचार ने ही मुझे श्वास-सम्बन्धी व्यायाम (प्राणायाम) पर विशेष ध्यान देने की प्रेरणा दी। यह व्यायाम मुझे तो लाभप्रद हुआ ही, किन्तु अनेक ऐसे व्यक्तियों के लिए भी लाभप्रद सिद्ध हुआ जिनके हृदयों की मांसपेशियां बहुत दुर्बल थीं।...मैंने प्रारम्भ में दिन में एक या दो बार गहरा श्वास तथा उच्छ्वास 3 से 5 मिनट तक जारी रखा और शनैः-शनैः इसे बढ़ाकर 10 या 15 मिनट तक कर दिया..." (ब्रिटिश मेडिकल जर्नल, दिसम्बर 5, 1903)।

2. देखिए चिन्तामणिकृत हठप्रदीपिका।

3. ताओ-तेह-किग।

4. और विचार सबसे उत्तम तब होता है जबकि मन अपने-आप में संयत होता है, और कुछ भी उसे तंग नहीं करता—न शब्द, न दृश्य, न दुःख और न कोई सुख। जब शरीर के साथ उसका यथासंभव कम से कम वास्ता रहता है तथा कोई शारीरिक बोध या अनुभूति नहीं रहती और वह केवल सत् को प्राप्त करने की महत्त्वाकांक्षा रखता है (प्लेटोकृत फीडो, जावेट का आंग्लभाषानुवाद)।

5. ये आत्मशुद्धि की अवस्था को प्रस्तुत करते हैं, ध्यान और धारण प्रकाश की अवस्था को प्रस्तुत करते हैं, तथा समाधि योग को प्रस्तुत करती है।

12. ध्यान

मनुष्य के चंचल और विक्षुब्ध मन को, जो पृथ्वी और स्वर्ग के गूढ़तम रहस्यों को जानना चाहता है, योग का कहना है कि चैतन्य को निरन्तर बाह्य क्रियाओं तथा आभ्यन्तर परिवर्तनों से हटाकर ही सत्य को जाना जा सकता है। मन (चित्त) को एक विशेष स्थान पर स्थिर करने का नाम 'धारण' है। यह मन की स्थिरता है। साधारण दैनिक जीवन में विचार आते तथा जाते हैं, परन्तु दीर्घकाल तक नहीं ठहरते। साधारणतः एकाग्रता केवल थोड़े समय के लिए ही अपनी पूर्णता में रहती है। ध्यान की अवस्था, बिना किसी विघ्न के, समरूप से बह रही विचारधारा का परिणाम है। यह ध्यान, मनन अथवा चिन्तन कहाता है। ध्यान पराकाष्ठा तक पहुंचकर समाधि में परिणत होता है, जहां अभिज्ञा का भाव लुप्त हो जाता है। शरीर और मन समस्त बाह्य प्रभावों के लिए निश्चेष्ट हो जाते हैं और केवल ध्यान का विषय, वह कुछ भी क्यों न हो, प्रकाशित रहता है। जब ये तीनों एक ही विषय की ओर प्रेरित होते हैं तो उसे संयम कहते हैं।[1] जब यह संयम विषयों की ओर प्रेरित होता है—चाहे वे विषय बाह्य हों अथवा आभ्यन्तर हों—तो असाधारण शक्तियां (सिद्धियां), जैसे बन्द किवाड़ों के अन्दर से देखना, अदृश्य हो जाना, अन्य पुरुषों के विचार को जान जाना आदि, प्राप्त हो जाती हैं। मोक्ष का अभिलाषी यदि इन सिद्धियों के प्रलोभनों में पड़ जाता है तो अपने उद्देश्य को भूल जाता है। ऊर्ध्वदिशा में गति करने के लिए उक्त प्रलोभनों को रोकना चाहिए।[2]

13. समाधि अथवा एकाग्रता

समाधि उस दिशा का नाम है जिसमें से मोक्षप्राप्ति से पूर्व गुज़रना आवश्यक है। क्योंकि योग समाधि द्वारा मोक्षप्राप्ति पर आग्रह करता है, इसलिए इसे पारिभाषिक रूप में 'समाधि' कहा गया है (योगः समाधिः)।[3] यह समाधिस्थ की दिशा है जिसमें बाह्य जगत् के साथ सम्बन्ध टूट जाता है। योग की साधना का यह लक्ष्य है, क्योंकि यह आत्मा को उसके काल-सम्बन्धी, सोपाधिक तथा परिवर्तनशील जीवन से ऊपर उठाकर एक सरल, नित्य तथा पूर्ण जीवन प्राप्त कराता है।[4] इसके द्वारा पुरुष नित्यपद को पुनः प्राप्त कर लेता है। एकाग्रता अथवा समाधि की श्रेणियां हैं : सम्प्रज्ञात अर्थात् सचेतन और असम्प्रज्ञात अर्थात् चैतन्यातीत है। पहली में मन विषय से अभिज्ञ रहता है। वह अवस्था जिसमें चित्त अपने उद्देश्य में एकाकी होता है और एक स्पष्ट तथा यथार्थ पदार्थ को पूर्णरूप से प्रकाशित करता है, दुःखों को दूर करता है तथा तथा कर्म के बन्धनों को ढीला कर देता है और सब प्रकार की

---

1. 3 : 4।
2. 3 : 5, 1।
3. योगभाष्य, 1 : 1।
4. "बिलकुल बाल्यावस्था से, मैं जब कभी सर्वथा अकेला रहा हूं तो प्रायः एक प्रकार की जागरित अन्तर्लीनता (समाधि) को अनुभव करता हूं। सामान्यतः यह अवस्था मुझे चुपचाप दो-तीन बार अपना नाम दोहराने से आती है, अचानक अस्मिता के चैतन्य के आधिक्य से स्वयं अहं अनन्त सत्ता के अन्दर लुप्त होता हुआ प्रतीत होने लगता है और यह एक अस्पष्ट व सम्भ्रम की दशा न होकर स्पष्टों में भी सबसे स्पष्ट, निश्चितों में भी सबसे निश्चित, अलौकिक, सर्वथा, शब्दातीत दशा होती है, जहां मृत्यु एक उपहासास्पद असम्भावना हो, तथा व्यक्तित्व का लोप। (यदि यह ऐसा था) सर्वथा लोप नहीं, बल्कि एकमात्र सत्यजीवन लगता है" (लाइफ ऑफ टैनीसन; खण्ड 1, पृष्ठ 320)। देखिए उसकी 'दि एंशियण्ट ऐज'।

मानसिक वृत्तियों का दमन अपना लक्ष्य रखता है, सम्प्रज्ञात समाधि है।[1] इसके अन्दर ज्ञाता और ज्ञात का संयोग होता है, जिसमें ज्ञाता विषय को जाननेवाला केवल इसलिए कहलाता है कि यह स्वयं वही है। विचार और विचार का विषय एक ही है। इस अवस्था में वितर्क, विचार, आनंद व अस्मिता के भाव संलग्न रहते हैं।[2] ये समाधि के ऐसे रूप हैं जिनके निश्चित विषय हैं, जिन पर इनका आधार है। सम्प्रज्ञात समाधि के सूक्ष्म भेदों को भिन्न-भिन्न नाम दिए गए हैं, जैसे सवितर्क, सविचार, सानन्द और सास्मिता। जब तक हम क्या अच्छा है क्या बुरा, क्या उपस्थित है क्या अनुपस्थित, इस प्रकार का तर्क-वितर्क करते हैं, जब तक हम आनन्द और अस्मिता के भावों को अनुभव करते हैं, तब तक हम सम्प्रज्ञात समाधि में रहते हैं। जब आनन्द का अनुभव दूर हो जाता है और उच्चश्रेणी की समवृत्ति में लुप्त हो जाता है तो वह अवस्था उत्पन्न होती है जिसे धर्ममेघ कहते हैं, जिसमें आत्मा का पृथक्त्व तथा इसका प्रकृति से पूर्णरूप में भेद प्रत्यक्ष हो जाता है और कर्म और आगे अपना कार्य नहीं करता। वेदान्त के अनुसार, यह वह अवस्था है जिसमें विचारों का प्रवाह अत्यन्त विशदरूप में रहता है।

ऐसे व्यक्ति को जिसने आन्तरिक शान्ति प्राप्त कर ली है, वस्तुओं के सत्यज्ञान की अन्तर्दृष्टि प्राप्त हो जाती है। जैसाकि व्यास ने कहा है : "बुद्धि का सत्त्व, जिसका सारतत्त्व प्रकाश है, जब अशुद्धि के मल से उन्मुक्त हो जाता है तो एक स्फटिक के सदृश निर्मल तथा स्थिर प्रवाह का रूप धारण कर लेता है, जिस पर रजोगुण तथा तमोगुण अपना आधिपत्य नहीं कर सकते। जब निर्विचार समाधि में इस प्रकार की स्पष्टता (वैशद्य) उदित होती है तो योगी को आन्तरिक शांति (अध्यात्मप्रसाद) की प्राप्ति हो जाती है; और अन्तर्दृष्टि के प्रकाश से प्राप्त होती है ऐसी दर्शनशक्ति जिसको साधारण, भ्रांतिपूर्ण अनुभवज्ञान की क्रमिक अवस्थाओं में से गुज़रना नहीं होता, और उसका अभिलषित विषय उसके सम्मुख अपने यथार्थ रूप में होता है।"[3] यह अन्तर्दृष्टि सत्य से आपूरित है तथा सत्य को धारण किए हुए है।[4] मिथ्या ज्ञान का इसमें लेशमात्र भी नहीं है। इस अन्तर्दृष्टि को पतंजलि ने उस ज्ञान से पृथक् कहा है जो हमें अनुमान और आगम (शास्त्र) प्रमाण से प्राप्त होता है, क्योंकि पतंजलि के मत में इसका विषय एक मूर्त यथार्थसत्ता है, केवल एक सामान्य धारणामात्र नहीं।[5] जहां तक इसका अपने विषय के लिए एक विशेषार्थ है, प्रत्यक्ष से इसका सम्बन्ध अधिक घनिष्ठ है। अन्तर केवल यही है कि अन्तर्दृष्टि द्वारा ज्ञात पदार्थ भौतिक प्रत्यक्ष के लिए अत्यन्त सूक्ष्म होते हैं।[6] यह परम प्रत्यक्ष है।[7] इस प्रकार प्रमेय, चाहे उसका सम्बन्ध सूक्ष्म तत्त्वों से हो अथवा आत्मा से, केवल इसी एकाग्र अन्तर्दृष्टि द्वारा जाना जाता है। जब हमारे भौतिक चक्षु बन्द हों तो इस प्रकार का दर्शन आत्मा से सम्पन्न होता है। यह अन्तर्दृष्टि जब एक बार उत्पन्न हो जाती है तो इसके प्रभाव के आगे सब प्रभाव फीके पड़ जाते हैं, जिससे कि उनके विचार

---

1. योगभाष्य, 1 : 1।
2. क्योंकि नींद में हम किसी यथार्थ विशद विषय पर एकाग्र नहीं होते इसलिए निद्रा एकाग्रता की अवस्था नहीं है। देखिए वाचस्पति, 1 : 1।
3. योगभाष्य, 1 : 47। और देखिए 2 : 45; 3 : 54।
4. ऋतंभरा तत्र प्रज्ञा (1 : 48)।
5. 1 : 49।
6. योगभाष्य, 1 : 49।
7. योगभाष्य, 1 : 43।

फिर सामने नहीं आते।[1] जब हम उच्चतम कोटि के अन्तर्दृष्टिजन्य ज्ञान को प्राप्त कर लेते हैं, जो एकसाथ ही भूत, वर्तमान और भविष्य को उनकी समस्त अवस्थाओं समेत एक पूर्ण इकाई में ग्रहण कर लेता है, तो यह हमें अंतिम पूर्णता तक पहुंचा देता है।[2]

समाधि एक सरल अनुभव नहीं है, जो जब तक रहे एकसमान हो। इसके विपरीत, यह ऐसी मानसिक अवस्थाओं की शृंखला है जो अधिकाधिक सरल होती हुई अंत में अचेतन अवस्था में परिणत हो जाती है। असम्प्रज्ञात समाधि ऐसी एकाग्रता है जिसमें कोई चित्तवृत्ति उपस्थित नहीं रहती, यद्यपि प्रसुप्त संस्कार रह सकते हैं।[3] सम्प्रज्ञात समाधि में जिस विषय का चिन्तन किया जाता है उसकी चेतना स्पष्ट रहती है और प्रमाता (विषयी) से भिन्न रूप में रहती है, किन्तु असम्प्रज्ञात समाधि में यह भेद विलुप्त हो जाता है।[4]

ऐसी समाधि की अवस्था जिसमें भावी जीवन का बीज विद्यमान रहता है, अर्थात् 'सबीज समाधि', तथा जिसमें यह विद्यमान नहीं रहता, अर्थात् 'निर्बीज समाधि'--दोनों में भेद किया गया है। वाचस्पति के अनुसार, बीज "कर्म का प्रसुप्त आशय है, जो जन्म, जीवन की अवधि तथा सुखों के नाना रूपों की बाधाओं के अनुरूप है।"[5] जिसका यह आधार है वह सबीज है और जो इससे विरहित है वह निर्बीज है। प्रकृतिजन्य अन्य सब पदार्थों की भांति चित्त के भी तीन पार्श्व हैं, अर्थात् सत्त्व, रजस् और तमस्। व्यास के अनुसार, "इसका सात्त्विक पार्श्व, जो प्रकाशमय है, जब रजस् और तमस् के साथ संयुक्त रहता है तो शक्ति तथा ऐन्द्रिय विषयों की कामना करता है। किन्तु वही जब तम से अभिभूत रहता है तो बुराई, अज्ञान और आसक्ति की ओर प्रवृत्त

---

1. 1 : 50।

2. 3 : 54।

3. 1 : 18।

4. "आत्मा अब शरीर अथवा मन से अभिज्ञ नहीं रहती, बल्कि जानती है कि जिसकी उसे इच्छा थी वह उसके पास है, और कि वह ऐसी स्थिति में है जहां कोई छल नहीं आ सकता, और कि वह अपने परमानन्द को स्वर्ग के भी स्वर्ग के साथ बदलने को तैयार न होगी" (प्लाटिनस : एनीड्स, 6 : 7, 24)। शेलिंग अपनी 'फिलौसाफिकल लैटर्स अपोन डोग्मैटिज्म एण्ड क्रिटिसिज्म' नामक पुस्तक में कहता है : "हम सबके अन्दर एक गुप्त तथा अद्भुत शक्ति निवास करती है, जिसके द्वारा हम अपने को कालजनित परिवर्तनों से स्वतन्त्र कर सकते हैं, अपने को बाह्य वस्तुओं से हटाकर अपनी गुह्य आत्मा में समेट सकते हैं, और हमारे अन्दर अपरिवर्तनशीलता के रूप में जो नित्य है उसे खोज सकते हैं। अपने को अपने-आप के समक्ष इस तरह प्रस्तुत करना यथार्थ में सर्वथा निजी अनुभव है, जिस पर वह सब कुछ निर्भर करता है जो हम अतीन्द्रिय लोक के सम्बन्ध में जानते हैं। यह प्रस्तुतीकरण हमें पहली बार यह दिखाता है कि यथार्थ क्या है, जबकि अन्य सब कुछ केवल प्रतीतिमात्र है। यह प्रस्तुतीकरण अन्य सब इन्द्रियजनित प्रस्तुतीकरणों से भिन्न है, क्योंकि यह सम्पूर्णरूप में स्वतन्त्र है, जबकि अन्य सब प्रस्तुतीकरण बद्ध हैं, पदार्थों के भार से बुरी तरह दबे हुए हैं, यह बौद्धिक प्रस्तुतीकरण तब सम्पन्न होता है जब हम अपने ही प्रमेय बनने बंद हो जाते हैं, जब अपने अन्दर सिमटकर प्रत्यक्षद्रष्टा मूर्ति प्रत्यक्षीकृत आत्मा में आत्मसात हो जाती है। उस समय हम काल तथा कालावधि को सर्वथा मिटा देते हैं। हम तब काल के अन्दर नहीं होते, बल्कि काल अथवा स्वयं अनन्तता हमारे अन्दर होती है। बाह्यजगत् हमारे लिए प्रमेय नहीं रहता, बल्कि हमारे अन्दर लुप्त हो जाता है।" इस प्रकार यह प्रकट है कि ऐसा सोचना कि केवल पूर्व के लोगों का ही मस्तिष्क इस प्रकार के भावुकतामय विचारों के लिए उपयुक्त है, जो अतीन्द्रिय सौन्दर्यपरक चिन्तन में परिणत हो जाते हैं, ठीक नहीं है।

5. तत्त्ववैशारदी 1 : 2।

होता है तथा अपने प्रभुत्व को अनुभव करने में असफल रहता है। जब भ्रम का आवरण दूर हो जाता है तो वही चारों ओर से प्रकाशित होता है, और क्योंकि इसमें थोड़ा-सा रजस् का अंश सम्मिलित रहता है इसलिए धर्म, ज्ञान, अनासक्ति तथा प्रभुत्व के प्रति प्रवृत्त होता है। वही सत्त्व, जब रजस् का लेशमात्र भी शेष नहीं रहता तो, अपने-आप में अवस्थित हो जाता है। (स्वरूपप्रतिष्ठम्), और सत्त्व तथा आत्मा के भेद को पहचानने के अतिरिक्त अन्य कुछ न होने से (सत्त्वपुरुषान्यताख्यातिमात्रम्) धर्ममेघ के चिन्तन के प्रति प्रवृत्त हो जाता है (धर्ममेघध्यानोपगं भवति)। इसको धर्ममेघ इसलिए कहा गया है क्योंकि यह धर्म अर्थात् सत्य से परिपूर्ण है तथा नीचे के स्तरों पर वरदानों की वर्षा करता है, जबकि मनुष्य स्वयं नित्य स्वरूपी सूर्य की धूप का आनन्द लेता है और सब प्रकार के कष्टों तथा कर्मों से ऊपर उठ गया होता है। ध्यानी पुरुष इसे उच्चतम श्रेणी की बोधप्रक्रिया (प्रसंख्यान) मानते हैं। किन्तु चितिशक्ति निर्विकार है और पदार्थों के साथ संयुक्त नहीं होती। पदार्थ इसके सम्मुख आते हैं, किन्तु यह निर्दोष रहती है और इसका अन्त नहीं है, जबकि विवेकख्याति, जिसका सारतत्त्व सत्त्व है, इसकी प्रतिपक्षी है।'' यद्यपि यह उच्चतम ज्ञान है जो सम्भव हो सकता है, किन्तु इसका भी दमन करना आवश्यक है।[1] इस प्रकार इससे भी निराश होकर चित्त इस अन्तर्दृष्टि को नियन्त्रित करता है। इस अवस्था में इसके अन्दर संस्कार रहते हैं।... सबीज समाधि का उपयोग, जिसके द्वारा वस्तुओं का ज्ञान ग्रहण करने की महान् शक्ति प्राप्त होती है, निर्बीज समाधि तक पहुंचने के लिए एक आवश्यक सोपान के रूप में करना होगा क्योंकि इस अवस्था में किसी भी प्रमेय की चेतना नहीं रहती इसलिए इसे असम्प्रज्ञात भी कहा गया है।'' यद्यपि कुछ संस्कार रहते हैं, किन्तु उनका मूल नष्ट हो जाता है। परन्तु भोज की सम्मति है कि पूर्ण असम्प्रज्ञात समाधि में समस्त संस्कार नष्ट हो जाते हैं।[2] व्यास और वाचस्पति का मत है कि उस अवस्था में संस्कार विद्यमान रहते हैं।[3] किन्तु अन्तिम मोक्ष के लिए उन्हें दूर करना आवश्यक है, क्योंकि योगसूत्र का कहना है कि जब अन्तर्दृष्टि के अवचेतनावस्थागम संस्कार का भी दमन हो गया, अर्थात् जब सब कुछ दमन हो गया, तो योगी निर्बीज समाधि को प्राप्त कर लेता है।[4]

---

1. व्यास (1 : 4) पंचशिख से इस प्रकार का एक उद्धरण देते हैं : ''ज्ञान केवल एक है, भेदज्ञान ही ज्ञान है।'' ''एकमेवदर्शनं ख्यातिरेव दर्शनम्।''

2. भोजवृत्ति, 1 : 18।

3. राजेन्द्रलाल मित्र लिखते हैं : ''इस विरोध का समाधान यों किया जा सकता है कि मानो पातंजलभाषा की दृष्टि में एक वह समाधि है जिससे जागना होता है, जबकि भोज ऐसी अन्तिम समाधि की प्रारम्भिक अवस्थाओं में कुछ विशिष्ट संस्कार शेष रह जाते हैं। योगीजन स्वीकार करते हैं कि असम्प्रज्ञात समाधि से पुरुष जागते हैं, और कि उस समाधि का प्रायः अभ्यास किया जाता है, और इस प्रकार की अवस्थाओं में संस्कार अन्तर्निहित अवस्था में अवश्य रह जाते हैं, जोकि समाधि से उठने पर उचित उत्तेजना मिलने पर पुनरुज्जीवित हो उठेंगे। यह सन्तोषजनक रूप से कहना कि पतंजलि स्वयं किस समाधि की अवस्था के विषय में कहते हैं, कठिन है। जिस प्रकार उन्होंने 'शेष' शब्द का प्रयोग किया है उससे इस प्रकार का सुझाव मिलता है कि पातंजलभाष्य ने उनका ठीक ही अर्थ लगाया है'' (योगसूत्र, पृष्ठ 23)।

4. 1 : 51। तस्यापि निरोध सर्वनिरोधान्निर्बीजः समाधिः।

जब तक हम समाधि की अवस्था को नहीं पहुँचते, हमारा प्रयत्न निषेधपरक, अर्थात् पुरुष को प्रकृति से भिन्न जानना, रहता है। किन्तु जब इस पारस्परिक भेद का पूरा ज्ञान हो गया तो आत्मा का विध्यात्मक स्वरूप अपने को अभिव्यक्त करता है। आत्मा के स्वरूप की उसके अपने स्तर पर यह अभिव्यक्ति, जो प्रकृति के साथ सब प्रकार के मिश्रण से ऊपर है, समाधि की सबसे उन्नत अवस्था है। इस अत्युत्कृष्ट चेतनामय समाधि में द्रष्टा अपने स्वरूप में अवस्थित रहता है।[1] उस अवस्था में आत्मा तथा चित्त की क्रिया के मिश्रण की समस्त सम्भावना मिट जाती है।[2] योग का यह मत है कि मनुष्य का चित्त एक चक्की के पाट के समान है। यदि हम उसके नीचे गेहूं रखेंगे तो वह उसे पीसकर आटे के रूप में परिणत कर देगा; और यदि हम उसमें पीसने को कुछ न रखेंगे तो वह चलते-चलते अन्त में अपने-आप को ही पीस डालेगा। जब हम चित्त को उसके उतराव-चढ़ाव से विहीन कर देते हैं तो उसकी चेष्टा विराम को प्राप्त हो जाती है, और वह नितान्त अकर्मण्यता की अवस्था में आ जाता है। उस समय हम एक ऐसे मौन में प्रवेश करते हैं जिस पर बाह्य जगत् का सतत कोलाहल कोई प्रभाव नहीं डालता। चित्त तो निराश्रय हो गया, किन्तु आत्मा बिलकुल स्वस्थ है। यह एक ऐसी अवस्था है जो रहस्यमय है और प्रगाढ़ एकाग्रता के परिणामस्वरूप होती है। इसका हम ठीक-ठीक विवरण नहीं दे सकते क्योंकि जैसे कि व्यास ने उद्धरण दिया है, "योग के द्वारा ही योग जाना जाता है, और योग की अभिव्यक्ति भी योग के ही द्वारा होती है, और जो योग के प्रति तत्पर है वह सदा इसी में रमा रहता है।"[3] समाधि एक ऐसी अवस्था है जो बहुत कम व्यक्तियों को प्राप्त होती है और प्रायः कोई भी इसे देर तक धारण किए नहीं रह सकता, क्योंकि जीवन की मांगों के कारण यह भंग हो जाती है। इसलिए यह कहा गया है कि अन्तिम मोक्ष तब तक सम्भव नहीं है, जब तक कि इस शरीर का त्याग नहीं होता।

उन्माद की अवस्थाएं आती हैं, इस विषय में कोई भी सदेह नहीं कर सकता। प्लेटो के अनुसार, "यह दैवीय उन्माद मनुष्य को दिए गए वरदानों का मुख्यतम स्रोत है।" सर्वोच्च अन्तःप्रेरणाओं का आविर्भाव जीवन के ऐसे ही क्षणों में हुआ है। होरेब पर्वत पर मोज़ेज़ ने अनादि, अनन्त विश्वात्मा के शब्द को 'मै हूं' इस ध्वनि में सुना। ईसाईयाह ने यथार्थसत्ता के रहस्य को 'पवित्र, पवित्र, पवित्र', इन शब्दों द्वारा प्रत्यक्ष किया। सन्त पीटर्स ने सड़क के दर्शन से ही यह ज्ञान प्राप्त किया कि ईश्वर सब मनुष्यों तथा सब राष्ट्रों के लिए एकसमान है। कहा जाता है कि सन्त पॉल अपनी दीक्षा लेते समय समाधि की मूर्च्छा में आ गए थे। मध्ययुग के रहस्यवादी प्रायः ही अद्भुत दर्शन तथा अद्भुत वाणियों के विषय में कहते सुने गए हैं। आधुनिक काल के कवियों में वड्सवर्थ और टैनीसन उन्माद की दशाओं का प्रायः उल्लेख करते हैं। इन अद्भुत दर्शनों तथा अद्भुत वाणियों को साधारणतः ईश्वर से साक्षात्कार माना गया है, जोकि बाधाओं के साथ जूझते हुए सन्तों को साहाय्य प्रदान करने तथा आवश्यकता के समय बल प्रदान करने के अभिप्राय से प्रकट होते हैं; जिससे कि ईश्वर में श्रद्धा रखनेवालों के लिए उन्माद

1. 1 : 3।
2. 1 : 3-4।
3. योगेन योगो ज्ञातव्यो योगो योगात्प्रवर्तते।
   योऽप्रमत्तस्तु योगेन स योगे रमते चिरम्॥ (योगभाष्य, 3 : 6)।

की अवस्था दैवत्वप्राप्ति ही का दूसरा नाम है।[1] किन्तु योग का मत ऐसा नहीं है। प्रत्येक आत्मा मूलरूप में दैवीय है, और उसके दैवत्व की अभिव्यक्ति तब होती है जबकि बाह्य तथा आभ्यन्तर दोनों प्रकार के स्वभाव पर मनुष्य नियन्त्रण कर लेता है।[2] अद्‌भुत दर्शनों तथा अद्‌भुत वाणियों को योग में मनुष्य के अपने अन्दर के सृजनात्मक भाव का प्रकाशन मात्र माना गया है। उक्त दर्शन अथवा अद्‌भुत वाणियां प्रामाणिक हैं या नहीं, इसका निर्णय तर्क के प्रकाश से करना चाहिए।

14. मोक्ष

मोक्ष का नाम योगदर्शन में 'कैवल्य' अर्थात् परम स्वातन्त्र्य है। यह अवस्था केवल निषेधात्मक नहीं है, बल्कि पुरुष का वह नित्यजीवन है जो प्रकृति के बन्धनों से मुक्त होकर प्राप्त होता है। इसकी व्याख्या करते हुए कहा गया है कि यह गुणों का पूर्वावस्था को प्राप्त हो जाना है, क्योंकि उस समय आत्मा का कोई प्रयोजन नहीं रहता, अथवा बुद्धि की शक्ति अपने-आप में स्थित होती है।[3] पुरुष अपने यथार्थस्वरूप में रहता है। हिन्दू विचारधारा को अन्यान्य दर्शन-पद्धतियों की भांति, योगदर्शन में भी समस्त इच्छा का कारण वस्तुओं के यथार्थस्वरूप का अज्ञान है। शरीर इसी अज्ञान के कारण है। इसका समर्थक चित्त है और इसका विषय सांसारिक सुखोपभोग है। जब तक अविद्या का अस्तित्व है, मनुष्य अपने बोझ को उतारकर नहीं फेंक सकता है। अविद्या का परिहार विवेकज्ञान (विवेकख्याति) के द्वारा हो सकता है।[4] जब मनुष्य ज्ञान प्राप्त कर लेता है तो सब प्रकार के मिथ्या विचार विलुप्त हो जाते हैं। आत्मा पवित्र हो जाती है और चित्त की अवस्थाओं से अलिप्त रहती है। गुण भी अवकाश प्राप्त कर लेते हैं और आत्मा अपने सारतत्त्व में प्रतिष्ठित हो जाती है।[5]

जीव का लक्ष्य अनासक्ति तथा स्वाधीनता प्राप्त करना है। यह पारिवारिक जीवन, समाज आदि मानवीय सम्बन्धों के अनुकूल नहीं है, और इसीलिए योग एक ऐसा दर्शन कहा गया है जिसको नीतिशास्त्र से कोई सरोकार नहीं है। एक ऐसे दर्शन में, जिसका लक्ष्य ही

---

1. "कतिपय महान् ईसाई रहस्यवादियों ने ईसामसीह अथवा ईश्वर की स्वतःसम्भूत कार्यशक्ति को ही दैवत्व का नाम दिया है" (जे. एच. ल्यूबा : जर्नल आफ फिलासफी, 21 पृष्ठ 702)।

2. बर्नार्ड शा कृत 'सेंट जोन' की प्रकाश डालनेवाली प्रस्तावना देखिए।

3. पुरुषार्थशून्यानां गुणानां प्रतिप्रसवः कैवल्यं स्वरूपप्रतिष्ठा वा चितिशक्तिरिति (योगसूत्र, 4 : 34)।

4. कहा जाता है कि इसकी सात स्थितियां हैं, जो इस प्रकार हैं : (1) वस्तु, जिससे छुटकारा पाना है, जान ली गई है और इस प्रकार उसे फिर से जानने की आवश्यकता नहीं है। (2) जिस वस्तु से छुटकारा पाना है उसके कारण क्षीण हो चुके हैं और इसलिए उन्हें और क्षीण होने की आवश्यकता नहीं है। (3) छुटकारे का सीधा प्रत्यक्ष निरोध समाधि द्वारा होता है। (4) विभेदज्ञान के रूप में छुटकारे के साधन को सिद्ध किया गया है। जहां ये चारों चार प्रकार की बाह्य प्रपंच से मुक्ति (कार्यविमुक्ति) से सम्बन्ध रखती हैं, वहां अन्य तीन का सम्बन्ध अन्तिम मोक्ष (चित्तविमुक्ति) से है और वे हैं—(1) बुद्धि का अधिकार समाप्त हो गया; (2) गुणों को विश्राम मिल गया; (3) आत्मा, जिसने गुणों से अपना सम्बन्ध तोड़ लिया है, स्वतः प्रकाशित होती है, इससे अधिक कुछ नहीं, और वह निर्मल तथा पृथक् हो गई। (गुणसम्बन्धातीतः स्वरूपमात्रज्योतिरमलः केवली पुरुष इति) (योगभाष्य, 2 : 27)।

5. 3 : 24-33।

मनुष्य के संसार-सम्बन्धी समस्त बन्धनों को तोड़ने का हो, नैतिक, विषयों पर विवेचन के लिए कोई स्थान नहीं हो सकता।[1] इस प्रकार की समालोचना का हमें प्रायः ही सामना करना पड़ा है। नैतिक मार्ग ही एकमात्र हमें पूर्णता तक पहुंचाने में सहायक होता है, यद्यपि पूर्णता की प्राप्ति के पश्चात् हम ऐसे क्षेत्र में पहुंच जाते हैं जो अच्छाई और बुराई दोनों से परे है। आत्मा के यथार्थस्वरूप को, जो अनेक प्रकार के आवरणों में मलिन बना रहता है, जान लेने का ही नाम मोक्ष है। हम केवल पुरुषार्थ तथा आत्मसंयम के द्वारा ही उनसे मुक्ति पा सकते हैं। अन्यान्य अनेकों दर्शन-पद्धतियों की अपेक्षा योगदर्शन इस मत को स्वीकार करने में कहीं अधिक बल देता है कि दार्शनिक ज्ञान हमें त्राण नहीं पहुंचा सकता। जिस वस्तु की हमें आवश्यकता है वह अनुसन्धान अथवा विवेचन की सूक्ष्मताएं नहीं हैं, बल्कि इच्छाशक्ति को वश में करना है। हमें अपनी आन्तरिक भावनाओं तथा वासनाओं पर विजय पानी है। सच्चा दार्शनिक वह है जो आत्मा का चिकित्सक हो, जो हमें इच्छाओं के बन्धन से मुक्ति दिलाने में सहायक हो।

योगदर्शन इस बात को मानता है कि सब मनुष्य उस आत्मसंयम को पालन करने के योग्य नहीं होते जिस पर कि वह बल देता है। कुछ व्यक्ति ऐसे हैं जिन्हें आधुनिक मनोविज्ञान की भाषा में 'बहिर्मुख' कहा जाता है। उनके लिए क्रियायोग का विधान है, जिसमें तपस्या, स्वाध्याय तथा भक्ति (ईश्वर-प्रणिधान) शामिल हैं।[2] तपस्या वह है जो क्लेश तथा कर्म के परिणामस्वरूप अन्तस्तल में बैठे हुए अज्ञात संस्कारों समेत समस्त मलों को भस्मसात् कर देती है। योगान्तर्गत मनोविज्ञान की धारणा है कि चेतन मन के अतिरिक्त भी एक अचेतन किन्तु सक्रिय आत्मिक क्षेत्र है, और तपस्या का लक्ष्य इस अचेतन क्षेत्र के विषयों को भी वश में करना है।[3]

> एक योगी, जिसे समाधि की शक्ति प्राप्त हो गई है, कर्म को नष्ट करने के लिए उद्यत हो जाता है। और वे कर्म तीन प्रकार के हैं : (1) भूतकाल में किए हुए कर्म, जिन्होंने वर्तमान जीवन में अपना फल देना प्रारम्भ कर दिया है (ये प्रारब्ध कर्म हैं); (2) वे कर्म जो भूतकाल में किए गए हैं किन्तु जिनके फल किसी भावी जीवन में मिलने के लिए संचित हैं (ये संचित कर्म हैं); और (3) वे कर्म जो इस जन्म में किए गए और जिनका फल इस जीवन में अथवा किसी भावी जीवन में मिलने की है (ये आगामी कर्म हैं)। अन्तिम प्रकार के कर्म ईश्वरभक्ति तथा समाजसेवा द्वारा रोके जा सकते हैं। पके हुए कर्म फल दे चुकने पर इसी जीवन में शेष हो जाते हैं,

---

1. "तार्किक दृष्टि से एक नैतिक प्रयोजन तथा आचरण योग के लक्ष्य की मांग है, क्योंकि सत्य-व्यवहार तथा मैत्रीभाव इत्यादि ऐसे व्यक्ति के लिए किसी प्रयोजन के नहीं हैं जो नितान्त अनासक्ति तथा एकाकीपन चाहता है। नैतिक महत्ताओं की चिंता का व्यक्तित्व के दमन की कामना के साथ संयोजन उन विषमताओं में से है जो विचार की अव्यवस्था को प्रकट करती हैं, और यह इस दर्शन में एक त्रुटि है।" (जर्नल आफ फिलासफी, अध्याय 16, संख्या 8, पृष्ठ 200)।

2. 2 : 1।

3. चैतन्य की सीमारेखा के ऊपर जो कुछ आता है वह नीचे की ओर हो रहे शक्तियों के नाटक का प्रतीक है। योगविद्या में निपुण पुरुष, मानसिक रोग (स्नायुरोग) तथा 'भूतबाधा' की अवस्थाओं में, जो कुछ साधारणतः अचेतन के अन्दर छिपा है उसे सम्मोहक मूर्च्छा अथवा अन्य साधनों से ऊपर की ओर आने देते हैं और खोज निकालते हैं। इस प्रकार की चिकित्साएं, जो हमें आधुनिक मनोविश्लेषण का स्मरण कराती हैं, भारत में बहुत प्रचलित हैं।

और अपरिपक्व कर्मों के विषय में, जिनके लिए आगामी जीवन की आवश्यकता है, यह कहा जाता है कि योगी पुरुष ऐसे सब शरीरों की सृष्टि कर सकता है जिनसे पुराने सब ऋणों का शोध हो जाए। इनमें से प्रत्येक शरीर का एक अपना चित्त अथवा मन रहता है, जिसे निर्माणचित्त अथवा कृत्रिम मन कहते हैं। कृत्रिम शरीरों की, उनके चित्तों सहित, पहचान साधारण शरीरों से स्पष्ट रूप में की जा सकती है, क्योंकि वे अपने कर्मों में पूर्णतया व्यवस्थित होते हैं। योगी की चेतना इन सब विभिन्न इच्छारहित कार्यशरीरों का संचालन करती है। ज्योंही यह यन्त्रवत् प्राणी, जिसका विशेष लक्ष्य संचित कर्म के एक विशेष भाग की समाप्ति होता है, अपना उद्देश्य पूरा कर चुकता है, योगी उस पर से अपना नियन्त्रण उठा लेता है और 'मनुष्य' हठात् मृत्यु को प्राप्त हो जाता है। प्राकृतिक मन के विपरीत, कृत्रिम मन के अनुभव अपने पीछे कोई चिह्न नहीं छोड़ते।[1]

15. कर्म

जब तक अविद्या पर विजय नहीं प्राप्त की जाती, तब तक संसार में जन्म होता रहेगा। कर्म का विधान प्रामाणिक माना गया है, और हमारे जीवन, इसके स्वरूप तथा इसकी अवधि—सबका निर्णय इस कर्मविधान से ही होता है।[2] यद्यपि हम अपने पूर्वजन्मों को स्मरण नहीं करते तो भी हम उनकी विशेषताओं का अनुमान वर्तमान जीवन की प्रवृत्तियों द्वारा कर सकते हैं।[3] और ये प्रवृत्तियां अपने कारण (हेतु), प्रेरक भाव (फल), आश्रय और विषय (आलम्बन) के लुप्त हो जाने पर नष्ट हो जाएंगी। मूल कारण है अविद्या, यद्यपि अन्य भी उसके साथ संसक्त कारण हो सकते हैं। प्रेरक भाव से तात्पर्य उस प्रयोजन से है जिसके सम्बन्ध में कोई भी मानसिक प्रक्रिया वर्तमान में कार्यकारी बनती है। चित्त अवशिष्ट का अधिष्ठान है और विषय (प्रमेय पदार्थ) वह है जो क्षमताओं को उत्तेजित करता है।[4]

16. अलौकिक सिद्धियां

प्रचलित इन्द्रजाल (जादू) के सम्प्रदाय को मुक्ति की योग-विहित धार्मिक योजना के साथ मिला दिया जाता है। योगसाधना के मार्ग में कुछ जादू की शक्तियां प्राप्त हो जाती हैं, ऐसा प्रारम्भिक बौद्ध ग्रन्थों में माना गया है, यद्यपि स्वयं बुद्ध ने उन शक्तियों की खोज को पूर्ण मोक्ष के लिए अनुपयोगी बताया था। हिन्दूधर्मशास्त्र हमें ऐसे व्यक्तियों के विषय में बताते हैं जिन्होंने केवल कठोर तपस्या से अद्भुत शक्तियां प्राप्त कीं। योगदर्शन में इन शक्तियों की प्राप्ति को समाधि के मुख्य लक्ष्य से निम्नस्तर का बताया गया है। यद्यपि उच्चतम लक्ष्य न भी प्राप्त हो, तो भी नीचे की स्थितियों का अपना महत्त्व है ही। प्रत्येक स्थिति अपना पुरस्कार प्रस्तुत करती है। आसनों द्वारा शरीर के नियन्त्रण से अत्यधिक शीत तथा अत्यधिक उष्णता साधक को नहीं सताते।[5] जिस किसी चीज़ पर भी हम अपने

---

1. 4 : 4-5।
2. 2 : 12-14।
3. 4 : 9।
4. योगभाष्य, 4 : 11।
5. 2 : 48।

ध्यान को एकाग्र करेंगे उसका पूरा अन्तर्दृष्टिजन्य ज्ञान हम प्राप्त कर लेंगे। संयम अथवा एकाग्रता ऐसे साधन हैं जिनके द्वारा हम अतीन्द्रिय विषयों का ज्ञान प्राप्त करते हैं। इनके द्वारा हम वस्तुओं के अन्तस्तम मर्म का भी ज्ञान प्राप्त कर सकते हैं तथा महान् प्रज्ञालोक तक पहुंच जाते हैं। मित्रता, अनुकम्पा एवं सुख पर नियन्त्रण का प्रयोग करने से इन गुणों में वृद्धि होती है।[1] यदि हम मांसपेशियों की शक्ति पर ध्यान को केन्द्रित करेंगे तो हमें दैत्य के समान शक्ति प्राप्त होगी।[2] इन्द्रियों की बढ़ी हुई शक्तियां, जिनसे योगी दूर से देख तथा सुन सकता है, एकाग्रता का ही परिणाम है।[3] हम अचेतन संस्कारों का भी सीधा ज्ञान प्राप्त कर सकते हैं तथा उनके द्वारा अपने पूर्वजन्मों के विषय में भी जान सकते हैं।[4] किसी भी प्रस्तुत विचार पर एकाग्रता के साथ संयम करने से परिणामस्वरूप दूसरे के मन का भाव जाना जा सकता है। (परचित्तज्ञानम्)।[5] एक व्यक्ति से दूसरे व्यक्ति तक विचार का संक्रमण, बिना किसी साधारण संचारसाधन के सर्वथा सम्भव है। तीन प्रकार के परिवर्तनों पर ध्यान लगाने से, जिनमें होकर सब पदार्थ बराबर गुज़रते रहते हैं, हम भूत, भविष्यत् तथा वर्तमानकाल के विषय में जानने की शक्ति प्राप्त करते हैं।[6] योगी अपने शरीर को अदृश्य बना सकता है।[7] दो प्रकार के कर्मों पर संयम करने से, अर्थात् उन क्षमताओं पर जो शीघ्र ही समाप्त हो जाएंगी तथा उन पर जिन्हें समाप्त होने से अधिक समय लगेगा, वह जान जाता है कि वह कब मरेगा। वह सूक्ष्म को, छिपे हुए को, अस्पष्ट को, अन्तरिक्ष को, नक्षत्रमण्डल को, ध्रुव तारे को, शारीरिक संघटन को तत्सम्बन्धी संयमों को करने से जान लेता है। पतंजलि के अनुसार, ऐसा मनुष्य जो आत्मा तथा पदार्थ-जगत् के पृथक्त्व को ठीक-ठीक जान लेता है, जीवन की तमाम अवस्थाओं और सर्वज्ञता पर अधिकार प्राप्त कर लेता है।[8] पूर्ण ज्ञान की प्राप्ति से पूर्व हमें कभी-कभी सत्य के विषय में एक प्रकार की पूर्व अन्तर्दृष्टि मिल जाती है। इसे प्रतिभा कहते हैं।[9]

अलौकिक सिद्धियां वस्तुतः समाधि के मार्ग में बाधक हैं, यद्यपि जब मनुष्य इन्हें प्राप्त करता है तो इन्हें पूर्णता का ही रूप समझने लगता है।[10] ये उच्च जीवन की आनुषंगिक उपज हैं। ये वे फूल हैं जो हमें मार्ग में मिल जाते हैं और जिन्हें हम चुन लेते हैं, यद्यपि सत्य का अन्वेषक इन्हें चुनने के लिए नहीं निकला था। इन पूर्णताओं की उपेक्षा करने से ही मोक्ष प्राप्त हो सकता है।[11] बनियान के रूपकालंकार में दिव्यनगर के तीर्थ यात्रियों को

---

1. 3 : 23।
2. 3 : 24।
3. 3 : 35।
4. 3 : 18।
5. 3 : 19।
6. 3 : 16।
7. योगसूत्र, 3 : 21। "गोरेस का जो पांच खण्डों में बड़ा ग्रन्थ है उसे दैवीय, प्राकृतिक और नारकीय (पैशाचिक) रहस्यवाद में विभक्त किया गया है। पहले में दृष्टि, श्रवण, गन्ध आदि की शक्तियों के चामत्कारिक रूप में बढ़ जाने के सम्बन्ध में, जो अत्यधिक पवित्रता का परिणाम है, कहानियां दी गई हैं, और उनमें बतलाया गया है कि किस प्रकार एक महात्मा को अदृश्य हो जाने की शक्ति प्राप्त थी, एक दूसरे सन्त को बन्द दरवाजों के अन्दर से गुजर जाने की और तीसरे को वायु में उड़ने की शक्ति प्राप्त थी" (डीन इंगे : क्रिश्चियन मिस्टिसिज्म, पृष्ठ 264-65)।
8. 3 : 49।
9. योगभाष्य, 3 : 33। 3 : 37।
10. 3 : 37।
11. 3 : 50-51।

स्वयं स्वर्ग के मुख्य द्वार पर ही एक छोटी-सी खिड़की मिलती है, जिसमें से होकर एक मार्ग नीचे नरक तक चला गया है। जो पुरुष इन चमत्कारपूर्ण शक्तियों का शिकार हो जाता है उसका अधःपतन शीघ्र होता है।

योगदर्शन में इन अलौकिक सिद्धियों को प्रकृति के नियमों में चामत्कारिक रूप से विघ्न डालनेवाली नहीं माना गया है। जो जगत् हमारे लिए इन्द्रियगोचर है यही सम्पूर्ण प्राकृतिक जगत् नहीं है। जो भौतिक जगत् के सिद्धान्तों का व्याघात प्रतीत होता है, वह विश्व-व्यवस्था के दूसरे भाग के सिद्धान्तों द्वारा उसकी केवल पूर्तिमात्र है। भौतिक जगत् से परे जो जगत् है उसका अपना ही विज्ञान तथा विधान है। असीम भौतिक एवं बौद्धिक शक्ति के आकर्षणों का उपयोग सम्भवतः सांसारिक जीव को उच्चतम जीवन तक ले जाने के लिए किया गया हो, क्योंकि मूर्ख लोग सदा चिह्नों की ही खोज करते हैं।

"सिद्धियां, जन्म से, औषधियों से, मन्त्रों द्वारा, तपस्या से अथवा समाधि द्वारा प्राप्त होती हैं।"[1] कुछ व्यक्ति शक्तियों के साथ ही उत्पन्न होते हैं, क्योंकि उन्होंने पूर्वजन्म में योग का अभ्यास किया होता है। ये जन्मजात आत्मिक व्यक्ति थोड़े-से ही प्रशिक्षण से उत्कृष्ट योगी बन जाते हैं। कभी-कभी आत्मिक शक्तियों की प्राप्ति औषधियों और चेतनाशून्य करनेवाली औषधियों के प्रयोग से भी होती है। प्रचलित विचार में नशीली दवाइयों से प्राप्त मूर्च्छा और उन्माद की अवस्था में कोई भेद नहीं किया जाता। पतंजलि ने औषधियों के प्रयोग का विधान नहीं किया है, यद्यपि सिद्धियों के प्राप्त करने के उपायों में इसका उल्लेख अवश्य है।[2] इस प्रकार औषधि द्वारा नशा लाने की आदत, जो आदिम जातियों में प्रचलित थी, योग के उच्चतर रहस्यवाद के साथ मिश्रित कर दी गई। मन्त्र[3] तथा तपस्या भी हमें इन शक्तियों को प्राप्त करने में सहायता देते हैं किन्तु बल केवल चित्त की एकाग्रता पर ही दिया गया है, औरों पर नहीं। औषधियों अथवा अव्यवस्थित स्नायुजाल द्वारा प्राप्त अद्भुत दर्शन को दूषित ठहराया गया है। योगदर्शन अपनी परिस्थितियों से सर्वथा सम्बन्ध-विच्छेद करने को उद्यत नहीं था, इसलिए ऐसे अंशों को भी उसने अपने अन्दर सम्मिलित कर लिया जो उसके अन्तस्तम अस्तित्व के साथ सम्बन्ध नहीं रखते थे। इसी समझौते के भाव के कारण योगदर्शन का यह विविधतापूर्ण स्वरूप है, जो निम्नस्तर के प्रकृतिवाद तथा उच्चस्तर के आदर्शवाद के एक मिश्रित रूप को प्रस्तुत करता है। वातावरण से भी अनजाने सुझाव मिल जाना स्वाभाविक है, और इसलिए योगदर्शन कुछ ऐसी विशेषताओं को प्रस्तुत करता है जो उस युग की जिसमें इसका प्रादुर्भाव हुआ, अवस्थाओं के कारण उत्पन्न हुई थीं। किन्तु हमारे लिए यह आसान है कि हम इन गौण तथा आकस्मिक लक्षणों को मुख्य तथा आन्तरिक लक्षणों से पृथक् कर सकें। योगसूत्र इन औषधियों तथा मन्त्रों पर आगे तनिक भी ध्यान नहीं देता, जिससे सुझाव यह मिलता है कि उसका निश्चित मत यह है कि चिह्न और विलक्षणता—जिनको असंस्कृतजन खोजते हैं—चाहे सम्यक् रूप से प्रमाणित ही हों, तो भी उनका आध्यात्मिक महत्त्व कुछ नहीं है।

---

1. 4 : 1।

2. नाइट्रस ऑक्साइड उन्मादपरक चेतना को उत्तेजित करता है। विलियम जेन्स के अनुसार, "मद्य अपने उपासक को वस्तुओं की भावशून्य (जड़) परिधि से दीप्तिमान अन्तरतत्त्व तक पहुंचा देता है। यह उसे क्षणमात्र के लिए सत्य के साथ तादात्म्य प्राप्त करा देता है" (वैराइटीज आफ रिलिजियस एक्सपीरियंस, पृष्ठ 387)।

3. 'अमेरिकन न्यू थौट' सावधानी से चुने हुए शब्द अथवा छन्दोबद्ध सूत्र पर ध्यान एकाग्र करने का सुझाव देता है, और यह विधि मन्त्रोच्चारण के अनुरूप है।

17. ईश्वर

पतंजलि ने ईश्वर भक्ति को योग के सहायकों में अन्यतम माना है।[1] ईश्वर केवल ध्यान का ही विषय नहीं, बल्कि बाधाओं को दूर करके लक्ष्य प्राप्ति में सहायता करनेवाला भी माना गया है। किन्तु ईश्वरवाद पतंजलि के सम्प्रदाय का अन्तरंग भाग नहीं है। पतंजलि के क्रियात्मक प्रयोजन एक शरीरधारी ईश्वर से पूरे हो जाते हैं, और वह ईश्वरवाद की कल्पनात्मक रुचियों से अधिक वास्ता नहीं रखता। व्यास ने एक ऐसा हेतु प्रस्तुत किया है जो हमें शास्त्रीय तात्त्विक हेतु का स्मरण कराता है।[2] ईश्वर पूर्ण स्वभाव वाला (प्रकृष्टसत्व) है। "उसकी प्रकृष्टता उसके तुल्य अथवा उससे उत्कृष्ट दूसरे किसी के न होने में है। प्रथम तो, कोई अन्य प्रकृष्टता इससे बढ़ नहीं सकती, क्योंकि जो कोई इससे अधिक प्रकृष्टता का दावा करेगा उसे उतनी प्रकृष्टता अपनी सिद्ध करनी होगी। इसलिए जिसमें कोई प्रकृष्टता की इस प्रकार की पराकाष्ठा पाई जायेगी वही ईश्वर है।" फिर, उसके समान प्रकृष्टता भी किसी अन्य में नहीं है। "क्योंकि जब एक ही वस्तु की इच्छा समान श्रेणी के दो व्यक्ति करते हैं, जिनमें से एक तो कहे कि 'यह नई होनी चाहिए' और दूसरा कहे कि 'यह पुरानी होनी चाहिए' तो यदि एक की विजय होती है तो दूसरे को अपनी इच्छा में असफलता मिलती है और वह हीनतर हो जाता है। और दो समान श्रेणी के व्यक्ति उसी इच्छित वस्तु को एक साथ प्राप्त भी नहीं कर सकते, क्योंकि इस प्रकार की प्राप्ति परस्पर-विरोधी होगी। इसलिए हमारा मत है कि जिस किसी में ऐसी प्रकृष्टता है जिसके न तो कोई बराबर है और न कोई उससे अधिक है, वही ईश्वर है।"[3] पतंजलि ईश्वर की सर्वज्ञता को निरन्तरता के विधान द्वारा सिद्ध करते हैं, क्योंकि निरन्तरता की ऊपर कहीं-न-कहीं सीमा आवश्यक है। जहां महत् है और महत्तर है, वहां महत्तम भी अवश्य है। जिस किसी में भी उत्कृष्टता की श्रेणियां हैं, वह उच्चतम सीमा तक अवश्य पहुंच सकता है। सर्वज्ञता में उत्कृष्टता की श्रेणियां हैं। यह शनैः-शनैः अनुपात में बढ़ते-बढ़ते उस सोपान तक पहुंचाती हैं जहां भौतिक सामग्री (तमोगुण), जिसने सारतत्त्व (सत्त्व) को ढका हुआ है, दूर हो जाती है। और जब सर्वज्ञता का अंकुर अपनी पूर्णता की ऊंचाई पर पहुंच जाता है तो हम सर्वज्ञ ईश्वर को पाते हैं। "उसमें सर्वज्ञता का अंकुर पूर्णता तक पहुंचा हुआ है।"[4] जड़ प्रकृति की उद्देश्यहीन प्रवृत्ति इस विश्व में, जहां मनुष्य अपने कर्मों के अनुसार कष्ट भोगते हैं, व्यवस्था तथा सामंजस्य नहीं ला सकती। ईश्वर प्रकृति के विकास का मार्गदर्शक है। वह सदा इसके लिए तत्पर रहता है कि प्रकृति का विकास पुरुषों के प्रयोजनों को सिद्ध करनेवाला हो। किन्तु ईश्वर जगत् का स्रष्टा नहीं है, क्योंकि ऐसे जगत् की सृष्टि जो दुःखों से भरपूर है, किसी ऐसी सत्ता के द्वारा नहीं हो सकती थी जो अनन्त करुणा का आगार हो। श्रुति ईश्वर के अस्तित्व को सिद्ध करने का यत्न करती है। किन्तु इसके द्वारा दिया गया प्रमाण चक्रक दोष से पूर्ण है, क्योंकि वेदों का प्रामाण्य स्वयं इस आधार पर है कि उन्हें ईश्वर ने बनाया है। ये प्रामाणिक कहे जाते हैं, क्योंकि उनकी शिक्षाएं तथ्यों के अनुकूल हैं।[5]

---

1. 1 : 23।
2. योगभाष्य, 1 : 24।
3. योगभाष्य, 1 : 24।
4. तत्र निरतिशयं सर्वज्ञत्वबीजम् (1 : 25)। और देखिए योगभाष्य, और इस पर योगवार्तिक।
5. तत्त्ववैशारदी, 1 : 24।

सांख्य वेदों की प्रामाणिकता को मानता तो है, किन्तु उसके औचित्य का समर्थन नहीं करता। योग ईश्वर को वेदों के प्रादुर्भाव का आदिस्रोत मानने में कुछ-न-कुछ प्रमाण उपस्थित करता है।

पतंजलि के ईश्वर का वर्णन करना सरल कार्य नहीं है। उसे एक विशेष प्रकार की आत्मा कहा गया है, जिसमें अपूर्णता का लेशमात्र भी नहीं है और जो कर्म के विधान के ऊपर है।[1] सांसारिक जीवन की तमाम उलझनों से स्वतन्त्र, ईश्वर नित्य परमानन्द में रहता है। उसका धर्म और अधर्म (पुण्य व पाप) से कोई सम्पर्क नहीं। वह दुख के भार से, जिससे जीवित प्राणी अभिभूत रहते हैं, अछूता है। वह सर्वज्ञ है, प्राचीन ऋषियों का भी गुरु है। यदि ईश्वर को परिश्रम करती हुई आत्माओं को ऊपर की तरफ मोक्ष तथा प्रकाश की ओर बढ़ने में सहायता करनी है, तो उसे किसी-न-किसी रूप में अपने को सांसारिक अनुभव के अधीन करना चाहिए। इसलिए पतंजलि का झुकाव उसे सत्य का उपदेष्टा, गुरु मानने की ओर है। ईश्वर ने गुरु के रूप में प्लेटो से लेकर प्रत्येक महान् विचारक के हृदय में प्रतिध्वनि पाई है। वह कालाबाधित है,[2] पूर्ण करुणामय है, और यद्यपि उसकी अपनी ऐसी कोई इच्छा नहीं है जिसे पूर्ण करना हो, तो भी संसारी पुरुषों के लिए वह प्रत्येक संसार के युगारम्भ में श्रुतियों का प्रतिपादन करता है। उसका निर्दोष कोटि का सत्त्वस्वभाव, जो रजस् अथवा तमस् से होनेवाली प्रत्येक त्रुटि से सर्वथा रहित है, उसकी आत्म-अभिव्यक्ति का साधन है और वह पूर्णरूप में उसके वश में है।[3] ईश्वर सर्वदा स्वतन्त्र है, और इसलिए उसे मुक्त आत्माओं के साथ नहीं मिलाया जा सकता, जो किसी समय बद्ध थीं, या जो प्रकृति में लीन हैं और भविष्य में किसी समय भी बन्धन प्राप्त कर सकती हैं। मुक्तात्माओं के विपरीत, जिनका संसार से कोई और सम्बन्ध नहीं रहता, ईश्वर नित्य संसार के साथ सम्बन्ध रखता है। यह मान लिया गया है कि ईश्वर का प्रकृति के विशुद्धतम पक्ष अर्थात् सत्त्व के साथ नित्य तथा अटूट सम्बन्ध है, और इस प्रकार के ईश्वर के अन्दर सदा सर्वोपरि शक्ति, ज्ञान तथा श्रेष्ठता रहती है। वह अपनी करुणा से सत्त्वगुण धारण करके परिवर्तन के प्रदर्शन में अन्तःप्रवेश करता है। क्योंकि वह संघर्ष में लगे पुरुषों के हित में स्वेच्छा से ऐसा करता है, इसलिए वह कर्म के विधान में नहीं आता। महान् प्रलयकाल में, जबकि प्रकृति अपनी अव्यक्त अवस्था में लौट जाती है, तो वह स्वीकृत रूप त्याग दिया जाता है, यद्यपि किसी रात अगले दिन प्रातः एक निश्चित समय पर जाग उठने का संकल्प करता है और उसी समय उठ भी जाता है और यह उसके दृढ़ संकल्प द्वारा छोड़े गए संस्कार के बल पर होता है, ठीक उसी प्रकार ईश्वर भी जब प्रकृति फिर से विकास प्रारम्भ करती है तथा पुरुष प्रकट होते हैं, फिर से महान् शिक्षक का रूप धारण करने का संकल्प करता है। रहस्यपूर्ण अक्षर 'ओम्' ईश्वर का द्योतक है और इस पर ध्यान लगाने से मन ईश्वर की यथार्थ झांकी में विश्राम करता है।[4]

योगदर्शन का शरीरधारी ईश्वर उक्त दर्शन के शेष भाग के साथ बहुत शिथिलतापूर्वक सम्बद्ध है। मानवीय महत्त्वाकांक्षा का लक्ष्य ईश्वर के साथ सम्मिलन नहीं, बल्कि पुरुष का

---

1. 1 : 24।
2. 1 : 25-26।
3. योगभाष्य, 1 : 25।
4. 1 : 27-28।

प्रकृति से सर्वथा पृथक्त्व है। ईश्वरभक्ति परम मोक्ष तक पहुंचने के अन्य अनेक उपायों में से एक है। ईश्वर केवल एक विशेष आत्मा (पुरुषविशेष) है, विश्व का स्रष्टा अथवा संरक्षक नहीं है। वह मनुष्यों को उनके कर्मों के लिए पुरस्कार अथवा दण्ड नहीं देता। किन्तु जब वह एक बार प्रकट हो गया तो उसके लिए कोई-न-कोई कार्य निकालना ही चाहिए। कहा जाता है कि वह अपने भक्तों की उन्नति में जो बाधाएं आती हैं, उन्हें दूर करने में सहायता करता है। प्रणिधान अर्थात् निःस्वार्थ भक्ति से हम ईश्वर की दया के पात्र बनने के योग्य हो जाते हैं। ईश्वर मोक्षप्राप्ति में सहूलियत देता है, किन्तु सीधा मोक्ष का दाता नहीं। निःसन्देह इस प्रकार का ईश्वर-विषयक विचार असन्तोषजनक है,[1] और हम यह कहे बिना नहीं रह सकते कि योगदर्शन ने ईश्वर के विचार को लोकाचार के विचार से और जनसाधारण के मन को आकृष्ट करने के लिए ही अपनाया है।[2] उन व्यक्तियों ने जो सांख्य की विश्व-सम्बन्धी प्रकल्पना तथा योग की साधना-सम्बन्धी विधियों के प्रचार के लिए उत्सुक थे, सम्भवतः मनुष्य की सहज आस्तिक वृत्तियों को सन्तुष्ट किए बिना अपने विचारों को फैलाने में कठिनाई अनुभव की। परवर्ती योग में मानवीय हृदय की सार्वभौम आवश्यकताएं अधिक बलवान सिद्ध होती हैं, और ईश्वर एक अधिक केन्द्रीय स्थान लेना प्रारम्भ करता है। मनुष्य के पवित्र हुए जीवन में ईश्वर की यथार्थता देखी जाती है। मनुष्य का धार्मिक अनुभव ईश्वर का साक्षी है। अध्यात्म आत्मा को सम्बोधन करता है, और वे जो सत्य का अन्वेषण करते हैं, अपने हृदयों में उसका उत्तर पाते हैं। योग की कठिन साधना, जिसके साथ कठोर शारीरिक यातनाएं तथा गम्भीर नैतिक आशंकाएं जुड़ी हुई हैं, एक मार्गदर्शक तथा सहायक चाहती हैं, जो अन्धकार और दुःख से छुड़ाए और जो सत्य का शिक्षक तथा शक्ति का प्रेरक हो। शीघ्र ही मानवीय प्रयास का लक्ष्य ईश्वर के साथ संयोग बन जाता है। उदाहरण के लिए, भगवद्गीता में ईश्वरवादी भक्ति दैववादी योग का स्थान ग्रहण कर लेती है। समाधि के अन्दर आत्मा ईश्वर का साक्षात्कार करती है तथा उसे अपने अन्दर धारण कर लेती है। आत्मा को इन्द्रिय के प्रत्येक विषय तथा विचार से पृथक् करके, सब प्रकार की इच्छा तथा वासना का दमन करके तथा सब प्रकार के वैयक्तिकभाव दूर करके हम फिर से ईश्वर के साथ संयुक्त हो जाते हैं। ईश्वर के गम्भीर चिन्तन से लक्ष्य की प्राप्ति हो सकती है। विज्ञानभिक्षु का कहना है : "सब प्रकार के चैतन्य युक्त ध्यान में परमेश्वर का ध्यान सबसे ऊंचा है।"[3]

18. उपसंहार

पूर्व तथा पश्चिम के आधुनिक विचारकों को योग की सिद्धि प्राप्त करने की पूरी योजना

1. देखिए शांकरभाष्य, 2 : 2, 38 और 41।

2. तुलना कीजिए गार्बे : "शरीरी ईश्वर का अन्तःप्रवेश, जो बाद में निश्चित रूप से योगदर्शन के स्वरूप का निर्णायक हुआ, पहले बहुत शिथिल रूप में तथा केवल ऊपरी तौर पर ग्रहण किया गया था, और उससे इस दर्शन के वस्तु-विषय तथा प्रयोजन पर कोई असर नहीं पड़ा, ऐसा पतंजलि के योगदर्शन के आधार पर परिणाम निकलता है। हम यहां तक कह सकते हैं कि योगसूत्र, 1 : 23-27; 2 : 1, 45, जो शरीरी ईश्वर का प्रतिपादन करते हैं ग्रन्थ के अन्य भागों से सम्बद्ध नहीं हैं। यही नहीं, बल्कि वे इस दर्शन के आधारभूत सिद्धान्तों का भी विरोध करते हैं" (दि फिलासफी आफ दि एंशियण्ट इण्डिया, पृष्ठ 15)।

3. योगसारसंग्रह, 1।

केवल आत्मसम्मोहन की एक सुपरिष्कृत प्रक्रिया प्रतीत होती है। गम्भीरता के साथ एकान्त में ध्यानावस्थित होना और उसके साथ शारीरिक व्यायाम तथा आसनों का प्रयोग, ये सब हमारे मन को एक प्रकार के सांचे में ढालने में सहायक होते हैं। इस प्रकार के मत को इस चीज़ से कुछ समर्थन मिलता है कि योगदर्शन के साथ तान्त्रिक सम्प्रदाय की कुछ वीभत्स क्रियाओं को मिला दिया जाता है, तथा कुछ हठधर्मी भिक्षुओं ने पातंजल योग को ग्रहण कर लिया। किन्तु यह तथ्य ध्यान में रखना चाहिए कि पतंजलि का योग अपने मूलरूप में इस प्रकार के भ्रमजाल से मुक्त था। पतंजलि के योगदर्शन की धारणा है कि हम जीवन की समस्त निधियों से सम्पन्न हैं, जिनसे बहुत कुछ प्राप्त किया जा सकता है, और ये ऐसी निधियां हैं जिनकी कल्पना भी नहीं है। यह दर्शन हमें अपने गम्भीरतम क्रियाशील स्तरों तक पहुंचने की विधियां बताता है। योगसाधन शरीर, मन और आत्मा के पवित्रीकरण के अतिरिक्त और कुछ नहीं है, और इन्हें इस आनन्दमय दर्शन के लिए तैयार करना ही इसका कार्य है।[1] क्योंकि मनुष्य का जीवन चित्त के स्वभाव पर निर्भर करता है, इसलिए यह हमारे अपने वश के अन्दर है कि हम चित्त को नियंत्रित करके अपने स्वभाव में परिवर्तन कर लें। विश्वास और एकाग्रता से हम अपनी बुराइयों से भी मुक्त हो सकते हैं।[2] मानवीय दृष्टि की साधारण सीमाएं विश्व की सीमाएं नहीं हैं। हमारी इन्द्रियां जिस संसार को हमारे लिए प्रकाश में लाती हैं उसके अतिरिक्त भी अन्य संसार हैं। निम्न श्रेणी के पशुओं की इन्द्रियों के समान जो इद्रियां हमारे पास हैं उनके अतिरिक्त भी अन्य इन्द्रियां हैं। भौतिक प्रकृति की शक्तियों के अतिरिक्त भी अन्य शक्तियां हैं। यदि हमें आत्मा में विश्वास है तो अतिप्राकृतिक भी प्राकृतिक का ही एक भाग है। हममें से अधिकांश व्यक्ति अपनी आंखें आधी बन्द करके आलसी मन तथा बोझ से दबे हृदय के साथ जीवन-यापन करते हैं। और वे कतिपय व्यक्ति भी जिनके सम्मुख दर्शन तथा जागरण के वे दुर्लभ क्षण आते हैं, तुरन्त ही फिर निद्रालु अवस्था में डूब जाते हैं। यह जानना हमारे लिए हितकर है कि प्राचीन विचारक हमें यह आदेश करते रहे हैं कि आत्मा की सम्भाव्य शक्तियों को पहचानने के लिए एकान्तसेवन तथा मौन अत्यावश्यक है, जिससे कि चमक के रूप में आने तथा विलीन हो जानेवाले दर्शन के दुर्लभ क्षणों को हम स्थायी प्रकाश के रूप में परिवर्तित कर सकें, जिससे शेष जीवन आलोकित रहे।

उद्धृत ग्रन्थों की सूची

दासगुप्ता : योग एज़ फिलासफी एण्ड रिलिजन

पतंजलीज़ योगसूत्र विद दि कमेंटरी आफ व्यास एण्ड दि ग्लोस आफ वाचस्पति (सेक्रेड बुक्स आफ दि हिन्दूज़)

राजेन्द्रलाल मित्र : योग एफोरिज्म्स विद दि कमेंटरी आफ भोज (ऐशियाटिक सोसायटी आफ बंगाल)

वुड्स : दि योग सिस्टम आफ पतंजलि (हार्वर्ड ओरियण्टल सीरीज, 17)।

1. मारकोस दि नौस्टिक (इरेनियस, 1 : 13, 3)। कहता है : "अपने को इस प्रकार तैयार करो जैसेकि एक वधू अपने को वर का स्वागत करने के लिए करती है।"

2. जैसेकि 'सेल्फ-मास्ट्री' पर अपनी लघु पुस्तिका में एम. कुई कहते हैं : "निश्चय रखो कि तुम जो कुछ चाहते हो तुम्हें प्राप्त हो जाएगा, और तब तक प्राप्त होता रहेगा जब तक यह तर्कसम्मत है।" केवल उसी अवस्था में जबकि संशय है, कोई परिणाम न होगा।

छठा अध्याय

पूर्वमीमांसा

प्रस्तावना–रचनाकाल और साहित्य–प्रमाण–प्रत्यक्ष ज्ञान–अनुमान–वैदिक प्रामाण्य–उपमान प्रमाण–अर्थापत्ति–अनुपलब्धि–प्रभाकर की ज्ञानविषयक प्रकल्पना–कुमारिल की ज्ञानविषयक प्रकल्पना–आत्मा–यथार्थता का स्वरूप–नीतिशास्त्र–अपूर्व–मोक्ष–ईश्वर।

1. प्रस्तावना

इस दर्शन का नाम पूर्वमीमांसा इसलिए हुआ क्योंकि यह उत्तरमीमांसा का अपेक्षाकृत पूर्ववर्ती है, ऐतिहासिक कालक्रम की दृष्टि से उतना नहीं जितना कि तार्किक अर्थों में। इसका मुख्य विषय कर्मकाण्ड है, जैसेकि उत्तरमीमांसा का मुख्य विषय वस्तुओं का सत्यज्ञान प्राप्त करना है। उपनिषदों को छोड़कर, शेष समग्र वेद के विषय में यह कहा गया है कि वह धर्म अथवा कर्तव्य कर्मों का प्रतिपादन करता है, जिनमें मुख्य हैं यज्ञ। पवित्र क्रियाकलाप का अनुष्ठान ज्ञानोपार्जन की भूमिका है। शंकराचार्य भी, जो कर्म और ज्ञान के मौलिक विरोध पर बल देते हैं, इस विषय में सहमत हैं कि सुकर्म, चाहे वह इस जन्म में किया हुआ हो अथवा पूर्वजन्म में, सत्यज्ञान की प्राप्ति के लिए इच्छा उत्पन्न करता है।

मीमांसा का प्रारम्भिककाल स्वयं वेद तक पहुंच सकता है, जहां तक कि इसका प्रयोग, कर्मकाण्ड तथा सिद्धान्त-सम्बन्धी नियमों के विषय में संशय तथा वादविवाद प्रकट करने के लिए किया गया है। यज्ञों का उपयुक्त अनुष्ठान वैदिक मन्त्रों की यथार्थ व्याख्या पर निर्भर करता था। सन्देहास्पद विषयों को लेकर नियमों का अधिक परिष्कार हुआ, और उससे यज्ञ किस विधि से किया जाना चाहिए इस विषय में सहायता मिली। व्याख्याविषयक अनेक समस्याओं पर वादविवाद हुआ और ज्यों-ज्यों समस्याएं उठती रहीं, निर्णय होते रहे। उक्त निर्णय ब्राह्मणग्रन्थों में जहां-तहां बिखरे हुए हैं। ब्राह्मणों में दिए गए वृत्तान्त एक-दूसरे से इतने अधिक पृथक् अस्पष्ट तथा अपूर्ण हैं कि उन्हें बिना अन्य सहायता के नहीं समझा जा सकता। इस प्रकार की सहायता उस काल में मौखिक अनुश्रुति द्वारा प्राप्त होती थी। धार्मिक कर्तव्य के अनुष्ठान के विषय में बहुत समय तक वैदिक मन्त्र तथा मौखिक अनुश्रुति दोनों ही प्रमाण माने जाते रहे। जबकि नानाविध वैदिक शाखाएं (सम्प्रदाय) बनने लगीं तो अक्षुण्ण परम्परा द्वारा प्राप्त पवित्र पुस्तकों की प्रामाणिकता को बहुत महत्त्व दिया गया। बौद्धमत के उदय के पश्चात् वैदिक धर्म के अनुयायियों के लिए उस समस्त ज्ञान का जो उनके पास था, पुनर्निरीक्षण तथा पुनर्निर्माण आवश्यक हो गया, और आवश्यक हो गया उनकी निर्दोषता सिद्ध करना तथा उन्हें सूत्रों के रूप में रखना। जैमिनि

अपने ग्रन्थ में मीमांसा के नियमों को व्यवस्थित रूप देने तथा उनकी यथार्थता सिद्ध करने का प्रयत्न करते हैं।

पूर्वमीमांसा का स्वीकृत लक्ष्य धर्म के स्वरूप की परीक्षा करना है। इसकी रुचि कल्पनापरक होने की अपेक्षा क्रियात्मक अधिक है। इसके अन्दर जो दार्शनिक कल्पनाएं पाई जाती हैं वे कर्मकाण्ड-विषयक प्रयोजना के आगे गौण हैं। धर्म के प्रति सत्यनिष्ठा के विचार से, इसे आत्मा की यथार्थता को स्वीकार करना पड़ा और इसे एक शरीरधारी स्थिर सत्ता मानना पड़ा, जो कर्मों के फलों का उपभोक्ता है। वेद कर्तव्य कर्मों का आदेश देता है, और साथ ही वह उन कर्मों के करने से जो लाभदायक परिणाम प्राप्त होते हैं उनका भी विशिष्ट रूप में प्रतिपादन करता है। इन कर्मों को धर्म का रूप देने में, तथा ये लाभदायक फल देने की योग्यता रखते हैं इस विषय में प्रमाण नित्यवेद है, जिसे अपनी स्थिति के लिए अन्य किसी आधार की आवश्यकता नहीं। किन्तु इस प्रकार की रूढ़िपरक मान्यता उस समय पर्याप्त नहीं रहती जबकि अन्य विचारक वैदिक मन्त्रों के महत्त्व को स्वीकार न करते हों और उनका कोई क्रियात्मक मूल्य भी दिखाई न देता हो। इसलिए ईश्वरीय ज्ञान तथा दार्शनिक ज्ञान-विषयक विवाद बहुत परिष्कृत रूप में उठते हैं। मीमांसा सब दार्शनिक विचारों का तब तक स्वागत करती है जब तक कि वे इसके मुख्य विषय, अर्थात् धर्म के अतीन्द्रिय महत्त्व को, जिसे कर्मकाण्डपरक भाव दिया गया है, हानि नहीं पहुंचाते। मीमांसा के दार्शनिक कलेवर में इस प्रकार की शिथिलता ने ही भिन्न-भिन्न विचारकों को मीमांसा के दार्शनिक विचारों की भिन्न-भिन्न प्रकार से व्याख्या करने का अवसर प्रदान किया, यद्यपि वे सब धर्म के सर्वोपरि महत्त्व के विषय में एकमत हैं। वेद को प्रामाणिक स्वीकार किया गया है, और इसकी प्रामाणिकता को बौद्ध मतानुयायियों के विरुद्ध, जो इसका विरोध करते हैं, तथा ऐसे जिज्ञासुओं के विरुद्ध जो कर्म को ज्ञान के आगे गौण स्थान देते हैं, सिद्ध किया गया है। मीमांसा स्पष्ट रूप में अनेकेश्वरवादी है, यद्यपि उपलक्षण रूप में यह निरीश्वरवादी है। बौद्धों के विपरीत, यह जगत् के सम्बन्ध में एक यथार्थवादी दृष्टिकोण रखता है।

हिन्दू धर्म के लिए इसका महत्त्व बहुत अधिक है। धर्मशास्त्रों की, जो हिन्दुओं के दैनिक जीवन पर शासन रखते हैं, मीमांसा के नियमों के अनुकूल व्याख्या करने की आवश्यकता है। आधुनिक हिन्दू विधान पर मीमांसा-पद्धति का पर्याप्त प्रभाव है।

2. रचनाकाल और साहित्य

जैमिनि का मीमांसासूत्र वैदिक व्याख्या के एक सुदीर्घ इतिहास की पूर्वकल्पना करता है क्योंकि यह उन सामान्य नियमों (न्यायों) का जो प्रचलित थे, सारांश देता है। यह भिन्न-भिन्न यज्ञों तथा उनके अभिप्रायों का वर्णन करता है एवं अपूर्व की प्रकल्पना और कुछ दार्शनिक प्रस्थापनाओं का भी वर्णन करता है। इसमें बारह अध्याय हैं, जिनमें पहले अध्याय का दार्शनिक महत्त्व है, क्योंकि यह ज्ञान के स्रोतों तथा वेदों की प्रामाणिकता का विवेचन करता है। जैमिनि वेदों के प्रत्येक भाग की न्याय्यता को सिद्ध करने का प्रयत्न करते हैं। उनका 'संकर्षणकाण्ड', जिसे देवताकाण्ड भी कहा जाता है, पूर्व मीमांसा से सम्बद्ध है, क्योंकि इसका आधार उपासना है, जिसका भी विधान वेदों में है।

चौथी शताब्दी ई. पू. सर्वाधिक प्राचीन समय है जो हम जैमिनि के ग्रन्थ के

लिए स्थिर कर सकते हैं, क्योंकि यह न्याय तथा योगसूत्रों से अभिज्ञ है।[1] जैमिनि के ग्रन्थ का प्रधान भाष्यकार शबर है। वह लगभग पहली शताब्दी ई.पू. में हुआ था।[2] यह प्रकट है कि शबर से पूर्व भी जैमिनि के ग्रन्थ के भाष्यकार हुए हैं, तथा भर्तृमित्र[3], भवदास[4], हरि[5], और उपवर्ष[6], परन्तु उनके ग्रन्थ उपलब्ध नहीं हैं। मीमांसा-सम्बन्धी समस्त परवर्ती लेखों का आधार शबर का भाष्य ही है।

कुमारिल[7] ने, जो उस सनातन ब्राह्मणधर्म का प्रबल व्याख्याकार है जोकि वेदों की प्रामाणिकता तथा पुरोहित की सर्वश्रेष्ठता को मानता है, 'सूत्र' और 'भाष्य' पर टीका की है, और उसके ग्रन्थ के तीन भाग हैं। पहला 'श्लोकवार्तिक' पहले अध्याय के पहले भाग के विषय में है; दूसरा 'तन्त्रवार्तिक' हमें तीसरे अध्याय के अन्त तक ले

---

1. यदि हम कुमारिल के इस मत को स्वीकार करें कि मीमांसासूत्र में अनेक बौद्ध विचारों की आलोचना है (देखिए श्लोकवार्तिक, 1 : 1, 3, 5 और 6) तो मीमांसासूत्र का काल बौद्धमत के उदय के ठीक उपरान्त माना जा सकता है। महाभारत में जैमिनि के ग्रन्थ के उल्लेख का सर्वथा अभाव होने से कुछ भी निश्चित सामग्री उपलब्ध नहीं होती। जैमिनि का ग्रन्थ, जिसने पांच स्थलों पर बादरायण के नाम का उल्लेख किया है (1 : 1, 5; 5: 2, 19 : 6 : 1, 8; 10 : 8, 44; 11 : 1, 64), उसी काल में बना जिसमें ब्रह्मसूत्र बना। ब्रह्मसूत्र दस भिन्न-भिन्न सूत्रों में जैमिनि का उल्लेख वेदान्त के अधिकारी विद्वान् के रूप में करता है। (1 : 2, 28; 1 : 2, 31; 1 : 3, 31; 1 : 4, 18; 3 : 2, 40; 3 : 4, 2; 3 : 4, 18; 3 : 4, 40; 4 : 3, 12; 4 : 4, 5) क्योंकि उनमें से नौ मीमांसासूत्र में नहीं पाए जाते, इसलिए कभी-कभी यह तर्क दिया जाता है कि ब्रह्मसूत्र में जिस जैमिनि का उल्लेख है वह मीमांसासूत्र के रचयिता से भिन्न है। औरों का मत है कि जैमिनि के कुछ ग्रन्थ लुप्त हो गए। जैमिनि कई स्थलों पर ब्रह्मसूत्र के ज्ञान का संकेत करता है। आत्मा के सम्बन्ध में जो बादरायण का यह मत है कि वह अभौतिक है उसे वह मानता है, यद्यपि इसकी प्रतिरक्षा में उसने कोई हेतु नहीं दिए। टीकाकारों का सुझाव है कि वह बादरायण के ही हेतुओं को स्वीकार करता है (11 : 1, 64 और ब्रह्मसूत्र, 3 : 3, 53; और देखिए मीमांससूत्र, 9 : 1 और ब्रह्मसूत्र, 3 : 2, 40) और इसलिए उनकी पुनरावृत्ति नहीं करता।

2. झा : प्रभाकर स्कूल, पृष्ठ 6-7। शबर द्वारा किया गया विज्ञानवाद तथा शून्यवाद का खण्डन हमें इससे अधिक परवर्ती समय मानने की अनुमति नहीं देता। जैकोबी का विचार है कि शबर ने जिस वृत्ति का उद्धरण दिया है वह 200-500 ई. में बनी और शबर भी इस काल में रहा होगा। कीथ का मत है कि 400 ई. उसके लिए अधिक से अधिक पूर्व का समय है।

3. न्यायरत्नाकर, 10। और देखिए काशिका, पृष्ठ 10।

4. श्लोकवार्तिक, 1 : 63।

5. शास्त्रदीपिका, 10 : 2, 59-69।

6. शबर 1 : 1, 5 पर अपने भाष्य में एक वृत्ति से एक लम्बा वाक्य उद्धृत करता है (2 : 3, 16 और 3 : 1, 6 पर शबर को देखिए)। कुमारिल रचयिता का उल्लेख वृत्तिकार के रूप में करता है। डॉ. झा उसे भवदास बताते हैं। पार्थसारथि इस सम्बन्ध में उसके नाम का उल्लेख नहीं करता। तो भी पृष्ठ 48 देखिए। जैकोबी का विचार है कि बौद्धायन ने दोनों मीमांसाओं पर वृत्तियां लिखीं, जिस प्रकार कि उसके पूर्ववर्ती उपवर्ष ने लिखी थीं (जर्नल आफ दी अमेरिकन ओरियण्टल सोसायटी, 1911)।

7. कुमारिल के लिए, जो हिन्दूधर्म का एक महान् विजेता माना जाता है, कहा जाता है कि वह बिहार का रहनेवाला एक ब्राह्मण था जो बौद्धमत से हिन्दूधर्म में दीक्षित हुआ था। देखिए इलियट : हिन्दूइज्म एण्ड बुद्धिज्म, खण्ड 2, पृष्ठ 110, 207। तारानाथ उसे दक्षिण भारत का निवासी बताते हैं। किंवदन्ती के अनुसार, कुमारिल अपने को दो पापों के कारण अग्नि में भस्म कर देना चाहते थे—एक अपने बौद्ध गुरु का नाश; दूसरे, वेदों के नित्यस्वरूप को सिद्ध करने तथा मोक्षप्राप्ति के लिए वैदिक कर्मकाण्ड की ही एकमात्र क्षमता को सिद्ध करने की चिन्ता में ईश्वर के अस्तित्व का क्रियात्मक निषेध। देखिए माधवकृत 'शंकरदिग्विजय'।

जाता है; और 'टुपटीका' शेष भाग को पूरा करता है। कुमारिल शंकर का पूर्ववर्ती है, और उसे हम सातवीं शताब्दी ई. में रख सकते हैं।[1] मंडनमिश्र, जो 'विधिविवेक' तथा 'मीमांसानुक्रमणी' का रचयिता है, कुमारिल का अनुयायी था। यह वाचस्पति (850 ई.) से पूर्व हुआ, जो अपने 'न्यायकणिका' नामक ग्रन्थ में 'विधिविवेक' के विचारों को विस्तृत रूप में प्रस्तुत करता है। कुमारिल के ग्रन्थ के कई टीकाकार हुए हैं, जैसे सुचरित मिश्र, जो 'श्लोकवार्तिक' पर की गई 'काशिका' नामक टीका का रचयिता है; सोमेश्वर भट्ट, जो 'तन्त्रवार्तिक' पर की गई टीका 'न्यायसुधा' का रचयिता है, जो 'राणक' भी कहलाती है; और पार्थसारथि मिश्र (1300 ई.), जो 'श्लोकवार्तिक' पर की गई टीका 'न्यायरत्नाकर' तथा 'शास्त्रदीपिका' का रचयिता है, जो मीमांसादर्शन का एक स्वतन्त्र ग्रन्थ है और कुमारिल की पद्धति पर लिखा गया है, तथा 'तन्त्ररत्न' का भी रचयिता है। वेंकटदीक्षित कृत 'वार्तिकाभरण' 'टुपटीका' पर एक टीका है।[2]

प्रभाकर[3] ने शबर के भाष्य पर अपनी 'बृहती' नामक टीका लिखी, जिसका यह निकट रूप से अनुसरण करती है। कुमारिल कभी-कभी शबर के विचारों का प्रत्याख्यान करता है। इस तथ्य के आधार पर कि प्रभाकर कुमारिल के विचारों की ओर बिलकुल भी ध्यान नहीं देता, जबकि कुमारिल ऐसे विचारों का उल्लेख करता है जिनके समान विचार 'बृहती' में दिए गए हैं,[4] कभी-कभी अधिकारपूर्वक यह कहा जाता है कि प्रभाकर कुमारिल से पहले हुआ। कहा जाता है कि 'बृहती' की शैली इसके पूर्वसमय का संकेत करती है।[5] शालिकनाथकृत 'ऋजुविमला' 'बृहती' पर एक टीका है। उसकी 'प्रकरणपंचिका' प्रभाकर-पद्धति की एक प्रसिद्ध पुस्तक है। उसका 'परिशिष्ट' 'शबर' के भाष्य पर एक संक्षिप्त टिप्पणी का है। भवनाथकृत 'नयविवेक' में प्रभाकर के विचारों का विस्तार से

---

1. श्रीयुत पण्डित के अनुसार, कुमारिल भवभूति (620-680 ई.) का गुरु था और इसलिए उसका समय 590-650 ई. रखा गया है; यह काल इस स्वीकृत तथ्य के साथ मेल खाता है कि कुमारिल की ख्याति राजा हर्ष के अन्तिम समय में भली प्रकार स्थिर हो चुकी थी।

2. रामकृष्णभट्ट ('युक्तिस्नेहप्रपूरणी' का रचयिता), सोमनाथ ('मयूखमालिका' का रचयिता), भट्टशंकर, भट्टदिनकर और कमलाकर इस शाखा के अनुयायी हैं।

3. किंवदन्ती के अनुसार, प्रभाकर और मण्डन कुमारिल के शिष्य थे, जिसने प्रभाकर को उसकी उज्ज्वल योग्यताओं के आधार पर 'गुरु' की उपाधि दी थी।

4. 1 : 2, 31; 1 : 3, 2; 1 : 4, 1।

5. झा : 'प्रभाकर स्कूल' ; कीथ : 'कर्ममीमांसा'। प्रोफेसर कुप्पू स्वामी शास्त्री परम्परागत मत का समर्थन करते हैं और झा तथा कीथ के मत के विरुद्ध विस्तार से तर्क उपस्थित करते हैं। कलकत्ता की दूसरी ओरिण्टल कांफ्रेंस में पढ़े गए 'पूर्वमीमांसा की प्रभाकरशाखा' शीर्षक निबन्ध को देखिए। दक्षिण भारत की एक पुरानी किंवदन्ती में कहा गया कि उंवेक कुमारिल का शिष्य था।

उंवेकः कारिकां वेत्ति, चम्पूं वेत्ति प्रभाकरः।
मण्डनस्तूभ्यं वेत्ति, चम्पूं वेत्ति, रेवणः॥

श्रीयुत पण्डित 'गौडवहो' (बौम्बे संस्कृत ग्रन्थमाला) की अपनी प्रस्तावना में उक्त श्लोक को 'चम्पू' और 'मण्डन' के स्थान में 'तन्त्र' और 'वामन' शब्दों का व्यवहार करते हुए उद्धृत करते हैं। और देखिए गुणरत्नकृत 'षड्दर्शनमुच्चयवृत्ति' (1409)। उंवेक और भवभूति एक ही थे, और वह कुमारिल के शिष्यों में से एक था, ऐसा माना जाता है। और देखिए चित्सुखकृत अद्वैतप्रदीपिका, पृष्ठ 265।

प्रतिपादन किया गया है। शालिकनाथ ने, जो प्रभाकर का शिष्य था, धर्मकीर्ति का उल्लेख किया है।[1] वाचस्पति ने अपनी 'न्यायकणिका' में प्रभाकर के अनुयायियों की दो शाखाओं में भेद किया है।[2] मीमांसा की तीसरी शाखा का, जिसका सम्बन्ध मुरारि[3] के नाम के साथ है, उल्लेख हिन्दू दार्शनिक साहित्य में मिलता है, यद्यपि इससे सम्बन्ध रखनेवाले ग्रन्थ हमें उपलब्ध नहीं हैं। माधवकृत 'जैमिनीय न्यायमालाविस्तार' मीमांसादर्शन का पद्य में भाष्य है, जिसके साथ गद्य में टीका भी है। अप्पय दीक्षित (1552-1624) अपने 'विधि रसायन' ग्रंथ में कुमारिल पर आक्षेप करता है। आपदेव (17वीं शताब्दी) ने 'मीमांसान्यायप्रकाश' नामक एक प्राथमिक पुस्तक लिखी है, जिसका नाम 'आपदेवी' भी है और यह एक बहुत प्रसिद्ध ग्रन्थ है। लौगाक्षिभास्करकृत 'अर्थसंग्रह' भी प्रसिद्ध ग्रन्थ है जो आपदेव की पुस्तक के आधार पर लिखा गया है। खण्डदेव (17वीं शताब्दी) ने 'भाट्टदीपिका'नामक ग्रन्थ लिखा, जो अपने तर्क के लिए प्रसिद्ध है। उसका 'मीमांसाकौस्तुभ' सूत्र के विषय में प्रतिपादन करता है।[4]

3. प्रमाण

जैमिनि प्रत्यक्ष, अनुमान तथा शाब्द—इन तीनों प्रमाणों को स्वीकार करता है। प्रभाकर उपमान और अर्थापत्ति को स्वीकार करता है। कुमारिल इनमें अनुपलब्धि को जोड़ता है। ऐतिह्य (किंवदन्ती) को अस्वीकार किया गया है, क्योंकि यदि किंवदन्ती के आदिम उद्‌भव के सम्बन्ध में निश्चित सूचना का अभाव है कि वह विश्वस्त है या नहीं, तो उससे उत्पन्न होनेवाले बोध की प्रामाणिकता के विषय में कुछ निश्चय नहीं हो सकता। स्मृति को प्रमाणों के क्षेत्र में बाह्य माना गया है, क्योंकि यह हमें केवल ऐसी ही वस्तुओं के विषय में कुछ बताती है जो प्रत्यक्ष हो चुकी हैं।

प्रभाकर वर्णन करता है कि किस प्रकार हम मन तथा इन्द्रियों के अस्तित्व का अनुमान करते हैं। हमारे बोध स्वरूप के अल्पकालिक होते हैं और उनके कारण भौतिक (समवायी कारण) तथा अभौतिक (असमवायी कारण) दोनों प्रकार के होते हैं।[5] बोधों का समवायी कारण आत्मा है, और इसका असमवायी कारण आत्मा के कारण में नहीं रह सकता, क्योंकि आत्मा अजन्मा है, उसका कोई कारण नहीं है, इसलिए इसे स्वयं आत्मा ही में होना चाहिए। द्रव्य के अन्दर जो समवाय-सम्बन्ध में रहता है वह गुण है, और इस प्रकार बोधों का असमवायी कारण एक गुण है। यदि एक नित्य

1. देखिए प्रकरणपंचिका, 1।
2. जरत्प्राभाकराः तथा नव्यप्राभाकराः।
3. मुरारेस्तृतीयः पन्थाः।
4. राघवानन्दकृत 'मीमांसासूत्रदीधिति', रामेश्वरकृत 'सुबोधिनी' जो मीमांसासूत्र पर टीका हैं, और विश्वेश्वर (अथवा गागाभट्ट) कृत 'भाट्टचिन्तामणि'—ये ग्रन्थ कुछ महत्त्व के हैं। वेदान्तदेशिक के 'सेश्वरमीमांसा' नामक ग्रन्थ में वेदान्त और मीमांसा के विचारों में समन्वय करने का प्रयत्न किया गया है। इसका रचयिता रामानुज का अनुयायी है, जिसका मत है कि दोनों मीमांसाएं एक ही संपूर्ण इकाई के भाग हैं।
5. तुलना कीजिए प्रकरणपंचिका : "पदार्थों का बोध क्षणिक है। आत्मा समवायी कारण है और आत्मा का मन के साथ सम्पर्क सहकारी कारण है" (पृष्ठ 52 से आगे)।

> द्रव्य में अस्थायी गुण उदय होते हैं, तो यह अवश्य अन्य द्रव्यों के साथ सम्पर्क के कारण ही हो सकता है क्योंकि इस विषय में कोई प्रमाण नहीं है कि अन्य द्रव्य भी और अन्य द्रव्यों के अन्दर रहते हैं, उन्हें नित्य मानना चाहिए। प्रत्यक्ष, जो एक निश्चित प्रकार का ज्ञान है, आत्मा का एक विशिष्ट गुण है। इस प्रकार के गुण को नित्यद्रव्यों के साथ सम्बद्ध होने के लिए असमवायी कारण को कतिपय अन्य द्रव्यों के साथ संपर्क के रूप में होना चाहिए। ऐसे द्रव्य या तो सर्वव्यापक हैं, यथा देश और काल, या आणविक हैं। सर्वव्यापक द्रव्यों के साथ सम्पर्क हमारे बोधों के नानाविध स्वरूप की व्याख्या नहीं कर सकता। इसलिए बोध का असमवायी कारण आणविक द्रव्यों के साथ सम्पर्क है, जो स्वयं अणुओं की अपनी गति से सम्पन्न होता है। वह आणविक द्रव्य जो प्रमाता आत्मा द्वारा वासित शरीर के अन्दर रहता है, मन है, और अन्य कोई भी बोध के असमवायी कारण के अधिष्ठान को धारण नहीं कर सकता, जिस बोध का समवायी कारण आत्मा है। शरीर के अंदर होनेवाली आणविक द्रव्य की क्रिया, जो सम्पर्क कराने में सहायक होती है, आत्मा के साथ उसके सम्पर्क के कारण है, जो प्रत्येक बोध के कर्म में उसकी प्राप्ति के लिए अपना योगदान देता है। किन्तु जहां मन सुख-दुःख जैसे कार्यों को उत्पन्न कर सकता है, वहां यह रंग, गन्ध आदि गुणों को उत्पन्न नहीं कर सकता। इसके ज्ञान के लिए इसे अन्य इन्द्रियों की सहायता की आवश्यकता होती है।[1] इन्द्रियों के साथ बाह्य पदार्थों के सम्पर्क के द्वारा, जिसमें मन माध्यम का कार्य करता है, आत्मा बाह्य जगत् का ज्ञान प्राप्त करती है। आत्मा तथा मन का सम्बन्ध धर्माधर्म के द्वारा सम्पन्न होता है। किन्तु मन के प्रति जो आत्मा की प्रवृत्ति है, उसमें आत्मा को निष्क्रिय नहीं माना गया है। मन को इन्द्रियों में सम्मिलित किया गया है, क्योंकि यह मानसिक अवस्थाओं, यथा सुख, दुःख, इच्छा और द्वेष, का प्रत्यक्ष ज्ञान प्राप्त करता है।[2] इस प्रकार का तर्क उपस्थित किया जाता है कि यदि हम मन तथा इन्द्रियों पर निर्भर न करते तो हमें सब वस्तुओं का ज्ञान एकसाथ और तुरन्त हो जाता।

आत्मा जब मन के सम्पर्क में आती है तो बोधों को उत्पन्न करती है। यह संपर्क मन की क्रिया से होता है, जिस क्रिया का निर्णय या तो आत्मा के प्रयत्न द्वारा या आत्मा के पूर्वकर्म द्वारा चालित अदृष्ट प्रारब्ध द्वारा होता है। आत्मा अनुभवकर्ता अथवा फलोपभोक्ता है, शरीर अनुभवों का स्थान है, इन्द्रियां अनुभव के साधन हैं। अनुभव के पदार्थ दो प्रकार के हैं : आभ्यन्तर, जैसे सुख और दुःख; और बाह्य, जैसे घड़ा आदि। प्रभाकर का कहना है कि हमारी संवित्, अर्थात् चेतनता, एक समय में एक ही पदार्थ के साथ अपने को संपृक्त करती है, दो के साथ नहीं।

4. प्रत्यक्ष ज्ञान

प्रत्यक्ष ज्ञान साक्षात् प्रतीति है।[3] यह सीधा इन्द्रिय-सम्पर्क से प्राप्त होता है। प्रत्यक्ष ज्ञान

---

1. शास्त्रदीपिका, पृष्ठ 100।
2. वही, पृष्ठ 98।
3. प्रकरणपञ्चिका : प्रात्यक्ष।

में पदार्थ तथा इन्द्रिय का, पदार्थ के विशिष्ट गुणों तथा इन्द्रिय का, मन और इन्द्रिय का, और आत्मा तथा मन का सम्पर्क होता है। कुमारिल की व्याख्या के अनुसार, पदार्थ का इन्द्रिय के साथ सम्पर्क केवल अनुकूलता अथवा पदार्थ को अभिव्यक्त करने की क्षमता है, जिसका अनुमान हम इसके कार्य से करते हैं।[1] प्रत्यक्ष का सम्बन्ध ऐसे ही पदार्थों से है जिनका अस्तित्व है, अर्थात् जो इन्द्रियों से जानने योग्य हैं। यह इन्द्रियातीत पदार्थों का बोध नहीं करा सकता। प्रभाकर के अनुसार, जिन पदार्थों का बोध होता है वे द्रव्य, वर्ग अथवा गुण हो सकते हैं।

मीमांसक[2] सामान्यतः इन्द्रियों के विषय में न्यायदर्शन की जो प्रकल्पना है उसे स्वीकार करता है, केवल श्रवणेन्द्रिय के सम्बन्ध में मतभेद है। देश-सम्बन्धी सामीप्य तथा दूरी का साक्षात् प्रत्यक्ष होता है—केवल दर्शन तथा स्पर्श से ही नहीं बल्कि श्रवणेन्द्रिय द्वारा भी। देश के दो भेद हैं, स्थिति और दिशा, और इन दोनों का प्रत्यक्ष शब्दों के विशेषणों के रूप में होता है। श्रवणेन्द्रिय प्राप्यकारी है, अर्थात् प्रमेय शब्द के सम्पर्क में आती है। श्रवणेन्द्रिय बाहर निकलकर प्रमेय अर्थात् दूरस्थ शब्द तक नहीं जाती है, बल्कि शब्द कर्णपटह तक वायु की लहरों द्वारा प्राप्त होकर प्रसारित होता है। यह विचार इस तथ्य का कारण स्पष्ट कर देता है कि क्यों समीपस्थ मनुष्यों को तो शब्द का बोध हो जाता है किन्तु दूरस्थ पुरुषों को नहीं होता। शब्दों की तीव्रता की श्रेणियों में जो भेद है उसके कारण की भी व्याख्या इससे हो जाती है।[3] यदि श्रवणेन्द्रिय शब्दों के साक्षात् सम्पर्क में आये बिना भी शब्दों का बोध प्राप्त कर सकती, जैसे कि बौद्धमत कल्पना करता है, तो सभी शब्द—क्या दूर के, क्या पास के—श्रवणेन्द्रिय से एकसाथ प्रत्यक्ष रूप में जाने जाते, किन्तु अवस्था यह नहीं है। श्रवणेन्द्रिय के अन्दर वायु की एक परत है जिस पर वक्ता की वाणी से निकलनेवाली वायु की लहर आकर टकराती है, और ऐसी अवस्था उत्पन्न करती है जिससे कि शब्द सुना जाता है। श्रवणेन्द्रिय शब्द के स्थान के सम्पर्क में नहीं आती, बल्कि केवल शब्द के सम्पर्क में आती है जिसका स्थान कर्णपटह में होता है। किन्तु शब्दों का बोध सदा इस रूप में होता है कि लगता है कि वे देश के भिन्न-भिन्न बिन्दुओं में स्थित हैं, कर्णपटह में स्थित नहीं हैं। वे श्रवण-इन्द्रिय तक केवल शब्दरूप में नहीं पहुंचते, बल्कि जहां से वे उत्पन्न होते हैं, उन दिशाओं का रंग लिए हुए पहुंचते हैं। इस प्रकार शब्दों तथा उनकी दिशाओं का भी सीधा प्रत्यक्ष ज्ञान होता है। यहां तक कि श्रवणेन्द्रिय द्वारा दूरी का भी प्रत्यक्ष ज्ञान होता है क्योंकि समीप से आते हुए शब्द अधिक तीव्र होते हैं, अपेक्षा उनके कि जो दूर से आते हैं। इस प्रकार शब्दों के मन्द या तीव्र रूप के प्रत्यक्ष से हमें यह भी ज्ञान हो जाता है कि वे कितने दूरी से आते हैं।

प्रभाकर और कुमारिल दोनों ही निर्विकल्प तथा सविकल्प प्रत्यक्ष के भेद को मानते हैं और उन्हें प्रामाणिक मानते हैं। कुमारिल के अनुसार, निर्विकल्पन प्रत्यक्ष व्यक्ति का बोध

1. श्लोकवार्तिक, प्रत्यक्षसूत्र, 42, 43।
2. शास्त्रदीपिका, पृष्ठ 400 से आगे, श्लोकवार्तिक, 760 से आगे।
3. तीव्रमन्दादिव्यवस्था।

कराता है, जो सामान्य तथा विशिष्ट लक्षणों का अधिष्ठान है, यद्यपि यह पदार्थ के सामान्य तथा विशिष्ट लक्षणों से युक्तरूप का प्रत्यक्ष ज्ञान नहीं है।[1] निर्विकल्प प्रत्यक्ष स्वयं पदार्थ के कारण ही होता कहा गया है।[2] सविकल्प प्रत्यक्ष में सामान्य तथा विशिष्ट गुण स्पष्ट रूप में दिखाई पड़ते हैं।[3] इस मत के समर्थन में, पार्थसारथि, आगे और युक्ति देता है। पदार्थ का इन्द्रियों के साथ सम्पर्क होने पर हमें सब प्रकार के सम्बन्धों से विहीन पदार्थ का बोध होता है। तब तक हम गुणी तथा गुणों में तथा सामान्य और विशिष्ट लक्षणों में भेद नहीं करते। यदि निर्विकल्प ज्ञान न होता तो सविकल्प प्रत्यक्ष भी न होता,[4] क्योंकि सविकल्प प्रत्यक्ष गुणयुक्त पदार्थ तथा उसके गुणों के पारस्परिक सम्बन्ध का बोध है। इस प्रकार के सम्बन्ध का बोध निर्भर करता है सम्बन्ध के पक्षों के पूर्वबोध पर। जब तक ये पक्ष निर्विकल्प प्रत्यक्ष में उपलक्षित रूप में न जाने जाएं, तब तक ये सविकल्प प्रत्यक्ष में स्पष्ट रूप में नहीं जाने जा सकते। पदार्थ के सविकल्प प्रत्यक्ष में हम स्मरण करते हैं उस वर्ग को, जिससे यह सम्बद्ध है, और उस नाम को जिसे यह धारण करता है, और तब उन्हें प्रत्यक्ष में जाने गए पदार्थ के साथ जोड़ते हैं। यदि वर्ग तथा नाम सर्वथा अज्ञात हों तो वे स्मरण नहीं किए जा सकते। इसलिए निर्विकल्प प्रत्यक्ष के अस्तित्व को जिसमें जाति, नाम तथा वैशिष्ट्य बताने वाले गुणों का उपलक्षित रूप में बोध रहता है, स्वीकार करना आवश्यक है।

कुमारिल का मत है कि पदार्थों का बोध मौखिक अभिव्यक्तियों से स्वतन्त्र है।[5] गाय के वर्ग का बोध सदा 'गाय' शब्द के रूप में नहीं होता, यद्यपि हम ज्ञात पदार्थ का वर्णन करने के लिए उक्त शब्द का प्रयोग करते हैं।[6] कुमारिल का यह विचार है कि निर्विकल्प प्रत्यक्ष अनिर्णीत प्रत्यक्ष है, केवल देख लेना (आलोचन) मात्र है, जिसकी तुलना एक नवजात शिशु के बोध के साथ कीं जा सकती है, जहां केवल व्यक्ति ही हमारे सम्मुख प्रस्तुत किया जाता है, उसके सामान्य (जातिगत) अथवा विशिष्ट लक्षणों, दोनों का बोध कराता है लेकिन क्योंकि अन्य पदार्थ उस समय तब बोध के क्षेत्र के अन्दर प्रविष्ट नहीं होते, इसलिए पदार्थ का बोध किसी वर्गविशेष से वस्तुतः सम्बद्ध के रूप में नहीं होता। कोई पदार्थ, अन्य पदार्थों की तुलना में ही, जिनसे कि वह अलग लक्ष्य किया गया है, व्यक्तिरूप में प्रत्यक्ष होता है। किन्तु जब यह किसी वर्गविशेष के अन्य सदस्यों के समान कुछ विशिष्ट लक्षणों को लिए हुए देखा जाता है, तो इसके विषय में यह ज्ञान होता है कि यह किसी विशेष वर्ग का सदस्य है। यद्यपि जिसका बोध हुआ है वह वस्तुतः किसी वर्ग का एक व्यक्ति है परन्तु इसके यथार्थ स्वरूप का ज्ञान तब तक नहीं हो सकता जब तक कि इसकी तुलना उक्त वर्ग के अन्य सदस्यों के साथ नहीं कर ली जाती।[7] जबकि वर्गगत लक्षण तथा विशिष्ट लक्षण निर्विकल्प प्रत्यक्ष में विद्यमान हैं, उनकी पहचान उक्त प्रत्यक्ष में उस रूप में नहीं होती। सविकल्प प्रत्यक्ष में

---

1. श्लोकवार्तिक, प्रत्यक्षसूत्र, 5 : 113।
2. शुद्धवस्तुज अथवा भेदरहित पदार्थ, 112।
3. श्लोकवार्तिक, प्रत्यक्षसूत्र, 5 : 120।
4. शास्त्रदीपिका, पृष्ठ 109-10। इस मत की समीक्षा के लिए देखिए जयन्तकृत न्यायमंजरी, पृष्ठ 98।
5. श्लोकवार्तिक, प्रत्यक्षसूत्र, 176।
6. वही, पृष्ठ 180, 182।
7. वस्त्वन्तरानुसन्धानशून्यतया सामान्यविशेषरूपता न प्रतीयते। देखिए प्रकरणपञ्चिका, पृष्ठ 54-55।

आत्मा उसी वर्ग के अन्य पदार्थों का स्मरण करती है और उनकी समानताओं तथा असमानताओं को लक्ष्य करती है। प्रभाकर का मत है कि सविकल्प प्रत्यक्ष का रूप मिश्रित है, और उसके अन्दर स्मृति का अंश अन्तर्निहित है क्योंकि उस वर्ग के अन्य सदस्य आत्मा के प्रति अपने को उस संस्कार के कारण प्रस्तुत करते हैं जो इसने उनके सम्बन्ध में प्राप्त किया हुआ है। किन्तु स्मृति का अंश उस पदार्थ से सम्बन्ध नहीं रखता जिसका प्रत्यक्ष ज्ञान हुआ है, बल्कि अन्य पदार्थों से रखता है जिनके साथ इनकी तुलना की गई है, और इसलिए पदार्थ के अपने बोध की प्रामाणिकता को प्रभावित नहीं कर सकता।

प्रभाकर और कुमारिल दोनों ही सामान्य की यथार्थता को स्वीकार करते हैं और उन्हें प्रत्यक्ष के विषय मानते हैं। इसके विपरीत, बौद्धों का मत है कि विशिष्ट व्यक्तित्व ही केवल यथार्थ है और सामान्यता कल्पना की उपज है।[1] कुमारिल और पार्थसारथि ने बौद्ध मत की समीक्षा की है। सामान्य प्रत्यक्ष का विषय है, क्योंकि जब भी हम किसी पदार्थ का प्रत्यक्षज्ञान प्राप्त करते हैं, हम इसे वर्गविशेष से सम्बद्ध के रूप में प्रत्यक्ष करते हैं। प्रत्यक्ष ज्ञान की क्रिया के अंदर आत्मसात्करण तथा विभेदीकरण दोनों रहते हैं। प्रत्यक्ष ज्ञान अनुवृत्त भी है तथा व्यावृत्त भी है। अनुवृत्ति सामान्य की यथार्थता पर निर्भर करती है। अनुमान की क्रिया भी इसी पर आधारित है और न बौद्ध विरोध में ऐसा कह सकते हैं कि सामान्य यथार्थ नहीं है, क्योंकि इसका प्रत्यक्ष ज्ञान व्यक्ति से भिन्न रूप में नहीं होता। क्योंकि यह तर्क कि जो है वह या तो भिन्न है या अभिन्न[2], सामान्य वस्तुत्व को मान लेता है। और न ऐसा प्रश्न करना उपयुक्त है कि सामान्यता प्रत्येक व्यक्ति के अन्दर अपने पूर्णरूप में विद्यमान है या सबके अन्दर समष्टिभाव से विद्यमान है। इस प्रकार का भेदभाव व्यक्तियों के लिए प्रासंगिक है, किन्तु सामान्यता के लिए नहीं, क्योंकि सामान्यता अखण्डित है। सामान्य के विषय में जो जैन मत है उसका भी प्रत्याख्यान किया गया है।[3] यदि सामान्यता और सादृश्य एक ही माने जाएं तो हमारे लिए यह कथन आवश्यक होगा कि "यह एक गाय के समान है", यह नहीं कि "यह एक गाय है"। इसके अतिरिक्त, सामान्यता से अलग सादृश्य सम्भव नहीं है। वस्तुएं, यदि उनके अन्दर सामान्य गुण हैं तभी एक-दूसरे के सदृश हैं। कुमारिल के अनुसार, सामान्य व्यक्ति से भिन्न नहीं है।[4] दोनों का परस्पर सम्बन्ध भिन्नता में तादात्म्य का सम्बन्ध है। हम सामान्य का ज्ञान प्राप्त करते हैं अथवा व्यक्ति का, यह हमारी रुचि पर निर्भर है। सामान्य से तात्पर्य, जिसे आकृति (रूप) भी कहा जाता है, बाह्याकार से नहीं है, बल्कि लक्षण के तादात्म्य से है, क्योंकि आकृति का सम्बन्ध आत्मा जैसे अभौतिक पदार्थों के साथ कहा

---

1. विकल्पाकारमात्रं सामान्यम्। शास्त्रदीपिका, पृष्ठ 381।

2. यद् वस्तु तद्भिन्नमभिन्नं वा भवति, पृष्ठ 382। 3. न च सादृश्यमेव सामान्यम्, पृष्ठ 394।

4. श्लोकवार्तिक, प्रत्यक्षसूत्र, 141। इस पर टीका करते हुए 'न्यायरत्नाकर' कहता है : "वर्ग आदि व्यक्ति से सर्वथा भिन्न नहीं हैं। यह एक साधारण अनुभव का तथ्य है कि व्यक्तिरूप गाय इस रूप में केवल तभी पहचानी जाती है जब यह 'गाय' के वर्ग के साथ एकात्मक पाई जाती है। यह नहीं हो सकता था, यदि व्यक्ति वर्ग से सर्वथा भिन्न होता। व्यक्ति की वर्ग के साथ तादात्म्य की इस प्रकार की प्रत्यभिज्ञा ही वर्ग को जानने का एकमात्र साधन है। इसलिए व्यक्ति तथा वर्ग में अवश्य तादात्म्य होना चाहिए।" और देखिए आकृतिवाद, 8, 10, 18, 25।

गया है। पदार्थों का बाह्याकार नाशवान है, किन्तु वर्गगत स्वरूप नाशवान नहीं है।[1] वर्ग स्वयं आकृति के नाम से पुकारा जाता है। इससे स्पष्ट संकेत उसकी ओर है जो व्यक्ति को लक्षित करता है। यह वह है जो सब व्यक्तिरूप पदार्थों में समान है, और इस समष्टिरूप विचार का साधन है कि इन पदार्थों से एक पूर्ण इकाई का निर्माण होता है।[2] पार्थसारथि का तर्क है कि सामान्य व्यक्ति से सर्वथा भिन्न नहीं है। यदि ऐसा होता तो हम व्यक्ति में सामान्य का प्रत्यक्ष ज्ञान प्राप्त न कर सकते। "यह एक गाय है", इस प्रत्यक्ष ज्ञान में हमें 'यह' का बोध (इयं बुद्धिः) तथा 'गाय' का बोध (गोबुद्धिः) भी होता है। पहले बोध का विषय व्यक्ति है और दूसरे बोध का विषय सामान्य है। 'यह' और 'गाय' के बोधों में भेद है, और तो भी वे एक ही पदार्थ के अन्तर्गत हैं। प्रत्यक्ष ज्ञान का यह दो प्रकार का स्वरूप पदार्थ के स्वरूप को सामान्य तथा विशिष्ट, दोनों रूप में निर्देश करता है। ये दोनों स्वभावतः परस्पर असंगत नहीं हैं, क्योंकि प्रत्यक्ष ज्ञान के एक ही कर्म में तादात्म्य तथा भेद, दोनों प्रत्यक्ष होते हैं। तादात्म्य तथा भेद एक-दूसरे का विरोध नहीं करते, जैसे कि 'यह चांदी है' और 'यह चांदी नहीं है' ये बोध करते हैं। तादात्म्य तथा भेद का सम्बन्ध पदार्थ के भिन्न-भिन्न पहलुओं से है।[3]

प्रभाकर के अनुयायी इस विचार से सहमत नहीं हैं। बोधरूपी वही एक कर्म सामान्य तथा व्यक्ति में तादात्म्य तथा भेद का ज्ञान नहीं करा सकता। जब हमें सामान्य और व्यक्ति में भेद का प्रत्यक्ष होता है तो हमें उन दोनों का पृथक्-पृथक् प्रत्यक्ष होगा। और जब हमें उनके अन्दर तादात्म्य प्रत्यक्ष होता है तो हमें उनमें से एक ही का प्रत्यक्ष होगा, अर्थात् या तो सामान्य का या व्यक्ति का। इस अवस्था में एक ही पदार्थ से, अर्थात् सामान्य या व्यक्ति से दो प्रकार का बोध होगा, अर्थात् सामान्य तथा व्यक्ति का और उनके तादात्म्य का। किन्तु सामान्य के लिए यह सम्भव नहीं है कि वह व्यक्ति के साथ अपने तादात्म्य का बोध उत्पन्न करे, और न व्यक्ति के ही लिए यह सम्भव है कि वह सामान्य के साथ अपने तादात्म्य का बोध उत्पन्न करे। इसलिए यह नहीं कहा जा सकता कि भेद तथा तादात्म्य दो का ज्ञान बोध के उसी एक कर्म से हो सकता है। पार्थसारथि विरोध में कहता है कि यह तर्क अप्रामाणिक है। दो पदार्थों के बोध में आवश्यक नहीं है कि उनके भेद का ज्ञान भी सम्मिलित रहे। जब पहले-पहल किसी वर्ग के सदस्य एक व्यक्ति का प्रत्यक्ष किया जाता है तो सामान्य तथा व्यक्ति दोनों का ही प्रत्यक्ष ज्ञान होता है, किन्तु दोनों की भिन्नता का प्रत्यक्ष नहीं होता। जब उसी वर्ग के किसी अन्य व्यक्ति को देखते हैं तो उसी वर्ग का होने के कारण प्रथम व्यक्ति के साथ उसका आत्मसात्करण हो जाता है और भिन्न व्यक्ति होने से प्रथम व्यक्ति से उनका भेद भी प्रत्यक्ष हो जाता है। दो पदार्थों के बोध में इसलिए, उनके भेद का बोध अन्तर्गत नहीं रहता। एक ही पदार्थ के बोध में आवश्यक नहीं कि इसके तादात्म्य का बोध भी अन्तर्गत हो, जैसेकि जब कोई

---

1. तन्त्रवार्तिक, 1 : 3, 30।
2. जातिमेवाकृतिं प्राहुः व्यक्तिराक्रियते यया।
सामान्यं तच्च पिण्डानामेकबुद्धिनिबन्धनम्॥ (श्लोकवार्तिक, आकृतिवाद, 5 : 3)।
3. शास्त्रदीपिका, पृष्ठ 284।

किसी दूरस्थ पदार्थ को देखता है और सन्देह अनुभव करता है कि यह खंभा है या मनुष्य है।[1]

प्रभाकर के अनुयायियों का तर्क है कि सामान्य तथा व्यक्ति में एकात्मता नहीं हो सकती, क्योंकि सामान्य नित्य है और अनेक व्यक्तियों में एकसमान है, जबकि व्यक्ति अनित्य है और विशिष्ट है। यदि इन दोनों में एकात्मता होती, तो सामान्य अनित्य होता तथा भिन्न-भिन्न व्यक्तियों में भिन्न-भिन्न होता और व्यक्ति नित्य होते तथा अनेक एकसमान होते। उत्तर में पार्थसारथि युक्ति देता है कि एक मिश्रित अथवा बहुरूप पदार्थ कुछ बातों में नित्य तथा अन्य बातों में अनित्य हो सकता है, कुछ लक्षणों में औरों के साथ एकात्मरूप और अन्य लक्षणों में उनसे भिन्न हो सकता है।[2]

पूर्ण इकाई (अवयवी) तथा उसके भाग (अवयव) के प्रश्न के विषय में प्रभाकर का मत है कि अवयवी प्रत्यक्ष का विषय है। पूर्ण इकाई के रूप में पदार्थों का अस्तित्व है। यह आवश्यक नहीं है कि हम पूर्ण इकाई का प्रत्यक्ष करने से पूर्व उसके सभी हिस्सों का प्रत्यक्ष करें। यदि हम किसी भौतिक पदार्थ को लें तो परमाणु इसके उपादान कारण हैं, और उनका संयोग अभौतिक कारण है जो पूर्ण इकाई को उसकी विशिष्टता प्रदान करता है। कुमारिल का मत है कि अवयवी तथा उसके अवयव एकात्मरूप हैं, और यह हमारे दृष्टिकोण पर निर्भर करता है कि हम किसी पदार्थ को पूर्ण इकाई समझते हैं या अनेक भाग।[3]

प्रत्यभिज्ञा को अनुभूतिपरक ज्ञान मानने में कुमारिल नैय्यायिक के साथ सहमत है, क्योंकि इसकी उपस्थिति वहीं सम्भव है जहां इन्द्रियों की क्रियाशीलता है, और जहां वह नहीं है वहां प्रत्यभिज्ञा का भी अभाव है। केवल इसलिए कि प्रत्यभिज्ञा से पूर्व स्मृति की क्रिया आती है, हम इसे अप्रत्यक्षपरक नहीं कह सकते। जहां कहीं ज्ञानेन्द्रिय का सम्पर्क किसी उपस्थित पदार्थ के साथ है, हम उसे प्रत्यक्ष ज्ञान की अवस्था मानेंगे।[4]

मीमांसक यौगिक अन्तर्दृष्टि की प्रकल्पना का समर्थन नहीं करते, जिसके द्वारा कहा जाता है कि योगी भूत, भविष्यत्, अदृश्य और दूरस्थ पदार्थों का ज्ञान प्राप्त कर लेते हैं। यह अन्तर्दृष्टि या तो इन्द्रियजनित है या अनिन्द्रियजनित है। यदि इन्द्रियजनित है तो क्योंकि इन्द्रियां भूत, भविष्यत् तथा दूरस्थ पदार्थों के सम्पर्क में नहीं आ सकतीं अतः उनका कुछ ज्ञान नहीं हो सकता। यहां तक कि अन्तःकरणरूप इन्द्रिय, अर्थात् मन भी केवल मानसिक अवस्थाओं, यथा सुख-दुःख आदि, का ही ज्ञान प्राप्त कर सकती है। इस प्रकार का तर्क उपस्थित करना कोई अर्थ नहीं रखता कि इन्द्रियां जब उच्च विकास को प्राप्त हो जाती हैं तो पदार्थों के सम्पर्क में आए बिना भी, उनका प्रत्यक्ष ज्ञान प्राप्त कर सकती हैं, क्योंकि कितना भी विकास क्यों न हो, वह इन्द्रियों की प्रकृति में परिवर्तन नहीं ला सकता। यदि यौगिक अन्तर्दृष्टि भूतकाल में प्रत्यक्ष की हुई वस्तुओं का बोध प्राप्त करती है तो यह प्रत्यक्ष ज्ञान न होकर स्मृति की अवस्था है। यदि यह ऐसे पदार्थों का

1. न वस्तुद्वयप्रतीतिरेवभेदप्रतीतिः; नाप्येकवस्तुप्रतीतिरेवाभेदप्रतीतिः (शास्त्रदीपिका, पृष्ठ 287)।
2. शास्त्रदीपिका, पृष्ठ 288।
3. श्लोकवार्तिक, वनवाद।
4. श्लोकवार्तिक, प्रत्यक्षसूत्र, 234-37।

बोध कराती है जिनका बोध पहले कभी नहीं हुआ तो इसकी प्रामाणिकता में सन्देह है। भूतकाल के, दूरस्थित तथा भविष्य के पदार्थों का ज्ञान केवल वेदों द्वारा ही प्राप्त किया जा सकता है।[1]

मानसिक प्रत्यक्ष को, जिसके द्वारा हम सुख-दुःख इत्यादि का ज्ञान प्राप्त करते हैं, मीमांसादर्शन ने स्वीकार किया है। तो भी बोध अन्तर्मुखता का विषय नहीं हो सकता। मानसिक प्रत्यक्ष ऐसी क्रियाओं तक ही सीमित है जो बोध-सम्बन्ध नहीं हैं। स्वप्नों में भी बोध जिसे ज्ञानप्राप्ति के योग्य बनाता है वह बाह्य जगत् का ही कोई पदार्थ होता है।[2] यद्यपि स्वप्नकाल में पदार्थ वास्तव में उपस्थित नहीं होता, तो भी वह ऐसी वस्तु होता है जिसका पहले प्रत्यक्ष ज्ञान प्राप्त किया गया है और जो अब सरकारों द्वारा पुनर्ज़ीवित हो गई है। वह बोध जो हमें स्वप्नों में होता है, स्मृति के स्वरूप का है और कुछ संस्कारों के पुनर्जागरित होने से होता है। स्वप्नों में भूतकाल के अनुभव का केवल वही भाग पुनर्जीवित होता है जो कर्ता के सुख अथवा दुःख का कारण बन सके और जिसके लिए वह उस क्षण में परिपक्व है। स्वप्न केवल ऐसी निद्रा में ही सम्भव होते हैं जिसमें आत्मा का सम्पर्क मन के साथ होता है, यद्यपि मन इन्द्रियों के साथ में सम्पर्क में नहीं होता। स्वप्न-विहीन प्रगाढ़ निद्रा में आत्मा का मन के साथ सम्पर्क टूट जाता है। प्रभाकर का तो यही विचार है, किन्तु कुमारिल की सम्मति में, प्रगाढ़ निद्रा की अवस्था में आत्मा अपने विशुद्ध चैतन्यरूप में लौट जाती है, जहांकि किसी प्रकार के स्वप्नों की सम्भावना नहीं है।[3]

5. अनुमान

शबर के अनुसार, जब दो वस्तुओं में किसी स्थिर-सम्बन्ध की विद्यमानता जानी हुई होती है, जिससे उनमें से किसी एक के देखने पर दूसरी का भी एक भाव आ जाता है, तो यह दूसरा बोध आनुमानिक कहलाता है।[4] शबर अनुमान को दो भागों में विभक्त करता है : प्रत्यक्षतोदृष्ट, जहां अनिवार्य सम्बन्ध ऐसे पदार्थों के मध्य है जो दृष्टिगोचर हैं, जैसे धुआं और आग; और सामान्यतोदृष्ट जहां सम्बन्ध इन्द्रियों के द्वारा नहीं जाना जाता, बल्कि केवल अमूर्त रूप में ही जाना जाता है, जैसेकि सूर्य की गति तथा आकाश में उसकी परिवर्तित होती हुई स्थिति की अवस्था में होता है।[5] प्रभाकर के अनुसार, सम्बन्ध अवश्य अचूक, सत्य तथा स्थायी होना चाहिए, जैसाकि कारण और उसके कार्य के मध्य, अवयवी और अवयव के मध्य, द्रव और गुण के मध्य, वर्ग और सदस्यों के मध्य होता है। सामान्य सिद्धान्त का उद्‌भव प्रत्यक्ष ज्ञान से नहीं है, क्योंकि प्रत्यक्ष ज्ञान का कार्यक्षेत्र केवल वे पदार्थ हैं जो वर्तमान काल में विद्यमान हैं तथा ज्ञानेन्द्रियों के सम्पर्क में हैं। इसका उद्‌भव अनुमान अथवा अर्थापत्ति से भी नहीं है, क्योंकि ये दोनों इसे मान लेते हैं। सामान्य सिद्धान्त की सिद्धि अनुभव के आधार पर होती है। ऐसी अवस्थाएं

---

1. शास्त्रदीपिका, पृष्ठ 52। देखिए यामुनाचार्यकृत, सिद्धित्रय, पृष्ठ 71।
2. श्लोकवार्तिक, निरालम्बनवाद, 107-8; शास्त्रदीपिका, पृष्ठ 162-63 और 165।
3. झा : प्रभाकर स्कूल, 2।
4. ज्ञातसम्बन्धस्यैकदेशदर्शनादेकदेशान्तरेऽसन्नकृष्टेऽर्थे बुद्धिः। और देखिए प्रकरणपंचिका, पृष्ठ 64।
5. शबर का सामान्यतोदृष्ट वात्स्यायन द्वारा की गई इसकी प्रथम व्याख्या के सर्वथा समान है, जबकि वात्स्यायन के पूर्ववत् शबर के प्रत्यक्षतोदृष्ट के अनुकूल हैं।

हमारे देखने में आती हैं जहां धुआं और आग एक साथ उपस्थित रहते हैं, और ऐसी अवस्थाएं भी देखने में आती हैं जहां ये एकसाथ इस प्रकार उपस्थित नहीं हैं, और तब हम एक सामान्य सिद्धान्त का अनुमान करते हैं जो सब अवस्थाओं पर लागू होता है। जब सह-अस्तित्व, तादात्म्य अथवा कार्यकारणभाव का एक स्थायी सम्बन्ध मन में बैठ जाता है, तो इसका एक पक्ष दूसरे पक्ष का स्मरण कराता है।

प्रभाकर तथा कुमारिल के अनुसार, अनुमान-सम्बन्धी तर्क के केवल तीन अवयव हैं : प्रतिज्ञा अथवा प्रस्तुत विषय के सम्बन्ध में कथन, मुख्य पद जो सामान्य नियम को समर्थन करनेवाले दृष्टान्त समेत उपस्थित करता है, और गौण पद। इन तीन अवयवों को किसी भी क्रम में रखा जा सकता है। मीमांसक स्वार्थानुमान तथा परार्थानुमान के मध्य जो भेद है उसे स्वीकार करते हैं। आनुमानिक ज्ञान का दो प्रकार का लक्ष्य होता है : दृष्ट स्वलक्षण, अर्थात् जिसका अपना विशिष्ट लक्षण प्रत्यक्ष हो चुका है, जैसेकि धुएं से आग का अनुमान; और अदृष्ट स्वलक्षण, अर्थात् जिसका विशिष्ट लक्षण प्रत्यक्ष का विषय नहीं है, जैसेकि आग की जला देनेवाली क्षमता का अनुमान। प्रभाकर का मत है कि अनुमान में सामान्य सम्बन्ध का पूर्वज्ञान सन्निहित है और इसका सम्बन्ध ऐसे पदार्थों से है जो पहले से ज्ञात हैं। कुमारिल विलक्षणता को अनुमान का एक अनिवार्य लक्षण मानता है। यद्यपि यह सत्य है कि धुआं दिखाई दिया है और धुएं का प्रत्यक्ष अपने साथ आग के सम्बन्ध में एक सामान्य विचार लिए हुए है, जो बताता है कि उसका धुएं से सम्बन्ध है, तो भी आनुमानिक बोध का विषय एक ऐसी चीज़ है जो पहले से ज्ञात नहीं है, अर्थात् विधेय से विशेषित उद्देश्य है—प्रचलित दृष्टान्त में अग्नियुक्त पहाड़।[1]

6. वैदिक प्रामाण्य

मीमांसा का लक्ष्य धर्म के स्वरूप का निश्चय करना है। धर्म का अस्तित्व भौतिक नहीं है। और इसलिए इन्द्रियों द्वारा इसका ज्ञान नहीं हो सकता। अन्य प्रमाण किसी प्रयोजना के नहीं हैं, क्योंकि वे सब प्रत्यक्ष ज्ञान की पूर्वकल्पना करते हैं। प्रत्यक्ष, अनुमान और इसी प्रकार के ज्ञान के अन्य साधन इस विषय में कुछ भी नहीं कर सकते कि अग्निष्टोम यज्ञ का करनेवाला स्वर्ग को जाएगा। इसका ज्ञान केवल वेदों से ही प्राप्त होता है। यद्यपि वेद का प्रमाण हमारे लिए धर्मज्ञान का एकमात्र स्रोत है, तो भी अन्य साधनों पर विचार किया गया है, क्योंकि यह प्रदर्शित करना आवश्यक है कि वे धर्म के सम्बन्ध में ज्ञान नहीं दे सकते। भ्रांत विचारों के उच्छेदन के लिए भी उन्हें उपयोगी पाया गया है।

वेद का सारतत्त्व आदेशात्मक रूप में दी गई वे घोषणाएं हैं जो मनुष्यों को कर्म-सम्बन्धी निश्चित विधियों की ओर प्रेरित करती हैं और यह बताती हैं कि इस प्रकार का कर्म उपकारी परिणामों को प्राप्त कराएगा। यह मानते हुए कि वेदों में कर्मकाण्ड का क्रियाकलाप ही सब कुछ है, जैमिनि का यह मत है कि वे भाग जो प्रकटरूप में इससे असम्बद्ध हैं, निरर्थक हैं,[2] और इस प्रकार उनकी व्याख्या कर्मकाण्ड-सम्बन्धी आदेशों के आधार पर होनी चाहिए।

---

1. श्लोकवार्तिक, अनुमानपरिच्छेद, 50। प्रभाकर चार हेत्वाभासों को स्वीकार करता है, अर्थात् असाधारण, बाधित, साधारण और असिद्ध, जबकि कुमारिल का विश्लेषण, जो अनैकान्तिक तथा असिद्ध को स्वीकार करता है, न्याय की योजना से घनिष्ठ समानता रखता है।

2. यह विचार वेद के उन भागों के विषय में कठिनता के साथ उचित हो सकेगा जो विश्वसम्बन्धी चरम समस्याओं के विषय में प्रतिपादन करते हैं।

अन्य भाग भी केवल उसी अवस्था में प्रामाणिक हैं जबकि वे व्यक्ति के लिए कर्म करने में सहायक सिद्ध होते हैं।[1] मीमांसक वह सिद्ध करने का प्रयत्न करते हैं कि पवित्र वाङ्मय का प्रत्येक भाग कर्तव्य कर्मों से ही सम्बन्ध रखता है। वेद का मोटा विभाग मन्त्रों और ब्राह्मणों में है। वेद के विषयवस्तु का वर्गीकरण इस प्रकार भी किया गया है : (1) विधि, (2) मन्त्र, (3) नामधेय, (4) निषेध और (5) अर्थवाद।[2]

शाब्दिक ज्ञान की परिभाषा करते हुए कहा गया है कि यह ऐसी वस्तु का बोध है जो इन्द्रियों के समक्ष प्रस्तुत नहीं है, और शब्दों के ज्ञान से उत्पन्न हुआ है। ये शब्द मनुष्यों द्वारा उच्चरित हो सकते हैं या वेदों के हो सकते हैं।[3] प्रथम प्रकार के शब्द प्रामाणिक उसी अवस्था में हैं जबकि उनके रचयिताओं के विषय में हमें निश्चय हो कि वे अविश्वसनीय नहीं हैं। वेदों के शब्द स्वतः प्रामाणिक हैं। वह ज्ञान जिसका विरोध आगे आनेवाले ज्ञान से हो जाए, अप्रामाणिक है। किन्तु वैदिक आदेशों द्वारा प्राप्त बोध किसी भी काल में, किसी भी स्थान में, अथवा किसी भी अवस्था में खण्डित नहीं हो सकते।[4] ऐसा कहना आत्म-विरोधी होगा कि वैदिक आदेश किसी ऐसी वस्तु को व्यक्त करता है जो सत्य नहीं है। वेद अपनी निजी प्रामाणिकता को अभिव्यक्त करते हैं। हमारे द्वारा प्रयुक्त शब्द ऐसी चीज़ों को व्यक्त करते हैं जिनका ज्ञान, ज्ञान के अन्य साधनों द्वारा प्राप्त किया जा सकता है; और यदि हम उन्हें अन्य साधनों में नहीं जान सकें तो उनके उच्चारण करनेवाले ऐसे होने चाहिए जिनकी प्रामाणिकता असंन्दिग्ध हो। इस प्रकार अवैदिक वाक्यों में कोई अन्तर्निहित प्रामाणिकता नहीं रहती।[5] प्रभाकर का मत है कि अवैदिक शाब्दिक बोध अनुमान-स्वरूप है। केवल वही शाब्दिक ज्ञान जो वेदों से मिलता है, सही अर्थों में शाब्दिक है।[6] किन्तु इसकी संगति अन्य प्रकल्पना के साथ नहीं है, जो सब बोधों की स्वतः प्रामाणिकता को मानती है। क्योंकि वेदमन्त्रों का कोई रचयिता नहीं है, इसलिए त्रुटियों की सम्भावना नहीं है, और इस प्रकार वेदों की अप्रामाणिकता की कल्पना भी नहीं की जा सकती।[7] जिस प्रकार मनुष्यों के शब्द भी, यदि उनके रचयिता विश्वस्त

---

1. 1 : 2, 1। वेदान्त विधिपरक मन्त्रों के अतिरिक्त वैदिक मन्त्रों की प्रामाणिकता को भी स्वीकार करता है।

2. विधिपरक आदेश, जो पुरुष को विशेष फलों की आशा से कर्म करने के लिए प्रेरित करते हैं, यथाः 'जो स्वर्ग का इच्छुक है वह यज्ञ करे' (स्वर्गकामो यजेत), सबसे अधिक महत्त्व के हैं। इनके सहकारी आदेश भी हैं जो यज्ञ-सम्बन्धी ब्यौरों का वर्णन करते हैं, और यह बताते हैं कि किस क्रम में उनके अनेक भागों को सम्पन्न करना है, और कौन-कौन पुरुष उनको करने के अधिकारी हैं, आदि आदि। मन्त्र यज्ञकर्ता को यज्ञ से सम्बन्धित विभिन्न विषयों का स्मरण कराने में उपयोगी सिद्ध होते हैं, जैसेकि वे देवता जिन्हें लक्ष्य करके आहुतियां देनी हैं। कहा जाता है कि कुछ मन्त्रों में रहस्यमय अथवा अतीन्द्रिय कार्य-शक्ति है और वे सीधे अतीन्द्रिय परिणाम अर्थात् अपूर्व को उत्पन्न करते हैं। नामधेय में उन परिणामों का संकेत रहता है जो यज्ञों के द्वारा प्राप्त किए जाते हैं। निषेध केवल प्रच्छन्न विधियां हैं। अर्थवाद वे वाक्य हैं जो आदिष्ट वस्तुओं की प्रशंसा करते हैं या निषिद्ध वस्तुओं की निन्दा करते हैं, अथवा औरों के कर्मों का विवरण देते हैं, अथवा पुराकल्प अर्थात् इतिहास के दृष्टान्त हैं (अर्थसंग्रह)।

3. अपौरुषेयं वाक्यं वेदः (अर्थसंग्रह, पृष्ठ 3)।

4. 1 : 1, 2 पर शबर।

5. शास्त्रदीपिका, पृष्ठ 53।

6. प्रकरणपंचिका, पृष्ठ 88 से आगे। तुलना कीजिए कुसुमांजलि, 3 : 16।

7. श्लोकवार्तिक, 2; और देखिए 2 : 62-69।

व्यक्ति हैं तो प्रामाणिक होते हैं, कुमारिल उन्हें भी शब्दप्रमाण मानता है।

वेद नित्य हैं क्योंकि वे शब्द जिनसे वे बने हैं, नित्य हैं। शब्द और अर्थ के मध्य जो सम्बन्ध है वह नैसर्गिक है, और परम्परा द्वारा निर्मित नहीं है। शब्द और उसके अर्थ के बीच इस प्रकार का सम्बन्ध है, यह प्रत्यक्ष जाना जा सकता है। यदि कोई इसे, जबकि वह पहली बार शब्द को सुनता है, नहीं जान सकता, तो इसका तात्पर्य केवल यही है कि सहायकों का अभाव है किन्तु इससे शब्दार्थ-सम्बन्ध का अभाव नहीं हो सकता। यदि आंख प्रकाश के अभाव में नहीं देख सकती तो इसका यह अर्थ नहीं है कि आंख देखने के सर्वथा अयोग्य है। सहायक यह ज्ञान है कि इस-इस प्रकार का शब्द इस-इस प्रकार के पदार्थ (विषय) का द्योतक है, और यह ज्ञान अनुभव से प्राप्त होता है। शब्द के अन्दर अभिव्यक्ति का गुण उसके अपने स्वभाव से निहित है। घड़ा इत्यादि साधारण संज्ञाओं के विषय में यह सर्वथा सत्य है, जहांकि शब्दों का अपने अर्थों के साथ सम्बन्ध किसी परम्परा से सर्वथा स्वतन्त्र है।[1] शब्द तथा उनसे निर्दिष्ट पदार्थ दोनों नित्य हैं और अज्ञात काल से मनुष्य उन्हीं पदार्थों के लिए उन्हीं शब्दों का प्रयोग करते आए हैं।

प्रभाकर के अनुसार, केवल ध्वनि अथवा अस्पष्ट शब्द नाम की कोई वस्तु नहीं है। समस्त शब्द किसी-न-किसी अक्षर के रूप में सुने जाते हैं। शब्द उन अक्षरों से भिन्न नहीं हैं जिनसे यह बना है। अक्षरों का प्रत्यक्ष श्रवणेन्द्रिय द्वारा होता है, और वह क्रम जिसमें यह प्रत्यक्ष होता है यह निर्णय करता है कि किन शब्दों का बोध हुआ है। एक शब्द में जितने अक्षर हैं उतने ही प्रत्यक्ष ज्ञान भी होते हैं, और इन प्रत्यक्ष ज्ञानों की अत्यधिक समीपता के कारण हम कल्पना करते हैं कि शब्द का प्रत्यक्ष ज्ञान एक ही है। प्रत्येक अक्षर का प्रत्यक्ष ज्ञान प्रकट होते ही विलुप्त हो जाता है और अपने पीछे एक संस्कार छोड़ जाता है। भिन्न-भिन्न अक्षरों द्वारा छोड़े हुए संस्कार अंतिम अक्षर के संस्कार के साथ संयुक्त होकर पूर्ण शब्द के विचार को उत्पन्न करते हैं, जिसके अन्दर अर्थ को प्रकट करने की शक्ति होती है।[2] क्योंकि शब्द की क्षमता अक्षरों की भिन्न-भिन्न क्षमताओं से उत्पन्न होती है, इसलिए अक्षरों की क्षमताओं को शाब्दिक बोध का सीधा कारण बताया गया है। शब्दार्थ का बोध इन्द्रियप्रत्यक्ष द्वारा प्राप्त नहीं होता। इन्द्रियां अक्षरों को प्रस्तुत करती हैं, जिनमें अक्षरों से बने हुए शब्द द्वारा प्रकट की गई वस्तु का बोध कराने की शक्ति रहती है। इस प्रकार प्रभाकर का मत है कि अक्षर शाब्दिक बोध के साधन हैं। शब्दों में नैसर्गिक रूप से द्योतन की शक्ति रहती है, जिसके द्वारा वे पदार्थों को प्रकट करते हैं, भले ही हम उनके अर्थों को समझ सकें या न समझ सकें।[3]

---

1. व्यक्तिवाचक संवादों के विषय में, जहां वस्तुओं अथवा मनुष्यों के नाम उनके उत्पन्न होने के पश्चात् रखे जाते हैं, प्रभाकर यह स्वीकार करता है कि शब्द और अर्थ का सम्बन्ध परम्परा के कारण होता है।

2. तुलना कीजिए, शास्त्रदीपिका, पृष्ठ 266 से आगे।

3. प्रभाकर के अनुसार, जो अन्विताभिधानवाद की प्रकल्पना को स्वीकार करते हैं, शब्दों के अर्थ केवल उसी अवस्था में जाने जा सकते हैं जबकि वे ऐसे वाक्य में आते हैं जो किसी कर्तव्य का आदेश करता हो। इस प्रकार शब्द पदार्थों को केवल इस प्रकार के वाक्य के अन्य अवयवों से सम्बद्ध रूप में ही द्योतित करते हैं। यदि वे एक आदेश से सम्बद्ध नहीं हैं, बल्कि केवल अर्थों का ही स्मरण कराते हैं, तो यह स्मृति का विषय है, जो प्रामाणिक बोध नहीं है। कुमारिल के अनुयायियों द्वारा अभिमत अभिहितान्वयवाद के अनुसार, अर्थ→

प्रभाकर की भांति कुमारिल भी तर्क करता है कि सार्थकता स्वयं अक्षरों के अपने अन्दर रहती है, न कि किसी विशेष स्फोट में। इसलिए वह उस प्रकल्पना का प्रत्याख्यान करता है जिसके अनुसार शब्द का निर्माण करनेवाले अक्षरों की क्षणिक ध्वनियों के अतिरिक्त, एक परिपूर्ण शब्द कृति क्षणिक ध्वनियों से अभिव्यक्त होती है, किन्तु उत्पन्न नहीं होती।

सामान्यतः शब्दों और विशेषतः वेदों के नित्यस्वरूप के विरुद्ध अनेकों आपत्तियों पर विचार किया गया है। (1) सर्वसाधारण का यह अनुभव है कि समग्र मौखिक शब्दोच्चारण मनुष्यों के प्रयत्न द्वारा होता है और इसलिए इसका प्रारम्भ है। अतः इसे नित्य नहीं माना जा सकता। जैमिनि का उत्तर है कि उच्चारण पहले से विद्यमान शब्द को केवल प्रत्यक्ष ज्ञान के योग्य बनाने में सहायक होता है, किन्तु यह इसे पहली बार निर्मित नहीं करता है। (2) यह कहा जाता है कि शब्द कुछ ही समय के लिए अपना अस्तित्व रखता है, क्योंकि उच्चारण होते ही यह नष्ट हो जाता है। जैमिनि का कहना है कि शब्द नष्ट नहीं होता, बल्कि केवल अपनी मूल अव्यक्त दशा में लौट जाता है। इस जगत् में ऐसी अनेक वस्तुएं हैं जो प्रत्यक्ष का विषय न होती हुई भी अपना अस्तित्व रखती हैं। जब लोग शब्दों के 'निर्माण' के विषय में कहते हैं तो, जैमिनि के अनुसार, निर्माण से तात्पर्य उन ध्वनियों से होता है जो शब्द को अभिव्यक्त करती हैं। (3) एक ही शब्द का उच्चारण एक ही समय में भिन्न-भिन्न पुरुषों द्वारा भिन्न-भिन्न स्थानों में किया जाता है। यदि शब्द एक नित्य तथा सर्वव्यापक सत्ता होती, तो यह सम्भव न हो सकता। जैमिनि का उत्तर है कि जिस प्रकार अनेक पुरुष भिन्न-भिन्न स्थानों में और एक ही समय में एक ही सूर्य का प्रत्यक्ष दर्शन करते हैं इसी प्रकार वे एक ही शब्द का उच्चारण करते हैं। (4) शब्दों में परिवर्तन होते हैं, जो नहीं होने चाहिए थे यदि वे नित्य होते। प्रत्युत्तर में जैमिनि का कहना है कि शब्दों में परिवर्तन नहीं होता, किन्तु अन्य शब्द उनका स्थान लेते हैं। (5) शब्द का परिमाण जब इसका उच्चारण एक अथवा अनेक मनुष्य करते हैं तदनुसार घटता तथा बढ़ता है। जो बढ़ता भी है वह नित्य नहीं हो सकता। जैमिनि बलपूर्वक कहते हैं कि शब्द का परिमाण कभी बढ़ता या घटता नहीं है, यद्यपि मनुष्यों से प्रकट हुई ध्वनि बढ़ती या घटती है।[1]

जैमिनि अपने मत के समर्थन में निश्चयात्मक धारणाएं उपस्थित करते हैं। शब्द सर्वदा विद्यमान रहता है, क्योंकि इसका उच्चारण केवल इसे औरों के प्रति व्यक्त करने के प्रयोजन से ही होता है। अविद्यमान वस्तु के व्यक्त करने के लिए कोई प्रयत्न नहीं होता। फिर, जब 'गाय' शब्द उच्चारण किया जाता है तो सदा ही इसे पहचान लिया जाता है कि यह वही शब्द है। लोग 'गाय' शब्द को तीन या चार बार उच्चारण करने की बात कहते हैं, वे ऐसे तीन या चार शब्दों को उच्चारण करने की बात नहीं कहते। यह शब्द एकत्व अथवा नित्यस्वरूप का प्रतिपादन करता है। अनित्य वस्तुओं के नाश के कारण पाए जाते हैं, किन्तु हमें शब्दों के विनाश के ऐसे कारण नहीं

→ का ज्ञान शब्दों के कारण होता है। किन्तु यह ज्ञान स्मरण अथवा बोधग्रहण के कारण नहीं है, बल्कि द्योतन के कारण है। शब्द अर्थों को प्रकट करते हैं, जो संयुक्त होने पर एक वाक्य का ज्ञान देते हैं।

1. 1 : 1, 6-17।

मिलते। वायु से उत्पन्न ध्वनि उस शब्द से भिन्न है जिसे व्यक्त करने के लिए इसका उपयोग होता है। इसके अतिरिक्त, हमें अनेकों वैदिक मन्त्र ऐसे मिलते हैं जो शब्द के नित्यस्वरूप पर बल देते हैं।[1]

शब्द वर्गों (जातियों) को प्रकट करते हैं, विशिष्ट व्यक्तियों को नहीं। जब हम कहते हैं कि 'एक गाय लाओ' तो हमारा अभिप्राय किसी विशिष्ट गाय से नहीं होता, बल्कि ऐसे किसी भी पशु से होता है जिसमें गाय के समान लक्षण विद्यमान हों। शब्द वर्ग अथवा रूप को प्रकट करता है, क्योंकि इसका उद्देश्य क्रिया है।[2] यदि शब्दों द्वारा व्यक्ति-विशेषों का द्योतन होता, तो 'गाय' के समान एक जातिगत भाव असम्भव हो जाता। फिर, एक शब्द सब व्यक्तियों का द्योतन नहीं कर सकता, क्योंकि उस अवस्था में इसमें इतनी ही क्षमताएं अन्तर्निहित रहनी चाहिए जितने कि व्यक्ति-विशेष हैं। यह व्यक्तियों के समूह का भी द्योतक नहीं हो सकता, क्योंकि उस अवस्था में यह परिवर्तित होने लगेगा, क्योंकि समूह में से कुछ व्यक्ति नष्ट हो जाएंगे और कुछ उसमें नये आ जाएंगे। फिर, यदि शब्द का तात्पर्य एक व्यक्ति से ही हो तो शब्द का अर्थ के साथ नित्य सम्बन्ध नहीं हो सकता और क्रिया असम्भव होगी, क्योंकि यह निश्चय करना कठिन होगा कि किस व्यक्ति-विशेष से तात्पर्य है। यदि द्योतित पदार्थ व्यक्ति-विशेष हों, तो क्योंकि वे सर्वत्र उपस्थित नहीं हैं, इसलिए शब्द और उसके अर्थ में कोई सम्बन्ध नहीं हो सकता। आकृति नित्य है और इसलिए यह नित्य जगत् के साथ सम्बन्ध रखने योग्य है। शब्द और उनके अर्थ तो नित्य हैं, किन्तु इस बात की सम्भावना है कि हमें उनके विषय में भ्रांत धारणाएं हों, और मानवीय उच्चारण त्रुटिपूर्ण हो सकते हैं किन्तु वैदिक शब्दों के विषय में ऐसी सम्भावना नहीं है।

मीमांसक उस मत का विरोध करते हैं जो वेदों को ईश्वर की कृति मानता है। उनका मत है कि वेदों का स्वाधिकार से नित्य अस्तित्व है। ईश्वर, जो अशरीरी है, वाग् इन्द्रिय के अभाव में वेद के शब्दों का उच्चारण नहीं कर सकता। यदि यह कहा जाए कि वह दिव्य वाणी को प्रकट करने के लिए मानवीय रूप धारण कर लेता है, तो वह भौतिक जीवन के सब प्रतिबन्धों के अधीन हो जाएगा और उसकी वाणी में कोई प्रामाणिकता न रहेगी। इसके अतिरिक्त, दैवीय अथवा मानवीय रचयिता (वेदों के) होने की कोई परम्परा भी नहीं है। यहां तक कि जगत् की सृष्टि-सम्बन्धी प्रकल्पना के आधार पर भी वेदों को इन अर्थों में नित्य माना जा सकता है कि जगत् का स्रष्टा हर एक मन्वन्तर के प्रारम्भ में स्मृति से विगत सृष्टि के वेदों को फिर से दोहराता है, और उनकी शिक्षा देता है।[3] विरोधरूप में कभी-कभी ऐसा कहा जाता है कि वेद मनुष्यों के बनाए हुए हैं, क्योंकि उनके रचयिता

---

1. 1 : 18-23।

2. आकृतिस्तु क्रियार्थत्वात् (1 : 3, 33)।

3. एवं स्रष्टुर्वेदपूर्वत्वं साध्यतां न किञ्चिदुत्तरं भवति, तेन सत्यपि सर्गे, सुप्तप्रबुद्धन्यायेन अनादिरेव वेदव्य (न्यायरत्नाकर) नैयायिक मीमांसा के मत का विरोध करते हैं। (1) वेद का कोई शरीरधारी रचयिता परम्परा में सम्भव है विश्व के पिछले प्रलयकाल में व्याघात आ गया हो। (2) यह सिद्ध करना अस कि किसी को भी कभी भी ऐसे रचयिता का स्मरण नहीं रहा। (3) वेदों के वाक्यों का रूप वैसा ही अन्य वाक्यों का होता है। (4) गुरु से शिष्य को पहुंचने की वेद की जो वर्तमान परिपाटी है पर किया गया यह अनुमान कि यह परिपाटी अवश्य ही अनादिकाल से चली आई है, ठिक नहीं

ऋषियों के नाम मंत्रो के प्रारंभ में दिए गए हैं, इसके उत्तर में कहा जाता है कि ऋषियों ने मन्त्रों का विशेष अध्ययन किया और औरों को उनकी शिक्षा दी। वेदों की रचना नहीं हुई है, इन अर्थों में कि उन पर न तो ईश्वर का और न ऋषियों का ही नियन्त्रण है। ऋषि अधिक-से-अधिक सत्यों का बोध ग्रहण करते हैं तथा उनका प्रसारण करते हैं।[1] वेदों की प्रामाणिकता की इस आधार पर आलोचना की जाती है कि उनमें ऐतिहासिक नामों का उल्लेख मिलता है। उत्तर में यह कहा जाता है कि ऋचाएं प्राकृतिक नित्य घटनाओं का प्रतिपादन करती हैं। उनमें आए हुए नाम सार्वभौमिक उपयोग के लिए हैं और उनका कोई ऐतिहासिक सन्दर्भ नहीं है। विश्वामित्र का अर्थ है विश्वमात्र का मित्र, और इसका किसी ऐतिहासिक पात्र से तात्पर्य नहीं है।

7. उपमान प्रमाण

सादृश्य सम्बन्धी निर्णय उपमान प्रमाण के द्वारा होते हैं। जब हम किसी पदार्थ को देखते हैं और उसे देखकर अन्य पदार्थ का स्मरण करते हैं, तो इस देखे गए पदार्थ के साथ स्मृत पदार्थ के सादृश्य का जो ज्ञान हमें होता है वह उपमान प्रमाण के साधन से हुआ कहलाता है। वह गाय जिसे मैंने शहर में देखा था इस गाय के समान है जिसे मैं अब देख रहा हूं।[2] उपमान द्वारा प्राप्त ज्ञान उस ज्ञान से भिन्न है जो प्रत्यक्ष द्वारा प्राप्त होता है, क्योंकि हम स्मृति द्वारा किसी ऐसी वस्तु का बोध ग्रहण करते हैं जो इन्द्रियों के सम्पर्क में नहीं है, क्योंकि जिस समय गवय दिखाई दिया उस समय गाय नहीं देखी गई। यह अनुमान से भिन्न है, क्योंकि अनुमान के लिए आवश्यक अवयवों में से एक अवयव भी यहां उपस्थित नहीं है।

8. अर्थापत्ति

जहां किसी पदार्थ के प्रत्यक्ष की व्याख्या करने के लिए एक अन्य वस्तु की कल्पना आवश्यक हो तो वह 'अर्थापत्ति' का विषय है। यह अनुभव से भिन्न है, क्योंकि इस विषय में दृष्टिगत तथ्यों के अन्दर संशय का एक अंश प्रविष्ट होता है, जिसका निराकरण अन्य वस्तु की कल्पना के बिना नहीं हो सकता। जब तक कल्पना नहीं की जाती, देखे गए तथ्य असंगत अथवा संदिग्ध बने रहते हैं। अनुमान में लेशमात्र संशय के लिए भी स्थान नहीं है। जहां प्रभाकर का यह मत है, वहां कुमारिल का कहना है कि जो दो तथ्य प्रकट रूप में असंगत प्रतीत होते हैं उनके समन्वय में अर्थापत्ति से सहायता मिलती है। अनुमान में, सुनिश्चित तथ्यों

→ यह चीज़ इसी तरह अन्य किसी पुस्तक के सम्बन्ध में भी लागू हो सकती है। (5) वस्तुतः वेद एक शरीरधारी रचयिता का बना हुआ समझा जाता है। (6) शब्द नित्य नहीं हैं, और जब हम अक्षरों को पहचानते हैं कि ये वही हैं जो पहले सुने थे तो यह न तो तादात्म्य को और न नित्यत्व को ही सिद्ध करता है, बल्कि केवल यही सिद्ध करता है कि ये उसी वर्ग के हैं जिस वर्ग के शब्द हमने पहले सुने थे। देखिए सर्वसंग्रह, 12।

1. देखिए मीमांसासूत्र, 1 : 1, 24-21। वेदों के अपौरुषेयत्व के विषय में पूर्वमीमांसा तथा वेदान्त के विचार लगभग एक समान हैं। तुलना कीजिए भामती : 'पुरुषास्वातन्त्र्यमात्रमपौरुषेयत्वं रचियन्ते जैमिनीया अपि स्माकमपि समानम्...(1 : 1, 3)

2. शास्त्रदीपिका, पृष्ठ 208।

के बीच इस प्रकार की कोई असंगति नहीं होती। कुमारिल का विचार अधिक निर्दोष है, क्योंकि देखे गए तथ्य के विषय में यदि कोई संशय है तो वह अर्थापत्तिपरक तर्क की प्रामाणिकता को संदिग्ध बना देगा। जब तक हमें यह निश्चय न हो कि अमुक पुरुष जीवित है और घर पर नहीं है, तब तक हम यह कल्पना नहीं कर सकते कि वह कहीं और है।

9. अनुपलब्धि

वृत्तिकार का अनुसरण करते हुए, कुमारिल अनुपलब्धि को ज्ञान का एक स्वतन्त्र साधन स्वीकार करता है।[1] सादृश्य का अभाव ही असादृश्य है और अनुपलब्धि का सिद्धान्त इसका समाधान कर देता है। हम जब कहते हैं, "इस स्थान पर घड़ा नहीं है", तो हम घड़े के अभाव का बोध ग्रहण करते हैं। अभाव का ज्ञान प्रत्यक्ष द्वारा नहीं हो सकता, क्योंकि उसमें एक उपस्थित पदार्थ के साथ इन्द्रिय-सम्पर्क होना आवश्यक है, जो इस विषय में सम्भव नहीं है।[2] अन्य प्रमाणों द्वारा भी अभाव का ज्ञान नहीं हो सकता। अनुपलब्धि ऐसे पदार्थ के सम्बन्ध में जिसका निषेध बताया गया है, ज्ञान का एक साधन (मानम्) है। हम खाली जगह का प्रत्यक्ष करते हैं और घड़े के अभाव के विषय में विचार करते हैं। हम कह सकते हैं कि घड़े के अभाव का भी प्रत्यक्ष उसी प्रकार हुआ जिस प्रकार कि खाली जगह का हुआ, तो भी, क्योंकि प्रत्यक्ष में किसी वास्तविक पदार्थ का इन्द्रियों के साथ सम्पर्क निहित है, हम अनुपलब्धि की क्रिया को और प्रत्यक्ष ज्ञान को एक समान नहीं मान सकते। हम खाली जगह को प्रत्यक्ष देखते हैं, उस घड़े का स्मरण करते हैं जो अनुपस्थित है, और तब हमें घड़े के अभाव का ज्ञान होता है जिसका प्रत्यक्ष की क्रिया से कोई सम्बन्ध नहीं है। अभाव का ज्ञान अनुपलब्धि के द्वारा होता है।[3] अभाव को ज्ञान का एक विध्यात्मक विषय कहा गया है।[4] जिसे हम खालीपन कहते हैं, वह ऐसा स्थान है जिसे किसी पदार्थ ने घेर नहीं रखा है।[5]

प्रभाकर अनुपलब्धि को ज्ञान का स्वतन्त्र साधन स्वीकार नहीं करता। किसी ऐसी वस्तु के अभाव का बोध जो यदि उपस्थित होती तो प्रत्यक्ष का विषय होती। उसके अप्रत्यक्ष से (न दिखाई देने से) अनुमान किया जाता है। जब हम केवल जगह को देखते हैं और वहां पर घड़े को नहीं देखते, तो हम कहते हैं कि घड़ा नहीं है। अधिष्ठान का बोध अपने-आप में (तन्मात्रधि) अनुपलब्धि का समाधान करता है।[6] कुमारिल इस विचार से असहमत है। हम केवल रिक्त स्थान को ही नहीं, बल्कि उस स्थान को पुस्तकों तथा काग़ज़ से भरपूर भी देख सकते हैं, और वह भी हमें घड़े के अभाव का ज्ञान देगा। यदि हम कहें कि हम घटरूप उपाधि से रहित स्थान का ज्ञान प्राप्त करते हैं, तो हम निषेधात्मक ज्ञान [illegible]स्वीकार कर लेते हैं। केवल भूमि के प्रत्यक्ष ज्ञान से घड़े के अभाव का ज्ञान उत्पन्न नहीं [illegible] सकता, क्योंकि जहां घड़ा है वहां भी भूमि का प्रत्यक्ष तो होता ही है। इसलिए [illegible] प्रत्यक्ष ज्ञान अवश्य ही निषेधात्मक उपाधि से युक्त होना चाहिए, और इसका [illegible] यह है कि हमारे समक्ष पहले से निषेध का भाव उपस्थित है।

1. 1 : 1, 5 पर शबर को देखिए।
2. श्लोकवार्तिक, अभाव-प[illegible]
3. शास्त्रदीपिका, पृष्ठ 234 से आगे।
4. श्लोकवार्तिक, निराल[illegible]
5. वस्त्वन्तरैकसंसृष्टः पदार्थः शून्यताधियः (112)।
6. प्रभाकर के इस मत की आलोचना खण्डनखण्डखाद्य, 4 : 2[illegible]

10. प्रभाकर की ज्ञान-विषयक प्रकल्पना

प्रभाकर त्रिपुटीसंवित् का प्रक्षपोषक है, जिनके अनुसार ज्ञान के प्रत्येक कर्म में ज्ञाता, ज्ञेय तथा ज्ञान तीनों एक ही समय में प्रस्तुत रहते हैं। ज्ञान अपने को तथा ज्ञाता और ज्ञेय को भी प्रकट करता है। 'मैं इसे जानता हूं' (अहम् इदं जानामि) इस चैतन्य में हमारे पास तीन प्रस्तुत पदार्थ हैं, 'मैं' अथवा विषयी (अहंवित्ति), इसे अथवा विषय (विषयवित्ति), और चेतन अभिज्ञता (स्वसंवित्ति)।[1] समस्त चैतन्य एक ही समय में आत्मचैतन्य भी है और विषयचैतन्य भी।[2] सब बोधों में, चाहे वे आनुमानिक हों या शाब्दिक, आत्मा मन के कर्तृत्व तथा सम्पर्क से साक्षात् जानी जाती है। बोध-सम्बन्धी प्रत्येक क्रिया में आत्मा का तो सदा सीधा और तात्कालिक बोध होता है, किन्तु अनात्म अर्थात् विषय (पदार्थ) का सदा सीधा और तात्कालिक बोध नहीं होता। स्मृति और अनुमान में विषय (पदार्थ) सीधा चैतन्य के समक्ष प्रस्तुत नहीं किया जाता, यद्यपि परोक्ष ज्ञान में पदार्थ सीधा चैतन्य के समक्ष प्रस्तुत नहीं किया जाता, तो भी परोक्ष ज्ञान स्वयं सीधा चैतन्य के समक्ष प्रस्तुत किया जाता है।[3] बोध भी सीधा ज्ञान के द्वारा आत्मज्ञात है। बोध को जो प्रकाश-स्वरूप है, अन्य किसी वस्तु की आवश्यकता व्यक्त होने के लिए नहीं होती। इसलिए बोध को स्वतोज्ञात कहा जाता है। बोध प्राप्त करने वाली आत्मा तथा ज्ञात पदार्थ प्रकाशस्वरूप नहीं हैं, और इसलिए उन्हें अपनी अभिव्यक्ति के लिए अपने से अतिरिक्त किसी ऐसी वस्तु की आवश्यकता रहती है जो प्रकाशस्वरूप हो। बोध स्वतः प्रकाशित हैं और उनका प्रत्यक्ष पदार्थों की भांति नहीं होता।[4] उनका बोध अन्य बोधों से नहीं होता। वे कभी भी विषय (प्रमेय) नहीं हैं, और इसलिए सुख-दुःख की भांति उनका बोध नहीं होता। उनका बोध बोधों के रूप में होता है, विषयों के रूप में नहीं।[5] यदि बोधों का बोध प्रमेय पदार्थों के रूप में हो, तो हर एक बोध को अपने बोध के लिए अन्य बोध की आवश्यकता होगी, और इस सिलसिले का कहीं अन्त न होगा। प्रभाकर अनुभव करता है कि उसकी प्रकल्पना प्रकटरूप में शबर के इस कथन से संगत नहीं है कि ज्ञान ग्रहण करने में हम पदार्थों का प्रत्यक्ष ज्ञान प्राप्त करते हैं, बोधों का नहीं, और इसलिए वह तर्क उपस्थित करता है कि यद्यपि बोध स्वतः प्रकाशित हैं, तो भी उनकी उपस्थिति अनुमान से जानी जाती है। अनुमान इस तथ्य से कि हमें पदार्थ का बोध हुआ, हमें बतलाता है कि बोध का अस्तित्व है। यह बोध एक प्रमेय है अर्थात् सत्यज्ञान

कुछ पाश्चात्य विचारकों का सुझाव भी इसी मत की ओर है। हैमिल्टन के अनुसार, ज्ञान की क्रिया को इस [illegible]र के सूत्र में अभिव्यक्त किया जा सकता है, "मैं जानता हूं।" चैतन्य की क्रिया को इस प्रकार के सूत्र में अ[illegible]त किया जा सकता है, "मैं जानता हूं कि मैं जानता हूं"। परन्तु जिस प्रकार हमारे लिए जानना असम्भव है विन[illegible] साथ यह जाने कि हम जानते हैं, उसी प्रकार बिना हमारे वस्तुतः जाने हुए यह जानना भी असम्भव है कि [illegible]ते हैं। वैरिस्को से भी तुलना कीजिए "मैं जान सकूं, इसके लिए यह आवश्यक है कि मैं अपने चैतन्य [illegible] अपनी अ[illegible]होऊं, कि मैं यह जान सकूं कि मैं जानता हूं।" "परिणाम यह निकलता है कि चैतन्य की क्रिया [illegible] करनेवाले विषयी की यथार्थता को सिद्ध करती है" (नो दाईसैल्फ, पृष्ठ 5)

2. [illegible] यद्यपि यह [illegible] निद्रा में हमें पदार्थों का कुछ ज्ञान नहीं होता, इसलिए हमें आत्मा का ज्ञान नहीं होता न पहचानी है। यदि प्रगाढ़ निद्रा में आत्मा विद्यमान न रहती, तो हम निद्रा से जागने पर अपने-आपको

1. तुलन[illegible]प्रकरणपंचिका, पृष्ठ 59) 3. वही, पृष्ठ 56।

[illegible] खण्ड के साथ एलेक्जैण्डर द्वारा किए गए भोग तथा विचार के भेद की (स्पेस टाइम एण्ड [illegible]) ।

[illegible]संवित्त[illegible]3)।

[illegible]संवेद्या न संवेद्यतया।

का विषय है, किन्तु यह संवेद्य अर्थात् अपनी पूर्णता में जाना गया पदार्थ नहीं है। प्रभाकर के अनुसार, संवेद्य की अवस्था हमारे सामने केवल तभी होती है जबकि पदार्थ का रूप अभिव्यक्त हो, और यह इन्द्रियों द्वारा प्रत्यक्ष जाने गए पदार्थों के विषय में ही सम्भव है। क्योंकि बोधों का कोई रूप नहीं है, इसलिए उनका प्रत्यक्ष नहीं हो सकता। उनकी उपस्थिति केवल अनुमान द्वारा जानी जाती है। अनुमान पदार्थ के रूप में अथवा वस्तुतत्त्व का ज्ञान नहीं कराता, बल्कि केवल इसके अस्तित्व का ज्ञान कराता है।[1] प्रभाकर और कुमारिल, दोनों स्वीकार करते हैं कि बोध, जो आत्मा के परिणाम हैं, अनुमान के विषय हैं।

ज्ञान की प्रामाणिकता का निर्णय किसी बाह्य वस्तु द्वारा नहीं होता। बाह्य पदार्थों की पुनरावृत्ति का प्रश्न नहीं है। बोध की प्रामाणिकता उस बल से लक्षित होती है जिससे समस्त प्रत्यक्ष ज्ञान हमें बाह्य जगत् में क्रिया करने की प्रेरणा करता है। समस्त ज्ञान हमारे अन्दर इस विशिष्ट प्रवृत्ति को उत्पन्न करता है और किसी परवर्ती अनुभव की मध्यस्थता की प्रतीक्षा नहीं करता। एक बोध जो एक पदार्थ का ज्ञान ग्रहण करता है, अप्रामाणिक नहीं हो सकता। यदि बोध अपने में प्रामाणिक न होते तो हम अपने बोधों में विश्वास न कर सकते। प्रामाणिकता का भाव मौलिक है और प्राप्त किया हुआ नहीं है। जबकि ज्ञान स्वतः प्रकाशित है, यह प्रामाणिकता ज्ञान के साधनों से प्राप्त की हुई है। ज्ञान की अवस्थाएं भी उसकी प्रामाणिकता-सम्बन्धी चेतना को उत्पन्न करती हैं।[2]

प्रभाकर ज्ञान को प्रामाणिक तथा अप्रामाणिक रूप में विभक्त करता है। अनुभूति अथवा साक्षात् ज्ञान प्रामाणिक है, और स्मृति अप्रामाणिक है। "प्रामाणिक बोध अथवा ज्ञान स्मरण से भिन्न है, क्योंकि स्मरण को पूर्वज्ञान की आवश्यकता होती है।"[3] पूर्वज्ञान पर निर्भरता ही स्मृति की अप्रामाणिकता का कारण है। ऐसे बोध जो विषय से परोक्षरूप से सम्बन्ध रखते हैं, अप्रामाणिक हैं। प्रभाकर और कुमारिल, दोनों ने ही विषय के पूर्वज्ञान के अभाव को प्रामाणिक ज्ञान की कसौटी माना है, यद्यपि कुमारिल असंगतियों के अभाव पर भी बल देता है। समस्त ज्ञान प्रामाणिक है और हमें कर्म करने की प्रेरणा करता है।

जिसे विपर्यय कहा जाता है वह मिथ्याज्ञान नहीं है। यदि समस्त बोध स्वप्रकाश है और इसलिए यथार्थ है, तो 'यह चांदी है' इस निर्णय में जो चेतना अभिव्यक्त होती है वह भी भ्रांत नहीं हो सकती। जब हम सीप को भूल से चांदी समझ लेते हैं तो यह भूल उसके अन्तर्गत दो भिन्न-भिन्न तत्त्वों में—अर्थात् चांदी के विचार और 'यह' के संस[्पर्श] में—भेद न करने के कारण है। हम प्रत्यक्ष देखे गए तथा स्मरण किए गए तत्त्वों को [illegible] मनोविकृति में मिश्रित कर देते हैं। बोध का विषय वह वस्तु है जो चैतन्य के समक्ष [illegible]त की जाती है। 'वह चांदी है' इसमें चैतन्य को जो प्रस्तुत किया गया है, वह '[illegible] [illegible], 'सीप' नहीं

1. नाप्यनुमाना रूपग्रहण सन्मात्रग्राह्यनुमानं भवति।

2. गंगेश अपने तत्त्वचिन्तामणि नामक ग्रन्थ में इस मत की आलोचन[ा इस आधा]र पर करता है कि यदि [illegible]न में भी प्रामाणिक ज्ञा[न] ज्ञान प्रामाणिक ज्ञान की सामान्य अवस्थाओं से उत्पन्न होता, तो अ[शु]द्ध बोध की व्याख्या क[रना] रहता, क्योंकि दोनों की वही अवस्थाएं हैं। फिर यदि ज्ञान स्वयं प्रक[ाश] [illegible] कठिन होता।

3. प्रमाणम् अनुभूतिः सा स्मृतेरन्या न प्रमाणं स्मृतिः पूर्वप्र[illegible] (प्रकरणपंचिका, पृष्ठ [illegible] प्रभाकरमीमांसा, 2)।

है। हम सीप का बोध चांदी के रूप में नहीं करते क्योंकि सीप कभी भी चैतन्य के अन्दर प्रविष्ट नहीं हुआ। जिस विचार का स्मरण किया जाता है वह तथ्य के अनुकूल नहीं होता, क्योंकि 'यह चांदी है' इस प्रकार के निर्णय का, जब ज्ञाता सीप के टुकड़े को उठाता है तो 'यह तो केवल एक सीप का टुकड़ा है', इस निर्णय द्वारा निराकरण हो जाता है। यह भूल प्रस्तुत तथा स्मृत तत्त्व में भेद न रख सकने, अर्थात् अख्याति, के कारण है। प्रत्यक्ष देखा गया तत्त्व 'यह' और स्मरण किया गया तत्त्व 'चांदी' सत्य हैं, केवल दोनों में जो भेद है उसकी 'अख्याति' है। यह अख्याति ज्ञानेन्द्रियों के कुछ दोषों के कारण है और सीप तथा चांदी के सादृश्य के संकेत के कारण है, जो पूर्वज्ञात चांदी के मानसिक संस्कार को जगा देता है। प्रस्तुत तथा स्मृत तत्त्वों के भेद की यह अनभिज्ञता हमें क्रिया के प्रति अग्रसर करती है। वास्तविक अनुभव में चांदी के प्रामाणिक तथा अप्रामाणिक बोध में कोई भेद नहीं है, क्योंकि कर्ता में दोनों ही उसी एक प्रकार की कार्यशीलता को जन्म देते हैं।[1]

अन्य सम्प्रदायों ने इस प्रकल्पना की आलोचना की है। "प्रत्यक्षीकृत तथा स्मृत बोध दोनों चैतन्य में प्रकट होते हैं या नहीं? यदि नहीं प्रकट होते तो वे विद्यमान नहीं हैं और यदि प्रकट होते हैं तो दोनों के भेद का प्रत्यक्ष न होना असम्भव है।"[2] यह प्रकल्पना इस तथ्य की व्याख्या करने में असमर्थ है कि जब तक भूल विद्यमान रहती है, तब तक चैतन्य के समक्ष वास्तविक प्रस्तुति होती है, केवल स्मृतिरूप आकृति नहीं होती। स्मृतिप्रमोष का कारण बताना कठिन है, जो साक्षात् प्रस्तुति की भ्रांति को जन्म देता है।[3] गंगेश का तर्क है कि भेद की अचेतनता उस क्रियाशीलता का कारण नहीं हो सकती जिसकी ओर मनुष्य प्रेरित होता है। प्रस्तुत तत्त्व, अर्थात् सीप का ज्ञान, जिसकी प्राप्ति के लिए मनुष्य की इच्छा नहीं है, विरुद्ध प्रतिक्रिया की ओर ले जाएगा और स्मृत चांदी का ज्ञान क्रियाशीलता की ओर ले जाएगा, तथा दोनों के मध्य भेदविषयक अचेतनता का परिणाम निश्चेष्टता होगा। यह समझना कठिन है कि किस प्रकार अचेतनता किसी को क्रियाशीलता के लिए प्रेरित कर सकती है।[4]

प्रभा... का यह मत कि प्रत्येक ज्ञान की क्रिया में विषय, विषयी और विषय का ज्ञान व्यक्त है... मनोविज्ञान के साक्ष्य के अनुकूल नहीं है। जब हम किसी विषय (पदार्थ) को जानते हैं ... की कोई आवश्यकता नहीं है कि साथ-साथ ज्ञान की विषय-वस्तु में मेरा भी उल्लेख ... व्यक्ति दूषित मनोवृत्ति का नहीं है तो सम्भावना यही है कि इसमें अहं का कोई उल्ले... सम्मिलित न होगा। प्रभाकर भूल से परवर्ती विचार के साक्ष्य को ही प्रत्यक्ष का साक्ष्य मा... जब कोई व्यक्ति अपने पदार्थविषयक ज्ञान के विषय में विचार करता है तो उस... में विषय और विषयी दोनों उपस्थित हैं। हम किसी वस्तु

1. जब हम निर्णय से कहते ... तवर्ण है" तो इसमें स्मृति का कोई अंश समाविष्ट नहीं है। ...दि हम सीप के अन्दर पीलेपन क... ही यह आंख के दोष से ही क्यों न हो, तो यह निर्णय ...णिक है, जब तक कि आगे के ... याख्यान नहीं होता।

देखिए पण्डित-न्यायसूत्र, खण्ड 1 ...

...विवरणप्रमेयसंग्रह, 1 : 1।

4. तत्त्वचिन्तामणि।

के विषय में ज्ञात वस्तु के रूप में तब तक विचार नहीं कर सकते जब तक कि उसके साथ ज्ञाता का भी सम्बन्ध न रहे। परन्तु कोई कारण नहीं है कि क्यों कोई व्यक्ति वस्तु के विषय में उसके ज्ञात वस्तु के रूप में विचार किए बिना विचार न करे। चिन्तन की क्रिया जो विचार में पदार्थों के केवल निरीक्षण से एक उच्चतर स्थिति को प्रस्तुत करती है, हमें ज्ञान के उपलक्षणों के विषय में बताती है। प्रभाकर का विश्वास है कि हम बिना यह जाने कि हम जानते हैं, नहीं जान सकते।[1] प्रतीत होता है कि वह "मैं जानता हूं" और "मैं जानता हूं कि मैं जानता हूं" इनमें जो भेद है उसे स्वीकार नहीं करता। फिर यदि बोध स्वतः प्रकाश हो तो पदार्थ बोध की अभिव्यक्तियों के रूप में प्रकट होंगे, यथार्थ पदार्थों के रूप में नहीं, और इस प्रकार हम विषयी विज्ञानवाद में आ पड़ते हैं।[2] विषयीविज्ञानवाद में बचने के लिए प्रभाकर यह मत प्रकट करता है कि स्वतःप्रकाशित बोध भी अनुमान से जाने जाते हैं। शबर के इस कथन पर कि बोधों का नहीं अपितु पदार्थों का प्रत्यक्ष ज्ञान प्राप्त किया जाता है, टिप्पणी करते हुए वह कहता है कि इससे परिणाम यह निकलता है कि बोधों का ज्ञान केवल अनुमान से होता है।[3] किन्तु यह बोधों के स्वतःप्रकाशत्व का विरोध करता है। शालिकनाथ का सुझाव है कि अनुमान से जो बोध होता है वह मन का आत्मा के साथ सम्पर्क है, जो चैतन्य को उत्पन्न करता है।[4] यदि यही सब कुछ है, जिसका अनुमान किया जाता है, तो यह कहना अनुचित है कि बोधों का अनुमान किया जाता है। जब तक यह कहा जाएगा कि बोध स्वतःप्रकाशित हैं, विषयीविज्ञानवाद का तब तक भय बना ही रहेगा। प्रभाकर हमें यह नहीं बताता कि ज्ञान का स्वरूप क्या है, केवल यही कहता है कि स्वतःप्रकाश इसका लक्षण है। वह ज्ञान की परमसत्ता पर बल देता है, और आनुषंगिक रूप में यह प्रतिपादन करता है कि स्वयं ज्ञान के अन्दर विषयी तथा विषय का अर्थ किस प्रकार आ जाता है। यदि उसने इस प्रकल्पना के उपलक्षणों का परिष्कार किया होता तो वह अपनी द्वैतपरक पूर्वकल्पनाओं को त्याग देने की ओर बढ़ सकता था।

11. कुमारिल की ज्ञानविषयक प्रकल्पना

ज्ञान एक गति है जो आत्मा की क्रियाशीलता से उत्पन्न होती है और जो वैषयिक वस्तुओं के चैतन्य की उत्पत्ति में परिणत होती है। किसी पदार्थ का बोध आगे उक्त बोध के बोध में परिणत न होकर पदार्थ की प्रकटता में परिणत होता है।[5] किसी भी ज्ञान की क्रिया में चार अवयव होते हैं : (1) ज्ञाता; (2) ज्ञेय; (3) ज्ञान का साधन (ज्ञानकरण); और (4) ज्ञान का परिणाम (ज्ञातता)। कुमारिल के अनुसार, बोध का सीधा प्रत्यक्ष नहीं होता, बल्कि वह बोध से उत्पन्न प्रकटता (ज्ञातता) से अनुमान किया जाता है।[6] बोध की प्रत्येक क्रिया में द्रष्टा

1. इटली के विचारक बोनाटेली की भी सम्मति यह है कि किसी तथ्य के ज्ञान के अन्दर तथ्य का ज्ञान और ज्ञान का तथ्य एकसाथ रहते हैं।

2. श्लोकवार्तिक, शून्यवाद, 233।

3. अतः सिद्धमानुमानिकत्वं बुद्धेः।

4. प्रकरणपंचिका, पृष्ठ 63।

5. तुलना कीजिए इटालियन विचारक रॉसमिनि के साथ, जो कहता है कि यद्यपि बोध की प्रत्येक हमें पदार्थ का ज्ञान कराती है, जिसके अन्दर इसका अन्त हो जाता है, पर कोई भी क्रिया हमें अ नहीं कराती। देखिए फिलासोफिकल रिव्यू, जुलाई 1922, पृष्ठ 400।

6. ज्ञाततानुमेयं ज्ञानम्। और देखिए, 1 : 1, 1 पर शबर।

तथा दृश्य वस्तु के मध्य एक सम्बन्ध हमें कर्ता की क्रिया का अनुमान करने योग्य बनाता है, जो ज्ञान के विषय में बोध है। ज्ञाता तथा ज्ञेय के सम्बन्ध से बोध का अनुमान होता है, जिसका ज्ञान मानस-प्रत्यक्ष से होता है। यदि यह दूसरा अवयव, जो ज्ञाता और ज्ञेय की मध्यस्थता करता है, न होता तो पदार्थ के साथ आत्मा का सम्बन्ध न हो सकता। ज्ञान के अन्तर्निहित विषयी तथा विषय के विशिष्ट सम्बन्ध से बोध के अस्तित्व का अनुमान किया जाता है। चैतन्य को यहां एक प्रकार की तृतीय वस्तु माना गया है, जो आत्मा और अनात्म का सम्बन्ध जोड़ती है। जिनके मत में समस्त बोध स्वप्रकाश हैं वे भी यह स्वीकार करते हैं, कि ज्ञान के अन्तर्गत जो आत्मा और अनात्म का सम्बन्ध है, वह मानस-प्रत्यक्ष का विषय है। "घड़ा मेरे द्वारा जाना गया", हम ऐसा नहीं कह सकते, जब तक कि हम ज्ञान प्राप्त करनेवाले आत्मा तथा ज्ञान पदार्थ के सम्बन्ध को और बोध तथा बोध के विषय के पारस्परिक सम्बन्ध को न जानें।[1] यदि बोध अथवा चैतन्य स्वतःप्रकाश हैं, और यदि पदार्थ (विषय) चैतन्य से व्यक्त होता है, तो चैतन्य और पदार्थ (विषय) के मध्य जो सम्बन्ध है वह किसके द्वारा व्यक्त होता है? दोनों के बीच का सम्बन्ध उसी बोध द्वारा अभिव्यक्त नहीं हो सकता, क्योंकि यह बोध के उत्पन्न होने के साथ-ही-साथ अस्तित्व में नहीं आया। जब बोध उत्पन्न होता है तो यह अपने पदार्थ (विषय) को अभिव्यक्त करता है, और इसलिए दोनों का सम्बन्ध उस बोध का विषय नहीं हो सकता। क्योंकि बोध क्षणिक होता है, इसलिए हम नहीं कह सकते कि यह पहले पदार्थ को व्यक्त करता है और तब पदार्थ के साथ अपने सम्बन्ध को। न यही कहा जा सकता है कि बोध और पदार्थ का सम्बन्ध स्वतःप्रकाश है, क्योंकि इसका कोई प्रमाण नहीं है। इस प्रकार कुमारिल के अनुयायी विरोध में कहते हैं कि आत्मा और पदार्थ के बीच का सम्बन्ध आभ्यन्तर (मानसिक) प्रत्यक्ष का विषय है, जो बोध के अस्तित्व को सिद्ध करता है।[2]

बोध का अस्तित्व बोध के द्वारा अपने विषय के अन्दर उत्पन्न किए गए 'अतिशय' द्वारा सिद्ध किया जा सकता है।[3] इस अतिशय को उन्हें भी स्वीकार करना होता है जो ऐसा मत रखते हैं कि ज्ञाता पदार्थ और बोध—इन तीनों की अभिव्यक्ति चैतन्य द्वारा होती है (त्रितयप्रतिभासवादिभिः)। कुमारिल, इसलिए कि वह बाह्य पदार्थों की स्वतन्त्र सत्ता की रक्षा कर सके, बोध की स्वतःप्रकाशता का निषेध करता है। न्यायवैशेषिक के अनुयायी उस मत का विरोध करते हैं जिसके अनुसार यह कहा जाता है कि हम बोध के द्वारा अपने विषय के अन्दर उत्पन्न किए गए अतिशय से बोध का अनुमान करते हैं। बोध को ऐसा न मानना चाहिए कि वह जिसका बोध कराता है उसे परिवर्तित कर देता है। ज्ञात होना पदार्थ का कोई गुण नहीं है, बल्कि एक प्रकार का स्वरूप-सम्बन्ध है जो विषय और बोध के मध्य रहता है।[4]

---

1. अन्यथा ज्ञातो मया घट इति ज्ञानज्ञेयसम्बन्धो ज्ञातृज्ञेयसम्बन्धो वा न व्यवहर्तुं शक्यते। शास्त्रदीपिका, पृष्ठ 158।
2. शास्त्रदीपिका, पृष्ठ 158, 59।
3. अर्थगतो वा ज्ञानजन्योऽतिशयः कल्पयति ज्ञानम् (शास्त्रदीपिका, पृष्ठ 159)
4. बोध का विषय होने के लक्षण के अतिरिक्त ज्ञातता और कुछ नहीं है। विषयज्ञानवाद की परिभाषा कठिन है। यदि इसका अर्थ यह है कि विषय का बोध उत्पन्न होता है, तो ज्ञानेन्द्रियों तथा अन्य अवस्थाओं को जो बोध को उत्पन्न करती हैं, विषय मानना होगा। फिर, यह सम्भव नहीं है कि किसी विषय में कोई धर्म (गुण) उत्पन्न हो सके जबकि विषय विद्यमान नहीं है। ज्ञातता विषयों का एक धर्म है,→

कुमारिल के अनुयायी तर्क करते हैं कि यदि बोध को प्रत्यक्ष-योग्य माना जाए तो इसे भी एक विषय (पदार्थ) मानना होगा, जिसे जानने के लिए एक अन्य बोध की आवश्यकता होगी, और इस प्रकार इस क्रम का कहीं अन्त न होगा। इसलिए वे बोधों को प्रत्यक्ष के अयोग्य मानते हैं, यद्यपि वे बोध के विषयों को व्यक्त करने में समर्थ हैं।[1] बोध स्वयं अनुमान किया जाता है, जबकि विषय बोध के द्वारा जाने जाते हैं।

→ यद्यपि इसे भूत और भविष्यत् के विषयों में उत्पन्न नहीं किया जा सकता, जिनका कि बोध होता है। इस प्रकार का तर्क कि विषय ज्ञाततारूपी नये धर्म को बोध उत्पन्न होने के बाद ग्रहण कर लेता है, जैसेकि पाकक्रिया चावल के अन्दर पक्वता का गुण उत्पन्न कर देती है, टिक नहीं सकता, क्योंकि हम पक्वता को चावल के अन्दर, जो तण्डुल (कच्चे चावल) से ओदन (पके हुए चावल) के रूप में परिवर्तित हुआ है, स्पष्ट देखते हैं, किन्तु विषय के अन्दर हम ज्ञाततारूपी धर्म को प्रत्यक्ष नहीं देखते। इसके अतिरिक्त जब किसी विषय का बोध होता है तो कहा जाता है कि उसके अन्दर एक विशिष्ट धर्म, जिसे ज्ञातता कहते हैं, उत्पन्न होता है; और इस प्रकार जब इस ज्ञातता का बोध हो गया तो उसके अन्दर एक और ज्ञातता उत्पन्न होगी, और इस प्रकार इस क्रम का कहीं अन्त न होगा। यदि अनन्त पश्चाद्गति से बचने के लिए ज्ञातता को स्वतःप्रकाश मान लें, तो क्यों न हम बोध ही को स्वतःप्रकाश मान लें। यह युक्ति दी जा सकती है कि विषय का अस्तित्व भूत, वर्तमान और भविष्यत् तक रहता है किन्तु इसके अस्तित्व का वर्तमान से सम्बन्धरूप में बोध होता है। ज्ञातता विषय की वह अवस्था है जो वर्तमान से निर्णीत होती है, और इस चिह्न को धारण करने से ही हम बोध का अनुमान करते हैं। किन्तु ऐसा नहीं है, क्योंकि वर्तमान से निर्णीत होने का सम्बन्ध विषय से है और वह बोध से उत्पन्न नहीं हुआ है, बल्कि केवल जाना गया है। यदि यह तर्क दिया जाए कि बोध का अनुमान विषयों के बोध से होता है (विषयसंवेदनानुमेयं ज्ञानम्), तो हम पूछ सकते हैं कि बोध समवाय-सम्बन्ध से आत्मा में रहता है अथवा विषय में? विषय में यह नहीं रह सकता, क्योंकि वह अचेतन है। यदि यह आत्मा में है तो वह कौन-सा बोध है जिसका अनुमान विषयों के बोध से होता है? यदि यह कहा जाए कि विषयों के बोध से जिसका अनुमान होता है वह ज्ञाता कि क्रिया (ज्ञातृव्यापार) के रूप में इसका कारण है, तो हम पूछ सकते हैं कि यह कारण नित्य है अथवा अनित्य? यदि अनित्य है तो उसका कारण क्या है? यदि यह मन के आत्मा के साथ सम्पर्क के कारण है, जो ज्ञानेन्द्रिय के विषय के साथ सम्पर्क में सहायक होता है, तो क्यों न इन सबको बोध का कारण मान लिया जाए। आत्मा की क्रियाशीलता के रूप में एक मध्यस्थ कारण की कल्पना करने की कोई आवश्यकता नहीं है। यदि यह माना जाए कि यह क्रिया नित्य है, और बोधों का कभी-कभी प्रकट होना सहायक कारणों की वजह से है, तो क्योंकि ये बोध को उत्पन्न करने के लिए पर्याप्त हैं इसलिए आत्मा की क्रिया की कल्पना करना अनावश्यक है (श्रीधर, न्यायकन्दली, पृष्ठ 96-98)। प्रभाचन्द्र पूछता है कि ज्ञातता पदार्थ का धर्म है अथवा ज्ञान (बोध) का धर्म है। यह पदार्थधर्म नहीं हो सकती, क्योंकि यह केवल बोध के समय को छोड़ अन्य किसी समय में पदार्थ के अन्दर नहीं रहती, और यह ज्ञाता आत्मा की निजी निधि के रूप में प्रतीत भी होती है। यह बोधों से भी सम्बद्ध नहीं हो सकती, क्योंकि यह केवल बोध के समय को छोड़ अन्य किसी समय में पदार्थ के अन्दर नहीं रहती, और ज्ञाता आत्मा की निजी निधि के रूप में प्रतीत भी होती है। यह बोधों से भी सम्बद्ध नहीं हो सकती, क्योंकि वह बोध जिसका इसे धर्म माना जाए, कुमारिल के मत से, प्रत्यक्ष-योग्य नहीं है, और जो प्रत्यक्ष योग्य नहीं है वह बोधों का अधिष्ठान नहीं हो सकता। दूसरी ओर, यदि ज्ञातता, जो ज्ञान-स्वभाव की है, प्रत्यक्ष योग्य है तो बोध को भी प्रत्यक्ष योग्य मानना होगा। यदि ज्ञातता अर्थस्वभाव है तो इसका तात्पर्य केवल पदार्थ की अभिव्यक्ति (अर्थप्राकट्य) है। पदार्थ अभिव्यक्त नहीं हो सकता, यदि बोध, जिनसे पदार्थ व्यक्त होता है, अपने-आप में अनभिव्यक्त है (प्रमेयकमलमार्तण्ड, पृष्ठ 31-32)। कुमारिल के अनुसार, घड़े का बोध घड़े के अन्दर ज्ञातता के गुण को उत्पन्न करता है, जो इस रूप में प्रत्यक्ष का विषय हो जाता है, "मैंने इस घड़े का ज्ञान प्राप्त किया है।" इससे बोध का तथा उसकी प्रामाणिकता का भी अनुमान होता है। न्याय का मत है कि ज्ञान-विषयक चैतन्य (अनुव्यवसाय) तथा प्रामाणिकता का ज्ञान ये क्रमशः होते हैं। किन्तु कुमारिल के विचार में पिछले दोनों युगपत् होते हैं।

1. प्रभाचन्द्र अपने प्रमेयकमलमार्तण्ड ग्रन्थ (पृष्ठ 31) में इस मत की आलोचना करता है। प्रमाता, बोध-विषयक क्रिया (प्रमाण), और परिणामरूप बोध (प्रमिति), प्रमेय (विषय) के सान ही प्रत्यक्ष के योग्य हैं। हम अपने अनुभव में ज्ञान के भिन्न-भिन्न अंशों को स्पष्ट रूप में प्रत्यक्ष करते हैं। न ही यह आवश्यक है कि जिसे→

मीमांसक ज्ञान की आत्म-प्रामाणिकता के मत को स्वीकार करते हैं।[1] कुमारिल कहता है कि 'सत्यज्ञान के समस्त स्रोतों में अन्तर्निहित प्रामाणिकता है, क्योंकि एक ऐसी शक्ति जो अपने-आप में अविद्यमान है, दूसरे के द्वारा उत्पन्न नहीं कराई जा सकती।''[2] ज्ञान में इन्द्रियां, आनुमानिक चिह्न और इसी प्रकार के अन्य मध्यस्थ हो सकते हैं, किन्तु यह विषयों को स्वयं प्रकट करता है[3] और अपनी प्रामाणिकता के भाव को उत्पन्न करता है। यदि हमें तब तक प्रतीक्षा करनी पड़े जब तक कि हम कारणों की विशुद्धता का निश्चय न कर लें, तो हमें तब तक प्रतीक्षा करनी होगी जब तक कि अन्य कारणों से एक और बोध की उत्पत्ति न हो, और इस प्रकार इस क्रम का कहीं अन्त नहीं है।[4] स्वतः प्रामाण्य के सिद्धान्त का मत है कि बोध अपने-आप में प्रामाणिक हैं और उनकी प्रामाणिकता का परिहार केवल उनके विषयों के विरोधी स्वरूप से हो सकता है, अथवा उनके कारणों की असंगति का पता लग

→ प्रत्यक्ष किया है वह सर्वदा प्रत्यक्ष के विषय के रूप में ही प्रत्यक्ष किया जाए। आत्मा का प्रत्यक्ष ज्ञान बोध के रूप में होता है, बोध के विषय के रूप में नहीं। इसलिए बोध का प्रत्यक्ष प्रत्यक्ष के साधन के रूप में भी हो सकता है। जब कुमारिल के अनुयायी आत्मा की प्रत्यक्षयोग्यता को मान लेते हैं, जो मात्र ज्ञान का कर्ता है, तो बोध की प्रत्यक्षयोग्यता को भी स्वीकार कर सकते हैं, जो प्रमेय (विषय)की अभिव्यक्ति का साधन है। यदि आत्मा प्रत्यक्ष-योग्य है तो यह बाह्य पदार्थ को, प्रत्यक्ष के अयोग्य बोध की सहायता के बिना भी, जान सकती है। यदि यह कहा जाए कि कर्त्ता साधन के बिना कर्म नहीं कर सकता, तो आभ्यन्तर और बाह्य इन्द्रियां बोध के साधन बन सकती हैं। इसके अतिरिक्त, यदि साधन के बिना कोई क्रिया सम्भव नहीं है, तो आत्मा के स्वतःबोध में कौन-सा साधन है? यदि आत्मा के बोध में आत्मा साधन है, तो यह पदार्थों के बोध में भी साधन का कार्य कर सकती है। यदि यह स्वीकार कर लिया गया कि आत्मा और परिणामरूप बोध (फलज्ञान) का प्रत्यक्ष होता है, यद्यपि वे चैतन्य में बोध के विषय के रूप में प्रकट नहीं होते, तो यह भी स्वीकार किया जा सकता है कि बोध के साधन का भी बोध के विषय के रूप में नहीं बल्कि साधन के रूप में प्रत्यक्ष होता है। फिर साधनरूप बोध (करणज्ञान) कर्ता तथा परिणामरूप ज्ञान (फलज्ञान) से सर्वथा भिन्न नहीं है, और इसलिए यदि अन्य दो प्रत्यक्ष-योग्य हैं, तो यह प्रत्यक्ष के अयोग्य नहीं हो सकता। इसके अतिरिक्त, आत्मा और बोध, जिसके द्वारा आत्मा पदार्थ को जानती है, हमारे अनुभव में साक्षात् प्रकट होते हैं, और इसलिए वे चैतन्य के विषय माने जाने चाहिए। (प्रतीयमानत्वं हि ग्राह्यत्वं तदेव कर्मत्वम्)। जो कुछ भी चैतन्य में प्रकट होता है वह उसका विषय है। ''मैं घड़े को जानता हूं'' इस बोध में विषयी अपने विषय में अभिज्ञ है कि वह घड़े के बोध से युक्त है। विषयी का घट-सम्बन्धी बोध उतना ही प्रत्यक्ष का विषय है, जितना कि आत्मा और घट। फिर, यदि ज्ञानोत्पादक क्रिया प्रत्यक्ष के अयोग्य है, तो यह किसी प्रमाण द्वारा भी यथार्थ सिद्ध नहीं की जा सकती।

1. तत्र गुरूणां मते ज्ञानस्य स्वप्रकाशरूपत्वात् तज्ज्ञानप्रामाण्यं तेनैव गृह्यते। भाट्टानां मते ज्ञानमतीन्द्रियम् ज्ञानजन्यज्ञातता प्रत्यक्षा, तया व ज्ञानमनुमीयते। मुरारिमिश्राणां मते अनुव्यवसायेन ज्ञानं गृह्यते। सर्वेषामपि मते तज्ज्ञानविषयकज्ञानेन तज्ज्ञानप्रामाण्यं गृह्यते (सिद्धान्तमुक्तावलि, 135)।

2. और देखिए न्यायरत्नाकर, 2 : 47।

3. ''केवल अपने उद्भव के लिए ही विद्यात्मक सत्ताओं को एक कारण की आवश्यकता होती है। जब वे एक बार उत्पन्न हो गईं तो वे अपने नानाविध कार्यों के लिए अपने-आप को क्रियाशील हो जाती है'' (2 : 48)। घड़े को अपनी उत्पत्ति के लिए मिट्टी आदि की आवश्यकता हो सकती है, किन्तु जल को धारण करने की क्रिया वह स्वयं करता है। बोध को अपनी उत्पत्ति के लिए एक कारण की आवश्यकता हो सकती है, किन्तु वस्तुओं के सत्यस्वरूप के निश्चय रूपी कार्य के लिए इसे कारणों की आवश्यकता नहीं है। इस प्रकार मीमांसक तर्क करता है कि स्वतःप्रामाण्य तथा इन्द्रिय-सम्पर्क आदि कारणों पर निर्भरता के मध्य परस्पर कोई विरोध नहीं है। साधारणतः ज्ञान के उदय होने के बाद इन्द्रिय-सम्पर्क आदि का अनुमान किया जाता है। केवल स्मृति की अवस्था में ही पूर्वानुभव पर निर्भरता प्रकट है।

4. श्लोकवार्तिक, 2 : 49-51।

जाने से हो सकता है।[1] जब हम भूलकर एक रस्सी को सांप समझ लेते हैं और पीछे ऐसा पाते हैं कि यह रस्सी है सांप नहीं है, तो हमारा पहला बोध अप्रामाणिक होकर कट जाता है। जब हम बोध के साधनों के दोषों को पहचान लेते हैं तो हम बोध की प्रामाणिकता के विषय में सन्देह करते हैं। पीलिया रोग से पीड़ित व्यक्ति के विचार में सीप पीले रंग की है। किन्तु जब वह आंख के दोष को पहचान लेता है, तो वह पीलेपन को आंख के दोष के कारण समझता है और यह स्वीकार कर लेता है कि सीप श्वेतवर्ण है। जब तक हमें असंगतियों का ज्ञान न हो, तब तक हमारे पास सन्देह करने का कोई युक्तियुक्त आधार नहीं है। बोध बाह्य रूप में या तो अन्य साधनों द्वारा पदार्थ के यथार्थ स्वरूप का ज्ञान हो जाने से, या बोध के साधनों के दोषों का पता लग जाने से अप्रामाणिक ठहराए जाते हैं। ज्ञान की मानी हुई अवस्थाओं के कारण प्राप्त कर बोध की प्रामाणिकता मानना चाहिए, जब तक कि सन्देह के लिए कोई विशेष कारण न हो। किसी विचार की अप्रामाणिकता कभी भी अन्तर्निहित नहीं होती, वह सदा बाह्य साधनों से जानी जाती है।[2] और सन्देह की अवस्था में भी, जैसे दूरस्थ अथवा धुंधले प्रकाश में देखी गई वस्तु की सत्य-प्रकृति के बारे में, हम सन्देह का निवारण सुधरी अवस्थाओं में दूसरा ज्ञान प्राप्त करके कर सकते हैं। यह हो सकता है कि किन्ही अवस्थाओं में, दूसरे ज्ञान को एक तीसरे ज्ञान से ठीक करना पड़े और कभी-कभी तीसरे को भी चौथे ज्ञान से ठीक करना पड़े। किन्तु अधिकतर अवस्थाओं में एक छोटी संख्या से दूर जाने की आवश्यकता नहीं है।[3] कुमारिल के अनुसार, तीन या चार बार दुहराया हुआ ज्ञान सर्वथा सत्य सिद्ध होगा।[4]

कुमारिल का विश्वास है कि सीप को चांदी मानने का बोध भी बोध के रूप में प्रामाणिक है। ज्ञाता को उस समय बोध हुआ था, बाद के अनुभव से उसका प्रत्याख्यान हो गया। यह दूसरी बात है कि यहां तक कि सीप को पीला समझने के बोध में भी आंख के पित्तदोष से सम्बन्धित एक यथार्थ पीलेपन का प्रत्यक्ष होता है। संदिग्ध बोध, जैसेकि दूरी पर स्थित एक लम्बे पदार्थ के बारे में हमारी अनिश्चितता कि वह मनुष्य है या खंभा, भी प्रामाणिक है, क्योंकि हम लंबेपन को प्रत्यक्ष देखते हैं और दो पदार्थ का स्मरण करते हैं जो दोनों

---

1. श्लोकवार्तिक, 2 : 53।

2. श्लोकवार्तिक, 2 : 85 और 87। यत्र कारणदोषज्ञान वाधज्ञानं वा तत्र मिथ्यात्वम (शास्त्रदीपिका, पृष्ठ 142)। ज्ञानस्य प्रामाण्यं स्वता अप्रामाण्यं परतः।

3. श्लोकवार्तिक, 2 : 61।

4. पार्थसारथि का कहना है : बोध के मिथ्या होने के सुविज्ञात कारण ये हैं : कुछ ऐसे दोष जिनका सम्बन्ध स्थान, काल, परिस्थिति, ज्ञानेन्द्रियों, बोध के विषय आदि से होता है। जहां इस प्रकार के दोषों के अस्तित्व को मिटा दिया गया हो, जैसे, उदाहरण के रूप में, जब एक मनुष्य पूर्णरूप से जागरित तथा अपनी क्षमताओं को पूर्णरूप से धारण किए हुए, दिन के उज्ज्वल प्रकाश में अपने समीप रखे हुए घड़े को देखता है, तो दोषों के सम्बन्ध में कोई सन्देह नहीं उत्पन्न हो सकता है, और इसलिए प्रत्यक्ष ज्ञान के अप्रामाणिक होने का भी कोई विचार नहीं हो सकता। अन्य अवस्थाओं में दोष की सम्भावना हो सकती है, उदाहरणरूप में, विषय (पदार्थ) दूर हो सकता है और इसलिए प्रत्यक्ष की अप्रामाणिकता के विषय में सन्देह उठ सकता है। किन्तु साधारणतः एक पग आगे बढ़ने से, पदार्थ तक चलकर जाने से, दो विकल्पों में से—जिनकी एक ही समय में उपस्थिति से सन्देह उत्पन्न हुआ है—कोई एक सत्य के रूप में निर्णीत हो सकता है। और इस साधारण विधि से प्रश्न हल हो सकता है। ज्यों ही यह पता चलता है कि सन्दिग्ध दोष का वास्तविक अस्तित्व नहीं है, वह बोध, जिसकी प्रामाणिकता को उक्त दोष के कारण भय हो गया था, अपने स्वतःप्रामाण्य को बलपूर्वक प्रकट कर सकता है (श्लोकवार्तिक, 2 : 58 और 60-61 पर न्याय रत्नाकर)।

लंबे हैं। भ्रात ज्ञान या तो अपूर्ण ज्ञान के कारण होता है या अज्ञान के कारण होता है। यह विद्यात्मक मिथ्या ज्ञान के कारण नहीं, बल्कि निषेधात्मक अज्ञान के कारण होता है।[1] पार्थसारथि प्रामाणिक बोध की परिभाषा इस प्रकार करता है कि यह वह ज्ञान है जो असंगतियों से स्वतन्त्र होते हुए पहले से अज्ञात वस्तुओं का बोध कराता है।[2] ज्ञान का जो स्वतःप्रकाश लक्षण है, इस मत से उसका कोई विरोध नहीं होता।[3] यह केवल बोध के स्वरूप का फिर से वर्णन करता है जो अपने स्वभाव से प्रामाणिक है। प्रामाणिकता ज्ञान का धर्म है, यद्यपि हम अपने ज्ञान की सचाई की परीक्षा यह जानकर करते और कर सकते हैं कि यह अन्य ज्ञान के संगत है या उसका विरोधी है। तो भी यह सब सत्य की बाह्य कसौटी है; यह हमें इसके आन्तरिक स्वभाव को प्रकट नहीं करता।

यदि संगति सत्य की प्रकृति है और केवल इसकी कसौटी नहीं है, तो सत्य को प्राप्त करना कठिन होगा, क्योंकि हम दुष्ट चक्र से नहीं बच सकते। कुमारिल और पार्थसारथि हमें कह सकते हैं कि तीन या चार बोधों से दूर जाने की आवश्यकता नहीं है। यदि हम एक बार यह मान लें कि प्रामाणिकता मध्यस्थ है, तो हम किसी भी बोध की नितान्त प्रामाणिकता के विषय में निश्चित नहीं हो सकते।[4]

> मीमांसा की प्रकल्पना के आलोचक बलपूर्वक कहते हैं कि यदि उनके रूप नहीं हैं, तो बोधों के अन्दर भेद करना सम्भव न होगा। क्योंकि एकमात्र वस्तु जो एक बोध को दूसरे बोध से भिन्न करती है वह विषय है, इसलिए बोध के विषय में यह कहा जाता है कि वह विषय का रूप धारण कर लेता है। यह बलपूर्वक कहा गया है कि बोध तथा ज्ञान वस्तु में तादात्म्य है। मीमांसक कहता है कि यदि ज्ञाता आत्मा और ज्ञात वस्तु में तादात्म्य होता, तो ज्ञात वस्तु आत्मा के द्वारा जानी गई है, ऐसा न कहा जाता। और न केवल रूप ही बोधों के अंदर भेद करने का एकमात्र आधार है। संवेदना, अथवा व्यक्ति विशेष का ज्ञान एक वस्तु है, जो विशेष प्रकार के धर्म की अभिव्यक्ति है, जो उसके एक विशेष पदार्थ के प्रति व्यापार से अनुकूलता रखती है। वह पदार्थ जिसके प्रति यह ज्ञाता की

---

1. बोधों की अप्रामाणिकता तीन प्रकार की होती है : मिथ्याज्ञान, अज्ञान और सन्देह। संदिग्ध और मिथ्याज्ञान विध्यात्मक सत्ताएं हैं और दोषपूर्ण कारणों से हैं, जबकि अज्ञान में केवल कारणों का अभाव है (श्लोकवार्तिक, 2 : 54-55)।

2. कारणदोषबाधकज्ञानरहितमगृहीतग्राहिज्ञानं प्रमाणम् (शास्त्रदीपिका, पृष्ठ 123)।

3. किन्तु देखिए, झा : प्रभाकरमीमांसा, 2 : इस कठिनाई में यह सुझाव दिया गया है कि 'प्रामाणिकता' शब्द का प्रयोग दो अर्थों में होता है। प्रत्यक्ष बोध, बोध के रूप में प्रामाणिक हैं, और इस अर्थ में भूल, स्मृति आदि भी प्रामाणिक हैं। किन्तु क्रियात्मकरूप में प्रामाणिक बोधों में, जो कर्म की कसौटी पर ठीक उतरते हैं, तथा अप्रामाणिक बोधों में, जो ठीक नहीं उतरते, भेद किया जाता है। देखिए पी. शास्त्रीय, पूर्वमीमांसा, अध्याय 2।

4. सम्भवतः प्रोफेसर स्टाउट के मन में यही है जब वे कहते हैं : "अन्त में, सत्य केवल अन्य सत्य के साथ संगत होने से ही नहीं पहचाना जा सकता। तात्कालिक ज्ञान के अभाव में संगति का सिद्धान्त बिना टेक के लीवर के समान होगा।....यह कहना कि समस्त बोध व्यवहित अथवा मध्यस्थ है, इस अर्थ में अवश्य ही दुष्ट चक्र की ओर ले जाता है। यदि व्यवहित बोध में केवल बोधों का ही व्यवधान है जो अपने-आप में केवल व्यवहित ही है, तो ज्ञान का संचालन कभी नहीं हो सकता। यह ऐसा ही है जैसे कि कोई कहे कि दीवार के बनाने में हर एक ईंट को दूसरी ईंट के ऊपर रखना चाहिए, और कोई भी ईंट सीधी भूमि पर न रखी जाए।" (माइंड, 1908, पृष्ठ 33)

> क्रियाशीलता से अनुकूलता रखती है, जाना जाता है। क्योंकि प्रत्येक बोध किसी विशिष्ट पदार्थ की ओर क्रियात्मक व्यापार को प्रवृत्त करता है, इसलिए वहां भेद का एक आधार है।
>
> नैय्यायिक ज्ञान की स्वतःप्रामाणिकता के सिद्धान्त को स्वीकार नहीं करता। ज्ञान अपनी सचाई को प्रमाणित नहीं करता। हमारे बोध सर्वदा यथार्थ के अनुकूल ही होंगे इसका कुछ निश्चय नहीं है। जब हम अपने विचारों पर कर्म करते हैं तो हम कभी सफल होते हैं और कभी नहीं होते। यदि सफल होते हैं तो हम प्रामाणिकता का अनुमान कर लेते हैं और यदि सफल नहीं होते तो अप्रामाणिकता का अनुमान होता है।[1]

मीमांसा की आत्मप्रामाणिकता की प्रकल्पना निर्देश करती है कि प्रामाणिकता समस्त ज्ञानात्मक विषय का गुण है जो उससे पृथक् नहीं किया जा सकता। अनुकूलता और संगति प्रामाणिकता की कसौटी हैं, किन्तु उसे उत्पन्न नहीं करतीं। वे हमारे लिए प्रामाणिक बोध के स्वभाव को स्पष्ट नहीं करतीं। ज्ञान का कार्य पदार्थों का बोधात्मक ज्ञान प्राप्त करना है। मन का यथार्थता के साथ सम्बन्ध सदा ही इसमें अन्तर्निहित रहता है। इसके अतिरिक्त, मन विचारधारा के विधान के अनुकूल कार्य करता है, जो एक अर्थ में अनुल्लंघनीय है। जब हम कहते हैं कि 'यह एक रोटी है', तो जिसे हम रोटी कहते हैं वह वास्तव में रोटी नहीं भी हो सकती, किन्तु निर्णय करने के समय हम इसे रोटी ही मानते हैं और उस विचार की प्रबलता को रोक नहीं सकते। कोई सन्देह हमारे चैतन्य में विघ्न उपस्थित नहीं करता और इसलिए विचार की विषयवस्तु निर्णय के समय हमारे लिए बिलकुल सत्य होती है। जब निर्णयों में, चाहे वे सत्य हों या मिथ्या, यह आवश्यकता का अंश रहता है। तो भी इसका अर्थ यह नहीं है कि निर्णय विचार का केवल खेल-मात्र है। हमारे चैतन्य में कुछ वस्तु ऐसी प्रस्तुत रहती है जिसे हमें अवश्य स्वीकार करना होता है। हमारी मानसिक प्रक्रिया पर यथार्थता का एक नियन्त्रण रहता है। प्रत्येक निर्णय में इस प्रकार का एक कथन रहता है कि आधारभूत सामग्री में अपने से अधिक कुछ है, कि ऐसी कुछ वस्तु है जो अभी प्रस्तुत नहीं है, किन्तु जिसकी प्रतिनिधि यह आधारभूत सामग्री है। इसके अतिरिक्त, प्रत्येक निर्णय में मानसिक क्रिया का एक अंश विद्यमान रहता है, जो आधारभूत सामग्री को बढ़ा देता है। यह प्रस्तुत विषय (सामग्री) की व्याख्या करता है, इसे सार्थकता प्रदान करता है, और दावा करता है कि यह पूर्ण इकाई का एक भाग है और अपने ही अन्दर पूर्ण नहीं है। यद्यपि मीमांसक यथार्थवादी है, तो भी कुमारिल का यह कथन कि यदि निर्णय का समर्थन अन्य निर्णयों द्वारा हो जाए तो उसकी प्रामाणिकता का निश्चय हो जाता है, अनुकूलता की अपेक्षा संगति की प्रकल्पना का सुझाव देता है। विभिन्न निर्णयों को अवश्य संगत होना चाहिए किन्तु यह आभ्यन्तर संगति ही सब कुछ नहीं है। यह ठीक केवल इसलिए है क्योंकि यथार्थता, जिसका अनुभव प्राप्त किया जाता है, स्वयं संगत है।

मन का उस यथार्थता के साथ जिसका यह अनुभव करता है, क्या सम्बन्ध है, एतद्विषयक जो परम समस्या है उसे मीमांसा ने नहीं उठाया है। यह इस सहज बुद्धि के मत को मान लेता है कि यथार्थता एक सत्तावान जगत् के रूप में हमारे चिन्तन से बाह्य है। इस स्थिति

---

1. न्यायमंजरी, पृष्ठ 160-173।

के परिणाम सत्य के अनुकूलतापरक भाव की कठिनाइयों से मीमांसा सब बोधों की स्वतःप्रामाणिकता की प्रकल्पना द्वारा बचकर निकल जाती है।

12. आत्मा

विध्यात्मक वैदिक आदेश दूसरे लोक में पुरस्कारों के उपभोग का विश्वास दिलाते हैं। यदि शरीर के विनाश के पश्चात् कोई यथार्थ आत्मा जीवित न रहे तो वे सब निरर्थक हो जाएंगे। यज्ञ का कर्ता, कहा जाता है कि स्वर्ग जाएगा, और जो स्वर्ग को जाता है वह मांस और रक्त वाला शरीर नहीं, बल्कि अशरीरी आत्मा है।[1] जैमिनि आत्मा की यथार्थसत्ता का कोई ब्यौरेवार प्रमाण नहीं देता और इस प्रश्न पर जो युक्तियां वेदान्त ने दी हैं उन्हें ही स्वीकार करता प्रतीत होता है।[2] वह आत्मा (पुरुष) को बुद्धि तथा इन्द्रियों से भिन्न करता है।[3] शबर एक स्थायी ज्ञाता की यथार्थता को स्वीकार करता है, जो "अपने-आप से ज्ञात है और देखा या औरों द्वारा दिखाया नहीं जा सकता।"[4] शबर का मत उपलक्षित करता है कि आत्मा और चैतन्य एक ही हैं। विज्ञानवाद का खण्डन करते हुए वह कहता है कि बोधों का एक प्रमाता (विषयी) है[5] और वह प्रमाता अपने-आप से जाना जाता है।

मीमांसा के विचारक आत्मा को शरीर, इन्द्रियों तथा बुद्धि से भिन्न मानते हैं। जब बुद्धि अनुपस्थित रहती है तब भी आत्मा उपस्थित रहती है, जैसे कि निद्रा में। यदि बुद्धि आत्मा की सहचारिणी हो, तो भी हम यह नहीं कह सकते कि वे एक-दूसरे के समान हैं। आत्मा इन्द्रिय नहीं है, क्योंकि इन्द्रियों के क्षत हो जाने अथवा नष्ट हो जाने पर भी आत्मा विद्यमान रहती है। एक सत्ता ऐसी है जो इन्द्रियों से प्राप्त विभिन्न सामग्री का संश्लेषण करती है। शरीर भौतिक है, और हर एक बोध में हमें ज्ञाता की शरीर से भिन्नता की अभिज्ञता रहती है। शरीर के अवयव बुद्धि-सम्पन्न नहीं हैं और उनका संघात चैतन्य को उत्पन्न नहीं कर सकता। शरीर अपने से परे एक लक्ष्य का एक साधन-मात्र है, और इसलिए इसे आत्मा के प्रयोजन के लिए कहा जाता है जो इसका संचालन करती है। स्मृति के तथ्य आत्मा की यथार्थता को सिद्ध करते हैं। यह स्वीकार किया गया है कि आत्मा परिवर्तन की अनुमति देती है, किन्तु वह सब परिवर्तनों में स्थिर रहती है। बोध, जो एक क्रिया है, आत्मारूपी द्रव्य से सम्बन्ध रखता है।[6] आत्मा के नित्यस्वरूप के विरुद्ध यह कोई युक्ति नहीं है कि वह परिवर्तनों के अधीन रहती है।[7] और न यह कोई बड़ी

---

1. 1 : 1, 5।

2. उपवर्ष, जो दोनों मीमांसाओं का वृत्तिकार है, कहता है (1 : 1, 5) कि आत्मा के प्रश्न पर उत्तरमीमांसा में विचार किया जाएगा। शबर भी इसी मत का प्रतीत होता है, क्योंकि कुमारिल अपने आत्मवाद (श्लोकवार्तिक) के अन्तिम श्लोक में कहता है :

इत्याह नास्तिक्यनिराकरिष्णुरात्मास्तितां भाष्यकृदत्र युक्त्या।
दृढत्वमेतद, विषयश्च बोधः प्रयाति वेदान्तनिषेवणेन॥

"इस प्रकार टीकाकार (शबर) ने, निरीश्वरवाद का खण्डन करने के विचार से, तर्क द्वारा आत्मा के अस्तित्व की सिद्धि की है, और वेदान्त के अध्ययन से यह विचार पुष्ट हो जाता है।" देखिए शांकरभाष्य, 3 : 3, 53।

3. 1 : 1, 4।

4. स्वसंवेद्यः स भवति नासावन्येन शक्यते द्रष्टुं दर्शयितुं वा।

5. ज्ञानातिरिक्तः स्थायी ज्ञाता वर्तते।

6. श्लोकवार्तिक, आत्मवाद, 100।

7. श्लोकवार्तिक, आत्मवाद, 22 और 23।

भारी आपत्ति है कि जब हम फल भोगते हैं तो उन कर्मों को भूल जाते हैं जिनके कारण वे फल मिले हैं। आत्मा के विषय में बौद्धों का विचार है कि यह विचारों की एक शृंखला है जिनमें से प्रत्येक विचार अपने पूर्ववर्तियों से अपने भूतकाल के संस्कार संगृहीत करता है, उसका खण्डन करते हुए कुमारिल कहता है कि यदि कर्मविधान का कुछ अर्थ है तो एक सामान्य अधिष्ठान अवश्य होना चाहिए। बौद्ध प्रतिफल के विधान अथवा पुनर्जन्म की सम्भावना की व्याख्या करने में असमर्थ हैं। सूक्ष्म शरीर की कल्पना अधिक सहायक नहीं हो सकती, क्योंकि विचार का इसके साथ सम्बन्ध एक रहस्य है। विचारों की शृंखला सम्बन्धी बौद्धमत के आधार पर आत्मचैतन्य, इच्छा, स्मृति तथा सुख-दुःख का प्रपंच बुद्धिगम्य नहीं हो सकता। इसलिए एक ऐसी सत्ता का होना आवश्यक है जो विचारों की सम्भाव्य क्षमता को धारण करती हो, नित्य हो तथा पुनर्जन्म के योग्य हो। आत्म आणविक नहीं हो सकती, क्योंकि यह शरीर के भिन्न-भिन्न भागों में होते परिवर्तनों का ज्ञान ग्रहण करती है। इसे विभु अथवा सर्वव्यापक माना गया है, और यह एक के बाद दूसरे शरीर से सम्बन्ध करने योग्य भी है। जिस शरीर के साथ इसका सम्बन्ध है उसका यह, जब तक मोक्ष नहीं होता, संचालन करती है। एक सर्वत्र उपस्थित आत्मा कर्म कर सकती है, क्योंकि कर्म केवल आणविक गति नहीं है। आत्मा की शक्ति शरीर की गति का कारण है।

मीमांसक आत्माओं के अनेकत्व की प्रकल्पना को मानते हैं,[1] इसलिए कि अनुभवों की विविधता की व्याख्या की जा सके। शरीरों की क्रियाओं से हम आत्मा के अस्तित्व का अनुमान करते हैं, क्योंकि बिना आत्मा की कल्पना के उनकी व्याख्या नहीं हो सकती। जिस प्रकार मेरी क्रियाएं मेरी आत्मा के कारण हैं, उसी प्रकार अन्य क्रियाएं अन्य आत्माओं के कारण हैं। धर्म और अधर्म के भेद जो आत्माओं के गुण हैं, भिन्न-भिन्न आत्माओं के अस्तित्व के कारण ही हैं। यह दृष्टान्त कि जिस प्रकार एक सूर्य भिन्न-भिन्न द्रव्यों में प्रतिबिम्बित होकर विविध धर्मों वाला हो जाता है, उसी प्रकार एक ही आत्मा भिन्न-भिन्न शरीरों में प्रतिबिम्बित होकर भिन्न-भिन्न गुण धारण कर लेती है, टिकेगा नहीं, क्योंकि गुण जो भिन्न-भिन्न प्रतीत होते हैं, प्रतिबिम्ब के माध्यम से सम्बद्ध हैं, सूर्य से नहीं। यदि उक्त दृष्टान्त को सत्य माना जाए, तो आत्माओं के सम्बन्ध में प्रकट होते नानाविध गुण शरीरों से सम्बद्ध होंगे, आत्मा से नहीं। किन्तु सुख-दुःख आदि आत्मा के गुण हैं, शरीर के नहीं।[2]

प्रभाकर का आत्मा से तात्पर्य एक ऐसी वस्तु से है जो बुद्धिविहीन है और ज्ञान, क्रियाशीलता, अनुभव अथवा सुखोपभोग तथा दुःख आदि जैसे गुणों का अधिष्ठान है।[3] एक स्थायी अनन्य आत्मा का कोई सीधा ज्ञान नहीं है। उसको सिद्धि परोक्षरूप में विचार के स्थायी विषयों के प्रत्यभिज्ञारूपी तथ्य के द्वारा होती है।[4] प्रत्यभिज्ञा की घटना में दो अवयव होते हैं, एक स्मृति तथा दूसरा पदार्थ का पूर्वानुभव। इस तथ्य का कि हम भूतकाल के

---

1. बुद्धीन्द्रियशरीरेभ्यो भिन्नात्मा विभुर्ध्रुवः।
नानाभूतः प्रतिक्षेत्रमर्थज्ञानेषु भासते। (सर्वसिद्धान्तसारसंग्रह, 6 : 206) और देखिए श्लोकवार्तिक, आत्मवाद : पृष्ठ 5-7।

2. झा : प्रभाकरमीमांसा।

3. कर्ता भोक्ता जडो विभुरिति प्राभाकराः। मधुसूदन सरस्वतीकृत 'सिद्धान्तबिन्दु', 'न्यायरत्नावलि' में जड़ की व्याख्या इस प्रकार की गई है : स च ज्ञानस्वरूपभिन्नत्वाज्जडः; जानामीति ज्ञानाश्रयत्वेन स भाति न ज्ञानरूपत्वेन।

4. विवरणप्रमेयसंग्रह, थिबौत का आंग्लभाषानुवाद, पृष्ठ 405 (इण्डियन थौट, खण्ड 1)।

बोध को स्मरण कर सकते हैं, अर्थ है कि एक स्थायी आत्मा का अस्तित्व है जो भूतकाल के प्रत्यक्ष ज्ञान तथा वर्तमानकाल के स्मरण की आश्रय है। इस प्रकार, प्रभाकर के अनुसार, स्थायी आत्मा या निजी व्यक्तित्व प्रत्यभिज्ञा का विषय नहीं बल्कि उसका आश्रय है।[1] यह सर्वव्यापक तथा अपरिवर्तनशील है। यह स्वतः प्रकाश नहीं है, क्योंकि यदि ऐसा होता तो हमें प्रगाढ़ निद्रा में भी ज्ञान होता। किन्तु ऐसा होता नहीं है, यद्यपि प्रगाढ़ निद्रा में आत्मा विद्यमान रहती है। स्वतःप्रकाश बोध, "मैं घड़े को जानता हूं", घड़े को बोध के विषय के रूप में अभिव्यक्त करता है और आत्मा को बोध के आश्रय के रूप में। आत्मा बोध के आश्रयरूप में तुरंत जानी जाती है, जैसेकि घड़ा बोध के विषयरूप में जाना जाता है। जो 'मैं' इस रूप में प्रतीत होती है वह आत्मा है, और वह विषय (प्रमेय) सम्बन्धी सब अवयवों से स्वतन्त्र है। क्योंकि सब बोधों में, यहां तक कि उन बोधों में भी जहां शरीर का कोई बोध नहीं है, आत्मा हमें अभिव्यक्त होती है, इसलिए आत्मा शरीर से भिन्न माना गया है। आत्मा अपने-आप में प्रत्यक्ष योग्य नहीं है, किंतु उसे सर्वदा बोध के कर्ता के रूप में जाना जाता है, कर्म के रूप में नहीं। बोध का कर्म आत्मा के अन्दर स्वफल को उत्पन्न नहीं करता, इसलिए आत्मा बाह्य या आभ्यन्तर प्रत्यक्ष का विषय नहीं है। विषय चैतन्य से अलग आत्मचैतन्य नाम की कोई वस्तु नहीं है। आत्मा चैतन्य का विषयी और विषय दोनों नहीं हो सकती।[2] यह कर्ता है, सुखोपभोक्ता है, और यद्यपि अचेतन है तो भी सर्वत्र उपस्थित है। इस प्रकार यह शरीर, इन्द्रियों और बुद्धि से पूर्णरूप में भिन्न है। इसकी सब बोधों में अभिव्यक्ति होती है और यह नित्य है। प्रभाकर नहीं मानता कि आत्मा अणु के आकार की है या उस शरीर के आकार की है जिसे यह सूचना देती है। यद्यपि यह सवत्र उपस्थित है तो भी दूसरे शरीर में जो कुछ हो रहा है उसे अनुभव नहीं कर सकती, क्योंकि यह उसी का अनुभव कर सकती है जो कुछ उस शरीररूपी यन्त्र में हो रहा है, जो आत्मा को भूतकाल के कर्म से प्राप्त हुआ है। आत्माएं अनेक हैं, प्रत्येक शरीर में एक आत्मा है। अपनी मुक्तावस्था में आत्मा केवल सद् रूप में अवस्थित रहती है और एकसाथ सब वस्तुओं के सामूहिक बोध का आश्रय होती है, किन्तु संवेदना का आश्रय नहीं होती, क्योंकि सुख और दुःख के धर्म अपने को सिवाय शरीर के अन्यत्र अभिव्यक्त नहीं कर सकते। यह अनश्वर है, क्योंकि इसकी सत्ता किसी कारण के द्वारा नहीं उत्पन्न हुई।[3]

पार्थसारथि तर्क करता है कि ऐसा मानने में कि आत्मा प्रत्यक्ष की विषयी और विषय दोनों ही है, किसी प्रकार का परस्पर-विरोध नहीं है। जब प्रभाकर कहता है कि आत्मा बोधरूपी कर्म से व्यक्त होती है, तो उसका तात्पर्य यह है कि आत्मा भी चैतन्य का विषय है। प्रत्यभिज्ञा तथा स्मरण में चैतन्य में विषय प्रकट होता है, विषयी प्रकट नहीं होता। यह प्रत्यक्ष के विषयरूप में जानी गई आत्मा ही है जिसे चैतन्य में वर्तमान प्रत्यभिज्ञा तथा स्मरण के विषयरूप में प्रस्तुत किया गया है। यदि आत्मा की प्रत्यभिज्ञा में आत्मा विषय नहीं होती, तो कर्म विषयहीन

---

1. अद्वैत इस मत से असहमत है। स्मरण के कर्म में वर्तमान आत्मा है ; भूतपूर्व प्रत्यक्ष में भूतकाल की आत्मा थी ; और दोनों के बीच की खाई भरी नहीं जा सकती जब तक कि प्रत्यभिज्ञा का कर्म न हो, जिसे फिर अन्य की आवश्यकता होगी, और इस प्रकार इस क्रम का कहीं अन्त नहीं है। तर्क में यह नहीं कहा जा सकता कि वर्तमान स्मरण और भूतपूर्व प्रत्यक्ष एकसाथ आत्मा के निरन्तर अस्तित्व का ज्ञान ग्रहण करते हैं, क्योंकि दोनों, एक भूत तथा दूसरा वर्तमान, साथ-साथ नहीं रह सकते।

2. शास्त्रदीपिका, पृष्ठ 348-49।

3. झा कृत प्रभाकरमीमांसा।

हो जाएगा। किन्तु बिना विषय के कोई चैतन्य नहीं हो सकता। इसलिए आत्मा को अवश्य आत्म-चैतन्य का विषय मानना चाहिए।[1] आत्मा का ज्ञान प्रामाणिक बोध की उसी प्रक्रिया से होता है जिससे कि स्वयं विषयों को होता है, परन्तु तो भी आत्मा बोध का विषयी है, विषय नहीं; जैसेकि एक व्यक्ति जो पैदल चलता है; यद्यपि चलने की क्रिया उसकी अपनी ही है, चलने की क्रिया का कर्ता माना जाता है, विषय नहीं।

कुमारिल के अनुयायियों के अनुसार, प्रत्येक बोधात्मक कार्य में आत्मा अभिव्यक्त नहीं होती। विषय-चैतन्य सर्वदा आत्मा द्वारा आत्मसात् नहीं किया जाता। व्यक्ति कभी विषय को जानता है कि "यह घड़ा है", किन्तु वह यह नहीं जानता कि वह घड़े को जानता है। आत्मा विषय-चैतन्य (विषयवित्ति) के विषयी या विषय के रूप में अभिव्यक्त नहीं होती, किन्तु कभी-कभी विषयवित्ति के साथ एक अन्य भिन्न चैतन्य होता है, अर्थात् आत्मप्रत्यय जिसका आत्मा विषय है। प्रभाकर का ऐसा मानना उचित है कि अनात्म के चैतन्य में विषयी सदा उपलक्षित रहता है, किन्तु यह सदा स्पष्ट रूप में अभिव्यक्त नहीं होता। आत्मा की उपस्थिति तथा उपस्थिति की चेतना में भेद है, हमारे लिए यह आवश्यक नहीं है कि जब भी हम किसी विषय का ज्ञान प्राप्त करें तो आत्मा के विषय में भी अभिज्ञ हों। आत्मा केवल आत्मचैतन्य में ही अभिव्यक्त होती है, जिसे और विषय-चैतन्य को एक नहीं माना जा सकता। आत्म-चैतन्य केवल विषय-चैतन्य से उच्चतर कोटि का चैतन्य है।[2] विषय-बोध के साक्षात् अथवा मुख्य अनुभव तथा चिन्तात्मक एवं गौण अनुभव में, जिसमें मन अपने ऊपर वापस लौट आता है, भेद है।

प्रभाकर यह स्वीकार नहीं करता कि आत्मा और संवित् अथवा चैतन्य एक समान हैं। और इसीलिए वह ऐसा कहने के लिए बाध्य है कि आत्मा स्वतःप्रकाश नहीं है। किन्तु इस मत का पक्षपोषण कठिन है। आत्मा प्रमातृ अर्थात् जाननेवाली है और प्रभाकर संवित् अथवा चैतन्य का कभी ज्ञाता और कभी बोध रूप में वर्णन करता है।[3] कुमारिल की इस प्रकल्पना का कि आत्मा मानसिक प्रत्यक्ष का विषय है, खण्डन करते हुए, शालिकनाथ स्वीकार करता है कि आत्मा स्वतःप्रकाश और बाह्य पदार्थों के बोध में भी संलग्न रहती है,[4] इस प्रकार यह चैतन्य का अचेतन आश्रय नहीं है। संवित् स्वतःप्रकाश है, यद्यपि इसका बोध चैतन्य के विषय के रूप में नहीं होता। फिर, बोधों को आत्मा के परिणाम (परिवर्तित रूप) कहा जाता है, और इसलिए आत्मा की प्रकृति को चैतन्यमय होना चाहिए, अन्यथा यह बोधों के रूप में परिणत नहीं हो सकती। आत्मा (अथवा चैतन्य) चैतन्य का विषय नहीं हो सकती, किन्तु इसका अर्थ यह नहीं है कि यह चैतन्यरहित है। यह समस्त ज्ञान का आधार है। स्वयं ज्ञान के अन्दर ही यह विषयी अथवा अहं के रूप में प्रकट होती है। अहं आत्मा से न तो

---

1. पृष्ठ 344 से आगे। 2. शास्त्रदीपिका, पृष्ठ 344-52।

3. संवित् का प्रयोग चैतन्य के अर्थों में किया गया है। संवित उत्पत्तिकारणम् आत्ममनरसन्निकर्षाख्यम् (प्रकरणपंचिका, पृष्ठ 63)।

4. स्वयंप्रकाशत्वेन, विषयप्रतीतिगोचरत्वेन (प्रकरणपंचिका, पृष्ठ 151)।

अधिक है, न कम है, जिसे हम तुरन्त अभिज्ञ होकर बोध का विषयी अथवा आश्रयरूप जानते हैं। आत्मा न तो द्रव्य है, न गुण है, न कर्म ही है। यह केवल चैतन्य है। जैसेकि अद्वैतवेदान्तवादी कहेंगे, जब यह मायावश अहंकारत्व के इन्द्रिय-सम्पर्क में आती है तो अहं बन जाती है। प्रगाढ़ निद्रा में 'अहंरूप' अनुपस्थित रहता है, जबकि आत्मा अहंकारत्व के सब प्रतिबन्धों से मुक्त रहती है। पदार्थों के बोध में सर्वव्यापी आत्मा अथवा चैतन्य पदार्थ के साथ अपने सम्बन्ध से युक्त प्रकट होती है। प्रभाकर इस विषय से अभिज्ञ प्रतीत होता है कि उसकी प्रकल्पना उसे अद्वैत वेदान्त की स्थिति की ओर ले जाती है, परन्तु उसे चिन्ता है कि इस पर बल नहीं देना चाहिए, क्योंकि उसका मुख्य उद्देश्य मनुष्यों तथा उनके उत्तरदायित्व के भेदों पर बल देना है। प्रभाकर कहता है : ''यह कथन कि 'मैं' और 'मेरा' ये उक्तियां आत्मा के सम्बन्ध में एक मिथ्या विचार की ओर संकेत करती हैं, उन व्यक्तियों के प्रति होनी चाहिए जिन्होंने सांसारिक पदार्थों की ओर अपनी आसक्ति का दमन कर लिया है, उनके प्रति नहीं जो कर्म में जुटे हुए हैं।''[1]

कुमारिल के अनुसार आत्मा शरीर से भिन्न है, नित्य है और सर्वत्र व्याप्त है। आत्मा अपने में चैतन्य है, यद्यपि आत्माएं अनेक हैं।[2] क्योंकि सब आत्माएं चैतन्य स्वभाव की हैं, इसलिए उपनिषदें उन्हें एक ही कहती हैं।[3] आत्मा चैतन्य है और बोध की, जो आत्मा से उत्पन्न है, आश्रय भी है।[4] 'अहं' भाव के द्वारा आत्मा के अस्तित्व का अनुमान किया जाता है। आत्मा अपने-आप से अभिव्यक्त होती है, यद्यपि दूसरे इसका प्रत्यक्ष नहीं कर सकते।[5] आत्मा बोध का विषय है, क्योंकि इसका साक्षात् ज्ञान होता है, जैसे घड़ा है। यह मानस-प्रत्यक्ष का विषय है। आत्मा ज्ञान का विषय और विषयी दोनों ही हैं।[6] और यह परस्पर-विरोध नहीं है, क्योंकि हम आत्मा के अन्दर एक तो द्रव्यात्मक अंश पाते हैं जो बोध का विषय है, और एक चैतन्य का अंश पाते हैं जो बोध का विषयी (प्रमाता) है।[7] प्रभाकर के अनुयायी इस मत पर आपत्ति करते हैं। यदि आत्मा का द्रव्यात्मक अंश बुद्धिशून्य है, तो यह सर्वथा आत्मा ही नहीं है। जो कुछ रहता है यह केवल चैतन्यांश ही है, और वह विषयी तथा विषय दोनों रूप में कार्य नहीं कर सकता। इसके हिस्से नहीं हैं, और इसीलिए अपरिवर्तनीय है, जिससे एक ही समय में यह विषय और विषयी दोनों का रूप धारण नहीं कर सकता। यदि द्रव्यत्व चैतन्य का विषय है, तो आत्मा विषयी अथवा ज्ञाता नहीं हो सकती, क्योंकि यह घड़े के समान ही द्रव्य है। यदि कुमारिल यह कहता है कि चैतन्य का विशुद्ध रूप विषयी है

1. बृहती, पृष्ठ 32; 'ऐशियाटिक सोसायटी ऑफ बंगाल' में मीमांसासूत्र।

2. श्लोकवार्तिक, आत्मवाद, 74-75।

3. तन्त्रवार्तिक, 2 : 1, 5।

4. रामानुज जो इसी प्रकार के मत को स्वीकार करते हैं, बोध को आत्मा का नित्यगुण मानते हैं, जो विस्तृत तथा संकुचित हो सकता है, जबकि कुमारिल का विचार है कि बोध आत्मा का विकास (परिणाम) है और इसका उदय प्रमाणों द्वारा होता है।

5. श्लोकवार्तिक, आत्मवाद, 142-143।

6. श्लोकवार्तिक, आत्मवाद, 107।

7. तुलना कीजिए : न्यायरत्नावली। आत्मनोऽस्ति अंशद्वयं चिदंशोऽचिदंशश्च ; चिदंशेन द्रष्टृत्वमचिदंशेन ज्ञानसुखादिपरिणामित्वं 'मामू अहं जानामि' इति ज्ञयेत्वं च (पी. शास्त्री : पूर्वमीमांसा, पृष्ठ 95)। और देखिए विवरणप्रमेयसंग्रह, थिबौत का इंग्लिश ट्रांसलेशन, इण्डियन थौट, खण्ड 1, पृष्ठ 357।

और वही चैतन्य लौकिक दृष्टि से परिवर्तित होकर विषयी हो जाता है,[1] तो ऐसा प्रतीत होता है कि हमारे पास तीन प्रकार हैं, अर्थात् शुद्ध विषयग्रहण, शुद्ध ज्ञातृता, और घड़े आदि पदार्थ से परिवर्तित विषयी (घटावच्छिन्नज्ञातृता)। इसके अतिरिक्त, क्योंकि प्रत्येक पदार्थ के बोध में आत्मा की ज्ञाता के रूप में साक्षात् अभिव्यक्ति होती है, इसलिए मानस-प्रत्यक्ष के समान एक अन्य बोध की, जो आत्मा की साक्षात् एक विषय के रूप में अभिव्यक्ति करता है, कल्पना करना आवश्यक है।

यदि ज्ञान का सम्बन्ध आत्मा से है, तो आत्मा चैतन्यविहीन नहीं हो सकती। यदि आत्मा चैतन्य है, तब यह स्वतःसिद्ध है, क्योंकि समस्त प्रमाण इसकी यथार्थता की पूर्वकल्पना कर लेता है।[2] कुमारिल के मत में विषय चैतन्य के साथ वृत्ति द्वारा सम्बद्ध प्रतीत होते हैं। आत्मा का अचिदंश (चैतन्यविहीन अंश) सम्भवतः अन्तःकरण है, जिसके द्वारा आत्मा वित्ति के रूप में विकसित हुई है। केवल इसलिए कि आत्मचैतन्य में आत्मा विषयी तथा विषय दोनों है, यह परिणाम न निकालना चाहिए कि इसमें चैतन्य तथा चैतन्यविहीनता दोनों के अंश हैं। वस्तुतः, हम देखते हैं कि कुमारिल और प्रभाकर दोनों आत्मा के विषय में एक अधिक उपयुक्त विचार को प्राप्त करने के लिए संघर्ष तो करते हैं, किन्तु अपनी-अपनी क्रियात्मक रुचियों के कारण उसे प्राप्त नहीं कर सकते।

13. यथार्थता का स्वरूप

मीमांसा की प्रत्यक्ष-विषयक प्रकल्पना पदार्थों की यथार्थता को मान लेती है, क्योंकि यथार्थ पदार्थों के साथ सम्पर्क होने पर ही प्रत्यक्ष ज्ञान उत्पन्न होता है।[3] जब हम प्रत्यक्ष ज्ञान प्राप्त करते हैं तो पदार्थों को प्रत्यक्ष करते हैं, अपने बोधों को नहीं।[4] बोध का हम अनुमान करते हैं, प्रत्यक्ष नहीं करते। ज्ञान की स्वतःप्रामाणिकता का सिद्धान्त जाने गए पदार्थों की यथार्थता को उपलक्षित करता है। कुमारिल उस प्रकल्पना (निरालम्बनवाद) का प्रत्याख्यान करता है जिसके अनुसार विचारों का कोई आधार नहीं है, और शून्यवाद की प्रकल्पना का भी खण्डन करता है जिसके अनुसार पदार्थों की बाह्य यथार्थता केवल शून्यमात्र है। बाह्य जगत् की यथार्थता ही केवल अनुभव और जीवन की आधारभित्ति है। यदि विचारों के अतिरिक्त और कुछ न हो, तो हमारे समस्त निष्कर्ष, जो बाह्य यथार्थता में विश्वास पर आधारित हैं, मिथ्या हो जाएंगे। बोधों का यथार्थ आश्रय बाह्य जगत् में है, यह आगे और ज्ञान से भी विरोध नहीं खाता। यदि यह कहा जाए कि जागरितावस्था के बोधों की अयथार्थता योगियों की अन्तर्दृष्टि से मालूम होती है, तो कुमारिल इसका उत्तर देते हुए योगियों की अन्तदृष्टि की प्रामाणिकता का निषेध करता है, और अन्य यौगिक अन्तःप्रेरणाओं का उद्धरण देता है जो जगत् की यथार्थता को पुष्ट करती हैं। मीमांसा के विचारक जगत् को प्रतीयमान प्रपंच बतानेवाली कल्पना का समर्थन नहीं करते। "जो ब्रह्म को जानते हैं वे यदि इसी परिणाम पर पहुंचते हैं कि वह सब कुछ, जो ज्ञात है, मिथ्या है, और जो अज्ञात है, वह सत्य है, तो मैं झुककर उनसे

---

1. घटावच्छिन्ना हि ज्ञातृता ग्राह्य, शुद्धैव ज्ञातृता ग्राहिका (न्यायमंजरी, 430)।
2. देखिए सुरेश्वरकृत सम्बन्धवार्तिक, 1066।
3. सत्सम्प्रयोग, मीमांसासूत्र, 1 : 1, 4।
4. अर्थविषया प्रत्यक्षबुद्धिर्न बुद्धिविषया, 1 : 1, 4 पर शबर।

विदा लेता हूं।''[1] यह विश्व यथार्थ है और मन से, जो इसका प्रत्यक्ष करता है, स्वतन्त्र है।

प्रभाकर द्रव्य, गुण, कर्म, सामान्य, परतन्त्रता, शक्ति, सादृश्य और संख्या—इन आठ पदार्थों को स्वीकार करता है। द्रव्य, गुण और कर्म की व्याख्या लगभग उसी प्रकार की है जैसी कि न्याय की प्रकल्पना में है। प्रभाकर के अनुसार, सामान्य यथार्थ है। यह प्रत्येक व्यक्ति के पूर्णरूप में विद्यमान रहता है और इन्द्रियप्रत्यक्ष का विषय है। व्यक्ति से पृथक् इसका अस्तित्व नहीं है। प्रभाकर उच्चतम प्रजाति के अस्तित्व को स्वीकार नहीं करता, इस आधार पर कि हमें उसकी अभिज्ञता नहीं है। हम पदार्थों को केवल विद्यमान नहीं देखते। जब हम किसी व्यक्तिरूप पदार्थ को विद्यमान (सत्) कहते हैं, तो हमारा तात्पर्य यह होता है कि वह अपनी विशिष्ट सत्ता (स्वरूपसत्ता) रखता है। हम किसी वस्तु को उसके गुणों से पृथक् नहीं देखते। सामान्य और विशेष समवाय-सम्बन्ध से सम्बद्ध हैं। जब एक नया व्यक्ति उत्पन्न होता है, तो समवाय का नया सम्बन्ध उत्पन्न होता है, जिसके द्वारा वह व्यक्ति उस वर्गगत लक्षण के सम्बन्ध में आता है जो अन्य व्यक्तियों के अन्दर विद्यमान है। जब एक व्यक्ति का नाश हो जाता है तो सामान्य और व्यक्ति के मध्य जो समवाय सम्बन्ध है उसका भी नाश हो जाता है। समवाय नित्य नहीं है, क्योंकि वह विनश्वर वस्तुओं में भी विद्यमान रहता है। यह एक नहीं है, बल्कि जितनी वस्तुएं हैं उतना ही है। यह दोनों प्रकार का है—उत्पन्न भी है, अनुत्पन्न भी है; दृश्य भी है, अदृश्य भी है। जिन वस्तुओं में यह रहता है उनके स्वरूप के अनुसार होता है। शक्ति उस क्षमता को दिया गया साधारण नाम है जिसके द्वारा द्रव्य, गुण, कर्म और सामान्य वस्तुओं के कारण बनते हैं।[2] क्षमता, जिसका अनुमान कार्यों से होता है, नित्य वस्तुओं में नित्य है और अन्यों में अनित्य है। प्रभाकर के अनुसार सादृश्य को द्रव्य, गुण अथवा कर्म के साथ न मिला देना चाहिए, क्योंकि यह गुणों में आन्तरिक सम्बन्ध से रहता है। द्रव्य गुणों में नहीं रह सकता, और न ही एक गुण अथवा कर्म दूसरे गुण अथवा कर्म में रह सकता है। सादृश्य और जातिगत सामान्य रूप एकसमान नहीं है, क्योंकि सादृश्य अपने सह-सम्बन्धी पर निर्भर करता है। यह जाति से भी सम्बद्ध है, जैसे हम कहते हैं कि गाय की जाति घोड़े की जाति के समान है। अभाव को और इसे एकसमान नहीं माना जा सकता, क्योंकि इसका बोध इसकी प्रतिकूल सत्ता के द्वारा नहीं जाना जाता। अनुमान; अथवा साक्ष्य और उपमान हमें इसका ज्ञान कराते हैं।[3] शक्ति, सादृश्य और संख्या, ये स्वतन्त्र पदार्थ माने गए हैं, क्योंकि इन्हें ह्रास द्वारा अन्यो में लाया नहीं जा सकता। नैय्यायिक द्वारा प्रतिपादित विशेष को नहीं माना गया, क्योंकि यह एक विशिष्ट प्रकार के गुण का निर्देश करता है। अभाव देश के अन्दर अपने उस आधार को छोड़कर, जहां इसे विद्यमान माना जाता है, अन्य कोई वस्तु नहीं है।

कुमारिल सब पदार्थों को भावात्मक तथा अभावात्मक रूप में बांटता है। अभावात्मक पदार्थ चार प्रकार के हैं : पूर्ववती, परवर्ती, परम और पारस्परिक। भावात्मक पदार्थ भी चार प्रकार के हैं : द्रव्य, गुण, कर्म और सामान्य। शक्ति और सादृश्य को द्रव्य के अन्तर्गत माना गया है। क्षमता पदार्थों का ऐसा धर्म है जिसका अनुमान होता है, प्रत्यक्ष नहीं। यह वस्तुओं के साथ ही उत्पन्न होती है। संख्या एक गुण है। शक्ति प्राकृतिक (सहज) या उत्पन्न

---

1. बृहती, पृष्ठ 30। और देखिए शास्त्रदीपिका : अद्वैतमतनिरास।

2. इस मत की कि कारण के अन्दर एक अदृश्य शक्ति रहती है जो कार्य को उत्पन्न करती है, आलोचना नैय्यायिक ने इस आधार पर की है कि यह शक्ति न तो दिखाई देती है और न अनुमान की जा सकती है। देखिए कुसुमांजलि, 1।

3. प्रकरणपंचिका, पृष्ठ 110 से आगे।

(आधेय) होती है। सादृश्य केवल एक गुण है, जो इस तथ्य में पाया जाता है कि एक से अधिक पदार्थों में एक समान लक्षण होते हैं। यह एक भिन्न पदार्थ नहीं हो सकता, क्योंकि हम अपने साधारण अनुभव में सादृश्य की भिन्न-भिन्न श्रेणियों से अभिज्ञ रहते हैं, कुमारिल की दृष्टि में समवाय स्वयं उन वस्तुओं से, जिनमें यह रहता है, भिन्न नहीं है।[1] प्रभाकर के समान, कुमारिल का मत है कि जातिगत सामान्यरूप प्रत्यक्ष का विषय है।[2] जो वस्तुएं भिन्न हैं उनमें सम्बन्ध विद्यमान रहता है, किन्तु समवाय इस प्रकार का सम्बन्ध कहा जाता है जो पृथक् न हो सकने योग्य वस्तुओं में ही रहता है, जैसेकि वर्ग तथा व्यक्ति में, और इस प्रकार यह एक असम्भव विचार है।

द्रव्य वह है जिसके अन्दर गुण रहते हैं। द्रव्य संख्या में नौ हैं : पृथ्वी, जल, वायु, अग्नि, आकाश, आत्मा, मन, काल और देश। कुमारिल इस सूची में अन्धकार और शब्द को जोड़ता है।[3] पृथ्वी, जल, वायु और अग्नि में रूप तथा स्पृश्यता है, और इसलिए जब ये अपनी आणविक अवस्था में नहीं होते, तो दृष्टि तथा स्पर्श की इन्द्रियों के विषय होते हैं। अन्य द्रव्य प्रत्यक्ष के विषय नहीं हैं, उनका केवल अनुमान होता है। आकाश की प्रकट धवलता इसमें अग्नि के कणों के कारण है। आकाश का शब्द के आश्रय रूप में अनुमान होता है। वायु प्रभाकर के मत में न ठण्डी है, न गरम। उष्णता अथवा शीतता इसमें अग्नि अथवा जल के कणों के व्याप्त होने के कारण है। कुमारिल के अनुसार, वायु के स्पर्श द्वारा प्रत्यक्ष ज्ञान प्राप्त होता है।

गुणों के कथन तथा उनका द्रव्यों के साथ सम्बन्ध बतलाने में प्रभाकर और कुमारिल वैशेषिक के ऋणी हैं। कुमारिल, प्रशस्तपाद का अनुसरण करते हुए चौबीस गुणों को गिनाता है; केवल शब्द के स्थान पर ध्वनि और धर्म व अधर्म के स्थान पर अभिव्यक्ति तथा क्षमता को रखता है। जहां प्रभाकर बलपूर्वक यह कहता है कि व्यक्तित्व केवल नित्य वस्तुओं ही पर लागू होता है, वहां कुमारिल का मत है कि यह उत्पन्न पदार्थों तथा नित्य वस्तुओं पर भी लागू होता है।

कर्म को वैशेषिक में पांच प्रकार का बताया गया है। जहां प्रभाकर का मत है कि यह केवल अनुमान का विषय है, वहां कुमारिल इसे प्रत्यक्ष का विषय मानता है। प्रभाकर के अनुसार, हम जब देश के बिन्दुओं से संयोग और वियोग देखते हैं, तो हम कहते हैं कि हम गति देखते हैं। ये सम्पर्क देश के अन्दर हैं, जबकि गति पदार्थ में है। कुमारिल का मत है कि यदि गति का अनुमान होता है, तो इसका अनुमान देश के बिन्दुओं से किसी पदार्थ के संयोग और वियोग के अभौतिक कारण के रूप में ही हो सकता है, और इससे यह उपलक्षित होगा कि यह पदार्थ और देश दोनों में रहता है, जबकि यह केवल पदार्थ में ही रहता है। इसलिए वह तर्क करता है कि हम गति को देखते हैं, जो पदार्थ में है और जो देश के अन्दर संयोग

1. श्लोकवार्तिक, प्रत्यक्षसूत्र, पृष्ठ 146-50। 2. इन्द्रियगोचर, श्लोकवार्तिक, वनवाद, 24।

3. प्रभाकर के अनुसार, अन्धकार केवल प्रकाश के अभाव का नाम है। यदि यह द्रव्य अथवा गुण होता तो इसका प्रत्यक्ष दिन में भी होना चाहिए था। कुमारिल का तर्क है कि अन्धकार एक द्रव्य है क्योंकि इसमें नीलेंपन का गुण है और इसमें गति हो सकती है।

और वियोग को उत्पन्न करती है। जबकि कुमारिल द्रव्य, गुण और कर्म की सामान्यताओं को स्वीकार करता है, प्रभाकर अन्तिम दो को स्वीकार नहीं करता। पूर्वमीमांसादर्शन आदिम सृष्टि और नितान्त प्रलय के सिद्धान्त को स्वीकार नहीं करता।[1]

14. नीति शास्त्र

उचित जीवन की योजना धर्म है। जैमिनि धर्म की परिभाषा करते हुए कहते हैं कि धर्म एक अध्यादेश अथवा आदेश है।[2] 'चोदना' अर्थात् निषेधाज्ञा धर्म का लक्षण है। यह विधानकार द्वारा की गई विधान की परिभाषा है। शबर के अनुसार, चोदना ऐसे वचनों की द्योतक है जो मनुष्य को कर्म में प्रवृत्त होने की प्रेरणा करते हैं।[3] 'चाहिए' का उद्भव बाह्य है क्योंकि कर्तव्य हमारे लिए एक शक्ति द्वारा प्रकाशित किए जाते हैं, हम स्वयं उन्हें प्रकाशित नहीं करते। 'चोदना' शब्द का एक और अर्थ भी है, अर्थात् दैवीय प्रेरणा अथवा अन्दर से होने वाली प्रेरणा। जो अन्तःस्थ हृदय को अच्छा लगता है वह बाहर की आज्ञा के अनुकूल होता है। एक व्यक्ति की इच्छा और जाति की दी गई व्यवस्था परस्पर समान होती हैं। टीकाकारों का कहना है कि जिसका आदेश दिया जाता है उसके अन्दर दुःख की अपेक्षा सुख उत्पन्न करने की क्षमता अधिक रहती है। इस प्रकार आचरण की पद्धतियां जिनका विधान किया जाता है, अभिलषित उद्देश्यों की ओर हमें ले जाती हैं। सुख ही लक्ष्य है, जो मीमांसादर्शन को अभिमत है, यद्यपि इससे तात्पर्य इस जगत् के सुख से नहीं है। पारलौकिक सुख के लिए हमें इस लोक में आत्मत्याग का अभ्यास करना चाहिए। जिन कार्यों का परिणाम नुकसान अथवा दुःख (अनर्थ) हो वे धर्म नहीं हैं। जिसे करने के लिए आज्ञा दी गई है वह धर्म है, और वह हमें सुख की ओर ले जाता है।[4] यदि हम आज्ञाओं का पालन नहीं करते तो केवल यही नहीं कि हम अपने सुख से वंचित होते हैं, दुःख भोगते हैं।

पूर्वमीमांसा द्वारा प्रतिपादित नीतिशास्त्र ईश्वरीय ज्ञान पर आधारित है।[5] वैदिक आज्ञाएं धर्म के ब्यौरों का प्रतिपादन करती हैं। सत्कर्म, मीमांसक के अनुसार, वह है जो वेद विहित है। कट्टरपंथी प्रकल्पना के अनुसार, स्मृति के वाक्यों के अनुरूप वैदिक वाक्य हैं, यद्यपि उनमें से कतिपय लुप्त हो गए हों, यह सम्भव है। यदि स्मृतियां श्रुति की विरोधी हैं तो उन स्मृतियों को अमान्य ठहराना होगा।[6] हमें यदि प्रतीत हो कि स्मृतियों का निर्माण स्वार्थ की प्रेरणा से हुआ है, तो ऐसी स्मृतियों को अवश्य त्याग देना चाहिए।[7] स्मृतियों से उतरकर सज्जन पुरुषों का आचरण अथवा प्रथा हमारे मार्गदर्शक हैं।[8] ऐसे कर्तव्य जिनके लिए धर्मशास्त्र में अनुमति नहीं पाई जाती, उनकी व्याख्या उपयोगिता के सिद्धान्त पर की जाती है। यदि हम सहज प्रेरणाओं के वश होकर कोई कार्य करते हैं तो हम धर्मात्मा

---

1. श्लोकवार्तिक, सम्बन्धाक्षेपपरिहार, 118। 2. चोदनालक्षणोऽर्थो। धर्मः (1 : 1, 2)।
3. चोदनेति क्रियायाः प्रवर्तकं वचनमाहुः (1 : 1, 2 के ऊपर शबर)।
4. आदेश विधि के अनुकूल है, कर्तव्य धर्म के अनुकूल है और अनुमति फल के अनुकूल है।
5. तुलना कीजिए पाले द्वारा की गई धर्म की परिभाषा से : "ईश्वरेच्छा के अनुसार तथा स्थायी सुख की कामना से मनुष्य-जाति का कल्याण करना।"
6. 1 : 3, 3।
7. 1 : 3, 4। 8. 1 : 3, 8-9।

नहीं हैं।[1] एक हिन्दू का जीवन वैदिक नियमों से शासित है, और इसलिए हिन्दू विधान की व्याख्या के लिए मीमांसा के नियम बहुत महत्त्वपूर्ण हैं।

मोक्ष की प्राप्ति के लिए हमें सन्ध्या इत्यादि नित्यकर्मों का पालन करना चाहिए और उचित अवसर आने पर नैमित्तिक कर्मों का पालन करना चाहिए। ये बिना किसी प्रतिबन्ध के कर्तव्य कर्म हैं। यदि इन्हें हम पूर्ण नहीं करते तो हमें पाप (प्रत्यवाय) लगता है। विशेष उद्देश्यों की प्राप्ति के लिए हम काम्य कर्म करते हैं। यदि हमें उद्देश्यों की कामना न हो तो उन्हें करने की आवश्यकता नहीं है। निषिद्ध आचरणों से बचकर हम नरक से बचते हैं, और यदि हम काम्य कर्मां से दूर रहें तो हम अपने को स्वार्थपरक उद्देश्यों से स्वतन्त्र रख सकेंगे, और यदि हम प्रतिबन्धरहित कर्तव्य कर्मों का पालन करते रहें तो हमें मोक्षलाभ होगा।

जैमिनि के अनुसार, यज्ञों के करने का अधिकार केवल ऊपर के तीन वर्णों, अर्थात् ब्राह्मण, क्षत्रिय और वैश्य को ही है। उसे आत्रेय का समर्थन प्राप्त होता है। परन्तु बादरी के समान ऐसे विचारक भी थे जिनका मत था कि यज्ञों का अधिकार सब वर्णों को एक समान प्राप्त है। जैमिनि का आधार यह है कि, क्योंकि शूद्र वेदों का अध्ययन नहीं कर सकते, इसलिए वे यज्ञों को करने के अधिकार से वंचित हैं।[2]

प्रभाकर के अनुयायी, संकल्पशक्ति का विस्तृत विश्लेषण करते हैं। 'सिद्धान्त मुक्तावलि' में ऐच्छिक कर्म का, प्रभाकर के मत से, निम्नलिखित क्रम दिखाया गया है : कार्यताज्ञान, अर्थात् कोई कार्य करना है इसका अभिज्ञान, अथवा कर्तव्य का भाव; चिकीर्षा, अर्थात् उसको करने की इच्छा जिसमें यह ज्ञान उपलक्षित है कि यह कार्य किया जा सकता है, अर्थात् कृतिसाध्यताज्ञान; चेष्टा; और क्रिया। प्रभाकर कल्याण की भावना की अपेक्षा कर्तव्य-भावना पर अधिक बल देता है, परन्तु काम्य कर्मों में कल्याण की भावना विद्यमान रहती है, वैदिक यज्ञों में, आदेश अपनी शाब्दिक शक्ति द्वारा, कर्ता के अन्दर, उस उद्देश्य की प्राप्ति के लिए कार्य करने की प्रेरणा उत्पन्न करता है जिसका संकेत आदेश में किया गया है। मीमांसा दर्शन मानवीय स्वतन्त्रता को मानता है, अन्यथा मनुष्य अपने कर्मों के लिए उत्तरदायी नहीं ठहराए जा सकते।

कर्म-विधान का तात्पर्य यदि ठीक-ठीक समझ लिया जाय तो मानवीय-स्वतन्त्रता के साथ इसकी असंगति नहीं है। हम प्रथम पग उठाने से बच सकते हैं, किन्तु जब एक बार पग उठा लिया तो, स्वभाव के विधान के अनुसार, दूसरा पग सरलता से उठ जाएगा।[3]

वेद मनुष्य-जाति की विज्ञता का प्रतिनिधित्व करते हैं, और यदि उनमें शिक्षित समाज की सम्मति से विरोध पाया जाता है तो उनकी प्रामाणिकता के विषय में स्वभावतः सन्देह उत्पन्न होता है। कुमारिल तर्क करता है कि वैदिक आदेशों में अन्तर्निहित प्रामाणिकता है, क्योंकि अधिकतर जनसाधारण उन्हें मानते हैं। उसकी सम्मति में सामाजिक चैतन्य वैदिक

---

1. 4 : 1, 3।

2. 6 : 1, 25-38। जैमिनि का विरोध कुछ तत्त्वों से होता है, जिनका समाधान करने के लिए वह बहुत प्रयत्न करता है। 6 : 1, 44-50 में रथकार के लिए, जो चारों वर्णों के बाहर है, अग्न्याधान यज्ञ करने का अधिकार स्वीकार किया गया है। निषाद रौद्रयज्ञ के अधिकारी हैं। (6 : 1, 51-52)।

3. डेरियस का भूत पर्शियन अवनति से यह नैतिक शिक्षा लेता है : "जब हम अपनी स्वतन्त्र इच्छा से पाप की ओर वेग से दौड़ते हैं, तो स्वयं परमात्मा हमारा सहायक होता है।"

नियमों की प्रामाणिकता को पुष्ट करता है। तो भी वह कर्तव्य के विषय में हमें वेद की पथप्रदर्शकता को स्वीकार करने का आदेश देता है, और समाजकल्याण अथवा दूसरों का सुख सरीखे अनिश्चित पथप्रदर्शकों पर विश्वास न करने का आदेश करता है।[1] महान् पुरुषों का आचरण भी हमें धर्म के स्वरूप का संकेत करता है। किन्तु कुमारिल बौद्धमत के सिद्धान्तों का समर्थन करने में संकोच अनुभव करता है, क्योंकि बौद्ध वेदों की प्रामाणिकता का विरोध करते हैं। वह नेकनीयती के साथ स्वीकार करता है कि बौद्धों का आचार-विधान, जो अहिंसा पर बल देता है, श्रेष्ठ है, यद्यपि वे जो वेदों का खण्डन करते हैं, वह निन्दनीय है। बौद्धमत में जो सत्य का अंश है वह उससे मिश्रित है जो अधिकतर मिथ्या है, और इसलिए वह इसकी तुलना उस दूध के साथ करता है जो कुत्ते की खाल में रखा हुआ है।[2]

वेदान्त यान्त्रिक क्रियाकलाप (कर्मकाण्ड) का विरोध उसी भावना को लेकर करता है जिस भावना से ईसामसीह ने पारसियों का विरोध किया और लूथर के कर्मों द्वारा औचित्य-निर्णय के सिद्धान्त का विरोध किया। प्रत्येक कार्य चाहे वह कितना ही पवित्र क्यों न प्रतीत हो, बिना किसी मनोभावना के यान्त्रिक रूप में किया जा सकता है, और इसीलिए अपने-आप में मोक्ष के लिए अधिक उपयोगी नहीं हो सकता। कर्मकाण्डवाद अधिकतर हानिकारक है, क्योंकि उसमें मिथ्याविश्वास रहता है। हम चाहे कितने ही यज्ञ क्यों न करें, फिर भी हो सकता है कि वे आन्तरिक भावना में कोई भी परिवर्तन न ला सकें। यदि पुण्य अथवा धर्म से तात्पर्य नैतिक सुधार अथवा हृदय परिवर्तन से है, तो कर्मकाण्ड-सम्बन्धी यज्ञ नहीं बल्कि स्वार्थत्याग आवश्यक है। वेद श्रद्धा, भक्ति और तपस्या का विधान करते हैं,[3] जिनका यज्ञों के साथ बहुत दूर का सम्बन्ध है। ईश्वरवादी मत, जो घोषणा करते हैं कि समस्त कार्य ईश्वर को समर्पित करके करना चाहिए, वेद की भावना के अनुकूल हैं। कुछ परवर्ती मीमांसकों का यही मत है। लौगाक्षि भास्कर हमें बतलाता है कि जब ईश्वरार्पण के भाव से कर्तव्य का पालन किया जाता है तो वह मोक्ष का कारण बन जाता है।[4] इस लोक में या परलोक में पुरस्कार का भाव अनासक्ति तथा आत्मत्याग की भावना को दबा देता है। इसके अतिरिक्त, मीमांसक मुख्य करके यज्ञों के विषय में ही कहते हैं,[5] और इस प्रकार मानवीय जीवन के मुख्य भाग को अछूता छोड़ देते हैं।

15. अपूर्व

कर्मों को करने का आदेश उनके फलों को दृष्टि में रखकर किया जाता है। कर्म और उसके परिणाम में एक प्रकार का सम्बन्ध रहना आवश्यक है। कर्म, जो आज किया गया है, किसी भविष्यकाल में अपना परिणाम उत्पन्न नहीं कर सकता जब तक कि वह समाप्त होने से पूर्व किसी अदृष्ट परिणाम को जन्म न दे दे। जैमिनि इस प्रकार की एक अदृष्ट शक्ति की कल्पना करते हैं और उसे 'अपूर्व' की संज्ञा देते हैं।[6] इसे या तो फल का

---

1. श्लोकवार्तिक, 2 : 242-47।
2. श्वचर्मनिक्षिप्तक्षीरवत् (तन्त्रवार्तिक, 1 : 3, 6 पृष्ठ 127)।
3. श्रद्धां देवा यजमाना...उपासते (ऋग्वेद, 10 : 151-54) और देखिए ऋग्वेद, 10 : 167।
4. ईश्वरार्पणबुद्ध्या क्रियमाणस्तु निःश्रेयसहेतुः (अर्थसंग्रह)।
5. यागादिरेव धर्मः, तल्लक्षणं वेदप्रतिपाद्यः प्रयोजनवद् अर्थो धर्मः (अर्थसंग्रह, पृष्ठ 1)
6. कोई नई वस्तु, जो पहले नहीं जानी गई।

पूर्ववर्ती अदृष्ट माना जा सकता है या कर्म की पश्चाद्वर्ती अवस्था। क्योंकि यज्ञ इत्यादि की व्यवस्था ऐसे निश्चित फलों के लिए की गई जो दीर्घकाल के बाद मिलते हैं, इसलिए कालान्तर में फल की प्राप्ति तब तक सम्भव नहीं हो सकती जब तक कि इसके लिए अपूर्व को माध्यम न माना जाए।[1] कार्य तथा उसके परिणाम के बीच 'अपूर्व' एक अतिलौकिक कड़ी है।[2] मीमांसक कर्मों के फलों को ईश्वर की इच्छा पर निर्भर मानने के इच्छुक नहीं हैं, क्योंकि नानाविध कार्यों का कारण कोई एक नहीं हो सकता।[3]

> कुमारिल के अनुसार, अपूर्व प्रधान कर्म में अथवा कर्ता में एक योग्यता है, जो कर्म के करने से पूर्व नहीं थी और जिसका अस्तित्व धर्मशास्त्र के आधार पर सिद्ध होता है। कर्म के द्वारा उत्पन्न निश्चित शक्ति, जो परिणाम तक पहुंचाती है, अपूर्व है। अपूर्व का अस्तित्व अर्थापत्ति से सिद्ध होता है। यदि हम इसके अस्तित्व को नहीं मानें तो कितने ही वेदवाक्यों की व्याख्या न हो सकेगी। कर्ता द्वारा किया गया यज्ञ कर्ता में साक्षात् एक ऐसी शक्ति उत्पन्न करता है जो उसके अन्दर अन्यान्य शक्तियों की भांति जन्म-भर विद्यमान रहती है और जीवन के अन्त में उसके लिए प्रतिज्ञात पुरस्कार प्राप्त कराती है। प्रभाकर के अनुसार, अपूर्व आत्मा के अन्दर नहीं हो सकता, क्योंकि अपनी सर्वत्र व्यापकता ही के कारण आत्मा निष्क्रिय है। वह इस मत को स्वीकार नहीं करता कि कर्मकर्ता के अन्दर एक निश्चित क्षमता उत्पन्न करता है, जो अन्तिम परिणाम का निकटतम कारण है। यज्ञ इस प्रकार की क्षमता उत्पन्न करता है, यह न तो प्रत्यक्ष से, न अनुमान से और न धर्मशास्त्र सें ही सिद्ध होता है। कर्त्ता के प्रयत्न से कर्म उत्पन्न होता है और कारणरूप क्षमता इसी प्रयत्न में रहनी चाहिए, इस प्रकार हमें क्षमता की कल्पना कर्म में करनी चाहिए न कि कर्ता में। इसके अतिरिक्त, 3 : 1, 3 में यह सिद्ध किया गया है कि नियोज्य पुरुष द्वारा अभिलषित परिणाम का साक्षात् कारण, कार्य है। यह कार्य कर्म नहीं हो सकता, क्योंकि कर्म अन्तिम परिणाम का साक्षात् कारण नहीं है। कार्य की उत्पत्ति कर्त्ता की कृति अर्थात् प्रयत्न द्वारा होती है, जिसका कारण नियोग (प्रेरणा) है।[4] प्रयत्नकर्ता के अन्दर एक परिणाम (कार्य) उत्पन्न करता है। प्रभाकर इसे भी नियोग का नाम देता है, क्योंकि यह कर्ता के लिए एक प्रेरक का कार्य करता है, जिसके कारण वह कर्म करने का प्रयत्न करता है, परन्तु यह नियोग, जब तक भाग्य इसमें सहायक न हो, परिणाम को उत्पन्न नहीं कर सकता, जैसाकि शालिकनाथ ने कहा है। प्रभाकर के मत[5] को समझना आसान नहीं है और वह कुमारिल के मत से कुछ उन्नत भी प्रतीत नहीं होता।
>
> उद्योतकर ने अपूर्व के सिद्धान्त की आलोचना की है।[6] यह नित्य नहीं हो सकता, क्योंकि इसे नित्य मानने से मृत्यु सम्भव न हो सकेगी, क्योंकि पुण्य व पाप भी नित्य

1. पूर्वमीमांसासूत्र, 2 : 1, 5।
2. तुलना कीजिए भीमाचार्य की इस परिभाषा से : यागादिजन्यः स्वर्गादिजनकः कश्चन गुणविशेषः (न्यायकोश)।
3. शांकरभाष्य, 3 : 2, 40।
4. 3 : 1, 3।
5. प्रकरणपंचिका, पृष्ठ 185 से आगे।
6. न्यायवार्तिक, 1 : 1, 7।

हो जाएंगे। यदि अपूर्व एक है तो सब मनुष्यों के सुख और दुःख एकसमान होंगे। हम यह नहीं कह सकते कि यद्यपि अपूर्व एक है, किन्तु अभिव्यक्त करनेवाले साधन अनेक हैं, क्योंकि हम नहीं जानते कि अभिव्यक्त करनेवाला साधन क्या है, अर्थात् क्या यह परिणाम उत्पन्न करने की योग्यता है, अथवा अपूर्व से सम्बद्ध एक धर्म है। हम नहीं कह सकते कि अपूर्व और योग्यता एक ही हैं या भिन्न हैं। यदि हम कहें कि गुप्त अपूर्व अभिव्यक्त किया गया है, तो हमारे लिए इसका समाधान करना आवश्यक होगा कि पहले यह गुप्त कैसे रहता है। यदि नित्य अपूर्व भिन्न-भिन्न पुरुषों के लिए भिन्न-भिन्न भी हो, तो भी अभिव्यक्ति की कठिनाइयों से बच नहीं सकते। शंकराचार्य अपूर्व की प्रकल्पना की आलोचना इस आधार पर करते हैं कि यह अभौतिक नहीं है और तब तक यह कार्य नहीं कर सकता जब तक कि इसे चालित करनेवाला कोई आध्यात्मिक न हो। कर्मों के फलों की व्याख्या एकमात्र अपूर्व के सिद्धान्त से नहीं हो सकती। यदि कहा जाए कि ईश्वर अपूर्व के सिद्धान्त के अनुसार कर्म करता है, तो वेदान्त का ठीक यही मत है कि ईश्वर कर्म-विधान के अनुसार कार्य करता है।[1]

16. मोक्ष

जैमिनि और शबर ने मोक्ष की समस्या का सामना नहीं किया। उन्होंने स्वर्ग के जीवन का तो मार्ग निर्दिष्ट किया, किन्तु संसार से मुक्ति का मार्ग-निर्देश नहीं किया। परन्तु परवर्ती लेखक उक्त समस्या से बच नहीं सके, क्योंकि अन्य सम्प्रदायों के विचारकों का ध्यान इधर आकृष्ट था। प्रभाकर के अनुसार, धर्म और अधर्म के सर्वथा विलोप होने का नाम ही मोक्ष है, क्योंकि इनका व्यापार ही पुनर्जन्म का कारण है। इसकी परिभाषा इस प्रकार की है, "समस्त धर्म और अधर्म के विलोप हो जाने के कारण जो शरीर की समाप्ति है वही मोक्ष है।"[2] एक व्यक्ति यह पता लगाकर कि इस संसार में सुख दुःख के साथ मिश्रित है, मोक्ष की ओर अपने ध्यान को मोड़ता है। वह निषिद्ध कर्मों से बचने का प्रयत्न करता है और विहित कर्मों से भी बचता है, जो इस लोक में या परलोक में सुख दे सकते हैं। वह पूर्व-एकत्रित कर्म को पूर्णतया समाप्त कर देने के लिए जो आवश्यक परिशुद्धियां हैं, उनमें से गुज़रता है, और शनैः-शनैः आत्मा के सत्यज्ञान से, जिसमें सन्तोष तथा आत्मनियन्त्रण सहायक होते हैं, अपने शारीरिक जीवन से मुक्ति पा जाता है।[3] केवल ज्ञान हमें बन्धन से मुक्ति नहीं दिला सकता, जिसकी प्राप्ति कर्म की सर्वथा समाप्ति से ही हो सकती है। ज्ञान आगे के लिए पुण्य व पाप के संचय को रोकता है।[4] यह प्रकट है कि प्रभाकर के अनुयायी केवल कर्म को ही अपने-आप में मोक्ष प्राप्ति के लिए पर्याप्त नहीं मानते। कर्म, पुरस्कार की आशा में, आगामी जन्म की ओर ले जाता है। हमारी रुचियां तथा अरुचियां हमारे भावी जीवनों की निर्णायक हैं। यदि हम मोक्ष प्राप्त

1. कर्मापेक्षाद् अपूर्वापेक्षाद् वा यथास्तु तथास्तु ईश्वरात् फलम् (शांकरभाष्य, 3 : 2, 41)।

2. आत्यन्तिकस्तु देहोच्छेदो, निःशेषधर्मापरिक्षयनिबन्धनो मोक्ष इति सिद्धम्। धर्माधर्मवशीकृतो जीवस्तासु तासु योनिषु संसरति (प्रकरणपंचिका, तत्त्वलोक, पृष्ठ 156)।

3. शमदमब्रह्मचर्यादिकांगोपबृंहितेनात्मज्ञानेन। पृष्ठ 157।

4. एक भिन्न मत के लिए देखिए भाट्टचिन्तामणि, बनारस एडीशन, पृष्ठ 57।

करना चाहते हैं तो हमें इस चक्र को अवश्य तोड़ना होगा। सुख और दुःख दोनों की समाप्ति का नाम मोक्ष है। यह परम आनन्द की अवस्था नहीं है, क्योंकि गुणविहीन आत्मा आनन्द को भी प्राप्त नहीं कर सकती। मोक्ष केवल आत्मा का प्राकृतिक स्वरूप है।[1]

कुमारिल के अनुसार, मोक्ष समस्त दुःख से रहित आत्मा की अपने स्वरूप में स्थिति है।[2] कुछ विचारक आत्मा के आनन्दानुभव को मोक्ष मानते हैं।[3] किन्तु यह कुमारिल के मत के विरुद्ध है, जो बलपूर्वक कहता है कि मोक्ष नित्य नहीं हो सकता जब तक कि यह निषेधात्मकस्वरूप न हो।[4] पार्थसारथि का भी मत है कि मोक्ष की अवस्था दुःख से मुक्ति है, सुखोपभोग नहीं है। आत्मा ज्ञान की शक्ति है। पदार्थों (विषयों) के बोध मानस तथा इन्द्रियों की क्रियाओं के कारण है। क्योंकि मोक्ष में इनका कोई अस्तित्व नहीं रहता, इसलिए आत्मा सब प्रकार की अभिव्यक्ति से रहित, अपने विशुद्ध सारतत्त्व में रहती है। यह सुख, दुःख और वैसे ही अन्य विशिष्ट गुणों से रहित एक अवस्था है। इसे चैतन्य की ऐसी अवस्था माना जा सकता है जिसमें कोई विषयपरक बोध अथवा किसी भी प्रकार की संवेदना नहीं होती। किन्तु कुमारिल मोक्ष को एक विध्यात्मक अवस्था—आत्मा का साक्षात्कार—मानता है, और यह अद्वैत वेदांन्त के बिल्कुल समीप है। उसके विचार में मोक्षप्राप्ति के लिए ज्ञान पर्याप्त नहीं है। उसका विश्वास है कि ज्ञानयुक्त कर्म से मोक्ष की प्राप्ति हो सकती है।

17. ईश्वर

पूर्वमीमांसा अनेकों देवताओं के अस्तित्व को स्वीकार कर लेती है, जिससे कि वेदविहित आहुतियां उन्हें अर्पित की जा सकें। यह इन देवताओं के परे नहीं जाती, क्योंकि वैदिक धर्म के पालन में किसी सर्वोपरि शक्ति की कल्पना की आवश्यकता नहीं है। जैमिनि ईश्वर का निषेध उतना नहीं करते जितना कि उसकी ओर उपेक्षा का भाव रखते हैं। वैदिक धर्म के किसी भी ब्यौरे में ईश्वर की सहायता आवश्यक नहीं है। धर्म की स्थापना एक नित्य स्वयंभूः वेद के द्वारा हुई है, और हम पहले ही देख आए हैं कि किस प्रकार वेद को ईश्वर की कृति मानने के प्रयासों का प्रत्याख्यान किया गया है। यज्ञों के पुरस्कार किसी परोपकारी ईश्वर के कारण नहीं हैं। यहां तक कि जहां परिणाम तुरन्त प्रकट नहीं होते, वहां अपूर्व का अतीन्द्रिय सिद्धान्त उपस्थित कर दिया जाता है, और यह समय पर यज्ञ के कर्ता को उसके पुरस्कार के प्राप्ति में सहायता देता है। एक सर्वज्ञ सत्ता के अस्तित्व का कोई विश्वसनीय प्रमाण नहीं मिलता। प्रत्यक्ष, अनुमान तथा शब्दप्रमाण सब अनुपयोगी हैं, श्रुति के वे वाक्य जो घोषणा करते हैं 'वह सब जानता है', 'वह संसार को जानता है', यज्ञकर्ता के पुण्यों की बढ़ा-चढ़ाकर स्तुति करते हैं। कार्यों का सिलसिला और उससे निकलनेवाले परिणाम, बीजांकुर की भांति, अनादिकाल से अनन्तकाल तक चलते रहते हैं। मीमांसा उस सिद्धान्त को स्वीकार नहीं करती जिसके अनुसार सृष्टि और प्रलय बार-बार होते हैं। परिणमन तथा विनाश की प्रक्रिया निरन्तर चलती है। यह कल्पना करना व्यर्थ है कि सर्वोपरि प्रभु किसी एक समय में सब आत्माओं की शक्तियों को निष्क्रिय बना

---

1. स्वात्मस्फुरणरूपः (प्रकरणपंचिका, पृष्ठ 157)।
2. परमात्मप्राप्त्यवस्थामात्रम्।
3. चित्तेन स्वात्मसौख्यानुभूतिः।
4. श्लोकवार्तिक, सम्बन्धाक्षेपपरिहार, पृष्ठ 107।

देता है और जब एक नई सृष्टि का संचालन होता है तो उन्हें फिर से जागरित करता है। प्रभाकर यह तो स्वीकार करता है कि विश्व संघटक भाग हैं, जिनका आदि भी है और अन्त भी है, किन्तु वह यह मानता है कि पूर्ण इकाई के रूप में विश्व का न आदि है, न अन्त है। मनुष्यों तथा पशुओं के शरीरों की उत्पत्ति में हम किसी दैवीय सत्ता के हस्तपेक्ष को नहीं देखते, क्योंकि वे अपने माता-पिता से उत्पन्न होते हैं। हम नहीं कह सकते कि परमाणु ईश्वर की इच्छा के अनुकूल कर्म करते हैं, क्योंकि हमारे अनुभव में प्रत्येक आत्मा उस शरीर पर कार्य करती है जो इसे मिला हुआ है। किन्तु परमाणु ईश्वर का शरीर नहीं है। यदि हम ईश्वर का शरीररूपी यन्त्र प्रदान करें भी, तो उस शरीर में क्रिया ईश्वर के ही प्रयत्न के कारण होगी। यदि वह प्रयत्न नित्य है तो परमाणु निरन्तर क्रियाशील रहेंगे। और न ही हम यह कह सकते हैं कि धर्म व अधर्म का कोई दैवीय निरीक्षक है, क्योंकि वे बुद्धिसम्पन्न व्यक्तियों से सम्बद्ध हैं। एक सत्ता, चाहे वह कितनी ही महान् क्यों न हो, दूसरे के धर्म और अधर्म को नहीं जान सकती। ईश्वर अपनी इन्द्रियों अथवा मन के द्वारा दूसरों के धर्म को, जो अदृश्य है, प्रत्यक्ष नहीं कर सकता, क्योंकि वह उसके शरीर के बाह्य है। धर्म और अधर्म पर ईश्वर के नियन्त्रण का क्या स्वरूप है, इसे समझना कठिन है। यह नियन्त्रण संयोग की अवस्था नहीं है, क्योंकि धर्म और अधर्म गुण हैं और संयोग द्रव्यों में ही सम्भव हो सकता है। यह समवाय की अवस्था भी नहीं है क्योंकि धर्म और अधर्म अन्य आत्माओं में समवाय-सम्बन्ध से रहते हैं, और ईश्वर में नहीं रह सकते।[1]

कुमारिल न्याय के उस मत की आलोचना करता है जो तर्क के द्वारा ईश्वर के अस्तित्व को सिद्ध करता है, और घोषणा करता है कि वेदों का निर्माण ईश्वर द्वारा हुआ है। यदि वेद, जिन्हें ईश्वर की कृति समझा जाता है, कहते हैं कि ईश्वर जगत् का स्रष्टा है, तो इस प्रकार के कथन का कोई मूल्य नहीं है।[2] यदि स्रष्टा ने जगत् को बनाया है तो इसे कौन प्रमाणित करेगा? फिर, वह जगत् का निर्माण कैसे करता है? यदि उसका कोई भौतिक शरीर नहीं है, तो उसे सृष्टिरचना की कोई इच्छा भी नहीं हो सकती। यदि उसका कोई भौतिक शरीर है तो वह स्वयं उसके कारण नहीं हो सकता, और इस प्रकार हमें उसके लिए एक अन्य स्रष्टा मानना होगा। यदि उसका शरीर नित्य माना जाए तो वह किन घटकों से बना है, क्योंकि पृथ्वी आदि तत्त्व तो तब तक उत्पन्न नहीं हुए थे? यदि उसकी रचनात्मक क्रिया से पूर्व प्रकृति का अस्तित्व है, तो अन्य पदार्थों के अस्तित्व का निषेध करने का कोई कारण नहीं है। दुःखों से भरे इस संसार को उत्पन्न करने में ईश्वर का क्या प्रयोजन है? भूतकाल के कर्म की व्याख्या लागू नहीं होती, क्योंकि इससे पूर्व सृष्टि न थी। दया के कारण वह सृष्टि की रचना नहीं कर सकता, क्योंकि ऐसे प्राणी नहीं थे जिन पर दया दिखाई जा सके। इसके अतिरिक्त, इस मत के अनुसार केवल सुखी प्राणियों की ही रचना की जानी चाहिए थी। हम यह नहीं कह सकते कि ऐसी सृष्टि की रचना सम्भव नहीं है जिसमें दुःख का अंश विद्यमान न हो, क्योंकि ईश्वर के लिए कुछ भी असम्भव नहीं है। किन्तु यदि किन्हीं कारणों से उस पर प्रतिबन्ध लगा हुआ है, तो वह सर्वशक्तिमान नहीं है। यदि सृष्टि की रचना ईश्वर के मनोरंजन के लिए है, तो उस प्रकल्पना से विरोध होता है जो कहती है कि ईश्वर सर्वथा सुखी है। इससे ईश्वर बहुत अधिक कष्टदायक

1. झा : प्रभाकरमीमांसा, पृष्ठ 80-87।
2. श्लोकवार्तिक, सम्बन्धाक्षेपपरिहार, 114; चोदनासूत्र, 142।

परिश्रम में पड़ जाएगा, और न ही संसार के विनाश की उसकी इच्छा समझ में आएगी। हम उसकी वाणी पर क्यों विश्वास करें? क्योंकि यदि उसने जगत् का निर्माण न भी किया हो तो भी अपनी शक्ति की महत्ता दिखाने को वह ऐसा कह सकता है।[1] यदि स्रष्टा अपने धर्म की मात्रा के कारण अन्यों से भिन्न है, तो धर्म केवल वेदों के द्वारा ही सम्भव है, और इस प्रकार ये सृष्टि से पूर्ववर्ती हैं।[2] यदि यह कहा जाए कि परमाणु ईश्वर की इच्छा के अनुसार कार्य करते हैं, तो ईश्वरेच्छा कैसे उदय होती है? यदि अदृष्ट सरीखे किसी कारण से इसे प्रेरणा मिलती है, तो वही संसार का भी कारण हो सकता है।[3] यदि ईश्वर अन्य वस्तुओं पर निर्भर करता है, तो उसकी स्वतन्त्रता में अन्तर पड़ता है। यदि हम ईश्वर की इच्छा का आश्रय लेते हैं, तो संसार की व्याख्या के लिए वह पर्याप्त है, और कर्म की कोई आवश्यकता नहीं रह जाती।

देवताओं के देहधारी स्वरूप के विषय में शबर का विचार है कि वेद उक्त स्वरूप के विषय में केवल स्तुति के विचार से कहते हैं। यह कहने का कि "हमने तुम्हारा हाथ पकड़ लिया है" अर्थ होता है कि हम तुम्हारी शरण में आ गए हैं।[4] प्रभाकर और कुमारिल दोनों का मत है कि देवता देहधारी नहीं हैं। हम देवताओं की कृपा से अपने कर्मों का फल प्राप्त नहीं करते, और इसलिए उन्हें किसी प्रकार के भौतिक रूप की आवश्यकता नहीं है। यद्यपि मीमांसा के संस्थापकों ने देवताओं को किसी प्रकार की यथार्थता से सम्पन्न माना, परन्तु परवर्ती मीमांसक, मन्त्रों के महत्त्व पर बल देने की उत्सुकता में, तर्क करते हुए कहते हैं कि यज्ञकर्ता को देवताओं के व्यक्तित्व से कोई सरोकार नहीं है, उसे मन्त्रों तक ही अपने ध्यान को सीमित रखना चाहिए। उनका झुकाव देवताओं को काल्पनिक मानने की ओर है और तो भी वे इस पर बल देते रहते हैं कि उन्हें आहुतियां देने से पुरस्कार-प्राप्ति निश्चित है, चाहे उन्हें उद्दिष्ट करके बने मन्त्रों से अलग उनका अस्तित्व ही न हो।[5]

पूर्वमीमांसा पर लिखे गए एक आधुनिक ग्रन्थ में इस प्रश्न पर मीमांसा के मत को वेदान्त के मत के साथ समन्वय करने का सुकल्पित प्रयत्न किया गया है।[6] ऐसा तर्क दिया गया है कि यह ठीक है कि जैमिनि ईश्वर के पुरस्कारों का वितरण करनेवाले रूप का खण्डन करते हैं, परन्तु वह ईश्वर के सृष्टि का स्रष्टा होने का निषेध नहीं करते। जहां अन्य दर्शन-पद्धतियों के मत में ईश्वर जगत् का स्रष्टा भी है व फलों का प्रदाता भी है, वहां जैमिनि का विरोध यही है कि ईश्वर फलों का प्रदाता नहीं है। कोई भी पदार्थ जब मनुष्य को सुख या दुःख प्रदान करता है तो 'फल' कहलाता है। जब तक इसका सम्बन्ध किसी व्यक्ति के साथ सुख अथवा दुःख के रूप में नहीं है तब तक इसे 'फल' नहीं माना जा सकता।[7] जब कर्म को 'फल' का कारण कहा जाता है तो इसका तात्पर्य यह होता है कि यह पदार्थ के सुखोपभोग का कारण है, केवल उसकी रचना से तात्पर्य नहीं होता। क्योंकि बादरायण अपने ग्रन्थ के तीसरे अध्याय में जैमिनि के मत पर

1. असृष्ट्वापि ह्यसौ ब्रूयादात्मैश्वर्यप्रकाशनात् 60।
2. श्लोकवार्तिक, सम्बन्धाक्षेपपरिहार, 44-72, 114-16।
3. वही, 72-73।
4. 10 : 1, 9 पर शबर को देखिए।
5. देखिए आपदेव : देवतास्वरूपविचार।
6. पी. शास्त्री : पूर्वमीमांसा, पृष्ठ 3।
7. शांकरभाष्य, 3 : 2, 38।

विचार करता है, इसलिए वह जैमिनि के इस मत पर आक्षेप करता है कि ईश्वर नहीं बल्कि अपूर्व पुरस्कारों के वितरण का कारण है। यदि जैमिनि ने ईश्वर को स्रष्टा मानने से निषेध किया होता, तो बादरायण ने निश्चित रूप से इसका खण्डन दूसरे अध्याय में किया होता, जो प्रतिपक्षियों की आलोचना के लिए ही रखा गया था। जैमिनि ने अनुभव किया कि यदि संसार की असमानताओं का एकमात्र उत्तरदायित्व अकेले ईश्वर पर होता, तो वह पक्षपात तथा क्रूरता के दोषों से मुक्त न हो सकता, और इस कारण मनुष्यों के नानाविध भाग्यों का कारण उसने उनके पूर्व आचरण को ही ठहराया। यह समाधान निश्चय दिलानेवाला नहीं है, क्योंकि इससे पूर्व कि हम वस्तुओं से सुख अथवा दुःख की प्राप्ति कर सकें, उनका पहले अस्तित्व आवश्यक है। यदि अपूर्व हमारे सुखों और दुःखों का वितरण करनेवाला है,तो इसे जगत् का स्रष्टा भी होना चाहिए। यदि सृष्टिरचना के लिए ईश्वर आवश्यक है, तो अपूर्व केवल कर्म का सिद्धान्त होना चाहिए, जिसका ध्यान ईश्वर ने सृष्टि-रचना में रखा है। साक्षात् अथवा परोक्ष रूप में जैसे भी हो, ईश्वर जगत् का स्रष्टा तथा फलों का प्रदाता भी बन जाता है।

पूर्वमीमांसा के अन्दर का शून्य स्थान इतना सन्तोषजनक था कि परवर्ती लेखक गुप्त मार्ग से ईश्वर को ले आए। अपूर्व का अचेतन तत्त्व उन सामंजस्यपूर्ण परिणामों को जो इसके कारण उत्पन्न हुए कहे जाते हैं, प्राप्त नहीं कर सकता, इस आलोचना में जो बल था उसे अनुभव किया गया।[1] शनैः-शनैः दैवीय सिद्धान्त का प्रवेश हुआ। किन्तु इस सर्वोपरि प्रभु का कर्मविधान के अधीन होना आवश्यक नहीं है, क्योंकि कोई भी अपने ही स्वरूप के अधीन नहीं होता। कर्मविधान ईश्वर की निरन्तरता को व्यक्त करता है। जब कुमारिल यह स्वीकार कर लेता है कि कर्म और उपासना दोनों मोक्षप्राप्ति के लिए आवश्यक हैं, तो वह ईश्वर के अस्तित्व को निश्चित रूप से मानता है, यद्यपि निःसन्देह यह तर्क दिया जाता है कि उपासना भी एक प्रकार का कर्म है जो स्वयं अपने उचित फल को उत्पन्न करता है। यह प्रकट है कि बहुत पहले ही यह अनुभव कर लिया गया था कि मीमांसादर्शन यदि ईश्वरवाद से अपना सम्बन्ध नहीं जोड़ता तो विचारवान पुरुषों को सन्तोष प्रदान न कर सकेगा। इसलिए आपदेव और लौगाक्षिभास्कर घोषणा करते हैं कि यदि यज्ञ का सम्पादन सर्वोपरि प्रभु के सम्मान में किया जाता है तो यह उच्चतम कल्याण को प्राप्त कराएगा। इस प्रवृत्ति को अपनी पूर्ण सीमा तक वेदान्तदेशिक के सेश्वर मीमांसाग्रन्थ में पहुंचाया गया है।

पूर्वमीमांसा में नैतिक पक्ष पर बल दिया गया है। कर्म के स्थिर सिद्धान्त को संसार की परम यथार्थता समझा गया है। ईश्वर न्यायपरायणता अथवा धर्म है। धर्म की विषयवस्तु वेदों में रखी गई है, और वेद, केवल ईश्वर के मन को प्रकाश में लाते हैं। कुमारिल कहता है : "यह शास्त्र जिसे वेद कहा जाता है, जो शब्दों के रूप में ब्रह्म है, एक सर्वोपरि आत्मा का स्थापित किया हुआ है।"[2] कुमारिल अपनी पुस्तक का प्रारम्भ शिव के प्रति प्रार्थना से करता है : "मैं उसे प्रणाम करता हूं जिसका शरीर विशुद्ध ज्ञान से बना है, तीनों वेद जिसके

---

1. भामती, 3 : 2, 41।
2. शब्दब्रह्मेति यच्चेदं शास्त्रं वेदाख्यमुच्यते।
तदप्यधिष्ठितं सर्वमेकेन परमात्मना॥ (तन्त्रवार्तिक, पृष्ठ 719)

दिव्य चक्षु हैं, जो परमानन्द की प्राप्ति का कारण है, और जो अर्धचंद्र को धारण करता है।[1] वेद ईश्वर के मन का दिव्य ज्ञान है। यज्ञ-सम्बन्धी कार्य आनन्द के विशेष कारण हो सकते हैं, किन्तु ईश्वर सामान्य कारण है। यह मत कुमारिल के इस घोषित आशय के साथ भी संगति रखता है कि मीमांसा के सिद्धान्त की इस प्रकार पुनर्व्याख्या करनी चाहिए जिसमें कि उसे उस काल की अप्रकृतिवादी प्रवृत्तियों की अनुकूलता में लाया जा सके।[2]

मीमांसा को दार्शनिक रूप में असन्तोषजनक बताने के लिए कुछ अधिक कहना आवश्यक है। विश्व के सम्बन्ध में मीमांसा का जो दार्शनिक मत है वह अपूर्ण है, जो स्पष्ट प्रतीत होता है। परम यथार्थता की ओर आत्माओं तथा प्राकृतिक जगत् के साथ उसके सम्बन्ध की समस्याओं से इसने अपना कोई वास्ता नहीं रखा। इसका नीतिशास्त्र सर्वथा यान्त्रिक है और इसका धर्म त्रुटिपूर्ण रहा। यज्ञ करना ही सबसे आवश्यक माना गया, और देवता यज्ञकर्ताओं की दृष्टि से विलुप्त हो गए। परवर्ती मीमांसक हमें स्पष्टरूप में बताते हैं कि देवता वह है जिसके नाम के लिए संप्रदानकारक (चतुर्थी विभक्ति) का प्रयोग होता है। 'इन्द्राय स्वाहा' इस मंत्र में इन्द्र देवता है। इस प्रकार के धर्म में हृदय को स्पर्श करनेवाली तथा उसे प्रकाशित करनेवाली सामग्री कम है। इसलिए यदि एकेश्वरवाद, वैष्णव, शैव अथवा तान्त्रिक मतों के पक्ष में प्रतिक्रिया हुई तो कुछ आश्चर्य नहीं है। इन मतों ने मनुष्य को एक सर्वोपरि ईश्वर प्रदान किया, जिस पर वह निर्भर कर सकता था, और शोक तथा दुःख में जिसकी शरण में जा सकता था।

उद्धृत ग्रन्थों की सूची

गंगानाथ झा : श्लोकवार्तिक,

गंगानाथ झा : प्रभाकर स्कूल आफ पूर्वमीमांसा

कीथ : कर्ममीमांसा

पी. शास्त्री : इण्ट्रोडक्शन टू पूर्वमीमांसा

सरकार : दि मीमांसा रूल्ज़ ऑफ़ इण्टरप्रिटेशन

---

1. विशुद्धज्ञानदेहाय त्रिवेदिदिव्यचक्षुषे।
   श्रेयः प्राप्तिनिमित्ताय नमः सोमार्धधारिणे॥ (श्लोकवार्तिक 1 : 1)

पार्थसारथि अपने 'न्यायरत्नाकर' में इस श्लोक की व्याख्या एक भिन्न अर्थ में करता है, जिससे कि कुमारिल की स्थिति ईश्वरवादी न समझ ली जाए। वह उक्त श्लोक को यज्ञ-सम्बन्धी संस्कार में लगाता है। विशुद्ध मीमांसया संशोधितं ज्ञानम् एव देहो यस्य (मीमांसा द्वारा पवित्र हुआ ज्ञान ही जिसका शरीर है); त्रिवेद्येव दिव्यं चक्षुः प्रकाशकं यस्य (जो तीनों वेदों में व्यक्त हुआ है); सौमस्य अर्ध स्थानं ग्रहचमसादि तद्धारिणे (जो साम के पात्र आदि से युक्त है); इति यज्ञपक्षेऽपि संगच्छते। किन्तु वह यह भी मानता है कि कुमारिल ने सशरीरी ईश्वर 'शिव' का उल्लेख किया है : 'विश्वेश्वरं महादेव स्तुतिपूर्व नमस्यति'। सर्वसिद्धान्तसारसंग्रह (8 : 37) से हमें ज्ञात होता है कि कुमारिल के मत में आत्मा एक है और अनेक भी है—भिन्नाभिन्नात्मकत्वात्मा। यह ग्रन्थ, वेदान्त पर लिखे गए कतिपय अन्य ग्रन्थों की भांति, यह सिद्ध करने का प्रयत्न करता है कि कुमारिल वेदान्ती था।

2. प्रायेणैव हि मीमांसा लोके लोकायतीकृता।
   तामास्तिकपथे कर्तुमयं कृतो मया॥ (श्लोकवार्तिक, 1 : 10)।

सातवाँ अध्याय

वेदान्तसूत्र

प्रस्तावना—सूत्रकार तथा सूत्र की रचना का काल—अन्य सम्प्रदायों के साथ सम्बन्ध—अध्यात्म-विद्या सम्बन्धी विचार—उपसंहार।

1. प्रस्तावना

वेदान्तदर्शन पर विशेष ध्यान देना केवल इसलिए आवश्यक नहीं कि इसका दार्शनिक महत्त्व है अपितु इसलिए भी आवश्यक है क्योंकि भारत देश के धर्म में यह ओतप्रोत है और इस देश में यह अन्य सभी विचारपद्धतियों की अपेक्षा अधिक जीवित रूप में विद्यमान है। आधुनिक समय के हिन्दू विचारकों का जगत् के विषय में जो दृष्टिकोण है उसका निर्णय करने में वेदान्त का ही किसी-न-किसी रूप में प्रमुख भाग है।

'वेदान्त' शब्द का यौगिक अर्थ है—वेद का अन्त, अथवा वे सिद्धान्त जो वेदों के अन्तिम अध्यायों में प्रतिपादित किए गए हैं, और ये ही उपनिषदें हैं। उपनिषदों के विचार भी वही हैं जो वेद का अन्तिम लक्ष्य अथवा वेदों का सार[1] हैं। वेदान्तसूत्र का दूसरा नाम ब्रह्मसूत्र भी है, क्योंकि यह ब्रह्म-सम्बन्धी सिद्धान्त की व्याख्या है और शारीरिकसूत्र[2] भी इसी का अन्य नाम है इसीलिए कि यह निरुपाधिक आत्मा की अभिव्यक्ति के विषय में प्रतिपादन करता है। जहां एक ओर जैमिनि का कर्ममीमांसा ग्रन्थ वेदविहित धर्म तथा उसके फलाफल का अनुसंधान करता है वहां बादरायण का उत्तरमीमांसादर्शन उपनिषदों के दार्शनिक व ईश्वरज्ञान-सम्बन्धी विचारों का वर्णन करता है। दोनों एकत्र मिलकर सम्पूर्ण वेद के प्रतिपाद्य विषयों का क्रमबद्ध अनुसंधान करते हैं।[3] उपनिषदें केवल सत्य के प्रति विविध दृष्टिकोणों से किए गए दृष्टिपातों की एक शृंखला हैं, किन्तु महत्त्वपूर्ण प्रश्नों पर अन्तिम रूप से विचार करने के प्रति प्रयास नहीं है। तो भी ऐसे व्यक्तियों के ऊपर जो उन्हें ईश्वरीय प्रेरणा द्वारा प्राप्त सत्य करके मानते हैं, यह दर्शनि का उत्तरदायित्व है कि उपनिषदों की शिक्षाएं एक संगतरूप में परिपूर्ण इकाई हैं और बादरायण का प्रयास इसी प्रकार के क्रमबद्ध कार्य की दिशा में है। उसका ग्रन्थ क्रमबद्ध दर्शन न होकर ईश्वरज्ञान-विषयक एक व्याख्या है। "बादरायण के ग्रन्थ का उपनिषदों के साथ वही सम्बन्ध है जैसा कि क्रिश्चियन रूढ़िवादियों का 'न्यू टेस्टामेण्ट' के साथ है, यह उपनिषदों की शिक्षाओं का अनुसंधान करता है, जो ईश्वर, जगत् तथा आत्मा के संसारचक्र में भ्रमण के विषय में तथा मोक्ष की अवस्थाओं के विषय में है। यह प्रत्यक्ष में दिखाई पड़ने वाली सिद्धान्त-सम्बन्धी असंगतियों का निराकरण

---

1. "तिलेषु तैलवद् वेदे वेदान्ताः सुप्रतिष्ठिताः" (मुक्तिकोपनिषद्)। गौतम ने उपनिषदों तथा वेदान्त (22 : 9) में भेद किया है, किन्तु परम्परा के अनुसार बराबर यही माना जाता रहा है कि उपनिषदों के अनुयायी वेदान्त के अनुयायी हैं।

2. शरीर, देह।

3. तुलना कीजिए, वेदान्तवाक्यकुसुमग्रथनार्थत्वात् सूत्राणाम् (शांकरभाष्य, 1 : 1, 1)।

करता है, उन्हें परस्पर क्रमबद्ध रूप में जोड़ता है, और विशेष करके इसका उद्देश्य विरोधियों के आक्षेपों से बचाना है।[1]" पांच सौ पचपन सूत्रों के अन्दर, जिनमें से प्रत्येक दो या तीन शब्दों से बने हैं, समग्र दर्शन का परिष्कार किया गया है। सूत्र अपने-आप में विशद अर्थ नहीं देते किन्तु सब कुछ उनके भाष्यकार के ऊपर निर्भर करता है। उन्हें प्रोटियस के समान किसी नियमित रूप में नहीं पकड़ा जा सकता। उनकी शिक्षाओं की व्याख्या कभी तो साकार ईश्वरवाद के उज्ज्वल प्रकाश में की जाती है और कभी-कभी अस्पष्ट भाववाचक निरपेक्षवाद के रूप में की जाती है। आस्तिकवाद के विभिन्न सम्प्रदायों में बहुत प्रारम्भ से ही भिन्न-भिन्न विचार-परम्पराएं स्थापित हो गई थीं, जिन्हें शंकर तथा रामानुज प्रभृति विचारकों ने लेखबद्ध किया। टीकाकारों ने, जिनमें प्रमुख हैं, शंकर, भास्कर, यादवप्रकाश, रामानुज, केशव, नीलकंठ, मध्व, बलदेव, वल्लभ तथा विज्ञानभिक्षु,[2] एक समान विचारधारा का परिष्कार नहीं किया और इसलिए इस विषय का निर्णय करना कि इसमें से किसी को सूत्र के ठीक-ठीक समझने के लिए पथ-प्रदर्शक माना जाए, सरल कार्य नहीं है, क्योंकि इनकी टीकाएं ऐसे समय में लिखी गईं जबकि ये सिद्धान्त अत्यन्त गम्भीर संशय तथा वादविवाद के विषय बन चुके थे। ये अपनी-अपनी व्याख्याओं का विकास पूर्व-निर्धारित मतों के आधार पर ही करते हैं, यहां तक कि कभी-कभी शब्दों के धात्वर्थ तथा स्पष्ट अर्थों को भी दृष्टि से ओझल कर देते हैं, जिससे कि वे सन्दर्भ को खींच-खांचकर अपने दार्शनिक सिद्धान्तों की सच्चाई को सिद्ध करने में प्रयोग कर सकें। सूत्र ऐसे दुर्लभ ग्रन्थों में से एक ग्रन्थ है जिसमें से प्रत्येक व्यक्ति को अपना अभिलषित सिद्धान्त अपनी-अपनी योग्यता के अनुसार प्राप्त हो सकता है।

बादरायण के ग्रन्थ में वेदान्त के अन्य शिक्षकों के उल्लेखों से यह स्पष्ट विदित है कि उस समय उपनिषदों की कितनी ही स्वतन्त्र व्याख्याएं, जो बादरायण की व्याख्याओं से भिन्न थीं, प्रचलित थीं।[3] जिस समय बादरायण ने अपने सूत्र का निर्माण किया उस समय भी परस्पर में मुक्तात्मा[4] के लक्षण-सम्बन्धी तथा जीवात्मा के ब्रह्म के साथ सम्बन्धपरक मुख्य-मुख्य विषयों में भी परस्पर मतभेद विद्यमान थे।[5] आश्मरथ्य की सम्मति है कि जीवात्मा का ब्रह्म के साथ भेदाभेद-सम्बन्ध है, अर्थात् जीवात्मा

1. ड्यूसन, 5 पृष्ठ 21।

2. भारतीय परम्परा के अनुसार, शुक को भी सर्वप्रथम टीकाकारों में माना गया है, शबर ने अपने पूर्वमीमांसाभाष्य में वृत्तिकार उपवर्ष का नाम लिया है। शंकर का भी यह मत है (3 : 3, 53)। रामानुज और उसके अनुयायी उसे बौधायन कहते हैं। वेदान्तदीपिका की घोषणा है कि उस एक ही व्यक्ति को दोनों नामों से पुकारा गया है। द्रामिड, टंक, भर्तृप्रपंच, भारुचि, कापर्दि ब्रह्मानन्द और गुहदेव की टीकाएं उपलब्ध नहीं हैं, ऐसा प्रतीत होता है। शांकरभाष्य, 1 : 1, 4; 1 : 2, 23; 1 : 3, 19; 1 : 4, 12; 4 : 3, 14।

3. बादरी (1 : 2, 30; 3 : 1, 11; 4 : 3, 7; 4 : 4, 10), औडुलोमि (1 : 4, 21; 3 : 4, 45; 4 : 4, 6), आश्मरथ्य (1 : 2, 29; 1 : 4, 20), काशकृतत्स्न (1 : 4, 22), कार्ष्णाजिनि (3 : 1, 9), आत्रेय (3 : 4, 44) और जैमिनि। महाभारत में भी इनके मतों का वर्णन नहीं है।

4. 4 : 3, 7-14; 4 : 4, 5-7।

5. 1 : 4, 20-22।

ब्रह्म से न तो नितान्त भिन्न है और न ही नितान्त अभिन्न है।[1] औडुलोमि का मत है कि मोक्ष से पूर्व जीवात्मा ब्रह्म से सर्वथा पृथक् तथा भिन्न रहता है—मोक्ष अवस्था में ब्रह्म के अन्दर सर्वथा लीन हो जाता है[2] और काशकृत्स्न का विचार है कि जीवात्मा तथा ब्रह्म परस्पर सर्वथा तादात्म्य-सम्बन्ध से हैं और ब्रह्म ही किसी-न-किसी रूप में अपने को जीवात्मा के रूप में प्रकट करता है।[3] परवर्ती टीकाकार भी उक्त मतों में से ही एक मत को स्वीकार करते हैं। यह प्रकट है कि उपनिषदें स्वयं पर्याप्त विवाद का विषय रही हैं और बादरायण का वेदान्तविषयक विचार एक प्रमुख विचार-सम्प्रदाय का निष्कर्ष है, यद्यपि अन्यान्य सम्प्रदाय भी, जो पर्याप्त मात्रा में प्रसिद्ध थे विद्यमान थे।

2. सूत्रकार तथा सूत्र की रचना का काल

शंकराचार्य से आरम्भ करके बराबर परम्परा यही रही है कि वेदान्तसूत्र के कर्ता बादरायण हैं। चूंकि बादरायण का नाम अनेक स्थलों पर अन्य पुरुष[4] में आया है इसलिए स्वभावतः मन में यह शंका उत्पन्न होती है कि बादरायण इसका रचयिता नहीं है।[5] किन्तु प्राचीन भारत में इस प्रकार अन्य पुरुष के प्रयोग का कोई असाधारण रिवाज नहीं था और इससे रचयिता कोई अन्य व्यक्ति है इस प्रकार की अर्थापत्ति न निकाली जानी चाहिए। भारतीय परम्परा के अनुसार, वेदान्तसूत्र का रचयिता बादरायण तथा व्यास एक ही व्यक्ति हैं। शंकर के अनुयायी, गोविन्दानन्द, वाचस्पति और आनन्द गिरि व्यास तथा बादरायण को एक ही बताते हैं। रामानुज, मध्व, वल्लभ और बलदेव वेदान्तसूत्र का रचयिता व्यास को बताते हैं। कहीं-कहीं इस मत का खण्डन इस आधार पर किया जाता है कि जैमिनि, जिसका उद्धरण बादरायण ने स्थान-स्थान पर दिया है, व्यास का शिष्य था, यदि हम महाभारत, विष्णुपुराण तथा भागवत पर भरोसा करें, और इस प्रकार जैमिनि तथा बादरायण के ग्रन्थों में पारस्परिक उल्लेख गुरु व शिष्य के सम्बन्ध में परस्पर संगत नहीं बैठते। शबर, गोविन्दानन्द तथा आनन्दगिरि का मत है कि इसमें असंगति कुछ नहीं है।[6] किन्तु स्वयं शंकराचार्य का इस विषय में क्या मत था यह स्पष्ट नहीं ज्ञात होता।[7]

---

1. 1 : 4, 20।

2. 1 : 4, 22।

3. 1 : 3, 26; 1 : 3, 33; 3 : 2, 41; 3 : 4, 1; 3 : 4, 19; 4 : 3, 15; 4 : 4, 7; 4 : 4, 12।

4. उदाहरण के लिए, ड्यूसन का तर्क है कि जैमिनि और बादरायण के ग्रंथ, जिनमें से प्रत्येक में अपना तथा दूसरे का उद्धरण है, किसी परवर्ती सम्पादक ने एक ग्रंथ में संगृहीत कर दिए, जिसके ऊपर उपवर्ष ने टीका लिखी और अन्तिम पूर्वमीमांसा के ऊपर शबरभाष्य तथा ब्रह्मसूत्रों पर शांकरभाष्य का आधार हुआ ('ड्यूसन्स सिस्टम आफ दि वेदान्त', पृष्ठ 24, पादटिप्पणी 17)।

5. देखें, बेलवाल्कर : 'मल्टिपल ऑथरशिप आफ दि वेदान्त सूत्राज'—'इण्डियन फिलासफिकल रिव्यू', अक्तूबर 1918, में और अभयकुमार गुहा कृत 'जीवात्मा इन ब्रह्मसूत्राज', पृष्ठ 8।

6. शंकर ब्रह्मसूत्र पर की गई अपनी टीका के एक वाक्य में लिखता है कि द्वापर से कलियुग के प्रति संक्रमणकाल में एक प्राचीन ऋषि तथा वैदिक शिक्षक अपान्तरतमस् विष्णु की प्रेरणा से कृष्णद्वैपायन नाम से उत्पन्न हुआ। चूंकि शंकर ने यह नहीं कहा कि यह कृष्णद्वैपायन ब्रह्मसूत्रों का रचयिता है इसलिए विंडिकमैन→

ब्रह्मसूत्र में सांख्य, वैशेषिक तथा जैन और बौद्ध सम्प्रदायों के मतों की ओर भी परोक्ष संकेत पाया जाता है। शंकर, रामानुज, मध्व और वल्लभ 2 : 3, 45 और 4 : 1 : 10, में क्रमशः गीता के उल्लेखों (15 : 7 : 8; 24), और उक्त आचार्यों में से प्रथम तीन, अर्थात् शंकर, रामानुज और मध्व, 4 : 1, 10 में गीता (7 : 11) के उल्लेख के बारे में एकमत हैं। सूत्रों में वर्णित अनेकों नाम श्रौत सूत्रों में भी पाए जाते हैं, यथा आश्वलायन में आश्मरथ्य, कात्यायन में बादरि, कार्ष्णाजिनि और काशकृत्स्न, तैत्तिरीय प्रातिसाख्यसूत्र में आत्रेय। बौद्धायन के गृह्यसूत्र में आत्रेय, काशकृत्स्न तथा बादरी के नामों का उल्लेख है, इसी प्रकार भारद्वाज गृह्यसूत्र में भी आत्रेय का उल्लेख है। काशकृत्स्न एक अत्यन्त प्राचीन टीकाकार है। पाणिनि अष्टाध्यायी पर रचित महाभाष्य में औडुलोमी का उल्लेख आया है।[1] गरुड़पुराण, पद्मपुराण और मनुस्मृति में वेदान्तसूत्र का उल्लेख है और हरिवंश में, जिसे होपकिंस ने 200 वर्ष ईसा के पश्चात् का बना हुआ माना है, इस विषय के स्पष्ट उल्लेख पाए जाते हैं। कीथ का मत है कि बादरायण का समय 200 वर्ष (ईसा के बाद) से आगे का नहीं माना जा सकता।[2] भारतीय विद्वानों का मत है कि उक्त सूत्र का निर्माण 500 से 200 वर्ष ईसापूर्व के बीच के काल में हुआ। फ्रेज़र इसे 400 वर्ष ईसापूर्व का बताता है।[3] मैक्समूलर का कहना है, ''भगवद्गीता का जो कोई भी काल हो (और यह महाभारत का एक भाग है), वेदान्तसूत्र और बादरायण का काल अवश्य इससे पूर्व होना चाहिए।''[4]

3. अन्य सम्प्रदायों के साथ सम्बन्ध

बादरायण के वेदान्त का जैमिनि के मीमांसादर्शन के साथ ठीक-ठीक सम्बन्ध क्या है इसे भिन्न-भिन्न टीकाकारों ने भिन्न-भिन्न रूप में बतलाया है।[5] रामानुज वृत्तिकार से सहमत होकर मानता है कि दोनों मीमांसादर्शन एक ही ग्रंथ से सम्बन्ध रखते हैं,

---

→ और उसके पश्चात् तैलंग इस परिणाम पर पहुंचे कि शंकर की दृष्टि में दोनों व्यक्ति भिन्न थे ('ए नोट ऑन बादरायण', 'जर्नल आफ़ एशियाटिक सोसाइटी', बम्बई, खंड 16, 1883, पृष्ठ 190)। जहां भी शंकर ने व्यास का उद्धरण दिया है, वहां कहीं भी ऐसा संकेत नहीं मिलता कि व्यास ब्रह्मसूत्रों का रचयिता है (2 : 1, 12; 2 : 3, 47)। भगवद्गीता तथा महाभारत के शान्तिपर्व के अनेकों उल्लेख ब्रह्मसूत्रों में हैं, इसलिए यदि हम टीकाकारों की साक्षी को स्वीकार करें, अर्थात् सूत्रों का रचयिता तथा महाभारत का लेखक एक ही है, तो उक्त साक्षी का तात्पर्य सरलता से समझ में नहीं आ सकता।

1. 4 : 1, 14।

2. कर्ममीमांसा, पृष्ठ 5-6। किंतु जैकोबी का विश्वास है कि सूत्र का निर्माण 200 और 450 वर्ष ईसा के पश्चात् के बीच हुआ ('जर्नल आफ दि अमेरिकन ओरियंटल सोसाइटी' 1911)।

3. 'लिटरेरी हिस्टरी आफ इण्डिया', पृष्ठ 196।

4. 'सिक्स सिस्टम्स आफ इण्डियन फिलासफी', पृष्ठ 113। गुहा, 'जीवात्मन् इन दि ब्रह्मसूत्र'।

5. बादरायण ने जैमिनि का अनेक स्थलों पर उल्लेख किया है : यथा, 1 : 2, 28; 1 : 2, 31; 1 : 3, 31; 1 : 4, 18; 3 : 2, 40; 3 : 4, 2; 3 : 4, 18; 3 : 4, 40; 4 : 3, 12; 4 : 4, 5; 4 : 1, 11।

किन्तु शंकर का मत इससे भिन्न है। यह सम्भव है कि दोनों प्रारम्भ में एक ही सामान्य ग्रंथ के दो भाग रहे हों।[1] दोनों मीमांसादर्शन मुख्यतः वैदिक दर्शन हैं और प्रारम्भ में तथा मुख्यरूप में श्रुति अथवा वेद अर्थात् ईश्वरीय ज्ञान के भाष्यरूप में थे। बादरायण ने न्याय का कहीं भी उल्लेख नहीं किया। योग को सांख्य के साथ जोड़ा जाता है और सांख्य की जो समालोचनाएं हैं वे सब योग के ऊपर भी घटती कही जाती हैं।[2] सांख्य का खण्डन बहुत विस्तार के साथ मिलता है।[3] और अनेक स्थलों पर उसका उल्लेख पाया जाता है।[4] यही एक ऐसा दर्शन है जिसके प्रति अत्यन्त आदरभाव दिखाया गया है, कुछ तो इसलिए कि इसके प्रतिपादित सिद्धान्त बादरायण को भी अभिमत हैं और कुछ इसलिए भी कि इसका समर्थन मनु तथा व्यास सरीखे ऋषियों ने किया है।[5] वैशेषिक के सिद्धान्तों की समालोचना की गई है[6] और हमें ज्ञात होता है कि बादरायण के समय में वैशेषिक दर्शन की ख्याति अधिक नहीं थी। बौद्धमत के अनेक सम्प्रदायों, लोकायत और भागवत के सिद्धान्तों पर भी विवाद मिलता है।[7] सूत्र के रचयिता के ऊपर भगवद्गीता तथा भागवतों के आस्तिकवाद का पर्याप्त मात्रा में प्रभाव हुआ है।

4. अध्यात्मविद्या-सम्बन्धी विचार

वेदान्तसूत्र चार अध्यायों में विभक्त है। प्रथम अध्याय में ब्रह्म का आधारभूत यथार्थता के रूप में प्रतिपादन किया गया है। उक्त विषय के ऊपर जो भिन्न-भिन्न वैदिक मत हैं उनका समन्वय करना इसका प्रयोजन है। धर्म के सम्बन्ध में कोई भी व्याख्या हो तथा ईश्वर, आत्मा और जगत् के सम्बन्ध में कोई भी समाधान हो, इन सबके लिए ऐसे व्यक्तियों के धार्मिक अनुभवों का विचार करना आवश्यक होता है, जो घोषणापूर्वक कहते हैं कि उन्होंने नित्यसत्ता के दर्शन किए हैं, और प्रत्येक दार्शनिक सिद्धान्त को सन्तोषप्रद बनाने के लिए भूतकाल के ऋषियों के लेखबद्ध अनुभवों के अन्दर समन्वय स्थापित करना आवश्यक है। पहले अध्याय में हमें ब्रह्म के स्वरूप एवं इस दृश्यमान जगत् तथा जीवात्मा के साथ उसके सम्बन्ध का वर्णन मिलता है। दूसरा (अविरोध) अध्याय में उक्त विचार के ऊपर जो आपत्तियां उठाई गई हैं उनका समाधान किया गया है और विरोधी सिद्धान्तों की समालोचना की गई है। इसके अन्दर ईश्वर के ऊपर जगत् किस रूप में निर्भर है इसका भी दिग्दर्शन कराया गया है तथा उस ईश्वर के भीतर से क्रमिक विकास तथा उसी के अन्दर पुनर्विलय का भी वर्णन

---

1. देखें, ब्रह्मसूत्रों पर रामानुजभाष्य, 1 : 1, 1। जैकोबी : 'जर्नल आफ दि अमेरिकन ओरियण्टल सोसाइटी', 1910। ड्यूसन ने पुराने 'टेस्टामेंट' के अनन्तर नये 'टेस्टामेंट' की रचना होने की उपमा दी है, जहां विधान से बद्ध जीवन आध्यात्मिक जीवन में बदलता है। ('डयूसन्स सिस्टम आफ दि वेदान्त', पृष्ठ 20)।

2. 2 : 1, 3।

3. 1 : 1, 5-11; 1 : 4, 1-13; 2 : 1, 1-12; 2 : 2, 1-10।

4. 1 : 1, 18; 1 : 2, 19; 1 : 2, 22; 1 : 3, 3; 1 : 3, 11; 1 : 4, 28; 2 : 1, 29; 2 : 3, 51; 4 : 2, 21।

5. देखें, ब्रह्मसूत्रों पर शांकरभाष्य, 1 : 4, 28।

6. 2 : 2, 11-17।

7. देखें, 2 : 2, 1-45; 1 : 4, 28; 3 : 3, 53-54।

दिया गया है और अन्तिम भाग में[1] आत्मा के स्वरूप, उसके गुण, ईश्वर, शरीर तथा अपने कर्मों के साथ सम्बन्ध के विषय में रोचक मनोवैज्ञानिक विवेचन भी दिया गया है। तीसरे अध्याय में ब्रह्मविद्या की प्राप्ति के साधनों तथा उपायों पर विचार किया गया है। इसमें हमें पुनर्जन्म और साधारण मनोवैज्ञानिक[2] तथा ईश्वरज्ञान-सम्बन्धी[3] विषयों पर भी विवेचन मिलता है जिसके साथ श्रुतिभाष्य-सम्बन्धी अनेक टिप्पणियां भी हैं। चौथे अध्याय में ब्रह्मविद्या के पुरस्कारों का प्रतिपादन है। इस अध्याय में कुछ ब्यौरे के साथ मृत्यु के पश्चात् आत्मा का निष्क्रमण तथा दोनों मार्गों, अर्थात् देवयान तथा पितृयान, द्वारा संचार तथा उस मुक्ति के स्वरूप का भी वर्णन है जहां से लौटकर फिर संसारचक्र में आगमन नहीं होता है। प्रत्येक अध्याय में चार हिस्से (पाद) हैं और प्रत्येक हिस्से में जो सूत्र हैं वे किसी-न-किसी वर्ग के अन्तर्गत आ जाते हैं, जिन्हें अधिकरण की संज्ञा दी गई है। भिन्न-भिन्न टीकाकारों में पाठभेद भी कहीं-कहीं पाया जाता है, किन्तु ये सब भेद कुछ महत्त्व के नहीं हैं।[4]

बादरायण वेद को नित्य मानता है[5] और शास्त्रप्रमाण ही उसकी दृष्टि में बहुत महत्त्वपूर्ण है।[6] वह स्पष्टरूप में घोषणा करता है कि तर्क अथवा विचार के द्वारा अध्यात्मज्ञान-सम्बन्धी सत्य की प्राप्ति सम्भव नहीं है।[7] वह यह भी स्वीकार करता है कि ज्ञान के दो ही स्रोत (साधन) हैं, अर्थात् श्रुति और स्मृति, और वह इन्हें प्रत्यक्ष, तथा अनुमान के[8] नाम से पुकारता है, सम्भवतः इसलिए कि स्मृति, जैसाकि शंकर का सुझाव है कि स्मृति को ज्ञान के आधार (प्रामाण्य) की आवश्यकता होती है जबकि श्रुति को नहीं, क्योंकि वह स्वतः प्रमाण है। ईश्वरीय ज्ञानरूप श्रुति को, जो स्वतः प्रकाशित है, प्रत्यक्ष माना गया है।

श्रुति से बादरायण का तात्पर्य उपनिषदों से और स्मृति से उसका तात्पर्य भगवद्‌गीता, महाभारत तथा मनुस्मृति से है। जिस प्रकार सांसारिक ज्ञान में अनुमान का आधार प्रत्यक्षज्ञान है, इसी प्रकार स्मृति का आधार श्रुति है। बादरायण अन्य किसी प्रमाण को नहीं मानता। वह इस जीवन को दो भिन्न-भिन्न क्षेत्रों में विभक्त करता है। एक, जो विचार का विषय है और यह प्रकृति का क्षेत्र है जिसके अवयव हैं मन, बुद्धि तथा अहंभाव, और दूसरा क्षेत्र है अचिन्त्य और वह बड़ा है। दूसरे क्षेत्र में केवल शास्त्र ही हमारे पथप्रदर्शक हैं।[9] ऐसा एक भी तर्क जो वेद के अनुकूल नहीं है, बादरायण की दृष्टि में निरर्थक है। तर्क का प्रारम्भ विशिष्ट लक्षणों में होता है किन्तु ब्रह्म के विषय में हम यह नहीं कह सकते कि यह अन्य गुणों से शून्य तथा अमुक-अमुक लक्षणों से युक्त है। इसलिए तर्क अन्तर्दृष्टि-सम्बन्धी ज्ञान के अधीन है[10] और यह

1. 2 : 3, 15 और आगे भी।
2. 3 : 2, 1, 10।
3. 3 : 2, 11-41।
4. देखें, वेलवालकर : 'दि मल्टिपल आथरशिप आफ दि वेदान्त सूत्राज', पृष्ठ 144-45, 'इण्डियन फिलॉसाफिकल रिव्यू'।
5. 1 : 3, 29।
6. 1 : 1, 4।
7. 2 : 1, 11।
8. 1 : 3, 28; 3 : 2, 24; 4 : 4, 20।
9. 1 : 1, 3; 2 : 1, 27।
10. 2 : 1, 6; 2 : 1, 11।

अन्तर्दृष्टि भक्ति तथा समाधि के द्वारा ही प्राप्त हो सकती है।[1]

वेदान्तसूत्र के अनुसार, सांख्य में वर्णित पुरुष और प्रकृति स्वतन्त्र पदार्थ नहीं हैं, किन्तु एक ही यथार्थसत्ता के परिवर्तित रूप हैं। यथार्थ अनन्तों का अनेकत्व सम्भव ही नहीं। एकमात्र अनन्त सत्ता, अर्थात् ब्रह्म को ही उपनिषदों में वर्णित सर्वोच्च यथार्थसत्ता का रूप बताया गया है। प्रथम अध्याय में उपनिषदों में दिए गए ब्रह्म सम्बन्धी अनेक वर्णनों के ऊपर हमें विचार-विमर्श मिलता है।[2] वही जगत् का उद्भव स्थान, आधार तथा अन्त है,[3] जो विश्व का निमित्त तथा उपादान भी है। वह बिना साधनों के सृष्टि की रचना करता है।[4] ब्रह्म की यथार्थता का एक मनोवैज्ञानिक प्रमाण प्रगाढ़ निद्रा (सुषुप्ति) की अवस्था की साक्षी में मिलता है।[5] ब्रह्म को जड़रूप-प्रधान अथवा जीवात्मा के साथ न मिला देना चाहिए। उसके अन्दर सब धर्म ओत-प्रोत हैं।[6] और वही आन्तरिक विधान तथा पथप्रदर्शक है।[7] उसमें निर्मलता, सत्यार्थ, सर्वज्ञता, सर्वशक्तिमत्ता आदि गुण विद्यमान हैं।[8] उसके ब्रह्माण्ड-सम्बन्धी रूपों का भी प्रतिपादन किया है। वह विश्वात्मा ज्योति है, सूर्य में जो स्वर्णमय पुरुष है वह वही है, आकाश भी वही है, तथा विश्वात्मा वायु अथवा प्राण भी वही है।[9] जीवात्मा में प्रकाश (ज्योति) भी वही है।[10] मनुष्य के हृदय में उसका निवास है[11], इसी रूप में उसका चिन्तन करना चाहिए, और हमें स्वतन्त्रता दी गई है कि सर्वव्यापक ईश्वर को एक परिमित देश के अन्दर विद्यमान भी मान ले सकते हैं। समस्त पदार्थों का परम अधिष्ठान एकमात्र सर्वोपरि आत्मा है और वही प्रत्येक पदार्थ का स्रोत तथा एकमात्र यथार्थ पूजा और श्रद्धा के योग्य है।[12]

जड़ पदार्थ तथा चेतन जीवात्माएं सर्वोपरि सत्ता के साथ किस प्रकार सम्बद्ध हैं? क्या हम इन्हें उसी प्रकार समझें जैसाकि गीता में बतलाया गया है, अर्थात् एकमात्र यथार्थसत्ता के ही यह उच्चतम तथा निम्नतम श्रेणी के अभिव्यक्त रूप हैं? सूत्र इस विषय में हमें कोई स्पष्ट मार्ग नहीं दिखाता। उपनिषदों के सृष्टि-सम्बन्धी विचार की अस्पष्टता इसमें भी पाई जाती है। ब्रह्म जो स्वयं अजन्मा है तथा नित्य है।[13] सम्पूर्ण विश्व का कारण है।[14] प्रत्येक भौतिक तत्त्व ब्रह्म के द्वारा रचा गया है।[15] यदि प्रारम्भिक तत्त्वों के अन्दर गति होने से जगत् का विकास हुआ तो भी वह शक्ति जिसके द्वारा उक्त विकास सम्भव हुआ, ब्रह्म के द्वारा ही दी गई। जैसेकि कहा जाता है ब्रह्म तत्त्वों की रचना करके स्वयं उनके अन्दर प्रविष्ट हो गया और उक्त तत्त्वों में स्थित यह ब्रह्म ही है—जो अन्यान्य पदार्थों की सृष्टि

1. 3 : 2, 24।
2. 1 : 2 और 3।
3. 1 : 1, 2।
4. 2 : 1, 23-27।
5. 1 : 1, 9।
6. 2 : 1, 37।
7. 1 : 1, 20।
8. 1 : 2, 1-2; 2 : 1, 30।
9. 1 : 1, 20-23।
10. 1 : 1, 24।
11. 1 : 2, 7।
12. 1 : 1, 7।
13. 2 : 3, 9।
14. 1 : 1, 5; 1 : 2, 1; 2 : 1, 22; 1 : 1,22।
15. 2 : 3, 7।

को कार्यरूप में परिणत करता है।[1]

यह पहले बतलाया जा चुका है कि ब्रह्म ही जगत् का उपादान कारण और ब्रह्म ही निमित्त कारण है।[2] ब्रह्म सब पदार्थों का स्रष्टा है और अपने को सब पदार्थों के रूप में परिणत कर देता है, जैसेकि मिट्टी अथवा सोना ही मिट्टी तथा सोने के पदार्थों के रूप में परिणत हो जाते हैं। सूत्र में[3] कारण तथा कार्य के परस्पर सम्बन्ध के स्वरूप के विषय में अर्थात् ब्रह्म तथा जगत् पर विचार किया गया है। कारण और कार्य के तादात्म्य-सम्बन्ध को दृष्टान्तों के द्वारा समझाया गया है। ठीक जिस प्रकार कपड़े का एक थान जब लिपटा हुआ रहता है तो अपने स्वरूप को ठीक-ठीक प्रकट नहीं करता, किन्तु जब उसे फैलाया जाता है तभी अपने स्वरूप को पूर्ण रूप से प्रगट करता है, यद्यपि दोनों अवस्थाओं में कपड़ा वही एकसमान है। इसी प्रकार कारण और कार्य एक ही हैं, भले ही उसके गुण परस्पर-भिन्न प्रतीत होते हों।[4] फिर जैसे जब श्वास को रोक लिया जाता है तो मनुष्य कोई कर्म नहीं कर सकता, यद्यपि वह बराबर जीवित रहता है और जब वह श्वास को छोड़ देता है तो वह अपने अंगों को हिला सकता है, यद्यपि इस सारी अवस्था में श्वास एक ही है, इसी प्रकार कारण और कार्य भिन्न-भिन्न कर्मों को उत्पन्न करते हैं, यद्यपि वे हैं एक ही।[5] ब्रह्म और जगत् परस्पर भिन्न नहीं हैं[6] वैसे ही जैसेकि मिट्टी का पात्र मिट्टी से भिन्न नहीं है।[7] यद्यपि टीकाकार इस विषय में सहमत हैं कि कारण कार्य से भिन्न नहीं है तो भी ब्रह्म तथा जगत् के तादात्म्य की उन्होंने भिन्न-भिन्न प्रकार से व्याख्या की है। बादरायण की दृष्टि में अनन्य शब्द के प्रयोग से तात्पर्य भिन्नता का अभाव अथवा परिवर्तन नहीं है। इस परिवर्तन की व्याख्या करने के लिए ही शंकर ने अविद्या की कल्पना की है। जगत् का अस्तित्व ऐसे ही व्यक्तियों के लिए है जो अविद्या के प्रभाव में हैं, जैसे कि कल्पनात्मक सांप ऐसे ही मनुष्य के लिए है जिसे रस्सी के विषय में भ्रम हुआ है। अन्य टीकाकारों ने 'परिणाम' अर्थात् परिवर्तन की कल्पना का आश्रय लिया हैं। छान्दोग्य उपनिषद् में कारण और कार्य के दृष्टान्त के लिए मिट्टी, सोना और लोहा तथा इनसे बने पदार्थों को चुना गया है, रस्सी और सांप अथवा सीप और चांदी को नहीं। सान्त पदार्थों की यथार्थता ब्रह्म के परिणामस्वरूप होने ही से है। "ब्रह्म जगत् का उपादान कारण है" इस प्रकार के कथन से यही ध्वनित होता है कि यह जगत् ब्रह्म सारतत्त्व का ही परिणमित रूप है।[8] जगत् कोई भ्रान्ति अथवा स्वप्न के समान ढांचा नहीं है किन्तु एक यथार्थ एवं विध्यात्मक ठोस पदार्थ है, जिसकी उत्पत्ति, स्थिति तथा विलय भी ब्रह्म के अन्दर होता है।[9] बादरायण का मत है कि सृष्टि-रचना की शक्ति निर्मल एवं निर्दोष ब्रह्म की अपनी शक्ति है, जिस प्रकार से कि ताप

---

1. 2 : 3, 13।
2. 1 : 4, 23-27।
3. 2 : 1, 14-20।
4. 2 : 1, 19, शांकरभाष्य।
5. 2 : 1, 20, शांकरभाष्य। रामानुज के अनुसार, कार्य कारण की ही परिबर्तित अवस्था का नाम है। शंकर भी स्वीकार करता है कि यह जगत् ब्रह्म का अवस्थान्तर ही है, जैसे कि कपड़ा धागों का।
6. 2 : 1, 14।
7. 1 : 1, 4; 1 : 4, 22।
8. 1 : 1, 26, और भी देखें, 2 : 3, 7।
9. 3 : 2, 3।

अग्नि की अन्तर्निहित शक्ति है।[1] ब्रह्म अपनी लीला के लिए[2] अपने को जगत् के रूप में विकसित[3] करता है किन्तु इससे उसके अन्दर न तो किंचिन्मात्र परिवर्तन होता है[4] और न उसका ह्रास ही होता है। बादरायण को इस विषय की चिन्ता नहीं है कि वह यह सब कैसे सम्भव है इसकी व्याख्या करे। रामानुज तथा अन्यान्य आचार्यों की भांति वह यह भी नहीं कहता कि ब्रह्म की शक्ति अद्भुत है जिसके द्वारा अचिन्त्य वस्तु की भी प्राप्ति हो सकती है। वह हमारा ध्यान श्रुति के प्रत्यक्ष में परस्पर-विरोधी वाक्यों की ओर आकृष्ट करते हुए हमें सावधान करता है कि श्रुति के प्रामाण्य के विषय में शंका करने का हमें कोई अधिकार नहीं है। दार्शनिक दृष्टि से यह उत्तर असन्तोषजनक है। इस स्थिति का समाधान शंकर करता है और परस्पर विरोध की श्रुति की अपेक्षा वैयक्तिक विचारों के ऊपर डाल देता है और तर्क करता है कि ब्रह्म ही जगत् के रूप में परिणत नहीं होता। हम, जिनके अन्दर भ्रान्तिदोष है, यह समझते हैं कि एक दूसरे के रूप में परिवर्तित हो जाता है। उसका मत है कि परम यथार्थसत्ता ब्रह्म है, जो निर्विकल्प आत्मा है, और उसका तर्क है कि ज्ञाता, ज्ञात तथा ज्ञान सब कुछ किसी-न-किसी प्रकार से ब्रह्म ही के अन्दर निहित है। रामानुज का मत इससे भिन्न है। वह जब एक निर्मल, अद्वितीय ब्रह्म के अतिरिक्त अनादि जगत्प्रवाह की समस्या में आकर घिर जाता है तो श्रुति का आश्रय ढूंढ़ता है। असम्भव भी ईश्वर के लिए सम्भव है,[5] जिसकी अद्भुत शक्तियां हैं।[6]

बादरायण[7] कहता है कि आत्मा ज्ञाता है जिसे शंकर ने बुद्धि का रूप दिया, किन्तु रामानुज इसे बुद्धिसम्पन्न ज्ञाता मानता है। वल्लभ शंकर के साथ सहमत है किन्तु केशव के विचार में आत्मा ज्ञान तथा ज्ञाता दोनों ही है। जीवात्मा कर्ता है।[8] जन्म तथा मृत्यु का सम्बन्ध शरीर से है, आत्मा से नहीं[9] क्योंकि वह अनादि है। यह अनादि नित्य है।[10] जीवात्मा को सूक्ष्म कहा गया है अर्थात् अणु के आकार का। रामानुज, मध्व, केशव, निम्बार्क, वल्लभ और श्रीकण्ठ इसी मत को मानते हैं। शंकर का मत है कि आत्मा सर्वव्यापक अर्थात् विभु है यद्यपि सांसारिक अवस्था में इसे आणविक समझा जाता है।[11] बादरायण का मत है कि ब्रह्म जीवात्मा के अन्दर है,

1. 1 : 3, 1।
2. 2 : 1, 33।
3. 1 : 4, 26।
4. 2 : 1, 27।
5. देखें रामानुजभाष्य, ब्रह्मसूत्रों पर, 2 : 1, 27।
6. ब्रह्मसूत्र के अनुसार (3 : 2, 3) यह जगत् स्वप्नों की भांति माया नहीं है। 'माया' शब्द जैसेकि अर्वाचीन वेदान्त से स्पष्ट है अत्यन्त भ्रामक है। हम इसका अर्थ भास्कर से सहमत होकर अर्थप्रत्ययशून्यत्व, अथवा शंकर से सहमत होकर, दृष्टनष्टस्वरूपत्व, अथवा रामानुज के साथ मिलकर आश्चर्यात्मकत्व, अथवा वल्लभ के अनुसार सर्वभावनासामर्थ्य भी ले सकते हैं।
7. 2 : 3, 18।
8. 2 : 3, 33-39।
9. 2 : 3, 16।
10. 2 : 3, 18।
11. देखें, 2 : 2, 19-28। ब्रह्मसूत्र के अनुसार, जीव चार वर्ग के हैं : जरायुज, अण्डज, स्वेदज तथा उद्भिज। ये सब चेतनायुक्त माने गए हैं, यद्यपि चेतनता की श्रेणियां भिन्न-भिन्न हैं। वनस्पति तथा पौधे अपनी चेतना को वाणी से प्रकट नहीं कर सकते, क्योंकि उनमें तमोगुण की प्रधानता है।

यद्यपि ब्रह्म के स्वरूप पर आत्मा के स्वरूप का कोई असर नहीं होता।[1] चूंकि जीव और ब्रह्म भिन्न-भिन्न हैं जिस प्रकार सूर्य का प्रकाश और सूर्य भिन्न हैं और जिस प्रकार प्रकाश को बादल ढक लेते हैं किन्तु सूर्य पर उसका असर नहीं होता, इसी प्रकार जब जीव दुःख भोगता है तो ब्रह्म दुख का भागी नहीं होता।[2] शरीरधारी आत्मा कर्म करती है और सुख भोगती है तथा पुण्य और पाप का संचय करती है और सुख व दुःख में लिप्त होती है, किन्तु सर्वोपरि आत्मा का स्वभाव इसके विपरीत है और वह सब प्रकार की बुराई (पाप) से परे है।[3] 'तत् त्वमसि' और 'अयमात्मा ब्रह्म' इत्यादि वाक्य यह दर्शाने का प्रयत्न करते हैं कि दोनों अर्थात् ब्रह्म और आत्मा, ईश्वर और मनुष्य यथार्थ में एक हैं। यदि ब्रह्म सबका कारण है तो यह जीवात्मा का भी कारण है। परम दैवीय तत्त्व इसकी सभी अभिव्यक्तियों में विद्यमान है। प्रत्येक जीवात्मा ईश्वरीय आत्मा की भागीदार है। बादरायण के कथन से यह स्पष्ट नहीं होता कि ठीक किस रूप में जीवात्मा ब्रह्म के साथ सम्बद्ध है अर्थात् विश्वात्मा के अंश के रूप में अथवा आभास (प्रतिबिम्ब) के रूप में।[4] बादरायण निर्देश करता है कि आश्मरथ्य, औडुलोमि और काशकृत्स्न जीवात्मा के ब्रह्म के साथ सम्बन्ध के विषय में भिन्न-भिन्न स्थिति रखते हैं। आश्मरथ्य का विचार है कि देश-सम्बन्धी अर्थ में भी आत्मा ब्रह्म का अंश है! औडुलोमि का मत है कि प्रगाढ़ निद्रा (सुषुप्ति) की अवस्था में आत्मा का कुछ समय के लिए ब्रह्म के साथ संयोग हो जाता है। काशकृत्स्न, जिसकी सम्मति का समर्थन शंकर भी करता है, मानता है कि ब्रह्म पूर्ण तथा अविभक्त रूप में जीवात्मा के आकार में विद्यमान रहता है और बादरायण केवल इन भिन्न-भिन्न मतों का वर्णन तो अवश्य करता है किन्तु इनमें से यह किस मत का समर्थन है, यह नहीं कहता।[5] शंकर ने इस वाक्य का कि 'जीव सर्वोपरि यथार्थसत्ता का अंश है' अर्थ यह लगाया है कि 'मानो यह अंश के समान है'[6] (अंश इव) चूंकि ब्रह्म हिस्सों से मिलकर नहीं बना है इसलिए यौगिक अर्थ में भी उसके हिस्से नहीं हो सकते। भास्कर तथा वल्लभ बलपूर्वक कहते हैं कि जीव प्रभु (ब्रह्म) का एक अंश है क्योंकि उनमें परस्पर भेद भी है और तादात्म्य भी है। रामानुज, निम्बार्क, बलदेव और श्रीकण्ठ का विचार है कि जीव ब्रह्म का एक वास्तविक अंश है इसी प्रकार जैसेकि किसी प्रकाशमय पुंज, यथा अग्नि अथवा सूर्य से निकलने वाला प्रकाश उक्त पुंज का अंश होता है। इस मत का कि जीव सर्वोपरि ब्रह्म से भिन्न भी है और अभिन्न भी है, जैसेकि एक सांप अपनी कुण्डलियों से भिन्न है भी और भिन्न नहीं भी है,[7] खण्डन किया गया है। किन्तु रामानुज मानता है कि सूत्र में ब्रह्म का प्रकृति के साथ जो सम्बन्ध है उसका प्रतिपादन किया गया है और वह इस मत का खण्डन करता है कि प्रकृति केवल ब्रह्म की एक भिन्न मुद्रामात्र है किन्तु ब्रह्म से भिन्न नहीं है, जैसेकि सांप की कुण्डलियां

1. 1 : 2, 8।
2. 2 : 3, 46। इस पर केशव की टीका भी देखें।
3. 1 : 1, 17 और भी देखें, 2 : 1, 22।
4. 2 : 2, 43 और 50।
5. 1 : 4, 19, 22।
6. 2 : 3, 43, शांकरभाष्य।
7. 3 : 2, 27।

केवल भिन्न मुद्रा ही हैं किन्तु सांप से भिन्न नहीं हैं। रामानुज का तर्क है कि जीव और प्रकृति दोनों ब्रह्म के अंश हैं। केशव का तर्क है कि प्रकृति दोनों है अर्थात् ब्रह्म से भिन्न भी है और ब्रह्म के साथ उसका तादात्म्यभाव भी है, जैसेकि सांप और उसका फल भिन्न-भिन्न हैं किन्तु जब सांप को एक सम्पूर्ण इकाई के रूप में लिया जाता है तो भिन्न नहीं भी हैं। प्रकृति ब्रह्म के साथ एकरूप है क्योंकि इसका अस्तित्व ही ब्रह्म के ऊपर निर्भर है और यह ब्रह्म से भिन्न भी है और अभिन्न भी है और यह भेद निश्चित रूप से यथार्थ है।[1] बादरायण ब्रह्म तथा जीवात्मा के भेद को यथार्थ मानता है इस विषय को प्रबल समर्थन प्राप्त है और यह भेद आत्मा के मोक्ष प्राप्त कर लेने के पश्चात् भी विद्यमान रहता है। जीव आकार में सूक्ष्म होने पर भी समस्त शरीर में व्याप्त रहता है जैसेकि चन्दन का थोड़ा-सा लेप भी सारे शरीर को शीतलता पहुंचा देता है।[2]

यह जगत् ईश्वर के संकल्प का परिणाम है। यह उसी की लीला अथवा खेल है। किन्तु इसका अर्थ यह नहीं कि उसने पाप और दुःख की सृष्टि भी अपनी प्रसन्नता के लिए की, जैसेकि किसी-किसी धार्मिक योजना में लिखा मिलता है कि निम्न श्रेणी के प्राणी रहें जो उसकी अनन्त महत्ता की प्रशंसा करेंगे तथा उसका यश गाएंगे। एक ऐसा ईश्वर जो आनन्दमय है और जो प्राणियों के दुःख में प्रसन्नतालाभ करता हो वह ईश्वर ही नहीं है। मनुष्य-जाति में जो विभिन्नता पाई जाती है उसका निर्णय मनुष्यों के अपने कर्म के आधार पर होता है।[3] ईश्वर की शक्ति भी मनुष्यों के पूर्वजन्मों के ऊपर विचार करने के कारण से परिमित हो जाती है। सुख का विषय रूप में विभाग जो देखा जाता है वह प्रकट करता है कि इस जगत् में एक ऐसी नैतिक व्यवस्था है जिसे ईश्वरेच्छा कहा जाता है। इस प्रकार से ब्रह्म न तो पक्षपाती ही है और न ही निर्दय है और उसे स्वेच्छापूर्वक इस प्रकार की स्वतन्त्रता अथवा उत्तरदायित्वहीनता भी प्राप्त नहीं है, जिन दोषों का आरोप किसी-किसी ईश्वरज्ञानवेत्ता ने ईश्वर के नाम पर कर दिया है। यदि ईश्वर की कठोर निष्पक्षता के दोष का इस सिद्धान्त से निराकरण हो जाता है कि वह प्रत्येक मनुष्य को उसके अपने कर्म के अनुसार सुख अथवा दुःख प्रदान करता है तो इस दूसरे मत का कि ईश्वर स्वयं उचित एवं अनुचित आचरण[4] का कारणरूप कर्ता है, कोई समाधान नहीं होता। यदि प्रत्येक प्रकार के कर्म का प्रेरक ईश्वर ही है, तब तो वही कर्ता और दुःख का भोक्ता दोनों हो जाता है। ऐसा प्रतीत होता है कि वह अनन्त परम्परा में इस प्रकार से जकड़ा हुआ है कि वह स्वयं

---

1. 3 : 2, 27-28 पर केशव की टीका।

2. 2 : 3, 21। सूत्र के अनुसार जीव का निवास स्थान हृदय अथवा हृत्पद्म है जोकि स्नायुजाल के मेरुदण्ड का जटिल केन्द्र है जहां कि 101 भिन्न-भिन्न नाड़ियां मिलती हैं। उन सबमें से सुषुम्ना एक नाड़ी है जो बराबर उनमें से गुजरती हुई शीर्षस्थान तक पहुंचती है। मृत्युकाल समीप आने पर ज्ञाता आत्मा प्रभु की कृपा से हृदय की ग्रंथि को छिन्न-भिन्न करके सुषुम्ना के मार्ग में प्रविष्ट हो जाती है और कपाल में छिद्र करके शरीर से निकल जाती है (4 : 2, 17)। जब जीव शरीर से बाहर निकलता है तो यह सूक्ष्म इन्द्रियों से, मन तथा मुख्य प्राण से, आवृत रहता है (3 : 1, 1-7; 4 : 2, 3-21)। यह उन्हीं के साथ फिर से जन्म लेता है।

3. 2 : 1, 34।

4. 3 : 2, 41; कोषीतकि उपनिषद्, 3 : 8।

ही अपने को अच्छाई और बुराई का फल देनेवाला भी है। यहां पर फिर सूत्र श्रुति का ही आश्रय लेता है, किन्तु परस्पर विरोध के निराकरण का कोई प्रयत्न नहीं करता।

सूत्र के तीसरे अध्याय में इस विषय का प्रतिपादन किया गया है कि किस प्रकार नैतिक साधना के द्वारा एक मनुष्य को ऐसा शरीर प्राप्त हो सकता है जो परब्रह्म के ज्ञान की प्राप्ति करा सके। उपनिषदों में वर्णित जो साधारण नियम हमारे अपने साधनों की पवित्रता के लिए दिए गए हैं उन्हें सूत्र में स्वीकार किया गया है।[1] साधारणतया ब्राह्मण, क्षत्रिय, वैश्य—इन तीनों उच्चवर्णों को यज्ञ आदि करने का अधिकार दिया गया है। इसके अतिरिक्त शूद्र और स्त्रियां भी प्रभु की कृपा से मुक्ति को प्राप्त कर सकते हैं।[2] सूत्र के रचयिता का कहना है कि क्रियात्मक सेवा के भाव तथा संसार के त्याग को भी धर्मग्रन्थों का समर्थन प्राप्त है।[3] उक्त ग्रन्थकार का अपना झुकाव भी त्याग-भाव के साथ कर्मवीरता के जीवन[4] को परस्पर संयुक्त करने की ओर है। अज्ञानता से किया गया कर्म, किन्तु समस्त कर्म नहीं, आध्यात्मिक ज्ञान की प्राप्ति में बाधक होता है।[5] मोक्षप्राप्ति के पश्चात् जो भी स्वतन्त्रता इस लोक में हमें प्राप्त होती है, अर्थात् जीवन्मुक्त की अवस्था, उसमें भी कर्म करने का विधान है।[6] उपनिषदों का अनुसरण करते हुए सूत्र भी देवताओं की पूजा के विधान की अनुमति देता है जोकि अपने उपासकों को वरदान देते हैं। यद्यपि ये भी सर्वोपरि ब्रह्म से ही शासित होते हैं।[7] यथार्थता प्रतीकों अथवा लिंगों से परे है और इनके अन्दर सन्निविष्ट नहीं है किन्तु तो भी मनुष्य की दुर्बलता या विचार करके उक्त प्रतीकों की उपासना की अनुमति दी गई है।[8] परब्रह्म अव्यक्त है अर्थात् उसकी कोई अभिव्यक्ति नहीं है, यद्यपि 'संराधना'[9] में उसका साक्षात्कार होता है। ईश्वर का साक्षात्कार ही सर्वोच्च कोटि का धर्म है। ऐसे व्यक्ति जो इस प्रकार की आध्यात्मिक अन्तर्दृष्टि को विकसित नहीं कर सकते, शास्त्रों पर भरोसा रखते हैं। मनुष्य का अन्तिम लक्ष्य आत्मा को प्राप्त करना है।[10] हम यह नहीं कह सकते कि आत्मा के साथ इस प्रकार का मिलन तादात्म्यस्वरूप का है अथवा संयोग तथा साहचर्य का है। बादरायण जीवन्मुक्ति में विश्वास करता है। ब्रह्मज्ञान हो जाने पर उन कर्मों का, जिन्होंने फल देना अभी प्रारम्भ नहीं किया है, विनाश हो जाता है[11] यद्यपि शरीर तब तक विद्यमान रहता है जब तक कि, वह कर्म जो फल देना आरम्भ कर चुके हैं,[12] पूर्णतया शेष नहीं हो जाते।

चौथे अध्याय में हमें वर्णन मिलता है कि किस प्रकार जीवात्मा देवयानमार्ग से ब्रह्म

---

1. 2 : 3, 40-42।
2. 1 : 3, 34-38; 3 : 4, 38।
3. 3 : 4, 9।
4. 3 : 4, 32-35।
5. 3 : 4, 26।
6. 3 : 4, 32।
7. 3 : 2, 38-41।
8. 4 : 1, 4।
9. 3 : 2, 23-24।
10. 1 : 1, 9।
11. 4 : 1, 13-15।
12. 4 : 1, 19।

को प्राप्त करती है, जहां से फिर संसारचक्र में लौटना नहीं होता। चौथे अध्याय के 4, 5-7 सूत्र में मुक्तात्मा के लक्षणों पर विचार-विमर्श किया गया है। औडुलोमि के अनुसार इसका मुख्य स्वरूप 'विचार' है। जैमिनि का मत है कि मुक्तात्मा में उच्चकोटि के अनेक गुण विद्यमान होते हैं और सूत्रकार अपना मत प्रकट करते हुए भी कहता है कि उक्त दोनों ही विचारों का समन्वय युक्तियुक्त है। मोक्ष प्राप्त करने पर मुक्तात्मा अनन्त शक्ति तथा ज्ञान प्राप्त कर लेती है। इसका वर्णन करने के पश्चात् सूत्रकार यह भी स्पष्ट कर देता है कि कोई भी मुक्तात्मा, सृष्टिरचना, शासन तथा विश्व के संहार की शक्ति प्राप्त नहीं करती[1] क्योंकि ये कार्य केवल एकमात्र ईश्वर के ही हैं। मध्व और रामानुज उक्त वाक्य की व्याख्या सरलता के साथ कर लेते हैं, क्योंकि यह उनके अपने सिद्धान्त अर्थात् जीवात्मा तथा ईश्वर के मध्य स्थायी भेद मानने के सर्वथा अनुकूल पड़ता है।[2] किन्तु बादरायण का मत इस विषय में बिलकुल स्पष्ट नहीं है। जहां कुछेक वाक्य उक्त भेद को स्थिर[3] बताते हैं, अन्य वाक्य मात्र उसका समाधान कर देते हैं।[4]

5. उपसंहार

बादरायण संसार के अद्वैतवाद-विषयक विचार का समर्थन करता है। उसे बहुदेवतावाद अथवा अनेक स्वतन्त्र और एकसमान परम यथार्थसत्ताओं अथवा अजन्मा जीवात्माओं या ईश्वर तथा शैतान के मध्य द्वैतभाव आदि से कोई सरोकार नहीं। ब्रह्म के विषय में जो दो मत हैं अर्थात् निर्विशेष चिन्मात्रा का स्वरूप, जैसाकि बादरी, काशकृत्स्न और औडुलोमि मानते हैं, और सविशेष शरीरधारी प्रभु, जैसाकि आश्मरथ्य तथा जैमिनि मानते हैं, ये दोनों मत सूत्रकार को अभीष्ट हैं। सूत्र की पद्धति से यह ठीक-ठीक निर्णय करना सम्भव नहीं है कि ग्रन्थकार के मन में उक्त दोनों मतों के समन्वय का क्या प्रकार रहा होगा। उपनिषदों का मत स्पष्ट है कि ब्रह्म अविकारी अथवा परिवर्तनरहित तथा नित्य है। यह जगत् परिवर्तनशील तथा अस्थायी है। इस प्रकार का कार्य विपरीत गुण रखनेवाले कारण से कैसे प्रकट हो सकता है? सूत्र श्रुति के आधार पर केवल इतना ही कहता है कि ब्रह्म विश्व के रूप में परिष्कृत हो जाता है और इन्द्रियातीत रहता है।[5]

'ब्रह्मकारणता' की अत्यधिक यथार्थ परिभाषा करने का प्रयत्न करने पर हमें भिन्न-भिन्न मत मिलेंगे। शंकर का तर्क है कि ब्रह्म जगत् की उत्पत्ति करता है किन्तु उससे ब्रह्म के अन्दर कोई भी विशिष्ट परिवर्तन नहीं होता, रामानुज तथा वल्लभ का मत है कि यह जगत् वस्तुतः ब्रह्म के द्वारा बना है, अर्थात् ब्रह्म वस्तुतः जगत् के रूप में परिणत हो गया है। फिर, बादरायण का कहना है कि यद्यपि ब्रह्म जीवात्मा के अन्दर है तो भी जीव के दोषों के कारण ब्रह्म के अन्दर कोई विकार नहीं हुआ,

1. 4 : 4, 17।
2. 1 : 1, 17।
3. 4 : 4, 17 और 21।
4. 4 : 2, 13 और 16।
5. 1 : 4, 27।

क्योंकि दोनों के स्वभाव में परस्पर भेद जो है।[1] वह ब्रह्म और जीवात्मा के अन्दर दोनों भावों को अर्थात् तादात्म्य तथा भेदभाव को मानता है। उक्त स्थिति के सम्बन्ध में कोई तर्कसम्मत कथन उसने नहीं किया। शंकर को यह असम्भव जंचता है कि किस प्रकार सूत्रकार के ब्रह्म-विषयक विचारों को उपनिषदों के अन्दर प्रतिपादित निर्गुण तथा निर्विशेष ब्रह्म के ऊपर लागू किया जा सकता है। किन्तु अन्य भाष्यकार सूत्रकार की परिभाषाओं को सर्वोपरि ब्रह्म के सम्बन्ध में सर्वथा उपयुक्त मानने को उद्यत हैं। इन भाष्यकारों का तर्क है कि सूत्रकार दो प्रकार के ब्रह्म की कल्पना से एवं जगत् के मिथ्यात्व से भी अनभिज्ञ है। सूत्रकार सांख्य का खण्डन तथा सृष्टिरचना-सम्बन्धी कल्पनाओं पर इतनी गम्भीरता के साथ विवाद न करता यदि उसके मत में यह केवल आभासमात्र होता, क्योंकि उस अवस्था में इस जगत् के स्रष्टा का कोई प्रश्न ही न उठता। यह भी हो सकता है कि बादरायण दैवीय स्वभाव के वस्तुतः परिवर्तनशील पक्ष में विश्वास करता हो, अर्थात् उसके स्वगत भेद में, जिसके कारण ब्रह्म में विविध पदार्थों के रूप में तथा व्यक्तिगत मनुष्य-जीवन में भी अपने को अभिव्यक्त करने की योग्यता है। तो भी इस विषय में कोई स्पष्ट कथन नहीं मिलता है।

मुक्तात्मा की दशा ब्रह्म से अविभाग की दशा है। इस साधारण से अविभागरूपी नियम की नानाविध व्याख्याएं हो सकती हैं, जोकि इसे परवर्ती भाष्यकारों से प्राप्त होती हैं। शंकर इसका तात्पर्य यह समझता है कि विश्वात्मा के साथ इसका सम्पूर्ण भाव से तादात्म्य है, किन्तु रामानुज के अनुसार ईश्वर के साथ आंशिक ऐक्य होता है। शंकर की विचार-पद्धति में दोनों के लिए गुंजाइश है। नीतिशास्त्र के प्रश्न पर बादरायण ने, त्याग का कर्म के साथ क्या सम्बन्ध है, इस पर सर्वथा विचार-विमर्श नहीं किया है और उद्देश्यप्राप्ति के लिए इनके अन्दर कहां तक क्षमता है, इस विचार पर भी प्रकाश नहीं डाला है। धर्म के क्षेत्र में वह ब्रह्म को अव्यक्त मानता है, किन्तु तो भी स्वीकार करता है कि उसका आध्यात्मिक रूप में साक्षात्कार हो सकता है। दोनों के समन्वय की आवश्यकता है।

बादरायण के सूत्र में भी उपनिषदों की विशेषता के समान अनिश्चितता तथा संदिग्धता पाई जाती है। सूत्र में उपनिषदों की ही शिक्षा का प्रतिपादन करने का प्रयत्न किया गया है और इसीलिए इसके अन्दर अनेक प्रकार के सन्देह तथा वादविवाद के अंकुरों का समावेश है। यदि सूत्र के अन्तर्गत विचारों की विशिष्टता को और सूक्ष्मता के साथ समझने का कोई प्रयत्न किया जाएगा तो अनेक विरोधी चट्टानों तथा आध्यात्मिक विघ्नों का सामना करने की सम्भावना हो सकती है। अन्त में हम यह देखने का प्रयत्न करेंगे कि किस प्रकार एक ही समान सूत्रों में आध्यात्मिक मनोवृत्तियों में भिन्नता रहने के कारण नानाविध व्याख्याओं की उत्पत्ति होती है।

---

1. 1 : 2, 8।

आठवाँ अध्याय

शंकर का अद्वैत वेदान्त

प्रस्तावना—शंकर का जन्मकाल तथा जीवन—साहित्य—गौडपाद—अनुभूत ज्ञान का विश्लेषण—सृष्टिरचना—नीतिशास्त्र और धर्म—गौड़पाद और बौद्धधर्म—भर्तृहरि—भर्तृप्रपंच—उपनिषदों तथा ब्रह्मसूत्र के साथ शंकर का सम्बन्ध—शंकर तथा अन्य सम्प्रदाय—आत्मा—ज्ञान का तन्त्र या रचना—प्रत्यक्ष—अनुमान—शास्त्र-प्रमाण—विषयिविज्ञानवाद का निराकरण—सत्य की कसौटी—तार्किक ज्ञान की अपूर्णता—अनुभव, तर्क तथा श्रुति—परा तथा अपरा विद्या—शंकर के सिद्धान्त और कुछ पाश्चात्य विचारों की तुलना—विषयनिष्ठ मार्ग : देश, काल और कारण—ब्रह्म—ईश्वर अथवा शरीरधारी परमात्मा—ईश्वर का मायिक रूप—जगत् का मिथ्यात्व—मायावाद—अविद्या—क्या जगत् एक भ्रांति है—माया और अविद्या—प्राकृतिक जगत्—जीवात्मा—साक्षी और जीव—आत्मा और जीव—ईश्वर और जीव—एकजीववाद तथा अनेकजीववाद—नीतिशास्त्र—शंकर के नीतिशास्त्र पर किए गए कुछ आरोपों पर विचार—कर्म—मोक्ष—परलोक—धर्म—उपसंहार।

1. प्रस्तावना

शंकर का अद्वैतवाद, एक महान् कल्पनात्मक साहस और तार्किक सूक्ष्मता का दर्शन है। इसका उग्र बुद्धिवाद, इसका कठोर तर्क जोकि मनुष्य की आशाओं तथा विश्वासों के प्रति उपरामता का भाव लिए अपने मार्ग पर आगे ही आगे चलता जाता है, इसका धार्मिक तत्त्व-सम्बन्धी उद्वेगों से अपेक्षाकृत स्वातन्त्र्य, यह सब एकसाथ मिलकर इसे विशुद्ध दार्शनिक योजना के एक महान् उदाहरण के रूप में उपस्थित करता है। थिबौत, जिस पर कोई शंकर के प्रति पक्षपात रखने का लांछन नहीं लंगा सकता, शंकर के दर्शन के विषय में इस प्रकार कहता है : "शंकर द्वारा प्रतिपादित सिद्धान्त जो विशुद्ध दार्शनिक दृष्टिकोण से, सब प्रकार के धर्मतत्त्व-सम्बन्धी विचारों के अतिरिक्त अत्यन्त महत्त्वपूर्ण तथा रोचक है, भारत की भूमि में उपजा है। वेदान्त के उन रूपों में से जो शंकर के मत से भिन्न दिशा में जाते हैं, अथवा वेदान्त-विपरीत दर्शनों में से कोई भी, जहां तक साहस, गाम्भीर्य तथा कल्पना की सूक्ष्मता का सम्बन्ध है, शास्त्रीय वेदान्त की तुलना में नहीं ठहर सकते।"[1] शंकर के ग्रन्थों को पढ़ते समय यह असम्भव है कि पाठक के मन में इस प्रकार का भाव उत्पन्न न हो कि वह एक ऐसे मस्तिष्क के सम्पर्क में आ गया है जो अत्यन्त सूक्ष्मता के साथ गहराई में जानेवाला तथा अगाध आध्यात्मिक ज्ञान से परिपूर्ण है। अपरिमेय विश्व के विषय में अपनी अत्यधिक उच्च भावना के कारण, आत्मसम्बन्धी गूढ़ तत्त्वों के स्फूर्तिदायक प्रेक्षण के कारण, जिसे सिद्ध किया जा सके, उसके सम्बन्ध में न अधिक और न कम कथन करने का अविचल संकल्प रखने का कारण, शंकर मध्यकालीन भारत के धार्मिक

---

1. 'इण्ट्रोडक्शन टू ब्रह्मसूत्र', पृष्ठ 14। सर चार्ल्स इलियट के मत में शंकर का दर्शन संगति, पूर्णता तथा गाम्भीर्य में भारतीय दर्शन में सबसे प्रथम स्थान रखता है। ('हिन्दूइज्म एण्ड बुद्धिज्म', खण्ड 2, पृष्ठ 208)

उपदेशकों के नानाविध समूहों के मध्य एक तेजस्वी व्यक्तित्व रखते हैं। उनका दर्शन स्वयं में परिपूर्ण है जिसको न तो अपने आगे और न पीछे की किसी अन्य सामग्री की आवश्यकता है। यह एक ऐसी स्वतःसिद्ध पूर्ण इकाई है जो कलापूर्ण ग्रन्थों में ही पाई जा सकती है। यह अपनी पूर्वनिर्धारित कल्पनाओं को विस्तृत रूप में प्रस्तुत करता है, अपने ही लक्ष्य द्वारा शासित होता है, और अपने सब घटक अवयवों को एक स्थायी तथा युक्तियुक्त साम्यावस्था में धारण किए हुए है। दर्शनशास्त्र के किसी विद्यार्थी के अन्दर जो गुण होने चाहिए ऐसे गुणों की जो सूची[1] शंकर ने निर्धारित की है। उससे यह स्पष्ट हो जाता है कि उसकी दृष्टि में दर्शन केवलमात्र बौद्धिक धंधा न होकर समर्पित जीवन भी है। सबसे प्रथम गुण, 'नित्य तथा अनित्य वस्तुओं में भेद करने की क्षमता' की मांग है कि दर्शनशास्त्र के विद्यार्थी के अन्दर ऐसी विचारशक्ति होनी चाहिए जो उसे अपरिवर्तनशील यथार्थसत्ता तथा परिवर्तनशील संसार के अन्दर भेद करने में सहायता प्रदान कर सके। ऐसे व्यक्तियों के लिए जिनके अन्दर यह शक्ति हो, अध्यात्मविद्या-सम्बन्धी साहसिक कार्य से दूर रहना असम्भव हो जाता है। दूसरा आवश्यक गुण है 'पुरस्कार के सुख की आकांक्षा का इस लोक तथा परलोक दोनों में त्याग'। आनुभविक जगत् में तथा मनुष्य के ऐहलौकिक जीवन में भी आत्मा की महत्त्वाकांक्षाओं को पूर्ण कर सकने योग्य सामग्री नहीं है। दर्शनशास्त्र को उचित अवसर तथा औचित्य दोनों ही जीवन में उपलब्ध भ्रान्ति-निवारण द्वारा प्राप्त होते हैं।

सत्य का अन्वेषण करनेवाले को चाहिए कि वह वस्तुओं के प्रतीयमान रूप के समक्ष अपने को नीचे गिराने के स्थान पर अपने अन्दर एक कठोर अनासक्ति के भाव का विकास करे, क्योंकि यही सर्वश्रेष्ठ आत्मा की विशिष्टता है। तीसरा गुण जिसके ऊपर बल दिया गया है, यह है 'नैतिक व्यवस्था'[2] और सबसे अन्त में 'मुमुक्षुत्व की प्रबल अभिलाषा' का स्थान है। जैसाकि सन्त ल्यूक ने कहा है, हमारे मन का झुकाव एक नित्य जीवन की ओर होना आवश्यक है।[3] शंकर हमारे समक्ष दर्शन का जो यथार्थ आदर्श प्रस्तुत करते हैं वह अधिकतर ज्ञानपरक न होकर विवेकबुद्धिपरक एवं तार्किक विद्यापरक न होकर आध्यात्मिक स्वातन्त्र्य से युक्त है। शंकर की दृष्टि में संसार के कतिपय अन्य महान् विचारकों यथा प्लेटो, प्लाटिनस, स्पिनोजा और हीगल के समान ही दर्शनशास्त्र शाश्वत सत्य का गूढ़ निरीक्षण है जोकि मनुष्य के तुच्छ जीवन की क्षुद्र चिन्ताओं से उन्मुक्त होने के कारण दिव्य है। शंकर की महाकाव्य किन्तु सूक्ष्म आन्वीक्षिका विद्या के अन्दर से एक विशद तथा भावुक प्रवृत्ति की झलक मिलती है जिसके बिना दर्शनशास्त्र का झुकाव मात्र तर्करूपी खेल की ओर हो जाना सम्भव है। अत्यन्त कठोर तर्क के ऊपर जहां शंकर को पूर्ण अधिकार प्राप्त है, वहां दूसरी ओर उन्हें एक उत्कृष्ट तथा सजीव काव्य पर भी उतना ही अधिकार प्राप्त है, यद्यपि यह दर्शन से भिन्न प्रकार का विषय है। उनकी प्रतिभा की किरणों ने विचारधारा के अन्धकारमय कोनों में भी पहुंचकर उन्हें प्रकाशित किया तथा अत्यन्त निराशहृदयों के दुःखों को भी दूर कर उन्हें सान्त्वना प्रदान की। जहां एक ओर शंकर का दर्शनशास्त्र अनेकों को बल प्रदान करता है तथा सान्त्वना देता है, दूसरी ओर निःसन्देह ऐसे भी व्यक्ति हैं जिन्हें शंकर विरोध तथा अन्धकार की एक अथाह खाई प्रतीत होते हैं। किन्तु हम सहमत हों या

---

1. शांकरभाष्य, प्रस्तावना। 2. शांकरभाष्य, 2 : 1, 1।

3. 'ऐक्ट्स', 13 : 48। देखें भारतीय दर्शन, प्रथम खण्ड, पृष्ठ 37 और 38।

न हों, यह मानना ही पड़ेगा कि उनके मस्तिष्क का प्रकाश हमें कभी भी जहां का तहां ही नहीं छोड़ जाता।

2. शंकर का जन्मकाल तथा जीवन

तेलंग के अनुसार, शंकर, ईसा के पश्चात् छठी शताब्दी के मध्य अथवा अन्त में हुए।[1] सर आर. जी भण्डारकर का कहना है कि शंकर का जन्म सन् 680 ईस्वी में हुआ। वे इससे कुछ वर्ष पूर्व भी मानने को उद्यत हैं।[2] मैक्समूलर तथा प्रोफेसर मैकडोनल का मत है कि शंकर का जन्म 788 ईस्वी का है और 820 ईस्वी में उनका देहान्त हुआ। प्रोफेसर कीथ की सम्मति में भी नवीं शताब्दी के प्रथम चरण में शंकर का होना माना गया है।[3]

हम शंकर के रूप में निःसंग तपस्वी विचारक की कल्पना कर सकते हैं, जो गम्भीर ध्यान में मग्न होने की क्षमता रखता था और साथ ही क्रियात्मक जीवन में भी गम्भीर था। शंकर के कुछ शिष्यों ने उसके जीवन वृत्त-सम्बन्धी घटनाओं का संग्रह किया है, जिनमें से मुख्य हैं : माधवकृत 'शंकरदिग्विजय' तथा आनन्दगिरि कृत 'शंकरविजय'[4] शंकर का जन्म मालाबार की सरलस्वभाव किन्तु विद्वान तथा परिश्रमी नम्बूद्री ब्राह्मण जाति में हुआ और सामान्यतः यह अनुमान किया जाता है कि उनका जन्मस्थान प्रायद्वीप की पश्चिमी समुद्रतट पर स्थित कालदी था।[5] यद्यपि परम्परा के अनुसार कहा जाता है कि उनके कुलदेवता शिव थे, किन्तु एक मत यह भी है कि वे जन्म से शाक्त थे। अपनी युवावस्था के प्रारम्भ में वे गौडपाद के शिष्य गोविन्द द्वारा संचालित वैदिक पाठशाला में प्रविष्ट हुए। अपने सब ग्रन्थों में शंकर स्वयं को गोविन्द के शिष्यरूप में ही बताते हैं। इससे स्पष्ट है कि गोविन्द ने ही उन्हें वेदान्त के मुख्य-मुख्य सिद्धान्तों की शिक्षा दी। कहा जाता है कि अपनी बाल्यावस्था में ही जब वे केवल आठ वर्ष के थे, उन्होंने उत्कट अभिलाषा तथा प्रसन्नता के साथ सब वेदों को कण्ठस्थ कर लिया। वे प्रकटरूप में वैदिक विद्या तथा स्वतन्त्र प्रज्ञा से युक्त एक सामान्य प्रतिभा के तेजस्वी व्यक्ति थे। जीवन के गूढ़ रहस्य तथा महत्त्व ने उन्हें प्रभावित किया और उन्होंने भगवान की झलक अपने जीवन के बहुत प्रारम्भिक काल में ही प्राप्त कर ली। इसके पूर्व ही कि वे संसार के व्यवहार से अभिज्ञता प्राप्त करते, उन्होंने संसार का त्याग कर दिया और वे संन्यासी

---

1. उनका तर्क यह है कि पूर्णवर्मन, जिसका उल्लेख ब्रह्मसूत्र पर किए गए शंकर के भाष्य में आता है, मगध का एक बौद्ध धर्मावलम्बी राजा था, जो उसी समय में हुआ।

2. देखें, रिपोर्ट ऑन दि सर्व फॉर संस्कृत मैन्युस्क्रिप्ट्स' 1882, पृष्ठ 15।

3. 'इण्डियन लौजिक एण्ड एटमीज्म', पृष्ठ 30। कृष्ण मिश्र (लगभग ग्यारहवीं शताब्दी ईसा के पश्चात्) के प्रबोध चन्द्रोदय के नन्दीश्लोक में माया तथा मृगतृष्णिका एवं सर्प-रज्जु के अत्यन्त प्रचलित दृष्टान्त दिए गए हैं।

4. चिद्विलास तथा सदानन्द के कुछ वृत्तान्त दिए हैं। स्कन्दपुराण में कुछ तथ्य दिए गए हैं (देखें, 9)। एक मध्व ग्रंथकार नारायणाचार्य ने अपने 'मध्वविजय' और 'मणिमंजरी' में कुछ विवरण दोहराए हैं किन्तु इनमें दिए गए कई तथ्य किंवदन्तीरूप हैं और उनके ऐतिहासिक होने में सन्देह है। देखें, 'लाइफ एण्ड टाइम्स आफ शंकर', सी. एन. कृष्णस्वामी अय्यर, मद्रास, द्वारा विरचित।

5. आनन्दगिरि का मत है कि शंकर का जन्म चिदम्बरम् में 44 वर्ष ईसा से पूर्व हुआ तथा 12 वर्ष ईसा से पूर्व उनका देहान्त हुआ। किन्तु उनके इस मत को अधिक समर्थन प्राप्त नहीं है।

हो गए। किन्तु वे एक वीतरागी परिव्राजक नहीं थे। सत्य की विशुद्ध ज्वाला उनके अन्तस्तल में प्रज्वलित हो रही थी। एक आचार्य के रूप में उन्होंने स्थान-स्थान पर भ्रमण किया, और वे विभिन्न मतों के नेताओं के साथ संवाद और शास्त्रार्थ में प्रवृत्त हुए। परम्परागत वर्णनों के अनुसार, वे इन अपनी विजययात्राओं में कुमारिल[1] और मण्डनमिश्र के सम्पर्क में आए, जिनमें से आगे चलकर मण्डनमिश्र उनका शिष्य बन गया और सुरेश्वराचार्य[2] के नाम से प्रसिद्ध हुआ। अमरुक के मृत शरीर में शंकर के प्रवेश करने की कहानी यह प्रकट करती है कि शंकर योग-सम्बन्धी क्रियाओं में निपुण थे। उन्होंने चार मठों की स्थापना की, जिनमें मुख्य वह है जो मैसूर प्रान्त में शृंगेरी में है। अन्य तीन मठ क्रमशः पूर्व में पुरी में, पश्चिम में द्वारका में और हिमालय प्रदेश में बदरीनाथ में हैं। एक करुणाजनक घटना, जिसके विषय में परम्परा में सब एकमत हैं, यह दर्शाती है कि शंकर का हृदय किस प्रकार मानवीय करुणा तथा माता-पिता की भक्ति से भरा हुआ था। संन्यासाश्रम की व्यवस्था के नियमों का प्रकट रूप में भंग करके शंकर ने अपनी माता की अन्त्येष्टिक्रिया में पूर्ण भाग लिया और इस प्रकार अपने समुदाय के विकट विरोध का सामना किया। परम्परा से पता लगता है कि 32 वर्ष की अवस्था में हिमालय के अंचल में केदारनाथ में उनका देहान्त हुआ। हम जैसे साधारण मनुष्यों को, जिनका जीवन भावुकतामय का है, शंकर के जीवन में एक प्रकार का सूनापन प्रतीत होता है जो प्रसन्नतादायक साहचर्य के रंगीले सुख से वंचित था और सामाजिक मनोरंजन का भी जिसमें अभाव था, किन्तु सामान्यरूप में यही अवस्था उन सब महापुरुषों की होती है, जो उच्चतर कोटि के जीवन का अवलम्बन करते हैं और यह अनुभव करते हैं कि उनकी पुकार ईश्वर की न्यायपरायणता का प्रचार करने तथा आत्मा के दावों को पूरा करने के लिए हुई है। वे एक ऐसे देवदूत की तरह थे जो मनुष्य-समाज को धर्म के मार्ग का पथप्रदर्शन करने के लिए अवतरित हुआ था और भारत में ऐसा कोई भी व्यक्ति इस कार्य को नहीं संभाल सकता जिसके सन्देश की पृष्ठभूमि में संसार की चिन्ताओं के प्रति अनासक्ति न हो।

थोड़े ही वर्षों में शंकर ने जीवन-यात्रा में नाना उपायों का अवलम्बन किया जिनमें से प्रत्येक एक साधारण पुरुष के लिए सन्तोषप्रद हो सकता था। कल्पना के क्षेत्र में उनकी सबसे महान् सिद्धि अद्वैतदर्शन है, जिसे उन्होंने प्राचीन सूत्रों के ऊपर भाष्यों के द्वारा विकसित किया। उन्होंने इसे ज्ञान के समकालीन मानदण्डों तथा विश्वास का प्राचीन सूत्रों तथा परम्पराओं के साथ समन्वय करने का सबसे उत्तम मार्ग समझा। छठी तथा सातवीं शताब्दियों ने प्रचलित हिन्दूधर्म के उदय को देखा था। दक्षिण भारत

1. दक्षिण भारत की एक परम्परा के अनुसार यह कहा जाता है कि शंकर कुमारिल के शिष्य थे।

2. मैसूर के प्रोफसेर हिरियान्न ने सुरेश्वर तथा मण्डनमिश्र के एक ही होने के विरोध में आग्रहपूर्वक विश्वस्त प्रमाण उपस्थित किए हैं। देखें, 'जर्नल ऑफ दि रॉयल एशियाटिक सोसाइटी', अप्रैल, 1923, और जनवरी, 1924।

में बौद्धधर्म पतन के मार्ग की ओर जा रहा था[1] और जैनमत अपने उच्च शिखर पर आसीन था। वैदिक क्रियाकलाप अप्रतिष्ठा को प्राप्त होने लगा था। शैवमतावलम्बी भक्त (अदियार) तथा वैष्णवमतावलम्बी भक्त (आलवार) ईश्वर-भक्ति के मार्ग का प्रचार कर रहे थे। मन्दिरों में पूजा तथा त्योहार, जिनका सम्बन्ध पौराणिक हिन्दूधर्म से था, सर्वत्र प्रसार पा रहे थे। दक्षिण भारत में पल्लव साम्राज्य सर्वश्रेष्ठ था और स्वातन्त्र्य तथा उस शान्ति के समय में, जो एक केन्द्रीय शासन के कारण प्राप्त थी, ब्राह्मणधर्म शनैः-शनैः हिन्दूधर्म में परिणत हो रहा था। पल्लव राजाओं की धार्मिक प्रेरणाएं उस समय हो रहे पुनः संघटन का स्पष्ट संकेत करती हैं। जहां पल्लव वंश के काल के शासन बौद्धमतावलम्बी थे वहां क्रमानुसार उनके पीछे आनेवाले वैष्णवमतावलम्बी थे और सबसे अर्वाचीन शैवमत को माननेवाले थे। बौद्धधर्म की त्यागपरक प्रवृत्ति की प्रतिक्रियास्वरूप तथा ईश्वरवाद की भक्तिपरक प्रवृत्ति के विरुद्ध मीमांसक लोग वैदिक क्रियाकलापों के महत्त्व को अत्यन्त बढ़ाकर जनता के समक्ष प्रस्तुत कर रहे थे। कुमारिल तथा मण्डनमिश्र ने ज्ञान और संन्यास के महत्त्व को दूषित ठहराया तथा कर्म के महत्त्व एवं गृहस्थाश्रम की उपयोगिता पर बल दिया। शंकर एक साथ और एक ही समय में कट्टर सनातनधर्म के उत्साही रक्षक एवं धार्मिक सुधारक के रूप में भी प्रकट हुए। उन्होंने पुराणों के उज्ज्वल विलासमय युग के स्थान में उपनिषदों के रहस्यमय सत्य के युग को फिर से लौटा लाने का प्रयत्न किया। आत्मा को उच्चतर जीवन की ओर मोड़ने की जो शक्ति धर्म में है उसे उसके बल को परखने की कसौटी माना। उन्होंने अपने युग को धार्मिक दिशा में मोड़ने के लिए प्रयत्न करने में अपने को विवश पाया और इसकी सिद्धि उन्होंने एक ऐसे दर्शन व धर्म की व्यवस्था के द्वारा सम्पन्न की जो बौद्धधर्म, मीमांसा तथा भक्तिधर्म की अपेक्षा जनता की आवश्यकताओं को कहीं अधिक सन्तोषप्रद सिद्ध हो सकती थी। आस्तिकवादी सत्य को भावावेश के कुहरे से आवृत्त किए हुए थे। रहस्यवादी अनुभव प्राप्त करनेवाली अपनी प्रतिभा से सम्पन्न वे लोग जीवन की क्रियात्मक समस्याओं के प्रति उदासीन थे। मीमांसकों द्वारा कर्म के ऊपर दिए गए बल से एक आत्मविहीन क्रियाकलाप का विकास हुआ। धर्म जीवन के अन्धकारमय संकटों का सामना करके केवल उसी अवस्था में जीवित रह सकता है जबकि यह विचार का उत्तम परिणाम हो। शंकर की सम्मति में, अद्वैतदर्शन ही एकमात्र परस्परविरोधी सम्प्रदायों के अन्दर निहित सत्य है तथा उसकी न्यायोचितता का प्रतिपादन कर सकता है और इस प्रकार उन्होंने अपने सब ग्रन्थों का निर्माण एक ही उद्देश्य को लेकर किया, अर्थात् जीवात्मा को ब्रह्म के साथ अपने एकत्व को पहचानने में सहायक सिद्ध होने और यही संसार में मोक्षप्राप्ति का उपाय है।[2] मालाबार स्थित अपने जन्म-स्थान से उत्तर दिशा में स्थित हिमालय तक की अपनी यात्राओं में उन्हें पूजा के अनेक रूप देखने को मिले और उन्होंने उन

1. जहां फाहियान ने बौद्धधर्म को पांचवीं शताब्दी में फलते-फूलते देखा, युआन च्वांग ने, जो उसके पीछे अर्थात् छठी और सातवीं शताब्दी में आया, उसके पतन के चिह्नों को स्पष्ट रूप में देखा। बाण का हर्षचरित उक्त प्रभाव की पुष्टि करता है।

2. संसारहेतुनिवृत्तिसाधनब्रह्मात्मैकत्वविद्याप्रतिपत्तये। देखें, शांकरभाष्य, 1 : 1, 1।

सबको स्वीकार किया जिनके अन्दर मनुष्य को ऊंचा उठाकर जीवन को निर्मल बना देने की शक्ति थी। उन्होंने मुक्ति के मात्र एक ही उपाय का प्रचार नहीं किया अपितु प्रचलित हिन्दूधर्म के भिन्न-भिन्न देवताओं, यथा विष्णु, शिव, शक्ति तथा सूर्य आदि को लक्ष्य करके असंदिग्ध रूप से महत्त्वपूर्ण छन्दों की रचना की। यह सब उनकी सार्वजनिक सहानुभूतियों तथा प्राकृतिक देन की सम्पत्ति का अद्भुत प्रमाण उपस्थित करता है। प्रचलित धर्म में फिर से जीवन डालने के अतिरिक्त उन्होंने धर्म का सुधार भी किया। उन्होंने दक्षिण भारत में शक्तिपूजा की मूर्तरूप अभिव्यक्ति को हटा दिया और यह दुःख की बात है कि उसका असर कलकत्ता के बड़े काली मन्दिर में देखने को नहीं मिलता। कहा जाता है कि दक्षिण भारत में उन्होंने कुत्ते के रूप में प्रचलित शिव की भ्रष्ट पूजा का दमन किया जो मल्लारि के नाम से होती थी, और कापालिकों की घातक प्रक्रियाओं का दमन किया, जिनका देवता भैरव नरबलि की अभिलाषा रखता है। उन्होंने शरीर को विविध चिह्नों से दागने की प्रथा को दूषित ठहराया। उन्होंने बौद्धसंघ से यह सीखा कि अनुशासन, मिथ्याविश्वास से मुक्ति और धार्मिक संगठन धार्मिक विश्वास को स्वच्छ तथा बलशाली बनाए रखने में सहायता करते हैं, और उन्होंने स्वयं दस धार्मिक संघों की स्थापना की, जिनमें से चार ने आज तक अपनी प्रतिष्ठा को स्थिर बनाए रखा है।

शंकर के जीवन में विरोधी भावों का एकत्र संग्रह मिलता है। वे दार्शनिक भी हैं और कवि भी, ज्ञानी पंडित भी हैं और सन्त भी, वैरागी भी हैं और धार्मिक सुधारक भी। उनमें इतने भिन्न-भिन्न प्रकार के दिव्य गुण निहित थे कि यदि हम उनके व्यक्तित्व का स्मरण करें तो भिन्न-भिन्न मूर्तरूप हमारे सम्मुख उपस्थित हो जाते हैं। युवावस्था में वे बौद्धिक महत्त्वाकांक्षा के आवेश से पूर्ण, एक अदम्य और निर्भय शास्त्रार्थ-महारथी प्रतीत होते हैं। कुछ व्यक्ति उन्हें तीक्ष्ण राजनीतिक प्रतिभा से सम्पन्न मानते हैं जिन्होंने जनता को एकता की भावना का महत्त्व समझाया। तीसरे वर्ग के वे लोग भी हैं जिनकी दृष्टि में वे एक शान्त दार्शनिक हैं जिनका एकमात्र प्रयत्न जीवन तथा विचार के विरोधों का अपनी असामान्य तीक्ष्ण बुद्धि के द्वारा भेद खोल देने के प्रति था। और चौथे वर्ग के लोगों की दृष्टि में वे एक रहस्यवादी हैं जो घोषणापूर्वक कहते हैं कि हम सब उससे कहीं अधिक महान् हैं जितना कि हम जानते हैं। उनके समान सार्वजनिक मेधावी पुरुष बहुत कम देखने में आते हैं।

3. साहित्य

इस दार्शनिक मत के मुख्य-मुख्य ग्रन्थ हैं प्रमुख उपनिषदों[1] पर तथा भगवद्गीता और वेदान्तसूत्र पर किए गए शांकरभाष्य। उपदेशसहस्री और विवेकचूड़ामणि ग्रंथों से उनकी सामान्य स्थिति हमारे समक्ष आ जाती है। ईश्वर के भिन्न-भिन्न स्वरूपों को लक्ष्य

1. छान्दोग्य, बृहदारण्यक, तैत्तिरीय, ऐतरेय, श्वेताश्वतर, केन, कठ, ईश, प्रश्न, मुण्डक और माण्डूक्य। कहा जाता है कि उन्होंने अथर्वशिखा, अथर्वशिरस और नृसिंहतापनीय उपनिषदों के भी भाष्य किए थे।

करके निर्माण किए गए स्तोत्र, इस जीवन में उनकी आस्था कहां तक थी, इसे भलीभांति प्रकट करते हैं। इन स्तोत्रों के नाम हैं : दक्षिणामूर्तिस्तोत्र, हरिमीड़ेस्तोत्र, आनन्दलहरी और सौन्दर्यलहरी। जीवन के प्रति उनकी आस्था थी उसका औचित्य भी इन स्तोत्रों से प्रकट होता है। अन्य ग्रन्थ, जो शंकर के रचित बताए जाते हैं, ये हैं : आप्तवज्र सूची, आत्मबोध महामुद्गर, दशश्लोकी और अपरोक्षानुभूति तथा विष्णुसहस्रनाम और सनत् सुजातीय के ऊपर भाष्य। ऐसे अनेक सूत्रों की अभिव्यक्ति उनके ग्रन्थों में प्रकट है जिन्होंने उनके व्यक्तित्व के जटिल विन्यास का निर्माण किया था। उनकी शैली के विषय में विशेष बात जो लक्ष्य करने की है, वह यह है कि किस प्रकार से वह शंकर के मानसिक गुणों को, अपनी शक्ति को, अपने तर्क को, अपने मनोभावों तथा विनोदप्रियता के भाव को अपने अन्दर प्रतिबिम्बित कर देती है। शंकर के द्वारा प्रतिपादित दर्शनशास्त्र का इतिहास बहुत लम्बा है और आज तक भी वह प्रगतिशील है। अन्य मतावलम्बी सामान्यतः अपनी स्थिति का समर्थन शंकर के विचारों का खण्डन करके करते हैं। इसके कारण शंकर की स्थिति का पक्षपोषण प्रत्येक काल में आवश्यक हो गया है किन्तु हमारे लिए शंकर के दर्शन में उनके अपने समय की समृद्धि के अतिरिक्त बाद में हुई समृद्धि का ठीक-ठीक पता लगाना सम्भव नहीं है।[1]

---

1. सुरेश्वराचार्य के वार्तिक और नैष्कर्म्य सिद्धि, वाचस्पति की भामती, पदूमपाद की पंचपादिका और आनन्दगिरि का न्याय-निर्णय, ये अद्वैत के प्रसिद्ध ग्रन्थ हैं जिनकी रचना शंकर के समय के ठीक पश्चात् हुई। अमलानन्द का कल्पतरु (तेरहवीं शताब्दी का मध्य भाग) भामती के ऊपर किया गया एक भाष्य है। अप्पय दीक्षित (सोलहवीं शताब्दी) ने अपने कल्पतरुपरिमल नामक ग्रंथ का निर्माण, जो एक महाकाय ग्रंथ है, कल्पतरु के आधार पर किया। उसका 'सिद्धांत लेश' वेदान्त के भिन्न-भिन्न विकसित रूपों का एक महत्त्वपूर्ण सारसंग्रह है। प्रकाशात्मा ने (1200 ईस्वी) के अपने 'पंचपादिकाविवरण' में पदूमपाद की 'पंचपादिका' के ऊपर टीका की है, जो प्रथम चार सूत्रों के ऊपर एक परिष्कृत वृत्ति है। विद्यारण्य ने, जो चौदहवीं शताब्दी में हुआ और जिसे सामान्यतः माधव माना जाता है, अपने 'विवरणप्रमेयसंग्रह' की रचना की, जो प्रकाशात्मा के ग्रंथ का भाष्य है। 'पंचदशी' जहां अर्वाचीन अद्वैत का एक शास्त्रीय ग्रंथ है, वहां उसका 'जीवन्मुक्तिविवेक' भी अत्यन्त महत्त्व का ग्रंथ है। पंचदशी के रचयिता के सम्बन्ध में परम्परागत मतभेद है। ऐसा कहा जाता है कि पहले छः अध्याय विद्यारण्य के द्वारा रचित हुए तथा अन्य नौ अध्याय भारतीतीर्थ ने रचे (देखें, पीताम्बरस्वामी का संस्करण, पृष्ठ 6)। निश्चलदास ने अपने 'वृत्तिप्रभाकर' (पृष्ठ 424) में प्रथम दस अध्यायों का कर्ता विद्यारण्य को माना है तथा अन्य पांच का कर्ता भारतीतीर्थ को माना है। सर्वज्ञात्ममुनि ने (900 ईस्वी) अपने 'संक्षेपशारीरक' में शंकर की स्थिति का सर्वेक्षण किया है और रामतीर्थ ने इसके ऊपर टीका लिखी है। श्रीहर्ष का खण्डनखण्डखाद्य (1190 ईस्वी) अद्वैत दर्शन का सबसे महान् ग्रन्थ है। यह दर्शनशास्त्र की निःसारता के ऊपर लिखा गया एक अत्यन्त विस्तृत विचार प्रबन्ध है, जो मानवीय मस्तिष्क की उन उच्च श्रेणी के विषयों को मापने की अयोग्यता का प्रतिपादन करता है जिन्हें यह अपनी कल्पनात्म विलक्षणता द्वारा खोज लेने योग्य समझता है। नागार्जुन के ही प्रेरकभाव का अनुसरण करते हुए वह सामान्य वर्गीकरण का विश्लेषण सूक्ष्मता तथा परिशुद्धता के साथ करता हुआ एक सुदीर्घ तथा परिश्रमसाध्य प्रक्रिया द्वारा पाठक के समक्ष इस सरल सत्य को सिद्ध करता है कि किसी विषय का भी अन्तिम एवं निश्चित रूप में सत्य अथवा असत्य नहीं कहा जा सकता। सार्वभौम चैतन्य के अतिरिक्त अन्य सब वस्तुएं संदिग्ध हैं। निरपेक्ष परमात्मा की यथार्थता के अन्दर जो उसका विश्वास है वह उसे बौद्धधर्म के शून्यवाद (1 : 5) से पृथक् लक्षित करता है। अन्त में जाकर वह न्याय के प्रमाणों तथा उसके कारणकार्यभाव की प्रकल्पना के ऊपर वादविवाद उठाता है तथा तर्क करता है कि न्याय केवल प्रतीयमान वस्तुओं तक ही सीमित है, यथार्थसत्ता तक नहीं पहुंचाता। वस्तुओं के अन्दर की विविधता परम यथार्थ नहीं है, किन्तु निरपेक्ष ब्रह्म परम यथार्थ है (1 : 9), यद्यपि यह कभी जाना नहीं गया। चित्सुख ने इसके→

4. गौडपाद

अद्वैत वेदान्त पर क्रमबद्ध भाष्य लिखनेवालों में गौडपाद[1] सबसे प्रथम है। वह शंकर के गुरु, गोविन्द के नाम से प्रसिद्ध है और कहा जाता है कि या तो आठवीं शताब्दी के प्रारम्भ में या सातवीं शताब्दी के अन्त के लगभग हुआ।[2] यह भी कहा जाता है कि गौडपाद ने उत्तरगीता पर भी एक भाष्य लिखा था। कारिका में अद्वैतदर्शन के मुख्य-मुख्य सिद्धान्तों का प्रतिपादन किया गया है, जैसेकि यथार्थसत्ता के अनुक्रम, ब्रह्म और आत्मा का एकत्व, माया, परमनिरपेक्ष सत्ता पर कारण-कार्यभाव का लागू न होना, ज्ञान अथवा विद्या का मोक्ष का प्रत्यक्ष साधन

→ ऊपर एक टीका लिखी तथा इसके अतिरिक्त एक स्वतन्त्र ग्रंथ 'तत्त्वदीपिका' नामक भी उसी पद्धति के ऊपर लिखा। 'न्यायमृतमू' में 'चित्सुखीयमू' की समीक्षा की गई है। मधुसूदन सरस्वती ने (16 वीं शताब्दी) अपने 'अद्वैतसिद्धि' नामक ग्रन्थ में 'न्यायमृत' की समीक्षा की। रामाचार्य ने अपनी 'तरंगिणी' में 'अद्वैतसिद्धि' की समीक्षा की। 'गौडब्रह्मानन्दीय' अथवा 'गुरुचंद्रिका' ब्रह्मानन्दकृत एक ग्रंथ है, जो 'तरंगिणी' के विरुद्ध की गई समीक्षा के विरुद्ध 'अद्वैतसिद्धि' ग्रन्थ के समर्थन में लिखा गया है। शंकरमिश्र तथा रघुनाथ ने खण्डन के ऊपर स्वतन्त्र ग्रंथ लिखे। धर्मराज का 'वेदान्त परिभाषा' नामक ग्रंथ (सोलहवीं शताब्दी) न्यायशास्त्र की अध्यात्मविद्या के विषय में एक अत्युत्तम ग्रंथ है। इसके ऊपर धर्मराज के पुत्र रामकृष्ण ने अपना 'शिखामणि' नामक ग्रन्थ लिखा। अमरदासकृत 'मणिप्रभा' इसके ऊपर एक उपयोगी टीका है। विज्ञानभिक्षु के 'विज्ञानभृत' (सोहलवीं शताब्दी) में यह सिद्ध करने का प्रयास किया गया है कि सांख्यप्रतिपादित द्वैत वेदान्त के अन्दर है। अद्वैतानन्द का 'ब्रह्मविद्याभरण' (15वीं शताब्दी), गोविन्दानन्द की रत्नप्रभा, सदानन्द का 'वेदांतसार' (15वीं शताब्दी) अपनी 'सुबोधिनी' तथा 'विद्वन्मनोरंजनी, नामक टीकाओं समेत प्रकाशानन्द का 'सिद्धांत मुक्तावली', सदानन्द का 'अद्वैतब्रह्मसिद्धि', लक्ष्मीधर का 'अद्वैतमकरन्द' आदि कतिपय अन्य ग्रंथ भी बहुत महत्त्व के हैं। कई आधुनिक उपनिषदें, यथा महोपनिषद् तथा कई धार्मिक ग्रंथ, यथा योगवाशिष्ठ और अध्यात्मरामायण अद्वैतवाद का समर्थन करते हैं। योगवाशिष्ठ में बौद्ध विचारों का प्रतिबिम्ब पाया जाता है। तुलना कीजिए—

यदिदं दृश्यते किंचित् तन्नास्ति किमपि ध्रुवम्।
यथा गन्धर्वनगरं यथा वारि मरुस्थले॥ (2)

अद्वैतवेदांत के ऊपर अन्य कितने ही ग्रन्थ लिखे गए हैं, किन्तु वे सब शंकर के वचनों के गाम्भीर्य तथा अगाधता तक नहीं पहुंचते। सुरेश्वर, वाचस्पति, पद्मपाद, श्रीहर्ष, विद्यारण्य, चित्सुख, सर्वज्ञात्ममुनि, मधुसूदन सरस्वती, अप्पयदीक्षित ये सब यद्यपि एक ही समान विचार-प्रणाली में आते हैं तो भी नवीन विषय का कुछ न कुछ प्रतिपादन करते हैं, तथा निरपेक्ष आदर्शवाद की सार्थकता के किसी-न-किसी पक्ष पर प्रकाश डालते हैं, जिसके समान प्रगाढ़ विचार पहले कभी सामने नहीं आए। ये सब यद्यपि एक ही सामान्य विधि का प्रयोग करते हैं तथा एक ही सामान्य मत की व्याख्या करते हैं और फिर भी अपने विशेष व्यक्तित्व को भी धारण किए हुए हैं।

1. सम्भवतः यह वह गौडपाद नहीं है जो सांख्यदर्शन के भाष्य का कर्ता है।

2. इसे बहुत अधिक प्राचीन होना चाहिए क्योंकि वालसर का कहना है कि भवविवेककृत तर्कज्वाला के तिब्बती भाषा के रूपांतर में कारिका का उद्धरण आता है। परवर्ती ग्रंथकार अवश्य युआनचांग से पहले हुआ और इसलिए गौडपाद का समय लगभ 550 ईस्वी, या ऐसा ही होना चाहिए (देखें जैकोबी, 'जर्नल आफ दि अमेरिकन औरिएण्टल सोसाइटी', अप्रैल, 1913)। जैकोबी का मत है कि कारिका ब्रह्मसूत्र से अर्वाचीन है। प्राचीन बौद्धग्रन्थों में ब्रह्मसूत्र का कोई उल्लेख न रहने से इस मत में कोई अन्तर नहीं आता क्योंकि ब्रह्मसूत्र के 'रहस्यमय स्वरूप' के कारण विजातीयों के लिए वेदांत दर्शन के विवाद विषयों के दृष्टांतस्वरूप में इसका उद्धरण देना सम्भव हो जाता है। "इसके अतिरिक्त बौद्ध लेखक बादरायण के पुरातन वेदान्त की उपेक्षा भी कर दे सकते थे जिस प्रकार कि जैनियों ने आगे चलकर नौवीं शताब्दी में किया। किन्तु वे 'गौडपादी' की उपेक्षा नहीं कर सकते थे, क्योंकि उक्त ग्रंथ ने एक ऐसे दर्शन की शिक्षा दी जोकि अनेक अंशों में उनके अपने समान थी।" (जर्नल आफ दि अमेरिकन ओरिएण्टल सोसाइटी, अप्रैल, 1913)। अनेक भारतीय विद्वानों का झुकाव जैकोबी की सम्मति की ओर है, यद्यपि वे उसके तर्क को वालसर के तर्क से भिन्न नहीं मानते।

होना, तथा निरपेक्ष शून्य का अचिन्त्य होना। यह ग्रन्थ चार अध्यायों में विभक्त है। प्रथम के अन्दर, जिसे आगम कहा जाता है, माण्डूक्योपनिषद् के प्रतिपाद्य विषय की व्याख्या की गई है। गौडपाद ने यह दर्शाने का प्रयत्न किया है कि यथार्थसत्ता के विषय में जो उसका मत है उसे श्रुति की मान्यता प्राप्त है और तर्क उसका समर्थन करता है।[1] दूसरे अध्याय में, जिसका नाम वैतथ्य है, युक्तियों द्वारा संसार के प्रतीयमान स्वरूप की व्याख्या की गई है, क्योंकि इसकी विशिष्टता द्वैतभाव और परस्पर-विरोध से लक्षित होती है। तीसरे भाग में अद्वैत सिद्धान्त को सिद्ध किया गया है। अन्तिम भाग में, जिसका नाम अलातशान्ति है और जिसका अर्थ होता है ज्वाला को बुझाना, आत्मा के एकमात्र यथार्थ अस्तित्व के तथा उससे सम्बद्ध हमारे साधारण अनुभव के स्वरूप के विषय में अद्वैत सिद्धान्त की जो स्थिति है उसका और अधिक परिष्कार किया गया है। जिस प्रकार एक सिरे पर जलती हुई लकड़ी जब चारों ओर घुमाई जाती है तो बड़ी शीघ्रता से एक प्रकार का भ्रम उत्पन्न करती है कि यह अग्निचक्र (अलातचक्र) है, यही हाल संसार के अनेकत्व का है।[2] यह योगाचार मत का भी उल्लेख करती है और बुद्ध का नाम भी इसमें कम-से-कम आधी दर्जन बार आया है।

गौडपाद ऐसे समय में हुआ जबकि बौद्धधर्म विस्तृत रूप में प्रचलित था। स्वभावतः यह बौद्धधर्म के सिद्धान्तों से अभिज्ञ था और जहां पर वे उसके अपने अद्वैतवाद के सिद्धान्तों के साथ विरोध में नहीं जाते थे, वहां पर उन्हें गौडपाद ने स्वीकार भी किया था। बौद्धधर्मियों से उसने यह कहा कि उसके मत का आधार कोई धर्मशास्त्रीय मूलग्रन्थ या दैवीय वाणी नहीं है। सनातनी हिन्दू को उसने यह कहा कि इसको श्रुति प्रमाण की भी मान्यता प्राप्त है। अपने उदार विचारों के कारण उसे बौद्ध धर्म से सम्बद्ध सिद्धान्तों को स्वीकार करके उन्हें अद्वैत की शैली पर अपने अनुकूल बना लेने की सुविधा प्राप्त हो गई।

5. अनुभूत ज्ञान का विश्लेषण

एक अन्य स्थान पर हमने चेतना की श्रेणियों तथा प्रकारों के विषय में जो सिद्धान्त है, और जिसका वर्णन माण्डूक्योपनिषद् में किया गया है, उसका उल्लेख किया है।[3] गौडपाद इसी विश्लेषण को अपना आधार मानकर बलपूर्वक कहता है कि स्वप्नावस्था के अनुभव तथा जागरित अवस्था के अनुभव एकसमान हैं। यदि स्वप्नावस्थाएं हमारे अन्य साथी मनुष्यों के सामान्य अनुभवों तथा हमारे अपने भी साधारण अनुभव की अवस्थाओं के अनुकूल नहीं हैं[4] तो अवश्य यह समझना चाहिए कि इसका कारण यह नहीं है कि वे निरपेक्ष यथार्थसत्ता

---

1. 3 : 23।

2. मैत्रायणी उपनिषद् भी देखें, 6 : 24। इसी उपमा का प्रयोग बौद्ध ग्रंथों में भी किया गया है। निःसन्देह भाषा तथा विचार की दृष्टि से गौडपाद की कारिका तथा माध्यमिक ग्रंथों में अद्भुत समानता पाई जाती है, और उनमें प्रयुक्त दृष्टान्त भी इसमें मिलते हैं। विशेष रूप में तुलना कीजिए, 2 : 32; 4 : 59। देखें, 'जर्नल आफ दि रायल एशियाटिक सोसाइटी', 1910, पृष्ठ 136 से आगे।

3. देखें खण्ड 1, पृष्ठ 32-33, 159 से आगे। तुलना कीजिए, ब्रैडले : 'ट्रुथ एण्ड रियलिटी', पृ. 462-64।

4. 2 : 203।

में न्यून हैं, अपितु इसका कारण यह है कि वे हमारे अपने परम्परागत मानदण्डों के अनुकूल नहीं हैं। अनुभवों की उनकी अपनी एक पृथक् ही श्रेणी है और अपने संघ के अन्दर वे संश्लिष्ट हैं। स्वप्न में का पानी स्वप्नगत प्यास को बुझा सकता है और यह कहना कि यह वास्तविक प्यास को नहीं बुझाता है, असंगत है। ऐसा कहने का तात्पर्य होगा कि हम मान लेते हैं कि जागरित अवस्था का अनुभव अपने-आप में यथार्थ है और वही एकमात्र यथार्थ है। जागरित तथा स्वप्न अवस्थाएं दोनों ही अपने-अपने स्थानों पर यथार्थ हैं, अथवा निरपेक्ष भाव से दोनों ही एक समान अयथार्थ हैं।[1] गौडपाद का मत है कि जागरितावस्था के अनुभूत यथार्थ हम सबके लिए एकसमान हैं जबकि स्वप्नावस्था में जाने गए पदार्थ केवल स्वप्नद्रष्टा की निजी सम्पत्ति हैं।[2] फिर भी उसका कहना है कि "क्या स्वप्न में और क्या जागरित अवस्था में जो भी पदार्थ ज्ञान में आते हैं वे सब अयथार्थ हैं?"[3] उसका तर्क यह है कि पदार्थ के रूप में जो कुछ भी प्रस्तुत होता है वह सब अयथार्थ है। यह तर्क कि सब पदार्थ अयथार्थ हैं और मात्र प्रमाता (ज्ञाता) जो निरन्तर साक्षीरूप आत्मा के रूप में है वही यथार्थ है, कुछ उपनिषदों में उपस्थित किया गया है और इसे बौद्ध विचारधारा में निषेधात्मक परिणामों के साथ विकसित किया गया है। इसी तर्क का प्रयोग आगे चलकर गौडपाद ने यह सिद्ध करने के लिए किया है कि यह जीवन जागरित अवस्था का स्वप्न है।[4] हम जागरित अवस्था के संसार को बाह्य मान लेते हैं; इसलिए नहीं कि हमें अन्य लोगों की मानसिक अवस्थाओं का ज्ञान होता है, किन्तु इसलिए कि हम उनकी साक्षी को मान लेते हैं। देश, काल और कारण के सम्बन्ध जो जागरित संसार के पदार्थों का नियमन करते हैं, आवश्यक नहीं कि यथार्थ ही मान लिए जाएं। गौडपाद के अनुसार, "एक वस्तु के स्वरूप से जो कुछ समझा जाता है, वह है जोकि अपने में पूर्ण होता है, वह जोकि इसकी वास्तविक अवस्था है, वह जोकि अन्तर्निहित है, वह जोकि आकस्मिक नहीं है अथवा वह जो अपने-आप से नष्ट नहीं हो जाता।"[5] इस कसौटी को उपयोग में लाने पर हमें प्रतीत होता है कि आत्माएं तथा संसार अपने-आप में दोनों ही कुछ नहीं हैं, और केवल आत्मा ही सत् है।[6]

अनुभूत ज्ञान की वे घटनाएं हमारे मस्तिष्क के अन्दर प्रविष्ट होती हैं, किन्हीं निश्चित नियमों का पालन करती हैं तथा किन्हीं निश्चित सम्बन्धों से आबद्ध हैं, जिनमें प्रधान सम्बन्ध है कारण। वह कौन-सा क्रम है जिसके अनुसार कारण और कार्य एक-दूसरे के पीछे आते हैं?

---

1. "जब मैं इस विषय पर ध्यान देकर विचार करता हूं तो मुझे एक भी ऐसा लक्षण नहीं मिलता जिसके द्वारा मैं निश्चित रूप से निर्णय कर सकूं कि क्या मैं जागता हूं या स्वप्न देख रहा हूं। स्वप्नावस्था के अनुभव तथा जागरिता के अनुभव इतने अधिक समान हैं कि मैं पूर्णरूप से हैरान हो जाता हूं और वस्तुतः मैं नहीं जानता कि मैं इस क्षण में स्वप्न नहीं देख रहा हूं" 'डेस्कार्ट : मेडिटेशन्स', पृष्ठ 1 का पास्कल का कथन ठीक है कि यदि हर रात एक ही स्वप्न दिखाई दे तो हम उसमें भी ठीक इसी प्रकार लिप्त हो जाएंगे जैसेकि उन वस्तुओं में हो जाते हैं जिन्हें हम प्रतिदिन देखते हैं। उसके शब्द हैं, "यदि कोई कारीगर निश्चित रूप से पूरे बारह घण्टे तक यह स्वप्न देखे कि वह राजा है तो मेरा विश्वास है कि वह भी उसी राजा के समान सुखी होगा जो हर रात में बराबर बारह घण्टे तक यह स्वप्न देखता है कि वह कारीगर है।"

2. 2 : 14।

3. 2 : 4।

4. 2 : 31।

5. 4 : 9।

6. 4 : 10, 28, 61।

यदि वे युगपत् आते हैं, जैसेकि एक पशु के दो सींग साथ-साथ आते हैं, तो वे कारण और कार्य के रूप में एक-दूसरे से समबद्ध नहीं हो सकते। बीज और वृक्ष का दृष्टान्त अधिक उपयुक्त नहीं हो सकता। हम किसी भी वस्तु को कार्य नहीं कह सकते यदि हम उसके कारण को नहीं जानते।[1] बाह्य आवरण के स्वरूप में कारण-कार्य-सम्बन्धी व्याख्या पूर्ण नहीं हो सकती। वस्तुओं की किसी भी प्रस्तुत अवस्था को हम सोपाधिक मानते हैं और उनकी उपाधियों का पता लगाते हैं और जब उपाधियों का पता लग जाता है तो हमें उसकी पृष्ठभूमि में जाना होता है। इस प्रकार की प्रक्रिया का कोई अन्त नहीं है।[2] किन्तु यदि हम विश्वास करें कि ऐसे अनादि नित्य कारण भी वर्तमान हैं जो स्वयं में कारणहित हैं और तो भी कार्यों को उत्पन्न करते हैं, तब फिर गौडपाद कैसे पूछ सकता है कि क्या वह पदार्थ जो कार्य को उत्पन्न करते हैं, स्वयं अज (अर्थात् न उत्पन्न होने वाला) हो सकता है? और एक परिवर्तनशील पदार्थ कैसे नित्य हो सकता है? स्वयं अनुत्पन्न वस्तुओं को अन्य वस्तुओं को उत्पन्न करते हुए हम कहां पाएंगे? कारण और कार्य, स्पष्ट है कि परस्पर सापेक्ष हैं, जिनमें से एक दूसरे को सहारा देता है और जो गिरते भी साथ-साथ हैं।[3] कारण-कार्य-सम्बन्ध का स्वरूप यथार्थसत्ता के स्वरूप-सा नहीं है, किन्तु केवल ज्ञान की एक दशा है। गौडपाद कहता है : "न तो अयथार्थ का और न यथार्थ का ही कारण कभी अयथार्थ हो सकता है और न ही यथार्थ का कारण यथार्थ हो सकता है...और यथार्थ कैसे अयथार्थ कारण हो सकता है?"[4] कारणकार्यभाव की समस्याओं के कारण गौडपाद यह कहने के लिए विवश हुआ कि "कोई भी वस्तु न तो अपने से और न अन्य के द्वारा उत्पन्न हो सकती है। वस्तुतः कोई वस्तु उत्पन्न होती ही नहीं, चाहे वह सत् हो या चाहे असत् हो अथवा दोनों में से एक हो।"[5] कारणकार्यभाव असम्भव है। हम न तो यही कह सकते हैं कि ईश्वर संसार का कारण है अथवा और न यह कि जागरित अवस्था का अनुभूत ज्ञान स्वप्नावस्थाओं का कारण है।[6] नानाविध पदार्थ—विषयनिष्ठ और पदार्थनिष्ठ, जीवात्मामात्र तथा संसार—सभी अयथार्थ हैं।[7] वे तभी तक यथार्थ प्रतीत होते हैं जब तक कि हम कारणकार्य के सिद्धान्त को स्वीकार करते हैं।[8] "प्रत्येक पदार्थ संवृत्ति (अर्थात् सापेक्ष सत्य) की शक्ति से उत्पन्न होता है और इसलिए कुछ भी नित्य नहीं है; फिर प्रत्येक पदार्थ उत्पत्तिरहित होता है क्योंकि वह सत् से पृथक् नहीं हो सकता और इसलिए विनाश नाम की कोई वस्तु नहीं है।"[9] उत्पत्ति और

---

1. 4 : 16, 21।
2. 4 : 11-13, 21, 23, 25।
3. 4 : 14-15।
4. 4 : 40।
5. 4 : 22। शंकर इस पर इस प्रकार टीका करते हैं, "वस्तुतः किसी भी वस्तु से मत का उत्पन्न होना किसी प्रकार भी सिद्ध नहीं हो सकता। अपने-आप से, अर्थात् अपनी निजी आकृति से कुछ नहीं उत्पन्न हो सकता। कोई भी पदार्थ फिर से अपने को उत्पन्न नहीं कर सकता जैसे घड़े से फिर घड़ा नहीं उत्पन्न हो सकता, और न ही किसी अन्य वस्तु से कोई वस्तु उत्पन्न हो सकती है जैसे घड़े से कपड़ा नहीं उत्पन्न हो सकता; और पहले कपड़े से दूसरा कपड़ा नहीं उत्पन्न हो सकता; और अपने तथा अपने से अन्य दोनों से कुछ नहीं उत्पन्न हो सकता; क्योंकि एक घड़ा और एक कपड़ा दोनों एक साथ मिलकर किसी एक को या दूसरे को उत्पन्न नहीं कर सकते।"
6. 4 : 39।
7. 4 : 51-52, 67।
8. 4 : 55-56; 4 : 42।
9. 4 : 57।

विनाश केवल प्रतीति-मात्र हैं और यथार्थ में न तो कुछ उत्पन्न होता है और न विनष्ट ही होता है।[1] यथार्थसत्ता तक पहुंचने के लिए हमें कारणकार्यभाव तथा अन्य सम्बन्धों को अस्वीकार करना होगा, क्योंकि यथार्थसत्ता प्रतीतिरूप जगत् से अतीन्द्रिय है।[2]

यह ध्यान देने योग्य विषय है कि आत्मनिष्ठ तथा पदार्थनिष्ठ का भेद वेदान्त में वैसा नहीं है जैसेकि साधारणतः होता है। मानसिक जगत् वैसा ही पदार्थनिष्ठ अथवा अयथार्थ है जैसेकि भौतिक जगत् है, क्योंकि एकमात्र ज्ञाता अथवा यथार्थसत्ता केवल आत्मा ही है। यद्यपि गौडपाद और शंकर दोनों ही इस विचार के माननेवाले हैं तो भी शंकर स्वप्नलोक तथा जागरित लोक में परस्पर भेद करने का विशेष ध्यान रखते हैं। जहां एक ओर शंकर इस बात पर बल देता है कि दोनों जगत् मानसिक और भौतिक एक प्रकार के तथा एक ही व्यवस्था के नहीं हैं, यद्यपि तात्त्विक रूप से ये दोनों ही ब्रह्म हैं। गौडपाद के ऊपर यह दोष आ सकता है कि वह परम्परागत अर्थों में आत्मनिष्ठता को मानता है क्योंकि उसने बाह्य वस्तुओं की अयथार्थता को सिद्ध करने तथा उन्हें मानसिक विचार के रूप में प्रस्तुत करने के लिए उन्हीं युक्तियों का प्रयोग किया है जिनका प्रयोग बौद्धधर्म का विज्ञानवाद करता है।[3] यह चैतन्य की गति (विज्ञान-स्पन्दितम्) है जो प्रत्यक्ष ज्ञान के कर्ता तथा ज्ञात पदार्थ की प्रतीति को उत्पन्न करती है और जहां यह नहीं होती वहां हम नानाविधि वस्तुओं की कल्पना कर लेते हैं।[4] संसार का अस्तित्व केवलमात्र मनुष्य के मन में है।[5] गौडपाद की दृष्टि में कुल यथार्थसत्ता मानसिक प्रभावमात्र के अतिरिक्त और कुछ नहीं और वह यह भी घोषणा करता है कि मानसिक प्रभाव के कोई पदार्थनिष्ठ कारण नहीं हैं। "वस्तुओं के स्वभाव के आधार पर निर्धारित युक्तियां संकेत करती हैं कि कारण का कारण नहीं होता।"[6] "चित्त (अथवा विचार) अपने को पदार्थों के साथ सम्बद्ध नहीं करता और न यह पदार्थों को ही अपने अन्दर प्रतिबिम्बित होने देता है; क्योंकि पदार्थ अयथार्थ हैं और उनका प्रतिबिम्ब उससे (चित्त से) पृथक् नहीं है।"[7]

यथार्थवादी तर्क करता है कि विचार तथा मनोभावनाएं उदय ही नहीं होंगी यदि बाह्य पदार्थ उन्हें उत्पन्न न करें। गौडपाद विचारों से स्वतन्त्र प्रमेय पदार्थों के अस्तित्व की कल्पना को अयुक्तियुक्त बतलाता है और शंकर यह स्वीकार करने के लिए विवश है कि यह प्रतिवाद "बौद्धों के विज्ञानवादी सम्प्रदाय का तर्क है जो यथार्थवादियों (बाह्यार्थवादियों) की सम्मति

---

1. 2 : 32।   2. प्रपंचोपशमम्, 2 : 35।

3. जैकोबी गौडपाद के तर्क को इस तर्कक्रम में प्रस्तुत करता है : "जागरित अवस्था में देखे गए पदार्थ यथार्थ नहीं हैं : यह प्रतिज्ञा (प्रोपोज़ीशन) है, हेतु यह है कि वे देखे गए हैं : जैसेकि किसी स्वप्न में देखे गए पदार्थ, यह दृष्टान्त है; जिस प्रकार स्वप्न में देखे गए पदार्थ यथार्थ नहीं होते, इसी प्रकार दृश्यमानता का गुण जागरितावस्था के पदार्थों से भी सम्बन्ध रखता है; यह हेतु का उपयोग (हेतुपनय) है; इसलिए जागरित अवस्था में देखे गए पदार्थ भी अयथार्थ हैं; यह निष्कर्ष (निगमन अनुमान) है। 'जर्नल आफ दि अमेरिकन ओरिएंटल सोसायटी', खण्ड 33, भाग 1, अप्रैल 1913। और भी देखें, 2 : 29, 31; 4 : 61-66, 72-73।

4. 2 : 15 और 17, और 4 : 47।   5. 4 : 45-48, 72; 4 : 77; 1 : 17।

6. 4 : 25। इसके ऊपर भाष्य करते हुए शंकर लिखता है, "घड़े आदि का, जिन्हें तुम विषयीनिष्ठ प्रभावों का पदार्थनिष्ठ कारण मानते हो, अपना कोई कारण नहीं है, न कोई आधार ही है; इसलिए वे विषयीनिष्ठ प्रभावों के कारण नहीं हैं।"

7. 4 : 26।

को अमान्य ठहराते हैं, और आचार्य उनसे यहां तक सहमत हैं।"[1]

किन्तु विचारों के यथार्थप्रवाह की कल्पना भी गौडपाद के लिए अरुचिकर है। वह विज्ञानवाद की मुख्य स्थिति अर्थात् चित्त की यथार्थता का भी प्रतिवाद करता है। "इसलिए मन (चित्त) का उद्भव नहीं होता और न मन के द्वारा जाने गए पदार्थ ही उत्पन्न होते हैं। ऐसे व्यक्ति जो उनके उद्भव को जानने का अभिनय करते हैं, केवल हवाई किले बनाते हैं।[2] यदि सम्पूर्ण ज्ञान केवल प्रतीतिमात्र है, तो फिर यथार्थ और मिथ्या ज्ञान में अन्तर ही क्या रहा? निरपेक्ष परमसत्ता की दृष्टि में कुछ भी अन्तर नहीं है। रस्सी का रस्सी के रूप में ज्ञान भी फिर उतना ही निराधार है जितना कि रस्सी को सांप के रूप में जानने का ज्ञान है। जागरित तथा स्वप्न अवस्थाओं में प्रस्तुत पदार्थों की चेतना निरन्तर रहनेवाला घटक साधन नहीं है। सुषुप्ति अवस्था में न तो बाह्य और न आभ्यन्तर पदार्थों का बोध हो सकता है। केवल एक ऐसा एकत्व है जिसके अन्दर सब पदार्थ आकर एक चेतना के पुंजरूप में एकत्र होते हुए प्रतीत होते हैं जहां वे अलग-अलग पहचाने नहीं जा सकते।[3] इस अवस्था का अस्तित्व इस विषय का स्पष्ट प्रमाण है कि ज्ञान, जिसमें ज्ञाता और ज्ञात पदार्थ का भेद है, निरपेक्ष परम नहीं है। स्वप्न तभी तक यथार्थ है, जब तक कि हम स्वप्न देखते हैं। इसी प्रकार जागरित अवस्था का ज्ञान भी तभी तक वर्तमान है जब तक कि हम निद्राभिभूत नहीं होते एवं स्वप्न नहीं देखते। सुषुप्ति (अर्थात् स्वप्नरहित निद्रा), जिसमें से गुज़रकर हम जागरित अथवा स्वप्नावस्था में आते हैं उतनी ही अयथार्थ है जितनी कि अन्य अवस्थाएं, और तीनों अवस्थाएं उस समय अपने सापेक्ष रूप को प्रकट करती हैं, जब मनुष्य "भ्रांतिरूप निद्रा से जाग जाता है, जिसका कोई आदि नहीं है और वह उस अजन्मा, सदा जागरित, स्वप्नविहीन को पहचान जाता है जिसके समान दूसरा कोई नहीं है।"[4]

संसार के मिथ्यात्व को दर्शाने का दूसरा तर्क यह है कि "प्रत्येक वस्तु जो प्रारंभ में असत् थी, और अन्त में भी असत् रूप में परिणत हो जाएगी, मानना चाहिए कि मध्यकाल में भी असत् है।"[5] दूसरे शब्दों में वह सब जिसका आदि व अन्त है, अयथार्थ या मिथ्या है।[6] यथार्थता का प्रमाण पदार्थनिष्ठता अथवा क्रियात्मक क्षमता नहीं किन्तु सब काल में निरन्तर अस्तित्व अथवा निरपेक्ष आत्मसत्ता है। जागरितावस्था में अनुभूत पदार्थ स्वप्नावस्था में असत् हो जाते हैं और स्वप्नावस्था के पदार्थ जागरितावस्था में असत् रूप हो जाते हैं। इस प्रकार गौडपाद अनुभूत जगत् के अयथार्थस्वरूप को सिद्ध करता है अर्थात् (1) इसकी स्वप्नावस्था के साथ समानता के कारण; (2) इसके प्रस्तुत होनेवाले अर्थात् पदार्थनिष्ठ स्वरूप के कारण; (3) इसके उन सम्बन्धों के दुर्बोध होने के कारण जो इसका संगठन करते हैं, और (4) इसके सब कालों में स्थिर न रहने के कारण।

यह स्वीकार करते हुए कि सापेक्षता एक सर्वग्राही शक्ति है जो अनुभूत ज्ञान के क्षेत्र में नियामक है, वह एक ऐसी वस्तु की यथार्थता की स्थापना करता है जो अनुभव, ज्ञान तथा सापेक्षता से भी ऊपर हो। सापेक्ष की सम्भावना ही निरपेक्ष यथार्थसत्ता को उपलक्षित

1. 4 : 21, 25-27।
2. 4 : 28।
3. "यथा रात्रौ नैशेन तमसा विभज्यमानं सर्वं घनमिव तद्वत् प्रज्ञानघन एव।" शांकरभाष्य, माण्डूक्योपनिषद् 5।
4. 1 : 16।
5. 2 : 6।
6. 2 : 7।

करती है। यदि हम यथार्थसत्ता को अस्वीकार करते हैं तो हम सापेक्ष को भी अस्वीकार करते हैं।[1] उपनिषदों में प्रतिपादित किया गया है कि जागरित, स्वप्न तथा सुषुप्ति—तीनों ही अवस्थाओं से परे उन सबका एक सामान्य आधार आत्मा है।[2] केवल यही सत् है। यह अखण्ड है क्योंकि यदि इसके खण्ड होते तो बहुत्व का दोष आ जाता। सत् के अन्दर कोई भेद नहीं रह सकता क्योंकि जो सत् से भिन्न है वह असत् है, और असत् अभावात्मक है। "वह वस्तु जो सत् है बन नहीं सकती, जिस प्रकार जो नहीं है वह हो नहीं सकती।"[3] सत् का विचार के साथ तादात्म्य है क्योंकि यदि यह तादात्म्य न होता तो यह अन्य प्रकार से नितान्त रूप में एक न होता। विचार वही है जो सत् है; किन्तु यह विचार वह मानवीय विचार नहीं है जिसे एक प्रमेय पदार्थ को आवश्यकता होती है। इस प्रकार का विचार सम्बन्धों से और इसीलिए बहुत्व से संपृक्त होगा। विचार से यहां तात्पर्य है सरल आत्मप्रकाश की ज्योति से, जो सब प्रकार के सापेक्ष ज्ञान को सम्भव बनाती है। "सदा अजन्मा, जागरित, स्वप्नरहित, अपने को स्वयं से प्रकाशित करता है। यह अपने स्वरूप ही के कारण सदा प्रकाशमान रहता है।"[4] निरपेक्ष परमसत्ता को निषेधात्मक शून्यता के साथ न मिला देना चाहिए जो सुषुप्ति की अवस्था है। सुषुप्ति में हमें अबोध रहता है किन्तु ब्रह्म के अन्दर हमें विशुद्ध बोध होता है।[5] जागृति, सुषुप्ति तथा निद्रा, ये तीन प्रकार की अवस्थाएं हैं जिनमें एकमात्र निरुपाधिक आत्मा अपने को अभिव्यक्त करती है जबकि यह भिन्न-भिन्न उपाधियों (सीमाओं) से मर्यादित रहती है।[6]

6. सृष्टिरचना

गौडपाद सर्वश्रेष्ठ तत्त्व अर्थात् आत्मा तथा आनुभविक जगत् के मध्य क्या सम्बन्ध है इस विषय के प्रश्न को उठाता है। यदि हम सत्य के नैष्ठिक विद्यार्थी (परमार्थचिन्तकाः) और सृष्टि के सम्बन्ध में केवल कल्पना ही कल्पना करनेवाले (सृष्टिचिन्तकाः) नहीं हैं तो हम देखेंगे कि सृष्टिरचना नाम की कोई वस्तु है ही नहीं। यथार्थसत्ता में कोई परिवर्तन सम्भव नहीं है। यदि यह सम्भव होता तो "अमर मरणधर्मा हो जाता।"[7] "किसी प्रकार से भी यह सम्भव नहीं है कि कोई वस्तु अपने से सर्वथा विपरीत गुणवाली वस्तु के रूप में परिणत हो जाए।"[8] प्रत्येक

---

1. 3 : 28।

2. 1 : 1। एक एव त्रिधा स्मृतः। तुलना कीजिए :

सत्त्वाज्जागरणं विद्याद्रजसा स्वप्नमादिशेत्।
प्रस्वापनं तु तमसा तुरीयं त्रिषु सन्ततम्॥

देखें, सांख्यप्रवचनभाष्य, 1 : 91।

3. 4 : 4। 4. 4 : 81। और भी देखें, 3 : 33, 35-36।

5. 3 : 34। और भी देखें, 1 : 26-29; 3 : 26; 4 : 9।

6. स्थूल, सूक्ष्म तथा कारण शरीरों से सम्बद्ध आत्मा की क्रमशः, विश्व, तैजस और प्राज्ञ संज्ञा होती है। इसके साथ तुलना कीजिए हीगल के विचार की अर्थात् एक ऐसी क्रमबद्ध श्रेणी जिसके द्वारा मनुष्य का मानस शनैः-शनैः न्यूनतर यथार्थ से अयथार्थता के अधिकतर सही विचारों पर पहुंचता है, उस प्रक्रिया की अवस्थाओं के अनुकूल है जिसके द्वारा यथार्थता स्वयं सदा बढ़ती रहनेवाली यथेष्टता के साथ घटनाओं के ऊपर उठनेवाले क्रम में स्वयं अभिव्यक्त होती है।

7. 3 : 19। 8. 3 : 21।

परिणमन अवास्तविक है एवं केवल आनुभविक जगत् में ही वह सत्य अथवा सप्रमाण है। यथार्थ में भेद नामक कोई वस्तु नहीं है। (नास्ति भेदः कथंचन)।[1] आत्मा ही जो, एकमात्र निरुपाधिक यथार्थसत्ता है, अपने अतिरिक्त और किसी के विषय में अभिज्ञ नहीं है। जैसा कि शंकर कहता है : "प्रमेय पदार्थों का बोध एक क्रियाशील प्रमाता को होता है, साधारण सत्ता मात्र को नहीं होता।" यह बताना संभव नहीं है कि यह अध्यास अथवा आत्मा का अनात्म के साथ असामंजस्य कैसे उत्पन्न होता है, किस प्रकार से एक अनेकरूप में प्रकट होता है, क्योंकि अखण्ड आत्मा के यथार्थ में विभाग नहीं हो सकते और कभी-कभी यह तर्क किया जाता है कि जगत् की व्याख्या का पता लगाना, यदि यह यथार्थ नहीं हैं तो भी, आवश्यक है।[2] सृष्टिरचना के विषय में प्रस्तुत किए गए भिन्न-भिन्न विकल्पों पर गौडपाद ने इस प्रकार विचार किया है, "कुछ इसे ईश्वर की अभिव्यक्ति (विभूति) रूप में मानते हैं किन्तु अन्य कई इसे स्वप्नरूप अथवा भ्रांति (स्वप्नमाया) के रूप में मानते हैं : अन्य कई का मत है कि यह ईश्वर की इच्छा रूपी एक संकल्प है, किन्तु ऐसे व्यक्ति जो काल में विश्वास रखते हैं, बलपूर्वक कहते हैं कि सब कुछ काल से ही प्रादुर्भूत हुआ है। कुछ का कहना है कि सृष्टि भोग के लिए है, दूसरी ओर ऐसे भी व्यक्ति हैं जिनका कहना है, "यह क्रीड़ा के लिए है।" गौडपाद उक्त सब मतों का निराकरण करते हुए बलपूर्वक कहता है कि "यह उस तेजोमय का अन्तःस्थित स्वभाव (देवस्यैष स्वभावोऽयम्) है जिसे सब कुछ प्राप्त है क्योंकि उसकी इच्छा और क्या हो सकती है?[3] इसलिए इस मत का निराकरण करते हुए कि जगत् की तुलना एक स्वप्न अथवा भ्रांति के साथ की जा सकती है, गौडपाद तर्क करता है कि यह ईश्वर के अपने स्वभाव का व्यक्तरूप है, अर्थात् उसकी शक्ति का अभिव्यक्त स्वरूप है। अन्य वाक्यों में भी जगत् का यथार्थवादी विचार प्रकट होता है तथा "आत्मा अपनी माया की शक्ति द्वारा (स्वमाया से) अर्थात् अपने-आप से अपनी कल्पना करता है। वही एकमात्र बाह्य विषयों (प्रमेय पदार्थों) का बोध ग्रहण करता है। इस विषय पर वेदान्त का यह अन्तिम मत है।"[4] यहाँ पर गौडपाद ने माया शब्द का प्रयोग अद्भुत शक्ति के अर्थों में किया है; यह आत्मा का स्वभाव बन जाता है "जो उस सर्वदा ज्योतिष्मान् से पृथक् नहीं हो सकता और जो इसके द्वारा आवृत है।"[5] माया के विषय में यह भी कहा गया है कि यह अनादि सृष्टितत्त्व है जो मनुष्य की दृष्टि से यथार्थसत्ता को छिपाए रहती है।[6] वह परमतत्त्व इस माया रूपी तत्त्व अथवा स्वभाव से संयुक्त होकर जो अव्याकृत है, ईश्वर कहाता है "जो समस्त चैतन्य के केन्द्रों का वितरण करता है।"[7]

पृथ्वी, लोहा और आग के स्फुलिंगों के दृष्टान्त जिनका उपयोग उपनिषदों में किया गया है, वह हमें केवल परमार्थसत्ता के प्रत्यक्षीकरण में सहायता प्रदान करने के लिए है।[8] अर्वाचीन वेदान्त में इस स्थिति को परिष्कार करके अध्यारोपापवाद अथवा एक अध्याय के रूप में, जिसके आगे अपसरण आता है, प्रतिपादन किया गया है।[9] उक्त सब कथनों में

1. 3 : 15, 9 और 24।
2. 1 : 17-18।
3. 1 : 7-9।
4. 2 : 12 और भी देखें, 3 : 10।
5. 2 : 19।
6. 1 : 16।
7. 1 : 6।
8. 3 : 15।
9. वेदान्तसार, 2।

जो आध्यात्मिक सत्य निहित है वह यह है कि इस आनुभविक जगत् का अधिष्ठान आत्मा है जो यथार्थ में किसी प्रकार के द्वैत को स्वीकार नहीं करता (द्वैतस्याग्रहणम्)।[1] द्वैतपरक जगत् केवल माया है यथार्थसत्ता अद्वैत है।[2] शंकर कहते हैं, "ज्ञान की विविधता आत्मा के अन्दर ठीक उसी भांति रहती है जैसे कि सांप रस्सी में"[3] हमें यह न कहना चाहिए कि आत्मा अपने को जगत् के रूप में परिणत करती है। यह वस्तुओं को उत्पन्न करती है केवल उसी भांति जिस भांति कि एक रस्सी सांप का रूप धारण करती है, किन्तु यथार्थरूप में वह सांप नहीं।[4] यह केवल माया के द्वारा ही अनेक रूप में परिणत होती केवल प्रतीत होती है किन्तु अपने आप में नहीं (नतत्त्वतः)।[5] "अनुभूत ज्ञान की विविधता को आत्मा के अनुरूप नहीं कहा जा सकता और न अपने आप में स्वतन्त्र रूप में अवस्थित ही कह सकते हैं, और कुछ भी भिन्न अथवा तादात्म्य सूचक नहीं है।"[6] यह जगत् न तो आत्मा के साथ तादात्म्यरूप है और न उससे पृथक् तथा भिन्न ही है। जिस समय गौडपाद का ध्यान सर्वोपरि यथार्थसत्ता के ऊपर होता है तो वह बलपूर्वक कहता है कि जगत् केवल स्वप्नमात्र अथवा भ्रांति है और भेद सब केवल प्रतीतिस्वरूप है।[7]

गौडपाद ने माया शब्द का प्रयोग ठीक एक ही अर्थ में नहीं किया है। इसका प्रयोग (1) जगत् तथा आत्मा के मध्यगत सम्बन्ध की अव्याख्येयता के अर्थों में किया है, (2) ईश्वर के स्वभाव अथवा शक्ति के अर्थों में तथा; (3) जगत् की स्वप्नसदृश प्रतीति के अर्थों में। शंकर ने माया के पहले अर्थों को ही अधिकतर प्रधानता दी है और तीसरे प्रकार के अर्थों के प्रति वह उदासीन है। वह तीसरे प्रकार के अर्थों की गौडपाद की स्थिति को माध्यमिकों के संवृति सत्य अथवा असत्य के सदृश बना देती है, किन्तु व्यावहारिक सत्य अथवा क्रियात्मक सत्य के सदृश नहीं।[8]

यदि यह जगत् चित्तनिष्ठ पदार्थों से ही बना है (चित्तदृश्यम्) और निरपेक्ष परमार्थस्वरूप आत्मा के ऊपर आरोपित किया गया है तो यही जीव की दशा है। आत्मा का अनेक जीवों में विभक्त होना केवल प्रतीतिमात्र है। आत्मा की तुलना सर्वव्यापी देश के साथ की गई है और जीव की तुलना भी उसी के समान घड़े में सीमित आकाश (देश) के साथ की गई है। और जब ढकनेवाला बाह्य आवरण नष्ट हो जाता है तो सीमाबद्ध देश (घटाकाश) व्यापक देश (महाकाश) में मिल जाता है। भेद केवल ऐसे आनुषंगिक पदार्थों में रहते हैं, यथा आकृति, क्षमता और नाम, किन्तु स्वयं व्यापक वेश (आकाश) में यह भेद नहीं है। जैसेकि हम यह नहीं कह सकते कि सीमाबद्ध आकाश (देश) व्यापक आकाश का अवयव है अथवा एक विचार है। इसी प्रकार हम यह भी नहीं कह सकते कि जीव आत्मा का अवयव है या विकार है। ये दोनों एक ही हैं और भेद केवल प्रतीतिपरक है। यद्यपि व्यावहारिक रूप में हमें इन

---

1. 1 : 13, 17।
2. माया मात्रमिदं द्वैतं द्वैत परमार्थतः (2, 17)।
3. ब्रह्मसूत्र पर शांकरभाष्य, 2 : 12, 19।
4. 3 : 27; 2 :17।
5. 3 : 27।
6. 2 : 34।
7. 3 : 19, 24; 4 : 45। और भी देखें, 2 : 18।
8. गौडपाद की दृष्टि में आनुभविक जगत् के पदार्थ (धर्म) केवल भ्रांतिमात्र हैं जैसाकि आकाश (गगनोपम)। ज्ञान को भी वह आकाश के समान कल्पनात्मक और ज्ञेय पदार्थों से अभिन्न मानता है।

दोनों को भिन्न मानना होता है।[1]

7. नीतिशास्त्र और धर्म

मनुष्य का सबसे श्रेष्ठ हित इसी में है कि वह उन बन्धनों को तोड़ फेंके जो उसे उस यथार्थसत्ता से दूर रखे हुए हैं, जो उसका अपना स्वरूप है। जीवात्मा के अन्दर आत्मा का साक्षात्कार कर लेने का नाम ही मोक्ष है।[2] "मुक्त आत्मा कभी जन्म नहीं लेती क्योंकि वह कारणकार्य की परिधि से दूर हो जाती है।"[3] जब मनुष्य सत्य का साक्षात् कर लेता है तो वह संसार में उच्चकोटि के अनासक्तिभाव से युक्त रहता है जिसकी तुलना जड़ प्रकृति की पूर्ण उदासीनता के साथ (जड़वत्) हो सकती है।[4] वह परम्परागत नियमों तथा विधानों के बन्धन में नहीं रहता।[5]

नैतिक प्रयत्न उच्चकोटि के कल्याण के प्रगतिशील सान्निध्य में है। पुण्य और पाप के भेद आनुभविक जगत् से ही सम्बन्ध रखते हैं जहां कि जीव व्यक्तित्व का भाव रखते हैं। चूंकि अविद्या एक ऐसी वस्तु है जिसका प्रभाव मनुष्य के व्यक्तित्व के ऊपर सम्पूर्ण रूप में होता है। इससे मुक्त होने के लिए न केवल सत्य ज्ञान अपितु सदाचरण और ईश्वर में भक्ति आवश्यक है। धर्म सर्वोपरि निःश्रेयस् की प्राप्ति में हमारा सहायक होता है। परिमित शक्तिवाले जीवात्मा को पूजा तथा उपासना के विषय में पूरी स्वतन्त्रता दी गई है, जो उस अनन्त सत्ता की जिस किसी भी रूप में कल्पना कर सकता है क्योंकि जितनी भी आकृतियां हैं उसी एक परम सत्ता में न्यस्त हैं।[6] मानवीय आत्मा तथा ईश्वर में परस्पर भेद के ऊपर निर्भर धर्म का स्वरूप सापेक्ष है और इसको साधन के रूप में महत्त्वपूर्ण होने के कारण स्वीकार किया गया है।[7] गौडपाद योगशास्त्रविहित पद्धति को साधन के रूप में स्वीकार करता है। "जब चित्त कल्पना करते-करते आत्मविषयक सत्यज्ञान के कारण विरत हो जाता है तो यह शून्य हो जाता है और तब चूंकि इसे किसी वस्तु का बोध ग्रहण करना शेष नहीं रहता इसलिए विश्रान्तिलाभ करता है।"[8] इस अवस्था को सुषुप्ति-अवस्था के साथ नहीं मिला देना चाहिए क्योंकि यह एक ज्ञान की अवस्था है जिसका ज्ञेय विषय है ब्रह्म।[9] यह भावात्मक वर्णन से परे है, सब प्रकार के द्वैतभाव से परे है, यह एक ऐसे क्षेत्र में है जहां कि ज्ञान आत्मा के अन्दर केन्द्रित है।[10] योग की प्रक्रिया कठिन है क्योंकि इसके लिए मन का निग्रह अत्यन्त आवश्यक है जो इतना कठिन है कि गौडपाद इस कष्टसाध्य प्रयत्न की तुलना एक ऐसे व्यक्ति के प्रयत्न से करता है जो घास के एक तिनके से बूंद-बूंद लेकर समुद्र को सुखाने का प्रयत्न करता है।[11] तो भी जब तक परम आनन्द की प्राप्ति न हो जाए, चित्त को बीच में प्रयत्न न छोड़ना चाहिए।

---

1. 3 : 3-14।
2. 2 : 18, 38।
3. 4 : 75; 3 : 38।
4. 2 : 36।
5. 2 : 37।
6. 2 : 29-30।
7. 3 : 1।
8. 3 : 32।
9. 3 : 33-34।
10. 3 : 35-38।
11. 3 : 40-41।

8. गौडपाद और बौद्धधर्म

गौडपाद के ग्रन्थ में जो सामान्य विचार हमें आदि से अन्त तक मिलता है—अर्थात् बन्धन और मोक्ष, जीवात्मा तथा जगत्, यह सब अयथार्थ है—एक मर्मभेदी समालोचक को इस परिणाम पर पहुंचाता है कि वह प्रकल्पना जो इससे अधिक कुछ नहीं कह सकती कि एक अयथार्थ आत्मा इस अयथार्थ जगत् में सर्वश्रेष्ठ कल्याण की प्राप्ति के लिए अयथार्थ बन्धनों से मुक्त होने का प्रयत्न कर रही है, स्वयं अपने में भी अयथार्थ है। एक ओर यह कहना कि अस्तित्व का रहस्य, कि किस प्रकार निर्विकार यथार्थसत्ता इस परिवर्तनशील विश्व में बिना अपने स्वरूप को नष्ट किए अपने को अभिव्यक्त करती है, स्वयं रहस्य है और साथ-साथ समस्त परिवर्तनशील विश्व को केवल मृगतृष्णिकामात्र बताकर निराकरण करना दूसरी बात है। यदि हमें जीवन के क्रीड़ाक्षेत्र में खेलना है तो हम अपने अन्दर इस प्रकार की धारणा रखकर कि यह सब केवल दिखावामात्र है और इसके अन्दर जितने भी पुरस्कार हैं वे सब शून्य हैं, कभी खेल में भाग नहीं ले सकते। कोई भी दर्शन इस प्रकार के मत को युक्तिसंगत मानते हुए शान्ति नहीं प्राप्त करा सकता। इस प्रकार की प्रकल्पना में सबसे बड़ा दोष यह है कि हम ऐसे प्रमेय पदार्थों में लगे रहने के लिए बाध्य होते हैं कि जिनके अस्तित्व तथा महत्त्व का हम अपनी इस प्रकल्पना में बराबर निषेध कर रहे होते हैं। यह संसाररूपी तथ्य रहस्यमय तथा अनिर्वचनीय हो सकता है। यह केवल यही दर्शाता है कि एक अन्य सत्ता ऐसी अवश्य है जो इस संसार के अन्दर निहित है और इससे भी ऊपर है किन्तु तो भी इस प्रकार का संकेत नहीं करता कि संसार एक स्वप्न है, अर्वाचीन बौद्धधर्म से ही गौडपाद की इस प्रकल्पना में ऐसी अतिशयोक्ति का समावेश हुआ। ऐसा प्रतीत होता है कि उसे बौद्धदर्शन के कुछ रूपों के साथ अपने दर्शन की समानता होने का ज्ञान था। इसलिए वह कुछ अधिक आगे बढ़कर विरोध के रूप में कहता है कि उसका मत बौद्धमत नहीं है। अपने ग्रन्थ के अन्तिम भाग में वह कहता है : "यह बुद्ध ने नहीं कहा था।"[1] इसके ऊपर टिप्पणी करते हुए शंकर लिखता है, "बौद्धधर्म का सिद्धान्त अद्वैत के साथ सादृश्य रखता है किन्तु बौद्धधर्म वैसा निरपेक्षवाद नहीं है जो अद्वैतदर्शन का प्रधान आधार है।"

गौडपाद के ग्रन्थ (कारिका) में बौद्धदर्शन के चिह्न मिलते हैं,[2] विशेषकर विज्ञानवाद तथा माध्यमिक सम्प्रदाय के। गौडपाद ठीक उन्हीं युक्तियों का प्रयोग करता है जिनका प्रयोग विज्ञानवाद ने बाह्य पदार्थों की अयथार्थता को सिद्ध करने के लिए किया है। बादरायण और शंकर दोनों ही बलपूर्वक कहते हैं कि स्वप्नावस्था के तथा जागरित अवस्था के प्रभावों में मौलिक भेद है।[3] और यह कि जागरित अवस्था के प्रभावों का आधार बाह्य पदार्थों का अस्तित्व है। किन्तु गौडपाद जागरित तथा स्वप्न अवस्था दोनों के प्रभावों को एक साथ जोड़ देता है।[4] शंकर जहां एक ओर अपने दर्शन को विषयीविज्ञानवाद से अछूता रखने के लिए

---

1. नैतद् बुद्धेन भाषितम् (4 : 99)।

2. ऐसे भी व्यक्ति हैं जिनका विश्वास है कि गौडपाद अपने-आप में बौद्धधर्मावलम्बी था और उसने 'माध्यमिककारिका' पर टीका की है, तथा उसकी सम्मति में बौद्धधर्म उपनिषदों की पद्धति के समान है। देखें, दासगुप्ता : 'हिस्ट्री आफ इण्डियन फिलासफी', पृष्ठ 423-428।

3. 2 : 2, 28-32। 4. 2 : 4।

उत्सुक है, जोकि विज्ञानवाद का सहचारी है, वहां गौडपाद उसका स्वागत करता है।[1] विज्ञानवाद को अन्तिम रूप में स्वीकार करने के लिए उद्यत न होने के कारण वह ऐसी घोषणा करता है कि विषयी (प्रमाता) भी प्रमेय विषय के समान ही अयथार्थ और इस प्रकार संकट में पड़कर शून्यवादियों की स्थिति के ही समीप पहुंच जाता है। नागार्जुन के समान वह कारणकार्यभाव तथा परिवर्तन की संभाव्यता का भी निराकरण करता है।[2] "विनाश नाम की कोई वस्तु नहीं है सृष्टिरचना भी नहीं है, बन्धनों में जकड़ा हुआ कोई नहीं है, मोक्ष के लिए प्रयत्न करनेवाला भी नहीं है, न कोई मोक्ष की ही अभिलाषा करनेवाला है, न कोई मुक्त है, यही परमसत्य है।"[3] यह आनुभविक जगत् अविद्या के कारण है अथवा नागार्जुन की भाषा में संवृत्ति के कारण है। "एक जादू के बीज से जादू का अंकुर निकला है; यह अंकुर न तो स्थायी है और न नाशवान् है। वस्तुएं भी ऐसी ही हैं और इसी कारण हैं।"[4] भेदों के परे सबसे ऊंची ज्ञान की अवस्था को हम अस्तित्व अथवा अभाव दोनों अथवा इनमें से किसी एक के भी विधेयों द्वारा लक्षित नहीं कर सकते। गौडपाद और नागार्जुन के मत में यह एक ऐसी वस्तु है जो प्रतीतिस्वरूप जगत् से ऊपर है।[5] इन सिद्धान्तविषयक अंशों के अतिरिक्त पारिभाषिक शब्दों में भी समानताएं हैं जो निश्चयपूर्ण बौद्धधर्म के प्रभाव का निर्देश करती हैं। किसी वस्तु अथवा सत्ता के लिए धर्म शब्द का प्रयोग, सापेक्ष ज्ञान के लिए संवृति शब्द का प्रयोग और संघात शब्द का प्रयोग पदार्थों के अस्तित्व के लिए विशिष्ट रूप से बौद्धधर्म से ही सम्बन्ध रखते हैं।[6] आलातचक्र की उपमा का बौद्धधर्म के ग्रन्थों में प्रायः ही अयथार्थता के प्रतीक रूप में प्रयोग हुआ है।[7]

गौडपाद की कारिका माध्यमिकों के निषेधात्मक तर्क को उपनिषदों के भावात्मक आदर्शवाद के साथ एक पूर्ण इकाई के अन्दर संयुक्त करने का प्रयास है। गौडपाद में निषेधात्मक प्रवृत्ति भावात्मक प्रवृत्ति की अपेक्षा अधिक मात्रा में पाई जाती है। शंकर का दृष्टिकोण अधिक सन्तुलित है।

---

1. 4 : 24-28।

2. 2 : 32; 4 : 4, 7, 22, 59।

3. 2 : 32, माध्यमिककारिका, 1 : 1। योगवाशिष्ठ भी देखें, 4 : 38 22।

न बन्धोऽस्ति न मोक्षोऽस्ति नाबन्धोऽस्ति न बन्धनं।
अप्रबोधादिदं दुःखं प्रबोधात् प्रविलीयते॥

4. 4 : 59। यह बौद्धधर्म के इस सिद्धान्त का कि "शून्य से पदार्थों की उत्पत्ति होती है" भावानुवाद है।

5. प्रपंचोपशनम् 2 : 35। तुलना कीजिए, माध्यमिककारिका, 1 : 1; और 20 : 25।

सर्वोपलम्भेपशमः प्रपंचोपशमः शिवः।
न क्वचित् कस्यचित् कश्चित् धर्मो बुद्धेन देशितः॥

6. 3 : 10; 4 : 72।

7. लंकावतार। बी. टी. एस. संस्करण, पृष्ठ 95। इस मत का कि गौडपाद हमें बौद्धधर्म के शून्यवाद का वेदांत रूप देता है कई विद्वानों ने समर्थन किया है, यथा जैकोबी, पूसीं, सुखठणकर तथा विधुशेखर भट्टाचार्य। दुर्भाग्यवश शंकर बौद्धधर्म के समस्त स्पष्ट उल्लेखों का समाधान कर डालता है। देखें ब्रह्मसूत्र पर शांकरभाष्य, 4 : 1, 2, 19, 42, 90, जहां पर बुद्ध तथा उसके सिद्धान्त के अद्भुत उल्लेखों का समाधान कर दिया गया है।

9. भर्तृहरि

शंकर का एक अन्य पूर्ववर्ती विद्वान् जिसके विचार उनके विचारों के समान हैं, भर्तृहरि था जो प्रसिद्ध तार्किक तथा वैयाकरण था।[1] मैक्समूलर[2] की गणना के अनुसार उसकी मृत्यु 650 वर्ष ईसा के पश्चात् के लगभग हुई। उसका महान् दार्शनिक ग्रन्थ 'वाक्यपदीय' है जिसका झुकाव कुछ-कुछ बौद्धधर्म की ओर है। ईत्सिंग लिखता है कि भर्तृहरि कई बार बौद्ध भिक्षु बना और कई बार बदल भी गया। उसकी शिक्षाएं उक्त कथन का समर्थन करती हैं। संसार के प्रतीतिस्वरूप के प्रति उसका आग्रह तथा वस्तुओं से अनासक्ति के विचारों में बौद्धदर्शन की भावना प्रबल रूप में पाई जाती है। "मनुष्यों के लिए सब वस्तुएं भयप्रद हैं; अनासक्ति ही केवल सुरक्षित उपाय है।"[3] यह जगत् अपने समस्त भेदों के साथ काल्पनिक है। सांसारिक पदार्थ अनात्म हैं यद्यपि शब्दों के द्वारा उन्हें व्यक्तित्व दिया गया है। किन्तु भर्तृहरि जब ब्रह्म की यथार्थता की स्थापना करता है तो वह बौद्धों से भिन्न है। वह समस्त जगत् को एक विवर्त के रूप में मानता है अर्थात् एक प्रतीति है जिसका आधार ब्रह्म है। वह ब्रह्म तथा शब्द को एक मानता है। "ब्रह्म जो अनादि और अनन्त है और जो शब्द (वाणी) का नित्य सारतत्त्व है, वस्तुओं के आकार में परिवर्तित हो जाता है जोकि संसार के विकास के समान है।"[4] नित्य शब्द जिसे 'स्फोट' की संज्ञा दी गई और जो अखण्ड है, निःसन्देह ब्रह्म है।[5] ग्रीक भाषा के पारिभाषिक शब्द 'लोगोस' की संदिग्धता जो तर्क तथा शब्द दोनों के लिए प्रयुक्त होता है, निर्देश करती है कि दैवीय तर्क तथा दैवीय शब्द परस्पर सम्पृक्त हैं।

10. भर्तृप्रपंच

बृहदारण्यक उपनिषद्[6] के अपने द्वारा किए गए भाष्य में शंकर भर्तृप्रपंच के द्वैताद्वैत (अथवा भेदाभेद) का उल्लेख करते हैं जिसके अनुसार ब्रह्म एक ही समय में एक भी है और द्वैत भी है। कारणरूप ब्रह्म कार्यरूप ब्रह्म से भिन्न है यद्यपि जब जगत् मूल कारण ब्रह्म में वापस लौट आता है तब दोनों एकसमान हो जाते हैं। शंकर का कहना है कि द्वैत और अद्वैत में दो विरोधी गुण उसी एक प्रमाता (विषयी) के विषय में सत्य नहीं हो सकते। भिन्नता में अभेद दृश्यमान पदार्थों के विषय में तो सम्भव हो सकता है किन्तु प्रकृति तत्त्व के विषय में यह सम्भव नहीं है। द्वैतभाव उपाधियों से घिरे हुए जीवात्मा के विषय में तो सत्य हो सकता है किन्तु उपाधियों से उन्मुक्त होने पर यह विनष्ट हो जाता है।

---

1. डॉक्टर विण्टरनीज कवि भर्तृहरि और तार्किक व वैयाकरण भर्तृहरि के एक ही होने में सन्देह प्रकट करता है। सम्भवतः इस विषय में यह विद्वान् डाक्टर आवश्यकता से कुछ अधिक सावधान है।
2. 'सिक्स सिस्टम्स ऑफ़ इण्डियन फिलॉसफी', पृष्ठ 90।
3. सर्वं वस्तु भयान्वितं भुवि नृणाम। वैराग्यमेवाभयम्।
4. अनादिनिधनं ब्रह्म शब्दतत्त्वं यदक्षरम्।
   विवर्ततेऽर्थभावेन प्रक्रिया जगतो यतः॥ वाक्यपदीय, 1 : 1।
5. स्फोटाख्यो निरवयवो नित्यशब्दो ब्रह्मवेति। (सर्वदर्शनसंग्रह, पृष्ठ 140)।
6. शांकरभाष्य, बृहदारण्यक उपनिषद्, 5 : 1। इसके साथ, बृहदारण्यक उपनिषद् पर सुरेश्वर का वार्तिक भी देखें, तथा इस पर आनन्दज्ञान की टीका भी।

11. उपनिषदों तथा ब्रह्मसूत्र के साथ शंकर का सम्बन्ध

दर्शनशास्त्र मनुष्य जाति की विकासमान भावना का व्यक्त रूप है और दार्शनिक विद्वान् इसकी वाणी हैं। महान् विचारक सब महत्त्वपूर्ण युगों में प्रकट होते हैं और जहां वे अपने युगों की उपज हैं वहां वे उक्त युगों के निर्माणकर्ता भी हैं। उनकी प्रतिभा अपने युग के अवसर को पकड़ लेने की शक्ति तथा ऐसी मूक आकांक्षाओं को जो एक दीर्घकाल से मानव-जाति के हृदयों में बाह्यरूप में प्रकट होने के लिए संघर्ष कर रही होती हैं, वाणी प्रदान करने में निहित रहती है। एक प्रथम श्रेणी के रचनात्मक विचारक के रूप में शंकर ने अपने समय के दार्शनिक उत्तराधिकार में प्रवेश किया और अपने समय की विशेष आवश्यकताओं को दृष्टि में रखकर उसकी नये सिरे से व्याख्या की। यद्यपि हिन्दू विचारधारा ने बौद्धमत के ऊपर क्रियात्मक रूप में विजय प्राप्त कर ली थी, तो भी बौद्धमत ने जनसाधारण के अन्दर अपनी शक्ति का गुप्त रूप में प्रवेश करा दिया था। बौद्धमत में पुराने मान्यताप्राप्त विश्वासों के ऊपर जो अविश्वास की छाया डाल दी गई थी वह सर्वथा लुप्त नहीं हुई थी। मीमांसक लोग सब मनुष्यों की तर्कशक्ति को वैदिक कर्मकाण्ड के आध्यात्मिक महत्त्व के विषय में सन्तोष प्रदान करने में असमर्थ थे। भिन्न-भिन्न आस्तिक सम्प्रदाय वाले ऐसे क्रियाःकलाप कर रहे थे जिनके समर्थन में वे किसी-न-किसी श्रुतिवाक्य का उद्धरण दे देते थे। हिन्दू जाति के इतिहास में यह एक संकट का काल था जबकि परस्पर वाक्कलह में पड़े हुए सम्प्रदायों के कारण जनता में सामान्य अर्थों में थकावट जैसा भाव आ गया था। उस समय को एक ऐसे धार्मिक प्रतिभासम्पन्न पुरुष की आवश्यकता थी जो भूतकाल के साथ सम्बन्ध तोड़े बिना नवीन मतों के उत्तम प्रभावों को भी ग्रहण कर सके और जो पुराने ढांचे को भंग किए बिना उनका विस्तार कर सके और परस्पर युद्ध में तत्पर सम्प्रदायों का सत्य के ऐसे उदार आधार पर समन्वय कर सके जिसमें सब बुद्धिमान् तथा संस्कृत वर्गों के मनुष्यों को समान स्थान प्राप्त हो। शंकर ने उस ध्वनि के अन्दर, जो लाखों मनुष्यों के कानों में गूंज रही थी, मधुर संगीत का संचार कर दिया। उन्होंने अपने अद्वैत वेदान्त की धार्मिक एकता को सम्पन्न करानेवाले एक समान आधार के रूप में घोषणा की।

अपनी नम्रता के कारण शंकर ने कहा कि जिस सिद्धान्त का वह प्रचार कर रहा है वह उससे अधिक कुछ नहीं है जो वेद के अन्दर निहित है। वह समझता है कि वह एक पुरातन तथा महत्त्वपूर्ण परम्परा का ही प्रचार कर रहा है जो कि हमें आचार्यों की एक आविच्छिन्न शृंखला के द्वारा प्राप्त हुई है।[1] वह इससे अभिज्ञ है कि 'वेदान्तसूत्र' के ऊपर अन्य विचारकों ने एक भिन्न प्रकार से भाष्य किया है। वह एक अन्य भाष्यकार का प्रायः उल्लेख करता है जिससे उसका मतभेद है।[2] निःसन्देह यह निश्चय करना कठिन है कि शंकर

1. शंकर वृत्तिकार के विरोध में अद्वैत के पूर्ववर्ती शिक्षकों का उल्लेख करते हैं। देखें, दहराधिकरण, जहां पर 'अस्मदीयाश्च' वाक्य आया है। 'सम्प्रदायविभ्दिराचार्यै :' का बार-बार उल्लेख आया है। तैत्तिरीयोपनिषद् पर शांकरभाष्य का प्रारम्भिक छन्द देखें।

2. शांकरभाष्य, ब्रह्मसूत्र पर 4 : 3, 7; 1 : 3, 19। लिंगेश महाभागवत का विचार है कि जिस वृत्तिकार का शंकर ने खण्डन किया है वह बोधायन नहीं है और जिस द्रविड का 'सम्प्रदायविद्' के नाम से शंकर ने उल्लेख किया है बृहदारण्यकोपनिषद् के भाष्य में वह विशिष्टाद्वैत सम्प्रदाय के द्रामिड से भिन्न है। देखें, 'इण्डियन फिलासफिकल रिव्यू' खण्ड 4, पृष्ठ 112। भगवान उपवर्ष का नाम शांकरभाष्य में दो बार आया है, 1 : 3, 28; 3 : 3, 53।

का दर्शन प्राचीन शिक्षा का अनुबन्ध है, अथवा पुनर्व्याख्या है अथवा एक नवीन जोड़ है। हम पुराने नये से अलग नहीं कर सकते क्योंकि जीवन में पुराना भी नया है और नया भी पुराना है।

जहां तक प्राचीन शास्त्रीय उपनिषदों का सम्बन्ध है, यह कहना पड़ेगा कि शंकर का मत उनकी प्रमुख प्रवृत्ति को प्रस्तुत करता है। जैसाकि हम देख आए हैं उपनिषदों में विश्व के सम्बन्ध में कोई सुसंगत विचार नहीं दिया गया है। उनके रचयिता अनेक थे और सब एक ही काल में भी नहीं हुए और यह भी संदिग्ध है कि उन सबका आशय विश्व-सम्बन्धी मत में एक ही प्रकार का था किन्तु शंकर आग्रहपूर्वक उपनिषदों की व्याख्या एक ही सुसंगत विधि से करते हैं। उनके अनुसार ब्रह्म का ज्ञान, जो हमें उपनिषदों से मिलता है, बराबर एक समान तथा निर्विरोध होना चाहिए।[1] शंकर उपनिषदों के ऐसे वाक्यों में जो एक-दूसरे के सर्वथा विपरीत प्रतीत होते हैं समन्वय करने का प्रयत्न करते हैं।

उपनिषदों में परम यथार्थसत्ता के विषय में निर्गुण और सगुण रूप में विवरण पाए जाते हैं और शंकर उनमें परस्पर पराविद्या (उच्चकोटि के ज्ञान) तथा अपराविद्या (निम्नकोटि के ज्ञान) में भेद द्वारा समन्वय करते हैं। परा तथा अपराविद्याओं का यह परस्पर भेद उपनिषदों में पाया जाता है।[2] यद्यपि इन दोनों के भेद, जो उपनिषदों में वर्णन किए गए हैं, शंकर द्वारा किए गए भेदों के सर्वथा समान नहीं हैं तो भी ये शंकर की व्याख्या में सहायक हैं। केवल उच्चकोटि की अध्यात्मविद्या तथा निम्नकोटि की साधारण बुद्धि में भेद को स्वीकार करने से ही हम याज्ञवल्क्य के विशुद्ध आदर्शवाद को अपेक्षाकृत न्यूनतम उन्नत विचारों के साथ, जो संसार की यथार्थता तथा इसकी एक शरीरधारी ईश्वर के द्वारा रचना का प्रतिपादन करते हैं, समन्वय कर सकते हैं। यह भेद शंकर की अनेक कठिनाइयों को दूर करने में सहायक है। उदाहरण के रूप में ईशोपनिषद् में[3] परस्पर विरोधी विधेयों का सम्बन्ध ब्रह्म के साथ बतलाया गया है, जैसेकि "यह गतिविहीन है और फिर भी मन से अधिक वेगवान् है।" शंकर का कहना है कि "इसमें विरोध कुछ भी नहीं है।" यदि हम उसका विचार निरुपाधिक अथवा सोपाधिक रूप में करें तो यह सम्भव है।[4] ब्रह्म के निर्विशेष तथा सविशेष विवरणों के विषय में शंकर का कहना है कि "दो विभिन्न दृष्टिकोण से ब्रह्म एक ही काल में निरुपाधिक तथा सोपाधिक दोनों ही हो सकता है। मुक्तात्मा के दृष्टिकोण से वह निरुपाधिक है; बन्धन में पड़े व्यक्ति के दृष्टिकोण से ब्रह्म विश्व के कारणरूप में प्रकट होता है जिसमें चैतन्य तथा अन्य गुण हैं।" शंकर ने दो प्रकार के वाक्यों की जो मोक्ष को ब्रह्म के साथ समानता अथवा तादात्म्य का वर्णन करते हैं सरलता के साथ व्याख्या कर दी। यद्यपि माया का सिद्धान्त प्राचीन उपनिषदों में नहीं मिलता तो भी यह उपनिषदों के मत का एक बुद्धिपूर्वक

1. 'ड्यूसन्स सिस्टम आफ वेदांत', पृष्ठ 95।
2. देखें, 'इण्डियन फिलासफी', पृष्ठ 149; मुण्डक, 1 : 1, 4-5; मैत्रायणी, 6 : 22।
3. नैष दोषः निरुपाध्युपाधिमत्त्वोपपत्तेः।
4. छान्दोग्योपनिषद्, 8 : 1, 5, बृहदारण्यक, 4 : 5, 13 भी देखें।

विकास है।[1] अविद्या (अज्ञान) शब्द कठ उपनिषद् में आता है।[2] यद्यपि इसका प्रयोग मनुष्य के यथार्थ लक्ष्य के अज्ञानरूप सामान्य अर्थों में हुआ है। शंकर की योजना में अविद्या के भाव का प्रमुख भाग है। उपनिषदों के अन्य भाष्यकारों को यह अत्यन्त कठिन प्रतीत हुआ कि किस प्रकार उन सब वाक्यों की व्याख्या की जाए जो ब्रह्म के निर्विकल्प और मोक्ष के ब्रह्म के साथ ऐक्यभाव होने का प्रतिपादन करते हैं। निःसन्देह ऐसे भी वाक्य हैं जिन्हें शंकर अनावश्यक समझकर छोड़ देते हैं।[3] तो भी उपनिषदों पर उनका भाष्य अपेक्षाकृत अधिक सन्तोषप्रद हैं।[4]

जब हम वेदान्तसूत्र के प्रश्न को हाथ में लेते हैं तो वहां विषय इतना अधिक सरल नहीं है। यदि हम भाष्यों को एक ओर रख दें तो हमें सूत्र के रचयिता का आशय जानना कठिन है। हिन्दू धर्म की व्याख्याविषयक प्रकल्पना के अनुसार छः विख्यात कसौटियां हैं जिनके द्वारा हम किसी ग्रन्थ की शिक्षा के विषय में निश्चित ज्ञान प्राप्त कर सकते हैं और वे ये हैं : (1) उपक्रम (प्रारम्भ) और उपसंहार (अन्तिम निर्णय), (2) अभ्यास, (3) अपूर्वता, (4) फल, (5) अर्थवाद (व्याख्यापरक वाक्य) और (6) उपपत्ति (दृष्टान्त)। उक्त कसौटियों की दृष्टि में शंकर का विश्वास है कि बादरायण की दृष्टि में उसी प्रकार का वेदान्त था जिस प्रकार के वेदान्त का प्रतिपादन उन्होंने स्वयं किया है।[5] यह इस मान्य स्थिति के अनुकूल है कि वेदान्त उपनिषदों की शिक्षाओं का सारसंग्रह प्रस्तुत करता है। वेदान्त के अनेक अध्ययनकर्ता विद्वान् जिनमें थिबौत मुख्य है, इस मत के समर्थक पाए जाते हैं कि रामानुज ब्रह्मसूत्र के रचयिता के आशयों को अधिक समझते थे।[6] प्रत्येक भारतीय भाष्यकार का विश्वास

---

1. कठ उपनिषद्, 2 : 4, 2; छान्दोग्य, 8 : 3, 1-3; 1 : 1, 10; प्रश्न, 1 : 16। बृहदारण्यक उपनिषद् की प्रार्थना "असत् से हमें सत् की ओर ले जाओ, अन्धकार से प्रकाश की ओर ले जाओ, मृत्यु से अमरत्व की ओर ले जाओ," से माया के सिद्धान्त का सुझाव मिलता है।

2. 2 : 4, और 5; मुण्डकोपनिषद्, 2 : 1, 10। 3. देखें, 'ड्यूसन्स सिस्टम आफ दि वेदान्त', पृष्ठ 95।

4. थिबौत, गफ और जैकब का भी यही मत है। "सम्पूर्ण उपनिषदों की शिक्षाओं को एक सुसंगत तथा विरोधरहित दर्शन में रख देने का कार्य अपने-आप में एक कठिन कार्य है। किन्तु यह कार्य जब एक बार हमारे सामने आ गया तो हम यह स्वीकार करने के लिए सर्वथा उद्यत हैं कि शंकर का ही दर्शन सम्भवतः ऐसा सर्वोत्तम दर्शन है जिसका निर्माण इस कार्य के लिए हो सकता था।" ('थिबौत : शांकरभाष्य'—प्रस्तावना)। "शंकर की शिक्षा उपनिषदों के सिद्धान्तों की स्वाभाविक तथा युक्तियुक्त व्याख्या है," (गफ : 'फिलासफी आफ दि उपनिषद्स' पृष्ठ 8)। कर्नल जैकब कहते हैं : "यह स्वीकार किया जा सकता है कि यदि उपनिषदों के विरोधी मतों का समन्वय करने तथा उन्हें एकसमान और संगत ऐक्य में रखने का असम्भव कार्य किया जा सकता है तो शंकर का दर्शन ही लगभग एकमात्र प्रयास है जो इस कार्य को कर सकता था।" (वेदांतसार—प्रस्तावना)

5. शांकरभाष्य, ब्रह्मसूत्र पर, 1 : 1, 4।

6. "वे ब्रह्म के उच्चतम तथा निम्नतम ज्ञान के परस्पर भेद का प्रतिपादन नहीं करते; वे ब्रह्म और ईश्वर के भेद को शंकर के अर्थों में नहीं मानते; वे शंकर के समान जीवात्मा तथा उच्चतम आत्मा के परम ऐक्य-भाव की घोषणा नहीं करते" (शांकरभाष्य—भूमिका अंश)। उनके मुख्य-मुख्य तर्क संक्षेप में इस प्रकार रखे जा सकते हैं : (1) चौथे अध्याय के अन्तिम तीन भाग उस क्रमिक गति का प्रतिपादन करते हैं जिसके द्वारा उस पुरुष की आत्मा जिसने प्रभु को जान लिया ब्रह्मलोक में पहुंच जाती है और पुनर्जन्म के चक्र में वापस लौटे बिना वहीं पर निवास करती है। इसके अतिरिक्त समस्त ग्रन्थ का अन्तिम सूत्र अर्थात् "शास्त्र के अनुसार, उनके लिए लौटने का कोई प्रश्न नहीं रहता" यह उपसंहार है और इसका आशय अवश्य यही लिया जाना चाहिए कि यह पुनर्जन्म से नितान्त मुक्ति अपितु उस मार्ग पर एक पड़ाव के रूप में नहीं है जैसा कि शंकर का→

है कि शंकर का अपना मत वही है जो ब्रह्मसूत्र के रचयिता का मत था और यह कि अन्य कोई भी मत इसके विपरीत है।[1]

12. शंकर तथा अन्य सम्प्रदाय

यह कहा जाता है और यह सत्य भी है कि ब्राह्मणधर्म ने एक भ्रातृभावपूर्ण स्नेहालिंगन के द्वारा बौद्धधर्म का नाश किया। हम पहले देख चुके हैं कि किस प्रकार ब्राह्मण धर्म ने चुपचाप बौद्धधर्म की अनेक प्रक्रियाओं को अपने अन्दर ले लिया, पशुबलि को दूषित ठहराया, बुद्ध को विष्णु के अवतार रूप में मान लिया और इस प्रकार बौद्धमत के सर्वोत्तम अंश को अपने अन्दर समाविष्ट कर लिया। यद्यपि बौद्धमत की प्रारम्भिक तथा तात्कालिक रूप की अप्रत्याशित घटनाएं विलुप्त हो गईं तो भी बौद्धमत अंशतः शंकर के प्रभाव से देश के जीवन में एक जीवनप्रद शक्ति बन गया। बौद्धमत ने विचार के क्षेत्र में एक ऐसा निश्चित वातावरण उत्पन्न कर दिया जिससे कोई भी मस्तिष्क न बच सका और शंकर के मस्तिष्क पर तो निःसन्देह

→ मत है। शंकर के अुनसार, 4 : 2, 12-14, और 4 : 1-7, ऐसे पुरुष की अवस्था का वर्णन करते हैं जिसने सर्वोच्च अथवा निरुपाधिक ब्रह्म का ज्ञान प्राप्त कर लिया है। इस आक्षेप के उत्तर में यह कहा जाता है कि उपक्रम अथवा प्रस्तावना इस प्रश्न के विषय में उपसंहार की अपेक्षा अधिक निश्चायक है। अप्पयदीक्षित उस नाम के एक ग्रन्थ में उपक्रम के श्रेष्ठ मूल्य का (उपक्रम पराक्रम) उल्लेख करते हैं। 4 : 3 7-14 के सम्बन्ध में थिबौत का जो मत है उसके विरोध में भी वही उत्तर ठीक बैठता है जहां पर बादरी, जैमिनी तथा बादरायण की सम्मतियां दी गई हैं, जहां पर वे प्रतिपादन करते हैं कि जो पहले आता है वह पूर्वपक्ष होता है और जो अन्त में आता है वह सिद्धान्त होता है। (2) 1 : 1, 2 में दी गई ब्रह्मविषयक परिभाषा को ईश्वर की परिभाषा नहीं माना जा सकता। "यह निश्चित ही इतना असम्भव है कि सूत्रों का प्रारम्भ एक निम्नकोटि के तत्त्व के साथ हो जिसके ज्ञान से कोई स्थायी लाभ प्राप्त न हो सके जितना कि यह असम्भव है कि उनका अन्त ऐसे व्यक्तियों के वर्णन के साथ हो जो केवल निम्नकोटि के ब्रह्म को ही जानते हैं और इसीलिए यथार्थ मोक्ष से वंचित रहते हैं।" अद्वैतवादियों का तर्क है कि ब्रह्म यद्यपि अपने यथार्थस्वरूप में अनिर्वचनीय (अनिर्देश्य) है तथा अज्ञेय (अग्राह्य) है तो भी हमें औपचारिक परिभाषाओं का तो अवलम्बन करना ही होता है। वे ब्रह्म को ऐसे पदार्थों से विलक्षण बतलाने के लिए जिनके अन्दर विभिन्न गुण वर्तमान हैं कुछ विशेषणों तथा लक्षणों का ब्रह्म के सम्बन्ध में प्रयोग करते हैं और इस प्रकार हमें प्रस्तुत पदार्थों को समझने में सहायक होते हैं। यह विशिष्ट लक्षण या तो तात्त्विक (स्वरूप लक्षण) है, यथा सत्, चित् और आनन्द अथवा आनुषंगिक (तटस्थ लक्षण) हैं, यथा विश्व का निर्माणकर्तृत्व आदि-आदि। दूसरे सूत्र की परिभाषा हमें ब्रह्म के ज्ञान में सहायक होती है। (3) इस प्रकार का हेतु कि 'सूत्र' में शंकर की अभिमत माया का सिद्धांत नहीं पाया जाना एक ऐसा जटिल प्रश्न है कि इसका विवेचन पादटिप्पणी में नहीं किया जा सकता। चाहे कुछ भी क्यों न हो, यह सत्य है कि जगत् के विषय में जो शंकर का मत है वह 'सूत्र' की शिक्षा का एक युक्तियुक्त परिष्कार है। जीवात्मा तथा ब्रह्म के तादात्म्य का प्रश्न माया के सामान्य सिद्धान्त का एक विशिष्ट विनियोग है। शंकर बादरायण के ग्रन्थ के एक नैष्ठिक व्याख्याकार हैं या नहीं इस विषय में निश्चित रूप से कुछ नहीं कहा जा सकता। देखें, थिबौत : 'शांकरभाष्य'—प्रस्तावना; जैकब : 'वेदान्तसार'—प्रस्तावना; सुन्दररमण : 'वेदान्तसार'—प्रस्तावना; आप्टे : 'दि डाक्ट्रिन आफ माया', तथा लिंगेश महाभागवत का लेख 'इण्डियन फिलॉसफिकल रिव्यू' खण्ड 4। ड्यूसन स्वीकार करता है कि शंकर तथा बादरायण में परस्पर महान् मतभेद है। देखें, 'ड्यूसन्स सिस्टम आफ दि वेदान्त', पृष्ठ 319।

1. तुलना कीजिए, भास्करभाष्य, 2। सूत्रों के आशयों को एक ओर रखते हुए एवं अपने-अपने मतों का परिष्कार करते हुए अनेक भाष्यों की रचना हुई है और नये-नये भाष्य भी लिखे जा सकते हैं।

सूत्राभिप्रायसंवृत्या स्वाभिप्रायप्रकाशनात्।
व्याख्यातां यैरिदं शास्त्रं व्याख्येयं तन्निवृत्तये॥

इसने एक चिरस्थायी प्रभाव उत्पन्न किया। एक शंकरविरोधी भारतीय परम्परा ऐसी भी है जिसके अनुसार शंकर के मत को प्रच्छन्न रूप में बौद्धमत का ही रूप बताया जाता है और उनके मायावाद को प्रच्छन्न बौद्धमत कहा जाता है। पद्मपुराण में कहा है कि ईश्वर ने पार्वती पर प्रकट किया कि "माया की प्रकल्पना एक मिथ्या सिद्धान्त है और बौद्धमत का ही प्रच्छन्न रूप है; हे देवि! मैंने ही कलियुग में एक ब्राह्मण का रूप धारण करके इस प्रकल्पना का प्रचार किया है।"[1] यामुनाचार्य की भी, जो रामानुज के आध्यात्मिक प्रपितामह थे, यही सम्मति है और इसी सम्मति को रामानुज ने भी दोहराया है।[2] सांख्यदर्शन पर टीका करते हुए विज्ञानभिक्षु कहता है, "एक भी ब्रह्मसूत्र ऐसा नहीं है जिसमें कहा गया हो कि हमारा बन्धन केवल अज्ञान के कारण है। जहां तक माया की विलक्षण प्रकल्पना का सम्बन्ध है, जिसका प्रचार अपने को वेदान्ती कहनेवालों ने किया है, यह केवल बौद्धों के विषयी विज्ञानवाद का ही रूप है। यह प्रकल्पना वेदान्त का मन्तव्य नहीं है।"[3] यह स्पष्ट है कि शंकर के मायावाद की कट्टरता को सिद्ध करने के कुछ काल पश्चात् ही इस मत के विरोधियों ने यह कहना प्रारम्भ किया कि यह बौद्धमत के प्रच्छन्न रूप से अधिक कुछ नहीं है और इसलिए वेदों के अनुकूल नहीं है। पद्मपुराण में आगे चलकर उसी अध्याय में शिव के ये शब्द आते हैं : "उस महान् दर्शन अर्थात् माया के सिद्धान्त को वेदों का समर्थन प्राप्त नहीं है यद्यपि इसके अन्दर वेदों के सत्य अवश्य निहित हैं।"[4] उक्त सब अनुमान इस विषय का संकेत करते हैं कि शंकर ने अपने वेदान्तदर्शन के कतिपय बौद्धधर्म के अंशों का समावेश किया जैसे कि माया का सिद्धान्त तथा वैराग्यवाद। यह भी कहा जाता है कि विचारधारा के अविच्छिन्न रूप को सुरक्षित रखने के प्रति अपने प्रयास में उन्होंने तार्किक दृष्टि के परस्पर असंगत कुछ विचारों को भी संयुक्त करने का प्रयत्न किया। शंकर के मस्तिष्क की नमनशीलता तथा उनकी सच्ची सहिष्णुता के भाव के पक्ष में यह विषय कितना ही विश्वसनीय क्यों न हो यह उनकी विचारधारा की तार्किक उग्रता के ऊपर असर किए बिना न रह सका और माया के सिद्धान्त ने उनके दर्शन के अन्तर्गत छिद्रों को ढकने के लिए चोले का काम किया। इस सबके होतें हुए भी इसमें सन्देह नहीं कि शंकर ने अपने सम्पूर्ण दर्शन का परिष्कार उपनिषदों तथा वेदान्तसूत्र के आधार पर किया जिसमें बौद्धदर्शन का कोई उल्लेख नहीं है।[5]

---

1. मायावादमसच्छास्त्रम् प्रच्छन्नं बौद्धमेव च।
मयैव कथितं देवि! कलौ ब्राह्मणरूपिण॥ (उत्तर खण्ड, 236)। सर्वदर्शनसंग्रह भी देखें।

2. अपने सिद्धित्रय में यामुनाचार्य कहते हैं, कि बौद्धों तथा वेदान्तियों, दोनों के लिए ज्ञाताज्ञात और ज्ञान के मध्य जो भेद हैं वे अवास्तविक हैं। अद्वैत इन भेदों का कारण माया को बताता है एवं बौद्ध विषयीविज्ञानवाद इन्हें बुद्धि का कारण बताता है। ('जर्नल ऑफ दि रॉयल एशियाटिक सोसाइटी', 1910, पृष्ठ 132)।

3. सांख्यप्रवचनभाष्य, 1 : 22।

4. वेदार्थवन्महाशास्त्रं मायावादवैदिकम्।

5. अद्वैत सिद्धान्त को माननेवाले अनेक विचारक विरोधी मतों के सम्बन्ध में माध्यमिकों के आध्यात्मिक खण्डन-मण्डन से सम्बन्धित पद्धति को अपनाते हैं। श्रीहर्ष का मत है कि अन्य दर्शनों की समीक्षा करते समय हमें किसी भी मत को स्वतः सिद्ध मानकर न चलना चाहिए, अपितु केवल माध्यमिकों के तर्क का अवलम्बन करना चाहिए। "वितण्डाकथामालम्ब्य खण्डनानां वक्तव्यत्वात्।" मधुसूदन सरस्वती वाद, जल्प और वितण्डा इन सबका अन्य सिद्धान्तों की समीक्षा में आश्रय लेते हैं।

भारत के धार्मिक इतिहास के निरन्तर मिथ्या अध्ययन किए जाने का ही परिणाम यह हुआ कि यह विश्वास सर्वसाधारण के अन्दर प्रचलित हो गया कि बौद्धमत वेदों के विरुद्ध तथा विदेशी है। बौद्धदर्शन के विषय में विचार-विमर्श करते हुए हमने बार-बार इस विषय पर बल दिया है कि बुद्ध ने उपनिषदों के ही कुछ विचारों का परिष्कार किया है। बुद्ध को विष्णु के अवतारों में सम्मिलित करने का यही आशय है कि उसका प्रादुर्भाव वैदिकधर्म की स्थापना के लिए हुआ था न कि उसके ऊपर कुठाराघात करने लिए। इसमें संदेह नहीं कि बौद्धदर्शन तथा अद्वैत वेदान्त के विचारों में समानताएं हैं। इसमें कोई आश्चर्य भी नहीं है जबकि हम इस तथ्य को देखते हैं कि उक्त दोनों ही दर्शन-पद्धतियों की पृष्ठभूमि में उपनिषदें हैं।

शंकर तो इस तथ्य से स्पष्ट रूप में अभिज्ञ थे यद्यपि बुद्ध इस तथ्य से अभिज्ञ प्रतीत नहीं होते। शंकर बुद्ध की भांति स्वतन्त्र विचार के प्रति आदरभाव रखते हुए भी परम्परा के लिए महती श्रद्धा रखते थे। दार्शनिक दृष्टि से उन्हें इस विषय का निश्चय हो गया कि कोई भी आन्दोलन निषेधपरक भाव के आधार पर फल-फूल नहीं सकता और इस प्रकार उन्होंने श्रुति के आधार पर ब्रह्म की यथार्थता का बलपूर्वक प्रतिपादन किया। बौद्धों का प्रतीतिवाद माया के सिद्धान्त की ही कोटि का है। शंकर घोषणा करते हैं कि यह आनुभाविक जगत् है भी और नहीं भी है। इसका अन्तर्वर्ती अस्तित्व है जो दोनों ही है अर्थात् है भी और नहीं भी। बुद्ध चरमसीमा के दोनों ही विचारों का खण्डन करते हैं जिनके अनुसार हर एक वस्तु है और हरएक वस्तु नहीं भी है और अपना मत प्रकट करते हैं कि केवल 'परिणमन' का ही अस्तित्व है।[1] शंकर परमार्थ सत्य तथा व्यावहारिक सत्य के अन्दर जो भेद हैं उसे स्वीकार करते हैं और यह मत बौद्ध-धर्म के अभिमत्त परमार्थ तथा संवृत्ति के अन्दर के भेद के ही अनुकूल है।[2] प्राचीन बौद्ध धर्म का दृष्टिकोण भावात्मक था और उसने जो कुछ हम प्रत्यक्ष देखते हैं, उस तक ही अपने को सीमित रखा। कुछ प्राचीन बौद्ध तो यहां तक बढ़ गए कि उनके अनुसार इस प्रतीयमान जगत् की पृष्ठभूमि में कुछ भी नहीं है। केवल हमारे ही लिए कुछ नहीं, किन्तु सर्वथा कुछ नहीं है। हिन्दू होने के नाते शंकर का दावा है कि अपने प्रतीयमान रूप की असन्तोषप्रदता के परे एवं अपने गम्भीरता गह्वर में यथार्थ आत्मा है जिसमें सर्वप्रकार की विशेषताएं निहित हैं। किन्तु तो भी शंकर का मोक्ष-सम्बन्धी विचार बौद्धधर्म के निर्वाण से अधिक भिन्न नहीं है।[3] यदि हम प्राचीन बौद्धधर्म में एक निरपेक्ष ब्रह्म के यथार्थ अस्तित्व को प्रविष्ट कर दें तो फिर भी हम अद्वैत वेदान्त पर ही आ जाते हैं। शंकर को बौद्ध-विचार के वास्तविक औचित्य तथा प्रतिबन्धों पर पूरा अधिकार प्राप्त था और यदि कहीं-कहीं हमें बौद्धधर्म के सम्प्रदायों पर की गई उनकी समीक्षा से विरोध प्रकट करने की प्रवृत्ति होती है तो हमें यह भी न भूलना चाहिए कि उन्होंने जो कुछ भी लिखा, बुद्ध की शिक्षाओं पर नहीं, अपितु उस समय के प्रचलित बौद्धमत-सम्बन्धी विचारों के ऊपर लिखा।

---

1. देखें 'भारतीय दर्शन', खंड 2, 321। संयुत्तनिकाय, 22 : 90, 16।
2. द्वे सत्ये समुपाश्रित्य बुद्धानां धर्मदेशना।
   लोके संवृतिसत्यं च सत्यं परमार्थतः॥
   देखें, श्लोकवार्तिक पर 'न्यायरत्नाकर' निरालम्बनवाद।
3. वासनात्यन्तविरामः जीवात्मा के ब्रह्म के साथ तादात्म्य का साक्षात्कार (सोऽहम् अथवा अहं ब्रह्मास्मि) "मैं शून्य हूं" (शून्यत्वैवाहम्) माध्यमिकों के इस मत के अनुकूल है यद्यपि बल है एक ही तथ्य के भिन्न-भिन्न पक्षों पर।

प्रत्येक विचार-पद्धति के विषय में जो निर्णय दिया जाता है वह केवल इस आधार पर ही नहीं होता कि वह किस विध्यात्मक विषयवस्तु को प्रस्तुत करने का प्रयास करती है, किन्तु उन विचारों के आधार पर भी दिया जाता है जिनका वह प्रतिवाद करती है। मण्डनमिश्र के साथ जो शास्त्रार्थ शंकर का हुआ उससे यह प्रकट होता है कि शंकर केवल वैदिक कर्मकाण्ड के एकमात्र श्रेष्ठता के विचार के विरोधी थे। शंकर ने इस सिद्धान्त पर विशेष बल दिया कि सर्वोपरि आत्मा का ज्ञान मनुष्य के पुरुषार्थ का प्रधान उद्देश्य होना चाहिए। उन्हें भय था कि क्रियाकलापपरक मत मनुष्य को मात्र दम्भ की ओर ले जाता है। जिस प्रकार जीसस् क्राइस्ट ने फारसी सम्प्रदाय को दूषित ठहराया और पॉल के विधान का प्रतिवाद किया, शंकर ने भी इस प्रकार की घोषणा की कि कर्मकाण्ड-सम्बन्धी पवित्रता अपने-आप में धर्म का लक्ष्य नहीं है, अपितु प्रायः इसकी घातक शत्रु है। तो भी उन्होंने वैदिक विधान को निरर्थक बताकर उसका निराकरण नहीं किया। जीवन के वैदिक नियमों पर तो केवल सच्चे दार्शनिक विद्वान् ही पहुंच सकते हैं। अन्यों के लिए शंकर ने यही विधान किया कि उन्हें वैदिक नियमों के अनुकूल ही आचरण करना चाहिए; इस आशा से नहीं कि उन्हें इस लोक में अथवा परलोक में उत्तम फल प्राप्त होगा, अपितु कर्तव्य की भावनाओं से और इसलिए भी कि यह वेदान्त के अध्ययन की नैतिक क्षमता में सहायक होगा। वैदिक पवित्रता हमें अपने चित्त को अन्तःस्थित आत्मा की ओर प्रेरणा देने में सहायक होती है और इस प्रकार मनुष्य जाति का जो अन्तिम और नित्य लक्ष्य है उसकी प्राप्ति की ओर ले जाती है।

शंकर के अनुसार, पूर्व तथा उत्तर मीमांसाओं के अन्तर्गत विषयवस्तु तथा उद्देश्य सर्वथा एक-दूसरे से स्वतन्त्र हैं। पूर्वमीमांसा में मनुष्य के कर्तव्य-सम्बन्धी प्रश्न पर अनुसन्धान किया गया है और यह हमारे सम्मुख एक ऐसे परलोक के दृश्य को प्रस्तुत करती है जो हमारे इस मर्त्यलोक के आचरण के ऊपर आश्रित है। उच्चतम सुख जो यह प्रस्तुत करती है केवल क्षणिक है। किन्तु दूसरी ओर वेदान्त हमें सत्य की उपलब्धि में सहायक होता है। इसका लक्ष्य इस लोक या परलोक में सुख-प्राप्ति (अभ्युदय) न होकर पुनर्जन्म के बन्धन से मोक्ष (निःश्रेयस्) है और इसकी प्राप्ति तब तक नहीं हो सकती जब तक कि हम भविष्य जीवन में अपना विश्वास जमाए हुए हैं। ब्रह्मविषयक अनुसन्धान का सम्बन्ध एक ऐसी यथार्थसत्ता से है जो सर्वदा विद्यमान रही और जो हमारे कर्मों के ऊपर निर्भर नहीं है।[1]

साधारणतः शंकर प्रतिपक्षी सम्प्रदायों के दार्शनिक विचारों पर ही आक्रमण करते हैं, किन्तु उनके धार्मिक मन्तव्यों पर नहीं करते। भागवतदर्शन के विषय में शंकर स्वीकार करते हैं कि इसके धार्मिक विचार श्रुति तथा स्मृति के प्रामाण्य पर आश्रित हैं, किन्तु इस विषय में कि जीवात्माएं ईश्वर से उत्पन्न होती हैं, आपत्ति प्रकट करते हैं।[2] वे एक साकार ईश्वर के सर्वश्रेष्ठत्व को भी स्वीकार करते हैं जो जीवात्मा के मोक्ष तथा बन्धन का कारण है।

---

1. साधारणतः धर्मविषयक जिज्ञासा चित्त को ब्रह्म के प्रति जिज्ञासा के लिए तैयार करती है। ऐसे व्यक्ति जो सीधे ही ब्रह्मजिज्ञासा में तत्पर हो जाते हैं वे हैं जिन्होंने पूर्वजन्म में अवश्य अपने आवश्यक कर्तव्यों का पालन किया होगा।

2. भागवतों का कहना है कि भगवान् वासुदेव अपने को आत्मा, मन तथा इन्द्रियज्ञान के अन्दर विभक्त करता है। शंकर का तर्क है कि यदि जीवात्मा की उत्पत्ति भगवान से है तो इसका विनाश भी हो सकता है और फिर इसके लिए अन्तिम मोक्ष की व्यवस्था भी नहीं हो सकती। भागवत यह भी मानते हैं कि जैसे जीवात्मा की उत्पत्ति भगवान से है, उसी प्रकार चित्त की भी उत्पत्ति आत्मा से है और आत्मज्ञान की उत्पत्ति चित्त से। शंकर कहते→

मनुष्य के चित्त में ब्रह्म का ज्ञान किस प्रकार प्रकट होता है, तार्किक अन्वेषण के द्वारा तो इसका होना सम्भव नहीं हो सकता, इसलिए उसके क्षेत्र का, सम्बन्ध अविद्या से होने के कारण उक्त समस्या को हल करने की इच्छा से शंकर ईश्वरेच्छा को प्रस्तुत करते हैं।[1]

जैसेकि हम देख आए हैं, शंकर सांख्यविचारकों की क्रमविहीन, शिथिल तथा विवेकरहित कल्पनाओं की और न्यायवैशेषिक की प्रतीतिपरक अनुभव प्रवृत्तियों की भी समीक्षा करते हैं। उन्होंने नैयायिकों की साधारण बुद्धिसम्मत पद्धति का परित्याग करना उचित समझा और उसके स्थान पर एक ऐसी तर्कसम्मत समीक्षा की स्थापना की जो बौद्ध विचारकों के समान ही सूक्ष्म गहराई तक पहुंचने वाली थी।

13. आत्मा

अनुभवरूपी तथ्य से जिसका संकेत मिलता है उसी के विमर्श का नाम अध्यात्मविद्या है। इसकी समस्या मात्र चेतनता के तथ्यों का निरीक्षण करना तथा उन्हें क्रमबद्धता का रूप देना ही नहीं है, किन्तु इसका विशेष कार्य यथार्थसत्ता के स्वरूप के विषय में जो उपस्थित तथ्य संकेत करते हैं, उन पर ध्यान देना भी है। शंकर भौतिक विज्ञान के तथ्यों की भांति मनोवैज्ञानिक तथ्यों में भी कोई शंकर उपस्थित नहीं करते किन्तु उक्त तथ्यों की पूर्वकल्पना के ऊपर आगे आपत्ति उपस्थित करते हैं और उक्त समस्या का अध्ययन विषयीनिष्ठ तथा विषयनिष्ठ पक्षों की दृष्टि से करते हैं, और उनका मत है कि ये दोनों पक्ष परमार्थ रूप में एक-दूसरे से भिन्न नहीं हैं। वेदान्तसूत्र पर अपने भाष्य की प्रस्तावना में वे प्रश्न करते हैं कि क्या अनुभव में ऐसी कोई वस्तु है जिसे मौलिक अर्थात् आधारभूत माना जा सके और वे अनुभव के ऐसे समस्त दावों पर विचार करते हैं। हमारी इन्द्रियां हमें धोखा दे सकती

→ हैं कि यह असम्भव है क्योंकि यह अनुभव का विषय नहीं है। आत्मा अपने अन्दर से अपने सांधनों को उत्पन्न नहीं कर सकती, ठीक जैसेकि खेत में कार्य करनेवाला किसान उस फावड़े को उत्पन्न नहीं कर सकता जिससे वह कार्य करता है। यदि कहा जाए कि इन चारों में वही शक्ति है और ये एक ही स्तर के हैं तथा एकसमान यथार्थ हैं तब ये सब एक हैं। यदि इनमें से प्रत्येक क्रमानुसार उत्तरोत्तर एक-दूसरे से उत्पन्न होता है अर्थात् भगवान से आत्मा, आत्मा से चित्त, चित्त से आत्मज्ञान तब कार्यरूप इन सबमें अनित्यता दोष आता है। यदि चारों नित्य हैं तब इसका कोई उत्तर नहीं हो सकता कि भगवान आत्मा को जन्म दें और आत्मा क्यों न भगवान को जन्म दें। यदि चारों ऐसी आकृतियां हैं जिनके द्वारा एक ही यथार्थसत्ता अपने को अभिव्यक्त करती है तो वेदान्ती का कहना यह है कि ब्रह्म असंख्य आकृतियों में विद्यमान है, केवल इन चारों में नहीं। शांकरभाष्य, 2 : 2, 42-44।

1. "चूंकि जीवात्मा जो अज्ञान की दशा में आत्मा को कर्मेन्द्रियों (जो शरीर के रूप में प्रकट होती हैं) से पृथक् करने में असमर्थ है और अविद्यारूपी अन्धकार के द्वारा उस सर्वोच्च आत्मा को नहीं देख पाती, जो कार्य का अधीक्षक है, प्राणिमात्र में निवास करता है तथा सबके ऊपर दृष्टि रखता है। प्रभु है, जो आत्मा का भी कारण है, जिससे और जिसकी आज्ञा से संसार की सृष्टि होती है, अर्थात् सब कर्मों का सम्पादन तथा फलोपभोग और, उसकी ही कृपा से ज्ञान उत्पन्न होता है और इस ज्ञान द्वारा मोक्ष प्राप्त होता है।" आगे कहा गया है कि यद्यपि ईश्वर तथा आत्मा का तादात्म्य छिपा हुआ है तो भी जब एक प्राणी निरन्तर चिन्तन करता है तथा सर्वोच्च ईश्वर तक पहुंचने का प्रयत्न करता है, उसी प्रकार जिस प्रकार एक ऐसे व्यक्ति का जिसकी दृष्टिशक्ति नष्ट हो गई है, औषधियों के प्रयोग से अंधकार दूर हो जाता है, उसके अन्दर जिसे ईश्वरकृपा पूर्णता प्राप्त करा देती है, यह अभिव्यक्ति होती है, किन्तु स्वभावतः हर किसी प्राणी में नहीं। ऐसा क्यों? क्योंकि उसके द्वारा, ईश्वर के द्वारा जो कारणरूप है, आत्मा का बन्धन और मोक्ष सम्पन्न होता है, बन्धन उस अवस्था में जबकि यह ईश्वर तत्त्व को नहीं समझ पाता और मोक्ष तब जबकि यह उसे समझ लेता है।" 'ड्यूसंस सिस्टम आफ वेदान्त', पृष्ठ 86-87।

हैं और हमारी स्मृति भी भ्रान्तिपूर्ण हो सकती है। भूत और भविष्यत् केवल भावात्मक अमूर्त विषय हैं। संसार की आकृतियां केवल भावनामात्र हो सकती हैं और हमारा समस्त जीवन भी एक दुःखान्त भ्रान्तिमात्र सिद्ध हो सकता है। हम जागरित अवस्था के अनुभव-क्षेत्रों को स्वप्नावस्था के उन लोकों के समान मान सकते हैं जिनमें कि हम स्थान-स्थान का भ्रमण करते हैं, छायामात्र पदार्थों को व्यवहार में लाते हैं और भूत-प्रेतों से युद्ध करते हैं और परियों के देश में किए गए साहसिक भ्रमणों को भी स्मरण कर सकते हैं। यदि स्वप्न तथ्य हों तो तथ्य भी उसी प्रकार स्वप्न हो सकते हैं। यद्यपि समस्त प्रमेय पदार्थ विश्वास के ही विषय हैं और इसीलिए उनमें सन्देह भी हो सकता है, तो भी अनुभव के अन्दर ऐसा कुछ अवश्य हो सकता है जो उससे परे इन्द्रियातीत हो। यदि मनुष्य को अपने अन्दर ऐसा कुछ उपलब्ध होता है जो परिस्थितियों की देन नहीं है किन्तु तो भी इसका निर्माता तथा परिवर्तनकर्ता कोई है तो मनुष्य के ज्ञान की सम्भाव्य परिधि में तथा इन्द्रियजगत् के अनुमान के अनुसार तर्क की मांग है कि मनुष्य को उस अतीन्द्रिय यथार्थसत्ता की उपस्थिति को अपने अन्दर ही ढूंढ़ना चाहिए। संशयवाद की विज्ञप्ति आत्मा तक ही सीमित है जिसकी हमें सीधे रूप में अभिज्ञता है। प्रत्येक व्यक्ति अपनी आत्मा के अस्तित्व के सम्बन्ध में अभिज्ञता रखता है और यह कोई नहीं सोचता कि मैं नहीं हूं।[1] डेस्कार्ट की भांति शंकर भी आत्मा की साक्षात् निश्चितता के अन्दर सत्य का आधार पाते हैं जिसे अन्य पदार्थों के विषय में उत्पन्न हो सकने वाले संशय स्पर्श नहीं करते।[2] यदि आत्मा के अस्तित्व का ज्ञान न होता तब प्रत्येक व्यक्ति यह सोचता कि 'मैं नहीं हूं'। किन्तु यह सत्य नहीं है। आत्मा की सत्ता चेतनता के प्रवाह से पूर्ववर्ती है, सत्य तथा असत्य से भी पूर्ववर्ती है, यथार्थता व भ्रांति से तथा पुण्य व पाप से भी पूर्ववर्ती है। 'ज्ञान के समस्त साधन अर्थात् प्रमाण आत्मा के अस्तित्व पर ही निर्भर करते हैं और चूंकि इस प्रकार का अनुभव अपना प्रमाण स्वयं है इसलिए आत्मा के अस्तित्व को सिद्ध करने की आवश्यकता नहीं है।'' ''बोधशक्ति तथा उसके कार्यों के अस्तित्व से ही ज्ञानसम्पन्न सत्ता की पूर्वकल्पना होती है जो आत्मा के नाम से जानी जाती है जो उनसे भिन्न है और स्वयंसिद्ध है तथा जिसके अधीन वे सब हैं।''[3] प्रत्येक व्यापार और क्षमता, स्थूल शरीर तथा जीवनशक्तियुक्त प्राण, इन्द्रियां और अन्तःकरण, आनुभविक 'अहं' केवल आत्मा के ही आधार पर तथा उसी के सम्बन्ध में प्रकट होते हैं। वे अपने से परे एक लक्ष्य की पूर्ति करते हैं और अस्तित्व के किसी गम्भीरतर आधार पर निर्भर करते हैं। आत्मा के अस्तित्व के विषय में संशय नहीं हो सकता, ''क्योंकि यह उसका अनिवार्य स्वरूप है जो इसका निषेध करता है।''[4]

शंकर का तर्क है कि हमारे लिए विचार के द्वारा आत्मा को जानना असम्भव है क्योंकि विचार स्वयं अनात्म के क्षेत्र से सम्बन्ध रखने वाले प्रवाह का एक भाग है। यदि हम इसका ग्रहण अपनी समस्त समालोचात्मक तथा समाधानात्मक शक्तियों पर एक प्रकार का उपेक्षाभाव

---

1. सर्वो ह्यात्मास्तित्वं प्रत्येति न नाहमस्मीति। शांकरभाष्य, 1 : 1, 1।
2. तुलना कीजिए, डेस्काट : 'डिस्कोर्स ऑन मैथड'।
3. सुरेश्वरकृत वार्तिक, पृष्ठ 189 और 542, 791-95। और भी देखें, शांकरभाष्य, 2 : 3, 7; 1 : 3, 22।
4. य एव हि निराकर्ता तदेव तस्य स्वरूपम् (शांकरभाष्य, 2 : 3, 7)।

प्रदर्शित करते हुए करते हैं तो हम जिस प्रकार के ज्ञान की इच्छा करते हैं उसे प्राप्त करने में असफल रहेंगे। तो भी हम आत्मा को विचार के क्षेत्र से बाहर भी नहीं कर सकते क्योंकि इसके बिना कोई भी चेतनता अथवा अनुभव सम्भव नहीं है। यद्यपि यह हमारे ज्ञान से बचता है तो भी सर्वथा हम से बच नहीं सकता। यह आत्मसम्बन्धी भाव का विषय है।[1] और इसका अस्तित्व साक्षात् दर्शन के कारण बताया जाता है।[2] इसकी सिद्धि नहीं हो सकती क्योंकि समस्त प्रमाणों का यही आधार है तथा समस्त प्रमाणों से पूर्व इसकी स्थापना आवश्यक है।[3] तार्किक दृष्टिकोण से यह एक स्वतःसिद्ध आधार तत्त्व है। हमें इसको स्वतःसिद्ध मान लेना होता है।[4]

शंकर यथार्थ आत्मा को विषय (प्रमेय पदार्थ) से भिन्न करने का प्रयत्न करते हैं और बलपूर्वक कहते हैं कि विषय तथा विषयी प्रकाश तथा अन्धकार की भांति दोनों एक-दूसरे के विपरीत हैं अर्थात् जो सच्चे अर्थों में ज्ञाता (विषयी) है वह कभी भी विषय (प्रमेय पदार्थ) नहीं बन सकता। आध्यात्मिक दृष्टि से आत्म अस्तित्व के भाव के अन्दर नित्यता, निर्विकारिता और पूर्णता के भाव समाविष्ट हैं। जो सचमुच में यथार्थ है वह अपने में सत् है और अपने लिए सत् है[5] यहां तक कि आत्मा की यथार्थ सत्ता को स्वीकार करना एक नित्य ब्रह्म की यथार्थसत्ता को स्वीकार करना है। आत्मा च ब्रह्म।[6] ब्रह्म की यथार्थता का प्रमाण यह है कि यह प्रत्येक की आत्मा की आधारभूमि है।[7]

हम यह तो जानते हैं कि आत्मा है, किन्तु यह नहीं जानते कि यह क्या, सान्त है या अनन्त है, ज्ञान है अथवा परमानन्द है, एकाकी है अथवा अपने समान अनेक में से एक है, केवल साक्षीमात्र है अथवा उपभोक्ता भी है अथवा इन दोनों में से कुछ भी नहीं है। चूंकि आत्मा के स्वरूप के विषय में परस्पर-विरोधी मत हैं इसलिए शंकर का कहना है कि यह दोनों ही हैं, अर्थात् ज्ञात भी और अज्ञात भी। 'मैं' और 'मैं नहीं' में अवश्य भेद करना चाहिए क्योंकि 'मैं नहीं' में केवल बाह्य जगत् ही नहीं शरीर, उसकी इन्द्रियों तथा बोधशक्ति की समस्त सामग्री और इन्द्रियां भी आती हैं। साधारण प्रयोग में हम मानसिक अवस्थाओं को विषयीनिष्ठ तथा भौतिक अवस्थाओं को विषयनिष्ठ मानते हैं किन्तु अध्यात्मशास्त्र की दृष्टि से प्रतीतिरूप जगत् की दोनों अवस्थाएं अर्थात् भौतिक तथा मानसिक एकसमान विषयनिष्ठ हैं।[8] भौतिकवादी आत्मा

1. अस्मत्प्रत्ययविषय। तुलना कीजिए, केन, 2। प्रतिबोधविदितम्।

2. अपरोक्षत्वाच्च प्रत्यगात्मा-प्रसिद्धेः (शांकरभाष्य, 1 : 1, 1)।

3. आत्मा तु प्रमाणादिव्यवहाराश्रयत्वात् प्रागेव प्रमाणादिव्यवहारात सिद्धयति। (शांकरभाष्य, 2 : 3, 7; भगवद्गीता पर शांकरभाष्य, 18 : 50)।

4. शंकर लिखते हैं : "नित्य आत्मा जो कर्ता से भिन्न है क्योंकि कर्ता 'अहं प्रत्यय का विषय' है, सब प्राणियों में साक्षी रूप से अवस्थित है, एकसमान, एकाकी, सर्वोच्च सत्ता, जिसका बोधग्रहण कोई वेद (विधिकांड) से नहीं कर सकता अथवा अन्य भी ऐसी किसी पुस्तक से नहीं कर सकता जो चिन्तन (तर्क) का आश्रित हो। वह समस्त जगत् की आत्मा है (सर्वस्यात्मा) और इसलिए कोई भी उसका निराकरण नहीं कर सकता, क्योंकि जो निषेध करता है उसकी भी आत्मा है।" (1 : 1, 4)।

5. देखें, हेंगल : 'एस्थेटिक्स', अंग्रेज़ी अनुवाद, अध्याय 1।

6. शांकरभाष्य, 1 : 1, 1।

7. सर्वस्यात्मत्वाच्च ब्रह्मास्तित्वप्रसिद्धिः शांकरभाष्य, 1 : 1, 1।

8. 'जिस प्रकार अपने पुत्र या पत्नी या ऐसे ही किसी प्रियजन के दुःखी या सुखी होने पर अभ्यास के कारण कोई व्यक्ति यह कहता है कि 'मैं दुःखी या सुखी हूं' और इस प्रकार वह बाह्य पदार्थों के गुणों का आत्मा के सम्बन्ध में प्रयोग करता है, इसी प्रकार वह शरीर के गुणों को भी आत्मा के साथ जोड़ देता है जब वह यह कहता है कि 'मैं मोटा हूं, मैं पतला हूं, मैं श्वेतवर्ण हूं, मैं खड़ा होता हूं, मैं जाता हूं,→

तथा शरीर अथवा इन्द्रियों को एकरूप मानते हैं। किन्तु चेतनता और प्रकृति भिन्न-भिन्न प्रकार की यथार्थता को प्रस्तुत करते हैं और एक को दूसरे के अन्दर परिणत नहीं किया जा सकता। और न ही आत्मा तथा इन्द्रियों को एक मान सकते हैं, क्योंकि उस अवस्था में जितनी इन्द्रियां हैं उतनी ही आत्माएं हो जाएंगी और इससे व्यक्तिगत पहचान एक समस्या बन जाएगी। इसके अतिरिक्त यदि भिन्न-भिन्न इन्द्रियां मिलकर आत्मा बनती हैं तो दृष्टि तथा श्रवण और रस आदि का एक साथ उपभोग सम्भव होगा। योगाचार के सिद्धान्त के अनुसार अस्थाई मानसिक अवस्थाओं की शृंखला के अतिरिक्त आत्मा कोई वस्तु नहीं है।[1] किन्तु इस सिद्धान्त के आधार पर हम स्मृति तथा प्रत्यभिज्ञा-सम्बन्धी तथ्यों की व्याख्या नहीं कर सकते। शून्यवाद का, जो घोषणा करता है कि नित्य आत्मा सर्वथा है ही नहीं, शंकर के इस मौलिक सिद्धान्त के साथ विरोध होता है कि आत्मा के अस्तित्व में सन्देह नहीं किया जा सकता। यदि हम समस्त जगत् को शून्यरूप भी घोषित करें, तो भी यह शून्यता अपने बोध को ग्रहण करनेवाले की पूर्वकल्पना कर लेती है।[2] सुषुप्ति अवस्था में भी आत्मा उपस्थित रहती है क्योंकि जब मनुष्य उस अवस्था से जाग जाता है तो इस विषय का ज्ञान रहता है कि वह प्रगाढ़ निद्रा में था जिसमें स्वप्नों ने विघ्न नहीं किया। और यह वह स्मृति के ही द्वारा जानता है। चूंकि स्मृति प्रस्तुत विषयों की ही होती है, निद्रा का परम आनन्द और शून्य सम्बन्धी चेतना निद्रा की अवस्था में ही प्रस्तुत रहे होंगे। यदि यह कहा जाए कि निद्रा में क्षोभ तथा ज्ञान का अभाव निद्रा में पूर्व अवस्था की स्मृति के द्वारा केवल अनुमान द्वारा जाना जाता है तब उसका उत्तर यह होगा कि हम ऐसी किसी वस्तु का अनुमान नहीं कर सकते जिसके समान वस्तु हमारे आगे प्रस्तुत न हुई हो। यदि यह कहा जाए कि एक निषेधात्मक विचार अपने अनुकूल प्रत्यक्ष ज्ञान नहीं रख सकता और इसलिए ज्ञान तथा

→ मैं छलांग मारता हूं', और उसी प्रकार इन्द्रियों के गुणों को भी वह आत्मा के साथ जोड़ देता है जब वह कहता है, 'मैं गूंगा हूं, अशक्त हूं, बहरा हूं, काना हूं, अन्धा हूं, और अन्तःकरण के गुणों को भी, अर्थात् इच्छा, संकल्प, संशय, निश्चय इत्यादि को भी वह आत्मा के साथ जोड़ देता है। इस प्रकार वह अहं प्रत्ययी 'अहं' को अन्तःस्थ आत्मा में परिणत कर देता है, जो केवल शरीर सम्बन्धी प्रवृत्तियों का साक्षीमात्र है और, इसके विपरीत सबका साक्षी है, अन्तःस्थ आत्मा को अन्तःकरण में तथा शेष को भी परिणत कर देता है।'' (शांकरभाष्य, 1 : 1, 1)। देखें 'ड्यूसन्स सिस्टम आफ दि वेदान्त', पृष्ठ 54, टिप्पणी; 'आत्मबोध', पृष्ठ 18; सर्वसिद्धांतसारसंग्रह, 12 : 49-62, 72-77। तुलना कीजिए, डेस्कार्ट : ''मैं उन अवयवों का पुंज जिसे मानवीय शरीर कहते हैं नहीं हूं' मैं एक पतली अन्तःप्रवेश करनेवाली वायु नहीं हूं जो उक्त सब अवयवों द्वारा अन्दर डाल दी गई है, अथवा वायु, या ज्वाला, या वाष्प, या प्राण, या अन्य ऐसी कोई भी वस्तु जिसकी मैं कल्पना कर सकता हूं, क्योंकि मैंने कल्पना की कि ये सब नहीं थे और कल्पना में परिवर्तन किए बिना भी मैं समझता हूं कि मुझे अभी भी अपने अस्तित्व का निश्चय है'' (मेडिटेशन्स, पृष्ठ 2)। और भी देखें, छान्दोग्य उपनिषद्, 8 : 7–12; तैत्तिरीय उपनिषद्, 2 : 1, 7; माण्डूक्य उपनिषद्। अनुभूत पुंज तथा कथावस्तु की जटिलताएं समाधान नहीं करतीं अपितु व्याख्या की मांग करती हैं। 'काण्ट' ने तार्किक सिद्धांत को एक प्रभावशाली देन दी जबकि उसने हमें अपना ध्यान चेतना के वस्तु विषयों से हटाकर उस चेतना की ओर मोड़ने के लिए आदेश दिया जो वस्तु विषय से अभिज्ञ है तथा अन्तर्दृष्टि रखती है। किन्तु उसको अपने इस सिद्धान्त-सम्बन्धी संकेतों का पूरा ज्ञान नहीं था कि सर्वव्यापी चेतना मात्र एक ही हो सकती है। वह जानता था कि निर्जीव तथा सजीव पदार्थों तथा चेतन-अचेतन का भेद वस्तुरूप जगत् के भेद हैं। किन्तु वस्तु जगत् के अनेकत्व से उसने वस्तुओं के अपने अन्दर अनेकत्व है यह अनुचित अनुमान किया।

1. क्षणिक विज्ञानधारा।
2. शून्यस्यापि स्वसाक्षित्वात्।

क्षोभ के अभाव का केवल अनुमान ही होता है तो उत्तर में कहा जाएगा कि ज्ञान आदि का अभाव जिसका अनुमान करता है यह विचारगम्य होना चाहिए अर्थात् उसका प्रत्यक्ष ज्ञान उसके अभाव में साक्षात् होना चाहिए। इस प्रकार सुषुप्ति (प्रगाढ़ निद्रा) की अवस्था में हमें ज्ञान तथा क्षोभ के अभाव की प्रत्यक्ष चेतना होती है। उस अवस्था में आनुभविक मन निष्क्रिय होता है और केवल विशुद्ध चेतना ही उपस्थित रहती है।[1] आत्मा को अन्तःस्थ भावना के साथ न मिलाना चाहिए जो हमारी मानसिक प्रवृत्तियों अथवा आनुभविक 'अहं' के निरन्तर हो रहे परिवर्तनों के साथ-साथ रहती है, जिसमें समय-समय पर अनेक मानसिक विषय परिष्कृत होते हैं।[2] यह सत्य है कि क्रिया से पूर्व आत्मचेतना (अर्थात् अहंकार) आती है किन्तु यह आत्मा नहीं है क्योंकि यह ज्ञान की पूर्ववर्ती नहीं है, चूंकि यह स्वयं ज्ञान का एक विषय है।[3] आत्मा को अवस्थाओं के प्रवाह के समान मानने के लिए एक अविच्छिन्न समर्पण अथवा अवस्थाओं का प्रवाह मानना चेतनता के तत्त्व को इसके मूलतत्त्वों के अंशों के साथ मिला देना होगा। अनुभूतिपुंज और चेतनता की धाराएं उठती और गिरती हैं, प्रकट होती और विलुप्त होती हैं। यदि इन सब विविध मूलतत्त्वों को परस्पर सम्बद्ध किया जाए तो हमें एक सर्वव्यापी चेतनता की आवश्यकता प्रतीत होती है जो सदा उनके साथ साहचर्यभाव से रहती है। ''जब यह कहा जाता है कि मैं हूं जो जानता हूं कि वर्तमान में किसका अस्तित्व है, यह मैं हूं जो भूतकाल को जानता था तथा उसे भी जो भूतकाल से पूर्व था, यह मैं हूं जो भविष्यत् को तथा भविष्यत् के आगे भी क्या होगा उसे जानूंगा, इन शब्दों से उपलक्षित होता है कि ज्ञान के विषय में जब परिवर्तन हो जाता है तब भी ज्ञाता परिवर्तित नहीं होता

---

1. अन्तःस्थ इन्द्रिय (अन्तःकरण) निष्क्रिय है और विशुद्ध चेतना का सम्बन्ध अविद्या से है। 'विवरण' के ग्रंथकार के अनुसार सुषुप्ति अवस्था में यदि कोई भी क्रिया होती है तो वह अविद्या के कारण है जबकि सुरेश्वर का तर्क है कि सुषुप्ति अवस्था में कोई क्रिया ही नहीं होती।

2. एम. वर्गसां हमें एक ऐसा विचार देता है जिसके अनुसार आत्मा एक ऐसी वृद्धिशील सत्ता है जो अपने पूर्व अनुभवों को स्मृति द्वारा साथ लेते हुए भविष्य के लक्ष्य की ओर अग्रसर होती है ('क्रियेटिव इवोल्यूशन', पृष्ठ 210)। यदि व्यक्तित्व का आधार केवल भूतकाल की चेतना ही होती जैसे कि कुछ बौद्ध मतावलम्बियों का विश्वास है तब काल के विभिन्न क्षणों में वही एक आत्मा नहीं रह सकती थी। जहां एक ओर स्मृति रूप जोड़नेवाली कड़ी से आत्मत्व के भाव को प्रबलता तथा महत्त्व प्राप्त होते हैं वहां आत्मचैतन्य के अन्दर निहित काल की अनन्तता के भाव की व्याख्या न हो सकेगी। वर्गसां को आत्मा के अन्तर्हित वृद्धिशील होने की असन्तोषजनकता का ज्ञान है और इसलिए वह हमें बतलाता है कि यथार्थ आत्मा की परिभाषा एक ऐसे विशुद्ध कार्यकाल से सम्बद्ध होनी चाहिए जिसे न तो अग्रगति और न भूतकाल के ही इतिहास का ज्ञान हो। यह एक अविभक्त वर्तमानकाल है जिसमें समस्त लौकिक वर्गीकरण का अभाव है। इस प्रकार वर्गसां अनन्तता के प्रति जो सहज प्रवृत्ति होती है उसका सन्तोषजनक समाधान करने का प्रत्यत्न करता है एवं काल का कार्य परिमित करता तथा कालावधि अथवा लौकिक से विपरीत अग्रगति की प्रकल्पना उपस्थित करता है। किन्तु आत्मा जो अपना अस्तित्व स्थिर रखती है वह बाह्य घटकों के ऊपर निर्भर करके ही कर सकती है। यह आत्मनिर्भर नहीं है। इस प्रकार वर्गसां स्मृति की सर्वांग सम्पूर्ण यथार्थता का प्रगाढ़ निद्रा (स्वप्नरहित) में भी वर्तमान स्वीकार करने एवं चेतनता के सातत्य तथा एकता को सिद्ध करने के लिए उसका उपयोग करने के कारण शंकर के अत्यन्त निकट आ जाता है। वह यह भी स्वीकार करता है कि स्मृति में आत्मिक भाव उस समय भी स्थिर रहता है जबकि वस्तुओं के सार्वभौम प्रवाह में अन्य सब रूप नष्ट हो जाते हैं। यह आगे आनेवाले अनुभवों के लिए संयोजक कड़ी का तो काम करता ही है, किन्तु समस्त अनुभवों के भी नष्ट हो जाने पर यह स्थिर रहता है।

3. अहंकारपूर्वकमपि कर्तृत्वं नोपलब्धिर्भवितुमर्हति अहंकारस्याप्युपलभ्यमानत्वात् (शांकरभाष्य, 2 : 3, 40)।

क्योंकि उसका अस्तित्व भूत, वर्तमान और भविष्य में भी है एवं उसका सारतत्व सदा से उपस्थित है।''[1] हम घटनाओं की सांसारिक शृंखला को केवल शृंखला के रूप में ही जान सकते हैं, यदि तथ्यों को उनसे भिन्न किसी वस्तु के द्वारा एक साथ रखा जा सके और स्वयं वह इसलिए काल के वश से परे हो।[2] आत्मा प्राकृतिक जगत् का प्राणी नहीं है और इसका कारण बिलकुल सरल है कि यदि आत्मारूपी तत्त्व की पूर्व से कल्पना न की जाती तो यह जगत् ही नहीं होता। शंकर का मत है कि यदि हम समस्त चतुर्दिक् वर्तमान पदार्थों से इसे विच्छिन्न कर दें, तथा शरीररूपी ढांचे से इसे पृथक् करके चिंतन करें, जिसके अन्दर यह घिरा हुआ है, एवं अनुभव के भी समस्त मूलतत्त्वों से इस पृथक् करके देखें तो हमें आत्मा के भाव का ज्ञान होगा अन्यथा नहीं।[3] हमारे तार्किक मनों को ऐसा प्रतीत हो सकता है कि हमने इसे केवल विचार की क्षमता मात्र ही बना डाला है, हालांकि केवल शून्यता का रूप नहीं भी दिया है तो भी इसे इस प्रकार का मानना कहीं अधिक उत्तम है बजाय इसके कि इसे अंशों से मिलकर बनी एक पूर्ण इकाई, अथवा गुणों से युक्त एक वस्तु, अथवा गुणों से युक्त एक द्रव्य करके माना जाए। यह निर्विशेष चिन्मात्र है जिसके ऊपर शरीर के भस्मीभूत हो जाने तथा चित्त के नष्ट हो जाने पर भी कोई असर नहीं होता।[4]

समस्त दर्शन की कठिन समस्या यह है कि इन्द्रियां, शरीर की स्नायुमण्डल सम्बन्धी प्रक्रियाएं तथा जो कुछ देश और काल में है यह सब चेतना को उत्पन्न करता है। निश्चय ही अचेतन वस्तु चेतन वस्तु का कारण नहीं हो सकती। यदि कुछ सम्भव है तो यह है कि चेतन को अचेतन का कारण अवश्य होना चाहिए। इन्द्रियां, मन और बोधग्रहण की शक्ति आत्मनिर्भर नहीं हैं। ''इन इन्द्रियों की क्रिया को साथ-साथ उपलब्धि की आवश्यकता है और यह आत्मा की ही वस्तु है।...आत्मा का यथार्थस्वरूप नित्य

---

1. सर्वदा वर्तमानस्वभावत्वात् (शांकरभाष्य, 2 : 3, 7, और भगवद्गीता पर शांकरभाष्य 2 : 18)। देखें, अद्वैतमकरन्द पृष्ठ 11 और 13।

2. शंकर लोट्ज़े के तर्क से सहमत हैं कि दो विचारों की सरलतम तुलना और उनकी समानता अथवा असमानता की स्वीकृति इस प्रकार की पूर्वकल्पना कर लेती है कि 'जो सत्ता उनकी तुलना करती है वह अविभाज्य रूप से एक है' और वह आत्मा है जो उस मूलतत्त्व से बाह्य है जिसका यह प्रतिपादन करती है ('मेटाफिज़िक्स', पृष्ठ 241)।

3. बोधग्रहण, इन्द्रियां आदि अचेतन हैं और एक विषयी के लिए विषय हैं। तुलना कीजिए, भामती : ''चित्स्वभावात्मा विषयी, जड़स्वभावा बुद्धीन्द्रियदेहविषया विषयाः।''

4. सर्वसिद्धांतसारसंग्रह, 12 : 8, 41। तुलना कीजिए, आगस्टाइन : ''शरीरों से ऊपर क्रमशः चढ़ते हुए मैं आत्मा तक पहुंच सका जो शरीरगत इन्द्रियों के द्वारा प्रत्यक्ष ज्ञान प्राप्त करता है; और उसके आगे मैं आत्मा की उस क्षमता तक पहुंचा जिस तक शरीरगत इन्द्रियां बाह्य पदार्थों की सूचना को पहुंचाती हैं और यह प्राणियों की बुद्धि की चरम सीमा है। और उसके आगे तर्कशक्ति तक पहुंचा जिस तक शरीरगत इन्द्रियों द्वारा प्राप्त ज्ञान अन्तिम निष्कर्ष के लिए पहुंचाया जाता है। और जब यह शक्ति भी मुझे अपने अन्दर परिवर्तनशील प्रतीत हुई तो इसने अपने को और ऊंचा उठाया और अपनी प्रज्ञा तक पहुंची तथा अनुभवजन्य विचारों से इसने अपने को मुक्त किया तथा इन्द्रियाकृतियों के परस्पर विरोधी जमघट से हटाकर अपने को अमूर्त बनाया इसलिए कि उस प्रकाश को खोज निकाल सके, जिसके अन्दर यह आवृत था और तब सब संशयों का उच्छेद करके इसने घोषणा की कि समस्त परिवर्तनशील जगत् की अपेक्षा निर्विकार का ही आश्रय वांछनीय है और वहीं से इसने उस निर्विकार का ज्ञान प्राप्त किया और इस प्रकार एक दृष्टि की झपक के प्रकाश में यह उस तक पहुंचा जो सत् है। ('कन्फेशन्स', 7 : 23)।

ज्ञान है।"[1] किन्तु यह चेतनसत्ता जो अचेतन जगत् का कारण है, परिमित शक्तिशाली चेतना नहीं है अपितु निरपेक्ष है, क्योंकि अनेक पदार्थ तथा घटनाएं जो इसमें अथवा उक्त परिमित शक्तिवाली चेतनता में अवस्थित नहीं हैं तो भी उस यथार्थसत्ता में विद्यमान रहती हैं। इस प्रकार हमें अवश्य एक निरपेक्ष परम चेतनता की कल्पना करनी ही होती है जिसका यह परिमित शक्तिवाली चेतनता केवल अंशमात्र है। मूलभूत चेतनता को, जो समस्त यथार्थसत्ता का आधार है, मानवीय चेतना के साथ नहीं मिलाना चाहिए, जोकि विश्व के विकास में सबसे अन्त में प्रकट होती है। प्रत्यक्ष द्वारा अनुभूत पदार्थ उत्पत्ति तथा क्षय के अधीन हैं और स्वप्रकाशित नहीं हैं और उनका ज्ञान केवल आत्मा के प्रकाश के द्वारा होता है,[2] जिसका अनिवार्य स्वरूप है आत्मप्रकाशत्व।[3] यह विशुद्ध चैतन्य अथवा केवल अभिज्ञता ही है जो 'सर्वोपरि तत्त्व है, जिसके अन्दर ज्ञाता, ज्ञान और ज्ञान विषय का कोई भेद नहीं है, जो अनन्त है, अतीन्द्रिय है तथा निरपेक्ष ज्ञान का सारतत्त्व है।"[4] इसका स्वरूप निर्विषय चैतन्य का है।[5] "आत्मा सर्वांगरूप में प्रज्ञा के अतिरिक्त अन्य कुछ नहीं है; प्रज्ञा ही उसका अनन्यस्वरूप है जैसे नमक की राशि का स्वरूप उसके नमकीन स्वाद में है।"[6] आत्मा का स्वरूप अनात्म कभी नहीं हो सकता। अपनी सत्ता के विधान के अनुसार यह सदा ज्योतिर्मय है। जिस प्रकार प्रकाशित करने के लिए कोई वस्तु उपस्थित न रहने पर भी सूर्य स्वतन्त्र रूप से चमकेगा ही, इसी प्रकार आत्मा के अन्दर चैतन्य सदा विद्यमान रहता है, ऐसी अवस्था में

---

1. नित्योपलब्धिस्वरूपत्वात् (शांकरभाष्य, 2 : 3, 40)। तुलना कीजिए, 'चित्सुखी', 1 : 7।

चिद्रू पत्वादकर्मत्वात स्वयं ज्योतिरिति श्रुतेः।
आत्मनः स्वप्रकाशत्वं को निवारयितुं क्षमः॥

2. शांकरभाष्य, 2 : 2, 28। तुलना कीजिए इसके साथ अरस्तू के 'नोअस' की जो बोधग्रहण की शक्ति आदि का, जो अन्तर्निहित क्षमता द्वारा बुद्धिसम्पन्न हैं, उनकी अपनी क्षमता का ज्ञान प्राप्त कराने में सहायक होता है।

3. स्वयं ज्योतिःस्वरूपत्वात् (शांकरभाष्य, 1 : 3, 22)। प्रश्नोपनिषद् पर शांकरभाष्य को भी देखें, 6 : 3।

4. विवेकचूड़ामणि, पृष्ठ 239। नैयायिक (न्यायमंजरी, पृष्ठ 432) निम्नलिखित हेतुओं के आधार पर इस प्रकल्पना पर आपत्ति उठाता है : विशुद्ध चैतन्य का ज्ञान कोई भी प्राप्त नहीं कर सका है क्योंकि हमारा आनुभविक चैतन्य सदा ही मन और इन्द्रियों की उपाधि से आवृत्त रहता है। यह कहना कि इसका ज्ञान अन्तःकरण के चैतन्य (अपरोक्ष ज्ञान) से होता है स्वतःविरोधी है। यदि इस प्रकार का तर्क किया जाए कि आत्मा का ज्ञान आत्मप्रकाश के रूप में तात्कालिक होता है तो कहा जाएगा कि एक प्रकाशमान दीपक एक अन्धे मनुष्य के लिए ही व्यक्त होता है यद्यपि अन्धा मनुष्य उसे देखता नहीं है। यदि दीपक ऐसे ही मनुष्य के लिए व्यक्त हो जो उसका बोध ग्रहण करता है तो फिर आत्मा का भी ज्ञान केवल तभी हो जब उसका ज्ञान प्राप्त किया जाए अर्थात् तब यह चैतन्य का विषय बने और तब यह विशुद्ध तथा निर्मल नहीं रह सकता। कुमारिल प्रश्न करता है कि यदि आत्मा चैतन्यस्वरूप होने के कारण आत्मप्रकाश है तो क्या सुख तथा दुःख को भी आत्मप्रकाश मानना चाहिए? इस मत के अनुसार स्वप्नावस्था में सुख-दुःख के विरत हो जाने का हम कोई समाधान न कर सकेंगे। यदि यह कहा जाए कि सुषुप्ति अवस्था में केवल आत्मा की ही अभिव्यक्ति होती है किंतु शरीर, अथवा इन्द्रियों अथवा पदार्थों की नहीं होती जिन सबकी अभिव्यक्ति जागरित अवस्था में होती है तो कुमारिल इसका निराकरण इस आधार पर करता है कि जागने पर हमें इस विषय की चेतना रहती है कि हमने प्रगाढ़ निद्रा की अवस्था में कुछ ज्ञान प्राप्त नहीं किया। उसका तर्क है कि आत्मा मानस प्रत्यक्ष का विषय है। देखें, शास्त्रदीपिका, पृष्ठ 347 से 350 तक।

5. निर्विषयज्ञानमयम्। तुलना कीजिए, शंकर के 'हिम्स् टु हरि', पृष्ठ 4।

6. शांकरभाष्य, 3 : 2, 16। और भी देखें, शांकरभाष्य, 1 : 3, 19, 22।

भी जबकि कोई ज्ञातव्य विषय उपस्थित न भी हो।[1] यह विशुद्ध प्रकाश है, विशद ज्योतिष्मान् है एवं न केवल हमारे समस्त ज्ञान का आधार है, अपितु हमारी दृष्टि का प्रकाश भी है।

> शंकर न्याय तथा विशिष्टाद्वैत के मत का सर्वथा निराकरण करते हैं जिसके अनुसार आत्मा एक बुद्धिसम्पन्न द्रव्य है और यह कि आत्मा का चैतन्य के साथ धर्मी और धर्म का सम्बन्ध है।[2] बुद्धि तथा आत्मा के मध्य का सम्बन्ध या तो तादात्म्य का हो या भिन्नता का हो अथवा तादात्म्य और भिन्नता दोनों का हो। यदि बुद्धि स्वरूप से आत्मा से भिन्न हो तब उनके मध्य में द्रव्य और गुण का सम्बन्ध नहीं हो सकता।[3] इसके अतिरिक्त भिन्न-भिन्न प्रमेय पदार्थों की अवस्था में सम्बन्ध या तो बाह्य संयोग के रूप का हो अथवा आन्तरिक सम्बन्ध अर्थात् समवाय के समान हो। संयोग दो भौतिक वस्तुओं में सम्भव होता है किन्तु आत्मा और बुद्धि भौतिक नहीं हैं। यदि आत्मा तथा बुद्धि के बीच में आन्तरिक समवायसम्बन्ध हो तो यह सम्बन्ध आत्मा से भी सम्बद्ध होना चाहिए और दूसरे सम्बन्ध को भी आत्मा से सम्बद्ध होना चाहिए और इस प्रकार इसका कहीं अन्त नहीं होगा। इस प्रकार यदि आत्मा तथा बुद्धि एक-दूसरे से भिन्न हैं तो उनके अन्दर द्रव्य और गुण जैसा सम्बन्ध विचार में भी नहीं आ सकता। और यदि दोनों एकसमान हैं तब इस प्रकार के कथन का कोई अर्थ ही नहीं होता कि एक-दूसरे का गुण है। यह मानना संभव नहीं है कि कोई वस्तु अन्य वस्तु के समान भी है और भिन्न है। इस प्रकार आत्मा को बुद्धि के समान ही मानना चाहिए।[4]

चैतन्य अथवा आत्मा को तार्किक बोधग्रहण के साथ नहीं मिला देना चाहिए क्योंकि तार्किक बोधग्रहण निरपेक्ष तथा परम यथार्थसत्ता नहीं है, जिसकी व्याख्या अपनी परिभाषा में हो सके; किन्तु यह प्रमाता (विषयी) तथा प्रमेय पदार्थ (विषय की) पारस्परिक प्रतिक्रिया का कार्य होता है। यदि ज्ञान के विषय में इसे एक ऐसे स्तर पर रखकर विचार किया जाए कि जिस स्तर पर यह अपने विषय (प्रमेय पदार्थ) का निर्माण करनेवाला है तो भी उसके अन्दर ज्ञाता और ज्ञेय का भेद रहेगा ही। और यह प्रतिबन्ध केवल प्रतिबन्ध ही नहीं है। केवल इसलिए कि स्वयं ज्ञान से इसे उत्पन्न किया है। यथार्थ अस्तित्व और बुद्धि का साहचर्य है। बिना बुद्धि के आत्मा का अस्तित्व नहीं हो सकता अथवा बुद्धि बिना अस्तित्व के नहीं हो सकती।[5] यह भी आनन्द की प्रकृति का ही है।[6] सब प्रकार के दुःखों से मुक्ति का नाम आनन्द है।[7] आत्मा को कुछ त्यागना नहीं है और न कुछ प्राप्त ही करना है, न कुछ

---

1. शांकरभाष्य, 2 : 3, 18।
2. चिद्धर्म आत्मा न तु चित्स्वभावः। तुलना करें, ज्ञानभिन्नो नित्यामेति सिद्धम्। (विश्वनाथ मुक्तावली, पृ. 49)।
3. आत्मघटादिवद्धर्मधर्मित्वानुपपत्तेः।
4. देखें, 'हस्तामलक'। देखें, हालडेन : 'रेन आफ रिलेटिविटी' पृष्ठ 196।
5. सत्ता एव बोधः एव च सत्ता।
6. तैत्तिरीय उपनिषद्, 2। आत्मा है (अस्ति), चमकती है (भाति) और प्रसन्नता देती है (प्रीणाति)।
7. तुलना कीजिए, बृहदारण्यक उपनिषद्, 3 : 5।

अन्धकार है, न अव्यवस्थित है। शंकर आत्मा के अन्दर क्रियाशीलता का अभाव मानते हैं, क्योकि क्रियाशीलता स्वभाव से अनित्य है।[1] "आत्मा किसी क्रिया का स्थान नहीं हो सकती क्योंकि क्रिया जिस वस्तु के अन्दर रहती है उसमें कुछ परिवर्तन अवश्य उत्पन्न करती है।"[2] सब प्रकार की क्रिया आत्मभाव की पूर्वकल्पना करती है और जहां तक हमें ज्ञान है यह दुःख के आकार की है,[3] और इसकी प्रेरक है इच्छा।[4] क्रिया तथा सुखोपभोग द्वैतात्मक दृष्टिकोण के ऊपर ही निर्भर हैं और द्वैतात्मक दृष्टिकोण सर्वोच्च सत्य नहीं है।[5] आत्मा में शरीर आदि प्रतिबन्ध के बिना क्रिया नहीं हो सकती और प्रत्येक प्रतिबन्ध अयथार्थ है।[6] आत्मा में स्वयं कोई कर्तृत्व नहीं है।[7] शंकर के मत में आत्मा के गुण हैं—सत्य, अपनी महत्ता पर आश्रित रहना, सर्वव्यापकता और समस्त अस्तित्व का स्वत्व होने का लक्षण।[8] वे आत्मा को एकाकी, सार्वभौम और अनन्त मानते हैं उन्हीं कारणों के आधार पर जिनसे हीगल अपने विचार को अनन्त मानता है। यह किसी स्थान पर भी अपने से विपरीत वस्तुओं के द्वारा मर्यादित नहीं होती और न ऐसी किसी अन्य वस्तु से ही मर्यादित होती है जो एतद्रूप तो है ही नहीं, किन्तु तो भी इसके लिए मर्यादा उत्पन्न करती है। यह सदा अपने ही क्षेत्र में वर्तमान रहती है। चैतन्य की कोई मर्यादा नहीं है क्योंकि मर्यादाओं की चेतनता यह दर्शाती है कि चैतन्य मर्यादा से बड़ा है। यदि इसकी मर्यादा होती तो अन्य वस्तुओं से मर्यादित चैतन्य मर्यादाओं के चैतन्य से युक्त न हो सकता। चैतन्य और मर्यादा स्वरूप में एक-दूसरे के विपरीत हैं। मर्यादा वस्तु का स्वभाव है और चैतन्य कोई वस्तु नहीं है।

डेस्कार्ट के विरुद्ध यह बलपूर्वक कहा जाता है कि उसने आत्मा को अनात्म से सर्वथा पृथक् किया तथा आत्मा की यथार्थता को अपने निजी अधिकार से स्वतन्त्र रूप में सिद्ध किया। हमें यह बिलकुल स्पष्ट रूप में समझ लेना चाहिए कि शंकर द्वारा प्रतिपादित आत्मा वह जीवात्मा नहीं है जो ज्ञाता तथा कर्ता है। यदि शंकर ज्ञान प्राप्त करनेवाली व्यक्तिगत जीवात्मा की यथार्थता को सिद्ध करने का प्रयास करने एवं अनात्म से पृथक् तथा उसके विपरीत रूप में मानते तो उनके आगे मर्यादित और निर्विषय आत्माओं का अनेकत्व उपस्थित होता अथवा एक अमूर्तरूप सार्वभौम आत्मा ही रह जाती। शंकर द्वारा प्रतिपादित आत्मा न तो शरीरधारी जीवात्मा है और न ही ऐसी आत्माओं का संगृहीत पुंज है। ये आत्माएं सार्वभौम आत्मा के ऊपर आश्रित हैं। शंकर का कहना है कि "आनुभविक अर्थ में यह एक ऐसी वस्तु नहीं है जिसका निर्देश हम शब्दों के द्वारा कर सकें। और न यह गाय के समान ही कोई ऐसा प्रमेय पदार्थ है जिसका ज्ञान

1. अध्रुव। 2. शांकरभाष्य, 1 : 1, 4।

3. कर्तृत्वस्य दुःखरूपत्वात् (शांकरभाष्य, 2 : 3, 40)।

4. कर्महेतुः कामः स्यात्, प्रवर्तकत्वात्। (तैत्तिरीय उपनिषद् पर शंकर की प्रस्तावना)।

5. अविद्या प्रत्युस्थापितत्वात् कर्तृभोक्तृत्वयोः। (शांकरभाष्य, 2 : 3, 40)। तुलना कीजिए बृहदारण्यक उपनिषद्, 4 : 5, 15।

6. तुलना कीजिए, सुरेश्वर : "विद्वान् लोगों ने आत्मा की अपने स्वाभाविक रूप में स्थिति को 'निःश्रेयस' नाम दिया है और आत्मा का अन्य किसी अवस्था से सम्पृक्त होना अज्ञान का परिणाम है" (वार्तिक, पृष्ठ 109)।

7. स्वतः अनधिकारिणः। देखें, सुरेश्वरकृत वार्तिक, पृष्ठ 110-113।

8. सत्यत्वम्, स्वमहिमाप्रतिष्ठितत्वम्, सर्वगतत्वम्, सर्वात्मत्वम् (शांकरभाष्य, 1 : 3, 9)।

ज्ञान के साधारण साधनों के द्वारा हो सके। इसका वर्णन भी जातिगत गुणों अथवा विशेष लक्षणों के द्वारा नहीं हो सकता। हम यह नहीं कह सकते कि यह अमुक प्रकार से कर्म करती है क्योंकि इसे सदा ही निष्क्रिय कहा गया है। इसलिए इसका ठीक-ठीक वर्णन नहीं हो सकता।" शंकर की प्रतिपादित आत्मा काण्ट के अतीन्द्रिय 'अहं' से भी भिन्न है जो केवल एक विशुद्ध आकृति है जिसका सम्बन्ध अनुभव के सब विषयों के साथ रहता है। यद्यपि कहा यह जाता है कि यह आनुभविक चैतन्य की पहुंच से परे है तो भी इसका एक निजी रूप है क्योंकि यह क्रियात्मक इच्छा का रूप धारण करती है। काण्ट का आनुभविक अहंभाव से भिन्नरूप का वर्णन जो अवस्थाओं की उपज है, शंकर द्वारा प्रतिपादित आत्मा में लागू होता है। शंकर केवल यही कहता है कि सदा रहनेवाला चैतन्य का प्रकाश लगभग एक पूर्ण वस्तु है किन्तु प्रगति की प्रक्रिया में नहीं है।[1] काण्ट का क्रियात्मक संकल्प आनुभविक आत्मा है, जिसके लिए सदा ही अतीत का अनिर्वचनीय भाव बना रहता है। फिश्ते का निरपेक्ष 'अहंभाव' तात्त्विक रूप में आनुभविक आत्मा से भिन्न नहीं है। क्योंकि उस क्रिया का निर्णय, जिसके द्वारा यह उस अवस्था को प्राप्त हुआ है जो इसका मौलिक रूप है, अनात्म की क्रिया है। चूंकि शंकर के मत में व्यक्तित्व का सारतत्त्व उसका अन्य सत्ताओं से भेद होने के कारण ही है इसलिए उनका तर्क है कि आत्मा का पृथक् व्यक्तित्व इसलिए नहीं है चूंकि उसके अतिरिक्त अन्य कोई सत्ता ही नहीं है। यह सत्य अवश्य है कि तार्किक दृष्टिकोण से आनुभविक आत्मा की एकमात्र यथार्थसत्ता है और विशुद्ध आत्मा केवल छायामात्र है। किन्तु जब हम ऊंचे उठकर अन्तर्ज्ञान तक पहुंचते हैं जहां कि प्रमाता तथा प्रमेय मिलकर एक हो जाते हैं, हम परमार्थरूप चैतन्य का साक्षात् कर सकते हैं।[2] यह परमरूप का दर्शन ही है जो अपना दर्शन स्वयं कराता है। यही सारतत्त्व प्रत्येक का है जो यह सोचकर कि "मैं हूं जो मैं हूं" इस प्रकार अपने को जानता है। यह नितान्त रूप से यथार्थ है जिसे कोई भी अनुभव कभी भी परिवर्तित नहीं करेगा। इसका कोई परिमाण नहीं है। हम इसके विषय में यह नहीं सोच सकते कि यह विस्तृत हो सकता या विभक्त हो सकता है। यह सदा और सब कालों में एकसमान है। इसमें अनेकत्व नहीं है। यह जितना एक में है उतना ही अन्य में है। इसको विशिष्टरूप नहीं दिया जा सकता। हम जीवन धारण किए हुए हैं क्योंकि हम सार्वभौम जीवन के भागीदार हैं; और हम सोचते हैं क्योंकि हम सार्वभौम विचार में अपना भाग रखते हैं। हमारे अन्दर सार्वभौम आत्मा की उपस्थिति के कारण से ही अनुभव सम्भव होता है।[3]

---

1. तुलना कीजिए, जैण्टाइल की विशुद्ध प्रमाताविषयक कल्पना से जिसे विषय (प्रमेय पदार्थ) का रूप नहीं दिया जा सकता ('थियरी ऑफ माइण्ड ऐज प्योर एक्ट', पृष्ठ 6-7)

2. तुलना कीजिए, कैयर्ड : "यदि प्रमेय पदार्थ का चेतन प्रमाता (विषयी) के साथ सम्बन्ध होना ज्ञान है तो यह जितना ही पूर्ण होगा उतना ही सन्निकट सम्बन्ध होगा और यह पूर्ण हो जाती है, जब द्वैतभाव प्रत्यक्ष पारदर्शी हो जाता है अर्थात् जब प्रमाता और प्रमेय में एकत्व हो जाता है और जब द्वैतभाव मात्र एकत्व को शब्दों में प्रकट करने के लिए ही आवश्यक रह जाता है—संक्षेप में जब चैतन्य आत्मचैतन्य के रूप में परिणत हो जाता है।" (क्रिटिकल फिलॉसफी ऑफ कांट, पृष्ठ 46)।

3. माण्डूक्य उपनिषद् पर शांकरभाष्य, 2 : 7। तुलना कीजिए, एकहार्ट : "आत्मा के अंदर एक ऐसी वस्तु है जो आत्मा से ऊपर है, दैवीय है, सरल है, परम शून्य है; नाम रूप न होकर अनाम है, ज्ञात न होकर अज्ञात है, यह ज्ञान से ऊपर है, प्रेम से भी ऊंची है, कृपा से भी ऊंची है, क्योंकि इन सब में भी भेद विद्यमान है। इस प्रकाश को सन्तोष होता है केवल सर्वोच्च अनिवार्य तत्त्व से। इसका झुकाव सरल भूमि में, मौन→

14. ज्ञान का तन्त्र या रचना

साधारण बुद्धि की पूर्वमान्यताओं तथा विचार के प्राथमिक सिद्धान्तों के विषय में संशय करना शंकर को अपने पूर्ववर्ती बौद्ध विचारकों से दाय के रूप में प्राप्त हुआ। यह उन्हें स्पष्ट प्रतीत हो गया कि दार्शनिक विचार के निर्माण का कोई भी प्रयास प्राथमिक सिद्धान्तों के दर्शन को स्वतःमान्य मानकर आगे नहीं बढ़ सकता। इस प्रकार उन्होंने ज्ञान के समालोचनात्मक विश्लेषण को तथा मनुष्य के बोधग्रहण तंत्र को भी हाथ में लिया। हमारे अन्तस्तल के गह्वर में हमारी आत्मा का एक ऐसा अस्तित्व है जिसके विषय में यह कुछ कथन नहीं करता। परम यथार्थसत्ता अद्वैतरूप आत्मा है। किन्तु समस्त निश्चयात्मक ज्ञान परम चैतन्य के परिवर्तन की इन विभागों में पूर्वकल्पना कर लेता है : (1) एक ज्ञाता (प्रमातृचैतन्य), बोध ग्रहण करनेवाली चेतनता, जिसका निर्णय अन्तःकरण के द्वारा होता है; (2) ज्ञान की प्रक्रिया (प्रमाणचैतन्य), बोध ग्रहण करनेवाली चेतनता जिसका निर्णय वृत्ति अथवा अन्तःकरण के परिवर्तन के द्वारा होता है; और (3) ज्ञात पदार्थ (प्रमेय विषय या विषयचैतन्य) यह वह चेतनता है जिसका निर्णय ज्ञात विषय के द्वारा होता है। परमचैतन्य एक ही है (एकमेव), जो सर्वव्यापी है, जो सबको प्रकाशित करता है, यह अन्तःकरण है, इसका परिवर्तित रूप तथा विषय है।[1] इन्द्रियों के अतिरिक्त आभ्यन्तर इन्द्रिय अर्थात् अन्तःकरण[2] के अस्तित्व को सिद्ध करने के लिए जो युक्तियां उपस्थित की जाती हैं वे पहले से ही हमें भली-भांति ज्ञात हैं।[3] इसे अन्तःकरण का नाम इसलिए दिया गया है कि यह इन्द्रियों के व्यापारों का स्थान है और उनके बाह्य गोलकों से भिन्न है। बाह्य इन्द्रियों के द्वारा जो कुछ सामग्री इसे प्राप्त होती है उसे यह ग्रहण करता है तथा उसकी क्रमबद्ध व्यवस्था करता है। इसे अपने-आप में इन्द्रिय नहीं माना गया क्योंकि यदि यह इन्द्रिय होता तो इसे अपना तथा अपने परिवर्तनों का साक्षात् प्रत्यक्ष ज्ञान न हो सकता। इसे भिन्न-भिन्न अवयवों से मिलकर बना बताया जाता है और यह मध्यम आकार का है, न तो आणविक है और न महदाकार में अनन्त है। इसमें पारदर्शिता का गुण है जिसके द्वारा इसमें प्रमेय पदार्थ प्रतिबिम्बित होते हैं, जिस प्रकार एक दर्पण में उसकी चमक के कारण हमारे चेहरे उसमें प्रतिबिम्बित हो जाते हैं। पदार्थों के प्रतिबिम्बित करने की क्षमता अर्थात्

→ निर्जन स्थान में प्रवेश करने की ओर है, जहां पर न पिता का, न पुत्र का और न पवित्र आत्मा का ही कोई भेद् रहता है। यह उस एकत्व में प्रविष्ट होना चाहती है जहां किसी मनुष्य का निवास नहीं है। तब यह उस प्रकाश में सन्तुष्ट होती है, तब यह एकाकी है, तब यह अपने में एक है, चूंकि यह भूमि एक सरल स्थिरता है अपने-आप में अचल है, किन्तु तो भी इस अचलता से ही सब वस्तुएं गति प्राप्त करती हैं" (हण्ट कृत 'ऐस्से ऑन पानथीइज्म' में उद्धृत, पृष्ठ 180)।

1. तुलना कीजिए, पंचदशी, 7 : 91।

2. वाचस्पति मन को भी एक इन्द्रिय के रूप में मानता है।

3. आत्मा तथा इन्द्रियों के मध्य एक जोड़ने वाली शृंखला का होना आवश्यक है। यदि हम अन्तःकरण को स्वीकार नहीं करते तो या तो परिणाम में निरन्तर प्रत्यक्ष होगा, अथवा निरन्तर अप्रत्यक्ष होगा, पहली अवस्था जबकि आत्मा, इन्द्रियों और विषय का संयोग होगा क्योंकि ये तीनों प्रत्यक्ष के साधन हैं। और यदि इन तीनों कारणों के संयोग से कार्य सम्पन्न नहीं होता है तब निरन्तर अप्रत्यक्ष रहेगा। किन्तु यह तथ्य के विपरीत है। इसलिए हमें अन्तःकरण के अस्तित्व को स्वीकार करना होगा जिसके अवधान तथा अनवधान से प्रत्यक्ष अथवा अप्रत्यक्ष उत्पन्न होते हैं (शांकरभाष्य, 2 : 3, 32)।

उनके विषय में अभिज्ञ होना अन्तःकरण का स्वाभाविक अन्तर्निहित गुण नहीं है, किन्तु आत्मा के साथ सम्बद्ध होने के कारण उसमें यह आ गया है। यद्यपि कहा यह जाता है कि अन्तःकरण प्रमेय पदार्थों पर अपना प्रकाश डालता है तथा उन्हें प्रतिबिम्बित करता है तो भी यह आत्मा है जो उसके अन्दर प्रतिबिम्बित होती है।[1] आत्मा ही प्रकाश देनेवाली है और अन्तःकरण इसी के द्वारा प्रत्यक्ष ज्ञान प्राप्त करता है।[2] अन्तःकरण की आकृति में परिवर्तन होता रहता है। उस परिवर्तन को जो विषय का प्रकाश करता है वृत्ति की संज्ञा दी गई है।[3] अन्तःकरण की प्रवृत्तियां अथवा आकृतियां चार प्रकार की हैं : अनिश्चय (संशय), निश्चय, गर्व (आत्मचेतना) और स्मरण। एक अन्तःकरण को तब मन कहते हैं जब यह संशय की स्थिति में होता है; उसे बुद्धि अथवा बोध ग्रहण की क्षमता कहा जाता है, जब वह निश्चयात्मक स्थिति में होता है, और अहंकार के नाम से पुकारा जाता है, जब वह आत्मचैतन्य की स्थिति में होता है, तथा चित्त नाम से पुकारा जाता है। जब वह एकाग्रता और स्मरण की स्थिति में होता है।[4] बोध का कारण अन्तिम चैतन्य ही अकेला नहीं है किन्तु अन्तःकरण की उपाधि से युक्त चैतन्य है। यह अन्तःकरण प्रत्येक व्यक्ति में भिन्न है और इस प्रकार एक मनुष्य का बोध सब मनुष्यों का बोध नहीं होता। चूंकि अन्तःकरण एक मर्यादित वस्तुतत्त्व है, यह संसार के सब पदार्थों पर लागू नहीं हो सकता। यह विविध प्रकार की परिधियों के अन्दर ही कार्य करता है जिसकी व्याख्या प्रत्येक व्यक्ति के भूतकाल के आचरण के आधार पर हो सकती है, जिस व्यक्ति के साथ उस अन्तःकरण का सम्बन्ध है।[5]

---

1. देखें मनीषा पंचकम्। यहां पर शंकर सांख्य से इस मत का अनुसरण करते हैं कि बुद्धि, मनस् आदि अपने-आप में प्रज्ञारहित हैं। यद्यपि ये पुरुष के सान्निध्य से प्रज्ञाशक्ति को प्राप्त कर लेते हैं। अद्वैत में आत्मा, जो केवल आत्मज्योति है पुरुष का स्थान ग्रहण करती है।

2. उपदेशसाहस्री, 18 : 33-54। देखें, शांकरभाष्य, तैत्तिरीय उपनिषद् पर, 2 : 1। वार्तिक, तैत्तिरीय उपनिषद् पर, 2 : 1।

3. भावनाओं आदि का अनुभव करने में इसके अन्य परिवर्तित रूप होते हैं जिन्हें वृत्ति के नाम से नहीं पुकारा जाता।

4. बुद्धिरूपी पदार्थ की केवल तीन अवस्थाएं हैं जिनमें यह उत्पन्न होती है, स्थिर रहती तथा नष्ट हो जाती है, जबकि चित्त स्थिर रहता है। पूजा के दृष्टिकोण से चित्त का कार्य महत्त्वपूर्ण है जिसमें चिन्तन तथा एकाग्रता अनिवार्य है। शंकर मन तथा बुद्धि में भेद करते हैं; मन का कार्य संशय तथा बुद्धि का क्षेत्र निर्णय करने में है (2 : 3 : 32)। मन के अन्दर संकल्प, विकल्प, इन्द्रिय-प्रत्यक्ष, स्मृति, इच्छाएं तथा मनोभाव आते हैं। बुद्धि उच्चश्रेणी की शक्ति है जिसके द्वारा विचार, निर्णय, तर्क तथा आत्मचैतन्य सम्भव हो सकते हैं। जैसाकि हम देख आए हैं, सांख्य ने बुद्धि के अतिरिक्त अहंकार को भी स्वीकार किया, यद्यपि उसने चित्त को बुद्धि के अन्तर्गत मान लिया। 'परिभाषा' चारों को हमारे सम्मुख उपस्थित करती है। वेदान्त-सम्बन्धी अन्य ग्रन्थ यथा : 'वेदान्तसार' और 'वेदान्त सिद्धान्तसारसंग्रह' उक्त विभागों में मन तथा चित्त को एवं बुद्धि को अहंकार के साथ एक समान मानकर समन्वय स्थापित करते हैं। परवर्ती अद्वैत मानसिक अवस्थाओं को, संवेदन, ज्ञान और संकल्प के रूप में न मानकर मानसिक क्रिया के विचार तथा प्रत्यक्ष में सम्बन्धित स्तर पर इसकी चैतन्य की समस्त विधियों; प्रेम-सम्बन्धी, ज्ञान सम्बन्धी तथा संकल्प-सम्बन्धी विधियों समेत मानता है।

5. जीव अपनी तात्त्विक बुद्धि से ज्ञेय विषयों को प्रकाशित नहीं कर सकता बिना अन्तःकरण की वृत्तियों की सहायता के जैसेकि ईश्वर करता है क्योंकि जीव के साथ अविद्या का प्रतिबंध लगा हुआ है, किन्तु निरपेक्ष चैतन्य सब वस्तुओं के उपादान कारणरूप में उनके साथ एकात्मभाव रखता है और इसलिए उनका प्रकाश अपने सम्बन्ध में कर सकता है। जीव अपने निजी रचनात्मक संगठन के कारण बाह्य पदार्थों के साथ सम्बद्ध नहीं है किंतु केवल अंतःकरण के साथ सम्बद्ध है। देखें, सिद्धांतलेश।

15. प्रत्यक्ष

शंकर ज्ञान के तीन स्रोतों का उल्लेख करते हैं—प्रत्यक्ष, अनुमान और शास्त्रप्रमाण (आप्तोपदेश)।[1] उनके परवर्ती लेखकों ने इनमें तीन और जोड़े हैं : उपमान, अर्थापत्ति और अभाव।[2] स्मृति को यथार्थ ज्ञान में सम्मिलित नहीं किया गया क्योंकि विचित्रता को समस्त ज्ञान का एक लक्षण बताया गया है।[3]

चूंकि शंकर के प्रत्यक्ष तथा अनुमान विषयक मनोविज्ञान के विषय में विचारविमर्श नहीं किया है, हम उसके मत के विषय में कुछ नहीं कह सकते। 'वेदान्त परिभाषा' में दिए गए वर्णन से ही हमें सन्तोष करना पड़ेगा और वह स्पष्ट ही असन्तोषप्रद है। इसके अनुसार प्रत्यक्ष ज्ञान वह है जो चैतन्य पदार्थों के विषय में बिना किसी माध्यम के और साधारणतः इन्द्रियों की क्रिया के द्वारा चैतन्य प्राप्त होता है। इंद्रिय प्रत्यक्ष में ज्ञाता तथा प्रत्यक्ष विषय पदार्थ में वास्तविक सम्पर्क होता है।[4] जब आंख एक घड़े पर जमती है तो अन्तःकरण उसकी ओर अग्रसर होता है, उसे अपने प्रकाश से प्रकाशित करता है, उसकी आकृति धारण करता और इस प्रकार उसका बोध ग्रहण करता है। यह आन्तरिक व्यापार ऐसा समझा जाता है कि भौतिक कम्पनों को मानसिक अवस्थाओं में परिणत कर देता है। यदि हम केवल नीले आकाश की ओर ताकते रहें तो हमें कुछ नहीं दिखाई देता। अन्तःकरण प्रकाश के समान कार्य करता है, एक विस्तृत प्रकाश-किरण के रूप में, इसकी वृत्ति बाहर की ओर गति करती है। यह वृत्ति सूर्य की किरण के समान निश्चित दूरी तक ही जाती है। यही कारण है कि दूरस्थ पदार्थों का प्रत्यक्ष नहीं होता। वृत्ति प्रमेय पदार्थ का रूप धारण करके पदार्थ के साथ एकाकार हो जाती है और इसका तादात्म्य समस्त समीपवर्ती क्षेत्र तक फैल सकता है। हम जो कुछ प्रत्यक्ष करते हैं वह वृत्ति के ऊपर निर्भर करता है। यदि वृत्ति पदार्थ के वज़न की आकृति धारण करती है तो हम वज़न का प्रत्यक्ष करते हैं; और यदि रंग की वृत्ति है तो हमें रंग का प्रत्यक्ष होता है। धुएं से आग का अनुमान करने में वृत्ति गति करके आग के पास तक नहीं जाती और उसका कारण स्पष्ट है कि आग चक्षु इन्द्रिय के सम्पर्क में नहीं है, चक्षु इन्द्रिय का सम्पर्क धुएं से है। घड़े के प्रत्यक्ष ज्ञान की अवस्था में घड़े के द्वारा निर्धारित चेतनता उस घड़े पर पड़ती हुई अन्तःकरण की वृत्ति द्वारा निर्धारित चेतनता के समान हो जाते हैं ठीक

1. सुरेश्वर अपने नैष्कर्म्यसिद्धि नामक ग्रंथ में आगम प्रमाणों तथा लौकिक प्रमाणों में भेद प्रतिपादन करता है। और भी देखें, संक्षेप शारीरिक, 2 : 21।

2. देखें, वेदान्त परिभाषा।

3. अनधिगताबाधितार्थविषयज्ञानत्वं प्रमात्वम् (वही, 1)। यह परिभाषा उसी एक पदार्थ के 'धारावाहिक बुद्धि' के विषय में भी लागू होती है, क्योंकि इसके अन्दर प्रतिक्षण परिवर्तन होता रहता है।

4. सम्पर्क छः प्रकार का माना गया है : संयोग, अथवा घड़े रूप पदार्थ (विषय) तथा चक्षु, इन्द्रिय का; संयुक्त तादात्म्य अथवा घड़े के घटत्व का सम्पर्क; संयुक्ता भिन्न तादात्म्य, अथवा घड़े के रंग का रंजित्व के साथ सम्पर्क; तादात्म्य अथवा शब्द के साथ सम्पर्क जो कि आकाश का गुण है, और उससे भिन्न नहीं है; तादात्म्यावदभिन्न, अथवा शब्द के शब्दत्व के साथ सम्पर्क; और विशेष्य-विशेषण-भाव, अथवा सोपाधिक का उपाधि के साथ सम्पर्क। देखें, वेदान्तपरिभाषा और शिखामणि।

जैसेकि एक कमरे के अन्दर रखे हुए पात्र का अन्तर्गत आकाश स्वयं कमरे के अन्तर्गत आकाश के साथ एक समान हो जाता है। परमार्थ चैतन्य की परिमितता लाने वाली अवस्थाएं अर्थात् परिवर्तन तथा पदार्थभेद उत्पन्न नहीं करते क्योंकि वे दोनों एक ही स्थान में हैं। यह एकीकरण घड़े के बोध को स्वरूप से निरन्तर स्थायी बना देता है[1] और प्रत्यक्ष को अनुमान से स्पष्टरूप में भिन्न लक्षित कर देता है। फलितार्थ यह है कि प्रत्यक्ष में प्रस्तुत तत्त्व तथा उसकी व्याख्या मिलकर एक संयुक्त इकाई हो जाती है किन्तु अनुमान के व्यापार में प्रस्तुत तथा अनुमित तत्त्व एक-दूसरे से भिन्न रखे जाते हैं। अनुमान में मन केवल पदार्थ का चिन्तन करता है किन्तु बाहर उससे सम्पर्क करने नहीं जाता! प्रत्यक्ष स्मृति से सर्वथा भिन्न है क्योंकि स्मृति केवल भूतकाल की घटनाओं की ही होती है। इससे बढ़कर भी एक और प्रतिबन्ध का वर्णन किया गया है वह यह है कि पदार्थ (विषय) और मानसिक वृत्ति अवश्य वर्तमान काल के साथ सम्बद्ध होने चाहिए।[2]

अनुमान भिन्न-भिन्न प्रकार का माना गया है। इन्द्रियजन्य प्रत्यक्ष ज्ञान से वह प्रत्यक्ष ज्ञान भिन्न है जो इन्द्रियजन्य नहीं है। इच्छा इत्यादि का जो आंतरिक प्रत्यक्ष है वह दूसरे प्रकार के प्रत्यक्ष की कोटि में आता है। प्रत्यक्ष की व्याख्या के लक्षण की विशेषता ज्ञानेन्द्रिय की मध्यस्थता में नहीं है अपितु पदार्थ-सम्बन्धी विशिष्ट चेतनता तथा प्रमाण-सम्बन्धी चेतनता के तादात्म्य में है।[3] जब हम सुख और इसी के समान अन्य आंतरिक अवस्थाओं का प्रत्यक्ष करते हैं तो दो मर्यादा बांधने वाली अवस्थाओं का, अर्थात् सुख तथा सुख की मानसिक वृत्ति का, एक ही स्थान में उपस्थित होना आवश्यक है। तो भी यह मान लिया गया है कि धर्म और अधर्म (पुण्य और पाप), यद्यपि ये अन्तःकरण के गुण हैं, प्रत्यक्ष के विषय नहीं हैं। इसके समाधान में इससे अधिक उत्तम और कुछ नहीं कहा जाता कि ये प्रत्यक्ष के लिए उपयुक्त विषय नहीं हैं। उपयुक्तता एक अनिवार्य आवश्यकता है।[4] यह निर्देश करने के लिए कि कौन-से-पदार्थ उपयुक्त हैं और कौन-से नहीं, अनुभव ही हमारा एकमात्र मार्ग-प्रदर्शक है। जबकि दृश्यमान पदार्थ मानसिक वृत्ति के साथ संपृक्त हैं जैसेकि इस कथन में कि "तू दसवां है"[5] तो प्रत्यक्ष-सम्बन्धी बोध मौखिक कथन द्वारा होता है। "मैं मधुर चन्दन की लकड़ी

1. जहां एक ओर गन्धग्रहण करने तथा रस लेनेवाली तथा स्पर्श गुणवाली इन्द्रियां अपने-अपने विषयों का ज्ञान अपने स्थानों को बिना छोड़े भी कराती हैं वहां दूसरी ओर दृष्टि तथा श्रवणविषयक इन्द्रियां अपने विषयों तक चलकर पहुंचती हैं। शब्द के सम्बन्ध में लहर की प्रकल्पना को समर्थन प्राप्त नहीं है।

2. वर्तमानत्वम्।

3. प्रमाणचैतन्यस्य विषयावछिन्नचैतन्यामेद इति।

4. योग्यत्व। जब अन्तःकरण तथा उसके गुणों को साक्षी के द्वारा प्रत्यक्ष का विषय कहा जाता है तब भी ज्ञाता विषयी का साहचर्य वृत्ति के साथ रहता है और यह वृत्ति अन्तःकरण तथा इसके गुणों के रूप में होती है। साक्षीरूप आत्मा के द्वारा बोधग्रहण का तात्पर्य बिना वृत्ति की बोधक्षमता नहीं है किंतु इसका तात्पर्य केवल इन्द्रियों की मध्यस्थता का अभाव अनुमान अथवा ऐसे ही अन्य प्रमाणों का अभाव होता है। जब अन्तःकरण की वृत्ति का बोध होता है तो बोधकर्ता का दूसरी वृत्ति के साथ साहचर्य होना आवश्यक नहीं है और इसी प्रकार अनन्त समय तक, क्योंकि पहली वृत्ति अपना विषय अपने-आप बन जाती है। वृत्तेः स्वविषयत्वाभ्युपगमेन।

5. देखो, पंचदशी, 7 : 23 और आगे।

को देखता हूं" इस प्रकार के कथन द्वारा प्रकट किया गया ज्ञान प्रत्यक्ष ज्ञान है। जहां तक चन्दन की लकड़ी का सम्बन्ध है तथा जहां तक मधुरगन्ध का सम्बन्ध है वह दृष्टि का विषय नहीं है, इसलिए ज्ञान का उतना अंश अप्रत्यक्ष है। इसलिए प्रत्यक्ष की परिभाषा, इस प्रकार की जाती है; "यह वह अन्तिम चेतना है जो ऐसे पदार्थ से विशेष रूप से सम्बद्ध है जो वर्तमान काल में अवस्थित है और इन्द्रियों के द्वारा प्रत्यक्ष रूप में ज्ञात होने की क्षमता भी रखती है तथा उस वृत्ति की अन्तिम चेतना में जिसने पदार्थ की आकृति धारण की है तादात्म्य रूप धारण कर लेती है।"[1]

सविकल्प तथा निर्विकल्प प्रत्यक्ष में भेद है, इसे स्वीकार किया गया है। सविकल्प प्रत्यक्ष में हमें निर्णीत वस्तु अर्थात् घड़े तथा निर्णय करने वाली प्रवृत्ति घटत्व में भेद प्रतीत होता है।[2] निर्विकल्प ज्ञान में निर्णायक सब गुण-दृष्टि से ओझल रहते हैं। 'स' और 'प' में ऐसा कोई भेद वर्तमान नहीं है जैसाकि इन कथनों में भेद है जैसे 'वह तू है', 'यह वह देवदत्त है।' 'वह तू है' इस कथन में चूंकि बोधकर्ता पदार्थ है, बोधकर्ता की चेतना तथा उस वृत्ति की चेतना में जो बोधकर्ता की आकृति में है, कोई भेद नहीं है।[3] हम इस कथन के आशय का ग्रहण इसके विभिन्न अंशों के सम्बन्ध का ग्रहण किए बिना भी कर लेते हैं।

एक अन्य भेद बोधकर्ता के आधार पर भी किया जाता है। चाहे वह जीवशक्ति हो, चाहे ईश्वरशक्ति हो। जबकि जीव अन्तःकरणविशिष्ट अन्तिम चैतन्य है, जीवशक्ति भी वही चेतना है, जिसमें अन्तःकरण की उपाधि लगी हुई है। अन्तःकरण जीव के संगठन में अन्तःप्रवेश करता है किन्तु जीवशक्ति का निरीक्षण करते समय यह बाहर अवस्थित होता है। पहली अवस्था में यह विशेषण है एवं पिछली अवस्था में एक उपाधि (मर्यादा) है।[4] ईश्वर तथा ईश्वरशक्ति के सम्बन्ध में अन्तःकरण का यह स्थान माया ले लेती है जबकि माया से विशिष्ट परम चैतन्य ईश्वर है। वही चैतन्य माया की उपाधि से ईश्वरशक्ति है। ईश्वर का साकार केन्द्र के रूप में जगत् के साथ वही सम्बन्ध है जो जीव का इस शरीर के साथ है।

भ्रांतिमूलक प्रत्यक्ष ज्ञान का, जैसे सीप को चांदी समझ लेने के प्रत्यक्ष ज्ञान का, भी अध्ययन मनोवैज्ञानिक दृष्टि से किया गया है। जब किसी प्रकार के दोष से ग्रस्त आंख का सम्पर्क किसी प्रस्तुत प्रमेय पदार्थ के साथ होता है, जैसेकि मोतियाबिन्द और तत्समान रोगों में, तो अन्तःकरण का एक परिवर्तित रूप, इस पदार्थ तथा इसकी

1. तत्तदिन्द्रिययोग्यवर्तमानविषयावच्छिन्नचैतन्याभिन्नत्वम्' तत्तदाकारवृत्यवच्छिन्नज्ञानस्य तत्तदंशे प्रत्यक्षत्वम्। और भी देखें, विवरणप्रमेयसंग्रह, 1 ; 1।

2. घटघटत्वयोर्वैशिष्ट्यम्।

3. यह कहा जाता है कि निर्विकल्प प्रत्यक्ष में केवल सब प्रकार के विधेयों से रहित होने का ही बोध होता है। "महासामान्यमन्ये तु सत्ताम्" (न्यायमंजरी, पृष्ठ 98)। जयन्त उक्त मत की समीक्षा इस आधार पर करता है कि यदि निर्विकल्प प्रत्यक्ष हमें केवल सत् की ही प्रतीति कराता है तब सविकल्प प्रत्यक्ष में विशेष लक्षणों का प्रत्यक्ष नहीं हो सकता। इसके अतिरिक्त किसी पदार्थ के अस्तित्व का प्रत्यक्ष उसके गुणों से पृथक् नहीं किया जा सकता। न च भेद बिना सत्ता ग्रहीतुमपि शक्यते (न्यायमंजरी, पृष्ठ 98)।

4. किसी पदार्थ का गुण उसकी पहचान कराने वाला अनिवार्य लक्षण है जैसे कि कमल में उसकी नीलिमा। उपाधि पहचान कराने वाला लक्षण है किन्तु यह लक्षण पृथक् हो सकता है जैसेकि किसी स्फटिकमणि के समीप का लाल फूल जो उसकी उपस्थिति के कारण लाल प्रतीत होता है।

चमक की आकृति में, उदय होता है। अविद्या[1] के बल से जिसके साथ चांदी के भूतकाल के बोध के अवशेष भी संयुक्त हो जाते हैं भ्रांतिरूप चांदी देखनेवाले के आगे प्रस्तुत होती है और चांदी के समान सीप की चमक से वे अवशेष पुनरुज्जीवित हो उठते हैं। अविद्या के परिवर्तित रूप में चांदी पदार्थ विशेष (इदम्) की चेतना के अन्दर निवास करती है। भ्रांतिरूप चांदी का अधिष्ठान अन्तिम चैतन्य अपने-आप में नहीं है अपितु उसी पदार्थ विशेष में है। भ्रांतिमय प्रत्यक्ष ज्ञान में हमारे आगे दो वृत्तियां होती हैं, एक इद्म की और दूसरी प्रतीतिरूप चांदी की। पहला तो यथार्थ प्रत्यक्ष है और दूसरी के कारणों में से एक स्मृति है। वहां पर कुछ समय के लिए 'शुक्त्यविद्या परिणाम' के रूप में चांदी के होने की कल्पना की जाती है। वही चेतनता दोनों वृत्तियों को एकसाथ मिला देती है जिनमें से एक यथार्थ और दूसरी मिथ्या है और इस प्रकार मिथ्या ज्ञान उत्पन्न होता है। यहां तक कि भ्रांतिरूप पदार्थ भी केवल कुछ भी न हो ऐसा नहीं है अन्यथा भ्रांति ही न होती। जब हम किसी पदार्थ को भ्रान्तिरूप कहते हैं तब हम स्वीकार कर लेते हैं कि यह कुछ है किंतु इसे हम भ्रांतियुक्त इसलिए कहते हैं कि संसार में इसका वह रूप नहीं है जिस रूप का यह दावा रखता है।[2] यद्यपि शंकर के अध्यात्म ज्ञान की दृष्टि में यथार्थ चांदी भी नितान्त रूप से यथार्थ नहीं है अर्थात् आनुभविक रूप, यथार्थ चांदी तथा प्रतीति रूप चांदी में अन्तर है। प्रतीति रूप चांदी का प्रत्यक्ष केवल वैयक्तिक है। इस प्रतीतिरूप चांदी का बोध केवल साक्षीरूप आत्मा को ही होता है[3] और सुख व दुःख के समान अन्य आत्माओं के लिए इसका बोध अगोचर है।[4]

अद्वैत के अनुसार प्रत्यभिज्ञा (पहचान) एक प्रत्यक्ष सम्बन्धी प्रक्रिया है जिसमें भूतकाल के अनुभवों के अवशेषों के कारण परिवर्तन होता है। अद्वैत प्रत्यभिज्ञा के लिए न केवल पदार्थ के तादात्म्य पर ही बल देता है अपितु बोध ग्रहण करनेवाली आत्मा के तादात्म्य पर भी बल देता है।

---

1. न्यायामृत का रचयिता प्रश्न करता है कि क्या यह अविद्या भी अनादि है जोकि जब हम रस्सी को सांप समझ लेते हैं उस समय अपना कार्य करती है। हमारे विशेष मिथ्या ज्ञान प्रारम्भिक अविद्या के मूर्तरूप अभिव्यक्तरूप हैं। तुलना कीजिए, मूल अथवा प्रारम्भिक अविद्या तथा 'मूल' अथवा गौण अविद्या के रूपों में।

2. इस मत के आधार पर सीप के स्थान पर चांदी की उत्पत्ति उसी प्रकार से यथार्थ है जिस प्रकार अन्य किसी पदार्थ की उत्पत्ति इस संसार में है, क्योंकि प्रत्येक कार्य उस अविद्या के अधिष्ठान में रहता है कि जिसमें से यह उत्पन्न होता है। नैयायिकों का मत है कि प्रतीतिरूप चांदी की स्थापना की कोई आवश्यकता नहीं है। अन्य स्थान पर देखी गई चांदी भ्रांतिरूप बोध का विषय है और भ्रांति एक अशुद्ध निर्णय की अवस्था है। अद्वैतवादी उत्तर में कहता है कि बोध का विषय यद्यपि भ्रांतिमय है फिर भी तत्काल उपस्थित है और इसलिए अन्यत्र और एक भिन्न काल में देखा गया एक चांदी का टुकड़ा वर्तमान प्रत्यक्ष का विषय नहीं हो सकता। इस कठिनाई से उद्धार के लिए नैयायिक कहता है कि विषय के साथ सीधा इन्द्रियों का सम्पर्क नहीं है किन्तु केवल मध्यस्थयुक्त इन्द्रियरहित सम्पर्क (प्रत्त्यासत्ति) है। किन्तु यदि हम इसे स्वीकार करें तो अनुमान भी कोई स्वतन्त्र प्रमाण नहीं रहेगा। यह आपत्ति कि यदि भ्रांतिरूप चांदी सुख-दुःख की भांति ही आत्मा के ऊपर एक प्रकार के अध्यास का रूप है। तब हमें अवश्य ऐसा कहना चाहिए 'मैं चांदी हूं' ठीक जैसे हम कहते हैं, 'मैं सुखी हूं, अथवा दुःखी' हूं। इसका निराकरण इस आधार पर किया जाता है कि 'मैं' और 'चांदी' दोनों का एक साथ अनुभव नहीं होता।

3. केवलसाक्षिवेद्य।

4. सखादिवद् अनन्यवेद्य।

शंकर आनुभविक जगत् को, जिसकी स्थापना तर्क के द्वारा होती है, स्वप्न तथा भ्रांतिमय जगत् से पृथक् करते हैं।[1] तार्किक यथार्थता की पहचान के लिए स्थान, काल, कारण और विरोधाभाव--इन शर्तों की पूर्ति आवश्यक है।[2] स्वप्न के पदार्थ उक्त पहचान में सही नहीं उतरते।

यदि स्वप्न-जगत् कुछ भी यथार्थता का दावा रखता है, तो उसे चाहे वह शून्य पर ही क्यों न हो बराबर स्थिर रहना चाहिए किन्तु स्वप्न के अनुभवों का विरोध न केवल जागरित अवस्था के अनुभवों से ही होता है स्वयं उसी स्वप्नावस्था में भी विरोध हो जाता है। शंकर इतना मानने की अनुमति देते हैं कि ऐसी स्वप्नावस्थाएं जिनका महत्त्व भविष्यवाणीपूर्ण है, अपना अस्तित्व रखती हैं, यद्यपि स्वप्नगत पदार्थ अयथार्थ हैं। इस प्रकार जिन अर्थों में जागरित जगत् यथार्थ है उन अर्थों में तो स्वप्न-जगत् यथार्थ नहीं है।[3] स्वप्न में देखे गए भ्रांतिरूप कल्पनाजन्य पदार्थ बराबर रहते हैं जब तक कि इसकी पृष्ठभूमि में वर्तमान यथार्थता का अन्तर्ज्ञान उदय नहीं होता। आपत्ति की जाती है कि स्वप्न के पदार्थों को जागरित अवस्था में अवश्य रहना चाहिए क्योंकि परमचैतन्य विषयक अन्तर्ज्ञान जो एकमात्र यथार्थसत्ता है जागरित अवस्था के अनुभव में उत्पन्न नहीं होता। अद्वैतवादी बाधा और निवृत्ति में भेद करता है। 'बाधा' में कार्य अपने उपादान कारण के सहित नष्ट हो जाता है; किन्तु निवृत्ति में कारण वर्तमान रहता है यद्यपि कार्य का अस्तित्व लोप हो जाता है। केवल यथार्थता का अन्तर्ज्ञान ही अविद्या का नाश कर सकता है क्योंकि अविद्या ही प्रतीतिरूप जगत् का उपादान कारण है। जब कभी एक नई मानसिक वृत्ति का उदय होता है अथवा कोई मौलिक दोष विलुप्त होता है तो निवृत्ति होती है। स्वप्न के पदार्थों का जागने पर तिरोभाव हो जाता है इसलिए नहीं कि यथार्थता का अन्तर्ज्ञान नहीं हुआ किन्तु इसलिए कि अन्य वृत्तियां उदय होती हैं तथा स्वप्नावस्था के दोष विलुप्त हो जाते हैं। सीप का ज्ञान होने पर चांदीविषयक भ्रांति अपने-आप दूर हो जाती है। स्वप्नावस्था की चेतनता स्मृति का एक रूप है और इसलिए प्रत्यक्ष ज्ञान की अवस्थाओं से तात्त्विक रूप में भिन्न है।[4]

---

1. शांकरभाष्य, 3 : 2, 1, 3।
2. देशकालनिमित्त सम्पत्तिरबाधश्च।
3. परमार्थिकस्तु नाय संध्याश्रयः सर्गो वियदादिसर्गवत् (शांकरभाष्य, 3 : 24)।
4. शांकरभाष्य, 2 : 2, 29। परवर्ती टीकाकारों का मत है कि यहां शंकर अन्य सम्प्रदाय के मत का उल्लेख करते हैं (शांकरभाष्य 1 : 1, 9)। और भी देखें, 3 : 2, 1-10। शंकर का विश्वास है कि स्वप्न भी व्यक्ति के भूतपूर्व पुण्य व पाप के कारण प्रसन्नता तथा भय को उत्तेजना देते हैं (शांकरभाष्य, 2 : 3, 18)। स्वप्नावस्था के अनुभव के आधार के विषय में कभी-कभी यह कहा जाता है कि विशुद्ध सार्वभौम चैतन्य (अनवच्छिन्न चैतन्य) स्वप्नों का आधार है किन्तु इस मत के अनुसार अहंकार से युक्त चैतन्य के बाहर भी स्वप्नों का आना आवश्यक है किन्तु यह स्वीकार नहीं किया जा सकता। साक्षीरूप आत्मा केवल ऐसी ही घटनाओं का प्रकाश कर सकती है जिनके साथ यह सहअस्तित्व रखती हो। दूसरी ओर, यदि स्वप्नों का आधार अहंकार द्वारा प्रतिबन्धित चैतन्य है (अहंकारद्यवछिन्न चैतन्य) तब स्वप्नद्रष्टा को अपने साथ एकात्म्यभाव से अथवा उनके अंदर निवास करते हुए स्वप्न दीखने चाहिए। प्रस्तावित अधिष्ठान तथा स्वप्न का प्रत्यक्ष एकसमान सम्बन्ध में रहने चाहिए (तादात्म्य-सम्बन्ध) अथवा स्थान विशेष तथा उसमें स्थित वस्तु का सम्बन्ध (आधारधेय सम्बन्ध) हो। तब स्वप्न के प्रत्यक्ष का रूप ऐसा होना चाहिए 'मैं एक हाथी हूं' अथवा 'मेरे पास हाथी है' किन्तु स्वप्नद्रष्टा देखता है→

अद्वैत वेदान्त की प्रत्यक्ष ज्ञान-सम्बन्धी प्रकल्पना वैज्ञानिक पक्ष में एक प्रकार से अपरिष्कृत है यद्यपि इसका आध्यात्मिक अन्तर्ज्ञान का पक्ष अत्यन्त महत्त्व का है। अन्तःकरण तथा इसके उन परिवर्तनों-सम्बन्धी समस्त समस्या, जो पदार्थ की आकृति धारण करते हैं, का प्रतिपादन एक कट्टरता के रूप में किया जाता है। इसमें स्थान तथा आकृतियों के महत्त्व का कोई उल्लेख नहीं है जो इन्द्रियजन्य सामग्री समेत उक्त विचार को बनाते हैं। मौलिक चैतन्य एक द्वैतभाव नहीं किन्तु चैतन्य का एक पुंज है और समस्त ज्ञान इसी के अन्दर पृथक् भाव से उत्पन्न होता है। प्रत्यक्ष-सम्बन्धी इस प्रकल्पना का शंकर की प्रकल्पना के समान गुण यह है कि यह चैतन्य की केवल भौतिक परिवर्तन मानने की असम्भाव्यता को स्पष्ट रूप में अंगीकार कर लेती है। चैतन्य को अवश्य ही आदिम तथ्य मानना चाहिए, जिसकी व्याख्या अचेतन घटकों की परिभाषा में नहीं हो सकती। जब अद्वैत यह कहता कि तत्काल प्रत्यक्ष का विषयरूपी पदार्थ ज्ञाता से पृथक् अपना कोई अस्तित्व नहीं रखता तो इसका तात्पर्य केवल यही होता है कि वह अधिष्ठान जो पदार्थ को धारण करके रखता है ज्ञाता के अधिष्ठान से भिन्न नहीं है।[1] चूंकि समस्त दृष्ट पदार्थों का व्यक्तित्व होना आवश्यक है इसलिए नित्य चैतन्य और केवल अभाव प्रत्यक्ष के विषय नहीं हैं।

16. अनुमान

अनुमान की उत्पत्ति व्याप्ति-ज्ञान के द्वारा होती है जोकि इसका निमित्त कारण है। "जब इस प्रकार का ज्ञान होता है कि व्याप्त पद के अन्दर गुण उपस्थित है जैसे 'पर्वत धुएं वाला है।' इस वाक्य में है और पूर्व प्रत्यक्ष ज्ञान की मानसिक प्रभाव की जागृति भी है। इस रूप में एक 'धुआं बराबर अनिवार्य रूप से आग के साथ रहता है' तब परिणामस्वरूप इस अनुमान की उत्पत्ति होती है कि 'पर्वत पर आग है'।" व्याप्ति की परिभाषा यह है कि यह हेतु तथा साध्य के मध्य निरन्तर साहचर्यरूप में रहनेवाला सम्पर्क है जो हेतु के समस्त आधारों अर्थात् पक्षपद (लघुपद) में विद्यमान रहता है। इसकी प्राप्ति साध्य पद और हेतु के साहचर्य के पाए जाने तथा इनके पार्थक्य के कभी न पाए जाने से होती है।[2] निश्चित दृष्टान्त हमें व्याप्ति की ओर ले जाते हैं और इस व्याप्ति का समर्थन अभावात्मक साक्षी के द्वारा होता है। अद्वैत सिद्धान्त के अनुसार यथार्थ अर्थों में अनुमान का आधार एक ऐसा साहचर्य है जिसका प्रकाश इस प्रकार के निश्चयात्मक कथन के द्वारा होता है, जैसे इस कथन में कि 'जहां-जहां धुआं होता है वहां-वहां आग भी होती है।' साहचर्य के ज्ञान का एक कथन अभावात्मक व्याप्ति में, जैसे 'जहां कहीं आग नहीं होती वहां धुआं भी नहीं रहता', हमें अर्थापत्ति अथवा संकेतात्मक तर्क की ओर ले जाता है। वस्तुतः केवल अभाव नाम की कोई वस्तु नहीं है और सब निश्चयात्मक वस्तुओं में कुछ-न-कुछ अभावात्मक

→ कि वह पहाड़ के ऊपर एक हाथी को देख रहा है और यह कि उक्त हाथी उससे अथवा अन्य किसी से भी भिन्न है। तो भी जब तक पीछे के मत को स्वीकार नहीं किया जाता तब तक स्वप्नों की विविधता की व्याख्या नहीं हो सकती। क्योंकि सार्वभौम चैतन्य समस्त जीवात्माओं के लिए सामान्य है और यदि यह स्वप्नों का आधार होता तब सब जीवात्माओं के स्वप्न एक समान होते।

1. प्रमातृसत्तातिरिक्तसत्ताकत्वाभावः।

2. वेदांतपरिभाषा, 2। सा च व्यभिचाराज्ञाने सति सहचारदर्शनेन गृह्यते।

अंश विद्यमान रहता है। नितान्त निश्चयात्मक सम्बन्धों को (केवलान्वयी) जहां पर कि हेतु (मध्यमपद) तथा साध्यपक्षपद अनिवार्य रूप से प्रत्येक पक्षपद में एक साथ पाए जाते हैं और कभी भी अनुपस्थित नहीं पाए जाते, जैसे इस कथन में कि चूंकि यह जाना जा सकता है इसलिए इसे नाम भी दिया जा सकता है' कभी साध्यपक्ष नहीं स्वीकार किया जाता क्योंकि उनके विषय में विपक्षी दृष्टान्तों का अभाव है। इसके अतिरिक्त चूंकि प्रत्येक गुण अपने अभाव के विपरीत पदार्थ है और सब गुण अभाव ब्रह्म की परम यथार्थसत्ता के अन्दर निहित हैं, जो ब्रह्म के गुणों से सर्वथा रहित है, इसलिए ऐसा कोई केवल निश्चयात्मक गुण ब्रह्म के विषय में हो ही नहीं सकता। और चूंकि ब्रह्म समस्त भेदों का निरंतर रहनेवाला आधार है इसलिए सब वस्तुओं के अभाव का भी अस्तित्व है। बार-बार तर्क रूप से यथार्थ स्वरूप को प्रकट करता है। अद्वैत स्वीकार करता है कि स्वार्थ के लिए जो अनुमान किया जाता है उसमें और परार्थ के लिए किए गए अनुमान में परस्पर भेद है। परार्थ अनुमान में तीन अवयव होते हैं अर्थात् साध्यपक्ष, हेतु और दृष्टान्त, अथवा दृष्टान्त, उसका विनियोग और निर्णय।

17. शास्त्रप्रमाण

अद्वैतवादी आगम अथवा शास्त्रप्रमाण को स्वतन्त्र रूप में ज्ञान का साधन मानते हैं। कोई भी कथन उसके द्वारा उपलक्षित अर्थों में निर्दोष प्रमाण है, यदि किसी अन्य प्रमाण के द्वारा वह असत्य सिद्ध न कर दिया जाए।[1]

शंकर शब्दों के स्फोट-सम्बन्धी सिद्धान्त की समीक्षा करते हैं और उपवर्ष के साथ सहमत होकर कहते हैं कि अक्षर ही शब्द हैं। ये अक्षर नष्ट नहीं होते "क्योंकि प्रत्येक बार जब-जब उन्हें नये सिरे से प्रकट किया जाता है तो वे वही अक्षर हैं। इस प्रकार उनको पहचान लिया जाता है।"[2] शब्द जाति अथवा आकृति का बोध करते हैं व्यक्तियों का नहीं, क्योंकि वे संख्या में अनेक हैं। चूंकि व्यक्तियों की ही उत्पत्ति तथा विनाश होते हैं वर्गों (जातियों) की नहीं, शब्दों तथा उनसे जिन वर्गों का बोध होता है उन वर्गों के मध्य जो सम्बन्ध है उसे अपेक्षाकृत नित्य कहा गया है। एक शब्द का अर्थ दो प्रकार का होता है—साक्षात् (शक्य) और उपलक्षित (लक्ष्य)। जातिगत व्याप्तियों को शंकर ने स्वीकार किया है और उन्हें अजन्मा बताया है किन्तु व्यक्ति उत्पन्न होते हैं।[3]

---

1. यस्य वाक्यस्य तात्पर्यविषयीभूत संसर्गो मानान्तरेण न बाध्यते तद वाक्यं प्रमाणम्।

2. वे अक्षर जिनसे मिलकर एक शब्द बनता है और जिनमें एक व्यवस्था तथा संख्या सहायक रूप में रहती है, परम्परागत व्यवहार के द्वारा एक निश्चित सम्बन्ध के साथ विशेष अर्थ में प्रविष्ट कर जाते हैं। जिस समय में उनका प्रयोग होता है वे अपने को बोधग्रहण के लिए उक्त रूप में प्रस्तुत करते हैं तथा वह बोधग्रहण क्रमपूर्वक अनेक अक्षरों का बोध करके अन्त में समस्त पुंज का ज्ञान प्राप्त करता है और वे इस प्रकार बिना किसी भूल के उनके निश्चित अर्थबोध की सूचना देते हैं (शांकरभाष्य, 1 : 3, 28)।

3. अर्वाचीन अद्वैतवादी सार्वभौम व्याप्तियों के अस्तित्व को स्वीकार नहीं करते क्योंकि उनका ज्ञान न तो प्रत्यक्ष के द्वारा और न ही अनुमान के द्वारा होता है। भिन्न-भिन्न व्यक्तियों में एक ही समान आकृति का दिखाई देना व्याप्तियों के अस्तित्व का प्रमाण नहीं है। (न तावद् गौ : गौरितिअभिन्ना कारग्राहिप्रत्यक्षं जातौ प्रमाणम्)। भिन्न-भिन्न दृष्टांतों में गौ का ज्ञान गोजाति की सत्ता का संकेत नहीं करता, क्योंकि भिन्न-भिन्न पात्रों में चन्द्रमा का ज्ञान जिनमें इसका प्रतिबिंब पड़ता है यह सिद्ध नहीं करता कि चन्द्रमा की कोई सार्वभौम→

जो कुछ हमें दिखाई देता है और अनुभव होता है उस सबकी तह में तथा पृष्ठभूमि में सार्वभौम (व्याप्ति के) सिद्धान्त रहते हैं। वे इस लोक के पदार्थों के परलोकगत आदिम रूप हैं। वे ऐसे आदर्शरूप नमूने हैं जिनके अनुरूप ईश्वर इस विश्व की रचना के लिए ढांचे गढ़ता है।

वेद नित्य ज्ञान है और सृष्टि के समस्त जीवों के लिए त्रिकालबाधित नियमों का भण्डार हैं। वेद अपौरुषेय (अर्थात् मनुष्य की शक्ति से परे) हैं और वे ईश्वर के विचारों को प्रकट करते हैं।[1] वेदार्थ तो अवश्य नित्य हैं किन्तु स्वयं उसके मन्त्र नहीं हैं क्योंकि ईश्वर प्रत्येक सृष्टि के आरम्भ में फिर से उनका उच्चारण करता है। अद्वैतवादी यह स्वीकार करता है कि वेद अक्षरों, शब्दों तथा वाक्यों के संग्रह हैं और उनके अस्तित्व का प्रारम्भ सृष्टि से प्रारम्भ होता है और उनका विलोप प्रलय के साथ ही हो जाता है, उसी प्रकार जिस प्रकार कि आकाश तथा अन्य तत्त्व उदय होते और नष्ट होते हैं। "संसार के क्रम में बार-बार निरन्तर विघ्न पड़ने पर भी अनादि संसार के अन्दर एक सारभूत नित्यत्व है।"[2] कहा जाता है कि वेदों में विश्व के आदर्शरूप का विधान है और चूंकि संसार प्रवाहरूप से नित्य है, वेद भी नित्य हैं। इसके अतिरिक्त क्रमागत संसारों की एक नित्य आकृति होने के कारण वेदों की प्रामाणिकता में किसी भी सृष्टियुग में कोई अन्तर नहीं आता।[3] जिन अर्थों में परम यथार्थसत्ता नित्य है, मूल आदर्शरूप आकृतियां उन अर्थों में नित्य नहीं हैं चूंकि वे सब अविद्या से उत्पन्न हैं। शब्द से संसार की उत्पत्ति का तात्पर्य यह नहीं है कि शब्द संसार का ब्रह्म के समान उपादान कारण है। शंकर कहते हैं, "यद्यपि सदा रहने वाले शब्दों का अस्तित्व है जिनका सारतत्त्व उनके अपने नित्य स्थायी महत्त्वों (अर्थात् वे आकृतियां जिनका बोध उनसे होता है) से सम्बद्ध बोध कराने की क्षमता है, ऐसे व्यक्तिरूप पदार्थों को जिनके ऊपर वे शब्द लागू हो सकते हैं उक्त शब्दों से निर्मित कहा जाता है।"[4] ईश्वर, जिसे नित्य रूप से बुद्धि-स्वातन्त्र्य प्राप्त है और संकल्प शक्ति भी स्वतन्त्ररूप में उसमें है, इन शब्दों को स्मरण रखता तथा प्रत्येक सृष्टियुग में इन्हें व्यक्त करता है। उन शब्दों को वास्तविक रूप में प्रकट करना ही सृष्टिरचना है अथवा विषयनिष्ठ कारण है, जो त्रिकालाबाधित है। शंकर ने वेदों की प्रामाणिकता को न्याय और मीमांसा के विचारकों द्वारा दी गई युक्तियों

→ जाति है। यह कथन करना भी कि हम प्रत्येक गौ के अंदर उसी एक गौ के स्वरूप का ज्ञान प्राप्त करते हैं सत्य नहीं है। और यदि यह सत्य भी हो तो भी इसका तात्पर्य यही है कि कुछ सामान्य गुण हैं किन्तु यथार्थवादी के अर्थों में वे सार्वभौम जातिगत गुण नहीं हैं। किसी एक गौ के ज्ञान की जातिगत व्याप्ति के सारतत्त्व नहीं मिलते। हम उन्हीं अवयवों की एक समान संख्या अथवा व्यवस्था को देखते हैं जो जातिगत तत्व में नहीं है। देखें, तत्त्वदीपिका, पृष्ठ 303। जातिगत व्याप्तियों की यथार्थता के विरुद्ध कि बौद्ध मतावलम्बियों द्वारा दिए गए हेतुओं की 'चित्सुखी' में पुनरुक्ति की गई।

1. शांकरभाष्य, 1 : 1, 3। तुलना कीजिए, प्लेटो : "ईश्वर का चित् ही विश्व की विवेकपूर्ण व्यवस्था है" (713 ई. जावेट का पाठ)।

2. 'ड्यूसन्स सिस्टम आफ दि वेदांत', अंग्रेज़ी अनुवाद, पृष्ठ 70।

3. "वह महान् सत्ता, जिसने श्रुति के अनुसार (बृहदारण्यक उपनिषद्, 2 : 4, 10) एक लीला के रूप में बिना किसी परिश्रम के, मनुष्य के निःश्वास की भांति, ऋग्वेद तथा अन्य वेदों का आविर्भाव किया, जो समस्त ज्ञान की निधि हैं; और वही सत्ता देवता, पशुजगत् मनुष्य, वर्ण तथा जीवन-सम्बन्धी आश्रमों इत्यादि के विभाग का कारण है। ऐसी सत्ता को अवश्य ही सर्वज्ञ तथा सर्वशक्तिमान होना चाहिए।" (शांकरभाष्य, 1 : 1, 3)।

4. शांकरभाष्य, 1 : 3, 28

से भिन्न युक्तियों के आधार पर सिद्ध किया है। वेद नित्य हैं और स्वतःप्रकाश हैं क्योंकि वे ईश्वर के स्वरूप का प्रकाश करते हैं जिसके विचार उनके अन्दर दिए गए हैं। उनकी प्रामाणिकता स्वतःसिद्ध तथा साक्षात् है वैसे ही जैसेकि सूर्य का प्रकाश हमारे आकृति-सम्बन्धी ज्ञान का साक्षात् साधन है।[1]

स्मृति अथवा परम्परा का प्रामाण्य निरपेक्ष नहीं है। इसे तभी स्वीकार किया जाता है जबकि यह श्रुति के अनुकूल हो,[2] क्योंकि श्रुति ही हमें ऐसा ज्ञान प्रदान करती है जो इन्द्रियों अथवा विचारशक्ति के द्वारा प्राप्त नहीं हो सकता।[3] प्रकृति तथा उसके गुणों से सम्बन्ध रखने वाले विज्ञान का श्रुति भी उल्लंघन नहीं कर सकती।[4] किन्तु धर्म और अधर्म-सम्बन्धी विषयों पर श्रुति एकमात्र प्रमाण है। यथार्थसत्ता को जानने के लिए अनुमान तथा अन्तर्दृष्टि का भी प्रयोग किया जा सकता है।[5]

18. विषयी विज्ञानवाद का निराकरण

शंकर द्वारा किए गए यथार्थसत्ता के चित्रण में से इस बाह्यजगत् के अपेक्षाकृत टिकाऊ ढांचे को निकाल दिया गया है। वे यह नहीं मानते कि एक कुर्सी या टेबल का प्रत्यक्ष ज्ञान एक मानसिक अवस्था का प्रत्यक्ष ज्ञान है क्योंकि इसका तात्पर्य होगा कि हम सब प्रकार की साक्षी से दूर भागते हैं और इस भौतिक विश्व को एक अमूर्त स्वप्न के रूप में परिणत कर डालते हैं। 'हम अपने ज्ञान से बाह्य पदार्थों के अस्तित्व को मानने (उपलब्धि) के लिए विवश हैं, क्योंकि कोई भी मनुष्य एक खम्भे अथवा दीवार को केवल ज्ञान का एक रूप नहीं मानता। किन्तु उसी खम्भे अथवा दीवार को जानने योग्य पदार्थ अवश्य मानता है। और प्रत्येक व्यक्ति ऐसा जानता है कि यह इस तथ्य से भी स्पष्ट होता है कि वे व्यक्ति जो बाह्य पदार्थों का निषेध करते हैं वे ही ऐसा भी कहते हैं कि अन्दर में जिस आकृति का ज्ञान हुआ, ऐसा प्रतीत होता है कि, वही बाहर है। 'ज्ञान तथा ज्ञान का विषय एक-दूसरे से भिन्न है।' ज्ञान की विविधता का निर्णय पदार्थों की विविधता से होता है। हम पदार्थों का प्रत्यक्ष ज्ञान प्राप्त करते हैं, किन्तु केवल आभासमात्र का चिन्तन नहीं करते। प्रत्यक्ष-सम्बन्धी मानसिक क्रिया दृश्य पदार्थ की व्याख्या नहीं है किन्तु पदार्थ का स्वरूप मानसिक क्रिया का कारण है। किसी वस्तु की वैयक्तिक चेतना की उपस्थितिमात्र वस्तु का सब कुछ नहीं है। यहां तक कि जब हम पीड़ा का अनुभव करते हैं तो यह केवल मानसिक प्रवृत्ति नहीं है। इसकी भी वैसी ही पदार्थनिष्ठ सत्ता है जैसी कि चेतनता के अन्य किसी विषय की है। हम वस्तुओं को प्रत्यक्ष देखते हैं जिस रूप में वे हैं और वे जैसी हैं वैसी प्रतीत होती हैं। अध्यात्मविज्ञान की दृष्टि से भी, जैसेकि हम देखेंगे, शंकर पदार्थ की स्थापना करने के लिए विवश हैं क्योंकि चैतन्य केवल जानना और अभिज्ञता है। इसके अन्दर विषयवस्तु अथवा अवस्थाएं नहीं हैं। यह विशुद्ध लक्षणरहित पारदर्शक है। रंग, प्रचुरता, गति तथा हलचल–सब कुछ पदार्थ ही की अवस्था में सम्भव है। चूंकि चैतन्य के पदार्थों के परस्पर भेद है इसीलिए हम इन्द्रियों द्वारा अनुभव करने, प्रत्यक्ष करने, स्मरण करने, कल्पना करने, चिन्तन करने, निर्णय करने, तर्क करने एवं विश्वास करने में भेद करते हैं। विशुद्ध

---

1. वेदस्य हि निरपेक्षं स्वार्थे प्रामाण्यम् रवेरिव रूपविषये।
2. शांकरभाष्य, 2 : 1, 1।
3. भगवद्गीता पर शांकरभाष्य, 3 : 66।
4. शांकरभाष्य, 1 : 1, 4; 1 : 3, 7।
5. शांकरभाष्य, 1 : 1, 2।

चैतन्य न देता है न लेता है। भ्रांतियुक्त प्रत्यक्ष का भी कुछ-न-कुछ विषय (ज्ञातव्य पदार्थ) रहता है। इसीलिए शंकर की दृष्टि में ब्रैडले के समान नितान्त सत्य नाम की कोई वस्तु नहीं है और न नितान्त भ्रांतियां ही हैं।[1] भेद केवल इतना है कि जहां यथार्थ विचार हमारी आवश्यकताओं के अनुकूल होते हैं और हमारे यथार्थता सम्बन्धी क्रमबद्ध पूर्ण इकाई के विचार में ठीक बैठ जाते हैं मिथ्या विचार अनुकूल नहीं बैठते। जिस जगत् को हम देखते, स्पर्श करके अनुभव करते, स्वाद लेते, और छूते हैं वह ऐसा ही तात्त्विक है जैसा तात्त्विक कि मनुष्य का अस्तित्व है जो देखता, अनुभव करता, स्वाद लेता और स्पर्शानुभव करता है।[2] एक पक्ष में अपने वर्ग विभागों समेत चित्त और दूसरे पक्ष में यह जगत् जिसका यह उक्त वर्गों द्वारा निर्माण करता है, एक समान ही तात्त्विक हैं। विषयी तथा विषय के अन्दर जो सहसम्बन्ध (सापेक्षता) है और जो समस्त आदर्शवाद का केन्द्रीय सत्य है उसे शंकर ने स्वीकार किया, जिसने मनोवाद तथा यथार्थवाद दोनों ही का निराकरण किया है क्योंकि दोनों ही आनुभविक तथ्यों की व्याख्या करने के लिए अपर्याप्त हैं। शंकर विषयिनिष्ठ आदर्शवाद से ही अपनी स्थिति को भिन्न नहीं बतलाते बल्कि वे जागरित तथा स्वप्न की अवस्थाओं में भी भेद करते हैं। स्वप्न के अनुभवों का जागरित अवस्था के अनुभवों के साथ जहां विरोध होता है वहां जागरित अवस्था के अनुभव अन्य किसी अवस्था में मिथ्या सिद्ध नहीं होते (अर्थात् आनुभविक अवस्था में)।[3]

शंकर इस मत का तो खण्डन करते हैं कि संसार की वस्तुएं हमारी ही कल्पना से उत्पन्न छायामात्र हैं किन्तु एक आध्यात्मिक ज्ञान विषयक आदर्शवाद का समर्थन करते हैं, इस अर्थ में कि प्रमेय पदार्थ भी आत्मा के रूप हैं (विषयचैतन्य)। ज्ञान के वस्तु विषयों को अन्ततोगत्वा केवल प्रकृति अथवा गति या शक्ति का ही रूप तो नहीं माना जा सकता क्योंकि यह सब अपने-आप में विचार के सामान्य प्रत्यय हैं। प्रमेय पदार्थ अपने लिए कोई अस्तित्व नहीं रखते और यदि वे मेरे अथवा तुम्हारे चैतन्य के वस्तुविषय नहीं हैं तो वे दैवीय चैतन्य के वस्तुविषय हैं।[4] दैवी चैतन्य की दृष्टि में संसार की पद्धतियां विद्यमान हैं जो वस्तुविषयों तथा आत्माओं से भरपूर हैं और वे अपने वस्तुविषयों से अभिज्ञ हैं। एक शाश्वत दैवीय प्रत्यक्षद्रष्टा के कारण संसार की व्यवस्था बनी रहती है। परिमित शक्तिवाली आत्माओं तथा प्रमेय पदार्थों से वह श्रेष्ठ है क्योंकि उसका वस्तुविषय अनन्त है और वह अपने-आप में परिपूर्ण है। वह सार्वभौम आत्मा है जो सृष्टि की रचयिता और विश्वास के वस्तुविषयों से अभिज्ञ है। जिस प्रकार हम अपनी निजी विषयवस्तु की व्यवस्था करते हैं उसी प्रकार ईश्वर

---

1. "अधिकतर व्याख्या की अवस्था के अतिरिक्त समस्त सत्य तथा मिथ्या ज्ञान मेरे मत में सापेक्ष कहे जा सकते हैं और अन्त में उनके अन्दर भेद केवल वर्ग-सम्बन्धी हैं" ('ट्रुथ एण्ड रियलिटी', पृष्ठ 252)। बौद्धमत के विषयिविज्ञानवाद की शंकर के द्वारा की गई समीक्षा के लिए देखें, 'भारतीय दर्शन', प्रथम खण्ड, पृष्ठ 564-567।

2. प्रश्नोपनिषद् पर भाष्य करते हुए शंकर कहते हैं, "कोई पदार्थ है, ऐसा नहीं कह सकते किन्तु यह जाना नहीं जा सकता। यह इसी प्रकार का कहना होगा कि एक दृश्य पदार्थ देखा गया है किन्तु आंख नहीं है। यदि ज्ञान नहीं तो ज्ञातव्य पदार्थ भी नहीं" (6 : 2)।

3. नेवं जागरितोपलब्धं वस्तु स्तम्भादिकं कस्यांचिदपि अवस्थायां बाध्यते (शांकरभाष्य, 2 : 2, 29)।

4. यहां तक कि बर्कले भी, जिसे विषयिविज्ञानवादी होने का दोषी कहा जाता है, एक ऐसे ईश्वर के अस्तित्व की कल्पना करता है जो विश्व की समस्त क्रियाप्रणाली का प्रत्यक्ष ज्ञान करता है और इस प्रकार उन सब विचारों के लिए एक निश्चित स्थान बना देता है जिन्हें अन्यान्य विचारकों के मस्तिष्क में स्थान नहीं मिला।

संसार की पद्धतियों की व्यवस्था करता है। यह विस्तृत जगत् और दैवीय चैतन्य जिसके लिए यह अवस्थित है दोनों अधीन केन्द्रों में संकुचित हो जाते हैं जो केवल आंशिक रूप में ही स्वतन्त्र हैं। समस्त विषय वस्तुओं का आधार दैवीय चैतन्य है और यदि इसे प्रगाढ़ रूप में जाना जा सकता तो यह वास्तविक चैतन्य का अपार समुद्र होता। जब जीवात्मा प्रबुद्ध होता है तो वह उन सब संकुचित उपाधियों को तोड़ डालता है जो उसकी दृष्टि को सीमाबद्ध करती हैं, तब वह अनुभव करता है कि समस्त संसार बाहर और भीतर आत्मा से परिपूर्ण है उसी प्रकार जिस प्रकार कि समुद्र का जल नमक से भरा हुआ है। वस्तुतः विश्व की कुल विषय वस्तुएं अपने स्वरूप में आध्यात्मिक हैं।[1] इस प्रकार आत्मा परमतथ्य है जो ज्ञान प्राप्त करने वाले विषयी तथा ज्ञातविषय दोनों से अतीत है। और वही परम यथार्थ सत्ता है जिसके अतिरिक्त और किसी का अस्तित्व नहीं है। किन्तु जब एक बार हमारे सम्मुख विषयी-विषय की प्रतिद्वन्द्विता आ जाती है तो आत्मा सर्वोपरि विषय के रूप में प्रकट होती है, जिसकी दृष्टि में अन्य सब कुछ जिसका अस्तित्व विषय है और हम सब उसके अधीनस्थ विषयी हैं जिनके लिए ज्ञेय पदार्थों से युक्त संसार के कुछ अंश ही दिए गए हैं। शंकर के सिद्धान्त पर प्रहार करने का यह असफल उपाय है कि आत्मा ही सब कुछ है और यह कि भौतिक तथ्य तथा मानसिक आकृतियां हमारे लिए किसी अर्थ की नहीं हैं। वे इनका निराकरण नहीं करते। एक पारमार्थिक अध्यात्मज्ञान-सम्बन्धी समस्या का समाधान आनुभविक तथ्यों के द्वारा नहीं हो सकता।

शंकर का सत्यविषयक सिद्धान्त वस्तुतः आमूलपरिवर्तित आदर्शवाद है। तर्कसिद्ध सत्य मनोवैज्ञानिक प्रक्रियाओं के ऊपर आश्रित नहीं है। मीमांसकों के विरोध में शंकर का तर्क है कि जहां सत्य के आदर्श का अन्वेषण अथवा मनोवैज्ञानिक मूल्यांकन की प्रक्रिया व्यक्ति[2] के अपने स्वतन्त्र चुनाव के ऊपर निर्भर कर सकती है मूल्यांकन का विषय इन सबसे स्वतन्त्र है।[3] हम सत्य के अन्वेषण की क्रिया में संलग्न हो सकते हैं या नहीं भी हो सकते हैं। यह हमारी इच्छा है; किन्तु यदि हम सत्यान्वेषण के कार्य को लेते हैं तो सत्य के स्वरूप को हमें मानना ही होगा।[4] ज्ञान की कभी रचना अथवा उत्पत्ति नहीं होती किन्तु सदा उसकी अभिव्यक्ति अथवा प्रकाश होता है। यह अभिव्यक्ति तो एक ऐहलौकिक प्रक्रिया हो सकती है किन्तु जिसकी अभिव्यक्ति होती है वह कालातीत है। ज्ञान का कोई इतिहास नहीं है, किन्तु हमारे मानसिक जीवन का इतिहास है। प्रत्यक्ष और अनुमान ज्ञान के प्रकाश के, आनुभविक जीवन की परिधियों के अन्दर रहकर वाहकरूप साधन हैं।

19. सत्य की कसौटी

अद्वैतमत में मानसिकवृत्ति का कोई विषय अवश्य होना चाहिए। वह विषय चाहे स्वयं वृत्ति हो या अन्य कुछ। बाह्य विषय का बोधग्रहण कर सकती है, जबकि यह विषय के रूप में परिवर्तित हो जाए, अथवा यह अपना ही बोधग्रहण कर सकती है।[5] बोध का बोध नाम की कोई वस्तु नहीं है क्योंकि समस्त प्रकार के बोध स्वतः प्रकाशित होते हैं। बोध ग्रहण

1. शांकरभाष्य, तैत्तिरीय उपनिषद् पर, 2; 1।
2. पुरुषचित्तव्यापाराधीना। शांकरभाष्य, 1 : 2, 4।
3. न वस्तुयाथात्म्यज्ञानं पुरुषबुद्धस्यपेक्षम्।
4. शांकरभाष्य, 1 : 1, 4।
5. स्वविषयवृत्ति।

की प्रक्रिया तथा उसके बोध की मध्यवर्ती कोई अन्य मानसिक वृत्ति नहीं होती। बोधग्रहण की चेतनता बिना किसी व्यवधान के साक्षात् तथा तात्कालिक होती है। एक मानसिक वृत्ति के बोधग्रहण में अव्यवहित बौद्धिक अन्तर्ज्ञान होता है।[1] बोधों को स्वप्रकाश कहा जाता है, जिसका तात्पर्य यह है कि वे अपने बोध के विषय स्वयं हैं।[2] ज्ञान अव्यवहित प्रत्यक्ष के रूप में यथार्थ है और यह उसी साधन के द्वारा प्राप्त होता है जिससे इसका ज्ञान होता है। समस्त ज्ञान सत्य ज्ञान है।

जो मिथ्या है उसके विषय में हम विचार नहीं कर सकते। यदि हम विचार कर सकें तो सत्य की प्राप्ति ही असम्भव हो जाएगी, क्योंकि सत्य के जिस किसी भी मानदण्ड को हम अंगीकार करें वह स्वयं विचार के अपने अन्दर की त्रुटि को पूरा करने में असमर्थ रहेगा, क्योंकि उक्त मानदण्ड का बोध स्वयं भी विचार की ही एक क्रिया होगी और इस प्रकार उसमें भी विचार की स्वाभाविक अनिश्चितता रूप दोष रहेगा। इसलिए हमें यहां स्वीकार कर लेना पड़ेगा कि ऐसा कोई विचार नहीं है जो सत्य न हो और भ्रांति केवल ऐसा अभाव है जिसके कारण मनुष्यों की वासनाएं तथा निहित स्वार्थ हैं जो बुद्धि को आच्छन्न कर लेते हैं। यहां तक कि श्रुति की स्वीकृति भी सत्य के व्यक्तिगत तथा आन्तरिक रूप को नहीं बदल सकती क्योंकि श्रुति एक विशेष प्रकार के अनुभव का ही उल्लेख करती है जिसे कार्य-निर्वाहक रूप में सत्य करके माना जा सकता है।

जहां एक ओर समस्त ज्ञान अपनी यथार्थता का स्वतन्त्र साक्षी है, वहां इसका यह स्वप्रकाश हमारे अपने मनोवैज्ञानिक पक्षपातों के कारण छिपा रहता है और यह जानने के लिए कि आनुभविक ज्ञान निर्दोष है या नहीं, आनुभविक कसौटियों यथा अनुरूपता, कार्यक्षमता तथा समवाय सम्बन्ध आदि का प्रयोग किया जाता। "किसी वस्तु की यथार्थता का प्रश्न मानवीय भावना के ऊपर निर्भर नहीं करता। यह स्वयं वस्तु के अपने ऊपर निर्भर करता है। एक खम्भे के विषय में ऐसा कथन करना कि यह या तो खम्भा है या एक मनुष्य है अथवा कुछ और है, इसकी सचाई को प्रकट करना नहीं है। यह खम्भा है, मात्र यही सत्य है क्योंकि यह वस्तु के स्वरूप के अनुकूल है।" सत्य की कसौटी वस्तुओं के विषय में उनकी वस्तुओं के साथ अनुकूलता में ही है।[3] शंकर इस विषय में सहमत है कि सत्य और असत्य दोनों का पदार्थरूप विषयों से सम्बन्ध रहता है। किन्तु परमार्थरूप में मात्र एक ही वस्तु यथार्थ है अर्थात् ब्रह्म और कोई भी विचार इसके साथ अनुकूलता नहीं रखता, और इस प्रकार हमारे समस्त निर्णय अपूर्ण हैं।

शंकर के अनुसार अविरोध (अबाध) का भाव ही सत्य की कसौटी है। ऐसा ज्ञान जिसके विरोध में कुछ भी न हो वही सत्य है।[4] सीधी छड़ी जल में पड़कर झुकी हुई प्रतीत

---

1. केवल साक्षिवेद्यात्व।

2. भट्ट के इस सिद्धान्त को त्रुटियुक्त माना गया है कि ऐसा बोध जिसका अपना प्रत्यक्ष नहीं हुआ है किसी विषय को ग्रहण कर सकता है। और न ही कोई बोध किसी अन्य बोध का विषय हो सकता है क्योंकि बोध अचेतन पदार्थों (विषयों) के स्वरूप के नहीं होते। यही मत प्रभाकर का भी है। कुछ बौद्धों का मत है कि एक बोध अपना बोध करता है तथा अपने को व्यक्त करता है। अद्वैतवादी का तर्क है कि एक बोध का ग्रहण अथवा प्रकाश अन्य बोध के द्वारा नहीं होता। यदि एक बोध अपने को बोध का विषय बना सकता तो यह अन्य बोध का विषय भी हो सकता है।

3. एवभूतवस्तुविषयाणां प्रामाण्यं वस्तुतन्त्रम् (शांकरभाष्य, 1 : 1, 2)।

4. तुलना कीजिए, भामती : अबाधितानधिगतासन्दिग्धबोधजनकत्वं हि प्रमाणत्वं प्रमाणानाम् (1 : 1, 4)। वेदांतपरिभाषा भी देखें। अबाधितार्थविषयज्ञानत्वम्। "एक बोध केवल इसीलिए यथार्थ नहीं है कि यह किसी→

होती है। जल के अन्तर्गत इसका टेढ़ापन आंख के लिए उतना ही यथार्थ है जितना कि स्पर्शेन्द्रिय के लिए इसका सीधापन है। स्पर्श आंख के मिथ्या निर्णय को सुधार देता है और इस प्रकार एक अधिक संगत सम्बन्ध को प्रकट कर देता है। यह परिभाषा सत्य के क्रमबद्ध अथवा सामंजस्यपूर्ण रूप के ऊपर बल देती है। किन्तु क्या हम सब वस्तुओं के एकत्व को समझने में सफल हो सकते हैं? क्या कोई व्यक्ति जीवन तथा विश्व के विषय में ज्ञान की पूर्णता का दावा कर सकता है? हम भूतकाल के विषय में तो स्वल्प ज्ञान रखते ही हैं, भविष्यत् का सर्वथा नहीं रखते और वर्तमान तो इतनी विस्तृत है कि यह अनुभव द्वारा आमूल परिवर्तन हो जाता है, वह अपने-आप में अथवा अपने विषय में सत्य नहीं है। स्वप्नावस्थाओं का विरोध जागरित अवस्था के अनुभवों द्वारा हो जाता है और जागरितावस्था के अनुभवों का प्रतिकार ब्रह्मानुभवरूप यथार्थता के अन्तर्ज्ञान से हो जाता है। यह उच्चतम सिद्धान्त है क्योंकि और कोई ज्ञान ऐसा नहीं है जो इसके विपरीत जा सके।[1] हमें यह स्पष्ट रूप से जान लेना चाहिए कि ये सब कसौटियां फिर भी आनुभविक (संसारी) हैं। सर्वोच्च ज्ञान, शंकर के अनुसार, यथार्थता की अपने प्रति साक्षी है, और यह इस तथ्य के द्वारा सम्भव हो सका है कि ज्ञाता और ज्ञात दोनों ही परमार्थरूप से एक हैं और यथार्थ हैं। तार्किक प्रमाण की उत्पत्ति केवल आनुभविक संसार में ही है जहां पर कि यह द्रष्टा तथा दृश्य का परम ऐक्यभाव मनोवैज्ञानिक बाधाओं की रुकावटों के कारण अस्पष्ट रहता है जिन्हें एक शब्द में अविद्या की संज्ञा दी गई है। तार्किक प्रमाण बाधक परदों को छिन्न-भिन्न करने में सहायक होता है और सत्य के स्वप्रकाशस्वरूप को प्रकाश में लाता है। तर्कशास्त्र के नियम कार्यसाधक औज़ार हैं जो निषेधात्मक प्रतिबन्ध का काम करते हैं और इनके द्वारा हम अपने मानसिक पक्षपातों को दूर हटा सकते हैं।

20. तार्किक ज्ञान की अपूर्णता

तार्किक ज्ञान ज्ञाता, ज्ञान और ज्ञातविषय के परस्पर भेद को प्रकट करता है[2] किन्तु यथार्थसत्ता इन सब भेदों से मुक्त है।[3] यदि यथार्थसत्ता में सम्बन्धों का प्रवेश नहीं है, तो ऐसा विचार जिसके सम्बन्ध ही आधार हों अपूर्ण है। तार्किक ज्ञान अविद्या है क्योंकि यह वस्तुओं के सत्यस्वरूप का ज्ञान नहीं कराता। यथार्थस्वरूप आत्मा जो विशुद्ध चैतन्य है ज्ञान का विषय नहीं है। वह आत्मा कभी भी विषयी अर्थात् ज्ञान की प्रक्रिया का विषय नहीं हो सकती। सत्य चैतन्य में विषयी को विषय से सर्वथा अतिरिक्त होना चाहिए और इस प्रकार विषयी ज्ञाता में और कुछ शेष नहीं रह जाता। मन की किसी अवस्था में भी विषयी अपने सम्मुख

→ पदार्थ को उसी रूप में प्रस्तुत करता है जिस रूप में कि वह वस्तुतः है और न यह इसीलिए ही असत्य है कि यह उस वस्तु को अन्य रूप में प्रस्तुत करता है। किन्तु यह इसलिए यथार्थ है कि इसका विषय अन्त में जाकर असत्य सिद्ध नहीं हुआ, और असत्य उस हालत में है जबकि अन्त में उसके विषय का निराकरण हो गया। और वस्तुतः यह यथार्थता ब्रह्म के ज्ञान में इसीलिए लागू होती है कि इस ज्ञान की उपलब्धि श्रुति द्वारा हुई है अन्य किन्हीं साधनों से नहीं" (अद्वैतसिद्धि, 1 : 12)।

1. बाधकज्ञानांतराभावात् (शांकरभाष्य, 2 : 1, 14)।
2. अविद्याकल्पितं वेद्यवेदितृवेदनाभेदम्, (शांकरभाष्य, 1 : 1, 4)।
3. सर्वसिद्धांतसारसंग्रह, 12 : 47, और भी देखें, अद्वैत मकरन्द, पृष्ठ 19। देखें, शांकरभाष्य, गौडपाद की कारिका पर, 4 : 67।

एक विषय के रूप में उपस्थित नहीं होता।[1] कोई भी वस्तु विषय का रूप तभी धारण करती है जब कि हम उसके विषय में देश और काल से सम्बद्ध रूप में विचार करते हैं किन्तु देश और काल दोनों ही तथा वे पदार्थ भी जिनका सम्बन्ध इन दोनों से है उस आत्मा के सम्बन्ध के कारण ही अपना अस्तित्व रखते हैं जो उन्हें एक साथ संयुक्त रखती है। इस प्रकार ज्ञान सार्वभौम साक्षी अव्यक्त तथा अदृश्य है।[2] समस्त ज्ञान में यथार्थतत्त्व को ज्ञान का विषय बनाने की असम्भाव्यता ही अतीतता का कारण है। चूंकि ज्ञान की प्रक्रिया केवल परम यथार्थसत्ता की अभिव्यक्ति ही है और कुछ नहीं, यथार्थसत्ता को आत्मचैतन्य की प्रक्रिया के अन्दर ग्रहण करना असम्भव है। चूंकि आत्मा काल तथा देश एवं समस्त विषय समूह की पृष्ठभूमि है, इसे इसके द्वारा आविर्भूत जगत् की सीमाओं में आबद्ध करना चक्रक दोष है। "मैं तुम्हें किस प्रकार जानूंगा?" यह एक निरर्थक प्रश्न है, जैसा कि सुकरात के प्रति किया गया क्रीटो का वह प्रश्न था कि "मैं तुम्हें कैसे दूर कर सकूंगा?"[3] आत्मा के सम्बन्ध में आत्मचेतना केवल अन्तःकरण की उपाधि के द्वारा ही सम्भव है।[4]

शंकर सम्पूर्ण तार्किक ज्ञान की अपूर्णता का समर्थन इसे पशुओं के ज्ञान के समान निर्देश करके करते हैं।[5] "क्योंकि जिस प्रकार पशु, दृष्टान्त के रूप में, जब एक शब्द उनके कानों में पड़ता है और यदि वह शब्द उनके अनुकूल नहीं होता है तो उससे दूर हट जाते हैं, और यदि उनके अनुकूल होता है तो उसके समीप आ जाते हैं, तथा जैसे कि जब वे

---

1. देखें, शांकरभाष्य, तैत्तिरीय उपनिषद् पर, 2 : 1।

2. अव्यक्तमतीन्द्रियग्राह्य सर्वदृश्यसाक्षित्वात् (3 : 3, 23)।

3. सुकरात क्रीटो के द्वारा उन तर्कों की वैधता स्वीकार कर लेने पर, जिनका झुकाव यह दिखाने की ओर था कि सुकरात न तो भौतिक है और न ही दैशिक है और इस प्रकार उसे भूमिसात् नहीं किया जा सकता, तुरन्त ऐसा प्रश्न पूछने के लिए उसे फटकारता है।

4. इस आत्मा को पहचाना भी जा सकता है। जहां पहचान करने वाला अन्तःकरण की उपाधियुक्त आत्मा है, वहां पहचान का विषय पूर्व तथा पश्चात् के भौतिक अनुभवों की उपाधियुक्त लौकिक आत्मा है। प्रतिबन्धरूपी सहायकों के कारण यह सम्भव हो सकता है कि आत्मा एक ही समय में कार्य का कर्ता तथा विषय भी बन सकती है। साक्षात् चैतन्य पहचान के कार्यों को इस रूप में आने का निर्णय कर देता है, जैसे "मैं अब वही व्यक्ति हूं जो पहले था।" इसके साथ काण्ट की प्रकल्पना की तुलना कीजिए, : "इस 'मैं' अथवा 'वह' अथवा 'इस' (वस्तु) के द्वारा जो विचार करता है हमारी चेतनता के सम्मुख एक अतीन्द्रिय अनाम विषयी के अतिरिक्त अन्य कुछ नहीं आता जिसका ज्ञान केवल उन विचारों के द्वारा होता है जो इसके विधेय हैं (अथवा ऐसा कहना अधिक उपयुक्त होगा कि जिसे यह अन्य वस्तुओं के साथ विधेय के रूप में संयुक्त करता है) और जिसके विषय में, यदि इसे अन्य वस्तुओं से पृथक् कर दिया जाए तो, हमें अणुमात्र भी विचार नहीं हो सकता। इसका ज्ञान ग्रहण करने में, वस्तुतः हम इसके चारों ओर निरन्तर चक्कर काटते रहते हैं क्योंकि इसके सम्बन्ध में कोई भी निर्णय करने के लिए हमें सदा ही इसका उपयोग करना आवश्यक होता है। इसलिए यहां पहुंचकर हम एक विकट मार्ग में पड़ जाते हैं जिससे बचने का कोई उपाय नहीं है क्योंकि जिस चैतन्य का वर्णन है ऐसा विचार नहीं है जो हमारे लिए कोई विषय विशेष छांटकर रख दे, किन्तु यह एक ऐसी आकृति है जो उन समस्त विचारों से सम्पृक्त रहती है। जहां तक उनका पदार्थों से सम्बन्ध है, अर्थात् जहां तक किसी भी वस्तु का विचार उनके द्वारा होता है।" (केयर्ड : क्रिटिकल फिलॉसफी आफ काण्ट', खंड 2, पृष्ठ 25)। डेस्कार्ट का विचार है कि चूंकि किसी विषय के अमूर्त रूप को विचार में लाना सम्भव है एवं समस्त निर्णयों से मुक्त करना भी सम्भव है इसका अस्तित्व प्रमेय पदार्थों के अन्दर प्रमेय पदार्थ के रूप में है। एक तार्किक सम्भावना को वास्तविक अस्तित्वयुक्त द्रव्य के रूप में रूपान्तरित कर दिया गया है।

5. पश्वादिभिश्चाविशेषात् (शांकरभाष्य, प्रस्तावना)। देखें, 'ड्यूसन्स् सिस्टम आफ दि वेदान्त', पृष्ठ 57, पादटिप्पणी।

किसी मनुष्य को अपने सम्मुख डण्डा पकड़े देखते हैं तो यह सोचकर कि 'यह मुझे इससे मारेगा' बचने का प्रयत्न करते हैं किन्तु जब वे किसी को अपने हाथ में मुट्ठीभर ताज़ी घास लिए हुए देखते हैं तो उसके पास खिंचे चले आते हैं—इसी प्रकार ऐसे मनुष्य जिनका ज्ञान अधिक परिष्कृत (व्युत्पन्न चित्त) है जब वे भयानक आकृति वाले बलिष्ठ आदमियों को देखते हैं जिनके हाथों में नंगी तलवारें हैं तो उनके आगे से भाग जाते हैं और दूसरी ओर मुड़ जाते हैं। इस प्रकार ज्ञान के साधन तथा विषयों के सम्बन्ध में मनुष्य तथा पशुओं में प्रक्रिया एक ही समान है। निःसन्देह पशुओं के विषय में प्रत्यक्ष तथा उसके समान प्रक्रियाएं पूर्व विवेक से रहित होती हैं; किन्तु जैसा कि सादृश्य से देखा जाता है व्युत्पत्तिमान् पुरुषों में भी कुछ समय के लिए उक्त प्रक्रियाएं एक ही समान हैं।"[1] इस सबके अन्दर शंकर की दृष्टि में मानसिक क्रिया का चुनावपरक स्वभाव है। विचार की हमारी समस्त प्रक्रिया के निर्णायक हमारे क्रियात्मक निजी स्वार्थ हैं। अन्तःकरण हमें अपनी चेतनता को एक संकुचित परिधि के अन्दर ही एकाग्र करने में सहायता प्रदान करता है जैसेकि एक गोल लालटेन अपना प्रकाश एक स्थान विशेष पर ही डालती है। वस्तुओं के 'क्या' सम्बन्धी ऐसे ही लक्षणों की ओर हम ध्यान देते हैं जिनका हमारे लिए कुछ महत्त्व होता है। यहां तक कि हमारे सामान्य नियम भी अपनी योजनाओं तथा हितों को ही लक्ष्य करके निर्मित होते हैं।

शंकर इस विषय पर बल देते हैं कि तर्कपूर्ण विचार चाहे कितना ही विस्तृत क्यों न हो हमें यथार्थसत्ता के बोधग्रहण की ओर नहीं ले जा सकता। वाल्टेयर की दार्शनिक कल्पना ने ऐसे प्राणियों के विषय पर विचार किया है जिनके लगभग सहस्रों इन्द्रियां हैं और तो भी वे 'यथार्थसत्ता वास्तव में क्या है' इसके पास तक नहीं पहुंचते और उनसे कहीं न्यूनतम भाग्यशाली प्राणियों का तो कहना ही क्या जिनके कुल पांच ही ज्ञानेन्द्रियां हैं। यह ठीक-ठीक जानना कठिन है कि बाह्यजगत् विषयक हमारा ज्ञान, जिसका अन्वेषण विज्ञान करता है, कहां तक पदार्थनिष्ठ है। प्रकृति के विषय में हम जितना ही अधिक चिन्तन करते हैं उतना ही अधिक इस प्रकार की धारणा रखना असम्भव प्रतीत होता है कि तार्किक ज्ञान की अवस्थाओं के अन्तर्गत जिस जगत् का हमें ज्ञान है वह अपने-आप में कहां तक यथार्थ है। पांच ज्ञानेन्द्रिय रखने वाला मनुष्य अवश्य अन्धे मनुष्य की अपेक्षा अधिक जानता है। क्या यथार्थ अपने तार्किक अनुभव से अतीत नहीं है, ठीक जिस प्रकार देखा हुआ जगत् स्पर्श द्वारा ज्ञात जगत् से अधिक है? क्या ब्रह्मानुभव के समान अवस्था अथवा जिसे टैनीसन ने 'अन्तिम तथा महत्तम इन्द्रिय' में कहा है, हमारे यथार्थसत्ता-सम्बन्धी ज्ञान में वृद्धि नहीं करती। जिस प्रकार से कि दृष्टिशक्ति का उपहार अन्धे मनुष्यों की जातिमात्र के ज्ञान में वृद्धि कर देगा, इस प्रकार के मत में जहां तक विज्ञान तथा साधारण बुद्धि का सम्बन्ध है संशयवाद का कोई स्थान नहीं है। जब तक हम उन्नत धरातल तक नहीं पहुंचते, जहां केवल उच्चकोटि की बुद्धि से सम्पन्न मनुष्य ही पहुंच सकते हैं, हम जिन निर्णयों पर पहुंचते हैं वे सर्वथा प्रामाणिक हैं यद्यपि वे उसी धरातल तक रहेंगे जिस पर उनके साध्यपक्ष हैं।

जैसा कि हम आगे चलकर देखेंगे, शंकर अपने इस निर्णय पर बल देते हैं कि समस्त विचार एक मुख्य दोष से दूषित हैं, अर्थात् एक सूक्ष्म वितण्डावाद से, जिसका लक्ष्य यह दिखाना है कि मानवीय मस्तिष्क के द्वारा जिस भाव का भी उपयोग किया जाता है वह

1. तुलना कीजिए, डार्विन : "मनुष्य तथा उच्च श्रेणी के पशुओं में भेद महान् तो है किन्तु यह निश्चय ही मात्र परिमाण का भेद है, प्रकार सम्बन्धी भेद नहीं" (डिस्सेंट आफ मैन)।

बुद्धिगम्य नहीं है। यद्यपि अनुभव के विषय में हम स्वतन्त्रतापूर्वक वार्तालाप करते हैं, हमारे लिए दृक् (चेतनता) तथा दृश्य (अर्थात् चेतनता के विषय) में परस्पर क्या सम्बन्ध है यह समझ सकना असम्भव है। चेतनता का सम्बन्ध उस विषय के साथ जिसे यह प्रकाशित करती है किसी-न-किसी प्रकार अवश्य होना चाहिए। यदि ऐसा न होता तो किसी भी समय में किसी प्रकार का भी ज्ञान हो जाता जिसका सम्बन्ध विषयों के स्वरूप से कुछ न होता। चेतनता तथा अपने विषयरूप पदार्थों के अन्दर न तो संयोग-सम्बन्ध है और न समवाय-सम्बन्ध है, अर्थात् न तो बाह्य सम्बन्ध है और न आभ्यंतर सम्बन्ध हैं। विषयनिष्ठता इस तथ्य में नहीं है कि ज्ञातता विषय में उत्पन्न की जाती है, जैसा कि कुमारिल का मत है क्योंकि यह कार्य स्वीकार करने योग्य नहीं है। यह कहना कि विषय वे हैं जिनका कुछ क्रियात्मक उपयोग है, ठीक नहीं है क्योंकि कितने ही ऐसे निरर्थक पदार्थ हैं, जैसे कि आकाश, जो चेतनता के विषय हैं। विषयनिष्ठता का यह तात्पर्य नहीं हो सकता कि एक वस्तु विचार के व्यापार का विषय है (ज्ञानकरण) क्योंकि यह केवल प्रत्यक्षविषयक पदार्थों पर ही लागू होता है, और स्मृतिविषयक अथवा अनुमानगम्य पदार्थों पर लागू नहीं होता। इसके अतिरिक्त प्रत्यक्ष में तो चित्तवृत्ति पदार्थरूप विषय के रूप के अनुकूल परिवर्तित हो जाती है किन्तु अनुमान द्वारा जाने गए पदार्थों में ऐसा नहीं होता। चेतनता तथा विषयरूप पदार्थों में जितना हमें ज्ञान होता है उसका ठीक-ठीक रूप क्या है यह हमें समझ में नहीं आता। वस्तुतः समस्त जीवन तथा गति का सम्बन्ध विषय के पक्ष के ही साथ है जिसके साथ, हम केवल यही कह सकते हैं कि अलेक्ज़ेण्डर के शब्दों में कि चेतनता सह-अस्तित्व रखती है और यह सह-अस्तित्व बुद्धिगम्य माना गया है क्योंकि विषयी और विषय एक-दूसरे के विपरीत नहीं हैं वरन् दोनों ही सार्वभौम चेतनता के अन्दर आ जाते हैं।

समस्त विचार यथार्थसत्ता को जानने तथा सत्य के अन्वेषण के लिए भी संघर्ष अवश्य करता है किन्तु दुर्भाग्यवश यह यथार्थसत्ता को जानने का प्रयास उसे अपने से अन्य के साथ सम्बद्ध करके ही करता है अन्यथा नहीं। यथार्थसत्ता न सत्य है न मिथ्या है। यह केवल सत् है। किन्तु हम अपने ज्ञान में इसका उल्लेख किसी-न-किसी लक्षण के साथ ही करते हैं। समस्त ज्ञान चाहे प्रत्यक्ष हो अथवा भावात्मक हो यथार्थसत्ता अथवा परम आत्मा को व्यक्त करने का प्रयास करता है।[1] यद्यपि प्रत्यक्ष एक वर्तमान कालगत घटना है, अपने होने से पूर्व तथा पश्चात् इसका अस्तित्व नहीं है, और तो भी यह एक यथार्थता की अभिव्यक्ति है जो समय से बद्ध नहीं है यद्यपि उस यथार्थसत्ता से न्यून है जिसे व्यक्त करने का यह प्रयास करती है। जहां तक यथार्थता के ग्रहण की अपूर्णता का सम्बन्ध है ज्ञान के समस्त साधन एक ही स्तर पर हैं। समस्त निर्णय मिथ्या हैं इस अर्थ में कि कोई भी विधेय जिसका हम विषय के गुणरूप में उपयोग कर सकते हैं उसके लिए पर्याप्त नहीं है। या तो हमें ऐसा कहना पड़ेगा कि यथार्थसत्ता यथार्थसत्ता है अथवा हम यों कहें कि यथार्थता क, ख अथवा ग है। पहले प्रकार का कथन विचार के लिए अनुपयोगी है किन्तु दूसरे का कथन ऐसा है जो वस्तुतः विचार करता है। यह यथार्थता को किसी अन्य वस्तु के समान कर देता है अर्थात् अयथार्थ के समान। यथार्थ के अन्दर ऐसे गुणों का आधान करना जो इससे भिन्न

1. प्रत्यक्षप्रमा चात्र चैतन्यमेव (वेदान्तपरिभाषा, 1)।

हैं वही है जिसे शंकर अध्यास के नाम से कहते हैं, अर्थात् किसी वस्तु को ऐसा मान लेना जिससे वह भिन्न है।[1] अध्यास की परिभाषा यह है कि ऐसी वस्तु का कहीं भास होना जहां वह न हो।[2] जब प्रकाश द्विगुण दिखाई देता है अथवा जब रस्सी सांप की भांति प्रकट होती है हमें अध्यास का उदाहरण उपलब्ध होता है। सान्त वस्तुओं का समस्त ज्ञान एक अर्थ में विशुद्ध सत् का अभाव है, क्योंकि एकमात्र नित्य चेतनता के ऊपर पदार्थरूप विषयों का अध्यास किया जाता है। इस अध्यास का सबसे अधिक आकर्षक दृष्टान्त विषयी तथा विषय को एक साथ मिला देना है,[3] जहां पर हम क्रियाशीलता, कर्तृत्व तथा सुखोपभोग उसी आत्मा के गुण समझ लेते हैं। यथार्थ में विषयी ज्ञाता से भिन्न कुछ नहीं है क्योंकि यथार्थसत्ता के विषयी (ज्ञाता) में वह सब कुछ समाविष्ट है जो कुछ सम्भवतः हम उसके विषय में कह सकते हैं। विषयी ज्ञाता के विषय में जो कुछ हम कहते हैं, उस यथार्थसत्ता से बहुत न्यून है तथा उसका केवल आभासमात्र है। "विषय और विषयी, जिनका क्षेत्र 'युष्मत्' (तुम) और 'अस्मत्' (मैं) दोनों का प्रस्तुतिकरण है, एक-दूसरे के विपरीत हैं जैसे अंधकार व प्रकाश। विषय जिसका क्षेत्र 'तुम' अथवा अनात्म है तथा उसके गुणों का विशुद्ध आध्यात्मिक विषयी में, जिसका क्षेत्र आत्मा अथवा 'मैं' है, संक्रमण करना तथा इसके विपरीत विषयी तथा इसके गुणों का विषय के प्रति संक्रमण करना तार्किक दृष्टि से असत्य है। तो भी मनुष्य जाति के अन्दर उक्त व्यवहार, मिथ्या ज्ञान के कारण (मिथ्या ज्ञान निमित्त) सत्य तथा असत्य का परस्पर जोड़ा बनाने के सम्बन्ध में (अर्थात् विषयी तथा विषय) नैसर्गिक (स्वाभाविक) है इसलिए वे एक के सत् तथा गुणों का दूसरे में संक्रमण कर देते हैं।"[4] "अविद्या की ओर ले जाने वाले अध्यास में उन सब क्रियात्मक भेदों की पूर्व कल्पना की जाती है जो साधारण जीवन तथा वेदों में, साधनों तथा ज्ञान में, ज्ञान के विषयों (तथा ज्ञाताओं) और सब अध्यात्म शास्त्रों में किए जाते हैं, चाहे उनका सम्बन्ध कर्म में हो अथवा ज्ञान से।"[5] ज्ञान के समस्त साधन केवल तभी तक प्रामाणिक हैं जब तक कि परम सत्य की प्राप्ति नहीं हो जाती[6] और इस प्रकार परिमित ज्ञान का सापेक्ष महत्त्व सम्मुख नहीं आता। वस्तुतः हमारा समस्त ज्ञान अज्ञान (अविद्या) है और उस सबका निराकरण कर देने पर जिसे उसके ऊपर बलात् आरोपित

---

1. अध्यासो नाम अतस्मिंस्तद्बुद्धिः : (शांकरभाष्य, प्रस्तावना)। 2. स्मृतिरूपः परत्र परावभासेः।

3. आत्मनि क्रियाकारकफलाद्यारोपलक्षणम्। काण्ट की अतीन्द्रिय भ्रांति अध्यास का दृष्टान्त है जिसके द्वारा हम विचार करनेवाली आत्मा के सम्बन्ध में ऐसे विचारों का प्रयोग करते हैं जिनका यह निर्माण करती तथा देश काल-सम्बन्धी अवस्थाओं के अन्दर प्रस्तुत घटनाओं पर लागू करती है तथा विचारक आत्मा को एक द्रव्य मानती है जिसके पदार्थ बाह्य हैं।

4. शांकरभाष्य, प्रस्तावना, देहादिष्यनात्मसु अहमस्मीत्यात्मरविद्या (शांकरभाष्य, 15, 3, 3)।

5. "मैं" और 'मेरा' का सम्बन्ध शरीर तथा इन्द्रियों आदि से है, इस प्रकार के भ्रांतियुक्त विचार के बिना किसी ज्ञाता का अस्तित्व नहीं रह सकता; और परिणामस्वरूप ज्ञान के साधन प्रमाणों का उपयोग भी नहीं हो सकता। क्योंकि बिना इन्द्रियों की सहायता प्राप्त किए प्रत्यक्ष भी नहीं हो सकता, किन्तु बिना आधार (शरीर) के इन्द्रियों का कार्य भी सम्भव नहीं है और आत्मा के अस्तित्व को शरीर के साथ बिना मिलाए भी कोई कार्य सर्वथा असम्भव है और इन सबके कार्यों के सम्पन्न हुए बिना आत्मा को ज्ञान होना भी सम्भव नहीं है, क्योंकि आत्मा शारीरिक अस्तित्व से स्वतन्त्र है। किंतु ज्ञान के कार्य के बिना ज्ञान भी सम्भव नहीं है। परिणामस्वरूप ज्ञान के साधन प्रत्यक्ष तथा अन्य का सम्बन्ध अविद्या के क्षेत्र से है।" शांकरभाष्यप्रस्तावना देखें 'ड्यूसन सिस्टम आव दि वेदांत', पृष्ठ 56, पादटिप्पणी, सर्वसिद्धांतसारसंग्रह, 12 : 85-86

6. शांकरभाष्य, 1 : 1, 4।

किया गया है परमचैतन्य को निश्चयपूर्वक जान लेने का नाम अथवा ज्ञान है।[1]

विषयी तथा विषय, अर्थात् आत्मा तथा अनात्म से शंकर का आशय सर्वातीत यथार्थसत्ता और सांसारिक अस्तित्व से है। 'विषय' के अन्दर व्यक्तिगत कर्तृत्व, शारीरिक इन्द्रियां तथा भौतिक जगत् आदि सब समाविष्ट हैं। परमचैतन्य ही[2] विषयी है जिसके ऊपर समस्त विषय-जगत् आश्रित है। चेतनता के विषयों का यह एक विशेष लक्षण है कि वे अपने को चेतनता के विषय रूप में मानसिकवृत्ति के द्वारा व्यक्त होने के अतिरिक्त अपनी अभिव्यक्ति नहीं कर सकते। यहां तक कि जब हम परम आत्मा के स्वरूप का ज्ञान श्रुति के मन्त्रों द्वारा प्राप्त करते हैं तो भी हम इसके सत्य स्वरूप का ज्ञान नहीं प्राप्त कर सकते। आत्मा का सत्य ज्ञान किसी भी आकृति तथा वृत्ति से विहीन है।[3]

उस अध्यास का विशिष्ट उपयोग, जो हमें एकमात्र निरपेक्ष यथार्थसत्ता को विषय-विषयी सम्बन्ध के रूप में विभक्त करने के लिए प्रेरणा करता है, मानवीय मस्तिष्क की ही अपनी रचना का परिणाम है। इस अभ्यास को जिसके कारण विषयी तथा विषय जगत् की उत्पत्ति होती है अनादि, अनन्त, नैसर्गिक, मिथ्या प्रयत्नरूप तथा जीवात्माओं के[4] कर्तृत्व, सुखोपभोग, और क्रियाशीलता का कारण बताया गया है और यह सबके ऊपर अधिकार जमाए हुए है।[5]

भ्रांतिमय प्रत्यक्ष का शंकर ने जो विश्लेषण किया है उससे हमें उसके ज्ञान-विषयक मत का आभास मिलता है। जब हम भूल से रस्सी को सांप समझ लेते हैं और यह निर्णय करते हैं कि "यह एक सांप है" तो हमारे सम्मुख दो अवयव होते हैं 'यह' अथवा जो इन्द्रियों के आगे आया हुआ है, और 'सांप' जिसे हम 'यह' कहते हैं। पिछला अवयव उस वृत्ति अथवा आकृति का वर्णन करता है जिस रूप में हम प्रस्तुत सामग्री का बोध करते हैं। निर्णय पर पहुंचने में भूल व्याख्या के अवयव के कारण है अथवा उसके कारण है जिससे हमारा विचार भूमि के ऊपर से आरोपित कर देता है। 'यह' का अवयव अथवा जो कुछ वस्तुतः हमारे सम्मुख उपस्थित है, भ्रांति दूर होने के पश्चात् भी विद्यमान रहता है। शंकर का तर्क है कि साधारण-प्रत्यक्ष में भी हमारे सम्मुख एक सामग्री के दो अवयव हैं और एक व्याख्या है और आगे शंकर प्रश्न करते हैं कि वह क्या है जो हमारी चेतनता के समस्त विषयों का सामान्य अधिष्ठान है? क्या ऐसी कोई वस्तु है जो उन सब वस्तुओं के लिए सामान्य है जिन्हें हम देखते हैं, साधारण और असाधारण, सत्य और असत्य? शंकर उत्तर देते हैं कि यह सत् है। प्रत्येक वस्तु जिसका हम प्रत्यक्ष करते हैं उसे सत् के रूप में प्रत्यक्ष करते हैं। हमारी व्याख्याओं का स्वरूप चाहे कुछ भी क्यों न हो, वह अधिष्ठान नित्यस्थायी है और यथार्थ है। उपनिषदों की भाषा में यह मिट्टी से बनी वस्तुओं में मिट्टी अथवा सोने के आभूषणों में सोने के समान है। इसके ऊपर की आश्रित आकृतियों में भले ही कितने ही परिवर्तन क्यों न हों यह स्थायी है। अविद्या का कारण मौलिक आधार के विषय में अज्ञान है।[6]

---

1. शांकरभाष्य, 1 : 1, 1।

2. शांकरभाष्य, 1 : 1, 1।

3. इस आक्षेप के उत्तर में कि आत्मा विषय नहीं है और इस प्रकार अन्य विषयों के गुणों का आधान इसके ऊपर नहीं हो सकता, शंकर कहते हैं कि यह आत्मा के भाव का विषय है; साथ में यह आवश्यक भी नहीं है कि विषय का सम्पर्क हमारी इन्द्रियों के साथ अवश्य हो क्योंकि अज्ञानी पुरुष आकाश का रंग गहरा नीला बतलाते हैं जो कि इन्द्रिय प्रत्यक्ष का विषय नहीं है।

4. कर्तृत्वभोक्तृत्वप्रवर्तकः। 5. सर्वलोकप्रत्यक्षः। 6. अधिष्ठान विषय।

अविद्या अथवा अध्यास के प्रति स्वाभाविक प्रकृति हमारे अस्तित्व के मूल में ही समाई हुई है और हमारी सान्तता का पर्यायवाची है। यथार्थसत्ता अपनी व्याख्या अपने-आप है। यह सदा अपने स्वरूप में स्थित रहती है। यह अयथार्थ ही है जो अपने स्वरूप में अव्यवस्थित नहीं रहता और इसीलिए उसे किसी व्याख्या की आवश्यकता होती है। जब अविद्या का पता लग जाता है तो बन्धन टूट जाते हैं। अविद्या नैसर्गिक भले ही हो किन्तु फिर भी अनिवार्य नहीं है। यदि यह अनिवार्य होती तब इससे मुक्त होने के लिए हमें क्यों कहा जाता। अनिवार्य के विरुद्ध हम प्रयास नहीं कर सकते। जो नहीं जाना जा सकता उसे हम नहीं जान सकते। अविद्या की गति को रोकना सम्भव है और यह दर्शाता है कि हम वस्तुतः अपनी आदतों से अधिक महान् हैं।

सान्त चेतना, जो प्रमाणों के साथ आबद्ध है, अनुभव के एक विशेष प्रकार तथा अवस्था तक ही परिमित है जिनमें शारीरिक अवस्थाओं का एक बहुत बड़ा भाग है। हमारी बुद्धि की रचना इस प्रकार की है कि यह वस्तुओं के अन्दर एक व्यवस्था तथा नियमितता चाहती है। यह आनुषंगिक घटना तथा अव्यवस्था को सर्वथा नापसन्द करता है। विषय जगत् आदि से अन्त तक युक्तिपूर्ण है और सब वस्तुओं में विधान तथा व्यवस्था में युक्ति-युक्तता की मांग को पूरा करता है। यही साधारण बुद्धि तथा विज्ञान का भी विश्वास है। शंकर विचार को वस्तुओं से अलग नहीं रखता। हमारे मस्तिष्क के सिद्धान्त जो अपने-आप को देश, काल तथा कारण के विभागों द्वारा प्रकट करते हैं उस संहति के रूप हैं जो विचारशील विषयी तथा विषयनिष्ठ तथ्य के क्षेत्र में हमारे सम्मुख प्रकट होते हैं। बुद्धि के वर्ग उन वस्तुओं पर लागू होते हैं जो इसके आगे आते हैं। ज्ञाता विषयी के दृष्टिकोण से देश-काल तथा कारण से युक्त इस जगत् का अपने समस्त विषयवस्तु समेत अस्तित्व है। संसारी जीवात्मा तथा यह जगत् दोनों एक-दूसरे के आश्रित हैं। प्रकृति द्वारा विवेक के इस प्रकार के अनुकूलन से सिद्ध होता है कि एक सार्वभौम मस्तिष्क भी है जो एक ओर प्रकृति में आत्मभाव का प्रवेश कराता तथा दूसरी ओर हमारे अन्दर अवस्थित विवेक का कारण है और सार्वभौम मस्तिष्क का भागीदार है तथा उसके साथ सहयोग रखता है। एक सुव्यवस्थित संसार की यथार्थता केवल मस्तिष्क के लिए ही है और मस्तिष्क की परिभाषा में ही उसका अस्तित्व है। पशु जगत् के साथ-साथ पशु के मस्तिष्क की भी पूर्वकल्पना होती है। मानवीय जगत् के साथ मनुष्य के मस्तिष्क की पूर्वकल्पना होती है। सार्वभौम यथार्थसत्ता अपनी पूर्णता तथा जटिलता के कारण एक सार्वभौम तथा निर्दोष मस्तिष्क को स्वतःसिद्ध मान लेती है और वह ईश्वर है जो विश्व के उन भागों को भी धारण करता है जो हमारी दृष्टि से बाहर और अप्रत्यक्ष है।

हमारा सांसारिक अनुभव यह संकेत करता है कि एक ऐसा प्रकृति-तत्त्व है जिसकी विचार के लिए आवश्यकता है किन्तु वह ऐसी वस्तु नहीं जिसे आनुभविक प्रमाणों के द्वारा जाना जा सके। मनुष्य होने के नाते हम मानवीय विधि से ही विचार करते हैं। सार्वभौम यथार्थसत्ता को एक केन्द्रीय व्यक्तित्व अथवा विषयी के रूप में माना गया है तथा समस्त जगत् विषय रूप है। यह ऐसा संश्लेषण है जो तर्क के द्वारा प्राप्त होता है किन्तु इसकी कोई आवश्यकता नहीं है। यह विचार का तात्कालिक विषय नहीं है। इसे हमारे अनुभव का सबसे उच्च श्रेणी का संश्लेषण मान लिया गया है और जब तक इसी प्रकार की रचना का अन्य अनुभव भी है यह मान्यता रहेगी।[1] विषयी-विषय (सब्जेक्ट-ऑब्जेक्ट) सम्बन्ध पशु जगत्, मानवीय तथा दैवीय

---

1. 2 : 1, 11।

जगत्—सबके ऊपर एक समान लागू होता है। किन्तु अनुभव का निर्माण करने वाले ये दोनों अवयव एक-दूसरे से सापेक्ष रूप में सम्बद्ध हैं तथा परिवर्तन और विकास के उसी विधान के अधीन हैं। यथार्थसत्ता का वह पूर्ण रूप से निर्मित विचार, जिसके अन्दर प्रत्येक तत्त्व, विषयी और विषय, मस्तिष्क तथा शरीर, वर्तमान, भूत और भविष्यत् इसके उचित स्थान पर आकर समाविष्ट हो गए होंगे, मानवीय अनुभव का विषय नहीं है यद्यपि समस्त विचार मात्र का आदर्श लक्ष्य है किन्तु समस्त ज्ञान चाहे ईश्वर का हो चाहे मनुष्य का हो, अपने अन्दर विषयी-विषय सम्बन्ध रखता है और इसीलिए उसे सर्वोच्च नहीं माना जा सकता। समस्त सविकल्पक ज्ञान आत्मोत्सर्ग रूप है क्योंकि इसमें परम यथार्थसत्ता का एक विषयी के रूप में तथा वृत्ति और विषय के रूप में आदर्श नमूना बन जाता है। केवल समाधिगत अन्तर्ज्ञान की अवस्था को छोड़कर एक तत्त्व (अवयव) प्रस्तुत रहता है जो बोध ग्रहण करने वाले विषयी से सर्वथा भिन्न है और एक वृत्ति के द्वारा इस तक पहुंचता है। सोच-विचार तथा तर्कशास्त्र का सम्बन्ध सान्त जीवन के स्तर तक ही है जबकि परम यथार्थसत्ता विचार से भी अतीत है। यथार्थसत्ता अपने लिए सदा ही विद्यमान है और उसे इसलिए अपने विषय में विचार करने की कोई आवश्यकता नहीं।

21. अनुभव

किसी भी पदार्थ (विषय) की यथार्थरूप में सिद्धि हो जाती है, इसी प्रकार किसी ऐसे विचार को भी सत्य मान लिया जाता है यदि उसका प्रतिषेध ऐसे परिणामों को उपस्थित करता है जिन्हें परस्पर विरोधी और इसीलिए अमान्य माना जाता है। भूल से बच न सकने वाली बुद्धि की यह अन्तिम कसौटी प्रतीत होती है। तार्किक दृष्टि से आत्मा के अस्तित्व का इससे उच्च प्रमाण सम्भव नहीं है। यह प्रश्न उठाना कि आत्मा यथार्थ है या नहीं, निरर्थक है क्योंकि समस्त जीवन, समस्त विचार, समस्त अनुभव, यद्यपि अव्यवस्थित रूप में हैं तो भी, उक्त प्रश्न का स्थायी उत्तर है। किन्तु मानसिक साधनों के द्वारा यथार्थसत्ता को समझने का कोई भी प्रयास हमें परस्पर विरोधों के एक निराशाजनक भंवरजाल में ला फेंकेगा। यदि मस्तिष्क को इस प्रकार के दुःखान्त परिणाम से बचना अपेक्षित है तो इसे अवश्य अपना दमन करना होगा और तभी रहस्य का पर्दा उठेगा। हमें अपने तार्किक वर्गीकरण से जो असन्तोष अनुभव होता है वह इस बात का संकेत है कि हम उसका, जिसे हम जानते हैं कि महान् है, और अपनी मानसिक मर्यादाओं का भी उल्लंघन करके सत्य के क्षेत्र में पहुंच सकते हैं यद्यपि यह केवल हमारी बुद्धि की पहुंच से परे है, जो अतीत तक पहुंचने का प्रयत्न कर सकती है किन्तु बस प्रयत्न ही कर सकती है अतीत तक कभी पहुंचेगी नहीं। ऐसी सीमाएं जो अनिवार्य प्रतीत होती हैं तथा जिनका उल्लंघन भी बुद्धि के लिए अनिवार्य प्रतीत होता है यह निर्देश करती हैं कि हमारे अन्दर एक सीमारहित भूमि भी है जो तार्किक मस्तिष्क से ऊंची है। यदि विचार यथार्थसत्ता के साथ तादात्म्य स्थापित कर सके और विषयी मनुष्य अपने व्यक्तित्व को दूर रखकर सार्वभौम तत्त्व में ऊपर उठ जाए तो विचार का लक्ष्य प्राप्त हो सकता है किन्तु उस समय फिर यह विचार नहीं रहेगा। अनुभव में विचार का लोप हो जाता है। साधारण ज्ञान ऊपर उठकर विद्या में परिणत हो जाता है जबकि यह अपने को ज्ञात के साथ तादात्म्य रूप में जान जाता है जहां पर केवल आत्मा नित्य ज्ञान के रूप में

ज्योतिष्मान् है।[1] यह निरपेक्ष ज्ञान ही परम निरपेक्ष का ज्ञान भी है। 'ज्ञान' शब्द अपने सांसारिक सम्बन्धों के कारण दुर्भाग्यवश असमर्थ है।[2] अनुभव इससे अधिक उपयुक्त शब्द है।

शंकर एक आन्तरिक दृष्टि रूप चेतनता की यथार्थता को मानते हैं जिसे अनुभव कहते हैं[3] और जहां विषयी और विषय के भेद नीचे रह जाते हैं तथा सर्वोपरि आत्मा के सत्य का साक्षात्कार होता है।[4] यह एक वर्णनातीत अनुभव है जो विचार तथा वाणी से परे है और जो हमारे समस्त जीवन में परिवर्तन ला देता है एवं दैवीय उपस्थिति का निश्चय कराता है। यह ऐसे चैतन्य की अवस्था है जो तब आती है जबकि मनुष्य अपने को सब प्रकार की सीमित अवस्थाओं से मुक्त कर लेता है जिसमें बुद्धि भी सम्मिलित है। जैसाकि रसल ने कहा है कि इसके साथ "आह्लाद का सत्य भाव, अर्थात् अत्युन्नता का भाव, मनुष्य से उन्नत होने का भाव संयुक्त रहता है।"[5] इस प्रकार के परमानन्द का पूर्वस्वाद हमें स्वार्थरहित चिन्तन के क्षणों में तथा सौन्दर्य के सुखोपभोग में मिलता है।[6] यह साक्षात्कार अथवा व्यवधानरहित साक्षात् प्रत्यक्ष है जिसकी अभिव्यक्ति उस अवस्था में होती है जबकि अविद्या नष्ट हो जाती है और मनुष्य यह जान लेता है कि आत्मा तथा जीव एक हैं। इसे सम्यक्ज्ञान (निर्दोष ज्ञान)[7] अथवा सम्यक्दर्शन (निर्दोष अन्तर्दृष्टि) भी कहा जाता है।[8] सम्यक्ज्ञान तो अपने लिए आवश्यक चिन्तन सामग्री के ऊपर भी बल देता है किन्तु सम्यक्दर्शन अन्तःसाक्षात्कार की अव्यवहितता की ओर निर्देश करता है जिसमें परम यथार्थसत्ता साक्षात् ईक्षण तथा ध्यान का विषय है।[9] शंकर इसका समाधान यों करते हैं कि हम अयथार्थ विषयों का भी ध्यान तो कर सकते हैं किन्तु उनका अनुभव नहीं कर सकते : इस प्रकार शंकर का अनुभव आदर्शीकृत कल्पना से भिन्न है। कहा जाता है कि योगी संराधना की अवस्था में ईश्वर को देखता है जिसकी व्याख्या करते हुए शंकर कहते हैं कि वह अपने को पवित्र ध्यान में निमग्न कर देता है।[10] शंकर आर्षज्ञान को स्वीकार करते हैं जिसके द्वारा इन्द्र तथा वामदेव ने ब्रह्म के

---

1. "आध्यात्मिक यथार्थसत्ता को समझना और इससे भी अधिक इसे जानना, इसे अपने अन्दर, जो इसे जानते हैं, समाविष्ट कर लेते हैं" (जेण्टाइल् : 'थियोरी आफ माइण्ड ऐज़ प्योर ऐक्ट', पृष्ठ 10)।

2. मध्व बलपूर्वक कहता है कि यह ज्ञान नहीं है चूंकि जानने को कोई विषय नहीं है। "ज्ञेयाभावे ज्ञानस्याप्यभावात्।' बृहदारण्यक उपनिषद्, 'सैक्रेड बुक्स आफ दि हिन्दूज' पृष्ठ 460।

3. देखें, शांकरभाष्य, 1 : 1, 2; 2 : 1, 4; 3 : 3, 32; 3 : 4, 15।

4. देखें, आत्मबोध, पृष्ठ 41। 5. 'फिलासाफिकल ऐसेज्', पृष्ठ 73।

6. प्लाटिनस् कहता है : "यह वह सम्मिलन है जिसकी नकल मर्त्यलोक के प्रेमियों का मिलन है, जो अपने जीवन को एक-दूसरे से बद्ध करना चाहते हैं" 'एनीड्स', 6 : 7, 34। तुलना कीजिए, बृहदारण्यक उपनिषद्, 6 : 3 21।

7. शांकरभाष्य, 1 : 2, 8। 8. शांकरभाष्य, 1 : 3, 13।

9. शांकरभाष्य, 1 : 3, 13।

10. शांकरभाष्य, 3 : 2, 24। और भी देखें, कठोपनिषद् 4 : 1। इस आपत्ति के उत्तर में कि इस प्रकार के ध्यान की क्रिया में ध्यान के विषयी तथा विषय के मध्य भेद है या नहीं, शंकर कहते हैं : "जिस प्रकार प्रकाश, आकाश, सूर्य इत्यादि ऐसे प्रतीत होते हैं मानो भिन्न-भिन्न हैं, अपने विषयों के कारण यथा उंगलियों, पात्रों, जल इत्यादि जो इनके उपाधिरूप संयुक्त पदार्थ हैं, जबकि यथार्थ में वे अपनी तात्त्विक अभिन्नता को सुरक्षित रखते हैं, इसी प्रकार भिन्न-भिन्न आत्माओं का परस्पर भेद केवल रूप संयुक्त पदार्थों के कारण है किन्तु समस्त आत्माओं का एकत्व प्राकृतिक है और मौलिक है।" (शांकरभाष्य, 3 : 2, 25)।

साथ तादात्म्य का साक्षात्कार किया।[1] मनोवैज्ञानिक दृष्टि से यह ज्ञान प्रत्यक्ष के ही स्वरूप का है,[2] क्योंकि यह यथार्थता का साक्षात् ज्ञान है। भेद केवल इतना है कि उक्त ज्ञान देश और काल में विद्यमान ज्ञान के रूप का नहीं है। अनुभव हर किसी वस्तु की चेतनता नहीं है वरन् अपने भीतर प्राणिमात्र के जीवन, आधार तथा आगाध गर्त को जानना और देखना है। चूंकि न्यायशास्त्र के शब्दार्थ में प्रत्यक्ष अनुभव ही बाह्य जगत् के ज्ञान का एकमात्र साधन है, अद्वैतात्मक अस्तित्व अन्तस्तम अनुभव है जिसके ऊपर हम जो कुछ भी अतीन्द्रिय जगत् के विषय में जानते तथा विश्वास रखते हैं वह निर्भर करता है। अन्तर्ज्ञान का विषय कोई व्यक्तिगत कल्पना नहीं है और न ज्ञाता के मन में विषयनिष्ठ अमूर्तभाव ही है। यह एक यथार्थ विषय है[3] जिस पर हमारे इसके ज्ञान अथवा अज्ञान का कोई प्रभाव नहीं पड़ता यद्यपि इसी यथार्थता देश-काल से बद्ध विशिष्ट विषयों की यथार्थता से कहीं उच्चकोटि की है, जो एक सदा रहने वाले प्रवाह से सम्बद्ध है और इसीलिए जिसे सही अर्थों में यथार्थ नहीं माना जा सकता।[4] भिन्न-भिन्न सम्प्रदायों की चतुराइयों का भेद एक ऐसी आत्मा के आगे आकर खुल जाता है जो विरोध में कहती हैं कि मैंने यथार्थसत्ता के दर्शन किए हैं। "किस प्रकार से कोई अन्य व्यक्ति के ब्रह्म ज्ञान की प्राप्तिरूप तथ्य का विरोध कर सकता है यद्यपि अभी वह शरीरधारी ही क्यों न हो जबकि उसका हृदय अपने निश्चयात्मक ज्ञान को विश्वास के साथ प्रकट करता है?"[5] समस्त विश्वास तथा भक्ति, समस्त स्वाध्याय और ध्यान हमें इस प्रकार के अनुभव को प्राप्त करने की दिशा में प्रशिक्षण देते हैं।[6] यह भी सत्य है कि आत्मविषयक साक्षात्कार केवल ऐसे ही चित्त को होता है जो इसके लिए तैयार हो। यह कहीं आकाश से नहीं आता। यह मनुष्य के तर्क का अत्यन्त उदार तथा उत्तम फल है। यह केवल कल्पनामात्र नहीं है कि जो मनुष्य की बुद्धि को अनुकूल न जंच सके। जो सत्य है वह उस प्रत्येक बुद्धि के लिए सत्य है जो उसे जान सके। व्यक्तिगत सत्य नाम की कोई वस्तु नहीं है, जिस प्रकार कोई व्यक्तिगत सूर्य अथवा व्यक्तिगत विज्ञान नहीं होता। सत्य का एक अन्तर्निहित तथा सार्वभौम स्वरूप हैं जो किसी व्यक्ति के और यहां तक कि ईश्वर के भी ऊपर आश्रित नहीं है। यथार्थसत्ता को जानने की प्रक्रिया व्यक्ति की अपनी हो सकती है अथवा विशिष्ट हो सकती है किन्तु ज्ञातविषय व्यक्तिगत नहीं है। यथार्थसत्ता अब और

---

1. 'रत्नप्रभा' में इसकी व्याख्या इस प्रकार है, 'सत्य का हठात् अन्तर्ज्ञान, जो श्रवण आदि के द्वारा सम्भव होता है और जो पूर्व के जन्मों में प्राप्त किया गया है।" जन्मान्तरकृत श्रवणादिना अस्मिन् जन्मनि, स्वतःसिद्धम् दर्शनम् आर्षम् (1 : 1, 30)। देखें, शांकरभाष्य, तैत्तिरीय उपनिषद् पर, 1 : 10।

2. शांकरभाष्य, 1 : 4, 14।

3. अनुभवावसानत्वाद् भूतवस्तुविषयत्वाच्च (शांकरभाष्य, 1 : 1, 2)।

4. इसके साथ तुलना कीजिए प्लेटो के यथार्थवाद की जहां तर्क यथार्थ जगत् को सर्वथा देश और काल से ऊपर उठाकर प्रतिपादन करता है। "एक ऐसी यथार्थता जो वर्णविहीन है, आकृतिरहित है तथा स्पर्श के अयोग्य है।...जो केवल मन के लिए दृश्य है जो आत्मा का स्वामी है" (फीड्रस)। जहां प्लेटो तत्त्वों के अनेकत्व को मानता है, शंकर की दृष्टि में केवल एक ही सारतत्त्व है।

5. कथं ह्येकस्य स्वहृदयप्रत्ययं ब्रह्मवेदनं देहधारणम् चापरेण प्रतिक्षेप्तुं शक्यते? (4 : 1, 15, शांकरभाष्य)।

6. शांकरभाष्य, 2 : 1, 6। अनुभवावसानं ब्रह्मविज्ञानम् ('ड्यूसन्स सिस्टम आफ दि वेदांत', अंग्रेज़ी अनुवाद, पृष्ठ 89 टिप्पणी)। अनुभवावरुद्धमेव च विद्याफलम् (3 : 4, 15)। ज्ञान का फल अन्तर्दृष्टि के लिए व्यक्त है (भगवद्गीता पर शांकरभाष्य, 2 : 21; बृहदारण्यक उपनिषद्, 4 : 4, 19)।

तब हो या यहां और वहां हो ऐसा नहीं है अपितु यह सब कालों में और सर्वत्र एक समान रहने वाली है।

काण्ट ने एक विवेकपूर्ण अन्तर्ज्ञान की बात कही है जिसमें चेतनता की उस वृत्ति का संकेत किया है जिसके द्वारा वस्तुओं का अपना अन्तर्निहित ज्ञान तर्करहित विधि से भी प्राप्त किया जा सकता है। फीश्ते के अनुसार, विवेकपूर्ण अन्तर्ज्ञान हमें आत्म-चेतना तक पहुंचने में सहायक होता है और यही उसके दर्शन में समस्त ज्ञान का आधार है। शेलिंग ने भी उसी परिभाषा का प्रयोग परमसत्ता की चेतना का प्रतिपादन करने के लिए किया है जो विषयी और विषय के मध्य तादात्म्य भाव प्रकट करती है। शंकर के अनुसार, अन्तर्ज्ञान का विषय काण्ट की अपने में पूर्ण अनेक वस्तुएं नहीं हैं और न फीश्ते की आत्मा शेलिंग का क्लीबाणु भी नहीं है किन्तु आत्मा अथवा सार्वभौम चैतन्य है। प्लाटिनस के ही समान शंकर की दृष्टि में भी परम निरपेक्ष सत्ता विषय के रूप में उपस्थित नहीं होती है किन्तु साक्षात् सम्पर्क में उपस्थित होती है जो ज्ञान से ऊपर है।[1] चूंकि अन्तर्दृष्टि के द्वारा प्राप्त ज्ञान किसी अन्य वस्तु के विपरीत सिद्ध नहीं होता इसलिए यह सर्वोच्च है।[2]

अनुभव अव्याख्यात मनोभावना का साक्षात् नहीं है जिसमें कि ज्ञात वस्तु का अस्तित्व तथा वस्तुविषय पृथक्-पृथक् नहीं हैं। यह पशु के समान प्रत्यक्ष न होकर कलापूर्ण अन्तर्दृष्टि से सम्बन्ध रखता है। यह वह साक्षात्कार है जो उच्च श्रेणी का है निम्नश्रेणी का नहीं है, अपेक्षा ऐसे ज्ञान के जो अन्य के व्यवधान से तथा चिन्तन से प्राप्त होता है। इसमें सन्देह नहीं कि ऐसे ज्ञान की दृष्टि से जिसे प्रदर्शित किया जा सके यथार्थसत्ता एक समस्या है और ईश्वर के विषय में तथा मोक्ष और अमरत्व के सम्बन्ध में उस गम्भीरतम मानवीय गरिमा के हमारे विचार केवल नाम तथा प्रतीक मात्र हैं, जिसको प्राप्त करने का हम प्रयत्न तो कर सकते हैं, किन्तु जिसे हम तब तक कभी प्राप्त नहीं करेंगे जब तक कि मन के अपने असत्याभासों के साथ कभी अन्त न होने वाले संघर्ष से हम ऊपर न उठ जाएं। अन्तर्दृष्टि तथा बुद्धि, अनन्त यथार्थसत्ता तथा सान्त मन के बीच जो दरार पड़ी हुई है उसकी ओर अनुभव और अध्याय संकेत करते हैं।

शंकर मानते हैं कि यह अनुभव सबके लिए खुला तो है किन्तु बहुत कम व्यक्ति इसे प्राप्त करते हैं।[3] किन्तु आवश्यक विचारणीय विषय यह है कि यह सबके लिए खुला है। यथार्थसत्ता उपस्थित है, पदार्थनिष्ठ है और सदा विद्यमान रहने वाली है, वह इस बात की प्रतीक्षा करती है कि कोई उसका साक्षात्कार करे ऐसे मन से, जो उसको ग्रहण कर सके।

---

1. 'एनीड्स', 6 : 9, 4।

2. बाधकज्ञानांतराभावाच्च (शांकरभाष्य, 2 : 1, 14)। शतश्लोकी में ऐसा कहा है कि "धर्मशास्त्र ब्रह्मज्ञान को दो प्रकार का बताते हैं अर्थात् अपने विषय में अनुभव (स्वानुभूति) और निर्णयात्मक निश्चितता (उपपत्ति) स्वानुभूति देह के सम्बन्ध में (देहानुबन्धात्) उदय होती है तथा उपपत्ति का उदय विश्व के सम्बन्ध में (सर्वात्मकत्वात्) होता है। प्रथमकोटि के अनुभव का रूप है कि 'मैं ब्रह्म हूं' (ब्रह्माहमस्मीत्यनुभव) और फिर इस प्रकार का अनुभव कि "यह सब ब्रह्म है (सर्व खल्विदं ब्रह्म)।"

3. तुलना कीजिए, डीन इंगे : "ज्ञाता तथा ज्ञात का पूर्ण एकत्व ही पूर्णज्ञान है क्योंकि अन्तिम आश्रय के रूप में हम यहीं पहुंचते हैं 'अपने को जानो'। इसलिए दैवीय ज्ञान की प्रक्रिया एक ऐसी क्षमता को क्रिया में परिणत कर देना है जोकि प्लाटिनस के अनुसार, विद्यमान तो सबमें रहती है किंतु जिसका उपयोग बहुत कम व्यक्ति करते हैं। यह वह दिव्य उपहार है जिसे कैम्ब्रिज के प्लेटोवादी विद्वानों ने मानवीय आत्मा के अन्दर दैवीय भावयुक्त प्रकृति का बीज बताया है" ('आउट् स्पोकन ऐसेज', दूसरी सीरीज़, पृष्ठ 14)

प्रकट रूप में शंकर, यथार्थसत्ता केवल कुछ इने-गिने व्यक्तियों के सम्मुख ही अपना आविर्भाव करती है और वह भी संदिग्ध स्वप्नों के रूप में तथा रहस्यमयी वाणी के द्वारा, इस प्रकार के मत से सहमत नहीं हैं। एक ऐसा ईश्वर जो अपने को केवल कुछ व्यक्तियों के सम्मुख ही अभिव्यक्त करता है और अन्यों के सम्मुख नहीं करता, केवल एक कल्पनात्मक मिथ्या वस्तु है। वस्तुतः अन्तर्दृष्टि अथवा आध्यात्मिक अनुभव कुछ व्यक्तियों तक ही सीमित है। यद्यपि है यह सार्वभौम सम्पत्ति, जब कि तर्क विचारशील मानव जाति के अधिकांश भाग में सामान्य है। कुछ शक्तियां ऐसी हैं जो सब मनुष्यों में अच्छी प्रकार से विकसित पाई जाती हैं यद्यपि अन्य शक्तियां उनके समान विकसित नहीं होतीं। विकास की वर्तमान अवस्था में अनुभव विषयनिष्ठ हो सकता है और इसकी साक्षी पर तभी विश्वास होता है जबकि यह तर्क के आदेशों के अनुकूल होती है।

22. अनुभव, तर्क तथा श्रुति

यद्यपि अन्तर्दृष्टि से प्राप्त अनुभव सबसे अधिक निश्चित रूप का होता है, तो भी इसमें धारणा-सम्बन्धी विशदता का अंश केवल अल्पमात्रा में ही रहता है। इसीलिए इसे व्याख्या की आवश्यकता होती है और इन व्याख्याओं में भूल होने की सम्भावना भी रहती है एवं इस प्रकार इनकी अन्तरहित पुनरावृत्ति की आवश्यकता होती है। श्रुति ऐसे विषयों का व्याख्यान करती है जिन्हें पूर्णता के साथ कथन नहीं करना चाहिए। प्रज्ञावान् विद्वान् मनुष्य उस भाषा तथा तर्क का आविष्कार करते हैं जो श्रुति वाक्यों के आख्यान के लिए उपयुक्त हैं। ऐसे व्यक्ति जिन्हें साक्षात् अन्तर्दृष्टि से ज्ञान प्राप्त नहीं हो सकता ऐसे वैदिक विचारों पर विश्वास करके उन्हें स्वीकार करने के लिए विवश हैं जिनमें कुछेक ऐसे उच्चतम कोटि के मस्तिष्कों के अनुभव अभिलेख के रूप में सुरक्षित रखे गए हैं जिन्हें यथार्थसत्ता के बोध ग्रहणरूप समस्या के साथ एक दीर्घकाल तक संघर्ष करना पड़ा। साधारण कोटि के मनुष्य के लिए परमचैतन्य के विषय में प्रधान सत्य निश्चय ही व्यक्त किया जाता है क्योंकि वह उसका निश्चय मनुष्य की शक्ति के अन्तर्गत किसी साक्षी, जैसे प्रत्यक्ष अथवा अनुमान, के द्वारा नहीं कर सकता। उक्त मानवीय साक्षी के साधन हमें एक अतीतसत्ता का प्रबल संकेत तो देते हैं किन्तु निश्चयात्मक प्रमाण नहीं देते। शंकर स्वीकार करते हैं कि सत्य का अन्वेषण ही किया जाता है[1] और वे स्वयं भी विपक्षी दर्शन पद्धतियों की समालोचना करने में अविरोध के सिद्धान्त का सत्य के अनुसन्धान के लिए उपयोग करते हैं। अन्य दार्शनिक विचारों के सम्बन्ध में उनकी आपत्ति यह नहीं है, विशेषतः बौद्ध विचारों के विषय में, कि उनमें समालोचना की गुंजाइश है किन्तु यह है कि उक्त विचार प्रस्तुत करने वालों ने तार्किक उपाय की अपूर्णता को नहीं समझा। उनका मत है कि वैदिक प्रामाण्य इन्द्रियों की साक्षी अथवा तकसम्मत निर्णयों से कहीं अधिक श्रेष्ठ हैं यद्यपि इसमें सन्देह नहीं कि उन क्षेत्रों में जो प्रत्यक्ष तथा अनुमान के विषय हैं वे अनुपयुक्त हैं। सैंकड़ों श्रुतिवाक्य भी अग्नि को ठंडा नहीं बना सकते।[2] श्रुति का उद्देश्य यह है कि ऐसे ज्ञान को जो साधारण

---

1. सत्यं विजिज्ञासितव्यम् (शांकरभाष्य, 1 : 3, 8)।

2. ज्ञानं तु प्रमाणजन्यं यथाभूतविषयं च। न तन्नियोगशतेनापि कारयितुं शक्यते, न च प्रतिषेधशतेनापि वारयितुं शक्यते (शांकरभाष्य, 3 : 2, 21; भगवद्गीता पर शांकरभाष्य, 18 : 66)।

साधनों के द्वारा प्राप्त नहीं किया जा सकता हमें प्रदान करे।[1]

वेदों का आशय आत्मा के एकत्व की शिक्षा देना है।[2] शंकर कहते हैं कि वेदान्त की यह खोज हमें अविद्या से मुक्ति दिलाने का कारण नहीं है क्योंकि सारी खोज तथा ज्ञान जिनके साथ विषयी तथा विषय सम्बन्धी द्वैत का भाव लगा हुआ है ब्रह्म के साक्षात्कार में बाधास्वरूप है। यह हमारी मूर्खता को प्रकट करने में तो सहायक होता है किन्तु विद्या की प्राप्ति नहीं करा सकता।[3] अविद्या को दूर करना ही सत्य को ग्रहण करना है, ठीक जिस प्रकार रस्सी का ज्ञान होने का तात्पर्य है सर्परूपी भ्रांत ज्ञान का दूर हो जाना।[4] सत्य के ज्ञान ग्रहण के लिए साथ में किसी अन्य साधन अथवा ज्ञान की नई क्रिया की आवश्यकता नहीं है।[5] "द्वैतभाव के नष्ट हो जाने पर फिर ज्ञान को एक क्षण की भी प्रतीक्षा नहीं करनी पड़ती क्योंकि द्वैतभाव के नष्ट होने के पश्चात् भी यदि समय की अपेक्षा हो तो एक अन्तरहित पश्चाद्गति आ जाएगी और द्वैतभाव का कभी नाश ही न होगा। इसलिए ये इन दोनों, अर्थात् ज्ञान तथा द्वैतभाव का विनाश, एक ही समय में सम्पन्न होते हैं।"[6] जब भ्रांत विचार प्रकाश में आ जाते हैं तो हम यथार्थसत्ता तक पहुंच जाते हैं।[7] यदि यह प्रश्न किया जाए कि हम अविद्या से विद्या की ओर कैसे पहुंचते हैं—जो एक अनुचित प्रश्न है, क्योंकि जब भ्रांति नष्ट हो जाती है तो सत्य जोकि स्वतःपूर्ण है, प्रकाश में आ जाता है तो इससे अधिक उत्तम उत्तर और नहीं हो सकता कि ईशकृपा ही साधन है।[8] विशुद्ध आत्मा एक ऐसे अन्धे मनुष्य की भांति है जिसकी विनष्ट हुई दृष्टिशक्ति ईश्वर की कृपा से फिर लौट आए।

श्रुति को मानने का तात्पर्य है सन्तों तथा ऋषियों की साक्षी को स्वीकार करना। श्रुति की उपेक्षा करना मनुष्य जाति के अनुभव के अत्यन्त सजीव भाग की उपेक्षा करना है। भौतिक विज्ञान में हम उन परिणामों को स्वीकार करते हैं जिन्हें सबसे महान् अन्वेषकों ने सत्यरूप में घोषित किया है। संगीत में हम उन गीतों पर ध्यान देते हैं जो विख्यात संगीतज्ञों ने बनाए हैं और उसके द्वारा संगीतज्ञ-सम्बन्धी सौंदर्य के महत्त्व को पहचानने की योग्यता में उन्नति करते हैं। धार्मिक सत्यों के विषयों में हमें आदर भाव रखते हुए ऐसे धार्मिक

1. प्रत्यक्षादिप्रमाणानुपलब्धे हिं विषयेश्रुतेः प्रामाण्यं न प्रत्यक्षादिविषये (भगवद्गीता पर शांकरभाष्य, 18 : 66)। अज्ञातज्ञापनं हि शास्त्रम्।

2. आत्मैकत्वविद्याप्रतिपत्तये सर्वे वेदांता आरभ्यन्ते. (शांकरभाष्य प्रस्तावना)।

3. अविद्याकल्पितभेदनिवृत्ति (शांकरभाष्य, 1 : 1, 4)। देखें, भगवद्गीता पर शांकरभाष्य 2 : 18। तुलना कीजिए, प्लाटिनस : "ईश्वर का निर्वचन न तो प्राणी के द्वारा और न लेखबद्ध विचार-परामर्श के द्वारा किया जा सकता है; किन्तु तो भी हम वाणी तथा लेख का प्रयोग करते हैं इसलिए कि आत्मा को उसकी ओर प्रेरित करें तथा विचार से साक्षात् दर्शन की ओर जाने को प्रोत्साहन दें, ऐसे मनुष्य के समान जो उन व्यक्तियों के लिए जिन्हें ऊपर की ओर के मार्ग पर चलना है उक्त मार्ग का निर्देश करता है। हमारे आदेश की पहुंच वहीं तक है जहां तक कि गंतव्य मार्ग का सम्बन्ध है किंतु साक्षात्कार तक पहुंचना उनका अपना कार्य है" 'एनीड्स्', 6 : 9, 4; केयर्ड : 'ग्रीक थियालॉजी' खण्ड 2, पृष्ठ 237)।

4. शांकरभाष्य, माण्डूक्य उपनिषद् पर, 2 : 7।

5. वही।

6. वही।　　7. आत्मैव अज्ञानहानिः।

8. शांकरभाष्य, 2 : 3, 41। देखें, कठोपनिषद्, 2 : 22। ड्यूसन के मन में यही विषय है जबकि वह शंकर के ऊपर ईश्वर ज्ञानविषयक पक्षपात रखने का आरोप लगाता है। देखें, 'ड्यूसन्स सिस्टम आफ दि वेदांत' पृष्ठ 86-87।

मेधावी पुरुषों के लेखों पर ध्यान देना चाहिए जिन्होंने विश्वास तथा भक्तिभावपूर्वक अपनी आध्यात्मिक श्रेष्ठता को प्राप्त करने के लिए प्रयत्न किया है। अन्तिम सम्मति की प्रतिद्वन्द्विता में प्रथम सम्मति को खड़ा करने से कोई लाभ नहीं। "एक ऐसे विषय के लिए जिसका ज्ञान पवित्र परम्परा से होना चाहिए, केवल चिन्तनमात्र का उद्धरण न दिया जाना चाहिए, क्योंकि ऐसे विचार जिनका आधार परम्परा में न पाया जाता हो और जो केवल मनुष्यों की उत्प्रेक्षा (कल्पना) ही के ऊपर आश्रित हैं, स्थायी नहीं होते क्योंकि इस प्रकार की कल्पना के पीछे किसी प्रकार का नियंत्रण नहीं रहता।[1]" यदि हम केवल विचार के ऊपर निर्भर करें तो हमें जगत् के विषय में, अपने अस्तित्व के विषय में तथा भविष्य के विषय में भी संशय उत्पन्न होगा और समस्त जीवन ही संशय में परिणत हो जाएगा। किन्तु चूंकि हमें अवश्य ही अपनी परिस्थिति के ऊपर आश्रित होना चाहिए नहीं तो वह हमारा विनाश कर देगी। इसलिए हमारे अन्दर की शक्ति हमें बलात् विश्वास करने की ओर प्रेरित करती है। ऐसी आध्यात्मिक अन्तःप्रेरणाएं हैं जिनकी तर्क के आधार पर उपेक्षा नहीं की जा सकती। निषेधात्मक आधार पर कोई जीवित नहीं रह सकता। शंकर का क्रमबद्ध दर्शन ज्ञान के द्वारा हमारा भ्रम निवारण करना है और यह प्रतिपादित करना है कि तर्कशास्त्र अपने-आप में हमें संशयवाद की ओर ले जाता है। हम मान लेते हैं कि इस संसार में विवेक भी है और धार्मिकता भी है। हम बिना इसके अर्थपूर्ण ब्यौरे के भी संसार को एक पूर्ण इकाई मान लेते हैं। हम इसे धारणा ही कहेंगे क्योंकि हमें यह आशा नहीं है कि हम कभी दृश्यमान अव्यवस्था की पृष्ठभूमि में नित्य व्यवस्था की खोज करने में सफल हो सकेंगे। ईश्वररूपी दैवीय मस्तिष्क की यथार्थसत्ता को स्वीकार कर लेने से हमारे जीवन में समृद्धि तथा सुरक्षा का भाव आता है।[2] इसके अतिरिक्त सत्य[3] को एक समान[4], विरोध-रहित[5] तथा सार्वभौम रूप में मान्य होना ही चाहिए। यद्यपि विचार के निर्णयों को इस प्रकार से मान्य नहीं ठहराया जाता। किन्तु "वेद ज्ञान के स्रोतरूप नित्य हैं, इनका प्रतिपाद्य विषय परिपक्व है और इसके द्वारा प्राप्त पूर्ण ज्ञान भूत, वर्तमान तथा भविष्यत् की समस्त कल्पनाओं द्वारा भी विपरीत नहीं ठहराया जा सकता।" केवल तर्क एक औपचारिक प्रक्रिया है। तर्क जिन निर्णयों पर पहुंचता है वे उस साध्य पक्ष के ऊपर निर्भर करते हैं जिनको लेकर यह आगे बढ़ता है और शंकर इस पर बल देते हैं कि धर्मशास्त्रों में अभिलिखित धार्मिक अनुभव को धर्मसम्बन्धी दर्शन के अन्तर्गत तर्क का आधार बनना चाहिए। तर्क से शंकर का तात्पर्य उस तर्क से है जिस पर इतिहास की शिक्षाओं ने कोई नियन्त्रण नहीं लगाया हो। इस प्रकार का व्यक्तिगत तर्क सत्य की स्थापना की ओर हमें नहीं ले जा सकता क्योंकि ज्ञान-ग्रहण की शक्ति में असंख्य

---

1. शांकरभाष्य, 2 : 1, 11। यही कारण है कि कपिल व कणाद जैसे माने हुए विचारकों की सम्मति में भी प्रायः परस्पर विरोध पाया जाता है। तुलना कीजिए, कुमारिल : "कितने ही कुशल तार्किक क्यों न हों उनके द्वारा अत्यन्त सावधानी के साथ अनुमान किए गए विषय की व्याख्या अन्य अधिकतर कुशल तार्किकों द्वारा अन्य प्रकार से की जाती है।"

2. "मनुष्य को अपने साथ अन्य जन्म के सम्बन्ध का ज्ञान न तो प्रत्यक्ष और न अनुमान के द्वारा ही हो सकता है और न ही मृत्यु के पश्चात् आत्मा के अस्तित्व के विषय में ज्ञान हो सकता है इसलिए श्रुति के रूप में ईश्वरीय ज्ञान की आवश्यकता है" (शांकरभाष्य, बृहदारण्यक उपनिषद् पर, प्रस्तावना)।

3. सम्यक्ज्ञान।

4. एकरूपम्।

5. पुरुषाणां विप्रतिपत्तिरनुपपन्ना।

प्रकार की विविधता रहती है।[1] श्रुति में आत्म-सम्बन्धी सत्यों का प्रतिपादन किया गया है जिनमें मनुष्य जाति के अधिकांश भाग के सहजबोधों का सन्तोष प्रदान किया गया है। इसके अन्दर मनुष्यजाति के परम्परागत परिपक्व विचारों का समावेश है जिनमें विचार की अपेक्षा आत्मा के जीवन का वर्णन अधिक है और हममें से उन व्यक्तियों के लिए जो उस जीवन में भाग नहीं लेते ये अभिलिखित अनुभव बहुत महत्त्व के हैं।''[2]

शंकर धर्मशास्त्र के विचारों की तर्क द्वारा परीक्षा की आवश्यकता को स्वीकार करते हैं। जहां कहीं भी उन्हें अवसर मिला, उन्होंने धर्मशास्त्र के कथनों का विवेकबुद्धि की युक्तियों द्वारा समर्थन करने का प्रयत्न किया है।[3] ऐसा तर्क जो अनुभव का सहायक होकर कार्य करता है शंकर को अभिमत है।[4] उनके लिए तर्क एक समीक्षात्मक शास्त्र है जिसका प्रयोग अपरीक्षित धारणाओं के विरुद्ध किया जाता है और तर्क एक रचनात्मक तत्त्व भी है जो सत्य-सम्बन्धी तथ्यों का चुनाव करता तथा उनके ऊपर बल देता है।[5] ''ऐसे व्यक्ति भी जिनमें निर्णय करने की शक्ति नहीं है बिना किसी तर्क के किसी विशेष परम्परा का आश्रय नहीं लेते।''[6]

अनुभव एक ऐसी महत्त्वपूर्ण आध्यात्मिक अनुभूति है जिसका उपदेश केवल कल्पना की भाषा द्वारा हो सकता है और एकमात्र श्रुति ही इसका लिखित संहिताग्रंथ है। अनुभव की पृष्ठभूमि के बिना श्रुति का कथन अर्थविहीन केवल शब्दमात्र है।[7] ऐसे मन्त्र जिनके अन्दर निन्दा अथवा स्तुति (अर्थवाद) है और जिनका कोई स्वतन्त्र तात्पर्य नहीं है विधिवाक्यों के समर्थन में सहायक होते हैं और वे प्रत्यक्षज्ञान से श्रेष्ठ नहीं हैं। ऐसे मन्त्र जो यथार्थसत्ता के स्वरूप का वर्णन करते हैं प्रामाणिक हैं।[8] निःसन्देह श्रुति को अनुभव के अनुकूल होना चाहिए और वह अनुभव को अतिक्रमण नहीं कर सकती। वाचस्पति का कहना है : ''सहस्र श्रुतिवाक्य भी घड़े को कपड़ा नहीं बना

---

1. कस्यचित् क्वचित् पक्षपाते सति पुरुषमतिवैरूप्येणतत्त्वाव्यवस्था न प्रसंगात् (शांकरभाष्य, 2 : 1, 1)।

2. शांकरभाष्य, 2 : 1, 11; 2 : 3, 1; 1 : 2, 2।

3. देखे, शांकरभाष्य, गौडपाद की कारिका पर, 3 : 27। गौडपाद की कारिका के 3 : 1 के ऊपर भाष्य करते हुए शंकर कहते हैं : ''यह प्रश्न किया गया है कि क्या केवल श्रुति की ही साक्षी के आधार पर अद्वैत सिद्धान्त को सिद्ध मान लिया गया है और यह कि तर्क सम्भवतः इसको प्रत्यक्ष के आधार पर सिद्ध करके नहीं दिखा सकता, और इस अध्याय में दिखाया गया है कि किस प्रकार अद्वैत पर सिद्ध तर्क के द्वारा भी हो सकती है।'' तर्क का ईश्वरीय ज्ञान के साथ क्या सम्बन्ध है इस विषय पर अधिक पूर्ण विचार-विमर्श के लिए श्री वी. सुब्रह्मण्य अय्यर के दो लेख 'संस्कृत रिसर्च', जुलाई 1915, और 'इण्डियन फिलासॉफिकल रिव्यू', अप्रैल 1918 में, तथा एस. सूर्यनारायणन का लेख 'समीक्षात्मक आदर्शवाद तथा अद्वैत वेदान्त' 'मैसूर यूनिवर्सिटी मैगज़ीन' नवम्बर 1919 में देखें।

4. शांकरभाष्य, 2 : 1, 6; 2 : 1, 11।

5. शांकरभाष्य, 2 : 1, 4, 37;2 : 2, 41; 2 : 4, 12।

6. शांकरभाष्य, 2 : 1, 1।

7. केवल श्रुतिमात्र प्रत्यक्ष की साक्षी की अपेक्षा श्रेष्ठतर नहीं है किन्तु वही श्रुति जिसका निश्चित तात्पर्य है श्रेष्ठ है। ''तात्पर्यवती श्रुतिः प्रत्यक्षात् बलवती न श्रुतिमात्रम्'' (भामती : सिद्धांत लेशसंग्रह)।

8. 'विवरण' का ग्रंथकार भामती के इस मत का विरोध करता है, इस आधार पर कि स्वतन्त्र तात्पर्य का अस्तित्व निर्दोष कसौटी नहीं है और श्रुति अपने रूप में ज्ञान के अन्य साधनों की साक्षी की अपेक्षा श्रेष्ठ है क्योंकि यह निर्दोष है और इसका स्वरूप भी ऐसा है कि इसके ऊपर सत्य के निश्चय के लिए और कोई न्यायालय भी नहीं है।

सकते।[1] इसी प्रकार धार्मिक विचार-विमर्श के लिए धर्मशास्त्र के कथनों का अन्तर्दृष्टि द्वारा जाने गए तथ्यों के अनुकूल होना आवश्यक है। सबसे उच्चकोटि का प्रमाण प्रत्यक्ष है, चाहे ये आध्यात्मिक हो अथवा ऐन्द्रिक, और उसे इस योग्य भी होना चाहिए कि निश्चित अवस्थाओं के अनुसार इसका हम भी अनुभव कर सकें। श्रुति का प्रामाण्य भी इसी तथ्य के आधार पर माना गया है कि यह केवल अनुभव का ही आख्यान है और चूंकि अनुभव आत्मपरिचयरूप होता है इसलिए वेदों को स्वतःप्रमाण कहा गया है, जिन्हें बाहर से किसी के समर्थन की आवश्यकता नहीं है।[2] इसलिए वेदों में वे सत्य हैं जिनकी खोज मनुष्य अपनी शक्तियों का उपयोग करके भी कर सकता है, यद्यपि यह हमारे लिए एक लाभप्रद विषय है कि वे ईश्वर प्रदत्त हैं, क्योंकि हम देखते हैं कि सब मनुष्यों को इतना साहस, समय तथा साधन प्राप्त नहीं हैं कि वे इस प्रकार के उद्योग की कठिनाइयों का सामना कर सकें।

23. परा तथा अपरा विद्या

परमसत्य का नाम परा विद्या है। इसकी विषयवस्तु है आत्मा का एकत्व तथा उसी की एकमात्र यथार्थसत्ता। यदि तार्किक साधनों के द्वारा हम परमयथार्थता का वर्णन करने का प्रयत्न करें तो हमें अगत्या कल्पना तथा प्रतीक का प्रयोग करना होगा। वेदों में हमें सत्य की सबसे उच्चश्रेणी की सन्निकटता मिलती है। व्यावहारिक सत्य अथवा अपरा विद्या सर्वथा असत्य नहीं है। यह वह सत्य है जो सांसारिक-चैतन्य के दृष्टिकोण से देखा जाता है।[3] देश, काल तथा कारणकार्यभाव से आबद्ध यह संसार अन्तिम नहीं है किन्तु हमारे अपने ज्ञान की श्रेणी से सम्बन्ध रखता है। इसका अस्तित्व हमारे आंशिक ज्ञान के कारण है और उस सीमा तक जहां तक हमारा ज्ञान आंशिक है इसका विषय अमूर्त भावात्मक है। उच्च स्तर के एकेश्वरवाद-सम्बन्धी विचार तथा निम्नस्तर के बहुत्व सम्बन्धी विचार एक समान अर्थ में सत्य नहीं हो सकते। शंकर इस कठिन समस्या का हल निम्न स्तर के बहुत्व-सम्बन्धी विचार को उच्च स्तर के विचार से गिरावट का रूप देकर करते हैं।

निम्न स्तर का ज्ञान (अपरा विद्या) मायारूप या भ्रमात्मक नहीं है अपितु केवल सापेक्ष है। अन्यथा, शंकर का परिष्कृत और उत्साह से भरा विचार-विमर्श अपरा विद्या के विषय में असंगति के कारण हास्यास्पद सीमा तक पहुंच जाएगा। वे स्वीकार करते हैं कि अपरा विद्या अन्त में जाकर हमें परा विद्या तक पहुंचा देती है। "इस श्रुति में सृष्टिरचनाविषयक विचरण का अन्तिम उद्देश्य, जिसे अविद्या स्वीकार करती है, शिक्षाएं हैं जो ब्रह्म को यथार्थ आत्मा बतलाती हैं। इसे भूलना न चाहिए।"[4] अतीन्द्रिय निरपेक्षतावाद जब मनुष्य के मस्तिष्क रूपी कारखाने में से गुज़रता है तब एक व्यावहारिक अस्तित्ववाद बन जाता है जो तब तक ही सत्य है जब तक कि सत्यज्ञान का उदय नहीं होता, जैसे स्वप्नावस्था की वस्तुएं तब

---

1. नह्यागमाः सहस्रमपि घटं पटयितुम् ईष्टे (भामती, प्रस्तावना)।

2. प्रामाण्यं निरपेक्षम्।

3. तुलना कीजिए, ड्यूसन : "यदि ठीक-ठीक विचार किया जाए तो प्रतीत होगा कि यह अपरा विद्या व्यावहारिक रूप में अध्यात्म विद्या ही है, अर्थात् विद्या जिस रूप में अविद्या के दृष्टिकोण से विचार करने पर हमें प्रतीत होती है" ('ड्यूसंस सिस्टम आफ दि वेदान्त', पृष्ठ 100)।

4. 'ड्यूसन्स सिस्टम आफ दि वेदान्त', पृष्ठ 106।

तक सत्य हैं जब तक कि जागत् अवस्था नहीं आ जाती।[1]

अविद्या अथवा सीमित विचार यथार्थसत्ता को अपना साक्ष्य प्रदान करते हैं जो विचार के क्षेत्र से परे है। यह हमें इस परिणाम पर पहुंचाता है कि इसका सत्य सापेक्ष है और प्रत्यक्ष रूप में यह यथार्थसत्ता के स्वरूप को ग्रहण नहीं कर सकता।[2] जहां एक साधारण रहस्यवादी योगी भेदों से ऊपर उठने का प्रयत्न करता है और अपने-आपको तथा अपनी खोज के विषय को भी अज्ञानरूपी मेघ में खो देता है, शंकर हमारे सम्मुख कुछ दार्शनिक कठिनाइयां उपस्थित करते हैं और हमें बतलाते हैं कि ये एक श्रेष्ठ अन्तर्दृष्टि की सम्भावना की ओर संकेत करती हैं जिसके लिए वह सब प्रकाशस्वरूप है, जो दैवीय और बुद्धि के लिए अंधकारमय है। वेदों में, जिन्हें प्रामाणिक माना जाता है, शंकर के अनुसार अपरा तथा परा विद्या दोनों ही हैं। वेद एक अद्वितीय ब्रह्म का वर्णन करते हैं तथा बहुत्वपूर्ण विश्व की यथार्थता को भी बताते हैं।

शंकर के दर्शन में हमें तीन प्रकार के अस्तित्व मिलते हैं : (1) पारमार्थिक या परमयथार्थ सत्ता, (2) व्यावहारिक सत्ता और (3) प्रातिभासिक या भ्रमात्मक सत्ता। ब्रह्म प्रथम श्रेणी की सत्ता है, देश, काल तथा कारण-कार्य से बद्ध संसार दूसरी श्रेणी का है, और कल्पनात्मक पदार्थ जैसे सीप में चांदी तीसरी श्रेणी के हैं।[3] भ्रमात्मक

---

1. शांकरभाष्य, 2 : 1, 14।

2. तुलना कीजिए, डाक्टर मैकटेगर्ट : ऐसी अध्यात्म विद्या जो बोधग्रहण की उपेक्षा करती है निःसन्देह दूषित समझी जाएगी। किसी ने कभी भी तर्क का प्रतिषेध नहीं किया किन्तु अन्त में तर्क ने उसे खण्डित कर दिया। किन्तु अध्यात्म विद्या वह वस्तु है जिसका प्रारम्भ बोधग्रहण के दृष्टिकोण से होता है और वह उससे केवल उसी अवस्था में पृथक् होती है जब कि उक्त दृष्टिकोण निरपेक्ष नहीं प्रतीत होता अपितु अपने से परे किसी वस्तु की कल्पना करता है। निम्नतम को पार करना उसकी उपेक्षा करना नहीं है" ('हीगलियन कास्मोलाजी', पृष्ठ 292)। स्पिनोजा ने अनुपात तथा 'साइंटिया इण्ट्यूइटिवा' के मध्य भेद किया है। वह ज्ञान के तीन प्रकार मानता है : (1) एक वह जो कल्पनाजन्य है जो केवल सम्मति प्रकट करता है। इसमें समस्त अपर्याप्त तथा संदिग्ध विचार आते हैं। यह भ्रमात्मक ज्ञान का भी आदि स्रोत है। (2) तर्क जो हमें सामान्य विचार तथा विज्ञान के ज्ञान को प्रदान करता है और जो "वस्तुओं की अनुकूलताओं, भेदों तथा विरोधों को ग्रहण करने" का प्रयत्न करता है ('एथिक्स', खण्ड 2, पृष्ठ 29, स्कोलियम)। जहां एक ओर एक औसत दर्जे के अशिक्षित मनुष्य के विचार का कारण कल्पना होती है वहां दूसरी ओर एक वैज्ञानिक के क्रमबद्ध ज्ञान का कारण तर्क होता है। (3) अन्तर्ज्ञान में दार्शनिक मेधा का प्रयोग, कलापूर्ण अन्तर्ज्ञान और रचनाशक्ति समाविष्ट है। इसका विषय है व्यक्ति। तो भी शंकर हमें योरुप के विचारकों में सबसे अधिक प्लेटो की याद दिलाते हैं। दोनों ही महान् आध्यात्मिक यथार्थवादी थे जिन्होंने अपने विचारों में भूतकाल की प्रमुख प्रवृत्तियों का संश्लेषण किया। दोनों ने ज्ञान के दो विभाग किए अर्थात् उच्चतम तथा निम्नतम (परा तथा अपरा), जिनमें से परा विद्या के ज्ञान का क्षेत्र है। निरपेक्ष सत्य अथवा आदर्श तथा निःश्रेयस एवं अपरा विद्या के ज्ञान का क्षेत्र है आभासमात्र जगत्। यह स्वीकार करते हुए कि यथार्थता ऊपर के प्रतीति रूप धरातल से कहीं दूर है, दोनों ही हमें यह बतलाते हैं कि इसका ग्रहण आत्मा के निजी स्वरूप में पहुंच जाने पर हो सकता है। दोनों ही अन्तर्ज्ञान में विश्वास रखते हैं जिसके द्वारा हमें यथार्थसत्ता के प्रतीति रूप का साक्षात् होता है।

3. वेदान्त परिभाषा। अद्वैत की कुछ अर्वाचीन पुस्तकों में इस भेद का प्रयोग जीव के लिए भी किया जाता है। 'दृग्दृश्यविवेक' में यह कहा गया है कि व्यक्तित्वहीन चैतन्य अपने उप-सहायकों से परिमति ही यथार्थ आत्मा है; जब यह अपने अन्दर कर्तृत्व तथा क्रियाशीलता धारण कर लेता है और इन्द्रियों तथा अन्तःकरण से अपने को परिमित कर लेता है तो यही व्यावहारिक आत्मा है; प्रतीति रूप जीव समझता है कि इसका स्वप्न शरीर तथा चैतन्य ये सब इसी के हैं। (सिद्धान्तलेशसंग्रह, 1)।

सत्ता में सार्वभौमिकता नहीं रहती। यह किसी-किसी अवसर पर उदय होती है। इसमें क्रियात्मक क्षमता नहीं है। प्रतीतिरूप सत्ता का भ्रमात्मक भाव इसके अधिष्ठान के प्रत्यक्ष ज्ञान हो जाने पर नष्ट हो जाता है। व्यावहारिक अस्तित्व-सम्बन्धी भूल जब इसके आधारस्वरूप ब्रह्म का साक्षात् हो जाता है तो स्वयं नष्ट हो जाती है। मिथ्या तथा स्वप्नजगत् की अपेक्षा व्यावहारिक-जगत् में उच्चतम कोटि का सत्य विद्यमान है। यह आत्माओं का जगत् है, उनकी परिस्थिति तथा प्रभु है, किन्तु यथार्थ में इसका मूल एकमात्र ब्रह्म में है।[1] यह स्पष्ट रूप से समझ लेना चाहिए कि आनुभविक आत्मा तथा व्यावहारिक जगत् दोनों ही यथार्थता की एक ही कोटि में है। व्यावहारिक जगत् भ्रांतिरूप नहीं है क्योंकि इसका निर्माण आनुभविक अहंभाव के विचारों से ही हुआ है। देश में अवस्थित बाह्य जगत् का अस्तित्व आनुभविक आत्मा तथा इसके विचारों से स्वतन्त्र है। ये दो व्यावहारिक क्षेत्र आत्माओं तथा पदार्थों के एक-दूसरे के साथ कारण-कार्य सम्बन्ध में रहते हैं। व्यावहारिक अहं के रूप में जो हम इस संसार में पाते हैं वह यह है कि उसे हमने अतीन्द्रिय विषयी के रूप में वहां रखा है।

24. शंकर के सिद्धान्त और कुछ पाश्चात्य विचारों की तुलना

शंकर के ज्ञानविषयक सिद्धान्त की तुलना प्रायः काण्ट के सिद्धान्त के साथ की जाती है।[2] किन्तु इन दोनों में जहां अद्भुत समानताएं हैं वहां बहुत दूर तक भेद भी हैं। काण्ट के समान शंकर भी ज्ञान की सम्भावनात्मक समस्या को व्यवस्थित बनाते हैं। यहां तक कि आत्मविषयक ज्ञान के लिए भी व्यवस्था का निर्माण करते हैं और दार्शनिक जिज्ञासा में इसे प्रमुख स्थान देते हैं। ये दोनों विचारक आनुभविक जगत् को प्रतीतिरूप मानते हैं और मानवीय मस्तिष्क की रचना को इस सीमितता का कारण बताते हैं। मनुष्य के बोधात्मक यन्त्र की परीक्षा करने के बाद काण्ट इस परिणाम पर पहुंचता है कि मनुष्य के लिए अतीन्द्रिय विषयों का ज्ञान प्राप्त करना असम्भव है क्योंकि जो कुछ भी ज्ञान का विषय बनता है, वह देश, काल की आकृतियों तथा बोधग्रहण की श्रेणियों के अन्दर आबद्ध है जिनमें प्रधान है कारणकार्यभाव। यथार्थसत्ता के सत्त्व को हम नहीं जानते, हमें जिसका ज्ञान प्राप्त होता है वह उसका केवल आभासमात्र है। शंकर के अनुसार यह हमारी दृष्टि का एक बहुत बड़ा दोष है जिसके कारण जो वस्तुतः एक है उसको हम अनेक के रूप में देखते हैं। पर्याप्तमात्रा में असद्भासता के कारण हमारी तार्किक क्रियाशीलता हमें प्रतीतिरूप जगत् की ओर बलात् ठेलती है जो सदा के लिए हमारे तथा यथार्थसत्ता के मध्य में अपना स्थान बनाए हुए है। शंकर और काण्ट, दोनों ही ज्ञान की उपाधियों के प्रश्न को आनुभविक विधि की अपेक्षा समीक्षात्मक विधि से हल करते हैं। शंकर ने काण्ट की भूल से अपने को बचा लिया जिसने अनुभव के तार्किक संकेतों को अनुभव की पूर्वरूप उपाधियां न मानकर यह घोषणा की कि व्यवहारातीत जगत् के पदार्थ

---

1. तुलना कीजिए, माण्डूक्योपनिषद् पर शांकरभाष्य के सम्बन्ध में आनन्दगिरि की टीका—ब्रह्मण्येव जीवो जगत् ईश्वरश्चेति सर्वं काल्पनिक सम्भवति।

2. प्लाटिनस के रहस्यवादी आदर्शवाद का बहुत-सा सार भारतीय विचार से लिया गया है। हम जानते हैं कि प्लाटिनस सम्राट् गार्डियन (सिकन्दर) के साथ अपने प्रचार के सिलसिले में पूर्वीय देशों में आया था और उस समय वह भारतीय आदर्शवादियों के सम्पर्क में आया होगा।

अपने-आपमें यथार्थ हैं। शंकर का लक्ष्य यह था कि वे अनुभव के क्षेत्र में अन्तर्निहित सिद्धान्त को खोज निकालें न कि उससे परे के जगत् को। किन्तु इस विषय में दोनों एकमत हैं कि यदि तार्किक बुद्धि अपने को यथार्थता का निर्माण करने वाली समझती है तो यह सत्य की प्राप्ति के अधिकार से वंचित हो जाती है, और जैसा कि काण्ट का कहना है, यह भ्रांति की एक अन्तर्निहित शक्ति के रूप में परिणत हो जाती है। शंकर और काण्ट मनोवाद का खण्डन करते हैं। डेस्कार्ट के विपरीत, जो हमारे अपने अस्तित्व सम्बन्धी ज्ञान, जो साक्षात् (अव्यवहित) तथा संशयरहित है, तथा बाह्यविषयों के ज्ञान के मध्य भेद करता है, जो अनुमानजन्य तथा समस्यापूर्ण है, काण्ट का तर्क है कि बाह्य जगत् का ज्ञान भी हमारे लिए उतना ही प्रत्यक्ष (अव्यवहित) तथा निश्चित है जितना कि हमारा आत्मविषयक ज्ञान है। काण्ट बर्कले के विषयविज्ञानवाद का अपने 'क्रिटिक ऑफ प्योर रीज़न' नामक ग्रन्थ के दूसरे संस्करण के 'आदर्शवाद का खण्डन' नामक प्रसिद्ध अध्याय में खण्डन करता है। 'सरल किन्तु आनुभविक रूप से निर्णीत मेरे अपने अस्तित्व की चेतनता यह सिद्ध करती है कि बाह्य पदार्थों का अस्तित्व देश के अन्दर है।' किन्तु यदि यथार्थसत्ता से हमारा तात्पर्य ऐसी सत्ता से है कि जिसका विचार चेतनता से स्वतन्त्र रूप में विद्यमान समझकर किया जा सके और जिसका सम्बन्ध किसी ज्ञान से न हो तब शंकर के अनुसार न तो यह व्यावहारिक आत्मा, जिससे हम परिचित हैं, न ही यह बाह्यजगत, जिसका हमें ज्ञान है, यथार्थ हैं। और काण्ट कहता है कि अनुभवगम्य सब पदार्थ प्रतीतिमात्र हैं, तात्त्विक नहीं हैं।[1] दूसरी ओर यदि यथार्थसत्ता से हमारा तात्पर्य अनुभव की ऐसी सामग्री से हो जिस पर निर्भर किया जा सके तब व्यावहारिक आत्मा तथा बाह्य जगत् दोनों ही यथार्थ हैं और दोनों एक ही श्रेणी के हैं। परिमित शक्तिवाली आत्मा तथा यह जगत् यथार्थ अथवा अयथार्थ हैं और यह इस बात के ऊपर निर्भर करता है कि हम यथार्थ का क्या तात्पर्य समझते हैं। जहां काण्ट वस्तुओं के अपने आप में अनेकत्व में विश्वास करता है, शंकर बलपूर्वक कहते हैं कि आधारभूत यथार्थता एक ही है। इस विषय में शंकर का विचार काण्ट की अपेक्षा अधिक दार्शनिक है जो अनुचितरूप में जगत् के भेदों को वस्तुओं की निजी सत्ता के क्षेत्र में ले आता है।

शंकर काण्ट की भांति भाव (आशय) तथा बोधग्रहण के बीच कोई स्पष्ट विभाजक रेखा नहीं खींचते और न वे यह विश्वास ही करते हैं कि हमारी बुद्धि के तत्त्वों में ठोस तथ्यों को प्रस्तुत करने की शक्ति नहीं है। काण्ट के अनुसार, प्रत्यक्ष का असम्बद्ध वाक्यविन्यास ही, जिसे ज्ञान नहीं कहा जा सकता, हमारे सामने प्रस्तुत होता है; इसमें से जिस वस्तु का हम अपने वर्गविभाग के द्वारा निर्माण करते हैं और जिसमें आवश्यकता तथा व्याप्ति बाहर से आकर जुड़ जाती हैं वही ज्ञान है। शंकर के दर्शन में मानसिक रचना तथा प्रस्तुत तथ्य में कोई विरोध नहीं है। ये दोनों ही एक-दूसरे के अनुकूल हैं। यही भेद शंकर तथा ब्रैडले में भी है। शंकर यह नहीं कहते कि वास्तविक शारीरिक संवेदना में हमें 'वह' का अनुभव होता है और यह कि विचार का आधार 'क्या' को 'वह' से पृथक् करने की दोषपूर्ण कल्पना है। इसका परिणाम यह होता है कि हम फिर से 'वह' को केवल विचार रूप उपस्थिति के द्वारा अपने ध्यान में नहीं ला सकते। और न प्लेटो के विरुद्ध अरस्तु द्वारा किए गए इस आक्षेप के साथ ही शंकर अपनी सहमति प्रकट कर सकते हैं कि यदि इन्द्रियों द्वारा ग्राह्य ज्ञान बुद्धिगम्य नहीं है तब विचार हमें इन्द्रियग्राह्य बुद्धिग्राह्य से न्यूनतम

---

1. देखें, काण्ट : 'प्रोलेगोमेना' देखें, 13, रिमार्क 2।

है और बुद्धिगम्य इन्द्रियग्राह्य का सम्यक् ज्ञान प्राप्त करने में हमें सहायता प्रदान करता है, यद्यपि उनके मन में बुद्धिगम्य भी यथार्थ से न्यूनतम कोटि का है। वे यथार्थ को इन्द्रियग्राह्य से और बुद्धिग्राह्य से भी पृथक् करते हैं और उनका मत है कि इन्द्रियगम्य की अपेक्षा बुद्धिगम्य यथार्थसत्ता के अधिक सन्निकट है।

कहीं-कहीं शंकर के सिद्धान्त की तुलना एम. बर्गसां के सिद्धान्त के साथ की जाती है जिसका तर्क है कि मनुष्य में चैतन्य का विकास हुआ है। अमीबा (आद्यजीव) से ऊपर की ओर उठने में एक लम्बा समय लगा है। मनुष्य के विकास की प्रक्रिया में उन प्राणियों की अनेक प्रकार की अन्तर्निहित चेतनता का दमन हुआ है। हम जो आज हैं, हमें इस स्थिति तक पहुंचने के लिए बहुत अधिक मूल्य चुकाना पड़ा है। यद्यपि हमारे तार्किक मस्तिष्कों की उपयोगिता क्रियात्मक उद्देश्य की पूर्ति के लिए है, तो भी यह कल्पना करना अयुक्तियुक्त है कि अब जो कुछ हम हैं उसमें हमारा सम्पूर्ण अस्तित्व विलीन हो गया। इस जगत् में भी हमें मेधावी तथा अन्तर्दृष्टि सम्पन्न ऐसे मनुष्य मिलते हैं जिनके अन्दर प्रसुप्त शक्तियां उत्तेजना पाकर जीवन में प्रकट होती हैं। शंकर बर्गसां के इस मत से सहमत नहीं होंगे कि बुद्धि जीवन के प्रवाह को छिन्न-भिन्न कर देती है और यह कि अन्तविहीन गत्यात्मक प्रक्रिया को बुद्धि एक स्थिर विषय अथवा ज्यामितीय गुणोत्तर श्रेणी के रूप में परिणत कर देती है। बुद्धि केवल यथार्थता का अवयव विच्छेद ही नहीं करती अपितु उसका फिर से निर्माण कर देने का भी प्रयास करती है। अपने व्यापारों में इसके विश्लेषणात्मक तथा संश्लेषणात्मक, दोनों ही रूप हैं। विचार सम्भाव्य घटना को विधान में परिणत कर देता है। यह केवल यथार्थता को भिन्न-भिन्न भागों में विभक्त ही नहीं करता अपितु एक-दूसरे के लिए उनका निर्माण हुआ है और ये एक ही प्रक्रिया की समानान्तर अभिव्यक्तियां हैं। यदि शंकर बुद्धि को मनुष्य के चैतन्य की सर्वोच्चवृत्ति नहीं मानते तो इसलिए कि अपने-आप में पूर्ण होने पर भी बुद्धि-जगत् हमारे आगे एक समस्या उपस्थित कर देता है। तार्किक दृष्टि में जो पूर्ण जगत् है जीवन तथा अनुभव जगत् के लिए पूर्ण नहीं है। यही कारण है कि शंकर इसे अन्तिम या सुनिश्चित नहीं मानते। उनकी दृष्टि में केवल गणितविद्या ही भावात्मक अमूर्त नहीं है किन्तु समस्त ज्ञान अर्थात्—इतिहास, कला, नीतिशास्त्र और धर्म भी उसी कोटि में हैं क्योंकि ये सब द्वैतपरक दृष्टिकोण की धारणा को पूर्व से ही मान लेते हैं। शंकर इस विचार से कि बुद्धि विश्लेषण तथा पृथक्भाव का उपयोग करती है इसे दोषपूर्ण नहीं ठहराते। वे इसकी मूर्तता को स्वीकार करते हैं और फिर भी इसे असन्तोषप्रद मानते हैं। जब हम सरल तत्त्वों से संयुक्त पदार्थों के वर्गों की ओर आते हैं और तर्क के द्वारा एक सर्वश्रेष्ठ व्यक्तित्व (ईश्वर) तक पहुंचते हैं, जिसका अस्तित्व इस विश्व में व्यक्त हो रहा है, तो शंकर अनुभव करते हैं कि हमारे तर्कशास्त्र ने मूर्तता का रूप धारण कर लिया। विचार की विजय, ठोस पदार्थ की विजय है किन्तु अत्यन्त ठोस विचार भी इन अर्थों में भावात्मक ही है कि यह यथार्थसत्ता को उसके वास्तविक रूप में समझने में असमर्थ है। हम जितना ही ऊपर की दिशा में विचार करेंगे हमारा ज्ञान उतना ही उत्कृष्ट होगा तो भी सर्वोच्च श्रेणी का विचार पूर्ण सत्य नहीं है। यथार्थसत्ता की खोज में बुद्धि की सहायता से आगे-आगे और ऊपर की ओर बल देने पर हम ऐसी यथार्थसत्ता तक पहुंचते हैं जो पूर्ण, समृद्ध तथा अगाध प्रतीत होती है। यह ईश्वर है और यही एकमात्र साधन है जिसके द्वारा निश्चित विचार के स्तर पर ब्रह्म का चिन्तन व मनन किया जा सकता है। किन्तु ईश्वर सर्वोच्च ब्रह्म नहीं है क्योंकि ईश्वर का एकत्व बुद्धिगम्य नहीं है।

पाश्चात्य विचारकों में से ब्रैडले सबसे अधिक शंकर के निकट है यद्यपि दोनों के बीच सिद्धान्त विषयक मौलिक भेद है। ब्रैडले अपने 'अपीयरेंस एण्ड रियेलिटी' नामक ग्रन्थ के पहले भाग में मानवीय ज्ञान की अवधियों के सिद्धान्त का, मुख्य और गौण गुणों, द्रव्य तथा गुण, गुणों तथा सम्बन्धों में परस्पर भिन्नता की तीक्ष्ण तथा सूक्ष्म समालोचना के द्वारा, परिष्कार करता है। यह उसका निश्चित विश्वास है कि विचार के द्वारा कभी भी यथार्थसत्ता का ग्रहण नहीं हो सकता। 'क्या' और 'वह' को पृथक्-पृथक् करके यह अपने लक्ष्य तक नहीं पहुंच सकता अर्थात् यथार्थसत्ता के रहस्य को पुनः प्राप्त नहीं कर सकता। ब्रैडले के अनुसार उदाहरण के रूप में, जब हमें, नीले रंग की संवेदना होती है तब 'वह' का भी ज्ञान होता है, जो वस्तुतः उपस्थित है और एक 'क्या' का भी अनुभव होता है जो यह विशेष गुण है जिससे इसकी पहचान होती है। साक्षात् (अव्यवहित) बोध ग्रहण में हम दोनों पक्षों में परस्पर भेद से अभिज्ञ नहीं होते। यह एक 'यह—क्या' है जो प्रक्रिया का वस्तुविषय है जहां पर 'यह' का भेद 'क्या' से चैतन्य के अन्दर प्रविष्ट नहीं होता। किसी विषय के निर्णय में हम दोनों में भेद करते हैं अथात् विधेय का विषयी से भेद और विधेय को विषयी (ज्ञाता) का गुण बताते हैं। यह समस्त निर्णयों के विषय में सत्य है। जीवन अथवा यथार्थसत्ता एक ऐसी संवेदना है जिसमें 'वह' और 'क्या' पृथक् नहीं किए जा सकते किन्तु तार्किक चिन्तन सदा भावात्मक होता है इन अर्थों में कि इसका वास्तविक तत्त्वसार वस्तु विषय की प्रक्रिया से मानसिक पार्थक्य में है। शंकर के मत में 'वह' का 'क्या' से पार्थक्य तर्कशास्त्र का अनिवार्य दूषण नहीं है उन अर्थों में, जिनमें ब्रैडले इसे लेता है। और न वह यही कहता है कि यथार्थसत्ता जो परामर्श का विषय है स्वयं संवेदनारूप तथ्य में हमारे सम्मुख प्रस्तुत की जाती है। यह मान भी लिया जाए कि ज्ञान में विचार मनोवैज्ञानिक प्रतिकृति नहीं है किन्तु आदर्श वस्तुविषयक है, और यह भी मान लिया जाए कि विचार-सम्बन्धी वस्तुविषयक परामर्श यथार्थ-जगत् से सम्बन्ध रखता है तो भी शंकर का कहना यह है कि यथार्थ, जिसको विचार-सम्बन्धी वस्तुविषयक विशेषरूप से निर्देश करने में प्रवृत्त होता है, व्यक्तिविशेष का संवेदनापरक अनुभव नहीं वरन् स्वतन्त्र यथार्थसत्ता है। ज्ञान विषयनिष्ठ गुणों के द्वारा किसी संवेदना अथवा उसके विस्तार की विशिष्टता का वर्णन नहीं करता है किन्तु उसकी विशिष्टता का वर्णन करता है जो यथार्थसत्ता वहां प्रकट है, मेरा अथवा मेरी मनोभावनाओं का चाहे जो कुछ भी हो। जब तक हम किसी व्यक्ति अनुभव के स्वरूप के अनुसंधान में रत हैं, हम एक मनोवैज्ञानिक खोज में निरत हैं, किन्तु यह तार्किक प्रयास नहीं है। 'संवेदना' शब्द के उपयोग के कारण ब्रैडले के यहां जो संदिग्धता है शंकर के यहां उसका अभाव है। तो भी उसे यह स्वीकार करना ही होगा कि समस्त परामर्श का यथार्थरूप में ज्ञाता (विषयी) अपने यथार्थरूप में यथार्थसत्ता ही है और विधेय एक ऐसा गुण है जिसे हम इसके साथ सम्बद्ध करते हैं यद्यपि यह इससे कहीं निम्नकोटि का है। इस प्रकार उद्देश्य और विधेय यथार्थसत्ता तथा प्रतीति के अनुकूल हैं। "प्रत्येक परामर्श में असली उद्देश्य यथार्थसत्ता है जो विधेय से भी अतीत है और विधेय जिसका एक विशेषण है। जब तक 'क्या' 'वह' के साथ मिलकर दोनों एक नहीं हो जाते तब तक हम सत्य तक नहीं पहुंचते और जब ये दोनों मिलकर एक हो जाते हैं तो हमें विचार नहीं मिलता। जैसेकि ब्रैडले ने कहा है, "यदि तुम ऐसे पदार्थ का विधेय बनाते हो जो भिन्न है तो तुम उद्देश्य को ऐसा वर्णन करते हो जैसा कि वह नहीं है, और यदि तुम्हारा विधेय ऐसा है जो भिन्न नहीं है तो तुमने मानो कुछ कहा ही नहीं।" जब तक हम सोचते हैं कि विधेय उद्देश्य से न्यूनतम है

तो प्रतीति भी यथार्थता से न्यून है। शंकर के अनुसार, समस्त परामर्श दोषपूर्ण है इसलिए नहीं कि यह 'वह' को 'क्या' से पृथक् करता है किन्तु इसलिए कि विधेय उद्देश्य से भिन्न है और उद्देश्य यथार्थसत्ता है। भेद के बिना विचार सम्भव नहीं है, और भेद के साथ यथार्थसत्ता सम्भव नहीं है। ब्रेडले का मत है कि यथार्थसत्ता सामंजस्यपूर्ण (संगत) है और इसलिए सत्य को भी सामंजस्यपूर्ण होना चाहिए। स्वात्मपूर्णता और संगीत यथार्थसत्ता के लक्षण हैं। शंकर इन्हें सम्भाव्य विधेयों के मूल्यांकन में स्वीकार करते हैं। देश, काल और कारण आदि न तो स्वतः पूर्ण हैं और न संगत ही हैं। वे स्वात्मविरोधी हैं और अपने से दूर तक भी विस्तृत होते हैं। शंकर के निश्चित दृष्टिकोण से सामंजस्यपूर्ण सत्य भी यथार्थसत्ता नहीं है। हम यथार्थसत्ता को भी सामंजस्यपूर्ण नहीं मान सकते क्योंकि सामंजस्य का अर्थ है कि अनेक भाग एक पूर्ण इकाई में परस्पर सम्बद्ध हैं। हिस्सों तथा पूर्ण इकाई का यह भेद व्यावहारिक है जिसका हम इन्द्रियातीत यथार्थसत्ता में आधान कर रहे हैं। सामंजस्य के रूप में सत्य की मांग है कि हम ईश्वर के निरपेक्ष अनुभव की पूर्वकल्पना करें जिसके अन्दर समस्त सीमित विषयी तथा विषय एक क्रमबद्ध एकत्व में समाविष्ट हों। शंकर का मत है कि चूंकि जिस एकत्व की हम कल्पना करते हैं वह बुद्धिगम्य नहीं है, इसमें भी प्रतीति अथवा अयथार्थता का लक्षण पाया जाता है। इस विषय में ब्रैडले का मत स्पष्ट है। हमारे समस्त विचार में 'वह' और 'क्या' परस्पर प्रतिद्वन्द्वी हैं तथा एक-दूसरे के विरोध में काम करते हैं। एकत्व का फिर से स्थापन करना असम्भव है। तर्कशास्त्र नेकनीयती के साथ इस प्रकार की पूर्वधारणा बना लेता है कि इस जगत् के समस्त पदार्थ एक पूर्ण इकाई से सम्बद्ध हैं, और यह कि परस्पर के भेद केवल प्रतीतिरूप हैं तथा विधेय और साध्यपक्ष एक ही हैं एवं प्रतीतिरूप पदार्थ यथार्थसत्ता के साथ एकता रखते हैं। ब्रैडले यह धारणा बनाकर चलता है कि तार्किक जगत् में ऐसा कोई भी पदार्थ अपूर्व नहीं है जिसे पर्याप्त परिवर्तनों के साथ यथार्थसत्ता का रूप न माना जा सके। किन्तु वह हमें यह स्पष्ट रूप से नहीं बतलाता कि उस परिवर्तन की अवधि क्या है। जब वह इस प्रकार का कथन करता है कि कोई भी परामर्श सम्भवतः सत्य नहीं हो सकता जब तक कि परामर्श करनेवाले की यथार्थसत्ता नहीं है तो उसका यह कथन पूर्णरूप में तर्कसम्मत है और शंकर भी उसके इस मत से सहमत होंगे। ब्रैडले कहता है : "मैं जिस परिणाम पर पहुंचा हूं वह यह है कि सम्बन्धों के आधार पर विचार करने की विधि अर्थात् ऐसी कोई भी विधि जो परिभाषाओं तथा सम्बन्धों को लेकर चलती है—प्रतीति की तो प्राप्ति करा सकती है किन्तु सत्य की नहीं। यह कामचलाऊ है, एक योजना है, केवल एक क्रियात्मक समझौता है जो अत्यावश्यक तो है किन्तु अन्त में जाकर अत्यन्त निर्बल सिद्ध होता है।" इससे यह परिणाम निकलता है कि यथार्थ का सामंजस्यपूर्ण रूप में निरूपण करना भी एक "योजना है जो अत्यावश्यक क्रियात्मक समझौता है किन्तु अन्त में अत्यन्त दुर्बल सिद्ध होती है।" ब्रैडले की ही भांति शंकर की दृष्टि में भी तर्कशास्त्र की अशक्तता इसमें है कि वह ज्ञाता तथा ज्ञात के मध्य भेद की कल्पना कर लेता है। समस्त द्वैतभाव केवल मानसिक है।[1]

शंकर के तर्कशास्त्र में अज्ञेयवाद तथा ब्रह्मसाक्षात्कारवाद, दोनों ही के अंश पाए जाते हैं। निरपेक्षसत्ता एक अप्राप्य लक्ष्य है जिसके प्रति परिमित शक्तिशाली बुद्धि यत्न करती है और जब यह सिद्धि तक पहुंच जाती है तो विचार का वह रूप नहीं रहता जो व्यावहारिक

1. द्वैतं सर्व मानसम्।

जीवन में है, और यह ज्ञान के एक उच्चश्रेणी के तथा अधिक प्रत्यक्षरूप में परिणत हो जाता है जिसमें यह तथा इसका विषय फिर परस्पर भिन्न रूप में नहीं पहचाने जा सकते। तर्क-सम्बन्धी आन्वीक्षिकी विद्या हमें ऐसी भूलों पर विजय पाने में सहायता करती है जिन्हें विचार विवशतावश कर बैठता है। वे असंगतियां तथा अपूर्णताएं, जिनमें शंकर का ज्ञानसम्बन्धी-सिद्धान्त रहने के लिए सन्तुष्ट है, उनके तर्क के किन्हीं दोषों के कारण नहीं हैं, वरन् वे एक ऐसे दर्शनशास्त्र की अनिवार्य अपूर्णताएं हैं जो वस्तुओं की गहराई तक पहुंचने का प्रयत्न करता है, उनकी दृष्टि में ज्ञान इतना आवश्यक है और भ्रांति इतनी विनाशकारी है कि वे किसी विषय को तब तक सत्य नहीं मानते जब तक कि वह तर्कशास्त्र के अन्वेषण द्वारा प्रमाणित न हो।

25. विषयनिष्ठ मार्ग : देश, काल और कारण

वस्तुओं के सम्बन्ध में सबसे प्रथम जो भाव उदय होता है उससे असन्तोष का होना ही अध्यात्म विद्या को जन्म देना है। जहां साधारण बुद्धि बाह्यरूप में प्रतीत होनेवाले ज्ञान को ही अन्तिम मान लेती है, वहां चिन्तन जिज्ञासा को प्रोत्साहन देता है कि क्या प्राथमिक भाव को ही अन्तिम मान लेना चाहिए। दर्शनशास्त्र का मुख्य कार्य है अयथार्थ तथा यथार्थ में भेद करना और नित्य तथा क्षणिक में भेद करना। एक ऐसे समय में जबकि धर्म की समस्या को यह रूप दिया जाता हो कि ईश्वर है या नहीं, शंकर ने कहा कि मुख्य समस्या का सम्बन्ध अस्तित्व वादी सत्ता के विरुद्ध यथार्थसत्ता से है। वह वस्तु जो अस्तिरूप नहीं है यथार्थ हो सकती है किन्तु वह जो विद्यमान है यथार्थ नहीं भी हो सकती; यथार्थ सत्ता के लिए अस्तित्व का भाव असम्भव है। इस प्रकार का भेद ही भौतिक विज्ञान से भिन्न आध्यात्मिक ज्ञान का औचित्य है और इस प्रकार का भेद ही समस्त दार्शनिक विचारधाराओं में मिलेगा, चाहे वे पूर्वीय हों अथवा पाश्चात्य। माइलेशियन्स् की 'प्रकृति', एम्पिडौक्लीज तथा अनाक्सागोरस के 'तत्त्व', पाइथागोरस की 'संख्याएं', ल्यूसिप्पस तथा डेमोक्रिटस के 'परमाणु', प्लेटो के 'विचार' और अरस्तू की 'आत्मानुभूति-क्रियाएं' आदि सब इस प्रतीतिरूप जगत् की पृष्ठभूमि में जो यथार्थसत्ता है उसकी खोज के अन्तिम परिणाम हैं। मध्यकालीन विद्वान 'सारतत्त्व' तथा 'अस्तिरूपसत्ता' की समस्या को हल करने में तत्पर थे। डेस्कार्ट तथा स्पिनोज़ा एकमात्र इसी समस्या में व्यग्र थे। वोल्फ़ और काण्ट ने परिभाषाओं में परिवर्तन किया और प्रतीतिरूप जगत् के विरोध में सद्बुद्धि द्वारा प्राप्त प्रकृतितत्त्व का प्रतिपादन किया। हीगल ने सत् तथा अस्तित्व में भेद किया। आधुनिक काल के वैज्ञानिक समझते हैं कि हम जिन वस्तुओं को देखते हैं वे उस यथार्थसत्ता के प्रतीतिरूप हैं जो विद्युत् शक्ति है। यद्यपि उक्त विचारकों में परस्पर बहुत दूर तक के भेद हैं तो भी निरन्तर स्थायी एक सामान्यतत्त्व यथार्थसत्ता को सत्य तथा स्वतःसम्भूत मानता है एवं उसके अन्दर से उत्पन्न होनेवाला प्रतीतिरूप जगत् उससे भिन्न है।

शंकर के दृष्टिकोण से यथार्थसत्ता के नित्यस्वरूप की व्याख्या करना ही दर्शनशास्त्र का कार्य है और वही विश्व का अन्तस्तम सारतत्त्व है। इसका नाम 'ब्रह्मविद्या' है। उसकी दृष्टि में अस्तिरूप यथार्थसत्ता नहीं है। किसी घटना का घटित होना एक वस्तु है और उसका उचित मूल्यांकन करना दूसरी वस्तु है। यह तथ्य कि हम किसी वस्तु को देखते हैं यह सिद्ध नहीं करता कि वह इसीलिए सत्य भी है। यदि वह सब जो होता है अथवा जिसे हम देखते

हैं सत्य होता तो मिथ्या अनुभव कभी होता ही नहीं। यहां तक कि धोखे में डालने वाले स्वप्न भी एक अन्तःस्थ जीवन की घटनाएं हैं। केवल होने मात्र के नाते सभी अनुभव एक ही कोटि के हैं; वे न सत्य ही हैं और न असत्य ही।[1] तर्कशास्त्र ऐसी वस्तुओं को जो प्रत्येक बुद्धिगम्य हैं सत्य मानता है और ऐसी वस्तुओं को जो केवल व्यक्तिगत है असत्य मानता है। शंकर अनुभव के मुख्य सिद्धान्तों के बारे में घोषणा करते हैं कि जो कुछ भी देश, काल और कारण से आबद्ध है वह यथार्थ नहीं हो सकता। हमारे अनुभव का सामान्य रूप देश से सम्बद्ध है किन्तु यथार्थसत्ता देश की अपेक्षा नहीं करती तथा वह अखण्ड है। क्योंकि जो भी देश में परिमित है वह विभाज्य भी है और विभाज्य वस्तु सदा उत्पत्तिशील होती है यथार्थ नहीं। चूंकि यथार्थसत्ता जन्मरहित तथा अविभाज्य है और इसीलिए उसमें देश का प्रतिबंध नहीं है।[2] देश का विभुत्व (व्यापकत्व) केवल सापेक्ष है। जो कुछ देश के अन्दर सीमित है वह काल से भी सीमित है।[3] काल के अपने अन्दर एक प्रकार की प्रवृत्ति अपने से दूर जाने की होती है यद्यपि यह कभी जा नहीं सकता। यह आनुभविक जगत् में यथार्थसत्ता है।[4] अनुभव रूप जगत् में समय का क्षेत्र सार्वभौम (व्याप्त) है। किन्तु जगत् की अन्तविहीन समयावधि अपने-आप में पर्याप्त नहीं है। ऐहलौकिक जगत् यथार्थ नहीं है।

चूंकि कारणकार्यभाव अनुभव का प्रधान वर्ग है इसलिए शंकर इसकी सूक्ष्म समीक्षा करते हैं, जिसका उद्देश्य उक्तभाव के सर्वथा असन्तोषजनक रूप में प्रकट करता है। किसी भी पद्धति में घटनाएं एक-दूसरे से सम्बद्ध हैं यह साधारण बुद्धि की तथा विज्ञान की भी धारणा है।

> शंकर न्याय-वैशेषिक के इस मत की समीक्षा करते हैं कि कार्य एक ऐसी वस्तु है जो कारण में नहीं रहती। उनका तर्क है कि कार्य को अपने व्यक्त होने से पूर्व कारणरूप में अवश्य रहना चाहिए; क्योंकि जहां कोई वस्तु पहले से उपस्थित नहीं रहती वहां यह उत्पन्न नहीं हो सकती। बालू को दबाकर उसमें से तेल नहीं निकाला जा सकता। यदि कार्य कारण के अन्दर विद्यमान न होता तो चाहे कितनी भी चेष्टा की जाती इसे कारण के अन्दर से उत्पन्न करना असम्भव होता। कार्यसाधक जो करता है वह केवल इतना ही है कि वह कारण को कार्य रूप में परिणत कर देता है। यदि कार्य अपने व्यक्त होने से पूर्व विद्यमान न होता तो इसके सम्बन्ध में कार्यकर्ता की क्रिया का कोई प्रयोजन ही न होता। यदि हम कार्य को कारण का अपने से परे विस्तृत रूप मानें, जो कि इसके अन्दर समवाय सम्बन्ध से रहता है, तो इसका

---

1. तुलना कीजिए, ब्रैडले : "जो कुछ मुझे अस्तित्व में, जगत् में अथवा अपने अन्दर मिलता है यह दर्शाता है कि यह कुछ है और यह इससे अधिक प्रदर्शित नहीं कर सकता।...जो उपस्थित है वह निःसन्देह उपस्थित है : उसे मानना ही होगा और उसकी उपेक्षा नहीं की जा सकती। किन्तु एक स्वीकृत तत्त्व को मानने और बिना किसी सन्देह के उसकी विषयवस्तु को यथार्थ मान लेने में बहुत बड़ा अन्तर है" ('अपीयरैंस एण्ड रियलिटी', पृष्ठ 206-207)

2. देखें, शांकरभाष्य, 2 : 3, 7।

3. यद्धि लोके इयत्तापरिच्छिन्नं वस्तु घटादि तद् अन्तवद् दृष्टम् (शांकरभाष्य, 2 : 2, 41)।

4. कुछ पुराणों ने काल को नित्य माना है, 'प्रकृति : पुरुषश्चैव नित्यौ कालश्च सत्तम्!' (विष्णु पुराण)। किन्तु जैसाकि विद्यारण्य ने कहा है पुराणों का दृष्टिकोण वही है जो व्यावहारिक जगत् का है। पुराणस्याविद्यादृष्टिः।

तात्पर्य यह हुआ कि कार्य वहां पहले से है और नये सिरे से उत्पन्न नहीं किया गया। इस आपत्ति के उत्तर में कि यदि कार्य कारण में विद्यमान रहता है तो कारणरूप कर्त्ता की क्रिया उद्देश्यविहीन है। शंकर का कहना है कि ''कर्त्ता की क्रिया का उद्देश्य यह समझना चाहिए कि वह कारणरूप द्रव्य को कार्य के रूप में लाने की व्यवस्था करती है।'' कारण और कार्य में नैरन्तर्य भाव है अर्थात् ऐसा समय कभी नहीं आता कि कारण अपरिवर्तित रूप में बना रहे। क्योंकि यदि कारण कुछ समय तक इसी प्रकार अपरिवर्तित रूप में बना रहे और तब हठात् परिवर्तित हो तो इस आकस्मिक परिवर्तन का कोई कारण होना चाहिए जिसे हम नहीं जानते। इसलिए यह कहा गया है कि कारण निरन्तर कार्यरूप में परिवर्तित होता रहता है। यदि कारण-कार्य भाव निरन्तर रहनेवाली वस्तु है तब कारण और कार्य दो भिन्न-भिन्न वस्तुएं नहीं हुईं और हम यह भी नहीं कह सकते कि एक दूसरे के रूप में परिणत हो जाता है। यह कहा गया है कि कार्य के अपने अन्दर एक प्रकार का 'अतिशय' रहता है[1] अर्थात् कार्य की ओर बढ़ने की शक्ति जिसके द्वारा यह कार्य को व्यक्त रूप में ला सकता है। शंकर का कहना है : ''यदि अतिशय से तुम्हारा तात्पर्य कार्य की उस पूर्ववर्ती अवस्था से है तो तुम अपने उस सिद्धान्त को छोड़ते हो कि कार्य कारण के अन्दर विद्यमान नहीं रहता। यदि इससे तुम्हारा तात्पर्य कारण की किसी ऐसी शक्ति से है जिसकी कल्पना इस तथ्य की व्याख्या के लिए की गई है कि एक ही निर्णीत कार्य कारण से उत्पन्न होता है तब तुम्हें अवश्य मानना पड़ेगा कि यह शक्ति एक विशेष कार्य का ही निर्णय कर सकती है यदि न तो अन्य (अर्थात् कारण तथा कार्य के अतिरिक्त) है और न असत्स्वरूप ही है। क्योंकि यदि यह इन दोनों में से एक होती तो यह अन्य किसी वस्तु से भिन्न न होती जो या तो असत् है अथवा कारण तथा कार्य से भिन्न है (और तब यह किसी कार्य विशेष को उत्पन्न न कर पाती)। परिणाम यह निकला कि वह शक्ति उस शक्ति के अपने ही समान है।'' इसके अतिरिक्त कारण केवल कार्य का पूर्ववर्ती ही नहीं है किन्तु उसका निर्माणकर्ता भी है। यदि कारण कार्य के अन्दर विद्यमान न हो तो कार्य दिखाई नहीं दे सकता। मिट्टी के पात्र में मिट्टी बराबर वर्तमान रहती है तथा कपड़े के अन्दर धागे भी बराबर विद्यमान रहते हैं। कारण और कार्य ऐसी दो भिन्न-भिन्न वस्तुएं नहीं हैं जिन्हें घोड़े तथा गाय की भांति पृथक्-पृथक् देखा जा सके। व्यक्त होने से पूर्व और व्यक्त होने के पश्चात् जो कार्य की अवस्था है इनका परस्पर भेद सापेक्ष है। कारण तथा कार्य एक ही वस्तु के दो भिन्न-भिन्न रूपों को प्रकट करते हैं और वस्तुतः एक ही प्रकृति के हैं।[2] यह कहा जाता है कि दो वस्तुएं जब उनकी आकृतियों में परिवर्तन होता है तो व्यक्त होने तथा विलय होने से एक ही स्वरूप की नहीं हो सकतीं। शंकर का कहना है कि यह तर्क निरर्थक है। ''व्यक्त होना बीजों से पौधों के उत्पन्न होने के समान उस पदार्थ का जो पहले से विद्यमान था केवल परिणमनमात्र है, एवं तत्समान अवयवों के एकत्र हो जाने से सोपाधिक है; और इसी प्रकार विलय भी केवल दृश्य अवस्था में परिणमन का नाम है जो उन्हीं अवयवों के तिरोभाव के

1. शांकरभाष्य, 2 : 1, 18।
2. शांकरभाष्य, 2 : 1, 17।

कारण होता है। यदि हमारा काम उनके अन्दर सत् से असत् और असत् से सत् की ओर संक्रमण को पहचानने का है, तब भ्रूण पीछे से उत्पन्न मनुष्य से भिन्न होता, एक युवा पुरुष बाल सफेद हो जाने पर बदल जाया करता और एक व्यक्ति का पिता अन्य किसी व्यक्ति का पिता नहीं हो सकता था।''[1] बाह्य प्रतीति के कारण कोई वस्तु परिवर्तित नहीं होती। देवदत्त चाहे अपनी भुजाएं फैलाए चाहे सिकोड़ ले, रहेगा वही देवदत्त। ''द्रव्य अपने में बने रहते हैं। उदाहरण के रूप में, दूध खट्टा हो जाने पर भी दूध तो बना ही रहता है, इत्यादि। उनका नाम कार्य हो जाता है, और हम कार्य का कारण से भिन्न रूप में चिन्तन नहीं कर सकते चाहे हम सौ वर्ष भी प्रयत्न करें। स्थिति यह है कि आदि कारण, जो अन्तिम कार्य तक किसी-न-किसी कार्य के रूप में प्रकट होता है, अपने व्यक्त होने से पूर्व विद्यमान रहता है और कारण रूप ही होता है।''[2] शंकर अपने मत को वस्त्र के दृष्टान्त द्वारा स्पष्ट करते हैं और तर्क करते हैं कि जब तक एक वस्त्र थान के रूप में लिपटा हुआ रहता है हम यह नहीं जान सकते कि यह कपड़ा ही है या कोई और वस्तु है और यदि यह जान भी जाएं तो भी उसकी लम्बाई व चौड़ाई का तो ज्ञान होता ही नहीं, किन्तु उस थान के खुलने पर ही पता लगता है कि यह कपड़ा है और इसकी लम्बाई-चौड़ाई क्या है। जिस प्रकार लिपटा हुआ वस्त्र तथा खुला हुआ वस्त्र एक-दूसरे से भिन्न नहीं हैं इसी प्रकार कारण तथा कार्य परस्पर भिन्न नहीं हैं।[3] कोई भी द्रव्य एक भिन्न रूप में प्रकट होने से अपने स्वरूप को नहीं छोड़ देता। प्रत्येक परिवर्तन किसी वस्तु का तथा उस वस्तु के अन्दर का परिवर्तन है। परस्पर परिवर्तन वस्तु-विषयों के केवल एक-दूसरे के पश्चात् क्रम में आने से ही, जिनमें किसी सामान्य रूप से कोई बन्धन नहीं है, वह परिवर्तन नहीं कहलाता। जो कुछ भी होता है वह केवल आकृति का परिवर्तन है। दही व मट्ठे के रूप में दूध की निरन्तर उपस्थिति तथा वृक्ष में बीज की स्थिति रूपनिरन्तरता माननी ही पड़ती है चाहे यह प्रत्यक्ष रूप में दिखाई दे, जैसा कि दूध व दही की अवस्था में, अथवा न दिखाई दे, जैसे कि बीज व वृक्ष के दृष्टान्त में। यहां तक भी कहा जा सकता है कि कारण ही एकमात्र यथार्थता है और कार्य सब प्रतीतिमात्र है।[4] शंकर का अभिमत सिद्धान्त है कि कारण और कार्य भिन्न-भिन्न नहीं हैं।[5] वे संक्रमण की क्रियाओं को कारणों से कार्यों में, जो यथार्थसत्ता के सम्पूर्ण विकास के अंतर्गत रहते हैं, अनुपूर्व क्रम के एक निश्चय सम्बन्ध में परिणत करते हैं जो कुछ प्रकार के तार्किक तथा विचारात्मक सम्बन्ध में विशेष रूप से पाया जाता है।[6]

---

1. शांकरभाष्य, 2 : 1, 18। 'ड्यूसन्स सिस्टम आफ दि वेदान्त', पृष्ठ 258-259।
2. शांकरभाष्य, 2 : 1, 18। 3. शांकरभाष्य, 2 : 1, 19। 4. वही।
5. कार्यकारणभेद अथवा तादात्म्य अथवा अनन्यत्व। देखें, शांकरभाष्य, 2 : 1, 14; 1 : 4, 14; और गौडपादकृत कारिका, 3 : 15। सुरेश्वरकृत वार्तिक, पृष्ठ 258।
6. आधुनिक समय के कुछ वैज्ञानिक क्रियात्मक भावरूप विचारों को नहीं मानते, यथा गति और शक्ति, और किसी भी ऐसे वर्णनात्मक नियम को पर्याप्त मानते हैं जिसमें अन्तिम कारणकार्य-सम्बन्धी व्याख्या का कोई संकेत न हो।

कारण-सम्बन्धी व्याख्या पूर्ण नहीं हो सकती। असंख्य परिभाषाएं शृंखला के किसी भी प्रस्तुत अवयव के आगे और पीछे भी रहती हैं। प्रत्येक घटना उन अवस्थाओं का पीछे की ओर निर्देश करती है जिनके अन्दर से वह उत्पन्न हुई है। यह कहना कि 'क' 'ख' का कारण है 'ख' की व्याख्या नहीं है।[1] आदि कारण की कल्पना करना स्वच्छन्द कार्य है क्योंकि इसका तात्पर्य हुआ कि हम कारण-शृंखला के आदि की कल्पना कर लेते हैं जो आदि कुछ समय के लिए है। या तो आदि कारण का भी पूर्ववर्ती कारण है अन्यथा कारणकार्य-सम्बन्धी समस्त योजना तर्कसम्मत नहीं है। किन्तु यदि कोई आदि कारण नहीं है तो कारणकार्य-सम्बन्ध की व्याख्या अपूर्ण है। प्रकृति के तारतम्य को भूत, वर्तमान तथा भविष्यत् में बांट देने के लिए हम विवश हैं। जो कुछ हमें मिलता है वह एक अविच्छिन्न प्रवाह है जो विरल शृंखला के आकार में परिणत हो गया है। हम 'क' नामक एक घटना से प्रारम्भ करते हैं जिसके पश्चात् 'ख' घटना आती है और इनके मध्य हम एक सम्बन्ध स्थापन करने का प्रयत्न करते हैं। कारण-कार्य-सम्बन्ध का विभाग प्रतीतिरूप घटनाओं की व्याख्या अधिक-से-अधिक तभी तक कर सकता है जब तक हम उन्हें यह समझते हैं कि ये परस्पर के सम्बन्ध द्वारा निर्णीत हैं और इनमें उस परमतत्त्व का समावेश नहीं करते जो निर्णीत धटनाओं से अन्यतम नहीं है। इसके साथ इतना और जोड़ना होगा कि कारणकार्यभाव एक प्रकार का सम्बन्ध है और जितने भी सम्बन्ध हैं वे अन्त में जाकर बुद्धिगम्य नहीं रहते। यदि कारण कार्य का नियम निरपेक्ष होता तो कारणकार्य की शृंखला किसी भी अवस्था में तुरन्त पहचान में नहीं आ सकती थी। किन्तु श्रुति हमें निश्चय दिलाती है कि हम इससे बाहर निकल सकते हैं।[2]

---

1. तुलना कीजिए, कैम्पबेल : "किसी भी विधान में कारण-कार्य सम्बन्ध का उपयोग इस विषय की स्वीकृति का सूचक है कि ज्ञान अपूर्ण है" ("फिज़िक्स, दि एलिमेंटस्', पृष्ठ 67)

2. शंकर प्रश्न उठाते हैं कि किस प्रकार एक कार्य जो अंशों से मिलकर बना हुआ द्रव्य है कारण में रहता बताया जाता है, अर्थात् उन भौतिक अंशों के अन्दर जिनसे मिलकर यह बना है। क्या यह सब अंशों को एक साथ मिलाकर उनमें विद्यमान रहता है या प्रत्येक विशेष अंश में? "यदि आप कहें कि यह सब अंशों में एक साथ रहता है तो इसका तात्पर्य यह होता है कि सम्पूर्ण पदार्थ का उसके असली रूप में प्रत्यक्ष नहीं हो सकता; क्योंकि यह असम्भव है कि सब अंश प्रत्यक्ष ज्ञान प्राप्त करनेवाली इन्द्रियों के सम्पर्क में आ सकें, और यह भी नहीं कहा जा सकता कि सम्पूर्ण पदार्थ का बोध केवल कुछ अंशों के ही द्वारा हो जाता है, क्योंकि अनेकत्व का बोध, जो कि इन समस्त आधारों में एक साथ मिलने पर रहता है, तब तक नहीं होता जब तक केवल कतिपय अंशों का ही बोध होता है। यदि यह कल्पना की जाए कि सम्पूर्ण इकाई सब अंशों में मध्यवर्ती अंशों के पुंजों की मध्यस्थता के द्वारा रहती है तब हमें प्रारम्भिक मुख्य अंशों की अपेक्षा अन्य अंशों की भी कल्पना करनी होगी, क्योंकि जिससे कि उन अन्य अंशों के द्वारा पूर्ण इकाई उन प्रारम्भिक मुख्य अंशों में उपस्थित रह सके। दृष्टान्त रूप में एक तलवार म्यान के अंशों के अतिरिक्त तथा भिन्न अंशों के द्वारा सारी म्यान में बराबर व्याप्त रहती है। इस प्रकार हम एक प्रकार की पश्चाद्गति में पहुंच जाते हैं क्योंकि किस प्रकार पूर्ण इकाई कतिपय प्रस्तुत अंशों के अन्दर रहती है इसके लिए हमें सदा ही अधिकतर अंशों की कल्पना करनी होगी। यदि हम दूसरे विकल्प को मानते हैं, अर्थात् पूर्ण इकाई प्रत्येक विशिष्ट अंशों में रहती है, तब अनेक इकाइयां उत्पन्न हो जाएंगी। यदि प्रतिपक्षी फिर कहता है कि पूर्ण इकाई प्रत्येक अंश में पूर्ण रूप में उपस्थित रहती है, जिस प्रकार कि गाय का जातिगत रूप प्रत्येक गाय में पूर्ण रूप से उपस्थित रहता है तो हम कहते हैं कि गाय के जातिगत गुण प्रत्येक गाय से स्पष्ट रूप से देखे जाते हैं, किन्तु प्रत्येक विशिष्ट अंश में इस प्रकार से पूर्ण इकाई का प्रत्यक्ष नहीं होता। यदि पूर्ण इकाई प्रत्येक अंश में पूर्ण रूप से उपस्थित रहती तो परिणाम यह होता कि पूर्ण इकाई किसी भी एक अंश विशेष के द्वारा कार्य को उत्पन्न कर सकती थी। दृष्टान्त के लिए ऐसी अवस्था में एक गाय अपने सींग अथवा पूंछ से भी दूध दे सकती थी।→

गौडपाद की युक्तियों[1] को शंकर स्वीकार करते हैं। चूंकि कारण और कार्य एक ही हैं इसलिए परिवर्तन तथा कारणकार्य भाव केवल प्रतीति मात्र हैं। चूंकि कारण हमारी बुद्धि से स्वयं संगठन के मूल में है इसलिए हम उनकी पूर्ववर्ती घटनाओं के द्वारा कारण कार्य-सम्बन्धी विभाग की घटनाओं का निर्णय करने में विवश हैं। "कारण और कार्य के मध्य अभेद की कल्पना करने का हेतु यह तथ्य है कि बोधग्रहण के ऊपर कारण और कार्य संयुक्त रूप से प्रभाव डालते हैं।"[2] इसके ऊपर टीका करते हुए आनन्दगिरि कहता है : "हम कारण और कार्य के आधार की कल्पना करते हैं केवल इसी आधार पर नहीं कि एक विशेष वस्तु का वास्तविक अस्तित्व दूसरी वस्तु के अस्तित्व के ऊपर निर्भर करता है, किन्तु उसका एक अतिरिक्त आधार मानसिक अस्तित्व है क्योंकि एक का चैतन्य दूसरे के चैतन्य के बिना सम्भव नहीं है।" यदि हम कारणकार्यभाव के सिद्धान्त को इस प्रकार से कहें कि जिसमें परस्पर विरोध न हों तो हमें ज्ञात होगा कि इसमें परिवर्तन की आवश्यकता है जब तक कि इसमें तादात्म्य के सिद्धान्त के साथ समानता न आ जाए और तब यह अधिकतर विज्ञान और साधारण बुद्धि के लिए किसी प्रयोजन का नहीं रहता। और जब इसकी यथार्थरूप में कल्पना की जाए तो यह सर्वथा अनुपयुक्त सिद्ध होगा; और यदि यह उपयोगी है तो यह सत्य नहीं है।

प्रत्येक सीमित पदार्थ इस प्रकार के विरोध को प्रस्तुत करता है कि वह केवल सीमित ही नहीं है अर्थात् अपने तक ही सीमित नहीं है, किन्तु सापेक्ष भी है, इन अर्थों में कि वह अन्य के ऊपर आश्रित है। अनुभूत पदार्थों में से कोई भी स्वनिर्णीत अथवा आत्मनिर्भर नहीं है। प्रत्येक विषय (पदार्थ) अपने से गुज़रकर अन्य पदार्थ में परिणत होने की प्रवृत्ति रखता है। जो सीमित है वह अस्थायी सत्त्व है और सदा अपने से अतीत होने का प्रयत्न करता है। जगत् का यह स्वरूप इस विषय का संकेत करने के लिए पर्याप्त है कि यह जगत् प्रतीतिस्वरूप अथवा माया है। परिवर्तन अयथार्थ है क्योंकि यह अस्थिरता, न्यूनता और अपूर्णता का उपलक्षण है। परिवर्तन अन्य हो जाना तथा अदल-बदल है, अर्थात् विरोध तथा संघर्ष है। जो कुछ भी परिवर्तित होता है, उसके हिस्से हैं जो अपनी सत्ता को बतलाते हैं और अस्तित्व को विभाग और भेद का स्थान बना देते हैं। प्लेटो परिवर्तन को केवल ह्रास के रूप में मानता है और अरस्तू उसे साक्षात्कार की ओर प्रवृत्ति के रूप में मानता है किन्तु दोनों ही यथार्थसत्ता को अपरिवर्तनशील मानते हैं। यह सत्य है कि अरस्तू ईश्वर को क्रियात्मक शक्ति के रूप में मानता है किन्तु यह क्रियात्मक शक्ति अपरिवर्तनशील है और शक्ति कोई कार्य नहीं करती। शंकर की दृष्टि में यथार्थसत्ता निर्विकार है जिसमें किसी प्रकार का अदल-बदल नहीं हो सकता, वह सत् से इतनी पूर्ण है कि सर्वदा ही सत्स्वरूप है और सदा के लिए अपने को विश्राम की अवस्था में स्थिर रखती है। इसमें कोई न्यूनता नहीं है, किसो वस्तु की इसे आवश्यकता नहीं है, और इस प्रकार किसी प्रकार के परितर्वन अथवा द्वंद्व का प्रश्न ही नहीं उठता। ब्रैडले की दृष्टि में "जो सम्पूर्ण अर्थों में यथार्थ है वह गति नहीं करता अर्थात् अचल है।"

हमारा अनुभव परस्पर विरोधी है और यथार्थ नहीं है, क्योंकि यथार्थसत्ता के लिए कम-से-कम स्वसंगत होना आवश्यक है। शंकर की परिभाषा में यथार्थसत्ता एक ही

→ किन्तु ऐसी बात होती देखी नहीं गई।" समवाय सम्बन्ध की समीक्षा के लिए, जो कारण व कार्य को परस्पर बांधता है, देखें, शांकरभाष्य, 2 : 1, 18।

1. देखें, शांकरभाष्य, कारिका पर, 4 : 11-20; 4 : 40।

2. शांकरभाष्य, 2 : 1, 15, तथा इसके ऊपर आनन्दगिरि की टीका।

हो सकती है, जो अद्वैत है, किन्तु हमारा अनुभव विविध प्रकार का तथा परस्पर विरोधी है। यथार्थसत्ता हमारी इन्द्रियों का विषय नहीं है। यह सत्य ज्ञान की भी विषय वस्तु नहीं है क्योंकि ज्ञान को यथार्थसत्ता के विचार के अतिरिक्त प्रामाणिक नहीं समझा जा सकता। यह अपरिवर्तनीय तथा निरपेक्ष है, जोकि अनुभव के अन्दर अपने समस्त व्यक्त रूपों में तादात्म्य रूप से रहता है और समस्त प्रतीति रूप ज्ञान का आधार तथा अधिष्ठान है। अनुभूति रूप जगत् नाम रूप से युक्त है[1] तथा देश, काल के सम्बन्धों से आबद्ध है, तथा ये सम्बन्ध अन्तरहित प्रकार से अपने अन्दर क्षीण शक्ति होते जाते हैं। किसी भी घटना को ले उसका भूतकाल तथा भविष्य दोनों ही अन्तरहित हैं—उसका कभी अन्त नहीं और कहीं अन्त नहीं है। यह झूठी आशा बंधाने वाली अन्तविहीनता, जो इसे अयथार्थ बनाती है, आत्मा को प्रेरणा देती है कि वह निरपेक्ष परमसत्ता को जानने का ही आग्रह करे।

26. ब्रह्म

"काल का चक्र तीव्र गति से घूम रहा है, जीवन क्षणभंगुर है, और सब कुछ परिवर्तन के अधीन है।" कोई भी वस्तु सत् नहीं है, सब कुछ प्रवाह रूप है। ऊपर की ओर उठने का संघर्ष, यथार्थसत्ता की खोज, सत्य को जानने की चेष्टा—इन सबका आशय यह है कि यह प्रवाह रूप जीवनधारा ही सब कुछ नहीं है। तर्कशास्त्र-सम्बन्धी, विश्व-विज्ञानसम्बन्धी और नीतिशास्त्र-सम्बन्धी सभी हेतु इस विषय की ओर निर्देश करते हैं कि इस सान्त जगत् से कहीं अधिक महान् कोई-न-कोई सत्ता अवश्य है। सान्त जगत् की सीमाओं से बचकर निकल भागने का प्रयत्न उस चेतनता की ओर संकेत करता है कि यह सान्त जगत् अपने आप में यथार्थ नहीं है। विचार करने पर जिस विषय की आवश्यकता अनुभव होती है वह यह है कि हम एक निरपेक्ष यथार्थसत्ता के अस्तित्व को मानने के लिए विवश हैं। जैसा कि डेस्कार्ट ने कहा है कि अनन्त रूप से पूर्ण सत्ता के भाव की धारणा तभी बन जाती है कि हमें अपनी परिमित शक्ति की स्वीकृति विवश होकर अंगीकार करनी पड़ती है।[2] कोई भी यथार्थ में अभावात्मक निर्णय केवल अभावात्मक होती है। "जहां कहीं हम किसी वस्तु का उसे अयथार्थ समझकर निराकरण करते हैं तो हम ऐसा किसी अन्य यथार्थसत्ता के सम्बन्ध से ही करते हैं।"[3] भावात्मक के कारण से ही हम अभावात्मक का बहिष्कार करते हैं। कोई वस्तु 'नहीं हैं', इसका तात्पर्य ही यह है कि किसी भावात्मक वस्तु का अस्तित्व भी अवश्य है। यदि हम यथार्थ तथा अयथार्थ दोनों को ही न मानें तो हम शून्यता पर जा पहुंचते हैं। जहां शंकर बौद्धमत के इस विचार के साथ इस अंश में सहमत हैं कि सब वस्तुएं बराबर परिवर्तनशील जगत् के अन्तर्गत नहीं है। हमें एक ऐसी किसी वस्तु की यथार्थता की मांग है जिसे अन्य किसी वस्तु के समर्थन अथवा सहायता की आवश्यकता न हो। यहां तक कि यदि हम समस्त विश्व को केवल काल्पनिक ही मान लें तो भी उस कल्पना का कुछ-न-कुछ आधार होना आवश्यक है।[4] क्योंकि कल्पनात्मक वस्तुएं भी बिना किसी आधार के मध्य

1. शांकरभाष्य, 1 : 3, 41।
2. 'मेडिटेशन्स' पृष्ठ 4।
3. शांकरभाष्य, 3 : 2, 22।
4. सर्वकल्पनामूलत्वात् (3 : 2, 22)।

आकाश में नहीं तैर सकतीं। यदि इस प्रकार की कोई यथार्थसत्ता नहीं है अर्थात् जिसे हम यथार्थसत्ता समझते हैं वह भी यदि उत्पन्न कार्य है तो इस जगत् के अन्दर या बाहर बिलकुल ही यथार्थसत्ता नहीं हो सकती।[1] वेदों में जो धार्मिक अनुभव अंकित है वे हमें कम-से-कम इतना तो निश्चय के साथ बताते हैं कि ऐसी एक यथार्थसत्ता है जो अनादि और अनन्त है। ड्यूसन का कथन कि "भारतीय कभी भी तात्त्विकीय प्रमाण[2] के बन्धन में नहीं फंसे" सर्वथा अनुचित है। शंकर के लेखों में जहां तक ब्रह्म के विषय में तार्किक प्रमाण उपलब्ध है यह निःसन्देह तात्त्विकीय प्रमाण है। हम एक निरपेक्ष यथार्थसत्ता की स्थापना करने के लिए विवश हैं, अन्यथा हमारे ज्ञान तथा अनुभव का पूरा ढांचा ही खण्डित हो जाएगा। प्रक्रिया की विधि में शंकर अत्यन्त मौलिकता तथा प्रत्यग्रता प्रदर्शित करते हैं। वे ईश्वरीय ज्ञान के अन्य दार्शनिकों के समान ईश्वर के गुणों के विषय में विचार-विमर्श के साथ अपनी बात आरम्भ नहीं करते। वे उन हेतुओं की भी न केवल उपेक्षा करते हैं अपितु समीक्षा भी करते हैं जो एक महान् प्रथम कारण और संसार के स्रष्टा के पक्ष में उपस्थित किए जाते हैं। उनकी दृष्टि में अविकल अनुभव (साक्षात्कार) ही आधार रूप तथ्य है। यही सर्वोच्च धार्मिक अन्तर्दृष्टि है। यह मनुष्य की आध्यात्मिक यथार्थसत्ता की अभिज्ञता का प्रमाण (यदि इसे प्रमाण की संज्ञा दी जाए) उपस्थित करता है। ब्रह्म प्रत्येक मनुष्य के लिए सदा विद्यमान है और जीवन का सार्वभौम व्यापक तथ्य है। यदि इसके लिए किसी तर्कसम्मत प्रमाण की आवश्यकता हो तो शंकर निर्देश करते हैं कि मन सापेक्ष सत्ता में विश्राम नहीं पा सकता, अर्थात् अनुभव की व्याख्या ब्रह्म की धारणा के आधार के अतिरिक्त होना असम्भव है।

कारणकार्य के सिद्धान्त का वर्णन करते हुए शंकर कारण-सम्बन्धी स्वरूप को स्वभाव अथवा सामान्य या व्याप्ति प्रतिपादन करते हैं जबकि कार्य को एक उपाधि, अवस्था अथवा विशेष मानते हैं।[3] "इस जगत् में अनेक सामान्य अपने विशेषों सहित हैं, चैतन्यसहित तथा चैतन्यविहीन। ये समस्त सामान्य अपनी श्रेणीबद्ध शृंखलाओं में एक ही सामान्य में अर्थात् ब्रह्म की बुद्धि के पुंजस्वरूप के अन्तर्गत हैं, और इसी रूप में उनका बोध ग्रहण होता है।"[4] इस सर्वव्यापक यथार्थसत्ता के स्वरूप को समझ लेने का तात्पर्य यह है कि उसके अन्तर्गत जितने विशेषण हैं उन्हें भी समझ लिया।[5]

ब्रह्म को यथार्थसत्ता का नाम देने का तात्पर्य यह है कि वह प्रतीति रूप, दैशिक, भौतिक और चेतन जगत् सबसे भिन्न है।[6] ब्रह्म वह है जिसके बारे में मान लिया जाता है कि वह मूलभूत है यद्यपि यह किसी भी अर्थ में द्रव्य नहीं है।[7] इसके अस्तित्व के लिए किसी देश के भाग विशेष की आवश्यकता नहीं, यद्यपि यह कहा जा सकता है कि यह सर्वत्र विद्यमान है क्योंकि सब वस्तुएं उसकी ओर संकेत करती हैं तथा उसके ऊपर निर्भर करती हैं। चूंकि

---

1. शांकरभाष्य, 2 : 3, 7।
2. 'ड्यूसन्स सिस्टम आफ दि वेदान्त', पृष्ठ 123।
3. शांकरभाष्य, 2 : 3, 9।
4. अनेका हि विलक्षणाः चेतनाचेतनरूपाः सामान्यविशेषाः; तेषां पारम्पर्यगत्या एकस्मिन् महासामान्ये अन्तर्भावः प्रज्ञानघने...(शांकरभाष्य, बृहदारण्यक उपनिषद् 2 : 4, 9)। तुलना कीजिए, प्लेटो के श्रेय-सम्बन्धी विचार से जो अन्य सब विचारों का आधार है।
5. सामान्यस्य ग्रहणेनैव तद्‌गता विशेषा गृहीता भवन्ति (शांकरभाष्य, बृहदारण्यक उपनिषद्, 2 :4, 7)।
6. शांकरभाष्य, 4 : 3, 14। 7. वेदान्त परिभाषा।

यह स्वयं कोई वस्तु नहीं है अन्य किसी वस्तु के साथ इसके दैशिक सम्बन्ध नहीं हो सकते और इसीलिए यह कहीं भी नहीं है। यह कारण नहीं है क्योंकि उसका अर्थ होगा कालिक सम्बन्धों का समावेश।[1] इसका स्वरूप अव्याख्येय है क्योंकि जब कभी हम इसके विषय में कुछ कहेंगे तो उसका तात्पर्य होगा कि हम इसे एक वस्तु का रूप दे देते हैं। हम इसके विषय में कथन कर सकते हैं यद्यपि हम इसका ठीक-ठीक वर्णन नहीं कर सकते और न इसका तार्किक ज्ञान ही प्राप्त कर सकते हैं।[2] यदि सीमित शक्ति वाला मनुष्य ब्रह्म को पूर्ण रूप में समझ सकता है तो या तो हमारा बोध तात्त्विक रूप में अनन्त हो या फिर ब्रह्म अनन्त नहीं हो सकता। ''प्रत्येक शब्द जिसका प्रयोग किसी वस्तु का द्योतन करने के वास्ते किया जाता है उस वस्तु का द्योतन किसी-न-किसी जाति (वर्ग) अथवा कर्म अथवा गुण अथवा सम्बन्ध की किसी वृत्ति विशेष के साथ साहचर्ययुक्त रूप में करता है।''[3] ब्रह्म की कोई जाति नहीं उसमें कुछ गुण नहीं, वह कर्म नहीं करता और किसी अन्य वस्तु के साथ वह सम्बद्ध नहीं है। यह अपने समान किसी अन्य प्रकार से अथवा अन्य किसी प्रकार से भी सर्वथा भिन्न है और न उसके अन्दर आन्तरिक विविधता है।[4] उदाहरण के रूप में एक वृक्ष के पत्तों, फूलों तथा फलों में आन्तरिक विविधता पाई जाती है, वह अन्य वृक्षों के साथ समानता रखता है तथा भिन्न प्रकार के पदार्थों तथा पत्थरों से असमानता रखता है।[5] ब्रह्म के समान अन्य कुछ नहीं है, उससे भिन्न भी कुछ नहीं है और अन्तःस्थित भेदभाव भी कुछ नहीं है, क्योंकि ये सब व्यावहारिक भेद हैं। चूंकि यह समस्त व्यावहारिक सत्ताओं से विपरीत गुण है इसलिए यह हमारे सम्मुख वस्तुओं के प्रति नेति-नेति, अर्थात् निषेधात्मक, रूप में ही प्रस्तुत किया जाता है। शंकर इसे अद्वितीयभाव के अतिरिक्त अर्थों में 'एक' कहकर लक्षित करने को भी उद्यत नहीं हैं किन्तु इसे अद्वैत नाम से पुकारते हैं। यह ''सम्पूर्णरूप में अन्य'' है किन्तु असत् नहीं।[6] यद्यपि जिन शब्दों का प्रयोग किया जाता है वे निषेधात्मक

---

1. तुलना कीजिए, कार्यकारणव्यतिरिक्तस्यात्मनः सद्भावः....अशनायादिसंसारधर्मातीतत्वं विशेषः (शांकरभाष्य, 3 : 3, 36)।

2. शांकरभाष्य, 3 : 2, 23। 3. भगवद्गीता पर शांकरभाष्य, 13 : 12।

4. सजातीयविजातीयस्वगतभेदरहितम्।

5. देखें, शांकरभाष्य, 1 : 3, 1; 2 : 1, 14। पंचदशी, 2 : 20। रुडोल्फ ऑटो : 'दि आइडिया ऑफ दि होली', अंग्रेज़ी अनुवाद, पृष्ठ 25। प्लेटो सत् तथा परिणमन से भी आगे बढ़कर श्रेयस तक पहुंचता है। प्लाटिनस निरपेक्ष सत्ता को अभी तक उद्देश्य तथा विधेय के मध्य में अविभक्त और इसीलिए समस्त भेदभाव से ऊपर के रूप में जानने की चेष्टा करता है। ''यह निरपेक्ष परमसत्ता उन वस्तुओं में से एक भी नहीं है जिनका कि वह आदि स्रोत है। इसका स्वरूप ऐसा है कि इसके विषय में निश्चित रूप से कुछ नहीं कहा जा सकता—अर्थात् अस्तित्वरहित, तत्त्व के विपरीत, जीवन का अभाव—क्योंकि यह वह है जो इन सबसे अतीत है।...'' ''एक बार जब तुमने उसके लिए श्रेय शब्द का प्रयोग कर दिया तो फिर इसके अतिरिक्त और किसी विचार को इसके आगे जोड़ने की आवश्यकता नहीं क्योंकि और कुछ भी जोड़ने से तुम उक्त अंश में उसकी न्यूनता का बखान करते हो। यहां तक भी मत कहो कि इसके अन्दर बोध की प्रक्रिया है। क्योंकि इससे भी तुम इसके अन्दर विभाग के भाव का समावेश कर दोगे'' ('एन्नीड्स', 3 : 8, 10 अंग्रेज़ी अनुवाद, मैक्केन्ना, खंड 2, पृष्ठ 134, 135)। अलेक्जेंड्रिया का क्लीमेंट एक ऐसे लक्ष्यबिंदु पर पहुंच जाता है जहां पहुंचकर सर्वोपरि सत्ता को इस रूप में नहीं कि यह क्या है अपितु इस रूप में समझा जाता है कि यह क्या नहीं है।

6. वाङ्मनसातीतत्वमपि ब्रह्मणो नाभावाभिप्रायेणाभिधीयते (शांकरभाष्य, 3 : 2, 22)।

हैं तो भी उनका जो आशय होता है वह यह है कि वह महान् भावात्मक है। निषेध केवल अभाव (अनुपस्थिति) का समर्थन-मात्र है। यह असत् (अप्राणी) है क्योंकि यह ऐसी सत्ता (प्राणी) नहीं है जो हमें आनुभविक जगत् में मिलती है। इसका तात्पर्य यह नहीं है कि यह विशुद्ध शून्यरूप है क्योंकि निषेधात्मक का तभी कुछ अर्थ होता है जबकि भावात्मक के सम्बन्ध में उसका प्रयोग किया जाए। उपनिषदें तथा शंकर[1] भी ब्रह्म के रूप का वर्णन करते हुए जब कहते हैं कि वह न तो सत् है और न असत् है तो उसका तात्पर्य होता है कि यह प्रयोग उन अर्थों के दृष्टिकोण से है जिस दृष्टिकोण से हम आनुभविक जगत् की भावात्मक तथा अभावात्मक वस्तुओं को जानते हैं। अधिक-से-अधिक हम यही कह सकते हैं कि अमुक वस्तु ब्रह्म नहीं है किन्तु यह नहीं कह सकते कि ब्रह्म है क्या। यह स्थिरता, परिवर्तन, सम्पूर्ण इकाई अथवा एक भाग, सापेक्ष और निरपेक्ष, सीमित और असीम इत्यादि समस्त परस्पर-विरोधी भावों के ऊपर आश्रित पदार्थों से अतीत है। सीमित वस्तु सदा ही अपने से ऊपर की ओर बढ़ती है किन्तु ऐसी कोई वस्तु नहीं है जिस तक अनन्त पहुंच सके। और यदि यह ऐसा करता है तो फिर यह अनन्त न रहेगा। यदि हम इसे अनन्त कहते हैं तो इसे सीमित के केवल निषेधात्मक रूप के समान न मानना चाहिए। जब तक हम औपचारिक और सीमित के भाव का विचार सर्वथा ही नहीं त्याग देते तब तक ब्रह्म के स्वरूप को नहीं समझ सकते। चूंकि व्यक्तित्व का साक्षात्कार बिना अनात्म पदार्थों की सीमाबद्ध अवस्थाओं के नहीं हो सकता इसीलिए निरपेक्ष परमार्थसत्ता कोई व्यक्तित्व नहीं है और यदि हम व्यक्तित्व की परिभाषा का प्रयोग किसी अन्य अर्थ में करते हैं जिसके अनुसार इसका अन्य किसी के ऊपर आश्रित होना आवश्यक नहीं, तब यह उसका अनुचित प्रयोग है। जब हम उस निरपेक्ष सत्ता के लिए निर्गुण शब्द का प्रयोग करते हैं तब उसका अर्थ केवल यही होता है कि यह आनुभविक जगत् से अतीत है, क्योंकि गुणों की उत्पत्ति प्रकृति से है और निरपेक्ष ब्रह्म उससे श्रेष्ठ या उच्च कोटि का है। गुण विषय का विशेषण बताते हैं और ईश्वर विषय नहीं है; विषय (ज्ञेय पदार्थ) उत्पन्न होते तथा विनष्ट होते हैं किन्तु यथार्थसत्ता सब परिवर्तनों के अन्दर स्थिररूप से बराबर विद्यमान रहती है। इस प्रकार यह गुणों अथवा प्रतीतिरूप सत् से अतीत है। इस निरपेक्ष सत्ता को इसी कारण से केवल शून्यस्वरूप नहीं समझ लेना चाहिए। इसप्रकार उपनिषद् कहती है, "निर्गुण गुणी" ब्रह्म का स्वरूप परम चैतन्य का है और तो भी वह कुछ नहीं जानता क्योंकि व्यावहारिक बोधग्रहण अन्तःकरण का परिवर्तित रूप है।[2] इसके अतिरिक्त ज्ञान इसका सारतत्त्व है, गुण नहीं है[3] यह इस अर्थ में नित्य नहीं है कि जो काल के अन्दर अपरिवर्तनशील रूप में निरन्तर विद्यमान रहता है, जैसे परमेनिडीज की 'निश्चल सत्ता'—एक चित्तविहीन निश्चल स्थावर द्रव्य, जिसका प्लेटो ने अपने 'सोफिस्ट' नामक ग्रंथ में उपहास किया है।[4] किन्तु यह नित्यस्वरूप नितान्त कालाबाधितता और निष्कलंकता के अर्थों में है। यह नित्य है क्योंकि

---

1. प्रश्न उपनिषद् पर शांकरभाष्य, 4 : 1।

2. जैसाकि स्पिनोज़ा ने कहा : "ऐसी प्रज्ञा जिसके अन्दर ईश्वर का सारतत्त्व निहित है उसे हमारी इच्छा तथा बुद्धि से भिन्न होना चाहिए और इन दोनों में नाम की समानता के अतिरिक्त अन्य किसी अंश में समानता नहीं हो सकती है, वैसे ही जैसे कि आकाशीय नक्षत्रपुंज कुत्ते (लुब्धक) तथा भौंकने वाले कुत्ते में और कोई समानता नहीं है" ('एथिक्स्', 1 : 17, स्कोलियम)।

3. रामानुज तथा नैयायिक लोग ज्ञान की व्याख्या, "सत्यं ज्ञानमनन्तं ब्रह्म" में, ज्ञान के आधार रूप में करते हैं। तुलना कीजिए, नित्यं विज्ञानं आनन्दं ब्रह्म इत्यादौ विज्ञानपदेन ज्ञानाश्रय एवोक्तः (विश्वनाथकृत सिद्धान्तमुक्तावली, पृष्ठ 49)।

4. पृष्ठ 249।

इसकी पूर्णता और निर्दोषता का काल से कोई सम्बन्ध नहीं है।[1] वह अनुक्रम जो वस्तुओं तथा घटनाओं को काल-सम्बन्धी व्यवस्था में परस्पर सम्बद्ध रखता है उसका उक्त सत्ता के लिए कोई महत्त्व नहीं है। यह नित्य स्थिरता है जिसके लिए कालपरक सब सम्बन्ध असंगत हैं। इसका वर्णन मात्र अपनी अन्यता से भी भिन्न रूप में निषेधात्मक रूप में किया जा सकता है। यह सत् है जिसका तात्पर्य यह है कि यह असत् नहीं है। यह चित् (चैतन्य) है जिसका तात्पर्य है कि यह अचित्त नहीं है।[2] यह आनन्द है जिसका तात्पर्य है कि यह दुःखस्वरूप नहीं है। यह यथार्थ है जिसका तात्पर्य है कि यह प्रामाणिक सत् है। यह अपने सत्स्वरूप में कभी विनष्ट नहीं होता, क्योंकि इसे अपने इस रूप में सुरक्षित रखने के लिए अन्य किसी वस्तु की आवश्यकता नहीं। यह बाहर से अपने अन्दर किसी पदार्थ का समावेश नहीं करता क्योंकि उस अवस्था में सत् के अन्तर्गत असत् भी आ जाएगा। इसके अन्दर प्रथम और अन्तिम कुछ नहीं है। यह कभी उन्मीलित नहीं होता, कभी प्रकट नहीं करता, कभी परिष्कृत नहीं होता, व्यक्त नहीं होता, बढ़ता नहीं और न परिवर्तित होता है, क्योंकि यह बराबर आत्मप्रत्ययरूप है। इसे हिस्सों से बनी एक पूर्ण इकाई के रूप में नहीं माना जा सकता क्योंकि यह स्वरूप से एकरस है।[3] यह यथार्थ है तो भी संसार के स्वरूप से विहीन है।[4] इस प्रकार की सत्ता निःसन्देह भौतिक, परिमित तथा खण्डात्मक नहीं हो सकती। एक नित्य स्थायी सत्ता जिसमें कोई भी न्यूनता न हो, चित्स्वरूप ही होगी। इस प्रकार की एक प्रामाणिक सत् तथा आदर्शता की पूर्णता स्वयं ही उन्मुक्त प्रसाद अर्थात् आनन्द रूप होगी।[5] समस्त मानवीय आनन्द ब्रह्मानन्द का ही रूप है।[6] यह सर्वोत्कृष्ट सत्य है, निर्दोष सत् है, और पूर्णतम रूप से मुक्त है।

आत्मा तथा ब्रह्म दोनों में सत् के सब लक्षण यथा चैतन्य, सर्वव्यापकता और आनन्द एक समान पाए जाते हैं। आत्मा ब्रह्म है। जो विशुद्ध विषयी रूप है वही विशुद्ध विषयरूप है। ब्रह्म केवल अमूर्त रूप सत् प्रतीत होता है वैसे ही जैसे बुद्धि की आंख को आत्मा केवल आत्मनिष्ठतामात्र प्रतीत होती है। जब हम उस परम निरपेक्षता को सब प्रकार के आवरणों से पृथक् करके देखते हैं तो हमें अनुभव होता है कि यह सर्वथा परिमार्जित हो गई है और इस प्रकार यह लगभग शून्यमात्र रह गई है क्या इस अवशेष को, जो असत् हो गया है, संसार की सर्वश्रेष्ठ यथार्थसत्ता करके मान सकते हैं? "तो क्या फिर ब्रह्म असत् है? नहीं,

---

1. तुलना कीजिए, स्पिनोजा : "नित्यत्व की व्याख्या काल की परिभाषा में नहीं की जा सकती और न काल के साथ ही इसका कोई सम्बन्ध हो सकता है" ('एथिक्स', 5 : 1, स्कोलियम)। कूसा का निकोलस ईश्वर की अनन्तता तथा संसार की अपारता में भेद करता है। जिस प्रकार अनन्तता का सम्बन्ध सीमाविहीनता के साथ है उसी प्रकार नित्यता का सम्बन्ध निरन्तरता के साथ है।

2. जडत्वराहित्यम्। ड्यूसन ने चैतन्य की परिभाषा इस प्रकार की है : "एक ऐसी क्षमता जो प्रकृति के अन्तर्गत समस्त गति तथा परिवर्तन की परिभाषा के मूल में विद्यमान है और उदाहरण के लिए जिसे वनस्पतियों में भी बताया गया है और इस प्रकार इसका तात्पर्य यह हुआ कि यह बाह्य प्रभावों की प्रतिक्रिया है, यही वह क्षमता है, जो अपने श्रेष्ठतम विकास में अपने को मानवीय बुद्धि अर्थात् आत्मा के रूप में अभिव्यक्त करती है" ('ड्यूसन्स सिस्टम आफ दि वेदान्त', पृष्ठ 59)।

3. शांकरभाष्य, 1 : 3, 1। 4. निष्प्रपंचसदात्मकत्वम् (शांकरभाष्य, 2 : 1, 6)।

5. शांकरभाष्य, 1 : 1, 12; 3 : 3, 11-13; तैत्तिरीयोपनिषद्, 2 : 7।

6. बृहदारण्यक उपनिषद्, 4 : 3, 32।

क्योंकि यहां तक कि कल्पनात्मक वस्तुएं भी अपनी कल्पना के लिए कुछ-न-कुछ आधार रखती हैं।''[1] यदि किसी वस्तु का अस्तित्व है तो ब्रह्म को यथार्थसत्ता मानना ही होगा। ब्रह्म के सम्बन्ध में यह हमारा अपना मानवीय भाव है जो रिक्त प्रतीत होता है किन्तु ब्रह्म अपने-आपमें रिक्त नहीं है। वह तो अत्यन्त पूर्ण यथार्थसत्ता है। भेदों से सर्वथा शून्य ब्रह्म, जिस तक हम बराबर प्रतिषेधात्मक धारणा के द्वारा ही पहुंचते हैं अर्थात् ''न मोटा, न पतला, न छोटा, न लम्बा,''[2] ''जिसे न श्रवणेन्द्रिय द्वारा सुना जा सके, न स्पर्शेन्द्रिय द्वारा स्पर्श किया जा सके,''[3] भ्रमवश जिसको दोनों दशाओं का मध्यवर्ती शून्य समझे जाने की सम्भावना रहती है, यह एक अन्धकार रूप मानसिक बेचैनी की अवस्था है। हीगल ने बलपूर्वक कहा है कि विशुद्ध सत् जो समस्त विधेयों (विशेषणों) से विहीन है, असत् से कुछ भिन्न नहीं है। रामानुज तथा नैयायिक हीगल से सहमत होकर यही कहते हैं कि इस प्रकार का भेदशून्य ब्रह्म ऐसी एक सत्ता है जिसका ज्ञान हमें नहीं हो सकता।[4] जो कुछ उसके समीक्षक कहते हैं उसे शंकर भली प्रकार जानते हैं क्योंकि वे कहते हैं : ''देश से, गुणों से, गति से, फलोपभोग और भेद से शून्य अत्यन्त महान् अर्थों में और जिसके समान दूसरा नहीं, ऐसा सत् मन्द मति पुरुषों का 'असत्' के अतिरिक्त और कुछ नहीं प्रतीत होता।''[5] हमें ब्रह्म ऐसे रूप में प्रतीत होता है कि जिसके अन्दर कुछ भी न रह गया हो किन्तु ब्रह्म साक्षात्कारवादी योगी ही यह स्पष्ट कर सकेगा कि उसके अन्दर सब कुछ उपलब्ध है। विचार के ऊपर की दौड़, जो ईश्वर को एक व्यवस्थित रूप देने में संकोच करती है, हम सांसारिक अनुभवों तक परिमित रहनेवाले मानवों की दृष्टि से ईश्वर को शून्यरूप बना देती हुई प्रतीत होती है। इतने पर भी समस्त धार्मिक मनोवृत्ति वाले ऋषि लोग उस निरपेक्ष परमार्थ सत्ता को कोई भावात्मक उपाधि देने का निषेध करते हैं।[6] मानव समाज के साधारण जनों के लिए धर्मशास्त्र ब्रह्म की परिभाषा विध्यात्मक शब्दों के द्वारा करता है,[7] क्योंकि ''धर्मशास्त्र का विचार है कि पहले जनसाधारण सत्तात्मक वस्तुओं के मार्ग पर तो चल पड़े और तब उन्हें हम शनैः-शनैः सर्वोत्कृष्ट अर्थों में जिसका अस्तित्व है उसका बोध ग्रहण

---

1. शून्यमेव तर्हि तत्, न मित्याविकल्पस्य निर्निमित्तत्वानुपपत्तेः (गौडपाद की कारिका पर शांकरभाष्य)।

2. बृहदारण्यक उपनिषद् 3 : 8, 8। तुलना कीजिए, ऑगस्टाइन : ''हम ऐसी किसी वस्तु को जान सकते हैं। जो ईश्वर नहीं है, किन्तु ईश्वर क्या है यह नहीं जान सकते'' ('ट्रिनिटी', 8 : 2)।

3. कठोपनिषद्, 3 : 15।

4. निर्विषयस्य ज्ञानत्वे मानाभावात् (विश्वनाथकृत सिद्धान्तमुक्तावली, पृष्ठ 49)।

5. दिग्देशगुणगतिफलभेदशून्यं हि परमार्थसत् अद्वयं ब्रह्म मन्दबुद्धिनामसदिव प्रतिभाति (शांकरभाष्य, छान्दोग्य उपनिषद्, 8 : 1, 1)।

6. तुलना कीजिए, रुडोल्फ ऑटो : ''इस निषेधात्मक प्रकल्पना का तात्पर्य यह नहीं है कि विश्वास तथा मनोभाव छिन्न-भिन्न होकर शून्य रूप में परिणत हो गए हैं : इसके विपरीत उक्त प्रकल्पना के अन्दर भक्ति का उच्चतम भाव रहता है और इसी प्रकार के निषेधात्मक गुणों के अन्दर से क्राइसोस्टम ने अत्यन्त गम्भीर दोष-स्वीकृतियों तथा प्रार्थनाओं की रचना की।...एक ऐसा भाव जो स्वरूप से निषेधात्मक भले ही हो किन्तु प्रायः एक ऐसी विषय-वस्तु का प्रतीक सिद्ध हो सकता है जिसे यदि वाणी के द्वारा सर्वथा न भी प्रकट किया जा सके किन्तु जो उच्चश्रेणी के विध्यात्मक भाव से न्यून नहीं है।...निषेधात्मक आस्तिक्यवाद की उत्पत्ति अवश्य ही विशुद्ध तथा तात्त्विक रूप में धार्मिक मूल तत्त्वों से होती है और यही उस ज्योतिर्मय का साक्षात्कार है'' ('दि आइडिया आफ दि होली', पृष्ठ 189)।

7. छान्दोग्य उपनिषद्, 1 : 6, 6; 3 : 14, 2।

करने योग्य बना सकेंगे।''[1] उपनिषदों के भाष्यकार होने के नाते शंकर का यह कर्त्तव्य था कि वे ब्रह्म के विषय में किए गए निषेधात्मक तथा विध्यात्मक दोनों प्रकार के विवरणों में हमारे सम्मुख समन्वय स्थापित करें।[2] ब्रह्म के देश-सम्बन्धी विचार पर टिप्पणी करते हुए शंकर कहते हैं कि इसका आशय है कि हम अपने विचार अन्यों तक पहुंचा सकें।[3] अथवा जिससे पूजा का उद्देश्य पूरा हो सके।[4] हम उस ब्रह्म तक जो अपने-आपमें सर्वोच्च है, जो विश्व का स्रष्टा तथा अधिष्ठाता है। यद्यपि ब्रह्म गुणों से विहीन है तो भी सत् के गुण, अर्थात् चैतन्य और आनन्द, इसके स्वलक्षण कहे जा सकते हैं और सृष्टि कर्तृत्व आदि लक्षण इसमें आनुषंगिक लक्षण (तटस्थ-लक्षण) हैं।[5] शंकर जानते हैं कि ब्रह्म की परिभाषा 'सच्चिदानन्द'[6] नाम से भी सर्वथा निर्दोष नहीं है; यद्यपि वह यथार्थसत्ता को, जहां तक संभव है, सबसे उत्तम रीति में प्रकट करती है। मानव मस्तिष्क की शक्ति इतनी महान् अवश्य है कि वह अपनी सीमाओं को समझ सके। ब्रह्मानुभव के द्वारा ही ब्रह्मज्ञान के लिए श्रेष्ठतम अन्तर्दृष्टि उपलब्ध होती है और यह अन्तर्दृष्टि जिसे प्राप्त हो जाती है ऐसा व्यक्ति ही ब्रह्म के स्वरूप सम्बन्धी सब प्रकार के प्रश्नों का उत्तर मौन अथवा निषेधात्मक चिह्नों द्वारा दे सकता है। विद्या (परा) ब्रह्म के विषय में सर्वोच्च विध्यात्मक विचारपरक विवरण सत्, चित् और आनन्द के गुणों के साथ इसकी समानता के द्वारा देती है और यह अपने-आपमें पूर्ण है। अविद्या अथवा अपरा विद्या ऐसे गुणों (लक्षणों) का आधान करती है जो सृष्टि कार्य, तथा विश्व के शासकत्व के लक्षणों का उपलक्षण है।[7] इस प्रकार निरपेक्ष परम सत्ता के सम्बन्ध में दो प्रकार के मत हैं—पर तथा अपर। जिसमें नामरूप आदि भेदों का, जो अविद्या के कारण हैं, निराकरण करके ब्रह्म का संकेत निषेधात्मक उक्तियों के द्वारा किया जाता है, यथा न ठोस

---

1. सन्मार्गस्थास्तावद्भवन्तु, ततः शनैः परमार्थसदपि ग्राहयिष्यामीति मन्यते श्रुतिः (शांकरभाष्य, छान्दोग्य उपनिषद्, 8 : 1, 1)। सदानन्द अपने वेदान्तसार (2) में 'अध्यारोपापवाद' की विधि का वर्णन करता है, जिसके द्वारा हम पहले ब्रह्म में कुछ गुणों का आधान करते हैं और उसके पश्चात् उन गुणों का निराकरण कर देते हैं। देखें, भगवद्गीता पर शांकरभाष्य, 13 : 13।

2. देखें, शांकरभाष्य, 1 : 1, 1-31; 1 : 2 सर्वत्र; 1 : 3, 1-18, 22-25, 39-43; 1 : 4, 14-22; 3 : 3, 35-36। देखें, 'डयूसन्स सिस्टम आफ दि वेदान्त', पृष्ठ 102, 206-210।

3. उपलब्ध्यर्थम्।

4. उपासनार्थम्। शांकरभाष्य, छान्दोग्य उप. 8 : 1, 1; शांकरभाष्य, 1 : 1, 20-24, 31, 1 : 2, 11, 14; 3 : 2, 12, 33।

5. जब हम देवदत्त के मकान के विषय में परिचय कराते हुए ऐसा कहते हैं कि उसके ऊपर एक गाय बैठी है तो हम उस मकान के वास्तविक स्वरूप का वर्णन न करके उसके सम्बन्ध में एक ऐसे विशिष्ट लक्षण का वर्णन करते हैं जिसका सम्बन्ध मकान के साथ आनुषंगिक है। यह देवदत्त के मकान की एक परोक्ष परिभाषा हुई। ठीक इसी प्रकार ब्रह्म की परिभाषा करते हुए उसे स्रष्टा तथा विश्व का कारण बताना आनुषंगिक है।

6. नृसिंहतापिनी उपनिषद्।

7. तुलना कीजिए, 'रत्नप्रभा' : ''विद्याविषयो ज्ञेयं निर्गुणं सत्यम्, अविद्याविषय उपास्यं सगुणं कल्पितम्'', (1 : 1, 11)। तुलना कीजिए, इसके साथ स्कूलमेन के दृष्टान्त-सम्बन्धी ज्ञान की, ऐसी ज्ञान जो अपनी त्रुटि का ज्ञान रखता है और इसीलिए इसे सुधार लेता है। तुलना कीजिए, प्लाटिनस : ''यदि हम इसे श्रेयस् के नाम से पुकारें तो उससे हमारा तात्पर्य किसी ऐसे औपचारिक गुण से नहीं होता जो उसके अन्दर है; हमारा तात्पर्य उससे केवल यही होता है कि यह वह लक्ष्य अथवा परिभाषा है जिसे प्राप्त करने की सब आकांक्षा रखते हैं और जब हम इसके अस्तित्व का विधान करते हैं तो इसका तात्पर्य इससे अधिक और कुछ नहीं होता कि इसकी गणना अस्तित्वहीन पदार्थों के अन्दर नहीं हो सकती; यह सत् के गुणों से भी अतीत है'' ('मैक्केन्नाकृत अंग्रेज़ी अनुवाद' खण्ड 1, पृष्ठ 118)।

है आदि-आदि, वह पर है।[1] किन्तु इसके विपरीत ठीक उसी यथार्थसत्ता का, पूजा आदि के उद्देश्य को लक्ष्य में रखकर किसी-न-किसी भेद के द्वारा वर्णन किया जाता है वह अपर है।[2] तर्कशास्त्र (आन्वीक्षिकी विद्या) के द्वारा एक विशेष ढांचे में रखकर जिस ब्रह्म का वर्णन किया जाता है वह ईश्वर है। यह सर्वोच्च यथार्थसत्ता नहीं है क्योंकि सर्वोच्च अनुभव की दृष्टि से इसका कुछ अर्थ नहीं है जिसमें अस्तित्व तथा वस्तुविषय पृथक्-पृथक् नहीं हैं। तो भी हमारे ज्ञान की वर्तमान अवस्थाओं में यह सत्य की सर्वोत्तम प्रतिकृति है। सगुण ब्रह्म उत्सुक आत्मा का केवल निर्गतभागमात्र नहीं है और न ही बहता हुआ वायु का बुलबुला है। हमारे मानवी मस्तिष्क के लिए यह स्थायी यथार्थसत्ता एक प्रभासमान आदर्श के रूप में ही प्रकट होती है।[3] एक विचारात्मक संगति की मांग हमसे आशा करती है कि हम परम यथार्थसत्ता का एक अभावात्मक विशेषण समुच्चय के द्वारा वर्णन करें जैसे "न व्यक्तिरूप, न नैतिक आदर्शरूप, न सुन्दर और न सत्य," जैसा कि ब्रैडले करता है। इस अभावात्मक वर्णन का अनिवार्य प्रभाव यह है कि हम यह धारणा बना लें कि निरपेक्ष परमसत्ता का अनुभव के उच्चतम दृष्टिकोणों से कोई सम्बन्ध नहीं और वह उनके प्रति उपेक्षा भाव रखती है। जब एक निश्चित अध्यात्म विद्या के ये सूत्र उनके उद्देश्य की सिद्धि नहीं कर सकते तो हमारी प्रवृत्ति अपनी धार्मिक आवश्यकताओं की पूर्ति के लिए एक भिन्न प्रकार की अभिव्यक्ति की ओर होती है।[4]

किन्तु ब्रह्म सगुण भी हो और निर्गुण भी, उसके ये दोनों रूप एक साथ नहीं हो

---

1. बृहदारण्यक उप. 3 : 8, 8।

2. शांकरभाष्य, 1 : 31; 4 : 3, 14।

3. 'ड्यूसन्स सिस्टम आफ दि वेदांत', पृष्ठ 103। तुलना कीजिए, एकहार्ट से जो एक ऐसे ईश्वर में, जो दुर्बोध है तथा ऐसे ईश्वर में जो कार्य करनेवाला तथा सृष्टि की रचना करता है, भेद करता है। "वह अपने-आपमें ईश्वर नहीं है, प्राणिरूप में ही वह ईश्वर बनता है। मैं ईश्वर से रहित होने की आकांक्षा प्रकट करता हूं, अर्थात् वह ईश्घर अपनी दया से मुझे अपने यथार्थ स्वरूप में ले आए, ऐसा यथार्थरूप जो ईश्वर से ऊपर तथा सब प्रकार के भेद से भी अतीत है। मैं उस शाश्वत एकत्व में प्रवेश करना चाहता हूं, जो पहले से ही मेरा अपना स्वरूप सब कालों में था और जब मैं वह था जो मुझे होना चाहिए और जो कुछ था मैं वही बनूंगा, उस अवस्था में जो समस्त जोड़ व घटाने से ऊपर है तथा उस अचल में जिसके द्वारा शेष समस्त जगत् का संचालन होता है" (हण्टकृत 'एस्से आन पानथिइज्म', पृष्ठ 179, पर उद्धृत)। प्लाटिनस कहता है : "हम इसके विचार का निर्माण बौद्धिक तत्त्व के ऊपर लीला करती हुई इसकी प्रतिक्रिया के द्वारा करते हैं। यह अपनी प्रतिकृति इसने बुद्धि को प्रदान की है और वही बुद्धि इसका चिन्तन करती है; इस प्रकार समस्त पुरुषार्थ बुद्धि ही के पक्ष में है जो शाश्वत पुरुषार्थकर्ता तथा प्राप्तिकर्ता भी है। वह सर्वातीत सत्ता न तो चेष्टा करती है, क्योंकि उसे कुछ अभाव नहीं प्रतीत होता, और न कुछ प्राप्त ही करती है क्योंकि उसे पुरुषार्थ नहीं करना है" ('एन्नीड्स', मैक्केन्नाकृत अंग्रेज़ी अनुवाद, खण्ड 2, पृष्ठ 135)। तुलना कीजिए, ब्रैडले : "सीमित शक्तिवाले प्राणियों के लिए निरपेक्ष सत्ता का पूर्ण रूप से साक्षात्कार करना असंभव है।" किन्तु इसके प्रधान विशिष्ट लक्षणों के सम्बन्ध में विचार बनाना, अर्थात् एक ऐसा विचार जो किसी अंश में सत्य है भले ही वह अमूर्त तथा अपूर्ण हो एक भिन्न रूप पुरुषार्थ है, और निश्चय ही निरपेक्ष सत्ता के ज्ञान के लिए इससे अधिक आवश्यक भी नहीं है। यह एक ऐसा ज्ञान है जो निःसंदेह तथ्य से अधिकांश में भिन्न है। किन्तु यह उस सबके लिए सत्य है और अपनी सीमाओं का सम्मान करता है, और ऐसा प्रतीत होता है कि यह सीमित बुद्धि के द्वारा पूर्णरूप में प्राप्तव्य है" (एपीयरेंस एण्ड रियलिटी', पृष्ठ 159)।

4. तुलना कीजिए, ब्रैडले : "ट्रुथ एण्ड रियलिटी', पृष्ठ 431।

सकते।[1] एक ऐसी यथार्थसत्ता जिसके दो पार्श्व हों अथवा जिसका अनुभव दो भिन्न-भिन्न प्रकार से हो सकता हो उच्चतम यथार्थसत्ता नहीं है। किन्तु ज्यों ही हम 'सत्' के स्रोत तक पहुंचते हैं दोनों भिन्न पार्श्व विलीन हो जाते हैं। हम निरपेक्ष यथार्थसत्ता के रूपों को तब ग्रहण कर सकते हैं, जब हम उसे बाहर से देखते हैं। अपने-आप में निरपेक्ष परमसत्ता बिना किसी पार्श्व के है, आकृतिविहीन है और द्वैतभाव के किसी भी अंश से रहित तथा गुणों से भी विहीन है। रूप और व्यक्तित्व के ये लक्षण विद्या अथवा अनुभव के जगत् में ही कुछ अर्थ रखते हैं। सर्वोत्कृष्ट ब्रह्म में सब प्रकार की अपेक्षताओं का विलय हो जाता है। यह कोई ऐसी व्यवस्था अथवा पूर्ण इकाई नहीं है जिस तक विरोधीभावों को समवेत करने की अन्तरहित प्रक्रिया के द्वारा ही पहुंचा जा सकता हो।[2] अनन्त ऐसा पदार्थ नहीं है जो दर्शनशास्त्र की रचना हो; यह निरन्तर विद्यमान तथ्य है। शंकर परम निरपेक्ष सत्ता को विचार के द्वारा जानने के समस्त प्रयत्नों के विरोधी हैं। ज्यों ही हम इनका विचार करते हैं यह आनुभविक जगत् का एक भाग बन जाता है।[3]

27. ईश्वर अथवा शरीरधारी परमात्मा

शंकर के मत में ईश्वर सगुण ब्रह्म का नाम है, जिसे सर्वश्रेष्ठ व्यक्तित्व माना गया है। शंकर का विश्वास है कि ईश्वर के अस्तित्व का प्रश्न सर्वथा निरर्थक है। यदि ईश्वर का अस्तित्व है तब उसका अस्तित्व भी अन्य प्रमेय विषयों की भांति ही होना चाहिए। यह ईश्वर को सीमित पदार्थों के स्तर पर पहुंचा देना होगा और इस प्रकार वह भी पदार्थों के अनन्त बाहुल्य में एक इकाई मात्र हो जाएगा जो उन सबसे भिन्न होगा उसी प्रकार जिस प्रकार कि वे

---

1. "वही एक वस्तु अपने-आपमें रूप आदि भेदों से प्रभावित हो और उनके प्रभाव से स्वयं प्रभावित न भी हो यह नहीं हो सकता, क्योंकि ये परस्पर विरोधी बातें हैं, और एक वस्तु एक प्रकार की सीमाओं से सम्बद्ध होने के कारण अन्य रूप धारण नहीं कर सकती। क्योंकि जो स्फटिकशिला पारदर्शक है वह सीमाओं से, जैसे लाल रंग आदि से, सम्बद्ध होने के कारण धुंधली नहीं हो सकती; इसके विपरीत, यह समझ लेना कि धुंधलापन उसमें व्याप्त है एक भ्रम होगा।...ब्रह्म को चाहे वह कोई भी स्वरूप ग्रहण करे अपरिवर्तनीय रूप में समस्त भेदों से स्वतन्त्र ही समझना चाहिए, इसके विपरीत नहीं" ('ड्यूसन्स सिस्टम आफ दि वेदान्त', पृष्ठ 102-3)।

2. विशुद्ध तर्क के आधार पर ब्रैडले विवश होकर इसी प्रकार की स्थिति को स्वीकार तो करता है किन्तु फिर भी उसकी मति अभी अस्थिर ही है और अन्त में जाकर उसे कुछ संशय रह ही जाते हैं। वास्तव में परम निरपेक्ष में कोई भी भावात्मक अथवा अभावात्मक लक्षण नहीं घटते क्योंकि हम सापेक्ष के द्वारा सापेक्ष से बाहर नहीं निकल सकते। हमारे तार्किक बोध, जो एक सीमा से दूसरी सीमा की ओर जाते हैं, हमें अनन्त तक नहीं पहुंचा सकते। जब हम अपनी सीमितता का अतिक्रमण करते हैं तो हमारे सम्मुख निरपेक्ष परम के अतिरिक्त अन्य कुछ नहीं रहता जिसके अन्दर वह सब जो औपचारिक और सीमित है विलीन हो जाता है।

3. रामानुज का मत है कि दैवीय केवल मानवीय विचार का ही विस्तृत रूप है। मानवीय बोध तथा दैवीय बोध में भेद केवल परिधि (Range) का है, लक्षण-सम्बन्धी भेद नहीं है। जहां मानवीय विचार अपने अन्दर कुछ सम्बन्धों को लेता है, दैवीय उन सबको ले लेता है। किन्तु शंकर का मत इससे भिन्न है। यदि हम सापेक्ष पदार्थों के जगत् में खो जाएंगे तो सापेक्षों का अन्त सम्भव नहीं। जब कि परिभाषाएं असंख्य उपविभागों में बंट सकती है और जब उनके सम्बन्धों में भी अनन्त क्रम-परिवर्तन हो सकता है, तब परिभाषाओं तथा सम्बन्धों का पूर्ण ज्ञान होना सम्भव नहीं है। प्रतीतियों को एकत्र रखने से हम सत्य तक नहीं पहुंच सकते। यथार्थसत्ता प्रतीतियों से परे तथा सत्य विचार की पहुंच से परे है।

एक-दूसरे से भिन्न हैं, अथवा वह भी कुल अस्तित्व सम्पन्न वस्तुओं में एक वस्तु के रूप में मिल जाएगा और बहुदेवतावाद में सम्मिलित होकर एक ऐसी व्यवस्था को जन्म देगा जिसे नास्तिकवाद से भिन्न रूप में समझना कठिन होगा। ईश्वर के प्रश्न को अस्तिवाचक परिभाषाओं में प्रस्तुत करना प्रारम्भ में ही इस समस्या के समाधान की कुल सम्भावना को दूर कर देगा। यदि तर्क का कड़ा विधान हमें सत्य की प्राप्ति के लिए कोई सुरक्षा प्रदान कर सकता तो हम बहुत पहले ही इस तक पहुंच गए होते। सचाई तो यह है कि हमें तर्क के क्षेत्र में अनेक प्रकार के सम्प्रदाय मिलते हैं जिनमें से प्रत्येक तर्कसम्मत होने का दावा करता है और दूसरों के साथ उसका विरोध ज्ञानवाद सम्बन्धी, विश्वविज्ञान-सम्बन्धी और भौतिक ईश्वरीय-ज्ञान सम्बन्धी, प्रमाणों पर शंकर विचार करते हैं और उनकी निष्फलता को दर्शाते हैं, जैसा कि काण्ट ने भी बहुत पीछे जाकर किया।

तर्कशास्त्र का आदर्श हमें एक निर्दोष विषयी की यथार्थसत्ता की कल्पना करने को विवश करता है जिसके साथ समस्त सत्ता का सम्बन्ध प्रमेयपदार्थ (विषय) का सम्बन्ध है। क्रमबद्ध सामंजस्य के रूप में सत्य का अर्थ है एक दैवीय अनुभव की यथार्थता। एक व्यवस्था के अन्दर घटनाएँ एक-दूसरे से सम्बद्ध हैं यह साधारण बुद्धि तथा विज्ञान की धारणा है जिसका बढ़ते-बढ़ते अनुभव से समर्थन हो जाता है यद्यपि उसकी पूर्णरूप से कभी सिद्धि नहीं हुई क्योंकि संसार में ऐसा बहुत कुछ है जो प्रत्यक्षरूप से हमारे अनुभवों में नहीं प्रविष्ट होता। ऐसा प्रतीत होता है कि हम बहुत कुछ जानते हैं यद्यपि इस सीमित क्षेत्र में भी हमारा ज्ञान अपूर्ण है। केवल यथार्थसत्ता का एक सम्पूर्ण इकाई रूप में पूर्णरूप में बोधग्रहण करने से ही हमारी इस धारणा का औचित्य माना जा सकता है कि ईश्वर है और वह सबका स्रष्टा है। हमारा मानवीय अनुभव संसार का ज्ञान उसके पूर्णरूप में प्राप्त करने तथा विशुद्ध सत् के अविराम अनन्तता के साथ सामंजस्य को समझने में असमर्थ है।[1] हम अपने अनुभव को चाहे कितना ही सरल तथा व्यवस्थित क्यों न बना लें और इसकी जटिलता को कम करके केवल एकमात्र प्रकृति तक भी ले आवें तो भी पुरुष अथवा विषयी को एक बाह्य निरीक्षक के रूप में स्वीकार करना ही होगा जो देश तथा काल में से प्रकृति की एकाकी उड़ान का निरीक्षण करता है। यदि विश्व इतना छोटा है कि हमारा परिमित शक्ति वाला मस्तिष्क उसकी खोज ले सकता है, यदि हम यह बता सकते कि यह सृष्टि कहां से आई और किधर जाएगी, इसके आदि निकास तथा स्वरूप और लक्ष्य को समझ सकते, तब हम सीमित न होकर अनन्त की मांग भी उपस्थित न कर सकते। इस प्रकार की तार्किक धारणा एक विचारमात्र है कि समस्त तथ्य किसी व्यवस्था से सम्बद्ध हैं तथा ईश्वर की मननशक्ति को अभिव्यक्त करते हैं।

विश्वविज्ञान-सम्बन्धी तर्क कारणभाव का प्रयोग करता है जो आनुभविक जगत् में भी पर्याप्त सन्तोषजनक नहीं है और तब सर्वथा अनुपयोगी सिद्ध होता है जब हम आनुभविक जगत् का सम्बन्ध परमयथार्थसत्ता के साथ स्थापित करने का प्रयत्न करते हैं जिसके विषय में कहा जाता है कि वह इस जगत् के द्वारा अपने को अभिव्यक्त करता है। प्रतीतिरूप जगत् की शृंखलाओं में भिन्न-भिन्न पद्धतियां एक-दूसरे का समाधान नहीं कर सकतीं।

---

1. तुलना कीजिए : "क्योंकि अकेला ईश्वर ही पर्याप्त ऊँचाई पर स्थित रहकर इतने विस्तृत विश्व की कल्पना करता है।"

प्रतीतिरूप जगत् में हम किसी ऐसे कारण को जिसका कोई अन्य कारण न हो स्वीकार नहीं कर सकते। इस प्रतीतिरूप शृंखला अर्थात् संसार के नितान्त प्रारम्भ का प्रश्न स्वतः विरोधी है। इसकी खोज का तात्पर्य है—काल के अन्तर्गत उस सत्ता की खोज, जो स्वयं काल की सत्ता की भी प्रतिष्ठा है। संसार का सारतत्त्व ही यह है कि उसका आदि नहीं है। एक ऐसी अनन्तसत्ता जिस तक हम समस्त सीमित पदार्थों का निषेध करते हुए पहुंचते हैं, एक ऐसा विचार है जिसके समाधान (व्याख्या) की आवश्यकता है। जब हम कारणकार्यभाव के तर्क का उपयोग यथार्थसत्ता की सिद्धि के लिए करते हैं, जिसकी प्रामाणिकता की सीमा परिवर्तनशील आनुभविक जगत् तक ही परिमित है, तो यथार्थसत्ता का भ्रमात्मक विचार होता है क्योंकि उस अवस्था में इसे ज्ञान का विषय बना लिया जाता है और वह जिसे हम संसार के कारणरूप में अनुमान के द्वारा जानना चाहते हैं वह भी आनुभविक जगत् से सम्बद्ध हो जाता है। यदि हम इस सिद्धान्त की व्यापकता को भी स्वतःसिद्ध मान लें कि प्रत्येक कार्य का कारण होता है तब भी एक सीमित कारण को सत् के उस एक ही संघ की समान इकाई होना चाहिए जिसके अन्य प्रमेय पदार्थ भी हैं क्योंकि उक्त प्रमेय पदार्थ भी उसी से संबद्ध होकर उत्पन्न हुए हैं। यदि ईश्वर जगत् का कारण है तो उसे भी देश-काल के ढांचे के अन्तर्गत होना चाहिए, अर्थात् एक विस्तृत रूप से बृहदाकार मानव जिसके आत्मचैतन्य की परिभाषा हमारे अपने ही समान शरीर तथा मनरूपी साधन-सामग्री के द्वारा की जा सकती है। यदि इस प्रकार के सत् स्वरूप प्राणी का अस्तित्व है तो हमारे ज्ञान का विस्तृत रूप कितना ही दूरदर्शी क्यों न हो 'वह' हमें उसके स्वरूप तथा सत्ता का निर्णय नहीं करा सकता। इस प्रकार का ईश्वर विशेषतः जो मानवीय साधनों के समान ही साधनों से कार्य करता हो, न तो अनन्त ही और न सर्वशक्तिमान् ही हो सकता है।

इस प्रकार का नैतिक तर्क कि वस्तुओं का पूर्वापर सम्बन्ध मनुष्य की आत्मा के अनुकूल है और यह एक उपकारी ईश्वर की कारीगरी को प्रदर्शित करता है, सर्वथा असन्तोषप्रद है। हम प्रकृति की ओर चाहे कितना भी क्यों न झुकें एंक यथार्थ जगत् में पुण्य व पाप का उत्तरदायित्व ईश्वर ही के ऊपर आता है।[2] यदि उसको पाप के जनक होने के उत्तरदायित्व से मुक्त करने के लिए फारस के पुराणशास्त्र की भांति शैतान को उत्तरदायी ठहराएं तो ईश्वर की एकता विलुप्त हो जाती है और हम ईश्वर एवं शैतान के बीच एक द्वैतभाव की पुनः स्थापना करते हैं। इसके अतिरिक्त यदि आत्मा ईश्वर का ही एक अंश है तो ईश्वर को आत्मा की पीड़ा का भी अनुभव होना चाहिए वैसे ही जैसे कि जब शरीर के किसी एक अवयव को दुःख होता है तो इसके साथ सारा शरीर दुःख का अनुभव करता है। परिणाम यह निकला कि ईश्वर की पीड़ाएं जीवात्मा की पीड़ाओं से कहीं अधिक हैं और इसलिए हमारे लिए

1. यत्कार्य तत् सकर्तृ कम्।

2. यहूदियों के पैगम्बर द्वारा प्रस्तुत इस समाधान की—अर्थात् "मैं प्रकाश तथा अन्धकार की भी रचना करता हूँ, मैं शांति का निर्माता हूं और पाप की भी रचना करता हूँ, मैं प्रभु रूप में इन सब वस्तुओं को बनाता हूँ"—प्रतिध्वनि उपनिषदों के कुछ वाक्यों में भी पाई जाती है। "क्योंकि वही उन मनुष्यों से शुभ कार्य करवाता है जिनका वह इस जगत् से मुक्त होने के लिए मार्ग-प्रदर्शन करता है और उन मनुष्यों से पापकर्म करवाता है जिन्हें वह रसातल में भेजता है। वह जगत् का संरक्षक है, वही शासक है तथा प्रभु भी है" (कौषीतकी उपनिषद्, 3 : 8)।

यह कहीं अधिक होगा कि हम अपनी सीमित पीड़ाओं के साथ अपने अन्दर ही सीमित रहें, अपेक्षा इसके कि हम ईश्वर के स्तर तक उठें और समस्त जगत् का भार उठाने का प्रयत्न करें।

एक पूर्ण निर्दोष ईश्वर को अपनी सन्तोष की प्राप्ति के लिए किसी जगत् की आवश्यकता नहीं है। यदि यह कहा जाए कि जगत् उसके सुखोपभोग के लिए है तो फिर वह भी एक संसारी जीव हो गया और ईश्वर न रहा। यदि हम कहें कि ईश्वर में संकल्प है, तथा हमारे जैसा व्यक्तित्व है, और पूर्णता आदि गुण हैं तो यह विचार में नहीं आ सकता कि ये सब उसकी निरपेक्षता के साथ-साथ कैसे रह सकते हैं। व्यक्तित्व के लक्षण (गुण) तथा निरपेक्षता (ब्रह्म) को एक साथ सुरक्षित रखना तर्कशास्त्र की दृष्टि से लगभग असम्भव-सा ही है।

ईश्वर के अस्तित्वविषयक उक्त अपर्याप्त प्रमाणों से जो परिणाम निकलता है वह शंकर के अनुसार यह है कि यथार्थसत्ता के विषय में इस प्रश्न का कुछ अर्थ ही नहीं है और यह प्रश्न केवल आनुभविक जगत् में ही उठ सकता है। जब हम जगत् के सापेक्षस्वरूप को समझ लेते हैं तो हम देखते हैं कि सृष्टिरचना की समस्या और उसका समाधान इन दोनों का सम्बन्ध हमारे तर्कमय जगत् से ही है, किन्तु यथार्थसत्ता का जो स्वरूप है उसके साथ नहीं है। तार्किक प्रमाणों के निराकरण का तात्पर्य ईश्वर के अस्तित्व का निषेध नहीं है। शंकर के दृष्टिकोण से कोई भी विवेकपूर्ण तर्क शरीरधारी सर्वोपरि ईश्वर के अस्तित्व के विषय में अन्त में पहुंचकर स्वीकार किए जाने के योग्य नहीं है। अधिक-से-अधिक उक्त प्रमाण हमें यह बतला सकते हैं कि ईश्वर के अस्तित्व की सम्भावना है। ईश्वर की यथार्थता हमारी कल्पना की तथा बोधग्रहण की विवेकपूर्ण शक्ति से अतीत है।[1] केवल उसी अवस्था में जब कि हम ऋषियों की उस आध्यात्मिक अन्तर्दृष्टि का आश्रय ग्रहण करें जो धर्मशास्त्रों में संग्रहीत है, हमें ईश्वर की सत्ता का निश्चित ज्ञान प्राप्त हो सकता है। शंकर के दर्शन में ईश्वर एक स्वतःसिद्ध प्रमाण नहीं है, तार्किक सत्य भी नहीं है, किन्तु एक अनुभवजन्य उपधारणा है जिसकी क्रियात्मक उपयोगिता है। श्रुति इसका आधार है।[2] ईश्वर सर्वोपरि आत्मा है, सर्वज्ञ है तथा सर्वशक्तिमान है। वह प्रकृति का आत्मतत्त्व है, विश्व का तत्त्व है, इसका जीवनदायी प्राण तथा प्रेरक स्रोत है और समस्त सत्ता रूप आकृतियों का आदि और अन्त है। जो सिद्धान्त शास्त्रप्रमाण के ऊपर आधारित है यह आवश्यक नहीं कि वह तर्क के विरुद्ध

---

1. तुलना कीजिए, स्वीट्ज़र : "यदि हम इस जगत् को ठीक ऐसा ही समझ लें जैसा वह दिखाई देता है तो मनुष्यों तथा साधारणतः समस्त मनुष्य जाति के उद्देश्यों के प्रयोजन की व्याख्या करना असम्भव होगा। हमारे लिए इस जगत् में किसी प्रकार के ऐसे प्रयोजन-सम्बन्धी विकास को खोज निकालना कठिन है जिससे हमारे अपने कर्मों की सार्थकता प्रकट हो सके" (भूमिका, 12, 'सिविलिज़ेशन एण्ड एथिक्स', भाग 2)।

2. यद्यपि यूरोप में काण्ट को ऐसा सर्वप्रथम दार्शनिक विचारक माना जाता है जिसने तार्किक प्रमाणों की निरर्थकता को सिद्ध किया, किन्तु प्लेटो के विषय में यह कहना सर्वथा उचित होगा कि उसने इसके तत्त्व को समझा। "इसलिए क्या यह एक असम्भव कार्य नहीं है कि इस समस्त विश्व के सृजनहार की खोज करके उक्त खोज को ऐसे शब्दों में प्रकट किया जाए जिससे सब समझ सकें" ('टाइमियस', 28, सी.)। तुलना कीजिए, बिशप गोर : "मैं स्वीकार करता हूं कि मानवीय तर्क बिना किसी पुरुषार्थ की सहायता से ईश्वर तथा सृष्टिकर्ता-सम्बन्धी इस विचार तक पहुंच सकता था" ('बिलीव इन् गॉड्', पृष्ठ 152)। और इस प्रकार वे हमें ईश्वरी वाणी का आश्रय लेने की प्रेरणा देते हैं। इसी प्रकार सन्त टामस एक्विनास भी। तुलना कीजिए, केनोपनिषद् पर शांकरभाष्य, 1 : 4।

हो। श्रुति की स्वीकृति ऐसी एक धारणा को स्वीकार करना है जिसके विरोधी प्रमाण न हों भले ही उसके पक्ष में प्रमाण पर्याप्त मात्रा में न मिलें। तार्किक विवरण में हम अपने को एक ऐसे संसार को सौंप देते हैं और ऐसे विवादास्पद विषय पर पहुंच जाते हैं जहां हमें अन्य साधनों की आवश्यकता होती है। अन्तर्दृष्टिपरक अनुभव की प्राप्ति से पूर्व हमें श्रुति का आश्रय लेना पड़ता है। ईश्वर के सृष्टिकर्तृत्व के विषय में धर्मशास्त्र ही हमारा एकमात्र ज्ञान का साधन है।[1] यह बलपर्वूक कहता है कि "वह कारण जिससे संसार की उत्पत्ति, स्थिति तथा विलय सम्पन्न होते हैं, जिसका विस्तार ही नाम व रूप हैं, जिसके अन्तर्गत अनेक कर्ता तथा फलोपभोक्ता समाविष्ट हैं, जिसके अन्तर्गत कर्मों के फल भी समाविष्ट हैं, और जिनका निर्णय विशेषकर देश, काल और कारण के द्वारा होता है, यह जगत् जिसका निर्णय एक ऐसी व्यवस्था के अनुसार हुआ है जो मन की कल्पना से भी दूर है–यह सर्वज्ञ, और सर्वशक्तिमान् कारण ब्रह्म ही है।"[2] समस्त आध्यात्मिक और नैतिक पूर्णताएं उसी के अन्तर्गत बताई गई हैं। यह कहा गया है कि वह समस्त पाप से ऊपर है।[3] वही अन्तर्यामी परमात्मा विषय तथा विषयी जगत् में सर्वत्र व्याप्त है, वह सूर्य (प्रमेय विषय) का अन्तर्वर्ती है तथा आंख (विषयी) में भी अन्तर्वर्ती रूप में देखा जाता है।[4] वह विश्व का स्रष्टा, शासक तथा संहारक है।[5]

शंकर यह सिद्ध करने के लिए घोर परिश्रम करते हैं कि ईश्वर की यथार्थता का जब एक बार धर्मशास्त्र से निश्चय हो गया तो तर्क की मांगों के साथ उसका समन्वय भी किया जा सकता है। हम केवल कार्य को देखते हैं, इस प्रकार इससे यह निर्णय नहीं हो सकता कि संसार का सम्बन्ध ईश्वर रूपी कारण के साथ है या किसी अन्य कारण के साथ क्योंकि एक ही कार्य के भिन्न-भिन्न कारण हो सकते हैं। इसलिए हमें धर्मशास्त्रों (श्रुति) के इस कथन को "कि ईश्वर जगत् का कारण है" स्वीकार करना चाहिए। ईश्वर आदिकारण है क्योंकि उसकी उत्पत्ति नहीं है। विशुद्ध सत् स्वरूप होने के कारण उसे सत् से उत्पन्न हुआ नहीं माना जा सकता क्योंकि कारण और कार्य का सम्बन्ध बिना कारण में कुछ गुण विशेष के रहने से नहीं बन सकता।[6] ईश्वर की उत्पत्ति किसी भेदित सत् से नहीं मानी जा सकती क्योंकि अनुभव हमें बताता है कि भेद ऐसे पदार्थ से उत्पन्न होते हैं जिसके अपने अन्दर भेद न हों। अनात्म से भी इसकी उत्पत्ति नहीं हो सकती क्योंकि यह निरात्मक है। श्रुति भी इस मत का निराकरण करती है क्योंकि यह प्रश्न करती है कि सत् की उत्पत्ति असत् से कैसे हो सकती है? और ईश्वर परिवर्तित रूपसत्ता भी नहीं हो सकता क्योंकि इससे हम एक ऐसी पश्चाद्गति में पहुंच जाएंगे जिसका कहीं अन्त नहीं।[7] ईश्वर अजन्मा है, न उसका कोई कारण है न वह स्वयं किसी का कार्य है। यदि ईश्वर कार्यरूप होता तो आकाश से लेकर नीचे तक समस्त पदार्थ निःसार हो जाते और हम शून्यवाद को मानने के लिए बाध्य होते।[8]

---

1. ब्रह्मसूत्र, 1 : 1, 3।
2. शांकरभाष्य, 1 : 1, 2।
3. छान्दोग्य उपनिषद्, 1 : 6; शांकरभाष्य, 1 : 1, 20।
4. शांकरभाष्य, 1 : 1, 20; बृहदारण्यक उपनिषद्, 3 : 7, 9।
5. देखें, शांकरभाष्य, 1 : 1, 18-20, 22; 1 : 3, 39, 41 : 1 : 2, 9-10।
6. चूंकि ईश्वर से उत्कृष्ट किसी सत्ता की कल्पना नहीं की जा सकती इसलिए ईश्वर का अस्तित्व बिना कारण के है। इसके साथ डेस्कार्ट के सत्ता शास्त्रीय तर्क की तुलना कीजिए।
7. शांकरभाष्य, 2 : 3, 9।
8. शांकरभाष्य, 2 : 3, 7।

वह शक्ति जो समस्त रूपान्तरों को यथार्थता प्रदान करती है ईश्वर है।

इस सिद्धान्त को मानते हुए कि प्रत्येक कार्य का कोई कारण होता है, क्या परमाणु, या प्रकृति, या असत्, या कोई व्यक्तिरूप कार्यकर्ता, अथवा स्वयं स्फूर्ति ही कारण नहीं हो सकती?[1] शंकर इन सब सम्भाव्यताओं का खण्डन करते हैं। प्रकृति जड़ नहीं, चेतन है और अपने अन्दर से उसे जीवन मिलता है। प्रकृति रूपी रंगमंच आत्मा के जीवरूपी नाटक के लिए सर्वथा अनुकूल है। "इस जगत् में कोई भी अचेतन पदार्थ बिना किसी बुद्धिसम्पन्न की प्रेरणा के अपने अन्दर से ऐसे पदार्थ उत्पन्न नहीं कर सकता जो मनुष्य के प्रस्तुत उद्देश्यों की सिद्धि में उपयोगी हों। उदाहरण के लिए मकान, ऊँचे-ऊँचे प्रासाद, शय्याएं, गद्दियां, प्रमोद-उद्यान आदि का निर्माण मेधावी कलाकारों के द्वारा ही इस जीवन में सम्पन्न होता है जिनका उद्देश्य सुख प्राप्त कराना तथा दुःख को दूर करना है। इस समस्त संसार के सम्बन्ध में भी ठीक वही बात है। क्योंकि, उदाहरण के लिए, जब मनुष्य यह देखता है कि किस प्रकार यह पृथ्वी अनेक प्रकार के कार्यों के फलों के लिए उपयुक्त सिद्ध होती है, और फिर किस प्रकार यह शरीर कार्य करता है, जिसमें अन्दर और बाहर भिन्न-भिन्न भागों की एक उचित व्यवस्था प्रस्तुत की गई है और जिसका निर्माण भिन्न-भिन्न जातियों के अनुकूल किया गया है तथा जिसमें एक-एक ब्योरे का ठीक-ठीक निर्णय किया गया है जिससे कि यह अनेक कार्यों के फलोपभोग का उचित स्थान बन सके...तो यह सब व्यवस्था कैसे एक चेतना-विहीन प्रधान (प्रकृति) से उत्पन्न हो सकता है? उदाहरण के लिए, अनुभव हमें बताता है कि मिट्टी भी भिन्न-भिन्न आकृतियां केवल तब तक ही धारण करती है जब तक कि कुम्हार उसका संचालक है, इसलिए ठीक इसी प्रकार इस प्रकृति का प्रेरक भी किसी बुद्धि सम्पन्न शक्ति को ही होना चाहिए।"[2] सृष्टिरचना का प्रयोजन पूर्वजन्मों के फलोपभोग के लिए समुचित भूमि तैयार करना है जिसका विस्तार प्रत्येक व्यक्ति के लिए पीछे की ओर अनेक जन्मों तक जाता है। चेतनारहित प्रकृति न तो प्रकृति की अपनी व्याख्या है और न जगत् का विषयिनिष्ठ पक्ष है और न कर्म के विधान की क्रिया है। चेतना तथा क्रियाशीलता का सम्बन्ध अवश्य जगत् के कारण के साथ होना चाहिए।[3] संसार में विद्यमान व्यवस्था तथा रचना संकेत करती है कि इसकी संचालक एक चैतन्यपूर्ण सत्ता है। इसी प्रकार का संकेत एक ही उद्देश्य की ओर ले जाने वाले विभिन्न साधनों से भी होता है।[4] शंकर पूर्वमीमांसा के इस सिद्धान्त पर भी विचार करते हैं कि ईश्वर के स्थान पर वह अपूर्व है जिसके कारण मनुष्य अपने कर्मों का फल एक व्यवस्था के अनुसार पाते हैं। वे उक्त सिद्धान्त की आलोचना

---

1. शांकरभाष्य, 1 : 1, 2। 2. शांकरभाष्य, 2 : 2, 1।

3. यदि ब्रह्म की उपस्थितिमात्र को ही जगत् में गति देने के लिए पर्याप्त समझा जाए, जैसे कि चुम्बक की उपस्थिति लोहे में गति उत्पन्न करती है, तो क्या उसी प्रकार पुरुष की समीपतामात्र प्रकृति के अन्दर गति देने के लिए पर्याप्त नहीं है? इसके अतिरिक्त अविद्या स्वभावतः सृष्टि की रचना की ओर प्रवृत्ति कराती है और इसके लिए किसी प्रयोजन की आवश्यकता नहीं। "अविद्या च स्वभावतः एव कार्योन्मुखी न प्रयोजनमेपक्षते।" (भामती, 2 : 1, 33)।

4. शांकरभाष्य, 1 : 3, 39।

इस आधार पर करते हैं कि अपूर्व अधार्मिक है और जब तक इसके अन्दर कोई धार्मिक शक्ति गति न दे यह स्वतः कार्य नहीं कर सकता। न्यायवैशेषिक का विश्वातीत ईश्वर अपर्याप्त है क्योंकि वह विश्व का उपादान कारण नहीं है। यदि कोई व्यक्ति विशेष सृष्टि का रचयिता होता तो वह ऐसी वस्तु को उत्पन्न करता जो उसके लिए उपयोगी होती तथा उन वस्तुओं को, जो विरुद्ध प्रकृति की हैं, जैसे जन्म, मरण, वृद्धावस्था, रोग इत्यादि, कभी उत्पन्न न करता। क्योंकि "हम जानते हैं कि कोई भी स्वतन्त्र मनुष्य अपने लिए कारागार बनाकर उसमें अपने-आप नहीं बैठ जाएगा।"[1] आकस्मिक घटना, परमाणु, प्रकृति, न्याय का ईश्वर आदि उन सबसे कहीं अधिक बढ़कर मांगें हैं जो मांग श्रुति करती है। इस प्रकार सर्वज्ञ, सर्वशक्तिमान, नित्य, सर्वव्यापक ईश्वर जगत् का कारण है।[2]

ईश्वर को जगत् का उपादान तथा निमित्त कारण बताया गया है। इस आपत्ति के उत्तर में कि अनुभव के अनुसार उपादान कारण ज्ञानसम्पन्न नहीं होते, शंकर कहते हैं : "यह आवश्यक नहीं है कि यहां भी ठीक वैसा ही हो जैसा कि अनुभव में होता है; क्योंकि इस विषयी का ज्ञान ईश्वरीय ज्ञान के द्वारा हुआ है, अनुमान के द्वारा नहीं।" जब हम श्रुतिवाक्यों पर विश्वास करते हैं तो हमारे लिए यह आवश्यक नहीं है कि हम अनुभव की भी अनुकूलता ढूँढ़ें।[3] न्यायदर्शन के अनुसार निमित्त कारण वह है जिसका ज्ञान, इच्छा तथा प्रयत्न किसी भी पदार्थ को उत्पन्न करने के लिए आवश्यक है। वेदान्ती केवल ज्ञान को ही अपने में पूर्ण मानता है किन्तु इच्छा तथा प्रयत्न को नहीं, जिनके लिए एक पूर्ववर्ती इच्छा तथा पूर्ववर्ती प्रयत्न की कल्पना करनी पड़ती है, और इस प्रकार इसका कहीं अन्त नहीं। ऐसा तर्क उपस्थित किया जाता है कि ईश्वर जगत् का कारण नहीं हो सकता क्योंकि दोनों के स्वभाव में अन्तर है अर्थात् कारण और कार्य एक-दूसरे से विलक्षण हैं। सोने का एक टुकड़ा मिट्टी के किसी बर्तन का कारण नहीं हो सकता; इसी प्रकार विशुद्ध तथा धार्मिक ईश्वर जगत् का क़ारण नहीं हो सकता क्योंकि जगत् अशुद्ध तथा अधार्मिक है।[4] शंकर उत्तर में कहते हैं कि अचेतन पदार्थ प्रायः चेतन प्राणियों से जन्म लेते हैं जैसे बाल और नाखून चेतन मनुष्य से उत्पन्न होते हैं। अचेतन गोबर से चेतन गुबरैला उत्पन्न हो जाता है। यदि यह कहा जाए कि इन अवस्थाओं में दिखाई देने वाली विभिन्नता के होते हुए भी एक मौलिक तादात्म्य है, क्योंकि ये दोनों ही भूमि से उत्पन्न होते हैं, तो शंकर इसका उत्तर यों देते हैं, कि ईश्वर और जगत् में सत्ता का एक सामान्य लक्षण है। दोनों ही सर्वथा भिन्न नहीं हैं और यदि ईश्वर के अन्दर कुछ अतिशय है तो इसमें कोई आश्चर्य की बात नहीं क्योंकि कारण में सर्वत्र यह

1. नहि कश्चिदपरतन्त्रो बन्धनागारम् आत्मनः कृत्वाऽनुप्रविशति। (2 : 1, 21) तुलना कीजिए, डेस्कार्ट, "यदि मैं स्वयं अपने जीवन का रचयिता होता तो मैं अपने लिए ऐसी प्रत्येक पूर्णता को प्राप्त कर लेता जिसे मैं भी विचार में ला सकता हूं और इस प्रकार मैं ईश्वर हो जाता" ('मैडिटेशन्सन', पृष्ठ 3)।

2. देखें, शांकरभाष्य, 2 : 1, 22; 4 : 1, 23 और 24।

3. न अवश्यं तस्य यथादृष्टमेव सर्वम् अभ्युपगन्तव्यम्। और भी देखें, 'ड्यूसन्स सिस्टम आफ दि वेदान्त' पृष्ठ 92-93।

4. शांकरभाष्य, 2 : 1, 4।

विशेषता पाई जाती है।[1]

एक अन्य आपत्ति में कहा गया है कि यदि जगत् ईश्वर से उत्पन्न होता है और उसी में समा जाता है तो समाने के समय जगत् के ऐसे गुण जैसे भौतिकता, संयुक्तता, जड़ता, सीमितता, अशुद्धता इत्यादि अवश्य ईश्वर को मलिन कर देते होंगे।[2] इसके उत्तर में शंकर का कहना है कि जब कार्य अपने कारणों में वापस लौटते हैं तो वे अपने विशिष्ट गुणों को त्याग देते हैं और अपने कारणों में अन्तर्लीन हो जाते हैं, जिस प्रकार सोने के आभूषण फिर से सोने में परिवर्तित होते समय अपने साथ खोट आदि नहीं लाते। यदि कार्य कारण में परिवर्तित होते समय अपने गुणों को बनाए रखे तो यह तात्त्विक पुनरावर्तन नहीं है।[3] यदि यह कहा जाए कि चूंकि जगत् अपने विशेष गुणों को त्यागकर ईश्वर में विलीन होता है तो फिर ईश्वर को सृष्टि बनाने का कोई कारण नहीं होना चाहिए कि वह फिर से अपने को भोग्य और भोक्ता आदि भेदों के रूप में विभक्त करे जैसे कि प्रत्येक नई सृष्टि बनाने में होता है। शंकर इसका उत्तर एक दृष्टान्त के द्वारा देते हैं। "जैसे कि जीवात्मा प्रगाढ़ निद्रा तथा समाधि में अपनी मौलिक एकता के रूप में (कुछ समय के लिए) वापस पहुंच जाता है किन्तु उक्त अवस्थाओं से जागने पर फिर तब तक के लिए अपने वैयक्तिक जीवन में आ जाता है जब तक कि वह अविद्या से मुक्त नहीं होता। ठीक इसी प्रकार की क्रिया ईश्वर के अन्दर समाने पर भी होती है।"[4] भिन्नता प्राप्त करने की शक्ति ईश्वर के अन्दर बराबर रहती है यद्यपि यह उस समय व्यक्त नहीं होती जबकि जगत् उसमें समाता है। बार-बार होने वाले अस्तित्व के रूप में जगत् के पुनरावर्तन का आधार वे कर्म हैं जो पूर्व जन्मों में किए गए हैं और जिनका फल अवश्य मिलना चाहिए। मुक्तात्मा फिर से जगत् में वापस नहीं आते क्योंकि पुनर्जन्म की शर्त अर्थात् मिथ्या ज्ञान उनकी अवस्था में विद्यमान नहीं है।[5] वस्तुतः सृष्टिरचना नाम की कोई वस्तु नहीं है क्योंकि संसार अनादि और अनन्त है। सृष्टि की उत्पत्ति तथा विनाश संसार की प्रक्रिया में एक प्रकार के पड़ाव हैं क्योंकि संसार अनादिता से अनन्तता की ओर गति करता है। प्रत्येक कल्प (सृष्टि की कालावधि) के प्रारम्भ में उस मूलभूत सम्मिश्रण का अनावरण होता है जो अपने अन्दर विविधता की सम्पूर्ण शृंखला को धारण करता है। भूत तथा वर्तमानकाल के अन्दर तारतम्य बना रहता है और इसी प्रकार प्रलयावस्था तथा सृष्टिरचना के अन्दर भी क्योंकि प्रलय के पश्चात् सृष्टिरचना आती है। यदि सर्वोपरि ईश्वर तथा व्यक्तिगत जीवात्मा परस्पर पूर्ण इकाई तथा उसके भाग के रूप में सम्बद्ध हों तो जब कभी जीवात्मा को पीड़ा होगी, ईश्वर भी उसी पीड़ा को अनुभव करेगा। इस कठिनाई को दूर करने के लिए इकाई तथा उसके भाग के सम्बन्ध की व्याख्या के सम्बन्ध में कहा गया है कि एक मौलिक है, दूसरा उसका प्रतिबिम्बमात्र है। प्रतिबिम्ब पर लगी चोट मौलिक पर कोई असर नहीं पैदा करती।

---

1. शांकरभाष्य, 2: 1, 6।
2. स्थौल्य, सावयवत्व, अचेतनत्व, परिच्छिन्नत्वा शुद्ध-यादि।
3. शांकरभाष्य, 2 : 1, 9।
4. शांकरभाष्य, 2 : 1, 9।
5. शांकरभाष्य, 2 : 1, 9।

यह कहा जाता है कि ईश्वर ऐसे जगत् का कारण नहीं हो सकता जिसमें कुछ के साथ तो अच्छा व्यवहार होता है और कुछ के साथ बुरा और ऐसा प्रभु जो अपने प्राणियों के साथ एक-दूसरे से भिन्नता का व्यवहार करता है वह अन्यायी तथा क्रूर है।[1] कर्म के विधान को मान लेने से यह कठिनाई दूर हो जाती है, ईश्वर स्वेच्छाचारिता से कर्म नहीं करता अपितु प्रत्येक प्राणी के उसके पूर्वजन्मों में किए गए पुण्य व पाप कर्मों के अनुसार ही कार्य करता (समुचित फल देता) है। ईश्वर एक ऐसी सृष्टि की रचना करता है जो मनुष्यों के कर्मों के अनुकूल हो। क्योंकि यह जगत् केवल पूर्वजन्मों के कर्मों के प्रायश्चित्त के लिए ही एक प्रकार का नाट्यशाला है, ईश्वर का सृष्टिकर्ता के रूप में कर्तृत्व केवल गौण है। जो कुछ पौधों को प्राणधारक शक्ति को प्राप्त होता है, उसका श्रेय हम माली को नहीं देते। शंकर ईश्वर की तुलना वर्षा के साथ करता है : जिस वर्षा से पौधों को बढ़ने में सहायता प्राप्त होती है किन्तु ये बढ़कर क्या बनेंगे, यह वर्षा के ऊपर नहीं अपितु बीज की प्रकृति के ऊपर निर्भर करता है। प्रत्येक मनुष्य के नये जन्म का निर्णय उसके कर्मों के नैतिक गुणों के द्वारा होता है।[2] किन्तु यह प्रश्न किया जा सकता है कि क्यों नहीं ईश्वर ने एकदम प्रारम्भ में जब कि मनुष्यों में पुण्य व पाप उस ईश्वर के कर्म के निर्णायक के रूप में नहीं थे तब एक ऐसे जगत् की रचना की जो दुःख तथा कष्ट से मुक्त होता? यह हमें अन्योन्याश्रय रूप तर्क की ओर ले जाता है। शंकर का कहना है : "बिना पाप व पुण्य के कोई भी इस जन्म में नहीं आ सकता; इसके अतिरिक्त बिना व्यक्ति के पुण्य व पाप भी नहीं हो सकते, इस प्रकार जगत् का आरम्भ विषयक-सिद्धान्त मानने से हम एक तर्क सम्बन्धी अन्योन्याश्रय दोष में फंस जाते हैं।"[3] जगत् अनादि है।[4] प्रत्येक जन्म अपने अन्दर किसी-न-किसी पूर्वजन्म के स्वरूप को धारण करता है। यहाँ तक कि समय-समय पर होने वाली सृष्टि-रचनाओं तथा विलय की अवस्थाओं में भी कर्म का विधान देखा जा सकता है और ईश्वर के स्वरूप में संसार सूक्ष्म अथवा स्थूल रूप में विद्यमान रहता है। प्रकृति अथवा जगत् का तत्त्व जो स्वयं में कार्य नहीं है और इसीलिए अन्य सब कार्यों से श्रेष्ठ है, उस ईश्वर में विद्यमान रहता है।[5] मूल का उत्पत्ति-स्थान ईश्वर के बाहर नहीं है और इसलिए माया अथवा प्रकृति को ईश्वर के स्वरूप का एक अंग माना गया है। ईश्वर अर्थात् प्रकृति के साहचर्य से युक्त ब्रह्म जगत् का निमित्त और उपादान कारण है। यह जगत् जो ईश्वर का कार्य है अपनी रचना से पूर्व भी कारणात्मक रूप में विद्यमान रहता है, जिस प्रकार यह सृष्टिरचना में उसकी शक्ति से विद्यमान रहता है।[6] सृष्टिरचना के पूर्व भी नाम और रूप ईश्वर के ज्ञान के विषय हैं।[7]

1. शांकरभाष्य, 2 : 1, 34।
2. शांकरभाष्य, 1 : 3, 39।
3. शांकरभाष्य, 2 : 1, 36।
4. शांकरभाष्य, 2 : 3, 42।
5. सर्वस्माद् विकारात् परोयोऽविकारः (शांकरभाष्य, 1 : 2, 22)।
6. शांकरभाष्य, 2 : 1, 6। देखें, कठोपनिषद् पर शांकरभाष्य, 3 : 11; छान्दोग्य उपनिषद्, 8 : 14, 1।
7. शांकरभाष्य, 1 : 1, 5।

उपनिषदों में ईश्वर को अन्तर्यामी माना गया है। उनका कहना है कि ईश्वर जीवात्मा से पृथक् नहीं है परन्तु इसके द्वारा ही उसने प्रकृति के अन्दर प्रवेश किया है। "चूंकि नितान्त विशुद्ध होने के कारण वह अपवित्र शरीर में अपनी निजी आत्मा सहित प्रवेश नहीं करेगा और यदि वह ऐसा करता भी है तो भी इस बात को स्मरण करना छोड़ देगा कि उसने स्वयं ही उसे बनाया है। आत्मा जिसके रूप में ईश्वर जगत् में प्रविष्ट हुआ बिना किसी कष्ट के जगत् का संहार कर देती जिस प्रकार कि एक जादूगर अपने द्वारा उत्पन्न किए गए चाकचक्य को नष्ट कर देता है। चूंकि यह नहीं होता इसलिए परिणाम यह निकला कि जगत् का निर्माण किसी ऐसे धार्मिक सत् के द्वारा नहीं हुआ जो यह जानता हो कि उसके लिए श्रेयस्कर क्या है।[1] इस आपत्ति का उत्तर शंकर यों देते हैं कि देखो एक ही कारण से भिन्न-भिन्न कार्यों की उत्पत्ति होती है। यह एक ही पृथ्वी अनेक प्रकार के पत्थरों को उत्पन्न करती है जिनमें बहुमूल्य जवाहरात भी हैं और साधारण पत्थर भी हैं। ठीक इसी प्रकार एक ही ईश्वर से नानाविध आत्माओं तथा कार्यों की सृष्टि होती है।[2]

ईश्वर बिना साधनों के सृष्टिरचना करता है। अपनी महान् शक्तियों के द्वारा वह अपने को अनेक कार्यरूपों में परिणत कर लेने में समर्थ है।[3] ईश्वर को किसी बाह्य सहयोग की आवश्यकता नहीं है क्योंकि उसके अपने अन्दर सब प्रकार की आवश्यक शक्तियां पूर्णरूप में विद्यमान हैं। यह कहा जाता है कि ईश्वर और ऋषिगण केवल समाधि के बल से अनेक वस्तुओं का सृजन कर सकते हैं और इस कार्य में उन्हें किसी बाह्यवस्तु की आवश्यकता नहीं होती।[4] सृष्टि की उत्पत्ति का उसका कार्य मानवीय कर्मों के समान नहीं है।[5] अपनी प्रकृति के विशेष गुण के कारण ईश्वर अपने को जगत् के रूप में परिणत कर लेता है ठीक उसी प्रकार जैसे कि दूध, दही में परिणत हो जाता है।[6] चूंकि अनेकत्वपूर्ण जगत् ईश्वर से उत्पन्न होता है इसलिए ईश्वर अनेक शक्तियों का भण्डार है।[7] यदि ईश्वर तात्त्विक रूप में स्वतन्त्र है तो उसे सृष्टिरचना के लिए कोई विवश नहीं कर सकता। ईश्वर में किसी प्रकार की अपूर्णता नहीं है और न कोई उसकी अतृप्त इच्छा ही है। ईश्वर के पक्ष में किसी प्रयोजन का निर्देश करने से उसकी पूर्णता के साथ विरोध होता है।[8] यदि इस जगत् की उत्पत्ति किसी प्रयोजन से हुई अथवा किसी इच्छा को व्यक्त करती है अथवा किसी अभाव की पूर्ति करती है तब इसका अर्थ होगा कि उसके अन्दर किसी वस्तु की आवश्यकता का

---

1. शांकरभाष्य, 2 : 1, 21।
2. शांकरभाष्य, 2 :1, 23।
3. परिपूर्णशक्तिम् (शांकरभाष्य, 2 : 1, 24)।
4. 2 : 1, 25, 31।
5. शांकरभाष्य, 1 : 4, 27।
6. क्षीरवद् द्रव्यस्वभावविशेषात (शांकरभाष्य, 2 : 1, 24)। दूध का दृष्टान्त दोषपूर्ण है, क्योंकि दूध को दही के रूप में परिणत होने के लिए गर्मी के साहचर्य की आवश्यकता होती है।
7. शांकरभाष्य, 2 : 1, 30।
8. नित्यपरितृप्तत्वम् (शांकरभाष्य, 2 : 1, 32-33)। ब्रह्म प्राप्तकाम है अर्थात् उसका प्रयोजन पहले से ही सिद्ध है और इस प्रकार सीमित चैतन्य के उद्देश्यवाद का सिद्धान्त उसके पक्ष में लागू नहीं होता।

भाव एवं सर्वोपरि सत्ता की अपूर्णता प्रकट होती है। यदि उसने बिना किसी निश्चित उद्देश्य के सृष्टिरचना की तो फिर उसके और एक बच्चे के कर्मों में कोई भी भेद न हुआ। यदि ईश्वर ही एकमात्र कारण होता तो समस्त कार्य एक साथ उपस्थित हो जाता; किन्तु वस्तुतः हमें एक शनैः-शनैः विकसित होती हुई उन्नति मिलती है जो इस बात का संकेत करती हुई प्रतीत होती है कि भिन्न-भिन्न स्थितियों के लिए कारण भी भिन्न-भिन्न हैं। उत्तर में यह कहा गया है कि अनिवार्य रूप में बाह्य क्रिया के निर्णय की आवश्यकता नहीं है। इसका निर्णय स्वयं क्रिया के अन्तर्हित प्रेरणापरक प्रयोजन द्वारा होता है। इस प्रकार यह कहा जाता है कि "उस प्रभु की क्रियाशीलता केवल लीलामात्र है ऐसा समझना चाहिए, जो उसके अपने स्वभाववश है और उसमें कोई प्रयोजन नहीं रहता।"[1] ईश्वर की रचनात्मक कर्मण्यता उसकी पूर्णता का अनिच्छित अतिरेक है जो अनुत्पादक के रूप में उसके अपने अन्दर नहीं समा सकता। लीला का भाव अनेक सुझाव उपस्थित करता है। सृष्टिरचना का कर्म किसी स्वार्थपरक प्रयोजन की प्रेरणा से नहीं है। यह ईश्वर के स्वभाव का स्वाभाविक अतिरेक है, जिस प्रकार श्वास-निश्वास मनुष्य की स्वाभाविक क्रिया है।[2] ईश्वर बिना सृष्टिरचना के रह नहीं सकता। सृष्टिरचना का कार्य आकस्मिक घटना अथवा अविवेक का परिणाम नहीं है किन्तु केवल ईश्वर के स्वभाव का परिणाम है। अपने आह्लाद की पूर्णता के कारण ईश्वर बाहर की ओर जीवन तथा शक्ति का वितरण करता है।[3] शंकर अनन्त को ऐसा नहीं मानते कि वह पहले अपने में अवस्थित हो और फिर आवश्यकतावश यह अनुभव करे कि उसे सीमित अवस्था में बाहर जाना चाहिए। वह अपने आह्लाद की अपरिमितता के कारण तथा नैतिकता की मांग के कारण भी सृष्टि की रचना करता है। इस सृष्टि को एक ब्रह्माण्ड-सम्बन्धी मनोरंजक खेल समझकर, जिसका आनन्द सर्वोपरि ब्रह्म अनुभव करता है, शंकर उस प्रयोजनात्मकता, विवेकपूर्णता, सुख, सान्त्वना तथा निष्क्रियता का प्रतिपादन करते हैं जिसके द्वारा सृष्टि का धारण होता है। मुक्तात्मा भी ईश्वर के आह्लाद में भाग ले सकते हैं। सीमित केन्द्रों का भेद पूर्ण इकाई से नहीं अपितु उसी के अन्दर से होना चाहिए और वह पूर्ण इकाई आत्माओं के लिए भी प्राप्तव्य आदर्श है। यहां तक कि वे वस्तुएं भी जो अधार्मिक तथा विवेकहीन प्रतीत होती हैं उसी पूर्ण इकाई से सम्बद्ध हैं। ईश्वर का जीवन समस्त भागों में सबको एक सूत्र में बांधते हुए तथा अपने अन्दर समाविष्ट करते हुए स्पन्दन करता है। "ब्रह्म से लेकर पेड़-पौधों तक समस्त प्राणी मेरा शरीर माने गए हैं।"[4] ईश्वर तथा जगत्, अर्थात् कारण और कार्य तादात्म्ययुक्त हैं। वे आकृतियों अथवा परिवर्तित रूपों में तादात्म्ययुक्त नहीं हैं किन्तु ब्रह्म की मौलिक प्रकृति के रूप में तादात्म्ययुक्त हैं। सृष्टिरचना के समय जगत् नाम व रूप में विकसित होता है और प्रलयावस्था में यह अविकसित रूप में रहता है। सृष्टि देश, काल के स्तर पर

1. शांकरभाष्य, 2 : 1, 33।
2. शांकरभाष्य, 2 : 1, 33।
3. इसके साथ आत्मा के विषय में प्लाटिनस के विचार की तुलना कीजिए। वहां भी इसे अतिरेकमय पूर्णता बताया गया है।
4. उपदेशसाहस्री, 9 : 4; दक्षिणमूर्तिस्तोत्र, पृष्ठ 9।

उसी की अभिव्यक्ति है जो पहले से ईश्वर के अन्दर विद्यमान है।[1] प्रत्येक कल्प के अन्त में ईश्वर समस्त जगत् का प्रतिसंहार करता है, अर्थात् भौतिक जगत् अव्यक्त प्रकृति के अन्दर विलय हो जाता है और जीवात्माएं कुछ समय के लिए उपाधियों के सम्बन्ध से स्वतन्त्र हो जाने के कारण मानो प्रगाढ़ निद्रा में मग्न हुई पड़ी रहती हैं। किन्तु चूंकि उनसे कर्मों के परिमाण अभी निःशेष नहीं हुए होते, उन्हें शीघ्र ही फिर दैहिक जीवन में प्रविष्ट होना पड़ता है जैसे कि ईश्वर एक नये भौतिक जगत् को उत्पन्न करता है। तब फिर जन्म, कर्म, मृत्यु आदि का पुराना चक्र फिर से प्रारम्भ होता है।[2]

जीवात्माएं जो एक-दूसरे से पृथक् हैं ईश्वर के ही भाग समझी गई हैं किन्तु तो भी उनके अन्दर भूल से परस्पर किसी प्रकार का मिश्रण नहीं होता। भिन्न-भिन्न आत्माओं के कर्म तथा कर्मफल जो मृत्यु के समय अपने निकास की ओर वापस लौट जाते हैं फिर से नए जन्म में[3] वापस लौट आते हैं, किन्तु एक-दूसरे के साथ मिलकर गड़बड़ी में नहीं पड़ते।[4] जीवात्मा जिसकी पहचान भौतिक देह के द्वारा होती है, जीव है, जिसे देही अथवा शरीरधारी भी कहते हैं। इन सब जीवों का एकत्व जो जाग्रतावस्था में सामूहिक अथवा विश्वात्मा आत्मा है उसे विराट् अथवा वैश्वानर कहते हैं। स्वप्नावस्था के सदृश सूक्ष्म शरीर से युक्त जो जीवात्मा है वह लिंगी अथवा तैजस् है। समस्त तैजस् अथवा सूक्ष्म आत्माओं का एकत्व हिरण्यगर्भ अथवा सूत्रात्मा कहलाता है।[5] अन्त में कारण शरीर से संयुक्त आत्मा प्राज्ञ कहलाती है और समस्त प्राज्ञों का एकत्व ईश्वर है। प्रगाढ़ निद्रा (सुषुप्ति) में अवस्थित जीवात्मा में फिर भी द्वैत का अंश विद्यमान रहता है। उसमें बुद्धि है जो विचार तथा संकल्प का स्रोत है। प्रलय की अवस्था में ईश्वर सुषुप्ति अवस्था में स्थित जीव के समान रहता है और उसका सम्बन्ध द्वैत के साथ रहता है यद्यपि यह व्यक्त नहीं होता। विशुद्ध बुद्धि से सम्पन्न ईश्वर ही ब्रह्म है। उसमें तीन गुण रहते हैं किन्तु उसे फिर भी त्रिगुणातीत कहा गया है। उसे एक पारदर्शक शरीर प्राप्त है, जो विशुद्ध सत्त्व है, ऐसा कहा जाता है, ईश्वर से विराट्, सुषुप्ति से जाग्रतावस्था, प्राज्ञ से देही यह सृष्टि अथवा प्रगतिशील भौतिकावस्था का क्रम है, इससे विपरीत दिशा का क्रम है प्रलय अथवा प्रगतिशील आदर्शीकरण। शंकर आनुभविक जगत् में वास्तविक परिणाम को स्वीकार करते हैं यद्यपि वे जगत् के ब्रह्म के साथ सम्बन्ध को प्रकट करने के लिए विवर्त के विचार का प्रयोग करते हैं।

---

1. तुलना कीजिए, एमिली ब्रॉण्टे :

> "यद्यपि पृथ्वी और मनुष्य नष्ट हो गए,
> और सूर्यों तथा विश्वों का भी अस्तित्व नष्ट हो गया।
> और तू अकेला (एकाकी) रह गया,
> तो भी प्रत्येक सत्ता तेरे अन्दर विद्यमान है।"

2. सृष्टिरचना, सृष्टि की स्थिति तथा समस्त विश्व के संहार की क्षमता के अनुसार एक ही सर्वोपरि प्रभु ब्रह्मा, विष्णु और शिव नामों से पुकारा जाता है। सृष्टिरचना सत्त्वगुणयुक्त ईश्वर अथवा ब्रह्मा का कार्य है, तमोगुणयुक्त ईश्वर अथवा शिव का कार्य सृष्टि प्रलय करना है तथा ऊर्ध्व और अधोदिशा में प्रवृत्ति समेत सृष्टि को धारण करना रजोगुणयुक्त ईश्वर अथवा विष्णु का कार्य है।

3. छान्दोग्य उपनिषद् 6 : 10।

4. शांकरभाष्य, 2 : 3, 49।

5. शांकरभाष्य, 2 : 3, 15।

उपादान कारण वह है जो कारण के ही समान पदार्थ को उत्पन्न करता है।[1] जगत् ब्रह्म से भिन्न नहीं है जो सद्रूप में परिवर्तनशील है, यह अविद्या से भी भिन्न है जो जड़रूप में परिवर्तन के अधीन है। इस प्रकार जगत् ब्रह्म तथा माया का मिश्रण है। शंकर का मत तो इस विषय में बिलकुल स्पष्ट है कि ईश्वर विश्व का निमित्त तथा उत्पादन दोनों प्रकार का कारण है,[2] किन्तु अर्वाचीन वेदान्त में मतभेद उत्पन्न हो गया। वेदान्त परिभाषा के अनुसार जगत् के विकास का कारण माया है ब्रह्म नहीं।[3] वाचस्पति का मत है कि कारण तो ब्रह्म ही है माया उसकी सहायक है। माया के वश में पड़े हुए व्यक्ति ब्रह्म को जड़ जगत् के रूप में एक विषय समझते हैं और माया उसका कारण बताई जाती है।[4] किन्तु इस मत में माया को स्वतःसिद्ध मान लिया गया है जो जीवों को प्रभावित करती है। जगत् की जड़ता का कारण विशुद्ध तथा सरल ब्रह्म के अतिरिक्त कोई होना चाहिए और सम्भवतः ऐसा कथन करना कहीं उत्तम होगा कि जगत् अपने सांत अनन्तस्वरूप के कारण ब्रह्म-माया से उत्पन्न हुआ माना जाना चाहिए। और चूंकि हम जगत् तथा ब्रह्म के पारस्परिक सम्बन्ध का ठीक-ठीक विवरण नहीं दे सकते, हम ऐसा कथन कर सकते हैं कि ब्रह्म उस जगत् का अधिष्ठान है जिसकी उत्पत्ति माया से है। यह मत 'पदार्थतत्त्वनिर्णय' ने स्वीकार किया है।[5] सिद्धांतमुक्तावली का रचयिता ब्रह्म का सम्बन्ध अन्य किसी वस्तु के साथ मिलने का प्रबल विरोधी है और इसलिए उसका मत है कि एकमात्र माया ही जगत् का कारण है। ''संक्षेपशारीरक' का ग्रंथकार निरपेक्ष परमब्रह्म को जगत् का उपादान कारण मानता है क्योंकि इस समस्त सत्तात्मक जगत् का सम्बन्ध एक यथार्थसत्ता के साथ होना चाहिए। अन्य लोग जो ब्रह्म के साथ किसी प्रकार का सम्बन्ध जोड़ने का निराकरण करते हैं ईश्वर को, अर्थात् माया से सम्बद्ध ईश्वर को, उपादान कारण मानते हैं।[6] यदि निरपेक्ष परब्रह्म में उपादान कारण का आधान किया जाता है तो केवल आनुषंगिक है। विद्यारण्य का मत है कि जो कारण जगत् के रूप में परिणत होता है वह माया है[7] और वह जो जगत् का आधार है विशुद्ध चैतन्य है और मायारूप उपाधि से सीमित है।[8] ऐसे भी विचारक हैं जिनका यह मत है कि मूर्तरूप विषय स्थानीय जगत् ईश्वरीय माया का कार्य है किन्तु चित्त तथा इन्द्रिय आदि का सूक्ष्म जगत् व्यक्तिरूप जीव का कार्य है जिसे ईश्वर की माया से सहायता मिलती है।[9] दूसरी ओर ऐसे भी विचारक हैं जो अविद्या की शक्ति का कारण

---

1. स्वाभिन्नकार्यजनकत्वम् उपादानत्वम।
2. एक मत जिसकी पुष्टि 'विवरण' ने की है।
3. प्रपंचस्य परिणाम्युपादानं माया न ब्रह्मेति सिद्धान्तः।
4. वाचस्पतिमिश्रास्तु जीवाश्रितमायाविषयिकृतं ब्रह्म स्वत एव जाडयाश्रयप्रपंचाकारेण विवर्तमानतयोपादानम् इति मायासहकारिमात्रम् (सिद्धान्तलेशसंग्रह, 1)।
5. प्रपञ्चे उभयोरपि मायाब्रह्मणोरुपादानत्वम्; तत्र च परिणमितया मायाया उपादानत्वम्; अधिष्ठान तथा च ब्रह्मण उपादानत्वम्। ब्रह्म विवर्तमानतया, अविद्या परिणमनतया उपादानम्। (सिद्धान्तलेशसंग्रह, 1, पर भाष्य)।
6. 'विवरण', जो अपना आधार शांकरभाष्य के 1 : 1, 10 : 2, 1 को मानता है।
7. परिणाम्युपादानता।
8. विवर्तोपादानता को मायोपहित चैतन्य का कारण माना है।
9. वियवादिप्रपञ्च ईश्वरसृष्टमायापरिणाम इति; तत्र ईश्वर उपादानम्; अन्तःकरणादिकन्तु ईश्वराश्रितमायापरिणाम महाभूतोपसृष्टजीवाविद्याकृतभूतसूक्ष्मा कार्यम् इति तत्रोभयोरुपादानत्वर (सिद्धान्तलेशसंग्रह, 1)।

विषयीरूप जगत् को बताते हैं और ईश्वर की माया के सहयोग की कोई आवश्यकता नहीं समझते एवं ईश्वर की माया को केवल तत्त्वयुक्त विश्व का ही कारण मानते हैं। जब हम उक्त प्रश्न पर दो भिन्न-भिन्न दृष्टिकोणों से, अर्थात् विषयनिष्ठता तथा विषयिनिष्ठता के दृष्टिकोणों से, विचार करते हैं तो हम कह सकते हैं कि ब्रह्म वह आधार है जिसके ऊपर विषयरूप जगत् का अध्यास किया गया है और आत्मा वह आधार है जिसके ऊपर विषयिनिष्ठ जगत् का अध्यास किया गया है। यह ठीक है कि परम-यथार्थसत्ता इन्द्रिय तथा कर्मण्यता के समस्त क्रियात्मक ऐन्द्रिक जगत् का उपादान कारण है और जीव प्रतीतिरूप वस्तुओं के तथा स्वप्नात्मक जगत् का उपादान कारण है। जहां एक ओर उक्त समस्त मत इस जगत् को व्यक्तिरूप विषयी अथवा जीव को जगत् का कारण मानने से निषेध करते हैं वहां ऐसे भी कुछ विचारक हैं जिनकी सम्मति में जीव ही सबका उपादान कारण है जो अपने अन्दर ईश्वर से लेकर नीचे तक समस्त वस्तुओं की व्यवस्था को आगे बढ़ाए हुए है, उसी प्रकार जिस प्रकार कि यह स्वप्न जगत् को आगे बढ़ाता है।[1]

28. ईश्वर का मायिक रूप

चाहे हम यह कहें कि तर्क के ढांचे में व्यवस्थित ब्रह्म आनुभविक जगत् है अथवा यह कहें कि यह ईश्वर है—दोनों कथनों में कुछ अन्तर नहीं है। ईश्वर सर्वग्राही है और अपने अन्दर इस समस्त सत्तात्मक जगत् को समाविष्ट किए है जो प्रलय में उत्पादन क्षमता के रूप में और सृष्टिरचना में वास्तविक रूप में विद्यमान है। ड्यूसन के इस कथन में कुछ विशेषता नहीं है कि शंकर ने सावधान होकर भेदशून्य ब्रह्म तथा आनुभविक जगत् में एक ओर तथा दूसरी ओर ईश्वर में भेद नहीं किया। वह कहता है : "इस भेद शून्य ब्रह्म के दो विरोधी हैं : प्रथम आनुभविक जगत् की आकृतियां, जिस रूप में उपाधियों से नियन्त्रित ब्रह्म प्रकट होता है; उसके पश्चात् वे अपूर्ण आलंकारिक विचार जो हम सर्वोपरि ईश्वर के विषय में बनाते हैं जिससे कि यह हमारे बोधग्रहण तथा पूजा के लिए निकटतम आ सके। यह अद्भुत विषय है कि भेदशून्य ब्रह्म के इन दो विरोधियों के मध्य, चाहे वे प्राकृतिक रूप में एक-दूसरे से कितने भी पृथक् क्यों न हों, शंकर कोई भी स्पष्ट भेद नहीं मानते और यहां तक कि एक वाक्य के अनुसार ऐसा प्रतीत होता है कि उन्होंने औपचारिक आकृतियों में प्रस्तुत आकृतियों को आधार (आलम्ब) के रूप में देखा।....परिणाम यह निकला कि हमारे ग्रन्थकार को उनके मध्य जो भेद है उसके विषय में स्पष्ट ज्ञान कभी नहीं हुआ।"[2] ड्यूसन स्वीकार करता है कि शंकर ने एक वाक्य में इस भेदभाव का उल्लेख किया है[3] और इसे व्यर्थ बताकर छोड़ दिया है। समस्त प्रतीतिस्वरूप जगत् ब्रह्म का ही आभास है। ब्रह्म जिसके ऊपर सब स्थित है तब ईश्वर बन जाता है जब औपचारिक रूपों का आकार धारण करता है और अपने अन्दर सबको समाविष्ट कर लेता है। एक ओर अनन्त ईश्वर तथा दूसरी ओर जीवात्माएं,

---

1. अप्पय दीक्षित उनकी स्थिति का इस प्रकार वर्णन करता है : "जीव एक स्वप्न दृष्टृवत् स्वस्मिन् ईश्वरादिसर्वकल्पकत्वेन सर्वकारणमिति अपिकेचित्।"

2. 'ड्यूसन्स सिस्टम आफ दि वेदान्त', पृष्ठ 205-206।

3. शांकरभाष्य, 3 : 2, 21।

इनके मध्य जो भेद है वह ऐसा है जैसा कि एक ही सम्पूर्ण इकाई के अवयवों में होता है, दृष्टान्त के रूप में जैसा भेद मगध तथा विदेह के राज्यों में था जो दोनों एक ही जगत् से सम्बद्ध हैं।[1] जब हम यथार्थ ब्रह्म का विचार ब्रह्म के सांसारिक रूप में करते हैं तो ईश्वर, मनुष्य और जगत् (ईश्वर, जीव, प्रपंच) प्रधान अवयव बन जाते हैं।

विचारात्मक दर्शनशास्त्र, सत्तात्मक जगत् की उत्पत्ति का अनुमान एक निरपेक्ष परम आत्मा के प्रथम तत्त्व से करते समय, जिसमें आनुषंगिक कुछ नहीं है, चाहे पूर्व में हो चाहे पश्चिम में, विषयनिष्ठता (प्रकृति) के आत्माभिव्यक्ति (माया) सम्बन्धी किसी-न-किसी तत्त्व को स्वीकार करने के लिए विवश है। यूरोपियन विचारधारा में काण्ट ने तर्क किया कि आत्मबोध के अतीन्द्रिय एकत्व के अतिरिक्त अन्य कोई अनुभव नहीं है और तो भी उसने इसे विशुद्ध औपचारिक बना दिया और इस प्रकार इससे सम्पूर्ण अनुभव को उत्पन्न करने में असफल रहा। अनुभव को आत्मबोध की अतीन्द्रिय एकता और वस्तुओं के अपने अन्दर अनुभव को एक पारस्परिक प्रतिक्रिया मानते हुए उसने अपने दर्शन में तर्कविरुद्ध आकस्मिक घटना के एक अंश को स्थान दिया। फीश्ट काण्ट से इस प्रमुख सत्य को ग्रहण कर लेता है कि समस्त अनुभव एक विषयी के लिए ही अपना अस्तित्व रखता है और इसी से समस्त अनुभव को विकसित करने का प्रयत्न करता है। उसका मत है कि विषयी के विकास में किसी विजातीय अवयव का प्रवेश नहीं है किन्तु प्रत्येक क्रम का निर्णय अन्दर से ही होता है। निरपेक्ष विषयी अपनी स्थापना ही के कर्म में अपने को एक 'अन्य' का रूप देता है। आत्मा बिना अपने से भिन्न एक विरोधी तत्त्व का, जो अनात्म हो, के निर्माण के लिए अपने विषय में स्वीकारोक्ति अथवा स्थापना नहीं कर सकती, अन्यता का अंश आत्मा के अपने निजी सत्त्व में ही उत्पन्न किया जाता है। शनैः-शनैः निरपेक्ष आत्मा के अन्दर सीमित अहंभाव के अनेकत्व के रूप में सर्वथा अपने से भिन्न तथा अपनी भिन्न-भिन्न आकृतियों में भेद उत्पन्न होता जाता है। फीश्ट द्वारा मान्य आत्मा को इस प्रकार अपने ही अन्दर से एक नियन्त्रक अथवा बाधक अनात्म को उत्पन्न करना होता है, जो इसकी क्रिया के विषय में अभिज्ञता रखने के लिए एक आवश्यक उपाधि है। आदिम चैतन्य की स्वनिर्मित सीमा अथवा एक ऐसी बाधा की उत्पत्ति की कल्पना करनी ही पड़ती है जिसके विरुद्ध आत्मा को अपने-आपको विभक्त करना होता है, भले ही वह बुद्धिगम्यता से कितना ही अतीत क्यों ने हो। इसी प्रकार ईश्वर-सम्बन्धी विचार में निरपेक्ष परब्रह्म के अतिरिक्त विषयनिष्ठता अथवा प्रकृति, आत्माभिव्यक्ति अथवा माया, का अंश भी रहता है।

जब हम मानवीय उद्देश्य को लेकर चलते हैं तो हमें परिणमित जगत् का कुछ-न-कुछ समाधान करना ही होगा। यह ब्रह्म के कारण होना सम्भव नहीं क्योंकि वह अखण्ड है। यदि यह ब्रह्म स्वयं परिणमित हो जाता है तो वह ब्रह्म नहीं रहता। यदि यह कभी अपनापन नहीं खोता अर्थात् कभी परिवर्तित नहीं होता तो जो परिवर्तन हमें दिखाई देता है उसका कुछ समाधान नहीं होता। परिवर्तनशील विश्व का कारण प्रकृति नहीं हो सकती, क्योंकि वह जड़ है। ब्रह्म जहां एक ओर सत् है वहां परिणमन का नाम प्रकृति है। किन्तु ब्रह्म के साथ-साथ एक परम निरपेक्ष वर्ग के रूप में प्रकृति की स्थापना करने का अर्थ होगा उस ब्रह्म के स्वरूप को सीमित कर देना, जिसके समान दूसरा नहीं है न उससे बाह्य कोई है। यदि हम किसी द्वितीय की स्थापना नहीं करते हैं तो जगत् की व्याख्या में कठिनाई उत्पन्न होती है। एकमात्र

1. शांकरभाष्य, 3 : 2, 31।

उपाय यही है कि एक सगुण ब्रह्म अर्थात् परिवर्तनशील ब्रह्म को मान लिया जाए जो ईश्वर है और अपने अन्दर सत् तथा परिणमन दोनों प्रकार के विशिष्ट लक्षणों को, अर्थात् अनासक्त ब्रह्म और अचेतन प्रकृति को, समाविष्ट रखता है। जो विचार के लिए अनिर्दिष्ट है वह स्वतः निर्णीत बन जाता है। आदिम एकत्व अपने से बाहर निकल जाता है और एक ऐसा व्यक्त रूप उत्पन्न करता है जो इससे अपेक्षतया स्वतन्त्र है। निर्मल, सरल तथा आत्मभूः निरपेक्ष ब्रह्म शरीरधारी प्रभु का रूप धारण कर लेता है, जो विश्व के अन्दर सत् का तत्त्व है एवं समस्त वस्तुओं को अपने साथ सम्बद्ध करने में उन्हें परस्पर भी संहत रखता है। ब्रह्म वह सत्ता है जो विषयी तथा विषय दोनों से परे है। जब यह विषयी के रूप में होता है तो एक विषय से व्यवहार करते हुए हम इसे ईश्वर कहते हैं, यह शब्द ब्रह्म है, एक और अनेक है। विषयनिष्ठ शून्यप्रकृति विषयीरूप ईश्वर की शक्ति के द्वारा समस्त जगत् का विकास करती है। प्रकृति अथवा विषय की अपने-आपमें कोई सत्ता नहीं और न कुछ अर्थ है। यह विवेकशून्य है और इस प्रकार बिना किसी एक विवेकसम्पन्न आत्मा के कुछ भी उत्पन्न नहीं कर सकती। यह केवल विषयी से विपरीत भिन्न सत्ता है और जगत् ईश्वर के असमान अथवा अनन्य रूप है जो आत्मचेतन ब्रह्म है। ईश्वर के अन्दर ब्रह्म तथा प्रकृति दोनों तत्त्व संयुक्त हैं। वह केवल नितान्त चैतन्य नहीं है किन्तु एक आत्मचेतन व्यक्तित्व है। "उसने योजना बनाई (ऐक्षत) कि मैं अनेक हो जाऊं और मैं उत्पत्ति करूं।"[1] ज्ञान, आत्मचैतन्य तथा व्यक्तित्व—ये तभी सम्भव हो सकते हैं जबकि प्रमेय विषय विद्यमान हों। सर्वज्ञत्व ईश्वर का लक्षण है यद्यपि इसकी सम्भावना की व्याख्या भिन्न प्रकार से की जाती है।[2] ब्रह्म का स्वरूप ज्ञान है। यह ज्ञान एक विषय का रूप धारण कर लेता है जब यह किसी ज्ञातव्य विषय के द्वारा सीमित हो जाता है। तब उस विषय के सम्बन्ध में ब्रह्म को विज्ञाता अथवा ज्ञान का प्रमाता विषयी कहा जाता है। दूसरे शब्दों में, ब्रह्म जिसका स्वरूप ज्ञान है, तब एक ज्ञाता बन जाता है जब वह एक ज्ञेय विषय के सम्बन्ध में प्रकट होता है।[3] इस प्रकार का विचार रखने में कि एक अनात्म व्यक्तित्व का आन्तरिक अंश बनकर रहता है। शंकर रामानुज तथा हीगल के साथ सहमत हैं। केवल जहां वे व्यक्तित्व के भाव को उच्चतम मानते हैं वहां शंकर बलपूर्वक कहते हैं कि जब तक हमें अनात्म का चैतन्य ज्ञान है हम प्रतिरूप जगत् के अन्दर हैं। यथार्थसत्ता तक पहुंचने के लिए हमें इस भेदभाव से अवश्य ऊपर उठना होगा। जब विशुद्ध सत् एक सम्बद्ध विशिष्ट सत् बन जाता है तो इसका पहला सम्बन्ध किसी ऐसी वस्तु के साथ होना चाहिए जो सत् से भिन्न हो। और जो सत् से

1. छान्दोग्य उप., 6 : 2, 3। और भी देखें, ऐतरेय, 1 : 1, 1; प्रश्नोपनिषद्, 6 : 3, 4; मुण्डक, 1 : 1, 9।

2. भारतीतीर्थ प्रतिपादन करता है कि ईश्वर में माया की उपाधि है जिसके अन्दर समस्त प्राणियों के मतों के सूक्ष्म प्रभाव विद्यमान रहते हैं, 'प्रकटार्थ' का रचयिता इससे सहमत है और अपना मत प्रकट करते हुए कहता है कि चूंकि माया भूत, वर्तमान और भविष्यत् आनुभविक जगत् के समान ही विस्तृत है इसलिए यह अपने धारण करने वाले को इस योग्य बना देती है कि वह सर्वग्राही ज्ञान का संचय कर सके। 'तत्त्वशुद्धि' नामक ग्रंथ का रचयिता कहता है कि ईश्वर के ज्ञान का सर्वदा प्रत्यक्ष रूप में होना आवश्यक नहीं है। वर्तमानकाल के जगत् का ज्ञान तो ईश्वर साक्षात् रूप में प्राप्त कर सकता है किन्तु भूतकाल को वह स्मरण कर सकता और भविष्य की पूर्व से कल्पना कर सकता है। कौमुदी के ग्रन्थकार का मत है कि ब्रह्म के लक्षणों से युक्त ईश्वर सब पदार्थों का प्रकाशक है। देखें, शांकरभाष्य, 14 : 9; तथा सिद्धान्तलेश, 1।

3. यही मत वाचस्पति का भी है।

भिन्न है वह असत् है।[1] ईश्वर जो ब्रह्म अर्थात् प्रकाश की अविच्छिन्न शक्ति से भिन्न है एक ऐसा प्रकाश है जो अपनी सत्ता को अन्धकार के अन्दर से तथा उसके द्वारा स्वीकारात्मक रूप में दावे के साथ प्रकट करता है। वह सत्य का तत्त्वरूप है,जो अस्तव्यस्तता को व्यवस्था का रूप देता है, और ईश्वर की आत्मा है जो जल ऊपर के स्तर पर विचारमग्न है।[2] अन्धकार प्रकाश के ऊपर आधिपत्य जमाकर उसे आवृत करने का प्रयत्न करता है, और सबको ढक लेने की चेष्टा करता है और प्रकाश बराबर अन्धकार को दबाने में तत्पर रहता है। जहां एक ओर ब्रह्म और अन्धकार में ईश्वर तथा अन्धकार में एक अनिवार्य विरोध है अर्थात् एक प्रकार का संघर्ष बराबर बना है वहां अन्त में अन्धकार पर प्रकाश की विजय होती है। इस प्रकार ईश्वर ब्रह्म तथा जगत् के मध्य एक मध्यस्थ तत्त्व है और दोनों के ही स्वरूप में हिस्सा बंटाता है। उसका ब्रह्म के साथ तादात्म्य है और फिर भी वह प्रमेय जगत् से सम्बद्ध है। शंकर का मत है कि सृष्टिरचना से पूर्व भी शरीरधारी ईश्वर का "उन नामों तथा रूपों में एक प्रयोजन रहता है जिनके लिए हम सत् की पारिभाषिक संज्ञा का प्रयोग नहीं कर सकते और न वे उसके विपरीत गुण ही हैं जिनका अभी विकास नहीं हुआ है हालांकि वे विकास के प्रति प्रयत्नशील हैं।"[3] यहां हम परमतत्त्वरूपआत्मा को अहं के रूप में निर्दिष्ट पाते हैं जो अहं से विपरीत को अपना विषय मानकर चिन्तन करता है। ईश्वर की दृष्टि में अपरिवर्तनशील तथा निष्क्रियता असम्भव है। व्यावहारिक अर्थों में यथार्थसत्ता के रूप में उसे सदा कर्मठ रहना चाहिए, अपने को पहचानने के लिए अपने को खोते हुए, विश्व में प्रकट होते हुए और फिर विश्व के ही द्वारा अपने स्वरूप में पुनः वापस लौटते हुए। वह जो करता कुछ नहीं और जगत् से तटस्थ होकर खड़ा रहता है ईश्वर नहीं है, कम से कम किसी प्रकार भी एक प्रेममय ईश्वर नहीं है। प्रेम इसके विषयों के जीवन में दुःख को, किन्तु अनिष्ट कर्म के अपराध और पाप को नहीं, तथा धार्मिक जीवन की प्रसन्नता को प्रदर्शित करते हुए उपस्थित रहता है। शंकर की दृष्टि में अन्य अनेक दार्शनिकों की ही भांति ऐसा आत्मचेतन सत् असम्भव है जिसका कोई उद्देश्य न हो और जिसका कोई विपरीत गुण न हो तथा जो अपनी परिभाषा में अपने एकत्व का समर्थन न करे। यह अभिव्यक्तियों अथवा प्रमेय पदार्थों के द्वारा ही सम्भव है कि एक आत्मचेतन व्यक्तित्व रूप में जीवित रहता है, गति करता है तथा अपने परिवर्तनों से किसी भी प्रकार प्रभावित नहीं होता। यह एक ऐसा साध्यपक्ष है जिसे सिद्ध करना कठिन है। प्रकृति की घटनाएं तथा आत्माओं का परिवर्तन ईश्वर के स्वरूप में भी परिवर्तन उत्पन्न करता है। वेदान्तपरिभाषा नामक ग्रंथ स्पष्ट रूप में स्वीकार करता है कि जीवित प्राणियों की क्रियाएं माया अथवा प्रकृति के नानाविध परिवर्तनों को जन्म देती हैं जो उपाधि अथवा ईश्वर की देह है।[4] जगत्

1. तुलना कीजिए, "और प्रकाश अन्धकार के अन्दर से चमकता है" (सेंट जॉन, 1 : 5)। बिशप वेस्टकाट इस पर टीका करते हुए लिखता है : "प्रकाश के साथ-साथ हठात् अन्धकार बिना किसी तैयारी के प्रकट हो जाता है" (दि गोस्पल अकार्डिंग टू सेंट जॉन', पृष्ठ 5)।

2. देखें, प्रस्तावना—भगवद्गीता पर शांकरभाष्य।

3. शांकरभाष्य, 1 : 1, 5। "अनिर्वचनीये, नामरूपे, अव्याकृते, व्याचिकीर्षिते।"

4. सृज्यमानप्राणिकर्मवशेन परमेश्वरोपाधिभूतमायायां वृत्तिविशेषा इदमिदानीं सृष्टव्यम् इदमिदानी पालयितव्यम्, इदमिदानीं संहर्तव्यम् इत्याद्याकारा जायंते; तासां च वृत्तीनां सादित्वात् तत्प्रतिबिम्बितचैतन्यमापि सादीत्युच्यते (1)।

का प्रादुर्भाव तथा तिरोभाव यह दर्शाता है कि दैवीयस्वरूप में भी परिवर्तन होते हैं, और संकुचन तथा विचार भी होता है। जब तक ईश्वर के जीवन में सृष्टिरचना तथा प्रलय यथार्थ घटनाएं रहती हैं तब तक ईश्वर कालातीत नहीं रह सकता किन्तु कालाधीन है। यहां तक कि जिस प्रकार सृष्टिरचना और प्रलय व्यावहारिक जगत् से सम्बन्ध रखते हैं ईश्वर भी व्यावहारिक जगत् से सम्बद्ध है। हम परिवर्तन रूप प्रवर्ग का प्रयोग करते हैं जो स्थिरता चाहता है और हमारा तर्क है कि ईश्वर एक स्थायी पृष्ठभूमि है जिसकी देह के साथ ये परिवर्तन सम्बद्ध हैं।[1] ईश्वर एक ऐसी अविकसित सूक्ष्म देह धारण करता है, जो नामों और रूपों की बीजस्थान रूप है तथा उस प्रभु के लिए पृष्ठभूमि का कार्य करती है और फिर भी उसके लिए केवल उपाधि (सीमा) मात्र है।[2] एक ऐसी रूपविहीन प्रकृति को स्वीकार करना जो ईश्वर के साथ-साथ नित्य भी हो स्पष्ट रूप में ईश्वर की अनन्तता को परिमित करना है। यह कहना कि प्रतिबन्ध बाह्यपदार्थों के नहीं हैं एवं अधिकतर एक प्रकार की अज्ञात सामग्री है हमारे लिए कुछ अधिक उपयोगी नहीं है।

> जहां एक ओर सगुण ब्रह्म में परिवर्तन होता है वहां ऐसा भी माना जाता है कि यह इसके रचनात्मक विचार की परिधि के अन्दर ही रहता है जिसके कारण समस्त परिवर्तन आनुषंगिक अंशों में होते हैं किन्तु निश्चित ही आवश्यक अंशों में नहीं। ईश्वर की एकता में अनेक रूप में अभिव्यक्त होने के कारण कोई क्षति नहीं आती।[3] "जिस प्रकार उस माया से जिसे जादूगर स्वयं बनाता है, उसके ऊपर किसी प्रकार का असर नहीं होता क्योंकि वह माया अयथार्थ होती है, इसी प्रकार सर्वोपरि ब्रह्म भी संसाररूपी माया से प्रभावित नहीं होता।"[4] इस प्रकार शंकर सीमित के निराकरण के विचार तथा ईश्वर सम्बन्धी विचार में अनन्त की पूर्वकल्पना के विचार को एक साथ संयुक्त कर देते हैं। स्पिनोज़ा के विरुद्ध जो यह कहा जाता है कि निरपेक्ष परमब्रह्म का केवल एक अनिर्दिष्ट सत् के शून्य रूप में निरूपण करता है और जिसे वह असंगत रूप में आत्मनिर्णायक ईश्वर के रूप में परिणत कर देता है इसमें कुछ बल नहीं है क्योंकि शंकर इस प्रकार की किसी महती असंगति के लिए वचनबद्ध नहीं हैं। वे स्पष्ट रूप में इस विषय से अभिज्ञ हैं कि अनन्त विषयक सब प्रकार के निर्धारणों का निराकरण हमारे सम्मुख केवल एक अमूर्तरूप को प्रस्तुत कर सकता है जिसके विषय में इसके अतिरिक्त कि 'यह है' और कुछ कथन नहीं किया जा सकता। जब तब हम तर्कशास्त्र के उपायों का प्रयोग करते हैं तब तक जिस यथार्थसत्ता तक पहुंचते हैं वह अनिर्दिष्ट ब्रह्म नहीं किन्तु सीमित ईश्वर है जो विश्व के नाना प्रकार के परिवर्तनों

---

1. शांकरभाष्य, 2 : 1, 4। दक्षिणमूर्तिस्तोत्र में कहा गया है : "इस विश्व में जो भी स्थावर तथा जंगम जगत् है—पृथिवी, जल, वायु, अग्नि, आकाश, सूर्य, चन्द्रमा और आत्मा—यह सब उसका आठ प्रकार का रूप है और ऐसा कुछ भी नहीं है जो विचार करने पर सर्वोपरि प्रभु से भिन्न हो।"

2. अव्याकृतं नामरूपबीजशक्तिरूपं, भूतसूक्ष्मम् ईश्वराश्रयं तस्यैवोपाधिभूतम् (शांकरभाष्य, 1 : 2, 22)।

3. छान्दोग्य उपनिषद्, 8 : 14, 1; 6 : 3, 2; तैत्तिरीय आरण्यक, 3 : 12, 7; श्वेताश्वतरोपनिषद्, 6 : 12।

4. शांकरभाष्य 2 : 1, 9। यथा स्वयं प्रसारितया मायया मायावी त्रिष्वपि कालेषु न संस्पृश्यते ऽवस्तुत्वात् एवम् परमात्मापि संसारमायया न संस्पृश्यत इति।

का निकास स्थान है। किन्तु शंकर के दर्शन में आदि से अन्त तक तर्कशास्त्र की पर्याप्तता और इसके आदर्श की अन्तिमता के विषय में अरुचि ही पाई जाती है। और इस प्रकार हम देखते हैं कि सगुण ब्रह्म अथवा एक मूर्तरूप आत्मा का यह विचार उनके अनुसार असंगतियों तथा परस्पर विरोधों के कारण इतना जटिल बन गया है कि इसे सर्वोच्च यथार्थसत्ता नहीं माना जा सकता।

ईश्वर समस्त सीमित जगत् का आवास स्थान है, तथा जगत् का उपादान और निमित्त कारण भी है, एक धारणा है। यह कहना बिलकुल आसान है कि मूर्तरूप सर्वव्यापी प्रभु सामान्य धारणा तथा विवरण की यथार्थता को संयुक्त बनाए रखता है, किन्तु किस प्रकार से बनाए रखता है यह एक रहस्य है। यदि समानता तथा भेद का एवं स्थायित्व तथा परिवर्तन का सम्बन्ध आनुभविक जगत् में बुद्धिगम्य नहीं है तो जब इसका प्रयोग ईश्वर के सम्बन्ध में होता है तो कैसे बुद्धिगम्य हो सकता है। शंकर जानते हैं कि उनके मत के ऊपर अमूर्त भावात्मकता का दोष आ सकता है किन्तु उनका मत है कि समानता तथा भेद तार्किक से परस्पर सम्बद्ध नहीं हो सकते। ये दोनों किस प्रकार एक साथ रह सकते हैं यह वे नहीं जानते और इसे वे भी अनुभव करते हैं।[1] ईश्वर को एक मूर्तरूप पूर्ण इकाई मानने का विचार एक प्रकार से अनुभव का समाधान नहीं है किन्तु समस्या की पुनरुक्तिमात्र है। हमारे अनुभव के अन्दर समानता और भेद अथवा स्थायित्व तथा परिवर्तन के दो स्वरूप हैं। हमारा प्रश्न है कि अनुभव का विवरण क्या है क्योंकि यह जीवात्माओं तथा वस्तुओं का मिश्रण है जिसके विशिष्ट लक्षण हैं स्थायित्व तथा परिवर्तन और उत्तर में हम यह कहते हैं कि ईश्वर अनुभव की व्याख्या है चूंकि वह दोनों लक्षणों को संयुक्त करता है तथा जीवात्माओं और वस्तुओं का जगत् यान्त्रिक रूप में उससे सम्बद्ध है। यह कहना कि वे उसके शरीर के विधायक हैं अनुभव की व्याख्या करना नहीं है। हम अनुभव के एक सामान्यरूपक विचार को बनाते हैं और इसे ईश्वर कहते हैं। अनुभूत जगत् की व्याख्या वह जगत् स्वयं है जो अपनी साधारण परिभाषाओं में ईश्वर कहलाता है। रामानुज और हीगल दोनों का मत है कि परम यथार्थसत्ता एक है जिसके अन्दर अनेक समाविष्ट है। उनकी दृष्टि में जो विवेकी है वही यथार्थ है : ईश्वर तथा जगत् दोनों ही यथार्थ हैं। अन्तर्दृष्टि की संदिग्धता तथा यथार्थसत्ता का रहस्य उनको ठीक नहीं जंचता। उन्हें ऐसे यथार्थ में कोई रुचि नहीं जो अपने में यथार्थ हो किन्तु यथार्थ विचार के लिए हो जिसमें अभावत्व का भी एक अंश रहता है। विचार की प्रक्रिया में मन के द्वारा अपने निजी प्रतिकूल तथा अदम्य भागों को निरन्तर आत्मसात् करना तथा ऊपर उठना जारी रहता है। इस प्रकार समस्त आध्यात्मिक जीवन आग्रही तत्त्वों के साथ एक प्रकार का निरन्तर कर्मण्यता का जीवन समझा

1. शंकर को सामान्य व्यापकों की विशेषों के साथ यथार्थता के सम्बन्ध में यथार्थवादियों के सिद्धान्त से कुछ अधिक सहायता नहीं मिल सकी क्योंकि वे यथार्थवादियों की व्यापक अनन्तता का दर्शन नहीं करते। वे सीमित यथार्थ हैं यद्यपि व्यवस्था में विदेशों से भिन्न हैं और यदि ईश्वर इसी स्वरूप का व्यापक है वह अपनी सत्ता को नाना प्रकार से क्रियान्वित कर सकता है क्योंकि वह सीमित है। यदि वह अनन्त होता तो वह केवल एक ही प्रकार से कर्म कर सकता अथवा शंकर इसे इस प्रकार कहेंगे कि वह सर्वथा कर्म ही न करता। वह केवल सत् होता किन्तु परिणमन न होता और उस अवस्था में उसकी कर्मण्यता अथवा अभिव्यक्ति का कोई प्रश्न ही न उठता।

जाता है। जगत् के विषय में यह सोचना कि यह एक तार्किक एकता है अथवा एकमात्र व्यवस्था है इसे एक पूर्ण निश्चित तत्त्व को अनन्त ब्यौरों से युक्त एकमात्र सत्ता की अभिव्यक्ति मानना है। किन्तु सर्वोच्चसत्ता को मूर्तरूप व्यापक या सान्त तथा अनन्त का मिश्रण मानने में जो कठिनाइयां सम्मुख आएंगी उन्हें दृष्टि से ओझल न करना चाहिए।

शंकर का मत है कि धर्मशास्त्र में दिए गए सृष्टिविषयक विवरण का उद्देश्य ब्रह्म तथा जगत् का परस्पर तादात्म्य सिद्ध करना है।[1] यदि जगत् तथा ईश्वर में तादात्म्य सम्बन्ध न होता और यदि उसने इसे अपने से पृथक् एक द्रव्य के रूप में निर्मित किया होता तब उस पर यह दोष आता कि वह किसी प्रेरक प्रयोजन के प्रभाव में आकर कार्य करता है। दूसरे शब्दों में वह सर्वथा ईश्वर ही नहीं है।[2] यदि वह कर्मविधान के आदेश के अनुसार कार्य करता है तब उसके ऊपर इसके द्वारा एक प्रतिबन्ध लग गया। हम फीश्टे के आत्म-सम्बन्धी विचार का उल्लेख कर चुके हैं जिसे किसी बाधक के विरुद्ध विभक्त हो जाने पर आत्मचैतन्य होता है तथा उलटकर अपने विषय में चिन्तन करने से आत्मबोध होता है। इस प्रकार की आत्मा यथार्थ में अपने से अन्य के ऊपर निर्भर है जिसकी यह उत्पत्ति-स्थान तथा आश्रय है। आत्मा जगत् से पूर्व नहीं आ सकती और न ही वह इसके पीछे विद्यमान रह सकती है। यदि हम अनात्म का विलोप करने में सफल हो सकें तो साथ-ही-साथ आत्मा का भी विलोप करने में कृतकार्य हो सकते हैं। जब फीश्टे संदिग्ध रूप में इन परिणामों से अवगत होता है तब वह एक ऐसी यथार्थसत्ता के विचार पर पहुंचता है जो ''न तो विषयी है न विषय है किन्तु दोनों का आधार है।'' जिस विचार को फीश्टे अन्धकार में टटोल रहा था उसे शंकर अत्यन्त स्पष्ट रूप में खोज लेते हैं, अर्थात् विषयी और विषयपरक भेद तर्कशास्त्र का किया हुआ है किन्तु जब हम समस्त तर्कशास्त्र के आदिस्रोत की बात सोचते हैं तो विषयी-विषय का भेद कोई अर्थ नहीं रखता। निरपेक्ष परमसत्ता न तो ज्ञान को धारण करने वाली है और न ही ज्ञान का विषय है, किन्तु स्वयं ज्ञानरूप है। यदि सम्पूर्ण जगत् को ईश्वर के विचार का विषय मान लें जिसका अस्तित्व इसलिए है कि वह निरन्तर अपने को जगत् के विषय में आत्मचेतन रहते हुए अपनी स्थिति को बनाए रखे तो इस प्रकार का ईश्वर केवल सापेक्ष है निरपेक्ष नहीं है।[3] ''क्योंकि निरपेक्ष ब्रह्म को अपने को दर्पण में देखने के लिए आंखों का निर्माण करने की आवश्यकता नहीं अथवा एक गिलहरी के समान जो एक पिंजरे में बन्द है अपनी पूर्णताओं के चक्र को घुमाने की आवश्यकता है।''[4] संक्षेप में, व्यक्तित्व इस विश्व की परमसत्ता नहीं हो सकती। प्लाटिनस कहता है : ''वह सब जिसमें आत्मचैतन्य तथा आत्मबोध प्रक्रिया है, व्युत्पन्न है।''[5] इस प्रकार शरीरधारी ईश्वर के ऊपर निरपेक्ष ब्रह्म है, सब प्रकार के आत्मविभागों से ऊपर उठा हुआ जो निरपेक्ष विषयनिष्ठता तथा विषयिनिष्ठता दोनों को एक साथ धारण किए हुए है तथा निरपेक्ष चैतन्य के अटूट बन्धन में जकड़े हुए है।

---

1. एवम् उत्पत्त्यादिश्रुतनाम् ऐकात्म्यावगमपरत्वात् (शांकरभाष्य, 4 : 3, 14)। और भी देखें, शांकरभाष्य, 2 : 1, 33।
2. शांकरभाष्य, 2 : 2, 37।
3. मायोपाधिर्जगद्योनिः सर्वज्ञत्वादिलक्षणः (वाक्यवृत्ति, पृष्ठ 45)।
4. 'अपीयरेंस एण्ड रियलिटी', पृष्ठ 172।
5. 'एन्नीड्स', 3 : 9, 3। मैक्केन्ना का अंग्रेज़ी अनुवाद, खण्ड 2, पृष्ठ 141।

अन्तर्दृष्टि के द्वारा जिस ब्रह्म का साक्षात्कार होता है और जो तार्किक निर्णयों से रहित है उस ब्रह्म में तथा विचारात्मक ब्रह्म में जो उत्पादक तत्त्व है उसमें अन्तर है। द्वितीय प्रकार का ब्रह्म भेद की व्याख्या भी करता है और साथ-साथ उस पर विजय भी प्राप्त करता है। सन्दिग्ध ब्रह्म अपने-आपमें तार्किक बुद्धि को ऐसे अन्धकार के समान प्रतीत होगा जिसके अन्दर प्रत्येक प्रकार का रंग भूरा हो जाता है। यदि यह सीमित की व्याख्या करने में कुछ भी समर्थ हो सके तो यह सीमित के अपने रूप को निरपेक्ष में समाविष्ट करने से ही सम्भव हो सकता है। यदि हम विशुद्ध सत् के विषय में चिन्तन करने का प्रयत्न करें तो हम साथ-साथ असत् का भी चिन्तन करते हैं और दोनों की प्रतिक्रिया से विश्व का परिणमन सम्पन्न होता है। वस्तुतः यहां तक कि ईश्वर का भी परिणमन होता है। सत् और असत् का विरोध उसके अपने आन्तरिक रूप में प्रकट होता है। सम्भवतः ईश्वर स्वयं ही अस्तित्व में न आता किन्तु तो भी वह अपने अभिप्राय को एक अन्त न होनेवाली परिणमन प्रक्रिया में स्पष्ट कर देता है। सत् और असत् एक ही यथार्थसत्ता के निश्चयात्मक द्रव्य तथा उसी यथार्थसत्ता के अभावात्मक आभासमात्र दो पहलू हैं। इस प्रकार की समालोचना दृष्टिकोणों के परस्पर संभ्रम के कारण उठती है कि शंकर हमें वस्तुओं के शिखर पर पहुंचाकर एक ऐसे शून्य स्थान पर छोड़ देते हैं जिसको पूरा नहीं भरा जा सकता और यह शून्य स्थान निर्गुण ब्रह्म, जिसके विषय में कुछ नहीं कहा जा सकता, तथा उस सगुण ब्रह्म के मध्यगत है जो समस्त अनुभव को अपनाता तथा परस्पर जोड़ता है, विचार कभी भी विषयी तथा विषय के भेद का उल्लंघन नहीं कर सकता, और इस प्रकार विचार के दृष्टिकोण से सर्वोच्च वह निरपेक्ष परम विषयी है जो अपने अन्दर विषय को समाविष्ट किए हुए है, किन्तु विषयी और विषय की भी पृष्ठभूमि में है ब्रह्म।

29. जगत् का मिथ्यात्व

ब्रह्म और जगत् एवं एकत्व तथा अनेकत्व–दोनों ही एक समान यथार्थ नहीं हो सकते। "यदि एकत्व तथा अनेकत्व दोनों ही यथार्थ होते तो हम एक ऐसे व्यक्ति के विषय में जिसका दृष्टिकोण सांसारिक कर्मपरक है यह नहीं कह सकते कि 'वह असत्य में ग्रस्त है'...और यह भी नहीं कहा जा सकता कि 'ज्ञान से मोक्ष की प्राप्ति होती है', इसके अतिरिक्त उस अवस्था में अनेकत्व के ज्ञान से एकत्व का ज्ञान ऊंचा न हो सकता।"[1] यथार्थता की कसौटी के आधार पर निर्णय करने से आनुभविक जगत् का मिथ्यात्व प्रकट हो जाता है। समस्त विशिष्ट तथ्य तथा घटनाएं ज्ञान प्राप्त करने वाले विषयी के प्रतिपक्ष में विषय के रूप में स्थगित रहती हैं। जो कुछ भी ज्ञान का विषय है नाशवान है।[2] शंकर का मत है कि यथार्थता तथा प्रतीति एवं तत्त्वपदार्थ तथा आभासमात्र में जो भेद है ठीक वैसा ही भेद विषयी तथा विषय के अन्दर है। पदार्थरूप विषय तो जिनका प्रत्यक्ष किया जाता है अयथार्थ हैं किन्तु आत्मा, जो इनका प्रत्यक्ष करती है और स्वयं प्रत्यक्ष का विषय नहीं बनाती, यथार्थ है।[3] जाग्रत अवस्था के

1. शांकरभाष्य, 2 : 1, 14।

2. यद्दृश्यं तन्नश्यम्।

3. तुलना करें : "वे वस्तुएं जो दृष्टिगत होती हैं लौकिक हैं, किन्तु वे वस्तुएं जो दृष्टि का विषय नहीं हैं नित्य हैं।"

विषयों तथा स्वप्नावस्था के विषयों के अन्दर भेद करते हुए भी शंकर बलपूर्वक कहते हैं कि ये दोनों ही, चूंकि चैतन्य के विषय हैं इसलिए, अयथार्थ हैं।[1] यथार्थ वह है जो परस्पर विरोध से मुक्त हो, किन्तु यह जगत् विरोधों से पूर्ण है। देश, काल और कारणकार्य के विधान में आबद्ध जगत् अपनी व्याख्या अपने-आप नहीं कर सकता। सान्त जगत् में समन्वय का ऐसा कोई सिद्धान्त नहीं है जिसके द्वारा इसकी कठिनाइयों का अन्त हो सके। देश, काल तथा कारणकार्य का विधान, जो समस्त अनुभव के रूप हैं, परमतत्त्व नहीं हैं। उनके द्वारा यथार्थ के ऊपर आवरण पड़ा रहता है। यदि हम स्थानों, क्षणों तथा घटनाओं से ऊपर उठ जाएं तो यह कहा जाता है कि विविधताओं से पूर्ण यह जगत् छिन्न-भिन्न होकर एकत्व के रूप में आ जाएगा।[2] इसलिए देश, काल, तथा कारणकार्य भावरूपी ढांचों में प्रविष्ट अनुभव केवल प्रतीतिमात्र है। यथार्थ वह है जो सब कालों में विद्यमान है।[3] यह वह है जो सदा था, और रहेगा।[4] यथार्थ ऐसा नहीं हो सकता कि आज विद्यमान हो और कल विलुप्त हो जाए। आनुभविक जगत् सब कालों में विद्यमान नहीं रहता, और इसलिए यथार्थ नहीं है। जैसे ही यथार्थ का ज्ञान अन्तर्दृष्टि के द्वारा प्राप्त हो जाता है, यह आनुभविक जगत् नीचे रह जाता है। इस जगत् को अयथार्थ इसलिए कहा जाता है, क्योंकि सत्य ज्ञान के द्वारा इसका प्रत्याख्यान हो जाता है।[5] एक उच्चतर सत्ता के ज्ञान से निम्नतर दूषित होकर अयथार्थता के स्तर पर पहुंच जाता है। सांसारिक पदार्थ परिवर्तनशील हैं। वे कभी हैं नहीं किन्तु सदा की परिणमन के रूप हैं। ऐसा कोई भी पदार्थ जो परिवर्तित होता है यथार्थ नहीं है और जो नित्य है वह सत्य से अतीत है। शंकर कहते हैं : "जो नित्य है उसका आदि नहीं हो सकता और जिसका आदि है वह नित्य नहीं है।"[6] हमारी बोधग्रहण शक्ति ऐसे पदार्थों से जो परिवर्तित होते हैं सन्तोष प्राप्त नहीं करती, केवल वे ही यथार्थ हैं जो परिवर्तन के अधीन नहीं हैं।[7] जो यथार्थ है वह असत् नहीं हो सकता। यदि संसार में कोई वस्तु यथार्थ है तो वह मोक्ष में अयथार्थ नहीं हो सकती। इन अर्थों में परिवर्तनशील जगत्

---

1. दृश्यत्वमसत्यञ्च अविशिष्टमुभयत्र (गौडपाद की कारिका पर शांकरभाष्य, 2 : 4)।

2. तुलना करें :

अस्ति भाति प्रियं रूपं नाम चेत्यंशपञ्चकम्।
आद्यं त्रयं ब्रह्मरूपं जगद्रू पं ततो द्वयम्॥

देखें, अप्पयदीक्षितकृत सिद्धान्तलेश, 2।

3. त्रैकालिकाद्यबाध्यत्वम्।

4. कालत्रयसत्तावत्। तुलना करें, विष्णुपुराण :

"यत्तु कालान्तरेणाऽपि नान्यसंज्ञामुपैति वै।
परिणामदिसम्भूतं तद् वस्तु....।" (2 : 13, 95)

यथार्थ वह है जो काल की गति में आकर भी रूप आदि के परिवर्तन से किसी अन्य संज्ञा को ग्रहण नहीं करता। तुलना करें, क्रिश्चियन भक्ति मार्ग के शब्दों से : "जैसा यह आरम्भ में था और जैसा अब है, और सदा रहेगा, यह जगत् जिसका अन्त नहीं है।"

5. ज्ञानैकनिवर्त्यत्वम्। "जैसे ही हमारे अन्दर अद्वैतभाव का ज्ञान उत्पन्न होता है, जीवात्मा की पुनर्जन्मावस्था तथा ईश्वर का उत्पत्तिपरक गुण तुरन्त विलुप्त हो जाता है। अनेकत्व का प्रतीतिपरक विचार, जो मिथ्याज्ञान से उत्पन्न होता है, निर्दोष ज्ञान के द्वारा रद्द हो जाता है।" (शांकरभाष्य, 3 : 2, 4; आत्मबोध, 6 और 7)।

6. नहि नित्य केनचिद् आरभ्यते, लोके यद आरब्धं तद अनित्यम् (शांकरभाष्य, तैत्तिरीय उपनिषद्, प्रस्तावना)।

7. यद्विषया बुद्धिर्न व्यभिचरित तत् सत्; यद्विषया बुद्धिर्व्यभिचरति तदसत्। और भी देखें, शांकरभाष्य, 1 : 1, 4; तैत्तिरीय उपनिषद्, 2 : 1।

यथार्थ नहीं है। यह जगत् न तो विशुद्ध सत् है और न विशुद्ध असत् ही है। विशुद्ध सत् का अस्तित्व नहीं है और न वह जगत् की प्रक्रिया का कोई अवयव है। विशुद्ध असत् एक निर्दोष विचार नहीं है, क्योंकि यदि ऐसा होता तो नितान्तशून्यता भी एक वस्तु होती और वह जो कल्पना के द्वारा समस्त अस्तित्व का अभाव है उसे भी अस्तित्व का रूप देना होगा। शून्य कोई वस्तु नहीं है। जिसका अस्तित्व है वह परिणमन है, जो न तो सत् है और न असत् है, क्योंकि यह कार्यों को उत्पन्न करता है।[1] किसी भी अवस्था में जगत् सत् तक नहीं पहुंच सकता जिससे कि परिणमन को रोक सके। यह जगत् अनन्त बन जाने के लिए संघर्ष की क्रमबद्ध प्रक्रिया में बंधा हुआ है यद्यपि यह कभी अनन्तता प्राप्त नहीं करता। इस विश्वरूप रचना से परे सदा ही कोई सत्ता विद्यमान रहती है।[2] समस्त सांसारिक क्रियाओं का अन्तिम लक्ष्य (अवसात) आत्मा का साक्षात् करना है।[3] और जब तक जगत् जगत् के रूप में विद्यमान रहता है, उस लक्ष्य तक पहुंचना नहीं होता। ईश्वर का सम्बन्ध माया रूप जगत् के साथ अनादि है। सत् तथा असत् का सम्बन्ध ऐसा है जो विरोध से रहित है, और सत् असत् के ऊपर विजय पाने का प्रयत्न करना है तथा सत् रूप में परिणत होकर, उसका निराकरण करता है। परिणमन की प्रक्रिया का यही उद्देश्य है जिसका अधिपति ईश्वर है, जो सदा ही असत् का बलपूर्वक विनाश करने के लिए क्रियाशील रहता है तथा इसके अन्दर से जीवन की एक स्थायी शृंखला को उत्पन्न करता है। किन्तु तर्कशास्त्र के स्तर पर असत को बलपूर्वक सत् की समानता में लाने का कार्य असम्भव कार्य है। जगत् की प्रक्रिया इस कार्य में संलग्न है जिसका अन्त होनेवाला नहीं है। वस्तुओं के आरम्भ काल से अन्त तक सदा ही यह एक प्रश्न, अर्थात् प्रकाश का अन्धकार के क्षेत्र पर आक्रमण, बना ही हुआ है। हम इसे आगे ही आगे धकेल सकते हैं। यह केवल पीछे हटता है किन्तु सर्वथा विलुप्त नहीं होता। इस सीमित जगत् में सत् का असत् के साथ सम्बन्ध केवल एक-दूसरे से बाह्य होने का ही नहीं अपितु दोनों ध्रुवों के समान एक-दूसरे से सर्वथा विपरीत दिशा का है। विचार या तो सर्वथा एक-दूसरे के प्रतिकूल होते हैं या सह-सम्बन्धी होते हैं। उनमें से कोई भी वास्तविकता प्राप्त नहीं करता, सिवाय इसके कि एक-दूसरे से विरोध के द्वारा। एक पदार्थ दूसरे के अन्दर कितना ही प्रविष्ट क्यों न हो भेद और विरोध सदा विद्यमान रहते हैं और इस प्रकार जगत् की प्रत्येक वस्तु अस्थायी तथा नाशवान् है। यहां तक कि जगत् की प्रक्रिया में सर्वोच्च तत्त्व, अर्थात् शरीरधारी ईश्वर भी अपने अंदर असत् का आभासमात्र रखता है। केवल ब्रह्म ही विशुद्ध सत् है जो वस्तुओं के अन्दर जो कुछ भी यथार्थता का अंश है उसे धारण किए है किन्तु उनके प्रतिबन्धों अथवा असत् के अंशों से उसका कुछ सम्बन्ध नहीं। इससे जो कुछ भी भिन्न है वह सब अयथार्थ है।[4] संसार का स्वभाव जो वह नहीं है वैसा बनने का है अर्थात् अपने से ऊपर उठकर अपना परिणमन

---

1 अर्थ क्रियाकारी। तुलना करें, सुरेश्वर : "केवल अभावात्मकता का कोई प्रमाण नहीं हो सकता चाहे तो वह किसी वस्तु से पृथक् हो अथवा उसके समान हो। इसीलिए केवल अस्तित्वरूप वस्तु ही क्रिया की प्रेरक हो सकती है" (वार्त्तिक, पृष्ठ 927)

2. शांकरभाष्य, 4 : 3, 14।

3. भगवद्गीता पर शांकरभाष्य, 18 : 50।

4. ब्रह्मभिन्नं सर्व मिथ्या ब्रह्मभिन्नत्वात् (वेदान्त परिभाषा)।

करने का है। "यह जगत् न तो है और न नहीं है। और इस प्रकार इसके स्वभाव का वर्णन नहीं हो सकता।"[1] यह सत् तथा असत् दोनों से भिन्न तो है,[2] किन्तु इसमें दोनों के लक्षण विद्यमान हैं।[3] सब सान्त वस्तुएं, जैसा कि प्लेटो ने कहा है, सत् तथा असत् से मिलकर बनी हैं।[4] अचम्भे में डालने वाली प्रतीयमान विविधता का सम्बन्ध यथार्थसत्ता के साथ होना ही चाहिए, क्योंकि और ऐसी कोई सत्ता नहीं है जिसके अन्दर यह हो सके, किन्तु तो भी यह यथार्थता नहीं है। इस प्रकार इसे यथार्थता का मायापरकरूप अथवा आभास के नाम से पुकारा जाता है।[5] समस्त सीमित अस्तित्व, बोसन्क्वे के शब्दों में, "सीमित तथा असीमित प्रकृति का एक महान् परम विरोध" है। दिव्यलोक और यह मर्त्यलोक भी नष्ट हो जाएंगे, हमारा शरीर भी क्षय को प्राप्त हो जाएगा। हमारी इन्द्रियां परिवर्तित हो जाती हैं और हमारे व्यावहारिक अहम्भाव हमारी आंखों के सामने ही निर्मित होते हैं। इनमें से कोई भी यथार्थ नहीं है। जगत् के मिथ्यात्व की भावात्मक अभिव्यक्ति माया है।

30. मायावाद

अब हम उस मायावाद[6] के तात्पर्य को समझने का प्रयत्न करें जो कि अद्वैतदर्शन का विशिष्ट लक्षण है। जगत् को मायारूप माना गया है, क्योंकि पूववर्ती अधिकरण में

---

1. तत्त्वान्यत्वाभ्यामनिर्वचनीया।...तुलना करें, प्लाटिनस, एन्नीड्स, 3 : 6, 7। मैकूकेन्ना का अंग्रेजी अनुवाद, खण्ड 2, पृष्ठ 78।

2. सदसद्विलक्षण।

3. सदसदात्मक।

4. सत्यानृते मिथुनीकृत्य (शांकरभाष्य, प्रस्तावना)।

5. विकल्पो न हि वस्तु (भगवद्‌गीता पर शंकरानन्द, 4 : 18)।

6. ऋग्वेद में 'माया' शब्द बार-बार आया है और साधारणतः इसका प्रयोग देवताओं, विशेषकर वरुण, मित्र और इन्द्र की अलौकिक शक्ति को संकेतित करने के लिए किया गया है। अनेक प्राचीन ऋचाओं में माया की प्रशंसा करते हुए कहा गया है कि यह जगत् को धारण करने वाली शक्ति है (ऋग्वेद, 3 : 38, 7; 9 : 83, 3; 1 : 159, 4; 5 : 85, 5)। माया, प्रवंचना तथा चालाकी के अर्थ में, उन असुरों का विशेषाधिकार है, जिनके विरुद्ध देवता लोग निरन्तर युद्ध में रत रहते हैं। ऋग्वेद की प्रसिद्ध ऋचा 6 : 47, 18 में जहां इन्द्र के विषय में कहा गया है कि वह अपनी अलौकिक शक्ति से नानारूप धारण करता है, हमें इसका एक अन्य ही अर्थ मिलता है :

रूपं रूपं प्रतिरूपो वभूव
तदस्य रूपं प्रतिचक्षणाय।
इन्द्रो मायाभिः पुरुरूप ईयते
युक्ता ह्यस्य हरयः शतादश॥

"प्रत्येक रूप में इसकी कल्पना की गई है और ये सब उसके रूप समझे जाने चाहिए। इन्द्र अपनी माया अथवा अद्‌भुत शक्ति के द्वारा अनेक रूपों में विचरण करता है और उसके हजार घोड़े तैयार रहते हैं।" यहां पर माया शब्द का अर्थ है वह शक्ति जिससे रूपपरिवर्तन किया जा सके अथवा अद्‌भुत रूप धारण किए जा सकें। ऋग्वेद की एक ऋचा (10 : 54, 2) इस प्रकार है : "हे इन्द्र, शरीर रूप से पूर्णता को प्राप्त करके तू अपनी शक्ति की घोषणा करता हुआ मनुष्य जाति के अन्दर विचरा था। और उस समय तेरे वे सब युद्ध जिनके विषय में मनुष्य लोग चर्चा करते हैं, केवल तेरी माया के द्वारा सम्पन्न हुए थे। क्योंकि न तो आज तक और न प्राचीनकाल में ही तुझे कोई शत्रु मिला।" इन्द्र के कार्य एक लीलारूप प्रेरणा के कारण होते हैं। प्रश्न उपनिषद् (1 : 16) में माया शब्द का प्रयोग लगभग भ्रांति के अर्थ में हुआ है। श्वेताश्वतर उपनिषद् (4 : 10) और भगवद्‌गीता (4 : 5-7; 18 : 61) में हमें एक शरीरधारी ईश्वर का विचार मिलता है, जिसमें माया की शक्ति है।

दिए गए हेतुओं से इसे यथार्थ माना जा सकता। यथार्थ ब्रह्म तथा अयथार्थ जगत् में परस्पर कैसा सम्बन्ध है? शंकर की दृष्टि में यह प्रश्न ही अनुचित है, और इस प्रकार इसका उत्तर देना भी सम्भव नहीं। जब हम निरपेक्ष परब्रह्म का अपनी अन्तर्दृष्टि से साक्षात्कार करते हैं तो जगत् के स्वरूप तथा इसका ब्रह्म के साथ क्या सम्बन्ध है यह प्रश्न ही नहीं उठता, क्योंकि उस सत्य का, जो सब प्रकार के वाद-विवाद को निःशेष कर देता है, एक तथ्य के रूप में प्रत्यक्ष दर्शन मिल जाता है। यदि हम तर्कशास्त्र को अपना आधार मान लें तब ऐसा विशुद्ध ब्रह्म है ही नहीं जिसका सम्बन्ध जगत् के साथ हो। यह समस्या उठती ही इसलिए है कि तर्क करते समय हम अपने दृष्टिकोण में परिवर्तन कर देते हैं। एक काल्पनिक समस्या का कोई यथार्थ हल नहीं हो सकता। इसके अतिरिक्त किसी भी सम्बन्ध के लिए दो भिन्न पदार्थों की पूर्वकल्पना आवश्यक है और यदि ब्रह्म तथा जगत् का परस्पर सम्बन्ध है तो उन्हें परस्पर भिन्न मानना भी आवश्यक हो जाता है, किन्तु अद्वैत का मत है कि जगत् ब्रह्म से पृथक् नहीं है। शंकर 'कार्यकारणत्व' के वैज्ञानिक सिद्धान्त तथा 'अनन्यत्व' के दार्शनिक सिद्धान्त में भेद करते हैं। ब्रह्म और जगत् अनन्य हैं।[1] और इस प्रकार दोनों के बीच सम्बन्ध का प्रश्न नहीं उठ सकता। जगत् का आधार ब्रह्म के अंदर है।[2] किन्तु ब्रह्म जगत् के साथ तदात्मक है भी और नहीं भी है। यह इसलिए कि जगत् ब्रह्म से पृथक् नहीं है और तादात्म्य इसलिए नहीं भी है क्योंकि ब्रह्म जगत् के परिवर्तनों के अधीन नहीं है। ब्रह्म जगत् की वस्तुओं का पुंजमात्र नहीं है। यदि हम ब्रह्म तथा जगत् को पृथक् करें तो उसका बन्धन शिथिल ही रहेगा और वह कृत्रिम तथा बाह्यरूप में ही होगा। ब्रह्म और जगत् एक हैं तथा यथार्थता और आभास के रूप में अपना अस्तित्व रखते हैं। सान्त भी अनन्त है, यद्यपि कुछेक अवरोधों के कारण छिपा हुआ है। जगत् ब्रह्म है, क्योंकि यदि ब्रह्म का ज्ञान हो जाए तो जगत् के सम्बन्ध में सब प्रकार के प्रश्न स्वतः विलुप्त हो जाते हैं। ये समस्त प्रश्न उठते ही इसलिए हैं कि सान्त मन आनुभविक जगत् को अपने-आप में यथार्थ के रूप में चिन्तन करता है। यदि हम निरपेक्ष परब्रह्म के स्वरूप को जान लें तो समस्त सीमित आकृतियां तथा सीमाएं अपने आप विलुप्त हो जाती हैं। जगत् माया है क्योंकि यह ब्रह्म की अनन्त यथार्थता का सत्य नहीं है।

शंकर बलपूर्वक कहते हैं कि ब्रह्म तथा जगत् के सम्बन्ध की व्याख्या तार्किक विभागों के द्वारा करना असम्भव है। "यथार्थ का सम्बन्ध अयथार्थ के साथ किसी भी प्रकार का कभी भी नहीं देखा गया।"[3] जगत् किसी-न-किसी प्रकार से अस्तित्व रखता है और ब्रह्म के साथ इसका सम्बन्ध अनिर्वचनीय है। शंकर भिन्न-भिन्न व्याख्याओं को लेकर कहते हैं कि ये सब असन्तोषप्रद हैं। यह कहना कि अनन्त ब्रह्म सान्त जगत् का कारण है तथा इसे बनाता है, एक प्रकार से यह स्वीकार करना है कि अनन्त काल-सम्बन्धी प्रतिबन्धों

---

1. अतश्च कृत्स्नस्य जगतो ब्रह्म कार्यत्वात् तदनन्यत्वात् शांकरभाष्य, 2 : 1, 20)।

2. इसके साथ स्पिनोजा के कारण-कार्य के सिद्धान्त की तुलना करें। ईश्वर को कुल जगत् की सीमित वस्तुओं का अन्तर्यामी रूप से कारण बताकर वह कारणकार्य सम्बन्ध को केवल द्रव्य तथा गुण के सम्बन्ध का रूप देता है। ऐसा सम्बन्ध, जो मूलाप्रकृति, अथवा ईश्वर, का तूलाप्रकृति अर्थात् विश्व, के साथ है—ऐसे सम्बन्ध के समान जो ज्यामिति की संख्या और विविध प्रकार के उन अनुमानों के साथ होता है जो इससे निष्पन्न होते हैं। स्पिनोजा के दृष्टिकोण से ईश्वर और जगत् इस प्रकार परस्पर सम्बद्ध हैं जिस प्रकार एक त्रिकोणाकृति में कोण उसके पार्श्व भागों के साथ सम्बद्ध होते हैं।

3. न हि सदसतोः सम्बन्धः (माडूक्योपनिषद् पर शांकरभाष्य, 2 : 7)।

के अधीन है। कारण-कार्य के सम्बन्ध का प्रयोग ब्रह्म तथा जगत् के सम्बन्ध विषय में नहीं किया जा सकता, क्योंकि कारण का कुछ अर्थ तभी बन सकता है जब कि सत् के सीमित प्रकार ऐसे हों कि उनके मध्य एक शृंखला वर्तमान हो। हम ऐसा नहीं कह सकते कि ब्रह्म कारण है और जगत् कार्य है, क्योंकि इसका तात्पर्य होगा कि हम ब्रह्म और जगत् में भेद करते हैं और एक ऐसी वस्तु का निर्माण करते हैं जिसका सम्बन्ध अन्य वस्तु के साथ है। इसके अतिरिक्त जगत् सीमित है और सोपाधिक है तो फिर एक अनन्त, जो निरुपाधिक है, इसका कारण कैसे हो सकता है? यदि सान्त जगत् प्रतिबन्धयुक्त तथा अस्थायी है तब अनन्त सीमित जगत् के प्रतिबन्ध के रूप में स्वयं सीमित हो जाता है और तब वह अनन्त नहीं रहता। यह सोच सकना असम्भव है कि किस प्रकार अनन्त अपने से बाहर जाकर सीमित रूप धारण कर सकता है। क्या अनन्त किसी विशेष क्षण में आवश्यकतावश सीमित रूप धारण करने के लिए बाहर आता है? शंकर गौडपाद के 'अजाति' अथवा 'अविकास' सम्बन्धी सिद्धान्त का समर्थन करते हैं। यह जगत् न तो विकसित ही हुआ है और न उत्पन्न ही हुआ है, किन्तु ऐसा केवल प्रतीत होता है, क्योंकि हमारी अन्तर्दृष्टि परिमित है। यह जगत् ब्रह्म की अव्यतिरिक्तता से अभिन्न (अनन्य) है। "कार्य अभिव्यक्त जगत् है जो आकाश से प्रारम्भ होता है; कारण सर्वोच्च ब्रह्म है। इस कारण से सर्वोच्च यथार्थता के अर्थों में कार्य का तादात्म्य सम्बन्ध है किन्तु इससे परे उसकी कोई सत्ता नहीं।"[1] यह एक तादात्म्य की अवस्था है अथवा लौकिक परिभाषा में नित्यस्थायी सह-अस्तित्व है किन्तु लौकिक पूर्वापर अनुक्रम नहीं है जो ही केवल कारण शक्ति के रूप में घटनाओं की व्यवस्था का निर्णायक होता है। जगत् की अन्तस्तम आत्मा ब्रह्म है। यदि यह ब्रह्म से स्वतन्त्र प्रतीत होता है, तब हमें कहना होगा कि यह जैसा प्रतीत होता है वैसा नहीं है।[2] और न ही हम अनन्त के अन्दर कोई क्रिया बतला सकते हैं, क्योंकि प्रत्येक क्रिया उपलक्षित करती है कि वह किसी उद्देश्य की पूर्ति के लिए अथवा किसी वस्तु की प्राप्ति के लिए है। यदि यह कहा जाए कि निरपेक्ष परब्रह्म अपने को सीमित रूप में अभिव्यक्त करता है तो शंकर का कहना उसके उत्तर में यह है कि इस प्रकार का मत रखना कि सीमित जगत् ब्रह्म को अभिव्यक्त करता है, एक मिथ्या विचार है। सीमित जगत् हो या न हो, निरपेक्ष परब्रह्म सदा ही अपनी अभिव्यक्ति करता रहता है, जैसे कि सूर्य सदा ही चमकता रहता है। यदि किसी समय हम सूर्य को नहीं देख सकते तो यह सूर्य का दोष नहीं है। निरपेक्ष परब्रह्म सदा अपने रूप में अवस्थित रहता है। हम उस निरपेक्ष परब्रह्म के सत् तथा उसकी अभिव्यक्ति के मध्य में भेद नहीं कर सकते। जो एक है वही दूसरा है। वृक्ष के रूप में प्रकट होनेवाले बीज का दृष्टान्त अनुपयुक्त है, क्योंकि ऐन्द्रिक प्रगति और विकास लौकिक प्रक्रियाएं हैं। लौकिक वर्गभेदों का प्रयोग नित्य के सम्बन्ध में करने का तात्पर्य होगा कि हम उस नित्य को एक लौकिक पदार्थ अथवा घटना के स्तर पर नीचे की श्रेणी का रूप देते हैं। ईश्वर के विषय में ऐसा कहना कि वह अपनी अभिव्यक्ति के लिए सृष्टि के ऊपर आश्रित है, उसे सर्वथा अन्तर्यामी होने का रूप देना होगा। शंकर परिणाम सम्बन्धी विचार को नहीं मानते। क्या सम्पूर्ण ब्रह्म में अथवा उसके किसी एक

1. "कार्य्यम् आकाशादिकं बहुप्रपंच जगत् कारणं परं ब्रह्म, नस्मात् कारणात् परमार्थतोऽनन्यत्वं व्यतिरेकेणाभावः कार्यस्यावगम्यते" (शांकरभाष्य, 2 : 1, 14)।

2. देखें, शांकरभाष्य, 2 : 1, 14; 2 : 3, 30; 2 : 3, 6।

भाग में परिवर्तन होकर जगत् का निर्माण होता है? यदि सम्पूर्ण में होता है तो सम्पूर्ण ब्रह्म जगत् के रूप में हमारी आंखों के सामने फैला हुआ है और ऐसी कोई अतीन्द्रिय सत्ता उस अवस्था में नहीं रहती जिसकी खोज हमें करनी पड़े और यदि उसके किसी भाग में परिवर्तन होकर जगत् का निर्माण होता है तब ब्रह्म की अखण्डता नष्ट होती है। यदि किसी वस्तु के हिस्से अथवा अवयव अथवा उसमें भेद हो तब यह नित्य नहीं हो सकती।[1] श्रुति का मत है कि ब्रह्म अवयव रहित (निरवयव) है।[2] यहां एक बार ब्रह्म चाहे आंशिक रूप से और चाहे पूर्णरूप से जगत् का द्रव्य बन जाता है तो फिर यह जगत् का द्रव्य नहीं रहता और स्वतन्त्र भी नहीं रहता। यदि निरपेक्ष ब्रह्म परिणमन के विकास की ऐतिहासिक प्रक्रिया के साथ-साथ बढ़ता तथा विकास को प्राप्त होता है और यदि हमारे कर्मों से निरपेक्ष ब्रह्म के जीवन अथवा विकास में कुछ अंश दान मिलता हो तो निरपेक्ष ब्रह्म सापेक्ष हो जाएगा। तो भी यदि निरपेक्ष परब्रह्म सब प्रकार के भेदों को नष्ट कर दे और परिणमन रूप जगत् को भी आत्मसात् कर ले तब फिर इस विश्व में गुण और परिणमन के विषय में निर्धारण करने का जीवन के लिए कुछ अर्थ ही नहीं रहता। ब्रह्म का जगत् के साथ जो सम्बन्ध है उसको प्रकट करने के लिए वृक्ष का शाखाओं के साथ अथवा समुद्र का उसकी लहरों के साथ अथवा मिट्टी का सम्बन्ध जो मिट्टी से बने हुए बर्तन हैं उसके साथ, ये सब जो दृष्टान्त है वहां नहीं घटते क्योंकि उक्त सबमें पूर्ण इकाई का जो उसके भाग के साथ सम्बन्ध हैं एवं द्रव्य के साथ गुण का जो सम्बन्ध है उस प्रकार की बौद्धिक श्रेणियों का उपयोग किया जाता है। ब्रह्म तथा जीवात्माओं में जो सम्बन्ध है, क्योंकि दोनों ही बिना भागों के हैं, वह न तो बाह्य अर्थात् संयोग और न आन्तरिक अथवा समवाय ही हो सकता है। क्या आत्माएं ब्रह्म के अन्दर समवाय सम्बन्ध से रहती हैं अथवा ब्रह्म ही समवाय सम्बन्ध से आत्माओं के अन्दर रहता है? ब्रह्म को परिणमन रूप-जगत् के साथ सम्बद्ध करने के समस्त प्रयत्न असफल रहे हैं। सीमित जगत् का अनन्त आत्मा के साथ क्या सम्बन्ध है यह एक ऐसा रहस्य है जो मानवीय बोध की शक्ति से परे है। प्रत्येक धार्मिक व्यवस्था मानती है कि सीमित का मूल अनन्त के अन्दर है और यह कि दोनों का मध्यवर्ती जो सातत्य है उसमें कहीं भी विच्छेद नहीं है और फिर भी व्यवस्था ने आज तक दोनों के बीच के सम्बन्ध का तार्किक विधि से स्पष्टीकरण नहीं किया।[3] हम अपने को समझा नहीं सकते कि किस विधि से आभासरूप व्यावहारिक जगत् निरपेक्ष परब्रह्म के साथ बंधा हुआ है। ज्ञान में उन्नति हमें इस योग्य तो

---

1. शांकरभाष्य, 2 : 1, 26।

2. श्वेताश्वतर उपनिषद्, 6 : 19; मुण्डकोपनिषद्, 2 : 1-2; बृहदारण्यक, 2 : 4, 12; 3 : 8, 8।

3. शांकरभाष्य, 2 : 1, 24-26। "यह दिखाना कि विश्व कैसे और क्यों विद्यमान है, जिससे कि इसका जीवन सीमित है, सर्वथा असम्भव है। उससे यह उपलक्षित होता है कि केवल एक अंश को देखकर सम्पूर्ण इकाई का ग्रहण क्रियात्मक रूप में सम्भव नहीं है।" "यह कि अनुभव सीमित पदार्थों के केन्द्रों में होना चाहिए और उसके रूप सीमित रूप के होने चाहिए अन्त में जाकर व्याख्या के अयोग्य है।" "प्रतीतिरूप वस्तु कैसे सम्भव हो सकती है इसे हम नहीं समझ सकते" (एपीयरेंस एण्ड रियलिटी', पृष्ठ 204, 226, 413)। ग्रीन के अनुसार, शाश्वत चैतन्य एक है जो तात्त्विक रूप में कालाबाधित (अनन्त) तथा पूर्ण है और अन्य सीमित चैतन्य अपूर्ण, दोषपूर्ण तथा लौकिक हैं। इन दोनों के मध्य जो सम्बन्ध है, ग्रीन कहता है कि उसकी व्याख्या नहीं की जा सकती। इस प्रकार का प्रश्न करना कि क्यों एक निर्दोष चैतन्य अपनी अनेक दोषपूर्ण प्रतिकृतियों का निर्माण करता चलेगा, ऐसा ही प्रश्न है जैसा यह प्रश्न है कि यथार्थता जैसी है ऐसी क्यों है, और यह एक ऐसा प्रश्न है जिसका उत्तर नहीं दिया जा सकता। और भी देखें, 'भारतीय दर्शन', प्रथम खण्ड, पृष्ठ 152।→

कर सकती है कि हम उन घटनाओं का वर्णन कर सकें जो विषयरूप जगत् को बनाती हैं और अधिकतर ब्योरे तथा यथार्थता के साथ भी उसका वर्णन कर सकें, किन्तु अनन्त के अन्दर से सान्त जगत् की उत्पत्ति अर्थात् संसार की ऐतिहासिक प्रक्रिया की व्याख्या सर्वथा हमारी शक्ति से बाहर है। हमारे तर्क की शृंखला भले ही कितनी ही दीर्घ क्यों न हो और भले ही इसकी कितनी कड़ियां क्यों न हों, हम एक ऐसे स्थान पर पहुंच जाते हैं जहां जाकर विवरण रुक जाता है और हमें एक तथ्य को स्वीकार करना ही होता है जिसमें आगे किसी प्रकार के निगमन (अनुमान) की गुंजाइश नहीं रह जाती। 'माया' शब्द हमारी सान्तता को मन में अंकित कर देता है और हमारे ज्ञान में जो रिक्त स्थान है उसको दर्शाता है। एक जादूगर हमारे आगे शून्य से एक वृक्ष को उत्पन्न कर देता है। वृक्ष उपस्थित है, यद्यपि हम उसका समाधान नहीं कर सकते और इस प्रकार हम उसे माया कहते हैं। रस्सी और सांप के दृष्टान्त का उपयोग, जिसका बहुत दुरुपयोग हुआ है, शंकर ने संसार की समस्या को समझने के लिए किया है। रस्सी की पहेली विश्व की भी पहेली है। क्योंकर रस्सी सांप प्रतीत होती है, यह एक ऐसा प्रश्न है जिसे स्कूल के लड़के उठाते हैं और दार्शनिक इसका उत्तर देने में असफल रहते हैं। इससे अधिक विस्तृत प्रश्न है ब्रह्म का जगत् के रूप में प्रतीत होना, और यह और भी अधिक कठिन है। हम केवल यही कह सकते हैं कि ब्रह्म जगत् के रूप में प्रतीत होता है, ठीक जैसे कि रस्सी सांप के समान प्रतीत होती है।[1] ब्रह्म तथा जगत् के मध्य सम्बन्ध की सामान्य समस्या का विशेष विनियोग है ब्रह्म तथा ईश्वर का पारस्परिक सम्बन्ध।

शंकर प्रतिपादन करते हैं कि जगत् यद्यपि ब्रह्म के ऊपर आश्रित है तो भी वह ब्रह्म के स्वरूप के ऊपर कोई प्रभाव नहीं रखता और एक इस प्रकार के कारण को जो अपने में बिना किसी प्रकार का परिवर्तन लाए कार्य को उत्पन्न करता है, अर्थात् 'विवर्तोपादान' रूप कारण को 'परिणामोपादान' से, जहां कारण स्वयं कार्य के रूप में परिणत होकर कार्य को उत्पन्न करता है, भिन्न प्रकार का बनाता है। विवर्त का यौगिक (धात्वर्थ) अर्थ है विपर्यास या उलट जाना। ब्रह्म वह है जिसका विवर्त (विपर्यास) देशकाल आदि से बद्ध यह जगत् है। विवर्त शब्द प्रकट करता है निरपेक्ष परब्रह्म का देशकालबद्ध जगत् के रूप में प्रतीत होना। निःसन्देह मूलभूत ब्रह्म है जिसका रूपान्तर यह जगत् देशकाल के स्तर पर माना जा सकता है। चूंकि रूपान्तर हमारे लिए किया गया है, मूल ब्रह्म अपने अस्तित्व के लिए रूपान्तर के ऊपर आश्रित नहीं है। अनेकतापूर्ण जगत् एक ऐसा रूप है जिसे यथार्थसत्ता हमारे लिए ग्रहण करती है, अपने लिए नहीं। जब दूध दही का रूप धारण करता है तो उसे हम परिणाम अथवा परिवर्तन कहते हैं और जब रस्सी सांप के रूप में प्रतीत होती है तो इसे विवर्त अथवा आभास कहते हैं।[2] शंकर के द्वारा प्रयुक्त किए गए भिन्न-भिन्न दृष्टान्तों, जैसे रस्सी और सांप, सीप तथा चांदी, मरुभूमि आदि का प्रयोजन कार्य की कारण के ऊपर

→ तुलना करें शिलर से, "ऐसा तर्क करना सर्वथा युक्तियुक्त होगा कि (सृष्टिरचना-सम्बन्धी) सम्पूर्ण प्रश्न अप्रामाणिक है क्योंकि इसकी मांग अत्यधिक है। यह इससे कम नहीं जानना चाहता कि यथार्थ सत्ता का अस्तित्व ही क्यों हुआ और उक्त तथ्य निरपेक्षरूप क्यों है? और यह उससे कहीं अधिक है जिसका कोई भी दर्शनशास्त्र पूर्णरूप से समाधान कर सकता है या जिसके लिए प्रयास भी कर सकता है ('स्टडीज़ इन ह्यूमनिज्म')।

1. मायामात्रं ह्येतद् यत् परमात्मनोऽवस्थात्रयात्मनावभासनं रज्ज्वेव सर्पादिभावेन।...(शांकरभाष्य, 2 : 1, 9)।

2. शांकरभाष्य, 2 : 1, 28।

एकपक्षीय निर्भरता; और कारण का अपने यथार्थरूप को सुरक्षित रखने का भाव दर्शाने से है। परिणाम की अवस्था में कारण और कार्य, दोनों यथार्थता के ही समान भाव से रहते हैं किन्तु आभास की अवस्था में कार्य कारण से भिन्न सत् के एक भिन्न प्रकार के वर्ग का होता है।[1] जगत् ब्रह्म के अन्दर अवस्थित रहता है, जिस प्रकार कहा जाता है कि सांप रस्सी के अन्दर रहता है।

अद्वैतवादी ग्रन्थों में 'मायावाद' की अन्य कई प्रकार की व्याख्याएं मिलती हैं।[2] माया ब्रह्म से भिन्न नहीं हो सकती, क्योंकि ब्रह्म के समान दूसरी कोई सत्ता नहीं है। विश्व की उत्पत्ति ब्रह्म के अन्दर किसी अन्य यथार्थसत्ता के कुछ अंश जुड़ जाने से नहीं हुई है क्योंकि जो पहले से सर्वांगपूर्ण है उसमें अन्य किसी प्रकार के पदार्थ का संयोग नहीं हो सकता। इसलिए यह विश्व असत् के कारण से विद्यमान है। जगत् की प्रक्रिया यथार्थसत्ता के क्रमिक ह्रास के कारण है। माया की संज्ञा का प्रयोग विभाजक शक्ति के लिए जो प्रतिबन्ध लगानेवाला तत्त्व है, हुआ है। यह वह तत्त्व है जो अपरिमित को माप में परिमित कर देता है और रूप रहित में रूप की सृष्टि करता है।[3] यह माया प्रधान यथार्थसत्ता का एक विशेष लक्षण है, न उसके समान है और न उससे भिन्न है। इसको एक स्वतन्त्र स्थान प्रदान करने का तात्पर्य होगा मौलिक रूप में द्वैतवाद को मान्यता प्रदान करना। आनुभविक जगत् में जो भेद पाया जाता है और जिसका हमें ज्ञान है उसका कारण यदि हम नित्यब्रह्म में खोजने का प्रयत्न करें तो यह अनुचित होगा। ज्यों ही हम माया का सम्बन्ध ब्रह्म से जोड़ने जाते हैं ब्रह्म ईश्वर के रूप में परिणत हो जाता है और माया ईश्वर की शक्ति को प्रकट करती है। किन्तु ईश्वर के अपने ऊपर माया से किसी प्रकार का असर नहीं होता। यदि माया का अस्तित्व है तो यह ब्रह्म के प्रतिबन्ध रूप में रहती है। और यदि माया का अस्तित्व नहीं है तो जगत् के आभास की भी कोई व्याख्या नहीं बनती। जगत् को उत्पन्न करने में तो इसकी यथार्थता समझ में आ सकती है किन्तु ब्रह्म के प्रतिबन्ध रूप में इसकी यथार्थता नहीं है। यह न तो ब्रह्म के समान यथार्थ ही है और न आकाशकुसुम के समान अभावात्मक ही है।[4] हम इसे चाहे जो कहें, भ्रांतिमात्र अथवा यथार्थ किन्तु जीवन की समस्या के समाधान के लिए इसकी सत्ता को मानना आवश्यक है। यह ईश्वर की एक नित्य शक्ति है। 'संक्षेपशारीरक' के रचयिता का मत है कि ब्रह्म माया के माध्यम द्वारा विश्व का उपादान कारण है, क्योंकि माया का क्रिया के लिए होना आवश्यक है। इसे ब्रह्म की उपज समझा जाता है, अर्थात् यह ब्रह्म की क्रियाशीलता का एक परिणाम है। यह जगत् में अनिवार्य रूप से उपस्थित (अनुगत) रहती है तथा इसके अस्तित्व की निर्णायक (कार्यसत्ता नियामिका) है। माया द्रव्य नहीं है और इसलिए इसे उपादान कारण नहीं माना जा सकता। यह केवल एक व्यापार है जो ब्रह्मरूपी उपादान कारण से उत्पन्न होने के कारण भौतिक पदार्थ अर्थात् जगत्

1. परिणामो नाम उपादानसमसत्ताककार्यापत्तिः; विवर्तो नाम उपादानविषमसत्ताककार्यापत्तिः (वेदान्तपरिभाषा, 1)।
2. शांकरभाष्य, तैत्तिरीय उपनिषद्, 2 : 6।

नासद्रूपा न सद्रूपा माया नैवोभयात्मिका।
सदसदभ्याम् अनिर्वाच्या मिथ्याभूता सनातनी॥

(सूर्यपुराण, सांख्यप्रवचन भाष्य, 1 : 26 में उद्धृत)।
3. एक एव परमेश्वरः कूटस्थनित्यो विज्ञानधातुरविद्यया मायया मायाविवदने कधा विभाव्यते
4. शांकरभाष्य, 1 : 4, 3।

की उत्पत्ति करता है।[1] इस लेखक के मत में माया ब्रह्म से सम्बद्ध है और प्रतिबन्ध की प्रक्रिया है, और इसके दो लक्षण हैं, 'आवरण', अर्थात् सत्य को छिपाना, और 'विशेष', अर्थात् उसकी मिथ्या-व्याख्या करना।[2] इनमें से पहला तो मात्र ज्ञान का निराकरण है और दूसरा निश्चित रूप से भ्रम को उत्पन्न करता है। इसके कारण केवल इतना ही नहीं कि हम परम निरपेक्ष सत्ता के दर्शन नहीं कर सकते अपितु हमें उसके स्थान में किसी अन्य वस्तु का बोध हो जाता है। माया के कारण से ही विविध प्रकार के नाम और रूप का विकास होता है, और उन्हीं का कुलयोग यह जगत् अथवा विश्व है। इस नाम और रूप के पुंज के पीछे माया नित्यब्रह्म को भी हमारी दृष्टि से ओझल कर देती है।

माया के दो व्यापार हैं, यथार्थसत्ता को छिपा देना तथा मिथ्या का विक्षेप करना। विविधता रूप जगत् यथार्थसत्ता तथा हमारे मध्य पर्दे का कार्य करता है।

"कुछ लोग सोचते हैं कि सृष्टि उस ब्रह्म की अभिव्यक्ति के लिए है। मेरा कहना है कि इसका प्रयोजन उसे छिपाना है, और इसके अतिरिक्त यह और कुछ कर नहीं सकती।"[3]

चूंकि माया इस प्रकार स्वरूप में छली है,[4] इसे अविद्या अथवा मिथ्याज्ञान कहा जाता है। यह केवल बोध का अभाव नहीं है किन्तु निश्चित रूप से भ्रांति है। जब इस व्यापार का सम्बन्ध ब्रह्म के साथ होता है तो ब्रह्म ईश्वर हो जाता है। "एक अचल, निरुपाधिक तब अपनी ही मायारूप शक्ति से ऐसा बन गया जिसे कर्ता की संज्ञा दी गई।"[5]

माया ईश्वर की शक्ति है, उसका अन्तःस्थायी बल है जिसके द्वारा वह सम्भाव्यता को वास्तविक जगत् के रूप में परिणत कर देता है। उस ईश्वर की माया, जो विचार के क्षेत्र से परे है, अपने को दो आकारों में परिवर्तित करती है, अर्थात् काम और संकल्प में। नित्यरूप ईश्वर की यह उत्पादिका शक्ति है और इसीलिए यह भी नित्य है; और इसी साधन से सर्वोपरि प्रभु ब्रह्म संसार की रचना करता है। माया का कोई पृथक् निवासस्थान नहीं है। यह ईश्वर ही के अन्दर रहती है, जिस प्रकार उष्णता अग्नि में रहती है। इसकी उपस्थिति इसके कार्यों द्वारा अनुमान से जानी जाती है।[6] माया नाम और रूप में समान है जो अपनी अविकसित अवस्था में ईश्वर के अन्दर समवाय सम्बन्ध में रहते हैं, एवं अपनी विकसित अवस्था में जगत् का निर्माण करते हैं। इन अर्थों में यह (माया) प्रकृति की पर्यायवाची है।[7] ईश्वर में परमसत् की अपेक्षा यथार्थता कुछ न्यून है और अन्य पदार्थों में यथार्थता का अभाव क्रमशः बढ़ता जाता है। क्रमिक व्यवस्था के नीचे के धरातल पर हमें ऐसा कुछ मिलता है जिसके अन्दर ऐसे निश्चयात्मक गुण हैं ही नहीं जिनके छिन जाने का प्रश्न उठे, अपितु जिसका अस्तित्व-

---

1. तज्जन्यत्वे सति तज्जन्यजनको व्यापारः।
2. देखें, वेदान्तसार, 4।
3. ब्राउनिंग : 'विशप ब्लोग्राम्स ऐपोलॉजी'।
4. माया के छली रूप के लिए देखें, मिलिन्द, 4 : 8, 23।
5. अप्राणं शुद्धमेकं समबद् अथ तन्मायया कर्तृसंज्ञम् (शतश्लोकी, पृष्ठ 24)। तुलना करें, पञ्चदशी, 10 : 1।
6. निस्तत्त्वा कार्यगभ्यास्य शक्तिर्मायाग्निशक्तिवत् (पंचदशी)।
7. तुलना करें, ईश्वरीय मायाशक्तिः प्रकृतिः (शांकरभाष्य, 2 : 1, 14)। और भी देखें श्वेताश्वतरोपनिषद्, 4 : 10; भगवद्गीता पर शांकरभाष्य, प्रस्तावना, और 7 : 4; सांख्यप्रवचनभाष्य, 1 : 26।

मात्र है किन्तु जो असत् के रूप में है। यह एक प्रकार की शून्यता है जो ऐसे स्थान पर शून्य भित्ति के रूप में खड़ी है जहां यथार्थता का अन्त होता है। यह विश्वसम्बन्धी विकास का न तो कोई भाग है और न उसकी उपज ही है किन्तु अनेकत्व और अपहरण का एक अव्यक्त तत्त्व है जो समस्त विकास का आधार है। सर्वोपरि ईश्वर सृष्टिरचना के समय रूपविहीन तथा निरुपाधिकों में ऐसे रूपों तथा गुणों का आधान करता है जिन्हें वह अपने अन्दर धारण किए हुए है। "इस अविकसित तत्त्व को कभी 'आकाश'[1], कभी 'अक्षर'[2] अर्थात् अविनाशी और कभी 'माया' के नाम से प्रकट किया जाता है।"[3] सृष्टिरचना में यह भौतिक अधिष्ठान है।[4] यह परिवर्तनों के द्वारा विश्व को क्रमिक रूप से प्राकृतिक व्यवस्था में ले आता है। यह ईश्वर के कारण शरीर का निर्माण करता है। सांख्य के 'प्रधान' के विपरीत यह ईश्वर से स्वतन्त्र नहीं है।[5] यह एक ऐसा प्रतिबन्ध है जिसे ईश्वर अपने ऊपर लगाता है। प्रकृति के अन्दर जगत् की सम्भाव्यता केन्द्रित है, जैसे भविष्य में उगनेवाले वृक्ष की सम्भाव्य क्षमता बीज के अन्दर निहित रहती है। यह प्रकृति, जिसमें तीनों गुण विद्यमान हैं,[6] न तो ईश्वर की आत्मा है न ईश्वर से पृथक ही है। यह प्रलय काल में भी सर्वोपरि प्रभु ब्रह्म के ऊपर आश्रित होकर बीजशक्ति के रूप में विद्यमान रहती है। पुराणों में यही माया अथवा प्रकृति ईश्वर की पत्नी के रूप में प्रकट होती है, तथा सृष्टिरचना में यह मुख्य साधन का काम देती है।[7] यह माया रूप जगत् वस्तुओं की जननी व क्रीड़ाभूमि है जो सदा अपने को अनन्त रूपों में ढालने के लिए उत्सुक रहता है।[8] परिणाम यह निकला कि यह विश्व ईश्वर के लिए अथवा ऐसे विषयी के लिए जिसका सम्बन्ध सदा विषय के साथ रहता है, आवश्यक है। ईश्वर को विश्व की आवश्यकता है, जो कि हेगल की परिभाषा में ईश्वर की आत्माभिव्यक्ति का एक आवश्यक रूप है।

हम यहां पर उन भिन्न-भिन्न अर्थों को एकत्र करते हैं जिनमें अद्वैत दर्शन में माया शब्द का व्यवहार हुआ है। (1) चूंकि यह जगत् अपनी व्याख्या अपने-आप नहीं कर सकता। इसी से इसका आभास स्वरूप प्रकट होता है और यही भाव माया शब्द से ध्वनित होता है। (2) ब्रह्म तथा जगत् के मध्य की समस्या हमारे लिए एक अर्थ रखती है, क्योंकि हम विशुद्ध ब्रह्म के अस्तित्व को प्रेरक के रूप में स्वीकार करते हैं और फिर जगत् के साथ

---

1. बृहदारण्यक उपनिषद्, 3 : 8, 11। 2. मुण्डक, 2 : 1, 2।

3. श्वेताश्वतर, 4 : 1। देखें शांकरभाष्य, 1 : 4, 3। "अविद्यात्मिका हि सा बीजशक्तिरव्यक्तशब्दनिर्देश्या, तदेतद् अव्यक्तं क्वचिद् आकाशशब्दनिर्दिष्टं क्वचिद् अक्षरशब्ददितं क्वचिन्मायेति सूचितम्।

अव्यक्तनाम्नी परमेशशक्तिरनाद्यविद्या त्रिगुणात्मिका परा।
कार्यानुमेया सुधियैव माया यया जगत् सर्वमिदं प्रसूयते॥"

(विवेकचूड़ामणि, पृष्ठ 108)।

4. तुलना करें, 'थॉमिस्टिक' दर्शन के, 'मैटेरिया प्राइमा', के सिद्धान्त के साथ।

5. न...स्वतन्त्रयं तत्त्वम् (शांकरभाष्य, 1 : 2, 22)।

6. माया से इसमें तमोगुण की प्रधानता के कारण पांच तत्त्व उत्पन्न होते हैं, ऐसा कहा जाता है। उसी से उसमें सत्त्वगुण की प्रधानता होने से पांच ज्ञानेन्द्रियां उत्पन्न होती हैं तथा रजोगुण की प्रधानता से अन्तःकरण उत्पन्न होता है। पांच कर्मेन्द्रियों से, और उनके संयोग से, पांच प्राण उत्पन्न होते हैं। ये सब एक साथ मिलकर लिंग अथवा सूक्ष्म शरीर को जन्म देते हैं।

7. तुलना करें बृहदारण्यक से भी, 1 : 4, 3।

8. तुलना करें, त्वमसि परब्रह्ममहिषी (आनन्दलहरी)।

इसके सम्बन्ध की मांग प्रस्तुत करते हैं जिसे हम तार्किक दृष्टिकोण से देखते हैं। हम यह कभी नहीं समझ सकते कि किस प्रकार परम यथार्थसत्ता अनेकत्वपूर्ण जगत् के साथ सम्बद्ध है क्योंकि दोनों विजातीय हैं और इसलिए इसकी व्याख्या के लिए किए गए सब प्रयत्नों का असफल रहना आवश्यक है। इसी दुर्बोधता का नाम माया है। (3) यदि ब्रह्म को जगत् का कारण माना जाए तो यह इन्हीं अर्थों में होगा कि जगत् ब्रह्म पर आश्रित है किन्तु ब्रह्म किसी प्रकार भी जगत् से प्रभावित नहीं होता, और जो जगत् ब्रह्म पर आश्रित है उसे माया के नाम से पुकारा जाता है। (4) ब्रह्म के जगत् रूप में आभास होने के सम्बन्ध में कारणरूप जिस तत्त्व की कल्पना की जाती है उसे ही माया कहते हैं। (5) यदि हम अपने ध्यान को व्यावहारिक जगत् तक ही परिमित रखें और तर्क के विचार-विमर्श का प्रयोग करें तो हमारे सामने एक पूर्ण व्यक्तित्व का भाव आता है जिसमें आत्म-अभिव्यक्ति की शक्ति है। इस शक्ति का ही नाम माया है, (6) ईश्वर की यह शक्ति उपाधि, अथवा प्रतिबन्ध में परिणत हो जाती है, जो अव्यक्त प्रकृति है और जिससे समस्त संसार उत्पन्न होता है। यह वह विषय है जिसके द्वारा सर्वोपरि विषयी अर्थात् ईश्वर विश्व का विकास करता है।[1]

31. अविद्या

मायाविषयक विचार का अविद्याविषयक विचार के साथ घनिष्ठ सम्बन्ध है। शंकर की कृतियों में ऐसे वाक्य आते हैं जिनमें आनुभविक जगत् का कारण अविद्या की शक्ति को बताया गया है। जगत् के आभासस्वरूप होने का कारण बुद्धि के स्वरूप के अन्दर खोजना चाहिए, ब्रह्म के अन्दर नहीं। छोटे-से-छोटे पदार्थ में भी ब्रह्म सम्पूर्ण तथा अविभक्त रूप में विद्यमान है और अनेकत्व की प्रतीति बुद्धि के कारण है जो देश, काल और कारणकार्य के विधान के अनुसार काम करती है। ब्रह्मसूत्र के भाष्य की प्रस्तावना में शंकर ने प्रतिपादन किया है कि किस प्रकार अविद्या की शक्ति हमें जीवनरूपी स्वप्न में उतारती है। इन्द्रियातीत और लौकिक दृष्टिकोणों को परस्पर मिला देने की प्रवृत्ति अथवा अध्यास, कितना भी भ्रान्तिमय क्यों न हो, मनुष्य के मस्तिष्क के लिए स्वाभाविक है। यह हमारे बोधग्रहणकारी तन्त्र का परिणाम है।[2] जिस प्रकार हम अपनी इन्द्रियों से शब्द तथा रंग का प्रत्यक्ष करते हैं, यद्यपि यथार्थता केवल कम्पनमात्र है, ठीक इसी प्रकार हम चित्र-विचित्र विश्व को यथार्थ ब्रह्म के रूप में स्वीकार कर लेते हैं, यद्यपि यह विश्व ब्रह्म का कार्य है। अनुभव के विषयिनिष्ठ पक्ष की परीक्षा के द्वारा शंकर तर्क करते हैं कि हम यथार्थसत्ता का ज्ञान तब तक नहीं प्राप्त कर सकते जब तक कि हम अविद्या में फंसे हैं, अथवा तर्क की विचार-विधि को अपनाए रहते हैं। अन्तर्दृष्टि रूप ज्ञान के साधन से पतन होने का नाम अविद्या है, और यह सीमित आत्मा की मानसिक विकृति है, जिसके कारण दैवीय सत्ता सहस्रों भिन्न-भिन्न अंशों में बंट जाती है। प्रकाश के अभाव का नाम अन्धकार है। जैसा कि ड्यूसन ने कहा है : "अविद्या हमारे ज्ञान का आन्तरिक धुंधलापन है"[3] और मन की ऐसी प्रवृत्ति है जिसके कारण मन वस्तुओं को

---

1. तुलना करें : ईश्वरस्यात्मभूते इवाविद्याकल्पिते नामरूपे तत्त्वान्यत्वाभ्याम् अनिर्वचनीये संसार-प्रपंचबीजभूते... ईश्वरस्य मायाशक्तिः प्रकृतिरिति व श्रुतिस्मृत्योरभिलषेते (शांकरभाष्य, 2 : 1, 14)। और भी देखें, शांकरभाष्य, 1 : 4, 3; 2 : 2, 2।

2. शांकरभाष्य, प्रस्तावना।

3. 'ड्यूसन्स सिस्टम आफ दि वेदान्त', अंग्रेजी अनुवाद, पृष्ठ 302।

देश, काल और कारण की रचना के द्वारा ही देख सकता है अन्यथा रूप में नहीं। यह जान-बूझकर किया गया कपटाचरण नहीं है वरन् परिमित शक्ति वाले उस मन की अज्ञानवश प्रवृत्ति ही ऐसी है जो जगत् के अपूर्ण मानदण्ड के ऊपर ही निर्भर करता है। यह एक निषेधात्मक शक्ति है जो हमें अपने देवस्वरूप जीवन से दूर रखती है। ब्रह्म की जगत् के रूप में प्रतीति हमारे अज्ञान के कारण है,वैसे ही जैसे कि रस्सी का सांप के रूप में प्रतीत होना हमारे इन्द्रियदोष के कारण होता है। किन्तु ज्यों ही हम रस्सी के असली रूप को देखते हैं तो सांप अयथार्थ हो जाता है। जब हम ब्रह्म की यथार्थता का दर्शन कर लेंगे तो जगत् की प्रतीति स्वयं दूर हो जाएगी। उच्चतर अनुभव के द्वारा, जिसकी यथार्थता सिद्ध हो जाती है, उसका सम्बन्ध यथार्थता के साथ दृष्टिकोणों के विभ्रम के अतिरिक्त स्थापित नहीं हो सकता। प्रतीति रूप आभासों का निरपेक्ष परमसत्ता में जाकर आकार-परिवर्तन हो जाता है। यदि हमें कहा जाए कि सांप की प्रतिकृति को रस्सी की यथार्थता के साथ सम्बद्ध करो तो हम कहेंगे कि इस प्रकार का कोई सम्बन्ध ऐसी वस्तु के, जो भावात्मक है, और दूसरी वस्तु के जो अभावात्मक है, मध्य सम्भव नहीं है। उस प्रतिकृति के लिए हम केवल आंख ही को दोष देंगे। जब हम रस्सी को रस्सी के रूप में देखते हैं तब समस्या का अन्त हो जाता है और हम कहने लगते हैं कि रस्सी सांप की भांति दिखाई देती थी। सापेक्षता का कारण दोषपूर्ण अन्तर्ज्ञान के अतिरिक्त अन्य कुछ नहीं है। ज्यों ही हम विशुद्ध चैतन्य के दृष्टिकोण से वस्तुओं को देखते हैं तो उस तथ्य के आगे इसका कार्य स्वतः बन्द हो जाता है। अविद्या या तो ज्ञान का अभाव है अथवा संदिग्ध या भ्रांतिमय ज्ञान है। इसका केवल निषेधात्मक ही नहीं किन्तु भावात्मक रूप भी है। शंकर के इस तर्कपूर्ण कथन का कि अविद्या का आधिपत्य सबके ऊपर है तात्पर्य यही है कि सीमितता एक तथ्य है। यह कहा जाता है कि प्रत्येक व्यक्ति की ऐसी भावना रहती है कि वह सब कुछ नहीं जानता।[1] इसकी साक्षी सार्वभौम रूप में पाई जाती है क्योंकि सभी सीमित मनों में यह न्यूनता एक समान है।

उपनिषदों में अविद्या शब्द केवल अज्ञान के लिए प्रयुक्त हुआ है और यह व्यक्ति रूप विषयी के ज्ञान से भिन्न है।[2] शंकर के यहां यह विचार की तार्किक विधि बन जाती है जो मानवीय मन की सीमितता का निर्माण करती है। यह वन्ध्यापुत्र की भांति अभावात्मक सत्ता नहीं है क्योंकि इसकी प्रतीति होती है और हम में से प्रत्येक को इसका अनुभव होता है, और यह एक यथार्थ और निरपेक्ष सत्ता रूप वस्तु भी नहीं, क्योंकि अन्तर्दृष्टि के ज्ञान से इसका नाश हो जाता है। यदि यह असत् होती तो यह किसी वस्तु की उत्पादक नहीं हो सकती थी। और यदि यह सत् होती तो जो इससे उत्पन्न होता वह भी यथार्थ होता, आभासमात्र न होता। "यह न तो यथार्थ है, न आभासमात्र है और न यह दोनों ही है।"[3] यद्यपि इसकी उत्पत्ति तथा समाधान दोनों ही हमारी पहुंच से परे हैं तो भी मानसिक वर्गभेदों के द्वारा इसका व्यापार स्पष्ट रूप में समझा जा सकता है। यह अविद्या, जो सारे अज्ञान तथा पाप और दुःख की जननी है, कहां से आती है? अविद्या व्यक्तित्व का कारण नहीं हो सकती, क्योंकि यदि व्यक्ति न हों तो अविद्या का अस्तित्व ही नहीं रह सकता। यदि वह व्यक्तित्व का कारण है तो इसकी उससे स्वतन्त्र सत्ता होनी चाहिए, अर्थात् इसका सम्बन्ध उस परम

---

1. अहम् अज्ञ इत्याद्यनुभवात्। देखें, वेदान्तसार, पृष्ठ 4।
2. देखें, छान्दोग्य उपनिषद, 1 : 1, 10; बृहदारण्यक उपनिषद्, 4 : 3, 20; 4 : 4, 3।
3. विवेकचूड़ामणि, पृष्ठ 3।

यथार्थ ब्रह्म के साथ होना आवश्यक है। किन्तु अविद्या ब्रह्म के साथ सम्बद्ध नहीं हो सकती क्योंकि ब्रह्म का स्वरूप नित्य प्रकाश और अविद्या के प्रतिकूल है।[1] जैसा कि सर्वज्ञात्मनि का मत है, इसका निवास ब्रह्म के अन्दर नहीं हो सकता; और यह व्यक्ति में भी नहीं रह सकती, जैसा कि वाचस्पति का मत है।[2] यह कहना कि परिवर्तित ब्रह्म अविद्या का आवासस्थान है सर्वथा निरर्थक है, क्योंकि प्रश्न यह है कि ब्रह्म में अविद्या के बिना परिवर्तन हो ही कैसे सकता है? रामानुज का आग्रह है कि हमें प्रत्येक आत्मा के लिए एक भिन्न अविद्या की कल्पना करनी होगी, क्योंकि अन्यथा एक आत्मा की मोक्षप्राप्ति अन्यों के लिए भी मोक्षप्राप्ति हो जाएगी। परिणाम यह निकला कि अविद्या आत्माओं की भिन्नता का ज्ञान रखती है किन्तु यह उसका कारण नहीं है और इसीलिए उसका समाधान नहीं कर सकती। यहां हमें तर्क सम्बन्धी चक्रक में पड़ना होता है।[3] शंकर तो इस कठिनाई में से अविद्या को अव्याख्येय घोषित करके बच निकलते हैं। शंकर की अध्यात्म विद्या में यह प्रश्न निरर्थक है। हम एक लौकिक विधान का प्रयोग इन्द्रियातीत क्षेत्र में नहीं कर सकते। हम जानते हैं कि अविद्या का अस्तित्व है और इसके कारण के विषय में प्रश्न उठाना निरर्थक है, ठीक जिस प्रकार सान्त आत्माओं की उत्पत्ति का प्रश्न है। यदि हम आत्मा के साथ अविद्या के सम्बन्ध को समझ सकते हैं तो हमें आवश्यक रूप में दोनों से ऊपर होना

---

1. "ईश्वर प्रकाशस्वरूप है और उसके अन्दर अन्धकार सर्वथा नहीं" (बाइबिल, प्र. जॉन, 5 : 2, कार, 6 : 14)।

2. देखें, श्रीधरकृत न्यायकन्दली, ब्रह्मसूत्र पर रामानुज का भाष्य, 2 : 1, 15।

3. ब्रह्मसूत्र पर रामानुजभाष्य, 2 : 1, 15। सांख्यप्रवचनसूत्र, 1 : 21-24; 5 : 13-19, 54। पार्थसारथि मिश्र इस आक्षेप को इस प्रकार रखते हैं : "क्या यह अविद्या ही मिथ्याज्ञान है अथवा अन्य कोई वस्तु है जो मिथ्याज्ञान को उत्पन्न करती है? यदि मिथ्याज्ञान है तो यह अविद्या किसका मिथ्याज्ञान है? यह ब्रह्म का नहीं हो सकता, क्योंकि वह स्वभावतः विशुद्ध ज्ञानस्वरूप है। सूर्य के अन्दर अन्धकार के लिए कोई स्थान नहीं। अविद्या आत्माओं से सम्बद्ध नहीं हो सकती क्योंकि वे ब्रह्म से भिन्न नहीं हैं। चूंकि अविद्या का अस्तित्व नहीं हो सकता इसीलिए एक अन्य वस्तु का भी नहीं हो सकता जो उसका कारण बन सके। इसके अतिरिक्त यदि मिथ्याज्ञान को अथवा इसके कारण को ब्रह्म के साथ संयुक्त मानते हैं तो अद्वैतता विलुप्त हो जाती है। ब्रह्म की अविद्या कहां से आई? अन्य कोई है नहीं, क्योंकि ब्रह्म ही एकमात्र सत्ता है। यदि यह कहा जाए कि यह ब्रह्म के लिए स्वाभाविक है तो प्रश्न उठता है कि अज्ञान उसके लिए स्वाभाविक कैसे हो सकता है जिसका स्वभाव ही ज्ञान है?" किं भ्रान्तिज्ञानम्? किं वा भ्रान्तिज्ञानकारणभूतम, वस्त्वन्तरम्? यदि भ्रान्तिः सा कस्य? नब्रह्मणः तस्य स्वच्छविद्यारूपत्वात् न हि भास्करे तिमिरस्यावकाशः सम्भवति; न जीवनाम्; तेषां ब्रह्मातिरेकेणाभावात्। भ्रान्त्यभावादेव च तत् कारणभूतं वस्त्वन्तरमप्यनुपपन्नमेव। ब्रह्मातिरेकेण भ्रान्तिज्ञानम्, तत् कारणं चऽभ्युपगच्छताम् अद्वैतहानिः किं कृता च ब्रह्मणोऽविद्या, न हि कारणान्तरम् अस्ति। स्वाभाविकीति चेत् कथं विद्यास्वभावमविद्यास्वभावं स्यात्? (शास्त्रदीपिका, पृष्ठ 313-4; और भी, पृष्ठ 113)।

कुमारिल अद्वैत के विरोध में इस प्रकार तर्क करता है, "यदि ब्रह्म स्वतः सिद्ध है और विशुद्ध रूप है और उसके अतिरिक्त अन्य कुछ नहीं तो अविद्या के व्यापार को कौन उत्पन्न करता है जो कि स्वप्न के समान प्रतीत होती है? यदि तुम कहो कि कोई अन्य इसका कारण है और कि यह ब्रह्म से भिन्न है तब अद्वैत विलुप्त हो जाता है; यदि यह इसका स्वभाव होता तो इसका कभी नाश न होता।"

स्वयं च शुद्धरूपत्वात् अभावाच्चान्यवस्तुनः,
स्वप्नादिवद् अविद्यायाः प्रवृत्तिः तस्य किंकृता।
अन्येनोपप्लवेऽभीष्टे द्वैतवादः प्रसज्यते,
स्वाभाविकीम् अविद्यान्तु नोच्छेत्तुं किंचिदर्हति॥

(श्लोकवार्तिक, सम्बन्धाक्षेपपरिहार, 84–85)।

चाहिए।[1] इसके अतिरिक्त, यदि अविद्या का एक अनिवार्य गुण होता तो आत्मा इससे कभी छुटकारा न पा सकती; किन्तु आत्मा न तो अपने अन्दर किसी वस्तु का समावेश होने देती है और न ही किसी भी वस्तु का त्याग करती है। यह किसी भी सान्त प्राणी से सम्बद्ध नहीं हो सकती, चाहे वह ईश्वर हो या मनुष्य हो, क्योंकि मनुष्य की अविद्या सम्भव बन सके इसके लिए पहले उसकी रचना होना आवश्यक है। इसलिए मनुष्य की रचना उसकी अपनी अथवा अन्य किसी की अविद्या के कारण नहीं हो सकती। ब्रह्म का व्यक्तित्व भाव, सीमित आत्माओं की उत्पत्ति अविद्या के कारण नहीं हो सकती जो सीमित जीवन का विशिष्ट लक्षण है। यह दैवीय क्रिया की घटना है। किन्तु अविद्या तथा ब्रह्म का सह-अस्तित्व कैसे रह सकता है, यह एक ऐसी समस्या है जिसका कोई समाधान हमारे पास नहीं है : शंकर कहते हैं : "हम स्वीकार करते हैं कि ब्रह्म अविद्या की उपज नहीं है अथवा स्वयं भ्रांत भी नहीं है, किन्तु हम यह भी नहीं मानते कि अन्य कोई भ्रांत चैतन्य युक्त प्राणी ब्रह्म के अतिरिक्त है जो अज्ञान का उत्पन्न करने वाला हो सकता है।"[2] 'संक्षेपशारीरक' के अनुसार "भेदशून्य परम बुद्धि अविद्या का आश्रय तथा विषय है।"[3] ड्यूसन कहता है : "यथार्थ में केवल एकमात्र ब्रह्म के अतिरिक्त अन्य कुछ है ही नहीं। यदि हम इस प्रकार की कल्पना करें कि हम इस जगत् में उसके विचार का प्रत्यक्ष करते हैं तो यह, व्यक्तियों के अनेकत्व में उसका भेद, अविद्या के ऊपर आश्रित है। किन्तु यह होता कैसे है? हम क्योंकर एक परिवर्तन तथा अनेकत्व को देखकर जबकि यथार्थ में एकमात्र ब्रह्म ही सत् है, अपने को धोखा दे देते हैं? इस प्रश्न के ऊपर हमारे ग्रन्थकार कोई प्रकाश नहीं डालते?"[4] वे कोई भी ज्ञान इस विषय में इसलिए नहीं देते क्योंकि उक्त ज्ञान की सम्भावना जो नहीं है। समालोचकों के पास आलोचना तैयार है : "इस दर्शन में जिसके मत में सब कुछ अव्याख्येय है अयुक्तियुक्तता का स्थान आक्षेप के रूप में नहीं है।"[5] यह सत्य है कि भ्रांति में डाल देनेवाली अविद्या की शक्ति की उत्पत्ति का कोई भी समाधान सम्भव नहीं है जो मिथ्याज्ञान की जनक है और जो मूलभूत तथा स्वयंभू ब्रह्म की नित्य स्थायी तथा निष्पक्ष पवित्रता के रहते हुए भी किसी-न-किसी प्रकार से लौकिक अस्तित्व में प्रकट हो गई है।"[6]

---

1. भगवद्गीता पर शांकरभाष्य, 13 : 2।

2. बृहदारण्यक उपनिषद् पर शांकरभाष्य, 1 : 4, 10। लक्ष्मीधर अपने 'अद्वैत मकरन्द' नामक ग्रन्थ में कहता है : "अविद्या किस प्रकार स्वतः प्रकाश आत्मा को स्पर्श कर सकती है, जिसके एकमात्र प्रकाश से यह उक्ति बनी है 'क्या मैं प्रकाश नहीं देता हूं' तो भी चैतन्य के आकाश में कुछ इस प्रकार का कुहरा प्रतीत होता है जो चिन्तन के अभाव से सजीव है और जब तक चिन्तन का सूर्य उदय नहीं होता बराबर बना रहता है" (16—17)।

3. 1 : 319, आश्रयत्वविषयत्वभागिनी, निर्विभागचितिरेव केवला।

4. 'ड्यूसन्स सिस्टम आफ दि वेदान्त', अंग्रेज़ी अनुवाद, पृष्ठ 302।

5. पार्थसारथि मिश्र : "अत्रानिर्वचनीयवादेनानुपपत्तिर्दूषणम्।"

6. संक्षेपशारीरक, विवरण, वेदान्त मुक्तावली, अद्वैतसिद्धि और अद्वैतदीपिका के ग्रन्थकारों का मत है कि अविद्या का आश्रय और विषय ब्रह्म है, ठीक जिस प्रकार घर के अन्दर का अन्धकार घर को आवृत कर लेता है। वाचस्पति के विचार में अविद्या का आधार जीव है तथा विषय ब्रह्म है। उक्त विद्वान् के मत में ईश्वर भी जीवज्ञान की उपज है और जितने जीव हैं उतने ही ईश्वर भी अवश्य होने चाहिए, इसके अतिरिक्त अन्योन्याश्रय का सिद्धान्त भी है। जीव अविद्या का आश्रित है और अविद्या जीव के आश्रित है। इस प्रकार यह कहा जाता है कि अविद्या का आधार ब्रह्म में है और ब्रह्म अविद्या के प्रतिकूल नहीं है। 'विद्वन्मनोरंजनी' का ग्रन्थकार इस प्रश्न पर विशेष रूप से अद्वैत सिद्धान्त के दृष्टिकोण से इस प्रकार विचार-विमर्श करता है कि प्रगाढ़ स्वप्नरहित निद्रा (सुषुप्ति) →

32. क्या जगत् एक भ्रांति है?

अविद्या का सिद्धान्त अपने विषयिनिष्ठ भाव के साथ व्यावहारिक जगत् के स्वरूप के एक भ्रांतिपूर्ण विचार का सुझाव देता है अर्थात् कि यह एक भ्रांति है जिसकी उत्पत्ति मन के अन्दर हुई है। शंकर बार-बार प्रतीतिरूप जगत् के अनेकत्व का कारण, यहां तक कि ईश्वर का भी कारण, अविद्या को ही बताते हैं।[1] किन्तु ब्रह्म के स्वरूप के ऊपर अविद्या का कुछ प्रभाव नहीं होता, क्योंकि यह तो केवल हमारे अपूर्ण ज्ञान के कारण ऐसी प्रतीत होती है। केवल इसलिए कि चक्षु इन्द्रिय के दोष वाले को दो चन्द्रमा दिखाई देते हैं; चन्द्रमा तो वस्तुतः दो नहीं हो जाते। ''सम्पूर्ण लौकिक यथार्थसत्ता अनेक नामों व रूपों सहित, जिसके लिए न तो हम सत् अथवा न असत् की परिभाषा का ही प्रयोग कर सकते हैं, अविद्या के ऊपर आश्रित है। किन्तु उच्चतम यथार्थसत्ता के अर्थों में सत् बिना किसी परिवर्तन अथवा परिणमन के अपनी सत्ता को स्थिर रखता है। एक ऐसा परिवर्तन जो केवल शब्दमात्र के ऊपर ही निर्भर करता है, यथार्थ सत्ता की अविभाज्यता (अखण्डता) में किसी प्रकार का परिवर्तन नहीं कर सकता।''[2] सृष्टि रचना तथा ईश्वर की सीमितता सम्बन्धी समस्याओं का सामना होने पर शंकर कहते हैं : ''जब 'तत्त्वमसि' के समान वाक्यों के द्वारा अभिन्नता की शिक्षा से अभिन्नता विषयक चेतना जाग्रत हो जाती है तब आत्मा के जन्म-जन्मान्तरों में भ्रमण तथा ईश्वर का सृष्टिरचनात्मक व्यापार सब बन्द हो जाते हैं; क्योंकि विभाजन के प्रति जगत् की समस्त प्रवृत्ति मिथ्याज्ञान से ही उत्पन्न होती है और निर्दोष सत्यज्ञान से दूर हो जाती है। तब फिर सृष्टि रचना कहां से हुई है? और फिर केवल कल्याण ही को उत्पन्न न करने का उत्तरदायित्व कहां से आया? क्योंकि संसार, जिसका विशिष्ट लक्षण पुण्य तथा पापकर्मों का करना है, यह एक मिथ्या विचार है और यह अविद्या से उत्पन्न निर्णय में भेदभाव के लक्ष्य न करने से उत्पन्न होता है और नामों और रूपों से निर्मित क्रियाशीलता के साधनों के संघात से बना है। और यह मिथ्याज्ञान यहां तक कि जन्म तथा मृत्यु के द्वारा विभाग और पार्थक्य के प्रति आसक्ति के समान भी परमार्थ रूप में कोई अस्तित्व नहीं रखता।''[3] इसके अतिरिक्त, ''उस अनेकत्व के अंश से जो अविद्या से उत्पन्न होता और नामरूप जिसके विशिष्ट लक्षण हैं, जो विकसित भी है और अविकसित भी है और जिसको हम न तो विद्यमान ही कह सकते हैं, और न अभावात्मक ही कह सकते हैं, इस सब परिवर्तनशील जगत् का आधार ब्रह्म ही है, किन्तु अपने सत्य और यथार्थस्वरूप में यह इस व्यावहारिक जगत् से परे अखण्ड रूप में रहता है।''[4] उक्त मत के ऊपर विशेष रूप से बल देने पर हमें यह सुझाव मिलता है कि व्यक्ति की अविद्या के अतिरिक्त अनेकत्व का नितान्त अभाव है।

की अवस्था में जीवात्मा ब्रह्म के अन्दर लीन हो जाता है; और अपना मत इस प्रकार प्रकट करता है कि यदि अविद्या के अस्तित्व को निश्चित रूप से माना जाए तो यह केवल ब्रह्म में ही रह सकती है। देखें, 'पण्डित', सितम्बर 1-72। शुद्ध चैतन्य अविद्या का विरोधी नहीं है किन्तु केवल वृत्तिचैतन्य है। जिस प्रकार विद्यारण्य इसका प्रतिपादन करता है, अन्तःकरण के परिवर्तन द्वारा, जो आत्मा का रूप धारण कर लेता है, अविद्या का आत्मा के अन्दर प्रत्याख्यान हो जाता है।

1. एकत्वं...पारमार्थिकम्, मिथ्याज्ञानविजृम्भितं च नानात्वम् (शांकरभाष्य, 2 : 1, 14)।
2. तुलना करें, शांकरभाष्य, 2 : 1, 31; 2 : 1, 14; 2 : 3, 46; 2 : 1, 27।
3. और भी तुलना करें, अविद्याकृत कार्यप्रपंचम–अर्थात् कार्यरूप विश्व अविद्या की उपज है (शांकरभाष्य, 1 : 3, 1)।
4. शांकरभाष्य, 2 : 1, 27।

सब प्रकार का परिवर्तन और गति, समस्त उत्पत्ति तथा विकास, समस्त विज्ञान तथा कल्पना, केवल स्वप्नरूप और छाया मात्र ही ठहरते हैं इसके अतिरिक्त और कुछ नहीं। ब्रह्म को जगत् का कारण बताने का जो समाधान है उससे सन्देह की पुष्टि ही होती है। यह प्रदर्शित करने की आतुरता के कारण कि जगत् में जितने भी परिवर्तन होते हैं ब्रह्म उन सबसे अछूता रहता है,[1] शंकर कहते हैं कि ब्रह्म में जगत् का अध्यास[2] होता है, जैसे कि रस्सी में सांप का। "अंधेरे में एक मनुष्य एक रस्सी के टुकड़े को भूल से सांप मान कर भय के मारे कांपता हुआ उससे दूर भागता है। इस पर दूसरा मनुष्य बतला सकता है, 'डरो मत, यह केवल एक रस्सी है, सांप नहीं', और तब वह काल्पनिक सांप से उत्पन्न हुए भय को त्याग देता है और भागना बन्द कर देता है। किन्तु इस समय में बराबर उस मनुष्य को भ्रांति से उत्पन्न रस्सी को सांप समझ लेने के भाव से तथा फिर उस भाव के दूर हो जाने से रस्सी का अपने में कुछ बनता-बिगड़ता नहीं है।"[3] तारे वस्तुतः टिमटिमाते नहीं यद्यपि हमें ऐसे प्रतीत होते हैं। जिस प्रकाश को वे तारे छोड़ते हैं वह बिलकुल स्थिर है, यद्यपि पृथ्वी के वायुमण्डल में जो विक्षोभ होते हैं और जिनके मध्य से होकर वह प्रकाश आता है, वे हमारी दृष्टि को इस प्रकार से प्रभावित करते हैं, जिससे तारे निरन्तर टिमटिमाते हुए से प्रतीत होते हैं। ठीक इसी प्रकार ब्रह्म के अन्दर अस्थिरता का सादृश्य भी मन का एक भ्रम है और यह हमारी विकृत दृष्टि के कारण होता है।[4] शंकर के दिए हुए कुछेक दृष्टान्तों की जब हम शाब्दिक व्याख्या करते हैं तो हमें यह प्रतीत होता है कि सब प्रकार का भेद मानवीय कल्पना के द्वारा उत्पन्न मृगतृष्णिका मात्र है। सब प्रकार के भेद मानवीय विचार को समझने के लिए हैं, जो एक त्रिपार्श्व कांच की भांति विशुद्ध एकत्व को भिन्नता के रूप में विभक्त कर देता है, जबकि, यथार्थ में विविधता तथा उसका ज्ञान प्राप्त करने वाला मन दोनों ही अयथार्थ हैं। किन्तु इन सब रूपकालंकारपरक दृष्टान्तों पर सीमा से अधिक बल देना भूल है और शंकर आग्रहपूर्वक कहते हैं कि इन दृष्टान्तों का प्रयोग केवल कुछ समानताओं को प्रस्तुत करने के लिए ही किया है न कि सर्वथा तादात्म्यभाव दर्शाने के लिए।[5]

अनेक अर्वाचीन वेदान्तियों ने जगत् की विषयिनिष्ठ व्याख्या को अंगीकार किया है। वाचस्पति का मत है कि अविद्या का सम्बन्ध प्रमाता, अर्थात् विषयी, के साथ है और यह अविद्या आंख के ऊपर आई हुई झिल्ली के समान विषय के स्वरूप को आवृत कर देती है।[6] मधुसूदन सरस्वती के मत में अज्ञान इस भ्रांतिमय जगत् का कारण है और इसी अज्ञान के कारण हम ब्रह्म को इस जगत् का उपादान कारण

1. शांकरभाष्य, 2 : 1, 28; 2 : 1, 9। 2. अध्यारोपितम्।

3. शांकरभाष्य, 1 : 4, 6। और भी देखें, कठ उपनिषद् पर शांकरभाष्य, 3 : 14; 4 : 11।

4. शांकरभाष्य, 2 : 3, 46।

5. शांकरभाष्य, 3 : 21, 17-19।

6. जीवाश्रयं ब्रह्मविषयम्। वह समझता है कि ब्रह्म के ऊपर जो भिन्न-भिन्न रूप अध्यस्त किए जाते हैं वे अन्तःकरण के परिवर्तनों के कारण हैं और इस प्रकार परिवर्तनों तथा उनके विषयों के अस्तित्व को स्वीकार करना होता है।

समझते हैं।[1] "इस प्रतीयमान विश्व का मूल चित्त के अन्दर है और चित्त के विलुप्त हो जाने पर इसका भी अस्तित्व नष्ट हो जाता है।"[2] चित्सुखी, अद्वैतसिद्धान्तमुक्तावली, और योगवाशिष्ठ प्रबल आत्मवाद का आश्रय लेते हुए बलपूर्वक कहते हैं कि हमारा चैतन्य ही जगत् की उत्पत्ति करता है, और इसलिए विषयी-विषय-सम्बन्धी चैतन्य के विलोप होने के साथ ही यह असत् के रूप में परिवर्तित हो जाता है।[3]

यदि पाश्चात्य समालोचकों ने जगत् के अद्वैत सिद्धान्त के विषय में इसी प्रकार के मत को स्वीकार किया तो इसमें कुछ आश्चर्य नहीं है। एडवर्ड केयर्ड के मन में जगत् विषयक ऐसी ही व्याख्या थी जब उसने लिखा : "ब्राह्मण धर्म केवल बहुदेवतावाद तक ही बढ़ा जो कि जगदभिन्नत्ववादी था और उससे एकत्व की ओर बढ़ा जो कि वस्तुओं के अनेक भेदों की व्यवस्था का सिद्धान्त नहीं था, किन्तु एकमात्र एक प्रकार की खाई थी जिसके अन्दर समस्त भेद नष्ट हो जाता था।"[4] चूंकि यह मत, जो जीवन को एक दुःखान्त परिहास बनाता है, आनुभविक जगत् के विषय में किए गए शंकर के अनेक कथनों को निरर्थक कर देता है और प्रत्येक निर्दोष व्याख्या के विधान के साथ प्रतिद्वन्द्विता करता है इसलिए हम यहां कुछेक विचारों को एकत्र कर सकते हैं जो जगत् के भ्रांतिमय स्वरूप के विरुद्ध व्यावहारिक रूप का समर्थन करते हैं।

अविद्या अपने-आप में जगत् का कारण नहीं हो सकती, क्योंकि यह सांख्य के 'प्रधान' के समान ही जड़ है। शंकर से जिन्होंने कि सांख्य के उक्त मत की समालोचना की है, यह आशा नहीं की जा सकती कि वे अविद्या से जगत् की रचना-सम्बन्धी सिद्धान्त का समर्थन करेंगे। हमें अपने मन में इस विषय पर भी ध्यान रखना होगा कि शंकर ने बौद्ध मत की कारण-कार्यसम्बन्धी श्रृंखला की भी समालोचना की है, जो अविद्या को लेकर ही चलती है। "अविद्या चैतन्यरूप विषयी की मानसिक कल्पित वस्तु है। बाहर कड़ी वाली कारणकार्य की श्रृंखला में यह सबसे प्रथम कड़ी है जिसे अन्त में जाकर मन और देह का

---

1. अस्य दैत्येन्द्रजालस्य यद् उपादानकारणम्।
अज्ञानं तदुपाश्रित्य ब्रह्म कारणमुच्यते॥

(अद्वैतसिद्धि, पृष्ठ 238)।

2. चित्तमूलो विकल्पोऽयं चित्ताभावे न कश्चन (विवेकचूड़ामणि, पृष्ठ 407)।

3. और भी देखें, सर्वसिद्धान्तसारसंग्रह, 12 : 17-19। दृष्टिसृष्टिवाद, जिसका मत है कि जगत् का अस्तित्व तभी है जब तक कि यह दृष्टिगोचर होता है, इसे ही योगवाशिष्ठ ने भी माना है :

मनोदृश्यमिदं सर्वं यत्किञ्चित् सचराचरम्।
मनसो ह्यन्मनीभावाद् द्वैतं नैवोपलभ्यते॥

समस्त चराचर जगत् मन का विषय है; इसके दमन से सारा द्वैत दिखाई देना बन्द हो जाता है। देखें, योगवाशिष्ठसार जीवन्मुक्ति-सम्बन्धी अध्याय। संक्षेपशारीरक से भी तुलना करें : "तव चित्तमात्मतमसा जनितं परिकल्पयत्यखिलम् एव जगत्।" नृसिंहतापनी उपनिषद्, "चिद्धीदं सर्वम्" (2 : 1, 7)।

तस्माद्विज्ञानम् एवास्ति न प्रपञ्चो न संसृतिः (लिंगपुराण, सांख्यप्रवचनभाष्य, 1 : 42, में उद्धृत)। ये ही वे हैं जो विज्ञानभिक्षु के इस कथन के औचित्य का समर्थन करते हैं : "एतेनाधुनिकानां वेदान्तिब्रुवानाम् अपि मतं विज्ञानवादतुल्ययोगक्षेमतया निरस्तम्" (सांख्यप्रवचनभाष्य, 1 : 43)।

4. 'एवोल्यूशन आफ रिलीजन', खण्ड 1, पृष्ठ 263। अन्य पाश्चात्य लेखकों की समालोचना के लिए देखें, कीर्तिकार : 'स्टडीज इन वेदान्त', अध्याय 2।

स्वतः सिद्ध पुंजरूप मान ही लेना होता है, निःसन्देह बिना इस विषय का प्रतिपादन किए कि ये एक दूसरे के साथ किस प्रकार संयुक्त होते हैं।"[1] शंकर इस सिद्धान्त को अस्वीकार कर देते हैं कि किसी का भी अस्तित्व नहीं है न प्रकृति का और न मन का, अर्थात् 'शून्यवाद'।[2] इसी प्रकार वे क्षणिकवाद को भी अस्वीकार करते हैं।[3] बौद्धधर्म के 'विज्ञानवाद' का खण्डन विचारशील विषयी के लिए जगत् की बाह्यता के प्रश्न पर निश्चयात्मक है। जीवन हमारी मानसिक वृत्तियों के ऊपर निर्भर नहीं करता। जब जगत् को ज्ञानस्वरूप कहा जाता है तो यह अध्यात्मज्ञान-सम्बन्धी सत्य का प्रतिपादन है। इसी प्रकार से शंकर जाग्रतावस्था के अनुभव को स्वप्नावस्था के अनुभव के स्तर पर गिरा देने के समस्त प्रयत्नों को भी अस्वीकार कर देते हैं।[4] वे यह नहीं मानते कि यह जगत् केवल अविद्या की उपज है। शंकर के दर्शन में अविद्या मात्र अधिकरणनिष्ठ शक्ति न रहकर एक विषयरूपी यथार्थता रखती है।[5] यह समस्त भौतिक संसार ('पृथिव्यादि प्रपंच') का कारण है जो सबके लिए एक समान 'सर्वसाधारण' है। अविद्या का स्वरूप विध्यात्मक है, यह एक विषयरूप शक्ति है जो अनादि है[6] और स्थूल तथा सूक्ष्म दोनों रूप में रहती है।[7] क्रियात्मक रूप में अविद्या, माया और प्रकृति सब एक हैं।[8]

शंकर तर्क करते हैं कि ब्रह्म की सर्वोपरि यथार्थता जगत् का आधार है। यदि ब्रह्म जगत् से सर्वथा भिन्न होता, यदि आत्मा जाग्रत अवस्था, स्वप्नावस्था तथा निद्रितावस्थाओं से भिन्न होती तब जगत् की यथार्थता अथवा तीनों अवस्थाओं का खण्डन हमें सत्य की प्राप्ति की ओर न ले जा सकता। उस अवस्था में हमें शून्यवाद को ही अपनाना होगा और समस्त शिक्षा को निष्प्रयोजन मानना होगा।[9] भ्रांतिरूप सांप की उत्पत्ति शून्य से नहीं होती और जब भ्रांति का सुधार हो जाता है तो यह भी नहीं होता कि वह शून्य हो जाता हो। भ्रांति का मूल तार्किक है, और मनोवैज्ञानिक है किन्तु आध्यात्मिक नहीं है। अनेकत्व रूप विश्व निर्णय की भूल के कारण है। भूल-सुधार का अर्थ है मतपरिवर्तन। रस्सी सांप के समान प्रतीत होती है और जब भ्रांति का अन्त हो जाता है तो भ्रांतिरूप सांप रस्सी के असली रूप में लौट आता है। इसी प्रकार आनुभविक जगत् का ब्रह्म के अन्तर्ज्ञान में रूप

---

1. शांकरभाष्य, 2 : 2, 19।
2. शांकरभाष्य, 2 : 2, 31।
3. शांकरभाष्य, 2 : 2, 18-21 और 26।
4. आधुनिक वेदान्ती इस प्रकार लिखते हैं मानो दोनों के बीच कोई भेद न हो। स्वयंप्रकाश अपनी लक्ष्मीधर के 'अद्वैत मकरन्द' पर की गई अपनी टीका में कहता है : जिस प्रकार स्वप्नजगत् मेरे अन्दर भ्रान्ति के द्वारा आगे बढ़ता है, इसी प्रकार जाग्रत मेरे अन्दर भ्रान्ति किया हुआ है।" देखें, 'पण्डित', अक्टूबर 1873, पृष्ठ 128।
5. एक प्रसिद्ध श्लोक में, जिसे 'सिद्धान्तरत्नमाला' में उद्धृत किया गया है, कहा गया है—"आत्मा, ईश्वर, विशुद्ध चैतन्य, प्रथम दो का परस्पर भेद अविद्या तथा इसका विशुद्ध चैतन्य के साथ सम्बन्ध—ये हमारे छः पदार्थ अनादि कहे गए हैं।"

जीव ईशो विशुद्धा चित् विभागश्च तयोर्द्वयोः।
अविद्या तच्चितोर्योगः षडस्माकमनादयः॥
अनादि भावरूपं यद् विज्ञानेन विलीयते।
तद्ज्ञानमिति प्राज्ञा लक्षणं सम्प्रचक्षते॥ (चित्सुखी, 1 : 13)।

7. आत्मन्यविद्या सानादिः स्थूलसूक्ष्मात्मना स्थिता (सर्वसिद्धान्तसारसंग्रह, 12 : 19)।
8. तुलना करें, लोकाचार्य : तत्त्वत्रय, पृष्ठ 48; चौखम्भा ग्रंथमाला आवृत्ति।
9. यदि हि व्यवस्थात्मविलक्षणं तुरीयम् अन्यत् तत्प्रतिपत्तिद्वाराभावात् शास्त्रोपदेशानार्थक्यं शून्यतापत्तिर्वा (माण्डूक्योपनिषद् पर शांकरभाष्य, 2 : 7)।

परिवर्तन हो जाता है। शंकर ने जगत् का निराकरण नहीं किया किन्तु उसकी नए सिरे से व्याख्या की है। जीवन्मुक्ति का विचार, क्रममुक्ति का विचार, योग्यताओं में परस्पर भेद, सत्य तथा भ्रांति में भेद, पुण्य तथा पाप में भेद,आनुभविक जगत् के द्वारा मोक्ष की प्राप्ति–ये सब इस विषय का संकेत करते हैं कि इन प्रतीतियों के अन्दर यथार्थसत्ता है। ब्रह्म जगत् के अन्दर है, यद्यपि वह जगत् का रूप नहीं है। यदि यह आनुभविक जगत् मायारूप होता और ब्रह्म से असम्बद्ध होता तो प्रेम, ज्ञान और त्यागभाव आदि हमें उन्नत जीवन के लिए तैयार न कर सकते। चूंकि शंकर के मत में हम पुण्य आचरण के द्वारा निरपेक्ष परब्रह्म का साक्षात्कार कर सकते हैं, इसका तात्पर्य स्पष्ट है कि वे इसके महत्त्व को भी स्वीकार करते हैं, जगत् अयथार्थ है, किन्तु मायारूप नहीं है। जीव केवल अभावात्मक वस्तु नहीं है क्योंकि केवल मिथ्यात्व के निराकरण से ही मोक्ष होता है और वह मिथ्यात्व आत्मा के स्वरूप के प्रतिकूल है। जैसा कि विद्यारण्य कहता है : "यदि समस्त जीवात्मा शून्य रूप होता तो मोक्ष से मनुष्यों का उपकार न होता।"

यदि ब्रह्म का अस्तित्व न होता तो न तो व्यावहारिक प्राणी ही होता और न भ्रांति ही होती। जैसा शंकर कहते हैं : "एक वन्ध्या स्त्री किसी बच्चे को जन्म नहीं दे सकती, न तो यथार्थ में और न भ्रांति में ही"[1] यदि जगत् को निराधार माना जाए, अर्थात् जिसका मूल यथार्थसत्ता के अन्दर नहीं है, अथवा इसकी उत्पत्ति असत् से है तब हमें यथार्थतामात्र का ही खण्डन करना पड़ेगा, यहां तक कि ब्रह्म की यथार्थता का भी।[2] जगत् का आधार (आस्पद) यथार्थ है क्योंकि "मृगतृष्णिका भी तो बिना आधार के नहीं होती"[3] उस प्रकार का स्वप्न जिसे ईश्वर बनाता है और जिसका तत्त्व ईश्वर है, स्वप्न हो ही नहीं सकता।[4] यदि हम इस जगत् के अन्दर प्रवेश पा सकते हैं तो इसका कारण यह है कि इस आनुभविक जगत में यथार्थसत्ता के चिह्न मिलते हैं। यदि दोनों परस्पर विरोधी हैं तो उन्हें आपस में यथार्थ तथा आभास के सम्बन्ध रखने वाले भी नहीं माना जा सकता। यह जगत् निरपेक्ष ब्रह्म नहीं है, यद्यपि उसके ऊपर आश्रित है। जिसका आधार तो यथार्थ हो किन्तु जो स्वयं यथार्थ न हो उसे यथार्थ का आभास अथवा व्यावहारिक रूप ही तो कहा जाएगा। यह जगत् ब्रह्म का अनिवार्य सत्य तो नहीं है किन्तु प्रतीतिरूप सत्य है और यही वह एक प्रकार है कि जिसमें हम इसे सीमित अनुभव के क्षेत्र में यथार्थ को प्रस्तुत करते हुए मानने को विवश हैं। किन्तु इस सबसे इस जगत् की क्रियात्मक यथार्थता के

---

1. गौडपाद की कारिका पर शांकरभाष्य, 1 : 6, और देखें, 3 : 28।

2. यदि ह्यसताम् एव जन्म स्याद् ब्रह्मणोऽसत्त्वप्रसंगः।

3. मृगतृष्णिकादयोऽपि निरास्पदा भवन्ति (भगवद्गीता पर शांकरभाष्य, 13 : 14)। और भी देखें, छान्दोग्य उपनिषद् पर शांकरभाष्य, 6 : 2, 3; माण्डूक्योपनिषद् पर, 1 : 7।

4. परवर्ती वेदान्त में स्वप्न के साथ जगत् की उपमा इतने अधिक विस्तृत रूप में दी गई है कि इसका विच्छेद होने लगता है। 'अद्वैतमकरन्द' कहता है : "इस अतिदीर्घ स्वप्न में, जो जगत् के रूप में है और जिसका विस्तार आत्मविषयक अज्ञान की महती निद्रा तक पहुंचा हुआ है, स्वर्ग तथा मोक्ष आदि की झांकियां भी चमक उठती हैं।"

आत्माज्ञानमहानिद्राजम्भितेऽस्मिन् जगन्मये।
दीर्घस्वप्ने स्फुरन्त्येते स्वर्गमोक्षादिविभ्रमाः॥ (18)

प्रश्न का ज़रा भी प्रतिपादन नहीं होता।[1]

मोक्ष के सम्बन्ध में जो शंकर का मत है वह जगत्-विषयक उक्त मत को पुष्ट करता है। वे बलपूर्वक कहते हैं कि मोक्ष का अर्थ जगत् का तिरोभाव नहीं है, क्योंकि यदि ऐसा होता तो जब मोक्ष की सबसे प्रथम प्राप्ति होती तभी जगत् को विलुप्त हो जाना चाहिए था। यदि मोक्ष में अनेकत्व का विलोप सम्मिलित हो तो इसका ज्ञान प्राप्त करने का उचित मार्ग विद्या से अविद्या को दूर करना नहीं किन्तु जगत् का ही विनाश है।[2] शंकर जीवन्मुक्ति (अर्थात् मोक्ष की उस अवस्था में जिसमें मुक्तात्मा जीवित रहता है) तथा विदेहमुक्ति (अर्थात् ऐसी मुक्ति में जिसमें कि मुक्त पुरुष देह त्याग कर देता है) में भेद करते हैं। देह की उपस्थिति से मोक्ष की अवस्था में कोई अन्तर नहीं आता, जो तात्त्विक रूप से ऐसी अवस्था है जिसमें शारीरिक बन्धन से मुक्ति मिल जाती है। अनेकत्व की विद्यमानता अथवा विनाश से मोक्ष की अवस्था का कोई सम्बन्ध नहीं है, किन्तु यदि द्वैतपरक विश्व हमें पथभ्रष्ट करना छोड़ दे तो मोक्ष की अवस्था प्राप्त हो सकती है। जीवन्मुक्त पुरुष के लिए यह प्रकट है कि द्वैतभावयुक्त जगत्, जिसमें उसका अपना शरीर भी समाविष्ट है, नष्ट नहीं होता; किन्तु इस विषय में उसका दृष्टिकोण सम्यक् रूप में आ जाता है। मोक्ष की अवस्था में द्वैतरूप जगत् का तिरोभाव नहीं होता, वरन् वह अन्य प्रकार के प्रकाश से प्रकाशित होता है। कामना से उत्पन्न अज्ञानता का भाव उक्त अवस्था में नहीं रह जाता, क्योंकि यह अज्ञानता ही है जिसके कारण उसके अभागे शिकार संसार की शृंखला में ऐसी वस्तु की खोज में व्यर्थ ही मारे-मारे फिरते हैं जो संसार में मिल नहीं सकती। आत्मा तथा ब्रह्म की एकता के सत्य का बोध हो जाने पर आत्माओं तथा उनके विषयों (प्रमेय पदार्थों) के स्वातन्त्र्य सम्बन्धी मिथ्या विचार तथा उनकी क्रियाओं का उच्छेद हो जाता है।[3] अविद्या को कल्पनामात्र न कहकर यथार्थता एवं आभास के मध्य भेद (विवेक) करने की शक्ति का अभाव समझना चाहिए। शंकर को इस प्रकट तथ्य के विरुद्ध तो कुछ कहना नहीं है कि हमें अपने विषय में ऐसा प्रतीत होता है कि हम ही जानने, अनुभव करने तथा इच्छा करनेवाले व्यक्ति हैं, किन्तु ऐसे तथ्यों के आधार पर निर्मित प्रकल्पना का वे निराकरण करते हैं कि परिमित शक्ति वाली आत्माएँ यथार्थ विषयी हैं और उन्हें जो होना चाहिए वही हैं। यथार्थ आभास को भी मान लेता है। आभासों का सम्बन्ध यथार्थसत्ता के साथ है। अद्वैतवाद जिस अनन्यत्व के सिद्धान्त का प्रतिपादन करता है उसके द्वारा प्रस्तुत सत्य यही है। रामानुज इसकी समीक्षा इस प्रकार से करता है : "यह निश्चित है कि जो लोग यह मानते हैं कि कार्य कारण से भिन्न नहीं होता, इस आधार पर कि कार्य

1. जो कुछ बर्कले एक अन्य प्रसंग में कहता है वह शंकर के विषय में भी ठीक लागू होता है : "इसलिए सूर्य, चन्द्र तथा तारों का क्या होता है? और फिर हम मकानों, नदियों, पर्वतों, वृक्षों, पत्थरों अपितु यहां तक कि अपने शरीरों के विषय में भी क्या समझें? क्या ये सब केवल किसी मनमौजी की कपोल क़ल्पनाएँ तथा भ्रांतियां हैं?...मेरा उत्तर यह है कि पूर्वकथित तथ्यों के सिद्धान्त के अनुसार इस प्रकृति के किसी भी एक पदार्थ से वंचित नहीं होते? हम जो कुछ देखते, स्पर्श करते, सुनते अथवा किसी भी प्रकार सोचते और समझते हैं वह बराबर सुरक्षित रहता है और सदा के लिए यथार्थ है। इस जगत् में एक प्राकृतिक अस्तित्व है और यथार्थसत्ताओं तथा कपोल-कल्पनाओं के मध्य का भेद अपनी पूरी शक्ति को स्थिर रखता है।" ('प्रिंसिपल्स आफ ह्यूमन नॉलेज', पृष्ठ 34)

2. शांकरभाष्य, 3 : 2, 21।

3. ब्रह्मात्मदर्शिनां प्रति समस्तस्य क्रियाकारकफललक्षणस्य व्यवहारस्याभावम् (शांकरभाष्य, 2 : 1, 14)।

अयथार्थ है, वे जिस अभेद की स्थापना के लिए प्रयत्न करते हैं, उसे सिद्ध नहीं कर सकते, क्योंकि सत्य रूप सत्ता तथा मिथ्यात्व के अन्दर कभी तादात्म्य नहीं हो सकता। क्योंकि यदि हो सके, जैसाकि वे मानते हैं, तो या तो ब्रह्म अयथार्थ होगा अथवा यह जगत् ही यथार्थ होगा।[1] अद्वैतवादी यह नहीं मानता कि समस्त परिवर्तनों से रहित ब्रह्म अपने यथार्थ रूप में तथा परिवर्तनशील जगत् एक हैं। और न ही उसका सुझाव यह है कि वह ब्रह्म जो परिवर्तनशील जगत् को धारण करता है स्वयं में भी वैसा ही अयथार्थ है जैसा कि जगत् अयथार्थ है। उसका मत है कि व्यावहारिक प्रतीतिरूप जगत् अयथार्थ है, अर्थात् ब्रह्म से भिन्न उसका यथार्थ अस्तित्व नहीं है। शंकर की व्याख्या में अनन्यत्व का तात्पर्य अभेद है अर्थात् ऐसी एक वस्तु जो अपने कारण से भिन्न है।[2] वाचस्पति अपनी भामती टीका में इसको इस प्रकार और अधिक स्पष्ट कर देता है कि अभेद तादात्म्य का पक्षपोषण नहीं करता किन्तु केवल भेदभाव का निराकरण करता है।[3] कारणकार्यभाव के प्रश्न पर विवाद करते हुए तथा इसके आध्यात्मिक सत्य, अर्थात् तादात्म्य, पर भी विचार करते हुए शंकर कहते हैं कि कार्य कारण के समान है किन्तु कारण कार्य के समान नहीं है।[4] जहां एक ओर 'एकत्व' में सब प्रकार के भेद तथा विलक्षणताएं आत्मसात् हो जाती हैं, अद्वैतवाद में सापेक्ष तथा निरपेक्ष के मध्य का अन्तर एक सर्वग्राही निश्चयात्मक घोषणा के द्वारा नष्ट हो जाता है। उपनिषद् के इस वाक्य की व्याख्या कि मिट्टी के रूपान्तरों के पीछे मिट्टी यथार्थ वस्तु है, शंकर के अनुसार इस सत्य की पुष्टि करता है कि यह जगत् तात्त्विकरूप में ब्रह्म है और ब्रह्म के ऊपर आश्रित है। जिस किसी स्थान पर वे कार्यों की यथार्थता का निराकरण करते हैं वहां वे अपने निराकरण में इस प्रकार की उपाधि का प्रयोग करते हैं, जैसे 'ब्रह्म से भिन्न' अथवा 'कारण से भिन्न',[5] वे कहीं भी यह नहीं कहते कि हमारा जीवन यौगिक अर्थों में एक स्वप्न है और यह कि हमारा ज्ञान एक मिथ्याभास है।

चूंकि शंकर एक मूर्तरूप परम वस्तु के विचार को अमान्य ठहराते हैं इसलिए यह समझा जाता है कि वे जगत् को भी निष्प्रयोजन कहकर उसका निराकरण करते हैं। शंकर द्वारा प्रतिपादित ब्रह्म, जिसके अतिरिक्त अन्य कोई सत्ता नहीं और न उसके अनाश्रित कुछ है, अमूर्तरूप एकत्व प्रतीत होता है, यह एक इस प्रकार की शेर की गुफा है जिसके अन्दर जो भी प्रविष्ट होता है वह खो जाता है। शंकर का मत है कि हम ब्रह्म तथा जगत् के मध्यवर्ती सम्बन्ध की तार्किक विधि से व्याख्या नहीं कर सकते। किन्तु उनका आग्रह उतना ही प्रबल है जितना कि एक मूर्त व्यापक की कल्पना के किसी समर्थक का हो सकता है, कि परम यथार्थसत्ता से पृथक् अन्य कुछ भी यथार्थ नहीं है। यद्यपि जगत् और ब्रह्म एक सम्पूर्ण इकाई में एक-दूसरे के पूरक अवयव नहीं माने गए हैं तो वे परमार्थरूप में परस्पर एक-दूसरे के प्रतिकूल भी नहीं हैं। और फिर भी बड़े-बड़े विद्वान् तुरन्त इस परिणाम पर

1. ब्रह्मसूत्र पर रामानुजभाष्य, 2 : 1, 15; 1, 19।

2. तद्व्यतिरेकेणाभावः (शांकरभाष्य, 2 : 1, 14)।

3. न खल्वनन्यत्वमित्यभेदं ब्रमः किन्तु भेदं व्यासेधाम (भामती, 2 : 1, 14)। उसी भाव में टीकाकार कहता है : "यह जगत् ब्रह्म के साथ तद्रूप नहीं है, केवल यह अपने अधिष्ठानरूप कारण से पृथक् अथवा स्वतन्त्र अस्तित्व नहीं रखता।" "कारणात् पृथक् सत्ताशून्यत्वं साध्यते न त्वैक्याभिप्रायेण।"

4. शांकरभाष्य, 2 : 1, 7।

5. ब्रह्मव्यतिरेकेण अथवा कारणव्यतिरेकेण (शांकरभाष्य, 2 : 2, 3; 2 : 1, 14, और गौडपाद की कारिका, 1 : 6)।

पहुंच जाते हैं।[1] शंकर का यह मत कि यथार्थता तथा आभास का सम्बन्ध हम परिमित शक्तिवालों के लिए एक समस्या रहेगा, विचार की महत्तर पूर्णता का परिणाम है। हम मानवीय ज्ञान को भ्रांतिरूप कहकर दूषित नहीं ठहरा सकते, यदि यह उस आवरण को जो समस्त परमार्थरूप क्रियाओं को ढके हुए है हटाने में समर्थ नहीं होता।

प्रश्न यह है कि क्या वे आभास जिनसे परे हम सत्यरूप यथार्थ के दर्शन करते हैं यथार्थसत्ता की वास्तविक अवस्थाएं हैं, भले ही वे एक उत्पन्न तथा गौणरूप सत्ता ही क्यों न हों, अथवा वे केवल ऐसे विचार हैं कि जिनसे मानव का सीमित मन सत्य स्वरूप यथार्थसत्ता का उसके अपने स्वरूप के अनुसार विचार बन सकता है? दूसरे शब्दों में, क्या सापेक्ष सत् मूलभूत यथार्थसत्ता का एक सत्य रूपान्तर है अथवा क्या यह मानव की सीमित बोधग्रहण शक्ति के द्वारा किया गया यथार्थ सत् का एक विपर्यास मात्र है? इनमें से प्रथम प्रकार का मत रामानुज का है जो हेगल की प्रकल्पना से मिलता है। अर्थात् जैसा कि हेगल मानता है कि यह सापेक्ष जगत् निरपेक्ष परब्रह्म की यथार्थ आत्माभिव्यक्ति है। स्पिनोज़ा के दर्शन का यह विचार इसी स्थिति को स्वीकार करता है।[2] दूसरे प्रकार का मत योगाचार सम्प्रदाय के अनुयायी बौद्ध लोगों का भी है जो, काण्ट के सदृश और अधिक पूर्णरूप में शोपनहावर के समान, व्यावहारिक जगत् को चैतन्य के अन्तर्गत एक विषयिनिष्ठ आभास के रूप में मानते हैं। और जिसे कि देशकाल तथा कारण कार्य-सम्बन्ध की श्रेणियों में आकृति का रूप दे दिया गया है। शंकर के दर्शन में ऐसे स्थल आए हैं जिनसे हमें ऐसा विचार मिलता है कि उनका झुकाव जगत् को प्रामाणिक यथार्थ सत्ता का मानव के द्वारा प्रस्तुत रूप ही मानने की ओर है, किन्तु अन्य ऐसे भी स्थल हैं जहां वे इस आनुभविक जगत् को विषयनिष्ठ रूप तथा सीमित व्यक्ति के अनाश्रित रूप में प्रतिपादन करने में भी प्रवृत्त होते हैं। शंकर की स्थिति को समझने के लिए अविद्या का माया के साथ क्या सम्बन्ध है इसे समझ लेना चाहिए।

33. माया और अविद्या

जब हम विषय पक्ष के दृष्टिकोण से समस्या का निरीक्षण करते हैं तो हम 'माया' शब्द का प्रयोग करते हैं किन्तु विषयी पक्ष की दृष्टि से निरीक्षण करने पर उसी वस्तु के लिए हम 'अविद्या' शब्द का व्यवहार करते हैं।[3] ठीक जिस प्रकार ब्रह्म और आत्मा एक हैं इसी प्रकार माया और अविद्या एक ही हैं। जो वस्तुतः एक है उसे अनेकरूप मानकर देखने

---

1. ड्यूसन की व्याख्या प्रसिद्ध है। मैक्समूलर कहता है : "ऐसे प्रत्येक व्यक्ति की दृष्टि में जिसने यथार्थ वेदान्त दर्शन के ढांचे को भली प्रकार से समझ लिया है, यह सर्वथा स्पष्ट है, जैसा कि मैंने भी यहां स्पष्ट करने का प्रयत्न किया है कि इसके अन्दर वस्तुतः मनोविज्ञान, अथवा विश्वविज्ञान किंवा नीतिशास्त्र के लिए भी कोई स्थान नहीं है" ('सिक्स सिस्टम्स आफ इंडियन फिलाफसी', पृष्ठ 170)।

2. पण्डित कोकिलेश्वरशास्त्री का कहना है कि शंकर का भी इसी प्रकार का मत है। देखें, उनकी पुस्तक : 'अद्वैत फिलासफी'।

3. "माया शब्द का व्यवहार हम तब करते हैं जब हमारी दृष्टि में इसकी असाधारण कार्यों को उत्पन्न करने की शक्ति रहती है तथा यह कर्ता की इच्छा के अधीन रहती है। दूसरी ओर अविद्या शब्द का व्यवहार तब करते हैं जब हमारे मन में इसकी आवरण कर लेने की शक्ति तथा स्वतन्त्रसत्ता का भाव रहता है" (विवरणप्रमेयसंग्रह, 1 : 1; 'इण्डियन थॉट', 1 : पृष्ठ 280)।

की जो मानवीय मस्तिष्क की प्रवृत्ति है यही अविद्या है और यह सब व्यक्तियों में एक समान पाई जाती है। क्योंकि जब शंकर अविद्या के विषय में कुछ कहते हैं तो उससे यह आशय नहीं होता कि वह किसी व्यक्ति विशेष की अविद्या है। यह एक व्यक्तित्वविहीन ऐसी शक्ति है जो हमारे व्यक्तिगत चैतन्यों के साथ संयुक्त हो जाती है यद्यपि यह उनसे ऊपर भी उठती है। क्योंकि ज्ञान सम्पादन का हमारा यन्त्र ऐसी वस्तुओं के सम्बन्ध में काम करता है जिनकी रचना पहले से हो चुकी है एवं जिनका हम प्रत्यक्ष ज्ञान तो प्राप्त करते हैं किन्तु जिनका निर्माण हम नहीं करते। इस जगत् को ईश्वर ने उस व्यवस्था के अनुसार बनाया है जिसका विवरण श्रुति में है और जिसे हम भी देखते हैं।[1] माया के दोनों ही रूप हैं अर्थात् विषयिनिष्ठ तथा विषयनिष्ठ एवं व्यक्तिगत तथा व्यापक। यह वह वस्तु है जिसके अन्दर से बुद्धि तथा विषयनिष्ठ जीवन के सोपाधिक रूप की उत्पत्ति होती है। यदि वह शक्ति जिसके कारण यह कृत्रिम जगत् अपने को यथार्थरूप में प्रस्तुत करता है, केवल विषयिनिष्ठ हो तो यह केवल कल्पनामात्र है और गम्भीरतापूर्वक विचार करने पर इसे जगत् का उपादान कारण नहीं माना जा सकता। उस अवस्था में यह कुछ-कुछ सांख्य की प्रकृति के समान होगी और ऐसी अवस्था में यह केवल वैयक्तिक अज्ञान का रूप नहीं हो सकती। व्यक्तिगत अविद्या तथा ब्रह्म की प्रकृति दोनों एकसाथ उत्पन्न होते हैं। इनमें से किसी एक का भी विचार दूसरे से पृथक् रूप में नहीं किया जा सकता और इस प्रकार अविद्या भी परमसत्ता के ऊपर आश्रित है।[2] लौकिक आत्मा तथा व्यावहारिक जगत् परस्पर निहित तथ्य हैं।[3] अविद्या और प्रकृति दोनों एक समान नित्य हैं और आनुभविक जगत् से सम्बद्ध हैं।[4] यथार्थता का देश, काल और कारणकार्य-सम्बन्धी रूप हमें अविद्या से ही मिला है और एक इस प्रकार के जगत् को हमारे आगे प्रस्तुत करने के प्रयोजन की अनुकूलता अविद्या में है। शंकर न तो मानसिकवाद में और न भौतिकवाद में ही फंसते हैं। हम यह नहीं कह सकते कि प्रकृति हमारे चैतन्य का गोचर विषय है और न यही कह सकते हैं कि भासमान आत्मा प्रकृति की उपज है। विषयनिष्ठ अनुभव की सम्भावना की अवस्थाएं तार्किक आत्मत्व अथवा आत्मचैतन्य की सम्भावना की भी अवस्थाएं हैं। हमारे मन इस प्रकार की भ्रामक विधि से क्यों काम करते हैं? अविद्या का अस्तित्व क्यों है? देश, काल और कारणकार्यभाव से युक्त जगत् क्यों उत्पन्न हुआ? माया का अस्तित्व क्यों है? इस प्रकार के सब प्रश्न उसी एक समस्या को वर्णन करने के भिन्न-भिन्न प्रकार हैं जिसका समाधान नहीं हो सकता। आत्मा ही, जो विशुद्ध ज्ञान है, किसी-न-किसी प्रकार से ह्रास को प्राप्त करके अविद्या के रूप में परिणत हो जाती है ठीक जिस प्रकार ब्रह्म जो कि विशुद्ध सत् है, पथभ्रष्ट होकर देश, काल तथा कारणकार्य-सम्बन्धी जगत् के रूप में प्रकट होता है। अविद्या के द्वारा ही हम विद्या तक पहुंचते हैं, ठीक जिस प्रकार इस व्यावहारिक के द्वारा ही हम ब्रह्म को प्राप्त करते हैं। तो फिर यह सार्वभौमिक और आद्य प्रतीयता अथवा विकार क्यों होता है, क्योंकि यही अधिक-से-अधिक है जो हम कह सकते हैं, किन्तु तो भी

1. श्रुतिदर्शितेन क्रमेण परमेश्वरेण सृष्टम् अज्ञातसत्तायुक्तमेव विश्वं तत्तद्विषयप्रमाणावतरणे तस्त तस्य दृष्टिसिद्धिः (सिद्धान्तलेश, 2)।

2. तुलना करें, काण्ट : तथा बर्गसां के इस मत से भी कि प्रकृति की भौतिकता हमारे चैतन्य की बुद्धिसम्पन्नता के साथ-साथ उत्पन्न होती है। बुद्धि तथा यह दृश्यमान जगत् एक साथ ही उत्पन्न हुए तथा एक-दूसरे के अन्दर ओतप्रोत हैं।

3. तुलना करें, विष्णुपुराण : अविद्या पंचपर्वैष प्रादुर्भूता महात्मनः (1 : 5, 5)।

4. अद्वैतसिद्धि, पृष्ठ 595।

हम मानते हैं कि न तो हमारे तार्किक मस्तिष्क और न यह जगत् जिसका बोध यह ग्रहण करता है, भ्रांतिमात्र हैं। प्रत्यक्ष ज्ञान का विषय दृष्टिभ्रम अथवा कल्पना मात्र नहीं है। अविद्या और माया एक ही मूलभूत अनुभवरूपी तथ्य के विषयिनिष्ठ तथा विषयनिष्ठ पक्ष को प्रस्तुत करती हैं। इसे अविद्या इसलिए कहते हैं क्योंकि ज्ञान के द्वारा इसका उच्छेद हो सकता है; किन्तु विषयनिष्ठ शृंखला माया कहलाती है, क्योंकि यह सर्वोपरि व्यक्तित्व के साथ-साथ नित्य स्थायी है। शंकर प्रलय अवस्था में भी इसके अस्तित्व को स्वीकार करते हैं। सर्वज्ञ ईश्वर में जो अपनी माया को नियन्त्रण में रखता है, अविद्या का अभाव है और यदि शंकर जहां-तहां एक भिन्न प्रकार की कल्पना को मान लेते हैं तो यह केवल आलंकारिक अर्थों में है और वह यह कि ईश्वर के अन्दर वह शक्ति है जो एक व्यक्ति के अन्दर अविद्या का नेतृत्व करती है। सांख्य के विचारक किसी ईश्वर के अस्तित्व को स्वीकार नहीं करते, किंतु व्यावहारिक जगत् की उत्पत्ति वे एक प्राक्कालीन अविद्या से बताते हैं, जो अनादि कही जाती है। अविद्या बुद्धि का एक गुण है और इसलिए उसका स्थान भी बुद्धि में होना चाहिए, और तर्क की दृष्टि से अविद्या के अनादि स्वरूप को बुद्धि में भी, जो इसका स्थान है, उसके कारण मानना चाहिए। इस प्रकार बुद्धि प्रकृति का ही एक व्यक्त रूप है और प्रकृति मूलभूत द्रव्य पदार्थ है। इस प्रकार अविद्या का विषयनिष्ठ होना सर्वथा सुरक्षित है। विवरण प्रमेय संग्रह में कहा गया है : "इसमें सन्देह नहीं कि अविद्या चैतन्य का एक दोष है, क्योंकि यह अद्वैतभाव के यथार्थ ज्ञान के मार्ग में बाधक है और द्वैत भाव को उत्पन्न करती है, किन्तु दूसरी ओर इसका उत्तम गुण भी है और वह यह कि यह एक उत्पादन कारण की सृष्टि करती है और इस प्रकार ब्रह्म की पहचान को सम्भव कर देती है।"[1] इससे पूर्व कि हम अनन्त तक पहुंच सकें, सान्तता का होना आवश्यक है।

शंकर ने तो अविद्या तथा माया शब्दों के प्रयोग में कोई विशेष भेद नहीं किया।[2] किन्तु परवर्ती अद्वैतवादी दोनों के मध्य भेद करते हैं। जहां एक ओर माया ईश्वर की

---

1. 'इण्डियन थॉट', खण्ड 2; पृष्ठ 177। तुलना करें, ईशोपनिषद् से जहां हमें अविद्या के द्वारा मृत्यु को पार करने को कहा गया है।

2. कर्नल जेकब माया तथा अविद्या को एक मानने के विरुद्ध है। देखें, वेदान्तसार, 5। अनेकत्वपूर्ण जगत् अविद्या की उपज है। सीमित मत के प्रधान रूप देश, काल तथा कारण की प्रतीतिरूप व्यावहारिक जगत् के आधार (आलम्बन) हैं। कहा जाता है कि अविद्या ही माया के नाम रूप को उत्पन्न करती है जिनके द्वारा व्यावहारिक जगत् की उत्पत्ति होती है। अविद्याप्रत्युपस्थापितनामरूपमायावेशवशेन (शांकरभाष्य, 2 : 2, 2)। कभी-कभी ऐसा कहा जाता है कि मूलप्रकृति माया है एवं इसके कार्य अर्थात् आवरण (छिपाना) तथा विक्षेप (आगे की ओर फेंकना) अविद्या है। अन्यों का मत है कि मूलप्रकृति विशुद्ध सत्त्वसमेत माया है और अशुद्ध सत्त्वरूप उपाधि से युक्त अविद्या है। विक्षेपशक्तिप्रधाना-मूलप्रकृति, अर्थात् मूलद्रव्य जिसमें विक्षेप की शक्ति का प्राधान्य है, माया है, किंवा आवरणशक्तिप्रधाना-मूलप्रकृति, अर्थात् मूलद्रव्य जिसमें आवरण की शक्ति का प्राधान्य है, अविद्या है। वेदान्त के कुछ ग्रन्थों में अविद्या को सत्त्व, रजस् तथा तमस्—इन तीनों गुणों से युक्त कहा गया है और इसे ईश्वर की उपाधि माना गया है। यह विचार सर्वथा सन्तोषजनक नहीं है। यदि ईश्वर में रजोगुण तथा तमोगुण भी हैं तो उसमें और जीव में भेद करना कठिन होगा। तुलना करें, स्कन्दपुराण से, जहां अविद्या को जीव का प्रतिबन्ध करने वाली आश्रित् वस्तु और माया को सर्वोपरि ब्रह्म का प्रतिबन्ध करनेवाली वस्तु कहा गया है, जिसके कारण वह ब्रह्मा, विष्णु और महेश्वर कहलाता है।

अविद्योपाधिको जीवो न मायोपाधिकः खलु।
मायाकार्यगुणच्छन्ना ब्रह्माविष्णुमहेश्वराः॥

उपाधि है दूसरी ओर अविद्या व्यक्ति की उपाधि है। विद्यारण्य के अनुसार, माया में ब्रह्म का प्रतिबिम्ब रूप, अर्थात् उस ब्रह्म में जो विशुद्ध सत्त्वगुण से युक्त है, ईश्वर है एवं अविद्या में ब्रह्म का प्रतिबिम्ब रूप, जिसमें रजोगुण तथा तमोगुण भी उपस्थित हैं, जीव अथवा जीवात्मा है।[1] शंकर का भी यही मत है क्योंकि वे कहते हैं : "जो सर्वोच्च ब्रह्म है वह विशुद्ध प्रतिबन्ध के साहचर्य से तब निम्न श्रेणी का ईश्वर बन जाता है जब कि कोई इसके विषय में विचार करता है।"[2] अविद्या से उत्पन्न ईश्वर की भी शक्तियां हैं। यह जगत् ईश्वर के स्वरूप की अभिव्यक्ति है; यह मनुष्य के तार्किक मस्तिष्क के ऊपर भी सापेक्षरूप से निर्भर है। जगत् की वस्तुएं दोनों ही प्रकार की हैं, अर्थात् दैवीय मस्तिष्क के विचार तथा मानवीय ज्ञान के प्रस्तुत विषय। ईश्वर को जगत् का निश्चित कारण कहा गया है[3] और तो भी यह जगत् जिसका ईश्वर की निजी आत्मा के साथ सम्बन्ध है अविद्या के द्वारा निर्मित भी कहा गया है।[4] ब्रह्म और माया विश्व के अन्दर विद्यमान हैं और जगत् के उपादान कारण हैं। दोनों ही एक सूत्र में आबद्ध हैं, एक यथार्थ और दूसरा विवर्त (आभास) रूप में इसके आश्रित हैं।

34. प्राकृतिक जगत्

शंकर यथार्थसत्ता का केवल वर्णन करके ही विश्राम नहीं लेते, किन्तु अपने सिद्धान्त के दृष्टिकोण से दृश्य जगत् के क्षेत्र की परीक्षा भी करते हैं तथा उस सत्य के विषय में, जो अपूर्ण विचारों के अन्दर पाया जाता है, नियमों का निर्धारण भी करते हैं एवं जैसे-जैसे सत्य के निकट पहुंचते हैं नानाविध दृश्यमान व्यापारों को एक व्यवस्था में क्रमबद्ध करते हैं। वे यह दर्शाने का प्रयत्न करते हैं कि किस प्रकार प्रत्येक दृश्यमान विषय यथार्थता के स्वरूप को व्यक्त करता है क्योंकि यथार्थसत्ता ही उसका आधार है। चूंकि अक्षय ब्रह्म सबके मूल में विद्यमान है इसलिए इस जगत् में निरन्तर उन्नत से उन्नत प्रकार की अभिव्यक्तियां अपने को प्रकट करती हैं।[5] "जिस प्रकार प्राणधारियों की शृंखला में जो ऊपर मनुष्य से लेकर नीचे घास की पत्ती तक में क्रमशः ज्ञान तथा शक्ति आदि गुण कम होते देखे जा सकते हैं, इसी प्रकार ऊपर की श्रेणी में भी नीचे की ओर मनुष्य से लेकर ऊपर हिरण्यगर्भ की ओर क्रमशः ज्ञान तथा शक्ति इत्यादि की बढ़ती हुई अभिव्यक्ति देखी जाती है।"[6] हम व्यावहारिक जगत् में इस प्रकार का भेद कर सकते हैं : (1) ईश्वर, जो कर्मों के फल

---

1. पंचदशी, 16-17।
2. शांकरभाष्य, छान्दोग्य उपनिषद् 3 : 14, 2। "विशुद्धोपाधिसम्बन्धात्।"
3. 1 : 1, 2।
4. तुलना करें, अविद्यात्मिका हि सा बीजशक्तिरव्यक्तशब्दनिर्देश्या परमेश्वराश्रया माया (शांकरभाष्य, 1 : 4, 3)। और भी देखें, शांकरभाष्य, 2 : 1, 14; 1 : 3, 19। अविद्यया मायया।
5. यद्यप्येक एव आत्मा सर्वभूतेषु स्थावरजंगमेषु गूढ़स्तथापि चित्तोपाधिविशेषतारतम्याद् आत्मनः कूटस्थनित्यस्यैकरूपस्याप्युत्तरोत्तरम् आविष्टस्य तारतम्यम् ऐश्वर्यशक्तिविशेषैः श्रूयते (शांकरभाष्य, 1 : 1, 11)।
6. शांकरभाष्य, 1 : 3, 30। यथा हि प्राणित्वाविशेषेऽपि मनुष्यादस्तिम्बपर्यन्तेषु ज्ञानैश्वर्यादिप्रतिबन्धाः परेण परेण भूयान् भवन् दृश्यते, तथा मनुष्यादिष्वेव हिरण्यगर्भपर्यन्तेषु ज्ञानैश्वर्याभिव्यक्तिरपि परेण परेण भूयसी भवति। और भी देखें, शांकरभाष्य, 1 : 1, 1।

का प्रदाता है; (2) प्रकृति का विस्तार, अर्थात् नामरूप प्रपंच जगत्, जो कर्मफल का रंगमंच है, और (3) जीवात्माओं का अनेकत्व, जो व्यक्तित्व के प्रतिबन्धों में विभक्त है और जो प्रत्येक नये जन्म में विगत जन्मों में किए गए कर्मों का फल भोगता है। जगत् का अनेकत्व दो भिन्न-भिन्न अवयवों से उत्पन्न होता है, अर्थात् फलों के उपभोक्ता तथा भोग्य विषयों से। इनमें से एक इस जगत् रूपी नाट्यशाला में नाटक के पात्र हैं और दूसरा रंगमंच है। इस भौतिक जगत् की संज्ञा है 'क्षेत्र', क्योंकि यह एक ऐसा वायुमण्डल है जहां कि जीवात्माएं कर्म एवं अपनी कामनाओं की पूर्ति कर सकती हैं तथा अपने पूर्वकर्मों के फलों का उपभोग भी कर सकती हैं।[1] यह जड़ (अंगहीन) प्रकृति है जिसमें पांच तत्त्व हैं। ऐन्द्रिक प्रकृति में शरीर आते हैं जिनके अन्दर आत्माएं तो तत्त्वों में समाविष्ट होकर वनस्पति, पशु, जगत्, मनुष्य तथा देवता आदि योनियों में भ्रमण करतीं तथा निवास करती हैं।[2] इस संसार रूप जगत् में प्राणियों के नानाविध संघ हैं जिनके जीवन के भी नानाविध प्रकार हैं तथा भिन्न-भिन्न लोक हैं जो प्राणियों के अपने-अपने अनुभव के अनुकूल होने से आवश्यक हैं। इन प्राणियों की एक श्रेणीबद्ध परम्परा है, जिसमें निम्नतम श्रेणी में वे प्राणी हैं जिनके पूर्वजन्म के कर्मानुभव अत्यन्त सीमित हैं और उन्नततम देवता हैं जो अतीन्द्रिय लोक के निवासी हैं।[3]

विश्व का विकास एक व्यवस्था-विशेष के अनुसार ही होता है।[4] प्रकृति से, जो अनात्म पदार्थनिष्ठता का तत्त्व है, पहले आकाश उत्पन्न होता है जो देश और प्रकृति का पूर्ववर्ती है। "सम्पूर्ण जगत् ईश्वर से निकला है, जिसमें आकाश सबसे पूर्व आया और उसके अनन्तर अन्य तत्त्व एक-दूसरे के पश्चात् उचित क्रम से आए।"[5] आकाश जो एक है, अनन्त है, लघु और सूक्ष्म है, क्रियारहित है तथा सर्वव्यापक है सबसे प्रथम उत्पन्न पदार्थ है।[6] इसका प्रयोग दोनों अर्थों में होता है अर्थात् देश और एक अत्यधिक सूक्ष्म प्रकृति के अर्थों में, जिसने समस्त देश को व्याप्त किया हुआ है। आकाश चाहे कितना ही सूक्ष्म द्रव्य क्यों न हो, तो भी यह है उसी श्रेणी का जिस श्रेणी के द्रव्य वायु, अग्नि, जल तथा पृथ्वी हैं। इस प्रकार शंकर बौद्धमत के विरुद्ध अपना मत प्रकट करते हैं कि आकाश एक अभावात्मक वस्तु है अर्थात् मात्र बाधाओं के अभाव का नाम है।[7] शंकर का मत है कि अभावात्मक परिणाम उसके भावात्मक स्वरूप का अन्त है।[8] आकाश से अन्य सूक्ष्म भूत ऊंचे चढ़ते हुए क्रम में उत्पन्न होते हैं।[9] उपनिषदों के विवरण का अनुसरण करते हुए[10] शंकर कहता है कि आकाश से वायु उत्पन्न होती है,

1. फलोपभोगार्थम्...सर्वप्राणिकर्मफलाश्रयः (शांकरभाष्य, मुण्डकोपनिषद्, 3 : 1, 1)।
2. वैदिक देवता भी विश्वसम्बन्धी प्रक्रिया में आते हैं (शांकरभाष्य, 1 : 2, 17; 1 : 3, 33)।
3. शांकरभाष्य, 1 : 3, 10; बृहदारण्यक उपनिषद् पर शांकरभाष्य, 1 : 4, 10।
4. शांकरभाष्य, 2 : 1, 24- 25।
5. शांकरभाष्य, 2 : 3, 7।
6. शांकरभाष्य, 1 : 1, 22; 1 : 3, 41। देखें, छान्दोग्य उपनिषद्, 3 : 14, 3; 8 : 14।
7. आवरणभाव (शांकरभाष्य, 2 : 2, 22)।
8. वस्तुभूतम्।
9. शांकरभाष्य, 2 : 3, 8-13।
10. तैत्तिरीय उपनिषद्, 2 : 1; छान्दोग्य, उपनिषद्, 6 : 2, 2-3।

वायु से अग्नि, अग्नि से जल और जल से पृथ्वी। चूंकि ये पांच तत्त्व अपेक्षाकृत अपने परिवर्तित रूपों में अधिक स्थायी हैं, जिन्हें आलंकारिक भाषा में अमर तथा अविनश्वर कहा जाता है।[1] आकाश का गुण है शब्द, वायु का गुण है संघात तथा दबाव, प्रकाश का गुण है उज्ज्वलता तथा उष्णता, जल का गुण है स्वाद अथवा रस और पृथ्वी का गुण है गन्ध। गुणों का तत्त्वों के साथ वही सम्बन्ध है जो बीज का पौधे के साथ है। 'शब्दतन्मात्रा', अथवा शब्द का सार, आकाश को जन्म देता है जो अपनी ओर से शब्द के बाह्यरूप को उत्पन्न करता है। तन्मात्रा अथवा सारतत्त्व के अन्दर तत्त्व तथा उसका गुण दोनों समाविष्ट रहते हैं। हम यह भी देख चुके हैं कि तत्त्वों के अन्दर श्रेणीबद्ध परम्परा पाई जाती है और वह सब आकाश तन्मात्रा के अन्तर्हित प्रतीत होते हैं। समस्त जगत् आकाश अथवा शब्द से उत्पन्न होता है।

स्थूल प्रकृति से निर्मित जगत्, अर्थात् महाभूत, इन नानाविध सूक्ष्म भूतों के संयुक्त रूपों से मिलकर बना है।[2] आकाश रूप स्थूल द्रव्य शब्द को व्यक्त करता है, वायु शब्द तथा दबाव को व्यक्त करती है, अग्नि इन दोनों को तथा इनके अतिरिक्त प्रकाश तथा उष्णता को व्यक्त करती है, जल में स्वाद (रस) के गुण हैं तथा साथ ही अन्य गुण भी हैं, इसी प्रकार पृथ्वी में अन्य द्रव्यों के भी गुण हैं और अपना विशेष गुण है गन्ध। प्रत्येक पदार्थ में शब्द, स्पर्श, रूप, रस और गन्ध के गुण हैं। जहां एक ओर प्रकृति के सूक्ष्म मूल तत्त्व हैं वे आकार जो सजातीय तथा निरन्तर रहनेवाले हैं तथा जिनकी रचनावृत्ति में कोई पारमाण्विकता नहीं है वहां दूसरी ओर स्थूल द्रव्य मिश्रित हैं यद्यपि उन्हें भी निरन्तर स्थायी तथा पारमाण्विक रचना से विहीन कहा गया है।[3] स्थूल तत्त्व परिवर्तनों (परिणामों) के द्वारा भिन्न-भिन्न प्रकार की वस्तुओं को उत्पन्न करते हैं। प्रकृति निरन्तर अवस्था के परिवर्तन में से होकर गुज़र रही है। परिवर्तन बाहर से भी आ सकते हैं। शंकर ने एक विश्वात्मक स्पन्दनरूप गति का वर्णन किया है।[4] यह सब तत्त्व अचेतन हैं और स्वयं अपना विकास नहीं कर सकते। इन सबके अन्दर ईश्वर की अन्तर्यामिता कल्पित है।[5] यदि भिन्न-भिन्न तत्त्वों की क्रियाओं का कारण भिन्न-भिन्न वैदिक देवता कहे जाते हैं तो उससे कुछ अन्तर नहीं पड़ता, क्योंकि देवता भी ईश्वर ही के व्यापारों के प्रतीक रूप हैं।

प्रलय में सृष्टिरचना की व्यवस्था सर्वथा विपरीत दिशा में होती है।[6] अर्थात्,

---

1. छान्दोग्य उपनिषद्, 4 : 3, 1; बृहदारण्यक उपनिषद्, 1 : 5, 22।

2. प्रत्येक स्थूल पदार्थ में सब पांचों सूक्ष्म तत्त्व पाए जाते हैं, यद्यपि भिन्न-भिन्न अनुपातों में। पांचों सूक्ष्म तत्त्वों को जगत् के स्थूल द्रव्यों में संयुक्त करने को पंचीकरण कहते हैं। शंकर उस पंचीकरण का उल्लेख नहीं करते जो परवर्ती वेदान्त में आकर अधिक महत्त्वपूर्ण हो गया है। देखें, 'वेदान्तसार'। वे त्रिवृत्करण के विचार को मानता है, अर्थात् तीन तत्त्वों का संयुक्तरूप। यही मत वाचस्पति का भी है।

3. अद्वैत वेदान्त में अणु प्रकृति का अन्तिम आविभाज्य तथा अमूर्त घटक नहीं है। किन्तु यह प्रकृति का वह लघुत्तम परिमाण (मात्रा) है जिसकी कल्पना हम कर सकते हैं।

4. सर्वलोकपरिस्पन्दनम्।

5. परमेश्वर एव तेन तेनात्मनाऽवतिष्ठमानोऽभिध्यायन् स तं तं विकारं सृजति (शांकरभाष्य, 2 : 3, 13)। रामानुज का मत है कि ईश्वर का संकल्प प्रत्येक परिवर्तन के समय आवश्यक नहीं है। यह केवल एक ही बार आकाश के उत्पन्न होने से पूर्व रहता है।

6. देखें, शांकरभाष्य, 2 : 3, 14। तुलना करें, ड्यूसन : "इस प्रकार का मत सम्भवतः क्रमिक विकास की शिक्षा की वैज्ञानिक प्रेरणा के ऊपर तथा तत्त्वों के विलय के विषय पर भी कुछ प्रकाश डाल सके, जिसके विषय में हमें और कुछ ज्ञान नहीं है। इस प्रकार का पर्यवेक्षण कि ठोस पदार्थ जल में घुल जाते हैं एवं जल→

प्रलयावस्था में पृथ्वी पुनः जल में परिणत हो जाती है; जल अग्नि में, अग्नि वायु में तथा वायु आकाश में और आकाश पुनः ईश्वर के रूप में परिणत हो जाता है।

मानसिक इन्द्रियों जैसे मन (अन्तःकरण) आदि की कल्पना शंकर ने भौतिक तत्त्वों के स्वभाव के सदृश ही की है। मानव देह का संगठन अन्य वस्तुओं के समान पृथ्वी, जल तथा अग्नि इन तीन तत्त्वों से मिलकर बना है।[1] मन अथवा अन्तःकरण, प्राण अथवा जीवनप्रद वायु तथा वाणी क्रमशः पृथ्वी, जल और अग्नि की अनुकूलता में हैं।[2] शंकर इस विषय से अभिज्ञ हैं कि वे कभी-कभी भौतिक तत्त्वों से प्रकार में भिन्न माने जाते हैं तथा एक-दूसरे के आगे और पीछे उत्पन्न होते हैं। हर हालत में वे तथा तत्त्व भी अपने-आप में निर्जीव हैं और लक्ष्य के प्रति साधनमात्र के रूप में ही उत्पन्न होते हैं। इन्द्रियविहीन प्रकृति परार्थ है, अर्थात् एक ऐसे प्रयोजन को सिद्ध करती है जो इससे परे है।[3] इन्द्रियविहीन जगत् में स्वभाव की समानता है।[4]

जब हम ऐन्द्रिय प्रकृति की ओर आते हैं तो एक नया सिद्धान्त (नियम) हमारे सामने प्रस्तुत होता है, अर्थात् जीवन की ऐसी शक्ति जो कुछेक वस्तुओं में अन्तर्निहित है। यह वह शक्ति है जिसके द्वारा वे महत्तर पूर्णता को प्राप्त करने योग्य होती हैं और ऐसी शक्ति जो लक्ष्य को प्राप्त करा सकती है। एक पत्थर में जीवन नहीं है क्योंकि इसमें पूर्णताप्राप्ति के प्रति प्रवृत्ति नहीं है और न आन्तरिक झुकाव अथवा ऐसी शक्ति है जिससे यह अपने को एक खम्भे या मूर्ति के रूप में परिवर्तित कर सके। किन्तु एक पौधे में जीवन है। यदि अनुकूल अवस्थाओं में उसे रखा जाए तो उसमें बढ़ने की शक्ति है तथा पत्ती, मंजरी, फूल और फल उत्पन्न करने की भी शक्ति है। इसके अतिरिक्त पशु में पौधे की अपेक्षा अधिक पूर्णजीवन व्यतीत करने की योग्यता है। वह देखता है, सुनता है, अनुभव करता है और कुछ-कुछ यह भी जानता है कि वह क्या कर रहा है। वह अनुकूल अवस्थाओं में फलता-फूलता हो इतना ही नहीं, वरन् वह अनुकूल अवस्थाओं को ढूंढने के लिए बाहर भी जाता है। वह एक उद्देश्य को लेकर गति भी करता है किन्तु पौधा गति नहीं करता। मनुष्यरूप प्राणी एक और ऊंचा जीवन व्यतीत करता है। वह, जिसे शंकर व्युत्पन्नचित्त के नाम से कहते हैं, उसमें चिन्तन की शक्ति, बोध-शक्ति तथा संकल्प शक्ति है। उसमें पौधे की-सी बढ़ने की शक्ति है, पशु जैसी गति करने तथा इन्द्रियों द्वारा ज्ञान करने की शक्ति है तथा इससे बढ़कर आवरण के पीछे भी देखने की शक्ति है, नित्य तथा अनित्य में भेद करने, तथा पुण्य-पाप में पहचान करने की शक्ति है। ऐसे मनुष्य जो अपनी महत्त्वाकांक्षाओं को सिद्ध कर लेते हैं, देवता हैं। इस प्रकार ऐन्द्रिय प्रकृति के अन्दर हमें प्राणियों के चार विभाग मिलते हैं—देवता, मनुष्य, पशु तथा पौधे।[5] उपनिषदों की भावना में ही शंकर स्वीकार करते हैं कि पौधे भोग-

→ उष्णता पाकर वाष्प के रूप में परिणत हो जाता है और यह कि अग्नि की लपटें वायु के अन्दर विलीन हो जाती हैं और वायु ऊंचाई के अनुसार अधिकाधिक रूप में सूक्ष्म होता हुआ रिक्त आकाश देश में विलीन हो जाता है, हमें जगत् की क्रमिक प्रलय प्रक्रिया का मार्गदर्शन करा सके और इसके विपरीत क्रम से जगत् की उत्पत्ति का भी दिग्दर्शन करा सके, यह सम्भव है।''

'ड्यूसन्स सिस्टम आफ दि वेदान्त', अंग्रेज़ी अनुवाद, पृष्ठ 237)।

1. छान्दोग्य उपनिषद्, 6 : 2, 2-3।
2. शांकरभाष्य, 2 : 4, 20; 3 : 1, 2।
3. भगवद्गीता पर शांकरभाष्य, 13 : 22।
4. शांकरभाष्य, तैत्तिरीय उपनिषद्, 2 : 8।
5. शांकरभाष्य, 3 : 1, 24।

योनि हैं और उनके अन्दर जीवात्मा भी है[1] जो उन पौधों में अपने पूर्वजन्म के दुष्ट कर्मों के कारण गए हैं। यद्यपि वे सुख-दुःख का पूरा ज्ञान रखने के योग्य नहीं हैं तो भी वे पूर्वजन्म के कर्मों का प्रायश्चित्त करते कहे जाते हैं, क्योंकि शंकर ने साधारणतः शरीरधारी जीवात्माओं के तीन विभाग किए हैं, अर्थात् देवता जो अनन्त सुखोपभोग की अवस्था में है, दूसरे मनुष्य जिनके भाग्य में सुख और दुःख दोनों का मिश्रण है, तथा तीसरे पशु जिनके भाग्य में अनन्त दुःख है।[2] अपने शरीरीरूप में जीवात्माएं प्राणों तथा सूक्ष्म शरीरों के संग रहते हैं और जब तक उन्हें मोक्ष की प्राप्ति नहीं होती ये शरीर उनके साथ लगे रहते हैं। जीवात्माओं का निकास ब्रह्म से उसी प्रकार का बताया जाता है जैसा कि अग्नि से स्फुलिंग (चिनगारियां) निकलते हैं। भेद केवल इतना है कि जीवात्मा तो फिर से ब्रह्म में समा जाते हैं किन्तु स्फुलिंग अग्नि में वापस नहीं लौटते।[3]

35. जीवात्मा

वेदान्त का लक्ष्य मानवीय आत्मा के विश्लेषण से एकमात्र निरपेक्ष परब्रह्म की यथार्थता की ओर ले जाना है। वेदान्त के वाक्य में यह दो प्रकार का प्रयोग पाया जाता है।[4] जीवात्मा के अन्दर स्मृतियों, साहचर्य सम्बन्धों, इच्छाओं और अरुचियों तथा आदरातिशयों और प्रयोजन की संगठित व्यवस्था पाई जाती है। यद्यपि एक ही दृष्टि में हमारे लिए इस समस्त संगठित व्यवस्था को समझ लेना सम्भव नहीं हो सकता तो भी इसका सामान्य रचनाक्रम तथा प्रधान तत्त्व तो हमारे निरीक्षण के लिए खुला ही है। यह संगठित-व्यवस्था विज्ञानात्मा है जिसमें परिवर्तन सम्भव है किन्तु परमात्मा सब प्रकार के परिवर्तन से मुक्त है।[5] तात्त्विक रूप में जीव को आत्मा के समान कहा गया है। वह तू है।[6] "और इस प्रकार की आपत्ति में कि विरुद्ध गुण रखने वाली वस्तुएं एक नहीं हो सकतीं कोई बल नहीं है; क्योंकि गुणों की प्रतिकूलता को असत्य सिद्ध किया जा सकता है।"[7] शंकर सावधानीपूर्वक उस आत्मा में जो समस्त अनुभव में उपलक्षित होती है तथा उस आत्मा में जो अन्तर्दृष्टि के द्वारा जाना गया एक निश्चित तथ्य है, एवं आध्यात्मिक विषयी 'मैं' तथा मनोवैज्ञानिक विषयी 'मुझको' में भेद करते हैं। अहम्प्रत्यय का विषय विशुद्ध आत्मा नहीं है, जो साक्षी है, वरन् वह है जो क्रियाशील कर्ता तथा फलोपभोग करनेवाला जीवात्मा है, जिसमें विषयनिष्ठ गुणों का समावेश है ऐसी आत्मा विषय है। जब मनोविज्ञानवेत्ता आत्मा के विषय में कथन करते हैं तब वे इसे अन्तर्दृष्टि का विषय मानकर उक्त शब्द का व्यवहार करते हैं जबकि आत्मा विशुद्ध रूप में ज्ञान

---

1. शांकरभाष्य, 3 : 1, 24।
2. शांकरभाष्य, 2 : 1, 34।
3. मुण्डकोपनिषद्, 2 : 1, 1; कौषीतकी, 3 : 3, 4, 20; बृहदारण्यक, 2 : 1, 20। देखें, शांकरभाष्य, 3 : 1, 20-21; ऐतरेय उपनिषद्, 3 : 3। और भी देखें, छान्दोग्य उपनिषद्, 6 : 2, 2।
4. शांकरभाष्य, 2 : 3, 25।
5. शांकरभाष्य, 1 : 3, 24। तुलना करें, कठोपनिषद्, 3 : 1; मुण्डक, 3 : 1, 1। श्वेताश्वतर उपनिषद्, 4 : 6, 7।
6. तुलना करें, इसके साथ 'क्वेकर्स' ('सोसायटी आफ फ्रेंड्स' के सदस्यगण) के प्रसिद्ध सिद्धान्त की, जिसके अनुसार प्रत्येक मनुष्य की अन्तरात्मा में एक आन्तरिक प्रकाश रहता है, एक ऐसी ज्योति, जिसके द्वारा समस्त रूढ़ियों तथा सिद्धान्तों का निर्णय करना होता है।
7. शांकरभाष्य, 4 : 1, 3।

का सम्पादन करती है,[1] हमारी आत्मचेतना एक क्रियाशील चेतना है जो किसी उद्देश्य को प्राप्त करने का प्रयास करती है। क्रियाशीलता का भाव हममें से प्रत्येक के लिए हमारा निकटतम अनुभव है। यह लौकिक आत्मा सब क्रियाओं का कर्ता है।[2] यदि कर्तृत्व ही आत्मा का तात्त्विक रूप होता तो उससे कभी मुक्ति न मिल सकती, ठीक जैसे कि उष्णता आग से कभी अलग नहीं हो सकती और जब तक मनुष्य अपने को कर्तृत्व से मुक्त नहीं कर लेता तब तक वह अपने उच्चतम लक्ष्य को प्राप्त करने में असफल ही रहता है, क्योंकि कर्तृत्व अनिवार्य रूप से दुःखद है। "आत्मा का कर्तृत्व केवल ऐसे गुणों की उपाधियों के ही आश्रित है जो इसके साथ लगी हुई है किन्तु इसके अपने स्वरूप के ऊपर आश्रित नहीं है।"[3] जीवात्मा तात्त्विक रूप में एक कर्ता है अन्यथा वैदिक विधि-विधान आदि सब निष्प्रयोजन हो जाएंगे। उपनिषदों में ऐसे अनेक वाक्य पाए जाते हैं जिनमें आत्मा को कर्ता बताया गया है।[4] वस्तुतः कर्तृत्व विज्ञान अथवा बोध के उपाधि अथवा प्रतिबन्ध में रहता है। जीव विषयि-विषय, आत्मा तथा अनात्म, यथार्थता और प्रतीति (आभास) है। यह विषय के प्रतिबन्ध अथवा व्यक्तित्व से युक्त है।[5] यह आत्मा अज्ञान के साहचर्य से युक्त है। इमर्सन की भाषा में "प्रत्येक मनुष्य ईश्वर है जो मूर्खता का अभिनय करता है।"[6] अविद्या अथवा तार्किक ज्ञान लौकिक आत्मा के व्यक्तित्व का भाव उत्पन्न करता है और यह "धोखा देना तथा धोखा खाने के समान है।" जीवात्मा का विशेष लक्षण इसका सम्बन्ध बुद्धि अथवा बोधग्रहण के साथ है और यह तब बना रहता है जब कि संसार की अवस्था सत्यज्ञान के द्वारा समाप्त नहीं हो जाती।[7] मृत्यु के पश्चात् भी आत्मा का बुद्धि के साथ सम्बन्ध बना रहता है। यह केवल मुक्ति प्राप्त होने पर ही टूट सकता है। सुषुप्ति की अवस्था तथा मृत्यु में यह सम्बन्ध सम्भाव्यता की अवस्था में गुप्त रहता है एवं जागने पर तथा पुनर्जन्म की अवस्थाओं में क्रमशः यह वास्तविक अवस्था में आ जाता

---

1. शांकरभाष्य, 2 : 3, 40।

2. शांकरभाष्य, 1 : 1, 4।

3. शांकरभाष्य, 2 : 3, 40। तस्माद् उपाधिधर्माध्यासेनैवात्मनः कर्तृत्वं न स्वाभाविकम्। और भी देखें, शांकरभाष्य काठ उपनिषद् पर, 3 : 4।

अद्वैत और सांख्य दोनों ही आत्मा अथवा पुरुष को कर्ता के कर्मों से निरुपाधिक मानते हैं। जिस समय यह व्यक्तित्व के प्रतिबन्धों से मुक्त समझी जाती है तो कर्ता है। इस प्रकार का सम्भ्रम अथवा अभेद वेदान्त के अनुसार अविद्याकृत है और सांख्य के अनुसार प्रकृति के कारण है।

4. बृहदारण्यक उपनिषद्, 4 : 3, 12; तैत्तिरीय, 3 : 5। और भी देखें, शांकरभाष्य, 2 : 3, 33।

5. शांकरभाष्य, 2 : 3, 40।

6. सुरेश्वर जीव की तुलना एक ऐसे राजकुमार के साथ करता है जिसे कोई गड़रिया उठा ले जाए और उसका लालन-पालन ग्रामीण जनता के मध्य हो। जिस समय उसे अपने राजकुलोत्पन्न होने का पता चलता है तो वह अपने गाय चराने के व्यवसाय को त्याग अपने राजसी स्वभाव को जान जाता है।

राजसूनोः स्मृतिप्राप्तौ व्याधभावो निवर्तते।
यथैवम् आत्मनोऽज्ञस्य तत्त्वमस्यादिवाक्यतः॥ (सिद्धान्तलेशसंग्रह)।

और भी देखें, शांकरभाष्य बृहदारण्यक उपनिषद्, 2 : 1, 20; बृहदारण्यक उपनिषद् पर सुरेश्वर का वार्त्तिक, 2 : 1, 507-516।

7. शांकरभाष्य, 2 : 3, 20।

है। यदि हम इसका गुप्त रूप में निरन्तर बना रहना न मानें तो कारणकार्य का विधान भंग होता है क्योंकि बिना प्रस्तुत कारण के कोई वस्तु उत्पन्न नहीं हो सकती।[1]

मनोदैहिक संगठन में ऐन्द्रिक शरीर,[2] जो स्थूल तत्त्वों से बना है और जिसे मृत्यु के समय मनुष्य उतार फेंकता है, प्राण[3] और सूक्ष्म शरीर,[4] जो ऐसे तत्त्वों के सूक्ष्म अवयवों से बने हैं जो शरीर के बीज को बनाते हैं,[5] ये सब सम्मिलित हैं। सूक्ष्म शरीर[6] में 17 तत्त्व हैं अर्थात् पांच ज्ञानेन्द्रियां, पांच कर्मेन्द्रियां, पंच प्राण, मन और बुद्धि[7]। यह सूक्ष्म शरीर भौतिक होते हुए भी पारदर्शक भी है और इस प्रकार जब जीवात्मा भौतिक देह को छोड़कर परलोक के लिए प्रस्थान करता है तो यह दिखाई नहीं देता। किन्तु सूक्ष्म शरीर और पंचप्राण मोक्षप्राप्तिपर्यन्त आत्मा के स्थायी अवयवों के रूप में बने रहते हैं। कर्माश्रय रूप अवयव परिवर्तन होता रहता है और यही जीवात्मा के संग प्रत्येक नये जीवन में जाता है तथा एकदम ऐसे नये रूप का निर्माण करता है जो पूर्वजन्म में नहीं था।[8] व्यक्तित्व का आधार आत्मा में अथवा उपाधि में भी नहीं है किन्तु नैतिक निर्णय में है और यह ज्ञान (विद्या), कर्मों तथा प्रज्ञा (अनुभव) का मिश्रण है।[9] जीवधारक शक्तियां निरन्तर बनी रहती हैं, जैसे कि सूक्ष्म शरीर जो उन्हें अपने साथ में ले जाता है और तब तक रहती हैं जब तक कि संसार विद्यमान है और आत्मा के साथ लगी हुई जाती हैं, यहां तक कि यदि आत्मा एक पौधे में प्रवेश करे तब भी ये साथ रहती हैं, यद्यपि उस अवस्था में अन्तःकरण और इन्द्रियां स्वभावतः अपने को व्यक्त नहीं करतीं। चूंकि संसार अनादि है इसलिए आत्मा का अनादि काल से इन पंच प्राणों के यन्त्रपुंज से सुसज्जित रहना अत्यन्त आवश्यक है। एक तीसरा कारण-शरीर भी कहीं-कहीं अनादि तथा अनिर्वचनीय अविद्या के समान निर्देश किया गया है। कारण-आत्मा एक अपेक्षाकृत स्थायी मानवीय आत्मा है जो एक के बाद दूसरे सब पुनर्जन्मों में कर्मविधान के निर्णय के अनुसार विद्यमान रहता है। मनोवैज्ञानिक संगठन का उक्त विवरण सर्वथा सांख्य के विवरण के समान है, भेद केवल पांच जीवधारक शक्तियों के सम्बन्ध में है।

पांचों ज्ञानेन्द्रियां, पांचों कर्मेन्द्रियां और मन—ये सब उत्पन्न होने वाले पदार्थ हैं,[10]

---

1. यह कहा गया है कि बुद्धि से युक्त आत्माएं उस अवस्था में जब कि सम्बन्ध गुप्त रहता है, ईश्वर के अन्दर रहती हैं यद्यपि ऐसा भी कहा गया है कि मृत्यु के उपरान्त तथा सुषुप्ति अवस्था में जीवात्माएं स्वयं ब्रह्म के अन्दर प्रवेश कर जाती हैं (छान्दोग्य उपनिषद्, 6 : 8; शांकरभाष्य, 2 : 3, 31)।

2. देह, स्थूल शरीर, अन्नमयकोश।

3. जीवन में इन्द्रियां दो प्रकार की हैं। एक वे जो चेतनावस्था की अर्थात् पांच ज्ञानेन्द्रियां (बुद्धीन्द्रियाणि), पांच कर्मेन्द्रियां और मन, जो ज्ञान तथा कर्म दोनों का नियन्त्रण रखता है, तथा अचेतनावस्था की इन्द्रियां। मुख्य प्राण, जो जीवन का प्रधान श्वासनिःश्वास है, पांच भिन्न-भिन्न प्राणों में विभक्त हैं, जो श्वास-प्रश्वास की क्रिया तथा पोषण आदि भिन्न-भिन्न व्यापारों में सहायक होते हैं। इसका आकार सीमित होने पर भी यह अदृश्य है। शांकरभाष्य, 1 : 4, 13)।

4. सूक्ष्म शरीर, लिंग शरीर, भूताश्रय।

5. देहबीजानि भूतसूक्ष्माने।

6. यह सांख्य के लिंग शरीर से अनुकूलता रखता है।

7. कर्तृत्वभोक्तृत्वविशिष्टजीवो मनोमयादिपंचकोशविशिष्टः।

इसके अवयवों का निर्धारण यान्त्रिक कारणकार्य भाव के द्वारा किया जाता है। देखो, शांकर भाष्य, बृहदारण्यक उपनिषद, 1, 4, 17।

8. शांकरभाष्य, 2 : 4, 8-12; ड्यूसन्स सिस्टम आफ दि वेदान्त', पृष्ठ, 325-6।

9. देखो, बृहदारण्यक उपनिषद्, 4 : 4, 2।

10. शांकरभाष्य, 2 : 4, 1-4।

एवं सूक्ष्म अथवा अणु तथा सीमित (परिच्छिन्न) हैं। वे अणु के आकार के (परमाणुतुल्य) नहीं हैं क्योंकि उस अवस्था में उनका समस्त देह में व्याप्त रहना कठिनता से समझ में आ सकेगा। उन्हें सूक्ष्मतर माना गया है क्योंकि यदि वे स्थूल होते तो मृत्यु के समय निकलते हुए दिखाई दे सकते। वे आकार में परिमित हैं, अपरिमति नहीं, क्योंकि यदि अन्न रहित होते तो उनका निकलना, गति करना अथवा वापस लौटना सम्भव न हो सकता। इस समस्त विवरण में शंकर की दृष्टि इन्द्रियों के व्यापारों की ओर है किन्तु उनके भौतिक प्रतिरूपों की ओर नहीं है। इन्द्रियां सर्वव्यापी नहीं हैं किन्तु समस्त देह के विस्तार क्षेत्र में उनकी पहुंच अवश्य है जिसके अन्दर वे व्यापार करती हैं।[1] अनेकों इन्द्रियां सदा की भांति भिन्न-भिन्न तत्त्वों से बनी हैं[2] और कहा जाता है कि वही देवता जो तत्त्वों का नियन्त्रण करते हैं इन इन्द्रियों का भी नियन्त्रण करते हैं। मुख्य प्राण जीवन को धारण करने वाला तथा उसमें जीवन डालने वाला तत्त्व है। यहां तक कि मनोवैज्ञानिक यन्त्रपुंज भी इसके आश्रित है। इन्द्रियों को भी मुख्य प्राण से ही सहारा मिलता है और इस प्रकार उन्हें भी प्राण कहा गया है।[3] उपाधियों के द्वारा आवृत आत्मा जीव है, जो कर्त्ता भी है और फलों का उपभोग करने वाला भी है। किन्तु सर्वोच्च आत्मा उक्त दोनों अवस्थाओं से मुक्त है।[4]

जीव शरीर तथा इन्द्रियों के ऊपर शासन करता है और कर्मों के फलों से भी उसी का सम्बन्ध है। चूंकि इसका सार तत्त्व आत्मा है इसे विभु अथवा व्यापक कहा गया है, अणु अर्थात् परमाणु के आकार का नहीं। यदि यह अणु होता तो शरीर के सब भागों से आने वाले संवेदनों का यह अनुभव न कर सकता।[5]

> वे लोग जिनका मत है कि आत्मा अणु है तर्क करते हैं कि अनन्त आत्मा गति नहीं कर सकती जबकि वह एक शरीर को छोड़कर दूसरे शरीर में जाती हुई देखी जाती है। शंकर के अनुसार, यह वाक्य आत्मा के सम्बन्ध में नहीं है किन्तु उसके प्रतिबन्धों के विषय में है[6] इस प्रकार की आपत्ति का कि यदि आत्मा को अणु माना जाए तो यह शरीर में केवल एक ही स्थान पर रहेगा और इस प्रकार सारे शरीर में व्यापक न हो सकेगा, इस दृष्टान्त से निराकरण किया गया है कि जिस प्रकार चन्दन की लकड़ी का एक टुकड़ा सारे शरीर में नवीन चेतना उत्पन्न कर देता है यद्यपि उसका स्पर्श शरीर

---

1. 2 : 4, 8, 13।

2. शांकरभाष्य, 2 : 4; 14-16; बृहदारण्यक उपनिषद्, 1 : 3, 11, 3 : 2, 13; ऐतरेय उपनिषद्, 1 : 2, 4।

3. 2 : 4, 1-6।

4. परमब्रह्म...अपहतपाप्मत्वादिधर्मकं तदेव जीवस्य पारमार्थिकं स्वरूपम्—इतरद् उपाधिकल्पितम् शांकरभाष्य, 1 : 3-19)। प्लेटो का भी मत इसी प्रकार का है, जिसे वह ग्लौकस के समुद्र की तह में डुबकी लगाने के अद्भुत दृष्टान्त के द्वारा समझाता है। यदि हम उसे वहां देखें तो हम उसे पहचान नहीं सकते, क्योंकि उसका शरीर समुद्र की कोई सीप, मछली तथा अन्य वस्तुओं द्वारा इतनी अधिक मात्रा में ढक जाता है कि पहचाना नहीं जा सकता। इसी प्रकार प्रत्येक जीवात्मा विकृत रूप है और जब तक हमें संसाररूपी समुद्र से निकालकर इसके ऊपर जम गए काई, सीप, तथा तलछट आदि मलों को हटाकर शुद्ध नहीं कर लेते तब तक हम इसके सत्यस्वरूप को नहीं पहचान सकते।

5. शांकरभाष्य, 2 : 3, 29।

6. वही।

के केवल एक ही स्थान पर होता है इसी प्रकार आत्मा समस्त शरीर की संवेदना का ग्रहण स्पर्शेन्द्रिय द्वारा कर सकती है क्योंकि स्पर्शेन्द्रिय तो सारे शरीर के ऊपर फैली हुई है। शंकर इस सुझाव का खण्डन यह कहते हुए करते हैं कि कांटा भी जिसके ऊपर कोई व्यक्ति चलता है सारे शरीर की संवेदन शक्ति के साथ सम्बद्ध है यद्यपि दुःख केवल पैर की तली में ही अनुभव होता है सारे शरीर में नहीं होता। अणु के विचार के समर्थकों का सुझाव है कि अणुरूप आत्मा अपने गुण अर्थात् चैतन्य के कारण सारे शरीर में व्याप्त रहती है ठीक जिस प्रकार एक दीपक का प्रकाश एक स्थान पर ही रखे जाने पर भी वहां से सारे कमरे में फैल जाता है। शंकर का कहना है कि गुण द्रव्य के परे नहीं जा सकता। दीपक की ज्वाला तथा इसका प्रकाश परस्पर द्रव्य तथा गुण के रूप में सम्बद्ध नहीं हैं। दोनों ही अग्निमय द्रव्य हैं; केवल ज्वाला में अवयव अधिक एक-दूसरे के निकट हैं किन्तु प्रकाश में वे अधिक विस्तृत रूप में पृथक्-पृथक् हैं। यदि चैतन्य का गुण अथवा आत्मा सारे शरीर में व्याप्त होता है तब आत्मा अणु नहीं हो सकता। उपनिषदों के ऐसे वाक्यों का लक्ष्य जो आत्मा को अणु बताते हैं,[1] आत्मा नहीं है किन्तु बोध शक्ति तथा मन के गुणों के मूल केन्द्र बिन्दु हैं। उनका आशय आत्मा की सूक्ष्मता को दिखाना है, जो प्रत्यक्ष ज्ञान में नहीं आती।[2] यह मानी हुई बात है कि लौकिक आत्मा जो मन आदि से जकड़ी हुई है अनन्त नहीं है किन्तु सर्वोपरि यथार्थसत्ता अनन्त है।[3] यदि इसे अणु कहा गया है तो इसलिए क्योंकि लौकिक दृष्टि में यह बुद्धि की सहचारी है।[4] आत्मा के हृदय के अन्दर निवास स्थान सम्बन्धी सब कथन इस कारण से हैं क्योंकि बुद्धि का स्थान उसमें बताया गया है। इसके अतिरिक्त, जो सर्वत्र है निश्चित रूप में एक स्थान में भी है, यद्यपि इसके विपरीत जो एक स्थान पर है वह सर्वत्र हो, ऐसा नहीं है।[5] इस विधि से शंकर उपनिषदों के ऐसे समस्त वाक्यों की व्याख्या करते हैं जो आत्मा के देश-सम्बन्धी प्रतिबन्ध का वर्णन करते हैं।[6] धार्मिक दायित्व के समस्त जीवन का आधार लौकिक आत्मा की आपेक्षिक यथार्थता के ऊपर है। क्रियात्मक अनुभव का समूचा क्षेत्र अपनी पुण्य व पाप की योजना समेत, एवं पवित्र विधान का आधार, अपने विधि निषेधों सहित स्वर्ग में सुख तथा नरक में दुःख की भावी आशाओं सहित ये सब देह, इन्द्रियों तथा उसके साथ संलग्न अवस्थाओं और आत्मा के तादात्म्य की कल्पना कर लेते हैं। किन्तु जीवन की समस्त शृंखलाओं में यह आत्मा नहीं है अपितु उसकी छायामात्र है जो शोक करती है तथा असन्तोष प्रकट करती है। एवं इस जगत् के रंगमंच के ऊपर अपने कथानक (वस्तु विषय) का अभिनय करती है। आत्मा जब तक उपाधियों से मुक्त नहीं होती तभी तक सुख, दुःख तथा वैयक्तिक चैतन्य के अधीन रहती है।[7]

---

1. मुण्डकोपनिषद्, 3 : 19; श्वेताश्वतर उपनिषद् 5 : 8-9।
2. शांकरभाष्य, 2 : 3, 29।
3. देखें, शांकरभाष्य, 2 : 3, 19-32।
4. 2 : 3, 29।
5. शांकरभाष्य, 2 : 1, 7; 2 : 3, 49।
6. देखें, शांकरभाष्य, 1 : 3, 14-18, 1 : 2, 11-12।
7. विशेषविज्ञान।

शंकर आत्मा की भिन्न-भिन्न अवस्थाओं का वर्णन करते हैं। जाग्रत अवस्था में कुल ज्ञान सम्पादन करने वाली यन्त्र-योजना कार्य करती रहती है और हम पदार्थों का ज्ञान मन तथा इन्द्रियों के द्वारा प्राप्त करते हैं। स्वप्नावस्था में सब इन्द्रियां विश्राम करती हैं और केवल मन ही क्रियाशील रहता है। जाग्रतावस्था में जो प्रभाव इन्द्रियों के ऊपर रह जाते हैं उन्हीं के द्वारा यह पदार्थों का ज्ञान प्राप्त करता है। स्वप्न देखने वाला आत्मा परम आत्मा नहीं है किन्तु यह अधीन वस्तुओं के प्रतिबन्धयुक्त आत्मा है। यही कारण है कि हम स्वप्नावस्था में अपनी इच्छा के अनुसार किसी वस्तु का निर्माण नहीं कर सकते। यदि हम ऐसा कर सकते तो किसी को भी बुरा स्वप्न नहीं आता।[1] सुषुप्ति अवस्था में मन तथा इन्द्रियां निश्चेष्ट रहती हैं एवं आत्मा एक प्रकार से अपने-आप में विलीन रहकर अपने यथार्थस्वरूप को प्राप्त कर लेती है। शंकर का तर्क है कि चूंकि कर्म निरन्तर रहता है इसलिए आत्मा का अस्तित्व भी निरन्तर रहता है। फिर उसकी स्मृति भी होती है। आत्मानुसरण की चेतनता सिद्ध करती है कि जो आत्मा सोई थी वही जागी है। श्रुति इसका समर्थन करती है और यदि सुषुप्ति से आत्मा के नैरन्तर्य में अन्तर आता तो श्रुति वाक्य निरर्थक हो जाता। यदि कोई व्यक्ति सोने से पूर्व 'क' हो और उठने पर 'ख' हो तो कर्मों की निरन्तरता नहीं बन सकती। यहां तक कि मुक्तात्मा भी जाग सकते। इसलिए यह स्पष्ट है कि सुषुप्ति अवस्था में भी मृत्यु के समान व्यक्तित्व का मूल केन्द्र बिन्दु बना रहता है। इसके विरोध में कुछेक स्वच्छंद कथनों के रहते हुए भी यह माना गया है कि सुषुप्ति अवस्था में भी वह उपाधि जो जीव के साथ संसार में प्रतिबन्ध के रूप में रहती है गुप्त रूप में विद्यमान रहती है। यदि सुषुप्ति अवस्था में, जैसे कि मोक्ष की अवस्था में, विशेष बोध का सर्वथा अभाव रहता है तो किस प्रकार और किस में सोया हुआ मनुष्य अविद्या के बीज को स्थिर रखता है जिसके कारण जागना होता है? सुषुप्ति अवस्था में सम्पन्न ब्रह्म के साथ अस्थायी संयोग तथा मोक्ष अवस्था के स्थायी संयोग में शंकर भेद करते हैं। "सुषुप्ति की अवस्था में सीमित, करने वाली उपाधि विद्यमान रहती है जिससे कि जब यह फिर अस्तित्व के रूप में आती है तो जीव भी अस्तित्व के रूप में आ जाता है।"[2] मोक्ष की अवस्था में अविद्या के सब बीज भस्म हो जाते हैं।[3]

मूर्छा की अवस्था को एक पृथक् स्थान दिया गया है क्योंकि यह जाग्रतावस्था से भिन्न है। इस अवस्था में इन्द्रियां पदार्थों का प्रत्यक्ष नहीं करतीं। विषयरूप जगत् के प्रति यह उपेक्षा भाव अन्य पदार्थों पर एकाग्रतापूर्वक ध्यान देने का परिणाम नहीं है। यह स्वप्नों की अवस्था से भिन्न यों है कि इसमें चेतना साथ नहीं रहती, मृत्यु से भिन्न इसलिए है कि शरीर में जीवन रहता है, तथा सुषुप्ति से भिन्न इसलिए है कि शरीर के अन्दर बेचैनी रहती है। मूर्छित मनुष्य को इतनी आसानी के साथ नहीं जगाया जा सकता जैसे कि सोते हुए मनुष्य को जगाया जा सकता है। मूर्छा की अवस्था को सुषुप्ति तथा मृत्यु की मध्यवर्ती अवस्था कहा गया है। "इसका सम्बन्ध मृत्यु से इसलिए है, क्योंकि यह मृत्यु का द्वार है। यदि आत्मा का कोई अपुरस्कृत कर्म शेष रहता है तो वाणी की शक्ति तथा मन मूर्छित

1. शांकरभाष्य, 3 : 2, 6।
2. शांकरभाष्य, 3 : 2, 9।
3. देखें, गौडपाद की कारिका पर शांकरभाष्य, 3 : 14।

मनुष्य में लौट आते हैं। यदि कुछ कर्म शेष नहीं रहते तब श्वास और उष्णता भी छोड़ जाते हैं।''[1]

तात्त्विक रूप में प्रत्येक मनुष्य सर्वोपरि यथार्थसत्ता है एवं अपरिवर्तनशील और अपरिवर्तित तथा खण्डरहित है और तो भी हम आत्मा की उत्पत्ति तथा विकास की चर्चा करते हैं। क्योंकि जब आश्रित वस्तुएं उत्पन्न होतीं अथवा विलय होती हैं कहा यह जाता है कि आत्मा उत्पन्न हुई अथवा विलीन हुई।[2] प्रतिबन्ध करनेवाली आश्रित वस्तुएं इस जगत् में भिन्न-भिन्न आत्माओं को व्यक्तित्व प्रदान करती हैं।[3] उन्हीं से देह के रूप का निर्णय होता है, जीव की जाति तथा जीवन की अवधि का भी निर्णय होता है। आदि-आदि।[4] इन्हीं आश्रित वस्तुओं के भेद से आत्माओं में भी भेद है, और इसलिए न तो कर्मों में और न कर्मफलों में ही परस्पर मिश्रण होने पाता है।[5] यहां तक कि यदि जीवात्मा को आभास अथवा प्रतिबिम्ब रूप भी मान लिया जाए जैसे कि जल के अन्दर सूर्य का प्रतिबिम्ब पड़ता है, तो आत्माओं के व्यक्तित्व में कोई अन्तर नहीं पड़ता।[6]

36. साक्षी और जीव

प्रत्येक जीवात्मा के अन्दर बोधग्राहक, भावुकतापूर्ण तथा इच्छाशक्ति-सम्बन्धी अनुभूति के अतिरिक्त भी एक साक्षीरूप आत्मा विद्यमान है। शाश्वत चैतन्य को साक्षी कहा जाता है जब कि अन्तःकरण इसके नियामक रूप में सहायक का कार्य करता है, और उक्त सहायक के द्वारा यह प्रमेय विषयों को प्रकाशित करता है। इस सहायक की उपस्थिति परम चैतन्य को साक्षी रूप आत्मा में परिणमन करने के लिए पर्याप्त है। यद्यपि यह साक्षीभूत चैतन्य प्रमेय पदार्थों की अनुभूति के साथ से ही उत्पन्न होता है। अनुभूति इसका कारण नहीं किन्तु यह अनुभूति की पूर्व कल्पना कर लेता है। जब आंतरिक अवयव मनुष्य के अन्दर प्रविष्ट होता है और इन्द्रिय-सम्बन्धी एक घटक अवयव बन जाता है तो उसे हम जीव कहते हैं।

साक्षीरूप आत्मा तथा जीव में परस्पर क्या सम्बन्ध है? अर्वाचीन अद्वैत विषयक पुस्तकों में इसकी परिभाषा विविध रूप से की गई है। विद्यारण्य के मत में साक्षीरूप आत्मा निर्विकार चैतन्य है और यह स्थूल तथा सूक्ष्म पदार्थों की प्रतीति का अधिष्ठान है, उनके कार्यों का निरीक्षण करता है किन्तु किसी प्रकार भी उनसे प्रभावित नहीं होता।[7] जब फलोपभोग करने वाले अहं का कार्य समाप्त हो जाता है तब दोनों देहों

---

1. शांकरभाष्य, 3 : 2, 10।
2. शांकरभाष्य, 2 : 3, 17।
3. शांकरभाष्य, 3 : 2, 9।
4. सुरेश्वरकृत वार्तिक, पृष्ठ 110-113।
5. शांकरभाष्य, 2 : 3, 49।
6. ''जिस प्रकार सूर्य की एक प्रतिबिम्बित प्रतिकृति में जब कम्पन होता है तो उसी कारण से दूसरी प्रतिबिम्बरूप प्रतिकृति में भी कम्पन नहीं होने लगता इसी प्रकार जब एक आत्मा का कर्मों तथा कर्मफलों के साथ सम्बन्ध होता है तो दूसरी आत्मा उसी कारण से उसके समान सम्बद्ध नहीं होती। इसलिए कर्मों तथा कर्मफलों में परस्पर मिश्रण नहीं होने पाता।'' (शांकरभाष्य, 2 : 3, 50)।
7. पंचदशी, 8। सिद्धान्तलेश (अध्याय 1) में विद्यारण्य के मत का प्रतिपादन इस प्रकार किया गया है : ''देहद्वयाधिष्ठानभूतं कूटस्थचैतन्यं स्वावच्छेदकस्य देहद्वयस्य साक्षादीक्षणान्निर्विकारत्वात्साक्षीत्युच्यते।''

का प्रकाशन इसी साक्षी रूप आत्मा के कारण होता है। यह साक्षीरूप आत्मा दोनों प्रकार की देहों से प्रत्यक्षरूप में उनके सहचारीरूप से कुछ समय भी अभिज्ञ होती है जबकि फलोपभोक्ता आत्मा कार्य करना बन्द कर देती है। साक्षीरूप आत्मा की निरन्तर उपस्थिति, अहं रूप आत्मा से भिन्न किसी अन्य के सम्बन्ध में जो मानसिक विचार हैं उनकी शृंखला में, द्रष्टा के व्यक्तित्व को स्थिर रखने में सहायक होती है। विद्यारण्य का मत इस विषय में स्पष्ट है कि साक्षीरूप आत्मा को जीव के समान न समझना चाहिए, क्योंकि जीव जीवन तथा इसके व्यापारों में भाग लेता है। उपनिषद् इसे गुणों से रहित केवल साक्षीमात्र तथा निरीक्षक प्रतिपादन करती है और यह फलों का उपभोक्ता नहीं है।[1] एक अन्य स्थान पर विद्यारण्य इसकी तुलना एक ऐसे दीपक के साथ करता है जो रंगमंच पर रखा जाने पर नाटक के सूत्रधार, नाटक की नायिका तथा दर्शकों सबको एक समान प्रकाशित करता है और इन सबकी अनुपस्थिति में भी स्वयं प्रकाशित होता है।[2] उक्त दृष्टान्त निर्देश करता है कि साक्षीरूप आत्मा एक समान जीव (लौकिक अहं), अन्तःकरण तथा प्रमेय पदार्थों को प्रकाशित करता है तथा सुषुप्ति अवस्था में जब ये सब अनुपस्थित रहते हैं तब अपने-आप भी प्रकाशित रहता है।[3] निष्क्रियता साक्षी आत्मा को विशुद्ध ब्रह्म के नाम से कहा गया है, जो प्राणिमात्र का सार्वभौम तथा व्यापक आत्मा है, और जो प्रत्येक जीवात्मा का अधिष्ठान होने के कारण जीवों के अनेक होने से अनेक रूप प्रतीत होती है। साक्षी रूप आत्मा और सोपाधिक ब्रह्म, अर्थात् ईश्वर, एक ही नहीं हैं, क्योंकि इसे निरपेक्ष परम तथा निर्गुण कहा गया है; और न साक्षी रूप आत्मा तथा जीव ही एक हैं, क्योंकि जीव कर्ता तथा कर्मों और उनके फलों का भोक्ता है।[4] पंचदशी तथा तत्त्व प्रदीपिका में प्रकट किए गए मत को शंकर का समर्थन प्राप्त है।

कौमुदी का कथन है कि साक्षीरूप आत्मा ईश्वर का एक विशेष रूप है। इस पुस्तक का लेखक अपना आधार श्वेताश्वतर उपनिषद् के उस वाक्य को मानता है जो ईश्वर को साक्षी कहता है। वह ईश्वर जीव की क्रियाशीलता तथा कार्य से विरत होने से अभिज्ञ होते हुए भी किसी प्रकार भी उनसे विचलित नहीं होता।[5] वह जीव के अन्दर व्यापार करता है, उसकी अविद्या को तथा उससे सम्बद्ध अन्य सबको प्रकाशित करता है। जब सब क्रियाएं रोक दी जाती हैं, जैसे कि सुषुप्ति अवस्था में, तब उसे प्रज्ञा के नाम से पुकारा जाता है।[6] तत्त्व-शुद्धि का लेखक इस विचार से सहमत है। 'ईश्वर साक्षी है' यह प्रथम विचार को व्यक्त करने का धार्मिक अथवा लौकिक प्रकार है। हमें शंकर के लेखों में इसका समर्थन मिलता है। उपनिषद् के इस प्रसिद्ध वाक्य पर[7]

---

1. तुलना करें : "साक्षी चेतां केवलो निर्गुणश्च" (श्वेताश्वतर उपनिषद्)।

"नृत्यशालास्थितो दीपः प्रभुं सभ्यांश्च नर्तकीम्।
दीपयेदविशेषेण तदभावेऽपि दीप्यते॥ (पंचदशी, 10 : 11)।

3. वही, 10 : 12।

4. तत्त्वप्रदीपिकायामपि मायाशबलिते सगुणे परमेश्वरे 'केवलो निर्गुण' इति विशेषणनुपपत्तेः सर्वप्रत्यग्भूतं विशुद्धं ब्रह्म, जीवाद् भेदेन साक्षीति प्रतिपाद्यत इत्युदितम। (सिद्धान्तलेश, 1)।

5. परमेश्वरस्यैव रूपभेदाः कश्चित् जीवप्रवृत्तिनिवृत्योरनुमन्ता स्वयमुदासीनः साक्षी नाम, (सिद्धान्तलेश, 1)।

6. देखें, वैशेषिकसूत्र, 1 : 3, 42। 7. मुण्डकोपनिषद्, 3 : 1, 1।

टीका करते हुए जिसमें दो पक्षियों को एक ही वृक्ष पर बैठे हुए बताया गया है, शंकर कहते हैं : "इन दोनों में से जो इस प्रकार वृक्ष पर बैठे हुए हैं, एक जो क्षेत्रज्ञ है और सूक्ष्म-शरीर धारण करता है, अज्ञान के कारण कर्मों के फलों को जो सुख तथा दुःख रूप में प्रकट होते हैं खाता है (अर्थात् उनका उपभोग करता है), जो नाना प्रकार की स्थितियों में स्वादु है। दूसरा जो नित्य प्रभु है, निर्मल तथा बुद्धि सम्पन्न और अपने स्वरूप में स्वतन्त्र है, सर्वज्ञ है तथा सत्त्वगुण से सम्पन्न है, वह नहीं खाता (अर्थात् कर्मफल नहीं भोगता); क्योंकि वह भोक्ता तथा भोग्य दोनों का संचालक है।" उसका केवल साक्षी होना ही संचालन के समान है, जैसा कि किसी राजा द्वारा होता है।"[1]

कुछेक अन्यों का कहना है कि अविद्यारूप उपाधि से युक्त जीव ही साक्षीरूप आत्मा है क्योंकि वस्तुतः निरीक्षक है किन्तु कर्ता नहीं है। केवल उसी अवस्था में जबकि वह अन्तःकरण के साथ अपना तादात्म्य-सम्बन्ध मान लेता है वह कर्ता तथा भोक्ता बनता है।[2] इस प्रकार जीव के दो पहलू हैं, एक यथार्थ तथा दूसरा अयथार्थ, अर्थात् साक्षी निष्क्रिय रहते हुए केवल दर्शकरूप का तथा दूसरा अभिमानी रूप कर्ता तथा भोक्ता। उक्त प्रकार के मत में यह आपत्ति उठाई जाती है कि यदि सर्वत्र व्याप्त अविद्या को साक्षीरूप जीव की उपाधि माना जाए तो इस साक्षीरूप जीव को केवल अपने ही मन को नहीं अपितु अन्य समस्त प्राणियों के मनों को प्रकाशित करने योग्य होना चाहिए। किन्तु अनुभव से इसकी पुष्टि नहीं होती। इस प्रकार जीव ही अन्तःकरण की उपाधि समेत साक्षीरूप आत्मा है और यह भिन्न-भिन्न व्यक्तियों में भिन्न-भिन्न है। सुषुप्ति में समझा जाता है कि यह सूक्ष्मरूप में रहता है और इस प्रकार तीनों अवस्थाओं में यह विद्यमान रहता है। लौकिक 'अहं' तथा साक्षीरूप आत्मा में भेद यह है कि जहां अन्तःकरण लौकिक 'अहं' का गुण है यह साक्षीरूप आत्मा की उपाधि है जो उसमें प्रतिबन्ध लगाती है।[3] वेदान्त परिभाषा का यह मत है तथा अन्य मतों के साथ इसका विरोध भी नहीं है क्योंकि इसका निर्देश है कि परम-निरपेक्ष चैतन्य जब यह किसी व्यक्ति विशेष विषयी के अन्दर कार्य करता है तो साक्षी कहलाता है। नित्य चैतन्य अथवा आत्मा को जीव साक्षी की संज्ञा दी गई है उस अवस्था में जब कि यह मनुष्य के शरीररूपी यन्त्र के अन्दर कार्य करता है तथा जब यह विश्व के अन्दर व्यापार कार्य करता है तब इसे ईश्वर साक्षी कहते हैं। दोनों अवस्थाओं में उपाधि भेद ही दो भिन्न-भिन्न संज्ञाओं का कारण है। प्रथम प्रकार के साक्षी में अन्तःकरण तथा शरीर इत्यादि उपाधियां हैं और दूसरे प्रकार के साक्षी अर्थात् ईश्वर के विषय में सत् रूप समग्र जगत् उपाधि है। ईश्वर जगत् की आत्मा है जबकि जीव मनुष्य की आत्मा है।

---

1. पश्यत्येव केवलं दर्शनमात्रेण हि तस्य प्रेरयितृत्वम् राजवत्। (शांकरभाष्य, मुण्डकोपनिषद्, 3 : 1, 1।

2. केचिद् अविद्योपाधिको जीव एव साक्षाद् द्रष्टृत्वात् साक्षी; जीवस्यान्तःकरणन्तादात्म्यापत्त्या कर्तृत्वाद्यारोपभाक्त्वेऽपि स्वयमुदासीनत्वात् (सिद्धान्तलेश, 1)।

3. अन्तःकरणोपधानेन जीवः साक्षी...अन्तःकरणविशिष्टः प्रमाता, (सिद्धान्तलेश, 1)।

37. आत्मा और जीव

हम जीवगत 'अहं' का सारवत्ता अथवा सरलता के रूप में कोई विशेष लक्षण निर्धारित नहीं कर सकते। वह एक आणविक इकाई नहीं है किन्तु एक अत्यन्त जटिल रचना है। यह विशिष्ट व्यक्तिगत केन्द्र की चेतनामय अनुभूतियों की एक सुव्यवस्थित संयुक्त इकाई है जिसका अपने-आप में निर्धारण प्रारम्भ में ही शारीरिक संघटन तथा अन्य अवस्थाओं के द्वारा होता है। शरीर और इन्द्रियां आदि इसकी अनुभूति के अन्दर प्रविष्ट होकर इसमें एक प्रकार की एकता तथा निरन्तरता का संचार करते हैं। शरीररूपी यन्त्र के साथ सम्बद्ध चैतन्य विशुद्ध सीमित है जिसमें चैतन्य की विषयवस्तु के भाग के रूप में शारीरिक अवस्थाएं सम्मिलित हैं। जिस प्रकार शरीर का निर्माण क्रमशः होता है इसी प्रकार इसकी चैतन्ययुक्त अनुभूति भी क्रमशः बढ़ती है। सान्त आत्मा अपने चैतन्य की अन्तिम कारण नहीं है। अहं रूप आत्मा लौकिक चैतन्य का अनुभव एकत्व है जो समय के अन्दर विकसित हो रहा है। यह एक विचार-सम्बन्धी रचना है अथवा भावात्मक विचार का प्रमेय विषय है।[1] यह उसी व्यक्ति के अन्दर स्थान परिवर्तन करता रहता है और इसलिए निर्विकार तथा अपरिवर्तनीय सारतत्त्व के साथ इसकी एकात्मता नहीं हो सकती। यह आत्मा जो लौकिक अहं (जीवात्माओं) का अधिष्ठानरूप आधार है, न परिवर्तित होता है और न किसी प्रकार के मनोवेगों का अनुभव करता है।

यद्यपि वह अचिन्त्य है तो भी इसका मनुष्य जीवन के पूर्वेतिहास से कोई सम्बन्ध नहीं है जिसका यह भक्तिपूर्वक सहचारी भाव से अनुसरण करता है। निरन्तर साक्षी के रूप में जिसकी कल्पना की गई है वह आत्मा केवल एक चित्रपट का कार्य करती है अथवा यह ऐसी आधारभूमि है जिसके ऊपर मानसिक तथ्य अभिनय करते हैं। हम यह नहीं कह सकते कि ये इससे उत्पन्न होते हैं, क्योंकि यथार्थ के ऊपर उसका कुछ असर नहीं होता जिसको भ्रमवश आत्मा मान लिया जाता है। केवल इसीलिए कि हम उन्हें ठीक-ठीक नहीं समझ सकते, वस्तुएं अपने स्वरूप में परिवर्तन नहीं कर लेतीं। किस प्रकार निर्विकार आत्मा सान्तरूप में प्रकट होती है एवं किस प्रकार बुद्धि का नित्यप्रकाश किसी भी बाह्य-साधन के द्वारा अन्धकारावृत हो सकता है क्योंकि यह सब सम्बन्धों से मुक्त है? यह पुराना प्रश्न है कि किस प्रकार यथार्थ लौकिक रूप में आ जाता है। शरीर इन्द्रियों, मन तथा इन्द्रियविषयरूप उपाधियों का आत्मा के साथ सम्बन्ध होने से ही आत्मा को लौकिक रूप प्राप्त होता है। किन्तु आत्मा तथा मनोवैज्ञानिक आत्मा के मध्य का यह सम्बन्ध अव्याख्येय है, मायारूप है अर्थात् रहस्यमय है। यदि आत्मा नित्य स्वतन्त्र तथा विशुद्धि चैतन्य है और उसे किसी की चाह नहीं, वह करती भी कुछ नहीं है, तब यह शरीरधारी आत्मा के रूप में गति तथा इच्छा का कारण कैसे बन सकती है? उत्तर में कहा जाता है कि "एक ऐसी वस्तु है जो स्वयं में गति रहित है तो भी अन्य वस्तुओं में गति उत्पन्न कर सकती है। चुम्बक अपने-आप में गति रहित है किन्तु फिर भी यह लोहे में गति उत्पन्न करता है।"[2] जब हम सान्त आत्माओं के अनन्त आत्माओं के साथ सम्बन्ध में कथन करते हैं तो हमें ऐसी सीमित उपाधियों का प्रयोग विवश होकर करना होता है जो ठीक-ठीक उपयुक्त नहीं बैठतीं।

---

1. तुलना करें, वार्ड : 'साइकोलॉजिकल प्रिंसिपल्स', पृष्ठ 361-382।
2. शांकरभाष्य, 2 : 2, 2।

जीवात्मा तथा ब्रह्म के मध्य जो सम्बन्ध है और जिसका वर्णन ब्रह्मसूत्र में किया गया है शंकर उसके विषय में आश्मरथ्य, आडुलौमी तथा काशक्रत्स्न द्वारा प्रकट किए गए विचारों के ऊपर विचार-विमर्श करते हैं। आश्मरथ्य अपना आधार ऐसे उपनिषद् वाक्यों को बनाता है जो जीवात्माओं तथा निरपेक्ष परब्रह्म के मध्यगत सम्बन्ध की तुलना आग की चिनगारियों तथा आग के परस्पर सम्बन्ध के साथ करता है। जिस प्रकार अग्नि से निकलती हुई चिनगारियां अग्नि से सर्वथा भिन्न नहीं हैं, क्योंकि वे रूप में अग्नि के समान हैं और दूसरी ओर सर्वथा अभिन्न भी नहीं हैं क्योंकि उस अवस्था में उन्हें न तो अग्नि से ही पृथक् रूप में पहचाना जा सकता और परस्पर भी उनमें भेद किया जा सकता; इसी प्रकार जीवात्मा न तो सर्वोपरि यथार्थसत्ता से भिन्न ही हैं क्योंकि इसका तात्पर्य होगा कि वे ज्ञानस्वरूप सत्ता के स्वभाव के नहीं हैं, और न ही सर्वथा उससे अभिन्न हैं क्योंकि अवस्था में वे एक-दूसरे से भिन्न न होंगे। इस प्रकार आश्मरथ्य इस परिणाम पर पहुंचता है कि जीवात्मा भिन्न भी हैं और ब्रह्म से भिन्न नहीं भी हैं।[1] औडुलोमि का मत है कि जीवात्मा, जो प्रतिबन्ध रूप शरीर, इन्द्रियों तथा मन आदि सहायकों के द्वारा सीमित है ब्रह्म से भिन्न है। यद्यपि ज्ञान तथा ध्यान समाधि के द्वारा यह शरीर से बाहर निकलकर उच्चतम आत्मा के साथ ऐक्यभाव प्राप्त कर लेता है। वह मानता है कि उस जीवात्मा में जो मुक्ति को प्राप्त नहीं हुआ तथा ब्रह्म में सर्वथा भेद है तथा मुक्त आत्मा ब्रह्म में सर्वथा तादात्म्यभाव है।[2] शंकर काशकृत्स्न के साथ सहमत हैं।[3]

जीवात्मा निरपेक्ष ब्रह्मरूप आत्मा का अंश नहीं हो सकता जैसाकि रामानुज का विचार है क्योंकि परब्रह्म देश व काल की परिधि से परे होने के कारण अंश रहित अर्थात् अखण्ड है। यह परमब्रह्म से भिन्न भी नहीं हो सकता जैसाकि मध्य कल्पना करता है क्योंकि ब्रह्म से भिन्न कोई वस्तु नहीं है, वह एकमात्र अद्वितीय जो है।[4] यह परब्रह्म का परिवर्तित रूप भी नहीं हो सकता जैसाकि वल्लभाचार्य का विचार है क्योंकि निरपेक्ष परमब्रह्म निर्विकार है। हम जीवात्मा को ईश्वर की कृति भी नहीं मान सकते क्योंकि वेदों में जहां अग्नि तथा अन्य तत्त्वों की रचना का वर्णन है वहां आत्मा की रचना का कोई वर्णन नहीं है। जीव न तो परब्रह्म से भिन्न है, न उसका अंश है और न उसका परिवर्तित रूप है। यह स्वयं आत्मा है। हम इसके स्वरूप को नहीं पहचानते, क्योंकि यह उपाधियों से आवृत्त है।[5] यदि यह सर्वोपरि आत्मा के समान न होता तो वे श्रुतिवाक्य जो अमरता का प्रतिपादन करते हैं सब निरर्थक हो जाएंगे। आश्मरथ्य की शिक्षाओं का उल्लेख करते हुए शंकर कहते हैं : "यदि जीवात्मा उच्चतम आत्मा से भिन्न होता तो उच्चतम आत्मा के ज्ञान से जीवात्मा के विषय में ज्ञान उपलक्षित न होता और इस प्रकार एक अन्यतम उपनिषद् में प्रतिज्ञात यह वचन कि एक ही यथार्थसत्ता के ज्ञान के द्वारा हरएक वस्तु का ज्ञान प्राप्त हो जाता है, पूर्ण

---

1. शांकरभाष्य, 1 : 4, 20।
2. शांकरभाष्य, 1 : 4, 21।
3. शांकरभाष्य, 1 : 4, 22।
4. शांकरभाष्य, 4 : 3, 14।
5. देखें, मुण्डकोपनिषद् पर शांकरभाष्य, 2 : 2, 1; कठोपनिषद्, 2 : 2, 1।

न हो सकता।[1] तैत्तिरीय उपनिषद् का भाष्य करते हुए शंकर लिखते हैं : "यह सम्भव नहीं है कि दो ऐसी वस्तुओं में जो सर्वथा एक-दूसरी से भिन्न हैं कभी तादात्म्य नहीं हो सकता।"[2] और जैसाकि उपनिषदों में कहा है कि ब्रह्म का ज्ञाता ब्रह्म हो जाता है तो ज्ञाता को अवश्य ब्रह्म के साथ एकात्मरूप होना चाहिए।

सर्वोपरि आत्मा तथा जीवात्मा के मध्य आध्यात्मिक एकत्व स्वीकार किया जा सकता है, किन्तु सर्वोपरि आत्मा तथा जीवात्मा के सम्बन्ध विषयक प्रश्न के ऊपर इससे पूर्व विचार नहीं हो सकता जब तक कि यह इसके यथार्थस्वरूप के ज्ञान तक नहीं पहुंच जाता। हमारी लौकिक अहं रूप आत्माएं गति करती हैं तथा उपाधियों के भार से दबी रहती हैं।[3] यह अच्छी तरह जानते हुए कि निरपेक्ष परब्रह्म तथा जीवात्मा के बीच जो सम्बन्ध है उसे तर्क द्वारा स्पष्ट रूप में प्रतिपादन नहीं किया जा सकता, शंकर कुछ ऐसे दृष्टान्त प्रस्तुत करते हैं जिन्हें अर्वाचीन वेदान्त में विशद प्रकल्पनाओं के रूप में परिष्कृत किया गया है।

आयरलैण्ड के एक व्यक्ति के विषय में ऐसा कहा जाता है कि जब उससे पूछा गया कि अनन्त आकाश का वर्णन करो तो उसने उत्तर में कहा कि "आकाश एक ऐसे सन्दूक के समान है जिसका ढक्कन, पेंदी और पार्श्वभाग उनमें से निकाल दिए गए हों।" जिस प्रकार एक सन्दूक अपनी सीमाओं से घिरा हुआ आकाश नहीं है ठीक इसी प्रकार ऐसे जीवन जो मन तथा इन्द्रियों से बद्ध हैं ब्रह्म नहीं हैं। जब हम अपने सीमित व्यक्तित्व के पार्श्वभागों तथा तली को अलग कर देते हैं तो हम ब्रह्म के साथ तादात्म्य प्राप्त कर लेते हैं। प्रतिबन्ध की प्रकल्पना[4] का प्रयोग कई स्थानों पर किया गया है। शंकर एक ब्रह्माण्डीय आकाश तथा आकाश के हिस्सों की उपमा का प्रयोग करता है क्योंकि इसके द्वारा ब्रह्म तथा जीवात्माओं के साथ सम्बन्ध विषयक कुछेक लक्षण भली प्रकार समझाए जा सकते हैं। जब घड़े आदि पदार्थों के द्वारा बनाई हुई परिधियां हटा दी जाती हैं तो सीमाबद्ध आकाश के भाग एक ही ब्रह्माण्डीय आकाश के अन्दर समा जाते हैं। इसी प्रकार जब देश, काल तथा कारणकार्य सम्बन्ध की परिधियां हटा दी जाती हैं तो जीव निरपेक्ष परब्रह्म के साथ तादात्म्य सम्बन्ध में आ जाते हैं। इसके अतिरिक्त जब एक घड़े के अन्दर का आकाश धूल और धुएं से भरा हो तो आकाश के अन्य भागों पर इसका असर नहीं पड़ता। इसी प्रकार जब एक जीव को

---

1. शांकरभाष्य, 1 : 4, 20।

2. तैत्तिरीय उपनिषद् पर शांकरभाष्य, 2 : 8, 15।

3. जब यह कहा जाता है कि आत्मा के सान्निध्य के कारण अहंकार ज्ञाता बन जाता है जो अहंकार में प्रतिबिम्बित हो जाता है तो रामानुज पूछता है : "क्या चैतन्य अहंकार का प्रतिबिम्ब होता है अथवा अहंकार चैतन्य का प्रतिबिम्ब बनता है? प्रथम का विकल्प स्वीकार नहीं किया जा सकता, क्योंकि आप चैतन्य के अन्दर ज्ञाता होने के गुण आना पसन्द नहीं करेंगे : और यही बात दूसरे विकल्प के विषय में भी है क्योंकि जड़ अहंकार कभी भी ज्ञाता नहीं बन सकता।" (रामानुजभाष्य, 1 : 1, 1)।

4. अवच्छेद्यावच्छेदक। शांकरभाष्य, 1 : 3, 7; 1 : 2, 6; 1 : 3, 14-18; 1 : 2, 11-12 : 2; 1, 14, 22; 2 : 3, 17; 3 : 2, 34।

सुख या दुःख का अनुभव होता है तो अन्यों पर उसका असर नहीं होता। एक देश (आकाश) विशेष की उसकी उपाधियों के कारण भिन्न-भिन्न नाम दिए जाते हैं किन्तु आकाश स्वयं अपरिवर्तित है। जब निरपेक्ष परब्रह्म इन उपाधियों के अन्दर लीन हो जाता है (उपाधि-अन्तर्भाव) तो ब्रह्म का स्वरूप आवरण से छिपा रहता है। (स्वरूप-तिरोभाव) और निरपेक्ष ब्रह्म की स्वाभाविक सर्वज्ञता भी उपाधि से परिच्छिन्न रहती है। उपाधियों का यह सम्पर्क उस स्फटिक के समान है जो लाल रंग के साहचर्य से लाल रंग का प्रतीत होता है।[1] आकाश शरीरों के साथ चलता नहीं और न पात्रों के साथ गतिमान होता है।[2] घट के अन्दर जो आकाश है उसे अनन्त आकाश का अंश परिवर्तित रूप नहीं कहा जा सकता; ठीक इसी प्रकार जीव आत्मा के अंश अथवा परिवर्तित रूप नहीं हैं। जिस प्रकार आकाश बच्चों को धूल से मैला दिखाई देता है इसी प्रकार आत्मा अज्ञानी पुरुषों को बद्ध अथवा पाप से मलिन दिखाई देती है। जब घड़ा बनता है या टूटता है तब उसके अन्दर का आकाश न बनता है न बिगड़ता है। इसी प्रकार आत्मा न उत्पन्न होती है और न मरती है। वेदान्त के कुछेक अर्वाचीन अनुयायी इस मत को मानते हैं और उनके मत में जीव विश्वात्मा है जिसे अन्तःकरण सीमित करता है।

प्रतिबन्ध की प्रकल्पना के विरुद्ध यह तर्क किया जाता है कि जब एक जीव अपने पुण्यकर्म की क्षमता के कारण स्वर्ग जाता है तो स्वर्ग में इससे प्रतिबन्धित बुद्धि उससे भिन्न है जो मर्त्य लोक में इससे प्रतिबन्धित थी। इसका यह असंतोषजनक नैतिक असर होगा कि हमारे कर्मों का नाश (कृतनाश) तथा ऐसे कर्मों का फल मिलना जो हमने किए न हों (अकृताभ्यागम)। हम यह नहीं कह सकते कि वही सीमित बुद्धि स्वर्ग को जाती है क्योंकि इसका तात्पर्य यह होगा कि जो सर्वव्यापी है उसमें हम गति का आधान करते हैं। हम घड़े को जहां-जहां हटाएंगे ईथर (आकाश) वहां-वहां उसके साथ नहीं जाता।

कर्मफलों के उपभोक्ता आत्मा के साथ तादात्म्य प्राप्त करने के लिए उक्त आत्मा को सान्त बुद्धि न मानकर प्रतिबिंम्बित बुद्धि माना गया है जो कि अवियुक्त रूप में प्रतिबिम्ब डालने वाले अर्थात् मन के साथ सम्बद्ध है।[3] बृहदारण्यक उपनिषद् के भाष्य में[4] शंकर प्रतिबिम्ब विषयक कल्पना का सुझाव देते हैं। जिस प्रकार जल के अन्दर सूर्य और चन्द्रमा केवल प्रतिबिम्ब मात्र हैं यथार्थ नहीं हैं अथवा जिस प्रकार एक श्वेतपूर्ण स्फटिक में लाल रंग केवल लाल फूल का प्रतिबिम्ब मात्र है यथार्थ नहीं, क्योंकि जल को हटा लेने से केवल श्वेतवर्ण स्फटिक अपरिवर्तित रूप में रह जाता है इसी प्रकार सब तत्त्व तथा जीवात्माएं एकमात्र यथार्थसत्ता के अविद्या के अन्दर पड़े प्रतिबिम्ब मात्र हैं और यथार्थ कुछ नहीं है। अविद्या के नाश होने पर प्रतिबिम्बों का अस्तित्व भी नष्ट हो जाता है और मात्र यथार्थसत्ता रह जाती है। निरपेक्ष परब्रह्म

1. शांकरभाष्य, 3 : 2, 5। आत्मबोध, पृष्ठ 16।
2. शांकरभाष्य, 1 : 2–8।
3. शांकरभाष्य, 2 : 3, 50 गौडपाद की कारिका पर शांकरभाष्य, 1 : 6।
4. शांकरभाष्य, बृहदारण्यक उपनिषद्, 2 : 4, 12। और भी देखें, ब्रह्मबिन्दु उपनिषद्, पृष्ठ 12।

बिम्ब (मौलिक सत्ता) है, और जगत् प्रतिबिम्ब है। इसके अतिरिक्त यह विश्व अपनी नानाविध आकृतियों में एक समुद्र के समान है जिसमें ब्रह्म का प्रतिबिम्ब नाना प्रकार से पड़ता है और शंकर इस मत का समर्थन इसलिए करते हैं कि इसका महत्त्व एक विशेष सुझाव में है अर्थात् यह देखकर कि इससे इस विषय का प्रतिपादन हो जाता है कि प्रतिबिम्ब की मलिनताओं से मौलिक वस्तु अछूती बची रहती है। जिस प्रकार प्रतिबिम्बों में परस्पर भेद दर्पणों के परस्पर भेद के कारण होते हैं, इसी प्रकार निरपेक्ष परब्रह्म जो अद्वितीय है भिन्न-भिन्न अंतःकरणों में प्रतिबिम्बित होकर भिन्न-भिन्न जीवात्माओं के रूप में प्रकट होता है। जब उस जल में जिसमें कि प्रतिबिम्ब पड़ते हैं हलचल होती है तो प्रतिबिम्ब भी स्वयं विक्षुब्ध प्रतीत होता है। जहां प्रतिबन्ध की कल्पना के समर्थक यह मानते हैं कि अविद्या जो एक सूक्ष्म वस्तु है अन्तःकरण के रूप में अवच्छेदक अथवा प्रतिबन्ध है अथवा विशेषण अथवा जीव का एक आवश्यक भाग है जिसके बिना जीव का अस्तित्व नहीं रह सकता वहां प्रतिबिम्ब सम्बन्धी प्रकल्पना के समर्थक अंतःकरण को केवल उपाधि मानते हैं[1] और यह एक ऐसा द्रव्य है जो विशुद्ध बुद्धि के प्रतिबिम्ब को ग्रहण करता है और यह इसके लिए उपहारस्वरूप है किन्तु जीव के वास्तविक स्वरूप के साथ इसका कोई सम्बन्ध नहीं है।

वेदान्त के कुछेक अर्वाचीन अनुयायी इस मत को मानते हैं और जीव को विश्वात्मा का अन्तःकरण के अन्दर पड़ा हुआ प्रतिबिम्ब मानते हैं।[2] यदि जगत् छायामात्र है तो ब्रह्म सारवान् द्रव्य है जो इस छाया का कारण है। प्रतिबिम्ब विषयक प्रकल्पना की अनेक आधारों पर समीक्षा की जाती है। एक आकृतिविहीन वस्तु किसी प्रकार का प्रतिबिम्ब नहीं डाल सकती और विशेष करके आकृतिविहीन प्रक्षेपक (यथा दर्पण आदि) में तो सर्वथा ही नहीं डाल सकती। विशुद्ध प्रज्ञा और अविद्या, दोनों आकृतिविहीन हैं। यदि जीवात्मा एक प्रतिबिम्ब है तो वह पदार्थ जिसका प्रतिबिम्ब पड़ता है अवश्य प्रक्षेपक के बाह्य होना चाहिए और यथार्थसत्ता को भी जो मौलिक है अवश्य ही विश्व तथा समस्त सृष्टि के पदार्थों से परे होना चाहिए। यह इस दर्शन के अन्तर्यामिता-सम्बन्धी विचार के प्रतिकूल है। प्रतिबिम्ब सम्बन्धी प्रकल्पना भी प्रतिबन्ध परक विचार की समस्याओं से मुक्त नहीं है। प्रत्येक मन का प्रतिबिम्ब बुद्धि के कारण है जो इसका समीपवर्ती है और इस प्रकार परिणाम यह निकलेगा कि उसी एक मन के प्रतिबिम्ब भिन्न स्थानों में भिन्न होंगे। इस प्रकार की समीक्षा बुद्धि के समान स्वरूप को भुला देती है। यदि जीव ब्रह्म का प्रतिबिम्ब है तो यह ब्रह्म से भिन्न है और इसीलिए यथार्थ नहीं है। विवरण नामक ग्रन्थ का लेखक इस समस्या का एक समाधान प्रस्तुत करता है। आंखों से निकलने वाली किरणें प्रक्षेपक से टकराती हैं, वापस लौटती हैं और वास्तविक चेहरे को देखने योग्य बनाती हैं। इस प्रकार प्रतिबिम्ब स्वयं मौलिक है। इस विचार को अर्थात् बिम्बप्रतिबिम्बाभेदवाद (अथवा मूल बिम्ब तथा प्रतिबिम्ब में अभेद)

1. विशेषण एक ऐसा आवश्यक विधेय है जो कि कार्य में समवेत सम्बन्ध के उपस्थित रहता है अर्थात् ऐसी वस्तु जिसका वर्णन किया है किन्तु उपाधि वर्णित का आवश्यक गुण नहीं है। रंग एक रंगीन वस्तु का विशेषण है किन्तु एक मिट्टी का पात्र उस आकाश की उपाधि है जिसे यह अपने अन्दर रोके रखता है।

2. अन्तःकरणेषु प्रतिबिम्बं जीवचैतन्यम्, (वेदान्तपरिभाषा 1)।

को, स्वीकार नहीं किया गया। यदि अलंकार की शाब्दिक व्याख्या करें तो हमें एक पृथक् ज्योतिर्मय वस्तु की आवश्यकता है, दूसरी वह वस्तु जिसके ऊपर छाया डाली जाएगी, और एक तीसरी वस्तु जो प्रकाश को बीच में रोकती है। प्रतिबिम्ब के लिए एक वास्तविक अस्तित्व रखने वाले माध्यम की आवश्यकता है जो विक्षेप से भिन्न हो किन्तु यह ब्रह्म के अद्वैतभाव के प्रतिकूल जाता है। ऐसे व्यक्ति जो प्रतिबन्ध और प्रतिबिम्ब सम्बन्धी दोनों ही कल्पनाओं को अस्वीकार करते हैं[1] कहते हैं कि अपने सत्यस्वरूप से अनभिज्ञ निर्विकार ब्रह्म ही जीव है। शंकर तथा सुरेश्वर दोनों का झुकाव इस मत की ओर है कि शरीरधारी चैतन्य ब्रह्म का एक अव्याख्येय रूप है।[2] जीव प्रकट होता है किन्तु कैसे प्रकट होता है सो हम नहीं जानते।

38. ईश्वर और जीव

यदि ईश्वर ब्रह्म है, और यदि जीव भी आध्यात्मिक दृष्टि से ब्रह्म के समान है, और यदि दोनों प्रतिबन्धों के अधीन हैं तो ईश्वर तथा जीव के मध्य का भेद बहुत न्यून हो गया। शंकर का मत है कि जहां ईश्वर सर्वज्ञ है, सर्वशक्तिमान् है और सर्वव्यापक है, वहां जीव अज्ञानी है, लघु आकृति तथा दुर्बल है। "वह प्रभु जो निरतिशयोपाधि से युक्त है[3] जीवात्माओं के ऊपर हीनतर प्रतिबन्धक सहायकों के साथ शासन करता है।[4] ईश्वर सदा अविद्या से मुक्त है।[5] ईश्वर के प्रतिबन्धों से उसके ज्ञान पर कोई प्रभाव नहीं पड़ता। ईश्वर की माया उसके अधीन है और इसलिए ईश्वर के स्वरूप का आवरण नहीं होता। अविद्या उसके गुणों को छिपाती नहीं, ठीक जैसे कि एक कांच, जो पदार्थों का आवरण बनकर भी उनके गुणों को नहीं ढकता है। माया, जो ईश्वर की उपाधि है, शुद्ध तत्त्व से बनी है और अविद्या अथवा अन्तःकरण को उत्पन्न नहीं करती। यह उसके वश में है और सृष्टि-रचना तथा संहार में उसकी सहायता करती है। यह माया अथवा आत्माभिव्यक्ति की शक्ति, जो ईश्वर के अन्दर है, जिसका परिणाम जगत् का अनेकत्व है, जीवात्मा के अन्दर भ्रम उत्पन्न करती है जिससे मिथ्या विश्वास के कारण वह जगत् तथा उसके अन्तर्गत आत्माओं को स्वतन्त्र समझने लगता है। अविद्या माया का परिणाम है। ब्रह्म का विशुद्ध चैतन्य जब इन अर्थों में माया के साहचर्य में आता है तब उसे ईश्वर कहते हैं और जब अविद्या के साहचर्य में आता है तो उसे जीव कहा जाता है। चूंकि सृष्टिरचना में ईश्वर की कोई स्वार्थमयी इच्छा अथवा हित नहीं है, इसलिए उसे अकर्ता कहा गया है, किन्तु जीव कर्ता है। ईश्वर की पूजा होती है और वह कर्मों के अनुसार पुरस्कार वितरण करता है और उसे ब्रह्म के साथ अपने ऐक्यभाव का ज्ञान है। इस प्रकार सब समय वह अपने मन में परमानन्द का सुख प्राप्त करता है। जीव पूजा करने वाला है जिसे अपने दिव्य उत्पत्ति-स्थान का ज्ञान नहीं है और इसीलिए उसे संसार में आना होता है। धार्मिक क्षेत्र में हमें स्वामी तथा मृत्यु का-सा सम्बन्ध दिखाई

---

1. इन प्रकल्पनाओं की समीक्षा के लिए देखें, सांख्यप्रवचनभाष्य, 1 : 152 और 153।
2. देखें, बृहदारण्यक उपनिषद् पर शांकरभाष्य, 2 : 1।
3. शांकरभाष्य, 2 : 3, 45।
4. शांकरभाष्य, 2 : 3, 43।
5. नित्यनिवृत्ताविद्यात्वात् (शांकरभाष्य, 3 : 2, 9)।

देता है।[1] अन्य स्थान पर सान्त जीवात्माओं को ईश्वर का अंशरूप बताया गया है जैसे चिनगारियां अग्नि का अंश होती हैं।[2]

अर्वाचीन अद्वैत में ईश्वर तथा जीव के सम्बन्ध-विषयक भिन्न-भिन्न सुझाव दिए गए हैं जिनके ऊपर हम यहां संक्षेप में दृष्टिपात करेंगे। 'प्रकृतार्थविवरण' में कहा गया है : "उस माया में, जो अनादि तथा अवर्णनीय है जो जड़ जगत् का उत्पत्ति-स्थान है, और जिसका सम्बन्ध केवल बुद्धि के ही साथ है, बुद्धि का प्रतिबिम्ब ही ईश्वर है। उसी माया के असंख्य लघु अंशों के अन्दर जो प्रतिबिम्ब है, जिसमें दो शक्तियां आवरण तथा विक्षेप की हैं और जिसे अविद्या कहा जाता है वह जीव है।[3] इस ग्रन्थकर्ता के अनुसार, माया और अविद्या पूर्ण इकाई तथा अंशों का वर्णन करते हैं। माया ईश्वर के आश्रित है, अविद्या जीव के। इसी प्रकार का मत संक्षेप शारीरक ने भी स्वीकार किया है यद्यपि यहां पूर्ण इकाई तथा अंशों का भेद अविद्या तथा अन्तःकरण का है, जिसमें अविद्या कारण है और अन्तःकरण कार्य है।[4] चूंकि यह ग्रन्थकार प्रतिबिम्ब की प्रकल्पना का समर्थन करता है, यह पूर्ण इकाई तथा अंशों के विभाग को स्वीकार नहीं करता। पंचदशी नामक ग्रन्थ एक प्रकार का भेद मानता है जो इससे मिलता-जुलता है। मूल प्रकृति का आद्य जड़तत्त्व, जिसमें तीन गुण हैं, दो रूप का है। इसका वह भाग जो सत्त्व, रजस् तथा तमस् के अधीन नहीं है, किन्तु उक्त दोनों पर आधिपत्य रखता है, माया कहा जाता है और ईश्वर के आश्रित है, और वह जिसमें सत्त्व अन्य दोनों गुणों के अधीन है, अविद्या कहलाता है और यह जीव के आश्रित है। यहां माया और अविद्या का भेद संख्या के रूप में नहीं, अपितु गुणपरक है। पंचदशी के एक वाक्य में भी यह आता है जहां पर प्रकृति को अपनी विक्षेपक शक्ति के साथ माया कहा गया है और वही जिसमें छिपाने की शक्ति का प्राधान्य है, अविद्या है।[5] पंचदशी में[6] विद्यारण्य आकाश के अन्दर इस प्रकार भेद करता है : (1) घट के अन्दर आबद्ध, अर्थात् घटाकाश; (2) वह आकाश जो बादलों तूफानों आदि के साथ घड़े के अन्दर पड़े हुए जल में प्रतिबिम्बित होता, अर्थात् जलाकाश, (3) सीमाविहीन महदाकाश, और (4) वह आकाश जो जल के कणों में प्रतिबिम्बित होता है, जो फुहार के समान है, जिसे आकाश के बादलों में अवस्थित रूप में अनुमान के द्वारा पीछे से बरसने वाली वर्षा के द्वारा जाना जा सकता है, अर्थात् मेघाकाश। ठीक इसी प्रकार चितिशक्ति के भी चार विभाग हैं : (1) कूटस्थ, अर्थात् अपरिवर्तनशील चितिशक्ति, जो स्थूल तथा सूक्ष्म शरीरों से प्रतिबद्ध है; (2) चितिशक्ति, जिसका मन के अन्दर प्रतिबिम्ब पड़ता है, जिसे भूल से अपरिवर्तनशील चितिशक्ति के ऊपर बलात् ऊपर से

---

1. 2 : 3, 43। 2. शांकरभाष्य, 2 : 3, 43।

3. अनादिरनिर्वाच्या भूतप्रकृतिश्चिन्मात्रसम्बन्धिनी माया; तस्यां चित्प्रतिबिम्ब ईश्वरः। तस्या एव परिच्छिन्नानन्तप्रदेशेष्वावरणविक्षेपणशक्तिमत्स्वविद्याभिधानेषुचित्प्रतिबिम्बो जीव इति, (सिद्धान्तलेश, 1)।

4. अविद्यायां चित्प्रतिबिम्ब ईश्वरः; अन्तःकरणे चित्प्रतिबिम्बो जीवः (सिद्धान्तलेशसंग्रह)।

5. 1। 6. 6।

आरोपित किया गया है—यह जीव है; (3) अनन्त चितिशक्ति, और (4) वह चितिशक्ति जो सब प्राणियों के मन के सूक्ष्म[1] प्रभावों के अन्दर प्रतिबिम्बित होती है और जो मेघरूपिणी माया के अन्दर अवस्थित है और जिसका ईश्वररूपी ब्रह्म के ऊपर प्रभाव है। उक्त विवरण से यह परिणाम निकलता है कि जहां जीव मन के अन्दर प्रतिबिम्बित चितिशक्ति का नाम है, ईश्वर वह चितिशक्ति है जो माया के अन्दर प्रतिबिम्बित है और माया प्राणिमात्र के सूक्ष्म प्रभावों से रंजित है। 'पंचपादिकाविवरण' नामक ग्रन्थ का रचयिता जीव को ईश्वर का प्रतिबिम्ब मानता है।[2] कहीं-कहीं माया से प्रभावित जीव को ही ईश्वर कहा गया है।

39. एकजीववाद तथा अनेकजीववाद

शंकर ऐसे सिद्धान्त का समर्थन नहीं करते जिसके अनुसार अविद्या की उपाधि से युक्त जीव एक है, जिस प्रकार अविद्या एक है। क्योंकि यदि सब आत्माएं एक जीव हैं तब जब पहली-पहली बार कोई एक आत्मा मुक्ति को प्राप्त होती है तो सांसारिक जीवन की समाप्ति हो जानी चाहिए थी किन्तु तथ्य ऐसा नहीं है। ब्रह्म अविद्या से उत्पन्न भिन्न-भिन्न अन्तःकरणों की उपाधि से प्रतिबन्धित अनेक जीवात्माओं में विभक्त हो जाता है, किन्तु माया और अविद्या के ब्रह्म के साथ सम्बन्ध की समस्या ने अर्वाचीन अद्वैत के अन्दर अनेक प्रकल्पनाओं को जन्म दिया जिनमें से मुख्य दो हैं—एकजीववाद और अनेकजीववाद।

जीव एक है और भौतिक शरीर भी एक है। यह शरीरधारी चितिशक्ति यथार्थ है एवं अन्य शरीरों में स्वप्न में देखे गए शरीरों के समान चितिशक्ति का अभाव पाया जाता है। अनेकत्व विशिष्ट जगत् एक जीव की अविद्या के कारण कल्पित किया गया है किंतु इस प्रकार के एकजीववाद का ब्रह्मसूत्र, 2 : 1, 22; 2 : 1, 33 और 1 : 2, 3 के साथ विरोध होता है। जगत् का स्रष्टा जीव नहीं है, किन्तु जीव से भिन्न ईश्वर है, जिसकी सृजनात्मक क्रियाशीलता केवल लीला के कारण है। क्योंकि उसकी समस्त इच्छाएं पहले से ही पूर्ण हैं इसलिए उसे सृष्टिरचना के लिए अन्य कोई प्रेरक भाव नहीं हो सकता। इस प्रकार इन लेखकों का मत है कि मुख्य जीव एक ही है अर्थात् हिरण्यगर्भ जो ब्रह्म का प्रतिबिम्ब है और अन्य जीव उसी एक जीव के मात्र आभास हैं जो हिरण्यगर्भ के प्रतिबिम्ब हैं और इन्हीं आभासों के साथ बन्धन तथा अन्तिम मोक्ष सम्बद्ध है। ये लेखक जीव की एकता के सिद्धान्त को इस शर्त के साथ स्वीकार करते हैं कि अनेक भौतिक शरीर भी विद्यमान हैं जिनमें से प्रत्येक के अन्दर एक अयथार्थ जीव है। एकजीववाद का एक तीसरा भेद भी है जिसके अनुसार जीव एक ही है जो अनेक शरीरों में से प्रत्येक के अन्दर रहता है। चितिशक्ति का

---

1. धीवासना।

2. ये सब बृहदारण्यक उपनिषद्, 6 : 7, और भगवद्गीता के ऐसे वाक्यों को, जैसे 'ईश्वर : सर्वभूतानां हृद्देशेऽर्जुन तिष्ठति' को अपने मत की पुष्टि के लिए आधार मानते हैं।

व्यक्तित्व भौतिक शरीरों के संख्या-सम्बन्धी भेद के ऊपर निर्भर करता है। इस मत को माननेवाले कहते हैं कि इस प्रकार की आपत्ति में कोई बल नहीं है कि जिस प्रकार वही एक व्यक्ति जब कि उसके शरीर के भिन्न-भिन्न भाग प्रभावित होते हैं नाना प्रकार की अभिज्ञता रखता है, इसी प्रकार एक ही जीव उन सब संख्याकृत भिन्न-भिन्न भौतिक शरीरों के, जिनमें वह रहता है, सुख-दुःख से भी अभिज्ञ हो सकता है। क्योंकि उनका कहना है कि यह तथ्य कि हमें पूर्वजन्मों के सुख एवं दुःख का ज्ञान नहीं रहता, यह सिद्ध करता है कि यह भौतिक शरीरों का संख्याकृत भेद ही है जिसके कारण इस प्रकार के ज्ञान में बाधा आती है। वे जीव के एकत्व-सम्बन्धी सिद्धान्त के साथ-साथ शरीरों के अनेकत्व को भी मानते हैं।

अविद्या के सम्बन्ध में जो भिन्न-भिन्न विचार हैं उनके कारण अनेकजीववाद के भी विविध भेद हैं (1) अन्तःकरण के रूप में जो अविद्या की उपस्थिति है यह जीव के स्वरूप के लिए अनिवार्यतः आवश्यक है। यदि अन्तःकरण आदि ऐसी उपाधियां हैं जो किसी जीव का निर्माण करती हैं और यदि ऐसी इन्द्रियां अनेक हैं तो परिणाम यह निकलता है कि जीव भी अनेक हैं। (2) दूसरों का मत है कि यद्यपि अविद्या एक है जो ब्रह्म के अन्दर अधिष्ठान के रूप में निवास करती है तथा ब्रह्म को ढक देती है, और मोक्ष भी इसके अतिरिक्त और कुछ नहीं कि इस अविद्या का नाश हो जाता है तो भी अविद्या के हिस्से हैं और यह अवश्य स्वीकार करना चाहिए कि अविद्या के कुछ हिस्से (जिसे दूसरे शब्दों में इसकी विक्षेपकशक्ति कहा गया है) ऐसे मनुष्य की अवस्था में विद्यमान रहते हैं जो जीवन्मुक्त हो जाता है; यह अविद्या एक अंश में तब समाप्त हो जाती है जब ब्रह्म का ज्ञान उत्पन्न होता है और अन्य भागों में, अर्थात् शेष प्रतिबन्धक अवस्थाओं में, पूर्व की भांति निरन्तर रहती है (जीवन्मुक्त अवस्था में जीवात्मा अपने शरीर के अस्तित्व से अभिज्ञ रहता है, संस्कार के रूप में अथवा मानसिक धारणा के रूप में जो अविद्या का सूक्ष्मरूप; विदेह-कैवल्य की अवस्था में शरीर की चितिशक्ति विलुप्त हो जाती है।) (3) एक तीसरे प्रकार का मत, उक्त मत के ही सदृश, यह मानता है कि बन्धन अविद्या तथा चितिशक्ति के कारण ही होता है और इस सम्बन्ध की समाप्ति पर ही मोक्ष प्राप्त होता है। अविद्या का चितिशक्ति के साथ क्या सम्बन्ध है, इसका निर्णय अन्तःकरण अथवा मन के द्वारा ही होता है। जब ब्रह्म के साक्षात्कार से मन की समाप्ति हो जाती है तब अविद्या का सम्बन्ध भी चितिशक्ति के उस विशेष भाग के साथ समाप्त हो जाता है यद्यपि पूर्व की भांति चितिशक्ति के शेष भागों के साथ यह सम्बन्ध बराबर बना रहता है। (4) अविद्या एक पूर्ण इकाई है और वह प्रत्येक जीव में पूर्णरूप से अवस्थित रहती है, जो जीव से ब्रह्म को ढके रहती है। परम मोक्ष तब प्राप्त होता है जब अविद्या किसी जीव का साथ छोड़ देती है। (5) अविद्या के कई भाग हैं, जो प्रत्येक जीव को बांटे गए हैं। जीव-विशेष से सम्बद्ध अविद्या के नाश का नाम ही मोक्ष है। जगत् का उत्पत्ति-स्थान एक पूर्ण इकाई के रूप में सामुदायिक रूप से सब अविद्याओं के अन्दर है और ज्यों ही इनमें से कोई भी सूत्र नष्ट हो जाता है तो यह समाप्त हो जाता है और उस समय शेष बचे हुए सूत्रों से जैसे कपड़े का एक नया थान उत्पन्न

होता है इसी प्रकार यह जगत् सब अविद्याओं से सामूहिक रूप में उत्पन्न होता है और जब जीवों में से कोई भी मोक्ष प्राप्त करता है तो यह समाप्त हो जाता है और उस समय सब जीवों के लिए एक सामान्य नया जगत् शेष अविद्याओं से उत्पन्न होता है। (6) अविद्या का प्रत्येक भाग एक पृथक् तथा भिन्न प्रकार के जगत् को जन्म देता है। ऐन्द्रिक तथा समस्त जंगम जगत् प्रत्येक व्यक्ति के लिए परिमित है और उस व्यक्ति-विशेष के अन्दर रहनेवाली अविद्या से उत्पन्न हुआ है उसी प्रकार जिस प्रकार केवल प्रतीति-रूप चांदी (जिसका आभास सीप के स्थान पर हुआ है) प्रत्येक द्रष्टा के लिए भिन्न है और उस व्यक्तिविशेष के अन्दर रहनेवाली अविद्या से उत्पन्न हुई है।...किन्तु ये अनेक जगत् एकरूप प्रतीत हों यह उसी प्रकार एक बिलकुल मिथ्या विचार है जैसे कि यह कहना कि "मैंने भी उसी चांदी को देखा जिसे तुमने देखा।" (7) कुछ दूसरों का मत है कि जगत् केवल एक ही है जिसका उपादान कारण माया है और जो ईश्वर में रहती है और जो जीवों में रहनेवाली अविद्याओं के पुंज से भिन्न है। दूसरी ओर इन अविद्याओं का काम अंशतः ब्रह्म को ढकना और अंशतः प्रतीतिरूप पदार्थों का विक्षेप द्वारा प्रदर्शन करना है, जिस प्रकार मिथ्यारूप चांदी जो सीप के अन्दर दिखाई दी, तथा वे पदार्थ जो स्वप्न में दिखाई दिए।[1]

40. नीति शास्त्र

इस विश्व के समग्र विषय क्रम में केवल मानवीय जीवात्मा ही एकमात्र नैतिक नियमों के अधीन है। वह जानता है कि उसके सम्बन्ध अनन्त तथा सान्त दोनों लोकों के साथ हैं। सान्त जगत् में अनन्त का व्यापार कवितामय दृष्टिकोण नहीं वरन् दर्शन-शास्त्र का एक गम्भीर सत्य है। उस अनन्त (ब्रह्म) का समस्त सान्त जगत् में निवास है और मनुष्य इस तथ्य से अभिज्ञ है। यद्यपि वह ऐसे संघटन में आबद्ध है जिसका निर्णीत निर्माण यान्त्रिक रचना की दृष्टि से भूतकाल के द्वारा होता है तो भी सत्य, सौन्दर्य और कल्याण रूपी अनन्त आदर्श उसके अन्दर कार्य करते हैं तथा उसे इस योग्य बनाते हैं कि वह उक्त आदर्शों में चुनाव कर सके तथा उन्हें अधिकतर क्रियात्मक रूप दे सके। यह इसलिए है चूंकि अनन्त ब्रह्म की अभिव्यक्ति अत्यधिक रूप में मनुष्य नीति के ही अन्दर होती है और इसलिए मनुष्य नैतिक तथा तार्किक क्रियाशीलता का अधिकारी है।[2] जब तक जीवात्मा उक्त नैतिक आदर्शों के लिए परिश्रम करता है किन्तु उन्हें प्राप्त नहीं कर लेता तब तक वह बन्धन में है; किन्तु जैसे ही वह अनन्त ब्रह्म के समीप पहुंचता है, आन्तरिक खिंचाव शिथिल हो जाता है और आनन्द के स्वातंत्र्य से उसकी आत्मा पूर्ण हो जाती है। ब्रह्म का साक्षात्कार ही जीवन की समस्त क्रियाओं का उद्देश्य है क्योंकि ब्रह्म केवल सत् एवं चित् ही नहीं है वरन् आनन्द-रूप भी है। और इस प्रकार समस्त प्रयत्नों का ध्येय है।[3] ब्रह्मात्मैकत्व अथवा अनन्त यथार्थ सत्ता के साथ तादात्म्य भाव का बोध ग्रहण ही जीवन का अन्तिम लक्ष्य है, "प्रत्येक आत्मा का समुचित भोजन"[4] और एकमात्र सर्वश्रेष्ठ तथा महत्त्वपूर्ण है।

---

1. देखें सिद्धान्तलेश। 2. प्राधान्यात्...कर्मज्ञानाधिकारः (शांकरभाष्य, तैत्तिरीय उपनिषद्, 2 : 1)
3. 'प्रयोजनसूचनार्थम् आनन्दग्रहणम् वेदान्तपरिभाषा पर शिखामणि की टीका-प्रस्तावना)।
4. फीड्रस, पृष्ठ 247।

जब तक इसकी प्राप्ति नहीं होती, सान्त आत्मा अपने-आप में बेचैन रहती है।" तीनों लोकों में प्रत्येक व्यक्ति सुख के साधनों के संचय के लिए प्रयत्नवान रहता है, दुःख के साधनों के लिए नहीं।"[1] सब मनुष्य सर्वोत्तम की खोज में रहते हैं और उसे प्राप्त करने का प्रयत्न करते हैं जैसा कि ब्राउनिंग ने भी कहा है :

> "उन सबका, जो अपने मिथ्या कर्म के रहते हुए भी श्रेष्ठता से सम्पृक्त हैं, सभी का झुकाव ऊपर की दिशा में है यद्यपि वे दुर्बल हैं, खान में उगने वाले ऐसे वानस्पतिक पौधों के समान, जिन्होंने कभी सूर्य का लाभ नहीं उठाया, वे केवल उसका स्वप्न देखते और अनुमान कर लेते हैं वह कहां हो सकता है, और इस प्रकार अपनी ओर से पूरा-पूरा पुरुषार्थ उस तक पहुंचने के लिए करते हैं।"

ऐसे सर्वोत्तम फल भी जो हम सांसारिक जीवन-रूपी वृक्ष से तोड़ सकते हैं, हमारे मुख में जाकर भस्म हो जाते हैं। सर्वाधिक सुख नीरस हो जाता है, यहां तक कि स्वर्ग का जीवन भी अत्यल्प अथवा क्षणभंगुर है। कल्याणकारी कर्ममात्र अथवा मधुर संगीतलहरी का आनन्द अथवा चिन्तनशील अन्तर्दृष्टि क्षणभर के लिए हमें अपने व्यक्तित्व के संकीर्ण क्षेत्र से ऊपर उठाता प्रतीत हो सकता है किन्तु ये सब हमें चिरस्थायी सन्तोष प्रदान नहीं कर सकते। केवल एक ही विषय ऐसा है जो हमें चिरस्थायी सन्तोष प्रदान कर सकता है और वह है ब्रह्म का अनुभव। यही सुख तथा शान्ति की सर्वोच्च अवस्था है एवं जीवात्मा के विकास की पूर्णता है।[2] दुर्भाग्यवश हमें कष्ट इसलिए होता है कि हम इस जगत् में लिप्त रहते हैं, इसके छायाभासों के ऊपर भरोसा रखने में रुचि दिखाने और जब परिमित सन्तोष की उपहास-रूप प्रतिकृतियां, ज्योंही हम उनके समीप पहुंचने लगते हैं, विलोप हो जाती हैं तो निराशा का अनुभव करने लगते हैं। "जीवात्मा पाप और सन्ताप में निरंतर नीचे ही नीचे डूबता जाता है जब तक वह यह समझता है कि यह शरीर ही आत्मा है, किन्तु ज्यों ही उसे यह निश्चय हो जाता है कि यह विश्वात्मा का ही अंश है, उसका दुःख-सन्ताप निःशेष हो जाता है।"[3] हम यथार्थ सत्ता को अपने किसी मानसिक आदर्श के अनुकूल बनाकर स्वार्थसिद्धि नहीं कर सकते किन्तु केवल उसका शासन कर सकते हैं। शंकर की दृष्टि में, दर्शनशास्त्र की उत्पत्ति 'क्या होना चाहिए' में नहीं, अपितु 'क्या है' इसके बोधग्रहण में है। अनन्त सत्ता का यथार्थ सत्ता के रूप में आध्यात्मिक ज्ञान हमें शांति और सुख की ओर ले जाता है।

समस्त नैतिक कल्याणकारी कार्यों का महत्त्व इसी में है कि वे उद्देश्य-प्राप्ति के साधन हैं क्योंकि वे भेदपरक जगत् से जकड़े हुए हैं। आत्मसाक्षात्कार ही परम कल्याणकारी कार्य

---

1. शतश्लोकी, पृष्ठ 15।

2. "मोक्ष का सार असीम सुख तथा दुःख का नितांत अभाव है। चूंकि वह सर्वथा स्पष्ट है कि मनुष्य दोनों को चाहते हैं इसलिए मोक्ष की कामना सदा ही बनी रहती है।" (संक्षेप शारीरक, 1 : 67)। तुलना करें, स्पिनोज़ा : "हमारा समस्त सुख अथवा दुःख केवल ऐसे प्रमेय पदार्थ के ऊपर निर्भर करता है जिसके ऊपर हमारा प्रेम केन्द्रित है–किन्तु ऐसी सत्ता के प्रति प्रेम, जो नित्य और अनन्त है, मन को ऐसे सुख से भर देता है जिसमें शोक व दुःख का लेशमात्र भी नहीं है" ('द इंटेलेक्टस् एमेंडेशन', पृष्ठ 9 और 10)।

3. शांकरभाष्य, मुण्डकोपनिषद् पर, 3 : 1, 2।

है एवं नैतिक कल्याणकारी कर्म केवल सापेक्ष दृष्टि से ही इस श्रेणी में आ सकते हैं। नैतिक दृष्टि से जो कल्याणकारी है वही अनन्त की प्राप्ति में सहायक हो सकता है और जो नैतिक दृष्टि से अश्रेयस्कर है वह इसके प्रतिकूल है।

उचित कर्म वह है जो सत्ता को धारण करता है और अनुचित वह है जो असत्य से पूर्ण है।[1] जो कोई भी कर्म हमें उत्तम भविष्य जीवन की ओर ले जाते हैं वे कल्याणकारी कर्म हैं और जो हमें अधम प्रकृति के भावी जीवन की ओर ले जाते हैं वे पाप-कर्म हैं। जीवात्मा अपने अनन्त स्वरूप को उत्तम बनाने का प्रयत्न करता है और जगत् उसकी रचना है। ईश्वर में विश्वास रखने वाले पुरुष को चाहिए कि वह समस्त विश्व से प्रेम करे, क्योंकि यह ईश्वर की कृति है। सच्ची शान्ति तथा श्रेष्ठता स्वाधिकार के प्रति आग्रह करने में नहीं है, न व्यक्ति के निजी कल्याण के लिए प्रयत्न करने में ही है, अपितु अपने को विश्व के यथार्थ सत् के प्रति भेंट रूप में समर्पण कर देने में है। अहंकार का भाव सबसे अधिक अशुभ कर्म है तथा प्रेम और दया सबसे अधिक कल्याणकारी कर्म हैं। समाज-कल्याण के साथ अपनी एकता स्थापित करके हम यथार्थ में अपने वास्तविक उद्देश्यों की प्राप्ति करते हैं। प्रत्येक व्यक्ति को अपनी इन्द्रियों का, जो अहंकार उत्पन्न करती हैं, दमन करना चाहिए; अभिमान का स्थान नम्रता को देना चाहिए, क्रोध का स्थान क्षमा को, परिवार के प्रति संकीर्ण आसक्ति के भाव का स्थान जीवमात्र के प्रति उपकार के भाव को लेना चाहिए। कर्म-मात्र का ही इतना महत्त्व नहीं है जितना कि उस इच्छा का है जो अपने स्वार्थमय हित का दमन करके सामाजिक हित की इच्छा को प्रधानता देती है। कर्तव्य के रूप में मनुष्य को इस प्रकार के अवसर दिए गए हैं कि वह अपने पृथक् आत्म-भाव को छोड़कर सारे जगत् की उन्नति में अपनी उन्नति समझे। शंकर अपने समय की मान्यताओं को स्वीकार करते हुए हमें उपदेश देते हैं कि शास्त्र द्वारा निषिद्ध पाप-कर्मों से हमें बचना चाहिए। वेद का स्वाध्याय, यज्ञ, ज्ञान, तपश्चर्या और उपवास—ये सब ज्ञान-प्राप्ति के साधन हैं।[2] ये सदाचार के पोषक हैं, आत्मा को पवित्र करते और अन्तर्दृष्टि को सूक्ष्म बनाते हैं। यद्यपि कुछेक अपवाद-स्वरूप आत्माएं सत्य को तुरंत ग्रहण कर ले सकती हैं तो भी एक साधारण मनुष्य के लिए समय और पुरुषार्थ की आवश्यकता होती है। जीवन के दैनिक कर्तव्यों की पूर्ति तथा गृहस्थ-सम्बन्धी पवित्रता की मांग[3] मन को ब्रह्म-साक्षात्कार के योग्य बना देती है।[4] वैदिक कर्मकाण्ड, यदि उसका नियमपूर्वक पालन किया जाए तो, अभ्युदय (अर्थात्, यौगिक अर्थों में संसार-रूपी सोपान के ऊपर चढ़ना अथवा उन्नति करना) का कारण है किन्तु निःश्रेयस् अर्थात् मोक्ष का कारण नहीं है।[5] जहां परम यथार्थ सत्ता के स्वरूप-ज्ञान के लिए आध्यात्मिक अन्तर्ज्ञान का परिणाम मोक्ष होता है वहां ईश्वर की पूजा किसी भी रूप में नानाविध कार्यों की ओर

1. तुलना करें, "ऐसा प्रत्येक व्यक्ति, जो कुकर्म करता है, प्रकाश से घृणा करता है" (सेंट जॉन, 3 : 19)।
2. बृहदारण्यक उपनिषद्, 4 : 4, 22।
3. शांकरभाष्य, 3 : 4, 26।
4. 4 : 1, 4।
5. मुण्डकोपनिषद् पर शांकरभाष्य, प्रस्तावना।

हमें ले जाती है यद्यपि ये सब सांसारिक जगत् तक ही सीमित हैं।[1] वे हमें स्वार्थपरक इच्छा, घृणा तथा आलस्य से बचने में एवं दुःख के समय धैर्य, शान्ति तथा स्थिरता प्राप्त करने में सहायक होते हैं। भक्तिपूर्वक ध्यान लगाने से ज्ञान-प्राप्ति होती है। भक्ति ज्ञान में सहायक होती है। यथार्थ ज्ञान केवल ऐसे ही पुरुष प्राप्त कर सकते हैं जिनके मन कठोर नियन्त्रण द्वारा इसके लिए सज्जित हैं। इसका तात्पर्य यह नहीं है कि मन के अन्दर एक इस प्रकार के ज्ञान को डालना है जिससे वह वंचित है। सत्य आत्मा के मध्य में विद्यमान है। वह अपना प्रकाश दे सके, इसके लिए मन को नश्वर जगत् की ओर से हटाना चाहिए। हमें अपनी बोधग्रहण की शक्ति को ऐसा पारदर्शक बनाना चाहिए जैसा कि लैम्प का शीशा होता है जिसमें से अन्दर का प्रकाश अपनी चमक देता है। "यद्यपि आत्मा सब कालों में विद्यमान है और सब वस्तुओं में है किन्तुः वह सब वस्तुओं में प्रकाशित नहीं होती। इसका प्रकाश केवल बोधशक्ति अथवा मेधा के द्वारा ही होता है जिस प्रकार प्रतिबिम्ब केवल चिकने धरातलों पर ही पड़ सकता है।"[2] शंकर ने दार्शनिक ज्ञान को बहुत महत्त्व दिया है और यह धार्मिक जीवन व्यतीत करने से ही प्राप्त हो सकता है। ज्ञान ही एकमात्र मोक्ष की ओर ले जाता है अन्य साधन परोक्षरूप में उसकी प्राप्ति के लिए साधन बनते हैं।[3] "ब्रह्म को जानने की अभिलाषा ऐसे ही पुरुष के अन्दर उठती है जिनका मन पवित्र हो, जो कामनाओं के वश में न हो और जो इस जन्म में अथवा पूर्व जन्मों में किए कर्मों से स्वतन्त्र होकर लक्ष्यों तथा उनके साधनों के बाह्य एवं अल्पकालिक मिश्रण से निराश हो चुका हो।"[4] शंकर योगाभ्यास के सिद्धान्त को मानते हैं जिसका मुख्य उद्देश्य समाधि, जिसे उन्होंने संराधन अथवा पूर्ण सन्तोष का नाम दिया है और जिसका अर्थ है इन्द्रियों को प्रत्येक बाह्य वस्तु से हटाकर अपने ही स्वरूप के अन्दर केन्द्रित करना। अद्वैत यम, नियम आदि बहिरंग साधनों तथा धारणा और ध्यान-रूपी अन्तरंग साधनों में भेद मानता है।[5] आभ्यन्तर मांग है कि नित्य और अनित्य के अन्दर भेद करना चाहिए, लौकिक अथवा पारमार्थिक कल्याण के लिए सब प्रकार के स्वार्थपरक प्रयत्नों से अनासक्ति तथा साम, दाम, उपरति (त्याग), तितिक्षा, समाधि (एकाग्रता) तथा मानसिक श्रद्धा और अन्त में मोक्ष-प्राप्ति के लिए उत्कट अभिलाषा की आवश्यकता है। इन सबसे सत्य ज्ञान का उदय होता है।[6]

एक ऐसा विचारक, जो सत्य के एक विस्तृततर विचार की ओर पग बढ़ा रहा

---

1. शांकरभाष्य, 1 : 1, 24; और भी देखें, 3 : 2, 21।
2. सदा सर्वगतोऽप्यात्मा न सर्वत्रावभासते।
   बुद्धया वेवावभासेत स्वच्छेषु प्रतिबिम्बवत्॥ (आत्मबोध, पृष्ठ 17)
3. शांकरभाष्य, 4 : 1, 1; तैत्तिरीय उपनिषद् पर शांकरभाष्य, 1 : 3।

प्लेटो दार्शनिकों के लिए ज्ञान-प्राप्ति का विधान करता है जिसका अन्तिम फल कल्याण (श्रेयस्) का विचार है तथा अन्यों के लिए सत्य सम्मति का जिसकी पहुंच अपने स्थान तथा कर्तव्यों तक ही है। देखें, 'फ्रीडो' और 'रिपब्लिक'। इसी प्रकार अरस्तू साधारण पुरुषों के लिए 'नैतिक धर्मों' का विधान करता है जो अधिकतर 'मानवीय व्यापार है' और ऐसे मनुष्यों के लिए, जिनका लक्ष्य अमरत्व-प्राप्ति है, तर्क का प्रयोग बताया गया है "जो उत्तम तथा दैवीय वस्तुओं का बोध करा सकता है।" ('निकोमैकीन ऐथिक्स', 10 : 8)।

4. केनोपनिषद् पर शांकरभाष्य, प्रस्तावना और भी देखें, छान्दोग्य उपनिषद् पर शांकरभाष्य, प्रस्तावना; और 8 : 5, 1; बृहदारण्यक; 4 : 4, 22; कठ 1 : 2, 15।

5. वेदांत प्रतिपादित श्रवण और मनन धारणा इसके उपायों के अनुकूल है। तथा निदिध्यासन ध्यान के और दर्शन समाधि के अनुकूल है। 6. शांकरभाष्य 3 : 4, 27।

है, अपने समय की सामान्य मान्यताओं की सर्वथा उपेक्षा नहीं करता। यद्यपि जन्म के ऊपर आश्रित वर्ण की व्यवस्था का प्रभाव शंकर की दृष्टि में शक्तिशाली नहीं रह गया था, तो भी, उन्होंने इसके अन्दर विश्वास के लिए गुंजाइश रखी है। इस प्रकार की परम्परागत प्रकल्पना के आधार पर, कि किसी वर्ण-विशेष में जन्म लेना आकस्मिक घटना नहीं है वरन् किसी पूर्व जन्म में किए गए आचरण का आवश्यक परिणाम है। शंकर का झुकाव उच्च वर्णों के मनुष्यों, देवताओं तथा ऋषियों के लिए ही वेदाध्ययन का अधिकार मानने की ओर है।[1] यद्यपि शंकर का यह मत है कि किसी भी वर्ण का कोई भी मनुष्य उच्चतम ज्ञान प्राप्त कर सकता है।[2] उनका आदेश है कि ऐसे मनुष्यों को जो ब्राह्मण धर्म में प्रतिपादित जीवन के नियमों का पालन करते हैं, वर्णों तथा आश्रमों के लिए निर्दिष्ट कर्त्तव्यों पर आचरण करना चाहिए। यद्यपि ब्राह्मण का कार्य वेदाध्ययन करना तथा ज्ञान-सम्पादन करना है, अन्यों को पूजा इत्यादि करनी चाहिए तथा ब्रह्म-ज्ञान-प्राप्ति के उसी सामान्य लक्ष्य को प्राप्त करना चाहिए।[3] शंकर के विचारों में इस प्रकार के दावे के लिए कि केवल वेदाध्ययन ही से ब्रह्मज्ञान की प्राप्ति होती है, समर्थन ढूंढ़ना कठिन है। दर्शनशास्त्र तथा हिन्दू धर्म-सम्बन्धी अपने विचारों में भी शंकर ने परस्पर-विरोधी दावों का समन्वय करने का प्रयत्न किया है। सर्वोच्च ब्रह्मज्ञान की प्राप्ति के मार्ग को बिना किसी जाति तथा सम्प्रदाय के भेदभाव के पुरुष-मात्र के लिए खुला बताकर शंकर ने अपनी मौलिक मानवीयता का परिचय दिया है इसी से अपने वेदान्त दर्शन के तार्किक संकेतों के प्रति उनकी दृढ़ भक्ति का भी परिचय मिलता है किन्तु वे ब्राह्मण धर्म के इस प्रकार के विश्वास को भी मानते हैं कि विदुर के समान शूद्र, जिन्होंने उच्चतम ज्ञान प्राप्त किया, अपने पूर्व जन्म के आचरण के बल पर ही किया था। यदि किसी शूद्र के अन्दर इस समय सत्य को ग्रहण करने की योग्यता पाई जाती है तो हमें मानना चाहिए कि उसने पूर्व जन्म में वेद का अध्ययन किया है। इस प्रकार शंकर इस विश्वास का कि केवल द्विजाति के पुरुषों को ही मोक्ष-प्राप्ति का एकाधिकार प्राप्त है, उच्छेदन कर देते हैं। वे ऐसे सब व्यक्तियों को, जिन्हें आध्यात्मिक अन्तर्दृष्टि प्राप्त है, अपना गुरु मानने को उद्यत थे, भले ही वे ब्राह्मण हों अथवा अस्पृश्य शूद्र हों। "ऐसा व्यक्ति, जो इस लौकिक जगत् को अद्वैत के रूप में देखता है, मेरा सच्चा गुरु है चाहे वह चाण्डाल हो अथवा द्विज हो। यह मेरा दृढ़ विश्वास है।"[4]

आश्रम-सम्बन्धी नियमों के ऊपर बल दिया गया है। मोक्ष की प्राप्ति के लिए मनुष्य को संन्यासी बनना आवश्यक नहीं है। बृहदारण्यक तथा छान्दोग्य उपनिषदों में गृहस्थों ने ब्रह्मविद्या की प्राप्ति की तथा उसकी शिक्षा भी दी, तथापि संन्यासियों का अधिकार उक्त कार्य के लिए सर्वोपरि है; उनके लिए अन्यों की अपेक्षा ब्रह्मविद्या की प्राप्ति आसान है, क्योंकि उनके लिए क्रियात्मक पूजा करना, गृहस्थ के कर्त्तव्य, (वैदिक क्रियाकलाप) आवश्यक कर्त्तव्य नहीं है। शंकर ने इस विषय पर बल दिया है कि जो आश्रम-धर्म का पालन करते हैं उन्हें

1. जनश्रुति (छान्दोग्य उप. 4 : 1, 2), जिसे रैक्व ने शूद्र कहा यद्यपि जिसे उसने वेदों को पढ़ाया, और सत्यकाम जाबाल के आख्यानों की व्याख्या इस आधार पर की गई है कि जब तक शूद्र को सांसारिक जीवन में एक उच्च वर्ण में दीक्षित नहीं कर लिया जाता, वह ज्ञान की रक्षा करने के योग्य नहीं होता।

2. शांकरभाष्य, 3 : 4, 38।

3. पुरुषमात्रसम्बन्धिभिर्जपोपवासदेवताराधनादिभिर्धर्मविशेषैरनुग्रहो विद्यायाः सम्भवति।

4. मनीषापंचक। और भी देखें, कौपीनपंचक, पृष्ठ 3 और 5।

मोक्ष-प्राप्ति से पूर्व अवश्य संन्यास ग्रहण करना चाहिए यद्यपि ऐसे व्यक्तियों के लिए जो आश्रमधर्म का पालन नहीं करते, यह आवश्यक कर्तव्य नहीं है। संन्यासियों की स्थिति ब्रह्म में है (ब्रह्मसंस्थाः) "अन्य तीनों आश्रमों में अवस्थित पुरुषों के लिए इस प्रकार की अवस्था प्राप्त करना असम्भव है, क्योंकि श्रुति कहती है कि यदि वे अपने-अपने आश्रमों के कर्त्तव्य-कर्मों तथा नियमों का पालन न करेंगे तो उनकी हानि होगी; किन्तु उक्त कर्त्तव्य कर्मों के करने से संन्यासी की कोई हानि नहीं होती।"[1] इसके अतिरिक्त, "यद्यपि ज्ञान-सम्पादन का आदेश सब किसी के लिए है वह चाहे जीवन के किसी भी संघ में क्यों न हो, तो भी केवल संन्यासी का प्राप्त किया हुआ ज्ञान ही मोक्ष-प्राप्ति की ओर ले जाता है; ऐसा ज्ञान नहीं जो कर्म से संयुक्त हो।[2] शंकर ने हिन्दुओं के क्रियात्मक धर्म में नियन्त्रण के अभाव का अनुभव किया और यह भी अनुभव किया कि उसका कोई सामान्य मानदण्ड भी नहीं है। अतएव उन्होंने इस प्रकार संन्यासी संघ की एक ऐसी संस्था फिर से बनाई तथा हिन्दू धर्म के बौद्ध संघ के समान नियन्त्रण के लाभ भी प्राप्त किए।[3] संन्यासव्रत की दीक्षा से दीक्षित संस्था में स्त्रियों को प्रविष्ट करने के जो कुपरिणाम शंकर के समक्ष थे उनसे उद्विग्न होकर शंकर ने अपने मठों में से स्त्रियों का बहिष्कार किया क्योंकि उक्त मठ मुख्य रूप में ज्ञान-प्राप्ति के पीठ थे और ऐसे व्यक्तियों के लिए आश्रम का कार्य करते थे जो स्वेच्छा से निर्धनता, जीवन की कठोर पवित्रता तथा जगत् की दासता से मुक्ति को स्वीकार किए हुए थे। शंकर ने अपने स्थापित मठों में जन्मगत जातिभेद की सर्वथा उपेक्षा की।

वर्णाश्रम धर्म के नियम हिन्दुओं के लिए आवश्यक हैं, क्योंकि वे मनुष्य-समाज के उच्चतर मस्तिष्क के प्रवक्ता हैं। ऐसे व्यक्तियों के ऊपर जिनका जीवन केवल मनुष्य समाज के लिए ही नहीं है, उक्त नियमों को बाहर से हठात् आरोपित किया गया है, ऐसा न समझना चाहिए। किसी भी व्यक्ति का नैतिक मूल्य पूर्णरूप से उसी के आधार पर नहीं आंका जाना चाहिए जो कुछ वह मनुष्य-समाज को देता है। मनुष्य एक मिट्टी का ऐसा ढेला नहीं है जिसका बाहर से रूपान्तर किया जा सके। उसको अन्दर की प्रेरणा की आवश्यकता है। शास्त्र किसी मनुष्य को विशेष प्रकार का कार्य करने के लिए विवश नहीं करते; किन्तु एक जाति-विशेष के सामूहिक अनुभव रखने वाले मनुष्यों को केवल प्रेरणा देते हैं।[4] सामान्य सिद्धान्तों के अतिरिक्त परम्पराएं भी स्थानभेद से परिवर्तित होती रहती हैं।[5] ज्यों-ज्यों हम ऊपर की ओर उन्नति करते जाते हैं, नैतिक जीवन गहन होता जाता है।[6] प्रथा के अनुसार प्रचलित नैतिकता एक ऐसी वस्तु है जो सदा उन्नति करती रहती है। जीवन की वैदिक व्यवस्था ज्ञान के लिए

---

1. शांकरभाष्य, 3 : 4, 20।
2. शांकरभाष्य, मुण्डकोपनिषद् की प्रस्तावना। संन्यासनिष्ठैव ब्रह्मविद्या मोक्षसाधनं न कर्मसहितेति।
3. शंकर के अनुसार विद्यारण्य (देखें ऐतरेयोपनिषद् पर भाष्य की प्रस्तावना) ने विविदिषा संन्यास अर्थात् जिज्ञासु के विद्वत्संन्यास एवं मुक्त पुरुषों के संन्यास में भेद किया है। इनमें से प्रथम तो ऐच्छिक है और दूसरा विद्या की प्राप्ति के पीछे आता है। पहले प्रकार का संन्यास यदि स्वीकार किया गया तो शास्त्रीय विधि से उसको निभाना चाहिए, दूसरे के लिए कोई नियम-व्यवस्था बाध्य नहीं करती। देखें, जीवन्मुक्तिविवेक।
4. ज्ञापकं हि शास्त्रं न कारकम्। और भी देखें, बृहदारण्यक उपनिषद् पर शांकरभाष्य 2 : 1, 20।
5. शांकरभाष्य, 1 : 1, 4।
6. वही।

अनिवार्य सहायक नहीं है। यहां तक कि ऐसे व्यक्तियों ने भी जिनका उक्त व्यवस्था में अधिकार नहीं था, उच्चतम लक्ष्य को प्राप्त किया है। निर्धन लोग तथा जाति-बहिष्कृत भी प्रार्थना एवं पूजा तथा उपवास और स्वार्थ-त्याग के द्वारा ईश्वर की दया से उद्देश्य तक पहुंच जाते हैं।[1]

ऐसा पुरुष, जो उद्देश्य तक पहुंच गया है, सच्चा ब्राह्मण है, अर्थात् ब्रह्म को जानने वाला है। जिस प्रकार से वह जीवन-निर्वाह करता है, शंकर ने उसका वर्णन किया है और निम्नलिखित वाक्यों को उद्धृत किया है :

> "जिसे उच्च वर्ण अथवा नीच वर्ण में जन्म लेनेवाला कोई भी नहीं जानता, न कोई शिक्षित विद्वान् अथवा अशिक्षित की कोटि में जानता है, न कोई जिसे पुण्य कर्मों को करनेवाला और न पापकर्मों के कर्ता-रूप में जानता है, वही यथार्थ में ब्राह्मण है। जो कर्त्तव्यों में छिपे-छिपे रत रहता है और सर्वथा पूर्ण है उसका समस्त जीवन गुप्त रूप से ही बीतना चाहिए, मानो कि वह दृष्टिहीन, बधिर तथा इन्द्रियों से विहीन है; इस प्रकार यथार्थ ज्ञानी को संसार में से गुज़रना चाहिए।"[2]

यह एक ऐसा जीवन है जिसके अन्दर नम्रता तथा शान्ति का, पवित्रता तथा आनन्द का भाव है किन्तु केवल चिन्तनशील निष्क्रियता में निमग्न रहना नहीं है। उसके कर्म उसके बन्धन का कारण नहीं बनते। उसका कर्म सामान्य अर्थों में कर्म नहीं है।[3] जहां कुछेक मुक्तात्मा केवल जीवन-धारण के लिए ही (जीवनयात्रार्थम्) न्यून से न्यून कर्म करने का व्रत लेते हैं; अन्य व्यक्ति सांसारिक कर्मों में लिप्त हो जाते हैं (लोकसंग्रहार्थम्)[4] मुक्तात्माओं की इस प्रकार की क्रियाशीलता वैयक्तिक दृष्टिकोण में केन्द्रित नहीं होती[5] और इस प्रकार जीवात्मा को संसार चक्र में बांधनेवाली नहीं मानी जाती।[6] मुक्तात्मा—जो अपने पुरुषार्थ से मोक्ष प्राप्त करते हैं, संसार-मात्र को अपने दृष्टान्त में मोक्ष का मार्ग निर्देश करते हैं।

---

1. शांकरभाष्य, 3 : 4, 36-39।
2. यं न सन्तं न चासन्तं नाश्रुतं न बहुश्रुतम्।
   न सुवृत्तं न दुर्वृत्तं केद कश्चित् स ब्राह्मणः॥
   गूढ़धर्माश्रितो विद्वान् अज्ञातचरितं चरेत्।
   अन्धवत् जडवच्चापि मूकवच्च महीं चरेत्॥
   (शांकरभाष्य, 3 : 4, 50; 'ड्यूसंन्स सिस्टम आफ दि वेदान्त', अंग्रेज़ी-अनुवाद, पृष्ठ 144)
3. विदुषः क्रियमाणमपि कर्म परमार्थतोऽकर्मैव (भगवद्गीता पर शांकरभाष्य, 4 : 20)
4. भगवद्गीता पर शांकरभाष्य, 4 : 19।
5. शांकरभाष्य, 4 : 1, 13।
6. "केवल ऐसा ही पुरुष निःसन्देह आत्मज्ञानी है जो जाग्रतावस्था में प्रगाढ़ निद्रा की अवस्था के समान द्वैत को नहीं देखता; और यदि देखता भी है तो भी इसे अद्वैत ही की दृष्टि से देखता है; और जो कर्म करते हुए कर्मों के फलों से उन्मुक्त है।" (उपदेशसाहस्री, पृष्ठ 45)। "वही पुरुष यथार्थ में जीवन्मुक्त कहा जाता है जो अपने अहम्भाव को कर्म के साथ नहीं जोड़ता और न ही अपने मन के ऊपर किसी प्रकार का असर होने देता है।" "यथार्थ में जीवन्मुक्त उसे कहा जाता है जो समस्त पदार्थों के साथ घनिष्ठतम संपर्क रखते हुए भी सदा ही शान्त और उदासीन रहता है जैसा कि किसी अन्य व्यक्ति के कार्य में ही एवं शान्ति तथा सन्तोष के भाव से पूर्ण हो।" राम ने बसिष्ठ से प्रश्न किया "मुझे बताइए कि इन दो प्रकार के व्यक्तियों में कौन एक-दूसरे से श्रेष्ठ है—वह जो कि संसार में विचरता हुआ भी शान्त रहता है मानो दीर्घकाल की समाधि से अभी उठा हो; अथवा वह जो जगत् के किसी एकान्त कोने में समाधि लगा ले और उसी में बैठा रहे?"→

वैदिक निषेधाज्ञाओं और नैतिक नियमों की आवश्यकता ऐसे व्यक्तियों के लिए है जो संसारचक्र में बंधे हुए हैं किन्तु ऐसे पुरुष के जो कुछ इच्छा के समस्त वातावरण को पीछे छोड़ देता है तथा संसार के भेदों की ओर से मुंह मोड़ लेता है उनकी कोई आवश्यकता नहीं रहती।[1] प्रश्न उठाया जाता है कि क्या मुक्तात्मा पुरुष जो चाहे वह कर सकता है? शंकर उत्तर देते हैं कि स्वार्थपूर्ण आसक्ति, जो कर्म प्रेरक है, मुक्तात्मा में विद्यमान नहीं रहती इसलिए वह सर्वथा कोई कर्म नहीं करती।[2] कर्म की उत्पत्ति अविद्या से होती है, इसलिए आत्मा के सत्य ज्ञान के साथ कर्म नहीं रह सकता।[3] जहां एक ओर इस प्रकार के समाधान मुक्तात्मा के सम्बन्ध में सब प्रकार के कर्मों का निषेध करते प्रतीत होते हैं वहां शंकर के साहित्य में अन्य भी कितने ही वाक्य ऐसे हैं जो प्रतिपादन करते हैं कि मुक्तात्मा जो सब प्रकार की स्वार्थपरक इच्छाओं से परे है अनासक्ति के भाव में कर्म करता है।[4] उसके लिए कुकर्म करना असम्भव है। नैतिक विधान से मुक्ति मोक्ष की अवस्था में एक प्रकार के गौरव का विषय तथा अलंकार (आभूषण) है, ऐसा कहा गया है; किन्तु उक्त अवस्था नैतिक विधान के नियमों का उल्लंघन करने के लिए कोई आमन्त्रण नहीं है। किसी भी अवस्था में उक्त मोक्ष की दशा को नैतिकता की उपेक्षा के लिए प्रोत्साहन न मानना चाहिए। मुक्तात्मा ऊपर उठकर निरपेक्ष•परमब्रह्म के साथ एक इस प्रकार के निकट-सम्बन्ध में आ जाता है कि उसके लिए पापकर्म करना असम्भव हो जाता है। यथार्थ में पापकर्म करने के यह सर्वथा अयोग्य हो जाता है। शंकर के उक्त विचार का ईसाई धर्म के स्वेच्छाचारी सम्प्रदाय द्वारा प्रचारित विचार के साथ मिश्रण न करना चाहिए। यह निश्चित सत्य है कि "मुक्तात्मा के सम्मुख कोई उद्देश्य पूर्ति के लिए शेष नहीं रहता क्योंकि वह सब कुछ प्राप्त कर चुका होता है"[5], तो भी वह संसार के कल्याण के लिए कर्म करता है। इसके अतिरिक्त, जहां एक ओर शंकर का यह मत है कि मुक्तात्मा के लिए नैतिक बन्धन का कुछ अर्थ नहीं है, वे यह नहीं कहते कि वह नैतिक गुणों का परित्याग कर देता है।[6] नैतिक पूर्णता नैतिकता का अन्त नहीं, अपितु नैतिक व्यक्तित्व का ही अन्त करती है। सदाचार के नियमों का महत्त्व उसी समय तक रहता है जब तक हम अपने अन्तःस्थ पशुभाव के साथ ऊपर उठने के लिए संघर्ष करते

→ गुरु वसिष्ठ ने उत्तर में कहा : 'समाधि केवल उस आन्तरिक शान्ति का नाम है जो इस संसार तथा उन गुणों को, जो इस संसार की सृष्टि के कारण हैं, अनात्म रूप में जानकर प्राप्त होती है। इस प्रसादगुणयुक्त शान्ति को अपने अन्दर से इस निश्चय के साथ प्राप्त कर लेने पर कि 'मुझे पदार्थ से कुछ प्रयोजन नहीं है, योगी चाहे तो संसार में रहे, चाहे अपने को संसार में विरत करके समाधिस्थ हो जाए। हे राम! दोनों ही एक समान कल्याणकारी हैं, यदि इच्छारूपी अग्नि अपने अन्दर ठण्डी हो गई है।"

1. तुलना करें, : निस्त्रैगुण्ये पथि विचरतां को विधिः को निषेधः?

2. न च नियोगाभावात् सम्यग्दर्शिनो यथेष्टचेष्टाप्रसंगः...सर्वत्राभिमानस्यैव प्रवर्तकत्वात् अभिमानाभावाच्च सम्यग्दर्शिनः (शांकरभाष्य, 2 : 3, 48)।

3. देखें, शांकरभाष्य, तैत्तिरीय उपनिषद् प्रस्तावना।

4. भगवद्गीता पर शांकरभाष्य, 4 : 21।

5. भगवद्गीता पर शांकरभाष्य, 5।

6. सुरेश्वर कहता है : "ऐसे पुरुष के लिए, जिसके अन्दर सर्वोपरि ब्रह्म का साक्षात्कार उदय होता है, अद्वेष तथा अन्य गुण एक प्रकार से स्वभाव रूप बन जाते हैं; जिसके लिए किसी प्रयत्न की आवश्यकता नहीं। अब वे ऐसे गुण नहीं रहते जिनको प्राप्त करने के लिए इच्छापूर्वक प्रयत्न करना पड़े" (नैष्कर्म्यसिद्धि, 4 : 69)।

रहते हैं। जब कभी बुरे मार्ग पर जाने का भय हो तो वे हमें यथोचित मार्ग पर चलने में सहायक होते हैं। जिस प्रकार हत्या तथा चोरी आदि के समान अपराधों के सम्बन्ध में बनाए गए नियमों का विधान एक सभ्य सुशिक्षित पुरुष के लिए नहीं है, उसी प्रकार धर्मात्मा पुरुष परम्परागत नैतिकता के नियमों से बंधा हुआ नहीं है।

41. शंकर के नीतिशास्त्र पर किए गए कुछ आरोपों पर विचार

शंकर के नैतिक विचार अत्यधिक आलोचना के विषय रहे हैं और इसलिए हम उनमें से अनेक आरोपों पर यहां विचार करेंगे।[1] यदि समस्त अस्तित्व रूप जगत् ब्रह्म है तथा अनेकत्व विशिष्ट जगत् केवल आभासमात्र है तो फिर पुण्य व पाप में कोई वास्तविक भेद नहीं हो सकता। यदि जगत् केवल छाया-मात्र है तो पाप छाया से भी न्यून है। तब भी क्यों न मनुष्य पाप के साथ क्रीड़ा करके पाप का आनन्द भोगे, क्योंकि वे सब भी तो छायामात्र हैं। ऐसी अवस्था में यदि हम जंगली पशुओं से युद्ध करके इस जीवन-रूप स्वप्न में धर्म के अन्वेषण के लिए अपने हितों का स्वार्थत्याग करें तो हमें क्या लाभ होगा? यदि नैतिक भेद प्रामाणिक हैं तो जीवन भी यथार्थ है। यदि जीवन अयथार्थ है तो वे भी प्रामाणिक नहीं। उक्त सब प्रकार के आरोप स्वयं निरर्थक सिद्ध हो जाते हैं यदि हम संसार के केवल भ्रान्तियुक्त स्वरूप को अस्वीकार कर दें। धर्म और अधर्म का नैतिक महत्त्व सर्वोपरि उद्देश्य के दृष्टिकोण से ही है।

जीवात्मा तथा ब्रह्म का आध्यात्मिक एकत्व मान लेने पर, यह कहा जाता है कि नीतिशास्त्र के आदेश-पत्र के लिए फिर कोई स्थान नहीं रह जाता। यदि ब्रह्म ही सब कुछ है तो फिर नैतिक पुरुषार्थ की कोई आवश्यकता नहीं। इस आरोप का आधार यथार्थता और जीवन के मध्य भेद न करने से तथा नित्य और लौकिक के अन्दर भेद न करने से उत्पन्न होता है। शंकर ने यह कभी नहीं कहा कि लौकिक घटनाओं की निश्चित रूप से अपूर्ण तथा दोषयुक्त शृंखला तथा सत्य एवं अकाल ब्रह्म एक ही हैं। ब्रह्म की एकता का आध्यात्मिक सत्य लौकिक व्यवहार के स्तर पर किसी भी प्रकार से नैतिक भेदों की यथार्थता के ऊपर प्रभाव नहीं डाल सकता। शंकर कहते हैं : "अग्नि एक ही है तो भी हम उसी अग्नि से बचते हैं जिसने शवों को जला कर भस्मसात् किया है, अन्य किसी अग्नि से नहीं; इसी प्रकार सूर्य भी एक ही है तो भी हम उसके प्रकाश के केवल उस भाग से बचते हैं जो अपवित्र स्थानों के ऊपर पड़ता है किन्तु उस भाग से नहीं जो पवित्र स्थानों को प्रकाशित करता है। मिट्टी की कुछ वस्तुओं की हम कामना करते हैं, जैसे हीरे तथा पन्ने आदि, जब कि अन्य वस्तुओं से जो उन्हीं के समान मिट्टी से बनी हैं जैसे मृत शरीर आदि से हम दूर भागते हैं।"[2] ठीक इसी प्रकार यद्यपि परमार्थरूप में सब वस्तुएं ब्रह्म ही हैं तो भी उनमें से कुछ वस्तुएं ऐसी हैं जिनका हम त्याग करते तथा अन्य ऐसी हैं जिनकी हम कामना करते हैं। 'मैं ब्रह्म हूं' (अहं ब्रह्मास्मि) इस कथन का तात्पर्य यह नहीं है कि क्रियाशील आत्मा का परमार्थरूप ब्रह्म के साथ सीधा तादात्म्य है,[3] किन्तु उन मिथ्या उपाधियों के दूर हो जाने पर,

1. अद्वैत वेदान्त के नीतिशास्त्र की तीव्र समालोचना के लिए तथा ड्यूसन्स के उस नीतिशास्त्र के पुनः सूत्रीकरण के लिए देखें, प्रोफेसर होग का लेख, 'अद्वैत एण्ड एथिक्स' जो मद्रास क्रिश्चियन कालेज मैगज़ीन, दिसम्बर 1916 में प्रकाशित हुआ है।

2. शांकरभाष्य, 2 : 3, 48।

3. मुख्यसामानाधिकरण्य।

जो यथार्थरूप आत्मा अवशिष्ट रहती है, उनका परस्पर तादात्म्य भाव है।[1] नैतिक समस्या इसलिए खड़ी होती है कि आत्मा के अनन्त रूप तथा उसके सीमाबद्ध चोले में, जो इसने स्वयं धारण किया है, निरन्तर संघर्ष होता रहता है। वस्तुतः मनुष्य की स्वाभाविक दशा है तो अखण्डता की ही, किन्तु वर्तमान भ्रष्टता की अवस्था उपाधियों के बल से उक्त दशा से पतन हो जाने के कारण है।[2] अपूर्णता के साथ हमारे संघर्ष का कुछ अर्थ नहीं होगा, यदि हम ऐसे दृष्टिकोण तक उठ सकें जिससे हम यथार्थ सत्ता का दर्शन करते हैं। यह संघर्ष तब तक बराबर चलता ही रहेगा जब तक कि अनत से पृथक्त्व का सर्वथा ही उच्छेद नहीं कर दिया जाता। जब तक सीमित आत्मा यह नहीं जान लेती कि वह ब्रह्म है, वह अपने अन्दर ही बेचैन रहती है तथा अपने आदिनिवास तक पहुंचने के लिए तड़पती रहती है। हम चूंकि परिमित शक्तिवाले कर्ता हैं इसलिए हमारे अपने निश्चित कर्तव्य तथा गन्तव्य स्थान हैं। प्रत्येक व्यक्ति अपने कर्म का उत्तरदाता स्वयं है और किसी एक व्यक्ति द्वारा किए गए कर्म को कोई दूसरा व्यक्ति पूरा नहीं कर सकता।[3]

शंकर के नीतिशास्त्र को बुद्धिपरक कहा जाता है, क्योंकि अविद्या अथवा अभेद ही बन्धन का कारण है।[4] जीवन का मिथ्याज्ञान ही समस्त अनुभव तथा क्रियाशीलता का आधार है; सम्यक् ज्ञान अथवा एकत्व का ज्ञान ही हमें मोक्ष की ओर ले जाता है।[5] चूंकि सर्वोच्च आत्मा तथा जीवात्मा के अन्दर भेद मिथ्या ज्ञान से है,[6] हम सत्य ज्ञान के द्वारा ड़ी इससे मुक्त हो सकते हैं। इस सबसे एक व्यक्ति यह विश्वास करने लगता है कि मोक्ष केवल आध्यात्मिक अन्तर्दृष्टि का ही परिणाम है, नैतिक पूर्णता का परिणाम नहीं। ड्यूसन अद्वैत वेदान्त की इस विशिष्टता को इसके 'मूलभूत अभाव' का नाम देता है। वह कहता है : "वेदान्त ठीक ही सत् के अपने अन्दर के सत्य ज्ञान को, अर्थात् हमारी अपनी ही आत्मा को एकमात्र स्रोत मानता है जिसके द्वारा हम सत्य-ज्ञान तक पहुंच सकते हैं, किन्तु यह भूल से ऐसी आकृति में आकर ठहर जाता है जिसमें यह साक्षात् हमारे चैतन्य को एक ज्ञाता के रूप में रुचिकर हो सकता है; यहां तक कि चाहे हम समस्त बौद्धिक सामग्री को पृथक् कर देने पर भी अर्थात् लौकिक जगत् इसे अनात्म के साथ सम्बद्ध कर दे, ठीक वैसे कि यह सर्वथा उचित रूप में सर्वोच्च आत्मा का निवास, डेकार्ट की भांति, मस्तिष्क को नहीं अपितु हृदय देश को संकेत करता है।[7] यदि एकाकी तथा एकमात्र सत्ता, अर्थात् ब्रह्म, पहले से ही पूर्ण तथा निर्दोष है और हमें इसके अतिरिक्त और कुछ करने को ही नहीं है कि इसकी यथार्थता को स्वीकार करें तथा अन्य सब वस्तुओं की यथार्थता का निषेध करें, तो

1. बाधासामान्याधिकरण्य।

2. एकहार्ट पूछता है : 'मनुष्य को इससे क्या लाभ कि यदि वह राजा होकर भी अपने राजा होने का ज्ञान नहीं रखता?" स्वर्ग का राज्य एक छिना हुआ क्षेत्र है।

3. शांकरभाष्य, 3 : 3, 53। और भी देखें, 3 : 2, 9।

4. शांकरभाष्य, 2 : 3, 48।

5. शांकरभाष्य, 1 : 2–8। और भी देखें, 3 : 2, 25 और 4 : 2, 8; शांकरभाष्य, 1 : 3, 19।

6. मिथ्याज्ञानकृत एवं जीवपरमेश्वरयोर्भेदो न वस्तुकृत (शांकरभाष्य, 1 : 3, 19)। देखें, गौडपाद की कारिका पर शांकरभाष्य, प्रस्तावना।

तुलना करें : ज्ञानं बिना मोक्षो न सिद्धयति (आत्मबोध) विवेकाविवेकमात्रेणैव (शांकरभाष्य, 1 : 3, 19)। और भी देखें, अपरोक्षनुभूति, पृष्ठ 14।

7. ड्यूसन्स सिस्टम आफ दि वेदान्त, अंग्रेज़ी-अनुवाद, पृष्ठ 59।

फिर नैतिक कर्म के लिए किसी प्रकार की भी प्रेरणा नहीं रह जाती। यदि अनित्यता के दोषों से बचने का एकमात्र उपाय निषेध कर देना ही है तब फिर किसी गम्भीर नीतिशास्त्र के लिए कोई स्थान नहीं रहता। हमें द्वेषभाव को दमन करने अथवा अपने स्वभाव में परिवर्तन करने के लिए तत्पर होने की आवश्यकता नहीं। किन्तु हमें स्मरण रखना होगा कि अविद्या, यद्यपि यह प्रधानतः एक तार्किक विचार है, तो भी संसार की अध्यात्मविद्या में जीवन की सम्पूर्ण मनःस्थिति का द्योतक है। "अविद्या एक प्रकार का अभिमान है कि 'मैं' शरीर रूपी हूं। इसलिए शरीर की पूजा उपजती है, जो 'राग' है, और इसको तुच्छ समझना ही द्वेष है, इसको चोट लगने के विचार भय-आदि को उत्पन्न करते हैं" आदि-आदि।[1] मिथ्याज्ञान समस्त स्वार्थपरक इच्छा तथा क्रियाशीलता का आधार है।[2] अविद्या सीमित जीवात्मा का प्रतिबन्ध है जो उसे इच्छा और संघर्ष का जीवन व्यतीत करने के लिए बाध्य करती है और जो इस कारण से है कि वह ब्रह्म के साथ एकत्व के विषय में अज्ञान रखता है। चरित्र के दोष न केवल मूर्खता तथा भूल हैं वरन् इच्छा शक्ति का विपर्यास भी हैं तथा ईश्वर की वाणी का उल्लंघन हैं। शंकर बार-बार एक समस्त पद 'अविद्याकामकर्म' का प्रयोग करते हैं,[3] जिसमें अविद्या से अभिप्राय है बोध-सम्बन्धी भूल, जिसके कारण जीवात्माओं की विविधता को यथार्थ मान लिया जाता है;[4] काम से अभिप्राय है प्रमेय विषय के प्रति भावुकतापूर्ण प्रतिक्रिया और कर्म से अभिप्राय है, इसे प्राप्त करने अथवा छोड़ने के लिए क्रियात्मक चेष्टा! यही समूचा विचारक्रम व्यक्तित्वभावपूर्ण कर्म का है जो यथार्थ और अयथार्थ के असमंजस में जड़ जमाए हुए है और इसी से संसार की नींव पड़ती है।[5] कर्म की उत्पत्ति अविद्या से है, और कर्म काम का परिणाम है। मोक्ष की अवस्था में भूल का निवारण, सत्य संकल्पों की फिर से प्राप्ति तथा सब प्रकार के स्वार्थमय प्रयत्नों का दमन रहता है।[6] नैतिक जीवन के अनुशासन में स्वार्थपरक कार्यकलाप का दमन, सत्य कामनाओं का विकास और लौकिक व्यक्तित्व के भाव पर विजय सम्मिलित हैं। जब तक अन्तिम कार्य सम्पन्न नहीं होता तब तक हमारे स्वरूप में पूर्णता नहीं आ सकती। हम अपने काम का दमन कर सकते हैं, हम जगत् के कारण के लिए भी कर्म कर सकते हैं किन्तु फिर भी इसकी ओर सर्वथा निश्चिन्त नहीं हो सकते कि जीवन के किसी अन्य क्षण में हम असत्य इच्छा अथवा स्वार्थपूर्ण कर्म करने के प्रलोभन का कभी शिकार न होंगे; निश्चय ही जब तक हम उत्सुकतापूर्ण इच्छा तथा तुच्छ अहंकार के मूल का सर्वथा ही उच्छेदन तथा अविद्या का लोप नहीं कर देंगे हम निश्चिन्त नहीं हो सकते कि हम कभी सत्यप्रकाश के व्यक्तित्वहीन मनोभाव को प्राप्त कर सकेंगे। नैतिक पुरुष संयोगवश उदासीन होता

1. देहादिष्वनात्मस्वहमस्मीत्यात्मबुद्धिरविद्या; ततस्तत्पूजनादौ रागः, तत्परिभवादौ द्वेषः, तदुच्छेददर्शनाद् भयम्, इत्यादि शांकरभाष्य, 1 : 3, 2)।

2. शांकरभाष्य, केनोपनिषद् पर प्रस्तावना; संसारबीजम् अज्ञानं काम-कर्मप्रवृत्तिकारणम्। आगे कहा गया है : "अविद्याकामकर्मलक्षणं संसारबीजम्" (केनोपनिषद् पर शांकरभाष्य 4 : 9)।

3. मुण्ड़कोपनिषद् लोकप्रसिद्ध जीवभेदम् (शांकरभाष्य, 2 : 1, 14; 1 : 3, 19)।

5. अनात्मदर्शिनो ह्यनात्मविषयः कामः; कामयमानश्च करोति कर्माणि ; ततस्तत्फलोपभोगाय शरीराद् उपादानलक्षणः संसारः (शांकरभाष्य, तैत्तिरीय उपनिषद्, 1 : 11)।

6. सर्ववासनाक्षयं सर्वकामविनाशनं सर्वकर्मप्रविलयम्।

है, किन्तु सन्तपुरुष सदा अपने सत्य-प्रकाश के बल पर उदासीन है।[1]

शंकर परोक्ष ज्ञान तथा अपरोक्ष ज्ञान अर्थात् अनुभव में भेद करते हैं। परोक्ष ज्ञान तर्क के द्वारा प्राप्त वह ज्ञान है जिसे हम पुस्तकों तथा शिक्षकों से प्राप्त करते हैं; अर्थात् सर्वोपरि आत्मा तथा जीवात्मा एक है। अपरोक्ष ज्ञान एक ऋषि का अनुभव है जिसने अपने पृथक्त्व के भाव को सदा के लिए त्याग दिया है और सर्वोपरि आत्मा के साथ अपने एकत्व का साक्षात्कार कर लिया है।[2] शंकर हमें बतलाते हैं कि परोक्ष ज्ञान हमें बन्धन से छुड़ाने में असमर्थ है। बृहदारण्यक उपनिषद् पर भाष्य करते हुए[3] शंकर कहते हैं कि मनुष्य क्रमशः केवल पाण्डित्य की दशा में बाल्यकाल की सरलता की ओर उठना चाहिए[4] और उससे मौन धारण किए मुनि की दशा को, और सबसे अन्त में एक सच्चे ब्राह्मण की दशा तक उठने का प्रयत्न करना चाहिए, जो भाव-रूप में भी अपनी समस्त सम्पत्ति तथा सुखों को, जो ब्रह्म से भिन्न हैं और जो हमें फिर से दासत्व में घसीट सकते हैं, त्याग देता है। अद्वैत दोनों ही हैं, अर्थात् दर्शन तथा धर्म। ज्ञान के प्रकाश का परिणाम साक्षात् तथा निश्चित अनुभव है।[5] यह किसी दूरस्थ आदर्श की खोज नहीं है।

उसी भाव से यह भी माना गया है कि आध्यात्मिक साक्षात्कार के लिए चित्तशुद्धि भी पूर्व रूप में आवश्यक है। इसके लिए सत्त्वगुण की अधिकाधिक प्रधानता तथा रजोगुण एवं तमोगुण का दमन होना चाहिए, इसका सम्पादन अनासक्ति भाव से कर्म करने तथा योगाभ्यासादि के द्वारा होता है। यह नैतिकता का अतिक्रमण नहीं करता किन्तु उसका संकेत करता है। "जब और जिस किसी के लिए व्यक्तिगत अहंभाव के विचार का जो 'मैं' अथवा 'अहं' शब्द से सूचित होता है, और वैयक्तिक सम्पत्ति का, जो 'मेरी' (मम) शब्द से सूचित होती है, यथार्थ प्रतीत होना समाप्त हो जाता है, तब वह 'आत्मा' को जाननेवाला होता है"[6] जब तक स्वार्थपरक इच्छा (काम) का दमन नहीं होता तब तक अविद्या का मूलोच्छेद नहीं हो सकता। ज्ञान शब्द का प्रयोग अंग्रेज़ी के 'नॉलेज' शब्द की अपेक्षा अधिक व्यापक अर्थों में होता है। यह सत्य-ज्ञान है अर्थात् जीवन का सर्वोच्च विस्तार है।[7] यह किसी प्रचलित रूढ़ि की स्वीकृति नहीं है किन्तु एक सजीव अनुभव

---

1. देखें, प्रोफेसर हिरियन्ना का अत्यन्त सुझावपूर्ण लेख इस प्रश्न के ऊपर, प्रोसीडिंग्स आफ दि इण्डियन ओरियण्टल कान्फ्रेंस, पूना, खण्ड 2 में प्रकाशित। सत्यज्ञान तथा सौन्दर्य-सम्बन्धी आनन्द के अन्दर जो भेद है उसके विषय में कहते हुए वे लिखते हैं : "शंकर के शब्दों में काम व कर्म की सदा बार-बार आनेवाली शृंखला अथवा रुचि और क्रियाशीलता ही जीवन का निर्माण करते हैं। काम और कर्म का निष्कासन, जबकि उनका कारण अविद्या गुप्त रूप में निरन्तर बनी रहती है, सौन्दर्य रूप मनोवृत्ति का लक्षण है। अविद्या का त्याग इस अन्तर्लीन अवस्था में भी सन्त की मनोवृत्ति का लक्षण है।" (पृष्ठ 241)।

2. तुलना करें, वराहोपनिषद् :

अस्ति ब्रह्मेति चेद्वेद परोक्षज्ञानमेव तत्।
अहं ब्रह्मेति चेद्वेद साक्षात्कारः स उच्यते॥

3. 3 : 8, 10। छान्दोग्योपनिषद् भी देखें, 4 : 1, 7।

4. तुलना करें, सेण्ट मैथ्यू, 18 : 3।

5. अनुभवारूढ्म् एव च विद्याफलं न क्रियाफलवत् कालान्तरभावि (शांकरभाष्य, 3 : 4, 15)।

6. उपदेशसाहस्री, 14 : 29। और भी देखें 14 : 141। और भी देखें, केन उपनिषद् पर शांकरभाष्य, प्रस्तावना।

7. देखें प्लेटो : 'टाइमियस', पृष्ठ 90; अरस्तू : 'निकामैकियन एथिक्स' 10 : 7।

है जिसका बुद्धि के द्वारा ग्रहण केवल बाह्य प्रतीक है। शंकर की दृष्टि से अमूर्त एवं भावात्मक प्रज्ञा का कुछ विशेष महत्त्व नहीं है। उनके अनुसार इस विषय का ज्ञान कि केवल बुद्धि ही पर्याप्त नहीं है, सबसे उच्च ज्ञान है। यह सत्य है कि अविद्या का नाश लक्ष्य है; किन्तु इसकी यथार्थता का निषेध करने से ही हम अविद्या से मुक्त नहीं हो सकते। केवल ब्रह्म का एक कल्पनात्मक विचार रखने से ही यह नहीं कहा जा सकता कि हम ब्रह्म को जान गए। नित्य के अन्दर मूलरूप में अपने विद्यमान रहने का आध्यात्मिक साक्षात्कार ही ब्रह्मज्ञान है और यही स्थिर निधि है तथा हमारे अपने यथार्थ सत् का एक अंश है।

कहा जाता है कि शंकर के दर्शन की यह एक निर्बलता है कि वह नैतिक गुणों के महत्त्व को परमार्थ रूप में यथार्थ नहीं मानता। नैतिक भेदों का तभी तक कुछ महत्त्व है जब तक हम अपने अहम्भाव को उस समस्त जगत् से पृथक् रूप में लक्षित करते हैं जो अपने शरीर से बाह्य दैशिक सत्ता रखता है और अपने काल-सम्बन्धी अनुभव से परे है। नैतिक जगत् का सम्बन्ध, जो अपने सदस्यों के पृथक्त्व तथा स्वातन्त्र्य को स्वतःसिद्ध मान लेता है लौकिक जगत् के साथ है। ऐसे कर्तव्य जिनका पालन करना आवश्यक है तथा ऐसे अधिकार जो पूरे होने चाहिए दोनों ही एक समान मनुष्यों के वैयक्तिक व्यवहार हैं। कर्तव्य और अधिकार परिमित शक्ति वाले जीवात्माओं की स्वतन्त्रता की कल्पना के ऊपर आश्रित हैं। जब तक हम वैयक्तिक नैतिकता के दृष्टिकोण को अपनाए हुए हैं, हम सांसारिक जगत् में हैं जिसमें संकट भी हैं और कठिनाइयां भी हैं। वैयक्तिक दृष्टिकोण में क्रमशः सुधार ही नैतिक उन्नति है और जब यह सुधार पूर्णता तक पहुंच जाता है, नैतिक अपने रूप में निःशेष हो जाता है। और जब तक नैतिक विद्यमान है तब तक आदर्श अप्राप्त ही रहता है। नैतिकता के अन्त का तात्पर्य है अपने को निजी व्यक्तित्व के ऊपर उठाकर अशरीरी विश्वात्मा के साथ एकत्व प्राप्त कर लेना। किन्तु जब तक नैतिक विषय के साथ लेशमात्र भी व्यक्तित्व का भाव लगा रहेगा, यह ऊपर उठना केवल आंशिक ही है। सान्त का आश्रय लेकर अनन्त के साथ एकत्व प्राप्त करना स्पष्टतया एक असम्भव कार्य है। आदर्श की प्राप्ति के लिए हमें नैतिक जीवन के भी परे जाना होगा और ऐसे आध्यात्मिक साक्षात्कार तक उठना होगा जो सीमित संघर्ष तथा पुरुषार्थ के जीवन से अतीत है। इस प्रकार शंकर बार-बार बलपूर्वक कहते हैं कि नैतिक सदाचार और सीमित शक्ति का पुरुषार्थ जहां तक पूर्णता के आदर्श का सम्बन्ध है अपर्याप्त है। कर्म हमें मोक्ष की ओर नहीं ले जा सकता। सान्त को अपनी सान्तता से ऊपर उठने की आवश्यकता है। अविद्या के ऊपर, जो समस्त सीमित जीवन का आधार है, विजय पाना अत्यावश्यक है। सर्वोपरि आत्मा के साथ अपने एकत्व को पहचानने के लिए हमें संसार-चक्र, अज्ञान, आसक्ति तथा कर्म (अविद्याकामकर्म) का उच्छेद करना है। हम कितने भी नैतिक क्यों न हों, जब तक केवल सदाचार हमें सान्त जगत् से परे नहीं ले जा सकता और अविद्या की रुकावटों को दूर नहीं करता, तब तक पूर्णता हमसे परे है। इस प्रकार शंकर का तर्क है कि हम कितना पुरुषार्थ भी क्यों न करें मोक्ष को प्राप्त नहीं कर सकते; क्योंकि सब प्रकार का कर्म, चाहे वह वैदिक क्रियाकलाप का पालन हो अथवा ईश्वरभक्ति, सान्त को सान्त रूप में ही स्थिर रखता है और हमें संसार में लिप्त रखता है अथवा अनन्त की प्राप्ति के लिए परिमित शक्तिवाले जीवात्मा का यह संघर्ष बहुत समय

तक रहेगा जिसका कहीं अन्त नहीं है। इस निरन्तर घूमने वाले संसार-चक्र से मुक्ति केवल ज्ञान के द्वारा ही प्राप्त होती है अथवा ऐसी अन्तर्दृष्टि के द्वारा, जो हमें अपने व्यक्तित्व से ऊपर उठाकर अनन्त के साथ एकत्व प्राप्त करा दे।[1] नैतिकता का स्वरूप विकास का है और इसलिए वह सत्य ज्ञान की प्राप्ति नहीं करा सकती, क्योंकि सत्य स्वतः सत् है। यदि नैतिक उन्नति मनुष्य के जीवन की मुख्य विशेषता है तो ऐसी कोई अवस्था न होगी कि जब वह यह कह सके कि उसने उद्देश्य की प्राप्ति कर ली और अपने स्वरूप को प्राप्त कर लिया। यदि ईश्वर मनुष्य का स्वरूप है, तब नैतिक उन्नति का कुछ मतलब ही नहीं है विशेषतः जबकि मनुष्य यह कह सकता है कि 'मैं ईश्वर हूं।' ऐसा मनुष्य जो नैतिक नियमों के अनुकूल कार्य करता है यह अनुभव नहीं कर सकता कि उसने अपनी आत्मा के यथार्थ स्वरूप को जान लिया है। यदि नैतिक जीवन ही सब कुछ होता तो अत्यन्त वैभवशाली जीवन एक निरर्थक वस्तु समझी जाती, प्रेम एक क्षणभंगुर भ्रान्तिरूप होता और सुख सदा ही पीछे हटने वाला लक्ष्य बन जाता। संत पाल[2] आग्रहपूर्वक कहते हैं कि विधान (कानून) के द्वारा मोक्ष-प्राप्ति असम्भव है। हम चाहे जो कुछ भी करें किन्तु जब तक हम अपनी स्वार्थपरता को सर्वथा नहीं छोड़ देते, हम त्राण नहीं पा सकते। हम अपने स्वार्थ की प्रेरणा से प्रेरित होकर भी नैतिक विधान की पूर्ति कर सकते हैं, किन्तु इसका अधिक नैतिक महत्त्व न होगा। अपनी पापपूर्ण प्रकृति से मुक्त होने के लिए, जिसे शंकर अविद्या के नाम से पुकारते हैं, संत पाल कहते हैं कि श्रद्धा व विश्वास की आवश्यकता है, और शंकर के मत में ज्ञान की आवश्यकता है, क्योंकि एकमात्र वही हमें अपनी सीमितता से एवं पाप से ऊपर उठा सकता है। मुक्ति अन्वेषणा अथवा रचना का प्रश्न नहीं है, वरन् तथ्य के प्रकाशन अथवा अनावरण का विषय है। नैतिकता का सम्बन्ध सदा ही किसी ऐसी वस्तु से होता है; जो उससे परे है, किन्तु ज्ञान अथवा मात्र दर्शन अथवा साक्षात्कार अपने-आप में पूर्ण है। इसमें कोई त्रुटि नहीं और न इसका कोई लक्ष्य अथवा प्रयोजन है। श्रुति की घोषणा है कि स्वतःसिद्ध नित्य मोक्ष कर्म के द्वारा प्राप्त नहीं किया जा सकता।[3]

यदि हम व्याख्या की इस निर्दोष धार्मिक व्यवस्था को याद रखें कि किसी धार्मिक मन्त्र का यथार्थ तात्पर्य जानने के लिए सबसे उत्तम मार्ग यह है कि जिन पाखण्डधर्मों

---

1. स्वर्गीय प्रोफेसर बोसेंक्वेट की इस प्रश्न के विषय में सम्मति (शंकर की सम्मति के सदृश है, और श्रद्धा के द्वारा औचित्य की उनके द्वारा की गई व्याख्या ज्ञान-मार्ग से मोक्ष-प्राप्ति के सम्बन्ध में शंकर के विचार के समान है। तुलना करें, "हम श्रद्धा ही के बल पर पूर्ण इकाई के समान हैं, कर्मों के द्वारा नहीं। यहां हमारी अपूर्णता नष्ट हो जाती है। यही 'मोक्षदायक अनुभवों' का तात्पर्य है। हम अपने को विश्व की कृपा के ऊपर छोड़ देते हैं और उसके साथ एकत्व के भाव में एक प्रकार की पूर्णता पाते हैं जो हम सीमित शक्तिवाले कर्त्ताओं के लिए आत्मविरोधी हैं" (दि मीटिंग आफ एक्सट्रीम्स इन कंटपरेरी फिलासफी, पृष्ठ 173)। और भी देखें, 'माइंड', न्यायसूत्र, खण्ड 30, पृष्ठ 98।

2. 'एपिसल टू दि रोमन्स', 3, 8, 10, 13, और 'दि एपिसल टू दि गैलेशियन्स', 2 और 3।

3. "नास्त्यकृतः कृतेन।" शंकर ने इसका भाष्य यों किया है—अकृतो मोक्षः कृतेन कर्मणा नास्तीति। और भी देखें, शांकरभाष्य तैत्तिरीय उपनिषद् पर, प्रस्तावना। आगे चलकर : "कर्म वह है जिसको करने का विधान विद्यमान वस्तुओं के स्वभाव से भिन्न रूप में और किसी व्यक्ति के चित्त के ऊपर आश्रित रूप में किया गया हो।...ज्ञान प्रमाणों के द्वारा प्राप्त होता है (प्रमाणजन्यम्) जिनके विषय संसार की विद्यमान वस्तुएं हैं और ज्ञान सर्वथा उन वस्तुओं के ऊपर ही निर्भर है (वस्तुतन्त्रम्) न कि वैदिक कथनों या मनुष्य के चित्त पर" (शांकरभाष्य, 1 : 1, 4)। और भी देखें, शांकरभाष्य, 4, 22। माध्यमिक लोग ज्ञान की सामग्री (ज्ञानसम्भार) को नितान्त स्वातन्त्र्य (धर्मकाय) को प्राप्त करने वाला मानते हैं किन्तु पुण्य की सामग्री (पुण्यसंभार) का आनन्दमय देह (संभोगकाय) को प्राप्त करनेवाला मानते हैं (माध्यमिकावतार, 3 : 12)। देखें, कीथ : बुद्धिस्ट फिलासफी, पृष्ठ 277।

का वह निराकरण करना चाहता है उन पर विचार किया जाए, तो हम इस विषय के महत्त्व को समझ सकेंगे कि पूर्णता के लिए, अन्तिम लक्ष्य तक पहुंचने के लिए, कर्ममार्ग की विफलता पर शंकर ने क्यों अनावश्यक रूप में बल दिया है। उन्होंने अनुभव किया कि मीमांसकों ने यह घोषणा करते हुए कर्मपक्ष के धनुष को आवश्यकता से अधिक झुका दिया कि केवल कर्मकाण्डपरक क्रियाकलाप हमारी आत्मा को मोक्ष प्राप्त कराने के लिए पर्याप्त है। इसलिए शंकर ने जो मोक्ष-प्राप्ति के लिए कर्मों को अपर्याप्त बताया, वह मीमांसकों के द्वारा वैदिक क्रियाकलाप के ऊपर जो अतिशयोक्तिपूर्ण बल दिया गया था उसकी प्रतिक्रिया थी। अन्तिम मोक्ष अज्ञान के निवारण के अतिरिक्त अन्य कुछ नहीं है। "उच्चतम सत्ता की प्राप्ति मात्र अविद्या को दूर करना ही है।"[1] "ब्रह्म के स्वरूप विषय में जो अज्ञान है उसके दूर हो जाने पर जीवात्मा अपने निजी स्वरूप में अवस्थित होता है और सर्वश्रेष्ठ लक्ष्य को प्राप्त कर लेता है।"[2] ब्रह्म का ज्ञान किसी ऐसी नई वस्तु को प्राप्त करना नहीं है जो हमारे पास नहीं थी वरन् अपने उस सत्यस्वरूप को पहचान लेना है जिसमें हम पहले अनभिज्ञ थे। अविद्या का नाश हो जाने पर विद्या स्वयं प्रकाश देती है[3] ठीक जिस प्रकार एक रस्सी के टुकड़े का उस समय यथार्थ ज्ञान हो जाता है जब कि 'यह सांप है' इस प्रकार का मिथ्या विचार खण्डित हो जाता है।[4] मात्र कर्म, जिसके कार्य क्षणभंगुर घटनाएं हैं, हमें नित्य मोक्ष की, जो एक तथ्य है, प्राप्ति नहीं करा सकता। कर्म अविद्या का नाश नहीं कर सकता, क्योंकि दोनों परस्पर एक-दूसरे के प्रतिद्वन्द्वी नहीं हैं। जब कहा जाता है कि ज्ञान कर्म का पूर्वगामी है तो यह वह उच्चतम आध्यात्मिक दृष्टि का ज्ञान नहीं है, किन्तु किसी-न-किसी विषय का बाह्य ज्ञान है। कर्म सदा किसी इच्छा की पूर्ति के लिए किया जाता है। मोक्ष इच्छा की उपस्थिति के साथ संगति नहीं रखता। जब तक कोई व्यक्ति अपने कर्तृत्व में विश्वास न रखे तथा अपने को प्रमेय विषय से भिन्न न समझे, तब तक कर्म का कुछ अर्थ है ही नहीं।[5] किन्तु जब तक ये भेद बने हैं, मोक्ष की प्राप्ति नहीं हो सकती। "भेद के दर्शन से मोक्ष असम्भव है और कर्म भेद के दर्शन के बिना असम्भव है।"[6] ऐसी आशा की जाती है कि कर्मों का अग्रलिखित में से कोई न कोई परिणाम होना चाहिए : "एक नई वस्तु की उत्पत्ति, अवस्था में परिवर्तन (विकार) संस्कार और आप्ति"—मोक्ष इनमें से किसी एक श्रेणी में भी नहीं आता।[7] कर्म का महत्त्व साज-सज्जा तैयार करने में है किन्तु यह एक आंशिक विचार पर आश्रित है और इसलिए अपने-आप में यह अन्तिम लक्ष्य की प्राप्ति नहीं करा सकता। ज्ञान अथवा आध्यात्मिक अन्तर्दृष्टि ही मोक्ष का साधन है।[8] इस तथ्य के ऊपर कभी-कभी शंकर अनावश्यक रूप में बल देते हैं : "यह सोचना अयुक्तियुक्त है कि ब्रह्म ज्ञान को जिसके आगे कार्यों के भेद, कर्ता और फल आदि के सब प्रकार के विचार विलुप्त हो जाते हैं, अपनी प्राप्ति के लिए किसी बाह्य वस्तु की सहकारी या सहायक के रूप में आवश्यकता

---

1. शांकरभाष्य, मुण्डकोपनिषद् 1 : 5। "अविद्यापय एव हि परप्राप्तिः। अविद्यानिवृत्तिरेव मोक्षः।
2. शांकरभाष्य, तैत्तिरीय उपनिषद्, प्रस्तावना। "अविद्यानिवृत्तौ स्वात्मन्यवस्थानं परप्राप्तिः।"
3. शांकरभाष्य, 3 : 2, 21।
4. शांकरभाष्य, 2 : 1, 14।
5. शांकरभाष्य, छान्दोग्य उपनिषद् प्रस्तावना।
6. शांकरभाष्य, केन उपनिषद् प्रस्तावना।
7. शांकरभाष्य, तैत्तिरीय उपनिषद्, 2 : 11।
8. आत्मबोध, पृष्ठ 203।

हो सकती है और न ही इसके फलस्वरूप मोक्ष को ऐसी किसी वस्तु की आवश्यकता हो सकती है। इसलिए ज्ञान को अपनी किसी संगत कर्म की सहकारी रूप में आवश्यकता नहीं होती।''[1] शंकर स्वीकार करते हैं कि कर्तव्य कर्मों (नित्यानि कर्माणि) का पालन हमें पूर्वजन्म के पापों के फलों को नष्ट कर देने में सहायक होता है; किन्तु ऐसे पुरुष, जो विशेष पदार्थों की अभिलाषा रखते हों, उनकी प्राप्ति के लिए नियत कर्मों (काम्य कर्मों) को कर सकते हैं। ये दोनों प्रकार के कर्म मनुष्य की इच्छाओं की पूर्ति कुछ समय के लिए कर सकते हैं किन्तु इनमें से कोई भी उसे नित्य जीव की प्राप्ति में सहायक नहीं हो सकते। मीमांसक का मत है कि यदि हम स्वार्थयुक्त तथा निषिद्ध कर्मों से दूर रहें यदि ऐसे कर्मों को, जिन्होंने अपना फल देना प्रारम्भ कर दिया है, उनके फलों का उपभोग करके निःशेष कर दें तथा यदि कर्तव्य कर्मों के न करने रूपी पापों को हटा सकें, तो बिना किसी प्रयत्न के मोक्ष की प्राप्ति हो सकती है। उत्तर में शंकर का कहना है कि कितने ही ऐसे कर्म हैं कि जिन्होंने फल देना अभी प्रारम्भ नहीं किया और जिसके फलों को एक जन्म के अन्दर भोगकर निःशेष करना भी संभव नहीं हो सकता; ये कर्म हमारे अन्य जन्म के बंधन के कारण बनेंगे और इसके कारण नये कर्म बढ़कर एकत्र होते जाएंगे। इसलिए जब तक हम ऐसी इच्छाओं को नहीं त्याग देते जो कर्म को उत्पन्न करती हैं, तब तक हमारे लिए कोई आशा नहीं हो सकती। इच्छाओं का कारण अविद्या को बताया गया है और इस प्रकार केवल विद्या ही है जो अविद्या का नाश करती है, हमें कर्म के पाश से मुक्ति दिला सकती है।[2] ब्रह्मविद्या इन सब बाह्य कर्त्तव्यपालनों के आधार ही को नष्ट कर देती है।[3] जिसका महत्त्व वह बाह्य आचरण नहीं अपितु आन्तरिक जीवन है। इसकी दुःखदायी समस्याओं का समाधान नियमों के द्वारा नहीं हो सकता। हमारे रहस्यमय हृदय, हमारी प्रार्थनाएं तथा ध्यान आदि हमें जीवन की समस्याओं को हल करने में सहायक होते हैं। इसलिए उच्चतम नैतिकता उचित भाव के विकास में ही है। नैतिक प्रतिभा का रहस्य हमारे चैतन्य को धार्मिक रूप देने में ही है। नैतिक जीवन आध्यात्मिक अन्तर्दृष्टि का आवश्यक परिणाम है। जब तक आध्यात्मिक अन्तर्दृष्टि प्राप्त हो, नैतिक नियमों का पालन एक बाह्य आचार के रूप में करना ही होगा।

दूसरे अर्थों में नैतिक कर्तव्य व्यक्ति की अवस्था के अनुसार सापेक्ष होते हैं। आधुनिक जगत् में नैतिकता को भ्रम से प्रायः सामाजिक महत्त्वों के साथ मिला दिया जाता है, किन्तु सामाजिक महत्त्व सम्पूर्ण महत्त्वपूर्ण नहीं है। समाज के विषय में जो हमारे विचार हैं केवल वे ही नहीं, अपितु ईश्वरविषयक जो हमारे विचार हैं, उनका महत्त्व है। कोई रॉबिन्सन क्रूसो

1. देखें, शांकरभाष्य, केन उपनिषद्।

2. शांकरभाष्य 1 : 1, 4। तुलना करें, प्लेटो : ''ऐसे पुरुष जिन्होंने प्रचलित तथा ऐसे सामाजिक धर्मों का अभ्यास किया है जो स्वभाव तथा अभ्यास से आते हैं और जिनके लिए किसी दर्शन अथवा तर्क की आवश्यकता नहीं, जन्म-जन्म के चक्र में सबसे अधिक सुखी रहते हैं; क्योंकि यह सम्भव है कि वे अपने ही समान नम्र और सामाजिक रूप में फिर वापस आ जाएं, जैसे कि मधुमक्खियों में, भिड़ों में अथवा चींटियों में, और वे मनुष्य-शरीर के रूप में भी आ सकते हैं और उन्हीं के अन्दर ये योग्य नागरिक बन सकते हैं। किन्तु दार्शनिक अथवा सत्यज्ञान के प्रेमी के अतिरिक्त, जो सर्वथा शुद्धात्मा हैं, अन्य किसी को इस मर्त्य लोक से जाकर देवताओं की कोटि में जाने का अधिकार नहीं है। (फीडो, पृष्ठ 82)

3. इदानीं कर्मोपादानहेतुपरिहाराय ब्रह्मविद्या प्रस्तूयते शांकरभाष्य, तैत्तिरीय उपनिषद्, प्रस्तावना)।

किसी निर्जन द्वीप में अपने साथी फ्राइडे के अभाव में भी गुणों को धारण करने की अभिलाषा कर सकता है।

शंकर का मत है कि अन्तरात्मा का ज्ञान कर्म का विरोधी है और स्वप्न में भी इसके साथ नहीं रह सकता। यदि धर्मशास्त्रों में लेखबद्ध किए गए ऐसे दृष्टान्त हैं जिनमें कर्म करने वाले गृहस्थ पुरुष भी पवित्र ज्ञान रखते थे और उन्होंने उस ज्ञान को अपने शिष्यों तक पहुंचाया तो इस प्रकार के कथन एक प्रत्यक्ष तथ्य का प्रत्याख्यान नहीं कर सकते क्योंकि "प्रकाश तथा अन्धकार को सैंकड़ों नियमों के द्वारा भी एक साथ नहीं रखा जा सकता। और फिर इस प्रकार के संकेतों का तो कहना ही क्या है।"[1] यह कुल विवाद-विषय कर्म शब्द के संदिग्ध प्रयोग से ओतप्रोत है। यदि कर्म से तात्पर्य ऐसी क्रिया से है जो एक व्यक्ति अपने किसी-न-किसी निजी उद्देश्य की पूर्ति के लिए स्वीकार करता है तो यह आध्यात्मिक अन्तर्दृष्टि से भिन्न तथा असंगत है। इसके विपरीत व्यक्तिभाव से विहीन कर्म, अन्तर्दृष्टि प्राप्ति करने के अनन्तर यदि कोई पुरुष सामान्य उद्देश्यों की पूर्ति के लिए स्वीकार करता है तो यह कर्त्ता के बन्धन का कारण नहीं होता और न उसके सांसारिक जीवन का कारण बनता है। पहले अर्थों में कर्म आध्यात्मिक अन्तर्दृष्टि के साथ-साथ नहीं रह सकता।[2] यदि ज्ञान और कर्म प्रकाश तथा अन्धकार के समान एक-दूसरे के विरोधी हैं तो यहां कर्म से तात्पर्य स्वार्थपरक क्रिया से है और ज्ञान से तात्पर्य है निःस्वार्थ ज्ञान से। शंकर के अनुसार, मुक्तात्मा जो कर्म करता है उसे कर्म ही न करना चाहिए। मुक्तात्मा का कर्म, जो लोकसंग्रह के लिए है, वास्तविक अर्थों में कर्म नहीं है। मुण्डकोपनिषद् के उस वाक्य का भाष्य करते हुए, जो इस प्रकार है : "आत्मा के अन्दर क्रीड़ा करता हुआ, अपने अन्दर तथा दैनिक कर्मों को करता हुआ जो प्रसन्नता प्राप्त करता है वह उन पुरुषों में सर्वोत्तम है जो ब्रह्म को जानते हैं"[3] शंकर कहते हैं कि इस प्रकार का विचार कि वह उपनिषद्-वाक्य कर्म तथा ज्ञान के संयोग का आदेश देता है केवल 'अज्ञानियों का प्रलाप मात्र' है।[4] किसी-न-किसी प्रकार की क्रिया होनी चाहिए यह स्वीकार किया गया है, इससे निषेध नहीं किया जाता। शंकर जो कुछ मानते हैं वह यह है कि वह क्रिया नहीं है जिसे हम साधारणतः कर्म कहते हैं क्योंकि कर्म का आधार अहंकार है।[5] एक अन्य वाक्य में वे कहते हैं, "ऐसे पुरुष के लिए जो ज्ञानी है कोई कर्म आसक्ति का कारण नहीं बन सकता यदि जीवन भर भी वह कर्म करता रहे—इससे पता लगता है कि ज्ञान की महत्ता है।"[6] कर्म उस सब क्रिया को कहते हैं जो सांसारिक जीवन की निरन्तरता की ओर ले जाती है और इसका सत्यज्ञान से विरोध है। अन्य किसी प्रकार की क्रिया को कर्म नहीं कहना चाहिए, क्योंकि यह काम अथवा स्वार्थपरक इच्छा की प्रेरणा से नहीं होती है। मुक्तात्मा अपनी स्वार्थपरक इच्छा का दमन

---

1. विद्याकर्मविरोधाच्च न हि ब्रह्मात्मैक्त्वदर्शनेन सह कर्म स्वप्नेऽपि सम्पादियितुं शक्यम्...यत्तु गृहस्थेषु ब्रह्माविद्यासम्प्रदायकर्तृत्वादिलिंग न तत् स्थितन्यायं बाधितुम उत्सहते : न हि विधिशतेनाऽपि तमःप्रकाशयोरेकत्र सम्भवः शक्तये कर्तुम्। किमुत लिंगैः केवलैरिति (शांकरभाष्य, मुण्डक उप., प्रस्तावना)।

2. देखें, शांकरभाष्य, ईशोपनिषद्, 18। 3. 3 : 1, 4।

4. असत्प्रलपितमेवैतत्। देखें शांकरभाष्य, छान्दोग्य उपनिषद्, प्रस्तावना।

5. कर्महेतुः कामः स्यात् (शांकरभाष्य, तैत्तिरीय उपनिषद, प्रस्तावना)।

6. शांकरभाष्य, 3 : 5, 14; और भी देखें, शांकरभाष्य, छान्दोग्य उपनिषद्, 2 : 23, 1।

कर लेता है (अकायमान)। दूसरी ओर कुछेक वाक्यों में, जहां उनका तात्पर्य मुक्तात्मा के संसार की बाधाओं से उन्मुक्त होने पर बल देने में ही है, वे कहते हैं चूंकि समस्त क्रियाशीलता का अन्त दुःखमय है इसलिए मुक्तात्मा के लिए कोई भी क्रियाशीलता सम्भव नहीं है।[1]

शंकर के नीतिशास्त्र के विरुद्ध बार-बार यह आरोप लगाया जाता है कि यह वैराग्य का उपदेश करता है। शंकर अनेक प्रकार से बलपूर्वक कहते हैं कि लौकिक जीवन में कभी भी ऐसा कुछ नहीं है जिस पर आचरण किया जा सके।[2] रोग और मृत्यु हमें आते हैं, यदि आज नहीं तो कल और वे जिनसे हम प्रेम करते हैं एवं इस लोक में जिनको हम प्यार करते हैं, उन सब का धूल और राख के अतिरिक्त और कुछ शेष नहीं रह जाता। इस लोक में मनुष्य की आत्मा को कोई भी वस्तु निश्चित आधार प्राप्त नहीं करा सकती। संसार की निष्फलता तथा इससे आसक्ति का निर्देश एक यात्री की प्रचलित कहानी में दिया गया है जो जंगली जानवरों से अपने को बचाने के लिए, जो उसका पीछा करते हैं, एक सूखे कुएं में उतर जाता है। किन्तु उस कुएं के नीचे के भाग में अपना मुख खोले उसे निगलने के लिए एक नाग बैठा है। यह यात्री जंगली जानवरों के डर से बाहर नहीं निकल सकता, न नीचे तक उतरने की ही हिम्मत कर सकता है और इसलिए वह कुएं की दीवारों में उगे हुए एक जंगली पौधे की शाख को पकड़ लेता है। वह थक जाता है और अनुभव करता है कि शीघ्र ही उसका विनाश होने वाला है यद्यपि मृत्यु दोनों ओर उसकी प्रतीक्षा कर रही है तो भी वह शाखा को खूब मज़बूती से पकड़े हुए है। किन्तु देखो! दो चूहे निकलते हैं, जिनमें से एक श्वेत वर्ण का, दूसरा काला है जो उस जंगली पौधे के तने को काट रहे हैं। यह तना शीघ्र ही टूट जाएगा और यात्री मृत्यु के मुख में जाने से नहीं बच सकता। ठीक इसी प्रकार हम, जो संसार-चक्र के ऊपर यात्रा कर रहे हैं, अपने जीवन के फंदों को जानते हैं; यह भी जानते हैं कि जिन वस्तुओं से हम चिपटे हुए हैं वे अवश्य ही नष्ट हो जाएंगी; किन्तु इस सबके होते हुए भी हमें कुछ जंगली पौधों के पत्तों पर पड़ी मधु की कुछ बूंदें दिखाई पड़ती हैं और हम उन्हें चाटने में प्रवृत्त हो जाते हैं। यद्यपि हम जानते हैं कि मृत्युरूपी नाग हमारी प्रतीक्षा में है; एवं यह जानते हुए भी कि दिन और रात रूपी दो श्वेत तथा काले चूहे उस शाखा को काट रहे हैं जिसे हम पकड़े बैठे हैं, तो भी जीवन-रूपी वृक्ष का मोह हमसे नहीं छूटता। नाग उपस्थित है किन्तु फिर भी हमें उसकी परवाह नहीं क्योंकि मधु जो मीठा है। हम वृक्ष को सत्य समझे बैठे हैं और इस भयंकर तथ्य का सामना नहीं करना चाहते कि संसार में ऐसी कोई वस्तु नहीं जो मनुष्य के अन्तःस्थ अनन्त के लिए सन्तोषप्रद हो सके। शंकर हमें बतलाते हैं कि सर्वोपरि त्याग का परिणाम तथा पुरस्कार सर्वोपरि पूर्ति है। इसकी प्राप्ति तभी होती है जबकि इच्छा का नाश तथा सुख और दुःख दोनों को एक समान दूर कर दिया जाए। आध्यात्मिक पूर्णता के लिए अत्यन्त पूर्ण गुण और ऊंचे से ऊंचा बौद्धिक दृष्टिकोण भी अपर्याप्त है। शंकर आत्मत्याग के जीवन पर बल देते हैं और हमें आदेश देते हैं कि हम देह के प्रति आसक्ति से अपने को मुक्त करें।

---

1. शांकरभाष्य, 2 : 3, 40।

2. तुलना करें, प्रथम जॉन, 2 : 15-17। "जगत् से प्रेम मत करो और न उससे ही जो कुछ जगत् में है; यदि कोई जगत् से प्रेम करता है तो उसके अन्दर अपने पिता के प्रति प्रेम नहीं है। क्योंकि जगत् में जो कुछ भी है अर्थात् शरीर की कामना और आंखों की इच्छा तथा जीवन के गौरव का अभिमान, यह सब पिता का नहीं जगत् का है; और संसार क्षणभंगुर है और अपनी इच्छा के साथ ही नष्ट हो जाता है; किन्तु जो ईश्वर की इच्छा का पालन करता है वह सदा के लिए स्थिर रहता है" (मोफेट कृत अंग्रेज़ी अनुवाद)।

आत्मा का शत्रु शरीर स्वयं इतना नहीं है जितना शरीर के प्रति हमारा बंधन तथा 'मेरेपन' का भाव है।[1] मृत्यु से पूर्व मुक्तात्मा का अपना शरीर रहता है किन्तु शरीर की उपस्थिति आत्मा के मोक्ष के साथ असंगति नहीं रखती। चूंकि साधारण मनुष्य में शरीर आत्मा की स्वच्छन्द उन्नति में सहस्रों बाधाएं उपस्थित करता है इसीलिए हम शंकर को इस प्रकार का तर्क करते हुए पाते हैं कि भौतिक शरीर के संयोग से आध्यात्मिक जीवन में निरोध तथा बाधा उपस्थित होती है। वैराग्य के आभास का कारण यह है कि शंकर ने बार-बार विषयासक्ति तथा शरीर की वासनाओं और लालसाओं को दमन करने का उपदेश दिया है।

यह कहा जाता है कि शंकर के जगत् के निराकरणपरक दर्शन में सामाजिक जीवन अथवा नागरिक कर्तव्य का कुछ अर्थ ही नहीं है। यदि यह संसार मिथ्या है तो हमें इसमें रुचि दिखलाने की कोई आवश्यकता ही नहीं है। यह भी कहा जाता है कि शंकर संसार से मुक्ति पाने का आग्रह करते हैं, किन्तु संसार को छोड़ने के लिए आग्रह नहीं करते। वे संसार को बदल देने की मांग नहीं करते किन्तु हमें इससे बचने का उपदेश देते हैं। वर्तमान सामाजिक संस्थाओं को उन्नत करने के लिए कोई प्रेरक भाव नहीं है। अवस्था इतनी बुरी नहीं जैसी कि प्रतीत होती है, यह स्वयं शंकर के जीवन से ही स्पष्ट है और उक्त आरोप का स्थिर खण्डन है कि अस्तित्वयुक्त जगत् की व्यवस्था अपनी संस्थाओं समेत एक ऐसी वस्तु है जिससे बचना चाहिए। उनका समस्त दर्शन इस कल्पना का खण्डन करता है कि व्यक्तित्व पृथक्त्व पर आश्रित है। मनुष्य को जगत् के समस्त दूषणों से अपने को पवित्र बनाना है, सब प्रकार के आवरणों को उतार फेंकना है, और प्रत्येक अनुचित वस्तु को पीछे छोड़ देना है। उसे अपनेपन, वासना तथा इन्द्रिय-समूह की दासता का बन्धन तोड़ फेंकना चाहिए। अपने निजी मनोभावों तथा पसन्दगी को दृढ़ संकल्प के साथ त्याग देना, सब कुछ त्याग कर प्रतीतिरूप में शून्यता का भाव, 'एकाकी से एकाकी ओर' एक उड़ान, इन सब का तात्पर्य है—नित्य जीवन। शंकर के दर्शन में संसार से अवकाश प्राप्त कर लेने पर बल नहीं है किन्तु आत्मा संन्यास के ऊपर है। संसार से भागना कहीं आसान है किन्तु आत्मा से भागना उतना आसान नहीं। शंकर हमें अपनी स्वार्थपरता का दमन करने के लिए कहते हैं और इस कार्य के लिए यदि एकान्तवास तथा अवकाश ग्रहण की आवश्यकता है तो उद्देश्य की सिद्धि के लिए साधन के रूप में इन्हें अपनाने का आदेश देते हैं। ऐसे पुरुष के लिए, जिसने अपने को स्वार्थपरता से मुक्त कर लिया हो, सांसारिक जीवन व्यतीत करने की छूट है। उसकी मनोवृत्ति न तो संसार को प्राप्त करने की ओर न इससे भागने ही की होगी, वरन् संसार को मोक्ष प्राप्त कराने की होगी। पूर्णता को प्राप्त मनुष्य केवल अपने लिए जीता और मरता नहीं, वरन् मनुष्यमात्र के लिए जीता और मरता है, तो भी यह सत्य है कि शंकर हमें संसार के अन्दर रहने को तो कहते हैं किन्तु संसार का बनकर रहने को नहीं। वैसे ही जैसे कि जल का एक बिन्दु कमलपत्र के ऊपर रहता है किन्तु उसके अन्दर लिप्त नहीं हो जाता। ज्ञान का कार्य अपनी आंखें खुली रखकर स्वप्न देखना है, अर्थात् संसार में बिना लिप्त हुए किन्तु उसके प्रति किसी प्रकार का द्वेषभाव भी लिए बिना जीवनयापन करना।[2]

---

1. शतश्लोकी, पृष्ठ 15।

2. शोपनहावर के इस कथन का कि 'उपनिषदों के अध्ययन ने मुझे जीवन में शान्ति प्रदान की और यही मुझे मृत्यु-समय में भी शान्ति प्रदान करेगा', उल्लेख करते हुए मैक्समूलर कहता है : "शोपनहावर क्रमविहीन लेख लिखने वाले लेखकों में नहीं था और न वह ऐसा व्यक्ति था जिसने तथाकथित अगम्यवादी और→

इस प्रकार की समालोचना, कि यदि मोक्ष की व्याख्या में ऐसा कहा जाए कि यह शान्ति का स्वर्ग हैं, जहां जाकर समस्त जीवन मौन हो जाता है एवं चैतन्य और व्यक्तित्व का दमन हो जाता है और ऐसे मोक्ष को हम केवल मानवीय जीवन छोड़कर ही प्राप्त कर सकते हैं, तो हमें उपस्थित विषय से दूर एक अधिक महान् प्रश्न की ओर ले जाती है, और वह प्रश्न यह है कि अनन्त का सान्त के साथ क्या सम्बन्ध है, क्योंकि नैतिकता का क्षेत्र सान्त वस्तुओं की व्यवस्था ही हो सकती है। तार्किक दृष्टिकोण से अन्तर्दृष्टि का बुद्धि के साथ क्या सम्बन्ध है, एवं आध्यात्मिक अन्तर्दृष्टि का तार्किक ज्ञान के साथ क्या सम्बन्ध है, इस विषय का यह प्रश्न है। चूंकि तार्किक ज्ञान आध्यात्मिक अन्तर्दृष्टि के ऊपर आश्रित है, हम नहीं जानते कि ये दोनों ठीक-ठीक किस प्रकार परस्पर सम्बद्ध हैं। लौकिक जगत् ब्रह्म के ऊपर आश्रित है किन्तु हम यह नहीं कह सकते कि किस प्रकार आश्रित है। ठीक इसी प्रकार नैतिक जीवन का सम्बन्ध आध्यात्मिक मोक्ष के साथ है किन्तु किस प्रकार का यह सम्बन्ध है, यह हम नहीं कह सकते। एक से दूसरे का सम्बन्ध-विच्छेद करना, अर्थात् अंतर्दृष्टि का बुद्धि से, ब्रह्म का जगत् से, धार्मिक साक्षात्कार का नैतिक जीवन से सम्बन्ध-विच्छेद करना, इस प्रकार की समालोचना को औचित्य प्रदान करना है कि शंकर की दृष्टि में संसार एक भ्रांति है, हमारा ज्ञान अलीक है और हमारा नैतिक जीवन एक उपहास है। किन्तु शंकर बार-बार घोषणा करते हैं कि जगत् का मूल ब्रह्म में है। जगत् से परे जाने के लिए हमें लौकिक जगत् के अन्दर से गुज़रना होगा। जिस प्रकार यथार्थ तक पहुंचने का मार्ग लौकिक जगत् के अन्दर से है, इसी प्रकार पूर्णता-प्राप्ति का मार्ग नैतिक जीवन के अन्दर होकर है। यद्यपि अन्तिम लक्ष्य एक ऐसी वस्तु है जिसमें नैतिक से परे जाना होता है, इसका तात्पर्य यह नहीं है कि आध्यात्मिक का नैतिक के साथ कोई सम्बन्ध नहीं है। खोजने वाले को कभी भी सांसारिक कर्तव्यों को त्याग देने अथवा ईश्वरभक्ति के विरुद्ध प्रोत्साहन नहीं दिया गया। नैतिक परिस्थिति की अयथार्थता केवल तभी उत्पन्न होती है जबकि नैतिकता का कर्तव्य पूरा हो जाता है। अन्तिम निःश्रेयस् दूर नहीं है किन्तु नैतिक संघर्ष यहां एक भूल और निष्फलता का क्षेत्र है। इसकी यहीं और अभी प्राप्ति हो सकती है। यह कहना कि नैतिक पुरुषार्थ सापेक्ष है, उसके अन्दर जो आदर्श का अंश है उसे पहचान लेना है। यह विचार कि पाप व पुण्य के अन्दर भेद हमारे सीमित स्तर की अपेक्षा रखता है, इस क्रियात्मक जगत् में इसके पालन को अनुचित नहीं ठहराता है। ऐसे पुरुषों के लिए भेद की अयथार्थता का कोई अर्थ नहीं है जो अपने को स्वार्थपरता की शृंखलाओं में जकड़े हुए हैं और इस प्रकार सीमाबद्ध जीवन को दीर्घकालिक बनाते हैं। शंकर विधान या नियम को सर्वथा त्याज्य नहीं मानते; अपितु उनका

→ अव्यक्त विचारों के ऊपर अपने को अचेतनावस्था में जाने दिया हो। और मुझे ऐसा कहने में न तो कोई भय है और न लज्जा ही है कि मैं उसके वेदान्त के प्रति उत्साह में उसके साथ हिस्सा बंटाने को उद्यत हूं और अपने को इस जीवन में से गुज़रते हुए जो कुछ सहायता इससे मुझे मिली है, उसके लिए मैं वेदान्त का ऋणी हूं। वस्तुतः प्रत्येक मनुष्य के लिए यह आवश्यक नहीं है कि वह क्रियात्मक जीवन में अवश्य ही भाग ले, चाहे देश की रक्षा में अथवा उसके शासन में, धन संचय करने में अथवा मजदूरी करने में' किन्तु जो पुरुष चिन्तनात्मक तथा शान्तिमय जीवन निर्वाह करने के योग्य है उनके लिए वेदान्त से बढ़कर सामग्री अन्यत्र न मिलेगी। एक मनुष्य प्लेटो के समान आदर्शवादी होते हुए भी एक उत्तम नागरिक तथा क्रिश्चियन हो सकता है और यही बात मैं वेदान्ती के लिए भी कहता हूं।''

('सिक्स सिस्टम्स ऑफ इण्डियन फिलासफी', पृष्ठ 193)

मत है कि मोक्ष का मार्ग विधान के द्वार से होकर ही है। बुद्धि का आश्रय अन्तर्दृष्टि है और नैतिक जीवन का आधार आध्यात्मिक मोक्ष है। यह वह अंकुर है जिसके अन्दर से पूर्णता का फूल विकसित होता है।

42. कर्म

शंकर ने कर्म के विधान को स्वीकार किया है। व्यक्तित्व, अर्थात् पृथक्त्व, कर्म के कारण है और अविद्या की उपज है।[1] इस प्रकार का जगत् जिसमें हम उत्पन्न हुए हैं केवल कर्ता के ऊपर उसके पूर्व कर्मों का प्रतिपादन है।[2] मनुष्य का शारीरिक संगठन एक कार्य करने वाला यन्त्र-समुच्चय है,[3] जिसका प्रयोजन उस प्रतिदान को कर्मों तथा उनके फलों के रूप में, जो दुःख एवं सुख के रूप में होते हैं, उत्पन्न करना है। कभी-कभी किसी एक जीवन के कर्मों का प्रतिदान अनेक आने वाले जन्मों में मिलता है। ठीक जैसे कि भूतपूर्व कर्म का परिशोधन पूर्ण होता है तो नये कर्म एकत्र हो जाते हैं, "इस प्रकार परिशोधन रूप घड़ी बराबर ऊपर-नीचे चक्र-रूप में चलती रहती है।"[4] नैतिक जीवन एक अविराम, क्रियाशील तथा शक्तिपूरक है जो कभी भी सर्वथा निःशेष नहीं होता। मानवीय जीवन की अवस्थाओं की मांगों की नानाविधता के अनुसार यह भी अनन्त आकार धारण करता है। यह प्रक्रिया बराबर के लिए चलती रहती है जब तक कि पूर्ण ज्ञान की प्राप्ति नहीं हो जाती और यह कर्म के बीज को भस्म कर देती है तथा पुनर्जन्म को असम्भव कर देती है। कर्म के विधान की अधीनता से मुक्ति पाना मानवीय जीवन का लक्ष्य है। अविद्या से छुटकारा पाना ही कर्म-विधान से मुक्त होना है। किन्तु जब तक जीवात्मा सीमाबद्ध है तब तक वह कर्म-विधान के अधीन है, अर्थात् वह सदा ऐसे आदर्श को प्राप्त करने के लिए श्रम करती है जिस तक वह कभी नहीं पहुंचती। नैतिकता एक प्रकार का सीढ़ी का पत्थर है किन्तु विश्राम स्थान नहीं है। ऐसे सब कर्म, जो फल की आकांक्षा से किए जाते हैं, कर्म-विधान के अनुसार ही अपने फल देते हैं। किन्तु ऐसे कर्म जो, निःस्वार्थभाव अर्थात् ईश्वरार्पण के भाव से किए गए हैं, मन को पवित्र करते हैं।

किन्तु इसका तात्पर्य यह नहीं है कि हम अपने पूर्व कर्मों की रस्सियों से खींचे जाकर कठपुतलियों की भांति कार्य करते हैं। यह पहले कहा जा चुका है कि व्यक्ति अपने कर्मों के लिए उत्तरदायी है और ईश्वर केवल सहायक के रूप में मध्यस्थ का कार्य करता है एवं उसके कर्मफलों को सुरक्षित बनाए रखता है।[5] ईश्वर किसी को विवश नहीं करता कि तुम ऐसा नहीं ऐसा कर्म करो; यहां तक कि ऐसी प्रवृत्तियों के ऊपर भी जिनसे हम बद्ध हैं, हम इच्छाशक्ति के द्वारा विजय पा सकते हैं।[6] योगवाशिष्ठ राम को स्वतन्त्र पुरुषार्थ के द्वारा उस शृंखला को तोड़ फेंकने का आदेश देते हैं जो हमें बन्धन में जकड़े हुए है।[7] मनुष्य का स्वभाव प्रेरणापरक

1. शांकरभाष्य, 3 : 2, 9।
2. क्रियाकारकफलम्।
3. कार्यकारणसंघात।
4. 'ड्यूसन्स सिस्टम आफ दि वेदान्त', अंग्रेज़ी अनुवाद, पृष्ठ 354।
5. शांकरभाष्य, 2 : 3, 42।
6. भगवद्गीता पर शांकरभाष्य, 3 : 3, 4।
7. देखें, जीवन्मुक्तिविवेक, अध्याय 1।

है जिसके कारण उसमें राग तथा द्वेष उत्पन्न होते हैं।[1] मनुष्य, यदि प्राकृतिक स्वभाव के अनुसार चले जिसे लेकर उसने जन्म ग्रहण किया है तो सर्वथा अपनी अन्तः-प्रेरणाओं के अधीन रहता है, और जब तक उसकी क्रियाएं इन अन्तःप्रेरणाओं से संचालित होती हैं वे क्रियाएं स्वतन्त्र नहीं हैं। किन्तु मनुष्य केवल अपनी अन्तःप्रेरणाओं का ही पुंज नहीं है। उसके अन्दर अनन्त का निवास है। आत्मा कारणकार्य-भावरूपी शक्ति के रूप में व्यावहारिक शृंखलाओं के बाहर विद्यमान रहती है और उनका निर्धारण करती है। मनुष्य का इतिहास केवल कठपुतली का तमाशा नहीं है। यह एक रचनात्मक विकास है।

43. मोक्ष

मोक्ष एक ऐसी सत्ता के साक्षात्कार का विषय है जो अनन्त काल से विद्यमान है, यद्यपि वह हमारे दृष्टि के क्षेत्र से परे है। जब प्रतिबन्ध दूर हो जाते हैं तो आत्मा मुक्त हो जाती है। यह जहां थी और जो कुछ है और अनन्त काल से है तथा वस्तुमात्र के मूलतत्त्व रूप में वैसी ही वर्तमान रहती है। यह वह शान्ति है जो संसार नहीं दे सकता न उसे हर सकता है। यह सर्वश्रेष्ठ तथा अद्वितीय स्वर्गीय सुख है। ''वह जो परम अर्थों में यथार्थ है, निर्विकार है, नित्य है, आकाश के समान सर्वान्तर्यामी है, हर प्रकार के परिवर्तन से मुक्त सर्वसन्तोषप्रद, अविभक्त, जिसका स्वरूप ही उसका अपना प्रकाश है, और जिसके अन्दर न तो भला है न बुरा, न कोई प्रभाव है, न भूत, न वर्तमान और न भविष्यत् को कोई स्थान है—इस अलौकिक को मोक्ष कहा गया है।''[2] जब अविद्या का लोप हो जाता है तो यथार्थ आत्मा स्वतः प्रकाशित रह जाती है, ठीक जिस प्रकार असर करने वाली मलिनताओं के छूट जाने पर सुवर्ण में चमक आ जाती है अथवा जैसे मेघ शून्य रात्रि में तारे प्रकाश देने लगते हैं जबकि उन्हें अभिभूत करने वाला दिन छिप जाता है।[3] मनुष्य का अपने समस्त स्वनिर्मित बन्धनों से दास्यविमोचन एक ऐसा ऐश्वर्य है जो विचार के क्षेत्र से सर्वथा परे है; एक ऐसी शान्ति जो हमारे सब प्रकार के पुरुषार्थ का प्रयोजन है, हमारे अपने निकटतम चैतन्य से भी अधिकतर समीप विद्यमान है। शंकर हमारे सम्मुख एक ऐसे स्वर्ग का चित्र प्रस्तुत नहीं करते जो इस लोक से पृथक् अथवा इस लोक के अनुभव की व्यवस्था से भिन्न प्रकार का है, अपितु एक ऐसा स्वर्ग है जो सर्वदा यहां उपस्थित है, यदि केवल उसे हम देख सकते। यह किसी काल्पनिक भविष्य के गर्भ में अवस्थित नहीं जो वर्तमान जीवन की समाप्ति पर आने वाले लोक में निरन्तर स्थायी जीवन हो, अपितु यह यथार्थतत्त्व के साथ एकत्व (तादात्म्य) की एक अवस्था है जो इसी लोक में है और वर्तमान काल में भी है।[4]

मुक्तात्मा अपने यथार्थस्वरूप को धारण कर लेते हैं (स्वात्मन्यवस्थानम्)।[5] आत्मा के

1. भगवद्गीता पर शांकरभाष्य, 8 : 18; 3 : 33।

2. इदं तु पारमार्थिकम्, कूटस्थम्, नित्यम्, व्योमवत् सर्वव्यापि सर्वविक्रियारहितम् नित्यतृप्तम्, निरवयवम्, स्वयंज्योतिःस्वभावम्, यत्र धर्माधर्मौ सह कार्येण कालत्रयं च नोपावर्तन्ते तद् अशरीरं मोक्षाख्यम् (शांकरभाष्य, 1 : 1, 4)।

3. शांकरभाष्य, 1 : 3, 19।

4. इसकी नागार्जुन के मत से तुलना करें, जिसके अनुसार निर्वाण की न उत्पत्ति है, न विनाश है; वह न एक है और न अनेक है, न गतिरहित अथवा गति का अभाव है, न नित्य है और न विनश्वर है, और यह कि वह संसार के सदृश है (माध्यमिक कारिका, 25 : 19)।

5. शांकरभाष्य, 4 : 4, 1-3। तुलना करें : आत्मन्येवाविद्यानिवृत्तिः (अद्वैतब्रह्मसिद्धि)।

विलोप का नाम मोक्ष नहीं है, अपितु चैतन्य के विस्तार तथा प्रकाश के द्वारा अपनी अनन्तता और निरपेक्षता का साक्षात्कार कर लेने का नाम मोक्ष है। चित्सुखाचार्य का कहना है कि आनन्दमय का साक्षात्कार ही मोक्ष है।[1] आत्मा के तात्त्विक स्वरूप को, जो परमानन्द है, दुःख आवृत कर लेता है और अज्ञान इसमें सहायक होता है। अज्ञान के अभाव में दुःख लुप्त हो जाता है और आत्मा का स्वरूप, जो विशुद्ध आनन्द है, अपने को व्यक्त कर देता है। मोक्ष-प्राप्ति कोई ऐसी प्रक्रिया नहीं जिससे हम समस्त जगत् को नष्ट करने का प्रयत्न करते हैं। यह इस प्रकार की कोई प्रक्रिया नहीं "जैसे कि घी को आग के ऊपर रखकर उसके कड़ेपन का विनाश किया जाता है।"[2] समस्त संसार के विनाश जैसे महान् कार्य केवल एक मनुष्य के द्वारा होना असम्भव है। यदि मोक्ष से तात्पर्य अनेकत्व का विनाश हो, तब पहले-पहल जब किसी एक मनुष्य ने मोक्ष प्राप्त किया होगा तभी समस्त जगत् को विनष्ट हो जाना चाहिए था।[3] सत्य ज्ञान की प्राप्ति से तात्पर्य अनेकत्व का विनाश नहीं है किन्तु मात्र अनेकत्व के भाव का अभाव है।[4] यह एक प्रकार की अन्तर्दृष्टि है जो जगत् के चित्र को ही बदल देती है और 'सब वस्तुओं का नये सिरे से निर्माण करती है।' यह अन्तर्दृष्टि, जीवन तथा इसकी घटनाओं के प्रति इस प्रकार का परिवर्तित दृष्टिकोण मोक्ष की अवस्था नहीं अपितु साक्षात् मोक्ष है।[5] संसार की अन्त न होनेवाली यह श्रृंखला अपने ऊंच-नीच के साथ बराबर चलती रहेगी, किन्तु उसके प्रति जो मुक्तात्मा की आसक्ति है वह समाप्त हो जाती है।

अविद्या शब्द का प्रयोग स्थिति के सारतत्त्व का प्रतिपादन करने के लिए किया गया है। मोक्ष की प्राप्ति से संसार में तो कोई भी परिवर्तन नहीं होता, केवल इसके प्रति जो हमारा दृष्टिकोण है वह परिवर्तित हो जाता है। इसकी क्षणभंगुर वस्तुएं, जो अल्पमति व्यक्तियों के लिए एक प्रकार का मोहक आकर्षण रखती हैं, मुक्तात्मा को सर्वथा आकृष्ट नहीं करतीं। दुःख का कारण केवल मिथ्याज्ञान की भ्रांति है,[6] और भ्रांति से मुक्ति पा जाने पर दुःख से भी मुक्ति मिल जाती है। इस प्रकार मोक्ष संसार का विलय नहीं है वरन् केवल एक मिथ्या दृष्टिकोण का मिट जाना मात्र है। मुक्तात्मा की फिर से लौकिक जगत् में वापस आने की सम्भावना नहीं रहती; इस सिद्धान्त का प्रतिपादन करने की उत्सुकता से शंकर बार-बार सुझाव देते हैं कि मुक्ति के अन्दर समस्त व्यावहारिक विभागों के गुण तथा विषय-विषयी के भेदों का भी पूर्णरूप से विलय हो जाना आ जाता है।[7] इस प्रकार की आपत्ति की, कि

1. अनवच्छिन्नानन्दप्राप्तिः (सिद्धान्तलेशसंग्रह)।

2. शांकरभाष्य, 3 : 2, 21। और भी देखें, बृहदारण्यक उपनिषद्, 4 : 5, 13।

3. एकेन चादिमुक्तेन पृथिव्यादिप्रलयः कृत इतीदानीं पृथिव्यादिशून्यं जगत् अभविष्यत्। (शांकरभाष्य, 3 : 2, 21)।

4. ज्ञाते द्वैतं न विद्यते।

5. तुलना करें, : शुद्ध ब्रह्माश्रयविषयम् एकमेव ज्ञानं तन्नाश एव च मोक्षः। कृष्णानन्द, जिसने सिद्धान्तलेश पर टीका की है, लिखता है : चैतन्यस्याज्ञानसम्बन्धी बन्धस्तदसम्बन्धो मोक्षो न तु तन्निवृत्तिः। पद्मपाद का मत है कि मिथ्याज्ञान के अभाव का नाम मोक्ष है : मिथ्याज्ञाननिवृत्तिमात्रम् मोक्षः।

6. मिथ्याभिमानभ्रमनिमित्त एवं दुःखानुभवः (शांकरभाष्य, 2 : 3, 46)।

7. सुरेश्वर कहता है : "जब अनन्त प्रकाश का साक्षात्कार अन्तर्दृष्टि के द्वारा प्राप्त कर लिया जाता है तब समस्त प्राणी ब्रह्म से लेकर नीचे वनस्पति-जगत् तक स्वप्नावस्था के समान एक प्रकार की भ्रांति में परिणत हो जाते हैं (मानसोल्लास, 1)।

यह जगत् केवल एक भ्रांति-मात्र है, इस प्रकार के विचार से पुष्टि होती है कि यह आनुभविक जगत्, आत्मा, वस्तुएं तथा ईश्वर आदि भेदों सहित ऐसे व्यक्ति के लिए, जो बाह्य तथा आत्मा के एकत्व को जान जाता है, विलुप्त हो जाता है।[1] शंकर में ऐसे असंख्य वाक्य आते हैं जो बलपूर्वक कथन करते हैं कि जिस प्रकार रस्सी का ज्ञान हो जाने पर सांप-विषयक मिथ्या ज्ञान दूर हो जाता है तथा जाग जाने पर स्वप्नावस्था की रचनाएं स्वतः नष्ट हो जाती हैं, ठीक इसी प्रकार मुक्ति प्राप्त होने पर संसार का अस्तित्व मिट जाता है। हमारी सीमित अन्तर्दृष्टि को जगत् जिस रूप में प्रतीत होता है, वह रूप आत्मा तथा ब्रह्म के एकत्व को जान लेने पर परिवर्तित हो जाती है। निरपेक्ष ब्रह्म के अन्दर वे वस्तुएं, जिन्हें हम इस क्रियात्मक जीवन में अपनी परिस्थितियों की कथावस्तु के रूप में जानते हैं उस रूप में अपना अस्तित्व नहीं रखतीं।[2] शंकर नाना प्रकार के इस तथ्य के ऊपर बल देते हैं कि परब्रह्म के लिए यह जगत् उस प्रकार का अस्तित्व नहीं रखता जिस प्रकार का कि हमारे लिए रखता है। ब्रैडले को भी शंकर के समान ही निश्चय है कि प्रतीतिस्वरूप-जगत् के भेदसम्पन्न स्वरूप परब्रह्म के अन्दर जाकर नहीं रहता। ये सब किस प्रकार से यथार्थ सत्ता में जाकर विलीन हो जाते हैं, इस प्रश्न का समाधान ब्रैडले ने तो 'किसी-न-किसी प्रकार से' कहकर दिया है और शंकर ने इसे 'अनिर्वचनीय' नाम दिया है। ब्रैडले ने जो इसके लिए 'रूपान्तरकरण' शब्द का प्रयोग किया है उस पर शंकर ने आपत्ति की है, यहां तक कि अपूर्ण के ऊपर प्रतिक्रिया जो कि उक्त शब्द के द्वारा प्रकट होती है, परब्रह्म की अपरिवर्तनीय पूर्णता के साथ संगति नहीं खा सकती। तार्किक सूक्ष्मता के लिए अत्यधिक रुचि के कारण ही शकर के कथन कुछ-कुछ भ्रामक रूप प्रतीत होने लगते हैं जैसे कि जगत् कुछ नहीं है।' हम जब 'प्रतीतिरूप के यथार्थसत्ता के अन्दर रूपान्तरकरण' की बात करते हैं तो बौद्धिक विभागीकरण का प्रयोग कर रहे होते हैं, अथवा यह एक प्रकार का अनादि अनंत सामंजस्य में सांकेतिक चिह्नों का 'सम्मिश्रण' है। ये सब शंकर की सम्मति में परब्रह्म में अनेकत्व और लौकिक भेदों को प्रविष्ट करने का प्रयास करते हैं जिसके लिए कोई आध्यात्मिक प्रमाण नहीं है। यथार्थसत्ता सब प्रकार के सम्बन्धों से ऊपर है। परब्रह्म सदा एक ऐसी वस्तु रहेगा जिसका आख्यान हम अपने पारिभाषिक शब्दों के द्वारा नहीं कर सकते। सापेक्ष का सापेक्षरूप में परब्रह्म के अन्दर कोई स्थान नहीं है। जब वह वस्तु जो निरपेक्ष परब्रह्म को सापेक्ष का रूप देती है, नष्ट हो जाती है तो जो कुछ शेष बचता है वह निरपेक्ष परब्रह्म है। 'माण्डूक्योपनिषद्' पर भाष्य करते हुए शंकर कहते हैं कि 'तुरीय' अथवा चतुर्थ अवस्था (अविकल अनुभव) की प्राप्ति अन्य तीन अवस्थाओं अर्थात् जाग्रत, स्वप्न तथा सुषुप्ति अवस्थाओं के उसमें एकत्रीकरण के द्वारा होती है। सबसे ऊंची अवस्था में शेष तीनों सम्मिलित हैं और वह उन तीनों से ऊपर है।[3] 'प्रपंचोपशम' की परिभाषा के प्रयोग से तात्पर्य है जगत् का ब्रह्म के अन्दर विलीन हो जाना, किन्तु यह जगत् का निराकरण नहीं है। हमारे अन्दर इतनी शक्तियां विद्यमान हैं जो सत्य की व्यवस्था के अनुसार कार्य करने में समर्थ हैं और जिनका प्रयोग हमारे विश्व के समस्त स्वरूप में ही परिवर्तन उत्पन्न कर सकता है। जब हम तुरीय अवस्था को प्राप्त करते हैं

---

1. गृहीते त्वात्मैकत्वे बन्धमोक्षादिसर्वव्यवहारपरिसमाप्तिरेव स्यात् (शांकरभाष्य, 1 : 2, 6)।

2. शांकरभाष्य, 1 : 2, 12; 1 : 2, 20।

3. त्रयाणां विश्वादीनां पूर्वपूर्वप्रविलापनेन तुरीयस्य प्रतिपत्तिः प्रविलय शब्द सम्मिलित हो जाने का संकेत करता है, किन्तु निराकरण अथवा निषेध नहीं।

हम एक अन्य दृष्टिकोण से एवं एक प्रकाश के द्वारा भासित यथार्थसत्ता को पाते हैं। केवल यही दृष्टिकोण तथा यही प्रकाश निरपेक्ष है। जब हम इस दृष्टिकोण से यथार्थसत्ता का बोध करते हैं तो हमें ज्ञात होता है कि जगत् का यथार्थ तत्त्व स्वयं ब्रह्म ही है।[1] जिसका हम निराकरण करते हैं वह एक भ्रांतिमय ढांचा है और जो शेष बचता है वह अपने-आप में यथार्थ है।[2] मुक्तात्मा के ऊपर आवरणस्वरूप माया का कोई वश नहीं है। जब अनुभव के द्वारा ब्रह्म तथा आत्मा के एकत्व तक हम पहुंच जाते हैं तो वह बन्धन जो हमें नानारूपों से जकड़े हुए है कट जाता है और उक्तरूपों के अपने अन्दर कोई आकर्षण नहीं रह जाता। वे रह सकते हैं और रहेंगे जब तक इन्द्रियां जीवित रूप में विद्यमान हैं और बुद्धि क्रियाशील है किन्तु उन्हें अन्तर्दृष्टि द्वारा ज्ञान ब्रह्म के साथ सम्बद्ध करने की कोई आवश्यकता नहीं। जब मृगतृष्णिका की भ्रांति वैज्ञानिक ज्ञान के द्वारा मिट जाती है तो भ्रांतिजनक प्रतीति रहती अवश्य है; किन्तु अब यह हमें आगे से भ्रांति में नहीं डाल सकती। हम उसी आभास को देखते हैं किन्तु अब उसका महत्त्व भिन्न प्रकार का ही होता है। जब भ्रांति की भ्रांतिमत्ता प्रत्यक्ष हो जाती है तो यह भ्रांति नहीं रह सकती। चाहे भिन्न-भिन्न रूप (आकृतियां) निराकार के अन्दर अपने को विलीन कर दें अथवा अपने को केवल ब्रह्म की प्रतीतियों के रूप में प्रदर्शित करें, दोनों में से किसी भी दृष्टिकोण से यह जगत् केवल भ्रांतिमय नहीं है।

शंकर ने अनेक वाक्यों में यह घोषणा की है कि मुक्ति का स्वरूप ब्रह्म के साथ एकत्व का है[3] और यहां तक कि ब्रह्म अनुभव के सब प्रकार के विभागों से ऊपर उठा हुआ है। इस प्रकार मोक्ष की अवस्था का वर्णन हमारे ज्ञान के शब्दों में नहीं किया जा सकता। चूंकि हमारा ज्ञान देश, काल, कारण और कार्य, व्यक्तियों तथा वस्तुओं एवं कर्मों तथा दुःखों, से सम्बन्ध रखने वाले भेदों का प्रतिपादन करता है, इसलिए यह कहा जाता है कि इनमें से कोई भी भेद मोक्ष की अवस्था में लागू नहीं होता। यह नहीं कहा जा सकता कि मुक्तात्मा पुरुष किसी एक भौगोलिक क्षेत्र में निवास करते हैं जिसका नाम स्वर्ग अथवा ब्रह्मलोक है; और न यही कहा जा सकता है कि वे अनन्तकाल तक रहते हैं। क्योंकि शंकर अरस्तू के साथ इस विचार से सहमत है कि ''अनन्त काल की अवधि न तो उत्तम को उत्तमतर बना सकती है और न श्वेत को अधिक श्वेत ही बना सकती है।''[4] हम मोक्ष की अवस्था को निरन्तर क्रियाशीलता की अवस्था के रूप में नहीं मान सकते। यह सर्वोन्नत अनुभव है जो सब प्रकार की क्रियाशीलता से अतीत है और यहां तक कि इस अवस्था में आत्मचैतन्य भी मिटा दिया जाता है। आत्मा संसारचक्र से ऊपर उठकर, जिसके साथ विकास और क्षय, जन्म और पुनर्जन्म का सदा चलते रहने वाला प्रवाह लगा हुआ है, ऐसे नित्यत्व के अनुभव को प्राप्त कर लेती है जिसका लक्षण करते हुए बौथियस ने कहा है कि यह ''अनन्त जीवन की सम्पूर्ण रूप में तथा क्षणमात्र के अन्दर प्राप्ति है।[5] मोक्ष की अवस्था विश्वात्मा के साथ सर्वात्मभाव प्राप्त करना है, अर्थात् उस ब्रह्म के साथ जो कि व्यावहारिक जगत् के समस्त भेदों से ऊपर उठा हुआ है।[6] मोक्ष की अवस्था अपने निजी ब्रह्मरूपी आन्तरिक रूप के अतिरिक्त अन्य कोई वस्तु

---

1. शांकरभाष्य 1 : 3, 1। 2. शांकरभाष्य, माण्डूक्योपनिषद्, 2 : 7।
3. ब्रह्मैव हि मुक्त्यावस्था। 4. 'निकोमैकियन एथिक्स', 1 : 6।
5. 'एवेलिन अण्डरहिल कृत जेकोपोन डी टोडी' के पृष्ठ 245 पर उद्धृत।
6. स सर्वात्मभावः सर्वसंसारधर्मातीतब्रह्मस्वरूपत्वम् एव (शांकरभाष्य, तैत्तिरीय उप. 2 : 1)।

नहीं है और स्वर्ग की भांति कोई उपार्जित अवस्था भी नहीं है। शास्त्रों (श्रुति) में शिक्षा दी गई है, और यही तर्कसम्मत भी है, कि ब्रह्म का एक ही रूप है और इसलिए मोक्ष भी एक ही प्रकार का है, चाहे उसे ब्रह्म प्राप्त करे चाहे मनुष्य। सालोक्य (ब्रह्म के साथ एक ही लोक में निवास) और अन्य प्रकार के विशिष्ट मोक्ष जिनका वर्णन आता है चूंकि अर्जित परिणाम हैं इसलिए भिन्न-भिन्न कोटियों की पूजा के कारण उनमें श्रेष्ठता आदि का भेद हो सकता है, किन्तु 'मुक्ति' उस स्वरूप की नहीं है।[1] चूंकि ब्रह्म ''सब स्थानों में उपस्थित है, हर एक वस्तु के अन्दर है, और सब वस्तुओं की आत्मा है, यह सर्वथा असंभव है कि यह गति की प्रक्रिया का लक्ष्य बन सके। क्योंकि जिस पर हम पहले से ही पहुंच गए हैं उसके प्रति चलने का कुछ अर्थ नहीं है। अनुभव हमें बताता है कि मनुष्य अपने से पृथक् की ओर जाता है।''[2]

शरीरधारी ईश्वर के उपासक तो ब्रह्मलोक को जा सकते हैं किन्तु उन्हें नहीं जाना होता जिन्होंने मोक्ष प्राप्त कर लिया है।[3]

मोक्ष का वर्णन निषेधात्मक रूप में ऐसी स्वतन्त्रता की अवस्था के रूप में किया गया है कि जहां न दिन है न रात है, जहां काल की धारा का प्रवाह रुक गया है, और जहां सूर्य तथा तारे आकाश से दूर कर दिए गए हैं। ज्ञान के भेद इसके अन्दर कोई शक्ति नहीं रखते।[4] यह ईसाइयों के स्वर्ग के समान है, जो भ्रष्टाचार से शून्य है, अकलुषित है और कभी क्षीण नहीं होता। किन्तु इससे यह परिणाम न निकालना चाहिए कि यह नितान्त अभाव की अवस्था है। मुक्तात्मा किसी अन्य को नहीं देखता, वरन् अपने को सबके अन्दर देखता है।[5] ठीक जिस प्रकार ब्रह्म हमारे लौकिक दृष्टिकोण से केवल शून्य मात्र प्रतीत होता है इसी प्रकार मोक्ष की अवस्था सर्वथा हानिरूप ही प्रतीत होती है, अर्थात् विलुप्त होते-होते विस्मृति में परिणत हो जाती है। यह एक प्रकार से प्रकाश का बुझ जाना एवं क्षीण हो-होकर अभावरूप में परिणत हो जाना है, जैसा कि जार्ज इलियट ने अपने 'दि लीजेंड ऑफ जुबल' में प्रस्तुत किया है। ''एक बुझी हुई सूर्य की लहर जो मर्त्यभाव को छोड़ते हुए अपने अन्तिम विश्राम-स्थान उस सर्वस्रष्टा के सान्निध्य में रहने को प्रस्थान करती है।'' चूंकि जिस प्रकार शंकर इस विचार का विरोध करते हैं कि ब्रह्म केवल दुर्बलात्माओं को असद् रूप में प्रतीत होता है उसी प्रकार वे तर्क करते हैं कि हमारे लौकिक दृष्टिकोण से यह महान् सर्वात्मा के साथ एकत्व की प्राप्ति भी ऐसी प्रतीत तो होती है मानो अन्त में मृत्यु-मुख में चली गई और फिर जीवित न होगी, किन्तु यथार्थ में यह ऐसा नहीं है। ऐसे वाक्य भी आए हैं जिनमें यह प्रतिपादन किया गया है कि मोक्ष की प्राप्ति पर चैतन्य रहता है। इस प्रकार के वाक्य को लेकर शंकर तर्क करते हैं कि इस अवस्था में वैयक्तिक चेतना (विशेष-विज्ञान) लुप्त होती है, समस्त चैतन्य नहीं। आत्मा का विशुद्ध सारतत्त्व (विज्ञानघनात्मा) विद्यमान रहता है।[6] इसी प्रकार उनका मत है कि मोक्ष में केवल

1. शांकरभाष्य, 3 : 4, 52।
2. शांकरभाष्य, 4 : 3, 14 और भी देखें 3 : 31।
3. शांकरभाष्य, 4 : 3, 7-8।
4. दर्शनादिव्यवहाराभावः (शांकरभाष्य, 1 : 3, 9)।
5. मुक्तस्यापि सर्वैकत्वात् समानौ द्वितीयाभावः (शांकरभाष्य, छान्दोग्य उपनिषद्, 8 : 12, 3)।
6. शांकरभाष्य, 1 : 4, 22। उन्होंने बृहदारण्यक उपनिषद्, (4 : 3, 30) को भी शांकरभाष्य (1 : 3, 19), में उद्धृत किया है और इस प्रकार टीका की है : ''विशेषविज्ञानं विनाशाभिप्रायमेव न विज्ञातृविनाशाभिप्रायम्।''

प्रतिबन्ध उत्पन्न करने वाले सहायक नष्ट हो जाते हैं किन्तु स्वयं आत्मा नष्ट नहीं होती।[1] मोक्ष निर्जन प्रदेश में विलुप्त हो जाना नहीं है। हमारे लिए अपने सीमित दृष्टिकोण से जीवात्मा अपने शरीर, इन्द्रियों, चित्त तथा बोधशक्ति तक ही सीमित दृष्टिकोण से यथार्थ है; और वह मुक्तात्मा, जिसने विश्वात्मा के साथ अपने एकत्व को साक्षात् कर लिया है, काल पर विजय प्राप्त कर ली है, और नित्य जीवन को प्राप्त कर लिया है, यथार्थ प्रतीत होती है। हम शारीरिक जीवन के अर्थों में एक निरन्तर रहने वाले अमरत्व के जीवन की अभिलाषा करते हैं। शंकर ऐसी आत्मा को उक्त प्रकार का जीवन प्रदान करते हैं जिसका दृष्टिकोण शरीर, इन्द्रियों तथा चित्त से परे नहीं जाता। शंकर केवल ऐसी आत्मा को एक विशिष्ट एवं प्रतीतिमय वस्तुओं में से एक आभास मात्र मानते हैं, जो उत्पन्न होती तथा नष्ट हो जाती है किन्तु जब ये सब वस्तुएं जो सीमित को सीमित बना देती हैं, नष्ट हो जाती हैं और जब यह शरीर जो सीमितता का प्रतीक है, विनष्ट हो जाता है, अर्थात् जब सीमित अनन्त के स्तर तक ऊंचा उठा दिया जाता है, तब हम यथार्थ निःश्रेयस् की अवस्था को यहीं और वर्तमान काल में प्राप्त कर लेते हैं। इसकी ठीक-ठीक विषय-वस्तु क्या है, यह वर्णन करना कठिन है। यह सत्य है कि इसको आंखों ने नहीं देखा, न कानों ने सुना और न ही इसने मनुष्य के हृदय में प्रवेश पाया और न कभी उस दिव्य ज्योति के भावमात्र का भी विचार किया जिसकी अभिव्यक्ति अवश्य कभी-न-कभी होकर रहेगी। तो भी यदि मोक्ष का हमारे लिए कोई महत्त्व है तो हमें अमरत्व के विचार को काल-सम्बन्धी भाषा में रखकर इसे 'सर्वात्म भाव' के नाम से पुकारना चाहिए।[2]

इसी प्रकार ऐसे भी वाक्य हैं जिनमें शंकर ने बलपूर्वक कहा है कि जीवात्मा का सत्य स्वरूप वही है जो सर्वोपरि प्रभु का है, "सर्वोच्च प्रभु की आत्मा शरीरधारी जीवात्मा का यथार्थ स्वरूप है; और शरीर-रूपी बन्धन की अवस्था प्रतिबन्ध करने वाले सहायकों के कारण है।"[3] "जैसे कि काल्पनिक सांप अविद्या के दूर हो जाने पर रस्सी के वास्तविक रूप में आ जाता है इसी प्रकार भासमान जीवात्मा का, जो कर्तृत्व और अनुभव, राग और द्वेष तथा अन्य त्रुटियों के कारण दूषित है और अधिकतर पाप के अधीन है, ज्ञान के द्वारा उस सर्वोच्च ईश्वर के निष्पाप सारतत्त्व में रूपान्तरण हो जाता है जो इन सब अपूर्णताओं के प्रतिकूल है।"[4] अप्पयदीक्षित इस वाक्य को उद्धृत करते हुए कहता है कि शंकर स्पष्ट रूप में मोक्ष के ईश्वर के साथ एकत्व सम्बन्धी विचार का समर्थन करते हैं।[5] और स्वयं को भी वह इसे मानता है।[6]

1. उपाधिप्रलयमेवायं नात्मप्रलयम् (2 : 1, 14)।

2. सर्वात्मभावो मोक्ष उक्तः (शांकरभाष्य, बृहदारण्यक उप., 4 : 4, 6)।

3. पारमेश्वरम् एव हि शरीरस्य पारमार्थिकं स्वरूपम् उपाधिकृतं तु शारीरत्वम् (3 : 4, 8)। आगे चलकर : एव मिथ्याज्ञानकृत एव जीवपरमेश्वरयोर्भेदो न वस्तुकृतो व्योमवद् असंगत्या। विशेषात् (शांकरभाष्य, 1 : 3, 19)। और भी देखें, शांकरभाष्य, ईशोपनिषद्, 14।

4. यदिविद्याप्रत्युपस्थापितमपारमार्थिकं जैवं रूपं कर्तृत्वभोक्तृत्वरागद्वेषादिदोषकलुषितम् अनेकानर्थयोगि तद्विलपनेन तद्विपरीतम् अपहतपाप्मत्वादिगुणकं पारमेश्वरं स्वरूपं विद्यया प्रतिपाद्यते सर्पादिविलयनेनेव रज्जवादिना (शांकरभाष्य, 1 : 3, 19) उसके सम्बन्ध में 'कल्पतरु' और 'परिमल' भी देखें।

5. भाष्यकारोऽप्यतिस्पष्टं मुक्तस्य सगुणेश्वरभावात्तिम् आह।

6. देखें, सिद्धान्तलेश, 4। यह सुझाव दिया जाता है कि अनेक जीववाद के अनुसार मुक्ति ईश्वर के साथ एकत्व का नाम है जब तक कि सब मुक्त नहीं हो जाते, और उस समय यह ब्रह्म के साथ तादात्म्य का रूप धारण करती है। देखें, सिद्धान्तलेश 4, और इसके ऊपर ब्रह्मानन्द की व्याख्या।

ऐसा कहा गया है कि मुक्तात्मा को सर्वोच्च सत्ता से भिन्न नहीं किया जा सकता (अविभाग)।

इस प्रकार के अभेद की व्याख्या नाना प्रकार से की जाती है। जैमिनी[1] के अनुसार मुक्तात्मा में अनेक गुण विद्यमान रहते हैं, यथा पाप से निर्लिप्तता, विचार की सत्यता एवं सर्वज्ञता तथा सर्वशक्तिमत्ता। औडुलोमि को इसमें आपत्ति है और अपना मत वह यों प्रकट करता है कि मुक्तात्मा में केवल एक विध्यात्मक गुण, अर्थात् आध्यात्मिक चैतन्य , और निषेधात्मक गुण, अर्थात् पाप से निर्लिप्तता, रहता है।[2] अन्य गुण, जो जैमिनी ने मुक्तात्मा में बताए हैं, उपाधियों के कारण हैं। बादरायण इन दोनों मतों में किसी प्रकार का परस्पर विरोध नहीं पाता है।[3] शंकर भी बादरायण से सहमत हैं। औडुलोमि ने हमारे आगे आध्यात्मिक सत्य को प्रस्तुत किया है जिसे निचोड़कर लौकिक विभागों में नहीं रखा जा सकता; किन्तु यदि हमारा आग्रह लौकिक विवरण के ही ऊपर हो तो हमें अवश्य ही जैमिनी का विचार स्वीकार करना होगा। इस प्रकार जैमिनी और औडुलोमि मोक्ष की एक अवस्था का बौद्धिक तथा अन्तर्दृष्टि सम्बन्धी विवरण प्रस्तुत करते हैं। बादरायण यह कहते हुए कि लगभग अनन्त शक्ति और ज्ञान, जो मुक्तात्मा को मोक्ष-अवस्था में प्राप्त हो जाते हैं, यह भी कहता है कि चाहे जो कुछ भी क्यों न हो सृष्टिरचना, शासन करने तथा विश्व के नाश करने की शक्ति ईश्वर के अतिरिक्त किसी मुक्तात्मा को प्राप्त नहीं होती, क्योंकि ये शक्तियां केवल ईश्वर को ही प्राप्त हैं।[4] मध्व के साथ इस विचार की संगति है, जिसका मत है कि निम्नपदस्थ आत्माओं के लिए ईश्वर जैसी अनन्त शक्ति तथा स्वातन्त्र्य प्राप्त करना असम्भव है। रामानुज के सामने अपने ब्रह्म के आन्तरिक भेदों तथा मुक्तात्मा एवं ईश्वर के बीच के शाश्वत भेदों के कारण कोई समस्या नहीं है। शंकर इस विचार को उपनिषदों के बार-बार दोहराए गए विचारों, जैसे "मुक्तात्मा विशुद्ध सत्ता के साथ अत्यन्त समानता प्राप्त कर लेता है", "वह जगत् का स्रष्टा हो जाता है," आदि के साथ असंगत पाते हैं। तो भी बादरायण कहता है कि वह संसार का शासक नहीं हो सकता। शंकर स्थिति को स्पष्ट करते हुए कहते हैं कि परमुक्ति की दशा में न तो विषयी रहता है और न विषय रहता है; न आत्मा रहती है और न जगत् रहता है और इस प्रकार शासन अथवा सृष्टिरचना का प्रश्न उत्पन्न ही नहीं होता; किन्तु जब तक हम ईश्वर के तथा आत्माओं और संसार के स्तर पर हैं तब तक परमार्थभाव से मोक्ष प्राप्त नहीं हुआ और इस प्रकार, उस अवस्था में यह सत्य है कि मुक्तात्मा में सृजनशक्ति आदि को छोड़कर ईश्वर के सब गुण हैं।[5] शंकर के अनुसार ऐसा पुरुष जिसमें आध्यात्मिक अन्तर्दृष्टि है, ब्रह्म के साथ एकत्व प्राप्त कर लेता है, यद्यपि इस दशा को हम केवल ईश्वर के सादृश्य के रूप में ही वर्णन

---

1. शांकरभाष्य, 4 : 4, 5; छान्दोग्य उपनिषद् भी देखें, 8 : 1, 6; 8 : 7, 1।

2. शांकरभाष्य, 4 : 4, 6; बृहदारण्यक उपनिषद् भी देखें, 4 : 5, 13।

3. शांकरभाष्य, 4 : 4, 7।

4. वैशेषिकसूत्र 4 : 4, 17।

5. बादरायण तथा उपनिषदों में जो प्रकटरूप में परस्पर विरोध है और बादरायण के भी कुछ कथनों में जो विरोध है, (4 : 2, 13 और 16 तथा 4 : 4, 17 और 21), उसको शंकर इस प्रकार दूर कर देते हैं।

> कर सकते हैं किन्तु ऐसे पुरुष जिनके अन्दर आध्यात्मिक अन्तर्दृष्टि तो नहीं किन्तु शरीरधारी ईश्वर की वे पूजा करते हैं, सर्वथा अविद्या से मुक्त नहीं है और इस प्रकार ब्रह्मलोक में सृष्टिरचना तथा संसार की शासन सम्बन्धी शक्तियों के अतिरिक्त अन्य सब शक्तियों को प्राप्त कर लेते हैं। वे ईश्वर से पृथक् अपना व्यक्तित्व रखते हैं यद्यपि वे ईश्वर के भाव से युक्त हैं।

क्या मोक्ष की दशा, अथवा संसार से मुक्ति, संसार के लिए कार्य करने के साथ संगति रखती है? शंकर की प्रवृत्ति इस प्रश्न का निषेध के रूप में उत्तर देने की है, क्योंकि समस्त क्रियाशीलता, जिससे हम परिचित हैं, पहले ही से द्वैतभाव को मान लेती है और अद्वैतरूपी सत्य के ग्रहण करने के साथ नहीं हो सकती। तो भी जहां तक जीवन्मुक्तों का सम्बन्ध है उनके अन्दर क्रियाशीलता रह सकती है। परिणाम यह निकला कि क्रियाशीलता, क्रियाशीलता के रूप में अद्वैत के सत्य के साथ असंगत नहीं है। मुक्तात्मा जीवित अवस्था में भी अहंभाव से ऊपर उठ जाते हैं और इस प्रकार विधान तथा कर्म के शासन से भी परे हो जाते हैं और वे सर्वोच्च सत्ता के भाव से ओत-प्रोत होकर कर्म करते हैं। कर्म तथा मुक्ति के अन्दर अनिवार्य प्रतिकूलता नहीं है।

इस सम्बन्ध से मुक्तात्मा द्वारा एक नवीन जीवन धारण करके इस लोक में वापस आने के प्रश्न पर भी विचार किया गया है।[1] ऐसा कहा गया है कि अपान्तरतमस् तथा अन्य कुछेक ऋषि सर्वोच्च ज्ञान रखते हुए भी शारीरिक जीवन में फिर वापस आ गए। शंकर का कहना है कि वे ऐसा करते हैं अपने अधिकार, अर्थात् संसार के कल्याण की पूर्ति के लिए; और जब उनका यह कार्य पूरा हो जाता है, उनका वैयक्तिक जीवन भी समाप्त हो जाता है और फिर उनके वापस आने की कोई सम्भावना नहीं रहती। किन्तु यह स्पष्ट है कि यथार्थसत्ता का अन्तर्दृष्टि द्वारा ज्ञान प्राप्त करने के पश्चात् भी हम संसार के अन्दर रुचि रख सकते हैं यद्यपि हमारा इस संसार में फिर से आना केवल निरीक्षण के रूप में है, इस लोक में निवास के विचार से नहीं। इसके अतिरिक्त शंकर यह भी आग्रहपूर्वक कहते हैं कि मोक्ष की अवस्था संसार की अवस्था के प्रतिकूल है, और चूंकि क्रियाशीलता संसार का एक विशिष्ट लक्षण है इसलिए मुक्तात्मा के अन्दर इसका अभाव रहता है।

> परवर्ती अद्वैत में मोक्ष के सम्बन्ध में भिन्न-भिन्न विचार हठात् हमारे सम्मुख आते हैं।[2] वे लोग जो एक जीव के सिद्धान्त को मानते हैं कहते हैं कि मोक्ष ब्रह्म के अन्दर समा जाने का नाम है जिसमें व्यावहारिक जगत् का विनाश, ईश्वर और मनुष्य भी सम्मिलित हैं।[3] किन्तु वे लोग जो जीवों के अनेकत्व के सिद्धान्त को मानते हैं व्यावहारिक जगत् का कारण प्रत्येक आत्मा की अविद्या को बताते हैं। यद्यपि अविद्या का नाश हो जाने पर भी यह व्यावहारिक जगत् अन्य व्यक्तियों की दृष्टि में, जो अभी मुक्त नहीं हुए हैं, वर्तमान रहता है। इस सिद्धान्त के आधार पर कि ईश्वर और आत्माएं दोनों ही ब्रह्म के प्रतिबिम्ब हैं, मोक्ष का अर्थ है प्रतिबिम्ब ग्रहण करने

---

1. शांकरभाष्य, 3 : 3, 32। 2. सिद्धान्तलेश, 4।

3. एकजीववादे तदेकाज्ञानकल्पितस्य जीवेश्वरविभागादिकृत्स्नभेदप्रपंचस्य तद्विद्योदये विलयान्निर्विशेषचैतन्य-रूपेणैवावस्थानम्।

वाले सब दर्पणों का टूट जाना और मौलिक रूप में समा जाना। ऐसा मत भी प्रकट किया गया है कि जहां विशुद्ध आत्मा ईश्वर और जीव दोनों की पृष्ठभूमि में रहती है वहां जीव ईश्वर का एक प्रतिबिम्ब में रूप है। इस विचार के आधार पर मोक्ष ब्रह्म के साथ एकत्व का नाम नहीं है, वरन् ईश्वर के साथ एकत्व का नाम है और यह तब तक रहेगा जब तक कुछ जीव मोक्ष-प्राप्ति के बिना विद्यमान रहेंगे। जब एकमात्र मुख कई दर्पणों में प्रतिबिम्बित होता है तो किसी एक दर्पण के हटा देने से जहां तक मौलिक का सम्बन्ध है प्रतिबिम्ब उसमें समा जाना होता है। किन्तु मुख का अपना विशिष्ट मूलभूत रूप नष्ट नहीं होगा जब तक कि सारे दर्पण न टूट जाएंगे। तदनुसार, जब तक मुक्ति रहित आत्माएं हैं तब तक मोक्ष का तात्पर्य है ईश्वर के साथ एकत्व; किन्तु जब सब आत्माएं मुक्त हो जाएंगी तब ईश्वर भी अपना बिम्ब अथवा मूलस्वरूप खो देगा और लौटकर ब्रह्म के अन्दर समा जाएगा; और इस प्रकार समस्त मुक्तात्माओं के लिए ब्रह्म के साथ एकत्व प्राप्त हो जाएगा। किन्तु चूंकि सनातन अद्वैत के अनुसार संसार का अन्त नहीं है, मोक्ष से तात्पर्य ईश्वर के साथ एकात्मता है।

संचयी ज्ञान के स्वरूप के विषय में एक मनोरंजक प्रश्न उठाया जाता है। जब तक ज्ञान है मोक्ष की प्राप्ति नहीं होती; किन्तु जब तक हम ब्रह्म का ज्ञान प्राप्त नहीं कर लेते, मोक्ष हो नहीं सकता। तो क्या यह ब्रह्मज्ञान, ज्ञान के रूप में अन्तिम फलोपभोग के साथ असंगत नहीं है? यह मान लिया गया है कि परम अवस्था में कोई ज्ञान नहीं होता और सर्वोच्च ज्ञान का नाश अपने-आप में असंख्य दृष्टान्तों के द्वारा उत्पन्न होता है जिस प्रकार 'कतक' के फल का चूरा गंदले पानी में डाले जाने पर वह उसकी सारी मलिनता को साथ लेकर तली में बैठ जाता है, जिस प्रकार पानी की एक बूंद लाल तपे हुए लोहे के गोले पर डाली जाने पर उसकी ऊष्मा के एक भाग को ले लेती है और उसके साथ स्वयं भी लोप हो जाती है, जिस प्रकार अग्नि एक घास के ढेर को जलाने के बाद अपने-आप ही बुझ जाती है, इसी प्रकार ब्रह्म का ज्ञान भी हमारे अज्ञान को तो नष्ट करता है किन्तु स्वयं भी नष्ट हो जाता है।[1]

शंकर क्रममुक्ति को स्वीकार करते हैं। प्रश्नोपनिषद् के एक वाक्य के ऊपर भाष्य करते हुए ओम् के ध्यान के विषय में वे कहते हैं कि इस प्रकार का ध्यान ब्रह्मलोक की ओर ले जाता है जहां हम क्रम से पूर्ण ज्ञान प्राप्त करते हैं।[2] एक अन्य स्थान पर वे तर्क करते हैं कि शरीरधारी ईश्वर की उपासना का उद्देश्य पापकर्मों से मुक्ति (दुरितक्षय), ऐश्वर्य-प्राप्ति अथवा क्रमिक मुक्ति है।[3] ब्रह्मलोक में आत्मा अपना पृथक् अस्तित्व स्थिर रखती है। शंकर की दृष्टि में अन्य सब रहस्यवादियों की भांति एक ऐसे स्वर्ग का विचार कि जहां पर आत्मा ईश्वर और केवल ईश्वर ही के ऊपर एकनिष्ठ रहती है, आदर्श से न्यून है। यह हो सकता है कि आत्मा ईश्वर के साक्षात् दर्शन करती है और उसकी उपस्थिति से प्लावित

1. देखें, सिद्धान्तलेश, 3।
2. शांकरभाष्य, 1 : 3, 13।
3. शांकरभाष्य, 3 : 2, 21।

हो जाती है किन्तु तो भी आत्मा तथा उसके विषय में परस्पर भेद अवश्य है। आत्मा दर्शन का विषय नहीं है और इसका सीमित उत्पत्तियुक्त रूप इसके विषय बनने में बाधा देता है।

शंकर ने जो जीवमुक्ति का वर्णन किया है उससे यह स्पष्ट हो जाता है कि भौतिक मृत्यु के पश्चात् शाश्वत जीवन कोई जीवन की अवस्था नहीं है। जब अन्तर्ज्ञान का सूर्योदय इसी लोक में हो जाता है तो मोक्ष की प्राप्ति हो गई। ऐसी अवस्था में मृत्युपर्यन्त शरीर की विद्यमानता प्रवंचना का कारण नहीं बन सकती। जिस प्रकार मिट्टी का पात्र बन जाने पर भी कुम्हार का चक्र कुछ समय तक चलता ही रहता है ठीक इसी प्रकार मोक्ष के बाद भी जीवन बना रहता है क्योंकि पहले से जो गति इसने प्राप्त कर ली है, उसे रोकने का कोई कारण उसके अन्दर नहीं है।[1] शंकर एक ऐसे मनुष्य का भी दृष्टान्त देते हैं जो चन्द्रमा को उसके द्विगुण रूप में देखता है क्योंकि उसकी आंख में कुछ दोष है और यह जानते हुए भी वस्तुतः चन्द्रमा एक है वह अपने को इस प्रकार देखने से रोक नहीं सकता।[2] मुक्तात्मा अपने समस्त कर्मों को ब्रह्मार्पण समझकर करता है।[3]

44. परलोक

केवल सत्य को जानने वाला मनुष्य शाश्वत जीवन प्राप्त करता है जो कि मरणोत्तर जीवन से भिन्न है और जो उसके अतिरिक्त अन्य सब मनुष्यों के हिस्से में आता है।[4] जब तक शाश्वत जीवन प्राप्त नहीं होता, हमारा जीवन संसार के साथ अथवा अन्तविहीन परिणमन के थकाने वाले चक्र के साथ बंधा रहता है। यह संसार काल की प्रक्रिया का व्यक्त रूप है और जीवों को इस अन्तविहीन चक्र में परलोक जीवन का तब तक के लिए निश्चित भरोसा दिया गया है जब तक कि वे काल से ऊपर उठकर आध्यात्मिक अन्तर्दृष्टि द्वारा शाश्वत जीवन प्राप्त नहीं कर लेते। शाश्वत (नित्य) की उपस्थिति काल की परिभाषा में अपने को अन्तविहीन निरंतरता के रूप में प्रदर्शित करती है। प्लेटो के 'टाइमियस' नामक ग्रन्थ के प्रसिद्ध शब्दों में "काल नित्यता की गतिशील प्रतिकृति है।" परलोक के सत्य को प्रमाणित करने के लिए शंकर ने कोई नया तर्क उपस्थित नहीं किया। ऐसा माना जाता है कि जब यह भौतिक शरीर शून्यता को प्राप्त हो जाता है तो उसके पीछे एक बीज शेष रह जाता है जो उसी जाति के एक नये सुसंगठित शरीर को जन्म देता है। शंकर भौतिकवादियों

1. शांकरभाष्य, 4 : 1, 15।

2. शांकरभाष्य, 4 : 1, 15।

3. परवर्ती अद्वैत में भिन्न-भिन्न प्रकार के विचार प्रस्तुत किए गए हैं, जैसे : (1) मोक्ष की अवस्था में जीवितावस्था में आद्य अविद्या अपनी विक्षेप शक्ति को कुछ शिथिल कर देती है; (2) अविद्या का प्रभाव इसके विनाश के पीछे भी कुछ समय तक बना रहता है; (3) आद्य अविद्या जले हुए कपड़े के समान निर्जीव अवस्था में रहती है, और (4) मुक्तात्मा के लिए यह जगत्, जिसमें शरीर आदि सम्मिलित हैं, अपनी सत्ता खो देता है। देखें, सिद्धान्तलेश, 4।

4. शांकरभाष्य, बृहदारण्यक उपनिषद्, 1 : 1, 1। सर्वज्ञानात्ममुनि इस मर्त्यलोक में मुक्ति का अस्तित्व नहीं मानता, यद्यपि अन्य लगभग सभी अद्वैतवादी जीवन्मुक्ति के विचार का समर्थन करते हैं।

के इस मत का खण्डन करते हैं कि जीवात्मा ही शरीर है और शरीर के विलयन के साथ आत्मा भी नष्ट हो जाती है।[1] किन्तु आत्मा शरीर की अनाश्रित है और इसका अस्तित्व ही स्मृति आदि को सम्भव बनाता है।[2] यद्यपि हमारा शरीर छिन्न-छिन्न होकर राख में परिणत हो जाता है तो भी एक ऐसी वस्तु हमारे अन्दर है जो मरण के उपरान्त भी रहती है; और यही वह वस्तु है जो हमारे भविष्य-जीवन का निर्णय करती है। ऐसा ज्ञान जिसे हमने प्राप्त किया है और हमारा चरित्र, जिसे हमने बनाया है, हमारे दूसरे जीवनों में साथ-साथ जाएंगे।[3] नैतिक तथा धर्मात्मा मनुष्य तराजू के पलड़े पर ऊंचे उठेंगे और अनैतिक तथा पापी नीचे आएंगे। भविष्य-जीवन का स्वरूप भूतपूर्व जीवन की नैतिक कोटि के ऊपर निर्भर करता है। जन्म और मृत्यु केवल जीवात्मा के शरीर के साथ संयोग तथा वियोग से सम्बद्ध हैं।[4]

शंकर के अनुसार, वैदिक देवता भी अमर नहीं हैं क्योंकि "देवताओं के अमरत्व का तात्पर्य केवल एक दीर्घ समय तक जीवित रहना है, ठीक जैसे कि वे सब प्रभु भी आत्मनिर्भर न होकर केवल ईश्वर के उपहार हैं।"[5]

शंकर मृत्यु के उपरान्त शरीर से आत्मा के प्रस्थान करने का विस्तृत रेखाचित्र प्रस्तुत करते हैं। ऋग्वेद में बताया गया है कि सत्पुरुषों की आत्माएं यम के प्रकाशमय स्वर्ग में चली जाती हैं, जहां वे पितरों के मध्य एक आनन्दमय जीवन व्यतीत करती हैं[6]; और दुरात्मा पुरुषों की आत्माएं, जिनके लिए स्वर्ग का द्वार बन्द है, निम्नतर श्रेणी के अन्धकार में गिरती हैं।[7] उपनिषदों में हम अध्ययन करते हैं कि प्रज्ञावान देवयान मार्ग से ऊपर ब्रह्म तक ले जाए जाते हैं जहां पहुंचकर फिर पुनर्जन्म नहीं होता। कर्म करने वाले पुरुषों की आत्माएं पितृयान मार्ग से ऊपर की ओर ज्योतिर्मय चन्द्रलोक में जाती हैं तथा वहां अपने कर्मों के फलों का उपभोग करती हैं और तब तक एक नये जीवन में आने के लिए नीचे उतरती हैं, जिसका निर्णय भूतकाल के जन्म के

---

1. यदि इस तथ्य के आधार पर कि आत्मा के गुण तब तक रहते हैं जब तक शरीर रहता है, ऐसा अनुमान किया जाए कि ये शरीर के गुण हैं तो उत्तर में ऐसा तर्क उपस्थित किया जा सकता है कि वे शरीर के गुण नहीं हैं, क्योंकि मृत्यु के समय शरीर यद्यपि रह जाता है किन्तु ये गुण नहीं रहते। हम ऐसा नहीं कह सकते कि चूंकि अंधेरे में प्रत्यक्ष ज्ञान को अपने अस्तित्व के लिए एक दीपक की आवश्यकता होती है इसलिए यह दीपक का गुण है। इसी प्रकार दीपक के समान शरीर केवल साधनमात्र है। इसके अतिरिक्त शरीर के सहयोग की सदा ही आवश्यकता नहीं होती, क्योंकि शरीर जब निद्रा में होता है तो भी हम अनेक वस्तुओं का प्रत्यक्ष करते हैं। शरीर के गुणों, जैसे आकृति इत्यादि जो सबके प्रत्यक्ष में आते हैं तथा आत्मा के गुणों में भेद है जो उस रूप में प्रत्यक्ष नहीं होते। यह सत्य है कि शरीर के अस्तित्व से चेतनामय गुणों की उपस्थिति प्रमाणित की जा सकती है किन्तु शरीर की अनुपस्थिति से चेतनता के विषय में कुछ नहीं कहा जा सकता। यह अन्य शरीर में प्रवेश करके रह सकती है। यदि चैतन्य भौतिक तत्त्वों तथा उनसे उत्पन्न वस्तुओं का एक गुण है तो उत्पन्न वस्तुएं चैतन्य का विषय नहीं हो सकतीं। चूंकि तत्त्वों तथा उनसे उत्पन्न वस्तुओं का अस्तित्व इस तथ्य से अनुमान किया जाता है कि वह प्रत्यक्ष देखी जाती है, हमें अवश्य यह परिणाम निकालना चाहिए कि प्रत्यक्ष उनसे भिन्न है।

2. शांकरभाष्य, 3 : 3, 54।

3. शांकरभाष्य, 3 : 4, 11; और बृहदारण्यक उपनिषद् 4 : 4, 2। और भी देखें, शांकरभाष्य, 3 : 1, 5, 6।

4. शांकरभाष्य, 2 : 3, 16-17।

5. शांकरभाष्य, 1 : 2, 17।

6. 10 : 14, 10।

7. 10 : 152, 4।

द्वारा होता है। और वे, जो न ज्ञान और न कर्म में निरत रहे होते हैं, एक तीसरा स्थान पाते हैं और निम्नतर श्रेणी के पशुओं तथा वनस्पति के अन्दर जन्म लेते हैं जिन्हें चन्द्रलोक के आनन्द का रस नहीं प्राप्त होता।[1] शंकर उक्त तीनों को संसार के चक्र में तीन भिन्न पड़ावों के रूप में मानते हैं, किन्तु मोक्ष का अपना ही सबसे पृथक् रूप है और उक्त तीनों से भिन्न है। जहां एक ओर पितृयान फिर से लौकिक अस्तित्व की ओर ले जाता है, वहां दूसरी ओर देवयान ब्रह्मलोक को प्राप्त कराता है, जहां से फिर इस संसार में लौटना नहीं होता। छान्दोग्य उपनिषद् के विवरण में[2] केवल दो ही मार्ग बताए गए हैं, अर्थात् देवयान और पितृयान। और ये सब जो ज्ञान से रहित हैं, सज्जन हों अथवा दुर्जन हों उन्हें पितृयान से जाना होता है। शंकर अतीत तथा नये जन्म में द्विगुण प्रतिशोध के सिद्धान्त को स्वीकार करते हैं जिससे कि वेद तथा उपनषिदों के विचारों में समन्वय किया जा सके।[3] एक प्रयास इस विषय में भी किया गया था कि वैदिक कर्मकाण्ड, जिसका पुरस्कार परलोक में कर्मकर्ता को मिलता है, तथा नैतिक जीवन में परस्पर भेद किया जाए, क्योंकि नैतिक जीवन का फलोपभोग इसी लोक में होता है।[4] वे आत्माएं, जो परम्परागत नैतिक आधार का पालन करती हैं तथा यज्ञयागादि करती हैं, बिना किसी सत्य ज्ञान के पितरों के मार्ग का अनुसरण करती हैं और धूम्रमय क्षेत्र से गुज़रते हुए चन्द्रलोक में पहुंचती हैं और वहां अपने कुछ कर्मों का फलोपभोग करने के पश्चात् एक नये जीवन में प्रवेश करने के लिए इस लोक में वापस लौट आती हैं, जबकि अन्य, जो शरीरधारी ईश्वर की उपासना करते हैं और ज्ञानपूर्वक कर्म करते हैं, देवयान मार्ग में ऊंचे-ऊंचे सूर्यलोक के मध्य से गुज़रते हुए ब्रह्म लोक में पहुंचते हैं।[5] शरीरधारी ईश्वर की पूजा करने वाला अपनी शक्तियों और प्रभुत्व का भाग प्राप्त करता है, यद्यपि ''उसका अंधकार अभी तक दूर नहीं हुआ'' और उसकी अविद्या भी अभी तक नष्ट नहीं हुई। वे जो निम्न श्रेणी के देवताओं की पूजा करते हैं वे भी अपना पुरस्कार पाते हैं, यद्यपि इस प्रकार की पूजा उन्हें मोक्ष के उच्चतम मार्ग पर नहीं ले जा सकती।[6] वे जो अनैतिक जीवन व्यतीत करते हैं, नीचे गिरते हैं।[7] किन्तु इनमें से कोई भी ईश्वर के प्रेम से वंचित नहीं रहता एवं निर्जन शून्यता में नहीं उतारा जाता।[8]

मृत्यु के अवसर पर इन्द्रियां मन के अन्दर समा जाती हैं और मन मुख्य-प्राण

1. बृहदारण्यक उप., 6 : 2; कठोपनिषद्।
2. 5 : 3, 10, देखें, शांकरभाष्य, 3 : 1, 12-21।
3. शांकरभाष्य, 3 : 1, 8।
4. शांकरभाष्य, 3 : 1, 9-11।
5. शांकरभाष्य, 4 : 3, 1-6।
6. शांकरभाष्य, 4 : 1, 4; 4 : 3, 15-16।
7. शांकरभाष्य छान्दोग्य उपनिषद् पर प्रस्तावना। और भी देखें, 3 : 1, 1–7, 18।
8. एक रुचिकर प्रश्न उन आत्माओं की अवस्था के सम्बन्ध में उठाया जाता है जिन्होंने देवयान मार्ग द्वारा ब्रह्मलोक में प्रवेश किया है। बादरि का मत है कि उनके शरीर सर्वथा नहीं होते किन्तु जैमिनी का मत है कि उनके शरीर होते हैं; और बादरायण इन दोनों में यह व्यवस्था देकर कि वे जिनमें प्रभुता है अपनी रुचि के अनुसार चाहें तो शारीरिक और चाहें तो शरीररहित रूप में रह सकते हैं (शांकरभाष्य, 4 : 4, 8-22)।

में लीन हो जाता है। यह मुख्यप्राण अपने क्रम में आत्मा के नैतिक यान द्वारा सूक्ष्म शरीर में समा जाता है। आत्मा, जिसके प्रतिबन्धक तथा सहायकों में अविद्या, धर्म तथा पूर्वजन्म के अनुभव हैं, अपने सूक्ष्म शरीर के साथ शरीर को छोड़ जाती है।[1] इस सूक्ष्म शरीर को सूक्ष्म इसलिए कहा जाता है क्योंकि कहा गया है कि यह नाड़ियों के मार्ग से शरीर को छोड़ता है। इस सूक्ष्म शरीर में विस्तार (तनुत्व) है जिससे संसार तथा पारदर्शिता (स्वच्छत्व) सम्भव होते हैं जिसके कारण इसे मार्ग में कोई बाधा नहीं रोकती और कोई इसे देख भी नहीं सकता।[2] यह सूक्ष्म शरीर मोक्ष से पूर्व कभी विलय को प्राप्त नहीं होता।

45. धर्म

प्रायः कहा जाता है कि शंकर का अद्वैत बुद्धि की एक विलक्षण रचना तो अवश्य है किन्तु इससे धार्मिक पवित्रता के लिए प्रेरणा नहीं मिल सकती। शंकर का निरपेक्ष परब्रह्म आत्मा के अन्दर उत्कट प्रेम तथा भक्ति के भावों को प्रज्वलित नहीं करता। ऐसे निरपेक्ष परब्रह्म की हम पूजा नहीं कर सकते जिसे किसी ने नहीं देखा, अथवा न कोई देख सकता है और जो ऐसे प्रकाश में निवास करता है जिसके समीप कोई पहुंच नहीं सकता। इसलिए निराकार परब्रह्म का चिन्तन 'साकार' रूप में किया जाता है जिससे कि उसकी पूजा की जा सके। ईश्वर की पूजा का मिथ्यात्व के साथ जान-बूझकर सहयोग नहीं है, क्योंकि ईश्वर ही एक ऐसा रूप है जिस रूप में सीमित मानवीय मन निरपेक्ष परब्रह्म का चित्रण कर सकता है। सर्वोच्च यथार्थसत्ता ऐसे जीवात्मा के समक्ष, जिसने ब्रह्म की अपने रूप के साथ एकता का अनुभव नहीं किया है, अनेकों पूर्णताएं लिए हुए प्रकट होती है।[3] शरीरधारी ईश्वर का भाव उच्चतम तार्किक सत्य का अगाध धार्मिक श्रद्धा के साथ सम्मिश्रण है। यह शरीरधारी ईश्वर यथार्थ पूजा तथा आदरभाव का विषय है किन्तु ऐसा कोई नैतिक आचारविहीन देवता नहीं है जो मनुष्य की आवश्यकताओं तथा भय की आशंकाओं के प्रति सर्वथा उदासीन हो। उसे विश्व के स्रष्टा, शासक और न्यायाधीश के रूप में माना गया है, जिसके अंदर शक्ति तथा न्याय, न्यायनिष्ठता, दया, सर्वव्यापकता, सर्वशक्तिमत्ता तथा सर्वज्ञता के गुण हैं। शंकर द्वारा प्रतिपादित ईश्वर के मुख्य लक्षणों में आचार की पवित्रता तथा नैतिक सौन्दर्य हैं। मानवीय जीवात्मा के साथ उसका सम्बन्ध ऐसा है जैसा कि प्रेमी का अपनी प्रेमिका के प्रति, स्वामी का भृत्य के प्रति, पिता का अपने पुत्र के प्रति तथा मित्र का अन्य मित्र के प्रति होता है। आध्यात्मिक अमूर्त भावों की कठोरता वहां शिथिल पड़ जाती है जहां शंकर दैवीय गुणों की विविधता के विषय में प्रतिपादन करते हैं जिसके द्वारा अनंत ब्रह्म अपने अन्दर उन बच्चों की भावना को भरता है जिन्हें उसने बनाया है। शंकर की दृष्टि में धर्म कोई सिद्धान्त अथवा अनुष्ठान नहीं है अपितु जीवन तथा अनुभव है। इसका प्रारम्भ आत्मा की अनन्त-सम्बन्धी भावना से होता है और इसके अनन्त बन जाने में जाकर अन्त होता है। जीवन का लक्ष्य है साक्षात्कार अथवा यथार्थसत्ता का अन्तर्ज्ञान। यथार्थ भक्ति अपने सत्य स्वरूप को खोज

---

1. 2 : 2, 1–5।
2. 4 : 2, 9–11
3. शांकरभाष्य, 3 : 3, 12।

निकालना ही है।[1] ऐसी अनेकों विधाएं अथवा चिन्तन की विधियां हैं जिनका उपनिषदों में समर्थन किया गया है।[2] और प्रत्येक व्यक्ति को इनमें से अपनी प्रवृत्ति के अनुकूल किसी एक का चुनाव करना होता है।[3] जहां तक प्रमेय विषय का सम्बन्ध है, वह सबके लिए एक ही है यद्यपि उस तक पहुंचने के मार्गों में नानाविधता है। धार्मिक पूजा के साधारणतः दो प्रकार हैं अर्थात् शरीरधारी ईश्वर की सगुण ब्रह्म के रूप में पूजा और दूसरी प्रतीक की पूजा।[4] जब उपासक ईश्वर को अपने से बाह्य समझकर पूजा करता है तो यह पूजा प्रतीक की पूजा है।

उपासना करने वाले व्यक्ति तथा उपास्य विषय के मध्य जो सम्बन्ध है, यह इस विषय का संकेत करता है कि दोनों में भेद है।[5] सर्वश्रेष्ठ पूजा हमें ब्रह्मलोक की प्राप्ति कराती है जहां कि जीवात्मा तथा सर्वोपरि ब्रह्म का भेद अभी भी विद्यमान रहता है और उस अवस्था से केवल क्रमिक रूप में मुक्ति प्राप्त होती है। प्रचलित विचार के अनुसार, धर्म एक ऐसी वस्तु है जिसे अतीन्द्रिय होना चाहिए। यह एक अपूर्ण अनुभव है जो तभी तक रहता है जब तक हम यथार्थसत्ता के यथार्थबोध के ग्रहण में असफल रहते हैं। इसका विलय निश्चित है, क्योंकि "जब वह जो पूर्ण है प्राप्त हो गया तब वह जो केवल अंशरूप है अवश्य ही समाप्त हो जाएगा।" शंकर धर्मपरायण ऋषियों के वाक्यों का उद्धरण देते हैं जो जीवात्मा तथा परमात्मा की एकता का व्याख्यान करते हैं : यथा, "यथार्थ में तू मैं हूं, हे पवित्र ईश्वर, और जो मैं हूं वह तू है।"[6] धर्म का प्रतिपादन करने वाले प्रत्येक दर्शन को इस प्रकार के कथनों का कुछ-न-कुछ समाधान देना ही होता है, यथा 'मैं ब्रह्म हूं' (अहं ब्रह्मास्मि), 'वह तू है' (तत् त्वमसि), जिनके अन्दर स्रष्टा तथा निर्मित जीव के भेद को पृथक् कर दिया गया है। शंकर इन सब का समाधान यह कहकर करते हैं कि धार्मिक चैतन्य अपने समस्त भेदों के साथ लक्ष्य की प्राप्ति हो जाने पर स्वतः समाप्त हो जाता है। एक 'साकार ईश्वर' का कुछ अर्थ क्रियात्मक धार्मिक चैतन्य के लिए तो हो सकता है किन्तु उच्चतम साक्षात्कार के लिए नहीं।[7] सीमित जीवात्मा को, जिसके आगे परदा पड़ा हुआ है, निरपेक्ष परब्रह्म व्यवस्थित तथा अपने से पृथक् प्रतीत होता है। बन्धन तथा मुक्ति का कुछ अर्थ सीमित जीव के लिए हो सकता है जिसका चैतन्य शृंखलाबद्ध है और जिसका दमन निम्नतर प्रकृति ने कर रखा है। यदि शरीरधारी ईश्वर जीवात्मा से व्यतिरिक्त ही सबसे ऊंचा होता तो योगविद्या के अनुभवों का तात्पर्य ही समझ में नहीं आ सकता और हमें एक सीमित ईश्वर तक ही सन्तोष रखना होता। ईश्वर यदि सर्वात्मा नहीं तो वह ईश्वर ही नहीं; किन्तु यदि वही सर्वात्मा है तब धार्मिक

1. स्वस्वरूपानुसन्धानं भक्तिरिति अभिधीयते (विवेकचूड़ामणि, पृष्ठ 31)।
2. 3 : 3, 5।
3. शांकरभाष्य, 3 : 3, 59।
4. शांकरभाष्य, 4 : 1, 3।
5. उपास्योपासकभावोऽपि भेदाधिष्ठान एव (शांकरभाष्य, 1 : 2, 4)।
6. त्वं वा अहमस्मि भगवो देवते, अहं वै त्वमसि भगवो देवते (शांकरभाष्य, 4 : 1, 3)।
7. तुलना करें, ब्रैडले : "मेरी दृष्टि में निरपेक्ष परमब्रह्म ईश्वर नहीं है। मेरे लिए धार्मिक चैतन्य से बाह्य ईश्वर का कुछ अर्थ नहीं है और वह तात्त्विक रूप से क्रियात्मक है। मेरी दृष्टि में निरपेक्ष ब्रह्म ईश्वर नहीं हो सकता, क्योंकि अन्त में निरपेक्ष का सम्बन्ध किसी के साथ नहीं रहता तथा इसके सीमित संकल्प के अन्दर कोई क्रियात्मक सम्बन्ध नहीं हो सकता। जब आप निरपेक्ष सत्ता की अथवा विश्व की पूजा करना प्रारम्भ करते हैं और इसे धर्म का विषय बनाते हैं तो आपने उस क्षण इसका रूपान्तरण कर दिया" ('ट्रुथ एण्ड रियलिटी', पृष्ठ 428)।

जीवन सबसे ऊंचा नहीं ठहरता।[1] यदि ईश्वर का रूप पूर्ण है तो यह ऐसा हो नहीं सकता जब तक कि मनुष्य का अपूर्ण रूप उसके अतिरिक्त अपना अस्तित्व रखता है। और यदि यह पूर्ण नहीं है तब यह ईश्वर का स्वरूप नहीं। इस प्रकार धार्मिक जीवन में एक मौलिक मतभेद है और यह स्पष्ट संकेत करता है कि इसका सम्बन्ध अविद्या के क्षेत्र से है।

कर्मकाण्ड की स्वीकृति के साथ-साथ वैदिक देवताओं के अस्तित्व को भी मानना आवश्यक है। शंकर ने, जो इस सम्बन्ध में परम्परागत विचार को ही मान लेते हैं, उन्हें केवल प्राकृतिक तत्त्वों के ही नहीं, अपितु प्राकृतिक शक्तियों के भी चेतनामय प्रतिरूप माना है। "देवताओं के आदित्य इत्यादि नाम, यदि यह भी मान लिया जाए, कि प्रकाश इत्यादि का संकेत करते हैं, श्रुतियों के अनुसार हमें उनकी ऐसे आध्यात्मिक प्राणियों के रूप में कल्पना करने के लिए बाध्य करते हैं, जो तत्त्वों के अनुकूल हैं और जिन्हें ऐश्वर्य का वरदान मिला हुआ है क्योंकि उनका प्रयोग वैदिक ऋचाओं और ब्राह्मणों में हुआ है।"[2] ये देवता जीवन के भिन्न-भिन्न अनुष्ठानों में अधिष्ठाता के रूप में अध्यक्ष होते हैं।[3] कहा गया है कि अग्नि वाणी का सहायक है, वायु श्वास का और आदित्य चक्षु का। जीवात्माओं के अनुभवों का देवताओं के ऊपर कोई असर नहीं होता।[4] मृत्यु के समय ये देवता जीवित इन्द्रियों के साथ भटकते नहीं फिरते, वरन् केवल अपनी सहायक शक्ति को हटा लेते हैं। सर्वोपरि ब्रह्म देवताओं, मनुष्यों तथा पशुओं की सृष्टि उनके पुण्य व पाप के अनुसार करता है। देवताओं का अमरत्व तो अपेक्षाकृत है, किन्तु वे संसार में लिप्त होने के कारण क्षणिकता के भी वश में रहते हैं।[5] उन्हें भी मोक्षप्राप्ति सम्बन्धी ज्ञान की आवश्यकता होती है और वे सर्वोपरि प्रभु के आश्रित हैं। हमें धर्मशास्त्रों में ब्रह्मविद्या सीखते हुए देवताओं के दृष्टान्त मिलते हैं। इस प्रकार की आपत्ति का कि यदि ये देवता व्यक्तिरूप हैं तो वे जीवन तथा मरण के भी वशीभूत हैं और यह तत्त्व वेदों के नित्यस्थायी रूप पर भी असर डालेगा, इस आधार पर निराकरण किया जाता है कि वेद के शब्द व्यक्तियों का संकेत नहीं करते, सामान्य भावनाओं का संकेत करते हैं। 'इन्द्र' शब्द से तात्पर्य किसी व्यक्ति-विशेष से नहीं, वरन् श्रेणियों में विभक्त प्राणियों की संस्था की एक विशेष उपाधि (स्थानविशेष) से है। उस स्थान पर जो अधिष्ठित होता है वह उक्त नाम धारण करता है। आपत्ति की जाती है कि उनका व्यक्तित्व न तो यथार्थ है, क्योंकि यज्ञों में उनके दर्शन नहीं होते और न ही संभव है क्योंकि एक व्यक्ति एक ही समय में अनेक स्थानों में विद्यमान नहीं हो सकता जैसा कि यज्ञाहुतियों को ग्रहण को करने के लिए होना चाहिए। शंकर उक्त आपत्ति का उत्तर देते हुए कहते हैं कि देवता इसलिए नहीं दिखाई देते क्योंकि उनके अन्दर अपने को अदृश्य बनाने की शक्ति रहती है और योगियों की भांति वे अपने शरीरों को सहस्रगुणा कर सकते हैं।

यद्यपि शंकर के धार्मिक मत को किन्हीं मन्दिरों अथवा मठों की आवश्यकता नहीं है और न किसी क्रिया-कलाप की ही आवश्यकता है, तो भी उन्हें एक इतिहासज्ञ के समान पर्याप्त अनुभव था, जिसके आधार पर उन्होंने, ऐसे व्यक्तियों के लिए जिन्हें इनकी आवश्यकता है, इनका भी विधान किया।[6] वेदान्त के अन्य कितने ही व्याख्याकारों के विपरीत शंकर

---

1. देखें, ब्रैडले : "ट्रुथ एण्ड रियलिटी', पृष्ठ 436 और आगे।
2. देखें, 'ड्यूसन्स सिस्टम आफ दि वेदान्त', पृष्ठ 65-66।
3. ऐतरेय उपनिषद्, : 1 : 2, 4।
4. जो ही एकमात्र भोक्ता है जबकि देवता 'भोगोपकारणभूत' हैं।
5. शांकरभाष्य, 1 : 3, 28।
6. ऐसा कहा जाता है कि शंकर ने मन्दिरों में बार-बार जाने के लिए अपनी मृत्युशय्या पर क्षमायाचना की थी, क्योंकि ऐसा करके उन्होंने मानो एक प्रकार से ईश्वर की सर्वव्यापकता का निषेध किया।

धर्मसम्बन्धी विषयों में ईश्वर ज्ञान-सम्बन्धी प्रवृत्तियों से भिन्न दार्शनिक प्रवृत्ति को ही अंगीकार करते हैं। एक अध्यात्मवादी सामान्यतः एक विशेष साम्प्रदायिक आधार का आश्रय लेता है। एक विशेष धार्मिक समुदाय का सदस्य होने के कारण वह अपने सम्प्रदाय के सिद्धान्तों को क्रमबद्ध करने, विस्तृत रूप देने तथा उनका समर्थन करने में तत्पर रहता है। वह अपने मन को सत्य समझ लेता है और उसके साथ ही उसका धर्म स्थिर रहता अथवा नष्ट होता है। किन्तु दूसरी ओर, एक दार्शनिक होने के नाते अपने को किसी एक धर्मविशेष के क्षेत्र में सीमित नहीं रखता वरन् धर्म को धर्म के स्वतन्त्र रूप में अपना क्षेत्र बताता है एवं उसका आग्रह यह भी नहीं होता कि जिस धर्म में वह उत्पन्न हुआ अथवा जिस धर्म को वह अंगीकार किए हुए है वही एकमात्र सत्य धर्म है। शंकर हमारे समक्ष उस सर्वग्राही तथा सहिष्णुप्रकृति हिन्दू धर्म के एक महानतम व्याख्याकार के रूप में प्रकट हुए, जो सदा ही विजातीय मतों को अपने अन्दर समाविष्ट कर लेने के लिए उद्यत रहा है। सहिष्णुता की उक्त प्रकार की प्रवृत्ति न तो उसके अन्धविश्वास का परिणाम थी और न ही एक समझौते का साधन मात्र थी, अपितु उसके क्रियात्मक धर्म के एक अनिवार्य अंग के रूप में थी। उसने सब मतों की सीमितता को पहचाना और सर्वशक्तिमान् ब्रह्म को मतों की परिधि के अन्दर दबाकर रखने से निषेध किया। कोई भी विवेकी व्यक्ति ऐसा नहीं सोच सकता कि उसके सम्प्रदाय ने ईश्वर का भार लिया अथवा उसकी रचना को माना और इस प्रकार की अपनी प्रक्रिया के परिणामस्वरूप कोई अपना ऐसा पृथक् सम्प्रदाय बनाया जिसे उसने निर्दोष घोषित किया हो। प्रत्येक मत एक प्रकार का धार्मिक विश्वास सम्बन्धी साहसिक कार्य होता है और यह आत्मानुभव के समीप पहुंचने का मार्ग है। यह एक ऐसा साधन है जो हमें जीवित धार्मिक अनुभव की ओर ले जाता है और यदि धार्मिक अनुभव की यथार्थता ऐसे व्यक्ति के लिए कोई अर्थ रखती है जो सत्यनिष्ठा के साथ ईश्वर के पास किसी भी मार्ग से पहुंचने का प्रयत्न करता है तो हमारे लिए उससे अपना निजी मत परिवर्तित करने के लिए आग्रह करना सर्वथा अनुचित है। शंकर ऐसे कट्टरपंथी नहीं थे कि वे उन व्यक्तियों के धार्मिक अनुभवों में शंका उठाते जो अपनी श्रद्धा तथा प्रेम के उपहार द्वारा ईश्वर के साथ सीधा सम्पर्क रखने का दावा करते हैं। यदि नितान्त भिन्न विचार रखेनवाले व्यक्ति नैतिक स्पन्दन, मानसिक शान्ति और प्रधान आध्यात्मिक यथार्थसत्ता के साथ सारूप्यसम्बन्धी एक समान परिणामों तक पहुंचने में समर्थ हो सकते हैं तो शंकर उन्हें अपने-अपने विचार रखने की पूरी स्वतंत्रता देते हैं। जैसा कि संसार के एक महान् धार्मिक मेधावी ने कहा है कि "उनके फलों से", किन्तु उनके मन्तव्यों से नहीं, "तुम उन्हें जानने का यत्न करो।" इसमें कुछ अन्तर नहीं आता कि हम ईश्वर की पूजा चाहे किसी भी नाम से करें किन्तु हमारी आत्मा ईश्वर की भावना से ओतप्रोत हो तथा उसमें सेवा-भाव के लिए उत्साह हो, यह आवश्यक है। एक ही यथार्थ सत्ता का मनुष्यों के मतभेद के कारण विविध प्रकार से व्याख्यान किया जाता है।[1] जब हम उसको प्रकट करने का प्रयत्न करते हैं जो इस प्रतीति-रूप जगत् से परे है तो हम ऐसे प्रतीक ढूंढ़ लेते हैं जो हमारी आवश्यकताओं के अधिक-से-अधिक अनुकूल सिद्ध हो सकें। शंकर ने धार्मिक भ्रांतियों से सर्वथा मुक्त होने के कारण तथा अपने अन्तस्तल में मानवीयता को लिये हुए, मनुष्यों के स्वप्नों पर भी ध्यान दिया क्योंकि ये ही इस मायारूप जगत् में एकमात्र किसी महत्त्व की वस्तुएं प्रतीत होती हैं।

1. हरिस्तुति, पृष्ठ 18।

उन्होंने अपने को किसी मत विशेष का प्रचारक बनने से एवं अपने धार्मिक उपदेश के क्षेत्र का विस्तार करने के विचार से अपने दार्शनिक मानदण्ड को भी गिराने से निषेध किया। शंकर के अनुसार, हिन्दूधर्म अपने क्षेत्र के अन्दर समस्त विचारों के भिन्न-भिन्न रूपों तथा मानसिक प्रवृत्तियों के लिए स्थान रखता है। उन्हें 'षट्मतस्थापनाचार्य' की उपाधि दी जाती है, अर्थात् वे एक ऐसे आचार्य थे, जिन्होंने छः मतों की स्थापना की।[1] धार्मिक विषयों में ऊंची उड़ान वाली आदर्शपरक विचारपद्धति को अपनाना आसान है जिसमें इस भूलोक के सब तथ्यों को दृष्टि से ओझल कर दिया गया हो, जिस प्रकार ऐसी असंस्कृत यथार्थवादी पद्धति को अपनाना भी उसी के समान आसान है जो अन्य सब आदर्शों का खण्डन करती हो; किन्तु एक विशद दृष्टिवाले यथार्थवाद को आदर्श के प्रति एक दृढ़ भक्ति के साथ संयुक्त कर देने का कार्य कठिन है और यही कार्य था जिसे करने का प्रयत्न शंकर ने किया। एक धर्मप्रचारक के लिए छः भिन्न-भिन्न प्रकार की धार्मिक पद्धतियों का औचित्य सम्पादन करना एक अनुपम घटना है और यह घटना हिन्दूधर्म के माननेवाले भारतवर्ष में ही सम्भव हो सकती है। जैसा कि विद्यारण्य ने कहा कि मनुष्यों ने सब प्रकार के पदार्थों को अर्थात् अन्तर्यामी आत्मा से लेकर स्थावर एवं वृक्षों तक को, ईश्वर का रूप दे दिया।[2] जिस समय वैष्णवमत, शैवमत और शाक्यमत आदि के अनुयायी एक-दूसरे से लड़ रहे थे, शंकर ने इन प्रचलित मतों को केवल वादानुवाद की धूलि से ऊपर उठाकर शाश्वत सत्य के निर्मल वातावरण में खड़ा कर दिया। उन्होंने प्रचलित विधियों को एक सर्वसामान्य आधार प्रदान किया और उन सबका सम्बन्ध एक प्रधान समन्वयकारक विचार के साथ जोड़ दिया। उन्होंने सत्यधर्म के ऊपर बल दिया जिसका मूलाधार आध्यात्मिक आन्तरिकता में है। समस्त धर्मों का उद्दिष्ट सत्य आत्मा है? और जब तक हम यथार्थसत्ता के साथ अपनी आत्मा के एकत्व को नहीं पहचान लेते, जो इन सब अपूर्ण वस्तुओं से अतीत है, तब तक इस संसार चक्र में घूमते रहेंगे। अपने दार्शनिक दृष्टिकोण से वे कहते हैं कि यद्यपि निरपेक्ष परब्रह्म का दर्शन अनेक प्रकार से हो सकता है किन्तु उन सबकी पृष्ठभूमि में यथार्थसत्ता वही एक है। यथार्थसत्ता के अन्दर तो कोई वर्गीकरण नहीं है, यद्यपि सत्य के अन्दर श्रेणी विभाग, यथार्थसत्ता के बोधग्रहण के प्रकारभेद के कारण हो सकता है। उन्होंने सहसा ऐसा परिणाम निकालना उचित नहीं समझा कि ईश्वर है ही नहीं, क्योंकि अगर होता तो ईश्वर-विषयक विचार में मनुष्यों का परस्पर मतभेद न होता। मतभेद मनुष्यों में प्रतिबन्धों के कारण है।[3] इस प्रकार से संशयवाद

1. शैव, वैष्णव, सौर, शाक्त, गाणपत्य और कापालिक मत।

2. अन्तर्यामिनम् आरभ्य स्थावरान्तेशवादिनः (पंचदशी, 6 : 121)। और भी देखें, 6 : 206—209।

3. शांकरभाष्य, 1 : 1, 20। बैरन फान ह्यूगेल की नवीनतम कृति में एक संदर्भ है जो प्रस्तुत प्रसंग में शंकर के दृष्टिकोण को प्रकट करता है। ''स्पष्ट है कि प्रत्यक्षतः अनन्त भिन्नताएं जो किसी पूर्णधर्म तथा अन्य पूर्णधर्म के मध्य में या किसी एक मन तथा अन्य मन के मध्य में रहती हैं, अथवा जो क्रमशः एक ही धर्म के अन्दर या किसी एक मन के अन्दर दीख पड़ती हैं, जो सचमुच अधिकांश व्यक्तियों और धर्मों के द्वारा अभिव्यक्त और मत, अनुभव और उसके विषय की अशिष्ट मूर्खता दिखाती हैं, इस स्थिति की आलोचना नहीं करतीं कि एक ही महान् विषयी अतीत अतिमानव सत्ता इस प्रकार इन समूहों या पुरुषों द्वारा विभिन्न ढंग से और अपूर्णतः यद्यपि यथार्थतः समझी जाती है। इस सत्ता को जो जगत् में विद्यमान है, जो जगत् के भीतर और उसके ऊपर कार्य कर रही है जो मानव-आत्मा से भिन्न है तथा मानव-आत्माओं के भीतर तथा ऊपर कार्य कर रही है, मनुष्य की ईश्वर को पाने की लम्बी और लगातार खोज का निर्धारक निमित्त, विषय तथा कारण माना जा सकता है। इसे मनुष्य की→

तथा हठधर्मिता, दोनों से ही उन्मुक्त रहने में अद्वितीय थे। उन्होंने अपनी उक्त धारणा के प्रति सत्यनिष्ठा का प्रमाण देते हुए भिन्न-भिन्न देवताओं की स्तुति में श्लोकों की रचना की। ये श्लोक ऐसे हैं जिनकी प्रेरणापरक शक्ति अनुभव है किन्तु इसका अर्थ यह नहीं है कि उन्होंने सब प्रकार के अन्धविश्वास तथा मूर्तिपूजा को उचित ठहराया। उन्होंने बड़े प्रबल रूप में कुछ ऐसी घातक क्रियाओं का खण्डन किया जो धर्म के नाम पर प्रचलित थीं। अपने अद्वैत सिद्धान्त को जनसाधारण के मस्तिष्क में बैठाकर उन्होंने ईश्वर के आध्यात्मिक महत्त्व की व्याख्या का मर्म समझने में मनुष्य-समाज की सहायता की। उन्हें विश्वास था कि मन में सत्य को ग्रहण करने की शक्ति है, यदि हम अपने सर्वोत्तम प्रकाश के अनुसार उसे ग्रहण कर सकें। उनकी वृत्ति उस समय के प्रचलित धर्मों के प्रति सहानुभूतिपूर्ण तथा समालोचनात्मक दोनों ही रूप की थी। शंकर का ध्येय नये युग के आगे हिन्दूधर्म की व्याख्या इस रूप में करना था जिससे उक्त धर्म के विशिष्ट सन्देश की रक्षा तो हो ही सके, किन्तु आगे से अधिकतर विशदरूप में वह साधारण जनता पर अपना अधिकार जमा सके। इस अधिक विस्तृत एवं उदार आशय के अन्दर सम्भवतः हम इस देश के निवासियों को एकता के सूत्र में बांधने के विचार को भी लक्ष्य कर सकते हैं किन्तु इस एकत्व को सम्पन्न करने के लिए उन्होंने किसी विशेष बाह्य संगठन अथवा आन्तरिक विश्वासों का आग्रह नहीं किया। उन्होंने उक्त प्रकार की एकता को सम्पन्न करने के लिए एक विस्तृततर धार्मिक सहिष्णुता का आश्रय किया। धार्मिक जीवन के व्यक्तिगत रूप के ऊपर बल देकर उन्होंने आध्यात्मिक रूप लिये हुए हिन्दूधर्म को अत्यन्त उदारता का रूप दिया।

हिन्दू विचार की पुनः नये सिरे से व्याख्या करने में उन्होंने किसी स्थान पर इसके अन्दर ऐसे अंशों को भी पाया जो प्रकटरूप में उनके अपने विचारों के साथ संगति नहीं खाते थे।

शास्त्रार्थ-काल के क्षोभ तथा हलचल के पश्चात् शंकर का अद्वैत आया जिसमें मौलिक स्थिरता थी तथा जनसाधारण में युक्तिपूर्ण दृढ़ विश्वास उत्पन्न कराने की समर्थता भी थी। यह न तो अधिकारपूर्ण रूप में आज्ञा ही देता है और न किसी रूढ़ि की ही स्थापना करता है, फिर भी इसकी प्रभावशाली तथा पूर्ण निश्चयात्मक घोषणाओं में नैष्ठिक प्रयत्न तथा परिपक्व चिन्तन का गुरुत्व पाया जाता है। यह धार्मिक यथार्थता को मनुष्य के चैतन्य केन्द्र के अन्दर दृढ़तापूर्वक जमा देता है जहां से इसका उच्छेद नहीं किया जा सकता। मनुष्य का एकमात्र आध्यात्मिक व्यापार यथार्थ सत्ता की खोज में निहित है न कि उसमें जो हमारे लौकिक उद्देश्यों की पूर्ति करता है। और इस यथार्थसत्ता की खोज तभी हो सकती है जबकि मनुष्य के निरर्थक तथा अपने महत्त्व के प्रति अत्यधिक अभिमान का सर्वथा परित्याग करने में अहंकारी और आत्मकेन्द्रित दृष्टिकोणों को पूर्णरूपेण छोड़ दिया जाए। हमें ईश्वर की परिकल्पना अपने सीमित ज्ञान और अनुभव की परिभाषा में करने के सब प्रयत्नों को त्याग देना होगा। सबसे प्रथम तो, ईश्वर का अस्तित्व अपने लिए है वह केवल हमारे लिए ही नहीं है। हमारे तर्कशास्त्र तथा नीतिशास्त्र, दोनों ईश्वर को हमारे अपने उद्देश्यों को आगे बढ़ाने के लिए एक साधन

→ धार्मिक अनुभूतियों की गहराई और सूक्ष्मता के क्रमिक विकास का, धार्मिक अनुभूति और निश्चय में मनुष्यों को पूर्ण शान्ति तथा स्थायी आधार पाने का और मनुष्य के निःश्रेयस् की आवश्यकता तथा इस वास्तविक अनुभूत सत्ता को अभिव्यक्त करने वाली समस्त मानवीय गणनाओं और परिभाषाओं की अपर्याप्तता के प्रति एक साथ अधिक जागरूक होने का कारण माना जा सकता है" (फिलासफी आफ रिलीजन' पृष्ठ 44–45)।

मात्र बना लेते हैं। ईश्वर के सम्बन्ध में इस प्रकार का विचार जिसे मनुष्य का दुर्बल मन अपनी क्षुद्र योजनाओं को आगे बढ़ाने के लिए बना लेता है, मनुष्य के लिए भले ही प्रतिष्ठादायक सिद्ध हो सके किन्तु उससे ईश्वर की प्रतिष्ठा नहीं बढ़ती। शंकर एक प्रकार से स्पिनोज़ा के ही सिद्धान्त वाक्य को पुष्ट करते हैं कि वह जो यथार्थ में ईश्वर से प्रेम करता है, यह अभिलाषा नहीं रख सकता कि बदले में ईश्वर भी उससे प्रेम करे।

यदि शंकर का अद्वैत हमें अमूर्त भाववाचक प्रतीत होता है तो इसका कारण यह है कि हम एक ऐसे स्तर पर ही रहकर सन्तोष कर लेते हैं जो सर्वोच्चसत्ता से कहीं नीचे है और यही हमारे लिए सम्भव भी है। सगुणोपासना के प्रति शंकर के विरक्तिभाव के कारण उनको धर्म कुछ-कुछ नीरस प्रतीत होता है। किन्तु यदि हम निरपेक्ष परम आत्मा में संकल्प तथा ज्ञान का अभाव मानते हैं तो इसे उस निरपेक्ष की उपाधि अथवा प्रतिबन्ध न मानना चाहिए, अपितु यह उसकी पूर्णता के कारण है। शंकर में धार्मिक भावना की किसी प्रकार भी न्यूनता नहीं थी। उनके लेखों में उक्त भावना की स्थान-स्थान पर अभिव्यक्ति पाई जाती है जो प्रायः मन को छूने वाली है और कभी-कभी तो यह धार्मिक व्यग्रता के स्तर तक पहुंच जाती है किन्तु हमारे प्रचलित धार्मिक विचार उनकी तर्कपूर्ण समीक्षा से नहीं बचे रह सके और हमारे ईश्वर-सम्बन्धी विचारों को ऐसा ही अस्थायी और क्षणभंगुर बताया गया है जैसे कि हम स्वयं हैं।

ऊपर जो कुछ कहा जा चुका है उसके अतिरिक्त भी यह है कि हमें ज्ञात होता है कि शंकर के अन्तस्तल में प्रविष्ट होने वाली दैवीय वस्तुओं के बौद्धिक दर्शन को योग-सम्बन्धी चिन्तन के साथ संयुक्त किया है। इस विषय में हम शंकर को ही अपने साक्षीरूप में उपस्थित करेंगे कि योग-सम्बन्धी चिन्तन के मार्ग में बुद्धि का साहसपूर्ण प्रयोग बाधक होता है। वह यह भी दर्शाता है कि बाह्य आजीविका के साधनों से छुटकारा पा लेना चिन्तनशील जीवन के लिए आवश्यक नहीं है। शंकर ने धर्म के अन्तर्गत जो व्यक्तिगत अथवा रहस्यमय, संस्थाओं के नियम सम्बन्धी अथवा निरंकुश तथा बौद्धिक अथवा दार्शनिक अंश हैं उनमें एक-दूसरे के साथ परस्पर समन्वय दिखाया है।

46. उपसंहार

उपनिषदों की भाषा दर्शन तथा विज्ञान, दोनों ही से मिश्रित है। उपनिषदें उच्चतम यथार्थ सत्ता को निरपेक्ष और ईश्वर, ब्रह्म तथा परमेश्वर के रूप में प्रस्तुत करती हैं। वे मोक्ष का प्रतिपादन करते समय ब्रह्म के साथ सारूप्य हो जाना एवं ईश्वर की नगरी में निवास करना भी मान लेती हैं। ब्रह्म का 'नेति-नेति' के रूप में वर्णन तथा उसके सकारात्मक चरित्र चित्रण, जो उपनिषदों में पाए जाते हैं प्रत्येक महान् धार्मिक साहित्य में भी ऐसे ही मिलेंगे। रहस्यवादी, यहूदी, ईसाई और मुस्लिम हमें एक अन्धकार का समाचार देते हैं जो वाणी के क्षेत्र से परे है। अन्य लोग ईश्वर की पूर्णता का हमारे आगे वर्णन करते हैं। जहां एक ओर विचारक और रहस्यवादी ईश्वर के प्रतिबिम्बविहीन स्वरूप के ऊपर बल देते हैं, वहां धार्मिक भक्त लोग ईश्वर को मित्र, सहायक तथा मोक्षदाता की दृष्टि से देखते हैं। प्रत्येक धर्म के दर्शनशास्त्र को सब प्रकार के धार्मिक अनुभव के दो प्रकार के रूप को ध्यान में रखना होता है और उसके औचित्य पर भी ध्यान देना होता है। जिस समस्या को शंकर ने अपने ऊपर लिया है, यद्यपि यह उस धार्मिक अनुभव के सीमित प्रकरण से, जिसे उपनिषदों में अभिलिखित किया गया है, उत्पन्न होती है, वह सार्वभौम हित की है और इसके जिस समाधान पर वे

पहुंचे हैं वह भी सन्तोषप्रद है, बशर्ते कि सभी अंश अपने सन्तुलन को स्थिर रख सकें। तात्त्विक रूप में यह एक दार्शनिक समाधान है क्योंकि शंकर हमें ऊंचा उठाकर सुख व शान्ति के आदर्श में पहुंचा देते हैं और इस कार्य के लिए वे विचारशक्ति का उपयोग करते हैं, क्योंकि यही एकमात्र साधन है जो जीवन के भिन्न-भिन्न पक्षों को परस्पर समन्वय कराता तथा उन्हें उत्तम बनाता है। यह सत्य है कि वे स्वीकार करते हैं कि विचार सब समस्याओं को हल नहीं कर सकता एवं उसे यथार्थसत्ता के साक्षात् ज्ञान ग्रहण करने के लिए अन्तर्दृष्टि की आवश्यकता होती है। यद्यपि शंकर प्रसन्नतापूर्वक जीवन के रहस्यों के आगे सिर झुकाते हैं तो भी वे इन रहस्यों के लिए ही लालायित नहीं हैं। शंकर के दर्शन के आधार में सृष्टि-रचना का शाश्वत रहस्य है और यह एक ऐसा रहस्य है जिसके अन्दर जीवन की प्रत्येक गति तथा संसार का प्रत्येक अणु उलझा हुआ है।

यदि इस जगत् को एक ऐसी वस्तु समझने की अपेक्षा, कि जिसकी उत्पत्ति के विषय में हम ठीक-ठीक कोई समाधान प्रस्तुत नहीं कर सकते, हम साथ-ही-साथ कतिपय अर्वाचीन अद्वैतवादियों के मार्ग का अनुसरण करते हुए, इसे यह कहकर कि यह विश्वज्ञान सम्बन्धी भ्रांति है, जो न जाने किस प्रकार उत्पन्न हो गई है एवं इसका उद्देश्य भ्रम में पड़े हुए हम मरणधर्मा मनुष्यों को एक दुःस्वप्न की भांति दुःख देना है, इसे अन्यथा सिद्ध कर देते हैं, तो शंकर का दर्शन असन्तोषजनक सिद्ध होता है। किन्तु इस प्रकार का विचार रखना शंकर के साथ अन्याय करना होगा।

आध्यात्मिक गहराई तथा तार्किक शक्ति में शंकर का दर्शन अद्वितीय है। स्वभावतः विचार के पश्चात् विचार आता रहता है जब तक कि अद्वैतवाद सबका शिरोमणि स्थान लेकर इस भवन को पूरा नहीं कर देता। यह एकेश्वरवाद-सम्बन्धी आदर्श का एक महान् दृष्टान्त है जिसका खण्डन उसके सदृश अन्य किसी नितान्त निश्चयात्मक आध्यात्मिक विचार द्वारा नहीं हो सकता। शंकर जीवन की एक ऐसी कल्पना को स्वीकार करते हैं जिससे कविता तथा धर्म के उच्चतम क्षणों में भी स्वीकार किया जा सकता है जबकि हमारा झुकाव उसके बोधग्रहण के प्रकाश की अपेक्षा अन्तर्दृष्टि को अधिक महत्त्व देने के विचार के साथ सहमति प्रकट करने की ओर होता है और जब तक वे ऊंचे धरातल पर खड़े हैं उन्हें किसी को उत्तर देने की आवश्यकता नहीं। किन्तु बराबर स्थिर रहने वाला संशय अधिकांश मनुष्यों को दबाता रहता है क्योंकि वे बहुत ही कम इतनी उच्चताओं तक पहुंच सकते हैं। वे यह अनुभव करते हैं कि इस जगत् को, जिसके अन्दर वे रहते, चलते-फिरते और अपना अस्तित्व स्थिर रखते हैं, इतने अधिक उच्च कोटि के उपेक्षाभाव में छोड़ देना अनुचित होगा। और इसलिए इसका कारण अज्ञान अथवा अन्धकार को बताते हैं और अपने को केवल यह कहकर शान्ति दे लेते हैं कि समस्त अरुचिकर आभासरूप पदार्थ शीघ्र ही नष्ट होकर अनन्तप्रकाश के अन्दर विलीन हो जाएंगे। उनकी दृष्टि में सब परिवर्तनों का कारण आकाशस्थ सूर्य का प्रकाश कृत्रिम है और वे यह भी कहते हैं कि शंकर का दर्शन, तथ्य के प्रति एक रहस्यपूर्ण उपेक्षा का भाव रखता है। यह कि मानवीय दुःख दूर हो जाएगा, एवं समस्त संसार एक दयनीय मृगतृष्णिका की भांति लुप्त हो जाएगा, और यह कि हमारी सारी कठिनाई हमारी अपनी ही बनाई हुई है और यह कि संसार के अन्तिम यवनिकापतन में सब लोगों को मालूम होगा कि निरपेक्ष एकत्व जो सब हृदयों के लिए पर्याप्त है, सम्पूर्ण क्रोध को शान्त करता है और सब पापों का प्रायश्चित्त करता है—यह सब अनेक व्यक्तियों को मात्र कल्पनाएं प्रतीत होती हैं। मूर्च्छारूप आत्मविलय में, जो

अपने को पवित्र घोषित करता है, क्रियात्मक जीवन के प्रति एक क्रूर उपेक्षा का भाव रहता है, जो कि एक मध्यम वृत्ति के बुद्धिमान व्यक्ति को अभिमत नहीं हो सकता। शंकर इस सबका ज्ञान रखते हुए हमारे समक्ष एक ऐसे तर्कसम्मत अस्तित्ववाद को प्रस्तुत करते हैं जो तुच्छ समझकर बुद्धि की उपेक्षा नहीं करता, युगों के प्राचीन ज्ञान का उपहास नहीं करता, और अपने-आप में भी सत्य का उच्चतम बौद्धिक विवरण है।[1] शंकर हमें इस विषय में कुछ नहीं बताते कि अन्तर्ज्ञान के निरपेक्षवाद और तर्कशास्त्र के व्यावहारिक ईश्वरवाद के अन्दर क्या भेद है, क्योंकि, जैसा कि गेटे ने विवेकपूर्ण कथन किया है "मनुष्य की उत्पत्ति विश्व की समस्या का समाधान करने को नहीं हुई वरन् यह जानने के लिए हुई कि समस्या प्रारम्भ कहां से होती है और उसके पश्चात् वह अपने को बोधगम्य सीमाओं के अन्दर नियंत्रित करता है।" शंकर ने यह अनुभव किया कि एक क्षेत्र ऐसा भी है जिसके अन्दर हम प्रवेश नहीं कर सकते और इसलिए एक ज्ञान-सम्पन्न अज्ञेयवाद ही एकमात्र विवेकपूर्ण मन्तव्य है। शंकर की सफलता की महत्ता का आधार विचार की विशिष्ट घनता और उज्ज्वलता है जिसे लेकर वे यथार्थसत्ता की खोज का कार्य सम्पादित करते हैं और इसके लिए आत्मा के उस उच्च आदर्श का आश्रय लेते हैं, जो जीवन की कठिन समस्याओं से भी जूझ सकता है, भले ही इसका आध्यात्मिक परिणाम कुछ भी हो। इसके अतिरिक्त, शंकर सिद्धि के एक ऐसे दर्शन का आश्रय लेते हैं जो मानवीय जीवन में एक दैवीय ऐश्वर्य का आधान करती है।

एक दार्शनिक तथा तार्किक के रूप में सर्वश्रेष्ठ, शान्त निर्णय तक पहुंचने में तथा व्यापक सहिष्णुता में एक मनुष्य के रूप में महान्, शंकर ने हमें सत्य से प्रेम करने, तर्क का आदर करने तथा जीवन के प्रयोजन को जानने की शिक्षा दी। बारह शताब्दियां व्यतीत हो गईं किन्तु आज भी उनका असर देखा जा सकता है। उन्होंने अनेकों रूढ़ियों का, उनके ऊपर उग्ररूप में आक्रमण करके नहीं अपितु शान्तिपूर्वक उनसे अधिक युक्तियुक्त क्रियाओं का सुझाव रखकर विनाश किया, और साथ-ही-साथ यह विधान अधिकतर धार्मिक भी था। उन्होंने आवश्यक ज्ञान के एक विस्तृत रूप को तथा क्रियात्मक विचारों को, जो कि यद्यपि उपनिषदों में निहित तो अवश्य थे किन्तु जिन्हें लोग भूल गए थे, जनसाधारण के मध्य प्रसारित किया और इस प्रकार एक अतीत के प्राचीनकाल का हमारे लिए फिर से सृजन किया। वे कोई स्वप्नदर्शी आदर्शवादी नहीं थे वरन् एक कर्मवीर कल्पनाविहारी व्यक्ति थे, दार्शनिक होने के साथ-साथ वे एक कर्मवीर पुरुष थे, जिसे विस्तृत अर्थों में एक सामाजिक आदर्शवादी कह सकते हैं। वे व्यक्ति भी जो जीवन के प्रति उनकी सामान्यवृत्ति से सहमत नहीं भी हैं, उनको अमर महापुरुषों की पंक्ति में स्थान देने के लिए अनिच्छा प्रकट न करेंगे।

---

1. तुलना करें, प्लेटो : "यदि तब देवताओं तथा विश्व की उत्पत्ति के विषय में अनेकों सम्मतियों के बीच हर एक अंश में हम अपने विचारों को परस्पर संगत तथा सूक्ष्म रूप में ठीक नहीं बना सके तो किसी को आश्चर्य न करना चाहिए। यदि हम कोई ऐसा विवरण दे सकें जो दूसरे की अपेक्षा कम सम्भव हो; क्योंकि हमें अवश्य याद रखना चाहिए कि मैं जो बोलता हूं और तुम जो उसका निर्णय करते हो हम सब मरणधर्मा मनुष्य हैं। इस प्रकार इन विषयों के ऊपर हमें एक सम्भव गाथा से ही सन्तुष्ट रहना चाहिए और उससे अधिक की मांग न करनी चाहिए" ('टाइमियन', पृष्ठ 27)।

नौवाँ अध्याय

रामानुज का ईश्वरवाद

प्रस्तावना—आगम—पुराण—रामानुज का जीवन—इतिहास और साहित्य—भास्कर—यादवप्रकाश—ज्ञान के साधन—कारण तथा द्रव्य—आत्मा तथा चैतन्य—ईश्वर—जीवात्मा—प्रकृति—सृष्टिरचना—नैतिक तथा धार्मिक जीवन—मोक्ष—सामान्य मूल्यांकन।

1. प्रस्तावना

दर्शनशास्त्र का मूल मनुष्य की क्रियात्मक आवश्यकताओं में निहित है। जो विचारपद्धति मनुष्य की मौलिक सहज प्रवृत्तियों की युक्तियुक्तता को नहीं दर्शा सकती एवं धर्म के गम्भीर तत्त्व की व्याख्या नहीं कर सकती उसे सर्वसाधारण स्वीकार नहीं कर सकते। दार्शनिक की वे कल्पनाएं जो हमें विषमावस्था तथा दुःख में सन्तोष नहीं प्रदान कर सकतीं, केवल बौद्धिक मन बहलाव की वस्तुएं हैं। उन्हें गम्भीर विचार नहीं कह सकते। शंकर का निरपेक्ष ब्रह्म, जो नियमनिष्ठ एवं गतिशून्य है और जो कोई प्रेरणा नहीं दे सकता, म तो हमें प्रभावित ही कर सकता है और न हमारी पूजा व भक्ति का विषय हो सकता है। ताजमहल के समान, जिसे अपने दर्शकों के द्वारा की गई प्रशंसा का कुछ भी ज्ञान नहीं है, शंकर का निरपेक्ष ब्रह्म अपने उपासकों के भय अथवा प्रेम के प्रति सर्वथा उदासीन रहता है और उन सबके प्रति भी जो धर्म के लक्ष्य को—ईश्वर को जानना यथार्थ सत्ता का ज्ञान है—दर्शनशास्त्र का उद्देश्य मानते हैं। शंकर का मत एक विद्वान् पुरुष की भूल का साक्षात् दृष्टान्त है। वे अनुभव करते हैं कि जिस प्रकार एक प्रशिक्षित बुद्धि के लिए यह असन्तोषजनक है, उसी प्रकार सहज प्रवृत्तियों के लिए भी असन्तोषप्रद है। जगत् को आभास-मात्र कहा गया है, और ईश्वर एक शुष्क निरपेक्ष अन्धकार है जिसके साथ प्रकाश की पराकाष्ठा भी है। अनुभव के इस प्रकट तथ्य को दृष्टि से ओझल कर दिया गया है कि जब निर्बल तथा भूल करने वाले मनुष्य गहराई में डूबे हुए पुकार करते हैं तो किसी अज्ञात शक्ति का करुणामय सहायक हाथ उन्हें संभालने के लिए प्रकट हो जाता है। भक्तों को अपने जीवन की विषम अवस्थाओं में इस प्रकार के सहायक का जो वास्तविक अनुभव हुआ है उसके प्रति शंकर ने न्याय नहीं किया। उनका कहना है कि मोक्ष की प्राप्ति अज्ञात समुद्र में अपने को खो देना है। व्यक्तिगत गुण व्यक्तिगत हीन गुणों के अधीन रहते हैं किन्तु ईश्वरवादी का इसके विरोध में यह कहना है कि सत्य, सौन्दर्य और सज्जनता और गुणों का पृथक् भावात्मक रूप में कोई स्वतन्त्र अस्तित्व नहीं है। एक ऐसा अनुभव, जिसका कोई विषयीकर्ता नहीं है, केवल शाब्दिक विरोधमात्र है। सत्य, सौन्दर्य और पूर्णता—ये सब हमें एक आदिम मस्तिष्क के विषय में सूचना देते हैं जिसके अनुभव में ये सदा से अनुभूति का विषय रहे हैं। ईश्वर स्वयं सर्वोच्च यथार्थ सत्ता एवं महत्त्वपूर्ण है। इसके अतिरिक्त ईश्वर का अन्तस्तम सत्त्व केवल सनातन

सत्ता का प्रत्यक्षीकरण अथवा पूर्ण सौन्दर्य का उपभोग ही नहीं है वरन् पूर्ण प्रेम है, जो दूसरों के लिए अपना विस्तार करता है। विश्वात्मा के प्रति सीमित जगत् का महत्त्व उन आत्माओं में है जिन्हें उसने अपने समान प्रतिमा का रूप धारण करने की क्षमता प्रदान की है। स्वयं आत्माएं ईश्वर की निगाह में एक महत्त्व रखती हैं, और भावात्मक रूप में न केवल उनकी बुद्धि अथवा सद्गुणों की वे श्रेणियां ही, वरन् जिन्हें उन्होंने अपना लिया है। परिणाम यह निकला कि उनका निर्माण केवल भंग होने तथा त्याग किये जाने के लिए ही नहीं हुआ।

रामानुज अपना ध्यान, जगत् का ईश्वर के साथ जो सम्बन्ध है, उसी के ऊपर केन्द्रित करते हैं और तर्क करते हैं कि ईश्वर वस्तुतः यथार्थ सत्ता है तथा स्वतन्त्र है, किन्तु जगत् की आत्माएं भी यथार्थ हैं। यद्यपि उनकी यथार्थता सर्वथा ईश्वर की यथार्थता के ऊपर निर्भर है। उनका विश्वास है कि इस जगत् के मूल में एक आध्यात्मिक तत्त्व है अतएव इस जगत् को हम भ्रांति मात्र नहीं समझ सकते। वे मुक्तात्माओं की निरन्तर सत्ता के ऊपर भी बल देते हैं। यद्यपि यह भौतिक जगत् तथा जीवात्मा अपनी-अपनी यथार्थ सत्ता रखते हैं, तो भी उनमें से कोई भी तात्त्विक रूप में ब्रह्म के समान नहीं है। क्योंकि जहां ब्रह्म अनादि काल से सब प्रकार की अपूर्णता से अलग है, प्रकृति चेतनारहित (जड़) है और जीवात्मा अज्ञान तथा दुःख का शिकार बनता है। इतने पर भी इन सबमें एकता है, क्योंकि प्रकृति तथा आत्माएं केवल ब्रह्म के देहमात्र रूप से अपना अस्तित्व रखते हैं। इसका तात्पर्य यह है कि उनका अस्तित्व इस रूप में इसलिए है क्योंकि ब्रह्म उनकी आत्मा तथा नियामक शक्ति के रूप में है।[1] ब्रह्म के अतिरिक्त उनका अस्तित्व कुछ नहीं है। जीवात्मा तथा जड़ प्रकृति तात्त्विक रूप में उससे भिन्न हैं; यद्यपि उसके अतिरिक्त अथवा उसके उपयोगी होने के अतिरिक्त उनकी कोई सत्ता अथवा उपयोगिता नहीं है। इस प्रकार रामानुज का सिद्धान्त अद्वैत सिद्धान्त है यद्यपि उनके अद्वैत सिद्धान्त में एक विशिष्टता है, अर्थात् वे बहुत्व को स्वीकार करते हैं क्योंकि सर्वोपरि आत्मा आकृतियों के बहुत्व में जीवात्मा तथा प्रकृति के रूप में विद्यमान रहती है। इसीलिए रामानुज के सिद्धान्त को 'विशिष्टाद्वैत' नाम दिया गया है, अर्थात् विशेष प्रकार का अद्वैत।

नीतिशास्त्र के विषय में भी शंकर के अनुयायियों द्वारा अभिमत बुद्धिवाद तथा मीमांसकों के कर्मकाण्डवाद के साथ रामानुज का विरोध रहा। यहां तक कि प्राचीन से प्राचीन अर्थात् ऋग्वेद के काल में भी हमने देखा कि कभी-कभी प्रार्थना के द्वारा देवताओं के आगे विनय की जाती थी और अन्य समयों में कर्मकाण्ड के द्वारा उन्हें विवश किया जाता था। यज्ञों को मानने वाला धार्मिक सम्प्रदाय सदा ही सर्वोपरि ब्रह्म की भक्तिभावपूर्वक पूजा से, जो प्रतीकों द्वारा प्रारम्भ में गुफाओं में और बाद में मन्दिरों में की जाने लगी, अपने को संतुष्ट करता था। वेदों के यज्ञप्रधान धर्म में यज्ञ सम्पादन कराने वाला पुरोहित देवता से भी बढ़कर महत्त्वपूर्ण व्यक्ति होता था किन्तु दुःखी हृदय को यह दानपरक अवस्था कुछ शान्ति प्रदान नहीं कर सकी। इसके अतिरिक्त कुमारिल ने, जो ब्राह्मण था और समाज का निर्माणकर्ता था, बौद्ध धर्म के द्वारा जो अस्त-व्यस्त व्यवस्था उत्पन्न हो गई थी उसके अन्दर में ब्राह्मणवादी सम्प्रदाय को सुदृढ़ करके एक स्वस्थ समाज के निर्माण करने का प्रयत्न किया जिसमें

1. "इस जगत् में प्रत्येक वस्तु, क्या जीवात्मा और भौतिक जड़ पदार्थ, उसी सर्वोपरि आत्मा (ब्रह्म) के शरीर का निर्माण करते हैं और इसलिए उसे हम निरुपाधिक शरीर—आत्मा कह सकते हैं। इसी कारण से योग्य व्यक्ति शास्त्रों को, ब्रह्म के शरीर-रूपी विषय का प्रतिपादन करने के कारण 'शारीरक' कहते हैं।"

वर्ण-व्यवस्था की नींव को बलवती बनाते हुए एक ऐसी पद्धति का निर्माण किया गया जिसमें केवल ऊपर के तीन वर्णों को ही यज्ञ करने का अधिकार दिया गया था और अन्यान्य जन-साधारण को उनके अपने-अपने भक्तिप्रधान सम्प्रदायों में रहने के लिए खुला छोड़ दिया गया था। इस प्रकार मीमांसकों के विरुद्ध जो प्रतिक्रिया हुई उसने धर्म के ईश्वरवादी सम्प्रदायों अर्थात् वैष्णवमत, शैवमत तथा शाक्तमत को जन्म दिया जो किसी व्यक्ति के वर्ण, जाति अथवा सामाजिक स्थिति का कोई विशेष विचार नहीं करते थे। ईश्वरवाद के अन्दर सामाजिक महत्त्वाकांक्षा स्वतः आ जाती है। एक ही माता-पिता (अर्थात् उस ईश्वर) के बच्चे होने के कारण हम सब एक ही स्तर के हैं। मनुष्यमात्र, चाहे वह ऊंचा हो या नीचे दर्जे का, पितृ-हृदय के लिए उतना ही मूल्यवान् है।

यद्यपि ज्ञान से शंकर का अपना आशय केवल सैद्धान्तिक विद्या से नहीं था, तो भी उनके शिष्यों में से कुछ का झुकाव धर्म को हृदय तथा इच्छाशक्ति का विषय बनाने की अपेक्षा मस्तिष्क का ही विषय बनाकर रखने की ओर था।[1] उन्होंने भूल करने वाली अथवा दुष्टात्माओं के लिए सनातन नित्य जीवन का द्वार बन्द कर दिया। बुद्धिपूर्वक भक्ति के स्थान पर "मैं ब्रह्म हूं" इस प्रकार के मन्त्र को यंत्रवत् में दोहराना एक निष्फल प्रयास था। अतः ईश्वरवादी पद्धतियों ने, जिनके अन्तर्गत चार वैष्णव सम्प्रदाय आते हैं, भक्ति पर बल दिया।[2] सिद्धान्त-सम्बन्धी मतभेदों के रहते हुए भी ये सब भाषा-विचार त्याग देने में एकमत हैं। ये ईश्वर को शरीरधारी एवं आत्मा के पृथक् व्यक्तित्व को, जो सर्वोपरि ब्रह्म में विलीन नहीं होता किन्तु उसका सहचारी है, मानने में भी सब एकमत हैं।

2. आगम

ज्यों-ज्यों भारतवर्ष के आदिम निवासी अधिकाधिक रूप में और सर्वतोभावेन आर्य जाति के प्रभाव में आते गए त्यों-त्यों हिन्दू-धर्म का महान् विस्तार हुआ। उच्च श्रेणी के द्राविड़ लोग तथा निम्न श्रेणी के आदिम निवासी, दोनों ने ही पुराने वैदिक सम्प्रदाय को मन्दिरों की पूजा तथा सार्वजनिक उत्सवों के रूप में परिवर्तित कर देने में सहायता की। नई जातियों को अपने अन्दर मिला लेने पर नये-नये सम्प्रदाय बन गए जिनमें से प्रत्येक के अपने-अपने विशेष चिह्न (तिलक), दीक्षा के प्रकार, गुरु, मंत्र तथा शास्त्र थे। हिन्दू धर्म के सबसे प्रारम्भिक काल में वैष्णव, शैव तथा शाक्त, सम्प्रदायों का विकास हुआ और उनके विशिष्ट धर्म-ग्रन्थ थे पंचरात्र-संहिता, शैव आगम तथा तन्त्र।

> आगम सामान्यतः चार भागों में बंटे हुए हैं जिन्हें ज्ञान, योग (अथवा ध्यान), क्रिया अर्थात् मन्दिरों का निर्माण तथा उनमें मूर्तियों की स्थापना-सम्बन्धी कर्म और चर्या, अर्थात् पूजा की विधि का नाम दिया गया है।[3] स्पष्ट है कि आगमों में मूर्तिपूजक धर्मों का प्रतिपादन हुआ है क्योंकि उनमें मन्दिरों के निर्माण तथा पवित्रीकरण के

---

1. तुलना कीजिए : वाक्यार्थज्ञानमात्राद् अमृतमिति (तत्त्वमुक्ताकलाप, 2 : 45)।
2. रामानुज का श्री सम्प्रदाय, मध्व का ब्रह्म सम्प्रदाय, विष्णुस्वामी का रुद्रसम्प्रदाय, और निम्बार्क का सनकादि सम्प्रदाय।
3. पद्मसंहिता, 1 : 2, 6; 2 : 1, 3; 3 : 1, 6; 4 : 1, 1।

नियमों का विधान है। शाक्त और शैव क्रियात्मक रूप में एक ही थे, केवल भेद इतना था कि शाक्तों ने आदिवासियों के कुछ विधि-विधानों को भी साथ में ले लिया था तथा वे शिव की पत्नी शक्ति की पूजा करते थे। ऐसे ईश्वर का विचार, जिसके स्त्री व बच्चे हैं, एक असभ्य काल का विचार था जो कि वस्तुतः ईश्वर का मानवीकरण ही था। पुरुष तथा प्रकृति-सम्बन्धी सांख्यदर्शन का सिद्धांत शक्ति के, जो जीवन का तथा अभिव्यक्ति का तत्त्व है, औचित्य का समाधान करता था। चूंकि शिव अज्ञेय, अगम्य तथा सर्वथा निष्क्रिय है, अतः शक्ति जोकि तन्मय एवं सदा क्रियाशील है, दैवीय कृपा की स्रोत बन गई।

नालदियार, शीलप्पथिकारम् मणिमेघलायी तथा कुरल—इन तमिल ग्रन्थों से यह प्रकट है कि बौद्ध तथा जैन मतों का दक्षिण भारत में क्रिश्चियन युग की प्रारम्भिक शताब्दियों में पर्याप्त प्रभाव रहा। शीलप्पथिकारम् (प्रथम शताब्दी ईस्वी) के अनुसार कावेरीपत्तनम् नामक नगर में विष्णु के मन्दिर, बौद्ध विहार और जैनियों के भी पूजा-स्थान थे। अशोक ने ईसा से पूर्व तीसरी शताब्दी में अपने धर्मप्रचारक भेजे, और अनुश्रुति के अनुसार, लगभग इसी काल में भद्रबाहु ने भी मौर्य सम्राट् चन्द्रगुप्त के साथ जैनियों के दक्षिण भारत की ओर अभियान का नेतृत्व किया। किन्तु बौद्ध मत तथा जैन मत उन द्राविड़ों की स्वाभाविक मनोवृत्ति को सन्तोष न दे सके, जो ऐसे ईश्वर के लिए लालायित थे कि जो प्रेमपूर्ण भक्ति को स्वीकार करके उसका उचित पुरस्कार दे सके। एकेश्वरवादी धार्मिक सम्प्रदाय, यथा वैष्णव और शैव मत, विकसित हुए और दोनों सम्प्रदायों के महात्मा उक्त मतों के आगमों से पर्याप्त प्रभावित हुए।

3. पुराण

पुराण सम्प्रदायों के काल में बने धार्मिक काव्य हैं जो कल्पित कथाओं, कहानियों, प्रतीकों तथा दृष्टान्तों के द्वारा ईश्वर तथा मनुष्य-सम्बन्धी उस समय के विचारों, विश्वविज्ञान तथा सामाजिक व्यवस्था को दर्शाते हैं। उनकी रचना मुख्य रूप से उस समय के नास्तिक विचारों के मूलोच्छेदन के उद्देश्य से की गई थी। उनका स्वरूप दार्शनिक सिद्धान्तों के साथ प्रचलित मान्यताओं को मिश्रित करने के कारण सार-संग्रही है। ऐसा प्रसिद्ध है कि व्यास पुराणों के कर्ता हैं।[1] पुराण अपने में वेदों की परम्परा को निरन्तर स्थिर रखने वाले समझते हैं।[2] पुराण[3] यद्यपि दार्शनिक सिद्धान्तों का उल्लेख करते हैं किन्तु उनका उद्देश्य किसी क्रमबद्ध पद्धति का

1. उनमें से कुछ विष्णु को उनका कर्ता बताते हैं। देखें, पद्मपुराण, 1 : 62, 18।

2. वायुपुराण, 1 : 11, 194-202।

3. मुख्य पुराण अठारह हैं। विष्णु भागवत (देवी भागवत की अपेक्षा श्रीमद्भागवत अधिक), नारदीय, गरुड़, पद्म तथा वराह स्वरूप से वैष्णव हैं। शिव, लिंग, स्कंद, अग्नि (अथवा अन्य व्यक्तियों के अनुसार वायु), मत्स्य और कूर्म शैव मत पर बल देते हैं। अन्य पुराण अर्थात् ब्रह्म (अथवा सौर), ब्रह्माण्ड, ब्रह्मवैवर्त (जो कृष्ण की अत्यधिक प्रशंसा करता है), मार्कण्डेय, भविष्य और वामन ब्रह्म के विषय का प्रतिपादन करते हैं। इन्हें क्रमशः सात्त्विक, तामस और राजस कहा जाता है। देखें, मत्स्यपुराण, 52। ये महापुराण हैं और दूसरे गौण पुराण हैं, जिन्हें उप पुराण कहा गया है। कहा जाता है कि प्रत्येक पुराण में सर्ग, प्रतिसर्ग, वंश मन्वन्तर और वंशानुचरित का विषयप्रतिपादन किया गया है। पुराण महाकाव्यों की अपेक्षा अर्वाचीन हैं और उनमें से सबसे→

विकास करना नहीं है। उनका मुख्य आशय प्राचीन विचारकों की शिक्षाओं, विशेषकर वेदान्त और सांख्य की शिक्षाओं को जनसाधारण तक पहुंचाना है। उनका नाम ही संकेत करता है कि उनका अभिप्राय प्राचीन परम्पराओं की रक्षा करना है। वे सब स्वरूप से ईश्वरवादी अर्थात् आस्तिक हैं और प्रकृति, जीवात्मा तथा ईश्वर के भेद को मानते हैं। त्रिमूर्ति के विचार ने प्रधान स्थान लिया, यद्यपि प्रत्येक पुराण का कार्य विष्णु अथवा शिव के किसी न किसी विशेष रूप पर बल देता है एक ऐसे पुराण में, जिसमें विष्णु की सर्वश्रेष्ठता पर बल दिया गया है, शिव और ब्रह्मा भी विष्णु की पूजा करते हैं और वे यहां तक घोषणा करते हैं कि वे जो विष्णु की उपासना करते हैं, शिव और ब्रह्मा के प्रिय हैं।[1] भागवत पुराण के अनुसार शिव प्रचेताः से कहते हैं कि "जिसने अपने को विष्णु के अर्पित कर दिया, वह मुझे प्रिय है।"[2] ईश्वर ही जगत् की उत्पत्ति, स्थिति तथा विनाश का कारण है।[3] पुराणों में सर्वश्रेष्ठ देवता को, उसे चाहे जो भी नाम दिया जाए, कल्पना में आने वाली समस्त पूर्णताओं से मुक्त बताया गया है। "जिसे इन्द्रिय द्वारा नहीं जाना जा सकता, जो सब वस्तुओं में श्रेष्ठ है, सर्वोपरि आत्मा, स्वयम्भूः है, जो सब प्रकार के विशिष्टता बताने वाले लक्षणों अर्थात् वर्ण आदि से रहित है, जो जन्म, विपर्यय, मृत्यु, ह्रास अथवा वृद्धि से रहित है, जो सदा रहता है और एकाकी है, जो सर्वत्र उपस्थित है और जिसके अन्दर इस जगत् की सब वस्तुएं स्थित हैं और इसीलिए जिसको वासुदेव नाम दिया गया है।"[4] सांख्य में वर्णित प्रकृति तथा उसके विकास के विधान को स्वीकार किया गया है; किन्तु उसके साथ इतना और जोड़ दिया गया है कि प्रकृति सर्वोपरि आत्मा के अनुशासन में ही कार्य करती है। कहीं-कहीं प्रकृति को ईश्वर-रूप पिता की सहचारी देवी का रूप भी दे दिया गया है। विष्णुपुराण के तीसरे अध्याय के प्रारम्भ में मैत्रेय ने पाराशर से पूछा है कि "विशुद्ध ब्रह्म का सर्गादि-कर्तृत्व गुण कैसे हो सकता है" और उत्तर में कहा गया है कि समस्त जगत् उसके अन्दर है, जिस प्रकार अग्नि में उष्णता है।[5] पुराण जगत् के यथार्थ अस्तित्व को स्वीकार करते हैं और माया के भाव का उल्लेख केवल उसे दोष देने के विचार से ही करते हैं।[6]

धर्म के क्षेत्र में हम वैदिक पूजा से स्पष्ट अतिक्रम पाते हैं। वैदिक पूजा में जहां प्रार्थना तथा यज्ञ का विधान था, पुराणों में हमें मूर्तिपूजा तथा भक्ति का समावेश मिलता है। पुराणों में प्रतिपादित नीतिशास्त्र प्रचलित नीतिशास्त्र से भिन्न नहीं है। इनमें कर्म के सिद्धान्त तथा

→ पहले का पुराण भी क्रिश्चियन सन् के प्रारम्भ होने से पूर्व वर्तमान था। यद्यपि बाद में उनमें बहुत अधिक परिवर्तन हुए हैं। ये "कम-से-कम पांचवीं शताब्दी (ईसा से पूर्व) तक तो विद्यमान थे ही। यह निम्नतम अवधि 150 से 200 वर्ष या उससे पूर्व तक भी हटाई जा सकती है, यदि आपस्तम्ब का समय उससे पूर्व का रखा जाए।" (पार्जिटर : 'एंशियण्ट इण्डियन हिस्टोरिकल ट्रेडीशन', पृष्ठ 51)। छांदोग्य उपनिषद्, 3 : 4, 1; शतपथ ब्राह्मण, 11 : 5 6, 8; अर्थशास्त्र, 1 : 5, आदि में पुराणों का उल्लेख हुआ है।

1. तुलना कीजिए, विष्णुपुराण, 1 : 2. 2। "शक्तयो यस्य चैकस्य ब्रह्माविष्णुशिवात्मिकाः (1 : 9)। भागवत भी देखें, 1 : 2, 23।
2. भगवतं वासुदेवं प्रपन्नः स प्रियोहि मे (4 : 24, 28)। देखें, 4 : 24, 30।
3. विष्णुपुराण, 1 : 2, 4।
4. वही 1 : 21।
5. 1 : 3।
6. पद्म पुराण, 6 : 263-70।

पुनर्जन्म एवं पुण्यकर्म तथा ज्ञान के द्वारा मोक्ष की सम्भावना को स्वीकार किया गया है। ईश्वर की भक्ति को, किन्तु रूढ़ि को स्वीकार करना नहीं, भक्ति का सारतत्त्व माना गया है और इसे ही कलियुग में मोक्ष-प्राप्त का सबसे अधिक शक्ति साधन माना गया है।[1] भक्ति पहाड़ों तक को हिला दे सकती है। भक्ति के लिए कुछ भी असम्भव नहीं है।[2] ध्रुव को उसकी माता ने सज्जन बनने, पवित्र जीवन व्यतीत करने तथा समस्त जंगम सृष्टि के प्रति प्रेम का व्यवहार करने और उसका भला करने के लिए सदा तत्पर रहने का उपदेश दिया।[3] "उसे विष्णु का भक्त करके जानो जो अपने वर्ण के कर्तव्य कर्मों में विचलित नहीं होता, जो मित्र तथा शत्रु को एक समान दृष्टि से देखता है, जो ऐसे किसी पदार्थ को नहीं लेता जो उसका नहीं है, जो किसी प्राणी को नहीं सताता, और जिसका मन निष्कलंक है।"[4] "समाज का अधःपतन होने लगता है जब धन-सम्पत्ति के कारण ही ऊंचा दर्जा प्राप्त होता है, लक्ष्मी को ही पुण्य का एकमात्र आधार मान लिया जाए, विषय-भोग ही पुरुष और स्त्री के मध्य प्रेम-सम्बन्ध का आधार बन जाए, जीवन में असत्य व्यवहार की सफलता का साधन माना जाने लगे, यौन सम्बन्ध ही एकमात्र सुख का साधन बन जाए, और जब बाह्य आडम्बरों को ही भूल से आन्तरिक भाव समझ लिया जाए।"[5] इस प्रकार के समाज को एक सुधारक की आवश्यकता होती है। ईश्वर की समानता (ईश्वर-सादृश्य) ही मोक्ष है।[6] रामानुज के धार्मिक विश्वास को विष्णु और भागवतपुराणों ने अत्यधिक प्रभावित किया।

4. रामानुज का जीवन

रामानुज का जन्म श्रीपेरुम्बुदूर में 1027 ईस्वी में हुआ। ऐसा प्रतीत होता है कि छुटपन में ही उनके पिता की मृत्यु हो गई। सामान्य प्रशिक्षण प्राप्त करने के अनन्तर, जैसा कि उस वर्ग के लड़कों को दिया जाता था, उन्हें कांजीवरम् के यादवप्रकाश के अधीन वेदान्त के अध्ययन का अवसर मिला किन्तु वे यादव के द्वारा की गई वेदान्त की व्याख्या को सर्वांश में स्वीकार न कर सके। श्रीरंगम् स्थित मठ के मठाधीश आचार्य आलवनदार पर रामानुज की विद्वत्ता का बहुत प्रभाव हुआ और उन्होंने मठाधीश की गद्दी पर रामानुज को बैठाने का विचार किया। जब आलवनदार का अन्त समय निकट आ पहुंचा तो उनके शिष्यों ने पेरियनाम्बि को रामानुज को लिवा लाने के लिए भेजा। किंतु रामानुज के पहुंचने से पूर्व ही आचार्य का अन्त हो गया, और अनुश्रुति से

---

1. भागवत, 1.2 : 3.52। भागवत भक्ति के भिन्न-भिन्न मार्गों का वर्णन करता है :

श्रवणं कीर्तनं विष्णोः स्मरणं पादसेवनम्।
अर्चनं वन्दनं दास्यं सख्यम् आत्मनिवेदनम्॥ (7 : 5, 23)।

2. 1 : 12।

3. विष्णुपुराण, 1 : 11।

4. विष्णुपुराण, 3 : 7।

5. अर्थएवाभिजनहेतुः, धनम् एव अशेष धर्महेतुः, अभिरुचिरेव दाम्पत्यसम्बन्धहेतुः अनृतमेव व्यवहारजयहेतुः स्त्रीत्वमेवोपभोगहेतुः, ब्रह्मसूत्रमेव विप्रत्वहेतुः, लिंगधारणम् एव आश्रमहेतुः (विष्णुपुराण, 4 : 24. 21-22)।

6. आगमों में भक्ति पर बल दिया गया है। इच्छाओं की पूर्ति के लिए अधिक स्वतंत्रता दी गई है। मन्त्रों, यन्त्रों तथा यौगिक आसनों पर अधिक ध्यान दिया गया है।

ऐसा जाना जाता है कि जब रामानुज गुरु के मृत शरीर के निकट पहुंचे तो उन्होंने उनके दाएं हाथ की पांच उंगलियों में से तीन को जुड़ा हुआ पाया। शिष्यों ने इसका अर्थ यह निकाला कि गुरु की तीन इच्छाएं पूर्ण होने से शेष रह गईं, जिनमें से मुख्य इच्छा ब्रह्मसूत्र के ऊपर एक सरल भाष्य करने की थी। रामानुज कांजीवरम् लौट आये और उन्होंने ईश्वर के प्रति यथापूर्व भक्ति-भाव जारी रखा। एक दिन अत्यन्त उद्विग्नता के साथ उन्होंने मन्दिर के पुजारी से कहा कि मेरे भविष्य के सम्बन्ध में ईश्वर की क्या इच्छा हैं; इसका निर्णय करो। ईश्वर की इच्छा एक श्लोक में इस प्रकार व्यक्त हुई—"मैं सर्वोपरि यथार्थ सत्ता हूं, मेरा विचार परस्पर भेद विषयक है। आत्म-समर्पण मुक्ति का अमोघ कारण है, वैयक्तिक प्रयत्न आवश्यक नहीं है, अन्त में मोक्ष मिलेगा। पेरियनाम्बि सर्वोत्तम शिक्षक है।"[1] ईश्वर ने ऐसा कहा अथवा रामानुज ने इस प्रकार की वाणी को सुना और उसका पालन करना प्रारम्भ कर दिया। वे मधुरान्तकम् में पेरियनाम्बि से मिले जिसने रामानुज को वेदान्त के रहस्यों की दीक्षा दी। महान् व्यक्तियों को शायद ही कभी अपने उपयुक्त पत्नी मिलती है और इसी नियम के अनुसार रामानुज को भी ऐसी किसी स्त्री को प्राप्त करने का सौभाग्य प्राप्त न हुआ जो उनके आदर्शों की प्राप्ति में सहायक बनकर उनकी शक्तियों को बढ़ा सकती—विचार के सम्बन्ध में अनुकूलता को छिपाना कठिन होता है इसलिए रामानुज को भी गौतम बुद्ध, शंकराचार्य,[2] प्लेटो तथा पॉल की भांति शीघ्र ही यह अनुभव हुआ कि मनुष्य-जीवन की पूर्णता की प्राप्ति में उच्चतम शिखर तक पहुंचने अथवा ईश्वर के सपीप पहुंचने के लिए त्याग एक आवश्यक सीढ़ी है। जब उन्होंने संन्यास धारण कर लिया तो वे बहुत प्रसिद्ध हो गए और प्रशंसक जगत् ने उन्हें यतिराज की उपाधि दी। रामानुज श्रीरंगम् में बस गए और उन्होंने तिरुवायमयी का पूरा ज्ञान प्राप्त कर लिया। अपने शिष्य कूरत्तालवार की सहायता से, जिसे बोधायनवृत्ति कण्ठस्थ थी, रामानुज ने वेदान्तसार, वेदार्थसंग्रह और वेदान्तदीपिका नामक ग्रंथ लिखे तथा ब्रह्मसूत्र और भगवद्गीता पर अपनी महत्त्वपूर्ण टीकाएं लिखीं। विद्वान् वैष्णवधर्मावलम्बियों ने रामानुज के ब्रह्मसूत्र पर लिखे गए भाष्य को स्वीकार किया और यह वैष्णवों के लिए भी भाष्य बन गया। रामानुज ने सारे दक्षिण भारत की यात्रा की, अनेक वैष्णव-मन्दिरों का पुनरुद्धार किया और बहुत बड़ी संख्या में लोगों को वैष्णव धर्म में दीक्षित किया।

महान् विचारक अपने युग का प्रवक्ता या प्रतिनिधि होता है और प्राचीन ज्ञान का उसके अन्दर संक्रमण होने के कारण वह अपने अनुभव में उक्त ज्ञान से भी अनुप्राणित होता है। वे सन्त पुरुष तथा शिक्षक, जिसके बीच रामानुज उठते-बैठते थे, धार्मिक तथा पवित्र जीवन व्यतीत करते थे। आलवार लोगों के मन्त्र ऐसे ईश्वराधिष्ठित आत्माओं के उद्गार थे जिनकी दृष्टि में ईश्वर केवल इस जीवन का स्रष्टा ही नहीं, एक अन्तरंग मित्र तथा पथप्रदर्शक भी था। अपनी सहज प्रवृत्ति के कारण ईश्वर को एक पुरुष मानने के

---

1. श्रीमान् परम् तत्त्वम् अहम्, मतं मे भेदः प्रपत्तिर्निरपायहेतुः। नावश्यकी च स्मृतिरंत्यकाले मोक्षो महापूर्ण इहार्यवर्यः।

2. पंचरात्र धर्म का मुख्य लक्षण यह है कि जीवन के अन्त में सब मनुष्य मोक्ष को प्राप्त हो जाते हैं। देखें, वेदान्तदेशिक-कृत पंचरात्ररक्षा।

ठोस विचार ने रामानुज के हृदय में अधिकार कर लिया। शंकर और रामानुज, दोनों ही वेदान्त के महान् भाष्यकार हुए। उक्त दोनों आचार्यों के मन में एक समान समस्याएं उत्पन्न हुईं, उनके पाठ्यांश भी लगभग एक ही समान थे और उनकी कार्यविधियां भी एक समान मान्यताओं पर आधारित थीं और तो भी उनके परिणाम परस्पर अत्यन्त भिन्न देखे जाते हैं। जिन निष्कर्षों पर उक्त दोनों विद्वान् पहुंचे वे उनकी दिव्य दृष्टियों का प्रदर्शन करते हैं और उनके अपने-अपने प्रकार से सत्य को ग्रहण करने के रूपों को दर्शाते हैं। रामानुज धार्मिक अन्तःप्रेरणा पर पूरा-पूरा भरोसा करते हैं और उन्होंने एक ऐसे गम्भीर धार्मिक विचार का प्रतिपादन किया जो मनुष्य के प्रति ईश्वर को सृष्टि के द्वारा, ईश्वरी वाणी के द्वारा, ईश्वरीय दूतों के द्वारा तथा अवतारों के द्वारा अभिव्यक्त करता है। उन आलवारों की शिक्षा और आचार्यों के द्वारा मिले प्रशिक्षण ने उन्हें उन तत्त्वों के विकास करने में सहायता प्रदान की जो अन्यथा उपनिषदों तथा ब्रह्मसूत्र के अन्दर ही गुप्त पड़े रहते। एक क्षण के लिए उन्होंने कभी यह अनुभव नहीं किया कि वे अपने स्वतन्त्र दर्शन का प्रचार कर रहे हैं; वे केवल सब कालों के ज्ञानी पुरुषों के ज्ञान का ही प्रचार करते थे।

5. इतिहास और साहित्य

वैष्णव मत का निरन्तर इतिहास लगभग महाकाव्य-काल से ही प्रारम्भ होता है। ऋग्वेद में विष्णु को सौर जगत् का एक देवता कहा है जिसे व्यापक माना गया है और जिसका स्थान सर्वोच्च आकाश में है।[1] वरुण का आदर्श सुदृढ़ रूप में एकेश्वरवादी स्वरूप का है। हमें वेदों में 'भग' देवता का विचार मिलता है जो शुभ वरदानों का दाता है। शीघ्र ही उक्त देवता को उदारता तथा सौजन्य का देवता माना जाने लगा और इसलिए ऐसे व्यक्ति की भी जिसके अन्दर उक्त प्रकार की शक्ति हो, भगवान् के नाम से पुकारा गया। ऐसा धर्म, जिसमें पूजा का विषय भगवान् (अथवा भगवत्) हो, वह भागवतधर्म कहलाया। हमें महाभारत में भागवत् धर्म का उल्लेख मिलता है। वैष्णव धर्म भागवत धर्म का ही विकसित रूप है जिसमें विष्णु तथा भगवान एक माने गए हैं। वैष्णव धर्म के विशिष्ट लक्षण पंचरात्र[2] धर्म में मिलते हैं, जिसका वर्णन महाभारत में आया है किन्तु महाकाव्य में विष्णु के प्रतिद्वन्द्वी शिव हैं, यद्यपि विष्णुपुराण में विष्णु की सर्वश्रेष्ठता मानी गई है। हरिवंश में विष्णु के सम्प्रदाय का समर्थन किया गया है। भागवत पुराण (900 ईस्वी) भागवत सम्प्रदाय के ऊपर बल देता है जिसका मुख्य आधार कृष्ण है। इसकी भक्ति भावनास्वरूप है एवं ईश्वर तथा आत्मा के परस्पर सम्बन्ध का प्रतीक पुरुष और कन्या का सम्बन्ध है। नानाघाट के शिलालेख में यह स्पष्ट है कि भागवत सम्प्रदाय ने दक्षिण भारत में ईसाई युग की प्रथम शताब्दी से कुछ समय पूर्व में अपना स्थान बनाया। भागवत में आता है कि कलियुग में दक्षिण भारत में नारायण के उपासक संख्या में अधिक होंगे।[3] आलवार कहलाने वाले सन्त कवियों के (जिनमें से बारह की प्रामाणिकता

1. विष्णोः परमं पदम्। ऋग्वेद, 1 : 22, 20।
2. इण्डियन फिलासफी, प्रथम खण्ड, पृष्ठ 490, 496-99।
3. 10 : 5. 38-40।

मानी गई है) 'नालायिरप्रबन्ध' के नाम से प्रसिद्ध हैं।[1] आलवारों में एक महिला, अनेक शूद्र तथा एक राजकुमार भी हैं। उनके उत्तराधिकारी आचार्य हुए अर्थात् ऐसे धर्मशास्त्रविद्, जिनका मुख्य उद्देश्य एक शरीरधारी ईश्वर की पूजा उस ईश्वर की रक्षक अनुकंपा में विश्वास रखनेवाले के लिए किसी दार्शनिक आधार की स्थापना करना था। रामानुज से पूर्व जो शिक्षक हुए उनमें मुख्य नाथमुनि और आलवंदार अथवा यामुनाचार्य हैं। कहा जाता है कि नाथमुनि (दसवीं शताब्दी) ने, जो आलवारों के अन्तिम गुरु के शिष्य थे, आलवारों के छन्दों को क्रमबद्ध किया। 'न्यायतत्त्व' तथा 'योगरहस्य' उनके द्वारा रचित बताए जाते हैं। यामुनाचार्य ने वैष्णव आगमों की रक्षा के लिए कठिन परिश्रम किया तथा यह सिद्ध करने की चेष्टा की कि उनका आशय वेदों ही के समान है। उनके मुख्य ग्रंथ यह हैं : आगमप्रामाण्य, महापुरुषनिर्णय, सिद्धित्रयम्, गीतार्थसंग्रह, चक्षुःश्लोकी और स्तोत्ररत्न। वैष्णवों के पवित्र साहित्य का प्रायः उभयवेदान्त के नाम उल्लेख किया गया है क्योंकि उसमें 'संस्कृत प्रस्थानत्रय' तथा 'तमिलप्रबन्धम' भी सम्मिलित हैं। एक लम्बे समय से यह परम्परा रही है कि आलवारों ने किसी मत के साथ समझौता नहीं किया अतएव रामानुज के लिए यह आवश्यक हो गया कि वे वेदों के आस्तिक्यपूर्ण विचारों को दोहराते। उनका कहना है कि बोधायन की वृत्ति में जो विचार प्रकट किए गए हैं वे केवल उन्हीं का विकास कर रहे हैं। वे अपने समान विचार रखने वाले अन्य शिक्षकों का भी उल्लेख करते हैं, यथा टंका, द्रमिड़[2], गुहदेव, कपर्दिन् और भारुचि[3]। शंकर ने रामानुज के द्वारा दी गई जिस आस्तिक परम्परा पर बल दिया है और उसकी प्राचीनता को स्वीकार किया है। तदनुसार हम कतिपय आस्तिकवादी उपनिषदों, महाभारत के उन भागों जिनमें नारायणीय विभाग सम्मिलित है, भगवद्गीता, विष्णुपुराण, वैष्णव आगमों तथा आलवारों और आचार्यों के ग्रन्थों को भी रामानुज के दर्शन का पूर्ववर्ती साहित्य मान सकते हैं। उनके अपने मुख्य ग्रन्थों में उपनिषदों, गीता और ब्रह्मसूत्र का वैष्णव सन्तों के विश्वासों तथा मतों

---

1. यह संग्रह, जिसमें चार हज़ार छन्द (नालायिरम्) हैं, चार भागों में विभक्त किया गया है। पहले भाग में, जिसे मुदलियार कहते हैं, नानाविध सन्तों यथा पेरिआलवार और साध्वी आण्डाल की वाणियां दी गई हैं। दूसरा भाग, जिसका नाम पेरियातिरुमयी है, तिरमंगाई का ग्रंथ है : और तीसरा नम्मालवार का प्रसिद्ध तिरुवायमयी है। चौथा भाग इयार्प पहले ही के समान एक विविध भाग है। नम्मालवार का तिरुवायमयी वेदों का तमिल-रूपान्तर है। तुलना कीजिए, "वेदन्त मितिशेयदमारन्" और भी–

क्रूरे कलियुगे प्राप्ते नास्तिकैः कलुषीकृते।
विष्णोरंशांशसम्भूतो वेदवेदार्थतत्त्ववित्॥
स्तोत्रं वेदमयं कर्तुम् प्राविड्यापि च भाषया।
जानिष्यति सतां श्रेष्ठो लोकानां हितकाम्यया॥ (भविष्यपुराण)

'तिरुवायमयी' के विषय में नाथमुनि कहते हैं, "सहस्रशाखोपनिषत् समागमम्...द्राविड़ वेदसागरम्।" तिरुवायमयी का मुख्य उद्देश्य परम यथार्थसत्ता, जीवात्मा, सर्वोपरि ब्रह्म के साथ इसका सम्बन्ध, निषिद्ध का विनाश तथा श्रेय का ग्रहण–इन पांच विषयों (अर्थपंचकम्) का विशदीकरण है।

2. आनन्दगिरि के अनुसार, शंकर ने अपनी छान्दोग्य उपनिषद् की टीका (3 : 10, 4) में उक्त लेखक का उल्लेख किया है।

3. वेदार्थसंग्रह।

के साथ समन्वय करने का प्रयत्न किया गया है। यद्यपि उनकी मौलिकता तथा स्वतंत्र विचार किस समय तक है, यह निर्णय करना सरल कार्य नहीं है तो भी इतना तो कहना ही होगा कि ब्रह्मसूत्र में एकेश्वरवाद के आधार को ढूंढ़ निकालने के लिए भी श्री भाष्य में किया गया उनका प्रयत्न उनके पूर्व किए गए अन्य सब प्रयत्नों की अपेक्षा श्रेष्ठ था।[1] रामानुज का मत उनके अनेक पूर्ववर्ती तथा परवर्ती विद्वानों की अपेक्षा कहीं अधिक दार्शनिक तथा संयत है। उन्होंने वेदों के कर्मकाण्ड तथा विधि-विधान को निषिद्ध ठहराने की चिंता कहीं प्रकट नहीं की और न पुराणों की गाथाओं को ही अधिक महत्त्व प्रदान किया। उनका मुख्य उद्देश्य भक्ति के द्वारा मोक्ष-प्राप्ति के सिद्धान्त का प्रचार करना तथा यह सिद्ध करना था कि उपनिषदों, गीता और ब्रह्मसूत्र की मुख्य शिक्षाएं भी इसी का प्रतिपादन करती हैं। सुदर्शन भट्ट की श्रुतप्रकाशिका रामानुज के भाष्य के ऊपर एक सुप्रसिद्ध टीका है।

तेरहवीं शताब्दी के लगभग तेंगलायियों (दक्षिणी सम्प्रदाय) और बड़गलाइयों (उत्तरीय सम्प्रदाय) के बीच में भेद-भाव बहुत बढ़ गया। तेंगलायी लोग तमिलप्रबन्धम् को शास्त्रीय मानते हैं तथा संस्कृत परम्परा के प्रति उदासीन हैं। बड़गलायी लोग दोनों को एक समान प्रामाणिक मानते हैं। तेंगलायी लोग 'दोष-भोग्य' के भयंकर सिद्धान्त को मानते हैं जिसके अनुसार ईश्वर पाप का फल भोगता है क्योंकि वह अपनी कृपा के प्रदर्शन के लिए एक विस्तृत क्षेत्र चाहता है।[2] बड़गलायी लोग तमिल की अपेक्षा संस्कृत का अधिक उपयोग करते हैं और लक्ष्मी-विषयक अपने विचार में शास्त्रों के ईश्वरवाद के तत्त्वों को सम्मिलित करते हैं।[3]

पिल्लई लोकाचार्य तेंगलायी सम्प्रदाय के प्रधान प्रतिनिधि हैं। उनकी शिक्षा है कि ईश्वर की कृपा का मिलना अवश्यम्भावी है और उसे केवल भक्ति के द्वारा ही नहीं अपितु निष्क्रिय आत्म-समर्पण (प्रपत्ति) के द्वारा भी प्राप्त करना चाहिए। विचारकों के इस सम्प्रदाय ने धार्मिक गुरु (आचार्य) के प्रति पूर्णरूपेण आत्म-समर्पण पर समूचा बल दिया है। यह मानना पड़ेगा कि यह शिक्षा बिलकुल वैसी नहीं है जैसी क्रियात्मक तथा विचारपूर्वक भक्ति की शिक्षा रामानुज ने दी। लोकाचार्य अठारह ग्रंथों के रचयिता हैं जिन्हें रहस्य का नाम दिया गया है और जिनमें से मुख्य दो हैं—अर्थपंचक और तत्त्वत्रय। मणवाल महामुनि तेंगलायियों के मुख्य सन्त हैं।

---

1. कीथ : 'इन्साइक्लोपीडिया आफ रिलिजन एण्ड एथिक्स', खण्ड 10, पृष्ठ 572।

2. देखें, ऑस्कर वाइल्ड-कृत 'दि प्रोफंडिस' : "ऐसा प्रतीत होता है कि ईसामसीह अपने अन्तःकरण की किसी दैवीय प्रेरणा के कारण पापी से प्रेम करता था क्योंकि उसकी दृष्टि में यह मनुष्य के अन्दर पूर्णता को प्राप्त करने का सबसे निकट का सम्भव उपाय था...एक ऐसे रूप में, जिसे अभी नहीं समझा जा सका है। वह संसार के पाप और दुःख को अपने आप में सौन्दर्ययुक्त तथा पवित्र वस्तु एवं पूर्णता के प्रकार मानता है।"

3. उनका विश्वास है कि विष्णु की पत्नी भी विष्णु के समान अजन्मा है और उसकी भी विष्णु के समान ही पूजा होनी चाहिए, क्योंकि वह भी वरदान देने वाली है; इसके विपरीत तेंगलाई लोग उसे ईश्वर द्वारा उत्पन्न मानते हैं, और यद्यपि वह दैवीय है फिर भी केवल प्रभु की कृपा को प्राप्त करने का माध्यम है। देखें, गोविन्ददासस्वामी कृत 'अष्टादश भेद', 'जर्नल आफ रॉयल एशियाटिक सोसाइटी', 1910।

वेदान्तदेशिक अथवा वेंकटनाथ (13वीं शताब्दी), जो रामानुज के प्रधान उत्तराधिकारियों में अन्यतम हैं, वादगलायी सम्प्रदाय के संस्थापक हैं। वे यद्यपि थे तो कांजीवरम् के निवासी तो भी उन्होंने अपने जीवन का मुख्य भाग श्रीरंगम् में व्यतीत किया। उन्होंने यद्यपि अनेक विषयों पर कई ग्रंथ लिखे किन्तु उनके मुख्य दार्शनिक ग्रंथ हैं : परमतभंग, और रहस्यत्रयसार, जो तमिल भाषा में हैं। उनके पंचरात्र-रक्षा तथा सच्चरित्ररक्षा में पंचरात्र सम्प्रदाय के सिद्धान्तों व क्रियाओं का प्रतिपादन किया गया है। उन्होंने श्रीभाष्य पर तत्त्वटीका नाम की एक टीका तथा गीता पर रामानुज की टीका के ऊपर तात्पर्यचन्द्रिका नाम की एक टीका लिखी। उनकी सेश्वरमीमांसा में पूर्व तथा उत्तरमीमांसा को एक ही सम्पूर्ण इकाई के अंश माना गया है और उसमें उन्होंने तर्क उपस्थित किया है कि कर्म बिना दैवीय प्रेरणा के फल नहीं दे सकता। उनके 'न्यायसिद्धांजन' और 'तत्त्वमुक्ताकलाप' नामक ग्रंथ 'सर्वार्थसिद्धि' टीका सहित उपयोगी ग्रन्थ हैं। उनके विवादात्मक ग्रंथ 'शतदूषणी' के ऊपर भी, जो अद्वैत दर्शन पर आक्षेपपरक है, एक रहस्यसूचक टीका 'चण्डमारुत' नाम की थी (जिसका समय सत्रहवीं शताब्दी है)। श्रीनिवास आचार्य की 'यतीन्द्रमत दीपिका' सत्रहवीं शताब्दी का एक महत्त्वपूर्ण ग्रंथ है। अप्पयदीक्षित ने, यद्यपि वे शैवमत के अनुयायी थे, वैष्णव मत की कई पुस्तकों पर टीका लिखी है।[1] रंगरामानुज ने (जो अठारहवीं शताब्दी में हुए) उपनिषदों के ऊपर रामानुज के अस्तिवाद के पक्ष में टीकाएं लिखी हैं। रामानुज का प्रभाव हिंदू धर्म के परवर्ती इतिहास में बराबर पाया जाता है। मध्व, वल्लभ, चैतन्य, रामानन्द, कबीर और नानक द्वारा प्रचारित धार्मिक आन्दोलन तथा बंगाल का ब्राह्म धर्म का सुधारवादी संगठन रामानुज के ईश्वरवादी आदर्शवाद के बहुत कुछ ऋणी हैं।

6. भास्कर

भास्कर ने ब्रह्मसूत्र पर 'भास्करभाष्य' नामक एक टीका ईसा के लगभग 900 वर्ष पश्चात् लिखी।[2] यह साम्प्रदायिक ग्रंथ नहीं है और न तो यह शंकर के विचारों का ही समर्थन करता है और न पंचरात्र वैष्णवों के विचारों का। भास्कर भेदाभेदवाद को मानने वाले हैं, जिस सिद्धान्त के अनुसार एकता तथा अनेकता एक समान हैं।[3] ब्रह्म विशुद्ध चेतनता का भेदभाव-शून्य पुंज नहीं है किंतु समस्त पूर्ण इकाइयों को अपने अन्दर धारण करता है। ब्रह्म की कारणावस्था एकत्व है एवं उसी की विकास-प्राप्त

---

1. कांजीवरम् की एक पण्डित-सभा में उन्होंने कहा कि मैं शिव तथा विष्णु में कोई भेद नहीं पाता, और इसलिए वे शिव के ही भक्त बराबर बने रहे।

महेश्वरे वा जगताम् अधीश्वरे जर्नादने वा जगदन्तरात्मनि।
न वस्तुभेदप्रतिपत्तिरस्ति मे तथापि भक्तिस्तरुणेन्दुशेखरे॥

2. उनके विचारों पर उदयन ने अपनी कुसुमांजलि में, जिसका निर्माणकाल 980 वर्ष ईसा के पश्चात् का है, आक्षेप किए हैं।

3. इसकी समालोचना के लिए देखें, ब्रह्मसूत्र पर रामानुजभाष्य, 1 : 1, 4।

अवस्था बहुत्व की अवस्था है।[1] वस्तुएं अपने कारणात्मक तथा उत्पादक रूपों में अभेदसूचक हैं अथच कार्य और व्यक्तिगत रूप में भेदसूचक हैं। जिस प्रकार अग्नि घास को मिटा देती है, उस प्रकार अभेद भेद को मिटा नहीं देता। दोनों ही एक समान यथार्थ हैं। भास्कर यथार्थ विकास (परिणाम) में विश्वास रखते हैं।[2] भ्रान्तिविषयक कल्पना को वे अप्रामाणिक मानते हैं और उनके मत में यह विचार बौद्ध धर्म के प्रभाव से आया है।[3] उनका मत है कि भौतिक जगत् की यथार्थ सत्ता है यद्यपि तात्त्विक रूप से इसका स्वरूप वही है जो ब्रह्म का है। जब प्रकृति ब्रह्म के ऊपर प्रभाव डालती है तो इसका कार्य शरीर तथा इन्द्रियों के आकार में उसकी सीमाबद्ध करने वाले उपसहायक का है और इस कार्य से ही व्यक्तिरूप जीवात्माओं का उदय होता है। वे उपाधियों की यथार्थता स्वीकार करते हैं और उनका कारण अविद्या को नहीं मानते। जीव और ब्रह्म स्वभावतः एक ही हैं और इसका ब्रह्म से भेद उपाधियों के कारण है।[4] जीवों का ब्रह्म के साथ क्या सम्बन्ध है, इसके दृष्टान्त के लिए कहा जाता है कि जैसे चिनगारियों (स्फुलिंगों) का सम्बन्ध अग्नि से है। संसार का जीवन ब्रह्म और उपाधियों में परस्पर असामंजस्य के कारण ही है। धर्म तथा पवित्रता के द्वारा हम दोनों में भेद कर सकते हैं और तब हम सुरक्षित हो सकते हैं। भास्कर का मत है कि ब्रह्म वस्तुतः दुःख भी भोगता है और जीवात्माओं के समान पुनर्जन्म भी धारण करता है। उनके अनुसार धर्म ज्ञान का एक आवश्यक अंग है जिसका परिणाम ही मोक्ष है। वे रामानुज के मत को स्वीकार करते हैं, अथवा इसे अधिक सही रूप में ज्ञानकर्म-समुच्चय, अथवा कर्म और ज्ञान का संयोग, कहना चाहिए।

7. यादवप्रकाश

यादवप्रकाश ने, जो कुछ समय तक रामानुज के गुरु थे और कांजीवरम् में 11वीं शताब्दी (ईसा के पश्चात्) में हुए, एक स्वतन्त्र टीका लिखी थी, जिसका झुकाव अद्वैतपरक व्याख्या की ओर था। उन्होंने ब्रह्म परिणामवाद को स्वीकार किया है। उनका मत है कि ब्रह्म वस्तुतः चित् (आत्मा), अचित् (प्रकृति) और ईश्वर के रूप में परिणत होता है। यदि ईश्वर को भी चित् की ही श्रेणी में ले आएं, तब दोनों चेतन और अचेतन स्वरूप केवल अवस्था में भिन्न रहते हैं (अवस्था-भेद); और एक ही द्रव्य की भिन्न-भिन्न अवस्थाएं हैं किन्तु द्रव्य अपने-आप में भिन्न नहीं हैं। उनके सिद्धान्त को 'भेदाभेद' की संज्ञा दी गई है जिसका अर्थ है कि एक ही समय में भेद और अभेद दोनों हैं। ब्रह्म परिवर्तन में से गुज़रते हुए भी अपनी विशुद्धता को नहीं खोता। यादव को इस कथन में कोई भी परस्पर-विरोध नहीं प्रतीत होता कि एक ही पदार्थ

1. कार्यरूपेण नानात्वम् अभेदः कारणात्मना। 1 : 1, 4 के ऊपर भास्कर।
2. भास्करीयस्तु चिदचिदंशाविभक्तं ब्रह्म द्रव्यम् अचिदंशेन विक्रीयते (सर्वार्थसिद्धिः, 3 : 27)।
3. माहायानिकबौद्धगाथितं मायावादम। 1 : 4, 25 के ऊपर भाष्य।
4. जीवापरयोश्च स्वाभाविकोऽभेदः औपाधिकस्तु भेदः। 4 : 4, 4 के ऊपर भास्कर। और भी देखें, 4 : 415 : 2 : 3. 18।

भिन्न भी हो सकता है और उसी समय में अपने से अभिन्न भी हो सकता है। उनका कहना है कि सब पदार्थ सर्वदा अपने को इन दोनों भिन्न-भिन्न पार्श्वों में प्रस्तुत करते हैं। वे अभिन्नता प्रस्तुत करते हैं, जहां तक उनके कारण तथा जातिगत सम्बन्ध की अवस्था है; एवं वे भिन्नता को प्रस्तुत करते हैं, जहां तक उनकी कार्यावस्था तथा व्यक्तिगत के लक्षणों का सम्बन्ध है। इस प्रकार ब्रह्म तथा जगत् दोनों भिन्न भी हैं और अभिन्न भी।[1] जहां एक ओर भास्कर का मत है कि ब्रह्म एक प्रकार से परिमित शक्ति वाली आत्माओं का भी अनुभव प्राप्त करता है; यादव का तर्क है कि ब्रह्म सदा अपनी पुरातन गौरवपूर्ण स्थिति को बनाए रखता है।[2] यदि हम यह समझें कि तीनों अर्थात् ईश्वर, आत्मा और प्रकृति, परम निरपेक्ष यथार्थ सत्ताएं हैं और ब्रह्म के परिणामस्वरूप नहीं हैं, तो हम भ्रम में रहते हैं। ब्रह्म ही एकमात्र यथार्थ सत्ता है और शेष सब कुछ ब्रह्म से ही उत्पन्न हुआ है। यादव की दृष्टि में भेद उतने ही यथार्थ हैं जितना कि एकत्व; किंतु भास्कर की दृष्टि में भेद उपाधि के कारण हैं और ये उपाधियां निःसंदेह यथार्थ हैं किंतु एकत्व परमनिरपेक्ष सत्य है। संसार इससे अधिक और कुछ नहीं है कि यह जीवन इस भ्रमात्मक ज्ञान के आधार पर स्थित है कि चित्, अचित् और ईश्वर परमरूप में भिन्न-भिन्न हैं। इस भ्रमात्मक ज्ञान को दूर करने के लिए कर्म एवं ज्ञान दोनों ही उपयोगी हैं।

रामानुज इस आधार पर कि ब्रह्म तथा ईश्वर के मध्य भेद करना अप्रामाणिक है, यादव के विचार का विरोध करते हैं। ईश्वर से परे और कुछ नहीं है और ईश्वर को मात्र ब्रह्म का परिणाम ही नहीं समझना चाहिए। शक्तियों अथवा ईश्वर, आत्माओं एवं प्रकृति की क्षमताओं का सम्बन्ध, शक्त्याश्रय रूप में ब्रह्म के साथ सर्वथा स्पष्ट नहीं है।

8. ज्ञान के साधन

रामानुज प्रत्यक्ष, अनुमान और शब्द-प्रमाण को ज्ञान के प्रामाणिक साधन मानते हैं और अन्य साधनों के प्रति वे उदासीन हैं। उनके अनुयायी उक्त सूची में एक या दो और जोड़ देते हैं। प्रत्यक्ष का विषय वह है जो भेद के द्वारा प्रतीत होता है और जिसमें सामान्य लक्षण, जिनसे उसकी आकृति का निर्माण होता है, विद्यमान हैं।[3]

रामानुज सविकल्प तथा निर्विकल्प प्रत्यक्ष के अंदर जो भेद है उसे स्वीकार करते हैं। निर्विकल्प प्रत्यक्ष न तो एक ऐसे पदार्थ का बोध है जिसके अन्दर अन्य पदार्थों से नितांत भेद का ज्ञान हो गया है और जो विशुद्ध सत् है; और न ही एक सोपाधिक पदार्थ तथा उसके लक्षणों का बोध है जो परस्पर असम्बद्ध हैं। यह पूर्व श्रेणी का नहीं है क्योंकि पदार्थों का बोध सब प्रकार के भेद-भाव के तत्त्वों से सर्वथा शून्य रूप में करना असम्भव है। चेतनता का अनिवार्य स्वरूप भेद करना है और हम बिना उसके विशेष लक्षणों का बोध प्राप्त किए किसी पदार्थ का बोध ग्रहण नहीं कर सकते। समस्त पदार्थों का ज्ञान पदार्थ के किसी-न-किसी

1. सर्वार्थसिद्धि, 3 : 27।
2. 1 : 1, 17 के ऊपर भास्कर।
3. तत्त्वमुक्ताकलाप, 3 : 28।

विशेष गुण से मिश्रित ही होता है।[1] क्योंकि सविकल्प प्रत्यक्ष में भी केवल वे गुण ही, जिनका बोध निर्विकल्प प्रत्यक्ष में हुआ था, स्मरण होते हैं। दोनों के बीच में भेद इसका ही है कि निर्विकल्प प्रत्यक्ष में हम एक व्यक्ति को सबसे पहले देखते हैं और यद्यपि हम उसके वर्गगत स्वरूप का बोध करते हैं, हमें इस विषय का निश्चय नहीं होता कि अमुक लक्षण उक्त वर्ग के अन्य व्यक्तियों में भी सामान्य रूप में पाया जाता है या नहीं।[2] किन्तु जब हम उसी व्यक्ति को दूसरी तथा तीसरी बार देखते हैं तो हम इस जातिगत लक्षण के समस्त वर्ग के अन्दर समान रूप में विद्यमान होने का ज्ञान प्राप्त कर लेते हैं।[3]

रामानुज की दृष्टि में केवल व्यक्ति ही यथार्थ सत्ता रखते हैं, वर्ग अथवा श्रेणीगत तत्त्व नाम की कोई वस्तु उनके अन्दर विद्यमान नहीं होती; यद्यपि व्यक्ति के अन्दर सादृश्य होता है किन्तु वह उसके अंशों की व्यवस्था अर्थात् संस्थान है। हम उस सादृश्यरूपी तथ्य से अपना एक सामान्य प्रत्यय बना लेते हैं। वह सादृश्य ही है जो कि उसी शब्द के प्रयोग का आधार है।[4] वेदान्तदेशिक तर्क करता है कि भेद अपने-आप में किसी भांति भी उस तथ्य से सम्बद्ध नहीं है जिसे यह भिन्न करता है। तदनुसार प्रत्यक्ष हमें तथ्य का ज्ञान भी कराता है और भेद भी बताता है।[5] वे दोनों एक-दूसरे का निर्णय नहीं करते और एक-दूसरे के ऊपर निर्भर नहीं हैं। वे तब एक-दूसरे को निर्णय करते हुए प्रतीत होते हैं जब उन्हें परस्पर संयुक्त करने की आवश्यकता प्रतीत होती है। किन्तु यदि हम इस सबको मान भी लें तो भी किसी प्रकार कोई भेद कुछ भी भिन्नता प्रकट नहीं कर सकता, यह समझना कठिन है।[6]

रामानुज के अनुयायी योग द्वारा प्राप्त प्रत्यक्ष को ज्ञान का निरपेक्ष साधन स्वीकार नहीं करते। प्रत्येक इन्द्रिय अपने विषय का विशेष क्षेत्र रखती है, और वह चाहे कितनी ही प्रशिक्षित क्यों न हो, अन्य इन्द्रियों के विषयों का ज्ञान प्राप्त नहीं कर सकती। कान देखने का कार्य नहीं कर सकता और न आंख सुन सकती है। यदि योग द्वारा प्राप्त प्रत्यक्ष इन्द्रियों के द्वारा कार्य करे तब यह इन्द्रिय प्रत्यक्ष से भिन्न नहीं हैं; और यदि यह सब प्रकार के अनुभव से स्वतन्त्र है तब यह अप्रामाणिक है।

स्मृति को प्रामाणिक माना गया है और इसे पृथक् स्थान दिया गया है। हम इसे प्रत्यक्ष ज्ञान की कोटि में नहीं रख सकते, केवल इसलिए कि समस्त स्मरण-विषयक ज्ञान प्रत्यक्ष ज्ञान की पूर्व कल्पना कर लेता है क्योंकि उस अवस्था में अनुमान को भी, जो प्रत्यक्ष ज्ञान को पूर्व से मान लेता है, प्रत्यक्ष की कोटि में रखना पड़ेगा।

अनुमान ऐसा ज्ञान है जो एक सामान्य सिद्धान्त से निकाला जाता है। वस्तुतः एक ही घटना सामान्य सिद्धांत को सुझाने वाली हो सकती है। एक से अधिक बार की घटनाएं

---

1. बाह्य गुणों का तो प्रत्यक्ष हो जाता है। जब हम किसी शब्द को सुनते हैं तो कानों की वृत्ति बाहर की ओर होती है। वायु इंद्रियों का विषय है। प्रकाश का ज्ञान स्पर्श तथा चक्षु इन्द्रिय के द्वारा हो सकता है, भले ही वह ज्ञान गन्धविहीन हो।

2. सविशेषवस्तु विषयत्वात् सर्वप्रमाणानाम् (1 : 1, 1)।

3. तत्त्वमुक्ताकलाप, 4 : 32।

4. इसकी जैनमत से तुलना कीजिए।

5. सर्वार्थसिद्धि, 5 : 14।

6. प्रभाव को प्रत्यक्ष का विषय कहा जाता है क्योंकि किसी वस्तु की अनुपस्थिति का तात्पर्य यह है कि वह अन्यत्र कहीं उपस्थित है। अनुपलब्धि से हमें यह ज्ञान होता है कि चेतनता के वे विषय, जिनके साथ वह सम्बद्ध होती है, सर्वथा विद्यमान नहीं रहते (1 : 1, 1)।

हमें संदेह के निवारण में सहायता करती हैं। तर्क के द्वारा अथवा परोक्ष प्रमाण के द्वारा तथा विधि और निषेधात्मक, दोनों प्रकार की घटनाओं से हम गौण विषयों को हटाकर सामान्य नियम की स्थापना करते हैं।[1] अवयवघटित वाक्य में तीन अवयव होते हैं अर्थात् न्याय के पंचावयव-घटित वाक्य के या तो पहले तीन या पिछले तीन अवयव। उपमान प्रमाण को स्वतन्त्र प्रमाण नहीं माना गया है क्योंकि यह मानो स्मृति की अथवा अनुमान की अवस्था है। अर्थापत्ति और सम्भव को भी अनुमान की कोटि में ही ले लिया गया है।

रामानुज धर्मशास्त्र की प्रामाणिकता को स्वीकार करते हैं। सर्वोच्च यथार्थ सत्ता, जो जगत् का एकमात्र कारण है, ज्ञान के अन्य साधनों का विषय नहीं हो सकती, किन्तु केवल शास्त्रों के द्वारा ही जानी जा सकती है।[2] ब्रह्म प्रत्यक्ष का विषय नहीं है।[3] अनुभव द्वारा प्राप्त कोई भी व्याप्ति (सामान्य नियम) न तो ब्रह्म की यथार्थता को सिद्ध ही कर सकती है और न उसे असिद्ध ही कर सकती है।[4] उसकी यथार्थता, जिसकी ओर बुद्धि संकेत करती है, एक ऐसे क्षेत्र में विद्यमान रहती है जिसे परिमित शक्तिशाली बुद्धि के द्वारा वस्तुतः देखा या समझा जा सकता है। अतीन्द्रिय विषयों का ज्ञान प्राप्त करने के लिए हमारे पास धर्मशास्त्र ही एकमात्र साधन है यद्यपि शास्त्र के समर्थन में तर्क का उपयोग किया जा सकता है।[5] वेद नित्य हैं, क्योंकि हरएक सृष्टि के युगारम्भ में केवल ईश्वर ही उनका व्याख्यान करता है। स्मृतियां तथा महाकाव्य वेदों के अन्तर्गत विचारों का ही भाष्य करते हैं और इसलिए वे भी प्रामाणिक हैं। पंचरात्र आगमों को भी प्रामाणिक माना जा सकता है क्योंकि उनकी उत्पत्ति दैवीयशक्ति वासुदेव से हुई है।[6] ऐतिह्य अथवा परम्परा यदि वे सत्य हैं तो वे भी आगमज्ञान का विषय हैं।[7]

रामानुज स्वीकार करते हैं कि विचार अपने आप में हमें यथार्थता का साक्षात् ज्ञान नहीं करा सकते। यहां तक कि वेद भी हमें केवल परोक्ष ज्ञान ही प्रदान करते हैं। केवल शास्त्रों के शब्दों को समझ लेने से भी कुछ अधिक की आवश्यकता होती है। यथार्थता का साक्षात्कार, जो इसका तर्क सिद्ध ज्ञान नहीं है, ऐसी समाधि में ही सम्भव है जो भक्ति का रूप धारण करती हो।[8] वामदेव तथा अन्यों ने भी एक ऐसे ब्रह्म का साक्षात्कार किया जिसमें भौतिक एवं अभौतिक पदार्थ थे और जिनके कारण उसकी अवस्थाओं में भेद प्रकट होता था।[9] इस उच्चतम ज्ञान में आत्मा में अपरिज्ञानशील तत्त्व भी सम्मिलित हैं। यथार्थता के स्वरूप को ढूंढ़ निकालने के लिए मन के पास अन्य उपाय भी हैं, और उक्त सब साधन (उपाय) अपने अन्तिम उद्देश्य की सिद्धि तथा आदिम स्रोत के सम्बन्ध में परस्पर सम्बद्ध हैं।

---

1. सर्वार्थसिद्धि, 4 : 47।
2. 1 : 2, 1।
3. 1 : 1, 3।
4. 1 : 2, 23।
5. 2 : 1, 12। यामुनाचार्य अपने प्रतिपक्षी मतवादों से निपटने के लिए एक सर्वथा युक्तिपूर्ण विचार का आश्रय लेते हैं। अपने प्रतिपक्षी के कथन को अस्वीकार करते हुए वे कहते हैं "यह सारी शिक्षा अन्धविश्वासियों के लिए तो महत्त्वपूर्ण हो सकती है लेकिन हम ऐसे भोले-भाले नहीं हैं और इसलिए हमें निश्चय दिलाने के लिए तर्क की आवश्यकता है" (सिद्धित्रय, पृष्ठ 88)।
6. तत्त्वमुक्ताकलाप, 4 : 121।
7. यदि मिथ्या है तो वह आगमाभास है।
8. ब्रह्मसूत्र पर रामानुजभाष्य, 3 : 2, 23।
9. 3 : 2, 24।

सत्य का यथार्थ रूप में अनुभव करने के लिए मन को अपने समस्त साधनों का प्रयोग करना चाहिए और अपने जीवन के उच्चतर स्तर पर कार्य करना चाहिए। मन अपने पूर्णतम विस्तार में तर्क तथा भावना, दोनों से आवृत रहता है। यह बिलकुल सत्य है कि अनुचित भावनाएं भी हैं, जैसे मिथ्याबोध है। और यह भी सत्य है कि निम्नतर स्तर पर भावनाएं अकेली पड़ जाती हैं, और यही हाल बोधों का है। किंतु चूंकि बोध व्यवस्थित होते हैं, उसी प्रकार से भावनाएं भी परिवर्तित तथा नियंत्रित की जा सकती हैं, अर्थात् युक्तिसम्मत बनाई जा सकती हैं। चूंकि वह विषय जिसके सम्बन्ध में अंतर्ज्ञान किया जाता है प्रत्यक्ष रूप में प्रस्तुत नहीं किया जाता, इसलिए अन्तर्ज्ञान का स्वरूप परोक्ष अथवा आदर्श श्रेणी का होता है। तो भी जहां तक इसकी तात्कालिकता तथा विशदता का सम्बन्ध है, वह प्रत्यक्ष ज्ञान से हीनतर नहीं होता।[1] जैसा कि हमे आगे चलकर देखेंगे, दैनिक प्रार्थना तथा पूजा के पुरस्कारस्वरूप यह अन्तर्ज्ञान दैवीय कृपा के कारण उपजता है। यह धार्मिक अनुभव अथवा अनन्त का तात्कालिक अनुभव है। जीवात्मा परमतत्त्व के सायुज्य में है।

यदि समस्त ज्ञान यथार्थ सत्ता का ही है[2] तो यह कैसे होता है कि हमारा ज्ञान कभी-कभी वस्तुओं के साथ साम्य नहीं रखता? मिथ्या प्रत्यक्ष में प्रकट होने वाला पदार्थ भ्रांतिमय न होकर यथार्थ है क्योंकि 'पंचीकरण' के सिद्धान्त के अनुसार, भौतिक जगत् के समस्त पदार्थ संयुक्त द्रव्य हैं जो नानाविध अनुपातों में पांच तत्त्वों को अपने अन्दर धारण किए हुए हैं। "यह कि एक वस्तु को 'चांदी' कहते हैं और दूसरी को 'सीप'। इसका कारण यह है कि किसी में किन्हीं तत्त्वों की कमी है तो अन्य वस्तु में अपेक्षाकृत अधिकता है। हम देखते हैं कि सीप चांदी के समान होती है; इस प्रकार प्रत्यक्ष स्वयं हमें सूचित करता है कि चांदी के कुछ तत्त्व सीप में वस्तुतः वर्तमान हैं।" समानता कुछ अंशों में पदार्थ की आंशिक एकता की द्योतक है। हम मृगतृष्णिका में पानी देखते हैं। केवल इसलिए चूंकि प्रकाश तथा रेत के कणों में पानी विद्यमान रहता है। जब सफेद रंग का शंख एक ऐसे पुरुष को जो आंखों के पीलिया रोग से पीड़ित है पीला प्रतीत होता है, उस समय आंखों में का पीलापन आंख रूपी इन्द्रिय की किरणों के साथ-साथ शंख में संक्रमित हो जाता है और शंख के ऊपर का सफेद रंग धुंधला हो जाता है। यह कल्पना भले ही कितनी ही अवैज्ञानिक क्यों न हो, इससे यह प्रदर्शित होता है कि रामानुज अपने इस मत को कि ज्ञान सदा यथार्थ वस्तु का होता है, त्यागने के लिए उद्यत नहीं है। स्वप्नों में भी ईश्वर व्यक्ति विशेष की प्रसन्नता अथवा दुःख के लिए, जैसे भी उसके पुण्य अथवा पाप कर्म हों उनके अनुसार, वस्तुओं की रचना करता है।[3] ईश्वर "जब समस्त जगत् की रचना करता है, जिसका उद्देश्य भी प्राणियों के अच्छे और बुरे कर्मों का उचित फलोपभोग कराना है, तब कुछ ऐसी वस्तुओं का निर्माण करता है जिनका स्वभाव चेतनता के सामान्य पदार्थों के रूप में है एवं कुछ अन्य ऐसी वस्तुओं का निर्माण करता है जो केवल विशेष-विशेष व्यक्तियों के द्वारा ही देखी जा सकती हैं और जो एक परिमित समय तक ही विद्यमान रहती हैं। यह उन वस्तुओं के परस्पर का भेद है जो सामान्य चेतनता का विषय है और दूसरी वे वस्तुएं जो ऐसी नहीं है और यही कारण हैं जिससे अस्वीकार करने वाली वस्तुओं तथा "अस्वीकृत वस्तुओं

---

1. ब्रह्मसूत्र पर रामानुजभाष्य, 3 : 4, 26।
2. सर्व विज्ञानजातं यथार्थम् (1 : 1, 1)।
3. और भी देखें, ब्रह्मसूत्र पर शांकरभाष्य, 3 : 2, 5, और 6।

में भेद होता है।"[1] यह सोचना भूल है कि कुछ बोधों के विषय मिथ्या पदार्थ हैं और दूसरों के विषय सत्य पदार्थ हैं।

रामानुज के मत से ऐसा प्रतीत होता है कि सब प्रकार की भूल का समाधान हो जाता है। यह ठीक है कि उनका मत है कि समस्त ज्ञान यथार्थ का ही होता है किन्तु उनका तात्पर्य यह भी नहीं है कि ज्ञान समस्त यथार्थ सत्ता का होता है। हमारा ज्ञान प्रायः अपूर्ण तथा आंशिक होता है। जब हम सीप के एक टुकड़े को भूल से चांदी समझ बैठते हैं तो हम कुछ लक्षणों को तो लक्ष्य करते हैं और अन्य को लक्ष्य करना छोड़ देते हैं। पीले शंख की भ्रांति में हम शंख की सफेदी को लक्ष्य करना छोड़ देते हैं। स्वप्नकाल के अनुभवों में हम इस तथ्य को दृष्टि से ओझल कर देते हैं कि स्वप्नगत पदार्थ व्यक्तिगत हैं जो केवल स्वप्नद्रष्टा से ही सम्बन्ध रखते हैं, अन्यों से नहीं। यहां तक कि जिसे हम सत्य ज्ञान समझते हैं उसके ऐसे बहुत कुछ अंश को दृष्टि से ओझल कर देते हैं जो क्रियात्मक रूप में अनावश्यक है। सत्य ज्ञान तथा मिथ्या ज्ञान हैं तो दोनों ही अपूर्ण, किन्तु सत्य ज्ञान में हम ऐसे लक्षणों पर ध्यान देते हैं जो हमारी दृष्टि में हमारे हित तथा उपयोग के हैं और मिथ्याज्ञान हमें लक्ष्य की प्राप्ति कराने में असफल रहता है। सत्यज्ञान जीवन के लिए उपयोगी है। मृगतृष्णिका एक भ्रांति है इसलिए नहीं कि उसमें जल का अंश उपस्थित नहीं है किन्तु इसलिए कि उसका जल हमारी प्यास को नहीं बुझाता। सत्य वह है जो यथार्थ वस्तु को प्रस्तुत करता है और जो क्रियात्मक रूप में उपयोगी (व्यवहारानुगुण) है।[2]

यह ठीक है कि सारा ज्ञान यथार्थता के कुछ रूपों को प्रस्तुत करता है किन्तु तब तक यह पूर्ण नहीं है जब तक कि इसमें सम्पूर्ण यथार्थता का समावेश नहीं होता। भ्रांति की सम्भावना तब तक दूर नहीं होती जब तक कि हमारा ज्ञान सम्पूर्ण और सर्वग्राही नहीं होता और ज्ञान का कर्ता व्यक्ति सब प्रकार के दोषों से मुक्त नहीं होता। संसार में रहते हुए यह सम्भव नहीं है यद्यपि महत्त्वाकांक्षा तो विद्यमान है ही।

रामानुज का मत है कि ज्ञान के स्वरूप में एक अन्तर्निहित आवश्यकता कार्य करती है। यही आवश्यकता है जो निर्विकल्प बोध को सविकल्प बोध में परिणत होने योग्य बनाती है। हमारे निर्णयों का निरन्तर यह प्रयत्न रहता है कि वे विषयों का सम्बन्ध बृहत्तर पूर्ण इकाई के साथ स्थापित करें। जब ज्ञान अपनी उच्चतम अवस्था में होता है अर्थात् जब वह अपने लक्ष्य पर पहुंच जाता है तब हमें एक मात्र व्यवस्थित अनुभव प्राप्त हो जाता है जिसके अन्तर्गत अनेक भाग अपने विशिष्ट व्यापारों समेत सम्मिलित होते हैं। इस प्रकार की सम्पूर्ण इकाई में प्रत्येक अवयव का वैशिष्ट्य अपने स्थान तथा व्यापार से लक्षित होता है और परिमित होने पर भी अपना व्यक्तित्व तथा विशेषता रखता है। जीवात्मा जब मोक्ष प्राप्त करता है तो निर्दोष ज्ञान के आदर्श को प्राप्त कर लेता है।

शंकर का इस प्रकार सोचना बिलकुल ठीक है कि विचार के द्वारा निरपेक्ष व्यक्तित्व का ग्रहण नहीं हो सकता किंतु यदि विचार असम्भव को प्राप्त न कर सके तो इसमें उसे दोष भी नहीं दिया जा सकता। यदि विषय (प्रमेय पदार्थ) एक साधारण आत्मनिर्भर वस्तु है तो इस प्रकार का निर्णय जिसके आधार पर हम कहते हैं कि 'स' 'प' है सत्य नहीं है क्योंकि हम केवल इतना ही कह सकते हैं कि 'स' 'स' है। अर्थपूर्ण प्राक्कथन मिथ्या है

1. 1 : 1, 1।
2. यतीन्द्रमतदीपिका।

तथा पुनरुक्ति रूप निर्णय निरर्थक है। किन्तु रामानुज बलपूर्वक कहते हैं कि यद्यपि निर्णय इस विषय को पुष्ट करता है कि प्रतिपाद्य विषय तथा विधेय एक समान हैं तो भी उतना ही महत्त्वपूर्ण दूसरा भी एक अवयव है अर्थात् प्रतिपाद्य विषय तथा विधेय परस्पर भिन्न हैं। जब तक वस्तुओं के भिन्न-भिन्न रूपों के अन्दर भी समानता अपने को अक्षुण्ण नहीं बनाए रख सकती तब तक कोई निर्णय हो ही नहीं सकता। किंतु समानता ऐसी हो जो भेद में भी अपने को व्यक्त कर सके और भेद पर विजय पा सके। समानता एक सम्बन्ध है और प्रत्येक सम्बन्ध के लिए दो भिन्न पदों का होना आवश्यक है। यदि वे पद स्पष्ट रूप में भिन्न नहीं हैं तो वे परस्पर सम्बन्ध नहीं हो सकते। सब प्रकार के भेद-भाव का निषेध समानता के सम्बन्धों को भी असम्भव बना देता है। सर्वथा निरपेक्ष आत्मसमता में समानता के विषय में कोई बात उठ ही नहीं सकती। जब हम यह कहते हैं कि 'स' 'स' है तब भी हम इस प्रकार का कथन प्रस्तुत भेद के उत्तर में ही करते हैं। शंकर का तर्क है कि जब हम यह कहते हैं कि 'वही तू है' तो दोनों के मध्य में प्रतीत होने वाला भेद है किंतु निर्णय उनके मध्य समानता को बतलाता है। परन्तु रामानुज का कथन इसके विपरीत यह है कि समानता एवं भेद उन पदों के सम्बन्ध में लागू होते हैं जो यथार्थता के समान एक ही स्तर पर हैं। जितनी भी समानता है यह भेद के अन्दर तथा उसके द्वारा ही है और प्रत्येक निर्णय इसका दृष्टान्त है। 'आकाश नीला है' इस वाक्य में 'आकाश' और 'नीला' दोनों में तादात्म्य नहीं है और न ही वे सर्वथा भिन्न हैं। नीले रंग का पदार्थ और गुण दोनों एक साथ विद्यमान रहते हैं यद्यपि दोनों के मूल्यांकन अलग-अलग हैं, क्योंकि यथार्थ एक ऐसी निर्दोष पद्धति है जिसका निर्णय उसके अन्तर्गत तत्त्वों के निर्णय से ही होता है। विचार के युक्त पूर्ण स्वरूप को एक त्रुटि समझना बुद्धिगम्यता का मिथ्या मानदण्ड है। ज्ञान को तभी ज्ञान कहा जाता है जबकि वह ऐसे सम्बन्धों को खोलकर विकसित रूप में प्रकट कर दे जिनके द्वारा ही उसकी अपनी सत्ता है। क्रियाशील जीवन का तत्त्व वह है जो आभ्यन्तर रूप में भी अपना स्पष्ट व्यक्तित्व रखता है और साथ-साथ अपनी इस क्रिया में स्वतन्त्र सत्ता को भी स्थिर रखता है। शंकर का मत है कि सम्बन्धों की परम्परा हमें अन्तरहित पश्चाद्गति की ओर ले जाती है। सम्बन्ध दो पदों के अस्तित्व का उपलक्षण है, जो सम्बन्ध के साथ मिलकर तीन हो जाते हैं और यदि हम उनके साथ उनके परस्पर सम्बन्ध को भी जोड़ दें तब हमें बलात् एक अन्तविहीन पश्चाद्गति की ओर जाना होता है। रामानुज इस विचार को अस्वीकार करते हैं क्योंकि उनके अनुसार यथार्थता क्रियाशीलता है जो अपने अन्दर आत्मप्रकाश की सम्भावना को धारण किए हुए है। वे इस बात को स्वीकार नहीं करते कि जहां एकत्व है वहां सम्बन्धों का अभाव है और यह कि जहां सम्बन्ध है वहां एकत्व नहीं है। ज्ञान की दृष्टि में यह जगत् एक व्यवस्थित सम्पूर्ण इकाई है और एकमात्र तत्त्व का ब्यौरेवार विकास तथा अभिव्यक्ति है। ईश्वर तथा यह जगत् एक समान यथार्थ है और इनमें से प्रत्येक दूसरे के द्वारा ही यथार्थ है और यह तभी सम्भव हो सकता है जबकि हम इस सारी पद्धति को किसी शरीरधारी नमूने का एकमात्र अनुभव समझें। विचार के द्वारा ईश्वर को आत्मचेतन प्रज्ञा के रूप में समझना ही उसके स्वरूप का पूर्ण बोध-ग्रहण है। यथार्थता एक सत्ता है एवं उसके अंश हीनतर सत्ताएं हैं।

9. कारण तथा द्रव्य

रामानुज सत्कार्यवाद के सिद्धान्त को स्वीकार करते हैं। प्रत्येक कार्य यह संकेत करता है कि उसका उपादान (भौतिक) कारण पहले से विद्यमान था। अवस्था में परिवर्तन ही कारणकार्य भाव है।[1] धागे कपड़े के कारण हैं क्योंकि कपड़ा केवल धागों की ताने-बाने वाली व्यवस्था का नाम है।[2] अस्तित्व एवं अभाव एक द्रव्य की भिन्न-भिन्न अवस्थाएं ही हैं। अभाव केवल सापेक्ष है निरपेक्ष अर्थात् परम अवस्था नहीं है।

कोई भी वस्तु जिसके अन्दर गुण हैं द्रव्य कहलाती है। आधार द्रव्य है और वह जो इसके ऊपर निर्भर करता है अर्थात् आधेय है वह अद्रव्य है और उन्हीं अर्थों में प्रकाश (प्रभा) द्रव्य है यद्यपि प्रकाश एक गुण भी है। बुद्धि एक द्रव्य है क्योंकि इसके अन्दर फैलने और सिकुड़ने का गुण है; यह आत्मा का गुण भी है।[3] समस्त जगत् जो ईश्वर का विशेषण है ईश्वर के दृष्टिकोण से अद्रव्य है यद्यपि इसके अन्दर द्रव्य भी हो सकता है। द्रव्य उपादान कारण हो सकते हैं किंतु अद्रव्य नहीं हो सकते।[4] द्रव्यों में प्रकृति, काल, शुद्धसत्व अथवा विशुद्ध प्रकृति, धर्म भूत ज्ञान अथवा गुणात्मक चेतना, जीवात्मा तथा ईश्वर इनकी गणना है।[5] इनमें से प्रथम तीन जड़ हैं एवं ईश्वर तथा जीवात्मा अजड़ (चेतन) हैं और ज्ञान दोनों के लक्षण में है। इसमें जड़ द्रव्यों से विशेषत्व यह है कि यह अपने को भी अभिव्यक्त करता है एवं बाह्य पदार्थों को भी। तो भी ज्ञान कभी भी अपने लिए नहीं किंतु सर्वदा दूसरे के लिए अर्थात् आत्मा के लिए है। ज्ञान आत्मा का एक अद्भुत अवलम्ब है और 'धर्मभूत ज्ञान' कहलाता है। आत्मा एक न एक पदार्थ को तभी जानती है जब कि ज्ञान किसी-न-किसी इन्द्रिय के द्वारा बाहर आता है तथा पदार्थ के सम्पर्क में आता है। यह कल्पना की जाती है कि विषय और पदार्थ अपनी स्वतंत्र सत्ता रखते हैं और ज्ञान के द्वारा ही एक-दूसरे के सम्बन्ध में आते हैं।

शब्द के पाँच गुण—प्रतिरोध शक्ति, आकृति, रस और गंध, संयोग, परिमाण, संख्या, बृहत्ता, व्यक्तित्व, संश्लेष, भेद एवं इच्छा, द्वेष, सुख, दुःख और संकल्पशक्ति तथा बोधशक्ति ये सब अद्रव्य हैं।

10. आत्मा तथा चैतन्य

शंकर का मत है कि ज्ञाता तथा प्रमेय (ज्ञेय) के मध्य जो भेद है वह सापेक्ष है क्योंकि यथार्थ तो भेदशून्य ब्रह्म ही है। रामानुज इस विचार को नहीं मानते और उनका मत है कि चैतन्य का स्वरूप यह निर्देश करता है कि कोई विचारशील ज्ञाता भी है एवं आत्मा से भिन्न प्रमेय पदार्थ भी हैं।[6] ज्ञान के अन्तर्गत भेद का प्रत्यक्ष भी आ जाता है। हमें भेदशून्य सत्ता को जानने योग्य बता सके ऐसा ज्ञान का कोई साधन नहीं है। और यदि होता भी तो वह ब्रह्म

1. अवस्थान्तरापत्तिरेव हि कार्यता (भगवद्गीता पर रामानुज का भाष्य, 13 : 2)
2. ब्रह्मसूत्र पर रामानुज भाष्य, 2 : 1, 19–20। और भी देखें, 2 : 1, 16।
3. तत्त्वमुक्ताकलाप, 4 : 7। 4. वही, 5,2।
5. वही, 1 : 6।
6. न च निर्विषये काचित संविद् अस्ति।

को एक ज्ञेय पदार्थ की स्थिति में रखता और इस प्रकार ईश्वर नश्वर पदार्थों के क्षेत्र में आ जाता। विशुद्ध चैतन्य नाम की कोई वस्तु नहीं हो सकती। यह बात या तो सिद्ध हो या असिद्ध हो। यदि विशुद्ध चैतन्य की यथार्थता सिद्ध हो जाए तो परिणाम यह निकलता है कि उसमें गुण हैं; और यदि सिद्ध नहीं होती तब यह असत् है जैसे कि आकाश कुसुम।[1] शंकर ने भी चेतनता के अंदर नित्यता एवं स्वतःप्रकाशता आदि गुण बताए हैं। ज्ञान तो निश्चित रूप में स्वतः प्रकाश है किंतु चेतनता ज्ञान के लिए एक ज्ञेय (वेद्य) पदार्थ है। यह आवश्यक नहीं है कि प्रत्येक वस्तु जो जानी गई है, उसे जड़ पदार्थ ही होना चाहिए।

यदि ज्ञान अपरिमित होता तो उसके विषय (ज्ञेय पदार्थ) भी उसी प्रकार अपरिमित होते, किन्तु यह बात नहीं है। यह सोचना भूल है कि सुषुप्ति अवस्था में तथा तत्सदृश अन्य अवस्थाओं में भी ज्ञान विशुद्ध ज्ञान के रूप में विद्यमान रहता है, अर्थात् सब विषयों से रहित। ''क्योंकि कोई व्यक्ति प्रगाढ़ निद्रा से उठकर कभी स्वप्नावस्था में अपनी चेतनता की अवस्था को इस प्रकार से प्रस्तुत नहीं करता कि 'मैं विशुद्ध चैतन्य था जिसमें किसी प्रकार का अहंभाव नहीं था एवं जो स्वरूप में प्रत्येक अन्य वस्तु से विरुद्ध था और अज्ञान को देख रहा था।' यह जो कुछ सोचता है केवल यह है कि–'मैं बहुत अच्छी तरह सोया।' इस प्रकार के चिन्तन से यह प्रतीत होता है कि स्वप्नावस्था में भी आत्मा अर्थात् 'मैं' एक जानने वाला प्रमाता (कर्ता) था और सुख को अनुभव करता था। यहां तक कि जब आत्म कहती है कि 'मुझे कुछ चेतना नहीं थी' तो उसका तात्पर्य हुआ कि जानने वाला 'मैं' विद्यमान था और जिसका निषेध किया गया वे ज्ञान के विषय (प्रमेय पदार्थ) थे।''[2] बिना प्रमेय पदार्थ के सम्बन्ध के ज्ञान नहीं जाना जाता और प्रगाढ़ निद्रा में यह कार्य नहीं करता क्योंकि उस समय कोई प्रमेय पदार्थ नहीं होता। प्रगाढ़ निद्रा में आत्मा अपनी आन्तरिक स्वतः चेतनता के अंदर ज्ञान के साथ रहती है जो कि उस समय काम नहीं कर रही होती। आत्मा सदा ही एक अहंभाव है और कभी भी विशुद्ध ज्ञान नहीं। शंकर इतना तो स्वीकार करते हैं जब वे कहते हैं कि आत्मा प्रगाढ़ निद्रा में सामान्य अज्ञान के साक्षी रूप में विद्यमान रहती है यदि अहंकार का भाव विलीन हो जाता है किन्तु वह जो ज्ञान ग्रहण नहीं करता साक्षी भी नहीं हो सकता। विशुद्ध ज्ञान साक्षी नहीं है। साक्षी एक जानने वाला होता है अर्थात् वह प्रमाता (ज्ञान का कर्ता) होता है। यह प्रमाता प्रगाढ़ निद्रा में भी विद्यमान रहता है यद्यपि हमें उसकी चेतना नहीं होती क्योंकि चैतन्य तमोगुण से परिभूत होता है। यदि प्रगाढ़ निद्रा में यह विद्यमान न होता तो नींद से जागने पर हम यह स्मरण न कर सकते कि हम अच्छी तरह सोये। यदि यह आत्मा नित्य न होती तो स्मृति भी असम्भव होती और जिस वस्तु को कल हमने देखा था उसे आज पहचान न सकते। यदि चेतनता को चेतन प्रमाता के साथ एक रूप में मिला दिया जाए तो भी पहचान की घटना की व्याख्या सरलता से नहीं हो सकती क्योंकि उक्त अनुभव इस विषय का उपलक्षण है कि कोई चेतनावान् ज्ञाता प्रारम्भ के क्षण से लेकर अन्तिम क्षण तक विद्यमान रहता है केवल चेतनता ही नहीं।[3] आत्मा स्वतः प्रकाशित ज्ञान नहीं है किन्तु केवल उसका कर्त्ता है। हम ऐसा नहीं कहते

1. संवित् सिद्धयति वा न वा, सिद्धयति चेत् सधर्मता स्यात्, न चेत् तुच्छता गगन-कुसुमादिवत् (1 : 1,1)।

2. 1 : 1, 1। और भी देखें, 2 : 3, 31।

3. प्रतिसन्धान हि पूर्वापरकालस्थायिनम् अनुभवितारम् उपस्थापयति, नानुभूतिमात्रम् (1 : 1, 1)।

'मैं चैतन्य हूं'[1] किन्तु केवल यही कहते हैं कि "मैं चेतनावान् हूं"[2] ज्ञान का स्वतः प्रकाशित स्वरूप आत्मा अथवा ज्ञाता से ही प्रादुर्भूत होता है। ज्ञान का अस्तित्व तथा उसका स्वतः प्रकाशित स्वरूप उसके एक आत्मा के साथ सम्बन्ध के ऊपर ही निर्भर करते हैं।[3] इस प्रकार का तर्क करना कि ज्ञाता, जिसकी सिद्धि इस प्रकार हो गई, विषय पक्ष से ही सम्बद्ध है, "इससे अधिक कुछ नहीं है जैसे कि किसी का यह मत प्रकट करना कि उसकी मां एक बांझ स्त्री है।" हम अहंकार को, जो प्रकृति की एक जड़ उपज है, ज्ञान के समान ज्ञातृत्वभाव नहीं दे सकते। आत्मा ज्ञान का सार तत्त्व है और ज्ञान उसका गुण है।[4] यह एक ज्ञाता है केवल प्रकाश नहीं।[5] हमें यह न सोचना चाहिए कि ज्ञाता होने से ही अवश्य परिवर्तनशील भी होना चाहिए क्योंकि ज्ञाता बनने का तात्पर्य ज्ञान रूपी गुण का आधार होना है; और चूंकि जानने वाली आत्मा नित्य है, इसलिए ज्ञान भी जो इसका गुण है, नित्य है। यही नित्य ज्ञान है जो अपने को सदा अभिव्यक्त नहीं करता। ज्ञान जो अपने में अपरिमित (स्वयम् अपरिच्छिन्नम्) है संकोच एवं विस्तार दोनों को अपना सकता है। कर्म के प्रभाव से यह संकुचित हो जाता है जबकि यह अपने को भिन्न-भिन्न प्रकार के कार्यों के अनुकूल बना लेता है और भिन्न-भिन्न इन्द्रियों द्वारा विविध प्रकार से निर्णीत होता है। इन्द्रियों के कारण इन्हीं अनुकूलताओं के सम्बन्ध में कहा जाता है कि यह उत्पन्न हुआ और नष्ट हुआ। इसका विलोप कभी नहीं होता, यद्यपि जीवन भर यह कार्य करता है कभी कम और कभी अधिक सीमाओं के अन्दर। किन्तु चूंकि अनुकूलन का गुण अनिवार्य नहीं है और कर्म से ही उत्पन्न होता है इसलिए आत्मा को वस्तुतः अपरिवर्तनशील ही माना जाता है।[6]

रामानुज इस मत का खण्डन करते हैं कि चैतन्य कभी भी प्रमेय पदार्थ नहीं है। यद्यपि यह प्रमेय विषय नहीं है जबकि यह दूसरी वस्तुओं को प्रकाशित करता है तो भी यह प्रायः प्रमेय पदार्थ बन सकता है और बन जाता है, क्योंकि साधारण अनुभव दर्शाता है कि एक व्यक्ति का चैतन्य दूसरे के बोध का विषय बन जाता है। जैसे कि जब हम अन्य पुरुष के मैत्रीपूर्ण अथवा अमैत्रीपरक रूप से किसी वस्तु का अनुमान कर लेते हैं अथवा जब किसी मनुष्य के भूतकाल के चैतन्य की अवस्थाएं उसकी वर्तमान काल की पहचान का विषय बन जाती हैं। चैतन्य केवल इसलिए कि यह चेतनता का प्रमेय विषय बनता है अपना स्वरूप नहीं खो देता। हम यह नहीं कह सकते कि चैतन्य स्वतःसिद्ध है। रामानुज की इस दृष्टि में चैतन्य का वास्तविक स्वरूप वर्तमान क्षण में अपने आप के द्वारा अपने अधिष्ठान के प्रति व्यक्त करने में अथवा इसके अपने विषय को अपनी सत्ता के द्वारा सिद्ध करने के लिए साधन बनने में है।[7] जब जड़ वस्तुएं प्रकाश में आती हैं तो वे अपने प्रति व्यक्त नहीं होतीं। आत्मा के अन्य गुण जैसे आणविक

---

1. अनुभूतिरहम्। 2. अनुभवाम्यहम्।

3. 1 : 1, और भी देखें, 2 : 3, 18। 4. चिद्रूप...चैतन्य गुणक।

5. ज्ञातैव न प्रकाशमात्रम्। और भी देखें, बृहदारण्यक उपनिषद्, 4 : 3, 7 और 14; 4 : 5, 15 छान्दोग्य, 8 : 12, 3; और 4, 8 : 26, 2; और प्रश्न, 4 : 9; 6 : 5; तैत्तिरीय, 2 : 4।

6. 1 : 1, 1।

7. अनुभूतित्वं नाम वर्तमानदशायां स्वसत्तयैव स्वाश्रयं प्रति प्रकाशमानत्वं स्वसत्तयैव स्वविषयसाधनत्वं वा (1 : 1, 1)।

विस्तार, नित्यता, आदि और चैतन्य की भूतकाल की अवस्थाएं अपने निज के द्वारा व्यक्त नहीं होतीं वरन् ज्ञान ही एक क्रिया के द्वारा व्यक्त होती हैं जो उनसे भिन्न है।[1]

11. ईश्वर

रामानुज के ज्ञानसम्बन्धी सिद्धान्त से यह परिणाम निकलता है कि यथार्थ सत्ता निर्गुण नहीं हो सकती। यह एक व्यवस्थित पूर्ण इकाई है जो अपने स्वरूप को नाना भेदों में भी स्थिर रखती है। जहां रामानुज का मत इस विषय से स्पष्ट है कि एक निरपेक्ष आत्मा का अस्तित्व है वहां वे यह भी स्पष्ट रूप में कहते हैं कि प्रत्येक सान्त यथार्थता इस आत्मा की अभिव्यक्ति है। अस्तित्व वाली वस्तुओं की अनेकता में परस्पर क्रिया-प्रतिक्रिया को सम्भव बनाने के लिए विश्वरूपी इकाई का निर्माण करने वाले तत्त्वों के अन्दर भी एकता तथा परस्पर निर्भरता का एक सामान्य बन्धन होना ही चाहिए और वह अवश्य एक आध्यात्मिक तत्त्व (सूत्र) होना चाहिए। न केवल तर्कशास्त्र ही अपितु धार्मिक अनुभव की मांग है कि सान्त के संरक्षण तथा एक शरीरधारी अनन्त के अस्तित्व को स्वीकार करना ही चाहिए। ईश्वर के साथ व्यक्तिगत संयोग के अन्दर किसी अन्य दैवीय सत्ता के साथ यथार्थ साहचर्य (मित्रता) का भाव स्वतः अन्तर्निहित रहता है। धार्मिक अन्तर्दृष्टि ऐसे निर्गुण ब्रह्म को, जो हमारी त्यागमयी भक्ति तथा मौन साधना का विचार न करके केवल साक्षी बना हुआ जड़ दृष्टि से हमारी ओर ताकता रहे, स्वीकार नहीं कर सकती। रामानुज के अनुसार, शंकर की पद्धति उसे एक शून्य की ओर ले जाती है जिसे वह भावों के एक निरर्थक नाटक के द्वारा छिपाने का प्रयत्न करता है। उनका निर्गुण ब्रह्म एक ऐसी शून्य सत्ता है जो हमें ऑरलैंडों की उस प्रसिद्ध घोड़ी की याद दिलाता है जो और सब प्रकार से पूर्ण थी किन्तु केवल एक ही छोटा-सा दोष उसमें था, अर्थात् वह मरी हुई थी। इस प्रकार के ब्रह्म को किसी भी साधन से अर्थात् प्रत्यक्ष, अनुमान अथवा धर्मशास्त्र द्वारा नहीं जाना जा सकता।[2] यदि ज्ञान के सब साधन सापेक्ष हैं तो वे हमें ऐसी सत्ता के विषय में जो अनुभवातीत है कुछ नहीं बता सकते; यदि धर्मशास्त्र अयथार्थ हैं तो बह ब्रह्म भी अयथार्थ हुआ जिसका प्रतिपादन ये धर्मशास्त्र करते हैं। उस परम यथार्थ सत्ता में जिसे ईश्वर कहते हैं निश्चय, सीमितता, भेद अन्यता जो साथ-साथ विलीन हो जाती है वे सब अन्तर्निहित हैं और उस एक में एकत्रित हैं। सान्तता स्वयं अनन्त के ही अंदर है ब्रह्म में अपने अंदर ही स्वगत भेद है और वह एक संश्लिष्ट पूर्ण इकाई है जिसमें आत्माएं तथा प्रकृति उसके लिए महत्त्व की सत्ताएं हैं (चिद्चिद्विशिष्ट)।[3] सत्, चित् तथा आनन्द—ये तीनों ब्रह्म को एक विशेष स्वरूप तथा व्यक्तित्व प्रदान करते हैं। ब्रह्म का ज्ञान साक्षात् है और इन्द्रियों के ऊपर निर्भर नहीं है।[4] वह सर्वज्ञ है और उसे सब कुछ का प्रत्यक्ष अन्तर्ज्ञान होता है। ब्रह्म का व्यक्तित्व सर्वोपरि है जबकि जीवात्माएं शरीरधारी हैं और उनके साधन भी अपूर्ण हैं। व्यक्तित्व के अन्दर योजना बनाने की शक्ति और अपने उद्देश्य को प्राप्त करने की शक्ति उपलक्षित हैं। ईश्वर का व्यक्तित्व पूर्ण है क्योंकि वह समस्त अनुभव को अपने अन्दर धारण करता है और अपने से बाह्य किसी वस्तु के ऊपर निर्भर नहीं करता। ऐसे भेद जो व्यक्तित्व के लिए आवश्यक हैं सब उसके अन्दर हैं। ईश्वर के सबसे प्रधान

---

1. देखें, श्रुतप्रकाशिका।
2. 1 : 1, 2।
3. 1 : 1, 2 सर्वदर्शनसंग्रह, 4।
4. 1 : 2, 19।

गुण हैं—ज्ञान, शक्ति तथा करुणा। करुणा के कारण ही ईश्वर ने जगत् की रचना की, धार्मिक विधान का निर्माण किया, और वह उन सब व्यक्तियों की जो पूर्णता की प्राप्ति के लिए प्रयत्न करते हैं बराबर सहायता करता है।[1] यद्यपि प्रत्येक गुण अपने आप में अन्यों से भिन्न है तो भी वे सब एक ही सत्ता से सम्बद्ध हैं और इसकी अखण्डता में विभाग उत्पन्न नहीं करते। उस प्रभु का इन सबके साथ सम्बन्ध स्वाभाविक तथा सनातन है।[2] यह गुण भाववाचक कहे जाते हैं एवं प्रकृति तथा जीवात्माओं से भिन्न हैं, यद्यपि वे भी ईश्वर के गुण हैं। ईश्वर अपने तात्त्विक गुणों का आधार है और उन पदार्थों का भी आधार है जो उसके ऊपर निर्भर हैं।[3] उस सर्वोपरि सत्ता की "एक दैवीय आकृति है और अद्वितीय है जो प्रकृति की सामग्री से नहीं बनी और न कर्म के ही कारण उसका निर्माण हुआ है।"[4] शरीर केवल तत्त्वों का सम्मिश्रण नहीं है न ऐसा पदार्थ है जिसका प्राण के द्वारा धारण होता है। यह इन्द्रियों का अधिष्ठान नहीं है अथवा सुख-दुःख का कारण नहीं है। रामानुज के अनुसार "यह एक ऐसा द्रव्य है जिसे चेतना सम्पन्न आत्मा पूर्णतया नियन्त्रण में रख सकती है तथा अपने स्वार्थ साधन के लिए धारण करती है और जो आत्मा की सर्वथा अधीनता में है।[5] शरीरधारी होने पर भी ईश्वर दुःख नहीं पाता क्योंकि वह जानता है कि दुःख का कारण कर्म है शरीरधारी होना मात्र नहीं।[6] वह कर्म का प्रभु है क्योंकि कर्म स्वयं फल प्रदान नहीं कर सकता। कर्म, जो ज्ञानरहित और क्षणिक है, ऐसे किसी भी फल को उत्पन्न करने के अयोग्य है जिसका सम्बन्ध भविष्यत् से हो।[7] यह सर्वोपरि प्रभु ही है जो इस लोक में तथा परलोक (स्वर्ग) में भी नानाविध सुखों को प्रदान करता है। हम यह भी कह सकते हैं कि "ब्रह्म आकृतिरहित है"[8] यद्यपि विविध प्रकार की आकृतियों से उसका सम्बन्ध है क्योंकि "जीवात्मा उस शरीर की आकृति से सम्बद्ध है जिसके अन्दर यह रहता है, यह उन सुखों और दुःखों में भाग लेता है जो शरीर के कारण उत्पन्न होते हैं किन्तु चूंकि ब्रह्म इन सुखों में तथा दुःख में भागीदार नहीं बनता इसलिए उसकी कोई आकृति नहीं है।"[9] ब्रह्म जीवात्माओं के दुःखों अथवा प्रकृति के विकारों से अछूता रहता है। जितना भी पाप है, वह भूतकाल की भूल का परिणाम है और जीवात्माओं के सांसारिक जीवन की उपज है। ईश्वर इसके लिए बिलकुल ज़िम्मेदार नहीं है। जन्म-जन्मान्तरों की अन्तविहीन शृंखला के ऊपर वह प्रकाश में रहता है जहां कि कोई भी छाया उसके गौरव को मलिन नहीं कर सकती है।[10] इस प्रकार का जीवन मुक्तात्माओं के लिए भी सम्भव है, इसलिए ईश्वर के लिए तो उससे भी अधिक सम्भव है।[11]

जीवात्माएं तथा प्रकृति प्रभु के तत्त्व की एकता में समाविष्ट हैं, और सर्वोपरि

---

1. रहस्यत्रयसार, 23।
2. ब्रह्मसूत्र पर रामानुजभाष्य 2 : 1, 15।
3. रहस्यत्रयसार, 3।
4. 1 : 2, 1।
5. 2 : 1, 9।
6. 1 : 1, 21।
7. 3 : 2, 37।
8. ब्रह्मरूपरहिततुल्यमेव।
9. 3 : 2, 14।
10. 1 : 1, 21।
11. 3 : 3, 27।

ब्रह्म के साथ उनका सम्बन्ध वैसा ही है जैसा कि गुणों का सम्बन्ध द्रव्यों के साथ है, या जैसे सम्पूर्ण इकाई के साथ उसके हिस्सों का होता है, अथवा शरीर का सम्बन्ध उसमें जीवन डालने वाली आत्मा के साथ है।[1] उन्हें प्रकार अथवा वृत्ति, शेष अर्थात् सहायक, नियाम्य[2] अथवा वशीभूत नाम से भी पुकारा जाता है जबकि ईश्वर सहारा देने वाला (प्रकारी), नियन्ता और प्रमुख (शेषी) है।[3] वे यथार्थ और स्थायी हैं यद्यपि अपने सब विकारों और विकासों के सम्बन्ध में एक ब्रह्म के नियन्त्रण के अधीन हैं। कहा जाता है कि शरीर का आत्मा के साथ सम्बन्ध साधारणतः जगत् की ईश्वर के ऊपर निर्भरता को प्रतिपादित करने के लिए है। चूंकि जब आत्मा शरीर से विदा होती है तो शरीर का क्षय होता है। इसलिए शरीर की सत्ता केवल व्युत्पन्न है; शरीर की चेष्टाएं आत्मा की इच्छा के अधीन हैं।[4] यह जगत् भी ईश्वर के साथ वैसे ही सम्बन्ध में बंधा है, अर्थात् इसकी सत्ता का निकास उसी से है और उसी की इच्छा के यह अधीन है।[5] ईश्वर के अस्तित्व में जीव आभ्यन्तर तथा यह जगत् उसका बाह्य शरीर है। यदि आत्माएं तथा प्रकृति ईश्वर के गुण हैं तो इसका तात्पर्य यह नहीं है कि वे अपने में गुणों को धारण करने वाले द्रव्य नहीं हैं, जिनके अपने भिन्न-भिन्न प्रकार हैं एवं शक्तियां तथा कार्यक्षेत्र हैं। आत्मा तथा शरीर का दृष्टान्त निर्देश करता है कि शरीर के अपने गुण हैं यद्यपि यह भी आत्मा को उपाधि से युक्त करता है। इस परिकल्पना के आधार पर रामानुज विश्व में वर्तमान सामंजस्य तथा यथार्थ सत्ताओं में परस्पर प्रतिक्रिया की व्याख्या कर सकते हैं जिससे कि एक विश्व का निर्माण होता है। यह जगत् एक इकाई है उस सर्वोपरि मस्तिष्क के कारण जो कि अनेक आध्यात्मिक यथार्थ पदार्थों को ऐन्द्रिक सम्बन्ध और एक स्थान देता है तथा उनमें से हर एक को कार्य बाँटता है। आत्माएं (भोक्ता), प्रकृति (भोग्य) और ईश्वर (प्रेरिता)[6] अपने स्वाभाविक स्वरूप-भेद से ये तीन हैं किन्तु पद्धतियों तथा द्रव्य (प्रकार तथा प्रकारी) के ऐक्य के कारण एक हैं।[7] ऐक्य का तात्पर्य है कि ऐसी सत्ता, जो पृथक् न हो सके (अपृथक् सिद्धि)।

रामानुज का ईश्वरसम्बन्धी विचार यथार्थ विचारशील आत्मचेतन व्यक्तियों की ऊपर चढ़ती हुई शृंखला में अन्तिम पद मात्र का नहीं है और न ही केवल अतीन्द्रिय निरपेक्ष सत्ता का है, जिसका अस्तित्व इस सीमाबद्ध विश्व से ऊपर तथा परे है। चेतन और जड़ जगत् के पदार्थ ईश्वर के साथ-साथ रहते हैं तो भी उनके अस्तित्व का कारण है ईश्वर ही और उनका धारण भी उसी के द्वारा होता है। अनेकत्वयुक्त विश्व ठीक उन्हीं अर्थों में यथार्थ है जिन अर्थों में ईश्वर यथार्थ है। यह विश्व ईश्वर के ऊपर निर्भर करता है जो इसका आधार अथवा अस्तित्व हेतु है किन्तु इसका उपादान कारण नहीं। ईश्वर को केवल अन्तर्यामी आधार ही न समझना चाहिए क्योंकि तब ईश्वर को पूर्णरूप से अनेक में भिन्न अथवा अनेक को पूर्णरूप से ईश्वर के अभिन्न एकत्व में विलीन हुआ मानना पड़ेगा। रामानुज की दृष्टि

1. तुलना कीजिए—जगत् सर्व शरीरं ते। रामायण, युद्धकांड, 1 : 20, 26; तिरुवायमोयी : 1 : 1, 8; बृहदारण्यक उपनिषद्, 5 : 7।

2. वेदान्तदेशिका ने नियाम्यत्वं की परिभाषा इस प्रकार की है—"तत्संकल्पाधीनसत्तास्थितिप्रवृत्तिकत्वम्।"

3. 3; ब्रह्मसूत्र पर रामानुजभाष्य 2 : 4, 14।

4. स्वरूपाश्रितं संकल्पाधीनम्।

5. 'ईश्वरस्य रूपाश्रितम्' और 'इच्छाधीनम्।'

6. श्वेताश्वतर उपनिषद्, 1।

7. ब्रह्म प्रकार विशिष्टप्रकारी है।

में ईश्वर इस जगत् का भौतिक सृष्टि से अतीत और अंतःस्थित, दोनों ही प्रकार का आधार है। ईश्वर एक व्यक्ति है किन्तु केवल अन्य व्यक्तियों का एक पुंज मात्र नहीं और इसलिए उसे अन्य विचारवान् जीवधारियों और उनके विचार के विषय की श्रेणी में न मिला देना चाहिए।

ईश्वर विश्वसम्बन्धी व्यवस्था के अन्दर से इस विश्व को इसके परम आधार के रूप में धारण करता है और प्रलय के समय फिर से इसे वापस ले लेता है।[1] सृष्टिरचना तथा सृष्टि विघटन (प्रलय) इन दोनों घटनाओं को काल की दृष्टि से नहीं देखना चाहिए किंतु उनकी व्याख्या का महत्त्व एक सर्वोपरि सत्ता के ऊपर तार्किक दृष्टि से निर्भरता के रूप में है। केवल ब्रह्म ही अजन्मा है और शेष सब कुछ उत्पन्न वस्तु है।[2] यद्यपि यह अपूर्ण जगत् का कारण है किंतु उसके ऊपर जगत् की अपूर्णता का कोई प्रभाव नहीं पड़ता। रामानुज ने सर्वोपरि आत्मा तथा विष्णु को एक ही माना है और श्रेष्ठतम गुणों से युक्त माना है। ब्रह्म और शिव भी विष्णु हैं।[3]

दिव्य आत्मा का अनेक प्रकार से चिंतन किया जा सकता है। जब आत्माएं तथा प्रकृति इसके गुण समझे जाते हैं तब 'ब्रह्म' का अर्थ होगा केन्द्रीय एकत्व अथवा जब केवल ब्रह्म ही ब्रह्म को यथार्थ माना जाए तो ब्रह्म का अभिप्राय होगा एक संयुक्त किंतु अपने-आप में पूर्ण इकाई। ब्रह्म ही सर्वश्रेष्ठ यथार्थ सत्ता है और यह जगत् उसका शरीर अथवा विशेषण है। यह जगत् चाहे व्यक्तरूप में हो जैसा कि सृष्टि-रचना में; अथवा अव्यक्त रूप में हो जैसा कि प्रलय में। प्रलयावस्था में भी आत्माओं तथा प्रकृति के विशेषण विद्यमान रहते हैं यद्यपि सूक्ष्म रूप में। सब पदार्थों के लिए निरपेक्ष मोक्ष की अवस्था जगत् के अवसान की अवस्था है। यह एक आदर्श है जो विश्व की प्रक्रिया का लक्ष्य है। जब यह लक्ष्य प्राप्त हो जाता है तो आत्माएं फिर से अपनी निर्मलता प्राप्त करके स्वर्ग में ईश्वर के सम्मुख निवास करती हैं। प्रकृति भी अपनी सात्त्विक अवस्था का प्रदर्शन करती है। यह आदर्श जगत् ईश्वर के अन्तर्निहित है। यह एक ऐसी अवस्था है जो पूर्व से व्यक्तीकृत है। प्रलय में जो अवस्था आत्माओं तथा प्रकृति की रहती है उसके समान इस अवस्था को नहीं माना जा सकता। जगत् रूप शरीर के अतिरिक्त ईश्वर की एक आदर्श भौतिकता भी है, एक प्रकार की स्थिति स्थापक सामग्री (जो जीव-जन्तुओं के निर्माण की क्षमता रखती है), जिसके द्वारा वह अपनी असीम शक्ति का प्रदर्शन करता है तथा जिससे वह नानाविध तथा कई गुण रूप धारण कर सकता है यद्यपि वास्तविक रूप में वह एक ही है। इतने पर भी उसके सार तत्त्व को इस नित्य विभूति से भिन्न समझना चाहिए।

रामानुज यथार्थता के अपने भाव को धर्मशास्त्रों से पुष्ट करते हैं। वेद घोषणा करते हैं कि ब्रह्म शुभ गुणों से युक्त है। "ब्रह्म सत्य, ज्ञान और अनन्त है" यह उपनिषदों में कहा है। ये अनेक पद एक ही सर्वोपरि श्रेष्ठ सत्ता का निर्देश करते हैं और प्रकट करते हैं कि निरपेक्ष ब्रह्म निर्विकार पूर्णता है, और वह ऐसी बुद्धि से मुक्त है जो उसने अन्य किसी से ग्रहण नहीं की है, जबकि मुक्तात्माओं की बुद्धि कुछ समय तक अन्यों से ग्रहण

---

1. 1 : 1। तुलना कीजिए, तिरुवायमोयी, 10 : 5 : 3। रामानुज के दर्शन को विशिष्टाद्वैत कहा जाता है जिसका अन्य कारणों के अतिरिक्त एक कारण यह भी है कि यह दो भिन्न पदार्थों के अद्वैतभाव पर बल देता है–विशिष्टयोरद्वैतम्।
2. 2 : 3, 9।
3. तुलना कीजिए, तिरुवायमोयी, 10 : 10, 1।

किए गए रूप में रहती है। यह अनन्त है क्योंकि यह स्वभावतः समस्त देश, काल और द्रव्य सम्बन्धी सीमाओं से स्वतन्त्र है तथा और सब वस्तुओं से भिन्न प्रकृति का है। अन्तता ब्रह्म के गुणों तथा स्वरूप का लक्षण बता देती है किंतु आत्माओं के सम्बन्ध में, जो नित्य हैं, यह लक्षण लागू नहीं होता।[1] यह पहला और एक ही है, इसके बाद दूसरा और कुछ नहीं है, क्योंकि ईश्वर के अलावा और कोई दूसरा ईश्वर नहीं है। रामानुज स्वीकार करते हैं कि ऐसे श्रुतिवाक्य हैं जिनमें ब्रह्म के सम्बन्ध में सब प्रकार के विशेषणों (गुणों) का निषेध किया गया है किंतु उनका कहना यह है कि उक्त वाक्यों में केवल सान्त तथा मिथ्या विशेषणों का ही निषेध है, सब प्रकार के विशेषणों का नहीं। जहां यह कहा गया है कि हम ब्रह्म के स्वरूप को भलीभांति नहीं समझ सकते, वहां इसका तात्पर्य यही होता है कि ब्रह्म का ऐश्वर्य इतना विस्तृत है कि यह परिमित शक्ति वाले मानवीय मस्तिष्क की पहुंच से बाहर है। ऐसे वाक्यों की व्याख्या में, जो अनेकता का निषेध करते हैं, कहा जाता है कि उनका तात्पर्य सर्वोपरि आत्मा से पृथक् वस्तुओं के यथार्थ अस्तित्व का निषेध करना है, क्योंकि उक्त आत्मा का सब वस्तुओं के साथ तादात्म्य है। सर्वोपरि आत्मा प्रत्येक वस्तु में विद्यमान है क्योंकि वह सबकी आत्मा है (सर्वस्यात्मतया)। उच्चतम अन्तर्दृष्टि में उपनिषदें घोषणा करती हैं कि "हमें ब्रह्म के अतिरिक्त और कुछ दृष्टिगोचर नहीं होता, सुनाई नहीं देता और किसी अन्य का ज्ञान नहीं होता है।" रामानुज व्याख्या करते हैं कि—"जब समाधि में बैठकर एक भक्त ब्रह्म का अनुभव करता है, जिस अनुभव में निरपेक्ष आनन्द का ही अनुभव होता है, तो वह ब्रह्म के अतिरिक्त अन्य किसी पदार्थ को नहीं देखता, क्योंकि समस्त वस्तुओं का संग्रहीत पुंज ब्रह्म के स्वरूप और बाह्य अभिव्यक्ति (विभूति) में समाविष्ट है।"[2] प्रसिद्ध वाक्य 'तत् त्वमसि' की व्याख्या रामानुज अपने ज्ञान के दृष्टिकोण से करते हैं। शंकर का मत है कि 'तत् त्वमसि' का उद्देश्य ब्रह्म तथा जीवात्मा के मध्य आध्यात्मिक एकत्व का प्रतिपादन करना है जबकि विशेष-विशेष लक्षणों को दृष्टि से ओझल कर दिया जाता है। "यह वही देवदत्त है" इस अनुमान के अंतिम निर्णयात्मक वाक्य में जो विचार मन में आता है वह यह है कि देवदत्त है और वही अकेला है। 'स' और 'प' के एकत्व को समझने के लिए हमें 'इस' तथा 'उस' के भाव को पृथक् कर देना होगा और जब हम यह नहीं करते तब तक 'स' और 'प' में तादात्मय कभी नहीं हो सकता और हमारा कथन परस्पर भेदभाव को ही पुष्ट करेगा। इस प्रकार 'तत् त्वमसि' वाक्य का अर्थ है, ब्रह्म तथा जीवात्मा का नितांत एकत्व और इस एकत्व का साक्षात् हम तभी कर सकते हैं जबकि अविद्या के कारण उत्पन्न काल्पनिक भेद को हम सर्वथा त्याग दें। इसके विरोध में रामानुज का कहना है कि प्रत्येक अनुमान का अंतिम निर्णय परस्पर भेदों का संश्लेषण ही है। जब ब्रह्म तथा जीवात्मा को उद्देश्य और विधेय के स्थान पर रखा जाता है, (सामानाधिकरण्य)[3] तब इसका स्पष्ट तात्पर्य यह है कि दोनों मे भेद है। उद्देश्य और विधेय उस एक ही द्रव्य के भिन्न-भिन्न अर्थ हैं। यदि दोनों अर्थ उसी एक द्रव्य में एक साथ सम्बद्ध नहीं होते तो अनुमान का अंतिम निर्णय असिद्ध ठहरता है। हम उद्देश्य और विधेय में उनके अर्थ अथवा तात्पर्य के विषय में भेद करते हैं किंतु उनके उपयोग अथवा विस्तार में उन्हें संयुक्त कर देते हैं। इस प्रकार 'तत् त्वमसि' वाक्य परम यथार्थता के जटिल (संश्लिष्ट)

---

1. देशकालवस्तुपरिच्छेदरहितम्...सकलेतरवस्तुविजातीयम् (1 : 1, 2)।

2. 1 : 3, 7। 3. समानम्=एकम्, अधिकरणम्=विशेषणानाम् आधारभूतं विशेष्यम्।

स्वरूप का प्रतिपादन करता है, जिसके अन्दर जीवात्माएं समाविष्ट हैं।[1] ब्रह्म और जीव का सम्बन्ध द्रव्य (विशेष) और गुण (विशेषण) का-सा सम्बन्ध है, अथवा आत्मा तथा शरीर के समान सम्बन्ध है।[2] यदि दोनों में कोई भेद न होता तो हम यह न कह सकते कि एक-दूसरे के समान है। धर्मशास्त्र में ऐसे वाक्य आते हैं जिनमें संतों की आत्मा अपने को सर्वोपरि सत्ता के साथ एक करके अन्यों की प्रेरणा करती है कि वे उसकी पूजा करें। इन्द्र के कथन ''मेरा ध्यान करो' और धामदेव की इस घोषणा का कि ''मैं मनु हूं, मैं सूर्य हूं'' की व्याख्या में रामानुज कहते हैं कि इससे यह मत पुष्ट होता है कि ब्रह्म ही सबका अन्तरात्मा (सर्वान्तरात्मत्वम्) है।[3] चूंकि अनंत सबके अंदर निवास करता है इसलिए उसे किसी भी व्यक्ति विशेष में निवास करने वाला माना जा सकता है और इस प्रकार कोई भी व्यक्ति प्रह्लाद की भांति कह सकता है कि चूंकि ब्रह्म ''मेरे अहंभाव का निर्माणकर्ता है, इसलिए सब कुछ मुझसे निकला है, मैं ही सब कुछ हूं, मेरे ही अन्दर सब-कुछ है।''[4] सभी शब्द प्रत्यक्ष अथवा परोक्ष रूप में ब्रह्म का ही प्रतिपादन करते हैं।[5]

वैष्णवों का ईश्वरवाद वेदों, आगमों, पुराणों तथा प्रबन्धों के ऊपर आधारित है। वेद एक ऐसे निरपेक्ष ईश्वर का वर्णन करते हैं जो अपने-आप में पूर्ण है और अन्दर से शासन करता है। पंचरात्रों के आगम व्यूहों अथवा अभिव्यक्तियों की प्रकल्पना को स्वीकार करते हैं। पुराण राम और कृष्ण के समान अवतारों की पूजा का विधान करते हैं। द्राविड़ प्रबन्ध भक्तिपरक वाक्यों से भरे हुए हैं, जो दक्षिणी भारत के मन्दिरों में स्थापित मूर्तियों को सम्बोधन करके कहे गए हैं। इस प्रकार यह कहा जाता है कि निरपेक्ष सत्ता, जो विष्णु ही है, पांच भिन्न-भिन्न आकृतियों, मूर्तियों (अर्चा), अवतारों (विभव), अभिव्यक्तियों (व्यूहों), संकर्षण, वासुदेव, प्रद्युम्न और अनिरुद्ध, जो वासुदेव की सूक्ष्म आकृति है अथवा सर्वोपरि आत्मा और सर्वान्तर्यामी शासक है, में विद्यमान है। कहीं-कहीं उच्चतम अवस्था (परा) को नारायण अथवा ब्रह्म कहा गया है जो वैकुण्ठ में निवास करता है,[6] जहां ईश्वर केवल सत्त्वगुण से निर्मित शरीर के साथ विद्यमान है। ईश्वर अपनी अनन्त पूर्णता में अपनी अभिव्यक्तियों से ऊपर है : ईश्वर का जो निर्दोष व्यक्तित्व है वह विश्व-सम्बन्धी रूपों में व्यय नहीं हो जाता। ईश्वर का अपना स्वतन्त्र जीवन है किन्तु उसके साथ वैयक्तिक सम्बन्ध सम्भव हैं। वैकुण्ठ में प्रभु शेषनाग पर बैठा हुआ है और उसकी धर्मपत्नी लक्ष्मी उसे सहारा दिए हुए है। लक्ष्मी जो ईश्वर की सृजनात्मक शक्ति का काल्पनिक प्रतीक है, परवर्ती वैष्णव-धर्म में विश्व की दिव्य माता बन

---

1. और भी देखें, 2 : 1, 23।
2. जीवपरमात्मनोः शरीरात्मभावेन तादात्म्यं न विरुद्धम्। देखें, वेदार्थसंग्रह, पृष्ठ 32, 35, 44 और 1, 10।
3. 1 : 1, 31।
4. विष्णुपुराण, 1 : 19, 85। ब्रह्मसूत्र पर रामानुजभाष्य में उद्धृत 1 : 1, 31।

    सर्वगत्वादनन्तस्य स एवाहम् अवस्थितः।
    मत्तः सर्वम् अहं सर्व मयि सर्व सनातने॥

5. वेदार्थसंग्रह, पृष्ठ 30।
6. परब्रह्म परवासुदेवादिवाच्यो नारायणः (यतीन्द्रमतदीपिका)।

जाती है जो कभी-कभी ईश्वर के साथ दुर्बल और दोषपूर्ण मनुष्य जाति की ओर मध्यस्थता का कार्य करती है। वह ऐसी शक्ति है जो सनातन काल से प्रभु के साथ संयुक्त है। जहां ईश्वर न्याय का प्रतीक है वहां लक्ष्मी दया की प्रतीक है और दोनों गुण ब्रह्म में एक साथ संयुक्त हैं। लक्ष्मी में जो विष्णु की शक्ति है, क्रिया के दो रूप हैं, अर्थात् नियमन तथा नियन्त्रण का तत्त्व और भूति अर्थात् परिणमन का तत्त्व। ये दोनों शक्ति तथा प्रकृति के अनुकूल हैं और विष्णु को कार्यक्षम बनाते हैं। प्रकृति में विश्व की उत्पत्ति होती है। सर्वोपरि सत्ता में छः प्रकार की पूर्णताएं हैं अर्थात् ज्ञान, शक्ति, बल, प्रभुता, पराक्रम तथा प्रतिभा।[1] सर्वश्रेष्ठ आत्मा वासुदेव तो छहों पूर्णताओं को धारण किए हुए हैं अन्य तीन व्यूह इनमें से केवल दो ही पूर्णताओं को धारण किए हुए हैं। रामानुज के मत के अनुसार, व्यूह वे आकृतियां हैं जिन्हें सर्वोच्च ब्रह्म अपने भक्तों पर दया दिखाने के लिए धारण करता है। वे क्रमशः जीवात्माओं (संकर्षणों), मनों (प्रद्युम्न) और अहंभाव (अनिरुद्ध) पर शासन करती हैं।[2] विभवरूप विष्णु के अवतार हैं। अपने गीताभाष्य की प्रस्तावना में रामानुज कहते हैं कि ईश्वर ने अपनी अनन्त दया से "नानाविध रूप धारण किए किन्तु अपने ईश्वरत्व के स्वरूप को भी स्थिर रखा। समय-समय पर उसने अवतार धारण किया, केवल पृथ्वी के भार को हल्का करने के विचार से ही नहीं वरन् इसलिए भी कि वह हम जैसे मनुष्यों की पहुंच में आ सके। इस प्रकार उसने अपने को जगत् के आगे अभिव्यक्त किया, जिससे कि सारा जगत् उसे देख सके, और ऐसे ही अन्य चमत्कारपूर्ण कृत्य किए, जिससे कि वह ऊंचे अथवा नीचे वर्ग के मनुष्य मात्र के हृदय तथा चक्षुओं को मुग्ध कर सके।" रामानुज का ईश्वर कोई ऐसा उदासीन निरपेक्ष नहीं है जो हमें स्वर्ग के उच्च शिखरों से मात्र देखता ही है वरन् उनका ईश्वर हमारे जीवन के अनुभवों तथा उद्देश्यों में हमारा साथ देता है, और जगत् की उन्नति के लिए प्रयत्न करता है। अवतार, शब्दार्थ के अनुसार अप्राकृत में प्राकृत व्यवस्था में हस्तक्षेप करते हैं वह मुख्य अवस्था है, ईश्वर प्रेरणा से युक्त आत्माएं गौण अवतार हैं।[3] मोक्ष के अभिलाषी अवतारों की पूजा करते हैं जबकि मोक्षाभिलाषियों की उपासना वे करते हैं जिन्हें लक्ष्मी, शक्ति तथा प्रभाव की अभिलाषा होती है। ईश्वर विधिपूर्वक मन्त्रों द्वारा पवित्र की गई प्रतिमाओं अथवा विग्रह में निवास करता है। अर्थपंचक में उस दुःख का वर्णन किया गया है जो कि प्रभु मनुष्यों के प्रति प्रेम के कारण एक मूर्ति में निवास को स्वीकार करने से सहन करता है।[4] ईश्वर अन्तर्यामी होने से सब प्राणियों के अन्दर निवास करता है और आत्मा के प्रत्येक भ्रमणचक्र में, स्वर्ग तथा नरक में उसके साथ-साथ रहता है। मनुष्य के

---

1. और देखें विष्णुपुराण भी, 6 : 5, 79।

2. ब्रह्मसूत्र पर रामानुजभाष्य, 2 : 2, 40।

3. आवेशावतारः।

4. "सर्वज्ञ होते हुए भी वह अज्ञ के रूप में प्रकट होता है, आत्मा होते हुए भी अनात्मरूप में, अपने आपका स्वामी होते हुए भी ऐसा प्रकट होता है कि मनुष्यों के अधीन है, सर्वशक्तिमान् होते हुए भी अशक्त प्रकट होता है, सब प्रकार की आवश्यकताओं से स्वतन्त्र होने पर भी आवश्यकतावान्, सबका रक्षक होते हुए भी असहाय रूप में, प्रभु होते हुए भी भृत्य के समान, अदृश्य होते हुए भी दृश्य रूप में, स्वाधीन होने पर भी अधीन होने योग्य प्रकट होता है।"

अन्दर ईश्वर नील वर्णमेघ के अन्दर चमकती हुई बिजली के समान प्रकाश का एक स्फुरण है।[1] अन्तर्यामी के रूप में ईश्वर ही सबसे उच्च तथा श्रेष्ठ है।[2]

12. जीवात्मा

रामानुज के दर्शन में ईश्वर की परिपूर्णता सोपाधिक है जिसके कारण उसकी सर्वव्यापी गतिविधि के क्षेत्र में स्वतन्त्र आत्माओं की सत्ता को भी स्थान है जिन्हें सब कुछ ईश्वर से ही मिला है। तो भी उनमें एक स्वेच्छा तथा चुनाव करने की योग्यता विद्यमान है जिसके कारण वे पुरुष कहलाने योग्य हैं। रामानुज ऐसे व्यक्तियों के विरुद्ध एक प्रबल तथा प्रभावशाली तर्क उठाते हैं जो मनुष्यों को उसी एकमात्र निरपेक्ष सत्ता के निरर्थक परिवर्तित रूप मानते हैं। जीवात्मा सर्वोपरि ब्रह्म के ही एक रूप के द्वारा यथार्थ, अद्‌भुत, नित्य, बुद्धि-सम्पन्न और आत्म चेतनता से युक्त, अखंड, अपरिवर्तनशील, अदृश्य और आणविक है।[3] यह शरीर, इन्द्रियों, शक्तिशाली प्राण और बुद्धि से भी भिन्न है। यह ज्ञाता है, कर्त्ता है और भोक्ता भी है। यह मानवीय स्तर पर स्थूल शरीर तथा शक्तिशाली प्राण से संयुक्त है जो कि एक साधन रूप है, ठीक उसी प्रकार जिस प्रकार कि ज्ञानेन्द्रियां।[4] पांच कर्मेन्द्रियां और मन इसके साधन हैं। मन आत्मा के लिए आन्तरिक अवस्थाओं का प्रकाश करता है और इन्द्रियों की सहायता से बाह्य अवस्थाओं का ज्ञान भी पहुंचाता है। मन के व्यापार तीन प्रकार के हैं : निर्णय (अध्यवसाय), आत्मप्रेम (अभिमान) और चिन्तन।[5] आणविक जीव का स्थान हृत्पद्म में है। सुषुप्ति की अवस्था में यह इसी हृत्पद्म के अन्दर तथा सर्वोपरि आत्मा में भी रहता है।[6] निद्रा के द्वारा आत्मा के नैरंतर्य में भंग नहीं होता और इसकी यथार्थता कार्य के नैरंतर्य, स्मृति रूप तथ्य, धर्मशास्त्र के कथन और नीतिशास्त्र सम्बन्धी आदेशों के सही प्रमाणित होने से स्पष्ट है।[7] जीव का आकार अणु होने पर भी अपने ज्ञान रूपी गुण के द्वारा, जो संकोच तथा विस्तार को प्राप्त होता है, यह सारे शरीर में व्याप्त, सुख तथा दुःख का अनुभव कर सकता है, जैसे दीपक की शिखा यद्यपि अपने में बहुत छोटी है तो भी अपने प्रकाश से अनेक पदार्थों को प्रकाशित करती है, क्योंकि उसका प्रकाश संकोच तथा विस्तार को प्राप्त हो सकता है।[8] यह देश तथा काल की दूरी का भी विचार न करके अत्यन्त सुदूरस्थ पदार्थों का ज्ञान ग्रहण कर सकता है। आत्माओं का बोध, जैसा कि ईश्वर के विषय में है,

---

1. नीलतोयदमध्यस्था विद्युल्लेखेव भास्वरा (वेदार्थसंग्रह)।
2. तुलना कीजिए, पंचरात्ररहस्य।

    पूर्वपूर्वोदितोपास्ति विशेषक्षीणकल्मषः।
    उत्तरोत्तरमूर्तीनाम् उपास्त्यधिकृतो भवेत्॥

    देखें, सर्वदर्शनसंग्रह, 4।
3. 2 : 2, 19-32; 2, 3, 18। यतीन्द्रमतदीपिका, 8।
4. 2 : 4, 10।
5. इन तीन व्यापारों के अनुसार इसे बुद्धि, अहंकार और चित्त—इन तीन भिन्न-भिन्न नामों से पुकारते हैं।
6. 3 : 2, 9।
7. 3 : 2, 7।
8. 2 : 3, 24--26।

स्वरूप में नित्य है, आत्म-निर्भर है, सब वस्तुओं तक विस्तृत है और निर्दोष है; यद्यपि इसका क्षेत्र भूतकाल के कर्म आदि दोषों के कारण संकुचित हो गया है।[1] जीवात्माओं की अनेकता सुखों तथा दुखों के विभाग के कारण स्पष्ट है।[2] जब तक मोक्ष नहीं होता वे प्रकृति के साथ-साथ जकड़ी हुई हैं क्योंकि प्रकृति जीवात्मा के लिए वाहन का काम देती है जैसे कि घोड़ा घुड़सवार के लिए वाहन का काम देता है। यह शरीर का बन्धन "यह मलिन तथा क्षय होने वाला परिधान (शरीर)" उस नित्य के दर्शन में बाधा देता है और आत्मा को ईश्वर के साथ जो उसका मैत्री-सम्बन्ध है, उसे पहचानने से रोकता है।

आत्मा अपने तात्त्विक स्वरूप के कारण समस्त जीवन एवं मृत्यु की क्रियाओं के अन्दर अपरिवर्तित रहती है। यह इस चेतन जगत् में अनेक बार जन्मी और फिर इससे विदा हुई, परन्तु फिर भी यह बराबर अपने उसी व्यक्तित्व को बनाए रखती है। हर एक प्रलय में जीव की विशेष आकृतियां नष्ट हो जाती हैं यद्यपि स्वयं आत्माएं अपने-आप में अविनश्वर हैं। वे अपने भूतपूर्व जीवनों में किए गए कर्मों के परिणामों से छुटकारा नहीं पा सकतीं और नई सृष्टि में उन्हें फिर से संसार से उपयुक्त शक्तियां प्रदान करके धकेल दिया जाता है। जन्म तथा मृत्यु से तात्पर्य है—शरीरों से साहचर्य तथा विच्छेद, जिसके परिणामस्वरूप बुद्धि का संकोच अथवा विस्तार होता है और मोक्षपर्यन्त आवश्यकतावश आत्माएं शरीरों में संलग्न हैं यद्यपि प्रलय में वे एक सूक्ष्म सामग्री के साथ सम्बद्ध रहती हैं जिसमें नाम व रूप के भेद का कोई स्थान नहीं है।[3] आत्मा अपने भूतपूर्व जीवन की साक्षी नहीं हो सकती क्योंकि स्मृति वर्तमान शरीर से परे नहीं जा सकती।

जीवात्मा का विशिष्ट सारतत्त्व अहं बुद्धि है। यह आत्मा का केवल गुणमात्र नहीं है जो नष्ट हो जाए और जीवात्मा का अनिवार्य और मुख्य स्वरूप फिर भी अप्रभावित रह जाए। आत्मनिरूपण ही स्वयं आत्मा का वास्तविक अस्तित्व है। यदि ऐसा न होता तो मोक्ष-प्राप्ति के लिए प्रयत्न करने का कुछ अर्थ ही न होता। बन्धन तथा मोक्ष, दोनों अवस्थाओं में आत्मा अपने वैशिष्ट्य को, अर्थात् ज्ञानत्व के भाव को, स्थिर रखती है। आत्मा एक सक्रिय कर्ता भी है। यह इसलिए, चूंकि कर्मों का सम्बन्ध आत्मा से है और आत्मा ही कर्मों के परिणामों को भोगती है। केवल इसलिए कि इसमें कर्म करने की शक्ति है। इससे यह परिणाम नहीं निकलता कि यह सदा ही कर्म करती है। उस समय तक जब कि कर्म के कारण आत्माओं का सम्बन्ध शरीरों के साथ है उनके कर्म अधिकतर निश्चित हैं किन्तु जब वे शरीर-सम्बन्ध से मुक्त हो जाती हैं तो वे अपनी इच्छाओं की पूर्ति केवल संकल्प के द्वारा ही कर लेती हैं (संकल्पादेव)।

जीव और ईश्वर एक नहीं हैं क्योंकि जीव मुख्य लक्षणों में ईश्वर से भिन्न है। इसे ब्रह्म का अंश कहा जाता है। यद्यपि यह सम्पूर्ण इकाई में से काटा गया भाग नहीं हो सकता, क्योंकि ब्रह्म अखण्ड है अर्थात् उसके हिस्से नहीं हो सकते[4] तो भी यह विश्वात्मा के अन्दर ही समाविष्ट है। रामानुज का कहना है कि आत्माएं विशेषण के रूप में ब्रह्म के अंश हैं,

---

1. ईश्वरस्येव जीवनाम् अपि नित्यं ज्ञानं स्वतश्च सर्वविषयं प्रमात्मकं च, तत्तत्कर्मादिदोषवशात् संकुचितविषयम् (वेदान्तदेशिकाः सेश्वरमीमांसा)।

2. 2 : 1, 15। 3. 3 : 2, 5। 4. 2 : 3, 42।

अथवा यों कहें कि सोपाधिक आकृतियां हैं।[1] आत्माओं को ब्रह्म का कार्य माना गया है क्योंकि वे ब्रह्म से भिन्न नहीं रह सकतीं किंतु तो भी वे उत्पन्न होने वाली कार्यरूप सत्ताएं नहीं हैं जैसे कि आकाश (ईथर) आदि है। आत्मा के तात्त्विक स्वरूप में परिवर्तन नहीं होता। यह जिन अवस्थाओं में परिवर्तित होता है वे हैं बुद्धि का संकुचन तथा विस्तार जब कि ऐसे परिवर्तन जिन पर, दृष्टान्त के लिए ईथर की, उत्पत्ति निर्भर करती है, तात्त्विक स्वरूप के परिवर्तन हैं।[2] आत्मा के विशिष्ट लक्षण, जैसे दुःख की संभावना आदि ईश्वर में नहीं घटते। मात्र ईश्वर ही तात्त्विक स्वरूप सम्बन्धी परिवर्तनों से स्वतन्त्र है एवं जड़ पदार्थों के विशिष्ट लक्षणों और संकोच तथा विस्तार से भी रहित है जो आत्माओं के विशिष्ट लक्षण हैं।

सर्वोपरि आत्मा (ब्रह्म) का आभ्यन्तर निवास जीव को अपनी संकल्प सम्बन्धी स्वतन्त्रता से वंचित नहीं करता यद्यपि जीवात्मा का केवल प्रयत्न ही कम करने के लिए पर्याप्त नहीं है। सर्वोपरि आत्मा का सहयोग भी आवश्यक है।[3] जीवात्मा को अपने भविष्य के निर्णय करने में जो एकाधिकार प्राप्त है उस पर बल देते हुए भी, और यह भी स्वीकार करते हुए कि एक सज्जन पुरुष विश्व के मात्र प्राकृतिक कानून से ऊपर उठ सकता है, रामानुज बलपूर्वक कहते हैं कि एकमात्र सर्वोपरि नैतिक व्यक्तित्व ईश्वर का ही है जो प्रकृति और कर्म के सब प्रकार के बन्धनों से स्वतन्त्र है।[4] ईश्वर को शेषी अथवा सर्वाधिपति प्रभु कहा गया है जिसके तथा जीवात्माओं के मध्य में स्वामी तथा उसकी प्रजा का-सा सम्बन्ध है जिसे शेषशेषी-भाव से प्रकट किया जाता है। शेषित्व ईश्वर की सर्वतंत्र स्वतन्त्र शक्ति है जिसके आधार पर वह आत्मा के साथ व्यवहार करता है।[5]

रामानुज के दर्शन में जीवात्मा का स्वातन्त्र्य (कर्म करने में) तथा दैवीय आधिपत्य विशेष महत्त्व रखते हैं क्योंकि वह दोनों ही के ऊपर बल देता है। जीवात्मा अपनी क्रियाशीलता के लिए पूर्णरूप से ईश्वर के ऊपर निर्भर करते हैं। ईश्वर निर्णय करता है कि क्या अच्छा और क्या बुरा है, आत्माओं को शरीर प्रदान करता है तथा अपना कार्य करने की शक्ति देता है और अन्तिम रूप में आत्माओं की स्वतन्त्रता तथा बन्धन का कारण है। तो भी यदि संसार में इतना अधिक दुःख और संकट है तो उसके लिए ईश्वर उत्तरदायी नहीं है वरन् मनुष्य उत्तरदायी है जिसे पाप व पुण्य कर्म करने की शक्ति प्राप्त है। मनुष्य का संकल्प ईश्वर की निरपेक्षता को सीमाबद्ध करता प्रतीत होता है। आत्माएं, जिन्हें चुनाव के विषय में स्वातन्त्र्य प्राप्त है, ऐसा कर्म भी कर सकती हैं जो ईश्वर की इच्छा में हस्तक्षेप हो।

---

1. ''जीवात्मा विश्वात्मा का उसी प्रकार से अंश है जैसे कि किसी प्रकाशमान पिण्ड से निकलता हुआ प्रकाश, जैसे अग्नि अथवा धूप उस पिण्ड का अंश है, अथवा जैसे गाय या घोड़े के जातिगत लक्षण और सफेद या काला रंग रंगीन वस्तुओं का गुण (विशेषण) हैं और इसीलिए उन वस्तुओं के अंश हैं जिनके अन्दर वे रहते हैं, अथवा शरीर जैसे एक शरीरधारी पुरुष का अंश है। क्योंकि अंश से तात्पर्य है वह जो किसी वस्तु का एकदेश हो; विशिष्टता वस्तु का एक भाग (अंश) है। यद्यपि गुण और द्रव्य का परस्पर सम्बन्ध अंश का अंशी के साथ है तो भी हम उन्हें तात्त्विक रूप में भिन्न देखते हैं।'' (2 : 3, 45)।

2. स्वरूपान्यथाभावलक्षण, 2 : 3, 18। 3. 2 : 3, 41। 4. 1 : 1, 21।

5. इसके साथ लोदजे की इस कल्पना की तुलना कीजिए कि आत्मा को अपने एकत्व का ज्ञान है और वह ईश्वर से भिन्न एक यथार्थ व्यक्तित्व रखती है। इसी प्रकार वह अन्य आत्माओं से भी भिन्न है यद्यपि आत्मा ईश्वर के उत्पादक तथा धारक स्वरूप से ही अपना स्वरूप ग्रहण करती है।

यदि निरपेक्ष ईश्वर भी कर्म का ही विचार करके तदनुसार कर्म करने को बाध्य हो तो वह निरपेक्ष नहीं ठहरता। रामानुज इस कठिनाई का समाधान इस प्रकार करते हैं कि सब मनुष्यों के कर्मों का कारण अन्ततोगत्वा ईश्वर है। किन्तु यह पापमोक्षवाद नहीं है क्योंकि ईश्वर कुछ निश्चित विधान के अनुसार कार्य करता है और उक्त विधान उसके स्वभाव की अभिव्यक्ति है। ईश्वर अपनी स्वेच्छा से किसी मनुष्य से पुण्य अथवा पापकर्म नहीं करवाता, वरन् निरन्तर कर्मविधान के अनुसार ही कार्य करने की पद्धति का प्रदर्शन करता है। यदि कर्मविधान ईश्वर से स्वतन्त्र है तो ईश्वर की निरपेक्षता में अन्तर आता है। जो समालोचक यह कहता है कि हम ईश्वर के स्वातन्त्र्य की रक्षा बिना कर्मसिद्धान्त के निषेध के नहीं कर सकते, उसे ईश्वरविषयक हिन्दू विचार का सही-सही ज्ञान ही नहीं है। कर्मविधान ही ईश्वर की इच्छा को व्यक्त करता है। कर्म की व्यवस्था ईश्वर ने ही बनाई है जो कर्माध्यक्ष है। चूंकि कर्मविधान ईश्वर के स्वभाव के ऊपर निर्भर करता है इसलिए ईश्वर ही को पुण्यात्माओं को पुरस्कार तथा पापात्माओं को दंड देने वाला माना जा सकता है।[1] यह दिखाने के लिए कि कर्मविधान ईश्वर से स्वतन्त्र नहीं है, कभी-कभी यह कहा जाता है कि यद्यपि ईश्वर कर्मविधान को स्थगित कर सकता है तो भी वह ऐसा करने की इच्छा नहीं करता।[2] नैतिक विधान को क्रियात्मक रूप देने के लिए कृतसंकल्प, जो कि उसकी न्यायसंगत इच्छा का आविर्भाव ईश्वर प्रत्येक अवस्था में संकल्पपूर्वक प्रयत्न का ध्यान रखता है क्योंकि वही मनुष्य को कर्म करने की प्रेरणा देता है।[3] वह अपने ही विधान को उलटने का विचार भी नहीं करता जिससे कि सांसारिक योजना में हस्तक्षेप हो। संसार के अन्दर बैठकर भी ईश्वर अनुचित हस्तक्षेप करने वाला नहीं बनना चाहता।

जीवों के तीन वर्ग हैं : नित्य, अर्थात् वे जो वैकुण्ठ में निवास करते और कर्म

1. 2 : 2, 3 : 2, 4।

2. लोकाचार्य कहते हैं : "यद्यपि, स्वेच्छानुकूल कर्म करने की शक्ति रखने के कारण ईश्वर धोखा देकर सब आत्माओं को एक ही समय में मुक्त कर सकता है अर्थात् जीवात्मा के कर्म को हटाकर जो अपने सारतत्त्व तथा स्थिरता आदि के लिए उसी के ऊपर निर्भर करता है, उसके इस निर्णय का कारण कि वह आत्माओं को धर्मशास्त्रों द्वारा विहित नियमों, अर्थात् कर्म-विधान के ही अधीन रखेगा केवलमात्र उसकी लीला से प्राप्त प्रसन्नता-रूपी इच्छा ही है।" यथेच्छं कर्तुं शक्तत्वात् सकलात्मनोऽपि युगपदेव मुक्तान् कर्तुं समर्थत्वेऽपि स्वाधीनस्वरूपस्थित्यादिनात्मनः कर्म व्याजीकृत्य दूरीकृत्य शास्त्रमर्यादया तान् अंगीकुर्याम् इत्थं स्थितिः लीलारसेच्छयैव (तत्त्वत्रय, पृष्ठ 108)। ईश्वर स्रष्टा है, एवं कर्म गौण कारण है। 'दैवीय शक्ति...अपनी शक्ति तथा महत्ता के अनुकूल लीला के वश होकर (स्वमाहात्म्यानुगुणलीलाप्रवृत्तः) और उक्त कर्म का निश्चय कर देने के कारण, दो प्रकार के स्वभाव (द्वैविध्यं) की है, अर्थात् पुण्य और पाप, तथा समस्त जीवात्माओं को शरीर और इन्द्रियां प्रदान करके, जिससे कि वे इस प्रकार के कर्म को करने तथा अपने शरीरों और इन्द्रियों पर नियंत्रण करने योग्य हो सकें (तन्नियमनशक्ति), वह स्वयं उनकी आत्माओं में अन्तर्यामी आत्मा के रूप में प्रविष्ट होकर उनके अन्दर निवास करता है।...आत्माएं प्रभु के द्वारा प्रदत्त समस्त शक्तियों से युक्त होकर अपनी ओर से और अपनी इच्छाओं से प्रेरित होकर पाप व पुण्य कर्म करने में प्रवृत्त होती हैं (स्वयमेव स्वेच्छानुगुण्येन पुण्यापुण्यरूपे कर्मणी उपाददते)। तब प्रभु ऐसे व्यक्ति को, जो शुभ कर्म करता है, पहचानकर कि वह प्रभु के आदेशानुसार कार्य करता है, उसे धार्मिकता तथा धन सम्पत्ति से भरपूर करता है एवं सुख-सम्पत्ति तथा मोक्ष प्रदान करता है, तथा ऐसे व्यक्ति को जो प्रभु के आदेश का उल्लंघन करता है, इनसे विपरीत दुःखों को भुगवाता है" (2 : 23)।

3. 2 : 8, 41।

तथा प्रकृति से स्वतन्त्र रहकर आनन्द का उपभोग करते हैं; मुक्त अर्थात् वे जो अपने ज्ञान, पुण्य और भक्ति के द्वारा मोक्ष प्राप्त करते हैं तथा बद्ध, अर्थात् वे जो अपने अज्ञान तथा स्वार्थपरता के कारण संसार-चक्र में घूमते रहते हैं।[1] जहां एक ओर जीवात्मा ऊंचे से ऊंचे शिखर तक उठ सकता है, वहां यह शरीर के अन्दर ही अधिकाधिक लिप्त रहकर नीचे दर्जे तक गिर भी सकता है, यहां तक कि अपने ज्ञानमय जीवन को भी खो दे सकता है और उस निरुद्देश्य पाशविक जीवन तक पहुंच सकता है, जो मनोवेगों तथा भूख की तृप्ति का जीवन है।[2] संसार-चक्र में भ्रमण करते हुए जीवात्माओं के चार वर्ग हैं : आकाशीय अथवा अतिमानव, मानव, पशु और स्थावर। यद्यपि सब जीवात्मा एक ही कोटि के हैं तो भी उनमें उन शरीरों के कारण भेद किए जाते हैं जो उन्हें दिए गए हैं। जीवात्माओं के अंदर वर्णभेद भी उनके भिन्न-भिन्न शरीरों के कारण हैं। स्वरूप में जीवात्मा न तो मानवीय हैं, न आकाशीय हैं, न ब्राह्मण हैं और न शूद्र हैं। संसार के अन्दर आत्माओं के विभाग दो प्रकार के हैं—एक वे जो सुखोपभोग की इच्छा रखते हैं और दूसरे वे जो मोक्ष के इच्छुक हैं। जब तक जीवात्मा मोक्ष को प्राप्त नहीं कर लेता इसका पुनर्जन्म होना आवश्यक है जिससे कि यह अपने कर्मों के फल का उपभोग कर सके। जीवात्मा दूसरा शरीर धारण करने के लिए गति करते समय मूल तत्त्वों से आवृत रहता है[3] और ये मूलतत्त्व ही जीवन के अधिष्ठान का कार्य करते हैं।[4] जब तक बन्धन रहता है तब तक सूक्ष्म शरीर का भी अस्तित्व रहता है।[5] मुक्तात्मा पुरुष देवयान मार्ग से, तथा पुण्यात्मा पितृयान से जाते हैं किन्तु पापात्मा चन्द्रलोक तक पहुंचने से पहले ही तुरन्त पृथ्वी पर लौट आते हैं। ईश्वर के दूत जीवात्मा को ऊपर की ओर का पथप्रदर्शन करते हैं।[6] यदि जीवात्माओं को दैवीय स्वरूप में किसी प्रकार का भी हिस्सा बंटाना है तो उन्हें एक बार अपनी स्वतन्त्रता तथा पवित्रता प्राप्त करनी चाहिए। वे इनको खोलकर कर्म के विधान में कैसे आएंगे? रामानुज का मत है कि न तो तर्क और न धर्मशास्त्र ही हमें यह बतलाने में समर्थ है कि किस प्रकार कर्म ने आत्मा को अपने वश में किया क्योंकि विश्व की प्रक्रिया अनादि है।

13. प्रकृति

प्रकृति, काल और शुद्धतत्त्व—तीनों अचेतन द्रव्य हैं। वे भोग्य पदार्थ हैं जिनमें परिवर्तन हो सकता है और जो मनुष्य के उद्देश्य के प्रति उदासीन हैं।[7] प्रकृति का अस्तित्व प्रत्यक्ष अथवा अनुमान का विषय नहीं है। इसे श्रुति के प्रामाण्य के आधार पर माना जाता है।[8] इसके तीनों गुण अर्थात् सत्त्व, रजस् और तमस् सृष्टि-रचना के समय इसमें प्रकट होते हैं। प्रलय-काल में प्रकृति का अस्तित्व अत्यन्त सूक्ष्म दशा में रहता है जिसमें नाम व रूप का कोई भेद

1. देखें, रहस्यत्रयसार, 4। ऐसे भी कुछ विशिष्टाद्वैती हैं जो मानते हैं कि ऐसे भी व्यक्ति हैं जो सदा के लिए संसारचक्र में जकड़ हुए हैं (नित्यबद्धाः) देखें, तत्त्वमुक्ताकलाप, 2 : 27-28।

2. 1 : 1, 4।

3. 3 : 1, 1।

4. 3 : 1, 3।

5. 4 : 2, 9, और 3 : 3, 30।

6. 4 : 3, 4।

7. सर्वदर्शनसंग्रह, 4।

8. तत्त्वमुक्ताकलाप, 1 : 11।

नहीं होता और उसे तमस् कहते हैं। प्रकृति अज (जिसकी कभी रचना नहीं हुई) है यद्यपि इसके रूप प्रकट होते तथा विलुप्त होते रहते हैं।

> सृष्टि रचना के समय तमस् से महत् प्रकट होता है : महत् से अहंकार अथवा भूतादि प्रकट होते हैं। सात्त्विक अहंकार से ग्यारह इन्द्रियां उत्पन्न होती हैं, तामस् से पांच तन्मात्राएं अथवा पांच तत्त्व और राजसाहंकार इन दोनों प्रक्रियाओं में सहायक होता है।[1] अहंकार से शब्द का सूक्ष्म तत्त्व प्रकट होता है और उसके पश्चात् आकाश। आकाश से प्रकट होता है सूक्ष्म तत्त्व स्पर्श (त्वचा) का और उसके आगे वायु आदि दूसरे तत्त्वों के लिए भी यही प्रक्रिया है। शब्द, स्पर्श आदि गुणों में हम तदनुकूल द्रव्यों का अनुमान लगा लेते हैं। शब्द सब तत्त्वों में है। स्पर्श का अनुभव तीन प्रकार का है—उष्ण, शीत और न शीतल न उष्ण। रंग पांच हैं जो गरमी पाकर परिवर्तित भी हो सकते हैं। विशिष्टाद्वैतवादी आकाश के अतिरिक्त अन्य किसी यथार्थ देश को नहीं मानते और तर्क करते हैं कि हम इसके अन्दर ही कुछ बिन्दु निश्चित कर लेते हैं जैसे कि पूर्व, जहां कि सूर्य उदय होता है, और पश्चिम, जहां यह अस्त होता है, और इन्हीं दृष्टिकोणों द्वारा सामीप्य अथवा दूरी को मापते हैं।[2] मुख्य प्राण को इन्द्रियों के साथ न मिला देना चाहिए; यह वायु की एक अवस्था-विशेष है।[3] सांख्य के विपरीत विशिष्टाद्वैत का मत है कि प्रकृति का विकास तथा उसका नियन्त्रण ईश्वर के द्वारा होता है।[4]

काल को एक स्वतन्त्र स्थान दिया गया है। यह अस्तित्व मात्र का रूप है।[5] यह प्रत्यक्ष का विषय है। दिनों और महीनों आदि के भेद, काल के ही सम्बन्ध के ऊपर आधारित हैं।[6]

जबकि प्रकृति के तीन गुण सत्त्व, रजस् और तमस् हैं, तब शुद्ध तत्त्व का केवल एक गुण है सत्त्व। यह ईश्वर के शरीर की उसकी नित्य विभूति की दशा में निर्माण सामग्री है। यह आन्तरिक स्वरूप को नहीं छिपाता है। ईश्वर प्रकृति की सहायता से तथा अपनी लीलामय विभूति के द्वारा अपने को विश्वरूपी शक्ति में अभिव्यक्त करता है और शुद्धतत्त्व की सहायता से अपनी नित्य विभूति के द्वारा अपने को अतीन्द्रिय अस्तित्व में व्यक्त करता है।

ये सब अचेतन सत्ताएं, जो ईश्वर की इच्छा के अधीन काम करती हैं,[7] वे सब अपने-आप में न अच्छी हैं न बुरी हैं, किन्तु जीवात्माओं को उनके कर्म के अनुसार सुख अथवा दुःख पहुंचाती हैं। उनके व्यवहार का निर्णय करना ईश्वर का काम है क्योंकि "यदि वस्तुओं के परिणाम केवल उनके अपने ही स्वभाव के ऊपर निर्भर करते तो प्रत्येक वस्तु प्रत्येक समय में सब मनुष्यों के लिए सुख अथवा दुःख ही देने वाली होती। किन्तु देखा जाता है कि

---

1. सर्वार्थसिद्धि, 1 : 11।
2. तत्त्वमुक्ताकलाप, 1 : 48।
3. तत्त्वमुक्ताकलाप, 1 : 53—54।
4. सर्वार्थसिद्धि, 1 : 16।
5. तत्त्वत्रय के अनुसार काल तत्त्वशून्य है।
6. उपाधिभेदः (तत्त्वमुक्ताकलाप, 1 : 69)।
7. 2 : 2, 2।

यह बात नहीं है। "सर्वश्रेष्ठ ब्रह्म के लिए, जो केवल अपने ही अधीन है; वही सम्बन्ध लीलामय खेल का स्रोत है और यही उन वस्तुओं को प्रेरणा भी देता है और विविध प्रकार से उनका नियन्त्रण भी करता है।"[1] ऐसे व्यक्ति के लिए जिसने अपने को अविद्या तथा कर्म के सब प्रकार के बन्धनों से मुक्त कर लिया है, यह संसार वस्तुतः आनन्दमय प्रतीत होगा, जहां आत्माएं तथा प्रकृति दोनों ईश्वर के शरीर अथवा गुणों को बनाती हैं। उसका सीधा सम्बन्ध जीवात्माओं के साथ है और प्रकृति के साथ केवल परोक्ष रूप में है क्योंकि प्रकृति का नियन्त्रण आत्माओं के द्वारा होता है। प्रकृति अत्यधिक पूर्णता के साथ जीवात्माओं की अपेक्षा ब्रह्म के ऊपर निर्भर है क्योंकि आत्माओं को चुनाव करने की स्वतन्त्रता है। जीवात्माएं दैवीय जीवन में भाग ले सकती हैं और इस प्रकार परिवर्तन तथा मृत्यु से ऊपर उठ सकती हैं।

14. सृष्टि-रचना

रामानुज के अनुसार, हर एक कार्य का एक उपादान कारण होता है और जगत् रूपी कार्य स्वतन्त्र सत्ता वाली आत्माओं तथा अविकसित प्रकृति की ओर संकेत करता है। यद्यपि आत्माएं तथा प्रकृति ईश्वर के प्रकार हैं तो भी उन्होंने अनन्त काल से स्वतन्त्र अस्तित्व का उपभोग किया है और इसलिए पूर्ण रूप से ब्रह्म के अन्दर विलीन नहीं हो सकते। एक प्रकार से उनकी गौण सत्ता है जो उन्हें अपने ही विधान के अनुसार विकसित होने योग्य बनने के लिए पर्याप्त है। वे दो भिन्न-भिन्न अवस्थाओं में विद्यमान रहते हैं जो समय-समय के व्यवधान से क्रम के अनुसार आती हैं—पहली एक सूक्ष्म अवस्था है जिसमें उसके अन्दर वे गुण विद्यमान नहीं होते जिनके द्वारा साधारणतः वे जानी जाती हैं, और इस अवस्था में नाम व रूप का कोई भेद नहीं लक्षित होता। इस अवस्था में प्रकृति अव्यक्त है और प्रज्ञा संकुचित अवस्था में रहती है। यह प्रलय की अवस्था है जबकि कहा जाता है कि ब्रह्म कारणावस्था में वर्तमान होता है। उसके पश्चात् जब प्रभु की इच्छा से सृष्टि की रचना प्रारम्भ होती है तब प्रकृति सूक्ष्म अवस्था से स्थूल अवस्था में परिणत हो जाती है और आत्माएं उन भौतिक शरीरों में प्रविष्ट हो जाती हैं जो उन्हें उससे पूर्व के जन्मों में किए गए पुण्य से होता है। इस प्रकार आत्माओं तथा प्रकृति के सम्पर्क से मुक्त ब्रह्म व्यक्त होकर कार्यावस्था में आ जाता है, ऐसा कहा गया है। सृष्टि तथा प्रलय केवल सापेक्ष हैं और उसी एक ब्रह्मरूपी कारणात्मक तत्त्व का द्योतन करते हैं।[2] आत्माओं तथा प्रकृति का दो प्रकार का अस्तित्व है, एक कारणात्मक और दूसरा कार्यात्मक। अपने कारणात्मक अस्तित्व में आत्माएं अभौतिक होती हैं और प्रकृति साम्यावस्था में रहती है; किन्तु जब सृष्टि-रचना का समय आता है तो आत्माएं अपने कर्म के प्रभाव में तीनों गुणों (सत्त्व, रजस् और तमस्) की साम्यावस्था में हलचल उत्पन्न करती हैं और प्रकृति उनके कर्मफल को दैवीय शक्ति के अन्तर्गत क्रियात्मक रूप प्रदान करती है। आत्माएं अपने कर्मों के फल का उपभोग कर सकें इसीलिए सृष्टिरचना होती है। ईश्वर जगत् की सृष्टि करता है जिससे

1. 3 : 2, 12।
2. देखें, भगवद्गीता पर रामानुजभाष्य, 13 : 2; 9 : 7।

कि आत्माओं को अपने कर्मों के अनुकूल फल मिल सके। इन अर्थों में ईश्वर का रचनात्मक कर्म स्वतन्त्र अथवा निरपेक्ष नहीं है।[1]

> पंचरात्र के वर्णन के अनुसार 'शुद्ध सृष्टि' तथा 'स्थूल सृष्टि' में भेद किया गया है। शुद्ध सृष्टि वस्तुतः सृष्टि न होकर एक प्रकार से ईश्वर की अनवरत विद्यमान रहने वाली आन्तरिक अभिव्यक्ति है जिसमें ईश्वर के सर्वज्ञता, ऐश्वर्य, सृजनशक्ति, समस्त विश्व को धारण करने की शक्ति, निर्विकारिता-स्वरूप वीर्य और दैवीय पूर्णता तथा तेज आदि गुण अपने को प्रकट करते हैं। ये गुण ही वासुदेव और लक्ष्मी अथवा लक्ष्मी के साहचर्ययुक्त वासुदेव के शरीर का निर्माण करते हैं। व्यूह और विभव भी विशुद्ध सृष्टि से ही सम्बद्ध हैं। वैकुण्ठ, जिसका भौतिक कारण भी शुद्ध सत्य है, इसी शुद्ध सृष्टि के साथ सम्बद्ध है।[2] स्थूल सृष्टि की रचना पूर्ववर्णित व्यवस्था के अनुसार प्रकृति द्वारा होती है जो तीन गुणों से मिलकर बनी है।[3] ईश्वर के लिए सृष्टि की रचना केवल लीला मात्र है।[4] लीला का उदाहरण रूपी अलंकार सृष्टिरचना रूपी कर्म के अन्तर्निहित निःस्वार्थ भाव, स्वातन्त्र्य तथा आह्लाद को प्रकट करता है। इससे रामानुज का यह जो आग्रह है कि ईश्वर नितान्त स्वतन्त्र है और किसी के ऊपर निर्भर नहीं है, इस सिद्धान्त का समर्थन होता है। प्रकृति और आत्माएं ईश्वर की उक्त लीला के साधन मात्र हैं और किसी अवस्था में भी उसकी इच्छा के मार्ग में बाधा नहीं दे सकते। इस जगत्‌रूपी समस्त नाटक का भार ईश्वर अपनी स्वतन्त्र इच्छा के अनुसार ग्रहण करता है।[5]

शंकर के समक्ष जो समस्या है कि नितान्त पूर्णरूप ब्रह्म से अपूर्णतायुक्त जगत् कैसे उत्पन्न हो सकता है, कम-से-कम सीमित बुद्धि के लिए इस विषय की व्याख्या करना असम्भव है। अनन्त से सान्त की सृष्टि किस प्रकार हुई, यह समस्या रामानुज के समक्ष नहीं आती क्योंकि वे श्रुति के प्रमाण के आधार पर सान्त जगत् की सृष्टि अनन्त से होती है इसे स्वीकार करने को उद्यत हैं। और जो कुछ श्रुति ने कहा उसे तर्क द्वारा भी अवश्य सिद्ध किया जा सकता है। क्या यह भी ईश्वर की इच्छा के अधीन हो सकता है अथवा नहीं कि अव्यक्त प्रकृति तथा अभौतिक आत्माएं विद्यमान हों? यह बिलकुल सत्य है कि उक्त स्वतःसिद्ध तत्त्व जिसके ऊपर दैवीय इच्छाशक्ति सृष्टिरचना में निर्भर करती है, कहीं बाहर से नहीं आए, जैसा कि मध्व का मत है, किन्तु ईश्वर के अन्दर उसके प्रकार-रूप से निहित है। हर हालत में ईश्वर की इच्छा उनके पूर्व अस्तित्व के ऊपर निर्भर करती है। इस प्रकार की कल्पना करना सम्भव हो सकता है कि भिन्न प्रकार की सामग्री से इससे उत्तम प्रकार के जगत् का निर्माण किया जा सकता था। ईश्वर सब

---

1. 2 : 1, 34-35।

2. वैष्णव धर्म का बंगाली सम्प्रदाय इस योजना को स्वीकार करता है, किन्तु विष्णु और लक्ष्मी के स्थान पर कृष्ण तथा राधा को रख लेता है।

3. पंचरात्र सम्प्रदाय की संहिताओं में एक मध्यवर्ती सृष्टि को भी माना गया है।

4. तुलना कीजिए, क्रीड़ा हरेरिदं सर्वम्। आगे कहा गया है—हरे विहरसि क्रीडाकन्दुकैरिव जन्तुभिः। और यह सूत्र भी—लोकवत्तु लीलाकैवल्यम्।

5. स्वसंकल्पकृतम् (भगवद्गीता पर रामानुजभाष्य, 1 : 25)। तुलना कीजिए, "ईश्वर अनन्त साधनों से अनन्त आनन्द का उपभोग करता है" (ब्राउनिंग : 'पैरासेल्सस')।

प्रकार के सम्भव जगतों में से सर्वोत्तम जगत् को तो नहीं चुन सकता था किन्तु प्रस्तुत सामग्री द्वारा ही सर्वोत्तम जगत् का निर्माण कर सकता था। ब्रह्म की सत्ता सर्वथा निरुपाधिक है[1] किन्तु जड़ प्रकृति के विषय में यह लागू नहीं है क्योंकि वह परिवर्तन का आधार है और आत्माएं प्रकृति में फंसी हुई हैं। किन्तु यह समझना एक कठिन कार्य है कि किस प्रकार ब्रह्म को निर्विकार माना जा सकता है जब कि उसके गुणों में अवस्था परिवर्तन होता है तथा आत्माओं और प्रकृति में भी परिवर्तन होता है। उक्त प्रकार सूक्ष्म से स्थूल अवस्था में परिवर्तित होते हैं तथा इसके विपरीत भी। इसलिए रामानुज को बाध्य होकर स्वीकार करना होता है कि ईश्वर भी परिवर्तन के अधीन है।[2] रामानुज सान्त को अनन्त के गुण के रूप में मान लेते हैं। उक्त मत से यह परिणाम निकलता है कि अनन्त का अस्तित्व अपने गुण के बिना नहीं रह सकता और इस प्रकार अनन्त के लिए गुण आवश्यक है। तो भी रामानुज इसे स्वीकार करने में अपने को असमर्थ पाते हैं, क्योंकि श्रुति के अनेक वाक्य इसके विरोधी हैं। "ये प्राणी मेरे अन्दर नहीं हैं,"[3] इस वाक्य पर टिप्पणी करते हुए रामानुज कहते हैं : "अपनी इच्छा के कारण मैं सब प्राणियों का धारणकर्ता हूं किन्तु तो भी इन प्राणियों में से किसी से भी मुझे कोई सहारा नहीं है।" "मुझे अपने अस्तित्व में इन सबसे किसी प्रकार की भी सहायता प्राप्त नहीं है।"[4] जगत् का अस्तित्व दैवी शक्ति के लिए सर्वथा अनावश्यक है। इस प्रकार के मत की अनुकूलता रामानुज के इस साधारण मत के साथ नहीं बनती कि जगत् का आधार ईश्वर के स्वभाव के अन्दर है। गीता के इस कथन पर कि "भक्तिपूर्वक जो कुछ भी पत्रपुष्प मुझे अर्पण किया जाए मैं उसी से प्रसन्न हो जाता हूं" टिप्पणी करते हुए रामानुज कहते हैं : "यद्यपि मैं अपने स्वाभाविक, निस्सीम तथा अपार आनन्द में रहता हूं तो भी मैं उक्त उपहारों से प्रसन्नता लाभ करता हूं मानो मेरी इच्छा की परिधि में बाहर का कोई प्रिय पदार्थ मुझे अर्पित किया गया हो।"[5] ईश्वर अपने भक्तों की स्वेच्छापूर्वक की गई भक्ति के द्वारा भी प्रसन्नता-लाभ करने को उद्यत है किन्तु उसी प्रकार अन्यों के दुःखों अथवा क्लेशों से अपने को अभिभूत करने के लिए उद्यत नहीं है। यदि आत्माएं प्रभु के अंश हैं तब तो आत्मा के दुःख से प्रभु को भी दुःखानुभूति होनी चाहिए, जिस प्रकार कि हाथ अथवा पांव की पीड़ा से मनुष्य भी दुःखित होता है। इसी प्रकार सर्वोपरि प्रभु को भी आत्मा की अपेक्षा अधिक दुःख अनुभव होगा।[6] किन्तु इसके उत्तर में रामानुज का कहना है कि आत्माओं का दुःख ईश्वर के स्वभाव को कलुषित नहीं करता। यदि सृष्टिरचना, सृष्टि का धारण तथा सृष्टि का विनाश ये कर्म ईश्वर को प्रसन्नता प्रदान करते हैं तो क्या हम इससे यह परिणाम निकाल सकते हैं कि ईश्वर प्रसन्नता में भी परिवर्तन सम्भव है और यह उक्त व्यापारों द्वारा बढ़ती है? ईश्वर का स्वभाव अतीन्द्रिय आत्मा के रूप में आह्लादमय है और उसके गुणों के परिवर्तन भी उसके आह्लाद में वृद्धि ही करते हैं। जिस प्रकार आत्मा तथा देह का सम्बन्ध तर्क द्वारा निश्चित नहीं हो

1. निरुपाधिकसत्ता, 1 : 1, 2। तुलना कीजिए, श्रुतप्रकाशिका : केनापि परिणामविशेषेण तत्तदवस्थस्य सत्ता सोपाधिकसत्ता, अतो निरुपाधिकसत्ता निर्विकारत्वम्।

2. उभयप्रकारविशिष्टं नियन्त्रांशे तदवस्थ तदुभयविशिष्टारूपविकारो भवति (ब्रह्मसूत्र पर रामानुजभाष्य, 2 : 3, 18)।

3. भगवद्गीता, 9 : 4।

4. मत्स्थितौतैर्न कश्चिदुपकारः (भगवद्गीता पर रामानुजभाष्य, 9 : 4)।

5. भगवद्गीता पर रामानुजभाष्य, 9 : 20।

6. ब्रह्मसूत्र पर शांकरभाष्य, 2 : 3, 45।

सकता, इसी प्रकार अतीन्द्रिय, जो अपने-आप में निर्दोष और परिवर्तनरहित है तथा उसके शरीर से उत्पन्न आह्लाद में जो भेद है उसकी बुद्धिपूर्वक व्याख्या नहीं की जा सकती।

रामानुज मायावाद तथा जगत् के मिथ्यात्व का बलपूर्वक विरोध करते हैं। यदि जगत् में विद्यमान भेद मनुष्य के अपने मन की अपूर्णता के कारण हैं तो फिर ईश्वर की दृष्टि में इस प्रकार का कोई भेद नहीं होना चाहिए : किन्तु धर्मशास्त्र हमें बतलाता है कि ईश्वर संसार की रचना करता है और भिन्न-भिन्न आत्माओं को उनके कर्मों के अनुसार फल देता है। इस प्रकार धर्मशास्त्र का संकेत है कि ईश्वर संसार के अन्दर वर्तमान भेदों को स्वीकार करता है। हम यह नहीं कह सकते कि अनेकत्व मिथ्या है जिस प्रकार कि मृगतृष्णिका है; क्योंकि मृगतष्णिका तो इसलिए मिथ्या है कि उसके द्वारा प्रेरित हमारी क्रिया निष्फल होती किन्तु संसार को प्रत्यक्ष करके जो क्रिया हम करते हैं वह इस प्रकार निष्फल नहीं होती। और न ऐसा कहना ही तर्कसंगत होगा कि जगत् की यथार्थता जो प्रत्यक्ष द्वारा प्रमाणित होती है, शास्त्र के प्रमाण से अन्यथासिद्ध हो जाती है क्योंकि प्रत्यक्ष तथा शास्त्र के क्षेत्र एक-दूसरे के सर्वथा भिन्न हैं और इसलिए वे एक-दूसरे के विरोधी नहीं हो सकते।[1] सब प्रकार का ज्ञान पदार्थों का प्रकाश में लाना है।[2] यह कहना कि पदार्थों का अस्तित्व नहीं है केवल इसलिए कि वे स्थिर नहीं रहते, बिलकुल अजीब बात है। इस तर्क में एक विरोधाभास है जो विरोधी तथा भिन्न पदार्थों में भेद न करने के कारण उत्पन्न हुआ है। भेद के कारण किसी पदार्थ का निषेध नहीं किया जा सकता तथा जहां पर दो प्रकार के ज्ञान (बोध) परस्पर विरोधी हों वहां दोनों ही यथार्थ नहीं हो सकते। "किन्तु घड़े, कपड़े के टुकड़े आदि-आदि एक-दूसरे के विरोधी नहीं हैं क्योंकि स्थान तथा काल-भेद से वे अलग-अलग हैं। यदि किसी पदार्थ का अभाव एक ही समय और एक ही काल और एक ही स्थान में ज्ञान का विषय बना जहां पर और तभी उसका अस्तित्व भी देखा गया, तब हमें दो ज्ञानों का परस्पर विरोध मिलता है। किन्तु जब किसी पदार्थ का जो किसी स्थान पर और किसी काल में देखा गया है, किसी अन्य स्थान तथा काल में अभाव देखा जाए तब कोई विरोध नहीं उत्पन्न होता।[3] रस्सी को भूल से सांप समझ लेने के दृष्टांत में अभाव का बोध पूर्व से निर्धारित स्थान और समय के सम्बन्ध में उत्पन्न होता है। इस प्रकार वहां विरोध है। किन्तु यदि एक समय विशेष में देखा गया कोई पदार्थ अन्य समय अथवा अन्य स्थान में नहीं रहता, तो हमें तुरन्त इस परिणाम पर नहीं पहुंच जाना चाहिए कि वह पदार्थ मिथ्या है। शंकर और रामानुज दोनों ही सारूप्य के तर्क पर बल देते हैं;[4] केवल रामानुज का मत है कि यथार्थ सारूप्य परस्पर भेद तथा निश्चित रूप को उपलक्षित करता है यद्यपि यह परस्पर विरोध तथा निषेध का उपलक्षण नहीं है।

रामानुज ने अद्वैत मत के अविद्यारूपी सिद्धान्त के विरोध में अनेक आक्षेप उठाए

---

1. आकाशवाय्वादिभूता...पदार्थग्राहिप्रत्यक्षम्; शास्त्रं तु प्रत्यक्षाद्यपरिच्छेद्य सर्वान्तरात्मत्वसत्यत्वाद्यनन्त-विशेषणविशिष्टब्रह्मस्वरूपा...विषयम, इति शास्त्रप्रत्यक्षयोर्न विरोधः (वेदार्थसंग्रह, पृष्ठ 87)।

2. अर्थप्रकाश।

3. देशान्तरकालान्तरसम्बन्धितयानुभूतस्यान्यदेशकालयोरभावाप्रतिपत्तौ न विरोधः (1 : 1, 1)।

4. ब्रह्मसूत्र पर शांकरभाष्य, 2 : 2, 33; ब्रह्मसूत्र पर रामानुजभाष्य 2 : 2, 31।

हैं। अविद्या का आश्रय क्या है? यह ब्रह्म नहीं हो सकती क्योंकि ब्रह्म पूर्ण निर्दोष है। यह जीवात्मा नहीं हो सकती क्योंकि जीवात्मा अविद्या की उपज है। अविद्या ब्रह्म को आवृत नहीं कर सकती क्योंकि ब्रह्म का स्वभाव स्वरूप से तेजोमय है। यदि यह कहें कि यह आत्मप्रकाशित चेतना है जिसका न कोई प्रमेय विषय है और न अधिष्ठान है और जो पूर्णता के प्रभाव से, जो उसके अन्तर्निहित है, अनन्त पदार्थों के साथ सम्बद्ध होने का ज्ञान प्राप्त कर लेती है, तो वह अपूर्णता यथार्थ है अथवा अयथार्थ है? अद्वैतवादियों के अनुसार इसे स्वयं ईश्वर ने विद्यमान रहने दिया है। मानवीय ज्ञान के अन्दर जब कोई अव्यक्त पदार्थ व्यक्त रूप में आता है तब हम किसी ऐसे पदार्थ की कल्पना कर लेते हैं जिसने उसके व्यक्त होने में बाधा डाल रखी थी किन्तु ब्रह्म के विषय में ऐसे किसी दोष की कल्पना नहीं की जा सकती। इसके अतिरिक्त यदि माना जाए कि अविद्या ब्रह्म को भी अपने जाल में फंसा लेती है तब व्यापक मिथ्यात्व की मात्र यथार्थता रह जाएगी और हम उससे नहीं निकल सकते। तर्क के द्वारा अविद्या के स्वरूप का निर्णय नहीं हो सकता है। यह न तो यथार्थ है और न अयथार्थ ही है। यह कहना कि कोई वस्तु अनिर्वचनीय है तर्क के विरुद्ध है; कोई भी प्रमाण अविद्या के अस्तित्व को सिद्ध नहीं कर सकता। न प्रत्यक्ष, न अनुमान और न आगम प्रमाण ही अविद्या के अस्तित्व को सिद्ध कर सकता है। धर्मशास्त्रों में माया शब्द का प्रयोग ईश्वर की अद्‌भुत शक्ति को संकेत करने के लिए प्रयुक्त हुआ है जिसका नित्य स्थायी अयथार्थ अविद्या से कोई सम्बन्ध नहीं है। अद्वैत सिद्धांत के अनुसार, धर्मशास्त्र भी इस मिथ्या जगत् का एक भाग है और इस प्रकार समस्त ज्ञान की आधारभित्ति ही नष्ट हो जाती है। यदि अविद्या का नाश (निवर्तन) उस ब्रह्म के ज्ञान से होता है जो सर्वथा निर्गुण है तो अविद्या का नाश कभी सम्भव नहीं हो सकता क्योंकि इस प्रकार का ज्ञान असम्भव है। अमूर्त भावात्मक ज्ञान के द्वारा अविद्या-रूपी जो एक ठोस यथार्थता है उसका विनाश (निवृत्ति) नहीं हो सकता। वस्तुतः जगत् इतना महान् तथा अर्थपूर्ण है कि इसे इतने सरल रूप में केवल अविद्या की उपज कहकर मिथ्या नहीं घोषित किया जा सकता। यथार्थ अविद्या, जिसके हम सब शिकार हैं, भ्रम की वह शक्ति है जिसके कारण हम विश्वास किए बैठे हैं कि हमारा अपना तथा जगत् का भी अस्तित्व ब्रह्म के अस्तित्व में स्वतन्त्र है।

15. नैतिक तथा धार्मिक जीवन

इस संसार में जीव, जिनकी आत्माएं शरीरों से आवृत हैं, उन द्वीप निवासियों की भांति हैं जो समुद्र के ज्ञान के बिना ही अपना जीवन व्यतीत करते हैं। वे समझते हैं कि वे ईश्वर के विविध प्रकार न होकर प्रकृति की देन हैं। अपने पूर्वजन्म के कर्मों के कारण आत्मा अपने को एक ऐसे भौतिक शरीर के अन्दर आबद्ध पाती है जिसका आभ्यन्तर प्रकाश बाह्य अन्धकार के कारण धुंधला पड़ गया है। यह भूलकर प्राकृतिक आवरण को ही अपनी यथार्थ आत्मा समझ बैठी है एवं शरीर के गुणों को अपने गुण समझने लगी है तथा मानवीय जीवन के अस्थायी सुखों को यथार्थ आनन्द समझकर ईश्वर से विमुख हो जाती है। आत्मा का अधःपतन कर्म तथा अविद्या के कारण है जिनके कारण ही इसे शरीर धारण करना पड़ा। आत्मा का, जो कि एक विशुद्धसत्त्व है, प्रकृति के साथ सम्पर्क होना ही आत्मा की अवनति है; इसका पाप न केवल ऊपर की ओर इसकी उन्नति में बाधक है अपितु ईश्वर के प्रति अपराध भी है। अविद्या का स्थान विद्या को अथवा इस अन्तर्दृष्टि को लेना है कि ईश्वर ही विश्वमात्र का आधारभूत आत्मतत्त्व है।

रामानुज के अनुसार, जीवात्माओं को अपनी-अपनी इच्छा के अनुसार कर्म करने की स्वतन्त्रता प्राप्त है। जहां तक उत्तरदायित्व का सम्बन्ध है, प्रत्येक व्यक्ति (जीवात्मा) ईश्वर के अतिरिक्त तथा उससे भिन्न है। जब जीवात्मा ईश्वर की अधीनता को पहचानने में असमर्थ रहता है; तो ईश्वर उसे उक्त सत्य को पहचानने में कर्मरूप यन्त्र द्वारा सहायक होता है तथा जीवात्मा को दण्ड देता है; और इस प्रकार उसे अपने पाप-कर्मों का स्मरण कराता है। अन्तर्यामी ईश्वर के व्यापार द्वारा जीवात्मा अपने पापमय जीवन की पहचान करता है और ईश्वर से सहायता के लिए याचना करता है। रामानुज के दर्शन में पाप के लिए दण्ड तथा इसके लिए मानव के उत्तरदायित्व पर विशेष बल दिया गया है। यामुनाचार्य ने अपने को 'सहस्र पापों का पात्र' कहकर वर्णन किया है और ईश्वर की अनुकम्पा के लिए याचना की है। वैष्णव मत तपस्या तथा त्यागमय जीवन को प्रोत्साहन नहीं देता।

आस्तिक होने के कारण रामानुज का विश्वास है कि मोक्ष ज्ञान और कर्म के द्वारा नहीं, वरन् भक्ति और ईश्वर के प्रसाद (दया) के द्वारा सम्भव है। धर्मशास्त्रों में ज्ञान से तात्पर्य ध्यान और निदिध्यासन अर्थात् एकाग्रतापूर्वक समाधि से है।[1] भक्ति की साधना इस सत्य के ऊपर एकाग्रतापूर्वक ध्यान लगाने से हो सकती है कि ईश्वर ही हमारा अन्तस्तम आत्मतत्त्व है और यह कि हम उसी तत्त्व के प्रकारान्तर मात्र हैं। किन्तु इस प्रकार का ज्ञान तब तक नहीं प्राप्त हो सकता जब तक कि दुष्ट कर्म का विनाश नहीं होता। निष्काम भाव से किया हुआ कर्म ही पिछले संचित कर्मों को दूर करने में सहायक हो सकता है। जब तक कि शास्त्रों में विहित कर्म को निःस्वार्थ भाव से नहीं अपनाया जाता, उद्देश्य की सिद्धि नहीं हो सकती। यज्ञादि कर्मकाण्डों के परिणाम अस्थायी हैं किन्तु ईश्वर-ज्ञान अक्षय है। किन्तु यदि हम ईश्वर के प्रति अर्पण के भाव से प्रेरित होकर कर्म करें तो यह हमें मोक्ष के मार्ग की ओर चलने में सहायक सिद्ध होगा।[2] इस प्रकार के भाव से किया गया कर्म सात्त्विक प्रकृति का विकास करता है और पदार्थों के विषय में सत्य ज्ञान को ग्रहण कर सकने में आत्मा का सहायक होता है। ज्ञान और कर्म दोनों ही भक्ति के साधन हैं अर्थात् ये भक्ति के साधन जो हमारी स्वार्थपरता को जड़-मूल से उखाड़ फेंकते हैं, इच्छाशक्ति को नया बल प्रदान करते हैं, ग्रहण करने की शक्ति को नई दृष्टि प्रदान करते तथा आत्मा को नये सिरे से शान्ति-लाभ कराते हैं।

भक्ति एक अस्पष्ट पारिभाषिक शब्द है जिसके अन्तर्गत निम्नतम कोटि की पूजा से लेकर उच्चतम आत्मदर्शन भी आ जाता है। भारतवर्ष में इसका एक सदा से चला आया इतिहास है, जो ऋग्वेद[3] काल से लेकर आधुनिक समय तक हमें मिलता है। रामानुज के दर्शन में भक्ति मनुष्य के ईश्वर के पूर्णतम ज्ञान तक मौनरूप में तथा एकाग्र समाधिपूर्वक पहुंचने

---

1. 3 : 4, 26।

2. तदर्पिताखिलाचारता (नारद : भक्तिसूत्र, पृष्ठ 19)।

3. तुलना कीजिए, "मेरे समस्त विचार सुख की प्राप्ति के लिए इन्द्र की स्तुति करते हैं और उसी को प्राप्त करने की प्रबल अभिलाषा रखते हैं। वे उसका उसी प्रकार से आलिंगन करते हैं जैसे कि पत्नियां सुन्दर पति का आलिंगन करती हैं, वह जो दैवीय उपहारों का प्रदाता है वह मेरी सहायता करे। मेरा मन तेरी ओर प्रेरित होता है और तुझसे विमुख नहीं होता; मैं अपनी इच्छा को तेरे ऊपर केन्द्रित करता हूं, हे अत्यन्त पुकारे जाने वाले!" (ऋग्वेद, 10 : 43, 1)।

का नाम है। वे भक्ति की पूर्ण साधनयुक्त तैयारी पर बल देते हैं जिसके अन्तर्गत विवेक अथवा भोजन-सम्बन्धी विवेचन-विचार भी आ जाता है,[1] विमोक, अर्थात् अन्य सबसे सम्बन्ध-विच्छेद करके केवल ईश्वर-प्राप्ति के प्रति प्रबल इच्छा, अभ्यास अर्थात् निरन्तर ईश्वर-चिन्तन; क्रिया अर्थात् दूसरों का भला करना;[2] कल्याण अर्थात् प्राणिमात्र के प्रति शुभकामना; सत्य-व्यवहार; आर्जव अर्थात् सच्चरित्रता; दया; अहिंसा; दान अथवा दाक्षिण्य; अनवसाद, अर्थात् सदा प्रसन्न रहना और आशा।[3] इस प्रकार भक्ति केवल भावुकता ही नहीं है,[4] अपितु इसके अन्दर संकल्पशक्ति बुद्धि के प्रशिक्षण का भी समावेश है।[5] यह ईश्वर का ज्ञान तो है ही, उसकी इच्छा के प्रति वशंवदता भी है।[6] भक्ति अपनी समस्त मानसिक शक्ति तथा हृदय के द्वारा ईश्वर से प्रेम करने का नाम है। इसका अन्त अन्तर्दृष्टि द्वारा ईश्वर के साक्षात्कार में जाकर होता है।[7]

भक्ति और मोक्ष अंगांगीभाव से परस्पर सम्बद्ध हैं, यहां तक कि भक्ति की प्रत्येक अवस्था में हम अपने को पूर्णता प्राप्त करा रहे होते हैं। भक्ति परिणमनरूप में मोक्ष है और अन्य उपायों में सर्वोत्तम समझी गई है क्योंकि यह अपना पुरस्कार अपने-आप है (फलरूपत्वात्)।[8] भक्ति के द्वारा आत्मा ईश्वर के साथ अपने सम्बन्ध के विषय में अधिकाधिक अभिज्ञा प्राप्त कर लेती है। यहां तक कि अन्त में यह अपने को ईश्वर के अर्पित कर देती है जो इसकी आत्मा की भी आत्मा है। उस अवस्था में आत्म-प्रेम अथवा स्वार्थ का आगे जाकर कोई प्रश्न ही नहीं उठता क्योंकि ईश्वर ने आत्मा का स्थान ले लिया और सम्पूर्ण जीवन ही परिवर्तित हो गया। नम्मालवार कहते हैं : "तेरे महान् तथा उत्तम उपहार के लिए अर्थात् तुम्हारी आत्मा के साथ मेरे अपने आत्मा को मिला देने के बदले में मैंने सम्पूर्णरूप में अपनी आत्मा को तुम्हारे अधीन कर दिया है;[9] अपने रक्त की एक-एक बूंद, अपने हृदय की एक-एक धड़कन और अपने मस्तिष्क का एक-एक विचार ईश्वराधीन कर दिया है। यह अवस्था वह है कि मैं मैं नहीं रहा।" भक्ति के दो भेद हैं, एक वैधी (औपचारिक) और दूसरी मुख्या (श्रेष्ठ)। वैधी भक्ति निम्नरूपी अवस्था है जिसमें हम प्रार्थना, कर्मकाण्डसम्बन्धी क्रिया-कलाप तथा मूर्ति-पूजा में संलग्न रहते हैं। ये सब आत्मा को उन्नत करने में सहायक होते हैं किन्तु स्वयं मोक्ष-प्राप्ति के द्वारा आत्मा का उद्धार नहीं कर सकते। हमें सर्वोपरि प्रभु की ही पूजा करनी चाहिए।

---

1. शंकर की यह व्याख्या उत्तम है कि हमें इन्द्रियों के विषयों में लिप्त न होना चाहिए।

2. इसके पांच प्रकार बताए गए हैं;—स्वाध्याय, ईश्वरोपासना, पूर्वजों के प्रति, मनुष्यसमाज के प्रति तथा पशु-सृष्टि के प्रति कर्तव्य।

3. सर्वदर्शनसंग्रह, 4।

4. स्वप्नेश्वर ने अनुरक्ति शब्द पर टिप्पणी करते हुए, जिसका प्रयोग शाण्डिल्य ने किया है, कहा है कि 'अनु' का अर्थ है पश्चात् और 'रति' का अर्थ है लिप्त होना, और इस प्रकार अनुरक्ति का अर्थ है : ऐसी आसक्ति, जो ईश्वर-ज्ञान के पश्चात् उत्पन्न होती है। अंधविश्वास भक्ति नहीं है।

5. ज्ञानकर्मानुगृहीतं भक्तियोगम् (रामानुज की प्रस्तावना, भगवद्गीता पर) धीप्रीति-रूपा भक्तिः (तत्त्वमुक्ताकलाप)।

6. वेदार्थसंग्रह में रामानुज ने साधन भक्ति तथा पराभक्ति के मध्य भेद किया है। साधन भक्ति में शरीर, मन और वाणी का नियंत्रण, अपने कर्तव्य कर्मों का पालन, स्वाध्याय तथा अनासक्ति आदि आ जाते हैं।

7. 1 : 1, 1।

8. नारद : भक्तिसूत्र, पृ. 26।

9. तिरुवायमोयी, 2 : 3, 4।

क्योंकि अन्तिम विश्लेषण में अन्य कोई भी ध्यान का विषय नहीं बन सकता।[1]

प्रपत्ति ईश्वर के प्रति सम्पूर्ण रूप में समर्पण कर देना है[2] और भागवतों के मत में यह मोक्ष-प्राप्ति का सबसे अधिक उपयुक्त साधन है। यह मार्ग सबके लिए खुला है, अर्थात् विद्वान् के लिए भी और मूर्ख के लिए भी, उच्च श्रेणी वालों के लिए भी तथा निम्न श्रेणी वालों के लिए भी; किन्तु भक्ति का मार्ग, जिसके अन्दर ज्ञान तथा कर्म आ जाते हैं, केवल ऊपर के तीन वर्णों तक ही सीमित है। किन्तु कोई भी व्यक्ति गुरु से दीक्षा लेकर अपने को ईश्वर के समर्पित कर सकता है और उसके अन्दर आश्रय पा सकता है। दक्षिणदेशीय सम्प्रदाय नेंगलाई के अनुसार भी, जो आलवारों की परम्परा का अक्षरशः अनुसरण करता है, प्रपत्ति ही मोक्ष का एकमात्र मार्ग है और भक्त को और अधिक प्रयत्न करने की आवश्यकता नहीं है। ईश्वर उस व्यक्ति का मोक्ष द्वारा उद्धार करता है जो अपने को सर्वथा उसके अधीन कर देता है। उत्तरदेशीय सम्प्रदाय (बड़गलायी) का मत है कि प्रपत्ति लक्ष्य की प्राप्ति का अन्यतम उपाय है किन्तु एकमात्र उपाय नहीं है। उनके मत में मोक्ष-प्राप्ति के लिए मानवीय पुरुषार्थ एक आवश्यक अंग है। ऐसा व्यक्ति जिसने अपने को कर्म, ज्ञान तथा प्रपत्ति से योग्य बना लिया है, प्रभु की दया प्राप्त करता है। यह सम्प्रदाय 'मर्कट-न्याय' को मानता है, अर्थात् जिस प्रकार बन्दर के बच्चे को पुरुषार्थ करने पर अपनी मां का प्रेम प्राप्त होता है। दूसरी ओर दक्षिणी सम्प्रदाय 'मार्जर-न्याय' को मानते हैं, अर्थात् जिस प्रकार बिल्ली अपने बच्चों को मुंह में पकड़कर ले जाती है। इस सम्प्रदाय का मत है कि किसी एक ही उत्तम कर्म में ईश्वर जीवात्मा को अपने वश में ले लेता है और बार-बार उस कर्म की पुनरावृत्ति की आवश्यकता नहीं होती, जब कि उत्तरीय वर्ग इस बात पर बल देता है कि आत्मा को चाहिए कि वह निरन्तर अपने को ईश्वरार्पण करती रहे।

भागवत पुराण में भक्ति का स्वरूप रामानुज की अपेक्षा कम संयत है। मनुष्यों में धार्मिक भाव के विकास के लिए एक अत्यधिक उत्साह की विशेष प्रवृत्ति पाई जाती है। आत्मा की शुद्धि के लिए प्रवृत्त हुए व्यक्ति के हृदय में भय तथा आह्लाद रहता है। भागवत में भक्ति एक उमड़ती हुई भावना है जो कि सारे शरीर को पुलकित कर देती है, वाणी

---

1. रामानुज एक आचार्य का इस प्रकार उद्धरण देते हैं : "ब्रह्म से लेकर घास के एक गुच्छे तक समस्त पदार्थ, जो इस जगत् में विद्यमान हैं, कर्मों के कारण संसार में जन्म लेने को बाध्य हैं, इसलिए वे ध्यान के योग्य विषय बनने में सहायक नहीं हो सकते क्योंकि वे सब अज्ञान में हैं और संसार-रूपी बन्धन के अधीन हैं" (1 : 1, 1)।

> आब्रह्मस्तम्बपर्यन्ता जगदन्तरव्यवस्थिताः,
> प्राणिनः कर्मजनितसंसारवशवर्तिनः।
> यतस्ततो न ते ध्याने ध्यानिनामुपकारकाः,
> अविद्यान्तरगताः सर्वेते हि संसारगोचराः॥

2. देखें, भगवद्गीता पर रामानुजभाष्य, अध्याय 7 की प्रस्तावना तथा 7, 14। प्रपत्ति के छः अवयव वर्णन किए गए हैं जो इस प्रकार हैं : (1) ऐसे गुणों की प्राप्ति जो एक व्यक्ति को इस योग्य बना सके कि वह ईश्वर के प्रति उपयुक्त उपहार बन सके। (आनुकूल्यस्य सम्पत्तिः); (2) ऐसे आचरण का त्याग जो ईश्वर को स्वीकृत नहीं है (प्रातिकूल्यस्य वर्जनम्): (3) इस प्रकार का विश्वास कि ईश्वर उसकी रक्षा करेगा (रक्षिष्यतीति विश्वासः), (4) रक्षा के लिए आवेदन (गोप्तृत्ववरणम्); (5) अपनी तुच्छता का अनुभव (कार्पण्यम्); और (6) नितान्त समर्पण (आत्मसमर्पणम्)। अन्तिम अवयव प्रपत्तियुक्त है यद्यपि अन्य इसके साधन हैं।

को भी स्तब्ध कर देती है और इस प्रकार साधक अन्तर्लीनता की अवस्था की ओर अग्रसर होता है। भागवत यज्ञादि विद्वानों के प्रति उदासीन है और उसका बलपूर्वक कहना यह है कि हमें ईश्वर से उसके अपने लिए प्रेम करना चाहिए न कि किसी पुरस्कार पाने की अभिलाषा से। यह स्वीकार करता है कि ईश्वर के साथ संयोग का मार्ग प्रत्येक व्यक्ति के लिए खुला है बशर्ते कि वह इसकी ओर ध्यान दे। वह इसे भक्ति के द्वारा प्राप्त कर सकता है; किन्तु वह आत्मा, ज़ो ईश्वर से सदा अपने को भिन्न रखती है, जिसकी कि वह उपासना करती है, उस व्यक्ति की अपेक्षा अधिक सुखी रहती है जिसने अपने को ईश्वर में विलीन कर दिया है।[1] भागवत के ईश्वर में एक घनिष्ठ मानवीय भावना पाई जाती है। वह स्वतन्त्र नहीं है क्योंकि वह अपने भक्तों के अधीन है।[2] अपने भक्त संतों के धार्मिक सम्प्रदाय के बिना ईश्वर अपने विषय में कुछ अधिक सोच-विचार नहीं करता।[3] भागवत की एक विशिष्टता जो लक्षित होती है वह है कृष्ण और गोपियों की कथा का आदर्शवाद । यह उपाख्यान भक्ति के आदर्श रूप में परिणत हो गया है और जैसा कि हम आगे चलकर देखेंगे, वैष्णवधर्म के परवर्ती सम्प्रदायों पर इसका पूरा प्रभाव हुआ है।

वैष्णव धर्म की भक्ति ने अधिकतर घनिष्ठ मानवीय सम्बन्धों का उपयोग मनुष्य तथा ईश्वर के परस्पर सम्बन्ध का वर्णन करने के लिए प्रतीक के रूप में किया है। ईश्वर को गुरु, मित्र, पिता, माता, शिशु और यहां तक कि प्रिया के रूप में भी चित्रित किया गया है। अन्तिम रूप पर आलवारों, भागवत पुराण तथा बंगाल के वैष्णव सम्प्रदाय ने बल दिया है। सर्वोत्तम प्रेम में भक्ति के समान अपनी प्रिया की उपस्थिति में वर्तमान रहना उच्चकोटि का सुख तथा सृजनात्मक रचना है और उससे विरहित जीवन दुःख, निराशा तथा वन्ध्यापन है। हम समझते हैं कि प्रेम का प्रतीक दोषपूर्ण है क्योंकि हम कल्पना कर लेते हैं कि प्रेम में ऐन्द्रिक आकर्षण ही सब कुछ है; किन्तु सच्चे प्रेम में ऐन्द्रिक आकर्षण बहुत न्यून है। अनेक स्त्रियां और कुछ पुरुष भी जो प्रेम में पशुओं के स्तर से ऊपर उठते हैं, विरोध में कहेंगे कि प्रेम में केवल नये मनोवेगों की खोज ही नहीं है अपितु सच्चे प्रेम में दो आत्माएं एक-दूसरे के अन्दर उन अन्यों की अपेक्षा अधिक विश्वास रखती हैं जिनमें वे कभी पहले मिली थीं या जिन्हें जानती हैं। एक प्रेमी अपने प्रियपात्र के लिए संसार से युद्ध करने के लिए उद्यत रहता है, सब प्रकार का पार्थक्य सहन करता है, और गरीबी में, प्रवास में तथा अत्याचार में भी सुख का अनुभव करता है। यदि ऐसे स्त्री-पुरुष अनेक प्रकार अत्यन्त दीर्घकाल के पश्चात् दिखाई देते हों, और यहां तक कि असम्भव भी हो तो भी वे दोनों एक-दूसरे को नहीं छोड़ सकते और अन्य सब-कुछ छूट जाने का संकट उपस्थित होने पर भी पारस्परिक प्रेम ने जो स्थायी शृंखला निर्मित कर दी है उसे जीवित बनाए रखते हैं, एवं केवल मृत्यु ही उस शृंखला को तोड़ने में समर्थ हो सकती है। सीता, सावित्री, दमयन्ती और शकुन्तला की गाथाओं ने इस प्रेम के पाठ को भारतवर्ष के हृदय के

1. भागवत, 3 : 25, 33।

2. 9 : 4, 67।

3. नाहम् आत्मानम् आशास्तेमद्भक्तैः साधुभिर्विना (9 : 4, 6)। तुलना कीजिए—भक्तप्राणो हि कृष्णश्च कृष्णप्राण हि वैष्णवाः (नारदपंचरात्र 2 : 36)।

अन्दर कूट-कूटकर भर दिया है। इसलिए इसमें तनिक भी आश्चर्य का विषय नहीं है कि एक भारतीय वैष्णव ईश्वर को अपनी प्रिया के रूप में देखे[1] और अपने सब मनोवेगों, अभिलाषाओं तथा मानवीय प्रेम को ईश्वर के प्रति प्रेरित कर दे। भक्त लोग तब अपने को असहाय तथा अशान्त अनुभव करते हैं जब उन्हें ईश्वर की उपस्थिति का अभाव प्रतीत होता है, क्योंकि ईश्वर की समीपता के अलावा उन्हें और कोई वस्तु संतुष्ट नहीं कर सकती। उनके अनेक छन्दों में हमें ईश्वर के लिए हृदय की पुकार मिलती है, और उसकी अनुपस्थिति में निर्जनता का भाव दिखाई देता है; उसकी मित्रता में एक प्रसन्नता की पूर्वकल्पना से विशेष प्रकार की अनुभूति और एक ऐसा भाव है जो है तो यथार्थ तथापि उसकी परिभाषा नहीं की जा सकती और उसके प्रेम की अमूल्यता अनुभव होती है। वैष्णव सन्तों के गद्गद होकर प्रकट किए गए उद्गारों में हम एक प्रकार की परमाह्लादपरक प्रसन्नता का अनुभव करते हैं जिसके द्वारा एक ब्रह्म साक्षात्कारवादी आध्यात्मिक भाव से ईश्वर के साथ सम्मिलन के लिए आतुर प्रतीत होता है। नम्मालवार उच्च स्वर में बोल उठता है : 'हे स्वर्ग के उज्ज्वल प्रकाश! तू मेरे हृदय के अन्दर मेरी आत्मा को द्रवित करता और खपाता हुआ विद्यमान है। मैं कब तेरे साथ एकात्मभाव प्राप्त करूंगा?''[2] ईश्वर में प्रगाढ़ आसक्ति के कारण अन्य सब पदार्थों के प्रति उदासीनता आ जाती है।[3]

एक हिन्दू भक्त इच्छा को नष्ट करने का प्रयत्न नहीं करता, अपितु इसको इस मर्त्यलोक से ऊपर उठाकर स्वर्ग की ओर तथा इस सृष्टि से हटाकर सृष्टि के उस सृजनहार की ओर प्रेरित करता है। मणवाल का कहना है : ''अज्ञानी पुरुष को इन्द्रियों के विषयों में जो सुख मिलता है; उसी को जब ईश्वर की ओर प्रेरित किया जाता है तो वही भक्त के नाम से पुकारा जाता है। नम्मालवार की सृष्टि में यह भक्ति सौन्दर्य की खान है तथा प्रभु के प्रति प्रेम का रूप धारण करती है और इसलिए आलवार लोगों के लिए प्रेम के नमूने की भक्ति प्रकट होती है।''[4] यह ठीक है कि जो लोग पति-पत्नी के प्रतीक का प्रयोग करते हैं उनमें से अनेक व्यक्तियों को कामवासना छू तक नहीं गई और वे सदाचार की दृष्टि से सर्वथा निष्पाप हैं तो भी इस बात से इनकार नहीं किया जा सकता कि इसका दुरुपयोग

---

1. तुलना कीजिए : स एव वासुदेवो स एव साक्षात् पुरुष उच्यते।
स्त्रीप्रायम् इतरत् सर्वम् जगद् ब्रह्मपुरस्सरम्॥

अर्थात्, सर्वोपरि प्रभु ही एकमात्र पुरुष है अन्य सब, ब्रह्मा से लेकर नीचे तक स्त्रियां हैं, उसी के ऊपर निर्भर रहो और उसके साथ मिलने की आकांक्षा करो। और भी तुलना कीजिए,

स्वामित्वात्मत्वशेषित्वंपुंस्त्वाद्याः स्वामिनो गुणाः।
स्वेभ्यो दासत्वदेहत्वशेषत्वस्त्रीत्वदायिनः॥

2. तिरुवायमोयी, 5 : 10, 1।

3. अनुरागाद् विरागः। भक्ति-मार्ग में चार गतियां हैं : (1) आत्मा की इच्छा, जब यह ईश्वर की ओर झुकती है और मनोभावों को उसकी ओर बलात् प्रेरित करना; (2) अतृप्त प्रेम का दुःख; (3) प्राप्त प्रेम का आह्लाद और उस आह्लाद का अभिनय; और (4) दैवीय प्रेम का नित्य सुख जो कि दैवीय आनन्द का हृदय है।

4. या प्रीतिरस्ति विषयेष्वविवेकभाजाम्
सेवाच्युते भवति भक्तिपदाभिधेया।
भक्तिस्तु काम इह तत्कमनीयरूपे।
तस्मान् मुने रजनि कामुकवाक्यभंगी॥ (द्रामिडोपनिषद्संगति)।

नहीं हुआ।[1] किन्तु इस प्रकार के दुरुपयोग के उदाहरण साधारण नियम के अपवाद मात्र ही हैं।

जाति-पांति के भेद आत्मा के स्वरूप को स्पर्श नहीं करते। अधिक-से-अधिक उनका सम्बन्ध शरीरों तक ही है और वे उन कर्तव्यों के निर्णायक हैं जो मनुष्यों के समाज के प्रति हैं किन्तु जातिगत भेद का आत्मा के गुणों के साथ कोई सम्बन्ध नहीं है। अनेक आलवार, जिनकी पूजा ब्राह्मण लोग भी करते थे, जन्म से शूद्र थे। रामानुज की व्यवस्था है कि ईश्वर से प्रेम करने वालों में परस्पर कोई भेद न होना चाहिए।[2] वे स्वीकार करते हैं कि जो आश्रमों में नहीं भी हैं वे भी ब्रह्मज्ञान प्राप्त कर सकते हैं।[3] वस्तुतः भक्ति-धर्म के लिए और प्रपत्ति अर्थात् समर्पण के लिए किसी पुरोहित की आवश्यकता नहीं, क्योंकि प्रेम के समर्पण के लिए किसी धर्मशास्त्र का विधान भी नहीं चाहिए, तथा ईश्वर की दया मनुष्य के अधिकार में नहीं है। भक्ति रस से आप्लुत पुरुष के लिए कोई भी धर्मशास्त्र अथवा नियम नहीं है।[4] रामानुज ने समता का प्रचार किया और यह घोषणा की कि भक्ति समस्त जाति-भेदों के ऊपर है। उन्होंने परिया लोगों को मेलकोट के मन्दिर में प्रविष्ट कराया। किन्तु इस विषय का स्पष्टीकरण किसी प्रकार नहीं होता कि वे उस समय की मान्य व्यवस्था को पूर्णरूप में अमान्य ठहराने के लिए उद्यत हुए हों। परम्परा को उचित सम्मान देते हुए वे स्वीकार करते हैं कि विचार-स्वातन्त्र्य केवल ऊपर के तीन वर्णों के लिए ही है और दूसरों को कर्म करते रहना चाहिए तथा अगले जन्म की प्रतीक्षा करनी चाहिए। इसलिए हम यह नहीं कह सकते कि वे अपनी शिक्षाओं की तार्किक समस्याओं का पूरा-पूरा समाधान करने में समर्थ हो सके। एक अर्वाचीन वैष्णव आचार्य रामानन्द (तेरहवीं शताब्दी) ने जाति भेद का विरोध किया। उन्होंने कहा है : "किसी भी मनुष्य को अन्य मनुष्य की जाति अथवा मत न पूछना चाहिए। जो कोई ईश्वर की पूजा करता है वह ईश्वर को प्रिय है।" उनके चेलों में, जो लगभग एक दर्जन थे, ब्राह्मण, नाई, चमार, राजपूत तथा एक स्त्री भी थी। चैतन्य ने सबके लिए भक्ति तथा प्रेमधर्म का प्रचार किया, बिना किसी जाति अथवा वर्ग-भेद के। दूसरी ओर दक्षिण भारत में वेदान्तदेशिका ने कर्मकाण्डपरक धर्म के ऊपर बल दिया।[5] भारतीय सभ्यता के इतिहास में बार-बार जाति-पांति सम्बन्धी जटिल भेदों के विरुद्ध आन्दोलन हुए हैं, किन्तु उक्त सभी विरोधी आन्दोलन राष्ट्र के मन पर जाति-पांति के भेद ने जो अधिकार जमा रखा है उसके ऊपर नियन्त्रण करने में कुछ अधिक सफल नहीं हो सके।

---

1. 'भारतीय दर्शन' प्रथम खंड, पृष्ठ 404-405, 434-435।

2. तुलना कीजिए : नास्ति तेषु जातिविद्यारूपकुलधनक्रियादिभेदः (नारद भक्तिसूत्र, पृष्ठ 72)। और भी तुलना कीजिए,

श्वपचोऽपि महीपाल विष्णुभक्तो द्विजाधिकः।
विष्णुभक्तिविहीनस्तु यतिश्च श्वपचाधमः॥ (भागवत)।

3. 3 : 4, 36; 1 : 3, 32-39।

4. अत्यन्तभक्तियुक्तानां नैव शास्त्रं न च क्रमः।

5. श्रुतिः स्मृतिर्ममैवाज्ञा यस्ताम् उल्लंघ्य वर्तते।
आज्ञाच्छेदी मम द्रोही मदभक्तोऽपि न वैष्णवः॥
देखिए, रहस्यत्रयसार में शास्त्रनियमनाधिकार-सम्बन्धी अध्याय।

16. मोक्ष

रामानुज के मन में मोक्ष आत्मा का तिरोभाव नहीं है, किन्तु बाधक मर्यादाओं को भंग करके स्वतन्त्र होना मोक्ष है, क्योंकि आत्मा का तिरोभाव यथार्थ आत्मा का विनाश (सत्यात्म नाश) होगा।[1] एक तत्त्व दूसरे तत्त्व में परिणत[2] नहीं हो सकता। मनुष्य चाहे कितना ही ऊंचा क्यों न उठ जाए, उसके ऊपर एक सर्वशक्तिमान् की सत्ता रहेगी ही; और उसके प्रति एक स्थायी प्रेम जो श्रद्धायुक्त हो रहेगा, और उसे उसकी पूजा व उपासना भी करनी ही चाहिए। रामानुज, जो हमारे लिए उच्चतम धार्मिक अनुभव के मार्ग का अबाध विधान करते हैं, कहते हैं कि उक्त धार्मिक अनुभव किसी 'अन्य' शक्ति की ओर संकेत करता है। मुक्तात्मा ईश्वर के स्वरूप को प्राप्त करता है यद्यपि उसके साथ तद्रूपता को प्राप्त नहीं होता।[3] वह सर्वज्ञ हो जाता है और उसे सदा ही ईश्वर का ज्ञान अन्तर्दृष्टि के द्वारा प्राप्त होता है।[4] उसे और किसी वस्तु की अभिलाषा नहीं होती और इसीलिए उसकी संसार में वापस आने की भी कोई संभावना नहीं रहती।[5] आत्माभिमान ही मोक्ष का विरोधी है किन्तु व्यक्ति का पृथक् अस्तित्व मोक्ष का विरोधी नहीं है। तात्त्विक स्वरूप यद्यपि अनादिकाल से सिद्ध है तो भी संसार की अवस्था में होने से अविद्या तथा कर्म के द्वारा आवृत है। मोक्ष की अवस्था से तात्पर्य बुद्धि के स्वाभाविक गुणों के अबाधित व्यक्त रूप तथा परमानन्द से है। मुक्तात्मा को 'स्वराट्' कहा गया है, इस अर्थ में कि वह कर्म-विधान के अधीन नहीं है।[6] रामानुज के दृष्टिकोण से जीवन्मुक्ति नामक कोई चीज़ नहीं है। समस्त कर्मों के क्षीण हो जाने पर तथा भौतिक शरीर के भी त्याग होने पर मनुष्य को ईश्वर का साहचर्य प्राप्त हो जाता है। मोक्ष की अवस्था में आत्माएं सब एक ही प्रकार की होती हैं। उस अवस्था में देवताओं, मनुष्यों, पशुओं तथा वानस्पतिक पौधों में कोई भेद नहीं रहता। इन भेदों का अर्थ सांसारिक जगत् तक ही परिमित है। प्रकृति के सम्पर्क में आकर ही आत्मा के अन्दर विशिष्टता प्रकट होती है, अन्यथा नहीं। किन्तु आत्माएं उक्त सम्बन्ध से अपने को स्वतन्त्र कर सकती हैं क्योंकि यह सम्बन्ध नैसर्गिक नहीं है।[7] परिणाम यह निकला कि शारीरिक सम्बन्धों के द्वारा जो पृथक्-पृथक् व्यक्तित्व निर्मित होता है वह अनादिकाल से न होने के कारण नित्य नहीं है। जब उक्त सम्बन्धों का उच्छेद हो जाता है तो आत्मा ब्रह्म के स्वरूप को प्राप्त कर लेती है तथा अपने यथार्थ स्वरूप को व्यक्त करती है। इसमें कोई नया विकास नहीं होता।[8]

मोक्ष की अवस्था में आत्माओं में केवल दो अंशों को छोड़कर, सर्वोपरि ब्रह्म की अन्य सब पूर्णताएं विद्यमान रहती हैं। वे आकार में अणु-प्रमाण हैं जबकि सर्वश्रेष्ठ आत्मा विभु

1. 1 : 1, 1।
2. विष्णुपुराण, 2 : 14, 27।
3. ब्रह्मणो भावः न तु स्वरूपैक्यम् (1 : 1, 1)।
4. परिपूर्णपरब्रह्मानुभवम्। तुलना कीजिए, "सर्वदेश सर्वकाल सर्वावस्थैगलीलुम, सर्वेश्वरनैई, अनन्तमगलान्, विग्रह गुण विभूति चेष्टितमगलील ओनरुम् कुरयामल निरतिशयभोग्य माक, विषयिकारित्तु कोण्डीरुकुम" (रहस्यत्रयसार, 22)।
5. ब्रह्मणसूत्र पर रामानुजभाष्य, 4 : 4, 22।
6. श्रुतप्रकाशिका, 1 : 1, 1।
7. कर्मरूपज्ञानमूलः न स्वरूपकृतः (1 : 1, 1)।
8. 4 : 4, 1।

सर्वव्यापी है। अणु आकार की होने पर भी आत्मा अनेकविध शरीरों में प्रवेश कर सकती है और प्रभु के रचे भिन्न-भिन्न जगतों को अनुभव कर सकती है।[1] किन्तु जगत् की सृजनात्मक गतिविधियों के ऊपर इसका कोई वश नहीं है क्योंकि वह केवल ब्रह्म की ही विशेष शक्ति है।

ईश्वर की नगरी में अनेक आत्माएं विद्यमान हैं जिनमें केवल एक-दूसरे की पुनरावृत्ति ही नहीं होती। वे जो आकृतियां धारण करती हैं वे विशुद्ध सत्त्व के कारण हैं। उसी विशुद्ध सत्त्व की सहायता से मुक्तात्माएं अपने विचारों तथा इच्छाओं को एक आकार देती हैं। नाटक के अन्त में—यदि इस प्रकार की कल्पना की जा सके—प्रत्येक जीवात्मा पूर्णता प्राप्त कर चुकी होगी किन्तु तो भी वह निरपेक्ष ब्रह्म की आश्रित ही समझी जाएगी। वह निरपेक्ष ब्रह्म जो केवल एक ही आत्मा है, अपने अन्तर्हित तत्त्व के कारण आत्माओं की परस्पर सम्बद्ध इकाई बन जाता है किन्तु उससे किसी प्रकार की न्यूनता नहीं आती। इसकी अपने चारों ओर एक सामाजिक स्थिति है। आत्माओं के प्रत्येक समाज का लक्ष्य अपने किसी निहित स्वार्थ की ओर नहीं होता वरन् सार्वभौम तथा सर्वव्यापी सत्ता की ओर ही होता है।

विशिष्टाद्वैत दर्शन में मुक्तात्माओं के दो पृथक् वर्ग किए गए हैं : एक वे हैं जो इस लोक में ईश्वर की सेवा के लिए कृतसंकल्प हैं और इसलिए दिव्य लोक में भी वे यही कार्य करते हैं; दूसरे वे 'केवलिन्' हैं जो अन्यों से सर्वथा पृथक् हैं, क्योंकि उन्होंने अपनी आत्मा के यथार्थ स्वरूप के ऊपर निरन्तर ध्यान देकर अपना लक्ष्य प्राप्त कर लिया है।

उस दिव्य लोक का चित्र, जहां पर मुक्तात्माओं का निवास है, प्रायः दिए गए विवरण से अधिक भिन्न नहीं है।[3] स्वर्ग की उस कल्पना से जो सर्वसाधारण में प्रचलित है, केवल वेश, रीति-रिवाज तथा प्राकृतिक दृश्य सम्बन्धी ब्यौरे में कुछ भेद है। वहां जीवनप्रद स्वच्छ जल की नदियां हैं, सुस्वाद फलों से लदे वृक्ष हैं, शीतल मन्द-मन्द वायु बहती है, और स्वर्गवासियों को प्रसन्न बनाए रखने के लिए स्वर्ण रंग का सूर्य का प्रकाश है। उक्त आनन्दमय क्षेत्र में वे प्रसन्नता-लाभ करते हैं तथा उत्तम-उत्तम भोजन ग्रहण करते हैं, दिव्य संगीत का आनन्द उठाते हैं तथा समय-समय पर दार्शनिक विचारों का आदान-प्रदान करते हैं। किन्तु स्वर्ग का इस प्रकार का दृश्य ब्रह्म-साक्षात्कार करने वाले योगी को सन्तोष प्रदान नहीं करता जो फिर एक बार एक विशेष प्रकार की प्रकृति में अपने को एक प्रकार के बन्दीगृह में अवरुद्ध अकेला पाकर उससे छूटने की पुकार करता है। वह व्यक्तिगत जीवन की मर्यादाओं को तोड़कर अपने को विश्वात्मा के तात्त्विक जीवन के अन्दर विलीन कर देने के लिए छटपटाता है। अपनी मोक्ष-सम्बन्धी कल्पना में रामानुज ब्रह्मसाक्षात्कारी योगियों को सन्तुष्ट नहीं कर सकते, जिनकी सर्वश्रेष्ठ यथार्थ सत्ता के साथ तादात्म्य प्राप्त कर लेने की बुभुक्षा वैसी ही बनी रहती है। उनकी दृष्टि में ऐहलौकिक अनुभव के आधार पर निर्माण की गई व्यवस्था में, भले ही उसे कितना भी आदर्श का रूप क्यों न दिया हो, एक ऐसे स्वर्ग की कल्पना सांसारिक अनुभव से कुछ भी भिन्न नहीं है। यद्यपि आत्मा ईश्वर को और केवल ईश्वर को ही देखती है और उसकी उपस्थिति में बही चली जाती है तो भी वह अपने व्यक्तित्व को

---

1. 4 : 4, 13–15। 2. 4 : 4, 17।
3. नारदपंचरात्र, 6।

स्थिर रखती है, और अपना पृथक् अस्तित्व रखते हुए वह दर्शन का विषय नहीं बन सकती। अपनेपन को त्याग कर ईश्वर में विलीन हो जाने की ओर कुछ उपनिषदों के ऋषियों का झुकाव रहा है तथा यूनान के प्राचीन आरफियस गायक का भ्रातृसंघ, कुछ ईसाई तथा सूफी-सम्प्रदाय के ईश्वर-साक्षात्कारियों का भी झुकाव इस ओर रहा है। वे केवल अपने शरीरों से ही छुटकारा पाने में प्रत्यनशील न रहे अपितु अपने व्यक्तित्व को भी छोड़कर अपनी आत्मा को ईश्वर में विलीन कर देने के लिए प्रयत्न करते रहे। किंतु इस प्रकार की कोई साक्षी उपलब्ध नहीं होती कि किसी ब्रह्मसाक्षात्कारी ने अपना लक्ष्य प्राप्त कर लिया हो। रामानुज का कहना है कि वस्तुस्थिति के विचार से इस प्रकार की ब्रह्मलीनता की साक्षी मिलना असम्भव है। वह व्यक्ति जिसने ईश्वरत्व प्राप्त कर लिया, वापस लौटकर हमें अपना अनुभव तो बताएगा नहीं; और जो व्यक्ति ऐसी बातें करेगा, उसने ईश्वरत्व प्राप्त नहीं किया होगा।

17. सामान्य मूल्यांकन

जहां शंकर के दार्शनिक सिद्धान्त के प्रति उन उच्च कोटि के मस्तिष्कों के लिए कुछ आकर्षण हो सकता है जो समस्याओं के भावुकतापूर्ण समाधानों से चौंकते हैं और संकल्पशक्ति के दमन में ऐसी आन्तरिक तृप्ति को खोजते हैं जो उन्हें इस योग्य बना दे कि वे एक स्थितप्रज्ञ आत्मसंयमी की भांति शान्त भाव से अपने ऊपर आ पड़ने वाली अत्यधिक विकट परिस्थितियों को भी सहन कर सकें तो भी शंकर स्वीकार कर लेते हैं कि लाखों मनुष्य ऐसे ईश्वर के लिए तृषित हैं कि जिसके अन्दर हृदय अर्थात् दया का भाव हो। रामानुज का मत सत्य के उच्चतम उद्‌गार को प्रकट करता है यद्यपि शंकर का कहना यह है कि यथार्थ सत्ता हमारे विचार की परिधि से महान् तथा गुरुतर है। रामानुज तर्क करते हैं कि हमें यह कल्पना न कर लेनी चाहिए कि धर्म के द्वारा जिसकी प्राप्ति होती है वह उच्चतम सत्ता नहीं है।[1] रामानुज जिस प्रकार के ईश्वरवाद का समर्थन करते हैं उस प्रकार का ईश्वरवाद शंकर को भी जीवन तथा धर्म के क्षेत्र में मान्य है। यह हिन्दू धर्म का विश्वास है चाहे वह वैष्णव, स्मार्त, शैव अथवा शाक्त मत के रूप में हो। यह आश्चर्य का विषय है कि पश्चिमी विचारक तथा समालोचक इस प्रकट सत्य को दृष्टि से ओझल करके समस्त हिन्दू धर्म को एक अव्यावहारिक भाव-प्रधान एकेश्वरवाद बताकर संसार के समक्ष अन्यथा रूप में रखने का आग्रह करते रहें।[2] यह ठीक है कि रामानुज द्वारा प्रतिपादित सिद्धान्त किसी भी प्रकार से ईश्वरवाद के अन्य रूपों में हीनतर नहीं है तो भी आस्तिकवाद के दृष्टिकोण से जो समस्याएं स्वभावतः उत्पन्न होती हैं, उनसे अछूता वह भी नहीं है।

विशेष्य और विशेषण के परस्पर सम्बन्ध की कल्पना द्वारा अथवा द्रव्य और गुण के पारस्परिक सम्बन्ध की कल्पना द्वारा रामानुज केवल एक ही तत्त्व के अस्तित्व

---

1. तुलना कीजिए, ब्रैडले : "वह मनुष्य जो धार्मिक चेतना से अधिक ठोस यथार्थता की मांग करता है, यह नहीं जानता कि वह क्या चाहता है।"

2. हीगल लिखता है : 'पूर्वीय धर्मों में पहली मांग यह है कि एक और अद्वितीय पदार्थ ही सत्य है और जीवात्मा तब तक न तो अपने अन्दर और न अपने से बाहर किसी सत्य परमार्थ को प्राप्त कर सकता है, जब तक वह अपने को स्वतः उस स्वतन्त्र और स्वप्नयोजनीय पदार्थ के विरोध में मानता है। उस परमार्थ की प्राप्ति उस पदार्थ के तादात्म्य के द्वारा ही हो सकती है, जिससे उसके कर्तृत्व तथा ज्ञातृत्व का विलय हो जाता है और वह स्वयं अचेतनावस्था में विलीन हो जाता है।"

की यथार्थता की स्थापना करने का प्रयत्न करते हैं[1] तथा अन्य तत्त्वों को भी उसी एक में समाविष्ट करते हैं। ब्रह्म के सत्, चित् तथा आनन्दरूपी गुणों के साथ के सम्बन्ध को लेकर रामानुज तर्क उपस्थित करते हैं कि उक्त गुणों का एकत्व अपने-आप में निरपेक्ष एकत्व न होकर उनके अन्तर्निहित समवाय सम्बन्ध का एकत्व है जिसमें द्रव्य तथा गुण का भेद भी विद्यमान है, तथा स्वयं गुणों के अपने अन्दर भी भेद विद्यमान है। ईश्वर समान रूप से सबका आधारभूत अधिष्ठान है जिसमें अनन्त गुण समवाय सम्बन्ध से रहते हैं। यदि रामानुज परम यथार्थ सत्ता को ढूंढ़ निकालने में समर्थ तार्किक परिणाम को स्वीकार करते हैं, तो उन्हें इसी परिणाम पर अगत्या पहुंचना होता है। समस्त निर्णय उद्देश्य तथा विधेय अथवा द्रव्य तथा गुण का संश्लेषण मात्र है। किन्तु समस्त निश्चयात्मक घोषणाएं सान्त प्रमेय पदार्थों के विषय में ही प्रतिपादन करती हैं जिनका एकत्व समवाय सम्बन्ध का अतिक्रमण नहीं करता और सान्त पदार्थों के ज्ञान में हमें निरपेक्ष एकत्व नहीं मिलता। उस यथार्थ सत्ता तक पहुंचने के लिए, जहां कि उद्देश्य और विधेय निरपेक्ष हैं, हमें परिवर्तनशील तथा सान्त पदार्थों से युक्त जगत् से ऊपर उठने के लिए बाध्य होना पड़ता है और इस प्रकार की यथार्थ सत्ता ही कल्पना ही समस्त तर्क-सम्मत कार्य-पद्धति का आधार है। एक तार्किक निर्णय में हम यथार्थ सत्ता के पूर्ण स्वरूप को निर्देशों की शृंखला के द्वारा प्रतिपादित करने का पूरा प्रयत्न करते हैं। किन्तु भावात्मक वस्तुओं की एक लड़ी ही मूल्यवान् यथार्थसत्ता का तब तक ठीक-ठीक प्रतिपादन नहीं कर सकती, जब तक कि हम यह भी स्वीकार न करें कि परम (निरपेक्ष) यथार्थ सत्ता विचार में भी आ सकती है। यही निरपेक्ष निर्णीत सिद्धान्त प्रारम्भ से हमारे मस्तिष्क में उपस्थित रहता है कि वह सत्ता तथा विचार एक है।

इस तथ्य से अधिक कि सत्, चित् और आनन्द-स्वरूप निरपेक्ष तत्त्व एक यथार्थ सत्ता है जिसके अन्दर उक्त सब भेदक गुण निहित हैं, रामानुज हमें यह नहीं बतलाते कि ठीक-ठीक परिमाण में उक्त गुण उस निरपेक्ष सत्ता के अन्दर अंगांगी-भाव से सम्बद्ध पाए जाते हैं।

द्रव्य और गुणों[2] में ब्रह्म तथा जगत् में एक प्रकार का अभेद सम्बन्ध है, समवाय सम्बन्ध नहीं, क्योंकि समवाय सम्बन्ध एक अन्तर्निहित भेद का द्योतक है।

क्या आत्माओं तथा जगत् का भी ब्रह्म के साथ ऐक्यभाव है? और यदि ऐसा है तो किन अर्थों में? विशेषणों अथवा गुणों की निर्भरता नित्य है और उसके वास्तविक स्वरूप से सम्बद्ध है।[3] यह जगत् केवल विशेषण ही नहीं है वरन् सर्वोपरि ब्रह्म के स्वरूप से भी इसका सम्बन्ध है। यह यथार्थ सत्ता के आन्तरिक निर्णय का व्यक्त रूप है। जीवात्माओं के विषय इस कथन की, कि वे ब्रह्म के साथ-साथ ही नित्य हैं, एक सीमा है। ब्रह्म की अनन्तता इसके निर्माणकर्त्ता अवयवों की निरुपाधिक अनन्तता से संयुक्त है। यदि ब्रह्म और आत्मा दोनों एक साथ नित्य काल से अवस्थित हैं तो उनके मध्य क्या सम्बन्ध है? उनके मध्य नित्य सम्बन्ध, चाहे अनिवार्य हो और चाहे आकस्मिक, एक प्रकार का ऐसा रहस्य होगा जिसकी व्याख्या न हो सकेगी। ब्रह्म की आत्मा उसकी देह से भिन्न है और हम उसे निरुपाधिक आत्मा कह सकते हैं।

---

1. न्यायसिद्धांजन, पृष्ठ 96।

2. द्रव्य और गुणों के सम्बन्ध का भाव असन्तोषप्रद है। यदि दोनों समरूप हैं तो भेद का कुछ अर्थ नहीं; और यदि दोनों परस्पर भिन्न हैं तब सम्बन्ध केवल बाह्यमात्र है। यदि दोनों आंतरिक रूप से समवाय सम्बन्ध से सम्बद्ध हैं तो यह सम्बन्ध अपने-आप में दोनों पक्ष से सम्बद्ध है, इत्यादि-इत्यादि जिसका कोई अन्त नहीं।

3. स्वरूपानबन्धित्वेन नियतत्वात् (2 : 4, 14)।

रामानुज की योजना में अनुभूत ज्ञान के सीमित केन्द्र ईश्वर के जीवन में गतियों के रूप में परिणत हो गए प्रतीत होते हैं। यदि परमतत्त्व एक निर्दोष व्यक्तित्व है जिसमें समस्त आत्माएं तथा जगत् भी सम्मिलित हैं तो यह जानना कठिन है कि सीमित शक्ति वाली आत्माएं अपनी-अपनी चेतनाओं के साथ विशिष्ट अर्थों एवं मूल्यों सहित किस प्रकार स्थिर रहती हैं। एक आत्मा दूसरी आत्मा का भाग नहीं हो सकती। रामानुज का ब्रह्म केवल सर्वोपरि आत्मा न होकर अनादि-अनन्त आत्माओं का एक नित्यस्थायी समाज है। ईश्वर किस प्रकार उसी परम भाव से जीवात्मा को अपने अन्दर तथा बाहर धारण कर सकता है? हम उस ईश्वर तथा निम्नतम श्रेणी की आत्माओं में जो अपने अस्तित्व को उसी से प्राप्त करती हैं, भेद कर सकते हैं क्योंकि परमतत्त्व उस समस्त प्राणिजगत् को, जिसके विषय में हम सोच सकते हैं अपने अन्दर समाविष्ट किए हुए हैं। ईश्वर, आत्माएं तथा प्रकृति परमतत्त्व हैं, केवल ईश्वर ही नहीं। तो भी रामानुज केवल ईश्वर को ही परमतत्त्व मानते हैं जिसके अतिरिक्त और जिसके परे और कुछ नहीं है। जब वे अपने दर्शन के एकेश्वरवादी रूप के ऊपर बल देते हैं तो यह प्रतिपादन करते हैं कि सर्वोपरि यथार्थ सत्ता के अन्दर आत्मचेतना तथा प्रकृति और आत्माएं उस श्रेष्ठतम आत्मा के जीवन में केवल क्षणमात्र हैं। जब उन्हें जीवात्मा के स्वातन्त्र्य को अक्षुण्ण बनाए रखने की चिन्ता होती है तो वे इस प्रकार तर्क करते हैं कि समस्त जीवात्मा चेतनता के केन्द्र हैं और ज्ञानवान् प्रमाता हैं जिनमें आत्मचेतना विद्यमान है यद्यपि उनके आत्मत्व का उद्‌गम स्थान ईश्वर ही है।

आत्माओं तथा प्रकृति से युक्त इस विश्व ब्रह्माण्ड का उपादान तथा निमित्त कारण ब्रह्म है। परिवर्तनों का सम्बन्ध ईश्वर की देह से है किन्तु देही आत्मा निर्विकार रहती है।[1] "उस उच्चतम आत्मा से भिन्न प्रत्येक पदार्थ चेतन हो अथवा जड़, उसकी देह है किन्तु केवल आत्मा ही एकमात्र निरुपाधिक शरीरधारी आत्मा है।"[2] ईश्वर की देह उपादान कारण है और आत्मा नैमित्तिक कारण है, और इस प्रकार हम कह सकते हैं कि ईश्वर इस जगत् का उपादन तथा नैमित्तिक, दोनों ही प्रकार का कारण है। इस भेद को स्वीकार करना ही चाहिए क्योंकि रामानुज का विश्वास है देह के परिवर्तन ईश्वर की आत्मा पर अपना कोई असर नहीं रखते, ठीक वैसे ही जैसे कि जीव के देह परिवर्तन का जीव के सारतत्त्व पर कोई असर नहीं पड़ता। तो फिर ईश्वर का वह सारतत्त्व कौन-सा है जो निर्विकार बना रहता है? क्या सूक्ष्म अवस्था में जैसे कि प्रलय में अथवा स्थूल अवस्था में जैसे कि सृष्टि में, अथवा एक जीवधारी की अवस्था में, यद्यपि अपूर्ण अवस्था में नहीं, जैसे कि मोक्ष की अवस्था में ईश्वर का सारतत्त्व जगत् के सारतत्त्व से भिन्न है? ईश्वर की नित्य विभूति से भी इसे पृथक् करना आवश्यक है। यदि हम सत्, चित् तथा आनन्द रूपी गुणों को पृथक् कर दें तो परमसत्ता के स्वरूप को समझना कठिन होगा; क्योंकि अन्ततोगत्वा यही तो एकमात्र गुण है। तो भी यदि उक्त गुण ही ईश्वर के वास्तविक स्वरूप का निर्माण करते हैं तो उनके अन्दर परिवर्तन की प्रक्रिया भी उसके स्वरूप पर प्रभाव रखेगी। क्या इस सबका यह अर्थ नहीं होता कि ईश्वर निरपेक्ष यथार्थता नहीं है, किन्तु स्वयं भी निर्माण की अवस्था में है? अन्त में जाकर इस प्रकार का भेद भी, कि ईश्वर की आत्मा निमित्त कारण और उसकी देह उपादान कारण है, ठहर नहीं सकता।

---

1. तत्त्वमुक्ताकलाप, 3 : 25।
2. स्वव्यतिरिक्तं चेतनाचेतनवस्तुजातं स्वशरीरम् इति, स एव निरुपाधिकः शरीर आत्मा (1 : 1, 13)।

यह नहीं हो सकता कि एक मुर्गी के आधे भाग को तो हम पकाने के लिए ले लें और शेष आधे भाग को अण्डे देने के लिए छोड़ दें।[1]

समस्त एकेश्वरवाद के समक्ष सान्त का अनन्त के साथ सम्बन्ध एक समस्या है। सान्त यथार्थ सत्ताओं की व्यवस्था स्वयं में अनन्त नहीं हो सकती। सान्त के ऊपर भी कुछ होना चाहिए। रामानुज जगत् के समस्त रूपों को विचार तथा प्रकृति के दो विभागों के अन्तर्गत समाविष्ट करते हैं और उनका कहना है कि दोनों एक-दूसरे के प्रति सर्वथा अनुकूल हैं और इस प्रकार इस परिणाम पर पहुंचते हैं कि ईश्वर ही समस्त जगत् की प्रक्रिया का संचालन करता है। तर्कशास्त्र इसको प्रस्तुत करता है, धार्मिक चेतना इसका समर्थन करती है और इस प्रकार हममें से अधिकांश इसे स्वीकार करते हैं। किन्तु यह समस्या का समाधान नहीं है। यह कहा जा सकता है कि समस्त व्याख्या यथार्थता के अन्दर है और उसकी व्याख्या नहीं है। हम यह भी नहीं कह सकते कि यथार्थ सत्ता जैसी है, वैसी क्यों है। किन्तु यथार्थ सत्ता के अन्दर भी सम्बन्धों का निर्णय तर्क के द्वारा नहीं होता। सान्त यदि विचार तथा प्रकृति के साथ समीकृत है तो इस प्रकार के परस्पर विरोधी अंश उसी एक यथार्थता के नहीं हो सकते। या तो सम्पूर्ण इकाई के एकत्व में अथवा गुणों के भेदों में परिवर्तन करने की आवश्यकता है। रामानुज ने किया यह कि उन्होंने दोनों को एक परम सत्ता के अन्दर संयुक्त कर दिया जो एक स्थूल ऐन्द्रिक पूर्ण इकाई है जिसके सब भाग तथा अंश एक सर्वश्रेष्ठ तत्त्व के अन्दर तथा उसके द्वारा स्थित हैं, और जो स्वयं शरीर रूप से उनके अन्दर अवस्थित है। शंकर के सिद्धान्त के विरुद्ध आपत्ति यह है कि वे निरपेक्ष परम सत्ता को इतनी ऊंचाई पर पहुंचा देते हैं कि नीचे के मनुष्य समाज तक पहुंचने के लिए कोई मार्ग नहीं रहता। रामानुज का आशय हमारे समक्ष एक अधिक सन्तोषजनक एकत्व रखने का है जो न तो सारूप्य है और न ही अवयवों का पुंज है, वरन् समस्त भेदों तथा सम्बन्धों को समाविष्ट किए हुए है। प्रश्न उठ सकता है कि इस प्रकार का एक निरपेक्ष जीवन मात्र निरंकुश कल्पना है जिसको प्रमाणित नहीं किया जा सकता। हम शब्दों को जोड़कर एक युक्तिसंगत कथन अवश्य कर सकते हैं किन्तु तदनुकूल कोई यथार्थ सत्ता है भी, यह संशयास्पद है। यदि निरपेक्ष सत्ता की अतीन्द्रिय तथा निर्विकार रूप में कल्पना की जाए तब यह समस्या उपस्थित होती है कि इस प्रकार का निरपेक्ष, जिसका कोई इतिहास नहीं मिलता, कैसे काल की प्रक्रिया तथा जगत् के विकास को अपने अन्दर निहित रखता है? इसलिए जब तक रामानुज निरपेक्ष सत्ता की निर्विकार पूर्णता की सन्तोषजनक व्याख्या नहीं कर देते और उसके स्थान में निरन्तर परिवर्तित होती हुई प्रक्रिया को नहीं रखते जो एक प्रगतिशील पूर्णता है तब तक वे हमारे समक्ष इसकी कोई भी सन्तोषजनक व्याख्या नहीं प्रस्तुत कर सकते कि निरपेक्ष की आत्मा का उसकी देह के साथ क्या सम्बन्ध है।

और फिर प्रकृति का संगठन तथा आत्माओं का क्षेत्र किस प्रकार एकत्व में संयुक्त हैं? जगत् की एकता को तथा व्यक्तियों के परस्पर भेद को सुरक्षित रखने का प्रयत्न करना ठीक है किन्तु यदि हमारे दुःख तथा संघर्ष, पाप और त्रुटियां निरपेक्ष के आन्तरिक भाग हैं और उस दैवीय मस्तिष्क में उसकी प्रशान्त तथा मंगलदायक चेतना के स्पष्ट घटकों के रूप में अनादि काल से उपस्थित हैं, तो क्या आत्माएं ईश्वर के मस्तिष्क में केवल निश्चित तथा स्थायी तत्त्व नहीं हैं? दूसरी ओर, यदि हम पृथक्-पृथक् व्यक्ति हैं तो ईश्वर भी हम से पृथक् अवश्य होगा। केवल इस तथ्य के कारण कि हम सबका जीवन एक समान है,

1. ब्रह्मसूत्र पर आनन्दगिरि का भाष्य, 1 : 2, 8।

व्यक्तित्व में न्यूनता नहीं आती।[1] रामानुज आत्मा तथा शरीर के दृष्टान्त का प्रयोग यह संगत करने के लिए करते हैं कि शरीर अपने अन्दर अवस्थित आत्मा के बिना नहीं रह सकता। जब आत्मा चली जाती है तो शरीर नष्ट हो जाता है। इसके अतिरिक्त शरीर का अस्तित्व मात्र आत्मा को सुख व दुःख का अनुभव कराने के लिए है। शरीर का लक्ष्य आत्मा है किन्तु यदि इस दृष्टान्त के ऊपर अधिक बल दिया जाए तो इसका अर्थ यह होगा कि ईश्वर ही सब कुछ है तथा आत्माएं और शरीर केवल ईश्वर की प्रसन्नता के साधन मात्र हैं। हीगल के समान, कुछ विचारकों का द्रव्यवाचक सर्वव्यापी एक ऐसा शब्द है जो समस्या का समाधान तो नहीं करता किन्तु उसे फिर से दोहरा देता है। उनकी दृष्टि में दर्शन ज्ञान एक सम्पूर्ण इकाई में निरपेक्ष की नित्यपूर्गता तथा जगत् की अनन्त प्रक्रिया को परस्पर सम्बन्धित कर देता है।

रामानुज को जीवात्माओं की स्थायी तथा स्वतन्त्र यथार्थता को सुरक्षित-स्थिर रखने की चिन्ता है और इसलिए वे बलपूर्वक ऐसे मत का विरोध करते हैं, जो व्यक्तित्व का केवल एक भ्रामक प्रतीतिमात्र के रूप में निदर्शन करता है। एक ही यथार्थ सत्ता के अन्दर जिसे हम निरपेक्ष कह सकते हैं ईश्वर, जीवात्मा तथा जड़ प्रकृति में परस्पर भेद किया गया है।[2] जीवात्मा सर्वोपरि शक्ति है क्योंकि सब पदार्थ ईश्वर की देह का निर्माण करते हैं।[3] रामानुज जिसे जीवात्मा मान लेते हैं वह आनुभविक अहं है जो एक सान्त सत्ता है और जिसके पूर्व तथा पश्चात् दोनों हैं। ऐसा आग्रहपूर्वक कथन करना कि समस्त ज्ञान के अन्दर ज्ञाता (प्रमाता) तथा ज्ञेय (प्रमेय विषय) का भेद समाविष्ट रहता है अधिक संगत न होगा क्योंकि यह भेद सापेक्ष है। देखने की क्रिया में दर्शनीय स्थान को हम दृष्टि का विषय तथा आंख को द्रष्टा अथवा ज्ञाता मानकर दोनों में भेद करते हैं। इसी प्रकार चेतनायुक्त अनुभव में हम इस चेतना के विषय को इसकी आकृति से पृथक् करके चेतना को ज्ञाता तथा उसके विषय को ज्ञेय पदार्थ कहते हैं, यद्यपि वस्तुतः ये दोनों उस एक ही जगत् के साथ सम्बद्ध हैं। जिसे रामानुज ज्ञाता (प्रमाता) कहते हैं वह यथार्थ में ज्ञाता के रूप में विचार में नहीं आता किन्तु ऐसा ज्ञाता है जो अपने आप में इस जगत् के अनुभव में आने वाले अनेक विषयों में से एक है।[4]

रामानुज का कहना है कि शरीर-सम्बन्धी परिवर्तनों से आत्मा में कोई विकार नहीं आता।[5] यह स्वभावतः निर्मल और निर्विकार है। भौतिकता की कृष्णवर्ण छायाएं केवल इसकी उज्ज्वलता को आवृत करती हैं किन्तु इसके उक्त गुण का नाश नहीं करतीं। भौतिक रूप केवल आकस्मिक है जिसे दूर किया जा सकता है। यह भौतिक रूप पाप की उपज है किन्तु

1. ब्रैडले कहता है कि "यदि हम व्यक्ति रूप मनुष्यों, तुम्हें और अपने को यथार्थ मान लें और इनमें से प्रत्येक अपने अधिकार में है तो ईश्वर के लिए यह कहना कि वह धार्मिक चेतना में यथार्थ है, निरर्थक है" (ट्रुथ एण्ड रियलिटी' पृष्ठ 434-35)।

2. इसके साथ रैशदल के मत की तुलना कीजिए ('थियरी ऑफ गुड एण्ड ईविल', खण्ड 2, पृष्ठ 238 और आगे)।

3. सर्वात्मत्वात प्रत्यगात्मनोऽप्यात्मा परमात्मा।

4. तुलना कीजिए, जेंटाइल : "यदि फिर हम मन की अतीन्द्रिय क्रिया के तत्त्व को जान लें तो हम इसे दर्शक और दृश्य के रूप में प्रस्तुत नहीं करेंगे, अर्थात् मन ज्ञान का विषय और ज्ञाता एक बाह्य दर्शक। जब चेतना भी चेतना का विषय है तो वह चेतना नहीं रहती। सही अर्थों में यह ज्ञाता नहीं अपितु ज्ञेय पदार्थ है अहं भी नहीं है; प्रत्युत अनहं है।' ('थियरी आफ माइंड ऐज प्योर ऐक्ट', अंग्रेज़ी-अनुवाद, पृष्ठ 6)।

5. स्वशरीरगतबालत्वयुवत्वस्थविरत्वादयो धर्माः जीवं न स्पृशन्ति (1 : 1, 13)

निर्मल आत्मा पाप नहीं कर सकती। इस प्रकार पाप बिना शरीरधारी आत्मा के सम्भव नहीं हो सकता और बिना पाप के शरीरधारी जीवात्मा नहीं हो सकता। अन्य हिन्दू विचारकों के अनुसार, रामानुज भी अनादि संसार की कल्पना द्वारा इस कठिनाई से छुटकारा पा लेते हैं। किन्तु इसमें आत्मा की विशुद्ध धार्मिकता आ जाती है। पाप तथा दण्ड दोनों ही का सम्बन्ध पदार्थविषयक शृंखला से है और उस विशुद्ध ज्ञाता का इससे कोई मतलब नहीं जो पाप नहीं कर सकता; किन्तु यदि आत्मा पाप कर सकती है तो इसका अर्थ यह हुआ कि इसका सम्बन्ध प्रकृति के साथ पहले से ही है और यह विशुद्ध आत्मा न होकर संसारी अहं है। यदि यह कहा जाता है कि विश्व रूप शृंखला अनादि है तो हमारे पास विशुद्ध आत्मा एक ओर है और दूसरी ओर ज्ञेय विषय है और दोनों ही निरपेक्ष अस्तित्व रखते हैं क्योंकि अपने से अतिरिक्त उनकी कोई व्याख्या हमें नहीं मिलती। आत्मा अपने-आप में निर्मल है, शरीर इससे चिपका रहता है। यह किस प्रकार होता है?

आत्मा का ज्ञान के साथ क्या सम्बन्ध है? ये परस्पर भिन्न हैं या एक हैं? यदि भिन्न हैं तो शरीर में किसी स्थान विशेष पर सुख अथवा दुःख का अनुभव ज्ञान को होगा, आत्मा को नहीं और इस प्रकार आत्मा को सुख-दुःख का अनुभव न हो सकेगा। हम यह नहीं कह सकते कि ज्ञान आत्मा का व्यापार है, क्योंकि तब इसकी उत्पत्ति माननी पड़ेगी। किन्तु रामानुज के मन में ज्ञान नित्य तथा स्वतन्त्र है किन्तु उत्पन्न वस्तु नहीं है। यदि आत्मा और ज्ञान एक है तब आत्मा भी विस्तार तथा संकोच के अधीन हो जाएगी। किन्तु आणविक आत्मा न फैलती है न सिकुड़ती है। आत्मा, जो स्वयं चेतनता से बनी हुई है,[1] और ज्ञान का सम्बन्ध स्पष्ट रूप में नहीं समझा जा सकता। आत्मा चेतनता से ओत-प्रोत है और चेतनता इसका गुण भी है।[2] "ज्ञान जानने वाले प्रमाता (ज्ञाता) से भिन्न है जिसका यह गुण है जिस प्रकार गन्ध, जो पृथ्वी का गुण है, पृथ्वी से भिन्न है।"[3] किन्तु रामानुज स्वीकार करते हैं कि प्रगाढ़ निद्रा में चेतना रहती है यद्यपि यह विषयरूप पदार्थों से सम्बद्ध नहीं रहती।[4] आत्मा का स्वरूप ज्ञान इतना नहीं है जितना कि विशुद्ध चेतनता है जो बराबर विषयों से सम्बन्ध रखती है।

जीव का सम्बन्ध जो ब्रह्म के साथ है उसमें भी कठिन समस्याएं उपस्थित होती हैं। रामानुज का कहना है : सर्वश्रेष्ठ ब्रह्म ने अनेक होने का निश्चय किया। उसके पश्चात् उसने सारे जगत् का आविर्भाव किया जिसमें अग्नि, जल आदि समवेत थे, और इस प्रकार आविर्भूत जगत् में चेतन जीव वर्ग के समस्त पुंज को प्रविष्ट करके उनके अन्दर भिन्न-भिन्न दैवीय तथा मानवीय आदि शरीरों का, जो प्रत्येक जीवात्मा के गुणावगुण के अनुरूप हों, निर्माण किया और अन्त में अपनी इच्छा के अनुसार उक्त आत्माओं के अन्दर प्रविष्ट होकर, जिससे कि उनका जीवान्तरात्मा बन सके, उक्त सब पुंजों में नाम का रूप विकास किया, अर्थात् प्रत्येक पुंज को एक सारवान् रूप दे दिया जिससे कि उसे किसी एक विशेष शब्द के द्वारा प्रकट किया जा सके।[5] इस प्रकार जीव सम्पूर्ण यथार्थता का एक प्रतिबिम्ब है। प्रत्येक जीव में (1) अन्तर्यामी ब्रह्म, अर्थात् वह प्रकाश जो प्रत्येक जीवित सत्ता को प्रकाश देता है, (2) आत्मा जो विश्व का ज्ञाता है, और (3) जड़ साधन, जिनके द्वारा आत्मा कर्म करता है,

1. विज्ञानमयो हि जीवो बुद्धिमात्रम् (1 : 1, 13)।

2. 2 : 3, 29।

3. 2 : 3, 27।

4. ज्ञानस्य विषयगोचरत्वं जागर्यादापवुलभ्यते (2 : 3, 31)।

5. 1 : 1, 13।

यह सब विद्यमान रहते हैं। प्रत्येक जीवात्मा एकत्व के अन्दर त्रैत प्रतीत होता है, वैसे ही जैसे कि ब्रह्म है।[1] ब्रह्म मूल वस्तु है और जीवात्मा उसका प्रतिरूप है क्योंकि प्रत्येक जीवात्मा ईश्वर की सर्वश्रेष्ठ पूर्णता की सान्त तथा भौतिक रूपरेखाओं को धारण किए हुए है। इसके अतिरिक्त, जब आत्मा शरीर का परित्याग करके मोक्ष की अवस्था में प्रविष्ट होती है तो यह जीवन की विशुद्ध विषयवस्तु रूप हो गई प्रतीत होती है। इसका ईश्वर से सम्बन्ध विच्छेद नहीं होता क्योंकि दैवीय जीवन की धाराएं इसके अन्दर होकर प्रवाहित होती हैं। क्या इन जीवात्माओं का परस्पर एक-दूसरे पर अतिछादन तो नहीं होता? यदि नहीं तो वह क्या वस्तु है जिससे इनमें परस्पर यह लक्षित होता है? क्या वे अपने तात्त्विक रूप में द्रव्य हैं या केवल निरपेक्षता के अन्दर गुणमात्र हैं? रामानुज का दृढ़ मत है कि इनमें से प्रत्येक आत्मा में प्रधानता है और ऐसे अनुभव हैं जिनके द्वारा यह एक एकत्व का संगठन करती हैं किन्तु एतत्सम्बन्धी तर्क कुछ निबल प्रतीत होता है।

जीवात्मा के सम्बन्ध में रामानुज का जो विचार है वह हमें द्रव्य सम्बन्धी पाण्डित्य प्रदर्शक कल्पना का स्मरण कराता है जिसके ऊपर काण्ट ने अपने 'रेफ्युटेशन ऑफ़ रैशनल साइकोलॉजी' नामक ग्रंथ में तथा शंकर ने ब्रह्मसूत्रों पर किए गए अपने भाष्य में आक्षेप किए हैं। रामानुज के अनुसार, जीवात्मा एक शाश्वत रूप में रहने वाली सत्ता है और यह नित्य है किन्तु शंकर का मत है कि शाश्वत स्वयंभू सत्ता केवल आत्मा ही है। रामानुज के मत को मानने से आत्मा के एक समान सार तत्त्व तथा निरन्तर विकास के मध्यवर्ती सम्बन्ध को जानना कठिन है। जैसा कि हीगल के दर्शन में है, हमें यहां प्रक्रिया की एक समानता मिलती है, ऐसी समानता जो भेद में भी स्थिर रहती है। यदि एक शरीर से दूसरे शरीर में जाने पर, अथवा सामयिक चेतना के विराम से, जीवात्मा की समानता पर कोई असर नहीं होता तो इससे परिणाम यह निकलता है कि शारीरिक सम्बन्ध, स्मृति एवं चेतना आत्मा के स्वरूप के मौलिक सिद्धान्त नहीं हैं। हम नहीं समझ सकते कि आत्मा का स्थिर तथा अपरिवर्तनशील स्वरूप क्या है जिसके लिए सब ज्ञात अनुभव असंगत हैं। ऐसा प्रतीत होता है कि हम एक भावात्मक अमूर्त स्वयंभू व्यक्तिवाद पर आ पहुंचे हैं जहां निजी समानता, चेतना की निरन्तरता, अनीति और पूर्वसत्ता आदि शब्द कोई अर्थ नहीं रखते। भावात्मक मूलभूत स्वयंभू को चेतन तथा अनुभवी आत्मा से कुछ सरोकार नहीं है। इस प्रकार का मत रखना कि सरल तथा वर्णविहीन इकाई जिसे आत्मा कहा जाता है, प्रत्येक व्यक्ति के अन्दर अलग-अलग है केवल एक कल्पना मात्र है। हम यह स्वीकार करने के लिए बाध्य हैं कि प्रत्येक व्यक्ति के अन्दर एक मूलभूत आत्मा का निवास है जिसका प्रगतिशील विकास के साथ सम्बन्ध है।

शंकर और रामानुज, दोनों ही वेदान्त के प्रकाण्ड विचारक हुए हैं और प्रत्येक के सर्वोत्कृष्ट गुण दूसरे के लिए दोष हैं। शंकर का प्रकट रूप में शुष्क तर्क उनके दर्शन को धार्मिक दृष्टि से अनाकर्षक बनाता है। रामानुज द्वारा प्रतिपादित परलोक की सुन्दर गाथाएं, जिनका वर्णन वे एक ऐसे व्यक्ति के विश्वास के साथ करते हैं जिसने सृष्टि की उत्पत्ति में व्यक्तिरूप से सहायता की हो, सर्वथा अविश्वास के योग्य हैं। शंकर की उच्छेदकारी आन्वीक्षिकी विद्या, जो कि ईश्वर, मनुष्य तथा जगत् आदि सबका आदि-कारण एक ही परमचेतना को बतलाती है रामानुज के अनुयायियों को बिलकुल निरुत्तर कर देती है। शंकर के अनुयायी अपने गुरु

---

1. अचिज्जीवविशिष्टपरमात्मा (1 : 1, 13)।

से भी आगे बढ़ जाते हैं और उनके सिद्धान्त को आपत्तिजनक रूप में अनीश्वरवाद सम्बन्धी भ्रष्ट बुद्धि की सीमा तक पहुंचा देते हैं। रामानुज के अनुयायी भी उसी सात्त्विक आश्वासन के साथ दैवीय मस्तिष्क के न्यायालयों के मार्ग से आगे बढ़ते हैं, जैसे कि मिल्टन स्वर्ग के विशाल प्रासादों से होकर आगे बढ़ता है; तो भी रामानुज में धार्मिक क्षेत्र में एक महान् प्रतिभा थी। उनके मस्तिष्क से नानाविध स्रोतों से यथा उपनिषदों और आगमों से पुराणों तथा प्रबन्धों से अपूर्व विचार स्वतः प्रवाहित होते थे और उसके अन्दर अपनी निजी धार्मिक वृत्ति के कारण उक्त विचारों को उचित स्थान मिलता था। उक्त विचारों के समस्त भिन्न-भिन्न अवयव अनिर्वचनीय धार्मिक अनुभव में समाहित पाए जाते हैं। रामानुज में दार्शनिक भाव तो प्रबल था ही, किन्तु धार्मिक आकांक्षाएं भी उतनी ही प्रबल थीं। उन्होंने धार्मिक भावनाओं की मांग का तार्किक विचार पद्धति के साथ समन्वय करने का पूरा प्रयत्न किया है। यदि उन्हें एक क्रमबद्ध तथा अपने-आप में पूर्ण धार्मिक दर्शन-पद्धति को हमारे समक्ष रखने में सफलता नहीं मिली तो इसमें कुछ भी आश्चर्य नहीं है। उनकी गम्भीर तत्परता तथा ठोस तर्क, जिनके आधार पर उन्होंने समस्या को समझा और धर्म तथा दर्शन के बीच प्रकट रूप में जो विस्तृत खाई देखी जाती है, उसे पाटने का पूरा प्रयत्न किया, वह अलौकिक है। एक दुर्बल बुद्धि, जिसके साथ आत्मा की गम्भीरता नहीं है, ईश्वर के विधि-विधान की ओर से आंखें मींच सकती है और समस्या का एक प्रतीयमान सरल समाधान भी दे सकती है किन्तु रामानुज में वह बात नहीं है। उन्होंने हमारे समक्ष एकेश्वरवाद का एक सर्वोत्तम नमूना रखा है जिसे बुद्धि ग्रहण करती है तथा जिसमें सर्वान्तर्यामिता का भी पुट दिया गया है।[1]

उद्धृत ग्रन्थों की सूची

ब्रह्मसूत्र पर रामानुजभाष्य : थिबौत-कृत अंग्रेज़ी-अनुवाद, 'सैक्रेड बुक्स ऑफ़ दि ईस्ट' 48।

ब्रह्मसूत्र पर रामानुजभाष्य : रंगाचार्य कृत अंग्रेज़ी अनुवाद।

भगवद्गीता पर रामानुजभाष्य : गोविन्दाचार्य-कृत अंग्रेज़ी अनुवाद।

यतीन्द्रमतदीपिका : गोविन्दाचार्य कृत अंग्रेज़ी अनुवाद।

सर्वदर्शनसंग्रह, अध्याय 4।

1. शंकर का सगुण ब्रह्म तथा ब्रह्मलोक, रमानुज के विष्णु और वैकुण्ठ के समान है। शंकर इस विषय पर बल देते हैं कि ये विचार यद्यपि उपलब्ध विचारों में सबसे श्रेष्ठ हैं, परन्तु स्वयं में श्रेष्ठतम नहीं हैं। जहां तक जीवन का सम्बन्ध है, इस प्रकार के प्रतिबन्ध से कुछ अधिक अन्तर नहीं आता है।

दसवाँ अध्याय

शैव, शाक्त तथा परवर्ती वैष्णव ईश्वरवाद

शैव सिद्धान्त—साहित्य—सिद्धान्त—प्रत्यभिज्ञा दर्शन—शाक्त सम्प्रदाय—मध्वाचार्य—जीवन तथा साहित्य—ज्ञान का सिद्धान्त—ईश्वर—जीवात्मा—प्राकृतिक जगत्—ईश्वर और जगत्—नीतिशास्त्र और धर्म—समीक्षात्मक विचार—निम्बार्क—वल्लभ—चैतन्य का आन्दोलन।

1. शैव सिद्धान्त

प्रारम्भ से ही वैष्णव मत का सबसे मुख्य प्रतिद्वन्द्वी शैव मत रहा है,[1] जो कि आज भी दक्षिण भारत में एक अत्यन्त प्रचलित मत है। वैसे तो यह दक्षिण भारत में ईस्वी सन् के पूर्व से ही प्रचलित था, किन्तु इसे बौद्ध तथा जैन मत का विरोध होने के कारण अधिक बल प्राप्त हुआ, जिनको उसने वैष्णव मत के साथ मिलकर ईसा के पश्चात् की पांचवीं अथवा छठी शताब्दी में दबा दिया। लगभग ग्यारहवीं शताब्दी में इसने शैव सिद्धान्त के नाम से एक विशिष्ट दर्शन को परिष्कृत रूप दिया। डॉक्टर पोप ने, जिन्होंने इस दर्शन पर बहुत अधिक विचार किया, इसे "अत्यन्त परिष्कृत, प्रभावशाली और निःसन्देह भारत के समस्त धार्मिक सम्प्रदायों से सबसे अधिक आन्तरिक रूप में मूल्यवान् पाया।"[2] यद्यपि यह ठीक है कि शैव सिद्धान्त तथा काश्मीर के शैव मत में अद्भुत समानताएं हैं तो भी हम नहीं कह सकते कि शैव सिद्धान्त का साधारण संगठन अथवा महत्त्वपूर्ण मन्तव्य काश्मीर के शैवमत से लिया गया है। सबसे प्राचीन तमिल ग्रन्थ, जैसे 'तोलकाप्पियम' उन अरिवारों अथवा ऋषियों का उल्लेख करते हैं जिन्होंने मोक्ष तथा परमानन्द के मार्ग का निर्देशन किया। इन ऋषियों को ब्राह्मणग्रंथों, महाभारत और श्वेताश्वतर उपनिषदों के[3] रुद्र तथा रुद्रशिव सम्प्रदाय के वैदिक विचार ने प्रभावित किया। इनके अतिरिक्त अट्ठाईस शैव आगम, विशेषकर वे भाग जो ज्ञान के विषय का प्रतिपादन करते हैं, शैव सन्तों की छन्दोबद्ध वाणियां तथा अर्वाचीन अध्यात्मवादियों के ग्रन्थ दक्षिणी शैव मत के मुख्य स्रोत हैं।

2. साहित्य

अट्ठाईस आगमों को मान्यता प्राप्त है[4] जिनमें से मुख्य है कामिक, जिसमें वह

---

1. माधव के 'सर्वदर्शनसंग्रह' में शैव मत के चार सम्प्रदायों का उल्लेख है : नकुलीशपाशुपत, शैव, प्रत्यभिज्ञा और रसेश्वर। इनमें से अन्तिम दार्शनिक दृष्टि से महत्त्वपूर्ण नहीं है। प्रथम सम्प्रदाय के मुख्य सिद्धान्तों के लिए देखें, 'भारतीय दर्शन' खण्ड 1, पृष्ठ 399-400।

2. तिरुवासगम, पृष्ठ 74।

3. देखें, 'भारतीय दर्शन', खण्ड 1, पृष्ठ 70, 399-400, 417 और आगे।

4. कांजीवरम् के कैलासनाथ मन्दिर में हमें अट्ठाईस शैवागमों का सबसे प्राचीन शिलालेख मिलता है, जिसमें पल्लव राजा राजसिंह वर्मन ने अपने धार्मिक विश्वास का वर्णन किया है और यह पांचवीं शताब्दी (ईसा के पश्चात्) के अन्त का बना कहा जाता है।

विभाग भी आ जाता है जो ज्ञान के विषय का प्रतिपादन करता है। इसे मृगेन्द्र आगम का नाम दिया गया है। तमिल सन्तों यथा माणिक्कवासगर (सातवीं शताब्दी) और सुन्दरार ने इनका उल्लेख किया है। शैव मत के भक्तिपरक साहित्य[1] का निर्माणकाल पांचवीं से नौवीं शताब्दी तक है। शैव मंत्रों को, जिनका संकलन नम्बी आण्डर नम्बी (1000 ईस्वी) द्वारा किया गया है, सामूहिक रूप से तिरुमुराई कहा जाता है। पहले भाग में, जिसे 'देवारम' नाम दिया गया है, संबंदर, अप्पर और सुन्दरार के निर्मित छन्द हैं। अन्यों में सबसे अधिक महत्त्वपूर्ण है माणिक्कवासगर का 'तिरुवासगम'। सेक्करार के पेरियापुराण में (जिसका निर्माणकाल ग्यारहवीं शताब्दी है), जिसमें तिरेसठ शैव सन्तों का चरित्र वर्णित है, कुछ महत्त्वपूर्ण विचार सामग्री सन्निहित है। मेकण्डर का शिवज्ञानबोधम् (तेरहवीं शताब्दी), जिसे रौरव आगम के बाहर श्लोकों का विस्तृत रूप माना जाता है, शैव सिद्धान्त के विचारों का आदर्श भाष्य है। अरुलनन्दी शिवाचार्य, जो मेकण्डर के उन्नीस शिष्यों में सर्वप्रथम था, 'शिवज्ञानसिद्धियार' नामक महत्त्वपूर्ण ग्रन्थ का रचयिता है। 'उमापति' के ग्रन्थों में (चौदहवीं शताब्दी) शिवप्रकाशम और तिरुअरुलपयन ग्रन्थ प्रसिद्ध हैं। शैव सिद्धान्त वेदों तथा आगमों की दो प्रकार की परम्परा के आधार पर स्थित है[2] और इन दोनों के क्रमबद्ध समन्वय का कार्य नीलकण्ठ[3] (चौदहवीं शताब्दी) ने किया। उसने ब्रह्मसूत्र के ऊपर एक भाष्य लिखा और उक्त ग्रंथ की व्याख्या शैव पद्धति के आधार पर की। वह सामान्य रूप से रामानुज के दृष्टिकोण को स्वीकार करता है और एक ओर ईश्वर के निरपेक्ष एकात्मभाव तथा नितान्त भेद एवं दूसरी ओर आत्माओं तथा जगत् के एकात्मभाव एवं नितान्त भेद का विरोध करता है।[4] शिव सर्वोपरि है और अम्बा उसकी पत्नी है एवं चेतन और जड़ वस्तुएं उसके शरीर हैं। अप्पय दीक्षित का शिवार्कमणि दीपिका नामक भाष्य भी अधिक महत्त्वपूर्ण है।

3. सिद्धान्त

सर्वोपरि यथार्थ सत्ता को शिव कहा गया है, और वह अनादि, अजन्मा, सर्वथा निर्दोष, सब

1. "संसार के अन्य किसी भी मत ने इससे अधिक मूल्यवान भक्ति-प्रधान साहित्य उत्पन्न नहीं किया तथा उज्ज्वल कल्पनाशक्ति का सहज मनोभाव एवं भावुकता के उत्साह और कथन की ऐसी भव्यता अन्यत्र नहीं देखी गई" (बारनेट : 'दि हार्ट आफ इण्डिया', पृष्ठ 82)।

2. तिरुमूलर, सिद्धान्तदीपिका, नवम्बर 1911, पृष्ठ 205 पर उद्धृत। शिवज्ञानसिद्धियार कहता है : "वेद और शैवागम ही एकमात्र यथार्थ पुस्तकें हैं...इनमें से वेद सामान्य हैं और सबके लिए खुले हैं। आगम विशिष्ट हैं और उनका प्रकाश सौभाग्यशाली व्यक्तियों के लिए हुआ है तथा उनमें वेद और वेदान्त के सारभूत सत्य निहित हैं। दोनों ही ईश्वर द्वारा प्रदत्त कहे जाते हैं।" (1 : 46)। तुलना कीजिए, नीलकण्ठ : वयं तु वेदशिवागमयोः भेदं न पश्यामः। (ब्रह्ममीमांसा, पृष्ठ 156)।

3. देखें, नीलकण्ठ, 1 : 1, 3।

4. कितने ही प्रमुख वाक्य केवल रामानुज के भाष्य की प्रतिध्वनिमात्र हैं। उदाहरणार्थ तुलना कीजिए—सूक्ष्मचिदचिद्विशिष्टं ब्रह्म कारणम्, स्थूलचिदचिद्विशिष्टं तत् कार्यं भवति (1 : 1, 2)। किंतु देखें, अप्पयदीक्षित कृत आनन्दलहरी।

कार्यों का कर्ता और सर्वज्ञ है जो जीवात्माओं को उन बन्धनों से मुक्ति दिलाता है जो उन्हें जकड़े हुए हैं। सच्चिदानन्द के सूत्र की व्याख्या में आठ गुण उपलक्षित हैं, अर्थात् स्वयंभूत्व, अनिवार्य निर्मलता, अन्तर्दृष्टि सम्बन्धी ज्ञान, अनन्त बुद्धि, सब बन्धनों से स्वातन्त्र्य, अनन्त दया अथवा प्रेम, सर्वशक्तिमत्ता तथा असीम आनन्द। ईश्वर की सत्ता के कुछ प्रमाण दिए गए हैं। संसार में निरन्तर परिवर्तन हो रहा है। इसका उपादान कारण प्रकृति मिट्टी के समान जड़ है और स्वयं जगत् के रूप में परिणत नहीं हो सकती। यह विकास तत्त्वों के कारण से नहीं है क्योंकि तत्त्व ज्ञान से शून्य हैं। कर्म भी उन्हीं के समान अनुपयोगी हैं। मेकण्डर के अनुसार, काल अपरिवर्तनशील है यद्यपि देखने वाले को यह परिवर्तित होता प्रतीत होता है।[1] समस्त क्रिया की यह एक उपाधि है किन्तु अपने-आप में सक्रिय कर्त्ता नहीं है। किन्तु यदि ईश्वर प्रत्यक्ष रूप में कारण है तो उसकी स्वतन्त्रता और पूर्णता में सम्भव है बाधा उपस्थित होगी। इसीलिए कहा जाता है कि ईश्वर अपनी शक्ति के द्वारा व्यापार करता है और वह शक्ति उसका साधन रूप कारण है। कर्म सिद्धान्त मनुष्य के धार्मिक लक्ष्यों के अनुसार कार्य करता है। यह उद्देश्यों का निर्माण नहीं करता और न ही अच्छाई व बुराई में भेद करता है। इनका निर्णय एक अनन्त आत्मा के द्वारा होता है जो अपनी शक्ति की सहायता से इस विषय का भी ध्यान रखती है कि आत्माओं को अपना उचित फल (पुरस्कार) मिले। जिस प्रकार कुम्हार घड़े का स्रष्टा है, डण्डा व चक्र उसके साधन रूप कारण हैं, और मिट्टी उसका उपादान कारण है इसी प्रकार शिव संसार का स्रष्टा है, शक्ति साधन रूप कारण है और माया उपादान कारण है। जिस प्रकार शब्द राग के समस्त स्वरों में व्यापक रूप से रहता है, अथवा सुगन्ध फूल में समाई रहती है, इसी प्रकार ईश्वर अपनी शक्ति के द्वारा समस्त संसार में इतनी पूर्णता के साथ व्याप्त रहता है कि यह संसार में पृथक् प्रतीत नहीं होता। ईश्वर आत्मा है और प्राकृतिक विश्व तथा मनुष्य उसके शरीर हैं। ईश्वर और ये एक समान नहीं हैं यद्यपि ईश्वर इनके अन्दर तथा ये ईश्वर में निवास करते हैं। अद्वैतवाद से तात्पर्य एकत्व नहीं है, अपितु उसका तात्पर्य यह है कि उन्हें पृथक्-पृथक् नहीं किया जा सकता।

शिव नित्य स्थायी है क्योंकि वह काल के द्वारा सीमित नहीं है। वह सर्वव्यापी है। वह अपनी शक्ति के द्वारा कार्य करता है और वह शक्ति जड़ न होकर चेतन शक्ति है और वही ईश्वर की देह है। यह देह पांच मन्त्रों से मिलकर बनी है[2] और सृष्टि के सृजन, धारण तथा विश्व के विनाश, तिरोधान और जीवात्माओं के मोक्ष—इन पांच प्रकार के व्यापारों का उपकरण बनती है। उसका ज्ञान सदा उज्ज्वल है और तात्कालिक है। पौष्कर आगम के अनुसार शक्ति, जिसे कुण्डलिनी अथवा शुद्ध माया भी कहते हैं, वह है जिससे शिव अपने सब व्यापारों का सम्पादन करता है और जिसके अन्दर उसका अस्तित्व निहित है। शक्ति ही शिवरूपी विशुद्ध चेतना तथा जड़ प्रकृति के मध्य एक कड़ी है। यह वह उपाधि है जो शिव के व्यापारों के मध्य भेद करने का कारण है।[3] यह अनन्त से लेकर जो केवल ईश्वर से उतरकर है, निम्नतम सब प्राणियों के बन्धन का तथा मोक्ष का कारण है। शक्ति, जिसे

1. शिवज्ञानबोधम्, 1 : 4।

2. सद्योजात, वामदेव, अघोर, तत्पुरुष और ईशान। तुलना कीजिए, तैत्तिरीय आरण्यक, 10 : 43, 47।

3. पौष्कर आगम, 2 : 1।

प्रायः उमा भी कहा जाता है, केवल शिव की अनुरूप परिणति है और स्वतंत्र सत्ता नहीं है। परमसत्ता अपने आप में शिव है और पदार्थों के सम्बन्ध में वही शक्ति के नाम से पुकारी जाती है। शैव सिद्धान्त में शिव केवल अध्यात्मशास्त्र की परमसत्ता न होकर धर्म का ईश्वर भी है। वह रक्षक और गुरु है, और वह मनुष्य जाति के प्रति अपने महान् प्रेम के कारण इस आकृति को धारण करता है। वह ईश्वर प्रेममय है।[1]

समस्त पशु अर्थात् आत्माओं का समूह उसी प्रभु (पति) के हैं। वह उनका रचयिता नहीं है क्योंकि वह नित्य है। आत्मा देह से भिन्न है और देह एक भोग्य जड़ पदार्थ है। स्मृति तथा प्रत्यभिज्ञा के द्वारा उसकी उपस्थिति प्रमाणित होती है। वह सर्वव्यापी, शाश्वत तथा चेतन कार्यकर्ता है। वह अनादि, अनन्त और सर्वव्यापी चित् शक्ति का निवास स्थान है।[2] उसके अन्दर चैतन्य विद्यमान है जिसका सार देखने की क्रिया में निहित (दृक्क्रियारूपम्) है। 'शिवज्ञानसिद्धियार' के अनुसार, आत्मा स्थूल शरीर से भिन्न है और सूक्ष्म है यद्यपि उसके साथ सम्पृक्त है और इच्छा, विचार तथा क्रिया (इच्छा ज्ञानक्रिया) उसके व्यापार हैं।[3] यह जिस वस्तु में निवास करती है कुछ समय के लिए उस जैसी बन जाती है। संसार में रहकर वह सांसारिक पदार्थों में लिप्त रहती है किन्तु मोक्ष की अवस्था में वह अपनी एकाग्रता को ईश्वर में केन्द्रित करती है। प्रलय की अवस्था में शरीर रहित आत्माएं क्षमता तथा शक्ति के रूप में महान् शिव में विश्राम करती हैं। जीवात्माओं की संख्या न बढ़ सकती और न घट सकती है। ज्यों-ज्यों अधिक आत्माएं मोक्ष प्राप्त करती जाती हैं, त्यों-त्यों शरीरधारी आत्माओं की संख्या कम होती जाती है। मुक्तात्माओं में चैतन्य निर्दोष रूप में प्रकट होती है किन्तु सांसारिक आत्माओं में यह आवृत रूप में रहती है। जीवात्माओं के तीन वर्ग हैं जिनका विभाग तीन, दो अथवा एक प्रकार की मलिनताओं के अनुसार होता है।[4] यह पृथ्वी तथा शेष समस्त पदार्थ ईश्वर की रचना के कार्य रूप हैं। ये सब जड़ हैं और आत्माओं की आवश्यकताओं की पूर्ति के लिए हैं।

बन्धनों का जाल (पाशजाल) तीन प्रकार का है—अविद्या, कर्म और माया।[5] पहले की संज्ञा है आणवमल, अर्थात् अणुत्व (सान्तत्व) भाव का मिथ्या विचार, जो आत्मा में रहता है। आत्मा जो विशुद्ध चैतन्य रूप है अपने को सान्त और शरीर के ही अन्दर आबद्ध तथा परिमित ज्ञान व शक्ति वाली समझती है। यह अपने चैतन्य स्वरूप से अनभिज्ञ है और शरीर को ही भ्रम से यथार्थसत्ता मान लेती है। यह आत्मा (पशु) का बन्धन (पशुत्व) है। यह अविद्या सब प्राणियों में एक समान है और अनादि, प्रगाढ़, महती तथा नाना आकृतिवान् है। रचना और विनाश आदि सान्त जगत् के ही सम्बन्ध में घटते हैं और इस प्रकार उन्हें

---

1. शिवप्रकाशम्, 1 : 1; नल्लस्वामी पिल्लई : शैव सिद्धान्त, पृष्ठ 277।

2. मृगेन्द्र आगम 7 : 5।

3. 3 : 1।

4. सबसे उच्च वर्ग के जीवात्मा (विज्ञानकाल) माया और कर्म से मुक्त हैं। उनमें 'आणवम्' की केवल एक ही मलिनता है। अगले (प्रलय काल) वे हैं जो आणवम् और कर्म की मलिनताओं के अधीन हैं तथा जिनके कारण वे पुनर्जन्म के बन्धन में बद्ध हैं और अन्तिम (सकाल) वर्ग में वे सब प्राणी आ जाते हैं जो तीनों मलिनताओं के अधीन हैं।

5. मृगेन्द्र आगम 2 : 3-7।

अविद्या के परिणाम समझा जाता है।[1] जड़ शरीर के साथ चेतन आत्मा के संयुक्त होने का कारण कर्म है। यह अविद्या का सहायक है। इसे कर्म इसलिए कहा गया है कि यह प्राणियों की क्रियाओं से उत्पन्न होता है। इसकी संज्ञा अदृष्ट है, क्योंकि यह सूक्ष्म है। सृष्टि रचना में यह प्रवृत्त होता है और प्रलय में फिर माया में विलीन हो जाता है। इसका नाश तो नहीं हो सकता किन्तु अपना परिणाम अवश्य ही दिखाता है।[2] माया जगत् का भौतिक कारण है और स्वरूप से अचेतन है।[3] यह विश्व का बीज है, अनेक प्रकार की शक्तियों से सम्पन्न, सर्वव्यापी और अविनाशी है। "जिस प्रकार तना, पत्ता और फल, जो बीज में निहित हैं, बीज से उत्पन्न होते हैं उसी प्रकार काल से पृथ्वी (क्षिति) पर्यन्त यह विश्व माया से विकास के रूप में आता है।[4]

शैव दर्शन में सृष्टि रचना की प्रक्रिया पर विशेष ध्यान दिया गया है। शिव विशुद्ध चैतन्य है। प्रकृति विशुद्ध रूप में जड़ है और शक्ति दोनों में मध्यस्थ है। वह (शक्ति) जगत् का उपादान कारण नहीं है, क्योंकि वह चैतन्य स्वरूप है। शक्ति एक बाह्य तत्त्व है जो स्थूल तथा सूक्ष्म को, भौतिक तथा आध्यात्मिक को, शब्द तथा भाव को मिलाने वाली कड़ी है[5], शुद्ध माया है जो विश्व की माता है, वाणी अथवा नाद है तथा "मौन की वाणी है।" शैव सिद्धान्त सांख्य के पच्चीस तत्त्वों के विरुद्ध समस्त विश्व का विश्लेषण छत्तीस तत्त्वों में करता है। पुरुष के ऊपर पंच कंचुक अर्थात् पांच प्रकार का आवरण है, यथा नियति (व्यवस्था), काल, राग, विद्या (ज्ञान) तथा कला (क्षमता)। कला के ऊपर माया, शुद्धविद्या, ईश्वर, सदाशिव, शक्ति और शिव हैं। शिव तत्त्व अपने आप में एक विशिष्ट श्रेणी का है, सदाशिव, ईश्वर और शुद्धविद्या विद्या तत्त्वों का निर्माण करते हैं और शेष बत्तीस माया से नीचे तक आत्मतत्त्व हैं। ये विकास के विभिन्न पड़ाव हैं। माया सबसे पूर्व सूक्ष्म तत्त्वों के रूप में विकसित होती है और उसके बाद स्थूल तत्त्वों में। कला, जो माया के विकसित तत्त्वों में से सर्वप्रथम है, चैतन्य की अभिव्यक्ति में बाध के स्वरूप मलिनताओं पर विजय प्राप्त करती है और इसके कर्मानुसार अभिव्यक्ति होने में सहायक होती है; विद्यारूपी अगले तत्त्व से आत्मा सुख और दुःख का अनुभव ग्रहण करती है। "विद्या वह साधन है जिससे क्रियाशील आत्मा बुद्धि के व्यापारों को ग्रहण करती है।"[6] माया वह इच्छा है जिसके ऊपर समस्त अनुभव निर्भर करता है। काल भूत, वर्तमान तथा भविष्यत् के अनुभवों का नियंत्रण करता है। काल नित्य नहीं है, क्योंकि नित्यता काल से विमुक्त होने का नाम है। नियति एक नियत व्यवस्था है जिसके द्वारा शरीरों, इन्द्रियों इत्यादि का भिन्न-भिन्न आत्माओं के लिए नियन्त्रण होता है। पुरुष इन पांचों से आवृत हैं। शैव सिद्धांत का मत है कि सांख्य की मूल प्रकृति भी स्वयं एक उत्पन्न वस्तु है और

---

1. वही 7 : 2।
2. 8 : 1-5।
3. 9 : 2-4।
4. पौष्कर आगम, 3 : 4।
5. पौष्कर आगम, 2 : 17।
6. वही, 5 : 9।

उससे भी परे सूक्ष्म पांचों तत्त्वों को वह स्वीकार करती है। इन पांच में प्रथम तीन का कार्य ज्ञान (विद्या), कर्म तथा मनोभावों की शक्तियों को व्यक्त करना है और शेष दो काल तथा देश के समानान्तर हैं। प्रकृति वह सामग्री है जिससे पुरुष के भोग्य लोकों का निर्माण होता है। यह सर्वप्रथम स्थूल विकास है। प्रकृति के गुणों का विकास होता है, और गुणों से बुद्धि का, शेष सारा विकास सांख्य-वर्णित पद्धति के अनुसार होता है।

शिवतत्त्व निष्फल है, अर्थात् समस्त चैतन्य तथा क्रिया का अभिन्न आधार है। "जब शुद्ध माया जो शिव की शक्ति है अपना क्रियात्मक जीवन प्रारम्भ करती है तब शिव भोक्ता हो जाता है; वह सदाशिव है, यह सदाख्य भी कहलाता है, जो वास्तव में शिव से भिन्न नहीं हैं। जब शुद्ध माया वस्तुतः क्रियाशील होती है तब भोक्ता शिव अधिकारसम्पन्न शिव हो जाता है। उस अवस्था में वह ईश्वर है जो वस्तुतः सदाशिव से भिन्न नहीं है।"[1] जिसका शरीर पांच मन्त्रों का है वह सदाशिव है, शिव नहीं। शुद्धविद्या यथार्थ ज्ञान का कारण है। संसार के कालचक्र के बीच निष्क्रियता के विश्राम आते हैं और उसके अन्त में विकास प्रारम्भ होता है। वह प्रभु-मलिनताओं को व्यक्त होने देने में सहायता प्रदान करता है और उनके विकास की समस्त प्रक्रिया को आत्माओं के उपकार के लिए, जो उसकी कृपा पर निर्भर करती हैं, अक्षुण्ण बनाए रखता है।[2] वह आत्माओं के कर्मों का हिसाब रखता है तथा उन्हें उन्नति के मार्ग में सहायता करता है। कर्मविधान के प्रति आदर भाव रखना ईश्वर के स्वातन्त्र्य को सीमित करना नहीं है क्योंकि कर्मविधान वह साधन है जिसका वह उपयोग करता है।[3]

शैव सिद्धान्त जगत् के भ्रान्तिमय विचार का समर्थन नहीं करता। अनादि संसार प्रकृति तथा आत्माओं से मिलकर बना है, और ये दोनों नित्य हैं। संसार की पृष्ठभूमि में एक गम्भीर आशय रहता है और इसलिए इसे केवल भ्रांतिमात्र अथवा परिहास की वस्तु कहकर तुच्छ रूप न देना चाहिए। ईश्वर सदा प्रकृति के बन्धन से आत्माओं की मुक्ति करने में तत्पर रहता है। संसार का अनवरत गतिमान प्रवाह, जिसका नियंत्रण कर्मविधान के द्वारा होता है, मनुष्य को उच्चतर जीवन के प्रति आकृष्ट करने के लिए चलता रहता है। "शिव की अभिलाषा रहती है कि समस्त जन उसे जानें," ऐसा मेकण्डर का कहना है।[4] केवल मनुष्य की ही महत्त्वाकांक्षा ईश्वर को जानने विषयक नहीं है अपितु स्वयं प्रभु की भी यही इच्छा है।

पाप तीन प्रकार का बन्धन है जिससे हमें छुटकारा पाना है। हमें आणवम् अथवा अविद्या से अवश्य मुक्ति पानी है, क्योंकि यह आत्मा के प्रकाश को अपवित्र तथा अन्धकारावृत किए हुए है तथा कर्म को निःशक्त बनाती है क्योंकि बार-बार जन्म इसी के कारण होता

---

1. पौष्कर आगम, 1 : 25-26।
2. 7 : 11-22।
3. सर्वदर्शनसंग्रह, 7; शिवज्ञानबोधम् 2 : 5।
4. शिवज्ञानबोधम् 12 : 3।

है; माया को भी दूर करना है क्योंकि यही सब मलिनताओं की जड़ है। ईश्वर हमें अपने प्रयत्नों में सहायता करता है। एक ऐसी आध्यात्मिक निरपेक्ष परमसत्ता, जिसके ऊपर आत्मा में सुख और दुःख का कोई असर नहीं होता, किसी प्रयोजन की नहीं है। किन्तु शिव दया से पूर्ण है और क्रमिक युगों में आत्माओं के द्वारा ज्ञात होने तथा भक्तिपूर्ण प्रेम को प्राप्त करने की प्रतीक्षा करता रहता है। एक प्रकार का व्यक्तिगत बन्धन आत्मा को ईश्वर के साथ सम्पृक्त रखता है। ईश्वर की कृपा ही मोक्ष का मार्ग है। इसे प्राप्त करने के लिए शिव में बच्चे की भांति विश्वास रखना आवश्यक है। "जो निकट नहीं आते उन्हें कोई आशीर्वाद प्राप्त नहीं होता। किन्तु जो उसके निकट आते हैं उनके लिए सब प्रकार के उपकार का आश्वासन देता है; वह महान् ईश्वर किसी से घृणा नहीं करता।"[1] शैवमतानुयायी सन्त लोग ईश्वर का साक्षात् करने को तृषित रहते हैं। माणिक्कवासगर के एक गीत का भाव है :

> "इस पापमय ढांचे (शरीर) को उतार फेंकने के लिए; शिव के निवास स्थान में प्रवेश पाने तथा उस अद्भुत प्रकाश को देखने के लिए जिससे कि ये आंखें प्रसन्नता प्राप्त कर सकें; हे अनन्त! जिसके भक्त-समाज की कोई तुलना नहीं; हे पुराणपुरुष! तेरा दर्शन करने को तेरे दास की आत्मा तरस रही है।"[2]

पाप के ज्ञान का गहरा अनुभव करके कुछ सन्त लोग उच्च स्वर में कहते हैं कि पापों ने ही उन्हें ईश्वर के साथ संयुक्त भाव प्राप्त करने से रोक रखा है।[3] शैवों की भक्ति अधिक वीरतापूर्ण तथा पुरुषत्व रखती है किन्तु वैष्णवों की भक्ति में वह भाव नहीं है।

'तिरुवासगम्'[4] ने कितने सुन्दर छन्दों में अज्ञान तथा वासना के बन्धन से प्रकाश और प्रेम के स्वातन्त्र्यपूर्ण जीवन की ओर उन्नति करने, इसके सर्वप्रथम उद्बोधन, इसके आह्लाद तथा उत्कर्प, यथेच्छाचारिता तथा विषाद, संघर्ष और बेचैनी एवं शान्ति और ईश्वर के साथ मिलन के प्रसाद का चित्रण किया है। ईश्वर के अन्तर्ज्ञान में ज्ञाता, ज्ञान और ज्ञात का

---

1. तिरु-अरुल पायन 1 : 9।
2. पोप कृत अनुवाद, तिरुवासगम्, 25, 9।
3. तुलना कीजिए, अप्पार :

"मेरी जाति पापमय है, मेरे गुण भी सब पापमय हैं,
मैं केवल पाप में ही महान् हूं, मेरी भलाई भी बुराई है।
मेरी अन्तस्तम आत्मा पापी और मूर्ख है जो विशुद्ध सत्ता से दूर रहती है,
मैं पशु तो नहीं हूं किन्तु तो भी पशुओं के कर्म मैं कभी त्याग नहीं सकता।

आह! मैं जो एक नीच पुरुष हूं
मैं कहां से इस जन्म में आ गया।"

(किंग्सबरी और फिलिप्स : "हिम्स ऑफ दि तमिल शैवाइट सेंट्स,' पृष्ठ 47)

4. शैव सिद्धान्त के साहित्य के विषय में सर चार्ल्स इलियट लिखते हैं : "ऐसे किसी भी साहित्य में जिसका मुझे परिचय है व्यक्तिगत धार्मिक जीवन, इसके संघर्ष और नैराश्यपूर्ण क्षण, इसकी आशाएं और भय, इसके विश्वास और इसकी विजय ने—इससे अधिक स्पष्ट और अधिक पूर्णता के साथ अपना चित्रण प्रस्तुत नहीं किया।"

('हिन्दूज्म एण्ड बुद्धिज्म,' खण्ड 2, पृष्ठ 217)

भेद विलुप्त हो जाता है, ऐसा कहा गया है।[1] शैवमत के प्रारम्भिक रूप में हर हालत में सहिष्णुता का भाव था। "तुम चाहे किसी भी ईश्वर की उपासना करो उसी में शिव प्रकट हो जाएगा। वह जो कि इन सबसे ऊपर है तुम्हारी यथार्थपूजा को ग्रहण करके तुम्हारे ऊपर कृपा करेगा।"[2] मोक्ष की योजना में गुरु अथवा शिक्षक का एक महत्त्वपूर्ण भाग है। सच्चा गुरु वह है जो अपने अंतिम जन्म में है; और गुरु के अन्दर स्वयं शिव का निवास बताया गया है, जो गुरु के नेत्रों के माध्यम से शिष्य पर स्नेह की दृष्टि रखता है।[3] शिव के अवतार नहीं होते यद्यपि वह अपने भक्तों की भक्ति की परीक्षा लेने तथा उन्हें सत्य में दीक्षित करने के लिए स्वयं बार-बार प्रकट होता रहता है। किन्तु शिव कभी जन्म नहीं लेता है और न ही उसका कोई मानवीय जीवन होता है।

नैतिक गुणों पर विशेष बल दिया गया है। सिद्धियार कहता है : "जिन्हें मनुष्यमात्र से प्रेम नहीं है उन्हें ईश्वर से भी प्रेम नहीं हो सकता।[4] यद्यपि कर्म का विधान तो भंग नहीं किया जा सकता तो भी आत्मा के समक्ष चुनाव सम्बन्ध में कोई प्रतिबन्ध नहीं है। ईश्वर सदा मनुष्य के पुरुषार्थ का समर्थन करता है। कर्म और ज्ञान एक साथ मिलकर मोक्ष को जन्म देते हैं।[5] प्रत्येक यथार्थ ईश्वरवाद में जन्मगत जाति भेद शिथिल पड़ जाते हैं। यद्यपि माणिक्कवासगर ने तो जन्म और जातिगत भेद सम्बन्धी नियमों के प्रति किसी प्रकार का विरोध भाव प्रकट नहीं किया तो भी परवर्ती शैव पट्टणाथु पिल्लई, कपिलार और तेलगू कवि, वेमन जातिभेद के विषय में दोषदर्शी रहे। तिरुमुलार का मत है कि वर्ण एक ही है जैसे ईश्वर एक है।[6] वासव (बारहवीं शताब्दी के मध्य में) के सुधार सम्बन्धी आन्दोलन में ब्राह्मण वर्ण की श्रेष्ठता के विरुद्ध विद्रोह स्पष्ट लक्षित होता है यद्यपि वासव स्वयं भी ब्राह्मण था।[7] यह सम्प्रदाय पुनर्जन्म के सिद्धान्त को नहीं मानता।

कहा गया है कि पाश (बन्धन) के नष्ट हो जाने पर जीवात्मा शिव बन जाता है।[8] अर्थात् सम्पूर्णरूप से उसका सादृश्य प्राप्त कर लेता है, यद्यपि सृष्टि की उत्पत्ति आदि पांच व्यापार केवल ईश्वर के लिए ही सुरक्षित हैं।[9] चूंकि आत्मा में किसी प्रकार का मल अथवा अज्ञानान्धकार नहीं है इसलिए ईश्वर का प्रकाश उसके अन्दर चमकता है। मुक्ति से तात्पर्य ईश्वर-रूप हो जाना नहीं है वरन् ईश्वर की उपस्थिति का सुख प्राप्त करना है। मैकण्डर कहता है—"शिव के साथ सम्पृक्त होने पर यदि आत्मा का विनाश हो जाता तो किसी भी नित्यसत्ता का साहचर्य ईश्वर के साथ नहीं हो सकता था। और यदि इसका विनाश नहीं

---

1. तिरु-अरुल-पायन, 8 : 74।
2. शिवज्ञानसिद्धियार।
3. तिरु-अरुल-पायन, 5।
4. 12 : 2, 'सिद्धान्तदीपिका,' नवम्बर 1912, पृष्ठ 239 पर उद्धृत।
5. नीलकण्ठ, 1 : 1, 1।
6. "ओनरे कुलमुम् ओरू वने देवनुम्" (तिरुमात्रम्)।
7. यद्यपि सुधारवादी लिंगायत सम्प्रदाय ने जाति-पांति के भेद के विरुद्ध प्रबल आन्दोलन आरम्भ किया किन्तु वर्तमान समय में लिंगायत सम्प्रदाय वाले वर्णभेद मानते हैं।
8. मृगेन्द्र आगम 6 : 7। "निरन्तर शिवोऽहमिति भावनाप्रवाहेण शिथिलितपाशतयाऽपगपशुभाव उपासकः शिव एव भवति" (नीलकण्ठ, 4 : 1, 3)।
9. 4 : 4, 7 पर नीलकण्ठ की टीका।

होता और यह एक असम्बद्ध प्राणी के रूप में वर्तमान रहता है तब ईश्वर के साथ इसका मिलन नहीं हुआ। किन्तु मलिनताएं आत्मा के ऊपर प्रभाव डालना बन्द कर देंगी और तब आत्मा जिस प्रकार नमक और पानी का संयोग होता है, शिव के साथ उसके दास के रूप में संपृक्त हो जाएगी और उसी के साथ संयुक्त होकर उसके चरणों में निवास करेगी"[1] "पाप के दूर हो जाने पर आत्मा स्वयं शिव के पद को प्राप्त कर लेती है"[2] मुक्तात्मा शरीरधारी अथवा अशरीरी अवस्था में रह सकते हैं।[3] कुछ शैवों का विश्वास है कि मोक्ष में शरीर स्वयं शिव के प्रकाश से द्युतिमान हो उठता है। दूसरों का विश्वास है कि आत्माओं को अद्‌भुत शक्तियां प्राप्त हो जाती हैं। किन्तु इससे पूर्व कि वे सर्वोपरि प्रभु के साथ संयुक्त हों, आत्माओं के लिए अपने सब कर्मों का फल भोग लेना आवश्यक है। शरीर में रहते हुए भी मुक्तात्मा मनोभावों तथा क्षमता में सर्वोपरि प्रभु के समान हैं। मुक्तात्मा ऐसे कर्म नहीं करता जिनके कारण आगे चलकर उसे देह धारण करना पड़े। उसमें ईश्वर का सान्निध्य व्याप्त हो जाता है।[4] जब तक उसका पिछला कर्म फल नहीं दे चुकता तब तक वह शरीर धारण किए रहता है और इस मध्यवर्ती समय के कर्म ईश्वर की कृपा से नष्ट हो जाते हैं।[5] मुक्तात्माओं के जितने भी कर्म हैं वे उनके अन्दर अवस्थित ईश्वर की प्रेरणा से होते हैं।[6]

4. प्रत्यभिज्ञा दर्शन

यद्यपि आगम ही काश्मीर के शैव मत के भी आधार थे तथापि परवर्ती ग्रंथों का झुकाव स्पष्ट रूप में अद्वैतवाद की ओर दिखाई देता है।

वसुगुप्त (8वीं शताब्दी) के विषय में कहा जाता है कि उसने शिवसूत्र की खोज की और उसे कल्लट को पढ़ाया। इस सम्प्रदाय के कतिपय महत्त्वपूर्ण ग्रंथ ये हैं : स्पन्दकारिका, जिसे वसुगुप्त अथवा कल्लट ने बनाया, सोमानन्द की शिवदृष्टि (900 ईस्वी), उत्पल का प्रत्यभिज्ञासूत्र (930 ईस्वी), अभिनव गुप्त का परमार्थसार और प्रत्यभिज्ञा विमर्शिनी, तन्त्रलोक, क्षेमराज की शिवसूत्रविमर्शिनी और स्पन्दसन्दोह। ये शैव आगमों तथा सिद्धान्त ग्रंथों को प्रामाणिक मानते हैं और उन्हें शंकर के अद्वैत सिद्धान्त की दिशा में परिवर्तित करते हैं। ये ग्रंथ जिनमें परस्पर मतभेद भी हैं, कहा जाता है कि एकेश्वरवाद सम्बन्धी आदर्शवाद का प्रतिपादन करते हैं, और इन तीनों

---

1. शिवज्ञानबोधम् 9 : 5 देखें, पोप की टिप्पणी, 3, 'तिरुवासगम्', पृष्ठ 42।
2. नीलकण्ठ 4 : 4, 4।
3. नीलकण्ठ 4 : 4, 5।
4. तिरु-अरुल-पायन, 10 : 93।
5. वही, 10 : 98।
6. "स्वयं जिह्वा भी जो तुझे पुकारती है—अन्य सब शक्तियां
   मेरे सम्पूर्ण जीवन की जो पुकार उठती हैं—वे सब तू ही है!
   तू ही मेरी शक्ति का मार्ग है! कम्पन रूप रोमांच जो दौड़ता है
   मेरे अन्दर तू है! मैं ही सम्पूर्ण बुराई और समृद्धि हूं, और कोई नहीं।"
   (पोप-कृत अनुवाद, 'तिरुवासगम्' 33 : 5)

को एक ही 'त्रिक' नाम से पुकारा जाता है।[1] शिवसूत्र, भास्कर-कृत वार्तिक और क्षेमराज-कृत विमर्शिनी एक विशेष प्रवृत्ति को प्रस्तुत करती हैं; वसुगुप्त-कृत स्पन्दकारिका कल्लट-कृत वृत्ति के साथ एक ऐसे आदर्शवाद का प्रतिपादन करती है जो कि पहले से कुछ अधिक भिन्न नहीं है। सोमानन्द-कृत शिवदृष्टि और उत्पल-कृत प्रत्यभिज्ञासूत्र तथा अभिनवगुप्त के ग्रंथ अद्वैतवाद के समर्थक हैं।[2] इनमें से माधव को अन्तिम ग्रंथ सबसे अधिक महत्त्वपूर्ण प्रतीत हुआ क्योंकि वह ग्रंथ दोनों का समावेश अपने अन्दर कर लेता है।[3] और उक्त सिद्धान्त के समर्थक भी मानते हैं कि अन्य सब दर्शन इसके लिए तैयारी करने के पड़ाव-मात्र हैं।[4]

विश्व में एकमात्र यथार्थसत्ता शिव है जो अनन्त चैतन्य स्वरूप तथा अनियन्त्रित स्वातंत्र्य स्वरूप है। उसकी अन्य भी अनेक विशेषताएं हैं, जैसे सर्वव्यापकता, नित्यता, निराकारता, यद्यपि स्वच्छन्दता उसकी सबसे बड़ी विशिष्टता है। शिव प्रमाता (ज्ञाता) भी है और प्रमेय (ज्ञेय) भी है, अनुभवकर्त्ता भी है और अनुभूत पदार्थ भी है।[5] "चूंकि चैतन्य जिसके ऊपर, यह समस्त उत्पन्न जगत् स्थिर है और जहां से यह प्रादुर्भूत होता है वह अपने स्वरूप में स्वतंत्र है इसलिए इसकी गति सर्वत्र अबाधित है। जाग्रत तथा स्वप्न आदि भिन्न-भिन्न अवस्थाओं में अपने को उन्हीं के अन्दर मिलाता हुआ जब यह गति करता है तो भी अपने यथार्थ स्वभाव से च्युत नहीं होता, अर्थात् ज्ञाता ही रहता है।"[6] अद्वैत वेदान्त की धुन में ऐसा कहा गया है "कि वह जिसमें न सुख है और न दुःख है, न वह ज्ञात है और न जानने वाला है और फिर वह जड़ता भी नहीं है, मात्र उसी की सत्ता है।[7] प्रमाता की यथार्थ सत्ता के प्रमाण की आवश्यकता नहीं क्योंकि सब प्रकार के प्रमाण उसे मान लेते हैं।"[8] शिव के समान दूसरा कोई नहीं। यह संसार चैतन्य के अंदर ही स्थित है यद्यपि उससे बाह्य प्रतीत होता है। "चित् (बुद्धि) स्वरूप प्रभु इच्छा के वशीभूत होकर समस्त सामूहिक विषयों (पदार्थों) के प्रकाश का कारण बनता है मानो वे उससे बाह्य हों, यद्यपि बिना किसी अधिष्ठान के जिस प्रकार कि एक योगी करता है।"[9] कर्म के समान प्रेरक कारण अथवा प्रकृति के समान उपादान कारण को सृष्टि के विषय में उन्होंने स्वीकार नहीं किया और न ही माया-रूप तत्त्व को माना है, जो भ्रांतिमूलक आकृतियों का निर्माण करती है। ईश्वर सर्वथा स्वतन्त्र है और

---

1. उन्हें यह संज्ञा इसलिए दी गई है कि वे तीन परमसत्ताओं अर्थात् ईश्वर, आत्मा और प्रकृति का प्रतिपादन करते हैं।
2. देखें, परमार्थसार, पृष्ठ 34, 36, 48-50 और 54।
3. सर्वदर्शनसंग्रह, 8।
4. तद्भूमिकाः सर्वदर्शनस्थितयः (प्रत्यभिज्ञाहृदय सूत्र, पृष्ठ 8)।
5. स्पन्दकारिका, पृष्ठ 29।
6. वही, पृष्ठ 2-4।
7. स्पन्दकारिका, पृष्ठ 5।
8. शिवसूत्रविमर्शिनी, पृष्ठ 5।
9. ईश्वरप्रत्यभिज्ञासूत्र, 5 : 6। परमार्थसार का कहना है कि वह प्रभु जो कि विचार तथा आनन्द का संयुक्त रूप है, शक्ति, माया, प्रकृति और पृथ्वी को उत्पन्न करता है। (देखें 4)। प्रभु देवताओं तथा मनुष्यों आदि की समानता को धारण कर लेता है (6)।

उस सब जगत् का जो वर्तमान है, अपनी इच्छाशक्ति से निर्माण करता है। वह संसार को अपने अन्दर ऐसा प्रतीत कराता है मानो उससे भिन्न हो यद्यपि ऐसा है नहीं; जिस प्रकार कि एक दर्पण में पदार्थ अवस्थित न रहते हुए भी दिखाई देता है। ईश्वर भी अपनी सृष्टि के पदार्थों से इसी प्रकार अछूता रहता है जिस प्रकार कि दर्पण अपने अन्दर प्रतिबिम्बित आकृतियों से अछूता रहता है। अपनी अद्भुत शक्ति के द्वारा जो उसके अन्दर निहित है, ईश्वर आत्माओं के रूप में प्रकट होता है और उनके भोग के लिए पदार्थों को बनाता है।[1] अनन्त तथा निर्मल आत्मा ही एकमात्र यथार्थ सत्ता है और जो विश्व का एकमात्र अधिष्ठान है और जिसका स्पन्दन समस्त प्रकार के भेदों का कारण है।

शिव तो समस्त विश्व की पृष्ठभूमि में निर्विकार यथार्थसत्ता है, किन्तु उसकी शक्ति के असंख्य रूप हैं, जिनमें से मुख्य-मुख्य हैं : चित् (बुद्धि), आनन्द, इच्छा, ज्ञान और क्रिया (उत्पादक शक्ति)। छत्तीस प्रकार के तत्त्व माने गए हैं। जब शक्ति चित् स्वरूप में व्यापार करती है तब परमार्थसत्ता विशुद्ध जीवन रूप धारण करती है जिसे शिवतत्त्व कहते हैं। जैसे ही शक्ति के आनन्द रूप व्यापार के द्वारा जीवन का उद्भव होता है हमारे समक्ष शक्तित्व की दूसरी अवस्था आती है। आत्माभिव्यक्ति की इच्छा सत् की तीसरी अवस्था को उत्पन्न करती है। अगला सत् का चैतन्यमय ज्ञान है जिसे शक्ति तथा विश्वरचना की इच्छा सहित ईश्वरतत्त्व माना गया है। अगली अवस्था में ज्ञाता तथा ज्ञान का विषय है जब कि क्रिया प्रारम्भ होती है। यह शुद्ध विद्या की अवस्था है। इस प्रकार पांच अतीन्द्रिय तत्त्व शिव की शक्ति के व्यक्तरूप हैं जो पांच प्रकार की शक्ति से उत्पन्न हैं।

यह दृश्यमान जगत् माया की शक्ति के द्वारा उत्पन्न होता है। जिससे नियति, काल, राग, विद्या और कला रूपी प्रतिबन्ध प्रादुर्भूत होते हैं। मायारूपिणी शक्ति के बल से अनन्त अनुभव अपने-आप को असंख्य अनुभवों अथवा पुरुषों के रूप में प्रकट करता है। किन्तु समस्त प्रतिबन्ध किसी प्रतिबन्धकारी की ओर संकेत करता है। इससे प्रकृति तथा पुरुष में भेद उत्पन्न होता है। इसके आगे का विकास सांख्य-वर्णित योजना की पद्धति के ऊपर है। विकास की सब अवस्थाएं एकमात्र परमार्थ शिव की ओर ले जाती हैं। कालचक्र सम्बन्धी संसार के उद्भव तथा तिरोभाव को भी माना गया है। विश्व के आभास की प्रक्रिया निरपेक्ष शिव की निर्मलता को मलिन नहीं करती क्योंकि वह अपने सब अभिव्यक्त रूपों के ऊपर उठा हुआ है।

चूंकि आत्मा चैतन्य स्वरूप है और जीवात्मा भी वही है जैसा कि विश्वात्मा है इसलिए आत्माओं के निरपेक्ष अनेकत्व का सिद्धान्त नहीं माना जा सकता। हममें से सबके अन्दर विशुद्ध चैतन्य निवास करता है। यद्यपि मिथ्या उपाधियों के द्वारा यह आवृत हो जाता है। हमारा बन्धन अज्ञान के कारण है।[2] क्षेमराज कहता है : ''अनन्त चेतनस्वरूप होकर भी आत्मा यह समझती है कि 'मैं सान्त हूं'; स्वतन्त्र

1. परमार्थसार, पृष्ठ 48-50।

2. शिवसूत्र, 2।

होने पर भी वह समझती है कि 'मैं ही शरीर हूं'[1] यह भूल जाती है कि शिव से भिन्न जगत् सम्पूर्ण रूप में अयथार्थ है और यह कि आत्मा तथा शिव एक समान हैं।''

यथार्थसत्ता की प्रत्यभिज्ञा की ही मोक्ष के लिए आवश्यकता है। यदि जीवात्मा तथा विश्वात्मा एक हैं तब यह प्रश्न उठ सकता है कि इस तथ्य की प्रत्यभिज्ञा की क्या आवश्यकता है? माधव इस प्रश्न का उत्तर एक दृष्टान्त से देता है। एक कामातुर स्त्री की सन्तुष्टि उसके प्रेमी की उपस्थिति मात्र से ही नहीं हो सकती किन्तु उसे प्रेमी को उसी रूप में अनुभव करना आवश्यक है। अज्ञान के बन्धन पर विजय केवल इसी प्रत्यभिज्ञा से प्राप्त हो सकती है। जब आत्मा अपने को ईश्वर के रूप में पहचान लेती है तब वह ईश्वर के साथ ऐक्य भाव के अलौकिक परमाह्लाद में निवास करती है। स्पन्द सम्प्रदाय के अनुसार, आत्मा प्रगाढ़ योग सम्बन्धी चिन्तन के द्वारा ज्ञान प्राप्त करती है; विश्व में शिव की श्रेष्ठता को पहचानती, तथा शान्ति औरं मौन की अलौकिक समाधि में लीन हो जाती है। शिवसूत्र में वर्णित मोक्ष-प्राप्ति के तीन प्रकार शैव, तन्त्र और योग के हैं।

अभिनवगुप्त के अनुसार, मुक्तात्माओं के तीन वर्ग हैं : एक वे जो सर्वोपरि सत्ता में समा गए (प्रमुक्त) हैं, दूसरे वे जो उससे उसके व्यक्त रूप में संयुक्त हैं (अपर मुक्त), और तीसरे वर्ग के वे जो अभी शरीर धारण किए हुए हैं (जीवन्मुक्त)। मुक्तात्मा सर्वोपरि सत्ता के साथ एकाकार हो जाता है क्योंकि यह स्वीकार किया गया है कि ''मुक्तात्मा से भिन्न ऐसी कोई सत्ता नहीं है कि जिसकी उसे स्तुति करनी है या पूजा करनी है।''[2] ''जब इस प्रकार द्वैत की कल्पना समाप्त हो गई तो जीवात्मा भ्रांति रूप माया के ऊपर आधिपत्य प्राप्त कर लेती है और वह ब्रह्म में विलीन हो जाती है, जैसे जल जल में तथा दूध दूध में घुल-मिल जाता है।''[3]

5. शाक्त सम्प्रदाय

शक्ति[4] की पूजा का प्रारम्भ ऋग्वेद में पाया जाता है। एक ऋचा में शक्ति को ऐसी शरीरधारिणी क्षमता के रूप में प्रस्तुत किया गया है : ''जो पृथ्वी को धारण करने वाली है और स्वर्ग में निवास करती है।''[5] वही सर्वोपरि शक्ति है ''जिसके द्वारा समस्त विश्व का धारण होता है''[6] और यह ''भक्तों (सुव्रतानाम्) की पूज्य माता'' है। और यही शीघ्र आगे चलकर केन उपनिषद् में वर्णित 'हेमवती उमा' रूप में आ गई है। महाभारत में यह कृष्ण की भगिनी के रूप में है और इस प्रकार वैष्णव मत के साथ इसका सम्बन्ध हो गया। शैवों ने इसे शिव की पत्नी मान लिया। पुराणों के अन्दर यह चण्डी के रूप में प्रकट होती है जिसकी

1. शिवसूत्र पर टीका करते हुए, 1 : 2।
2. 'जर्नल आफ दि रायल एशियाटिक सोसाइटी,' 1910।
3. परमार्थसार, पृष्ठ 51।
4. 'भारतीय दर्शन', खण्ड 1, पृष्ठ 398-399।
5. 1 : 136, 3।
6. देखें, छान्दोग्य उपनिषद्, 3 : 12; बृहदारण्यक उपनिषद्, 5 : 14

दैनिक पूजा का विधान है और शरद् ऋतु का जिसका उत्सव मनाया जाता है। शीघ्र ही देवी के रूप में इसकी पूजा होने लगी जिसका ब्रह्म के साथ ऐक्य भाव है, जो ब्रह्म परम निरपेक्ष तत्त्व है और जिसका स्वरूप सत्, चित् और आनन्द है और जिसका पुमान्, स्त्री अथवा निर्गुण रूप में चिन्तन किया जा सकता है।[1] शनैः-शनैः जगन्माता के रूप में उसकी पूजा ने वैदिक कर्मकाण्ड का स्थान ले लिया। हिन्दू धर्म के इस रूप से सम्बन्ध रखने वाले साहित्य को तन्त्र के नाम से पुकारा जाता है। यह स्त्री जाति के प्रति आदर-भाव के लिए प्रसिद्ध है और स्त्रियों को दैवीय माता की प्रतिकृति करके माना गया है।[2]

> सतहत्तर आगम जो शाक्त मत में हैं वे पांच शुभागमों में विभक्त हैं (जिनका दूसरा नाम समय है)। ये ज्ञान तथा मोक्ष-प्राप्ति की ओर ले जाने वाली क्रियाओं की शिक्षा देते हैं। चौंसठ कौलागम हैं, जो ऐसी क्रियाओं की शिक्षा देते हैं जिनका उद्देश्य जादू की शक्तियों का विकास करने में सहायता करना है। आठ मिश्रागम हैं, जिनका लक्ष्य दोनों प्रकार का है। भास्कर राय अपने ललितसहस्रनाम भाष्य में शक्तिसूत्र नामक एक ग्रंथ से नौ सूत्रों का उद्धरण देता है। यह ग्रन्थ आज हमें उपलब्ध नहीं है। तन्त्र ग्रन्थ, जो शिव और देवी के मध्य संवाद के रूप में हैं, सातवीं शताब्दी तथा उससे आगे के हैं। हमें सर जान वुडरफ को उनकी लगन एवं परिश्रम के लिए धन्यवाद देना चाहिए, जिनके कारण ही प्राप्त होने वाले ये मुख्य तन्त्र सूत्र आज प्रकाशित रूप में उपलब्ध हैं।

इस तन्त्र दर्शन में शिव का स्वरूप सर्वव्यापक (अखिलानुगत), विशुद्ध चैतन्य (प्रकाश), अकाय और निष्क्रिय बताया गया है। यह एक विशुद्ध सत् है जो सर्वथा निर्लिप्त है। क्रियाशील शरीरधारी तत्त्व शक्ति के अन्दर ही सब जीवात्माएं समाविष्ट हैं। सौन्दर्य लहरी का प्रारम्भिक श्लोक इस प्रकार है : शिव जब "शक्ति के साथ संयुक्त होता है तो सृष्टि रचना के योग्य होता है, अन्यथा वह गति करने के अयोग्य है।"[3] शिव और शक्ति का सम्बन्ध ऐसा ही है जैसे कि प्रकाश और विमर्श का सम्बन्ध होता है। भास्करराय विमर्श का लक्षण करता है कि परम यथार्थ सत्ता के तात्कालिक स्पन्दन का नाम विमर्श है।[4] विशुद्ध परमसत्ता के अन्दर सबसे प्रथम जो सम्बन्ध का सम्पर्क है वह विमर्श है और इसी के कारण समस्त प्रकार के भेदों का प्रादुर्भाव होता है। विमर्श अथवा शक्ति वह सामर्थ्य है जो परम सत्ता अथवा विशुद्ध चैतन्य में अन्तर्निहित है। वह मूर्तरूप परमसत्ता है, जो चैतन्य प्रमाता के रूप में परिणत हुई है और यही अपने विरोधी अनात्म अथवा ज्ञेय विषय के रूप

---

1. तुलना कीजिए : पुंरूपां वा स्मरेद् देवीं स्त्रीरूपां वा विचिन्तयेत्।
   अथवा निष्कलां ध्यायेत् सच्चिदानन्दलक्षणाम्।
2. विद्याः समस्तास्तव देवि भेदाः।
   स्त्रियः समस्ताः सकला जगत्सु॥ (सप्तशती, 11 : 5)।
3. शिवः शक्त्या युक्तो यदि भवति शक्तः प्रभवितुम।
   न चेदेवं देवो न खलु कुशलः स्पन्दितुमपि॥
4. देखें, ललितसहस्रनाम में विमर्शरूपिणी के अन्तर्गत की गई उसकी टीका, पृष्ठ 548।

में परिणत हो जाती है। यदि शिव चित् स्वरूप है तो शक्ति चिद् रूपिणी है। ब्रह्मा, विष्णु और शिव अपने-अपने कर्मों, अर्थात् क्रमशः सृष्टिरचना, स्थिति तथा विनाश को शक्ति के आदेश के अनुसार ही सम्पन्न करते हैं।[1] आनन्द रूपी निर्दोष अनुभव में शिव तथा शक्ति के अन्दर भेद नहीं किया जा सकता। दोनों मिलकर एक ही सत् रूप हो जाते हैं। शिव अपरिमित ब्रह्म की निष्क्रिय अवस्था के अनुकूल है; जबकि शक्ति परिमित ब्रह्म है जिसके अन्दर इच्छा, ज्ञान और क्रिया उपस्थित हैं, जो समस्त अनात्म जगत् को रूप देती हैं। शिव और शक्ति एक हैं क्योंकि शक्ति संसार में अन्तर्निहित है। शक्ति निष्क्रिय तथा क्रियाशील दोनों ही अवस्था में विद्यमान रहती है। समस्त अनात्म जगत् की क्षमता शिव की शक्ति के रूप में वर्तमान रहती है।

शक्ति दो प्रकार की है : स्थूल और सूक्ष्म। वह सब पदार्थों की जननी है। उसके पांच कार्य बताए गए हैं : आभास, रक्ति, विमर्शन, बीजावस्थान और विलापनता। अचेतन प्रकृति को मान्यता दी गई है, जो सांख्यदर्शन की प्रकृति के प्रतिरूप है।

> प्रकृति अथवा माया को देवी का सार तत्त्व कहा गया है।[2] शक्ति के गर्भ में माया अथवा प्रकृति है जो विश्व का गर्भाशय है और प्रलय-काल में गुप्त तथा सृष्टि की उत्पत्ति में क्रियाशील है। सांख्य-प्रतिपादित प्रकृति के द्वारा विकास का अनुसरण किया गया है। शक्ति के आदेश से माया अनेक भौतिक तत्त्वों के रूप में किंवा समस्त चेतन प्राणियों के भौतिक अंशों के रूप में विकसित होती है। प्रत्येक जीवित प्राणी के अन्दर चैतन्य पाया जाता है, यद्यपि विविध प्रकार के भौतिक संयुक्त पदार्थों के कारण यह प्राणियों को अनेकत्व में विभक्त प्रतीत होता है। सांख्य दर्शन के 25 तत्त्वों के स्थान में यहां पर 36 तत्त्व हैं जिनका वर्गीकरण इस प्रकार से है : (1) शिवतत्त्व, जो सर्वश्रेष्ठ है; (2) विद्यातत्त्व, अथवा शक्ति के सूक्ष्म व्यक्त रूप और (3) आत्मतत्त्व, अथवा भौतिक विश्व माया से लेकर नीचे मर्त्यलोक पर्यन्त। ये तीनों प्रकाश (शिव) विमर्श और अनात्म के अनुकूल हैं। शाक्त मत के विधान की सर्वोपरि भावना के अन्दर आन्तरिक भेद हैं यद्यपि स्थान-स्थान पर हमें मोक्ष तथा संसार की एकता के विचार भी मिलते हैं जो हमें शंकर के अत्यधिक कठोर अद्वैतवाद का स्मरण कराते हैं।[3] सबसे पूर्व यहां परब्रह्म है, उसके पश्चात् हमें परिमित शक्तिवाला ज्ञाता मिलता है जो शक्ति-गुण सम्पन्न है। तुरन्त ही नाद प्रकट होता है और नाद से बिन्दु[4] प्रकट होता है और तब शुद्धमाया। ये पांच शैवों के मान्य शिव, शक्ति, सदाख्य, ईश्वर और शुद्धमाया के अनुकूल हैं, शेष विकास शैव योजना से भिन्न नहीं है।

---

1. आनन्दलहरी, पृष्ठ 2 और 24। 2. साम्यावस्था गुणोपाधिका ब्रह्मरूपिणी देवी।

3. इसे एक प्रकार का अद्वैतवाद कहा जाता है। कुलार्णवतन्त्र, 1; 108। सर जान वुडरफ का, जिन्होंने तन्त्र सम्प्रदाय का विशेष अध्ययन किया, विश्वास है कि "इसके दार्शनिक सिद्धांत का स्थान कुछ अर्थों में सांख्य के द्वैतवाद और शंकर के वेदान्त की अतिएकेश्वरवादी व्याख्या के मध्य में आता है।" ('इण्डियन फिलासॉफिकल रिव्यू', खण्ड 1, पृष्ठ 122)।

4. शारदातिलक, 1।

माया के प्रभाव से जीव अपने को एक स्वतन्त्र कर्त्ता तथा उपभोक्ता समझता है जब तक कि उसे मोक्ष प्राप्त नहीं होता। शक्ति का ज्ञान ही मोक्ष का मार्ग है[1] जो कि सर्वोपरि ब्रह्म के आनन्दमय ज्योति पुंज में विलीन हो जाने का नाम है। यह कहा गया है कि "उस व्यक्ति के लिए जो समझ लेता है कि सब वस्तुएं ब्रह्म हैं, न तो योग की और न पूजा की आवश्यकता है।"[2] जीवनमुक्ति अर्थात् इसी जन्म में मुक्ति के सिद्धान्त को स्वीकार किया गया है।[3] मोक्ष निर्भर करता है आत्मसंस्कृति के ऊपर, जो आध्यात्मिक अन्तर्ज्ञान की ओर ले जाती है। यह आत्मसंस्कृति "मन्त्रों के उच्चारण मात्र से नहीं आती, न यज्ञादि से और न सैकड़ों उपवासों से ही प्राप्त होती है। मनुष्य को मोक्ष प्राप्त होता है, इस ज्ञान से कि वह स्वयं ब्रह्म है।[4] मन की वही अवस्था सबसे उत्तम है, जिसमें यह बोध हो जाता है कि केवल ब्रह्म (ब्रह्मसद्भाव) ही एकमात्र सबसे श्रेष्ठ है, और जिसमें ब्रह्म के अन्दर ध्यान का भाव मध्यम कोटि में है : स्तुति और मन्त्रों का जप उसके पश्चात् हैं और बाह्य पूजा सबसे निम्न कोटि में है,[5] कर्मकाण्ड धर्म के प्रति विद्रोह का भाव दर्शाया गया है। कुलार्णवतन्त्र में आता है : "यदि शरीर में मिट्टी रगड़ने तथा भस्म रमाने से मोक्ष मिलता हो तो समझो गांव के कुत्तों को भी मोक्ष मिल गया, क्योंकि वे तो बराबर मिट्टी में लोटते रहते हैं।"[6] वर्ण तथा जातिगत भेदों को गौण स्थान दिया गया है और तन्त्र के अनुसार आचरण का विधान मनुष्यमात्र के लिए खुला है।[7] भक्ति को मोक्षप्राप्ति में सहायक माना गया है। पूजा के विषय में पूरी स्वतन्त्रता है। "जिस प्रकार सभी नदियां बहकर समुद्र में जाती हैं इसी प्रकार किसी भी देवता की पूजा ब्रह्म को स्वीकृत है"[8] कम महत्त्व रखने वाले देवता कर्म तथा काल की शक्ति के अधीन हैं।[9]

योगदर्शन के रहस्यपूर्ण पक्ष ने आदि से अन्त तक अधिक भाग लिया है। मन्त्र पवित्र हैं और उन्हें दिव्य रचना के रूप में माना गया है। कुछ अर्थों में वे शक्ति के अनुरूप हैं क्योंकि शब्द है जो नित्य एवं अविनश्वर है। शरीर के अन्दर की शक्तियों को जाग्रत करने के ऊपर विशेष बल दिया गया है। पूर्णता को प्राप्त मनुष्य कुण्डलिनी को जाग्रत करके छः चक्रों का भेदन करता है।[10] शाक्तमत के विचारकों ने कर्म, पुनर्जन्म तथा स्थूल व शरीरों के सिद्धान्तों को स्वीकार किया है।

---

1. शक्तिज्ञानं बिना देवि निर्वाण नैव जायते (निरुत्तरतन्त्र)।
2. महानिर्वाण तन्त्र, 14 : 123। और भी देखें, 124-127।
3. वही, 14 : 135।
4. वही, 14 : 115, 116।
5. महानिर्वाण तंत्र 14 : 122।
6. कुलार्णव तंत्र, 1।
7. अन्त्यजा अपि ये भक्ता नामज्ञानाधिकारिणः।
   स्त्रीशूद्रब्रह्मबन्धूनां तन्त्रज्ञानेऽधिकारिता॥ (व्योमसंहिता)।
8. महानिर्वाण तन्त्र, 2 : 50।
9. ये समस्ता जगत्सृष्टिस्थितिसंहारकारिणः।
   तेऽपि कालेषु लीयन्ते कालो हि बलवत्तरः॥
10. देखें, एवलान : दि सरपेंट पावर। शाक्तों की साधना के विषय में बहुत कुछ निन्दावाचक शब्द कहे जाते हैं। यद्यपि बहुत-से अपवाद तो निराधार हैं तो भी उसमें बहुत कुछ उन्नति की गुंजायश है।

6. मध्वाचार्य

शंकर के अद्वैतवाद के विरोध में एक प्रमुख प्रतिक्रिया स्वरूप द्वैतदर्शन है जिसका सम्बन्ध मध्वाचार्य के नाम से है, और यह अनेक विषयों में रामानुज के यथार्थ सत्ता सम्बन्धी विचार के समान है।[1] मध्व विशुद्ध द्वैतवाद को मानते हैं और पांच महत्त्वपूर्ण भेदों के ऊपर बल देते हैं : ईश्वर और जीवात्मा, ईश्वर और प्रकृति, जीवात्मा तथा प्रकृति, एक जीवात्मा तथा अन्य जीवात्मा एवं प्रकृति का एक तथा अन्य अंश। विष्णु के पुत्र वायु की एकमात्र मध्यस्थता का सिद्धान्त, नित्यस्थायी नरक तथा अपने मत का धार्मिक जोश ईसाई धर्म के प्रभाव की ओर संकेत करते हैं यद्यपि इसके समर्थन में कोई प्रमाण नहीं है। इस तथ्य के आधार पर कि केन उपनिषद् के ऊपर की गई मध्व टीका 'ब्रह्मसार' ग्रन्थ से ली गई है, यह बिचार करना युक्तिसंगत होगा कि द्वैतमत का प्रचार मध्व से पहले भी था। जैसा कि हम आगे चलकर देखेंगे मध्व ने बड़ी चतुरता के साथ सांख्य और न्याय वैशेषिक के सिद्धान्तों का प्रयोग किया है।

7. जीवन तथा साहित्य

मध्व, जिन्हें पूर्णप्रज्ञ तथा आनन्दतीर्थ के नाम से पुकारा जाता है, 1199 ईस्वी में दक्षिण कनारा ज़िले में उदीपी के निकट एक ग्राम में जन्मे।[2] वे बहुत शीघ्र वैदिक ज्ञान में अत्यन्त विलक्षण सिद्ध हुए और जल्दी ही संन्यासी हो गए। उन्होंने अनेक वर्ष प्रार्थनोपासना तथा समाधि और स्वाध्याय तथा शास्त्रार्थ में व्यतीत किए। उन्होंने अपने गुरु अच्युतप्रेक्ष के साथ, जो शंकर के अद्वैतमत के अनुयायी थे, वाद-विवाद करके अपने द्वैतपरक दर्शन का विकास किया। उन्होंने विष्णु को परमेश्वर घोषित किया और अपने कन्धों को विष्णु की भुजाओं से दागने की प्रथा को निर्दोष बताया। इस प्रथा को रामानुज ने प्रचलित किया था। उन्होंने देश के भिन्न-भिन्न भागों में अपने धर्म में अनेक शिष्यों को दीक्षित किया, उदीपी में कृष्ण के मन्दिर की स्थापना की और उसे अपने अनुयायियों के सम्मिलन का मुख्य केन्द्र बनाया। यज्ञों में पशु हिंसा का निषेध करके उन्होंने एक उपयोगी सुधार किया जिसका श्रेय उन्हें है। उनहत्तर वर्ष की अवस्था में उनकी मृत्यु हुई।

उक्त विचारधारा के मान्य ग्रन्थ केवल मध्व के ही रचित हैं। उन्होंने ब्रह्मसूत्र के ऊपर एक भाष्य लिखा है और अनुव्याख्यान नामक एक अन्य ग्रन्थ में अपनी उक्त व्याख्या को युक्तियुक्त ठहराया है। भगवद्गीता तथा उपनिषदों[3] के ऊपर किए

---

1. मुख्य-मुख्य मतभेद ये हैं : रामानुज के मत में जीवात्माएं अपने स्वाभाविक रूप में एक समान हैं किंतु मध्व के अनुसार उनमें भेद है। मध्व ब्रह्म को उपादान कारण नहीं मानते किंतु रामानुज मानते हैं। मध्व की दृष्टि में विश्व ईश्वर का शरीर नहीं है। रामानुज के मत में ऐसी एक भी आत्मा नहीं जो मोक्ष प्राप्ति के अयोग्य हो और मुक्तात्माओं के अन्दर परमाह्लाद भोगने के विषय में कोई भेद नहीं है।

2. देखें, 'सेक्रेड बुक्स ऑफ दि हिंदूज़,' खण्ड 1, 3 और 4।

3. नारायणाचार्य के मध्वविजय और मणिमंजरी में मध्व के जीवन तथा उनके ग्रन्थों का यथार्थ वृत्तांत दिया हुआ है। यदि हम उसमें से चमत्कारी तथा अप्राकृतिक घटनाओं को निकाल दें जो उनके अनुयायियों द्वारा प्रक्षिप्त हैं तो हमें मध्व के जीवन तथा उद्देश्य का ऐतिहासिक आधार मिल सकता है।

गए उसके भाष्य, उनके द्वारा रचित महाभारत का संक्षिप्त सार जिसे 'भारततात्पर्यनिर्णय' नाम दिया है, और भागवत पुराण का भाष्य उनके दार्शनिक सिद्धान्त के स्पष्टीकरण में सहायता प्रदान करते हैं। उन्होंने ऋग्वेद की पहली चालीस ऋचाओं पर भी टीका लिखी है और अपने 'प्रकरणों' में अनेक दार्शनिक तथा अन्य विषयों पर समीक्षा की है। उनके ग्रन्थों को पढ़ने से ऐसा आभास मिलता है कि प्रस्थानत्रय—अर्थात् उपनिषदें, भगवद्गीता तथा ब्रह्मसूत्र—की अपेक्षा उन्होंने बराबर पुराणों के ऊपर अधिक भरोसा किया है। मध्व के लिए उक्त मान्य ग्रंथों की व्याख्या अपने द्वैतपरक दर्शन को सिद्ध करने के लिए आसान नहीं थी। मध्व के सूत्रभाष्य तथा उसके अनुव्याख्यान के ऊपर जयतीर्थ का जो भाष्य, जिसका नाम न्यायसुधा है, अत्यंत महत्त्वपूर्ण ग्रंथ है। मध्व के सूत्रभाष्य के ऊपर जयतीर्थ का जो भाष्य है उसके ऊपर भी व्यासराय ने एक भाष्य लिखा है, जिसका नाम चन्द्रिका है। पूर्णानन्द के तत्त्वमुक्तावली[1] नामक ग्रंथ में अद्वैतवाद के ऊपर बहुत बड़ा आक्षेप किया गया है।

8. ज्ञान का सिद्धान्त

मध्व ज्ञान के तीन साधनों को स्वीकार करते हैं : प्रत्यक्ष, अनुमान और शब्द प्रमाण। उपमान प्रमाण को अनुमान ही की कोटि का माना गया है। प्रत्यक्ष और अनुमान स्वयं विश्व की समस्या को हल करने में हमारे सहायक नहीं हो सकते। प्रत्यक्ष की पहुंच उन्हीं तथ्यों तक है जो इन्द्रियगोचर हैं। अनुमान हमें कोई नवीन तथ्य नहीं दे सकता यद्यपि अन्य साधनों द्वारा प्राप्त हुए तथ्यों की परीक्षा करने तथा उन्हें क्रमबद्ध करने में यह सहायता अवश्य करता है। यथार्थ सत्ता के सत्य ज्ञान के लिए हमें वेदों का आश्रय लेना होगा। मध्व वेदों के प्रामाण्य को सामूहिक रूप में स्वीकार करते हैं, यद्यपि उनके भिन्न-भिन्न भागों में परस्पर भेद नहीं करते। वेदों की ऋचाएं और ब्राह्मण ग्रंथ उतने ही उपयोगी तथा प्रामाणिक हैं जितनी कि उपनिषद्। मध्व पौरुषेय (अर्थात् मनुष्यकृत, जो दोषपूर्ण हो सकता है) तथा अपौरुषेय (अर्थात् जो मनुष्यकृत नहीं है) के मध्य की अप्रामाणिकता तथा प्रामाणिकता में भेद करते हैं। अपौरुषेय ज्ञान सर्वथा निर्दोष तथा प्रामाणिक होता है। वेदों को, जिनकी व्याख्या को मध्व का दर्शन यथार्थ मानता है, मध्व ने अपौरुषेय माना है और इसलिए उनका स्वरूप प्रामाणिक है।

बोध-ग्रहण चाहे किसी भी साधन से हुआ हो, उस वस्तु के विषय में प्रत्यक्ष प्रमाण है जिसका बोध हुआ है। वे साधन, जिन्होंने बोधग्रहण में मध्यस्थता का कार्य किया है, बोध के अपने अन्दर उपस्थित नहीं हैं। ज्ञाता तथा ज्ञात के मध्य जो सम्बन्ध है वह साक्षात् तथा तात्कालिक है। प्रत्यक्ष, अनुमान और वैदिक (आप्त) प्रमाण इसीलिए प्रमाण कहलाते हैं कि ये ज्ञान की उत्पत्ति में साधन-रूप बनते हैं और यह तथ्य तब प्रकट होता है जब कि हम ज्ञान का बाह्य रूप से अध्ययन करते हैं। तथ्यविषयक प्रत्येक बोधग्रहण जो हमें होता है, निर्दोष है और यह तथ्य के अस्तित्व का संकेत करता है, भले ही यह बोध के क्षण तक ही क्यों न अस्तित्व रखता हो। यदि हम इसे निर्दोष बताकर इसका खण्डन करते हैं तो वह किसी अन्य बोध के कारण होता है जिसका प्रामाण्य हम स्वीकार करते हैं। सूर्योदय

1. कावेल द्वारा अनूदित। देखें, 'जर्नल ऑफ दि रायल एशियाटिक सोसाइटी', खण्ड 15, भाग 2।

तथा सूर्यास्त तब तक केवल घटनाएं हैं जब तक कि हमें आगे चलकर यह ज्ञान न हो कि सूर्य न तो उदय होता है और न अस्त होता है। मध्व प्रत्येक बोध की अपने रूप में प्रामाणिकता को स्वीकार करते हैं और ऐसी प्रत्येक कल्पना का खण्डन करते हैं जो हमारे ज्ञान को केवल प्रतीति मात्र बताती है। यदि हमारा ज्ञान यथार्थता के स्वरूप को नहीं प्रकट करता और प्रमेयविषयक अस्तित्व का ही द्योतक है एवं मात्र अनुचित दिशा में हमें ले जाता है तो अयथार्थ वस्तु प्रतीत भी नहीं हो सकती तथा भ्रान्तिपूर्ण बोध का विषय भी नहीं बन सकती, और न ज्ञान के साथ कारण-कार्य भाव से सम्बद्ध हो सकती है। यदि समस्त ज्ञान भ्रामक है तो सत्य और मिथ्या विचारों के बीच जो भेद है वह भी नहीं रह सकता। भ्रांति का विश्लेषण करने से हमें ज्ञान होगा कि चेतना के समक्ष एक प्रमेय पदार्थ (विषय) अवश्य प्रस्तुत किया जाता है यद्यपि हम इसके स्वरूप के विषय में भूल कर सकते हैं, जो या तो इन्द्रियों के किसी दोष के कारण होता है अथवा ज्ञान के किन्हीं अन्य साधनों के कारण भी हो सकता है। मिथ्या प्रत्यक्ष ज्ञान के अवयव मिथ्या नहीं होते। वे अनुभवसिद्ध तथ्य हैं। किसी दोष के कारण हम प्रमेय विषय का पूरा-पूरा ज्ञान प्राप्त नहीं कर सकते, किन्तु हम इसका जो भी अंश देखते हैं वह स्वरूप में उसके समान वस्तु का स्मरण कराता है यद्यपि उससे भिन्न है, जिससे हम प्रस्तुत सामग्री को भ्रम से मिला रहे होते हैं। भ्रांति ही प्रत्येक अवस्था में दो यथार्थ वस्तुसत्ताओं का संकेत होता है : एक प्रस्तुत वस्तु का और दूसरा संकेतित वस्तु का। संसार की अयथार्थता के भाव का तात्पर्य है कि यथार्थ वस्तु कुछ है अवश्य जिसे हम भूल से अन्यथा समझ बैठे हैं। इससे ऐसा तात्पर्य कभी नहीं होता कि यथार्थ वस्तु एकदम कुछ है ही नहीं।

मध्व का आधार अनुभव अथवा ज्ञान है और उनका तर्क है कि ज्ञाता तथा ज्ञात के बिना कोई ज्ञान उत्पन्न नहीं हो सकता है। ज्ञान के कर्ता अथवा ज्ञात प्रमेय पदार्थ के बिना ज्ञान के विषय में कुछ भी कथन करना निरर्थक है। जानने वाले प्रमाता तथा ज्ञात प्रमेय पदार्थों में इन दोनों का अस्तित्व आवश्यक है। यह संसार अयथार्थ वस्तु नहीं है। यदि हम पदार्थों के मध्य भेद को स्वीकार नहीं करते तो हम विचारों में परस्पर भेद की व्याख्या भी नहीं कर सकते। हमारा ज्ञान हमें बतलाता है कि भेद विद्यमान है। हम उन्हें मात्र औपचारिक नहीं मान सकते, क्योंकि औपचारिकता भेद उत्पन्न नहीं करती।

> कभी-कभी कहा जाता है कि भेद का अस्तित्व देश और काल के बल पर होता है और ये मात्र ज्ञाता पुरुष की बुद्धि के आधार मात्र हैं। यदि देश और काल ज्ञान प्राप्त करने वाली आत्मा के समान होते तो यह समझना कठिन है कि इस प्रकार का भाव, कि वे ज्ञाता के सदृश हैं, कैसे उदय हो सकता था? यदि आत्मा ज्ञान के रूप में सर्वव्यापक है तो देश और काल का भेद भी सम्भव नहीं हो सकता। देशकाल के भेद को अविद्या के बल के कारण बताना भी हमें सन्तोष नहीं दे सकता, क्योंकि अविद्या के स्तर और आत्मा के साथ उसके सम्बन्ध की सन्तोषजनक व्याख्या नहीं की जा सकती। अविद्याविषयक प्रत्येक समाधान देश व काल के पूर्व अस्तित्व की कल्पना कर लेता है, और इसलिए देश व काल को यथार्थ एवं सम्पूर्ण इकाई माना गया है जो भागों में विभक्त है। यदि उनके कोई भाग न हों तो हमें वहां और वहां का तथा अब और तब के भेद का ज्ञान न मिलता। देश के भाग (टुकड़े) हमारे समक्ष

प्रस्तुत होते हैं क्योंकि ऐसा मानना ठीक न होगा कि हमारे आगे प्रस्तुत प्रत्येक पदार्थ कुल देश को असीम तथा अविभाज्य रूप में व्याप्त कर लेता है। हमें परिमित शरीरों का ही ज्ञान है जो देश के कुछ भागों को घेरते तथा एक-दूसरे के प्रतिबन्ध बनते हैं। हम देश और काल के अंशों का ही प्रत्यक्ष करते हैं। इस प्रकार उनका अस्तित्व है यह भी स्वीकार करना चाहिए। मध्व के अनुसार, वे साक्षी रूप आत्मा के लिए प्रत्यक्ष ज्ञान के विषय हैं।

मध्व के मत में पदार्थ दो प्रकार के हैं : स्वतंत्र और परतन्त्र। ईश्वर जो सर्वोपरि पुरुष है वही एकमात्र स्वतन्त्र पदार्थ (यथार्थ सत्ता) है। परतन्त्र प्राणी दो प्रकार के हैं : भाववाचक तथा अभाववाचक। भाववाचकों के दो वर्ग हैं : एक चेतन आत्माएं और दूसरे अचेतन पदार्थ, जैसे प्रकृति और काल। अचेतन पदार्थ या तो नित्य हैं जैसे कि वेद, नित्य और अनित्य जैसे प्रकृति, काल और देश; अथवा अनित्य जैसे प्रकृतिजन्य पदार्थ।[1]

9. ईश्वर

तीन वस्तुएं अनादि काल से अनन्त काल तक रहने वाली हैं जो मौलिक रूप से एक-दूसरे से भिन्न हैं, अर्थात् ईश्वर, आत्मा तथा जगत्। यद्यपि ये सब यथार्थ और नित्य हैं, फिर भी पिछले दो अर्थात् आत्मा तथा जगत् ईश्वर से निम्नश्रेणी के तथा उसके ऊपर आश्रित हैं। स्वतंत्र यथार्थ सत्ता एकमात्र ब्रह्म है, जो विश्व का निरपेक्ष स्रष्टा है। हम वेदों के अध्ययन द्वारा उसके स्वरूप का ज्ञान प्राप्त करते हैं,[2] और इस प्रकार उसका स्वरूप ऐसा नहीं है जिसका वर्णन न हो सके। अधिक-से-अधिक उसके विषय में जो कहा जा सकता है, उसका तात्पर्य यही होता है कि उसके विषय में सम्पूर्ण ज्ञान प्राप्त करना कठिन है।[3] सर्वोपरि ब्रह्म सब प्रकार के प्रत्यक्ष ज्ञान से परे है।[4] समाधि में ध्यान लगाने पर कल्पना के द्वारा जो आकृति दिखाई पड़ती है वह ब्रह्म नहीं है। मध्व इस मत को स्वीकार करने के लिए किसी प्रकार भी उद्यत नहीं हैं कि धर्मशास्त्र के भिन्न-भिन्न भाग भिन्न-भिन्न प्रकार के ब्रह्म का प्रतिपादन करते हैं। यद्यपि सर्वोपरि ब्रह्म तथा उसके गुण एकरूप हैं तो भी भिन्न-भिन्न शब्दों में उनका वर्णन हो सकता है।[5] इस सुप्रसिद्ध वाक्य का, कि ब्रह्म केवल एक है और दूसरा नहीं है (एकम् एवाद्वितीयं ब्रह्म), तात्पर्य यह है कि उत्कर्ष में ब्रह्म से बढ़कर दूसरा कोई नहीं है और उसके समान भी नहीं है, क्योंकि वह सबके अन्दर समाविष्ट है। ईश्वर के गुण अपने स्वरूप में निरपेक्ष हैं और इस प्रकार से उसे सीमित नहीं करते। ब्रह्म में सब प्रकार की पूर्णता है। उसको तथा विष्णु को एकरूप माना गया है और कहा गया है कि वह अपनी इच्छा से संसार का संचालन करता है एवं अन्य सबका भी, जो

1. मध्वसिद्धांतसार के अनुसार, पदार्थ दस हैं :
द्रव्यगुणकर्म सामान्यविशेषविशिष्टांशिशक्तिसादृश्यभावा दशपदार्थाः।

2. महाभारत, 3 : 3, 1।   3. महाभारत, 1 : 1, 5।

4. महाभारत, 3 : 2, 23।

5. देखें, न्यायसुधा, 1 : 1, 2; 1 : 1, 6। मध्वसिद्धांतसार से भी तुलना कीजिए—भेदाभावेऽपि भेदव्यवहारनिर्वाहका अनन्ता एव विशेषाः (21)

उसके अन्तर्गत है स्वतन्त्र शासक के रूप में संचालन करता है। वह संसार को बार-बार रचता तथा उसका संहार करता है, उसकी देह अतिप्राकृतिक है और उसे सब संसार से ऊपर माना गया है तथा वह संसार के अन्तर्निहित भी है क्योंकि वह सब जीवात्माओं में अन्तर्यामी है।[1] वह अपने को नानाविध आकृतियों (व्यूहों) में प्रकट करता है, समय-समय पर अवतारों के रूप में प्रकट होता है और कहा जाता है कि पवित्र मूर्तियों के अन्दर गुप्त रूप में उपस्थित रहता है। वह सृष्टि को रचता, उसको धारण करता तथा उसका विनाश करता है : वह ज्ञान का प्रदाता है, अपने को नाना प्रकार से व्यक्त करता है, कुछ को दंड देता तथा अन्य को मुक्त करता है। लक्ष्मी उसकी पार्श्ववर्तिनी है जिसमें नाना रूप धारण करने की शक्ति है, किन्तु जिसकी देह भौतिक नहीं है। ईश्वर के साथ-साथ वह भी नित्य है और सर्वव्यापी है। वह अनन्त काल से ईश्वर के वैभव की साक्षी है। अन्य देवताओं तथा देवियों के विपरीत, जो कई जन्मों के अनन्तर मोक्ष प्राप्त कर लेते हैं, लक्ष्मी नित्ययुक्त है। लक्ष्मी ईश्वर उत्पादक शक्ति का शरीरधारी रूप है। वह ज्ञानसम्पन्न प्रकृति है यद्यपि ईश्वर उससे सूक्ष्मता तथा गुणों में महान् है।[2] ईश्वर आत्माओं तथा प्रकृति के ऊपर शासन करता है यद्यपि वह न तो अभाव से उनका निर्माण ही करता है और न उन्हें नष्ट करके अभावात्मक बनाता है। वह जगत् का उपादान कारण न होकर निमित्त कारण है, क्योंकि जड़ जगत् की उत्पत्ति एक सर्वोपरि ज्ञानसम्पन्न से नहीं हो सकती। ईश्वर की क्रियाशीलता उसकी अत्यधिक पूर्णता का परिणाम है। केवल इसलिए कि ईश्वर जीवात्माओं के कर्मों का विचार करता है यह नहीं कहा जा सकता कि प्रभु कर्म के ऊपर निर्भर करता है, क्योंकि मध्व का कहना है कि "स्वयं कर्म का अस्तित्व तथा अन्य वस्तुओं का अस्तित्व भी ईश्वर के आश्रित है।"[3]

10. जीवात्मा

मध्व के मत में इस लोक का प्रत्येक पदार्थ एक जीवित संघटन है। यह विश्व जीवनयुक्त प्रकृति का एक सुविस्तृत क्षेत्र है जिसमें देश का प्रत्येक अणु जीवों से पूर्ण है। अपने तत्त्वनिर्णय नामक ग्रंथ में वे कहते हैं : "देश के एक अणु में निवास करने वाली अनन्त आत्माएं हैं।"[4] मध्व ब्रह्म और जीव के मध्यगत भेद को यथार्थ मानते हैं।[5] और उनका मत है कि यह समझना भूल है कि मोक्ष की अवस्था में जीव और ब्रह्म अभिन्न हो जाते हैं और संसार में भिन्न हैं क्योंकि दो भिन्न पदार्थ किसी भी समय में अभिन्न नहीं हो सकते और इसके विपरीत दो अभिन्न पदार्थ भिन्न नहीं हो सकते। सर्वथा ब्रह्म के आश्रित होते हुए भी जीवात्मा तात्त्विक रूप में क्रियाशील कर्त्ता है और उसके ऊपर ज़िम्मेदारियां भी हैं।[6] आत्मा स्वतन्त्र कर्ता नहीं है क्योंकि वह परिमित शक्ति वाली है और प्रभु उसका मार्गप्रदर्शन करता है।[7] जीव को आकार में अणु बताया गया है और यह उस ब्रह्म से

---

1. 1 : 2, 13।
2. 4 : 2, 9।
3. 2 : 1, 37; 3 : 2, 39-42।
4. परमाणुप्रदेशेष्वनन्ताः प्राणिराशयः।
5. 1 : 2, 12।
6. 2 : 3, 33-42।
7. 2 : 3, 38; 2 : 3, 28।

भिन्न है जो सर्वव्यापी है।[1] आकार में परिमित होने पर भी वह अपने ज्ञानरूप गुण के कारण समस्त शरीर में व्याप्त रहती है। ज्ञानेन्द्रिय को साक्षी कहा गया है जिसके समक्ष भौतिक मन अपने सब प्रभावों को प्रस्तुत करता है। यह पहचान करने वाला तत्त्व ही है जिसके कारण अहंभाव की चेतना उत्पन्न होती है और यही व्यक्तित्व का आधार है। आत्मा स्वभाव से आह्लादमय है यद्यपि यह अपने पूर्व कर्म के अनुसार भौतिक शरीरों से सम्बद्ध होने के कारण सुख व दुःख के अधीन है। जब तक यह अपनी मलिनाओं से विरहित नहीं होती, यह नाना जन्मों में अपनी आकृतियां बदलती हुई भ्रमण करती रहती है। आनन्द के समान इसके गुण मोक्ष की अवस्था में व्यक्त होते हैं।[2] यद्यपि आत्माएं नित्य हैं, वे अपने शारीरिक सम्बन्ध के कारण जन्म धारण करती हुई कही जाती हैं।[3] कोई भी दो जीव स्वरूप में एक समान नहीं होते। जीवन की तराजू में प्रत्येक का अपना-अपना मूल्य व स्थान है। जीव प्रभु के आश्रित हैं जो निःसन्देह उन्हें अपने पूर्व आचरण के अनुसार कर्म करने के लिए बाध्य करता है।[4]

> चैतन्य-विशिष्ट आत्माएं तीन प्रकार की हैं : (1) एक वे जो सदा से मुक्त हैं जैसे लक्ष्मी; (2) वे जिन्होंने अपने को संसार से मुक्त कर लिया है, यथा देव तथा मनुष्य, ऋषि और पितृगण; और (3) बद्ध। अन्तिम वर्ग में वे जो मुक्ति पाने के योग्य हैं और वे जो मुक्ति के अयोग्य हैं, दोनों ही आ जाती हैं। अन्तिम वर्ग की वे हैं जो नरक में जाने के लिए हैं अथवा तमोगुण के योग्य हैं, अथवा वे हैं जो सदा के लिए संसार-चक्र में बंधी हुई हैं (नित्यसंसारिणः)। जहां कुछ ऐसी आत्माएं हैं जो अपनी आन्तरिक प्रवृत्ति के कारण मोक्ष के लिए पूर्व से निश्चित हैं वहां दूसरी वे हैं जिनका नरक में जाना निश्चित है और एक तीसरा वर्ग ऐसा है जो अनादि काल से अनन्त काल तक संसार-चक्र में घूमता रहता है और अन्तरहित क्रम से कभी सुख तो कभी दुःख भोगता है। यह तीन प्रकार का वर्ग-विभाग तीन गुणों के आधार पर है। सात्त्विक आत्मा स्वर्ग को प्राप्त करती है, राजस गुण वाली संसार में चक्रवत् भ्रमण करती रहती है और तमोगुणी आत्मा नरक में गिरती है। जीवित प्राणी अनेकों वर्गों में विभक्त हैं जैसे देव, मनुष्य, पशु तथा वनस्पति। एक नित्य श्रेणीविभाग जो जीवों के भेदों (तारतम्य) पर आश्रित है, परिष्कार के साथ बना हुआ तैयार है। ऐसे जीवात्माओं में भी जो मोक्ष के योग्य हैं किन्हीं दो आत्माओं में भी एक समान योग्यता नहीं पाई जाती। द्यु लोकगत साम्राज्य में भी ब्रह्म और वायु का स्थान सबसे ऊपर है। विष्णु के आदेश से ब्रह्म संसार की रचना करता है। वह सबसे महान् गुरु भी है और मध्व के ब्रह्म सम्प्रदाय नामक दर्शन का सर्वप्रथम बोधक है। ईश्वर तथा आत्माओं में वायु मध्यस्थ का कार्य करती है। वह ज्ञान तथा मोक्ष-प्राप्ति में आत्माओं की सहायता करती है। उसे प्रेयसी प्रतिमा अथवा ईश्वर का पुत्र (हरेः सुतः) भी पुकारा गया है।[5]

---

1. 2 : 3, 23। 2. 2 : 3, 31। 3. ब्रह्मसूत्र के ऊपर मध्व, 2 : 3, 19।

4. 2 : 3, 41-42। यहां तक कि स्वप्नों का आना भी ईश्वरेच्छा के अधीन ही बताया गया है (3 : 2, 3 और 5)।

5. मध्व को उनके अनुयायी वायु का अवतार मानते हैं, जिसने पूर्वजन्मों में अपने को हनुमान तथा भीम के रूप में प्रकट किया।

आत्माएं ब्रह्म हैं, इस प्रकार का मत रखना ठीक नहीं है। पूर्ण तथा अपूर्ण आत्माएं मिलकर एक नहीं हो सकतीं।

11. प्राकृतिक जगत्

भौतिक उत्पन्न पदार्थ जड़ जगत् के विषय और उन्हीं से सब प्राणियों के शरीरों व इन्द्रियों का निर्माण हुआ है। वे सब आदिम प्रकृति से उत्पन्न होते हैं और समयान्तर में उसी में लौटकर वापस पहुंच जाते हैं। यद्यपि प्रकृति एकरूप प्रतीत होती है तो भी वस्तुतः यह भिन्न-भिन्न तत्त्वों से, जो सूक्ष्म अवस्था में हैं, मिलकर बनी है। जब ईश्वर तथा आत्माएं इसका उपयोग करते हैं तो यही विकसित होकर दृश्यमान जगत् के रूप में परिवर्तित हो जाती है। ईश्वर प्रकृति में से आकृतियों को गढ़ता है, क्योंकि प्रकृति उपादान कारण है और उसके अन्दर वह स्वयं भी नाना आकृतियों में निवास करता है।[1] इससे पूर्व कि हम अव्यक्त प्रकृति से सृष्टि के सुपरिष्कृत आकारों तक पहुंचें हमें परिवर्तन-काल के अन्दर मध्यवर्ती 24 पदार्थों में से गुज़रना होता है अर्थात् महत्, अहंकार, बुद्धि, मन, दस इन्द्रियां, पांच इन्द्रियों के विषय और पांच महत्तत्व। ये अपने विकास से पूर्व आद्य मूलभूत प्रकृति के अन्दर सूक्ष्म रूपों में स्थित रहते हैं।

प्रकृति के तीन पक्षों की अधिष्ठात्री लक्ष्मी के तीन रूप हैं : श्री, भू और दुर्गा। अविद्या प्रकृति का ही एक रूप है जिसके दो भेद हैं : जीवाच्छादिका, अर्थात् वह जो जीव की आध्यात्मिक शक्तियों को आवृत कर लेती हैं; और परमाच्छादिका, अर्थात् वह जो जीव की दृष्टि से सर्वोपरि सत्ता को दूर रखती हैं। अविद्या के ये दो रूप निश्चित तत्त्व हैं जो प्रकृति के सारतत्त्व में से बने हैं।

12. ईश्वर और जगत्

मध्व ऐसे समस्त प्रयासों को अस्वीकार करते हैं जो आत्माओं तथा प्रकृति से युक्त संसार को केवल भ्रांति मात्र अथवा ईश्वर से निकला हुआ कहकर उसके भिन्न अस्तित्व का अभाव प्रदर्शित करते हैं : इस प्रकार मध्व एक शुद्ध द्वैत का प्रतिपादन करते हैं। जीवात्मा ईश्वर के ऊपर आश्रित (परतन्त्र) है क्योंकि बिना विश्वात्मा के शक्तिदायक सहारे के यह अपना अस्तित्व स्थिर नहीं रख सकता जिस प्रकार कि एक वृक्ष अपने रस के बिना न जीवित रह सकता और न फल-फूल सकता है। यहां तक कि विष्णु की पत्नी लक्ष्मी यद्यपि सर्वश्रेष्ठ तथा नित्य है फिर भी ईश्वर के ऊपर आश्रित है। वह उस प्रकृति की भी अधिष्ठात्री देवी है जो जगत् का उपादान कारण है। ईश्वर किसी-न-किसी प्रकार से प्रकृति में शक्ति का संचार करता है जो उसके व्यक्तित्व का कोई अंश नहीं है और प्रकृति भी किसी-न-किसी प्रकार से अपने को ईश्वर के नियन्त्रण में दे देती है।

मध्व को अनेक श्रुतिवाक्यों के विरोध का मुकाबला करना पड़ा है जिनका वे किसी न किसी प्रकार द्वैतवाद में विनियोग करते हैं। मध्व उस महत्त्वपूर्ण वाक्य "तत् त्वम् असि" (वह तू है) को लेकर तर्क करते हैं कि यह वाक्य ईश्वर तथा आत्मा के मध्य किसी सादृश्य का द्योतक नहीं है। इस वाक्य का तात्पर्य यही है कि आत्मा के अन्दर अपने सारभूत ऐसे

---

1. 1 : 4, 25।

गुण हैं जो ईश्वर के गुणों के समान हैं।[1] ऐसे वाक्यों का भी जिनमें कहा गया है कि आत्मा प्रभु का एक अंश है, यही तात्पर्य है।[2] कभी-कभी मध्व उक्त वाक्य को एक दूसरे प्रकार से ही देखते हैं, जैसे—'स आत्मा तत् त्वमसि' को वे पढ़ते हैं "स आत्मा अतत्त्वम् असि" (वह आत्मा तू नहीं है)।[3] "अयम् आत्मा ब्रह्म," इस वाक्य के विषय में मध्व का कहना है कि यह या तो एक सरल प्रशंसापरक वाक्य आत्मा के लिए कहा गया है अथवा यह ध्यान का एक विषय है। यह भी सुझाव दिया जाता है कि यह तो पूर्वपक्ष है जिसका खण्डन करना है। ऐसे वाक्यों की व्याख्या करने के लिए, जो जीवात्मा तथा विश्वात्मा को एक बताते हैं, मध्व आत्मा तथा ब्रह्म के व्युत्पत्तिपरक अर्थों का उपयोग करते हैं। आत्मा ब्रह्म है क्योंकि यह बढ़ती है (वर्धनशीलः) अथवा इसलिए कि यह सर्वत्र प्रविष्ट होती (अतनशीलः) है।

ईश्वर की सर्वश्रेष्ठता के कारण विश्व में एक व्यवस्था तथा समानता का भाव आता है, अन्त में जाकर भेद भले ही क्यों न हों। विशेष के गुण द्वारा, जो गुण को द्रव्य से भिन्न बनाता है, एक अंश को सम्पूर्ण इकाई से भिन्न किया जाता है और एक तथा अनेक परस्पर सम्बद्ध किए जाते हैं।[4] विशेष संख्या की दृष्टि से अपरिमित है क्योंकि यह नित्य तथा अनित्य दोनों पदार्थों में रहता है और विधि तथा निषेधात्मक सत्ताओं से सम्बन्ध रखता है। एक प्रकार की निषेधात्मक सत्ता का दूसरे से भेद विशेष के द्वारा ही किया जाता है। किन्तु एक विशेष का भेद दूसरे विशेष से कैसे किया जा सकता है? यदि तो, यह अन्य किसी विशेष के द्वारा हो तो हमारे समक्ष पश्चाद् गति की एक बहुत बड़ी समस्या आती है क्योंकि उसका कहीं अन्त नहीं होगा। इसलिए विशेष को आत्मा-निर्धारित ही माना गया है। विशेष गुण के द्वारा हम भेदपूर्ण जगत् की व्याख्या कर सकते हैं जिसके लिए भेदपूर्ण जगत् को परम तत्त्व मानने की आवश्यकता नहीं है। विशेष के व्यापार के द्वारा ही हमें भेद का ज्ञान होता है। यदि विशेष सर्वोपरि सत्ता से भिन्न है तो उससे सर्वोपरि सत्ता की अखण्डता में अन्तर आता है, और यदि यह उससे भिन्न नहीं है तो हम इसे विशेष नहीं कह सकते।

13. नीतिशास्त्र और धर्म

ज्ञान के द्वारा ही ईश्वर के ऊपर पूर्ण निर्भरता तथा उसके प्रति प्रेम का भाव उत्पन्न होता है।[5] सब वस्तुओं के विषय में यथार्थ ज्ञान, अर्थात् भौतिक तथा आध्यात्मिक, हमें ईश्वर के ज्ञान की ओर ले जाता है और उसका स्वाभाविक परिणाम ईश्वर के प्रति प्रेम है। अपने तत्त्व विवेक के अन्त में मध्व कहते हैं : "यह निश्चित है कि वह व्यक्ति, जो यह समझ लेता है कि यह सब जीवन जिसका अन्त है, सदा ही हरि के वश में रहता है, संसार से मुक्ति प्राप्त कर सकता है।"

---

1. 2 : 3, 29।
2. भगवद्गीता, 15 : 7।
3. 'सेक्रेड बुक्स ऑफ दि हिन्दूज़' बृहदारण्यक उपनिषद्, पृष्ठ 114। छान्दोग्य उपनिषद् भी देखें, 6 : 8, 7। इस वाक्य को भी "त्वंतदीयोऽसि" अथवा 'त्वं तस्यासि' के समान ही माना जाता है। और भी देखें, तत्त्वमुक्तावली, 'जर्नल ऑफ दि रायल एशियाटिक सोसाइटी,' न्याय सूत्र, 15।
4. न्यायामृत, खंड 3, पृष्ठ 137।
5. 3 : 3, 49

मोक्ष-प्राप्ति के लिए सबसे पूर्व एक स्वस्थ तथा निर्दोष नैतिक जीवन का होना आवश्यक है। बिना किसी इच्छा अथवा फल-प्राप्ति के दावे के नैतिक नियमों का पालन करना तथा कर्तव्य कर्मों का निभाना आवश्यक है। धार्मिक जीवन हमें सत्य की गहराई तक पहुंचने में सहायक होता है। वेदों के अध्ययन से हम सत्यज्ञान प्राप्त कर सकते हैं, और उसकी प्राप्ति के लिए एक उपयुक्त गुरु की आवश्यकता है। प्रत्येक व्यक्ति में ब्रह्म के एक विशेष रूप का साक्षात् करने की क्षमता रहती है। ज्ञानसम्पन्न गुरु को चाहिए कि वह इन भेदों का ध्यान रखे, क्योंकि ऐसा कहा गया है कि "जिसके योग्य कोई व्यक्ति है उसके प्रत्यक्ष से ही अन्तिम मोक्ष प्राप्त होता है, अन्य किसी साधन से नहीं।"[1] केवल देवताओं तथा तीन उच्च वर्णों के मनुष्यों को ही वेदाध्ययन की आज्ञा दी गई है और स्त्रियां तथा शूद्र पुराणों तथा स्मृतियों द्वारा ज्ञान की प्राप्ति कर सकते हैं। मध्व उन सब व्यक्तियों को वेदान्त के अध्ययन का अधिकार देते हैं जो उसे समझ सकते हैं।[2] जब-जब हो सके और जितनी प्रगाढ़ भक्ति के साथ हो सके, ईश्वर के वैभव में अपने को मगन करके ध्यान लगाने का आदेश दिया गया है। ध्यान के द्वारा आत्मा दैवीय कृपा से अपने अन्तःकरण में ईश्वर का साक्षात् (अपरोक्ष ज्ञान) ज्ञान प्राप्त कर सकती है। जब आत्मा को इस प्रकार ज्ञान प्राप्त हो जाता है, जो सूर्य की भांति स्थिर होना चाहिए न कि केवल बिजली की भांति शीघ्रगामी व क्षणिक, तब इसके बन्धन कट जाते हैं और इसे मुक्त कहा जाता है।

ईश्वर के पास हम सीधे नहीं पहुंच सकते। वायु मध्यस्थ का कार्य करती है। भगवत्कृपा का सिद्धान्त, जिसे मध्व अंगीकार करते हैं, हमें आगस्टाइन के मत का स्मरण कराता है। मनुष्य स्वयं कभी बन्धन से छूटने के योग्य नहीं हो सकता। यह केवल भगवत्-कृपा से ही सम्भव है कि उसका मोक्ष हो सके। पुण्य कर्मों के भी किसी विचार से ईश्वर बाध्य नहीं होता। वह मात्र कुछ को मोक्ष-प्राप्ति के लिए और अन्य को उसकी विरोधी अवस्था के लिए चुन लेता है। दैवीय इच्छा ही मनुष्यों को मुक्त करती अथवा बन्धनों में डालती है। किन्तु हिन्दू धर्म की परम्परा के अनुसार मध्व ऐसा मत प्रकट नहीं कर सकते कि ईश्वर का चुनाव स्वेच्छापूर्ण अनुपाधिक तथा निराधार है। यद्यपि किन्हीं अर्थों में आत्मा की अवस्थाएं भी ब्रह्म के द्वारा[3] ही उत्पन्न होती हैं; तो भी यह मानी हुई बात है कि प्रभु की कृपा भी हमारी उसके प्रति भक्ति के अनुपात में ही प्राप्त होती है।[4] हमारा अपना आचरण ही स्वयं में हमें मोक्ष की ओर नहीं ले जा सकता; ईश्वर का सहयोग आवश्यक है। सर्वोपरि सत्ता, जो अव्यक्त है, हमारे अपने प्रयत्नों के बल से व्यक्त नहीं की जा सकती। जब हमारी भक्ति के द्वारा वह प्रसन्न होती है तभी वह अपने को प्रकट करती है।[5] ईश्वर की कृपा उपासक के विश्वास के अनुकूल ही होती है। मध्व के अनुयायियों में से भिन्न-भिन्न सम्प्रदाय भिन्न-भिन्न परिमाणों में दैवीय नियति तथा मानवीय मोक्ष पर बल देते हैं। अन्तर्दृष्टि (आत्म-निरीक्षण), भक्ति तथा कर्मकाण्ड-सम्बन्धी क्रियाकलाप के सम्पादन पर बल दिया गया है, सर्वोपरि सत्ता की सेवा के लिए विष्णु के चिह्नों से शरीर को गोदना, अपने पुत्रों तथा अन्यों को प्रभु के

---

1. महाभारत, 3 : 53।
2. 1 : 1, 1।
3. 3 : 2, 9।
4. 3 : 2, 20-21।
5. 3 : 2, 23-27।

नाम देना और उनकी पूजा करना, वचन (सत्यभाषण तथा पवित्र ग्रंथों का स्वाध्याय), कर्म (दान-दाक्षिण्य) और मानसिक विचार (दया तथा विश्वास) आवश्यक हैं। दैवीय कृपा की प्राप्ति के लिए ईश्वर की पूजा अनिवार्य तथा प्राथमिक आवश्यकता है। ज्ञानपूर्वक किए गए कर्म हमें ऊपर की ओर उन्नति करने में सहायक होते हैं। क्रियाकलाप तथा यज्ञ और तीर्थयात्राएं करने का भी समर्थन किया गया है। पशुबलि को निषिद्ध बताया गया है और यज्ञ करने वाले पुरुषों के लिए विधान किया गया है कि वे जीवित पशुओं के स्थान पर आटे के पशु बनाकर उनसे काम लें।

जब तक आत्मा का प्रारब्ध कर्म क्रियाशील है, उसका शारीरिक जीवन रहता है; किन्तु जब यह शरीर से वियुक्त होती है तो सर्वथा मुक्त हो जाती है। नितान्त मोक्ष तथा सांसारिक जीवन परस्पर अनुकूल नहीं हैं। न्यायामृत के ग्रंथकार का तर्क है कि ऐसा मनुष्य, जिसे सत्य का प्रकाश तो मिल गया किन्तु ईश्वर की कृपा प्राप्त नहीं हुई जो कि मोक्ष प्राप्ति के लिए आवश्यक है, उसे हमेशा के लिए मर्त्यलोक में जीवन बिताना होता है। यह जीवन्मुक्ति है। नितान्त मोक्ष केवल ईश्वर की कृपा के द्वारा ही प्राप्त हो सकता है।

भागवत के अनुसार, विशुद्ध आध्यात्मिक जीवन (स्वरूपेण व्यवस्थितिः) में पुनः लौट जाना ही मोक्ष है, जिसमें समस्त अनावश्यक रूप (अन्यथारूप) दूर हो जाते हैं।[1] यह ईश्वर के साथ साहचर्य की अवस्था है किन्तु उसके साथ एकात्म-भाव नहीं है। यदि जीव और प्रभु के मध्य का भेद दृष्टिगत नहीं होता, जैसे कि प्रगाढ़ निद्रा अथवा प्रलय की अवस्था में, तो यह मोक्ष की अवस्था नहीं है।[2] मुक्तात्मा पुरुष अपने व्यक्तित्व की चेतना को प्रलय तथा सृष्टि-रचना, दोनों अवस्थाओं में स्थिर रखते हैं। मोक्ष-अवस्था से दुःख का अभाव तथा स्थिर सुख का अनुभव होता है। किन्तु आत्मा ईश्वर के सादृश्य तक ऊंचा उठने की योग्यता नहीं रखती। आत्मा उसकी सेवा करने ही के योग्य होती है। यदि ब्रह्म के साथ एकत्व प्राप्त करने को मोक्ष कहा जाता है तो यह सोपाधिक अर्थों में ही है; अर्थात् आत्मा को ब्रह्म का दर्शन हो जाता है। ऐसे श्रुति वाक्यों का भाव कि "वह जो ब्रह्म का साक्षात्कार कर लेता है ब्रह्म ही हो जाता है" यह नहीं है कि दोनों में नितान्त ऐक्य हो जाता है।[3] समस्त मुक्तात्मा पुरुषों की इच्छा तथा आशय एक समान होते हैं।[4] निःसंदेह उनमें यथार्थ अर्थों में इच्छाएं रहती हैं, किन्तु उनकी इच्छाएं सर्वोपरि प्रभु की इच्छाओं के ही समान होती हैं। वे स्वेच्छा से ध्यान करते हैं।[5] वे बिना किसी विशेष प्रयत्न के अपनी इच्छाओं की पूर्ति कर लेते हैं।[6] वे अपनी इच्छा से शुद्ध सत्त्वस्वरूप शरीर धारण करते हैं यद्यपि यह शरीर कर्म की देन नहीं है; किन्तु जिन शरीरों को वे धारण करते हैं उनके साथ किसी प्रकार की आसक्ति नहीं रखते। यदि वे इस प्रकार का शरीर धारण न भी करें तो भी वे परम आह्लाद का अनुभव इसी प्रकार कर सकते हैं जिस प्रकार हम स्वप्नावस्था में करते हैं।[7]

---

1. 1 : 1, 17। मध्व के मत में मुक्ति 'स्वस्वयोग्यस्वस्वरूपा' है तथा 'आनन्दाभिव्यक्ति' है।
2. 'सेक्रेड बुक्स आफ दि हिन्दूज़' बृहदारण्यक उपनिषद्, पृष्ठ 118।
3. तत्त्वमुक्तावली, पृष्ठ 55-56।
4. 4 : 2, 16।
5. 3 : 3, 27।
6. 4 : 4, 8।
7. 4 : 10-16।

ऐसे पुरुष जो मोक्ष को प्राप्त करते हैं, संसार-चक्र से छूट जाते हैं किन्तु अन्य मृत्यु के उपरान्त एक भिन्न जीवन में चले जाते हैं जिसका निर्धारण कर्म के विधान द्वारा होता है। मृत्यु के समय इस स्थूल शरीर का अपने भागों में विलय हो जाता है एवं आत्मा, सूक्ष्म तथा अदृश्य प्राकृतिक शरीर धारण किए हुए जिसमें इन्द्रियां भी साथ होती हैं, या तो दिव्य लोक में चली जाती है, अथवा अस्थायी नरकों में अथवा ज्योतिर्मय चन्द्रलोकों में जाती है, जहां यह कुछ समय तक अपने सुकृत कर्मों के अनुसार ठहरती है। उसके पश्चात् माता के गर्भ में जाती है, जहां पर आत्मा की नई-नई ऐहलौकिक देह का निर्माण होता है।[1] इस प्रकार बार-बार जन्म होता रहता है। जब इसके अन्दर ईश्वर के प्रति पूर्णरूप में प्रेम अथवा द्वेष का भाव विकसित होता है, उस समय या तो यह मोक्ष प्राप्त कर लेती है अन्यथा नरक में धकेल दी जाती है।

14. समीक्षात्मक विचार

ज्ञानरूपी तथ्य हमें जगत् के विषय में एक व्यवस्थित भाव तो दे देता है किन्तु इस जगत् के अन्दर ईश्वर, आत्माएं और प्रमेय पदार्थ जो बाह्यरूप में एक-दूसरे से सम्बद्ध हैं, उनके विभाग का औचित्य नहीं बताता। और न ही हम सारतत्त्व कहे जाने वाले पदार्थों अथवा जीवात्मा का सम्बन्ध, उन विश्वव्यापी तत्त्वों के साथ उस सम्बन्ध के विषय में, कुछ समझ सकते हैं जो इस संसार में कार्य कर रहा है। यदि ईश्वर सृष्टि की रचना करता है, यदि संसार की प्रक्रिया का प्रारम्भ दैवीय इच्छा का परिणाम है, तो निःसन्देह हम सृष्टि की व्याख्या कर सकते हैं। किन्तु यह कठिनाई सामने आती है कि जो भी किसी अभाव को अनुभव करता है अथवा इच्छा करता है वह अपूर्ण तथा सान्त होता है। दृष्टिकोण से ईश्वर को सर्वोपरि तथा परिपूर्ण नहीं माना जा सकता। ईश्वर के ऊपर जगत् की निर्भरता का स्वरूप क्या है, इसका भी स्पष्ट रूप में प्रतिपादन नहीं किया गया। यदि ईश्वर वस्तुतः स्वतन्त्र है तब उसे ब्रह्म रूप से प्रतिबन्ध लगाने वाला कोई नहीं हो सकता। द्वैतवाद ईश्वर की स्वतन्त्रता को असम्भव बना देता है। मध्व अनन्त का विचार अमूर्त भावात्मक रूप में करते हैं और इसलिए उन्हें इसके तथा सान्त के मध्य कोई एकत्व लक्षित नहीं हो सकता। यदि ब्रह्म और यह जगत्, दोनों साथ-साथ नित्य हैं तो उसका परस्पर-सम्बन्ध क्या है? यदि वह सम्बन्ध भी समानरूप से नित्य है तो क्या सर्वोपरि आत्मा अपने से भिन्न पदार्थों के साथ बद्ध है? हम ऐसा नहीं कह सकते कि सर्वोपरि आत्मा का स्वभाव ही ऐसा है कि वह जीवात्माओं के साथ सम्बद्ध रहे, क्योंकि ईश्वर जीवात्माओं के अस्तित्व का कारण नहीं है। ऐसा विश्वास करना कठिन है कि ईश्वर के सारतत्त्व में ऐसे पदार्थों के साथ सम्बन्ध भी लगा है जिनका अस्तित्व इसके लिए आवश्यक नहीं है। यह मानना भी उतना ही कठिन है कि सम्बन्ध अनावश्यक अथवा आकस्मिक है क्योंकि एक नित्य घटना जो अनुत्पन्न आत्माओं को अपने अधीन रखती है और सर्वोपरि सत्ता को भी अपने वश में रखती है, मात्र एक आकस्मिक घटना नहीं हो सकती। यदि आत्माएं तथा प्रकृति परब्रह्म के ऊपर आश्रित हैं तो उन्हें द्रव्य की कोटि में नहीं माना जा सकता वास्तविक अर्थों में द्रव्य संज्ञा केवल ऐसे ही पदार्थ के लिए प्रयुक्त हो सकती है जो अपने-आप में पूर्ण हो, जिसका निर्धारण भी अपने से ही हो और जिसकी व्याख्या भी पूर्णरूप से अपने ही द्वारा हो सके। मध्व इस विषय को जानते

---

1. 3 : 1, 29।

हैं कि इस प्रकार की यथार्थता केवल सर्वोपरि आत्मा ही के अन्दर है। अन्य सब विष्णु से ही उत्पन्न होते हैं जो सर्वोपरि आत्मा है, चाहे साक्षात् अथवा परोक्षरूप में। यहां तक कि उसकी पत्नी श्री और उसका पुत्र वायु भी पूर्णरूप में उसी के आश्रित हैं। किन्तु विष्णु को जगत् की सर्वोपरि यथार्थ सत्ता स्वीकार कर लेने का तात्पर्य यह नहीं है कि वह अन्य पदार्थों का उत्पादक अथवा आश्रय-स्थान नहीं है।

इसके अतिरिक्त चुनाव की कल्पना से नैतिक जीवन को भी आघात पहुंचने का भय है। भाग्यवादी विचार की योजना से मध्व के आस्तिकवाद के अन्य अंशों पर भी बहुत बड़ी जिम्मेवारी आ जाती है। ईश्वर के नैतिक स्वरूप में भी इससे बहुत बाधा पहुंचती है तथा दैवीय न्याय के गुण तथा दैवीय प्रेम का भी कुछ अर्थ अथवा मूल्य नहीं रह जाता। मनुष्य के अपने पुरुषार्थ का महत्त्व विलुप्त हो जाता है, क्योंकि चाहे कोई व्यक्ति अपने को चुना हुआ समझे या न समझे, उसकी स्वतन्त्र सत्ता न रहकर उसके अन्दर उदासीनता तथा मानसिक जड़ता आ जाती है। यदि हम यह नहीं जानते कि हमारे जीवन का उद्देश्य क्या है तो हमें निरन्तर अपने को पवित्र करने के लिए कर्म करते जाना चाहिए। ज्ञान के अभाव में हमें कम-से-कम आशावान होना चाहिए। किन्तु इस प्रकार का सिद्धान्त हमें अत्यधिक रूप में निराशा में जकड़ देगा और तब यह प्रश्न उठेगा कि कहीं ईश्वर हमारे साथ कोई क्रियात्मक परिहास तो नहीं कर रहा, जब कि वह हमारे अन्दर एक ओर तो स्वर्ग-प्राप्ति की इच्छा उत्पन्न करता है और दूसरी ओर हमें उसके अयोग्य बना देता है। जब तक हम इस स्थिति में नहीं होते कि हमें निश्चय हो जाए कि प्रत्येक व्यक्ति, जिसने मानवीय शरीर धारण किया है वह दैवीय रूप भी प्राप्त कर सकता है, और इस विषय की धार्मिक दृष्टि से पूरी-पूरी सम्भावना है, तब तक हमारे समक्ष वस्तुतः उपयोगी नैतिक शास्त्र नहीं आ सकता। कुछ वाक्यों में मध्व कहते हैं कि जीवात्मा ज्ञान तथा परमानन्द का रूप है, यद्यपि उसे अपने इस रूप का ज्ञान नहीं है, किन्तु ईश्वर अनादि काल से अपने ज्ञान तथा परमानन्द स्वरूप से अभिज्ञ है। इसलिए ईश्वर तथा मनुष्य के मध्य चाहे कितना ही महान् भेद क्यों न हो, किन्तु वर्ग का भेद नहीं है। प्रत्येक आत्मा का आध्यात्मिक तत्त्व सम्भवतः अपनी निष्प्रभता का परिणाम प्रस्तुत कर सके, किन्तु यह सिद्ध करना कठिन है कि आत्मा में नित्य आध्यात्मिक तत्त्व तब भी वर्तमान रहते हैं जबकि वह मोक्ष प्राप्त कर लेती है। इस सबमें हम अनुभव सम्बन्धी भेदों को ईश्वर के राज्य में केवल स्थानान्तरित मात्र करते हैं।

15. निम्बार्क

निम्बार्क वैष्णवधर्मावलम्बी एक तेलुगू ब्राह्मण थे जो रामानुज के कुछ समय पश्चात् तथा मध्व से पूर्व लगभग ग्यारहवीं शताब्दी में हुए। उन्होंने ब्रह्मसूत्र के ऊपर 'वेदान्तपारिजातसौरभ' नामक एक लघु भाष्य लिखा और दशश्लोक भी 'दशश्लोकी' नाम से लिखे जिनके द्वारा उन्होंने जीव, ईश्वर और जगत् के भेद सम्बन्धी अपने मत पर प्रकाश डाला है। उनके सिद्धान्त को द्वैताद्वैत कहा जाता है। केशव काश्मीरी ने भगवद्गीता पर एक भाष्य लिखा है जिसे 'तत्त्वप्रकाशिका' का नाम दिया है और जिसके द्वारा निम्बार्क के साधारण मत का समर्थन किया गया है। ब्रह्मसूत्र पर लिखे उनके भाष्य में ब्रह्म के परिणामवाद के सिद्धान्त का परिष्कार किया गया है।

> पुरुषोत्तम की स्वतन्त्र यथार्थता तथा जीव और प्रकृति की पराश्रित यथार्थताओं के अन्दर भेद बताया गया है, जीव और ईश्वर दोनों ही आत्मचेतन हैं किन्तु जीव परिमित शक्ति वाला है और ईश्वर वैसा नहीं है। जीव भोक्ता है, संसार भोग्य है और ईश्वर सर्वोपरि नियन्ता है।

निम्बार्क की शिक्षाओं के अनुसार जीव ज्ञानस्वरूप है किन्तु शंकर के अर्थों में नहीं। यह ज्ञानस्वरूप भी है और ज्ञान को धारण करने वाला भी, ठीक जैसे कि सूर्य प्रकाशस्वरूप भी है और प्रकाश का स्रोत भी। आत्मा का अपने गुणों के साथ सम्बन्ध ऐसा है जैसा कि धर्मी का सम्बन्ध धर्म के साथ होता है। यह भेद और अभेद रूपी दोनों ही हैं। धर्म और धर्मी के मध्य नितान्त एकत्व नहीं है, किन्तु भेद का प्रत्यक्ष ज्ञान नहीं होता। जीव यद्यपि आकार में अणुरूप है तो भी ज्ञानरूपी गुण की सर्वव्यापकता को धारण किए रहने के कारण यह शरीरमात्र के अन्दर के सुख-दुःख को अनुभव कर सकता है।[1] जीव कर्म का कर्ता है। ऐसे श्रुति-वाक्य, जो उसकी सक्रियता का निषेध करते हैं, उनका तात्पर्य जीव की कर्म में पराधीनता का प्रतिपादन करने से है। जीव का कोई स्वतन्त्र ज्ञान अथवा क्रिया नहीं है। आनन्द जीव के साथ इसकी प्रत्येक अवस्था में साथ-साथ रहता है। प्रगाढ़ निद्रा (सुषुप्ति) की अवस्था तथा मोक्ष की अवस्था में भी जीव अपने अस्तित्व को अक्षुण्ण बनाए रखता है। जिस प्रकार ईश्वर शासक है उसी प्रकार जीव का सब अवस्थाओं में शासित होने (नियाम्यत्व) का स्वरूप है। जीवों की संख्या अनन्त है यद्यपि उन सबका सर्वोपरि आत्मा के द्वारा धारण होता है।

जड़ जगत् के तीन मुख्य वर्ग (तत्त्व) हैं : (1) अप्राकृतिक, अर्थात् जिसकी उत्पत्ति मूलभूत आद्यप्रकृति से नहीं हुई, जैसे कि दैवीय शरीर की सामग्री, जैसे रामानुज ने शुद्ध सत्त्व कहा और यह ईश्वर की नित्य विभूति का आधारभित्ति है; (2) प्रकृति अथवा जो कुछ त्रिगुणात्मक प्रकृति से उत्पन्न हुआ है; और (3) काल। प्रकृति और काल विश्व-जीवन के आधारभूत तत्त्व हैं। ये तीनों वर्ग भी जीवात्माओं की भांति नित्य हैं।

ईश्वर का नित्य स्वभाव शासन (नियन्तृत्व) करना है। निम्बार्क तथा केशव ब्रह्म के विशेषण रहित स्वरूप का खण्डन करते हैं और ब्रह्म को उत्तम तथा शुभ गुणों का आगार बताते हैं।[2] निम्बार्क ने सर्वोपरि आत्मा तथा कृष्ण को एक समान माना है तथा समस्त शुभ गुणों का आगार और अहम्मन्यता, अज्ञान, वासना और आसक्ति आदि दोषों से रहित माना है। उसके चार स्वरूप (व्यूह) हैं और वह अपने को अवतारों के रूप में प्रकट करता है। वह विश्व का उपादान तथा निमित्त कारण है। वह उपादान (भौतिक) कारण है क्योंकि सृष्टि-रचना से तात्पर्य उसकी सूक्ष्मरूपिणी चित् और शक्तियों की अभिव्यक्ति है। वह विश्व का निमित्त कारण है क्योंकि वह जीवात्माओं को उनके अपने-अपने कर्मों तथा फलों के साथ संयुक्त करता तथा उनका अनुभव प्राप्त करने के लिए उचित साधनों को जुटाता है।

---

1. 2 : 3, 25।

2. केशव का कहना है : "नापि निर्धर्मकं ब्रह्म तस्य ज्ञानक्रियादीनां स्वाभाविकशक्तीनां शास्त्रसिद्धत्वात्" (1 : 1, 5)। आगे कहा गया है : "आनन्दमयशब्दनिर्दिष्ट आत्मा ब्रह्म व" (1 : 1, 13)।

इस विश्व की उपेक्षा केवल भ्रान्ति मात्र कहकर नहीं की जा सकती, क्योंकि जो कुछ ईश्वर के स्वरूप में सूक्ष्मरूप में विद्यमान है उसी का यह विश्व अभिव्यक्त रूप (परिणाम) है। निम्बार्क विश्वविषयक विवर्तवाद के सिद्धान्त की आलोचना करते हैं और तर्क करते हैं कि यदि यह संसार यथार्थ न होता तो इसे दूसरे के ऊपर अध्यस्त नहीं किया जा सकता।

जीव, जगत् और ईश्वर—इन तीनों तत्त्वों का पारस्परिक सम्बन्ध नितान्त एकत्व अथवा अभेदपरक नहीं है, क्योंकि इस प्रकार के मत को मानने से उपनिषदों के असंख्य वाक्यों का विरोध होगा जिनमें इनके पारस्परिक भेद पर बल दिया गया है, और भिन्न-भिन्न तत्त्वों के स्वरूप तथा गुणों में भी बहुत-सा असामंजस्य उत्पन्न होगा। किन्तु यह भी नहीं कहा जा सकता कि उक्त तीनों तत्त्व परस्पर सर्वथा भिन्न हैं; क्योंकि ऐसा कथन उपनिषदों के अन्तर्गत साक्ष्य से दूर भागना होगा। यदि परमात्मा जीवात्मा और जगत् से सर्वथा भिन्न होता तो यह सर्वव्यापक न हो सकता। यह वैसे ही परिमित परिमाण का होता जैसे कि जीवात्मा तथा जगत् हैं और इसलिए इसे शासक (नियन्ता) नहीं माना जाता। इस प्रकार का सुझाव, कि अभेद यथार्थ है तथा भेद उपाधि अथवा अवच्छेद के कारण है, स्वीकार नहीं किया जा सकता, क्योंकि इसका अर्थ होगा कि हम ब्रह्म को अवस्थाओं के अधीन कर देते हैं। इस प्रकार के मत में ब्रह्म निर्मल नहीं रहता और मानना पड़ेगा कि वह त्रुटि भी कर सकता है तथा वह सुख-दुःख का अनुभव करने वाला भी ठहरेगा और यह सब ब्रह्म के सर्वमान्य स्वरूप के विरुद्ध होगा। इस प्रकार निम्बार्क इस परिणाम पर पहुंचते हैं कि भेद और अभेद, दोनों ही यथार्थ हैं। जीवात्मा तथा जगत् ब्रह्म से भिन्न हैं क्योंकि उनके स्वरूप तथा गुण ब्रह्म के स्वरूप और गुणों से भिन्न हैं। वे भिन्न नहीं हो सकते क्योंकि वे स्वतंत्र रूप से अपना अस्तित्व स्थिर नहीं रख सकते और सर्वथा ब्रह्म ही के ऊपर आश्रित हैं। भेद पृथक्त्व का और आश्रित अस्तित्व का द्योतक है (परतंत्रसत्ताभावः) और अभेद स्वतंत्र अस्तित्व के अभाव का द्योतक है (स्वतंत्रसत्ताभावः)। भेदाभेद के इस सिद्धान्त की दृष्टि से सुप्रसिद्ध वाक्य "तत् त्वम् असि" की व्याख्या की गई है। 'तत्' नित्य तथा सर्वव्यापक ब्रह्म का द्योतक है; 'त्वम्' से तात्पर्य जीवात्मा से है जिसका अस्तित्व ब्रह्म के ऊपर निर्भर है; और 'असि' शब्द दोनों के परस्पर सम्बन्ध को बताता है जो कि अभेद के अविरुद्ध भेदपरक है। इस प्रकार का सम्बन्ध सूर्य तथा उसकी किरणों में अथवा अग्नि और उसकी चिंगारियों में पाया जाता है। यद्यपि आत्माएं तथा प्रकृति ईश्वर से भिन्न हैं वे उसके साथ घनिष्ठ सम्बन्ध भी रखते हैं जैसे लहरें जल के साथ अथवा एक रस्सी के बल रस्सी के साथ रखते हैं। वे दोनों ब्रह्म से भिन्न भी हैं और अभिन्न भी। भिन्न सत्ताओं को एक-दूसरे से सर्वथा पृथक् तथा विच्छिन्न ही माना जाए यह आवश्यक नहीं है। भेद तथा एकत्व, दोनों एकसमान यथार्थ हैं और जो भिन्न है वह एकात्म भी है।

फिर भी जीवात्माएं और जगत् आत्मनिर्भर नहीं हैं वरन् ईश्वर के द्वारा इन्हें प्रेरणा मिलती है।[1] प्रलयकाल में ये दोनों ईश्वर के स्वरूप में विलीन हो जाते हैं जो जीव तथा जगत् के सूक्ष्मरूपों को धारण करता है। विलय तथा पुनः सृजन के कालों के मध्यवर्ती समय में समस्त तत्त्व चेतन और अचेतन सूक्ष्म अवस्था में उसके अन्दर निवास करते हैं।

---

1. दशश्लोकी, 7।

ब्रह्म की शक्ति के द्वारा जगत् की उत्पत्ति होती है जहां प्रत्येक पृथक् आत्मा उपयुक्त शरीर प्राप्त करती है।

निम्बार्क ऐसे सिद्धान्त को स्वीकार नहीं करते जिसके अनुसार चेतन तथा अचेतन जगत् ब्रह्म के साथ मिलकर एक सम्पूर्ण व्यक्तित्व का निर्माण करते हैं और जहां तक उक्त व्यक्तित्व का सम्बन्ध है, यही इस संसार का उपादान कारण है। निम्बार्क के अनुसार, ब्रह्म की शक्ति ही संसार का उपादान कारण है और शक्तिगत परिवर्तन ब्रह्म की अखण्डता के ऊपर कोई प्रभाव नहीं रखते। जिसे रामानुज ब्रह्म का शरीर कहते हैं उसे ही निम्बार्क शक्ति की संज्ञा देते हैं। संसार का निर्माण करने के लिए ईश्वर को किसी सामग्री की आवश्यकता नहीं होती। वह सर्वशक्तिमान है और वह केवल अपनी इच्छा मात्र से ही संसार की रचना करने में समर्थ है।[1] इस प्रकार ब्रह्म संसार का उपादान तथा निमित्त दोनों ही प्रकार का कारण है। संसार का ब्रह्म के साथ एकात्मभाव है और अपने परिणमन तथा कर्म करने की शक्ति के लिए वह ब्रह्म के ऊपर निर्भर करता है। और फिर भी कुछ अर्थों में यह संसार ब्रह्म से भिन्न है। तीन गुणों में प्रकृति के विकास सम्बन्धी प्रचलित सिद्धान्त को भी स्वीकार किया गया है।[2]

सर्वोपरि आत्मा को सब प्रकार के दोषों से रहित माना गया है। वह सब प्रकार के औदार्ययुक्त गुणों का आगार है, दिव्य शरीर धारण किए हुए है, सौन्दर्य तथा कोमलता और माधुर्य तथा कान्ति से पूर्ण है।[3] आत्माएं संख्या में अनन्त और आकार में अणु हैं। प्रत्येक आत्मा ब्रह्म की, व्यक्तित्व के रूप में परिणत हुई किरण है।[4] उक्त सिद्धान्त का प्रयास, पूर्ण एकत्व से बचने की ओर है जिसमें गुण असमंजस में पड़ जाते हैं और भेद नष्ट हो जाते हैं और साथ-साथ वह केवल अनेकत्ववाद से भी बचने का प्रयत्न करता है क्योंकि अनेकत्ववाद ब्रह्म की सर्वव्यापकता को क्षति पहुंचाता तथा उसके स्वभाव और प्रभुता को भी परिमित कर देता है।

जीव का विशुद्ध स्वरूप अपने कर्म के कारण आवरणयुक्त हो जाता है और यह अविद्या का परिणाम है जो अनादि काल से है किन्तु फिर भी ईश्वर की कृपा से उसका अन्त किया जा सकता है। प्रपत्ति अथवा ईश्वर के प्रति सर्वात्मना आत्मसमर्पण करना ही मोक्ष-प्राप्ति का एकमात्र उपाय है। ऐसे व्यक्तियों के ऊपर, जो प्रपन्न पुरुषों के समान भाव रखते हैं, ईश्वर की कृपा रहती है और ईश्वर उनके अन्दर भक्तिभाव उत्पन्न करता है जो अन्त में जाकर ब्रह्म-साक्षात्कार में परिणत हो जाता है। भक्ति के अन्दर सर्वोपरि यथार्थ सत्ता का ज्ञान, जीवात्मा का स्वरूप, दैवीय कृपा का फल अथवा मोक्ष जो ब्रह्म के स्वरूप तथा गुणों का अव्यवहृत साक्षात्कार है, जिससे सब प्रकार की स्वार्थपरता तथा अज्ञान पूर्णरूप से नष्ट हो जाते हैं, और ईश्वर के साक्षात्कार में जो बाधाएं आती हैं जैसे कि आत्मा तथा शरीर को एवं इन्द्रियों अथवा मन को भ्रांति के कारण एक मान लेना, ईश्वर को छोड़कर अन्य का आश्रय ढूंढ़ना, उसके आदेशों का उल्लंघन अथवा उनके प्रति उदासीनता का भाव, ईश्वर को साधारण प्राणियों के समान मान लेना, सच्ची भक्ति से उत्पन्न प्रसाद को मोक्ष समझ

---

1. 1 : 1, 19।
2. दशश्लोकी, 3।
3. दशश्लोकी, 4।
4. ब्रह्मसूत्र पर भाष्य, 2 : 3, 42।

लेना—ये सब आ जाते हैं। निम्बार्क के अन्दर कृष्ण और राधा[1] नारायण तथा उनकी पत्नी का स्थान ले लेते हैं। भक्ति उपासना नहीं है अपितु प्रेम और श्रद्धा है। ईश्वर की कृपा सदा ही असहायों को ऊंचा उठाने और उन्हें वस्तुओं की यथार्थता का ज्ञान प्राप्त करने के योग्य बनाने के लिए उद्यत रहती है। अन्य देवताओं की पूजा का निषेध है। शास्त्रविहित नैतिक आचार-सम्बन्धी नियमों के पालन पर बल दिया गया है। कर्म को ब्रह्म-ज्ञान की प्राप्ति कराने का साधन बताया गया है[2] जिसमें भक्ति भी साथ-साथ रहती है।[3]

रामानुज और निम्बार्क, दोनों ही भेद और अभेद को आवश्यक मानते हैं और जीवित तथा जड़ सत्ताओं को ब्रह्म के गुण मानते हैं। रामानुज एकात्मता के सिद्धान्त पर अधिक बल देते हैं। निम्बार्क के लिए दोनों ही एक समान यथार्थ हैं और वही महत्त्व रखते हैं। इसके अतिरिक्त रामानुज जीवात्माओं (चित्), तथा जगत् (अचित्) को ब्रह्म के गुण (विशेषण अथवा प्रकार) के रूप में मानते हैं और उसके मत में सर्वोपरि प्रभु के अद्वैतत्त्व पर बल दिया गया है, जीवात्माएं तथा जगत् जिसके उपाधिस्वरूप हैं।[4]

निम्बार्क इस मत का विरोध इस आधार पर करते हैं कि यह आवश्यक नहीं है कि शरीरधारण गुणों की उपस्थिति का भी उपलक्षण हो। क्योंकि गुण का विषय उस वस्तु में, जिसमें वह गुण है तथा उस अन्य वस्तु में जिसमें वह नहीं है, परस्पर भेद करना है। यदि चित् और अचित् ब्रह्म के गुण हैं तो फिर वह यथार्थ सत्ता कौन-सी है जिससे ब्रह्म का भेद इन लक्षणों से युक्त होने के कारण किया जाता है।

16. वल्लभ

वल्लभ (1401 ईस्वी) दक्षिण भारत के एक तेलुगू ब्राह्मण थे जिन्होंने उत्तर भारत में आकर विष्णुस्वामी के मत का परिष्कार करके उसे बढ़ाया। विष्णुस्वामी तेरहवीं शताब्दी में हुए। वे न केवल उपनिषदों, भगवद्गीता और ब्रह्मसूत्र को प्रामाणिक ग्रन्थ मानते थे, अपितु भागवत पुराण को भी प्रामाणिक मानते थे। अपने ग्रंथों अर्थात् 'अणुभाष्य', 'सिद्धान्तरहस्य' तथा 'भागवत-टीका सुबोधिनी' में[5] वे वेदान्त की एक ऐसी ईश्वरज्ञानपरक व्याख्या करते हैं जो शंकर तथा रामानुज दोनों की व्याख्या से भिन्न है। उनके मत की संज्ञा 'शुद्धाद्वैत' है अर्थात् विशुद्ध अद्वैतवाद।[6] उनका कहना है कि समस्त जगत् यथार्थ है और सूक्ष्मरूप में ब्रह्म है। जीवात्माएं और जड़ जगत् तात्त्विक रूप में ब्रह्म ही है। वल्लभ मानते हैं कि जीव, काल और प्रकृति अथवा माया सब नित्य वस्तुएं हैं; वे ब्रह्म के ही तत्त्व से सम्बद्ध हैं और उनकी कोई पृथक् सत्ता नहीं है। ऐसे व्यक्ति, जो माया की शक्ति को जगत् का कारण मानते हैं, शुद्ध अद्वैतवादी नहीं हैं क्योंकि वे ब्रह्म के अतिरिक्त भी एक दूसरी सत्ता को स्वीकार करते हैं।[7] जहां शंकर जगत् की उत्पत्ति माया की शक्ति के द्वारा ब्रह्म से मानते हैं वहां

1. दशश्लोकी, 5 और 8।
2. 1 : 1, 4।
3. 1 : 1, 7।
4. चिदचिद्विशिष्टपरमेश्वराद्वैत।
5. गिरिधर का 'शुद्धाद्वैतमार्तण्ड' और बालकृष्ण का 'प्रमेयरत्नार्णव' इसी सम्प्रदाय के ग्रंथ हैं।
6. जो शंकर के केवलाद्वैत से भिन्न है।
7. 1 : 1, 6।

दूसरी ओर वल्लभ मानते हैं कि ब्रह्म माया जैसे किसी तत्त्व के साथ सम्बन्ध के बिना भी जगत् का निर्माण करने में समर्थ है। उनके मत में शास्त्र ही अन्तिम प्रमाण है और हमारा तर्क उसके आदेशों के विरोध में नहीं जा सकता।[1] ईश्वर सच्चिदानन्द है, और गुणों से युक्त है; श्रुति के उन वाक्यों का जिनमें कहा गया है कि वह निर्गुण है, तात्पर्य यह है कि उसमें साधारण गुणों का अभाव है।[2] ईश्वर शरीरधारी कृष्ण है जिनमें ज्ञान और क्रियारूप गुणों का आधान है। वही जगत् का स्रष्टा है और हमें यह कल्पना करने की आवश्यकता नहीं कि उसको किसी भौतिक शरीर की आवश्यकता है जैसी कि सांसारिक कर्मों के कर्ताओं को होती है क्योंकि हम लोगों पर जो बात लागू होती है उसका अतीन्द्रिय तथा सर्वोपरि ईश्वर के विषय में लागू होना आवश्यक नहीं है। वह केवल अपनी इच्छा की शक्ति से ही समस्त संसार की रचना करता है। वह केवल कर्ता ही नहीं भोक्ता भी है।[3] यद्यपि उसे शरीर धारण करने की तो कोई आवश्यकता नहीं होती तो भी वह नानाविध रूपों में अपने भक्तों को प्रसन्न करने के लिए प्रकट होता है।[4] उसका सबसे श्रेष्ठरूप वह है जिसे यज्ञरूप कहा गया है और जिसका सम्बन्ध कर्म करने से है और उसकी पूजा, जैसाकि ब्राह्मण ग्रंथों में कहा है, कर्मों के द्वारा की जा सकती है। जब वह ज्ञान से सम्बद्ध होता है तो वह ब्रह्म है तथा उस अवस्था में ज्ञान के द्वारा ही, जैसा कि उपनिषदों में कहा गया है, उसे प्राप्त कर सकते हैं। सर्वोपरि कृष्ण की पूजा गीता तथा भागवत के नियमों के अनुसार ही करनी चाहिए।

मनुष्यों तथा पशुओं की आत्मा में आनन्दरूप गुण अव्यक्त अवस्था में रहता है और इसी प्रकार प्रकृति में चैतन्य रूप गुण अव्यक्त अवस्था में है। ब्रह्म अपने गुणों के आविर्भाव तथा तिरोभाव द्वारा जिस रूप को चाहता है, धारण कर लेता है। जीव आकार में आणविक है[5] और ब्रह्म रूप है तथा उसका एक अंश भी है।[6] ब्रह्म के आनन्दरूप पर आवरण आने से हम उसे जीव कहते हैं। यद्यपि इसकी उत्पत्ति केवल आविर्भाव मात्र का नाम है। वस्तुतः यह ब्रह्म ही के समान यथार्थ और नित्य है। जीवों के अन्दर तीन प्रकार का भेद है। शुद्ध जीव वे हैं जो अविद्या के जाल में जकड़े हुए होने के कारण जन्म और मरण का अनुभव करते हैं क्योंकि वे स्थूल अथवा सूक्ष्म शरीर धारण किए रहते हैं। मुक्त जीव वे हैं जो अविद्या (ज्ञान) के बल पर संसार के बन्धनों से स्वतन्त्र हैं। जब आत्मा मोक्ष को प्राप्त करती है तो उसे अपने अव्यक्त गुण पुनः प्राप्त हो जाते हैं और वह ब्रह्म के साथ एकाकार हो जाती है। जड़ जगत् भी ब्रह्म से पूर्ण (ब्रह्मात्मक) है। इसके अन्दर ब्रह्म के दो गुण, ज्ञान तथा आनन्द अव्यक्त हैं, और जो अवशिष्ट रहता है वह शुद्ध सत्त्व है अर्थात् अस्तित्वमात्र है। चूंकि यह जगत् के रूप में प्रकट हुआ ब्रह्म है, अतः इसे ब्रह्म का कार्य ही माना गया है। सृष्टि-रचना तथा प्रलय मात्र सर्वोपरि सत्ता के आविर्भाव तथा तिरोभाव ही हैं और वही सत्ता उक्त रूप धारण कर लेती है। ब्रह्म भी एक उत्पन्न पदार्थ का रूप धारण कर लेता है और उसका बोधग्रहण सृष्टि-रचना के रूप में होता है तथा प्रलय-काल में जगत् अपने मौलिक रूप में वापस लौट जाता है और

1. 1 : 1, 20।
2. देखें, ब्रह्मसूत्र पर उनका भाष्य 3, 2 : 22।
3. 1 : 1, 1।
4. 1 : 1, 20-21।
5. 2 : 3, 19।
6. 2 : 3, 43।

प्रत्यक्ष का विषय नहीं रहता। इसलिए जगत् ब्रह्म ही के समान तात्त्विक है और इसकी रचना तथा विनाश ब्रह्म की शक्ति के ही कारण है। जगत् को केवल भ्रांतिमय प्रतीति नहीं माना जा सकता और न ही यह तात्त्विक रूप में ब्रह्म से भिन्न है। कारणकार्यसम्बन्ध नितान्त एकत्व रूप सम्बन्ध है।[1] यह विश्व यथार्थ में ब्रह्म है। ब्रह्म सर्वथा अपनी इच्छा से अपने को जीवात्माओं तथा जगत् के रूप में प्रकट करता है किन्तु इससे उसके तात्त्विक स्वरूप में कोई विकार नहीं आता। वह जगत् का उपादान तथा निमित्त, दोनों ही प्रकार का कारण है।[2] पक्षपात तथा क्रूरता के दोष ब्रह्म में नहीं आते, क्योंकि वल्लभ ब्रह्म से जीवों का भेद स्वीकार करते हैं। वे यह भी मानते हैं कि माया के बन्धनों से मुक्त होकर जीव ब्रह्म के साथ एकाकार हो जाता है।

वल्लभ ईश्वर को सम्पूर्ण इकाई तथा जीव को उसका अंश मानते हैं; किन्तु चूंकि जीवात्मा भी उसी के समान तात्त्विक सार रखता है, दोनों के अन्दर कोई वास्तविक भेद नहीं है। स्फुलिंगों का अग्नि के साथ जो सम्बन्ध है, उसी दृष्टान्त का प्रयोग इस महान् उद्देश्य को समझाने के लिए किया जाता है। जीवात्मा अविद्या की शक्ति से आवृत्त सर्वोपरि ब्रह्म नहीं, अपितु स्वयं ब्रह्म ही है जिसमें एक गुण अदृश्य हो गया है। आत्मा दोनों ही है, अर्थात् कर्ता भी है और भोक्ता भी। यह आकाश में आणविक है यद्यपि अपने ज्ञानरूप गुण के द्वारा समस्त शरीर में व्याप्त है, ठीक जिस प्रकार चन्दन का ज्ञान अपनी सुगन्ध के द्वारा जहां नहीं है वहां भी हो जाता है। रामानुज की दृष्टि में, जो एक ही परम यथार्थसत्ता को मानते हैं और जो मूलभूत सत्ता है, ईश्वर तथा आत्मा के मध्य का भेद कभी नष्ट नहीं होता। रामानुज ईश्वर तथा आत्मा को सम्पूर्ण इकाई तथा उसके अंशों के रूप में प्रतिपादन करते हैं जहां कि अंश वस्तुतः पूर्ण इकाई से भिन्न-भिन्न महत्त्वों को प्रकट करते हैं, उनका समानाधिकरण्य अथवा विशेषण-विशेष्य-भाव अनेकों अंशों के उसी एक इकाई के अन्दर निहित होने का निर्देश करता है। इसके विपरीत, वल्लभ हमारे समक्ष शैलिंग के क्लीबाणु के समान ही का एक विचार रखते हैं जिसमें भेद नष्ट हो जाते हैं, किन्तु रामानुज का मत अधिकतर हीगल के समान है।

इस माया-रूप जगत् को भी अयथार्थ नहीं माना गया है[3] क्योंकि माया इसके अतिरिक्त और कुछ नहीं जिसे ईश्वर स्वेच्छा से उत्पन्न करता है। "ब्रह्म विश्व का नैमित्तिक तथा उपादान दोनों ही प्रकार का कारण है। वह मात्र विश्व का रचयिता ही नहीं है अपितु स्वयं विश्व का रूप है।[4] वे बृहदारण्यक के वर्णन को स्वीकार करते हैं,[5] अर्थात् ब्रह्म ने अनेक होने की इच्छा की और स्वयं अनेकों जीवात्माओं तथा जगत् के रूप में परिणत होकर प्रकट हो गया। ब्रह्म के अन्दर आत्म-अभिव्यक्ति की आन्तरिक इच्छा विद्यमान रहती है। वल्लभ के अनुसार, ईश्वर में वह शक्ति है जिसके द्वारा वह जगत् के विकास तथा विनाश को सम्भव बना सकता है। माया अविद्या से भिन्न है क्योंकि अविद्या वस्तुओं के एकत्व को आवृत किए रहती है तथा उस भेद के ज्ञान को भी उत्पन्न नहीं होने देती।[6] वल्लभ प्रकृति को क्रियाविहीन नहीं मानते क्योंकि उसके

1. प्रागभाव अर्थात् उत्पत्ति से पूर्व अभाव कारणात्मक अवस्था है, प्रध्वंसाभाव केवल कार्य के तिरोभाव हो जाने का ही नाम है।

2. 1 : 1, 4।

3. 1 : 1, 4 पर अणुभाष्य।

4. अणुभाष्य, 1 : 1, 4।

5. 1 : 4, 3।

6. देखें, शुद्धाद्वैतमार्तण्ड।

अन्दर ब्रह्म शक्ति देता है। यदि ब्रह्म स्वयं नहीं जाना जाता, तो भी जब वह जगत् के रूप में प्रकट होता है तब जाना जाता है।

किन्तु संसार अयथार्थ है। संसार को यथार्थ मानने में तो आत्मा का व्यवहार ठीक है किन्तु जब वह इसको अनेकत्व के रूप में देखती है तब उसका व्यवहार ठीक नहीं है। संसार सत्य है, यद्यपि हमारी उसकी प्रतीति सत्य नहीं है। हम यह नहीं अनुभव करते कि यह संसार केवल ब्रह्म की ही एक आकृति है। इस प्रकार जीव के मस्तिष्क में जगत् के स्वरूप का एक भ्रांतिपूर्ण विचार बैठा हुआ है। ऐसे व्यक्तियों की दृष्टि में, जिन्होंने सत्य को प्राप्त कर लिया है, यह जगत् ब्रह्मरूप में ही प्रकट होता है और ऐसे व्यक्तियों के लिए जिन्होंने धर्मशास्त्रों के द्वारा सत्य का ज्ञान प्राप्त किया है, यह ब्रह्म तथा माया, दोनों रूप में प्रकट होता है और ब्रह्म के अतिरिक्त रूप में भी, यद्यपि वे जानते हैं कि ब्रह्म यथार्थ है और माया यथार्थ नहीं है। अज्ञानी पुरुष ब्रह्म की यथार्थता तथा अनेकों प्रतीतियों की अयथार्थता के मध्य कोई भेद नहीं करते। यह प्रतीतिमात्र वस्तुएं अपने को बाह्य तथा स्वतन्त्र रूप में प्रकट करती हैं। अविद्या का स्थान मनुष्य के मस्तिष्क के अन्दर है। इस प्रकार वल्लभ जगत् की अयथार्थता के विचार को इस रूप में स्वीकार नहीं करते। यदि जगत् अयथार्थ है तो यह भी नहीं कह सकते कि वह ब्रह्म के साथ एकाकार है, क्योंकि अयथार्थ वस्तु तथा प्रतीतिमात्र अयथार्थ वस्तु में तादात्म्य का सम्बन्ध नहीं हो सकता। धोखे की सम्भावना तो है किन्तु यह ईश्वर द्वारा निर्धारित नहीं है।

माया के द्वारा जकड़ा हुआ जीव बिना ईश्वर की कृपा से मोक्ष प्राप्त नहीं कर सकता। मोक्ष का मुख्य साधन भक्ति है यद्यपि ज्ञान भी उपयोगी है। यदि हम ईश्वर के अन्दर श्रद्धा रखें तो सब पाप दूर हो सकते हैं। यह एक ऐसा सिद्धान्त है जिसे क्रियात्मक जीवन में बहुत अतिशयोक्ति के साथ कहा जाता है। वल्लभ ने सब प्रकार की कठोर तपस्याओं को तुच्छ बताया है। यह शरीर ईश्वर का बनाया हुआ मन्दिर है और इसलिए इसे नष्ट करने का प्रयत्न करना कुछ अर्थ नहीं रखता। सर्वोपरि सत्ता के ज्ञान से पूर्व कर्म का स्थान है और जब उसका ज्ञान प्राप्त हो जाता है तब भी कर्म विद्यमान रहते हैं। मुक्तात्मा पुरुष सब कर्मों को करते हैं।[1] उच्चतम लक्ष्य मोक्ष नहीं है वरन् कृष्ण की निरन्तर सेवा है तथा दिव्य लोकस्थ वृन्दावन की लीलाओं में भाग लेना है। वल्लभ, ब्रह्म की अतीन्द्रिय चेतना में और पुरुषोत्तम में परस्पर भेद करते हैं।[2] जीवन की बाधाओं से मुक्ति-प्राप्त आत्माएं भिन्न-भिन्न प्रकार की हैं। एक वे हैं जिन्होंने अपने को पूर्व की अधीनता से मुक्त किया है, जैसे सनक ऋषि और जो ईश्वर की नगरी में निवास करते हैं जहां उन्हें ईश्वर की कृपा से मोक्ष प्राप्त होता है। दूसरी वे हैं जो भक्ति का आश्रय लेती हैं और पूर्ण प्रेम का परिष्कार करके ईश्वर के सहचारी हो जाती हैं। वल्लभ ईश्वर के प्रति निष्काम प्रेम के जीवन पर अत्यन्त बल देते हैं।

एक पक्ष में ब्रह्म और दूसरे पक्ष में जीवात्माएं तथा जड़ प्रकृति के मध्य का सम्बन्ध विशुद्ध ऐक्यभाव (तादात्म्य) का सम्बन्ध है, जैसे अंश और अंशी का परस्पर सम्बन्ध होता है। भेद को वल्लभ ने गौण बताया, किन्तु अभेद ही यथार्थ तथा मुख्य है। वे 'तत् त्वम् असि' (वह तू है) इस वाक्य की व्याख्या करते हुए कहते हैं कि यह अक्षरशः सत्य है किन्तु रामानुज तथा निम्बार्क इसे आलंकारिक अर्थों में लेते हैं। जब आत्मा परमानन्द को प्राप्त

1. अणुभाष्य, 1 : 1, 1। 2. वही, 4 : 3, 27।

कर लेगी और जड़ जगत् चैतन्य तथा परमानन्द, दोनों को प्राप्त हो जाएगा, तब ब्रह्म तथा इसके मध्य का भेद सर्वथा मिट जाएगा–यह एक ऐसी स्थिति है जिसे रामानुज स्वीकार नहीं करते।

17. चैतन्य का आन्दोलन

दक्षिण भारत के वैष्णव मत ने वृन्दावन की लीला के गुणकीर्तन की ओर विशेष ध्यान नहीं दिया, यद्यपि कुछ आलवारों ने गोपियों के साथ कृष्ण की लीलाओं का वर्णन किया है। किन्तु उत्तर भारत में स्थिति इससे भिन्न थी। निम्बार्क के मत में राधा जो प्रियतमा उपपत्नी के रूप में है, गोपियों में केवल मुख्य ही न होकर कृष्ण की अनादिकाल से पत्नी है। 'गीतगोविन्द' के रचयिता जयदेव, विद्यापति, उमापति तथा चण्डीदास (चौदहवीं शताब्दी) बंगाल तथा बिहार में राधाकृष्ण सम्प्रदाय के बढ़ते हुए प्रभाव का दिग्दर्शन कराते हैं, जिसका श्रेय शाक्तदर्शन की विचारधारा तथा व्यावहारिक प्रचलन को है। इस प्रकार के वातावरण में प्रशिक्षण पाकर वैष्णव मत के एक महान् प्रचारक चैतन्य (पन्द्रहवीं शताब्दी) विष्णुपुराण, हरिवंश, भागवत और ब्रह्मवैवर्तपुराण में दिए गए कृष्णविषयक वर्णन से आकृष्ट हुए और उन्होंने अपने व्यक्तित्व तथा आचरण से वैष्णव मत को एक नया रूप दिया। उनके उदार दृष्टिकोण तथा लोकतन्त्रात्मक सहानुभूति के कार्यों ने उनके अनुयायियों की संख्या में वृद्धि की यद्यपि कट्टरपन्थियों में उनकी चौंका देने वाली कार्यप्रणाली से बहुत बेचैनी फैली। उन्होंने बिना किसी रोक-टोक से इस्लाम धर्म से आने वालों को भी गले लगाया, यहां तक कि उनके सबसे पहले शिष्यों में एक मुसलमान फकीर भी था जिसने हरिदास के नाम से चैतन्य के वैष्णव सम्प्रदाय में बड़ी ख्याति तथा आदर का स्थान पाया। उनके दो शिष्य रूप और सनातन हिन्दू-समाज से बहिष्कृत होकर मुसलमान हो गए थे, जिन्हें चैतन्य ने फिर से अपने सम्प्रदाय में ले लिया। जीवगोस्वामी (सोलहवीं शताब्दी) और उसके बहुत समय पश्चात् बलदेव ने चैतन्य के मत को दार्शनिक रूप दिया। इस सम्प्रदाय के दार्शनिक ग्रन्थों में जीवगोस्वामी-कृत सत्यसंदर्भ तथा उसके ऊपर स्वयं उसी का अपना भाष्य सर्वसंवादिनी और ब्रह्मसूत्र पर बलदेव-कृत गोविन्दभाष्य हैं। बलदेव की प्रमेयरत्नावली भी एक प्रसिद्ध पुस्तक है। ये लेखक रामानुज और मध्व के विचारों से भी प्रभावित हुए हैं।[1] ये पांच तत्त्वों को स्वीकार करते हैं : ईश्वर, आत्माएं, माया अथवा प्रकृति और स्वरूप शक्ति, जिसमें दो अवयव हैं–ज्ञान तथा शुद्ध तत्त्व, अर्थात् शुद्ध प्रकृति तथा काल है।

ज्ञान के सिद्धान्तविषयक प्रश्न पर ऐसा कुछ नहीं है जो इस सम्प्रदाय का अपना विशेषत्व रखता हो। ज्ञान के साधनों के विषय में जो परम्परागत विवरण है, जिसमें वैदिक प्रामाण्य भी सम्मिलित है, वही इस सम्प्रदाय को भी मान्य है। जीवगोस्वामी तर्क करते हैं कि साधारण बोधस्वरूप चेतना की एक अवस्था है जो आगे चलकर निश्चयात्मक ज्ञान में परिणत हो जाती है। असम्बद्ध तात्कालिक अनुभव निश्चयात्मक बोध के पूर्व आता है। पहला निर्विकल्प बोध है। निश्चयात्मक (सविकल्प) बोध मूलरूप में इसके अन्दर विद्यमान रहता

1. प्रमेयरत्नावली, पृष्ठ ४।

है। यह एक तथ्य है जो निर्विकल्प प्रत्यक्ष ज्ञान में विद्यमान रहता है, वही विश्लेषण के बाद निश्चयात्मक ज्ञान में बुद्धिगम्य होता है। परिणाम यह निकला कि निर्विकल्प ज्ञान चेतनता का एक तथ्य है और अन्तर्दृष्टि ज्ञान भी, जिसमें सम्बन्ध अनुपस्थित रहते हैं, इसी प्रकार का है। जीवगोस्वामी ऐसे सर्वव्यापी को नहीं मानते जिसमें सब भेद सम्मिलित हों।[1] हमें पहले सर्वव्यापी का उसके अपने रूप में ज्ञान होता है और उसके पश्चात् सोपाधिक सर्वव्यापी का ज्ञान होता है। ब्रह्म का अन्तर्दृष्टि द्वारा प्राप्त ज्ञान, जो शुद्ध तथा साधारण है, जीवगोस्वामी की दृष्टि में चेतना का एक सन्देहरहित तथ्य है यद्यपि इसका अतीन्द्रिय होना आवश्यक है।

परम यथार्थ सत्ता विष्णु है जो प्रेम तथा दया का शरीरधारी ईश्वर है और जो साधारण सत्, चित् तथा आनन्द के गुणों को धारण किए हुए है। वह इन अर्थों में निर्गुण है कि वह प्रकृति के गुणों से रहित है और सगुण इसलिए है कि उसमें सर्वज्ञता तथा सर्वशक्तिमत्ता आदि गुण विद्यमान हैं। ये गुण उसमें स्वरूप-सम्बन्ध से लगे हुए हैं। ये ब्रह्म के स्वरूप को भी अभिव्यक्त करते हैं तथा उसके अन्दर निहित भी हैं।[2] वही इस विश्व का विकास (उत्पत्तिस्थान), आधार तथा संहारक है और उपादान तथा निमित्त कारण भी है।[3] अपनी उच्चतर (परा) शक्ति के कारण वह इस विश्व का निमित्त कारण है[4] और उपादान कारण अपनी अन्य शक्तियों के द्वारा है जिनका नाम अपरा शक्ति और अविद्याशक्ति है। उसकी पहली शक्ति, अर्थात् पराशक्ति अपरिवर्तनीय है यद्यपि अपराशक्ति परिवर्तनों के अधीन है। ईश्वर का मुख्य स्वरूप प्रेम[5] और सुख की शक्ति है। अवतार सर्वोपरि ब्रह्म के तादात्म्य सम्बन्ध से हैं अन्य जीवात्माओं की भांति अंश नहीं है।[6] ईश्वर अनन्तरूप धारण करता है उनमें से प्रधान है कृष्ण का रूप जिसका सर्वश्रेष्ठ सुख प्रेम में है। कृष्ण जब सर्वोपरि शक्ति का रूप धारण करता है तो उसके अन्दर चित्, माया और जीव की तीन प्रधान शक्तियां आ जाती हैं। प्रथम शक्ति के द्वारा वह अपने बुद्धि तथा इच्छा के स्वरूप को स्थिर रखता है, दूसरी शक्ति से सम्पूर्ण सृष्टि का निर्माण होता है और तीसरी शक्ति से जीव उत्पन्न होते हैं। कृष्ण की सर्वोच्च अभिव्यक्ति आह्लाद शक्ति में है। राधा इस आह्लाददायक शक्ति का सारतत्त्व है।[7] जीवगोस्वामी के अनुसार, ईश्वर एक है और उसके समान कोई और नहीं है। यदि उसे अपने निजी स्वरूप में देखें तो वह ब्रह्म है और सृष्टि के कर्त्तारूप में देखें तो वह भगवान् है। ब्रह्म रूप में यह अमूर्त और भगवान् के रूप में वह मूर्त है। जीवगोस्वामी का कहना है कि उनके भगवान् का रूप अधिक यथार्थ है। बलदेव के अनुसार सर्वोपरि सत्ता को हरि कहा जाता है उसका ऐश्वर्य तथा ओजस्विता शरीरधारी नारायण के रूप में तथा उसका सौन्दर्य और परमानन्द कृष्ण के रूप में प्रकट होते हैं।

यह विश्व और इसके प्राणी ईश्वर की शक्ति के द्वारा ही प्रकट हुए हैं। वे उसके

1. भागवतसंदर्भ, पृष्ठ 55।

2. मध्व का अनुसरण करके बलदेव ने भी विशेष के सिद्धान्त को स्वीकार किया है यद्यपि वह इसे स्वरूपशक्ति तथा उसके परिवर्तन तक ही सीमित रखता है; क्योंकि संसार के भेद माने हुए तथ्य हैं और उनमें पहचान कराने के लिए किसी विशेष की आवश्यकता नहीं है।

3. वही, 1 : 4, 24।

4. इसे श्री के समान बताया गया है। देखें, बलदेव, 3 : 3, 40 और 42।

5. प्रीत्यात्मा 4 : 1, 1।

6. स्वांश, अर्थात् मूल के समान अभिव्यक्ति तथा विभिन्नांश मूल से पृथक् अंश; में भेद किया गया है, देखें बलदेव 2 : 3, 47।

7. तुलना कीजिए, 'कृष्णस्वरूपिणी परमानन्दरूपिणी'' (ब्रह्म वैवर्तपुराण, 5 : 4, 17)।

अधीन तथा आश्रित हैं यद्यपि उससे पृथक् तथा भिन्न हैं। ये न तो ईश्वर के साथ एकत्व भाव ही रखते हैं और न ही उससे भिन्न हैं। एक प्रकार का दुर्बोध भेदाभेद ही वस्तुओं के विषय में सत्य है।[1] यह जगत् तात्त्विक तथा यथार्थ है, भ्रांतिमय नहीं है; इसे इसके स्वरूप के कारण माया कहते हैं क्योंकि यह मनुष्यों को अपनी ओर आकृष्ट करता है और ईश्वर से दूर रखता है। ईश्वर का सेवक माया की शक्ति द्वारा जगत् का दास बन सकता है।

आत्मा प्रभु से भिन्न है क्योंकि प्रभु आत्मा का शासक (नियन्ता) है। ईश्वर सर्वव्यापक है जबकि जीवात्मा अणु आकार का है।[2] जीवगोस्वामी के अनुसार, ईश्वर की स्वरूप शक्ति उसकी जीवशक्ति को सहारा देती है, जिसे तटस्थ शक्ति भी कहा जाता है, जिसके द्वारा आत्माओं का निर्माण होता है। यह जीवशक्ति अपने क्रम में मायाशक्ति (अथवा बहिरंग शक्ति) को सहारा देती है। इनमें से कोई भी ईश्वर से पृथक् रहकर नहीं रह सकतीं। सृष्टिरचना के समय सर्वोपरि शक्ति प्रलय के ठीक पूर्ववर्ती जगत् के संगठन का स्मरण करती है और "अनेक रूप होने की इच्छा करती है," अर्थात् भोक्ता रूप आत्माओं यथा योग्य पदार्थों को पृथक् अस्तित्व देती है, और वे उसी में विलीन हो जाते हैं। वह महत् के महान् तत्त्व से लेकर नीचे ब्रह्माण्ड और ब्रह्मा तक समस्त जगत् की रचना करती है। तब वह वेदों को प्रकट करती है, ठीक उसी व्यवस्था तथा प्रबन्ध के अनुसार जैसे कि पूर्व सृष्टि में थे और अपनी मानसिक शक्ति द्वारा उन्हें ब्रह्म के अन्दर संक्रमित करती है जो सृष्टि-रचना की अन्य स्थितियों का कर्ता है। वेदों की सहायता से ब्रह्मा मूलादर्श सम्बन्धी आकृतियों को स्मरण करता है और वैसे ही पदार्थों की रचना करता है जैसे पूर्व-सृष्टि में थे। परिणाम यह निकलता है कि वेद जब इन्द्र इत्यादि के विषय में कुछ उल्लेख करते हैं तो ऐसे नमूनों का उल्लेख करते हैं जो नष्ट नहीं होते, यद्यपि व्यक्ति नष्ट हो जाते हैं।[3] जहां रामानुज आत्माओं तथा प्रकृति को ईश्वर के विशेषण रूप मानते हैं वहां जीवगोस्वामी तथा बलदेव उनको ईश्वर की शक्ति के व्यक्त रूप मानते हैं। उक्त दोनों विद्वान् जड़ प्रकृति को ईश्वर का विशेषण मानने के विरुद्ध हैं जिसके कारण ईश्वर के स्वरूप में एक प्रकार की विषमता आ सकती है। इस प्रकार जीवगोस्वामी प्रकृति को ईश्वर की ब्राह्य शक्ति करके मानते हैं जो प्रत्यक्ष रूप में उससे सम्बद्ध नहीं है, यद्यपि है उसी के वश में। बलदेव माया तथा प्रकृति को एक करके मानते हैं जिसमें ईश्वर के ईक्षण मात्र से गति आ जाती है।

जीवात्माएं माया की शक्ति के द्वारा संसार के बन्धनों से जकड़ी जाती हैं, जो कि उन्हें अपने बास्तविक स्वरूप को भुला देती है। किन्तु यदि हमारे अन्दर भक्ति हो तो कर्म की शक्ति पर विजय प्राप्त की जा सकती है।[4] कृष्ण के प्रति प्रेम (रुचि) का विकास करने में हमें दैवीय शक्ति का अन्तर्ज्ञान हो सकता है। राधा के प्रति जो कृष्ण का प्रेम है उसमें ईश्वर का अपने प्राणियों के प्रति स्नेह प्रकट होता है। विश्व के स्रष्टा की यह इच्छा है

1. अचिन्त्यभेदाभेद।
2. बलदेव, 2 : 2, 41।
3. बलदेव, 1 : 3, 30।
4. चैतन्य ने भक्ति की व्यावहारिक अवस्थाओं को स्वीकार किया है : (1) शांत अथवा मौनभाव से ईश्वर का ध्यान; (2) दास्य अथवा ईश्वर की क्रियात्मक सेवा; (3) सख्य अर्थात् मित्रता; (4) वात्सल्य; (5) माधुर्य अथवा दाम्पत्य प्रेम की लाक्षणिक मधुरता। प्रत्येक अवस्था के अन्दर पूर्व की अवस्था अन्तर्हित रहती है, और इस प्रकार अंतिम सबसे अधिक महत्त्वपूर्ण है। बंगाल का भक्ति साहित्य मनोभावों के विश्लेषण से पूर्ण है। देखें, रूप कृत उज्ज्वलनीलमणि।

कि उसके प्राणी मोक्ष-प्राप्ति की आशा से केवल उसी के साथ लगे रहें। काम अथवा यौन प्रेम से धार्मिक प्रेम को भिन्न बतलाया गया है। भक्ति मोक्ष का मार्ग है। वेदों तथा भागवत पुराण इत्यादि धार्मिक ग्रन्थों के स्वाध्याय पर बार-बार बल दिया गया है। गुरु के प्रति आदर का भाव एक प्रधान विशेषता है। धर्म सम्बन्धी विषयों में ऐसा कहा गया है कि तर्क के ऊपर निर्भर करना उचित नहीं है। वर्ण तथा जातिगत भेदों को उपेक्षा की दृष्टि से देखा गया है। ईश्वर की कृपा के लिए कोई भी पुरुष अथवा स्त्री अत्यन्त नीच नहीं है। प्राणिमात्र के प्रति दया के नैतिक गुणों, नम्रता, शान्तभाव, सांसारिक इच्छाओं में अनासक्ति और हृदय की पवित्रता आदि पर बल दिया गया है।

प्रेम (प्रीति) के शाश्वत अनुभव में ही मोक्ष है।[1] दिव्य लोक में स्थित आत्माएं अपने पद को ईश्वर के दास के रूप में अनुभव करती हैं और पूर्ण रूप से उसके प्रति भक्तिभाव रखती हैं। प्रेम मोक्ष है। भक्ति ही यथार्थ में मुक्ति है। इसके द्वारा बार-बार जन्म लेने का बन्धन टूट जाता है और आत्मा ईश्वर की समानता के पद को प्राप्त करती है, यद्यपि कभी भी ईश्वर के अन्दर विलीन नहीं होती।[2] सत्तामात्र के अमूर्त सर्वव्यापी रूप में ईश्वर का अन्तर्ज्ञान, जीवगोस्वामी के अनुसार 'भगवान् के अन्तर्ज्ञान' का उपक्रम है और वह भगवान् समस्त चराचर जगत् की मूर्तरूप यथार्थ सत्ता है। प्रथम, ज्ञान के कारण, निरपेक्ष तथा अन्तिम रूप नहीं है और भगवान् का अन्तर्ज्ञान भक्ति के कारण केवल तभी प्राप्त किया जा सकता है जबकि शरीर का परित्याग कर दिया जाए। यद्यपि ब्रह्म के अन्तर्ज्ञान के विषय में जीवमुक्ति सम्भव है किन्तु भगवान् के प्रेम के लिए इसकी कुछ भी उपयोगिता नहीं।

जीवगोस्वामी विशेषणों के सिद्धान्त के स्थान पर, जिसका समर्थन रामानुज ने किया है, अपने शक्ति विषयक सिद्धान्त का प्रतिपादन करते हैं। किन्तु यदि ईश्वर एक ऐसे गुण को धारण नहीं कर सकता है जो स्वरूप में उसकी सत्ता के विरुद्ध है तो वे ऐसी शक्ति को कैसे धारण कर सकता है जो उसकी समान सत्ता के विरुद्ध है यद्यपि इसी सम्प्रदाय से सम्बन्ध रखने वाले कुछ विद्वान् लेखक अपने को मध्व का अनुयायी कहते हैं किन्तु वस्तुतः विचार में वे रामानुज के अधिक निकट हैं क्योंकि वे तादात्म्य पर बल देते हैं, भले ही वे भेदों को स्वीकार करते हों। उक्त भेदों का कारण वे उन शक्तियों को बताते हैं जिनका सम्बन्ध किसी अचिन्त्य रूप में ईश्वर के साथ है। जीवगोस्वामी अपनी सर्वसंवादिनी में यह स्वीकार करते हैं कि हम ईश्वर तथा उसकी शक्तियों को न तो तादात्मक और न उससे भिन्न ही मान सकते हैं।

---

1. सच्चिदानन्दैकरसे भक्तियोगे तिष्ठति (गोपालतापनी)। देखें, बलदेव, 3 : 3, 12।
2. बलदेव, 1 : 1, 17।

ग्यारहवाँ अध्याय

उपसंहार

दार्शनिक विकास–समस्त दर्शन-पद्धतियों का समन्वय–दर्शन और जीवन–आधुनिक युग में दर्शनशास्त्र का ह्रास–वर्तमान स्थिति

1. दार्शनिक विकास

भारतीय विचारधारा के इतिहास में मानवीय पुरुषार्थ के कर्म-क्षेत्र इस साधारण जगत् के पीछे विद्यमान एक ऐसे परलोक का आदर्श, जो इससे कहीं अधिक यथार्थ एवं अधिक दुर्बोध है और जो आत्मा का वास्तविक निवास स्थान है, भारतीय जाति के मस्तिष्क में निरन्तर चक्कर काटता रहा है। चिरन्तन दुर्बोध पहेली को सुलझाने के लिए मनुष्य के सतत पुरुषार्थ का और अपने को पशुओं के स्तर से ऊपर उठाकर नैतिक तथा आध्यात्मिक ऊंचाई तक पहुंचने के निरन्तर प्रयास का एक विलक्षण दृष्टान्त भारत देश में ही देखने को मिलता है। हम उक्त प्रकार के संघर्ष को चार सहस्र वर्षों तक पीछे की ओर जाकर (अथवा इससे भी अधिक पीछे की ओर जाकर, यदि सिन्ध और पंजाब में हुई पुरातत्त्व सम्बन्धी खोजों पर विचार किया जाए तो, जो प्राचीनकाल के इतिहास पर पड़ी हुई यवनिका को शनैः-शनैः उठाती जा रही हैं) ध्यानपूर्वक देख सकते हैं। इस प्रकार का बालसुलभ विश्वास कि इस जगत् का शासन सूर्य तथा आकाश के देवता करते हैं जो ऊंचे आकाश में बैठकर वहां से मनुष्य के आचरण को ध्यान से निहारते रहते हैं कि कौन सरल और कौन कुटिल है; फिर ऐसा विश्वास कि वे देवता, जिन्हें प्रार्थना के द्वारा अपने अनुकूल किया जा सकता अथवा कर्मकाण्ड के द्वारा अपनी प्रार्थना को स्वीकार करने के लिए बाध्य किया जा सकता है, उसी एक सर्वोपरि यथार्थ सत्ता के रूप हैं; तथा इस प्रकार का दृढ़ विश्वास कि निर्मल तथा निष्कलंक आत्मा, जिसको जानना ही शाश्वत जीवन है, तथा मनुष्य की अन्तःरूप आत्मा एक ही है; एक भौतिकवाद, संशयवाद तथा दैववाद का उत्थान किंवा बौद्ध और जैन मत की नैतिक दर्शन-पद्धतियों का आधारभूत सिद्धान्त यह है कि ईश्वर को मानें या न मानें सब प्रकार के पापों से दूर रहकर ही मनुष्य मानसिक, वाचिक तथा कर्म-सम्बन्धी दुष्कर्मों से छुटकारा पा सकता है; भगवत्गीता का उदार ईश्वरवाद जो विश्वात्मा के अन्दर आध्यात्मिक पूर्णताओं के साथ-साथ नैतिक पूर्णताओं का भी आधान करता है; न्याय की ऐसी तर्कप्रधान योजना जो हमारे समक्ष ज्ञान के मुख्य-मुख्य विभागों को प्रस्तुत करती है और जो अब भी प्रयोग में आ रही है; प्रकृति के सम्बन्ध में वैशेषिक की व्याख्या; विज्ञान तथा मनोविज्ञान-सम्बन्धी सांख्य के काल्पनिक विचार; योगदर्शन की मोक्ष मार्ग की योजना; मीमांसा के नैतिक तथा सामाजिक नियम तथा सर्वोपरि यथार्थ सत्ता की धार्मिक व्याख्याएं, जिन्हें एकत्र करके शंकर, रामानुज, मध्व और निम्बार्क, वल्लभ और जीवगोस्वामी ने हमारे समक्ष प्रस्तुत किया है–इन सब ने मिलकर मनुष्य जाति के इतिहास के दार्शनिक विकास के एक अद्भुत अभिलेख का निर्माण किया है। आदर्श के पश्चात् आदर्श, सम्प्रदाय के बाद सम्प्रदाय तार्किक क्रम

से हमारे समक्ष आते हैं। एक भारतीय का जीवन-क्रम सदा की गतिमान रहा, ज्यों-ज्यों बढ़ता गया विशेष आकार धारण करता चला गया, एवं समय-समय पर अपने भौतिक, सामाजिक तथा सांस्कृतिक सम्बन्धों के अनुसार परिवर्तित होता गया। प्रारम्भिक अवस्थाओं में प्राचीन भारतीय प्रत्येक कार्य पहले ही करते थे क्योंकि उनके आगे भूतकाल का ज्ञान मार्गप्रदर्शन के लिए नहीं था। इसके अतिरिक्त अनेकों ऐसी कठिनाइयां भी थीं जिनका उन्हें सामना करना पड़ा जो आज नहीं रह गई हैं। इन सब के होते हुए भी विचार तथा व्यावहारिक जीवन के क्षेत्र में उन्होंने जो कुछ प्राप्त कर लिया वह बहुत है। किन्तु यह चक्र अभी पूर्ण नहीं हुआ है, न संभाव्य आकृतियों की शृंखला ही समाप्त हुई है, क्योंकि वह चिरंतन दुर्बोध्य पहेली अभी भी हमारा उपहास कर रही है। दार्शनिक ज्ञान अभी भी अपने शैशव अवस्था में है।

भारतीय विचारधारा का सर्वेक्षण, समस्त विचार-मात्र के सर्वेक्षण की भांति ही, प्रत्येक व्यक्ति के मन में जीवन के रहस्य, उसकी विशालता तथा सौन्दर्य और उसे समझने के लिए मानवीय पुरुषार्थ के सम्बन्ध में एक अद्‍भुत प्रभाव उत्पन्न करता है। विचारकों की सुदीर्घ पंक्ति ने मानवीय ज्ञान के मन्दिर में कुछ-न-कुछ छोटा अंश जोड़ने के लिए घोर संघर्ष किया है, और प्रयत्न किया है कि वे सदा अपूर्ण मानवीय ज्ञान के समूह में कुछ-न-कुछ नवीन अंश जोड़ सकें। किन्तु मानवीय कल्पना उस आदर्श तक पहुंच नहीं पाती जिसे यह न तो छोड़ ही सकती है और न पा ही सकती है। हम अपने चारों ओर के अन्धकार की गहराई के विषय में कहीं अधिक अभिज्ञ हैं, अपेक्षा इस अन्धकार को दूर करने वाली उन क्षीण प्रकाश वाली मशालों की शक्ति के, जो हमें अपने पूर्व के महान् भूतकाल से दाय के रूप में प्राप्त हो सकी हैं। दार्शनिकों के समस्त प्रयत्नों के बाद आज भी हम अन्तिम समस्याओं के सम्बन्ध में वहीं खड़े हैं जहां युगों पूर्व भूतकाल में थे और सम्भवतः हम वहीं रहेंगे जब तक मानव हैं क्योंकि हम अपने परिमित शक्तिवाले मन की शृंखलाओं से रहस्यरूपी चट्टान के साथ प्रोमिथियस के समान जकड़े हुए हैं।[1] तो भी दार्शनिक ज्ञान की प्राप्ति का प्रयत्न निष्फल नहीं जाता। यह हमें उक्त शृंखलाओं की पकड़ तथा उनकी झंकार को अनुभव करने में सहायक सिद्ध होता है। यह मानवीय अपूर्णता की चेतनता को तीक्ष्ण करता है और इस प्रकार हमारे अन्दर उस पूर्णता के भाव को गहरा करता है जो हमारे क्षणिक जीवन की अपूर्णता को प्रकट करती है। इसमें कुछ भी आश्चर्य न करना चाहिए कि संसार हमारी बुद्धियों के लिए इतना सुबोधगम्य क्यों नहीं है जैसा कि हम चाहते हैं, क्योंकि एक दार्शनिक विद्वान् मात्र ज्ञान का प्रेमी है किन्तु ज्ञान का स्वामी नहीं है। हमें समुद्र यात्रा के अन्त से इतना प्रयोजन नहीं जितना कि स्वयं यात्रा से है। यात्रा करते रहना पहुंच जाने से भी उत्तम है।

अपने मार्ग के अन्त में हम पूछ सकते हैं कि क्या इतिहास के द्वारा जाने गए तथ्य हमारे उन्नति विषयक विश्वास का समर्थन करते हैं? मानवीय विचारधारा की गति आगे की

---

1. जेनोफेनीज उच्च स्वर से कहता है कि ''किसी ने भी देवताओं के विषय में और उसके विषय में, जिसे मैं सर्वव्यापक प्रकृति कहता हूं, सम्पूर्ण निश्चय प्राप्त नहीं किया है और न कोई इसे प्राप्त ही कर सकेगा। इतना ही नहीं, यदि मनुष्य को कभी सत्य का प्रकाश मिल भी जाए तो भी उसे यह ज्ञान न होगा कि उसे प्रकाश मिल गया है, क्योंकि प्रतीति समस्त वस्तुओं को आवृत किए हुए है।''

(गाम्पर्ज : ''ग्रीक थिंकर्स', खण्ड 1, पृष्ठ 164)

दिशा में हुई अथवा पीछे की ओर रही? अनुक्रम स्वेच्छाचारी तथा अर्थविहीन नहीं होता। भारत उन्नति में विश्वास करता है क्योंकि, जैसा कि हम पहले कह चुके हैं, चक्र परस्पर एक आधारभूत बन्धन से बंधे रहते हैं। निरन्तरता का आन्तरिक सूत्र कभी टूटा नहीं; यहां तक कि ऐसी क्रांतियों ने भी, जिन्होंने भूतकाल को ग्रसने की चेष्टा की, केवल फिर से उनकी स्थापना करने में सहायता ही की। पीछे की दिशा में लौटनेवाले भंवर भी धारा को पीछे हटाने की अपेक्षा परिणाम में आगे की ओर ही बढ़ाते हैं। सत्य तो यह है कि इस देश के निकट भूतकाल के समान ह्रास के युग भी, एक प्रकार से प्राचीन से अर्वाचीन की अथवा नवजीवन की दिशा में संक्रमण काल ही थे। उन्नति तथा अवनति की दोनों धाराएं साथ-साथ परस्पर जुड़ी रहीं। यह हो सकता है कि किसी समय उन्नति के दल दृढ़तापूर्वक सुधार के बहाव के साथ आगे बढ़े, तथा अन्य समय में उनकी पंक्ति कभी आगे बढ़ती, कभी पीछे हटती रही और कभी पश्चाद्गामी दल ने उन्नति को दबा दिया, किन्तु अन्ततोगत्वा हमारा ऐतिहासिक अभिलेख उन्नतिपरक ही है। इस बात से भी इन्कार नहीं किया जा सकता कि इस प्रक्रिया में बहुत-कुछ नष्ट भी हो गया किन्तु ऐतिहासिक भूतकाल ने जिस मार्ग का अवलम्बन किया है उसके घेरा बांधने की अपेक्षा अथवा उस पर रोने की अपेक्षा अधिक दोषयुक्त होता। अधिक महत्त्वपूर्ण है भविष्य। हम अपने पूर्वजों की अपेक्षा उनके कन्धों पर चढ़कर अधिक दूर तक देख सकते हैं। भूतकाल में उदारतापूर्वक जो नींवें डाली गई हैं उनसे ही सन्तुष्ट रहने की अपेक्षा हमें एक ऐसा बृहत्तर भवन खड़ा करना चाहिए जिसमें प्राचीन प्रयासों तथा आधुनिक दृष्टिकोण में अनुकूलता हो।

2. समस्त दर्शन-पद्धतियों का समन्वय

जो दो धाराएं भारतीय विचारकों के समस्त प्रयत्नों में किसी-न-किसी रूप में समानान्तर रूप में पाई जाती हैं वे हैं प्रचलित परम्परा के प्रति निष्ठा तथा सत्य के प्रति भक्ति। प्रत्येक विचारक इस विषय को अनुभव करता है कि उसके पूर्वजों के सिद्धान्त ऐसी आधारशिलाएं हैं जिनके ऊपर आध्यात्मिक भवन खड़ा है और यदि उनके ऊपर कलंक लगा तो उसकी अपनी संस्कृति की निन्दा होगी। एक ऐसी उन्नतिशील जाति जिसकी प्राचीन परम्परा इतनी समृद्ध हो, उसकी उपेक्षा नहीं कर सकती, यद्यपि इसमें कुछ तत्त्व हो सकते हैं जो ज्ञानवर्धक न हों। विचारकगण परम्परा से प्राप्त ज्ञान की व्याख्या करने, रूपक दृष्टान्तों द्वारा उसे पुष्ट करने, उसमें उचित परिवर्तन करने तथा आपत्तिजनक अंशों को निकालकर उसमें संशोधन करने की पूरी-पूरी चेष्टा करते हैं, क्योंकि मनुष्यों के मनोभाव उसके आस-पास केन्द्रित रहते हैं। परवर्ती भारतीय विचारक विश्व के सम्बन्ध में पूर्वजों द्वारा दी गई भिन्न-भिन्न व्याख्याओं की न्यायोचितता का प्रतिपादन करते हैं और उन्हें मात्रा-भेद से सत्यरूपी इकाई के निकट पहुंचते हुए पाते हैं। विभिन्न मतों को मानवीय मस्तिष्क के परस्पर असम्बद्ध प्रयास का रूप मानकर उपेक्षा नहीं की गई, क्योंकि सभी प्रयास उसी एक अज्ञात के शासन-क्षेत्र में किए गए हैं और न उन्हें दार्शनिक जिज्ञासाओं का एक संग्रह-मात्र ही माना गया। उन्हें इस प्रकार का रूप दिया गया है मानो वे एक ही मस्तिष्क के द्वारा प्रकट किए गए विचार हैं, जिसने एक विशाल मन्दिर का निर्माण किया। भले ही वह नानाविध दीवारों और बड़े-बड़े कमरों, गलियारों तथा खम्भों में विभक्त किया गया हो।

तर्क और विज्ञान, दर्शनशास्त्र तथा धर्म परस्पर अंगांगी-भाव से सम्बद्ध हैं। विचारधारा की प्रगति में प्रत्येक नवीन युग तर्क-सम्बन्धी सुधार के साथ प्रारम्भ होता है। क्रियाविधि की समस्या बहुत महत्त्वपूर्ण है क्योंकि मानवीय विचार के स्वरूप के साथ इसका विशेष सम्बन्ध है। न्याय का कहना है कि कोई भी स्थायी दर्शनपद्धति तर्क के आधार के अतिरिक्त किसी अन्य आधार पर नहीं बन सकती। वैशेषिक हमें सावधान करता है कि समस्त उपयोगी दर्शन के लिए भौतिक प्रकृति के संघटन का विचार करना आवश्यक है। हम बादलों के अन्दर किसी भवन का निर्माण नहीं कर सकते। यद्यपि भौतिक विज्ञान और अध्यात्मविद्या में स्पष्ट अन्तर है और इन्हें एक-दूसरे में मिलाया नहीं जा सकता; तो भी एक दार्शनिक योजना का प्राकृतिक विज्ञान की खोज के परिणामों के साथ संगत होना अत्यन्त आवश्यक है। किन्तु, जो कुछ भौतिक जगत् के विषय में सत्य है उसे समस्त विश्व के ऊपर लागू करने का तात्पर्य होगा कि हम वैज्ञानिक अध्यात्मविद्या सम्बन्धी हेत्वाभास में पड़ गए हैं और सांख्य हमें उक्त प्रकार के संकट से बचने के लिए सावधान करता है। प्रकृति के साधन चेतना उत्पन्न नहीं कर सकते। हम प्रकृति और चेतना को एक दूसरे के अन्दर परिणत नहीं कर सकते जैसा कि वैज्ञानिक और मनोवैज्ञानिक अध्यात्मविद्या करने का प्रयत्न करती है। यथार्थता केवल विज्ञान और मानवीय जीवन में ही प्रकट नहीं होती अपितु धार्मिक क्षेत्र में भी प्रकट होती है और यह योगदर्शन का विषय है। पूर्वमीमांसा तथा वेदान्त दोनों ही नीतिशास्त्र तथा धर्म के ऊपर बल देते हैं। प्रकृति तथा मस्तिष्क के मध्य का सम्बन्ध दर्शनशास्त्र की सर्वाधिक महत्त्वपूर्ण समस्या है जिसे वेदान्त ने उठाया है। यह कहावत, कि सन्त पुरुष एक-दूसरे का विरोध नहीं करते, दर्शन-पद्धतियों के विषय में भी सत्य है। न्याय-वैशेषिक का यथार्थवाद, सांख्य-योग का द्वैतवाद तथा वेदान्त का एकेश्वरवाद परस्पर सत्य अथवा मिथ्याभेद से भिन्न नहीं हैं किन्तु कुछ-कुछ कमोबेश रूप में सत्य होने के नाते भिन्न प्रतीत होते हैं।[1] वे क्रमशः मंदाधिकारी, मध्यमाधिकारी तथा उत्तमाधिकारी पुरुषों के अनुकूल हैं। भिन्न-भिन्न मत एक ही शिला के अन्दर से काटे गए और उसी एकमात्र इकाई के अंशरूप हैं जो अखण्ड, सम्पूर्ण तथा आत्मनिर्भर है। विश्व-सम्बन्धी किसी भी ऐसी योजना को हम पूर्ण नहीं कह सकते जिसमें तर्कशास्त्र तथा भौतिकविद्या, मनोविज्ञान और नीतिशास्त्र, अध्यात्मविद्या और धर्म के भिन्न-भिन्न पक्षों का समावेश नहीं है। भारत में जितनी भी विचारपद्धतियों ने विकास पाया उनमें से प्रत्येक के पास देने को अपना ज्ञान का सिद्धान्त, प्रवृत्ति तथा मस्तिष्क, नीतिशास्त्र और धर्म की स्वतन्त्र व्याख्या थी। विश्व के सम्बन्ध में हमारा ज्ञान प्राकृतिक विज्ञानों की अधीनता में अत्यधिक मात्रा में बढ़ गया है और हम जीवन के किसी संकुचित दृष्टिकोण को लेकर अब सन्तुष्ट नहीं हो सकते। दार्शनिक रचनाओं के भावी प्रयत्नों को आधुनिक युग के प्राकृतिक विज्ञान के साथ सम्बद्ध रहना ही होगा।

---

1. माधव, सर्वदर्शनसंग्रह, मधुसूदन सरस्वती का प्रस्थानभेद; विज्ञानभिक्षु कृत सांख्यप्रवचन भाष्य की भूमिका। तुलना कीजिए, कांट। "हम एक प्रकार से मानवीय तर्क की प्रतिष्ठा का समर्थन करते हैं। जब हम उसका उसके अपने साथ समन्वय करते हैं, भिन्न-भिन्न व्यक्तियों के विचारों में और सत्य की खोज कर लेते हैं जिसे इस प्रकार के पूर्णता प्राप्त विद्वान् कभी भी त्याग नहीं कर सकते, भले ही ये प्रत्यक्ष रूप में एक-दूसरे का विरोध करते हों" (जे. वार्ड कृत 'ए स्टडी आफ कांट' नामक पुस्तक में पृष्ठ 11, टिप्पणी 1, में उद्धृत)।

3. दर्शन और जीवन

दर्शनशास्त्र का कार्य जीवन को व्यवस्थित करना और कर्म करने के लिए उचित मार्ग का प्रदर्शन करना है। इसका स्थान सबसे आगे है जहां से यह इस जगत् के परिवर्तनों तथा आकस्मिक घटनाओं के अन्दर से हमें उचित मार्ग का निर्देश करता है। यदि दर्शनपद्धति सजीव हो तो जनसाधारण के जीवन तथा दर्शन में दूरी का अन्तर नहीं रहता। विचारकों के विचार उनके जीवन-काल की प्रक्रिया में विकास को प्राप्त होते हैं। हमें केवल उनके प्रति आदरभाव रखना ही न सीखना चाहिए अपितु उनके भाव को भी ग्रहण करना चाहिए। वसिष्ठ और विश्वामित्र, याज्ञवल्क्य और गार्गी, बुद्ध और महावीर, गौतम और कणाद, कपिल और पतंजलि, बादरायण और जैमिनी, शंकर और रामानुज—ये नाम केवल इतिहासकारों के विषय न होकर ऐसे व्यक्तियों के नाम हैं जिनका व्यक्तित्व आदर्शरूप था। उनके लिए दर्शनशास्त्र संसारसम्बन्धी ऐसा विचार है जो चिन्तन और अनुभव के ऊपर आधारित है। विचार के अपने विषय में जब पूरा अन्त तक विचार किया जाता है तो वह ऐसे धर्म का रूप धारण कर लेता है जिसे जीवन में धारण किया जाता है तथा जीवन की सबसे श्रेष्ठ कसौटी पर कम लिया जाता है। दार्शनिक अनुशासन एक प्रकार के धार्मिक व्यवसाय की पूर्ति भी है।

4. आधुनिक युग में भारत दर्शनशास्त्र का ह्रास

इस ग्रन्थ में एकत्रित प्रमाणों के आधार पर इस सामान्य समालोचना की पुष्टि नहीं होती कि भारतीय मस्तिष्क विचारभीरु है। भारतीय विचारधारा की समस्त उन्नति को हम प्राच्य मस्तिष्क का प्रशंसात्मक उल्लेख करते समय उपेक्षा की दृष्टि से नहीं देख सकते जो कि इतना अधिक शुष्क और पौरुषहीन हो कि विषम कल्पना तथा बालोचित पुराण विद्या से ऊपर न उठ सकता हो। तो भी विचारधारा के उस इतिहास में, जो विगत तीन-चार शताब्दियों को उपलब्ध है, ऐसी पर्याप्त सामग्री विद्यमान है जो उक्त आक्षेप का गम्भीरता के साथ मुकाबला कर सके। भारत वर्तमान समय में एशिया के देशों में उच्च श्रेणी के ज्ञान के क्षेत्र में, जो इसका सबसे आगे बढ़कर ऐतिहासिक महान् कार्य रहा है, उसे नहीं निभा रहा है:[1] कुछ लोगों को ऐसा प्रतीत होता है कि वह नदी, जो शताब्दियों तक बड़े वेग के साथ पूरी भरी हुई बहती रही है, अब एक खड़े हुए अनुपयोगी तथा दूषित जल के रूप में परिणत हुआ चाहती है। इस पतनोन्मुख काल के दार्शनिक, अथवा यों कहना चाहिए कि दार्शनिक

---

1. चीन के भारत के ऋणी होने के सम्बन्ध में प्रोफेसर लियांगची चो का कहना है : "भारत ने हमें निरपेक्ष मोक्ष के विचार को अपनाने की शिक्षा दी। यह मस्तिष्क की वह मौलिक स्वतंत्रता है जो इसे प्राचीन परम्परा के अभ्यास तथा किसी कालविशेष के रीति-रिवाजों के समस्त बन्धनों को तोड़ डालने के योग्य बनाती है, ऐसी आध्यात्मिक स्वतन्त्रता, जो भौतिक जीवन को दासता की ओर ले जाने वाली शक्तियों का भी उच्छेद कर देती है।...भारत ने ही हमें परमार्थ प्रेम सिखाया, प्राणीमात्र के प्रति ऐसा निर्दोष प्रेम जो ईर्ष्या, क्रोध, अधीरता, घृणा तथा प्रतिस्पर्धा के समस्त उद्वेगों को निकाल फेंकता है,और जिसकी अभिव्यक्ति मूर्खों, दुष्टों तथा पापिष्ठ पुरुषों के प्रति अगाध करुणा तथा सहानुभूति के रूप में देखी जा सकती है। यह ऐसा निरपेक्ष प्रेम है जो समस्त प्राणियों के अन्दर अभेद को मान लेता है।" आगे चलकर वे चीन के साहित्य, कला, संगीत, स्थापत्य कला, चित्रकारी, तक्षणकला, नाट्यशास्त्र काव्य, पुराण ज्योतिष विद्या एवं चिकित्साशास्त्र, शिक्षा-पद्धति तथा सामाजिक संघटनों के क्षेत्रों में जो भारत की देन है उसका विवरण देते हैं। देखें, 'विश्वभारती क्वार्टली', अक्तूबर, 1924। बर्मा तथा लंका, जापान तथा कोरिया पर भारत का प्रभाव सुप्रसिद्ध है।

विषय के लेखक, सत्य के उपासक होने का दावा करते हैं, यद्यपि इस दावे से उनका तात्पर्य सदाशयपूर्ण वितण्डावाद से अथवा किसी-न-किसी अति पवित्र हठधर्मी सम्प्रदाय के सम्बन्ध में बाल की खाल निकालने से होता है। ये व्यवसायी तार्किक कल्पना कर लेते हैं, जो क्षुद्र नदी उनके समीप है और मन्द प्रवाह के साथ बालू में समाने जा रही है अथवा जो कुहरे के साथ-साथ वाष्प बनती जा रही है, वह भारतीय दर्शनशास्त्र की विस्तृत धारा है।

नानाविध कारणों से उक्त परिणाम निकलता है। मुसलमानों का आधिपत्य स्थापित होने के कारण जो राजनीतिक परिवर्तन इस देश में हुए, उन्होंने यहां के निवासियों के मतों को कट्टरता के सांचे की ओर मोड़ दिया। एक ऐसे युग में, जबकि वैयक्तिक स्वाधिकार की अधिकामना और व्यक्तिगत निर्णय को पग-पग पर अराजकता का भय था, तब पुरानी सामाजिक व्यवस्था और समस्त स्थायी निश्चयात्मक विश्वास तथा प्रामाणिक अधिकार की तुरन्त आवश्यकता प्रतीत हुई। मुसलमानों की विजय में, जिसके साथ उनका प्रचार-कार्य भी रहता था और उनके पश्चात् ईसाई मत के आन्दोलन ने हिन्दू समाज की स्थिरता को हिला डालने का प्रयत्न किया और इसलिए एक ऐसे युग में जिसे अपनी अस्थिरता का गहरा ज्ञान हो, प्रमाण ही स्वभावतः एकमात्र ऐसी चट्टान थी जिसके ऊपर सामाजिक रक्षा तथा नैतिक व्यवस्था का पालन-पोषण हो सकता था। हिन्दू जाति ने संस्कृतियों के संघर्ष के अन्दर अपने को परम्परागत रूढ़ियों के दुर्ग में बन्द कर लिया और समस्त आक्रमणकारी विचारों के प्रवेश पर रोक लगा दी। हिन्दू-समाज ने तर्क पर अविश्वास करके और प्रेमवश होकर अपने को प्रमाण की भुजाओं में लिपट जाने के लिए छोड़ दिया जिसने सब प्रकार के सन्देहात्मक प्रश्न को पाप का रूप दे दिया। उसी समय से यह अपने उद्देश्य के प्रति निष्ठा रखने में असफल रहा। अब आगे चलकर विचारक तो नहीं रहे, केवल विद्वान् रह गए जिन्होंने कोई नया विचार जनता को देने से इन्कार किया और पुराने ही विषयों को प्रतिध्वनित करने में सन्तोष अनुभव किया। कुछ शताब्दियों तक वे अपने-आप को इस प्रकार धोखा देने में सफल रहे जिसे उन्होंने कल्पना रूप में अन्तिम सिद्धान्त समझा। जब दर्शनशास्त्र के क्षेत्र से रचनात्मक भाव निकल गया तब भ्रमवश दार्शनिक इतिहास को ही दार्शनिक ज्ञान मान लिया गया। इसने अपना असली कार्य त्याग दिया और यह भ्रमात्मक विचारकों में ही आबद्ध रह गया और जब यह सामान्य तर्क का पथप्रदर्शक अथवा संरक्षक न रहा तो इसने अपने प्रति भी बहुत बड़ा अन्याय किया। अनेक व्यक्तियों का ऐसा विश्वास हो गया कि उनकी जाति ने बहुत लम्बी यात्रा की है और अब अन्त में जाकर वे लोग अपने लक्ष्य तक पहुंच गए हैं। उन्होंने अपने को शान्त अनुभव किया और समझ लिया कि अब उन्हें विश्राम करने की आवश्यकता है। यहां तक कि वे व्यक्ति भी जो जानते थे कि वे अभी लक्ष्य पर नहीं पहुंचे और एक अत्यन्त विस्तृत क्षेत्र भविष्य में आगे है, अज्ञात शक्ति तथा उसके दैवीय कोप से डरते थे। दुर्बलहृदय व्यक्ति मौत तथा नित्यता-सम्बन्धी विषयों पर बिना भय की आशंका के प्रश्न नहीं उठा सकते। अनन्त के विषय की चकरा देने वाली खोज एक प्रकार का एक ऐसा सिरदर्द है जिससे बड़े-बड़े मस्तिष्क भी यदि बच सकें तो बचना चाहेंगे। अत्यन्त बलवती शक्तियों के अन्दर भी बीच-बीच में आलस्य आ जाता है और इसी मनोवैज्ञानिक सत्य के अनुसार दर्शनविषयक मानसिक प्रेरणा के ऊपर भी इन तीन-चार शताब्दियों में आलस्य अथवा निष्क्रियता का आक्रमण हुआ।

5. वर्तमान स्थिति

आज संसार के महत्त्वपूर्ण धर्मों तथा विभिन्न विचारधाराओं का संगम भारत की भूमि पर हुआ है। पश्चिम की जीवन्त विचारधारा के साथ जो सम्पर्क हुआ उसने आधुनिक काल के प्रशान्त तथा सन्तोषमय वातावरण में क्षोभ उत्पन्न कर दिया है। एक भिन्न संस्कृति को आत्मसात् कर लेने का असर यह हुआ कि अन्तिम समस्याओं का कोई सम्प्रमाणित उत्तर नहीं है, ऐसा माना जाने लगा है। इसने परम्परागत समाधानों के अन्दर जो विश्वास हो सकता था उसे हिला दिया और किसी अंश में एक विस्तृत स्वातन्त्र्य तथा विचार की नमनशीलता को सहायता पहुंचाई है। परम्परा ने फिर से प्रगतिशील रूप धारण कर लिया है जबकि कुछ विचारक अभी भी भवन का निर्माण प्राचीन नींवों के आधार पर ही करने में प्रयत्नशील हैं। दूसरी ओर, अन्य विचारक उन नींवों को एकदम उखाड़ फेंकना चाहते हैं। यह संक्रमण का वर्तमान युग जहां एक ओर हितकारक है, वहां चिन्ता का कारण भी हो सकता है।

निकटवर्ती भूतकाल में अभी तक भारत अपने समकालीन विचार की प्रचलित और भरपूर धारा के बाहर एक ओर लंगर डाले मज़े में पड़ा था, किन्तु अब यह शेष जगत् से पृथक् नहीं रह सकता। आगामी तीन-चार शताब्दियों के इतिहास-लेखक भारत तथा यूरोप के मध्य पारस्परिक आदान-प्रदान के विषय में बहुत-कुछ कह सकेंगे; किन्तु अभी तक तो हमारी दृष्टि से वह सब परे है। जहां तक भारत का सम्बन्ध है, हम देख रहे हैं कि व्यक्तियों के अनुभव का क्षेत्र विस्तृत हो रहा है, समालोचनात्मक भावना की वृद्धि तथा कोरी कल्पना के प्रति अरुचि को भी हम लक्ष्य करते हैं।

किन्तु इस चित्र का एक दूसरा पार्श्व भी है। विचार तथा कार्य दोनों के क्षेत्र में अव्यवस्था तथा दासता दोनों ही अवस्थाओं में, मनुष्य के आत्मबल का ह्रास हो जाना निश्चित है। जहां तक संस्कृति तथा सभ्यता का सम्बन्ध है, उसके लिए दोनों अवस्थाएं एक समान हैं। अव्यवस्था का तात्पर्य हो सकता है भौतिक असुविधा, आर्थिक तबाही तथा सामजिक भय और दासता का तात्पर्य भौतिक सुख, आर्थिक स्थिरता और सामाजिक शान्ति भी हो सकता है। किन्तु सभ्यता के मानदण्डों तथा आर्थिक कल्याण एवं सामाज़िक व्यवस्था के रक्षण को एक समान समझ लेना अनुचित होगा। हमारे लिए उन्नीसवीं शताब्दी के प्रारम्भिक काल के भारतवासियों की भावनाओं को समझ लेना आसान है, जिन्होंने पीढ़ियों तक चलने वाले सार्वजनिक कलह तथा व्यक्तिगत दुःखों को सहने के बाद ब्रिटिश शासन का स्वागत एक स्वर्ण युग का प्रभात मानकर किया। किन्तु साथ-साथ हमें आधुनिक युग के भारतवासी की भावनाओं के प्रति भी सहानुभूति प्रकट करनी चाहिए क्योंकि मनुष्य की आत्मा की उत्कट अभिलाषा केवल आराम पाने की ही नहीं होती वरन् सुख-समृद्धि प्राप्त करने की भी होती है, शान्ति तथा शान्ति-व्यवस्था ही की नहीं वरन् जीवन तथा स्वातन्त्र्य-लाभ की भी होती है, तथा केवल आर्थिक स्थिरता अथवा न्यायोचित शासन की नहीं, अपितु अपनी मुक्ति के लिए अधिकारपूर्वक कार्य करने की भी होती है, चाहे उसके लिए उसे कितना ही कठोर परिश्रम तथा क्लेश क्यों न उठाना पड़े। यहां तक कि ऐसे सद्गुण भी जिनका राजनीति के साथ साक्षात् सम्बन्ध नहीं है राजनीतिक स्वराज के अभाव में नहीं फलते-फूलते। ब्रिटिश शासन ने भारत को शान्ति तथा सुरक्षा अवश्य दी, किन्तु यह अपने-आप में लक्ष्य नहीं है। यदि हम प्राथमिक वस्तुओं को प्रथम स्थान में रखें तो हमें स्वीकार करना होगा कि आर्थिक स्थिरता और राजनीतिक सुरक्षा कितनी ही महत्त्वपूर्ण तथा आवश्यक क्यों न समझी जाएं आध्यात्मिक स्वातन्त्र्य के

केवल साधन-मात्र हैं। एक नौकरशाही का निरंकुश शासन, जो अपनी अखण्डता तथा प्रकाशन के लिए आध्यात्मिक उद्देश्यों को भुला देता है अपनी शासित प्रजाओं को शक्तिशाली नहीं बना सकता और इसीलिए उनके अन्दर कोई जीवन्त प्रतिक्रिया को भी उत्पन्न नहीं कर सकता। जब जीवन के स्रोत सूखे जा रहे हों, जब कि ऐसे आदर्श जिन को जाति ने सहस्रों वर्ष तक अपनाया हो, व्यक्तिगत भावनाओं तथा विचारों की समष्टि विषयक प्रभा, कार्यदक्षता का स्वतन्त्र प्रयोग, जीवन का अभिनय, मन की प्रसन्नता तथा शान्तिपूर्णता, प्राणारामम्, मन-आनन्दम्, शान्ति -समृद्धम् ह्रास को प्राप्त हो रहे हों तो यह कोई आश्चर्य का विषय नहीं कि क्यों भारतीय एक बोझ के उठ जाने के स्थान पर कुचल डालने वाले बोझ को ही अनुभव न करता। उसकी दृष्टि में ब्रिटेन के कार्य की विशालता के विषय में कुछ कहना कोई अर्थ नहीं रखता, क्योंकि इतिहास सिद्ध कार्यों के धार्मिक स्वरूप को लेकर अपना निर्णय देता है। इसलिए यदि अर्वाचीन पीढ़ियों के नेता लोग केवल भूतकाल की ही नकल से सन्तुष्ट रहें और स्वतन्त्र अनुसन्धान न कर सकें, एवं यदि वे मौलिक विचार न देकर ज्ञान के क्षेत्र में मात्र मध्यस्थ बने रहें तो इस अनुत्पादकता का कारण अधिकांश में पाश्चात्त्य भावना का आघात तथा दासता की लज्जापूर्ण अवस्था है। ब्रिटिश जाति को भारत की वर्तमान प्रवृत्ति के बद्धमूल कारणों का पूरा-पूरा पता है जिन्हें चाहे जिन नामों से भी पुकारा जाए और वे हैं—विक्षोभ (अशान्ति), विद्रोह अथवा चुनौती। ब्रिटिश जाति ने अपनी उस सभ्यता को यहां फैलाने का प्रयत्न किया जिसे वह स्वभावतः उच्चतर भारतवासियों को प्रभावित कर सकने वाली समझती है और उसने अनुभव किया कि प्रकाश फैलाने तथा शिक्षा के कार्य में, जो अपने में अवश्य उत्तम हैं, बिना किसी हिचकिचाहट के बराबर बल देते रहना चाहिए। किन्तु भारत को इस प्रकार के सांस्कृतिक साम्राज्यवाद के प्रति कोई सहानुभूति नहीं है। वह दृढ़ आग्रह के साथ अपने प्राचीन रीति-रिवाजों में अनुरक्त है जिन्होंने उसकी वासनाओं की बाढ़ को तथा आवेश की अन्धता और इच्छा के प्रचण्ड आक्रमण को नियंत्रण में रखने में सहायता की है। ऐसा व्यक्ति, जो इस देश के भूतकाल के इतिहास से परिचित है, इसकी अपने धार्मिक आवास के ही अन्दर बने रहने की उत्सुकता के प्रति अवश्य सहानुभूति प्रकट करेगा, क्योंकि "प्रत्येक मनुष्य अपने गृह का स्वामी है।"[1] राजनीतिक दासता को, जो इस आभ्यन्तर स्वतन्त्रता में बाधा पहुँचाती है, अत्यधिक अपमान की वस्तु समझा जाता है। स्वराज्य की पुकार आत्मा के अधिकार-क्षेत्रों की सुरक्षा के लिए व्यग्रता को प्रकट करने का बाह्य रूप है।

अभी भी भविष्य आशामय है। यदि भारत स्वतन्त्रता प्राप्त कर ले तो पश्चिम की भावना भारतीय मस्तिष्क के लिए अत्यन्त सहायक होगी। संस्कृति के क्षेत्र में हिन्दू विचारधारा ने कभी 'मनरो के सिद्धान्त' को नहीं अपनाया। यहां तक कि प्राचीन काल में जब भारत पर्याप्त मात्रा में आध्यात्मिक भोजन उत्पन्न करता था जिससे वह अपने देशवासियों को पूर्णतया तृप्त कर सके, उस काल में भी ऐसा कोई उल्लेख नहीं पाया जाता कि वह अन्य देशों के निवासियों की कल्पना उत्पन्न विचारों को ग्रहण करने के लिए उद्यत एवं उत्सुक न रहा हो। अपने उन्नत काल में भी भारत ने एथेंस के निवासियों के ज्ञान को अपनाया जिनके विषय में पेरिक्लीज़ ने कहा है : "हम प्रसन्नतापूर्वक अन्यों की सम्मतियों को ध्यान से सुनते हैं और जो हमसे मतभेद रखते हैं उनसे भी मुंह नहीं फेरते।" हमारे अपने अन्दर जितनी ही अधिक निर्बलता तथा विश्वास की न्यूनता होगी, उतना ही अधिक हमें बाह्य प्रभाव का

1. "सर्वः स्वे स्वे गृहे राजा"—प्रत्येक मनुष्य अपने घर में स्वामी है।

भय सताएगा। यह सत्य है कि आज हमारे चेहरे पर दुःख की रेखाएं पड़ी हुई हैं और वृद्धावस्था के कारण हमारे केश भी श्वेत हो गए हैं। हमारे अन्दर जो विचारशील व्यक्ति हैं वे आत्मा की अशान्ति के कारण गहन चिन्ता में मग्न हैं, कुछ तो अत्यधिक उदासीनता में डूबे हुए हैं और इस प्रकार बुद्धि के क्षेत्र में एक प्रकार से वानप्रस्थ लिये बैठे हैं। पश्चिम की संस्कृति के साथ असहयोग अस्वाभाविक परिस्थितियों के कारण एक अस्थायी उपाख्यान-मात्र है। इस सबके होते हुए भी पश्चिम की संस्कृति को समझने तथा उसके महत्त्व को जानने के प्रयत्न हो रहे हैं। यदि भारत पश्चिमी सभ्यता के महत्त्वपूर्ण अंशों को आत्मसात् कर ले तो यह केवल उन समानान्तर प्रक्रियाओं की, जो भारतीय विचारधारा के इतिहास में अनेकों बार हो चुकी हैं, एक पुनरावृत्ति-मात्र होगी।

ऐसे व्यक्ति, जो पाश्चात्य प्रभाव से बचे हुए हैं, अधिकतर बौद्धिक तथा नैतिक विशिष्ट वर्ग के हैं, जो राजनीति-सम्बन्धी विवेचनीय विषयों के प्रति उदासीन हैं और विश्वासपूर्ण आशा के विपरीत त्याग और अनासक्ति के आचरण को अपनाए हुए हैं। वे सोचते हैं कि उन्हें सीखने या भुलाने को कुछ नहीं है और यह कि वे भूतकाल के सनातन धर्म पर दृष्टि गड़ाए हुए अपने कर्त्तव्य का पालन करते हैं। वे अनुभव करते हैं कि अन्य शक्तियां कार्य कर रही हैं जिन्हें न तो वे रोक सकते हैं और न उनके ऊपर कोई नियन्त्रण ही रख सकते हैं और इसलिए वे हमें जीवन के विप्लवों तथा मायाजाल का सामना आत्मसम्मान, धैर्य तथा शान्ति के साथ करने का परामर्श देते हैं। यह वह वर्ग है जो अच्छे समय में अधिक नमनशील था तथा युक्तिपूर्ण दर्शनशास्त्र को ईश्वरीय ज्ञान रूप धर्म के साथ समन्वय करने की दिशा में किए गए प्रयत्नों को सदा ही दोहराता रहता था। इसने सदा ही विधर्मी तथा नास्तिकों के मुकाबले में धर्म में उचित व्याख्या तथा रक्षा की और ईश्वरज्ञान-सम्बन्धी व्याख्या को दृष्टान्त के द्वारा समझाने के उपाय का अवलम्बन किया। इस वर्ग की दृष्टि में धर्म के क्षेत्र के अन्दर मनुष्य का सम्पूर्ण स्वभाव, उसकी बुद्धि, तथा यहां तक कि उसकी क्रियात्मक और भावनामय महत्त्वकांक्षाएं भी समाविष्ट होती हैं। आधुनिक काल में यदि प्राचीन विद्या के प्रतिनिधि भूतकाल से प्रेरणा लें तो वे अन्य शक्तियों के साथ सहयोग करने की अपेक्षा मौलिकता तथा स्वातन्त्र्य के साथ एक नवीन योजना का निर्माण कर सकेंगे क्योंकि उनके पास पूर्वजों के ज्ञान की शक्ति है। किन्तु ऐसा न करके वे विचार तथा कर्म दोनों ही के द्वारा आध्यात्मिक तथा लौकिक दोनों ही विषयों में शास्त्र-प्रमाण के लिए अतिशय आदर का भाव रखते हैं। और इस प्रकार के आचरण से वे अपनी मानसिक दासता तथा सुधारविरोधी मतसम्बन्धी आक्षेपों के पात्र बनते हैं। जहां एक ओर मुसलमानों के आने से पूर्व शास्त्रप्रमाण की दुहाई बौद्धिक स्वतन्त्रता के मार्ग में कोई बाधा उपस्थित नहीं करती थी और जब मनुष्य अपने अभिमत प्रामाणिक ग्रन्थों के प्रति भक्ति-प्रदर्शन के लिए, चाहे वे वेद हों या आगमग्रन्थ हों, युक्तिपूर्ण आधार उपस्थित करने के योग्य तथा उसके लिए उद्यत थे और उस समय शास्त्रप्रमाण भी तर्क की ही वाणी में कथन करता था, क्योंकि समालोचात्मक चुनाव तथा उसकी दार्शनिक व्याख्या को अपनाया जाता था, किन्तु अब शास्त्रप्रमाण के प्रति आदर मानवीय भावना की सीमा के अन्दर आबद्ध हो गया है। शास्त्री के मत पर शंका करना महान् भूतकाल की प्रामाणिकता के ऊपर आक्षेप करना है और उसे स्वीकार कर लेना शास्त्र के प्रति भक्ति का लक्षण है। जिज्ञासा और संशय, दोनों का ही मुंह प्राचीन ग्रन्थों का उद्धरण देकर बन्द कर दिया जाता है; वैज्ञानिक सत्यों को यदि वे रूढ़िगत

मन्तव्यों के प्रतिकूल ठहरते हों तो तुच्छ माना जाता है। अकर्मण्यता, वश्यता और मौन स्वीकृति सबसे मुख्य बौद्धिक गुण हो गए हैं। आधुनिक काल के दार्शनिक लेख यदि प्राचीन युग के सर्वोत्तम ग्रन्थों के स्तर से अत्यन्त नीचे पाए जाते हैं तो इसमें कुछ आश्चर्य नहीं है। यदि विचारधारा के ऊपर इससे कम दबाव रहता तो यह कहीं अधिक विस्तीर्ण होती।

भारत के विचारक तर्क के प्रति श्रद्धा रखने की महान् परम्परा के उत्तराधिकारी हैं। प्राचीन ऋषि लोग नकल करने की नहीं, वरन् नवीन रचना की इच्छा रखते थे। वे सदा ही सत्य के लिए नये-नये क्षेत्रों पर विजय प्राप्त करने तथा जीवन की समस्याओं का समाधान करने के लिए आतुर रहते थे, क्योंकि जीवन सदा परिवर्तनशील है और इसलिए नवीन रहता है। उत्तराधिकार की बहुमूल्यता ने कभी उनके मस्तिष्क को दास नहीं बनाया। हम भूतकाल के समाधानों की केवल नकल करके ही सफल नहीं हो सकते, क्योंकि इतिहास सदा एक समान नहीं रहता। उन्होंने अपनी पीढ़ी में जो कुछ किया उसका फिर से किया जाना आवश्यक नहीं है। हमें अपनी आखें खोलकर रखनी चाहिए, अपनी समस्याओं का पता लगाना चाहिए और उनके समाधान के लिए भूतकाल से प्रेरणा लेने की चेष्टा करनी चाहिए। सत्य की भावना एक ही समान आकृतियों से संलग्न नहीं रहती, वरन् सदा उन्हें नवीन रूप देती रहती है। यहां तक कि पुरानी वर्णनपद्धति का भी नवीन रूप में प्रयोग किया जाता है। वर्तमान समय का दर्शनशास्त्र वर्तमान के साथ संगत होगा तथा भूतकाल के साथ संगत नहीं होगा। यह अपनी आकृतियों में तथा विषयवस्तु में इतना ही मौलिक होगा जितना कि वह जीवन जिसकी यह व्याख्या करता है। चूंकि वर्तमान भूतकाल के साथ शृंखलाबद्ध है इसलिए भूतकाल के साथ तारतम्यभाव में कोई सम्बन्ध-विच्छेद न होगा।

अनुदार विचारवाले व्यक्तियों का एक तर्क यह भी है कि सत्य पर काल का प्रभाव नहीं होता। यह कभी निष्प्रभाव नहीं होता और सूर्यास्त के सौन्दर्य तथा बच्चे के प्रति मां के प्रेम के समान सदा एकरस रहता है। सत्य निर्विकल्प हो सकता है किन्तु वह रूप जिसमें यह प्रकट होता है ऐसे अवयवों से मिलकर बना है जिनके अन्दर परिवर्तन सम्भव है। हम भूतकाल से भाव को ग्रहण कर सकते हैं किन्तु रूप तथा स्फूर्ति वर्तमान काल की होनी ही चाहिए। ये लोग भूल जाते हैं कि धर्म आज जिस रूप में हमारे सामने है, स्वयं परिवर्तित युगों की देन है; और इसलिए कोई कारण नहीं है कि इसके रूपों में नवीन परिवर्तन न हो सके जब तक कि भाव की आवश्यकता बनी रहती है। यह सम्भव है कि अक्षर के प्रति अनुकूलता को स्थिर रखते हुए भी पूरा भाव ही उलट दिया जाए। यदि दो हजार वर्ष पूर्व के हिन्दू नेतागण जिनका अध्ययन कम था और ज्ञानोदय उससे कहीं अधिक था, इन सब शताब्दियों के पश्चात् फिर से इस लोक में वापस आ जाएं तो उन्हें ऐसे व्यक्तियों के अन्दर अपने अनुयायी कम मिलेंगे जो कभी भी उनके विचारों की नितान्त शाब्दिक व्याख्या से पथ-भ्रष्ट नहीं हुए।[1] आज के दिन उत्तराधिकारों का एक बहुत बड़ा पुंज इकट्ठा हो गया है जो विचारधारा के प्रवाह तथा भाव-प्रधान स्वतन्त्र जीवन के मार्ग में अवरोध उत्पन्न कर रहा है। यह कहना कि मृतप्राय पद्धतियां जिनकी पृष्ठभूमि में उन्हें सहारा देने को कोई सशक्त

1. तुलना कीजिए अरविन्द घोष : " यद्यपि उपनिषद्-काल, बौद्धकाल अथवा परवर्ती शास्त्रीय युग का कोई भारतीय आधुनिक भारत में आ जाए तो वह देखेगा कि उसकी जाति भूतकाल के मात्ररूपों तथा बाह्य-आडम्बरों और चिथड़ों से लिपटी हुई है और उसके दस में से नौ वास्तविक भाव गायब हैं।...मानसिक दारिद्र्य, निश्चेष्टता, एकरस पुनरावृत्ति, विज्ञान की समाप्ति, कला की दीर्घकालीन अनुत्पादकता, तथा रचनात्मक सहज बोध का दौर्बल्य किस हद तक पहुंच गया है, इसे देख उसे अवश्य अचम्भा होगा" ('आर्य', 5, पृष्ठ 424)।

सत्य नहीं है, अत्यधिक प्राचीन और आदरणीय हैं जिनमें परिवर्तन नहीं किया जा सकता, ऐसे रोगी के दुःख को केवल दीर्घकाल के लिए स्थायी बनाने के समान है जो भूतकाल के सड़े हुए तथा रद्दी सामान से उत्पन्न विष से कष्ट पा रहा है। अनुदार विचार वाले मस्तिष्क को परिवर्तन की आवश्यकता के लिए अवश्य उद्यत रहना चाहिए। चूंकि यह उक्त आवश्यकता के अनुरूप पर्याप्त रूप में उद्यत नहीं है इसलिए हमें दर्शन के क्षेत्र में तह तक पहुंचने वाली तीक्ष्ण बुद्धि और दर्शनशास्त्र के सिद्धान्तों के विपरीत असामंजस्य का अद्भुत मिश्रण मिलता है। विचारशील भारतीयों की मुख्य शक्तियों का उपयोग इस प्रकार की समस्याओं के समाधान के लिए होना ही चाहिए कि पुरानी मान्यताओं को किस प्रकार अस्थायी उत्तराधिकारों में से छांटकर पृथक् किया जाए, धर्म को किस प्रकार विज्ञान की भावना के साथ मिलाया जाए, किस प्रकार आभ्यन्तर प्रकृति तथा व्यक्तित्व के दावों का भुगतान तथा उनकी व्याख्या की जाए, और किस प्रकार विपक्षगामी प्रभावों को प्राचीन धर्म के आधार पर संगठित किया जाए। किन्तु दुःख का विषय तो यह है कि दुर्भाग्यवश कुछ परिषदें उक्त समस्याओं के प्रति ध्यान देने के स्थान में ऐसे कार्यों में समय दे रही हैं जो पुरातत्त्वविदों की मांग के अनुकूल हों। यह क्षेत्र विशेषज्ञों का अखाड़ा बन गया है। राष्ट्र की धार्मिक शिक्षा को उदार नीति के आधार पर नहीं अपनाया गया। इस विषय पर किसी का ध्यान नहीं गया कि धार्मिक उत्तराधिकार के ऊपर कुछ विशिष्ट व्यक्तियों का एकाधिपत्य अब और आगे नहीं रह सकता। विचार शक्तिशाली होते हैं, और यदि मृत्यु की ओर अग्रसर होती हुई वर्तमान प्रणाली को रोकना है तो ऐसे विचारों को सर्वसाधारण के अन्दर प्रचुर मात्रा में प्रचारित करना चाहिए। निःसन्देह यह आश्चर्यजनक बात होगी यदि उपनिषदों, गीता और बुद्ध के संवादों की भावना, जो मस्तिष्क को इतने सूक्ष्म विवाद-विषयों से स्पर्श कर सकती थी, मनुष्य जाति के ऊपर उसकी शक्ति को वृथा और नष्ट होने दिया जाए। इससे पूर्व कि बात वश के बाहर हो जाए राष्ट्रीय जीवन का यदि पुनः संगठन कर लिया जाए तो भारतीय विचारधारा का भविष्य उज्ज्वल हो सकता है, कोई नहीं बता सकता कि अभी और कितने पुष्पों को विकसित होना है और सशक्त पुराने वृक्षों पर अभी कितने फल और फल सकते हैं।

जहां एक ओर ऐसे व्यक्ति हैं जो अभी तक पश्चिम की संस्कृति के प्रभाव से दूर हैं और विचार तथा आचरण-सम्बन्धी सब विषयों में अनुदार प्रवृत्ति रखते हैं, वहां दूसरी ओर उन लोगों में से जिनकी शिक्षा-दीक्षा पश्चिम प्रणाली के अनुसार हुई है कुछ ऐसे भी हैं जिन्होंने प्राकृतिक इतिहास-विषयक युक्तिवाद को अपनाया और हमें प्रेरणा देते हैं कि भूतकाल के बोझ को उतार फेंको। ये लोग परम्परा अथवा रूढ़ि के प्रति असहिष्णु हैं और यहां तक कि उस युग के ज्ञान के विषय में भी सन्देह प्रकट करते हैं। 'प्रगतिवादियों' की यह विचार-पद्धति सरलता से समझ में आ सकती है। हमारी जाति के आध्यात्मिक उत्तराधिकार ने बाहर से आए आक्रमणकारियों तथा लुटेरों से भारत की रक्षा नहीं की। ऐसा प्रतीत होता है कि इसने देश को धोखा दिया और विश्वासघात करके देश को वर्तमान दासता में डाल दिया। इस प्रकार के देशभक्त पश्चिम देशों की भौतिक सिद्धियों का अनुकरण करने को उत्सुक हैं और प्राचीन सभ्यता की जड़ों को एकदम ही उखाड़ देना चाहते हैं जिससे कि पश्चिम से आयात होने वाली अद्भुत वस्तुओं के लिए स्थान खाली हो सके। कुछ ही समय पूर्व तक भारतीय विश्वविद्यालयों में भारतीय-दर्शन अध्ययन के विषयों में सम्मिलित नहीं

किया गया था और अब भी विश्वविद्यालयों के दर्शनविषयक पाठ्यक्रमों में इसका स्थान नगण्य ही है। भारतीय सभ्यता के हीनता-सम्बन्धी विचार शिक्षा के समस्त वातावरण में व्याप्त हैं। मैकाले द्वारा जिस नीति का समारम्भ हुआ उसका बोझ अपने समस्त सांस्कृतिक महत्त्व के साथ तुलना में एक ओर झुका हुआ है। जहां यह एक ओर इतना अधिक सावधान है कि हम पश्चिमी संस्कृति की शक्ति तथा सजीवता को न भूल सकें, वहां इसने हमें अपनी संस्कृति के प्रति प्रेम करके आवश्यकतानुसार उसे परिष्कृत कर लेने में तनिक भी सहायता नहीं की। कुछ अवस्थाओं में मैकाले की इच्छा पूरी हो गई और "हमने भारतीयों को ऐसी शिक्षा दी है कि वे स्वयं अंग्रेज़ों से भी बढ़कर अंग्रेज़ हो गए" उसके ये प्रसिद्ध शब्द उद्धृत किए जाते हैं। स्वभावतः इनमें से कुछ लोग भारतीय संस्कृति के इतिहास का विद्वेषपूर्ण मूल्यांकन करने में विदेशी समालोचकों से किसी प्रकार भी पीछे नहीं हैं। ये लोग भारत के सांस्कृतिक विकास को एक विषादमय पारस्परिक फूट व विरोध, अज्ञानता और मिथ्याविश्वास से भरी दृष्टि से देखते हैं। इनमें से एक ने अभी हाल में यहां तक घोषणा की कि यदि भारत को फलना-फूलना तथा समृद्धिशाली होना है तो इंग्लैंड को अपनी 'आध्यात्मिक माता' तथा ग्रीस को 'आध्यात्मिक नानी' बनाना होगा। निःसन्देह चूंकि उसकी धर्म में आस्था नहीं है, अपने हिन्दू धर्म के स्थान में ईसाईमत को स्थापित करने का प्रस्ताव नहीं किया। तथाकथित भ्रमनिवारण तथा निराशा के वर्तमान युग के प्रभाव के वशीभूत ऐसे व्यक्तियों का कहना है कि भारतीय दर्शन के प्रति प्रेम रखना या तो राष्ट्रीय दुर्बलता है और या फिर सांस्कृतिक दृष्टि से विचार करने वाले व्यक्तियों का ढोंग है।

यह एक व्याकुल कर देने वाला विषय है कि ऐसे समय में जब कि पश्चिमी जगत् की दृष्टि में भारत अब विलक्षण प्रतीत होने के भाव से मुक्त हो रहा है, देश के कुछ अपने ही सपूतों की दृष्टि में यह इस प्रकार का एक अजनबी देश प्रतीत होने लगा है। पश्चिम ने भारत को यह समझाने के लिए पूरा प्रयत्न किया कि इसका दर्शनशास्त्र असंगत एवं विवेकशून्य है, इसकी कला बच्चों की-सी तथा तुच्छ है, इसकी कविता में कोई प्रेरणा नहीं है, इसका धर्म विलक्षण है, और इसका नीतिशास्त्र असभ्य लोगों का है। अब जब कि पश्चिम अनुभव कर रहा है कि उसका इस विषय में निर्णीत मत बिल्कुल निर्दोष नहीं है, हममें से कुछ लोग आग्रहपूर्वक कहते हैं कि नहीं, पश्चिम का निर्णय सर्वथा ठीक था। यह ठीक है कि एक चिन्तनशील युग में मनुष्य जाति को फिर से संस्कृति की प्राचीनतर स्थिति की ओर धकेलना, जिससे उनकी संशयपरक भ्रम से तथा विवादास्पद विषयों की व्याकुल कर देने वाली शक्तियों से रक्षा की जा सके, कठिन है तो भी हमें यह न भूलना चाहिए कि पहले से पड़ी हुई नींवों के ऊपर भवन का निर्माण हम अधिक उत्तमता के साथ कर सकते हैं, अपेक्षाकृत इसके कि हम उसके स्थान पर जीवन के नीतिशास्त्र तथा सदाचार के नए ढांचे का निर्माण करने का प्रयत्न करें। हम अपने को निज के जीवन-स्रोतों से सर्वथा विच्छिन्न नहीं कर सकते। दार्शनिक योजनाएं ज्यामिति की आकृतियां न होकर जीवन की देन हैं। अपने इतिहास का उत्तराधिकार वह भोजन है जिसे खाए और पकाए बिना हम क्षयग्रस्त हो जा सकते हैं।

कट्टर अनुदारवादी व्यक्ति भारत के प्राचीन उत्तराधिकार सम्बन्धी ऐश्वर्य के विषय में और उसकी प्रतिद्वन्द्विता में आने वाली आधुनिक-नास्तिकता प्रधान संस्कृति के रूप में पूर्णतया अभिज्ञ हैं; पूर्ण सुधारवादी भी ठीक उसी तरह भारत के प्राचीन उत्तराधिकार की निरर्थकता के विषय में निश्चय रखते हैं, एवं प्राकृतिक इतिहास-विषयक हेतुवाद या युक्तिवाद

के महत्त्व के विषय में दृढ़ आस्था रखते हैं। इन दोनों प्रकार के मतों के विषय में बहुत-कुछ कहा जा सकता है; किन्तु, यदि हम भारतीय विचारधारा का उचित रूप में अध्ययन करेंगे तो इस परिणाम पर पहुचेंगे कि दोनों ही दोषपूर्ण हैं। वे जो भारतीय संस्कृति की निन्दा करते हैं, इससे अनभिज्ञ हैं और वे भी जो इसे सर्वांग सम्पूर्ण बताते हैं, उन्हीं के समान अन्य किसी संस्कृति से अनभिज्ञ हैं। पूर्ण सुधारवादी तथा कट्टर अनुदारवादी, जिन्हें नवीन आशा तथा पुरातन विद्या की खोज है, दोनों को परस्पर निकट सम्पर्क में आकर एक-दूसरे को समझने का प्रयत्न करना चाहिए। एक ऐसे जगत् में जहां कि हवाई जहाज़ और समुद्रगामी जहाज़, रेलवे तथा तार की व्यवस्थाएं मनुष्यमात्र को एक जीवन्त इकाई के अन्तर्गत एक-दूसरे के निकटतम ला रही हों, हम अपने ही अन्दर मगन नहीं रह सकते। हमारी दर्शन-पद्धतियों को संसार की प्रगति के अन्दर क्रिया और प्रतिक्रिया (अथवा आदान-प्रदान के रूप) में भाग लेना ही होगा। गतिहीन विचारपद्धतियों में ठहरे हुए पानी के पोखरों के समान हानिकारक पदार्थों की बढ़ती हो जाती है जबकि प्रवाहित होने वाली नदियां अपने जल को प्रेरणारूपी स्रोतों से निरन्तर ताज़ा बनाए रखती हैं। अन्य जाति की संस्कृति को अपने अन्दर समाविष्ट कर लेने में कुछ दोष नहीं है, केवल हमें चाहिए यह कि जिन अंशों को हम दूसरों से लें, उन्हें आगे बढ़कर शुद्ध कर लें तथा उनके अन्दर अपने में जो सर्वोत्तम अंश हैं, उनका समावेश कर दें। विभिन्न अंशों को, जो बाहर से हठात् आकर हमारे अन्दर समाविष्ट हो गए हैं, अपने राष्ट्रीय पात्र में एकत्र करने की जो सर्वोत्तम प्रक्रिया है उसका संकेत सरसरी तौर पर गांधी, टैगोर, अरविन्द घोष तथा भगवानदास की रचनाओं में हमें मिलता है। उनके अन्दर हम एक महान् भविष्य की धुंधली-सी आशा की झलक देखते हैं, एवं पाण्डित्याभिमान के ऊपर विजय के कुछ चिह्न तथा महान् भविष्य सम्बन्धी अन्वेषण की प्रतिक्रिया पाते हैं। भारत के प्राचीन मानवीय आदर्शवाद के स्रोतों से प्रेरणा लेते हुए इन महापुरुषों ने पश्चिमी विचारधारा के महत्त्व को भी साथ-साथ लिया है। इन्होंने प्राचीन आदिस्रोत को फिर से ढूंढ़ निकालने की आतुरता दिखाई है तथा उक्त दोनों के जलों को शुद्ध और अनाविल नहरों के द्वारा उन भूमियों को सींचने का प्रयत्न किया है जो भूख और प्यास से व्याकुल थीं किन्तु जिस भविष्य को देखने के लिए हम लालायित हैं, वह अभी दूर है। राजनीतिक उत्तेजना के शिथिल हो जाने के साथ, जिसने इस समय भारत के श्रेष्ठतम मस्तिष्कों की शक्तियों को अपनी ओर लगा रखा है, नये-नये विश्वविद्यालयों में भारतीय विचारधारा के अध्ययन का आग्रह बढ़ने के साथ, जिसको पुराने विश्वविद्यालय अत्यन्त अरुचिकर रूप में अपना रहे हैं, प्रभात का उदय सम्भव है। भूतकाल के जीवन को भविष्य-जीवन की अपेक्षा अधिक पसन्द करने वाली कट्टर अनुदारता की शक्तियों के आगे चलकर अधिक बल पकड़ने की संभावना कम है।

भारतीय दर्शन के सम्मुख जो समस्या आज उपस्थित है, वह यह है कि क्या यह एक सम्प्रदाय के रूप में परिणत हो जाएगा, जिसका क्षेत्र संकुचित होगा एवं वर्तमान समय के तथ्यों में इसका कोई प्रयोग न हो सकेगा? अथवा, इसे जीवन्त और यथार्थ बनना है जिससे कि यह ऐसा बन सके जैसा कि इसे होना चाहिए, अर्थात् मानवीय प्रगति के निर्माण करने वाले तत्त्वों में से यह अन्यतम हो सके, और यह तभी सम्भव होगा जबकि यह आधुनिक विज्ञान के प्रचुर रूप में बढ़े हुए ज्ञान का मिश्रण भारतीय दार्शनिकों के प्राचीन आदर्शों के

साथ कर सके। लक्षण तो इस प्रकार का संकेत करते हैं कि भारतीय दर्शन मानव-प्रगति के निर्माणकारी अवयवों में से ही अन्यतम सिद्ध होगा। पूर्व की विचार-पद्धतियों के प्रति भक्ति तथा दर्शनशास्त्र के उद्देश्य की मांग है कि हम अपने दृष्टिकोण को ऐसा बनाएं जो सदा उदार हो। वर्तमान युग के लिए भारतीय दर्शन के अस्तित्व का कुछ अर्थ तथा न्यायोचितता तभी सिद्ध हो सकेगी जबकि यह आगे बढ़े और हमारे जीवन को उत्तम बनाए। भारतीय दर्शन के विकास की भूतकाल की प्रगति हमें अपनी आशा के प्रति प्रोत्साहन देती है। महान् विचारक याज्ञवल्क्य और गार्गी, बुद्ध और महावीर, गौतम और कपिल, शंकर और रामानुज, मध्व और वल्लभ तथा अन्य दर्जनों विद्वान् भारत के अस्तित्व की महत्त्वपूर्ण क्षमता के द्योतक हैं, और यह भारत के एक जीवित राष्ट्र के पद पर विराजमान होने का स्पष्ट प्रमाण है। यह इस विषय का भी प्रमाण है कि आगे भी यह राष्ट्र अपने स्वार्थ से ऊपर उठकर अपनी सर्वोपरि श्रेष्ठता के प्रेमोपहार को स्थिर रखने में समर्थ होगा।

टिप्पणियां

पहला अध्याय

पृष्ठ 11—पाणिनि 'अस्ति नस्ति दिष्टं मतिः' इस सूत्र में आस्तिक, नास्तिक और दैष्टिक शब्दों की व्युत्पत्ति करता है। आस्तिक वह है जो परलोक के अस्तित्व में विश्वास करता है, (अस्ति परलोकः); नास्तिक वह है जो परलोक को नहीं मानता (नास्ति परलोकः); और दैष्टिक एक प्रकार का अदृष्टवादी है।

पृष्ठ 11—टि. 3—देखें, न्यायकोश।

पृष्ठ 12—टि. 1—'मणिमेखलाई', नामक तमिल-ग्रंथ में लोकायत, बौद्ध, सांख्य, न्याय, वैशेषिक और मीमांसा—इन सबको शास्त्रीय माना गया है। देखें, एस. कृष्णस्वामी ऐयंगार 'मणिमेखलाई', पृष्ठ 21।

पृष्ठ 15, पंक्ति 27—वैशेषिक केवल प्रत्यक्ष और अनुमान को ही स्वीकार करता है।

दूसरा अध्याय

पृष्ठ 24—टि. 1—अक्षपादात्पूर्वं कुतो वेदप्रामाण्यनिश्चय आसीत्; जैमिनेः पूर्वं केन वेदार्थो व्याख्यातः; पाणिनेः पूर्वं केन पदानि व्युत्पादितानि; पिंगलात् पूर्वं केन छन्दांसि रचितानि (न्यायमंजरी, पृष्ठ 5)।

पृष्ठ 28—दिङ्नाग के पूर्व बौद्ध तर्कशास्त्र के एक संक्षिप्त विवरण के लिए देखें, उक्त विषय पर प्रोफ़ेसर तुक्की का लेख, 'जर्नल आफ़ दि रायल एशियाटिक सोसाइटी' जुलाई, 1929। और भी देखें, 'जर्नल ऑफ दि रायल एशियाटिक सोसाइटी', जनवरी, 1928, क्या न्यायप्रवेश दिङ्नाग-रचित है?

पृष्ठ 29—पण्डित गोपीनाथ कविराज का तर्क है कि उपमान को प्रमाण अथवा ज्ञान का साधन मानने से भासर्वज्ञ द्वारा किया गया निषेध योगदर्शन के प्रभाव के कारण है। उसके द्वारा क्रियायोग को स्वीकार किया जाना जिसमें तप, स्वाध्याय और योगदर्शन में प्रतिपादित अन्यान्य विशिष्ट साधन यथा, यम, नियम आदि सम्मिलित हैं, उक्त मत का समर्थन करता है। प्रमेयों का हेय, तन्निवर्तक, आत्यन्तिकहान और हानोपाय आदि में विभागीकरण योगसूत्र, 2 : 16-17, 25-26 की ओर निर्देश करता है। प्राचीन न्याय के ग्रन्थकार गौतम, वात्स्यायन और उद्योतकर तो योगिप्रत्यक्ष को नहीं मानते, किन्तु भासर्वज्ञ इसे स्वीकार करते हैं। योगिप्रत्यक्षं देशकालस्वभावविप्रकृष्टार्थग्राहकम्। भासर्वज्ञ का ईश्वर-सम्बन्धी विचार आश्चर्यजनक रूप से योगदर्शन के विचार के साथ समानता रखता है।

भासर्वज्ञ ने 'न्यायसार' पर एक टीका भी लिखी है जिसका नाम 'न्यायभूषण' है।

वासुदेव कृत 'न्यायसारपदपंचिका' समेत भासर्वज्ञ के 'न्यायसार' का सम्पादन महामहोपाध्याय वासुदेव शास्त्री अभयंकर और प्रोफेसर देवाधर ने किया है। पूना 1922।

पृष्ठ 31—प्रमाण, प्रमेय आदि पारिभाषिक शब्दों का प्रयोग साधारणतया प्रामाणिक (निर्दोष) ज्ञान के सम्बन्ध में ही होता है, ज्ञानमात्र के लिए नहीं। ज्ञानमात्र के लिए ज्ञान और ज्ञेय शब्द अधिक उपयुक्त प्रतीत होते हैं।

पृष्ठ 35-36—प्रत्यक्ष, जिसकी व्युत्पत्ति प्रति और अक्ष अथवा अक्षि से हुई है। चक्षु इन्द्रिय को प्रस्तुत करता है और यह परोक्ष से विपरीत है, जिसका अर्थ होता है चक्षु इन्द्रिय से परे अथवा दूर। प्रत्यक्ष साक्षात् ज्ञान है और परोक्ष मध्यस्थ द्वारा प्राप्त ज्ञान है।

पृष्ठ 36-37—टि. देखें, तर्कसंग्रहदीपिका, पृष्ठ 7। बम्बई संस्कृत ग्रंथमाला।

पृष्ठ 38—मन का सम्पर्क विषय के साथ सीधा नहीं होता, केवल उस अवस्था को छोड़कर जहां कि प्रमेय विषय आन्तरिक अवस्था यथा सुख-दुःख आदि हों।

पृष्ठ 42-43—बौद्धों के अनुसार इन्द्रियां इन्द्रियों के गोलक हैं; मीमांसकों के अनुसार इन्द्रियां एक विशिष्ट शक्ति हैं; दूसरों का मत है कि यह न तो दिखाई देने वाली इन्द्रिय है और न ही विशेष शक्ति है, किन्तु एक सर्वथा भिन्न द्रव्य है जिसका स्थान दृश्यमान इन्द्रिय के अन्दर है। गोलकमात्राणीति सुगतः, तच्छक्त्य इति भीमांसकाः, तद्व्यतिरिक्तानि द्रव्यान्तराणीत्यन्ये सर्वे वादिनः (विवरणप्रमेयसंग्रह, पृष्ठ 185)। सांप सुनते हैं यद्यपि उनके कोई इन्द्रिय दिखाई नहीं देती। इन्द्रिय एक सूक्ष्म द्रव्य से बनी है जिसके गुण का ज्ञान इसके द्वारा होता है। आंख जो रूप का ज्ञान प्राप्त करती है उसी द्रव्य से बनी है जैसे कि प्रकाश, जिसके रूप को यह देखती है। नाक जो गन्ध का ज्ञान ग्रहण करती है मिट्टी से बनी है, क्योंकि गन्ध मिट्टी का गुण है। (वही, पृष्ठ 185-7)।

अद्वैत वेदान्त के अनुसार इन्द्रियां 'प्राप्यकारी' हैं, अर्थात् ज्ञेय पदार्थों के साथ वास्तविक सन्निकर्ष में आती हैं। (देखें, विवरणप्रमेयसंग्रह, पृष्ठ 187)। यदि इन्द्रियां पदार्थों का प्रत्यक्ष बिना उनके सम्पर्क में आए कर सकतीं तो हम दूरस्थ पदार्थों का भी स्वाद ले सकते थे। यदि कहा जाए कि चक्षु तथा श्रवण इन्द्रियां तो हर अवस्था में पदार्थों का ज्ञान ग्रहण कर सकती हैं, बिना उनके साथ वास्तविक सम्पर्क में आए भी, तो हमें दृश्यों तथा शब्दों का ज्ञान उनके लोप हो जाने पर भी होना चाहिए। इस प्रकार यही तर्क उचित प्रतीत होता है कि अपने ज्ञेय विषय रूप पदार्थों के सम्पर्क में आकर ही इन्द्रियां कार्य करती हैं।

दिखाई देनेवाली इन्द्रियां इन्द्रियां नहीं है वरन् सूक्ष्म भौतिक द्रव्य हैं, जो बिजली की तेज़ी से बाहर आने की क्षमता रखते हैं। शब्द कान तक चलकर नहीं आते हैं, जैसा कि न्याय का मत है, किन्तु अदृश्य इन्द्रिय शब्द उत्पन्न करने वाले पदार्थ तक चलकर जाती है। शब्दस्य च वीचिसन्तानवत् परम्पराया श्रोत्रसमवायः प्राप्तिरिति यत् तार्किककैरुच्यते तदसत्; तथा सतीह श्रोत्राः शब्द इति प्रतीयेत, प्रतीयते तु तत्राशब्द इति (वही)। यही कारण है कि हमें दूर के शब्दों का प्रत्यक्ष होता है, केवल श्रवण-सम्बन्धी प्रभावों का नहीं। हमारी इन्द्रियां प्रमेय पदार्थों तक पहुंचती हैं न कि प्रमेय पदार्थ इंद्रियों तक पहुंचते हैं।

पृष्ठ 45—टि. 3—

त्रिलोचनगुरून् नीतमार्गानुगमनोन्मुखैः।
यथामानं यथावस्तु व्याख्यातम् इदमीदृशम्॥
(न्यायवार्तिकतात्पर्यटीका, 1 : 1, 4)।

पृष्ठ 46—नामजात्यादियोजनारहितं वैशिष्ट्यानवगाहि निष्प्रकारकं प्रत्यक्षं निर्विकल्पकम्। चिन्तामणि में गणेश। भीमाचार्य-कृत न्यायकोश।

विशेषणविशेष्यसम्बन्धानवगाहि ज्ञानम् (अन्नंभट्ट-कृत तर्कसंग्रहदीपिका)।

पृष्ठ 53—बौद्ध आदर्शवाद के अनुसार बोध और उसका ज्ञेयपदार्थ दोनों एक साथ जाने जाते हैं। "चूंकि नीला और नीले की चेतना का सदा ही एक साथ ज्ञान होता है इसलिए ये एक-दूसरे से भिन्न नहीं हैं।" (सर्वदर्शनसंग्रह)।

न्याय के मत की अद्वैतवादी समीक्षा के लिए देखें, विवरणप्रमेयसंग्रह, पृष्ठ 55।

पृष्ठ 54-55—लोचनगोचरेऽपि कुन्दकुसुमे तदविषयगन्धविशेषिते ज्ञानम् एवं बाह्येन्द्रियद्वारकमग्रहणम् अघटमानमिति मानसमेव सुरभिकुसुमम् इति ज्ञानम् (न्यायमंजरी, पृष्ठ 461)।

योगजधर्मलक्षण के लिए देखें, प्रमेयकमलमार्तण्ड, पृष्ठ 167।

प्रतिगताऽभिज्ञानमिति प्रत्यभिज्ञा।

अतिक्रान्तकालविशेषितपूर्ववर्तिस्तम्भादिपदार्थविषयम् इन्द्रियादिसन्निकर्षोत्पन्नम् एवेदं प्रत्याभिज्ञाज्ञानम् इति सिद्धम् (न्यायमंजरी, पृष्ठ 461)।

पृष्ठ 55-56—अतीतावच्छिन्नवस्तुग्रहणं प्रत्यभिज्ञानम् (सप्तपदार्थी, 167)। प्रत्यभिज्ञा, भूतकाल में अवस्थिति के विचार की उपाधि से युक्त वस्तु का ग्रहण है।

तर्कभाषा (50) के अनुसार, पूर्वावस्थानुभवजनितसंस्कारसहकृतेन्द्रियप्रभवा प्रत्यभिज्ञा।

पृष्ठ 57—प्राचीन नैयायिक स्वप्नों को स्मृति न मानकर अनुभव मानते थे। देखें, न्यायसूत्र 3 : 1, 14; 4 : 2, 34-35; न्यायभाष्य, 1 : 1, 16; और न्यायवार्तिक, पृष्ठ 79। कणाद तथा परवर्ती नैयायिक, जैसे भासर्वज्ञ और जयन्त स्वप्नों को अनुभवात्मक मानते हैं। उदयन स्वप्नावस्थाओं को स्मृति के समान नहीं मानता। देखें किरणावली, पृष्ठ 275। शंकर ने ऐसे मत का उल्लेख किया है, जिसके अनुसार मन्त्रों, देवताओं और विशेष प्रकार के द्रव्यों द्वारा उत्पन्न स्वप्नों में कुछ सचाई रहती है : मन्त्रदेवताद्रव्य विशेषनिमित्ताश्च केचित् स्वप्नाः सत्यार्थगन्धिनो भवन्ति (शांकरभाष्य 3 : 2, 4)।

पृष्ठ 57-58—देखें 'ड्रीम थियरी इन इण्डियन थॉट' उमेशमिश्र-रचित, इलाहाबाद यूनिवर्सिटी स्टडीज़, खण्ड 5।

पृष्ठ 78—जब हम उत्पन्न वस्तुओं का उल्लेख करते हैं तब उपादान कारण और समवायी (अन्तर्निहित) कारण एक ही पदार्थ है, किन्तु गुण अथवा कर्म के विषय में समवायीकरण उपादान कारण नहीं होता। एक श्वेत वस्त्र के विषय में श्वेतता रूपी गुण का समवायी कारण वस्त्र है किन्तु यह उसका उपादान करण नहीं है।

पृष्ठ 103-104—एक ही पदार्थ के धारावाहिक ज्ञान में जैसे कि हम किसी टेबल को निरन्तर कुछ क्षणों तक देखते हैं तो क्या हमारा दूसरे क्षण का ज्ञान वही होता है जो पहले क्षण का था? कुछ लोगों का तर्क है कि दोनों प्रकार के ज्ञान एक नहीं हैं। जिस प्रकार पदार्थ अपने स्वरूप में देश-काल की स्थिति के अनुसार प्रतिक्षण परिवर्तन करता है उसी प्रकार ज्ञान में भी प्रतिक्षण परिवर्तन होता है। नैयायिक इसमें इस आधार पर आपत्ति उठाता है कि हमारे अनुभव-ज्ञान के क्षण हमारी चेतनता से नहीं पहचाने जाते। हम जिसे प्रत्यक्ष करते हैं वह आणविक क्षण नहीं है वरन् समय का विस्तार है : क्षणानामतीन्द्रियत्वात स्थूलोपाधिम् आदाय वर्तमानत्वग्रहणात् (तत्त्वचिन्तामणि, पृष्ठ 380)। क्षण तार्किक विश्लेषण की उपज हैं, किन्तु निरीक्षण के तथ्य नहीं हैं। जहां एक ओर स्थायी ज्ञान प्रमेयपदार्थ-सम्बन्धी

अवस्थाओं के ऊपर निर्भर करता है वहां स्मृतिजन्य ज्ञान पूर्व के अनुभव के ऊपर निर्भर करता है।

पृष्ठ 107--जब हम नीले रंग का बोध ग्रहण करते हैं तो नीलेपन के बोध की प्रामाणिकता स्वतः नहीं आती।

न हि नीलसंवित् प्रसवसमानान्तरं यथार्थेयं नीलसंवित्तिरिति संवेदनानन्तरमुत्पादयमानम् अनुभूयते (न्यायमंजरी, पृष्ठ 168)।

पृष्ठ 108—बौद्धमतावलम्बी, जिनके मत में ज्ञान तथा उसके विषय (पदार्थ) क्षणिक हैं, पदार्थ के प्रकृति के अनुरूप होने का जो यथार्थवादियों का मानदण्ड है उसे स्वीकार नहीं कर सकते क्योंकि ज्ञान होने पर तुरन्त ही उनके मत से पदार्थ (विषय) का विलोप हो जाता है।

पृष्ठ 111 टि. 4 तुलना कीजिए, प्लेटो के 'थिएटिटस' से।

पृष्ठ 112—शुक्तित्वप्रकारिका विद्या चाकचक्यादिसादृश्यसंदर्शनसमुद्बोधित रजतसंस्कारध्रीचीना काचादिदोषसवहिता रजतरूपार्थाकारेण रजतज्ञानाभासाकारेण च परिणमते (वेदान्तपरिभाषा, 1)।

पृष्ठ 127—न्याय के अनुसार आत्माएं केवल गौण अर्थों में क्रियाशील हैं। एक सर्वव्यापी आत्मा के लिए न तो परिणाम ही हो सकता है और न परिस्पन्द ही माना जा सकता है।

पृष्ठ 140, टि. 1—और भी देखें, स्याद्वादमंजरी और राजशेखर-कृत षड्दर्शन समुच्चय, 23।

तीसरा अध्याय

पृष्ठ— 155-156—पण्डित मिश्र का विचार है कि लीलावती का निर्माणकाल बारहवीं शताब्दी (ईसा के पश्चात्) है। देखें, जे. बी. ओ. आर. एस., पृष्ठ 158।

पृष्ठ 162-163—न्याय के मत में जो आत्मा मानस प्रत्यक्ष का विषय है (भाषापरिच्छेद, 50-51), किन्तु वैशेषिक इसे अनुमान का विषय मानता है (अनुमानगम्य, वैशेषिकसूत्र, 8 : 1-2)।

पृष्ठ 171-172—मीमांसकों का युगों या चक्रों के सिद्धान्त में विश्वास नहीं है।

पृष्ठ 181 टि. 2—

व्यक्तेरभेदस्तुल्यत्वं संकरोऽथानवस्थितिः।
रूपहानिरसम्बन्धो जातिबाधकसंग्रहः॥

पृष्ठ 188, टि. 1—पांच प्रकार की अयुतसिद्धि स्वीकार की गई है : अवयवावयविनौ, गुणगुणिनौ, क्रियाक्रियावन्तौ, जातिव्यक्ती, विशेषनित्यद्रव्ये चेति (देखें, न्यायकोश)।

पृष्ठ 200—काल, आकाश और दिक् में जातिगत गुण नहीं होता।

चौथा अध्याय

पृष्ठ 220—मद्रास विश्वविद्यालय ने सांख्यकारिका का एक अत्युत्तम संस्करण प्रकाशित किया है जिसकी प्रस्तावना, अंग्रेज़ी-अनुवाद तथा टिप्पणियां एस. एस. सूर्यनारायण शास्त्री द्वारा तैयार की गई हैं।

पृष्ठ 223-224—धर्मपरिणाम प्रकार विशेष को दिया गया नाम है। एक घड़ा (अथवा

जिसे घटाकार भी कहते हैं।) मिट्टी का धर्मपरिणाम है, ठीक उसी प्रकार जिस प्रकार कि मिट्टी पृथ्वी का धर्मपरिणाम है।

पृष्ठ 234, टि. 14—छान्दोग्य उपनिषद् में तीन भूतों का उल्लेख है और शंकर 6 : 4 पर अपने भाष्य में त्रिवृत्करण का वर्णन करते हैं। प्राचीन उपनिषदों में पंजीकरण का पता नहीं मिलता यद्यपि तैत्तिरीय में पांच भूतों का वर्णन है। बादरायण अथवा शंकर दोनों में से कोई भी इनका वर्णन नहीं करता। यद्यपि परवर्ती भाष्यकारों ने जैसे आनन्दज्ञान आदि ने इनका उल्लेख दिया है। देखें, ब्रह्मसूत्रों पर उसकी टीका, 2 : 4, 20।

पृष्ठ 239—स्थान-परिवर्तन का नाम परिस्पन्द है। यह परिणाम से भिन्न है। जो आकृति का परिर्वतन है। परिस्पन्द तत्त्वों के सम्बन्ध में ही होता है।

पृष्ठ 254—अर्थाकारेण परिणताया बुद्धिवृत्तेश्चेतने प्रतिबिम्बनाद् विषयप्रकाशरूपं ज्ञानम् (न्यायकोश)।

पृष्ठ 257-258—

सांख्यवृद्धा सम्मुग्धं वस्तुमात्रं तु प्रागगृह् णन्त्यविकल्पितम्।
तत् सामान्यविशेषाभ्यां कल्पयन्ति मनीषिणः॥

(सांख्यतत्त्वकौमुदी, 27)।

पाँचवाँ अध्याय

पृष्ठ 257—सर्वग्राही ज्ञान की एक सिद्धि है जिसमें स्वभावतः प्रकृति तथा पुरुष का भेद ज्ञान भी आ जाता है और यही कैवल्य अथवा मोक्ष का यथार्थ कारण है।

पृष्ठ 319—सांख्य के अनुयायी नारायण के उपासक थे (नारायणपराः) किन्तु योग के अनुयायी ईश्वर की उपासना करने वाले थे (ईश्वरदेवताः), अथवा शिव के उपासक थे, जो सर्वोत्तम योगी है। देखें, हरिभद्र के षड्दर्शनसमुच्चय पर राजशेखर की टीका, पृष्ठ, 42-43।

छठा अध्याय

पृष्ठ 324-325—प्रभाकारों के दोनों सम्प्रदायों में जो मतभेद हैं उनके विषय में देखें, प्रोफेसर हिरियन्ना का लेख : 'प्रभाकर : प्राचीन और अर्वाचीन', जर्नल ऑफ ओरियण्टल रिसर्च, मद्रास, अप्रैल-जून, 1930।

पृष्ठ 324-325—रामानुजाचार्य-कृत 'सन्तरहस्य' एक विस्तृत ग्रन्थ प्रतीत होता है, जिसके पहले पांच अध्याय 'गायकवाड्स ओरियण्टल सीरीज,' 1923 में प्रकाशित हुए हैं।

''मानमेयोदय' में दो विभाग 'मान' और 'मेय' के ऊपर हैं, जिन्हें क्रमशः नारायण भट्ट तथा नारायण पण्डित ने लिखा है। यह ग्रंथ कुमारिल भट्ट के सम्प्रदाय के सिद्धान्तों की विशद व्याख्या करता है। इस ग्रंथ को त्रिवेन्द्रम संस्कृत सीरीज में टी. गणपति शास्त्री ने 1912 में प्रकाशित किया है।

पृष्ठ 327—तच्चेन्द्रियसन्निकर्षजं ज्ञानं द्विविधम्, निर्विकल्पकं सविकल्पकं चेति। तत्र इन्द्रियसन्निकर्षानन्तरम् एव द्रव्यादिस्वरूपमात्रावगाहि शब्दानुगमशून्यं यत् सम्मुग्धज्ञानं जायते तद् विशिष्टकल्पनाभावाद् निर्विकल्पम् इत्युच्यते। यत्तु तदनन्तरं शब्दस्मरण सहकृतं

जात्यादिविशिष्टवस्तुविषयं रक्तोऽयं घटोऽयमित्यादिव्यक्तविज्ञानं तत् सविकल्पकम् (मानमेयोदय, पृष्ठ 8)।

जातिः सर्वगता नित्या प्रत्यक्षज्ञानगोचरा।
भिन्नाभिन्ना च सा व्यक्तेः कुमारिलमते मता॥

(मानमेयोदय, पृष्ठ 85)

पृष्ठ 336-337—कुमारिल की दृष्टि में आकृति का अर्थ है जाति।

जातिमेव आकृतिं प्राहुः (1 : 3, 3)।

पृष्ठ 340—ज्ञान के प्रामाण्य के विषय में मीमांसा के भिन्न-भिन्न सम्प्रदायों के मतों को जानने के लिए देखें, न्यायकोश में प्रमात्वम्।

सर्वैरेव ज्ञानहेतुभिरात्मनि साक्षात्कारवर्ती धीरुपजन्यते...सर्वत्र प्रमेयस्य अपरोक्षनियमाभावात्। स्मृतिषु अनुमानान्तरेषु च न प्रमेयम् अपरोक्षम्। सर्वाश्च प्रतीतयः स्वयं प्रत्यक्षाः प्रकाशन्ते (प्रकरणपंचिका, पृष्ठ 56)।

यद्यपि समस्त ज्ञान बिना व्यवधान के साक्षात् होता है फिर भी इसे दो भागों में विभक्त किया गया है—साक्षात ज्ञान तथा मध्यस्थ द्वारा प्राप्त ज्ञान और इसका विभाग प्रकार-भेद से होता है जिस प्रकार साक्षात् अथवा माध्यम के द्वारा विषय का बोध होता है।

पृष्ठ 341—न हि प्रदीपः स्वगतव्यवहाररूपे कार्ये प्रदीपान्तरमपेक्षते; तस्माद् न बुद्धिरपि बुद्ध्यन्तरम् (मानमेयोदय, पृष्ठ 103)।

बुद्धिः स्वयंप्रकाशित गुरुशंकरयोमतम् (वही)।

पृष्ठ 346—टिप्पणी 1—मुरारिमिश्र के मत पर टीका करते हुए न्यायसिद्धान्तमंजरी के ऊपर 'शिथिकण्ठीयम्' का कहना है : "घटोऽयमिति व्यवसायः ततश्च घटमहं जानामीति अनुव्यवसायः, तन प्रामाण्यं गृह्यते।

पृष्ठ 350-351—मीमांसक तर्क करता है कि यदि प्रामाण्य और अप्रामाण्य दोनों ही बोध ग्रहण से बाह्य पदार्थ हैं तो बोधों को अपने-आप में निरपेक्ष अथवा लक्षणविहीन मानना चाहिए, किन्तु ऐसा नहीं है।

न हि प्रामाण्याप्रामण्यव्यतिरिक्तं किञ्चिदपि स्वरूपम् अस्ति विज्ञानस्य (मानमेयोदय, पृष्ठ 76)।

यदि यह कहा जाए कि सारे बोध तब तक सन्देह की अवस्थाएं हैं जब तक कि उनकी परीक्षा नहीं हो लेती, तो न्याय जो संदेह (संशय) को अयथार्थ बोध करके मानता है, अन्तर्हित अयथार्थता के मत की ओर संकेत करता प्रतीत होता है, जो परतः प्रमाण के सिद्धान्त के विपरीत है।

पृष्ठ 350-351—स च देहेन्द्रियज्ञानसुखेभ्यो व्यतिरिच्यते।

नानाभूतो विभूर्नित्यो भोगाः स्वर्गापवर्गभाक्॥

(मानमेयोदय, पृष्ठ 82)

पृष्ठ 352—मानमेयोदय प्रभाकर की स्थिति से कुमारिल की स्थिति का भेद बतलाते हुए कुमारिल के ऊपर निर्भर करता है। प्रभाकर के अनुयायियों की दृष्टि में "मैं घड़े को बनाता हूं" इस प्रकार के बोध का स्वरूप समस्त बोधों के सामान्य लक्षणों का एक नमूना है। यदि आत्मा तथा बोध व्यक्त नहीं हैं तो इस प्रकार का ज्ञान असम्भव है। इस प्रकार आत्मा और बोध का अभिव्यक्त रूप स्वीकार करना चाहिए, जिनमें आत्मा विषयी (ज्ञाता)

तथा बोध ज्ञानात्मक क्रिया है। (आत्मस्वात्मनोः कर्तृतया वित्तितया च प्रतीयमानत्वम् अभ्युपगच्छति।) कुमारिल के अनुयायी स्वयं आधार वाक्य के ऊपर ही आपत्ति उठाते हैं, अर्थात् सारे बोध इस रूप में होते हैं "मैं पदार्थ को जानता हूं।" शालिकनाथ का तर्क है : यदि ज्ञाता विषयी सब बोधों में व्यक्त नहीं होता तो किसी व्यक्ति विशेष के अपने बोध में तथा दूसरे के बोध में भेद कर सकना असम्भव हो जाएगा। (स्वपरवेद्ययोरनतिशय इति।) कुमारिल के अनुयायी उत्तर देते हैं कि आत्मा के द्वारा प्राप्त किया गया ज्ञान उसी रूप में व्यक्त होता है। यदि कहा जाए कि आत्मज्ञान को भी व्यक्त होना चाहिए तो उत्तर में कहा गया है कि कार्य बिना चैतन्यमय व्यक्ति के भी उपस्थित रह सकता है, उसी प्रकार जिस प्रकार इन्द्रिय-ज्ञान बिना उस इन्द्रिय के ज्ञान के भी, जो व्यापार करती है, प्राप्त किया जा सकता है।

मुरारि मिश्र का मत भट्ट की स्थिति के अधिक निकट पहुंचता है। मिश्रमतेऽयं घट इत्याकारकज्ञानानन्तरं घटत्वेन घटम् अहं जानामि इति ज्ञानविषयकलौकिकमानसमुत्पद्यते। (तर्कसंग्रहदीपिका पर नीलकण्ठ की टीका, निर्णयसागर संस्करण, पृष्ठ 167)।

हमें पहले 'यह एक घड़ा है' इस प्रकार का ज्ञान होता है और तब प्रत्यक्ष अनुभव होता है कि मैं घड़े को घड़े के रूप में जानता हूं। केवल कुमारिल के ही अनुसार पीछे का ज्ञान अनुमानपरक है; किन्तु मुरारि मिश्र के अनुसार यह प्रत्यक्षजन्य है। किन्तु दोनों ही प्रभाकर के इस मत के विरोधी हैं कि समस्त इस प्रकार का होता है कि "मैं एक घड़े को जानता हूं," सर्वमेव ज्ञानं घटमहं जानामीत्याकारकम् (न्यायसिद्धान्तमंजरी, पृष्ठ 341)।

तत्त्वचिन्तामणि के ऊपर टीका में आलोक कहता है : व्यवसायोत्पत्त्यव्यवहितोत्तरक्षणोत्पन्ना अनुव्यवसायव्यक्तेरेव भाट्टैः ज्ञाततालिङ्ग अनुमितित्वेन मिश्रादिभिश्च साक्षात्कारत्वेनाभ्युपगमात् (प्रत्यक्षखण्ड, पृष्ठ 158, एशियाटिक सोसायटी ऑफ बंगाल आवृत्ति)।

पृष्ठ 367—देखें, पूर्वमीमांसासूत्र भी, पण्डित मोहनलाल संदल का अंग्रेज़ी अनुवाद, एस. बी. एच. ग्रन्थमाला।

सातवाँ अध्याय

पृष्ठ 368, टि. 1—ब्रह्मविद्याप्रतिपादकम् वेदशिरोभागरूपं वेदान्तशास्त्रम् (बृहदारण्यक उपनिषद् पर शांकरभाष्य, 1 : 1, 1)।

आठवाँ अध्याय

पृष्ठ 388—डॉक्टर झा ने 'खण्डनखण्डखाद्य' का अंग्रेज़ी में भाषान्तर किया है और श्री एस. वी. ऐयर ने सुरेश्वर-कृत सम्बन्धवार्त्तिक का भाषान्तर अंग्रेज़ी में किया है।

पृष्ठ 401—भर्तृप्रपंच के द्वैताद्वैत मत का वर्णन शंकर ने बृहदारण्यक उपनिषद् पर अपनी टीका में किया है (5 : 1)।

पूर्णात् कारणात् पूर्णं कार्यम् उद्रिच्यते। उद्रिक्तं कार्यं वर्तमानकालेऽपि पूर्णमेव परमार्थवस्तुरूपं द्वैतरूपेण। पुनः प्रलयकाले पूर्णस्य कार्यस्य पूर्णताम् आदाय आत्मनि धित्वा पूर्णमेवावशिष्यते कारणरूपम् एवम् उत्पत्तिस्थितिप्रलयेषु त्रिष्वपि कालेषु कार्य कारणयोः पूर्णत्वैव। सत्रचैकैव पूर्णता कार्य कारणयोर्भेदेन व्यपदिश्यते एवं च द्वैताद्वैतात्मक एकं ब्रह्म यथा किल समुद्रो

जलतरंगफेनबुद्बुदाद्यात्मक एव। यथा च जलं सत्यं तद् उद्भवाश्च तरंगफेनबुदबुदायः समुद्रात्मभूता एवाविर्भावितिरोभावधर्मिणः परमार्थसत्या एव। एवं सर्वमिदद्वैतं परमार्थसत्यमेव जलतरंगदिस्थानीयम्, समुद्रजलस्थानीयं तु परं ब्रह्म (बृहदारण्यक उपनिषद् पर शांकरभाष्य, 5 : 1)।

पृष्ठ 404–

उपक्रमोपसंहारवभ्यासोऽपूर्वता फलम्।
अर्थवादोपपत्ती च हेतुस्तात्पर्यनिर्णये॥

पृष्ठ 416–तुलना कीजिए, शंकर के निरपेक्ष चैतन्य को जहां सर्वश्रेष्ठ साक्षी बताया गया है उसके साथ; निम्नलिखित छन्द को तर्कभाषा ग्रन्थ का बताया जाता है :

संविद् भगवती देवी स्मृत्यनुभववेदिका।
अनुभूतिः स्मृतेरन्यार स्मृतिः संस्कारमात्रजा॥

पृष्ठ 421–साक्षात् सम्बन्ध प्रत्यक्ष का अनिवार्य लक्षण है, इन्द्रिय की क्रियाशीलता नहीं। ईश्वर का ज्ञान ऐन्द्रिक नहीं है वरन् साक्षात् (माध्यमरहित) है।

पृष्ठ 422-423–कुछ अद्वैतवादियों का मत है कि निर्विकल्प प्रत्यक्ष हमें विशुद्ध सत् (सन्मात्रम्) का ज्ञान देता है, भिन्न पदार्थों का नहीं, क्योंकि भिन्न पदार्थ कल्पनाजन्य हैं (सिद्धान्तलेशसंग्रह)।

पृष्ठ 427–अद्वैत वेदान्त में केवल ब्रह्म ही एक नित्य है और इस प्रकार वेदों की उपयोगिता भी केवल सापेक्ष अर्थों में ही मानी गई है।

पृष्ठ 427–ईश्वर प्रत्येक निर्माणकाल में वेदों का नये सिरे से उपदेश करते समय शब्दों की भूतपूर्व व्यवस्था को ठीक-ठीक सुरक्षित रखता है।

पृष्ठ 431, टि. 4–ज्ञानन्तु वस्तुतन्त्रत्वान्न देशकालनिमित्ताद्यपेक्षते, यथा अग्निरुष्ण आकाशो मूर्त इति तथा-आत्मविज्ञानम् अपि (बृहदारण्यक पर शांकर भाष्य, 4 : 5, 15)।

पृष्ठ 432–अद्वैत वेदान्त की सत्यता का प्रमाण यह है कि इसमें परस्पर-विरोध नहीं है। बौद्ध धर्म की सफल क्रिया के मानदण्ड को न्याय ने इस प्रतिबन्ध के साथ स्वीकार किया है कि यह सत्य की कसौटी है, न कि उसकी विषयवस्तु। प्रमेय पदार्थ के साथ अनुकूलता ही सत्य का निर्माण करती है। अद्वैत का तर्क है कि अनुकूलता का प्रत्यक्ष अनुभव नहीं हो सकता, इसका समवेत होने के कारण केवल अनुमान होता है अथवा अनुभव की एकरसता से भी अनुमान होता है। इस दृष्टि से कुल आनुभविक सत्य सापेक्ष है जिसके विपरीत अभी तक कुछ ज्ञान नहीं है वही सत्य है। यह सम्भव है कि कुछ आगे का प्राप्त अनुभव अत्यन्त आनुभविक संभाव्य सत्य का भी विरोधी सिद्ध हो जाए। हम कभी भी निश्चित रूप में यह नहीं जान सकते कि अमुक आनुभविक सत्य नितान्त रूप से सत्य है (न्यायमंजरी), पृष्ठ 62 और आगे तक।

पृष्ठ 436-437–अज्ञान के प्रभाव से आत्मा तथा अनात्म का भेद नितान्त निरपेक्ष चैतन्य में आ जाता है। आत्मा अहं (सीमित मैं) की भांति व्यवहार करती है जिसने अन्तःकरण की परिधियों को मान लिया है। प्रतिबन्ध से तात्पर्य है अन्य पदार्थ की उपस्थिति तथा सम्भाव्य अज्ञान। परिणाम में दूसरे पदार्थ को जानने के लिए ज्ञान होता है।

पृष्ठ 442–टि. 6–ब्रह्मदर्शने साधनम् उच्यते। मनसैव परमार्थज्ञानसंस्कृतेनाचार्योपदेशपूर्वकम् चानुद्रष्टव्यम् (बृहदारण्यक उपनिषद् पर शांकरभाष्य, 4 : 4, 19)।

पृष्ठ 448-449–निम्नश्रेणी का ज्ञान भ्रामक होता है, केवल इस अर्थ में कि यह यथार्थता को छिपा देता है।

पृष्ठ 484-485—ब्रह्म की दृष्टि में अविद्या नाम की कोई वस्तु ही नहीं है किन्तु ब्रह्म साक्षीरूप से अविद्या को प्रकट करता है। जहां तक ईश्वर का सम्बन्ध है, वह अविद्या अथवा माया के माध्यम में से आर-पार देख लेता है जो ईश्वर से भिन्न है क्योंकि उसके लिए कोई भी आवरण नहीं है।

पृष्ठ 501-502—

अनादिभावरूपं यद् विज्ञानेन विलीयते।
तदज्ञानमिति प्राज्ञा लक्षणं संप्रचक्षते॥

(सर्वदर्शनसंग्रह, 13)।

पृष्ठ 509-510—तुलना कीजिए, बृहदारण्यक उपनिषद् पर शांकरभाष्य, 2 : 1, 20। परब्रह्मव्यतिरेकेण संसारिणां नान्यद् वस्त्वन्तरम् अस्ति।

पृष्ठ 520—वाचस्पति का उद्धरण देते हुए भीमाचार्य कहता है : मायावादिमते त्रयो हि जीवस्योपाधयः तत्र सुषुप्तौ बुद्ध्यादिसंस्कारवासितम् अज्ञानमात्रम्, स्वप्ने जाग्रद्वासनामयं लिंगशरीरं जाग्रदवस्थायां सूक्ष्मशरीरसंसृष्टं स्थूलशरीरमुपाधिरिति।

पृष्ठ 530—शंकर ने निम्नलिखित दृष्टान्तों का वर्णन किया है : यथाऽद्भ्यः सूर्यचन्द्रादिप्रतिबिम्बो, यथा वा स्वच्छस्य स्फटिकस्यालक्तकाद्यु पाधिभ्यो रक्तादिभाव एवम्... यथोदकालक्तकादिहेत्वपनये सूर्यचन्द्रस्फटिकादिप्रतिबिम्बो विनश्यति चन्द्रादिस्वरूपनेव परमार्थतो व्यवतिष्ठते; तद्वत् प्रज्ञानघनम् अनन्तम् अपारं स्वच्छम् अवतिष्ठते।

नौवाँ अध्याय

पृष्ठ 590-591—निर्विकल्पकम् एकजातीयद्रव्येषु प्रथमपिण्डग्रहणम्, द्वितीयादिपिण्डग्रहणं सविकल्पकम्...प्रथमप्रतीत्यनुसंहितवस्तुसंस्थानरूपगोत्वादेरनुवृत्तिधर्मविशिष्टत्वं द्वितीयादिपिण्ड-ग्रहणावसेयमिति द्वितीयादिग्रणस्य सविकल्पकत्वम् (ब्रह्मसूत्र, पर रामानुजभाष्य, 1 : 1, 1)।

पृष्ठ 610—शुद्ध तत्त्व को शुद्ध सत्त्व भी कहा जाता है।

दसवाँ अध्याय

पृष्ठ 670—और भी देखें, बलदेव का गोविन्दभाष्य और 'प्रमेयरत्नावली' एम. सी. बसु का अंग्रेज़ी-अनुवाद, 'सैक्रेड बुक्स आफ दि हिन्दूज़' ग्रन्थमाला।

एस. एस. सूर्यनारायण शास्त्री : 'शिवाद्वैत ऑफ़ श्रीकंठ'।

ग्यारहवाँ अध्याय

पृष्ठ 774 टिप्पणी—और भी देखें, उदयन-कृत आत्मतत्त्वविवेक यथा सर्वज्ञात्ममुनि कृत संक्षेपशारीरक।

पारिभाषिक शब्द

अंतःप्रज्ञावाद	:	Intuitionism
अकर्मण्यता	:	Indolence
अद्वैतवाद	:	Non-dualism
अधोनैतिक	:	Sub-moral
अध्यात्मविद्या-सम्बन्धी विचार	:	Metaphysical views
अनुमान	:	Inference
अनीश्वरवाद	:	Agnosticism
अनुदारवाद, रूढ़िवाद	:	Conservatism
अनुपलब्धि	:	Non-apprehension
अनेकान्तवाद	:	Pluralism
अन्वय	:	Agreement
अपूर्णता	:	Inadequacy
अभाव	:	Non-existence
अर्थापत्ति	:	Implication
अवतारवाद	:	Anthropomorphism
असत्	:	Non-being
आगम अनुमान	:	Induction
आगमनात्मक	:	Inductive
आचार-नियम	:	Maxims of morality
आत्मनिष्ठ, व्यक्तिनिष्ठ	:	Subjective
आत्मनिष्ठ उपाधि	:	Subjective condition
आनन्दमार्गी, सुखवादी	:	Hedonist
आस्तिकवाद, ईश्वरवाद	:	Theism
इन्द्रिय-निग्रह	:	Sense control
एकेश्वरवाद	:	Monotheism
कार्यकारणभाव	:	Causation
कालक्रमिक	:	Chronological
कालदोष	:	Anachronism
केवलान्वय	:	Single agreement
खंडन	:	Refution
तर्कना. तर्क	:	Reasoning
तर्कवाक्य	:	Proposition
तर्कसम्मत यथार्थवाद	:	Logical realism
दर्शन, आत्मविद्या	:	Philosophy

द्वैतवाद : Dualism
ध्यान : Contemplation
निगमनिक : Deductive
निरपेक्ष, परम, चरम : Absolute
निरपेक्षतावाद, परमसत्तावाद : Absolutism
निष्पत्ति : Accomplishment
नीतिशास्त्र, आचारशास्त्र : Ethics
नैतिक निर्णय : Moral judgment
नैतिक साधना : Ethical preparation
पदार्थ, उपादान, विषयवस्तु : Matter
परमाणुवाद, सूक्ष्मवाद : Atomism
परा तथा अपरा विद्या : Higher wisdom and lower knowledge
परार्थानुमान : Syllogism
परोक्ष अभिप्राय : Indirect intention
परोक्ष ज्ञान : Indirect knowledge
पश्च विचार : After-thought
पूर्ववर्ती परिस्थिति : Antecedents
प्राणायाम : Breath Control
प्रतिकूल, विरुद्ध : Adverse
प्रत्यक्ष : Intuition
प्रत्यक्षज्ञानवाद : Phenomenalism
प्रत्यक्ष ज्ञान, साक्षात्कार : Perception
प्रमाणवाद : Epistemology
प्रमाता, विषयी, अहम् : Subject
बहुत्ववाद : Pluralism
बुद्धिवाद : Intellectualism
भौतिकवाद, जड़वाद : Materialism
मताग्रहिता : Dogmatism
मरणोत्तर जीवन : After-life
महाकाव्य-काल : Epic period
यथार्थ सत्ता : Reality
लक्षण : Criterion
लौकिक जीवात्मा : Empirical individual
वस्तुनिष्ठ : Objective
वस्तुनिष्ठ उपाधि : Objective condition
विशुद्धाद्वैतवाद : Pure monism
विश्लेषक तर्कवाक्य : Analytic proposition

विश्लेषण	:	Analysis
विश्लेषण, आनुभविक	:	Empirical analysis
विश्व का विकास	:	Cosmic evolution
विषयगत मार्ग	:	Objective approach
विषयिविज्ञानवाद, व्यक्तिनिष्ठावाद	:	Subjectivism
वैराग्यवाद	:	Asceticism
व्यष्टिवाद, व्यक्तिवाद	:	Individualism
व्यष्टि-सापेक्षतावाद	:	Individual relativism
व्यावहारिक, उपयोगितावादी	:	Pragmatic
शास्त्र की आप्तता	:	Scriptural authority
शास्त्र-प्रमाण	:	Scriptural testimony
शास्त्रीयवाद	:	Scholasticism
शास्त्रीय वाद-विवाद	:	Academic discussion
संक्रमण	:	Transition
संन्यासवाद	:	Asceticism
संश्लेषण	:	Synthesis
संसृतिशास्त्र	:	Cosmology
सत्, परम सत्ता, जीव	:	Being
सदृश, अनुरूप	:	Analogous
समवाय	:	Inherence
समानुपाती	:	Proportional
समायोजन	:	Accommodation
सापेक्ष	:	Relative
साम्यानुमान	:	Analogy
साम्यानुमान, मिथ्या	:	False analogy
सिद्धान्तबोधन	:	Indoctrination
सौन्दर्यबोधी, सौन्दर्यानुभूति-विषयक	:	Aesthetic
स्वगुणार्थक परिभाषा	:	Analytic definition
हेत्वाभास	:	Fallacies

❑❑❑